机动车维修技术人员从业资格培训教材

（适用于机修人员）

发动机与底盘检修技术

（上册）　　（模块 D）

中国汽车维修行业协会　组织编写

人民交通出版社

内 容 提 要

本书供申请机修从业资格的人员备考使用。全书分上下两册，共计五篇。

上册两篇主要讲解机修基础知识、发动机结构与检修；下册三篇主要讲解底盘结构与检修、车载网络系统车身电控系统和车辆故障诊断。

图书在版编目（C I P）数据

发动机与底盘检修技术（模块 D）. 上册/中国汽车维修行业协会编.—北京：人民交通出版社，2008.5

机动车维修技术人员从业资格培训教材

ISBN 978-7-114-07043-3

Ⅰ.发… Ⅱ.中… Ⅲ.①汽车－发动机－车辆修理－技术培训－教材②汽车－底盘－车辆修理－技术培训－教材 Ⅳ.U472.4

中国版本图书馆 CIP 数据核字（2008）第 037152 号

机动车维修技术人员从业资格培训教材

（适用于机修人员）

书　　名：发动机与底盘检修技术（模块 D）（上册）

著 作 者：中国汽车维修行业协会

责任编辑：王振军　白　峭　张玉栋

出版发行：人民交通出版社

地　　址：（100011）北京市朝阳区安定门外外馆斜街 3 号

网　　址：http://www.ccpress.com.cn

总 经 销：人民交通出版社发行部

经　　销：汽车维护与修理杂志社

销售电话：（025）84825381

印　　刷：北京市密东印刷有限公司

开　　本：787×1092　1/16

印　　张：30.5

字　　数：752 千

版　　次：2008 年 5 月　第 1 版

印　　次：2014 年 5 月　第 8 次印刷

书　　号：ISBN 978-7-114-07043-3

印　　数：21001－23000 册

定　　价：108.00 元（上、下册）

机动车维修技术人员从业资格培训教材
审定委员会

机动车维修技术人员从业资格培训教材
编写委员会

组织编写单位： 中国汽车维修行业协会
编写组长： 徐通法

机动车维修技术人员从业资格培训教材
发动机与底盘检修技术(模块D)编写组

组　长： 李东江
成　员： 杨益明　李贵炎　万茂松　谢　剑
刘　阳　文爱民　张　辉　左付山
侯子平　易　翔　蔡康新

前　言

在交通部发布的《道路运输从业人员管理规定》中，规定了机动车维修技术负责人、质量检验人员及从事机修、电器、钣金、涂漆、车辆技术评估（含检测）作业的技术人员实行从业资格考试制度。从业资格考试应当按照交通部编制的考试大纲、考试题库、考核标准、考试工作规范和程序组织实施。

为配合交通部机动车维修技术人员从业资格考试，做好相关从业人员的培训工作，受交通部公路司委托，由中国汽车维修行业协会组织业内专家、教授和长期从事政策研究、技术管理的有关人员，根据交通部印发的《中华人民共和国机动车维修技术人员从业资格考试大纲》的要求，编写了《职业道德和法律法规》、《技术质量管理》、《维修检验技术》、《发动机与底盘检修技术》（上、下册）、《电器维修技术》、《车身修复》、《车身涂装》和《车辆技术评估》8个模块的机动车维修技术人员从业资格培训教材。

本套教材是根据现代机动车维修服务的实际需要，按照理论和实践相结合的原则编写的。根据从业人员在职学习的特点，理论部分重点介绍与实际工作紧密相关的基础理论和适应机动车维修发展的前沿技术；实操部分重点突出检测诊断技能及综合分析能力的提高。

本套教材适用于机动车维修技术负责人、质量检验人员及从事机修、电器、钣金、涂漆、车辆技术评估（含检测）作业的技术人员的学习，它包含了这些人员实际工作中所应掌握的理论和实操的基本内容，是机动车维修技术人员从业资格考试的配套教材。

鉴于编写时间仓促和水平所限，书中难免存在疏漏和不妥之处，敬请业内同行和使用者批评指正，以便教材再版时不断修改完善和提高。本书的编写是在交通部公路司、交通部职业技能鉴定指导中心悉心指导下完成的，在此表示衷心的感谢。

中国汽车维修行业协会

目　　录

（上册）

第一篇　机修基础知识

第二篇　发动机结构与检修

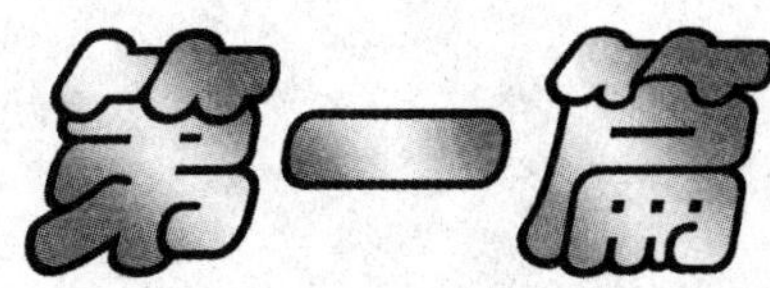

机修基础知识

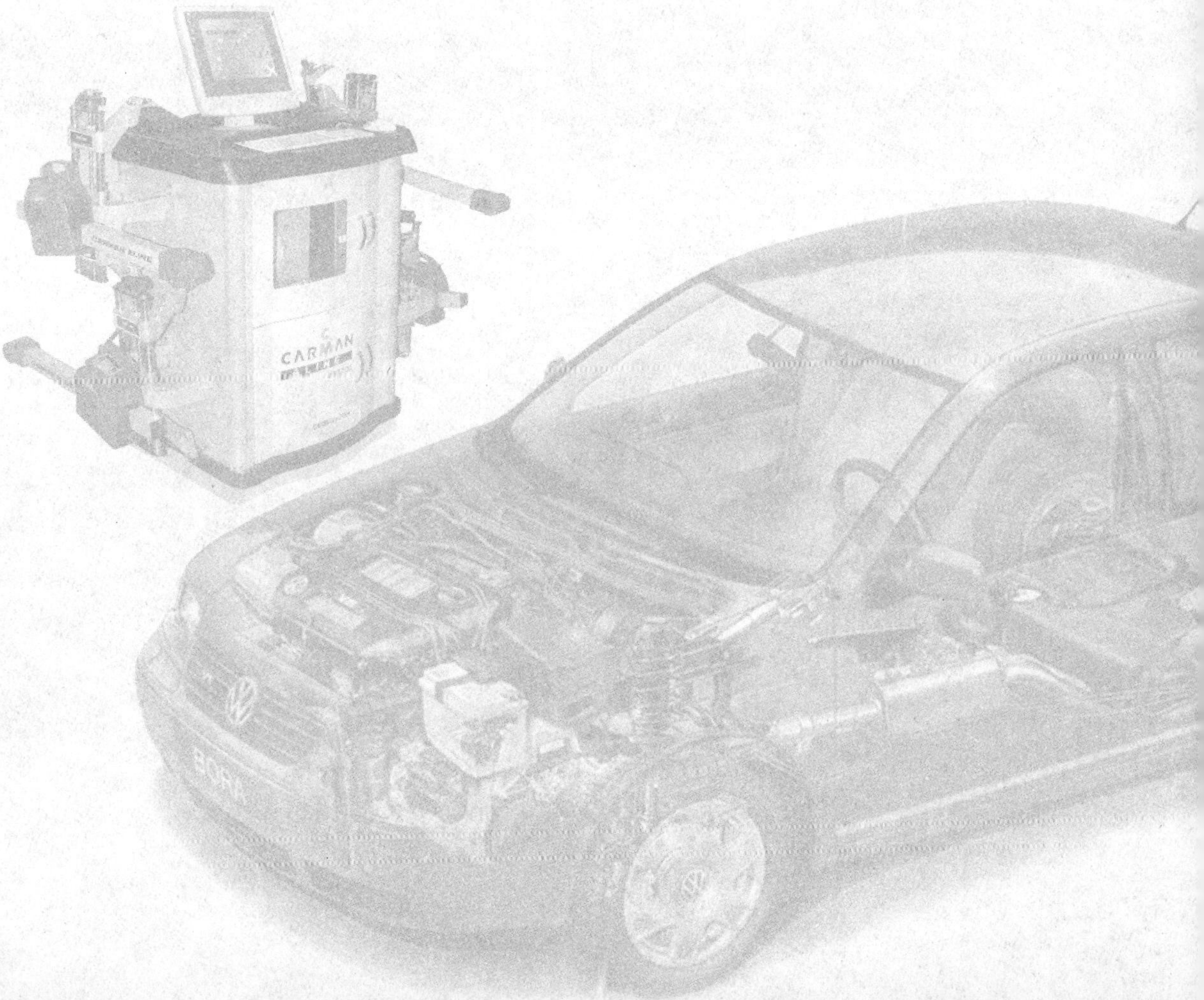

第一章　机械基础知识

本章要点

通过本章的学习：

★熟悉零件图的作用、内容和零件图中主视图的选择原则。

★熟悉零件图上的尺寸标注方法。

★掌握零件图的识读方法和步骤。

★熟悉装配图的作用、内容和装配图的表达方法。

★熟悉装配图的尺寸标注方法。

★掌握装配图的识读方法和步骤。

★熟悉公差与配合的基本术语及定义

★熟悉典型零件的定位方式。

★熟悉常见的机械传动形式。

★了解金属材料的性能。

★了解汽车运行材料的性能、特点，熟悉汽车运行材料的选用方法。

第一节　机 械 识 图

一、零件图的识读

(一)零件图概述

1.零件图的作用

每一台机器或部件都是由许多零件按一定的装配关系和技术要求装配起来的，在生产过程中，直接指导制造和检验零件用的图样称零件工作图(简称零件图)。在零件的制造过程中，先根据零件图上对该零件所要求的材料和数量进行备料；然后按图样上表示的形状、尺寸和技术要求进行加工；再根据图样上的全部要求检验加工完毕后的零件，是否达到规定的质量标准。因此，零件图是零件制造与检验的重要技术文件。在汽车维修过程中，常需要按照零件图来修复和制配零件。正确、熟练地识读零件图，是汽车维修技术人员必须掌握的基本功之一。

2.零件图的内容

从图 1-1-1 所示的曲轴零件图中可以看出一张零件图应具备以下内容：

(1)一组视图。用一组恰当的视图(包括基本视图、辅助视图、剖面图和其他表达方法)正确、完整、清晰地表达出零件的内外结构和形状。

(2)完整的尺寸。正确、完整、清晰、合理地标出能满足制造、检验、装配所需要的全部尺寸。

(3)必要的技术要求。用规定的符号、数字或文字表达出零件在制造和检验时应达到的技术质量指标,如零件的尺寸公差、表面粗糙度、形状和位置公差、热处理等要求。

(4)标题栏。标题栏中写明零件的名称、材料、比例、数量、重量和设计、校核者的姓名等(为节约幅面,图 1-1-1 的标题栏已简化)。

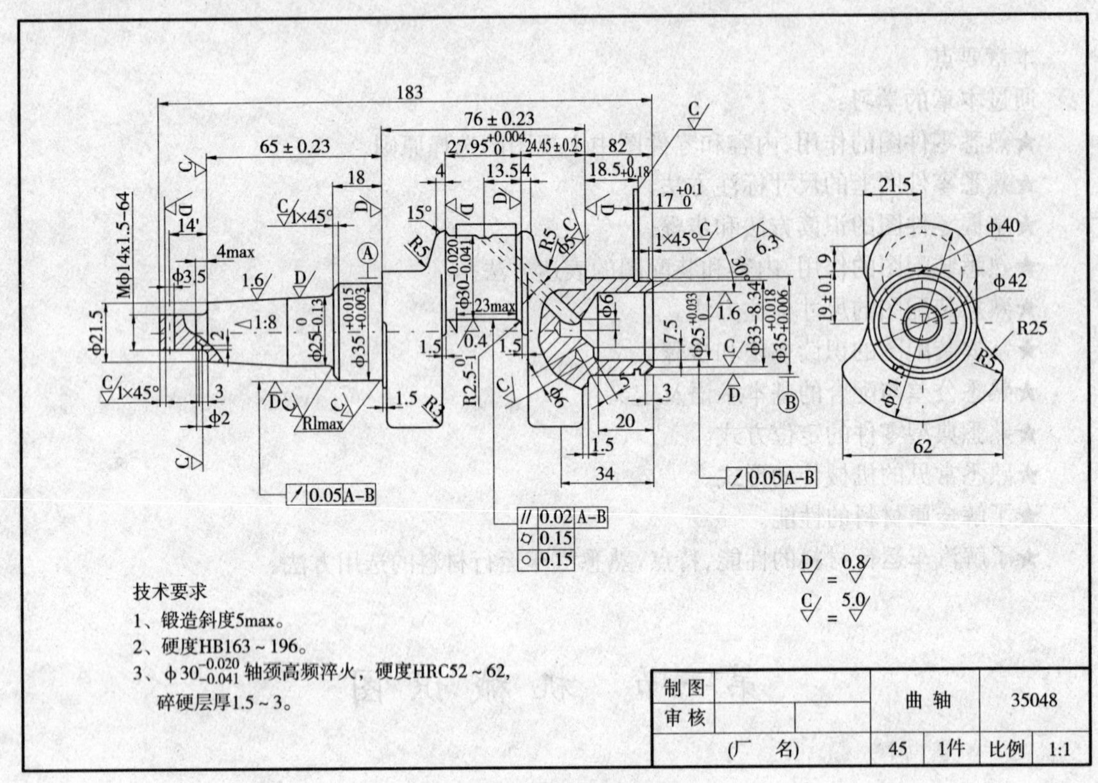

图 1-1-1　零件图的内容

(二)零件图的视图

看零件图,要根据各图形间的投影关系,想象出它的立体形状,所以要了解它的图形表达特点。

1. 主视图的选择原则

主视图是一组图形的中心内容。在看零件图时,一般总是从主视图开始的,所以,首先应了解主视图选择的原则:

(1)形状特征原则。一般把最能反映零件结构形状特征的一面作为主视图的投影方向。如图 1-1-2 所示的回转轴,可分别用 A、B、C 三个方向试作为主视图的投影方向来分析。A 向投影能反映出该轴各段的形状、大小和相互位置,突出表达轴类零件的形状特征;C 向投影只是一些重叠的同心圆和方框,不能表达零件的形状特征;B 向投影反映不出平面的形状。

(2)工作位置原则。尽量使主视图符合零件在机器上的工作位置,这样可以使看图的人较容易地想象出该零件工作时的情形,如图 1-1-3 所示。

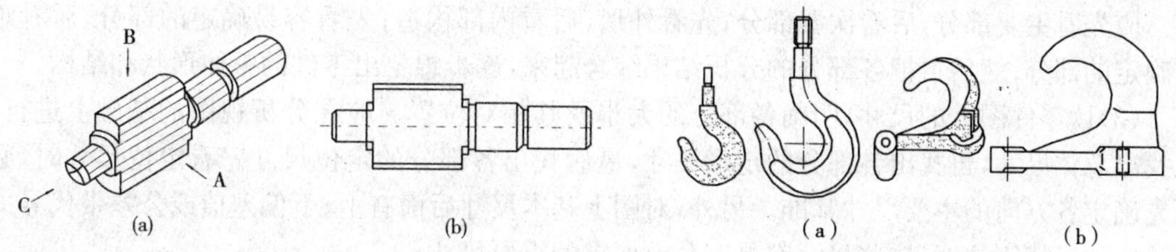

图 1-1-2 形状特征原则

(a)回转轴空件;(b)主视图

图 1-1-3 工作位置原则

(a)挂钩;(b)牵引钩

(3)加工位置原则。当零件的工作位置不易确定主视图时,尽量按零件在加工时所处的位置作为画主视图的投影方向,这样加工时看图方便,可减少加工中的差错。如图 1-1-4 中的滑动轴承,考虑到在车床上的加工位置,因而,主视图以图 1-1-4a 所示为合理(如果加工位置多变,则按自然位置确定)位置。

2.其他视图的选择

其他视图中每一视图都各有其表达的重点,对于主视图未表达或未表达完全的结构,选择恰当的表达方法,将它们逐一不漏地表达清楚。在表达完整、清晰的前提下,尽量采用较少图形数量,以方便绘图和看图。

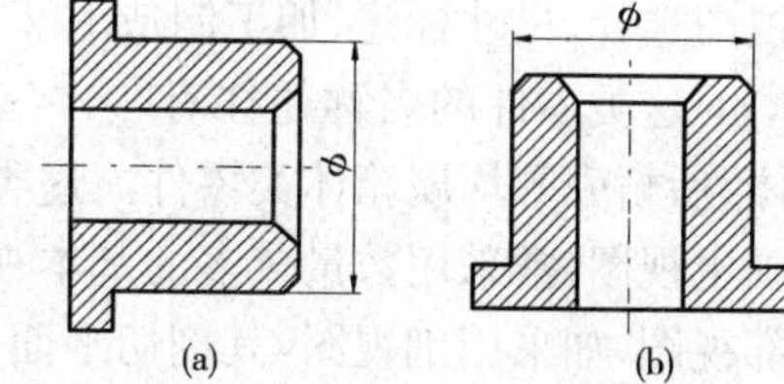

图 1-1-4 加工位置原则

(a)合理的主视图;(b)非合理的主视图

(三)零件图上的尺寸标注

零件图上标注的尺寸,是加工、度量和检验的依据。因此,图样上所标注的尺寸,应达到标注准确、完整、清晰和合理的要求。尺寸标注的合理,是指所注的尺寸既能保证对零件使用性能的要求,同时又能满足制造加工、测量和检验简便、经济的要求。

1.合理标注尺寸应注意的几个问题

(1)主要尺寸必须直接注出。零件上的主要尺寸,是确保其使用性能和互换性的重要尺寸,是设计、加工必须保证的,应该直接标注出来。重要的定位尺寸必须直接从设计基准标出,以免换算尺寸之弊,可以保证零件的精度。零件上的主要尺寸一般在基本尺寸后面有上、下偏差值或公差带代号,如图 1-1-1 中的尺寸 $\phi30_{-0.041}^{-0.020}$ 和图 1-1-5 中的尺寸 ϕ55H7。

(2)不应标注成封闭的尺寸链。

(3)尽量按零件表面的加工顺序标注尺寸。

(4)根据加工方法标注尺寸,以便于测量。

2.零件图上常见结构的尺寸标注

对零件图上常见螺孔、销孔、沉孔、倒角、退刀槽等结构的尺寸注法,国家标准 GB4458.4—84 均有具体的规定。画图时,这些结构的尺寸应按规定进行标注。看图时,应根据标注,正确理解这些结构的形状和大小。

(四)零件图的识读

1.零件图的识读方法与步骤

识读零件图的一般步骤是:

(1)看标题。主要了解零件的名称、材料、数量及所采用的比例。

(2)分析视图,想象出零件的形状与结构。分析视图时,按看组合体视图的方法和步骤进行。应先看主要部分，后看次要部分；先看外形，后看内部构造；先看容易确定的部分，后看难以确定的部分；然后再把各部分的分析结果综合起来，逐步想象出零件的整体形状和结构。

(3)读零件图上的尺寸，明确各部分的大小及其相对位置。应在分析视图的基础上进行。先找出总体尺寸，再找出各部分的定形尺寸，最后找出各部分的定位尺寸。看定位尺寸时，必须先确定各方向的主要尺寸基准。另外，对图上基本尺寸后面有上、下偏差值或公差带代号的尺寸应加以特别注意，这些尺寸都是有公差要求的重要尺寸。

(4)看技术要求，掌握技术质量指标。零件图上的技术要求除尺寸公差外，主要有表面粗糙度和形位公差。

2.箱体类零件

按照零件的结构形状、加工制造上的特点以及零件的用途等，我们可以将零件分为几种类型，如轴套、盘盖、叉杆、箱体等。同一类零件的形状虽然是各种各样的，各有各自的特点，但在视图选择、尺寸标注、加工制造上又往往有共同之处。以下介绍箱体零件的零件图。

这类零件的名称往往有“××壳”、“××体”、“××箱”等，如汽车上的变速器壳体、汽缸体、后桥壳等均属箱体类零件。这类零件的结构形状复杂，表达这类零件时，一般取工作位置画主视图，常采用数量较多的基本视图(为了同时表达内部的形状结构，通常画成剖视图)和局部视图，如采用剖视图，其剖切平面一般通过主要支承孔的轴线或对称平面，局部视图主要表达基本视图中尚未表达完整的部分的形状。下面以图 1-1-5 所示的零件图为例，说明读这类零件图的方法和步骤：

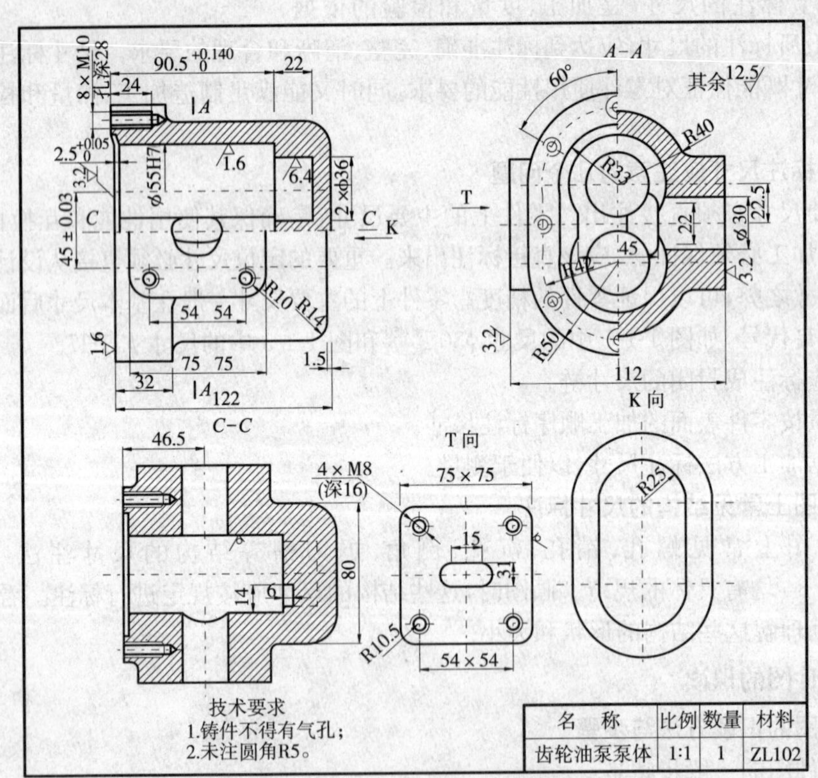

图 1-1-5 齿轮油泵泵体零件图

(1)看标题栏。从标题栏中可以了解到该零件的名称是齿轮油泵泵体，由 ZL102 材料制成，图样采用 1∶1 的比例。

(2)分析视图。该泵体的形状就采用了主、俯、左三个基本视图和 K、T 两个局部视图来表达，并且将主、左两个视图画成了半剖视图，将俯视图画成了全剖视图。半剖视的主视图既表达了泵体正面的外部形状，又表达了泵体的内部空腔的各部分的深度以及左端面上螺孔为不通孔。半剖视的左视图重点表达左端面的外形、左端面上 8 个螺孔的分布情况以及正面的进油孔(直径为 ϕ30 mm 的圆孔)、内部宽为 14 mm 深为 6 mm 的槽的外部形状。全剖视的俯视图表达了进、出油孔(背面的长圆孔)与中间空腔的关系和宽为 14 mm 深为 6 mm 的槽的断面形状以及泵体外形俯视方向的轮廓。T 向局部视图主要表达背面出油孔处凸台外形和上面的 4 个螺孔的相对位置；K 向局部视图用来表达泵体右端面的形状。经过上述分析，综合想象出来的齿轮油泵泵体如图 1-1-6 所示。

(3)看尺寸标注。由图上所标注的尺寸可知：泵体总长为 122 mm、总宽为 112 mm、总高＝45＋50×2＝145 mm；两轴孔的中心距为 45±0.03 mm；长度方向，进、出油孔轴线到左端面的定位尺寸为 16.5 mm；高度方向上，到上轴孔的轴线的定位尺寸为 22.5 mm；哑铃形的空腔深 $90.5^{+0.140}_{0}$ mm，其中，长圆形的空腔深 $2.5^{+0.05}_{0}$ mm；哑铃形的空腔底部的两个轴孔的直径为 ϕ36 mm，深为 22 mm；其他尺寸不再赘述。泵体长度方向的主要尺寸基准是泵体的左端面(泵体与泵盖的结合面)；高度方向的主要尺寸基准是上轴孔的轴线；宽度方向的主要尺寸基准是泵体的前后对称中心面。

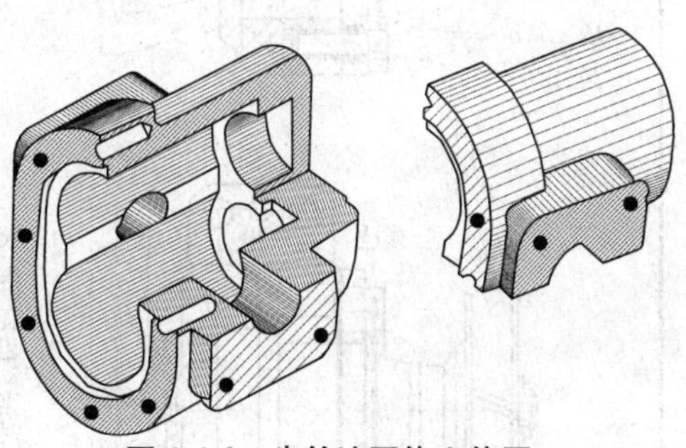

图 1-1-6　齿轮油泵体立体图

(4)技术要求。ϕ55H7 孔和左端面的表面粗糙度要求最高，其值为 1.6。进、出油孔端面的表面粗糙度值为 3.2，螺纹孔的表面粗糙度值按其余 12.5 确定。铸件不得有气孔，未注圆角 R=5 mm。

二、装配图

(一)装配图概述

1. 装配图的作用

装配图是表示机件或机器的工作原理、零件之间的装配关系和连接方式等要求的技术文件。在设计过程中，一般是先画出装配图，再根据装配图设计零件并绘制零件图。在生产过程中，装配图是制定装配工艺规程，进行装配、检验、安装及维修的技术依据。

2. 装配图的内容

图 1-1-7 所示为柴油机上的一个部件，6135G 齿轮油泵的装配图。从 6135G 齿轮油泵装配图中可以看出一张完整的装配图有下列内容：

(1)一组视图。用适当的视图、剖视图等表达方法和装配图有关的规定画法及特殊画法，表达出机器部件的形状、结构、装配关系和工作原理等。

(2)必要的尺寸。标注出机器或部件的性能或规格、装配、检验、安装等所需尺寸。

(3)技术要求。用文字或符号说明机器、部件在装配、调试、安装及使用时的要求和说明。

(4)零件序号和明细表。在装配图中，对每种零件都按顺序编有序号，并在标题栏上部标出明细表，表中写出各零件的名称、数量和材料等，便于读图。

(5)标题栏。标题栏布置在图纸的右下角，标题栏中注写有机器或部件的名称、比例、图号及图样责任者的签名和日期等。

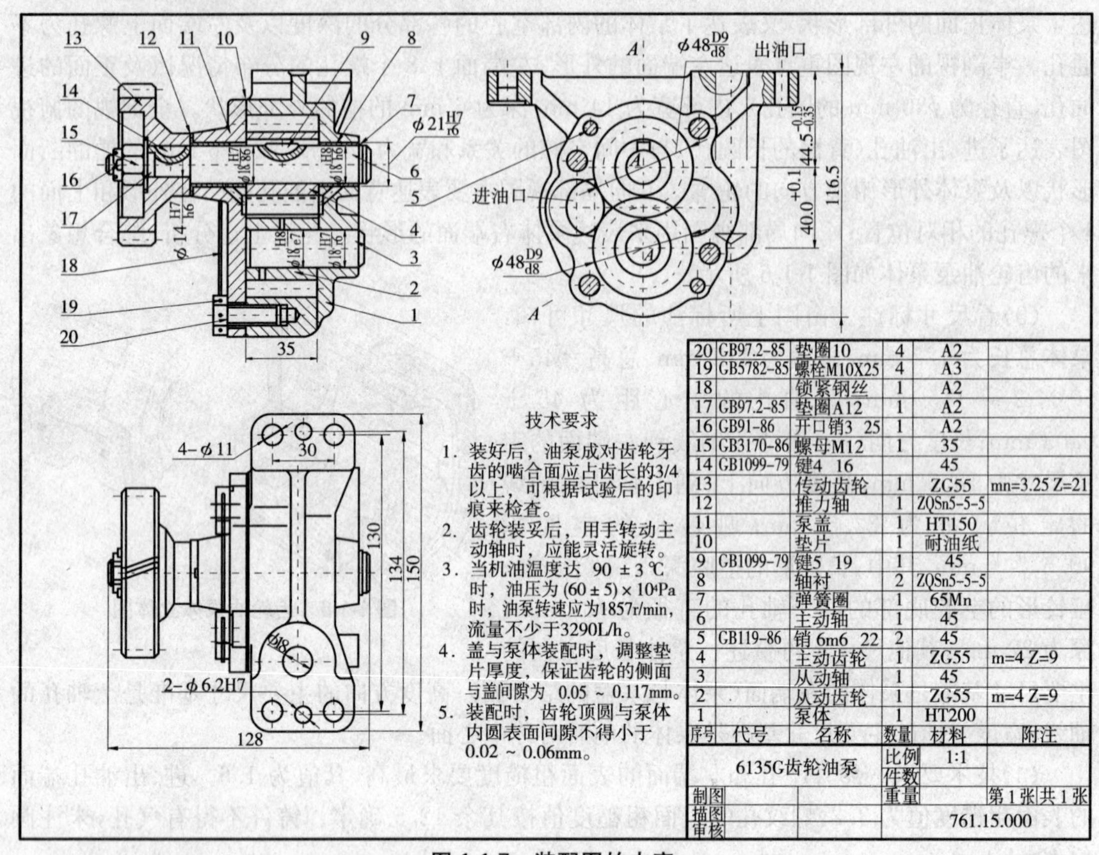

图 1-1-7 装配图的内容

(二)装配图表达方法

除了基本视图、剖视图、断面图等表达方法以外，装配图还有其特有的表达方式。

1. 装配图的规定画法

(1)相邻两零件的剖面线方向相反或间隔相异。

(2)对于相接触和相配合的两零件的表面接触处，规定只画一条线。凡是配合表面，不论间隙多大，都必须画成一条线；而非配合、非接触表面，不论间隙多小，都必须画出两条线。

(3)按不剖绘制的某些零件，如标准件（螺母、螺钉、垫圈、销、键等）和实心件（如实心杆、滚珠）等，若剖切平面通过其基本轴线时，这些零件仍按不剖画出。这一规定，决定了剖切到的零件中，一部分零件画剖面线，而另一部分零件不画剖面线，使得装配和连接具有层次感，便于将各零件的轮廓范围分清。

2. 装配图的特殊表达方法

(1)拆卸画法。当装配体上某零件在一个视图中如已作过表达，在其他视图中可将其拆去不画。这时，应在拆去该零件的图形上方标注“拆去××零件”。

(2)拆卸代替剖视。假想用剖切平面沿着某些零件的结合面将装配体剖切，这等于将某些零件拆卸掉再进行投影，此时，在零件的结合面处不画剖面线，其他被剖切到的零件则要画剖面线。此时，可不标注“拆去××零件”。当剖切位置不明显时，应注剖切位置符号和在该剖视图上方注“×－×”。如图 1-1-8 所示的转子油泵，为了表达泵体内部内、外转子的形状和相对位置，右视图就是沿泵盖和泵体的结合面剖切后画出的，被剖切到的螺栓和销画剖面线。

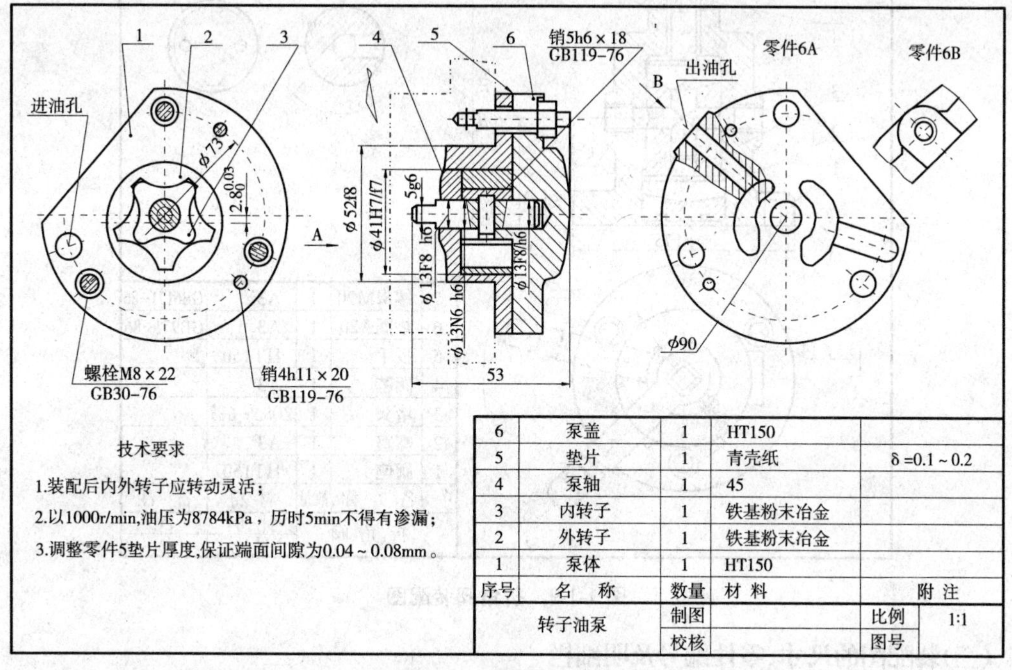

图 1-1-8　转子油泵装配图

(3)假想画法。用于表示装配体中某些零件的运动范围、极限位置，或与该装配体相关联，但不属于该装配体的零件。

①为了表示装配体中某些零件的运动范围和极限位置，可在某个极限位置上用粗实线画出该零件，在另一个极限位置上则用双点画线画出其外形，如图 1-1-9 所示折角阀装配图中的俯视图上零件 5 扳手处于粗实线位置时，折角阀开启；处于双点划线位置时，折角阀关闭。

②对于与该装配体相关联，但不属于该装配体的零件，为了表明它与该装配体的关系，可用双点画线画出其轮廓图形，当需要表达与本装配体有装配关系，但又不属于本装配体的相邻零件或部件时，相邻零件或部件的外形用双点划线表示其外形轮廓线，如图 1-1-8 所示主视图左边的双点画线即表示出了与转子油泵有装配关系，但又不属于转子油泵的零件外形。

(4)单独表达零件。在装配图上，当某个零件的形状需要表达清楚时，可单独画出该零件的某个视图，此时，应在该图上方写“×零件的×”或“×零件的×－×”。如图 1-1-9 折角阀装配图中的“件 1 *B*－*B*”和“件 2 C”图。

(5)简化画法。如图 1-1-10 所示，对于同一规格并在装配体上均匀分布的螺钉、螺栓等标准件，允许只画一个(或一组)，其余的用点划线表示出轴线位置即可；零件上的工艺结构，如倒角、倒圆、退刀槽等可省略不画；对于方螺母、六角螺母等因倒角而产生的曲线也允许省略不画；在装配图中滚动轴承采用简化图法；对于厚度、直径在装配图上不超过 2 mm 的被剖切的薄、细零件，其剖切面线可以用涂黑来表示；对装配图上的薄垫片、细金属丝、小间隙，以及斜度、锥度很小的表面，如按实际尺寸画，很难将其表示清楚，这时允许夸大画出，即将薄部加厚，细部加粗，间隙加宽，斜、锥度加大到较明显的程度。

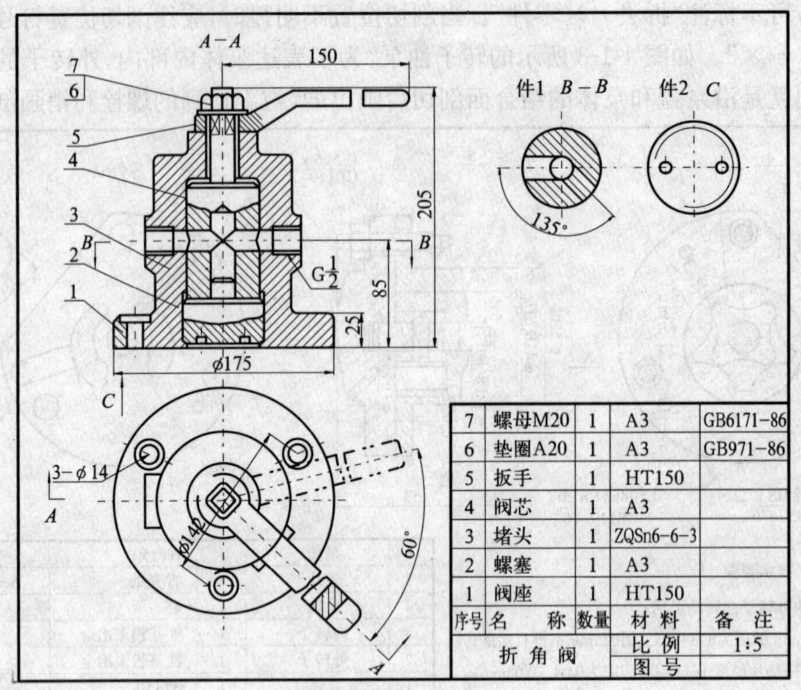

7	螺母M20	1	A3	GB6171—86
6	垫圈A20	1	A3	GB971—86
5	扳手	1	HT150	
4	阀芯	1	A3	
3	堵头	1	ZQSn6-6-3	
2	螺塞	1	A3	
1	阀座	1	HT150	
序号	名　　称	数量	材 料	备 注
折 角 阀			比 例	1:5
			图 号	

图 1-1-9　折角阀装配图

(三)装配图的尺寸、零件编号及明细栏

1.装配图的尺寸

装配图中应标注以下几类尺寸：

(1)性能(规格)尺寸。这类尺寸表明装配体的工作性能和规格大小，它是设计该装配体的原始数据。

(2)装配关系尺寸。这类尺寸是表示装配体上关联零件之间装配关系的尺寸，如配合尺寸和重要的相对位置尺寸。

(3)安装尺寸。部件安装在机器上，或机器安装在地基上进行连接固定所需的尺寸。

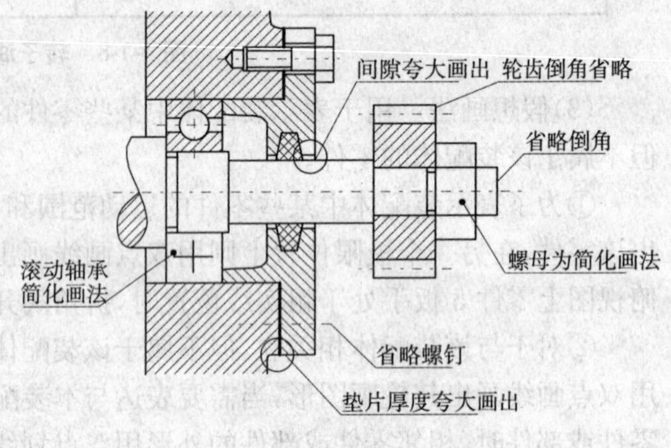

图 1-1-10　装配图的简化画法

(4)总体尺寸。装配图上要注出的装配体的总长、总宽、总高三个方向的尺寸。这类尺寸表明了机器(部件)所占空间的大小，作为包装、运输、安装、车间平面布置的依据。

除上述 4 类尺寸外，有时还要注意某些部件设计时经过计算或根据某种需要而确定的尺寸。

2.装配图上的序号与编法

为了便于看图和生产管理，在装配图中每种零件可见轮廓内用细实线画出指引线，在指引线的起始处画一小黑圆点，另一端画出水平细实线或细实线圆，在横线上边或圆内注写序号。如所指部分很薄或是涂黑的剖面，则可用箭头代替黑圆点，如图 1-1-7 中的序号 10 和图 1-1-8 中的序号 5 的指引线。装配图中所有的零、部件都必须编写序号，并与明细栏中的序号一致。每一种相同的零件或组件只编一个序号，其数量填写在标题栏内。所画指引线不可相互交叉，不要与剖面线平行，必要时可画成一次折线，对一组紧固件或装配关系清楚的零件组，可采用公共指引线，如图 1-1-9 中的序号 6 和 7。序号应按顺时针或逆时针方向整齐地顺序排列，如在整张图上无法连续排列时，可只在每个水平或垂直方向上顺序排列。

3. 明细栏的编制

明细栏是部件（机器）中全部零件的目录。明细栏一般编注在标题栏的上方，并与标题栏相连。在图中填写明细栏时，应自下而上顺序进行，当位置不够时，可移至标题栏左边继续编制。

（四）识读装配图

1. 识读装配图的要求

在机械的设计、装配、使用、维修及技术交流中，都涉及到看装配图。识读装配图的目的要求有：了解装配体的名称、用途、性能及其工作原理；了解装配体中各零件的相对位置、装配关系、连接方式、装拆顺序；了解主要尺寸、技术要求和操作的方式方法。

2. 装配图的识读方法与步骤

要读懂装配图，必须掌握其读图方法和步骤，才能容易读懂。下面用图 1-1-11 所示的汽车活塞连杆总成装配图来说明识读装配图的方法和步骤。

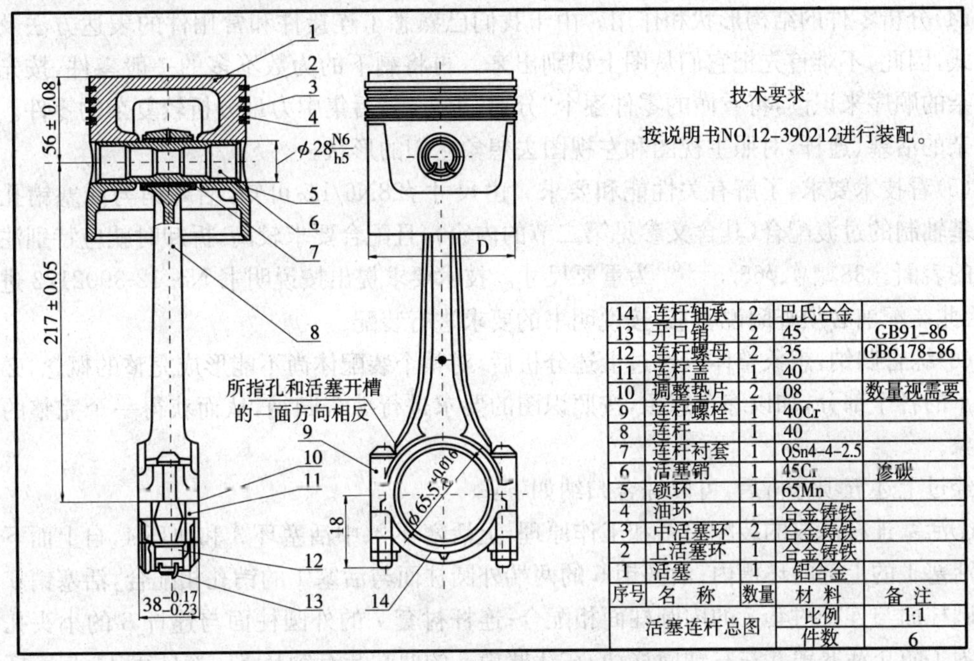

14	连杆轴承	2	巴氏合金	
13	开口销	2	45	GB91-86
12	连杆螺母	2	35	GB6178-86
11	连杆盖	1	40	
10	调整垫片	2	08	数量视需要
9	连杆螺栓	1	40Cr	
8	连杆	1	40	
7	连杆衬套	1	QSn4-4-2.5	
6	活塞销	1	45Cr	渗碳
5	锁环	1	65Mn	
4	油环	1	合金铸铁	
3	中活塞环	2	合金铸铁	
2	上活塞环	1	合金铸铁	
1	活塞	1	铝合金	
序号	名　称	数量	材　料	备　注
活塞连杆总图			比例	1:1
			件数	6

图 1-1-11　活塞连杆总成装配图

（1）概括了解。看装配图，首先从标题栏了解装配体的名称、图用比例，由明细栏中了解零件的种类、各零件的名称、材料和数量；按图上的编号了解各零件的大体装配情况。对于较复杂的部件，可以参阅有关文字资料和产品说明书了解工作原理和结构特点。由图 1-1-11 的标题栏可知，该部件的名称为“活塞连杆总成”，从明细表可知，该部件共由 14 种零件组成，根据名称可推知，其作用是将作功行程所形成的活塞上下运动变为推动曲轴的旋转运动。

（2）分析表达方案，理解表达意图。概略了解各视图，先找出主视图，再根据投影关系识别出其他视图的名称，找出剖视图、断面图的剖切位置，识别出表达方法的名称，从而了解各视图表达的意图。根据图 1-1-11 中的视图位置,可知该部件表达方案中采用了主视图和左视图两个基本视图。主视图上采用了局部剖,用来表达活塞内部的结构形状、活塞、活塞销、连杆衬套和连杆的相对位置、装配关系和工作原理;左视图表达了活塞连杆总成的外形。

(3)对序号、看零件、明确装配关系。看零件序号,查对明细栏中相应的序号,可了解装配体中全部零件的名称、所用材料、数量及是否为标准件等;根据零件序号和各零件的剖面线方向和间距以及其他有关的规定画法,了解各零件之间相对位置、装配关系;根据连接件,了解零件之间的连接方式。在图 1-1-11 中,通过对序号、看零件了解到了活塞连杆总成中各零件名称、所用材料、数量等,如零件 1 的名称为活塞,材料是铝合金,数量为 1。根据零件序号、各零件的剖面线方向和间距以及其他有关的规定画法,了解到:上活塞环 2、中活塞环 3 和油环 4,自上而下顺序装在活塞上部的环槽内;活塞销 6 的两端外圆柱面与活塞 1 的销孔相配合;连杆衬套 7 的内圆柱面与活塞销 6 的中部外圆柱面相配合;连杆衬套 7 的外圆柱面与连杆 8 的小头孔相配合;连杆盖 11 与连杆 8 之间有调整垫片 10。根据连接件,了解到:连杆盖 11 与连杆 8 是用连杆螺栓 9、连杆螺母 12 连接的,连杆盖 11 与连杆 8 的内孔中装有连杆轴承 14,连杆螺母 12 与连杆螺栓 9 采用开口销 13 锁定;在活塞销的两端装有锁环 5。

(4)分析零件的结构形状和作用。由于我们已熟悉了连接件和常用件的表达方法及其连接形式,因此,不难首先把它们从图上识别出来。再将剩下的为数不多的一般零件,按先简单后复杂的顺序来识读,将看懂的零件逐个“分离”出去,最后集中力量分析较复杂的零件。对于较复杂的活塞、连杆,对照主视图和左视图去想象它们的形状。

(5)看技术要求,了解有关性能和要求。由尺寸 $\phi 28N6/h5$ 可知,活塞销与活塞销孔的配合为基轴制的过渡配合(其含义参见第二节的内容),且配合要求较高,拆卸时就应特别注意保护孔的表面。$38^{+0.17}_{-0.23}$、$\phi 65.5^{+0.016}_{0}$ 为重要尺寸。技术要求提出按说明书 No. 12-3902122 进行装配,因此装配前必须查阅说明书,按说明书的要求进行装配。

(6)综合归纳,想象整体。经过上述分析后,对整个装配体尚不能形成完整的概念,必须把看懂了的各个部分,加以综合想象,按照识图的要求进行综合归纳,从而获得一个完整的装配体形象。

经过上述五项分析后,可以综合归纳如下:

①活塞连杆总成的装配关系和工作原理:上活塞环 2、中活塞环 3 和油环 4,自上而下顺序装在活塞 1 的上部的环槽内;活塞销 6 的两端外圆柱面与活塞 1 的销孔相配合,活塞销 6 的中部外圆柱面与连杆衬套 7 的内圆柱面相配合;连杆衬套 7 的外圆柱面与连杆 8 的小头孔相配合。为了防止活塞销 6 左右轴向移动,在活塞销 6 的两端装有锁环 5。连杆盖 11 与连杆 8 之间有调整垫片 10,它们是用连杆螺栓 9、连杆螺母 12 连接,盖与连杆的内孔中装有连杆轴承 14,为了防止连杆螺母 12 松动,采用开口销 13 锁定。

②活塞连杆总成的拆卸顺序是:先拔出开口销 13、拆下连杆螺母 12、连杆螺栓 9、连杆盖 11 和连杆轴承 14,后用尖嘴钳夹出锁环 5,从活塞 1 的销孔内打出活塞销 6,从连杆 8 的小头孔中打出连杆衬套 7。另外,由配合尺寸可知,活塞销孔的配合要求较高,拆卸时应特别注意保护两零件的配合表面。

③想象出活塞连杆总成的整体形状,如图 1-1-12 所示。

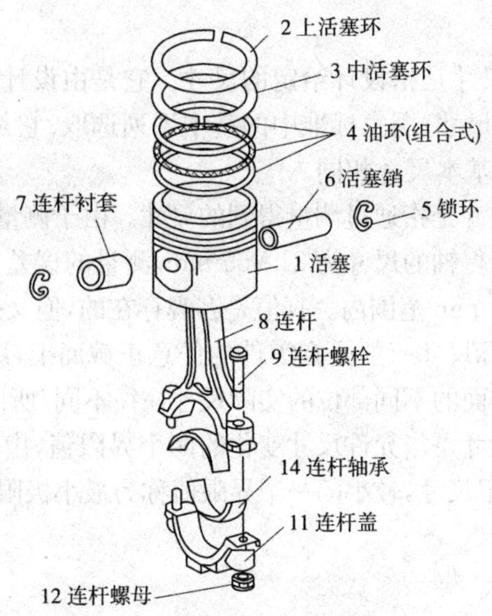

图 1-1-12　活塞连杆总成立体图

第二节　机械零件

一、公差与配合的基本术语及定义

1. 孔和轴

在公差与配合标准中，孔和轴这两个术语有其特定含义，它关系到公差标准的应用范围。孔主要指圆柱形内表面，也包括其他内表面中由单一尺寸确定的部分；轴主要指圆柱形外表面，也包括其他外表面中由单一尺寸确定的部分。从装配关系来讲，孔是包容面，轴是被包容面。可见，在公差与配合标准中，孔、轴的概念是广义的，而且是由单一的主要尺寸构成。在图 1-1-13 中，d_1、d_2、d_3 均为轴，D_1 为孔。在图 1 1 14 中，滑块槽宽 D_2、D_3、D_4 为孔，而滑块槽厚度 d_4 为轴。

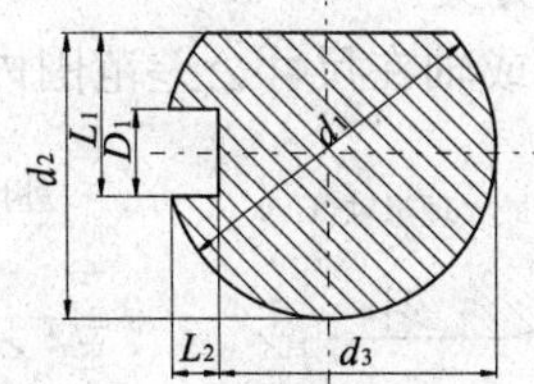

图 1-1-13　孔和轴示意图(1)

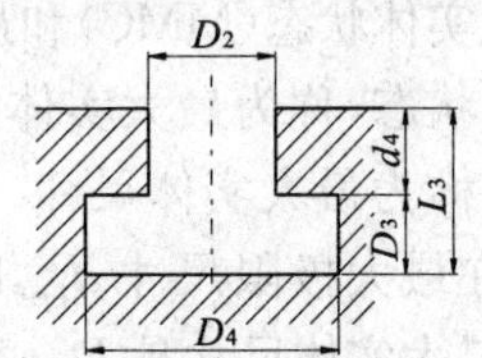

图 1-1-14　孔和轴示意图(2)

2. 尺寸

(1)尺寸。用特定单位表示长度值的数字，如直径、半径、深度、宽度、中心距等。在技术图纸中和在一定范围内，已注明或按习惯已明确共同单位时(如在尺寸标注中，以 mm 为通用单位)，均可只写数字，不写单位。为避免混淆，将角度量称为角度尺寸，而通常所讲尺寸均指长度量。

(2)基本尺寸。基本尺寸是指设计给定的尺寸。它是由设计者通过计算、试验或根据经验决定的,其数值应按《标准尺寸》国家标准中的基本系列选取;它是计算极限尺寸和极限偏差的起始尺寸;孔、轴配合时的基本尺寸相同。

(3)实际尺寸。实际尺寸是指通过测量得到的尺寸。由于测量误差难以避免,所以实际尺寸并非尺寸的真值。例如,测得轴的尺寸为 24.965 mm,测量的误差为±0.001 mm,则实际尺寸的真值在 24.965 mm±0.001 mm 范围内。真值是客观存在的,但又是不知道的,因此,只能以测得的尺寸作为实际尺寸。实际尺寸一般是在零件的任意正截面上,用两点接触法测得,同时,零件表面存在形状误差,同一表面的不同部位的实际尺寸往往不同,所以又称为局部实际尺寸。

(4)极限尺寸。极限尺寸是指允许尺寸变化的两个界限值,由使用上的要求确定,其中较大的一个界限值称为最大极限尺寸,较小的一个界限值称为最小极限尺寸,如图 1-1-15 所示。

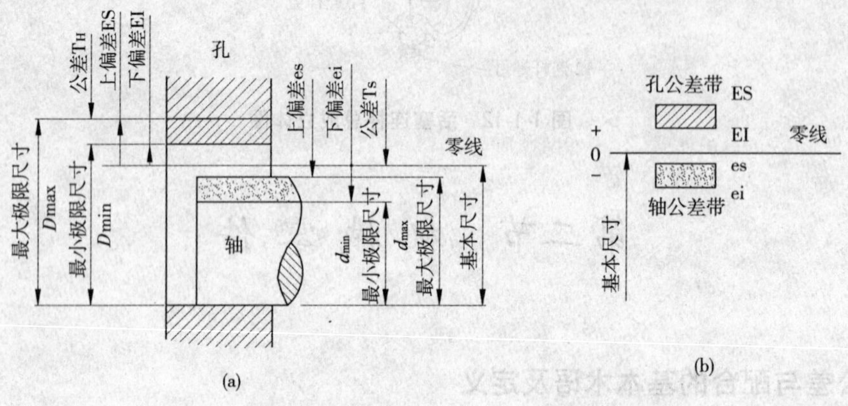

图 1-1-15 基本尺寸、极限尺寸、极限偏差及公差带

(a)基本尺寸和极限尺寸;(b)公差带

(5)作用尺寸。在配合面全长上,与实际孔内接的最大理想轴的尺寸,称为孔的作用尺寸;与实际轴外接的最小理想孔的尺寸,称为轴的作用尺寸,如图 1-1-16 所示。作用尺寸是实际尺寸和形状误差的综合结果,所以,孔、轴的实际配合效果不仅取决于孔、轴的实际尺寸,而且也与孔、轴的作用尺寸有关。

(6)实体状态和实体尺寸。孔、轴的极限尺寸除按其尺寸大小特征分为最大、最小极限尺寸外,还可按工件实体的大小,即所占有材料的多少为特征分类。

①最大实体状态(MMC)和最大实体尺寸(MMS)。孔或轴在尺寸公差范围内,具有材料量最多时的状态,称为最大实体状态,在此状态下的极限尺寸称为最大实体尺寸。孔在最小极限尺寸 D_{min}、轴在最大极限尺寸 d_{max} 时,具有的材料量最多,所以最大实体尺寸是 D_{min} 和 d_{max} 的统称。

②最小实体状态(LMC)和最小实体尺寸(LMS)。孔或轴在尺寸公差范围内,具有材料量最少时的状态,称为最小实体状态,在此状态下的极限尺寸称为最小实体尺寸。孔在最大极限尺寸 D_{max}、轴在最小极限尺寸 d_{min} 时,具有的材料量最

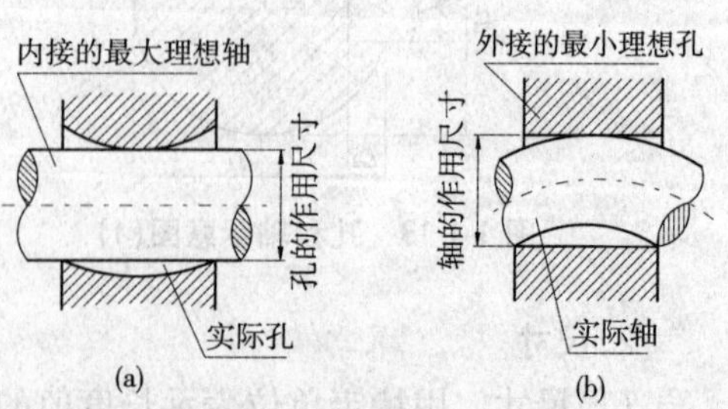

图 1-1-16 孔和轴的作用尺寸

(a)孔的作用尺寸;(b)轴的作用尺寸

少，所以最小实体尺寸是 D_{max} 和 d_{min} 的统称。

3. 尺寸偏差、公差及公差带

(1)尺寸偏差(简称偏差)。尺寸偏差是指某一尺寸减其基本尺寸所得的代数差。偏差分为极限偏差和实际偏差，而极限偏差又分为上偏差和下偏差，如图 1-1-17 所示。上偏差是最大极限尺寸减其基本尺寸所得的代数差，孔、轴上偏差分别用代号 ES 和 es 表示；下偏差是最小极限尺寸减其基本尺寸所得的代数差，孔、轴下偏差分别用代号 EI 和 ei 表示。实际偏差是实际尺寸减其基本尺寸所得的代数差；偏差可以为正、负或零值；合格零件的实际偏差应在规定的极限偏差范围内。

(2)尺寸公差(简称公差)。尺寸公差是指尺寸允许的变动量。公差等于最大极限尺寸与最小极限尺寸之代数差的绝对值，也等于上偏差与下偏差之代数差的绝对值。公差是一个无正、负号的数值，且不能为零。即孔公差 $T_H = |D_{max} - D_{min}| = |ES - EI|$，轴公差 $T_S = |d_{max} - d_{min}| = |es - ei|$。

(3)尺寸公差带(简称公差带)。公差、偏差的数值与基本尺寸相比要小得多，为了简化说明，实用中一般以公差带图(图 1-1-17)表示。在公差带图中，确定偏差的一条基准直线，称为零偏差线(零线)，通常零线表示基本尺寸。正偏差位于零线之上，负偏差位于零线之下。代表上、下偏差的两条直线所限定的一个区域，称为公差带。

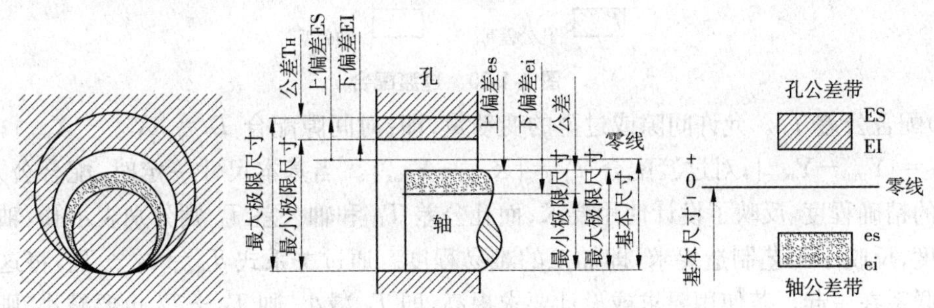

图 1-1-17　尺寸偏差、公差及公差带示意图

(4)基本偏差。用来确定公差带相对零线位置的上偏差或下偏差。一般指靠近零线的那个偏差(图 1-1-17)。当公差带位于零线上方时，其基本偏差为下偏差；位于零线下方时，其基本偏差为上偏差；当公差带对称于零线时，两者皆可。

4. 配合

(1)配合。基本尺寸相同的、相互结合的孔和轴公差带之间的关系。由于配合是指一批孔、轴的装配关系，而不是指单个孔与轴的装配关系，所以用公差带关系来反映配合比较确切。

(2)间隙或过盈。孔的尺寸减去与其相配合的轴的尺寸所得的代数差。此差值为正时是间隙，间隙的代号为 X；为负是过盈，过盈的代号为 Y。

(3)间隙配合。具有间隙(包括最小间隙等于零)的配合，如图 1-1-18 所示。此时，孔的公差带在轴的公差带之上，其极限值为最大间隙 X_{max} 和最小间隙 X_{min}。间隙配合主要用于孔、轴间的活动连接。间隙的作用在于储藏润滑油，补偿温度引起的变化，补偿弹性变形及制造与安装误差等。间隙的大小影响孔、轴相对运动的活动程度。

(4)过盈配合。具有过盈(包括最小过盈等于零)的配合，如图 1-1-19 所示。此时，孔的公差带在轴的公差带之下，其极限值为最大过盈 Y_{max} 和最小过盈 Y_{min}。过盈配合用于孔、轴间的紧密连接，不允许两者有相对运动。

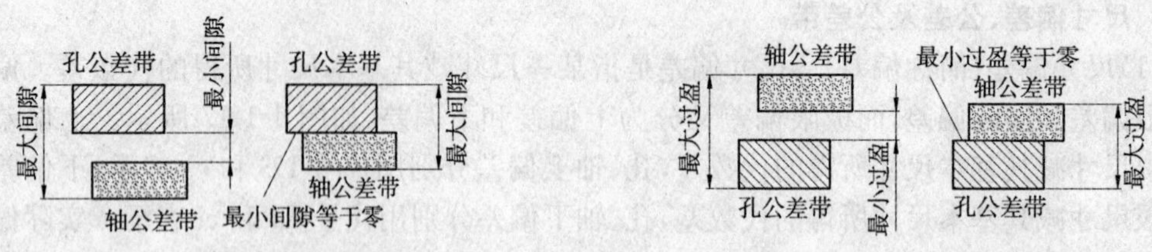

图 1-1-18　间隙配合　　图 1-1-19　过盈配合

(5)过渡配合。可能具有间隙或过盈的配合，如图 1-1-20 所示。此时，孔的公差带与轴的公差带值相互交叠，其极限值为最大间隙和最大过盈。过渡配合主要用于孔、轴的定位连接。标准中规定的过渡配合的间隙或过盈一般都较小，因此，可以保证结合零件具有很好的同轴度，并且便于拆卸和装配。

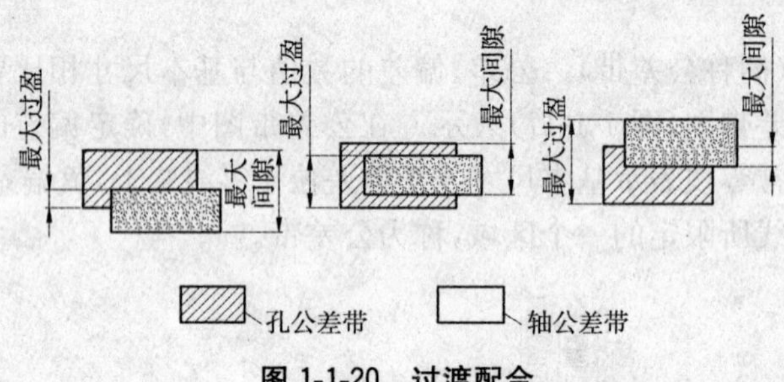

图 1-1-20　过渡配合

(6)配合公差 T_F。允许间隙或过盈的变动量，即：对间隙配合 $T_F=|X_{max}-X_{min}|$；对过盈配合 $T_F=|Y_{min}-Y_{max}|$；对过渡配合 $T_F=|X_{max}-Y_{max}|$。当基本尺寸一定时，配合公差 T_F 表示配合的精确程度，反映了设计使用要求；而孔公差 T_H 和轴公差 T_S 则分别表示孔、轴加工的精确程度，反映了工艺制造要求，即加工的难易程度。通过关系式 $T_F=T_H+T_S$，将这两方面的要求联系在一起。若使用要求或设计要求提高，即 T_F 减小，则 T_H+T_S 也要减小，则加工将更困难，成本也将提高。因此，这个关系式正好说明公差的实质：反映机器使用要求与制造要求的矛盾，或设计与工艺的矛盾。

(7)配合公差带。配合公差带的大小表示配合的精度。对间隙配合为最大间隙与最小间隙之间的公差带；对过盈配合为最大过盈与最小过盈之间的公差带；对过渡配合为最大间隙与最大过盈之间的公差带。

5. 基准制

所谓基准制，即以两个相配零件中的一个为基准件，并选定标准公差带，然后按使用要求的最小间隙或最小过盈，确定非基准件公差带位置，从而形成各种配合的一种制度。

(1)基孔制。它是基本偏差为一定的孔公差带，与不同基本偏差的轴公差带形成各种配合的一种制度，如图 1-1-21a 所示。基孔制中配合的孔，称为基准孔，它是配合的基准件。标准规定，基本偏差(下偏差)为零，即 EI=0，而上偏差为正值，即公差带在零线上侧。基孔制中配合的轴为非基准件。当轴的基本偏差为上偏差且为负值或零值时，是间隙配合；基本偏差为下偏差且为正值时，若孔与轴公差带相交叠为过渡配合，相错开为过盈配合。另外，在图 1-1-21a 中，轴的另一极限偏差用一条虚线段画出，以表示其位置由公差带大小来确定。而孔的另一极限偏差用两条虚线段画出，以示意其位置随公差带大小而变化的范围。这样，随着孔与轴的另一极限偏差线位置之间的关系不同，在过渡配合与过盈配合之间，出现了配合类别不确定的“过渡配合或过盈配合”区。

(2)基轴制。它是基本偏差为一定的轴的公差带，与不同基本偏差的孔形成各种配合的一种制度，如图1-1-21b所示。基轴制中配合的轴，称为基准轴，是配合的基准件，而孔为非基准件。标准规定，基本偏差(上偏差)为零，即es=0，而下偏差为负值，即公差带在零线下侧。与基孔制相似，随着基准轴与相配孔公差带之间相互关系不同，可形成不同松紧程度的间隙配合、过渡配合和过盈配合。

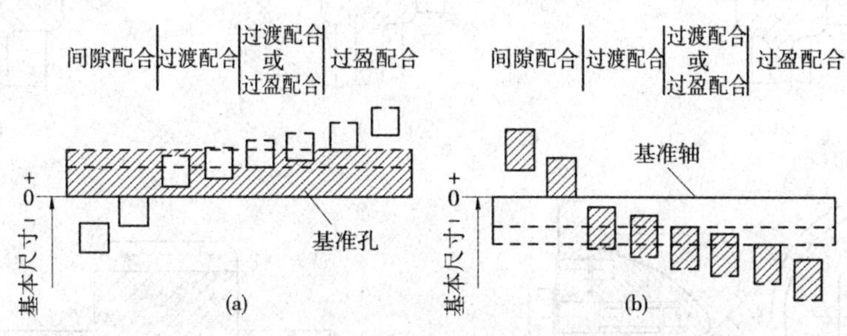

图1-1-21　基孔制与基轴制

(a)基孔制；(b)基轴制

二、典型零件的定位方式

轴上零件的定位和固定是两个不同的概念。定位是针对装配而言的，是为了保证轴上零件准确的安装位置；固定是针对工作而言的，是为了使轴上零件在运转中保持原位不动。但两者又相互联系，通常作为轴的结构措施，既起固定作用，又起定位作用。

1.轴上零件的轴向定位和固定

轴向定位和固定是指将轴上的零件沿轴线方向进行定位和固定。轴上零件轴向定位和固定的目的是保证零件在轴上有确定的轴向位置，防止零件作轴向移动，并能承受轴向力。轴上零件通常采用轴肩(图1-1-22a)、轴环(图1-1-22b)、圆锥面(图1-1-22c)，以及采用轴端挡圈(图1-1-22d)、轴套(图1-1-22e)、圆螺母(图1-1-22f)、弹性挡圈(图1-1-22g)等零件进行轴向定位和固定。

2.轴上的零件的周向定位和固定

周向定位和固定是指将轴上的零件在圆周方向进行定位和固定，其目的是为了传递转矩及防止零件与轴产生相对转动。轴上零件通常采用平键(图1-1-23a)、半圆键(图1-1-23b)、楔键(图1-1-23c)、花键(图1-1-23d)、销(图1-1-23e)、紧定螺钉(图1-1-23f)、过盈配合等进行轴向定位和固定。

3.汽车发动机中凸轮轴的定位和固定

凸轮轴通常由曲轴通过一对正时齿轮驱动。小齿轮和大齿轮分别用键装在曲轴与凸轮轴的前端，以实现周向定位和固定，其传动比为2∶1。在装配曲轴和凸轮轴时，必须将正时齿轮记号对准，以保证正确的配气相位和点火时刻，如图1-1-24所示。为防止凸轮轴轴向窜动，凸轮轴必须有轴向定位装置，其结构如图1-1-25所示。止推垫板4套在正时齿轮1的轮毂与凸轮轴第一轴颈端面之间，并用螺钉5固定在汽缸体上，正时齿轮与凸轮轴第一轴颈之间有

0.08～0.20 mm 的间隙。间隙可借改变调节环厚度进行调整。当凸轮轴产生轴向移动时，止推垫板便与凸轮轴轴颈端面或与正时齿轮轮毂端面接触，从而防止了轴向窜动。止推垫板磨损后可以更换。

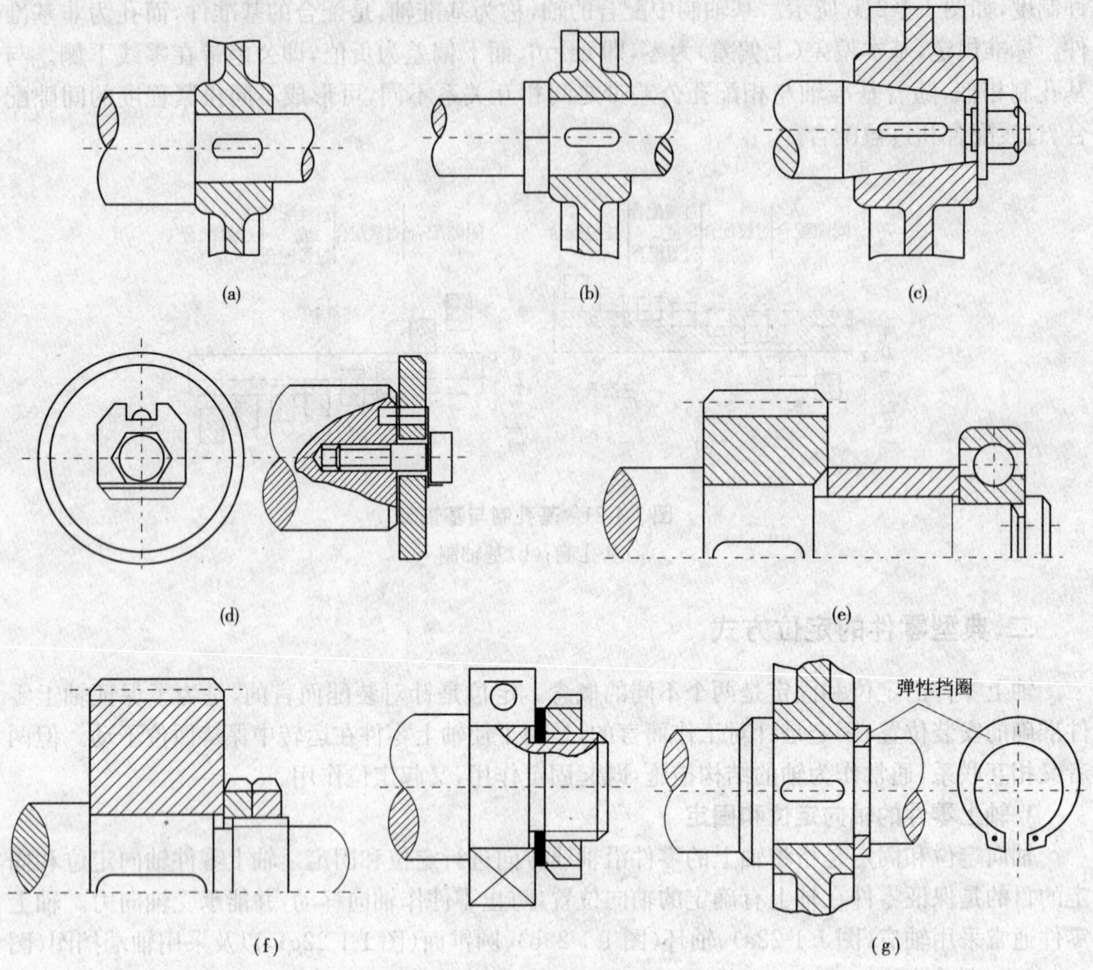

图 1-1-22 轴上零件的轴向定位

(a)轴肩；(b)轴环；(c)圆锥面；(d)轴端挡圈；(e)轴套；(f)圆螺母；(g)弹性挡圈

三、常见机械传动形式

(一)传动系统在机械中的作用、组成及主要类型

传动系统(机器中的传动部分)是置于原动机与执行机构之间，将原动机产生的机械能传送到工作(执行)机构上去的中间装置。它的作用是将原动机的运动参数、运动形式和动力参数变换为工作机构所需要的运动参数、运动形式和动力参数。例如，降低或提高原动机输出的速度，以满足执行机构的需要；把原动机输出的转矩，变换为执行机构所需要的转矩或力；把原动机输出的等速旋转运动，变换为执行部分所需要的运动形式及运动规律等。传动系统是大多数机器中不可缺少的主要组成部分。传动装置设计与制造的好坏，在机械工业中具有极其重要的意义。

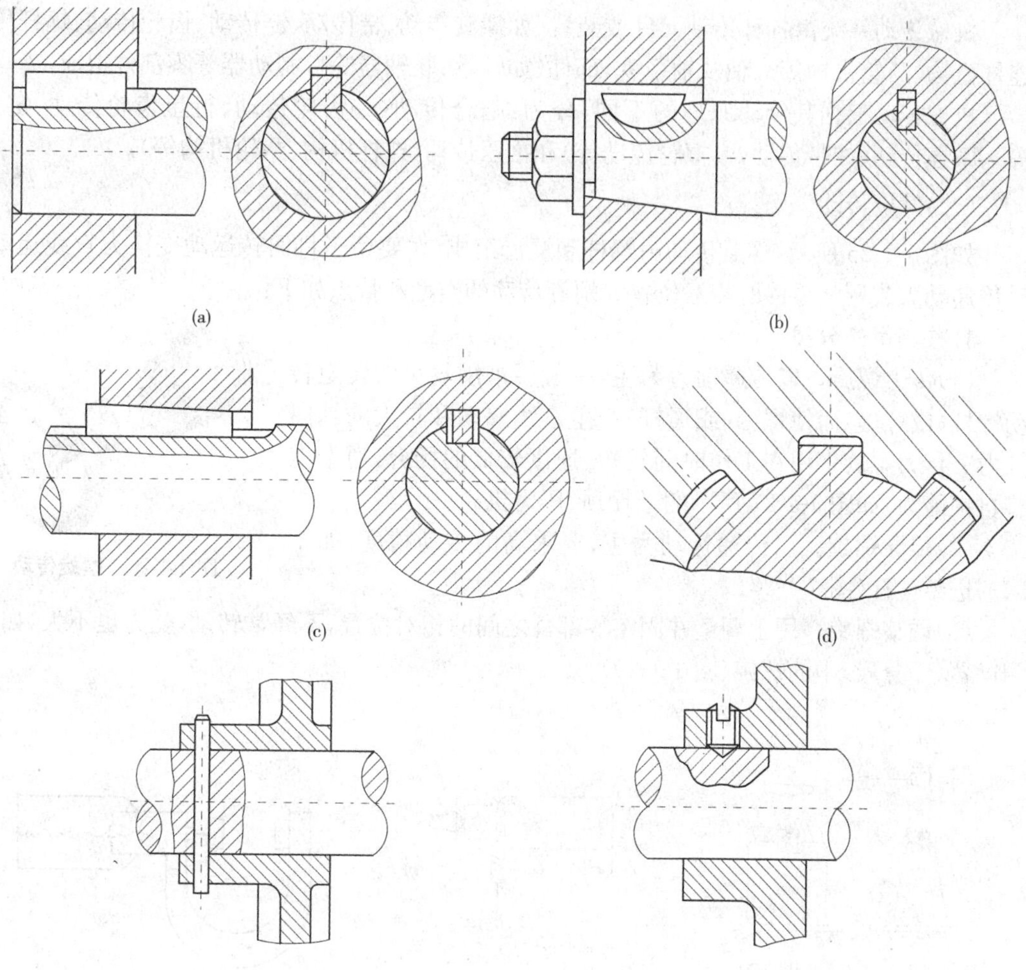

(a)　(b)

(c)　(d)

(e)　(f)

图 1-1-23　轴上的零件的周向定位和固定

(a)普通平键；(b)半圆键；(c)楔键；(d)花键；(e)销；(f)紧定螺钉

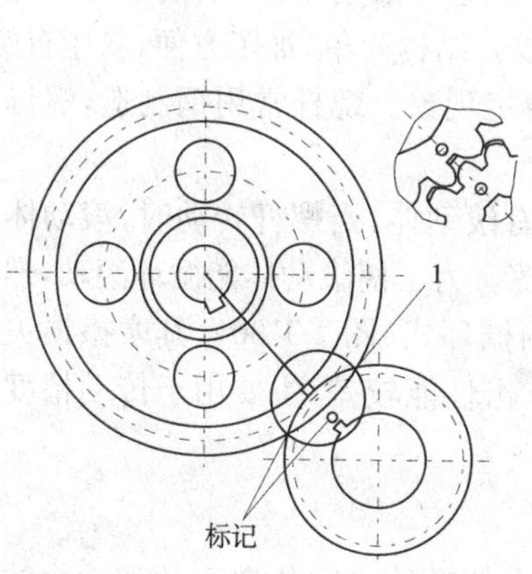

图 1-1-24　正时齿轮的记号

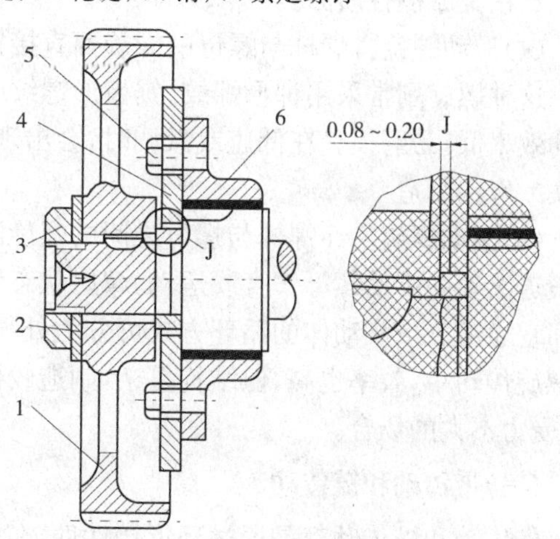

图 1-1-25　凸轮轴的轴向定位

1-正时齿轮；2-锁紧垫圈；3-螺母；4-止推垫板；5-止推垫板固定螺母；6-调节环

机械传动系统由各种传动元件或装置(如螺旋传动、带传动、链传动、齿轮传动、蜗杆传动、连杆机构、凸轮机构等),轴及轴系零、部件(如轴承、联轴器等),制动器等零部件组成。

机械传动根据其传动原理的不同,分为:啮合传动(如齿轮传动、行星齿轮传动、链传动等)、摩擦传动(如带传动、摩擦轮传动等)和推压传动(连杆机构、凸轮机构等)。

(二)螺旋传动

如图 1-1-26 所示,螺旋传动由螺杆和螺母组成,主要用于将回转运动变换为直线运动,同时传递动力或调整零件的相互位置。螺旋传动的类型和特点如下:

1. 按其用途分类

(1)传力螺旋。以传递动力为主,一般要求用较小的转矩转动螺杆(或螺母)而使螺母(或螺杆)产生直线移动和较大的轴向推力。传力螺旋多用在工作时间较短、速度较低的场合,通常需有自锁能力,如图 1-1-27 所示的千斤顶、压力机。

图 1-1-26 螺旋传动

(2)传导螺旋。以传递运动为主,要求高的传动精度,如车床的进给丝杠(图 1-1-28)。

(3)调整螺旋。用于调整并固定零部件之间的相对位置,不经常转动,受力也不大,如螺旋测微器(千分尺)中的螺旋(图 1-1-29)。

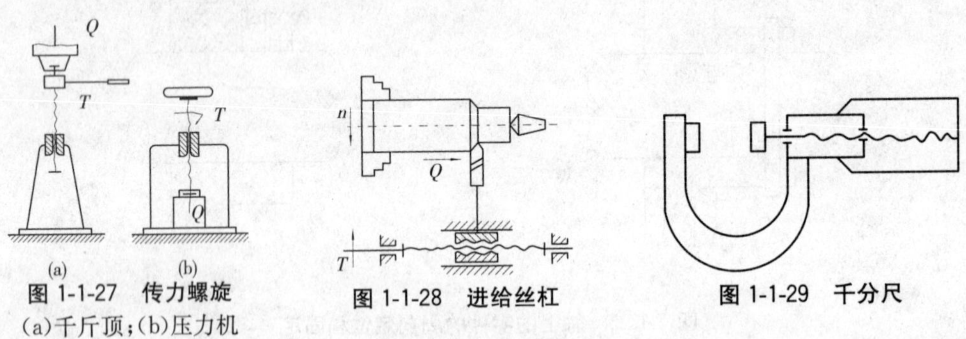

图 1-1-27 传力螺旋
(a)千斤顶;(b)压力机

图 1-1-28 进给丝杠

图 1-1-29 千分尺

2. 按其摩擦性质分类

(1)滑动螺旋。螺杆与螺母的螺旋面直接接触,摩擦状态为滑动摩擦,是最常见的螺旋传动。这种螺旋副常采用梯形螺纹、锯齿形螺纹或矩形螺纹。结构简单,加工方便,易于自锁,但传动效率低,易磨损。在低速或微调时,会出现运动不稳定现象。螺杆常用钢制造,螺母常用铸铁或青铜制造。

(2)滚动螺旋。在螺杆与螺母之间的螺旋滚道中装有滚动体,当螺杆转动时,滚动体沿螺旋滚道滚动并带动螺母作直线运动,摩擦状态为滚动摩擦。为了使滚动体能循环滚动,螺母上有回程通道。按滚动体的循环方式可分为外循环式和内循环式(图 1-1-30),其摩擦损失比滑动螺旋传动小,效率也高,但结构复杂,制造较困难,抗冲击性能较差,主要用于传动精度要求高、受力不大的场合。

(三)带传动和链传动

带传动和链传动都是通过环形挠性件,在两个或多个传动轮之间传递运动和动力的机械传动装置,又称为挠性件传动。它们具有结构简单、维护方便和成本低廉等特点,适用于两轴中心距较大的传动。

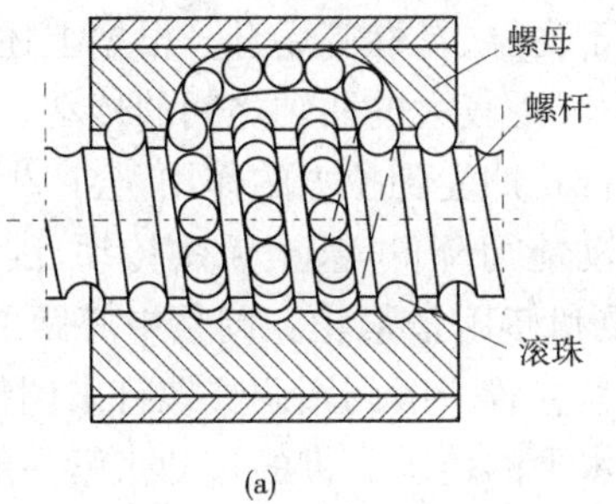

(a)

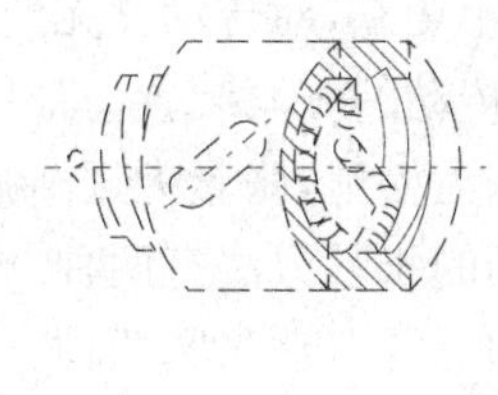

(b)

图 1-1-30　滚动螺旋传动

(a)外循环;(b)内循环

1. 带传动的类型、结构和特点

(1)带传动的类型。带传动主要由主动带轮 1、从动带轮 2 和张紧在两轮上的环形传动带组成,利用带作为中间挠性件,依靠带与带轮之间的摩擦力或啮合来传递运动和(或)动力的。带传动的传动比就是带轮角速度之比,或带轮的转速之比,即:带传动的传动比=主动带轮的转速/从动带轮的转速。带传动分为摩擦带传动(图 1-1-31a)和啮合带传动两种(图 1-1-31b)。在摩擦带传动中,按带的横截面形状(图 1-1-32)可分为矩形截面的平带传动(图 1-1-32a)、梯形截面的 V 带传动(图 1-1-32b)、多楔带传动(图 1-1-32c),若干 V 带的组合和圆带传动(图 1-1-32d)。啮合带传动(图 1-1-31b)利用带的齿和带轮的齿相啮合传递运动和力,因为是啮合传动,带与带轮之间没有相对滑动,又称同步带传动。

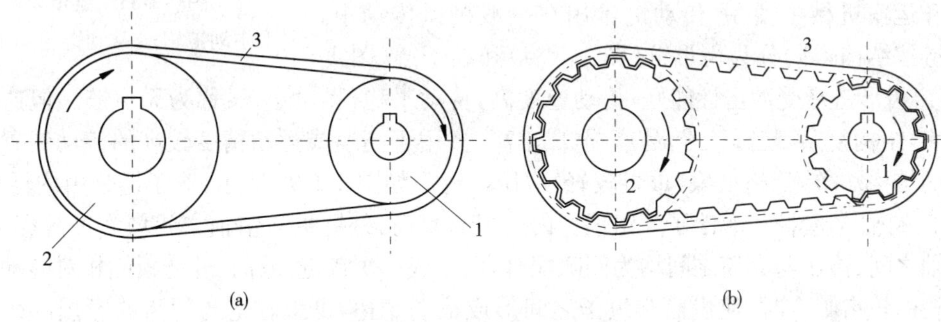

图 1-1-31　带传动的类型

(a)摩擦带;(b)啮合带

1-主动带轮;2-从动带轮;3-传动带

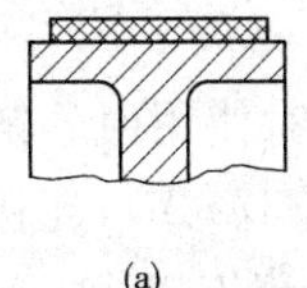

(a)

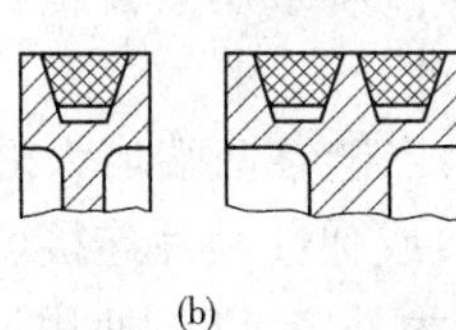

(b)

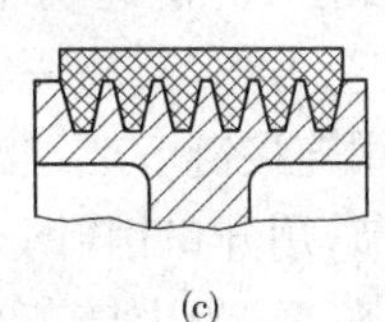

(c)

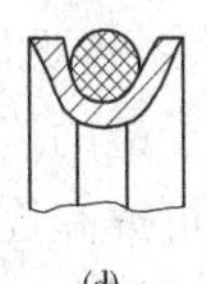

(d)

图 1-1-32　摩擦带的横截面形状

(a)平带;(b)V 带;(c)多楔带;(d)圆带

(2)带传动的特点。带具有良好的弹性,可以缓冲、吸振,传动平稳,噪声小;过载时,带在带轮上打滑,可防止其他零件损坏,起安全保护作用;适用于两轴中心距较大的场合;结构简单,制造、安装和维护方便,成本低廉;带与带轮之间有相对滑动,不能保证恒定的传动比;不能传递很大的功率,且传动效率较低,带的寿命较短;传动的外廓尺寸大,结构不紧凑;带传动需要张紧，支承带轮的轴承受力较大；不适宜用于高温、易燃等场合。根据上述特点，带传动多用于传递中、小功率，对传动比无严格要求，且中心距较大的两轴之间的传动。

(3)带传动的张紧装置。带传动中，由于带长期受到拉力的作用，会产生永久变形而伸长，带由张紧变为松弛，张紧力逐渐减小，导致传动能力降低，甚至无法传动，因此，必须将带重新张紧。常用的张紧方法有两种，即调整中心距和使用张紧轮。调整中心距的张紧装置有带的定期张紧和带的自动张紧两种。带的定期张紧装置一般利用调整螺钉来调整两带轮轴线间的距离。这种张紧方式适用于水平传动或接近水平的传动。带的自动张紧一般利用部件或摆架自身的重量，自动保持张紧力。张紧轮是为改变带轮的包角或控制带的张紧力而压在带上的随动轮。当两带轮中心距不能调整时，可使用张紧轮张紧装置。

2.链传动的类型、结构和特点

链传动(图1-1-33)是由安装在两根平行轴上的主动链轮1、从动链轮2以及环绕在链轮上的封闭链条3所组成。依靠链轮与中间挠性件链条相啮合，将主动链轮的运动和动力传递给从动链轮，是一种具有中间挠性件的啮合传动。

链传动的传动比就是主动链轮与从动链轮的转速比，与链轮的齿数成反比。链传动的传动比＝主动链轮转速/从动链轮转速＝从动链轮齿数/主动链轮齿数。

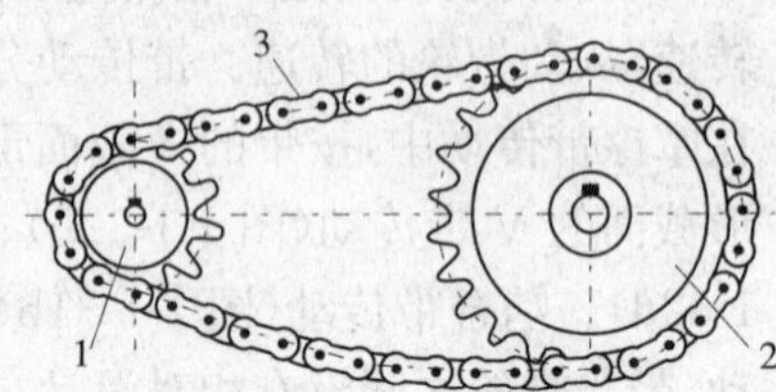

图1-1-33　链传动

1-主动链轮；2-从动链轮；3-链条

(1)链的类型和结构。链的种类较多，按用途不同可分为传动链、起重链和牵引链三种。起重链和牵引链在起重机械和运输机械中使用，传动链常用在一般机械传动中。传动链按结构不同分为齿形链(图1-1-34)和滚子链(图1-1-35)。齿形链承受冲击性能好，传动速度高，传动平稳，噪声小，又称为无声链。但这种链的重量大，结构复杂，装拆较难，易磨损，成本高，多用于高速或运动精度较高的传动装置中。滚子链的结构简单，价格低廉，重量较轻，应用广泛。如图1-1-35所示，滚子链是由内链板1、外链板2、销轴3、套筒4和滚子5组成。内链板与套筒、外链板与销轴之间均为过盈配合，套筒与销轴之间、滚子与套筒之间均为间隙配合，而组成一个铰链，故内、外链板能相对转动。当链与链轮的轮齿啮合时，使齿面与滚子之间形成滚动摩擦，可减轻链与轮齿的磨损。链板制成“8”字形，可减小链条的重量和惯性力，并使链板各截面上抗拉强度大致相等。滚子链上相邻两滚子中心的距离称为链的节距，以P表示。它是链的主要参数，节距越大，链各部分尺寸也越大，所传递的功率也越大。传递功率较大时，可采用多排链，如双排链，如图1-1-36所示。排数越多，越难使各排受力均匀，故一般不超过3～4排。

滚子链的连接使用连接链节或过渡链节：当链条两端均为内链节时使用由外链板和销轴组成的可拆卸连接链节，用开口销(钢丝锁销)或弹性锁片连接(图1-1-37a、b)，连接后链条的链节数为偶数。当链条一端为内链节另一端为外链节时，使用过渡链节连接(图1-1-37c)，连接后的链条的链节数为奇数。由于过渡链节的抗拉强度较低，因此，尽量要不采用。

(2)链传动的特点和应用。与带传动相比，链传动的特点是：能保持准确的平均传动比；传动尺寸相同时，传动功率较大；不需要很大的张紧力，作用在轴和轴承上的力小，传动效率较高；可在温度较高、湿度较大、有油污、腐蚀等恶劣条件下工作；能用一根链条同时带动几根彼此平行的轴转动。由于瞬时传动比不恒定，工作中冲击、噪声较大，不及带传动平稳，不宜应用在高速、载荷变化很大和急速反向的传动中；无过载保护作用；链条的铰链磨损后，使链条节距变大，传动中链条容易脱落。链传动常用于两轴中心距较大、要求平均传动比不变和瞬时传动比要求不严格的场合。

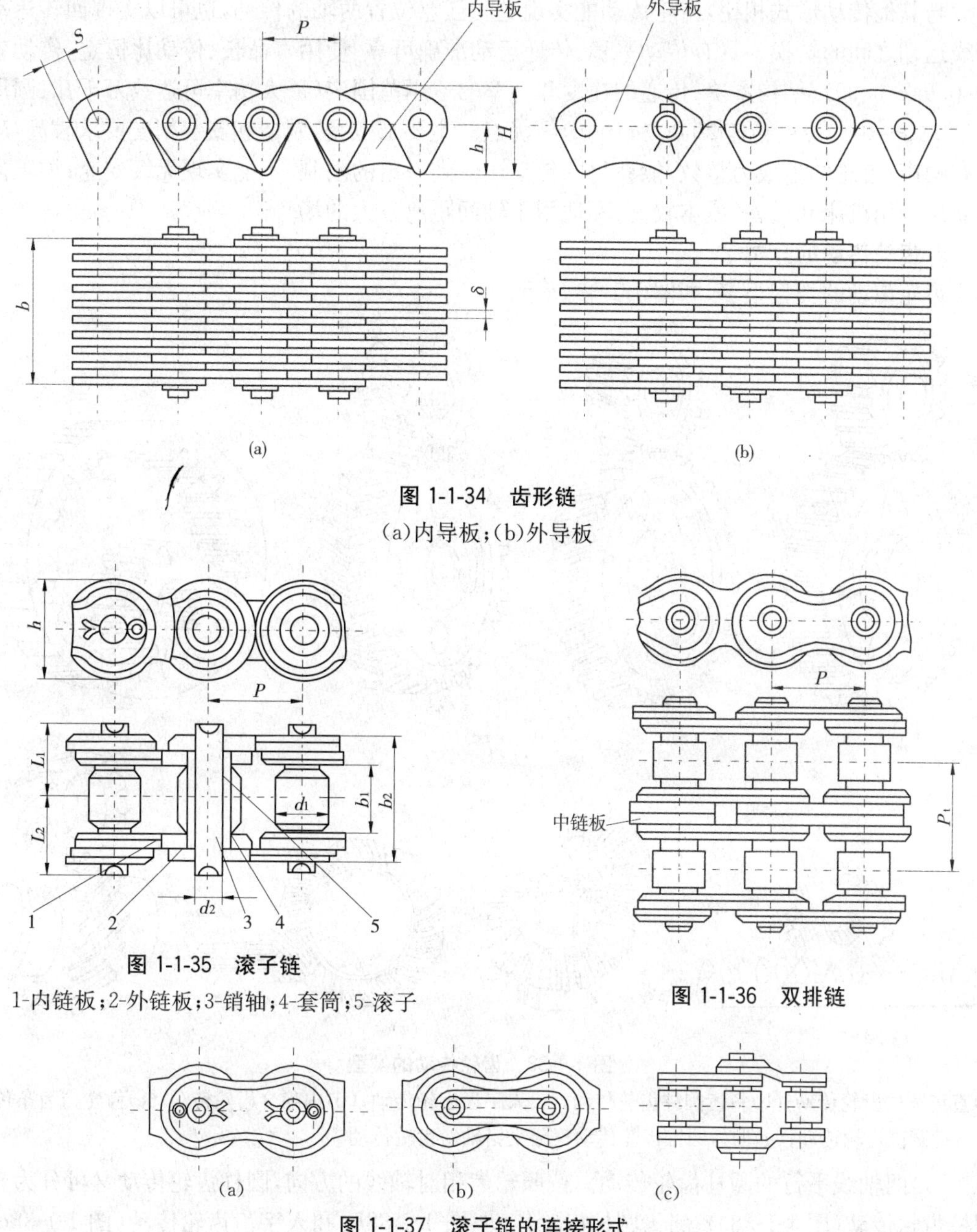

图 1-1-34 齿形链

(a)内导板；(b)外导板

图 1-1-35 滚子链

1-内链板；2-外链板；3-销轴；4-套筒；5-滚子

图 1-1-36 双排链

图 1-1-37 滚子链的连接形式

(a)开口销；(b)弹性锁片；(c)过渡链节

(四)齿轮传动

齿轮副是由两个相互啮合的齿轮组成的基本机构，两齿轮轴线的相对位置不变，并绕其自身的轴线转动。齿轮传动是利用齿轮副来传递运动和(或)动力的一种机械传动。齿轮传动的传动比是主动齿轮与从动齿轮角速度(或转速)的比值，也等于两齿轮齿数的反比，即：齿轮传动的传动比＝主动齿轮角速度/从动齿轮角速度＝主动齿轮转速/从动齿轮转速＝从动齿轮齿数/主动齿轮齿数。

1. 齿轮传动的特点

与其他传动形式相比，齿轮传动能实现空间任意位置两轴的传动，也可以实现回转运动和直线运动之间的转换。具有传动平稳、传递运动准确可靠、使用寿命长、传动比恒定、传动效率高(0.94～0.99)、结构紧凑、传递的速度和功率的适用范围广(最大功率可达数万千瓦、圆周线速度 200～300 m/s、转速 20 000 r/min)等优点。主要缺点是，制造和安装精度要求较高，工作时有噪声；齿轮的齿数为整数，能获得的传动比受到一定的限制，不能实现无级变速；加工齿轮需要用专用机床和设备，成本较高；不适用于轴间距离过大的场合。

2. 齿轮传动的分类

齿轮传动的类型很多，如图 1-1-38 所示。

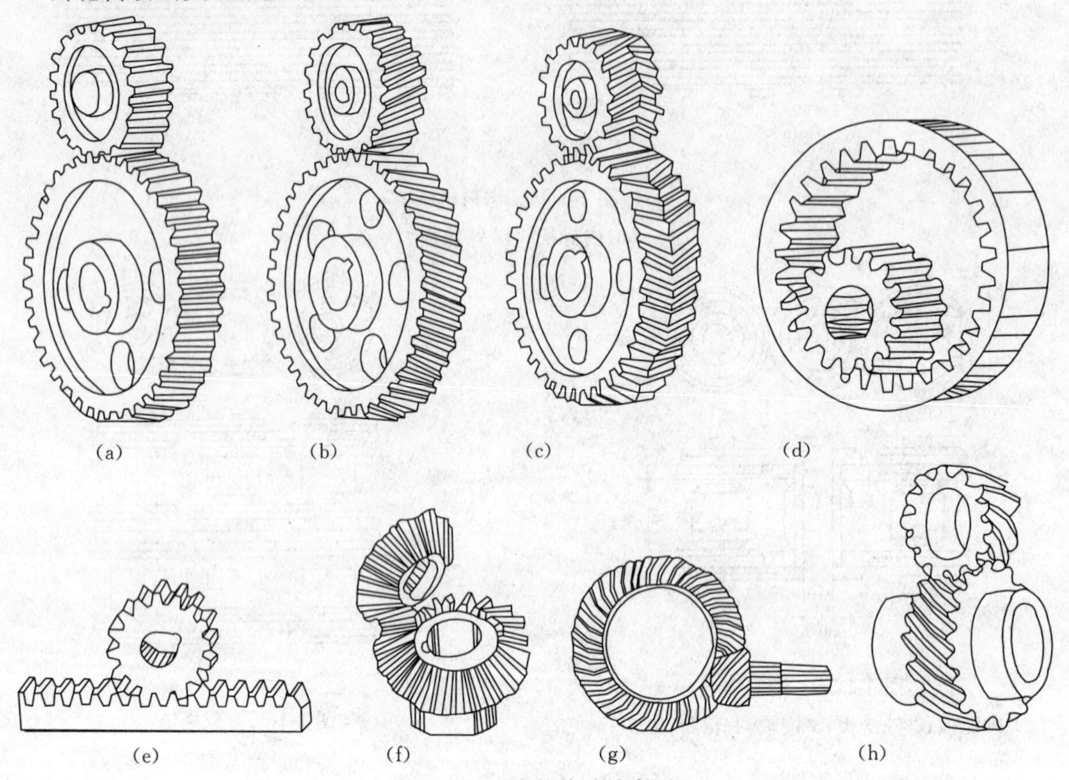

图 1-1-38 齿轮传动的类型

(a)直齿圆柱齿轮传动；(b)斜齿圆柱齿轮传动；(c)人字齿齿轮传动；(d)内啮合齿轮传动；(e)齿轮与齿条传动；(f)直齿圆锥齿轮传动；(g)曲齿圆锥齿轮传动；(h)交错轴斜齿轮传动

(1)两轴线平行的圆柱齿轮传动。按照轮齿相对轴线的方向，圆柱齿轮传动又可分为直齿圆柱齿轮传动(图 1-1-38a)、斜齿圆柱齿轮传动(图 1-1-38b)和人字齿齿轮传动(图 1-1-38c)三种。圆柱齿轮传动按照啮合情况又可分成外啮合齿轮传动(图 1-1-38a、b、c)、内啮合齿轮传动(图 1-1-38d)及齿轮与齿条传动(图 1-1-38e)等。

(2)两轴线相交的圆锥齿轮传动。圆锥齿轮用于两相交轴之间的传动，两轴间夹角通常为 90°。相交轴圆锥齿轮传动又有直齿(图 1-1-38f)和曲齿(图 1-1-38g)之分。

(3)两轴线交错的齿轮传动。交错轴齿轮传动又可分为交错轴斜齿轮传动(图 1-1-38h)和蜗杆传动。

(4)开式齿轮传动。以这种方式传动的齿轮外露，易落入灰尘，不能保证良好的润滑。

(5)闭式齿轮传动。以这种方式传功的齿轮全部安装在封闭的刚性箱体内，安装精确、润滑条件良好。

3.蜗杆传动

当两轴既不平行也不相交，而在空间垂直相错时，可以采用蜗杆传动。蜗杆传动由蜗杆和与它相啮合的蜗轮组成，一般蜗杆为主动件。蜗杆传动应用于各种机械和仪器中，它具有下列优点：传动比大，一般 $i=10\sim80$；传动平稳，噪声小；具有自锁性；承载能力大。其缺点是：蜗杆传动摩擦损失大，传动效率低，自锁蜗杆传动的效率低于50%；发热量大，不适于功率较大(一般不超过100 kW)、长期连续工作处；成本较高，需要较贵的青铜制造蜗轮齿圈。蜗杆传动中的蜗杆形式很多，目前工程上常用的是阿基米德蜗杆，这种蜗杆很像一个具有梯形螺纹的螺杆，蜗杆有左旋和右旋之分，通常多用右旋蜗杆。同时，蜗杆按头数(即线数)又可分为单头蜗杆、双头蜗杆、多头蜗杆；蜗轮类似于斜齿轮，不同的是沿着齿宽方向做成弧形包在蜗杆上(图1-1-39)，以加大接触面，增加传动能力。润滑对于蜗杆传动来说具有特别重要的意义。由于摩擦产生的热量大，所以，要求工作时有良好的润滑条件，以提高蜗杆传动效率，防止胶合及减少磨损。应当指出，对于青铜蜗轮，不允许采用抗胶合能力强的活性润滑油，以免腐蚀青铜齿面。对于开式传动，则采用黏度较高的齿轮油或润滑脂进行润滑。

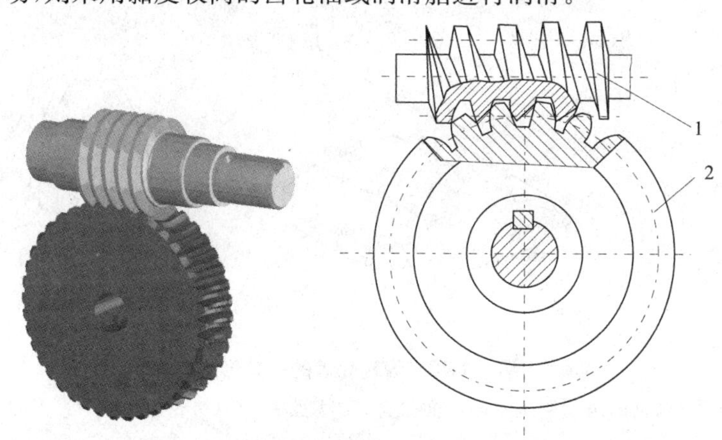

图1-1-39 蜗杆传动

1-蜗杆；2-蜗轮

4.齿轮轮齿的失效形式

齿轮在传动过程中，发生轮齿折断、齿面损坏等现象，从而失去其正常工作的能力，这种现象称为齿轮轮齿的失效。由于齿轮传动的工作条件和应用范围各不相同，影响失效的原因很多。就其工作条件来说，有闭式、开式之分；就其使用情况来说，有低速、高速及轻载和重载之分。此外，齿轮的材料性能、热处理工艺的不同，以及齿轮结构的尺寸大小和加工精度等级的差别，均会使齿轮传动出现多种不同的失效形式。

(1)齿面点蚀。轮齿在传递动力时，两工作齿面理论上是线接触，实际上因齿面的弹性变形而会形成很小的面接触。由于接触面积很小，所以产生很大的接触应力。传动过程中，齿面间的接触应力从零增加到最大值，又由最大值降到零，当接触应力的循环次数超过某一限度时，工作齿面便会产生微小的疲劳裂纹。如果裂缝内渗入了润滑油，在另一轮齿的挤压下，封闭在裂缝内的油压会急剧升高，加速裂纹的扩展，最终导致表面层上小块金属的剥落，形成小坑。这种现象称为疲劳点蚀(简称点蚀)。实践表明,点蚀多发生在靠近节线的齿根表面处(图1-1-40a)。点蚀使轮齿工作表面损坏,造成传动不平稳和产生噪声,轮齿啮合情况会逐渐恶化而报废。齿面点蚀是在润滑良好的闭式齿轮传动中轮齿失效的主要形式之一。在开式齿轮传动中,由于齿面磨损较快,点蚀还来不及出现或扩展,即被磨掉,所以,一般看不到点蚀现象。齿面抗点蚀的能力主要与齿面硬度有关,提高齿面硬度、减小齿面的表面粗糙度值和增大润滑油的黏度有利于防止点蚀。

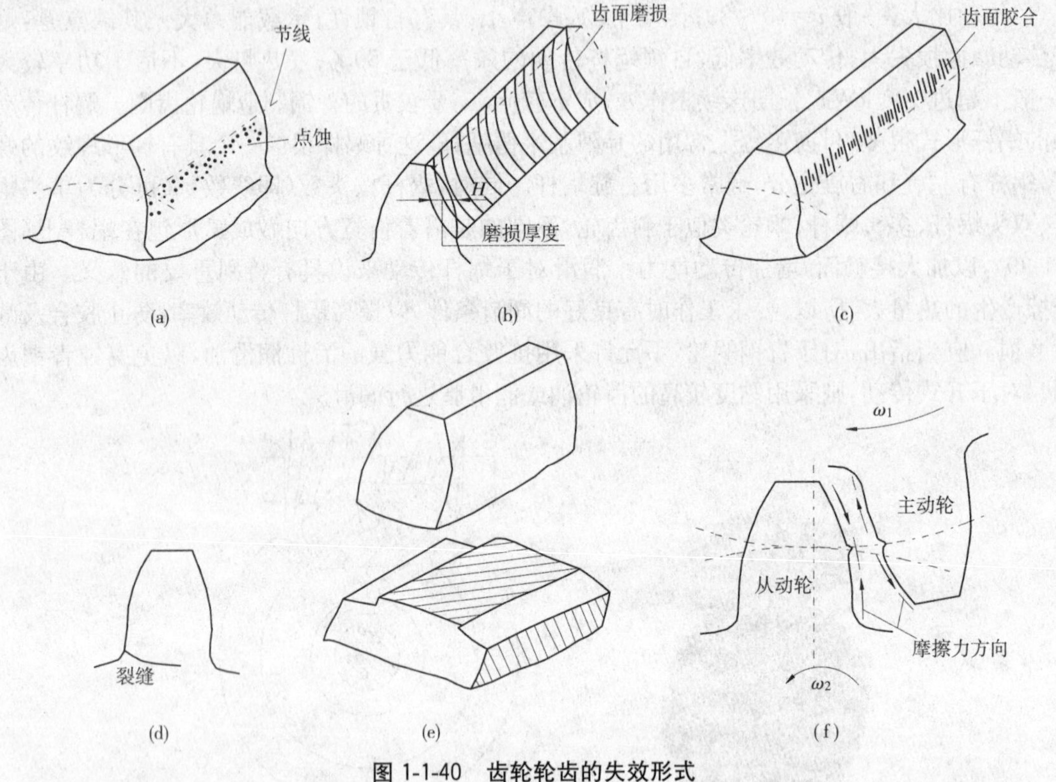

图 1-1-40 齿轮轮齿的失效形式

(a)轮齿的点蚀;(b)齿面磨损;(c)齿面胶合;(d)疲劳裂纹;(e)轮齿折断;(f)齿面塑性变形

(2)齿面磨损。齿轮在传动过程中,轮齿不仅受到载荷的作用,而且接触的两齿面间有相对滑动,使齿面发生磨损(图1-1-40b)所示。齿面磨损的速度符合预定的设计期限,则视为正常磨损。正常磨损的齿面很光亮,没有明显的痕迹,在规定的磨损量内,并不影响齿轮的正常工作。但齿面磨损严重时,渐开线齿廓被损坏,使齿侧间隙增大而引起传动不平稳,产生冲击和噪声,甚至会因齿厚过度磨薄发生轮齿折断。产生齿面磨损的原因主要有:齿轮在传动过程中,工作齿面间有相对滑动;齿面不干净,有金属微粒、尘埃、污物等进入轮齿啮合区域,引起磨料性磨损;润滑不好。齿面磨损是润滑条件不好、易受灰尘及有害物质侵袭的开式齿轮传动的主要失效形式之一。为减小齿面磨损,应尽可能采用润滑条件良好的闭式传动,同时,提高齿面硬度,减小轮齿表面粗糙度值。

(3)齿面胶合。在重载传动中,齿轮副两齿轮工作齿面发生金属表面直接接触而形成"焊接"的现象,称为齿面胶合。产生齿面胶合的原因有以下两个:高速重载的闭式齿轮传动中,由于散热不好,导致润滑油油温升高,黏度降低,易于从两齿面接触处被挤出来,使工作齿面间的润滑油膜破坏;低速重载的齿轮传动中,由于工作齿面之间压力很大,润滑油膜不易形成。当两工作齿面金属直接接触时，齿面的瞬时高温会使较软的齿的齿面金属熔焊在与之相啮合的另一齿轮的齿面上，并因相对滑动在较软的工作齿面上形成与滑动方向一致的撕裂沟痕。传动中，靠近节线的齿顶表面处相对速度较大，因此，胶合常发生在该部位(图 1-1-40c)。齿面发生胶合现象后，将严重损坏而失效。为防止产生齿面胶合，对于低速传动，可采用黏度大的润滑油；对于高速传动，则可采用硫化润滑油，使其较牢固地吸附在齿面上而不易被挤掉。提高齿面的硬度和减小轮齿表面粗糙度，以及两齿轮选择不同材料(亲和力小)等措施均可减少胶合的发生。

(4)轮齿折断。齿轮轮齿在传递动力时，相当于一根悬臂梁。在齿根处受到的弯曲应力最大，且在齿根的过渡圆角处具有较大的应力集中。传递载荷时，轮齿从啮合开始到啮合结束，随着啮合点位置的变化，齿根处的应力从零增到某一最大值，然后又逐渐减小为零，轮齿在交变载荷的不断作用下，在轮齿根部的应力集中处便会产生疲劳裂纹(图 1-1-40d)。随着重复次数的增加，裂纹逐渐扩展，直至轮齿折断(图 1-1-40e)，这种折断称为疲劳折断。此外，用脆性较大的材料(如铸铁、淬火钢等)制成的齿轮，由于材料在受到短时过载或过大的冲击载荷时，常会引起轮齿的突然折断，这种折断称为过载折断。轮齿折断是开式齿轮传动和硬齿面闭式齿轮传动中轮齿失效的主要形式之一。轮齿折断常常是突然发生的，不仅使机器不能正常工作，甚至会造成重大事故，因此，应引起特别注意。防止轮齿折断的措施如下：选择适当的模数和齿宽，保证轮齿的强度；采用合适的材料和热处理方法；减小齿根处的应力集中，齿根圆角不宜过小；轮齿表面粗糙度值要小；使齿根危险截面处的最大弯曲应力值不超过材料的许用应力值。

(5)齿面塑性变形。若齿轮材质较软，轮齿表面硬度不高，当工作于低速重载和频繁起动情况下，在较大的载荷和摩擦力的作用下，可能使齿面表层金属沿相对滑动方向发生局部的塑性流动，出现齿面的塑性变形。主动轮上所受的摩擦力背离节线指向齿顶和齿根，产生塑性变形时，在齿面沿节线处形成凹沟；从动轮上所受摩擦力则分别由齿顶和齿根指向节线，产生塑性变形时，在齿面沿节线处形成凸棱(图 1-1-40f)。塑性变形严重时，在齿顶边缘处会出现飞边(主动轮上更容易出现)。齿面的塑性变形破坏了齿廓的形状，导致齿轮轮齿失效。提高齿面硬度和采用黏度较高的润滑油，有利于防止或减轻齿面的塑性变形。

第三节 汽车常用材料

一、金属材料的性能

一辆汽车约由 2 万多个零件组成，在这些零件中，使用了各种各样的材料，其中 86%左右是金属材料。金属材料之所以在汽车上得到广泛应用，是由于它具有许多良好的性能。金属材料的性能，主要分为使用性能和工艺性能。所谓使用性能，是指金属材料在使用条件下所表现出来的性质和适应能力，如物理性能、化学性能和机械性能(或力学性能)等。所谓工艺性能，是指金属材料在加工时所表现出来的适应能力和难易程度，如各种冷、热加工的性能，包括铸造性能、锻造性能、焊接性能、热处理性能和切削加工性能等。所有性能中，机械性能最为基本和重要,因为它是产品设计和材料选择的主要依据。

1. 金属材料的机械性能

机械零件或工具在使用过程中,要受到各种荷载的作用,金属材料在荷载的作用下所反映出来的性能,称为机械性能。材料的机械性能是设计和制造汽车零件的重要依据,也是控制质量的重要参数。汽车零部件在使用过程中,往往会受到各种外力的作用,如柴油机上的连杆在工作时不仅受拉力、压力的作用,还要承受冲击力的作用。这些外力作用对金属材料有一定的破坏性,这就要求金属材料必须具有一种抵抗外力作用而不致被破坏的能力,这就是金属材料的机械性能。金属材料的机械性能主要有强度、硬度、塑性、冲击韧性、疲劳强度等。这些性能指标是选择机械零件材料的主要依据,也是材料性能评定的依据之一。金属材料的这些性能一般可通过金属拉伸试验、硬度试验和冲击试验等来测定。拉伸试验是应用最为广泛的力学性能试验方法之一。

(1)强度。强度是指金属材料在荷载作用下,抵抗塑性变形和断裂的能力。根据荷载作用方式不同,强度可分为抗拉强度、抗压强度、抗弯强度、抗剪强度和抗扭强度等几种。

(2)塑性。金属材料在荷载作用下,断裂前发生塑性变形(永久变形)而不被破坏的能力称为塑性。用延伸率和端面收缩率来表示。伸长率和断面收缩率的值越大,表示材料的塑性越好,塑性是金属能否进行压力加工的主要依据,塑性越好,越有利于压力加工,如汽车驾驶室外壳、油底壳、油箱等零件的成形加工,因变形量很大,必须选用具有较好塑性的金属材料,否则,压力加工时就不易成形。此外,工件的偶然过载,可因塑件变形而防止突然断裂;工件的应力集中处,也可因塑性变形使应力松弛,不致使工件过早断裂。这就是大多数零件除要求一定强度指标外,还要求一定塑性指标的道理。

(3)硬度。硬度是指金属材料抵抗局部变形,特别是塑性变形、压痕或划痕的能力。硬度值的大小就是金属对塑性变形抵抗力的大小。通常,材料的硬度越高,耐磨性越好,故常将硬度值作为衡量材料耐磨性的重要指标之一。硬度的测定常用压入法。在硬度试验机上,把规定的压头压入金属材料表面层,然后根据压痕的面积或深度确定其硬度值。根据压头和压力不同,常用的硬度指标有布氏硬度、洛氏硬度两种。用淬火钢球做压头时,布氏硬度用符号HBS表示;用硬质合金球做压头时,布氏硬度用符号HBW表示。布氏硬度的单位为N/mm^2,但习惯上只写明硬度值而不标出单位。实际测量时,可查相应的压痕直径与布氏硬度对照表查得硬度值。布氏硬度主要适用于各种退火或调质处理的钢、铸铁、有色金属等。根据压头的种类和总荷载的大小,洛氏硬度常用的表示方式有HRA、HRB、HRC三种。

(4)冲击韧性。前面讲的都是在静荷载条件下测得的力学性能指标。实际上汽车中大多数零件在运行中承受的外荷载不是静荷载,而是突然施加的冲击荷载。金属材料抵抗冲击荷载而不致破坏的性能,称为冲击韧性。金属材料韧性的好坏可用冲击韧度来衡量,冲击韧度值越大,韧性就越好。

(5)疲劳强度。某些汽车零件,如曲轴、连杆、齿轮、轴承、弹簧等,在工作过程中各点的应力随时间作周期性变化,这种随时间作周期性变化的应力,称为交变应力(也称循环应力)。在交变应力作用下,虽然零件所承受的应力低于材料的屈服强度,但经过较长时间工作而产生裂纹或突然发生断裂,这种现象称为金属的疲劳。疲劳破坏是机械零件失效的主要原因之一。例如,发动机轴瓦的装配和预紧,以及螺栓在工作中的承载,使其应力状态处于变化的压应力下同时发生拉伸应力,这种交变应力的长期作用,当达到材料的疲劳极限时，就发生断裂损坏。由于疲劳破坏前没有明显的变形而突然断裂，所以，疲劳破坏经常造成重大事故。疲劳破坏不同于静强度破坏。静强度破坏是整体断裂，而疲劳破坏往往首先在零件表面，有时也可能在零件内部某一局部区域产生裂纹，继之裂纹扩展直至断裂。尽管疲劳荷载有各种不同的类型，但疲劳破坏有共同的特点，即：引起疲劳断裂的应力很低，常常低于材料的屈服强度；疲劳断裂时并没有明显的宏观塑性变形，断裂前没有预兆，而是突然地破坏；疲劳破坏的宏观断口可明显地分成疲劳裂纹的策源地及扩展区（光滑部分）和最后断裂区（毛糙部分），如图 1-1-41 所示。机械零件之所以产生疲劳断裂，是由于材料表面或内部有缺陷（夹杂、划痕、尖角等）。使这些地方的局部应力大于屈服强度，从而产生局部塑性变形而导致断裂。凡使零件表面和内部不容易生成裂纹，或裂纹生成后不容易扩展的任何因素，都将不同程度的提高疲劳强度。

2.金属材料的工艺性能

机械零件在制造过程中对其材料进行加工，如铸造、焊接、切削等，为了使工艺简单、产品质量好、成本低，必须考虑金属材料的工艺性能。工艺性能是指金属材料对不同加工工艺方法的适应能力，实际上是材料的力学性能、物理性能和化学性能的综合表现。

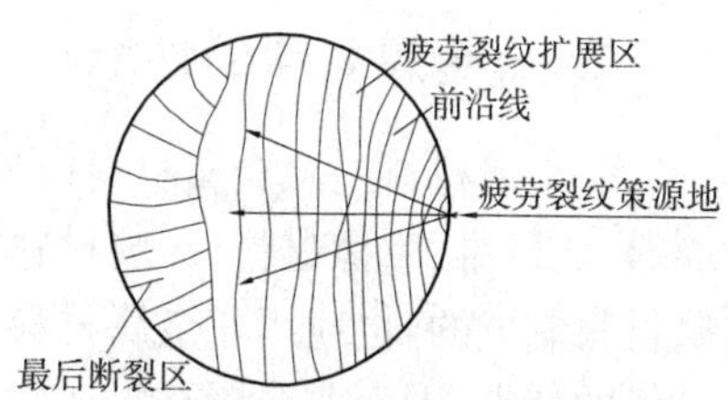

图 1-1-41　疲劳断裂宏观断口示意图

（1）铸造性能。金属及合金铸造成型获得优良铸件的能力称为铸造性能。金属材料可以通过铸造制成各种零件，如汽车上的曲轴、凸轮轴、汽缸体、汽缸套等均是由铸造而成的。铸造性能主要包括流动性、收缩性和偏析性等。流动性是指熔融金属的流动能力，流动性好的金属，容易充满铸型，铸造出细薄精致的铸件。收缩性是指铸件凝固和冷却过程中，其体积和尺寸收缩的程度，收缩率越小，铸造质量越好。偏析性是指化学成分和组织不均匀，偏析越严重，铸件各部分的性能越不均匀，铸件质量越差。铸造能生产其他加工方法难以加工的箱体、壳体等形状复杂、大小不等的零件或毛坯。铸铁、钢、有色金属是常用的铸造材料，其中灰铸铁和青铜铸造性能较好。

（2）锻造性能。锻造是使加热后的工件坯料利用静压力或冲击力作用而产生塑性变形，从而获得一定形状工件的工艺方法。常以生产零件毛坯为主，精密锻造也可以直接制成零件。金属材料利用锻压加工方法成型的难易程度称为锻造性能。锻造性能的好坏主要同金属的塑性和变形抗力有关。塑性越好，变形抗力越小，金属的锻造性能就越好。金属在加热中随温度的升高，其性能的变化很大。基本上是随温度升高，金属的塑性上升，变形抗力下降，即金属的可锻性增加。例如，黄铜和铝合金在室温状态下就有良好的锻造性能，碳钢在加热状态下锻造性能较好，铸铁则不能锻压。

（3）焊接性能。焊接是将两部分金属通过加热或加压，或两者并用，并且用或不用填充材料，使连接件达到原子结合的加工方法。其实质是使被焊金属的原子之间相互扩散，相互结合，并形成整体的过程。它属于永久性连接金属的工艺方法，可分为熔化焊、压力焊、钎焊三种，以熔化焊使用最广泛，其中又以电弧焊和气焊应用最普遍。焊接性是指金属材料对焊接加工的适应性，也就是在一定的焊接工艺条件下，获得优质焊接接头的难易程度。焊接性包括两个方面，一是工艺焊接性，主要是指焊接接头产生工艺缺陷的倾向，尤其是出现各种裂缝的可能性；二是使用焊接性，主要是指焊接接头在使用中的可靠性，包括焊接接头的力学性能及其他特殊性能（如耐热、耐蚀性能等）。

(4)切削加工性。金属切削加工是指利用刀具切除被加工零件多余材料的方法。它能获得几何形状、加工精度和表面质量符合要求的零件，是机械制造业中最基本的加工方法。其主要形式有车、铣、钻、刨、磨等。目前，除了少数机械零件可以用精密铸造和精密锻造的方法直接得到外，绝大多数机械零件都须进行切削加工。金属材料接受切削加工的难易程度称为切削加工性能。切削加工性能一般从切削后的表面粗糙度以及刀具寿命等几方面来衡量。

(5)冲压成型性。汽车壳体是用冲压的方法制成的，用于冲压的金属材料必须具有较好的冲压成型性。检验金属材料冲压成型性的方法叫杯突试验。它是用规定的钢球或球形冲头，顶压夹紧在压模内的试样，直至产生第一个裂纹为止，这时的压入深度叫杯突深度。杯突深度不小于规定时，就认为试验合格。材料能承受的杯突深度越大，则冲压成型性越好。用于冲压的金属材料必须具有较好的冲压成型性。

二、非金属材料的性能

非金属材料是除金属材料以外的一切材料，范围广，种类多，常用的有塑料、橡胶、陶瓷、玻璃、合成纤维、摩擦材料、涂装材料、复合材料和胶粘剂等。汽车上的零部件，绝大部分都是金属材料制成的，也应用非金属材料。由于非金属材料来源广泛，易成型，又有许多金属材料不具备的特点，因而非金属材料在汽车上的应用已日趋广泛。

1.高分子材料

高分于材料是以高分子化合物为基材的一大类材料的总称。高分子材料的许多奇特和优异性能，如高弹性、黏弹性、物理松弛行为等都与大分子的巨大相对分子质量相关。高分子材料大致可分为塑料、橡胶、纤维、胶粘剂、涂料等类型。在使用条件下，材料处于玻璃态或结晶态，主要利用其刚性、韧性作为结构材料者称为塑料；使用条件下材料处于高弹态，主要利用其高弹性作为缓冲或密封材料者称为橡胶。

(1)塑料。汽车轻量化使塑料、工程塑料在汽车上的应用范围不断扩大，且品种繁多。通常按塑料受热后所表现的行为分为热塑性塑料和热固性塑料。热塑性塑料是一类可以反复通过提高温度使之软化、降低温度使之硬化的材料。常用的有聚乙烯、聚氯乙烯、尼龙、ABS等。其特点是易加工成型，力学性能较好；缺点是耐热性和刚性较差。热固性塑料加热时软化，然后固化成型，这一过程不能重复进行。常用的热固性塑料有酚醛树脂、环氧树脂、氨基塑料等。这类塑料具有耐热性高、受热不易变形、价廉等优点；缺点是生产率低、强度一般不太好。习惯上也有将塑料分为通用塑料、工程塑料和特种塑料。塑料的性能主要有：

①质量轻。一般塑料的密度为0.83～2.2 kg/m^3，只有铁的1/8～1/4，是铝的1/2左右。用工程塑料制备汽车零部件，可以大幅度减轻汽车的质量，降低油耗。汽车车身改用塑料后一般可比钢制的轻15%～30%，使汽车自身质量减轻。

②比强度高。所谓比强度，是指单位质量的强度。工程塑料的强度比钢低，但它的质量却比钢要小得多，从单位质量的强度来看，工程塑料可以说是材料中最高的，如玻璃纤维增强的环氧树脂(玻璃钢)，它的比强度要比钢高2倍左右。

③化学稳定性好。一般塑料对酸、碱、盐、溶剂等化学物品均具有良好的抗蚀能力，如聚四氟乙烯能抵抗强酸的腐蚀。

④特殊性能好。有的塑料摩擦系数很高，如石棉酚醛塑料，其摩擦系数在0.3以上，可用作制动、传动的零件；有的塑料具有很低的摩擦系数及良好的耐磨性，如聚四氟乙烯是制造轴

承的好材料。

⑤吸振和消声效能好。塑料对于吸振与消声有良好的效果,使用时可以减少振动与噪声,这一特点在汽车车身上,尤其是轿车车身上的作用尤为突出。

⑥塑料也有某些不足之处,塑料的这些缺陷或多或少地影响和限制其应用范围。如塑料的强度不如金属材料;塑料的耐温性能较低,一般塑料只能在100℃以下工作,少数塑料能在200℃下工作;塑料的导热性比较差,导热系数只有金属的1/200～1/600,这对散热不利,使用塑料零件时要考虑散热,如与塑料齿轮啮合的另一齿轮往往用金属材料制造,原因就是为了更好地散热;塑料的热膨胀系数要比金属大3～10倍,容易受温度变化而影响尺寸的稳定;塑料在日光、大气、长期负荷或某些介质作用下,会发生"老化"现象,表现为缓慢氧化、变色、开裂及机械强度下降等。

(2)橡胶。橡胶是一种有机高分子材料,具有高的弹性,优良的伸缩性能和积储能量的能力,成为常用的密封、抗振、减振及传动材料。橡胶制品在汽车工业中应用很广泛,汽车上的橡胶制品约300多种,常用种类达15个,分布于汽车发动机及附件、传动、转向、悬架、制动、电器仪表及车身等系统内,如皮管、缓冲垫、制动皮碗、油封、门窗密封胶带等,如果包括聚氨酯发泡体在内,其质量超过车辆总重的10%。橡胶可分为天然橡胶和合成橡胶两类。①天然橡胶有优良的综合性能,抗拉强度与回弹性比多数合成橡胶好,天然橡胶还具有优良的耐磨性、耐寒性、气密性、防水性、电绝缘性、绝热性及良好的加工性,但耐热老化性和耐大气老化性较差,不耐臭氧、不耐油和有机溶剂,易燃烧,它一般用来制作轮胎、胶带、胶管、电线电缆的绝缘护套等。②丁苯橡胶的耐磨性突出,耐老化和耐热性超出天然橡胶,其他性能接近天然橡胶,但其加工性差,自粘性差、弹性差,生胶强度低,常用来制作轮胎、胶板、胶布。③氯丁橡胶耐老化性能优越,耐候性和耐臭氧性能优良,耐油性能良好(仅次于丁腈橡胶),并具有难燃性和自熄性,气密性较好,其不足之处是储存稳定性差,电绝缘性较差,加工时对温度的变化比较敏感,耐寒性能较差。氯丁橡胶广泛用于制造各种橡胶制品,如轮胎胎侧、耐热运输带、耐油及耐腐蚀的胶管、容器衬里、汽车和拖拉机的配件、胶板、胶辊、电线电缆外皮、门窗密封条等,还可做胶粘剂使用。④聚氨酯橡胶的特性是强度高,耐磨耗性能超过其他橡胶,具有优异的弹性、耐老化性、气密性、耐油性和耐溶剂性,不足之处是耐水性差,尤其是聚酯型聚氨酯橡胶,在高温时遇到酸、碱的情况下,更不能与水接触。聚氨酯橡胶主要用于制造胶带、胶辊以及耐磨耗工业橡胶制品,如耐油胶管、耐油垫圈、同步齿形带、实心轮胎等。⑤硅橡胶有优越的耐高低温性能,可在−100～+300 ℃范围内保持弹性,具有优异的耐臭氧老化、耐热氧老化和耐候老化性能,优良的电绝缘性能,并具有生理惰性,不足之处是常温下其硫化胶的抗张强度、撕裂强度、耐磨耗性能较低,耐化学药品性差,价格昂贵。硅橡胶应用于制作耐高温制品、高温绝缘品、油封。⑥氟橡胶的突出特性是耐热氧老化性能极好,耐高温性能、耐化学腐蚀性和耐油性能优异,不足之处是耐寒性差,抗张强度随温度升高而下降很快,工艺加工性能差,价格昂贵。氟橡胶用于制作各种耐高温、耐油、耐化学腐蚀、耐真空的密封材料等,如发动机中耐热和耐油制品、高级密封件、垫圈、垫片。

2.陶瓷材料

陶瓷泛指整个硅酸盐材料(包括玻璃、水泥、耐火材料、搪瓷)和氧化物类陶瓷材料。陶瓷材料除应用传统的陶瓷制品外,近30年来,由于制造工艺的改进,陶瓷性能得到很大的改善,出现了精细陶瓷,广泛应用于制造零件、工具和工业构件等。现代陶瓷材料已和高分子材料、金属材料并称为三大固体工程材料。

(1)陶瓷。陶瓷按性能特点和应用,可分为压电陶瓷、高温陶瓷、磁性陶瓷、电容器陶瓷及电光陶瓷等。陶瓷的性能受化学键、晶体结构、相分布及各种缺陷等影响,波动范围很大,但还是具有一些共同特性。陶瓷具有很高的抗压强度和硬度,在室温下几乎没有塑性,只有在高温下才出现塑性变形,具有较高的高温强度,受载时不发生塑性变形就在较低的应力下断裂,所以韧性极低,属于典型的脆性材料,限制了陶瓷作为结构件的广泛应用。陶瓷为各类材料中硬度最高的材料,适用于超硬耐磨材料,如陶瓷刀具。陶瓷一般具有高的熔点,大多 2 000 ℃以上,在高温下具有极好的化学稳定性;热膨胀系数、导热性都比金属小;陶瓷中的气孔对热传导不利,因此,陶瓷多为绝热材料。陶瓷的热稳定性就是抗热振性,指陶瓷在温度急剧变化时抵抗破坏的能力。陶瓷的抗热振性较差,常常在受热冲击时破坏。陶瓷是传统的绝缘材料,大量用于制作各种电压(1~110 kV)的绝缘器件。陶瓷的组织结构非常稳定,在常温下抵抗各种化学药品(HF 除外)的侵蚀力强;在高温下不易氧化;对酸、碱、盐以及熔融有色金属等的腐蚀有较强的抵抗能力,是很好的耐火材料。

(2)玻璃。玻璃通常具有透明、硬而脆、隔声的特性,有较好的化学稳定性,特制的玻璃还具有绝热、导电、防爆和防辐射等一系列特殊的功能。玻璃及其制品的种类较多,范围较广。目前,关于玻璃的分类尚无统一标准,按照化学成分分类有,钠玻璃、钾玻璃、铅玻璃、石英玻璃;按照性质和用途分类有,建筑玻璃、技术玻璃、日用玻璃、玻璃纤维。玻璃是一种凝固时基本不结晶的无机熔融物,属非晶态固体。因而其物理性质和力学性质是各向同性的。没有固定的熔点,其主要性能有化学稳定性、强度、硬度、不渗透性、光学性质、热性能等。钢化玻璃是采用普通平板玻璃或浮法玻璃、磨光玻璃,经强化处理后具有良好的力学性能和耐热振性能、较高的抗冲击性能,破碎时形成无尖角的小碎片,且不会飞散伤人的一类制品的总称。但这种玻璃在破碎前会产生很多呈蜘蛛纹样的裂纹,由于光线的漫射作用,玻璃会变得模糊不清,大大影响了视野,由此引起二次交通事故,这种情况在高速公路上很容易发生。所以,钢化玻璃仅用做汽车后窗和侧窗玻璃。夹层玻璃是由两张或两张以上的普通平板玻璃或钢化玻璃,在其中间夹以有弹性的透明塑料簿膜等,采用特殊工艺处理而制成的多层平板玻璃或弯形多层玻璃。这种玻璃的特点是有较高的强度和较好的热稳定性,同时由于夹层物质的增强和粘结的作用,玻璃在破碎后仅产生辐射状的裂纹而不致于碎片脱落、飞溅伤人,并且不会产生折光现象,透明度依然良好,属于较为高级的安全玻璃。它主要用于高层建筑的门窗、交通运输工具的风窗、有特殊要求的门窗以及各种仪器、仪表、高压电气设备等防爆部位的窥视玻璃。各国规定汽车前挡风玻璃必须使用夹层玻璃。

3.复合材料

复合材料在材料科学中是一门新学科,目前仍在不断发展。由于金属、塑料、橡胶、陶瓷等材料在性能上各有优点与不足,各有自己较合适的应用范围,因而,在汽车的轻量化进程中,高性能的复合材料的发展及在汽车中的应用变得特别重要。复合材料是两种或两种以上物理和化学性质不同的固体材料通过人工复合而成。例如,钢筋混凝土是钢筋、水泥和沙石组成的人工复合材料。复合材料可以创造甚至超过单一材料无法达到的性能和功能。复合材料的主要优点在于使各组成材料在性能上做到取长补短并保持各自的最佳特性。由于复合材料能集中和发挥组成材料的优点,并能实行最佳结构设计,所以具有许多优越的特性。

(1)比强度大。比强度是材料强度和密度的比值,是从减轻重量的观点选择材料的指标。

如碳纤维与环氧树脂组成的复合材料，比强度是钢的 7 倍，通常可减轻结构件重量的 15%～30%。

(2)良好的抗疲劳性能。多数金属的疲劳极限是抗拉强度的 40%～50%，而碳纤维增强的复合材料则可达 70%～80%。原因是:纤维的疲劳抗力很高，基体的塑性好，能消除或减少应力集中区的大小和数量，使疲劳源难以萌生出微裂纹，即使微裂纹形成，塑性变形也能使裂纹尖端钝化，减缓其扩展。疲劳断裂时，裂纹的扩展常需要经历非常曲折的复杂路径，因此，复合材料的疲劳强度都很高。

(3)高温性能好。一般铝合金在 400℃时弹性模量大幅度降低，并接近于零，强度也显著下降。然而，一些纤维增强铝合金的复合材料，在此温度下强度和弹性模量基本不变。用钨纤维增强钴、镍或它们的合金时，可把这些金属的使用温度提高到 1 000 ℃以上。

(4)断裂安全性高。纤维增强复合材料每平方厘米截面上有成千上万根隔离的细纤维，当其受力过载使其中部分纤维断裂后，会迅速进行应力重新分配，而由未断纤维将荷载承担起来，不致造成构件在瞬间完全丧失承载能力而断裂，所以工作安全性高。

(5)独特的成型工艺。复合材料可以整体成型，减少了零部件紧固和接头数目，材料利用率也高得多。

玻璃纤维增强塑料或玻璃钢(FRP)，由于玻璃钢具有质量轻、强度高、耐疲劳等特性，可用来制造汽车悬架、底盘、车架等一部分结构件及车身结构件。玻璃钢是一类具有各种特性的高强度、低密度结构材料，也是目前应用最广的高分子复合材料。碳纤维是一种高强度、高模量的纤维。以碳纤维增强的聚酯塑料的强度与金属强度比较，其比强度和比模量都比金属材料要大好几倍，所以碳纤维增强材料已用于飞机中，在汽车中也开始应用。用碳纤维增强塑料变截面板簧代替钢板弹簧，经过一定试验后装于汽车上效果良好，取得了减轻车重，降低噪声等目的。

第四节　汽车运行材料

汽车使用的燃料、润滑剂、其他工作液和轮胎常称作汽车运行材料。汽车运行材料已成为汽车技术的重要组成部分。本节主要介绍润滑油、齿轮油、自动变速器油、制动液、冷却液和轮胎。

一、润滑油

由于工业机械使用的范围很广，各种机械对润滑剂的要求除了要满足降低摩擦、磨损的主要要求外，还有一些随着工作环境、工作条件不同而提出的特殊要求。因此，润滑剂也就随着使用要求的不同分为很多种。因此，了解润滑剂的品质及性能，正确选择润滑剂已成为汽车节能的途径之一。

(一)发动机润滑油

发动机润滑油是润滑油中用量较大而且较重要的一种润滑油。它的工作条件比较苛刻，除与温度较高的部件如汽缸、活塞等接触外，还要受到燃气的影响。

1.发动机润滑油的特性和分级方法

润滑油在机械中的作用主要减磨、冷却、防腐、密封和清洗等作用。

发动机润滑油是在以精制的矿物油、合成油为基础的油中加入金属清净剂、无灰分散剂、抗氧抗腐剂、黏度指数改进剂、降凝剂、抗泡剂、防锈剂等各种添加剂而制成的，其品种、规格是按照基础油的性能和各种添加剂所含数量来划分的。目前，美国润滑油的 API 性能分类法和 SAE 黏度分类法已被世界各国所公认和广泛采用，我国也参照该两种润滑油的分类方法制定了 GB/T7631.3—1995《内燃机油分类》和 GB/T14906—94《内燃机油黏度分类》两项国家标准，相应制定了我国内燃机油的质量分类法和黏度分类法。

(1)质量分级。随着发动机的压缩比、转速、功率等不断提高，为使内燃机润滑油能满足使用要求，因此，在机油中添加各种不同的添加剂，用以提高机油的高温清净性、低温分散性、抗磨性、抗氧抗腐蚀性、抗泡沫性等，根据加入添加剂的品种、数量的不同形成不同的质量级别。国标 GB/T7631.3—1995 将内燃机油划分为汽油机油(用“S”表示)和柴油机油(用“C”表示)两个系列。汽油机油分 SA～SH 等 8 个质量等级，柴油机油分为 CA、CB、CC、CD、CD-Ⅱ、CE、CF-4 等 7 个质量等级，级别越靠后，性能越好(其中 SA、SB、CA、CB 已废除)。为了简化品种，我国也生产汽油机和柴油机的通用机油，厂商在机油牌号中同时标有汽油机油和柴油机油的质量级别。如 SF/CD 15W/40 机油，表示该机油既可用于要求使用 SF 15W/40 级机油的汽油机，也可用于要求使用 CD 15W/40 级机油的柴油机。

(2)黏度分类。我国内燃机油的牌号过去是按该油 100℃时运动黏度的数值大小来区分确定的，如汽油机油有 8 号、11 号、14 号、18 号等牌号。现在新的牌号是按最大低温动力黏度、最高边界泵送温度和 100℃时最小运动黏度来划分的。国标 GB/T 14906—94 将内燃机油分为单级油和多级油，单级油共有 0 W、5 W、10 W、15 W、20 W、25 W 等 6 个低温黏度级号和 20、30、40、50、60 等 5 个 100 ℃运动黏度级号。其中低温黏度级号的内燃机油适用于冬天寒冷地区，100 ℃运动黏度级号的内燃机油适用于温度较高的地区。多级油是在一些经黏度指数改进剂调配，具有多黏度等级的内燃机油，这种机油低温黏度小，100 ℃运动黏度较高。目前多级油主要有 5 W/20、5 W/30、10 W/30、15 W/40、20 W/40 等牌号，其中分子 5 W、10 W、15 W、20 W 表示低温黏度等级，分母 20、30、40 表示 100℃时的运动黏度等级。多级油可以全年四季通用。

2.发动机润滑油的选用

(1)选择原则。发动机润滑油主要依据发动机的结构特点、使用条件、气候条件等选择润滑油的质量等级和黏度级别。

(2)质量等级的选择。选择内燃机油的质量等级应根据发动机结构特性和工作条件来选择。汽油机油质量等级应根据发动机工况的苛刻程度、压缩比和进排气系统中的附加装置及生产年代来选择。选择时可参考表 1-1-1。

柴油机油的质量等级应根据柴油机的强化系数来确定，强化系数表示发动机的机械负荷和热负荷的总和，用强化系数 K 表示，可按下式计算：

$$K=P_eC_mZ$$

式中：P_e——汽缸平均有效压力，kPa；

C_m——活塞平均速度，m/s；

Z——冲程系数，四冲程为 0.5，二冲程为 1。

汽油机油质量等级选用参考表

表 1-1-1

汽油机油质量等级	性　　能	应 用 车 型
SC	可控制高低温沉积物及磨损、锈蚀和腐蚀	用于低润滑要求的货车、客车，如以 492QG 为动力的各类汽车
SD	控制高低温沉积物、磨损、锈蚀和腐蚀的性能优于 SC	用于货车、客车和某些轿车，如解放 CA1091、东风 EQ1090 等车型
SE	具有抗氧化性能及可控制高温沉积物、锈蚀和腐蚀的性能	用于轿车和某些货车，如天津夏利、上汽五菱、昌河等车型
SF	抗氧化和抗磨损性能优于 SE，还具有控制沉积物、锈蚀和腐蚀的性能	用于轿车和某些货车，如一汽奥迪、捷达、红旗、CA6440 轻客、桑塔纳、切诺基、富康等车型
SG、SH	具有可控制沉积物、磨损和油的氧化性能，并具有抗锈蚀和腐蚀的性能	用于高档轿车，新型电喷车，例如红旗 CA7220AE、上海帕萨特、广州本田、东风雪铁龙、标致等车型

柴油机油质量等级的选用主要根据柴油机的平均有效压力、强化系数和第一环槽温度等选择。选择时可参考表 1-1-2。

柴油机油质量等级选用参考表

表 1-1-2

柴油机油质量等级	发机机平均有效压力(kPa)	发动机的强化系数	燃油含硫量(%)	应 用 机 型
CC	784～980	35～50	<0.4	玉柴，扬柴，朝柴 4102、4105、6102，锡柴、大柴 6110，日野 ZM400，五十铃 4BD1、4BG1 等
CD	980～1 470	50-80		康明斯、斯太尔、依维柯、索菲姆等增压柴油机
CE	1 470 以上	80 以上		用于在低速高负荷和高速高负荷条件下运行的低增压和增压式重负荷柴油机
CF-4				用于高速四冲程柴油机，特别适用于高速公路行驶的重负荷卡车

一般来说，高等级的内燃机油可代替低等级的内燃机油，但经济上不合算，应按说明书的规定进行选用。但低等级的内燃机油绝不能代替高等级的内燃机油。

(3)黏度选用。汽油机油和柴油机油的黏度是根据气温进行选择的。黏度是表示液体流动性大小的能力，是评价内燃机油品质的一个重要指标。它的大小直接影响内燃机油的减磨、降温、清洗、除锈、防尘、吸收振动、密封等作用。内燃机油黏度越小，流动性就越好，清洁、冷却效果越好，但高温油膜易受破坏，润滑效果较差；黏度越大，油膜厚度、密封等方面较好，但低温起动时上油较慢，易出现干摩擦或半流体摩擦，冷却、冲洗作用也较差。因此，内燃机油黏度选用要适当，一般要遵循以下原则：

①应根据工作地区的环境温度、发动机负荷、转速，选用适宜黏度等级的内燃机油，以保证零件正常润滑。

②应尽量选用黏温特性好、黏度指数高的多级油。多级油使用温度范围比单级油宽，具有低温黏度油和高温黏度油的双重特性。如，5W/30 机油同时具有 5 W、30 两种单级油的特性，其使用温度区间由 5W 级油的－30～10 ℃和 30 级油的 0～40 ℃组合成－30～40℃。与单级油相比扩大了使用范围。这样不仅可以减少因气温变化带来更换内燃机油的麻烦，而且可以减少内燃机油的浪费。

一般我国南方夏季气温较高，对重负荷、长距离运输、工况恶劣的汽车应选用黏度较大的内燃机油。我国北部地区冬季气温低，应选用低黏度内燃机油，以保证发动机易于起动，减少零部件磨损。新发动机走合期应选用低黏度的内燃机油。

(二)齿轮油

由于齿轮传动装置的类型、工作条件等的不同，对润滑油性能的要求也不一样。因此，应根据齿轮的类型、工作条件等来选择性能与之相适应的齿轮油。汽车齿轮传动装置承受的荷载很高，装有准双曲面齿轮的差速器在传递动力时，最大压力能达 4 GPa，因此，要求车辆齿轮油具有良好的承载能力。特别是在装有准双曲面齿轮的差速器中应使用加有极压抗磨剂的车辆齿轮油。试验表明，齿轮油的低温表观黏度对车辆起步时润滑可靠性有重要的影响。车辆起步后，后桥(前桥)齿轮油被溅到桥壳上部后流入主动锥齿轮前轴承，若这段时间太长，轴承便有可能因缺油而被烧坏。所以，要求车辆齿轮油使用时低温表观黏度不大于 150 Pa·s，在这个黏度下，齿轮油能够在起步后 15 s 内到达前轴承，及时保证其正常润滑，这个黏度为汽车起步的极限黏度，因此，车辆齿轮油规格中标出的表观黏度为 150 Pa·s时的温度，它决定齿轮油适用的最低气温，是齿轮油适用的依据之一。

1. 车辆齿轮油的分类

我国车辆齿轮油已制订了详细分类标准，分为 CLC、CLD 和 CLE 三类，详见 GB7631.7—89。我国车辆齿轮油按质量等级分为普通车辆齿轮油、中负荷车辆齿轮油和重负荷车辆齿轮油三类。

(1)普通车辆齿轮油是以中性油为基础油，加入抗氧抗腐、极压抗磨、防锈、抗泡沫等多种添加剂调制而成。极压抗磨性良好，能保护中速、中负荷下工作的齿面不擦伤、咬合和烧结。抗氧抗腐性、防锈性良好，使用寿命长，并可四季通用，保护齿面不锈蚀，可延长汽车大修期，减少零部件损坏。普通车辆齿轮油规格，从 1992 年起调整为行业标准 SH 0350-92，牌号 80W/90 的最低使用温度为－26℃，85W/90 为－12 ℃，90 号为－5 ℃。普通车辆齿轮油用于螺旋伞齿轮传动的各种汽车、拖拉机、工程机械后桥和变速箱，不能用于准双曲面齿轮后桥。

(2)中负荷车辆齿轮油是以原油经蒸馏、精制的中性油或聚烯烃合成油为基础油，加入极压抗磨、抗氧抗腐、防锈等添加剂调制而成，多级油中还须加入黏度指数改进剂，具有良好的润滑、防腐和防锈性能。牌号 75W 中负荷车辆齿轮油的最低使用温度为－40 ℃、80 W/90 为－26 ℃，85 W/90 为－12 ℃，90 号为－10 ℃，85 W/140 为－12 ℃。主要用于进口和国产各种小轿车、载重卡车准双曲面齿轮和变速箱齿轮的润滑系统。

(3)重负荷车辆齿轮油是以原油经蒸馏、精制的中性油或聚烯烃合成油为基础油，加入极压抗磨、抗氧抗腐、防锈等添加剂调制而成。多级油中加有黏度指数改进剂。产品具有优良的极压性和抗腐蚀性。通过了高转矩齿轮试验、高速冲击负荷齿轮擦伤试验和锈蚀试验。重负荷车辆齿轮油的标准为 GB13895—92，牌号 75W 的最低使用温度为－40 ℃，80 W/90 为－26 ℃。85 W/90 为－12 ℃，90 号为－10 ℃，85 W/140 为－12 ℃。用于进口和国产各种小轿车，载重汽车的后桥准双曲面齿轮和变速器。

2. 车辆齿轮油的选用

车辆齿轮油的选用原则一般是先根据齿轮类型、负荷大小和齿面相对滑动速度高低，分别选用 CLC、CLD 和 CLE 级油。再根据使用的最低环境温度和最高操作温度，确定润滑油的黏度级别。气温低、负荷小，可选用黏度较小的油；反之，气温较高，负荷较重，则应选黏度较高的油。即根据工作条件的苛刻程度来选择车辆齿轮油的使用性能级别。而多级油可以同时满足最低环境温度的冷起动和正常操作条件下的温度要求。

(1)使用性能级别的选择。工作条件的苛刻程度可用齿轮接触压力和滑动速度的乘积 Pv 值来量度。Pv 值与发热量成正比,是表示齿面烧结危险的主要标准。此外,压力和速度的变化剧烈,也使工作条件恶化,电喷发动机轿车及部分载重汽车驱动桥双曲线齿轮,接触压力在 3 000 MPa 以上,滑动速度超过 10 m/s。油温高达 120～130 ℃,工作条件苛刻,如奥迪 V6、本田雅阁、上海别克、夏利电喷轿车等必须使用重负荷车辆齿轮油;国产东风 EQ1092、北京 BJ2020 等驱动桥也采用单级双曲线齿轮,但其齿面接触压力在 3 000 MPa 以下,滑动速度在 1.5～8 m/s,使用条件不太苛刻,中负荷车辆齿轮油可满足其使用要求;解放 CA1091 采用普通螺旋锥齿轮驱动桥,可使用普通齿轮油。但不是说所有采用螺旋锥齿轮驱动桥的车辆,都需加这种普通齿轮油,许多进口载货汽车虽然也采用螺旋锥齿轮驱动桥,但其负荷较重,要求使用中负荷齿轮油。为减少同一辆车存在齿轮油的用油级别,在汽车各传动装置对齿轮油使用性能级别要求相差不大情况下,可按使用性能级别最高的油选择同一级别的齿轮油。

(2)黏度级别的选择。车辆齿轮油黏度的选择,主要根据最低气温和最高油温,并考虑车辆齿轮油换油周期较长的因素。车辆齿轮油的黏度应保证低温下的车辆起步,又能满足油温升高后的润滑要求。车辆齿轮油的低温表观黏度达 150 Pa. s 时的最高温度决定其适用的最低温度。75 W、80W 和 85W 号油的最低使用温度分别为－40 ℃、－26 ℃和－12 ℃。应对照当地冬季最低气温来选用。齿轮油最高工作温度下的黏度要求不低于 10～15 mm^2/s。

二、液力传动液

1. 自动变速器油

自动变速器油(ATF)属于液力传动油的一种,它是自动变速器中用来传递能量的介质和润滑、冷却零件的液体。自动变速器包括液力变矩器、齿轮变速机构、液压机构、湿式离合器等。液力变矩器主要是由泵轮和涡轮组成。泵轮是主动部件,它带动液体旋转,液体吸收泵轮传递的机械能,并将其变为液体的动能;从泵轮流出来的高速液体推动涡轮旋转,将液体的动能转换为机械能,并由涡轮输出,从而实现能量的传递。也就是说液力变矩器是靠液体的动能来工作的。

自动变速器中使用的自动变速器油具有多方面的性能。除了作为液力变矩器的工作介质以外,还须满足齿轮机构的抗烧结性能及抗磨性能;作为液压介质则要求油品具有良好的低温流动性;作为离合器传递动力润滑介质则要求油品能适合离合器材质的摩擦特性、功率损失适当、温升不过高,具有较好的清净分散性,除此之外,为延长油品使用寿命,要求油品具有良好的氧化安定性、抗泡沫性、防锈性以及与橡胶密封件的适应性等。因此,自动变速器油比一般液力传动油要求有更高的性能,在液力传动油的分类中,分为 L-HA 自动传动(变速器)油与一般液力变矩器和液力偶合器适用的 L-HN 液力传动油两类。

自动变速器油的型号很多,各国的用油规定也不同,一般应按汽车使用说明书的规定选用。ATF 油有三类,即 PTF-1、PTF-2、PTF-3。其功能及要求如表 1-1-3 所示。目前,世界各国普遍使用美国生产的自动变速器油,主要有通用公司生产的 Dexron、Dexron Ⅰ、Dexron Ⅱ型和福特公司生产的 E、F 型。自动变速器油的型号不同,其摩擦因数也不同。因此,既不能错用,也不能混用。如果规定使用 Dexron Ⅱ型自动变速器油而错用了福特 F 型自动变速器油,会使自动变速器发生换挡冲击和制动器、离合器突然啮合的现象；反之，规定用福特 F 型自动变速器油而错用了 Dexron Ⅱ 型自动变速器油，则会出现自动变速器的离合器、制动器打滑，加速摩擦片的早期磨损。车用自动变速器油通常被染成红色，便于区别和辨认，不至于把它当作机油或齿轮油使用。一般在自动变速器的油底壳或油标尺上标有推荐使用 ATF 油的型号，如图 1-1-42 所示。

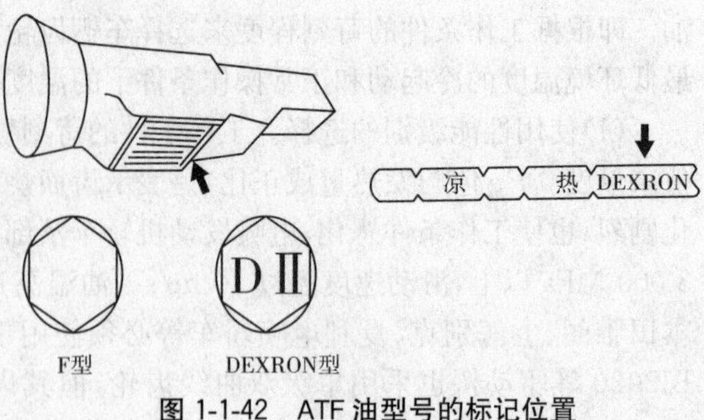

图 1-1-42　ATF 油型号的标记位置

ATF 液的种类及用途　表 1-1-3

类型	功　能	要　求	规　格
PTF-1	适用于轿车、轻型货车	低温起动好和防止对含银件的腐蚀	DEXRON 型，MERCON 型
PTF-2	重型货车和超野汽车	负荷较 PTF-1 高，且要求极压、抗磨，而低温起动性放宽	我国的 6 号油，卡特皮勒公司的 TO-4，ALLISON C-4
PTF-3	农业与建筑机械等野外机械	对负荷和抗磨性要求更高，用于全液压拖拉机	

2. 动力转向油

为了减轻汽车驾驶员操作的疲劳强度，减少路面对转向盘的振动影响。目前，汽车动力转向装置已较普遍地装配到载重汽车和轿车上。动力转向装置的动力源可以是压缩空气、电力或液压。由于液压动力转向系统工作压力较高，外廓尺寸较小以及油液对路面有吸振作用而被普遍采用。液压动力转向装置主要有液压油泵、转向器总成及储油箱和油管组成，液压动力转向装置中的液力传动油又称为动力转向油。在大多数汽车上，动力转向机构都使用自动变速器油。因此，ATF 被视为一种多用途液体。

如上所述，根据液力传动装置的特点而将液力传动油分为自动变速器油与一般液力传动油两类。因此，在选择自动变速器油时，首先根据所使用的液力传动的结构特点，结合不同类型液力传动所适用的液力传动油类型，选用相应的液力传动油。

三、制动液

汽车制动液，是用于汽车液压制动系统中传递压力的液体。近年来，随着我国汽车工业的发展，对制动液的要求越来越高。制动液的优劣，直接影响汽车的行车安全，因此，可以说制动液是一种安全油料。

1. 汽车制动液的分级与种类

就原料来源而言，汽车制动液分醇型制动液、矿物油型制动液、合成型制动液三类。醇型制动液是以精制蓖麻油加乙醇或正丁醇制成的，其价格虽低廉，但由于其高低温性能均差，工作可靠性低，容易引发交通事故，我国自 1990 年 5 月起就已淘汰。矿物油型制动液是以深度脱蜡的精制柴油馏分作为基础油，加入增黏剂、抗氧化剂、防锈剂等调和而成。此类制动液温度适应性较醇型好，可在 −50～150 ℃的温度范围内使用，但由于其对天然橡胶有溶胀作用，故在使用本制动液以前，应将制动系统的所有皮碗、软管更换成耐油橡胶制品，以免受到腐蚀而使制动失灵。合成型制动液通常是以乙二醇醚、二乙二醇醚、三乙二醇醚、水溶性聚酯、聚醚、硅油等为溶剂加入润滑剂和添加剂组成，其工作温度范围宽，黏温性好，对橡胶和金属的腐蚀作用均很小，故适合于高速、大功率、重负荷和制动频繁的汽车使用，是目前使用最多最广的一种制动液。

国内将制动液分为JG0、JG1、JG2、JG3、JG4、JG5等级别，其中JG3、JG4、JG5分别对应美国联邦机动车安全委员会制定的DOT3、DOT4、DOT5级别。JG0级制动液推荐在严寒地区使用；JG1、JG2级制动液一般用于普通车辆的液压制动系统；JG3级制动液可使用于我国的广大地区，适用于各种高级轿车和轻、中、重型车的液压制动系统；JG4级制动液适用于制动液操作温度较高的轿车；JG5则用于对制动液有特殊要求的车辆使用。目前，对于国内的车型来说，JG3级制动液使用较为广泛。制动液要求有适宜的高低温黏度，良好的润滑性，与橡胶密封件等有优良的配伍适应性等，否则，会使制动系统出现问题(详见GB10830《机动车制动液使用技术条件》)。

2.汽车制动液的选用

(1)正确选择制动液产品代号。一般来说，按照车辆使用说明书的要求选择制动液产品是最合理可靠的，各汽车生产厂家在推荐制动液时都是经过充分论证和大量实车实验的。说明书在给出了标准用代号品牌外，一般还提供了可供代用的代号品牌。用户应尽可能选用标准代号品牌的产品，缺乏时才考虑选用代用品。如果推荐的代用品牌也缺乏时，才按照上述对应关系选择相应等级的代用品。

(2)谨慎购买制动液。要尽可能购买长期为汽车厂提供配套制动液的生产厂家的产品，确保质量可靠，性能稳定；要尽量到国有大型销售部门购买，以防假冒伪劣产品。此外，在种类选择上，最好考虑选合成制动液，不要购卖已淘汰的醇型制动液。

(3)严禁混加制动液。由于不同种类的产品所使用的原料、添加剂和制造工艺不同，混合后会出现浑浊或沉淀现象，如不注意观察是很难发现的。这不仅会大大降低原制动液的性能，而且沉淀颗粒会堵塞管路，造成制动失灵的严重后果。即使是相容性较好的同一种类的制动液，如果品牌不同，也不能混用。因为相容性好，只说明与其他产品混合后不发生分层、浑浊及沉淀现象，并不表示混合后的性能不变，每种产品所加入的添加剂不同且相互之间存在着相对平衡，一旦混入其他物质，该平衡就有被破坏的可能，从而失去或降低应有的作用。因此，在更换品牌时一定要用新加入的产品清洗管路。

(4)加强对制动液的保管。汽车制动液，多为有机溶剂制成，易挥发、易燃，因此要远离火源，注意防火防潮，尤其注意防止雨淋日晒、吸水变质。当混入的水分不能完全被制动液溶解时，会沉到制动系统的底部或凹处，使金属产生腐蚀，引起制动轮缸漏液、污损、异常磨损，而且水分本身凝点高、沸点低，低温时容易结冰，高温时容易气阻，造成制动故障。

(5)定期更换。汽车制动液使用一定时间后会因吸湿、化学变化等原因使性能指标降低，从而影响行车安全。因此，使用中的制动液，应定期更换。至于多长时间进行更换，目前尚无具体规定，一般是在车检时需要更换制动主缸和制动轮缸的活塞皮碗，同时将制动液更换。

四、冷却液

发动机在工作时，汽缸内部要产生高温高压气体。为保证发动机正常工作，就应对其进行冷却；同时，为防止发动机在严寒季节发生汽缸体、散热器和冷却系管道的冻裂，还应对发动机冷却系防冻。另外，还要求冷却系用冷却介质防腐蚀、防水垢等。所以，当代发动机(水冷)都应使用冷却液。

1. 冷却液的种类及性能特点

冷却液由水、防冻剂、添加剂等3部分组成，按防冻剂成分不同，可分为酒精型、甘油型、乙二醇型等类型的冷却液。酒精型冷却液是用乙醇(俗称酒精)作防冻剂，价格便宜，流动性好，配制工艺简单，但沸点较低、易蒸发损失，冰点易升高、易燃等，现已逐渐被淘汰；甘油型冷却液沸点高、挥发性小、不易着火、无毒、腐蚀性小，但降低冰点效果不佳、成本高、价格昂贵，用户难以接受；乙二醇型冷却液是用乙二醇作防冻剂，并添加少量抗泡沫、防腐蚀等综合添加剂配制而成。由于乙二醇易溶于水，可以任意配成各种冰点的冷却液，其最低冰点可达−68 ℃，这种冷却液具有沸点高、泡沫倾向低、黏温性能好、防腐和防垢等特点，是一种较为理想的冷却液，目前国内外发动机所使用的和市场上所出售的冷却液几乎都是这种乙二醇型冷却液。为保证汽车发动机正常工作和延长发动机使用寿命，要求汽车发动机冷却液应具备以下性能：

(1)低温黏度小，流动性好。汽车发动机冷却液的低温黏度越小，说明冷却液流动性越好，其散热效果好。

(2)冰点低，沸点高。冰点就是在没有过冷情况下冷却液开始结晶的温度；或者在有过冷情况下结晶开始，短时间内停留不变的最高温度。若汽车在低温条件下停放时间较长，而发动机冷却液的冰点达不到应有的温度，则发动机的冷却水套和散热器就会被冻裂。因此，要求发动机冷却液防冻性好。沸点是发动机冷却系与外界大气压相平衡的条件下，冷却液开始沸腾的温度。发动机冷却液在较高温度下不沸腾，可保证汽车在满载、高负荷、高速条件下或在山区、热带夏季正常行车。因此，要求发动机冷却液冬天防冻、夏天防沸。特别对采用电控汽油喷射及电控点火系统的发动机来说，因为其燃烧温度高，所以对沸点的要求更高。

(3)防腐蚀性好，不损坏汽车有机涂料。发动机冷却液在工作中要接触多种金属材料，如果它对金属有腐蚀性，就会影响发动机的正常工作。为使发动机冷却液有良好的防腐性，要保持冷却液呈碱性状态，要求发动机冷却液的pH值为7.5～11.0，超出范围将对防腐蚀性产生不利的影响。发动机冷却液是一种化学物质的调合物，在加注中很容易接触到汽车的有机涂料层，这就要求发动机冷却液对汽车有机涂料不能有不良影响，例如剥落、鼓泡和退色等。

(4)不产生水垢，不起泡沫。水垢对发动机冷却系的散热效果影响很大。试验表明，水垢的导热性比铸铁差得多，比铝就差得更多。所以，冷却液在工作中，应不产生水垢。发动机冷却液如果产生气泡，不仅会降低传热性，加剧气蚀，同时还会造成冷却液溢流而损失。

2.汽车发动机冷却液的选择

汽车发动机冷却液的选择主要包括发动机冷却液防冻性的选择和产品质量选择。汽车发动机冷却液防冻性的选择原则是发动机冷却液的冰点要低于环境最低温度10 ℃左右，以确保在特殊情况下冷却液不冻结。发动机冷却液的冰点除极易受外界环境温度影响外，在一定浓度条件下，与冷却液中所加添加剂的类型和用量有很大关系。所以，不同厂家生产的冷却液，虽然乙二醇浓度一样，但冰点可能有所不同。汽车发动机冷却液产品质量的选择应以汽车制造厂家推荐为准。轿车与载货汽车、汽油车与柴油车以及不同型号的同类汽车，发动机的技术特性、热负荷情况、冷却系的材料均有不同。正因如此，目前国内外的汽车发动机冷却液配方很多，产品的性能指标和试验方法水平不一。所以，汽车发动机冷却液的选择要区别发动机的类型、性能的强化程度和冷却系材料的种类，除了保证发动机冷却液能降温、防冻外，还要考虑防沸、防腐蚀和防水垢等问题。另外,要注意区别是浓缩液还是已调配好的发动机冷却液,是一级品还是合格品。对铝质散热器发动机冷却液的选择,应特别注意对铝金属的防腐蚀性。

五、汽车轮胎

本部分内容涉及到车辆的具体部件,详细请参阅本教材第三篇第三章第一节的相关内容。

本 章 小 结

本章介绍了以下几方面的内容:

◆零件图的作用、内容、视图。
◆零件图上的尺寸标注方法。
◆装配图的作用、内容、视图。
◆装配图的表达方法。
◆装配图的尺寸、零件编号及明细栏。
◆装配图的识读方法与步骤。
◆公差与配合的基本术语及定义。
◆典型零件的定位方式。
◆常见机械传动形式。
◆金属材料的性能。
◆非金属材料的性能。
◆汽车运行材料。

复习思考题

1. 零件图的作用是什么?
2. 一张零件图应具备哪些内容?
3. 零件图主视图的选择原则有哪些?
4. 合埋标注尺寸应注意哪几个问题?
5. 零件图图样上所标注的尺寸应达到哪些要求?
6. 识读零件图的一般步骤是什么?
7. 装配图的作用是什么?
8. 一张完整的装配图包括哪些内容?
9. 装配图的规定画法有哪些?
10. 装配图有哪些特殊表达方法?
11. 装配图中应标注哪几类尺寸?
12. 识读装配图有哪些要求?
13. 简述装配图的识读方法与步骤?
14. 公差与配合中孔和轴的概念是什么?
15. 什么是尺寸、基本尺寸、实际尺寸、极限尺寸、作用尺寸和实体尺寸?

16. 什么是尺寸偏差、公差及公差带？
17. 什么是配合、间隙或过盈、间隙配合、过盈配合、过渡配合、配合公差和配合公差带？
18. 什么是基准制、基孔制和基轴制？
19. 轴上零件如何进行轴向定位和固定？
20. 轴上零件如何进行周向定位和固定
21. 传动系统在机械中的作用、组成及主要类型是什么？
22. 螺旋传动的基本组成是什么？螺旋传动的类型有哪些？各有什么特点？
23. 简述带传动的类型、结构和特点。
24. 简述链传动的类型、结构和特点。
25. 简述齿轮传动类型、结构和特点。
26. 齿轮轮齿的失效形式有哪些？
27. 金属材料的性能指标有哪些？
28. 简述非金属材料类型和性能特点。
29. 简述发动机润滑油的特性和分级方法。
30. 如何正确选用发动机润滑油？
31. 车辆齿轮油如何分类？如何正确选用车辆齿轮油？
32. 液力传动液的种类和选用原则是什么？
33. 简述汽车制动液的分级与种类。如何正确选用汽车制动液？
34. 简述冷却液的种类及性能特点。如何正确选用汽车发动机冷却液？

第二章　电工电子基础

本章要点

通过本章的学习：

★熟悉汽车电子元件的种类。

★熟悉普通二极管、稳压二极管、光电二极管和发光二极管的原理与特性。

★熟悉晶体三极管的原理与特性。

★掌握二极管、晶体三极管的检测方法。

★了解汽车电路的组成和作用。

★熟悉汽车电路的特点和分类。

★熟悉汽车电路的原理。

★熟悉电路基本定律。

★熟悉电路元件的连接。

★熟悉全车线路技术状况的检查。

★了解磁和电磁的概念。

★了解磁和电磁在汽车中的应用情况。

★了解电磁兼容与干扰抑制。

★熟悉汽车电路图分类。

★掌握电路图读图基本方法。

★掌握电路图读图步骤。

第一节　电子元件

一、汽车电子元件的种类

一般来讲，常用的电子元件包括二极管型元件和三极管型元件两大类。

1. 二极管类元件

晶体二极管按制造材料不同，分硅二极管和锗二极管两种；按用途可分普通整流二极管、稳压二极管、发光二极管和光电管等。它们的图形符号如图 1-2-1 所示。

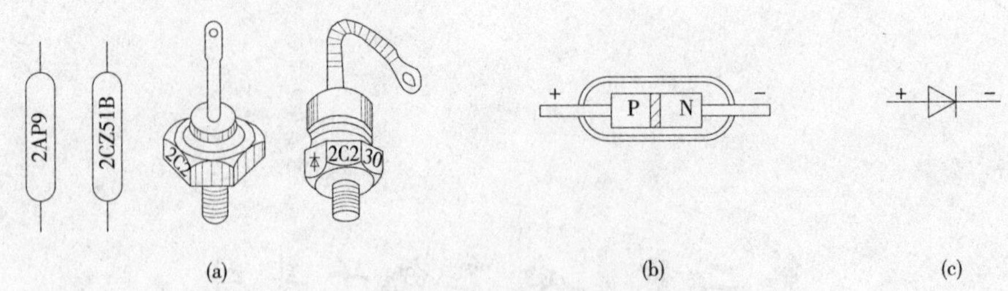

图 1-2-1 晶体二极管图形符号

(a)外形;(b)结构;(c)图形符号

2. 三极管类元件

三极管是由两个PN结构成的半导体器件,它有三个区和三个引出电极,如图1-2-2a所示。两个PN结的公共部分叫基区,由基区引出的电极称基极,以字母b表示。基区两侧的部分,分别是发射区和集电区,由这两个区引出的电极分别是发射极(以字母e表示)和集电极(以字母c表示)。基区和发射区间的PN结称作发射结,基区与集电区间的PN结称为集电结。晶体三极管有NPN型和PNP型两种,它们的图形符号如图1-2-2b所示,图中箭头表示三极管的电流方向。按制造三极管的材料不同,有硅三极管和锗三极管两大类,但硅管和锗管又都有NPN和PNP两种管型。一般硅管以NPN型居多,锗管以PNP居多。图1-2-2c为几种三极管的外型。

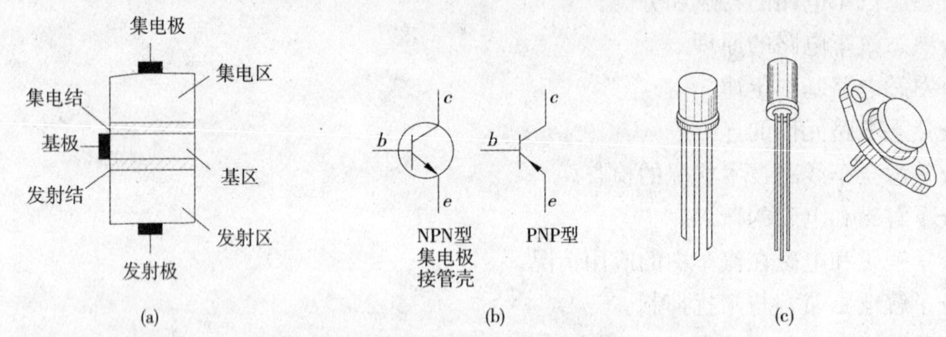

图 1-2-2 晶体三极管图形符号

(a)结构;(b)符号;(c)外形

二、汽车电子元件的原理与特性

(一)普通二极管的原理与特性

1. 普通二极管的原理

将二极管正极与电源正极相接,二极管负极与电源负极相接,二极管会呈导通状态(图1-2-3a);相反,将二极管正极与电源负极相接,二极管负极与电源正极相接,二极管会呈截止状态(图1-2-3b)。这就是二极管的单向导电特性。仔细观察加在二极管两端的电压与流过二极管的电流之间的关系,并把它绘在坐标系中就可得二极管的伏安特性曲线,图1-2-3c所示为典型硅二极管的伏安特性曲线。

2. 二极管的工作特点

(1)二极管具有正向导通性。当正向电压超过一定数值以后,流过二极管的正向电流将随正向电压的升高开始出现明显的增加,二极管导通。二极管刚开始导通时的电压称作导通电压(俗称"死区电压")。导通后两端的电压叫管压降。导通电压略小于管压降,两者近似相等,对于锗管约为 0.3 V，硅管约为 0.7 V。

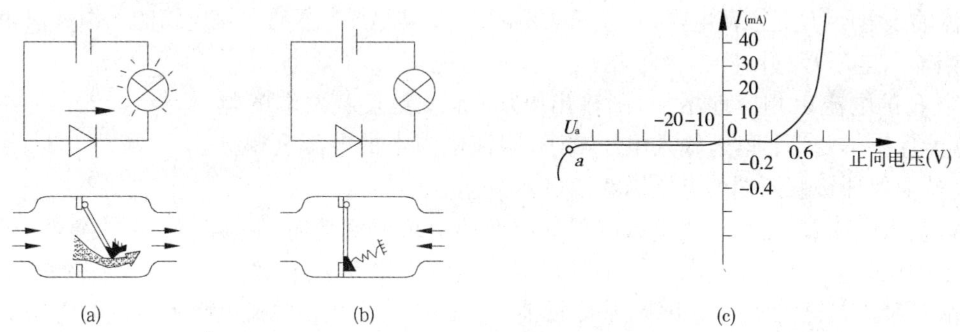

图 1-2-3 硅二极管的特性曲线

(a)正向导通；(b)反向截止；(c)特性曲线

(2)二极管具有反向截止特性。当二极管处于反偏时截止，反向电流在反向电压不大时是很小的，且在一个较大的电压范围内基本不变。硅二极管的反向电流比锗二极管小。

(3)二极管具有反向击穿特性。当加在二极管两端的反向电压大于某一值后，反向电流突然急剧增大，此时称二极管被反向击穿。

(二)稳压二极管的原理与特性

1.稳压二极管特点和作用

稳压二极管是一种具有稳压作用的特殊二极管。它的外形与普通二极管基本相同，文字符号用 V 表示。硅稳压二极管的工作性能与特性曲线如图 1-2-4 所示。

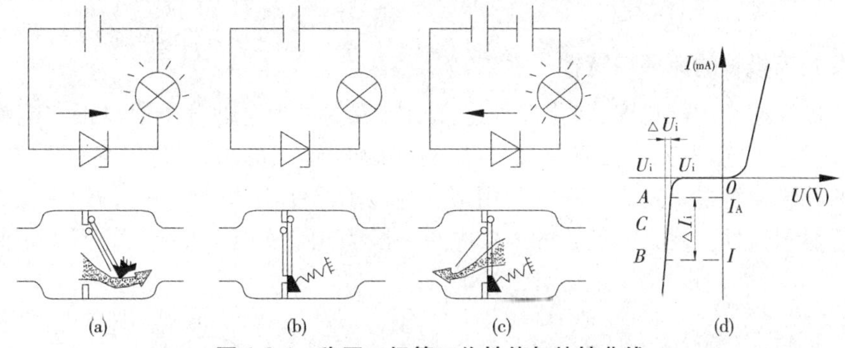

图 1-2-4 稳压二极管工作性能与特性曲线

(a)正向导通；(b)反向截止；(c)反向击穿；(d)特性曲线

由图 1-2-4 可以看出：

(1)稳压二极管的正向特性与普通二极管相同，呈导通状态。

(2)反向特性曲线比普通二极管陡峭。在反向电压较小时，管子只有极其微小的反向电流，呈截止状态。当反向电压达到某一数值 U 时，管子突然导通，电压即使增加很少，也会引起较大电流，这种现象称为“击穿”，U 叫击穿电压(即稳压二极管的稳定电压)。在反向击穿区，稳压二极管的电流在很大范围内变化，U 却基本不变(见曲线 AB 段)，这就是稳压二极管的稳压作用。

由于稳压二极管是工作在反向击穿状态，所以，把它接到电路中时，应该反接，即稳压二极管的正极应接被稳定电压的负极；稳压二极管的负极应接被稳定电压的正极。

2.稳压二极管稳压电路原理

因为硅稳压二极管工作在反向击穿区时，在一定的电流范围内，管子两端的电压近似为恒定值,所以可将稳压二极管并接在负载两端来稳定负载电压,如图 1-2-5 所示。图中 U_{sr} 是需要稳定的直流输入电压,R 是限流电阻,R_{fz} 是负载电阻,V 是硅稳压二极管。该电路的工作过程如下:

当输入电压 U_{sr} 升高时,流过稳压二极管的电流将增加,流过限流电阻 R 的电流也相应地增加,则输出电压(也就是负载两端的电压)就能保持不变;同理,若输入电压减小,限流电阻上的电压也相应减小,从而保证负载两端的电压仍然稳定。

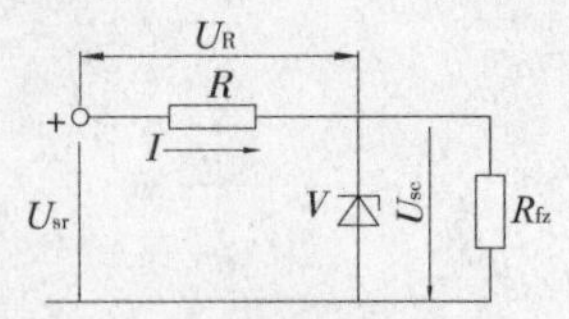

图 1-2-5 稳压二极管稳压电路

设输入电压 U_{sr} 不变。当负载电阻减小而使负载电流增加、限流电阻上的压降增大时,输出电压将下降。但输出电压稍有下降,就会引起流过稳压二极管的电流下降,从而抵消了负载电流变化在限流电阻上造成的电压变化,保证了输出电压的稳定。同理,当负载电阻增大时,由于稳压二极管的稳压作用,也能保证输出电压稳定。可见,除稳压二极管起稳压作用外,限流电阻不仅有限流作用,也有调压作用,与稳压二极管配合共同稳定输出电压。

稳压二极管稳压电路虽然十分简单、成本很低,但输出电流较小。因为当负载开路时,输出电流将全部流过稳压二极管,若此电流超过稳压二极管的最大稳定电流就会烧坏稳压二极管。另外,这种电路的稳压效果也较差。

(三)光电二极管的原理与特性

光电二极管的反向电流随光照强度的增加而上升,在管壳上备有一个玻璃窗口以便于接受光照。图 1-2-6 是光电二极管的外形、符号及伏安特性曲线。它的主要特点是:光电二极管工作在反向状态,反向电流与光的照度成正比。制成大面积的光电二极管,可当作一种电源,即光电池。

(四)发光二极管的原理与特性

发光二极管通常用砷化镓、磷化镓等化合物制成的。当这种管子通以正向电流时会发出光来。由于材料不同,发光二极管分红外线、红色、鲜红色、黄色、绿色等多种。图 1-2-7 是发光二极管的外形及符号。发光二极管常用来作为显示器件,除单个使用外,也常做成七段式或矩阵式字符显示器件。发光二极管的工作电流一般为几毫安至十几毫安之间。正向导通电压为 0.5～3 V。

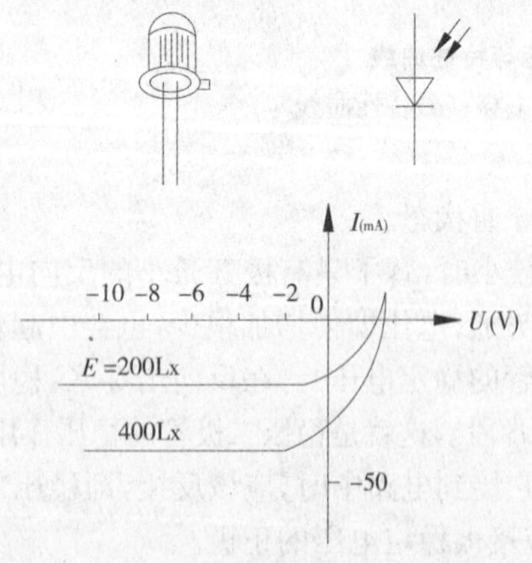

图 1-2-6 光电二极管的外形、符号及特性曲线

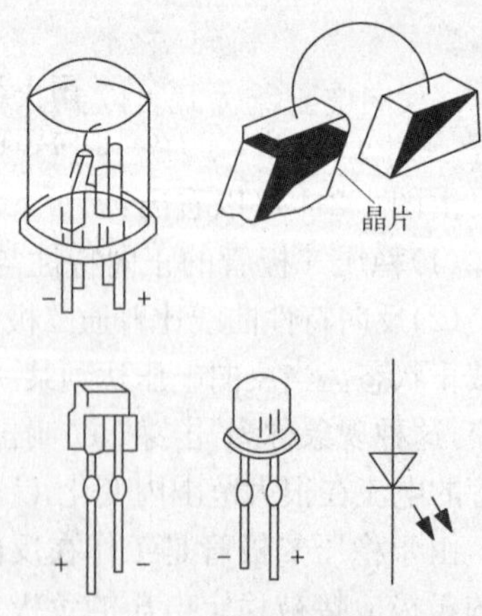

图 1-2-7 发光二极管的外形及符号

(五)晶体三极管的特性

三极管可以处于放大、截止及饱和三种工作状态。

1. 电流放大特性

三极管各电极的电流分配关系是：发射极电流 I_e 等于基极电流 I_b 和集电极电流 I_c 之和，而且其内部结构决定了发射极电流中只有一小部分分配给基极，而大部分分配给了集电极，所以，当基极电流 I_b 有一微小变化时，集电极电流 I_c 就相应有较大的变化，这就是三极管的电流放大作用，因此，可通过 I_b 来控制 I_c。值得注意的是，三极管电流放大的实质是以微小电流控制较大电流，并不是真正把微小电流放大了。所以，三极管是一种以小控大、以弱控强的器件。三极管电流放大系数为 60～100。

2. 三极管的截止状态

当三极管发射结处于反向偏置或零偏使基极电流 $I_b=0$ 时，基极相当于开路，I_c 约等于零。这时三极管失去放大作用，三极管的 c、e 极之间相当于开关的"断开"。通常把这种 $I_b=0$、$I_c=0$ 的工作状态称三极管的截止状态。

3. 三极管饱和状态

当三极管基极电位升高使发射结和集电结都处于正偏时，三极管集电极电流 I_c 受集电极回路最大供电能力的限制，不再与基极电流成比例增长。即：当 I_b 增大使 I_c 增大到 E_c/R_c 时，I_c 的数值不再与 I_b 成比例增长而保持一定值。此时三极管的 c、e 极之间相当于开关的"闭合"状态。这种三极管工作状态叫饱和状态。

三、汽车电子元件的检测

(一)二极管的检测

1. 二极管的好坏判断

用万用表测量小功率二极管时，需把万用表的旋钮拨到电阻 $R\times100$ 挡或 $R\times1$ k 挡(不要使用 $R\times1$ 或 $R\times10$ k 挡，因为 $R\times1$ 挡电流较大，$R\times10$ k 挡电压较高都易损坏二极管)，然后用两根表棒测量二极管的正反向电阻值(图 1-2-8)。一般二极管的正向电阻约为几十欧到几百欧，反向电阻约为几百欧到几百千欧，二极管的正反向电阻相差越大，就表明二极管的单向导电特性越好。若测得二极管的正反向电阻值相近，表示二极管已坏；若正反向电阻值都很小或为零，则表示二极管已被击穿，两电极已短路；若正反向电阻都很大，则说明二极管内部已断路。

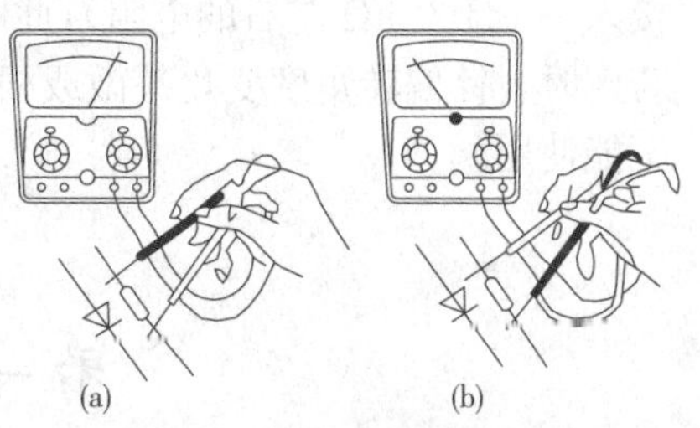

图 1-2-8　二极管的好坏判断

(a)测量正向电阻；(b)测量反向电阻

2. 二极管的极性判别

在测量二极管的正、反向阻值时，当测得的阻值较小时，红表棒(内接表内电池的负极)与之相接的那个电极就是二极管的负极，与黑表棒(内接表内电池的正极)相接的那个电极为二极管的正极。反之，当测得阻值较大时，与红表棒相接的那个电极为二极管的正极，与黑表笔相接的那个电极就是负极。二极管的极性也可按管脚位置判别，如图 1-2-9 所示。

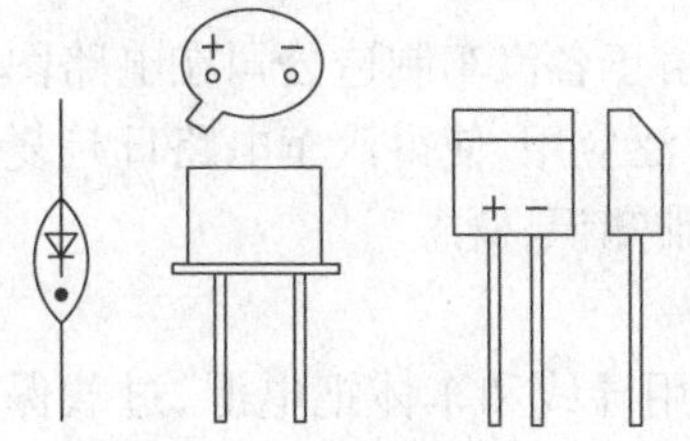

图 1-2-9　二极管管脚位置判别

(二)晶体三极管的检测

1. 晶体三极管 NPN 型和 PNP 型管子的判别

由于三极管有发射结和集电结两个 PN 结,因此可根据 PN 结正向电阻小、反向大的特点,利用万用表的欧姆挡来判别三极管是 NPN 型还是 PNP 型。如图 1-2-10 所示,先将万用表欧姆挡的旋钮拨至 $R\times100$ 或 $R\times1$ k 处(一般不允许使用 $R\times1$ 或 $R\times10$ k 挡),然后将黑表棒(内接表内电池的正极)接触假定的基极,用红表棒(内接表内电池负极)依次去接触另外两个管脚,两次测得的电阻都较小(小功率三极管约为几百欧);当对调黑红表棒重复上述测量时,两次测得的电阻都较大(小功率三极管应大于几十到几百千欧)。则原假定的基极成立,且该三极管为 NPN 型,反之,为 PNP 型。三极管管脚极性也可按管脚位置判断。

2. 晶体三极管的好坏及 I_{ceo} 的估计

如图 1-2-10 所示,将万用表欧姆挡的旋钮置于 $R\times1$k 位置,使黑表棒与集电极 c 接触,红表棒与发射极 e 接触(对于 PNP 管应将表棒对调)。对于质量较好的三极管,此时测得的阻值应较大,小功率硅管应大于数百千欧,锗管应大于数十千欧。若阻值太小,就表明 I_{ceo} 较大,三极管的热稳定性能差,已基本不能使用;若阻值接近或等于零,则说明三极管内部已被击穿,不能使用;若阻值慢慢减小(即表针漂移不定),则说明三极管的热稳定性能极差,也不能使用。

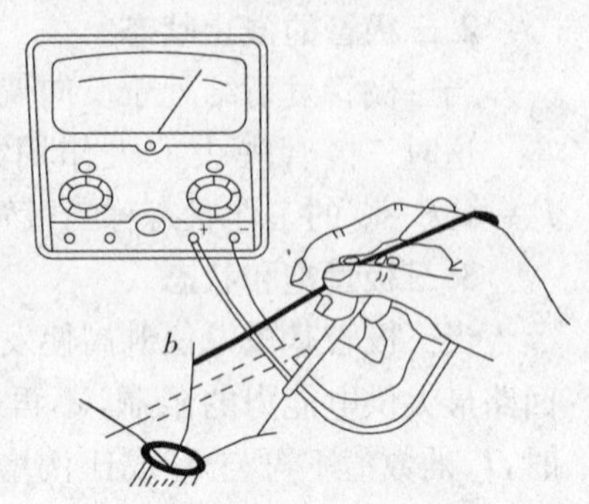

图 1-2-10 晶体二极管 NPN 型和 PNP 型管子的判别

3. 放大系数 β 的估计

先按测得三极管 c、e 间的电阻,然后用手指捏住 c、b 两管脚但不使它们相碰(或在 c、b 间接入一个 100 kΩ 左右的电阻),此时 c、e 间的电阻越小,即表针偏转角度越大,就表明 β 越大。若此时表针偏转角度变化甚微或根本不变,则表明三极管的放大能力极弱或已失去放大能力,不能使用。

第二节 基本电路

一、汽车电路的组成和作用

1. 了解汽车电路图的作用

汽车电路图是检修汽车电气系统时必需参考的基本资料。由于各汽车制造公司在电路图绘制上风格各异,以及电子控制技术在当代汽车电气系统中的广泛应用,使得汽车电路日趋复杂,识读难度增大。在识读汽车电路图之前,先要了解电路的基础知识、概念。

2. 电路的概念

当代汽车有越来越多的电器设备,要使这些电器工作,需要用导线和车体把电源、过载保护器件、控制器件及用电设备等装置连接起来,构成能使电流流通的路径,这种路径称为汽车电路。

3. 电路的组成

(1)电源。汽车上的电源为蓄电池和发电机。

(2)过载保护器件。主要有熔丝(俗称保险丝)、电路断电器及易熔线等。熔丝一般有管式和片式两种。片式熔丝以其塑料外壳的颜色代表其额定电流值。电路断电器利用金属(双金属片)热膨胀系数的不同,断开电路。当过大的电流经过时,双金属片受热膨胀使触点断开。而在电路断电冷却后,触点自行(或用手按下)闭合。它一般用于前照灯、电动座椅、电动门锁及电动车窗等电路中。易熔线由标准铜导线绞合而成,其外部是特殊的不易燃烧绝缘层。且截面尺寸比要保护的电路中的导线小一个线规标号,但由于导线外部的加厚绝缘层使其看起来比同一条电路上的导线要粗。如果通过的电流过大,导线发热使绝缘层外部开始冒烟,5 s后绝缘层内导线熔断。除起动电源线外,其他电源一般都经过易熔线到达用电器。

(3)控制器件。除了传统的各种手动开关、压力开关、温控开关外,当代汽车还大量使用电子控制器件,包括简单的电子模块(如电子式电压调节器等)和微电脑形式的电子控制单元(简称电控单元,其英文缩写为ECU)。电子控制器件和传统开关在电路上的主要区别是,电子控制器件需要单独的工作电源及需要配用各种形式的传感器。

(4)用电器。包括电动机、电磁阀、灯泡、仪表、各种电子控制器件和部分传感器等。

(5)导线。导线用于将以上各种装置连接起来构成电路。此外,汽车上通常用车体代替部分从用电器返回电源的导线,这种连接方式称为单线制。

二、汽车电路的特点和分类

(一)汽车电路的特点

汽车电路具有其他电路的一般特性。如汽车电路基本连接方式为串联和并联;汽车电路的基本状态是通路、短路和断路。电路中的元器件在电路图中用专门的符号或图框加文字标注表达。汽车电路又有以下不同于一般电路的特点:

(1)采用低压直流电源(12 V、24 V、42 V)。

(2)采用负极搭铁的单线制。单线制是指靠车体的金属部分代替一部分导线的连接方式,减少了导线的使用量,简化了线路。电源及用电器与车体连接的部位叫搭铁,又称为搭铁。由于采用电源的负极搭铁的方式,在搭铁处不易形成氧化物,所以,目前汽车上均采用负极搭铁。某些电控车上也有采用双线制的。

(3)各用电器为并联连接关系。为了让各用电器能独立工作,互不干扰,各用电器均采用并联方式连接,每条电路均有自己的控制器件及过载保护器件。控制器件保证每条电路的独立工作,过载保护器件是用来防止因电路短路或超载而引起导线及用电器的损坏。

(二)汽车电路的分类

汽车电路可以按照控制方式分类。根据控制器件与用电器之间有无使用继电器,可分为直接控制电路和间接控制电路;根据是否使用电子控制器件,可分为电子控制电路和非电子控制电路。

1. 直接控制电路与间接控制电路

(1)直接控制电路。指不使用继电器,控制器件直接控制用电器的电路。这是最简单、最基本的电路。在这样的电路中,控制器件与用电器串联,直接控制用电器。

(2)间接控制电路。在控制器件与用电器之间使用继电器的电路称为间接控制电路。继电器主要由电磁线圈和触点等组成,其作用是通过线圈的小电流控制经过触点的用电器的大工作电流。它解决了控制器件所允许通过的电流较小和用电器所需的电流较大的矛盾。使用小的控制电流有利于保护控制器件。控制器件和继电器内的电磁线圈所处的电路称为控制电路。用电器和继电器内的触点所处的电路称为主电路(图 1-2-11a)。

2. 非电子控制电路与电子控制电路

(1)非电子控制电路。非电子控制电路指的是由手动开关、压力开关、温控开关及滑线变阻器等传统控制器件对用电器进行控制的电路。汽车上的手动开关主要是点火开关、照明灯开关、信号灯开关及各控制面板与驾驶座附近的按键式、拨杆式开关及组合式开关等。

(2)电子控制电路。目前,电子控制取代其他控制模式成为当代汽车控制的主要方式。电子控制电路是指增加了信号输入元件和电子控制器件,由电子控制器件对用电器进行自动控制的一种电路,此时用电器一般称为执行器。电子控制器件包括简单的电子模块和微电脑形式的电子控制单元,它们通过接收输入元件的信号,根据其内部的固定线路或程序(微电脑形式)对信号进行处理,然后直接或间接控制各执行器的工作。电子控制电路以电控单元为中心,一般将其电路分为:电控单元的电源电路、信号输入电路及执行器的工作电路。

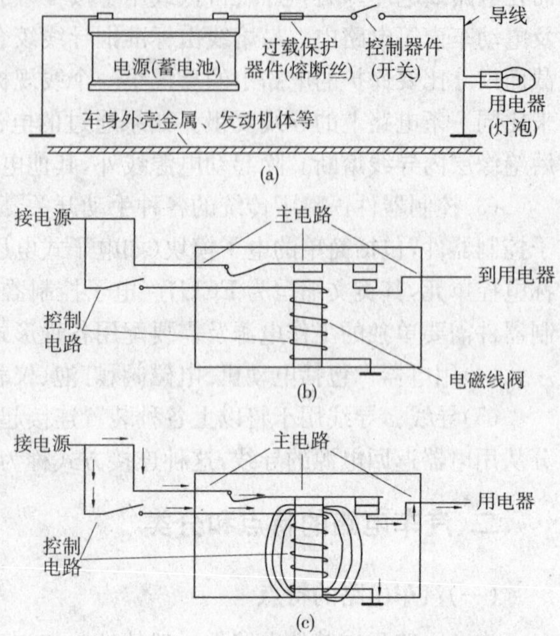

图 1-2-11 直接控制电路和间接控制电路

(a)直接控制电路;(b)间接控制电路(继电器断开时);(c)间接控制电路(继电器闭合时)

三、汽车电路的原理

无论何种类型的电路,其基本的原理是相似的,下面从以下几方面来介绍。

(一)电器及电路的状态

1. 电器的状态

通过电器的电流在单位时间内将电能转换为其他形式能的能力,叫电功率。单位为瓦特,简称"瓦",记作 W。电功率 P 与用电器承受的电压 U 及通过的电流 I 成正比。电流经过用电器后转换成其他形式的能,叫电流作功,简称电功。电功用 W 表示,单位为焦耳(J)。电功为用电器功率与用电时间的乘积。电功可用电能表测量。实验表明:电流通过电阻时,电阻的发热量 Q 与电流强度 I 的平方、电阻值及通电时间 t 成正比,这就是焦耳定律。热量 Q 的单位与电功的单位相同,为"焦耳"(J)。

在汽车上,很多用电设备都是用电流热效应制成的。如电灯、点烟器、预热塞、火花塞、保险器等。工厂中电弧焊也是利用电流热效应把金属熔化的,电流热效应也有其不利的一面,如电流会使不需发热的地方(如导线等)也发热。它不但消耗电能,而且会使电气设备温度升高,加速绝缘材料老化,甚至烧坏设备。

元器件和设备长期安全工作时所允许的最大电流、最大电压、最大电功率常称为额定电流、额定电压和额定功率。一般额定值都标在产品明显位置,导线额定电流也可通过查表获得。元器件和设备在额定功率下的工作状态叫额定工作状态,也叫满载;低于额定功率的工作状态叫轻载;高于额定功率的工作状态叫过载(或超载)。由于过载很容易烧坏用电设备,所以,一般情况下不允许出现过载。

2. 电路状态

电路通常有通路、断路、短路及接触不良四种状态。

(1)通路是指电路按规定路径处处连通的状态。通路也称"闭路"。此时电路中有工作电流通过。

(2)断路是指电路中有支路被断开的状态。断路也称"开路"。此时该支路不能形成电流。

(3)接触不良是指电路在导体接触部位因接触面有氧化层、脏污、接触压力不足或接触面过小造成的电阻过大的现象。严重接触不良会造成电路断路。

(4)短路是指电路电流未经过规定的路径通过,而在中途相搭接的地方通过的状态。如负载或电源两端被导线连通,就称负载或电源被短路。短路时,电源输出的电流将比正常通路时输出的电流大些,短路电流易烧坏电源、中间环节及用电设备。短路分局部短路和电源短路。

汽车电路中具有一定电位的部位与金属机体相碰时发生的短路现象称"搭铁"故障。

为避免短路或过载电流烧毁电气设备,通常在电路中安装有保护装置。最常见的保护装置是熔断器,熔断器能在出现短路或过载电流时立即熔化,将相关电路自动切断。

(二)电路基本定律

1. 欧姆定律

(1)部分电路欧姆定律。用万用表测量如图 1-2-12a 所示部分电路中的电压 U、电流 I 和电阻 R,可以发现:流过导体的电流 I 与这段导体两端的电压 U 成正比,与这段导体的电阻及成反比。这个规律叫部分电路欧姆定律。

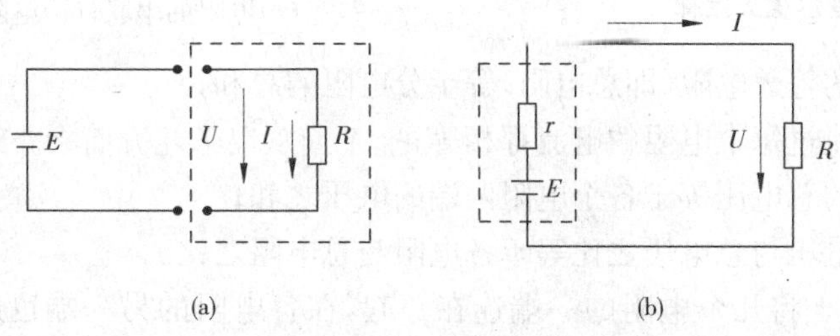

图 1-2-12 欧姆定律

(a)部分电路欧姆定律;(b)全电路欧姆定律

(2)全电路欧姆定律。全电路是指含有电源的闭合电路,如图 1-2-12b 所示。虚线框中的 E 代表电源电动势,r 代表电源内阻。通常把电源内部的电路称内电路,电源外部的电路称外电路。通过测量可以发现:全电路中的电流强度 I 与电源的电动势 E 成正比,与整个电路的电阻(即内电路电阻 r 与外电路电阻 R 的总和)成反比。这个规律叫全电路欧姆定律。

2. 基尔霍夫定律

基尔霍夫第一定律叫节点电流定律。所谓“节点”是指三条或三条以上支路的汇交点，如图 1-2-13 中的 B 点和 D 点。节点定律的内容是：流进一个节点的电流之和恒等于流出这个节点的电流之和，或者说流过任意一个节点的电流的代数和为零。

基尔霍夫第一定律表明电流具有连续性，在电路的任一节点上，不可能发生电荷的积累，即流入节点的总电量恒等于同一时间内流出这个节点的总电量。

基尔霍夫第二定律也叫回路电压定律。所谓“回路”是指电路中任一闭合路径，如图 1-2-13 中的 ABD 和 CBD。回路定律的内容是：在任意回路中，电动势的代数和恒等于各电阻上电压降的代数和。

(三)电路元件的连接

1. 电阻连接

电阻器用电阻率较大的材料(如碳或镍铬合金等)制成，它在电路中起着稳定或调节电流、电压的作用。

(1)电阻的串联。两个以上的电阻首尾依次相连，中间无分支的连接方式，叫电阻的串联，如图 1-2-14a 所示。根据实验可以发现，它有如下特点：

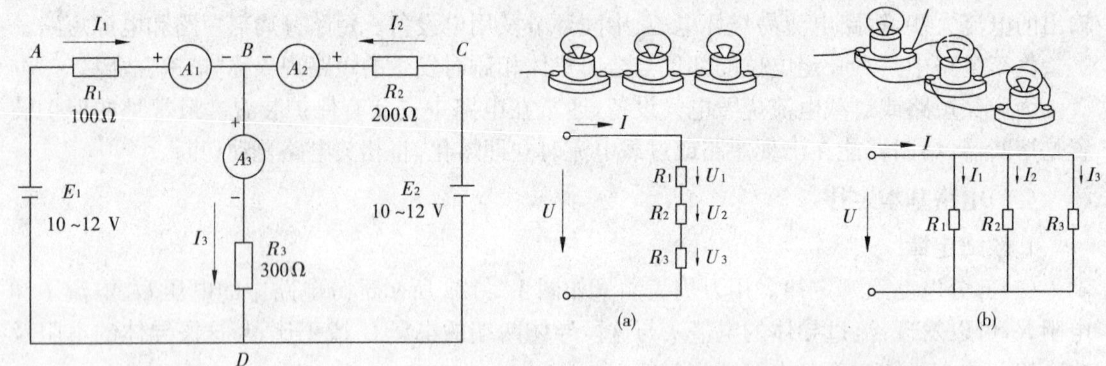

图 1-2-13 基尔霍夫定律

图 1-2-14 电阻连接

(a)电阻的串联；(b)电阻的并联

①电阻串联后的等效电阻(即总电阻)等于分电阻的总和；

②串联电阻中流过每个电阻的电流都相等；

③总电阻两端的总电压等于各个电阻两端的电压之和；

④各电阻上的电压与总电压之比等于各电阻与总电阻之比。

(2)电阻的并联。将几个电阻的一端连在一起，在各电阻的另一端也连在一起的连接方式，叫电阻的并联，如图 1-2-14b 所示。通过测量可以发现，它有如下特点：

①电路中的总电阻倒数等于各支路电阻倒数之和；

②电路中各支路两端电压相等；

③电路中的总电流等于各支路的电流之和。

2. 电池的连接

(1)串联电池组。将前一个电池的负极与后一个电池的正极依次连接，就组成了串联电池组(图 1-2-15a)。通过测量可以发现，串联电池组有以下几个特点：

①总电动势等于各个电池的电动势之和；

②总内阻等于各个电池的内阻之和；

③不同容量的电池不得串联使用，将它们串联，小容量的电池易造成“反极”损坏；

(2)并联电池组。把电动势及内阻相同的电池正极都连接在一起，将电池的负极连接在一起，就形成了并联电池组(图 1-2-15)。通过测量可以发现，并联电池组有以下特点：

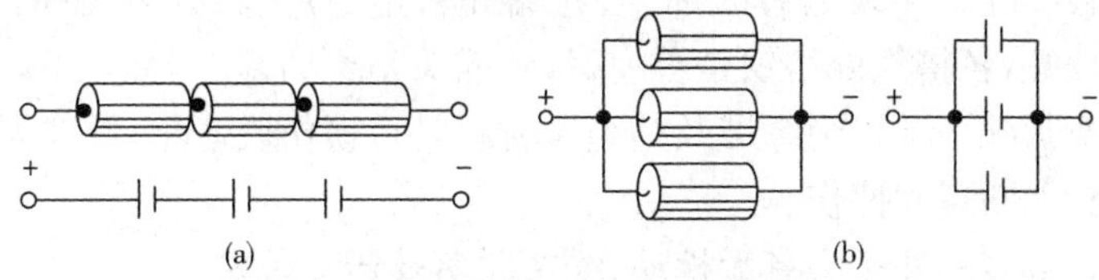

图 1-2-15　电池的连接

(a)串联电池组；(b)并联电池组

①总电动势等于单个电池电动势；

②流经外电路的电流等于各分电池的电流之和；

③n 只并联电池的总内阻 $r=r_1/n$；

④不同电动势或不同内阻的电池不得并联使用，将它们并联易损坏电池。

3.电容的连接

任何两个彼此绝缘而又相互靠近的导体，都可以看成是电容器。电容器的作用是储存和释放电荷(即充、放电)。电容器储存电荷的能力称电容量，电容量单位为法拉(P)，常用单位为 F。

(1)电容器的串联。如图 1-2-16a 所示，将几只电容器依次相连，中间无分支的连接方式，叫电容器的串联。电容器串联有以下特点：

①串联电容器的等效电容(总电容)C 的倒数等于各个电容量的倒数之和；

②总电压 U 等于各个电容器上的电压之和。

(2)电容器的并联。如图 1-2-16b 所示，将几只电容器一端连接在一起，另一端也连接在一起的连接方式，叫电容的并联。电容器并联有以下特点：

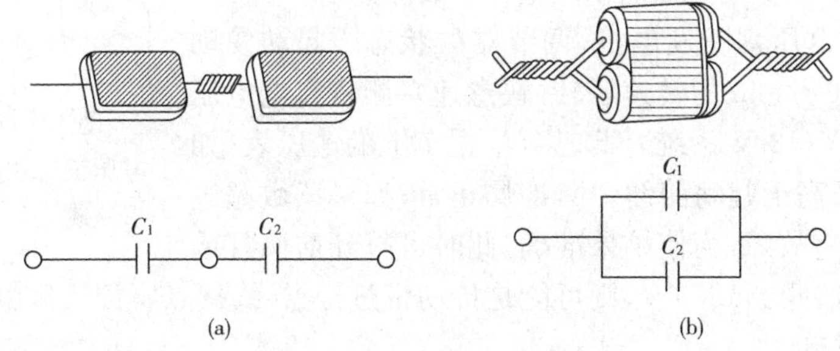

图 1-2-16　电容的连接

(a)电容的串联；(b)电容器的并联

①并联后的等效电容(总电容)C 等于各个电容器的容量之和；

②每个电容器两端承受的电压相等，并等于电源电压。

四、汽车电路的检修

(一)全车线路技术状况的检查

在进行维护、发现故障和检修时,应对全车线路进行检查,检查时应注意以下各点:

(1)固定状况。各电器和导线固定是否切实可靠,外体是否完好无损,零件是否完整无缺。

(2)清洁和接触状况。导线上有无油迹、污垢和灰尘,各接触处有无锈蚀、油垢和烧蚀现象,导线接头是否良好,各搭铁处搭铁是否完好,各插头是否插紧。

(3)绝缘和屏蔽状况。导线绝缘层及其绝缘材料是否损伤或老化,导线裸露处是否用胶布包好,导线屏蔽层有无断裂和擦伤。

(4)接线状况。各接线处接头有无松动、线头脱落及错乱现象。

(5)熔断器状况。各熔断器是否齐全、完好,接触是否良好,熔断器容量是否符合电路要求。

(6)操作部件状况。各电器开关、按钮工作是否正常,有无发卡失灵现象。

(二)电气性能的检查

通过对电气系统的检查,可以判断全车线路及电器装置的技术状态,查明故障部位。

1.电压检测

通过测量有关部位的电压,可以判断起动和电源系统的技术状态,作为汽车定期维护的项目之一,对电气系统的正确使用、及时排除故障有着重要的意义。具体检测项目包括:蓄电池充电状态;起动电路(起动机、蓄电池连线及各连接部位);电源电路(发电机、调节器),检测用电压表应选用量程为0~50 V,精度优于2.0级的。

(1)测量蓄电池电压估算充电状态。打开前照灯约1 min,除去电池“表面浮电”,然后关闭前照灯,测量蓄电池正负极之间的电压(图1-2-17)。电压值应为12.2 V(12 V系统)和24.4 V(24 V系统)。

(2)测量起动电压,判断蓄电池、起动机及连线的状态。拆除点火线圈的高压线,接通点火开关起动挡,使发动机转动,在15 s内蓄电池两端电压应在9.6 V(12 V系统)以上,如低于9.6 V,可能存在的问题有:蓄电池连线接头腐蚀或接触不良;蓄电池过放电或有故障;起动机或起动继电器有故障。

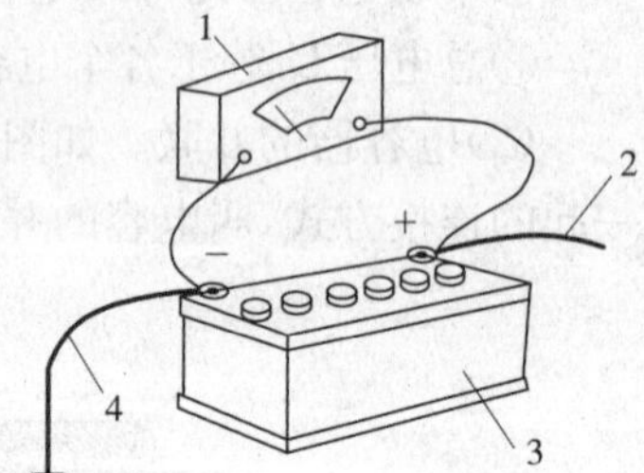

图1-2-17 电压检测

1-电压表;2-电源线;3-蓄电池;4-搭铁线

(3)测量充电电压判断发电机、调节器的状态。起动发动机,使之约以2 000 r/min的转速运转(快怠速),测量充电电压应为13.5~14.8 V(12 V系统),此时可根据车上的电压表(如果有)判断,若电压高于起动前约2 V即属正常;如果读数超过15 V,表明调节器有故障,为使结果准确,此时可打开前照灯或辅助电器,如果读数低于13.5 V,则可能是传动带过松、导线接点腐蚀或接触不良、调节器有故障或发电机不发电。

2.测量线路压降

可用于对导线、蓄电池电缆及接头进行测量。虽然用欧姆表可测量线路电阻,但因电压低、电流小,往往不能反映实际情况,因此,通过测量正常电流流过电路时的压降判断导线及触点的状况更为合理。选用量程0~3 V,精度1.0级以上的电压表,将电路置于工作状态,一般电路的电压降约为 0.1 V，这种方法广泛应用于起动电路的测试。

拆下点火线圈高压线，用蓄电池带动发动机转动，测量起动机电源输入接柱与地之间的电压(起动电压)应不低于 9.6 V(12 V 系统)，否则是蓄电池充电不足或接触电阻过大，还可进一步按图 1-2-18 测量各部分压降，如果大于 0.2 V，表明接触电阻过大，有腐蚀或接触不良，反之，为蓄电池充电不足。

3. 蓄电池的漏电测试

如图 1-2-19 所示，如果试灯亮(或电流超过 30 mA)表明电池漏电，可能原因有：杂物箱未关严；车门开关故障，顶灯亮；电路开关有漏电；发电机二极管短路或漏电流过大；调节器有故障。

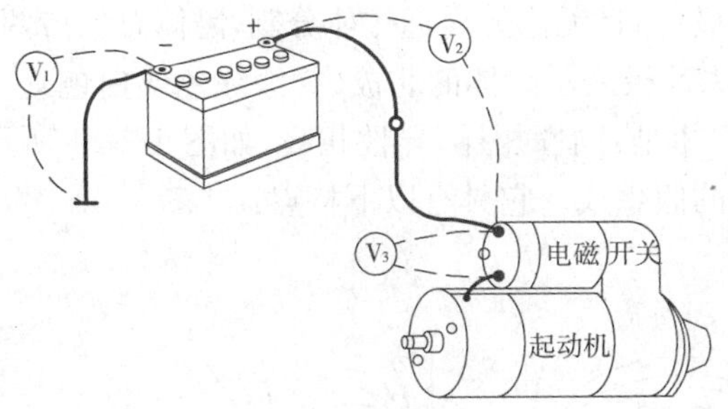

图 1-2-18　测量线路压降

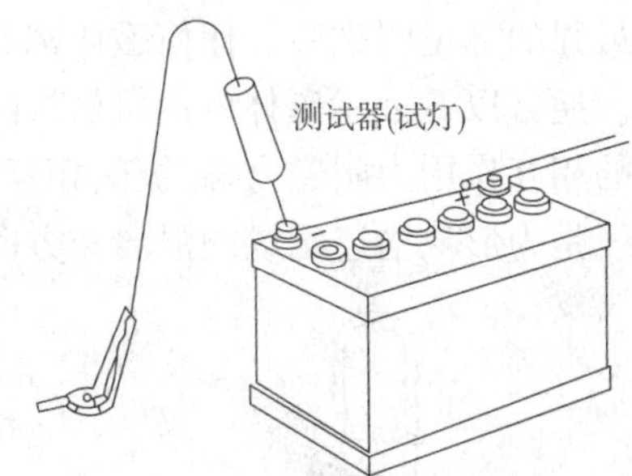

图 1-2-19　蓄电池的漏电测试

4. 短路及断路的检查

断路检查，用试灯或专用工具检查断路，如图 1-2-20 所示(以点火系统低压电路检查为例)，将试灯或专用工具接于电路接头与搭铁点之间，接通相应开关，若灯不亮表明有断路。

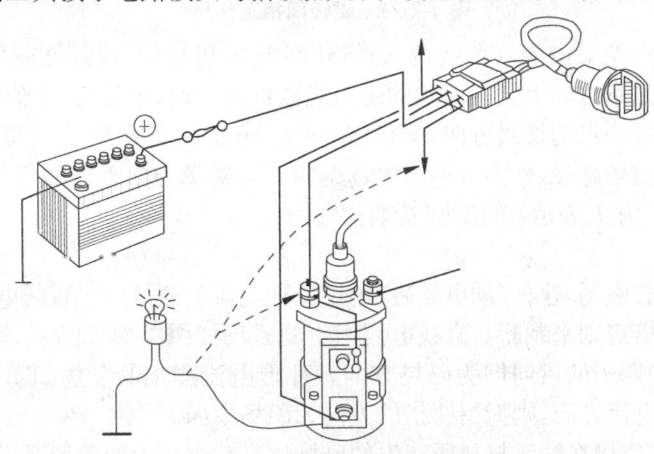

图 1-2-20　短路及断路的检查

短路检查，电路发生短路时，会烧坏熔断器，在更换熔断器之前应查明短路原因。常用方法有：用欧姆表，表笔之一接搭铁点；另一表笔接熔断器接点，阻值为零或很小时即为短路。依次断开该熔断器所控制的电器设备，当阻值增大时，该电器装置有短路故障。

用蜂鸣器，在熔断器两端接一蜂鸣器，电路有短路故障时，蜂鸣器响。同上，依次断开所控电气装置，蜂鸣器不响时，该电路有短路。

用电路断续器和磁通量表(高斯表)，将电路断续器接到熔断的熔断器两端，持磁通量表沿线路检测导线周围的脉冲磁场，当表针不动时，即为短路点。

第三节 磁与电磁

一、磁和电磁的概念

1.磁场的概念

物体能吸引铁、镍、钴等金属或它们合金的性质叫磁性。具有磁性的物体叫磁体。磁体上磁性最强的部位叫磁极。任何磁体都有两个磁极，而且无论怎样把磁体分割，磁体总保持两个磁极。通常以S表示磁体的南极(常涂红色)，以N极表示磁体的北极(常涂绿色或白色)。磁极间的相互作用力叫磁力，磁极间相互作用的规律是:同性相斥，异性相吸，如图1-2-21所示。磁力线是为形象描述磁场的强弱和方向而引入的假想线。它具有以下特点：

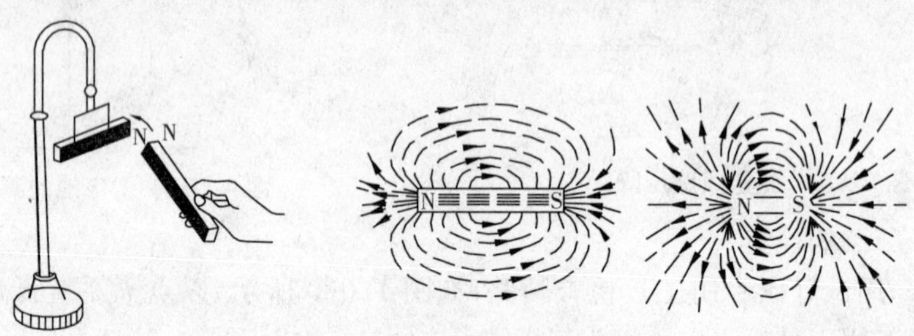

图1-2-21 磁极间相互作用

①磁力线是互不交叉的闭合曲线;在磁体外部由N极指向S极，在磁体内部由S极指向N极。通过垂直于磁场方向上某一面积的磁力线数称为磁通，单位为“韦伯”(Wb)。

②磁力线上任意一点的切线方向，就是该点的磁场方向(即小磁针N极的指向)。

③磁力线越密磁场越强，磁力线越疏磁场越弱。与磁场方向垂直的单位面积S上的磁通量称为磁感应强度，用T表示，单位为“特斯拉”。

2.电流的磁场

电流周围存在着磁场，这种“动电生磁”的现象称电流的磁效应。直线电流、环形电流产生的磁场方向可用安培定则来判断。直线电流产生的磁场如图1-2-22所示，以右手拇指的指向表示电流方向，弯曲四指的指向即为磁场方向。环形电流产生的磁场如图1-2-23所示，以右手弯曲的四指表示电流方向，则拇指所指的方向为磁场方向。

同样，电磁线圈作用在铁磁材料所产生的磁场比真空中产生的磁场要强几千以至几万倍。因此，实用中的电磁线圈常带有铁芯。铁磁物质在磁场中能够增强磁场的现象叫铁磁物质的磁化。铁磁材料具有磁饱和性，当线圈电流增大到一定值后，磁场磁感应强度就不能再继续增强。铁磁材料被外磁场磁化后撤去外磁场，铁磁材料会留下剩磁。

3.左手定则

通电导体在磁场中要受到力的作用，该作用力叫作电磁力，单位是牛(N)。电磁力大小与导体有效长度L、磁场磁感应强度B及通过导体的电流强度I成正比。通电直导体在磁场中所受作用力的方向，可用左手定则判定。判定时，将左手伸开，让磁力线穿过掌心，四指朝向导体电流的方向，大拇指所指的方向就是导体受力方向，如图1-2-24所示。

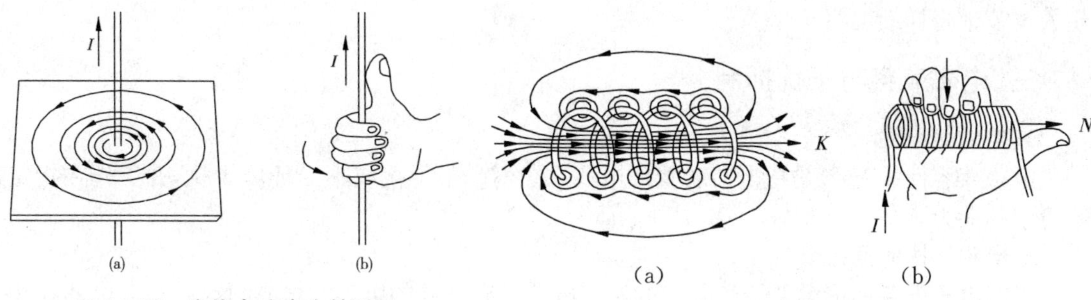

图 1-2-22　直线电流产生的磁场

(a)直线电流产生的磁场；(b)安培定则

图 1-2-23　环形电流产生的磁场

(a)环形电流产生的磁场；(b)安培定则

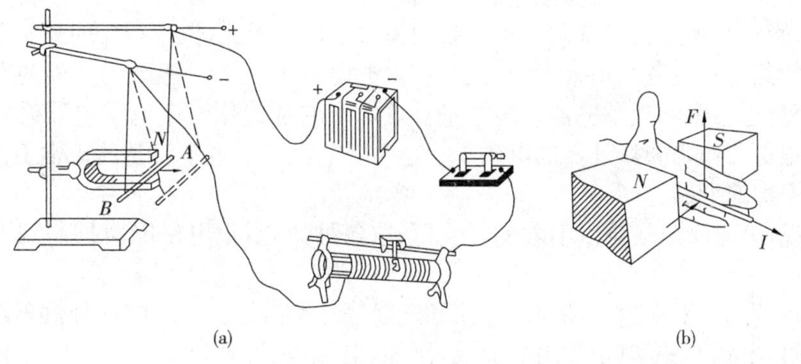

图 1-2-24　左手定则

(a)实验；(b)左手定则

4. 霍尔效应

霍尔效应是把一块厚为 d 的半导体薄片放在磁场中。如果在薄片的纵向上通入一定的控制电流 I，那么在薄片的横向两端就会出现一定的电势差 U_H，这一现象就叫霍尔效应，这个电势差叫霍尔电压 U_{H}。霍尔电压 U_{H} 与控制电流 I 及磁感应强度 B 成正比。如果撤去磁场，或者撤去控制电流，霍尔电压也就随之消失。霍尔电压的极性，可以用带电粒子在磁场中运动时受到电磁力的作用来判断，即：将左手伸开，让磁力线穿过掌心，四指朝向控制电流的方向，大拇指所指的方向就是霍尔电压"＋"端。

5. 电磁感应

(1)法拉弟电磁感应定律。当导体相对于磁场运动而切割磁力线或线圈中的磁通发生变化时，在导体或线圈中都会产生电动势；若导体或线圈是闭合电路的一部分，则导体或线圈中将产生电流。这种相对运动或变化磁场在导体中引起电动势的现象称电磁感应，由电磁感应引起的电动势称感生电动势，感生电动势引起的电流称感生电流。感生电流产生的磁场总是阻碍原磁场磁通的变化，这个规律称楞次定律，法拉弟电磁感应公式中的"负"号表示了感生电动势的方向总是和磁通变化的趋势相反。

(2)自感。由于流过线圈本身的电流发生变化，而引起的电磁感应现象叫自感现象，简称自感。

(3)互感。由一个线圈中的电流变化引起另一线圈产生电磁感应的现象叫互感。

二、磁和电磁在汽车中的应用

磁与电磁在汽车上的应用非常广泛，例如，三相同步交流发电机、直流电动机、霍尔式传感器、传统点火系统、喷油器、怠速控制阀等均采用了电磁原理。这些部件的结构和原理在后面相关章节中将详细说明。

三、电磁兼容与干扰抑制

1.电磁兼容性

电磁兼容性(EMC)是指电器装置或电气系统不产生干扰或不受环境干扰,并工作在指定环境中的能力。

2.电磁干扰的危害

汽车电子设备和汽车电子产品中的许多电器具有不同的电容和电感,这些电容、电感在构成的闭合回路中会形成振荡回路。在电路断开和接通的瞬间,触点间会产生火花或电弧。电火花和电弧本身就是一个发射高频电磁的干扰源,其产生的电磁干扰(EMI)会向四周的空间发射电磁波,影响其他通信设备和电子设备的正常工作。因此,汽车行驶时这种干扰电磁波可能破坏大多数无线电设备的正常工作,汽车产生的电磁干扰不但能影响外界的电子设备的正常的工作,而且也会影响汽车电器系统本身日益增多的现代化汽车电子电器设备和汽车电子电器产品的正常工作,同时,外界的电磁干扰也会影响汽车上电子设备的正常工作。

3.电磁干扰的抑制

一般来说,电磁噪声是难以消除的,但可采取各种措施,把电磁噪声抑制到不致产生电磁干扰的程度。

抑制电磁干扰可采用阻尼、屏蔽、滤波和连接等基本措施。目前国内外汽车使用的抑制器基本是由电阻、电感、电容单个或组装而成,例如,电阻体、屏蔽导线、电容器、抑制干扰电感线圈及抑制干扰滤波器等。

(1)屏蔽。屏蔽是在两个区域之间建立电磁屏障,保护系统中的电路不受电磁环境损坏的最直接方法。屏蔽的形式多种多样,可以是隔板、盒式封闭体,也可以是电缆或连接器式的屏蔽。屏蔽有两个主要目的:①使辐射电磁能限制在特定区域之内(称主动屏蔽)。主动屏蔽是指干扰源处于内部,并防止干扰波泄漏到外部空间的结构,必须进行搭铁,且搭铁电阻越小越好。②防止辐射电磁能进入特定区域(称被动屏蔽)。被动屏蔽是指干扰源处于外部,并防止干扰波进入屏蔽空间的结构。

(2)连接。连接是在两个金属面之间建立低阻抗通路。这个通路可在搭铁基准与元件、电路、屏蔽物和结构件之间建立。连接的目的在于建立均匀的电气结构,即在结构上设法使射频电流的通路均匀,避免在金属件间产生电位,从而造成干扰。

(3)搭铁。搭铁就是在两点之间建立导电通路,其中的一点通常是系统的电气元件,而另一点则是参考点。一个搭铁系统的有效性取决于在多大程度上减小搭铁系统的电位差和减小地电流。

(4)滤波。屏蔽主要是为了解决辐射干扰,而滤波则主要是解决通过传导途径造成的干扰。两者均涉及连接和搭铁技术,电磁干扰滤波器的有效性在很大程度上受源阻抗和负载阻抗的影响。

第四节 电路图识图

一、汽车电路图分类

汽车电路图主要用于表达各电气系统的工作原理及电器间的连接关系,同时还可标示各电器、线束等在车上的具体位置。尽管不同车型的电路图风格各异，但根据各图的特点可分成以下几种。

1.电气线路图

图 1-2-25 所示为电气线路图。该类图表达了各电器在车上的大概布局，图左侧代表汽车的前部，右侧代表汽车的尾部。各电器以实物轮廓图表示。导线分布大体上与车上的实际位置、走向相同。电气线路图完整地表达了整车的电器及线路连接，但不能清晰、方便地反映各电器系统的工作原理，且识读所需的时间较长，随着汽车电路的日趋复杂，这类电路图越来越不实用。

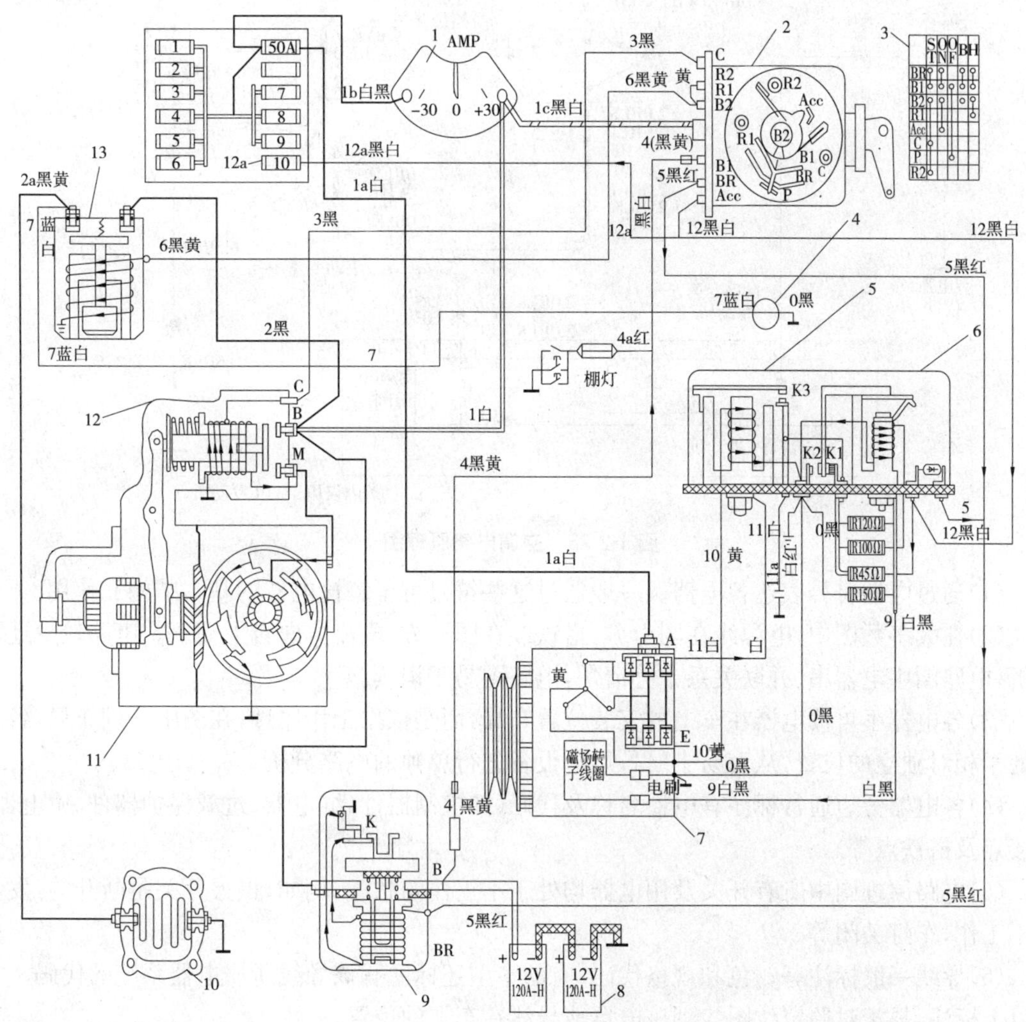

图 1-2-25　电气线路图

1-电流表；2-起动开关；3-起动开关位置；4-预热指示灯；5-磁场继电器；6-电压调节器；7-硅整流交流发动机；8-蓄电池；9-蓄电池开关；10-空气预热器；11-起动机；12-起动开关；13-电磁预热开关

2.电路原理图

电路原理图重在表达各电气系统电路的工作原理，既可以是全车电路图，也可以是各系统电路原理图(图 1 2-26)。尽管各汽车制造公司的表达方式不一，但一般都具有以下的特点：

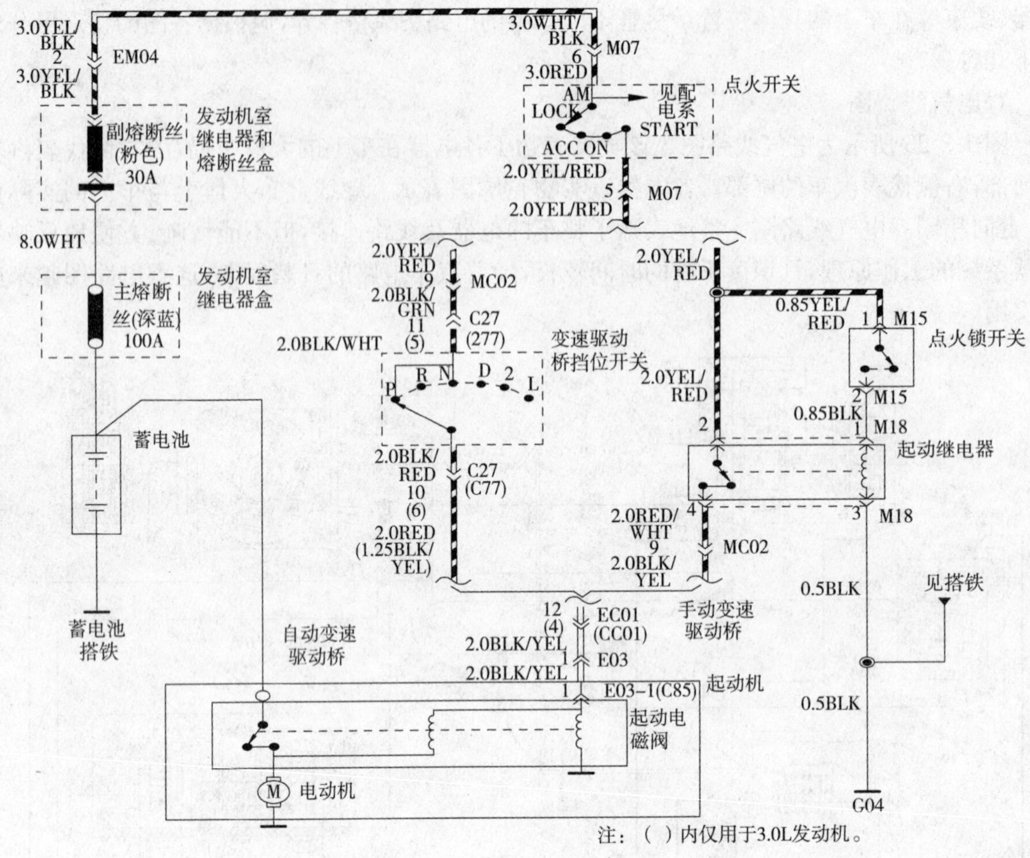

图 1-2-26　空调电路原理图

(1)通过电器符号表达各电器。一般通过这些符号可了解该电器的基本结构和作用。

(2)在大多数图中，电源线在图上方，搭铁线在图下方，电流方向自上而下。电路较少迂回曲折，电路图中电器串、并联关系十分清楚，电路图易于识读。

(3)各电器不再按电器在车上的安装位置布局，而是依据工作原理，在图中合理布局，各系统处于相对独立的位置，从而易于对各用电设备进行单独的电路分析。

(4)各电器旁边通常标注有电器名称及代码(如控制器件、继电器、过载保护器件、用电器、铰接点及搭铁点等)。

(5)电路原理图中所有开关及用电器均处于不工作的状态，例如，点火开关是断开的，发动机不工作，车灯关闭等。

(6)导线一般标注有颜色和规格代码，有的车型还标注有该导线所属电器系统的代码。根据以上标注，易于对照定位图找到该电器或导线在车上的位置。

在电路原理图中，如果不标注出上述第(4)点中的各代码，则称为电路原理简图，图 1-2-27 为空调电路原理简图，这类图仅用于说明工作原理。总之，电路原理图是分析电气系统工作原理，以及维修电气系统的最基本、最实用的资料。

3. 定位图

定位图用于指示各电器及导线在车上的具体位置。一般采用绘制的立体图或实物照片的形式，立体感强，能直观、清晰地反映电器在车上的实际位置(图 1-2-28)，因此有很高的实用价

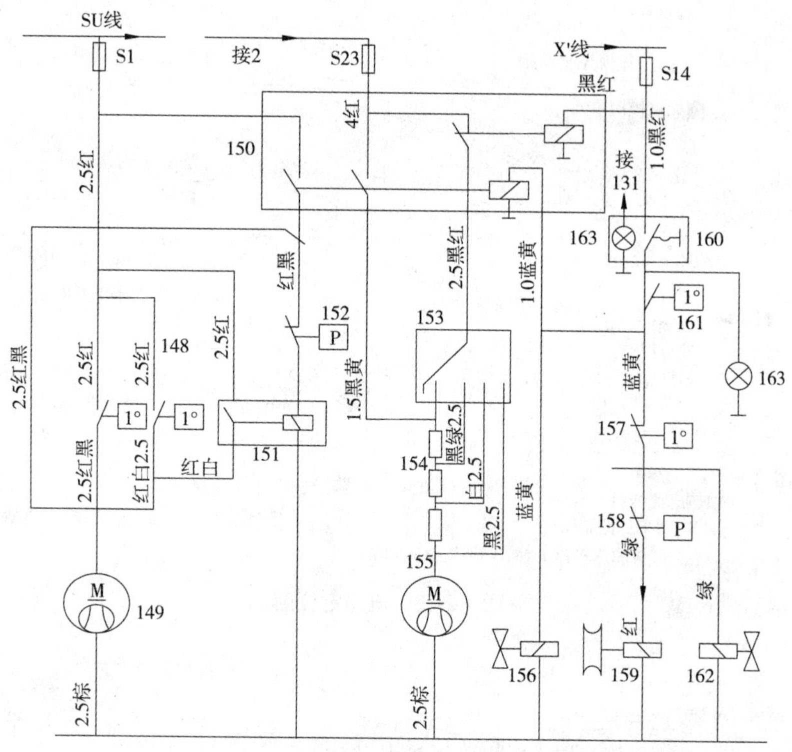

图 1-2-27 空调电路原理简图

148-热敏开关；149-散热器与冷疑器风流扇电动机；150-空调继电器；151-减荷继电器；152-制冷系统高压切断开关；153；-鼓风机变速开关；154-鼓风机换挡电阻；155-鼓风机；156-进风门电磁阀；157-制冷量控制开关；158-空调压缩机工作开关；159-空调压缩机电磁离合器；160 空调启用开关；161-室温控制开关；162-怠速提升电磁阀；163-空调控制开关指示灯

值。定位图在某些车型中还有进一步的分类：可分为用电器定位图（图 1-2-29）、控制器件定位图（图 1-2-30）、熔断丝盒（图 1-2-31）、继电器盒、接线盒定位图、连接器定位图以及搭铁点和铰接点定位图、诊断座定位图等，还有帮助确定熔丝具体安装位置的熔丝盒内部熔丝布局图，以及确定连接器内各导线连接位置的连接器插脚接线图。

导线的定位由导线的两个端点来确定其位置。由于大多数导线是裹在线束中的，只用线束定位图是不能找到各导线的。需要参照电路原理图中该导线两端连接器的相应插脚代码，在定位图中找到相应连接器，参照连接器的插脚排列图找到导线相应的插脚或接线柱，然后找到该导线。

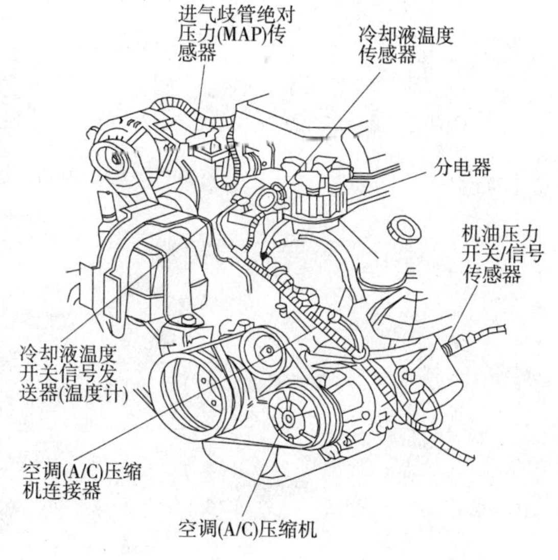

图 1-2-28 定位图

目前，大多数汽车制造公司均采用电路原理图结合定位图的表达方式。为便于结合两类图，大多数车型的电路图还附有表格，指出电路原理图上的电器、导线等在哪一张定位图上。

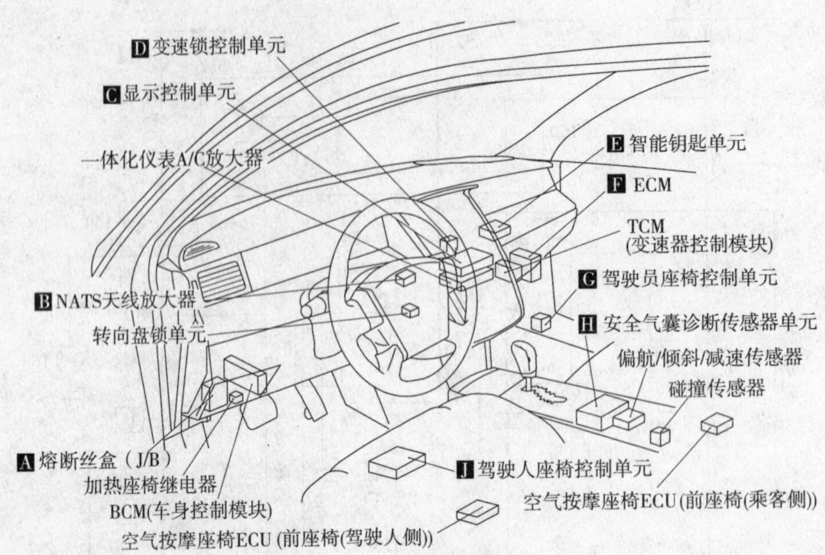

图 1-2-29 电器定位图

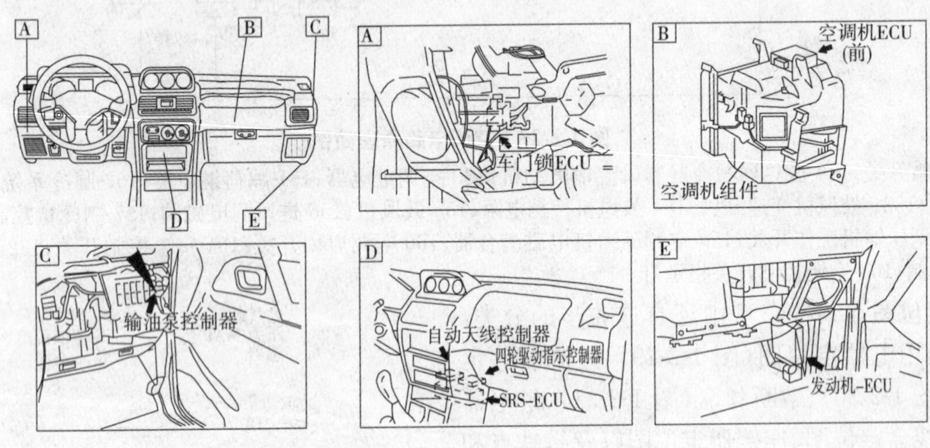

图 1-2-30 控制器件定位图

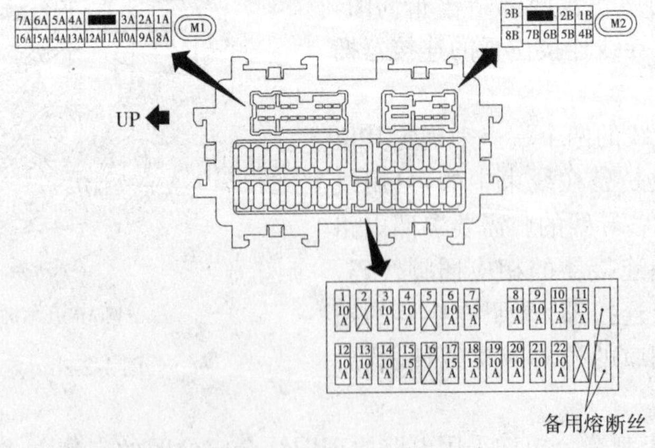

图 1-2-31 熔断丝盒

二、电路图读图基本方法

1.电路原理图的识读方法

(1)判断该电气系统的控制方式。若属于电子控制系统,则要把该系统的线路分成三部分,即:电控单元与电源的连接电路;信号输入电路;执行器工作电路。若该用电器电路中使用了继电器,则要区分主电路及控制电路。注意,无论主电路还是控制电路,往往都不止一条。

(2)识图从用电器入手。在电路图中,从其他部分处入手,不利于掌握各电器的工作原理,而从用电器入手,很容易把与之相关的控制器件查找出来。

(3)运用回路原则。通过运用回路原则,找出用电器与电源正负极构成的回路。

(4)识读技巧。电路图识读技巧有以下几方面:

①电路按其作用来分,可分为电源电路、搭铁电路、信号电路、控制电路。

②直接连接在一起的导线(也可经由熔断丝、铰接点连接)必具有一个共同的功能,如都为电源线、搭铁线、信号线、控制线等。即凡不经用电器而连接的一组导线若有一根接电源或搭铁,则该组导线都是电源线或搭铁线。与电源正极连接的导线在到达用电器之前是电源电路;与搭铁点连接的导线在到达用电器之前为搭铁电路。

③在分析各条电路(电源电路、信号电路、控制电路、搭铁电路等)的作用时,经常会用到排除法判断电路,即对不易判断功能的电路,通过排除其不可能的功能来确定其实际功能。如,分析某一具有三根导线的传感器电路时,已经分析出其电源电路、搭铁电路,则剩余的电路必然为信号电路。

④注意各元器件的串、并联关系,特别要注意几个元器件共用电源线、共用搭铁线和共用控制线的情况。

⑤传感器经常共用电源线、搭铁线,但决不会共用信号线。执行器会共用电源线、搭铁线、控制线。

2.定位图的识读

定位图直观地反映了各电器及线路在车上的具体位置。有绘制和照片两种形式。按照作用可以分为以下几类。

(1)电器定位图。显示用电器、控制器件(包括传感器、电控单元、开关、继电器等)、连接器、接线盒、熔断丝盒、继电器盒等在车上的具体位置(图 1-2-28～图 1-2-31),可以帮助我们迅速准确地找到各电器元件在车上的安装位置。

(2)线束图。线束是电路的主干,通过连接器、铰接点与车内电器或车体连接(图 1-2-32),可从线束图中了解线束的走向及线束各部连接器的位置。

(3)连接器的端子排列图。连接器是一个连有线束的插座,是电路中线束的中继站。对电路中导线连接的

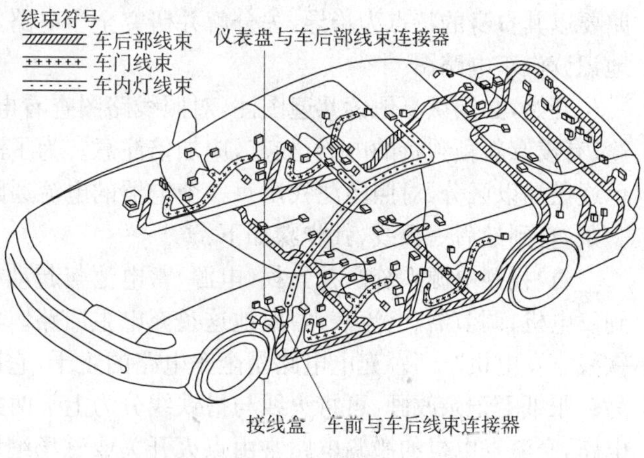

图 1-2-32 线束图

正确及可靠起着重要的作用。电控单元与外部所有电器的连接都是通过 ECU 上的连接器。因此，认识线路图上的连接器，了解各导线是如何与连接器连接的，是识读电路图的重要前提。一般连接器用代码标注。标注内容有二：一是连接器的代码。可据此代码，从定位图上找到其安装位置；二是连接器上的端子代码，它与连接器的平面图上各端子对应。连接器上往往有多个端子，所以必须通过端子排列图来明确各端子的连接(图 1-2-33)，从而追踪各条进入该连接器的导线。

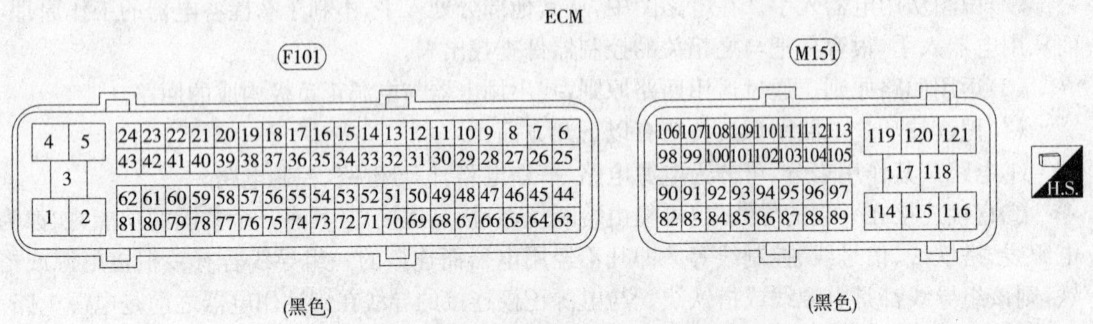

图 1-2-33 导线连接器的端子排列图

(4)熔断丝盒/继电器盒及接线盒的内部线路图。为便于检修，熔断丝、继电器及导线的铰接点往往集中安装在熔断丝盒、继电器盒及接线盒中。读图时，先从电器定位图了解各盒在车上的安装位置后，再通过各盒的内部线路图了解盒内的连接关系(图 1-2-31)。许多车上把这三种盒组合在一起成为熔断丝/继电器盒、中央接线盒。

三、电路图读图步骤

1.纵观“全车”，眼盯“局部”——由“集中”到“分散”

全车电路一般都是由各个局部电路所构成的，它表达了各个局部电路之间的连接和控制关系。要把局部电路从全车总图中分割出来，就必须掌握各个单元电路的基本情况和接线规律。

汽车电路的基本特点是：单线制、负极搭铁、各用电器互相并联。各单元(局部)电路，例如电源系统、起动系统、点火系统、照明系统、信号系统、仪表系统等都有其自身的一些特点，看电路要以其自身的特点为指导，去分解并研究全车电路，这样做会少一些盲目性，能较快速、准确地识读汽车电路图。

开始，必须认真地读几遍图注，对照线路图查看电器在车上的大概位置及数量，电器的用途，有没有新颖独特的电器，如有，应加倍注意。为了清楚起见，可以用彩色铅笔按所标导线颜色逐条加以区分，对照图注找出每一个电器的电流通路。为了防止遗漏，应当找出一条就记录一条，直到最后一根线，其步骤如下：

(1)找到电源系统。首先找(电源)蓄电池与起动机之间的连接(包括蓄电池总开关)。找到发电机、调节器、电流表、蓄电池这条充电主回路。发电机“+”→电流表熔断器→蓄电池搭铁线→发电机“-”。充电电路是全车电路的主干，它确立了两个直流电源之间的关系。如在另一张纸上记录改画，可将火线与搭铁线分为上下两条线，以便接出其他并联支路。找出激磁电路，交流发电机的激磁电路常由点火开关或磁场继电器控制通断。发电机“+”→点火开关→单联调压器触点 K(或附加电阻)→磁场线圈→搭铁→发电机“-”。

(2)找出起动机电磁开关的控制线路。

(3)找出点火系统。蓄电池点火系统的低压电路由电源、断电器、点火线圈、点火开关等串联而成。

(4)找出照明系统。先找到车灯总开关,按接线符号分别找到电源火线、前照灯远近光、变光器、小灯、仪表灯与后灯、顶灯及其他灯。一般接线规律是小灯与前照灯不同时亮,远光与近光不同时亮,仪表灯、后灯、牌照灯等在夜间工作时常亮。有些汽车采用四灯制前照灯,远光四灯亮、近光两灯亮。有些日本汽车将前照灯改为双线制,一根灯丝设一个熔断器,变光器则有脚踩与手动两类,有的前照灯增设了刮水器。新增加的特殊用途灯常经备用熔断器引出,单设开关控制。由于汽车电路中灯线多而长,若将照明系统改用原理图来表达,看图与查线都很方便。

(5)找出信号系统。一般汽车都具有转向信号灯、制动信号灯和喇叭。信号装置属于随时可能使用的短暂工作的电器,都接在经常有电的接线柱上,只受一个开关控制,以免耽误信号的发出。闪光继电器种类很多,如电热丝磁铁式、电容式、晶体管有触点和无触点式,但在电路中,闪光器多为串联接法。

(6)找出仪表系统。仪表系统都受点火开关(或电源总开关)控制。有的几块表共用一个稳压器或降压电阻,以获得较高的读数精度。有些车,仪表与指示灯共同显示一种参数,如充电、油压、气压、油量等,为了引起驾驶人警觉,其指示灯是明暗闪光的,用一个多谐振荡器控制,同时有蜂鸣器警报。有些进口车装有电子式发动机转速表、冷却液位指示灯、充电电压表,闪光器还接成或门电路。

(7)找出辅助电器。为了提高汽车的经济性、动力性、操纵性、安全性和舒适性等,汽车电器的种类越来越多,除了以上几个系统的电器之外,其余都称为辅助用电器。此外,应用电子技术较多的汽车,其电子控制系统也可分为若干个子系统来分析研究,例如,燃油喷射电控系统、自动变速器电控系统、制动防抱死电控系统、动力转向控制系统、悬架控制系统、巡航(恒速)控制系统、安全气囊及其控制系统。

2.抓住"开关"的作用——所控制的"对象"

有些汽车为了减少总开关的电流,特地添置了不少的继电器,继电器的控制线圈属于一个开关控制,而其触点所控制的电器可能属于另一个开关(或熔断器),在查线和改画原理图时要加以注意。开关是控制电路通断的关键。一个主开关往往汇集许多导线,分析汽车电路时应注意以下几个问题:蓄电池(或发电机)的电流是通过什么路径到达这个开关的?中间是否经过别的开关和熔断器?这个开关是手动还是电控的?这个开关控制哪些用电器?每个被控电器的作用是什么?开关的许多接线柱中,哪些是直通电源的?哪些是接用电器的?接线柱旁是否有接线符号?这些符号是否常见?开关共有几个挡位?在每一挡中,哪些接线柱有电?哪些无电?在被控的用电器中,哪些电器应经常接通?哪些应短暂接通?哪些应先接通?哪些应后接通?哪些应当单独工作?哪些应当同时工作?哪些电器不允许同时接通?

3.寻找电流的"回路"——控制对象的"通路"

回路是最简单的电学概念。无论什么电器,要想正常工作(将电能转换为其他形式的能),必须与电源(发电机或蓄电池)的正负两极构成通路。即:从电源的正极出发→通过用电器→回到同一电源的负极。这个简单而重要的原则无论在读什么电路图时都是必须用到的,在读汽车电路时却往往被忽略,理不出头绪来。

汽车电路的主要特点是单线制、各用电器相互并联，因此，回路原则在汽车电路上的具体形式(或不妨称为读图公式)就是：对于负极搭铁的电路，回路电流的路线是电源正极→导线→开关→用电器→搭铁→同一电源的负极。

读图中常常出现这样的错误：从电源正极出发，到某电器(或再经别的电器)又回到了电源正极。大家知道，电源的电位(电压)存在于电源正负极之间，而电源的同一电极是等电位的，没有电压。所以，这种从正到正的电流路线不会产生电流，这样读图当然错误。

初学者在读图时又往往将发电机、蓄电池这两个电源当作一个电源，常从这个电源的正极出发，经过用电器回到另一个电源的负极，这实际上并未构成真正的通路，也就不能产生电流。因此，读图时要强调从一个电源正极出发，经过用电器，回到同一电源的负极。

有些人虽然注意到回路原则，但在电流方向上却是随意的，有时从电源正极出发，经用电器回到同一电源的负极(这是正确的)；有时又从电源的负极出发，经用电器回到电源的正极，这样虽然构成了回路，却因电流方向不确定，容易在某些线圈与磁路中引出错误的结论，而且这种从负到正的电流方向在电子电路中是行不通的。如照这种路线去连接这些电器，如电子调节器、电子点火系统、电子闪光(继电)器等，可能使元件损坏。

上述由集中到分散、注意开关的作用、找出电流的通路的过程，对于有点绘图能力的人来说，可以算是改画电路原理图，进行分析、了解、归纳、综合的过程，也可以用简要的文字加以记载。一般地，要经过几次反复改画、布置安排才能得到清楚、简要的原理图。为了使图画简明清晰，必须尽量减少电线的曲折和交叉，使人一看就能抓住整车电路的要领，原理图上要把接线柱符号、电线号码、颜色标志、导线直径尽可能按实际连接关系标注出来。这样，在一般情况下可以不看线束图只用原理图就能查线。

本章小结

本章介绍了以下几方面的内容：

◆汽车电子元件的种类。

◆汽车电子元件的原理与特性。

◆汽车电子元件的检测。

◆汽车电路概念、组成、作用、分类和特点。

◆电器及电路的状态。

◆电路基本定律(欧姆定律、基尔霍夫定律)。

◆电路元件的连接。

◆汽车电路的检修。

◆磁与电磁、电磁兼容与干扰抑制。

◆汽车电路图分类。

◆电路图识图。

复习思考题

1. 汽车电子元件有哪些种类?

2.二极管类元件有哪些类型?
3.三极管类元件有哪些类型?
4.简述普通二极管的原理与特性。
5.简述稳压二极管的原理与特性。
6.简述光电二极管的原理与特性。
7.简述发光二极管的原理与特性。
8.简述晶体三极管的特性。
9.二极管的好坏如何判断?
10.二极管的极性如何判别?
11.如何进行晶体三极管的检测?
12.汽车电路的组成和作用是什么?
13.什么叫汽车电路?
14.简述汽车电路的特点。
15.汽车电路如何进行分类?
16.简述电器的状态。
17.简述电路状态。
18.什么是部分电路欧姆定律和全电路欧姆定律?
19.什么是基尔霍夫定律?
20.简述电阻的连接方式及各种连接方式的特点。
21.简述电池的连接方式及各种连接方式的特点。
22.简述电容的连接方式及各种连接方式的特点。
23.进行全车线路技术状况的检查时要注意哪些问题?
24.如何进行电压检测?
25.如何测量线路压降?
26.如何进行蓄电池的漏电测试?
27.如何进行短路及断路的检查?
28.什么是磁场和电流的磁场?
29.什么是霍尔效应和电磁感应?
30.什么是电磁兼容性?
31.简述电磁干扰的危害。
32.如何进行电磁干扰的抑制?
33.什么是电气线路图?它有什么特点?
34.什么是电气原理图?它有什么特点?
35.什么是定位图?它有什么特点?
36.简述电路原理图的识读方法。
37.如何进行定位图的识读。
38.简述电路图读图步骤。

第三章　电子控制基础

本章要点

通过本章的学习：

★了解数制和数制的转换方法。

★了解汽车微机系统的功能。

★熟悉 ECU 的组成和汽车 ECU 的基本特点。

★熟悉汽车微机系统的工作。

★了解汽车电子控制系统的基本组成。

★熟悉 ECU 信号输入装置及输入信号。

★熟悉 ECU 输出装置及输出信号。

★了解汽车电子控制系统的控制方式。

第一节　汽车微机系统基础知识

一、数制

汽车微机系统采用的是八位二进制码的形式，八位数为一个字节，数制所使用的个数称为基；数值每一位所具有的值称为权，二进制的基为“二”，即使用的数码为 0、1，共 2 个，二进制各位的权是以 2 为底的幂。

汽车微机系统采用二进制是因为电路通常只有两种状态：导通与阻塞，饱和与截止，高电位与低电位等，具有两个稳态的电路称为二值电路。因此，用二值电路来计数时，只能代表两个数码：0 和 1。如以 1 代表高电位，则 0 代表低电位，所以采用二进制，就可以利用电路进行汽车微机系统工作。而用电路来组成汽车微机系统，则有运算迅速、电路简便、存储方便等优点。

通常，汽车微机系统所控制的各装置不同工作状态就用 0 到 255 范围内的数字来代表，128 代表 0 到 255 之间的中点，通常用以代表正常工作状态，如果显示的数值和 128 差距较大，就应查阅有关手册，了解该代码所代表的故障原因和处理方法。

二、数制的转换方法

由于我们习惯用十进制计数，在研究问题的过程中，总是用十进制来考虑和书写。当考虑成熟后，要把问题变成汽车微机系统能够"看得懂"的形式，就得把问题中的所有十进制数转换成二进制代码。这就需要掌握相互转换的方法。

1.十进制数转换成二进制数的方法

一般用下述方法求一个十进制数的二进制代码：用2除该十进制数可得商数及余数，则此余数为二进制代码的最小有效位之值，再用2除该商数，又可得商数和余数，则此余数为左邻的二进制数代码。以此类推下去，就可得到十进制数的二进制代码。例如，求14的二进制代码过程如图1-3-1所示，结果为1110。

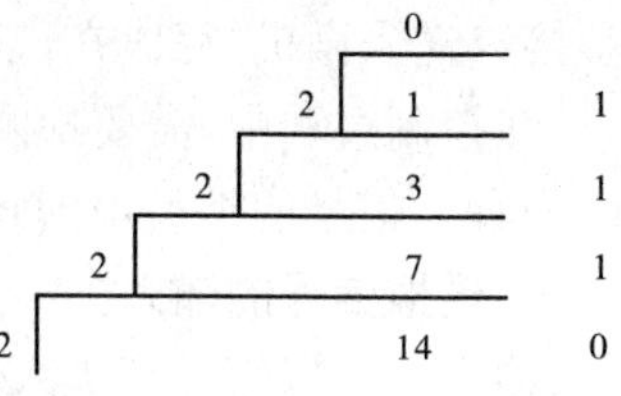

图1-3-1 求14的二进制代码过程

2.二进制数转换成十进制数的方法

这可以由二进制数各位的权乘以各位的数(0或1)，再加起来就得到十进制数。例如，求101011的十进制数过程如下：

权：$2^5\,2^4\,2^3\,2^2\,2^1\,2^0$

乘积：3208021

累加：43

结果：43(10)

第二节 汽车微机系统的组成和工作

一、汽车微机系统的功能

汽车微机系统也称为电子控制单元(Electronic Control Unit，ECU)。ECU是一种电子综合控制装置，它所具备的基本功能如下：

(1)接受传感器或其他装置输入的信息，给传感器提供参考(基准)电压：2 V、5 V、9 V、12 V；将输入的信息转变为微机所能接受的信号。

(2)存储、计算、分析处理信息。计算出输出值所用的程序；存储该车型的特征参数；存储运算中的数据(随存随取)；存储故障信息。

(3)运算分析。根据信息参数求出执行命令数值；将输出的信息与标准值对比，查出故障。

(4)输出执行命令。把弱信号变为强的执行命令；输出故障信息。

(5)自我修正功能(自适应功能)。

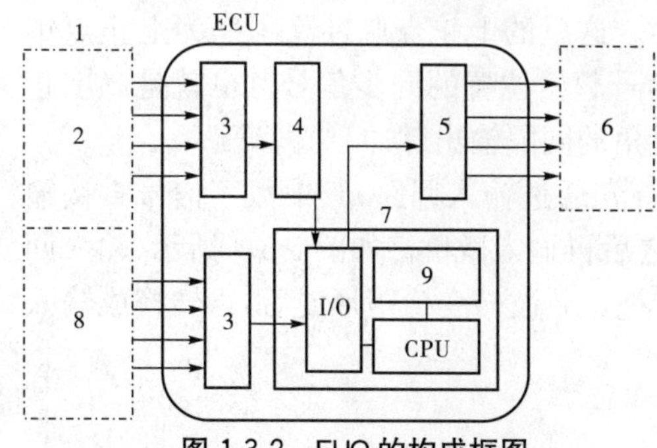

图1-3-2 EUC的构成框图

1-传感器；2-模拟信号；3-输入回路；4-A/D转换器；5-输出回路；6-执行元件；7-微机；8-数字信号；9-ROM-RAM记忆装置

二、ECU的组成

图1-3-2所示是ECU的构成图，ECU主要由输入回路、A/D(模/数)转换器、微机和输出回路四部分组成。

(一)输入回路

输入回路的作用是将系统中各传感器检测到的信号经过 I/O(Input/Output—输入/输出)接口送入微机,完成在汽车运行过程中对其工况状态的实时检测。

在控制过程中,需要检测与输入的传感器信号有模拟信号(图 1-3-3a)和数字信号(图 1-3-3b)两种。信号的类型不同,输入 ECU 后的处理方法也不一样。

1.模拟信号的输入

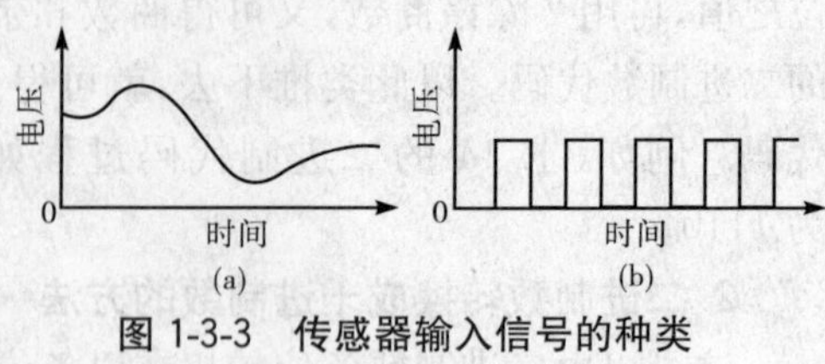

图 1-3-3 传感器输入信号的种类

(a)模拟信号;(b)数字信号

输入的模拟信号有吸入的空气流量(如热线式空气流量传感器的输出信号)、进气温度、发动机冷却液温度、发动机负荷、电源电压等多个信号,在闭环控制系统中,还有来自氧传感器的氧含量电压信号输入。这几个信号分别经过相应的输入回路后,再经过模/数(A/D)转换器转换之后,才以数字量的形式送入微机的中央处理器 CPU 中。因为上述信号反映的是温度、压力、流量等物理量,在经过传感器与输入回路之后,已经都转换为相应的电压信号。它们通常都是变化缓慢的连续信号,这些信号必须事先转换为数字量后,才能输入微机进行处理。例如,空气流量传感器输出为 0~5 V 的电压信号,若与 A/D 转换器已设定的量程相同,就无需进行电平转换而进入 A/D 转换器。像电源的电压信号,在汽车各种运行工况下变化幅度较大,有时会超过 A/D 转换器的设计量程,因此,在进入 A/D 转换器之前要先进行电平转化。

2.数字信号的输入

控制系统采集的数字信号主要是来自转速传感器的转速信号与上止点参考信号,它们都是脉冲信号。这两个信号经过输入回路之后,通过 I/O 接口可直接送入微机。由于所用的电磁感应式转速传感器或曲轴位置传感器输出信号的幅值均是随转速变化的,当发动机转速升高(或降低)时,输出电压的幅值就增大(或减小)。这样,在低速时,电压信号就显得较弱,需要放大和将波形变成整齐的矩形波,为此,要设有信号整形电路,将这些脉冲信号整形成有规则的脉冲,才能送入微机。另外,曲轴位置传感器的齿盘(信号盘)上的齿数一般只有几十个,如果仅用这些齿数产生的几十个脉冲来代表曲轴每一转的步数,就显得太粗糙,会引起较大的误差。在发动机上,为了保持一定的精度,转角的步长宜定为 0.5°曲轴转角。因此,转角脉冲还要输入一个转角脉冲发生器,把由齿盘(信号盘)中产生的几十个脉冲转变为曲轴 1 转产生 720 个脉冲,即转变为每 0.5°曲轴转角发出 1 个脉冲。这里的上止点脉冲除了作为上止点销钉位置的信号之外,还同时作为 0.5°曲轴转角脉冲信号起始位置的同步信号。也就是以上止点脉冲定为计算曲轴转角的零点,然后按 0.5°曲轴转角的间隔输出脉冲。

综上所述,从传感器输出的信号输入 ECU 后,首先通过输入回路,其中数字信号直接输入微机,模拟信号则由 A/D 转换器转变成数字信号之后再输入微机。如图 1-3-4 所示,输入回路所起的作用是将传感器输入的信号,在除去杂波和把正弦波转变为矩形波后,再转换成输入电平。

(二)A/D(模/数)转换器

由传感器输入的模拟信号,微机不能直接处理,所以要用 A/D 转换器将模拟信号转换成数字信号,再输入微机。图 1-3-5 所示为节气门位置传感器和氧传感器输出模拟信号由 A/D 转换器处理示意图。在 A/D 转换电路中,将模拟量随时间线性变化的锯齿形电压波转变为脉冲方波，其脉冲计数就是该物理量的数值。A/D转换器中的转换部件，多数是采用ADC-0809芯片。它具有8位A/D转换器，还各有8通道的多路开关及与微机兼容的控制逻辑。在电控汽油喷射中，由于节气门位置传感器和氧传感器信号是控制主要信号，要求高分辨率和高精度，所以采用了11比特精度的A/D转换器。一般A/D转换器的精度为8～12比特。

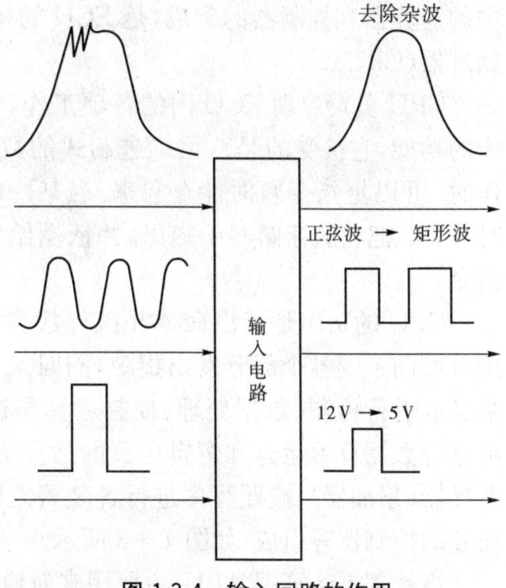

图1-3-4 输入回路的作用

(三)微机

如图1-3-6所示，微机的功用是能够根据汽车运行工况的需要，把各种传感器送来的信号用内存的程序和数据进行运算处理，并把处理的结果(如汽油喷射控制信号、点火控制信号等)送往输出回路。

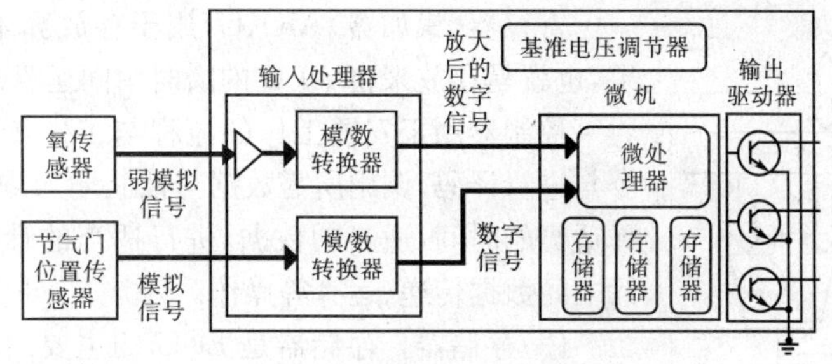

图1-3-5 模拟信号输入处理回路

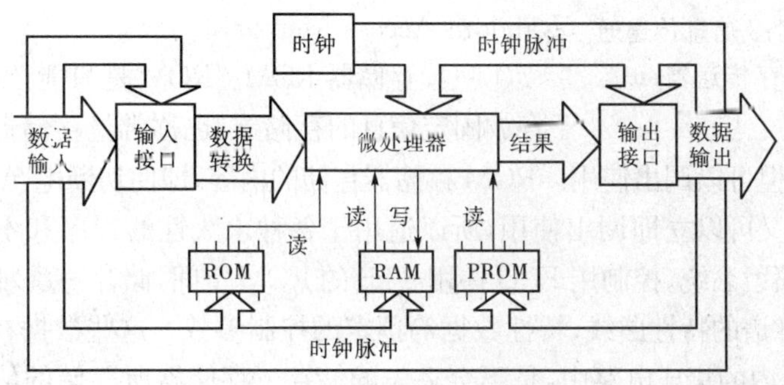

图1-3-6 微机的作用

1.构成

微机的内部构造如图1-3-7所示，是由读出命令并执行数据处理任务的中央处理器CPU(Central Processing Unit)、储存程序和数据的记忆装置(存储器)以及在外部传感器和执行元件之间执行数据传送任务的输入/输出装置(I/O接口)构成的。存储器和输入/输出装置，以CPU为中心，利用称作信息传送通路的信号传导线(总线)连接起来。

(1)中央处理器。ECU中的中央处理器和一般计算机的中央处理器相同，它是原计算机中的运算器和控制器的集成，是 ECU 的核心，故称之为中央处理器(CPU)。

CPU 负责启动 ECU 内的各项工作，它也有控制各项动作的功能，它接受的是八位二进制式的数码指令，CPU 在工作时，可以把指令暂时储存起来，当某一时候需用这一指令时，CPU 把它从存储器中提出，并依据给它的信息执行这一指令。

CPU 的功用是读出命令并执行数据处理任务。它通过接口可向系统各个部分发出指令，同时又可对系统需要的各个参数进行检测、数据处理、控制运算与逻辑判断。CPU 是由进行数据算术运算和逻辑运算的运算器、暂时存储数据的寄存器(累加器)、按照程序进行各装置之间信号传送及控制任务的控制器等组成，如图 1-3-8 所示。

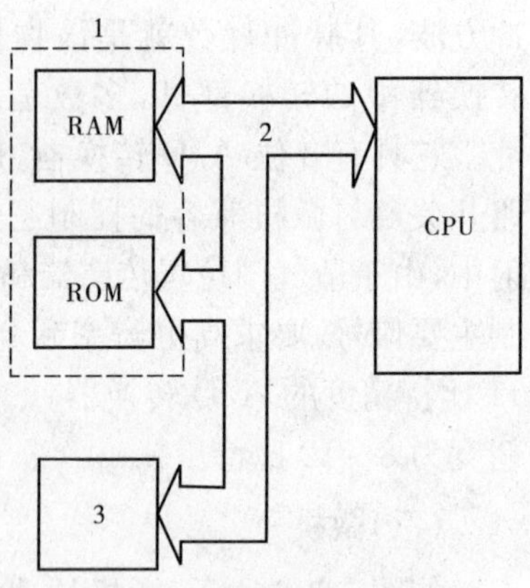

图 1-3-7 微机的内部构造

1-存储器；2-信息传送通路(总线)；3-输入/输出装置

算术逻辑运算器 ALU，主要用来对输入的数据进行加减乘除等算术运算以及与、或、非等逻辑运算。

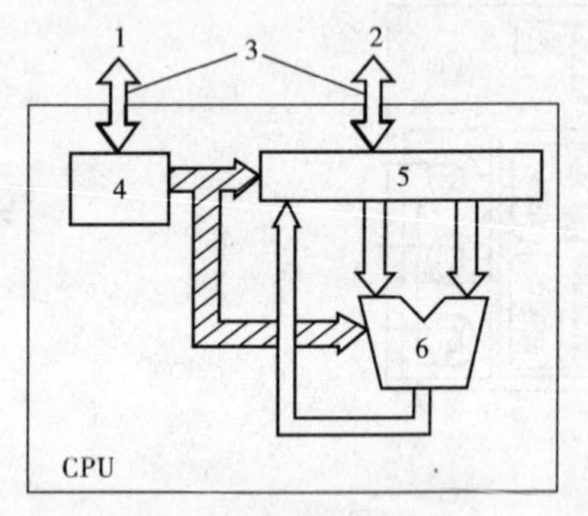

图 1-3-8 CPU 的构成

1-控制信号；2-数据；3-信息传送通路；4-控制器；5-寄存传送器；6-运算器

寄存器(累加器)AKKU，用于存放算术和逻辑运算的结果，也就是存放来自 ALU 的瞬时中间运算结果。

控制器用于安置工作的流程与工作步骤的节拍，索取指令与进行译码，调用所需数据与控制输入输出等，即用它来选择适当的时间，适当的数据，进行适当的计算，负责协调各单元之间数据传递、运算等操作。

(2)存储器。存储器是 ECU 的主要组成部分，它既可以用来存储数据，又可用以存放微机的运算程序。一般由几个只读存储器 ROM(Read Only Memory)和随机存储器 RAM(Random Access Memory)构成。

①只读存储器 ROM。ROM 是只能读出的存储器，这是用于存放固定信息的存储器，也称常量存储器。存储内容一次写入后就不能变更，但可以调出使用。ROM 存储器存储的内容，即使切断电源，其记忆的内容也不会消失，通电以后又可以立即调出使用，所以适用于各种永久性的程序和不变的常数的长期保存。在电控汽油喷射系统，控制用 ECU 中用 8 kB 的 ROM 空间，储存一系列控制程序软件，以及点火脉谱和喷油脉谱的特性曲线、特性数据等预定的控制参数。这些数据在制造控制单元时就已经固化在 ROM 内的集成电路中，是不会丢失的储存。存储器所存储的信息都是二进制的信息。以字长 8 位的存储器为例，这 8 位二进制数代表什么意思是原来已经规定的。所有存储二进制数的单元都置有自己的地址，根据其地址就可以读出该单元的储存信息。

近年可清除可编程只读存储器 EPROM(Erasable Programable ROM)已在汽车微机系统中得到应用，这种可编程只读存储器一遇紫外线其记忆内容便可消去，并可改写存储内容。还有一种可编程只读存储器 PROM (Programable ROM)，这种存储器和只读存储器相似，但存入的程序，可根据每一车辆的发动机、传动系统、车重和选用附件的差别而稍有不同，它通常制成芯片，可从微机上取下，有了这种存储器，就可以使某种微机能适用于多种不同的发动机。

还有一种用于电子式车速里程表的电力消除可编程只读存储器 EEPROM。

②随机存储器 RAM。RAM 又称为读/写存储器或运行数据存储器。RAM 既能读出也能写入记忆在任意地址上的数据。但是如果切断电源,存储的数据就丢失,所以 RAM 只适用于暂时保留控制过程中的处理数据(即微机操作时可改变的数据),例如,计算的结果或经常改变的程序。在电控汽油喷射系统中是将由各传感器输入的数据信息储存起来,直到被中央处理器调用,或者被以后输入的后续的实际运行数据所代换。这里所储存的数据在运行时可以经常不断地更新,同时,亦可以将计算结果进行中间存储,作为以后进一步处理之用。

有些当代汽车上的 ECU 储存有关维护周期或车辆监测系统检测发现的故障信息(故障代码)。这些信息保存在随机存储器 RAM 内,为防止这些信息的消失,存储器的电源是常通不断的。但通常并不为它专门配备一个蓄电池,因此,当必须断开车上蓄电池电源时,应在储存的有关信息消失前记下有关的仪表读数或故障信息。目前,已经有了能使读数恢复的装置,使驾驶人能随时了解何时需要进行何种维护工作。

CPU 在执行程序时,必须先把指令从存储器中取出。由于指令表示为操作码与地址码,操作码是标明进行何种操作,地址码是指明需要操作的数据存在什么地方。因此,微机为了识别自己的指令,在存储器中置有译码电路。

(3)脉冲计时器。脉冲计时器中都有 1 个晶体振荡电路,因为它产生的频率比较稳定。当微机一旦通电后,脉冲计时器则立即产生一连串的具有一定频率与宽度的脉冲送入 CPU。其功用是在计算机工作过程中进行随时间的控制,因为 CPU 执行指令是精确、定时、一步一步地进行的。由脉冲计时器产生的固定频率的节拍脉冲是微机操作的最小时间单位,系统中各部分元件都按照此统一的节拍操作,才能保证在同一时间内完成一定的操作。

(4)输入/输出装置(I/O 接口)。微机所进行的信息接收与发送,它与外界进行的数据交换都是通过输入/输出装置来完成的。输入/输出装置的功用是根据 CPU 的命令,在外部传感器和执行元件之间执行数据传送任务,一般称之为 I/O(Input/Output)接口。

输入微机的信号是以所需要的频率通过 I/O 接口接收的。微机输出的信号则按发出控制信号的形式与要求通过 I/O 接口,以最佳的处理速度送出,或送入中间存储器。汽车微机系统所用的外部输入、输出设备一般都要备有 I/O 接口,才能与微机相连,因此,I/O 接口是微机与被控对象进行信息交换的纽带。它是微机系统不可缺少的部分,起着数据缓冲、电平匹配、时序匹配等多种功能。

(5)总线。在微机系统中,中央处理器、存储器、I/O 接口相连时都使用公用的总线。总线和公路网相似,有的是多车道的,有的只有一条车道。汽车微机系统内部各单元之间的数据传递就是由总线实现的。总线利用数据、储存地址以及控制信号来对系统中的各个器件进行控制与操作。同时,采用这种连接总线的方式还便于扩充系统的存储器与 I/O 接口。根据传输信号的不同,微机总线可分为三种(图 1-3-9)。

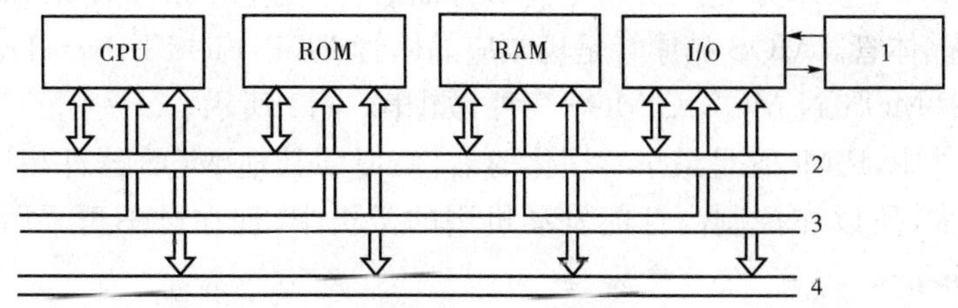

图 1-3-9 微机系统的总线

①数据总线。数据总线主要用于传递数据与指令，担负中央处理器与外部元件之间的数据传输。数据总线由几根导线组成，导线数与数据的位数是一一对应的。例如，普通的 8 位微机，数据总线就应有 8 根导线(8 根双向总线)。

②地址总线。地址总线用于传送地址码，中央处理器通过它把二进制码地址存入寄存器。总线传输的信号能够认出所需存储信息在寄存器中的确切位置。在微机总线上，各器件之间的通信主要是靠地址码准确地进行联系。例如，需要对存储器内某单元进行存储或读出数据时，必须先将该单元的地址码送到地址总线上，然后再送出写或读的指令，才能完成操作。地址总线的导线数与地址码的位数有关，还与地址码的传送方式有关。对于 8 位微机，若地址码采用二进制 16 位 1 次传送方式，这样就有 16 根单向地址线。

③控制总线。控制总线传输信号以控制计算器的工作。它能选择所需的工作单元，确定此时的数据传输方向。方向用“读”或“写”来代表。“读”表示数据传输给中央处理器；“写”表示数据由中央处理器输出。微机系统中的其他器件也都接到控制总线上，其中 CPU 可通过控制总线随时掌握着各个器件的状态，并根据需要随时向有关的器件发出控制指令。各个单元之间的数据传送由 1 个石英钟发出的时钟脉冲进行控制。当时钟的电压脉冲同时加于微机的某两部分时，数据即在这两个部分之间传输，而此时微机的其他部分都不工作，除非在同一瞬时收到类似的时钟脉冲，这种数据传输系统可以通过比较简单的形式，即用与系统并联的总线把微机的各个单元连接起来，保护数据的传输。

2. 分类

微机一般可按数据的字长、芯片的构成及半导体加工技术的种类进行分类。

(1)按数据字长分类。用于控制汽车电控系统的微机，如果按数据字长分类，可分为 4、8、12、16 比特四类。其中电控汽油喷射系统中使用最多的是 8 比特微机，也有一部分是使用 12 及 16 比特微机。

(2)按芯片构成分类。如果微机按芯片构成分类，则可分为两类，即单片微机和多片微机。

①单片微机。如图 1-3-10a 所示，它是在一个大规模集成电路 LSI(Large Scale Integrated Circuit，也称为芯片)中，编入了 CPU、存储器和输入/输出装置的微机。

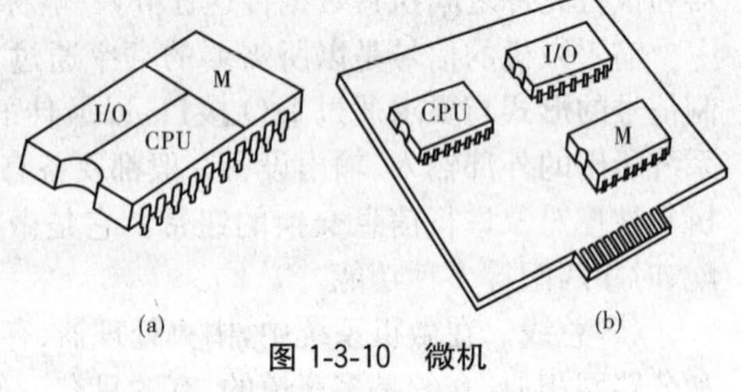

图 1-3-10 微机

(a)单片微机；(b)多片微机

②多片微机。如图 1-3-10b 所示，这种微机是用 CPU、I/O、存储器三者各自的大规模集成电路构成的。

由于单片微机的性能好、价格便宜，所以多被采用。

(3)按半导体加工技术分类。从加工技术方面看，微机上一般多使用 MOS(Metal Oxide Semiconductor)晶体管。MOS 晶体管是场效应晶体管 FET(Field Effect Transistor)的一种。MOS 晶体管有 P-MOS、N-MOS、C-MOS 三种，如图 1-3-11 所示。

在 MOS 器件中，P-MOS 是最早实用化的器件，但同其他 MOS 器件相比，因其工作速度慢，电功率消耗大，所以在控制高性能发动机用的微机中，现在已不再采用，而较多使用 N-MOS 和 C-MOS。

C-MOS 器件具有适度的高速度，消耗功率最少，因其对外部环境条件(电源电压变动、温度变化、电磁喷油器等)适应性强,所以常用作控制发动机用的晶体管。今后,C-MOS 器件的应用将成为主流。

(四)输出回路

微机输出的是数字信号,并且输出电压也低,用这种输出信号一般不能驱动执行元件进行工作,因此采用图 1-3-12 所示的输出回路,将其转换成可以驱动执行元件的输出信号。

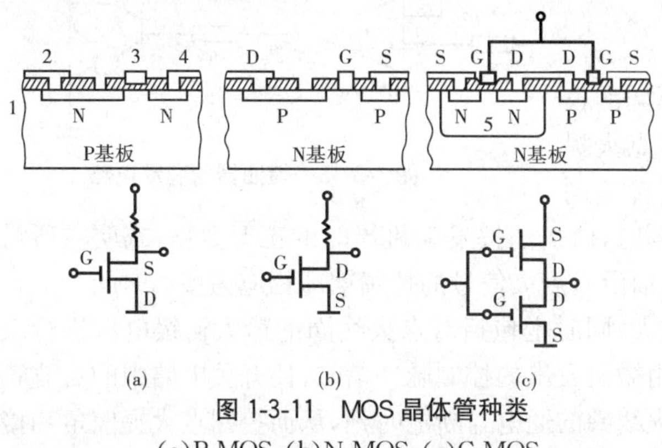

图 1-3-11　MOS 晶体管种类

(a)P-MOS;(b)N-MOS;(c)C-MOS

1-SiO_2 固体介质;2-信号源 S;3-门电路 G;4-场效应晶体管的 D 极;5-P 井

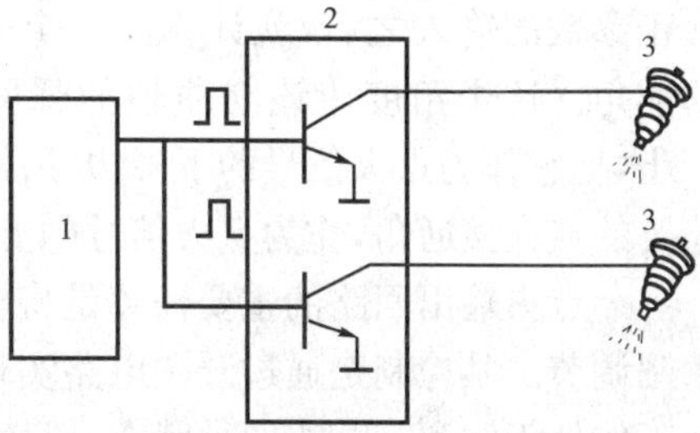

图 1-3-12　输出回路

1-微机;2-输出回路;3-执行元件

输出回路在微机与喷油器等执行元件之间建立联系,可将微机做出的决策指令,转变为控制信号来驱动执行元件进行工作。它起着控制信号的生成与放大功能。在发动机电控系统中,由输出回路输出的有 3 个控制信号:喷油器驱动信号、点火控制信号和电动汽油泵驱动信号,现简述三种控制信号的输出如下。

1. 喷油器驱动信号的输出

在供油压力不变的情况下,每一活塞行程的喷油量,是通过喷油器开启的持续时间来控制的。ECU 中的微机计算出相应于发动机运行工况的喷油持续时间,发出喷油脉冲信号,并由此脉冲信号来驱动喷油器。

在多点顺序汽油喷射系统中,需要按发动机各缸工作次序分别向各缸喷油器提供一定宽度的脉冲驱动信号,因此,ECU 的喷油器驱动电路中,应具有缸序判别与定时两个功能。缸序的判断是保证发出的喷油脉冲的时序与发动机工作次序相对应,使各缸喷油过程均在进气过程的时间内进行;定时则是保证喷油脉冲具有与微机计算所确定的喷油量相对应的脉冲宽度。

在图 1-3-13 所示的一种喷油器驱动电路中,设置有运放集成电路块 LM324 芯片。它具有两个功能:一是增强输出信号的驱动能量,为大电流功放管 T 提供足够的基极电流;二是在数字电路与模拟电路之间形成器件隔离,以抑制干扰。为了减小控制单元中的功率损失,缩短喷油器开启与落座关闭的时间,应对喷油器的控制电流进行调节。在喷油器起动时应供给大电流,在接通时约为 7.5 A(如 6 缸发动机),以后又降低,至喷射持续期末约为 3 A 的保持电流。

在图 1-3-13 中的电路中,可通过调整电阻 R_2 使功放管 T 工作处于饱和和截止两种工作状态,也就是当驱动脉冲信号上升为高电压时,功放管 T 迅速达到饱和状态。此时电源电压几乎全部加在喷油器中的电磁线圈上,线圈的电流很大,使喷油器能在 1 ms 内即刻开启。喷射以后,施加在电磁线圈上的电压减小,通过线圈中的电流也随之减小,以维持喷油器的开启。当驱动脉冲信号下降为低电平时,功放管 T 迅速截止,使喷油器中的电磁线圈电路断开,立即停止喷油。

由于喷油器的电磁线圈存在电感，当功放管截止时，在线圈的两端可能产生很高的感应电动势，此感应电动势与电源电压一起加在功放管上，可能将其击穿而损坏，因此，在线圈两端并联着一个二极管 D 起保护作用。

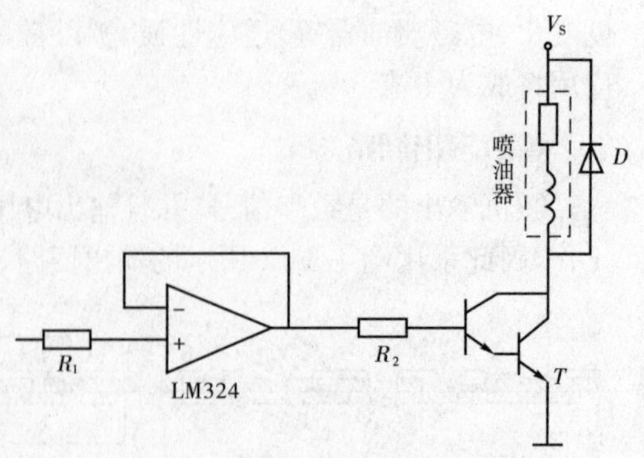

图 1-3-13 喷油器的驱动电路

2. 点火信号的输出

ECU 中的微机在接收转速、负荷和不同的校正参数的输入之后，就计算出一个合理的点火提前角。这个角度应该与曲轴的瞬间位置转角同步，把它作为点火信号的下降边(后沿)。同时，微机还按发动机当时的工况数据，查明它所需要的点火接通角，作为点火信号的上升边(前沿)，点火信号的持续期即相应为接通时间。

点火输出回路的主要任务是将电流放大，同时也包括对点火线圈的最大初级电流进行限制调节。其控制是通过开关电路实现的，由微机发出的控制脉冲信号，使开关电路中的功放管工作处于饱和与截止两种状态，以控制点火线圈的通电与断电时刻，从而控制点火提前角和接通角。

点火输出回路输出放大的信号，控制着通过点火线圈的电流，以至在适当的点火时刻，在火花塞上产生足够的点火能量，保证迅速地点燃可燃混合气。

在如图 1-3-14 所示的点火控制信号与参考信号的时序关系中，θ 为点火提前角，θ_0 为断电角。通过调节 θ_1 可以实现对点火提前角的调整，也就是控制参考信号出现后，曲轴转过的角度 θ_1。另外，也可以通过控制断电角 θ_0 来实现控制接通角。

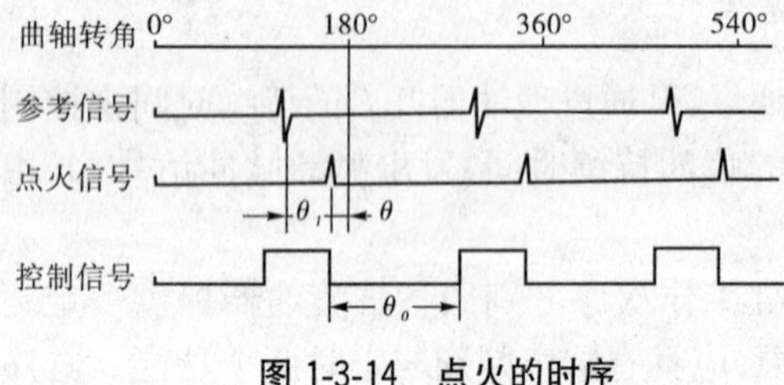

图 1-3-14 点火的时序

3. 电动汽油泵的控制信号输出

微机的输出回路随发动机运行工况的不同，控制着电动汽油泵的接通与断开。在微机的输出端处，通过连接一个油泵继电器再连到电动汽油泵，当控制电路中的晶体管处于饱和状态时，该继电器中的线圈导通，即继电器开关吸合，使电动汽油泵的电源接通，电动汽油泵随之开始工作。当控制晶体管截止时，继电器的开关被弹起，使电动汽油泵的电源断开，停止供油。微机输出端油泵继电器的使用是出于安全的原因，在点火开关打开，而发动机却又是停车时，此油泵继电器可以中断对电动汽油泵的供电，使其停止供油。

4. 可扩展的输出

当需要时，汽车微机系统还可进一步扩展输出回路，以获得更多的应用。例如，可扩展对废气再循环阀和怠速控制阀进行控制，以及对增压发动机增压压力的控制等等。

(五)微机中的软件

软件在控制系统中起着控制决策的作用，软件还可以完成硬件的某些功能，因此，微机控制中软件的设置是必不可少的。软件包括各种控制程序、喷油量脉谱、点火脉谱等的数据，以及一些工况修正系数的数据储存等等。

在目前的控制系统中，软件多数是采用模块结构，即把一个完整的控制程序分成若干个功能相对独立的程序模块，每个程序模块分别进行设计、编制程序与调试，最后再将调试好的程序模块统一连接起来。这样，不仅单个程序模块设计与调试方便，而且单个模块又能被多个模块公用，易于修改变动，按需要进行任意取舍。

控制系统中最主要的软件是主控程序，一旦系统启动，中央处理器就进入主控程序。主控程序可根据使用与控制的要求设定内容，主要完成的任务有：对整个系统进行初始化；实现系统的工作时序；控制模式的判定；点火角度控制量的输出；喷油脉冲控制量的输出；常用工况与其他各工况模式的程序。

另外，控制软件中还包括转速与负荷的处理程序、中断处理程序以及插入与查表程序等等。

软件中所编制的一系列程序，应能满足功能强、运算处理迅速、控制准确、实时性强与效率高等多方面的要求。

(六)汽车 ECU 的基本特点

(1)汽车 ECU 的电源电压一般均为 11～16 V，负极搭铁。

(2)汽车 ECU 内部的芯片工作电压为 5±0.1 V(早期也有 12 V)。

(3)汽车 ECU 内部都有独立的时钟电路，不需要外脉冲同步。

(4)汽车 ECU 都具备较强的抗干扰、抗振动、抗温度变化及抗电压变化(11～16 V)功能。

(5)汽车 ECU 所接收的信号可以是模拟电压或电流信号，也可以是脉冲交流信号，还可以是数字信号或开关信号。

(6)汽车 ECU 输出的信号以开关信号为主，其次为电流信号和脉冲信号。

(7)汽车 ECU 控制的对象一般为电磁线圈(电动机、电磁阀、点火线圈、比例阀、步进电动机及继电器线圈等)，同时也能控制电阻(故障指示灯)及输出数据(通信用)。

(8)汽车 ECU 具有足够的智能化，具有故障自诊断和检测能力，能及时发现系统中存在的故障，并存储故障代码，告知维修人员可能存在故障的部位，以便于维修。

(9)除少数例外，所有汽车 ECU 都使用 5 V 电源驱动其传感器。在电子工业中，5 V 电压几乎普遍作为传送信息的标准。这个电压对传送可靠性来说已经足够高，而对芯片的安全性来说足够低。

三、汽车微机系统的工作

汽车微机系统要完成预定的任务，事先必须将一系列的指令程序储存在汽车微机的程序存储器中，这些指令程序在制造时就已确定好了。车用微机和一般民用微机不同，它的输入信号来自各个传感器，而一般微机是由键盘给予指令的。因此，汽车微机通常要配备许多传感器，图 1-3-15 所示为微机控制的车速表及燃油液位指示表系统。微机工作时，接收分布在车辆各部位的传感器送来的信号，它把这些输入信息和存储器中的指令程序相对照，根据对照结果，指示执行元件采取相应的动作，微机对许多传感器传输来的信息依次地进行轮流处理。在一项信息经过处理并输给仪表板后，才开始处理预定次序中下一个传感器传来的信息。还有一种工作方式是，微机按常规连续进行工作，而当某一传感器的信号改变时，微机中断原来的工作而处理新的信息。

图 1-3-16 所示是作用于车速表系统的“中断”过程。当驾驶人想把英制车速改为国际单位制时，他可用键盘向微机输入中断信号，此时微机就能将数码 0 改成 1，1 改成 0，使程序改

变。当微机完成程序转换后，仪表读数随即改变。中断期间，传感器传来的数据储存在随机存储器 RAM 中。

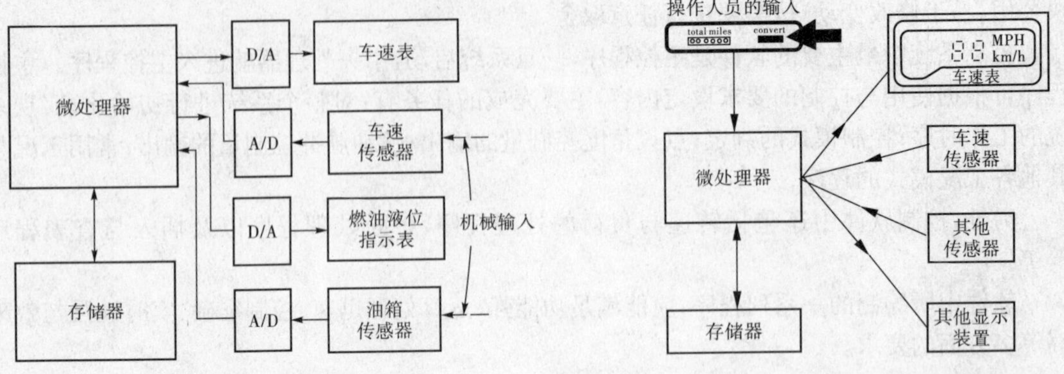

图 1-3-15 微机、传感器及指示表　　　　图 1-3-16 车速表系统的中断

标准的汽车微机系统可在发动机微机和车身微机之间以 8000 位/s 以上的速率交流信息。由于微机要采集多个来源于不同情况的信息，所以需要采用多路传输信息采样系统。汽车在检查和处理不同情况的信息时，它是按可编程只读存储器编定的程序有规则地检查信息输入和进行处理的(图 1-3-17)。例如，车身微机中央处理器要检查冷却液温度、发动机转速和其他多种输入，其中，如冷却液温度的变化不是很快，不需要经常检查；而发动机转速变化很快，必须经常检查。微机还要用可消除存储器存储里程表读数，供电子显示装置使用；用随机存储器计算输入的数据。

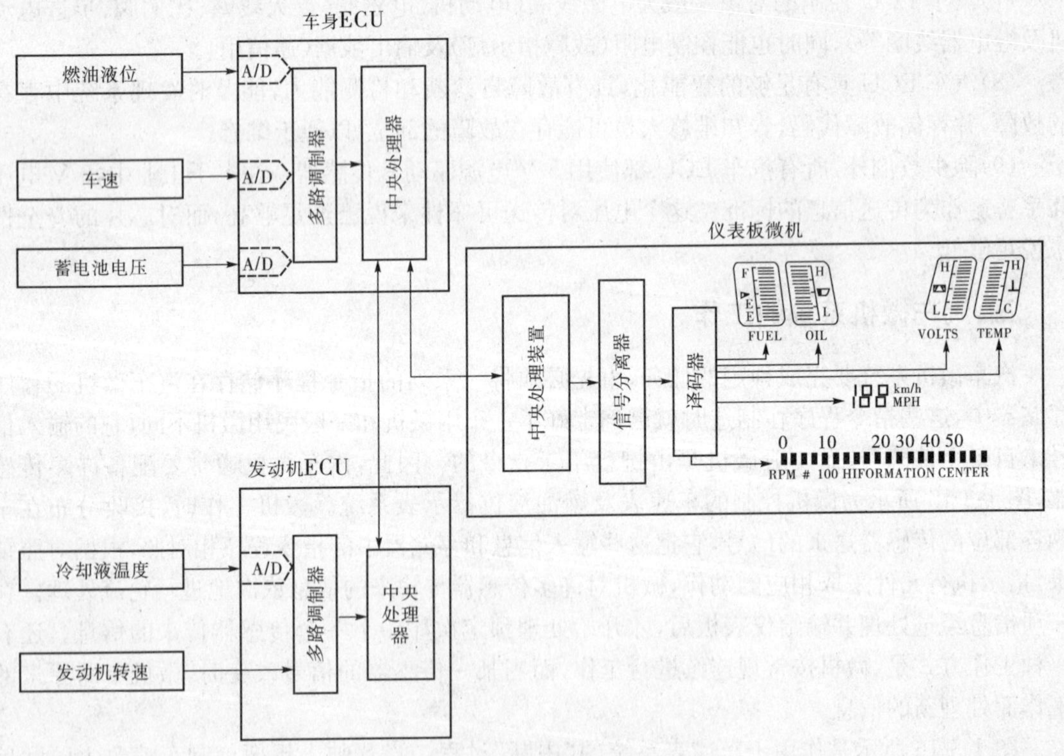

图 1-3-17 微机数据处理示意图

多数汽车微机系统使用独立的供电系统(一般为5～7 V),供应发动机和车身微机及其他有关电路和传感器用电。这种供电系统要尽可能避免干扰,为此,其供电和搭铁接头通常是和蓄电池主要供电系统(12 V)的接头分开的,称为无"噪声"隔离接头,其他辅助电气设备的线路都不能接到这一套独立的供电和搭铁接头上。

第三节　汽车电子控制系统的基本组成

汽车电子控制系统的组成按其构成元件的作用,可以分为信号输入装置、电控单元(ECU)和执行元件等三大部分。不同的汽车电子控制系统其控制内容、功能和组成元件名称是不一样的,下面以汽油发动机电子控制系统(图1-3-18)为例,介绍其控制内容、功能和系统组成。

一、发动机电子控制系统的控制内容和功能

1.电控汽油喷射系统(EFI)

电控汽油喷射主要包括喷油量、喷油定时、燃油停供及电动汽油泵控制。

(1)喷油量控制。ECU将发动机转速和负荷信号作为主控制信号,确定基本喷油量(喷油器开启的时间长短),并根据其他有关输入信号加以修正,最后确定总喷油量。

(2)喷油定时控制。在电控间歇式汽油喷射系统中,当采用与发动机转动同步的顺序独立喷射方式时,ECU不仅要控制喷油量,还要根据发动机各缸的点火顺序,将喷射时间控制在一个最佳的时刻。

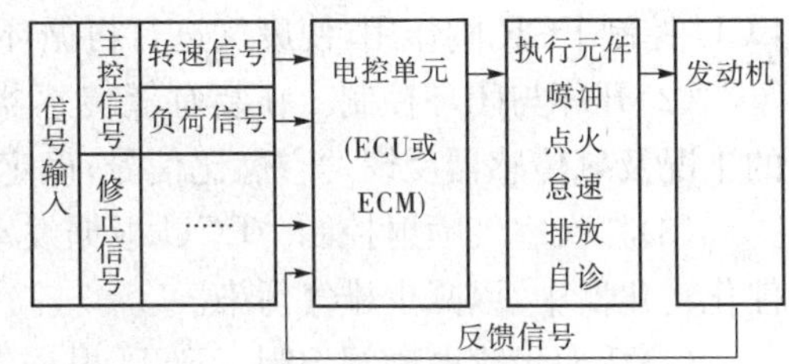

图1-3-18　发动机电子控制系统的组成

(3)汽油停供控制。汽油停供控制包括减速断油控制和限速断油控制。

①减速断油控制。汽车行驶中,驾驶人快松加速踏板时,ECU将会切断汽油喷射控制电路,停止喷油,以降低减速时HC及CO的排放量。当发动机转速降至一特定转速时,又恢复供油。

②限速断油控制。发动机加速时,发动机转速超过安全转速或汽车车速超过设定的最高车速,ECU将会在临界转速时切断汽油喷射控制电路,停止喷油,防止超速。

③电动汽油泵控制。当点火开关打开后,ECU将控制电动汽油泵工作2～3 s,以建立必需的油压。此时若不起动发动机,ECU将切断电动汽油泵控制电路,使电动汽油泵停止工作。在发动机起动过程和运转过程中,ECU控制电动汽油泵保持正常运转。

2.电控点火装置(ESA)

点火装置的控制主要包括点火提前角、通电时间及爆震控制等。

(1)点火提前角控制。在ECU中,首先存储记忆发动机在各种工况及运行条件下最理想的点火提前角。发动机运转时,ECU根据发动机的转速和负荷信号,确定基本点火提前角,并根据其他有关信号进行修正,最后确定点火提前角,并向电子点火控制器(点火器)发出点火指示信号,以控制点火系的工作。

(2)通电时间(闭角)控制与恒流控制。为保证点火线圈初级电路有足够大的断开电流,以产生足够高的次级电压,同时也要防止通电时间过长使点火线圈过热而损坏,ECU 可根据蓄电池电压及转速等信号,控制点火线圈初级电路的通电时间。在高能点火装置中,还增加了恒流控制电路,以使在极短时间内初级电流迅速增长到额定值,减小转速对初级电压的影响,改善点火特性。

(3)爆震控制。当 ECU 收到爆震传感器输出的信号后,ECU 对信号进行滤波处理并判定有无爆震,在检测到爆震时,立即把点火时刻变成滞后角,在无爆震时,则采用提前角反馈控制形式。此项控制是点火时刻控制中的追加功能,在装有废气涡轮增压器的发动机上常采用此种控制。

3. 怠速控制(ISC)

发动机在汽车运转、空调压缩机工作、变速器挂入挡位、发电机负荷加大等不同怠速运转工况下,由 ECU 控制怠速控制阀或电子式节气门,使发动机都能处在最佳怠速转速下运转。

4. 排放控制

在发动机电子控制系统中,排放控制项目主要有:废气再循环(EGR)控制、氧传感器及三效催化转化开环闭环控制、二次空气喷射控制、活性炭罐电磁阀控制等。

(1)废气再循环(EGR)控制。当发动机温度达到一定温度时,根据发动机负荷和转速,ECU 控制 EGR 阀作用,使废气进行再循环,以降低 NOx 排放量。

(2)开环与闭环控制。在装有氧传感器及三效催化转化器的发动机中,ECU 根据发动机的工况及氧传感器反馈的空燃比信号,确定开环控制与闭环控制方式。

(3)二次空气喷射控制。ECU 根据发动机工作温度,控制新鲜空气喷入排气歧管或三效催化转化器中,以减少排气污染。

(4)活性炭罐电磁阀控制。ECU 根据发动机工作温度、转速、负荷等信号,控制活性炭罐电磁阀的工作,以降低燃油蒸发污染。

5. 进气控制

(1)动力阀控制。发动机在不同负荷下,ECU 控制真空电磁阀,以控制动力阀的开闭来改变进气流量,从而改善发动机的输出转矩与功率。

(2)涡流控制。ECU 根据发动机的负荷和转速信号,去控制真空电磁阀,以控制涡流控制阀的开闭,改善发动机大负荷下的充气效率,提高发动机的输出转矩和功率。

6. 增压控制

ECU 根据进气歧管绝对压力传感器(MAP)检测到的进气压力信号去控制释压电磁阀,以控制排气通路切换阀,改变排气通路的走向,从而控制废气涡轮增压器进入工作或停止工作。

7. 警告提示

ECU 控制各种指示和警告装置,显示有关控制系统的工作状况,当控制系统出现故障时,能及时发出警告信号,如氧传感器失效、三效催化转化器过热、油箱油温过高等信号。

8. 自我诊断与报警系统

当发动机电子控制系统出现故障时,ECU 将会点亮仪表板上的“检查发动机”(CHECK ENGINE)灯,提醒驾驶人注意,发动机已出现故障,并将故障信息储存到 ECU 中,通过一定程序,能将故障代码及有关信息资料调出,供检修时用。

9.传感器故障预诊参考系统(失效保护)

当ECU检测到传感器或线路有故障时,即会自动按ECU中预先的程序提供预设定值,以便发动机仍能保持运转,但此时发动机性能将有所下降。

10.ECU故障备用控制系统

当ECU发生故障时,则会自动启动备用系统,使发动机转入强制运转状态,以便驾驶人将车辆开到修理厂维修。

二、信号输入装置及输入信号

发动机电子控制系统的信号输入主要是通过各种传感器或其他控制装置将各种控制信号输入ECU的。发动机电子控制系统采用的传感器和输入信号主要有以下几种。

(1)空气流量传感器(MAF)。在L型电控汽油喷射系统(EFI)中,由空气流量传感器测量发动机吸入的空气量,并将信号输入ECU,作为汽油喷射和点火控制的主控信号。

(2)进气歧管绝对压力传感器(MAP)。在D型电控汽油喷射系统中,由进气歧管绝对压力(或真空度)传感器测量进气管内的进气压力(或真空度),并将信号输入ECU,作为汽油喷射和点火控制的主控信号。

(3)发动机转速和曲轴位置传感器。曲轴位置传感器检测曲轴转角信号(转速信号)输入ECU,作为点火和汽油喷射的主控信号。

(4)凸轮轴位置传感器。凸轮轴位置传感器向ECU输入凸轮轴位置信号,是点火和顺序汽油喷射控制的主控信号

(5)上止点位置传感器。上止点位置传感器向ECU提供某缸上止点位置信号,作为点火和顺序汽油喷射控制的主控信号。

(6)缸序判别传感器。缸序判别传感器向ECU提供各缸工作顺序信号,作为点火和顺序汽油喷射控制的主控信号。

(7)冷却液温度传感器。冷却液温度传感器用来检测发动机冷却液温度,向ECU输入温度信号,作为汽油喷射和点火正时的修正信号,同时也是其他辅助控制系统(如怠速控制、自动变速器中液力变矩器锁止控制)的控制信号。

(8)进气温度传感器。进气温度传感器用来检测进气温度,向ECU输入进气温度信号,作为汽油喷射和点火正时的修正信号。

(9)节气门位置传感器。节气门位置传感器检测节气门的开度状态,如怠速(全关)、全开及节气门开闭的速率信号,输入ECU,和其他传感器的输入信号一起用来确定发动机所处的工作状况,控制汽油喷射及其他控制系统,如废气再循环(EGR)、开闭环控制等。在自动变速器车辆上,节气门位置传感器的信号也是自动变速器升降挡控制的主要参数。对于采用电子节气门系统的车辆,该传感器输入ECU的信息用于反馈节气门的实际开度,ECU根据该信息,判定节气门调节电动机调节的节气门开度是否和驾驶人踩加速踏板的程度相一致。

(10)氧传感器。氧传感器用来检测排气中氧的含量,向ECU输入空燃比的反馈信号,进行喷油量的闭环控制,调节喷油脉宽以得到精确的最佳空燃比。

(11)爆震传感器。爆震传感器向ECU输入爆震信号,经ECU处理后,控制点火提前角,抑制爆震的产生。

(12)大气压力传感器。用来检测大气压力,向ECU输入大气压力信号,修正喷油和点火

控制。

(13)车速传感器。检测车速,向 ECU 输入车速信号,控制发动机转速,实现超速断油控制。在自动变速器车辆上,车速传感器也是自动变速器的主控信号。

(14)起动信号。发动机起动时,由起动系统向 ECU 提供一个起动信号,作为喷油量、点火提前角的修正信号。

(15)发电机负荷信号。当发电机负荷因开启用电量较大的电器设备而增大时,向 ECU 输入此信号,作为喷油量与点火提前角的修正信号。

(16)空调开关(A/C)信号。当空调开关接通(ON),空调压缩机进入工作,发动机负荷加大时,由空调开关向 ECU 输入空调作用信号,作为对喷油量及点火提前角控制的修正信号,并指令怠速控制机构保持怠速在预定的水平上。

(17)空挡起动开关。汽车自动变速器由"P"、"N"挡(停车/空挡位置)挂入其他挡位("D"、"2"、"L"、"R"表示行驶状态)时,发动机负荷将有所增加,空挡起动开关向 ECU 输入信号,作为对喷油量及点火提前角的修正信号,ECU 利用这个信号确定发动机怠速转速。当自动变速器挂入"P 和"N"(停车/空挡)挡时,空挡起动开关提供 P/N 挡位置信号,防止不在 P/N 挡时发动机起动。

(18)蓄电池电压信号。ECU 检测蓄电池的电压输入信号,以确定喷油脉冲宽度和发电机磁场的控制。当 ECU 检测到蓄电池和电源系的电压过低时,ECU 将对喷油量进行修正(增加喷油脉冲宽度),以补偿由于电压过低所造成的喷油压力过低及打开喷油器所需时间增加所带来的影响。

(19)离合器开关信号。在离合器接合和分离过程中,由离合器开关向 ECU 输入离合器工作状态信号,作为喷油量及点火提前角控制的修正信号。

(20)制动开关信号。在汽车制动时,由制动开关向 ECU 提供制动信号,作为对喷油量、点火提前角、自动变速器等的控制信号。

(21)动力转向开关信号。采用动力转向装置的汽车,当转向盘由中间位置向左右转动时,由于动力转向油泵工作而使发动机负荷加大,此时动力转向开关向 ECU 输入修正信号,调整喷油量及点火提前角。

(22)EGR(废气再循环)阀位置传感器。EGR 阀位置传感器向 ECU 提供 EGR 阀的位置信号,作为对喷油量和点火提前角的修正信号。

(23)巡航控制开关信号。当汽车进入巡航控制状态时,由巡航控制开关向 ECU 输入巡航控制状态信号,由 ECU 对车速进行自动控制。

(24)加速踏板位置传感器。加速踏板位置传感器向 ECU 提供驾驶人踩加速踏板的状况,以便输出信息给电子节气门系统的节气门调节电动机,使节气门打开和加速踏板踩下程度相适应的开度。

(25)增压压力传感器。对于采用涡轮增压的车辆,该传感器的信息输入 ECU,ECU 利用该信息判定车辆增压的程度,以便通过增压压力调节电磁阀进行增压的调节。

随着控制功能的扩展,输入信号也将不断增加。从上述所列传感器及输入信号中可以看出,发动机集中控制系统所用的传感器及输入信号有很多是相同的。这就意味着,在发动机集中控制系统中,可以减少大量的传感器数目,一个传感器或一个输入信号可以多次重复使用,作为几个电子控制系统的输入信号。

三、输出装置及输出信号

这些装置是接受ECU的输出信号，受ECU控制，具体执行某项控制功能的装置，也叫执行元件。一般是由ECU控制执行元件电磁线圈的搭铁回路，也有的是由ECU控制的某些电子控制电路，如电子点火控制器等。发动机电子控制系统用的执行元件和输出信号主要有：

(1)电磁式喷油器。电磁式喷油器接收ECU传来的喷油脉冲信号，喷出与进气量相适应的汽油量。

(2)点火控制器(点火模块)。点火控制器接收ECU的输出信号，实现最佳点火提前角时使火花塞跳火。

(3)怠速控制执行器或怠速控制阀。怠速控制执行器或怠速控制阀是由ECU控制的，它根据节气门位置传感器、转速传感器、冷却液温度传感器和各种开关(如电热后窗玻璃开关、空调器开关、空挡起动开关、制动开关等)输送来的信号，调节怠速到最佳转速。

(4)废气再循环(EGR)阀。ECU根据发动机冷却液温度和废气温度等输入信息，发出打开或关闭废气再循环阀的指令，精确地控制参加再循环的废气流量。

(5)进气控制阀。

(6)二次空气喷射阀(空气转换开关)。

(7)活性炭罐电磁阀。

(8)巡航(恒速)执行电动机。

(9)电动汽油泵继电器。

(10)冷却风扇继电器。

(11)空调压缩机继电器。

(12)自动变速器换挡电磁阀。

(13)增压器压力调节电磁阀。

(14)自诊断显示与报警装置。

(15)故障备用程序起动。

(16)仪表显示器。

(17)可变进气歧管转换阀。

(18)超速切断电磁阀。

(19)可变气门正时机构中的凸轮轴调整电磁阀。

四、电控单元(ECU)

ECU的结构和功能在本章第二节中已经详细说明。

第四节 汽车电子控制系统的控制方式

1.开环控制

在控制系统中，若系统的输出量对系统的控制作用没有影响，则叫作开环控制系统。在开环系统中,既不需要对输出量进行测量,也不需要将输出量反馈到系统输入端与输入量进行比较。图 1-3-19 表示了这类系统的输入量与输出量之间的关系。

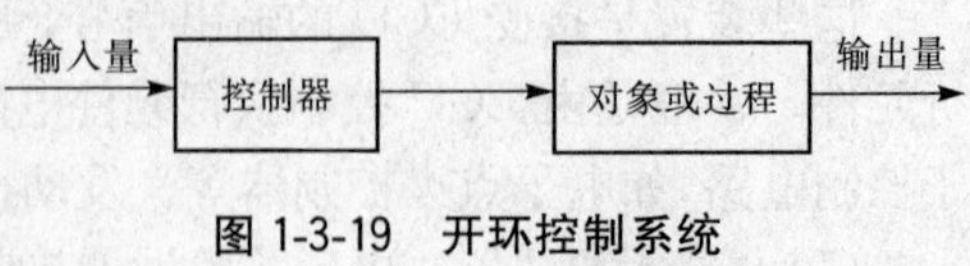

图 1-3-19 开环控制系统

在任何开环控制系统中,系统的输出量都不被用来与参考输入量进行比较。因此,对应于每一个参考输入量,便有一个相应的固定工作状态与之对应。这样,系统控制的精度便决定于校准的精度。为了满足实际应用的需要,开环控制系统必须精确校准,并且在工作过程中设法保持该校准值不发生变化。当出现扰动时,开环控制系统便不能完成既定的控制任务。如果输入量与输出量之间的关系已知,并且不存在内部干扰与外界干扰,则可以采用开环控制。显然,这种系统不是通常所说的反馈控制系统。在汽车电子控制系统中,不带氧传感器的电控汽油喷射系统就是开环控制系统。

2. 闭环控制

如果考虑到人的操作对控制过程的影响,就会发现很难找到完全意义上的开环控制,而闭环控制系统正是一种利用系统本身的调节功能,使系统输出信号对控制产生直接影响的系统。因此,闭环控制系统也就是反馈控制系统。输入信号和反馈信号之差,称为误差信号。误差信号加到控制器上,通过控制调节以减小系统的误差,使系统的输出量趋于所希望的值,亦即通过反馈作用来减小系统的误差。图 1-3-20 表示了闭环控制系统的输入量与输出量之间的关系。

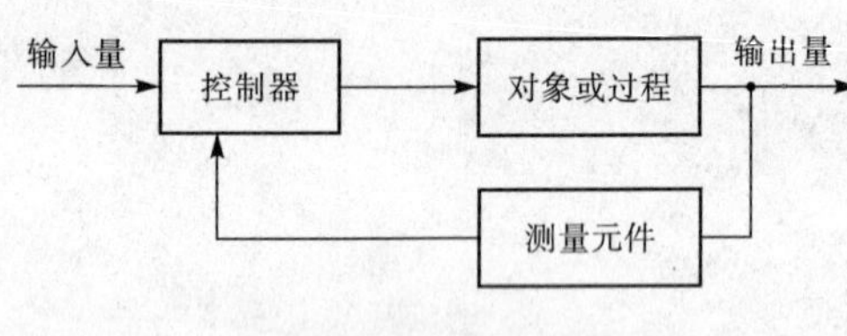

图 1-3-20 闭环控制系统

在汽车的控制系统中,闭环控制的应用非常广泛。例如,在对发动机的汽油喷射量进行控制时,通过设置在排气管中的氧传感器对尾气中残留氧气含量的测量,可以确定上一循环中所喷入的汽油量是否适当,控制系统参考氧传感器的输入值,对汽油喷射量进行调整,使之达到理想的控制要求,如图 1-3-21 所示。再如,带爆震传感器的电控点火系统、带 EGR 阀位置传感器的 EGR 系统、具有输入和输出轴转速传感器的电控自动变速器系统、驱动防滑转控制(ASR)系统等。

闭环控制系统的优点是采用了反馈控制,因而使系统响应对外界干扰和内部系统参数变化很不敏感。这样,对于给定的控制系统,就有可能采用不太精密的成本低的元件,组成精确的控制系统,相反,在开环系统的情况下,则不可能做到这一点。

从稳定性的观点出发,开环控制系统比较容易建造,因为对开环系统来说,稳定性不是重要问题。而在闭环控制系统中,稳定性始终是一个重要的问题,因为闭环系统可能引起过调现象,从而造成系统作等幅振荡或变幅振荡。

3. 自适应控制

由于种种原因的影响,大多数控制系统的动态特性不是恒定不变的。如系统元件随着使用时间的增加而老化,参数和环境的变化都会造成控制系统的动态特性变化。

虽然在反馈控制系统中系统的微小变化对动态特性的影响可以被减弱,但是,当系统的参数和环境变化比较显著时,只有采用具有一定适应能力的系统,才能够满足要求。所谓适应能力,就是系统本身能够随着环境条件或结构的不可预计的变化,自行调整或修改系统参数。这种本身具有适应能力的控制系统，叫作自适应式控制系统。按照其调节方式的不同，自适应控制系统可以分为前馈自适应控制和反馈自适应控制两种基本形式。

(1)前馈自适应控制。如果通过可测信号能够观测到过程特性的改变，并且预先知道如何根据这些信号来调整控制器，那么就可以应用如图 1-3-22 所示的前馈自适应控制系统，这种系统也叫开环自适应，因为它没有从闭环内部引出信号反馈到控制器中。

在汽车的电控系统中，为适应海拔高度、工作温度等参数的变化，控制系统通常采用这种前馈自适应，因为利用大气压力传感器或温度传感器等即可测出这些参数的变化量，并且可在控制器中预先设定好系统随之所作的改变。

(2)反馈自适应控制。如果过程特性的变化不能直接观测到，则必须采用反馈自适应控制系统。如图 1-3-23 所示，根据系统的输入、输出信号等参数，能够计算出输入控制器的参数，使之适应过程。

反馈自适应控制系统又可分为两大类。图 1-3-24 所示为自寻最优自适应控制系统，该系统总是试图达到最优的控制性能，它遵循这个设计准则，并按所测到的过程信息不断修正参数。另一类是模型参考自适应控制系统，如图 1-3-25 所示，对于给定的输入信号，系统总是试图使闭环响应接近于参考模型的响应。这种自适应系统的优点是对于一种确定的输入，它们能适应得很快。

自适应系统目前在汽车的电控中得到了广泛的应用，如在发动机控制系统中，氧

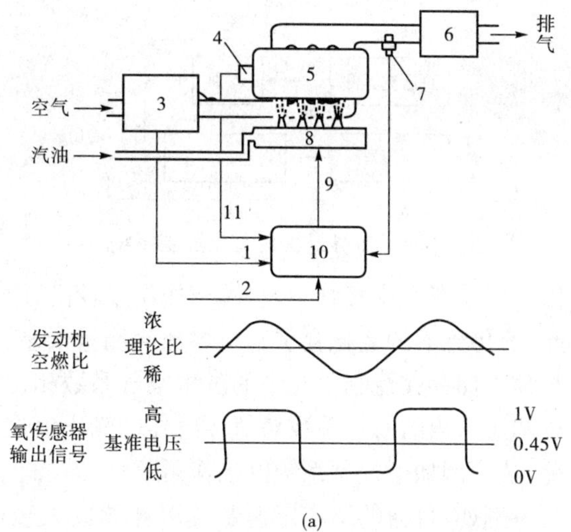

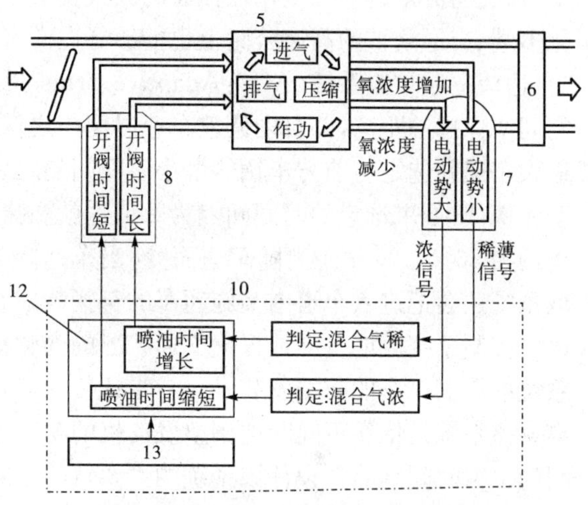

图 1-3-21 氧化传感器的空燃比反馈控制系统框图

(a)系统框图；(b)工作原理图

1-吸入空气量信号；2-冷却液温度信号；3-空气流量传感器或进气歧管绝对压力传感器 4-发动机转速传感器；5-发动机；6-三效催化转化器；7-氧传感器；8-喷油器；9-燃油喷射量信号；10-ECU；11-发动机转速信号；12-喷油时间补充回路；13-决定基本喷射时间电路

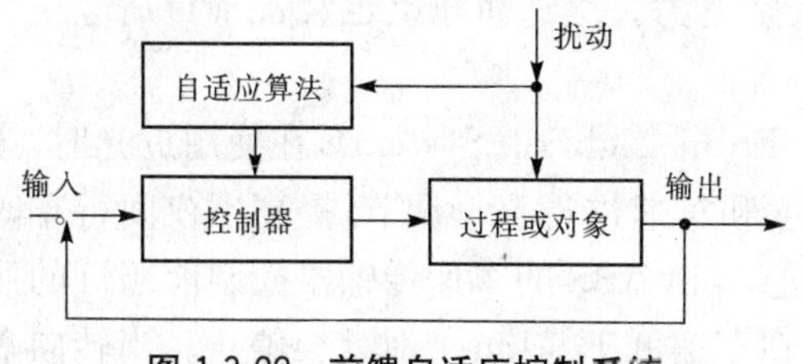

图 1-3-22 前馈自适应控制系统

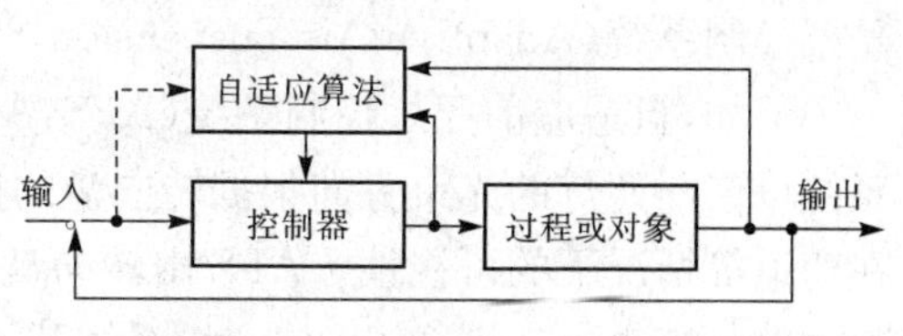

图 1-3-23 反馈自适应控制系统

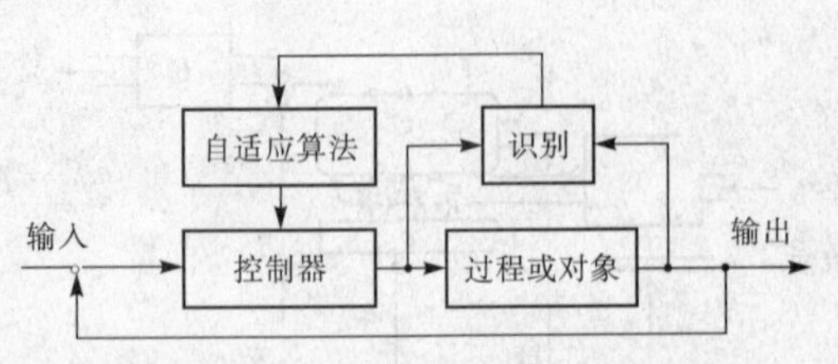

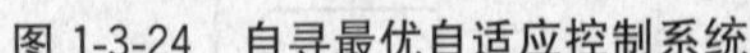

图 1-3-24 自寻最优自适应控制系统

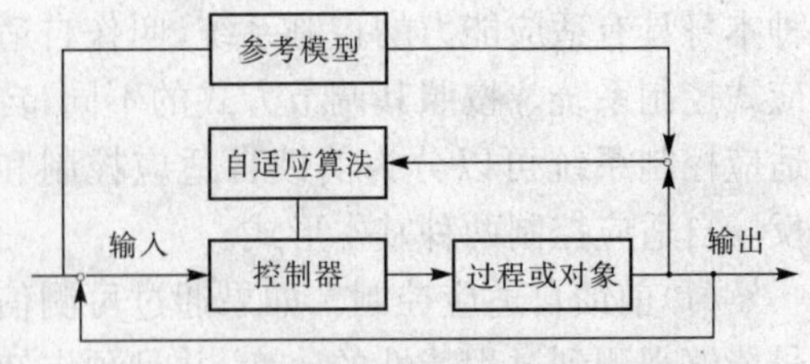

图 1-3-25 模型参考自适应控制系统

传感器设置在排气管中，它的工作温度较高，而且废气中的颗粒物质很容易将其污染堵塞，因此，氧传感器的老化会引起空燃比的测量误差。采用自适应控制可以将氧传感器的输出电压与预先储存在控制单元中的过量空气系数相比较，以确定氧传感器是否老化和老化的程度，通过选用适当的修正系数对氧传感器的输出值进行校准，使其输出值接近器件老化前的正常情况，从而增加了控制系统的工作可靠性。

例如，目前的巡航定速系统可让驾驶人轻松地驾驶车辆行驶在路况良好的高速公路上。不过，交通流量的频繁变化往往让驾驶人丧失使用巡航的机会。为了让驾驶人能够在路况变化多端、交通繁忙的高速公路上也能够舒适而有效地驾驶车辆，VOLVO汽车公司成功开发了“自适应巡航控制系统（ACC：Adaptive Cruise Control）”。该系统可不间断地监测与前方车辆之间所保持的距离，并自动调整车速以便与之保持适当的安全距离。驾驶人在设置所需要的最大车速并选定与前方车辆的最小时间间隔之后，便可激活巡航。后一项参数可在1～3 s变动。例如，如果选定的时间间隔为2 s，这就意味着对于车速为100 km/h的汽车来说，安全距离约为56 m。安全距离随车速而变，当车速降为70 km/h时，安全距离就随着降至约39 m。该系统还会把进入车道内实施超车的车辆考虑在内。凡是安装了自动变速器的汽车，自适应巡航控制系统就能自动地根据交通状况的变化而改变车速，直至车辆完全停稳为止。装备该系统的车辆在车的前端安装了一台雷达传感器，可不间断地监测与前方车辆之间所保持的距离。该系统是依靠不间断地调整发动机的功率并在必要时激活制动系统来保持与前方车辆之间的恒定时间间隔。设计该系统的主要目的是减轻驾驶车辆时所感受到的压力。制动系统在必要时就会提供一定限度的制动力，因而可在行驶过程中避免不必要的激烈制动现象。

再如，目前有些轿车上采用的自适应阻尼控制悬架系统（ADS：Adjuster Damping Control Suspension System），此套系统可依据个人喜好、路面状况及使用条件，由驾驶人来调整减振器的软硬度，以适合不同的需求。例如，驾驶者想享受驾驭的乐趣时，可选择较硬的模式享受跑车式的驾驶乐趣；当然您也可以选择较软的模式，享受舒适的乘坐感觉。ADS系统通过变化减振器的阻尼力来达到较硬模式有较大的阻尼减振作用；较软的模式则提供较低的阻尼力，达到较柔和的乘坐感。先进的可调式减振系统采用电子式无级可调减振系统，可根据不同的路况以及操作条件，主动自动地调整最适合的减振阻尼力。奥迪轿车上也装备了自适应空气悬架控制系统（Adaptive Air Suspension System）。

又如，自适应前照灯控制系统（AFS：Adaptive Front Lighting System），在使用近光时，该系统可使前照灯的光束方向根据转向盘的操纵角度和车速进行自动调节，提高了夜间行车时在弯道等情况下的可视性。AFS由转向盘角度传感器和ABS的车速传感器控制前照灯的照射方向。当车速达到30 km/h时，系统开始运行，在车速低于5 km/h时就会停止。当转向盘操纵角度在12°以上时开始运行，当转向盘操纵角度在9°以下时停止。右转弯时，右前照灯的光束最大可在15°范围内调节,左前照灯不变;相反,左转弯时,左前照灯的光束最大可在5°范围内调节,右前照灯不变。

目前,汽车上使用的自适应控制系统还有自适应换挡控制装置ASC(Adaptive Shift Control)等。

4.学习控制

在控制系统中,如果把操作人员看作为控制器,他们对输入量与输出量作出比较,并且根据它们的差值(即误差)进行修正控制,那么许多开环系统都可以转化成闭环控制系统。

如果我们要对这种人工控制的闭环控制系统进行分析,就会碰到一个要求列出描述人的控制动作的微分方程式的困难问题。在这种情况下,操作人员的学习能力是许多复杂的因素之一。当操作者积累了丰富的经验后,他就会起一个较好的控制器的作用。如果设计的控制系统其自身便具有这种在控制过程中不断完善的学习能力,便称之为学习控制系统。

例如,在发动机电控系统中,为了改善爆震或空燃比控制时的响应特性,从20世纪80年代中期开始,研究人员便尝试将学习控制用于控制系统中,将某一反馈值(如氧传感器的输出电压)与一个参考值的偏差数据存入一个存储变换表的一个特定区域中,该区域与执行反馈时的发动机工作条件相对应。当发动机进入了与上述工作条件相同的工况时,则使用已存储的数据去修正控制值,从而很快将被控制参数控制到一个最佳值。

5.模糊控制

模糊控制是近20年才开始发展起来的一门新学科,它与以前的控制方法有着本质的区别。无论是在开环、闭环、自适应或学习控制系统中,往往需要建立精确的数学模型(传递函数和状态方程),但是在对如汽车等复杂的对象进行控制时,研究人员发现,有些按照建立的数学模型进行控制所取得的效果却不如由人来控制做得更好。因此,研究人员很自然地就提出了“人是怎样来进行控制的”这个新的课题,这就导致了模糊控制理论的诞生。

研究表明,人的控制一般建立在直观和经验的基础上,这种方法可以看作是一组探索式的判定规则,它具有如下的特点:

第一,由于人脑在判定中,具有“不精确”这个固有的特性,人的控制动作往往是不稳定、不一致和主观的。因此,也就很难精确解释操作人员的控制行为。

第二,操作人员不但能对温度、高度等简单的度量作出反应,而且也能对颜色、气味等复杂的度量模式和一些根本没法度量的量进行观察,并且作出迅速的反应。这些观察是具有主观性的,但是作出控制判定的,正是根据这一点。

一个有经验的控制工作者,通过对控制动作的观察以及跟操作人员的交谈讨论,就能把操作人员的控制方法描述出来,所得到的是一组用语言表达出来的、定性的、不精确的判定规则,我们可以把它叫作“模糊算法”。如果采用一种模糊算法语言,就可以写出程序来,它便可被看成是一个“模糊控制器”。因此,模糊控制实际上是吸取了人脑识别和判断的特点,使之运用于微机,让部分自然语言能够作为算法语言直接进入程序,多次重复这个程序,就可能趋近预期的控制目标,完成较过去更为复杂的控制任务。其过程如图1-3-26所示。

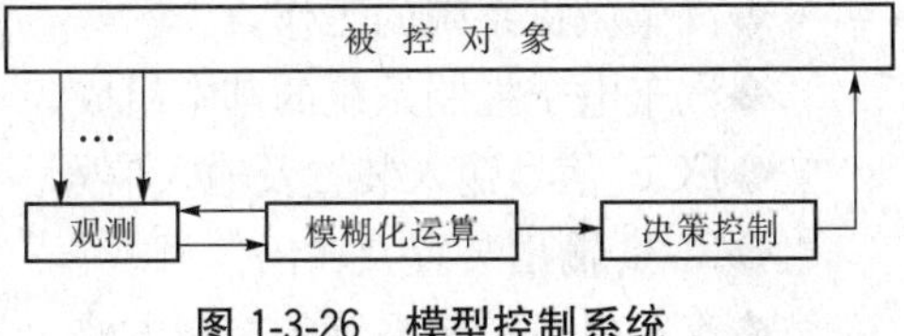

图1-3-26 模型控制系统

众所周知,在对汽车的控制中,有些情况(如油气混合过程、缸内燃烧过程等)的过程很难找到其精确的模型,即使能找出模型,但通常会因模型过于复杂也很难被用于实时控制。而利用模糊控制方法,则不需要预先知道过程精确的数学模型。在控制过程中,首先要把由各种传感器测出的精确量转化成为适于模糊运算的模糊量,然后将这些量在模糊控制器中加以运算,最后,再将运算结果中的模糊量转化为精确量,以便对各执行器进行具体的操作控制。

如上所述,在模糊控制中,存在着一个模糊量和精确量之间相互转化的问题。比如,控制车速的快慢时,车速客观上是一个精确量,但人脑对车速的判别却带有模糊特征,因此,我们要用模糊语言确定模糊控制规则:“如果”当“车速很高”、或“车速比较高”、或“车速略高”、或“车速适当”、或“车速略低”、或“车速比较低”、或“车速很低”等等,“那么”应怎么样控制,这样的模糊控制问题,常常要分成几级来处理,将模糊量转化为若干级的精确量的范围来处理。

对于车速是“高”还是“低”,虽然是一个模糊量,但可以根据各种人的体会、经验和测试结果,运用模糊统计的方法得出车速对“高”或“低”的隶属程度,进而求出其隶属函数和隶属函数曲线。利用隶属函数建立模糊数学模型,实现模糊控制。

在控制过程中,条件语句常成组出现,如果用A、B代表两个传感器信号,而Y代表某控制变量,则:

条件1:若A小且B大,则Y大。

条件2:若A小且B小,则Y小。

条件3:若A大且B大,则Y略微减小。

条件4:若A大且B很大,则转入语句N(N为另一控制过程)。

这些条件语句组成了多套控制策略。如图1-3-27所示,如果第一次决策落在目标集合G上,第二次观测后的决策输出落在子集S上,而S在G内,并且更接近目标值,则称效果比前一次更精细;重复此过程,就可以使控制自动达到优化的目的。试验表明:模糊控制器的实际控制结果甚至比常用的一般控制器的控制质量更好。

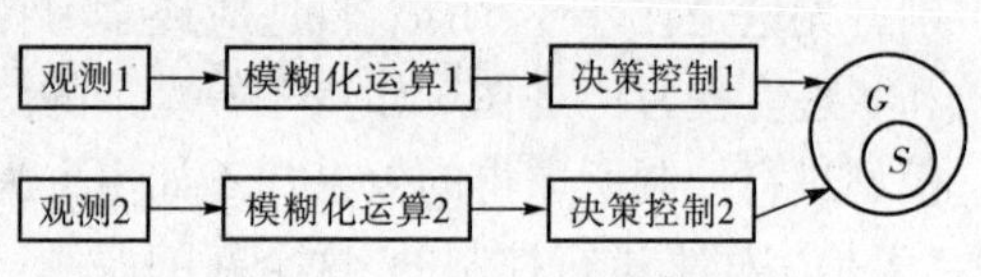

图1-3-27 模型控制的决策过程

目前,在汽车上采用的模糊控制有ASCL(Adaptive Shift Control Logic:模糊控制挡位适应系统)。

本 章 小 结

本章介绍了以下几方面的内容:

◆数制和数制的转换方法。

◆汽车微机系统的功能。

◆ECU的组成和汽车ECU的基本特点。

◆汽车微机系统的工作。

◆汽车电子控制系统的基本组成。

◆ECU信号输入装置及输入信号。

◆ECU输出装置及输出信号。

◆汽车电子控制系统的控制方式。

复习思考题

1. 什么是数制？十进制数和二进制数如何进行转换？

2. 汽车微机系统的基本功能有哪些？

3. ECU由哪些部分组成？

4. ECU输入回路的作用是什么？模拟信号的输入和数字信号的输入有何差异？

5. A/D(模/数)转换器的作用是什么？

6. 微机的作用是什么？

7. 简述微机的内部构造。

8. 中央处理器CPU的功用是什么？

9. 只读存储器ROM和随机存储器RAM各有什么特点？

10. 输入/输出装置的功用是什么？

11. 微机中的总线有哪些类型？

12. 微机如何进行分类？

13. ECU输出回路的作用是什么？

14. 汽车ECU的基本特点有哪些？

15. 简述汽车微机系统的工作。

16. 汽车电子控制系统的组成按其构成元件的作用，可以分为哪几部分？

17. 什么是开环控制、闭环控制、自适应控制、学习控制、模糊控制？各种控制方式各有什么特点？

第四章　液压与气压传动基础

本章要点

通过本章的学习：

★熟悉液压传动的工作原理。

★熟悉液压传动系统的组成。

★了解液压传动系统图的图形符号。

★了解液压传动的特点。

★熟悉气压传动的工作原理。

★熟悉气压传动系统的组成。

★了解气压传动的特点。

第一节　液压传动基础

一、液压传动的工作原理

液压传动的工作原理，可以用一个液压千斤顶的工作原理来说明。图 1-4-1 是液压千斤顶的工作原理图。大油缸 9 和大活塞 8 组成举升液压缸。杠杆手柄 1、小油缸 2、小活塞 3、止回阀 4 和 7 组成手动液压泵。如提起手柄 1 使小活塞 3 向上移动，小活塞下端油腔容积增大，形成局部真空，这时止回阀 4 打开，通过吸油管 5 从油箱 12 中吸油；用力压下手柄 1，小活塞 3 下移，小活塞下腔压力升高，止回阀 4 关闭，止回阀 7 打开，下腔的油液经管道 6 输入举升油缸 9 的下腔，迫使大活塞 8 向上移动，顶起重物。再次提起手柄吸油时，止回阀 7 自动关闭，使油液不能倒流，从而保证了重物不会自行下落。不断地往复扳动手柄，就能不断地把油液压入举升缸下腔，使重物逐渐地升起。如果打开截止阀 11，举升缸下腔的油液通过管道 10、截止阀 11 流回油箱，重物就向下移动。这就是液压千斤顶的工作原理。通过对上面液压千斤顶工作过程的分析，可以初步了解到液压传动的基本工作原理。液压传动是利用有压力的油液作为传递动力的工作介质。压下杠杆时，小

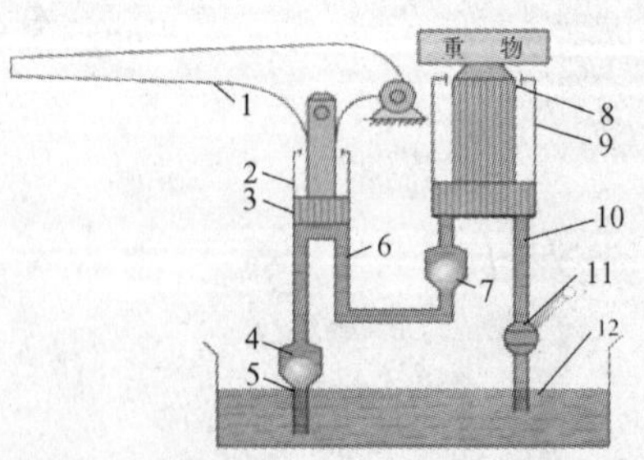

图 1-4-1　液压千斤顶工作原理图

1-杠杆手柄；2-小油缸；3-小活塞；4、7-止回阀；5-吸油管；6、10-管道；8-大活塞；9-大油缸；11-截止阀；12-油箱

油缸2输出压力油，是将机械能转换成油液的压力能，压力油经过管道6及止回阀7，推动大活塞8举起重物，是将油液的压力能又转换成机械能。大活塞8举升的速度取决于单位时间内流入大油缸9中油容积的多少。由此可见，液压传动是一个不同能量的转换过程。

二、液压传动系统的组成

液压千斤顶是一种简单的液压传动装置。下面分析一种驱动工作台的液压传动系统。如图1-4-2所示，它由油箱19、滤油器18、液压泵17、溢流阀13、开停阀10、节流阀7、换向阀5、液压缸2以及连接这些元件的油管、接头组成。其工作原理如下：液压泵由电动机驱动后，从油箱中吸油。油液经滤油器进入液压泵，油液在泵腔中从入口低压到泵出口高压，在图1-4-2a所示状态下，通过开停阀、节流阀、换向阀进入液压缸左腔，推动活塞使工作台向右移动。这时，液压缸右腔的油经换向阀和回油管6排回油箱。如果将换向阀5手柄转换成图1-4-2b所示状态，则压力管中的油将经过开停阀、节流阀和换向阀进入液压缸右腔，推动活塞使工作台向左移动，并使液压缸左腔的油经换向阀和回油管6排回油箱。工作台的移动速度是通过节流阀来调节的。当节流阀开大时，进入液压缸的油量增多，工作台的移动速度增大；当节流阀关小时，进入液压缸的油量减小，工作台的移动速度减小。为了克服移动工作台时所受到的各种阻力，液压缸必须产生一个足够大的推力，这个推力是由液压缸中的油液压力所产生的。要克服的阻力越大，缸中的油液压力越高；反之，压力就越低。这种现象正说明了液压传动的一个基本原理——压力决定于负载。从机床工作台液压系统的工作过程可以看出，一个完整的、能够正常工作的液压系统，应该由以下五个主要部分组成：

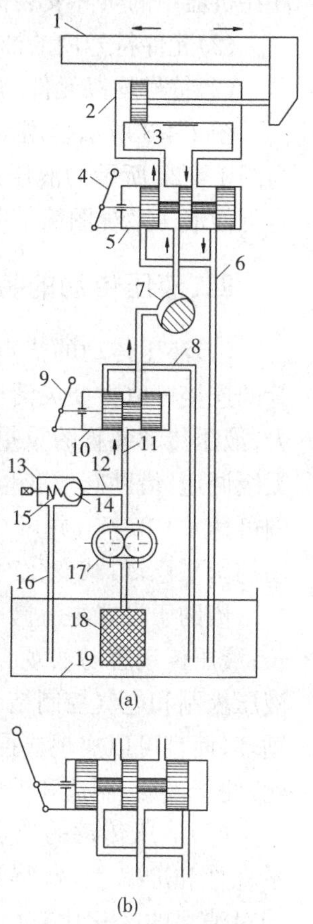

图1-4-2　模型控制的决策过程

(a)工作台向右移动；(b)工作台向左移动

1-工作台；2-液压缸；3-活塞；4-换向手柄；5-换向阀；6、8、16-回油管；7-节流阀；9-开停手柄；10-开停阀；11-压力管；12-压力支管；13-溢流阀；14-钢球；15-弹簧；17-液压泵；18-滤油器；19-油箱

(1)能源装置。它是供给液压系统压力油，把机械能转换成液压能的装置。最常见形式是液压泵。

(2)执行装置。它是把液压能转换成机械能的装置。其形式有作直线运动的液压缸，有作回转运动的液压马达，它们又称为液压系统的执行元件。

(3)控制调节装置。它是对系统中的压力、流量或流动方向进行控制或调节的装置。如溢流阀、节流阀、换向阀、开停阀等。

(4)辅助装置。上述三部分之外的其他装置，例如，油箱、滤油器、油管等。它们对保证系统正常工作是必不可少的。

(5)工作介质。传递能量的流体，即液压油等。

三、液压传动系统图的图形符号

图1-4-2所示的液压系统是一种半结构式的工作原理图，它有直观性强、容易理解的优点，当液压系统发生故障时，根据原理图检查十分方便，但图形比较复杂，绘制比较麻烦。我国

已经制定了一种用规定的图形符号来表示液压原理图中的各元件和连接管路的国家标准，即GB/T786.1－1993 《液压气动图形符号》。对于这些图形符号有以下几条基本规定。

(1)符号只表示元件的职能，连接系统的通路，不表示元件的具体结构和参数，也不表示元件在机器中的实际安装位置。

(2)元件符号内的油液流动方向用箭头表示，线段两端都有箭头的，表示流动方向可逆。

(3)符号均以元件的静止位置或中间零位置表示，当系统的动作另有说明时，可作例外。

图 1-4-3 所示是用 GB/T786.1－1993 《液压气动图形符号》为图 1-4-2a 所示的液压系统绘制的工作原理图。使用这些图形符号可使液压系统图简单明了，且便于绘图。

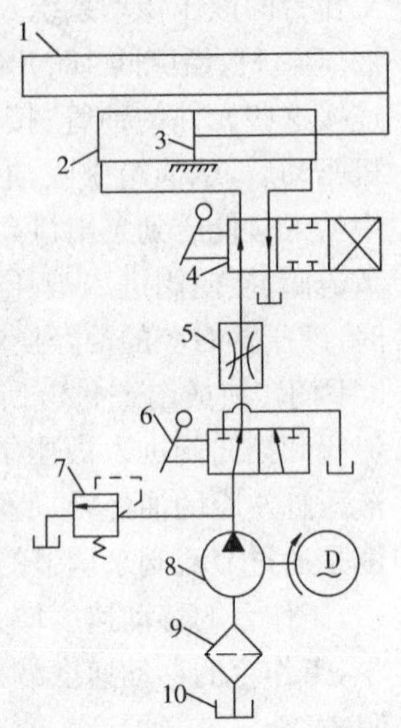

图 1-4-3 机床工作台液压系统的图形符号图

1-工作台；2-液压缸；3-油塞；4-换向阀；5-节流阀；6-开停手柄；7-溢流阀；8-液压泵；9-滤油器；10-油箱

四、液压传动的特点

(1)液压传动的优点。由于液压传动是油管连接，所以借助油管的连接可以方便灵活地布置传动机构，这是比机械传动优越的地方；液压传动装置的重量轻、结构紧凑、惯性小；可在大范围内实现无级调速，借助阀或变量泵、变量马达，可以实现无级调速，调速范围可达 1：2 000，并可在液压装置运行的过程中进行调速；传递运动均匀平稳，负载变化时速度较稳定；液压装置易于实现过载保护——借助于设置溢流阀等，同时液压件能自行润滑，因此使用寿命长；液压传动容易实现自动化——借助于各种控制阀，特别是采用液压控制和电气控制结合使用时，能很容易地实现复杂的自动工作循环，而且可以实现遥控；液压元件已实现了标准化、系列化和通用化，便于设计、制造和推广使用。

(2)液压传动的缺点。液压系统中的漏油等因素，影响运动的平稳性和准确性，使得液压传动不能保证严格的传动比；液压传动对油温的变化比较敏感，温度变化时，液体黏性变化，引起运动特性的变化，使得工作的稳定性受到影响，所以它不宜在温度变化很大的环境条件下工作；为了减少泄漏，液压元件的配合件制造精度要求较高，加工工艺较复杂；液压传动要求有单独的能源，不像电源那样使用方便；液压系统发生故障不易检查和排除。

第二节 气压传动基础

气压传动是以压缩空气为工作介质进行能量传递的一种传动形式。气压传动与液压传动一样，主要用于实现动力远程传递、电气控制信号转换等。由于其工作介质是气体，因此，气压传动具有工作安全，操作方便，省能、高效、价廉，且无油、无污染的特点。但受气体可压缩性大的影响，系统灵敏性不如液压传动。如液压式汽车制动装置的制动滞后时间是 0.2 s，而气压式汽车制动装置的制动滞后时间是 0.5 s，同时，系统噪声大，自润滑性差。

一、气压传动的工作原理

图 1-4-4 所示为气动剪切机的气动系统工作原理示意图，图示位置为工料被剪切前的情况。当工料 1 由上料装置(图中未画出)送入剪切机并到达规定位置时，机动阀 4 的顶杆受压而使阀内通路打开，气控换向阀 3 的控制腔便与大气相通，阀芯受弹簧力作用而下移，由空气压缩机 12 产生并经过初次净化处理后储藏在储气罐 9 中的压缩空气，经空气干燥器 8、空气过滤器 7、减压阀 6 和油雾器 5 及气控换向阀 3，进入汽缸 2 的下腔；汽缸上腔的压缩空气通过气控换向阀 3 排入大气。此时，汽缸活塞向上运动，带动剪刃将工料 1 切断。工料剪下后，即与机动阀脱开，机动阀在弹簧力的作用下复位，所在的排气通道被封死，气控换向阀 3 的控制腔气压升高，迫使阀芯上移，气路换向，汽缸活塞带动剪刃复位，准备第二次下料。由此可以看出，剪切机构克服阻力切断工料的机械能是由压缩空气的压力能转换后得到的；同时，由于换向阀的控制作用使压缩空气的通路不断改变，汽缸活塞方可带动剪切机构频繁地实现剪切与复位的动作循环。

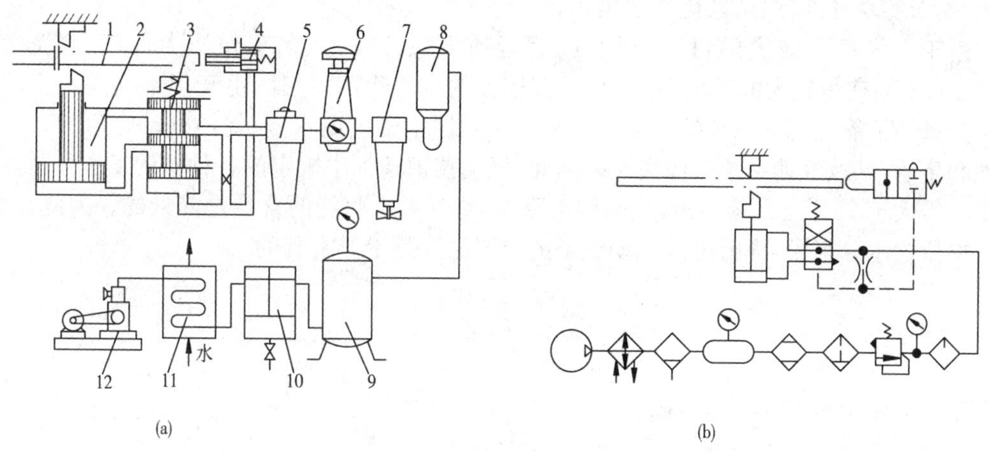

图 1-4-4 剪切机气动系统工作原理示意图

(a)结构原理；(b)图形符号

1-工料；2-汽缸；3-气控换向阀；4-机动阀；5-油雾器；6-减压阀；7-空气过滤器；8-空气干燥器；9-储气罐；10-分水排水器；11-冷却器；12-空气压缩机

图 1-4-4a 所示为剪切机气动系统的结构原理，图 1-4-4b 为该系统的图形符号。可以看出，气动图形符号和液压图形符号的表示有很明显的一致性和相似性，但也存在不少重大区别之处，例如，气动元件向大气排气，就不同于液压元件回油接入油箱的表示方法。常用气动元件的图形符号见国家标准 GB/T786. 1—1993 《液压气动图形符号》。

二、气压传动系统的组成

由上例可见，气压传动系统由以下四个部分组成。

(1)气源装置。其主体部分是空气压缩饥。它将原动机(如电动机)供给的机械能转变为气体的压力能，为各类气动设备提供动力。

(2)执行元件。包括各种气缸和气马达。它的功用是将气体的压力能转变为机械能，输给工作部件。

(3)控制元件。包括各种阀类,如各种压力阀、流量阀、方向阀、逻辑元件等,用以控制压缩空气的压力、流量和流动方向,以及执行元件的工作程序,以便使执行元件完成预定的运动规律。

(4)辅助元件。是使压缩空气净化、润滑、消声以及用于元件间联接所需的装置,如各种过滤器、干燥器、油雾器、消声器及管件等。它们对保持气动系统可靠、稳定和持久地工作,起着十分重要的作用。

三、气压传动的特点

气压传动与机械、电气、液压传动相比,有以下优缺点:以空气为工作介质,不仅易于取得,而且用后可直接排入大气,处理方便,也不污染环境;因空气的黏度很小(约为油的万分之一),在管道中流动时的能量损失很小,因而便于集中供气和远距离输送;气动动作迅速,调节方便,维护简单,不存在介质变质及补充等问题;工作环境适应性好,无论在易燃、易爆、多尘埃、强磁、辐射、振动等恶劣环境中,还是在食品加工、轻工、纺织、印刷、精密检测等高净化、无污染场合,都具有良好的适应性,且工作安全可靠,过载时能自动保护;气动元件结构简单,成本低,寿命长,易于实现标准化、系列化和通用化。

由于空气具有较大的可压缩性,因而运动平稳性较差,因工作压力低(一般为 0.3～1 MPa),不易获得较大的输出力或力矩;有较大的排气噪声;另外,由于湿空气在一定的温度和压力条件下能在气动系统的局部管道和气动元件中凝结成水滴,促使气动管道和气动元件腐蚀和生锈,导致气动系统工作失灵。因此,气动技术条件中规定的各种阀的工作介质的相对湿度不得大于 95%。必须指出,当温度下降时,空气中水蒸气的含量是降低的。因此,从减少空气中所含水分来说,降低进入气动设备的空气温度是十分有利的。

本 章 小 结

本章介绍了以下几方面的内容:

◆液压传动的工作原理。

◆液压传动系统的组成。

◆液压传动系统图的图形符号。

◆液压传动的特点。

◆气压传动的工作原理。

◆气压传动系统的组成。

◆气压传动的特点。

复习思考题

1. 简述液压传动的工作原理?
2. 液压传动系统由哪些部分组成?
3. 液压传动有何特点?
4. 简述气压传动的工作原理?
5. 气压传动系统由哪些部分组成?
6. 气压传动有何特点?

第五章 汽车识别代码(VIN码)与配件编码规则

本章要点

通过本章的学习：

★熟悉汽车识别代码(VIN码)的组成及规定。

★熟悉VIN码的常见位置。

★了解丰田汽车配件编码。

★了解广本汽车配件编码。

★了解一汽大众配件编码。

第一节 汽车识别代码(VIN码)

目前，世界各国汽车公司所生产的绝大部分汽车都使用了汽车识别代码(简称VIN码)。VIN(Vehicle identification Number)汽车识别代码是汽车制造厂为了识别一辆汽车而规定的一组字码，它由一组拉丁字母和阿拉伯数字组成，共17位，故又称为17位码。17位VIN码的每一位代码代表着汽车某一方面的信息参数。我们从该码中可以识别出车辆的生产国家、制造公司或生产厂家、车辆的类型、品牌名称、车型系列、车身形式、发动机型号、车型年款(属于哪年生产的年款车型)、安全防护装置型号、检验数字、装配工厂名称和出厂顺序号码等信息。我国于1999年1月18日由机械工业部发布了《车辆识别代码(VIN)管理规则》，并规定：“1999年1月1日后，适用范围内的所有新生产的车辆必须使用汽车识别代码。”

一、汽车识别代码(VIN码)的组成及规定

世界各国政府以及各汽车公司对本国或本公司生产的汽车的17位识别代码(VIN)编码都有具体的规定。各国的技术法规一般只规定车辆识别代码的基本要求，如对字母和数字的排列位置、安装位置、书写形式和尺寸都有相应的规定等，并应保证30年内不会重号。除对个别符号的含义有统一要求外，其他不作硬性规定，而是由生产厂家自行规定其代码含义。

各国有关车辆识别代码的技术法规各有所异，但也有共同之处，如，汽车识别代码的第9位必须是工厂检查数字代码。对于VIN码在汽车上的安装位置，各国汽车生产厂家的各类车型也不尽相同。如美国规定应安装在汽车仪表板左侧，在车外透过风窗玻璃可以清楚地看到

而便于检查，而欧洲共同体则规定 VIN 码应安装在汽车右侧的底盘车架上或标写在厂家铭牌上。我国《车辆识别代码(VIN)管理规则》规定：汽车识别代码应尽量位于车辆的前半部分、易于看到且能防止磨损或替换的部位。对于小于或等于 9 人座的乘用车和最大总质量小于或等于 3.5 t 的载货汽车，车辆识别代码应位于仪表板上靠近风窗立柱的位置，在白天日光照射下，观察者不需移动任一部件从车外即可分辨出车辆识别代码。VIN 码的常见位置如图 1-5-1 所示。

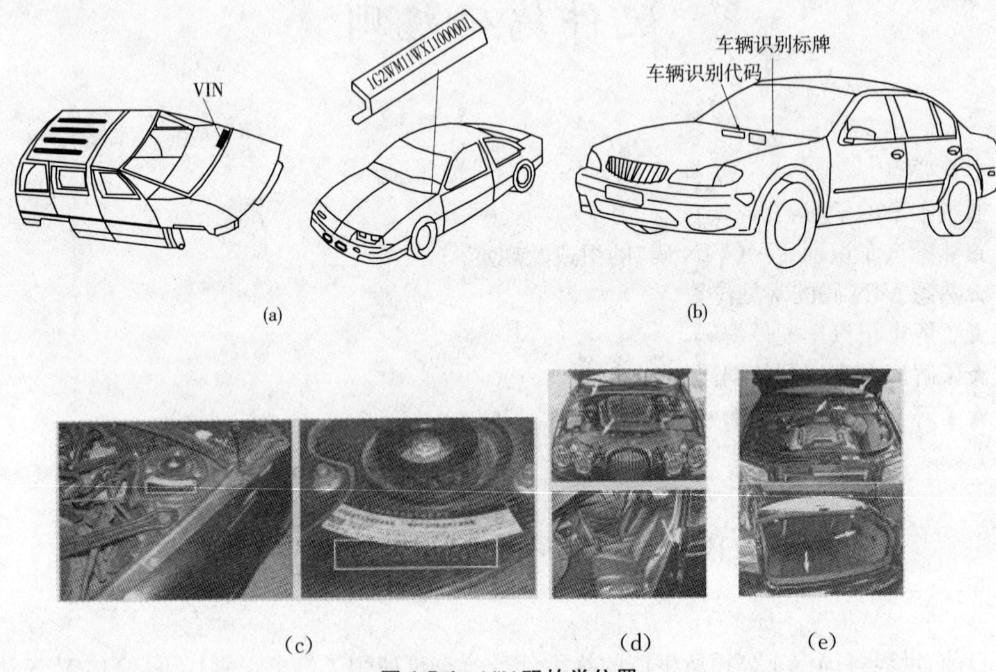

图 1-5-1 VIN 码的觉位置

(a)前风窗玻璃左下方；(b)发动机后隔板上；(c)减振器上支座上；(d)散热器上横梁及车门立柱(左侧)上；(e)后备箱中

我国规定汽车识别代码由三个部分组成，对于年产量≥500 辆的汽车制造厂，汽车识别代码的第一部分为世界制造厂识别代码(WMI)；第二部分为车辆说明部分(VDS)；第三部分为车辆指示部分(VIS)(图 1-5-2a)。

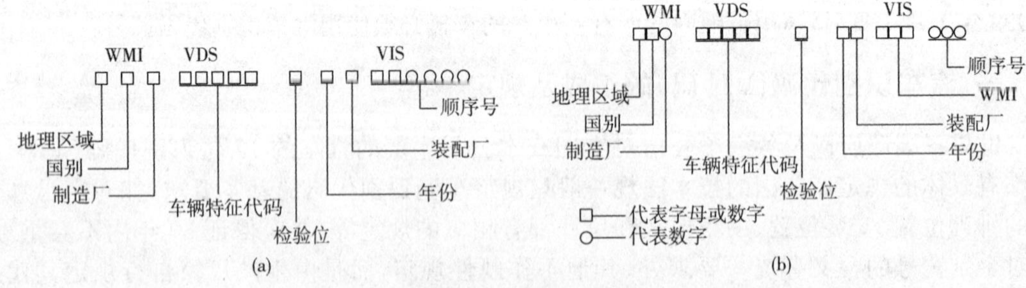

图 1-5-2 VIN 码的组成

(a)年产≥500 辆的制造厂 VIN 码的组成；(b)年产量<500 辆的制造厂 VIN 码的组成

对于年产量<500 辆的制造厂，汽车识别代码的第一部分为世界制造厂识别代码(WMI)；第二部分为车辆说明部分(VDS)；第三部分的第 3、4、5 位字码同第一部分的三位字码一起构

成世界制造厂识别代号（WMI），其余五位字码为车辆指示部分（VIS）（图 1-5-2b）。

（1）第一部分。世界制造厂识别代码（WMI），由三位字母或数字组成，它们必须经过申请、批准和备案后方能使用。第 1 位字码标明一个地理区域的字母或数字；第 2 位字码表示这个特定区域的一个国家的字母或数字；第 3 位字码是标明某个特定的制造厂的字母或数字。第 1、2、3 位字码的组合将保证一个国家的某个汽车制造厂识别标志的惟一性。对于年产量小于 500 辆的制造厂，世界制造厂的汽车识别代码的第 3 位字码为数字 9。此时，车辆指示部分的第 3～5 位字码，即 17 位码的第 12、13、14 位字码将与第一部分的三位字码共同作为世界制造厂识别代码。我国的 WMI 前两位区段为 LA～LO，它规定了所有在中国境内生产的汽车产品的 WMI 编号必须在该区段内。以下是我国常见汽车制造厂家的 WMI 编号：LSV 表示上海大众；LSG 表示上海通用；LFV 表示一汽大众；LDC 表示神龙汽车；LEN 表示北京吉普；LHG 表示广州本田；LHB 表示北汽福田；LKD 表示哈飞汽车；LS5 表示长安汽车；LNP 表示南京菲亚特；LSG 表示上汽奇瑞；LNB 表示北京现代；LFP 表示一汽轿车；LGB 表示东风汽车；LDN 表示东南汽车。

（2）第二部分。车辆说明部分（VDS）由六位字码组成。分别由制造厂用不同的数字或字母标明车辆形式或品牌、车辆类型、种类、系列、车身类型、发动机或底盘类型、驾驶室类型以及汽车车辆的其他特征参数。如果制造厂不用其中的一位或几位字码，应在该位置填入制造厂选定的字母或数字占位。该部分的最后一位，即 17 位代码的第 9 位为制造厂检验位。检验位由 0～9 中的任一数字或字母 X 标明。其作用是核对 VIN 码记录的准确性。

（3）第三部分。车辆指示部分（VIS）由 8 位字码组成。第 1 位字码，即 17 位代码的第 10 位，表示汽车生产年份，年份代码按表 1-5-1 规定对照使用。

我国 VIN 码中的年份代码　　表 1-5-1

代码	年份	代码	年份	代码	年份	代码	年份
1	1971	B	1981	M	1991	1	2001
2	1972	C	1982	N	1992	2	2002
3	1973	D	1983	P	1993	3	2003
4	1974	E	1984	R	1994	4	2004
5	1975	F	1985	S	1995	5	2005
6	1976	C	1986	T	1996	6	2006
7	1977	H	1987	V	1997	7	2007
8	1978	J	1988	W	1998	8	2008
9	1979	K	1989	X	1999	9	2009
A	1980	L	1990	Y	2000	A	2010

第 2 位字码，即 17 位代码的第 11 位，用来指示汽车装配厂，若无装配厂，制造厂可规定其他的内容。对于年产量≥500 辆的制造厂，此部分的第 3～8 位字码，即 17 位代码的第 12～17 位，表示生产顺序号；对于年产量＜500 辆的制造厂，该部分第 3～5 位字码与第一部分的三位字码共同表示一个车辆制造厂，最后三位字码表示生产顺序号。

二、VIN 码中各代码的含义举例

下面对常见车型的 VIN 码中各代码的含义作一个简单说明，有些位置代码的类型较多，这里仅举其中几个加以说明。

1. 中国一汽集团 VIN 码代码含义

L	F	P	H	5	A	B	A	2	W	8	0	0	4	3	2	1
(1)	(2)	(3)	(4)	(5)	(6)	(7)	(8)	(9)	(10)	(11)	(12)	(13)	(14)	(15)	(16)	(17)

第(1)位为生产国别代码。L 表示中国。

第(2)位为制造厂商代码。F(First)表示一汽。

第(3)位为车型类型代码。P(Passenger)表示轿车。

第(4)位为车辆品牌代码。H 表示红旗牌。

第(5)位为发动机排量代码。5 表示 2.1～2.5 L。

第(6)位为发动机类型及驱动形式。A 表示汽油,前置,前轮驱动。

第(7)位为车身形式代码。B 表示四门折背式。

第(8)位为安全保护装置代码。A 表示手动安全带。

第(9)位为工厂检验位代码。用数字 0～9 或 X 表示。

第(10)位为生产年份代码。W 表示生产年份为 1998 年。

第(11)位为生产装配工厂。8 表示第一轿车厂。

第(12)～(17)位为表示工厂生产顺序号代码。

2. 上海通用汽车 VIN 码代码含义

L	S	G	S	J	6	2	U	8	2	S	3	1	0	7	3	1
(1)	(2)	(3)	(4)	(5)	(6)	(7)	(8)	(9)	(10)	(11)	(12)	(13)	(14)	(15)	(16)	(17)

第(1)～(3)位为世界制造厂识别代码。LSG——上海通用汽车有限公司。

第(4)、(5)位为车型代码。WG 表示 SGM7200(别克君威 2.0);DC 表示 SGM6510 GL8(别克 GL8);SJ 表示 SGM7160SL(赛欧)。

第(6)位为车身类型代码。5 表示 3 厢四门轿车;6 表示 2 厢四门仓背式轿车;8 表示 2 厢四门旅行车。

第(7)位为约束系统代码。2 表示手动安全带及驾驶人、前排乘客安全气囊。

第(8)位为发动机类型代码。C 表示 LW9、2.98 L、V6、OHC、SFI;D 表示 LB8、2.49 L、V6、OHC、SFI;U 表示 L91、1.6 L、DOHC、MPFI。

第(9)位为检验位代码。

第(10)位为年份代码。参见表 1－5－1,2 表示生产年份为 2002 年。

第(11)位为装配厂代码。S 表示上海通用汽车有限公司上海厂区;Y 表示上海通用汽车有限公司烟台厂区。

第(12)～(17)位为车辆制造顺序号。

3. 广州本田汽车 VIN 码代码含义

L	H	G	C	M	6	6	5	0	1	2	1	4	7	3	8	1
(1)	(2)	(3)	(4)	(5)	(6)	(7)	(8)	(9)	(10)	(11)	(12)	(13)	(14)	(15)	(16)	(17)

第(1)～(3)位为世界制造厂识别代码。LHG——广州本田汽车有限公司。

第(4)～(6)位为生产线、车身与发动机型号代码。CM4——雅阁/K20A7,K20A8;CM5——雅阁/K24A4;CM6——雅阁/J30A4。

第(7)位为车身与变速器类型代码。5 表示四门轿车/五速手动;6 表示四门轿车/五速自动。

第(8)位为车辆等级代码。4 表示 EX、EXV;5 表示 Exi;6 表示 EXV。

第(9)位为检验位代码。

第(10)位为生产年份代码(参见表 1—5—1)。

第(11)位为装配厂代码。2 表示广州本田汽车有限公司。

第(12)～(17)位为车辆制造顺序号。

4. 美国福特汽车公司(FORD MOTOR COMPANY)轿车 VIN 码含义

1	L	N	L	M	8	1	W	6	P	J	1	0	6	2	3	5
(1)	(2)	(3)	(4)	(5)	(6)	(7)	(8)	(9)	(10)	(11)	(12)	(13)	(14)	(15)	(16)	(17)

第(1)位为生产国别代号。1 表示美国;2 表示加拿大;3 表示墨西哥;6 表示澳大利亚;J 表示日本;K 表示韩国;L 表示中国台北;W 表示德国。

第(2)位为生产或归口部门代码。F 表示 FORD(福特)车部;L 表示 LINCOLN(林肯)车部;M 表示 MERCURY(水星)车部;N 表示 CONTINENTAL(大陆);Z 表示 PROBE(探测器)。

第(3)位为车型类别代码。A 表示福特轿车;B 表示大陆轿车;D 表示开发车型;E 表示水星轿车;J 表示不完整汽车;M 表示多用途车;N 表示轿车;4 表示货车。

第(4)位为乘员安全保护装置代码。B 表示主动安全带;C 表示主动安全带及驾驶人安全气囊;D 表示前排主动安全带;P 表示前排被动式安全带;L 表示主动安全带及驾驶人/前排乘员安全气囊。

第(5)位为车型系列代码。M 表示林肯/水星;P 表示福特;T 表示海外生产车型。

第(6)和(7)位为车身类型代码。01 表示 CAPRI 双门活动顶篷;03 表示 CAPRI 双门活动顶篷 XR2 型;04 表示 ESCORT(护卫者)双门溜背式;81 表示 LINCOLN TOWN CAR(林肯城市)四门轿车。

第(8)位为发动机型号代码。A 表示 2.0 L 四缸/2.3 L 四缸;B 表示 2.5 L V6/3.3 L 六缸;C 表示 2.2 L 四缸/3.8 L V6 增压;D 表示 2.3 L 四缸/2. 5 L 四缸;E 表示 5.0 L V8 强输出发动机;W 表示 4.6 L V8。

第(9)位为 VIN 检验位代码。

第(10)位为车型年款代码。参见表 1-5-1 所列。

第(11)位为总装工厂代码。C 表示 Chicago(芝加哥);K 表示 Kansas(堪萨斯);Y 表示 Wixom;5 表示 FaltRock;6 表示 KIA(起亚);J 表示 LOSANGELES(洛杉矶)。

第(12)～(17)位为出厂顺序代码。

第二节 汽车配件编码规则

为了便于汽车配件的采购、销售和仓储管理,世界上各大汽车制造厂家都对其生产的汽车配件采用编码分类,即每一个配件都用一个由阿拉伯数字和英文字母组成的代码表示,但每个厂家表示的方法都不同,即编码的长度、组成及编码中每位的含义各不相同。下面以国内常见的几种车型为例进行说明。

一、丰田汽车配件编码

配件编码并不是无意义的数字组合，而是有一定的原则和含义。丰田汽车配件编码一般由 10 个或 12 个数字或字母组成，各代表一定的含义。

1. 一般普通件编码

丰田汽车配件编码由 10 位数字组成，中间用"-"隔开，部分配件用 12 位数字组成，如下所示：

00000-00000-00

第一部分 5 位数字表示配件的名称，称为基础号码；第二部分 5 位数字表示每个配件的车型、规格尺寸及设计改进顺序，称为设计号码；第三部分 2 位数字表示配件的颜色及其他特殊部分，仅在部分配件上使用，称为颜色号码。

第一部分的前两位数字一般表示汽车配件的一个总成。丰田公司把全车的一般配件，按功能划分为若干个小组，并给每个小组给定两位数字的代码，称为小组编码。例如，用 45 表示转向器等。编码的具体分配情况见表 1-5-2。第 3 位和第 4 位数字表示总成件中某一个组件的位置，称为部位编码，如用 10 表示转向部分的转向盘组件。第 5 位数字表示细分配件，是在当用前两项编码仍然无法确定一项配件时，用第 5 位代码来进行细分，称为细分编码，如用 1 表示转向盘。

丰田配件小组编码规则 表 1-5-2

第一位数	第二位数									
	0	1	2	3	4	5	6	7	8	9
0					修理包			专用配件	附件	工具
1		汽缸盖、汽缸体	发动机安装件、机油盘	曲轴连杆、活塞组、配气机构		机油泵、机油滤清器	散热器、水泵	进排气系、消声器、空滤器		点火系统
2		化油器	喷油泵	燃油泵及滤清器	增压器	废气再循环系统	发动机附件	发电机及调节器	起动机、蓄电池、继电器	真空泵
3		离合器	液力变矩器	变速器		自动变速器	分动器、取力器	传动轴	绞盘自卸	
4		减速器、差速器	后桥壳、半轴、车轮、制动鼓	前桥	动力转向、制动装置	转向器	真空助力器、助车制动	前后制动主缸、制动轮缸、制动管路	前后悬架	液压助力器、制动器
5		车架	车身保险杠	发动机罩、挡泥板		仪表板	风窗玻璃	地板	地毯	
6		侧围	1/4 内饰板	车顶		后围		车门	门窗玻璃	车门锁
7		座椅	可调式座椅		内饰件、蓄电池箱	外饰件		油箱	节气门、制动踏板	
8		灯具闪光器	线束	仪表、钟表	开关	刮水器、洗涤器、点烟器	收放机及天线	暖气	空调	
9	标准件	六角螺栓	螺栓	螺钉	螺母、垫圈	铆钉、销、键	紧固件、密封件	轴承	轮胎内胎	功能零件

第二部分的前两位数表示车型及发动机类型代码，当基础号码的前两位(第 1、2 位)在 11～29 之间时，设计号码的前两位表示发动机类型，如用 71 表示 1Y 发动机，72 表示 2Y 发动

机，54 表示 2L 发动机等；第 3 位和第 4 位数字表示设计编号，以区别同类车型中的标准型或豪华型及新车或旧式车等，第 5 位数字为设计序号。

第三部分的两位数字在有颜色等特殊情况下才使用，多用在外观装饰件。

2. 修理包编码

由两个以上维修用主要配件，综合在一个包装内，称为修理包。修理包配件编码全部由 04 开头。如，密封套编号为 04438－33021。

3. 标准件编码

标准件是按国际标准化组织（ISO）确定规格的配件，品种包括螺栓、螺钉、螺母、垫圈、铆钉、销、V 带、油封、滚动轴承、衬套等。

在第一部分基础号码的第 1 位定为 9，这是标准件的专用代码。第 2、3 位是名称和种类的数字代码，第 4、5 位是细分名称的数字代码。

在第二部分设计编号中，第 1 位是材料或表面处理的数字代码，其后 4 位是尺寸的数字代码。各种标准件的尺寸编号方式不完全一样，如螺栓、螺钉、铆钉类，第 2、3 位数字是实物的直径尺寸(mm)，第 4、5 位是实物的长度尺寸(mm)；V 带，第 2 至 5 位数字是实物圆周长度尺寸(mm)。

4. 专用工具编码

专用工具配件编码一般都以 09 开头，但部分随车工具除外。

二、广本汽车配件编码

1. 一般零部件

其代码组成为：

7 8 5 1 0 — S V 4 — 9 8 1 Z A

(1) (2) (3) (4) (6) (6) (7) (8) (9) (10) (11) (12) (13)

代码含义：

(1)、(2)、(3)、(4)、(5)为主号码，主号码是用来说明零部件名称的。(1)、(2)为功能号，表示该零部件的功能。(3)、(4)、(5)为构成号，根据各个零部件名称的不同，由构成号来进行具体区分。例如，1 3 0 1 1 为活塞环，1 8 3 1 0 为喇叭，3 3 1 0 0 为前照灯。

(6)、(7)、(8)为机种号码，用以区别机型的号码。

(9)、(10)、(11)为种类号码，在主号码与机种号码完全相同的情况下，为了区别该配件的不同种类而使用的号码。比如，同一配件的生产厂家不同，零部件的式样变更等情况出现时。

(12)、(13)为颜色编号，通常由两位英文字母来表示。在前面 11 位完全相同的情况下，虽然是完全相同的配件，但由于是内饰件或外饰件，配件的颜色不同，为了区分颜色而使用的一种辅助记号。

2. 螺栓、螺母以及其他标准零部件

其号码组成为：(1)(2)(3)(4)(5)—(6)(7)(8)—(9)(10)(11)(12)(13)。其中，(1)、(2)、(3)、(4)、(5)为主号码，(6)、(7)、(8)、(9)、(10)为尺寸，(11)、(12)为 JIS 规格，(13)为表面处理代码。

三、一汽大众配件编码

在德国大众管理体系中，配件通过阿拉伯数字和英语 26 个字母的组合，使之成为一套简明、完整、精确、科学的配件编码系统，每一个配件只对应一个编码，每组数字，每个字母都表示这个配件的某种性质，人们只要找出这个编码，就可以从库存品种中找出所需的配件来。德国大众配件编码一般由14位组成，其配件编码可分成5部分。例如：

191 863 241 AF LN8 中央托架
(1) (2) (3) (4) (5)

第(1)部分表示车型及或机组型号。它们说明这些配件最初为哪种车型、哪种发动机和变速箱设计和使用。从标记的第3位数字可以区别是左驾驶还是右驾驶。一般规定，单数为左驾驶，双数为右驾驶。

第(2)部分表示大类及小类。根据配件在汽车结构中的差异及性能的不同，德国大众配件编码系统将配件号分成10大类(10个主组)，每大类(主组)又分为若干个小类(子组)，小类(子组)的数目和大小因结构不同而不同，小类(子组)只有跟大类(主组)组合在一起才有意义。

第(3)部分为配件号。按照其结构顺序排列的配件号由三位数(001～999)组成，如果配件不分左右或既可在左边又可在右边使用，最后一位数字为单数。如果配件分左右件，一般单数为左边件，双数为右边件。

第(4)部分为设计变更/技术更改号。设计变更号由一个或两个字母组成，表示该件曾技术更改过。例如，不同的材料、不同的结构、不同的技术要求。

第(5)部分为颜色代码。颜色代码用三位数字或三位字母的组合来表示，它说明该件具有某种颜色特征。例如，01C表示黑色带有光泽，041表示暗黑色，043表示黑花纹，ROH表示未加工的原色。如配件：191 863 241 AF LN8中的颜色代码为LN8。

本章小结

本章介绍了以下几方面的内容：

◆汽车识别代码(VIN码)的组成及规定。

◆典型汽车配件编码规则。

复习思考题

1. 什么是VIN汽车识别代码？
2. 从VIN汽车识别代码中我们可以了解到哪些相关信息？
3. VIN码的常见位置有哪些？
4. 我国规定汽车识别代码由哪几部分构成？各组成部分有何具体要求？
5. 请说出LSGSJ62U82S310731的含义。
6. 简述丰田汽车配件编码规则。
7. 简述广本汽车配件编码规则。
8. 简述一汽大众汽车配件编码规则。

第二篇

发动机结构与检修

第一章　发动机基本原理

本章要点

通过本章的学习：

★熟悉发动机的分类。

★掌握发动机的总体构造。

★熟悉发动机基本术语。

★掌握发动机基本工作原理。

★熟悉发动机主要性能指标与特性。

第一节　发动机的分类和总体构造

一、发动机的分类

车用内燃机，根据其将热能转变为机械能的主要构件的形式，可分为活塞式内燃机和燃气轮机两大类。前者又可按活塞运动方式分为往复活塞式内燃机和旋转活塞式内燃机两种。往复活塞式内燃机在汽车上应用最为广泛。汽车发动机（主要指车用往复活塞式内燃机）分类方法很多，按照不同的分类方法可以把汽车发动机分成不同的类型。

(1)内燃机按照所使用燃料不同可以分为汽油机和柴油机。汽油机与柴油机比较各有特点：汽油机转速高，质量小，噪声小，起动容易，制造成本低；柴油机压缩比大，热效率高，经济性能和排放性能都比汽油机好。

(2)内燃机按照完成一个工作循环所需的行程数，可分为四行程内燃机和二行程内燃机（图2-1-1）。把曲轴转两圈（720°），活塞在汽缸内上下往复运动四个行程，完成一个工作循环的内燃机称为四行程内燃机；而把曲轴转一圈（360°），活塞在汽缸内上下往复运动两个行程，完成一个工作循环的内燃机称为二行程内燃机。汽车发动机广泛使用四行程内燃机。

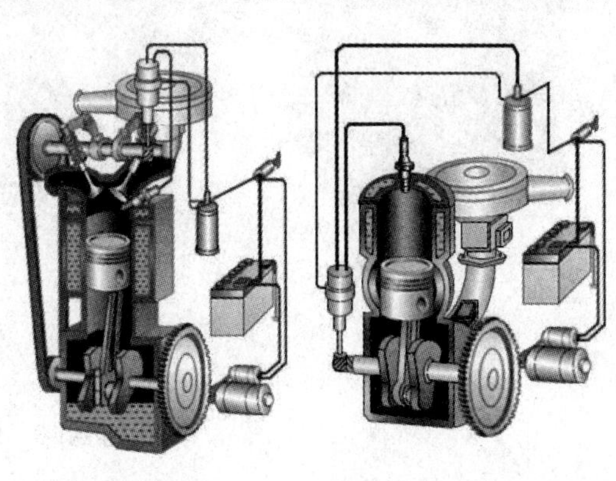

(a)　(b)

图 2-1-1　四行程及二行二行程发动机

(a)四行程；(b)二行程

(3)内燃机按照冷却方式不同，可分为水冷发动机和风冷发动机。水冷发动机是利用在汽缸体和汽缸盖冷却水套中进行循环的冷却液作为冷却介质进行冷却的；而风冷发动机是利用流动于汽缸体与汽缸盖外表面散热片之间的空气作为冷却介质进行冷却的。水冷发动机冷却均匀，工作可靠，冷却效果好，被广泛地应用于现代车用发动机上。

(4)内燃机按照汽缸数目不同，可以分为单缸发动机和多缸发动机(图 2-1-2)。仅有一个汽缸的发动机称为单缸发动机；有两个以上汽缸的发动机称为多缸发动机。如双缸、三缸、四缸、五缸、六缸、八缸、十二缸等都是多缸发动机。现代车用发动机多采用四缸、六缸、八缸发动机。

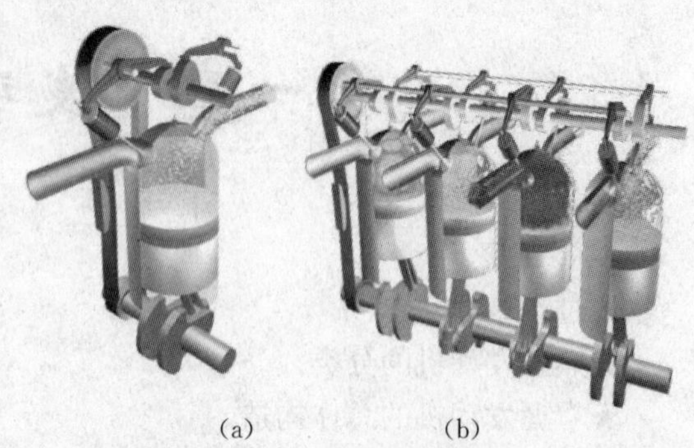

(a) (b)

图 2-1-2 发动机的排列方式

(a)单缸；(b)多缸

(5)内燃机按照汽缸排列方式不同，可以分为单列式和双列式(图 2-1-3)。单列式发动机的各个汽缸排成一列(图 2-1-3a)，一般是垂直布置的，但为了降低高度，有时也把汽缸布置成倾斜的甚至水平的；双列式发动机把汽缸排成两列，用一种 V 形排列布置两列之间的夹角(相邻两个汽缸为 60°～90°夹角)，称为 V 型发动机(图 2-1-3b)，若两列之间的夹角为 180°，称为对置式发动机；如果各个汽缸是在同一表面上交错排列，相邻两个汽缸夹角很小(一般仅有 15°)，属于一种两排汽缸置于同一个汽缸体上错开排列的单缸盖发动机，称为 VR 型发动机，VR 发动机与单列或 V 型发动机都不一样，它比直列式发动机短得多，又比 V 型发动机紧凑。大众/奥迪还推出了 W12 型发动机，其实是两个 VR6 发动机，由两个夹角为 15°的 VR6 发动机，以 72°的夹角组成(图 2 -1-3c)。

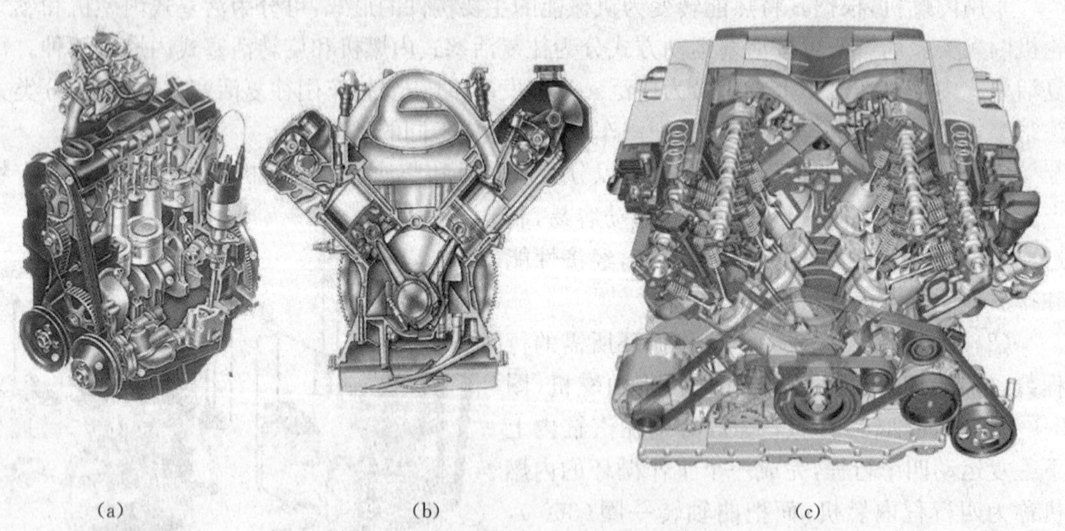

(a) (b) (c)

图 2-1-3 发动机的排列方式

(a)单列；(b)V 型；(c)W12 型

(6)内燃机按照进气系统是否采用增压方式，可以分为自然吸气(非增压)式发动机和强制进气(增压式)发动机(图 2-1-4)。

二、发动机的总体构造

发动机是一种由许多机构和系统组成的复杂机器。无论什么类型的发动机，要完成能量转换，实现工作循环，保证长时间连续正常工作，都必须具备以下一些机构和系统。

1.曲柄连杆机构

曲柄连杆机构是发动机实现工作循环、完成能量转换的主要运动零件。它由机体组、活塞连杆组和曲轴飞轮组等组成。在作功行程中，活塞承受燃气压力在汽缸内作直线运动，通过连杆转换成曲轴的旋转运动，并通过曲轴对外输出动力。而在进气、压缩和排气行程中，飞轮释放能量，又把曲轴的旋转运动转化成活塞的直线运动。

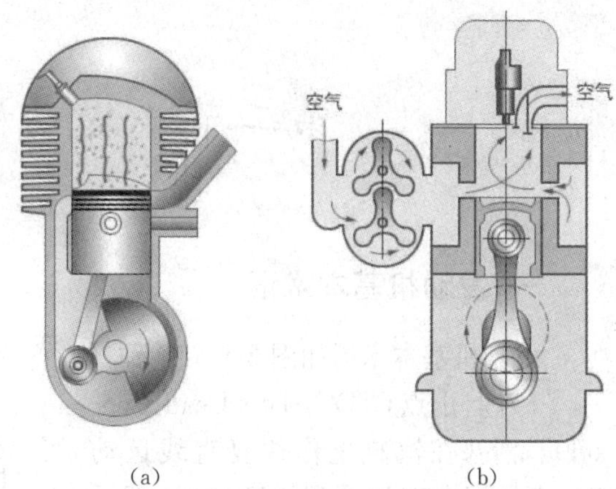

图 2-1-4　发动机的进气方式
(a)自然吸报式；(b)增压式

2.配气机构

配气机构的功用是根据发动机的工作顺序和工作过程，定时开启和关闭进气门和排气门，使可燃混合气或空气进入汽缸，并使废气从汽缸内排出，实现换气过程。配气机构大多采用顶置气门式配气机构，一般由气门组、气门传动组和气门驱动组组成。

3.燃料供给系统

燃料供给系的功用是根据发动机的要求，配制出一定数量和浓度的混合气，供入汽缸，并将燃烧后的废气从汽缸内排出。

4.润滑系统

润滑系的功用是向作相对运动的零件表面输送定量的清洁润滑油，以实现液体摩擦，减小摩擦阻力，减轻机件的磨损，并对零件表面进行清洗和冷却。润滑系通常由润滑油道、机油泵、机油滤清器和一些阀门等组成。

5.冷却系统

冷却系的功用是将受热零件吸收的部分热量及时散发出去，保证发动机在最适宜的温度状态下工作。水冷发动机的冷却系通常由冷却水套、水泵、风扇、水箱、节温器等组成。

6.点火系统

在汽油机中，汽缸内的可燃混合气是靠电火花点燃的，为此，在汽油机的汽缸盖上装有火花塞，火花塞头部伸入燃烧室内。能够按时在火花塞电极间产生电火花的全部设备称为点火系，点火系通常由蓄电池、发电机、分电器、点火线圈和火花塞等组成。

7.起动系统

要使发动机由静止状态过渡到工作状态，必须先用外力转动发动机的曲轴，使活塞作往复运动，汽缸内的可燃混合气燃烧膨胀作功，推动活塞向下运动使曲轴旋转，发动机才能自行运转，工作循环才能自动进行。因此，曲轴在外力作用下开始转动到发动机开始自动地怠速运转的全过程，称为发动机的起动。完成起动过程所需的装置，称为发动机的起动系。

汽油机由以上两大机构和五大系统组成，即由曲柄连杆机构、配气机构、燃料供给系、润滑系、冷却系、点火系和起动系组成；柴油机由以上两人机构和四大系统组成，即由曲柄连杆机构、配气机构、燃料供给系、润滑系、冷却系和起动系组成，柴油机是压燃的，不需要点火系。

第二节 发动机基本工作原理

一、发动机基本术语

发动机基本术语如图 2-1-5 所示。

(1)上止点(TDC:Top Dead Center)。活塞在汽缸里作往复直线运动时,当活塞向上运动到最高位置,即活塞顶部距离曲轴旋转中心最远的极限位置,称为上止点。

(2)下止点(BDC:Bottom Dead Center)。活塞在汽缸里作往复直线运动时,当活塞向下运动到最低位置,即活塞顶部距离曲轴旋转中心最近的极限位置,称为下止点。

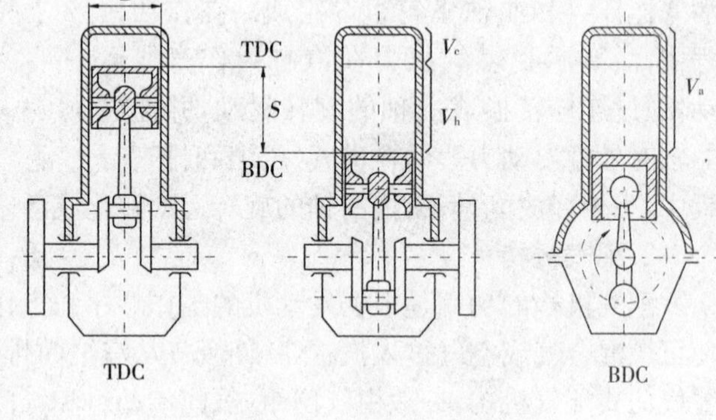

图 2-1-5 发动机基本术语

(3)活塞行程。活塞从一个止点到另一个止点移动的距离,即上、下止点之间的距离称为活塞行程。一般用 S 表示,对应一个活塞行程,曲轴旋转 180°。

(4)曲柄半径。曲轴旋转中心到曲柄销中心之间的距离称为曲柄半径,一般用 R 表示。通常活塞行程为曲柄半径的两倍,即 $S=2R$。

(5)汽缸工作容积。活塞从一个止点运动到另一个止点所扫过的容积,称为汽缸工作容积,一般用 V_h 表示:

$$V_h=\pi S(D/2)^2$$

式中:D——汽缸直径,mm;

S——活塞行程,mm。

(6)汽缸总容积。活塞位于下止点时,其顶部与汽缸盖之间的容积称为汽缸总容积,一般用 V_a 表示。显而易见,汽缸总容积就是汽缸工作容积(V_h)和燃烧室容积(V_c)之和,即 $V_a=V_c+V_h$。

(7)排量。多缸发动机各汽缸工作容积的总和,称为发动机排量。一般用 V_L 表示:

$$V_L=iV_h$$

式中:V_L——发动机排量;

V_h——汽缸工作容积;

i——汽缸数目。

(8)压缩比。汽缸总容积与燃烧室容积之比称为压缩比,一般用 ε 表示。压缩比是发动机中一个非常重要的概念,表示了气体的压缩程度,它是气体压缩前的容积与气体压缩后的容积之比值。

$$\varepsilon=V_a/V_c$$

式中：V_a——汽缸总容积；

V_h——汽缸工作容积；

V_c——燃烧室容积。

通常汽油机的压缩比为6～10，柴油机的压缩比较高，一般为16～22。

二、发动机基本工作原理

1.四冲程发动机基本工作原理

四冲程发动机的运转是按进气行程、压缩行程、作功行程和排气行程的顺序不断循环反复的。

(1)进气行程(图2-1-6a)。由于曲轴的旋转，活塞从上止点向下止点运动，这时排气门关闭，进气门打开。进气过程开始时，活塞位于上止点，汽缸内残存有上一循环未排净的废气，因此，汽缸内的压力稍高于大气压力。随着活塞下移，汽缸内容积增大，压力减小，当压力低于大气压时，在汽缸内产生真空吸力，空气经空气滤清器(对于化油器式和进气管喷射式的汽油机而言，并与汽油混合成可燃混合气)，通过进气门被吸入汽缸，直至活塞向下运动到下止点。在进气过程中，受空气滤清器、进气管道、节气门、进气门等阻力影响，进气终了时，汽缸内气体压力略低于大气压，同时受到残余废气和高温机件加热的影响，温度达到370～400 K。实际发动机的进气门是在活塞到达上止点之前打开，并且延迟到下止点之后关闭，以便吸入更多的可燃混合气。

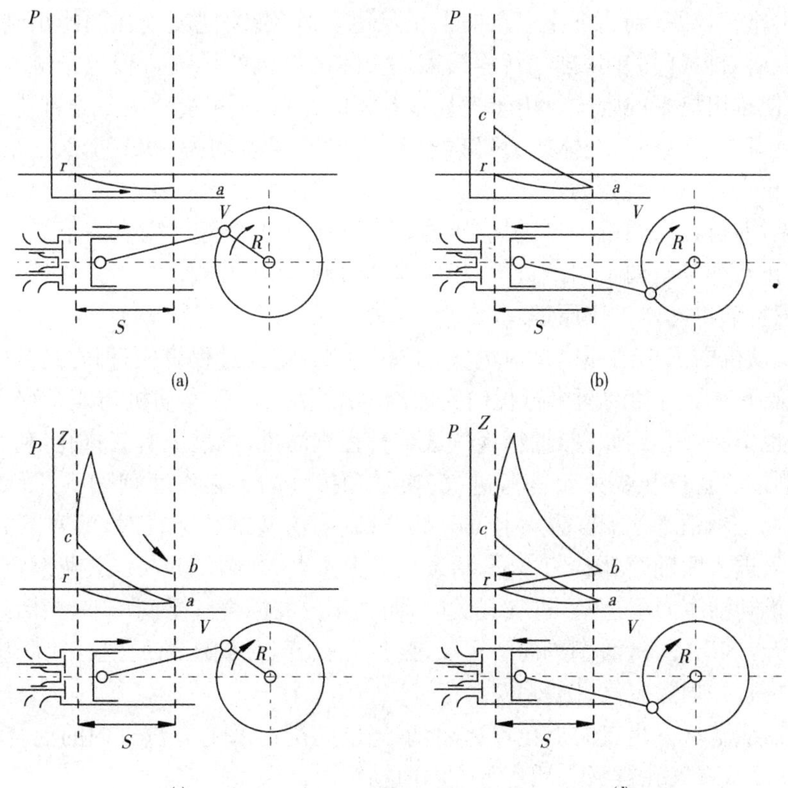

图2-1-6　四行程汽油机工作原理

(a)进气行程；(b)压缩行程；(c)作功行程；(d)排气行程

(2)压缩行程(图 2-1-6b)。曲轴继续旋转,活塞从下止点向上止点运动,这时进气门和排气门都关闭,汽缸内成为封闭容积,可燃混合气(对于缸内直喷汽油机和柴油机而言,是纯空气)受到压缩,压力和温度不断升高,当活塞到达上止点时压缩行程结束。此时气体的压力和温度主要随压缩比的大小而定,压缩比越大,压缩终了时汽缸内的压力和温度越高,则燃烧速度越快,发动机功率也越大。对于汽油机而言,如果压缩比太高,容易引起爆燃。所谓爆燃就是由于气体压力和温度过高,可燃混合气在没有点燃的情况下自行燃烧,且火焰以高于正常燃烧数倍的速度向外传播,造成尖锐的敲缸声。爆燃会使发动机过热,功率下降,汽油消耗量增加以及机件损坏。轻微爆燃是允许的,但强烈爆燃对发动机是很有害的。对于柴油机和缸内喷射汽油机而言,在压缩行程接近上止点时,喷油器将燃油以雾状喷入燃烧室,空气在汽缸内形成可燃混合气并着火燃烧。

(3)作功行程(2-1-6c)。作功行程包括燃烧过程和膨胀过程,在这一行程中,进气门和排气门仍然保持关闭。当活塞位于压缩行程接近上止点(即点火提前角)位置时,对于汽油机,火花塞产生电火花点燃可燃混合气,可燃混合气燃烧后放出大量的热,使汽缸内气体温度和压力急剧升高,高温高压气体膨胀,推动活塞从上止点向下止点运动,通过连杆使曲轴旋转并输出机械功,除了用于维持发动机本身继续运转外,其余用于对外作功。随着活塞向下运动,汽缸内容积增加,气体压力和温度降低,当活塞运动到下止点时,作功行程结束,气体压力降低到 300～500 kPa,气体温度降低到 1 300～1 600 K。

(4)排气行程(图 2-1-6d)。当作功接近终了时,排气门开启,进气门仍然关闭,靠废气的压力先进行自由排气,活塞到达下止点再向上止点运动时,继续把废气强制排出到大气中去,活塞越过上止点后,排气门关闭,排气行程结束。实际内燃机的排气行程也是排气门提前打开,延迟关闭,以便排出更多的废气。由于燃烧室容积的存在,不可能将废气全部排出汽缸。受排气阻力的影响,排气终止时,气体压力仍高于大气压力,温度约为 900～1 200 K。曲轴继续旋转,活塞从上止点向下止点运动,又开始了下一个新的循环过程。

由此可见,四行程内燃机经过进气、压缩、作功、排气四个行程完成一个工作循环,这期间活塞在上、下止点往复运动了四个行程,相应地,曲轴旋转了两圈。

2. 二冲程发动机基本工作原理

二冲程发动机的工作循环也是由进气、压缩、作功、排气过程组成,但它是在曲轴旋转一圈(360°),活塞上下往复运动的两个行程内完成的。因此,二冲程发动机与四行程发动机工作原理不同,结构也不一样。例如,曲轴箱换气式二行程汽油机,汽缸上有三排孔,利用这三排孔分别在一定时刻被活塞打开或关闭进行进气、换气和排气的。工作原理如下:图 2-1-7a 表示活塞向上运动,将三排孔都关闭,活塞上部开始压缩,当活塞继续上行时,活塞下方打开了进气孔,可燃混合气进入曲轴箱(图 2-1-7b),活塞接近上止点时(图 2-1-7c),火花塞点燃混合气,气体燃烧膨胀,推动活塞向下运动,进气孔关闭,曲轴箱内的混合气受到压缩,当活塞接近下止点时,排气孔打开,排出废气,活塞再向下运动,换气孔打开,受到压缩的混合气便从曲轴箱经进气孔流入汽缸内,并扫除废气(图 2-1-7d)。

第一行程:活塞从下止点向上止点运动,事先已充满活塞上方汽缸内的混合气被压缩,新的可燃混合气又从进气孔被吸入活塞下方的曲轴箱内。

第二行程:活塞从上止点向下止点运动,活塞上方进行作功过程和换气过程,而活塞下方则进行可燃混合气的预压缩。

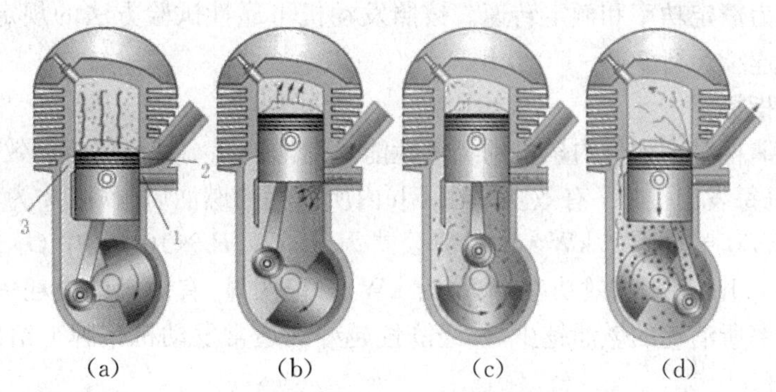

图 2-1-7　二行程汽油工作原

(a)压缩；(b)进气；(c)燃烧；(d)排气管

1-进气孔；2-排气孔；3-换气孔

3. 多缸发动机的工作原理

前面介绍的是单缸发动机的工作过程，而当代汽车发动机都是多缸四行程发动机，那么，多缸四行程与单缸四行程发动机的工作过程有什么区别呢？就能量转换过程，发动机的每一个汽缸和单缸机的工作过程是完全一样的，都要经过进气、压缩、作功和排气四个行程。但是，单缸发动机的四个行程中只有一个行程作功，其余三个行程不作功，即曲轴转两圈，只有半圈作功，所以运转平稳性较差，功率越大，平稳性就越差。为使运转平稳，单缸机一般都装有一个大飞轮。而多缸发动机的作功行程是错开的，按照工作顺序作功，即曲轴转两圈交替作功，因此，运转平稳，振动小。缸数越多，作功间隔角越小。同时，参与作功的汽缸越多，发动机运转越平稳。

第三节　发动机主要性能指标与特性

一、发动机性能指标

发动机的性能指标是用来衡量发动机性能好坏的标准。发动机的主要性能指标有动力性能指标、经济性能指标和排放性能指标。

1. 动力性能指标

动力性能指标指曲轴对外作功能力的指标，包括有效转矩、有效功率和曲轴转速。

(1)有效转矩。指发动机通过曲轴或飞轮对外输出的转矩，通常用 T_e 表示，单位为 N·m。有效转矩是作用在活塞顶部的气体压力通过连杆传给曲轴产生的转矩，并克服了摩擦，驱动附件等损失之后从曲轴对外输出的净转矩。

(2)有效功率。指发动机通过曲轴或飞轮对外输出的功率，通常用 P_e 表示，单位为 kW。有效功率同样是曲轴对外输出的净功率。它等于有效转矩和曲轴转速的乘积。发动机的有效功率可以在专用的试验台上用测功器测定，测出有效转矩 T_e 和曲轴转速 n，然后用公式 $P_e = T_e \times n/9\,550$ 计算出有效功率。

(3)曲轴转速。指发动机曲轴每分钟的转数，单位为 r/min。发动机产品铭牌上标明的功率及相应转速称为额定功率和额定转速。按照发动机可靠性试验方法的规定，汽车发动机应能在额定工况下连续运行 300～1 000 h。

2. 经济性能指标

通常用燃油消耗率来评价内燃机的经济性能。燃油消耗率是指单位有效功率的燃油消耗量，也就是发动机每发出 1 kW 有效功率在 1 h 内所消耗的燃油质量(以 g 为单位)，燃油消耗率通常用 g_e 表示，其单位为 g/kW·h，计算公式为 $g_e = G_T/P_e \times 10^3$(其中 G_T 为每小时的燃油消耗量，单位为 kg/h；P_e 为有效功率，单位为 kW)。很明显，有效燃油消耗率越小，表示发动机曲轴输出净功率所消耗的燃油越少，其经济性越好。通常发动机铭牌上给出的有效燃油消耗率 g_e 是最小值。

3. 排放性能指标

排放性能指标包括排放烟度、有害气体(CO、HC、NOx)排放量、噪声等。

二、发动机特性

发动机的主要性能指标指有效转矩 T_e、有效功率 P_e、有效耗油率 g_e 随其运转工况(负荷、转速)变化而变化的关系称为发动机特性。其性能指标随发动机曲轴转速变化的关系称为发动机速度特性，而性能指标随负荷变化的关系称为发动机负荷特性。用曲线来表示这些关系，称为发动机的特性曲线。发动机特性是对发动机性能进行全面评价和鉴定的依据。在发动机特性中，其速度特性最为常用，下面仅介绍发动机的速度特性。

发动机速度特性指发动机的性能指标 T_e、P_e、g_e，随发动机转速 n 变化的规律，用曲线表示，称为速度特性曲线(图 2-1-8)。速度特性可以在发动机试验台上测得。当节气门开度保持不变时，同时用测功器对发动机曲轴施加一定数值的阻力矩。当发动机运转稳定时，即阻力矩和发动机发出的有效转矩相等时，可用转速表测出此时的稳定转速，同时在测功器上测出该转速下的有效转矩 T_e，计算出有效功率 P_e，另外，可测出消耗一定量燃油所经历的时间，换算成每小时耗油量 G_T，然后计算出有效燃油消耗率 g_e。改变测功器的阻力矩数值，重复上述过程，又可以得出一组 n、T_e、P_e、g_e，这样重复若干次，可以得到一系列的 n、T_e、P_e、g_e，然后根据这些数据，以转速 n 为横坐标，以性能指标 T_e、P_e、g_e 为纵坐标作出三条曲线，即为相对应于该节气门开度的速度特性曲线。节气门全开时的速度特性叫发动机外特性；节气门不全开的任意位置所得到的速度特性都称为部分特性。发动机的外特性代表了发动机所具有的最高动力性能。

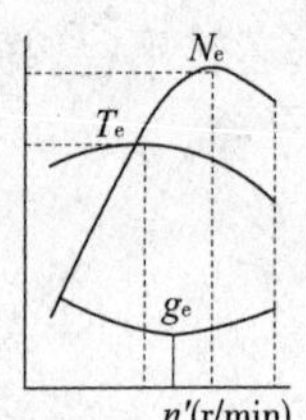

图 2-1-8　发动机速度特性曲线

本 章 小 结

本章介绍了以下几方面的内容：

◆发动机的分类。

◆发动机的总体构造。

◆发动机基本术语。

◆发动机基本工作原理。

◆发动机主要性能指标与特性。

复习思考题

1. 简述发动机的分类方法。
2. 简述发动机的总体构造及各组成部分的功能。
3. 什么叫上止点、下止点、活塞行程、曲柄半径、汽缸工作容积、汽缸总容积、排量、压缩比？
4. 简述四行程发动机基本工作原理。
5. 简述二冲程发动机基本工作原理。
6. 简述多缸发动机的工作原理。
7. 发动机的主要性能指标有哪些？
8. 什么是发动机的动力性能指标？发动机的动力性能指标主要有哪些？
10. 什么是发动机的经济性能指标？发动机的经济性能指标主要有哪些？
11. 什么是发动机的排放性能指标？发动机的排放性能指标主要有哪些？
12. 什么叫发动机特性、发动机速度特性？

第二章　曲柄连杆机构结构与检修

本章要点

通过本章的学习：

★熟悉曲柄连杆机构的组成。

★熟悉机体组的组成及各组成部分的结构和特点。

★熟悉汽缸体与汽缸盖的常见损伤。

★掌握汽缸体与汽缸盖的变形检测。

★掌握汽缸磨损的检测。

★掌握机体组常见故障检测分析方法。

★掌握活塞连杆组结构与检修方法。

★掌握曲轴飞轮组结构与检修。

★掌握曲柄连杆机构常见故障诊断与排除方法。

曲柄连杆机构由机体组、活塞连杆组和曲轴飞轮组组成。

第一节　机体组结构与检修

机体组主要由汽缸体、汽缸套、曲轴箱、汽缸垫、汽缸盖等组成。

一、机体组零件的结构

1.汽缸体

汽缸体的作用是承受发动机负荷，在其内部安装有曲柄连杆机构和配气机构，在其外部安装发动机的所有部件。汽缸体的结构形式有分体式（多用于风冷式发动机）和整体式（通常用于水冷式发动机）两种。风冷式发动机的汽缸体与上曲轴箱分开制造，通过螺栓将其连接成一体。水冷式发动机汽缸体一般与上曲轴箱铸成一体，称汽缸体，其上部有单个或多个供活塞在其中作上下导向运动的圆柱形汽缸，下部为支承曲轴的曲轴箱；其内腔为曲轴旋转运动的空间。汽缸体是发动机各个机构和系统的装置基体，汽缸体内部都铸有若干隔板和加强筋，使其具有足够的刚度和强度，既可支承曲轴主轴颈和凸轮轴轴颈，同时，加强筋沟通汽缸体主油道与曲轴主轴承座，形成一道润滑曲轴主轴承和连杆轴承的润滑油道，润滑油道并与凸轮轴轴承相沟通。

对于多缸发动机，根据车辆整体设计需要，发动机汽缸排列形式分单列式、V形和对置式三种；如图2-2-1所示，根据发动机设计需要，其结构分一般式汽缸体（即曲轴轴线与汽缸体下表面在同一平面上）、龙门式汽缸体（即有的发动机为了增大刚度，将汽缸体下表面移至曲轴中心线以下）和隧道式汽缸体（便于安装用滚动主轴承支承的曲轴）三种；根据气门安装位置，分侧置气门式发动机（即汽缸体一侧设有气门室，以安装配气机构的机件，气门室上部有进、排气道和气门座）、顶置气门式发动机（即汽缸体一侧有挺杆室，而进、排气道和气门座则在汽缸盖上）两种。

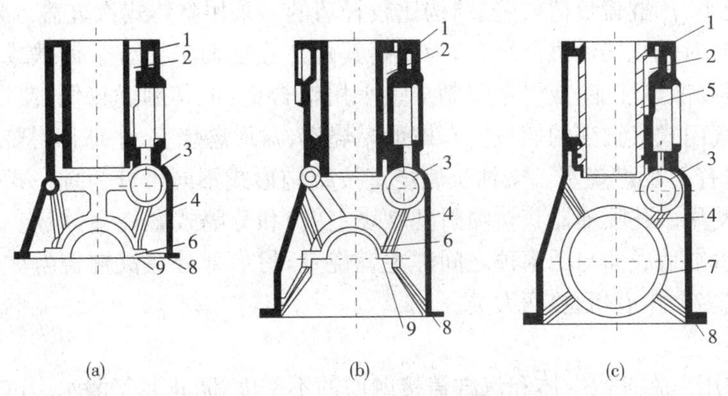

图2-2-1 汽缸体结构形式

(a)一般汽缸体；(b)龙门式汽缸体；(c)隧道式汽缸体

1-汽缸体；2-水套；3-凸轮轴孔座；4-加强筋；5-湿式汽缸套；6-主轴承座；7-主轴承座孔；8-安装油底壳加工面；9-安装主轴承盖加工面

2.汽缸套

汽缸套的作用是引导活塞作上、下垂直运动，并将活塞的热量传出，以便冷却。为降低材料成本、延长汽缸使用寿命，汽缸体一般选用价格较低的普通铸铁或铝合金等材料铸制。用耐磨性较好的合金铸铁或合金钢制成汽缸套嵌入汽缸体。

如图2-2-2所示，汽缸套分为干式和湿式两种。干式汽缸套不与冷却液直接接触，直接与冷却液接触的为湿式汽缸套。湿式汽缸套与干式汽缸套相比，其优点是汽缸体铸造方便（不需泥芯夹层），汽缸套更换方便。缺点是汽缸体刚度差，易漏气漏水。

3.曲轴箱

曲轴箱由上下两部分组成，上曲轴箱用来支承曲轴，下曲轴箱主要是储存润滑油。上曲轴箱一般和汽缸体铸成一体，下曲轴箱一般采用薄钢板冲压制成。用螺栓与机体下表面连成一体。为保证润滑油泵能可靠吸油，通常下曲轴箱后部深度较大，整个底部呈斜面，以保证车辆爬坡时供油充足。曲轴箱内有稳油挡板，防止车辆振动时润滑油过分激荡；为减少发动机磨损，有的发动机在下曲轴箱底部的放油塞上附带有磁性，吸附发动机在运动中磨合产生的铁屑。因此，在换机油时一定不可忽视放油塞上的吸附物，如吸附金属量多应注意诊听发动机有无异

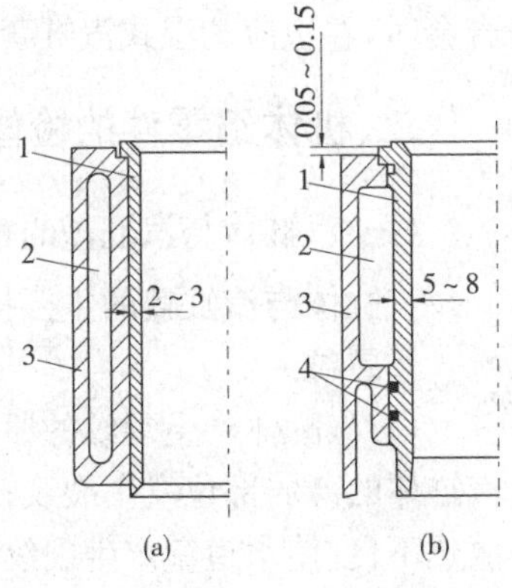

图2-2-2 汽缸套的形式

(a)干式汽缸套；(b)湿式汽缸套

1-汽缸套；2-水套；3-汽缸体；4-耐热、耐油橡胶密封圈

响,视情考虑拆下曲轴箱检查各轴瓦磨损情况,防止发动机早期损坏。

4.汽缸盖

汽缸盖的作用是封闭汽缸上部,由活塞顶部与汽缸盖上相应空间部构成燃烧室。柴油机为利于可燃混合气燃烧,改善燃烧室形状,多采用凹顶或凸顶活塞。汽缸盖的结构随气门的布置、冷却方式以及燃烧室的形状而异。侧置气门式汽缸盖较为简单,没有进、排气道及安装气门装置的加工部分。顶置气门式汽缸盖,结构形状复杂,要布置冷却水腔,进、排气道,进、排气门座,摇臂轴总成,喷油器和起动预热塞(汽油机的火花塞)等。为了制造和维修方便,减少变形对密封的影响,对较大缸径的柴油机多采用分开式汽缸盖(一缸一盖、二缸一盖或三缸一盖);一般缸径较小、汽缸盖负荷较轻、结构比较轻巧的多采用整体式汽缸盖。柴油机汽缸盖常用优质铸铁铸造,对强化柴油机汽缸盖,为提高其耐热强度而采用合金铸铁或球墨铸铁铸造。有的汽油机为提高散热性能,或严格限制重量采用铝合金,但其刚度较低,使用中易变形。对于汽油机,顶置气门式汽缸盖的燃烧室有楔形燃烧室、盆形燃烧室、半球体燃烧室,侧置气门式汽缸盖的燃烧室有L形燃烧室。柴油机燃烧室按结构形式不同可分为统一式燃烧室(又称直接喷射式,一般使用多孔喷油器直接喷射到燃烧室中)和分隔式燃烧室(燃烧室被分隔成两部分,一部分位于汽缸盖底面与活塞顶之间称主燃烧室,另一部分在汽缸盖内称辅助燃烧室,二者之间由一个或多个孔道相通)两大类。

5.汽缸垫

汽缸垫的作用是弥补汽缸体和汽缸盖接触面的不平度,防止漏气漏水。汽缸垫接触高温、高压气体及冷却水,在使用中很容易被烧蚀,特别是缸口卷边周围。因此,汽缸垫要耐热、耐蚀,要求具有足够的强度、一定的弹性和导热性,汽缸垫较多采用石棉中间夹金属丝或金属屑,外覆铜皮或钢皮,水孔周围用铜皮镶边,以防高温烧坏。汽缸垫有金属－石棉垫、金属龙骨架－石棉垫和纯金属垫(由单层或多层金属片制成,为加强密封性,在缸口、水孔、油道口处冲有弹性凸筋)等几种类型。目前,国外一些发动机开始用耐热密封胶,彻底取代了传统的汽缸垫。

金属－石棉垫(金属皮的)由于缸口卷边一面高出一层,对于它接触的平面会造成单边压痕变形,因此,卷边应朝向易修整的接触面或硬平面;汽缸体和汽缸盖同为铸铁时,卷边应朝汽缸盖(易修整);对铝合金汽缸盖、铸铁汽缸体,卷边朝汽缸体(硬平面);汽缸体和汽缸盖同为铝合金时,卷边应朝湿式汽缸套凸沿(硬平面)。

二、机体组零件的检修

(一)汽缸体与汽缸盖的常见损伤

汽缸体与汽缸盖的主要损伤形式有裂纹、磨损和变形等。

1.裂纹

(1)汽缸体产生裂纹的原因主要有:曲轴在高速转动时产生振动,增加了汽缸体的负荷,在汽缸体的薄弱部位发生裂纹;发动机处于高温状态时突然加入大量冷水,或因水垢积聚过多而散热不良,使水道壁产生裂纹;在冬天及寒冷地区未加注防冻液的车辆,停驶时间较长而未及时放水,致使水道冻裂;镶换汽缸套时,过盈量选择过大或压装工艺不当造成汽缸局部裂纹;装配螺栓时拧紧力矩过大,或镶套修复损坏的螺纹孔时,其过盈量选择过大,使原螺纹孔裂损。

(2)汽缸盖的裂纹多发生在进、排气门座之间的过梁处,这是由于气门座或气门导管配合过盈量过大与镶换工艺不当所引起。裂纹发生在水道壁较薄处,一般是在冬季,由于冷却水在低温下结冰膨胀所致。

2.变形

(1)汽缸体在使用过程中发生变形的现象是普遍存在的。由于拆装螺栓时力矩过大或不均,或不按顺序拧紧,以及在高温下拆卸汽缸盖等原因,会引起汽缸体与汽缸盖的结合平面翘曲变形。汽缸体上、下平面在螺纹孔口周围凸起,通常是由于装配时螺栓扭紧力矩过大,或装配时螺纹孔中未清理干净。曲轴轴承座孔同轴度偏差增大,或是受到整个汽缸体变形的影响;或是由于曲轴轴承座孔处厚薄不均,铸造后残余应力不均衡,在使用中引起变形。

(2)汽缸盖变形是指与汽缸体的接合平面翘曲变形,是一种常见的损伤形式。这种损伤通常是由于拆装汽缸盖时操作不当,以及未按汽缸盖螺栓规定的顺序和拧紧力矩操作所致。

汽缸体与汽缸盖的变形,致使汽缸体与汽缸盖平面度误差扩大,将造成汽缸密封不严、漏水、漏气,甚至燃气冲坏汽缸垫,从而严重影响发动机的装配质量。

3.磨损

汽缸的磨损程度是衡量发动机是否需要大修的重要依据之一。

(1)汽缸磨损的特点。在正常磨损情况下,汽缸磨损的特点是不均匀磨损。汽缸沿工作表面在活塞环运动区域内呈上大下小的不规则锥形磨损。磨损的最大部位是活塞在上止点位置时第一道活塞环相对应的汽缸壁,而活塞环接触不到的上口几乎没有磨损而形成了明显的"缸肩"。汽缸沿圆周方向的磨损也是不均匀的,形成不规则的椭圆形,其最大磨损部位往往随汽缸结构、使用条件不同而异,一般是前后或左右方向磨损最大。

(2)汽缸磨损的原因。汽缸是在润滑不良、高温、高压、交变负荷和腐蚀性物质作用的恶劣环境下工作的,同时由于活塞、活塞环在汽缸内高速往复运动,也会使汽缸工作表面发生磨损。汽缸的最大磨损位置处在第一道活塞环在上止点的部位,该部位磨损最大的主要原因是:由于活塞环换向,运动速度几乎为零,环的布油能力最差,油膜不易建立,此时活塞环的背压最大,使其接触面间的油膜形成更困难,因此,汽缸壁形成了上大下小的机械磨损;可燃混合气燃烧产生的酸性物质对汽缸壁起腐蚀作用,当发动机燃用高硫分燃油和发动机长期低温使用,以及在低温状态下频繁起动,这种腐蚀磨损更为严重;进气中的灰尘在此处汽缸壁上附着量较多,加剧了此处的磨料磨损;燃烧产生的高温、高压,使活塞承受的侧向力加大且冷却不够,汽缸与活塞可能由于干摩擦使两者熔融粘着或剥落,造成粘着磨损。

(二)汽缸体与汽缸盖的变形检测

汽缸体与汽缸盖平面发生变形检测,可用直尺放在平面上,然后用厚薄规测量直尺与平面间的间隙,即平面度误差(图 2-2-3)。汽缸体与汽缸盖接合平面的平面度要求:汽缸体上平面的平面度误差,在任意位置,每(50×50)mm^2 的范围内均应不大于 0.05 mm。全长不大于 600 mm的汽缸体,其平面度误差不大于 0.15 mm;全长大于 600 mm 的铸铁汽缸体,其平面度误差不大于 0.25 mm;全长大于 600 mm 的铝合金汽缸体,其平面度误差不大于 0.35 mm。

(三)汽缸磨损的检测

测量汽缸的磨损程度是确定发动机技术状况的重要手段。通过测量,主要是确定汽缸磨损后的圆度、圆柱度,根据汽缸的磨损程度,确定发动机是否需要进行大修,以及确定修理尺寸。汽缸磨损测量一般用量缸表检测。测量前,应搞清所测缸径的加大级别,然后将量缸表的预紧量调整到比该缸级别大 1～1.5 mm,以保证能测量到缸径的最大磨损量。测量方法如下：

(1)根据汽缸直径的尺寸，选择合适的接杆，装入量缸表的下端。接杆装好后与活动伸缩杆的总长度应与被测汽缸尺寸相适应。

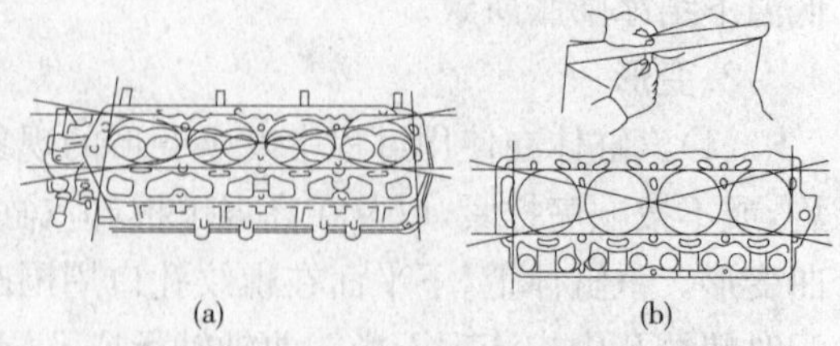

图 2-2-3　检查汽缸体与汽缸平面

(a)汽缸盖；(b)汽缸体

(2)校正量缸表的尺寸，将外径千分尺校准到被测汽缸的标准尺寸，再将量缸表校准到外径千分尺的尺寸，并使伸缩杆有 1～2 mm 的压缩行程，旋转表盘使表针对准零位。

(3)将量缸表的测杆伸入到汽缸的上部，根据汽缸磨损规律，测量第 1 道活塞环在上止点位置时所对应的汽缸壁 S1(图 2-2-4a)。

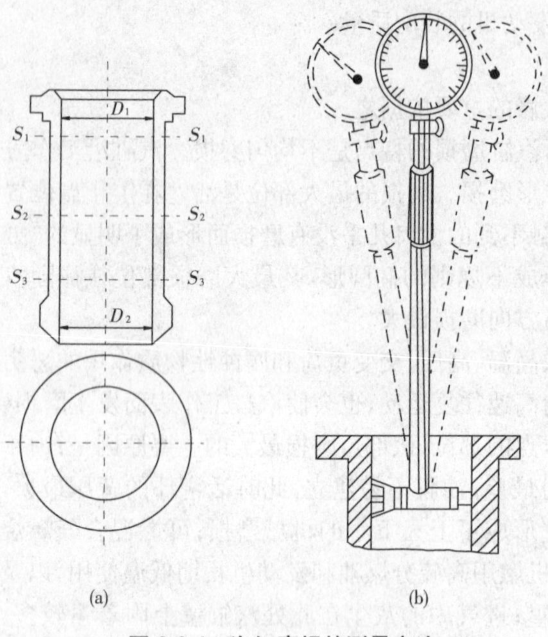

图 2-2-4　汽缸磨损的测量方法

(a)汽缸磨损的测量部位；(b)量缸表测量法

(4)量缸表下移，测量汽缸中部和下部的磨损。汽缸中部为上、下止点中间的位置 S2，汽缸下部为距离汽缸下边缘 10～20 mm 左右处 S3。

用量缸表进行测量时，应注意使测杆与汽缸轴线保持垂直位置，以达到测量的准确性。当摆动量缸表，其指针指示到最小读数时，即表示测杆已垂直于汽缸轴线，这时才能记录读数，否则，测量不准确(图 2-2-4b)。

圆度误差是指同一横截面上磨损的不均匀性。用同一横截面上不同方向测得的最大与最小直径差值之半作为圆度误差。

圆柱度误差是指沿汽缸轴线的轴向截面上磨损的不均匀性。其数值是被测汽缸表面任意方向所测得的最大与最小直径差值之半。

在实际使用中，由于汽缸套上部温度最高，润滑条件差，作功行程中活塞环对汽缸上部压力最大，而且汽缸体上部磨料较多，磨损严重，同时，进气门位置以及冷却效率高的汽缸部位，温度相对比别处低，酸性物的腐蚀引起的磨损也较严重，所以，磨损失圆最大直径在汽缸上部。由于汽缸下部润滑相应较好，磨损也较轻，因此测量时，尽量测汽缸最大磨损处，然后将汽缸上、下两部测量的数据差，横纵向两数据差(圆度)，参照该车型技术标准，确定继续使用还是加大升级。对需搪缸修复的发动机，搪缸加大一般分六个级别，每个级别为 0.25 mm。随着维修观念的改变，许多单位或车主较少采用大级别搪缸修复，一般以搪缸换套方式修复。对湿式发动机汽缸套，较多的是直接换汽缸套修复，避免了缸径加大后对汽缸压缩比的改变，和对发动机动力的影响。

三、机体组常见故障检测分析

机体组零件损坏会导致发动机曲轴箱回气管有大量气体排出，此时用纸盒承接会有细小油粒呈现，拆检故障症状及故障分析如下。

(1)如果拆检中发现每缸活塞顶部一圈均有机油(靠汽缸壁),说明该汽缸套、活塞与环有问题,一般汽缸上止口有较深的台阶,汽缸壁无拉痕。导致上述问题的可能原因有:汽缸长期使用造成的磨损;或活塞环与汽缸套材质硬度不匹配;进气中尘埃、机油中杂质形成磨料附着于汽缸表面造成早期磨损。出现上述情况应测量汽缸的圆度和圆柱度,根据测量结果考虑是否镗缸换套修复。

(2)如果拆检中发现单缸或多缸活塞顶部一圈有机油痕,这些汽缸的上止口磨损与该发动机其他缸一样,汽缸壁无拉痕,说明导致上述问题的可能原因是发动机装配时活塞环对口。

(3)如果拆检中发现每个缸均有不同程度拉缸,则说明发动机缺机油或缺水(区别:缺机油时,轴瓦拉损;缺水时,轴瓦不拉。)

第二节　活塞连杆组结构与检修

如图 2-2-5 所示,活塞连杆组主要由活塞、活塞环、活塞销、连杆(含连杆轴承)等组成。

一、活塞连杆组零件的结构

1.活塞

活塞顶是燃烧室的组成部分,当发动机工作时,直接承受汽缸体内的高温高压作用,并进行不等速的高速往复直线运动。而裙部用来引导活塞在汽缸内运动,活塞裙部还有活塞销座,通过活塞销,把连杆的侧向力传给汽缸壁,所以应有足够的承压面积。

活塞基本构造分顶部、头部和裙部三个部分。汽油机多数采用平顶设计,优点是制造简单,吸热面积小。柴油机为利于混合气形成和燃烧,改善燃烧室形状,多采用凹顶或凸顶活塞。活塞头部的环槽分装气环和油环(油环槽底面钻有许多小孔,便于油环将汽缸壁多余的润滑油经小孔流回下曲轴箱)。

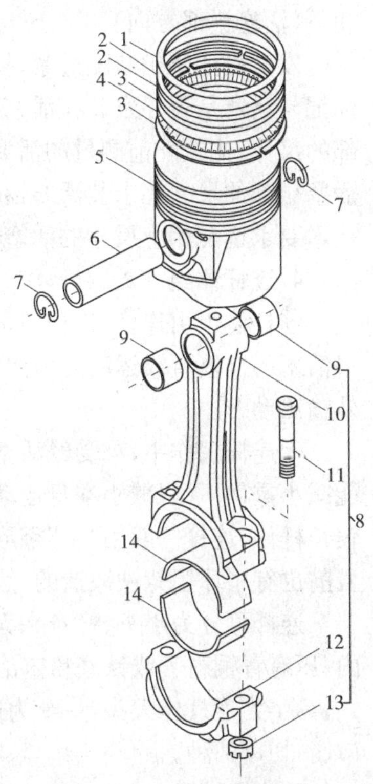

图 2-2-5　活塞连杆组

1、2-气环;3-油环刮片;4-油环衬簧;5-活塞;6-活塞销;7-活塞销卡环;8-连杆组;9-连杆衬套;10-连杆;11-连杆螺栓;12 连杆盖;13-连杆螺母;14-连杆轴瓦

2.活塞环

气环用于密封汽缸,并将活塞顶部的热量传给汽缸壁,由冷却水带走;油环将汽缸壁多余的机油刮掉,并使机油在汽缸壁分布均匀。

活塞环按断面结构分为矩形环、扭曲环、锥形环等;按功能分为气环和油环。

在组装活塞环时,应注意活塞环标记面朝向上,如图 2-2-6 所示,检查活塞环的透光度和端隙是否符合技术要求。第 1 道环的开口方向,应背向发动机作功时的受力面,各道环的开口方向应互呈 90°或 180°。

活塞环引发的常见故障是发动机耗机油、排气管冒蓝烟。拆检可发现，单缸或多缸活塞顶部的一圈均有机油痕(靠汽缸壁)，上止口台阶处有一道亮圈，有的汽缸壁有拉痕现象。上述问题主要是由于发动机装配不当造成活塞环断裂，或发动机活塞环槽积炭多造成断环，导致发动机拉缸烧机油。检修时，注意活塞环槽或活塞环磨损是否严重，视情况更换活塞环或活塞，汽缸磨损严重的应单缸换套处理。

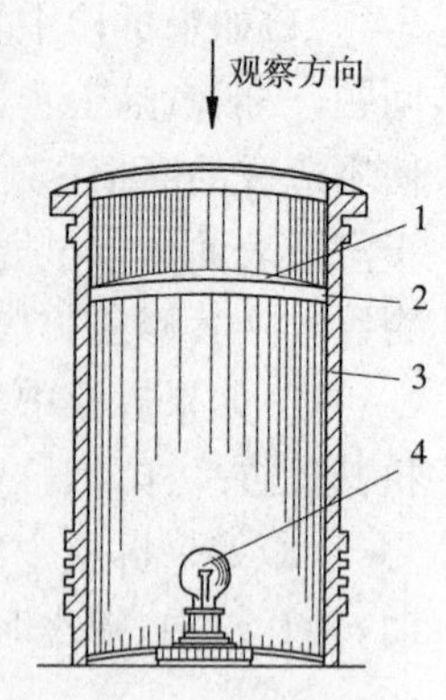

图 2-2-6　活塞环漏光检查

1-盖板；2-活塞环；3-汽缸套；4-光源

3. 活塞销

活塞销用来连接活塞和连杆小头。活塞销通常采用较好的钢材(20号钢或合金钢)，制成空心短管形状，经渗碳热处理提高表面硬度和精度。

活塞销安装方式分为全浮式和半浮式。活塞销广泛采用“全浮式”安装法。所谓“全浮式”，即发动机工作时，活塞销在连杆小头及活塞销座中都能自由转动。这样，使活塞销在圆周上磨损均匀。活塞销装配时，它的中部穿过连杆小头孔，两端支承在活塞销座孔中。为了防止销的轴向窜动而刮伤汽缸壁，在两端用卡环嵌在销座凹槽中进行轴向定位。安装活塞销卡环时，应注意检查是否装入槽内。活塞销卡环的圆弧面朝向活塞顶部，活塞销卡环开口朝下(活塞裙部方向)。

发动机活塞销装配过紧，易造成活塞中部与汽缸壁拉伤。在选装活塞销时，应注意其颜色标记与活塞是否一致。在活塞销装配前应测量活塞裙部的尺寸，如活塞销装配后，测量活塞裙部的尺寸，比装配前测量的活塞裙部的尺寸缩小 0.01～0.02 mm，说明选配该尺寸正确。如活塞裙部的尺寸比未装活塞销时缩小得多，说明活塞销装配过紧，易造成活塞拉缸，需重新按技术要求选配相应尺寸的活塞销装配。

4. 连杆体组

连杆体组由连杆、连杆盖、连杆螺栓和连杆轴瓦等零件组成。其作用是连接活塞与曲轴，将活塞的往复直线运动变为曲轴的旋转运动，并把活塞的动力传给曲轴，经曲轴传给离合器向外输出动力。

因连杆工作中，承受经活塞销传来的气体压力和本身运动时的惯性力，故要求连杆在尽可能减小重量下(以减小本身运动时的惯性力)，保证有足够的刚度和强度。因连杆本身是一个较长杆件，连杆一般用“工”字形断面(以提高其结构刚度)，采用中碳钢或合金钢经模锻而成，目前也有用球墨铸铁锻造的，然后经过机械加工和热处理。

连杆可分为小头、杆身和大头三部分。小头用来安装活塞销，以连接活塞。连杆小头孔内，压有青铜衬套或铁基粉末冶金衬套。连杆大头用于连接曲轴。为便于安装，大头做成分开式，一半为连杆体大头，一半为连杆盖，两者一般用连杆螺栓装合。连杆大头切口形式有平切口、斜切口两种。

5. 连杆轴承

连杆轴承具有保持油膜、减少摩擦阻力和易于磨合的作用。当代发动机连杆轴承是由钢背(厚 1～3 mm 低碳钢带制成)和减磨层(厚 0.3～0.7 mm 的薄层减磨合金制成)组成的分开式薄壁轴瓦。减磨合金材料主要有白合金(巴氏合金)、铜铅合金和铝基合金。维修时应注意，凡有电镀层的轴瓦，维修时不应搪削或刮削，否则，去掉镀层就完全失去加覆盖层的意义了。组装连杆活塞时，注意校偏缸，确保活塞在汽缸内居中，防止偏缸造成偏磨，烧机油。

二、活塞连杆零件的检修

1. 活塞的选配

当汽缸的磨损超过规定值及活塞发生异常损坏时，必须对汽缸进行修复，并且要根据汽缸的修理尺寸选配活塞。选配活塞时要注意以下几点：

(1)选用同一修理尺寸和同一分组尺寸的活塞。活塞裙部的尺寸是镗磨汽缸的依据，即汽缸的修理尺寸是哪一级，也要选用哪一级修理尺寸的活塞。由于活塞的分组，只有在选用同一分组活塞后，才能按选定活塞的裙部尺寸进行镗磨汽缸。

(2)同一发动机必须选用同一厂牌的活塞。活塞应成套选配，以保证其材料和性能的一致性。

(3)在选配的成套活塞中，尺寸差和质量差应符合要求。成套活塞中，其尺寸差一般为0.02～0.025 mm，质量差一般为4～8 g，销座孔的涂色标记应相同。

新型汽车的活塞与汽缸的配合都采用选配法，在汽缸的技术要求确定的前提下，重点是选配相应的活塞。活塞的修理尺寸级别一般分为＋0.25 mm、＋0.50 mm、＋0.75 mm、＋1.00 mm等四级，有的只有1～2个级别。在每一个修理尺寸级别中又分为若干组，通常分为3～6组不等，相邻两组的直径差为0.010～0.015 mm。选配时，要注意活塞的分组标记和涂色标记。有的发动机为薄型汽缸套，活塞不设置修理尺寸，只区分标准系列活塞和维修系列活塞，每一系列活塞中也有若干组供选配。活塞的修理尺寸级别代号常打印在活塞顶部。

2. 活塞环的选配

在发动机大修时，活塞环是被当作易损件更换的。活塞环设有修理尺寸，但不因汽缸和活塞的分组而分组。

活塞环选配时，以汽缸的修理尺寸为依据，同一台发动机应选用与汽缸和活塞修理尺寸等级相同的活塞环。当发动机汽缸磨损后，也应选配与汽缸同一级别的活塞环，严禁选择加大一级修理尺寸的活塞环经锉端隙来使用。

对活塞环的要求是：与汽缸、活塞的修理尺寸一致；具有规定的弹力，以保证汽缸的密封性；环的漏光度、端隙、侧隙和背隙应符合原厂规定。

3. 连杆变形的检验与校正

(1)连杆变形的检验。连杆变形的检验在连杆校验仪上进行，如图2-2-7所示。连杆校验仪能检验连杆的弯曲、扭曲、双重弯曲的程度及方位。校验仪上的棱形支撑轴能保证连杆大端承孔轴向与检验平板相垂直。检验时，首先将连杆大端的轴承盖装好，不装连杆轴承，并按规定的拧紧力矩将连杆螺栓拧紧，同时将心轴装入小端衬套的承孔中。然后将连杆大端套装在支承轴上，通过调整定位螺钉使支承轴扩张，并将连杆固定在校验仪上。测量工具是一个带有V形槽的“三点规”。三点规上的三点构成的平面与V形槽的对称平面垂直，两下侧点的距离为100 mm，上侧点与两下侧点连线的距离也是100 mm。

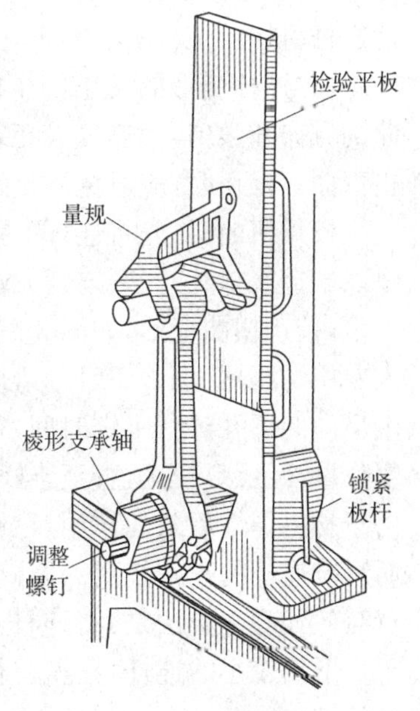

图2-2-7　连杆校验仪

测量时，将三点规的V形槽靠在心轴上并推向检验平板。

如三点规的三个侧点都与检验仪的平板接触，说明连杆不变形。若上侧点与平板接触，两下侧点不接触且与平板的间隙一致，或下两侧点与平板接触，而上侧点不接触，表明连杆弯曲。可用厚薄规测出测点与平板之间的间隙，即为连杆在 100 mm 长度上的弯曲度(图 2-2-8a)。若只有一个下侧点与平板接触，另一下侧点与平板不接触，且间隙为上测点与平板间隙的两倍，这时下测点与平板的间隙，即为连杆在 100 mm 长度上的扭曲度(图 2-2-8b)。

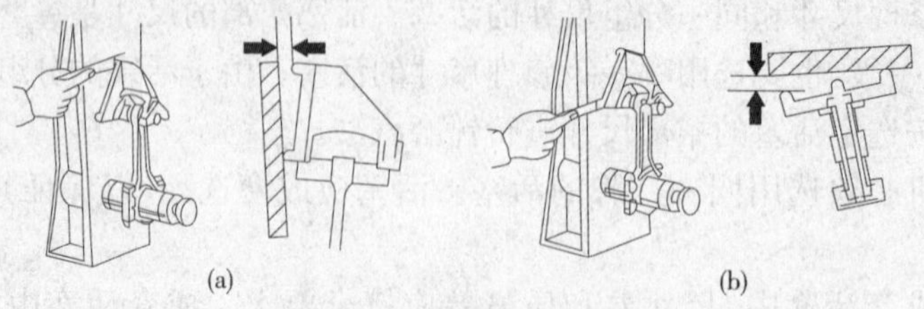

图 2-2-8 连杆弯扭的检验

(a)弯曲；(b)扭曲

有时在测量连杆变形时，会遇到下面两种情况：一是连杆同时存在弯曲和扭曲，反映在一个下测点与平板接触，但另一个下测点的间隙不等于上测点间隙的两倍，这时，下测点与平板的间隙为连杆扭曲度，而上测点间隙与下测点间隙的一半的差值为连杆弯曲度；二是连杆存在如图 2-2-9 所示的双重弯曲，检验时，先测量出连杆小端端面与平板的距离，再将连杆翻转180°后，按同样方法测出此距离。若两次测出的距离数值不等，即说明连杆有双重弯曲，两次测量数值之差为连杆双重弯曲度。

在汽车维修技术标准中，对连杆的变形作了如下规定：连杆小端轴线与大端应在同一平面，在该平面上的平行度公差为 100：0.03，该平面的法向平面上的平行度公差为 100：0.06。若连杆的弯曲度和扭曲度超过公差值时，应进行校正。连杆的双重弯曲，通常不予校正，因为连杆大、小端对称平面偏移的双重弯曲极难校正，而双重弯曲对曲柄连杆机构的工作极为有害，因此应更换连杆。

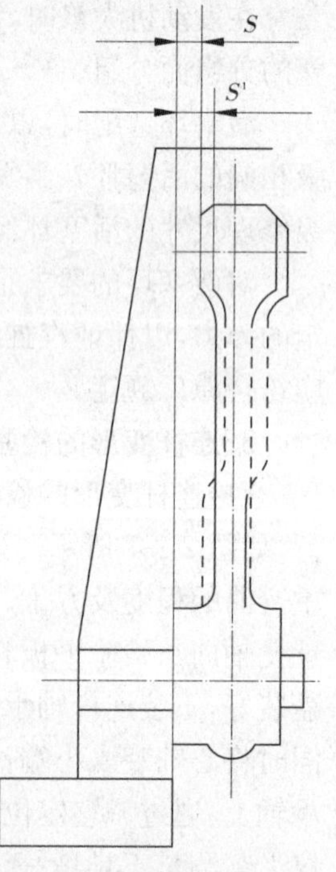

图 2-2-9 连杆双重弯曲的检验

(2)连杆变形的校正。在校正连杆时，首先要记下连杆弯曲与扭曲的方向和数值，用连杆校正器进行校正。通常是先校正扭曲，再校正弯曲。校正时，应避免反复的过校正。

校正扭曲时，先将连杆下盖按规定装配和拧紧，然后用台钳(钳口垫以软金属垫片)夹紧连杆大端侧面，使用专用扳钳在连杆杆身上、下部位，校正扭曲变形，如图 2-2-10 所示。校正弯曲时，将弯曲的连杆置入专用的压器(图 2-2-11)，弯曲的凸起部位朝上，扳转丝杠使连杆产生反向变形并停留一定时间，待金属组织稳定后再卸下，检查连杆的复位量，经反复校正，直至连杆校正至合格为止。在常温下校正连杆，由于材料弹性后效的作用，在卸去负荷后连杆有恢复原状的趋势，从而影响连杆的正常使用。因此，变形量较大的连杆在校正后，必须进行时效处理。方法是：将连杆加热至 573 K，保温一定时间即可。校正变形量较小的连杆，只需在校正负荷下保持一定时间，不必进行时效处理。

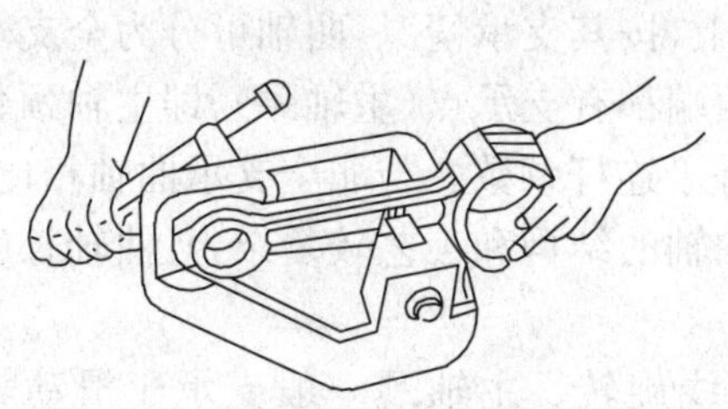

图 2-2-10　连杆扭曲的校正

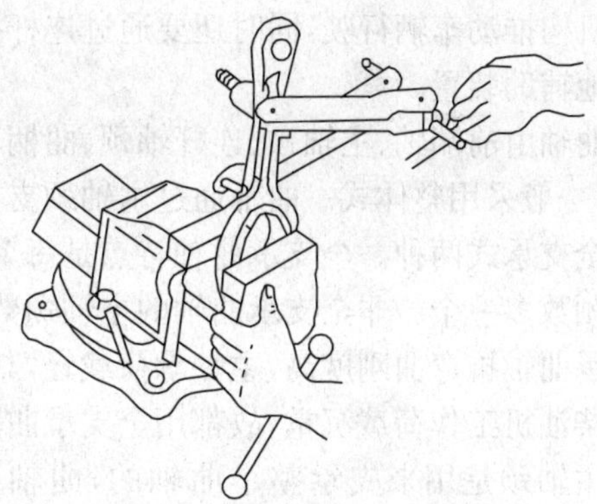

图 2-2-11　连杆弯曲的校正

第三节　曲轴飞轮组结构与检修

一、曲轴飞轮组零件的结构

如图 2-2-12 所示，曲轴飞轮组主要由曲轴、飞轮、扭转减振器、皮带轮、正时齿轮（或链轮）等组成。

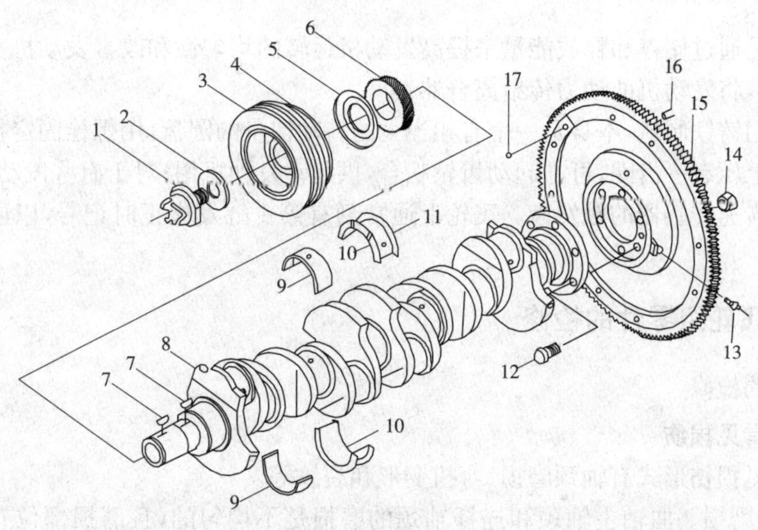

图 2-2-12　曲轴飞轮组

1-起动爪；2-锁紧垫圈；3-扭转减振器总成；4-带（链）轮；5-挡油片；6-正时齿轮或链轮；7-半圆键；8-曲轴；9、10-主轴瓦；11-止推片；12-飞轮螺栓；13-润滑脂嘴；14-螺母；15-飞轮与齿圈；16-离合器盖定位销；17-第 1、6 缸上止点记号用钢球

1. 曲轴及检修

曲轴的主要作用是将活塞连杆组传来的气体压力变为转矩向外输出给底盘的传动机构和

行驶机构推动车辆行驶，同时还要通过连杆推动各缸活塞进气、压缩和排气，并驱动配气机构及其他辅助装置。

曲轴由前端轴、主轴颈、连杆轴颈、曲柄、平衡重、后端轴等组成。曲轴分整体式和组合式两种，一般采用整体式。曲轴通过主轴颈支在汽缸体上，按其支承情况，曲轴可分为全支承式和非全支承式两种。全支承曲轴特点是每个轴拐的两端都有支承点（主轴颈），即主轴颈数比连杆颈数多一个。非全支承曲轴的主轴颈数少于或等于连杆颈数。与非全支承曲轴相比较，全支承曲轴抗弯曲刚度高，主轴承荷载轻，其缺点是曲轴的结构和工艺较复杂，且曲轴长度较大。柴油机工作荷载沉重，故都用全支承曲轴。

主轴颈是用来支承整个曲轴的，曲轴即绕其轴线旋转。主轴颈一般支承于滑动轴承上，轴承的材料和结构与连杆的滑动轴承类似。连杆轴颈和主轴颈通过曲柄相连，一般在三者间有贯通油道与主轴承座上的油道相通。具有一定压力的机油经汽缸体上主油道进入主轴承工作表面，进而再进入连杆轴颈工作表面，以保证可靠的润滑。中空连杆轴颈有两种形式，一种是全部贯通，另一种是其空腔并未钻通，钻开一端用堵油塞封住，成为储油腔。平衡重的功用是平衡由连杆轴颈、曲轴等回转零件所引起的离心力。前端轴装有正时齿（链）轮、驱动风扇和水泵的带盘、前油封和挡油圈以及起动爪等。为了限制曲轴的轴向位移，在曲轴上必须装有轴向定位装置，曲轴的轴向定位装置只能放在一处，超过一处不但没有必要而且还会相互干涉。曲轴后端有安装飞轮用的突缘，通常还有甩油凸环及回油螺纹以防止漏油，螺旋方向与曲轴旋转方向一致，可把润滑油引回到曲轴箱（组装两半片式曲轴后油封时需注意，如EQ6100－1型发动机的曲轴后油封，是两半片式带有回油唇，其回油唇有方向，不能装反，如装反易漏油）。

2. 飞轮

飞轮主要是通过储存和释放能量来提高发动机运转的均匀性和改善发动机克服短暂超负荷的能力，同时，将发动机的动力传给离合器。

飞轮一般用铸铁制造，本身是一个有相当大的转动惯量的圆盘，用螺栓固定在曲轴后端缘上。飞轮外缘上压有一齿圈，可与起动齿轮啮合，供起动发动机用；对于有些发动机，飞轮上的齿还是发动机转速传感器的触发齿。飞轮上通常刻有第1缸发火正时记号，以便于校准发火时间。

二、曲轴飞轮组零件的检修

（一）曲轴的检修

1. 曲轴的常见损伤

曲轴的常见损伤形式有轴颈磨损、弯扭变形和裂纹等。

(1)轴颈的磨损。曲轴主轴颈和连杆轴颈的磨损是不均匀的，且磨损部位有一定的规律性。主轴颈和连杆轴颈径向最大磨损部位相互对应，即各主轴颈的最大磨损部位靠近连杆轴颈一侧；而连杆轴颈的最大磨损部位在主轴颈一侧。连杆轴颈的径向不均匀磨损是由于作用在轴颈上的力，沿圆周方向分布不均匀所引起的。这些力的合力大部分时间作用在连杆轴颈内侧，方向沿曲柄半径向外，使连杆大头压紧在连杆轴颈内侧，因而连杆轴颈的内侧磨损最大。主轴颈径向的不均匀磨损主要是受连杆、连杆轴颈和曲柄离心力的影响，使靠近连杆轴颈一侧的轴颈与轴承间发生的相对磨损较大。连杆轴颈轴向也呈不均匀磨损。由于通往连杆轴颈的油道是倾斜的,曲轴旋转时,在离心力的作用下,与油流相背的一侧的轴承间隙形成涡流,使机械杂质偏积在连杆轴颈的一端而形成磨料磨损,因而加速了这一端轴颈的磨损,使连杆轴颈磨损呈锥形。此外,连杆弯曲、连杆大头不对称结构等原因,会造成轴颈受力不均匀,使轴颈沿轴向呈不均匀磨损。实践证明,连杆轴颈的磨损比主轴颈的磨损严重,这主要是由于连杆轴颈的负荷较大、润滑条件较差等原因所造成的。

轴颈表面还可能出现擦伤和烧伤。擦伤主要是机油不清洁,其中较大的机械杂质在轴颈表面划成沟痕。烧瓦后,轴颈表面会出现严重的擦伤划痕,轴颈表面烧灼后变成蓝色。

(2)曲轴的弯扭变形。所谓曲轴弯曲是指主轴颈的同轴度误差大于 0.05 mm。若连杆轴颈分配角误差大于 0°30′,则称为曲轴扭曲。曲轴产生弯曲和扭曲变形,是由于使用不当和修理不当造成的。如发动机在爆震和超负荷条件下工作,个别汽缸不工作或工作不均衡,各道主轴承松紧度不一致,主轴承座孔同轴度偏差增大等,都会造成曲轴承载后的弯曲变形。曲轴弯曲变形后,将加剧活塞连杆组和汽缸的磨损,以及曲轴和轴承的磨损,甚至加剧曲轴的疲劳折断。曲轴扭曲变形,也将影响发动机的配气正时和点火正时。

(3)曲轴的断裂。曲轴的裂纹多发生在曲柄与轴颈之间的过渡圆角处以及油孔处。前者是径向裂纹,严重时将造成曲轴断裂;后者多为轴向裂纹,沿斜置油孔的锐边顺轴向发展。曲轴的径向、轴向裂纹主要是应力集中引起的,曲轴变形和修磨不慎也会使过渡区的应力陡增,加剧曲轴的疲劳断裂倾向。

2.曲轴的检修

曲轴的检验主要包括裂纹检验、变形检验和磨损检验。

(1)裂纹的检修。曲轴清洗后,首先应检查有无裂纹。可用磁力探伤器或染色渗透剂进行裂纹的检验。若曲轴检验出裂纹,一般应报废,更换。

(2)曲轴弯曲的检修。检验弯曲变形应以两端主轴颈的公共轴线为基准,检查中间主轴颈的径向圆跳动误差。检验时,将曲轴两端主轴颈分别放置在检验平板的 V 形块上,将百分表触头垂直地抵在中间主轴颈上,慢慢转动曲轴一圈,百分表指针所示的最大摆差(图 2-2-13),即中间主轴颈的径向圆跳动误差值,若大于 0.15 mm,则应进行压力校正。低于此限,可结合磨削主轴颈予以修正。

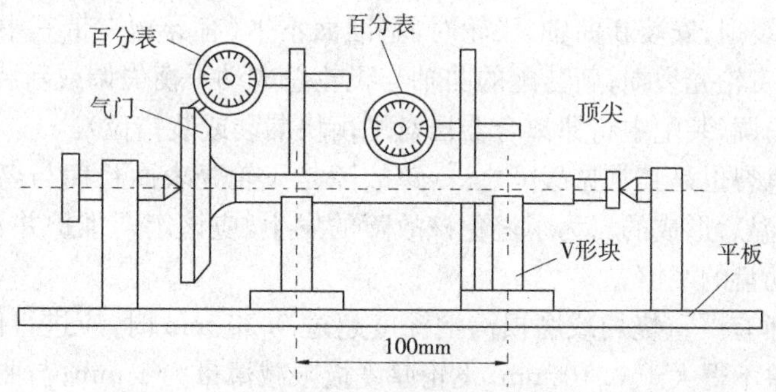

图 2-2-13 曲轴弯曲的测量

曲轴弯曲变形的校正,一般可采用冷压校正法或敲击校正法。冷压校正是将曲轴用 V 形铁架住两端主轴颈,用油压机沿曲轴弯曲相反方向加压。由于钢质曲轴的弹性作用,压弯量应为曲轴弯曲量的 10～15 倍,并保持 2～4 min,为减小弹性后效作用,最好采用人工时效法消除。人工时效处理,即在冷压后,将曲轴加热至 573～773 K,保温 0.5～1 h,便可消除冷压产生的内应力。

(3)曲轴扭曲变形的检修。曲轴扭曲变形的检验是将连杆轴颈转到水平位置上,用百分表分别确定同一方位上两个轴颈的高度差。这个高度差即为扭曲变形量。曲轴若发生轻微的扭曲变形,可直接在曲轴磨床上结合对连杆轴颈磨削时予以修正。曲轴扭曲变形的校正可采用液压扳杆扭转校正法,并结合火焰局部加热,但这种方法工艺复杂。

(4)曲轴轴颈磨损的检修。对经探伤检查而允许修复的曲轴,必须再进行轴颈磨损量的检查:先检视轴颈有无磨痕和损伤,再测量主轴颈和连杆轴颈的圆度误差和圆柱度误差。对曲轴短轴颈的磨损以检验圆度误差为主,对长轴颈则必须检验圆度和圆柱度误差。曲轴的主轴颈和连杆轴颈磨损后,若其圆度、圆柱度误差超过 0.025 mm,应按修理尺寸进行光磨。曲轴轴颈的磨削应在弯、扭校正后进行。磨削加工设备通常采用专用曲轴磨床。

曲轴的各道主轴颈和连杆轴颈分别磨成同级修理尺寸,以便选择统一的轴承。

曲轴轴颈在磨削加工后,除了轴颈表面的尺寸精度和表面粗糙度应符合技术要求外,对其形位误差的要求是:磨削曲轴时,必须保证主轴颈和连杆轴颈各轴心线的同轴度,以及两轴心线间的平行度;限制曲柄半径误差,并保证连杆轴颈相互位置夹角的精度。在曲轴磨削时,选择定位基准的正确与否,将直接影响到上述要求的满足程度,影响到曲轴的加工质量。

定位基准的选择原则:根据基准统一的要求,首先应选择与曲轴制造加工时的定位基准相统一,其次,应选择在工作中不易磨损的过盈(或过渡)配合的轴颈表面。据此,在磨削主轴颈时,一般选择曲轴前端起动爪螺孔的内倒角和曲轴后端中心轴承座孔为定位基准。在磨削连杆轴颈时,可选择曲轴前端正时齿轮轴颈和曲轴后端飞轮凸缘的外圆柱面为定位基准。

磨削曲轴时,应先磨削主轴颈,然后磨削连杆轴颈。连杆轴颈磨削后,要求连杆轴颈轴线与主轴颈轴线的平行度误差不大于 0.01 mm。在连杆轴颈磨削时,应尽量减小曲柄半径的增加量,保证同位连杆轴颈轴心线的同轴度误差不大于 0.10 mm,这样,有利于保证曲轴的动平衡,提高发动机工作的平稳性。

(二)飞轮的检修

飞轮壳裂损是常见的故障之一,这类故障通常在新车或新换曲轴、飞轮、离合器压盘等维修后发生。造成该故障的原因有:飞轮加工不符合技术要求,有失衡现象,造成发动机运转中抖动,致使飞轮壳裂损;安装新曲轴、飞轮时,基准面不平(有异物夹带其中),造成发动机工作时飞轮偏摆,致使飞轮壳裂损;新装配的曲轴与飞轮总成动平衡失调或新装配的离合器压盘总成与曲轴动平衡失调(装配中将原离合器压盘平衡块漏装或装错位)。

飞轮壳表面龟裂也是其常见故障之一,该故障是飞轮壳表面长期与离合器主动盘处于半分离状态,摩擦高温后形成的。为了避免该故障的发生,应该定期维护并及时调整,减少飞轮表面与离合器主动盘的摩擦。

飞轮工作平面有严重烧灼或磨损沟槽深度超过 0.50 mm 时,应进行修整。修整后,工作平面的平面度误差不得大于 0.10 mm;飞轮厚度极限减薄量为 1 mm;与曲轴装配后的端面圆跳动误差不得大于 0.15 mm。

曲轴、飞轮、离合器总成组装后应进行动平衡试验,组件动不平衡量应不大于原厂规定。组件的不平衡量过大,使组件共振临界转速降低。假若共振临界转速降至发动机正常工作转速内,曲轴就会在共振条件下工作,会造成曲轴疲劳断裂、飞轮壳产生纵向裂纹等早期损坏。因此,更换飞轮或齿圈、离合器压盘或总成之后,都应重新进行组件的动平衡试验。

(三)曲轴轴承的选配

1.轴承的常见损伤

轴承损伤主要形式有磨损、合金层疲劳剥落和粘着咬死等。轴承径向间隙的使用限度，载货汽车为 0.20 mm，轿车为 0.15 mm。逾限后，因轴承对润滑油流动阻尼能力减弱，可使主油道压力降低而破坏轴承的正常润滑；加之引起的冲击荷载，又造成轴承疲劳应力剧增，使轴承疲劳而导致粘着咬死，使发动机丧失工作能力。因此，行车中应注意：若听到轴承异响(俗称瓦响)，应立即停车检修。发动机总成修理时，应更换全部轴承。

2.轴承的选配

轴承的选配包括选择合适内径的轴承，以及检验轴承的高出量、自由弹开量、定位凸点和轴承钢背表面质量等内容。

(1)选择轴承内径。根据曲轴轴承的直径和规定的径向间隙，选择合适内径的轴承。当代发动机曲轴轴承制造时，根据选配的需要，其内径直径已制成一个尺寸系列。

(2)检验轴承钢背质量。要求定位凸点完整，轴承钢背光整无损。

(3)检验轴承自由弹开量。要求轴承在自由状态下的曲率半径大于座孔的曲率半径，保证轴承压入座孔后，可借轴承自身的弹力作用与轴承座贴合紧密。

(4)检验轴承的高出量。轴承装入座孔内，上、下两片的每端均应高出轴承座平面 0.03～0.05 mm，称为高出量。轴承高出座孔，以保证轴承与座孔紧密贴合，提高散热效果。

3.轴承的修理

当代汽车发动机的曲轴轴承已按直接选配的要求设计制造，不需要再进行刮削。但由于我国汽车配件市场尚不完善，考虑到野外作业等特殊情况，仍供应一定数量的有刮削余量的轴承。可刮削轴承的预留刮削余量一般为 0.03～0.06 mm。刮削时应注意：刀要锋利.避免用刀尖刮削；一次刮削面积要小；要刮重留轻、刮大留小、边刮边试配。经刮削后，轴承上的接触印痕的面积应不小于 75%。

(1)轴承径向间隙的检验。现在有许多汽车配有检验连杆和曲轴径向间隙的专用塑料线规。检验时，把线规纵向放入轴承中，按原厂规定的拧紧力矩紧固轴承盖，在拧紧过程中应注意防止曲轴转动。然后拆下轴承盖，取出已压展的塑料线规，与附带有的不同宽度色标的量规或第一道主轴承侧面上不同宽度的刻线相对比，与塑料线规压展宽度相等的刻线所标示的值，即为轴承的间隙值。例如，上海桑塔纳轿车的测量线规用颜色来标识间隙值，绿色表示间隙为 0.025～0.076 mm，红色表示间隙为 0.05～0.15 mm，蓝色表示间隙为 0.10～0.23 mm。

(2)轴向间隙的检验与调整。曲轴轴向间隙一般为 0.05～0.20 mm，使用极限为 0.35 mm。检验时，可用撬棒将曲轴移动靠紧一侧，然后用厚薄规测量另一侧的间隙。曲轴轴承间隙的调整是通过更换不同厚度的、装在曲轴前端或后端的止推环进行的；有的则是更换装在中间的不同侧面厚度的止推轴承进行调整的。

第四节　曲柄连杆机构常见故障诊断与排除

曲柄连杆机构的故障属于机械类故障，此类故障大多数是以异响出现的。异响是由于曲柄连杆机构运动机件的自然磨损和老化，使零件相互配合间隙增大和损伤，在运动中由于振动和相互撞击而发生的金属碰击声。所以，曲柄连杆机构的异响，往往反映着不同性质和不同程度的故障。异响的判断工作是一项技术性较强的工作。为能准确、迅速地判断异响故障，可根据异响的产生部位、声响特征、出现时机、变化规律以及尾气排放的烟色、烟量等情况，并借助诊断仪器，找出产生故障的原因并及时排除。否则，发动机带病工作，可能导致更大的损伤。

一、曲轴主轴承响

(1)故障现象。发动机转速突然变化时，发出低沉连续"镗镗"的金属敲击声，严重时发动机机体发生振动；响声随发动机转速提高而增大，随负荷的增大而增大，产生响声的部位在汽缸的下部。单缸"断火"时，响声无明显变化，相邻两缸"断火"时，响声会明显减弱；观察机油压力表，机油压力明显降低。

(2)故障原因。轴承与轴颈磨损而导致配合间隙过大；主轴承盖螺栓松动；主轴承与座孔配合松动；轴承润滑不良，使轴瓦合金层烧蚀脱落。

(3)故障诊断与排除。在汽缸体下部用听诊仪具听诊或在机油加油口处听察，并反复改变发动机转速。当突然加速或减速时，如有明显的沉重响声，则是主轴承响。发动机在正常工作温度情况下，当转速由低速加速到中速，出现有节奏而沉重的响声，发动机温度越高响声越明显；单缸"断火"时，响声无变化，而相邻两缸"断火"时，响声会明显减弱，则表明是该道主轴承响声。如果确诊了主轴承有响声，则应拆卸油底壳，对有异响的轴承进行检查。若是主轴承盖螺栓松动，可按规定的拧紧力矩拧紧；若是主轴承磨损致使与轴颈的配合间隙过大或主轴承表面合金层烧蚀脱落，可更换同一修理尺寸的主轴承；当主轴颈磨损时，应修磨主轴颈并配以相应修理级别的主轴承。

二、连杆轴承响

(1)故障现象。在突然加速时，有明显连续"铛铛"敲击声。响声在怠速时较小，中速时较为明显，发动机温度升高后，响声无变化。单缸"断火"后，响声明显减弱或消失。

(2)故障原因。连杆轴承盖螺栓松动；连杆轴承与轴颈磨损过甚，致使径向间隙过大；轴承润滑不良，造成轴承合金层烧毁、脱落；连杆轴承与座孔配合松动。

(3)诊断与排除。在机油加油口处听诊，发动机由低速加速时，发出明显连续的敲击声。当发动机温度升高时，其响声增大。单缸"断火"时响声减弱或消失，复火时响声恢复，表明该连杆轴承间隙过大或轴承合金层脱落。机油压力明显降低。如果确诊了有响声的连杆轴承，则应拆下油底壳进行检查。若连杆轴承盖螺栓松动，按规定的拧紧力矩拧紧；如果是连杆轴承磨损而使得与轴颈的配合间隙过大或连杆轴承表面合金层烧蚀、脱落，可更换同一修理尺寸的连杆轴承；当连杆轴颈磨损或圆度误差过大时，应修磨连杆轴颈并配以相应修理级别的连杆轴承。

三、活塞敲缸响

(1)故障现象。发动机怠速时，在汽缸的上部发出清晰的"嗒嗒嗒"敲击声；冷车时响声明显，热车时响声减弱或消失；该缸"断火"后，响声减弱或消失。

(2)故障原因。活塞与汽缸壁的间隙过大,活塞在汽缸内摆动,导致撞击汽缸壁而发出响声;活塞销与连杆衬套装配过紧;活塞顶碰到汽缸垫;连杆变形。

(3)故障诊断与排除。用听诊器在汽缸体上部听诊,声响明显。响声在冷车时明显,热车时减弱或消失。该缸"断火"后,响声减弱或消失,表明是该缸活塞响声。为进一步证明某缸敲缸,可向怀疑发响的汽缸内注入少量机油,使机油附于汽缸壁和活塞之间,再起动发动机察听。若敲击声减轻或消失,但运转短时间后又出现,则判断是该缸活塞敲缸响,这是由于活塞与汽缸壁间隙过大所致。如果确诊了有响声的活塞,则应拆下活塞连杆组进行检查,如果是连杆变形或连杆衬套与活塞销装配过紧而产生的响声,应重新校正连杆或修刮连杆衬套;如果是活塞与汽缸壁的配合间隙过大而产生异响,因为活塞磨损过大的,可更换同一修理级别的新活塞,因为汽缸磨损过大的,则应镗磨汽缸并配以相应修理级别的活塞。

四、活塞销响

(1)故障现象。怠速和中速时响声比较明显、清脆,为有节奏的"嗒、嗒"声;发动机转速变化时,响声的周期也随着变化;发动机温度升高后,响声不减弱;该缸"断火"后,响声减弱或消失;恢复该缸工作时的瞬间,会出现明显的响声或连续两个响声。

(2)故障原因。活塞销与连杆小端衬套配合松旷;活塞销与活塞销座孔配合松旷。

(3)故障诊断与排除。当发动机转速变化时,将听诊器触及汽缸体上部,可听出清脆连续的响声;该缸"断火"后,响声减弱或消失;在复火瞬间,响声会敏感地突然恢复并出现双响。表明是该缸的活塞销响。如果确诊了有响声的活塞销,则应取出该活塞连杆组进行检查。若是活塞销与连杆小端衬套配合间隙过大,应更换新的活塞销和连杆衬套后重新铰削;若活塞销与活塞销座孔配合松旷,应更换新的活塞销和活塞。

本 章 小 结

本章介绍了以下几方面的内容:

◆曲柄连杆机构的组成。

◆曲柄连杆机构零件的结构。

◆汽缸体与汽缸盖的常见损伤。

◆汽缸体与汽缸盖的变形检测。

◆汽缸磨损的检测。

◆机体组常见故障检测分析。

◆活塞连杆零件的检修。

◆连杆变形的检验与校正。

◆曲轴的常见损伤。

◆曲轴裂纹检验、变形检验和磨损检验。

◆曲轴轴承的选配。

◆曲柄连杆机构常见故障(曲轴主轴承响、连杆轴承响、活塞敲缸响、活塞销响)诊断与排除。

复习思考题

1. 曲柄连杆机构由哪几部分组成？各个组成部分又包括哪些主要零件？
2. 汽缸体的作用是什么？其结构形式有哪几种？
3. 汽缸套的作用是什么？汽缸套分为哪几种类型？各有什么优缺点？
4. 汽缸盖的作用是什么？汽缸垫的作用是什么？
5. 汽缸体与汽缸盖的主要损伤形式有哪些？各种损伤形式的主要原因是什么？
6. 如何进行汽缸体与汽缸盖变形的检测？
7. 如何进行汽缸磨损的检测？
8. 如何根据机体组的拆检状况进行故障分析？
10. 活塞连杆组主要由哪些零件组成？
11. 活塞环的作用是什么？在组装活塞环时要注意什么问题？
12. 活塞销的作用是什么？活塞销的安装方式有几种？各种安装方式有何特点？
13. 如何进行活塞的选配？如何进行活塞环的选配？
14. 如何进行连杆变形的检验与校正？
15. 曲轴飞轮组主要由哪些零件组成？
16. 曲轴的主要作用是什么？
17. 曲轴的常见损伤形式有哪些？各种损伤形式的原因是什么？
18. 曲轴的检验主要包括哪几种？
19. 如何进行曲轴裂纹的检修？
20. 如何进行曲轴弯曲的检修？
21. 如何进行曲轴扭曲变形的检修？
22. 如何进行曲轴轴颈磨损的检修？
23. 如何进行曲轴轴承的选配？
24. 如何进行轴承径向间隙和轴向间隙的检验？
25. 曲轴主轴承响的特征是什么？导致曲轴主轴承响的原因有哪些？如何对曲轴主轴承响故障诊断与排除？
26. 连杆轴承响的特征是什么？导致连杆轴承响的原因有哪些？如何对连杆轴承响故障诊断与排除？
27. 活塞敲缸响的特征是什么？导致活塞敲缸响的原因有哪些？如何对活塞敲缸响故障诊断与排除？
28. 活塞销响的特征是什么？导致活塞销响的原因有哪些？如何对活塞销响故障诊断与排除？

第三章　配气机构结构与检修

本章要点

通过本章的学习：

★了解配气机构的作用、组成、分类；熟悉配气机构的工作原理。

★熟悉配气机构各组成零件的功能、结构。

★掌握配气机构各组成零件的检修方法。

★掌握配气相位的概念和配气相位的检测方法。

★掌握气门间隙的概念及气门间隙的调整方法。

★熟悉典型车型可变气门正时机构的结构原理和检修方法。

★掌握配气机构常见故障的诊断与排除方法。

第一节　配气机构的组成和类型

一、配气机构的作用

配气机构的作用是按照发动机各缸的作功次序和每一缸工作循环的要求，定时地将各缸进气门与排气门打开、关闭，以便发动机进行进气、压缩、作功和排气等工作过程。

二、配气机构的组成

如图 2-3-1 所示，配气机构由气门组和气门传动组组成。气门组的作用是封闭进、排气道。气门传动组的作用是使进、排气门按配气相位规定的时刻开闭，且保证有足够的开度。

三、配气机构的分类

配气机构按气门的布置位置不同，可分为顶置式气门和侧置式气门两类。顶置式配气机构的优点很多，如进气阻力小，燃烧室结构紧凑等，故被广泛采用。侧置式配气机构现已被淘汰。

顶置式配气机构按每缸气门的数量，可分为双气门式和多气门式；按凸轮轴的位置，可分为凸轮轴下置式、凸轮轴中置式和凸轮轴上置式；按曲轴和凸轮轴的传动方式，可分为齿轮传动式、链条传动式和同步齿形带传动式等。

一般发动机较多采用一个进气门和一个排气门。其特点是结构简单,能适应各种燃烧室。但其汽缸换气受到进气通道的限制,故都用于低速发动机。在很多新型汽车发动机上多采用每缸四气门(即两个进气门和两个排气门)或五气门(即三个进气门和两个排气门)的结构。采用这种形式后,进气门总的通过断面较大,充气效率较高,排气门的直径可适当减小,使其工作温度相应降低,提高了工作可靠性。此外,采用多气门后还可适当减小气门升程,改善配气机构的性能。当每缸采用多气门时,气门排列的方案通常是同名气门排成一列,分别用进气凸轮轴和排气凸轮轴驱动。两凸轮轴均由曲轴正时齿轮通过正时带驱动,其结构如图 2-3-1b 所示。

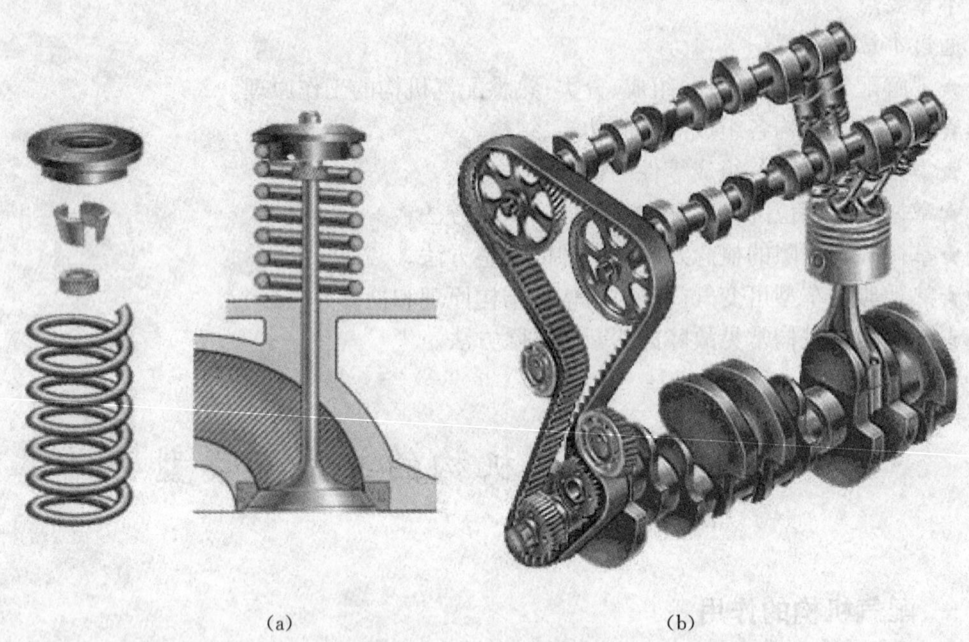

(a) (b)

图 2-3-1 配气机构的组成

(a)气门组;(b)气门传动组

四、配气机构的工作原理

凸轮轴是通过正时齿轮由曲轴驱动的。四冲程发动机完成一个工作循环,曲轴旋转两周(720°),各缸进、排气门各开启 1 次,凸轮轴只需转 1 周,因此曲轴转速与凸轮轴转速之比为2:1。

配气机构的工作原理以凸轮轴下置配气机构为例,当凸轮基圆部分与挺柱接触时,挺柱不升高;当凸轮轴上凸起部分与挺柱接触时,将挺柱顶起,挺柱通过推杆、调整螺钉使摇臂轴顺时针摆动,摇臂的长臂端向下推动气门,压缩气门弹簧,将气门头部推离气门座而打开。当凸轮凸起部分的顶点转过挺柱后,便逐渐减小了对挺柱的推力,气门在其弹簧力的作用下,开度逐渐减小,直至最后关闭,使汽缸密封。

从上述工作过程可以看出,气门的开启是通过气门传动组的作用来完成的,而气门的关闭则是由气门弹簧来完成的。气门的开闭时刻与规律完全取决于凸轮的轮廓曲线形状。每次气门打开时,压缩气门弹簧,为气门关闭积蓄能量。

第二节 气门组的结构与检修

一、气门组零件的结构和功用

如图 2-3-1a 所示，气门组包括气门、气门座、气门导管、气门弹簧、锁片、卡簧。

(一)气门

1.气门的作用和工作条件

气门是用来封闭气道的。气门由头部、杆身组成。头部用来封闭进、排气道，杆身用来在气门开闭过程中起导向的作用。

在工作过程中，气门要承受高温、高压、冲击，并且润滑和散热困难，因此，要求气门要有足够的强度和刚度，并且耐磨、耐高温、耐腐蚀、耐冲击。进气门采用中碳合金钢(镍钢、镍铬钢或铬钼钢等)，排气门采用耐热合金钢(硅铬钢、硅铬钼钢等)。

2.气门的一般构造

气门的构造包括头部、杆身两部分，两者圆弧连接。气门头部由气门顶部和密封锥面组成，而气门杆身尾端的结构主要取决于气门弹簧座的固定方式。

如图 2-3-2 所示，气门头顶部形状有平顶、球面顶和喇叭形顶等。平顶结构简单、制造方便、吸热面积小、质量小、进排气门均可采用；球面顶适用于排气门，强度高，排气阻力小、废气的清除效果好，但受热面积大，质量和惯性力大，加工较复杂；喇叭形顶适用于进气门，进气阻力小，但受热面积大。有的发动机进气门头部直径比排气门大，两气门一样大时，排气门有记号。

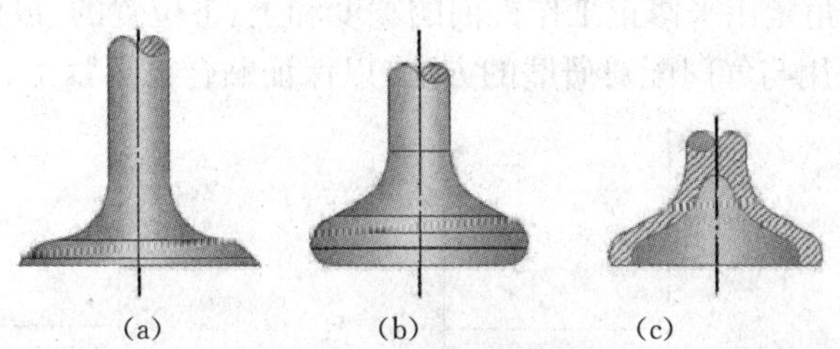

图 2-3-2 气门顶部形状

(a)平顶；(b)球面顶；(c)喇叭形顶

气门密封锥面是与杆身同心的圆锥面，用来与气门座接触，起到密封气道的作用。气门密封锥面与顶平面之间的夹角成为气门锥角。如图 2-3-3 所示，气门锥角一般为 45°，也有 30°，这是因为在气门升程相同的情况下，气门锥角小，可以获得较大的气流通过截面，进气阻力较小。但气门锥角较小的头部边缘较薄，刚度较小，致使气门头部与气门座的密封性和导热性均较差，容易在热态时变形。气门顶边缘与气门密封锥面之间应该有一定的厚度，一般为 1～3 mm，以防工作中冲击损坏和被高温烧蚀。气门密封锥面应与气门座配对研磨。

气门杆身与气门导管配合，为气门的开启和关闭过程中的上下运动导向。因此，要求气门杆身与气门导管有一定的配合精度和耐磨性。气门杆的尾部用以固定气门弹簧座，其结构随气门弹簧座的固定方式不同而不同，常见的有锥形锁环式、锁销式两种。

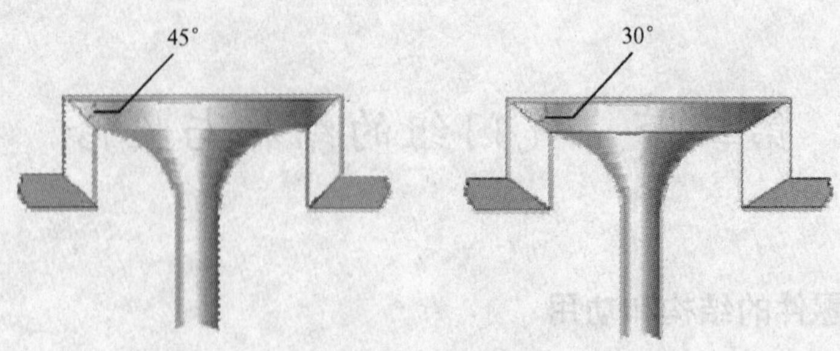

图 2-3-3 气门锥角

(二)气门座

进、排气道口与气门密封锥面直接贴合的部位称为气门座。气门座与气门头部一起对汽缸起密封作用,同时接受气门头部传来的热量,起到对气门散热的作用。气门座的形式有两种:一是直接在汽缸盖上镗出;二是单独制成气门座圈,镶嵌在汽缸盖上。直接在汽缸盖上的气门座散热效果好,使用中不存在脱落造成事故的可能性。但存在不耐高温、不耐磨损、不便于修理更换等缺点。气门座圈用耐热合金钢或耐热合金铸铁制成,镶嵌在汽缸盖上。它不但耐高温、耐磨损和耐冲击,使用寿命长,而且易于更换。缺点是导热性差,加工精度高,如果与汽缸盖上的座孔公差配合选择不当,还可能发生脱落而造成事故。因为气门座热负荷大,温差变化大,又受气门落座时的冲击,为了保证散热和防止脱落,气门座与座孔之间应有较高的加工精度,较低的粗糙度和较大的配合过盈,因而压入时应将气门座冷缩或将气门座孔部位加热。也有的气门座在压入后,再用点冲法将座孔周围冲压使其内收少许,或用点焊法,使座固定得更为可靠。

如图 2-3-4 所示,气门座的锥角由三部分组成,其中 45°(或 30°)的锥面与气门密封锥面贴合,为保证有一定的座合压力,使密封可靠,同时又有一定的散热面积,要求结合面的宽度 b 为 1~3 mm;15°和 15°锥角是用来修正工作锥面的宽度和上、下位置的,以使其达到规定的要求。在安装气门前,还应采用与气门配对研磨的方法,以保证贴合得更紧密、可靠。

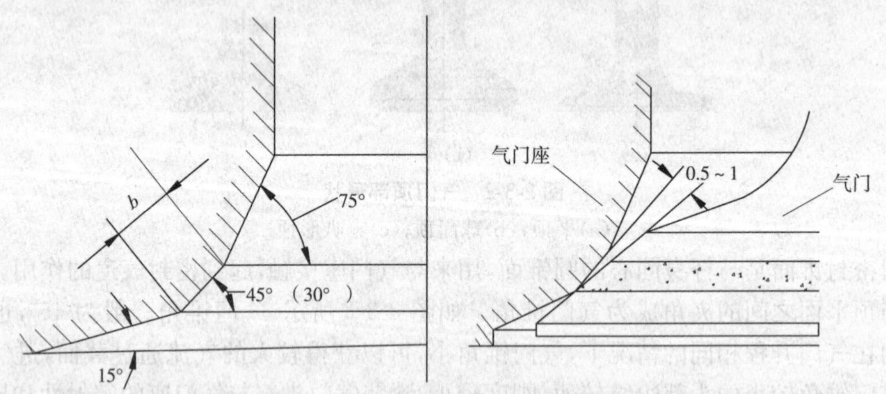

图 2-3-4 气门座锥角与密封干涉角

某些发动机的气门锥角比气门座锥角小 0.5°~1°,该角称为密封干涉角。这样做有利于走合期的磨合,走合期结束,干涉角逐渐消失,恢复全锥面接触。

(三)气门导管

气门导管的功用是给气门的运动作导向,保证气门的往复直线运动和气门关闭时能正确地与气门座贴合，并为气门杆散热。气门导管（图 2-3-5）通常单独制成零件，再压入汽缸盖的承孔中。由于润滑较困难，气门导管一般用含石墨较多的铸铁或粉末冶金制成，以提高自润滑性能。

气门导管的外表面与汽缸盖的配合有一定的过盈量，以保证良好地传热和防止松脱。气门导管与气门杆之间留有 0.05～0.12 mm 的间隙，使气门杆能在导管内自由运动。

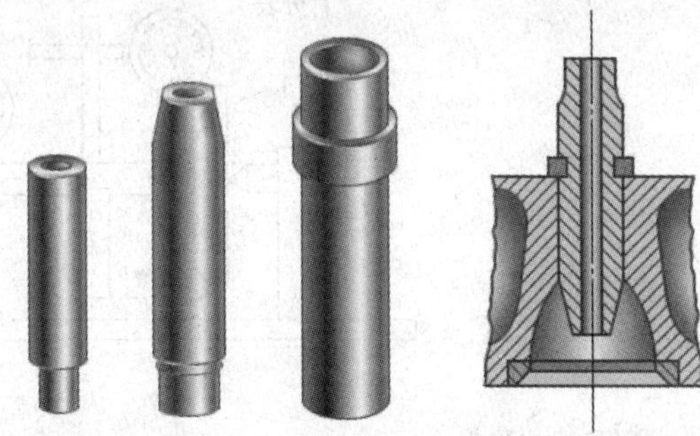

图 2-3-5　气门早管

二、气门组零件的检修

（一）气门与气门座的配合要求

气门与气门座圈的配合是配气机构的重要环节，它影响到汽缸的密封性，对发动机的动力性和经济性关系极大。对气门与气门座的配合要求是：

（1）气门与座圈的工作锥面角度应一致。为改善气门与气门座圈的磨合性能，磨削气门的工作锥面时，其锥面角度比座圈小 0.5°～1°。

（2）气门与座圈的密封带位置在中部靠内侧。过于靠外，使气门的强度降低；过于靠内，会造成与座圈接触不良。

（3）气门与座圈的密封带宽度应符合原设计规定，一般为 1.2～2.5 mm. 排气门大于进气门的宽度；柴油机的宽度大于汽油机的宽度。密封带宽度过小，将使气门磨损加剧；宽度过大，容易烧蚀气门。

（4）气门工作锥面与杆部的同轴度误差应不大于 0.05 mm。

（5）气门杆与导管的配合间隙应符合原厂规定。

（二）气门的检修

1. 气门的耗损与检验

气门的常见耗损：气门杆部的磨损、气门工作面磨损与烧蚀，以及气门杆的弯曲变形等。气门出现下列耗损之一时，应予更换：

（1）载货汽车的气门杆的磨损量大于 0.10 mm，轿车的气门杆的磨损大于 0.05 mm，或出现明显的台阶形磨损。

（2）气门头圆柱面的厚度小于 1.0 mm。因为气门头圆柱部分厚度过小会增大燃烧室容积，影响发动机工作的平稳性，同时使气门头的强度降低；此外，在气门落入座圈的瞬间，尤其是重型柴油机的气门，在高冲击波的作用下可能会出现振弹，容易引起密封带的烧蚀。

（3）气门尾端的磨损大于0.5 mm。

（4）气门杆的直线度误差大于 0.05 mm 时，应予更换或校直，校直后的直线度误差不得大于 0.02 mm。气门杆的直线度按图 2-3-6 检查：将气门杆部支撑在两只 V 形支架上，用百分表检查气门杆中部，检查时将百分表触头与气门杆接触，将气门杆转动一周，百分比摆差的一半，即为气门杆的直线度误差。

2. 气门工作锥面的修理

气门工作锥面的修理是在气门光磨机上进行的。光磨后，气门工作锥面的径向圆跳动误差应不大于 0.01 mm，表面粗糙度小于 0.25 μm，对气门杆部的同轴度误差应不大于0.05 mm。

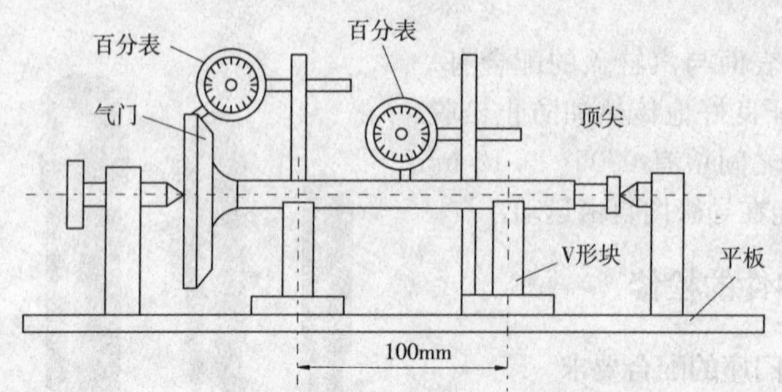

图 2-3-6 气门杆直线度误差测量

(三)气门座的修理

气门座的磨损主要是磨料磨损和由于冲击负荷造成的硬化层疲劳脱落，以及排气门座受高温燃烧气体的腐蚀和烧蚀。气门座磨损后，工作面加宽、气门关闭不严、气门密封性降低。

1.气门座的镶换

当气门座圈有裂纹、松动、烧蚀或磨损严重；或铰削气门座后，装入新气门，气门大端平面仍低于汽缸盖燃烧室平面 2 mm 以上的，应镶换新的气门座圈。镶配气门座圈的工艺如下：

(1)拉出旧气门座。

(2)选择新气门座圈。用外径千分尺测量座圈外径，用内径量表测量座圈孔内径，选择合适过盈量，一般在 0.07～0.17 mm。

(3)气门座圈的镶换。将检验合格的新座圈用干冰或液氮冷却，时间不少于 10 min，同时将汽缸盖的座圈承孔用汽油喷灯或在箱式炉中加热至 373～423 K，同时，取出加热的汽缸盖和冷缩的气门座圈，并在座圈外涂上一层密封胶，将座圈压入承孔内。

2.气门座的铰削

气门座的铰削通常是用手工进行。铰刀的尺寸和形状不同，导杆的尺寸也不同。气门座的铰削工艺过程如下：

(1)选择刀杆。铰削气门座时，利用气门导管作为定位基准。根据气门导管的内径选择相适应的定心杆直径，定心杆插入气门导管内，调整定心杆，使它与导管内孔密切接触不活动，保证铰削的气门座与气门导管中心线重合。

(2)粗铰。选用与气门工作面锥角相同的粗绞刀，置与导杆上。铰削时，把纱布垫在铰刀下，两手用力要均匀，不要用力过大，直到凹陷、斑点全部去除。要磨除座口硬化层，以防止铰刀打滑和延长铰刀使用寿命，如图 2-3-7a 所示。

(3)试配。粗铰后，应用光磨过的同一组气门进行涂色试配，查看印痕，看清接触面的宽度和所处的位置。接触面应处于气门座的中下部，接触宽度：一般进气门为 1.0～2.2 mm，排气门为 1.5～2.5 mm。当接触面偏上时，用 15°锥角的铰刀铰上口(图 2-3-7b)；接触面偏下时，用 75°锥角的铰刀铰下口(图 2-3-7c)。如果接触带过宽，可用 60°和 20°铰刀进行修整。如接触带偏向气门工作面大头，可用20°和45°铰刀进行修正。操作时先铰45°斜面再铰20°斜面，直至接触带向小头移动至标准位置；如果接触带偏向气门工作面的小头，可用60°和45°铰刀进行修正，其方法同上。最后，用45°细铰刀进行精铰接触带，以提高其接触面光洁度。

(4)精铰。最后选用与工作面角度相同的细刃铰刀进行精铰，并在铰刀下面垫以细纱布进行气门磨修，以降低气门座口表面粗糙度(图2-3-7d)。

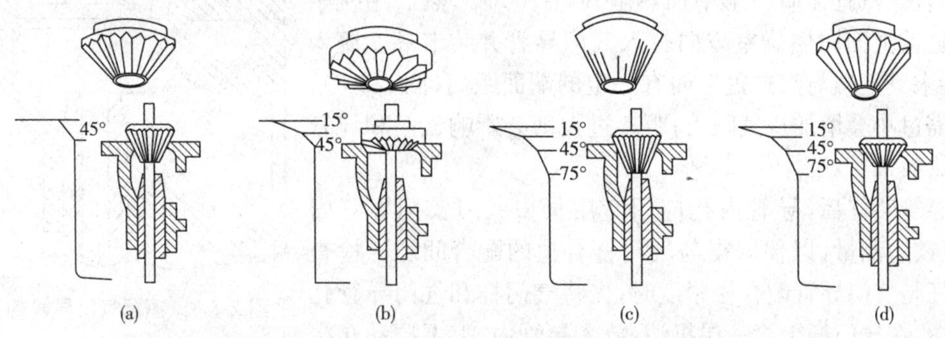

图2-3-7 气门座铰削

(a)粗铰；(b)用15°锥角的绞刀绞上口；(c)用75°锥角的绞刀绞下口；(d)修正

3.气门的研磨

气门工作锥面经光磨或更换新件，气门座经过磨削后，为使它们达到密合，还需要互相研磨。气门研磨可用手工操作或使用气门研磨机。这里着重介绍手工研磨方法。

研磨前，应先用汽油清洗气门、气门座和气门导管，将气门按顺序排列或在气门头部打上记号，以免错乱；再在气门工作锥面上涂上一层粗研磨砂，同时在气门杆上涂以润滑油，插入导管内；然后利用气门捻子，将气门作往复和旋转运动与气门进行研磨，注意旋转角度不宜过大，往复旋转的角度不宜过大，以免磨出环形磨痕，一般以10°～30°为宜。提起和转动气门，变换气门与座相对位置，以保证研磨均匀。手工研磨中，不应过分用力，也不要提起气门用力在气门座上撞击，否则，会将气门工作面磨宽或磨出凹槽。当气门工作面与气门座工作面磨出一条完整且无斑痕的接触环带时，可以将粗研磨砂洗去，换用细研磨砂，继续研磨。当工作面出现一条整齐的灰色的环带时，再洗去细研磨砂，涂上润滑油，继续研磨几分钟即可。

(四)气门杆与气门导管磨损的检修

气门杆在气门导管中滑动，互相摩擦，由于气门与气门导管工作条件比较差，易产生磨损，从而使间隙增大，失去导向作用，造成气门偏斜关闭不严和漏气。特别是排气门，当高温废气通过导管间隙，使气门及导管过热，加速它们之间的磨损，还可能造成气门导管中的润滑油烧结，使气门卡死而不起作用。

检测气门杆与气门导管的磨损时，用外径千分尺和内径千分表在全长范围内分段进行测量气门导管内、外径，测量气门杆直径以确定气门杆与导管配合间隙。其最大间隙如超过极限值时，应更换新的气门及气门导管。

更换气门导管时，应首先弄清气门导管有无台肩或开口锁环。有台肩的气门导管(如桑塔纳汽车)应注意压出导管的方向。有开口锁环的气门导管应先取出开口锁环，然后用专用铳子或压床将气门导管按规定方向打出或压出。对铝合金汽缸盖，应放在水中加热至80～100 ℃后用铳子铳出导管。

拆下导管后，应用内径千分表检测汽缸盖上气门导管承孔内径，当承孔内径在标准范围之内时，选用标准导管进行镶配；当承孔内径大于标准，应对承孔进行加工，用铰刀扩孔，一般加大尺寸 0.03～0.05 mm，同时，选用加大尺寸导管与承孔配镶。如承孔直径超过最大极限尺寸，应更换新汽缸盖。

镶配气门导管时，应在选配好的导管外径涂上少量机油，铝合金汽缸盖应在水中加热至 80～100 ℃，然后用铳子从汽缸盖上面向燃烧室方向打入气门导管并装卡环。镶入时，要求其上端与汽缸盖平面有一定的端面距离(图 2-3-8)。如距离过小会增加进气阻力；距离过大则会影响气门和导管的散热效果。

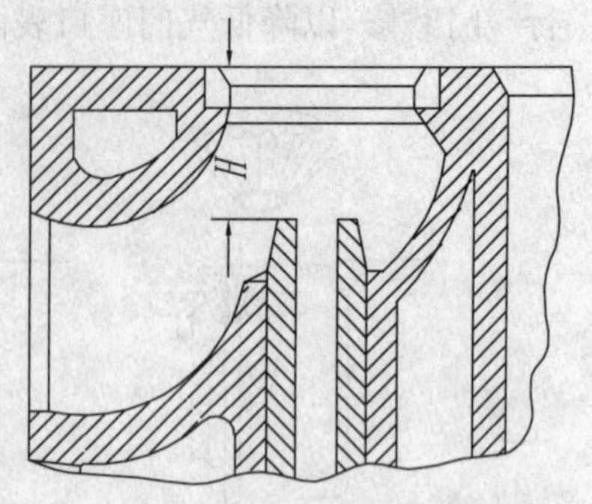
图 2-3-8 镶配气门导管的要求

导管装好后，导管内孔应用专用长刃铰刀铰削导管内孔，边铰边测量，以便取得与气门杆合适的配合间隙。检查气门杆与气门导管配合松紧度时，先将气门杆和气门导管孔擦干净，在气门杆上涂一层机油，放入导管内，上下拉动几次后，气门借助自身的重量慢慢下降，可认为配合松紧适宜。

(五)气门的密封性检验

(1)检验前，将气门及气门座清洗干净，在气门锥面上用软铅笔均匀地划上若干条线，每条线相隔约 4 mm，然后与相配气门座接触，略压紧并转动气门 45°～90°，取出气门，查看铅笔线条，如铅笔线条均被切断(图 2-3-9)，则表示密封良好，否则，应重新研磨。

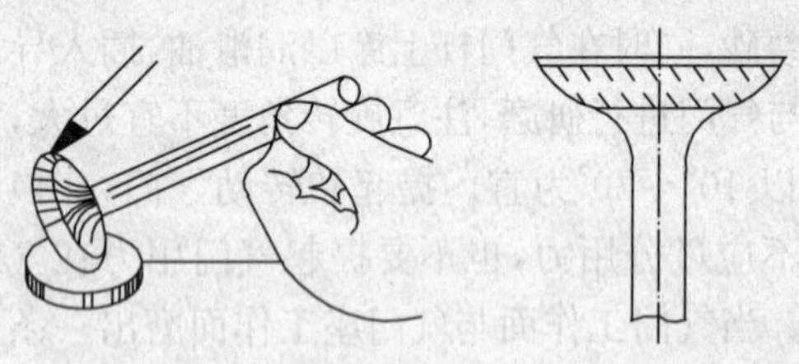
图 2-3-9 用铅笔画线检验气门的密封性

(2)将气门与相配气门座轻轻敲击几次，查看接触带，如有明亮的连续接触环痕，即为合格。

(3)在气门工作面上涂抹一层轴承蓝或红丹，然后用橡皮捻子吸住气门在气门座上旋转 1/4 圈，再将气门提起，若轴承蓝或红丹布满气门座工作表面而无间断，又十分整齐，即表示密封良好。

(4)可用煤油或汽油浇在气门顶面上，5 min 内视气门与座接触处是否有渗漏现象，如无，为合格。

第三节 气门传动组结构与检修

一、气门传动组零件的结构

气门传动组由凸轮轴和凸轮轴正时齿轮、挺柱、挺柱导管、推杆和摇臂总成等组成。气门传动组的主要作用是使进、排气门按照配气相位规定的时间开启与关闭。

1.凸轮轴

凸轮轴是由发动机曲轴驱动而旋转，用来驱动和控制各缸气门的开启和关闭，使其符合发动机的工作顺序、配气相位及气门开度的变化规律等要求。此外，大多数汽油机还利用凸轮轴来驱动分电器、机油泵和汽油泵。

凸轮轴上的凸轮与挺柱或者摇臂的接触接近于线接触，接触面积很小。在工作中两者之间为滑动摩擦。由于气门弹簧刚度很大，凸轮表面的接触应力也很大。因此，要求凸轮表面要有足够的硬度和耐磨性，否则，凸轮的磨损与变形会造成配气相位的改变，气门升程的减少，影响发动机正常工作。

凸轮轴主要由凸轮、轴颈、偏心轮和螺旋齿轮等组成（图 2-3-10）。凸轮分为进气凸轮和排气凸轮两种，用来驱动与控制气门的开启与关闭。轴颈对凸轮轴起支承作用。对于下置式凸轮轴来说，凸轮轴上还设有螺旋齿轮和偏心轮，用来驱动分电器、机油泵和膜片式汽油泵。凸轮轴的前端通过键装有凸轮轴正时齿轮或链轮及同步齿形带轮。

凸轮是凸轮轴上最重要的组成部分。凸轮的轮廓应能使气门的开启与关闭的时间符合配气相位的要求，使气门有尽量大的升程。气门的开启与关闭过程的运动规律也取决于凸轮的轮廓曲线。凸轮轴上各缸的进气凸轮（或者排气凸轮）称为同名凸轮。从凸轮轴的前端来看，各缸同名凸轮的相对位置按发动机作功顺序逆凸轮轴转动方向排列。

图 2-3-10　凸轮轴

凸轮轴是细长轴，在工作中承受的径向力（主要是气门弹簧的弹力造成）很大，容易造成弯曲、扭曲等变形，影响配气相位和气门的升程。为减小凸轮轴的变形，发动机凸轮轴采用了全支承方式和每两个气缸设一个轴颈支承的方式。由于凸轮轴安装时是从汽缸体前端插入汽缸体上轴承孔内，为安装方便，轴颈的直径从前向后逐道缩小。凸轮轴的轴承大多数采用衬套压入整体式座孔的方式。有些顶置凸轮轴式发动机，不采用衬套，轴颈直接与汽缸盖上镗出的座孔配合。

凸轮轴轴颈的润滑采用压力润滑，汽缸体或汽缸盖上钻有油道与轴承相通。凸轮与挺柱间采用飞溅润滑。有些发动机摇臂总成的润滑是从轴承处把机油通过汽缸体和汽缸盖上的油道输送到摇臂轴进行的，为防止供油过多造成摇臂总成润滑过量，在相应的轴颈上开两条互不相通的弧形节流槽。

2. 挺柱

挺柱（图 2-3-11）在气门传动组中起传力的作用，将凸轮的推力传给推杆或者气门。挺柱的材料用碳钢、合金钢、合金铸铁等。挺柱常见的形式有筒式和滚轮式两种。大多数发动机采用筒式挺柱；挺柱的下端设有油孔，以便将漏入挺柱内的机油引到凸轮处进行润滑。

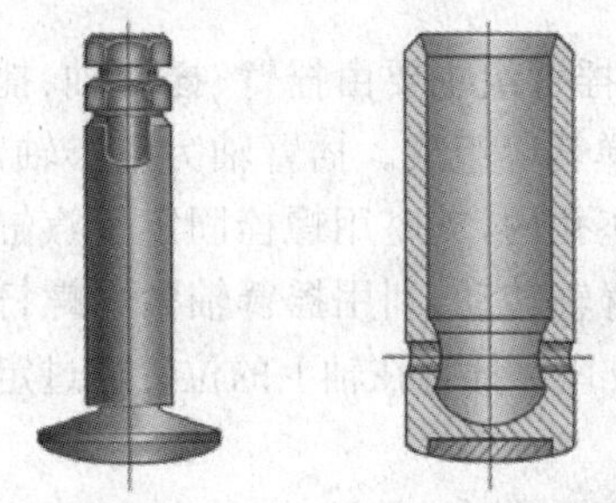
图 2-3-11　挺柱

为了防止受热膨胀后气门关闭不严，大多数发动机预留了气门间隙，但这又会造成气门开启、关闭时的冲击，产生磨损和噪声。为解决这一矛盾，目前越来越多的发动机（尤其是轿车发动机）采用了长度随温度轻微变化的液力挺柱，而不采用预留气门间隙的方法。

图 2-3-12 所示为桑塔纳轿车的液力挺柱。挺柱体内部的低压油腔 6 通过挺柱顶背面的键形槽 7 与柱塞上方的低压油

腔相通。当挺柱在运动过程中，挺柱体上的环形槽与汽缸盖上的斜油孔 4 对齐时，汽缸盖油道 2 内的润滑油通过量油孔 3、斜油孔 4 和环形油槽进入低压油腔。柱塞下端油缸内部的空腔，称为高压油腔。当球阀打开时，高压油腔与低压油腔相通。无论是高压油腔还是低压油腔，都充满了油液。补偿弹簧 13 还可以使油缸 12 与柱塞 11 相对运动，保持挺柱顶面与凸轮紧密接触。油缸下端面与气门杆 15 下端面紧密接触，整个配气机构无间隙。在气门打开的过程中，凸轮推动挺柱体和柱塞下移，油缸受到气门弹簧的阻力而不能马上下移，导致油压升高，球阀将阀门关闭。由于油液的不可压缩性，整个挺柱如同一个刚体一样下移，将气门打开。在此期间，挺柱和油缸之间的间隙也会存在一些油液泄漏，但不影响气门的正常打开。在气门关闭的过程中，挺柱上移，由于仍受到凸轮和气门弹簧两方面的顶压，高压油腔仍保持高压，球阀仍处于关闭状态，液力挺柱仍是一个刚性体，直至气门完全关闭为止。气门关闭以后，补偿弹簧将柱塞和挺柱体继续向上推动一个微小的行程(补偿由于油液泄漏而造成的柱塞与挺柱体的下降)，同时高压油腔油压下降，此时球阀打开，低压油腔的油液进入高压油腔内补充泄漏掉的油液。当气门关闭时，挺柱体上的环形油槽与汽缸盖上的斜油孔对齐，润滑系的油液进入挺柱低压油腔内。

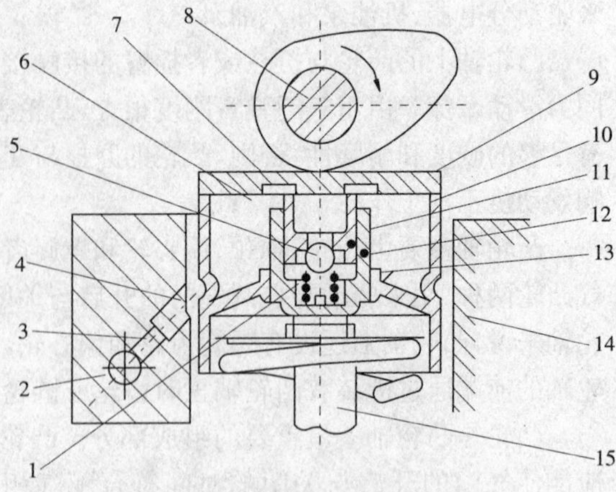

图 2-3-12 桑塔纳轿车发动机液力挺柱

1-高压油腔；2-汽缸盖油道；3-量油孔；4-斜油孔；5-球阀；6-低压油腔；7-键形槽；8-凸轮轴；9-挺柱体；10-柱塞焊缝；11-柱塞；12-油缸；13-补偿弹簧；14-汽缸盖；15-气门杆

气门受热膨胀伸长时，通过柱塞与油缸之间的间隙，高压油腔内的油向低压油腔泄漏一部分，柱塞与油缸产生相对运动，从而使挺柱自动“缩短”，保证气门关闭紧密。同时，通过减少气门关闭后的补油量，也保证了气门的关闭紧密。当气门冷却收缩时，补偿弹簧将柱塞与挺柱体向上推动，球阀打开，低压油腔油液进入高压油腔，挺柱自动“伸长”，可保证无气门间隙。

3.摇臂与摇臂组

(1)摇臂。如图 2-3-13 所示，摇臂是一个双臂杠杆，以中间轴孔为支点，将推杆传来的力改变方向和大小，传给气门并使气门开启。摇臂的两臂不等长，长臂一端与气门接触推动气门，可使气门的升程大于凸轮的升程。

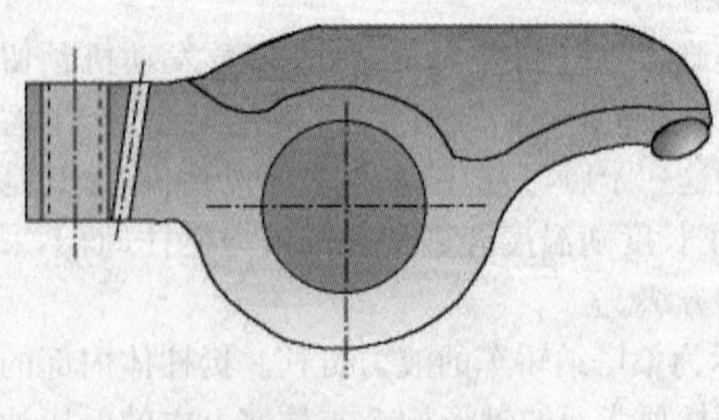
图 2-3-13 摇臂

(2)摇臂组。摇臂组主要由摇臂、摇臂轴、摇臂轴支座和定位弹簧等组成。摇臂轴为空心轴，支撑于摇臂轴支座孔内，支座用螺栓固定于汽缸盖上。为防止摇臂轴转动，利用摇臂轴紧固螺钉将摇臂轴固定于支座。摇臂在轴上的位置通过定位弹簧来定位。

4.正时链(带)轮、链条(带)

目前，轿车大部分采用顶置凸轮轴配气机构，传动距离短，使正时齿轮已经很少使用了，大部分采用正时链轮一链条和正时齿形带传动。

二、气门传动组零件的检修

1.凸轮轴弯曲变形的检查与校直

凸轮轴弯曲变形的检查，可用检查轴线直线度误差中的测微法进行测量。检测时，将凸轮轴支撑在V形架上并轴向定位(图 2-3-14)。用指示器在端面上某一半径处测量，在凸轮轴回转一周过程中指示器读数最大差值即为单个测量圆柱面上的端面圆跳动。按照上述方法在若干个不同半径处测量，取各测量半径上跳动量中的最大值作为凸缘端面的端面圆跳动。

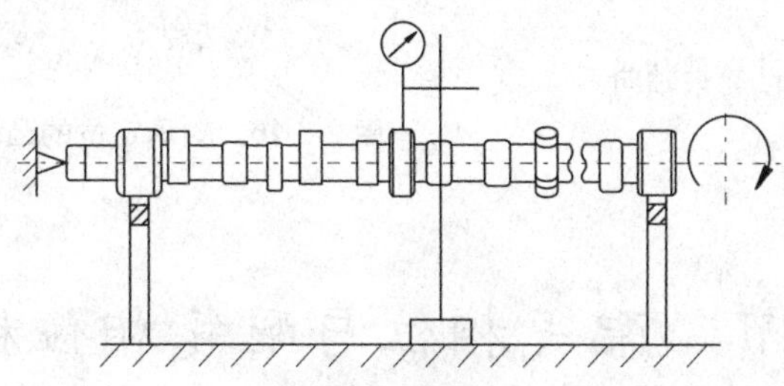

图 2-3-14 凸轮轴弯曲的检查

凸轮轴的直线度的误差若超过标准应进行校直。具体方法是将凸轮轴置于压床上，两端轴颈用V形铁支撑，在凸轮轴弯曲的反方向，对中间轴颈加压。其压校量与凸轮轴的材质和弯曲程度有关。例如，凸轮轴材料为中碳钢，一般为直线度误差的30～40倍；合金铸铁或球墨铸铁是10～15倍。校正需多次进行，以防断裂，尤其是球墨铸铁更易折断。

2.凸轮轴凸轮磨损的检查

凸轮轴凸轮磨损后，凸轮高度变低，致使气门升程减小，气门开启的时间一断面系数减小，发动机充气量受到影响。凸轮轴的磨损主要集中在顶尖部分，通常用凸轮尖端的高度来衡量凸轮的磨损程度，凸轮磨损超过极限尺寸，应更换凸轮轴。

3.凸轮轴径向间隙的检测与调整

凸轮轴与承孔的配合间隙，可用测量凸轮轴轴颈和轴承孔直径来确定。凸轮轴轴颈的磨损量用外径千分尺来测量，轴承孔用内径千分表进行测量。若间隙超过所规定的尺寸值时，必须更换新的轴承。

4.凸轮轴轴向间隙的检查与调整

不同车型的发动机采用不同的方法控制凸轮轴的轴向间隙，常见的定位方法有推力凸缘定位和凸轮轴轴承定位。由于定位方法不一样，凸轮轴轴向间隙的检查与调整方法也不同。

采用推力凸缘定位的凸轮轴，轴向间隙的检查如图 2-3-15 所示。先将推力凸缘和正时链轮安装在凸轮轴上，并将固定螺母按标准力矩拧紧，然后用厚薄规插入推力凸缘与凸轮轴轴颈端侧面，测量结果为凸轮轴轴向间隙。若间隙过大，可加厚推力凸缘；间隙过小可减薄推力凸缘厚度，也可在凸轮轴前轴台肩上加调整垫。

采用轴承定位的凸轮轴轴向间隙检测，应先除开筒形挺柱，然后将凸轮轴装入轴承中，用百分表的触头顶住凸轮轴的轴端测量(图 2-3-16)。推拉凸轮轴，百分表上示值即为凸轮轴轴向间隙。如间隙超过规定，应更换凸轮轴承。

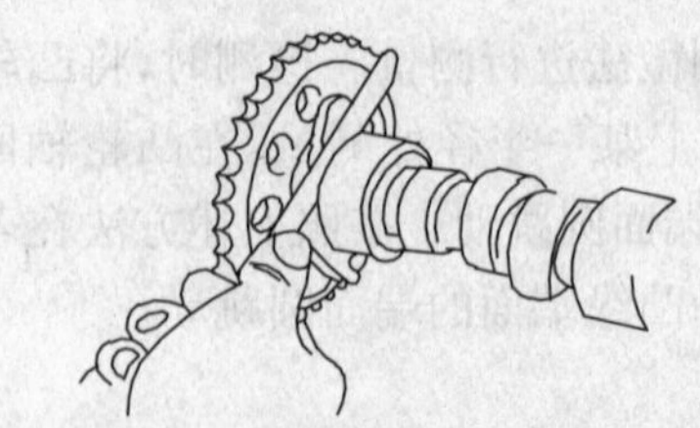
图 2-3-15 推力凸缘定位的凸轮轴轴向间隙的检查

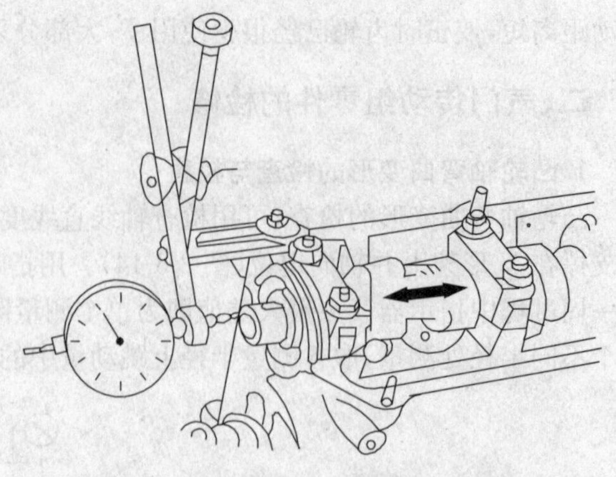
图 2-3-16 轴承定位的凸轮轴轴向间隙的检查

第四节 配气相位与配气相位检测

一、配气相位

1. 配气相位的概念

所谓配气相位是用曲轴转角表示的进、排气门的开启时刻和开启延续时间，通常用环形图表示，即配气相位图(图 2-3-17)。

2. 理论配气相位分析

理论上讲，进、压、功、排各占 180°，也就是说进、排气门都是在上、下止点开闭，延续时间都是曲轴转角 180°。但实际表明，简单配气相位对实际工作是很不适应的，它不能满足发动机对进、排气门的要求，其原因是：气门的开、闭有个过程，开启总是由小到大，关闭总是由大到小；由于气体惯性的影响，随着活塞的运动，同样造成进气不足、排气不净；实际发动机曲轴转速很高，活塞每一行程历时都很短，当转速为5 600 r/min时，一个行程只有 60/(5600×2)＝0.0 054 s，就是转速为1 500 r/min，一个行程也只有0.02 s，这样短的进气或排气过程，使发动机进气不足，排气不净。

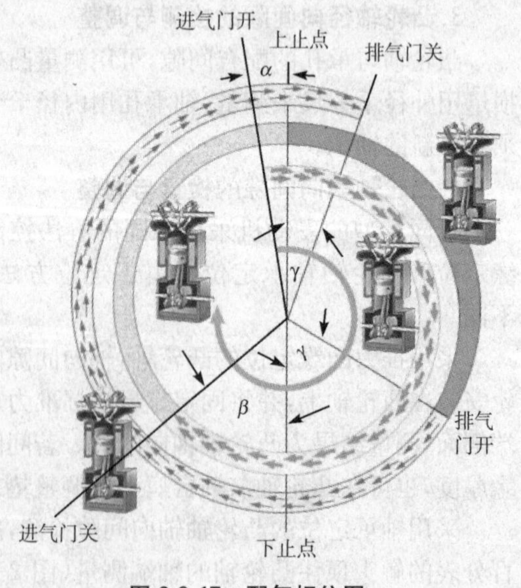

图 2-3-17 配气相位图

3. 实际的配气相位分析

为了使进气充足，排气干净，除了从结构上进行改进外(如增大进、排气管道)，还可以从配气相位上想点办法，气门能否早开晚闭，延长进、排气时间呢?

(1)气门早开晚闭的可能。从示功图中可以看出,活塞到达进气下止点时,由于进气吸力的存在,汽缸内气体压力仍然低于大气压,在大气压的作用下仍能进气;另外,此时进气流还有较大的惯性。由此可见,进气门晚关可以增加进气量。进气门早开,可使进气一开始就有一个较大的通道面积,可增加进气量。

在作功行程快要结束时,排气门打开,可以利用作功的余压使废气高速冲出汽缸,排气量约占50%。排气门早开,势必造成功率损失,但因气压低,损失并不大,而早开可以减少排气所消耗的功,又有利于废气的排出,所以总功率仍是提高的。从示功图上还可以看出,活塞到达上止点时,汽缸内废气压力仍然高于外界大气压,加之排气气流的惯性,排气门晚关可使废气排得更净一些。由此可见,气门具有早开晚关的可能,那么气门早开晚关对发动机实际工作又有什么好处呢?

进气门早开:增大了进气行程开始时气门的开启高度,减小进气阻力,增加进气量。

进气门晚关:延长了进气时间,在大气压和气体惯性力的作用下,增加进气量。

排气门早开:借助气缸内的高压自行排气,大大减小了排气阻力,使排气干净。

排气门晚关:延长了排气时间,在废气压力和废气惯性力的作用下,使排气干净。

(2)气门重叠。由于进气门早开,排气门晚关,势必造成在同一时间内两个气门同时开启。把与两个气门同时开启时间相当的曲轴转角叫作气门重叠角。在这段时间内,可燃混合气和废气是否会乱串呢?不会的,这是因为:进、排气流各自有自己的流动方向和流动惯性,而重叠时间又很短,不至于混乱,即吸入的可燃混合气不会随同废气排出,废气也不会经进气门倒流入进气管,而只能从排气门排出;进气门附近有降压作用,有利于进气。

(3)实际进气时刻和延续时间。在排气行程接近终了时,活塞到达上止点前,即曲轴转到离上止点还差一个角度α,进气门便开始开启,进气行程直到活塞越过下止点后β时,进气门才关闭。整个进气过程延续时间相当于曲轴转角$180°+\alpha+\beta$。进气提前角α一般为10°～30°,进气延迟角β一般为40°～80°,所以,进气过程曲轴转角为230°～290°。

(4)实际排气时刻和延续时间。同样,作功行程接近终了时,活塞在下止点前排气门便开始开启,提前开启的角度γ一般为40°～80°,活塞越过下止点后δ角排气门关闭,δ一般为10°～30°,整个排气过程相当曲轴转角$180°+\gamma+\delta$。排气提前角γ一般为40°～80°,排气延迟角δ一般为10°～30°,所以,排气过程曲轴转角为230°～290°。

从上面的分析可以看出,实际配气相位和理论上的配气相位相差很大,实际配气相位,气门要早开晚关,主要是为了满足进气充足,排气干净的要求。但实际中,究竟气门什么时候开?什么时候关最好呢?这主要根据各种车型,经过实验的方法确定,由凸轮轴的形状、位置及配气机构来保证。

二、配气相位的检查与调整

1.配气相位的变化

汽车在使用过程中,因配气相位的失准,影响到发动机的动力性和经济性,其原因是:

(1)制造、装配和维修中误差的影响。由于制造和装配误差产生的累计误差,在极限状态下可能使配气相位偏差达到±3°,各缸的配气相位偏差达±2°。若加上凸轮轴轮廓误差、修磨曲轴和凸轮轴时引起的误差、配气机构传动间隙等影响,配气相位将会偏离标准值更大。

(2)使用中配气相位的变化。发动机经长期使用,机件磨损、配合间隙增大(如正时齿轮、曲轴和凸轮轴轴向间隙等)。凸轮表面的不规则磨损等都是引起配气相位偏移的原因。

(3)动态变形引起配气相位偏移。顶置气门式配气机构的刚度较差,在工作过程中产生弹性变形。据估测,0.05 mm左右的初始静态变形,相当于配气相位角偏移5°。发动机转速越高或配气机构刚度越差.其动态配气相位与静态配气相位的偏差越大。

(4)使用条件的影响。由于各地使用条件的差异,原厂规定的配气相位与实际要求不能适应,不同的工况和不同的使用条件,对配气相位的要求也不尽一样,各地区和部门也有必要因地制宜对配气相位进行调整。

2. 配气相位的检查

各种车型的维修手册上都提供了发动机的配气相位角度,但是要直接测量进、排气门的开启和关闭角度却很难。通常我们都是测量进、排气门的开启升程来间接获得进、排气门的开闭的角度。两者之间的相互关系是可以通过一系列复杂计算得到的,但实际工作中,往往采用对新的发动机在排气上止点时进、排气门叠开的升程作为标准,将标准发动机的测量结果与之比较,来判断配气相位是否提前或迟后。进、排气门叠开时升程的测量方法如下:

(1)先将发动机各气门间隙按要求调整好。

(2)转动发动机的曲轴,使第1缸活塞处于排气上止点位置;在第1缸火花塞处安装一个百分表(图2-3-18);在排气行程接近上止点时,慢慢转动发动机至百分表被压缩到最大处,即为活塞上止点。

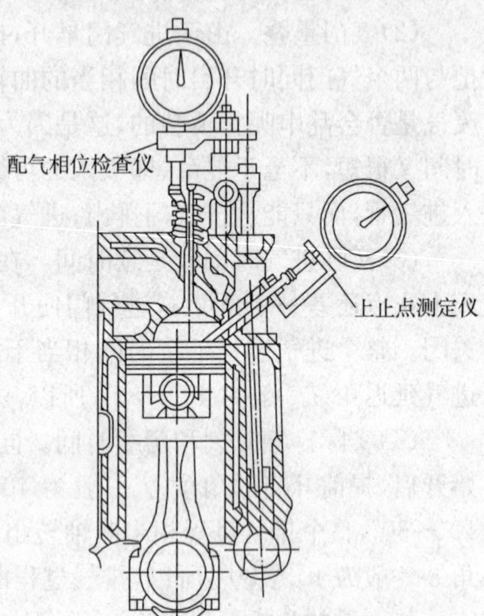

图2-3-18 顶置气门式配气相位的测量

(3)在该缸排气门弹簧座上安装百分表(注意百分表触针应与气门平行),并将表置于"0"位。

(4)慢慢地顺时针转动曲轴,至排气门完全关闭。检查百分表指针,顺时针读数即为该排气门在排气上止点时尚未关闭的降程。

(5)逆时针转动曲轴至该缸进气门全闭位置,在其弹簧座上安装一个百分表(注意百分表触针应与气门平行),并置于"0"位。

(6)慢慢地顺时针转动曲轴至排气上止点,检查百分表逆时针读数,即为进气门在排气上止点的升程。

(7)将该缸进、排气门的升、降程与标准值进行比较,如果进气门升程太大,排气门降程太小,则配气相位提前;反之,如进气门升程太小,排气门升程太大,则配气相位迟后。

3. 配气相位的调整

调整配气相位时,应根据不同情况采取不同的措施。如个别气门配气相位偏早或偏迟不大时,可通过调整该气门间隙的方法予以解决;若是进气门的微开量与排气们的微开量相比有大有小,且不符合规定值时,表明各缸迟早不一,通常是由于凸轮磨损严重,应修磨或更换凸轮轴;如各缸进气门的微开量比排气门都大,表明进、排气门的配气相位均提前,应将其适当推迟,反之,表明配气相位均延迟,应将所有各缸进、排气门的配气相位均适当提前。常用的调整方法有:

(1)凸轮轴偏位键法。此方法是通过改变正时齿轮和凸轮轴的连接键的断面来调整气门的配气相位的。其偏位键如图2-3-19所示。将键的矩形断面改制成阶梯形,当键装入键槽时，使其露出轴颈的部分左、右有所偏移，从而使正时齿轮相对凸轮轴偏转相应角度。偏位键分为正键、顺键（由快调慢）和逆键（由慢调快）三种。在安装时，应注意方向，不得装反；否则，将引起配气相位成倍改变。

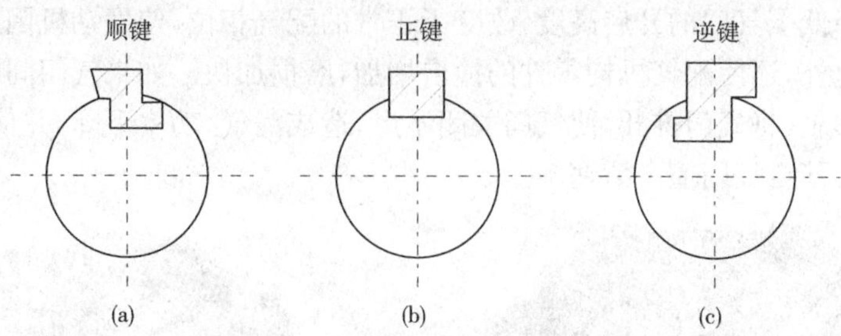

图 2-3-19　偏位键及其安装方向

(a)由快调慢；(b)配气正时；(c)由慢调快

(2)凸轮正时齿轮轴轴向移动法。由于下置凸轮轴的正时齿轮多为斜齿轮，如将凸轮轴正时齿轮作轴向位移时，因斜齿的关系，凸轮轴同时也跟随转过一个角度（凸轮轴轴向间隙要求保持不变），以此可达到调整配气相位的目的。此方法一般是通过改变止推凸缘厚度或正时齿轮轮毂厚度并同时改变隔圈厚度的方法，使正时齿轮获得轴向位移量，而进行调整的。

(3)气门间隙法。CA1091 发动机气门间隙在冷态时为 0.25 mm，热态时则减少到 0.20 mm，说明配气机构在热态时的膨胀量仅为 0.05 mm。因此，气门间隙不仅仅是为了保证气门在正常温度下能关闭严密，客观上它也影响了配气相位。试想，如进气门间隙稍小并不会使该气门关闭不严，它只能使该气门提前打开、提前关闭。由此，在气门间隙可调的发动机上（特别是各缸的配气相位不同时），常采用气门间隙法来调整配气相位。通过对各新车（发动机状态良好的汽车）的配气相位测量，得到活塞在排气上止点时理想的进、排气门升程量。在检测故障发动机时，用上述方法测量其在排气上止点时的进、排气门升程量，并与标准比较，如不符合，则通过调整气门间隙来满足。比如，某发动机标准气门间隙为 0.25 mm，进气门在排气上止点时的理想的气门升程量为 0.50 mm，实际测量结果其进气门在排气上止点时的理想的气门升程量为 0.60 mm，则退出气门间隙调节螺钉至气门升程量由 0.60 mm 降为0.50 mm。如此，尽管气门间隙比标准大，但配气相位得到了保证，只要气门间隙不要过分大到引起气门脚有响声即可。同理，如配气相位迟后，只要不使气门因间隙过小而关闭不严，也可采用气门间隙调整法。

对于采用液压挺杆、凸轮轴上置的发动机一般只能依靠更换已磨损的零件来恢复配气相位。除此以外，如需要调整较大的配气相位角，可采用改变正时齿轮键槽位置法。此方法准确，但要求有一定加工设备，才能使用。

第五节　气门间隙及气门间隙的调整

一、气门间隙

气门间隙（图 2-3-20）是指气门完全关闭（凸轮的凸起部分不顶挺柱）时，气门杆尾端与摇臂或挺柱之间的间隙。气门间隙的作用是给热膨胀留有余地,保证气门密封。不同机型气门间隙的大小不同,根据实验确定,一般冷态时,排气门间隙大于进气门间隙,进气门间隙为0.25～0.3 mm,排气门间隙为0.3～0.35 mm。如果气门间隙过大,进、排气门开启迟后,缩短了进排气时间,降低了气门的开启高度,改变了正常的配气相位,使发动机因进气不足,排气不净而功率下降,此外,还使配气机构零件的撞击增加,磨损加快。如果气门间隙过小,发动机工作后,零件受热膨胀,将气门推开,使气门关闭不严,造成漏气,功率下降,并使气门的密封表面严重积炭或烧坏,甚至气门撞击活塞。

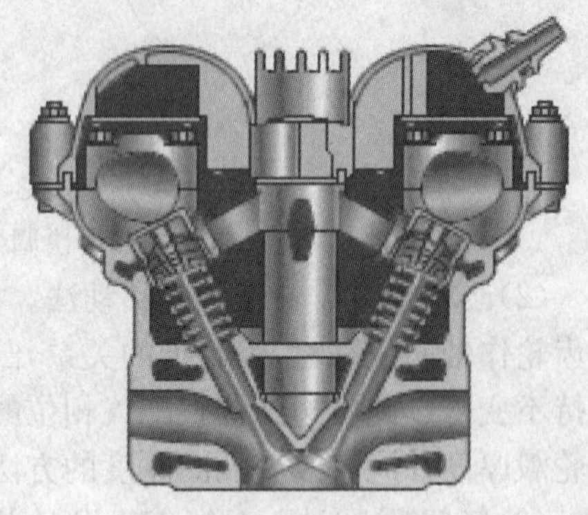

图 2-3-20 气门间隙

采用液力挺柱的配气机构不需要留气门间隙。

二、气门间隙的调整

在发动机使用过程中,气门间隙的大小会发生变化,因此在配气机构气门传动组中设有气门间隙调节装置,以便对气门间隙进行调整。有些发动机(主要是轿车发动机)采用了长度能自动变化的液力挺杆,可随时补偿气门的膨胀量,故不需要预留气门间隙,也没有气门间隙调整装置。下面仅介绍气门间隙的二次调整法——"双排不进法"。

"双排不进法"的"双"指该缸的两个气门间隙均可调,"排"指该缸仅排气门间隙可调,"不"指两个气门间隙均不可调,"进"指该缸的进气门间隙可调。二次调整法的操作程序如下:

(1)从飞轮壳上的检视孔中顺时针拨动飞轮齿环,至飞轮上的"1～6 缸"标记与固定在飞轮壳内的指针对准,说明 1～6 缸均处在上止点位置。

(2)检查第 1 缸两气门摇臂能否绕轴颈微摆,若第 1 缸进、排气门摇臂均能摆动,则第一缸处于压缩行程上止点。

(3)按"双、排、不、进"原则检查、调整气门间隙。

(4)用同样方法将曲轴再转 1 圈,确认第 6 缸处于压缩行程上止点后,以"不、进、双、排"原则检查、调整剩余的气门。

第六节　可变气门正时机构与检修

合理选择气门正时,保证最好的充气效率,是改变发动机性能极为重要的技术问题。分析内燃机的工作原理,不难得出这样的结论:在进、排气门开闭的4个时期中,进气门迟闭角的改变对充气效率影响最大。通过改变进气门迟闭角可以改变充气效率随转速变化的趋向,以调整发动机的转矩,满足不同的使用要求。不过,更确切地说,加大进气门迟闭角,高转速时充气效率的增加有利于发动机最大功率的提高,但对低速和中速性能则不利;减小进气门迟闭角,能够防止气体被推回进气管,有利于提高最大转矩,但降低了最大功率。因此,理想的气门正时应当是根据发动机的工作情况及时作出调整,应具有一定程度的灵活性。显然,对于传统的凸轮挺杆式气门机构来说,由于在工作中无法作出相应的调整,也就难以达到上述要求,因而限制了发动机性能的进一步提高。可变气门正时技术就是让气门正时能够随着发动机工况进行相应的调整。

一、本田可变气门正时机构与检修

(一)VTEC系统结构与检修

VTEC系统为英文 Variable Valve Timing and Lift Electronic Control System 的缩写,其中文含义是"可变气门正时及升程电子控制系统"。该技术是20世纪80年代研制和开发出的新技术,本田汽车是较早采用这项技术的车种之一,本田车系中思域、里程、CR-V,以及广本雅阁、奥德赛等车型都采用了VTEC系统。VTEC系统使气门正时和气门升程根据发动机转速的变化作出相应的实时调整,使汽缸的充气量同时能够满足发动机低转速和高转速下的不同需要,从而提高了发动机的动力性和经济性。

1. VTEC系统的结构

VTEC系统的设计就好像采用了两根不同的凸轮轴,一根用于低速,一根用于高速,但是VTEC发动机的不同之处就在于将这样两种不同的凸轮轴设计在一根凸轮轴上(图2-3-21)。VTEC机构的进气凸轮轴中,除了原有控制两个进气门的一对凸轮(主进气凸轮和辅助进气凸

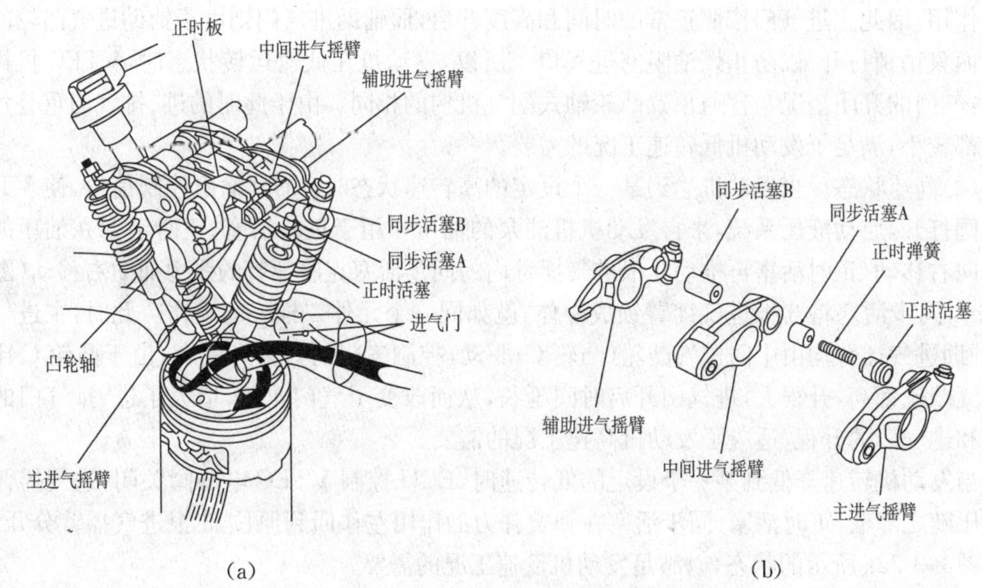

图2-3-21 VTEC系统的结构

(a)F23A3发动机VTEC系统结构;(b)VTEC系统的零件分解

轮）和一对摇臂（主进气摇臂和辅助进气摇臂）外，在中间还增加了一个高度较大的中间进气凸轮和相对应的中间进气摇臂，3 根进气摇臂可以独立运动或连成一体运动，到底是独立运动还是连成一体运动，是由装在摇臂内部的由液压驱动的同步活塞进行控制的，而控制同步活塞移动的油压，则是由 ECU（本田称为 ECM，本教材统称为 ECU）根据发动机转速传感器、进气歧管绝对压力传感器、节气门位置传感器、车速传感器和发动机冷却液温度传感器等参数，通过控制 VTEC 阀来实现的。

在低速状况时，主进气门按正常高度打开，而辅助进气门则稍打开以预防燃油阻塞于进气口。在高速时，主进气摇臂与辅助进气摇臂连接到中间进气摇臂上，以将气门打开至最大。在 3 个进气摇臂间有一个同步活塞控制 3 个摇臂的连接或分离动作。有油压进入油缸后，同步活塞贯穿 3 个进气摇臂，3 个进气摇臂连接。当油压降低时，停止活塞和阻挡弹簧就会将同步活塞移回，3 个进气摇臂分离。采用可变气门正时机构，发动机可同时具有省油与高功率输出两种效力。在低速时，此系统能使发动机产生高燃烧效率及低燃油消耗率，而在高速对其产生的高功率又可与传统的四气门发动机相媲美。这种效力是因为在低速时主进气门与辅助进气门升程的差异，使气缸中进气气流产生旋转的结果。

2. VTEC 控制机构的工作原理

（1）低速状态。发动机在低速运转状态时，正时活塞无油压作用，同步活塞的位置如图 2-3-22a 所示，这时主进气摇臂、辅助进气摇臂均未与中间进气摇臂相连而独立由各自的凸轮驱动（3 根进气摇臂分离），主进气摇臂、中间进气摇臂和辅助进气摇臂是彼此分离独立动作的。此时，主进气凸轮（凸轮 A）与辅助进气凸轮（凸轮 B）分别驱动主进气摇臂和辅助进气摇臂以控制气门的开闭。由于凸轮 B 的升程很小，因而进气门只稍微打开。虽然此时中间进气摇臂已被中间进气凸轮（凸轮 C）驱动，但由于中间进气摇臂与主进气摇臂、辅助进气摇臂是彼此分离的，故不影响气门的正常开闭。即在低速状态，主进气摇臂、辅助进气摇臂并未与中间进气摇臂相连，分别由 A、B 两凸轮在不同的时间与高度下驱动，但它在低速状态下对气门开启无任何作用，因此主进气门按照正常的时间和高度开启，而辅助进气门则由于辅助进气凸轮的高度小而只稍稍打开，以防止燃油阻塞进气口。所以，发动机在低速运转状态时，VTEC 机构不工作，气门的开闭情况与普通顶置凸轮轴式配气机构的相同。由于此时的进、排气门重叠角和升程都较小，满足了发动机低转速工况的需要。

（2）高速状态。当发动机达到某一个设定的高转速状态时，ECU 输出控制信号，使 VTEC 电磁阀打开，启动液压系统，来自发动机机油泵的油压作用于正时活塞，正时活塞在油压的作用下向右移动，正时活塞再推动 3 根进气摇臂内的同步活塞克服弹簧的张力而向右移动（图 2-3-22b），同步活塞将 3 根进气摇臂锁成一体，就如同一个元件一样一起动作。此时，主进气摇臂、辅助进气摇臂均由中间进气凸轮（凸轮 C）驱动，控制气门的开启和闭合，由于凸轮 C 比其他进气凸轮都高，升程大，进气门开启时间延长，从而改变了气门正时，增大了进、排气门的重叠角和进气门的升程，适应了发动机高速工况的需要。

当发动机转速降低到某一个设定的低转速时，ECU 控制 VTEC 电磁阀关闭，进气摇臂内的油压随之降低，正时活塞、同步活塞在弹簧弹力的作用左移回到原位，3 根进气摇臂分开，回复到图 2-3-22a 所示的状态，以满足发动机低速工况的需要。

3. VTEC 控制系统

图 2-3-23 所示为 VTEC 控制系统原理简图。控制系统随时监测发动机的运转工况，如发

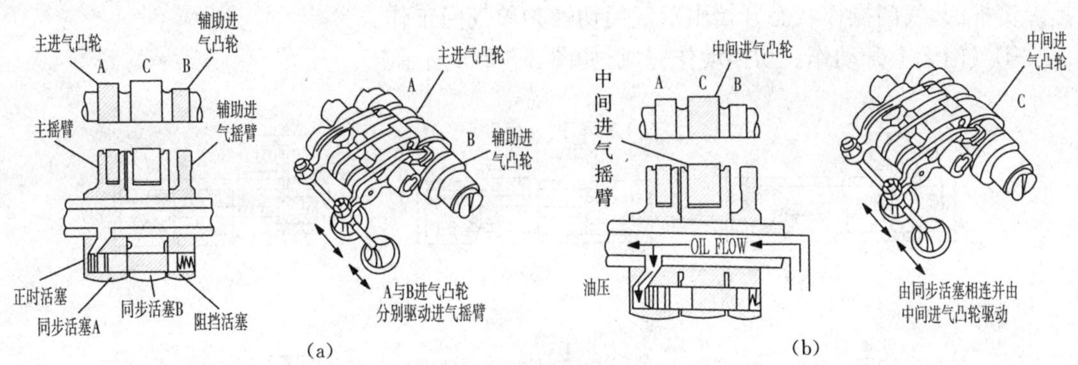

图 2-3-22　VTEC 工作状态
(a)低速;(b)高速

动机转速、发动机负荷、发动机冷却液温度和车速等,当发动机转速、负荷和冷却液温度等信号输入 ECU 后,经运算处理,ECU 将根据运转工况决定对配气机构是否实行 VTEC 控制,何时应该改变气门升程及气门正时。若实行该项控制,ECU 则给 VTEC 电磁阀的电磁线圈提供一电流,使电磁阀在电磁力的作用下被吸起,这样来自机油泵的油压便加向同步活塞。另外,VTEC 电磁阀开启后,控制系统还可以通过 VTEC 压力开关反馈一信号给 ECU,以便监控 VTEC 系统的工作。

4. VTEC 系统气门正时改变的条件

VTEC 系统气门正时改变的条件如下:发动机转速为 2 300～3 200 r/min(依进气歧管绝对压力而定);车速为10 km/h或更高;发动机冷却液温度为10 ℃或更高;发动机负荷(由进气歧管绝对压力判断)。

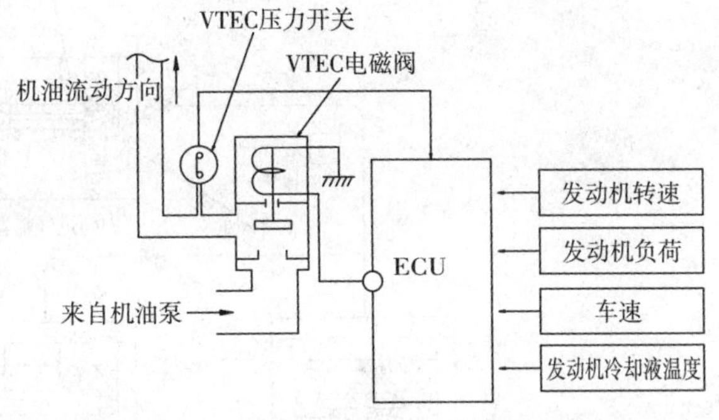

图 2-3-23　VTEC 控制系统原理简图

5. VTEC 系统正时机构的工作过程

可变气门正时机构实行单气门与双气门之间的切换主要是依据发动机的转速进行的。为顺利实行切换,在主进气摇臂上装有一正时板(图 2-3-21a)。正时机构的工作过程如下。

(1)油压已建立时

①如图 2-3-24a 所示,当正时板进入正时活塞时,切换动作无法进行,此时气门无上升动作。

②如图 2-3-24b 所示,当正时板退出嵌合位置后,正时活塞开始移动。但由于进气摇臂之间错位,同步活塞仍无法移动。

③如图 2-3-24c 所示正时板拉出后,气门操作状态就开始由单气门切换为双气门工作,由于此时进气摇臂对正,故同步活塞便在油压作用下开始移动。

④如图 2-3-24d 所示,切换动作完成。

(2)系统泄压时

①如图 2-3-24d 所示,当正时板插入正时活塞时,切换动作无法进行时。

②如图 2-3-24e 所示,正时板开始上升,因为摇臂之间有负荷,同步活塞无法开始移动。

③如图 2-3-24f 所示,当正时板重又进入嵌合位置时,摇臂之间的负荷解除,同步活塞被阻

挡弹簧推回，气门操作状态开始由双气门切换为单气门工作。

④气门无上升动作。切换动作完成，如图 2-3-24a 所示。

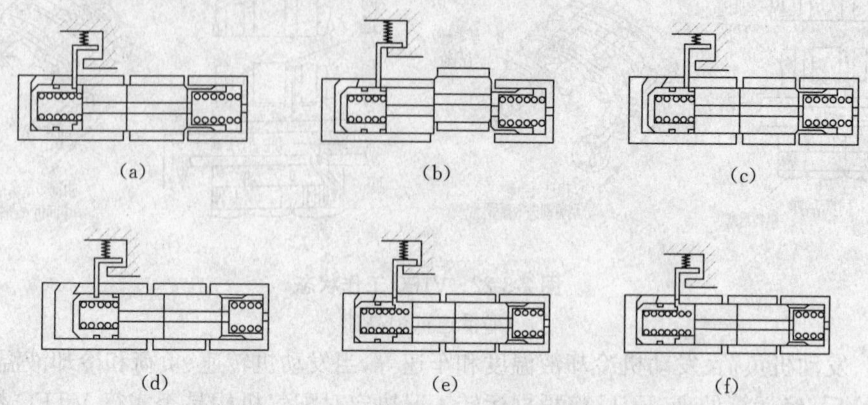

图 2-3-24　VTEC 系统正时机构工作过程

VTEC 系统正时机构的工作过程可以用图 2-3-25 所示的流程图加以说明。

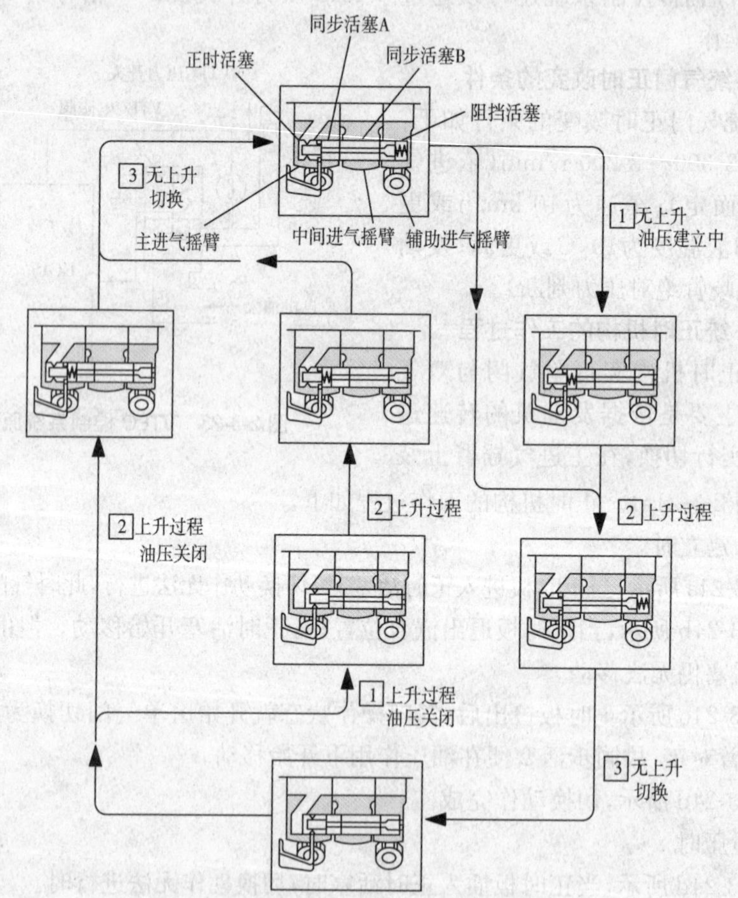

图 2-3-25　VTEC 工作过程示意图

6. VTEC 系统的检修

(1)VTEC 电磁阀的故障分析。当仪表板上的发动机故障指示灯(MIL)被点亮时,通过规定方法进行故障代码的读取,若其故障代码为 21,则表明 VTEC 电磁阀或其电路有故障。此时可按下述方法进行故障分析。

①清除故障代码,并再次起动发动机(必要时可进行路试),重新读取故障代码。

②如果 MIL 仍闪示故障代码 21,则:断开点火开关,拆开 VTEC 电磁阀导线连接器,检查 VTEC 电磁阀导线侧连接器 1 号端子与车体搭铁之间的电阻。如果被测电阻值不在 14～30 Ω,则说明 VTEC 电磁阀有故障,应予以更换。被测电阻值为 14～30 Ω,则检查 VTEC 电磁阀与 ECU 之间的导线是否断路或短路。

③如果 VTEC 电磁阀和线路均正常,则连接 VTEC 电磁阀导线连接器,拆下 10 mm 直径的螺栓,如图 2-3-26a 所示装上专用工具低压压力表,连接转速表,起动并运转至发动机达到正常工作温度(冷却风扇转动),检测发动机转速分别为 1 000 r/min、2 000 r/min 和 4 000 r/min时的机油压力值(注意:应尽量缩短测量时间,不要超过 1 min),因为发动机是在无负荷状态下工作的)。如果检测的机油压力均高于 49 kPa,则说明 VTEC 电磁阀有故障,必要时予以更换;如果检测的机油压力均低于 49 kPa,则断开点火开关,拆开 VTEC 电磁阀的导线连接器,如图 2-3-26b 所示,将蓄电池的正极与 VTEC 的红/黄端子相连接,起动发动机,检查发动机转速为 3 000 r/min 时的机油压力值。如果此时的机油压力低于 250 kPa,则应检查 VTEC 电磁阀是否有故障,必要时予以更换;如果此时的机油压力高于 250 kPa,则使用一确信无故障的 ECU 进行替换,并再次检查。如果此时车辆的故障症状和 MIL 灯的显示均不再出现,则更换原来的 ECU。

(2)VTEC 电磁阀的检查。从汽缸盖上拆下 VTEC 电磁阀总成(图 2-3-27a),检查其滤清器是否堵塞。如果堵塞,则应更换机油滤清器和发动机机油,同时,必须更换电磁阀的密封垫(一经拆下便应更换)。如果电磁阀滤清器末堵塞,则如图 2-3-27b 所示用手指推动 VTEC 电磁阀,检查其上下运动情况。如果 VTEC 电磁阀手检正常,则应按照前述方法检查 VTEC 系统机油压力。

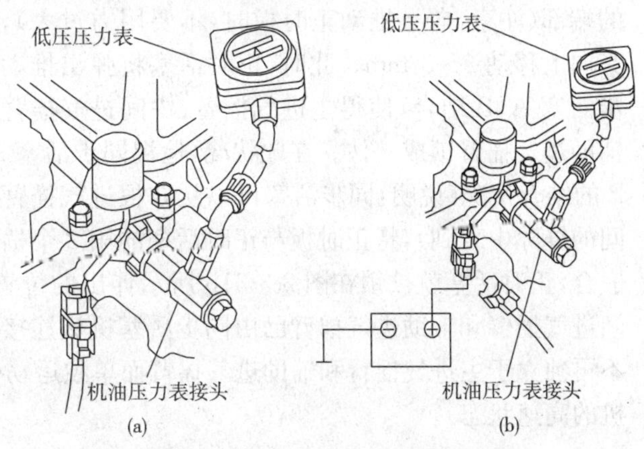

图 2-3-26　VTEC 系统机油压力的检测

(a)低压力表连接;(b)给 VTEC 电磁阀通电检查机油压力

(3)VTEC 摇臂的检查(未分解时)

①人工检查。使第 1 缸处于压缩行程上止点位置,拆下汽缸盖罩,如图 2-3-28 所示,用手按压第 1 缸的中间进气摇臂(进气侧),要求其能与主进气摇臂、辅助进气摇臂分离而单独运动。按作功顺序(1-3-4-2)分别使各缸处于压缩行程上止点位置,并依次用上述方法检查每个缸的中间进气摇臂,结果应同上。注意:如果中间进气摇臂不能单独运动,则应将主进气摇臂、中间进气摇臂和辅助进气摇臂组拆下,并检查中间进气摇臂和主进气摇臂内的同步活塞 A 是否能移动自如;如果某根进气摇臂需要更换,则必须整组地更换 3 根进气摇臂。

②用专用工具检查。使用气门检查组件时,应确认空气压缩机上的气压表示值已超过

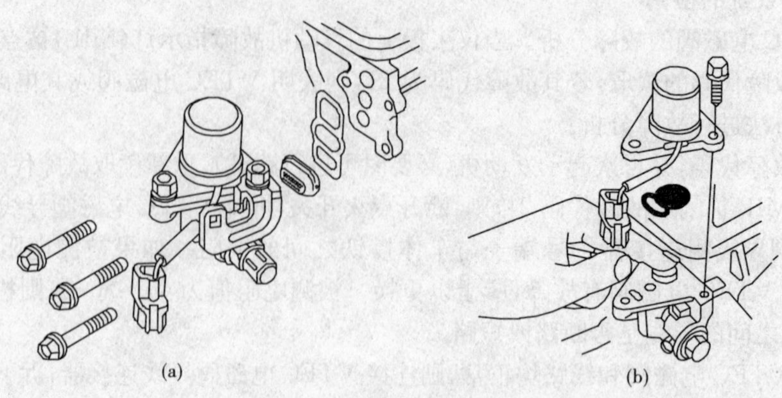

图 2-3-27 VTEC 电磁阀的检查

(a)VTEC 电磁阀总成;(b)VTEC 电磁阀上下运动情况的检查

400 kPa;检查前,应先检调气门间隙;用维修用布遮盖同步带,以防油污溅及。检查步骤如下:

a. 拆下汽缸盖罩。如图 2-3-29 所示,使用空气堵塞器堵塞油道减压孔。从图 2-3-30 所示检查孔中拆下密封螺栓,并利用该螺纹孔连接气门检查组件。

b. 旋松气门检查组件上的调节阀,按规定气压 400 kPa 对进气摇臂内的同步活塞 A、B 进行加压。加上稳定的压力后,如图 2-3-31a 所示,用手推动正时板的端部(注意:向上推动正时板时,不要用力过大),使其向上移动 2～3 mm。此时,正时活塞将弹出推动同步活塞 A、B 结合,使得主进气摇臂、中间进气摇臂和辅助进气摇臂锁成一体。在此状况,检视同步活塞 A、B 的结合情况(说明:同步活塞可以从 3 根进气摇臂之间的缝隙中看到),将正时板与正时活塞的第 2 个槽相嵌合,正时活塞就被锁在图 2-3-31b 所示伸出的位置上。通过目测检视,确认主进气摇臂、中间进气摇臂和辅助进气摇臂已由同步活塞机械连接,而且中间进气摇臂用手按压(图 2-3-28)不再独立于主进气摇臂和辅助进气摇臂而单独运动(因 3 根进气摇臂已连成一体,相当于发动机的高速状态)。

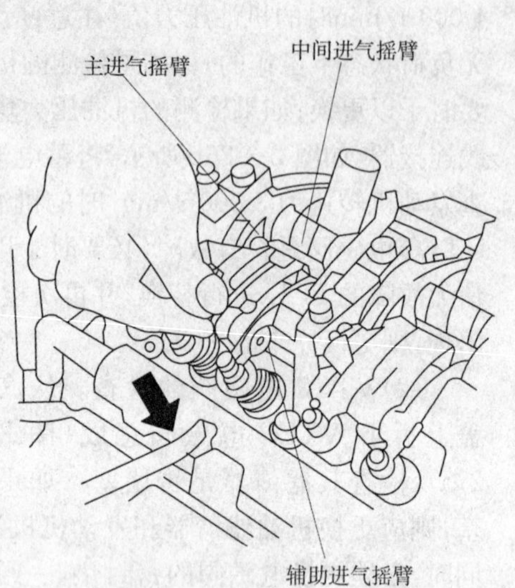

图 2-3-28 人工检查 VTEC 摇臂

c. 按发动机作功顺序,依次使各缸处在压缩行程上止点位置,并对各缸的 VTEC 进气摇臂作以上同样的检查,结果应相同。如果检查对某缸的中间进气摇臂独立于主进气摇臂和辅助进气摇臂而单独运动,则整组更换 VTEC 的 3 根进气摇臂。

d. 停止施加空气压力并向上推动正时板,各正时活塞将在回位弹簧的作用下迅速回位。

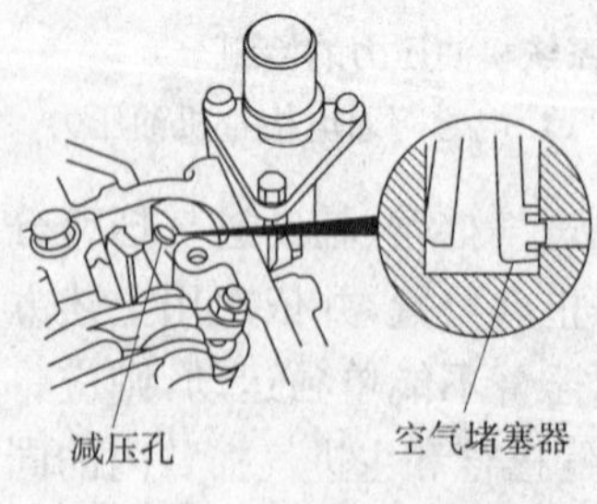

图 2-3-29 用空气堵塞器堵塞油道减压孔

(二)i-VTEC 系统

老式的 VTEC 发动机的正时系统每 4 万 km 需要人工调整

一次气门间隙，这就显得有点麻烦。为此，本田公司在新出产的车上采用了改进的 i-VTEC 系统，i-VTEC 系统是英文 Intelligent Variable Valve Timing and Lift Electronic Control System 的缩写，其中文含义是“智能型可变气门正时及升程电子控制系统”。i-VTEC 系统则不存在老式 VTEC 的问题，除了采用自动调整间隙的气门之外，其在电子控制系统方面也作了很多改进，性能更加优越。

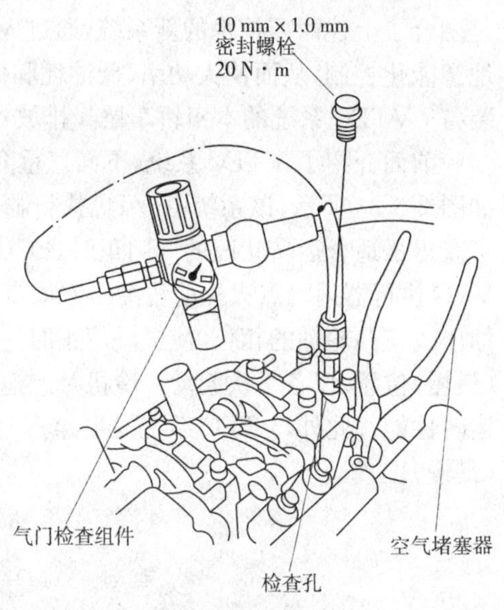

图 2-3-30 从检查孔中拆下密封螺栓

1. i-VTEC 系统的结构

i-VTEC 系统是 VTEC+VTC 组成的智能型可变气门正时及升程电子控制系统，其结构框架如图 2-3-32 所示。如上所述，VTEC 系统可以控制发动机在低转速区域和高转速区域时的气门正时及气门升程，而 VTC 系统能根据发动机负荷对气门相位进行连续控制(可变凸轮相位)。所谓 i-VTEC 系统就

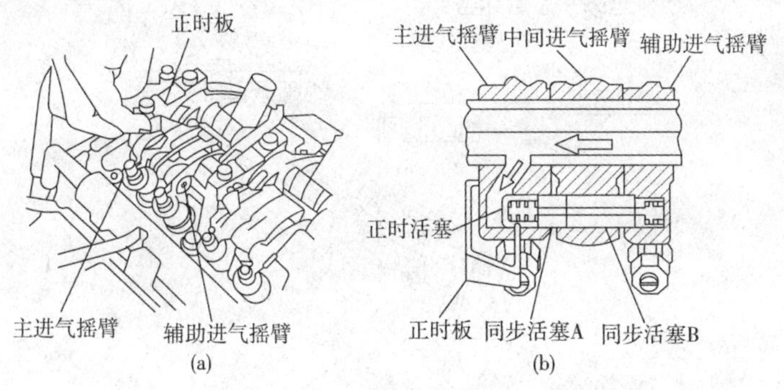

图 2-3-31 检视同步活塞 A、B 的结合情况

(a)用手推动正时板的端部；(b)正时活塞被锁住

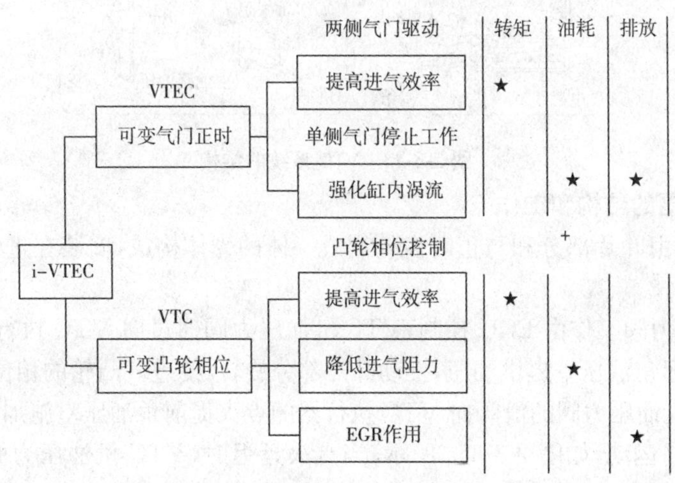

图 2-3-32 i-VTEC 系统的结构框架

是融合了上述两项技术的新系统，通过 VTEC 系统对气门升程，VTC 对气门重叠角进行周密地智能化控制，从而使大功率、低油耗和低排放这三个具有不同要求的特性都同时得到提高。装备 i-VTEC 系统的本田轿车尾气排放达到了欧Ⅲ标准。

前面介绍了 VTEC 系统，下面着重介绍 VTC 系统的结构及控制原理。VTC 系统的结构如图 2-3-33 所示，该系统由 VTC 执行器、VTC 机油压力阀、各种传感器及 ECU 等组成。为了获得最适合运转状况的气门正时，ECU 根据发动机的负荷对 VTC 机油压力阀进行控制，向 VTC 执行器内的点火提前角油压室或点火延迟角油压室供给油压。VTC 执行器根据供给的油压改变凸轮轴的相位，使进气门正时连续变化。发动机停止时，通过锁销固定在点火延迟角（最慢）位置，以备下次起动。冷机及怠速时，也固定在点火延迟角（最慢）位置以保证发动机的运转性能。此外，VTEC 系统发生异常时，也会停止 VTC 系统的控制，并固定在点火延迟角（最慢）位置。

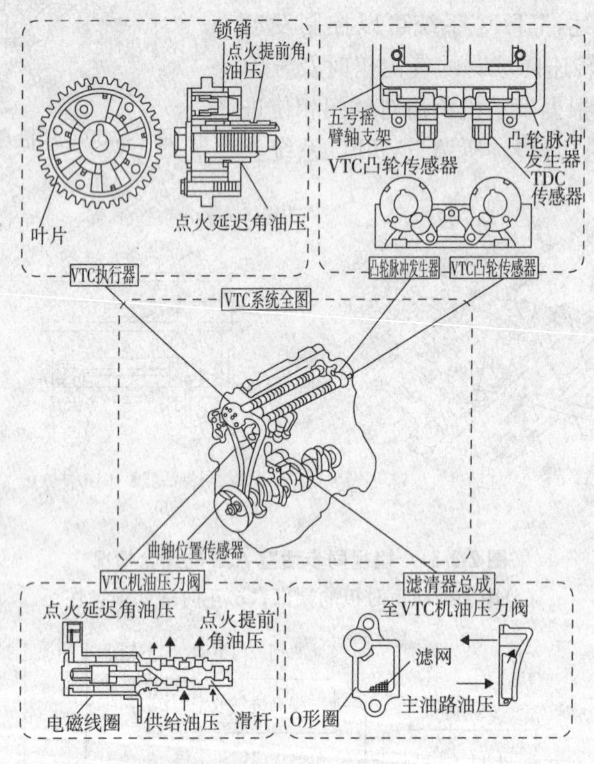

图 2-3-33　VTC 系统的结构

2. VTC 执行器的结构和工作

VTC 执行器由叶片部分和与正时齿轮制成一体的壳体构成，安装在进气凸轮轴上，其结构如图 2-3-34 所示。

VTC 机油压力阀工作由 ECU 控制，VTC 机油压力阀通过向 VTC 执行器的点火提前角油压室及点火延迟角油压室提供油压，推动叶片部分旋转，使进气凸轮的相位连续变化。当点火提前时，VTC 机油压力阀的滑阀向 VTC 执行器的点火提前角油压室施加油压，使进气凸轮轴朝点火提前方向运动，如图 2-3-35a 所示；当点火延迟时，VTC 机油压力阀的滑阀移动，向 VTC 执行器的点火延迟角油压室施加油压，使进气凸轮轴朝点火延迟方向运动，如图 2-3-35b 所示。

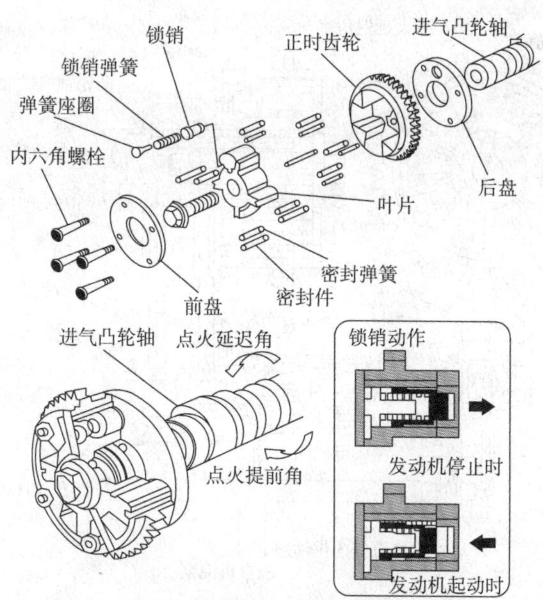

图 2-3-34 VTC 执行器的结构

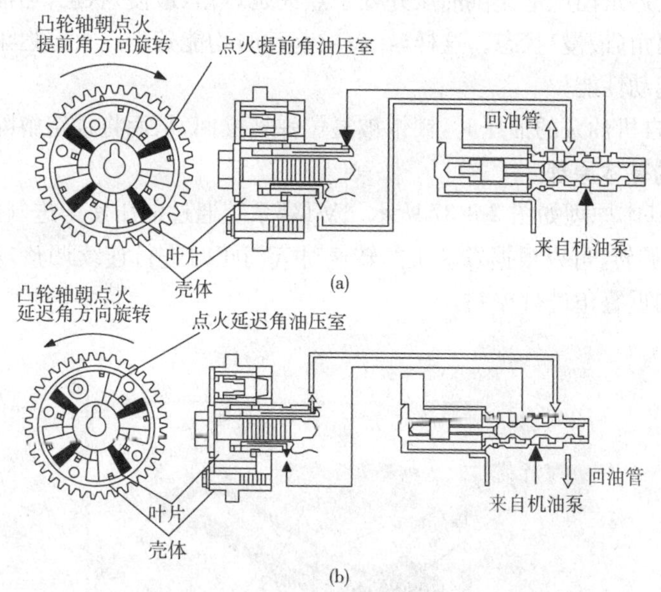

图 2-3-35 VTC 机油压力阀的工作原理

(a)关火提前时;(b)关火延迟时

图 2-3-36 所示为 VTC 机油压力阀的机油压力回路,其特点如下:

(1)VTC 执行器在结构上采用了通常的叶片式带轮。

(2)根据 ECU 的控制信号,VTC 机油压力阀将来自机油泵的油压按照点火延迟角油压室、点火提前角油压室分开,并控制为点火延迟角油压室侧油压高、油压相同、点火提前角油压室油压高等三种状态,在点火延迟角、保持、点火提前角之间进行调整,使链轮与凸轮轴之间的位置连续变化。

(3)停止控制时,VTC 机油压力阀关闭,在 VTC 机油压力阀作用下动作的气门依靠弹簧

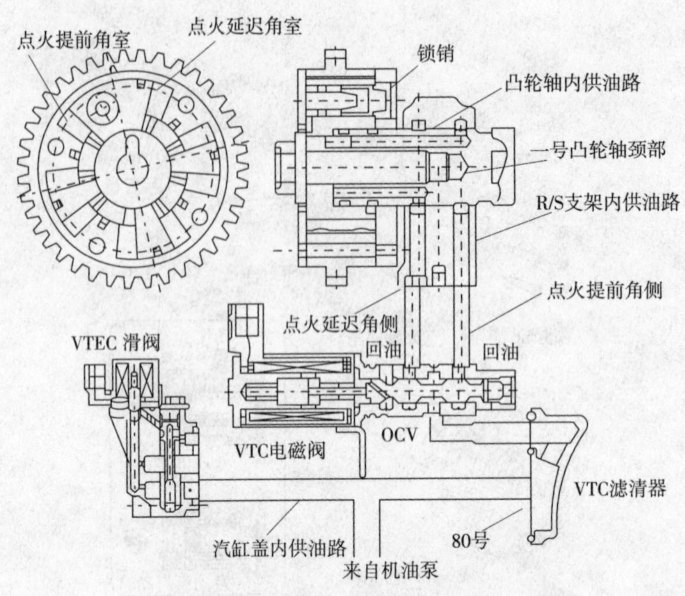

图 2-3-36 VTC 机油压力阀的机油压力回路

的弹力只对点火延迟角油压室提供油压并处于点火延迟角(最慢)状态;当油压降低时,通过锁销固定在点火延迟角(最慢)状态。这样,在每次起动时均能处于点火延迟角(最慢)状态,从而确保了发动机的起动性能。

(4)当受到来自机油泵的油压时,锁销被复位弹簧推回,从而将锁定解除。

3. VTC 系统的基本原理

VTC 系统的基本原理如图 2-3-37 所示。VTC 系统通过油压使与进气门侧凸轮轴同轴安装的 VTC 执行器旋转,可以根据发动机的转速对气门正时进行连续调整,从而实现根据所要求的特性对气门的重叠角进行控制。

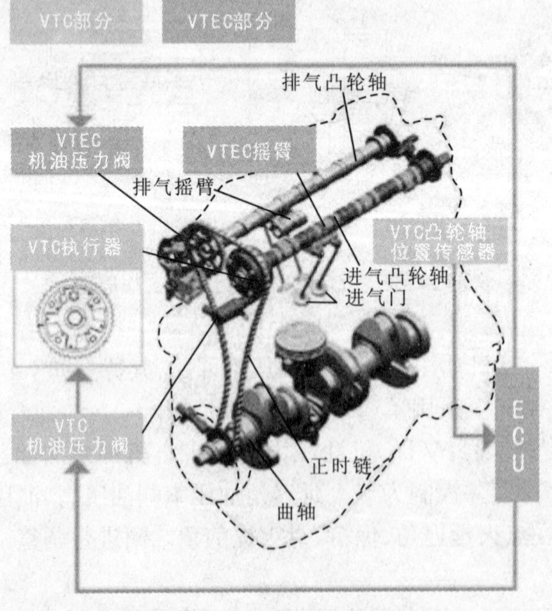

图 2-3-37 VTC 系统的基本原理

VTC系统的负荷控制及可变气门正时连续控制的特性曲线和VTC形成的可变凸轮相位如图2-3-38所示，此相位下气门的工作状态见表2-3-1，VTC系统在不同工况下的控制见表2-3-2。

4.本田轿车i-VTEC系统的检测

(1)VTEC摇臂测试。起动发动机并运转5 min，然后将点火开关转至OFF位。拆下汽缸盖罩。将1缸活塞置于上止点(TDC)。确认主进气摇臂能独立于辅助进气摇臂(图2-3-39)而自由运动。如果主进气摇臂不能运动，则应将主进气摇臂和辅助进气摇臂作为一个整体拆下，并检查两进气摇臂中的活塞能否平稳地运动。如果某个进气摇臂需要更换，则应将主进气摇臂和辅助进气摇臂作为一个整体进行更换并加以测试。如果主进气摇臂能够自由运动，则依次将每个汽缸的活塞置于TDC，重复上述过程。

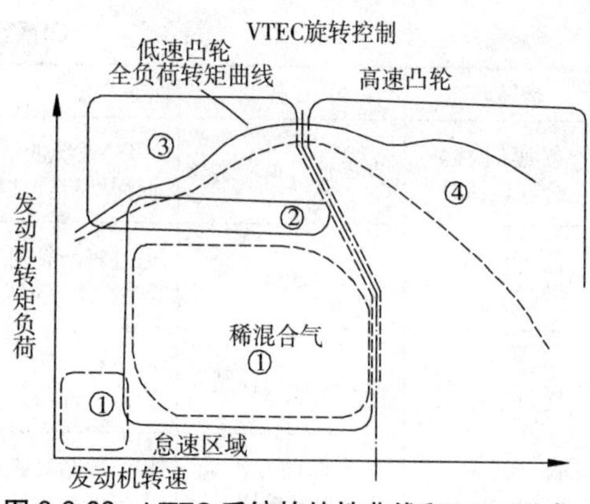

图2-3-38 VTEC系统的特性曲线和VTC形成的可变凸轮相位

气门的工作状态

表2-3-1

序号	运转状态	气门的工作状态	
1	最佳油耗控制(稀混合气)	低速凸轮使一个气门处于几乎休止状态，产生强大的涡流，使气门重叠角变得极小并抑制排气向进气侧的回流，从而保证燃烧的稳定	点火延迟角 排气侧 进气侧 排气上止点
2	最佳油耗、排气控制(EGR)	低速凸轮使一个气门处于几乎休止状态，产生强大的涡流(燃烧稳定)，使气门重叠角增大而促进废气再循环并提高排放净化性能，降低油耗	点火提前角 排气侧 进气侧 排气上止点
3	最佳转矩控制(低转速)	低速凸轮使一个气门处于几乎休止状态，以最恰当的气门重叠角获得最大转矩	点火提前角 排气侧 进气侧 排气上止点
4	最佳转矩控制(中高转速)	高速凸轮驱动两上气门以最恰当的气门重叠获得重大的转矩	点火提前角 排气侧 进气侧 排气上止点

VTC 系统在不同工况下的控制 表 2-3-2

运转状态	VTC 控制	内 容
怠速时稀混合气运转时	点火延迟角控制	VTC 系统能够使控制系统停止并使 VTC 执行器固定在点火延迟角(最慢)位置,从而保证行驶性能以及稀混合气运转时的燃烧稳定性
低负荷运转时	点火延迟角控制	通过将凸轮角度控制到点火延迟角侧使气门重叠角变小,减小向进气口回流的排气量,使燃烧更加稳定
中高负荷运转时	点火提前角控制	通过将凸轮角控制到点火提前角侧使气门重叠角加大而促进废气再循环,减少泵损。另外,通过使进气门提前关闭,减少向进气口吹吸混合气,提高充气效率
高负荷运转时	点火提前角一点火延迟角控制	将凸轮角度控制为最恰当的相位角,从而获得最恰当的气门重叠角,使输出功率最大限度地提高

确认空气压缩机的气压读数能够超过 400 kPa,检查气门间隙。如图 2-3-40 所示,从泄流孔上拆下密封螺栓,然后安装 VTEC 空气堵塞器;拆下 2 号和 3 号凸轮轴座螺栓,用手拧紧 VTEC 空气接头;连接空气接头和气门检测装置。松开调节器上的阀门,利用空气压缩机施加 290 kPa 的气压。施加规定的气压后,移动 1 缸的主进气摇臂,主进气摇臂和辅助进气摇臂应一起移动。如果主进气摇臂不能运动,则应将主进气摇臂和辅助进气摇臂作为一个整体拆下,并检查两进气摇臂中的活塞能否平稳地运动。如果某个进气摇臂需要更换,则应将主进气摇臂和辅助进气摇臂作为一个整体进行更换并加以测试。拆下专用工具,将凸轮轴座装配螺栓拧紧至扭矩 22 N·m,将密封螺栓拧紧至 20 N·m,安装汽缸盖罩。

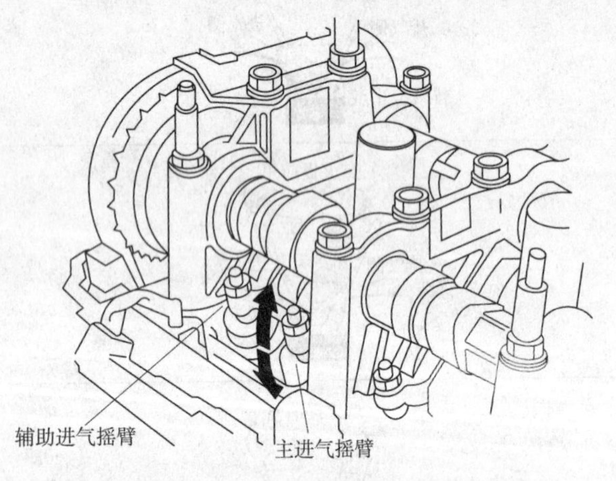

图 2-3-39 主进气摇臂和辅助进气摇臂的位置

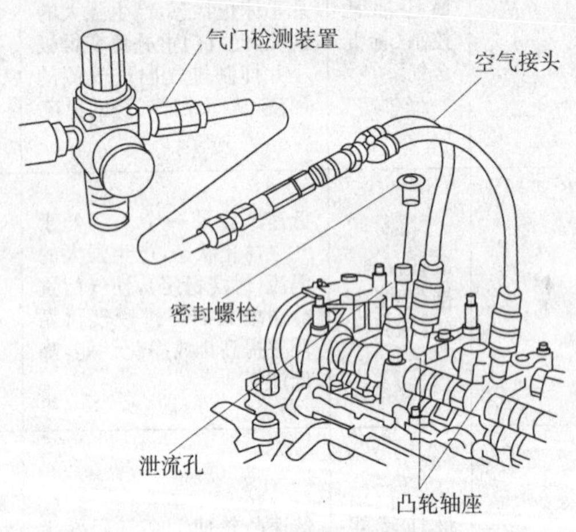

图 2-3-40 摇臂测试工具的安装

(2)VTC 执行器检测。拆除正时链,松开摇臂调节螺钉,拆除凸轮轴座,拆除进气凸轮轴。通过顺时针、逆时针转动 VTC 执行器,检查 VTC 执行器是否锁定,如果 VTC 执行器未锁定,则应予以更换。用胶带密封 1 号凸轮轴轴颈中的提前孔和滞后孔(图 2-3-41a)。在一个提前孔上方的胶带上冲一个孔。如图 2-3-41b 所示,向提前孔充注空气(以使 VTC 执行器松开锁定)。如图 2-3-41c 所示,检查 VTC 执行器运动是否平稳,如果 VTC 执行器运动不平稳,则更换 VTC 执行器。确认 VTC 执行器和排气凸轮轴链轮上的冲孔标记面向上,然后安装汽缸盖中的凸轮轴。将凸轮轴座和链条导板安装到位,将凸轮轴座螺栓拧紧至规定扭矩(8 mm 螺栓:22 N·m;6 mm 螺栓:12 N·m),安装正时链,调节气门间隙。

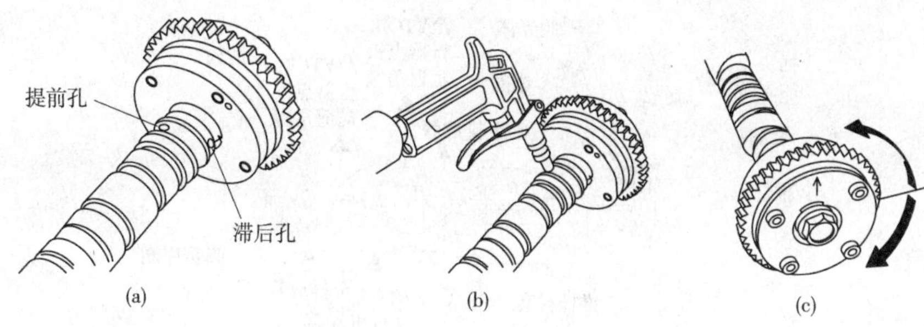

图 2-3-41 VTC 执行器的检测

(a)凸轮轴轴颈中的提前孔和滞后孔;(b)向提前孔充注空气;(c)检查 VTC 执行器运动状况

(3)VTC 机油控制电磁阀的检测。脱开 VTC 机油控制电磁阀导线连接器,拆下 VTC 机油控制电磁阀。检查 VTC 机油控制电磁阀过滤器有无粘着或堵塞。如果 VTC 机油控制电磁阀过滤器粘着或堵塞,则更换 VTC 机油控制电磁阀。检查开口(提前侧)与电磁阀之间的间隙,确认电磁阀完全闭合(图 2-3-42a)。用蓄电池给 VTC 机油控制电磁阀通电(正极接 VTC 机油控制电磁阀 2 号端子,负极接 VTC 机油控制电磁阀 1 号端子),检查图 2-3-42b 中的间隙 A,间隙 A 应至少为 2.3 mm,否则,应更换 VTC 机油控制电磁阀。

二、大众/奥迪车系可变气门正时系统结构与检修

(一)大众/奥迪车系可变气门正时系统结构

在大众/奥迪车系上也广泛采用了可变气门正时系统,该系统进行了特别的设计,从俯视观察,其传动方式及进、排气凸轮轴的分布如图 2-3-43 所示,排气凸轮轴安装在外侧,进气凸轮轴安装在内侧,曲轴通过齿形带首先驱动排气凸轮轴,排气凸轮轴通过链条驱动进气凸轮轴,如图 2-3-44 所示两轴之间设置一个凸轮轴调节器,在内部液压缸的作用下,凸轮轴调节器可以上升和下降。

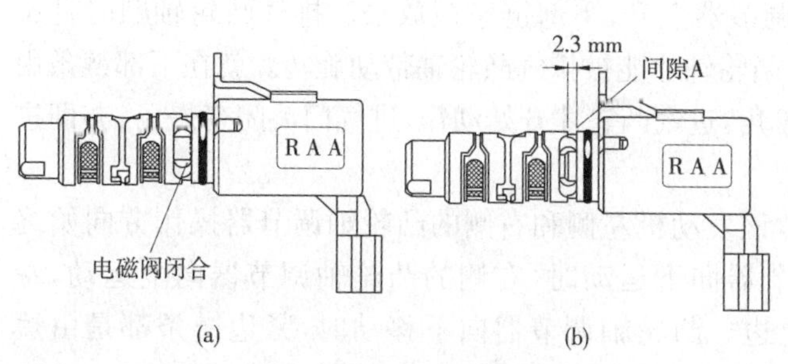

图 2-3-42 机油控制电磁阀的检测

(a)闭合位置;(b)工作状况检查

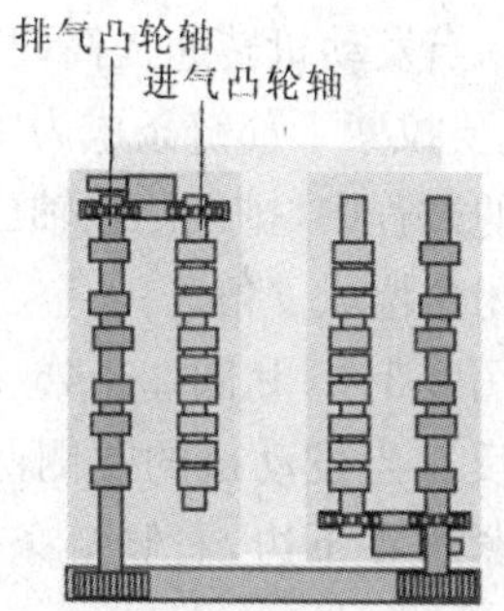

图 2-3-43 可变气门正时系统传递方式及进排气凸轮轴分布

图 2-3-45a 所示为发动机在高速状态下,为了充分利用气体进入汽缸的流动惯性,提高最大功率,进气门迟闭角增大后的位置(轿车发动机通常工作在高速状态下,所以这一位置为一般工作位置);图 2-3-45b 所示为发动机在低速状态下,为了提高发动机的最大转矩,进气门迟闭角减小的位置。

可变气门正时系统的工作过程如图 2-3-46 所示。当发动机转速下降时,凸轮轴调节器下降,上部链条被放松,下部链条作用着排气凸轮旋转拉力和凸轮轴调节器向下的推力。由于排

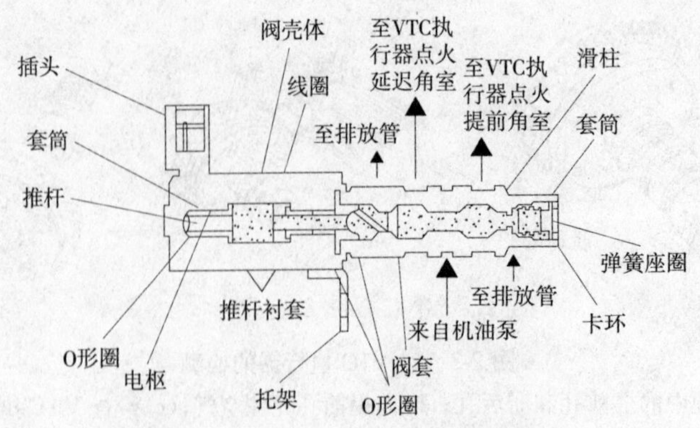

图 2-3-44 可变气门正时系统的基本构成

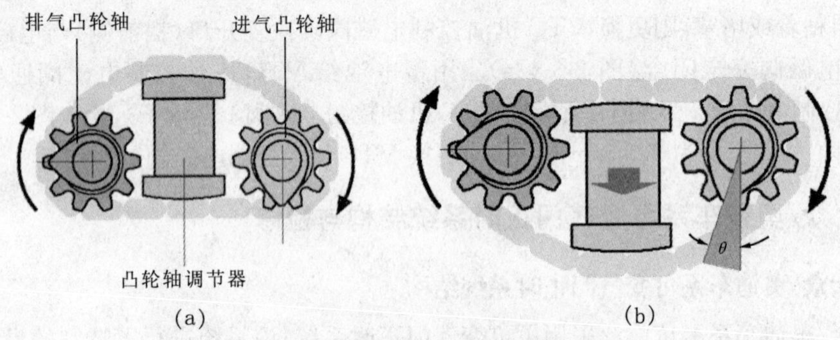

图 2-3-45 不同发动机转速时凸轮轴调节器的位置

(a)发动机高速工作状态时；(b)发动机低速工作状态时

气凸轮轴在曲轴正时带的作用下不可能逆时针反旋转，所以进气凸轮轴受到两个力的共同作用：一是在排气凸轮轴正常旋转带动下链条的拉力；二是凸轮轴调节器推动链条，传递给排气凸轮轴的拉力。进气凸轮轴顺时针额外转过 θ 角，加快了进气门的关闭，亦即进气门迟闭角减少 θ 角。当发动机转速提高时，凸轮轴调节器上升，下部链条被放松。排气凸轮轴顺时针旋转，首先要拉紧下部链条成为紧边，进气凸轮轴才能被排气凸轮轴带动旋转。就在下部链条由松变紧的过程中，排气凸轮轴已经转过 θ 角，进气凸轮才开始动作，进气门关闭变慢了，亦即进气门迟闭角增大 θ 角。

从图 2-3-45 和图 2-3-46 不难看出，该发动机左侧和右侧的凸轮轴调节器操作方向始终要求相反。当发动机的左侧凸轮轴调节器向下运动时，右侧的凸轮轴调节器向上运动，左侧链条紧边在下边，右侧链条紧边在上边。凸轮轴调节器向下移动时，紧边链条都是由短变长。

对于上海帕萨特 B5 轿车，当发动机转速高于1 000 r/min时，要求进气门关闭得较早，如图 2-3-46b 所示，左列汽缸对应的凸轮轴调节器向下运动，上部链条由长变短，下部链条由短变长；右列汽缸对应的凸轮轴调节器向上运动，上部链条由短变长，下部链条由长变短。左右列汽缸对应的进气凸轮轴在两个力的共同作用下都顺时针额外转过 θ 角，加快了进气门的关闭，满足了低速进气门关闭较早，可提高发动机最大转矩的要求。

当发动机转速为 3 700 r/min 时，要求进气门关闭得较迟，如图 2-3-46c 所示，左列汽缸对应的凸轮轴调节器向上运动，上部链条由短变长，下部链条由长变短；右列汽缸对应的凸轮轴

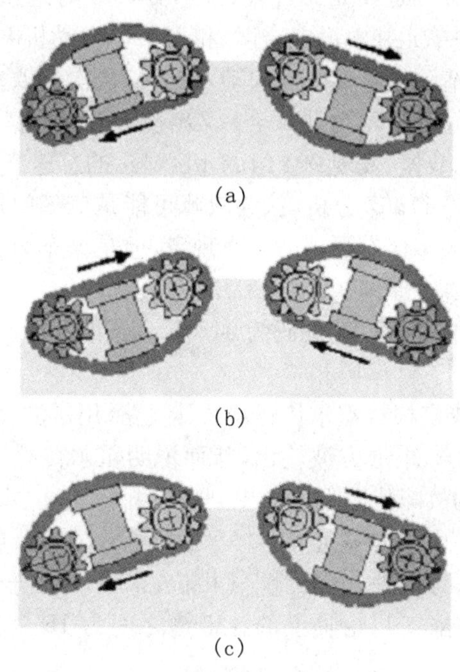

图 2-3-46 可变气门正时系统工作过程
(a)发动机怠速运转;(b)转矩调整;(c)功率调整

调节器向下运动,上部链条由长变短,下部链条由短变长。在左列汽缸的下部链条,右列汽缸的上部链条同时由长变短的过程中,排气凸轮轴已经转过 θ 角,进气凸轮才开始动作,进气门关闭变慢了,从而满足了高速,进气门关闭较迟,可提高发动机最大功率的要求。

上海帕萨特 B5 轿车 2.8 L V6 发动机可变气门正时系统的控制,是由 Motronic M3.8.2 发动机 ECU 根据发动机转速传感器的信号对左右列汽缸对应可变气门正时机构的凸轮轴调节电磁阀的控制方式作出正确选择并控制阀体的动作。如图 2-3-47 所示,当获得不同阀体位置时,通往凸轮轴调节器内的液压缸油路变换,使得凸轮轴调节器上升或下降,以至于左右列汽缸对应的进气门获得不同的延迟角。

(二)大众/奥迪车系可变气门正时系统的检修

大众/奥迪车系可变气门正时系统的故障可以由发动机 ECU 进行检测并记录相应的故障代码。但是,由于该系统牵涉的面比较宽,因此在进行故障排除时,应仔细分析,千万不能盲目下结论。下面我们举两个故障案例加以说明。

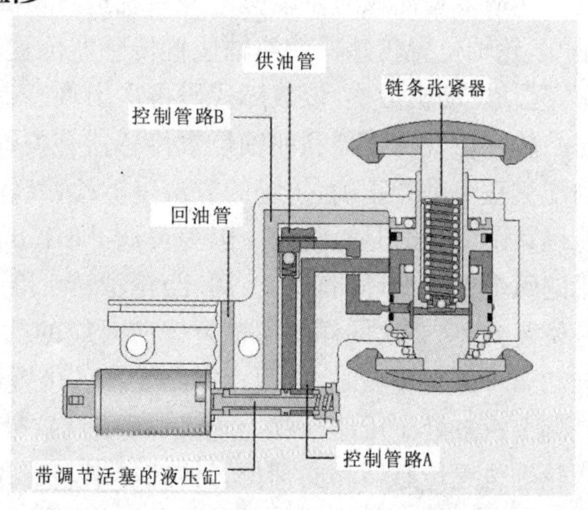

图 2-3-47 凸轮轴调节器内的液压缸油路

故障案例 1:一辆装备 ANQ 型发动机的上海帕萨特 B5 轿车,发动机大修后起动困难,严重时类似于无点火症状,热车后故障有所减轻。

利用故障检测仪进行检测,在发动机电

控系统存在 4 个故障代码，分别是：00515（霍尔传感器 G40 对地短路）、00561（混合气超过调整极限）、17967（节气门控制单元基本设定错误）和 18020（发动机 ECU 编码错误）。

为了确认故障的真假，清除故障代码后起动发动机，再次读取发动机系统中的故障代码，只有 00515 存在，试车 2 min 后故障代码 00561 又出现。

用故障检测仪查看动态数据，发现 001 组的 4 区显示的怠速节气门开启角度为 7°（正常值应为 2°～5°）。结合故障代码 17967 分析，认为故障可能是节气门控制单元脏污所致，但是根据经验判断，出现此类故障大多伴有严重的游车现象，但是该车为大修后的车辆，又无游车现象，据此认为这不是故障的真正原因。

用故障检测仪查看发动机 ECU 的编码为 04301，和按欧Ⅱ标准要求配置 01N 型自动变速器的帕萨特 B5 车辆发动机 ECU 编码相符。

根据故障代码 00515，决定检查霍尔传感器及其线路，用示波器测量霍尔传感器的信号波形，可以看到一组标准的 12 V 矩形方波输出，从而说明霍尔传感器及其线路没有任何问题。那么为什么会出现 00515 的故障代码呢？联想到曾经排除的上海桑塔纳 2000GSi 轿车出现的 00515 故障代码，经常是由于点火正时和配气相位不对导致的。于是将气门室罩盖拆下，检查排气凸轮轴与进气凸轮轴之间的配气相位，果然发现进气凸轮轴角度相对于排气凸轮轴提前了一个链节（进排气凸轮轴上的花键槽之间为 15 个传动链节），重新安装后试车故障排除。

原来，该车故障是维修技术人员在对发动机进行大修时配气机构的安装错误造成的。由于霍尔传感器 G40 安装在进气凸轮轴处，因此 G40 的信号与进气凸轮轴旋转角度同步。由于装配错误，发动机 ECU 通过发动机转速传感器 G28 与霍尔传感器 G40 的信号对比，从而得到相位不正确的结论。但是，由于车辆的故障自诊断功能原则上只能识别电信号类型故障，因此发动机 ECU 便默认为霍尔传感器 G40 信号元件损坏或信号输出错误，从而设置 00515 的故障代码。但是，在原厂提供的维修资料中对故障代码 00515 的检测内容仅仅这样提示：检查或更换霍尔传感器 G40；检查霍尔传感器 G40 的相关线路；检查发动机 ECU。由此可见，根本没有涉及到有关配气相位机械方面的原因。

故障案例 2：一辆行程为 12 万 km 的奥迪 A6 1.8T(M/T)轿车，冷热车均不易起动，特别是冷车时故障表现更为明显。

用故障检测仪对发动机电控系统进行检测，发现存在故障代码 17748，该故障代码的含义是“凸轮轴位置传感器或曲轴位置传感器位置装错”。为了确认故障性质，清除故障代码后试车，起动发动机数次，该故障代码再次出现。查阅相关维修资料，发现该故障代码的记录除了与凸轮轴位置传感器和曲轴位置传感器有关外，还与发动机的正时有关。于是决定检查该车的配气正时是否正确，传统的方法是拆检，其实对于当代电控汽车完全可以利用数据流分析功能确认配气正时是否正确。因为奥迪 A6 1.8T 轿车的发动机为四行程四缸发动机，所以发动机的每个工作循环曲轴转 2 周，凸轮轴转 1 圈，也就是说，在一个工作循环中曲轴 2 次处在同一位置，而这 2 次同样的曲轴位置所对应的凸轮轴位置却是不同的，简单地说，曲轴转至第 1 缸和第 4 缸上止点时，必须根据凸轮轴的位置（即 1 缸和 4 缸气门的开闭情况）才能判定到底是哪个汽缸处于压缩行程上止点，哪个汽缸处于排气行程上止点。发动机 ECU 也就是根据凸轮轴位置传感器和曲轴位置传感器来判定各缸的工况的，并在此基础上对发动机的点火提前角和喷油提前角等进行控制。曲轴位置传感器也叫发动机转速传感器，可以精确地判定曲轴的位置和发动机的转速，而凸轮轴位置传感器仅在凸轮轴转至特定的位置时才产生出触发信号。由于发动机存在着严格的正时，发动机 ECU 根据曲轴位置传感器和凸轮轴位置传感器产生的信号便可以判定发动机各缸的工况，也就是说，曲轴每两次转至特定的位置，凸轮轴位置传感器就产生一个触发信号，如果该触发信号提前或滞后，就说明发动机的正时不对，其提前或滞后的量可以用曲轴的转角来表示，在大众/奥迪车系中采用凸轮轴相位偏差这一参数表示，该参数可以用故障检测仪的数据流功能进行检测。

为此，用故障检测仪进行动态数据流检测，发现 01－08－093 数据组的第 3 区显示数据为 25°kw，该数据的含义是凸轮轴相位偏差，其正常值为－3°kw～3°kw，显然该凸轮轴相位偏差不对。这说明该车的配气正时确实不对。

奥迪 A6 轿车发动机采用可变气门正时系统，其配气正时包括曲轴与排气凸轮轴的正时，排气凸轮轴与进气凸轮轴的正时两部分。将该车正时罩盖拆下，通过转动发动机将排气凸轮轴带轮上的标记与汽缸罩盖上的标记对齐，观察曲轴正时标记，发现正时准确无误，从而说明该车的故障是排气凸轮轴与进气凸轮轴的正时不对。经询问车主，该车出现该故障之前曾经因为凸轮轴调节器响而更换过凸轮轴调节器。于是将该发动机汽缸罩盖打开检查排气凸轮轴与进气凸轮轴的正时，将进排气凸轮轴上的花键槽与轴承盖上的标记对齐（图 2-3-48），此时进排气凸轮轴上的花键槽之间应该有 16 个传动链节（图 2-3-49），经核对发现该车进排气凸轮轴上的花键槽之间却是 17 个传动链节。将进排气凸轮轴上的花键槽之间的传动链节调整为 16 个后装复，用故障检测仪器再次进行动态数据流检测，发现 01－08－093 数据组的第 3 区显示数据为－1°kw，表明配气正时准确无误，故障代码 17748 也不再出现，经试车故障完全排除。

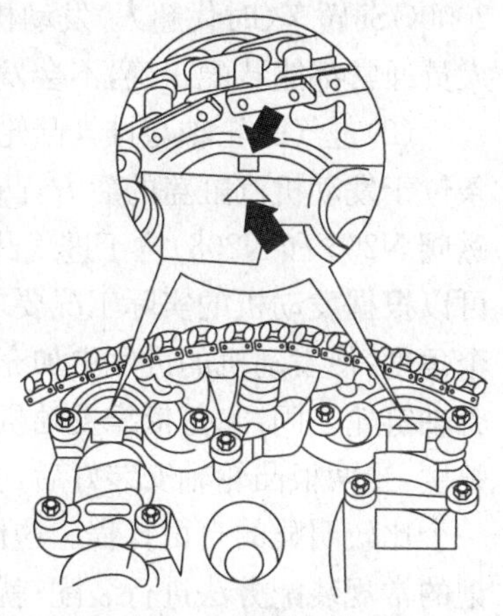

图 2-3-48 凸轮轴正时校对

通过上面两个案例的分析发现，大众/奥迪车系与可变气门正时系统有关的故障多是由于装配问题导致的，并且记录与凸轮轴位置传感器等相关的故障代码，总结发现，故障均是可变气门正时机构装配不对引起的，这种装配错误归纳起来有两种，一种是将进排气凸轮轴上的花键槽之间装成 17 个链节，一种是将进排气凸轮轴上的花键槽之间装成 15 个链节，而正确的应该是 16 个链节。

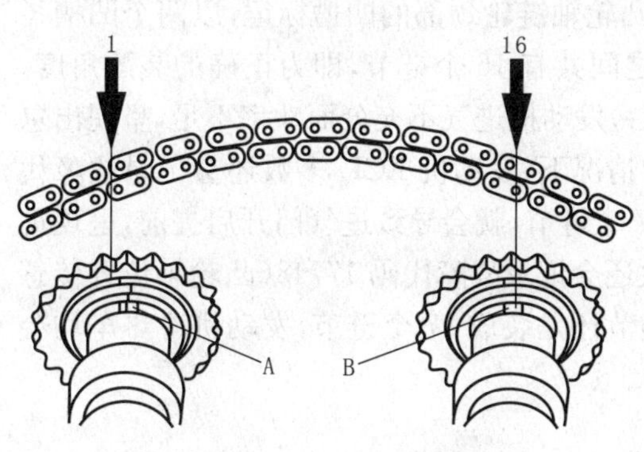

图 2-3-49 链轮上第 1 个链节和第 16 个链节的位置

有人要问，差一个传动链节，为什么对车辆影响如此之大呢？因为该车进排气凸轮轴均为顺时针旋转，我们以装成 17 个链节为例，由于装成 17 个链节，这说明进气凸轮轴相对于排气凸轮轴提前转过一个齿。由于进排气凸轮轴链轮均为 21 个齿，该车进排气凸轮轴提前角度可用曲轴转角表示为 360°kw×21×2＝34°kw，即凸轮轴位置传感器的相位偏差为 34°kw，从而导致车辆出现故障。但是，用检测仪的数据流功能检测时，01－08－093 数据组的第 3 区显示数据为什么是 25°kw，而不是34°kw。这是因为，该组数据发动机 ECU 的程序设置的相位偏差显示范围为－25°kw～25°kw，所以，此处最大显示值只能是 25°kw，超过 25°kw 仍然显示 25°kw。

根据此类故障的排除经验，通过用故障检测仪读取数据流，可以检查大众/奥迪车系可变气门正时系统的正时是否正确。对于奥迪 A6 轿车六缸发动机（包括奥迪 A6 2.4 L 车型的 APS 和 BDV 发动机，2.8 L 车型的 ATX 和 BBG 发动机），可以通过 01－08－093 数据组的第 3 区和第 4 区数据进行检查，第 3 区数据代表 1、2、3 缸的配气正时，第 3 区数据代表 4、5、6 缸的配气正时；对于奥迪 A6 轿车 1.8T 车型的 AWL 发动机和奥迪 A4 轿车 1.8T 车型的 BFB 发动机，可以通过 01－08－093 数据组的第 3 区数据进行检查；对于奥迪 A6 轿车 1.8 L 车型、上海帕萨特 B5 车型和奥迪 200 车型的 ANQ 发动机，可以通过 01－08－025 数据组的第 2 区数据进行检查。在发动机配气正时准确无误的情况下，其数据应为－3°kw～3°kw，若与正常值偏差较大，则应检查发动机配气正时。为了避免汽车维修人员在今后的维修实践中再出现类似的问题，下面将此类配气机构的装配方法进行总结。

(1)排气凸轮轴与曲轴采用正时带进行装配。正时带位于发动机前方，在排气凸轮轴带轮及曲轴带轮护罩上均有明显的正时标记，这部分的装配方法与大家熟悉的上海桑塔纳 2000GSi 轿车（时代超人）发动机配气机构的装配方法相同，因此，这部分的装配环节汽车维修人员通常都能装配正确，不会发生错误。

(2)进气凸轮轴与排气凸轮轴则采用链条传动并作为可变气门正时机构的装配方式。链条位于发动机汽缸盖的后方，凸轮轴调节电磁阀 N205（对于 V 形六缸发动机是凸轮轴调节电磁阀 N205 和 N208）位于进气凸轮轴后部，用于实现可变气门正时功能，也就是说发动机 ECU 可以根据发动机的实际工况要求来控制凸轮轴调节电磁阀的工作，令进气凸轮轴相对调整一个角度，使发动机的进气更加充分，从而增大发动机的功率输出。凸轮轴调节器则位于两个凸轮轴链轮之间，它是依靠发动机运转后的机油压力绷紧链条。由于未绷紧的链条有一定的松弛度，当两根凸轮轴安装好后，验证正时标记时就会发现：进气凸轮轴相对于排气凸轮轴存在一个比较明显的自由行程。这样就会随之带来一个问题：如果我们以凸轮轴对准瓦盖上的标记的常规装配方法进行装配，就会因为存在该正常的自由行程，进气凸轮轴在 3 个链齿角度内均可对正瓦盖上的标记，因此这种安装方法是错误的，不能作为此类发动机两个凸轮轴间验证正时的标准。我们查阅了原厂提供的维修手册，在维修手册中详细地说明了凸轮轴与链条的装配方法："不能用冲小点、刻槽或其他类似的方法作为标记，两个箭头以及颜色标记之间的距离为 16 个链节"，如图 2-3-49 所示，箭头是指两根凸轮轴链轮颈部的凹槽标记，以两个凹槽径向啮合的链齿为起点（包括这两个啮合的链节），之间共有 16 个链节，即为正确的装配角度。如果装成 15 个链节，就会导致进气门开启时间滞后，发动机进气不充分而功率不足，呈现出怠速转速明显偏低却运转相对稳定的故障特征，这种情况下，发动机 ECU 多数还会记录故障代码 00515（霍尔传感器 G40 对地短路）；如果装成 17 个链节，就会导致进气门开启提前，呈现进气回火的故障征兆，这种情况下，发动机 ECU 多数还会记录故障代码 17748（凸轮轴位置传感器或曲轴位置传感器位置装错）；无论装成 15 个链节还是装成 17 个链节，发动机冷热车均会不易起动，特别是冷车起动更加困难。

三、丰田汽车 VVT-i 系统

如图 2-3-50 所示，ECU 根据发动机转速及进气歧管绝对压力等控制 OCV（油压控制阀），进气凸轮轴相位通过施加在1号凸轮轴(进气侧)的VVT-i控制器前后叶片上的发动机液压控制到最佳状态。

1. VVT-i控制器

如图2-3-51所示,VVT-i控制器包括叶片泵部分,它和1号凸轮轴(进气侧)作为一个整体零件一同被驱动,并且壳体连同链轮由正时链来驱动。在发动机机油压力通过1号凸轮轴内的提前室和延迟室油道施加到叶片前后侧时,叶片部分旋转,这样进气凸轮轴的相位就可以持续改变,从而将气门正时控制到最佳状态。

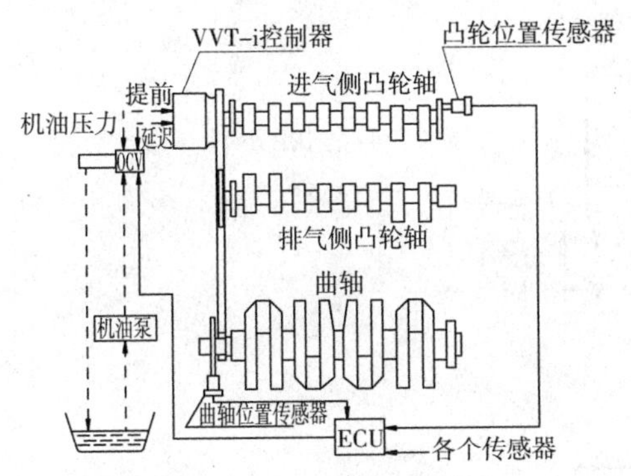

图2-3-50 丰田汽车VVT-i系统原理

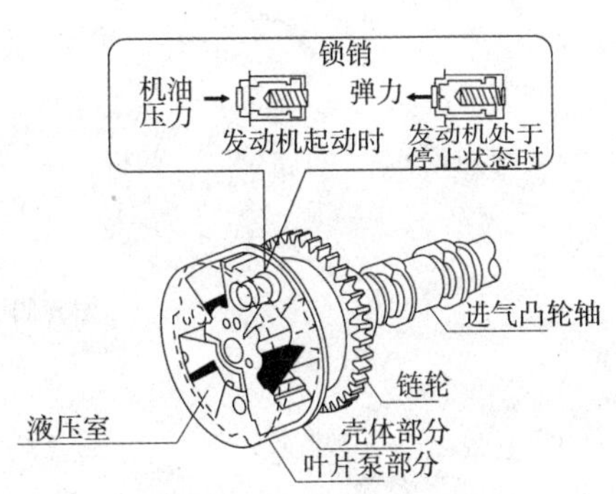

图2-3-51 VVT-i控制器

2. OCV(油压控制阀)

如图2-3-52所示,OCV通过来自发动机ECU的占空比信号控制柱塞的位置,从而调节施加到VVT-i控制器的提前室和延迟室的机油压力,从而将气门正时全时控制到最佳状态。

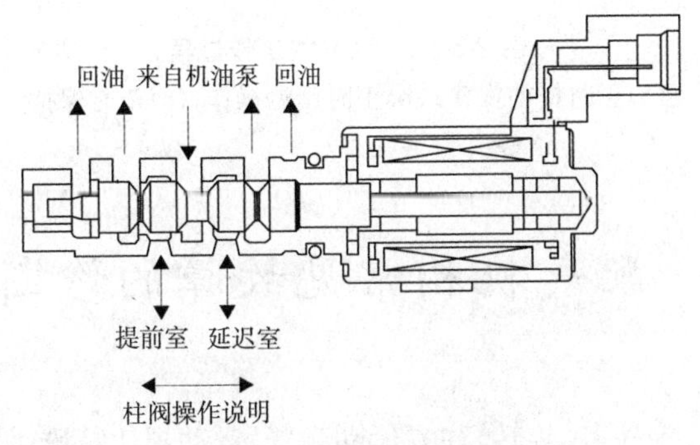

图2-3-52 OCV(油压控制阀)

(1)正时提前操作(图2-3-53a)。OCV通过按照来自发动机ECU的控制信号操作,使机油压力施加到提前侧的叶片室,从而和叶片一起作为整体零件被驱动的1号凸轮轴(进气凸轮轴)就会沿正时提前的方向旋转。

(2)正时延迟操作(图2-3-53b)。OCV通过按照来自发动机ECU的控制信号操作,使机油压力施加到延迟侧的叶片室,从而和叶片一起作为整体零件被驱动的1号凸轮轴(进气凸轮轴)就会沿正时延迟的方向旋转。

(3)正时保持(图2-3-53c)。目标正时控制完成后,除非车辆运行状态改变,OCV关闭通向VVT-i的油道,从而保持气门正时。

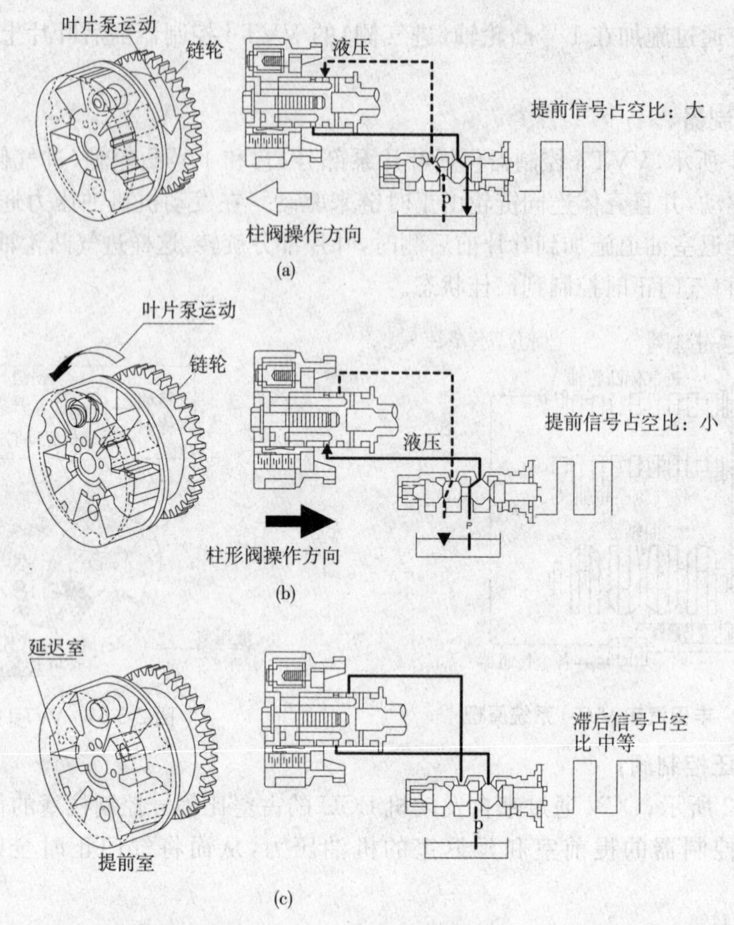

图 2-3-53 OCV 的工作过程

(a)正时提前操作；(b)正时延迟操作；(c)正时保持

第七节 配气机构常见故障的诊断与排除

配气机构传动链长、零件多，旋转、往复运动频繁，运动规律特殊，润滑条件相对较差，工作中由于磨损使各配合副、摩擦副的间隙增大，都会影响到发动机的技术性能。配气机构常见的故障有以下几种。

一、气门脚响

气门脚响是因为气门间隙过大而发出的一种连续而有节奏的金属敲击声。

(1)故障现象。发动机发出清脆有节奏的"哒哒"响声，该响声在发动机任何转速下均能听到，并且响声随发动机转速升高而增大，尤其在怠速、中速时响声更加清晰，其响声不随温度改变和"断火"而变化。

(2)故障原因。气门间隙过大。

(3)诊断方法。响声在汽缸盖处比较明显,拆下气门室盖,发动机怠速运转,用厚薄规依次插入气门间隙处检查,如果插入一个气门后,响声减弱或消失,即为气门间隙过大而发响。

(4)排除方法。重新调整气门间隙。

二、气门漏气

气门漏气是指气门与气门座工作面密封不良,产生气体渗漏,导致汽缸压缩压力下降的现象。

(1)故障现象。发生该故障时,发动机会出现起动困难、进气管回火、排气管放炮、冒烟、燃油消耗增加以及出现异响等现象。

(2)故障原因。气门与气门座工作面磨损、烧蚀、密封不良而漏气;气门与气门座工作面有积炭,气门关闭不严而漏气;气门与气门导管间隙过大,气门杆晃动,导致气门关闭不严而漏气;气门杆在气门导管内发涩或卡住,气门不能上下移动;气门弹簧失去弹性,或弹簧折断。

(3)诊断方法。在排除点火系、燃料系故障原因后,尚不能确定故障时,测量汽缸压缩压力或测量进气歧管的真空度,可以比较准确地确定该故障。测量汽缸压缩压力时,气门漏气的汽缸压缩压力较其他汽缸低。

(4)排除方法。拆卸汽缸盖,对气门组零件进行修理,修磨或更换损坏的气门等零件。

三、凸轮轴响

(1)故障现象。发动机汽缸盖处出现有节奏而较钝的"嗒嗒"响声,发动机一般无其他异常现象。

(2)故障原因。凸轮轴及其轴承间配合松旷;凸轮轴弯曲变形;凸轮轴轴向间隙过大。

(3)诊断方法。在汽缸盖处可听到有节奏而较钝的"嗒嗒"响声,发动机中速运转时比较明显,高速时消失。作单缸断火试验,声响依旧。

(4)排除方法。拆检配气机构,更换故障零件。

四、液力挺柱故障

(1)故障现象。发动机发出类似普通机械气门脚响的现象。

(2)故障原因。发动机机油油面过高或过低,导致有气泡的机油进到液力挺柱中,形成弹性体而产生噪声;机油压力过低;机油泵、集滤器损坏或破裂,使空气吸到机油中去;液力挺柱失效;使用质量低劣的机油。

(3)诊断方法。发动机运转时,出现有节奏的"嗒嗒"声,怠速时明显,中速以上减弱或消失。

(4)排除方法。拆卸油底壳,检查更换机油泵、集滤器;调整机油液面或更换机油;拆检配气机构,更换液力挺柱或气门导管。

本 章 小 结

本章介绍了以下几方面的内容:

◆配气机构的作用、组成、分类;熟悉配气机构的工作原理。

◆配气机构各组成零件的功能、结构。

◆配气机构各组成零件的检修方法。

◆配气相位的概念和配气相位的检测方法。

◆气门间隙的概念及气门间隙的调整方法。

◆典型车型可变气门正时机构的结构原理和检修方法。

◆配气机构常见故障的诊断与排除方法。

复习思考题

1. 配气机构的作用是什么？配气机构由哪几部分组成？各个组成部分的作用是什么？各个组成部分由哪些主要零件组成？

2. 配气机构有哪些类型？

3. 简述配气机构的工作原理。

4. 什么是气门锥角？什么是气门座的锥角？什么是密封干涉角？

5. 气门导管的功用是什么？

6. 气门与气门座的配合要求是什么？

7. 气门的常见耗损有哪些？

8. 如何检查气门杆的直线度？

10. 简述气门座的修理方法。

11. 简述气门杆与气门导管磨损的检修方法。

12. 如何进行气门的密封性检验？

13. 气门传动组由哪些零件组成？气门传动组的作用是什么？

14. 简述液力挺柱的结构和工作原理？

15. 如何进行凸轮轴弯曲变形的检查与校直？

16. 如何进行凸轮轴凸轮磨损的检查？

17. 如何进行凸轮轴径向间隙的检测与调整？

18. 如何进行凸轮轴轴向间隙的检查与调整？

19. 什么叫配气相位？

20. 气门为什么要早开晚闭？

21. 什么叫气门重叠角？

22. 影响配气相位变化的因素有哪些？

23. 简述配气相位的检查和调整方法。

24. 什么叫气门间隙？如何进行气门间隙的调整？

25. 简述本田可变气门正时机构的结构原理与检修方法。

26. 简述大众/奥迪车系可变气门正时系统结构与检修方法。

27. 简述丰田汽车 VVT-i 系统的结构原理。

28. 气门脚响的特征是什么？导致气门脚响的原因有哪些？如何进行气门脚响故障诊断与排除？

29. 气门漏气的特征是什么？导致气门漏气的原因有哪些？如何进行气门漏气故障诊断

与排除？

30.凸轮轴响的特征是什么？导致凸轮轴响的原因有哪些？如何进行凸轮轴响故障诊断与排除？

31.液力挺柱故障的特征是什么？导致液力挺柱故障的原因有哪些？如何进行液力挺柱故障故障诊断与排除？

第四章　汽油机燃料供给系统结构与检修

本章要点

通过本章的学习：

★熟悉汽油喷射的基本概念、类型及基本组成。

★掌握汽油喷射发动机进气系统主要部件的结构与检修方法。

★熟悉电子节气门系统结构与检修方法。

★熟悉怠速控制系统结构与检修方法。

★熟悉进气增压控制系统的结构与检修方法。

★掌握汽油喷射发动机汽油系统主要部件结构与检修。

★熟悉喷油器易损故障的类型及原因，熟悉喷油器堵塞故障的检测诊断方法。

★掌握油路故障诊断方法。

★掌握汽油喷射发动机电控系统主要部件结构与检修。

★熟悉宽量程氧传感器的结构原理。

★熟悉 ECU 结构与检修方法。

★熟悉电控汽油喷射系统主要元件的故障现象。

★掌握电控汽油喷射发动机常见故障诊断与排除方法。

汽油要在汽缸内燃烧，须先喷成雾状（雾化），并进行蒸发，与适量空气均匀混合。这种按一定比例混合的汽油与空气的混合物，称为可燃混合气。可燃混合气中汽油含量的多少称为可燃混合气的浓度（成分）。汽油机燃料供给系的作用是：不断地输送滤清的汽油和清洁的新鲜空气，根据发动机各种不同工作情况的要求，配制出一定数量和浓度的可燃混合气，供入汽缸，并在燃烧作功后，将废气排入大气中去。汽油机燃料供给系按混合气形成的方式不同，可分为化油器式和汽油喷射式。由于化油器式汽油供给系统面临淘汰，本章着重介绍电控汽油喷射式系统的结构与检修。

第一节　汽油喷射的基本概念、类型及基本组成

一、汽油喷射的基本概念

在直接或间搭铁检测发动机吸入的空气量的同时，按设定的空燃比供给与之相适应的汽油量的过程称作混合气配制。汽油发动机的混合气配制，按汽油的供给方法，可分为化油器式

和汽油喷射式两种。它们的不同点见表 2-4-1。

化油器式和汽油喷射式汽油供给系统的区别　　　　表 2-4-1

项 目	化 油 器 式	汽油喷射式
构成	化油器 1 2 3 4 5 6 7	汽油喷射 3 5 7 8 9 10
汽油供给方式	利用空气流动时在喉管处产生的负压，把汽油吸向节气门上部的进气通道中	通过把来自控制装置的喷油脉冲信号传给喷油器，由喷油器把适量的汽油喷射到进气通道中
图注	1-汽油；2-喉管；3-空气；4-化油器；5-节气门；6-浮子室；7-发动机；8-控制装置；9-加压汽油；10-喷油器	

当用化油器供油时，在节气门上方有一喉管，利用空气流动时在喉管处产生的负压，将浮子室中的汽油连续吸出并输送给发动机，其作用与喷雾器相同。

当采用汽油喷射供油时，其供油系统由空气系统、汽油系统和控制系统的部件构成。根据检测的空气量信号以及各种工况参数的信号，由发动机 ECU 计算出发动机燃烧所需要的汽油量，并向喷油器提供喷油脉冲信号，然后将加有一定压力的汽油，通过喷油器供给发动机。

二、汽油喷射系统的分类

1. 按汽油喷射的位置分类

根据汽油喷射的位置，汽油喷射系统可分为直接喷射到汽缸内部的缸内直接喷射系统和喷射到进气管内的缸外进气管汽油喷射系统两大类。而进气管汽油喷射系统又分为单点汽油喷射系统和多点汽油喷射系统。

缸内直接喷射系统是将喷油器安装于汽缸盖上，直接向汽缸内喷油，目前此类喷射方式已逐渐普及使用。

多点汽油喷射系统 MPI（Multi Point Injection）是指在每一缸的进气门前均安装 1 只喷油器（图 2-4-1a），喷油器适时喷油。空气和汽油在进气门附近形成汽油混合气，这种喷油系统能较好地保证各缸混合气的均匀。如 Bosch 公司 L-Jetronic 系统、GM 公司 EFI 系统和日产公司 EGI 系统等。

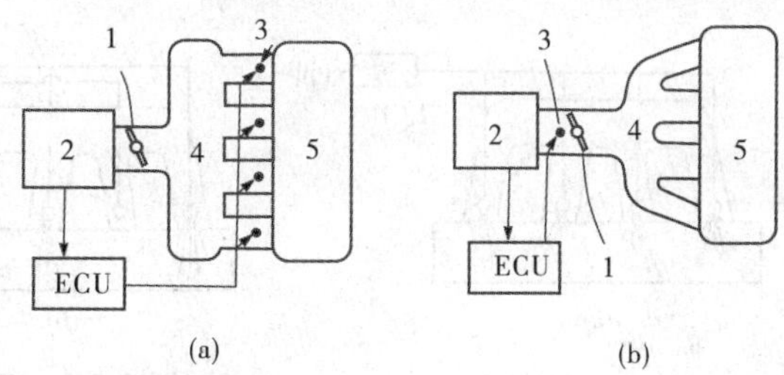

图 2-4-1　MP1 和 SP1 的构成

(a)多点喷射系统(MPI)；(b)单点喷射系统(SPI)

1-节气门；2-空气流量传感器；3-喷油器；4-进气管；5-发动机

单点汽油喷射系统 SPI（Single Point Injection）是指在进气管集合部（节气门体上）

只装1只或2只喷油器(图2-4-1b),向进气歧管中喷油形成可燃混合气,进气行程时,汽油混合气被吸入汽缸内,喷油间隔角与喷油器个数和发动机汽缸数有关,图2-4-2所示为四缸机单点汽油喷射定时图,图中各缸的喷油间隔角为180°。这种喷射系统因喷油器位于节气门体上集中喷射,故又称为节气门体喷射系统或集中喷射系统。如GM公司TBI系统、Ford公司CFI系统和Bosch公司Mono Jetronic系统等。

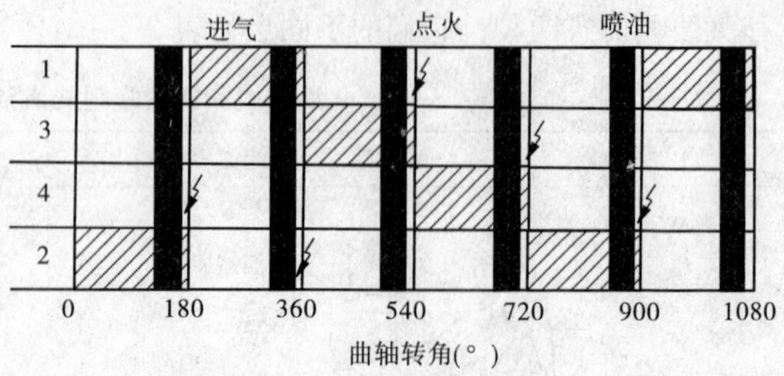

图2-4-2 单点喷射定时图

2. 按喷射时刻分类

按汽油喷射时刻,汽油喷射系统可以分为连续喷射系统和间歇喷射系统。

(1)连续喷射是喷油器稳定地、连续地喷油,其流量正比于进入汽缸的空气量。该喷射方式大多应用于机械式或机电混合式汽油喷射系统中,在发动机运转期间汽油连续不断地喷射,其喷油量的大小不取决于喷油器,而取决于汽油计量分配器中汽油计量槽孔的开度及进出油口间的压差。如Bosch公司K-Jetronic和KE-Jetronic系统。

(2)间歇喷射又可分为与发动机转速同步的同步喷射和与发动机转速不同步的异步喷射两种喷射方式。间歇喷射广泛地应用于当代电控汽油喷射系统中,在发动机运转期间汽油间歇喷射,其喷油量大小取决于喷油器开启持续时间,即ECU指令的喷油脉冲宽度。

3. 按喷射时序分类

按喷射时序,多点间歇汽油喷射系统分为同时喷射、分组喷射和次序喷射。

如图2-4-3所示,同时喷射(图2-4-3a)是指发动机在运转期间,各缸喷油器同时开启且同时关闭,由ECU的同一个喷油指令控制所有的喷油器同时动作。图2-4-4所示为六缸机同时喷射定时图。分组喷射(图2-4-3b)是将喷油器分成两组或三组(六缸机)交替喷射,ECU发出两路或三路(六缸机)喷油指令,每路指令控制一组喷油器。图2-4-5和图2-4-6所示分别是六缸发动机分二组和三组时喷射定时图。次序喷射(图2-4-3c)是指喷油器按发动机各缸进气行程的顺序轮流喷射,它具有喷射正时,由ECU根据曲轴转角(位置)传感器提供的信号,辨别各缸的进气行程,适时发出各缸的喷油脉冲信号,以实现次序喷射的功能。图2-4-7所示为四缸机多点顺序喷射定时图,图中各缸的喷油间隔角为180°,而每个喷油器的喷油间隔角为720°,每个喷油器的喷油时间可以变宽。

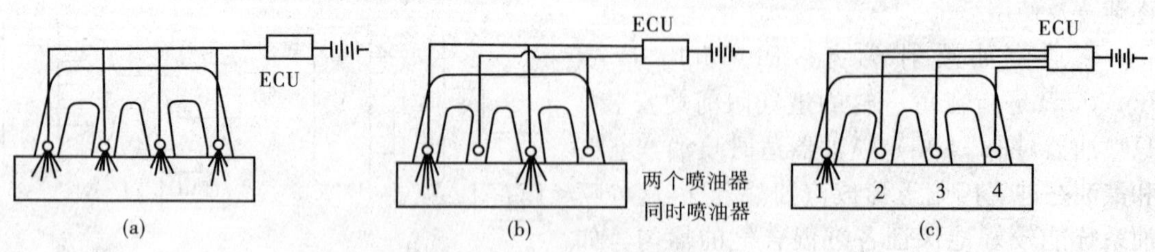

图2-4-3 喷油器喷射时序

(a)同时喷射;(b)分组喷射;(c)次序喷射

4. 按喷射装置的控制方式分类

汽油喷射系统按喷射装置的控制方式,分为机械式汽油喷射系统、机电混合式汽油喷射系统和电子控制式汽油喷射系统。

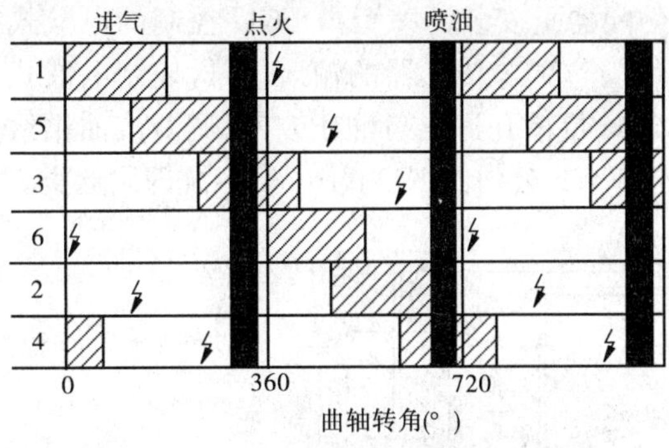

图 2-4-4 同时喷射定时图(六缸机)

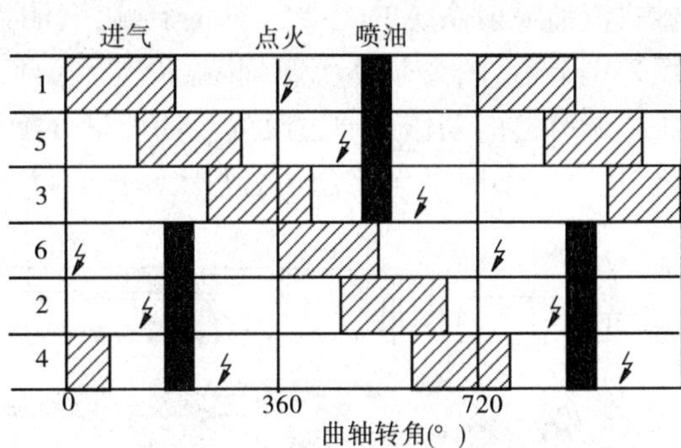

图 2-4-5 分二组喷射定时图(六缸机)

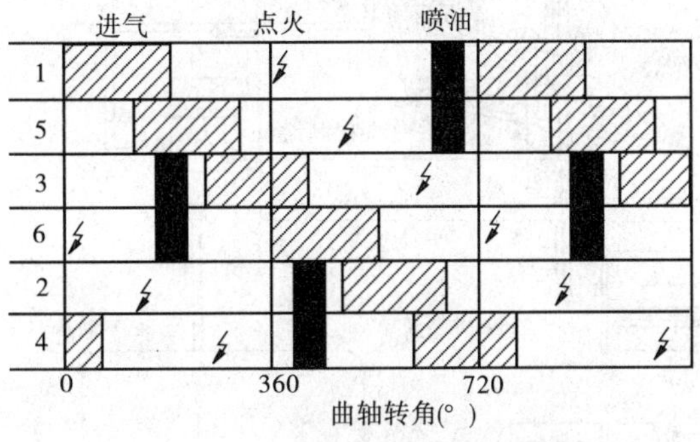

图 2-4-6 分三组喷射定时图(六缸机)

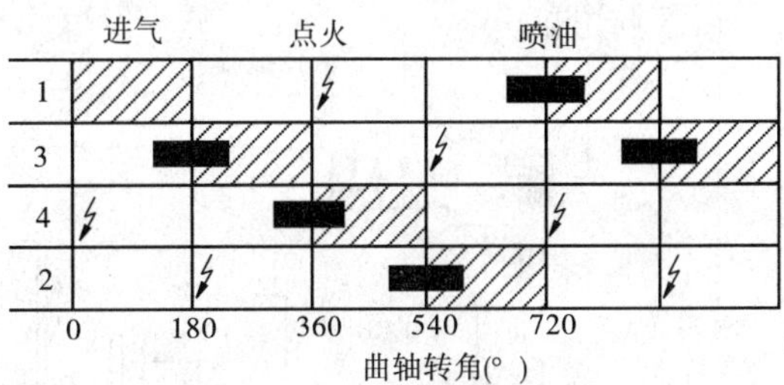

图 2-4-7 四缸多点顺序喷射定时图

(1)机械式汽油喷射系统的空气流量传感器与汽油计量分配器组合在一起(图 2-4-8),空气流量传感器检测空气流量的大小后,靠连接杆(杠杆)传动操纵汽油计量分配器的柱塞动作,以汽油计量槽孔开度的大小控制喷油量,达到控制混合气空燃比的目的。如 Bosch 公司的 K-Jetronic 系统即属此类。

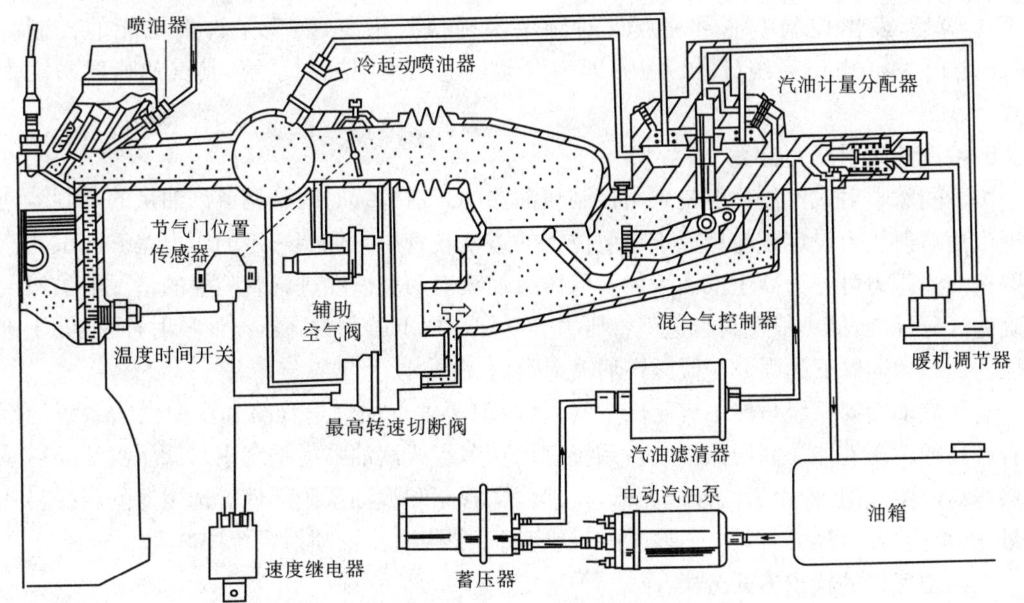

图 2-4-8 机械式汽油喷射系统

(2)机电混合式汽油喷射系统是在机械式汽油喷射系统的基础上加以改进的产品,它与机械式汽油喷射系统的主要区别在于:在汽油计量分配器上安装了一个由 ECU 控制的电液式压差调节器(图 2-4-9),ECU 根据冷却液温度、节气门位置等传感器的输入信号,控制电液式压差调节器的动作。通过改变汽油计量分配器汽油计量槽孔进出口油压差,以调节汽油供给量,达到对不同工况混合气空燃比修正的目的。如 Bosch 公司的 KE-Jetronic 系统即属此类。

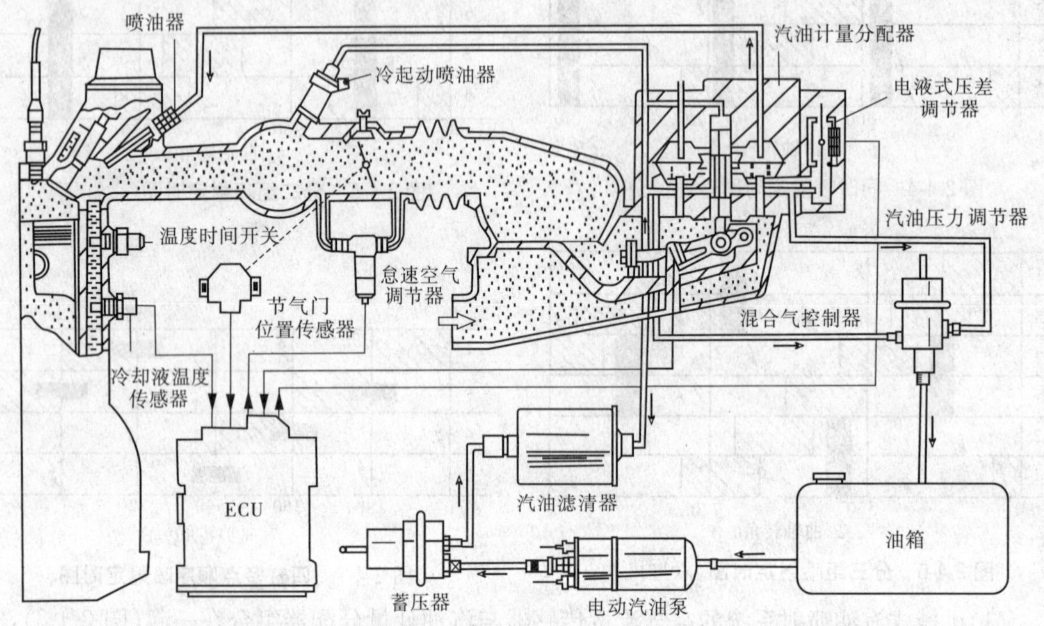

图 2-4-9 机电混合式汽油喷射系统

(3)电控式汽油喷射系统早期大多只控制汽油喷射,20 世纪 80 年代开始与点火控制一起构成发动机电子集中控制系统。它根据各种传感器送至 ECU 的发动机运行状况的信号,由 ECU 运算后,发出控制喷油量和点火时刻等多种执行指令,实现了许多机能的控制。如 Bosch 公司 Motronic 系统(图 2-4-10)即为发动机电子集中控制系统,其汽油喷射系统为电控式。

5. 按汽油喷射压力分类

由于间歇喷射式汽油喷射是采用控制喷油器的开启持续时间来调节汽油量的,因此,通常总把汽油喷射压力设定成与相应于喷射位置的进气歧管压力保持一定的压力差。间歇式汽油喷射按汽油压力可分为高压汽油喷射和低压汽油喷射两类。在进气管喷射的情况下虽然没有明确的区分标准,但一般把高于进气管压力 200 kPa 以上的称为高压汽油喷射,而把低于进气管压力 200 kPa 以下的则分在低压汽油喷射类内。

高压汽油喷射系统虽然不容易产生气阻,但却要求汽油输送管路和汽油供给系统的部件要有较高的耐压性能。高压汽油喷射系统多用在多点式汽油喷射系统中。低压汽油喷射系统虽然容易产生气阻,但由于汽油压力低,汽油输送管路和汽油系统部件可选用低耐压材料达到轻量化、小型化的目的。低压汽油喷射广泛应用于单点式汽油喷射系统中。

6. 按空气量的检出方式分类

如图 2-4-11 所示,发动机的吸入空气量可根据节气门开度或进气管压力和发动机转速基

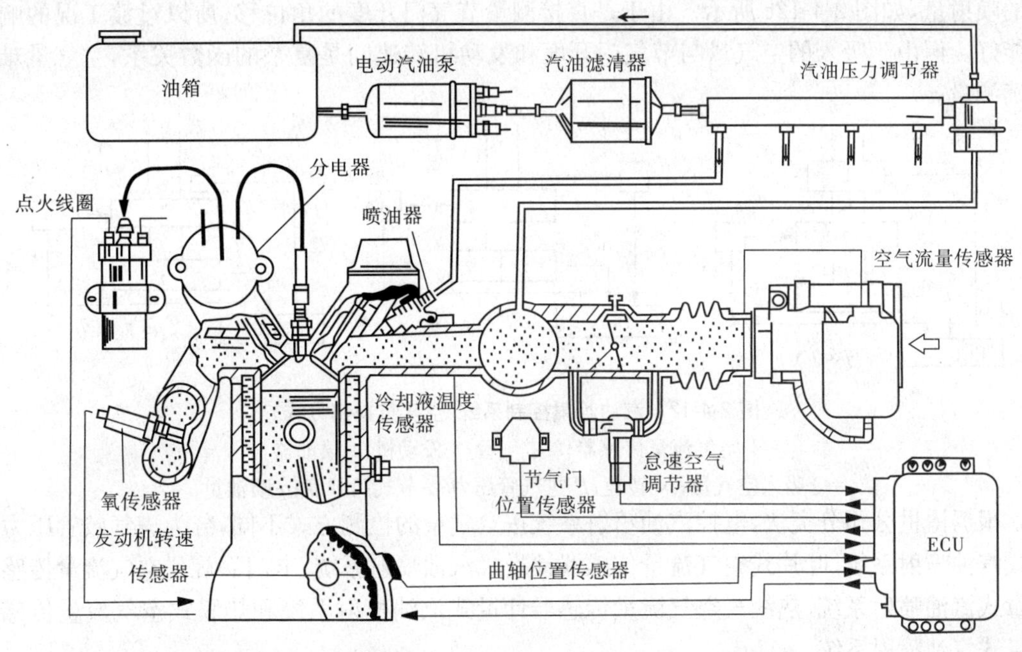

图 2-4-10　电控式汽油喷射系统

本推算出来，吸入空气量的检测可分为直接检测和间接检测两类。直接检测叫作质量流量（Mass Flow）方式。间接检测则有两种方式，一种是根据进气管压力和发动机转速，推算吸入的空气量并计算出汽油量的速度密度（Speed Density）方式；另一种是根据节气门开度和发动机转速，推算吸入的空气量并计算汽油量的节流速度（Throttle Speed）方式。利用上述三种方式的汽油喷射控制系分别如图 2-4-12 所示。

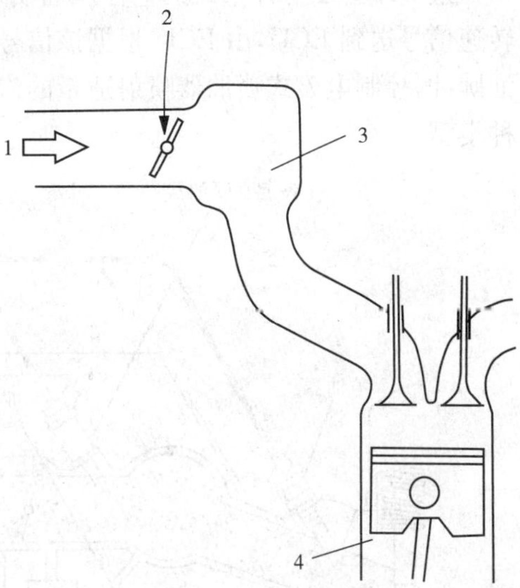

质量流量方式是利用空气流量传感器（Air Flow Meter）直接测量吸入的空气量。ECU 根据测得的空气流量和发动机转速计算出需要喷射的汽油量并控制喷油器工作。这里的空气流量是每一工作循环吸入的空气量，可由单位时间测得的空气量除工作循环数求得，如图 2-4-12a 所示。

图 2-4-11　进气系统概念图

1-空气流量；2-节气门开度；3-进气管压力；4-发动机转速

速度密度方式是利用发动机的转速和进气管压力推算出每一循环吸入发动机的空气量，再根据推算出的空气量计算汽油的喷射量，如图 2-4-12b 所示。从燃料调剂的观点来看，发动机汽油流量范围约为 80 倍，转速变化范围为 10 倍。因此，燃料调剂的范围约为 8 倍，精度容易控制。但由于进气管压力与空气流量呈非线性关系（不成简单的函数关系），在检测过渡状态下的吸入空气量时，需要进行修正，并且进行废气再循环时进气管压力要发生变化，所以不容易精确地检测吸入的空气量。节流速度方式是利用节气门开度和发动机转速，推算每一循环吸入发动机的空气量，根据推算出的空气量，计算汽油的喷射量，如图 2-4-12c 所示。由于是直接测量节气门开度的角位移，所以过渡工况的响应性能好。但由于吸入的空气量与节气门开度和发动机转速间是复杂的函数关系，空气量难于精确测量。

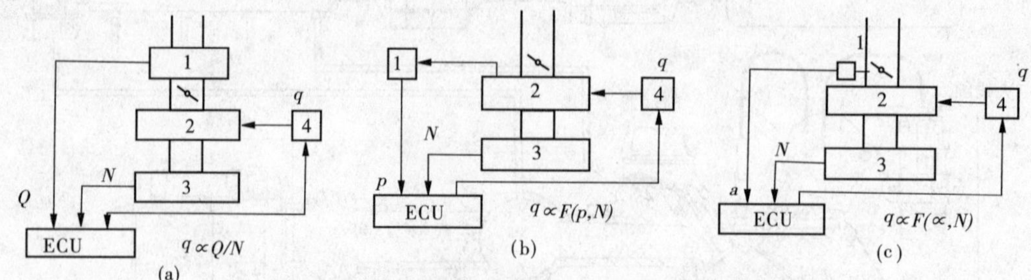

图 2-4-12　汽油喷射控制系统(空气量检出方式)

1-空气流量传感器；2-进气管；3-发动机；4-喷油器

Q-吸入空气量；N-转速；P-进气管压力；α-节气门开度；q-喷油量

根据博世公司分类法，电控汽油喷射系统按空气量的检测方式不同，分为进气歧管压力计量式汽油喷射系统、叶片式空气流量传感器计量式汽油喷射系统、卡门涡旋式空气流量传感器计量式汽油喷射系统、热线式空气流量传感器计量式汽油喷射系统和热膜式空气流量传感器计量式汽油喷射系统。

进气歧管压力计量式的电控汽油喷射系统(即前述速度密度式)是将进气歧管绝对压力和转速信号送到 ECU，由 ECU 根据该信号计算出吸入发动机的空气量，再产生与之相对应的喷油脉冲，控制电磁式喷油器喷射适量的汽油(图 2-4-13)。Bosch 公司的 D-Jetronic 系统即为这种类型。

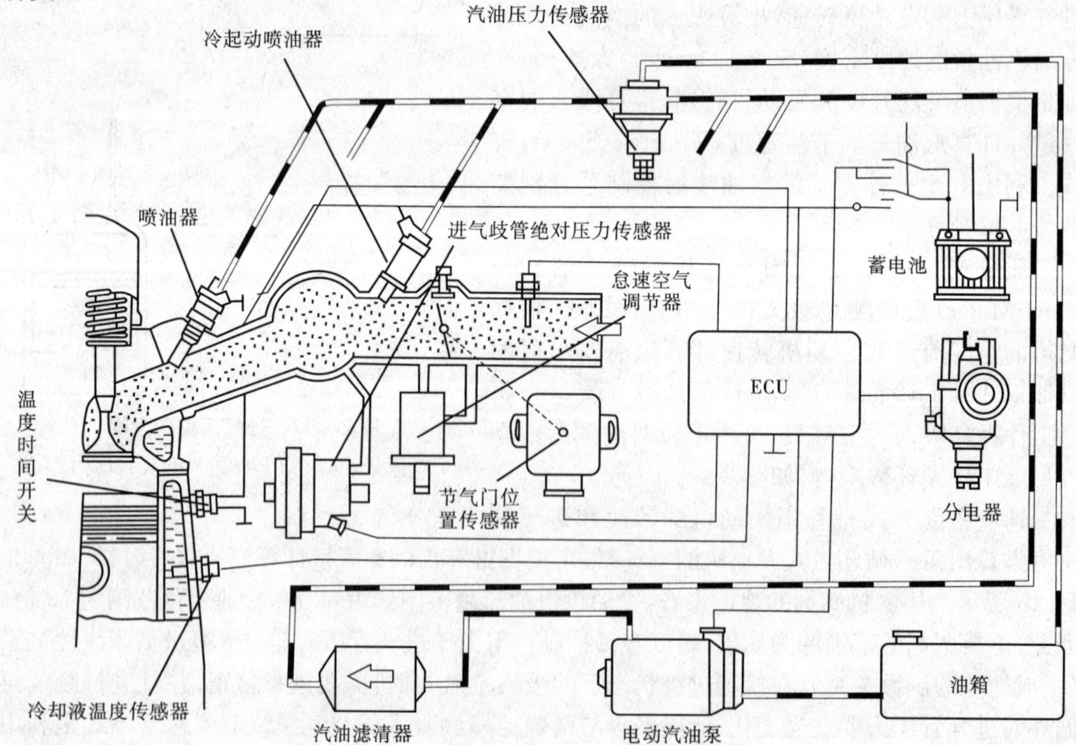

图 2-4-13　进气歧管压力计量式电控汽油喷射系统

采用叶片式空气流量传感器和卡门涡旋式空气流量传感器的电控汽油喷射系统，其空气量的计量方式均属体积流量型，即通过计量汽缸充气的体积量，将物理量转变为电信号输送至ECU，ECU计算出与该体积的空气相适应的喷油量，以控制混合气空燃比在最佳值。Bosch公司将这种类型的电控汽油喷射系统称之为L-Jetronic系统（图2-4-14），而Bosch公司与日本几家主要汽车公司协作生产类似的电控汽油喷射系统，又有各自不同的名称。如日产的EGI系统、丰田的EFI系统和五十铃的ECGI系统均为Bosch公司L-Jetronic系统的派生。

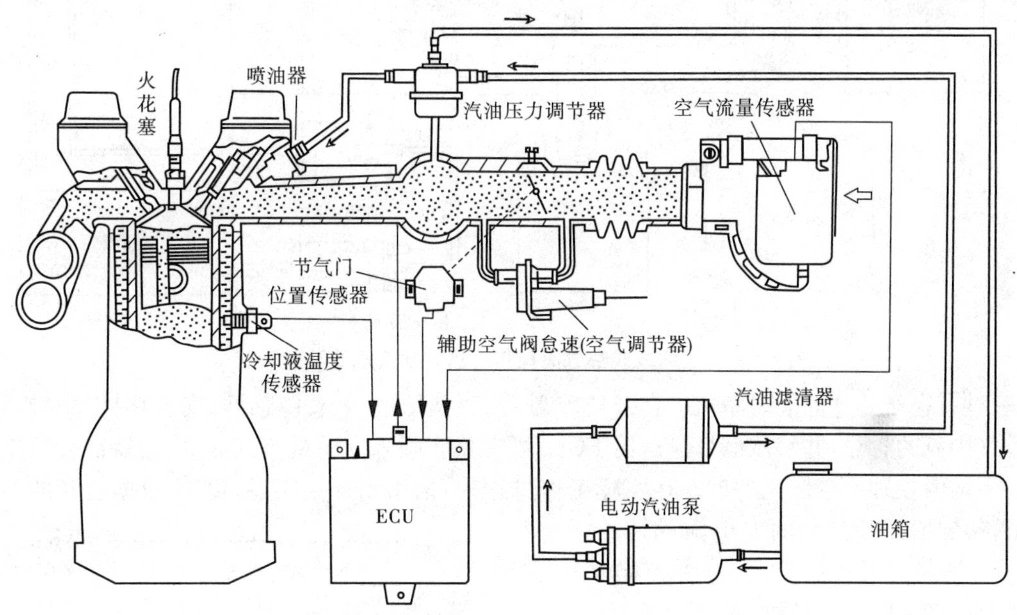

图 2-4-14　叶片式空气流量传感器计量基汽油喷射系统

由于电控汽油喷射系统采用体积流量型的空气计量方式时，需要考虑大气压力的修正问题，且翼片式空气流量传感器体积大，不便安装，以及加速响应慢等缺点，致使以质量流量型的空气计量方法，即热线式和热膜式空气流量传感器很快诞生。采用这种方法计量空气的电控汽油喷射系统，是直接测量进入汽缸内的空气的质量，将该空气的质量转换成电信号，输送给ECU，由ECU根据空气的质量计算出与之相适应的喷油量，以控制混合气空燃比的最佳值。如Bosch公司的LH-Jetronic系统为热线式空气流量传感器计量式汽油喷射系统（图2-4-15）、GM公司的SFI系统为热膜式电控汽油喷射系统。

7.按控制系统有无反馈分类

按控制系统有无反馈，可将汽油喷射系统分为开环控制系统和闭环控制系统两类。

(1)开环控制系统。发动机的各工况控制参数（喷油量和点火提前角）存储于ECU的存储器ROM中，在发动机运行中，ECU检测发动机的各输入量，根据这些输入量，从ROM中查取相应的控制参数输出控制信号，而不去检测控制结果，对控制结果的好坏不能作出分析判断，这种控制系统称为开环控制系统。所以，在ROM中固化的参数必须是经过大量实验分析和优化的结果，是发动机运行中的最佳值。

(2)闭环控制系统。为了获得高的经济性和小的排污量，加上目前排放法规日益严格，在排气系统中均安装了三效催化转化器，以同时处理排气中CO、HC和NOx三种有害气体成分，降低排放污染。而三效催化转化器的净化能力与混合气的空燃比有关，在理论空燃比附

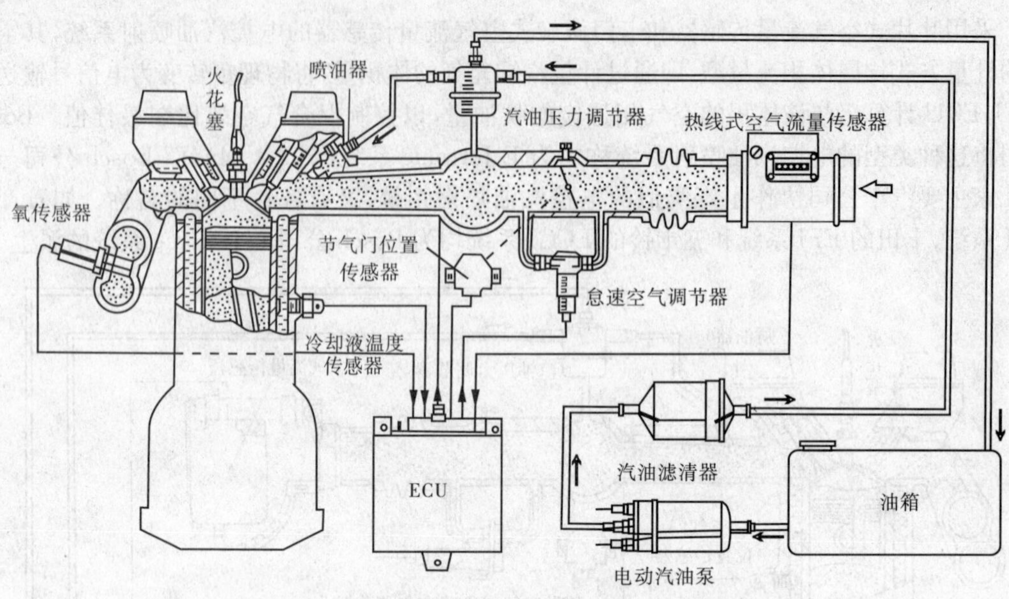

图 2-4-15 热线式空气流量传感器计量式汽油喷射系统

近，三种有害气体才能同时净化。在开环控制系统中增加一个氧传感器，安置在排气管内，监测排气中氧的含量，并将该信号输送给 ECU，随时修正喷入发动机的汽油量，维持混合气空燃比的平均值在理论空燃比附近。在实际工作过程中，采用闭环控制后，ECU 根据检测的实际结果，决定增减喷油量的大小，而不再根据其他输入信号进行控制，这种控制又称为反馈控制。在空燃比控制过程中，可用氧传感器监测混合气的浓度，一旦检测到混合气浓的信号，就控制减少喷油量，反之，增加喷油量。闭环控制式汽油喷射系统的控制框图如图 2-4-16 所示。由于闭环控制只适合于部分工况，所以，系统中不能全部采用闭环控制，而且闭环控制中其他的基本控制量也必须是固定的，但是闭环控制精度高，不受发动机各零件老化、磨损的影响，所以目前开环与闭环都广泛应用在电控汽油喷射系统中。

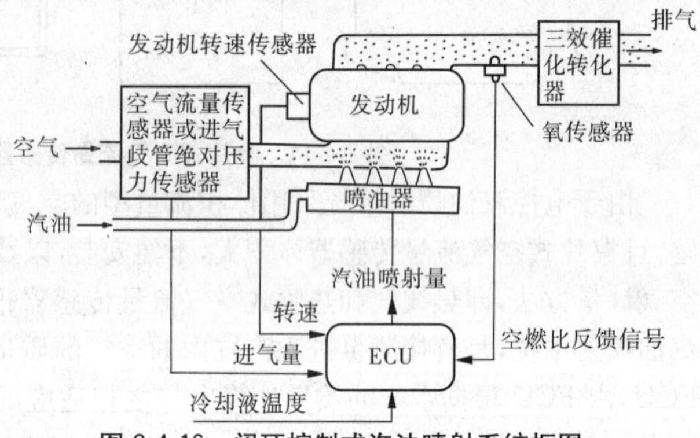

图 2-4-16 闭环控制式汽油喷射系统框图

三、电控汽油喷射系统的基本组成及功能

电控汽油喷射系统尽管类型不少，品种繁多，但它们都具有相同的控制原则：即以电控单元(ECU)为控制核心，以空气流量和发动机转速为控制基础，以喷油器等为控制对象，保证获得与发动机各种工况相匹配的最佳混合气成分。相同的控制原则决定了各类电控汽油喷射系统具有相同的组成和类似的结构。电控汽油喷射系统大致由进气系统、汽油系统和电子控制系统等三个部分组成。图 2-4-17 所示为常见电控汽油喷射系统在汽车上的安装情况及零件分配图。

1. 进气系统

进气系统的功用，是测量和控制汽油燃烧时所需的空气量，为发动机可燃混合气的形成提供必需的空气。图 2-4-18 和 2-4-19 所示分别为 L 型和 D 型进气系统结构示意图。空气经过空气滤清器过滤后，用空气流量传感器或进气歧管绝对压力传感器进行测量，然后通过节气门体到达稳压箱，再分配给各缸进气管。在进气管内，由喷油器中喷出的汽油与空气混合后被吸入汽缸内进行燃烧。

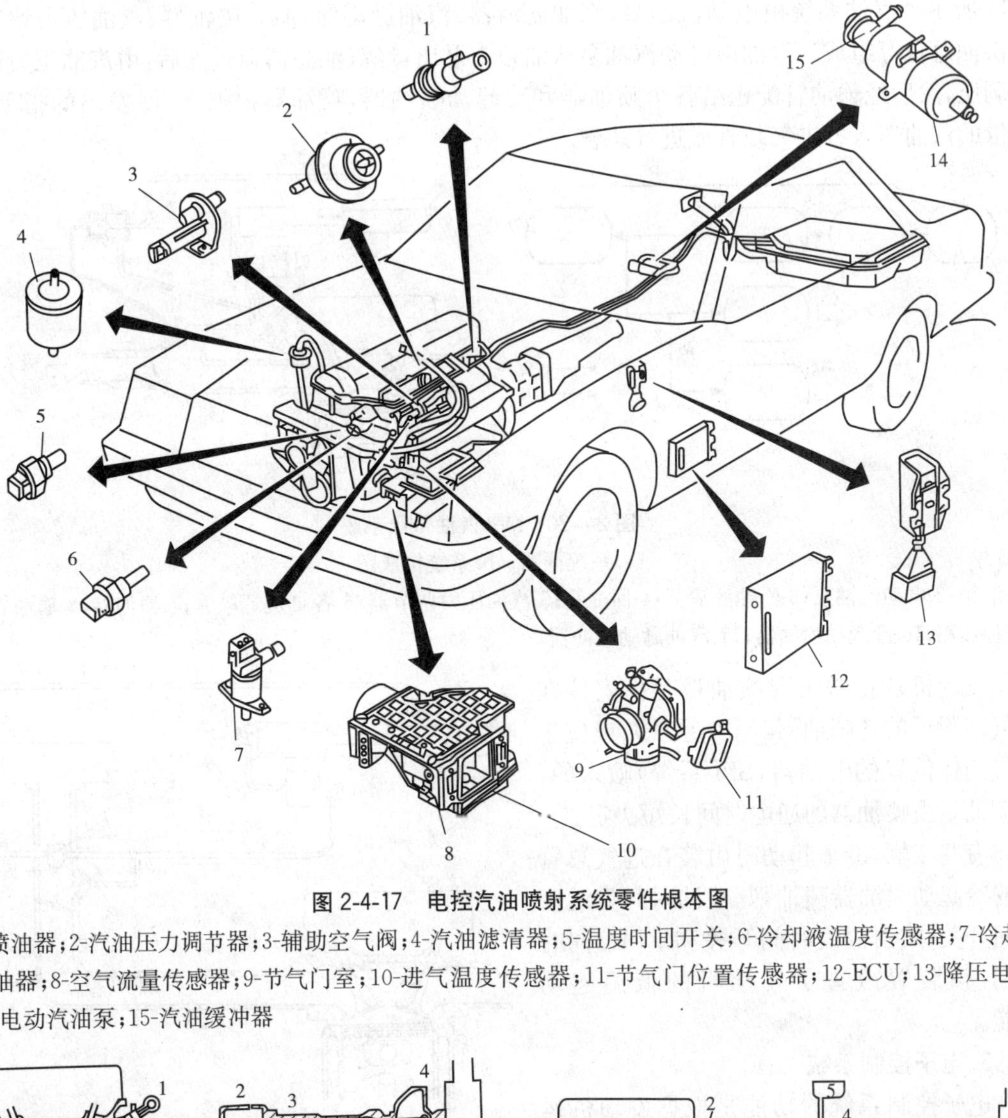

图 2-4-17　电控汽油喷射系统零件根本图

1-喷油器；2-汽油压力调节器；3-辅助空气阀；4-汽油滤清器；5-温度时间开关；6-冷却液温度传感器；7-冷起动喷油器；8-空气流量传感器；9-节气门室；10-进气温度传感器；11-节气门位置传感器；12-ECU；13-降压电阻；14-电动汽油泵；15-汽油缓冲器

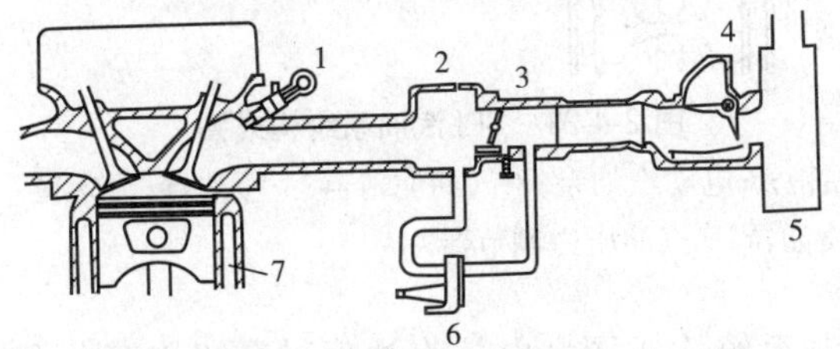

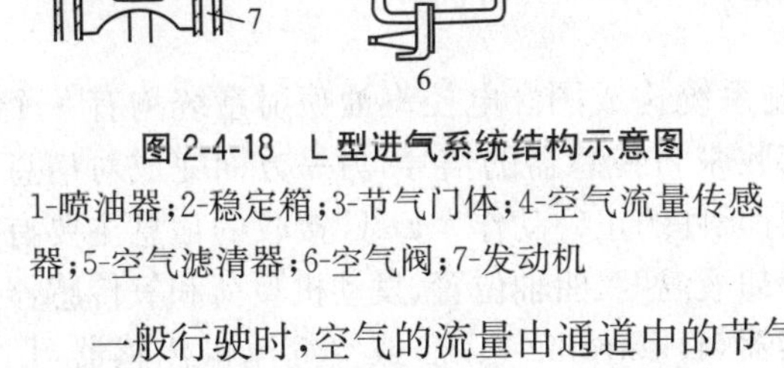

图 2-4-18　L 型进气系统结构示意图

1-喷油器；2-稳定箱；3-节气门体；4-空气流量传感器；5-空气滤清器；6-空气阀；7-发动机

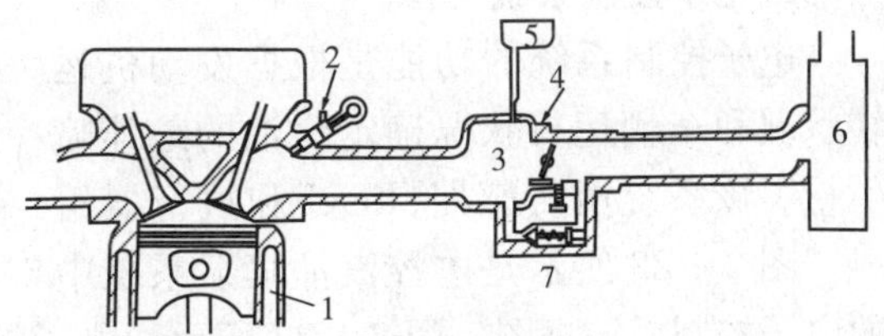

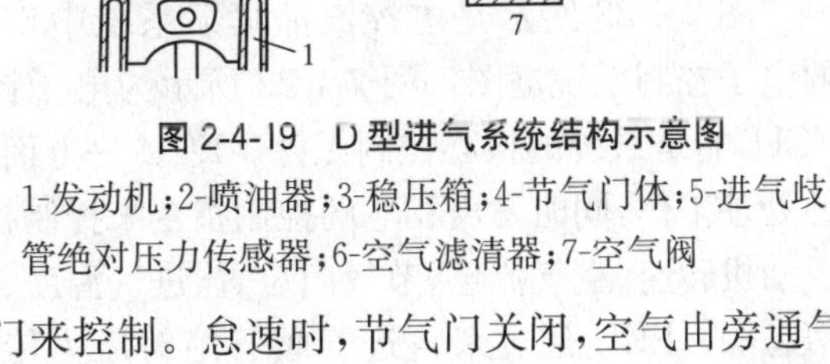

图 2-4-19　D 型进气系统结构示意图

1-发动机；2-喷油器；3-稳压箱；4-节气门体；5-进气歧管绝对压力传感器；6-空气滤清器；7-空气阀

一般行驶时，空气的流量由通道中的节气门来控制。怠速时，节气门关闭，空气由旁通气道通过。怠速转速的控制是由怠速调整螺钉和怠速空气调节器调整流经旁通气道的空气量来实现的。

2. 汽油供给系统

汽油供给系统的功用是向汽缸内供给燃烧时所需要的汽油量，其构成如图 2-4-20 和图 2-4-21 所示。汽油系统由电动汽油泵、汽油滤清器、汽油脉动缓冲器、喷油器、汽油压力调节器及供油总管等组成。汽油由电动汽油泵从油箱中泵出，经汽油滤清器过滤后，由汽油压力调节器调压，然后经输油管配送给各个喷油器和冷起动喷油器，喷油器根据 ECU 发出的指令，将适量的汽油喷入各进气歧管或进气总管。

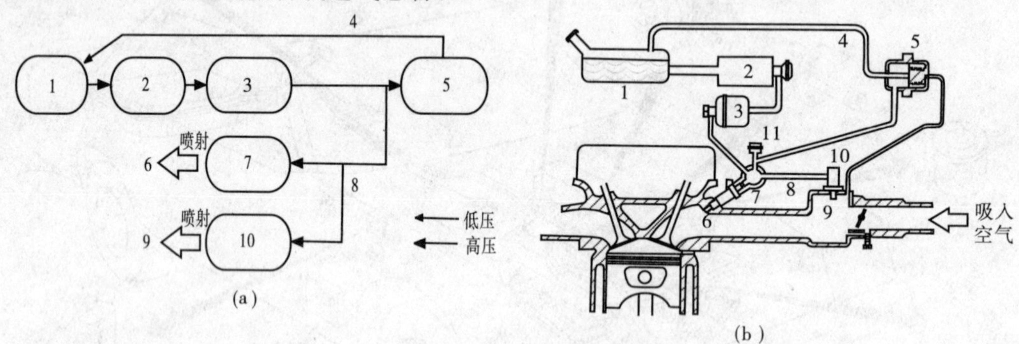

图 2-4-20　MPI 汽油供给系统

(a)系统框图；(b)系统构成图

1-油箱；2-电动汽油泵；3-汽油滤清器；4-回油管；5-汽油压力调节器；6-各缸进气歧管；7-喷油器；8-输油管；9-稳压箱；10-冷起动喷油器；11-汽油脉动缓冲器

发动机各正常工况喷油量是由安装在进气门附近的各喷油器(MPI 系统)，或位于节气门体位置的喷油器(SPI 系统)喷入的，其喷油量由喷油器的通电时间长短决定。

有些车辆，冷车起动时由装在进气总管处的冷起动喷油器喷油，其喷油时间受温度时间开关(或由温度时间开关和 ECU)同时控制，该装置改善了发动机的低温起动性能。

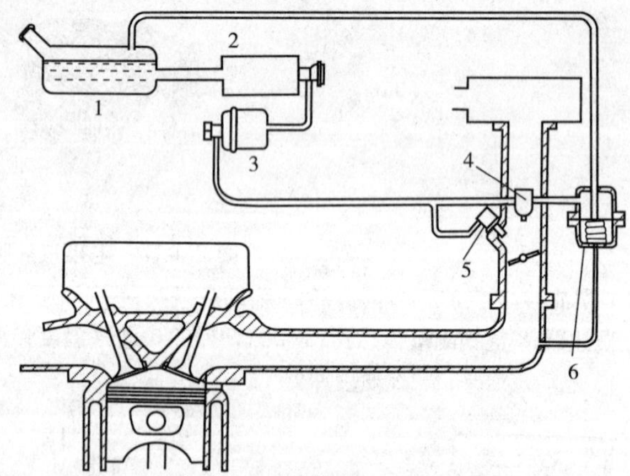

图 2-4-21　SPI 汽油系统构成图

1-油箱；2-电动汽油泵；3-汽油滤清器；4-喷油器；5-冷起动喷油器；6-汽油压力调节器

3. 电子控制系统

电子控制系统的功能是根据发动机运转状况和车辆运行状况确定汽油的最佳喷射量。该系统由传感器、ECU 和执行器组成。图 2-4-22 所示是电控汽油喷射系统中的电子控制系统框图。图 2-4-23 所示为电子控制系统构成图。电控汽油喷射系统均有一个 ECU，它是系统的核心控制元件。ECU 一方面接收来自传感器的信号；另一方面完成对信息的处理工作，同时发出相应的控制指令来控制执行元件的正确动作。ECU 接收的信息主要有发动机转速、空气流量、节气门位置、进气温度、冷却液温度、曲轴位置、发动机负荷和氧传感器信息等。ECU 通过来自进气歧管绝对压力传感器(D-Jetronic 系统)或空气流量传感器(L-

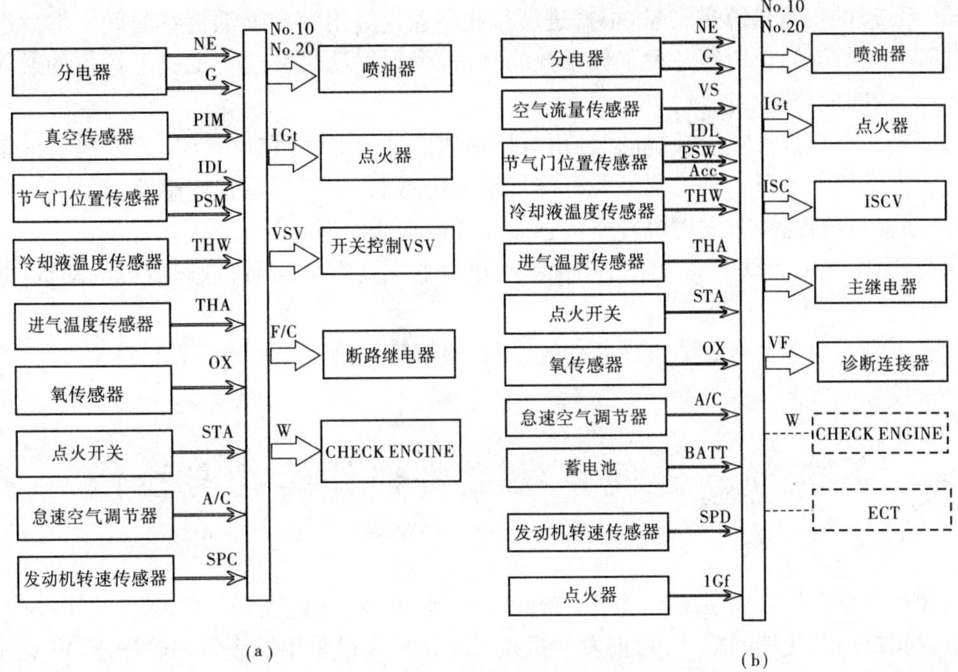

图 2-4-22 电子控制系统框图

(a)D 型电控系统框图;(b)L 型电控系统框图

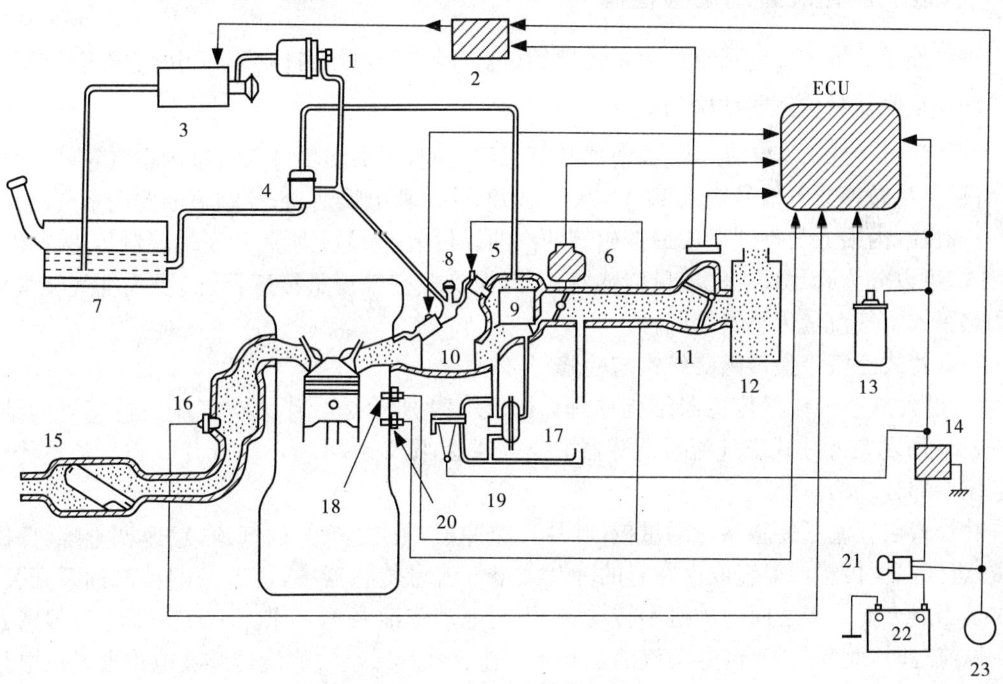

图 2-4-23 电子控制系统构成图

1-汽油滤清器;2-断路继电器;3-电动汽油泵;4-汽油压力调节器;5-冷起动喷油器;6-节气门位置传感器;7-油箱;8-汽油脉动缓冲器;9-稳压箱;10-喷油器;11-空气流量传感器;12-空气滤清器;13-点火线圈;14-主继电器;15-三效催化转化器;16-氧传感器;17-真空限制器;18-温度时间开关;19-怠速空气调节器;20-冷却液温度传感器;21-点火开关;22-蓄电池;23-起动装置

Jetronic 系统)的信号计算进气量,根据进气量和转速计算出基本喷油持续时间。然后进行温度、海拔高度、节气门位置等各种工作参数的修正,得到发动机在这一工况下运行的最佳喷油持续时间,精确地控制喷油量。

传感器是电控汽油喷射系统的"触角",是感知信息的部件,它负责向 ECU 提供汽车的运行状况和发动机的工况。传感器主要有空气流量传感器、节气门位置传感器、氧传感器、爆震传感器、曲轴转角传感器、发动机转速传感器及各种温度传感器等。

执行器负责执行 ECU 发出的各项指令,执行器主要有喷油器、怠速步进电动机、电动汽油泵、继电器和点火线圈等。

电子控制系统还具有故障自诊断功能,可存储故障代码。

第二节 进气系统主要部件结构与检修

当代汽车发动机电控系统的进气系统除了控制、调节、测量进气量的装置以外,为了提高充气系数和提高进气控制精度,目前发动机进气系统中大量采用了废气涡轮增压、可变进气管长度、电子节气门等技术。

一、进气测量装置结构与检修

进气测量装置主要包括空气流量传感器、进气歧管绝对压力传感器和进气温度传感器。

(一)空气流量传感器结构与检修

空气流量传感器安装在空气滤清器和节气门之间,用来测量进入汽缸内空气量的多少,然后,将进气量转换成电信号输入 ECU,从而由 ECU 计算出喷油量,控制喷油器向节气门室(进气管)或汽缸内喷入与进气量成最佳比例的汽油。目前,汽车上所用的空气流量传感器按照结构形式,可以分为叶片式空气流量传感器、卡门涡旋式空气流量传感器、热线式空气流量传感器和热膜式空气流量传感器等四种。

1.叶片式空气流量传感器结构与检修

(1)叶片式空气流量传感器结构原理。图 2-4-24 所示是叶片式空气流量传感器的结构,图 2-4-25 所示是叶片式空气流量传感器的空气通道,图 2-4-26 所示是叶片式空气流量传感器的电位器部分结构。

叶片式空气流量传感器由测量板(叶片)、缓冲板、阻尼室、旁通气道、怠速调整螺钉、回位弹簧、进气温度传感器等组成。在有的叶片式空气流量传感器中,还有一电动汽油泵开关,其作用是当点火开关接通而发动机不转动时,控制电动汽油泵不工作。一旦空气流量传感器中有空气流过时,此开关闭合,电动汽油泵开始工作。叶片式空气流量传感器电位器是以电位变化检测空气量的装置,它与空气流量传感器测量板同轴安装,能把因测量板开度而产生的滑动电阻变化转换为电压信号,并送给 ECU(图 2-4-27 a)。图 2-4-27 b 所示是其工作原理图,在测量板的回转轴上,装有一根螺旋复位弹簧,当吸入空气推开测量板的力与弹簧变形后的复位力相平衡时,测量板即停止转动。用电位计检测出测量板的转动角度,即可得知空气流量。

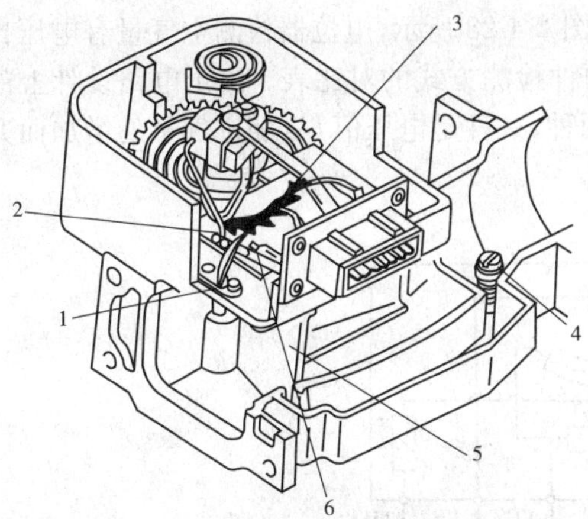

图 2-4-24 叶片式空气流量传感器的结构

1-进气温度传感器；2-电动汽油泵触点（可动）；3-电位器；4-怠速调整螺钉；5-测量板（叶片）；6-电动汽油泵固定触点

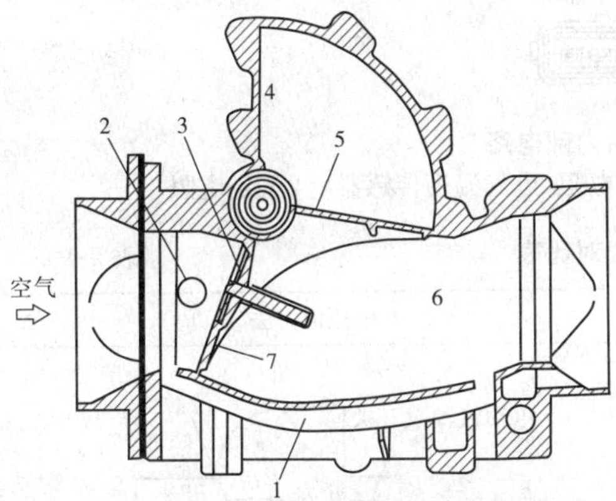

图 2-4-25 25 叶片式空气流量传感器的空气通道

1-旁通气道；2-进气温度传感器；3-阀门；4-阻尼室；5-缓冲板；6-主空气通道；7-测量板（叶片）

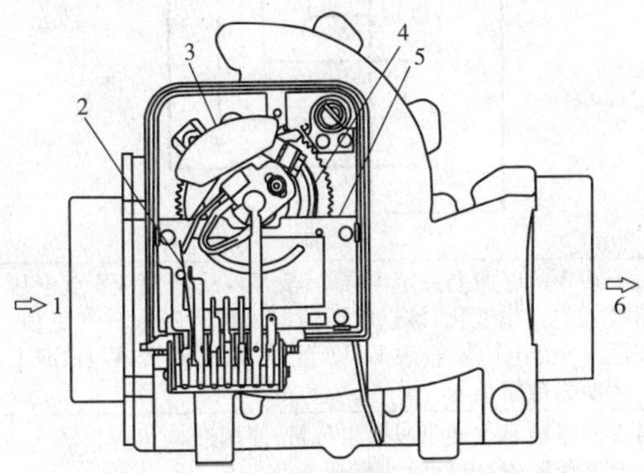

图 2-4-26 叶片式空气流量传感器的电位计部分结构图

1-空气进口；2-电动汽油泵触点；3-平衡块；4-复位弹簧；5-电位器部分；6-空气出口

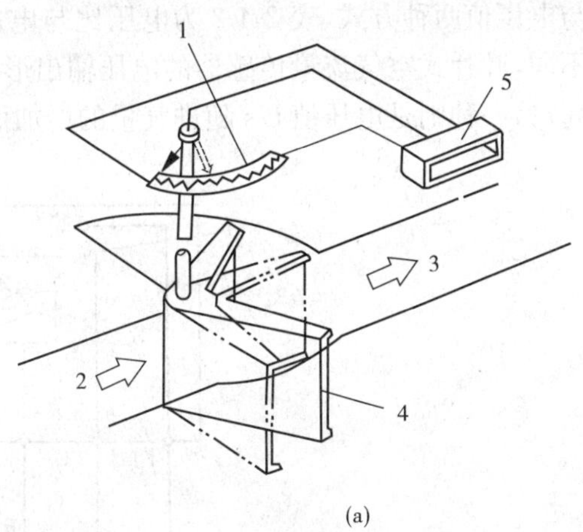

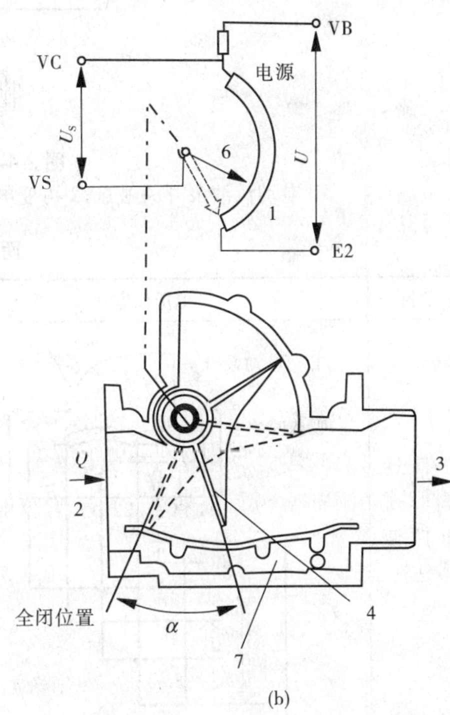

图 2-4-27 电位计与测量板的安装关系及叶片式空气流量传感器的工作原理

(a)电位器与测量板的安装关系；(b)叶片式空气流量传感器的工作原理

1-电位器；2-自空气滤清器来的空气；3-到发动机的空气；4-测量板；5-导线连接器；6-电位器滑动触头；7-旁通气道

叶片式空气流量传感器电位器的内部电路如图 2-4-28 所示，电位器检测空气量有电压比与电压值两种方式，表 2-4-2 为电压比与电压值两种检测方式的对比表。由于电路设计上的不同，叶片式空气流量传感器的电压输出形式有两种，一种是电压值 Us 随进气量的增加而升高；另一种则是电压值 Us 随进气量的增加而降低。

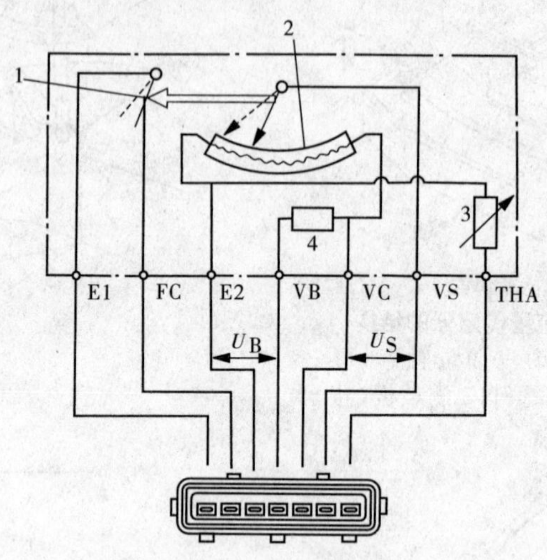

图 2-4-28　电位器内部电路

1-电动汽油泵开关触点；2-可变电阻；3-热敏电阻（进气温度传感器）；4-固定电阻

两种检测方式对比表

表 2-4-2

项目	电压比方式	电压值方法
电路原理图		
检测方法	向 VB 点加上蓄电池电压（12 V），而设置中间接点 VC，即可以 VB～E2、VC～VS 之间的电压比方式检测，随电压的变化，其误差为零	由于在 VC 点加上一定电压（+5 V），故可使 VS 点电压随吸入空气量变化，该点电压值即可作为吸入空气量值。如把 VS 点电压值输入 ECU，经过 A/D 转换，可在 ECU 中转换为数字信号
结构特点	通过测量板直接测量吸入空气量；使用进气温度传感器、电动汽油泵开关等	通过测量板直接测量吸入空气量；使用进气温度传感器、电动汽油泵开关等
特性	吸入空气量 $Q\propto\frac{1}{\text{电压比}(Us/UB)}$	吸入空气量 $Q\propto\frac{1}{Us}$

（2）叶片式空气流量传感器故障分析。叶片式空气流量传感器的常见故障有：电位器滑片

与炭膜电阻接触不良、电阻值发生变化、电动汽油泵开关触点接触不良或传感器转轴复位弹簧失效等。各个故障对发动机工作的影响见表 2-4-3。

叶片式空气流量传感器常见故障及影响　　表 2-4-3

<table>
<tr><th colspan="2">故障部位</th><th>对电控汽油喷射系统的影响</th><th>对发动机的影响</th></tr>
<tr><td colspan="2">电位器电阻值不准确</td><td>传感器检测的空气流量信号不正确</td><td>发动机功率下降，运转不平稳，油耗增加</td></tr>
<tr><td colspan="2">电位器滑片与炭膜电阻接触不良</td><td>传感器检测的空气流量信号时有时无</td><td>发动机间断运行或不工作</td></tr>
<tr><td colspan="2">传感器转轴复位弹簧变弱(失效)</td><td>喷油量过多</td><td>发动机油耗及排污上升，排气管放炮</td></tr>
<tr><td colspan="2">电动汽油泵开关触点接触不良</td><td>起动后电动汽油泵断电不工作</td><td>发动机起动困难或发动机起动后随即熄火</td></tr>
<tr><td colspan="2">空气流量传感器与节气门体连接胶管不密封</td><td>传感器检测的空气流量信号不正确</td><td>发动机冷起动能着车，热机后怠速熄火；发动机热起动着车后，怠速迅速熄火；发动机起动着车，怠速抖动，挂挡时熄火(自动变速器)；发动机怠速正常(经调 CO 装置)，加速时混合气过稀产生回火。</td></tr>
<tr><td rowspan="4">叶片式空气流量传感器断线故障</td><td>地线断路</td><td>由于地线断路，造成空气流量传感器输出信号电压保持在最高，进气温度传感器输出的信号电压也保持在最高，ECU 供油过量</td><td>CO 排放超标，发动机运转时冒黑烟</td></tr>
<tr><td>供电线断路</td><td>由于供电线断路，空气流量传感器输出的信号电压始终保持在最低</td><td>发动机怠速可以运转，最高空转转速低于 2 500 r/min，加速无力</td></tr>
<tr><td>参考电压线断路</td><td>由于参考电压线断路，使空气流量传感器输出的信号电压偏高</td><td>发动机排放 CO 严重超标</td></tr>
<tr><td>电动汽油泵开关损坏或开路</td><td>发动机起动时电动汽油泵供油，起动后，电动汽油泵继电器不工作</td><td>发动机熄火</td></tr>
</table>

(3)叶片式空气流量传感器的检测方法。首先查看空气流量传感器本体有无开裂、测量板转动是否发卡、转轴是否松旷等，若有上述不良情况则需要换空气流量传感器。若无，用万用表的欧姆挡测量空气流量传感器导线连接器上各端子间的电阻是否正常，若不正常则需更换空气流量传感器。叶片式空气流量传感器的连接线路如图 2-4-28 所示，其导线连接器一般有 7 个端子，有些则取消电动汽油泵开关触点，变为 5 个端子。可以通过用万用表检测其电阻和信号电压的方法判断其性能好坏。

①就车电阻检测：将点火开关置于“OFF”位置，拔下空气流量传感器的导线连接器，用万用表欧姆挡测量空气流量传感器上 VS-E2、VC-E2、VB-E2、THA-E2 和 FC-E1 各端子之间的电阻值，其电阻值应符合车型技术要求，其中 THA-E2 端子之间电阻应随环境温度的变化而变化，温度越高电阻值越小。

②离车单件电阻检测：点火开关置于“OFF”位置，拔下空气流量传感器的导线连接器，从车上将空气流量传感器拆下。首先检查空气流量传感器本体是否开裂，转轴是否松旷，测量板转动是否发卡。然后用万用表欧姆挡进行检测，在叶片处于全关闭状态时，FC-E1 端子间应不导通，电阻值为∞；在叶片开启后的任一开度上，FC-E1 端子间均应导通，电阻值为 0；在用工具推动叶片的同时，用万用表欧姆挡测量空气流量传感器 VS-E2 端子间的电阻，在叶片由全

闭至全开的过程中，VS-E2 端子间的电阻值应该平滑地减小，不允许出现跳跃或电阻值突然跌落为 0 或突然升至∞的现象。

③信号电压检测：在点火开关置于“OFF”位置时，拔下空气流量传感器的导线连接器；用细导线将导线侧连接器的 VC 和 E2 端子分别与传感器侧连接器内的 VC 和 E2 端子相连接；然后接通点火开关（置于“ON”位置），但不要起动发动机，用万用表电压挡测量 VC-E2 端子间的电压值；起动发动机，分别在发动机处于怠速运转和发动机转速为 3 000 r/min 时，用万用表电压挡测量 VS-E2 端子间的电压值。所测得的电压值应符合车型技术要求。注意：在测量过程中，要注意观察万用表指针指示电压有无突然跌落为 0 V 的现象，若有则说明滑动触点磨损，已接触不良。测量结束后，将点火开关置于“OFF”位置，拆下连接导线，插回导线连接器（应插紧）。

④供电电压检测：点火开关置于“OFF”位置，拔下空气流量传感器的导线连接器，再将点火开关转至“ON”位置，用万用表 V 挡测量导线侧连接器或 ECU 的 VC-E2 端子间的电压值，电压值应该为 5 V。

如果上述①、②、③、④项检测结果均符合技术要求，则空气流量传感器信号系统正常；如果①、②、③项中任何一项检测结果不在技术要求范围内，而④项检测结果符合技术要求，则说明空气流量传感器不良；如果①、②项检测结果符合技术要求，而③、④项的检测结果不符合技术要求，则说明空气流量传感器本身正常，ECU 性能不良。

2. 卡门旋涡式空气流量传感器结构与检修

（1）卡门旋涡式空气流量传感器的结构原理。卡门旋涡式空气流量传感器的结构按照旋涡数的检测方式不同，可以分为反光镜检测方式卡门旋涡式空气流量传感器和超声波检出方式卡门旋涡式空气流量传感器两种。

①图 2-4-29 所示为反光镜检测方式卡门旋涡式空气流量传感器，这种卡门旋涡式空气流量传感器是把卡门旋涡发生器两侧的压力变化，通过导压孔而引向薄金属制成的反光镜表面，使反光镜产生振动，反光镜一边振动，一边将发光二极管射来的光反射给光电晶体管这样旋涡的频率在压力作用下转换成镜面的振动频率，镜面的振动频率通过光电耦合器转换成脉冲信号，进气量越大，脉冲信号的频率越高；进气量越小，脉冲信号频率越低。ECU 根据该脉冲信号的频率，检测进气量（当然也要经过进气温度修正）和基准点火提前角，如图 2-4-29c 所示。

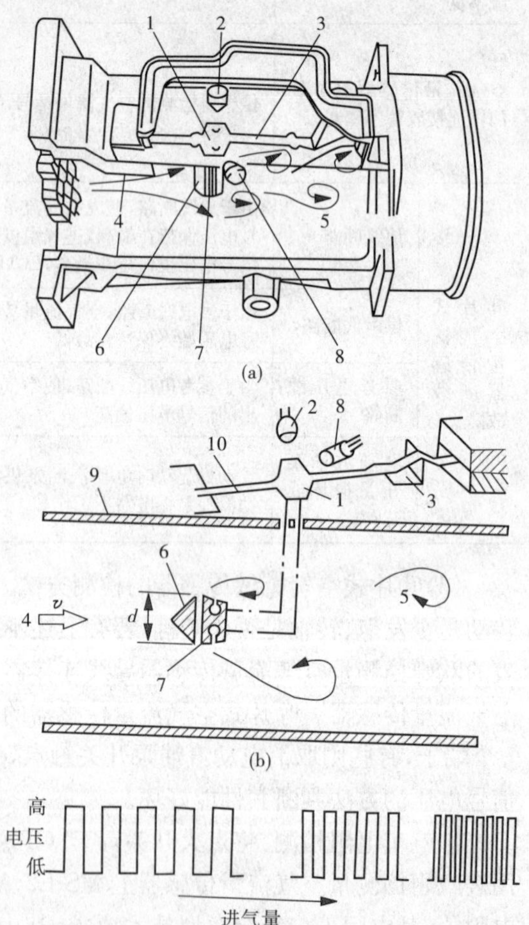

图 2-4-29 反光镜检测式卡门涡旋空气流量传感器结构

（a）结构图；（b）结构简图；（c）输出脉冲信号波形
1-反光镜；2-发光二极管；3-钢板弹簧；4-空气流；5-卡门旋涡；6-旋涡发生体；7-压力导向孔；8-光电晶体管；9-进气管路；10-支承板

②图 2-4-30 所示为超声波检出式卡门旋涡式空气流量传感器结构图，这种空气流量传感器是利用卡门旋涡引起的空气疏密度变化进行测量的，用接收器接收连续发射的超声波信号，因接收到的信号随空气疏密度的变化而变化，由此即可测得旋涡频率，从而测得空气流量。其具体方法是在卡门旋涡发生区空气通道的两侧，分别装上超声波发射头和超声波接收器，超声波发射头沿涡列的垂直方向发射超声波，由于旋涡使超声波的传播速度发生变化，超声波受到周期性的调制，使其振幅、相位、频率发生变化。这种被调制后的超声波，被超声波接收器接收后，变换成相应的电压，再经整形、放大电路，形成与旋涡数目相应的矩形脉冲信号，然后送入 ECU 作为空气流量信号。

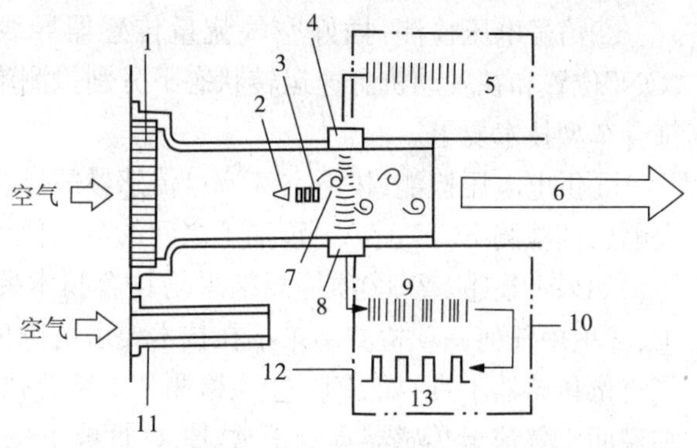

图 2-4-30　超声波检出式卡门旋涡式空气流量传感器

1-整流栅；2-旋涡发生体；3-旋涡稳定板；4-信号发生器（超声波发射头）；5-超声波发生器；6-通往发动机；7-卡门旋涡；8-超声波接收器；9-与旋涡数对应的疏密声波；10-整形放大电路；11-旁通通路；12-通往 ECU；13-整形成矩形波（脉冲）

由于卡门旋涡式空气流量传感器，没有可动部件，反应灵敏，测量精度高，所以现在被广泛采用。卡门旋涡式空气流量传感器与叶片式空气流量传感器直接测得的均是空气的体积流量，因此，在空气流量传感器内均装有进气温度传感器，以便对随气温而变化的空气密度进行修正，从而正确计算出进气的质量流量。

(2)卡门涡旋式空气流量传感器的检测方法。反光镜检出式卡门涡旋式空气流量传感器的连接线路如图 2-4-31 所示。

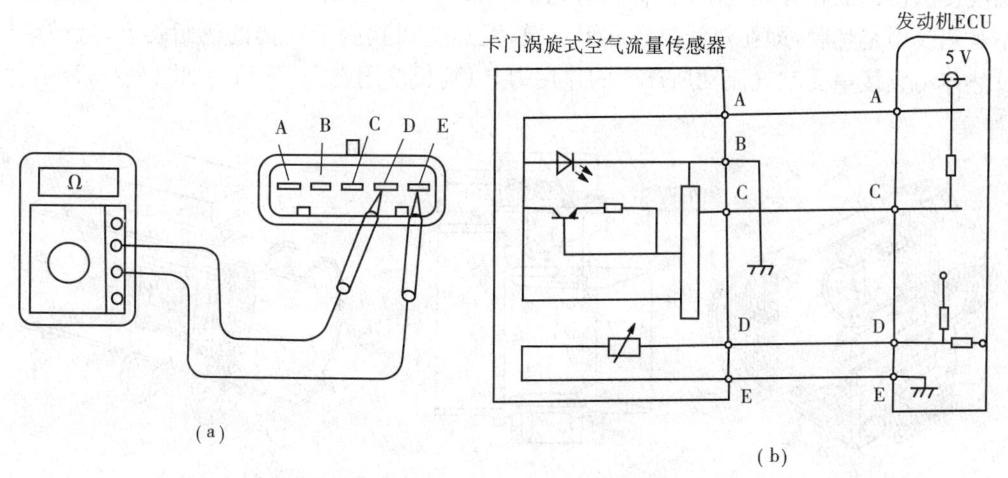

图 2-4-31　反光镜检出式卡门涡旋式空气流量传感器的连接线路

(a)端子图；(b)电路连接图

A-5 V 参考电压；B 搭铁；C-空气流量信号；D-进气温度信号；E-搭铁

①电阻检测：将点火开关置于“OFF”位置，拔下空气流量传感器的导线连接器，用万用表 Ω 挡测量空气流量传感器上 D-E 端子之间的电阻值，电阻值应符合车型技术要求或随着环境温度的变化成反比变化。

②信号电压检测：插好空气流量传感器导线连接器，用万用表电压挡在点火开关处于"ON"位置和在发动机怠速运转状态下分别检测端子 C～B 和 D～E 之间的电压值，电压值应符合车型技术要求。

③供电电压检测：拔下空气流量传感器的导线连接器，将点火开关转至"ON"位置，用万用表电压挡检测 ECU 上 A～E 端子之间的电压值，标准电压值为 4.5～5.5 V。

如果上述①、②、③项检测结果均符合技术要求，则空气流量传感器信号系统正常；如果①、②项中任何一项检测结果不在技术要求范围内，而③项检测结果符合技术要求，则说明空气流量传感器不良；如果①、②项检测结果符合技术要求，而③项的检测结果不符合技术要求，则说明空气流量传感器本身正常，ECU 性能不良。

(3)卡门涡流式空气流量传感器故障分析。卡门涡流式空气流量传感器是将经过传感器上端集成电路处理后的信号传送给 ECU，一般是以频率输出，故测量输出电压一般为 2.2～2.8 V。当空气流量变化时，电压始终不变，而输出的脉冲频率发生变化，因此不能根据测量电压高低确定流量变化。此种空气流量传感器一般应注意检查进气通道及梳流格栅的清洁性。空气通道及梳流格栅不清洁将直接影响空气流动的平稳性，特别是在发动机高速运转时，这些污染将造成空气产生振动而被记作流量信号，从而影响空气流量传感器检测精度。

3.热线(热膜)式空气流量传感器结构原理与检修

(1)热线(热膜)式空气流量传感器结构原理。热线式空气流量传感器的基本构成是感知空气流量的白金热线，根据进气温度进行修正的温度补偿电阻(冷线)和控制热线电流并产生输出信号的控制线路板，以及空气流量传感器的壳体。而根据白金热线在壳体内的安装部位不同，热线式空气流量传感器有三种形式：一种是把热线和进气温度传感器都放在进气主通路的取样管内，称为主流测量式，其结构如图 2-4-32a 所示；另一种是把热线缠在绕线管上和进气温度传感器都放在旁通气路内，称为旁通测量式，其结构如图 2-4-32b 所示；第三种是发热体不是热线而是热膜，即在热线位置放上热膜，发热金属膜固定在薄的树脂膜上，这种结构可使发热体不直接承受空气流动所产生的作用力，以延长使用寿命，其结构如图 2-4-32c 所示。

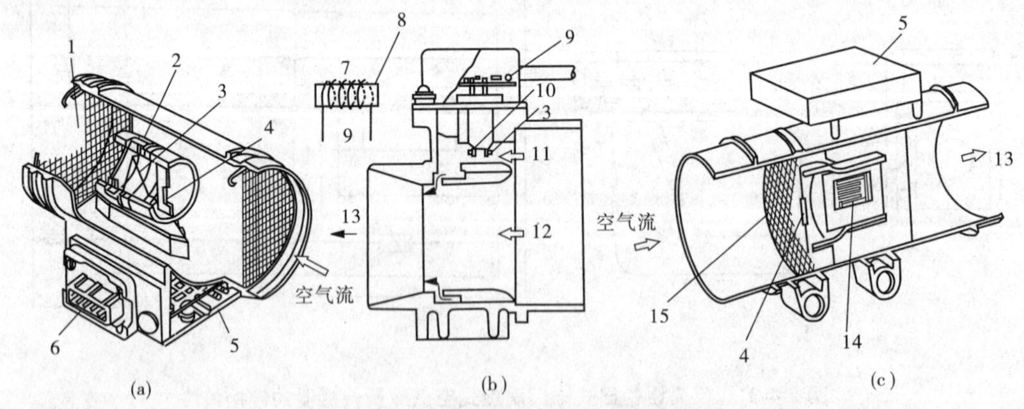

图 2-4-32 热线式空气流量传感器

(a)主流测量式热线式空气流量传感器；(b)旁通测量式热线空气流量传感器；(c)热膜式空气流量传感器

1-防回火网；2-取样管；3-白金热线；4-上游温度传感器；5-控制线路板；6-连接器；7-热金属线和冷金属线；8-陶瓷螺线管；9-接控制线路板；10-进气温度传感器(冷金属线)；11-旁通气路；12-主通气路；13-通往发动机；14-热膜；15-进气栅格(金属网)

以图 2-4-32a 所示的主流测量式热线式空气流量传感器为例，取样管置于主空气通道中央，两端有金属防护网，防护网用卡箍固定在壳体上，取样管由两个塑料护套和一个热线支承环构成。热线为线径 70 μm 的白金丝，布置在支承环内，其阻值随温度变化，是惠斯顿电桥电路的一个臂 R_H（图 2-4-33）。热线支承环前端的塑料护套内安装一个白金薄膜电阻器，其电阻值随进气温度变化，称为温度补偿电阻，是惠斯顿电桥电路的另一个臂 R_K。热线支承环后端的塑料护套上粘结着一只精密电阻，并设计成能用激光修整，也是惠斯顿电桥的一个臂 R_A，该电阻上的电压即为热线式空气流量传感器的输出电压信号。惠斯顿电桥还有一个臂 R_B 的电阻器装在控制线路板上面，该电阻器在最后调试试验中用激光修整，以便在预定的空气流量下调定空气流量传感器的输出特性。在空气通道中放置热线 R_H，由于其热量被空气吸收，热线本身变冷。热线周围通过的空气质量流量越大，被带走的热量也越多。热线式空气流量传感器就是利用热线与空气之间的这种热传递现象进行空气质量流量测量的。

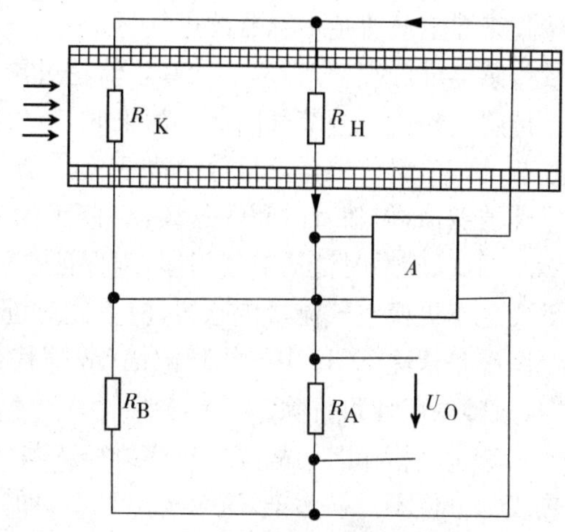

图 2-4-33 热线式空流量传感器的基本原理

A-混合集成电路；R_H-热线电阻；R_K-温度补偿电阻；R_A-精密电阻；R_B-电桥电阻

其工作原理是将热线温度与吸入空气温度差保持在 100 ℃，热线温度由混合集成电路 A 控制，当空气质量流量增大时，由于空气带走的热量增多，为保持热线温度，混合集成电路使热线 R_H 通过的电流增大；反之，则减小。这样，就使得通过热线 R_H 的电流是空气质量流量的单一函数，即热线电流 I_H 随空气质量流量增大而增大，随空气质量流量减小而减小。热线加热电流 I_H 在 50～120 mA 变化，具体取决于进气空气的质量流量。热线加热电流给出输出信号，其大小取决于通过惠斯顿电桥电路中精密电阻 R_A 上的电压降。在惠斯顿电桥的另一臂上有温度补偿电阻 R_K 和电桥电阻 R_B，为了减小电损耗，其电阻值较高，通过这个臂上的电流仅有几毫安。

热线式空气流量传感器长期使用后，会在热线上积累杂质，为了消除使用中电热线上附着的胶质积炭对测量精度的影响，为此，在流量传感器上采用烧净措施解决这个问题。每当发动机熄火时（或起动时），ECU 自动接通热线式空气流量传感器壳体内的电子电路，加热热线，使其温度在 1 s 内升高 1 000 ℃。由于烧净温度必须非常精确，因此在发动机熄火 4 s 后，该电路才被接通。由于热线式空气流量传感器测量的是进气质量流量，它已把空气密度、海拔高度等影响考虑在内，因此可以得到非常精确的空气流量信号。

（2）热线（热膜）式空气流量传感器故障分析。热线（热膜）式空气流量传感器计量方式主要以空气质量为主，一般不受进气温度影响。另外，由于它在开机和关机时需要自清洁，供电电压一般为 12 V，信号参考电压为 5 V，输出信号电压为 0.3～4.5 V。由于当代电控汽油喷射发动机 ECU 具备自学习和记忆功能，能对空气流量传感器的污染情况进行记忆修正（用输入值反馈信号修正）。因此，在对系统进行检测时，要注意检查空气流量数据变化情况，因为进气道漏气及节气门脏污将造成空气流量传感器数据失准，时常也会记忆故障代码，所以不能简单凭故障代码判断空气流量传感器是否损坏。

①节气门过脏。汽缸及气门严重积炭造成发动机 ECU 记忆空气流量传感器故障及氧传感器故障，这个故障在大众系列车系较多(捷达、桑塔纳和奥迪等)。之所以这样，是因为节气门过脏后直接影响了进气通道的截面积，从而使进气量减少。为了稳定发动机怠速转速，ECU 只能将电动节气门开度调大，以满足发动机怠速工况下对空气量的需求。ECU 一方面接收来自空气流量传感器的进气量信号，一方面通过节气门开度与发动机转速来判断空气流量传感器准确程度，当两个计算差值超过预设值时，判断为空气流量传感器失准，便报空气流量传感器超值。当节气门严重污染时，节气门势必开得更大，但此时的实际进气量并未增加，故节气门位置传感器信号值会高于空气流量传感器信号值，而同时 ECU 也会修正空气流量传感器差值，但随着时间的延续，当修正值超过 ECU 预设值时，将报空气流量传感器失准故障。因此，应适时清洁节气门体，以保证空气流量传感器的准确性。在车辆发生此类故障后，不要急于更换空气流量传感器，应首先对进气道、节气门、汽缸和气门进行免拆清洗，然后再用专用设备清除 ECU 中的故障记忆(故障代码和运行数据记录)，并重新运行车辆进行初始设定，故障一般便可排除。

②进气格栅脏污故障。很多维修人员一般认为热线式空气流量传感器有了自洁功能后，热线部分便不易被污染，这个观点是不对的。原因在于，曲轴箱蒸汽及空气滤芯若过脏，空气流量传感器进气格栅也易受到污染。由于热线式空气流量传感器是取中间部分空气进行采样计算，所以就要求进入空气流量传感器通道内的空气必须均匀。而当进气格栅过脏时，因空气在高速流动时产生扰流，使空气不能被准确计量，从而导致发动机加速时混合气过稀，产生回火现象，这种情况下就需要清洁空气流量传感器进气格栅。

热线(热膜)式空气流量传感器较为常见的故障是：热线(热膜)脏污、热线断路(热膜损坏)和热敏电阻不良等。各个故障对发动机的影响见表 2-4-4。

热线(热膜)式空气流量传感器常见故障及影响 表 2-4-4

故障部位	对电控汽油喷射系统的影响	对发动机的影响
热线(热膜)脏污	空气流量传感器信号电压下降而使供油量过小	发动机运转不平稳或不工作；发动机运转无力、加速不良
热线断路(热膜损坏)	空气流量传感器无信号输出	发动机不能工作
热敏电阻不良	空气流量传感器信号电压不准确	发动机油耗过高或运转不正常

(3)热线(热膜)式空气流量传感器的检测方法。热线式空气流量传感器导线连接器一般有 6 个端子，如图 2-4-34 所示。热膜式空气流量传感器导线连接器一般有4 个端子，如图 2-4-35 所示。

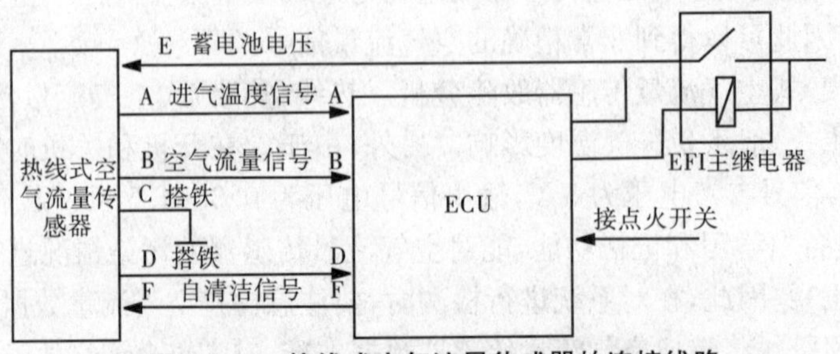

图 2-4-34 热线式空气流量传感器的连接线路

A-进气温度信号；B-空气流量信号；C-搭铁；D-搭铁；E-蓄电池电压(接 EFI 主继电器)；F-自清洁信号

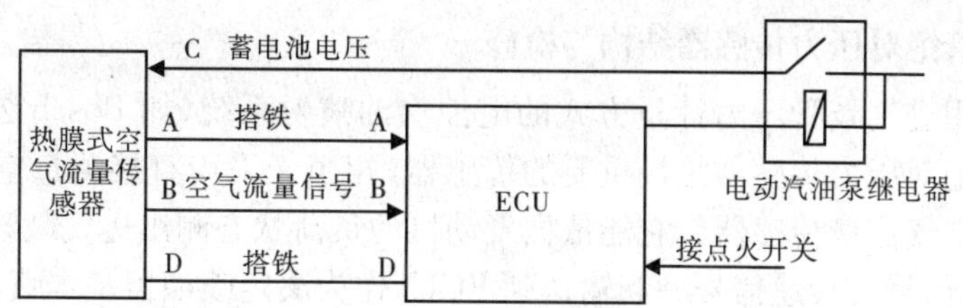

图 2-4-35　热膜式空气流量传感器的连接线路

A-搭铁;B-空气流量信号;C-蓄电池电压(接电动汽油泵继电器);D-搭铁

①就车检测:将热线(热膜)式空气流量传感器导线连接器橡胶罩拨开,在发动机转动(怠速和3 000 r/min)和停转的情况下,用万用表 V 挡测量空气流量传感器 B～D(空气流量信号一搭铁)端子(图 2-4-34 和图 2-4-35)之间的输出电压值,其电压值应符合车型技术要求。

②离车单件检测:点火开关置于"OFF"位置,拔下空气流量传感器的导线连接器,从车上将空气流量传感器拆下。观察空气流量传感器内的热线或热膜有无断开或脏污,护网有无堵塞或破裂。如图 2-4-36 所示,将蓄电池电压施加于空气流量传感器的端子 D 和 E(热线式,注意蓄电池极性应正确,D 接负极,E 接正极)或 C 和 D(热膜式,C 接正极,D 接负极),然后用万用表 V 挡检测端子 B 和 D(热线式)或 A 和 B(热膜式)之间的电压,电压值应符合车型技术要求。再用嘴或电风扇给空气流量传感器的进风口吹风,此时电压值应该上升 2～4 V,信号电压值应该随风量的大小变化灵敏地变化(风量增加,电压值增大,风量减少,电压值减小),如果信号电压在风量变化时不变、变化极小或变化迟缓等均为热线或热膜脏污或 ECU 故障。

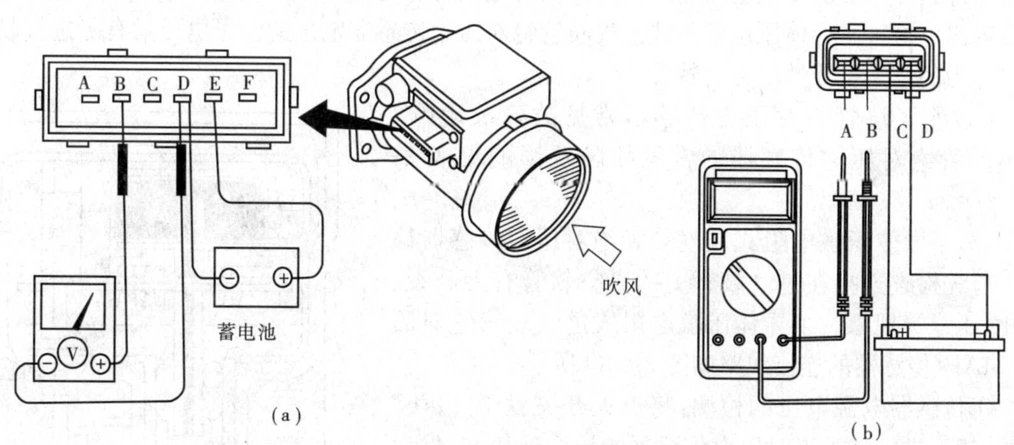

图 2-4-36　热线或热膜式空气流量传感器的检测

(a)热线式空气流量传感器的检测;(b)热膜式空气流量传感器的检测

③供电电压检测:点火开关置于"OFF"位置,拔下空气流量传感器的导线连接器,再将点火开关转至"ON"位置,用万用表 V 挡测量导线侧连接器 E～D(热线式)或 C～D(热膜式)端子间的电压值,电压值应该为蓄电池电压。

如果上述①、②、③项检测结果均符合技术要求,则空气流量传感器信号系统正常;如果①、②项中任何一项检测结果不在技术要求范围内,而③项检测结果符合技术要求,则说明空气流量传感器不良;如果①、②项检测结果符合技术要求,而③项的检测结果不符合技术要求,则说明空气流量传感器本身正常,ECU 性能不良。

(二)进气歧管绝对压力传感器结构与检修

在进气量采用进气歧管压力计量方式的电控汽油喷射系统(如 Bosch 公司 D-Jetronic 系统)中,进气歧管绝对压力传感器是最重要的传感器,相当于采用直接测量空气流量的电控汽油喷射系统中的空气流量传感器。它能依据发动机的负荷状态测出进气歧管内绝对压力的变化,并转换成电压信号与转速信号一起输送到 ECU,作为决定喷油器基本喷油量的依据。

进气歧管绝对压力传感器种类较多,就其信号产生原理可分为半导体压敏电阻式、电容式、膜盒传动的可变电感式和表面弹性波式等,其中电容式和半导体压敏电阻式进气歧管绝对压力传感器在当今发动机电子控制系统中应用较为广泛。

1.半导体压敏电阻式进气歧管绝对压力传感器结构与检修

(1)半导体压敏电阻式进气歧管绝对压力传感器结构原理。该进气歧管绝对压力传感器利用的是半导体的压阻效应,因具有尺寸小、精度高、成本低和响应性、再现性、抗振性较好等优点,得到了广泛的应用,其结构如图 2-4-37 所示,它是由压力转换元件和把转换元件输出信号进行放大的混合集成电路等构成,传感器通常用一根橡胶管和需要测量其中压力的部位相连。压力转换元件是利用半导体的压阻效应制成的硅膜片。硅膜片的一面是真空室,另一面导入进气歧管压力。硅膜片(图 2-4-38a)为约 3 mm 的正方形,其中部经光刻腐蚀形成直径约 2 mm,厚约 50 μm 的薄膜,薄膜周围有 4 个应变电阻,以惠斯顿电桥方式连接(图 2-4-38b)。由于薄膜一侧是真空室,因此薄膜的另一侧进气歧管内绝对压力越高,硅膜片的变形越大,其应变与压力成正比,附着在薄膜上的应变电阻的阻值随应变成正比变化,这样就可利用惠斯顿电桥将硅膜片的变形变成电信号。因为输出的电信号很微弱,所以需用混合集成电路进行放大后输出。这种半导体压敏电阻式进气歧管绝对压力传感器输出的信号电压具有随进气歧管绝对压力的增大呈线性增大的特性。

(2)进气歧管绝对压力传感器常见故障及影响。进气歧管绝对压力传感器的常见故障及影响见表 2-4-5。

(3)半导体压敏电阻式进气歧管绝对压力传感器检修。首先检查连接在进气歧管上的真空软管有无破裂、老化、压瘪等现象。半导体压敏电阻式进气歧管绝对压力(MAP)传感器的连接线路如图 2-4-39 所示。

①传感器电源电压的检测:将点火开关置于“OFF”位置,拔下进气歧管绝对压力传感器的导线连接器,然后将点火开关置于“ON”位置(不起动发动机),用万用表 V 挡测量导线连接器中电源端 A 和搭铁端 C 之间的电压(图 2-4-40a),其电压值应为 4.5～5.5 V。

②传感器输出电压的检测:将点火开关置于“ON”位置(不起动发动机),拆下连接进气歧管绝对压力传感器与进气歧管的真空软管(图 2-4-40b)。在 ECU 导线连接器侧用万用表 V 挡测量进气歧管绝对压力传感器信号端子 B 与搭铁端子 C 间在大气压力状态下的输出电压(图 2-4-40c),并记下这一电压值;然后用真空泵向进气歧管绝

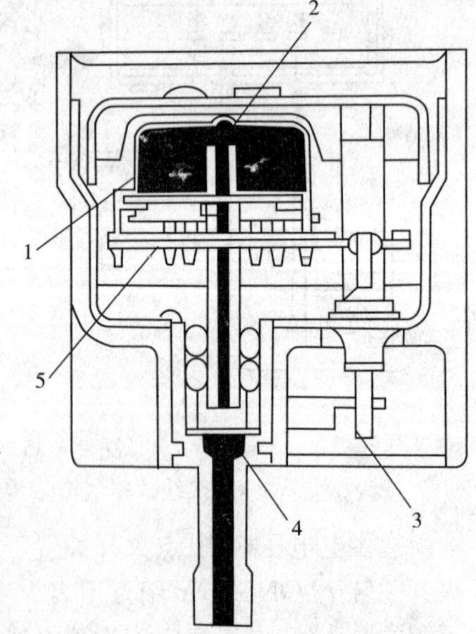

图 2-4-37 半导体式进气歧管绝对压力传感器

1-真空室;2-硅膜片;3-输出端子;4-滤清器;5-混合集成电路

对压力传感器内施加真空，从 13.3 kPa(100 mmHg)起，每次递增 13.3 kPa(100 mmHg)，一直增加到66.7 kPa (500 mmHg)为止，然后测量在不同真空度下进气歧管绝对压力传感器(B～C 端子间)的输出电压。该电压应能随真空度的增大而不断下降。不同真空度下的输出电压下降量应与车型技术要求相符。

如果上述①、②项检测结果均符合技术要求，则进气歧管绝对压力传感器信号系统正常；如果①项的检测结果不在技术要求范围内，则应检查进气歧管绝对压力传感器与 ECU 之间的线路是否导通。若断路或短路，应更换或修理线束；若导线良好，则更换 ECU；若①项检测结果符合技术要求，而②项检测结果不符合技术要求，则说明进气歧管绝对压力传感器不良。

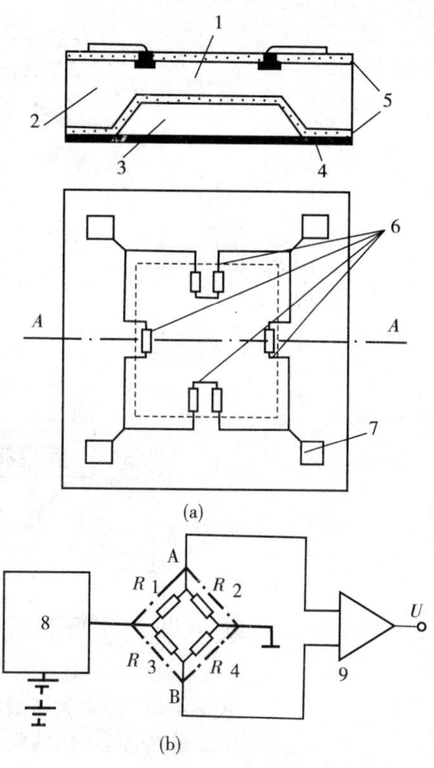

图 2-4-38 半导体式进气歧管绝对压力传感器硅膜片的结构及电路

(a)硅膜片的结构；(b)硅膜片的桥形电路
1-硅膜片；2-硅；3-真空管；4-硼硅酸玻璃片；5-二氧化硅膜；6-应变电阻；7-金属块；8-稳压电源；9-差动放大器

2.电容式进气歧管绝对压力传感器的结构与检修

(1)电容式进气歧管绝对压力传感器的结构原理。电容式进气歧管绝对压力传感器是使氧化铝膜片和底板彼此靠近排列，形成电容，利用电容依膜片上下的压力差而改变的性质，获得与压力成比例的电容值信号，如图 2-4-41 所示。把电容(压力转换元件)连接到传感器混合集成电路的振荡器电路中，则传感器产生可变频率的信号，其输出信号的频率与进气歧管绝对压力成正比。其频率在 80～120 Hz 变化。ECU 根据输入信号的频率便可感知进气歧管的绝对压力，从而计算出进气量。

进气歧管绝对压力传感器的常见故障及影响 表 2-4-5

故障部位	对电控汽油喷射系统的影响	对发动机的影响
真空软管老化破裂	不能准确反映进气歧管绝对压力，进气量检测信号不准确，从而影响基本喷油量	发动机工作性能不良、加速性差，油耗增加，发动机无力
压力转换无件损坏	不能准确测量进气量	发动机起动困难、动力不足、工作性能不良、油耗增加、加速性差

(2)电容式进气歧管绝对压力传感器的检测方法。电容式进气歧管绝对压力传感器的连接线路如图 2-4-42 所示。

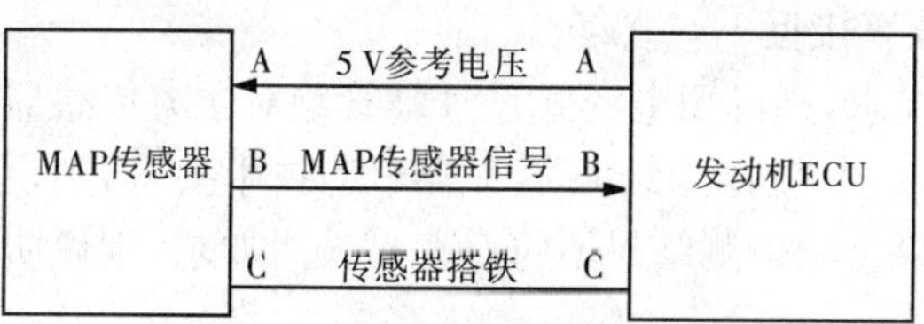

图 2-4-39 半导体压敏电阻式进气歧管绝对压力(MAP)传感器的连接线路

A-5 V 参考电压；B-MAP 传感器信号；C-传感器搭铁

①供电电压检测：在确保真空软管能从进气歧管处取得真空(主要检查真空软管的连接状况以及有无老化破裂现象)的情况下，将点火开关转至“ON”位置，用万用表 V 挡检测发动机 ECU 的端子 C～A 之间的电压，应为 5 V。

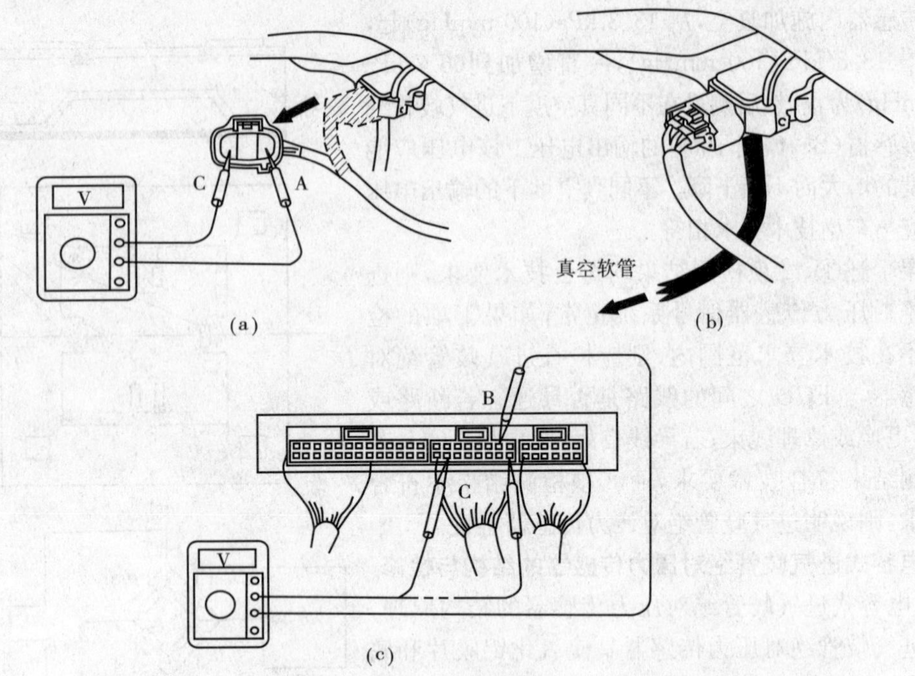

图 2-4-40 半导体压敏电阻式进气歧管绝对压力(MAP)传感器的检测

(a)传感器电源电压的检测;(b)拆下真空软管;(c)传感器输出电压的检测

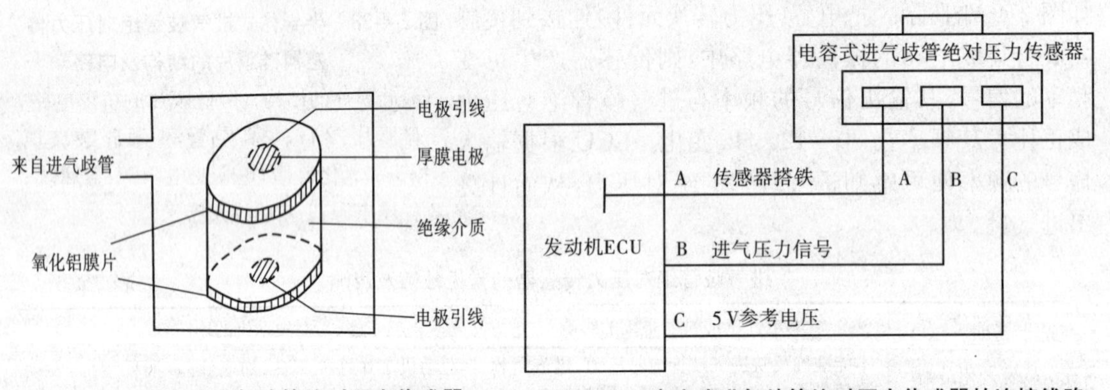

图 2-4-41 电容式进气歧管绝对压力传感器结构示意

图 2-4-42 电容式进气歧管绝对压力传感器的连接线路

A-传感器搭铁;B-进气压力信号;C-5 V 参考电压

②传感器信号检测:将点火开关转至“ON”位置,用汽车专用万用表频率挡检测传感器导线连接器处端子 B~C 之间的频率信号。在发动机不起动时,传感器输出信号的频率信号约为 106 Hz,减速时的频率约为 80 Hz,怠速时的频率接近 105 Hz。

如果上述①、②项检测结果均符合车型技术要求,则说明电容式进气歧管绝对压力传感器信号系统正常;如果①项检测结果符合技术要求,而②项检测结果不符合车型技术要求,则说明电容式进气歧管绝对压力传感器本身不良;如果①项检测结果不符合车型技术要求,则说明发动机 ECU 不良。

3. 表面弹性波式(SAW)进气歧管绝对压力传感器

该进气歧管绝对压力传感器的结构如图 2-4-43 所示。它是在一块压电基片上用超声波加工出一薄膜敏感区,上面刻制换能器(压敏 SAW 延时线),换能器与电路组合成振荡器。为了提高测量精度，补偿温度对基片的影响，在薄膜敏感区边缘设置一只性能相同的换能器(温基 SAW 延时线)。换能器是由在抛光的压电基片上设置两个金属叉指构成，如图 2-4-43b 所示，若在输入换能叉指 T_1 上加电信号，便由逆压电效应在基片表面激励起弹性表面波，传播到换能叉指 T_2 转换成电信号，经放大后反馈到 T_1，以便保持振荡状态。表面弹性波(SAW)在两个换能叉指之间的传播时间即是所获得的延迟时间，其大小取决于两换能叉指间的距离。由于导入的歧管压力作用于压电基片上，压力变化将在薄膜敏感区产生应变，使换能叉指间距离发生变化，因而，表面弹性波传播的延迟时间相应变化。根据与延迟时间成反比的振荡频率，即可输出压力信号。

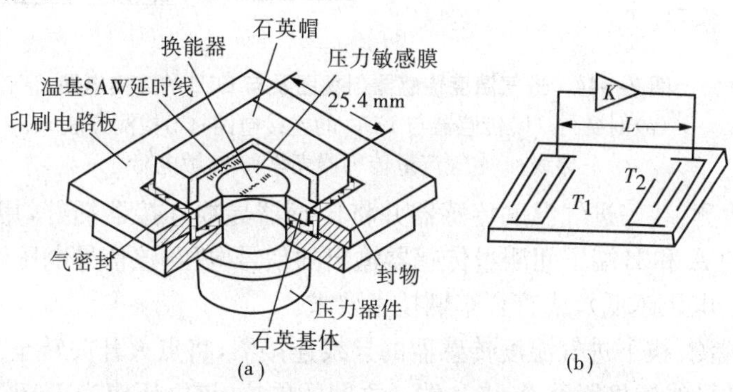

图 2-4-43　表面弹性波式(SAW)进气歧管绝对压力传感器

(a)传感器结构；(b)换能器结构

(三)进气温度传感器结构与检修

进气温度传感器是确定汽油基本喷油量的三个主要传感器之一，进气温度传感器是检测发动机吸入(进入空气流量传感器)的空气温度用的传感器，并将空气温度信号转变成 ECU 能识别的电信号传送给 ECU，它根据进气温度的高低，做不同程度的额外喷油。当气温低于 40 ℃时，额外喷油量较多；当气温高于 40 ℃时，则额外喷油量较少。进气温度传感器在任何情况下它都起作用，从而根据进气温度，由 ECU 控制喷油器进行不同程度的额外喷油。

1. 进气温度传感器结构

进气温度传感器内部结构是一个负温度系数的热敏电阻。D 型 EFI 系统中，进气温度传感器安装在空气滤清器的壳体内或是进气总管内；L 型 EFI 系统则安装在空气流量传感器内。应当特别指出，当进气温度传感器在叶片式及卡门涡旋式空气流量传感器上使用时，由于吸入空气温度的变化会引起空气密度发生变化，因此需要进行喷油量修正，这时通常是将进气温度传感器安装在空气流量传感器的空气测量部位。图 2-4-44a 所示是进气温度传感器的剖面图，图 2-4-44b 所示是进气温度传感器与 ECU 的连接电路图。

2. 进气温度传感器的检测方法

a)就车电阻检测：将点火开关置于“OFF”位置，拔下进气温度传感器的导线连接器，用数字式高阻抗万用表 Ω 挡测试传感器 A 和 B 两端子间的串阻值，其电阻值与温度的高低应成反比，在热机时其电阻值应小丁 1 kΩ。

b)离车电阻检测：拔下进气温度传感器的导线连接器，并从发动机上拆下传感器，如图 2-4-44c 所示，将温度传感器置于烧杯内的水中，加热杯中的水，同时用万用表 Ω 挡在不同温度的条件下测量传感器 A 和 B 两端子间的电阻值，电阻值应随着温度的上升而下降，或符合车辆技术要求。

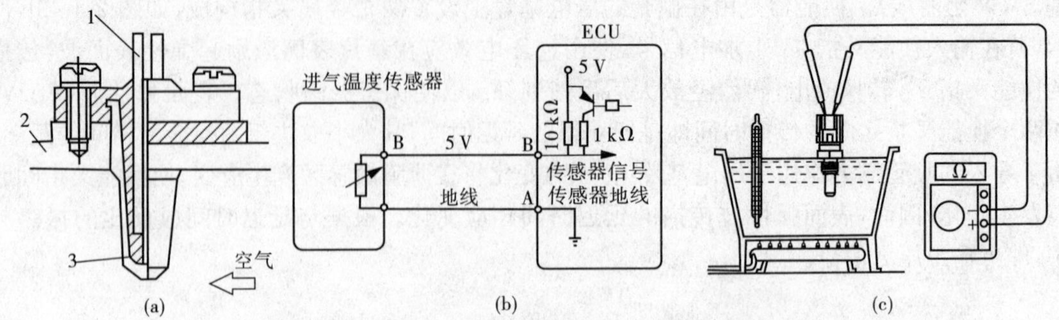

图 2-4-44　进气温度传感器剖视图及与 ECU 的连接电路

(a)剖视图;(b)传感器与 ECU 的连接电路;(c)检测方法

1-导线;2-空气流量传感器壳体;3-热敏电阻

c)信号电压检测:装好进气温度传感器并将传感器导线连接器插好,用万用表 V 挡从传感器导线连接器的 A 和 B 端子间测量传感器输出的信号电压,该信号电压值应与温度成反比(即温度越高,信号电压越低),或符合车辆技术要求。

d)供电电压检测:拔下进气温度传感器的导线连接器,将点火开关转至"ON"位置,用万用表 V 挡测量 ECU 导线连接器处 A 和 B 端子之间的电压,该电压应为 5 V。

如果上述 a、b、c、d 项检测结果均符合技术要求,则系统正常;如果 a、b、c 项中任何一项检测结果不在技术要求范围内,而 d 项检测结果符合技术要求,则说明温度传感器不良;如果 a、b 项检测结果符合技术要求,而 c、d 项的检测结果不符合技术要求,则说明温度传感器本身正常,ECU 性能不良。

二、进气量调节装置结构与检修

发动机进气量调节装置的功能是按照驾驶人的意愿或者发动机工况的变化情况调节发动机进气量,以适应发动机工况的变化。进气量调节装置主要包括节气门体、节气门位置传感器、电子节气门系统、怠速空气调节装置、可变进气控制系统、废气涡轮增压装置等。

(一)节气门体和节气门位置传感器结构与检修

节气门体位于空气流量传感器和发动机之间的进气管上,通过操纵加速踏板可以控制节气门的开度,以此来反映驾驶者的意图,使进气通道变化,从而控制发动机运转工况。节气门体上装有节气门位置传感器,它的作用是把节气门的开度大小转换成电压信号传给发动机 ECU,作为 ECU 判定发动机工况的主要依据。根据节气门开启的控制方式不同,节气门体可以分为机械式节气门体、半自动节气门体和电子式全自动节气门体。

1. 机械式节气门体结构与检修

图 2-4-45　机械式节气门体

(1)机械式节气门体结构和工作特点。如图 2-4-45 所示,此类节气门体附带了怠速控制阀和节气门位置传感器。怠速控制阀可以安装在节气门体上或安装在节气门体附近的旁通进气道上。节气门的开启角度通过拉线由加速踏板操纵,节气门位置传感器向发动机 ECU 发送节气门开度信号。机械式节气门体工作时,是通过怠速调节螺钉将发动机怠速转速限定在既定转速,即节气门开启角在1°～3°，再由怠速控制阀控制怠速旁通空气道进行怠速转速调节，使发动机实现对起动怠速、暖机怠速、空调怠速、缓冲怠速及附件负荷怠速调节（发电机充电、大用电量电器开启、转向及换挡）等工况的适应。此种节气门体机构的优点是结构简单、怠速调节方便及抗污染能力强，缺点是附件较多且分散，同时适应能力差，而且发动机ECU的自适应能力差。另外，由于此种机构加速信号滞后，节气门的开启和发动机加速响应较慢，常用于早期车辆（2000年前）。为了提高怠速自适应性，有些发动机ECU内设置了自学习程序，以便在发动机ECU断电再通电后进行怠速自学习，才能进行正常的怠速控制。

（2）机械式节气门体故障。由于机械式节气门体的节气门开度、节气门位置传感器与怠速控制阀相对独立，故障表现也相对独立，因此分析起来比较简单，常见故障有以下几方面：

①节气门位置传感器故障。节气门位置传感器的主要作用是输出怠速、部分负荷、大负荷及加速负荷信号，然后ECU根据节气门位置传感器信号，完成基本怠速调节、喷油时间调节和加速异步喷油调节。所以，当节气门位置传感器信号不良或出现短路和开路时，发动机故障一般表现为：怠速失速、加速不良或回火、尾气排放异常、自动变速器换挡不良和空调压缩机切断等。

②怠速控制阀卡死或开度过大故障。怠速控制阀卡死常造成发动机怠速不能自动适应调节，开空调、挂挡（自动变速器）时发动机怠速过低或熄火，发动机冷起动困难（因空气量过少），车辆滑行时发动机熄火等故障。怠速控制阀开度过大时则会造成发动机怠速转速过高、冷车高怠速转速过低等故障。

③节气门调节初始开度过小或节气门污染堵塞故障。节气门体出厂时，经过调试会保持1°～3°的初始开度，以维持发动机对初始最低怠速转速的要求。如果开度调整过小或使用一段时间后节气门污染物过多时，将使基本空气量减少。这样，ECU便会通过调节怠速空气通道来补充空气量，从而使怠速控制阀开度增加。由于怠速时怠速控制阀开启角度已经很大，当发动机怠速运转时开空调或挂挡，怠速控制阀将进一步开大，以维持怠速转速的稳定，而此时的怠速控制阀开度已无法进一步开大，这样便会出现空气量不足，也就造成了发动机空调怠速和挂挡（自动变速器）时怠速转速过低故障。

2.半自动节气门体结构与检修

（1）半自动节气门体结构和工作特点。如图2-4-46所示，此类节气门体省去了怠速控制阀，安装了节气门调节电动机，但仍带有节气门拉线。节气门的开启角度有两种控制方式：系统正常时，由发动机ECU驱动节气门调节电动机进行控制；当系统出现故障时，则由拉索控制节气门的开启。半自动节气门体工作时是ECU驱动直流电动机，然后通过减速齿轮驱动节气门的开启，由于此种机构取消了怠速控制阀，ECU通过不断改变节气门的开启角度实现对发动机起动怠速、暖机怠速、怠速、空调怠速、缓冲怠速及附件负荷怠速等工况的稳定控制，同时还可以实现正常转速控制及加速控制。在怠速以外的其他工况，节气门的开启角度通过拉线由加速踏板操纵，节气门位置传感器随时向ECU发送节气门开度信号。采用此种机构的优点是发动机怠速控制适应性得到了提高，发动机加速信号在前，节气门开启在后，加速

图2-4-46　半自动节气门体

性能有所提高，同时节气门的开启受 ECU 控制，可实现车辆的牵引力(TRC)控制和起步防滑控制。由于保留了原有的节气门拉线，一旦 ECU 控制节气门失效或节气门位置传感器出现故障，通过拉线仍可实现节气门的基本功能。此种机构早期用在宝马、奔驰及雷克萨斯等高档车辆上，2000 年后普遍用于大众、丰田、本田及通用等车系的一般车辆上。因怠速控制系统中取消了怠速控制阀，故半自动节气门体在安装或清洗后，需进行重新设定，否则，节气门将处于备用工作状态，发动机会出现怠速过高甚至加速熄火的故障。

(2)半自动节气门体的故障。由于半自动节气门体是将节气门、节气门调节电动机、节气门位置传感器及怠速开关等集成为一体，因此出现故障时各部分间的相互干扰增加了准确判断故障的难度。

①自适应功能设定故障。当对节气门进行清洁或更换新的节气门体后，必须进行节气门体的自适应设定。此时 ECU 会驱动节气门开启或关闭，同时采集相应信号，并将采集到的信号进行储存，以修正节气门的位置。如果不进行初始设定，ECU 将不能正常驱动节气门调节电动机，此时发动机怠速将无法正常控制，从而出现怠速转速过高、忽高忽低及车辆滑行熄火等故障。

②自适应能力超出范围。当节气门体长期处在脏污状态时，ECU 将驱动节气门逐渐开大，当节气门开度大于 8°时，会出现自适应能力超出范围故障。处理方法是：清洗节气门作自适应设定，当无法完成初始设定时，应更换节气门体或打开节气门体线路板，调节节气门位置传感器作基本设定。

③节气门轴转动阻力过大或节气门调节电动机磨损。上述两种情况出现后将会造成发动机转速下降故障，解决方法是清洁节气门体，润滑节气门轴，放松拉线，检查蓄电池电压(大于 11 V)，并进行重新设定。

(3)半自动节气门体的部件检测。参见本节怠速控制系统节气门直动式怠速控制执行机构部件检测。

3. 电子式全自动节气门体结构与检修

(1)电子式全自动节气门体结构和工作特点。如图 2-4-47 所示，此类节气门体比较先进，它完全取消了节气门拉线，安装了节气门位置传感器、节气门调节电动机、节气门调节电动机反馈传感器以及加速踏板位置传感器(图 2-4-48)。它的工作是由装在加速踏板上的加速踏板位置传感器发送开启信号给 ECU，ECU 再通过驱动节气门调节电动机控制节气门的开启，实现节气门体对发动机怠速、加速、部分负荷与全负荷等工况的全部控制。此类节气门体的优点是功能强，控制灵活，发动机加速响应性好，很容易实现驱动牵引力控制(ASR)和定速巡航、自动变速器换挡防冲等多种附加功能，同时简化了整车设计，降低了成本；使用电子节气门体的发动机，即使在驾驶人没有踩下加速踏板的情况下，ECU 也可以根据不同的工况调节发动机的转矩，这就显著改善了汽油经济性和排放净化性等发动机性能指标。其缺点是一旦系统出现故障，发动机只能在备用模式下以固定转速工作，不能通过加速踏板实现加速和减速。

(2)电子式全自动节气门体的故障。电子式全自动节气门体与半自动节气门体结构基本相同，区别是去掉了节气门拉线，增加了加速踏板位置传感器。另外，其故障现象也与半自动节气门体故障基本相仿。当出现节气门体故障即 EPC 警告灯亮时，除了应检查节气门的清洁度、线路连接情况及加速踏板位置传感器外，还应检查点火及喷油器。因为发动机工作不良也会导致 EPC 控制失调，造成故障假象。另外，燃烧性能不好的汽油，也会加剧污染，造成故障发生。

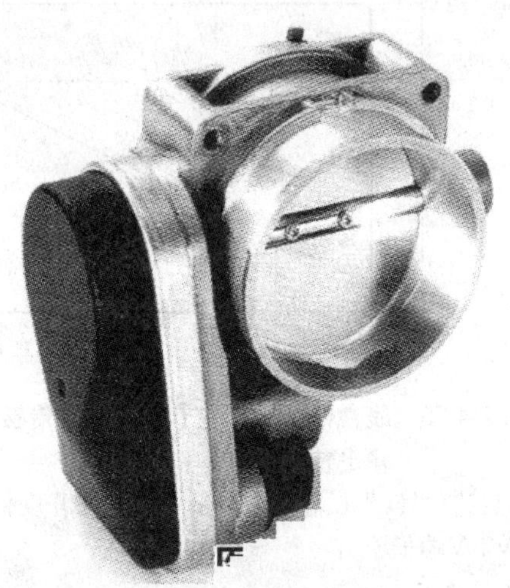

图 2-4-47　电子式全自动节气门体

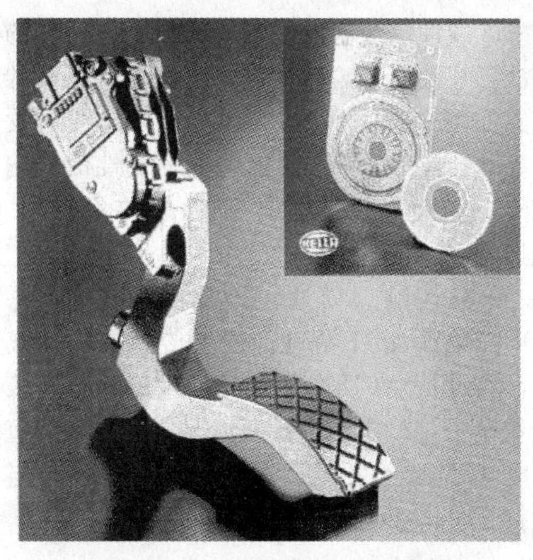

图 2-4-48　加速踏板位置传感器

4. 节气门位置传感器结构与检修

节气门位置传感器安装在节气门轴上，用来检测节气门开度，以反映发动机的不同工况（怠速、加速、减速）以及发动机的负荷状态，对于装备自动变速器的车辆，节气门位置传感器信号还是自动变速器进行自动换挡控制的重要参数。节气门位置传感器通常有以下四种形式。

（1）线性信号输出型节气门位置传感器结构与检修

①线性信号输出型节气门位置传感器结构原理。线性信号输出型节气门位置传感器的特点是反映节气门开度的输出电压信号与节气门的实际开度成线性关系。图 2-4-49 所示为线性信号输出型节气门位置传感器的结构图，这种节气门位置传感器实际上是一种线性电位计（可变电阻），它由 2 个与节气门联动的可动电刷触点、固定在基板上的电阻体、外壳以及导线连接器等组成。可动触点在电阻体上滑动以改变各触点间的电阻值，ECU 根据由此引起的电压的变化就可以知道节气门的实际开度。但是，与节气门开度相对应的电阻体的电阻值，多少都存在偏差，因此影响了节气门开度检测的准确性。为了能够准确检测节气门的全关闭状态，有些线性信号输出型节气门位置传感器另外设一个怠速触点 IDL，它只在节气门处于全关闭状态时才被接通。图 2-4-50 所示是线性信号输出型节气门位置传感器输出特性。

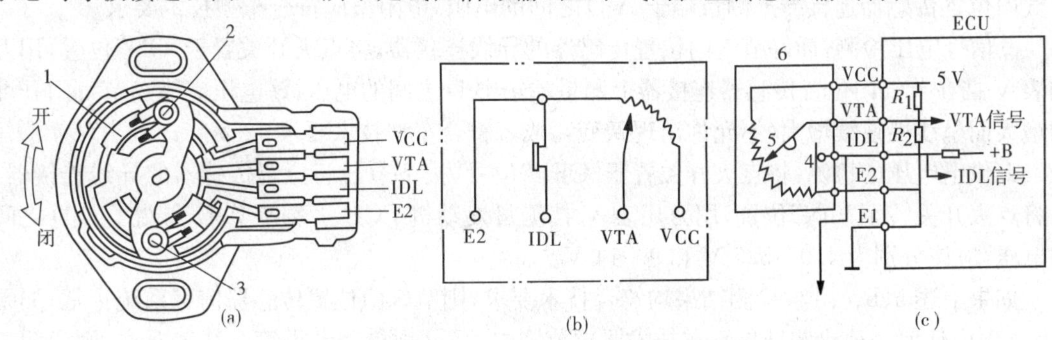

图 2-4-49　线性信号输出型节气门位置传感器的结构

(a)构造；(b)内部电路；(c)与 ECU 的连接电路

1-电阻体；2-检测节气门开度用的电刷；3-检测节气门全闭的电刷；4-怠速触点开关；5-滑动触头；6-节气门位置传感器 VCC-电源端子；VTA-节气门开度输出端子；IDL-怠速触点；E2-地线

②线性信号输出型节气门位置传感器的检测方法。线性信号输出型节气门位置传感器的连接线路如图 2-4-51 所示，一般有 3 条导线与发动机 ECU 相连，而对于带怠速触点的线性信号输出型节气门位置传感器有 4 条导线与发动机 ECU 相连。

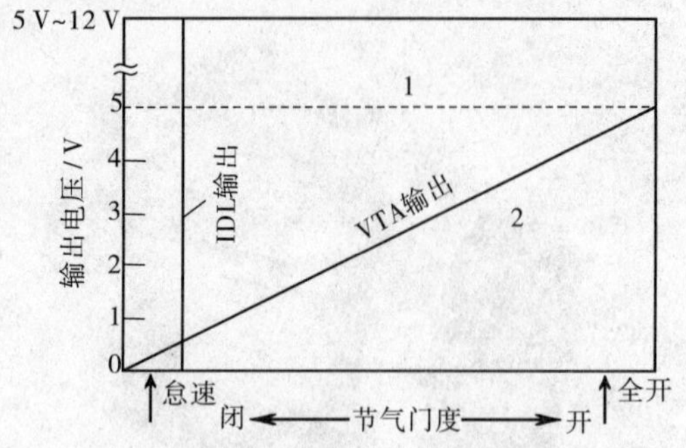

图 2-4-50 线性信号输出型节气门位置传感器输出特性

1-怠速信号(IDL 端子输出)；2-节气门开度信号(VTA 端子输出)

a. 怠速触点导通性检测：将点火开关置于“OFF”位置，拔下节气门位置传感器的导线连接器，用万用表 Ω 挡在节气门位置传感器连接器上测量端子 C-D 之间的导通情况。当节气门完全关闭时，C-D 端子之间应该导通(电阻为 0)；当节气门打开时，C-D 端子之间应该不导通(电阻为∞)。

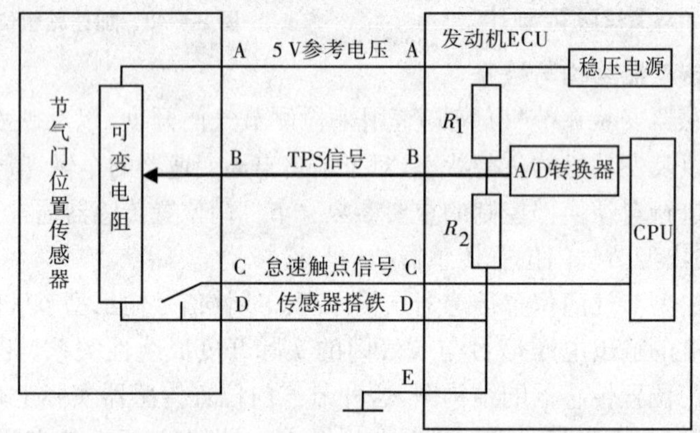

图 2-4-51 线性信号输出型节气门位置传感器的连接线路

A-5 V 参考电压；B-节气门位置(TPS)信号；C-怠速触点信号；D-传感器搭铁

b. 传感器电阻检测：将点火开关置于“OFF”位置，拔下节气门位置传感器的导线连接器，用万用表 Ω 挡在节气门位置传感器连接器上测量端子 B-D 之间的电阻，该电阻应能随节气门开度的增大而呈线性连续增大(不允许出现跃变)，或者符合车型技术要求。用万用表 Ω 挡在节气门位置传感器连接器上测量端子 A-D 之间的电阻，电阻值应符合车型技术要求。

c. 信号电压检测：插好节气门位置传感器的导线连接器，将点火开关置于“ON”位置，用万用表 V 挡在节气门位置传感器连接器上测量端子 B-D 之间的电压，该电压应能随节气门开度的增大而呈线性连续增大(不允许出现跃变)，或者符合车型技术要求。

d. 供电电压的检测：将点火开关置于“OFF”位置，拔下节气门位置传感器的导线连接器，再将点火开关转至“ON”位置，用万用表 V 挡测量发动机 ECU 上端子 A-D 和端子 C-D 之间的电压，应该分别为 4.0～5.5 V 和 9～14 V。

如果上述 a、b、c、d 项检测结果均符合技术要求，则节气门位置传感器信号系统正常；如果 a、b、c 项中任何一项检测结果不在技术要求范围内，而 d 项检测结果符合技术要求，则说明节气门位置传感器不良；如果 a、b 项检测结果符合技术要求，而 c、d 项的检测结果不符合技术要求，则说明节气门位置传感器本身正常，发动机 ECU 性能不良。

(2)开关信号输出型节气门位置传感器结构与检修

①开关信号输出型节气门位置传感器结构原理。它的特点是节气门位置传感器只是以开和关 2 种信号向 ECU 发送节气门位置状态。在此类节气门位置传感器的内部有 2 副固定的开关触点，分别是怠速触点和全负荷触点，还有一个活动触点安装在电刷臂上。当节气门开启角度发生变化时，活动臂发生偏转，带动活动触点依次与 2 副固定开关触点接触，ECU 即可得知节气门开度。ECU 根据怠速开关的闭合信号判定发动机处于怠速工况。当节气门开启角度增大时，活动触点与怠速触点断开，ECU 根据这一信号进行从怠速到小负荷过渡工况的喷油控制。当节气门开启到一定角度时，活动触点与全负荷触点闭合，ECU 根据此信号进行全负荷加浓控制。

图 2-4-52a、b 所示是开关式节气门位置传感器的结构图，该传感器由安装在节气门体上并与节气门轴联动的凸轮、可检测出怠速位置的怠速触点、可检测出全开位置的全开触点（也叫功率触点）以及沿导向凸轮沟槽移动的可动触点等构成。导向凸轮由固定在节气门轴上的控制杆驱动。

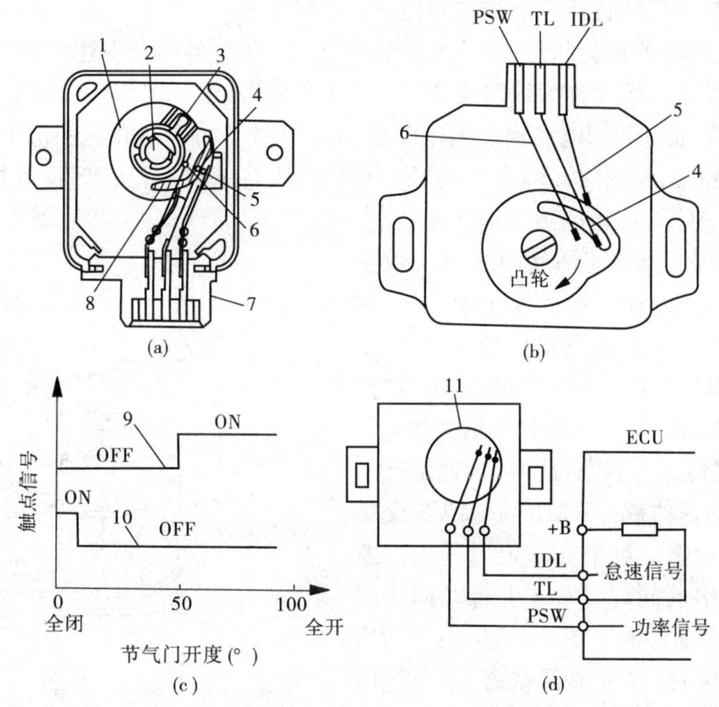

图 2-4-52　开关式节气门位置传感器

(a)结构图；(b)结构简图；(c)输出特性；(d)与 ECU 的连接电路

1-导向凸轮；2-节气门轴；3-控制杆；4-可动触点；5-怠速触点；6-全开触点(功率触点)；7-导线连接器；8-导向凸轮槽；9-全开触点信号；10-怠速触点信号；11-节气门位置传感器

怠速触点在节气门处于怠速位置时为闭合状态，其他时间均为打开状态。怠速触点可向 ECU 发出怠速增量、后怠速增量、汽油中断信号。

如图 2-4-52c 所示，节气门全关时，可动触点和怠速触点接触，可以检测出节气门的全关闭状态，即输出高电平(5 V 或 12 V)，否则，输出为 0 V。若节气门的开度较大(如 50°以上)，可动触点和全开触点(功率触点)接触，可以检测节气门的大开度状态，即可输出高电平，否则，输出 0 V。节气门在中间开度时可动触点同哪一个触点都不接触。

图 2-4-52d 所示是开关式节气门位置传感器与 ECU 的连接电路。不踏加速踏板时，电源向 ECU 的怠速端子(IDL)供给电压。在高负荷时，全开触点(功率触点)处于闭合状态，电源向 ECU 的功率端子(PSW)施加电压(可判定踏下加速踏板)。

开关式节气门位置传感器与上述线性节气门位置传感器相比，节气门开度的检测性差，但结构简单，价格便宜。

②开关信号输出型节气门位置传感器的检测方法。将点火开关置于"OFF"位置，拔下节气门位置传感器的导线连接器，在节气门限位螺钉和限位杆之间插入适当厚度的厚薄规，用万用表 Ω 挡在节气门位置传感器连接器上测量怠速触点 IDL 和功率触点 PSW 分别与可动触点 TL 之间的导通情况。当节气门处于全闭位置时，怠速触点 IDL 与可动触点 TL 之间应导通；当节气门全开或接近全开时，功率触点 PSW 与可动触点 TL 之间应导通；在节气门处于其他开度时，怠速触点 IDL 和功率触点 PSW 与可动触点 TL 之间均不导通。如果检测结果与上述要求不符，则调整或更换节气门位置传感器。

(3)编码式节气门位置传感器结构与检修

为了检测发动机的加速状态，一些发动机在节气门位置传感器中还增加了 ACC 信号输出端，这种节气门位置传感器称为编码式节气门位置传感器，编码式节气门位置传感器的结构如图 2-4-53 所示，它通过印制电路板上编码图形与外部驱动轴运动并在图形上滑动的触点，即可以数字信号检测出节气门回转角。从 IDL 可检测出怠速状态，从 PSW 可检测出高负荷状态，从 ACC1 与 ACC2 可检测出加速状态。

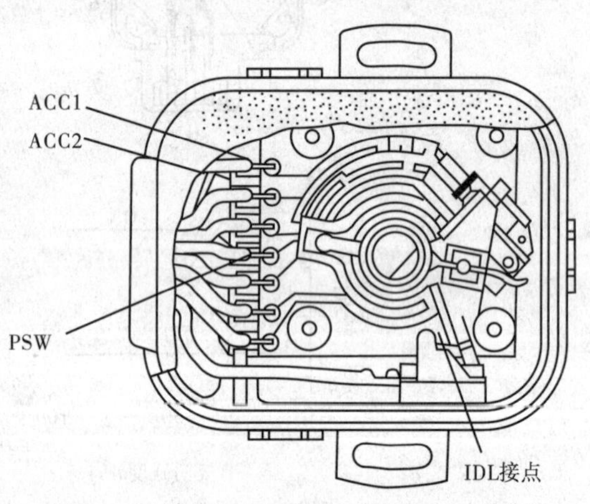

图 2-4-53 编码式节气门位置传感器图

图 2-4-54a 所示为怠速回转时节气门位置传感器状态，此时，如 IDL 触点处于闭合，即可检测出怠速状态。同时，在发动机转速高时，如该触点闭合，ECU 将判断为减速状态，进行"汽油喷射中断"的控制。图 2-4-54b 所示为加速回转时节气门位置传感器状态，此时，加速触点与印制线路板的加速线路、ACC1 与 ACC2 交替处于闭合、打开状态。对于在一定时间内的急加速，与信号检出的同时，ECU 进行非同步喷射控制，以提高加速性能。图 2-4-54c 所示为高负荷回转时节气门位置传感器状态，在节气门打开一定程度的高负荷时，功率触点(PSW)处于闭合状态，即可检测出高负荷状态。图 2-4-54d 所示为减速回转时节气门位置传感器状态，此时加减速检测触点处于打开状态，ECU 不进行非同步喷射控制。

检测时，主要检测各触点在规定状态下是否能够闭合和断开。

(4)霍尔式节气门位置传感器结构与检修

最新型的节气门位置传感器是霍尔式的(例如东南戈蓝轿车)，如图 2-4-55a 所示，霍尔式节气门位置传感器包括固定在轴上的永久磁铁、能根据磁通量密度输出电压的霍尔 IC，以及介于两者之间具有引导磁通量功能的定子组成。

节气门全闭时，通过霍尔 IC 的磁通量密度保持在最小值，以得到最小的电压输出；节气门全开时，通过霍尔 IC 的磁通量密度保持在最大值，以得到最大的电压输出。如图 2-4-55b 所示，节气门位置传感器信号能经由主系统与次系统输出，从而可以增进系统监测故障的准确性，并加强失效安全的功能，以提高可靠性。

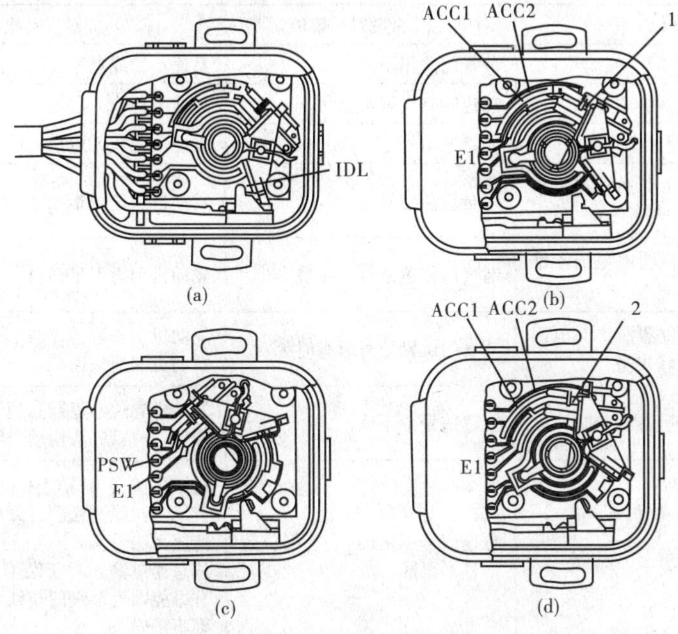

图 2-4-54 各运转状态下节气门位置传感器的状态

(a)怠速运转时；(b)加速动转时；(c)高负荷运转时；(d)减速运转时

1-加减速检测触点 ON；2-加减速检测触点 OFF

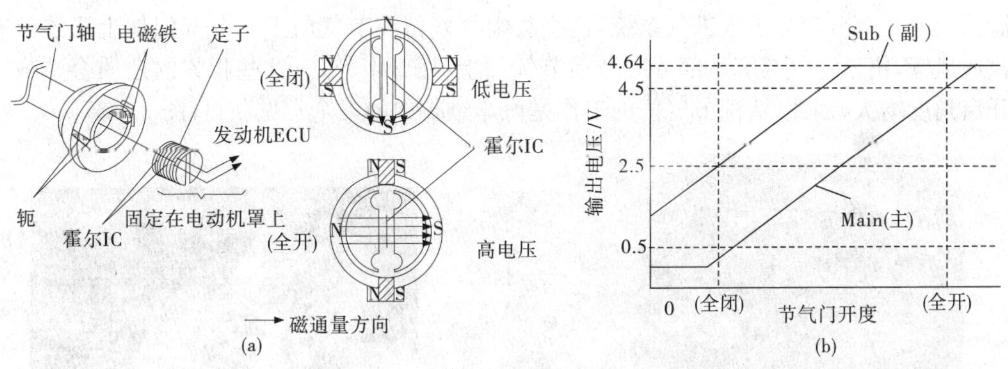

图 2-4-55 霍尔式节气门位置传感器工作原理示意图

(a)结构；(b)输出特性

霍尔式节气门位置传感器的导通性不能用万用表检测，其性能好坏可以通过示波器检测信号电压波形来进行判断。

5. 节气门体与节气门位置传感器的常见故障

节气门体与节气门位置传感器的常见故障及影响见表 2-4-6。

正常情况下，节气门会保持 1°～5°的初始开度来维持发动机的怠速。发动机在工作一段时间后，节气门处会聚集灰尘等杂质，导致节气门脏污，这会使进气量减少，ECU 就会控制节气门开度增大以增加进气量。当节气门脏污严重时，ECU 将驱动节气门逐渐开大，当节气门开度超出设定的范围时，就会出现自适应超出范围的故障。出现这种故障时可以清洗节气门，然后作自适应设定即可。

节气门体节气门位置传感器常见故障及影响 表 2-4-6

故障部位	对电控汽油喷射系统的影响	对发动机的影响
节气门粘附积炭	节气门关闭不严	怠速不稳或怠速过高不能调低
怠速空气道堵塞	怠速时空气量不足	怠速不稳或无怠速
节气门位置传感器怠速触点接触不良	无怠速信号	怠速不稳或无怠速
节气门位置传感器全负荷触点接触不良(开关信号量输出型)	无全负荷信号	发动机加速困难
节气门位置传感器电位器电阻值不准确(线性信号输出型)	节气门位置信号不正确	发动机动力不足、运转不平稳、加速性差
节气门位置传感器电位器滑头与电阻值接触不良(线性信号输出型)	节气门位置信号时有时无	发动机工作性能不良、发抖、喘振、加速性差，发动机加速失速
节气门位置传感器怠速触点调整不当	怠速信号不正确	发动机怠速不稳或怠速熄火或怠速过高不能调低，开空调(或用动力转向)时熄火
节气门拉线调整不当	怠速信号不正确，节气门位置信号不正确	对于机械式节气门体和半自动式节气门体，节气门拉线过松会导致踩下加速踏板发动机转速无法升高，节气门拉线过紧或发卡会导致怠速过高。对于装有自动变速器的车辆，有可能因为节气门拉线调整不当造成换挡时刻不正确

6.节气门体的清洗

发动机工作时，空气经过空气滤清器的过滤并不能完全清洁，尤其是使用时间较长的空气滤清器会使一部分灰尘进入进气系统，这些灰尘会残留在节气门上。节气门体上还连接有曲轴箱通风管，机油蒸气会有一部分凝结在节气门上(图 2-4-56)。这些积累的杂质会造成节气门开启角度增大，因此，清洗节气门的工作是汽车维护中的一个常见项目(图 2-4-57)。

图 2-4-56 节气门脏污

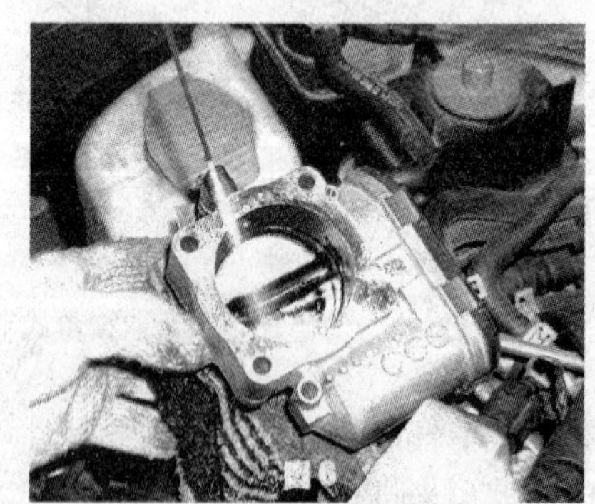

图 2-4-57 清洗节气门

(1)节气门应该拆下清洗。有些维修人员为了避免拆卸节气门时损坏附属部件，只是将空气滤清器拆下后在车上清洗节气门，这样并不能彻底清洗干净节气门。节气门阀片圆弧边缘、节气门轴以及节气门体内壁是清洗的重点部位，清洗时需要注意。

(2)在节气门的拆卸和安装中要细心。要注意对塑料件等易损部件的保护，例如，发动机上盖板、空气滤清器与节气门体之间的塑料连接管以及节气门体的冷却液管，特别是冷却液管上的卡箍应安装到位，否则，会引起冷却液的泄漏。节气门体与进气歧管上的安装座之间一般都有密封垫，不要漏装或损坏此密封垫，否则，会引起进气系统漏气，导致怠速不稳。

(3)清洗节气门时一般使用罐装压力清洗液。清洗液具有腐蚀性，应事先拆下节气门密封胶圈。注意清洗液的喷射方向，尽量不要喷到电路。节气门轴需要灵活转动，因此节气门轴与节气门体之间总会有空隙，注意不要使清洗液通过节气门轴进入节气门位置传感器和节气门调节电动机，否则，会造成这些部件的损坏。

(4)清洗节气门时需要反复开启节气门，不要打开节气门后猛地松开使节气门关闭，这样容易损坏节气门位置传感器和节气门阀片。

(5)安装节气门拉线后，应检查节气门拉线运动的灵活性并调整节气门拉线的松紧度。节气门拉线应有一定的自由度，但自由度不应过大，否则，会产生加速响应慢的现象。

(6)安装完节气门体后必须要作自适应设定。

7.节气门体的自适应设定

清洗节气门后，怠速时节气门的开度就会减小。为了使ECU可以适应这种变化，就需要使用专用故障检测仪进行自适应设定。如果ECU知道了节气门的最小怠速位置和最大怠速位置，就知道了怠速节气门电位器的电压范围。这样，当ECU收到任一位置的电压信号时，就能判断出节气门的开度。自适应设定就是让ECU识别节气门体的基本参数。在下列情况下需要进行自适应设定：更换ECU或ECU断电，拆装或清洗过节气门体。

(二)电子节气门系统结构与检修

节气门的作用是控制发动机的进气流量，决定发动机的运行工况。驾驶人通过操作加速踏板来操纵节气门开度。加速踏板和节气门的连接方式有两种：刚性连接和柔性连接。传统加速踏板采用刚性连接，即通过拉杆或拉索传动连接加速踏板和节气门的机械连接方式，因此节气门开度完全取决于加速踏板的位置，即驾驶人的操作意图，但从动力性和经济性角度来看，发动机并不总是完全处于最佳运行工况，而且驾驶人的误操作也给安全性带来隐患。柔性连接方式取消了传统的机械连接，通过ECU控制节气门快速精确地定位，因此，又称为电子节气门。它的优点在于能根据驾驶人的需求愿望以及整车各种行驶状况确定节气门的最佳开度，保证车辆最佳的动力性和汽油经济性，并具有牵引力控制、巡航控制等控制功能，提高安全性和乘坐舒适性。

1.电子节气门系统的组成

如图2-4-58所示，电子节气门系统主要由加速踏板位置传感器、电子节气门体和发动机ECU组成，图2-4-59所示为东风雪铁龙爱丽舍轿车发动机电子节气门系统的控制电路，其中，电子节气门体由节气门、节气门调节电动机、节气门位置传感器和齿轮传动装置等组成(图2-4-60)。

(1)节气门位置传感器。节气门位置传感器是一个双电位器传感器(图2-4-61)，由发动机ECU提供5 V电压，它随节气门开度的变化向发动机ECU同时输送2个反映节气门实际开度的信号电压。由于2个电位器是同相安装的，当节气门位置发生变化时，其电阻同时线性增加或减小。当加入+5 V电压后，转化为与电阻值变化相应的电压输出。该两个信号电压是反向(其中一个升高时另一个降低)线性变化的。

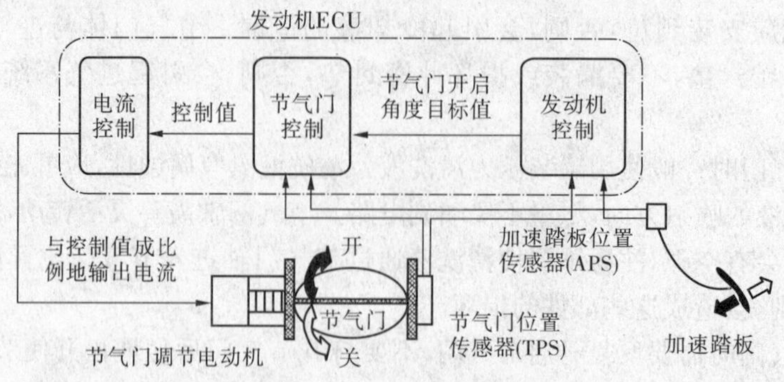

图 2-4-58 电子节气门系统的组成

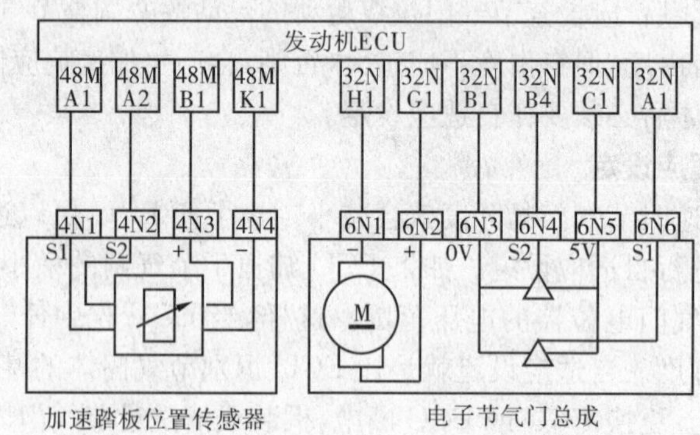

图 2-4-59 爱丽舍轿车发动机电子节气门系统控制电路

48M、32N＝4N、6N-连接器号；A1、A2、B1、B4、C1、H1、K1-端子号；1～6(4N 和 6N 后的数字)-端子号；S1、S2-传感器的输出信号

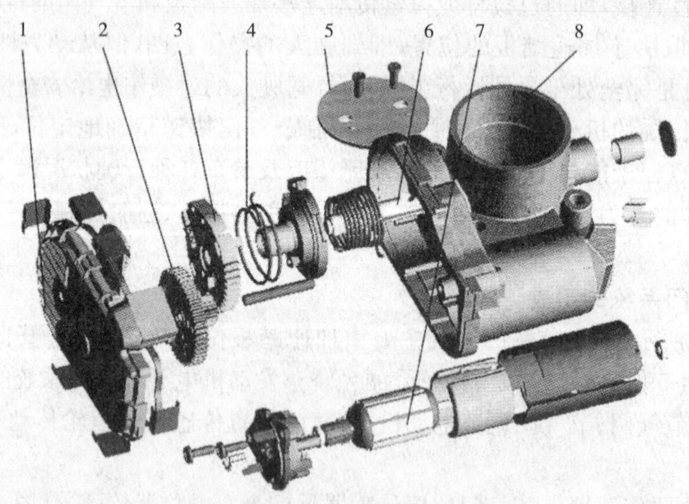

图 2-4-60 电子节气门总成的结构

1-节气门位置传感器；2、3-齿轮；4-复位弹簧；5-阀片；6-节气门轴；7-节气门调节电动机；8-节气门体

(2)加速踏板位置传感器。加速踏板位置传感器位于发动机室内，通过一根拉索与加速踏板连接。加速踏板位置传感器也是一个双电位器传感器，由发动机 ECU 提供 5 V 电压。它向发动机 ECU 同时输送 2 个反映加速踏板位置(移动行程)的信号电压。该 2 个信号电压随

加速踏板位置的变化而同向(同时升高或降低)线性变化，但变化的速度及范围互不相同。发动机 ECU 根据加速踏板位置传感器信号控制发动机的怠速、加速、减速、瞬间转速和中断喷油等。

(3)节气门调节电动机。节气门调节电动机一般选用步进电动机或直流电动机，经过两级齿轮减速来调节节气门开度。早期以使用步进电动机为主，步进电动机精度较高、能耗低、位置保持特性较好，但其高速性能较差，不能满足节气门较高的动态响应性能的要求，所以现在比较多地采用直流电动机，直流电动机精度高、反应灵敏、便于伺服控制。

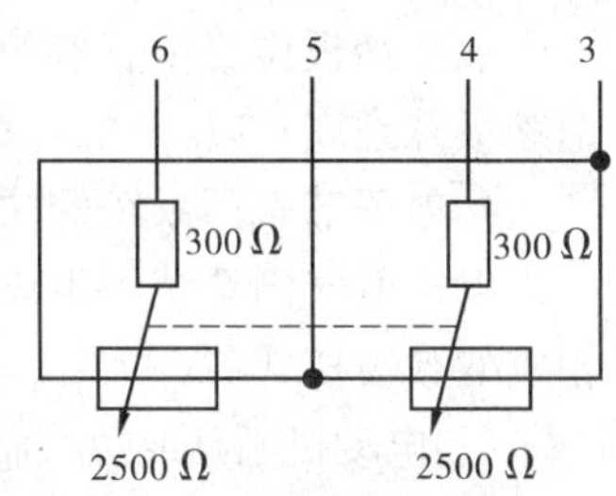

图 2-4-61　加速踏板位置传感器和节气门位置传感器内部原理

(4)电控单元(ECU)。电控单元(ECU)是整个系统的核心，包括两部分：信息处理模块和电动机驱动电路模块。信息处理模块接受来自加速踏板位置传感器的电压信号，经过处理后得到节气门的最佳开度，并把相应的电压信号发送到电动机驱动电路模块。电动机驱动电路模块接受来自信息处理模块的信号，控制电动机转动相应的角度，使节气门达到或保持相应的开度。电动机驱动电路应保证电动机能双向转动。

2.电子节气门系统的工作原理

ECU 根据加速踏板位置传感器的信号通过控制节气门调节电动机运转，经齿轮传动装置使节气门转到适当的开度，而节气门位置传感器将反映节气门实际开度的信号输送给发动机 ECU，接着，ECU 将节气门位置传感器和加速踏板位置传感器的信号进行比较，以确认节气门开度是否满足要求。如果不满足，则 ECU 继续驱动节气门调节电动机来调节节气门的开度。加速踏板位置传感器和节气门位置传感器的双电位器结构使 ECU 能精确地根据驾驶人的意图来控制节气门开度，并满足空调、自动变速器、动态稳定控制、车速调节或发动机冷却风扇等对发动机转矩的要求。当同时出现多项要求时，发动机 ECU 根据内部确定的优先等级满足优先等级最高的项目要求，此时节气门的实际开度与驾驶人对节气门的开度要求不一定相同。发动机的怠速由发动机 ECU 通过电子节气门总成控制，在发动机上没有怠速空气控制阀。

3.电子节气门系统的初始化

以东风雪铁龙爱丽舍轿车为例，电子节气门系统的初始化项目如下。

(1)电子节气门总成的初始化。电子节气门总成的初始化是发动机 ECU 读取包括节气门的最大开度和关闭位置等位置的信息。在未完成对电子节气门总成初始化的情况下，发动机 ECU 不能很好地通过调节节气门的开度来控制发动机转矩。在更换了发动机 ECU、更换或修复了电子节气门总成、对发动机 ECU 进行了编程或编码之后，电子节气门总成需要进行初始化。

电子节气门初始化的步骤如下：先将点火开关置于 M 位 30 s(不踩加速踏板)，然后断开点火开关 15 s(注意，在这 15 s 内不要接通点火开关，因为在这 15 s 内电源仍向电子节气门总成供电，而发动机 ECU 在记录节气门的初始化参数)。如果操作不当，发动机 ECU 就不能准确地控制节气门的开度，车辆将“跛行”。出现这种情况后，必须用 PROXIA 仪器进行初始化操作。

实际上，在车辆运行过程中，发动机 ECU 会有步骤地比较储存的节气门位置和实际的节气门位置，如果两者的差值超过了允许值，则 ECU 就会实行电子节气门总成的初始化。

(2)加速踏板位置传感器的初始化。加速踏板位置传感器的初始化就是读取加速踏板在停止位置和最大行程位置与加速踏板位置传感器信号的关系,它是发动机 ECU 执行驾驶人意图的必要条件。更换了发动机 ECU,维修或更换了加速踏板位置传感器,对发动机 ECU 进行了编程或编码之后,加速踏板位置传感器需要进行初始化。

加速踏板位置传感器的初始化步骤如下:①在不踩加速踏板条件下接通点火开关;②将加速踏板踩到底;③松开加速踏板;④在不踩加速踏板条件下起动发动机。

4.电子节气门系统的故障与救援模式

电子节气门系统产生故障后,发动机 ECU 就因不能控制节气门的开度而使发动机进入相应的救援模式。

(1)电动机断路或短路而不转动。当发生该故障时,节气门持续处于初始位(由节气门的几个弹簧控制的节气门开度,大于 2°),此时发动机仍有一定的进气量,发动机 ECU 根据驾驶人的意图(由加速踏板位置传感器提供)控制供油量和点火提前角,使车辆能缓慢行驶到修理厂。

(2)电动机被短路而连续转动。当发生该故障时,发动机 ECU 根据驾驶人的意图控制供油量和点火提前角,但将发动机转速限制在 1 100 r/min 之内。

(3)不能按驾驶人的意图控制发动机。发动机 ECU 可以根据加速踏板位置传感器和进气歧管绝对压力传感器的信号判断节气门开度是否与发动机转速相对应,一旦检测到两者不对应,就降低发动机转速(称为降级模式),并使组合仪表板上的故障指示灯点亮。

(4)节气门位置传感器的一个电位器不工作(该电位器电路断路或短路)。当出现该故障时,发动机仍接收正常电位器的信号,但采用降级模式,并使组合仪表板上的故障指示灯点亮。

(三)怠速控制系统结构与检修

1.发动机怠速控制系统的类型与组成

发动机在无负荷情况下以最低稳定转速运转,叫作发动机怠速。在怠速工况下工作时,只需克服其内部的摩擦阻力,而对外无输出功率。发动机怠速的高低,不但对油耗有严重的影响(实践证明,在交通密度大的道路上行车,怠速油耗约占 30%),对发动机的排放污染、暖机时间和使用寿命等都有一定程度的影响。因此,使发动机在各种工况下能自动调节其怠速具有十分重要的意义。怠速控制的方式随车型有所不同,对电控汽油喷射系统来说,目前可分为两种类型,如图 2-4-62 所示:一种是旁通空气道控制式;另一种是节气门直动式。其中旁通空气道控制式目前最为常见。

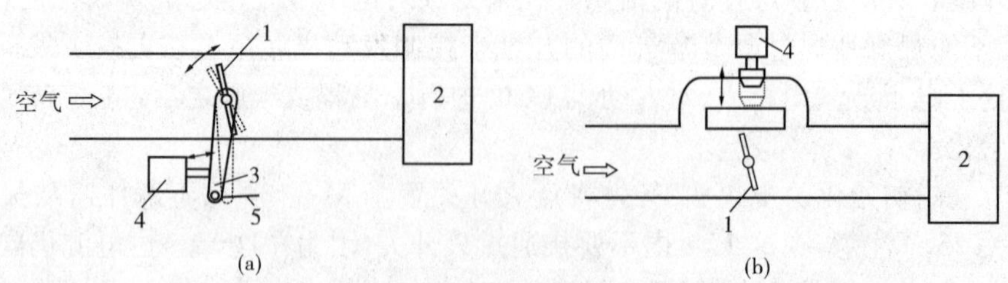

图 2-4-62 控制怠速空气量的执行机构

(a)节气门直动式;(b)旁通空气道式

1-节气门;2-发动机;3-节气门操纵臂;4-执行元件;5-加速踏板金属丝

发动机怠速控制系统主要由发动机 ECU、执行器和各种传感器等组成,具体见表 2-4-7。

发动机怠速控制系统组成　　表 2-4-7

组　件		功　能
传感器	发动机转速传感器	检测发动机转速
	节气门位置传感器	检测发动机怠速状态
	冷却液温度传感器	检测发动机冷却液温度
	起动开关	检测发动机起动工况
	空调开关	检测空调的工作状态
	车速传感器	检测汽车的车速
	空挡起动开关	检测换挡手柄位置
	动力转向开关	检测动力转向装置的工作状态
	发电机负荷信号	检测发电机负荷的变化
执行器	怠速控制阀或怠速稳定控制器	调整怠速时的进气量
发动机 ECU		根据传感器的信号控制执行器动作，通过调整进气量使发动机保持在目标转速附近稳定运转

2. 怠速控制系统各主要组成部件的结构原理和检测

旁通空气道控制式怠速控制执行机构的种类较多，一般可按怠速控制执行机构的结构分为机械式和电子控制式两种。机械式的怠速控制执行机构又有双金属片式和石蜡式两种，电子控制式的怠速控制执行机构有平动电磁阀式、旋转电磁阀式和步进电动机式三种。

(1)空气阀。发动机冷车起动时，温度低，摩擦阻力大，暖机时间长。空气阀的作用是在发动机低温起动时，可通过空气阀为发动机提供额外的空气(此部分空气也由空气流量传感器计量)，保持发动机怠速稳定运转，使发动机起动后迅速暖车，从而缩短暖车时间。空气阀一打开，发动机吸入的空气量就能被空气流量传感器测出，把该信号传给 ECU，从而使喷油器的喷油量也增加，做到在低温下顺利起动发动机。发动机完成暖机运转之后，流经空气阀的空气即被切断，发动机吸入的空气改由节气门体的旁通通路供给，使发动机在通常的怠速工况下稳定运转，由空气阀构成的空气通道如图 2-4-63 所示。空气阀按其结构和动作方式可分为两种：一种是利用加热线圈引起的变位原理，使阀工作的双金属片调节式；另一种是利用发动机冷却液热量引起的石蜡胀缩原理，使阀工作的石蜡型。

①双金属片式空气阀结构与检修。双金属片式空气阀的结构及工作原理如图 2-4-64 所示，它由双金属元件、加热线圈和空气阀片等组成，旁通空气管路截面积的大小由双金属片控制回转阀门来决定。当温度低或无电流通过加热线圈时，阀门总是打开的，在发动机冷起动时，旁通空气道全开，管路截面积最大。发动机起动后，空气通过节气门的旁通气道经空气阀进入进气总管。此时虽然节气门是关闭的，但进气量较大，怠速转速较高。在发动机起动的同时，加热线圈上就有电流流过，随着发动机温度的升高和加热线圈加热时间的增长，双金属片逐渐弯曲变形，带动回转阀门旋转，逐渐关闭旁通气道，从而降低发动

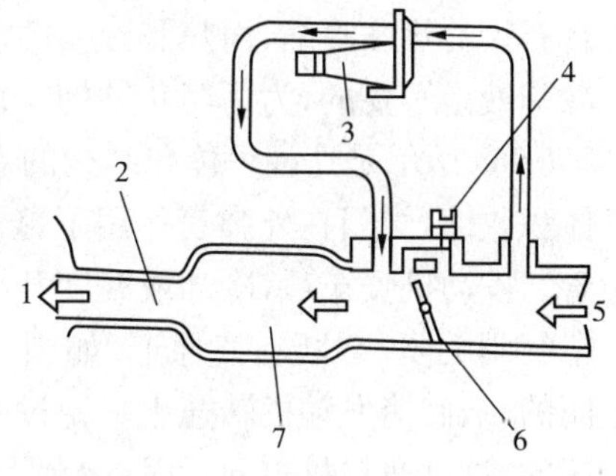

图 2-4-63　由空气阀构成的空气通道

1-去发动机的空气；2-进气歧管；3-空气阀；4-怠速调节螺钉；5-自空气滤清器来的空气；6-节气门；7-缓冲罐(稳压箱)

机的怠速转速。暖机后，双金属片不仅受电加热，还受发动机的热量加热，使阀门保持关闭，发动机处于正常怠速工作，当热机再起动时，阀门保持关闭，以免发动机快怠速运行。所以，该空气阀应安装在能代表并感受发动机温度的部位，不但能保证在发动机暖机时双金属片同时受加热线圈和发动机热量的加热，而且能在热机起动时，机体的热量仍能使阀门关闭，避免发动机怠速转速过高。当环境温度为 20 ℃时，发动机起动后 3～6 min，空气阀即可受双金属片推动而关闭。

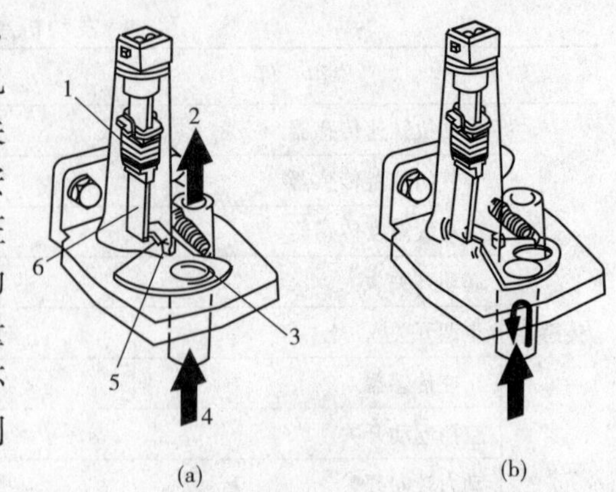

图 2-4-64 双金属片式空气阀的结构和工作原理

(a)低温时；(b)暖机后

1-加热线圈；2-接进气歧管；3-阀门；4-接空气滤清器；5-销；6-双金属片

双金属片式空气阀的就车检测诊断方法如下：起动发动机，使发动机以怠速运转(如发动机装有怠速控制阀，需拔去怠速控制阀的导线连接器)。在发动机冷机运转中，将手钳垫上软布，夹住空气阀的进气管，此时，发动机转速应有明显下降。否则，说明空气阀已堵塞，应清洗或更换空气阀。在发动机暖机后，再将手钳垫上软布，夹住空气阀的进气管，此时发动机转速下降值不应超过 100 r/min，否则，说明空气阀关闭不严或控制线路有故障，如发动机转速下降值超过 100 r/min，则应进一步检查空气阀导线连接器端子上是否有电压。如空气阀导线连接器端子上无电压，则说明控制线路有故障，检修空气阀的控制线路；如果有电压，则说明空气阀有故障，应更换空气阀。

双金属片式空气阀的单件检测诊断方法如下：拆下空气阀，在室温下检查空气阀的开度。当室温低于 10 ℃时，空气阀应处于半开状态；当室温为 20 ℃时，空气阀应处于微开状态(约开启 1/3)。如果在室温下空气阀不处于上述状态，可在空气阀导线连接器端子上测量空气阀加热线圈的电阻值，其电阻值应为 30～50 Ω。如果测得的电阻值在上述范围内，可再将蓄电池电源接至空气阀导线连接器端子上，观察空气阀能否在通电后逐渐关闭。如果不能逐渐关闭，则说明空气阀本身有故障，应清洗或更换空气阀。如果测得的电阻值不在上述规定范围内，并且对加热线圈通电后阀门不能将旁通空气道关闭，则说明空气阀有故障，应更换空气阀。

②石蜡式空气阀。石蜡式空气阀根据发动机冷却液温度，控制空气通路面积。控制力来自石蜡的热胀冷缩，而热胀冷缩的值随周围温度而变化。采用这种形式的空气阀，导入发动机冷却液是必要的，为了简化结构，大多采用与节气门体加热共用的冷却液管路一体化结构，图 2-4-65a 所示是这种一体化结构的总体构成。当发动机处于低温状态时，冷却液温度低，石蜡体积收缩，阀门在外弹簧作用下打开，如图 12-4-65b 所示，空气流经阀门从旁通气道进入进气管。发动机暖车后，冷却液温度升高，石蜡体积膨胀变大，推动空气阀克服内弹簧向左移动，将空气阀关闭，截断空气通道，如图 2-4-65c 所示。由于内弹簧比外弹簧硬，所以阀门是逐渐关闭的，从而使发动机转速也平稳过渡到正常怠速状态。当冷却液温度高于 80 ℃时，阀门是紧闭的，这可使热机再起动时，避免发动机快怠速运行。

(2)平动电磁阀式怠速控制执行机构。平动电磁阀式怠速控制执行机构主要由一只比例电磁阀构成，其电磁线圈的驱动电流为 ECU 送来的占空比(PWM)信号。这种比例电磁阀可以平衡在中间的任何位置，因此平动电磁阀式怠速控制执行机构根据 ECU 的指令对各种因

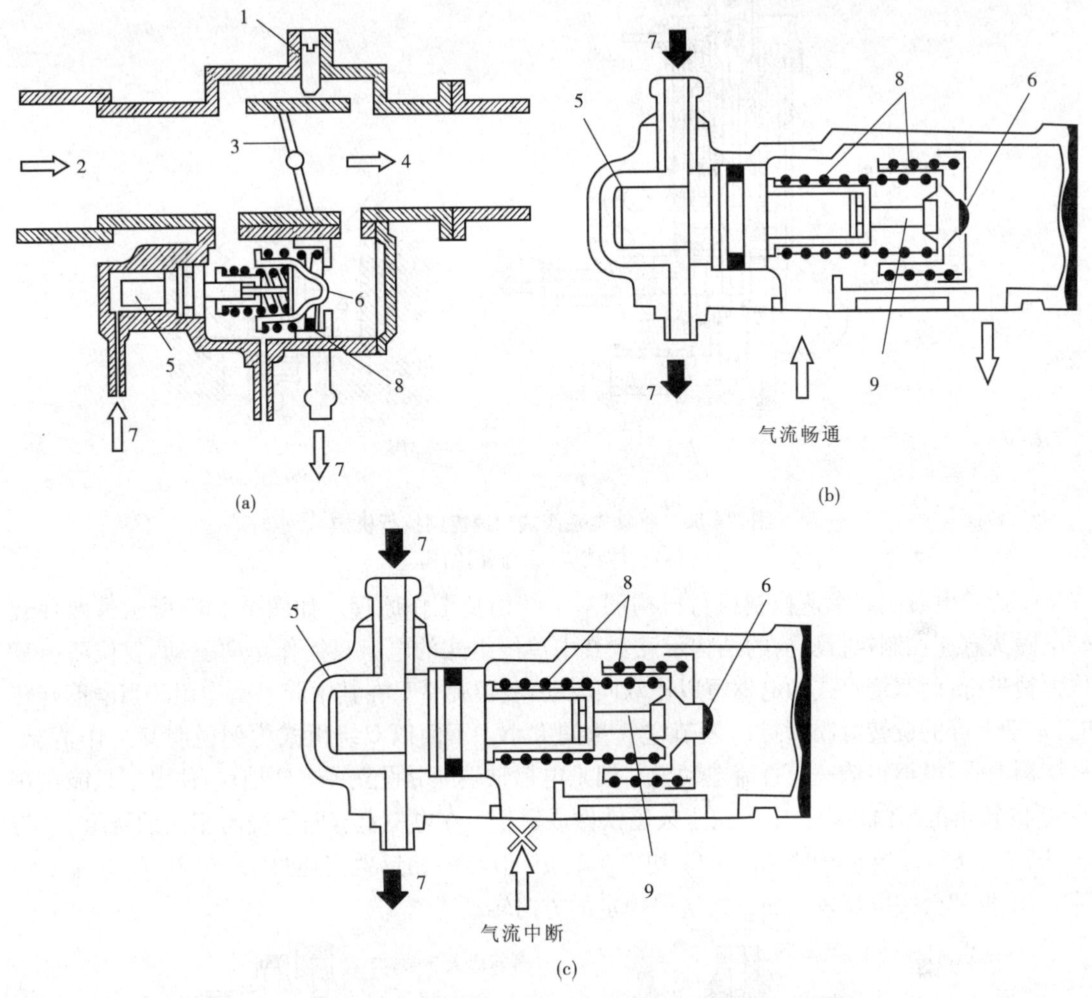

图 2-4-65　石蜡式空气阀的结构与工作

(a)石蜡式空气阀的结构;(b)低温时空气阀开启状态;(c)高温度时空气阀的关闭状态

1-怠速调整螺钉;2-自空气滤清器;3-节气门;4-至进气总管;5-感温器;6-阀门;7-冷却液流;8-弹簧;9-空气阀柱塞

素均可以作出补偿,从而实现怠速的最优控制。同时,这种执行机构还有响应速度快的优点,因此,是目前应用较多的一种怠速控制执行机构。如图 2-4-66 所示,平动电磁阀式怠速控制执行机构由电磁线圈、阀轴和阀等组成。当 ECU 加大 PWM 信号的脉宽(占空比)时,电磁力加大,阀轴上移而阀门开度加大,从而导致旁通空气量的加大与怠速的提高;当 PWM 信号脉宽减小时,旁通空气量减少而怠速下降。图中波纹管的作用是为了消除阀门上下两侧压差对开启位置的影响,便于 ECU 计算决定 PWM 信号,同时也减小了阀上的作用力。平动电磁式怠速控制执行机构的控制功能包括:起动时,使阀门处于全开位置,从而可以提供较大空气量,易于起动;通常怠速情况下,阀门处于半开的中间位置,根据所需转速的变化上下移动;在巡航工况,ECU 指令阀门处开全开位置,这样可使得一旦节气门突然关闭,怠速控制执行机构可提供旁通空气供发动机作短暂过渡,类似缓冲作用,使发动机不至于失速;待发动机转速已降至某一低转速时,ECU 再指令怠速控制执行机构回到正常怠速位置,形成发动机制动。

(3)旋转电磁阀式怠速控制执行机构

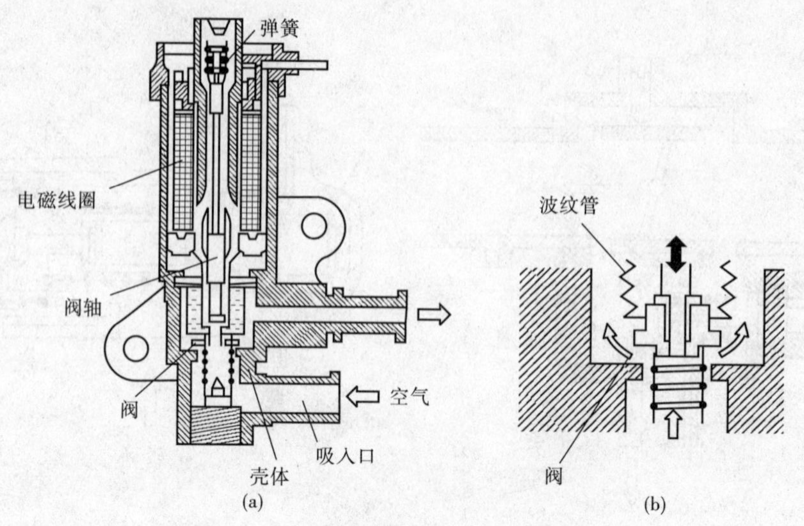

图 2-4-66　平动电磁阀式怠速控制执行机构

(a)总体结构;(b)阀门结构

①旋转电磁阀式怠速控制执行机构的基本结构及工作原理。如图 2-4-67 所示为两种旋转电磁式怠速控制执行机构的结构示意。其中单绕组式的电枢只能作单向驱动,复位要由复位弹簧进行;而双绕组式的电枢可以作双向驱动,复位弹簧只在其中起平衡作用。当电枢旋转时,带动下部的旋转滑阀就可以调节空气量的大小。下面以双绕组式为例说明其工作情况。从结构上看,电枢很像一只直流电动机。但是电枢轴端部分设立了一些挡块,使电枢只能在 0°～90°的转角范围内转动。定子用永久磁铁做成磁场。在电枢上有两组绕向相反的绕组 L_1 与 L_2(图 2-4-68)。当通电时,L_1 与 L_2 均产生转矩,但转向相反。当通过 L_1 与 L_2 的电流不相等时,电枢就会按电流较大的一组绕组规定的方向转动。

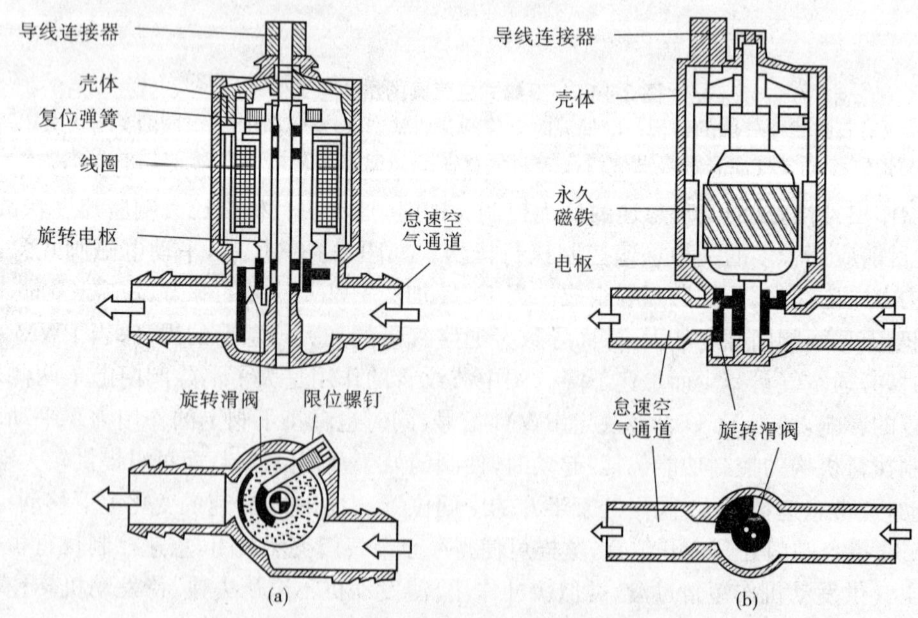

图 2-4-67　旋转电磁阀式怠速控制执行机构

(a)单绕组电枢;(b)双绕组电枢

图 2-4-68 给出电枢上两绕组的连接以及电流的控制电路。其中，滑片类似于直流电动机的换向器，但由于转动只限于 90°转角内，滑片实际上只与某一电刷一直接触，并不改变图中电枢处于全关位置，在电枢轴端还有一个螺旋状的复位弹簧，它将电枢转向全开位置。电枢受到的转矩有三个，其中：T_1——线圈 L_1 产生的转矩，逆时针方向，大小与电流有关；T_2——线圈 L_2 产生的转矩，顺时针方向，大小与电流有关；T_3——弹簧产生的转矩，逆时针方向，大小与转角有关。当 $T_1+T_3>T_2$ 时，电枢将逆时针转动，即加大旁通空气量；当 $T_1+T_3<T_2$ 时，电枢则顺时针转动；若 $T_1+T_3=T_2$ 时，电枢处于某一平衡位置。实际上，由于 T_3 随转角而变，只要使 T_1-T_2 等于某一设定值(可为正或负值)，亦即使 L_1 与 L_2 的电流之差等于某一设定值，就可以将电枢稳定在中间任一位置，从而实现旁通空气量大小的控制。再看电流控制部分。输入的 PWM 信号直接接到晶体管 VT_2 的基极上。这样，VT_1 与 VT_2 的基极信号就总是相位相反的两个 PWM 信号，两者交替导通。如果输入的 PWM 脉宽较大，VT_2 导通的时间长，电枢将顺时针转动；反之，则 VT_1 导通的时间长，电枢将逆时针转动。

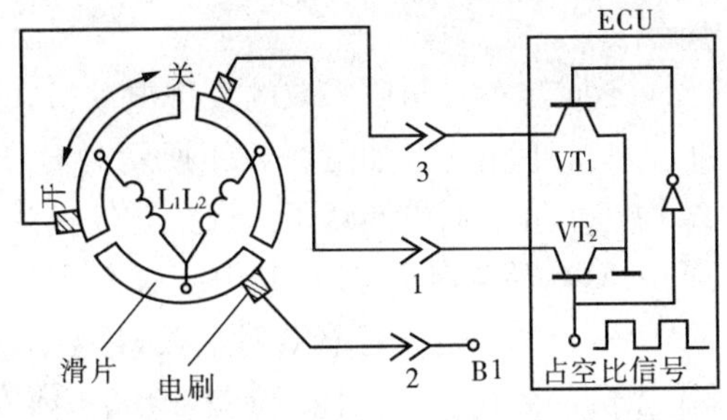

图 2-4-68 双绕组旋转电磁阀的电流示意图

②旋转电磁阀式怠速控制执行机构的检查。旋转电磁阀式怠速控制阀控制电路如图 2-4-69a 所示，在整个怠速范围内 ECU 通过占空比(0%～100%)对怠速转速进行控制。

a. 检查 ISC 阀的电阻值。如图 2-4-69b 所示，+B 与 ISC1 及+B 与 ISC2 之间的电阻均为 18.8～22.8 Ω，如电阻值不符合要求，应更换 ISC 阀。

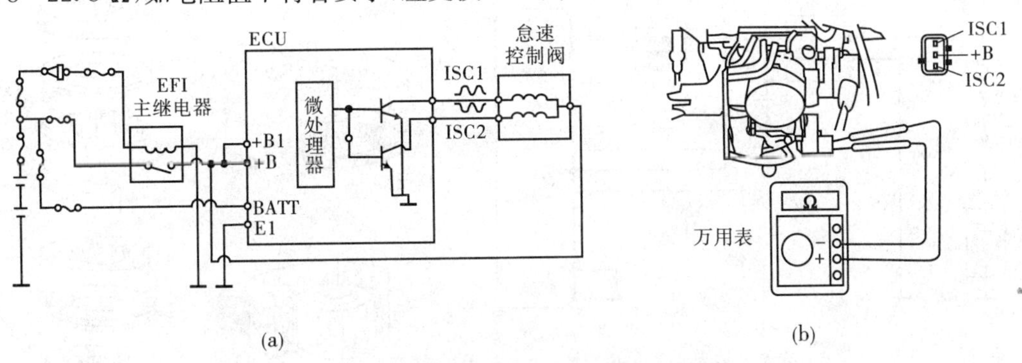

图 2-4-69 旋转电磁阀式怠速控制执行机构

(a)控制电路；(b)检查电阻

b. 检查 ISC 阀的工作。对采用旋转电磁阀式怠速控制阀的丰田汽车，在正常冷却液温度 T，发动机正常运转及变速器位于空挡位置时，将检查连接器中 TE_1 和 E_1 端子用连接线连接起来，标准是发动机以转速 1 100～1 200 r/min运转 5 s 后，转速会降低 200 r/min，如不符合要求，应检查 ISC 阀、ISC 阀至 ECU 的线路和 ECU。

(4)步进电动机式怠速控制执行机构

①步进电动机式怠速控制执行机构的基本结构及工作原理。步进电动机安装在怠速控制阀(ISC)内，由 4 只线圈、磁性转子、阀轴和阀组成。发动机 ECU 根据节气门位置传感器、冷却液温度传感器、发动机转速等信号，控制怠速阀的步级数，阀前后移动控制怠速旁通道开启截面积，即控制怠速空气量，从而控制怠速转速。ISC 阀工作原理和控制电路图如图 2-4-70

所示。

不同汽车公司所采取的步进电动机式怠速控制执行机构，在结构形式上略有差异，但其基本工作原理相同。如图 2-4-71 所示为日产和三菱公司的步进电动机式怠速控制执行机构的结构。步进电动机的转子由永久磁铁构成，N 极和 S 极在圆周上相间排列，共有 8 对磁极。定子由 A、B 两个定子构成，其内绕有 A、B 两组线圈，线圈由导磁材料制成的爪极包围，如图 2-4-72 所示。每个定子各有 8 对爪极，每对爪极（N 极与 S 极）之间的间距为一个爪的宽度，A、B 两定子爪极相差一个爪的位差，组成一体安装在外壳上，如图 2-4-73 所示。

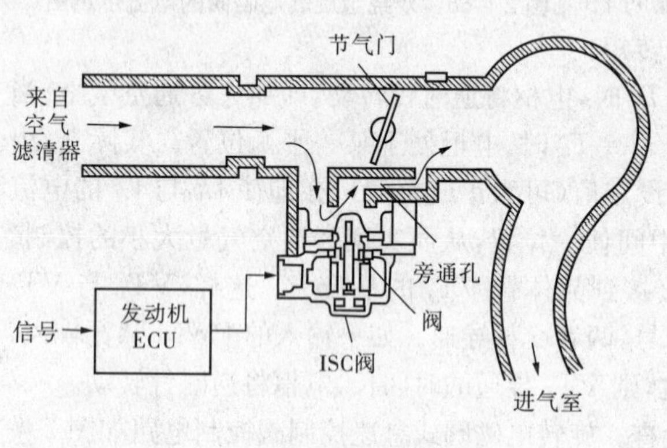

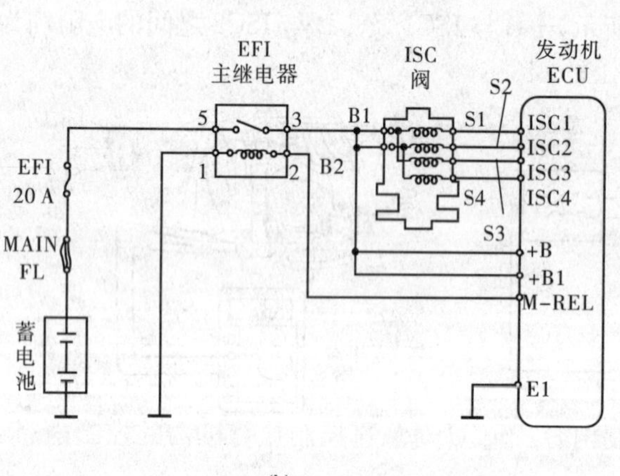

图 2-4-70 步进电动机式怠速控制执行机构

(a)工作原理图；(b)电路图

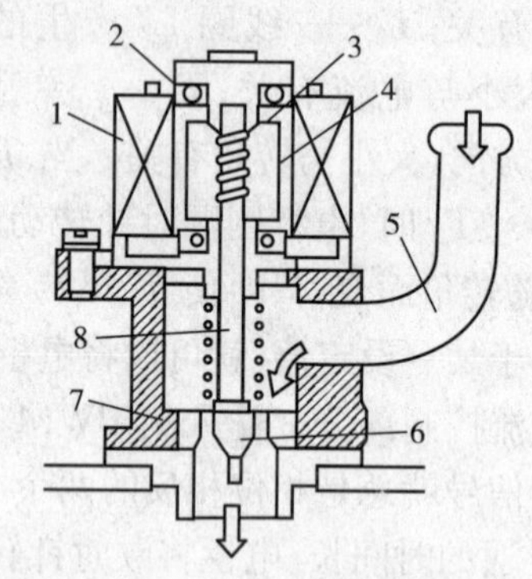

图 2-4-71 步进电动机式怠速控制阀

1-定子绕组；2-轴承；3-进给丝杆；4-转子；5-旁通空气道；6-阀芯；7-阀座；8-阀轴

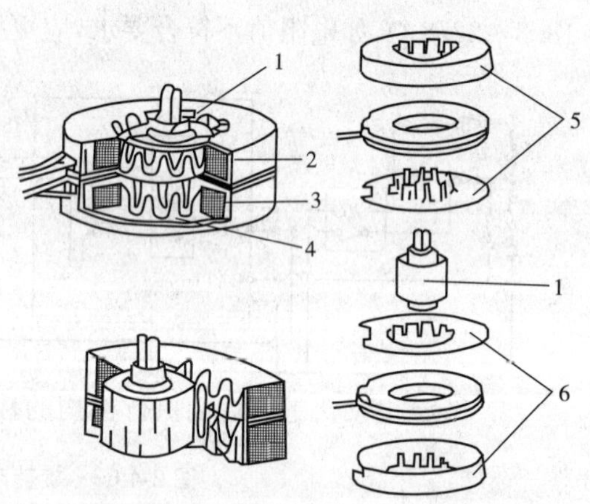

图 2-4-72 定子结构

1-转子；2-线圈 A；3-线圈 B；4-爪极；5-定子 A；6-定子 B

ECU 通过控制定子相线绕组的电压脉冲，交替变换定子爪极极性，使步进电动机转子产生步进式转动。A、B 两定子绕组分别由 1、3 相线绕组和 2、4 相线绕组构成，由 ECU 内晶体三极管控制各相线绕组的搭铁，如图 2-4-74 所示。相线控制脉冲如图 2-4-75a 所示，欲使步进电动机正转时，相线控制脉冲按 1-2-3-4 相顺序迟后 90°相位角，定子上 N 极向右方向移动，转子随之正转，如图 2-4-75b 所示。反之，欲使步进电动机反转时，相线控制脉冲按 1-2-3-4 相顺序依次超前 90°相位角，定子上 N 极向左方向移动，转子随之反转。

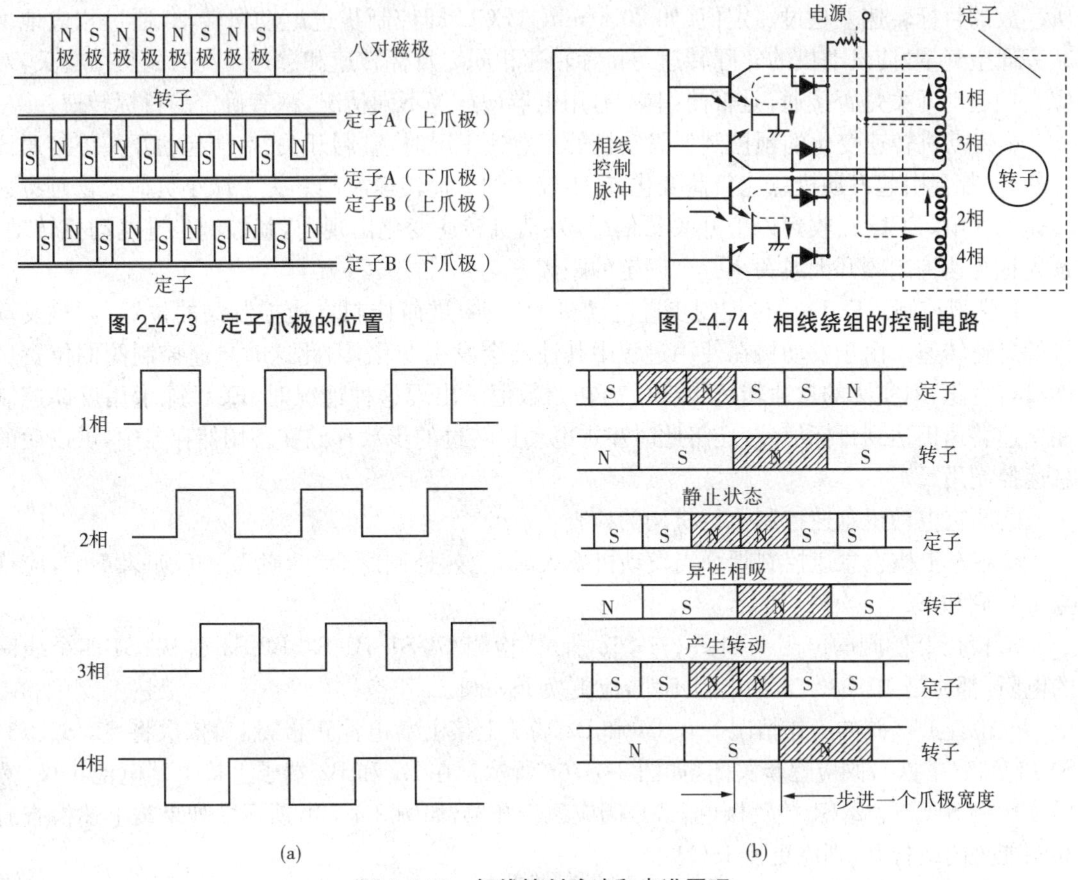

图 2-4-73 定子爪极的位置

图 2-4-74 相线绕组的控制电路

图 2-4-75 相线控制脉冲和步进原理

(a)相线控制脉冲(正转);(b)步进原理

转子的转动是为了使定子线圈电磁铁和转子永久磁铁的 N 极和 S 极互相吸引到最近距离。当定子的爪极极性随相线控制脉冲的变化而改变时,转子也随之转动,以保持转子的 N 极与定子的 S 极对齐。转子转动一圈分为 32 个步极,每一个步极转动一个爪的角度(即 11.25°),步进电动机的正常工作范围为 0~125 个步级。

②步进电动机怠速控制执行机构的控制内容。ECU 对怠速控制执行机构的控制内容因发动机而异。对于步进电动机式怠速控制执行机构,其控制内容主要有以下几项:

a. 起动初始位置设定。为了保证怠速控制阀在发动机再起动时处于全开位置,在发动机点火开关关闭后,ECU 继续向主继电器供电,使怠速控制阀继续保持接通状态,为下次起动作好准备,然后主继电器才断电。

b. 起动后控制。由于发动机起动前 ECU 已把怠速控制阀的初始位置设定在最大开度位置,因此发动机起动后,若怠速控制阀仍保持全开,则会引起发动机转速过高。为了避免出现这种情况,在起动过程中,当发动机转速达到由冷却液温度确定的对应转速时,ECU 控制步进电动机转动,使怠速控制阀逐渐关小到冷却液温度对应的开度。

c. 暖机控制。暖机过程中,ECU 控制步进电动机转动,使怠速控制阀从起动后的开度逐渐关小,当冷却液温度达到 70 ℃时,暖机控制结束,怠速控制阀达到正常怠速开度。

d. 反馈控制。当发动机处于怠速工况运转时,如果发动机的实际转速与 ECU 存储器中所存放的目标转速差超过一定值(如 20 r/min),ECU 即控制步进电动机转动,通过相应地增减旁通空气量,使发动机的实际转速与目标转速相同。目标转速和怠速工况时的负荷有关,对应空挡起动开关是否接通,是否使用空调,用电器增加等不同情况,都有确定的目标转速。

e. 发动机转速变化的预控制。发动机处于怠速工况时,空调开关、空挡起动开关等接通或者断开,都会引起发动机怠速负荷变化,产生较大的怠速转速波动。为了减小负荷变化对怠速转速的影响,ECU 在收到以上开关量信号,发动机转速变化出现前,就控制步进电动机转动,预先把怠速控制阀开大或关小一个固定的距离。

f. 学习控制。ECU 通过控制步进电动机的转动,进而控制怠速控制阀的位置,调整发动机的怠速转速。由于发动机在使用过程中其性能会发生变化,因此这时怠速控制阀的位置虽然没有变化,但实际的怠速转速也会偏离初始数值。出现这种情况时,ECU 除了用反馈控制使怠速转速仍达到目标值外,还将此时步进电动机转过的步数存储在备用储存器中,供以后的怠速控制用。

③步进电动机怠速控制执行机构的检查:

a. 在车上检查怠速控制阀。当发动机熄火时,怠速控制阀会“咔哒”一声,如果不响,应检查 ISC 阀和 ECU。

b. 检查 ISC 阀的电阻。如图 2-4-76b 所示,检测 B1-S1、B1-S2、B2-S3 和 B2-S4 四个线圈的电阻,都应是 10～30 Ω,如电阻不对,应更换 ISC 阀。

c. 检查 ISC 阀的工作情况。在 B1 和 B2 端子上接上蓄电池正极,然后依次将 S1、S2、S3、S4 接负极(搭铁),阀应逐步关闭,如图 2-4-76a 所示。在 B1 和 B2 端子上接上蓄电池正极,然后依次将 S4、S3、S2、S1 接负极(搭铁),阀应逐步开启,如图 2-4-76b 所示。如果按上述检查时阀不能关闭或打开,则应更换 ISC 阀。

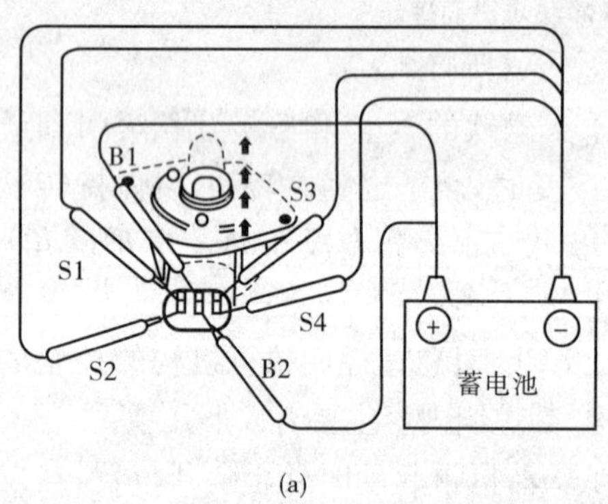

(a)

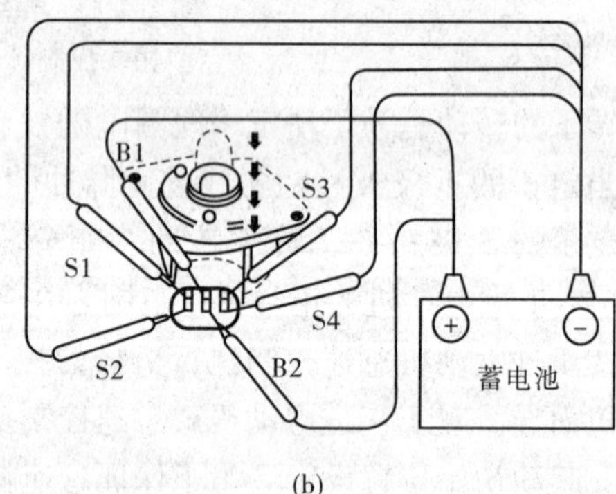

(b)

图 2-4-76 ISC 阀关闭和开启情况检查

(a)检查 ISC 阀关闭情况;(b)检查 ISC 阀开启情况

d. 故障检测仪检测 ISC 阀步级数。丰田车步进电动机型怠速控制执行机构步级数量为 0～125,0 表示怠速控制阀全部伸出,怠速空气旁通道全部关闭;125 表示怠速控制阀全部收回,怠速空气旁通道全部开启。测试某辆工作状况良好的皇冠 3.0 车发动机数据如下:冷车时,*ISC*=55(步级数),热车后 *ISC*=52,接通空调(A/C)开关,*ISC*=63,切断空调(A/C)开关,恢复到 *ISC*=52。

(5)节气门直动式怠速控制执行机构

①节气门直动式怠速控制执行机构的基本结构及工作原理。节气门直动式怠速控制装置

是通过节气门体控制部件中的怠速稳定控制器直接控制节气门的开启来实现怠速稳定控制的，它没有怠速空气旁通道。怠速稳定控制器是由一个直流电动机通过齿轮传动控制节气门开启的机构，如图 2-4-77 所示。发动机怠速时，怠速稳定控制器根据发动机的负荷(进气量)和发动机温度对节气门进行控制。当发动机温度低时，节气门开度大，当发动机温度高时，节气门开度小。当突然放松加速踏板时，节气门由怠速稳定控制器逐渐关闭，直到所需的怠速。在紧急运行状态下，节气门控制部件电源被切断，节气门控制部件内的紧急运行弹簧将节气门定位在预先设定的紧急运行位置，此时驾驶人对节气门调节无效。如图 2-4-78 所示，该怠速控制执行机构主要由直流电动机、减速齿轮、丝杆等部件组成。怠速控制执行机构的输出是传动轴的前后运动，它与节气门操纵臂的全闭限位器相接触，决定了节气门的最小开度。当 ECU 控制直流电动机通电时，电动机产生旋转力矩，通过减速齿轮减速，增大了旋转力矩，然后又通过丝杆变转动为传动轴的前后直线运动。通过传动轴的运动，使节气门开度随之变化，调节节气门的空气通道面积，进而实现怠速的控制。

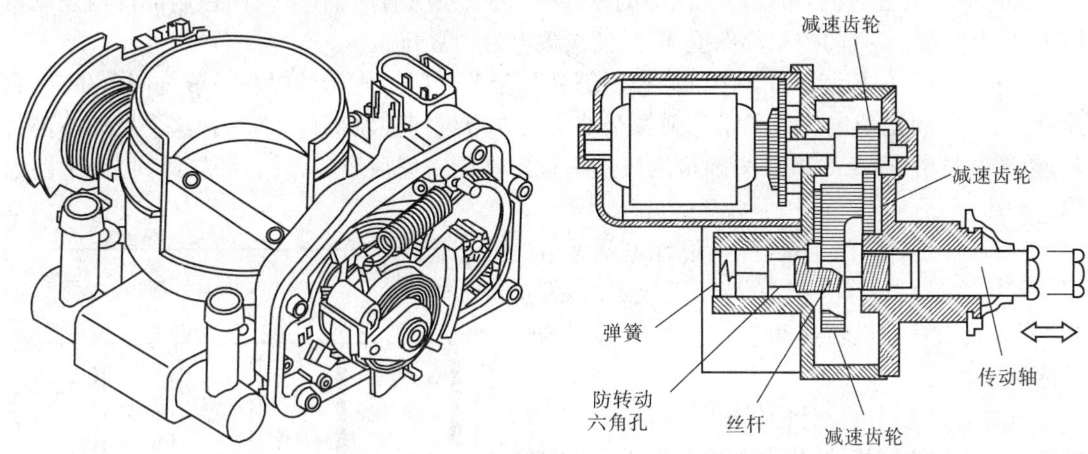

图 2-4-77　桑塔纳 2000 GSi 轿车节气门控制部件

图 2-4-78　节气门直动式怠速控制执行机构

②节气门直动式怠速控制执行机构的检查。怠速转速由发动机 ECU 预先设置，不可以调整。输入地址“01”，进入发动机检测→输入选择功能“08”，进入读取数据块功能→输入组号“003”，读取基本数据，检测仪屏幕显示如下：

读取数据块			3 →
800/min	13.650 V	92.0 ℃	43.2 ℃
1	2	3	4

检查区域 3，冷却液温度应大于 80 ℃，测试时冷却风扇不能转；检查区域 1，发动机怠速标准应为 800 r/min±30 r/min。如果怠速转速不在标准值范围内，按 C 键退出，输入组号 20，读取工作状态数据显示：

读取数据块			20 →
800/min	0..000	A/C-LOW	Kompr. AUS
1	2	3	4

检查区域 3，空调(A/C)开关应关闭(A/C-LOW)；检查区域 4，空调压缩机应关闭。如果怠速转速仍然超过范围，按 C 键退出，输入组号 04，读取怠速稳定数据，显示：

读取数据块			4 →
3∠°	0.23 g/s	0.00 g/s	Leerauf
1	2	3	4

检查区域 4，应当处于怠速（Leerlauf）状态，如没有显示 Leerlauf，应检查怠速开关。检查区域 1，标准值为 0∠°～5∠°，如果没有达到标准值，应检查节气门控制部件与发动机 ECU 的匹配，按↑键，显示：

读取数据块		5 →	
810/min	800/min	1.7%	2.9 g/s
1	2	3	4

检查区域 1，怠速转速标准值应在 800 r/min±30 r/min。如果怠速转速过低，可能产生故障的原因是：发动机负荷太大；节气门控制部件与发动机 ECU 没有匹配；节气门控制部件损坏。如果怠速转速过高，可能产生故障的原因是：进气系统有泄漏；节气门控制部件与发动机 ECU 没有匹配；节气门控制部件损坏；活性炭罐电磁阀常开。

③检测节气门控制部件。节气门控制部件位于节气门拉索轮的对面。节气门电位计、怠速开关、节气门定位电位计和紧急弹簧全部安装在节气门控制部件壳体内，这个壳体不必打开，全部调整由 V. A. G1552 故障检测仪基本设定功能来完成。节气门控制部件控制电路如图 2-4-79 所示。

a. 节气门电位计。节气门电位计也就是节气门位置传感器，当节气门电位计出现故障时，发动机 ECU 就用发动机转速和空气流量传感器的信号值计算替代。

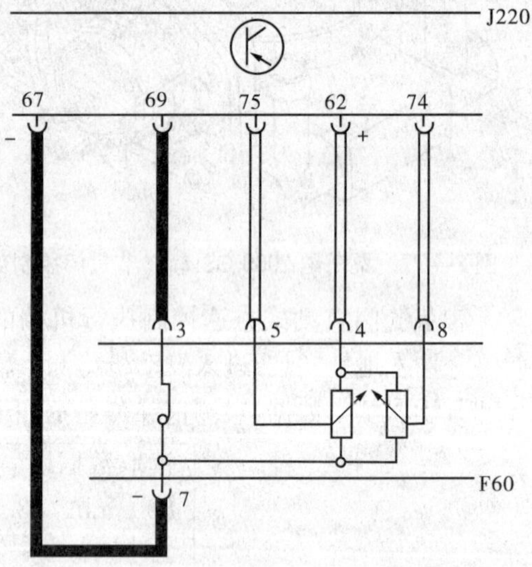

图 2-4-79　时代超人节气门控制部件电路

a) 测量节气门电位计的供电电压：拔下节气门控制部件的导线连接器，用数字式万用表测量导线连接器上端子 4 和端子 7 之间的电压值，接通点火开关，此电压值应接近 5 V（发动机 ECU 提供）。

b) 测量节气门电位计导线的导通情况：用数字式万用表测量导线连接器上的端子 4、端子 5 和端子 7 分别至 ECU 导线连接器端子 62、端子 75 和端子 67 之间的电阻值，测得电阻值应小于 1 Ω。

c) 测量节气门电位计的信号电压（万用表）：插上节气门控制部件的导线连接器，用汽车专用万用表测量导线连接器上端子 5 和端子 7（端子 5 和端子 7 分别对应 ECU 导线连接器上的端子 75 和端子 67）之间的电压值，接通点火开关，使节气门开度变化，此电压值应在 0.5～4.9 V 变化。

d) 测量节气门电位计的信号电压（V. A. G1552）：进入 08 功能"读测量数据块"，选择 98 显示组，屏幕显示：

读取数据块		98 →	
4.420 V	3.820 V	Leerauf	ADP. i. o
1	2	3	4

区域1:节气门电位计信号电压,0～5 V正常;区域2:节气门定位电位计信号电压,0～5 V正常;区域3:工况,显示Leerauf怠速开关闭合,其他显示表示怠速开关打开;区域4:匹配状态。检查区域1的数据是否正确,如不正确,检查导线、导线连接器和更换节气门控制部件。

b. 节气门定位电位计。节气门定位电位计的作用是怠速时节气门打开的输出位置信号,当节气门定位电位计出现故障时,节气门控制部件中的紧急运行弹簧起作用,使发动机处于紧急运行状态,此时发动机的怠速升高,约1 500 r/min。

a)测量节气门定位电位计的供电电压:拔下节气门控制部件的导线连接器,用汽车专用万用表测量导线连接器上端子4和7之间的电压值,接通点火开关,此电压值应接近5 V。

b)测量节气门定位电位计的信号电压(万用表):插上节气门控制部件的导线连接器,用汽车专用万用表测量导线连接器上端子8和端子7(端子8和端子7分别对应ECU导线连接器上的端子74和端子67)之间的电压值,接通点火开关,使节气门开度变化,此电压应在0.5～4.9 V变化。

c)测量节气门定位电位计的信号电压:进入08功能"读测量数据块",选择98显示组,屏幕显示及检查见"节气门电位计检查"。

c. 怠速开关。当怠速开关出现故障时,ECU就对节气门电位计和节气门定位电位计的信号值进行比较,判断出怠速位置。

a)测量怠速开关的电阻:将万用表两根表笔接触ECU导线连接器上的端子69和端子67,当打开节气门时,测到的电阻应为无穷大;当节气门关闭时,测得的电阻值应小于1 Ω。

b)测量怠速开关导线的导通情况:拔下节气门控制部件的导线连接器,用汽车专用万用表测量节气门控制部件导线连接器上的端子3和端子7至ECU导线连接器端子69和端子67之间的电阻值,测得的电阻值应小于1 Ω。

c)测量怠速开关信号:进入08功能读数据块,选择98显示组,屏幕显示及检查见"节气门电位计检查"。

d. 节气门定位器。节气门定位器即怠速稳定装置俗称怠速电动机,怠速电动机损坏或ECU对怠速控制出现故障,节气门控制部件内的紧急运行弹簧设置节气门处于紧急运行位置。

a)测量节气门定位器的供电电压:接通点火开关,用汽车专用万用表测量ECU上的端子66和端子59的电压值,端子66的电压值应为蓄电池电压值(12 V左右),端子59的电压值应为10 V左右。

b)测量节气门定位器导线的导通情况:用汽车专用万用表测量ECU导线连接器至节气门定位器导线连接器间的电阻值,电阻值应小于1 Ω。

3.怠速控制系统典型故障的检测诊断方法

(1)怠速转速过低。怠速转速与发动机温度、负荷有关,冷车时怠速高,热车时怠速低,怠速时接通空调开关,打转向(动力转向开关接通),换挡杆从P挡或N挡挂入D挡,怠速必须提速。如果怠速太低或上述开关接通时怠速下降,造成怠速不稳甚至熄火,说明怠速控制系统有故障。怠速转速太低的原因有:怠速控制阀故障,怠速空气通道堵塞,节气门位置传感器信号不正确,空气流量传感器或进气歧管绝对压力传感器信号不良,氧传感器信号错误,汽油压力过低,喷油器故障,点火正时不正确,真空管插错,点火系故障,开关信号不良,废气再循环阀不良,ECU故障或发动机机械部分故障等。其检测步骤如图2-4-80所示。

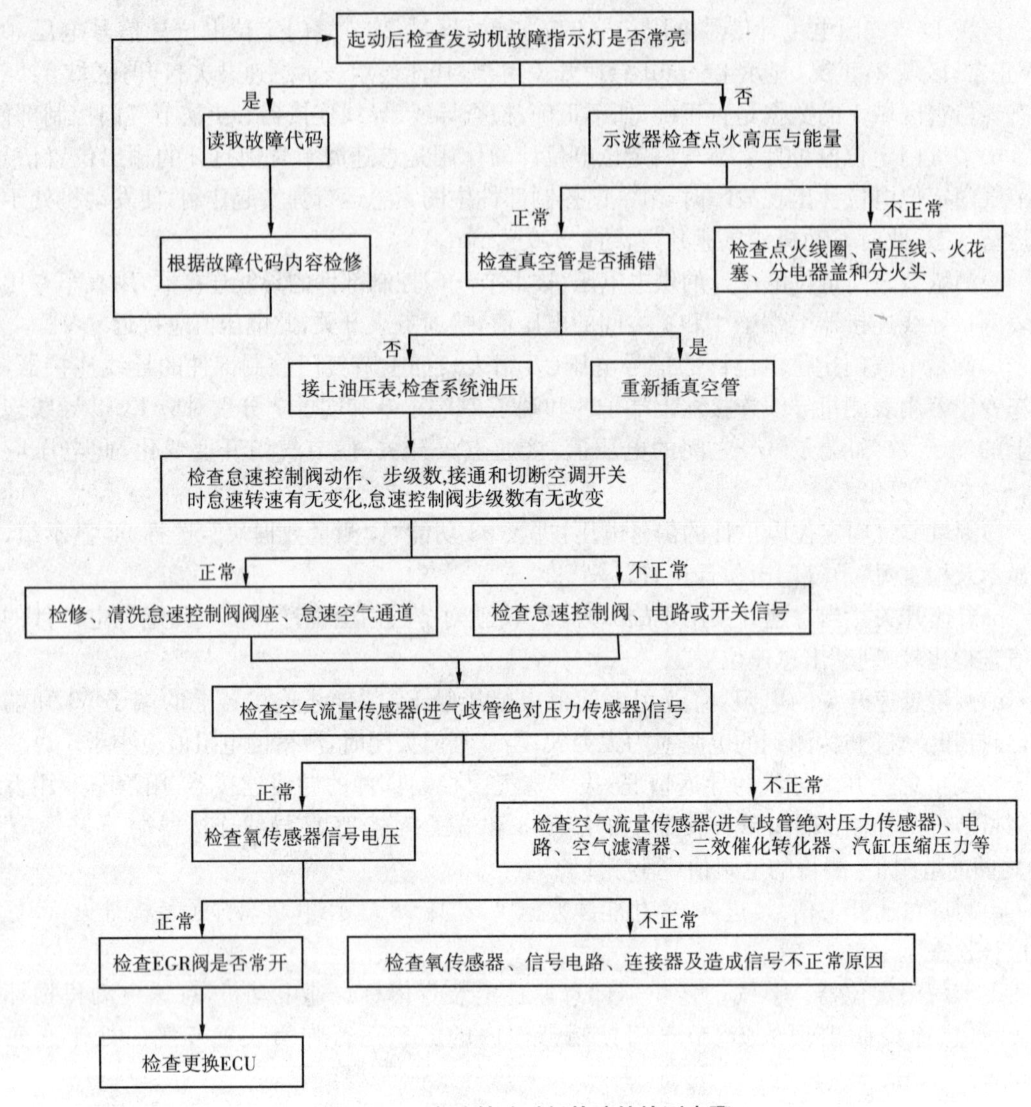

图 2-4-80 怠速转速过低故障的检测步骤

(2)怠速转速过高。怠速转速过高主要是怠速时进气量过多或发动机控制信号错误。造成怠速转速过高的原因有:进气温度传感器、冷却液温度传感器、节气门位置传感器、空气流量传感器(或进气歧管绝对压力传感器)故障;开关信号故障、节气门体故障、喷油器故障、真空漏气、发动机 ECU 故障或匹配设定问题等。其检测步骤如图 2-4-81 所示。

(3)怠速不稳与喘车。怠速不稳的特征是怠速时发动机抖动及发动机转速表上下快速抖动;怠速喘车的特征是怠速时发动机转速忽高忽低。造成怠速不稳和怠速喘车的原因很多,怠速不稳的原因主要是:混合气过浓或过稀;混合气燃烧不完全,如发动机缺缸(某缸无高压火,点火能量小,喷油器不喷油,雾化不良,缸压过低等);点火高压低,点火能量小,高压线漏电;汽油系统油压过低;喷油器喷油不良,各缸喷油器喷油量不平衡;传感器信号不正确,使发动机 ECU 控制喷油信号与实际工况不匹配;尾气排放控制系统;发动机机械部分和真空漏气等。造成怠速喘车的故障原因基本与怠速不稳相同,但怠速控制阀故障、真空漏气、点火正时不正确和废气再循环阀在怠速时不能关闭是发生怠速喘车的主要原因。其检测步骤如图 2-4-82 所示。

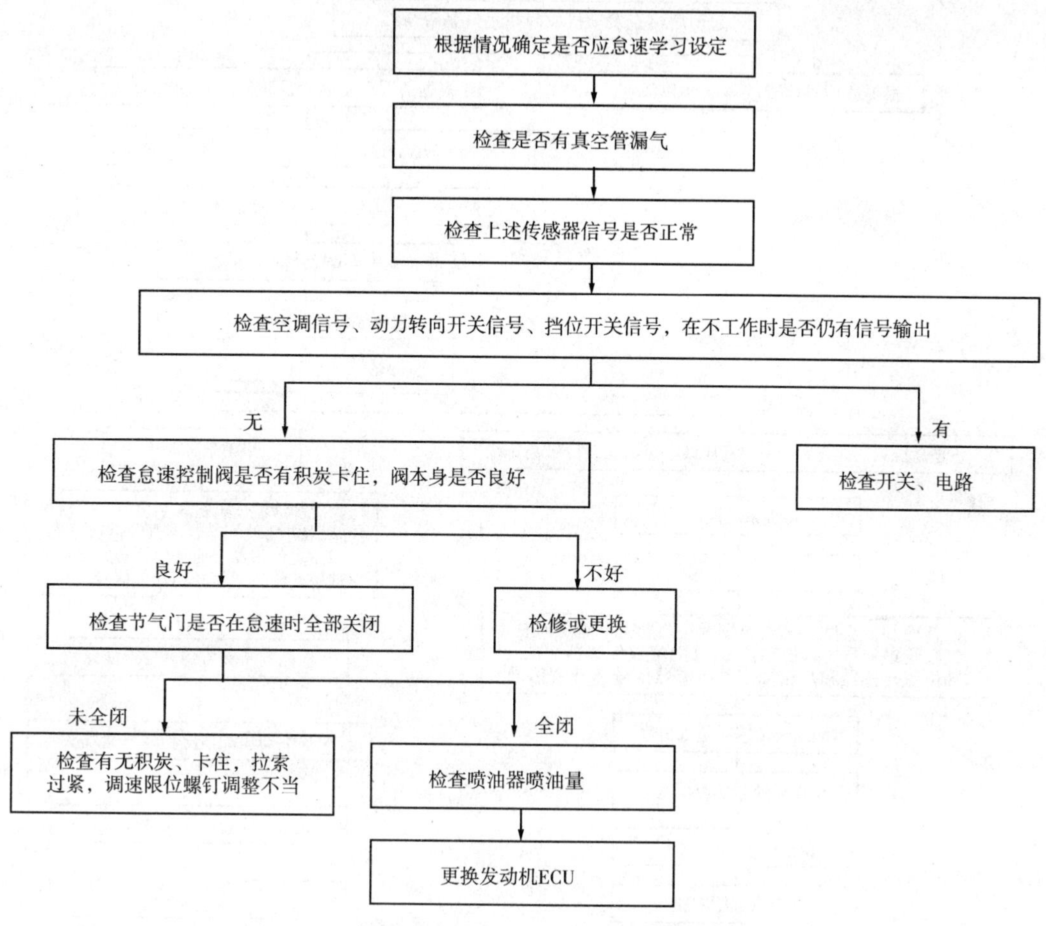

图 2-4-81　怠速转速过高故障的检测步骤

（四）进气增压控制系统的结构与检修

1. 进气涡轮增压控制系统结构与检修

（1）旁通支路式涡轮增压控制系统结构与检修

①涡轮增压器的结构及工作原理。涡轮增压系统的作用是利用发动机排放的废气能量给进气增压，提高了充气效率，增大发动机的功率。利用废气涡轮增压可以在不增大发动机体积的情况下增大发动机的最大功率，同时使油耗降低，排污减小。涡轮增压器主要由壳体、废气涡轮、压缩器及轮轴组成。壳体的两侧各有一个独立的空间，一端是涡轮室，上有排气进口和排气出口，中间装有涡轮；另一端为压缩器，上有空气进口，中间装有叶轮；轮轴以轴承支承在壳体的中间；废气涡轮和压缩器叶轮共同装在轮轴上。涡轮增压器的工作原理如图 2-4-83 所示。当具有一定压力、流速的废气从涡轮边缘的排气进口进入，经过导流栅，冲击涡轮的叶片，使涡轮高速旋转，通过轮轴带动压缩机叶轮一同旋转，将空气压缩，经过中冷器冷却后送入发动机汽缸。

涡轮增压器上还装有一排气减压阀，防止增压压力太高。如果增压压力达到一定值，减压驱动器就打开排气减压阀，使一部分排气绕过涡轮直接从出口排出，降低了涡轮转速从而降低增压压力。

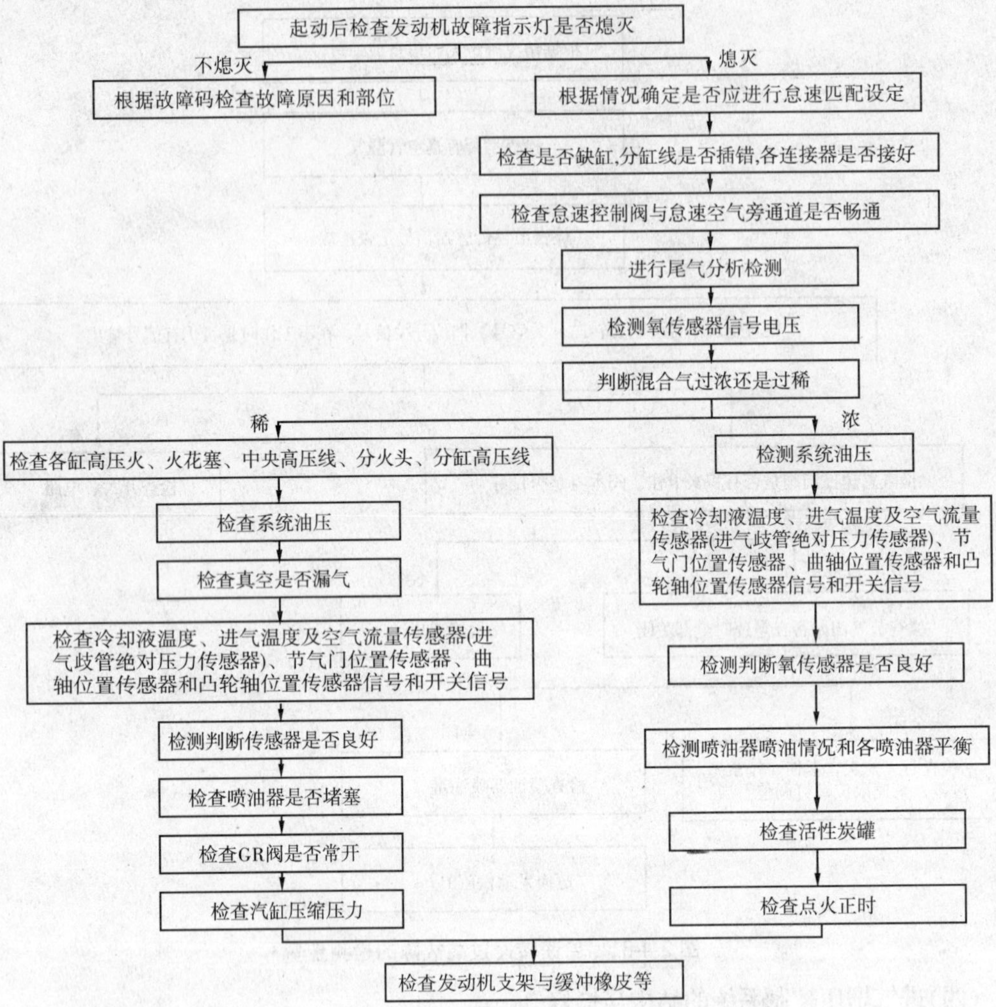

起动后检查发动机故障指示灯是否熄灭
不熄灭
熄灭
根据故障码检查故障原因和部位
根据情况确定是否应进行怠速匹配设定
检查是否缺缸,分缸线是否插错,各连接器是否接好
检查怠速控制阀与怠速空气旁通道是否畅通
进行尾气分析检测
检测氧传感器信号电压
判断混合气过浓还是过稀
稀
浓
检查各缸高压火、火花塞、中央高压线、分火头、分缸高压线
检查系统油压
检查真空是否漏气
检查冷却液温度、进气温度及空气流量传感器(进气歧管绝对压力传感器)、节气门位置传感器、曲轴位置传感器和凸轮轴位置传感器信号和开关信号
检测判断传感器是否良好
检查喷油器是否堵塞
检查GR阀是否常开
检查汽缸压缩压力
检测系统油压
检查冷却液温度、进气温度及空气流量传感器(进气歧管绝对压力传感器)、节气门位置传感器、曲轴位置传感器和凸轮轴位置传感器信号和开关信号
检测判断氧传感器是否良好
检测喷油器喷油情况和各喷油器平衡
检查活性炭罐
检查点火正时
检查发动机支架与缓冲橡皮等

图 2-4-82　怠速不稳故障的检测步骤

1
2
3
4
热
中冷器
发动机排气
驱动涡轮
压缩并加热后的
空气进入中冷器
排气管
空气入口
压缩器
废气涡轮

(a)　(b)

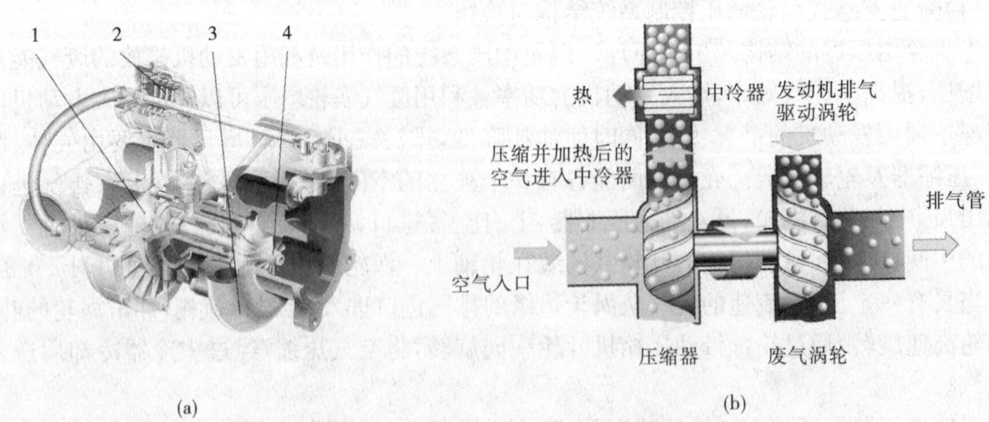

图 2-4-83　涡轮增压器总成

(a)涡轮增压器的结构;(b)涡轮增压器的工作过程

1-叶轮;2-压力阀;3-壳体;4-涡轮

由于涡轮增压器轴转动的速度非常高,因而对它的润滑、冷却就非常重要。增压器采用压力润滑,中间有进出油口与发动机主油道相通。涡轮增压器故障的一个主要原因就是缺油。因而必须保持适量的润滑油。有些涡轮增压器部件是用冷却液冷却的。冷却液通过发动机汽缸体流入轮壳的中心,然后返回汽缸体。

②涡轮增压器的控制。虽然增压器能提高发动机的充气效率,增大发动机的功率。但增压压力过大,会引起发动机过热,发生爆燃,引起发动机故障。当代发动机虽然采用爆震传感器,实行点火提前角的闭环控制,不会产生爆燃。但点火过迟,会使热损失增加,发动机过热,反而使功率下降。所以,最好还是对增压压力实行控制,不至于使增压压力过大。现在汽车上增压压力控制通常通过四种途径来实现:排气减压阀、增压控制电磁阀、进气管绝对压力传感器和发动机转速。

排气减压阀安装在涡轮的废气入口处,当阀门打开时,使废气绕过涡轮,直接从出口排出,增压器转速降低,从而保证了进气管中的压力不会超过最大值。排气减压阀由排气减压阀驱动器控制。驱动器是一个膜片泵,由压缩机出气口(或进气歧管)的压力控制。当进气歧管压力达到规定值时,气压力克服弹簧作用力推动膜片使排气减压阀打开,增压压力下降。

带有增压控制电磁阀的增压控制系统如图 2-4-84 所示。在排气减压阀驱动器与增压器空气进口之间的管路上装有一增压控制电磁阀,该电磁阀由 ECU 控制。当增压压力正常时,电磁阀电路不通,排气减压阀真空气室与真空通道相通,排气减压阀在膜片上真空吸引力作用下关闭,废气经涡轮、增加器增压。而当增压压力大于极限值时,ECU 控制增压控制电磁阀电路接通。切断驱动器真空室的真空通道,排气减压阀打开,废气从涡流的旁通气道流走,增压器不工作。直到增压压力降到规定的压力时,ECU 又将增压控制电磁阀电路断开,排气减压阀关闭,废气经过涡轮,增压器又开始工作。

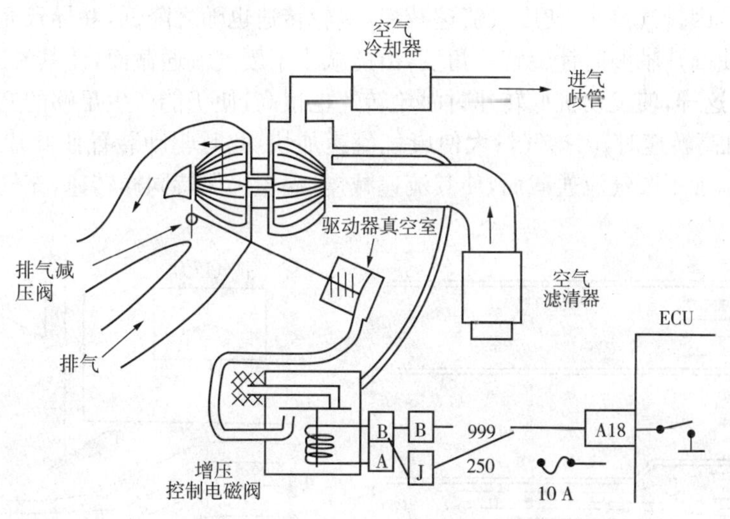

图 2-4-84　涡轮增压系统控制原理图

在非增压发动机上,进气歧管绝对压力传感器通常用于监测进气歧管压力,作为喷油量的主控信号。但在增压发动机上,该传感器还用来监测涡轮增压器的增压。当进气歧管压力达到特定值时,进气歧管绝对压力传感器给 ECU 发出一信号,切断发动机供油,从而使发动机转速及导致这一结果的增压压力降低。一旦进气歧管压力降至该值以下,就继续供油。

有的增压控制系统根据发动机转速信号来控制增压，当ECU收到发动机达到某一特定转速信号时，就切断供油，直到转速降下来。

③涡轮增压器的缺点。涡轮增压器存在两个缺点：a.在发动机转速很高时，涡轮转速也很高。进气压力超出上限，使进气量超出需要；b.发动机转速低时，达不到涡轮需要的转速，进气压力低于规定下限，使空气量不能满足所需，发动机功率又会达不到规定要求，即增压滞后。

④补救办法—旁通支路。补救的方法就是在涡轮增压器上加一旁通支路(图2-4-85)。当发动机转速较高时，部分废气走旁通支路而不通过增压器，从而保证不超过最佳压缩比，进而达到所要求的发动机功率。旁通支路在发动机怠速时几乎是关闭的，旁通支路的开闭由真空膜片室控制。

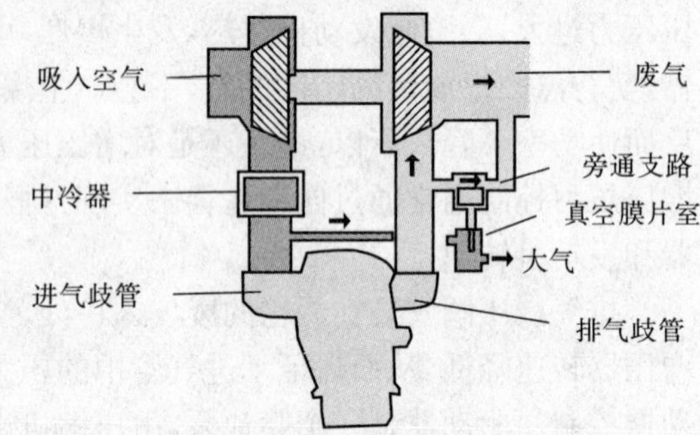

图2-4-85 带有旁通支路的废气涡轮增压器

(2)可调式涡轮增压器

①可调式涡轮增压器的优点。这种涡轮增压器采用可调式叶片代替旁通支路，可调式叶片控制作用在涡轮上的气流量。可调式叶片由真空膜片室控制。其优点是：a.由于废气流量由可调式叶片控制，在发动机转速较低时也可保证大功率输出；b.作用于涡轮上较低的排气背压可降低发动机高转速时的油耗；c.由于充气压力达到最佳状态，从而在整个转速范围内提高了燃烧效率。

②可调式涡轮增压器工作原理。举个例子，有两根管子(图2-4-86)，一个等截面，另一个变截面，如果两个管子内的压力相同，气体流过变截面管的速度要比等截面管的速度快得多。可调式涡轮增压器就是采用这一原理。可调式涡轮增压器示意图如图2-4-87所示，当发动机低转速运转时，因排气量小，使废气流速减慢，涡轮转速也随之降低，并导致充气压力下降。此时，驱动装置使叶片轴顺时针旋转一角度，由此减小了废气流通截面，使其流速加快，涡轮转速也随之加快。这样，使发动机低转速时涡轮转速也很高，便仍能产生足够的充气压力。图2-4-88是当发动机高转速时，因排气量大使废气流速加快，此时驱动装置使叶片轴逆时针旋转一个角度，由此增加了废气流通截面，使其流速减慢，涡轮仍保持同样转速，充气压力保持恒定。

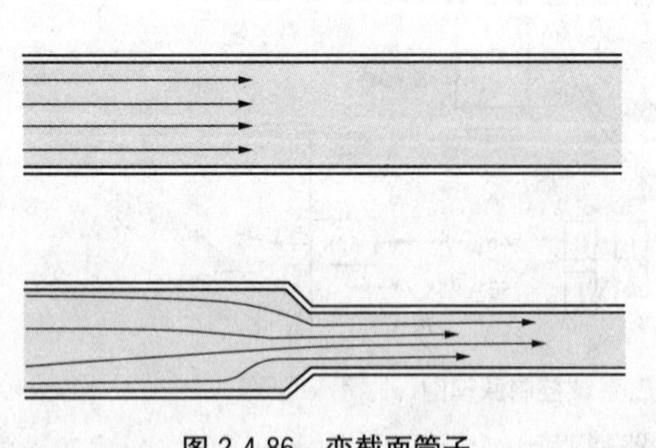
图2-4-86 变截面管子

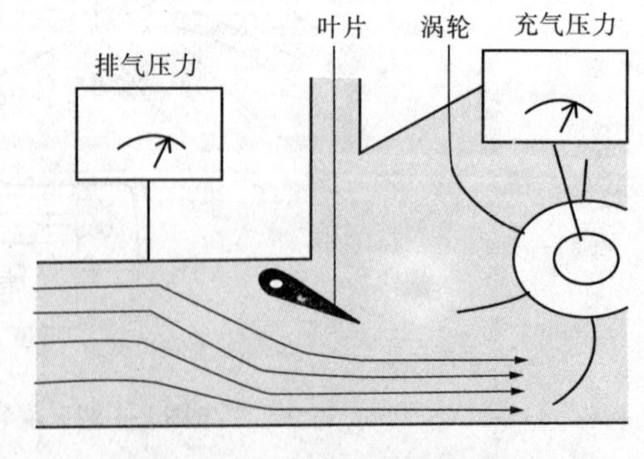

图2-4-87 低速时的废气气流

③可调式涡轮增压器的结构：

a.调整叶片。可调式涡轮增压器调整叶片如图2-4-89所示，叶片连同叶片轴一同安装在支承圈上。叶片轴后有一个导销，该销卡在调整圈内，调整圈转动使叶片轴转动，最终使叶片转动，由此改变了废气流通截面积。调整圈由控制杆系驱动，控制杆系又由真空膜片室驱动。

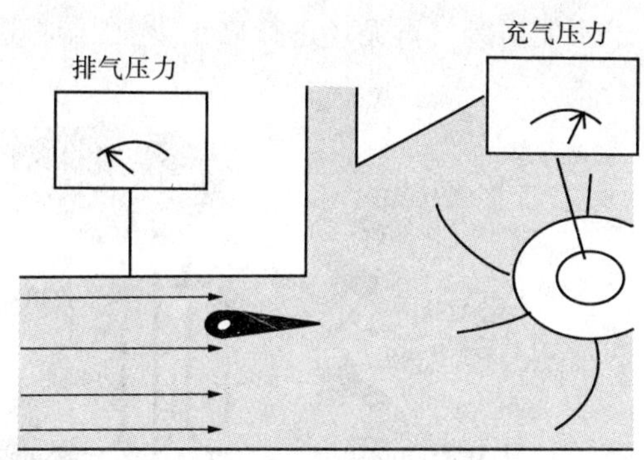

图 2-4-88 高速时的废气气流

发动机怠速运转时，叶片轴顺时针旋转到极限，进气口截面变小，废气流速增大，从而提高了涡轮转速，充气压力提高。发动机高速运转时，叶片轴逆时针旋转到极限，进气口截面变大，从而使涡轮转速和充气压力恒定不变。

b. 真空膜片室。真空膜片室的作用是根据空气压力控制电磁阀 N75 输送的真空，驱动控制杆系。图 2-4-90a 是发动机怠速时，N75 通电后，膜片室与真空源相通，叶片顺时针旋转到极限。图 2-4-90b 是发动机高速时 N75 不通电，膜片室与大气相通，叶片逆时针旋转到极限。

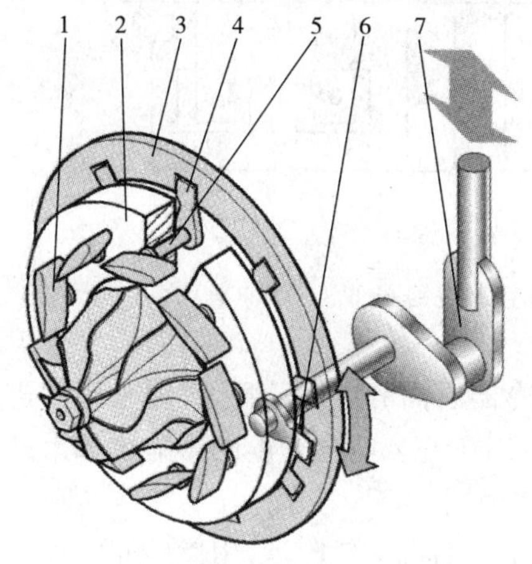

图 2-4-89 可调式叶片

1-叶片；2-支承圈；3-调整圈；4-导销；5-轴；6-控制杆系导向销；7-控制杆系

c. 充气压力控制电磁阀 N75。发动机 ECU 能迅速响应发动机转速的变化，并通过调整充气压力控制电磁阀的电流占空比，使膜片室获得相应的真空度，将充气压力控制在最佳状态。

④可调式涡轮增压器电控系统。发动机 ECU 在具有其他功能的同时，亦具有涡轮增压控制功能。以大众车为例，涡轮增压电控系统元件图如图 2-4-91a 所示，涡轮增压电路图如图 2-4-91b 所示。

a. 进气歧管绝对压力传感器。进气歧管绝对压力传感器安装在 ECU 内部，用一根硬塑管连接到中冷器后的进气总管上，用来感知经增压并冷却后的进气压力，ECU 利用此信号来计算叶片角度。如果信号中断，叶片将处于应急状态，即叶片逆时针旋转到极限，保持废气进气口截面积最大，此时失去充气压力可调功能，由此会导致输出功率降低。

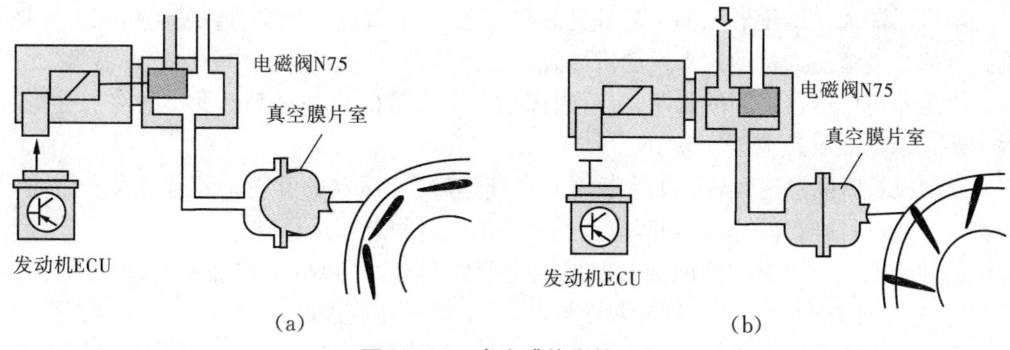

图 2-4-90 真空膜片室的工作

(a)怠速；(b)高速

b. 海拔高度传感器。海拔高度传感器装在 ECU 内部，感知周围空气压力，海拔越高周围空气密度越小。ECU 用此信号计算出修正系数，用于控制废气再循环。如果此信号中断，由于不能对废气再循环进行修正，增压器将进入应急状态，由此会导致排放增高，功率降低。

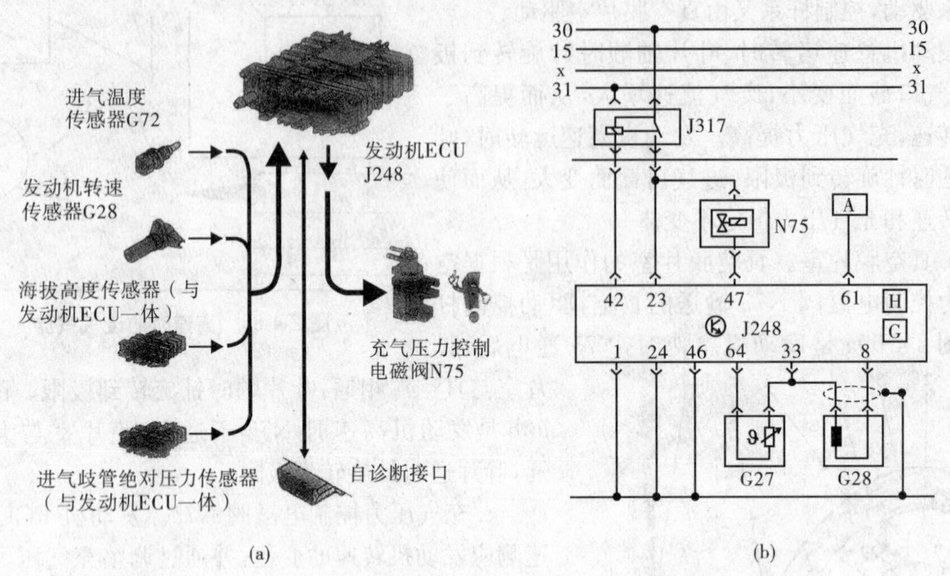

图 2-4-91 涡轮增压电控系统元件和控制电路图

(a)元件图；(b)控制电路

c. 进气温度传感器。进气温度传感器 G72 安装在中冷器后面的进气总管上，用来感知进气温度。ECU 利用此信号计算出修正系数，用于修正温度对于充入空气密度的影响。如果此信号中断，ECU 将使用一替代温度值，由此会导致发动机功率下降。

d. 发动机转速传感器。发动机转速传感器 G28 安装在发动机飞轮附近，用以感知曲轴转速。ECU 将此信号用于多项控制，如喷油量、喷油时刻、怠速及增压控制等。如果此信号中断，发动机将不能起动。若发动机运转中失去此信号，发动机会马上熄火。

e. 充气压力控制电磁阀。充气压力控制电磁阀 N75 由 ECU 控制，ECU 不断调整充气压力控制电磁阀占空比，借此改变真空膜片室内的真空度。如果此信号中断，充气压力控制电磁阀保持打开状态，此时大气压力作用在真空膜片室内，使增压器进入应急状态。

(3)涡轮增压器的常见故障分析

①增压器漏油。增压器漏油是最常见的故障之一，泄漏的机油会进入发动机燃烧室烧掉，或流到外部。当泄漏的机油进入发动机燃烧室烧掉时，发动机的排气中就会出现蓝烟，此时可以拆下增压器与中冷器之间的管路，查看内部是否有大量的机油来判断此类故障。分析故障原因主要有以下几点。

a. 发动机长时间怠速运转。如果长时间怠速运转，增压器的叶轮的轮背处会产生一定的负压，从而导致机油向外泄漏，因此，应避免发动机长时间怠速运转。

b. 回油不畅。如果机油的回油管路发生变形或阻塞，导致机油回油不畅，增压器内的机油压力过高，机油就会沿着转子轴向两端流动，挤出密封环造成漏油。

c. 发动机曲轴箱压力过高。曲轴箱内压力超过规定值会使增压器回油管路内压力升高，回油不畅而造成密封环漏油。应经常检查曲轴箱的通风状态，以及下排气管路是否畅通。

d. 空气滤清器阻塞。空气滤清器滤芯因灰尘过多造成阻塞时，增压器的进气负压会升高，叶轮的轮背处会出现过高的负压而造成密封环漏油。

e. 密封环磨损或失效。长期不更换机油，机油中的杂质过多就会起到研磨剂的作用，致使密封环加剧磨损，逐步失去密封作用而导致漏油。

②浮动轴承磨损或卡死。浮动轴承缺乏润滑或使用时间过长时，轴承与轴之间间隙增大，导致无法形成有效的润滑油膜。转子轴振动加剧，破坏了动平衡，振动会使转子轴两端密封环破坏，严重时可能使增压器损坏。故障原因主要有以下几点：

a. 未使用规定的机油。增压器的工作环境较差，这就要求机油具有较高的黏度，能承受较高的温度，还要具有良好的分散性、抗氧化性和耐磨性。

b. 缺油干磨。增压器的机油是来自发动机机油泵的，如果机油泵工作不正常，造成供油不足或油压过低，或进油管路变形、阻塞以及出现裂纹等现象导致机油供应量不足，均能使增压器轴承因润滑不良而损坏。

③涡轮或压气叶轮损坏。包括因外力损坏，涡轮或叶轮自身原因损坏。

a. 发动机排气管中进入异物。废气涡轮增压器工作时的转速非常高，如果发动机排气管排出金属异物，必然会造成涡轮叶片的损坏，严重时还能将涡轮壳击穿。同样，压气叶轮遇到类似情况也会损坏。

b. 未按要求使用空气滤清器。在沙漠地区或工作环境恶劣的地区使用增压发动机，细沙尘经空气滤清器或管路中的缝隙进入增压器，能导致增压器的压气叶轮剧烈磨损。因此，应经常对空气滤清器进行检查和维护，及时更换滤芯。

c. 排气温度过高。对于废气涡轮增压发动机，如果发动机出现故障，例如，供油量过大或排气门漏气等现象，都能导致排气温度过高，进而使涡轮叶片烧损变形。排气温度过高还会使增压器内润滑油炭化，以及转子轴承处局部过热，造成密封和轴承过早失效。

(4)涡轮增压器的正确使用

据统计，造成增压器损坏的的最常见原因是润滑问题。例如，润滑油供油滞后、缺油或在润滑油里含有杂质等。其次，异物进入增压器造成涡轮或压气叶轮损坏也是很常见的原因。装有增压器的发动机在使用时有一些需要特别注意的地力，驾驶者应遵守以下预防性措施，以确保增压器的正常使用寿命。

①起动。增压发动机起动后需怠速运转 3～5 min。增压器的机油供给来自发动机的机油泵，但增压器与机油泵之间的供油管路很长，而且大部分增压器的安装位置都高于发动机曲轴箱，机油供应会产生滞后现象。怠速运转时增压器负荷小，油压和油量影响不大，但发动机起动后立即大加速踏板全负荷工作，增压器势必会因机油供应滞后导致润滑不良而损坏。

②熄火。增压发动机熄火之前必须怠速运转 3～5 min，这样可以防止增压器在缺乏润滑油的情况下运转，并可以防止增压器内的残留润滑油炭化。如果突然停机，机油泵会停止运转不再向增压器供给机油，而增压器的叶轮转速很高，在惯性作用下要自转一段时间才能停下，增压器会处于短期无机油润滑状态，极易使轴承磨损而损坏，而且容易使转子轴过热产生膨胀而使转子轴与轴承咬死。

2. 进气惯性增压控制系统的结构与检修

进气惯性增压控制系统(ACIS)即谐波增压进气控制系统，是利用进气流惯性产生的压力波提高进气效率。

(1)谐波增压进气系统(ACIS)的组成和工作原理

当气体高速流向进气门时，如果进气门突然关闭，进气门附近气体流动突然停止，但是由于惯性，进气管仍在进气，于是将使进气门附近的气体被压缩，压力上升。当气体的惯性过后，被压缩的气体开始膨胀，向进气气流相反方向流动，压力下降。膨胀气体的波传到进气管口时又被反射回来，形成压力波。如果上述进气压力脉动波与进步气门开闭配合好，使反射的压力波集中到要打开的进气门旁，在进气门打开时就会形成增压进气的效果。一般而言，进气管越长时，压力波波长大，可使发动机中低转速区功率增大；进气管短时，压力波波长短，可使发动机高速区功率增大。如果进气管长度可以改变，则可兼顾大功率和增大转矩，但一般进气管长度是不能改变的，因此利用惯性增压一般都按最大转矩所对应的转速区域利用。

进气谐波增压进气系统（ACIS）的组成如图 2-4-92 所示，该发动机进气管长度虽不能改变，但在进气管中部加设了一个大容量的空气室和电控真空阀，实现了压力波传播路线长度的改变，从而兼顾了低速和高速的进气增压效果。

ACIS 系统的控制如图 2-4-93 所示，空气室的进气增压阀的动作由真空膜盒来执行。而真空膜盒是由 ECU 通过电磁真空通道阀（VSV）来控制。ECU 根据转速信号控制电磁真空通道阀的开闭。进气谐波增压进气系统（ACIS）的工作过程如图 2-4-94 所示。在发动机低转速（低于 2 000 r/min，因为设计原因，对于不同型号的发动机，进气歧管长度发生改变时的发动机转速也会不同）时，ECU 控制电磁真空通道阀搭铁，电磁真空通道阀打开，来自进气歧管的真空通过真空管路打开真空膜盒，真空膜盒通过拉杆带动进气管长度控制阀片，控制阀片关闭，空气先流经螺旋形的长进气管后再进入汽缸（图 2-4-94a），这一距离较长，适用于发动机的中低速区域形成进气增压效果。在发动机高转速（上升到 5 000 r/min 以上）时，真空膜盒内没有真空，进气管长度控制阀片在弹簧弹力的作用下保持打开状态，空气不经过螺旋形的长进气管而直接通过短进气管进入汽缸（图 2-4-94b），便缩短了压力波的传播距离，使发动机在高速区也能得到较好的进气增压效果。

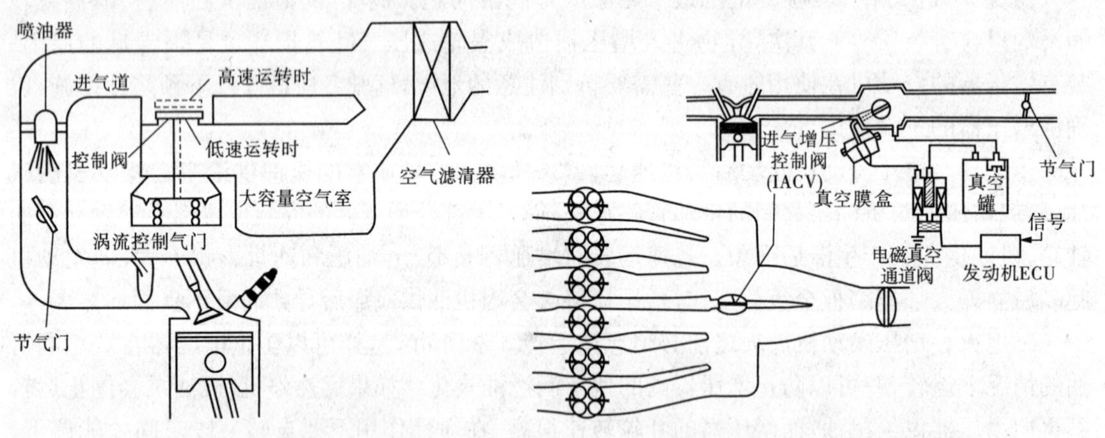

图 2-4-92　ACIS 系统工作原理图　　图 2-4-93　ACIS 系统控制图

有些可变进气歧管系统不是采用进气管长度控制阀来改变进气歧管的长度，但是其工作原理基本相同。例如，宝马 E65 车系的发动机在进气歧管中间设计了一个可以旋转的转子（图 2-4-95），转子固定在转子轴上，转子轴通过电动机驱动。发动机 ECU 根据发动机转速控制电动机驱动转子的速度，进气经过集气箱和转子上的窗口流向汽缸，当转子旋转到不同角度时，进气流向汽缸时经过的距离就会不同，从而改变了进气管的长度。

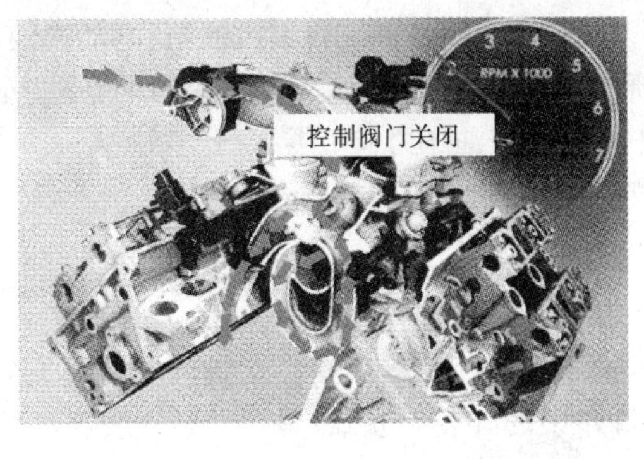

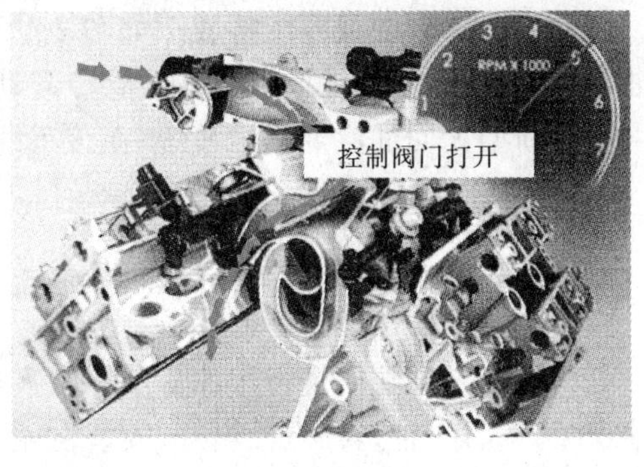

(a)　(b)

图 2-4-94　谐波增压进气系统(ACIS)的工作过程

(a)空气流经长进气管;(b)空气流经短进气管

(2)谐波增压进气系统的检修

①车上检查。用三通接头把真空表接入真空泵的真空管路中,起动发动机,怠速时应无真空指示,迅速地将节气门全开,真空表指针应在53.3 kPa(丰田 2JZ-GE)位置处摆动,并且真空膜盒的拉杆也应伸出。如果不符合要求则要检查各个部件。

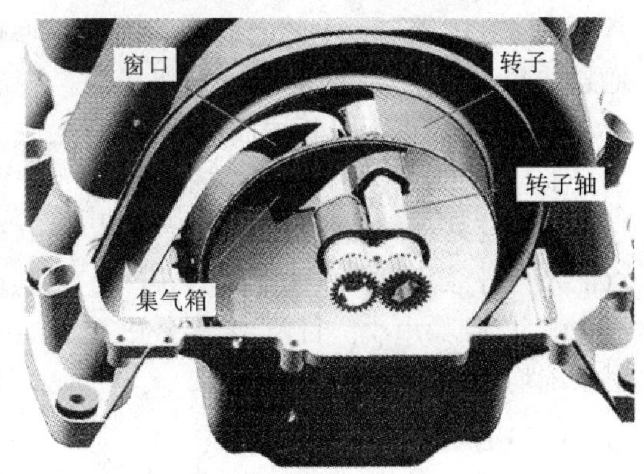

图 2-4-95　宝马 E65 的进气歧管

②CIS 系统部件的检查。其检查内容如下:

a. 真空泵的检查。将 53.3 kPa 的真空连到真空泵真空室,检查调节杆是否动作;加真空 1 min 后,阀杆有无回位;如果不动或不回位,旋动螺钉调整。

b. 真空罐的检查。空气由真空罐的通电磁阀口吹入,若通,进气管口应有空气流出,反之,则不通。用手指按住通进气管口,在通电磁阀口施加 53.3 kPa 真空,1 min 内真空应无变化,如果工作不正常更换真空泵。

c. 电磁真空阀(VSV)的检查。用欧姆表检查端子之间是否导通,如不通更换 VSV;用欧姆表检查端子与 VSV 壳体之间是否导通,如果导通,应更换 VSV。检查空气能否从真空罐端流向真空泵端。在端子上加蓄电池电压,检查空气是否能从真空罐端流向真空泵端。

第三节　汽油系统主要部件结构与检修

在 EFI 系统中电动汽油泵将汽油从油箱泵出,经过汽油滤清器后再经汽油压力调节器调压,将压力调整到比进气管压力高出约 250 kPa 的压力,然后经输油管配送给各个喷油器和冷起动喷油器,喷油器根据 ECU 发来的喷射信号,把适量汽油喷射到进气歧管中。当油路压力超过规定值时,压力调节器工作,多余的汽油返回油箱,从而保证送给喷油器的汽油压力不变。当冷却液温度低时,冷起动喷油器工作,将汽油喷入进气总管,以改善发动机低温时的起动性能。汽油系统的框图及系统构成图如图 2-4-20 和 2-4-21 所示，它主要由汽油箱、电动汽油泵、汽油压力调节器、汽油滤清器、喷油器、冷起动喷油器和温度时间开关等构成。目前，一些车辆还采用了新型无回油汽油供给系统，在该系统中取消了汽油压力调节器。

一、电动汽油泵结构与检修

(一)电动汽油泵功用和类型

电动汽油泵的功用是将汽油从油箱中吸出，加压后经喷油器供给发动机。电动汽油泵有两种安装方式：一种是在汽油箱外，安装在输送管路中的外装串联式；另一种是安装在油箱中的内装式。装在供油管路中时，电动汽油泵用一个金属支架安装在汽车的支架上，金属支架通常用橡胶件隔振。通过适当的软管从油箱内吸油，出油端与橡胶软管、钢管或塑料管连接。如图 2-4-96 所示，安装在油箱内时，电动汽油泵通常用固定在油箱口盖上的电动汽油泵支架垂直地悬挂在油箱内，或者是垂直安装在油箱壳底上，壳底有一局部下陷所构成的油池，电动汽油泵进油口置于油池中吸油，出油口经输油管穿过油箱盖与外部供油管路相连接。内装式电动汽油泵与外装串联泵相比较，不易产生气阻和汽油泄漏，且噪声小。目前，大多数电控汽油喷射系统均采用内装泵。

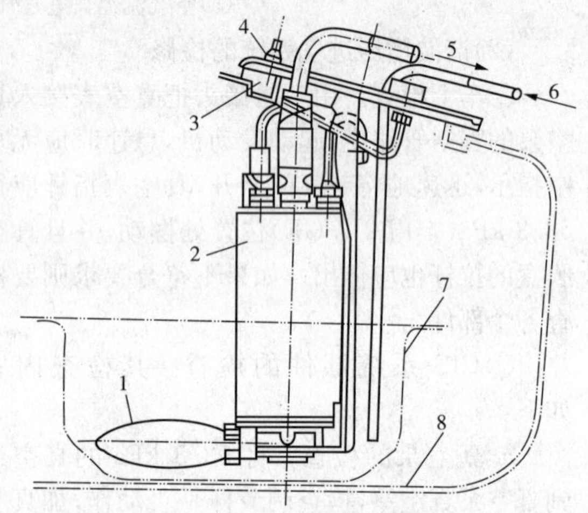

图 2-4-96 油箱内安装的电动汽油泵

1-进油滤网；2-电动汽油泵；3-隔振橡胶；4-支架；5-汽油出油管；6-回油管；7-小油箱；8-油箱

(二)电动汽油泵的结构

无论是内装式泵还是外装式泵，电动汽油泵的基本结构都是相同的。图 2-4-97 所示是电动汽油泵结构简图。由图可知，电动汽油泵由永磁式电动机、泵体、止回阀、安全阀、滤网等组成。永磁电动机通电即带动泵体旋转，将汽油从进油口吸入，汽油经电动汽油泵内部，再从出油口压出，给汽油系统供油。汽油流经电动汽油泵内部，对永磁电动机的电枢起到冷却作用。故此种电动汽油泵又称湿式电动汽油泵。

电动汽油泵的电动机部分包括固定在外壳上的永久磁铁和产生电磁力矩的电枢以及安装在外壳上的电刷装置。电刷与电枢上的换向器相接触，其引线连接到外壳上的接柱上，将控制电动汽油泵的电压引到电枢绕组上。电动汽油泵的外壳两端卷边铆紧，使各部件组装成一个不可拆卸的总成。

1. 泵体

泵体是电动汽油泵泵油的主体，根据其结构不同可分为滚柱泵、齿轮泵、涡轮泵和侧槽泵等形式。

(1)滚柱泵。滚柱泵是目前电动汽油泵最常用的结构形式，如图 2-4-98 所示，它由电动机驱动的转子(与泵套偏心安装)、转子外围的泵套和转子与泵套之间起密封作用的滚柱等构成。电动机转动时带动转子转动，由于离心力的作用使滚柱向外侧移动而贴着泵套内壁转动，这样，由转子、滚柱和泵套围成的腔室将随转子的转动而产生容积大小变化，在容积由小变大一侧汽油被吸入,在容积由大变小的一侧汽油被压出。

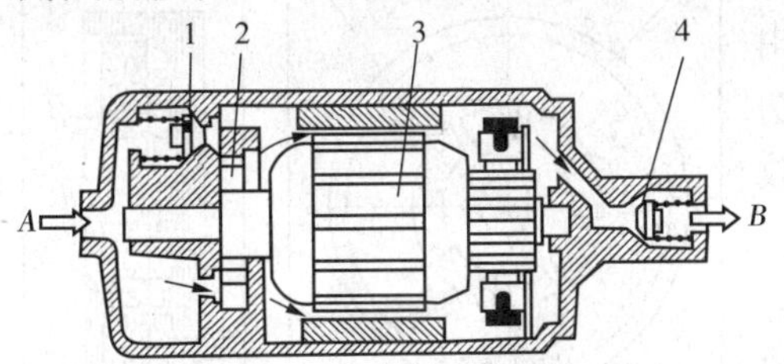

图 2-4-97　电动汽油泵结构简图

1-安全阀;2-泵体;3-电动机;4-止回阀

A-进油口;B-出油口

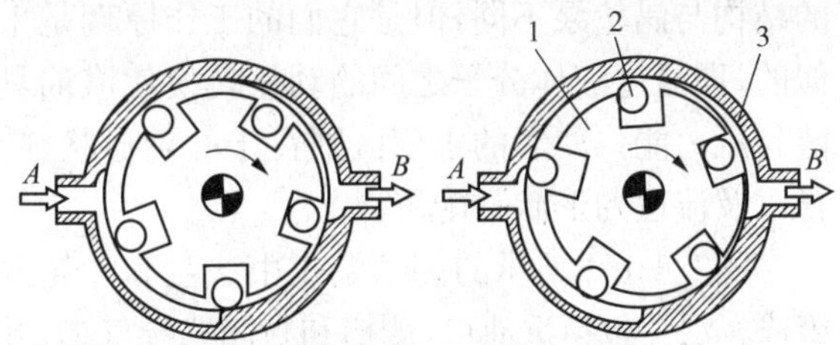

图 2-4-98　滚柱泵的工作原理

1-转子;2-滚柱;3-泵套

A-进油口;B-出油口

(2)齿轮泵。齿轮泵的工作原理与滚柱泵相似。它由带外齿的主动齿轮、带内齿的从动齿轮和泵套组成(图 2-4-99),后两者与主动齿轮偏心安装。主动齿轮被电动汽油泵电动机拖动旋转,由于齿轮啮合,则带动从动齿轮一起旋转。在从动齿轮和主动齿轮的内外齿啮合的过程中,由内外齿所围合的腔室将发生容积大小的变化,这样,若合理地设置进出油口的位置,即可利用这种容积的变化将汽油以一定的压力泵出。这种形式的电动汽油泵与滚柱式泵相比较,在相同的外形尺寸下,泵油腔室的数目(等于齿数)较多,因此,齿轮泵输油的流量和压力波动都比较均匀,十分适合于轿车应用。

(3)涡轮泵。涡轮泵又称再生泵,它以完全不同于前两种泵的方式工作,泵的汽油输送和压力升高完全是由液体分子之间动量转换实现的。其结构非常简单,仅由三部分组成:圆周上有许多叶片沟槽的涡轮和 2 个在相对于涡轮叶片沟槽部位开有合适流道的凸缘组成的泵壳,如图 2-4-100 所示。涡轮泵由电动机驱动,驱动力矩传递到涡轮上,在涡轮外围的叶片沟槽前后,因液体的摩擦作用产生压力差,由于很多叶片沟槽产生的压力差循环往复而使汽油升压。升压后的汽油,通过电动机内部经止回阀从出油口排出。由于涡轮泵的效率低,特别是压力升高的效率不太高,因此它主要用于低压和输油量较大的场合。涡轮与泵壳之间的轴向间隙以及密封出口通道的径向间隙都应很小,这对于避免内部泄漏是非常重要的,否则,会导致输出损失。

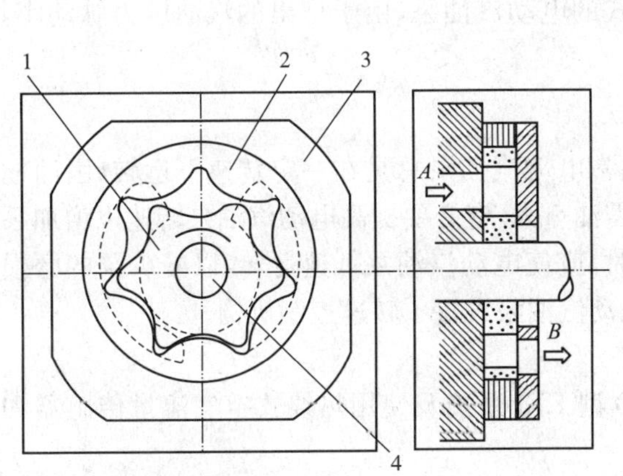

图 2-4-99　齿轮泵的结构

1-主动齿轮;2-从动齿轮;3-泵套;4-轴

A-进油口;B-出油口

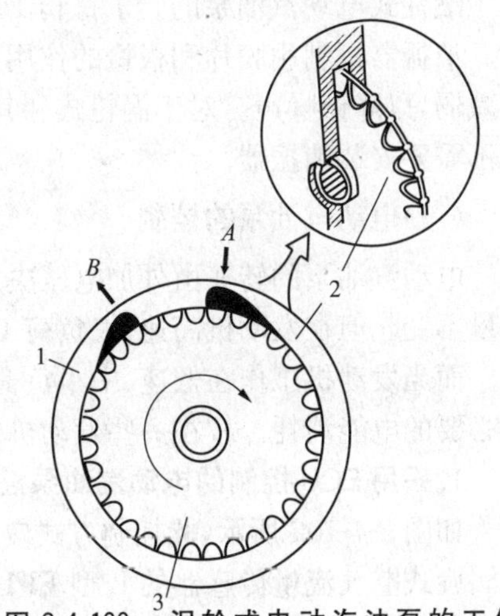

图 2-4-100　涡轮式电动汽油泵的工作原理

1-泵壳;2-叶片沟槽;3-涡轮

A-进油口;B-出油口

(4)侧槽泵。侧槽泵是液压泵的另一种变型,它的结构与涡轮泵不同,但是它们的工作原理是十分相似的,即通过液体分子之间的动量转换使汽油具有功能与压力能。两者的主要区别在于叶轮形状、叶片数目以及流道的形状与配置。

图 2-4-101 所示的侧槽泵仅由法兰和叶轮两部分组成。法兰包括进油口、侧槽和封闭式导气槽;叶轮包括正对着边槽的叶片环和可使汽油从导流槽穿过叶轮流向其背面的轮辐。侧槽泵的突出优点在于能以蒸汽和汽油的混合物运转,并能通过适当的放气口分离或提高压力,使蒸汽冷凝来消除气泡,这对于电控汽油喷射系统的正常工作具有重要意义。

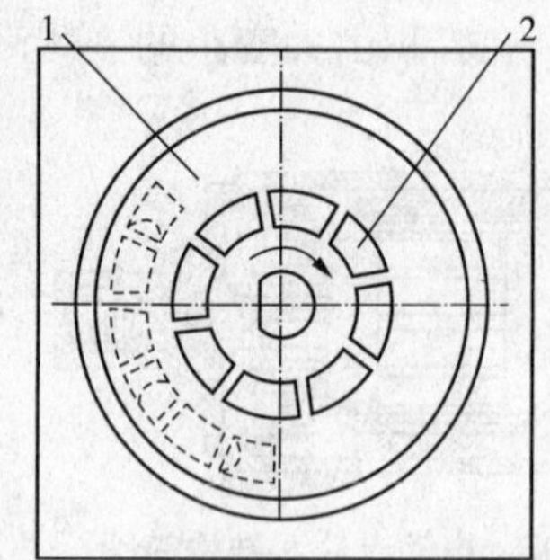

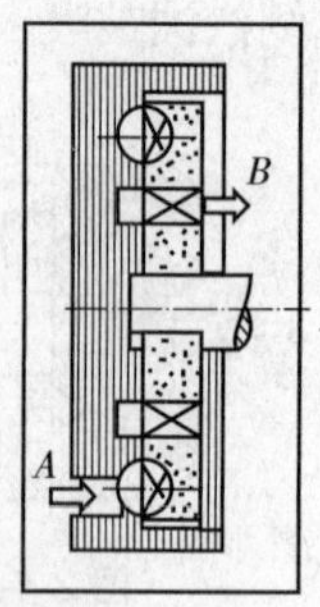

图 2-4-101 侧槽泵的结构

1-法兰;2-叶轮

A-进油口;B-出油口

2. 安全阀

安全阀是一种保护燃料输送管路的装置。其作用是防止在工作中出油口下游因某些原因出现堵塞时,发生管路破损和汽油漏泄事故。在电动汽油泵工作中,当出油口出现堵塞,工作压力上升到 400 kPa 时,安全阀打开,高压汽油同泵的吸入侧连通,汽油在泵和电动机内部循环,这样可以使汽油压力的上升不高于设定汽油压力,防止管路内油压过高。

3. 止回阀

止回阀可防止汽油倒流,保持管路残余压力,便于发动机热起动。当发动机熄火,电动汽油泵刚刚停止压送汽油时,止回阀便立即关闭,以保持泵和汽油压力调节器之间的汽油具有一定压力,该压力称为残余压力。

通常,汽油一遇高温就要产生蒸汽,汽油蒸汽会引起电动汽油泵及喷油器的工作性能下降,其结果会造成发动机在高温情况下不易起动的问题。设置止回阀可以使发动机熄火后油路内汽油仍保持一定压力,减少了气阻现象,使发动机高温起动容易。

4. 消振器

滚柱式电动汽油泵的转子每转 1 转,排出的汽油就要产生与滚柱数目对应个数的压力脉动。消振器是利用膜片和板簧的作用,吸收汽油压力的脉动,使汽油输送管路内的脉动压力传递减弱,以降低噪声。对于涡轮式和其他形式的电动汽油泵,由于排出的汽油压力脉动小,所以不需要安装消振器。

(三)电动汽油泵的控制

电动汽油泵的转速由外加电压决定。通常电动汽油泵总是在一定转速下运转,因而输出油量不变。但在发动机高速、大负荷工况下需油量大,有必要提高电动汽油泵转速以增加泵油量。而当发动机工作在低速、中小负荷工况时,应使电动汽油泵低速运转,以减少泵的磨损及不必要的电能消耗。故在一些发动机中对电动汽油泵设置了转速控制机构。

1. 采用 ECU 控制的电动汽油泵控制电路

如图 2-4-102 所示,此控制方式应用于 D 型 EFI 系统及使用热线式空气流量传感器和卡门涡旋式空气流量传感器的 L 型 EFI 系统。

断路继电器是控制电路中重要的组成部分,其作用是在发动机运转时接通电源至电动汽油泵的电路。当点火开关接通时,主继电器线圈中有电流通过,触点闭合,电源向电控汽油喷射系统供电。发动机起动时,点火开关的起动装置(ST)端子接通,触点闭合,断路继电器中的

线圈 L_2 通电，产生吸力使断路继电器的触点闭合，电源向电动汽油泵供电，电动汽油泵投入工作。发动机一旦起动，转速传感器即将发动机的转速信号 Ne 输入 ECU，此时 ECU 中的晶体管 Tr 导通，断路继电器中的线圈 L_1 通电，使其触点继续保持闭合状态，电动汽油泵便继续工作。发动机停止运转，则 Tr 断开，断路继电器触点打开，电动汽油泵的供电线路中断，电动汽油泵停止工作。在主继电器输出端有接线柱＋B，断路继电器输出端有接线柱 Fp，两接线柱分别有导线和检测导线连接器的相应端子相接。

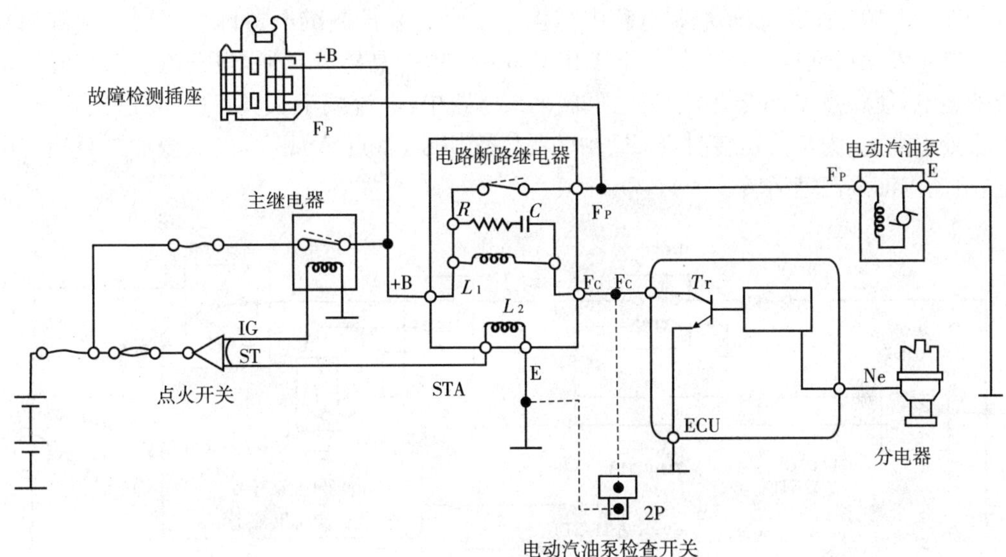

图 2-4-102　用 ECU 控制的电动汽油泵控制电路

2. 采用电动汽油泵开关控制的电动汽油泵控制电路

如图 2-4-103 所示，此控制方法应用于使用叶片式空气流量传感器的 L 型电控汽油喷射系统。接通点火开关，主继电器触点闭合，电源向电控汽油喷射系统供电。起动时，点火开关

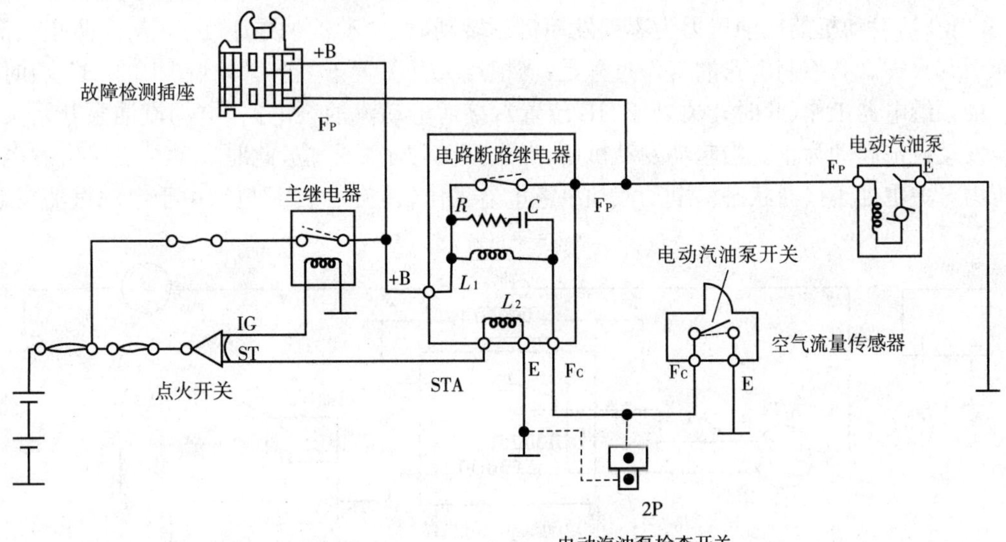

图 2-4-103　用电动汽油泵开关控制的电动汽油泵控制电路

与 ST 端接通，断路继电器线圈 L_2 通电，断路继电器触点闭合，电动汽油泵开始工作。发动机运转，吸入发动机的空气流经空气流量传感器，空气流量传感器内测量板(叶片)转动，使电动汽油泵开关接通，断路继电器的线圈 L_1 开始通电。可见，只要发动机运转，断路继电器的触点总是闭合状态。一旦发动机停转，电动汽油泵开关便打开，断路继电器触点也断开，电动汽油泵便停止工作。

3.具有转速控制的电动汽油泵控制电路

如图 2-4-104 所示，在原控制电路中增设电动汽油泵控制继电器即可实现电动汽油泵的转速控制。发动机低速或中小负荷下工作时，ECU 中的晶体管导通，电动汽油泵控制继电器的线圈通电，使触点 B 闭合，由于将电阻器串入电路中，电流减小，电动汽油泵以低转速运转。发动机处于高速、大负荷运转时，ECU 中的晶体管切断，触点 A 闭合，电动汽油泵直接与电源相通，电动汽油泵高速运转。

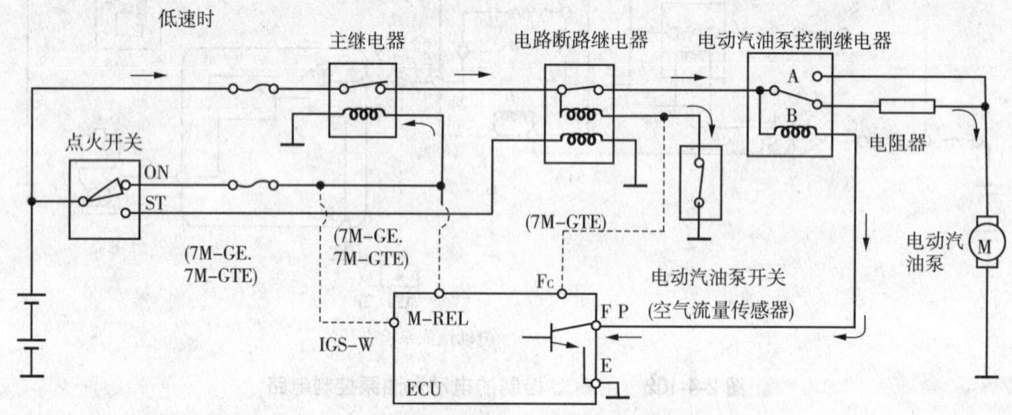

图 2-4-104 具有转速控制的电动汽油泵控制电路

4.具有自保护功能的电动汽油泵控制电路

图 2-4-105 所示为带有自动保护功能的电动汽油泵控制电路，该电路能在点火开关处于“断开”位时，发动机的机油压力为零或发动机不转动时，电动汽油泵不工作，从而防止汽油喷出而引起火灾。其控制电路的工作过程是：当把点火开关置于“起动”位(图中的“S”位)时，电动汽油泵继电器工作(此时开关处于“II”位置)，接通电动汽油泵电路，电动汽油泵开始泵油，直至发动机被起动为止。当起动发动机后，点火开关位于“开”位，此时发动机也正常发电，机油压力开关也处于接通状态。电动汽油泵继电器工作(开关处于“I”位)，由于电动汽油泵继电

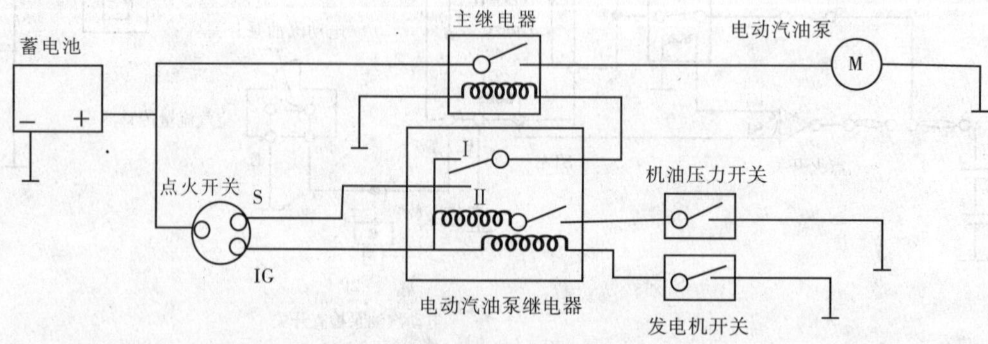

图 2-4-105 具有自保护功能的电动汽油泵控制电路

器工作仍将电动汽油泵电路接通,故此时电动汽油泵正常工作。假如此时由于某种原因发动机停转或机油压力为零,电动汽油泵继电器停止工作,开关由"I"位跳到"II"位,切断电动汽油泵继电器的电路,从而切断电动汽油泵电路,使电动汽油泵停止泵油。

(四)电动汽油泵的常见故障分析及检测

1.电动汽油泵的常见故障分析

电动汽油泵本身最常见的故障是滤网堵塞、泵内阀泄漏和电动机故障,电动汽油泵因磨损而泵油压力不足的故障则较少见。电动汽油泵的常见故障及影响见表 2-4-8。

电动汽油泵的常见故障及影响　　表 2-4-8

故障部位	对电控汽油喷射系统的影响	对发动机的影响
安全阀漏油或弹簧失效	供油压力偏低,供油量不足	发动机工作不平稳或不工作,发动机加速不良,发动机无力
止回阀漏油	输油管路不能建立残压	发动机起动困难
进油滤网堵塞	供油不足,电动汽油泵有时发出尖叫声	发动机高速"打嗝"、无高速、加速不良、严重时怠速不稳
电动机烧坏	无汽油供应	发动机不工作
电动汽油泵磨损	泵油压力不足	发动机起动困难、动力不足、加速不良

2.电动汽油泵检测

(1)电动汽油泵的就车检查。电动汽油泵的就车检查方法如下。

①工作状况的检查。接通点火开关但不要起动发动机;打开油箱盖,仔细听有无电动汽油泵运转的声音(若听不清电动汽油泵运转的声音,也可以用手检查进油软管有无压力);若听不到电动汽油泵运转的声音,也感觉不到进油管的压力,说明电动汽油泵不工作。对此,应检查电动汽油泵电源熔断器有无烧断,继电器有无损坏、控制线路有无断路等。若上述检查都正常,则应拆检电动汽油泵。

②就车油压检查法。使电动汽油泵工作,测量输油管路中的油压。如果油压正常,说明电动汽油泵、汽油压力调节器均良好;如果油压偏高,则一般为汽油压力调节器不良;如果油压偏低,则将汽油压力调节器回油管拆下并将接口堵住,再使电动汽油泵工作,测输油管路中的油压,如果此时油压能达到正常值,说明汽油压力调节器不良,需要更换汽油压力调节器,如果油压仍然偏低,则为电动汽油泵安全阀或电动汽油泵本身不良;如果测量出油压为零,则为电动汽油泵电动机不工作或油路堵塞。

(2)电动汽油泵的单件检查。电动汽油泵的单件检查方法如下:

①用万用表欧姆挡测量电动汽油泵两端子间的电阻,一般为 2～3 Ω。如果电阻很大,则说明电动汽油泵的电动机内部接触不良或有断路。

②用蓄电池电源短时间加在电动汽油泵两端子上,如正常,应能听到电动汽油泵转子高速转动的声音。

以上检验如有异常,则应更换电动汽油泵。

(五)电动汽油泵控制电路的常见故障分析及检测方法

1.电动汽油泵控制电路的常见故障分析

电动汽油泵不工作是造成电控汽油喷射发动机不能起动或起动后随即熄火的常见故障原因之一。造成电动汽油泵不工作的原因有:电动汽油泵电动机不能转动;EFI 主继电器故障;

电动汽油泵继电器故障；空气流量传感器电动汽油泵开关触点接触不良；ECU 或转速传感器故障(空气流量传感器不带电动汽油泵开关或 D 型 EFI 系统)；导线连接器松动、接触不良，熔丝烧断，点火开关不良等。

2. 电动汽油泵控制电路的检测方法

可用如下方法确定故障的具体部位：

(1)用一导线将电动汽油泵检查插孔短接，接通点火开关，看电动汽油泵工作与否。若电动汽油泵工作，可判定为空气流量传感器电动汽油泵开关或电动汽油泵继电器至空气流量传感器之间的线路不良，需检查空气流量传感器或电动汽油泵开关能否通路。如果能通路，则是有关线路有故障，检查线路和导线连接器；如果不能通路，则需要更换空气流量传感器。对于由 ECU 控制电动汽油泵的 EFI 系统，则先检查转速与曲轴转角信号是否正常，如果信号不正常，则更换转速信号传感器；如果信号正常，线路连接也无问题，则需要换 ECU。若将电动汽油泵检查插孔短接后电动汽油泵仍不工作，则需作下一步检查。

(2)用万用表的电压挡测量检查插孔＋B 对地电压，正常电压应为蓄电池电压。若电压低或无电压，则为电动汽油泵继电器前的电源电路有故障，需检查有关的熔断器、导线连接器、点火开关等。若电压正常，则作下一步检查。

(3)用万用表电压挡测量检查插孔 F_P 对地电压，正常值也应为蓄电池电压。若电压正常，可判定为电动汽油泵及有关电路有故障，检查有关线路，如果无问题，则需更换电动汽油泵。若电压不正常，则检查或更换电动汽油泵继电器。

二、汽油压力调节器和汽油压力脉动减振器

1. 汽油压力调节器

汽油压力调节器的作用是控制喷油器的喷油压力和进气歧管的绝对压力的压差保持恒定(即保持喷油压力与喷油环境压力的差值一定)，一般为 250 kPa。这样，从喷油器喷出的汽油量便唯一地取决于喷油器的开启持续时间，使发动机 ECU 在各种负荷和转速下都能精确地进行喷油量控制。因为发动机所要求的汽油喷射量，是根据 ECU 加给喷油器的通电时间长短来控制的，如果不控制汽油压力，即使加给喷油器的通电时间相同，当汽油压力高时，汽油喷射量也会增加；当汽油压力低时，汽油喷射量会减少。然而这是以喷射环境压力一定为前提的。喷油器喷射汽油的位置是进气道或者汽缸盖，如果使汽油压力相对大气压力是一定的，但由于进气歧管内的真空度是变化的，那么即使喷油信号的持续时间和喷油器压力保持不变，而当进气管绝对压力低(真空度高)时，汽油喷射量便增加，进气管绝对压力高(真空度低)时，汽油喷射量便减少。为了避免出现这种情况，得到精确的喷油量，油压和进气歧管真空度的总和应保持恒定不变，如图 2-4-106 所示，这样对依据通电时间确定喷油量的喷油器来说，具有决定意义。为了使系统油压与进气歧管压力差保持恒定，故汽油压力调节器所控制的系统油压，应随进气歧管压力变化作相应的变化。

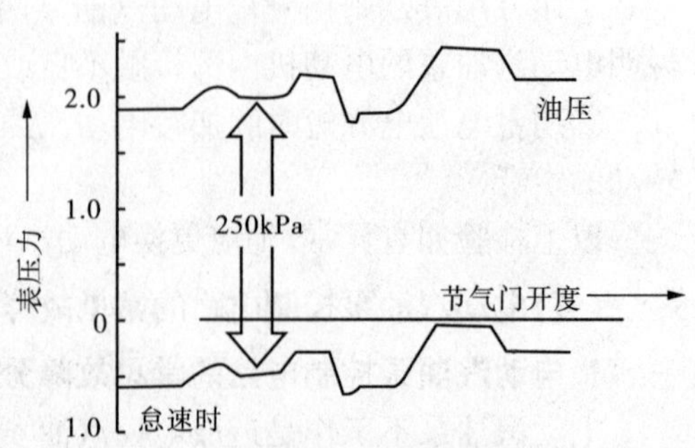

图 2-4-106 油压和进气歧管真空度

电控汽油喷射系统中的汽油压力调节器一般安装在供油总管上，其结构如图 2-4-107 所示，采

用膜片式结构。汽油压力调节器是一个金属壳体，中间通过一个卷边的膜片将壳体内腔分成 2 个小室，一个是弹簧室，内装一个带预紧力的螺旋弹簧作用在膜片上，弹簧室由一根真空软管连接至进气歧管；另一个室为汽油室，直接通入供油总管。

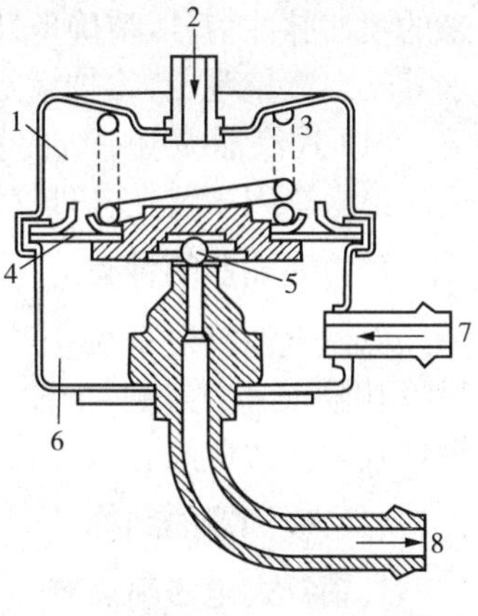

汽油压力调节器的工作原理如下：进气歧管压力（真空度）和弹簧的压力作用在膜片上方，膜片控制着在它下边的回油孔。当喷油器工作时，汽油同时输往喷油器和汽油压力调节器的汽油室，此时膜片将回油孔堵塞，汽油不再进一步流动。当汽油压力达到预定的数值时，汽油将推动膜片，压缩弹簧并打开回油孔，从电动汽油泵来的汽油经回油孔、回油管流回油箱。然后，膜片在弹簧力的作用下回到原来位置，将回油孔关闭，如此保持喷油器内的压力恒定。

图 2-4-107 汽油压力调节器的结构

1-弹簧室；2-进气负压；3-弹簧；4-膜片；5-阀门；6-汽油室；7-自输油管道来油；8-至油箱回油

作用在膜片上方的进气歧管压力（真空度）用来调节喷油压力。弹簧的设定弹力为 250 kPa，当进气歧管负压（真空度）为零时，汽油压力保持在 250 kPa。当进气歧管压力变化时，会影响到膜片的上下动作，以改变汽油压力。怠速时，汽油压力的调整值为 196 kPa、节气门全开时约为 245 kPa（图 2-4-106）。

当发动机起动后，进气歧管产生真空，怠速时真空为400 mmHg（压力为－54 kPa），故怠速时的汽油压力调整值为 196 kPa，节气门全开时，真空约为 40 mmHg（压力为－5 kPa），故节气门全开时汽油压力调整值为245 kPa。

电动汽油泵停止工作时（发动机停转），在弹簧弹力作用下，阀门关闭，使电动汽油泵止回阀和汽油压力调节器阀门间油路内保持一定的残余压力。

2. 汽油压力脉动减振器

当喷油器喷射汽油时，在输送管道内会产生汽油压力脉动，汽油压力脉动减振器是使汽油压力脉动衰减，以减弱汽油输送管道中的压力脉动传递，降低噪声。

图 2-4-108 所示为汽油压力脉动减振器结构，为了使压力脉动衰减，采用了膜片和弹簧组成的缓冲装置，可把压力脉动降低到低水平。在减振器内部由膜片分隔开成空气室（上部）和汽油室（下部），在空气室内有弹簧压在膜片上，从而使膜片产生向下的力。当油路中油压不稳时，该不稳的油压作用于膜片上，由膜片再传给弹簧而吸收掉这部分力，使油压变得平稳。该装置通常在 250 kPa 的压力下作用，但由于喷油器工作时会产生压力脉动，故它的常用工作范围可达到 300 kPa 左右。

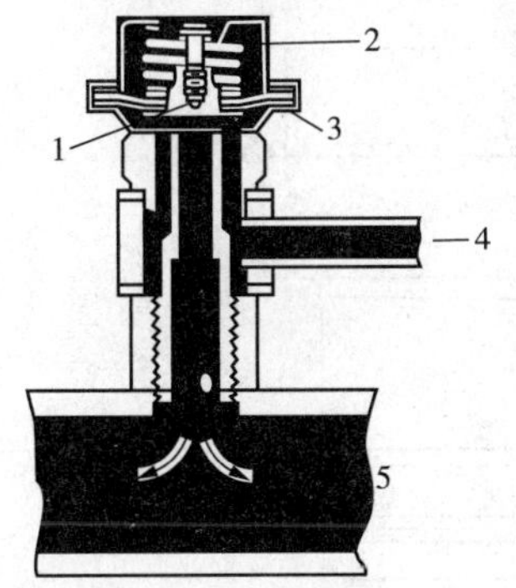

图 2-4-108 汽油压力脉动减震器

1-阀；2-弹簧；3-膜片；4-自电动汽油泵；5-输送管道

3. 汽油压力调节器的检测

汽油压力调节器性能的好坏可以通过检测系统压力的方法进行判断，具体参见汽油压力的测量。

三、喷油器结构与检修

电控汽油喷射系统中使用的喷油器是电磁式喷油器，它是电控汽油喷射系统中的一个关键的执行元件。它的功用是接受 ECU 送来的喷油脉冲信号，精确地计量汽油喷射量。因此，它是一种加工精度非常高的精密器件。要求其动态流量范围大，抗堵塞和抗污染能力强以及雾化性能好。

SPI 式汽油喷射系统的喷油器位于节气门体空气入口处；MPI 式汽油喷射系统的喷油器通过绝缘垫圈安装在各进气歧管或进气道附近的汽缸盖上，并用输油管路固定。

(一)喷油器的种类

电控汽油喷射系统用喷油器有几种不同的分类方式：按用途，可分为 SPI 用喷油器和 MPI 用喷油器；按燃料的输入位置，可分为上部给料式和下部给料式；按喷口的形式，可分为轴针式和孔式(球阀式、片阀式)等；按电磁线圈阻值，可分为低阻式和高阻式两种。

(二)喷油器的结构

1. 轴针式电磁喷油器

图 2-4-109 所示为轴针式喷油器的结构图。它主要由喷油器外壳、喷油嘴、针阀、套在针阀上的衔铁以及根据喷油脉冲信号产生电磁吸力的电磁线圈组成。电磁线圈无电流时，喷油器内的针阀被螺旋弹簧压在喷油器出口处的密封锥形阀座上。电磁线圈通电时，产生磁场吸动衔铁上移，衔铁带动针阀从其座面上升约 0.1 mm，汽油从精密环形间隙中流出。为使汽油充分雾化，针阀前端磨出一段喷油轴针。喷油器吸动及下降时间约为 1～1.5 ms。

喷油器用专门的支座安装，支座为橡胶成形件。从而形成隔热作用防止喷油器中的汽油产生气泡，有助于提高发动机的高温起动性能。另外，橡胶成形件可保护喷油器不受过高振动应力的作用。视发动机结构形式的不同，喷油器或是经汽油管或经带保险夹头的连接导线连接器(图 2-4-110)与汽油分配管连接。

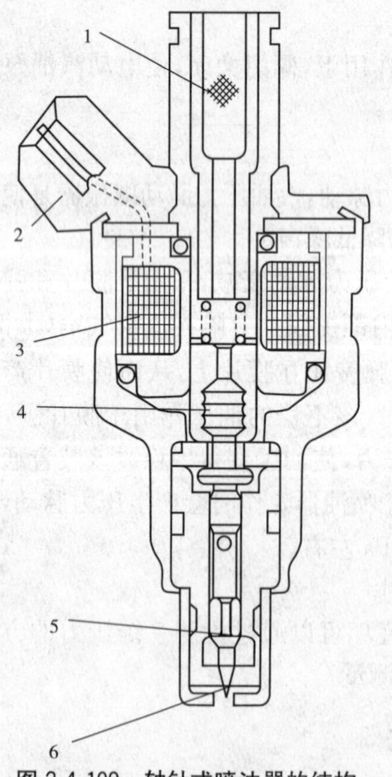

图 2-4-109 轴针式喷油器的结构

1-滤网；2-导线连接器；3-电磁线圈；4-衔铁；5-针阀；6-喷油轴针

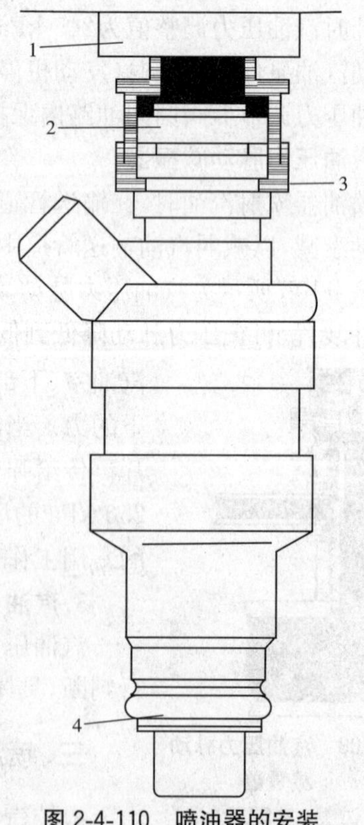

图 2-4-110 喷油器的安装

1-汽油分配管；2-上密封圈；3-保险夹头；4-下密封圈

2.球阀式喷油器

由于当代轿车发动机具有较低的汽油消耗率和较高的功率，各种型号发动机的进气空气流量范围扩大，因此，喷油器的动态流量范围必须随之增大。减轻阀针质量并提高弹簧预紧力，对获得宽广的动态流量范围十分有效。同时，用球阀简化计量部位的结构，有助于提高喷油量计量精度。此外，喷油器件和盖用高导磁不锈钢制成，提高了耐蚀性。

图 2-4-111 为球阀式喷油器的结构。它与轴针式喷油器的主要区别在于阀针的结构。球阀式的阀针是由钢球、导杆和衔铁用激光束焊接成一个整体，其质量减轻到只有普通轴针式针阀的一半，这是采用短的空心导杆实现的。为了保证汽油密封，轴针式阀针必须有较长的导向杆，而球阀具有自动定心作用，无须较长的导向杆，因此，球阀式的阀针质量轻，具有较高的汽油密封能力，明显优于轴针式针阀。图 2-4-112 所示为同等级的球阀式阀针与轴针式阀针的比较。

当喷油脉冲输入电磁线圈时，产生电磁吸力，固定在阀针上的衔铁被向上吸起，阀针抬离阀座，汽油开始通过计量孔喷出。当喷油脉冲终止时，吸力消失，阀针在弹簧力作用下返回阀座，于是喷油结束。因此，每次脉冲的喷油量取决于输入电磁线圈的工作脉冲的宽度。

3.片阀式喷油器

片阀式喷油器最早是英国卢卡斯公司研制开发的，其内部结构的主要特点是质量轻的阀片和孔式阀座，它们与磁性优化的喷油器总成结合起来，使喷油器不仅具有较大的动态流量范围，而且抗堵塞能力较强。电磁线圈可按任何特性值绕制，但典型的一种是低电阻型喷油器，阻值为 2～3 Ω，用于电流驱动型系统；另一种是高电阻型喷油器，阻值为 13～17 Ω，用于电压驱动型系统。汽油从喷油器顶部注入。图 2-4-113 所示是片阀式电磁喷油器的纵向剖面图。

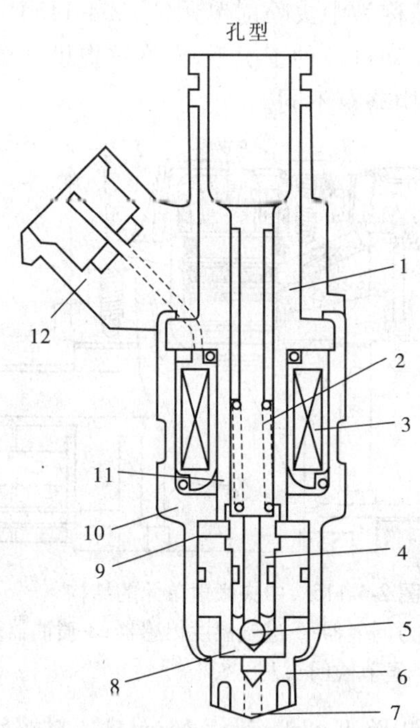

图 2-4-111　球阀式喷油器

1-喷油器体；2-弹簧；3-电磁线圈；4-阀针；5-钢球；6-护套；7-喷孔；8-阀座；9-挡块；10-盖；11-衔铁；12-导线连接器

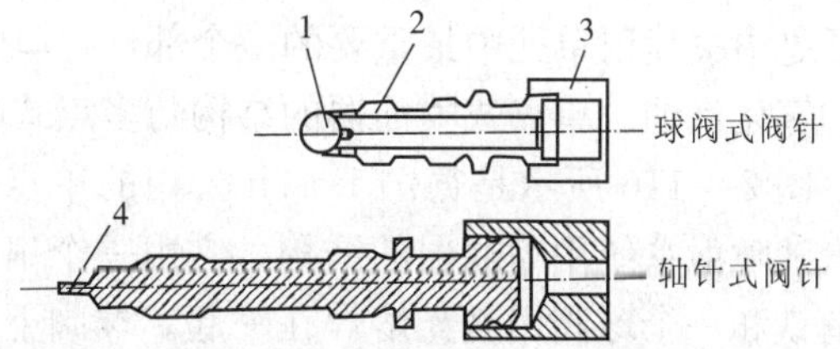

图 2-4-112　同等级的球阀式与轴针式阀针的比较

1-钢球；2-导杆；3-衔铁；4-轴针

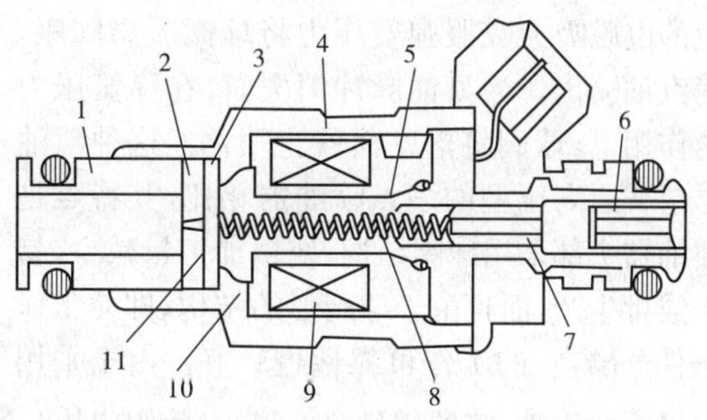

图 2-4-113　片阀式喷油器

1-喷嘴套；2-阀座；3-挡圈；4-喷油器体；5-铁芯；6-滤清器；7-调压滑套；8-弹簧；9-电磁线圈；10-限位圈；11-阀片

当喷油器处于未激励状态(阀关闭)时,阀片被螺旋弹簧力和液压力压紧在阀座上。当来自 ECU 的喷油脉冲通过喷油器电磁线圈时,即产生磁场,在电磁力足以克服弹簧力和液压力的合力之前,阀片仍将压紧在阀座上(图 2-4-114a)。一旦电磁力超过两者的合力,阀片即开始脱离阀座上的密封环,被铁芯吸住(图 2-4-114b),于是具有压力的汽油进入阀座密封环中的计量孔。反之,一旦来自 ECU 的喷油脉冲结束,电磁力开始衰减,但是阀片仍瞬时保持阀开启状态,直到喷油器弹簧力克服衰减的电磁力为止。当弹簧力大于衰减的电磁力时,阀片将脱离挡圈返回到阀座上,切断汽油喷射(图 2-4-114c)。

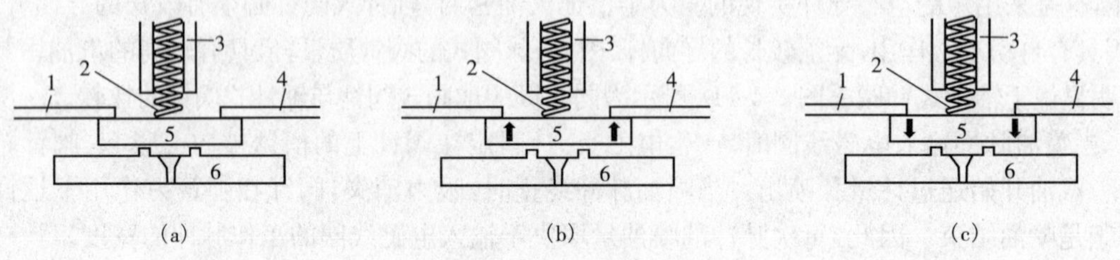

图 2-4-114 阀片的工作情况

(a)阀片静止在阀座上;(b)阀片抬离阀座直至抵住挡圈;(c)阀片离开挡圈落座

1-挡圈;2-弹簧;3-铁芯;4-挡圈;5-阀片;6-阀座

4. 单点喷射系统用喷油器

前述喷油器用于多点电控汽油喷射系统中,安装于各缸进气门前的进气歧管上,分别供给各汽缸工作所需的适量汽油。而对于单点电控汽油喷射系统而言,它是将 1 只或 2 只喷油器、汽油压力调节器和传感器等安装在节气门体上,其总成被称为中央喷射单元(图 2-4-115)。喷油器是中央喷射单元中最重要的一个部件,其功能是在发动机各种工况下,向汽缸提供计量精确的雾化汽油。单点式喷油器的结构与多点式喷油器结构略有不同。

图 2-4-116 所示是德国 Bosch 公司的单点式汽油喷射系统用喷油器的结构。它由一个扁平衔铁和一个球阀用激光熔焊在一起。球阀下方有阀座,通过 6 个径向布置的计量喷孔喷出汽油。在球阀的上方设有一个压缩弹簧和一个电磁线圈,当喷油脉冲电流通过电磁线圈时,产生的电磁吸力克服弹簧压力将球阀吸离阀座,使汽油喷出。当喷油脉冲消失时,在弹簧压力的作用下,球阀将落座而停止喷油。这种喷油器与普通高压型的多点喷油器相比,其特点是喷油器头部采用球阀结构,使精加工量减少,易于成批生产,而且由于球阀形的结构,即使工作条件严酷,它的工作可靠性也较好。由于采用扁平形的衔铁,它的质量惯性很小,使阀门的开闭时间可以降低到 1 ms 左右,而且还有较好的重复性,从而改善了喷油器在小流量区工作的线性度,使发动机怠速性能有所提高。由于采用 6 个倾斜的径向布置的计量喷孔和 1 个锥形体的喷腔,在有汽油通过喷孔时,就产生呈 45°的锥形旋流,该旋流与喷腔壁面碰撞后,进入进气流中,促使汽油能更好地雾化。另外,它被设计

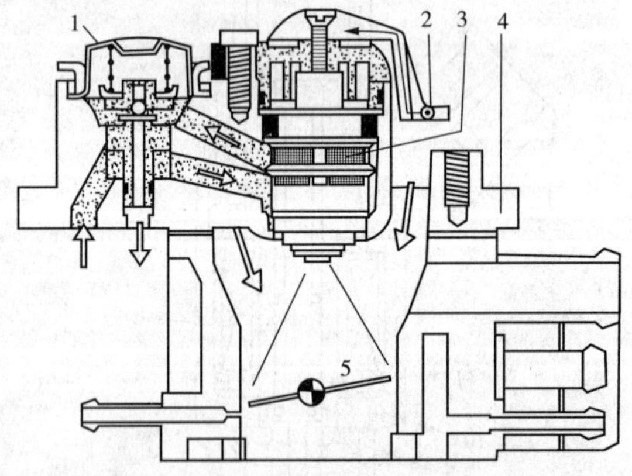

图 2-4-115 中央喷射单元的结构

1-汽油压力调节器;2-进气温度传感器;3-喷油器;4-节气门体;5-节气门

成汽油通流式，亦即当发动机工作时汽油连续不断地流过喷油器，使它得到冷却，并保证使偶然形成的蒸汽泡返回油箱，从而有效地解决了高温起动时防止气泡形成的问题，提高了汽油系统的热传输性能。

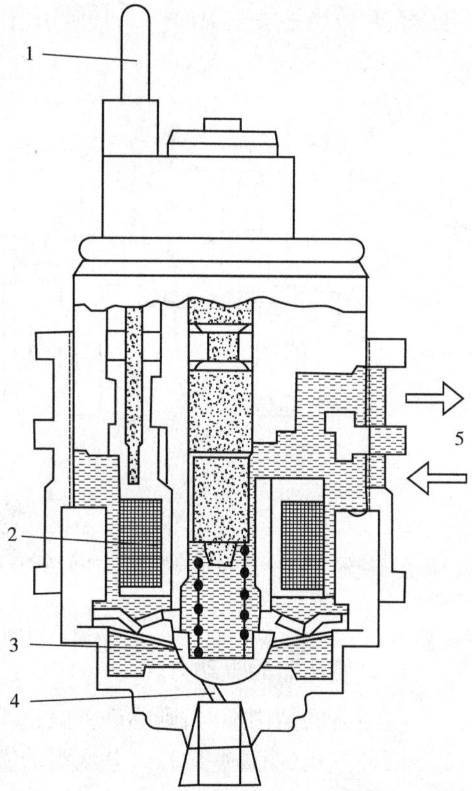

（三）喷油器的基本控制电路和工作原理

间歇性汽油喷射系统喷油器由 ECU 进行控制（图 2-4-117）。当发动机工作时，ECU 根据有关传感器输入的信号，经运算判断后输出控制信号，控制大功率三极管导通与截止。当大功率三极管导通时，即接通喷油器电磁线圈电路，产生电磁吸力。当电磁力超过针阀弹簧力和油液压力的合力时，铁芯被吸动，阀针随之离开阀座，即阀门打开，喷油器开始喷油。当大功率三极管截止时，则喷油器电磁线圈电路被切断，电磁力消失，当针阀弹簧力超过衰减的电磁力时，弹簧力又使针阀返回阀座上，使阀门关闭，喷油器停止喷油。

喷油器的喷油量，取决于针阀行程、喷口面积及喷射环境压力与汽油压力的压差等因素。当上述这些因素一旦确定，则喷油量就取决于针阀的开启时间，即电磁线圈的通电时间。

图 2-4-116 Bosch 公司单点式喷油器

1-导线连接器；2-电磁线圈；3-球形阀；4-斜置的喷油孔；5-汽油的流向

（四）喷油器针阀的工作特性

图 2-4-118 所示为触发脉冲和针阀工作特性的关系。由于喷油器针阀的机械惯性和电磁线圈的磁滞性以及磁路效率的影响，任何实用的喷油器在触发脉冲加到电磁线圈后，从脉冲开始到针阀呈最大升程状态，需要一定时间 To，称为开阀时间。当脉冲消失到针阀落座关闭也需要一定时间 Tc，称为关阀时间。由图可见，喷油器针阀的升起和落座与脉宽并不完全吻合。同时还可看出，开阀时间 To 比关阀时间 Tc 长，（$To-Tc$）的时间是不喷射汽油的时间，称为无效喷射时间。开阀时间 To 受蓄电池电压的影响较大，而关阀时间 Tc 受蓄电池电压的影响很小。

（五）喷油器的电压修正特性

喷油器的动态喷射量，还会随喷油器驱动电源电压的高低而变化。当电源电压升高时，流经喷油器电磁线圈的电流增加，电磁线圈的吸力能较快地增大，从而使喷油器开阀时间 To 缩短，针阀全开时间即有效喷射时间增长，因而电源电压升高，喷射量增加；反之，电源电压降低，喷射量减少。

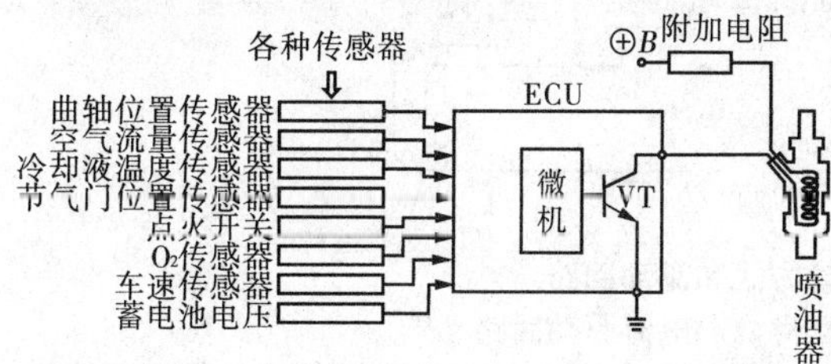

图 2-4-117 喷油器的基本控制电路

由于汽车上的电源电压不是恒定的，为了消除电源电压变化时对喷油量的影响，在电源电压变化时，常采用改变通电时间的方法予以修正。电源电压低时适当延长喷射时间；电源电压高时适当缩短喷射时间。其修正值随喷油器的规格及驱动方式的不同而略有差异。

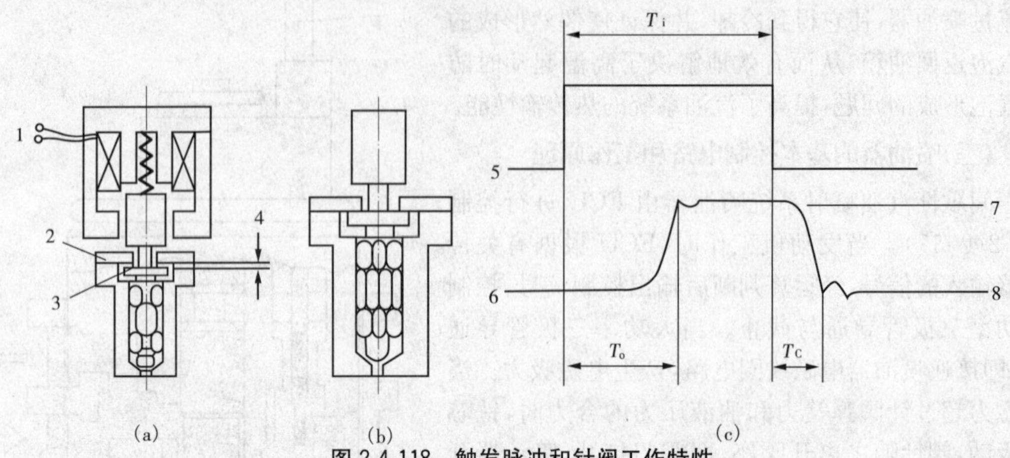

图 2-4-118 触发脉冲和针阀工作特性

(a)针阀全关时;(b)针阀全开时;(c)喷油器针阀工作特性

1-驱动脉冲输入;2-调整垫(限制器);3-针阀凸缘部;4-针阀升程;5-触发脉冲;6-针阀升程;7-针阀全开位置;8-针阀全关位置

T_i-通电时间;T_o-开阀时间;T_C-关阀时间

(六)喷油器的驱动方式

喷油器的结构不同,则驱动方式也不同。喷油器的驱动方式可分为电压驱动型和电流驱动型两种方式(图 2-4-119)。电流驱动型只适用于低电阻喷油器,电压驱动型既可用于低电阻喷油器,又可用于高电阻喷油器。所谓低电阻喷油器,是指电磁线圈的电阻值为 0.6～3 Ω 的喷油器,低电阻喷油器可与电压驱动方式或电流驱动方式配合使用。

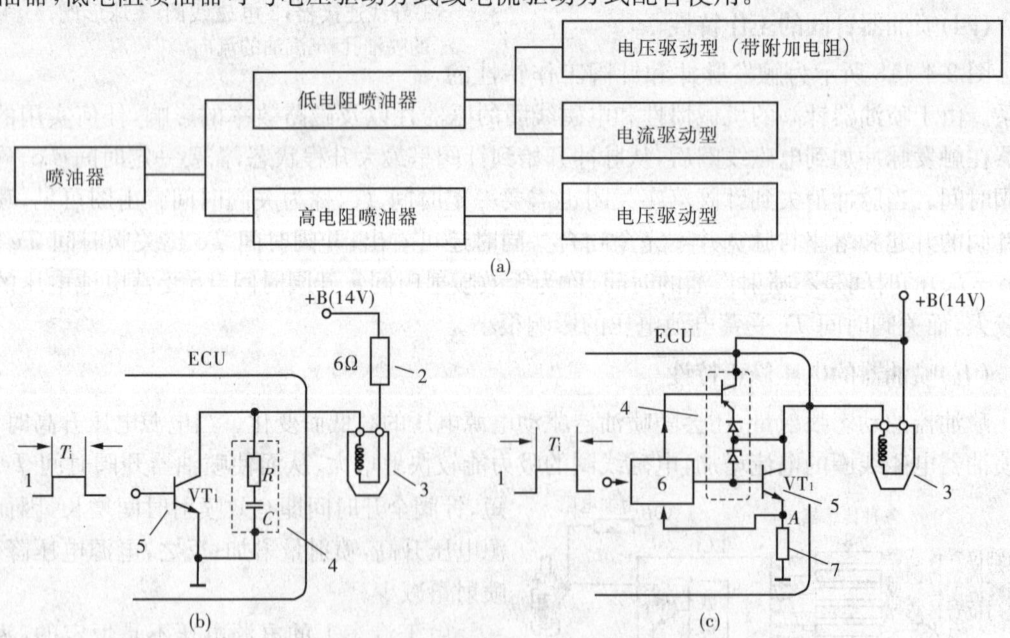

图 2-4-119 喷油器驱动方式和驱动回路

(a)驱动方式;(b)电压驱动回路;(c)电流驱动回路

1-输入脉冲;2-附加电阻(高电阻喷油器除外);3-喷油器;4-消弧电路;5-VT1 功率三极管;6-电流控制回路;7-电流检测电阻

低电阻喷油器与电压驱动方式配合使用时，应在驱动回路中加入附加电阻。这是因为在低电阻喷油器中减少了电磁线圈的匝数，减少了电感，其优点是喷油器本身响应特性好。但是，由于电磁线圈电阻的减少会使电流增加，加速了电磁线圈的发热和损坏，为此，在回路中设置附加电阻。附加电阻与喷油器的连接方式如图 2-4-120 所示。电压驱动方式的回路较简单，但由于在回路中加入了附加电阻，回路阻抗大，导致流过喷油器的电流减小，喷油器产生的电磁力降低，从动态范围看，稍有不利。

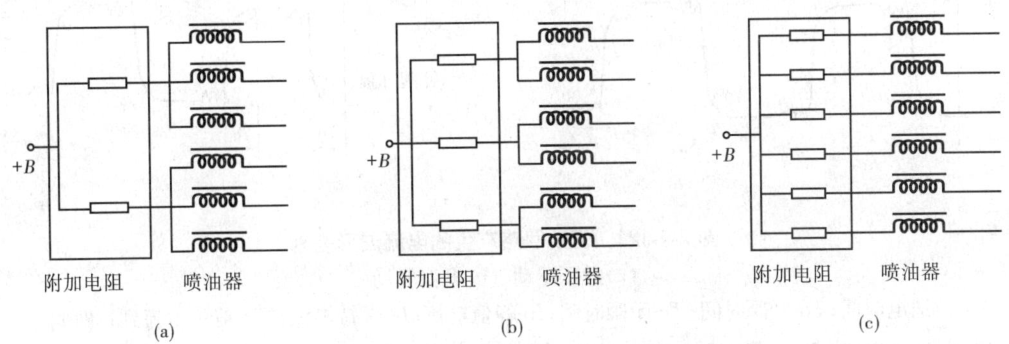

图 2-4-120　附加电阻与喷油器的连接方式

(a)三喷油器一附加电阻；(b)二喷油器一附加电阻；(c)一喷油器一附加电阻

电流驱动方式的回路中没有使用附加电阻。低电阻喷油器直接与电源连接，因而回路阻抗小，触发脉冲接通后，电磁线圈电流上升快，针阀能迅速打开，从动态范围看是相当有利的，缩短了无效喷射时间。在电流驱动方式的回路中，增加了电流控制回路，当脉冲电流使电磁线圈电路接通后，它能控制回路中的工作电流。当控制回路根据 ECU 输出的脉冲信号使功率三极管 VT_1 导通时，能及时接通喷油器电磁线圈电路。其电路是：电源＋→喷油器电磁线圈→三极管 VT_1→电流检测电阻→搭铁→电源－。由于开始阶段，三极管 VT_1 处于饱和导通状态，回路阻抗小，喷油器电磁线圈的电流在极短时间内很快上升，保证了针阀以最快的速度升起。当针阀升到全开位置时，其电磁线圈的电流达到最大，一般称为峰值电流，用 Ip 表示(图 2-4-121a)。喷油器的结构不同，工作情况不同，其峰值电流也不同，一般为 4～8 A(电源电压为 14 V 时)。在喷油器电磁线圈电流增大的同时，电流检测电阻的电压降也不断增大，当图 2-4-119c 中 A 点的电压达到设定值时(此时恰好针阀升至全开位置)，电流控制回路使三极管 VT_1 在喷油期间以约 20 MHz 的频率交替导通和截止，使针阀在全开位置时通过喷油器电磁线圈的电流降至较小的保持电流 I_h，一般保持电流平均值在 1～2 A，该电流足以维持针阀在全开位置。由于电流控制回路的作用，限制住针阀全开时的电流值，可以达到防止电磁线圈发热以及减小功耗等优点。

所谓高电阻喷油器，是指电磁线圈电阻值(或内装附加电阻)为 12～17 Ω 的喷油器。从成本和安装来说是有利的。高电阻喷油器与电压驱动方式配合使用。电压驱动方式的电流波形如图 2-4-121b 所示。

由于在功率三极管 VT_1 截止时，喷油器的电磁线圈存在电感，在线圈两端可能产生很高的感应电动势，此电动势与电源电压一起作用在功率管上，可能将其击穿。为了保护功率三极管和缩短喷油器关阀时间，在驱动回路中常设有图 2-4-119b 中所示的 *CR* 消弧回路。

在采用电压驱动回路时，为了确保响应性，通常使用 *CR* 消弧回路。当采用电流驱动回路时，为了利用回路本身来改善响应性，一般使用齐纳二极管，可以节省空间，降低成本。

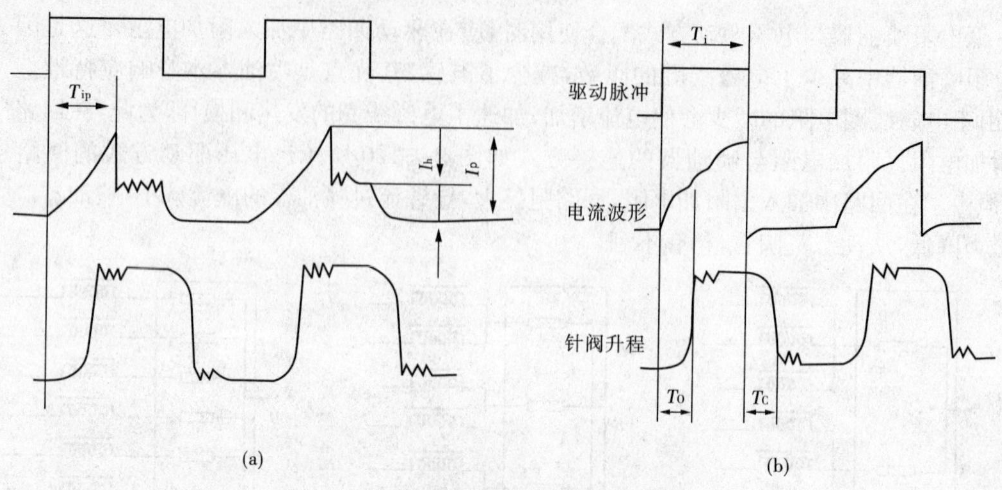

图 2-4-121　驱动回路产生的电流波形差别

(a)电压驱动；(b)电流驱动

T_i-通电时间；To-开阀时间；Tc-闭阀时间；Ip-峰值电流；I_h-保持电流；Tip-峰值电流到达时间

喷油器各种驱动方式迟滞时间(无效喷射期)如图 2-4-122 所示。可见，电流驱动的迟滞时间(无效喷射)最短，其次为电压驱动低电阻喷油器型，电压驱动高电阻喷油器型最长。

某些厂家将阻值、喷口形式不同的喷油器导线连接器也制成不同形状，见表 2-4-9。

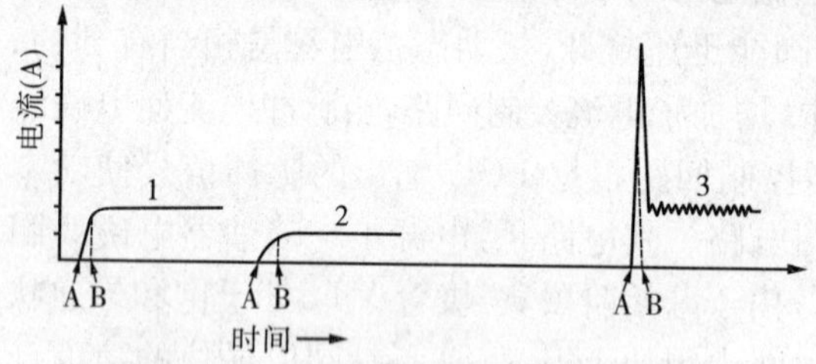

图 2-4-122　各种驱动方式的电流波形

1-电流驱动喷油器；2-电压驱动高电阻喷油器；3-电压驱动低电阻喷油器

A-功率三极管导通；B-喷油器打开

喷油器导线连接器形状　　表 2-4-9

导线连接器形状	喷口形式	阻值
	针阀型	低阻值
	针阀型	高阻值
	孔型	低阻值
	孔型	高阻值

(七)喷油器的喷雾特性

喷油器安装在进气管或者汽缸盖上，因是朝向进气门喷射汽油，因此，喷雾角度一般为 10°～40°。雾化装置多采用轴针式(图 2-4-109)。在近年来出现的 2 个进气门的发动机上，双孔式喷油器(图 2-4-123)也被广泛使用。双孔喷油器可向 2 个进气门发动机的各个气门均匀喷射汽油。

(八)喷油器的检修

1.喷油器易损故障的类型及原因

电控汽油喷射系统喷油器易损故障可分为机械故障和电路故障两种。

(1)机械故障。机械故障表现为喷油器由于粘滞、堵塞、泄漏而引起机械动作失效，造成发动机的运转出现损坏性工况，严重影响汽车的正常使用。

①喷油器粘滞。该故障是在发动机 ECU 发出喷油信号，喷油器的电磁线圈通电后产生磁吸力，由于针阀与阀座的间隙被残存的粘胶物阻塞，致使吸动柱塞升起的动作发涩，达不到

规定的针阀开启速度，影响正常的喷油量。喷油器发生粘滞故障后，发动机出现怠速不稳、起动困难、加速性能变差等症状。产生喷油器粘滞的主要原因是使用了劣质汽油而引起的。劣质汽油中的石腊和胶质，会在短期内引起喷油器粘滞，造成发动机早期故障发生。

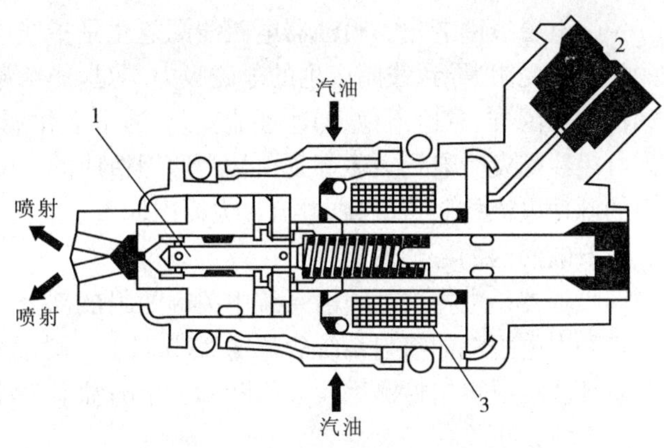

图 2-4-123　双孔式喷油器的结构

1-针阀；2-导线连接器；3-电磁线圈

②喷油器堵塞。该故障可分为内部堵塞和外部堵塞两种状况。内部堵塞原因是汽油中混入杂质和污物堵塞喷油器内部的运动间隙，使喷油器机械动作失效。外部堵塞原因是喷油器外部的喷射口被积炭和污物堵塞，造成喷油器喷射工作失效。喷油器发生堵塞故障后，发动机起动困难、运转不稳、怠速熄火、加速性能变差，甚至造成发动机喘抖，导致机件异常磨损情况恶化。由于喷油器堵塞的程度不同，堵塞的状况不同，发动机出现早期故障的症状也不同。

③喷油器泄漏。该故障可分为内部泄漏和外部泄漏两种状况。内部泄漏的原因是喷油器在使用中早期磨损，造成喷油器在压力油路的施压状态下，不断向进气歧管内泄漏汽油。外部泄漏的泄漏部位在喷油器和压力油管连接处，汽油泄漏在进气歧管外部，油滴在汽缸体上，遇热后在发动机罩内蒸发，一旦出现电路漏电火花，随时都会引起火灾。当喷油器发生内部泄漏后，发动机耗油量明显增加，而且发动机动力性变差，尾气中 HC 值增高。另外，由于喷油器内部泄漏造成喷射雾化不好，引起发动机运转不平稳，混合气燃烧不完全，排气冒黑烟。喷油器外部泄漏后，发动机起动困难、怠速熄火、动力性下降、耗油量猛增、运转喘抖和加速困难。

(2)电路故障。喷油器自身的电路故障主要表现在电磁线圈上，可以归纳为线圈断路、线圈短路和线圈老化。

①电磁线圈断路。电磁线圈烧断的喷油器，汽油喷射工况中断，造成发动机无法运转。造成线圈烧断的原因，主要是维修中盲目改动线路，造成接线错误，而将线圈绝缘层烧坏。另外，在清洗喷油器的维护中，由于操作者不熟悉电磁线圈电阻值的知识，错误地将低阻值喷油器直接接到蓄电池电源上，导致线圈载流量超过限度，发热烧蚀线圈漆包线的绝缘层，严重的甚至烧断线圈的导线。

②电磁线圈短路。电磁线圈短路是指喷油器电磁线圈正常出现的脉冲控制电流，未经规定线路流动，而通过一条短捷的线路流动。喷油器电磁线圈的连接方式是由一个双位导线连接器连接线圈首尾两端。导线连接器送出的两根引线，一根接蓄电池电源正极，另一根经过发动机 ECU 后，接入控制喷油器电磁线圈的搭铁回路。喷油器电磁线圈发生短路故障，即未经发动机 ECU 而直接搭铁。短路故障发生后，只要接通点火开关，喷油器就一直喷油。在起动发动机时，由于油量过多，造成火花塞被淹而无法起动。就是发动机勉强能起动，发动机运转工况也异常恶化，汽油消耗量过高，混合气过浓，产生爆燃而引起发动机喘抖，造成机械磨损加剧。另外，过量的汽油还会在排气管中燃烧，尾气排放超限，严重冒黑烟，HC 值极高，甚至损坏三效催化转化器。产生喷油器电磁线圈短路的主要原因是维修中接线错误，导线连接器周围过脏。

③电磁线圈老化。喷油器电磁线圈老化是指线圈阻抗值增加，造成脉冲控制电流在老化的线圈上受阻，导致线圈产生的电磁吸力不足，影响喷油的喷射效果。当线圈老化出现后，发动机起动困难、怠速不稳、加速性能变差，通常老化属于自然规律，电磁线圈也如此，但是短期内电磁线圈发生老化大多都是由异常原因造成的故障。产生线圈老化的异常原因是喷射系统中的脉冲电流控制值偏高，电流过大而引起发热，导致线圈过早出现老化。

2.喷油器的检测诊断

喷油器是电控汽油喷射系统中关键的组成部分。因我国的油品质量较差，喷油器发生的故障约占电控汽油喷射系统故障的25%以上。喷油器是一次性使用件，只允许清洗而不能拆开修理。可以运用检测手段去判断哪一个喷油器发生了故障及其故障原因和部位，以供决定是清洗或是更换。

(1)经验检测法(外部检测法)。用经验法检测喷油器可以从喷油器的外部诊断其工作是否正常。此法简单易行，但很难精确地测出喷油器的汽油喷射量。具体检测诊断方法如下：

①发动机热机后，在怠速状态下用听诊器(触杆式)触及喷油器本体，测听各缸喷油器的工作声响。喷油器正常工作时，发出"嗤、嗤、嗤"的喷油声；否则，说明喷油器有故障，应该清洗喷油器或更换喷油器。

②发动机热机后，在怠速状态下，用手触摸或用听诊器测听喷油器工作时的振击声，即检测喷油器针阀开闭的声响。如用手触摸喷油器本体若有轻微的振感或听到有"嗒、嗒、嗒"的声音，说明此喷油器工作正常；否则，说明喷油器有故障，应该清洗喷油器或更换喷油器。

③拆下发动机上的全部喷油器，安装在便于观察其喷油状况的地方并接好油管及连接线(此时还应将火花塞卸下，以减少汽缸阻力)。起动发动机，同时观察各喷油器的喷油状况(注意防火)，应对喷油雾化不良或漏油的喷油器进行清洗或更换。

④喷油器的单个检测。将喷油器与蓄电池连接好，通电 15 s，用量筒测量喷油器的喷油量，并观察汽油雾化情况。要求每个喷油器的喷油量与标准喷油量相差不得超过10%。每个喷油器需测试 2～3 次，以保证喷油器喷油量的准确率。检测完喷油器后，脱开蓄电池与喷油器的连接线，在保持油路系统正常油压的情况下检查喷油器处有无漏油，要求每分钟漏油不得多于 2 滴。

⑤线路检测。用汽车电器测试仪或用一只 12 V 灯泡连接到喷油器(高电阻型喷油器)导线侧连接器的两个端子。起动发动机，如汽车电器测试仪或灯泡出现闪亮，即表示控制电流及线路正常，否则，应对相应的线路进行检查。

(2)万用表检测法。这一方法主要是检测喷油器的电压、电阻值和有关线路的导通情况。与经验法比较起来，检测精度和准确率较高，不容易发生误判。

①喷油器电路电压的检测。点火开关置于"OFF"位置，拔下喷油器导线连接器，再将点火开关置于"ON"位置，用万用表的 V 挡检测喷油器导线侧连接器上电源端子与搭铁端子间的电压，电压值应为蓄电池电压。如无电压，则应检修喷油器的供电线路。

②喷油器电磁线圈电阻值的检测。拔下喷油器导线连接器，用万用表"Ω"挡测量喷油器上两个接线端子间的电阻值。发动机温度在 20 ℃时，高电阻型喷油器的电阻值应为 12～16 Ω，低电阻型喷油器的电阻值应为 2～5 Ω。如果电阻值不符合标准，证明喷油器的电磁线圈损坏，应更换喷油器。

(3)专用仪器检测法。这是最科学、严谨的检测方法。常用的测试仪是喷油器超声波清洗测试仪。采用喷油器超声波清洗测试仪对喷油器的检测过程如下：

①从发动机上拆下喷油器后，先用化油器清洗剂喷洗一下喷油器的外表，再用布擦抹干净。因刚拆下的喷油器外表较脏，不进行清洗会大大缩短超声波清洗液的使用寿命。

②密封性检测。在喷油器关闭的情况下，加上喷油的正常油压来检测喷油器的密封性。一般要求在 1 min 内喷油器不得滴漏 2 滴以上油滴，冷起动喷油器则不允许超过 1 滴油滴。如果密封性不符合技术要求，则应清洗或更换喷油器。

③雾化检测。不同型号的喷油器，在正常条件下喷雾形状是不同的。一般喷油器的喷雾形状像落体张开时的抛物面，两孔以上喷油器的喷雾形状是角度较大的白色锥体，而单孔喷油器的张角并不大。较脏或有故障的喷油器的喷雾形状基本相同，是一根或几根白线。如果雾化性不符合技术要求，则应清洗或更换喷油器。

④流量检测。即使是几个新的同型号的喷油器，它们的流量也不会绝对相同。在不同油压和不同转速下喷油器的喷油量也是不同的。汽车制造厂家给出在正常压力下 15 s 常开喷油流量，一般为 45～75 mL，各个喷油器的喷射误差量不得超过 5 mL。如果流量检测结果不符合技术要求，则应清洗或更换喷油器。

⑤超声波清洗。用超声波正向、反向清洗喷油器。正向可以彻底清洗喷油器阀腔和阀座，反向则可以彻底洗脱滤网上的杂质。正反向清洗后，再用高速洁净气流吹净喷油器内的残留液体，以避免清洗液与测试液混合后产生沉淀物。

3. 喷油器堵塞故障的检测诊断

喷油器堵塞对喷油器性能有两种形式的影响：其一，由于针阀或喷嘴受污物堵塞，对喷雾形状产生影响。其二，由于喷油器过滤网和喷嘴堵塞，会引起喷油流速下降。观察喷油器的喷油形状，主要是观察汽油离开喷油器后的情况，对其要求是：能够喷出非常细小的雾状油束，这样才能很好地与进入发动机的空气混合。如果由于某种原因，使喷油器的喷雾形状发生变化，这将导致雾化不良和混合气不均匀，进而导致发动机产生不正常燃烧。一旦发动机性能变坏、加速迟钝、油耗增加等，就要联想到可能是喷油形状发生变化。喷油器滤网堵塞，不仅影响喷油形状，而且也减少了喷油的流速。当这种情况发生时，会明显地降低供给发动机的可燃混合气浓度的修正，但是它不会改变节气门打开后混合气浓度。喷油器堵塞故障有两种类型：一种是个别喷油器堵塞，这将会使发动机怠速运转不稳，在通常驾驶条件下，也会出现转速不稳现象。另一种是所有喷油器都堵塞，这将会使发动机的混合气明显变稀。喷油器堵塞是极不易立即得出结论的故障，对其诊断则需要采用一定的检测方法。在进行该项检测时，假定发动机其他机构工作良好，若找到有故障的喷油器，对其修整后，发动机性能则应得到明显的改善。

(1)个别喷油器堵塞的检测诊断。个别喷油器堵塞的检测诊断方法如下：

①喷油不平衡的检测诊断。这和一般汽油机断火试验方法相似，只不过在此要利用检测诊断设备，切断供给某缸喷油器的供油信号，使该缸停止工作，同时观察断油后发动机转速的下降情况，对喷油器工作情况进行评估。进行该项检测时发动机转速最好在 1 200～2 000 r/min(要求在节气门打开的条件下)进行。避免在怠速时进行，其原因是许多车辆上安装有怠速控制系统，对检测效果影响较大。发动机在稳定的转速下，也可进行功率平衡试验。若将工作良好的喷油信号断开后，会引起发动机功率有较大的下降；而将工作情况差的喷油器信号切断后，引起发动机的功率下降微小。因此，可以做出这样的推断：断油后，发动机功率下降微小的一缸的喷油器可能有故障。

②喷油器堵塞故障的废气分析检测诊断。喷油器堵塞后，会导致尾气中 HC 读数发生变化，检测尾气中 HC 的变化量，可以帮助诊断喷油器堵塞故障。当某缸断火后，喷入汽缸的汽油会通过排气管排出，这将使废气分析仪中 HC 读数增高。当切断良好喷油器一缸的点火后，会引起 HC 读数明显增高，当切断有故障喷油器一缸的点火后，HC 读数增高较少。因此，通过废气分析仪中 HC 变化量可以确定出有故障的喷油器。进行该项检测时，切断一缸点火后可使 HC 读数在 $200\times10^{-6}\sim300\times10^{-6}$ 变化。同样，利用废气分析仪 CO 读数变化情况，也能对发动机各缸喷油器进行检测。断火后会使 CO 读数减少。CO 读数减少越快，喷油器向汽缸内喷出的汽油越多。因此，断火后 CO 读数减少小的汽缸的喷油器可能有堵塞故障。

③利用汽油压力表检查喷油器堵塞故障。利用汽油压力表检查喷油器堵塞故障可以就车进行，即在车上汽油系统中接入汽油压力表，使发动机处于静止状态，给喷油器一个固定的触发信号，观察汽油压力表的压力读数变化，这样就能断定出有故障的喷油器。进行该项检测时，要求每个喷油器触发前的压力相同，发动机不需运转。

(2)所有喷油器堵塞的检测。假定所有喷油器堵塞，那么对发动机性能的影响则是唯一的，必将使发动机工作的混合气明显变稀。对这类故障的诊断就是要有意识也增加浓混合气浓度，若增加混合气浓度后，发动机性能好转，运转平衡，那么该故障便可得到确诊。在电控汽油喷射式发动机上，增加发动机混合气浓度，常用方法如下：

①拆去汽油压力调节器上真空软管。拆下汽油压力调节器上的真空软管，可以暂时为发动机提供加浓混合气。通常进气歧管真空度施加到汽油压力调节器上，使喷油压力与进气歧管真空度差值保持稳定，当发动机怠速运转时，进气歧管真空度较高(节气门关闭)，而相应的汽油压力较低。这时拆下真空软管，喷油器的喷油压力将会增高，这样就增加了怠速时混合气浓度。

②约束汽油压力调节器上的回油管。在电控汽油喷射系统中，通过约束汽油压力调节器上的回油管，也能增加汽油喷射系统的油压。这种压力增加，实质上就增加了喷油器喷入汽缸的油量，进而增加了浓混合气浓度。如果汽油压力调节器回油管是易变形软管，可以用夹钳来约束回油管的回油，使系统油压增加，达到了增加混合气浓度的目的。如果汽油压力调节器的回油管是刚性的，则可以在回油管中装入带汽油压力表的开关，利用开关来调节回油管的回油情况，同样能达到改变混合气浓度的目的。

③在冷却液温度传感器线路中串入可变电阻。改变电控汽油喷射系统的混合气浓度，最易控制的方法就是在冷却液温度传感器电路中串入可变电阻。其方法是：发动机运转至热车(80～85 ℃)，断开点火开关，拆下冷却液温度传感器导线连接器，测量冷却液温度传感器电阻值(大多数车辆为 200～300 Ω，而福特车冷却液温度传感器的电阻约为 2 500～3 500 Ω)。选择可变电阻时，其电阻调节范围应包含上述测量值。将可变电阻串入传感器电路中，预置可变电阻值为测量值，那么这时可以改变可变电阻阻值，模拟发动机冷起动工况，这时发动机 ECU 则可根据可变电阻传来的信息，会给喷油器发出增加喷油信号，这样就会改变发动机的混合气浓度。

④对于机械式汽油喷射系统，将暖机调节器上的导线连接器拔下，就会导致混合气变浓。对暖机调节器上的加热元件来说，该导线连接器提供了一条电源线和搭铁线路。当拆下导线连接器后，加热元件便会冷却下来，这时暖机调节器则按温度降低起作用，其结果是增加混合气的浓度。

利用上述方法，如果混合气加浓后，能诊断出发动机运转期间的故障，那么就验证了是所有喷油器堵塞所引起的故障。

四、冷起动喷油器结构与检修

在低温下发动机冷起动时，吸入的混合气中有一部分汽油冷凝，为了补偿这部分汽油的损失，必须在冷起动时附加地喷入一定量的汽油。这部分附加的喷油是由冷起动喷油器喷入进气管道的。冷起动喷油器装于进气总管的中央部位，其作用是改善发动机的低温起动性能。冷起动喷油器只在发动机低温起动时才投入工作，它也是一种电磁式喷油器，其喷油量取决于喷油持续时间，而其喷油持续时间可以根据发动机冷却液温度由冷起动喷油器温度时间开关控制，也可以由 ECU 控制。由于冷起动喷油器只是在发动机低温起动时工作，所以，要求工作电压低。另外，为了使发动机的低温起动性良好，喷雾要求微粒化而且喷雾角要大，这是冷起动喷油器应具有的性能特点。从用途上讲，冷起动喷油器的重要指标，是最低工作电压和合乎规定的喷雾角及喷射量。

（一）冷起动喷油器的结构与工作原理

冷起动喷油器的结构如图 2-4-124 所示，冷起动喷油器由燃料入口连接器、导线连接器、电磁线圈、可动磁芯、漩涡喷嘴等组成。在喷射管道内部，可动磁芯在弹簧力作用下把橡胶阀推向阀座，使阀孔关闭。当电磁线圈通电时，在电磁力吸引下，可动磁芯克服弹簧力被拉起。可动磁芯一被拉开，阀门即打开，汽油涌出阀孔，在漩涡喷嘴部位形成旋转流，并以微粒和锥角形式从喷孔喷射出去。

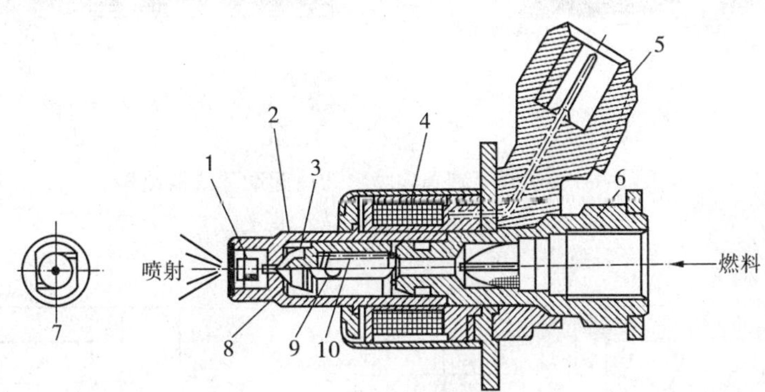

图 2-4-124 冷起动喷油器的构造

1-漩涡式喷嘴；2-喷射管道；3-阀；4-电磁线圈；5-导线连接器；6-汽油入口连接器；7-漩涡喷油嘴构造；8-阀座；9-可动磁芯；10-弹簧

冷起动喷油器安装在节气门下游的进气总管上，而且选择了可向各缸均分配汽油的位置（图 2-4-125a），为了提高向各缸分配汽油的均匀性，有的冷起动喷油器上设有两个漩涡式喷嘴，其结构如图 2-4-126 所示，其安装如图 2-4-125b 所示。

（二）冷起动喷油器的控制

对冷起动喷油器喷油时间的控制有两种方法：一种是利用温度时间开关控制；一种是用 ECU 控制。

1. 温度时间开关控制

温度时间开关的结构如图 2-4-127a 所示，它主要由双金属片、加热线圈及搭铁触点等构成。由于其工作工况是由发动机温度和起动电流共同决定的，因此它应装在能反映发动机温度的位置。当发动机温度较低时，温度时间开关的触点闭合，当点火开关处于“START”位置时，电流按图2-4-127b中箭头方向流动，使冷起动喷油器喷油。发动机起动后，点火开关转至“ON”位置时，冷起动喷油器停止喷油。在起动过程中，若起动机运转时间过长，有可能使火花塞淹湿。但此时由于电流流过加热线圈②，使双金属片受热弯曲，触点断开(图 2-4-127c)，电流不再流经冷起动喷油器，因而可防止火花塞被淹。同时，加热线圈②进一步加热双金属片，以免触点再次闭合。因此，冷起动时，主要是电加热决定冷起动喷油器的工作时间。而发动机处于热机状态时，温度时间开关触点一直处于断开状态，故热机起动时冷起动喷油器不工作。

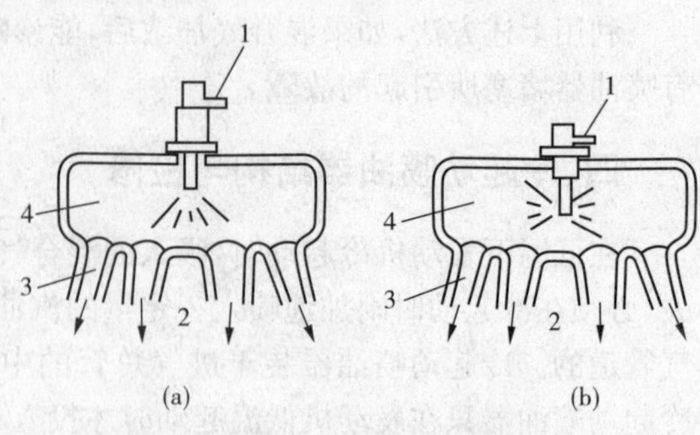

图 2-4-125 冷起动喷油器的安装

(a)一个方向喷油；(b)两个方向喷油

1-冷起动喷油器；2-进气；3-进气歧管；4-进气总管

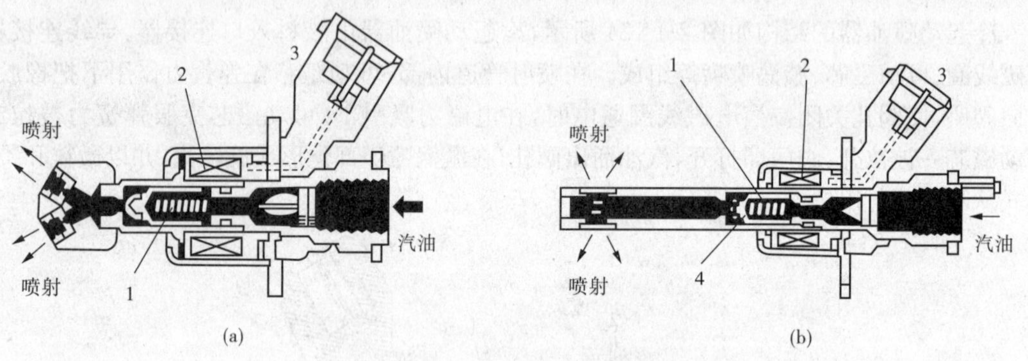

图 2-4-126 两个漩涡式喷嘴的冷起动喷油器结构

(a)型式Ⅰ；(b)型式Ⅱ

1-弹簧；2-电磁线圈；3-导线连接器；4-柱塞

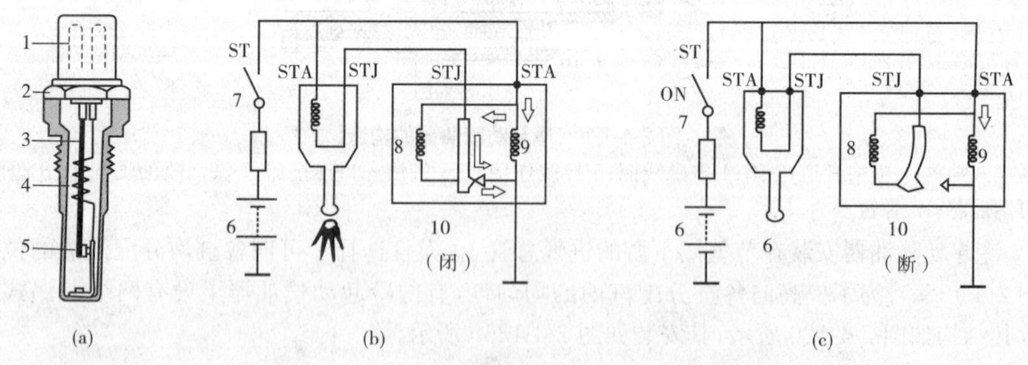

图 2-4-127 温度时间开关及冷起动喷油器的工作

(a)温度时间开关；(b)冷起动喷油器的工作；(c)冷起动喷油器停止工作

1-导线连接器；2-钉形壳体；3-双金属片；4-加热线圈；5-搭铁触点；6-蓄电池；7-点火开关；8-加热线圈①；9-加热线圈②；10-温度时间开关

一般情况下，当冷却液温度低于 30℃时，温度时间开关常闭，此时点火开关若位于起动位置，冷起动喷油器的针阀就打开，汽油喷入节气门后的进气总管中，以增加混合气浓度，便于起动和加快暖机过程。如发动机冷却液温度高于40℃或点火开关接通持续时间超过15 s，温度时间开关内的双金属片因加热线圈的加热弯曲而使触点断开，以此切断冷起动喷油器中的电流，冷起动喷油器停止喷油。发动机热机时，温度时间开关的触点一直处于断开状态，以防冷起动喷油器喷油。

2. ECU控制

ECU控制电路如图2-4-128所示，为了改善发动机冷机起动性能，在温度时间开关控制的同时，ECU还可以根据冷却液温度对冷起动喷油器的喷油时间进行控制。

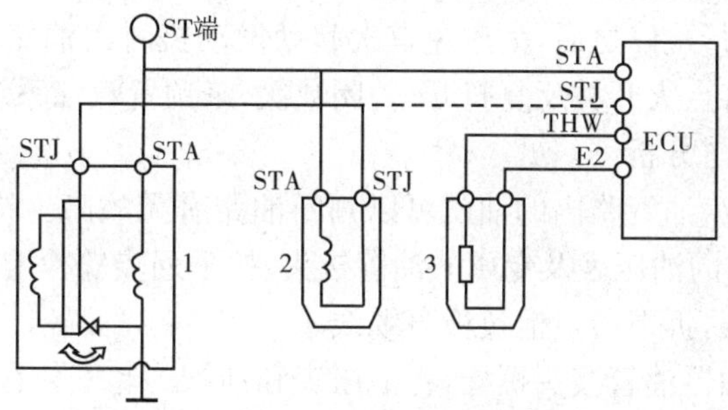

图2-4-128　ECU控制冷起动喷油器的电路

1-温度时间开关；2-冷起动喷油器；3-冷却液温度传感器

(三)冷起动喷油器与温度时间开关的常见故障分析

冷动喷油器和温度时间开关的常见故障及影响见表2-4-10。

冷动喷油器和温度时间开关常见故障及影响　　表2-4-10

故障部位	对电控汽油喷射系统的影响	对发动机的影响
冷起动喷油器电磁线圈不良	冷起动时冷起动喷油器不喷油	发动机冷起动困难
冷起动喷油器堵塞	冷起动时冷起动喷油器不喷油	发动机冷起动困难
冷起动喷油器关闭不严、卡滞	冷起动喷油器滴油	排气管放炮、油耗增大、热车起动困难、不能起动等
温度时间开关触点接触不良	冷起动时冷起动喷油器不喷油	发动机冷起动困难
温度时间开关加热线圈不良	冷起动喷油器喷油时间不受限制	发动机易出现汽油过多而被“淹死”现象；冷起动容易，热起动困难；发动机运转中突然熄火等

冷起动喷油器的故障检查方法类似于主喷油器，这里不再赘述。温度时间开关的检查可以用万用表的欧姆档通过测试其接线端子间的电阻来检查。

五、油路故障诊断方法

电控汽油喷射发动机，只要有油有电，喷油时间及点火时间准确，发动机便可起动着火，余下的问题便只是一个修正问题，各种修正的精确与否是保证发动机更好地燃烧、更平稳地工作的关键。带有电控汽油喷射的发动机难于起动或根本无法起动着火，是较常见的故障，而这种故障又多由供油不良引起。下面就怎样简捷地诊断油路部分的故障，作较详尽的介绍。

汽油供给系统是汽油喷射发动机最容易产生故障的系统。特别是电动汽油泵和喷油器，常因汽油中所含杂质和水分的影响而损坏，导致不供油或油压过低、喷油器堵塞等故障，经常需要检修。

1.汽油系统油压的释放与预置

电控汽油喷射式发动机为了便于再次起动，在发动机熄火后，汽油管路中仍保持着较高的汽油压力。在拆卸汽油管道、进行检修或更换汽油滤清器、电动汽油泵、喷油器等部件时，应先释放掉汽油管道内的油压，其方法如下：

(1)起动发动机，在发动机运转中拔下电动汽油泵继电器(或拔下电动汽油泵导线连接器)；

(2)待发动机自行熄火后，再转动起动开关，起动发动机 2～3 次，汽油压力即可完全释放；

(3)断开点火开关，装上电动汽油泵继电器(或插上电动汽油泵导线连接器)。

在拆卸汽油管道进行检修之后，为避免首次起动发动机时因油路内尚未建立起汽油压力而使起动时间过长，应将点火开关反复打开、关闭数次，来预置汽油系统的油压。

2.汽油压力的检测与分析

检测发动机运转时汽油管路内的油压可以判断油路有无故障。检测汽油压力时，应准备一个量程为 1 MPa 左右的油压表及专用的油管接头，按下列步骤检测汽油压力：

(1)将汽油系统卸压，拆下蓄电池负极电缆线。

(2)拆除冷起动喷油器油管接头螺栓，将油压表和油管一起安装在冷起动喷油器油管接头上(图 2-4-129a)。油压表也可以安装在汽油滤清器油管接头、分配油管进油接头，或用三通接头接在汽油管道上便于安装和观察的任何部位(图 2-4-129b)。

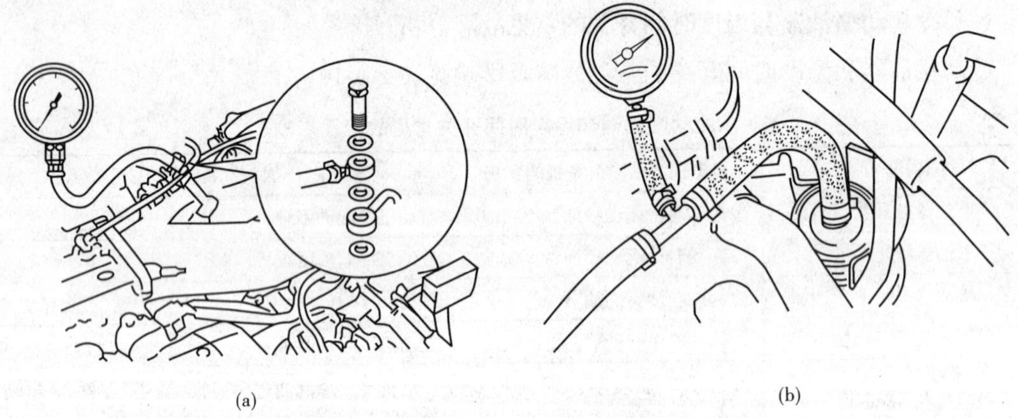

图 2-4-129　油压表的安装

(a)油压表的安装位置Ⅰ；(b)油压表的安装位置Ⅱ

(3)重新装上蓄电池负极电缆线。

(4)测量汽油系统的静态油压；

①起动发动机，使之怠速运转；

②观察表上的油压值，应符合规定值，若油压过高，应检查汽油压力调节器；若油压过低，应检查电动汽油泵、汽油滤清器和汽油压力调节器。

(5)测量汽油系统的保持压力。测量静态油压结束后，过 5 min 再观察油压表指示的油压(此时的压力称为汽油系统保持压力)，其值应不低于规定值(如 147 kPa)。若油压过低，应进一步检查电动汽油泵保持压力、汽油压力调节器保持压力及喷油器有无泄漏。

(6)发动机运转时汽油压力的测量。起动发动机，让发动机怠速运转，测量此时的汽油压力(图 2-4-130a)；缓慢开大节气门，测量在节气门接近全开时的汽油压力；拔下汽油压力调节器上的真空软管,并用手堵住(图 2-4-130b),让发动机怠速运转,测量此时的汽油压力。该压力和节气门全开时的汽油压力基本相等,若测得的油压过高,应检查汽油压力调节器及其真空软管;若测得的汽油压力过低,则应检查电动汽油泵、汽油滤清器及汽油压力调节器。

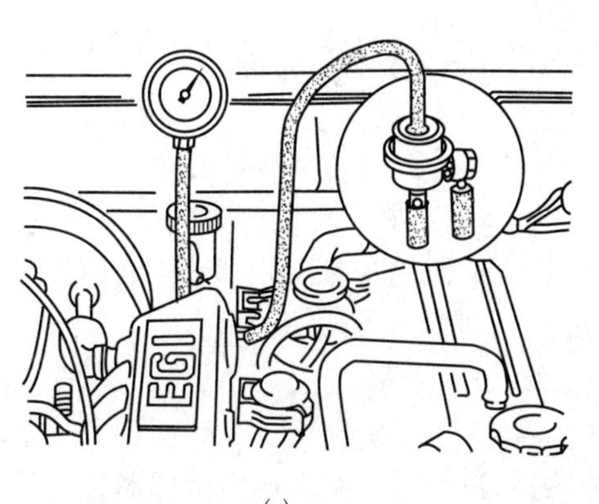

(a)

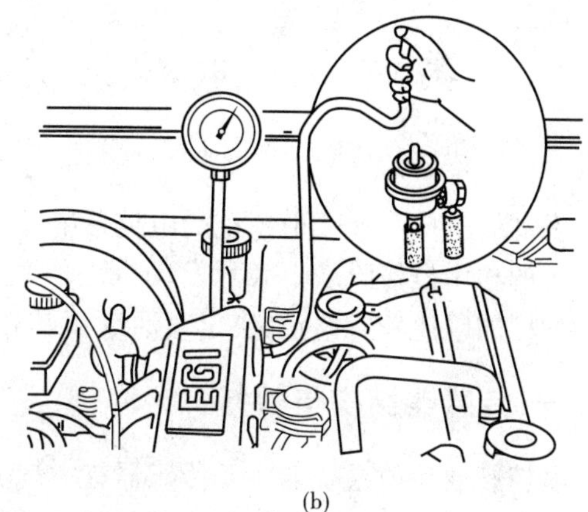

(b)

图 2-4-130　汽油压力的测量

(a)怠速及节气门全开时;(b)拔下真空软管后

(7)电动汽油泵最大压力和保持压力的测量。将油压表接在汽油管路上,并将出油口堵住(图 2-4-131)。直接给电动汽油泵接上蓄电池电压,持续 10 s 左右(不要起动发动机),使电动汽油泵工作,同时读出油压表的压力,该压力称为电动汽油泵的最大压力,它应当比发动机运转时汽油压力高 200～300 kPa,通常可达 490～640 kPa。如不符合标准值,应更换电动汽油泵。断开点火开关 5 min 后再观察油压表压力,此时的压力称为电动汽油泵的保持压力,其值应大于 340 kPa,如不符合标准值,应更换电动汽油泵。

(8)汽油压力调节器工作状况的检查。如前述方法,测量发动机运转时的汽油压力,然后拔下汽油压力调节器上的真空软管,并检查汽油压力,此时的汽油压力应比发动机怠速运转时的汽油压力高 50 kPa 左右,如果压力变化不符合要求,即说明汽油压力调节器工作不良,应更换。

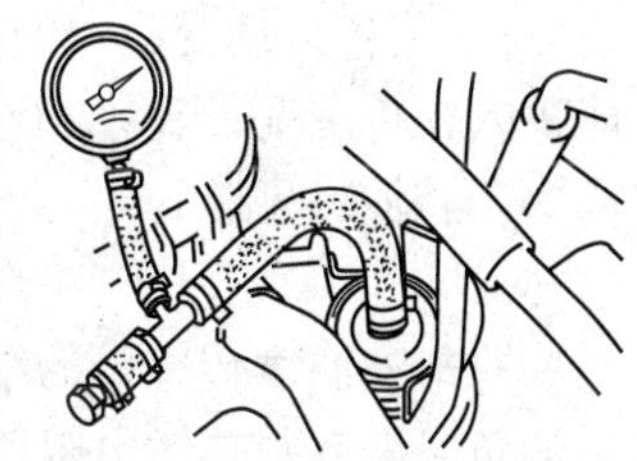

图 2-4-131　电动汽油泵最大压力的测量

(9)汽油压力调节器保持压力的测量。当汽油系统保持压力不符合标准值时,应作此项检查,以便找出故障原因,其检查方法是:

将油压表接入汽油管路,直接给电动汽油泵接上蓄电池电压,并保持 10 s,让电动汽油泵运转,用包上软布的钳子将汽油压力调节器的回油管夹紧,使回路停止回油,5 min 后观察汽油压力,该压力称为汽油压力调节器保持压力。如果该压力仍然低于汽油系统保持压力的标准值,说明汽油系统保持压力过低的故障不在汽油压力调节器;相反,若此时压力大于标准值,则说明汽油压力调节器有泄漏,应更换。

(10)在测量汽油系统在怠速运转时的压力时,夹住汽油压力调节器回油管,使回路停止回油,此时油压表的指示压力应比没有夹住回油管时高 2～3 倍,否则,说明电动汽油泵泵油不足。将各缸喷油器导线连接器拔下,接通点火开关并连续起动 15 s,观察油压表指示压力,待 30 s 后,再次观察油压表的指示压力,其值不应回落;若油压值明显回落,则重新起动 15 s,然后夹住汽油压力调节器的回油管;若 30 s 后油压不回落,则为汽油压力调节器泄漏。如果夹住汽油压力调节器回油管，油压仍然下降，则夹住汽油压力调节器的进油口，如此时油压不再回落，则为电动汽油泵止回阀不良，应更换电动汽油泵。

第四节　电控系统主要部件结构与检修

发动机电控汽油喷射系统的电控系统一般由各种传感器、ECU 和执行器三部分组成。电控系统的功用是接收来自表示发动机工作状态的各个传感器输送来的信号，根据 ECU 内预存的程序加以比较和修正，决定喷油量和点火提前角。

一、传感器结构与检修

电控燃油喷射系统的主要传感器有空气流量传感器、进气歧管绝对压力传感器、大气压力传感器、节气门位置传感器、加速踏板位置传感器、进气温度传感器、冷却液温度传感器、发动机转速传感器、曲轴(或凸轮轴)位置传感器、氧传感器、车速传感器等。其中空气流量传感器、进气歧管绝对压力传感器、节气门位置传感器、加速踏板位置传感器、进气温度传感器等在前面的章节中已经详细讲解，本节将其余的传感器结构与维修进行详细介绍。

(一)冷却液温度传感器结构与检修

1. 冷却液温度传感器结构

冷却液温度传感器安装在发动机节温器出水口附近，它的功用是检测发动机冷却液温度。因为在发动机暖机过程中需要一定的附加加浓，其加浓量主要取决于发动机的温度、负荷和转速；对于装备自动变速器的车辆，当冷却液温度低于 55～65 ℃时，液力变矩器的锁止离合器不能进入锁止工况；当冷却液温度低于 70 ℃时，自动变速器不能升入高速挡；当冷却液温度过高时，自动变速器 ECU 会让液力变矩器锁止，帮助发动机冷却液降低温度，防止发动机过热。

冷却液温度传感器的结构如图 2-4-132a 所示，它由封闭在金属盒内的对温度变化非常敏感的负温度系数热敏电阻(NTC 电阻)构成，利用电阻值的变化来检测冷却液的温度。热敏电阻的特性如图 2-4-132b 所示，冷却液温度越低电阻值越大，冷却液温度越高电阻值越小。将该传感器的信号输入到 ECU，就可以根据冷却液温度进行喷油量的控制。冷却液温度传感器与 ECU 的连接电路如图 2-4-132c 所示。

ECU 中 5 V 的电源电压通过电阻器 R 从端子 THW 加到冷却液温度传感器上(电阻器 R 和冷却液温度传感器串接)。当冷却液温度传感器的电阻值随冷却液温度改变时，端子 THW 的电位也变化，据此信号，ECU 增减汽油喷射量，以改善发动机冷态的运转性。

当在外界环境温度较低的条件下起动发动机时，这时冷却液温度传感器的热敏电阻阻值较大，此时 ECU 接收到低温信号，给喷油器做较多额外喷油的指令，使喷油器多喷油，当发动机冷却液的温度逐渐升高，热敏电阻的阻值逐渐减小，从而 ECU 控制喷油器逐渐减少额外喷油。如果发动机冷却液的温度达到 80 ℃以上时，冷却液温度传感器热敏电阻的电阻值约为 0.4 kΩ，此时，ECU 控制喷油器进行正常喷油而不额外喷油，发动机进入正常工作状态。

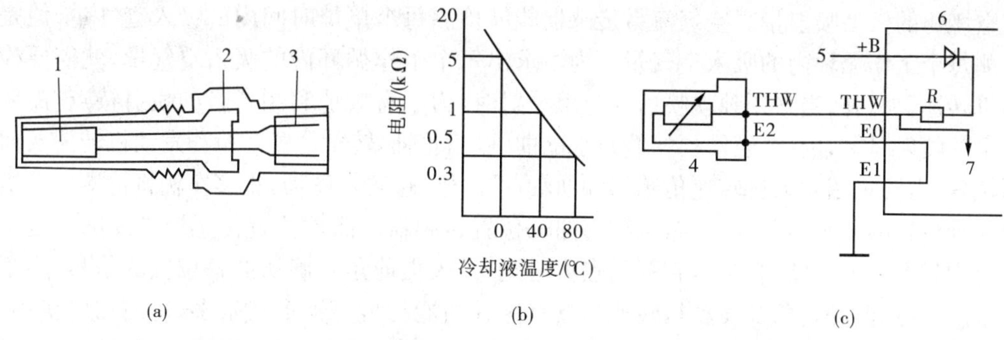

图 2-4-132 冷却液温度传感器结构、特性及与 ECU 的连接电路

(a)冷却液温度传感器结构;(b)冷却液温度传感器特性;(c)与 ECU 连接电路

1-NTC 电阻;2-外壳;3-导线连接器;4-冷却液温度传感器;5-接蓄电池端;6-ECU;7-冷却液温度信号

2. 冷却液温度传感器的常见故障分析

冷却液温度传感器的常见故障有:内部线路接触不良或断线、热敏元件性能变化等。这些常见故障会造成冷却液温度传感器无信号输出或冷却液温度信号不准,影响对喷油量的修正精度造成混合气过浓或过稀。对于发动机而言,冷却液温度传感器的故障会造成发动机不能起动、发动机运转不平稳、停转或间断运转、发动机功率下降等多种故障现象。对于装备自动变速器的车辆,如果冷却液温度传感器损坏或线束脱落,自动变速器 ECU 会认为发动机冷却液温度很低,从而导致自动变速器不能升入高速挡,液力变矩器也不能进入锁止工况。

3. 冷却液温度传感器故障检查方法

冷却液温度传感器的好坏可以通过用万用表检测其电阻和信号电压的方法判断其性能好坏。温度传感器的连接线路如图 2-4-132c 所示。

(1)就车电阻检测:将点火开关置于“OFF”位置,拔下冷却液温度传感器的导线连接器,用数字式高阻抗万用表 Ω 挡测试传感器 THW 和 E2 两端子间的电阻值,其电阻值与温度的高低应成反比,在热机时其电阻值应小于 1 kΩ。

(2)离车电阻检测:拔下冷却液温度传感器的导线连接器,并从发动机上拆下传感器,将冷却液温度传感器置于烧杯内的水中,加热杯中的水,同时用万用表 Ω 挡在不同冷却液温度的条件下测量传感器 THW 和 E2 两端子间的电阻值,电阻值应随着冷却液温度的上升而下降,或符合车辆技术要求。

(3)信号电压检测:装好冷却液温度传感器并将传感器导线连接器插好,用万用表 V 挡从传感器导线连接器的 THW 和 E2 端子间测量传感器输出的信号电压,该信号电压值应与温度成反比(即温度越高,信号电压越低),或符合车辆技术要求。

(4)供电电压检测:拔下冷却液温度传感器的导线连接器,将点火开关转至“ON”位置,用万用表 V 挡测量 ECU 导线连接器处 THW 和 E2 端子之间的电压,该电压应为 5 V。

如果上述(1)、(2)、(3)、(4)项检测结果均符合技术要求,则系统正常;如果(1)、(2)、(3)项中任何一项检测结果不在技术要求范围内,而(4)项检测结果符合技术要求,则说明冷却温度传感器不良,应更换冷却液温度传感器;如果(1)、(2)项检测结果符合技术要求,而(3)、(4)项的检测结果不符合技术要求,则说明冷却液温度传感器本身正常,ECU 性能不良,应更换 ECU。

(二)曲轴位置传感器/发动机转速传感器结构与检修

在 EFI 中,相对于发动机每一个工作循环吸入的空气量,都可以得到由 ECU 控制的符合最佳空燃比的汽油喷射量。空气流量传感器能够检测每个单位时间内的吸入空气量，但是不能检测每个工作循环内的吸入空气量。为了求出每个工作循环内的吸入空气量，就需要检测发动机转速。另外，当采用独立喷射和分组喷射时，为了有效地利用各自的喷射特点，需要选择特定的喷射时刻，因此，还需要检测每缸的曲轴（凸轮轴）转角位置。检测发动机转速及曲轴转角位置，需要采用发动机转速传感器和曲轴（凸轮轴）位置传感器，很多车辆将检测发动机转速和曲轴位置的传感器制成一体，统称为曲轴位置传感器。曲轴位置传感器是发动机电子控制系统中最主要的传感器之一，它提供点火时刻（点火提前角）、确认曲轴位置的信号，用于检测活塞上止点、曲轴转角及发动机转速。具有这种功能的传感器形式很多，目前均已实用化，其中使用最多的是磁脉冲式传感器、光电式传感器、霍尔效应式传感器、可变磁阻式传感器。它通常安装在曲轴前端、凸轮轴前端、飞轮上或分电器内。

1. 磁脉冲式曲轴位置传感器结构与检修

（1）磁脉冲式传感器的基本工作原理。磁脉冲式传感器的工作原理可用图 2-4-133a、b 所示的原理图来说明，它由一个永久磁铁和一个传感线圈组成，在驱动轴上装有一个有若干个缺口和舌片的转子，它能在磁极之间转动。当转子旋转，其缺口通过磁极时，磁路的磁阻大大增加（这是由于空气的磁导率比钢低得多），结果使磁场强度降低。当通过一个线圈的磁通量增加或减少时，线圈内就会产生感应电动势，其大小正比于磁通量的变化速率。变化越快，电动势越大；磁通量无变化，就不产生电动势。所以，当转子静止时，线圈中虽有磁通通过，但传感器没有信号电压输出。图 2-4-133c 显示的是转子通过磁极时产生的波形，当转子舌片接近磁极时，电动势增至最大；当转子舌片正对磁极时，磁通量最大，而电动势为零。

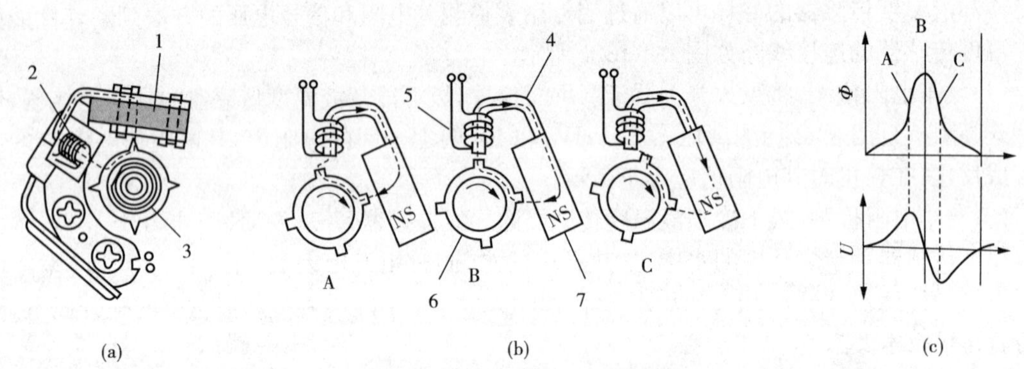

图 2-4-133 电磁式传感器

(a)结构图；(b)工作原理；(c)波形

1、7-永久磁铁；2-传感线圈；3、6-动态转子；4-托架；5-传感线圈；6-信号转子

Φ-通过线圈的磁通量；U-点火信号产生电压

（2）磁脉冲式曲轴位置传感器的结构和工作原理。图 2-4-134 所示为典型的安装在曲轴前端的皮带轮之后的磁脉冲式曲轴位置传感器。在皮带轮后端设置一个带有细齿的薄圆齿盘（用以产生信号，称为信号盘），它和曲轴皮带轮一起装在曲轴上，随曲轴一起旋转。在信号盘的外缘，沿着圆周每隔 4°有 1 个齿，共有 90 个齿，并且每隔 120°布置 1 个凸缘，共 3 个。安装在信号盘边沿的传感器盒是产生电信号的信号发生器。信号发生器内有 3 个在永久磁铁上绕有感应线圈的磁头，其中磁头②产生的 120°信号，磁头①和磁头③共同产生曲轴 1°转角信号。磁头②对着信号盘的 120°凸缘，磁头①和磁头③对着信号盘的齿圈，彼此相隔 3°曲轴转角安

装。信号发生器内有信号放大和整形电路，外部有 4 孔连接器，孔“1”为 120°信号输出线，孔“2”为信号放大与整形电路的电源线，孔“3”为 1°信号输出线，孔“4”为搭铁线。通过该连接器将曲轴位置传感器中产生的信号输送到 ECU。

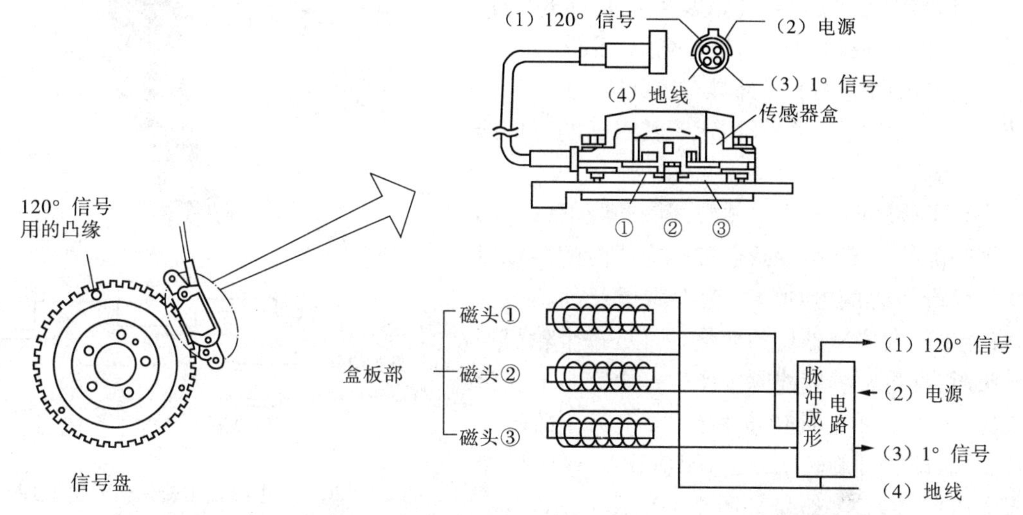

图 2-4-134　典型的安装在曲轴前端的皮带轮之后磁脉冲式曲轴位置传感器

发动机转动时，信号盘的齿和凸缘引起通过感应线圈的磁场发生变化，从而在感应线圈里产生交变的电动势，经滤波整形后，即变成脉冲信号(图 2-4-135)。发动机旋转一圈，磁头②上产生 3 个 120°脉冲信号，磁头①和③各产生 90 个脉冲信号(交替产生)。

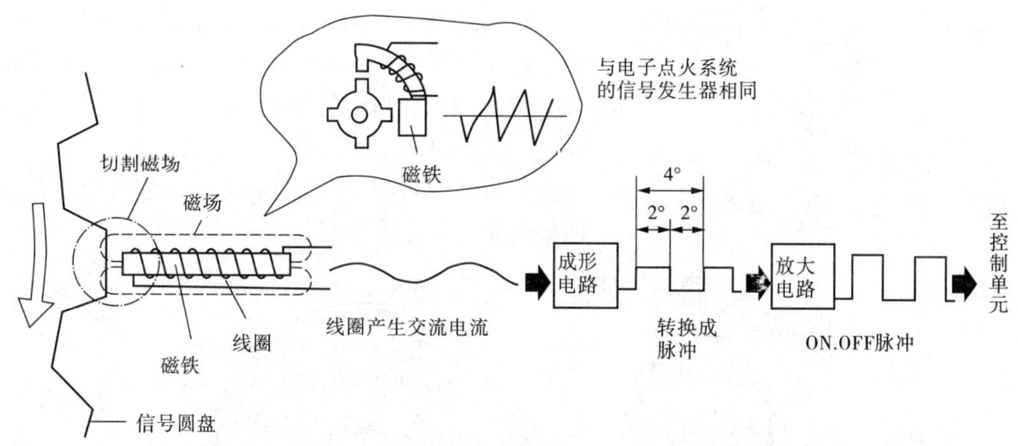

图 2-4-135　脉冲信号的产生

由于磁头①和磁头③相隔 3°曲轴转角安装，而它们又都是每隔 4°产生一个脉冲信号，所以磁头①和磁头③所产生的脉冲信号相位差正好为 90°。将这两个脉冲信号送入信号放大与整形电路中合成后，即产生曲轴 1°转角的信号(图 2-4-136)。

产生 120°信号的磁头②安装在上止点前 70°的位置(图 2-4-137)，故其信号亦可称为上止点前 70°信号，即发动机在运转过程中，磁头②在各缸上止点前 70°位置均产生一个脉冲信号。

图 2-4-138 所示为典型的安装在分电器内的磁脉冲式曲轴位置传感器。该传感器分成上、下两部分，上部分产生 G 信号，下部分产生 Ne 信号，都是利用带有轮齿的转子旋转时，使

信号发生器感应线圈内的磁通变化，从而在感应线圈里产生交变的感应电动势，再将它放大后，送入 ECU。

Ne 信号是检测曲轴转角及发动机转速的信号，相当于前述磁脉冲式曲轴位置传感器的 1°信号。该信号由固定在下半部具有等间隔 24 个轮齿的转子(No. 2 正时转子)及固定于其对面的感应线圈产生(图 2-4-139a)。

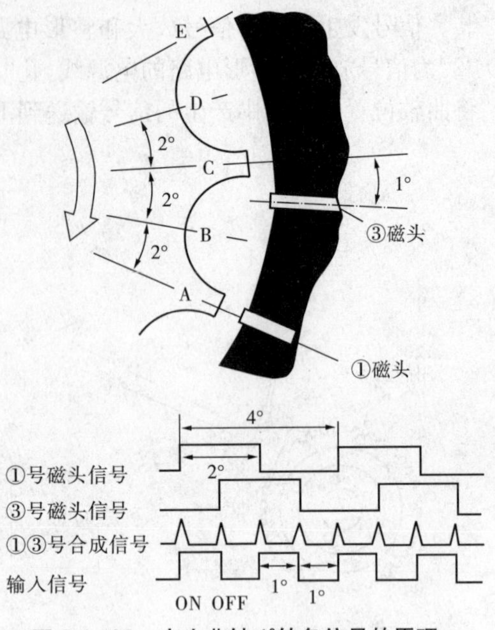

图 2-4-136 产生曲轴 1°转角信号的原理

当转子旋转时，轮齿与感应线圈凸缘部(磁头)的空气间隙发生变化，导致通过感应线圈的磁场发生变化而产生感应电动势。轮齿靠近及远离磁头时，将产生一次增减磁通的变化，所以，每个轮齿通过磁头时，都将在感应线圈中产生一个完整的交流电压信号。No. 2 正时转子上有 24 个齿。故转子旋转 1 圈，即曲轴旋转 720°时，感应线圈产生 24 个交流电压信号。Ne 信号如图 2-4-139b 所示，其一个周期的脉冲相当于 30°曲轴转角(720°÷24=30°)。更精确的转角检测，是利用 30°转角的时间由 ECU 再均分 30 等份，即产生 1°曲轴转角的信号。同理，发动机的转速由 ECU 依照 Ne 信号的两个脉冲(60°曲轴转角)所经过的时间为基准进行计测。

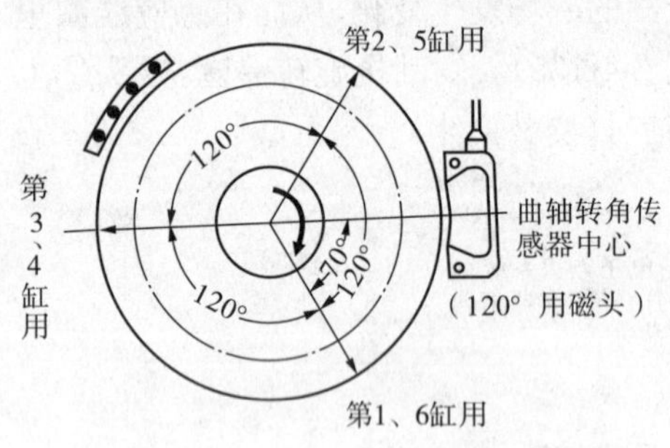

图 2-4-137 磁头②与曲轴的位置关系

G 信号用于判别汽缸及检测活塞上止点位置。G 信号是由位于 Ne 发生器上方的凸缘转轮(No. 1 正时转子)及其对面对称的两个感应线圈(G_1 感应线圈和 G_2 感应线圈)产生的。其构造如图 2-4-140 所示。其产生信号的原理与 Ne 信号相同。G 信号也用作计算曲轴转角时的基准信号。

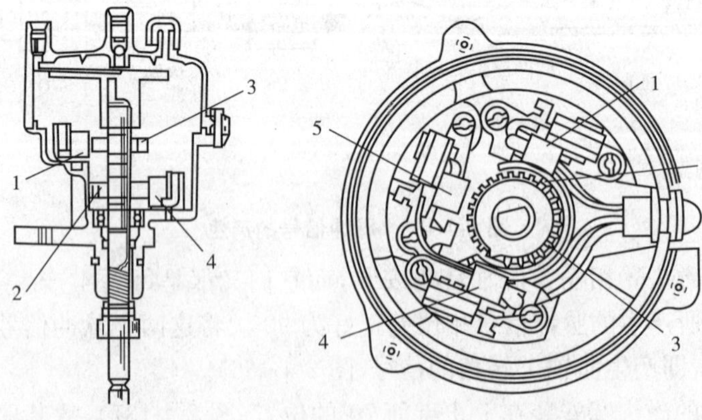

图 2-4-138 丰田公司磁脉冲式曲轴位置传感器

1-G_1 感应线圈；2-No. 2 正时转子；3-No. 1 正时转子；4-G_2 感应线圈；5-Ne 感应线圈

G_1、G_2 信号分别检测第 6 缸及第 1 缸的上止点。由于 G_1、G_2 信号发生器设置位置的关

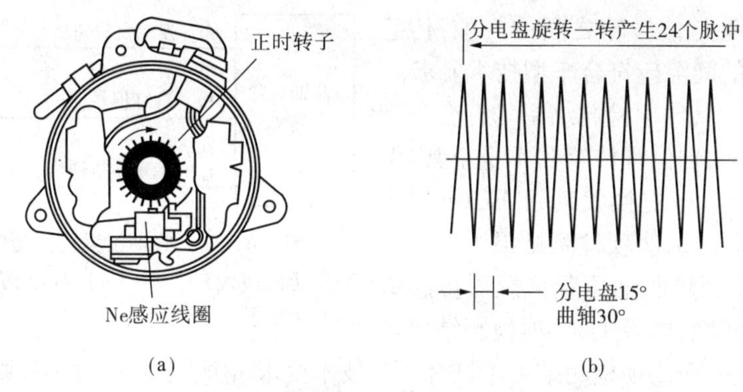

图 2-4-139 Ne 信号发生器结构与波形

(a)Ne 信号发生器结构;(b)Ne 信号波形

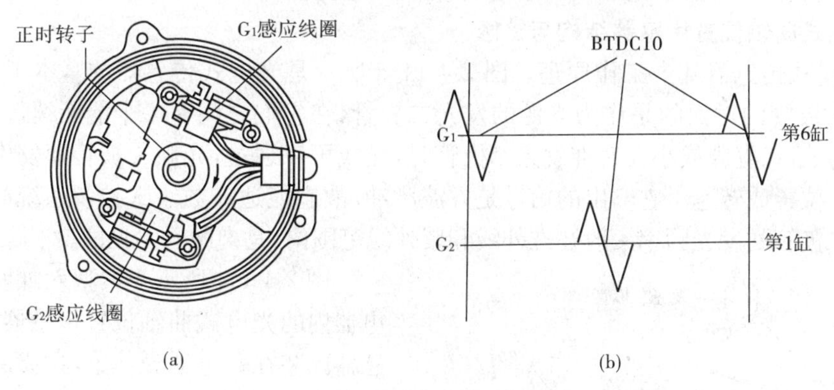

图 2-4-140 G 信号发生器的结构及波形

(a)G 信号发生器结构;(b)G_1 和 G_2 波形

系,当产生 G_1、G_2 信号时,实际上活塞并不是正好达到上止点(BTDC),而是在上止点前 10°的位置。图 2-4-141 所示为曲轴位置传感器 G_1、G_2、Ne 信号与曲轴转角的关系。

(3)电磁式传感器的检测方法。发动机转速传感器和上止点位置传感器(凸轮轴位置传感器)制成一体的电磁式曲轴位置传感器一般为 3 端子型传感器(有些传感器有 2 个凸轮轴位置信号端子,这种传感器则有 4 个端子),下面以发动机转速传感器和上止点位置传感器(凸轮轴位置传感器)制成一体的 3 端子型传感器为例说明。曲轴位置传感器的连接线路如图 2-4-142 所示。

①电阻检测:将点火开关置于"OFF"位置,拔下曲轴位置传感器的导线连接器,用万用表 Ω 挡在曲轴位置传感器连接器上测量端子 A-C 和 B-C 之间的电阻,电阻值均应符合车型技术要求。

②检测信号电压:将点火开关置于"OFF"位置,拔下曲轴位置传感器的导线连接器,在摇动发动机或由起动机带动发动机转动的同时,用万用表 V 挡在曲轴位置传感器连接器上测量端子 A-C 和 B-C 之间的电压信号,应有随转速不同频率也不同的电压信号输出,且电压值的大小应符合车型技术要求。

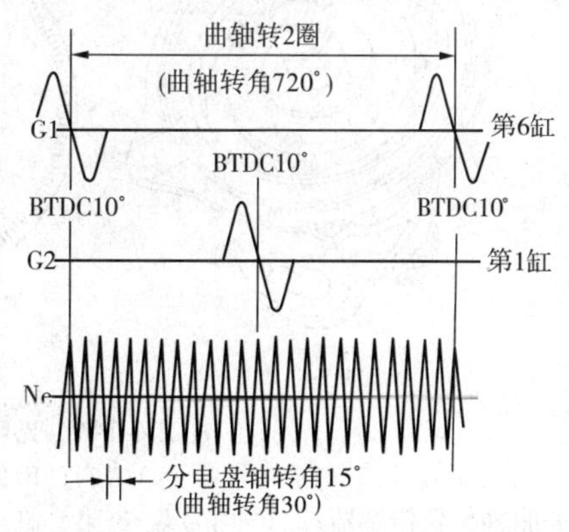

图 2-4-141 G、Ne 信号与曲轴转角的关系

③检测传感头与信号轮之间的间隙：传感头与信号轮之间的间隙应符合车型技术要求。

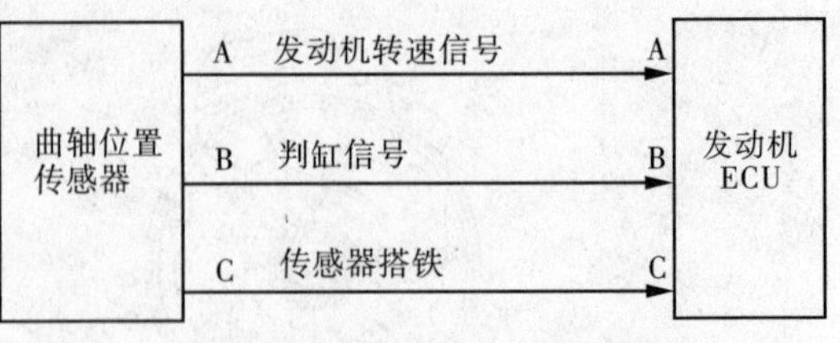

图 2-4-142 曲轴位置传感器的连接线路

A-发动机转速信号端子；B-判缸信号端子；C-传感器搭铁端子

如果上述①、②、③项检测结果均符合车型技术要求，则说明曲轴位置传感器本身正常，但如果仍有故障存在，应更换发动机 ECU；如果①项检测结果正常，②、③项检测结果不符合车型技术要求，则应调整曲轴位置传感器传感头与信号轮之间的间隙；如果①、③项检测结果均符合车型技术要求，而②项检测结果不符合车型技术要求（信号电压值过小），则说明曲轴位置传感器传感头中的电磁铁退磁，则应更换曲轴位置传感器传感头；如果①项检测数据为 0 Ω 或∞，则说明曲轴位置传感器电磁线圈短路或断路，则应更换曲轴位置传感器传感头。

2. 光电式曲轴位置传感器结构与检修

(1)光电式传感器基本工作原理。图 2-4-143a 所示是光电式传感器的基本工作原理图，位于光敏二极管的对面的是作为光源的发光二极管，在它们之间有一个能断续遮光的转盘。当转盘上的缺口、缝隙或小孔对准发光二极管时，光线可以通过，光敏二极管即发出信号指示转轴的某一位置或转速。它输出的信号是方波脉冲，故它能适应数字式控制系统的需要。这里的发光二极管的发光频率一般在红外线和紫外线范围内，是肉眼看不见的。

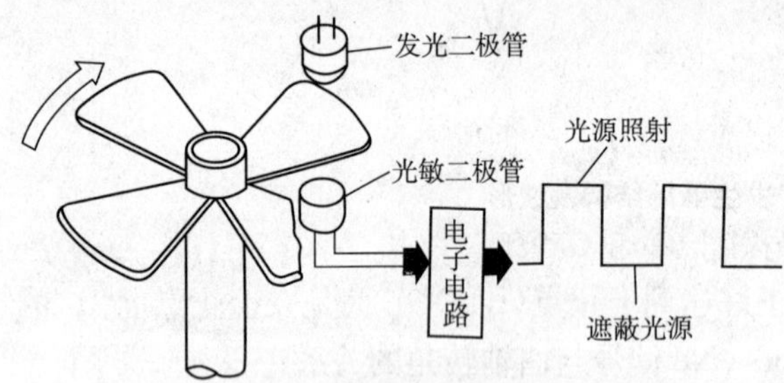

图 2-4-143 光电式传感器基本工作原理

图 2-4-144 所示为典型六缸发动机用分电器内的光电式曲轴位置传感器的结构，传感器固装在分电器壳体上，主要由两只发光二极管、两只光敏二极管和电子电路组成(图 2-4-144c)。两只发光二极管分别正对着光敏二极管，发光二极管以光敏二极管为照射目标。信号盘位于发光二极管和光敏二极管之间，当信号盘随发动机曲轴运转时，因信号盘上有光孔，产生透光和遮光的交替变化，信号发生器便输出表征由轴位置和转角的脉冲信号。

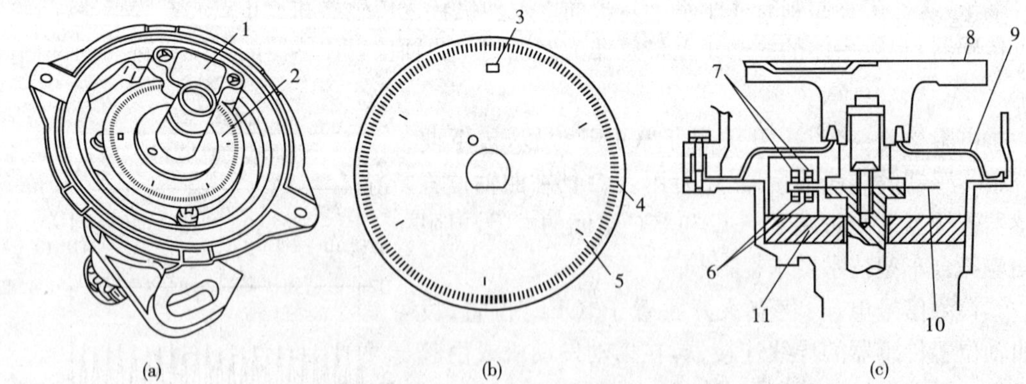

图 2-4-144 光电式曲轴位置传感器的工作原理与结构

(a)结构；(b)信号盘的结构；(c)信号发生器的布置

1-曲轴位置传感器；2、10-信号盘；3-第一缸 120°信号缝隙；4-1°信号缝隙；5-120°信号缝隙；6-光敏二极管；7-发光二极管；8-分电器；9-密封盖；11-电子电路

(2)光电式曲轴位置传感器常见故障及影响。光电式传感器的常见故障有:发光二极管、光敏管脏污、损坏,内部电路断路或接触不良,信号盘变形、损坏等,导致信号减弱或无信号产生,造成发动机工作不稳或不能工作。

(3)光电式曲轴位置传感器的检查方法光电式曲轴位置传感器一般为 4 端子型传感器,光电式和霍尔效应式曲轴位置传感器的连接线路如图 2-4-145 所示。

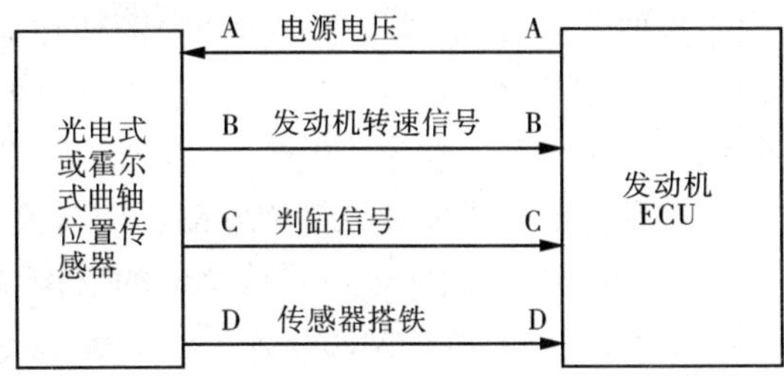

图 2-4-145　光电式和霍尔效应式曲轴位置传感器的连接线路

A-电源电压端子;B-发动机转速信号端子;C-判缸信号端子;D-传感器搭铁端子

①供电电压检测:将点火开关置于“OFF”位置,拔下曲轴位置传感器的导线连接器,再将点火开关转至“ON”位置,用万用表 V 挡在曲轴位置传感器导线侧连接器(或发动机 ECU)上测量端子 A-D 之间的电压,电压值应符合车型技术要求。

②信号电压检测:插好曲轴位置传感器的导线连接器,在摇动发动机或有起动机带动发动机转动或发动机怠速运转的同时,用万用表 V 挡在曲轴位置传感器连接器上测量端子 B-D 和 C-D 之间的电压信号,应有随转速不同频率也不同的电压信号输出且电压值的大小应符合车型技术要求。

如果上述①、②项检测结果均符合车型技术要求,则说明曲轴位置传感器信号系统正常;如果①项检测结果符合车型技术要求,②项检测结果不符合车型技术要求,则说明曲轴位置传感器本身不良,应更换曲轴位置传感器;如果①项检测结果不符合车型技术要求,则说明发动机 ECU 不良,应更换发动机 ECU。

3. 霍尔式曲轴位置传感器结构与检修

(1)霍尔式曲轴位置传感器结构原理。如图 2-4-146a 所示,磁场中有一个霍尔半导体元件,恒定电流 I 从 A 到 B 通过该片。在洛仑兹力的作用下,电子流在通过霍尔半导体元件时向一侧偏移,使该片在 CD 方向上产生电位差,这就是所谓的霍尔电压。霍尔电压随磁场强度的变化而变化,磁场越强,电压越高;磁场越弱,电压越低。霍尔电压值很小,通常只有几个毫伏,但经集成电路中的放大器放大,就能使该电压放大到足以输出较强的信号。若使霍尔集成电路起传感作用,需要用机械的方法来改变磁场强度。图 2-4-146b 所示的方法是用一个转动的叶轮作为控制磁通量的开关,当叶轮叶片处于磁铁和霍尔集成电路之间的气隙中时,磁场偏离集成片,霍尔电压消失。这样,霍尔集成电路的输出电压的变化,就能表示出叶轮驱动轴的某一位置,利用这一工作原理,可将霍尔集成电路片用作点火正时传感器。霍尔式传感器属于被动型传感器,它要有外加电源才能工作,这一特点使它能检测转速低的运转情况。

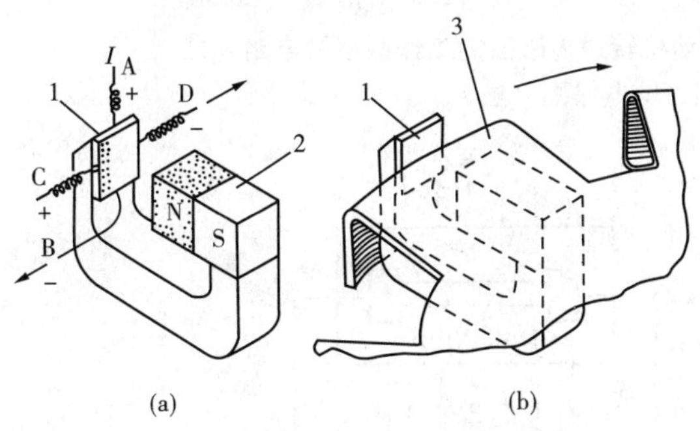

图 2-4-146　霍尔式曲轴位置传感器结构原理

(a)霍尔式传感器的基本原理;(b)霍尔式曲轴位置传感器的结构原理

1-霍尔半导体元件;2-永久磁铁;3-挡隔磁力线的叶片

(2)霍尔式曲轴位置传感器常见故障及影

响。霍尔式传感器的常见故障是:内部集成块烧坏、线路断脱等而不能产生信号电压或信号太弱,导致 ECU 无法判缸,无法触发喷油和点火。

(3)霍尔式曲轴位置传感器的检查方法。霍尔式曲轴位置传感器的故障检查方法与光电式相类似,也是将信号发生器接上电源后转动转子轴,测其信号输出电压,但电压波动范围不一样,比如桑塔纳轿车霍尔效应式点火信号发生器信号电压的波动范围是 0.4~9 V。霍尔式曲轴位置传感器一般为 4 端子型传感器(图 2-4-145)。

4.可变磁阻式曲轴位置传感器结构与检修

(1)可变磁阻式曲轴位置传感器的结构原理。如图 2-4-147 所示,可变磁阻式曲轴位置传感器主要由磁阻元件(MRE)、转子、印制电路和磁环等构成。当传感器轴旋转时,与轴连在一起的多极磁环也同时旋转,磁环旋转引起的磁通变化,使集成电路内的磁阻元件的阻值发生变化,如图 2-4-148 所示,当流向磁阻元件(MRE)的电流方向与磁力线方向平行时,其电阻值最大;电流方向与磁力线方向垂直时,其电阻值最小。在磁环上"N 极"与"S 极"交替排列,随着磁环的回转使其磁力线方向不断地变化,伴随其每一回转,在内置磁阻元件(MRE)的集成电路(IC)中发生相应的脉冲信号,该信号即作为曲轴位置/发动机转速信号送入 ECU。磁通量

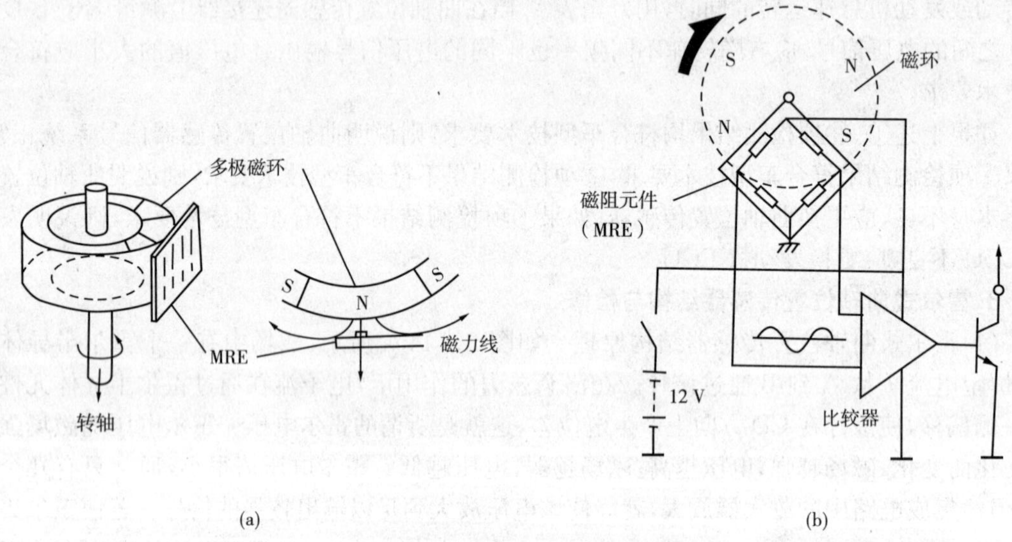

图 2-4-147 可变磁阻式曲轴位置/发动机转速传感器的工作原理及电路

(a)工作原理图;(b)电路图

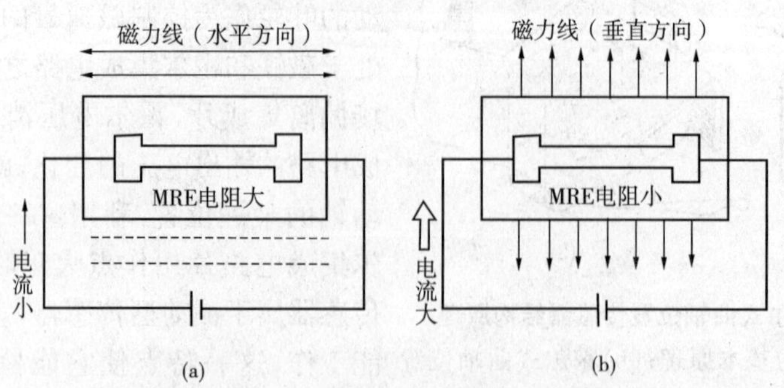

图 2-4-148 磁阻元件(MRE)的性质

(a)电流方向与磁力线平行;(b)电流方向与磁力线垂直

的变化与磁环转速成正比，这样利用磁阻元件的阻值变化就可以检测出磁环旋转引起的磁通变化。阻值的变化引起其上电压的变化，将电压的变化输入到比较器中进行比较，再由比较器输出信号控制晶体管的导通和截止，这样就可以检测出曲轴位置/发动机转速。

(2)可变磁阻式曲轴位置/发动机转速传感器的检测。这种可变磁阻式曲轴位置/发动机转速传感器很少发生故障，在检修时，可以用手转动传感器轴，在转动的同时，用万用表电压挡或示波器测量传感器输出端子间的输出信号，应有脉冲电压信号输出，否则，应更换可变磁阻式曲轴位置/发动机转速传感器。

(三)氧传感器结构与检修

在燃油反馈控制系统中，氧传感器是必不可少的。三效催化转化器安装在排气管的中段，它能净化排气中 CO、HC 和 NOx 三种主要的有害成分，但只在混合气的空燃比处于接近理论空燃比的一个窄小范围内，三效催化转化器才能有效地起到净化作用。故在排气管中插入氧传感器，借检测废气中的氧浓度测定空燃比，并将其转换成电压信号或电阻信号，反馈给 ECU，ECU 根据该信号增加或减少喷油量，控制空燃比收敛于理论值。

目前使用的氧传感器有氧化锆(ZrO_2)式、氧化钛(TiO_2)式和宽量程氧传感器三种。

1. 氧化锆式氧传感器结构与检修

(1)氧化锆式氧传感器结构原理。氧化锆式氧传感器的基本元件是氧化锆(ZrO_2)陶瓷管(固体电解质)，亦称锆管(图 2-4-149)。锆管固定在带有安装螺纹的固定套中，内外表面均覆盖着一层多孔性的铂膜，其内表面与大气接触，外表面与废气接触。氧传感器的接线端有一个金属护套，其上开有一个用于锆管内腔与大气相通的孔，电线将锆管内表面的铂极经绝缘套从此接线端引出。

氧化锆在温度超过 300 ℃后才能进行正常工作。早期使用的氧传感器靠排气加热，这种传感器必须在发动机起动运转数分钟后才能开始工作，它只有一根接线与 ECU 相连(图 2-4-150a)。现在，大部分汽车使用带加热器的氧传感器(图 2-4-150b)，这种传感器内有一个电加热元件，可在发动机起动后的 20～30 s 内迅速将氧传感器加热至工作温度。它有 4 根接线，一根接 ECU，一根搭铁，另外两根分别为加热器的电源和搭铁。

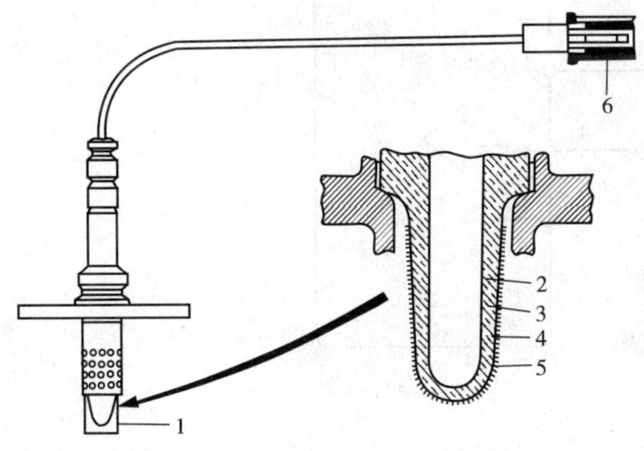

图 2-4-149　氧化锆式氧传感器的锆管

1-保护套管；2-内表面铂电极层；3-氧化锆陶瓷体；4-外表面铂电极层；5-多孔氧化铝保护层；6-导线连接器

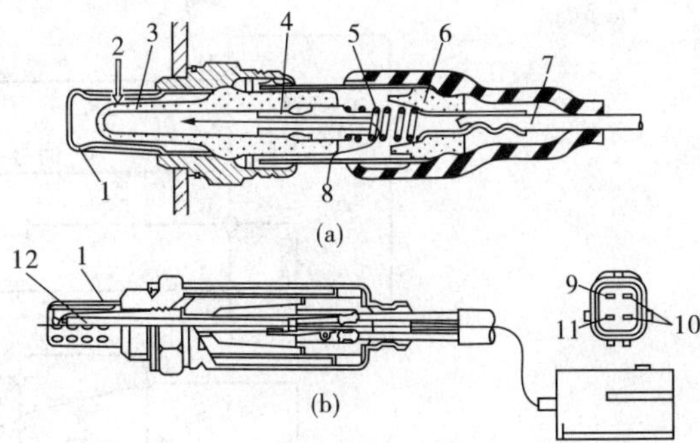

图 2-4-150　两种不同的氧化锆式氧传感器

(a)普通型氧化锆式氧传感器；(b)加热型氧化锆式氧传感器

1-保护套管；2-废气；3-锆管；4-电极；5-弹簧；6-绝缘体；7-信号输出导线；8-空气；9-搭铁；10-加热器接线端；11-信号输出端；12-加热器

锆管的陶瓷体是多孔的，渗入其中的氧气，在温度较高时发生电离。由于锆管内、外侧氧含量不一致，存在浓差，因而氧离子从大气侧向排气一侧扩散，从而使锆管成为一个微电池，在两铂极间产生电压（图 2-4-151）。当混合气的实际空燃比小于理论空燃比，即发动机以较浓的混合气运转时，排气中氧含量少，但 CO、HC 等较多。这些气体在锆管外表面的铂催化作用下与氧发生反应，将耗尽排气中残余的氧，使锆管外表面氧气浓度变为零，这就使得锆管内、外侧氧浓度差加大，两铂极间电压陡增。因此，锆管传感器产生的电压将在理论空燃比时发生突变：稀混合气时，输出电压几乎为零；浓混合气时，输出电压接近 1 V。

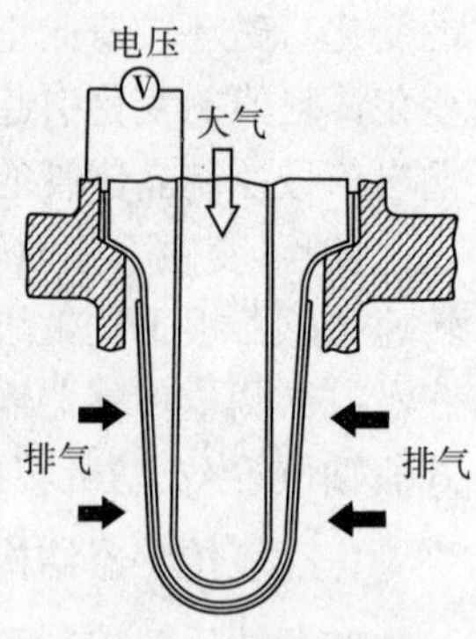

图 2-4-151 氧传感器的工作原理

要准确地保持混合气浓度为理论空燃比是不可能的。实际上的反馈控制只能使混合气在理论空燃比附近一个狭小的范围内波动，故氧传感器的输出电压在 0.1～0.8 V 不断变化（通常每 10 s 内变化 8 次以上）。如果氧传感器输出电压变化过缓（每 10 s 少于 8 次）或电压保持不变（不论保持在高电位或低电位），则表明氧传感器有故障，需检修。

（2）氧化锆式氧传感器的常见故障及影响。氧传感器的常见故障及影响如下：

①铅中毒。使用含铅汽油，在高温下，铅沉附于氧传感器表面，使之不能产生正常的信号。

②积炭。氧传感器的铂片表面积炭，同样会使氧传感器不能正常工作。

③氧传感器内部线路断或脱。

④陶瓷元件破损。

⑤加热电阻丝烧断。

氧传感器的故障会使 ECU 不能得到排气管中氧浓度的信息，不能对空燃比进行反馈控制，会使发动机油耗和排气污染增加，发动机出现怠速不稳、缺火、喘振（抖）等故障现象。

（3）氧化锆式氧传感器的检测。目前使用的氧传感器一般均为加热型氧化锆式氧传感器，其基本连接线路如图 2-4-152 所示。

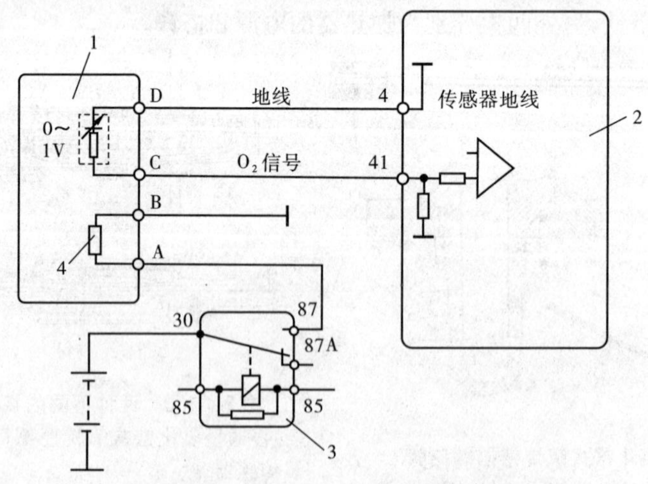

图 2-4-152 氧化锆式氧传感器的基本电路

1-氧传感器；2-发动机 ECU；3-主继电路；4-加热器

A-氧传感器加热器供电端子；B-氧传感器加热器搭铁端子；C-氧传感信号端子；D-氧传感搭铁端子

①加热器电阻检测。点火开关置于“OFF”，拔下氧传感器的导线连接器，用万用表Ω挡测量氧传感器接线端中加热器端子与搭铁端子(图2-4-152的端子A和B)间的电阻，其电阻值应符合标准值(一般为4～40 Ω，具体数值参见具体车型技术要求)。如不符合标准，应更换氧传感器。

②馈电压的检测。在对氧传感器的反馈电压进行检测时，最好使用指针型的电压表或示波器，以便直观地反映出反馈电压的变化情况。此外，电压表应是低量程(通常为2 V)和高阻抗(阻抗太低会损坏氧传感器)的。

a. 将点火开关转至“OFF”位置，拔下氧传感器导线连接器，对照被测车型的电路图，从氧传感器反馈电压输出端C(图2-4-152)引出一条细导线，然后插好导线连接器。

b. 将发动机热车至正常工作温度(或起动后以2 500 r/min的转速连续运转2 min)。

c. 把电压表的负极测笔接蓄电池负极，正极测笔接氧传感器导线连接器上的引出线。

d. 让发动机以2 500 r/min左右的转速保持运转，同时检查电压表指针能否在0～1 V来回摆动，记下10 s内电压表指针摆动的次数。在正常情况下，随着反馈控制的进行，氧传感器的反馈电压将在0.4 V上下不断变化，10 s内反馈电压的变化次数应不少于8次。

如果电压表指针在10 s内的摆动次数等于或多于8次，则说明氧传感器及反馈控制系统工作正常；电压表指针若在10 s内的摆动次数少于8次，则说明氧传感器或反馈控制系统工作不正常，可能是氧传感器表面有积炭而使灵敏度降低，此时应让发动机以2 500 r/min的转速运转约2 min，以清除氧传感器表面的积炭；若电压表指针变化依旧缓慢，则为氧传感器损坏或ECU反馈控制电路有故障。

(4)氧化锆式氧传感器是否损坏的检测。拔下氧传感器的导线连接器，使氧传感器不再与ECU连接，将电压表的正极测笔直接与氧传感器反馈电压输出端子C连接，负极测笔搭铁，然后，在发动机正常运转时脱开接在进气管上的曲轴箱强制通风管或其他真空软管，人为地形成稀混合气，此时电压表读数应下降到0.1～0.3 V；接上脱开的曲轴箱通风管或真空软管，再拔下冷却液温度传感器导线连接器，且用一个4～8 kΩ的电阻代替冷却液温度传感器(或堵住空气滤清器的进气口)，人为地形成浓混合气，此时，电压表读数应上升到0.8～1.0 V。也可以用突然踩下或松开加速踏板的方法来改变混合气浓度。在突然踩下加速踏板时，混合气变浓，反馈电压应上升；突然松开踏板时，混合气变稀，反馈电压应下降。如果在混合气浓度变化时，氧传感器输出电压不能相应地改变，则说明氧传感器有故障。此时可拆去一根大真空软管，使发动机高速运转，以清除氧传感器上的铅或积炭，然后再测试。如果氧传感器反馈电压能按上述规律变化，说明氧传感器良好。否则，应更换氧传感器。

(5)氧传感器的维护。氧传感器使用时需要按照规定里程或时间间隔进行定期检测或更换。维护时，应首先检查氧传感器的外观及连线是否完好，连接部位是否清洁、可靠，有无漏气等。拆下氧传感器可以通过观察氧传感器的外观(氧传感器顶端)的颜色判断氧传感器损坏的原因。氧传感器顶端的正常颜色应为淡灰色，一旦发现氧传感器顶端颜色发生变化时，就表示氧传感器已经失效，黑色顶端的氧传感器表明被炭污染，红棕色顶端的氧传感器表明氧传感器铅中毒，白色顶端的氧传感器表明被硅污染(这多是由于发动机在维修时使用了不符合要求的硅密封胶的缘故)。除了因为炭污染(黑色顶端)可以用火烧的方法恢复氧传感器的工作性能以外，其他情况均需要更换氧传感器。更换氧传感器时应先用工具清除排气管上安装螺纹孔内的脏物和毛刺，在安装时还需要用特殊的密封剂(其中含有石墨或玻璃粉，石墨烧掉后，玻璃粉留在螺纹上，便于拆卸)。氧传感器安装时的拧紧力矩应符合车型技术要求。

2.氧化钛式氧传感器结构与检修

氧化钛式氧传感器是利用二氧化钛(TiO_2)材料的电阻值随排气中氧含量的变化而变化的特性制成的，故又称电阻型氧传感器。二氧化钛式氧传感器的外形和氧化锆式氧传感器相似。在传感器前端的护罩内是一个二氧化钛厚膜元件(图 2-4-153)。纯二氧化钛在常温下是一种高电阻的半导体，但表面一旦缺氧，其晶格便出现缺陷，电阻随之减小。由于二氧化钛的电阻也随温度不同而变化，因此，在二氧化钛式氧传感器内部也有一个电加热器，以保持氧化钛式氧传感器在发动机工作过程中的温度恒定不变。

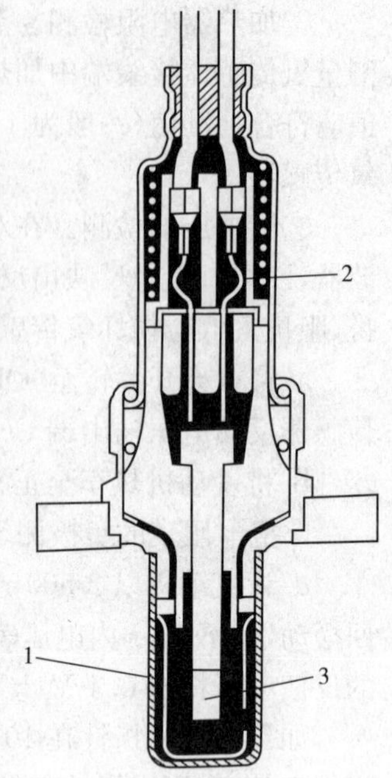

图 2-4-153 氧化钛式氧传感器

1-保护套管；2-连接线；3-二氧化钛厚膜元件

如图 2-4-154 所示，ECU 的 2 号端子将一个恒定的 1 V 电压加在氧化钛式氧传感器的一端上，传感器的另一端子与 ECU 的 4 号端子相接。当排出的废气中氧浓度随发动机混合气浓度变化而变化时，氧传感器的电阻随之改变，ECU 的 4 号端子上的电压降也随着变化，当 4 号端子上的电压高于参考电压时，ECU 判定混合气过稀；当 4 号端子上的电压低于参考电压时，ECU 判定混合气过稀。通过 ECU 的反馈控制，可保持混合气的浓度在理论空燃比附近。在实际的反馈控制过程中，二氧化钛式氧传感器与 ECU 连接的 4 号端子上的电压也是在 0.1～0.9 V 不断变化，这一点与氧传锆式氧传感器是相似的。

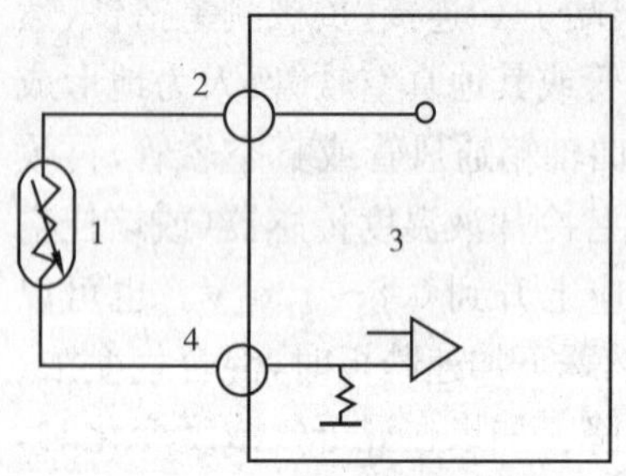

图 2-4-154 二氧化钛式氧传感器工作原理

1-氧化钛式氧传感器；2-1 V 电压端子；3-ECU；4-输出电压端子

3.宽量程氧传感器

前面已经讲过，通过氧传感器与三效催化转化器的组合，在保证燃油经济性的同时，也可以使发动机的排放污染得到较好的控制。从发动机燃烧所需的空燃比角度讲，混合气浓些可以使发动机得到较大的转矩；混合气较稀些，可以降低发动机的油耗，CO、NOx 排放量也会相应得到改善。在目前的发动机闭环控制系统中，发动机 ECU 利用氧传感器的反馈信号，将空燃比控制在 $\lambda=1$ 的理论空燃比附近；但当空燃比超出此范围时，发动机 ECU 只能根据其内部的脉谱图执行开环控制，然后对喷油量作出一定程度的修正。由于目前的环境仍旧处于恶化的状态，今后排放法规将更加严格，因此已经有了这样的动向，在发动机整个运转范围内实行空燃比反馈控制，以使发动机在各种工况下都实现最佳油耗、最佳排放及最佳运转性能。

为了满足日益严格的排放法规的要求，当代轿车发动机普遍采用稀薄燃烧技术，其特点是发动机燃烧效率高，损耗小。但因以前没有可以净化 NOx 的催化剂，所以在 NOx 排放量非常少的超稀薄区域，发动机混合气的燃烧不稳定，断火率增加，HC 排放量增加，发动机的输出转矩变动大，发动机运转性能变差。随着发动机技术的提高，很多厂家生产出了 $\lambda=1.5$ 时仍可正常燃烧的发动机，加之已经发现了铜沸石类 NOx 还原催化剂，稀燃发动机的开发开始活跃起来，如宝马公司生产的 N73 型 12 缸汽油直喷发动机。在这类发动机上，对氧传感器的测量范围要求非常高，而传统的氧传感器，在混合稍微偏浓时，输出电压就突变为 0.6～0.9 V，反之混合气变稀后，输出电压突变为 0.3～0.1 V。如果混合气进一步增浓，氧传感器的电压会不会再增加呢？0.9 V 的输出电压已经封顶，另外，如果混合气进一步变稀，氧传感器的电压会不会再一次降低呢？0.1 V 的输出电压已经谷底。从上面分析来看，过浓与过稀的混合气普通氧传感已无法测量。0.1～0.9 V 的两状态电压信号已无法满足对汽车排放的控制，它只能在混合气为 14.7:1 的理论空燃比下，在混合气燃烧后，对排放的尾气含氧量进行比较狭窄的范围检测，这是普通氧传感器的缺陷所在，因此已远远不能胜任这项工作。

所谓宽量程氧传感器，是因为它相对于普通氧传感器仅能检测 $\lambda=1$ 附近的理论空燃比点的特点，它可以检测 λ 从 0. 7 到 2.5 整个范围的空燃比(目前设计的发动机空燃比 λ 在 1.5 附近)，且宽量程氧传感器在从稀到浓的整个区域均呈现线性输出特性。由于宽量程氧传感器具备以上特点，所以它也被称为宽带及全范围氧传感器。

(1)宽量程氧传感器的分类。根据氧传感器制造材料的不同，宽量程氧传感器可分为以 ZrO_2 为基体的固体电解质型和利用氧化物半导体电阻变化型 2 大类；根据传感器的结构的不同，宽量程氧传感器又可分为电池型、临界电流型及泵电池型。

(2)宽量程氧传感器的结构和基本工作原理。宽量程氧传感器的结构如图 2-4-155 所示。它由 1 个普通窄范围浓差电压型氧传感器(参考电池、1 个界限电流型氧传感器、泵电池)以及扩散小孔、扩散室构成。它需要一个专门设计的传感器控制器来控制其正常工作，在图 2-4-155 中传感器控制器用 A 和 B 表示。尾气通过扩散小孔进入扩散室，尾气可能是富油的浓混合气，也可能是富氧的稀混合气。参考电池感知废气的浓度后，产生电压 U_s，根据尾气浓度的不同，富油的浓混合气将产生高于参考电压 U_{sRef} 的 U_s，传感器控制器将产生一个方向的泵电流 I_p，该泵电流 I_p 将氧气泵入扩散室内进行化学分解反应，在尾气中产生水和一氧化碳及一些氧化物附着在泵氧元的表面。在化学反应中将过多的碳氢化合物分解，从而降低了尾气的浓度，使扩散室恢复到 U_s 电压为 0.45 V 的废气含氧浓度的平衡状态。相反，富氧的稀混合气将产生低于参考电压 U_{sRef} 的 U_s，传感器控制器将产生一个反方向的泵电流 I_p，该泵电流 I_p 将氧气泵出扩散室。当 HC 燃料或氧气被中和时，参考电池产生的电压 U_s 等于参考电压 U_{sRef}，此时的泵电流 I_p 就反映了尾气的浓度，传感器控制器将泵电流 I_p 转换成输出电压 U_{out}。通过改变泵电流的极性(电流流动方向)与大小就可以达到平衡扩散室里的尾气含氧量，如何将这个变化的泵电流再去控制发动机 ECU 对喷油器喷油时间的调整，是至关重要的。在控制环路中有一块 DSP(数字信号处理器)电路，该电路有二路输出，一路将变化的泵电流信号通过放大数模转换成线性电压，此电压从 0～5 V 连续变化，去控制发动机 ECU 的空燃比调整。另一路输出脉宽调制信号去控制 COM 场效应开关晶体管导通与截止时间，给加热单元组件提供电流，加热氧传感器。

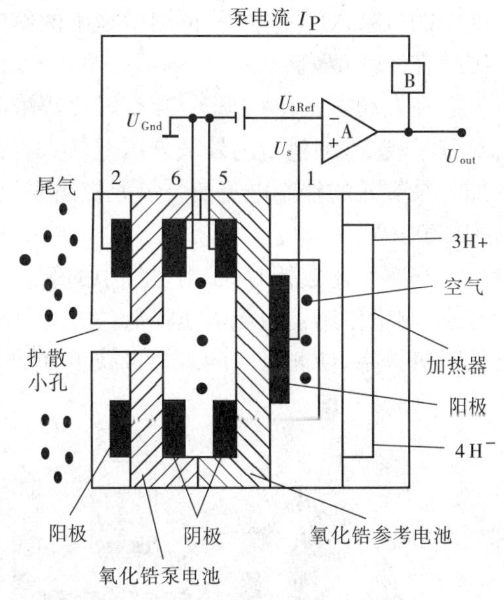

图 2-4-155 宽量程氧传感器结构

(3)宽量程氧传感器的工作过程。下面以一汽一大众汽车上应用的泵电池(泵氧元)型的宽量程型氧传感器(图 2-4-156)为例,介绍一下其工作过程。该传感器以二氧化锆传感器为基础组件,其内部分为 2 部分,测量室和泵氧元。

测量室一面与大气接触,另一面通过扩散孔与发动机尾气相通。此传感器测量室的工作原理与普通的二氧化锆氧传感器相同,由于测量室两侧氧含量不同会产生一个电动势。与普通氧传感器不同的是,发动机 ECU 要把测量室两侧的氧含量保持一致,并使电压值保持在 450 mV,这就需要传感器的泵氧元来完成。泵氧元是利用二氧化锆氧传感器的反作用原理工作,在将电压加到泵氧元组件的两极后,泵氧元组件上的氧离子开始移动,把废气中的氧泵入测量室中,使测量室中两侧的电压值维持在 450 mV。

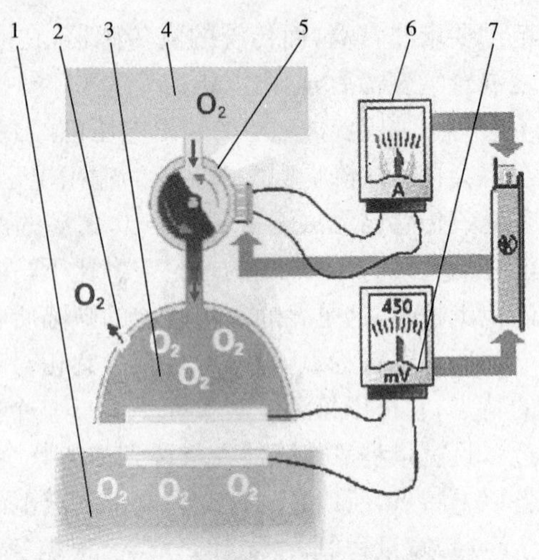

图 2-4-156 泵电池型宽量程氧传感器工作原理图

1-空气;2-扩散通道;3-测量室;4-尾气;5-泵氧元;6-泵氧元电流;7-测量传感器电压

在发动机工作状态下,当空燃比较浓时,发动机排出的尾气中氧含量减少,此时测量室的氧分子较少,测量室内外氧分压差较大,测量传感器两侧电压升高(图 2-4-157),发动机 ECU 加大泵氧元的控制电流使泵氧元提高泵氧效率,使测量室的氧含量增多,使测量传感器电压回到 450 mV。

当空燃比较稀时,排出尾气中的氧含量减多,测量室的氧分子较多,测量室内外氧分压差较小,测量传感器两侧电压降低(图 2-4-158),发动机 ECU 减小泵氧元的控制电流使泵氧元降低泵氧效率,使测量室的氧含量减少,使测量传感器电压提高到 450 mV。

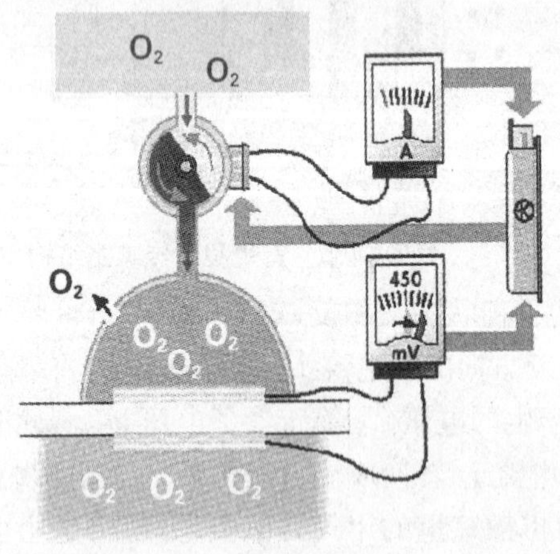

图 2-4-157 混合气偏浓状态

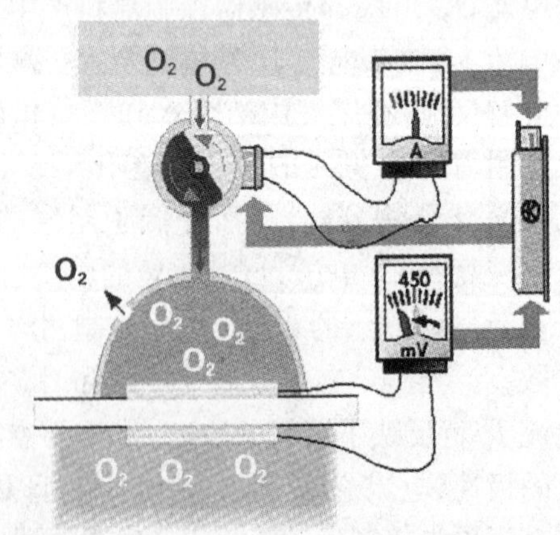

图 2-4-158 混合气偏稀状态

从图 2-4-159 中可以看到宽量程氧传感器的特点,工作曲线平滑,能够连续检测空燃比 10 至 20 之间,相当于过量空气系数从 0.686 至 1.405 的宽范围内,当线性电压在 2.5 V 时,就达到了理论空燃比 14.7 的控制。本田新款车系安装在三效催化转化器上游的为空燃比(AFR)

传感器，检测信号为电流(mA)值(图 2-4-160)。在检测宽量程氧传感器时，不能用万用表电压挡及示波器进行直接测量氧传感器的端口线束电压。只能用相关的专用检测仪进行数据流分析。

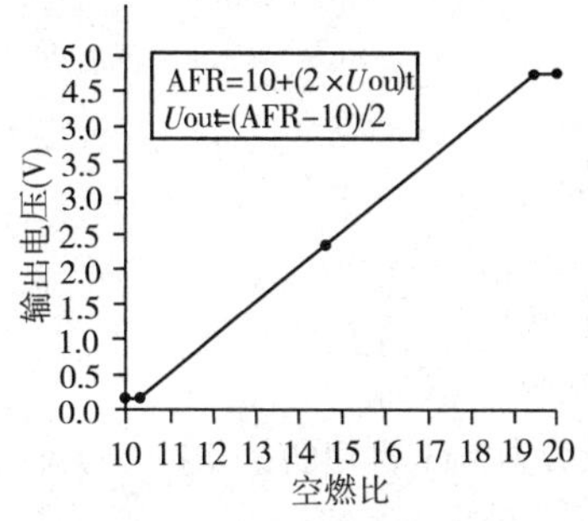

图 2-4-159 宽量程氧传感器输出特性

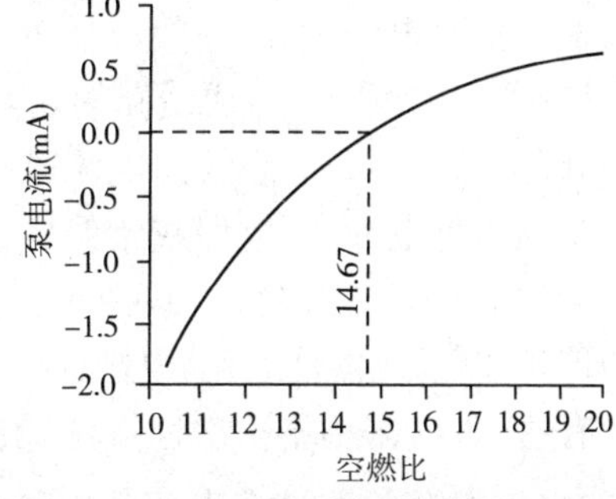

图 2-4-160 宽量程氧传感器泵电流特性

(4)宽量程氧传感器的检测。宽量程氧传感器在工作时整个过程呈线性状态变化。在发动机正常工作的状态下，当 $\lambda=1$ 时，电压为 1.5 V；当 $\lambda>1$ 时，电压应高于 1.5 V；当 $\lambda<1$ 时，电压应小于 1.5 V。当混合气特别稀时，电压将达到 4.9 V，这一点应该引起大家的注意。当模拟发动机反复改变混合气的空燃比时，如电压固定在 0、1.5、4.9 V 某一值时，都说明传感器的信号回路出现了故障。

那么如何对宽量程氧传感器进行检测呢？可以利用故障检测仪，通过读取传感器的信号电压来判定其性能的好坏。以宝来轿车为例，可以通过读取数据流进行分析：发动机 ECU 将宽带型氧传感器的电流信号转化为电压值显示出来，宽带型氧传感器的电压规定值为 1.0～2.0 V。电压值大于 1.5 V 时混合气过稀(氧多)，电压值小于 1.5 V 时混合气过浓(氧少)。电压值为 0、1.5、4.9 V 的恒定值时都说明氧传感器线路出现故障。用示波器观察的电压峰值可能到 4.9 V，这是正常的。

在发动机工作时，氧传感器的功能被发动机 ECU 监控，发动机 ECU 可识别氧传感器的功能故障，例如，由于使用了含铅汽油所引起的故障，将三效催化转化器前的氧传感器信号同三效催化转化器后的信号进行比较，结合发动机 ECU 内预存的特殊模型(数据)可检测氧传感器的状态。当氧传感器出现故障时，相应的故障存储在发动机 ECU 的故障代码存储器中，根据故障代码可以识别相关的氧传感器故障。另外，氧传感器信号故障和加热器故障的故障代码不同。

除了利用故障检测仪外，也可以通过万用表对宽量程氧传感器的性能进行检测。在测试时，需要使用 2 块万用表进行配合测试，具体方法是将一块万用表置于电压挡，表笔接到被测传感器的测量室两侧电极，将另一块万用表置于电流挡，将表笔串到泵氧元两侧电极的接线中(图 2-4-156)，起动发动机，通过加减速模拟混合气空燃比频繁改变时，观察万用表的数值变化情况。正常情况下，应该可以看到 2 块表的数值呈反相变化：当电压表上升时，电流表指示电流应缓慢下降；当电压表指示下降时，电流表指示电流应上升；如果出现不动或单块表变化，说明传感器损坏。

二、ECU 结构与检修

ECU 的结构原理在第一篇第三章中已经详细介绍，这里不再叙述。

(一)ECU 损坏故障原因分析

(1)供电电压超出正常范围(大于 16 V)或蓄电池接反并起动了车辆。

(2)输出电流过大(短路或连电)或电磁感应电压过高。

(3)输入信号电压过高(一般应低于 5 V)。

(4)ECU 进水、潮湿,造成线路短路或腐蚀。

(5)外部线路短路,导致线路电流过载(一般地线烧断)。

(6)受高压静电冲击(电焊或错误拆装)。

(7)强烈的外力冲击造成 ECU 外壳损坏、变形及线路板破裂。

(8)ECU 内部元器件老化(电阻或电容)或程序设计缺陷。

(9)有些 ECU 采用了一次性设计(安全气囊 ECU)及锁死(音响和防盗 ECU)。

(二)ECU 故障检测注意事项及检测方法

1. 检测注意事项

在检测 ECU 端子的电压和电阻时应注意以下事项:

(1)在检测之前,应先检查发动机电子控制系统及其他电子控制系统和电气系统各熔断器、熔丝及有关导线连接器是否良好。

(2)在点火开关处于"ON"位置时,蓄电池电压应不低于 11 V,蓄电池电压过低会影响测量结果。

(3)必须使用高阻抗的万用表(阻抗应大于 10 MΩ/V),低阻抗的万用表会损坏 ECU。最好使用汽车专用万用表进行检测。

(4)必须在 ECU 和导线连接器处于连接的状态下测量 ECU 各端子的电压,并且万用表的测笔应从导线连接器的导线一侧插入进行测量 ECU 各端子的电压(图 2-4-161)。

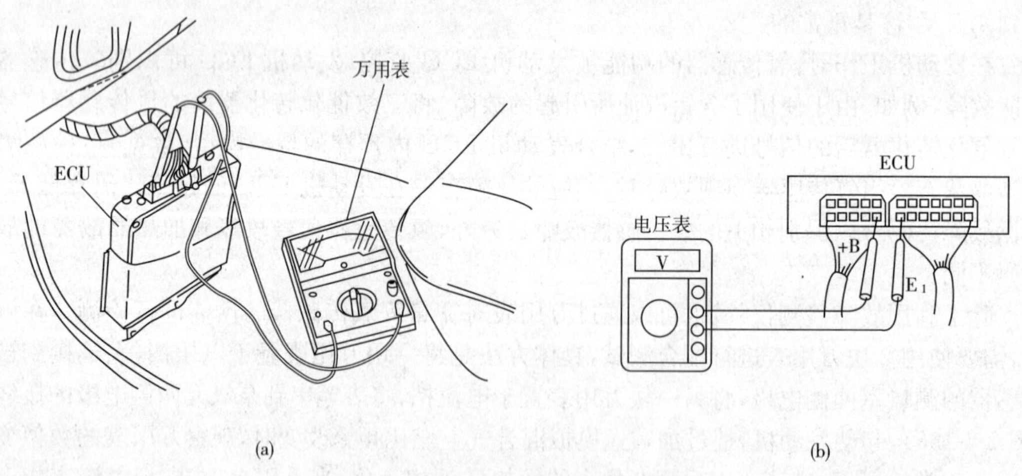

图 2-4-161　ECU 各端子电压的测量

(a)万用表表笔的插入方法;(b)电压测量

(5)不可在脱开 ECU 的导线连接器的状态下,直接测量 ECU 的各端子电阻,否则,会损坏 ECU。

(6)若要脱开 ECU 的导线连接器测量各控制线路,则应先拆下蓄电池负极搭铁线。不可在蓄电池连接完好的状态下脱开发动机 ECU 导线连接器，否则，可能损坏 ECU。

(7)在检测时，应先将 ECU 连同导线一同拆下，在导线连接器处于连接的状态下，按照车型 ECU 技术要求的检测顺序，分别在点火开关断开(OFF)、接通(ON)及发动机运转状态下测量 ECU 各端子与搭铁端子之间的电压。也可以脱开 ECU 导线连接器，测量各控制线路的电阻，从而确定控制线路是否正常。

2. 检测方法

ECU 故障的检测一般在原车上进行，因为 ECU 接口较复杂，离车后很难满足多信号、多负载、多电源及多地线的连接。检测车用 ECU 故障的工具、设备与仪表有：数字万用表、故障检测仪、负载(试灯)、连接器(扎针)及示波器(必要时)。检查方法包括静态检测和动态检测(起动发动机或运转设备)。

(1)静态检测。静态检测是指利用故障检测仪对 ECU 系统进行通信功能检测的一种方法。如果通信连接正常，则表明 ECU 供电、搭铁线、芯片组及基本功能正常；如果通信连接失败或无法通信，应改用万用表检查 ECU 的电源电压、基准电压(+5 V)与搭铁线等线路。若检查时发现电源电压及搭铁线正常而基准电压过低，则说明 ECU 电源电路存在故障或外电路基准电源线短路；若检查时发现基准电压过高，也说明 ECU 电源电路存在故障或电源地线内部开路。如果静态检测一切正常，则应转向动态数据流检测。

(2)动态检测。动态检测是指在起动系统处于工作状态时，利用故障检测仪读取数据流观察传感器信号是否正确的一种方法。如果丢失某一信号，可通过断开传感器，利用信号模拟器(信号发生器)根据信号性质模拟发送信号(最好将信号传送至 ECU 输入口)再次进行检测。如果检测结果正常，说明是外部线路或传感器本身故障；如果仍然没有数据显示，则应检查接口电路焊接情况。若焊接良好，那么则是 ECU 发生了输入信号处理电路故障。但若属于输入数据流检测正常而输出功能不良的情况，则可通过静态检测元件功能逐一试验输出功能，同时可用万用表和试灯监测试验结果(万用表接在驱动电路前，试灯接在驱动电路后)。如果万用表监测结果正确而试灯无动作，说明 ECU 驱动电路存在故障(可以更换相同或同类元件)；如果万用表监测结果不正确，则说明 ECU 输出信号处理电路存在故障。

在经过静态检测和动态检测能确认 ECU 基本工作正常后，接下来应进行各项参数的信号分析。如果参数相差甚远或输入信号和输出电路正常而 ECU 工作不正常时，应检查或更换 PROM(有些车型可更换)。另外，若 ECU 在断电后放置一段时间再次检测又能恢复正常，则说明 ECU 程序不稳定或存在缺陷死机。

(3)ECU 端子电压的测量方法和步骤如下：

①用万用表 V 挡检测蓄电池的电压，电压值应大于或等于 11 V，否则，应对蓄电池充电后再进行测量。

②从汽车上拆下 ECU，但保持其导线连接器与 ECU 处于连接状态(即不拔下导线)。

③将点火开关转至“ON”位置，将万用表置于电压挡。

④依次将万用表测笔从导线连接器的导线一侧插入，如图 2-4-161b 所示，测量 ECU 各端子与搭铁端子之间的电压。

⑤记录各 ECU 端子与搭铁端子之间的电压值，并与车型的标准检测数据相比较。

⑥如果所测得的电压与标准值不符，说明 ECU 或其控制线路有故障，则检修发动机控制线路或更换 ECU。

(4)ECU 端子间电阻的测量方法和步骤如下：

①从汽车上拆下 ECU。

②脱开 ECU 导线连接器。

③如图 2-4-162 所示，用万用表 Ω 挡测量发动机导线连接器各端子之间的电阻(注意：不要触碰 ECU 的接线端子，应将测笔从导线侧插入导线连接器中)。

④记录所测得的电阻值，并将其与车型标准检测数据相比较。如果检测的技术数据均与标准检测数据相符，但是车辆仍有故障存在，则应更换 ECU。

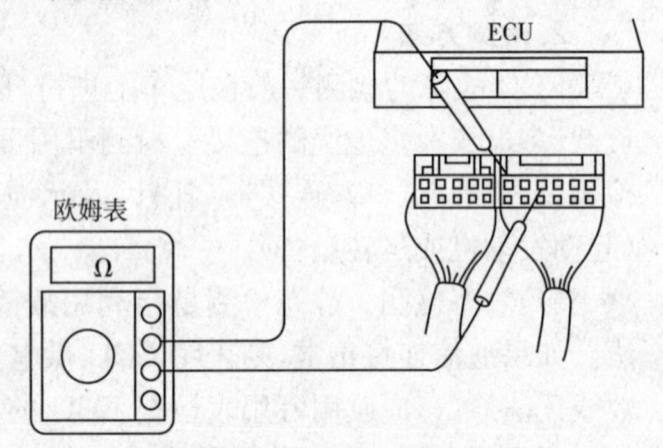

图 2-4-162 ECU 导线连接器电阻的测量

(三)确认 ECU 是否损坏的方法步骤

ECU 内部电路可以分为两部分，即包括输入、输出以及转换电路的常规电路和微处理器。常规电路大多采用通用的电子元件，如果损坏一般是可以修复的。在实际使用过程中，汽车 ECU 的故障大多发生在常规电路中。如果要维修 ECU，首先要确定是 ECU 故障，以免盲目修理，造成不必要的时间浪费和引起其他电路故障。

(1)确定 ECU 是否损坏。确定 ECU 损坏的通常方法是在相关传感器信号都能正常输入 ECU 的情况下，ECU 却不能正确输出控制信号来驱动执行器。这句话虽然简单，但这需要很多具体细致的基础检查工作。例如，发动机无法起动，经过检查，确定起动时喷油器导线连接器上无频率电压，在检查相关电路正常而且起动信号可以正常输入发动机 ECU，但是 ECU 没有输出驱动信号给喷油器，这样就可以断定发动机 ECU 内部故障。

(2)按照电路寻找损坏元件。根据电路图或实际线路的走向找到与喷油器连接的相应 ECU 端子，然后用数字万用表的通断挡，从确定的 ECU 端子开始，沿着 ECU 的印刷电路查找，直至找到某个三极管。这是因为 ECU 通常采用大功率三极管放大执行信号以驱动执行器，所以此类故障的原因大多是一个起着开关作用的三极管短路所致。

(3)测量三极管。确定三极管的 3 个极。与印刷线路对应的管脚为三极管的集电极，旁边较细的印刷线是基极。确认方法是，将发动机 ECU 多孔导线连接器插上，起动发动机，使用万用表的电压挡连接到要确认的印刷线，显示 5 V 则为基极。用万用表测试三极管，如果发现集电极 c 与基极 b 的正反向电阻无穷大，则说明三极管已经断路；如果发现集电极 c 与发射极 e 之间的电阻为零，则说明三极管已经被击穿。另外，还需要测量三极管附近相连的其他三极管和二极管。

(4)确定替换用的三极管。确定三极管的型号大致有以下几个方法：①型号。查看三极管上的型号，通过三极管对应表确定与之相配的国产三极管。②电阻。三极管的基极一般都串有电阻，基极的电阻值要与原三极管的电阻值相近，不同颜色的电阻阻值不同。因为三极管的基极是靠电流的大小控制的，ECU 电压值固定，因此就需要利用电阻来控制电流。如果电流过大会烧毁三极管，电流过小则不能将其触发。③测量。利用万用表的二极管测量挡测量三极管的属性。根据三极管的特性，应该只有 1 个管脚相对于另外 2 个管脚单向导通，具备这个属性则可确定是三极管，只有一对管脚单向导通的是场效应管，相对另外两个管脚导通的管脚是三极管的基极。

(5)将替换的三极管焊接到电路板上。焊接时要注意焊锡要尽可能少,避免过热,焊接完成后要用万用表测量各管脚应不相互连通。

(6)测试维修效果。将ECU板在裸露的情况下连接到车体线束中,起动发动机,检查相应功能是否正常,同时用手触摸三极管,有些热是正常的,如果烫手就有问题了。观察故障指示灯是否点亮,并进行一定里程的路试。

下面以发动机ECU控制的喷油器电路为例(图2-4-163),简要说明检修发动机ECU的过程:

(1)喷油器电源电路。喷油器电路分为电源电路和发动机ECU控制电路两部分。喷油器的电源大都由燃油喷射继电器提供,即接通点火开关后,燃油喷射继电器动作,蓄电池电压到达喷油器,此时等待发动机ECU的控制信号,以配合发动机所需的工作。

(2)发动机ECU控制电路。发动机ECU依据负荷、转速以及各种修正信号进行运算,由输出电路输出喷油器脉冲信号,并由驱动电路放大电压信号,再接到NPN功率晶体管的基极b,使三极管执行脉冲频率的开关动作,即完成喷油器电磁线圈的通电与断开的动作。

(3)喷油器电路故障分析。执行喷油器开关动作的控制电路,是由三极管控制喷油器线圈的搭铁回路,三极管的集电极c连接喷油器,发射极e搭铁(图2-4-163)。如果c极和e极短路,就会出现接通点火开关后,喷油器始终喷油的故障;如果c极断路,就会使喷油器无法完成搭铁回路,导致喷油器不喷油。另外,与三极管c极并联的保护二极管如果短路,也会出现喷油器一直喷油的现象。

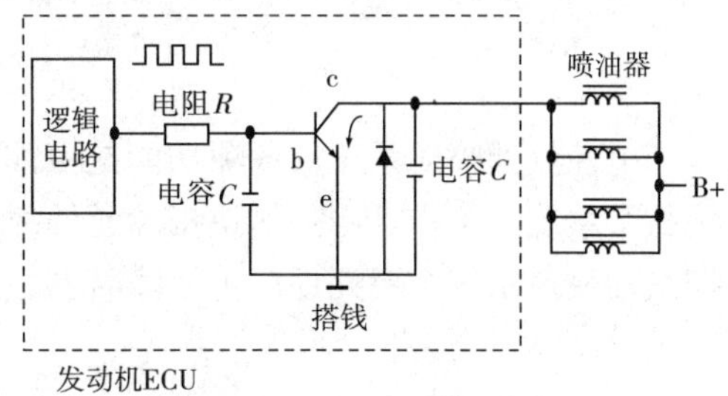

图2-4-163 ECU的喷油器控制电路

(4)喷油器电路检测方法。可以使用数字万用表、示波器或LED测试灯等工具,严禁带电插拔导线连接器,或使用指针式万用表或大功率测试灯,以免引起瞬间大电流造成发动机ECU内部三极管损坏。将LED测试灯连接在喷油器导线连接器两个插孔中,接通点火开关。如果LED灯一直点亮,表示三极管c极和e极短路;如果LED灯不亮,起动发动机,如果LED灯仍不亮,表示三极管c极和e极断路。

(四)ECU的修理

从原则上讲,ECU只能更换不能修理,对于芯片及ECU程序故障,最好更换同型号ECU。但有些ECU的故障是可以通过更换元器件的方法进行修复的,这类故障主要包括以下几种情况。

(1)电源故障。ECU电源故障有2种:一是主电源故障。造成这种故障的原因有2个:①保护二极管短路(蓄电池接反后造成)。这种故障可以通过去掉或用同一规格的二极管代替的方法解决;②电源主地线开路(烧断)。这种故障可用焊接及导线连接的方法解决。二是基准电压故障(5 V±0.1V)。如果基准电压过低,应切断外界相关线路,看电压能恢复到5 V±0.1 V,说明外电路传感器负荷过大,此时要逐一查找进行排除;如果基准电压不能达到5 V±0.1 V,则应更换电压调整模块或用7805电源专用电路模块取代原有电源模块;如果基准电压过高(大于8 V),则应检查电源模块地线及线路板地线,找到具体故障点后,应修复地线或更换模块。

(2)输出动力模块故障。可找到相对应的动力模块检测其输入及输出信号电压,确认模块损坏后,可更换相同或基本参数相同的模块,如点火模块、空调控制模块、喷油控制模块及风扇控制模块等。

(3)电容和电阻损坏。有些电容器采用的是电解电容，当 ECU 使用过久后，很容易造成电容器失效，此时可用相同容量耐压 16～25 V 的电容进行更换。更换电阻的原则也是如此。

(4)ECU 进水和受潮故障。ECU 在进水或受潮后可进行干燥处理。干燥方法是先用无水乙醇(工业用酒清)进行冲洗，然后再将 ECU 装入 1 个大密封袋内用真空机(空调用真空机也可以)进行抽真空，保持 24 h 干燥后装车试用。

三、执行器结构与检修

电控汽油喷射系统的主要执行器是喷油器和电动汽油泵及相关的继电器。该部分内容在本章第 1～3 节中均已详细介绍，这里不再叙述。

第五节　电控汽油喷射系统主要元件的故障现象

电控汽油喷射系统的各项功能是由许多元件相互配合完成的，如果元件发生故障，必将影响整个系统的工作，因此，尽快排除元件故障在汽车维修中是非常必要的。为此，将发动机电控汽油喷射系统主要元件产生故障时的主要表现归纳在表 2-4-11 内。

发动机电控汽油喷射系统主要元件故障现象　　表 2-4-11

元件名称	功　能	故 障 现 象
主 ECU	根据各传感器输入的信号，进行综合处理，发出各种补偿修正信号	①发动机无法起动；②发动机工作不良、性能失常
空气流量感知板位置传感器	根据空气流量感知板的运动改变可变电阻的阻值，将电压信号送入 ECU，作为计算空气流量的依据	①发动机起动困难；②发动机工作不良；③怠速不稳，易熄火；④发动机运转无力
叶片式空气流量传感器	该空气流量传感器是用叶片的运动改变传感器的电阻，从而得到相应的电压信号，输入 ECU。该信号是决定基本喷油量的主要信号之一	①起动困难；②怠速不稳；③发动机转速不易提高；④加速时回火、放炮；⑤油耗增大；⑥易爆震
卡门涡旋式空气流量传感器	该型空气流量传感器是以频率信号计算出空气流量，并将信号送入 ECU，决定基本喷油量	①发动机不易起动；②怠速不稳；③汽油消耗量大；④爆震，加速不良
热线(或热膜)式空气流量传感器	该型空气流量传感器属电桥热敏电阻式，利用电阻值的变化测量空气流量并输入 ECU，以决定基本喷油量	①发动机起动困难；②怠速不稳；③发动机易熄火；④发动机动力不足
进气歧管绝对压力传感器	在博世 D 型电控系统中，通过真空管与进气管连接所形成的负压大小测量进气量，进气歧管绝对压力传感器将相应的电压信号输入 ECU，以供决定点火与汽油喷射系统基本参数	①发动机不易起动；②发动机运转无力；③发动机怠速不稳；④发动机油耗增加
大气压力传感器	根据海拔高度不同时的相应气压值，将信号送入 ECU，以便进行喷油正时修正	①发动机怠速不稳；②发动机工作不良
节气门位置传感器(线性)	节气门位置传感器是将电位计与节气门的开度形成一一对应的关系，并将对应的电压信号送入 ECU，判断发动机的负荷大小	①发动机起动困难；②怠速不稳，易熄火；③发动机工作不良；④加速性差；⑤发动机动力性能下降

续上表

元件名称	功　能	故障现象
节气门位置传感器(触点开关式)	将怠速触点和全负荷触点接通的信号送入ECU,用于判定怠速状态和发动机全负荷状态	①发动机起动困难;②怠速不稳、无怠速、易熄火;③发动机动力性差,爬坡无力;④不能进行减速断油控制
进气温度传感器	利用进气温度改变内部的热敏电阻所形成的对应电压信号输入ECU,以供ECU修正点火、喷油正时及进行喷油量修正	①怠速不稳;②易熄火;③耗油量大;④起动困难;⑤混合气过浓;⑥发动机性能不佳
冷却液温度传感器	利用冷却液温度改变内部热敏电阻值的大小所形成的对应电压信号输入ECU,以作为点火与喷油正时调整,修正喷油量,进行冷起动加浓	①起动困难,特别是冷起动;②怠速不稳、易熄火;③发动机性能不佳
怠速控制电动机	ECU根据发动机各传感器的信号,指令怠速电动机作出相应动作,决定旁通空气量,以修正喷油量	①起动困难;②怠速不稳;③容易熄火;④开空调易熄火;⑤怠速过高;⑥发动机易失速
怠速电动机位置传感器	怠速电动机位置传感器是利用电位计侦测怠速电动机位置,并以电压信号输入ECU,以供修正混合比	①怠速不稳;②容易熄火;不易起动;③加速不良
空挡起动开关(P/N开关)	P/N开关挂入空挡和驻车挡时才能起动,脱离空挡,信号输入ECU后增油	①发动机无法起动;②脱离P/N挡后,ECU不指示增油;③怠速不稳易熄火;④换挡杆在“P”、“N”位时发动机也能起动
氧传感器	用来监测排气歧管中的氧含量,以供ECU修正和调整空燃比	①怠速不稳,耗油量大;②空燃比不当,有害气体的排放高
动力转向开关(P/S开关)	P/S开关接受动力转向盘转向时的压力信号,将转向信号输入ECU,以供修正怠速喷油量	①转向时发动机易熄火;②转向时发动机怠速不稳;③发动机怠速时无法补偿
空调开关(A/C)	当接通空调时,空调开关将信号输入ECU,以修正怠速时喷油量	①开空调时发动机易熄火;②开空调时怠速转速下降;③开空调时怠速不稳;④开空调时无空调功能
曲轴箱通风阀(PCV阀)	曲轴箱通风阀开启时,将曲轴箱内的汽油、机油蒸汽和燃烧气体漏入曲轴箱的废气引入进气管,以降低尾气排放	①发动机不易起动;②无怠速或怠速不稳;③加速无力、耗油增加
废气再循环阀(EGR阀)	控制废气引入燃烧室的量,从而降低发动机的温度,以减少NOx排放量	①发动机温度过高;②发动机不易起动;③发动机无力、耗油量大;④爆震;⑤加速不良;⑥排气中NOx含量高;⑦减速熄火
废气再循环阀位置传感器	EGR阀位置传感器是以电位计的形式将EGR阀的位置信号输入ECU,以控制NOx排放量	①怠速不稳,空易熄火;②有害气体排放量过高(NOx);③发动机性能不佳
活性炭罐电磁阀	发动机起动后,ECU指令活性炭罐电磁阀动作,使活性炭罐内的汽油蒸汽经由电磁阀进入燃烧室	①发动机性能不佳;②怠速不良;③空燃比不正确
曲轴位置传感器	利用电磁感应(或霍尔效应或光电效应)将曲轴上止点信号输入ECU,作为点火正时与喷油正时的修正信号	①发动机无法起动或起动困难;②加速不良;③怠速不稳;④容易熄火,间歇性熄火
可变凸轮轴电磁阀	ECU感知各传感器送入的信号,适时地起动电磁阀,以利用机油压力改变凸轮轴角度,调整进排气门开闭时间	①怠速不稳,引起抖动;②发动运转无力;③引起三效催化转化器损坏;④产生爆震
电动汽油泵	电动汽油泵在接通点开关后,可运转5～9 s,以补充系统初始压力;起动后,向系统连续供油	①发动机起动困难,甚至无法起动;②发动机起动后熄火或运转途中熄火;③发动机运转无力,汽车加速性差

续上表

元件名称	功　能	故 障 现 象
汽油滤清器	汽油滤清器用来滤去汽油中的杂质	①发动机无法起动，或起动困难；②发动机工作不良，运转不稳；③发动机运转中有“打嗝”现象；④喷油器堵塞；⑤发动机运转无力，汽车加速性差
汽油压力调节器	汽油压力调节器用以调整系统压力，使其稳定供油	①起动困难、怠速不稳易熄火；②运转无力、供油不足；③发动机排气冒黑烟
喷油器	根据ECU发出的喷油脉冲信号，向进气歧管喷入适量的汽油	①发动机起动困难，或无法起动；②发动机工作不稳、抖动；③怠速不稳；④容易熄火；⑤排气冒黑烟，排污增加
冷起动喷油器	ECU根据冷却液温度信号，根据低冷却液温度信号指令(或由温度时间开关控制)冷起动喷油器喷油，热机后，喷油停止	①怠速不良；②冷起动困难；③间歇熄火；④热起动困难；⑤油耗增大，混合气过浓，排气冒黑烟；⑥尾气排放过高
温度时间开关	热敏温度时间开关是利用双金属片的开关动作控制冷起动喷油器定时喷油	①冷车起动困难；②热车起动困难；③怠速不稳；④油耗增加；⑤混合气过浓，排污增加；⑥冷起动正常，热车熄火
车速传感器	用以检查车速，其信号送入ECU用以修正喷油量	①ABS防抱列制动装置不工作；②巡行控制不工作；③发动机运转不良，无力；④无高速断油和急减速断油控制

第六节　电控汽油喷射发动机常见故障诊断与排除

电控汽油喷射发动机电控系统的工作状况对发动机的运转性能有很大影响，不论是该系统的ECU、控制线路还是其他任何一个传感器、执行器出现故障，都会在一定程度上影响发动机的起动性、运转稳定性、动力性、经济性、排放性等。因此，当电控汽油喷射发动机出现故障或性能下降时，首先应检查该发动机的电控系统有无故障。

由于电控系统的构造和工作原理都十分复杂，不同车型的电子控制系统又往往有很大差异，其故障形式既可能是电子方面的，又可能是机械方面的，因此，给故障的诊断与排除带来一定困难。在诊断与排除电子控制系统的故障时，必须了解各种电控系统的工作原理和构造特点，参阅被修车型的详细技术资料，充分并合理地利用各种检测工具和手段。除此之外，掌握分析各种故障原因的方法，遵循合理的诊断程序和步骤，也是十分重要的。这里介绍电控汽车一些常见故障的诊断与排除方法，供修车时参考。

一、发动机不能起动

发动机不能起动的现象主要有以下几种：起动机带不动发动机转，或能带动，但转动缓慢；起动机能带动发动机正常转动，但不能起动，且无着车征兆；有着车征兆，但发动机不能起动。造成发动机不能起动的原因很多，有起动系、点火系、汽油喷射系统及发动机机械故障等。其中因起动系统故障而造成的发动机不能起动的故障不在电控系统检查范围内。发动机机械故障应在排除汽油喷射系统和电子点火系统的故障之后再作进一步的检查。

1.发动机不能起动,且无着车征兆

(1)故障现象。接通起动开关时,起动机能带动发动机正常转动,但发动机不能起动,且无着车征兆。

(2)故障原因。①油箱中无油;②起动时节气门全开;③电动汽油泵不工作;④喷油器不工作;⑤油路压力过低;⑥点火系统故障;⑦发动机汽缸压缩机压力过低。

(3)故障诊断与排除。电控汽油喷射发动机在设计上具有很好的起动性能。汽油喷射系统的一般故障通常不会导致发动机不能起动。如果出现了不能起动且无着车征兆的故障,其原因一定是发动机的点火系统、汽油系统或控制系统三者之中的一个或一个以上的系统完全丧失了功能。因此,不能起动的故障诊断和与排除应重点集中在上述三个系统中。

①对于不能起动的故障,应先检查油箱存油情况。接通点火开关,若汽油表指针不动或油量警告灯亮,则说明箱内无油,应加满油后再起动。

②应采取正确的起动操作方法。通常电子控制汽油喷射式发动机的起动控制系统要求在起动时不踩加速踏板。如果在起动时将加速踏板完全踩下或反复踩加速踏板以求增加供油量,往往会使控制系统的溢油消除功能起作用,从而导致喷油器不喷油,造成不能起动。

③检查点火系统。导致发动机不能起动的最常见原因是点火系不能点火。因此,在作进一步的检查之前,应先排除点火系的故障。在检查电子控制汽油喷射式发动机的电子点火系统有无高压火花时应采用正确的方法,不可沿用检查传统触点式点火系统高压火花的做法,以防损坏点火系统中的电子元件。正确的检查方法是:从分电器上拔下高压总线,让高压总线末端距离缸体5～6 mm,或拔下高压分线,将一个火花塞接在高压线上;将火花塞搭铁;接通起动开关,用起动机带动发动机转动,同时观察高压总线末端或火花塞电极处有无强烈的蓝色高压火花。如果没有高压火花或火花很弱,说明点火系统有故障。在查找故障部位之前,可先进行发动机故障自诊断,检查有无故障代码。当代电控汽油喷射式发动机的故障自诊断系统通常能检测出点火系统中的曲轴位置传感器(点火信号发生器)及点火器的故障。如有故障代码,则可按显示的故障代码查找故障部位;如无故障代码,则应分别检查点火系统中的高压线、分电器盖、高压线圈、点火器、分电器、曲轴位置传感器及点火控制系统。点火系统最容易损坏的零件是点火器,应重点检查。

④检查电动汽油泵是否工作正常。电动汽油泵不工作也是造成发动机不能起动的最常见原因之一。接通点火开关,此时应能从油箱口处听到电动汽油泵运转的声音;或用手捏住进油管时能感觉到进油管的油压脉动,或拆下汽油压力调节器上的回油管,应有汽油流出。如果电动汽油泵不工作,应检查熔断器、继电器及电动汽油泵控制电路等。如果电路正常,则说明电动汽油泵有故障,应更换。如果在检查中电动汽油泵有工作,可试一下在这种状态下发动机能否起动。若可以起动,说明是电动汽油泵控制电路有故障,使电动汽油泵在发动机起动时不工作。对此,应检查电动汽油泵控制电路。

⑤检查喷油器是否喷油。如果点火系统和电动汽油泵工作均正常,则应进一步检查喷油控制系统。在起动发动机时,检查各喷油器有无工作的声音。如果喷油器不工作,可用一个大阻抗的试灯接在喷油器的导线连接器上。如果在起动发动机时试灯能闪亮,说明喷油器控制系统工作正常,喷油器有故障,应更换。如果试灯不闪亮,则说明喷油器控制系统或控制线路有故障。对此,应检查喷油器电源熔断器有无烧断,喷油器降压电阻有无烧断,喷油器与电源

之间的接线是否良好，喷油器与ECU之间的接线是否良好，ECU的电源继电器与ECU之间的接线是否良好。如果外部电路均正常，则可能是ECU内部有故障，可用故障检测仪或采用测量ECU各接脚电压的方法来检测ECU有无故障；也可能用一个好的ECU换上试一下。如能起动，可确定为ECU故障。对此，应更换。

⑥检查汽油系统压力。汽油系统油压过低会造成喷油量太少，也会导致不能起动。在电动汽油泵运转时检查汽油系统油压。在发动机未运转的状态下，正常汽油压力应达300 kPa左右。如果汽油压力过低，可用钳子包上软布，将汽油压力调节器的回油管夹住，阻断回油通路。此时，若汽油压力迅速上升，说明是汽油压力调节器漏油，造成油压过低，应更换汽油压力调节器；若汽油压力上升缓慢或基本上不上升，则说明油路堵塞或电动汽油泵有故障。对此，应先拆检汽油滤清器。如有堵塞，应更换；如汽油滤清器良好，则应更换电动汽油泵。

⑦检查汽缸压缩压力。若上述检查均为正常，则应进一步检查发动机汽缸压缩压力。若汽缸压缩压力低于车型技术要求规定值，则说明发动机机械部分有故障，应进一步拆检发动机本体。

2.有着车征兆，但发动机不能起动

(1)故障现象。起动发动机时，起动机能带动发动机正常转动，有轻微着车征兆，但不能起动。

(2)故障原因。进气管有漏气；点火提前角不正确；高压火花太弱；冷起动喷油器不工作；汽油压力太低；冷却液温度传感器有故障；空气滤清器堵塞；空气流量传感器有故障；喷油器漏油；喷油控制系统有故障；汽缸压力太低；三效催化转化器堵塞。

(3)故障诊断与排除。有着车征兆而不能起动，说明点火系统、汽油喷射系统和控制系统虽然工作失常，但并没有完全丧失功能。这种不能起动故障的原因不外乎是高压火花太弱或点火正时不正确、混合气太稀、混合气太浓、汽缸压力太低等。一般先检查点火系统，然后再检查进气系统、汽油系统、控制系统，最后检查发动机汽缸压力。

①先进行故障诊断，检查有无故障代码。如有故障代码，则可按显示的故障代码查找相应的故障原因。必须指出的是，所显示出的故障代码不一定都与发动机有关系：有些故障代码是发动机在以往的运行过程中偶发性故障所留下的，有些故障代码所表示的故障则不会影响发动机的起动性能。会影响起动性能的部件有：曲轴位置传感器、冷却液温度传感器、空气流量传感器等。

②检查高压火花。除了检查分电器电压总线上的高压火花是否正常外，还要进一步检查各缸高压分线上的高压火花是否正常。若总线火花太弱，应更换点火线圈；若总线火花正常而分线火花较弱或断火，说明分电器盖或分火头漏电，应更换。

③检查空气滤清器。如果滤芯过脏堵塞，可拆掉滤芯后再起动发动机。如能正常起动，则应更换滤芯。

④检查进气系统有无漏气。采用空气流量传感器测量进气量的汽油喷射系统，只要在空气流量传感器之后的进气管道有漏气就会影响进气量计量的准确性，从而使混合气变稀。严重的漏气会导致发动机不能起动。检查中应仔细查看空气流量传感器之后的进气软管有无破裂，各处接头卡箍有无松脱，谐振腔有无破裂，曲轴箱通风软管是否接好。此外，汽油蒸发排放控制系统和废气再循环系统在起动及怠速运转中是不工作的。如因某种原因而使他们在起动时就进入工作状态，也会影响起动性能。将汽油蒸发回收软管或废气

再循环管道堵塞住，再起动发动机。如在这种状态下发动机能正常起动，说明该系统有故障，应认真检查。

⑤检查火花塞。火花塞间隙太大也会影响起动性能。火花塞正常间隙一般为0.8 mm，有些高能量的电子点火系统火花塞间隙较大，可达1.2 mm。如火花塞间隙太大，应按车型维修手册所示标准值进行调整。

⑥如果火花塞表面只有少量潮湿的汽油，说明喷油器喷油量太少。对此，应先检查起动时电动汽油泵有无工作。可直接给电动汽油泵通电，再起动发动机。如果能起动，则说明电动汽油泵在起动时不工作，应检查控制电路。如果电动汽油泵有工作而不能起动，应进一步检查汽油压力，如果汽油压力太低，应检查汽油滤清器、汽油压力调节器及电动汽油泵有无故障。

⑦如果火花塞表面有大量潮湿汽油，说明汽缸中已出现"呛油"现象，这也会造成发动机不能起动。对此，可拆下所有火花塞，将其烤干，再让汽缸中的汽油全部挥发掉，然后装上火花塞重新起动。如果仍会出现"呛油"现象，应拆卸喷油器，检查喷油器有无漏油。

⑧喷油量太大或太小也可能是空气流量传感器或冷却液温度传感器故障所致。如果出现这种情况，应对照车型维修手册中的有关数据测量这两个传感器。

⑨调整点火正时。如果将点火提前角调大或调整小后就能起动，则说明点火正时不正确。对此，应将点火正时调整准确。

⑩检查冷起动喷油器有无工作。拔下冷起动喷油器导线连接器，用试灯或电压表测量。在起动时，导线连接器内应有电压。如无电压，检查冷起动喷油器控制电路。

⑪检查汽缸压缩压力是否正常。若低于车型技术要求数据，则说明汽缸压力过低，应拆检发动机。

3.发动机不能起动的故障诊断与排除程序

发动机不能起动的故障诊断与排除程序如图2-4-164或图2-4-165所示。

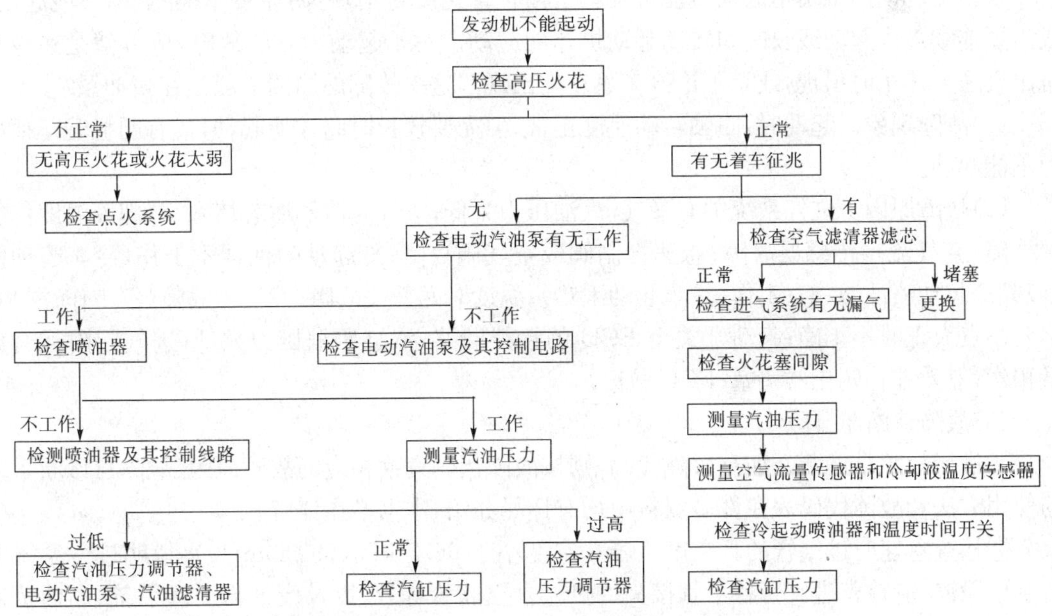

图2-4-164　发动机不能起动的故障诊断与排除程序(一)

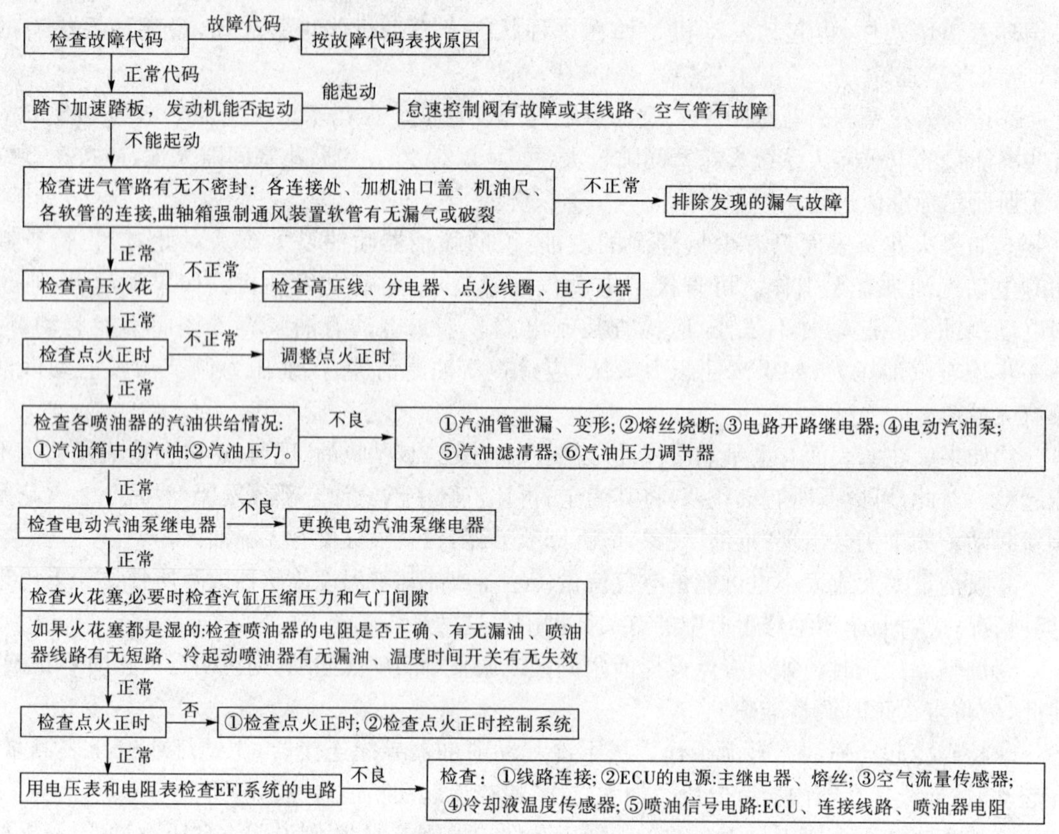

图 2-4-165 发动机不能起动的故障诊断与排除程序(二)

二、发动机起动困难

发动机起动困难是指起动机能带发动机按正常速度转动,有明显着车征兆,但不能起动,或需要连续多次起动或长时间转动起动机才能起动。对于起动困难的故障,应分清是在冷车时出现还是热车时出现,或者不论冷车热车均出现。这一故障的原因一般是在喷油系统。

(1)故障现象。起动时,曲轴转动速度正常,但需要较长时间才能起动,或有明显着车征兆而不能起动。

(2)故障原因。进气系统中有漏气;汽油压力太低;空气滤清器滤芯堵塞;冷却液温度传感器故障;空气流量传感器故障;怠速控制阀或空气阀故障;冷起动喷油器不工作(冷车起动困难)或冷起动喷油器一直工作(热车起动困难);温度时间开关故障;喷油器故障(不工作、漏油、堵塞);点火正时不正确;起动开关至 ECU 的接线断路;汽缸压缩压力太低;进气门附近有大量积炭;三效催化转化器堵塞;ECU 故障。

(3)故障诊断与排除

①进行故障自诊断。如有故障代码,则按故障代码查找相应的故障原因(故障自诊断系统的使用方法和故障代码表在许多资料中均有详尽介绍,本书不作详解)。

②检查怠速时进气管的真空度。若真空度小于 66.7 kPa(500 mmHg),说明进气系统中有空气泄漏,应检查进气管各个管接头、衬垫、真空软管等处,以及废气再循环系统、燃油蒸发排放控制系统;若大于 66.7 kPa,则检查三效催化转化器是否堵塞。

③检查空气滤清器。如果滤芯堵塞,应清洗或更换。

④如果节气门在 1/4 左右开度时发动机能正常起动,而节气门全关时起动困难,应检查怠速控制阀及空气阀是否正常。在冷车怠速运转中,拔下怠速控制阀导线连接器,或者在冷车怠速运转时将空气阀进气软管用钳子夹住。如果发动机转速没有下降,说明怠速控制阀工作不正常,应检查怠速控制阀及其控制电路。

⑤检查汽油压力。如果汽油压力太低,应检查汽油压力调节器、喷油器有无漏油,汽油滤清器有无堵塞,电动汽油泵最大泵油压力是否正常。

⑥检查温度传感器和空气流量传感器。拔下温度传感器和空气流量传感器导线连接器,用万用表欧姆挡测量温度传感器和空气流量传感器各接线端子之间的电阻。如果阻值不符合标准,应更换。

⑦如果是在冷车时不易起动,而热车时起动正常,应检查冷起动喷油器工作是否正常。先检查在起动时冷起动喷油器导线连接器处有无 12 V 左右的电压。如果没有电压,则说明控制电路有故障,应检查冷起动温度时间开关及其控制电路。如果起动时导线连接器处有电压,应检查冷起动喷油器电磁线圈电阻是否正常,喷孔有无堵塞等。

⑧如果是在热车状态下不易起动(在热车状态下起动,如果打开起动开关转动曲轴超过 3～4 圈后才能起动,即可视为不易起动),应检查在点火开关断开后,汽油系统的保持压力是否正常。接上油压表,在断开点火开关(发动机熄火)后,5 min 内汽油压力应保持不低于 150 kPa左右。如果保持压力太低,应检查汽油压力调节器、电动汽油泵、喷油器等处是否漏油。

⑨在发动机怠速运转时检查点火正时。如果不符合标准,应予以调整。

⑩检查起动开关至 ECU 的起动信号是否正常。如果 ECU 接收不到起动开关的起动信号,就不能进行起动加浓控制,也会导致起动困难。对此,应从 ECU 导线连接器处检查起动时有无起动开关的信号传至 ECU。如无信号,应检查起动开关和线路。

⑪检查汽缸压缩压力。如压力过低,应拆检发动机。

⑫清除进气门附近的积炭。

⑬如果上述检查均正常,可换一个新的 ECU 试一下。如果有好转,则说明原 ECU 有故障,应更换 ECU。

发动机起动困难的故障诊断与排除程序如图 2-4-166 所示。

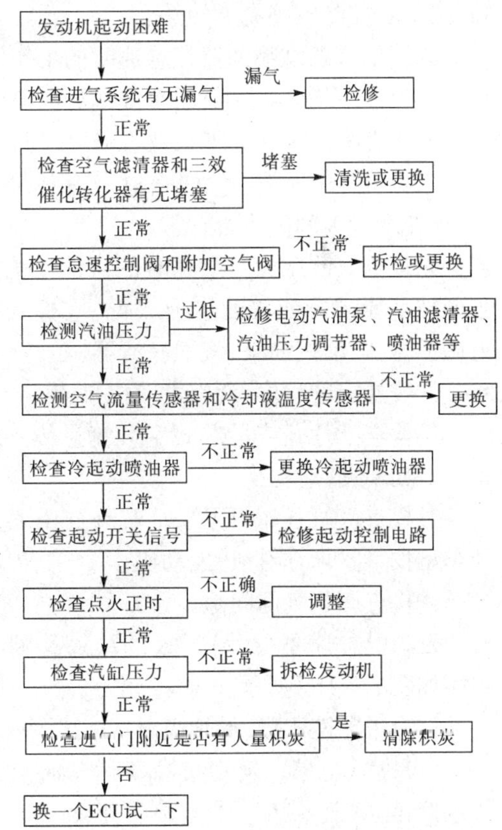

图 2-4-166 发动机起动困难的故障诊断与排除程序

三、怠速不良

怠速不良是电子控制汽油喷射式发动机最常见的故障之一。它有多种表现形式,包括怠速不稳、怠速熄火、冷车怠速不良、热车怠速不良等。造成怠速不良的原因很多，常常是几种原因综合引起的。在故障诊断与排除过程中，要根据故障的具体表现来分析故障原因。下面介绍几种不同形式的怠速不良故障的诊断与排除方法。

1.发动机怠速不稳，易熄火

(1)故障现象。发动机起动正常，但不论冷车或热车，怠速均不稳定，怠速转速过低，易熄火。

(2)故障原因。进气系统中有漏气；汽油压力太低；空气滤清器堵塞；喷油器雾化不良、漏油或堵塞；怠速调整不当；怠速控制阀或旁通空气阀工作不良；火花塞工作不良；空气流量传感器有故障；汽缸压缩压力过低。

(3)故障诊断与排除

①先进行故障自诊断，检查有无故障代码出现。如有，则按所显示的故障代码，查找故障原因和故障部位。

②检查进气系统各管接头、各真空软管、EGR 系统和 EVAP 系统有无漏气。

③检查怠速控制阀的工作是否正常。拔下怠速控制阀导线连接器，如果发动机转速无变化，说明怠速控制阀或控制电路有故障，应检查电路或更换怠速控制阀。

④怠速时，逐个拔下各缸高压线，检查发动机转速的下降是否相等。如果某缸在拔下高压线时，发动机转速基本不变，说明该缸工作不良或不工作，应检查该缸火花塞或喷油器有无故障，喷油器控制电路有无短路。

⑤仔细听各缸喷油器在怠速时的工作声音。如果各缸喷油器工作声音不均匀，说明各缸喷油器喷油不均匀，应拆检、清洗或更换喷油器。

⑥检查高压火花。如火花太弱，应检查点火系统。

⑦拆检各缸火花塞，检查电极有无烧蚀或积炭，火花塞电极间隙是否正常。

⑧检查汽油压力。怠速时的汽油压力应符合车型技术要求。如汽油压力太低，应检查汽油压力调节器、电动汽油泵、汽油滤清器。

⑨按规定的程序，调整发动机怠速。

⑩检查叶片式或量芯式空气流量传感器有无卡滞。如不良，应更换。

⑪检查汽缸压缩压力，如果汽缸压缩压力低于车型技术要求，应拆检发动机。

⑫检查调整气门间隙。

发动机怠速不稳、易熄火的故障诊断与排除程序如图 2-4-167 所示。

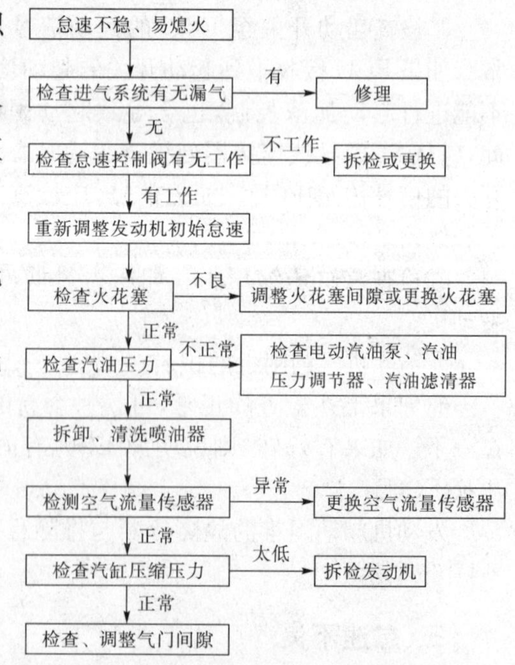

图 2-4-167 **怠速不稳、易熄火的故障诊断与排除程序**

2.冷车怠速不稳、易熄火

(1)故障现象。发动机冷车运转时怠速不稳或过低，易熄火，热车后怠速恢复正常。

(2)故障原因。空气阀故障；怠速控制阀故障；冷却液温度传感器故障。

(3)故障诊断与排除

①进行故障自诊断,检查有无故障代码。如有,可按显示的故障代码查找故障原因。

②检查空气阀。拆下空气阀,检查在冷车状态下空气阀的阀门是否开启。如有异常,应更换。

③检查怠速控制阀。发动机熄火后拔下怠速控制阀导线连接器,待发动机起动后再插上。如果发动机转速无变化,说明怠速控制阀不工作,应检查控制电路或拆检怠速控制阀。

④测量冷却液温度传感器。如有短路、断路或电阻值不符合标准,应更换冷却液温度传感器。如果没有被测车型的冷却液温度传感器检测标准数据,也可以拔下冷却液温度传感器导线连接器,用一个 4～8 kΩ 的电阻代替冷却液温度传感器。如果发动机怠速恢复正常,说明冷却液温度传感器已损坏,应更换。

电控汽油喷射发动机冷车怠速不稳、易熄火的故障诊断与排除程序如图 2-4-168 所示。

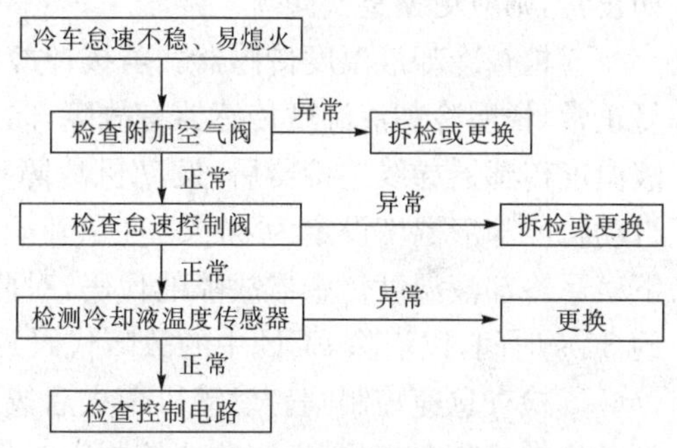

图 2-4-168　冷车怠速不稳、易熄火的故障诊断与排除程序

3.热车怠速不稳或熄火

(1)故障现象。发动机冷车运转时怠速正常,热车后怠速不稳,怠速转速过低或熄火。

(2)故障原因。怠速调整过低;冷却液温度传感器有故障;怠速控制阀有故障;火花塞工作不良;喷油器工作不良。

(3)故障诊断与排除

①进行故障自诊断,检查有无故障代码。如有故障代码,则按所显示的故障代码查找故障原因。

②检查发动机的初始怠速转速。若过低,应按规定的程序予以调整。

③检查冷却液温度传感器。如果拔下冷却液温度传感器导线连接器后,怠速不稳现象消除,则说明冷却液温度传感器有故障,应予以更换。或者测量冷却液温度传感器的电阻,如不符合标准值,应更换冷却液温度传感器。

④检查怠速控制阀有无工作。拔下怠速控制阀导线连接器,若发动机转速无变化,则说明怠速控制阀工作不良,应检查控制电路和更换怠速控制阀。

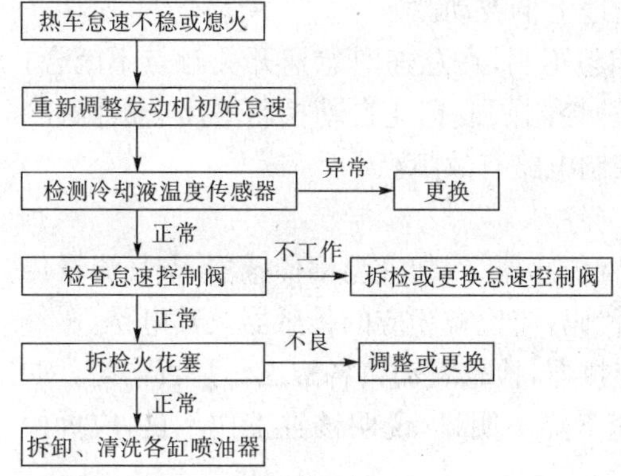

图 2-4-169　热车怠速不稳或熄火的故障诊断与排除程序

⑤拆下各缸火花塞,检查火花塞电极是否良好,有烧蚀或积炭,视情况更换或调整火花塞电极间隙。

⑥拆下各缸喷油器,用试验台检查。若各缸喷油器雾化不良或喷油量不均,特别是怠速工况喷油量不均,应清洗或更换喷油器。

电控汽油喷射发动机热车怠速不稳或熄火的故障诊断与排除程序如图 2-4-169 所示。

4.热车怠速过高

(1)故障现象。发动机冷车时能以正常快怠速运转,但热车后仍保持快怠速,导致怠速转速过高。

(2)故障原因。节气门卡滞、关闭不严;怠速调整不当；空气阀故障；怠速控制阀故障；冷却液温度传感器故障；空调开关、动力转向器压力开关有故障；曲轴箱强制通风阀故障。

(3)故障诊断与排除

①检查怠速时节气门是否全闭，节气门拉索有无卡滞。用手将节气门摇臂朝关闭的方向扳动。如果发动机怠速能下降至正常转速，说明节气门卡滞，关闭不严。若是节气门拉索卡滞，应更换新拉索；若为节气门轴卡滞，应拆卸、清洗节气门体。

②按规定程序重新调整怠速。如调整无效，则应作进一步的检查。

③进行故障自诊断。如有故障代码，则按所显示的故障代码查找故障原因。

④检查空气阀。用钳子包上软布，将空气阀进气软管夹紧。如果发动机怠速转速能随之下降至正常转速，则说明空气阀在热车后不能关闭。对此，应检查空气阀电源线路是否正常。如正常，则应更换空气阀。

⑤检查冷却液温度传感器。若拔掉冷却液温度传感器导线连接器后，发动机怠速转速恢复正常，说明冷却液温度传感器有故障，向 ECU 送过低的冷却液温度信号(注意：在拔掉冷却液温度传感器导线连接器后，发动机故障指示灯会亮起，此时 ECU 的失效保护功能起作用，自动将冷却液温度设定为 80 ℃，在重新插上冷却液温度传感器导线连接器后，ECU 内仍会留下表示冷却液温度传感器故障的代码，对此，应在发动机熄火后拆下蓄电池负极搭铁线，持续约 30 s 时间，以消除 ECU 中的故障代码)。

⑥检查怠速控制阀。发动机熄火后拔下怠速控制阀导线连接器，待起动后再插上。如果发动机转速随之变化，说明怠速控制阀工作正常；否则，应检查控制线路或更换怠速控制阀。

⑦在接通空调开关后或转动转向盘时，如果发动机转速没有变化，说明怠速自动控制系统有故障，应检查空调开关、动力转向器压力开关及怠速自动控制线路。

⑧用钳子包上软布将曲轴强制通风阀软管夹紧。如果发动机转速随之下降，则说明曲轴箱强制通风阀在怠速时漏气，使发动机进气量过大，影响怠速。对此，应更换曲轴箱强制通风阀。

电控汽油喷射发动机热车怠速过高的故障诊断与排除程序如图 2-4-170 所示。电控汽油喷射发动机怠速过高的故障诊断与排除程序如图 2-4-171 所示。

5. 怠速上下波动

(1)故障现象。发动机怠速运转时怠速转速不断地上下波动。

(2)故障原因。怠速开关(节气门位置传感器)调整不当，在怠速时怠速开关触点不闭合；喷油器雾化不良或堵塞；空气流量传感器有故障；怠速控制阀或怠速自动控制电路有故障；冷却液温度传感器信号不正确；氧传感器失效或反馈控制电路有故障。

(3)故障诊断与排除

①进行故障自诊断。要特别注意有无节气门位置传感器、冷却液温度传感器、空气流量传感器、氧传感器、怠速控制阀的故障代码。如有故障代码，应检查相应的传感器及其电路。

②怠速时，逐个拔下各缸高压线或喷油器导线连接器，检查发动机各缸工作是否均匀。如果拔下某缸高压线或喷油器导线连接器，发动机转速下降不明显，说明该缸工作不良，应拆检该缸火花塞或喷油器。

③检查冷却液温度传感器在不同温度下的电阻是否符合标准值。若不符合标准值，应更换冷却液温度传感器。

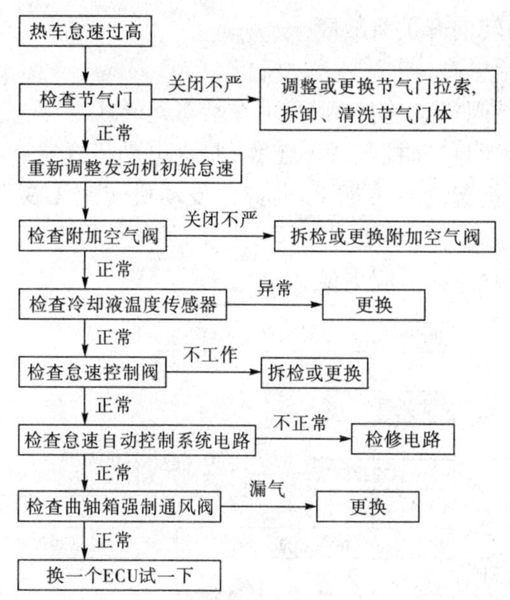

图 2-4-170 热车怠速过高的故障诊断与排除程序

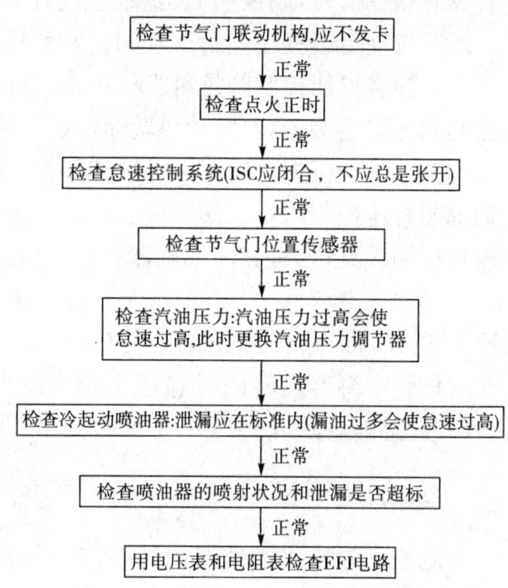

图 2-4-171 怠速过高的故障诊断排除程序

④检查空气流量传感器,如有异常,应更换。

⑤在怠速运转中拔下怠速控制阀导线连接器。如果怠速上下波动的现象消失,但随之怠速不稳现象加剧,说时怠速控制阀工作正常,喷油系统有故障;如果怠速波动现象不变,则说明怠速控制阀工作不良或不工作。对此,应检查怠速控制阀导线连接器处有无脉冲电信号。无信号,则说明控制线路或 ECU 有故障;有信号,则说明怠速控制阀卡住,应拆检或更换怠速控制阀。

电控汽油喷射发动机怠速上下波动的故障诊断与排除程序如图 2-4-172 所示。

6.使用空调器或转向时怠速不稳或熄火

(1)故障现象。在发动机怠速运转中使用空调器或汽车转向时怠速过低、不稳,甚至熄火,关闭空调器或停止转向时怠速运转正常。

(2)故障原因。发动机初始怠速调整过低,使怠速自动控制无法正常进行;怠速控制阀不工作,在使用空调器或汽车转向时,由于空调压缩机或动力转向液压泵开始工作,增大了发动机负荷,导致怠速过低、运转不稳或熄火;空调开关或动力转向开关及其控制线路有故障,使 ECU 得不到使用空调器和汽车转向的信号,没有进行怠速自动控制,导致怠速过低、不稳或熄火。

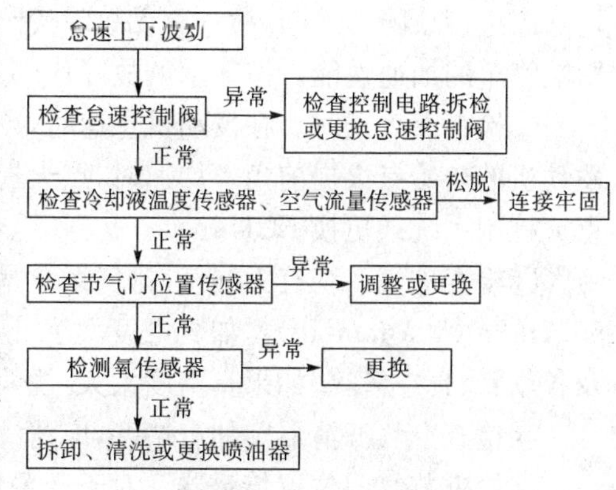

图 2-4-172 怠速上下波动的故障诊断与排除程序

(3)故障诊断与排除

①进行故障自诊断,读取故障代码。有些车型的 ECU 能检测出怠速控制阀的工作状态。当怠速控制阀工作不正常(如线路短路或断路)时,ECU 会显示出一个故障代码。也可以通过故障检测仪来检测怠速控制阀的工作状态,在汽车运转过程中检测 ECU 向怠速控制阀发出的指令。如有 ECU 指令而怠速控制没有相应的反应,则说明怠速控制阀或控制线路有故障;

若没有指令信号，则说明ECU或空调开关、动力转向开关有故障。

②按规定的程序重新检查调整发动机的初始怠速。

③检查怠速控制阀是否工作正常。脉冲电磁阀式怠速控制阀，可在汽车运转中拔下怠速控制阀导线连接器，若发动机转速没有变化，则说明怠速控制阀不工作；步进电动机式怠速控制阀应在发动机熄火后拔下导线连接器，待发动机起动后再插上，若此时发动机转速无变化，则说明怠速控制阀不工作，对此，应进一步检查导线连接器处有无脉冲电压，如无脉冲电压，应检查控制线路；如有脉冲电压，则说明怠速控制阀有故障，应更换。

⑤检查空调开关、动力转向开关有无故障，与ECU的连接线路有无断路或短路。

使用空调器或转向时怠速不稳或熄火的故障诊断与排除程序如图2-4-173所示。

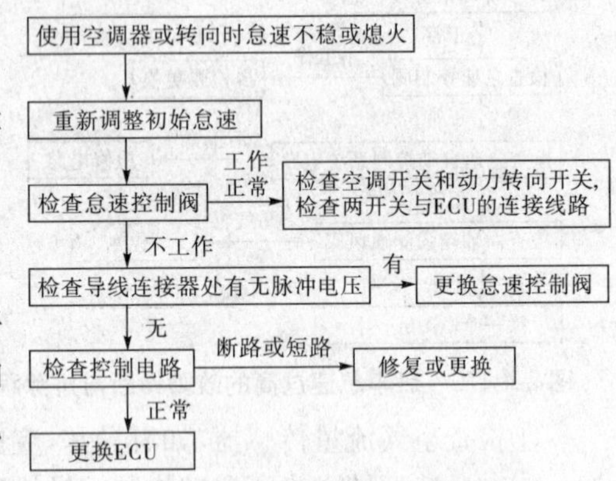

图2-4-173 使用空调器或转向时怠速不稳或熄火的故障诊断与排除程序

四、加速不良

电控汽油喷射发动机的特点之一是具有极好的加速性能，其加速十分灵敏、迅速。如果出现加速反应迟滞等现象，即说明电控汽油喷射发动机电子控制系统有故障，应及时进行检修。

(1)故障现象。踩下加速踏板后发动机转速不能马上升高，有迟滞现象，加速反应迟缓，或在加速过程中发动机转速有轻微的波动。

(2)故障原因。点火提前角不正确；汽油压力过低；进气系统中有漏气；节气门位置传感器或空汽流量传感器故障；喷油器工作不良；废气再循环系统工作不正常；排气不畅。

(3)故障诊断与排除

①进行故障自诊断，检查有无故障代码。空气流量传感器、节气门位置传感器等故障都会影响汽车的加速性能。按显示的故障代码查找故障原因。

②检查点火正时。在发动机怠速时，点火提前角应符合车型技术要求。如不正确，应调整发动机的初始点火提前角。加速时，点火提前应能自动地加大到一倍左右。如有异常，应检查点火控制系统或更换ECU。

③检查进气系统有无漏气，排气系统是否脏堵。测量进气管真空度，怠速时真空度应大于66.7 kPa (500 mmHg)。如真空度太小，说明进气系统有漏气处，应仔细检查各进气管接头处及各软管、真空管等；如果真空度太大，说明排气系统堵塞。

④检查空气滤清器。如有堵塞，应清洗或更换。

⑤检查节气门位置传感器。对于开关量输出型节气门位置传感器，在节气门全闭时，怠速开关触点应闭合；节气门打开时，怠速开关触点应断开；节气门接近全开时，全负荷开关触点应闭合。对线性输出式节气门位置传感器，在节气门由全闭到全开变化时，其信号端子与搭铁端子间的电阻值应连续增大，不应出现断续现象。如有异常，应按规定进行调整或更换。

⑥检查汽油压力。怠速时，汽油压力应符合规定值；加速时，汽油压力应能上升50 kPa左右。如油压过低，应检查汽油压力调节器、电动汽油泵等。

⑦拆卸、清洗各喷油器。检查喷油器在加速工况下的喷油量。如有异常，应更换喷油器。

⑧检测空气流量传感器。如有异常，应更换。

⑨对于设有废气再循环系统的电控汽油喷射发动机，可以拔下废气再循环阀上的真空软管，并将其塞住，然后再检查发动机的加速性能。如果此时加速性能恢复正常，则说明废气再循环系统工作不正常，再循环的废气量太大，影响了发动机的加速性能。对此，应检查废气再循环阀工作是否正常。如有异常，应更换。

电控汽油喷射发动机加速不良的故障诊断与排除程序如图2-4-174所示。

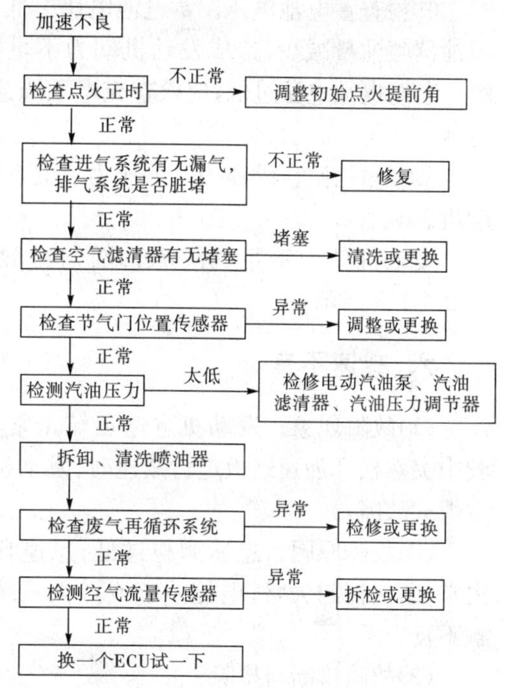

图2-4-174 发动机加速不良的故障诊断与排除程序

五、动力不足

(1)故障现象。发动机无负荷运转时基本正常，但带负荷运转时加速缓慢，上坡无力，加速踏板踩到底时仍感到动力不足，转速提不高，达不到最高车速。

(2)故障原因。空气滤清器堵塞；节气门调整不当，不能全开；汽油压力过低；蓄电池电压过低；喷油器堵塞或雾化不良；冷却液温度传感器故障；空气流量传感器故障；点火正时不当或高压火花太弱；发动机汽缸压缩压力过低；排气系统堵塞。

(3)故障诊断与排除

①将加速踏板踩到底，检查节气门能否全开。如不能全开，应调整节气门拉索或踏板。

②检查空气滤清器有无堵塞。如有堵塞，应清洗或更换。

③进行故障自诊断，检查有无故障代码出现。影响发动机动力性的传感器和执行器有：冷却液温度传感器、空气流量传感器或进气歧管绝对压力传感器、点火器、喷油器等。按所显示的故障代码查找故障原因。

④检查节气门位置传感器的怠速开关和全负荷开关是否调整正确。如不正确，应按标准重新调整。

⑤检查点火正时，在热车后的怠速运转中检查点火提前角应为10°～15°，加速时点火提前角应能自动提前至20°～30°。如怠速时的点火提前角不正确，应调整初始点火提前角；如果加速时点火提前角不正常，应检查点火提前控制线路及曲轴位置传感器、点火器等。

⑥检查冷却液温度传感器。在不同温度下，冷却液温度传感器的电阻应能按规定标准值变化。如不符合标准值，应更换冷却液温度传感器。

⑦检查空气流量传感器或进气歧管绝对压力传感器。如有异常，应更换。

⑧检查所有火花塞、高压线、点火线圈、点火器等。如有异常，应更换

⑨检查汽油压力。如汽油压力过低，应进一步检查电动汽油泵、汽油压力调节器、汽油滤清器等。

⑩拆卸喷油器，检查喷油量是否正常。如喷油量不正常或喷油雾化不良，应清洗或更换喷油器。

⑪检查蓄电池电压。蓄电池电压过低，会引起喷油器喷油量减少，造成发动机动力不足，加速迟缓。若蓄电池电压过低，应检查充电系统或更换蓄电池。

⑫测量汽缸压缩压力。如压力过低，应拆检发动机。

发动机动力不足的故障诊断与排除程序如图 2-4-175 所示。

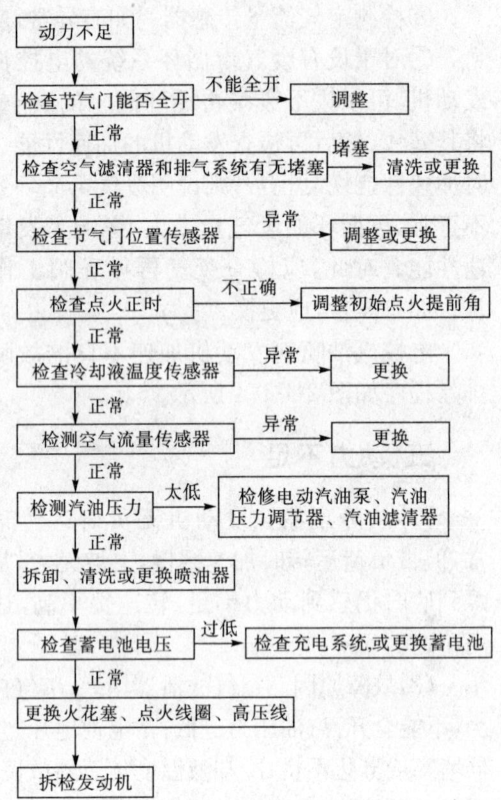

图 2-4-175 发动机不足的故障诊断与排除程序

六、减速不良

(1)故障现象。发动机怠速运转正常，但在行驶中突然松开加速踏板进行减速时，发动机经常发生熄火故障。

(2)故障原因。怠速调整过低；怠速自动控制失常；断油控制失常；电控系统或点火系统线路接触不良。

(3)故障诊断与排除

①如果有怠速不稳现象，应先按“怠速不稳”故障的检查方法进行检查。

②检查发动机初始怠速。如果初始怠速过低，应按规定程序和标准进行调整。

③检查节气门位置传感器。在节气门全闭时，节气门位置传感器内的怠速开关触点应闭合或节气门位置传感器信号电压应符合车型技术要求。否则，应按标准进行调整。如果调整无效，应更换节气门位置传感器。

④检查怠速控制。发动机熄火后拔下怠速控制阀导线连接器，待发动机起动后再插上导线连接器。如果发动机转速无变化，说明怠速控制阀不工作，应检查在发动机怠速运转时怠速控制阀导线连接器内有无脉冲电压信号输出。如无信号，则就检查控制线路；如有信号，则说明怠速控制阀已损坏，应更换。

⑤检查减速断油功能是否正常。拔下节气门位置传感器导线连接器，对带怠速开关的车型，用一根导线将连接器内怠速开关触点的两接线孔插孔短接，起动发动机，踩下加速踏板加速，观察发动机转速能否在断油转速和回油转速之间来回变化(图 2-4-176)，并记下回油转速的数值。如果回油转速过低(一般不低于 1 200 r/min)，说明 ECU 内断油控制功能失常，应更换 ECU。

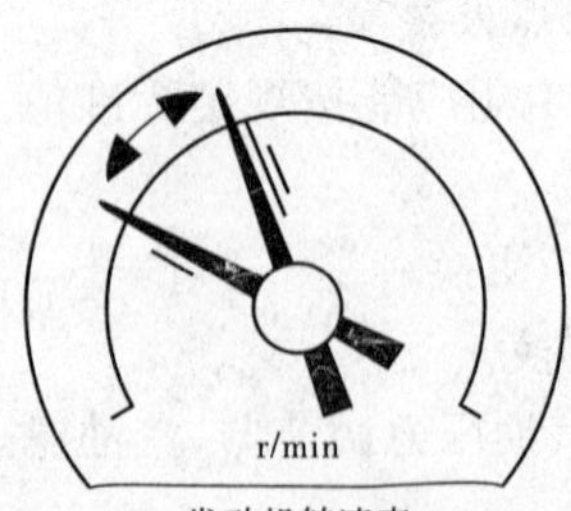

图 2-4-176 急减速断油功能的检测

⑥全面检查 ECU 控制线路及点火线路各连接器处有无接触不良。

发动机减速不良的故障诊断与排除程序如图 2-4-177 所示。

七、油耗过大

(1)故障现象。发动机动力良好，但耗油量过大，加速时排气管冒黑烟。

(2)故障原因。冷却液温度传感器失常;空气流量传感器或进气歧管绝对压力传感器失常;节气门位置传感器失常;汽油压力过高;冷起动喷油器漏油或冷起动控制失常;喷油器漏油。

(3)故障诊断与排除

①检测冷却液温度传感器,其在不同温度下的电阻值应符合标准。电阻太大,会使ECU误认为发动机处于低温状态,从而进行冷车加浓控制,使油耗增加。也可以用故障检测仪来检测,它能在发动机运转中显示冷却液温度传感器传给ECU的信号所表示的冷却液温度数值,将这一数值与发动机实际冷却液温度相比较,就能直观地反映出冷却液温度传感器是否工作正常。

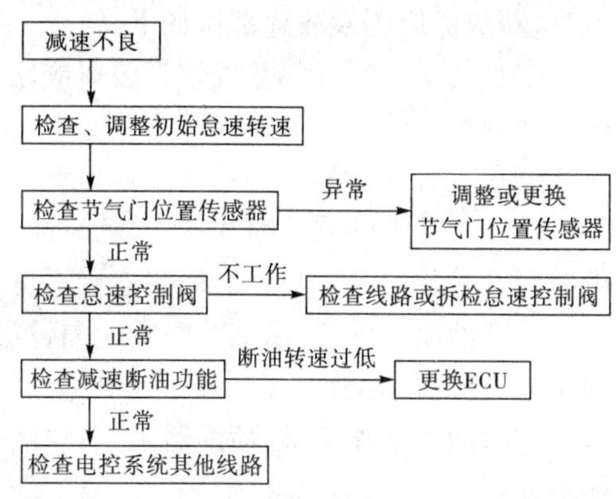

图 2-4-177 电控汽油喷射发动机减速不良的故障与排除程序

②检测空气流量传感器或进气歧管绝对压力传感器,其数值应符合标准。空气流量传感器或进气歧管绝对压力传感器的误差会直接影响喷油量。检测结果如有异常,应更换空气流量传感器或进气歧管绝对压力传感器。

③检查节气门位置传感器。在节气门处于中小开度时,全负荷开关触点应断开。若全负荷开关触点始终闭合或闭合时间过早,会使ECU始终或过早地进行全负荷加浓,从而增大油耗。

④测量汽油压力。怠速时的汽油压力应符合规定值,随着节气门的开启,汽油压力应逐渐上升,节气门全开时的汽油压力约比怠速时高50 kPa。若汽油压力能随节气门开度变化而改变,但压力始终偏高,则说明汽油压力调节器有故障,应更换。若汽油压力不能随节气门开度变化而改变,则说明汽油压力调节器的真空软管破裂或脱落,若汽油压力调节控制电磁阀有故障,使进气管真空度没有作用在汽油压力调节器的真空膜片室,导致油压过高,对此,应更换软管或电磁阀。

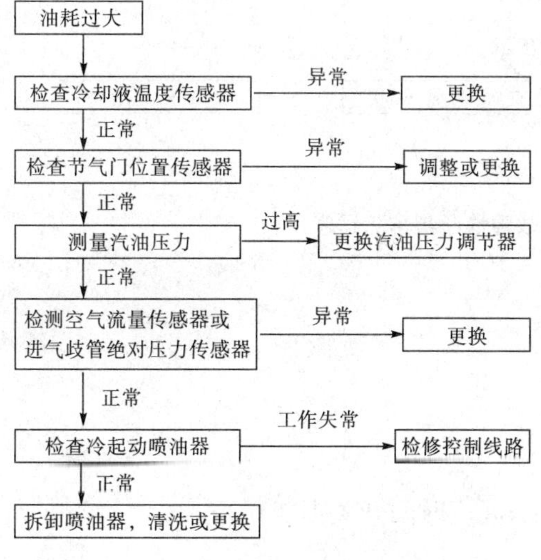

图 2-4-178 发动机油耗过大的故障诊断与排除程序

⑤检查冷起动喷油器控制是否正常。用万用表电压挡或试灯接在冷起动喷油器导线连接器上,检查发动机起动时冷起动喷油器工作的持续时间是否符合标准值。若工作时间过长或起动后一直工作,则说明冷起动喷油控制失常,应检查冷起动温度时间开关及控制电路。

⑥拆卸喷油器,检查各喷油器有无漏油。如有异常,应清洗或更换喷油器。

电控汽油喷射发动机油耗过大的故障诊断与排除程序如图2-4-178所示。

八、发动机进气管回火

(1)故障现象。发动机工作不正常,迅速增大节气门开度时进气管回火。

(2)故障原因及故障部位如下。

①进气系统漏气。空气软管破损或软管接头松脱;废气再循环阀不能关闭;加机油口盖关闭不严。

②点火时间过早。

③冷起动喷油器不喷油(冷起动时回火)。温度时间开关触点不良;冷起动喷油器故障;温度时间开关与冷起动喷油器线路连接不良。

④喷油压力偏低(输油管路有泄漏;汽油滤清器及输油管路阻塞;电动汽油泵工作不良;汽油压力调节器不良)

⑤喷油器工作不良(喷油器阻塞;喷油器串联电阻漏电;喷油器电源线路或导线连接器接触不良)。

⑥喷油器控制信号不良(空气流量传感器不良;冷却液温度传感器或进气温度传感器不良;节气门位置传感器不良;传感器至ECU线路不良)。

⑦蓄电池电压过低(蓄电池损坏;充电系统有故障)。

发动机进气管回火的故障诊断与排除程序如图2-4-179所示。

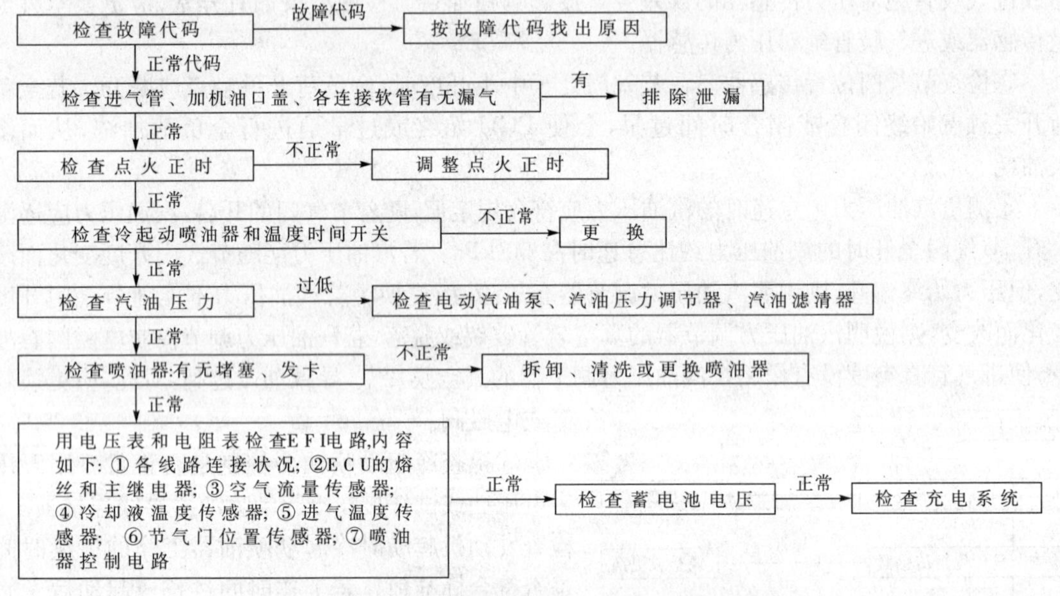

图2-4-179　发动机进气管回火的故障诊断与排除程序

九、排气管放炮

(1)故障现象。发动机工作不正常,排气管放炮。

(2)故障原因及故障部位如下。

①点火时间过迟。

②冷起动喷油器不正常供油。冷起动喷油器漏油;温度时间开关不能断开。

③喷油器漏油。

④汽油压力调节器不良(喷油压力过高)。

⑤点火系缺火或火花弱。点火线圈不良;火花塞电极烧蚀或积炭;分缸线漏电或松脱;分

电器盖漏电。

⑥喷油器控制信号不良。节气门位置传感器不良，氧传感器不良；传感器至 ECU 信号线路不良、ECU 故障。

⑦排气门漏气。

⑧怠速控制系统不良。

电控汽油喷射发动机排气管放炮的故障诊断与排除程序如图 2-4-180 所示。

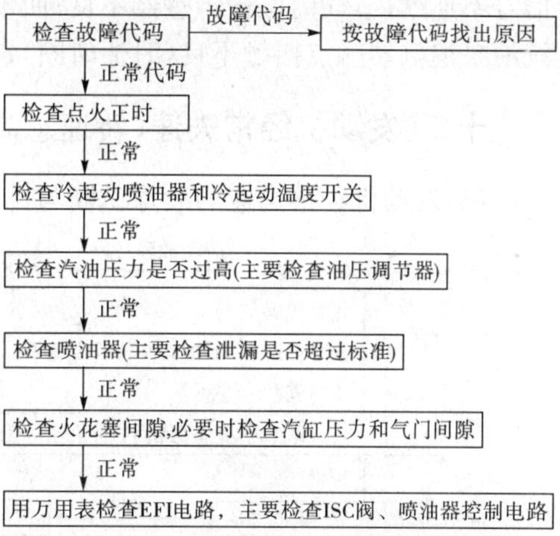

检查故障代码
故障代码
按故障代码找出原因
正常代码
检查点火正时
正常
检查冷起动喷油器和冷起动温度开关
正常
检查汽油压力是否过高(主要检查油压调节器)
正常
检查喷油器(主要检查泄漏是否超过标准)
正常
检查火花塞间隙,必要时检查汽缸压力和气门间隙
正常
用万用表检查EFI电路，主要检查ISC阀、喷油器控制电路

图 2-4-180　排气管放炮的故障诊断与排除程序

十、发动机喘抖

(1)故障现象。在车辆起步或加速时发动机喘抖，汽车加速困难。

(2)故障原因及故障部位如下。

①离合器打滑。

②制动器拖滞。

③进气系统漏气。空气软管破损或软管接头松脱；废气再循环(EGR)阀不能关闭；加机口盖关闭不严。

④空气滤清器堵塞。

⑤点火系统工作不良。火花塞积炭或电极间隙不正常；高压线漏电或松脱；分电器盖或分火头漏电；点火线圈不良；点火正时不正确。

⑥喷油压力过低。输油管路有泄漏；汽油滤清器或输油管路阻塞；电动汽油泵工作不良或滤网堵塞；汽油压力调节器不良。

检查离合器有无打滑、制动器有无发卡、发“咬”
正常
检查进气管路有无漏气
正常
检查高压火花强否(不强时先检查高压电路)
正常
故障代码
检查故障代码
按故障代码查找原因
正常代码
检查点火正时
正常
检查汽油压力 (电动汽油泵、汽油滤清器、汽油压力调节器)
正常
检查喷油器喷射状况
正常
检查火花塞,必要时检查汽缸压力和气门间隙
正常
用万用表检查EFI的电路

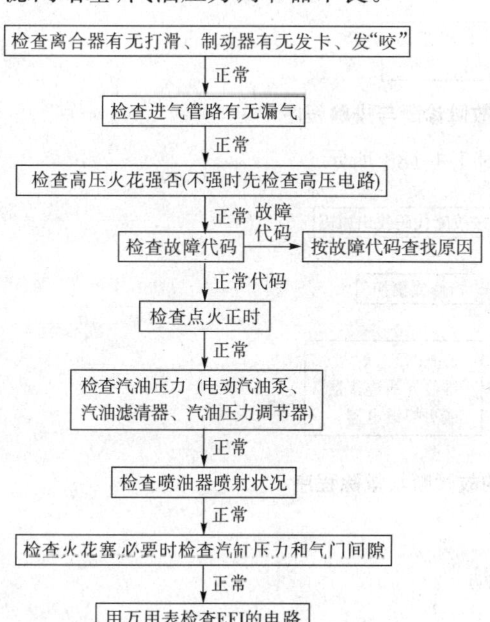

图 2-4-181　电控汽油喷射发动机喘抖的故障诊断与排除程序

⑦喷油器工作不良。喷油器阻塞；串联电阻漏电；喷油器驱动电源线路不良。

⑧喷油器控制信号不良。空气流量传感器不良；冷却液温度传感器、进气温度传感器不良；节气门位置传感器不良；有关线路和连接器接触不良；ECU 故障。

⑨个别缸不工作。汽缸垫损坏；个别缸火花塞不良；个别缸喷油器不良；高压分线不良；个别缸进排气门漏气。

发动机喘抖的故障诊断与排除程序如图 2-4-181 所示。

十一、发动机间歇熄火

(1)故障现象。发动机突然熄火，过后会自动着火(或可以起动)正常运转，不定时又会突然自行熄火。

(2)故障原因及故障部位。空气流量传感器

信号不连续;节气门位置传感器不良;曲轴位置传感器信号线路时通时断;EFI 主继电器、电动汽油泵继电器触点接触不良(时通时断);有关线路或导线连接器松动;ECU 不良。

十二、发动机经常失速(转速忽高忽低)

(1)发动机经常失速的故障诊断与排除程序如图 2-4-182 所示。

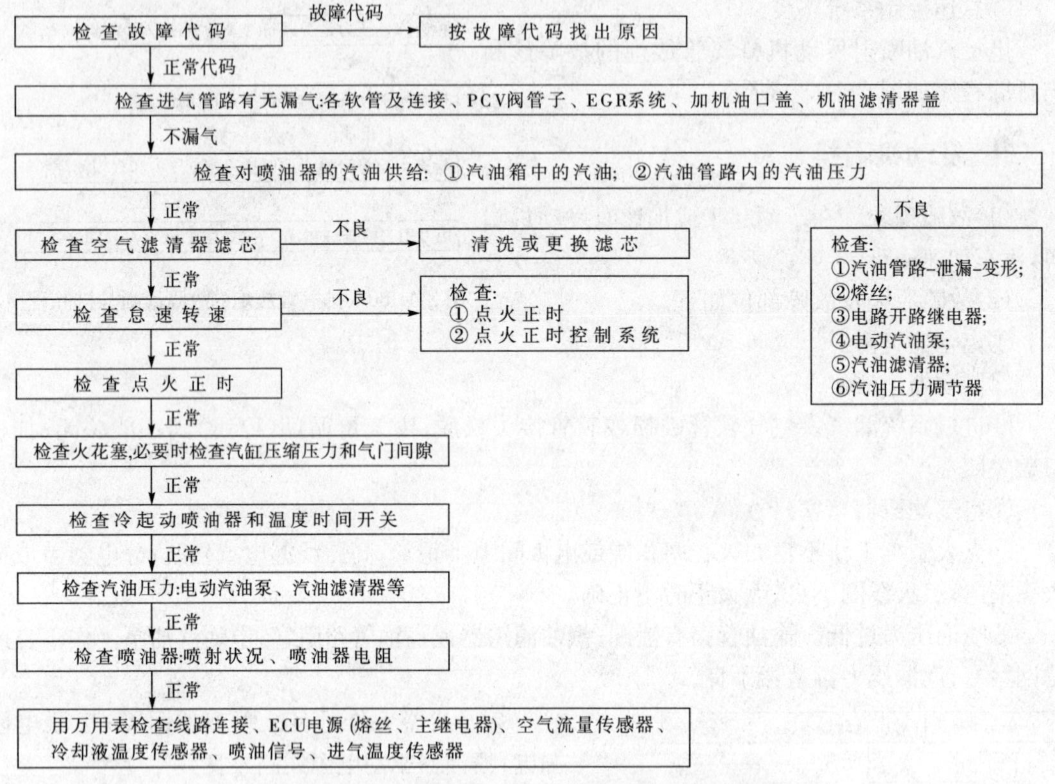

图 2-4-182　发动机经常失速的故障诊断与排除程序

(2)发动机有时失速的故障诊断与排除程序如图 1-4-183 所示。

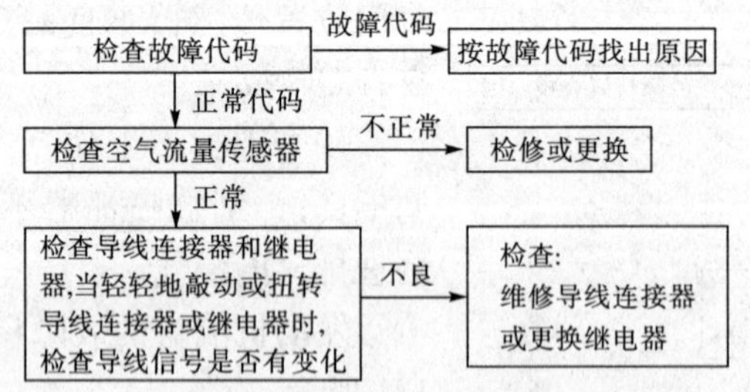

图 2-4-183　发动机有时失速的故障断与排除程序

本 章 小 结

本章介绍了以下几方面的内容:

◆汽油喷射的基本概念、类型及基本组成。

◆汽油喷射发动机进气系统主要部件的结构与检修方法。

◆电子节气门系统结构与检修方法。

◆怠速控制系统结构与检修方法。

◆进气增压控制系统的结构与检修方法。

◆喷油器易损故障的类型及原因，喷油器堵塞故障的检测诊断方法。

◆油路故障诊断方法。

◆汽油喷射发动机电控系统主要部件结构与检修。

◆宽量程氧传感器的结构原理。

◆ECU 结构与检修方法。

◆电控汽油喷射系统主要元件的故障现象。

◆电控汽油喷射发动机常见故障诊断与排除方法。

复习思考题

1. 汽油喷射的基本概念是什么？化油器式和汽油喷射式汽油供给系统的区别是什么？

2. 汽油喷射系统有哪些类型？各种类型汽油喷射系统有何特点？

3. 简述电控汽油喷射系统的基本组成及功能。

4. 空气流量传感器有哪些类型？简述各种类型空气流量传感器的结构与检修方法。

5. 进气歧管绝对压力传感器有哪些类型？简述各种类型进气歧管绝对压力传感器结构与检修方法。

6. 简述进气温度传感器结构与检修方法。

7. 发动机进气量调节装置的功能是什么？进气量调节装置主要包括哪些装置？

8. 节气门体和节气门位置传感器有哪些类型？简述各种类型节气门体和节气门位置传感器结构与检修方法。

10. 简述节气门体节气门位置传感器常见故障及影响。

11. 如何进行节气门体的清洗？在清洗节气门体时要注意什么问题？

12. 简述电子节气门系统结构与检修方法。如何进行电子节气门系统的初始化？

13. 简述怠速控制系统结构与检修方法。

14. 怠速控制系统的典型故障有哪些？

15. 怠速转速过低的原因有哪些？如何进行怠速转速过低故障的诊断？

16. 怠速转速过高的原因有哪些？如何进行怠速转速过高故障的诊断？

17. 怠速不稳与喘车的原因有哪些？如何进行怠速不稳与喘车故障的诊断？

18. 简述进气涡轮增压控制系统结构与检修方法。

19. 请对涡轮增压器的常见故障进行分析？

20. 简述进气惯性增压控制系统的结构与检修方法？

21. 电动汽油泵的功能是什么？常见电动汽油泵有哪些类型？

22. 简述电动汽油泵结构。

23. 请分析电动汽油泵的控制电路。

24. 电动汽油泵的常见故障有哪些？

25. 简述电动汽油泵检测方法。

26. 电动汽油泵控制电路的常见故障有哪些？如何进行电动汽油泵控制电路的检测？

27. 汽油压力调节器的作用是什么？

28. 简述汽油压力调节器的结构和工作原理。

29. 喷油器有哪些类型？

30. 简述各种结构类型喷油器的结构。

31. 简述喷油器的基本控制电路和工作原理。

32. 喷油器针阀的工作特性是什么？

33. 喷油器的驱动方式有哪些？各有什么特点？

34. 喷油器易损故障的类型及原因是什么？

35. 如何进行喷油器的检测诊断？

36. 简述喷油器堵塞故障的检测诊断方法。

37. 简述冷起动喷油器结构与检修方法。

38. 简述冷起动喷油器的控制方式。

39. 如何进行燃油系统压力的检测？请根据燃油压力检测结果分析燃油系统的故障。

40. 简述冷却液温度传感器结构原理、常见故障和检修方法。

41. 简述磁脉冲式曲轴位置传感器/发动机转速传感器结构原理、常见故障和检修方法。

42. 简述光电式曲轴位置传感器结构原理、常见故障和检修方法。

43. 简述霍尔式曲轴位置传感器结构原理、常见故障和检修方法。

44. 简述可变磁阻式曲轴位置传感器结构原理、常见故障和检修方法。

45. 目前使用的氧传感器有哪几种类型？

46. 简述氧化锆式氧传感器结构原理、常见故障和检修方法。

47. 简述氧化钛式氧传感器结构原理、常见故障和检修方法。

48. 简述宽量程氧传感器结构原理、常见故障和检修方法。

49. ECU 损坏故障的原因有哪些？

50. 对 ECU 进行检测时应该注意哪些问题？

51. 简述 ECU 的检测方法。

52. 确认 ECU 是否损坏的方法步骤是什么？

53. 发动机电控汽油喷射系统主要元件故障现象有哪些？

54. 发动机不能起动的原因有哪些？如何进行发动机不能起动故障的诊断？

55. 发动机起动困难的原因有哪些？如何进行发动机起动困难故障的诊断？

56. 发动机怠速不稳易熄火的原因有哪些？如何进行发动机怠速不稳易熄火故障的诊断？

57. 冷车怠速不稳易熄火的原因有哪些？如何进行冷车怠速不稳易熄火故障的诊断？

58. 热车怠速不稳或熄火的原因有哪些？如何进行热车怠速不稳或熄火故障的诊断？

59. 热车怠速过高的原因有哪些？如何进行热车怠速过高故障的诊断？

60. 怠速上下波动的原因有哪些？如何进行怠速上下波动故障的诊断？

61. 使用空调器或转向时怠速不稳或熄火的原因有哪些？如何进行使用空调器或转向时怠速不稳或熄火故障的诊断？

62. 加速不良的原因有哪些？如何进行加速不良故障的诊断？

63. 动力不足的原因有哪些？如何进行动力不足故障的诊断？

64. 减速不良的原因有哪些？如何进行减速不良故障的诊断？

65. 油耗过大的原因有哪些？如何进行油耗过大故障的诊断？

66. 发动机进气管回火的原因有哪些？如何进行发动机进气管回火故障的诊断？

67. 排气管放炮的原因有哪些？如何进行排气管放炮故障的诊断？

68. 发动机喘抖的原因有哪些？如何进行发动机喘抖故障的诊断？

69. 发动机间歇熄火的原因有哪些？如何进行发动机间歇熄火故障的诊断？

70. 发动机经常失速(转速忽高忽低)的原因有哪些？如何进行发动机经常失速(转速忽高忽低)故障的诊断？

71. 发动机间歇熄火的原因有哪些？如何进行发动机间歇熄火故障的诊断？

第五章　柴油机燃油供给系统结构与检修

本章要点

通过本章的学习：

★熟悉泵-管-嘴柴油供给系结构与检修。

★掌握泵-喷嘴柴油供给系结构与检修。

★熟悉 P-T 柴油供给系结构与检修。

★熟悉共轨式柴油供给系结构与检修。

★掌握柴油机燃料供给系故障诊断方法。

第一节　泵—管—嘴柴油供给系结构与检修

一、泵—管—嘴柴油机燃料供给系的功用与组成

柴油机燃料供给系的功用主要是完成燃料的储存、滤清和输送工作，按柴油机各种不同工况的要求，定时、定量、定压并以一定的喷油质量喷入燃烧室，使其与空气迅速而良好地混合和燃烧，最后使废气排入大气。柴油机燃料供给系的组成如图 2-5-1 所示，由燃油供给系统、空气供给系统、混合气形成系统及废气排出系统等四部分组成。

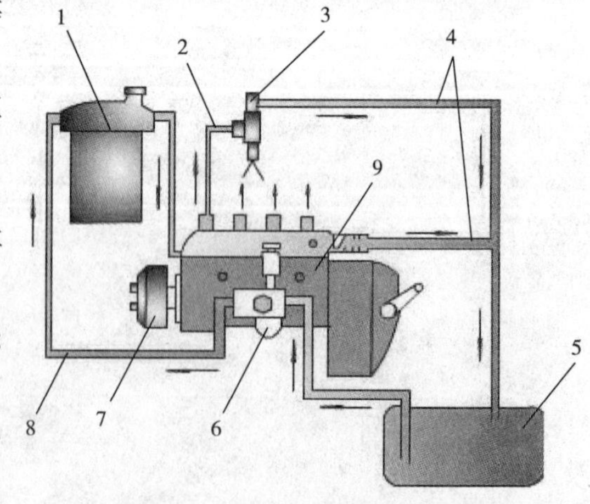

图 2-5-1　柴油机燃料供给系统

1-滤清器；2-高压油管；3-喷油器；4-回油管；5-油箱；6-输油泵；7-调速器；8-低压油管；9-喷油泵

(1)燃油供给系统。柴油机燃油供给系统主要由柴油箱、输油泵、低压油管、滤清器、喷油泵、高压油管和喷油器及回油管等组成。

(2)空气供给系统。柴油机空气供给系统主要由空气滤清器、进气管等组成，有的还有增压器。

(3)混合气形成。柴油机的混合气是在燃烧室内形成的。

(4)废气排出系统。柴油机的废气排出系统主要由排气管及排气消声器组成。

(5)燃油供给路线。柴油机燃油供给系统的低压油路从柴油箱到喷油泵入口，油压一般为 0.15～0.3 MPa。柴油机燃油供给系统的高压

油路从喷油泵到喷油器，油压在 10 MPa 以上。柴油机燃油供给系统的输油泵供油量比喷油泵的最大喷油量大 3～4 倍，大量多余的燃油经喷油泵进油室一端的限压阀和回油管流回输油泵的进口或直接流回柴油箱。喷油器工作间隙漏泄的极少数柴油也经回油管流回柴油箱。

二、喷油器结构与检修

喷油器的功用是使一定数量的燃油得到良好的雾化，同时使燃油的喷射按燃烧室类型合理分布。喷油器工作时应满足如下要求：应具有一定的喷射压力和射程，合适的喷雾锥角和雾化质量；喷停要迅速，不发生燃油滴漏；开始喷油少，中期喷油多，后期喷油少。

喷油器分为开式和闭式两种类型，车用柴油机多数采用闭式喷油器。闭式喷油器按其结构形式可分为孔式和轴针式两种基本类型，如图 2-5-2 所示。

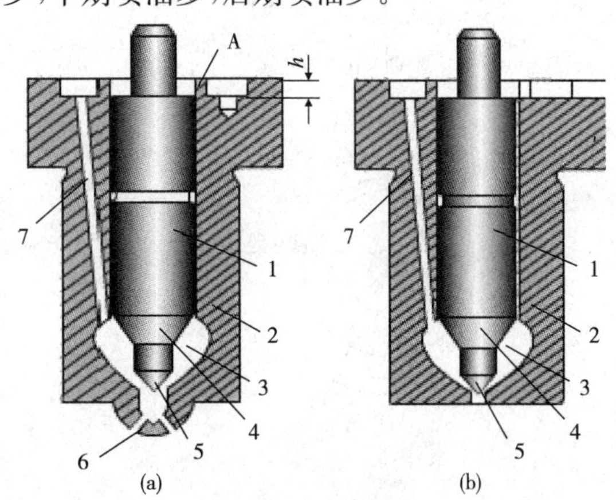

图 2-5-2 闭式喷油器的两种基本类型

(a)孔式；(b)轴针式

1-针阀；2-针阀体；3-高压油腔；4-承压锥面；5-密封锥面；6-喷孔；7-进油道

A-限位面；h-针阀升程

1. 孔式喷油器

孔式喷油器的结构如图 2-5-3 所示，它主要由针阀、针阀体、顶杆、调压弹簧、调压螺钉、喷油器体等组成。

针阀和针阀体是用优质轴承钢制成的一对不能互换的高精密偶件（一般称其为喷油嘴或喷油头），如图 2-5-2 中 1、2。针阀上部圆柱面与针阀体相应的内圆柱面为高精度的滑动配合，配合间隙为 0.001～0.0 025 mm。此间隙过大，则会泄漏较多的柴油而使油压下降，喷油滞后，影响喷雾质量，减少供油量；间隙过小，则针阀不能自由滑动。针阀中部的环形锥面4 位于针阀体的环形油腔中，其作用是承受由油压产生的轴向推力，以使针阀上升，故此锥面称为承压锥面。针阀下端的锥面 5 与针阀体相应的内锥面配合，共同起密封喷油器内腔的作用，称为密封锥面，用于打开或切断高压油与燃烧室的通路。针阀上部有凸肩，当针阀关闭时凸肩与喷油器体下端面的距离 h 为针阀最大升程，其大小决定了喷油量的多少，一般 $h=0.4$～0.5 mm。针阀顶部通过顶杆 8 承受调压弹簧 7 的预压力（图 2-5-3a），使针阀处于关闭状态。针阀体与喷油器体的结合处一般有 1～2 个定位销 10 防止转动，以免影响正常供油。

喷油器在工作中，由喷油泵输来的高压柴油，经过油管接头进入喷油器，再经喷油器体上的进油道 7（图 2-5-2a）进入针阀体中部的环形油腔——高压油腔 3。油压作用在针阀的承压锥面 4 上，对针阀形成一个向上的轴向推力，此推力一旦大于调压弹簧的预压力及针阀偶件之间的摩擦力（此力很小），针阀立即上移，针阀下端密封锥面 5 离开针阀体锥形环带，打开喷孔，于是柴油即以高压喷入燃烧室中。喷油泵停止供油时，高压油道内压力迅速下降，针阀在调压弹簧作用下及时回位，将喷孔关闭。可见，针阀的开启压力，即喷油压力的大小取决于调压弹簧的预紧力。预紧力大，喷油压力大；反之，则降低。调压弹簧预紧力大小可通过调压螺钉 5（图 2-5-3a）调整（拧入时压力增大，拧出时压力减小），在调整后用调压锁紧螺母将其锁紧固定。有的喷油器调压弹簧的预紧力，由调压垫片（图 2-5-3b）调整。

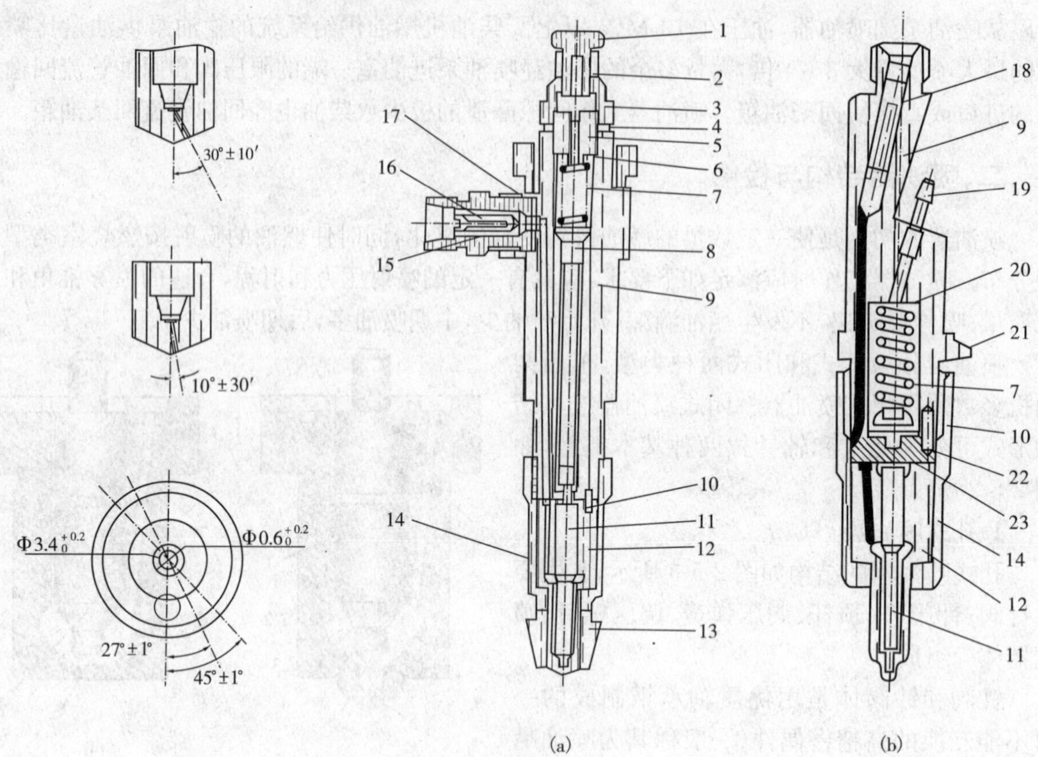

图 2-5-3　孔式喷油器的结构

(a)有调压螺钉；(b)无调压螺钉

1-回油管螺栓；2-回油管衬垫；3-调压螺钉护帽；4-调压螺钉垫圈；5-调压螺钉；6-调压螺钉垫圈；7-调压弹簧；8-顶杆；9-喷油器体；10-定位销；11-针阀；12-针阀体；13-喷油器锥体；14-喷油嘴紧固螺套；15-进油管接头；16-滤芯；17-进油管接头衬垫；18-缝隙滤芯；19-回油管接头；20-调压垫片；21-定位凸缘；22-弹簧座；23-中间盘

在喷油器工作期间，会有少量的柴油从针阀和针阀体之间的间隙缓慢漏出。这部分柴油对针阀起润滑作用，并沿顶杆周围空隙上升，通过调压螺钉或调压垫片中间的油孔进入回油管，然后流向柴油箱。

孔式喷油器主要用于直接喷射燃烧室，喷油孔的数目一般为 1～8 个，喷孔直径为 0.2～0.8 mm，喷孔数与喷孔角度的选择视燃烧室的形状、大小及空气涡流情况而定。YC6105QC 型和 YC6100Q 型柴油机即采用多孔式喷油器，喷油嘴为 4 孔等直径(0.32 mm)，针阀开启压力为 18.62±0.49 MPa。

柴油机喷油器通常用压板及螺栓固装在汽缸盖上的座孔中，并用铜锥体 13(图 2-5-3a)密封，防止漏气。

2. 轴针式喷油器

轴针式喷油器的工作原理与孔式的相同，其结构特点是针阀下端的密封锥面以下还延伸出一个轴针，其形状可以是倒锥形或圆柱形。轴针伸出喷孔外，使喷孔成为圆环状的狭缝(轴针与孔的径向间隙为 0.05 mm)。这样，喷油时喷注将呈空心的锥状或柱状(图 2-5-4)。喷孔通过断面与喷注锥角的大小取决于轴针的升程和形状，因此，要求轴针的形状加工得很精确。为了使柴油机工作柔和，改善后期燃烧条件，喷油器最好在每一循环的供油量中，开始喷油少、中间喷油多、后期喷油少。轴针式喷油器有两个可变的节流断面，通过密封锥面及轴针处的节流断面作用，可较好地满足该种喷油特性要求。如图 2-5-5 所示倒锥形轴针，随针阀的升程增大，其通过断面是先小后大又变小，因而喷油量前、后期少，而中期多，喷油特性较为理想。轴针式喷油器喷孔直径较大，一般为 1～3 mm，易于加工。其喷油压力为 10～13 MPa，适用于对喷雾要求不高的涡流室式燃烧室和预燃室式燃烧室。工作时，轴针在喷孔内上下往复运动，喷孔不易积炭，而且还能自行清除积炭，有自洁作用。

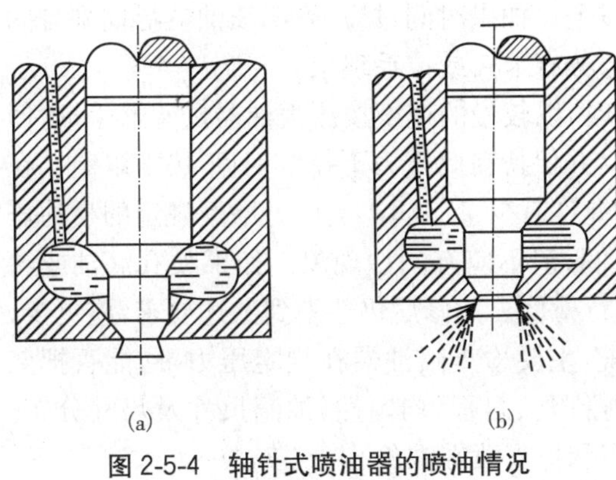

图 2-5-4　轴针式喷油器的喷油情况

(a)不喷油；(b)喷油

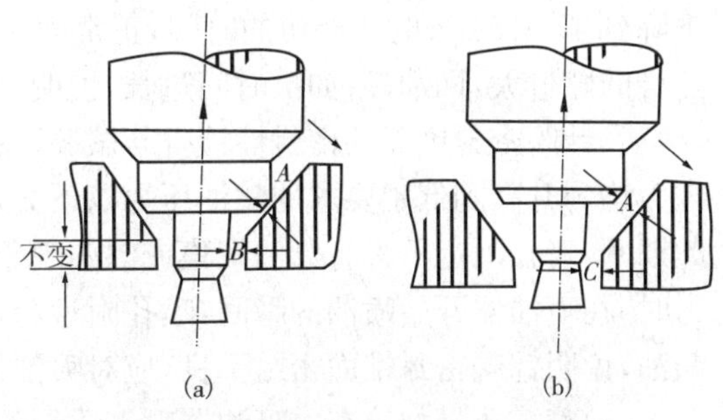

图 2-5-5　倒锥形轴针的节流作用

(a)升程较小时；(b)升程较大时

A-密封锥面处节流断面；B-喷油初期的节流断面；C-喷油中期的节流断面(主喷期)

3. 喷油器的检查调试

喷油器的全面检查包括外观检查、性能检查和内部状况检查。下面主要介绍在喷油实验器上进行的检查和调试项目。

喷油实验器结构如图 2-5-6 所示，由手油泵、压力表和储油罐等组成。油箱内的柴油经滤清后进入手油泵，经过手油泵加压后的柴油流入喷油器喷出。

在检查调试前，首先应对喷油实验器的密封性进行检查。堵住喷油实验器的出油口，压动手柄，使压力达 28 MPa 便停止压手柄，油压在 3 min 内下降不大于 980 kPa 为正常。

(1)喷油压力检查调试。检查时，将喷油器上的调压弹簧调整螺钉的锁紧螺母旋松，将喷油器装到试验器上，放气并将连接部位拧紧。快速按下试验器手柄若干次，等喷油器内的细小杂质和油污排出后，再缓慢地按动手柄(以 60 次/min 为宜)，同时观察油压表。当读数开始下降时，即为喷油器的开启压力，其数值应符合技术条件。一台发动机中各喷油器的喷油压力差异应不超过 0.025 MPa。如果喷油压力不符合规定要求，应视喷油器的结构按以下方法加以调整：用调压螺钉调整喷油压力的喷油器，可拧动调压螺钉进行调整，当拧入调压螺钉，压力增高；反之，则降

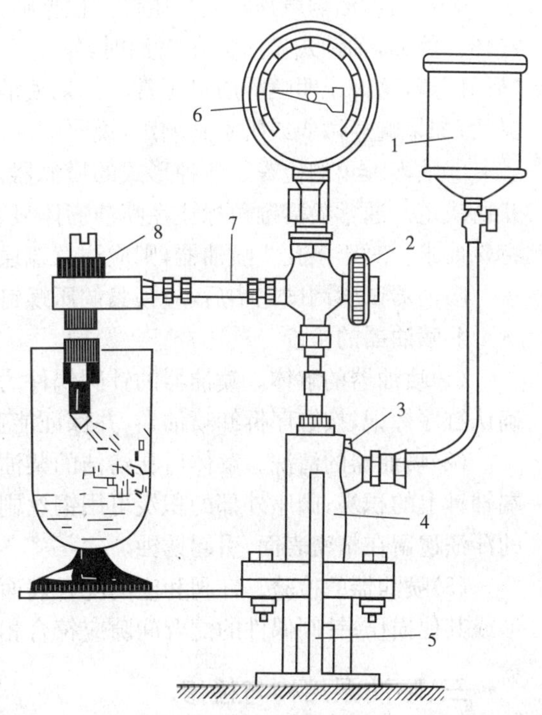

图 2-5-6　喷油实验器

1-油罐；2-开关；3-放气螺钉；4-油泵体；5-压油手柄；6-油压表；7-高压油管；8-喷油器

低;用调压垫片调整喷油压力的喷油器,可用增减调压垫片的方法进行调整,加厚调压垫片,喷油压力增高;反之,则降低。采用调压垫片调整喷油压力时,每只喷油器只能用一只调压垫片。

(2)喷油器密封性检查与试验。喷油器密封性检查与试验,主要有以下两个方面:

①导向部分配合严密性的检查与试验。对导向部分配合严密性的检查,通常采用降压法。检查与试验时,将喷油器装在喷油器试验器上,把喷油压力调到 19.6 MPa,观察由 19.6 MPa 下降到 17.6 MPa 时所经历的时间,正常为 10 s 以上。如果时间过短,说明喷油器导向部分的配合间隙过大,回油多;如果时间过长,说明导向部分有卡滞或拉毛现象。

②针阀密封锥面的密封性检查与试验。检查时,以较慢的速度按压喷油器试验器手柄,使压力均匀升高到低于要求的喷油压力以下 2 MPa,并保持在此压力下持续时间 10 s 以上。在此期间,喷孔附近不得有柴油聚集或渗漏现象,但允许有少量湿润。当压力增至规定的喷油压力时,在喷油器开始喷油的瞬间,喷孔附近允许湿润,但不应有滴油现象。如果喷孔滴油或渗漏油,说明针阀密封锥面密封不良,应对喷油器进行检修。如修后仍达不到上述要求,应更换。

(3)喷雾质量的检查。喷油器喷雾质量的检查,主要检查喷油器在规定压力下,能否把柴油喷射为细小、均匀的雾状油束,检查项目有:喷雾锥角、射程、均匀性、油滴尺寸及尺寸分布。最常用的检查方法是目测喷雾形状、倾听喷雾响声和检查喷雾锥角。

①目测喷雾形状。目测喷雾形状可在检查喷油压力的同时进行,主要是通过观察油束的轮廓,来判断喷雾锥角、射程及雾化状态是否正常。对多孔式喷油器各喷孔应形成一个雾化良好的小锥状油束,各油束间隔角应符合原厂规定。对轴针式喷油器,要求喷雾为圆锥形,不得偏斜,油雾要细小均匀。

②根据喷油响声判断喷雾质量。根据喷油器在喷油时发出的响声,可以判断喷雾质量的好坏。例如,轴针式喷油器在喷油时,发出清脆的"唧唧"声;多孔式喷油器在喷油时,会发出"砰砰"声,这都说明喷雾质量正常。如果喷油时响声沙哑,说明喷油器喷雾不良或针阀运动不灵活;如果响声微弱或听不到响声,说明喷油压力过低或不喷油。

③喷雾锥角的检查。各种形式的喷油器,有不同的喷雾锥角,喷雾锥角由喷油器的制造形状所决定。通常喷雾锥角标注在喷油嘴体显著部位。检查时,对轴针式喷油器的喷雾形状有特殊要求。对于多孔式喷油器,则应注意疏通喷孔,确保每个喷孔都喷油。

喷油器试验调试完毕后,应锁紧调压螺钉的锁紧螺母,复查一次喷油压力。

4.喷油器的检修

(1)喷油器的解体。喷油器的针阀偶件为精密配合零件,在使用中不许互换。解体前,应确认缸序标记,按缸序拆卸喷油器,并保证能正确装回原位。

(2)喷油器的清洗。解体后在清洁的柴油中清洗针阀偶件,清洗时,可用木条清除针阀前端轴针上的积炭;阀座外部的积炭可用铜丝刷清除;不得用手接触针阀的配合表面,以免手上的汗渍遗留在精密表面,引起锈蚀。

(3)喷油器的检验。针阀和座的配合表面不得有烧伤或腐蚀等现象;针阀的轴针不得有变形或其他损伤;针阀偶件的配合间隙应符合相应标准。

三、喷油泵结构与检修

(一)喷油泵的功用与类型

(1)喷油泵的主要功用:①提高油压(定压),即将喷油压力提高到 10～20 MPa;②控制喷油时间(定时),即按规定的时间喷油和停止喷油;③控制喷油量(定量),即根据柴油机的工作情况,改变喷油量的多少,以调节柴油机的转速和功率。

(2)喷油泵在工作时应满足的要求:①按柴油机工作顺序供油,而且各缸供油量均匀;②各缸供油提前角要相同;③各缸供油延续时间要相等;④油压的建立和供油的停止都必须迅速,以防止滴漏现象的发生。

(3)喷油泵的结构形式:车用柴油机根据其作用原理不同大体可分为以下三种类型:①柱塞式喷油泵;②转子分配式喷油泵;③喷油泵－喷油器一体式(将喷油泵和喷油器结合在一起)。

(二)柱塞式喷油泵

柱塞式喷油泵由分泵、油量调节机构、驱动机构、泵体(壳体)等四部分组成。

1.分泵

分泵主要由柱塞偶件(柱塞和柱塞套筒)、出油阀偶件(出油阀和出油阀座)、复位弹簧、弹簧座、出油阀弹簧、出油阀压紧螺母等零件组成(图 2-5-7)。

(1)柱塞偶件的结构。柱塞偶件由柱塞和柱塞套筒组成(图 2-5-8)。柱塞为一光滑的圆柱体,在其上部铣有螺旋槽或斜槽,并利用直切槽或中心孔(轴向孔和径向孔)使槽和柱塞上端的泵油室相通。柱塞的下部制有安装弹簧座的圆柱体和十字凸块(或压入调节臂)以便使柱塞能往复运动,调节供油量。柱塞套筒为光滑的圆柱形长孔,套筒上部开有一个进油和回油用的小孔,或开有两个径向孔,两孔进油一孔回油,它们与壳体上的低压进油室相通。柱塞套筒装在壳体座孔内,并用定位螺钉和定位孔来固定,以防止柱塞套筒转动。柱塞和柱塞套筒是一对精密的偶件,不能互换。柱塞副用耐磨性高的优质合金钢(轴承钢)制成,并进行热处理和时效处理。

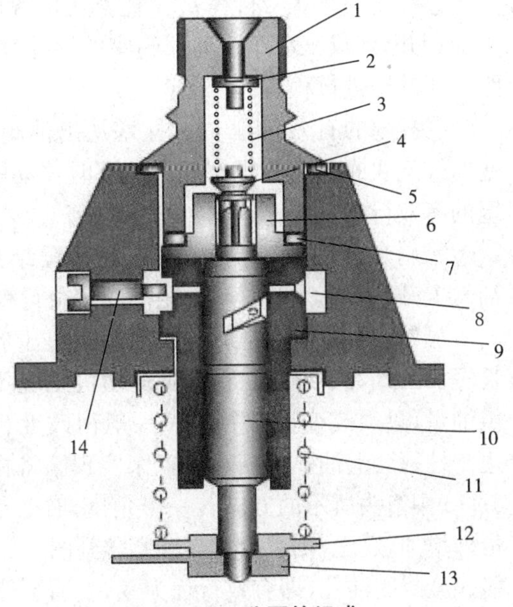

图 2-5-7　分泵的组成

1 出油阀压紧座;2 减容体;3 出油阀弹簧;4 出油阀;5-密封垫;6-出油阀座;7-密封垫;8-径向油孔;9-柱塞套;10-柱塞;11-柱塞弹簧;12-弹簧座;13-油量调节臂;14-定位螺钉

(2)柱塞式喷油泵的泵油过程。采用柱塞泵的柴油机每缸的供油主要靠对应缸分泵的柱塞偶件提供。柱塞式喷油泵的泵油过程分为进油过程、压油过程和回油过程三阶段,如图 2-5-9 所示。

①进油过程。柱塞从上止点至进油孔以下时,燃油在真空吸力及输油泵的压力下充满泵油室。

②压油过程。当柱塞从下止点向上移动到将进油孔关闭时,泵油室内的燃油压力将骤然升高,推开出油阀,将高压油压入高压油管。

③回油过程。当柱塞上移到螺旋槽线或斜槽上线高出进油孔的下沿时,高压油通过柱塞上的直槽或中心孔高速流回低压油室。由于泵油室内的油压急剧下降,出油阀在弹簧和残余压力的作用下迅速回位,油泵停止供油。柱塞继续上升,直到上止点为止,都是回油过程。

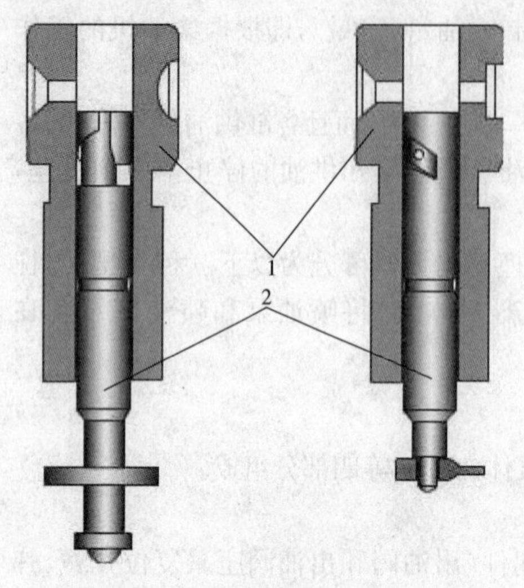

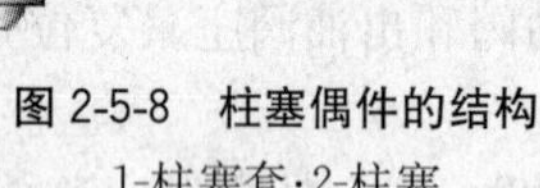

图 2-5-8 柱塞偶件的结构

1-柱塞套;2-柱塞

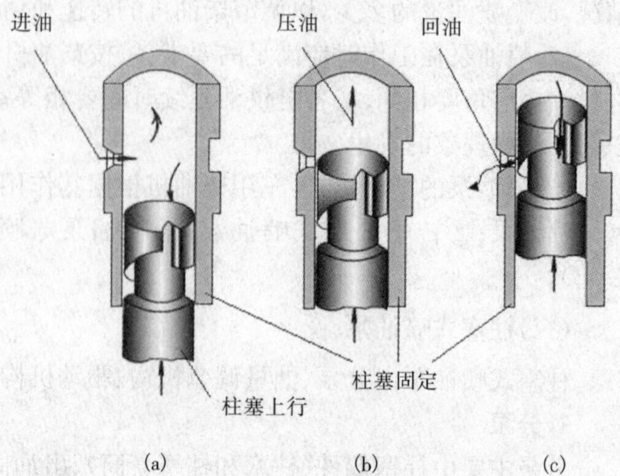

图 2-5-9 柱塞式喷油泵的进油、压油、回油过程

(a)进油;(b)压油;(c)回油

柱塞在从下止点向上止点运动的全行程中,包括预备行程、减压带行程、有效行程和剩余行程(图 2-5-10)。

①柱塞的预备行程 h_1。柱塞从下止点上升到其上端面将进油孔完全关闭时所移动的距离。

②柱塞的减压带行程 h_2。柱塞从预备行程结束到出油阀开启(减压带开始离开阀座的导孔)时所移动的距离叫减压带行程。

③柱塞的有效行程 h_3。柱塞从出油阀开启,到柱塞的螺旋线或斜槽上线打开回油孔时移动的距离叫柱塞的有效行程。

④剩余行程 h_4。柱塞从有效行程结束(开始回油),上升到上止点时移动的距离叫剩余行程。

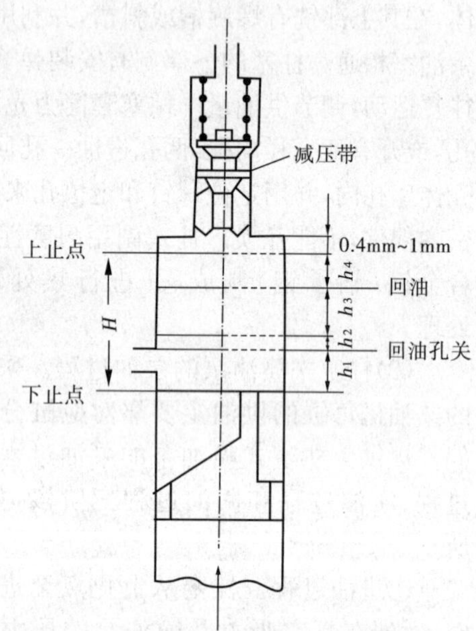

图 2-5-10 柱塞的各种行程

h_1-预备行程;h_2-减压带行程;h_3-有效行程;h_4-剩余行程;H-全行程

显然,喷油泵每次泵出的油量取决于有效行程的长短。因此,欲使喷油泵能随发动机工况不同而改变供油量,只须改变有效行程。一般由改变柱塞斜槽棱边与柱塞套上油孔的相对位置来实现。将柱塞按图 2-5-11a 中箭头所示的方向转一个角度,有效行程和供油量即增加,反之,则减少。当柱塞转到图 2-5-11b 所示位置时,直槽对正回油孔,柱塞根本不可能完全封闭油孔,即有效行程为零,喷油泵处于不泵油的状态。

(3)柱塞偶件的检修。柱塞偶件的检修主要包括柱塞偶件的外观检验和柱塞的滑动性能试验两个方面的内容。

①柱塞偶件的外观检验。柱塞偶件外观检视,发现有以下情况时应更换:柱塞表面有明显的磨损痕迹;柱塞弯曲或头部变形;柱塞或柱塞套有裂纹;柱塞头部斜槽、直槽及环槽边缘有剥落或锈蚀等现象;柱塞套的内圆表面有锈蚀或显著的划痕;齿杆式油量调节机构的柱塞副,其

柴塞下端凸耳与旋转套筒配合间隙超过 0.15 mm(标准为 0.02～0.10 mm)。

②柱塞的滑动性能试验。先用洁净的柴油仔细清洗柱塞副,并涂上干净的柴油后进行试验。将柱塞套倾斜 60°左右,拉出柱塞全行程的 1/3 左右。放手后,柱塞应在自重作用下平滑缓慢地进入套筒内。然后转动柱塞,在其他位置重复上述试验,柱塞均应能平稳地滑入套筒内。如下滑时在某个位置有阻滞现象,可用抛光剂涂在柱塞表面上,插入柱塞套内研配,若柱塞顶部边缘部分有毛刺而产生阻滞时,可用细质油石磨去毛刺,然后清洗干净,涂上抛光剂与柱塞套互研至无阻滞时为止。如果下滑很快,说明磨损过度,必须成对更换。

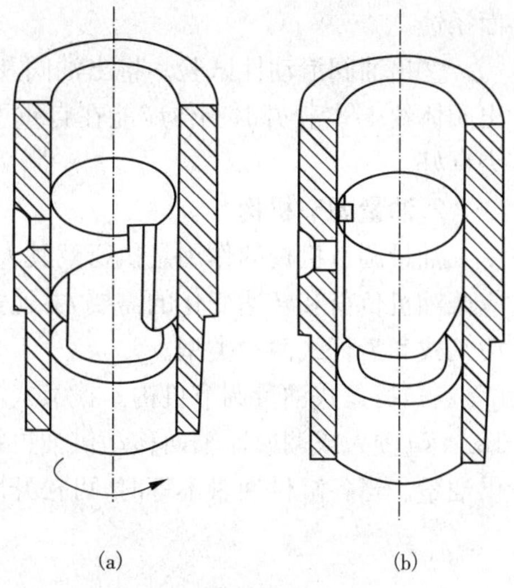

图 2-5-11 供油量的调节

(a)增大供油量;(b)供油量为零

(4)出油阀偶件的结构与原理。出油阀偶件由出油阀和阀座组成,是精密偶件,采用优质合金钢制造,其导孔、上下端面及座孔经过精密的加工和研磨,配对以后不能互换(图 2-5-12)。

出油阀的圆锥部是阀的轴向密封锥面,阀的锥部在导孔中滑动配合起导向作用。尾部加工有切槽,形成十字形断面,以便使燃油通过。出油阀中部的圆柱面叫减压带,它与密封锥面间形成了一个减压容积。阀座的下端面和柱塞套筒的上端面是精密加工严密贴合,它是通过压紧螺母以规定的扭紧力矩来压紧的。压紧螺母与阀座之间有一定厚度的铜制高压密封垫圈。出油阀压紧螺母和壳体上端面间还有低压密封垫圈。在出油阀压紧螺母内腔装有带槽的减容器,以减小内腔空间的容积,促进喷停迅速,限制出油阀最大升程。出油阀上减压环带的作用如下:

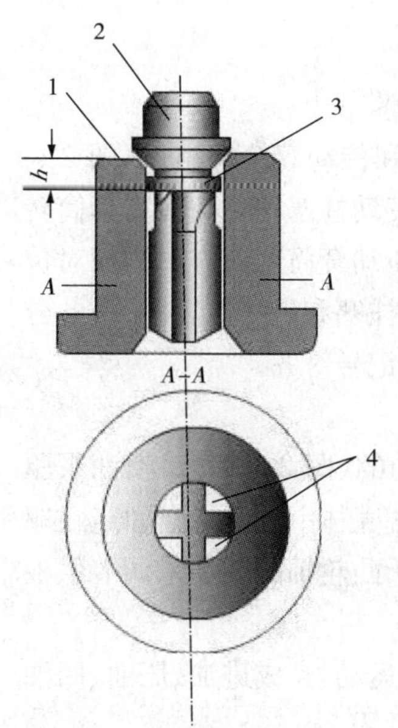

图 2-5-12 出油阀偶件的结构

1-出油阀座;2-出油阀;3-减压环带;4-切槽

①防止喷油前滴油,提高喷射速度。喷油泵供油时,待油压高于出油阀弹簧的预紧力和高压油管内的残余压力后,出油阀升起,其密封锥面离开阀座。必须等到出油阀上的减压环带完全离开阀座的导向孔时,泵油室的燃油才能进入高压油管。

②防止喷油后滴油,提高关闭速度。停止供油时,出油阀减压环带的下沿一进入导管时,高压油管与泵室的通路便被切断。当出油阀完全落座后下降了一距离 h,因而高压油管的容积得到增大,使油压迅速地下降 1～2 MPa,断油迅速干脆,防止了因油压的波动和“管缩油涨”而产生喷后滴油。

③防止燃油倒流,使高压油管内保持一定的残余压力。

(5)出油阀偶件的检修。出油阀偶件的检修项目和方法包括以下几个方面。

①出油阀偶件的外观检验。发现有下列情况之一者应更换:出油阀的减压环带有严重的磨损痕迹;锥面磨损过多,并有金属剥落痕迹和划痕;出油阀体与阀座端面及锥面有裂纹;阀体或阀座锥

面锈蚀。

②出油阀滑动性试验。将出油阀及阀座在柴油中浸泡后，拿住阀座，并在垂直位置向上抽出阀体约 1/3，松开时阀体应能在自重下落座。以在几个不同位置上试验都能符合上述要求为良好。

2. 油量调节机构

油量调节机构的作用是执行驾驶人或调速器的指令，转动柱塞改变各分泵的供油量，以适应柴油机负荷和转速变化的需要，并通过它来调整各缸供油的均匀性。油量调节机构主要有拨叉式和齿杆式两种类型。

(1)拨叉式油量调节机构。拨叉式油量调节机构由调节臂、调节叉、供油拉杆组成(图 2-5-13)。驾驶人或调速器轴向移动供油拉杆时，拨叉带动调节臂相对柱塞套筒转动，从而调节了供油量。当各缸供油量不等时，可松开固定螺钉改变拨叉在供油拉杆上的位置予以调整。

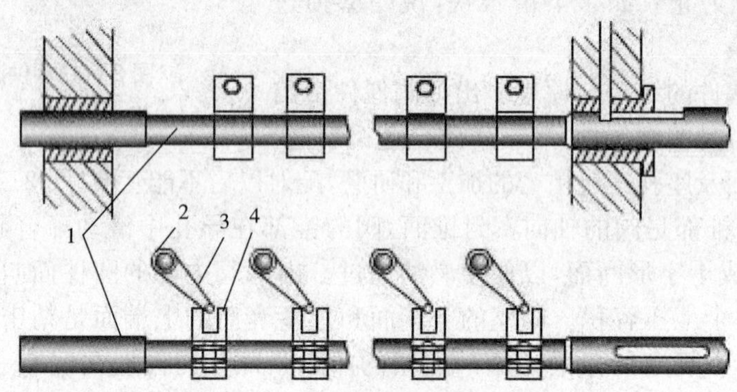

图 2-5-13 拨叉式油量调节机构

1-供油拉杆；2-连接柱塞末端；3-调节臂；4-拨叉

(2)齿杆式油量调节机构。齿杆式油量调节机构由齿杆、齿圈和传动套筒等组成(图 2-5-14)。齿杆的轴向位置由驾驶人或调速器控制，齿圈通过传动套筒带动柱塞相对与柱塞套筒转动，便可调节供油量。各缸供油均匀性的调整，是通过改变齿圈与传动套筒圆周方向的相对位置来实现的。由于齿杆式油量调节机构零件较多，为了保证各分泵柱塞和齿杆位置一致，各分泵柱塞的传动套筒、齿扇、齿杆等都有装配位置记号，装配时要保证记号对齐。

3. 驱动机构

喷油泵是由柴油机曲轴前端的正时齿轮，通过一组齿轮来驱动的(图 2-5-15)。喷油泵驱动齿轮和中间齿轮上都刻有正时记号。有的喷油泵直接利用其前端壳体上的凸缘盘固定在驱动齿轮后面的箱体上，固定螺栓处是弧形槽连接，可利用壳体相对于凸轮轴的转动来调节供油提前角的大小。

(1)分泵驱动机构。分泵驱动机构的主要作用是推动柱塞往复运动，完成进油、压油、回油过程；保证供油正时。分泵驱动机构主要由凸轮轴和滚轮体等组成(图 2-5-16)。

①凸轮轴。凸轮轴的功用是传送推力使柱塞运动，产生高压油，同时保证各分泵按柴油机的工作顺序和一定的规律供油。凸轮轴上的凸轮数目与缸数相同，排列顺序与柴油机的工作顺序相同。四行程柴油机曲轴转两周喷油泵的凸轮轴转一周，各分泵都供一次油。由于加入中间传动齿轮，喷油泵凸轮轴的旋转方向与曲轴相同。相邻工作两缸凸轮间的夹角叫供油间

隔角，角度的大小与配气机构凸轮轴同名凸轮的排列相同，四缸柴油机为90°，六缸柴油机为60°。由于柴油机的工作负荷大，驱动齿轮采用钢制齿轮。不少凸轮轴的外形对称，凸轮在轴上的距离相等，轴两端尺寸相同。凸轮的工作段是切线形状，可快速建立油压。图2-5-17所示为凸轮轴的构造。

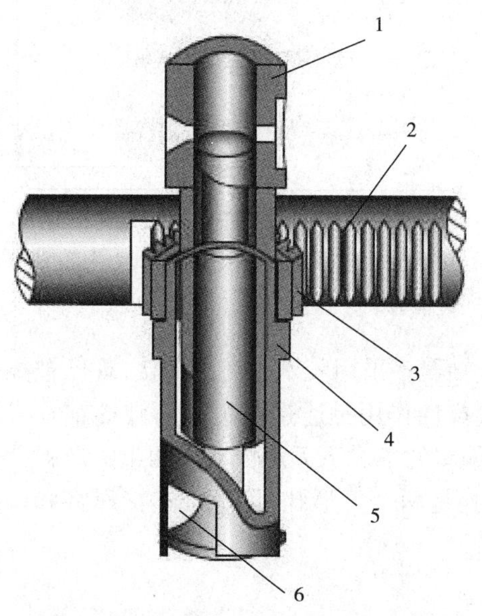

图2-5-14　齿杆式油量调节机构

1-柱塞套；2-齿条；3-可调齿圈；4-传动套筒；5-柱塞；6-传动套筒上切槽

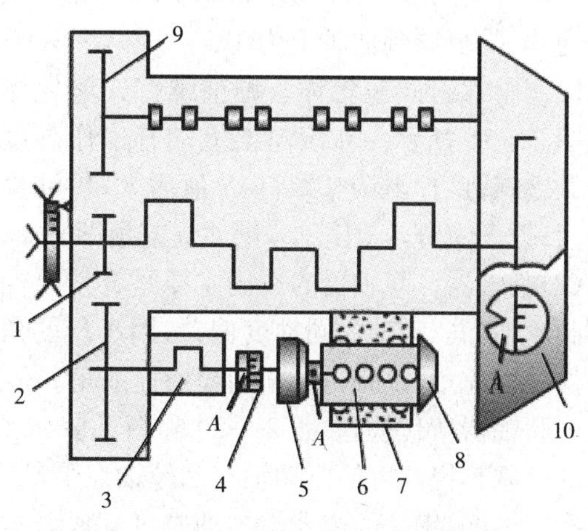

图2-5-15　喷油泵的驱动与供油正时

1-曲轴正时齿轮；2-喷油泵驱动齿轮；3-空气压缩机曲轴；4-联轴器；5-供油提前角自动调节器；6-喷油泵；7-托板；8-调速器；9-配气机构驱动齿轮；10-飞轮上的喷油正时标记

A-各处标记位置

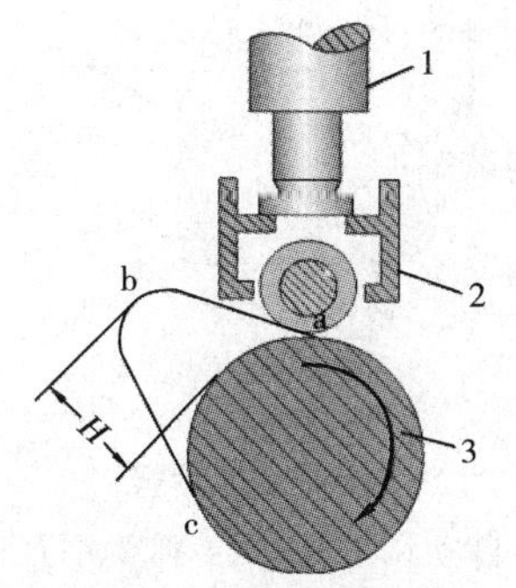

图2-5-16　柱塞的驱动示意图

1-柱塞；2-滚轮体；3-凸轮

H-凸轮和柱塞的升程；ab-凸轮的升弧（工作面）；bc-凸轮的降弧

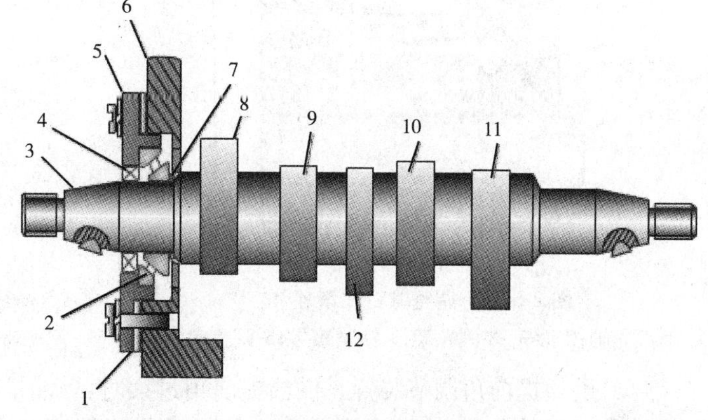

图2-5-17　凸轮轴的构造

1-密封调整垫；2-锥形滚柱轴承；3-连接锥面；4-油封；5-前端盖；6-壳体；7-调整垫；8、9、10、11-凸轮；12-输油泵偏心轮

②滚轮体。滚轮体的功能是变凸轮的旋转运动为自身的直线往复运动，推动柱塞上行供油；调整各分泵的供油提前角和供油间隔角。滚轮体有调整垫块式、调整螺钉式和不可调整式三种类型。

a. 调整垫块式滚轮体。调整垫块式滚轮体的结构如图2-5-18所示。滚轮体的周向定位，一是在滚轮体圆柱面上开轴向孔，用定位螺钉插入槽中防止转动，二是利用加长滚轮轴，使其一端插入壳体导孔一侧的滑槽中。调整垫块安装在滚轮架的座孔中，用耐磨材料制成，磨损后可翻转使用。调整垫块有不同厚度的垫块，厚度差为 0.1 mm，相应凸轮轴转角为 0.5°，反映到曲轴上为 1°。

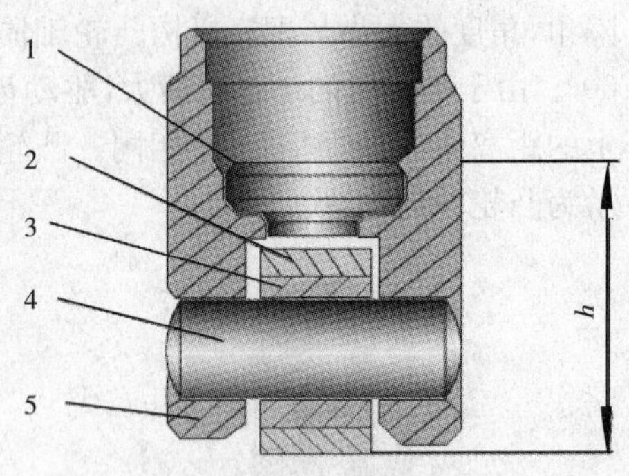

图 2-5-18　调整垫块式滚轮体

1-调整垫块；2-滚轮；3-滚轮衬套；4-滚轮轴；5-滚轮架

b. 调整螺钉式滚轮体。调整螺钉式滚轮体的结构如图 2-5-19 所示。在滚轮架上端有工作高度可调节的调整螺钉，拧出调整螺钉，h 值增大，供油提前角即增大；拧入螺钉，h 值减小，供油提前角即减小。

(2)联轴器。联轴器的作用主要是补偿喷油泵安装时凸轮轴和驱动轴的同轴度偏差；用小量的角位移调节供油提前角，以获得最佳的喷油提前角。传统的联轴器多采用胶木盘交叉连接，现已被挠性片式联轴器所代替，如图 2-5-20 和图 2-5-21 所示，其挠性作用是通过两组圆形弹性钢片来实现的。靠其挠性可使驱动轴与凸轮轴在少量同轴度偏差的情况下无声传动。两组圆形弹性钢片有所不同，钢片的内孔与主动连接叉紧固连接，外孔是两个弧形孔，用两个连接螺钉和调节器连接，以便调节供油提前角的大小。

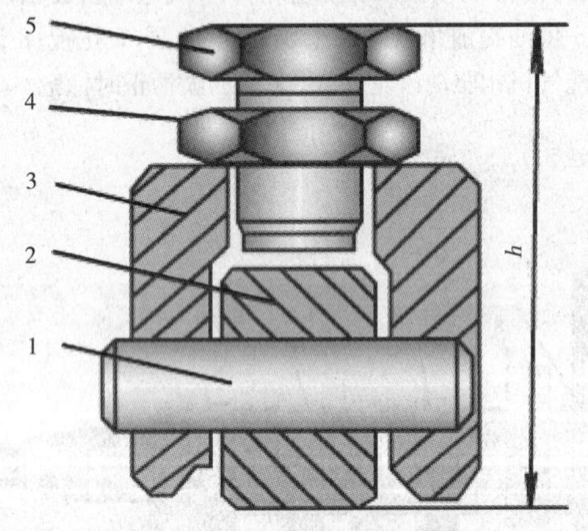

图 2-5-19　调整螺钉式滚轮体

1-滚轮轴；2-滚轮；3-滚轮架；4-锁紧螺母；5-调整螺钉

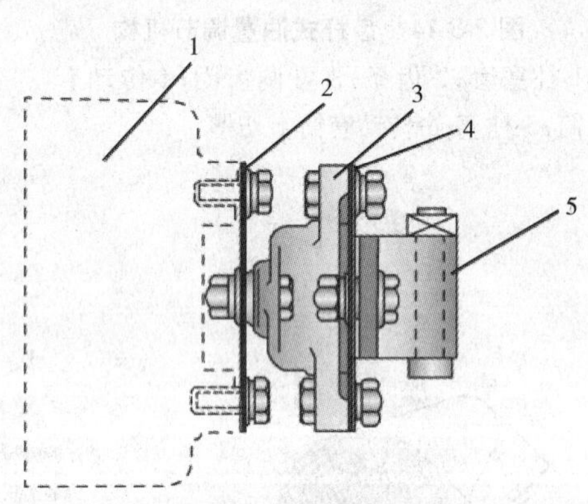

图 2-5-20　挠性片式联轴器

1-供油提前角自动调节器；2、4-弹簧钢片；3-连接叉；5-喷油泵凸轮轴

(3)供油提前角调节装置。供油提前角过大时，燃油是在汽缸内空气温度较低的情况下喷入，混合气形成条件差，燃烧前集油过多，会引起柴油机工作粗暴、怠速不稳和起动困难；过小时，将使燃料产生过后燃烧，燃烧的最高温度和压力下降，燃烧不完全和功率下降，甚至排气冒黑烟，柴油机过热，导致动力性和经济性降低。最佳的供油提前角不是一个常数，应随柴油机负荷(供油量)和转速的变化，即随转速的增高而加大。喷油泵供油时刻可以用供油起始角表示，供油起始角指第一缸分泵柱塞开始供油时，相应凸轮的中心线与滚轮体中心线的夹角。喷油泵的供油起始角与柴油机的供油提前角完全不是一回事，二者的角度含义不同，一个是凸轮轴的转角，一个是曲轴的转角。若柱塞下端、垫块、滚轮和凸轮磨损，则滚轮体的工作高度变小，供油提前角减小，供油起始角减小，凸轮与滚轮的接触点(供油始点)即上移，喷油始点压

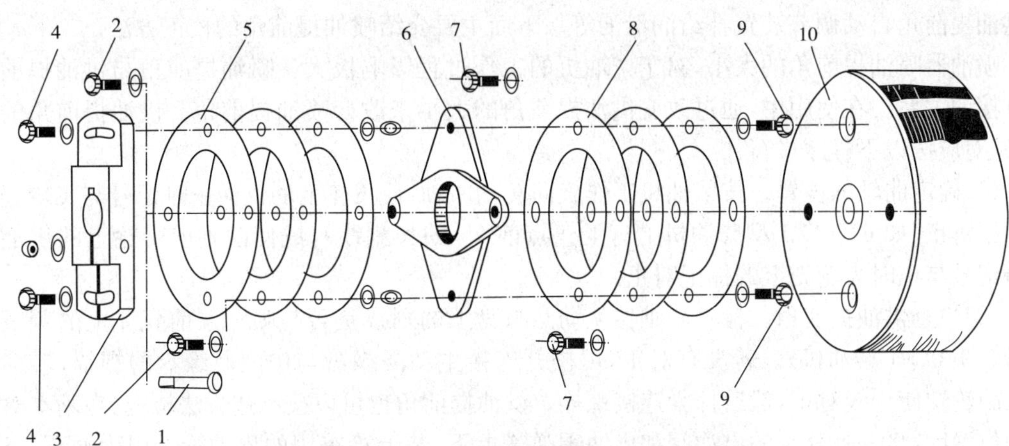

图 2-5-21 联轴器的结构

1-锁紧螺栓；2、4、7、9-螺钉；3-主动凸缘盘；5-主动传力钢片；6-十字形中间凸缘盘；8-从动传力钢片；10-供油提前角自动调节器

力、喷油持续时间长短、每一循环供油量的多少将发生变化，因此，必须定期地对供油提前角进行检查和调整。对供油提前角进行调整时，可以对单个分泵进行调整，使分泵供油提前角一致，供油间隔角度相等；也可以对整个喷油泵进行统一调整，达到柴油机规定的供油提前角的要求。对单个分泵进行调整时，只需要调整滚轮体的高度即可。对整个喷油泵进行统一调整可通过联轴器或转动喷油泵的壳体来进行。但柴油机转速变化范围较大，还必须使供油提前角在初始角的基础上随转速而变化，因此，车用柴油机多装有供油提前角自动调节器。

如图 2-5-22 所示，供油提前角自动调节器装于喷油泵凸轮轴的前端，用联轴器来驱动，由主动件、从动件和离心件三部分组成。它是一个密封体，内腔充满润滑油。当柴油机转速达设定值时，两个飞块在离心力的作用下绕其轴销向外甩开，滚轮迫使从动盘带动凸轮轴沿箭头方向转动一个角度θ，直到弹簧的张力与飞块的离心力平衡为止，这时主动盘便又与从动盘同步旋转，此时，供油提前角等于初始角加上$\Delta\theta$。当柴油机转速再升高时，飞块进一步张开，从动盘相对于主动盘又沿旋转方向向前转动一个角度，这样，随转速的升高，提前角不断增大，直到最大转速。当柴油机转速降低时，飞块收拢，从动盘便在弹簧力的作用下相对于主动盘后退一个角度，供油提前角便相应减小。

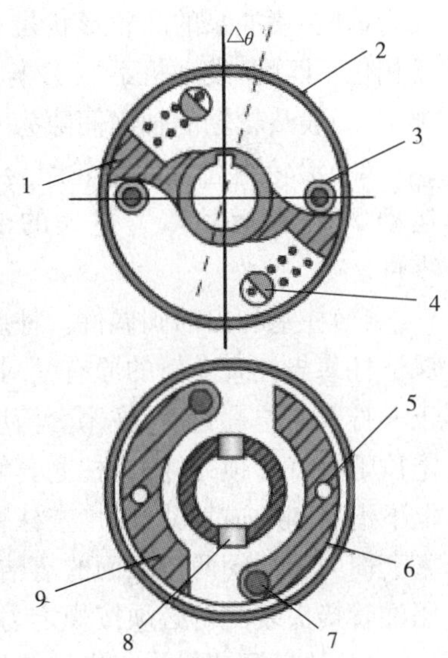

图 2-5-22 供油提前角自动调节器的工作原理

1-从动盘臂；2-从动盘；3-滚轮；4-弹簧座；5-飞块销钉；6-主动盘；7-轴；8-凸块；9-飞块

4.泵体

泵体是喷油泵的基础件，多用铝合金铸成。泵体分为组合式和整体式两种。组合式有上下两部分，用螺栓连接在一起。上体安装分泵，下体安装驱动件和油量调节件。整体式泵体可使刚度加大，在较高的喷油压力下工作而不变形。但分泵和驱动件等零件的拆装较麻烦。

5.喷油泵的维护

喷油泵的维护作业主要有外部的清洁、校准供油正时和向供油提前角自动调节装置补给润滑油等。下面主要介绍喷油提前角的校正方法。

喷油器喷油提前角的大小,对于柴油机的工作过程影响极大。喷油提前角与供油提前角有直接的关系。在使用中,通过改变供油提前角的大小来改变喷油提前角。供油提前角的检查、校对应按以下程序进行:

(1)确定曲轴的位置。按柴油机工作旋向转动曲轴,使飞轮上的供油正时记号与飞轮壳上的标记对正(如6120Q-1型柴油机上有上止点前25°的长刻线),或使曲轴前带轮上的供油提前角记号与正时齿轮壳上的标记对正。

(2)检查供油提前角。检查联轴器从动凸缘盘上的划线是否与喷油泵前壳体上的刻线对正(如6100Q-1柴油机)。若没有对正,可松开连接主动凸缘盘与中间凸缘盘的螺栓,转动喷油泵凸轮轴使刻线对正,然后拧紧连接螺栓。供油提前角也可以按下述方法检查:在基本对正曲轴位置后,将一缸分泵的出油阀和出油阀弹簧拆下,装上检查用的出油管。用手油泵泵油,此时应保证出油管的柴油流出。在泵油的同时,顺时针方向转动曲轴,在出油停止的瞬间使曲轴停转,此时飞轮或曲轴带轮的刻度即为一缸供油提前角。如供油提前角有误差,可通过联轴器进行调整,方法如下:松开连接主动凸缘盘和中间凸缘盘的螺栓,慢慢转动驱动轴(或曲轴)使联轴器转动一定角度,顺喷油泵凸轮轴转动方向转动为推迟提前角,逆喷油泵凸轮轴转动方向转动为提早提前角,然后紧固螺栓。

6.喷油泵的装配

在喷油泵装配过程中,应注意工作环境、工具、操作者和零件的清洁。装配过程必须使用专用工具,严格按照工艺技术要求进行。

(1)凸轮轴。安装凸轮轴前,应首先确认发动机的工作顺序和喷油泵凸轮轴的旋转方向。因为,许多喷油泵的凸轮形状是对称的,凸轮轴两端的形状相同,但如前后颠倒,供油顺序与配气相位不匹配,发动机不能工作。凸轮轴装复后,应能灵活转动,轴向间隙应符合技术条件的规定(一般凸轮轴的轴向间隙为0.05～0.15 mm),否则,可通过增减两端的垫片进行调整。

(2)滚轮组合件。滚轮组合件装入下泵体后,转动凸轮轴时,滚轮组合体应能灵活上下运动,不得有运动阻力过大的部位。滚轮上的调整螺钉不得外露过多,以免挤伤柱塞等零件。

(3)柱塞和出油阀偶件。柱塞和出油阀偶件在装入泵体前,应确认型号无误。安装时必须保证柱塞与柱塞套筒的原有配对关系。柱塞套筒装入泵体后,将柱塞套筒上的定位螺钉孔对正。拧紧定位螺钉后,柱塞套筒应能上下移动1～2 mm,并能微量转动,尤其不要使用过长的定位螺钉将套顶死,防止柱塞套筒歪斜甚至将回油孔堵死。柱塞装入柱塞套筒后,应将柱塞作上下滑动和顺逆转动,以检查柱塞与套筒的配合是否正常。出油阀偶件装入泵体时,要确保柱塞套筒与出油阀两接触面的清洁,以保证密封性。否则,各缸供油的均匀性就无法调整好。高压油管接头装配时必须按规定力矩拧紧,不能过大或过小。

(4)油量调节机构。供油拉杆或齿杆装入泵体时,要注意安装位置。如齿杆上有刻线,应使刻线对正泵体端面。对于齿条上没有记号的零件,应按照拆开时所作的标记装配。因此,喷油泵解体时,必须检查供油齿杆或拉杆、齿圈或调节叉之间及泵体上是否有装配记号。若没有记号,应先作记号再解体。

7.喷油泵的调试

喷油泵在使用过程中,由于零件的磨损和故障的出现,会使其技术状态变坏,因此,需要定期地检查、调整和修理，以保证发动机的正常工作。喷油泵调速器总成是柴油机的心脏，在其调试及修理中必须严格保证其符合技术要求。喷油泵调试项目，首先是调整供油时间，然后调整供油量。

(1)调试前的准备工作。喷油泵在试验台上的安装应牢固可靠，喷油泵凸轮轴和试验台传动轴要保持其同轴度。喷油泵固定后，应运转平稳、无异响。泵上有燃油限压阀时，要安装回油管；无限压阀的，要堵塞其回油孔。喷油泵运转前，应检查补足喷油泵和调速器内的润滑油，再进行一定时间的磨合运转。然后，向喷油泵供油，将低压油路的压力调整在 100 kPa 左右，并对低压油腔放气。最后，拧松标准喷油器内的放气螺钉。起动喷油泵，使其转速逐渐增加到 400 r/min 左右。转动操纵臂，使其达到最大供油位置并进行排气，排除高压油路的空气后，拧紧放气螺钉。使喷油泵转速增加至 600～800 r/min，在最高转速位置继续运转 3～5 min 后停机。在试运转时，应注意检查以下项目：①凸轮轴转动是否平顺；②各衬垫及接头处是否有渗漏现象；③操纵臂、供油拉杆及其他操纵部位是否有运动阻滞现象；④各部轴承是否过紧，温度是否正常；⑤运动部位有无异响；⑥各分泵的供油是否正常；⑦试验台各仪表指示是否正常。如发现异常情况，必须在排除异常后，才能进行喷油泵和调速器的调试。为提高喷油泵和调速器维修质量，喷油泵调试场地应是无尘的恒温环境，试验时温度应维持在 20 ℃左右。

(2)供油时间的调试。供油时间的调试有溢油法和测时管法两种：

①溢油法。所谓溢油法是利用油泵试验台内部配置的调压燃油泵，先将燃油加压至 4.4 MPa 以上，送入喷油泵的低压油腔。当柱塞处于下止点时，柱塞套筒上的进油口未被遮盖，高压燃油即从低压油腔顶开出油阀经高压油管，从标准喷油器的放气油管流出。然后转动凸轮轴，使柱塞上行，当柱塞顶部边缘刚好将进油口遮住时，高压燃油被阻断，回油管马上停止回油，此时即为这只柱塞开始供油的时刻，其数值可以从指示装置中读出。试验时，从第 1 缸开始，先将试验台的变速手柄置于“0”位，油路转换阀控制杆放在高压供油位置，并拧松标准喷油器的放气螺钉，然后起动油泵电动机。当柴油从标准喷油器的放气油管流出后，将调速器的操纵臂置于最大供油位置，再慢慢转动试验台传动轴，当第 1 缸喷油器放气油管刚停止出油时使传动轴停住。将试验台上的指针移至对正刻度盘的 0 度(或整十位数刻度)，这样反复作几次试验，核对后，确定指针对刻度盘的位置，即为第 1 缸柱塞开始供油时刻。此时，检查喷油泵联轴器上的刻线是否与喷油泵壳前端面的刻线对正，如果联轴器上刻线超前，说明供油开始时刻晚了，应调整滚轮组件的有效高度，将调整螺钉旋出或增加调整垫片厚度；如联轴器上刻线滞后，说明供油开始时刻早，应减小滚轮组件的有效高度。第 1 缸柱塞供油开始时刻调整后，以此为基准，按柴油机工作顺序，调整其他缸柱塞供油开始时刻。如 4 缸的供油顺序为 1-3-4-2，在调整第 3 缸供油时刻时，从第 1 缸开始时刻在刻度盘上的标记开始旋转 90°，正好是第 3 缸开始供油时刻。各缸供油时刻的误差，应控制在±0.5°凸轮转角的范围内。在调试过程中，若放气油管的燃油有断续现象，说明燃油压力过低，此时应将其余喷油器的放气螺钉拧紧，只保留被测汽缸的喷油器回油管，这样，可使燃油压力提高。

②测时管法。测时管的结构如图 2-5-23 所示。试验前，先将测时管装在第 1 缸的出油阀接头上，转动喷油泵凸轮轴使分泵泵油，直到测时管不冒气泡为止。将多余燃油除去，使管内燃油刚好与管口齐平，然后缓慢转动凸轮轴，管口油面上凸时停止转动，此时即为第 1 分泵的供油开始时刻，查看联轴器刻线，并按前述方法调整和测试其余各缸分泵。

(3)供油量的调试。喷油泵供油量的调节，主要是额定转速供油量和怠速供油量。额定转速供油量是保证柴油机在额定工况时所需的供油量，怠速供油量是维持柴油机怠速运转，克服内部阻力所要求的供油量。在对供油量进行调试时，各缸供油量应均匀稳定，以保证柴油机平稳运转。供油不均匀的调整，以额定转速供油不均匀度最为重要，一般应不大于3%。其次是怠速的供油不均匀度，但由于怠速总油量较小，故规定其不均匀度不大于30%。

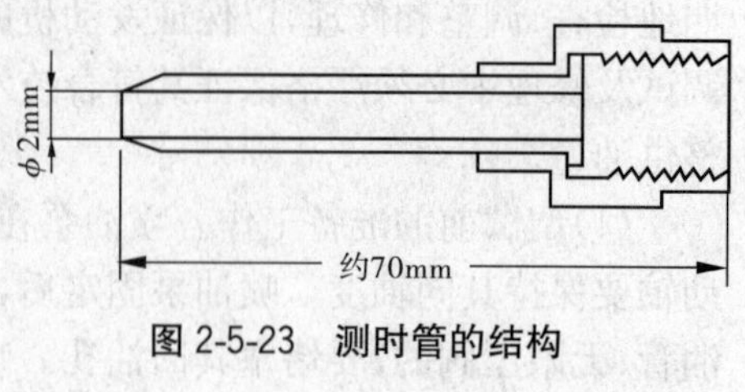

图 2-5-23 测时管的结构

在进行供油量的调试时，首先应使试验台的输出轴(喷油泵的凸轮轴)以某一供油量所规定的转速运转，如额定功率供油量，应使喷油泵凸轮轴以额定转速运转；怠速供油量，应使凸轮轴以怠速转速运转。同时，使喷油泵操纵臂或齿杆处于某一供油量所需要的位置，如额定功率供油量应将操纵臂处于最大供油位置，怠速供油量将操纵臂移到最小供油位置。然后操纵试验台的记数器，移开挡油板，使各量筒按规定的次数盛油。检查各缸供油量，应符合原厂规定。如油量不符合规定或不均匀度过大，可松开调节齿圈或拨叉的固定螺钉，将柱塞控制套相对于调节齿圈转动一定角度，或将拨叉相对供油拉杆移动一段距离后拧紧固定螺钉，即可改变供油量。在供油量调整时，常会遇到一个或几个缸的供油量达不到要求的现象，可参考下述方法处理。

①某一缸的供油量达不到要求。此时应检查出油阀是否卡住或密封不良。检查时，开动试验台的低压燃油泵，喷油泵凸轮轴不转动，松开该缸的喷油器放气螺钉，并使其柱塞停在下止点附近，若喷油器不断滴油，说明出油阀有故障，如阀卡住、弹簧折断或密封锥面不密封等。如更换出油阀偶件后无效，则应检查或更换柱塞偶件。

②有两个以上缸达不到要求。在额定供油量和均匀度调整合格后，在调整怠速油量时，出现某缸供油过多或某缸过少，可将两个出油阀调换试验。因两出油阀磨损程度的差异，对调后可能发生有利的变化，而达到使用的要求。

③供油不稳定。在调试中如出现某缸供油量忽多忽少的现象，应检查调节齿圈或油量调节拨叉是否松动、柱塞下端凸块与控制套直槽的配合间隙是否过大、柱塞与调节臂是否松动。检查后进行针对性的修理或更换。

(4)调试注意事项。在调试时应注意以下事项：

①在调整供油开始时刻时，不要将滚轮挺杆的调整螺钉拧出过多或选用过厚的调整垫片，以免柱塞在最高位置时与出油阀座下平面相碰。当柱塞在上止点时，其顶面与出油阀座的距离应有0.3～0.6 mm的间隙。此间隙的检查应在柱塞到达上止点时进行，当柱塞在上止点时，用旋具撬起柱塞弹簧座，在柱塞下部与滚轮组架之间用厚薄规进行检查。

②对于采用上斜槽式柱塞的喷油泵应检查调整供油结束时刻。对于供油始点和终点都随供油量不同而改变的柱塞，其供油时间的检查方法须根据说明书的规定进行。

(三)转子分配式喷油泵的结构原理

转子分配式喷油泵按其结构可分为对置转子式分配泵和单柱塞分配泵两种类型。目前，轿车柴油机燃料供给系中广泛使用的VE泵即是德国博世(Bosch)公司从1967年开始生产的单柱塞、轴向压缩分配式喷油泵。VE型分配泵的结构示意图如图2-5-24所示，整个泵的供油系统分为两大部分：第一部分为低压供油装置，主要是内装的滑片式输油泵；第二部分为高压供油装置，主要有凸轮机构(滚子和凸轮盘)、柱塞和柱塞套、油量调节装置(调速器)、供油提前角调节装置和停油装置(断油电磁阀)等。

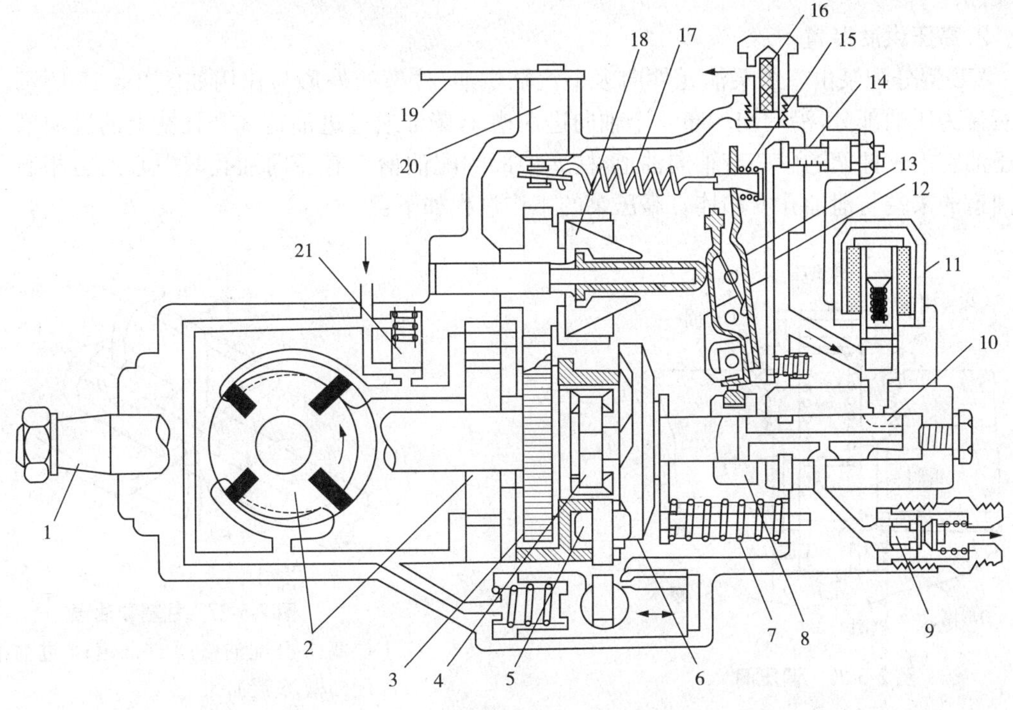

图 2-5-24 VE 型分配泵的总体结构示意图

1-传动轴;2-滑片式输油泵;3-调速器驱动齿轮;4-联轴器;5-凸轮机构;6-凸轮盘;7-柱塞弹簧;8-控制套筒;9-出油阀;10-柱塞;11-电磁阀;12-预调杠杆;13-张力杠杆;14-全负荷油量调节螺钉;15-怠速弹簧;16-放气阀;17-调速弹簧;18-飞块;19-操纵杆;20-操纵轴;21-调压阀

1.低压供油装置——滑片式输油泵

滑片式输油泵由转了、偏心环、端盖及四片钢质滑片所组成(图 2-5-25)。转子上开有 4 个相隔 90°的切槽,4 个滑片装入切槽内,并可作径向滑动,转子由传动轴的半月键驱动,偏心环的内圆以偏心位置套着转子,偏心环由两个螺钉连同端盖固定在泵体上。

传动轴带动转子转动时,滑片受离心力作用向外压向偏心环圈,这时燃油被隔在滑片间的容积内,滑片间的容积是随着转子的旋转而变化的。泵体上开有进油槽和压油槽,在进油槽一侧,容积由小变大,完成吸油过程;在压油槽一侧,容积由大变小,完成压油过程。

调压阀(图 2-5-26)装在泵体靠传动轴端的顶部,内装滑阀(活塞)、弹簧、弹簧座、挡圈和 O 形圈。为保证泵内有一定的油压,必须控制输油泵输入泵内的燃油量,使过剩的燃油经调压阀流回到转子底部的进油槽中去,由于回油量受滑阀弹簧弹力的控制,所以调整弹簧压缩量就可以控制回油量,增加弹簧弹力,回油量减少,泵内压增大,输油泵的压力可根据调整参数进行调整。

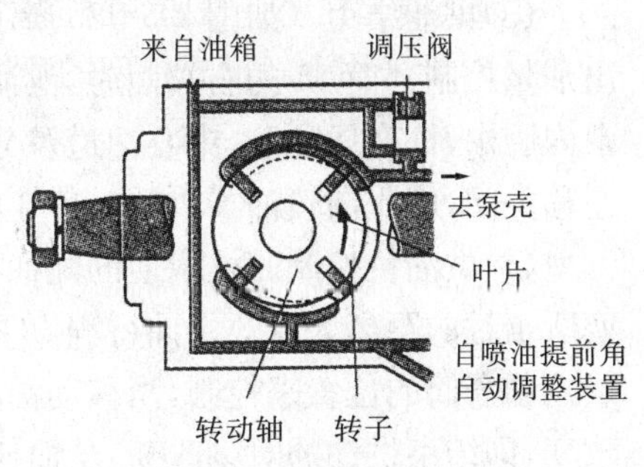

图 2-5-25 滑片式输油泵

当调压阀调定后,泵内油压随发动机的转速增加而增加,供油自动提前装置就是利用泵内压的变化而自动相应地改变供油提前角,以满足发动机不同转速时供油始点的要求。若调压滑阀磨损、卡死或阻滞，均会使供油提前装置失去控制，影响发动机的工作性能。

2.高压供油装置

VE型分配泵由一个泵油元件向多个汽缸供油，柱塞的外形与作用如图2-5-27所示。柱塞右端为压油部分，沿周向均布4个轴向进油槽4，柴油通过进油道3和柱塞上的进油槽4进入压油腔内。柱塞的中心有轴向油道，柱塞中部的配油槽5有径向油孔与中心油道相通。中心油道的末端与泄油孔6相连。高压泵的工作过程如下：

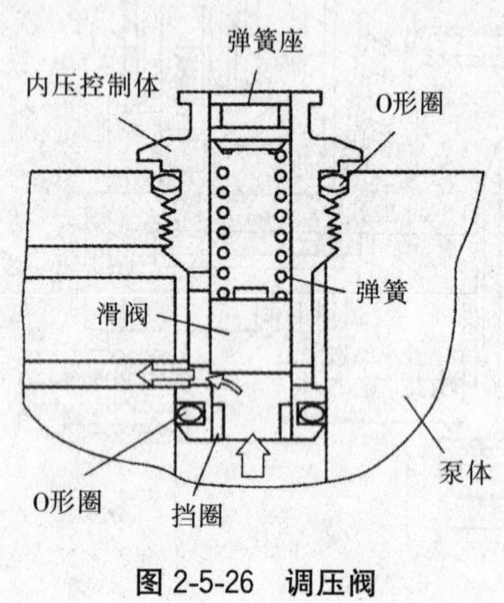

图2-5-26 调压阀

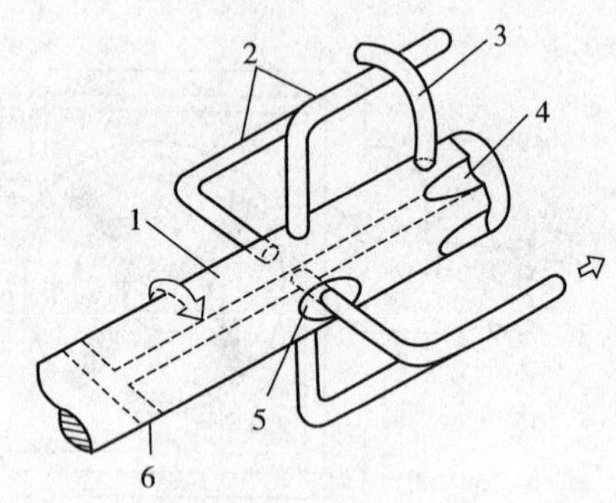

图2-5-27 柱塞和油泵

1-柱塞；2-分配油路；3-进油道；4-进油槽；5-配油槽；6-泄油孔

(1)进油过程。如图2-5-28a所示，滚轮由凸轮盘2的凸峰移到最低位置时，柱塞弹簧将柱塞由右向左推移，在柱塞接近终点位置时，柱塞上部的进油槽7与柱塞套上的进油孔8相通，柴油经电磁阀9下部的油道流入柱塞右端的压油腔6内并充满中心油道。此时柱塞配油槽11与分配油路隔绝，泄油孔10被柱塞套封死。

(2)压油与配油过程。如图2-5-28b所示，随着滚轮由凸轮盘的最低处向凸峰部分移动，柱塞在旋转的同时，也自左向右运动。此时，进油槽7与泵体进油道隔绝，柱塞泄油孔10仍被封死，柱塞配油槽11与分配油路12相通，随着柱塞的右移，柱塞压油腔内的柴油压力不断升高，当油压升高到足以克服出油阀4弹簧力而使出油阀4右移开启时，则柴油经分配油路12、出油阀4及油管被送入喷油器5。由于凸轮盘2上有4个凸峰(与汽缸数相等)，柱塞套上有4个分配油路，因此，凸轮盘转1圈(360°)，柱塞反复运动4次。配油槽11与各缸分配油路各接通1次，轮流向各缸供油1次。

(3)供油结束。如图2-5-28c所示，柱塞在凸轮推动下继续右移，柱塞左端的泄油孔10露出油量控制套筒14的右端面时，泄油孔10与分配泵内腔相通，高压油立即经泄油孔10流入泵内腔中，柱塞压油腔、中心油道及分配油路中油压骤然下降，出油阀4在其弹簧作用下迅速左移关闭，停止向喷油器供油。停止喷油过程持续到柱塞到达其向右行程的终点。

(4)供油量控制。柱塞上的配油槽11与出油孔相通起，至泄油孔与分配泵内腔相通止，柱塞所走过的距离为有效供油行程h(图2-5-28b)。柱塞上的泄油孔什么时候和泵室相通，由油量控制套筒的位置来控制，当移动油量控制套筒时，柱塞上的泄油孔与分配泵内腔相通的时刻改变，即结束供油的时刻改变，从而使供油有效行程h改变。油量控制套筒向左移动，供油行程缩短，结束供油时刻提早，供油量减少；油量控制套筒向右移动则相反。可见，在使用中这种分配泵油量的调节是靠驾驶人通过加速踏板控制调速器使油量控制套筒轴向移动来实现的。供油结束后，柱塞继续旋转，当柱塞上压力平衡槽 15 与分配油路 12 相通时，分配油路12 中柴油与分配泵内腔油压相同，这样可使各缸分配油路 12 内的燃油压力在喷油器喷射前趋于均匀，从而使各缸喷油压力均衡(图 2-5-28d)。

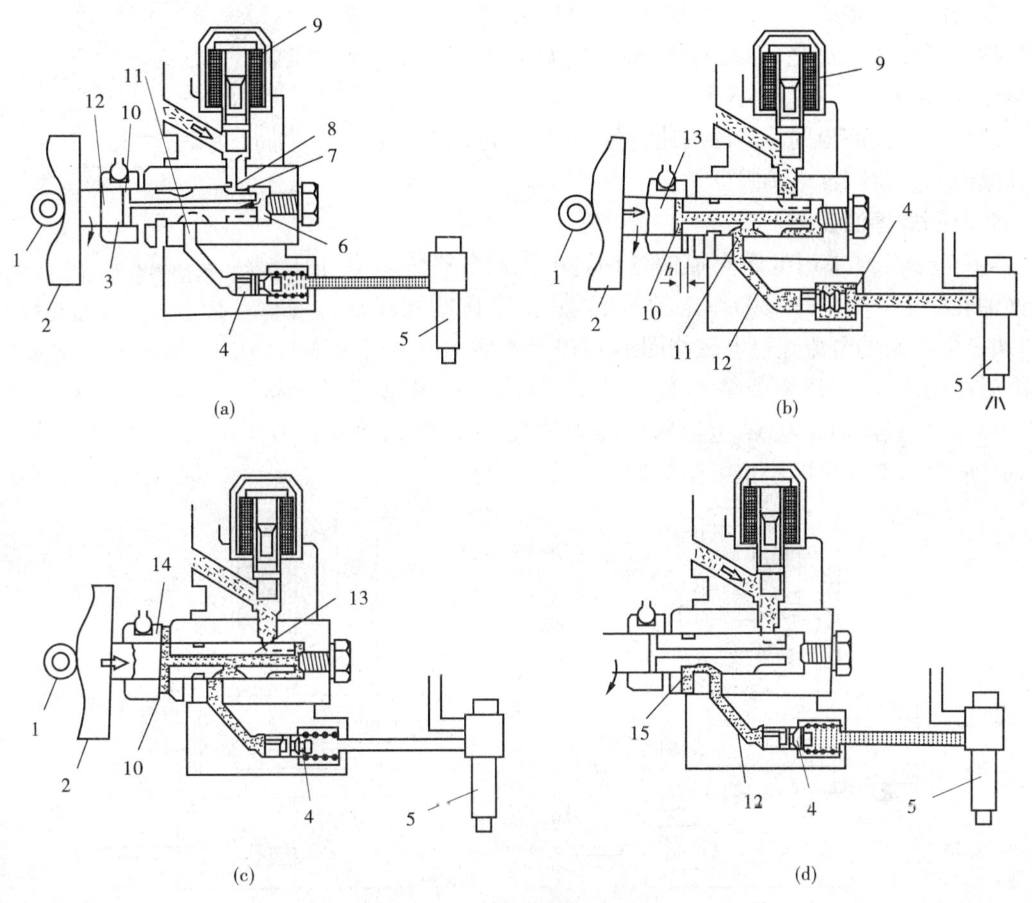

图 2-5-28　高压泵的工作过程

(a)进油过程；(b)压油与配油过程；(c)供油结束；(d)压力平衡过程

1-滚轮；2-凸轮盘；3-柱塞；4-出油阀；5-喷油器；6-压油腔；7-进油槽；8-进油孔；9-电磁阀；10-泄油孔；11-配油槽；12-分配油路；13-柱塞；14-油量控制套筒；15-压力平衡槽

3.供油提前角自动调节装置

VE 型泵的供油提前角自动调节装置为液压式调节器，与常见的机械离心式调节器不同，它直接装在分配泵的下部，其结构如图 2-5-29 所示。

在滚轮架 7 上装有滚轮 8，其数目与汽缸数相同。滚轮架通过传力销 2、连接销 3 与活塞 4 连接。活塞移动时，拨动滚轮架绕其轴线转动(滚轮架不受驱动轴转动影响)，油缸 5 右腔经孔道与泵腔相通，其油压为二级输油泵出油压力。油缸左腔经孔道与柴油精滤器相通，其油压为二级输油泵进油压力。

发动机在常用转速下工作时，滑片式输油泵输送到泵腔内的低压柴油，经孔道进入油缸 5 右腔。油缸活塞受到低压柴油向左的推力与向右的油缸左腔弹簧力及精滤后的柴油压力之合力相平衡。当发动机转速升高时,滑片式输油泵转速随之增加,泵腔内柴油压力上升,油缸中活塞 4 两端受力失衡,活塞左移。经连接销 3、传力销 2 推动滚轮架 7 绕其轴线顺时针转动某一角度(与凸轮盘转向相反),使凸轮盘端面凸峰提前某一角度与滚轮 8 相抵靠,从而使柱塞向右移动时刻提前,完成了泵油提前作用。反之,活塞右移,使滚轮架 7 逆时针转动某一角度,则泵油提前角减小。

这种供油提前角调节器的调速特性,可以通过改变弹簧 1 的预紧力和弹簧刚度来调整。

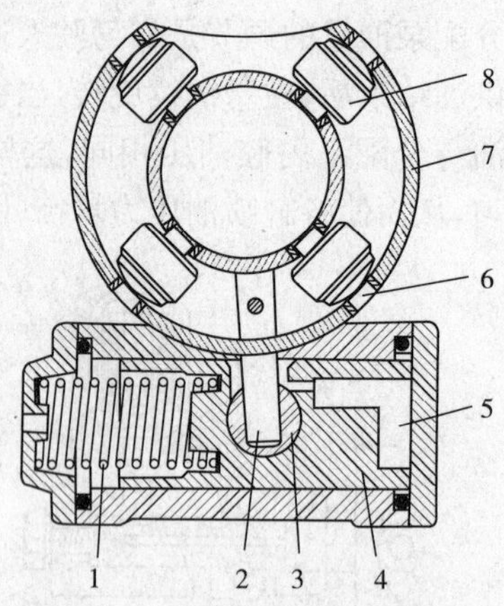

图 2-5-29 供油提前角自动调节器

1-弹簧;2-传力销;3-连接销;4-活塞;5-油缸;6-滚轮轴;7-滚轮架;8-滚轮

4.电磁式停油装置

VE 型分配泵采用电磁阀控制停油。电磁阀装在柱塞套筒进油孔的上方(图 2-5-30)。柴油机起动时,电磁阀线路接通,从蓄电池来的电流经过电磁线圈 1,可以上下活动的阀门 3 被电磁线圈吸起,并压缩弹簧 2,使进油道开启。当需要使柴油机停车时,只需切断电源,电磁阀内磁力消失,阀门 3 在弹簧弹力作用下落座,将进油道关闭,进油停止,柴油机即停止工作。

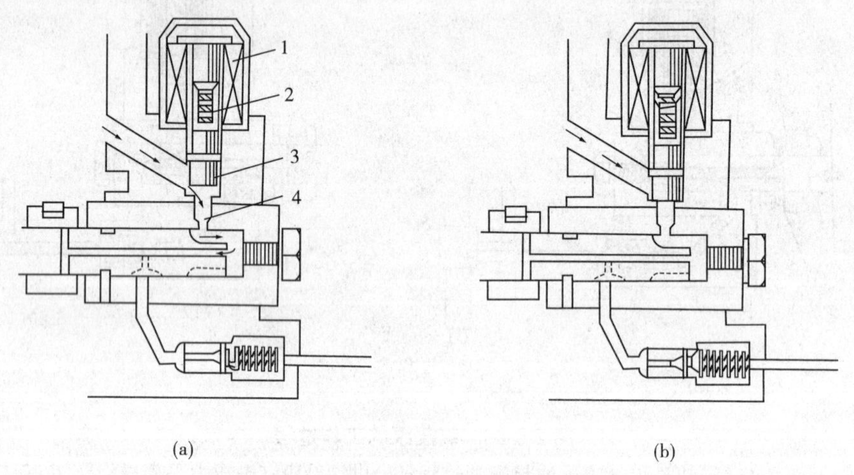

图 2-5-30 电磁式停油装置

(a)进油道开启;(b)进油道关闭

1-电磁线圈;2-弹簧;3-阀门;4-进油孔

5.增压补偿器

在轴向压缩式喷油泵泵体的上部装有增压补偿器,其作用是根据增压压力的大小,自动加大或减少各缸的供油量,以提高发动机的功率和燃料经济性,并减少有害气体的产生。

增压补偿器结构如图 2-5-31 所示。用橡胶制成的膜片 5 固定于补偿器下体 6 和补偿器盖 4 之间。膜片把补偿器分成上、下两腔。上腔由管路连接与进气管相通,进气管中由废气涡轮增压器所形成的空气压力作用在膜片上表面。下腔经通气孔 8 与大气相通,弹簧 9 向上的弹力作用在膜片下支承板 7 上。膜片与补偿器阀芯 10 相固连,阀芯 10 下部有一上小下大的锥形体,补偿杠杆 2 上端的悬臂体与锥形体相靠,补偿杠杆下端抵靠在张力杠杆 11 上。补偿杠杆可绕销轴 1 转动。

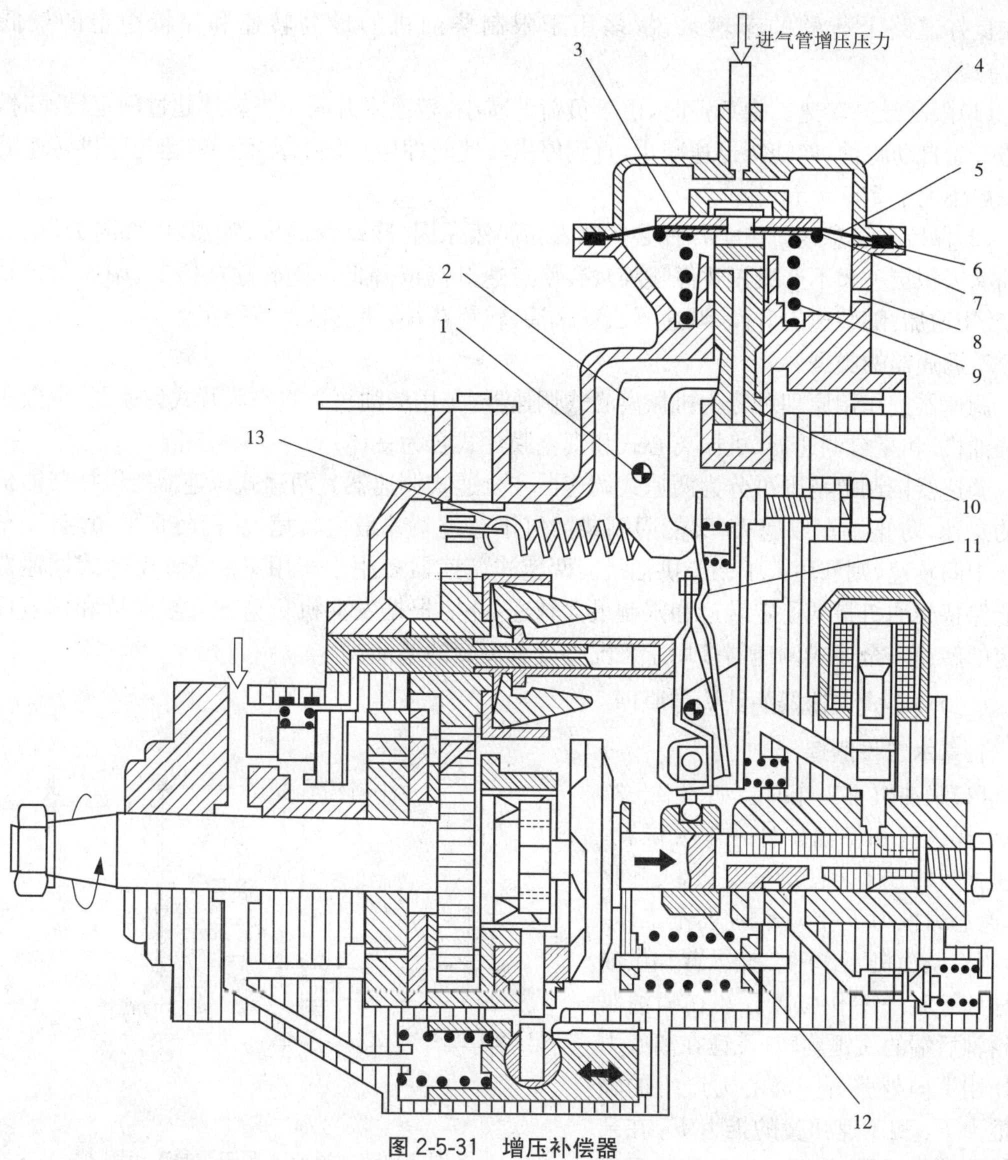

图 2-5-31　增压补偿器

1-销轴；2-补偿杠杆；3-膜片上支撑板；4-补偿器盖；5-膜片；6-补偿器下体；7-膜片下支撑板；8-通气孔；9-弹簧；10-补偿器阀芯；11-张力杠杆；12-油量控制套筒；13-调速弹簧

当进气管中增压压力升高时，补偿器上腔压力大于弹簧 9 的弹力，使膜片 5 连同阀芯 10 向下运动。补偿器下腔的空气经通气孔 8 逸入大气中，阀芯锥形体推动补偿杠杆 2 绕销轴 1 顺时针转动，张力杠杆 11 在调速弹簧 13 的作用下绕其转轴逆时针方向摆动，从而拨动油量控制套筒 12 右移，使供油量适当增加，发动机功率加大。反之，发动机功率相应减小。

四、调速器

（一）调速器的功用和类型

1. 调速器的功用

调速器的功用是当发动机负荷改变时，自动地改变供油量的多少，维持发动机稳定运转。

对在良好道路上行驶的车辆来说，多用于限制柴油机的最高转速和保持稳定的最低转速(怠速)。

(1)限制最高转速。全负荷时，由于负荷的减小，转速将升高。当转速超过额定转速时，调速器开始自动减油，使转矩迅速减小，直到停供转速时即停止供油。额定转速与停供转速的差值一般不大于 200 r/min。

(2)保持平稳怠速。由于各种必然原因和偶然原因(冷却液温度、油温、内部阻力、气门和喷油嘴因积炭关闭不严或短暂停喷等)，会使怠速升高或降低。随转速的降低，调速器自动加油，转矩增加；随转速的升高，调速器自动减油，转矩减小，使怠速保持稳定。

2. 调速器的类型

调速器按作用原理可分为机械离心式调速器(车用柴油机)、真空膜片式调速器(少数小功率柴油机)和复合调速器(机械离心式和真空膜片式合为一体)。

调速器按调节范围可分为两速式调速器和全速式调速器。两速式调速器能保持柴油机平稳的怠速，防止游车或熄火；又能限制柴油机不超过某一最大转速，从而防止了超速(飞车)。至于中间转速，则利用人工调节供油量。两速式调速器多用于车用柴油机。全速式调速器不但能保持柴油机最低稳定转速和限制最大转速，并能根据发动机负荷的大小保持和调节任一选定的转速。全速式调速器多用于工况多变和突变的柴油机。

(二)离心式调速器的结构与原理

1. 基本工作原理

(1)柴油机不工作时。如图 2-5-32 所示，操纵臂和供油拉杆在熄火位置，调速弹簧的预紧力使滑套左移，飞锤收拢，离心力推力 $F_A=0$，调速器不工作。

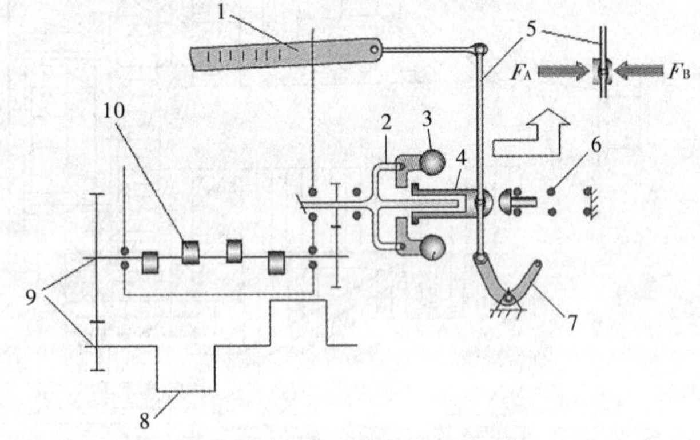

图 2-5-32 离心式调速器原理简图

1-供油拉杆；2-飞锤架；3-飞锤；4-滑套；5-操纵臂；6-调速弹簧；7-加速踏板；8-曲轴；9-正时齿轮；10-喷油泵凸轮轴

(2)柴油机工作时。操纵臂和供油拉杆处于某一工作位置。装在喷油泵凸轮轴后端的飞锤旋转，飞锤在离心力的作用下向外张开。离心力产生的轴向推力 F_A 和调速弹簧的推力 F_B 在某一转速下相平衡，使调速器和喷油泵保持在相应位置处工作。当柴油机转速变化，调速器转速变化，飞锤离心力及其推力 F_A 变化，F_A 和 F_B 失去平衡，滑套位移，调速杠杆移动，供油量变化，柴油机的转矩上升或下降，与变化了的负荷 M_Q 重新平衡，稳定到接近原来转速的位置。

①当 $M_e=M_Q$ 时，柴油机处于平衡状态，稳定地运转；$F_A=F_B$，滑套不动，调速器处于平衡状态，维持供油量。

②当 $M_e<M_Q$ 时，柴油机失去平衡，转速降低；$F_A<F_B$，滑套左移，调速器失去平衡，自动加油，又获得新的平衡。

③当 $M_e>M_Q$ 时，转速升高，$F_A>F_B$，滑套右移，自动减油，又获得新的平衡。

2. 工作原理的分析

(1)一定的调速弹簧的刚度和预紧力，对应一定的柴油机转速。如果调速弹簧有两个刚度和预紧力，就能控制两个转速，这就是双速式调速器；如果调速器的预紧力可以由驾驶人任意决定，则能控制任意转速，这就是全速式调速器。双速式调速器和全速式调速器的最大区别除工作点不同外，关键在于是否直接操纵供油拉杆或利用调速器间接操纵供油拉杆。

(2)柴油机稳定运转，必须达到两个平衡。一是柴油机的平衡状态 $M_e = M_Q$；二是调速器的平衡状态 $F_A = F_B$。

(3)人工调节和自动调节是互不干涉运动的代数和关系。供油拉杆的位移量，是驾驶人和调速器二者分别操纵或同时操纵所产生的位移代数和。

(4)调速器的稳定性。调速过程不是复位，而是在一定的转速范围内获得新的平衡点。在一个平衡位置(选定的转速)，由于负荷的变化，移动到另一个平衡位置以接近其原来的转速，此过程称为“过渡过程”。在过渡中转速波动的幅度和持续的时间愈小愈好。可见，负荷多变和突变的柴油机，在工作中其供油拉杆是在振荡中不断过渡。在一定范围内维持新的平衡，平衡是短暂的，不平衡是经常的。

(三)全速式调速器结构和工作原理

全速式调速器不仅能隐定怠速和限制高速，而且能控制柴油机在允许的转速范围内任何转速下稳定地工作。国产Ⅰ、Ⅱ、Ⅲ号系列泵的调速器均为钢球式机械离心全速式调速器，它们的结构和工作原理基本相同。VE 型分配泵用调速器也是全速式调速器。

1.Ⅱ号泵用全速式调速器

(1)Ⅱ号泵用全速式调速器的基本结构。Ⅱ号泵上用的全速式调速器如图 2-5-33 所示，它安装在Ⅱ号喷油泵的后端。喷油泵凸轮轴 22 的后端固定有驱动锥盘 21，其尾部套着推力锥盘 26。飞球保持架 18 是一个圆盘，从中心孔向外开有均布的 6 条径向直切口，由 6 个块状的飞球座 16 和 12 个飞球所组成的飞球组件分别嵌装在这 6 个直切口中，可以沿直切口作径向滑动。驱动锥盘的内锥面上铣出 6 个均布的锥形凹坑，6 个飞球组件的左端嵌入此凹坑中，而其右端则顶靠在推力锥盘光滑的内锥面上。

推力推盘的球轴承和起动弹簧前座 14 之间夹持着拉板 13，其上部的孔套在喷油泵油量调节拉杆 19 的后端，并用拉杆螺母 12 定位。拉板 13 向左推动油量调节拉杆 19 时，推力经过弹簧传递，以缓和冲击。支于后壳体上的操纵轴 28 的中部固装着调速叉 10，其外端则借花键与操纵摇臂 30 相连。调速叉的叉形臂顶靠在弹簧后座 7 的后端面，驾驶人通过加速踏板和杆系扳动操纵摇臂 30，可以改变调速弹簧 3 和 4 的压缩量，即可改变调速器起作用的转速。

调节螺钉 6 上装有 4 个弹簧：校正弹簧 24、起动弹簧 2、低速调速弹簧 4 和高速调速弹簧 3。起动弹簧和低速调速弹簧的后端都支承在可沿轴向滑动的弹簧后座 7 上，起动弹簧前座 14 支承在径向推力球轴承上，而调速弹簧前座 15 则支承于起动弹簧前座 14 的内圆面上，高速调速弹簧 3 呈自由状态，端头留有一定间隙。校正弹簧座 25 可轴向移动。

停机手柄 27 装在调速器前壳 17 的顶部。壳体顶部和底部设有加油口和放油孔，分别用加油口螺塞 11 和放油螺钉 1 堵住。加油口螺塞 11 上钻有通气孔，以免壳体内润滑油受热，致使腔内蒸汽压力过高而造成漏油。螺塞孔道内有泡沫塑料滤芯，防止灰尘等脏物进入。

在调速器后壳 5 上有高速限止螺钉 9 和低速限止螺钉 8，分别用来调整、限定最高工作转速和最低稳定转速。

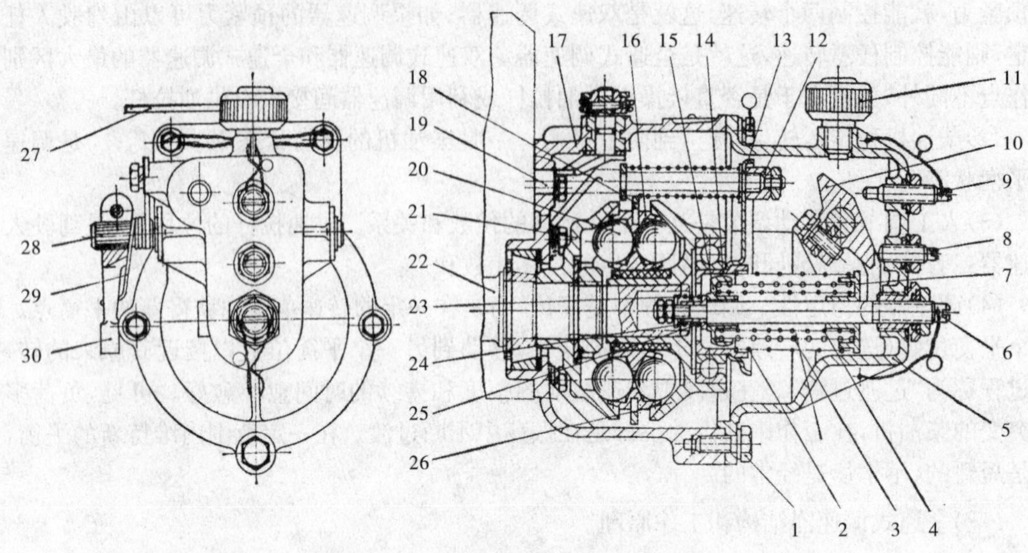

图 2-5-33 Ⅱ号泵用全速式调速器

1-放油螺钉；2-起动弹簧；3-高速调速弹簧；4-低速调速弹簧；5-调速器后壳；6-调节螺钉；7-弹簧后座；8-低速限位螺钉；9-高速限位螺钉；10-调速叉；11-加油口螺塞；12-拉杆螺母；13-拉板；14-起动弹簧前座；15-调速弹簧前座；16-飞球座；17-调速器前壳；18-飞球保持架；19-油量调节拉杆；20-飞球；21-驱动锥盘；22-喷油泵凸轮轴；23-垫圈；24-校正弹簧；25-校正弹簧座；26-推力锥盘；27-停机手柄；28-操纵轴；29-扭力弹簧；30-操纵摇臂

(2)Ⅱ号泵用全速式调速器的工作原理。其工作过程如下：

①一般工况。当调速叉 10 处于两个限位螺钉 8 和 9 之间的任一位置时，柴油机将稳定在某一转速下工作，飞球的离心力与调速弹簧弹力处于平衡状态。如此时外界负荷发生变化而引起转速改变时，飞球的离心力与调速弹簧弹力失去平衡，调速器将自动调节供油量，使柴油机转速维持在原来转速附近变化较小的范围内。Ⅱ号泵调速器采用高速、低速两个调速弹簧，低速调速弹簧刚度较小，装配时有一定的预压力；高速调速弹簧刚度较大，装配时呈自由状态。在低速时，低速调速弹簧单独工作，随着转速提高到一定数值后，高速调速弹簧方加入工作。

②怠速工况。将调速叉 10 逆时针旋至与低速限位螺钉 8 相碰，调速弹簧放松，预压力最小，柴油机则稳定在最低转速下运行。调整怠速限位螺钉的位置，则可改变最低转速。

③最高转速工况。将调速叉 10 顺时针转至与高速限位螺钉 9 相碰，此时调速弹簧受到最大压缩而预压力最大，柴油机处于最高转速工况下工作。如这时外界负荷减小，转速上升，飞球离心力将使油量调节拉杆 19 向减油方向移动，使柴油机输出转矩与负荷相平衡。如负荷全部卸去，调速器将使供油量减至最小，此时柴油机处于最高空转转速下工作。装有调速器的柴油机的最高空转转速与最高工作转速之间差距较小，因而起到防止柴油机超速运转，发生“飞车”危险的作用。

④超负荷工况。汽车、拖拉机以及工程机械等所用的柴油机工作时，往往会遇到短期阻力突然增大的情况。如果这时柴油机本来已在满负荷下工作，供油量已达到最大，柴油机转速会迅速降低而熄火。为了提高柴油机克服短期超负荷的能力，在全速式调速器中多装有油量校正装置，可使柴油机在超负荷时增加 15％～20％的供油量。

图 2-5-34 是油量校正装置工作原理图。图 2-5-34a 是无油量校正装置时的情况，调速叉将调速弹簧压缩到最大程度，使弹力 F_B 与飞球的离心力轴向分力 F_A 平衡，柴油机稳定在最

高工作转速运转。若此时负荷突然增大使柴油机转速下降，飞球离心力减小，F_A 小于 F_B，但因拉板 9 与额定供油量调节螺柱 6 的凸肩间的间隙已不存在，油量调节拉杆无法进一步左移加大供油量，因此柴油机转速必然下降乃至熄火。

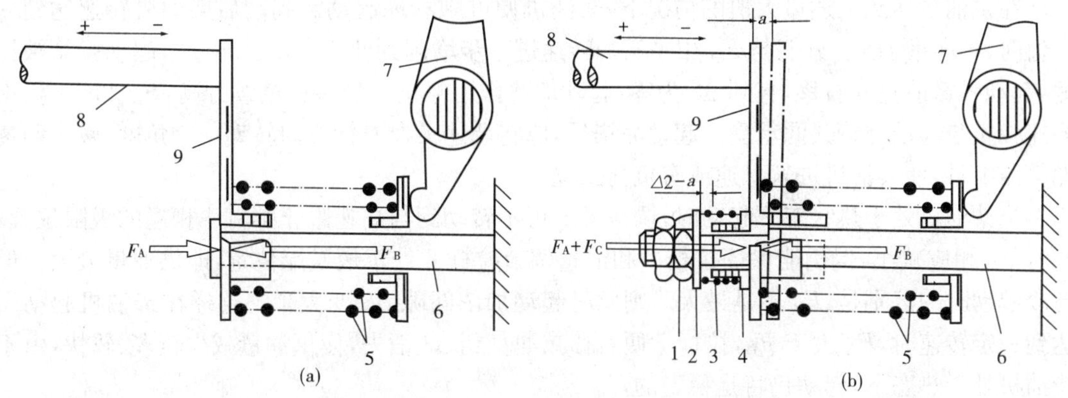

图 2-5-34 油量校正装置工作原理示意图

(a)无油量校正装置时的情况；(b)有油量校正装置时的情况

1-校正油量调节螺母；2-垫圈；3-校正弹簧；4-校正弹簧座；5-调速弹簧；6-额定供油量调节螺柱；7-调速叉；8-油量调节拉杆；9-拉板

图 2-5-34b 是有油量校正装置时的情况，额定供油量调节螺柱 6 前部改成可轴向滑动的校正弹簧座 4，与校正弹簧 3 共同构成校正装置。当油量调节拉杆 8 和拉板 9 处于点划线所表示的全负荷供油位置时，垫圈 2 与弹簧座间存在轴向间隙 Δ2。当柴油机突然超负荷时，转速随之下降，调速弹簧的剩余作用力 F_B-F_A 便压缩校正弹簧，使拉杆 8 向左移动一个距离 a（校正行程），此时校正弹簧的压力 F_C 与 F_A 之和等于 F_B。这样，就在全负荷供油量基础上额外再加供一部分燃油（称为校正油量），以适应超负荷的需要。柴油机超负荷愈大，校正弹簧的压缩量愈大，校正油量也愈多。当校正行程 $a=\Delta 2$ 时，校正油量达到最大值，此时校正弹簧座 4 的前端面与垫圈 2 接触，最大校正行程 Δ2 以及校正弹簧的预压力可用校正油量调节螺母 1 调节。校正油量终究是有限的，如果柴油机超负荷过大，柴油机仍将熄火。应当指出，校正范围不是柴油机的正常工作范围，决不允许柴油机长期在校正范围内工作。

⑤冷态起动。图 2-5-33 所示的全程式调速器起动加浓装置是起动弹簧 2，其工作原理见图 2-5-35。起动前，驱动锥盘不动，飞球组件的离心力形成的轴向推力 F_A 为零。驾驶人将加速踏板踩到底，即调速叉 5 顺时针转到与高速限位螺钉 4 相接触的极限位置，此时调速弹簧 3 的压缩力 F_D 达到最大值。在 F_B 的作用下压缩校正弹簧 1，直到校正行程达到最大时为止。调速弹簧 3 被调速叉 5 向左压缩的同时，起动弹簧 2 也被压缩。起动弹簧 2 的压力 F_D 作用在与拉板 7 固定连接的起动弹簧前座 6 上，使之

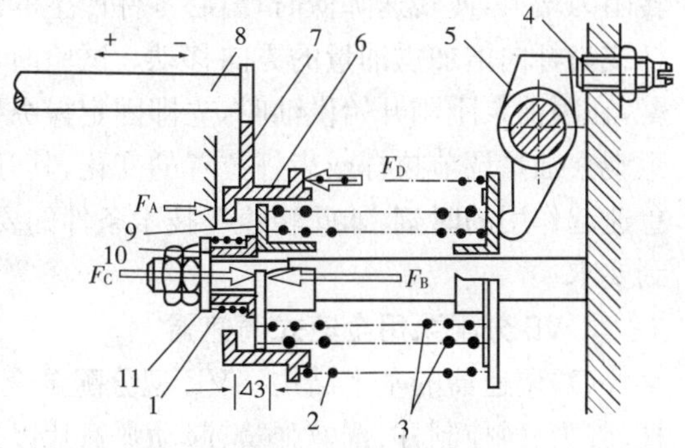

图 2-5-35 起动加浓装置工作原理示意图

1-校正弹簧；2-起动弹簧；3-调速弹簧；4-高速限位螺钉；5-调速叉；6-起动弹簧前座；7-拉板；8-油量调节拉杆；9-调速弹簧前座；10-垫圈；11-校正弹簧座

连同拉板 7 和油量调节拉杆 8 处于最左端位置，锥盘被推到使飞球组件沿径向向内移到极限位置，因此供油量达最大值(起动时供油量比标定供油量约增加 50%)。此时调速弹簧前座 9 的前端面与起动弹簧前座 6 的后端面之间存在着间隙 Δ3，称为起动加浓间隙。

在供油量达到上述最大值的情况下，柴油机便可顺利地起动。起动后柴油机转速达到一定值时，轴向推力 F_A 方能与 F_D 相平衡。转速进一步增高到使 F_A 大于 F_D 时，起动弹簧被压缩，起动弹簧前座 6 右移，直到 Δ3 为零，起动加浓作用停止。当转速继续升高，F_A 和 F_C 仍由调速弹簧与起动弹簧共同承受。起动完毕后，应将调速叉逆时针方向转动一个角度，减小调速弹簧压缩量，使柴油机进入怠速或有负荷工况。

当柴油机处于热状态下起动时，调速叉 5 可不转动到与高速限止螺钉 4 相碰的极限位置，此时 F_D 相应减小，但仍能保证拉板 7 和油量调节拉杆 8 处于最左端位置，即供油量最大。但与冷起动时的区别是，F_B 不是最大。则此时起动加浓间隙 Δ3 变大了。这样在柴油机起动后达到一定转速时，F_A 大于 F_D，拉板 7 便右移减油直到 Δ3 消失，使供油量减少较多、较快，由于柴油机处于热态下，起动仍将是稳定的。

⑥停机。当需要停机时，转动停机手柄 27(图 2-5-33)，通过停机挡块强制带动油量调节拉杆 19 向右移动到极限位置，使喷油泵停止供油，则柴油机熄火停止工作。

(3)调速器的调试。调速器的调试内容主要是高速和怠速起作用时的转速。其次是全程调节、起动加浓、校正加浓及各部位限止位置的检查与调整。

①高速起作用时转速的调试。当柴油机在额定转速工作时，供油拉杆或齿杆位置固定在额定供油量。当柴油机转速超过额定转速时，离心元件上产生的离心惯性力作用在调速套筒上。使油量调节拉杆或齿杆向减油方向移动，从而起到限制最高转速的作用。试验时，使喷油泵转速逐渐增加到接近额定转速，将调速器的操纵臂推向最大供油位置。然后缓慢增加喷油泵的转速，同时注意油量调节拉杆和齿杆位置的变化，当开始向减少供油方向移动时的转速，就是调速起作用的转速。如此转速达不到技术条件的要求，可通过调整操纵臂的位置间接实现。

②怠速起作用时转速的调试。与限制柴油机额定转速的原理相似，当柴油机以怠速转速运转时，离心零件作用在调速套筒上的轴向力与怠速弹簧相平衡。当某种原因造成发动机运转阻力增大，使转速降低时，离心零件产生的离心惯性力不足以平衡怠速弹簧，使油量调节拉杆或齿杆向增加供油量的方向移动。试验时，使喷油泵的转速低于正常怠速值，缓慢转动操纵臂，在喷油泵刚刚开始供油时，立即固定操纵臂的位置，然后再慢慢增加喷油泵转速。同时注意观察油量调节拉杆或齿杆位置的变化，其开始向减少供油量方向移动时的转速，便是调速器怠速起作用的时刻，如此转速与技术条件的要求不符合，可用调节怠速弹簧弹力的方法使其达到要求。

2. VE 分配泵用全速式调速器

(1)调速器的基本结构。VE 型分配泵全速式调速器的结构如图 2-5-36 所示，主要由调整杆、张力杆、控制杆、调速弹簧、起动弹簧片以及飞锤和油量控制滑套等所组成。调整杆可绕安装在泵体上的支承销 M1 转动。控制杆支承销 M2 安装在调整杆上，控制杆和张力杆均可绕其转动。在控制杆的下端，固定着一个嵌入油量控制滑套凹槽内的球形销。当控制杆摆动时或张力杆推动控制杆摆动时，球形销拨动油量控制滑套在分配转子上作轴向移动，从而改变泵油量的大小。

4 块钢质飞锤以相隔 90°装在飞锤座上，并由传动轴齿轮通过调速器齿轮来传动。飞锤座连同止推垫圈、调速滑套一起套装在调速器轴上。当飞锤座转动时，飞锤受离心力作用向外甩开，通过飞锤脚推动止推垫圈使调速滑套左右移动。

调速滑套右端顶着控制杆，张力杆上部挂装一根与油门操纵杆连接的调速弹簧，因此调速滑套移动所产生的推力受到调速弹簧拉力的限制。调速杠杆组通过轴销支点 M2 把三根杠杆销连在一起（可活动），同时又用支点 M1 销连在泵体上（固定的）。控制杆下端的球头销与油量控制套筒连接。由此可见，油量控制套筒位置是由加在调速滑套上的推力（由飞锤离心力产生的）与调速弹簧拉力互相平衡而决定的。不同的发动机转速，不同的调速弹簧拉力，油量控制套筒有相应不同的平衡位置。

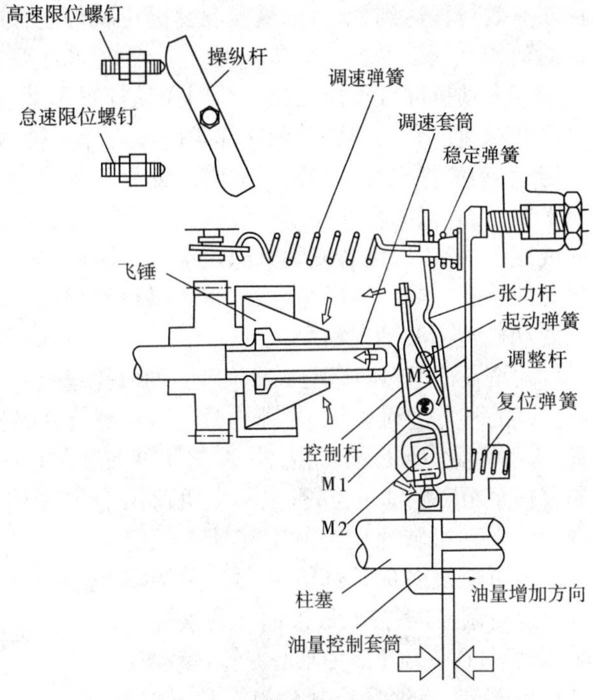

图 2-5-36　全速式调速器构造原理图（起动）

（2）调速器的工作原理。综上所述，调速器的作用是控制油量控制套筒的位置，调节供油量的大小，以适应发动机各工况的要求。现分析如下：

①发动机起动。如图 2-5-36 所示，起动时，操纵杆置于全负荷位置（靠高速限位螺钉），由于调速弹簧被拉伸，则张力杆以 M1 为支点向左转，并碰到高速限位螺钉，此时飞锤处于完全收拢状态，调速滑套处在极左位置，控制杆因受起动弹簧（片状弹簧，其一端铆在控制杆上）作用而压在调速滑套上。控制杆也以 M1 为支点作反时针转动，油量控制套筒被推至极右位置，即起动加浓位置，使发动机起动时得到最大供油量。因调速机构本身有起动加浓作用，无需习惯地踏下加速踏板。

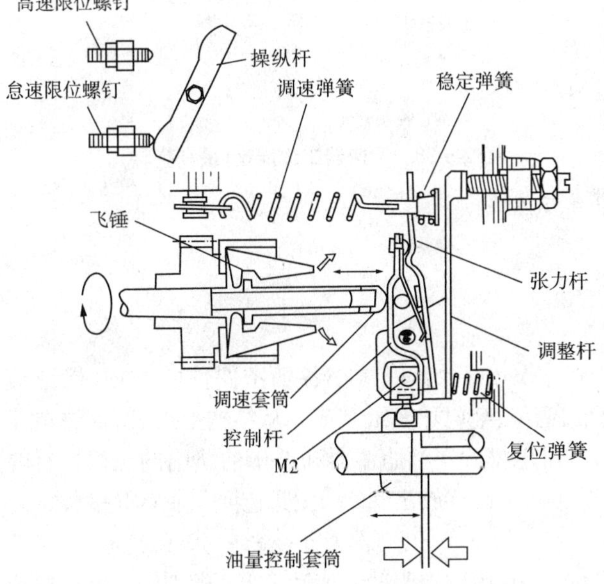

图 2-5-37　调速器工作原理（发动机怠速工况）

②发动机怠速工况。如图 2-5-37 所示，发动机起动后，操纵杆置于怠速位置（靠怠速限位螺钉），调速弹簧的张力降至最低值，此时调速器的转速为 400～500 r/min，飞锤产生的离心力将调速滑套推向右方，调速滑套又推动控制杆和张力杆以支点 M1 为轴心向右摆动，压缩怠速弹簧和稳定弹簧，直至滑套的推力与两弹簧的张力相平衡为止，此时油量控制套筒也相应向左移动一个距离，使

柱塞有效行程达到最小，油量控制套筒也就停止在此位置（即怠速油量位置），使发动机得到良好的运转。

③发动机部分负荷工况。油门操纵杆置于某一中间位置，调速弹簧就具有相应的拉力，如果这时调速滑套的推力与调速弹簧的拉力相平衡，则油量控制套筒就停在相应位置上，供油量一定，发动机稳定在该转速下运转。如果外界负荷有变化，发动机转速随之变化，破坏了原先的平衡状态，张力杆与控制杆就以支点 M1 为轴心产生摆动，带动油量控制套筒左右摆动，增加或减少油量，以维持发动机稳定运转。所以，只要选定任何一个油门操纵杆的位置，油量控制套筒就有相应新的平衡位置，就可以获得相应的发动机转速。尽管负荷偶有变化，也不会出现发动机转速波动现象。

④全负荷运转即标定工况位置。油门操纵杆置于全负荷位置（即加速踏板踏到底），这时调速弹簧的张力达到最大值。张力杆与限位螺钉开始相碰并保持在该位置，此时稳定弹簧、怠速弹簧、起动弹簧均被压缩，张力杆、控制杆以支点 M1 为轴心作反时针方向转动，带动油量控制套筒向右移至额定供油量位置（也称全负荷供油量），发动机转速应为额定转速。额定供油量可通过泵体外部的最大油量调整螺钉进行调整，当拧入最大油量调整螺钉时，调整杆以支点 M2 为轴心左转，带动控制杆也左转，使油量控制套筒右移，增加额定油量；反之，拧出最大油量调整螺钉，全负荷供油量减少。调整杆背面装有两条起支承作用的支承弹簧，使调整杆位置保持稳定。

⑤发动机最高空转工况。如图 2-5-38 所示，发动机空负荷运转，油门处于最大位置，此时发动机转速达到最高，飞锤的离心力达到最大值，调速滑套右移，迫使张力杆和控制杆克服调速弹黄的拉力，以支点 M1 为轴心作顺时针方向转动，使油量控制套筒左移，减少供油量，从而防止发动机转速进一步增高，以免发动机飞车。

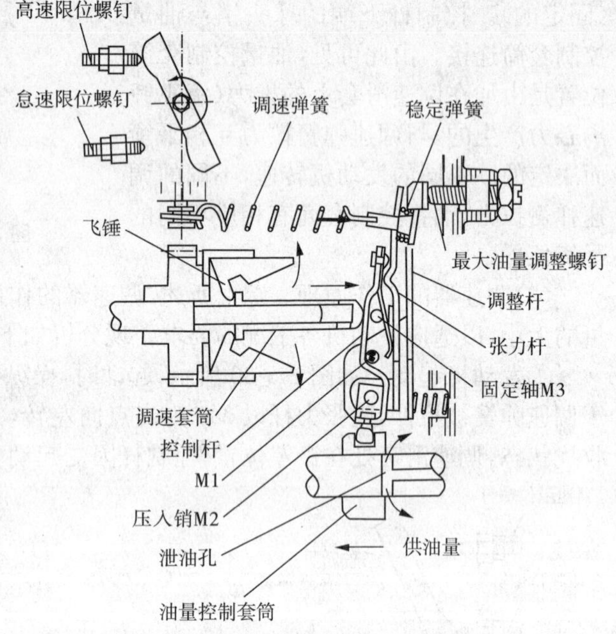

图 2-5-38 调速器工作原理（最高空转）

五、柴油机燃料系的辅助装置

1. 柴油滤清器

柴油滤清器的作用是滤去柴油中的杂质、水分和石蜡，以减小各精密偶件的磨损，保证喷雾质量。柴油滤清器多为过滤式，滤芯由绸布、毛毡、金属丝及纸制成。从结构上讲，柴油滤清器盖上有放气螺钉。拧开放气螺钉，抽动手油泵，可以排除柴油滤清器和低压油路内的空气。有的柴油滤清器盖上装有限压阀，柴油滤清器外壳底部多设有放污螺塞，以便定期排除杂质和水分。

2. 输油泵

柴油机输油泵的功用是使柴油产生一定的压力，用以克服柴油滤清器及管路阻力，保证连续不断地向喷油泵输送足够的柴油。柴油机输油泵多采用活塞式，输出压力为 0.15～0.3 MPa，输出量为柴油机全负荷耗油量的3～4倍。

(1)输油泵的基本结构和工作原理。如图2-5-39所示，输油泵由泵体、活塞、进油阀、出油阀及手油泵等组成。装在喷油泵体上，由喷油泵凸轮轴上的偏心轮驱动。输油泵的工作情况如下：

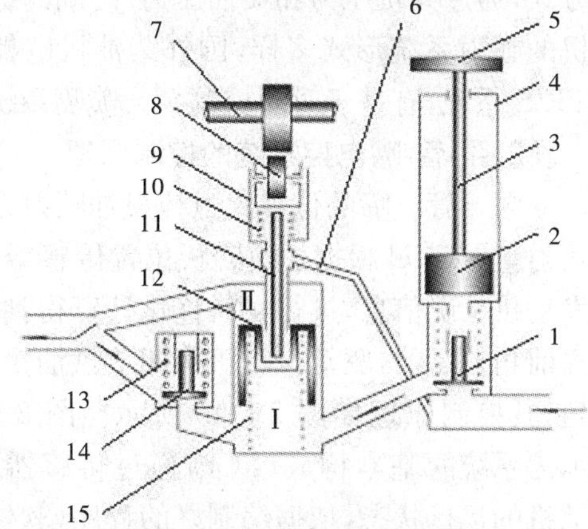

图2-5-39　活塞式输油泵

1-进油阀；2-手油泵活塞；3-手油泵杆；4-手油泵体；5-手油泵柄；6-回油道；7-喷油泵凸轮轴；8-滚轮；9-滚轮架；10-滚轮弹簧；11-顶杆；12-活塞；13-弹簧；14-出油阀；15-活塞弹簧

①准备压油过程。如图2-5-39所示，喷油泵凸轮轴旋转，偏心轮推动滚轮、推杆和活塞向外运动，泵腔Ⅰ因容积减小而油压升高，关闭进油阀，压开出油阀，柴油便由泵腔Ⅰ通过出油阀流向泵腔Ⅱ。

②吸油和压油行程。当偏心轮凸起部分转离滚轮时，活塞在弹簧的作用下上行，泵室Ⅱ的油压增大，出油阀被关闭，柴油经油道流向柴油滤清器。此时，泵腔Ⅰ容积变大，压力下降，进油阀1被吸开，柴油便经进油口和进油阀流入泵腔Ⅰ。

③输油量的自动调节。活塞的行程等于偏心轮的偏心距时，输油量最大。当喷油泵需要的油量减少时，泵腔Ⅱ的油压将随之增高，推杆与活塞之间产生了空行程，即活塞的有效行程被减小，输出的油量即减少。

④手泵油。用手油泵泵油时，利用活塞在泵体内抽动，形成一定真空，进油阀被吸开，柴油被吸入泵体，然后再压入泵室Ⅰ，并推开出油阀而输出。停止使用手油泵后，应将手柄拧紧在手泵体上，以防空气渗入油路，影响输油泵工作。

(2)输油泵的维护和检修。维护时，应清洗检查输油泵。首先，检查并清洗进油口上的滤网。输油泵经清洗后，用手指压下推杆，应能将活塞完全压进；松开手柄，手柄应能完全弹出。否则，应拆检活塞和推杆的卡滞故障。输油泵解体后，检查进出油阀和阀座的磨损情况，如有破裂或严重磨损时，应予更换。如磨损轻微可研磨修复。输油泵活塞与壳体由于磨损出现配合松旷和运动不平稳时，应更换新泵。输油泵装复后，应进行密封性试验、吸油能力试验、输油量检验和输油压力检验等性能试验。

六、泵—管—嘴电控系统

1.柴油机电控系统的发展历程和类型

电子控制技术在满足柴油机排放法规、进一步提高燃油经济性、提高安全驾驶性能等社会要求的背景下，从20世纪80年代开始，先后被各汽车生产厂用来控制喷油定时和喷油量。到目前为止已经经历了三代变化。

第一代柴油机电控燃油喷射系统称位置控制系统，也称电控泵—管—嘴系统，它用电子伺服机构代替调速器控制供油滑套位置以实现供油量的调整，这类技术已发展到了可以同时控制定时和预喷射的TICS系统。

第二代系统也称时间控制系统，也叫电控泵—喷嘴系统，其特点是供油仍维持传统的脉动式柱塞泵油方式，但油量和定时的调节则由ECU控制电磁阀的开闭时刻所决定。

第三代称为直接数控系统，也称共轨式喷射系统，它完全脱开了传统的油泵分缸燃油供应方式，通过共轨压力和喷油压力/时间的综合控制，实现各种复杂的供油回路和特性。因柴油机的喷射系统形式多样，国外柴油机电控系统也形式多样，有直列泵和分配泵的可变预行程TICS系统，有基于时间控制泵一喷嘴系统，有蓄压共轨系统和高压共轨系统等。

2. 泵-管-嘴电控系统的控制原理

泵一管一嘴的位置式电控燃油喷射系统是通过对滑套位置进行电子控制，从而控制燃油喷射量。ECU根据加速踏板位置传感器、转速传感器以及油温、冷却液温度传感器所传来的发动机工况信息，进行实时优化计算得到油量和提前角控制值，驱动执行机构调节供油量和提前角，其控制原理如图2-5-40所示。图2-5-41所示为系统的基本构成，ECU通过传感器感知发动机的运行状态，依据编制好的程序（软件）进行计算和处理，通过执行器完成控制任务。执行器根据ECU送达的执行指令，驱动调节喷油量及喷油正时的调节机构，从而调节发动机的运行状态，使其在最佳状态下工作。

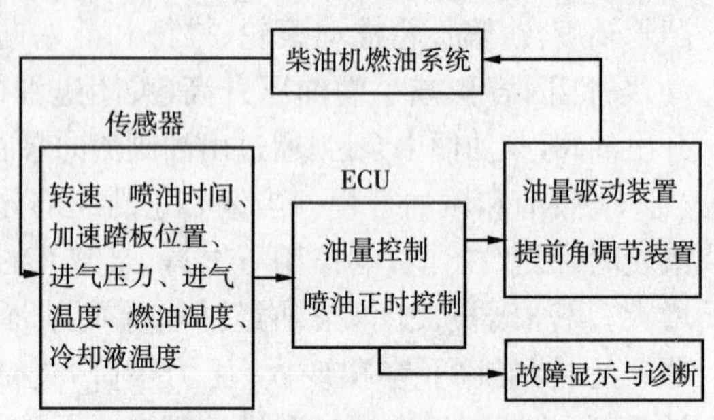

图 2-5-40　泵-管-嘴电控系统控制原理图

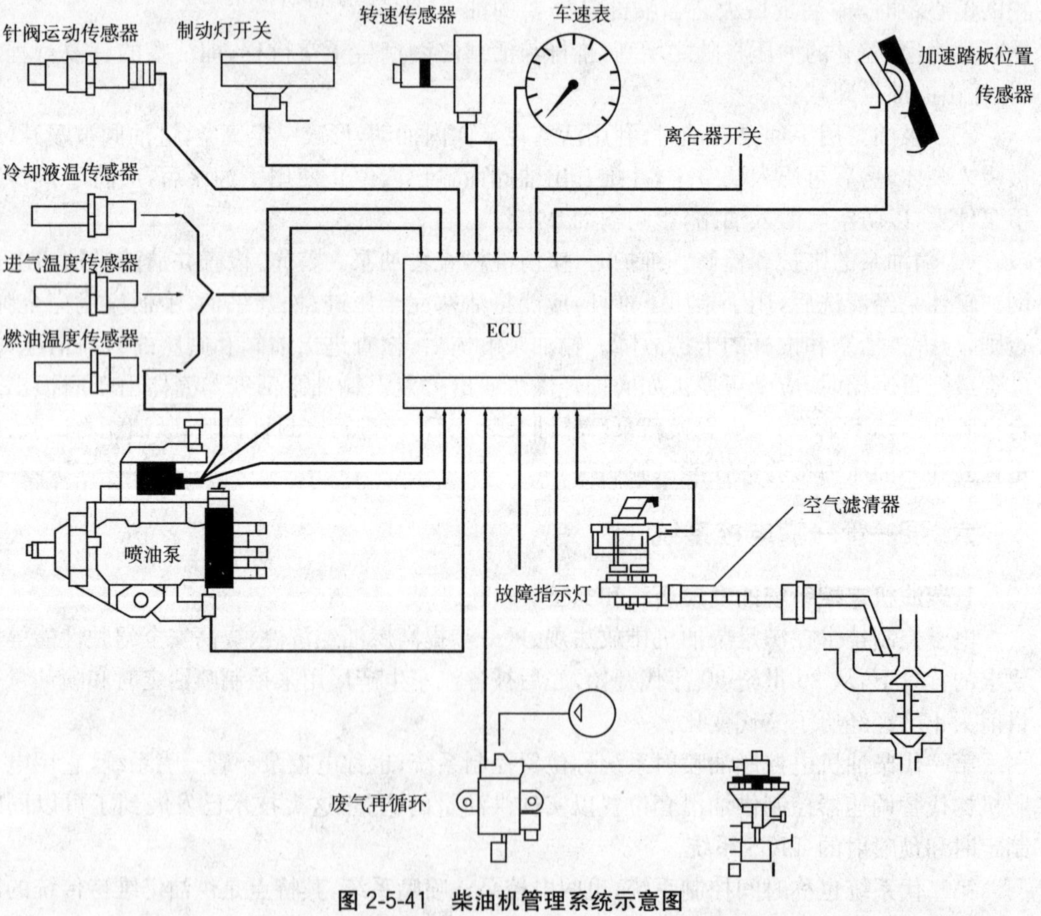

图 2-5-41　柴油机管理系统示意图

(1)喷油量控制。电控分配泵采用控制套作为回油孔开启的控制装置，当控制套位置变化时，回油孔与油泵内腔相通的时间也随之变化，从而可以调节喷油量的大小。控制套位置由半差动角度传感器测定。半差动角度传感器将旋转电磁铁的位置传回 ECU，从而进行供油量的闭环控制。ECU 需要采集加速踏板位置信号和转速信号进行基本信号的查询，同时需要冷却液温度信号、机油温度信号、执行器位置反馈信号进行油量的调整和反馈控制。

(2)供油提前角的控制。供油提前角的控制同样需要加速踏板位置和转速两个工况判断信号，供油提前角是由高速电磁阀控制的，高速电磁阀结构如 2-5-42 所示。该控制阀调节活塞顶部压力大小，在某一周期内完成“打开一保持泄油一关闭”的动作，从而达到精确控制喷油正时。ECU 根据检测到的相关信号计算出相应的喷油提前补偿量，控制逻辑如图 2-5-43 所示。

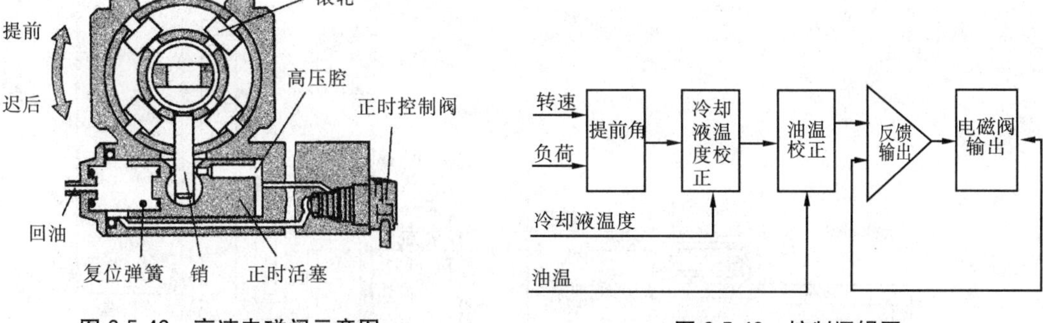

图 2-5-42 高速电磁阀示意图

图 2-5-43 控制逻辑图

第二节 泵—喷嘴柴油供给系结构与检修

一、泵—喷嘴柴油供给系统的特点

泵—喷嘴柴油供给系统的基本特点如下。

(1)泵—喷嘴指的是喷油泵、喷油嘴组合在一起。发动机每个缸都有一个泵—喷嘴，不需要高压管或分配式喷射泵。因而避免了在高压油管中的压力脉动，进而可以精确控制喷射循环(图 2-5-44)。泵—喷嘴系统有下列功能：能够产生所需要的高喷射压力，能按正确的时间和正确的喷油量喷射。

(2)泵—喷嘴安装位置。泵—喷嘴直接集成在汽缸盖上。与分配式喷射系统的汽缸盖相比，泵—喷嘴式喷射系统汽缸盖有很大变化，位置比较高。

(3)固定方式。泵—喷嘴通过卡块固定在汽缸盖上。泵—喷嘴应安装好，若泵—喷嘴与汽缸盖不垂直，则紧固螺栓会松动，造成泵—喷嘴或汽缸盖损坏。

(4)凸轮轴配有 4 个辅助凸轮来驱动泵—喷嘴。通过滚

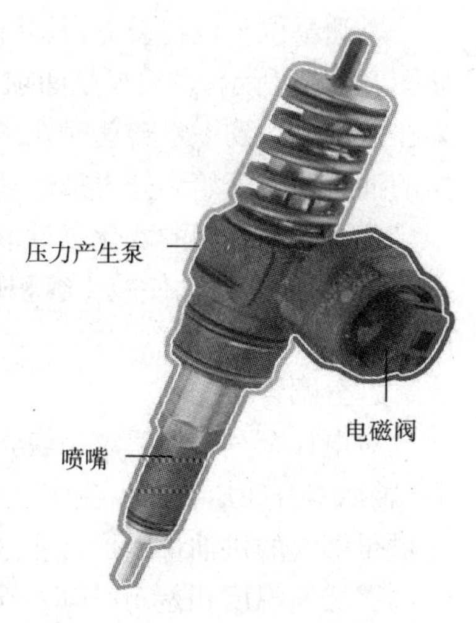

图 2-5-44 泵-喷嘴

柱式摇臂来驱动泵—喷嘴的泵活塞。

(5)高压腔充注燃油。在供油循环期间，泵活塞在活塞弹簧压力作用下移动，使高压腔的内容积扩大。泵—喷嘴电磁阀没有动作，电磁阀针阀处于静止位置，供油管到高压腔内的通道打开，燃油流进高压腔。

二、泵—喷嘴柴油供给系统的组成

如图 2-5-45 所示，泵—喷嘴柴油供给系统主要由油箱、燃油滤清器、油泵、分配管、泵—喷嘴、油温传感器和燃油冷却器等组成。油泵从油箱中吸出流经燃油滤清器的燃油，并沿汽缸盖内的供油管将其泵入泵—喷嘴单元。多余的燃油经汽缸盖内的回油管、油温传感器和燃油冷却器返回油箱。

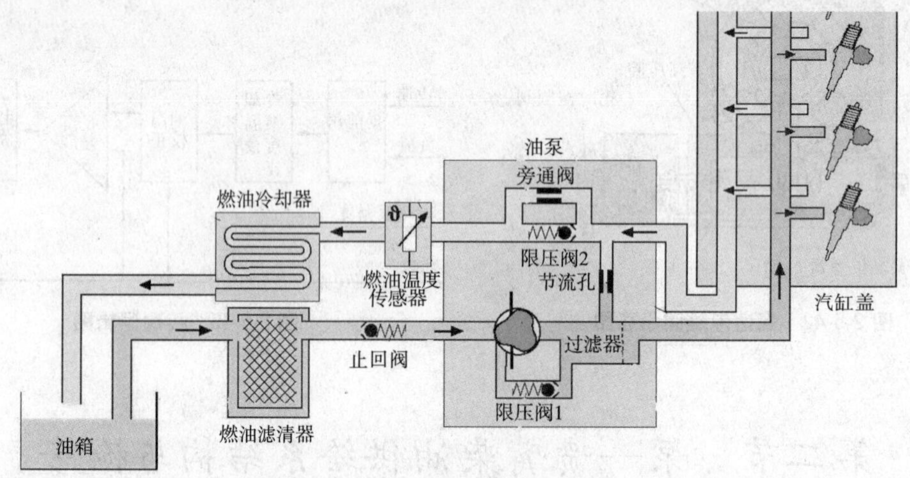

图 2-5-45　泵—喷嘴柴油供给系统

三、泵—喷嘴柴油供给系统主要构件的结构与工作原理

1. 油泵

燃油泵位于汽缸盖上，其功能是将燃油从油箱输送到泵—喷嘴，由凸轮轴驱动。油泵结构如图 2-5-46 所示，燃油泵是间歇式叶片泵，间歇叶片被弹簧压力压紧到转子上。而旋转叶片泵在发动机达到一定转速时在离心力作用下叶片才能压紧在定子上，此时才开始供油。泵体内的油道使转子始终处于被燃油浸润的状态下，从而可随时输送燃油。

此泵利用容积的变化吸油和泵油。吸油腔和压油腔通过叶片彼此分开。如图 2-5-47 所示，转子的旋转运动使腔 1 容积增加，吸油；腔 4 容积减少，泵油。同时，燃油被吸入腔 3 并从腔 2 泵出。

2. 分配管

对电控泵—喷嘴系统来说，合适的低压供油系统很重要。由于进口油道是铸造在汽缸盖内，燃油本身在压缩和溢流中会产生热量，汽缸盖的热量又要传给燃油，因此要求输油泵必须提供足够大的供油量以保证各缸泵—喷嘴的燃油温度相等。带汽缸盖的台架试验证明，两个喷油器之间温度相差 10 ℃时，全负荷状态下喷油量差别是 1%。因此，此系统设有带十字孔的燃油分配管和燃油冷却系统(图 2-5-48)。

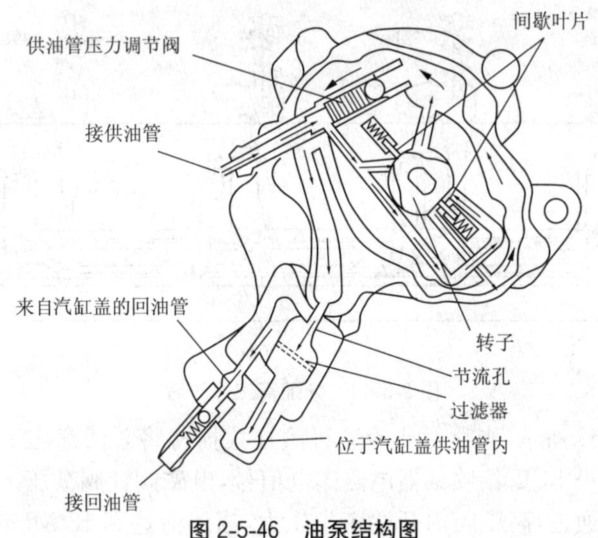

图 2-5-46　油泵结构图

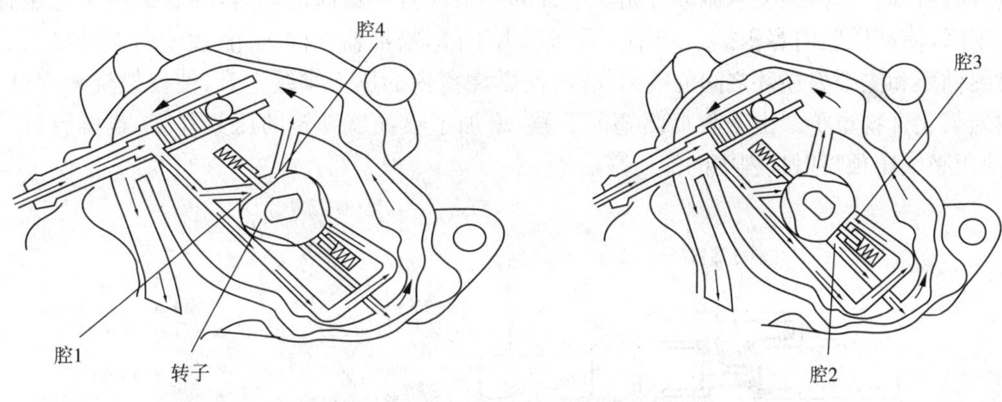

图 2-5-47　油泵工作原理

分配管集成在汽缸盖内的供油管内，其功能是等量地向各缸分配燃油。工作过程如图 2-5-49 所示，油泵将燃油输送到汽缸盖内的供油管内。在供油管内，燃油沿着分配管内管流向 1 缸。燃油通过十字孔进入分配管和汽缸盖壁之间的环形管。此时，燃油与受热燃油混合，并被泵—喷嘴强制流向供油管，使供油管内流到各缸的燃油温度一致，向泵—喷嘴提供相同的燃油量，发动机运转平稳。

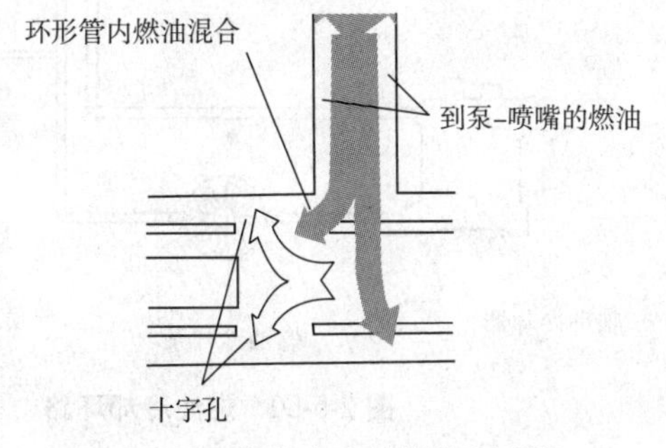

图 2-5-48　带十字孔的燃油分配管

燃油冷却环路，与发动机冷却环路分开，在膨胀罐附近相通，如图 2-5-50 所示。这样设置燃油冷却环路能使燃油因温度波动而产生的体积变化得到补偿。从泵—喷嘴回来的燃油流经燃油冷却器将高温传递给燃油冷却环路中的冷却液。

3. 泵—喷嘴

泵—喷嘴的结构如图 2-5-51 所示，主要包括压力产生泵、喷油器和电磁阀等。

(1)预喷射循环。为确保燃烧过程尽可能平稳，在主喷射循环之前，少量燃油在低压下被喷入燃烧室，这个过程叫预喷射循环。少量燃油的燃烧使燃烧室内的压力和温度上升。预喷

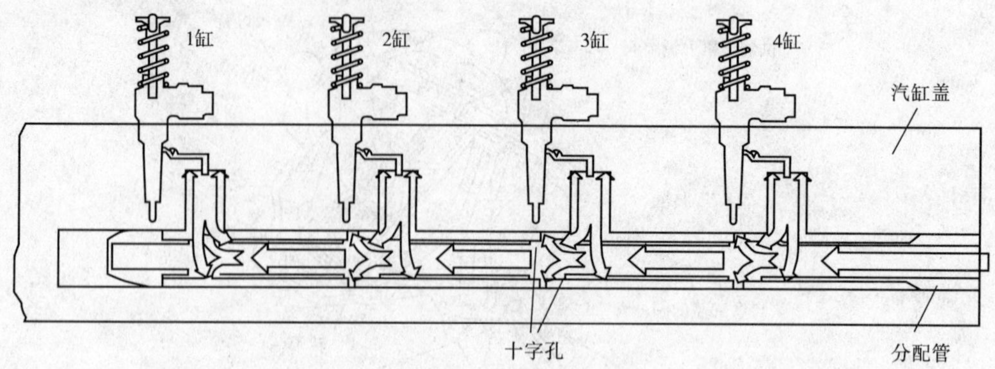

图 2-5-49 分配管工作过程

射循环过程如图 2-5-52 所示，当喷射凸轮通过滚柱式摇臂将泵活塞压下，将高压腔内的燃油排出到供油管。发动机 ECU 给喷油器电磁阀电信号，电磁阀针阀被压入到电磁阀阀座内，关闭高压腔到供油管的通道，高压腔内开始产生压力，当压力达到 18 MPa 时，高于喷射弹簧压力，喷油器针阀上升，预喷射循环开始。上升的压力在打开针阀的同时，使收缩活塞克服弹簧压力下降，使高压腔内容积扩大，于是，瞬间压力下降，喷油器针阀关闭，预喷射循环结束。在预喷射循环和主喷射循环之间的喷射间隔，使燃烧室内的压力平缓上升，使得燃烧噪声低，排放的氮氧化合物也少。由于收缩活塞的下移，增加了喷油器弹簧的压紧程度，若再想打开针阀，油压必须比预喷射过程中的油压高。

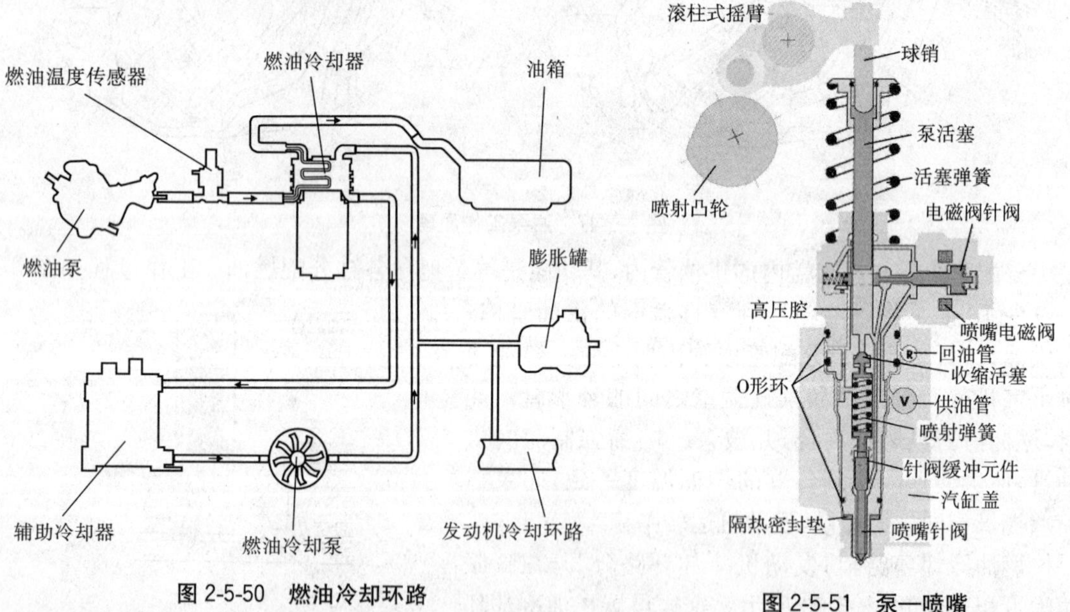

图 2-5-50 燃油冷却环路

图 2-5-51 泵—喷嘴

(2)喷射循环。喷油器针阀关闭后的短时间内，由于喷油器电磁阀仍然关闭，并且泵活塞继续下移，所以，高压腔内的压力立即重新上升。当压力达到 30 MPa 时，燃油压力高于喷油器弹簧作用力，喷油器针阀再次打开，主喷射循环开始。发动机最大功率时的喷射压力可达 205 MPa。当发动机 ECU 使喷油器电磁阀断电时，电磁阀针阀回位，此时燃油被泵活塞排出到供油管，压力下降。喷油器针阀关闭，并且把收缩活塞压回到初始位置。主喷射循环结束(图 2-5-53)。

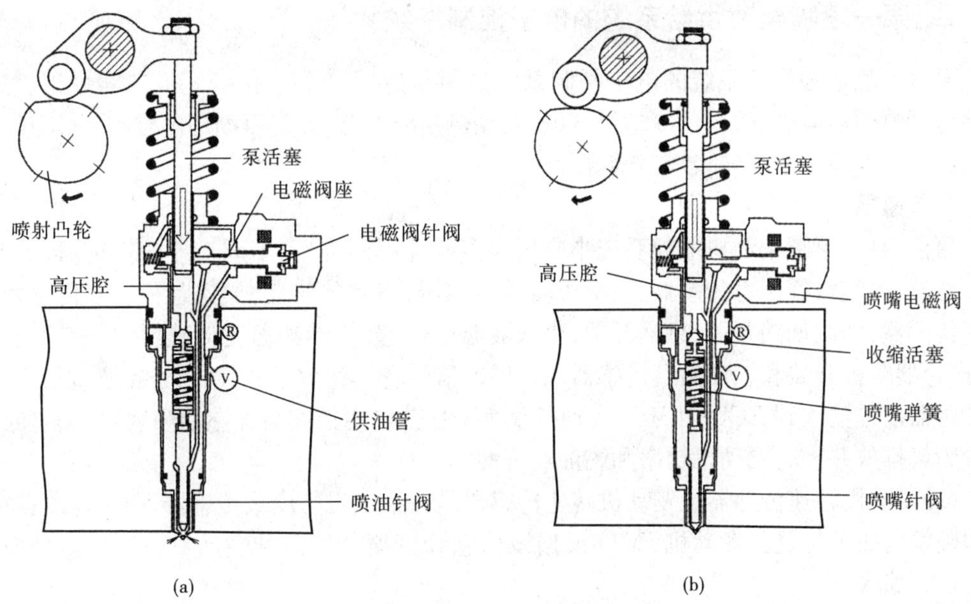

图 2-5-52　预喷射循环工作过程图
(a)预喷射循环;(b)预喷射循环结束

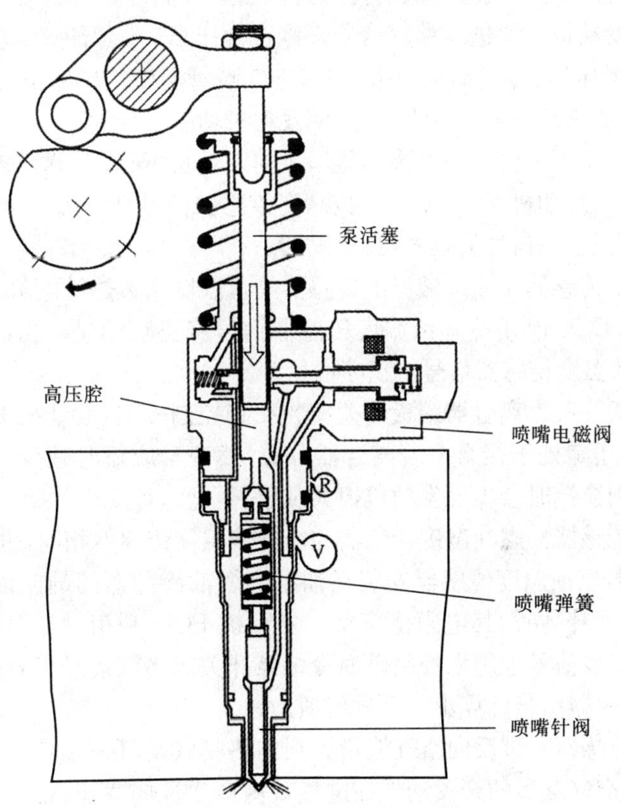

图 2-5-53　主喷射循环工作过程图

四、泵—喷嘴柴油供给系统的电子控制系统

泵—喷嘴柴油供给系统的电子控制系统是由传感器、ECU、执行元件三部分组成。执行元件包括喷油器电磁阀、燃油冷却泵继电器、预热塞继电器、废气再循环电磁阀、增压压力控制电磁阀和进气歧管翻板转换电磁阀等。

1. 传感器

目前，泵—喷嘴柴油机电控系统中应用很多各种不同类型、不同功能的传感器，如空气流量传感器、进气歧管压力传感器、发动机转速传感器、霍尔传感器、加速踏板位置传感器、海拔高度传感器、强制低挡开关、怠速开关、冷却液温度传感器、燃油温度传感器、凸轮轴位置传感器、离合器踏板开关和燃油温度传感器等。辅助信号有车速信号、空调信号和巡航信号等。这些传感器信号输入到ECU，用于在发动机整个工作范围内控制最优燃油喷射量、喷射时间，以减少废气排放并提高发动机功率和燃油经济性。

(1)发动机转速传感器。发动机转速传感器是一个电磁感应式传感器，用于检测发动机转速和确切的曲轴位置。发动机ECU根据该信息计算喷油始点和喷油量。当该信号失效时，发动机将熄火。

(2)进气歧管压力传感器和进气歧管温度传感器。进气歧管压力传感器与进气温度传感器安装在进气管内，集成为一体。进气歧管压力传感器提供的信号用于检测增压压力，ECU将其用于增压压力控制。进气歧管温度传感器检测进气温度，考虑到不同温度下增压空气密度的不同的影响，发动机需要进气温度信号来修正增压压力。当进气歧管压力传感器的信号失效时，不能调节增压压力，发动机功率下降；进气歧管温度传感器信号失效时，发动机ECU用一个固定的替代值来计算增压压力，但会使发动机功率下降。

(3)海拔高度传感器。海拔高度传感器用于向发动机ECU传送瞬时环境空气压力信号，此信号取决于海拔。发动机ECU根据海拔高度传感器信号计算出一个控制增压压力和废气再循环的海拔修正值。当信号失效时，会冒黑烟。

(4)冷却液温度传感器。冷却液温度传感器是负温度系数热敏电阻式传感器，用于检测冷却液温度。发动机ECU利用冷却液温度传感器信号修正喷油量。当该信号失效时，发动机ECU利用来自燃油温度传感器信号修正喷油量。

(5)离合器踏板开关。离合器踏板开关安装在脚控制板上，发动机ECU利用该信号识别离合器是处于分离还是处于接合。若离合器分离，喷油量应短时减少，以防换挡时发动机抖动。若信号失效，则换挡时会出现发动机熄火现象。

(6)燃油温度传感器。燃油温度传感器和冷却液温度传感器相同，也是负温度系数热敏电阻(NTC)式传感器，燃油温度传感器安装在油泵到燃油冷却器间的回油管中，用于检测油流的温度。当燃油温度升高时，其电阻值下降。发动机ECU利用燃油温度传感器信号来计算喷油始点和喷油量，该信号也用来控制燃油冷却泵开关。当该信号失效时，发动机ECU利用来自冷却液温度传感器信号计算出一个替代值。

(7)空气流量传感器。带反向空气流量识别的热膜式空气流量传感器用于测定进气量和返回的空气流量。空气翻板的开关动作在进气管内产生反向气流，带反向空气流量识别的热膜式空气流量传感器可测定返回的空气流量，修正后将信号传给发动机ECU，以便精确测量进气量。发动机ECU利用该测量值计算喷油量和废气再循环率。当该信号失效时，发动机

ECU 用一个固定值来替代。

(8)凸轮轴位置传感器。凸轮轴位置传感器用于检测安装在凸轮轴齿轮上的 7 个凸齿位置,以确定各缸的工作状态。发动机起动时,发动机 ECU 利用凸轮轴位置传感器产生的信号识别各缸。当该信号失效时,发动机 ECU 利用发动机转速传感器产生的信号作为代替信号。

(9)加速踏板位置传感器。加速踏板位置传感器用于识别加速踏板位置。发动机 ECU 利用该信息计算喷油量。当该信号失效时,发动机 ECU 不能识别加速踏板位置,发动机在高怠速下运转,以便驾驶人将车开到附近的服务站。

(10)怠速开关和强制降挡开关。怠速开关和强制降挡开关(自动变速器车用)同加速踏板位置传感器安装在一起,怠速开关用于确认怠速状态,强制降挡开关用于确认加速踏板处于加速状态。

2. 执行器

(1)进气歧管翻板转换阀。柴油发动机有很高的压缩比,若点火开关断开时仍像正常运转时那样吸入空气,则发动机抖动。进气歧管翻板转换阀用来接通控制翻板的真空。进气歧管翻板转换阀安装在发动机室内空气流量传感器附近。发动机点火断开时(发动机停机时),则发动机 ECU 送一个信号给进气歧管翻板转换阀,进气歧管翻板转换阀接通真空箱真空,切断进气。结果只有少量空气被发动机压缩,发动机运转平稳直至停止运转。若进气歧管翻板转换阀失效,则进气歧管翻板保持打开状态。

(2)预热塞继电器和预热塞。预热塞系统使发动机在低温条件下容易起动。当冷却液温度低于 9℃,发动机 ECU 起动预热塞系统。预热过程可分为两个阶段,预热阶段:点火开关打开后,当冷却液温度低于 9 ℃,预热塞被接通,预热指示灯亮,预热循环结束时,预热指示灯熄灭,发动机可以起动。后预热阶段:发动机起动后即后预热阶段,不论之前是否是预热阶段,这将降低燃烧噪声,稳定怠速和降低 HC 排放量。后预热阶段不会超过 4 min,当发动机转速超过 2 500 r/min 后,后预热终止。

(3)电磁阀。喷嘴电磁阀用螺母安装在泵-喷嘴单元上,这些电磁阀由发动机 ECU 控制,发动机 ECU 通过喷嘴电磁阀控制泵-喷嘴的喷射始点和喷射量。喷射始点:发动机 ECU 接通喷嘴电磁阀,电磁线圈将电磁阀针阀压到阀座内,切断至泵喷射单元高压腔的通道,喷射循环开始。喷射量是由电磁阀激活时间的长短决定的。喷嘴电磁阀关闭,燃油即被喷射。当信号失效时,发动机将不能平稳运转,功率也将下降。喷嘴电磁阀有双保险功能,若电磁阀保持常开状态,则泵一喷嘴内无法建立起压力;若电磁阀保持常闭状态,则泵一喷嘴高压腔内无法充注燃油。

(4)燃油冷却继电器。燃油冷却继电器安装在控制单元壳体内,当燃油温度达 70 ℃时,发动机 ECU 将其使继电器线圈搭铁而通电,接通燃油冷却泵。

(5)增压压力控制电磁阀。泵一喷嘴柴油发动机配有一个可变涡流增压器,可按实际驾驶条件产生最佳增压压力。增压压力控制电磁阀由发动机 ECU 控制。真空箱内用于叶片调节的真空根据脉冲负载参数变化,增压压力通过此方式进行调节。当信号失效时,大气压力进入真空箱,增压压力降低,发动机功率下降。

(6)EGR 阀。废气再循环系统按一定比例将废气与新鲜空气混合提供给发动机,从而降低燃烧温度,减少 NO_X 的生成量。

第三节 P-T 柴油供给系结构与检修

P-T(Pressure Time,压力一时间)柴油供给系统的燃油计量过程主要有以下三个特点:由喷油器完成计量和喷油功能;喷油器以超过 137.5 MPa 的压力将燃油喷入燃烧室,使喷入汽缸内的燃油形成细碎的油雾;采用低压共轨系统,其压力由齿轮泵产生,与多柱塞直列式喷油泵燃油系统不同,从燃油泵到各喷油器不再需要高压油管。

一、P-T 柴油供给系统的组成和基本原理

P-T 柴油供给系统由燃油箱、燃油滤清器、燃油泵、供油管、压力燃油管、喷油器和回油管等组成(图 2-5-54)。

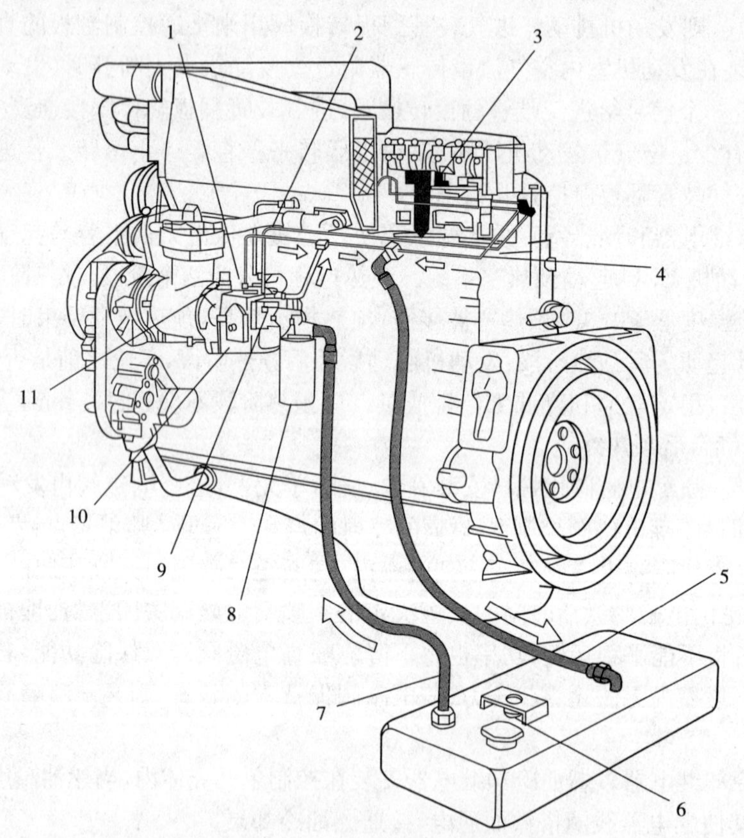

图 2-5-54 P-T 柴油供给系统的组成

1-空燃比控制泄漏孔;2-压力燃油管;3-喷油器;4-喷油器回油管;5-燃油箱回油管;6-燃油箱呼吸器;7-供油管;8-燃油滤清器;9-齿轮泵冷却液排出孔;10-燃油泵;11-转速表驱动头

该系统所用的喷油器具有计量和喷油功能,其燃油计量基于压力时间原理,燃油压力由齿轮驱动的容积式低压燃油泵提供,计量时间由喷油器中计量孔保持开启的间隔决定,计量孔开启间隔由发动机转速决定,因为发动机转速决定了凸轮轴转速,进而通过推杆和摇臂的作用决

定了喷油器柱塞的运动。喷油泵通过一根低压燃油管向各个喷油器供油，所以，各缸的燃油压力和喷油量都是相等的。

P-T 柴油供给系统的供油过程如图 2-5-55 所示，喷油器柱塞向下移动迫使经过计量的燃油喷入汽缸。由于凸轮轴的凸轮轮廓线形状直接关系到喷油的开始和结束，图 2-5-55 展现了凸轮轴的横截面，喷油器凸轮的形状由内、外两个基圆构成。

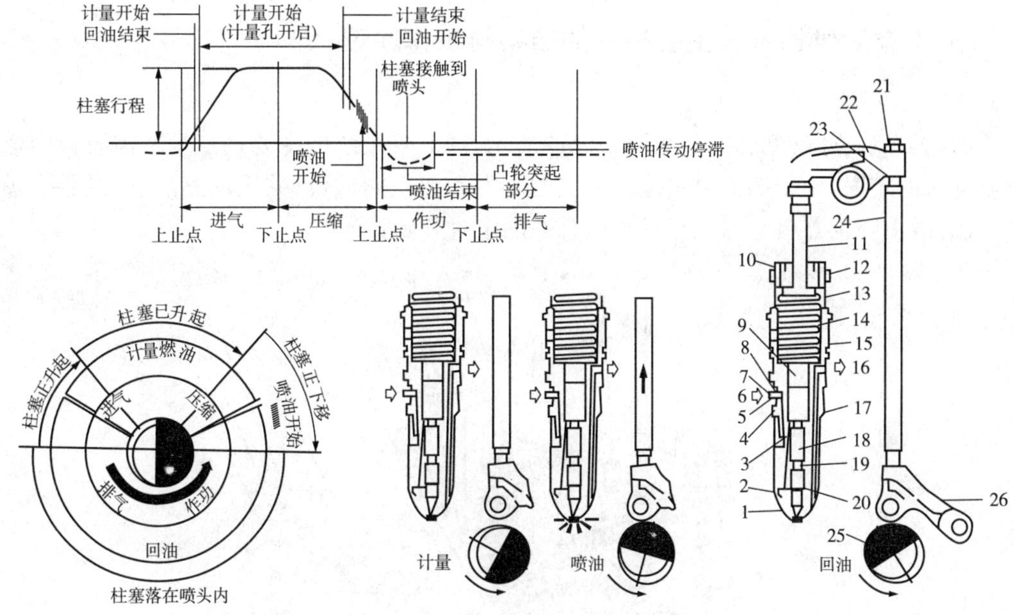

图 2-5-55　P-T 柴油供给系统的供油过程

1-喷头；2-喷头紧固套；3-止回球阀；4-卡环；5-滤网；6-燃油进入；7-进油孔；8-密封垫；9-推杆；10-顶端封堵；11-柱塞杆；12-锁紧螺母；13-垫圈；14-弹簧；15-转接套；16-回油口；17-O 形圈；18-柱塞；19-柱塞套筒；20-计量孔；21-锁紧螺母；22-摇臂；23-调整螺钉；24-推杆；25-凸轮轴凸轮；26-凸轮随动机构

在进油行程中，滚轮机构从凸轮外基圆通过斜面过渡到凸轮内基圆，使喷油器推杆随之下落，由于推杆下落允许摇臂向后倾斜，喷油器柱塞在复位弹簧作用下向上移动。由于喷油器柱塞上移(向上行程开始)，允许低压燃油从进油口 6 进入喷油器，经过进油孔 7、内部油道、喷油器头部的环形槽，再向上通过回油口 16 流回燃油箱，流过喷油器的燃油量由进油孔 7 前的燃油压力决定，而燃油压力又由发动机转速、调速器及加速踏板开度决定。

随着喷油器柱塞继续向上移动，计量孔 20 不再被封闭，一定量的燃油就会充入喷油器头部，充入喷油器头部的燃油量由燃油压力控制。回油口 16 被堵塞后，会暂时中断燃油循环，并将计量孔与任何的油压脉动隔离(向上行程完成)。

随着凸轮轴继续转动，汽缸内的活塞进入压缩冲程，滚轮机构通过内基圆，使喷油器柱塞保持在计量燃油位置。当滚轮到达凸轮的凸起喷油斜面时，推杆向上运动，通过摇臂总成推动喷油器柱塞向下运动(喷油)，由于柱塞向下运动封闭了计量孔，因此隔断了燃油进入喷油器头部的油道，此时，回油口 16 被开启，喷油器头部未被计量的燃油就会离开喷油器，而新鲜燃油就会进入进油孔 7，当柱塞继续下移落到喷油器头部的柱塞座上时，将迫使燃油通过细孔(例如 8 个直径为 0.177 mm 的喷孔)形成细碎油雾，散布于汽缸内的空气中，保证喷入汽缸内的燃油完全燃烧。

喷油停止以后，喷油器柱塞的下移行程完成，但柱塞将停留在柱塞座上，直到下一次计量和喷油循环开始为止。当滚轮机构到达凸轮的突起部分时喷油结束，滚轮机构将平稳地经过凸轮的同心外基圆，使柱塞能够停留在喷油器头部的阀座上，在这期间，由于柱塞下移行程完成，燃油可自由地流过喷油器，并对喷油器内部的零件进行润滑和冷却，同时，燃油将吸收部分热量，升温后的燃油流回燃油箱，这将有助于发动机在寒冷气候条件下工作。

二、P-T 柴油供给系统主要构件的结构与工作原理

1. P-T 燃油泵

典型的 PTG-AFC 型燃油泵如图 2-5-56 所示，P-T 泵系统的主要特点是不需要设定燃油泵对发动机的定时，由于燃油泵只是以一定的压力和流量向油轨（共用的燃油管）及各个喷油器供应燃油，由喷油器自身保证对各缸以合适的定时开始喷油。

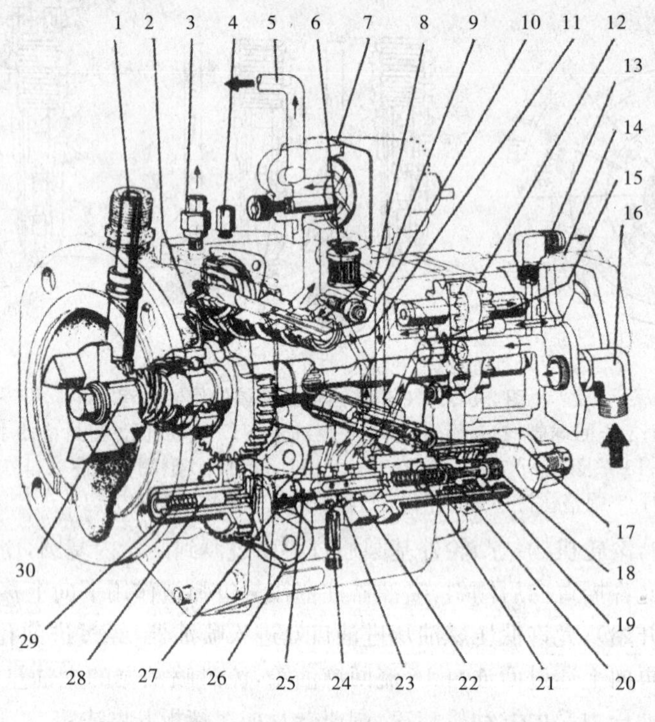

图 2-5-56 P-T 燃油泵组成

1-转速表驱动轴；2-AFC 活塞；3-AFC 控制空气进口；4-AFC 阀；5-燃油流向 PT 喷油器；6-滤清器；7-断油停机电磁阀；8-AFC 燃油套筒；9-AFC 无空气调节螺钉；10-AFC 柱塞；11-AFC 燃油套筒弹簧；12-齿轮泵；13-止回阀弯头；14-脉冲消减器；15-压力调节器；16-滤清器来油；17-节流轴；18-怠速调整螺钉；19-调速弹簧；20-油量调节螺钉；21-怠速弹簧；22-调速器燃油进油通道；23-调速器主出油通道；24-怠速出油通道；25-调速器柱塞；26-飞块支架总成；27-转矩弹簧；28-调速器辅助柱塞；29-调速器辅助弹簧；30-燃油泵驱动齿轮

在怠速到最高转速之间，通常由驾驶人通过操纵加速踏板控制供给喷油器的燃油量，发动机低速运转时，燃油在压力作用下经过怠速油道以及油门轴供向喷油器（图 2-5-57）；发动机以较高转速运转时，怠速油道被封闭，燃油将经过主供油道和油门轴供向 PTG 燃油系统或 PTG—AFC 燃油系统中的喷油器，经油门轴流出的燃油流过 AFC（空燃比控制）装置，然后才供向喷油器。驾驶人操纵油门将改变供给喷油器的油轨压力，油门全开时的油轨压力比油门半开

或怠速时要高。

如图 2-5-58a 所示，油门轴是圆柱形的，并且有近一半长度是中空的，燃油调节螺钉可以拧入该水平孔中，拧入调节螺钉将阻碍燃油经过垂直钻孔进入油门轴，所以，当油门处于全开位置时，油门轴中油道的流通面积最大。驾驶人通过连杆机构转动油门轴时，因改变了油门轴径向孔与通往喷油器的出油道的流通截面，将改变燃油泵的供油量设定。以图 2-5-58b 所示的发动机怠速工况为例，当驾驶人加速发动机时，油门轴将顺时针转动，使油门轴的油道流通截面增大，允许供给更多燃油。

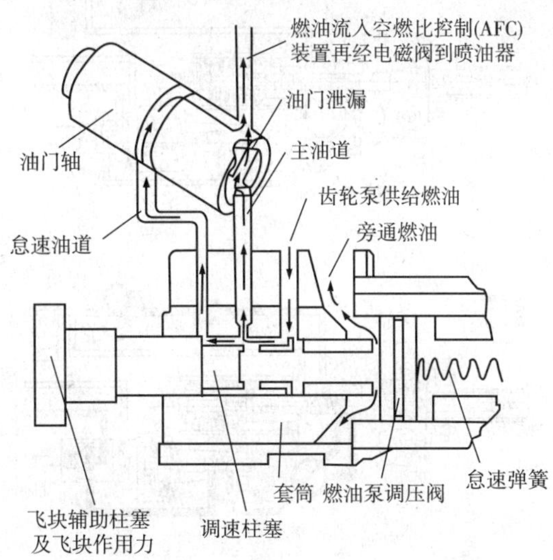

图 2-5-57　P-T 燃油泵怠速油路有泄漏油道

燃油进入 P-T 泵调速器柱塞和套筒总成，充满柱塞周围和端面的空间，柱塞在燃油推动下消除自由行程，并由这些燃油进行润滑。燃油流入可以在两个方向移动的柱塞，柱塞最终的移动方向是阻力最小的方向。图 2-5-58c 所示的是弹簧压力作用于右侧，使怠速柱塞顶在调速座塞的端部，直到燃油开始流动，同时，它们被推开足够的距离，使一部分燃油流出。旁通的燃油量将取决于另一个方向上燃油流经柱塞和套筒总成中的怠速油道和油门轴孔时所受到的阻力，到达调速柱塞的燃油压力由燃油流过与调速柱塞端部相对的怠速柱塞表面时所受到的阻力决定，这就像用拇指遮盖住水管端口使出水口缩小一样，由于出水口被拇指遮盖产生了阻力，就在拇指后产生了水压，从而提高了水流从出水口流出时的速度，或者说增大了冲力和方向角。

在这种情况下，燃油被受到弹簧压力作用的怠速柱塞保留在调速柱塞中，随着流入燃油量的增加，如果没有其他出口的话，燃油最终将推动怠速柱塞后退，所以调速柱塞设有另外两个出油口。

图 2-5-58d 所示的怠速出油口(孔)可以在低转速期间让燃油流出，而在高转速或者有负载工况下燃油由油门口流出，如图 2-5-58e 所示。不论燃油从这两个出油口中的哪个流出，出油量都是由出油口与调速柱塞的对正程度和燃油推动怠速柱塞表面离开调速柱塞端部的距离来决定的。

所有货车发动机的 PT 燃油泵都是通过选用一个如图 2-5-59 所示的弹性怠速阀片来控制向喷油器的供油压力(油轨压力)。当发动机功率下降时，对所有可能引起功率降低的部位都进行过检查后，功率降低并未消除时，一定要使用尺寸合适的弹性怠速阀片，因为弹性怠速阀片的尺寸过小或过大都会极大地改变油轨压力，从而改变发动机的输出功率。

2. 调速柱塞

由于燃油流量取决于影响燃油流动阻力的作用力，为此来考察这些作用力是如何产生并被如何控制的。调速飞块总成施加作用力推动调速器柱塞向怠速阀片方向移动(图 2-5-58)，飞块总成由发动机通过齿轮传动副和燃油泵主轴进行驱动，飞块通过销轴支撑在飞块架总成上，并能绕销轴旋转。

飞块辅助柱塞弹簧 10 作用力和以怠速转速旋转的飞块离心力的合力与安装在喷油柱塞

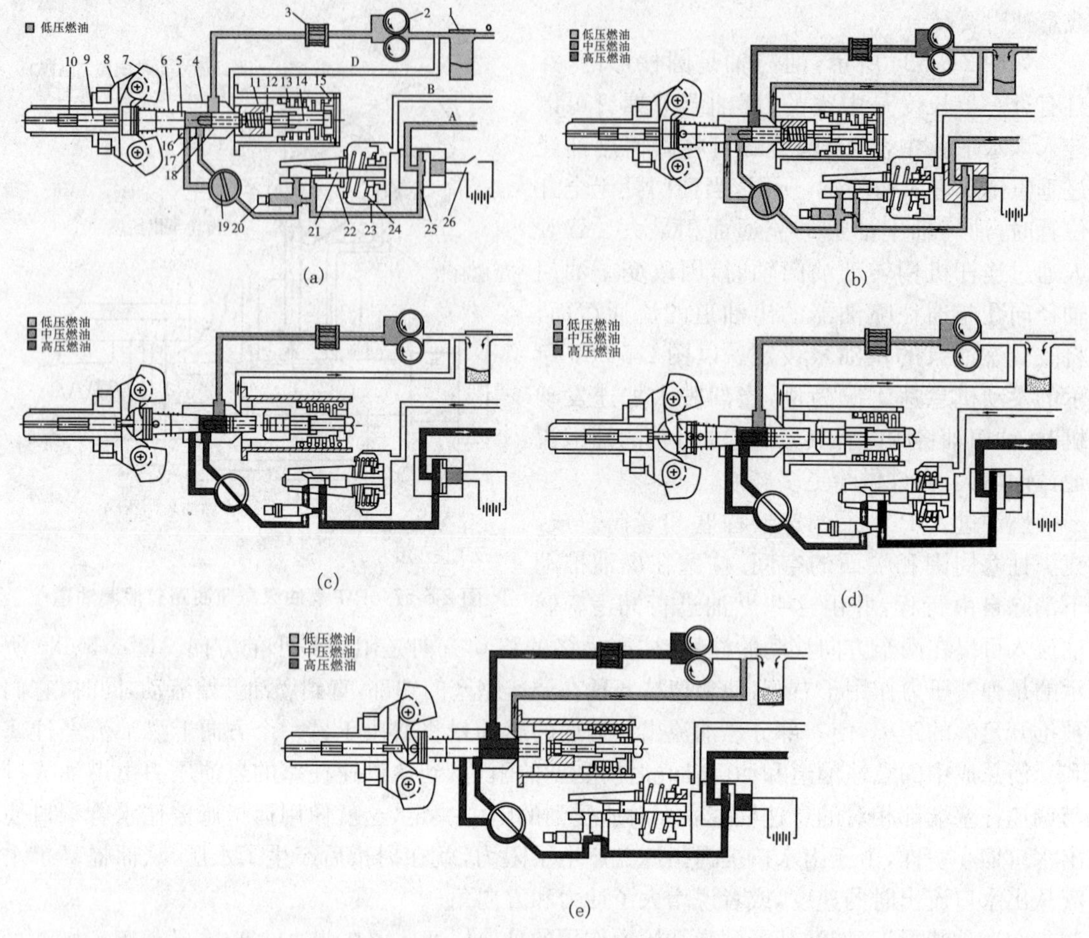

图 2-5-58 P-T 燃油泵的油路

(a)停机;(b)起动和怠速;(c)一般运转;(d)高速调节开始;(e)高速调节完成

1-第一级燃油滤清器;2-齿轮泵;3-滤网;4-调速器套筒;5-调速器柱塞;6-转矩控制弹簧;7-调速飞块;8-调速飞块架;9-飞块辅助柱塞;10-飞块辅助弹簧;11-怠速弹簧柱塞;12-怠速弹簧;13-最高转速调速弹簧;14-怠速调整螺钉;15-最高转速调整垫片;16-怠速调速出油口;17-主调速出油口;18-调速器缓冲口;19-油门;20-空燃比针阀;21-空燃比控制柱塞;22-空燃比套筒;23-膜片;24-空燃比弹簧;25-电磁阀;26-点火开关

A-向喷油器供油;B-来自进气总管的空气;C-来自燃油箱的燃油;D-旁通燃油;E-怠速油道

端部对面的怠速弹簧 12 的作用力方向相反,当这两个方向相反的作用力达到平衡状态时,发动机将在预先设定的怠速转速运转,因为旋转的调速飞块所产生的离心作用力和飞块辅助柱塞 5 的弹性作用力试图推动燃油柱塞向封闭怠速油道的位置移动,而在柱塞端部对面的怠速弹簧的作用力则试图开启怠速油道。

当发动机转速接近高怠速(空载转速)或额定转速(满载转速)时,飞块辅助柱塞和弹簧不再影响调速器燃油柱塞的位置,因为旋转的飞块已经离开了飞块辅助柱塞和弹簧,飞块离心力将推动燃油柱塞在套筒中向前移动,而将怠速油道封闭,由于在怠速柱塞的作用下燃油泵阀片已处于底部,怠速弹簧不再影响工作过程。

3. 空燃比控制(AFC)燃油泵

在 PTG－AFC 型燃油泵的泵体内装有一个控制加速排气烟度的空燃比控制装置,AFC 装置是为了使发动机在加速、轻载及加载减速过程中将喷油量限制在与发动机进气管内的空气压力成正比的情况下而设计的。图 2-5-60 是 AFC 装置的顶视剖面图，图 2-5-60a 是控制柱塞处于无空气位置时的剖面图，图 2-5-60b 则是控制柱塞处于全空气位置时的剖面图。

燃油离开调速器后经过油门轴进入 AFC 控制装置，当涡轮增压器没有供给压力空气时，如发动机拖转或发动机起动加速时，AFC 柱塞将封闭第一油道（图 2-5-60），此时，由无空气针阀控制第二油道供给燃油，无空气针阀位于油门盖板下面的油门轴的正上方。在进气管压力增大或减小时，AFC 油门柱塞将随之反应，以一定比例增加或减少供油量，以免空气与燃油的混合气过浓引起排烟过度。进气管内的空气压力作用于活塞和膜片上，克服其对面弹簧的作用力，使 AFC 柱塞行程与进气管内的空气压力成正例。

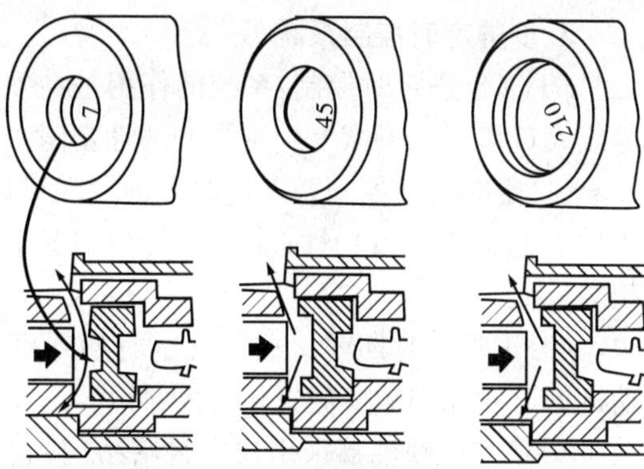

图 2-5-59　弹性怠速阀片对喷油量及发动机功率的改变

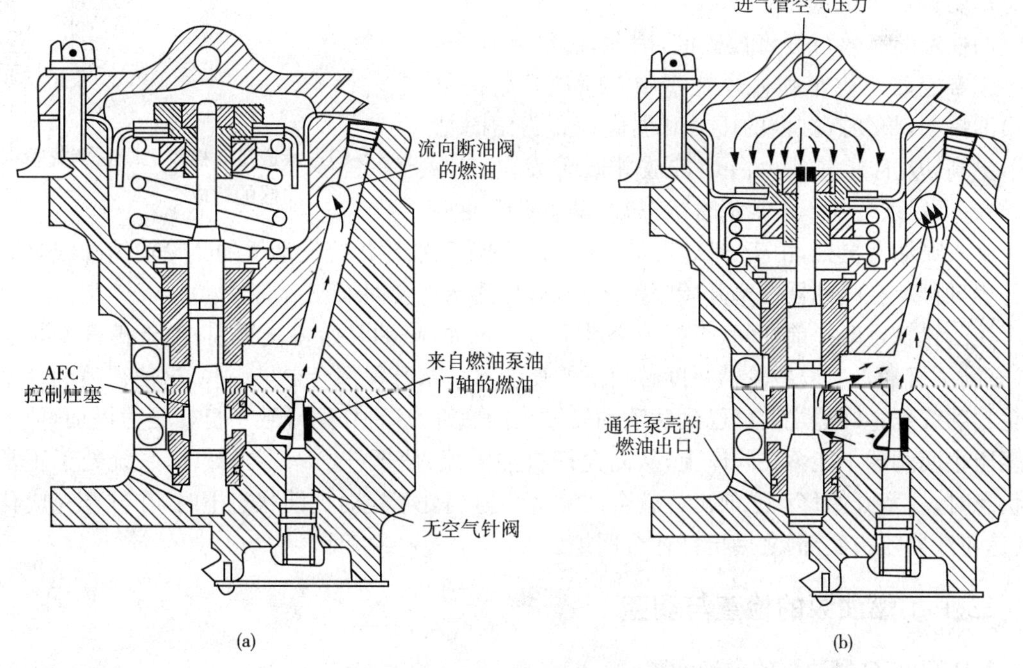

图 2-5-60　AFC 燃油泵油路

(a)无增压压力时；(b)有增压压力时

4. 手动供油中断停机

所有的 Cummins P-T 发动机都在燃油泵的泵体顶部装有断油停机电磁阀（图 2-5-56 中的 7），在该图中，AFC 空气进口 3 的右边靠近断油电磁阀处有一个滚花手拧螺钉（未编号）。在通常使用的燃油电磁控制阀发生故障时，可以通过滚花手拧螺钉人工控制燃油的供给或中断，顺时针方向转动滚花手拧螺钉（拧入电磁阀），将使油流控制阀处于开启的位置，从而允许燃油流向喷油器，当发动机发生故障，不能用常规方式使发动机熄火时，逆时针方向拧转滚花手拧螺钉，中断向喷油器供给燃油，确保发动机熄火停机。

5. 步进定时控制系统

STC(步进定时控制)系统的作用是在发动机起动或小负荷工况时提前喷油定时,而在中等或大负荷工况下恢复到正常的喷油定时。

(1)定时提前期间。在定时提前期间可以减少寒冷气候条件下的排气白烟;改善寒冷气候条件下的怠速运行特性;改善小负荷工况下的燃油经济性;减少喷油器头部或喷油器喷头的积炭。

(2)正常定时期间。在正常定时期间可以提高发动机的可靠性和减少氮氧化物的排放。

STC系统喷油器采用顶部封堵结构,它有两个柱塞弹簧和一个上端封堵式液压挺柱,依靠发动机机油工作的挺杆总成,如图2-5-61所示。

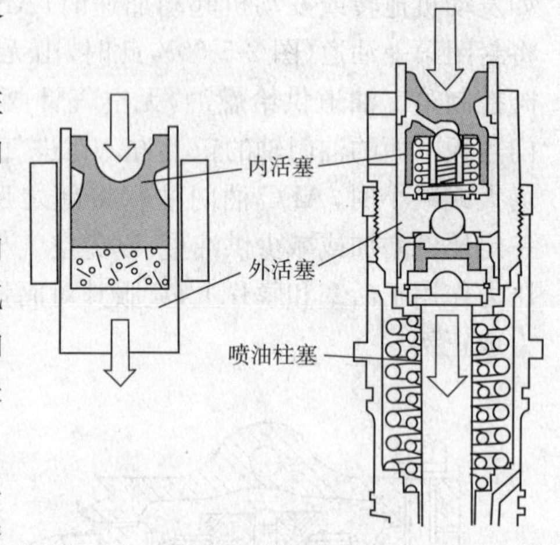

图2-5-61 步进定时控制上端封堵式喷油器的组成

喷油定时提前发生在STC挺杆充满发动机机油时,这是由于挺杆长度伸长的原因,其工作原理与汽油机的气门液压挺杆相同,从而有效地增大了凸轮轴凸轮每度转角下的喷油柱塞长度,简言之,这就意味着喷油柱塞的有效行程将被提前,因此,燃油被加压,并比正常定时下更早喷入燃烧室中。喷油开始提早或喷油提前,将使汽缸内的压力和温度比正常定时情况下更高,从而能够减少白烟排放并改善发动机性能。在STC系统处于正常定时状态时,发动机机油将不能进入喷油器挺杆,由于STC发动机的凸轮轴轮廓线比传统发动机的凸轮轴轮廓线具有更大升程,所以,在喷油器柱塞开始喷油之前,挺杆活塞将会回缩。

在凸轮轴定时提前期间,挺杆中充满了压力机油,喷油开始将被提前,由于挺杆变长了一些(充满了机油),所以凸轮轴每度转角下的喷油器柱塞升程都会更早一些,这使得喷油柱塞在凸轮轮廓线到达峰值之前就已到达喷油器喷头的底部,这种作用导致了挺杆压力增加,使内部的感压止回阀球不能落在阀座上,从而允许机油溢流,使挺杆回缩。当STC系统处于正常定时状态时,柱塞开始移动之前挺杆就会回缩,但是,当处于定时提前状态下时,在柱塞完成移动(到达喷油器喷头底部)之后挺杆才会回缩。

三、P-T燃油泵的检查与调整

1. PTG-AFC燃油泵的怠速调整

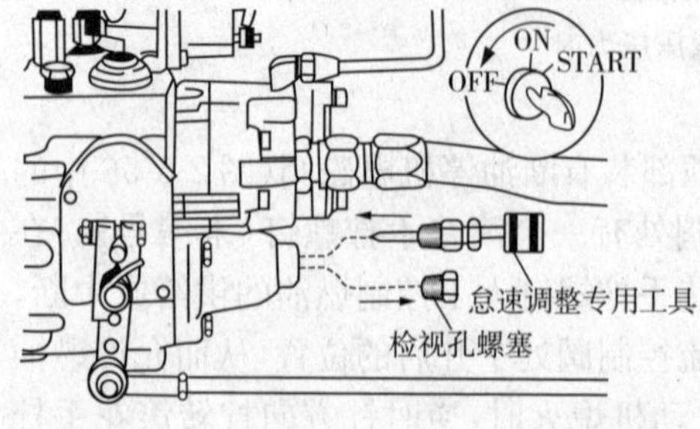

图2-5-62 怠速调整专用工具及检视孔螺塞

(1)如图2-5-62所示,使发动机运转到正常的工作温度,拆卸燃油泵壳体底部的检视孔螺塞。

(2)将专用怠速调整工具拧入检视孔中的合适位置,专用工具上装有一个小密封圈,在发动机运转过程中进行调整时,用于防止将空气吸入燃油泵中。

(3)起动发动机,并在高怠速下运转30 s以上,以确保将燃油系统中的空气排除干净。

(4)使发动机转入低怠速运转,并确保油泵的油门拉杆处于正常的低怠速位置。

(5)将专用怠速调整工具插入内部的怠速螺钉,顺时针方向旋转专用工具将增大怠速弹簧的预紧力,使发动机的怠速转速升高;逆时针方向旋转专用工具将减小怠速弹簧的预紧力,使发动机的怠速转速降低。

(6)当调整合适后,使发动机熄火,拆下专用调整工具。

(7)将小堵塞安装回泵体上的螺纹孔中。

(8)起动发动机,并使发动机运转到平稳状态,将燃油系统中的空气排除干净,然后重新检查怠速转速。

2. PTG-AFC 燃油泵的高速调整

对 PTG 型和 PTG-AFC 型燃油泵的高速弹簧进行调整时,拆下将弹簧组件盖固定到燃油泵壳体后下方的 4 个螺栓,从图 2-5-58 中可以看出最高转速调速弹簧 13 所在的位置,通过增加或减少高速弹簧后面的垫片可以改变发动机的最高转速,通常,弹簧垫片的厚度每增加 0.025 4 mm,发动机的转速将升高 2 r/min,而减小同样的垫片厚度,发动机的转速也就相应地降低。

3. 喷油器的定时

当机械控制或电子控制的 N14、L10 或 M11 型发动机装配好之后,将曲轴与凸轮轴盖上的定时标记对准就确定了活塞相对于曲轴的定时。在更换凸轮轴、定时齿轮或凸轮随动机构壳的任何一个衬垫后,都需要对喷油定时进行检查和设定。必须确保在规定的上止点前的某个角度实际开始喷油,为此,需要进行一系列的检查和调整,以确定实际喷油定时与发动机侧面前定时盖处技术规格标牌(CPL)中的规定值是否相符,如果在 CPL 标牌上标有喷油定时编码,就必须查阅 Cummins CPL 手册,其中列出所有各种编码,还有各种型号发动机与 CPL 编码相对应的喷油器推杆的行程数据。

喷油定时检查就是在活塞处于上止点前 19°时,用千分表测量喷油器柱塞与喷油器喷头之间的距离是否等于 5.161 mm,当千分表指示的活塞行程读数与 Cummins CPL 手册中所列的技术参数相等时,喷油定时就是正确的。各种发动机 CumminsCPL 技术规格标牌上的喷油定时编码都可在该手册中查到,所以,当发动机活塞处于压缩行程上止点前 19°时,喷油定时就与推杆到达柱塞喷油器喷头底部的剩余行程有关。

(1)喷油器定时的检测。活塞位置和喷油器推杆运动之间的相对关系如图 2-5-63 所示。对于某种发动机,CPL 手册中列出当其活塞在压缩行程离上止点 5.161 mm 时,相当于处于上止点前 19°,喷油器推杆的技术参数是 1.67 mm,当千分表的读数小于 1.67 mm 时,说明定时提前或"过早"。因为活塞处于上止点前 19°时喷油器柱塞更接近于喷油器喷头的底部,将导致喷油过早。图 2-5-63a 所示的读数是 1.42 mm,图 2-5-63 所示的千分表读数是1.93 mm,而不是 1.67 mm,说明喷油定时延迟或"推后",在这种情况下,喷油开始就太迟了(活塞更靠近上止点)。

(2)喷油定时的调整。发动机技术规格标牌上的喷油定时 CPL 码是一位或两位字母,并与 CPL 手册中所列的技术参数相对应。对于 NT 855 系列发动机,拆下凸轮随动机构的壳体,通过增大或减小所用衬垫的厚度即可改变喷油定时。对于 V 型 K 系列以及 L10 型和 M11 型发动机,拆下凸轮轴齿轮,通过安装"偏置键"来改变定时。在活塞处于压缩行程上止点前 19°时,通过改变喷油器凸轮随动滚轮相对于凸轮轴凸轮的位置,可以提前或推迟喷油定时。

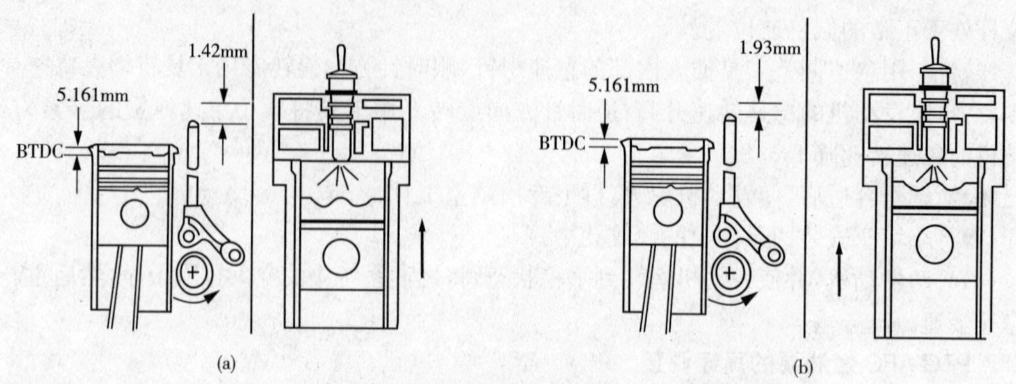

图 2-5-63 活塞位置和喷油器推杆运动之间的相对关系

(a)喷油过迟;(b)喷油过早

图 2-5-64 所示的是 NT855 系列发动机通过增大或减小凸轮随动机构壳体的衬垫厚度改变推杆相对于活塞位置的升程情况。通过在发动机凸轮轴键槽中安装偏置键也可以改变喷油定时,图 2-5-65 中给出了用于 855 型(14L)发动机的两种不同偏置键,如果偏置键上的箭头指向发动机,喷油定时将被推迟,如果箭头背离发动机,则喷油定时将被提前。

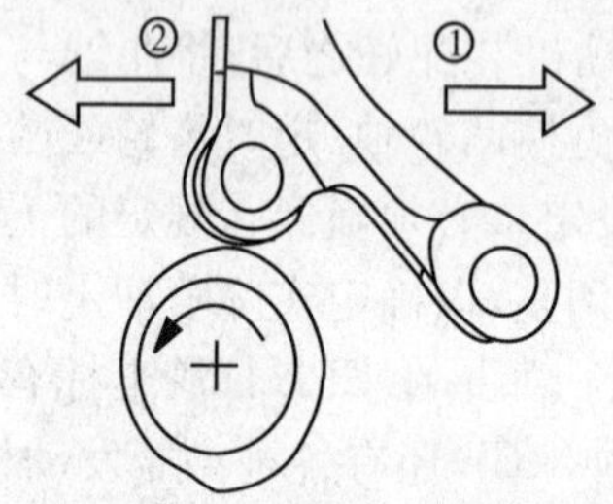

图 2-5-64 推迟喷油调整方法

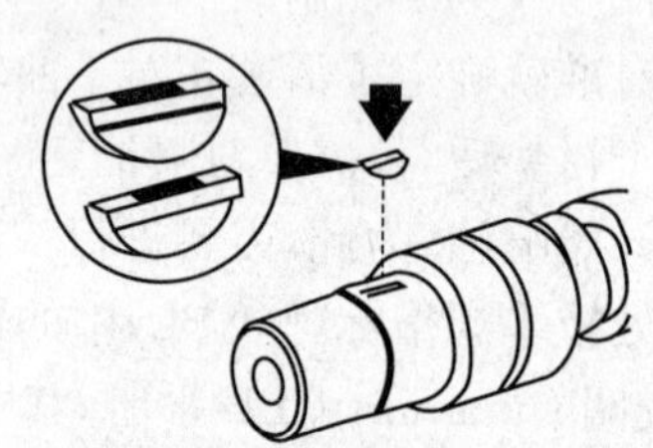

图 2-5-65 偏置键

对于 855 型发动机,由于用三块汽缸盖覆盖六个汽缸,因而也就有三个凸轮随动机构壳体,这就意味着必须对三个凸轮随动壳体进行喷油定时检查,针对每个壳体要检查一个汽缸的喷油定时,所以,在进行喷油定时检查之前,先将第 1、3、5 缸的喷油器拆下。

第四节 共轨式柴油供给系结构与检修

共轨式柴油供给系统不再采用喷油系统的柱塞泵分缸脉动供油原理,而是用一个设置在高压油泵和喷油器之间的具有较大容积的共轨管把压油泵输出的燃油蓄积起来并抑制压力波动,再通过各高压油管输送到每个喷油器上,由喷油器电磁阀的动作控制喷射的开始和终止,电磁阀起作用的时刻决定喷油定时,起作用的持续时间和共轨压力共同决定喷油量。由于这种系统采用压力时间式燃油计量原理,因此又可称为压力时间控制式电控喷射系统。该系统解决了由于燃油压力变化带来的二次喷射或间歇性喷射等现象,其主要特点如下:

(1)共轨压力的闭环控制。共轨上的压力传感器实时反馈共轨中的压力,通过控制 PCV 的电流来调整进入共轨的燃油量和轨道压力,形成独立的共轨压力闭环子系统。

(2)喷油过程控制。喷油器电磁阀直接对喷油脉宽进行控制,结合灵活的预喷射、主喷射和后喷射以及共轨压力控制,实现对喷射速率、喷射定时、喷射压力以及喷油量的控制。

(3)高压泵的体积小,而且采用齿轮驱动的方式,共轨中的蓄压就是喷油器的喷射压力,最高压力可达 150 MPa。

(4)共轨沿发动机纵向布置,高压泵、共轨和喷油器各自的位置相互独立,便于在发动机上安装和布置。

(5)从技术总体实现难度上看,共轨系统组成复杂,机械、液力和电子、电磁阀耦合的程度高,加工制造、控制匹配要求的水平高。

一、电控共轨式柴油喷射系统的类型和基本组成

图 2-5-66 所示为共轨式柴油供给系统的结构原理图,其组成可以分为以下四个部分:

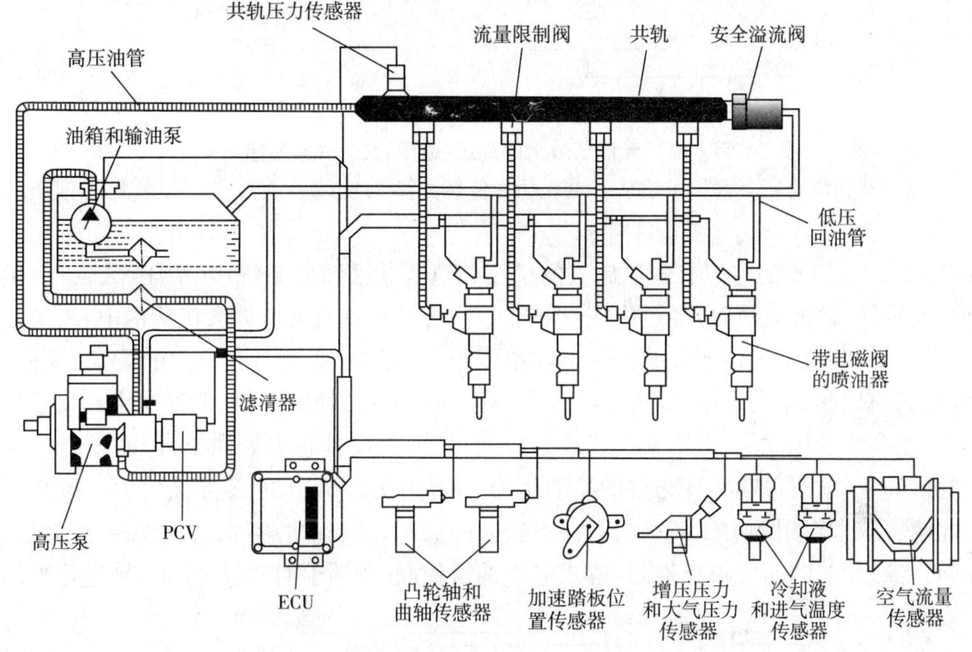

图 2-5-66 高压共轨系统组成结构图

(1)燃油低压子系统,包括油箱、输油泵、滤清器和低压回油管;

(2)共轨压力控制子系统,包括高压泵、高压油管、共轨压力控制阀、共轨、共轨压力传感器,以及提供安全保障的安全泄压阀和流量限制阀;

(3)燃油喷射控制子系统,包括带有电磁阀的喷油器、凸轮轴和凸轮轴传感器等;

(4)发动机电子控制系统,包括 ECU 和各种传感器。

电控共轨式柴油喷射系统可以分为电控无液压放大的高压(蓄压)共轨式柴油喷射系统和电控有液压放大的液力增压共轨式柴油喷射系统两种。

在图 2-5-67 所示的电控无液压放大的高压(蓄压)共轨式柴油喷射系统中,高压供油泵将柴油送入共轨,然后经各高压油管送到电/液控制喷油器。该系统的优点是:由于无液压放大,在电/液控制喷油器中电磁阀控制的是小油量,控制活塞具有小的截面积和行程,不仅电磁阀开关的速率可以提高,而且喷油器结构简单,尺寸小,在汽缸盖上布置方便。同时,由于是小油

量的控制，所以对喷油速率的控制比较简单，容易实现预喷油。该系统的缺点是：需要有高压的供油泵，系统中许多零件处于高压下工作。

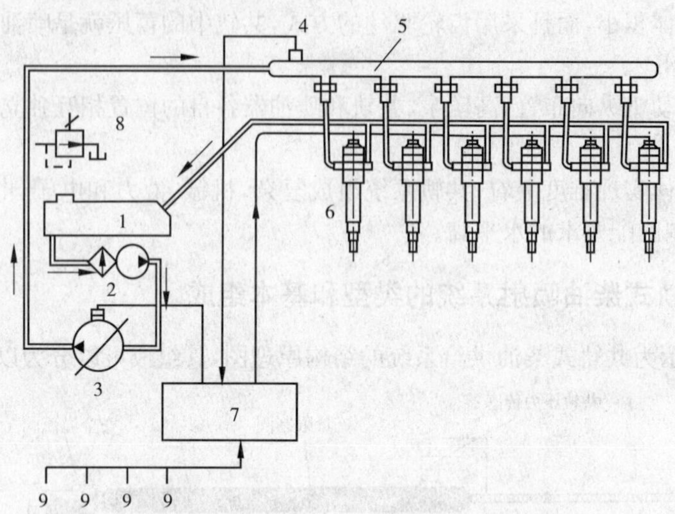

图 2-5-67 电控无液压放大的高压(蓄压)共轨式柴油喷射系统

1-油箱；2-滤清器和输油泵；3-高压供油泵；4-共轨压力传感器；5-共轨；6-喷油器；7-电控单元；8-限压阀；9-各种传感器

在图 2-5-68 所示的电控有液压放大的增压共轨式柴油喷射系统中，中压（或低压）供油泵将柴油（或机油）送入共轨，再经过中压（或低压）油管送到具有液压放大机构的电/液控制喷油器。由供油泵、共轨上的油压传感器和电控单元组成的闭环系统对共轨内的柴油（或机油）压力实施精确的控制，用高速电/液控制喷油器对循环喷油量、喷油正时、喷油速率和喷油规律进行控制。该系统的优点是：由于采用了液压放大，只需采用具有中等油压（但需要有较大的供油量）的供油泵，就有可能实现非常的喷油压力；系统中承受高压的零部件较少。该系统的缺点是：起液压放大作用的增压活塞的上部有较大的面积，控制油腔容积大，所需要控制油量多，使控制时电磁开关的速度很难提高，造成对小油量控制（预喷射时）的困难，不易进行喷油速率

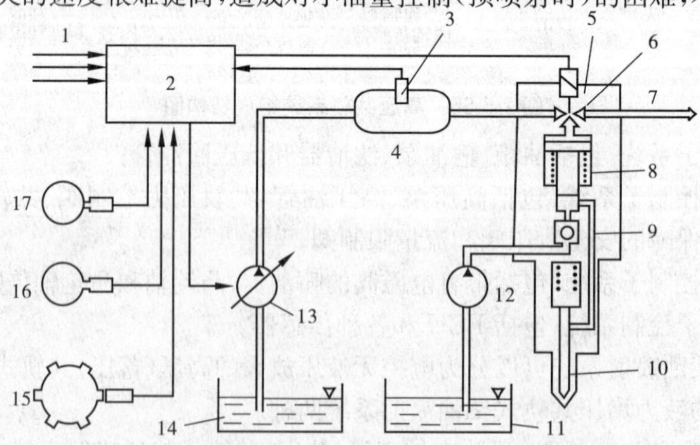

图 2-5-68 电控有液压放大的增压共轨式柴油喷射系统

1-各种传感器；2-电控单元；3-共轨压力传感器；4-共轨；5-喷油器；6-二位三通电磁阀；7-回油管路；8-压力放大活塞；9-节流阀；10-喷嘴；11-柴油箱；12-供油泵；13-机油泵；14-机油箱；15-柴油机转速传感器；16-曲轴位置传感器；17-加速踏板

的控制。此外，由于电/液控制喷油器中设有液压放大机构，喷油器的结构复杂，安装尺寸大，在汽缸盖上的布置比较困难。

二、电控共轨式柴油喷射系统的喷射控制

共轨式柴油喷射系统是以基本改变了传统柴油喷射系统基本组成和结构为特征的。这种系统的最大的特点是喷油系统的两个基本任务——燃油压力的形成和燃油量的计量，在时间上、在系统中的部位和功能方面都是分开的；燃油压力的形成和燃油的输送基本上与喷油过程无关。通过设置传感器、电控单元和高速电磁阀或电/液控制执行器等组成的电控系统，对循环喷油量以及喷油正时、喷油速率和喷油规律、喷油压力等进行“时间－压力控制”或“压力控制”。其中用的最多的是“时间－压力控制”。

1. 循环喷油量的控制

图 2-6-69 所示为一种电控无液压放大的高压（蓄压）共轨柴油喷射系统。

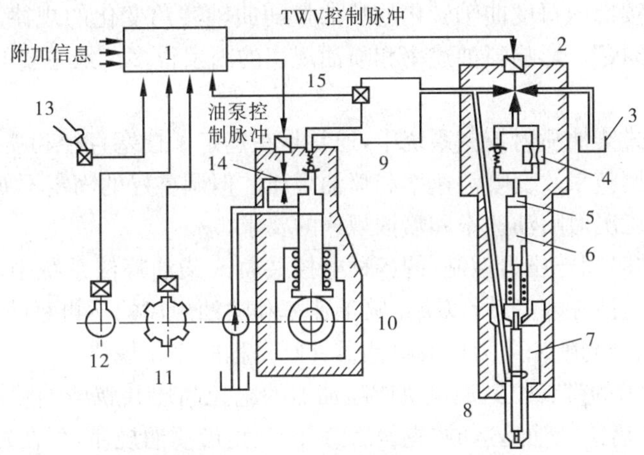

图 2-5-69　电控无液压放大的高压（蓄压）共轨柴油喷射系统

1-电控单元；2-三通阀；3-柴油箱；4-节流孔；5-控制室；6-液压活塞；7-喷嘴；8-喷油器；9-共轨；10-高压供油泵；11-柴油机转速传感器；12-曲轴位置传感器；13-加速踏板位置传感器；14-供油泵供油压力调节阀；15-共轨压力传感器

凸轮驱动式高压供油泵将高压（120 MPa）的柴油输入共轨道，供油泵上装有通过供油量增减来调节共轨中油压的供油压力调节阀（PCV 阀）。共轨中的柴油压力由电控单元根据柴油机工况的要求进行调节。

按照流量方程，在喷油器针阀开启时间、燃油密度和喷孔截面积都不变的情况下，燃油喷射量与喷油器孔内外的压力差的平方根成正比。因此，共轨中油压的脉动会造成循环喷油量的变化，为此，高压供油泵的供油特性、调压阀的工作特性和共轨的集合尺寸与形状等都需要设计得力求使共轨中的油压脉动最小。

共轨上设有共轨压力传感器，将共轨油压的信号输送给电控单元，由电控单元对 PCV 阀实施反馈控制，使共轨油压稳定于目标值。

当共轨油压低于目标值时，PCV 阀提前关闭，供油泵提前供油，而供油终点位于凸轮升程最高点，是不变的。所以，供油泵提前供油就使供油量增加，共轨油压也就升高。反之，当共轨油压高于目标值时，PCV 阀迟后关闭，供油量减少，共轨油压也就降低。

在电/液控制喷油器上方设置了一个电磁式二位三通阀(TWV 阀),由电控单元根据柴油机工况要求而决定的共轨压力(它决定了喷油压力)和电磁阀通电持续时间决定了循环喷油量,它通电的时刻决定了喷油始点。

2. 喷油正时的控制

在传统的泵一管一嘴机械式柴油喷射控制系统中,供油正时的控制是采用供油提前角自动调节器(简称喷油提前器)对喷油泵的供油提前角的调节来实现的。其主要功能是使喷油泵供油提前角随柴油机转速升高或负荷的减小而自动加大,随转速下降或负荷的增加而自动减小。通过对供油正时的调整,间接实现对喷油正时的调整。

在电控共轨式柴油喷射系统中,电控单元控制电/液控制喷油器总成中的电磁式二位三通阀(或二位二通阀),其通电(或断电)的时刻决定了喷油始点。

3. 喷油速率和喷油规律的控制

喷油速率是指在喷油持续期内每度曲轴转角中喷油器喷入燃烧室的平均喷油量,而喷油规律是指在喷油持续期内每度曲轴转角的喷油量随曲轴转角变化的规律,所以喷油规律曲线也称"喷油速率的形状"。影响喷油速率和喷油规律的因素很多。最主要的是喷油泵的供油速率和供油规律。

在传统的机械式柴油喷射控制系统中,通常是在选定了柱塞直径和喷油泵凸轮型线后,对柱塞的预行程进行调整来改变喷油速率和喷油规律。但调整好的固定不变的预行程很难同时满足柴油机的各种工况对喷油速率和喷油规律的要求。

在循环供油量"时间一压力控制"的各种电控共轨式柴油喷油系统中,由于不存在传统喷油泵的凸轮及其随动件柱塞等,所以决定喷油速率和喷油规律的不再是凸轮型线或柱塞尺寸,而是电/液控制喷油器的喷油压力以及喷油器针阀升程的变化规律。

在图 2-5-69 所示的带二位三通电磁阀喷油器的电控高压共轨柴油喷射系统中,如需要实现初期喷油速率低,后期断油迅速的"先缓后急"的三角形喷油规律,可在二位三通电磁阀与液压活塞上方控制室之间专门设置一个止回阀和一个小孔节流通道。当三通阀通电,喷油开始时,液压活塞上方控制室内的柴油不能从止回阀通过,只能由节流孔逐步泄出,使控制室内的燃油压力下降速度减慢,针阀升起速度减慢,满足初期喷油速率低的要求;当三通阀断电,高压柴油迅速经止回阀进入液压活塞上方控制室,并迅速将针阀关闭,满足后期断油迅速的要求。

4. 喷油压力的控制

传统的喷油器工作时,喷油器喷嘴压力室内燃油压力上升到超过调压弹簧预紧力,使针阀开始升起的瞬间的燃油压力称为开启压力。调压弹簧预紧力调定后,开启压力稳定不变。

对喷油压力进行独立控制的愿望在电控共轨柴油喷射系统得到了实现。在电控共轨柴油喷射系统中,由于喷油压力直接取决于共轨油压,或由喷油器中的增压活塞对从共轨来的燃油进行增压,所以通过对共轨油压的控制或改变增压活塞上下面积比,就可改变系统的喷油压力,实现多喷油压力的控制。

在图 2-6-69 所示的电控无液压放大的高压共轨柴油喷射系统中,由凸轮驱动的高压供油泵将高压柴油泵入共轨,由电控单元根据柴油机工况的要求,通过装在供油泵上的 PCV 阀,对泵入共轨的柴油量进行调节,控制共轨油压。共轨上的燃油压力传感器可将共轨中的实际油压的信息反馈给电控单元,由电控单元对高压供油泵上的 PCV 阀实施反馈控制,使共轨油压稳定于目标值。当共轨油压低于目标值时,PCV 阀提前关闭,供油泵提前供油,而供油终点位于凸轮升程最高点，是不会改变的，所以，提前供油就使供油泵供油量增加，共轨中的柴油压力也就升高，即喷油压力升高；反之，当共轨油压高于目标值时，PCV 阀迟后关闭，供油泵供油量减少，共轨中的柴油压力也就降低，即喷油压力降低。

三、电控共轨式柴油喷射系统主要部件的结构原理

1. 高压泵

高压泵是低压和高压部分之间的接口，它的任务持续产生共轨所需的系统压力。

如图 2-5-70 所示，高压泵的离合器、齿轮、链条或齿带由发动机驱动，最高转速为 3 000 r/min。它用燃油润滑。视安装空间的不同，调压阀或是直接装在高压泵旁或单独安置。燃油用高压泵内三个径向布置的柱塞组件之间错开 120°。由于每一转有 3 个供油行程，故驱动峰值转矩小，泵驱动装置受载均匀。泵驱动装置所需的功率随共轨压力和泵转速(供油量)的增加而成正比增加。带偏心凸轮的驱动轴根据凸轮形状的不同而将泵柱塞推上或推下。

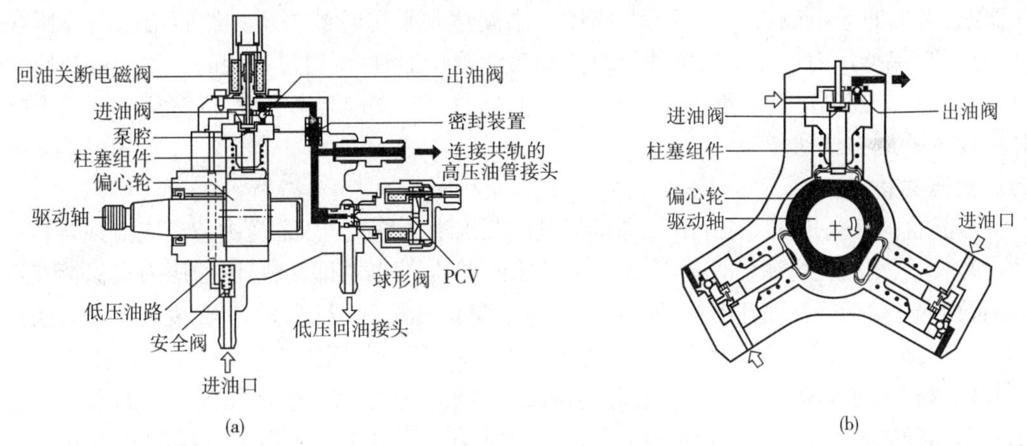

图 2-5-70　高压泵的结构

(a)纵向结构；(b)横向结构

当供油压力超过安全阀的开启压力时，输油泵可通过高压泵的进油阀将燃油压到柱塞室(吸油行程)。如果超过了泵柱塞的下止点，则进油阀关闭，柱塞室内的燃油不再离去，并可压缩到超过输油泵的供油压力。建立起的压力只要达到共轨压力，就立即打开出油阀，被压缩的燃油进入高压回路。直到上止点前，泵柱塞一直输送燃油(供油行程)。达到上止点后，压力下降，出油阀关闭。留下的燃油降压，柱塞向下运动。如果偶件室中的压力低于供油压力，进油阀再次打开，过程重新开始。

柱塞切断供油时，送到高压共轨中的燃油量减少。此时进油阀一直开着。在柱塞切断装置的电磁阀动作时，装在其电枢上的一根销子将进油阀一直打开，从而使供油行程中吸入的燃油不受压缩。由于吸入的燃油又流回到低压通道，柱塞室内不建压。柱塞切断供油后，高压泵不再连续供油，而是处于供油间歇阶段，由此减少了功率消耗。

2. 调压阀

调压阀的任务是根据发动机的负荷状况，调整和保持共轨中的压力。共轨压力过高时，调压阀打开，一部分燃油经一集油管返回油箱。共轨压力过低时，调压阀关闭，高压端对低压端密封。

如图 2-5-71 所示，调压阀有一个固定法兰，用以固定在高压泵或共轨上。电枢将一钢球压入密封座，以使高压端对低压端密封。为此，一方面，一根弹簧将电枢往下压，另一方面，电磁铁对电枢作用一个力，为进行润滑和散热，整个电枢周围有燃油流过。

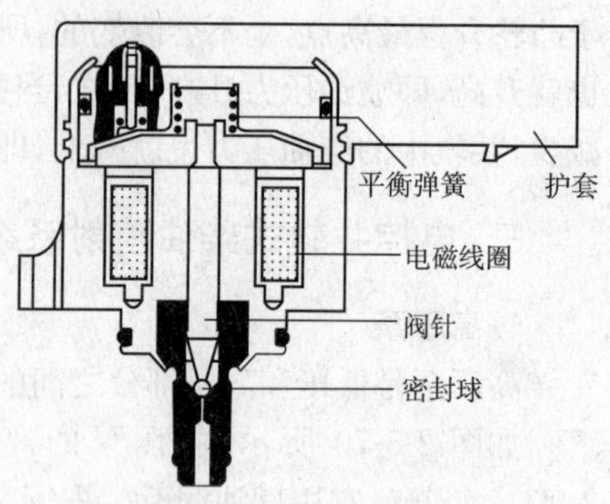

图 2-5-71 调压阀的结构

调压阀有两个调节回路，一个低速电调节回路，用于调整共轨中可变化的平均压力值，一个高速机械－液压式调节回路，用以补偿高频压力波动。

调压阀不工作时，共轨或高压泵出口处的高压高于调压阀高压进口处的压力。由于无电流的电磁铁不产生作用力，高压力大于弹簧力，于是调压阀打开，根据输油量的不同，保持打开程度大些或小些。

调压阀工作时，如果要提高高压回路中的压力，必须除了弹簧力之外再建立一个电磁力。调压阀被控制，直至电磁力和弹簧力与高压力之间达到平衡时被关闭。然后调压阀停留在某个开启位置，保持压力不变。泵供油量改变和喷油器喷油时，可通过不同的开度予以补偿。电磁铁的电磁力与控制电流成正比，控制电流的变化通过脉宽调制来实现，以避免电枢的干扰运动和共轨中的压力波动。

3. 高压共轨

高压共轨的任务是在高压下存储燃油。其间泵供油及喷油产生的压力波动应由共轨容积来缓冲，即使在输出较大燃油量时，所有各汽缸共用的燃油分配器（即共轨）内的压力也保持在近似不变的数值上，从而确保喷油器打开时喷油压力不变。如图 2-5-72 所示，由于发动机安装条件不同，带流量限制器（可选装）并可装共轨压力传感器、调压阀及限压阀的共轨可设计成各种形式。

共轨容积中经常充满压力油。充分利用高压对燃油压缩来保持存储效果。如果从共轨中输出喷射用的燃油，高压共轨中的压力也近似为常值。用高压泵来阻尼补偿脉动供油时的压力波动。

4. 流量限制阀

流量限制阀的任务是防止喷油器可能出现的持续喷油现象。为实现此任务，在共轨取出的油量超过最大油量时，流量限制阀将流向相应喷油器的进油口关闭。如图 2-5-73 所示，流量限制阀有一个金属外壳，外壳上有外螺纹，以便拧在共轨（高压）上，另一端的外螺纹用来拧入喷油器的进油管。外壳两端有孔，以与共轨或喷油器进油管建立液压连接。流量限制阀内部有一个柱塞，一根弹簧将此柱塞向共轨方向压紧。柱塞对外壳壁部密封。纵向孔的直径在末端是缩小的。这种缩小的作用就像流量精确规定的节流孔效果一样。

正常工作时，柱塞处在其静止位置，即靠在共轨端的限位件上。一次喷油后，喷油器端的压力略有下降，从而柱塞向喷油器方向运动。柱塞压出的容积补偿了喷油器取出的容积。在喷油终了，柱塞停止运动，不关闭密封座面，弹簧将柱塞压回到其静止位置。燃油经节流孔流出。泄油量大时，由于提取的油量大，柱塞从其静止位置被压到出油端的密封座面上。然后柱塞在此位置一直保持到发动机停机时靠在喷油器端的限位件上，从而关闭通往喷油器的进油口。泄油量小时，由于产生泄油，柱塞不再能达到其静止位置。喷过几次油后，柱塞移动到出油处的密封座面上，在此处，柱塞停留到发动机停机时靠在喷油器端的限位件上，从而将通往喷油器的进油口关闭。

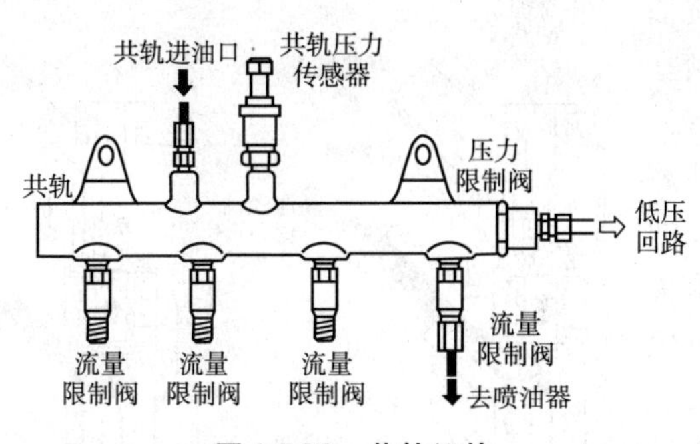

图 2-5-72　共轨组件

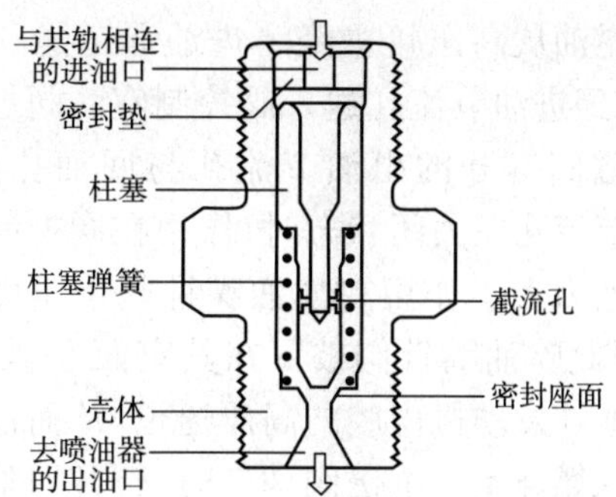

图 2-5-73　流量限制阀

5. 共轨压力传感器

共轨压力传感器的任务是以足够的精度、在相应较短的时间内，测定共轨中的实时压力，按相应压力向 ECU 提供一个电压信号。如图 2-5-74 所示，共轨压力传感器由一个传感器元件(焊接在压力接头上)、带求值电路的一块电路板和带导线连接器的传感器外壳等组成。燃油经共轨中的一个孔流向共轨压力传感器，传感器的膜片将孔末端封住。压力作用下的燃油经压力室孔流向膜片。在此膜片上装有传感元件(半导体)，用以将压力转换为电信号。

6. 压力限制阀

压力限制阀的任务是相当于安全阀，它限制共轨中的压力，当压力过高时，打开放油孔泄压。限压阀是按机械原理工作的，如图 2-5-75 所示，它由外壳(有外螺纹，以便安装在共轨上)、通往油箱的回油管接头、可活动的柱塞和弹簧等组成。外壳在通往共轨的连接端有一个孔，此孔被外壳内部密封座面上的锥形柱塞头部关闭。在标准工作压力下，弹簧将柱塞紧压在座面上，从而共轨呈关闭状态。只有当超过系统最大压力时，柱塞才受共轨中压力的作用而压到弹簧上，于是处于高压下的燃油流出。燃油经过通道流入柱塞中央的孔，然后经集油管流回油箱。随着阀的开启，燃油从共轨中流出，结果降低了共轨中的压力。

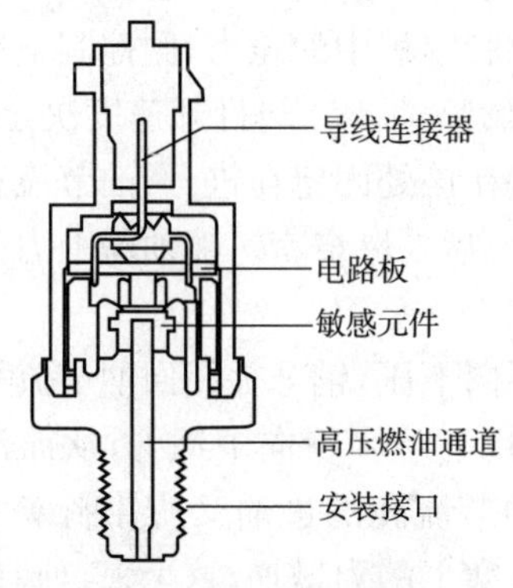

图 2-5-74　共轨压力传感器的结构

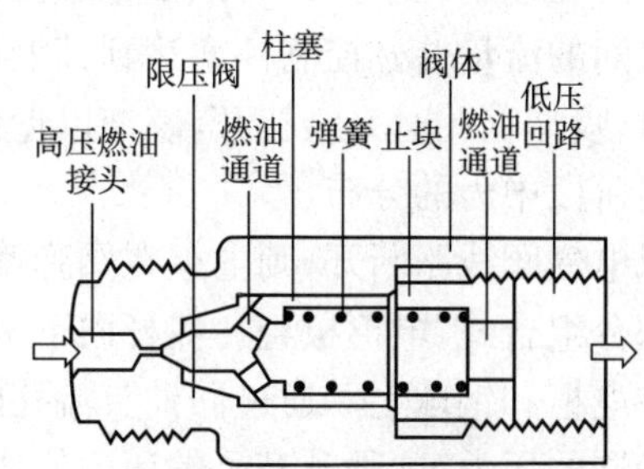

图 2-5-75　压力限制阀的结构

7. 喷油器

喷油器有电磁阀式喷油器和压电晶体式喷油器两种类型。

(1)电磁阀式喷油器。电磁阀式喷油器代替了普通喷油装置的喷油器体组件(喷油嘴和喷油器体)，可以通过 ECU 控制喷油器的喷油始点和喷油量。与直喷式柴油机中的喷油器体相似，喷油器宜用卡夹夹装在汽缸盖内。电磁阀式喷油器如图 2-5-76 所示，它可分为三个功能组件：孔式喷油嘴、液压伺服系统和电磁阀。

燃油从高压接头经一进油通道送往喷油嘴,并经进油节流孔送入阀控制室。阀控制室用电磁阀打开的出油节流孔与回油孔连接。出油节流孔在关闭状态时,作用在阀控制柱塞上的液力大于作用在喷油嘴针阀承压面上的力,因此喷油嘴针阀被压在其座面上,紧紧关闭了通往发动机内腔的高压通道,从而没有燃油进入燃烧室。电磁阀动作时,打开回油节流孔,阀控制室内的压力下降,从而液压力作用在阀控制柱塞上,只要此液压力低于作用在喷油嘴针阀承压面上的力,喷油嘴针阀立即打开,燃油可通过喷孔进入燃烧室。

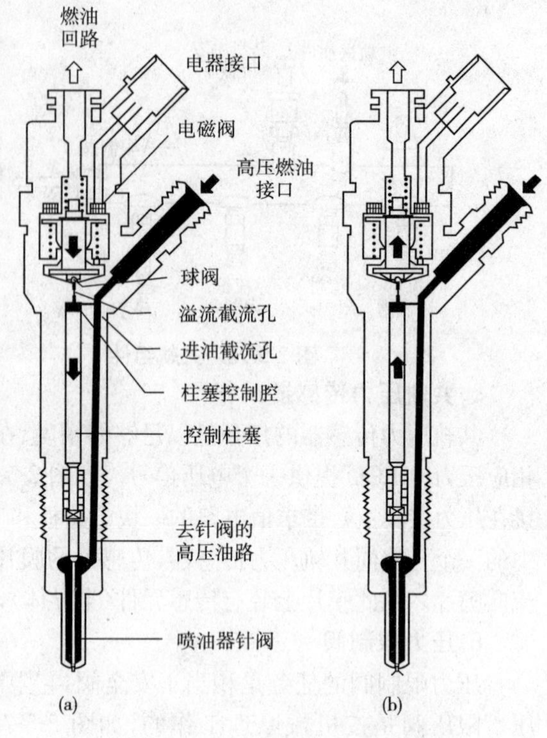

图 2-5-76 电磁阀式喷油器结构

(a)喷油器关闭状态;(b)喷油器喷射状态

在发动机和高压泵工作时,喷油器的工作可分为四个工作状态,即:喷油器关闭(以存有的高压);喷油器打开(喷油开始);喷油器完全打开和喷油器关闭(喷油结束)。上述工作状态是通过喷油器构件上力的分布产生的。发动机不工作和共轨中没有压力时,喷油器弹簧将喷油器关闭。

喷油器处于静止位置,如果电磁阀线路导通,因电流产生的磁场力使喷油器迅速打开。磁场力大于阀弹簧的力,电枢打开回油节流孔。在极短时间内,升高的电流成为较小的电磁阀保持电流。随着回油节流孔的打开,燃油从阀控制室流入其上面的空腔,并经回油通道回到油箱。进油节流孔防止压力完全平衡,阀控制室内的压力下降,从而导致阀控制室内的压力小于喷油嘴内腔容积中的压力,阀控制室中减小了的力引起作用在控制柱塞上的力减小,从而打开针阀,开始喷油。针阀打开速度决定于进、回油节流孔之间的流量差。控制柱塞达到其上极限位置,并在该处固定在进、回油节流孔之间的燃油垫上口,喷油嘴此时完全打开,燃油以近似于共轨压力喷入燃烧室。喷油器上力的分布大致等于开启阶段中力的分布。

如果电磁阀线路断开,则电枢在阀弹簧力的作用下向下压,钢球关闭回油节流孔。电枢设计成两部分组合式,电枢板经一拨杆向下引动,但它可用复位弹簧向下回弹,从而没有向下的力作用在电枢和钢球上。通过回油节流孔的关闭,进油节流孔的进油又使控制室中建立起与共轨中相同的压力,这种升高了的压力使作用在控制柱塞上的力增加,这个来自阀控制室的力和弹簧力超过了来自内腔容积中的力,于是针阀关闭。针阀关闭速度决定于进油节流孔的流量。针阀达到其下极限位置时喷油就结束。

喷油器是高压共轨柴油机喷射系统中的重要执行器,对喷油器的检查可知道电喷系统的工作情况。检查喷油器可通过检查其是否有堵塞、泄漏、听响声等项目,必要时可更换。

(2)压电晶体式喷油器。与电磁阀式喷油器相比,压电晶体式喷油器具有没有滞后时间,切换十分迅速而且精确,可重现性非常好,没有因设计造成的以气隙之类的形式出现的偏差,寿命长,工作非常稳定等优点。由于压电晶体具有一系列优越特性,故被选作新一代电控喷油器的执行器。这种喷油器是利用压电效应来控制的。压电效应是指当离子构成的晶体(电气石、石英、酒石酸钾钠)发生变形时,会产生一个电势。压电效应也可以反过来用,即加上电压后晶体会被拉长。采用压电喷油器,每个工作行程可产生多个触发周期,大大缩短多个喷油器之间的切换时间,可以产生很大的力以对抗共轨压力,燃油卸压时可精确地控制行程,触发电压为 110～148 V,这取决于轨道的压力。

喷油器的主要组成包括:带弹簧的多孔油嘴,控制柱塞,进、出油节流孔,二位二通阀,压电晶体部件。用于喷油器的压电晶体的结构采用多层技术。多层压电晶体执行器由 20～200 μm陶瓷层烧结而成,层与层之间有电极,生产技术与多层电容器相似。图 2-5-77 是采用压电晶体的喷油器结构示意图。

在中低转速范围内,喷射的机动灵活性特别重要,最理想的情况是,在 2 500 r/min 以下的转速范围每个工作循环喷射达 5 次,在中等转速范围内每个工作循环喷射 2～3 次,在标定转速每个工作循环喷射 1 次。压电式执行元件像一个在电压下立即就能充电的电容器,其关键元件是陶瓷压电薄膜,它在加上电压以后的 0.1 ms 以内就会发生晶体晶格的畸变。为了使执行器达到足够的位移(行程),必须将许多层陶瓷薄膜烧结成一块长方六面体。喷油器内 30 mm长的执行器由 300 多层薄膜组成,每层的厚度只有 80 μm。压电元件加上电压后会膨胀大约 40 μm,通过杠杆比为 1∶1.5 的杠杆,使得控制腔回油通道中的阀开启。于是,控制腔内的压力下降,喷油嘴针阀开启。压电晶体式喷油器具体工作过程如下:高压燃油从共轨中进入喷油器后,分成两路:一路由通道进入喷油嘴盛油槽,作用于针阀锥面上;另一路通过节流孔进入活塞顶部的油腔 1(图 2-5-77)。当压电晶体堆不通电时,止回阀 1 关闭,油腔中的燃油通过推动活塞杆,关闭喷油嘴,喷油器不喷油。当压电晶体堆通电后,压电晶体伸长,推动大活塞压缩油腔 2 中的燃油,再推动小活塞(此时小活塞行程增大),将止回阀 1 中的钢球推离锥面,从而使高压油腔中的燃油经过通道 1、止回阀 1 及通道 2 回流到油箱。活塞杆上部卸压,针阀在盛油槽中的燃油压力作用下,克服复位弹簧的作用力,向上运动,从而开启喷油嘴,开始喷油。若压电晶体堆断电,止回阀 1 落座,活塞杆向下运动,关闭喷油嘴。图中止回阀 2 是为了补充油腔 2 中的泄漏的燃油,以保证喷油嘴工作可靠。控制预喷射和主喷射的信号通断的最小时间间隔可以同时选取,最小间隔为 4°凸轮转角(4 000 r/min 时为 8°)。当然,此间隔越大越容易实现。压电晶体喷油器具有很好的重复性,允许针阀在低压时缓慢开启,当压力为20～150 MPa时,针阀快速关闭。

对燃烧室中的油气混合起决定性作用的是喷射特性。即使喷油嘴针阀没有碰到限位块,喷油量很小时也必须保证正常的喷雾过程。

新款奥迪 A6L 3.0-V6-TDI 型柴油发动机的燃油供给系统采用了 Bosch(博世)公司的第 3 代共轨技术,共轨系统上最重要的改进是燃油喷射系统采用了如图 2-5-78 所示的压电喷油器(Piezo—喷油器)。注意:维修时,如果更换了喷油器,则必须对喷油器进行与喷射系统匹配的操作,同时,还要进行喷油量对比(IMA)试验。

喷油器中的液力转换器(连接模块)将执行元件模块长度的增长转化为液体压力和位移,然后作用到切换阀上。连接模块(图 2-5-79)的作用就像液压缸,它的上面通过压力调节阀总是作用有 1 MPa 的燃油压力,该压力使这个液压缸反向运动。如果没有这个方向压力,则喷油器就会失效。燃油在连接模块中的连接活塞 A 和阀活塞 B 之间起压力缓冲垫的作用。当喷油器有动作但不喷油时(系统内进入了空气),喷油器就会以启动转速来进行排气。喷油器中的切换阀(图 2-5-80)由阀门板、阀门芯、阀门弹簧和节流片组成。燃油经节流片上的入口节流阀(Z)流到喷嘴针阀处并进入该针阀上部的腔内,于是喷嘴针阀的上部和下部压力就平衡了,喷嘴针阀就被喷嘴弹簧的作用力保持在关闭的位置上,当压下阀门芯时,回流通路打开,轨内的压力油首先流过喷嘴针阀上部的一个较大的压力出口截流阀 A,于是喷嘴针阀就被该压力抬离针阀座,然后就开始喷油。

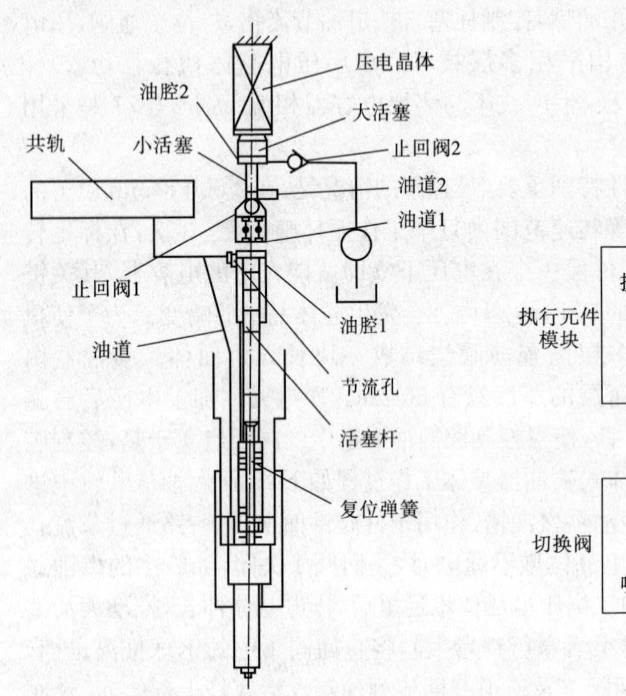

图 2-5-77 压电晶体式喷油器

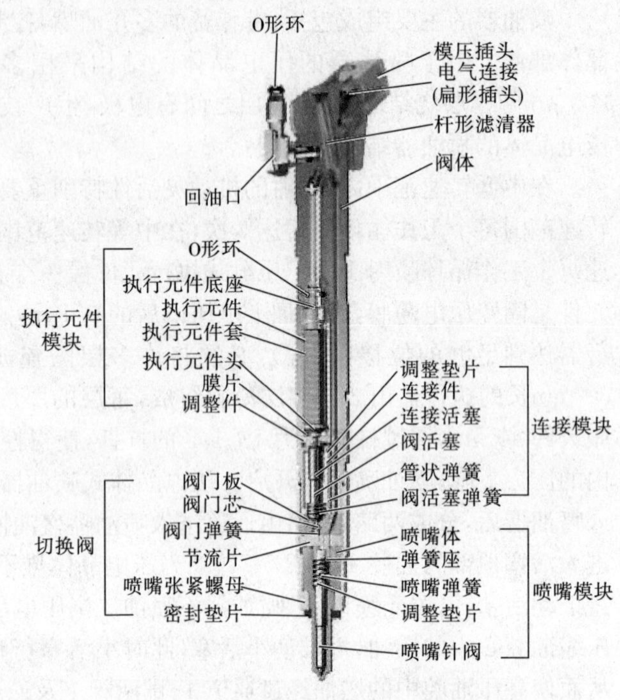

图 2-5-78 Bosch 压电喷油器

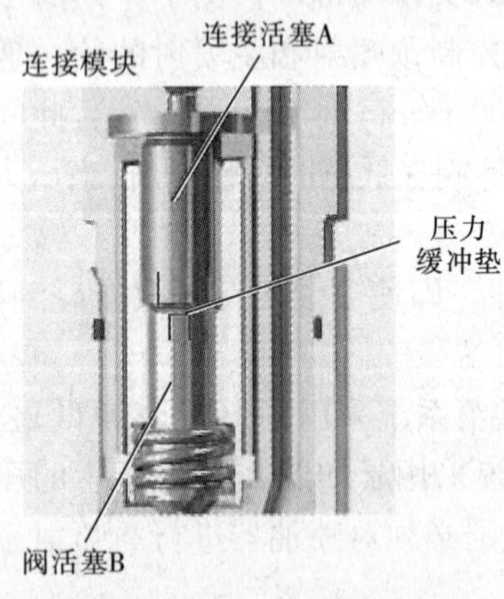

图 2-5-79 喷油器中的连接模块

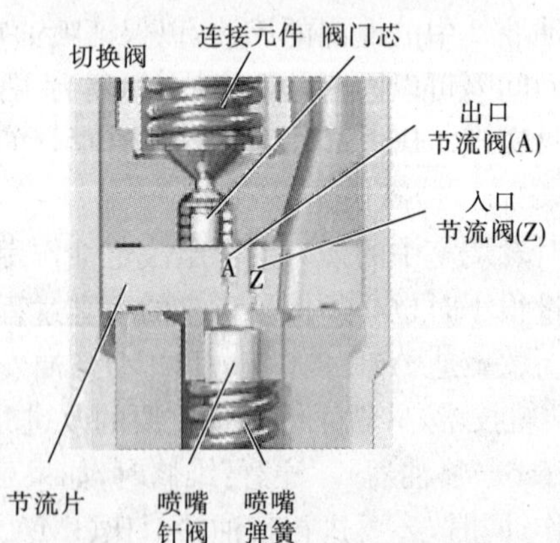

图 2-5-80 喷油器中的切换阀

由于压电元件的切换脉冲非常快,在每个工作行程中可以完成多次连续的喷油过程。当发动机冷机,且以怠速运行时,喷油器要进行两次预喷油和补充喷油。是否进行预喷油取决于发动机的负荷、转速以及变速杆的挡位。随着负荷的增加,预喷油逐渐减少,直至全负荷时只有主喷油在工作了。两次补充喷油都是用来还原颗粒过滤器的。

第五节 柴油机燃料供给系故障诊断

柴油机燃料供给系统常见的故障现象有发动机难起动、发动机动力不足、柴油机工作粗暴和发动机运转不稳等。

一、发动机难起动

1.起动时排气管不冒烟

(1)故障现象。发动机听不到爆发声音无起动迹象,排气管无烟排出。

(2)故障原因。属于低压油路的原因:1)油箱内无油或供油不足;2)油箱开关未打开或油箱盖空气孔堵塞;3)油箱至喷油泵间油路堵塞;4)油箱至输油泵间管路中有漏气部位,使油路中进入空气;5)柴油机滤清器或输油泵滤网堵塞;6)低压油路中溢流阀不密封,使低压油路中不能保持有一定值的油压;7)输油泵油阀粘滞、密封不严、弹簧折断;8)输油泵活塞咬死或活塞弹簧折断,使输油泵的机械泵油部分不起泵油作用。属于高压油路方面的原因:1)喷油泵柱塞偶件磨损过大,造成内泄漏大,使供油量达不到起动时的需要;2)喷油泵油量调节机构卡滞,使柱塞不能转动或转动量过小;3)出油阀密封不良或粘滞,造成不供油或供油不足;4)喷油器针阀积炭或烧结不能开启;5)喷油器针阀开启压力调整过高;6)喷油器喷孔堵塞;7)高压油管中有空气或其接头松动。其他方面的原因:1)低温起动预热装置失效,发动机汽缸内温度过低;2)空气滤清器堵塞,排气管排气不畅;3)供油时间过早或过迟;4)喷油雾化不良;5)汽缸压缩压力过低,压缩终了的温度和压力达不到使柴油自燃的温度。

(3)故障诊断与排除。发动机起动时无着车迹象,排气管不排烟,说明柴油没有进入汽缸,重点检查供给系的堵塞、漏气和某些零部件的损坏。首先应确定故障部位出在低压油路还是高压油路。将喷油泵放气螺钉松开,扳动手油泵,观察放气螺钉处是否流油,若不流油或流出泡沫状柴油,而且长时间扳动手油泵也排不尽,表明低压油路有故障。如果流油正常,则说明故障出在高压油路。

①低压油路的故障诊断。松开喷油泵放气螺钉,扳动手油泵放气螺钉处无油流出,说明油箱中无油或油路堵塞。首先检查油箱中存油是否足够,油箱开关是否打开,油箱盖空气孔是否堵塞。若良好,可扳动手油泵试验。若手拉手油泵拉钮时,明显感到有吸力,松手后又自行回位,说明油箱至输油泵的油路堵塞;若拉出手油泵拉钮时感觉正常,但压下去比较费力,说明输油泵至喷油泵的油路堵塞,可检查柴油滤清器是否堵塞。如果上下拉动手油泵拉钮时,均无正常的泵油阻力,说明手油泵失效,应检查手油泵进出油阀是否关闭不严等。在寒冷地区严寒季节,柴油牌号选用不当或油中有水,容易造成凝结或结冰而堵塞油管。松开喷油泵放气螺钉,扳动手油泵,若放气螺钉处流出泡沫状柴油,而且长时扳动手油泵也是如此,说明油箱至输油泵之间的管路漏气,供油系中渗进空气发生了气阻。首先检查油管有无破裂,如无破损,应检查输油泵与油箱一段油管接头是否松动或油箱内出油管从上部是否断裂等。若放气螺钉处流出的柴油中夹有水珠,则说明油中有水,应将滤清器与油箱的放污螺塞旋出,放净沉淀物和积盘的水。低压油路诊断故障树如图 2-5-81 所示。

②高压油路故障诊断。松开喷油泵放气螺钉,扳动手油泵,放气螺钉处出油正常,但各缸喷油器无油喷出。可推断故障出自高压油路。诊断高压油路故障时,应首先确定故障出自喷油泵还是喷油器。可在发动机转动时,用手触试各缸高压油管。若感到有喷油"脉动",说明故障不在喷油泵而在喷油器;若无"脉动"或"脉动"甚弱,说明故障在喷油泵。

a.喷油泵的故障检查。接通起动机,查看喷油泵输入轴是否转动,联轴节是否连接可靠,否则应检查联轴节有无断裂,半圆键是否完好。同时检查供油正时是否准确。拆开喷油泵侧盖,检查供油调节拉杆是否总处于不供油位置,若总处于不供油位置,应检查加速踏板拉杆、供油拉杆或调速器的卡滞故障。检查供油调节机构是否工作不良。踩下加速踏板,观察柱塞是否转动,若不转动则检查调节叉或扇形小齿轮的固定螺钉是否松动,调节臂有无从中脱出或柱塞与柱塞套筒是否粘住。检查喷油泵出油阀是否密封不严。拆下高压油管,用手油泵泵油,若出油阀溢油,说明出油阀密封不良,应检查溢油阀的密封情况。

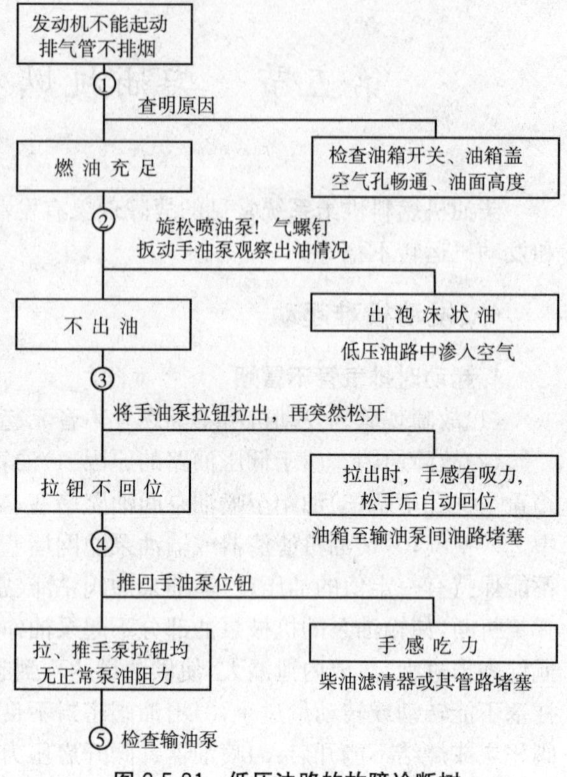

图 2-5-81 低压油路的故障诊断树

b.喷油器的检查。喷油器可在专用喷油器试验器上试验。若就车检查,可将喷油器从汽缸盖上拆下,接上高压油管,然后起动发动机,观察其喷油情况。如雾化良好又不滴油,说明无故障;若雾化不良,应解体检查喷油器针阀是否卡滞、弹簧弹力、喷孔是否堵塞等。

高压油路故障诊断树如图 2-5-82 所示。

2.起动时排气管排出大量白烟

(1)故障现象。接通起动机后,发动机不易起动或起动后排气管排出像水蒸气般白色烟雾,且慢慢熄火。

(2)故障原因。1)油路中渗入了冷却液;2)汽缸垫冲坏或汽缸盖螺栓松动,使冷却液进入燃烧室;3)汽缸体或汽缸盖冷却液套有破裂处。

(3)故障诊断与排除。柴油发动机若在低温(特别是冬季)起动时排气管排出白烟,但在温度升高后排烟正常,这是正常现象。如果排出白烟,用手接近排气管消声器出口处,发现手上留有水珠,说明有水进入燃烧室。首先拔出油尺,观察下曲轴箱机油油面是否升高,机油中是否有水(机油颜色发白说明机油被水乳化),并在起动发动机时观察散热器上部有无气泡冒出。若机油有水和散热器上部在起动发动机时有大量气泡冒出,应检查汽缸垫有无烧穿漏水、汽缸盖螺栓有无松动、汽缸盖和汽缸体有无破裂等。否则,应检查柴油中是否有水。可将油箱及柴油滤清器放污螺塞打开,放出水和沉淀物。

3.起动时排气管排出灰白烟

(1)故障现象。接通起动机后,发动机不易起动,起动时排出灰白色烟雾。

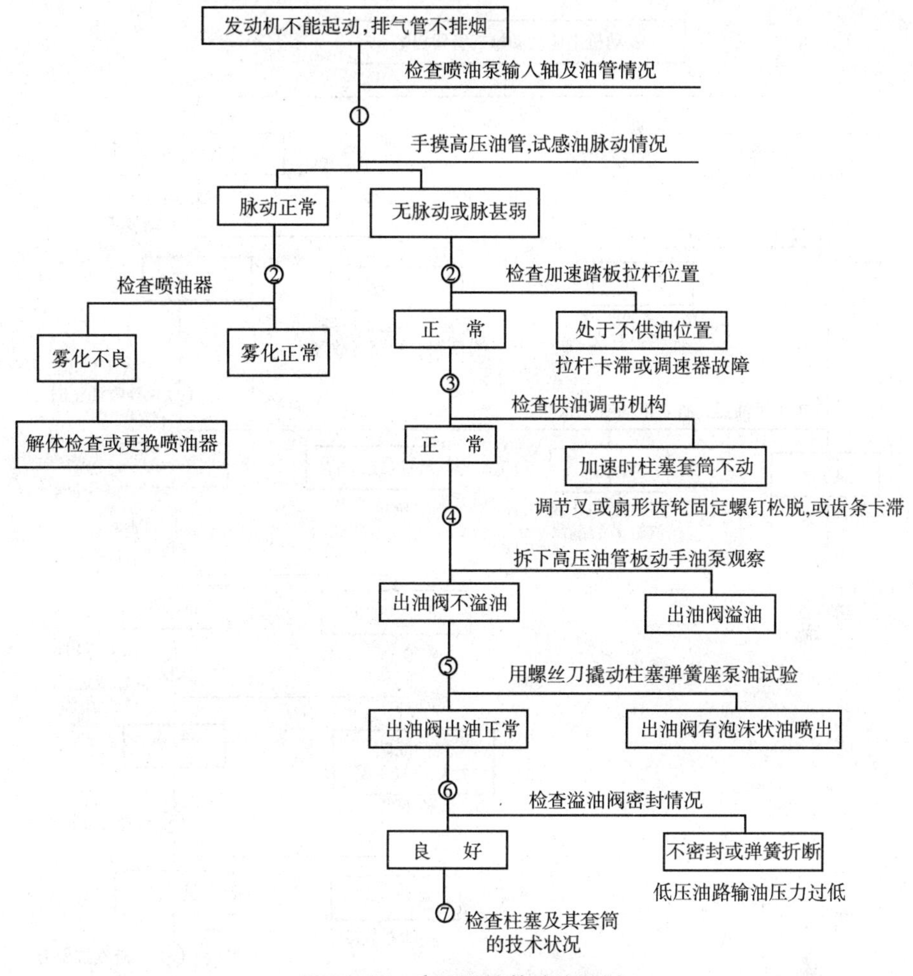

图 2-5-82　高压油路故障诊断树

(2)故障原因。一般为汽缸内温度低、压力低，燃油未能很好地形成混合气燃烧便被排出去所致。主要原因有：1)低温起动预热装置失效，发动机温度过低；2)喷油正时不准，一般为喷油过早；3)进气通道堵塞，供气不足；4)喷油泵供油量过多或过少；5)喷油器喷油雾化不良，混合气形成质量差；6)汽缸压力过低，柴油自燃条件差。

(3)故障诊断与排除。检查低温起动预热装置是否完好，如果完好仍不能起动，应检查和调整喷油正时，供油是否过多或过少。再检查喷油雾化情况，喷油器针阀有无卡滞，汽缸压力是否过低。发动机不能起动，排白烟或灰白色烟的故障诊断树如图 2-5-83 所示。

二、发动机动力不足

常见发动机动力不足表现为：发动机运转均匀，无高速，排气管排气量过少；发动机运转不均匀，排气管排烟不正常等。

1. 发动机运转均匀、无高速、排气管排气量少

(1)故障现象。汽车行驶动力不足，加速不灵敏，踩下加速踏板后，转速不能提高到规定值，排气管排气量过少。

(2)故障原因。①加速踏板拉杆行程不能保证供给最大供油量；②调速器调整不当或调速

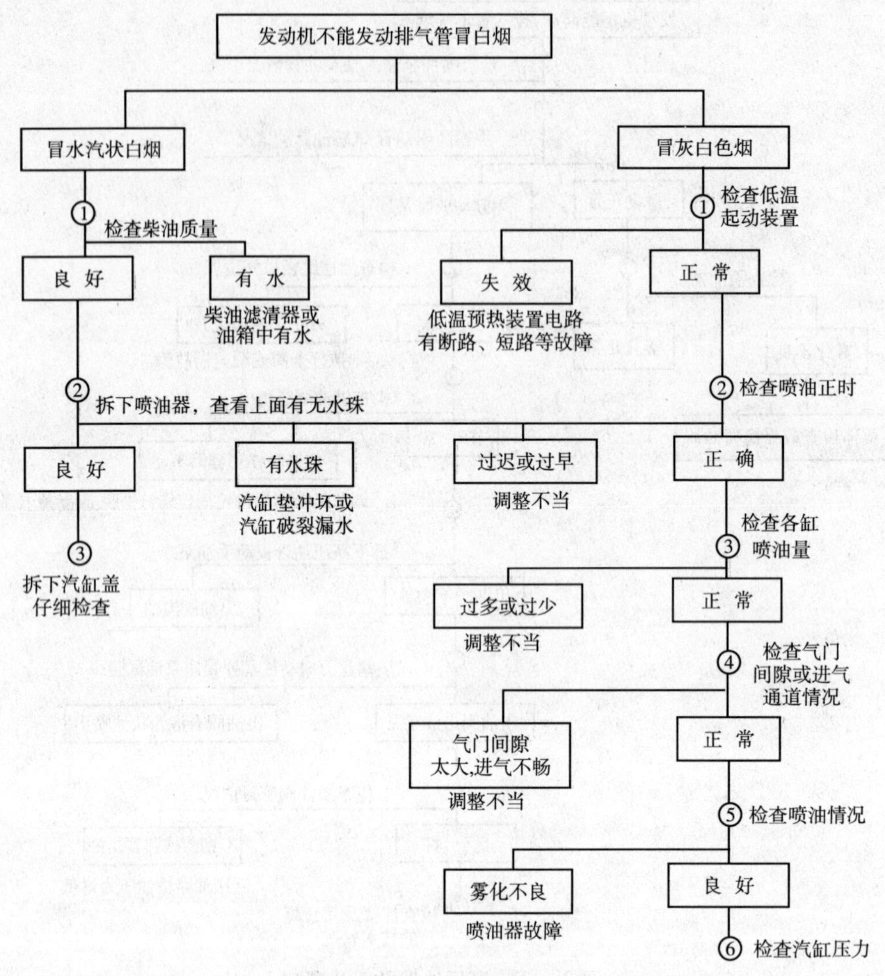

图 2-5-83 排白烟或灰白色烟的故障诊断树

弹簧过软、折断,使喷油泵不能保证最大供油量;③喷油泵油量调节拉杆(或齿条)达不到最大供油位置;④喷油泵出油阀密封不良;⑤喷油泵柱塞磨损过大、黏滞或弹簧折断;⑥输油泵工作不良使供油不足;⑦低压油路堵塞使供油不足;⑧油箱至输油泵管路漏气,使油路中进空气等;⑨喷油器喷油不正常;⑩柴油牌号不对;⑪空气滤清器、排气管消声器堵塞。

(3)故障诊断与排除。此种故障现象可以断定,是因达不到额定供油量而使发动机动力不足的。首先检查加速踏板的行程。将加速踏板踩到底,然后用手扳动喷油泵油量调节臂,若还能向加油方向推动,说明加速踏板拉杆不能使喷油泵达到最大供油量,应予以调整。检查调整调速器高速限位螺钉和最大供油量限制螺钉。将两调整螺钉向增加方向旋进,直到急加速时排气管冒黑烟为宜。检查燃油系统是否吸入了空气,若吸入了空气,应检查各油管接头是否松动,将油路中空气排除。检查燃油滤清器是否堵塞、油箱通气是否堵塞、输油泵滤网有无堵塞等;检查喷油泵的出油阀是否密封不良;用断油比较法检查喷油器的喷油情况,断油后,若发现柴油机转速不变化。就将此喷油器拆下并测试调整。若以上各点没有不良情况,则需用试验台来检查喷油泵和调速器的工作情况。发动机运转均匀但无高速且排烟极少的故障诊断树如图 2-5-84 所示。

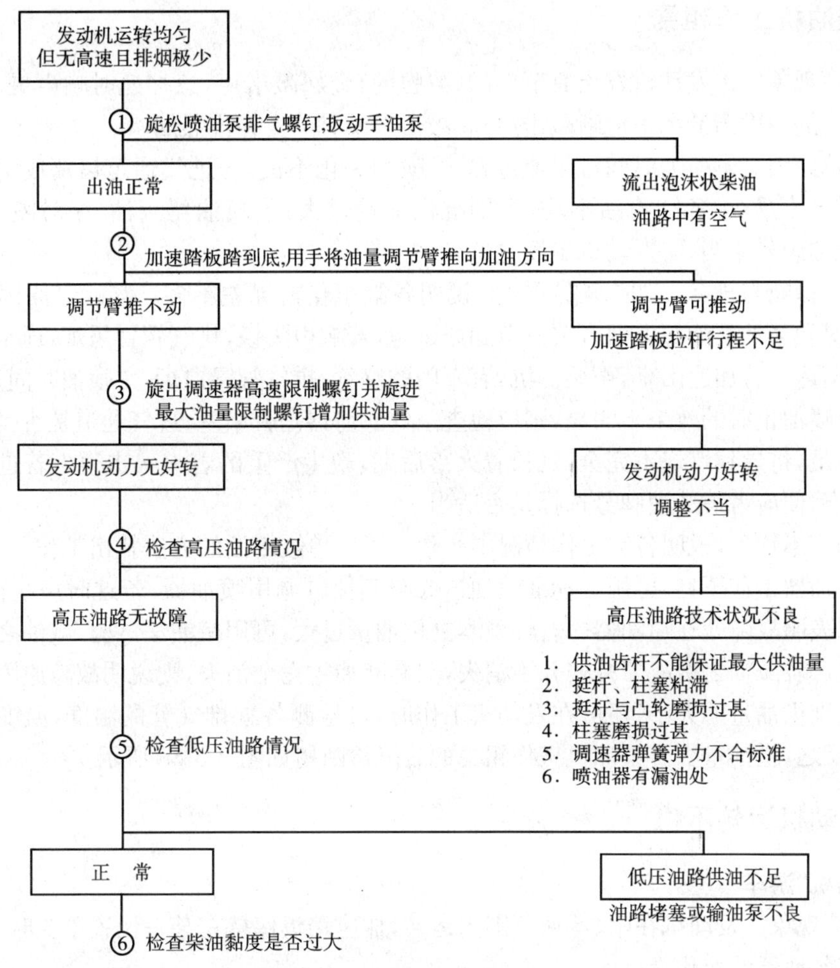

图 2-5-84 发动机无高速且排烟极少的故障诊断树

2.发动机运转不均匀,排气管排黑烟

(1)故障现象。发动机动力不足,运转不均匀,排气管排黑烟,加速时出现敲击声。

(2)故障原因。①空气滤清器严重堵塞,造成进气量不足;②喷油泵供油量过多或各缸供油不均匀度太大;③喷油器喷雾质量不佳或喷油器滴油;④供油时间过早;⑤汽缸压缩压力不足;⑥柴油质量低劣。

(3)故障诊断与排除。柴油机排气黑烟多,大多是由各汽缸供油量不均匀或过多、吸入空气量不足、雾化不良、喷射时间过早等原因引起的不完全燃烧造成的。拆下空气滤清器,观察排气烟色。若排黑烟情况好转,故障是空气滤清器脏污严重造成的;检查供油时间是否过早,若过早应调整;在发动机运转时,可逐缸断油试验。当某缸断油时、发动机转速降低,黑烟明显减少,敲击声变弱或消失,说明该缸供油量过多。若发动机转速变化小而黑烟消失,说明该缸喷油器喷雾质量差。找出有故障的汽缸后,拆检喷油器。必要时,可换装新喷油器进行对比,若用新喷油器时故障消失,说明原喷油器有故障。用上述方法仍不能排除故障时,对于喷油泵柱塞挺杆具有调整螺钉的,应检查各缸喷油是否一致,必要时进行调整。检查喷油泵供油量过大和供油不均匀度是否符合标准时,应在试验台上进行。

三、柴油机工作粗暴

(1)故障现象。①发动机发出有节奏的(清脆的)金属敲击声,急加速时响声更大,排气管冒黑烟;②汽缸内发出低沉不清晰敲击声;③敲击声没有节奏并排黑烟。

(2)故障原因。①喷油时间过早或过迟;②喷油雾化不良;③进气通道堵塞成空气滤清器堵塞造成进气不足;④各缸喷油不均,个别缸供油量过大;⑤喷油器滴油,相对喷油量增加;⑥选用的柴油牌号不当;⑦发动机温度过低。

(3)故障诊断与排除。如果响声均匀,说明各缸工作情况差不多。其故障原因与喷油正时、进气情况和柴油性能等方面有关。急加速试验,若响声尖锐,排气管冒黑烟,通常是喷油时间过早,应调迟。若加速困难,声调低沉,有发闷的感觉,排气管冒白烟,是喷油时间过迟,应调早。若调整喷油正时的效果不明显,则应检查空气滤清器是否堵塞、进气通道是否畅通。若柴油机充气不足,将导致燃烧不完全,延长着火落后期,产生严重的着火敲击声。若进气通管畅通,仍有响声,便应考虑柴油牌号选择是否适当。

如果响声不均匀,说明各缸工作情况不一致。可用单缸断油的方法找出工作不良的汽缸。若怀疑某喷油器工作不良,可用一标准喷油器或与其他缸调用喷油器,若这时声响消失(或转移它缸),则表明故障就在喷油器。若怀疑本缸供油量过大,可用减油法试验,减油之后响声和排烟应消失。若减油之后故障减弱并不消失,只有断油才完全消失,则说明故障原因在喷油时间过早。鉴别供油量的大小,还可在发动机工作时,可检测各缸排气管的温度,温度高的汽缸供油量大,反之,供油量少。柴油机工作粗暴的故障诊断树如图 2-5-85 所示。

四、发动机运转不稳

1.柴油机“游车”

(1)故障现象。发动机在中、低速范围内运转,加速踏板保持在某一位置不变时,发动机转速产生忽高忽地低的变化。

(2)故障原因。①燃油供给系油路内有空气,使供油不稳定;②喷油泵偶件磨损不均,使供油不均;③调速器调整不当,各连接件不灵活或间隙过大;④供油齿杆与齿圈(或供油拉杆与拨叉)、柱塞与柱塞套紧滞,使供油齿杆(或供油拉杆)移动阻力增大,引起其不灵敏;⑤凸轮轴的轴向间隙过大,造成径向间隙也大,这样喷油泵泵油时,凸轮轴受脉冲振动,其振动又直接传递到调速器飞球或飞块,引起飞球支架跳动,从而使供油齿杆来回抖动。

(3)故障诊断与排除。“游车”一般是喷油泵和调速器部分引起的,对于喷油泵机械式调速器,检查时,先打开喷油泵边盖,使发动机处于“游车”严重的转速下运转,然后用手抵住调节齿圈并带动齿杆移动,检查供油齿杆移动是否灵活。如果供油齿杆移动不灵活,说明柱塞的转动有阻滞或其他运动件有摩擦阻滞,使供油齿杆灵敏度降低,调速器不能随时调节供油拉杆而造成“游车”,发现供油齿杆移动阻力较大,则应逐一检查出油阀座压紧螺栓拧紧力矩是否过大,泵内是否有水垢或锈蚀的污物引起柱塞生锈后阻滞,齿杆与齿圈啮合处是否嵌有异物,查明后予以排除。上述检查正常,那么则是调速器工作不正常,喷油泵供油量不均匀或凸轮轴轴间间隙过大,此时应拆下喷油泵总成进行检修。

2.发动机超速

(1)故障现象。柴油机在汽车运行中或自身空转中,尤其是全负荷或超负荷运转突然卸载

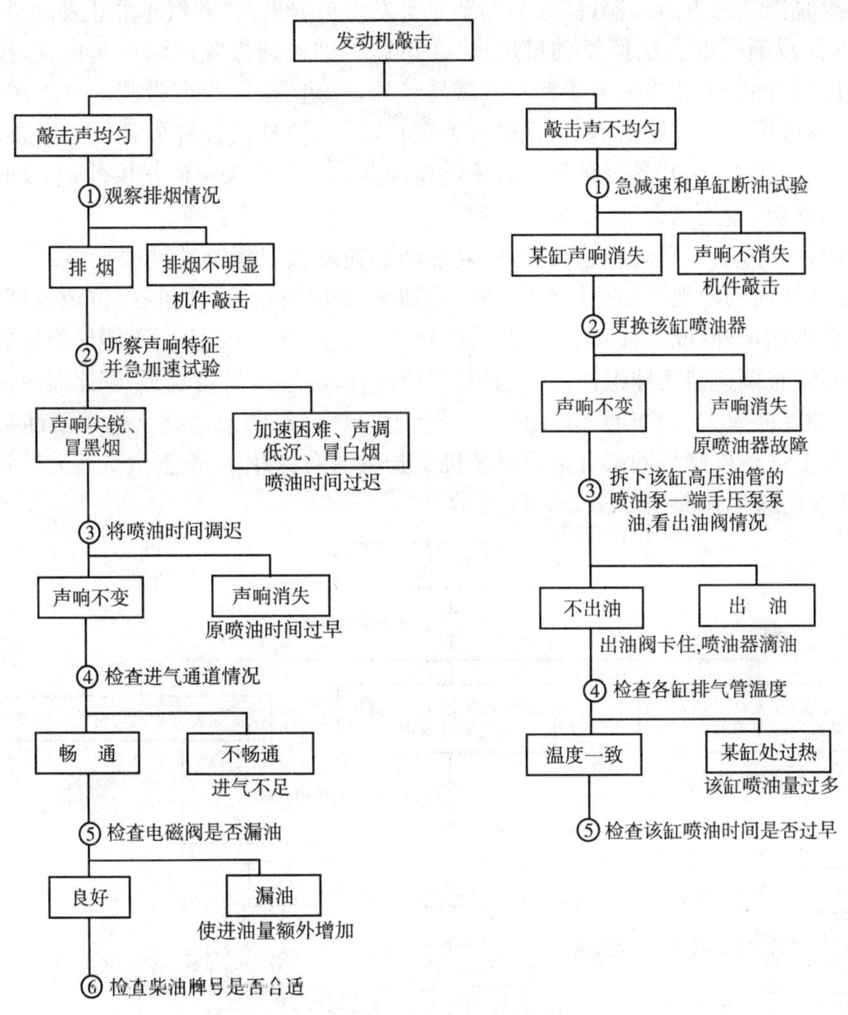

图 2-5-85　柴油机工作粗暴故障诊断树

后,转速自动升高,超过额定转速而失去控制。

(2)故障原因。引起超速的主要原因有两个方面:一是喷油泵调速器本身的故障,使其散失了正常的调速特性;另一方面是柴油机在运转过程中高额外的柴油或机油进入燃烧室掺入燃烧。喷油泵和调速器的故障有:加速踏板拉杆或喷油泵供油调节齿杆卡滞,使其在额定供油位置上回不来;油量调节齿杆和调速器拉杆脱节;柱塞的油量调节齿圈固定螺钉松动使柱塞失去控制;调速器的高速限制螺钉或最大供油量调整螺钉调整不当;调速器内润滑油过多或机油太脏、黏度过大,使飞球甩不开;调速器因飞球组件卡滞、锈污、松旷或解体等原因失去效能或效能不佳等。额外燃料进入燃烧室掺入燃烧的情况有:汽缸窜油,使润滑油进入燃烧室燃烧;惯性油浴式空气滤清器存油过多被吸入燃烧室;带增压器的柴油机由于增压器油封损坏,机油进入燃烧室燃烧等。

(3)“飞车”的紧急处理措施。“飞车”的故障在就车使用的发动机上一般很少见,但喷油泵调速器调整不当或装机使用时出现问题而盲目调整调速器的重要部位(加有铅封的调整螺钉),则“飞车”故障时有发生。无论是正在行驶的汽车还是停驶的汽车,一旦出现“飞车”,首先要采取紧急措施,设法立即熄火,避免事故发生。紧急熄火方法有以下几种:①若汽车在运行中，千万不要脱挡或踩下离合器，应紧急制动直至发动机熄火；②若汽车静止发动机空转时，则立即采用断油或断气的方法使发动机熄火；③迅速将加速踏板收回到停车位置，拉出灭火拉钮；④有减压装置的，迅速将减速手柄拉到减压位置；⑤进、排气管道带阀的可将阀门关闭，如果没有阀门的可拆下空气滤清器，堵住进气管道；⑥供油拉杆或齿杆外露的喷油泵，可迅速将拉杆推向停油位置；⑦松开各缸高压油管或低压油路的油管接头以停止供油；⑧及时挂入高速挡，踩下制动踏板，缓抬离合器，使发动机熄火。

(4)故障诊断方法。发动机熄火后，反复踩动加速踏板以扳动喷油泵操纵臂，从喷油泵外部或拆下侧盖从内部检视供油拉杆(或齿杆)的轴向活动情况。若供油拉杆(或齿杆)不能轴向活动，故障系供油拉杆(或齿杆)在其承孔内因缺油、锈蚀等原因卡阻而不能回位造成的。打开调速器上盖，检查调速器飞球组件与供油拉杆(或齿杆)的连接是否脱开、调速器内机油是否加得太多或机油黏度太大、调速器飞球组件是否卡阻、锈滞、松旷或散架。拆下喷油泵调速器总成，在试验台上进行检修与调试合格后再装机。若供油系良好，应检查汽缸有无额外进入燃油或机油。超速的故障诊断树如图 2-5-86 所示。

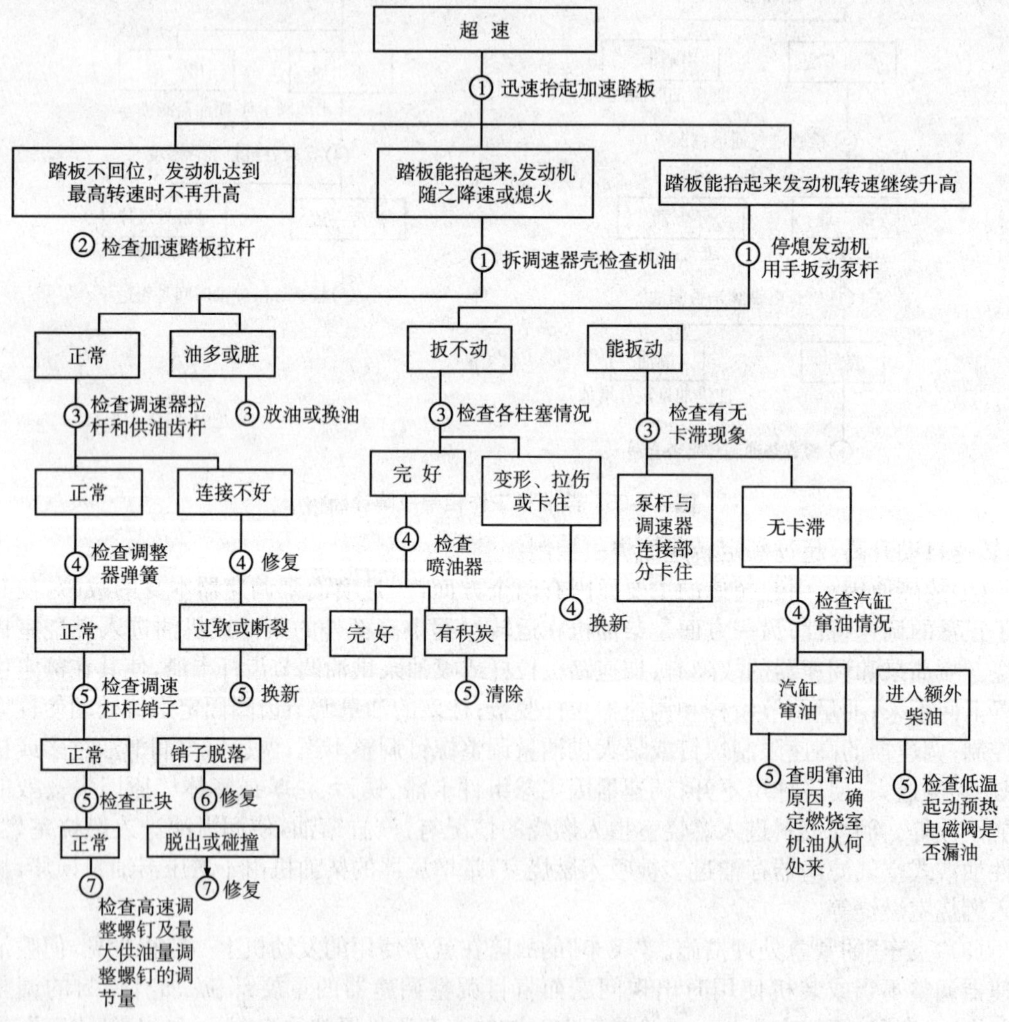

图 2-5-86 超速故障诊断树

本章小结

本章介绍了以下几方面的内容：

◆泵一管一嘴柴油供给系结构与检修。

◆泵一喷嘴柴油供给系结构与检修。

◆P-T 柴油供给系结构与检修。

◆共轨式柴油供给系结构与检修。

◆柴油机燃料供给系故障诊断方法。

复习思考题

1. 柴油机燃料供给系的功用是什么？柴油机燃料供给系主要由哪几部分组成？

2. 泵-管-嘴柴油供给系喷油器的功用是什么？喷油器工作时应满足什么要求？喷油器有哪几种类型？

3. 简述孔式喷油器和轴针式喷油器的结构和工作原理。

4. 简述喷油器的检查、调试和检修方法。

5. 喷油泵的功用是什么？喷油泵有哪些类型？喷油泵在工作时应满足什么要求？

6. 简述柱塞式喷油泵的结构、工作原理。

7. 如何进行柱塞偶件的检修？

8. 如何进行出油阀偶件的检修？

10. 简述喷油泵的装配、调试方法、步骤。

11. 简述转子分配式喷油泵的结构原理。

12. 调速器的功用是什么？主要有哪些类型？

13. 简述离心式调速器的结构与工作原理。

14. 简述全速式调速器结构和工作原理。

15. 简述 VE 型分配泵用全速式调速器的结构和工作原理。

16. 简述泵一管一嘴电控系统的控制原理。

17. 泵一喷嘴柴油供给系统的特点是什么？

18. 泵一喷嘴柴油供给系统主要由哪些部分组成？

19. 简述泵一喷嘴的结构和工作原理。

20. 泵一喷嘴柴油供给系统的电子控制系统主要包括哪些部件？

21. P-T(Pressure Time，压力一时间)柴油供给系统的燃油计量过程有何特点？

22. P-T 柴油供给系统主要由哪些部件组成？

23. 简述 P-T 燃油泵的结构和工作原理。

24. 简述 P-T 燃油泵的检查与调整方法。

25. 简述电动汽油泵检测方法。

26. 共轨式柴油供给系统的主要特点是什么？

27. 电控共轨式柴油喷射系统有哪些类型？其基本组成是什么？

28. 简述电控共轨式柴油喷射系统的喷射控制。
29. 简述电控共轨式柴油喷射系统主要部件的结构原理。
30. 简述电控共轨式柴油喷射系统喷油器的类型和结构原理。
31. 柴油机难起动故障的原因有哪些？如何进行柴油机难起动故障的诊断？
32. 柴油机动力不足故障的原因有哪些？如何进行柴油机动力不足故障的诊断？
33. 柴油机工作粗暴故障的原因有哪些？如何进行柴油机工作粗暴故障的诊断？
34. 柴油机运转不稳故障的原因有哪些？如何进行柴油机运转不稳故障的诊断？

第六章　起动、点火系结构与检修

本章要点

通过本章的学习：

★熟悉起动系统的作用和组成及各组成部分的功能。

★掌握起动机的结构、工作原理和性能检测方法。

★熟悉典型发动机起动控制电路。

★掌握起动系统常见故障的检测诊断方法。

★掌握触点式点火系结构原理、检修方法。

★熟悉火花塞的热特性和选用方法。

★掌握电子点火系的组成、结构原理与检修方法。

★掌握微机控制点火系组成、结构原理与检修方法。

★熟悉无分电器双缸同时点火方式结构和工作原理。

★掌握点火波形的检测方法。

★掌握点火波形的分析方法。

★熟悉点火系统故障的特征。

★掌握触点式点火系统的常见故障检测方法。

★掌握电子点火系统的故障检测方法。

★掌握微机控制点火系统的故障检测方法。

第一节　起动系结构与检修

一、起动系统的作用和组成

起动系统的作用是使发动机曲轴转动，直到发动机能在自身动力作用下继续运转为止。起动电动机从蓄电池获取电能，然后转化为机械能，并通过驱动机构将其传递到发动机飞轮上。典型的起动系统有5个基本组成部件和2个不同性质的电气电路。如图2-6-1所示，5个组成部件是蓄电池、点火开关、蓄电池电线、电磁开关(继电器或电磁开关)、起动电动机，有些车型在点火开关中设置了起动安全开关。

(1)蓄电池和电线。蓄电池和电线是为起动机提供电能的部件。多数与起动系统有关的故障都和蓄电池及其相关部件有关。因此，在查找起动系统故障时，应首先检查蓄电池及其相关部件。

(2)电磁开关。每个起动系统都有一个电磁开关,控制电路就是通过电磁开关来接通或关闭起动电路的。电磁开关直接安装在起动机顶上。起动机上的电磁开关有两个作用:一是接通蓄电池和起动电动机之间的电路;二是拨动起动机小齿轮啮入飞轮齿圈。也有许多汽车厂家用起动机继电器代替电磁开关。起动继电器一般装在靠近蓄电池的防护板上或散热器支架上。与电磁开关不同的是,起动机继电器不能移动小齿轮啮入飞轮齿圈。

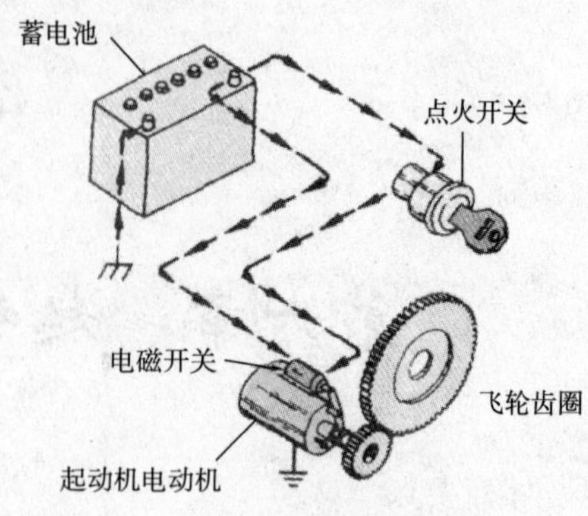

图 2-6-1 典型的起动系统组成

(3)点火开关。点火开关是汽车的大部分电气系统的电源分配点。一般的点火开关都有 5 个位置:ACC(附件)——给汽车的电器附件供电,但不包括发动机控制电路、起动机控制电路和点火系统;LOCK(锁止)——用机械方式锁住转向盘和变速杆;OFF(断开)——切断所有点火开关控制的电路,但是转向盘和变速杆不锁止;START(起动)——给发动机控制电路、起动机控制电路和点火系统供电;ON(接通)或 RUN(运行)——给点火系统发动机控制电路和所有点火开关控制的电路供电。

(4)起动安全开关(在 AT 和许多 MT 车上使用)。起动安全开关的作用是防止变速器不在空挡位置时起动车辆。只有变速器在空挡位置时,起动安全开关才是闭合的。

(5)起动机。起动机是起动系统中的核心部件,其作用是将来自蓄电池的电能转变成机械能,然后传给发动机飞轮,使发动机开始运转。

二、起动机的结构、工作原理和性能检测

(一)起动机的基本组成

如图 2-6-2 所示,起动机一般由直流串励式电动机、传动机构、控制装置 3 个部分组成,。

1. 直流串励式电动机

如图 2-6-3 所示,直流串励式电动机主要有电枢、换向器、磁极、电刷和外壳组成,其作用是产生转矩。

(1)电枢(转子总成)。电枢主要由电枢轴、电枢绕组、铁芯和换向器组成,它的作用是产生电磁转矩。换向器的作用是将电流引入电枢绕组,并使不同磁极下导线中的电流方向保持不变。

(2)磁极。磁极的作用是建立电动机的磁场。一般装有 4 个(2 对)磁极,在大功率起动机中,为增大转矩也有的装 6 个(3 对)磁极。每个磁极上都装有励磁绕组,4 个励磁绕组相互串联(或 2 个绕组串联后再并联),并与电枢串联。磁极通过螺钉固定在圆筒形的起动机壳体内。流过励磁绕组的电流产生的磁极必须 N、S 极相间排列。励磁绕组的一端接在外壳上的绝缘接线柱上,另一端和 2 个非搭铁电刷相连。

(3)电刷组件。电刷组件由电刷、电刷架和电刷弹簧组成。

2. 传动机构

传动机构又称为啮合机构,其作用是在发动机起动时,使起动机小齿轮啮入飞轮齿圈,将起动机转矩传给发动机曲轴。在发动机起动后,使起动机小齿轮滑转或与飞轮自动脱离。切断电动机和发动机之间的动力联系。传动机构主要由单向离合器和驱动齿轮组成。

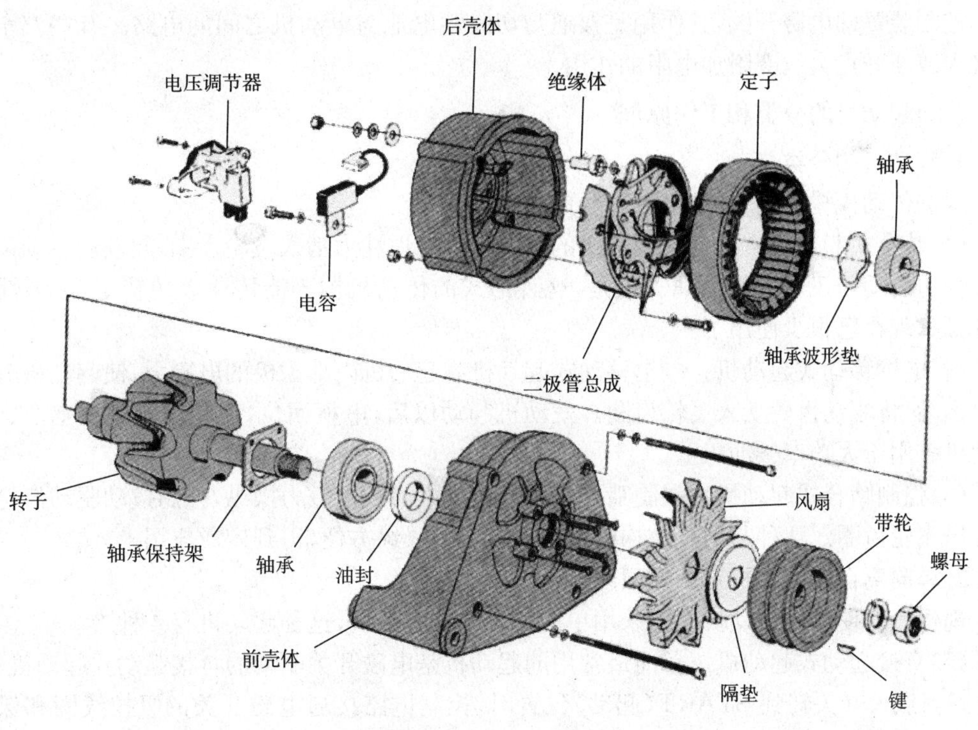

图 2-6-2 奥迪减速齿轮起动机分解图(Bosch)

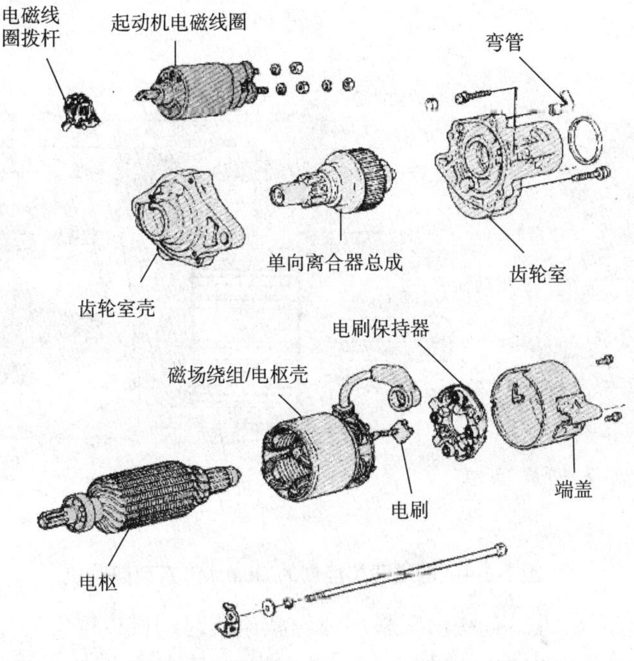

图 2-6-3 本田雅阁装配的 Mitsuba 起动机分解图

3. 控制装置

控制装置即电磁开关，其作用是接通与切断蓄电池与电动机之间的电路。有些汽车上还有接入或断开点火线圈附加电阻的作用。

(二)起动机的分类和工作原理

1. 起动机的分类

根据传动机构不同，起动机可以分成以下三类。

(1)啮合式起动机。啮合式起动机的驱动齿轮靠惯性力啮入飞轮齿圈，起动后驱动齿轮又靠惯性力自动与飞轮齿圈分离。但是，这种形式的传动机构不能传递大的转矩，可靠性比较差，所以，现在已很少使用了。

(2)电枢移动式起动机。电枢移动式起动机靠起动机内部磁极的电磁力，使起动机电枢作轴向运动，将驱动齿轮啮入飞轮齿圈。发动机起动以后，电枢回位，带动齿轮脱离啮合。这种起动机多用于大功率柴油机上。

(3)强制啮合式起动机。强制啮合式起动机靠人力或电磁力操纵，强制拨动驱动齿轮啮入和脱出飞轮齿圈。这种起动机结构简单、工作可靠、操纵方便，得到广泛应用。

2. 单向离合器起动机及工作原理

现代汽车使用的起动机多是采用单向离合器的起动机，这种起动机有 4 种。

(1)直接起动式起动机。目前最常用的起动机是电磁开关驱动的直接起动式起动机(图 2-6-4)。当点火开关转到 START(起动)位置时，控制电路接通电磁开关的吸拉线圈和保持线圈，使吸拉线圈和保持线圈通电产生磁力。电磁开关活动铁芯移动，传动叉轴以销为支点摆动，拨叉拨动起动机构的小齿轮啮入发动机飞轮齿圈。电磁开关活动铁芯移动到止点时，活动铁芯触盘接通蓄电池到起动电动机的电路，电路流过磁场绕组和电枢，形成磁场，使电枢旋转，拖动发动机旋转。

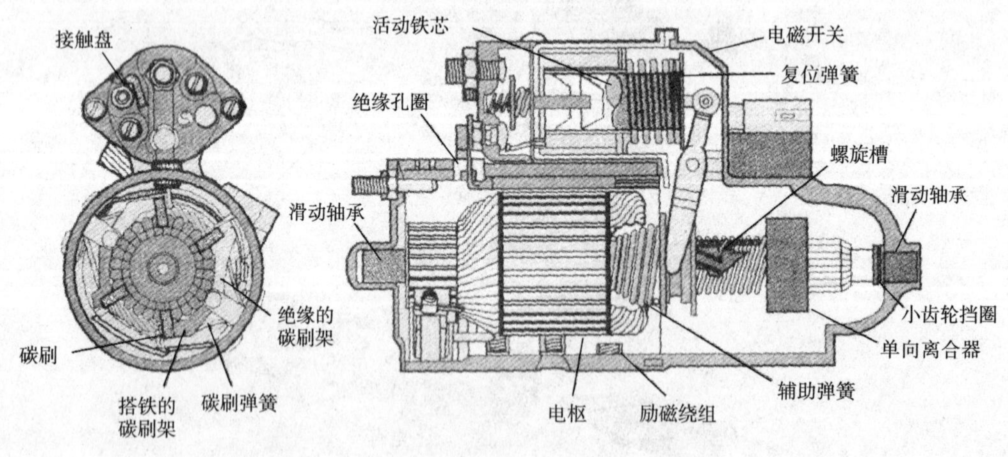

图 2-6-4 电磁开关控制的 DelcoMT 系列起动机

(2)齿轮减速式起动机。有些汽车采用齿轮减速式起动机以增大转矩(图 2-6-5)。齿轮减速式起动机的最大特点是电枢不直接带动起动小齿轮，而是电枢的小齿轮与一只大齿轮常啮合。根据需要，常啮合齿轮的减速比在 2∶1 和 3.5∶1 之间。增加减速比，使小型起动机能在高速运转而在耗电较少的条件下得到较大的转矩。

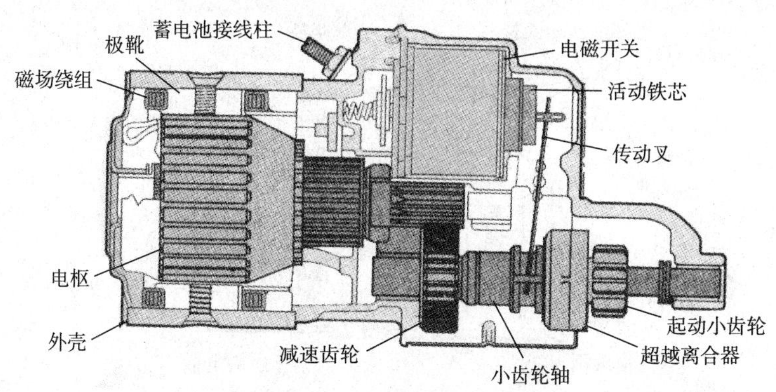

图 2-6-5 齿轮减速式起动机结构

(3)强制啮合式起动机。如图 2-6-6 所示为强制啮合式起动机,它利用起动机的分路磁场绕组来开动起动机构。起动时的大电流由装在起动机继电器控制。起动机继电器吸合时电流便流过起动绕组,起动绕组建立磁场,磁场吸动一个可动极靴。可动极靴通过拨叉与起动机构联系,当可动极靴移动时,起动小齿轮啮入发动机飞轮齿圈。

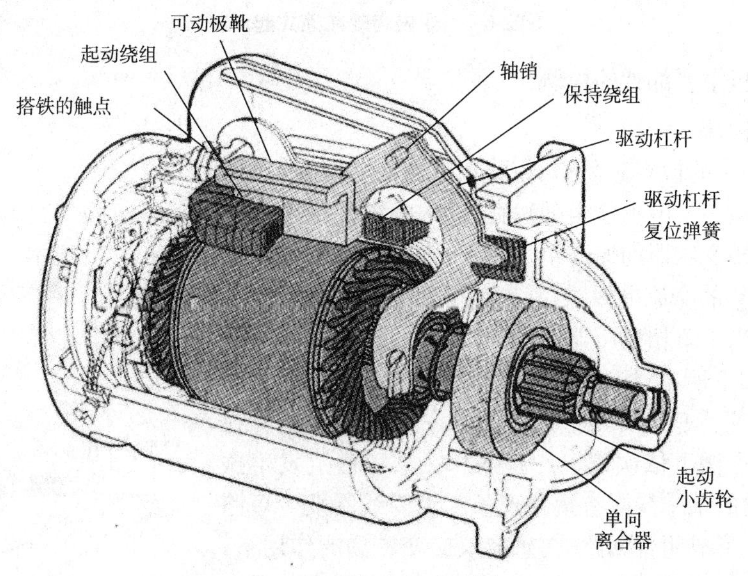

图 2-6-6 强制啮合式起动机

(4)永磁式起动机。永磁齿轮减速式起动机如图 2-6-7 所示,用 4 块或 6 块永久磁铁磁场组件取代励磁绕组,具有质量轻,结构简单和温升低等优点。因为没有磁场绕组,所以电流经换向器和碳刷直接接到电枢。永磁式起动机采用行星齿轮减速。行星齿轮系在电枢和小齿轮轴之间传动动力,这样就使得电枢能高速旋转,从而增大起动机的转矩输出。行星齿轮总成由装在电枢轴端的太阳轮、装在行星架上的 3 个行星齿轮及与行星齿轮啮合的齿圈组成。齿轮是保持不动的,当电枢旋转时,太阳轮带动 3 个行星齿轮绕齿圈的内齿旋转,行星齿轮绕齿圈的运动带动行星轮架旋转,行星齿轮架与输出轴连接。用这种齿轮配置得到的减速比为

4.5∶1,这样大的减速比,大大减少了起动机的工作电流。

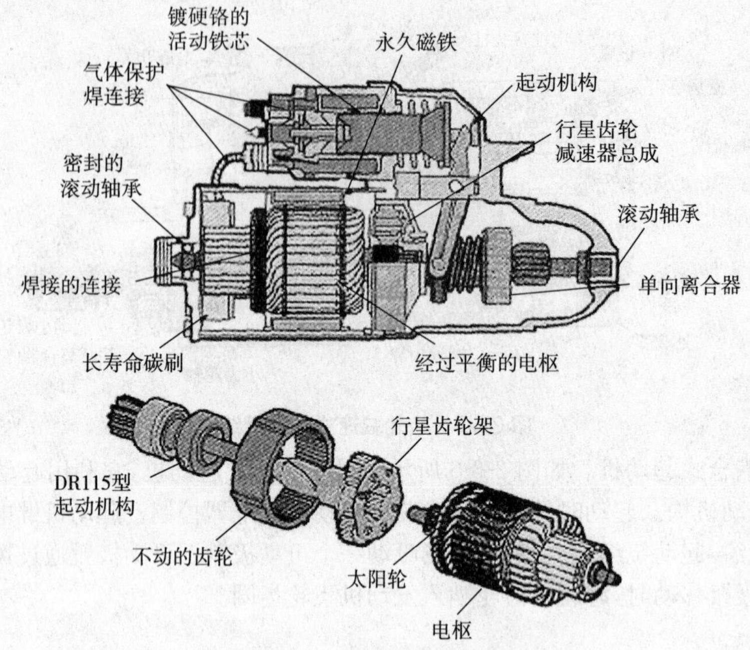

图 2-6-7 永磁齿轮减速式起动机

(三)起动机主要部件的检测

1.转子的检查

(1)电枢绕组的检查。断路、短路和搭铁是电枢绕组的常见故障。

①短路的检查。电枢绕组的短路故障,必须使用电枢感应仪进行检测。电枢感应仪相当于一台特殊单相变压器的原绕组。在V形极掌上,绕有线圈,如图2-6-8所示。当感应仪的线圈1接上220 V的交流电源时,其磁路中便产生交变磁场,若将电枢放在感应仪的V形槽中,电枢绕组就相当于单相变压器的副绕组。交变磁场切割电枢绕组,就会在绕组里产生感应电动势。如图2-6-9所示,接通电枢感应仪电源,将电枢7放在电枢感应仪的V形槽上,一面转动电枢,一面用一薄钢片在电枢铁芯的每个槽上依次试验。若钢片在某一槽上发生振动,则表示该槽的某一线圈有短路现象。因为线圈发生短路后,短路的线匝形成闭合回路,在感应仪交变磁场的作用下,产生交变电流,该交变电流又产生一局部交变磁场,钢片在交变磁场的作用下产生振动。

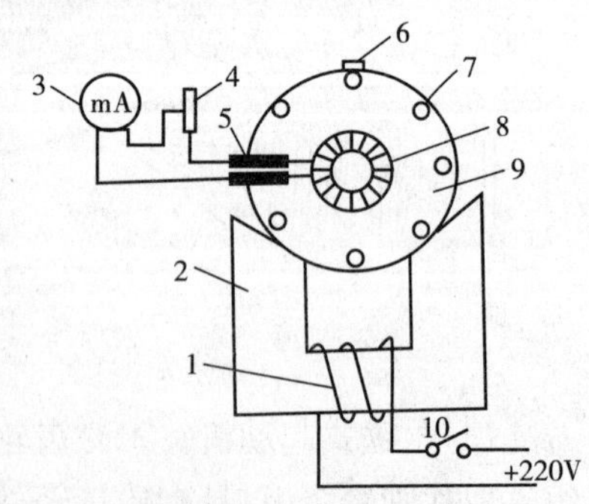

图 2-6-8 电枢感应仪

1-感应仪线圈;2-感应仪铁芯;3-毫安表;4-可变电阻;5-毫安表触针;6-试验用薄钢片;7-电枢绕组;8-换向器;9-电枢铁芯;10-开关

②断路的检查。电枢绕组线头与换向片应卡焊牢固,因断路故障多发生在线圈端部与换向器的连接处。断路是由于长时间大电流运转,或电枢铁芯与磁极铁芯摩擦,使得电枢温度过高,焊锡熔化,焊在换向片上的线头脱焊所致,一般较易发现。将电枢检验仪所附毫安表的两根触针,分别接触在水平位置相邻的两个换向片。因为水平位置的绕组导线在磁场切割时,产生的感应电动势大,当毫安表触针接触这

两个换向片时，若导线无断路，便有电流显示，若无电流显示，则说明线圈有断路。

③搭铁的检查。电枢绕组的搭铁故障，使用 220 V 交流测试灯进行检查。将交流测试灯的两根触针，分别接触电枢轴和换向片。若试灯亮，说明电枢绕组有搭铁现象。

电枢绕组有断路、短路和搭铁故障时，应重新绕制。

(2)换向器的检查。换向器的故障，多为表面烧蚀或失圆，可用 00 号砂纸进行打磨。严重烧蚀或圆度误差大于 0.025 mm 时，应车光车圆。换向片的径向厚度不得小于 2 mm，否则，应予更换。换向器的云母片应低于换向器铜片圆周表面 0.5 mm 左右。铜片和线头的焊接应牢固，不得松动。

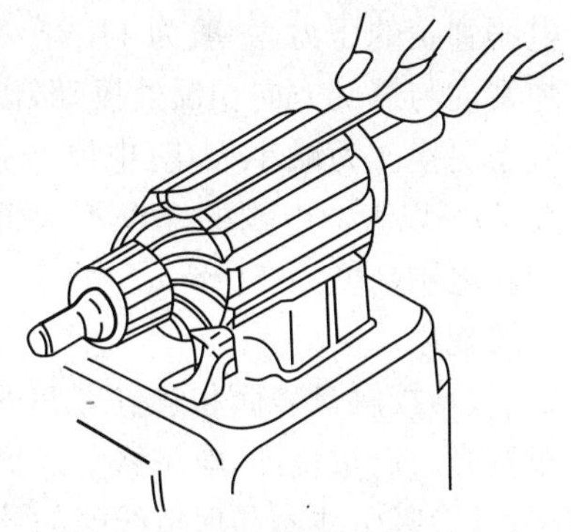

图 2-6-9　用电枢感应仪检查电枢的短路故障

(3)电枢轴的检查。电枢轴是否弯曲，用千分表检查。铁芯表面对轴线径向跳动，不大于 0.15 mm，否则，说明电枢轴弯曲严重，应予校直或更换。

2.磁场绕组的检查

和电枢绕组一样，磁场绕组也有断路、短路和搭铁的故障。

(1)断路的检查。磁场绕组断路，一般是由于绕组引出线结头脱焊、假焊所致。可用万用表或低压测试灯检查。若用测试灯检查，可将测试灯的一根触针接触起动机线柱，另一触针接触绝缘电刷。灯不亮，则说明断路。

(2)短路的检查。磁场绕组的外部包扎层若已烧焦、脆化，一般表明匝间已绝缘不良。若外部完好无法判断时，可把绕组套在铁棒上，放入电枢感应仪，进行检查，如图 2-6-10 所示。电枢感应仪通电 3～5 min 后，若绕组发热，则表明匝间有短路。

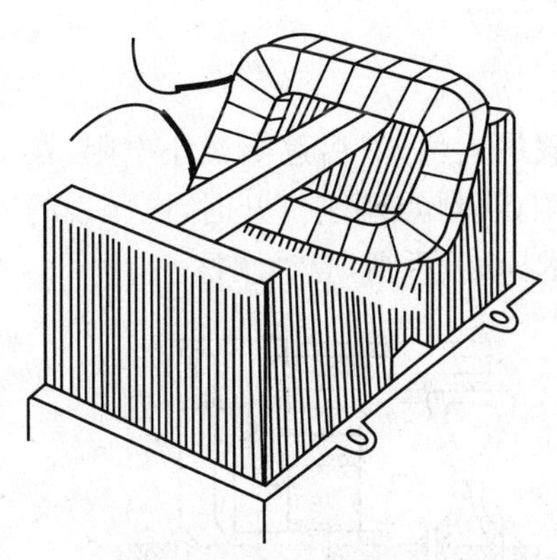

图 2-6-10　磁场绕组短路检查

(3)搭铁的检查。可用测试灯检查。先将绝缘电刷从绝缘电刷架中取出，但不要与机壳相碰，再把 220 V 测试灯的两个触针，分别与起动机的绝缘电刷和机壳接触，此时，若测试灯亮，则表明磁场绕组因绝缘损坏而搭铁。测试灯不亮，表示磁场绕组与机壳绝缘良好。

3.单向离合器的检查

将待试件夹紧在虎钳上，用扭力扳手向单向离合器压紧方向旋转，如图 2-6-11 所示。单向离合器应能承受规定扭矩而不打滑。比如 2201 型起动机，其单向离合器应能承受 22.5 N·m 的扭矩而不打滑，否则应进行调整或拆开进行修理。摩擦片式离合器，在 117.6 N.m 时不应打滑，在大于 176.4 N.m 时应能打滑。若不符合规定，可在压环与摩擦片之间增减垫片予以调整。

4.衬套间隙的检查

各轴颈与衬套的配合间隙应符合相应的技术标准。若间隙过小，应用铰刀铰孔，若间隙过大，则更换衬套后再铰削配合。

5.电刷与电刷架的检查

用测试灯检查绝缘情况，若绝缘电刷架搭铁，则应更换绝缘垫后重新铆合。用弹簧秤检查

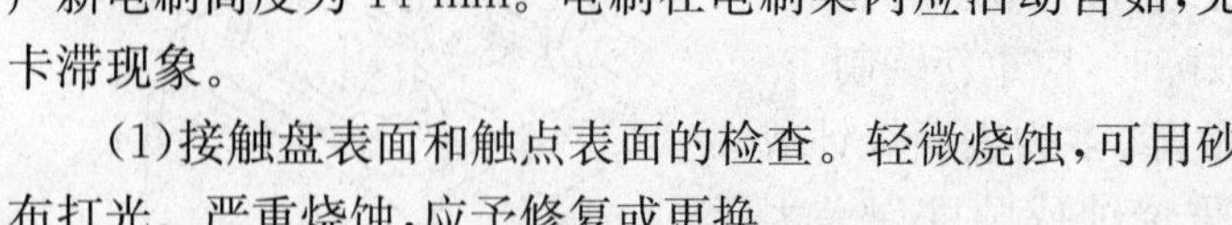

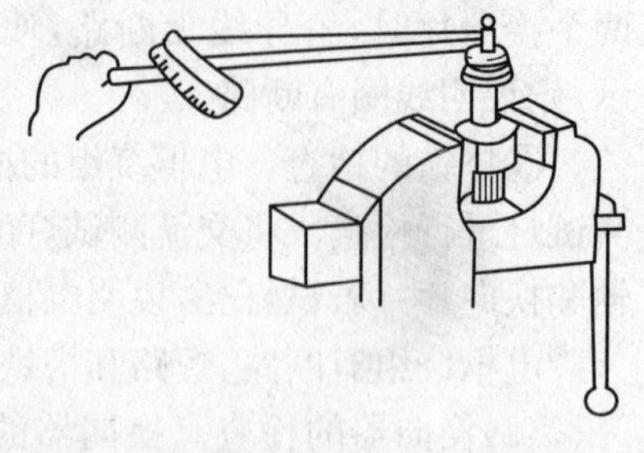

图 2-6-11 检查单向离合器是否打滑

电刷弹簧的压力，一般为 11.7～14.7 N，若压力降低，可将弹簧向与螺旋方向相反处扳动，以增加弹力。若此举无效，应予更换。为减小火花，电刷与换向器之间的接触面积应在 75%以上。电刷的高度不应低于新电刷高度的 2/3，国产新电刷高度为 14 mm。电刷在电刷架内应活动自如，无卡滞现象。

(1)接触盘表面和触点表面的检查。轻微烧蚀，可用砂布打光。严重烧蚀，应予修复或更换。

(2)吸引线圈和保持线圈的检查。用万用表欧姆挡检查吸引线圈和保持线圈的电阻值，应满足相应的技术标准。若已断路或有严重短路应重绕。重绕时，应注意导线的直径、匝数以及绕线的方向，均应与原线圈相同。

(3)电磁开关的检查。电磁开关的检查包括电磁开关闭合电压、释放电压的检查和电磁开关断电能力的检查。

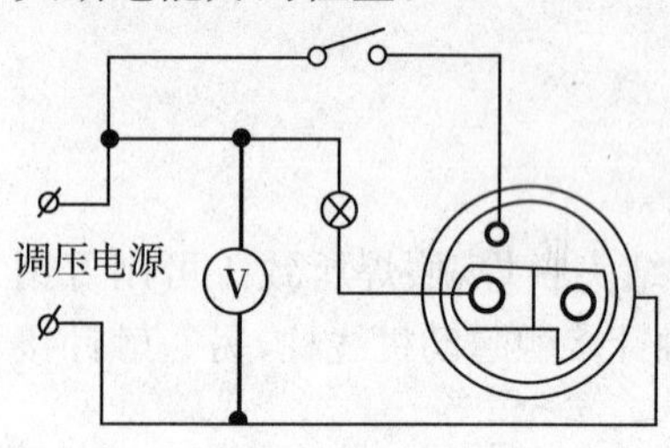

图 2-6-12 电磁开关吸放性能测试

6. 电磁开关的检查

(1)电磁开关闭合电压和释放电压的检查。将电磁开关装回起动机，按图 2-6-12 接线。在起动机驱动齿轮和限位垫圈之间放一垫块，模拟驱动齿轮与飞轮齿环端相啮状态，接通电路，逐渐调高电压，直到测试灯点亮时的电压，即为电磁开关的闭合电压，闭合电压应符合相应的技术标准。之后，逐渐调低电压，直到电磁开关释放，测试灯熄灭，该瞬间的电压，即为释放电压。释放电压不应大于标称电压的 40%。

(2)电磁开关断电能力的检查。起动机处于制动状态时，切断电源，其主要触点应可靠断开。否则，说明电磁开关有故障，应予检修。

7. 起动继电器闭合电压与断开电压的检查

检查方法如图 2-6-13 所示。先将滑线式变阻器调至负载最大值，然后逐渐减小电阻，在触点刚闭合时，电压表的读数即为闭合电压。再逐渐增大电阻，当触点刚刚打开时，电压表的读数即为断开电压。闭合电压和断开电压，应符合相应的技术标准，否则，应予调整。

8. 复合继电器的检查

(1)起动继电器闭合电压与断开电压的检查。测试线路如图 2-6-14a 所示，先将滑线式变阻器调至最大值，接通开关 K，逐渐减小电阻，在试灯亮的瞬间，触点闭合时，电压表的读数即为闭合电压，应不大于 5～6.6 V。再逐渐增大电阻，当触点刚刚打开时，电压表的读数即为断开电压，应不大于 3 V。

(2)保护继电器也应测试其动作电压与释放电压。测试线路如图 2-6-14b 所示，先将滑线式变阻器调至最大值，接通开关 K，试灯亮。逐渐减小电阻，在试灯熄灭瞬间，电压表的读数即为动作电压，应不大于 4.5～5.5 V。再逐渐增大电阻，当试灯再亮时，电压表读数即为释放电压，应不大于 3 V。

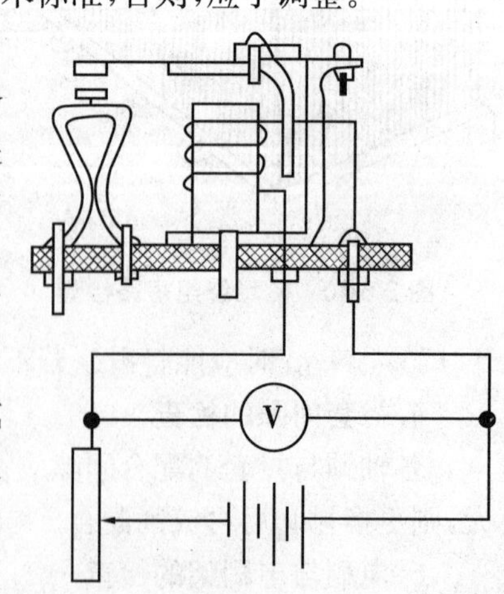

图 2-6-13 起动继电器的检查方法

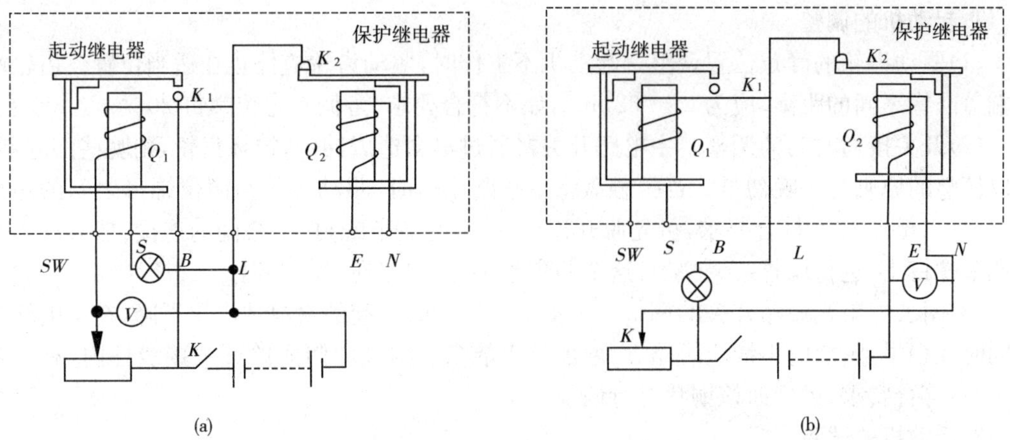

图 2-6-14　复合继电器性能测试

(a)起动继电器性能测试;(b)保护继电器性能测试

(四)起动机的调整与性能试验

起动机经检修后,应进行一系列调整与试验,以确保其性能符合要求。现以 QD124 型起动机(图 2-6-15)为例进行分析。

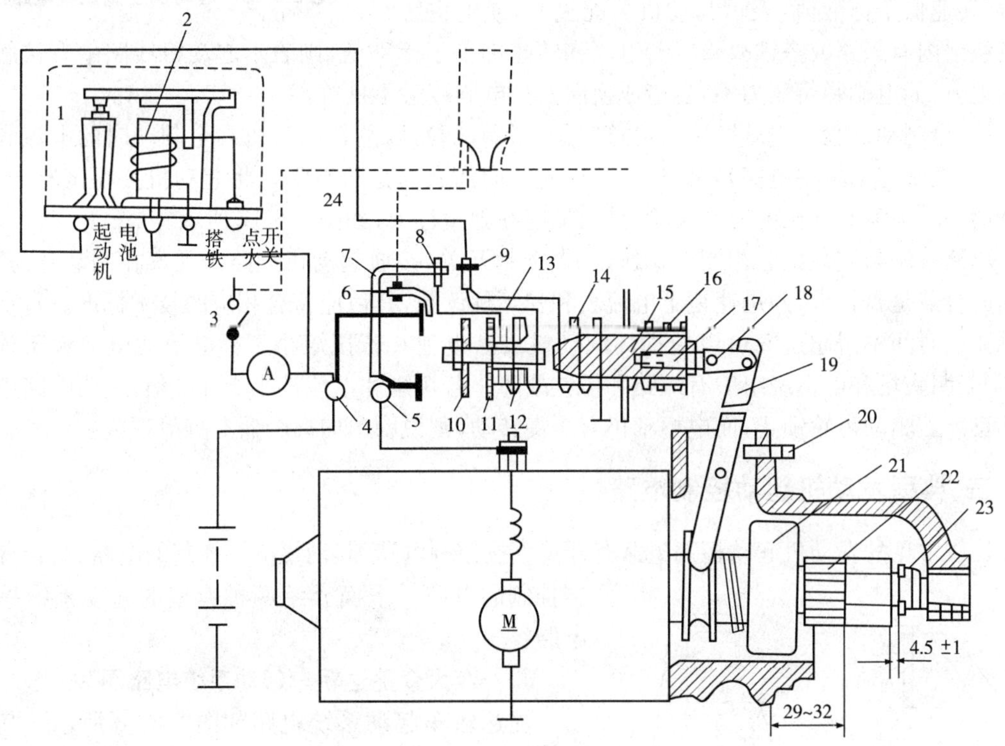

图 2-6-15　QD124 型起动机电路

1-起动继电器触点;2-起动继电器线圈;3-点火开关;4、5-起动机开关接线柱;6-点火线圈附加电阻短路接线柱;7-导电片;8-接线柱;9-起动机接线柱;10-接触盘;11-推杆;12-固定铁芯;13-吸引线圈;14-保持线圈;15-活动铁芯;16-复为弹簧;17-调节螺钉;18-连接片;19-拨叉;20-定位螺钉;21-滚柱式单向离合器;22-驱动齿轮;23-限位螺母;24-附加电阻线

1.起动机的调整

(1)驱动齿轮的静止位置调整。起动机不工作时,驱动齿轮应停止在适当位置。齿轮端面与端盖凸缘之间的距离,应为 29～32 mm,如不符合要求,可调整定位螺钉 20。

(2)开关接通时间的调整。主电路开关接通过早会造成冲击,损坏齿轮,稍晚些问题不大,所以调整的原则是宁晚勿早。当接触盘将主电路接通时,驱动齿轮与限位螺母之间的距离应为 4.5±1 mm,如不符合要求,可先脱开连接片 18 与调节螺钉 17 之间的连接,然后旋入或旋出调节螺钉 17 进行调整。调整后,这个距离越小,开关接通时间越迟。

(3)附加电阻线短路开关的调整。为抵消因起动时引起的蓄电池电压下降,在主电路接通的同时或稍早,附加电阻线应短路,以增加点火能量。附加电阻短路开关接线柱内,有一黄铜片,如不符合要求,可弯曲该铜片进行调整。

2.起动机的试验

起动机试验,一般在电器试验台上进行。

(1)空载试验。将起动机固定后,按图 2-6-16 接线。接通起动机电路,起动机应转动均匀,电刷下无火花。测量空载电流、电压和转速,其值应符合相应的技术标准。每次试验时间,不得超过 1 min,以免起动机过热。若电流大于标准值,而转速低于标准值,表示起动机装配过紧,或电枢绕组、磁场绕组内有短路或搭铁故障。若电流和转速都小于标准值,则表示起动机线路中有接触不良的地方,如电刷弹簧压力不足,造成换向器与电刷接触不良等。

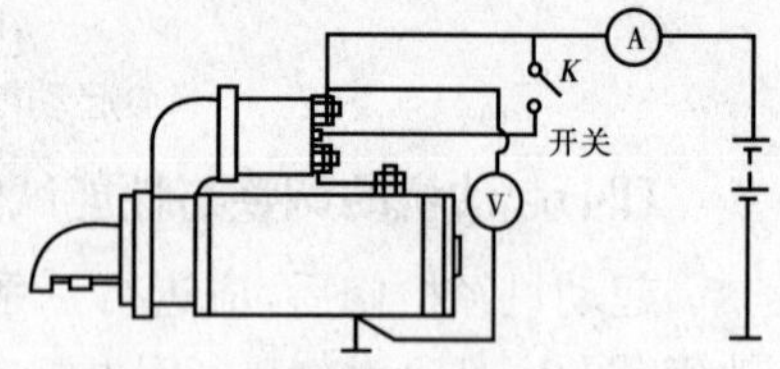

图 2-6-16 起动机空载试验电路图

(2)全制动试验。空载试验后,再进行全制动试验,以测量起动机在全制动时的电流和制动力矩,判断起动机主电路是否正常,并检查单向离合器是否打滑。将起动机夹在试验台上,杠杆的一端夹紧起动机的驱动齿轮,另一端挂在弹簧秤上,如图 2-6-17 所示。

电路接法与空载试验相同,试验时一直按紧开关,接通起动机电路。观察在制动状态下,单向离合器是否打滑,并迅速记下电流表和弹簧秤读数,其值应符合相应的技术标准。每次制动试验的时间不得超过 5 s,以免损坏起动机或蓄电池。若扭矩小于标准值而电流大于标准值,则表明磁场和电枢绕组中有短路和搭铁故障。若扭矩和电流都小于标准值,表明线路中接触不良。若驱动齿轮锁止,而电枢轴仍有缓慢转动,则说明单向离合器有打滑现象。

三、典型发动机起动控制电路

比较常见的发动机起动控制电路有开关直接控制电路、起动继电器控制的电路、组合继电器控制的电路。下面介绍两种典型的起动系统控制电路。

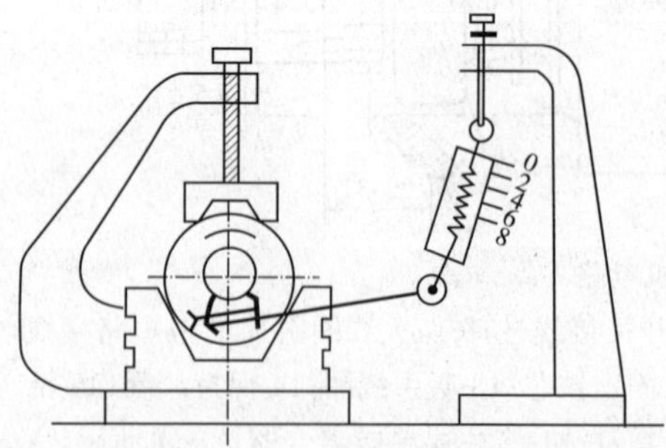
图 2-6-17 起动机的全制动试验

1.一汽大众捷达轿车起动系统电路图

捷达轿车起动系统电路如图 2-6-18 所示。其中的两个线圈分别是保持线圈和吸拉线圈。保持线圈直接和起动机外壳连接搭铁,吸拉线圈通过起动机搭铁。当点火开关拧到“START”位置时,两个线圈同时通电,在它们共同的作用下产生强大的磁场,将开关闭合。此时,起动机和蓄电池接通,起动机开始转

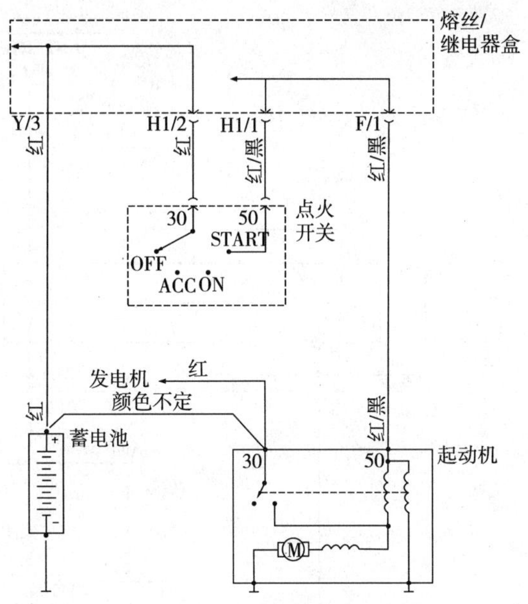

图 2-6-18 一汽大众捷达轿车起动系统电路图

动。同时,吸拉线圈两端加的都是蓄电池电压,所以吸拉线圈在开关闭合后,就没有电流通过了,只有保持线圈产生较小的磁力,使开关保持在闭合状态。点火开关从“START”位置返回后,只有保持线圈中的电流断开。此时,由于保持线圈不再产生磁力,开关断开,起动机停止转动。

2. 广本雅阁轿车起动系统电路图

如图 2-6-19 所示,现在大多数汽车的起动系统都安装了离合器开关(手动变速器车型)或驻车/空挡位置开关(自动变速器车型)。只有踩下离合器或者自动变速器在 P、N 位置时,才能起动汽车。

点火开关转到“START”位置后,踩下离合器,离合器开关闭合,给起动继电器通电,从而起动汽车。如果点火开关转到“START”位置后,不踩下离合器,离合器开关处于断开状态,继电器电路没有接通,汽车无法起动。对于自动变速器车型,由一个驻车/空挡开关取代了离合器开关,只有自动变速器在驻车/空挡位置时,才能接通起动电路,否则,无法起动汽车。

四、起动系统常见故障的检测诊断

起动系统包括蓄电池、起动机、继电器和连接导线等,其故障有电气方面的,也有机械方面的。现以 EQ1090F 所用起动机为例,分析其常见的故障现象及其原因。

1 起动机不转动

(1)故障原因。①蓄电池存电不足,电线接头松动或极柱太脏。②起动机电磁开关触点烧蚀或调整不当而未闭合。③磁场绕组或电枢绕组断路、短路或搭铁。④绝缘电刷搭铁,或电刷在电刷架内卡死,弹簧折断。⑤电磁开关中的吸引线圈断路、短路。⑥起动继电器的触点不能闭合,或触点烧蚀、油污,保护继电器的触点烧蚀、油污。

(2)故障诊断方法

①首先检查蓄电池充电情况和接线情况。若蓄电池存电充足、接线良好,则故障出在起动机、电磁开关或复合继电器。

②用螺丝刀连接起动机开关两线柱,起动机不转动,则故障在起动机内部,用螺丝刀短接时无火花,表明起动机内部有断路。若有强力的火花,但起动机不转,则表明起动机内部有短路或搭铁。拆下起动机进一步检修。

③检查起动机电磁开关。用螺丝刀短接起动机火线接线柱与电磁开关接线柱,若起动机不转,说明电磁开关有故障,应拆开检修。若起动机转动,说明电磁开关正常,再检查复合继电器。

④检查起动继电器。用螺丝刀短接起动继电器触点两端,起动机转动,说明起动继电器有故障,可用砂条打磨其常开触点或拆下检修。

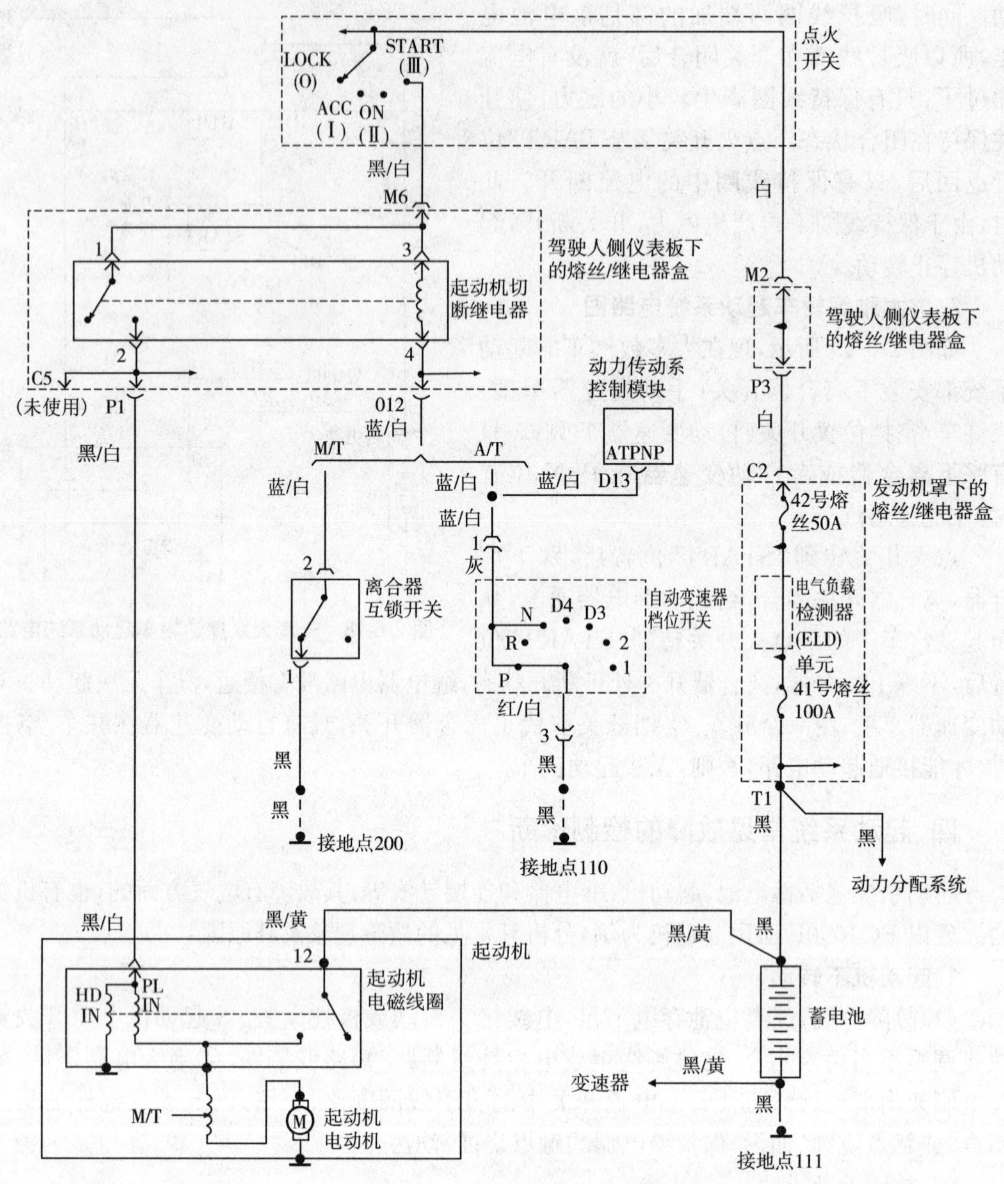

图 2-6-19 98 款广本雅阁轿车起动系统电路图

2. 起动机运转无力

(1)故障原因。起动机运转无力时仍需检查蓄电池充电和接线情况。若蓄电池充电良好，线路也正常，起动机运转无力，则原因如下：①换向器脏污(可能是电刷和换向器磨损物填满换向器片槽)。②电刷磨损过量或电刷弹簧压力不足，使电刷接触不良。③磁场绕组或电枢绕组有短路现象。④起动机电磁控制开关的接触桥烧蚀。⑤发动机起动阻力过大，如大小轴瓦太紧及汽缸间隙过小，或机油不足等。

(2)故障诊断方法。对于电刷磨损过多、电刷弹簧力不足，电磁开关的故障等均应予以更换，对于起动机内部故障和发动机内部配合不当的情况，则应予以分解检修、调整，以恢复良好工作情况。

3.发动机驱动齿轮与飞轮不能啮合且有撞击声

主要的故障原因有:①电磁开关中保持线圈断路,吸拉线圈使主要电路通电后被短路。②起动机驱动齿轮或飞轮齿圈磨损过量或损坏。③起动机电磁开关中的接触桥闭合过早,起动机驱动齿轮尚未啮入,而起动机主电路被接触桥接通而高速旋转。

4.起动机驱动齿轮与飞轮周期性撞击

主要的故障原因是:电磁开关中的保持线圈断路、短路或搭铁不良。

5.起动机空转

主要的故障原因有:①因调整不当或起动机电磁铁拨叉机构损坏,使驱动齿轮与发动机飞轮齿圈不能啮合,电动机通电后造成空转。②驱动齿轮虽然能与发动机飞轮齿圈啮合,但单向离合器打滑或齿轮齿圈损伤,造成起动机空转。

6.单向离合器不回位

可能的故障原因有:①复合继电器中的起动继电器触点烧蚀。②电磁开关中触点与接触盘烧蚀。③复位弹簧失效。④蓄电池容量不足,齿轮啮合后不运转。⑤起动机安装不牢,电动机轴线倾斜。

7.失去自动保护性能

发动机起动后,不松开钥匙,起动机不能自动停止运转,充电指示灯也不熄灭。发动机运转过程中,将起动开关拧至起动挡位,则发出齿轮撞击声,说明已无保护功能。可能的故障原因有:①充电系统发生故障,电机中性点无压力。②发电机接线柱N至复合继电器接线柱N的导线断路或连接不良。③复合继电器中保护继电器的触点烧蚀,或磁化线圈断路、短路、搭铁。④复合继电器搭铁不良。

第二节　点火系结构与检修

一、触点式点火系结构与检修

(一)触点式点火系的组成和控制电路

1.触点式点火系的组成

汽车上使用的触点式点火系统,主要由点火线圈、分电器、火花塞、点火开关等组成(图2-6-20),各组成部分的功用如下:

①电源为蓄电池和发电机,标称电压多为12 V,其作用是供给点火系统所需的电能。

②点火线圈的功用是将12 V的低压电转变为15~20 kV的高压电。

③分电器主要包括断电器、配电器、电容器和点火提前机构等部分。断电器由触点副和凸轮组成(凸轮的凸角数与汽缸数相等),其作用是用来接通和断开初级电路。当触点闭合时,初级绕组中有电流流过,而当凸轮旋转使凸角顶开触点时,初级电路便被切断。配电器由配电器盖和分火头组成。配电器盖内有旁电极(旁电极的数目与汽缸数相等),当分火头旋转时,它上面的导电片轮流和各旁电极相对。将点火线圈产生的高压电按汽缸的工作顺序送往各缸的火花塞。断电器凸轮和分电器的分火头装在同一轴上,由发动机配气凸轮轴上的斜齿轮驱动,发

动机曲轴与分电器转速比为 2∶1,即曲轴每转两转凸轮转一转。电容器与断电器触点并联,用来减小断电器触点分开时的火花,延长触点的使用寿命,提高次级电压。点火提前机构的作用是随发动机转速、负荷和汽油辛烷值的变化改变点火提前角。

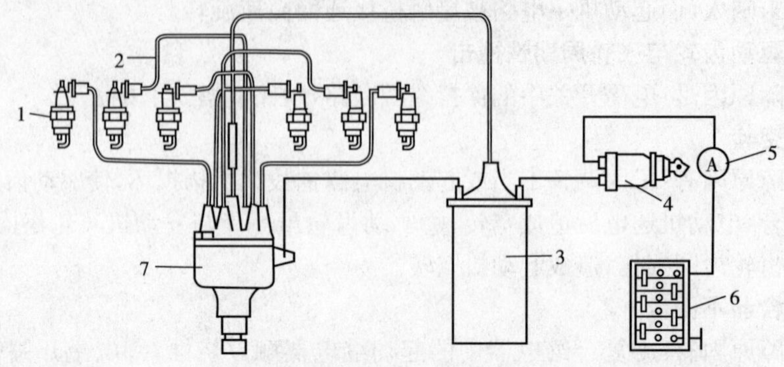

图 2-6-20 触点式点火系统的组成

1-火花塞;2-高压导线;3-点火线圈;4-点火开关;5-电流表;6-蓄电池;7-分电器

④火花塞的作用是将高压电引入汽缸燃烧室,产生电火花点燃混合气。

⑤点火开关用来控制点火系统的初级电路,只要断开点火开关,发动机可立即熄火。

⑥附加电阻用来改善点火特性和起动性能。它通常与点火线圈组装在一起。

2. 触点式点火系的控制电路

在传统点火系统中,由蓄电池或发电机供给的 12 V 的低压电,是借点火线圈和断电器将其转变为高压电。再通过分电器分配到各缸火花塞,使其电极间产生电火花的。其工作原理如图 2-6-21 所示。

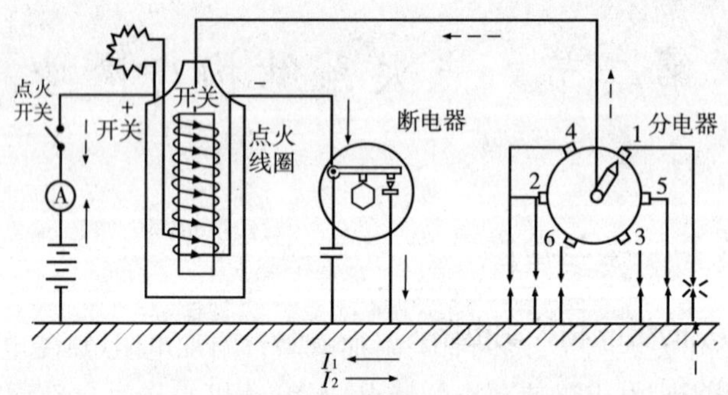

图 2-6-21 触点式点火系统的工作原理

发动机工作时,断电器凸轮在配气凸轮轴的驱动下也随之旋转(CA1091 为顺时针旋转,BJ2020 为逆时针旋转)。凸轮旋转时,交替地将触点闭合和打开。在点火开关接通的情况下,当触点闭合时,初级绕组中有电流流过(初级电流 I_1 用实线表示),电流从蓄电池正极→电流表→点火开关→点火线圈"+"接线柱→附加电阻→"开关"接线柱→点火线圈的初级绕组→点火线圈"-"接线柱→断电器触点→搭铁→蓄电池负极。初级电流在线圈的铁芯中形成磁场。经一定时间后,当凸轮将触点打开时,初级电路被切断,初级电流消失,它所形成的磁场也随之迅速变化,在两个绕组中都感应出电动势。由于次级绕组的匝数多,因而在次级绕组内就感应出 15~20 kV 的电动势,它足以击穿火花塞的电极间隙,产生火花点燃混合气。高压电流(I_2 用虚线表示)的回路为:次级绕组→"开关"接线柱→附加电阻→点火线圈"+"接线柱→点火开关→电流表→蓄电池→搭铁→火花塞旁电极、中心电极→配电器(旁电极、分火头)→次级绕组。分电器轴每转一转,各缸按点火顺序轮流点火一次。由上述可知,在传统点火系统中有两个电路:初级电流 I_1 流经的电路为低压电路,而高压电路为高压电流 I_2 流经的电路。

(二)触点式点火系主要组成部件的结构与检修

1.点火线圈

(1)点火线圈结构。点火线圈按磁路的结构形式不同,可分为开磁路点火线圈和闭磁路点火线圈两种。开磁路点火线圈多用于传统点火系统,而闭磁路点火线圈多用于高能电子点火系统。这里仅介绍开磁路点火线圈,闭磁路点火线圈在电子点火系统中介绍。

开磁路点火线圈有两接线柱式和三接线柱式。它主要由铁芯、瓷杯、钢片、绕组、外壳和胶木盖等组成(图 2-6-22)。铁芯由相互绝缘的条形硅钢片叠成,包在绝缘套筒内。套管上有用较细的漆包线绕制的次级绕组,其直径为 0.06～0.10 mm,匝数为 11 000～26 000 匝。初级绕组在次级绕组外层,以利于散热,其直径为 0.5～1.0 mm,匝数为 230～370 匝,绕组绕好后在真空浸以石蜡和松香的混合物,以增强绝缘,绕组与外壳之间装有导磁用的钢片,与铁芯形成半封闭的磁路,减小漏磁以加强磁场,外壳的底部装有绝缘用的瓷杯,防止高压电击穿次级绕组的绝缘向铁芯或外壳放电。为加强绝缘和防止潮气侵入,在外壳内填满沥青或变压器油,由此可分为干式点火线圈和油浸式点火线圈。当初级绕组中有电流通过时,使铁芯磁化,由于磁路的上下部分是从空气中通过,铁芯未构成闭合磁路,其能力变换效率为 60%,所以称为开磁路点火线圈。胶木盖位于点火线圈的上端,其中央突出部分是高压线插座,其余接线柱为低压接线柱。两接线柱式点火线圈上标有“+”、“—”标记,三接线柱式点火线圈上标有“开关”、“+”、“—”标记,在“开关”与“+”之间有一附加电阻。附加电阻(热变电阻)具有温度升高时电阻迅速增大,温度降低时电阻迅速减小的特点,在发动机工作时自动调节初级电流,避免高速时断火和低速时点火线圈发热。

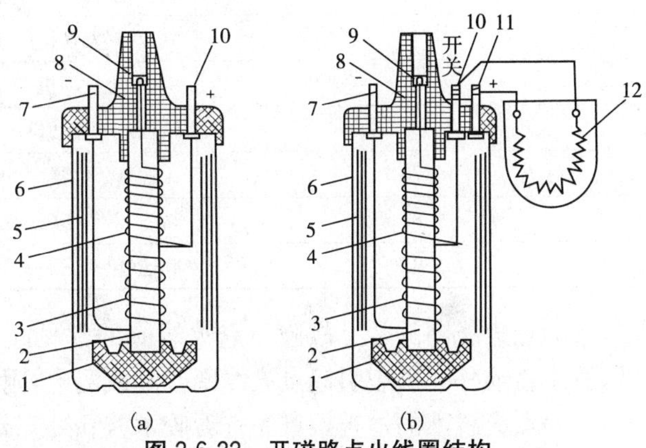

图 2-6-22 开磁路点火线圈结构

1-瓷杯;2-铁芯;3-初级绕组;4-次极绕组;5-钢片;6-外壳;7-“—”接线柱;8-胶木盖;9-高压线插孔;10-“+”或“开关”接线柱;11-“+”接线柱;12-附加电阻

(2)点火线圈的型号。根据 QC/T73—93 《汽车电气设备产品型号编制方法》的规定,点火线圈的产品代号如下:

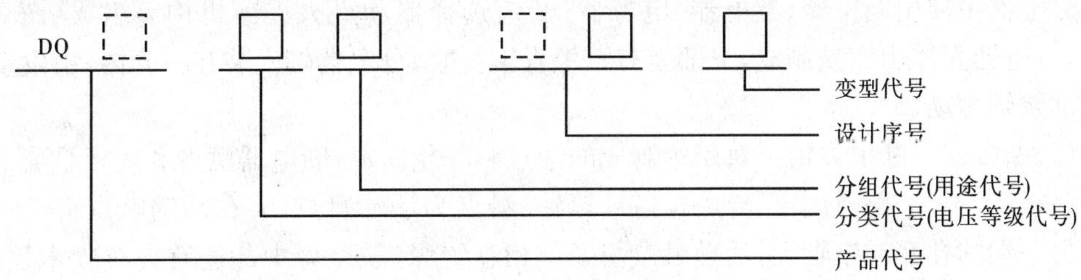

产品代号:DQ—点火线圈;DQG—干式点火线圈;DQD—电子点火系统用点火线圈。电

压等级代号:1—12 V;2—24 V;6—6 V。

用途代号见表 2-6-1。

点火线圈用途代号

表 2-6-1

用途 \ 产品 \ 分组代号	点火线圈,干式点火线圈,电子点火系统用点火线圈
1	单、双缸发动机
2	四、六缸发动机
3	四、六缸发动机(带附加电阻)
4	六、八缸发动机(带附加电阻)
5	六、八缸发动机
6	八缸以上发动机
7	无触点分电器
8	高能
9	其他(包括三五七缸)

(3)点火线圈的常见故障。点火线圈的常见故障有初级绕组或次级绕组短路、断路或搭铁,胶木盖或外壳破裂引起点火线圈受潮或漏电,附加电阻烧断等。

(4)点火线圈的检查。首先查看胶木盖和外壳是否破裂和导线的连接情况,然后用万用表测量点火线圈的初级绕组、次级绕组和附加电阻(线)的电阻值,测量结果应符合车型技术要求,如阻值过小,说明有短路故障;如阻值为无限大,则说明有断路故障。另外,还应测量各接线柱与外壳间是否有搭铁故障。

(5)点火线圈的试验。点火线圈发火强度的试验,可在汽车电气设备万能试验台上进行。试验台上的三针放电器用来测量火花长度。我国采用垂直形的三针放电器(图 2-6-23a)。它由主电极 A、C 和辅助电极 B 组成。主电极 A 搭铁,C 接点火线圈的分缸高压线,辅助电极的作用是促使电极间隙中的气体电离,使击穿电压稳定。主电极 A 可沿其轴线移动用来调节与主电极 C 的距离。在这种三针放电器中,击穿 1 mm 的间隙所需电压为 1.5 kV。在国际标准中,规定使用 65°形三针放电器(图 2-6-23b),击穿 5.5 mm 间隙,击穿电压相当于 12 kV。点火线圈发火强度的试验也可采用下列方法:将三针放电器的电极间隙调至 7 mm,待点火线圈的温度升高到其工作温度(60~70 ℃)时再将分电器的转速调至分电器最大发火转速(一般四六缸发动机为 1 900 r/min),在 0.5 min 时间内,若能连续地发出蓝色火花,即表示点火线圈工作良好。

2. 分电器

分电器主要由断电器、配电器、电容器、辛烷选择器和点火提前机构等组成(图 2-6-24)。另外,分电器壳体由铸铁制成,下部装有石墨青铜衬套,分电器轴安装在衬套内,由发动机凸轮轴经油泵轴驱动。

(1)断电器。断电器由一对用钨制成的触点和凸轮组成,断电器触点和底板总成 4 安装在活动底板 10 上,一触点固定,经底板搭铁,另一触点为活动触点,装在活动触点臂 13 的一端,臂的另一端的孔套在销轴上,活动触点与壳体相互绝缘,触点臂中部连有夹布胶木顶块,靠触点臂弹簧片 20 压紧在凸轮上。触点臂经弹簧片和导线与壳体外面的绝缘接线柱 14 连接。触

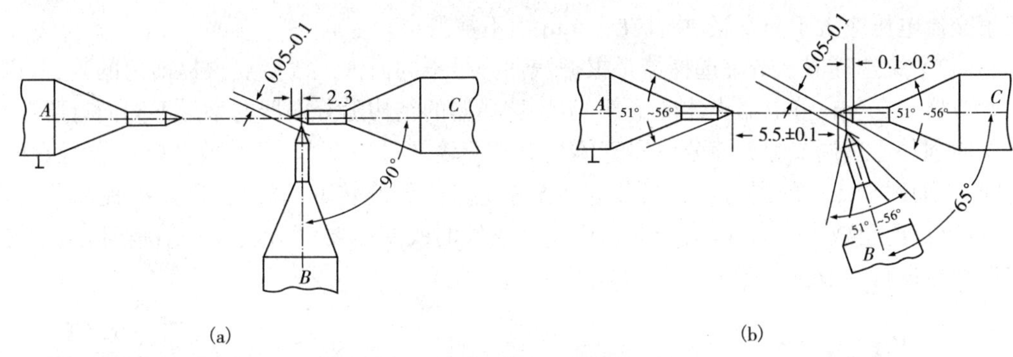

图 2-6-23　三针放电器

(a)垂直形的三针放电器；(b)65°形的三针放电器

A、*C*-主电极；*B*-辅助电极

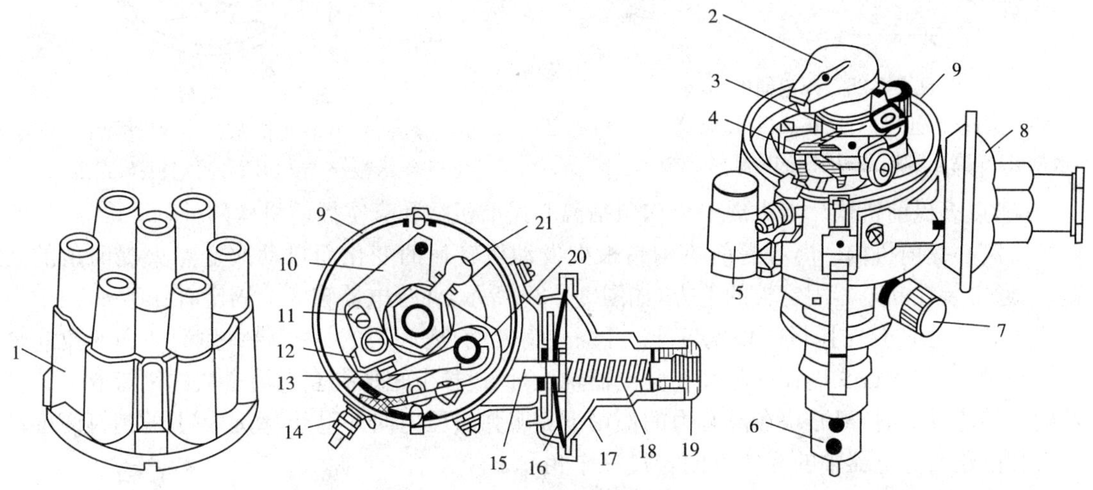

图 2-6-24　分电器结构

1-分电器盖；2-分火头；3-凸轮；4-断电器触点及底板总成；5-电容器；6-联轴节；7-油杯；8-真空提前机构；9-分电器壳体；10-活动底板；11-偏心螺钉；12-固定触点与支架；13-活动触点臂；14-接柱；15-拉杆；16-膜片；17-真空提前机构外壳；18-弹簧；19-螺母；20-触点臂弹簧片；21-油毡及夹圈

点间隙可借助偏心螺钉 11 进行调整。凸轮与拨板制成一体，安装在分电器轴上，经离心提前机构的离心块由分电器轴驱动。

(2)配电器。配电器的结构如图 2-6-25 所示，由用胶胶木制成的分电器盖 4 和分火头 1 组成，安装在断电器的上方。分火头插在凸轮的顶端，其上有导电片 2。分电器盖外部中央是高压中心插孔，其内侧为中心电极及带弹簧的炭精柱，它压在分火头的导电片上，分电器盖内侧周围有与发动机汽缸数相等的旁电极 3，它与分电器外部的旁插孔相导通，旁插孔是用来插装分缸高压线。分火头随凸轮旋转，当断电器触点打开瞬间，分火头上的导电片与某一旁电极相对，高压电击穿导电片与旁电极之间的间隙(0.2～0.8 mm)通过分缸高压线送至火花塞。

(3)电容器。电容器装在分电器的壳体上，其结构如图 2-6-26 所示。它由两条用绝缘蜡纸隔开的锡箔或铝箔卷成筒状，在真空中抽去层间空气，经浸蜡处理后装入金属外壳中，其中一条箔带的底部与外壳连接，另一条箔带则通过与外壳绝缘的导电片由导线引出。通常，要求电容器的绝缘电阻应大于 50MΩ(20 ℃)，由于电容器工作时要承受初级绕组的自感电动势，其耐交流电压应大于 600 V,并且在 1 min 内不被击穿。

(4)辛烷选择器。辛烷选择器是根据汽油牌号不同由人工改变点火提前角的装置,也称人工调节器。它装在分电器壳体的下部,辛烷选择器的结构随分电器的型号不同而有所差异,其工作原理是通过调节螺钉使分电器壳体相对于凸轮转过一个角度,以改变断电器触点的打开时间,从而改变点火的提前角。当分电器壳体逆着凸轮旋转方向转动,则点火提前角增大;反之,点火提前角减小。另外,由于发动机使用条件的改变需要调节点火提前角时,通常也用辛烷选择器进行调节。

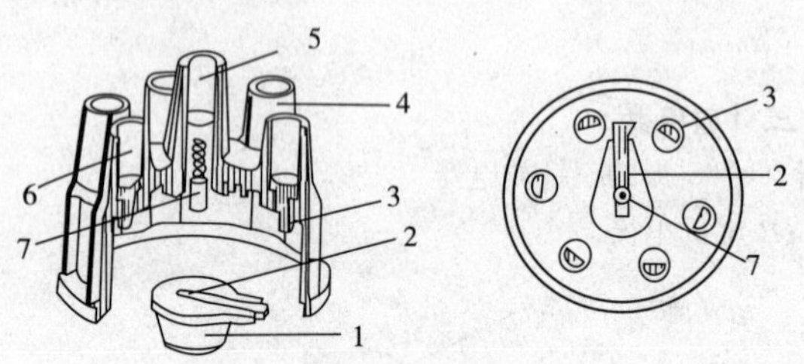

图 2-6-25 配电器的结构

1-分火头;2-导电片;3-旁电极;4-分电器盖;5-高压电极插孔;6-高压旁插孔;7-中心电极

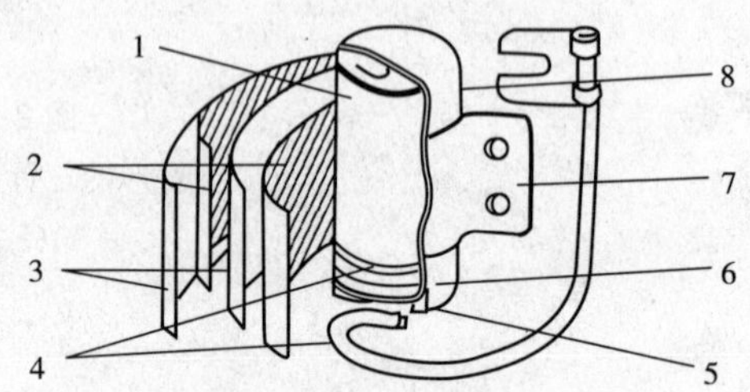

图 2-6-26 电容器

1-接铁片;2-锡箔或铝箔;3-绝缘蜡纸;4-引出线;5-绝缘板;6-导电片;7-固定板;8-壳体

(5)点火提前机构。点火提前机构包括离心提前机构和真空提前机构两种。

①离心提前机构。离心提前机构是根据发动机转速的变化而自动改变点火提前角的装置,它通常装在断电器固定板的下方,如图 2-6-27 所示,在分电器轴 3 上固定有托板 4,两个离心块 1 和 7 分别套在托板的柱销 5 上,可绕柱销转动,离心块的另一端由弹簧 2 和 8 拉向轴心。凸轮 10 和拨板 9 连在一起套在分电器轴上,而拨板上矩形孔套在离心块的销钉 6 上。当发动机转速升高时,离心块在离心力的作用下克服弹簧压力向外甩开,离心块上的销钉便推动拨板和凸轮沿分电器轴的旋转方向转过一个角度,使断电器触点提前打开,点火提前角增大。转速降低时,离心力减小,弹簧便将离心块拉向轴心,使点火提前角减小。

②真空提前机构。真空提前机构装在分电器壳体的外侧(图 2-6-28a)。其外壳 9 固定有膜片 5,将其内部隔成两个腔室,位于分电器壳体一侧的腔室与大气相通,另一腔室通过真空管 7 与节气门体上方的小孔相通。膜片中心固装着拉杆 4,拉杆另一端的销钉插在断电器活动底板 2 上,可拉动断电器活动底板使之转动。当发动机负荷小时,节气门开度小(图 2-6-28 a),小孔处的真空度较大,吸动膜片向右拱曲,拉杆拉动活动底板使之逆着分电器轴的旋转方向转动一个角度,当发动机负荷增大,节气门开度随之增大(图 2-6-28 b),小孔处的真空度减小,膜片在弹簧 6 的作用下向左拱曲,使点火提

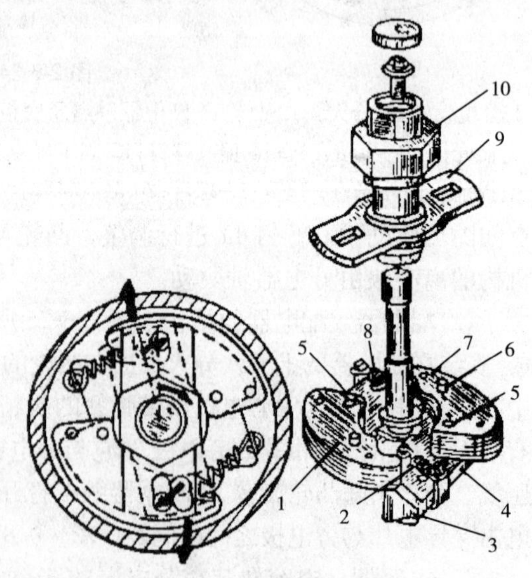

图 2-6-27 离心提前机构

1、7-离心块;2、8-弹簧及支架;3-分电器轴;4-托板;5-柱销;6-销钉;9-拨板;10-凸轮

前角减小。当发动机处于怠速工况时，小孔位于节气门的上方(图 2-6-28 c)，小孔处的真空度几乎为零，弹簧推动膜片使点火提前角减小或基本不提前，以满足发动机怠速工况的要求。真空提前机构的工作特性如图 2-6-29 所示。

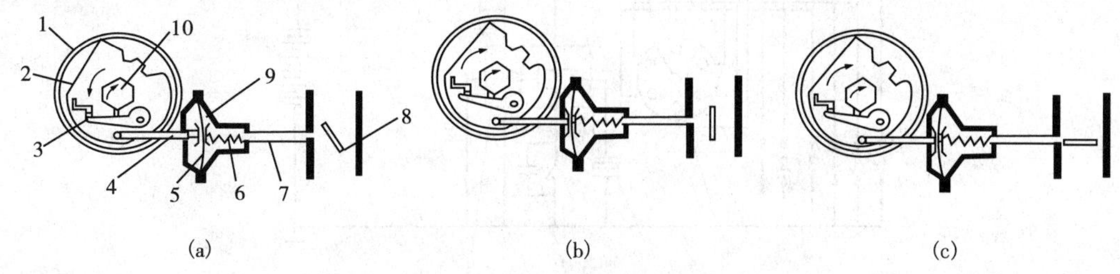

图 2-6-28　真空提前机构的结构和原理

(a)小负荷；(b)大负荷；(c)怠速工况

1-分电器壳体；2-活动底板；3-触点；4-拉杆；5-腊片；6-弹簧；7-真空管；8-节气门；9-真空提前机构外壳；10-凸轮

(6)爆震限制器。爆震限制器的线路图如图 2-6-30 所示，其工作原理如图 2-6-31 所示。爆震限制器为一内装印刷电路板的铝盒，通过一个八孔复合插座与有关电气设备相连。爆震传感器为压电共振式，安装在发动机汽缸盖上，以检测各汽缸出现的爆震信号。当发动机出现爆震(敲缸)时，汽缸盖发出特定频率的振动，爆震传感器接到特殊频率后，检测出爆震信号，并以电压形式的信号输出。此信号输至爆震限制器，使分电器在断电器触点打开的瞬间，点火线圈不立刻产生高压电，而是经过爆震限制器延时后产生高压电，从而使点火推迟，爆震随之消失。爆震消失后，点火提前角恢复到原来的数值。点火提前角随爆震强度和频率的变化而变化，使发动机大负荷时不会出现强烈爆震，在中小负荷时有较大的点火提前角，从而提高其燃料经济性。装用爆震限制器的点火系统中，点火线圈的初级电流不再经断电器触点，而是经过爆震限制器的大功率晶体管。在爆震限制器发生故障而不能正常工作时，可断开爆震限制器的连线，改变接线恢复到普通蓄电池点火电路。

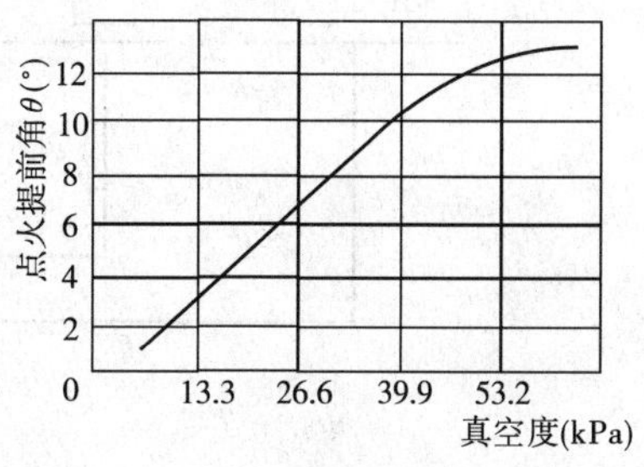

图 2-6-29　真空提前机构的工作特性

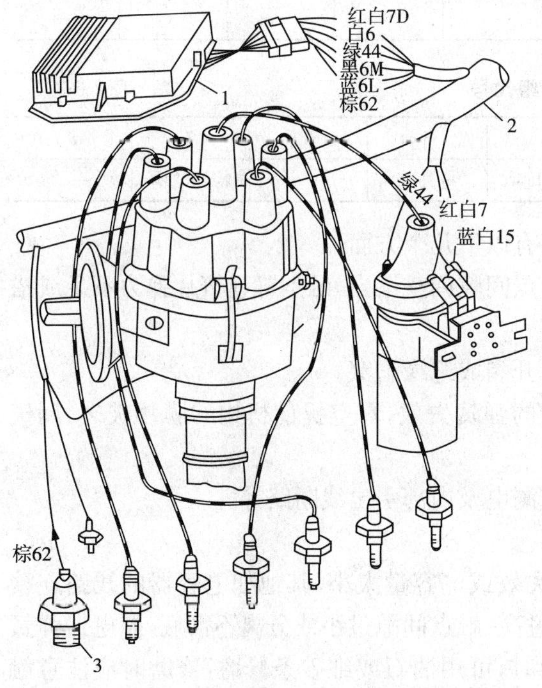

图 2-6-30　爆震限制器的线路图

1-爆震限制器；2-中间电线束；3-爆震传感器

(7)分电器的型号。根据 QC/T73—93《汽车电气设备产品型号编制方法》的规定，分电器的产生代号为：

产品代号：FD—分电器，FDW—无触点分电器；分类代号见表 2-6-2；分组代号见表 2-6-3。

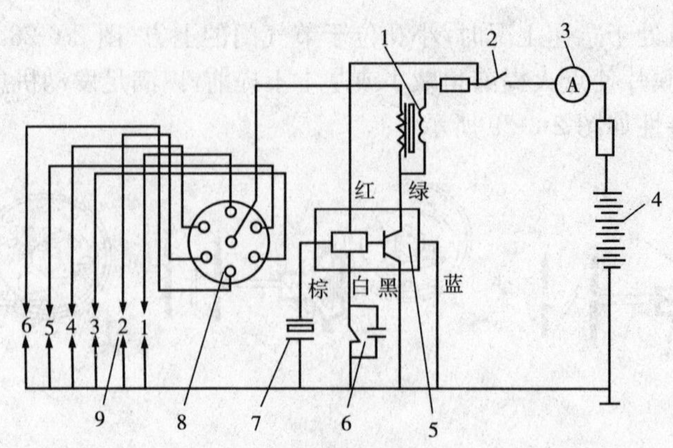

图 2-6-31 爆震限制器的工作原

1-点火线圈；2-点火开关；3-电流表；4-蓄电池；5-爆震限制器；6-断电器；7-爆震传感器；8-分电器；9-火花塞

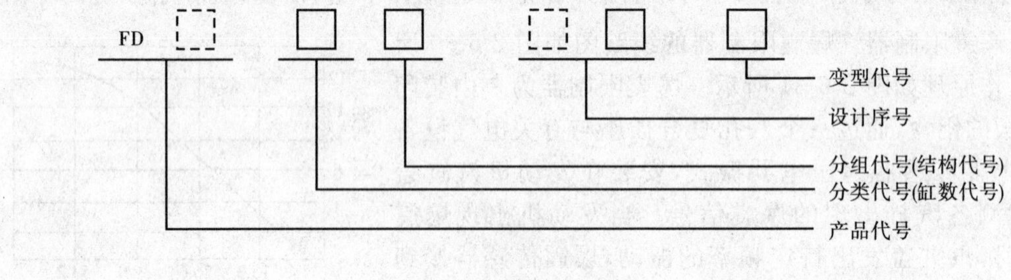

分电器分类代号 表 2-6-2

分类代号	1	2	3	4	5	6	7	8	9
缸数	—	2	3	4	—	6	—	8	—

分电器分组代号 表 2-6-3

结构代号	1	2	3	4	5	6	7	8
结构	无离心	无真空	拉偏心	拉同心	拉外壳	—	特殊结构	—

(8)分电器的故障。分电器的常见故障主要有以下几个方面。

①断电器的常见故障有：触点氧化、烧蚀，触点间隙调整不当，触点臂弹簧片弹力不足或搭铁，凸轮过度磨损或磨损不均和分电器轴松旷等。

②配电器的常见故障有：分电器盖和分火头开裂或绝缘击穿。

③点火提前机构的常见故障：离心提前机构的弹簧失效，真空提前机构的膜片破裂、漏气和离心块上的销钉过度磨损。

④电容器的常见故障：绝缘击穿导致短路或漏电及内部引出线断路等。

(9)分电器的检修。分电器的检修方法如下。

①触点的氧化、烧蚀，其主要原因是电容器失效或电容量太小，其他如电容器的线路连接不好、电容器外壳未夹紧、电压调节器调节电压过高、触点间隙过小或分离不彻底，断电器弹簧力不足等也会引起触点的氧化、烧蚀。触点烧蚀时，可用油石或细砂条修磨，修磨时应注意触点接触面的平整。在触点闭合时其接触面积应在其全部接触面积的 85%以上，修磨后触点(钨)的单片厚度不应小于 0.5 mm，否则，应予以更换。另外，装配后，触点的中心线应相互重

合，偏差不得超过 0.2 mm，否则，应用尖嘴钳校正。

②触点的间隙用厚薄规检查，如图 2-6-32 所示。若不符合规定，可旋松固定螺钉 1，通过偏心调整螺钉 2 进行调整。

③检查触点臂弹簧片弹力应在触点闭合时，用弹簧称的挂钩勾在活动触点的一端，沿触点的轴向拉动。如图 2-6-33 所示，当触点打开时，弹簧称上的读数应符合规定值，一般为 4.9～6.9 N，若弹力不足，在发动机高速时断电臂会被“甩开”，触点不能及时闭合而发生高速断火现象，则需更换触点臂总成。

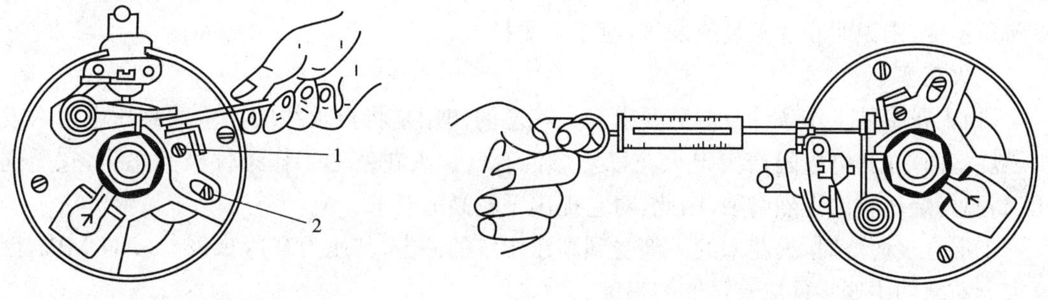

图 2-6-32　检查触点间隙

1-固定螺钉；2-偏心调整螺钉

图 2-6-33　检查触点臂弹簧弹力

④凸轮的过度磨损会使触点闭合角减小，降低点火性能；磨损不均会使各缸点火时间不准。可用游标卡尺测量凸轮各对角直径，磨损量不应大于 0.4 mm，各对角中心线的距离不应相差 0.03 mm，否则，应予以更换。

⑤分电器轴的弯曲度不应大于 0.05 mm；分电器轴上的横销不应松旷，轴下端插头的磨损量不大于 0.3 mm；分电器轴与衬套正常配合间隙一般为 0.02～0.04 mm，最大不超过0.07 mm。

⑥分电器盖和分火头有裂痕或破损应更换，可在汽车或实验台上利用点火线圈的高压电进行跳火试验，如受潮可加以烘烤后继续使用；如绝缘被击穿而漏电，则需更换。另外，分电器盖内的炭精柱应活动自如，如过度磨损、折断或弹簧压力不足时都应更换。

(10)分电器的试验。分电器的试验在汽车电器设备万能试验台上进行，如图 2-6-34 所示。通过试验，可检查分电器的分火均匀度、离心提前机构和真空度提前机构的情况及故障原因的分析。

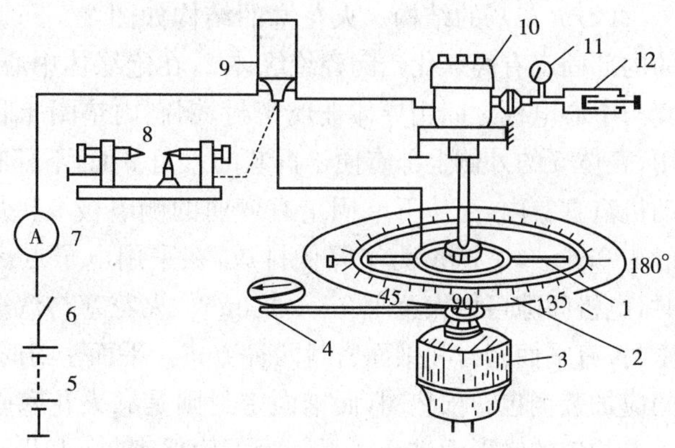

图 2-6-34　分电器试验示意图

1-旋转放电指针；2-刻度盘；3-调速电动机；4-转速表；5-蓄电池；6-开关；7-电流表；8-三针放电器；9-点火线圈；10-分电器；11-真空表；12-真空泵

①分火间隔角度及分火均匀性试验。试验时，把点火线圈的高压线接在刻度盘上的高压线插座上，将调速电动机的转速调至 50～100 r/min，观察旋转放电针与该度盘之间出现火花的间隔角度是否均匀。以任一缸为准，其余各缸在刻度盘上的发火间隔角度的偏差应不大于±1.5°，火花的晃动量应不大于 1°，如偏差超过上述标准，说明有分电器轴

过度磨损或磨损不均，以及分电器轴松旷等故障，应进行修理或更换。

②离心提前机构性能试验。将调速电动机调至最低转速（50～100 r/min），调节刻度盘上的零位使其对准火花，在真空提前机构不工作的情况下，逐渐提高转速，观察在规定转速下点火提前角是否符合标准，否则，应扳动弹簧支架校正弹簧拉力或更换弹簧。

③真空提前机构性能试验。将调速电动机的转速稳定在 1 000 r/min，使离心提前机构的点火提前角保持不变，将刻度盘上的零位对准火花，然后抽动真空泵，观察在规定的真空度下，点火提前角是否符合标准，若不符合，可增减真空管接头内的垫片以改变弹簧的弹力；若点火提前角不变，则说明膜片破裂或漏气，应予以更换。

3.火花塞

(1)火花塞的工作条件及对其要求。火花塞的作用是将点火线圈产生的高压电引入发动机燃烧室内，在其电极间产生电火花以点燃混合气。火花塞的工作条件极其恶劣，它受到高压、高温燃烧产物的强烈腐蚀，因此，对它提出了较高的要求。

①混合气燃烧时，火花塞的下部受到高压燃气的冲击，其压力高达 5.88～6.86 MPa，因此要求火花塞的主要零件应有足够的强度。

②混合气燃烧时，火花塞的下部受到 1 500～2 000 ℃的高温燃气的作用，而进气时又受到 50～60 ℃的混合气突然冷却，因此要求火花塞应能承受这种周期性的温度的剧烈变化而不变形，且要求火花塞具有适当的热特性，使其裙部保持一定的温度，不得局部过热或局部温度过低。

③发动机工作时，汽缸内的高温、高压燃烧产物，如臭氧、一氧化碳、氧化硫和氧化铅等，对火花塞电极具有腐蚀作用，因此火花塞的电极应具有耐腐蚀性。

④火花塞的绝缘体应有足够的绝缘强度，能承受 30 kV 的冲击性高电压。

⑤火花塞的击穿电压应尽可能低，使发动机高速时点火可靠并减轻点火系统的负担，延长使用寿命。

(2)火花塞的结构。火花塞的结构如图 2-6-35 所示。在钢质壳体 5 的内部固定有高氧化铝陶瓷绝缘体 2，在绝缘体中心孔的上部有金属杆，其与中心电极之间用导体玻璃密封，铜制内垫圈 4 和 8 起密封和导热作用，壳体 5 的外侧上部有便于拆装的六角平面，下部有螺纹以备旋装在发动机汽缸盖内，壳体下端固定有弯曲的侧电极 9。火花塞的电极间隙一般为 0.6～0.7 mm，为了降低排放，在采用电子点火系统点燃稀混合气时，电极间隙可增大至 1.0～1.2 mm。火花塞与汽缸盖座孔之间应保证密封，有平面密封和锥面密封两种方式。平面密封时，在火花塞与座孔之间应加装铜包石棉垫圈，而锥面密封则是靠火花塞壳体的锥形面与汽缸盖上相应的锥形面进行密封。为了确保密封，火花塞应按汽车生产厂规定的扭紧力矩扭紧。

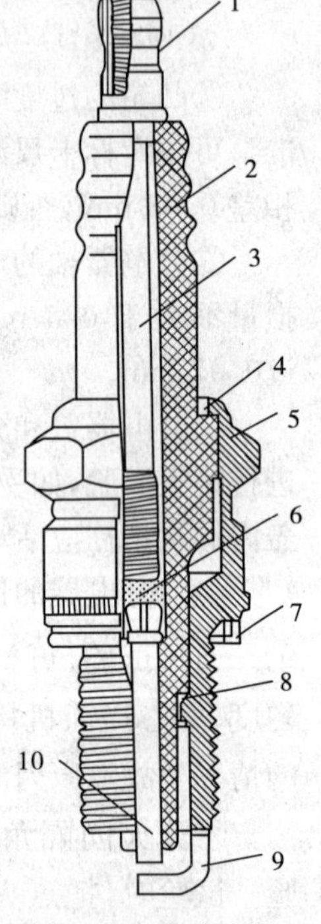

图 2-6-35 火花塞结构

1-接线螺母；2-绝缘体；3-金属杆；4、8-内垫圈；5-壳体；6-导体玻璃；7-多层密封垫圈；9-侧电极；10-中心电极

(3)火花塞的热特性和选用。为确保火花塞处于良好工作状态，火花塞绝缘体裙部的温度应为 500～600 ℃，这样才能使落在绝缘体上的油滴

立即燃烧，不致形成积炭，通常称这个温度为火花塞的自净温度。如温度过高，炽热的绝缘体会使混合气产生早燃或爆燃；如温度过低，容易使油雾聚集形成积炭，导致不能点火。火花塞绝缘体裙部在工作时的温度与其受热情况和散热条件有关，只有当火花塞吸收的热量与散出的热量达到平衡时，火花塞绝缘体裙部才能保持在 500～600 ℃，并在发动机转速和功率正常变化范围内保持稳定。火花塞绝缘体吸收的热量，有约 80％的热量由上下铜垫圈通过火花塞壳体传给汽缸盖，其中一小部分由中心电极传出，另有约 20％的热量被进入汽缸的混合气冷却。火花塞的热特性主要取决于绝缘体裙部的长度。当裙部较长时，其受热面积大，吸收的热量多，且因散热距离长，散热困难而使裙部的温度高，此为"热型"火花塞；反之为"冷型"火花塞(图 2-6-36)。对于小功率、低压缩和低转速的发动机，应采用热型火花塞；相反，对于大功率、高压缩比、高转速的发动机，应采用冷型火花塞。火花塞热特性一般用热值表示，热值的标定方法各国不尽相同，我国是根据火花塞绝缘体裙部长度标定的热值来表示火花塞的热特性，并以 1、2、3、4、5、6、7、8、9、10、11……阿拉伯数字来表示。数值越高，散热性能越好。

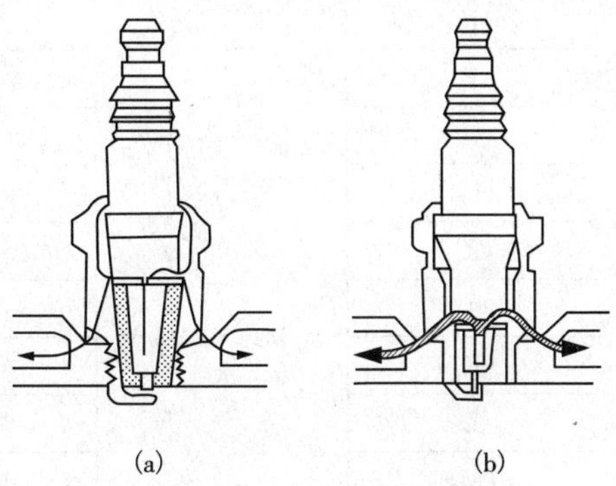

图 2-6-36 热特性不同的火花塞

(a)热型火花塞；(b)冷型火花塞

(4)火花塞的型号。根据 ZBJ37003—89 《火花塞产品型号编制方法》的规定，火花塞产品型号采用汉语拼音字母、阿拉伯数字及通用的符合字母排列组成，汉语拼音字母或通用符合字母在不同部位代表不同含义，但在同一部位不应重复。火花塞产品型号的组成形式如下：

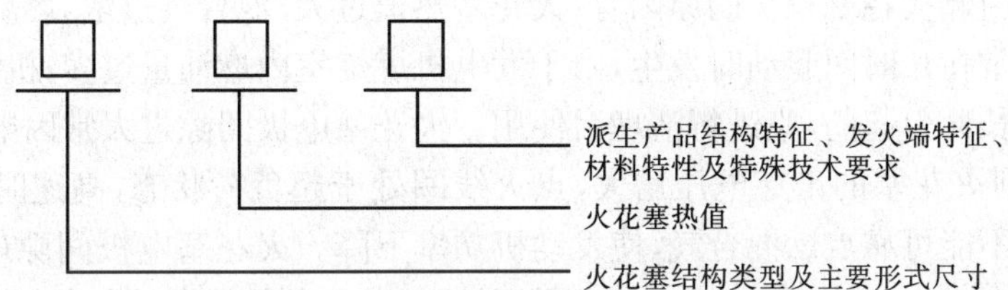

火花塞的结构类形及主要形式尺寸用汉语拼音字母表示，见表 2-6-4。

派生产品结构特征、发火端特征、材料特性及特殊技术要求用汉语拼音字母或通用符合字母表示，如有两种以上特征需同时表明时，允许字母连用，其先后秩序应如下排列：P—表示屏蔽型火花塞；R—表示电阻型火花塞；B—表示半导体火花塞；T—表示绝缘体突出型火花塞；Y—表示沿面跳火型火花塞；J—表示多电极型火花塞；H—表示环状电极火花塞；U—表示电极缩入型火花塞；V—表示 V 形电极火花塞；C—表示镍－铜复合电极火花塞；G—表示贵金属电极火花塞；F—表示非标准火花塞。

例如："E4T"型火花塞为螺纹旋合长度 12.7 mm，壳体六角对边 20.8 mm，热值代号 4 的 M14×1.25 突出平座火花塞。"T5TC"型火花塞为螺纹旋合长度 10.9 mm，壳体六角对边 20.8 mm，热值代号 5 的 M18×1.5 镍铜复合电极的突出型锥座火花塞。

火花塞的结构类型及主要形式尺寸　　表 2-6-4

代表字母	螺纹规格	安装座形式	螺纹旋合长度(mm)	壳体六角对边(mm)
A	M10×1	平座	12.7	16
C	M2×10.25	平座	12.7	17.5
D	M2×1.25	平座	19	17.5
E	M14×12.5	平座	12.7	20.8
F		平座	19	20.8
(G)		平座	9.5	20.8
(H)		平座	11	20.8
(Z)		平座	11	19
J		平座	12.7	16
K		平座	19	16
L		矮型平座	9.5	19
(M)		矮型平座	11	19
N		矮型平座	7.8	19
P		锥座	11.2	16
Q		锥座	17.5	16
R	M18×1.5	平座	12	20.8
S		平座	19	(22)
T		平座	10.9	20.8

(5)火花塞的故障与检修。火花塞的常见故障有积炭、积油、电极间隙过大、绝缘体裂痕、漏气和过热等。引起火花塞积炭的原因有:火花塞热值过大;混合气过浓,燃烧不完全;电极间隙过大等。积油常在长时间起动时发生,由于发电机燃烧室内燃油量过多;机油窜入燃烧室或空载怠速时间过长而引起的,应进行清理后使用。火花塞电极间隙过大常因电极烧蚀所致,火花塞电极过大,则火花塞的击穿电压增大,点火线圈处于超负荷状态,高速时易断火;间隙过小,则火花较弱,不能可靠点燃混合气,使发动机功率下降。火花塞电极间隙应用火花塞间隙规进行测量和调整。绝缘体裂痕是由于温度剧变,机械冲击及发动机爆震引起的,炭渣嵌入裂缝会引起火花塞短路,应予以更换。火花塞过热将使发动机功率明显下降,转速不稳并有敲缸声,其火花塞绝缘体裙部外观呈灰白色,可选用热值适当的火花塞。为了降低火花塞的故障率,应根据发动机型号正确选用火花塞,平座型火花塞只能配用一个密封垫圈,不得多用或少用。火花塞安装时,应按规定力矩安装。火花塞螺纹旋入汽缸盖孔螺纹长度,应与汽缸盖孔螺纹长度相适应,不能过长或过短。火花塞还应定期进行检查,清除积炭和间隙调整。

二、电子点火系结构与检修

(一)电子点火系的组成和类型

电子点火系统又称为半导体点火系统或晶体管点火系统,它主要由点火电子组件、分电器及位于分电器内的点火信号发生器、点火线圈、火花塞等组成(图 2-6-37)。

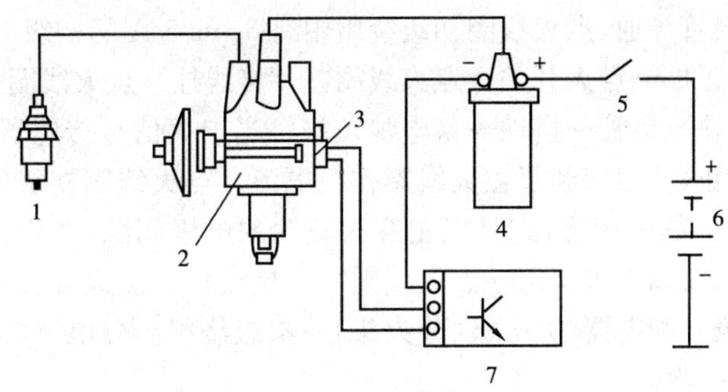

图 2-6-37 电子点火系统的基本组成

1-火花塞;2-分电器;3-点火信号发生器;4-点火线圈;5-点火开关;6-蓄电池;7-点火电子组件

点火电子组件也称电子点火器(简称点火器)。它是由半导体元器件(如三极管、可控硅等)组成的电子开关电路,其主要作用是根据点火信号发生器产生的点火脉冲信号,接通和断开点火线圈初级电路,起着传统点火系统中断电器触点同样的作用。

点火信号发生器装在分电器内,它可根据各缸的点火时刻产生相应的点火脉冲信号,控制点火器接通和断开点火线圈初级电路的具体时刻。

目前使用的电子点火系统有电磁感应式、霍尔效应式和光电式三种。其中电磁感应式无触点点火装置由于其结构简单、性能可靠稳定,得到普遍使用。霍尔效应式性能优于磁感应式,在德国大众公司的车上应用较多。光电式点火信号传感器则应用较少。

(二)电磁感应式电子点火系统结构与检修

1.电磁感应式电子点火系统组成及控制电路

如图 2-6-38 所示,磁感应式电子点火系统由电源、点火开关、带电子点火模块的点火线圈、带电磁感应式信号传感器的分电器总成及火花塞等部件组成。

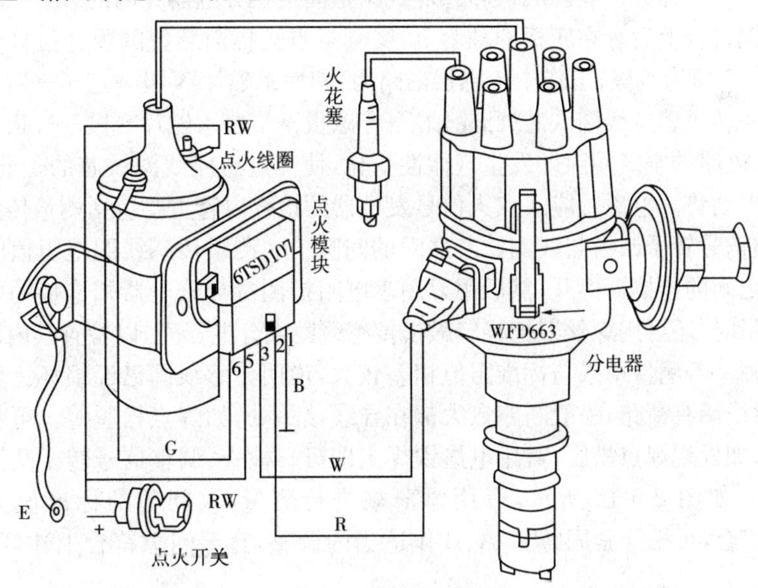

图 2-6-38 电磁感应式电子点火系统组成和连接电路

接通点火开关"ON"位或起动"ST"位,发动机曲轴带动分电器轴转动时,点火信号传感器转子同时转动,传感器感应线圈输出正负交替的交流信号。当点火信号传感器输出正极性信号时，点火模块使三极管导通，点火线圈初级绕组中有 5～6.5 A 的初级电流通过，铁芯储存磁场能。电流从蓄电池正极→点火开关→点火线圈"＋"接线柱→点火线圈初级绕组→点火线圈"－"接线柱→点火模块三极管→搭铁→蓄电池负极。当点火信号传感器输出负极性信号时，点火模块使三极管截止，从而切断了点火线圈初级电流。点火线圈初级电流的骤然消失使得次级感应出 20～25 kV 的电动势，它足以击穿火花塞的电极间隙，产生火花点燃混合气。高压电流的回路为：点火线圈次级绕组→点火线圈"＋"接线柱→点火开关→蓄电池→搭铁→火花塞旁电极、中心电极→配电器(旁电极、分火头)→次级绕组。分电器轴每转一转，各缸按点火顺序各缸轮流点火一次。

2.分电器总成

电磁感应式分电器主要由磁感应式点火信号传感器、配电器、真空点火提前装置、离心点火提前装置等组成。

(1)分电器的分解(图 2-6-39)。扳开分电器盖的固定夹，依次取下分电器盖、分火头、防护罩。拆下挡圈，轻轻敲击定位销，拆下转子。拆下分电器盖固定夹(记住方向要求)，将感应线圈连同插座护套一起取下。拧下真空点火提前装置固定螺钉，取下真空点火提前装置。拆下挡圈，拧下固定托盘的三个固定螺钉，将托盘和定子一同取下。拆下分电器凸轮轴中心油毡，拆出连轴螺钉，取下回位弹簧、凸轮轴、离心块。拆出分电器轴下端横销，取下联轴节、垫圈及分电器轴。

装复时，按上述相反顺序进行。在各运动配合部位添加适当润滑脂。分电器轴轴向间隙不得超过 0.25 mm，转子与定子爪极间的气隙应为 0.4 mm，分火头与分电器轴之间应有一定可转动的角度。

(2)电磁感应式点火信号传感器。电磁感应式点火信号传感器结构如图 2-6-40 所示，主要由转子和定子两大部分组成。底板和感应线圈是固定在分电器壳内的，定子、塑性永磁片和导磁片三者用钢钉合上后套在底板的轴套上，受真空点火提前装置的膜片拉杆约束。塑性永磁上面为 N 极，下面为 S 极，工作中传感器磁路为：塑性永磁片 N 极→定子→定子爪极与转子爪之间的气隙→转子感应线圈铁芯(凸轮轴)→导磁板→塑性永磁片 S 极→N 极。当凸轮轴带动转子转动时，磁路的空气间隙即发生规律性变化，使穿过感应线圈铁芯的磁通也发生变化，从而产生感应电动势。电磁感应式点火信号发生器的检查内容主要包括测量传感线圈的电阻值和检查、调整信号转子凸齿与线圈铁芯之间的间隙值。测量传感线圈电阻值的方法是先将分电器与线束之间的连接器拆开，然后用万用表电阻挡测量与分电器相连接的两根导线之间的电阻值。测量时，还可用螺丝刀把轻轻敲击传感线圈或分电器壳，以检查其内部有否松旷或接触不良的故障。若测量结果与标准阻值相差较大，说明传感线圈已经损坏。如电阻值为无穷大，说明传感线圈有断路，一般断路点大都在导线接头处，如焊点松脱等。可将传感线圈拆下进一步检查，如发现焊点松脱，可用电烙铁焊上即可。检查、调整信号转子凸齿与线圈铁芯之间的间隙值。如图 2-6-41 所示，可用厚薄规进行测量，该间隙的标准值大约为 0.2～0.4 mm，如不符合，可松开紧固螺钉 A、B 作适当的调整，直至间隙符合上述规定，再将螺钉 A、B 拧紧即可。

(3)离心点火提前装置。离心点火提前装置的结构和原理与传统离心点火提前装置相似。

(4)真空点火提前装置。真空点火提前装置的结构和原理与传统离心点火提前装置相似。

(5)配电器。汽车所用磁感应式分电器中的配电器由分电器盖和分火头组成，结构与原理

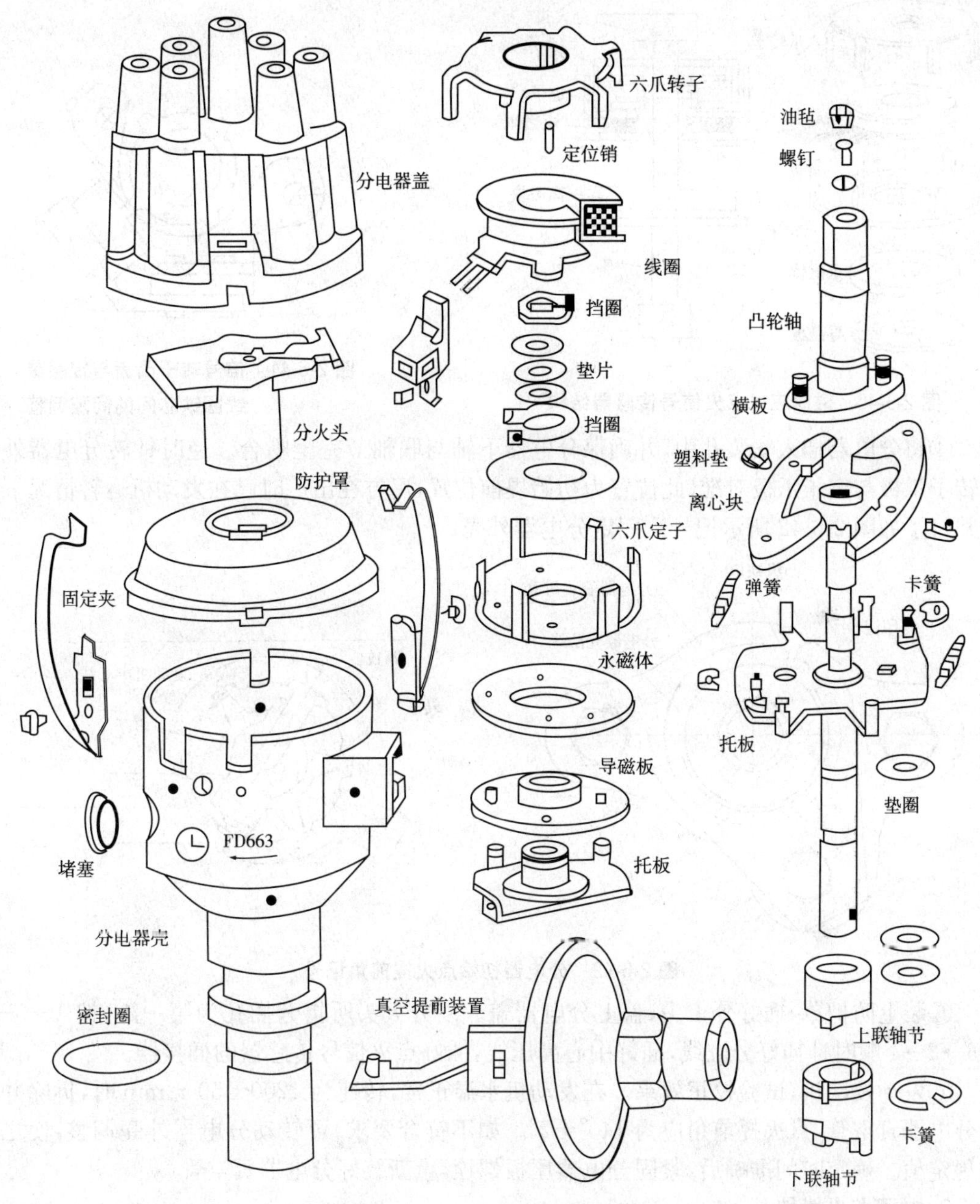

图 2-6-39　磁感应式分电器解体图

与传统式配电器相似。

(6)点火正时的校正：

①分电器点火信号传感器转子与定子爪极间气隙，用厚薄规测量，应为 0.2～0.4 mm。

②检查分电器轴壳上 O 形密封圈是否完好，如有破损，应予更换。

③转动曲轴，使第一缸活塞处在压缩终了位置，此时飞轮壳上的观察孔应与正时记号对齐。分电器驱动联轴节的驱动槽口基本上位于水平位置，使偏心槽肩部大面朝下、小面朝上。

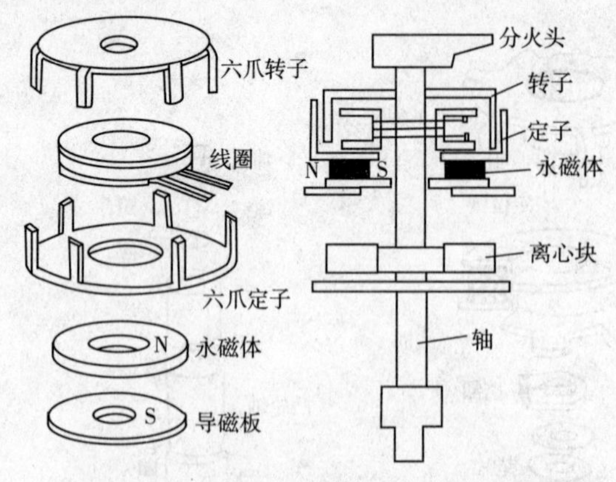

图 2-6-40 磁感应式点火信号传感器结构

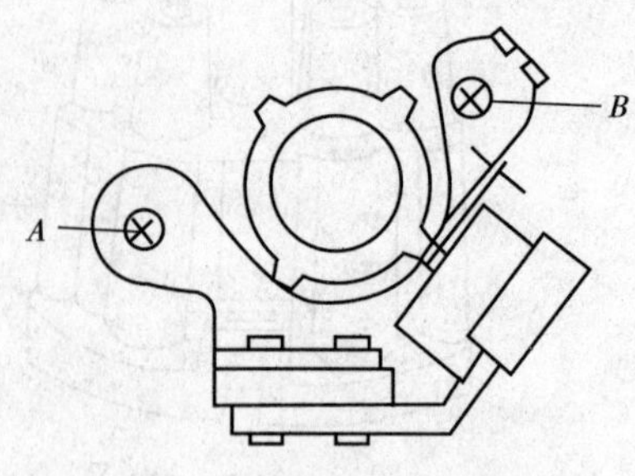

图 2-6-41 信号转子凸齿与传感器线圈铁芯间的间隙调整

④将分电器插入安装孔中，并确保分电器下轴与联轴节完全啮合。逆时针转分电器外壳使转子爪极与定子爪极对准（此位置为初始提前位置，厂方在出厂时已在发动机运转情况下调定并打了如图 2-6-42 所示记号），固定分电器外壳。

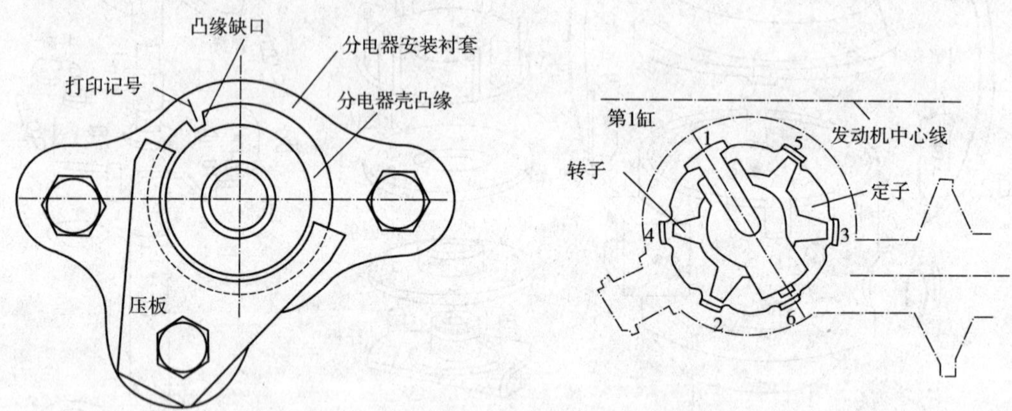

图 2-6-42 分电器初始点火提前角记号

⑤装上防护罩，插好分火头，盖上分电器盖。以分火头所指旁插孔为第一缸，按 1→5→3→6→2→4 顺时针插好分缸线，插好中心高压线，插好点火信号传感器的插接器。

⑥发动发动机，试验校正效果。在发动机水温正常，转速为 1200±50 r/min 时，拆除并堵塞分电器真空管，点火提前角应为 140°±2°。如不符合要求，可转动分电器外壳调整，使之达到规定值。确定时间准确后，紧固分电器压板螺栓，重新装好分电器真空管。

3. 电子点火模块

无触点式电子点火模块实质上是一只点火脉冲信号放大器。电子点火模块还具有恒能控制、停车断电保护、低速推迟点火等功能。

(1)恒能控制。对于无触点点火系，为了使其点火能量恒定，一般采用限定通过点火线圈的初级电流峰值和控制其流通时间比率的方法实现。

(2)停车断电保护。如果由于某种原因使发动机在到达点火时刻之前停止运转，并且点火开关仍然接通时，该点火模块可在 0.5 s 之内切断点火线圈初级电流，以免点火线圈长时间通电温度过高，造成点火模块及点火线圈失效。

(3)低速推迟点火。在起动工况时，发动机转速很低，为便于起动，低速时(小于 150 r/

min)推迟点火的功能。

(4)过电压保护。在维修和测试时，当超过30 V的电压施加在点火模块上时，点火模块能自动停止工作。

电子点火模块的性能检测可采用跳火法。具体步骤为：先将分电器盖拆下，并拔出分电器盖上的中央高压线，使其端头离开汽缸体 5～10 mm，接通点火开关，然后用一只螺丝刀头快速地碰刮定子爪，以改变通过传感线圈的磁通而使其产生点火脉冲，触发点火电子组件，如图 2-6-43 所示。若每次碰刮时高压线端都能跳火，则说明点火电子组件完好，否则，说明点火电子组件有故障，应予检修或更换。

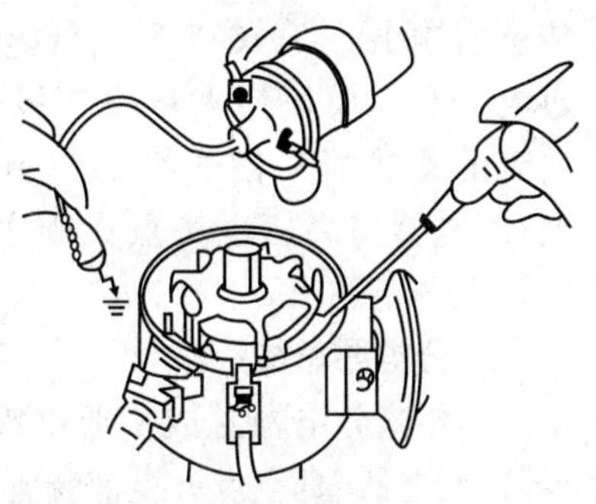

图 2-6-43　磁感应式点火电子组件的跳火试验

电子点火模块的性能检测也可采用替换法，即用同规格的点火电子组件替换怀疑有故障的点火电子组件，如故障排除，则证明点火电子组件损坏。

4.高能点火线圈

铁芯多为“日”字形，铁芯内绕有初级绕组(电阻多为 0.7～0.80 Ω)，次级绕组绕在初级绕组的外面(电阻多为 3～4 kΩ)，如图 2-6-44 所示。其铁芯构成闭合磁路，常设有一个微小的气隙以减少磁滞现象。由于闭路点火线圈漏磁少，磁路磁阻小，能量损失小，所以能量变换效率高达 75%(安匝数)，次级电压达到 9～25 kV，上升率大于 600 V/US，火花能量大于 70 mJ，并可使分布电容 C2 减小。另外，由于闭磁路铁芯导磁能力极强，可在较小的磁动势(安匝数)下产生较强的磁通，因而可减小线圈的匝数以使点火线圈的体积减小，可直接装在分电器盖上，结构更为紧凑。

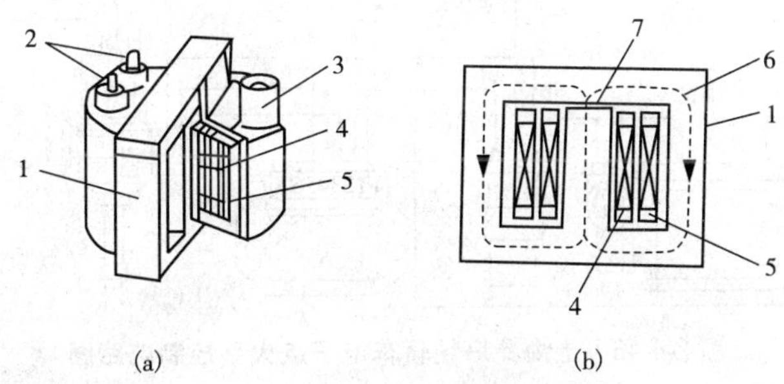

图 2-6-44　闭磁路点火线圈的结构和磁路

(a)结构；(b)磁路

1-“日”字形铁芯；2-初级绕组接线柱；3-高压接线柱；4-初级绕组；5-次级绕组；6-磁力线；7-气隙

(三)霍尔效应式电子点火系统

1.组成和控制电路

霍尔效应式电子点火系广泛应用于奥迪、桑塔纳等轿车的发动机上。如图 2-6-45 所示为上海桑塔纳轿车用霍尔式电子点火系，系统由电源、点火开关、电子点火模块、高能点火线圈、霍尔式分电器总成、火花塞等部件组成。

如图 2-6-46 所示为上海桑塔纳轿车电子点火系控制电路图。接通点火开关 ON 挡或 ST 挡，发动机曲轴带分电器轴转动时，信号传感器转子叶片交替穿过霍尔元件气隙。当转子叶片进入气隙时，霍尔信号传感器输出 11.1～11.4 V 的高电位，高电位信号通过电子点火模块中的集成电路使大功率三极管 VT 导通饱和，接通点火线圈初级电流，点火线圈铁芯储存磁场能；当转子叶片离开霍尔元件气隙时，霍尔信号传感器输出 0.3～0.4 V 的低电位，低电位信号通过电子点火模块使大功率三极管 VT 截止，初级电流的骤然消失使次级感应出大于 20 kV 高压电；配电器将高压电按点火顺序准时地送给各工作缸火花塞跳火。

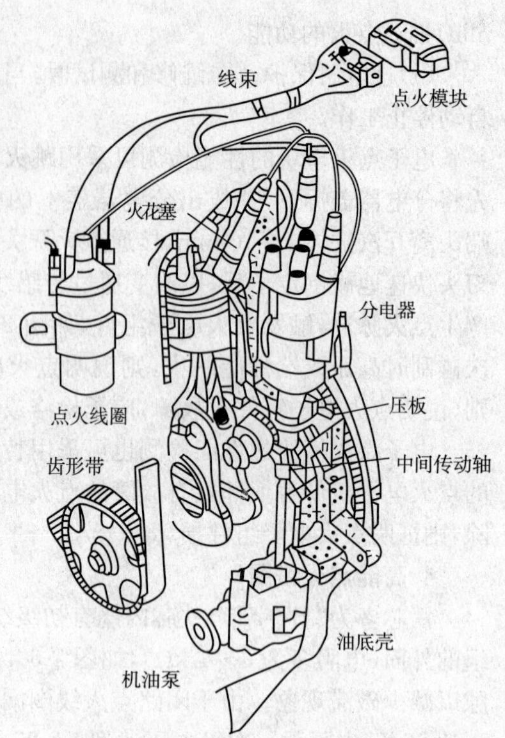

图 2-6-45 霍尔式点火系

2. 分电器总成

霍尔式分电器总成主要由霍尔式点火信号传感器、配电器、真空点火提前装置、离心式点火提前装置组成。

(1)分电器的分解。霍尔式分电器的解体顺序如图 2-6-47 所示。

①扳开分电器盖的固定夹，依次取下分电器盖、分火头、防尘罩。

②拆下挡圈，轻轻取下定位销，用专用拉器(或用两把螺丝刀小心对撬)取下转子。

③拆下分电器盖固定夹(记住方向要求)，将霍尔信号发生器同插接器一起取下。

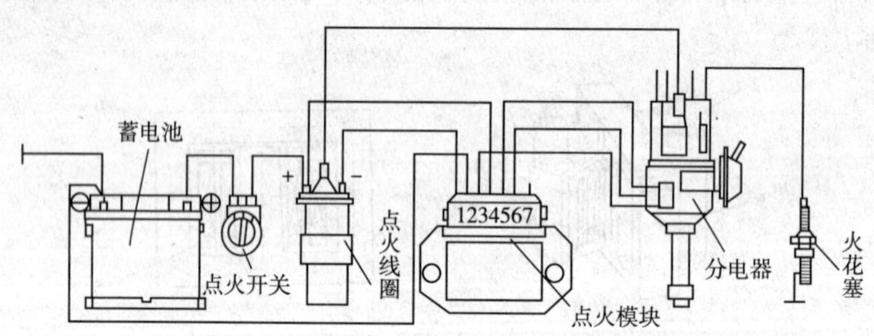

图 2-6-46 上海桑塔纳轿车电子点火系控制电路图

④拆下真空点火提前装置固定螺钉，取下真空点火提前装置。

⑤拆下垫圈，拆下底板固定螺钉，取下底板、螺钉、复位弹簧。

⑥拆下分电器凸轮轴中心油毡，拆下连轴螺钉，取下复位弹簧、凸轮轴、离心块。

⑦拆出分电器轴下端横销，取下联轴节、垫圈及分电器轴。

装复时，按上述相反顺序进行。在各运动配合部位添加适当润滑脂。分电器轴轴向间隙不得超过 0.25 mm，转子叶片与霍尔元件间的气隙应均匀，分火头与分电器下轴之间应有一定可转动的角度。

(2)霍尔式点火信号传感器。霍尔式点火信号传感器的结构主要由转子和定子组成(如图 2-6-48)。转子即触发叶轮，由分电器轴带动，其叶片数与发动机汽缸数相等。定子由永久磁铁、霍尔元件和导磁板等组成。带导磁板的永久磁铁与霍尔元件对置安装于分电器底板上，其间留有一定的气隙。触发叶轮的叶片可在气隙中转动。发动机运转时，触发叶轮随分电器轴转动。当叶片进入永久磁铁与霍尔元件之间的气隙时,磁场便被触发叶轮的叶片所短路而不能通过,并作用于霍尔元件上,因此,霍尔元件此时几乎不产生霍尔电压。当触发叶轮的叶片转离永久磁铁与霍尔元件之间的气隙时,永久磁铁的磁通便通过导磁板穿过气隙作用于霍尔元件上,于是通电的霍尔元件便产生霍尔电压。发动机每完成一个工作循环,曲轴转两周,分电器轴及触发叶轮转一周,霍尔元件被交替地隔磁四次,因而随之产生四次霍尔电压。由于霍尔元件产生的霍尔电压为 mV 级,因此霍尔点火信号发生器输出的信号电压是把微弱的霍尔电压经放大、脉冲整形、变换后以矩形脉冲输出的电压。放大及转换信号由霍尔集成电路来完成。霍尔式点火信号发生器系有源器件,需输入一定电源电压时才能工作。因此,霍尔式点火信号发生器的检查应先测量其输入电压是否正常,方法是用直流电压表的"+"、"−"表笔分别接与分电器相连接的插接器"+"与"−"接柱(红黑线端与棕白线端),如图 2-6-49 所示,接通点火开关,电压表应显示接近蓄电池电压(11~12 V),否则,说明点火电子组件没有给霍尔信号发生器提供正常的工作电压,应检查点火电子组件。若电压表显示电压正常,可进一步测量点火信号发生器的输出信号电压,方法是用同一只电压表在点火开关接通时测量分电器的信号输出线(绿白线)与搭铁线(棕白线)之间的电压。当触发叶轮的叶片在霍尔传感器的空气隙中时,电压表应显示与输入电压值相近的电压,即 11~12 V;而当触发叶轮的叶片不在霍尔传感器的空气隙中时,电压表所显示的电压应接近于零(0.3~0.4 V)。如经上述测量,电压表读数正常,可认为霍尔式信号发生器无故障。

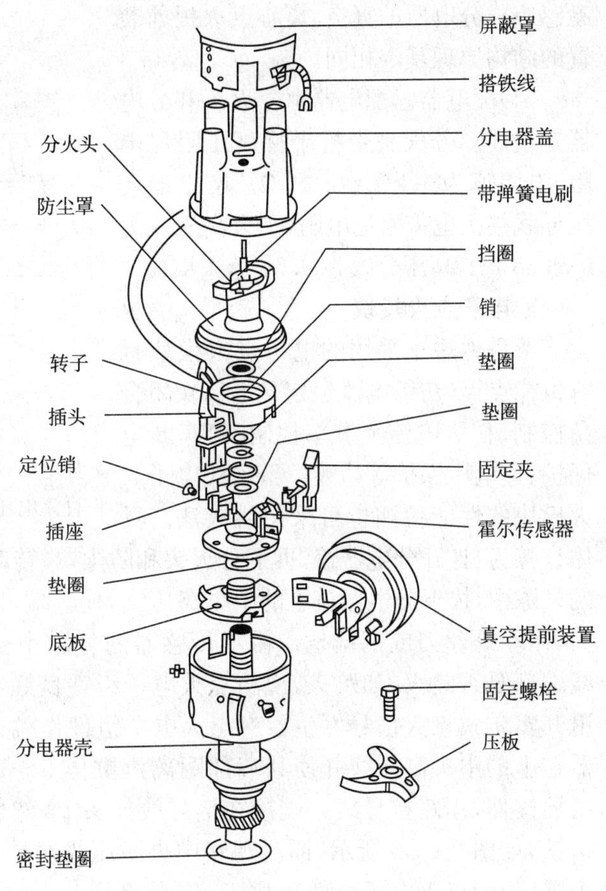

图 2-6-47 霍尔式分电器分解图

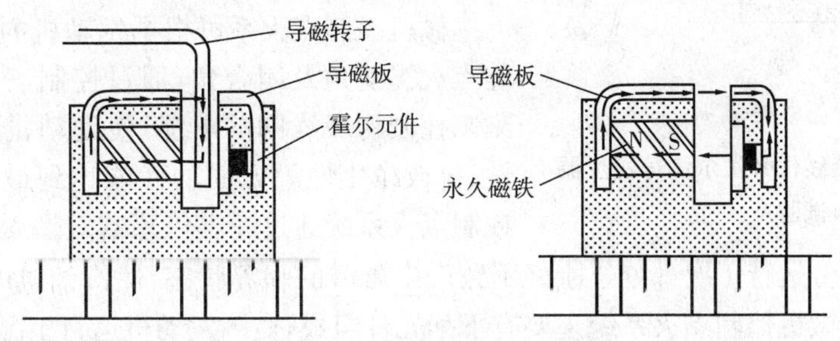

图 2-6-48 霍尔式信号发生器组成

(3)真空、离心点火提前装置。上海桑塔纳轿车用分电器中的真空、离心点火提前装置与磁感应式分电器的真空、离心点火提前装置的结构原理基本相同。

(4)配电器。配电器由分火头和分电器盖组成。分火头带抗干扰高压阻尼电阻，电阻值为 1 kΩ±0.4 kΩ。配电器高压导线接头也带阻尼电阻，中央高压线为 0～2.8 kΩ，高压分线为 0.6～7.4 kΩ。

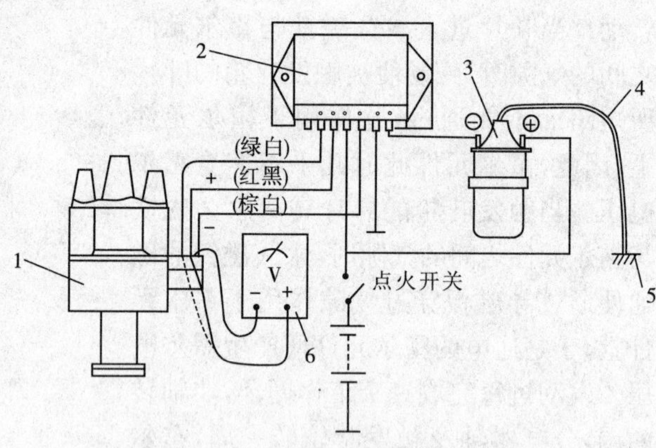

图 2-6-49 霍尔式信号发生器的检查

1-分电器；2-点火电子组件；3-点火线圈；4-高压线；5-搭铁；6-直流电压表

3.电子点火模块

桑塔纳轿车采用的电子点火模块具有恒能点火(初级电流恒定 7.5 A)、闭合角控制、初级电流上升率控制、停车断电保护、过电压保护等功能。霍尔式电子点火模块的性能检测也可采用跳火法。具体步骤为：打开分电器盖，拆下分火头和防尘罩，转动曲轴，使触发叶轮的叶片不在霍尔传感器的气隙中，拔下分电器盖上的中央高压线，使其端部距离汽缸体 5～10 mm，然后接通点火开关，用小螺丝刀或钢锯条在霍尔传感器的气隙中插入后迅速拔出，同时在拔出时察看高压线端部是否跳火，如跳火，说明点火电子组件良好，否则，应更换点火电子组件。另外，也可甩开霍尔式点火信号发生器对点火电子组件作跳火试验，方法是：断开点火开关，拔下分电器盖上的中央高压线并使其端部距离汽缸体 5～10 mm，再拔下分电器上霍尔信号发生器的插接器，用跨接导线一端接在信号线插头上，然后接通点火开关，将跨接线的另一端反复搭铁，如图 2-6-50 所示，同时观察中央高压线端是否跳火，如跳火，说明点火电子组件完好，否则，说明点火电子组件有故障，应予更换。霍尔式电子点火模块的性能检测也可采用替换法，即用同规格的点火电子组件替换怀疑有故障的点火电子组件，如故障排除，则证明点火电子组件损坏。

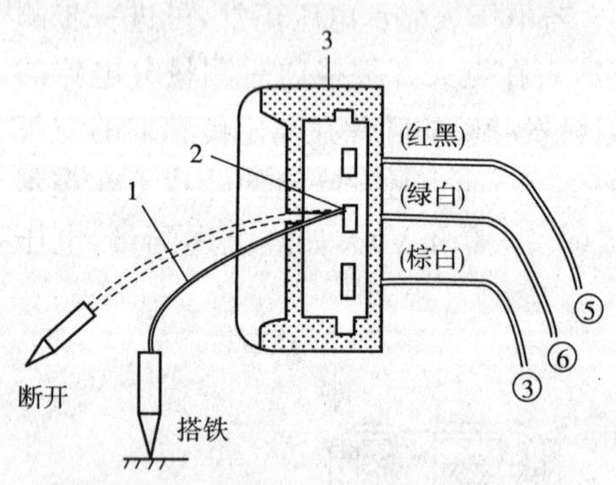

图 2-6-50 用跨接线代替霍尔信号发生器的跳火试验

4.高能点火线圈

上海桑塔纳轿车配用专用高能点火线圈，其初级绕组的阻值应为 0.5～0.7 Ω，次级绕组的阻值应为 2.4～3.5 Ω。

三、微机控制点火系的结构与检修

微机控制点火系可根据发动机的工况，计算出最佳点火提前角及闭合角，通过控制三极管的通、断时刻来控制初级线圈的电流，使发动机的动力性、经济性、排放净化性等方面的性能达到最优。另外，微机控制点火系统通过爆震传感器对爆震进行反馈控制，使汽油机在大部分运行工况都处于刚好不致产生爆震的临界状态，使汽油机的动力性潜力得到了充分发挥。微机控制点火系统主要有下列元件组成，监测发动机运行工况的传感器；处理信号，发出指令的微电脑；控制点火线圈初级电流的点火器以及点火线圈，分电器及高压线等组成。如图 2-6-51 所示。

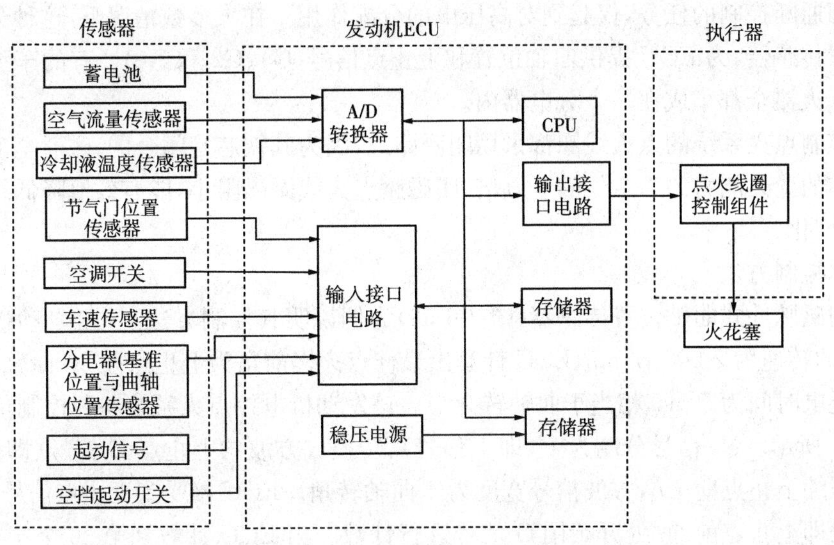

图 2-6-51 微机控制点火系统组成

微机控制点火系统主要有两种形式:微机控制有分电器点火系统和微机控制无分电器点火系统。

(一)微机控制有分电器点火系统

1. 控制电路分析

微机控制有分电器点火系统电路如图 2-6-52 所示。

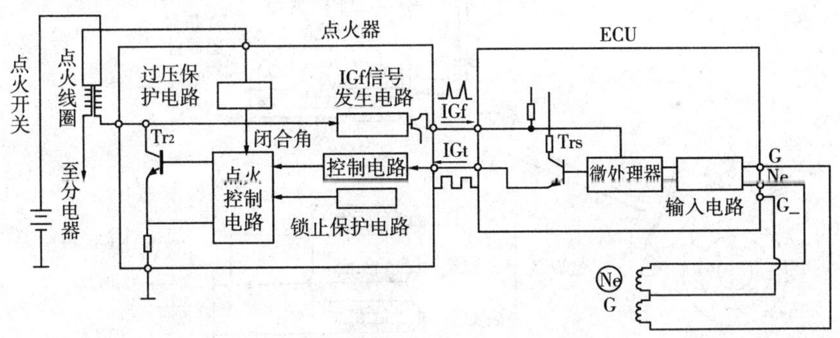

图 2-6-52 分电器式微机控制点火系统

ECU 通过传感器得到发动机的转速和负荷的大小信号,查阅存于其内部存储器中的最佳控制参数,获得这一工况下的点火提前角和点火线圈初级电路通电时间,将其转换成点火正时信号(IGt)送至点火器。当 IGt 信号变为低电平时,点火线圈初级电流被切断,次级线圈中感应出高压,再由分电器送至相应汽缸的火花塞产生电火花。

点火线圈初级电流被切断时,触发 IGf 信号发生电路,输出一个点火确认信号 IGf 并反馈给 ECU。如果点火器中的功率三极管不能正常导通和截止,则 ECU 的微处理器接收不到反馈信号 IGf,即表明点火系统发生故障,ECU 立即中止燃油喷射。

2. 主要组成部件结构特点

微机控制点火系统与传统点火系统的分电器相比,取消了断电器等装置,因此不再承担初级点火线圈通断控制的任务，仅起到对高压电的分配作用。在大多数情况下，这种分电器都内装曲轴位置传感器，为ECU提供曲轴位置和上止点信号（G1、G2和Ne）。有的车型甚至将点火线圈和点火器全都集成在一个分电器内。

微机控制点火系统的点火线圈都采用闭磁路式，因为其铁芯是闭合的，磁通全部经过铁芯内部。铁芯的导磁能力约为空气的1万倍，闭磁路点火线圈磁阻小，能有效地降低线圈的磁动势，实现小型化。

3. 基本控制方法

以采用磁脉冲式曲轴位置传感器（图2-6-53）为例说明其控制方法。6缸发动机在某工况下，发动机的转速为2 000 r/min，ECU计算出最佳点火提前角为上止点前30°曲轴转角，初级线圈所需通电时间为5 ms（相当于曲轴转90°）。该发动机电控点火系统各种控制信号的时序如图2-6-54所示。Ne信号分度为1°（即1°信号），转换成方波的上止点G信号（即120°信号）上升沿在压缩上止点前70°，方波信号宽度为4°曲轴转角。ECU接受到上止点信号后，在方波的下降沿处即上止点前66°处开始用G信号进行计数。当ECU计数到第36个1°信号时，即压缩上止点前30°时，ECU控制点火正时信号IGt正好处于下降沿，于是功率三极管截止，切断初级电路，感应出高压电实现点火。出于6缸发动机的点火间隔为120°，而该工况的通电闭合角为90°。因此，ECU从功率管截止后又接着重新计数至第30个1°信号时，ECU控制点火正时信号IGt处于上升沿，使功率三极管又开始导通，初级线圈开始通电，准备下一个缸的点火。

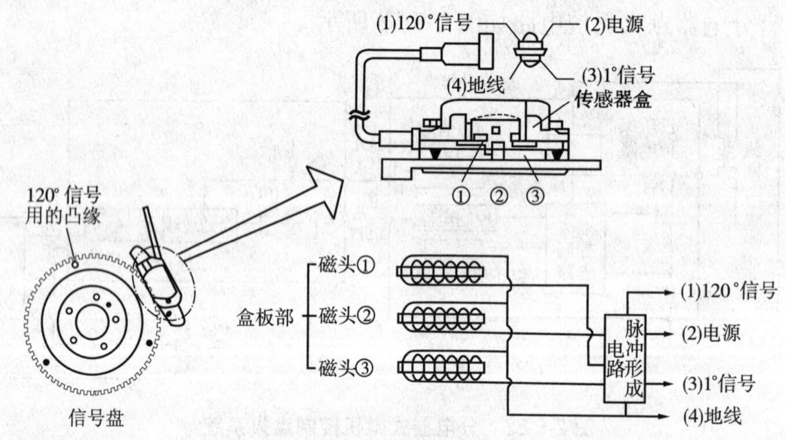

图2-6-53 日产公司磁脉冲式曲轴位置传感器

（二）微机控制无分电器点火系统

无分电器点火系统完全取消了传统的分电器，点火线圈产生的高压电直接送到火花塞，因此也称为直接点火系统。由于没有分电器，节省了空间，同时不存在分火头与分电器盖旁电极间产生的火花，因此可有效地降低点火系对无线电的干扰。目前，常用的无分电器式电控点火系统有两种方式，即双缸同时点火方式和独立点火方式。

1. 无分电器双缸同时点火方式

（1）无分电器双缸同时点火方式的工作原理。双缸同时点火系统是指两个汽缸共用一个点火线圈，其次级绕组的两端分别与两个汽缸上的火花塞相连接，如图2-6-55所示。同时点

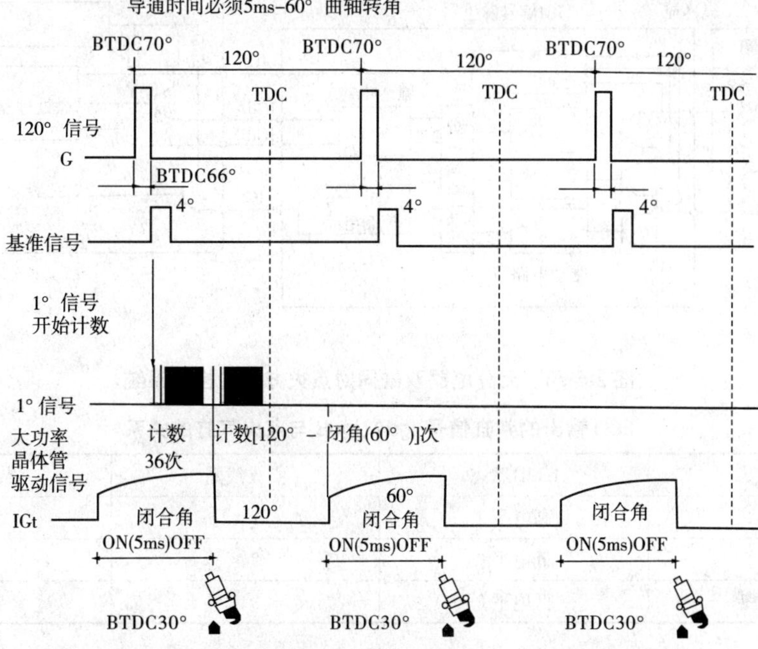

图 2-6-54 分电器式微机控制点火系统控制信号时序图

火方式的一个点火线圈上有两个火花塞串联，当产生高压电时，它对两个火花塞同时点火。当一个汽缸处于压缩行程准备点火时，另一个汽缸处于排气行程，对于压缩行程的汽缸，由于汽缸压力较高，放电较困难，所需的击穿电压较高。而处于排气行程的汽缸，接近于大气压，放电容易，所需的击穿电压低，很容易击穿。因此，当两汽缸的火花塞同时跳火时，其阻抗几乎都在压缩汽缸的火花塞上，它承受了绝大部分电压降，与普通的只有一个火花塞跳火的点火系相比较，其击穿电压相差不大，而在排气汽缸火花塞上的电能损失也很小。

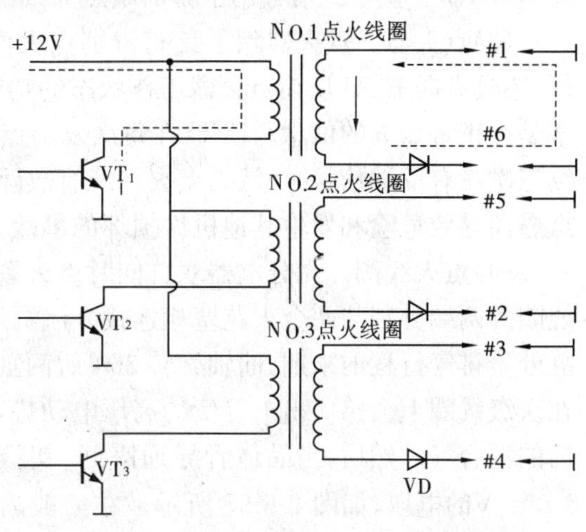

图 2-6-55 无分电器双缸同时点火方式

(2)无分电器双缸同时点火系统的控制。在无分电器双缸同时点火系统中，ECU 输出的信号除控制各点火线圈通电时刻和通电时间的点火正时信号 IGt 外，还需要输出能够辨别是哪一组汽缸的信号，称为判缸信号 IGd。在图 2-6-56 所示的无分电器双缸同时点火系统中，曲轴位置传感器采用了电磁感应式传感器，该传感器可以向 ECU 提供曲轴转角信号 Ne、活塞上止点位置信号 G_1、G_2。发动机 ECU 根据 G_1、G_2 信号判断出下次进行点火的汽缸组，并发出判缸信号 IGdA 和 IGdB。ECU 输出的 IGdA、IGdB 为系统设计时所确定的。判缸信号与发动机点火缸之间的约定关系见表 2-6-5。

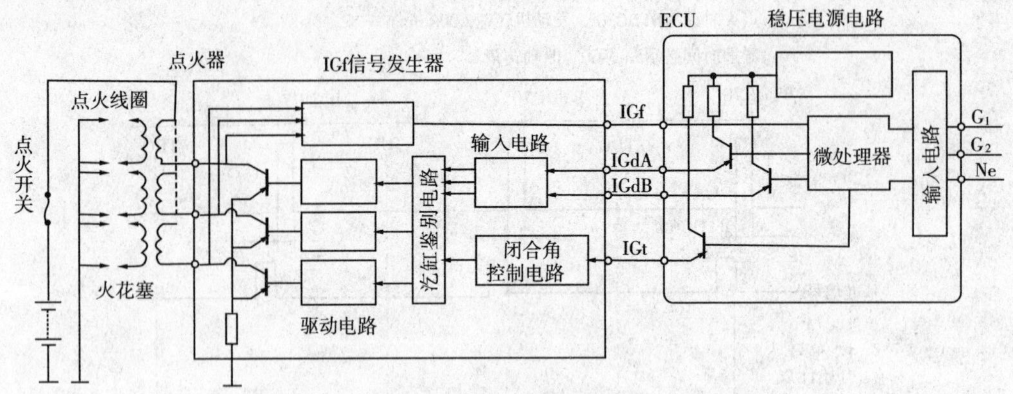

图 2-6-56 无分电器双缸同时点火方式的控制系统

ECU 输出的判缸信号 IgdA、IgdB 与点火气缸的关系 表 2-6-5

IGdA 状态	IGdB 状态	点火线圈	点火汽缸
低电平 0	高电平 1	1#	1&6
低电平 0	低电平 0	2#	2&5
高电平 1	低电平 0	3#	3&4

由此可见，发动机工作时，ECU 不停地输出具有点火正时功能和通电时间功能的点火正时信号 IGt。至于此信号用于哪一组点火线圈，由 ECU 判缸信号 IGdA 和 IGdB 来决定。

(3)点火器。点火器除了具有辨别点火汽缸、实现点火线圈初级电路的接通和切断功能外，还具有向 ECU 反馈点火器工作状态的功能。点火器的反馈功能主要是向 ECU 提供火花塞是否正常点火的信息。ECU 在每次发出点火正时信号后，都要对 IGf 信号进行检测。当连续三次没有反馈信号时，认为点火系统有故障并自动停止喷油，避免由于过多可燃混合气没被点燃而导致危险和发生其他机件损坏的事故。

(4)点火线圈。无分电器双缸同时点火系统中，点火线圈采用小型闭磁路点火线圈，次级线圈的两端分别与两个火花塞相连接。汽缸组合的原则是：一个缸处于压缩行程的末期，另一缸处于排气行程的末期，曲轴旋转 360°后两缸所处的冲程正好相反。当初级电流突然切断后，在次级线圈上会感应出上万伏的高压电动势，加到火花塞电极之间，跳出高压火花，点燃汽缸内的混合气。然后，当晶体管导通瞬间，初级电流也发生突变，这样在次级线圈中便产生约 1 000 V的电压，如图 2-6-57 所示。在一般的分电器式点火系统中，1 000 V 的高压电不足以击穿火花塞产生跳火。因为分电器中的分火头与旁电极之间的间隙较大，必须要有比这更高的电压才足以跳过这么大的间隙。而在无分电器点火系统中，这样的电压很有可能点燃处于进气行程中汽缸内的混合气。特别是火花塞间隙较小，火花塞误跳火的可能性就更大，这将会引起回火等现象的发生，使发动机无法正常运转。为防止产生这种现象，在点火线圈的次级绕组

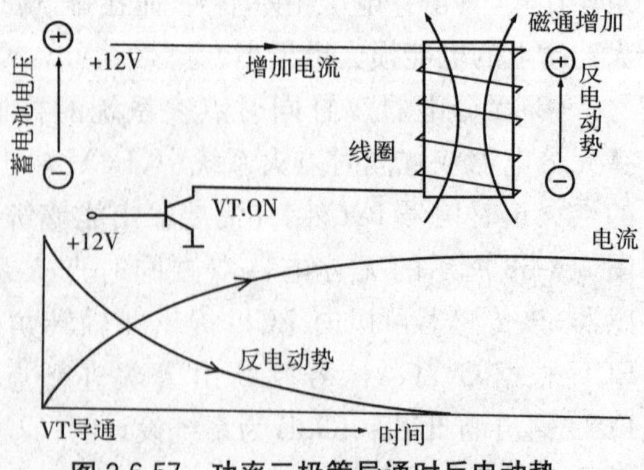

图 2-6-57 功率三极管导通时反电动势

中串联一个高压二极管，如图 2-6-58 所示。当功率管导通时，产生的感应电动势反向加在高压二极管上，由于二极管的反向截止功能，1 000 V 的高压电就无法使火花塞跳火。而当功率三极管截止时，次级绕组产生的高压电与前相反，二极管导通，对此不产生影响，使火花塞顺利跳火。

2. 无分电器独立点火方式

独立点火方式指每一个汽缸的火花塞上各配一个点火线圈，单独对本缸进行点火，如图 2-6-59 所示。

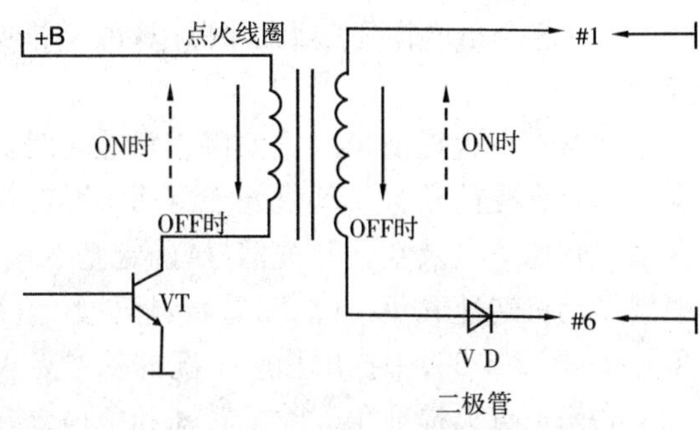

图 2-6-58 高压二极管的作用

这种点火方式中，点火线圈与火花塞是制成一体的，直接安装在汽缸盖上，特别适合于四气门发动机使用。火花塞可安装在双凸轮轴的中间，并在每缸火花塞上直接压装一个点火线圈，以充分利用空间，这对 V 型多缸轿车发动机燃烧室合理紧凑地布置具有特别重要的实用意义。同时，由于无机械式分电器和高压导线，因而能量传导损失和漏电损失小，机械磨损或发生故障的机会均减少。而且各缸的点火线圈和火花塞均由金属包着，其电磁干扰大大减少，对发动机电控系统的正常可靠工作有利。

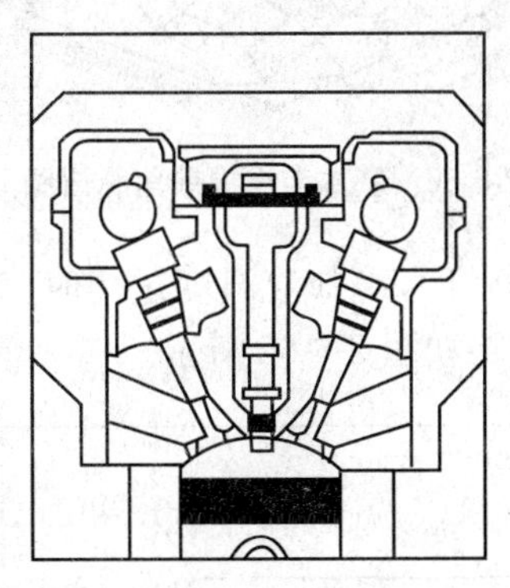

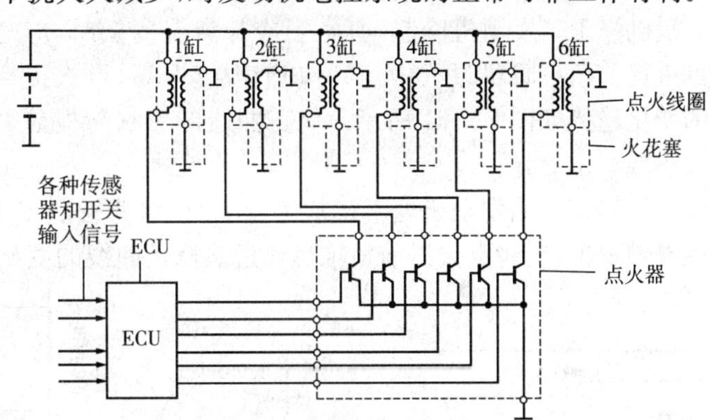

图 2-6-59 无分电器独立点火方式

(三)微机控制点火系统的控制内容

微机控制点火系统的控制内容包括点火提前角的控制、通电时间控制和爆震控制三个方面。

1. 点火提前角的控制

在微机控制点火系统中，电控单元对点火提前角的控制分为发动机起动时点火提前角的控制和起动后点火提前角的控制。

(1)发动机起动时点火提前角的控制。发动机起动时，电控单元不进行最佳点火提前角调整控制，而是根据发动机转速信号 Ne 和起动开关信号输入，以固定不变的点火提前角点火。当发动机转速超过一定值时(大于 500 r/min)，则自动转入由电控单元控制的最佳点火提前角计算及控制程序。

(2)起动后点火提前角的控制。发动机起动后，电控单元对最佳点火提前角的计算和控制一般按照如下步骤进行：首先根据 G 信号和 Ne 信号确定初始点火提前角，然后根据发动机转速和负荷确定基本点火提前角，最后根据有关传感器的信号确定修正点火提前角，这三项点火提前角的代数和即为实际的最佳点火提前角：

最佳点火提前角＝初始点火提前角＋基本点火提前角＋修正点火提前角(或点火延迟角)

①初始点火提前角。为了控制点火正时，电控单元根据上止点位置来确定点火提前角。有些发动机电控单元把G1或G2信号出现后第一个Ne信号过零点定为压缩行程上止点前10°，并以这个角度作为点火正时计算的基准点，称之为初始点火提前角，其大小随发动机而异同。

②基本点火提前角。发动机正常运转时，电控单元按怠速工况和非怠速工况两种情况，确定基本点火提前角。发动机处于怠速工况时，电控单元根据节气门位置信号(怠速触点闭合)、发动机转速信号及空调开关信号，确定基本点火提前角。发动机处于非怠速工况时，电控单元根据发动机转速和负荷(曲轴每转进气量)信号，从预置存储在ECU存储器中基本点火提前角脉谱(图2-6-60)中找出相应工况的基本点火提前角。

③修正点火提前角。除了转速和负荷外，其他对点火提前角有重要影响的因素均归入到修正点火提前角中。电控单元根据有关传感器的信号，分别求出对应的修正值，它们的代数和就是修正点火提前角。修正点火提前角所包括的修正值有：

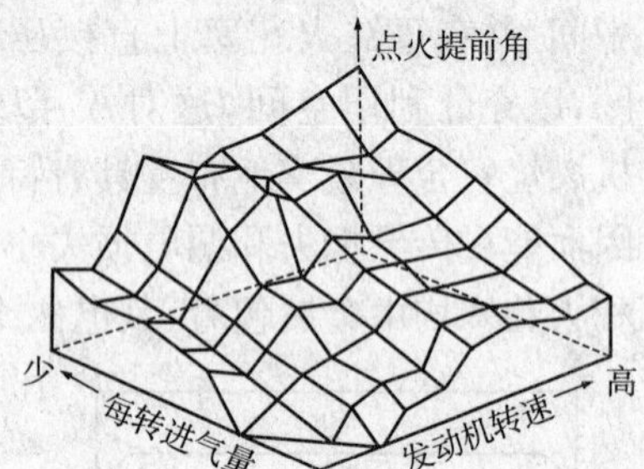

图2-6-60 基本点火提前角脉谱图

a.暖机修正。发动机冷起动后，当冷却液温度低时，应增大点火提前角。暖机过程中，随冷却液温度升高，点火提前角的变化趋势如图2-6-61所示。修正曲线的形状与提前角的大小随车型而异。

b.过热修正。当发动机处于正常运行工况(怠速触点IDL断开)，冷却液温度过高时，为了避免爆燃发生，应将点火提前角推迟。过热修正曲线的变化趋势如图2-6-62所示。

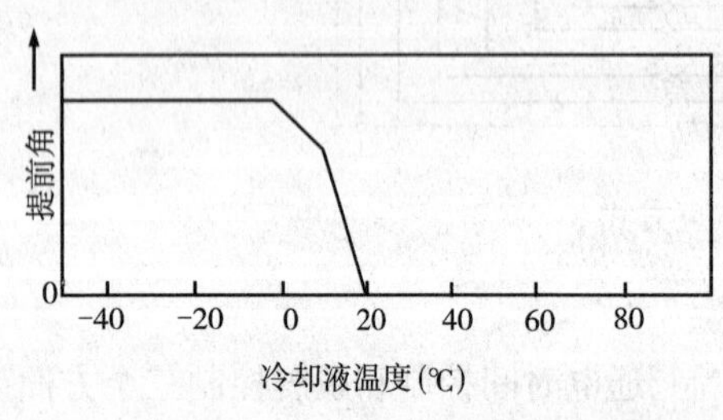

图2-6-61 暖机时点火提前角控制

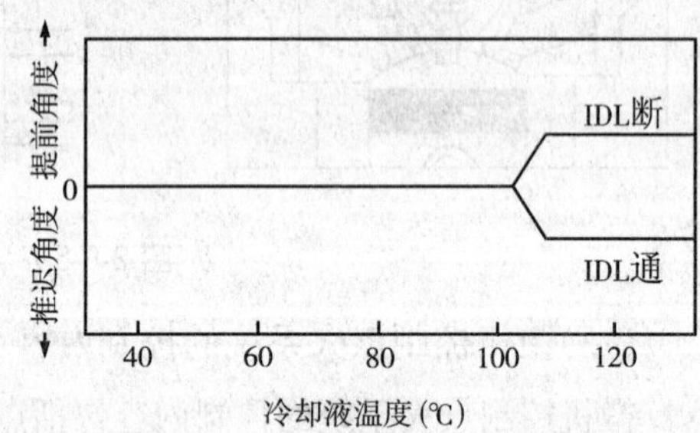

图2-6-62 点火提前角的过热修正

c.怠速稳定性修正。发动机在怠速期间，由于发动机负荷变化(如空调、动力转向等)而使转速改变，ECU随时调整点火提前角，使发动机在规定的怠速转速下稳定运转。发动机处于怠速工况时，ECU不断地计算发动机的平均转速，当平均转速低于规定的怠速目标转速时，ECU根据两者的差值大小相应地增加点火提前角；当平均转速高于规定的怠速目标转速时，相应地推迟点火提前角，如图2-6-63所示。

d.空燃比反馈修正。装有氧传感器的电控燃油喷射系统进行闭环控制时，ECU根据氧传感器的反馈信号对空燃比进行修正。随着修正喷油量的增加和减少，发动机的转速在一定范围内波动。为了提高发动机转速的稳定性，在反馈修正油量减少时，适当地增大点火提前角，如图2-6-64所示。

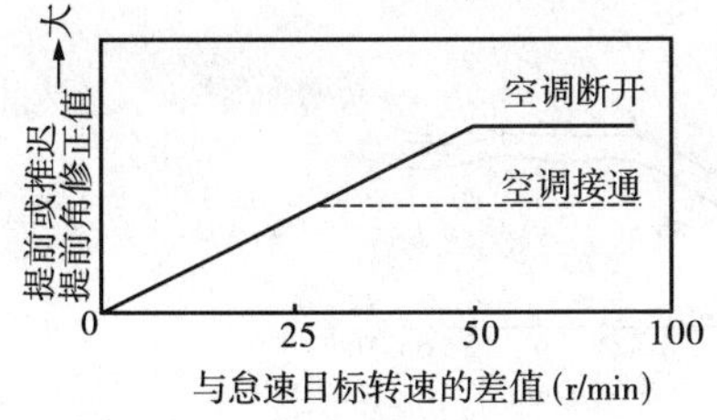

图 2-6-63 点火提前角的怠速稳定性修正

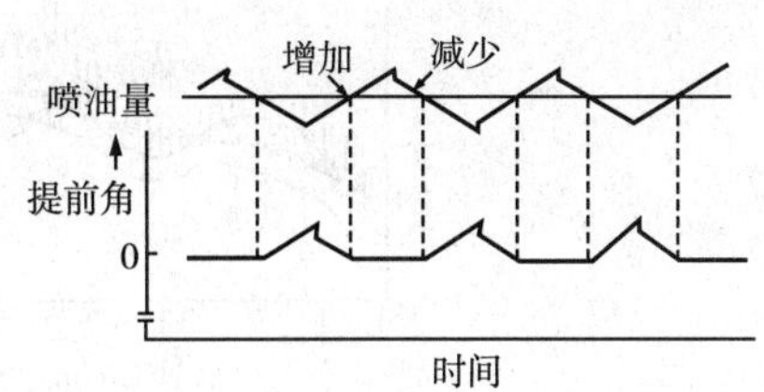

图 2-6-64 点火提前角的空燃比反馈修正

④最大和最小提前角控制。当 ECU 计算出的实际点火提前角(初始点火提前角+基本点火提前角+修正点火提前角或延迟角)超过一定范围时,发动机将不能正常运转。为了防止出现这种情况,在电控点火系统中,由电控单元对实际点火提前角的数值范围进行限制。最大和最小点火提前角的一般范围:最大点火提前角为 35°～45°;最小点火提前角为－10°～0°。

2.通电时间的控制

通电时间控制又称为闭合角控制。对于电感储能式点火系而言,当点火线圈的初级通电后,其初级电流是按指数规律增长的。初级线圈被断开瞬间所能达到的断开电流值与初级线圈接通时间长短有关,只有通电时间达到一定值时,初级电流才可能达到饱和。而次级线圈高压的最大值与初级断开电流成正比,为了获得足够的点火能量,必须使初级电流达到饱和。但是,如果通电时间过长,点火线圈又会发热,并使电能消耗增大。因此,要控制一个最佳的通电时间,以兼顾上述两方面的要求。

影响初级线圈通过电流的主要因素有发动机转速和蓄电池电压。为了保证在不同的蓄电池供电电压和不同的转速下都具有相同的初级断开电流,电控单元根据蓄电池电压和发动机转速信号,从预置的闭合角数据表中查出相应的数值,对闭合角进行控制。

当发动机转速升高时,适当增大闭合角,以防止初级线圈通过电流值下降,造成次级高压下降,点火困难。蓄电池电压下降时,基于相同的理由,也应适当增大闭合角,如图 2-6-65 所示。

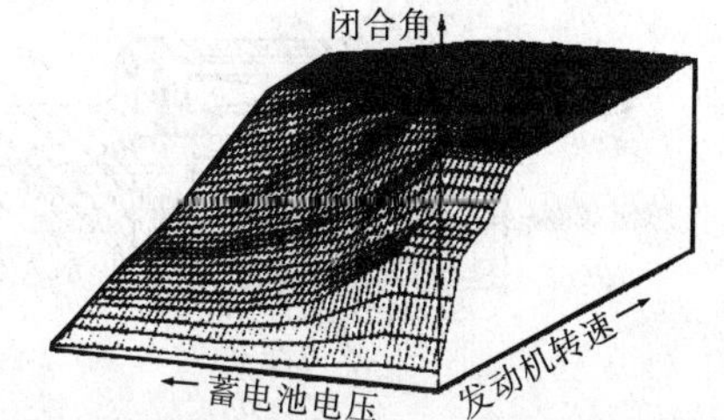

图 2-6-65 闭合角与发动机转速和蓄电池电压的关系

3.爆震控制

爆震是汽油机运行过程中最有害的一种故障现象。如果汽油机持续爆震,火花塞电极或活塞就可能产生过热、熔损等现象,导致发动机损坏,因此,必须防止爆震的发生。爆震与点火时刻存在着密切的关系。点火时刻提前,燃烧的最大压力就高,因而容易产生爆震。如图 2-6-66 所示为爆震与点火时刻、发动机转矩的关系。

发动机发出的最大转矩的点火时刻(MBT)是在开始发生爆震点火时刻(爆震界限)的附近。对无爆震控制的点火系统,为了防止爆震的产生,其点火时刻的设定远离爆震边缘,这样势必降低发动机效率,增加燃油消耗。

具有爆震控制功能的点火系统能使点火时刻到爆震边缘只有一个较小的余量,这样既可控制爆震的发生,又能更有效地得到发动机的输出功率。这种控制是用一个爆震传感器检测发动机有无爆震现象,并将信号送至发动机 ECU,ECU 根据此信号来调整点火提前角,爆震时,推迟点火,没有爆震时,则提前点火,以保证在任何工况下的点火提前角都处于接近发生爆震的最佳角度。

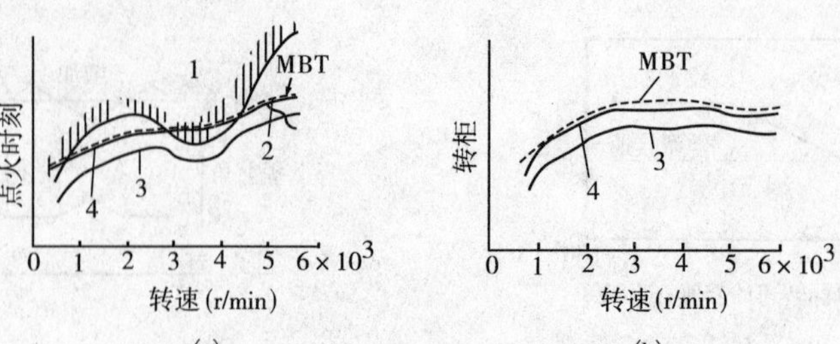

图 2-6-66 爆震与点火时刻和发动机转矩的关系

(a)爆震和点火时刻的关系;(b)爆震和发动机转矩的关系

1-爆震范围;2-余量幅度;3-无爆震控制时;4-有爆震控制时

发动机爆震的检测方法有汽缸压力检测、发动机机体振动检测和燃烧噪声检测等。最常用的是发动机机体振动检测。

(1)爆震传感器。采用发动机机体振动检测法的爆震传感器安装在发动机的汽缸体上,有磁致伸缩式和压电式两种类型,压电式又分为共振型和非共振型。

①磁致伸缩式爆震传感器。磁致伸缩式爆震传感器是应用最早的爆震传感器,其结构如图 2-6-67 所示。用高镍合金组成的磁芯外侧设有永久磁铁,在磁铁上绕有感应线圈。当发动机产生爆震对,机体会产生振动。机体的振动使磁芯受振而偏移致使感应线圈中的磁力线发生变化,线圈将产生感应电动势,此电动势即为爆震传感器的输出电压信号。输出电压的大小与发动机振动的频率有关,当传感器固有振动频率与发动机的振动频率相同时将产生谐振,此时,传感器输出的电压最大,其输出特性如图 2-6-68 所示。

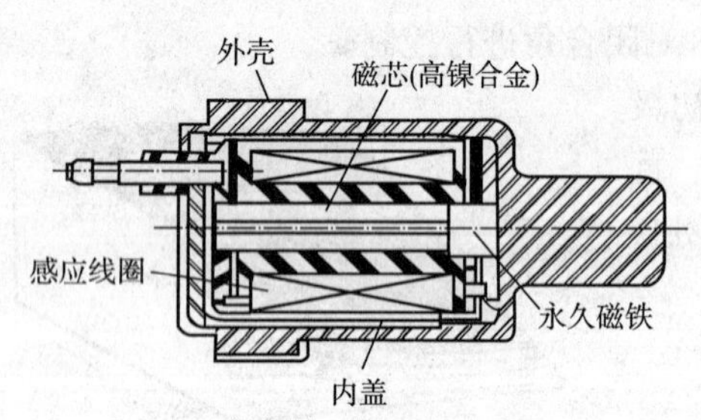

图 2-6-67 磁致伸缩式爆震传感器结构

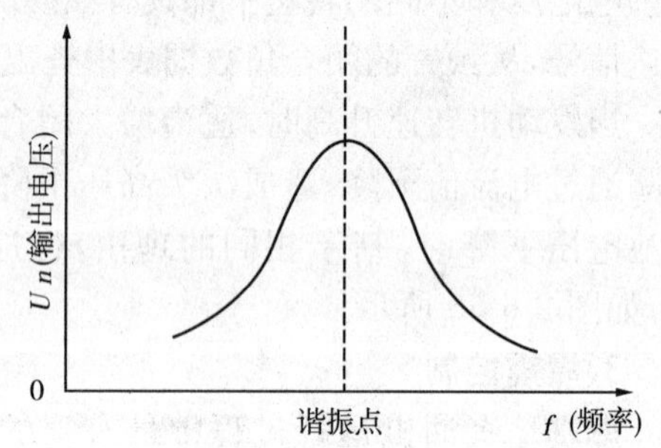

图 2-6-68 磁致伸缩式爆震传感器的输出特性

②共振型压电式爆震传感器。共振型压电式爆震传感器的结构如图 2-6-69 所示,主要由压电元件和振荡片组成。压电元件紧压在振荡片上,振荡片又固定在传感器的基座上。振荡片随发动机的振动而振荡,波及压电元件,使其变形而产生电压信号。当发动机爆震时的振动频率与振荡片的固有频率相等时,振动片将产生共振,此时,压电元件将产生最大的电压信号,如图 2-6-70 所示。因该爆震传感器在爆震时输出的电压比较高,因此无需使用滤波器即可判别有无爆震产生。

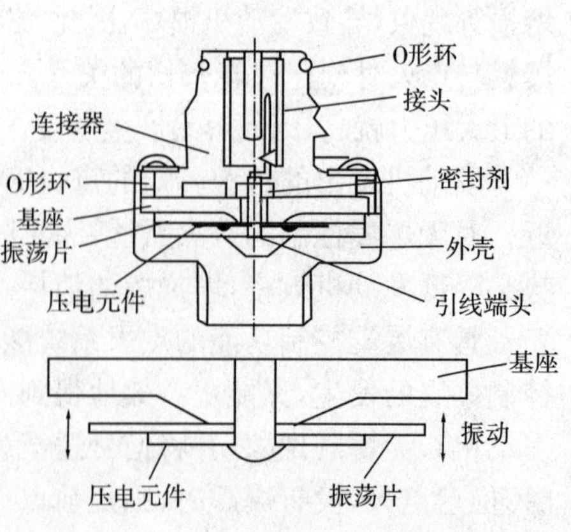

图 2-6-69 共振型压电式爆震传感器

③非共振型压电式爆震传感器。这种爆震传感器

的结构如图 2-6-71 所示。它由平衡重、压电元件、壳体、电器连接装置等构成。两个压电元件同极性相向对接，平衡重将加速度变换成作用于压电元件上的压力，输出电压从这两个压电元件的中央取出，平衡重由螺栓固定在壳体上。该爆震传感器构造简单，制造时不需要调整。当发动机爆震时，安装在发动机汽缸体上的爆震传感器内部平衡重因受振动的影响而产生加速度，因此，在压电元件上受到加速时惯性力的作用而产生压电信号。在爆震产生时，这种传感器输出的电压不是很大，具有平缓的输出待性，如图 2-6-72 所示。因此，必须将反映发动机振动频率的输出电压信号送至识别爆震的滤波器中，判别是否有爆震产生的信号。

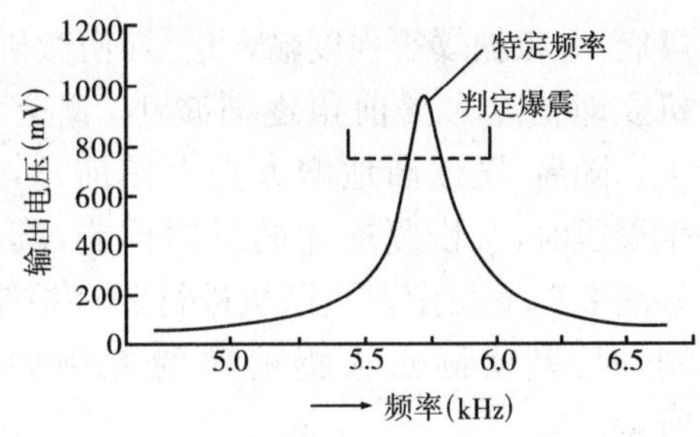

图 2-6-70 共振型压电式爆震传感器输出电压与频率关系

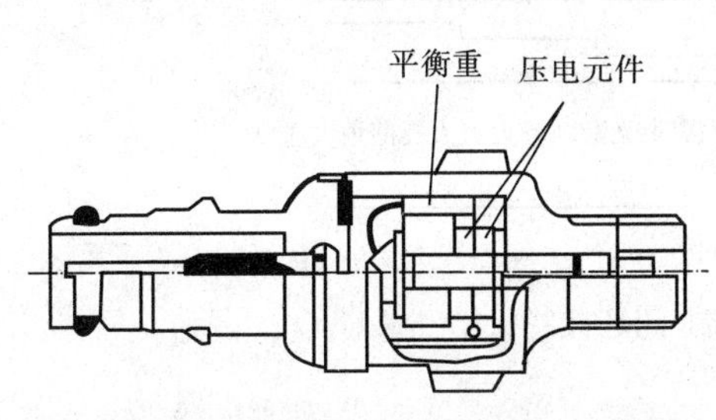

图 2-6-71 非共振型压电式爆震传感器

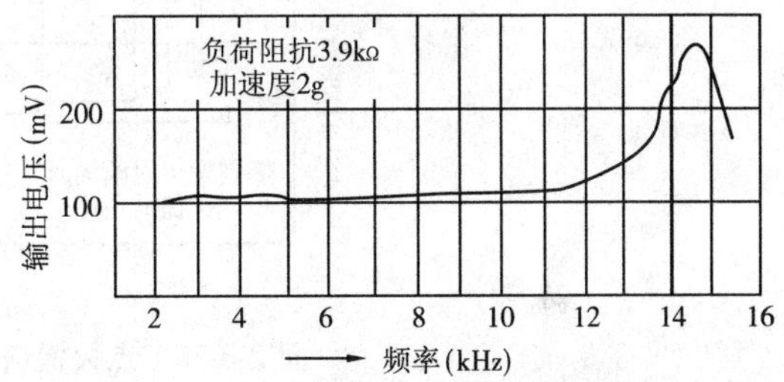

图 2-6-72 非共振型压电式爆震传感器输出电压与频率关系

(2)爆震控制。要控制爆震，首先必须判断爆震是否产生。图 2-6-73 所示是把爆震传感器的输出信号进行滤波处理后并判别爆震是否产生的程序。来自爆震传感器的信号，含有各种频率的电压信号，先经滤波电路，将爆震信号与其他振动信号分离，只允许特定范围频率的爆震信号通过滤波电路，再将此信号的最大值与爆震强度基准值进行比较，如大于爆震强度的基准值，表示产生爆震，如图 2-6-74 所示，则将爆震信号输入微机，由微机进行处理。爆震强度的大小以超过基准值的次数来计量，其次数越多，则爆震强度越大；次数越小，爆震强度越小。因为爆震仅在混合气燃烧期间发生，所以，为了避免干扰引起的误检测，只在“爆震判别范围”进行处理，由微机完成爆震的控制。

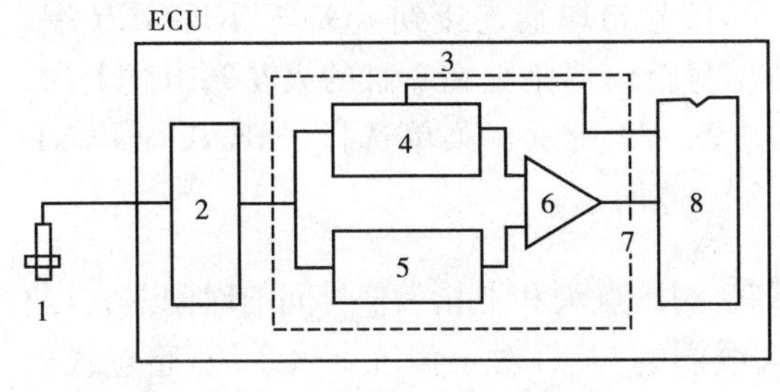

图 2-6-73 共振型压电式爆震传感器

1-爆震传感器；2-滤波回路；3-爆震判定区间信号；4-峰值检测；5-比较基准能量级计算；6-爆震判定；7-爆震；8-微机

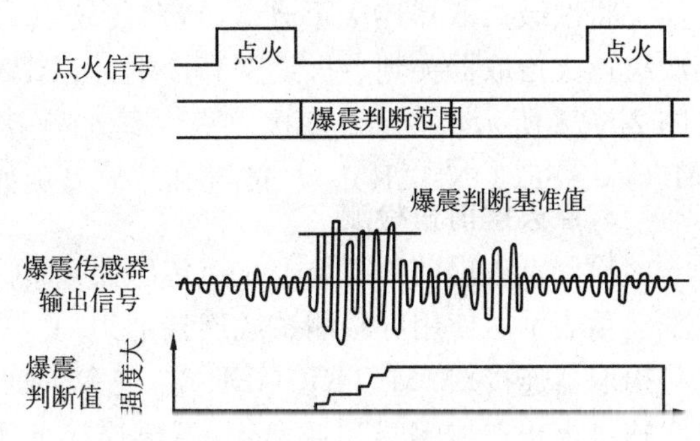

图 2-6-74 共振型压电式爆震传感器输出电压与频率关系

当发动机发生爆震时，微机通过爆震传感器输入信号和比较电路判断出发动机是否产生爆震，并根据爆震强度输入信号，由微机控制点火提前角的大小。在检测到发动机爆震时，微机立即把点火提前角逐渐减小，直至无爆震产生。随后，又逐渐地增大点火提前角，一直到产生爆震时，又恢复前述的反馈控制，其控制原理如图 2-6-75 所示。当微机进行闭环控制（反馈控制）时，其实际点火提前角的控制如图 2-6-76 所示。

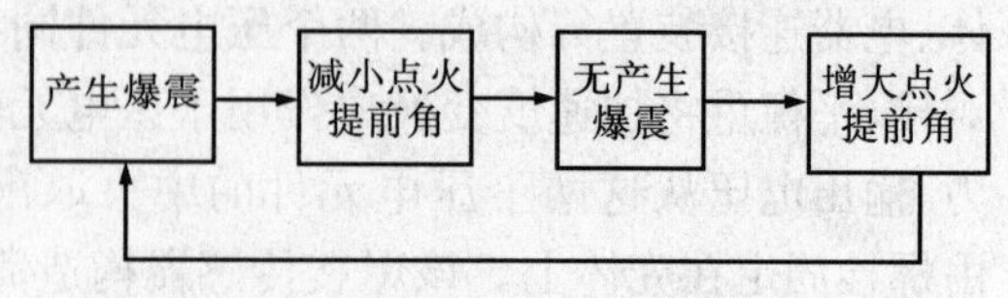

图 2-6-75 爆震反馈控制原理

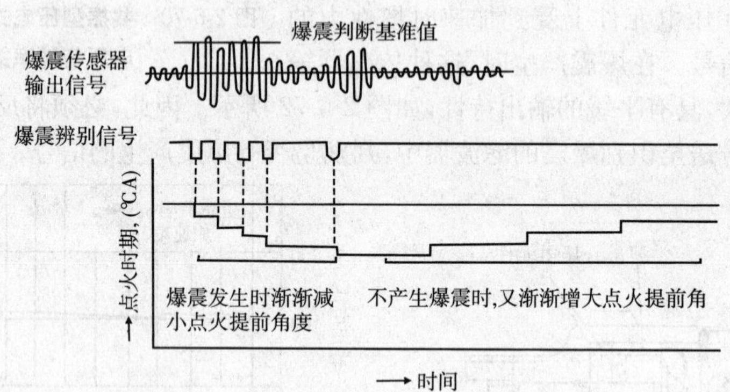

图 2-6-76 点火提前角的控制（闭环控制）

四、点火系统波形分析

（一）点火波形的检测

点火波形的检测可以使用汽车专用示波器的点火系统测试功能进行，检测内容主要包括初级电压波形检测、次级电压波形检测、点火提前角检测和闭合角检测等。

1. 初级电压波形检测

用屏蔽测试线连接至通道 A 并连接至点火系统的初级。对于传统点火系统，感应式信号拾取器连接 COM/TRIGGER 输入，再夹在第 1 缸的高压线上，并且靠近火花塞。菜单选择：MENU→IGNITION→PRIMARY。功能键和结果显示如图 2-6-77 所示。

2. 次级电压波形检测

将次级拾取器连接至通道 A，对传统点火系统，信号拾取器连接到 COM/TRIGGER 端。次级点火拾取器夹到点火线圈高压端，而 RPM90 信号拾取器则夹在 1 缸的火花塞引线上，如图 2-6-78 所示，对 DIS 直接点火系统的连接如图 2-6-79 所示。菜单选择：MENU→IGNITION→SECONDARY。功能键和结果显示如图 2-6-80 所示。

3. 点火提前角检测

检测点火提前角需要上止点传感器，FLUKE 98 测试点火和上止点信号间的时间差，以曲轴转角表示。使用屏蔽测试线连接通道 A 和点火线圈的初级，对于传统点火系统，感应式信号拾取器连接 COM/TRIGGER 端，夹在 1 缸的高压线上并靠近火花塞。另外一条屏蔽测试线连接上止点传感器和通道 B，不要连接此测试线的搭铁线，如图 2-6-81 所示。菜单选择：MENU→IGNITION→ADVANCE。功能键和结果显示如图 2-6-82 所示。

4. 闭和角检测

使用屏蔽测试线连接通道 A 和点火线圈的初级，如图 2-6-83 所示。菜单选择：MENU→

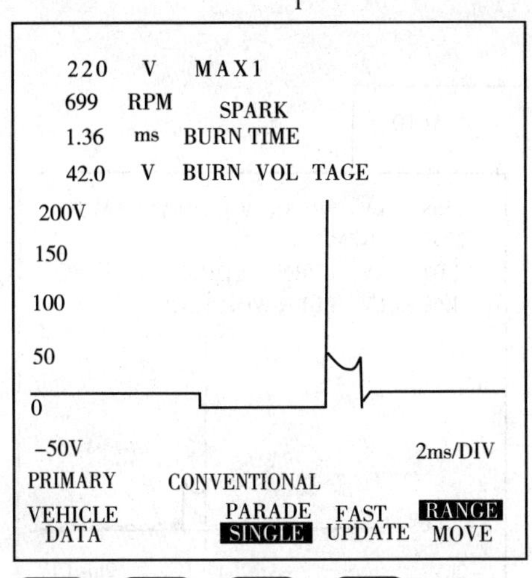

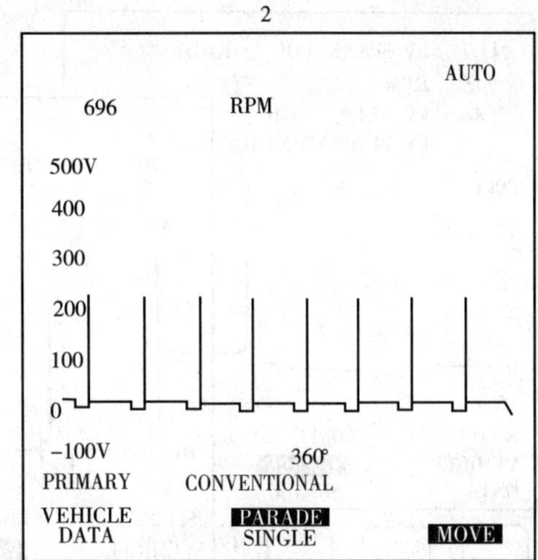

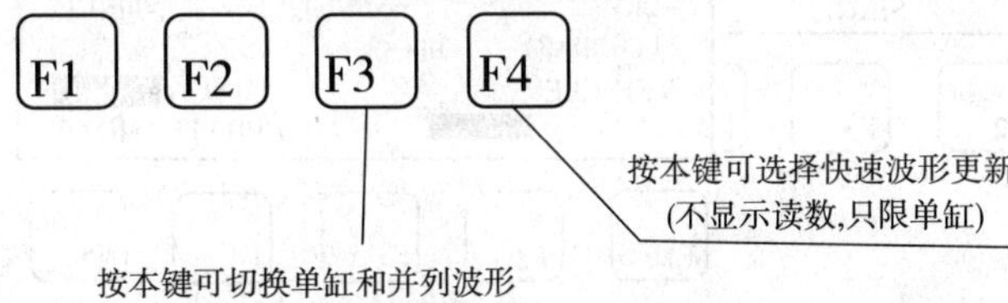

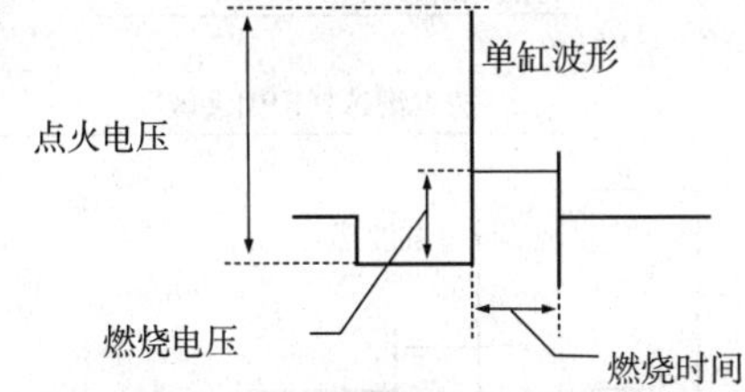

图 2-6-77 点火初级电压波形

1-单缸结果显示;2-并列结果显示

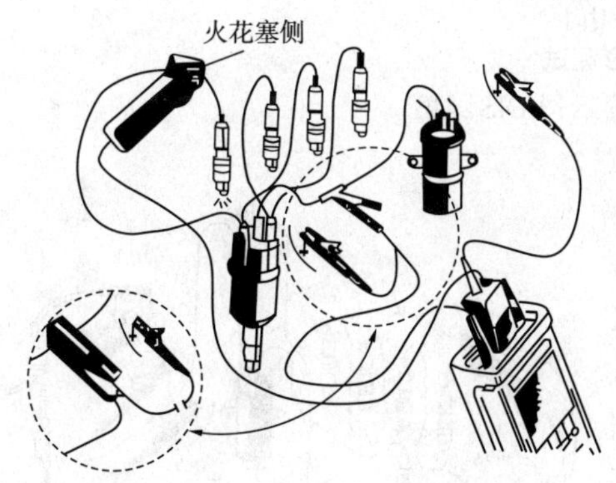

图 2-6-78 测试传统次级点火单缸和多缸并列波形

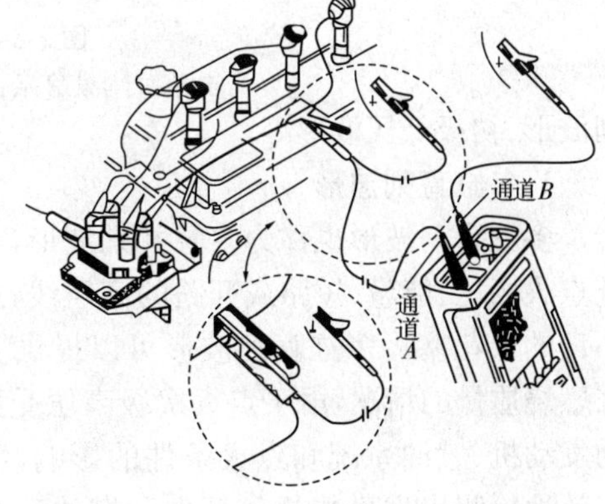

图 2-6-79 测试 DIS 次级点火单缸波形

IGNITION→DWELL。功能键和结果显示如图 2-6-84 所示。

(二)点火波形的分析与故障诊断

点火波形的显示方式有多缸直列波形、次级高压单缸波形、次级高压重叠波、次级高压并

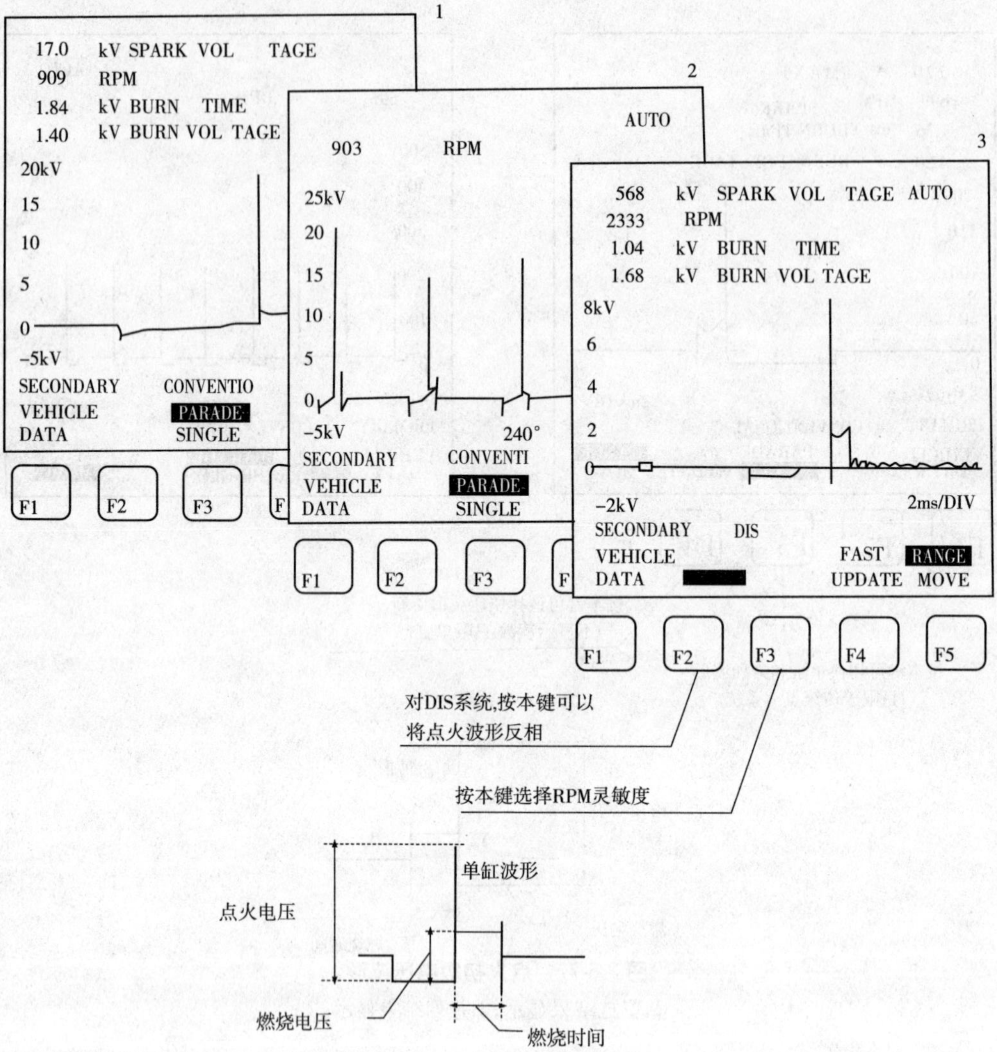

1

17.0 kV SPARK VOLTAGE
909 RPM
1.84 kV BURN TIME
1.40 kV BURN VOLTAGE
20kV 15 10 5 0 -5kV
SECONDARY CONVENTIO
VEHICLE PARADE
DATA SINGLE
F1 F2 F3

2

AUTO
903 RPM
25kV 20 15 10 5 0 -5kV 240°
SECONDARY CONVENTI
VEHICLE PARADE
DATA SINGLE
F1 F2 F3

3

568 kV SPARK VOLTAGE AUTO
2333 RPM
1.04 kV BURN TIME
1.68 kV BURN VOLTAGE
8kV 6 4 2 0 -2kV 2ms/DIV
SECONDARY DIS
VEHICLE FAST RANGE
DATA UPDATE MOVE
F1 F2 F3 F4 F5

对DIS系统,按本键可以将点火波形反相

按本键选择RPM灵敏度

单缸波形
点火电压
燃烧电压
燃烧时间

图 2-6-80 点火波形测试

1-单缸结果显示;2-并列结果显示;3-DIS 结果

列波形、初级低压波形等。

1. 多缸直列波形

多缸直列波形也称为多缸并列波形,主要用来检查点火高压、能量、短路或开路的高压线,或引起点火不良的火花塞。多缸直列波形可以提供关于各个汽缸燃烧质量的情况,由于点火次级高压受到各种不同的发动机、燃油系统和点火条件的影响,所以它能够有效地检测出发动机机械部件和燃油系统部件以及点火系统部件对点火次级高压的影响情况。同时,多缸直列波形还能比较各缸高压值,判断哪一缸点火高压有故障。

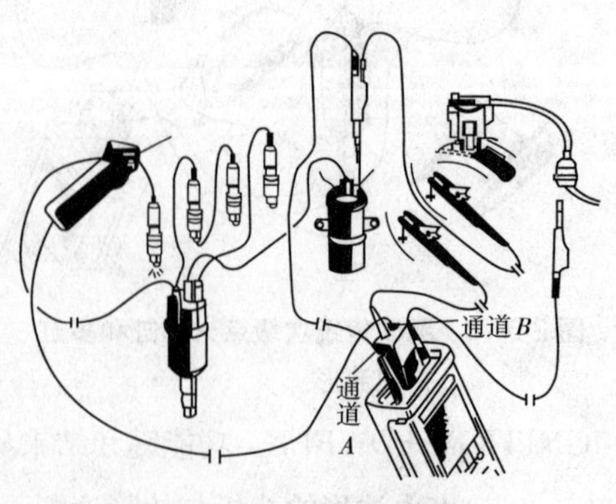

图 2-6-81 测试提前角

多缸直列波形从左边第一缸的高压波形开始,示波器显示屏会按照点火顺序将每个缸点火周期的波形从左到右依次显示。例如，图 2-6-85 是四缸发动机点火直列波形，点火顺序是1、3、4、2，则屏幕将从左边第 1 缸开始显示点火波形，向右依次是第 3 缸、第 4 缸和第 2 缸。

起动发动机，怠速运行，在行驶中检测多缸直列波形。如果发动机有故障，可在产生故障的条件下检测多缸直列波形。各缸的点火峰值电压（击穿电压）应该相对一致，基本相等。图 2-6-86 是六缸发动机的标准直列高压波形和常见故障波形。图 2-6-86a 所示为标准直列波形。如果像图 2-6-86b 所示各缸点火高压都高，其故障原因有：中央高压线断路，中央高压线未插好，各缸火花塞间隙过大，各缸火花塞烧坏或积油，混合气过稀，各缸压缩压力过低；如果像图 2-6-86c 所示个别缸点火高压高，其故障原因有：分缸高压线断路或未插好，火花塞商隙过大，火花塞烧坏或积油，分缸高压线电阻过高，汽缸压缩压力过低；如果像图 2-6-86d 所示各缸点火高压都低，其故障原因有：蓄电池电压不足，低压电路故障使低压电流过小，电容容量小，点火线圈故障，中央高压线短路，分电器盖漏电，分火头漏电，各负荷火花塞间隙过小或积炭，混合气过浓；如果像图 2-6-86e 所示个别缸点火高压低，其故障原因有分缸高压线短路、漏电，火花塞间隙过小或积炭，火花塞型号不对。进一步确诊故障原因，可进行下列试验。

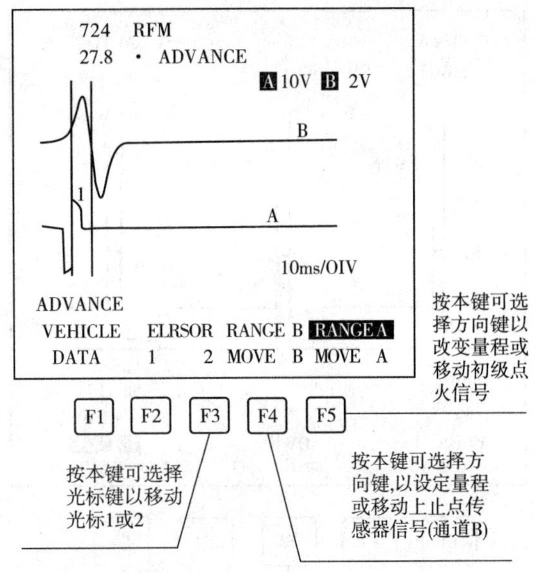

图 2-6-82 点火提前角波形

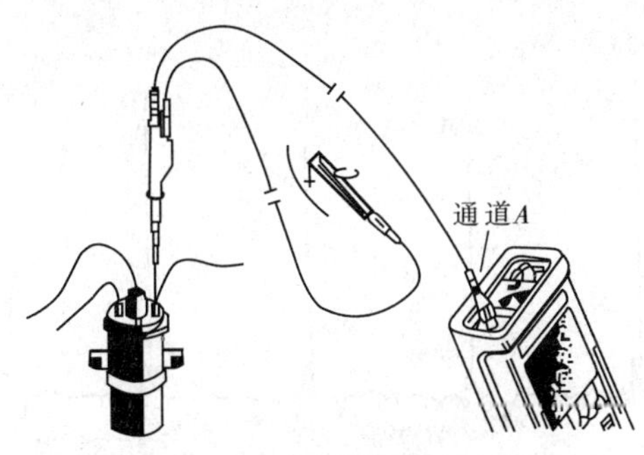

图 2-6-83 测试闭和角标线方法

任意取下某缸火花塞上的高压线，该缸次级高压峰值电压应立即升高至 20 kV 以上。如取下某缸高压线后，点火高压峰值电压低于 20 kV，说明点火能量太小，故障原因是点火线圈不良、分电器、高压线或分火头有漏电。

将发动机转速升至 2 500 r/min，如各缸点火高压峰值电压一致减少，但可保持在 5 kV 以上，说明点火系统可在高速时正常工作。如各缸高压峰值都减少至 5 kV 以下，说明点火线圈不良。如发动机转速升高后，个别缸点火高压峰值电压高于其他各缸时，说明该缸火花塞间隙过大；如发动机转速升高后，个别点火高压峰值电压低于 5 kV，说明该缸火花塞间隙过小、脏污或绝缘体有细微裂纹。

2. 点火次级高压单缸波形

检测点火次级高压单缸波形的主要作用是分析单个缸的点火闭和角（即点火线圈初级线圈通电时间，它决定断开电流 I_K 值，I_K 大，次级高压高）；分析点火线圈和次级高压电路性能（观察点火高压击穿电压值，燃烧电压值，点火时间等）；查出单缸不适当的混合气空燃比（从燃烧线看）；分析电容性能；查出造成汽缸失火的火花塞（从燃烧线看）。图 2-6-87a 是标准点火次级高压单缸波形，图 2-6-87b 是该波形放大图，点火次级高压单缸波形常见的故障波形如图

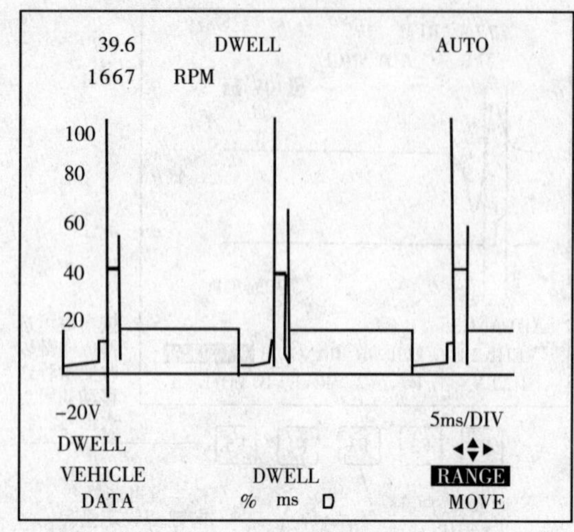

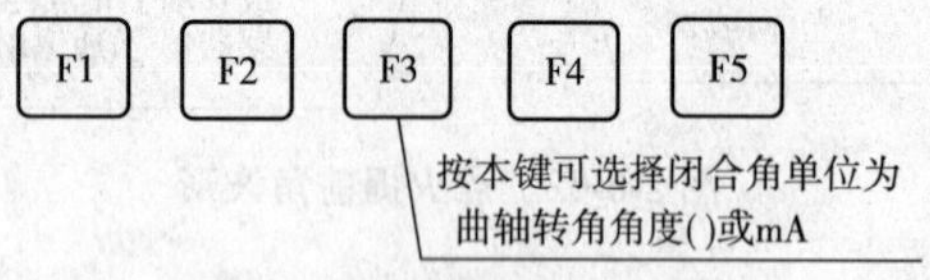

图 2-6-84 测试闭和角波形

2-6-88 所示。

3.次级高压重叠波形

将多缸发动机各缸次级电压的曲线重叠在同一图形上，即为重叠波。利用重叠波可诊断出分电器凸轮磨损情况和断电器触电闭合角的大小。标准重叠波中，断电器触点闭合段应占的比例为：四缸发动机 45%～50%，六缸发动机 63%～70%，八缸发动机 64%～71%。此外，要求闭合段波形的变化范围不应超过波段长度的 5%。

4.次级高压并列波形

次级高压并列波形是将多缸发动机次级电压波形并列在一个图形上显示，可观察各缸高压情况及闭合角，如图 2-6-89 所示。

5.点火初级低压波形

由于点火初级和次级线圈有互感作用，当继电器触点断开时，次级线圈感应出高压，在点火次级发生跳火状态时还会反馈给初级电路。点火初级闭合角测试是初级低压波形中的一个重要数据，初级点火闭合角显示主要用于：分析单个汽缸的点火闭合角（初级线圈通电时间）；确定平均闭合角的度数或毫秒数；分析点火线圈初级电路性能；分析电容性能。汽车示波器在显示屏上可以用数字显示出波形的特征值。

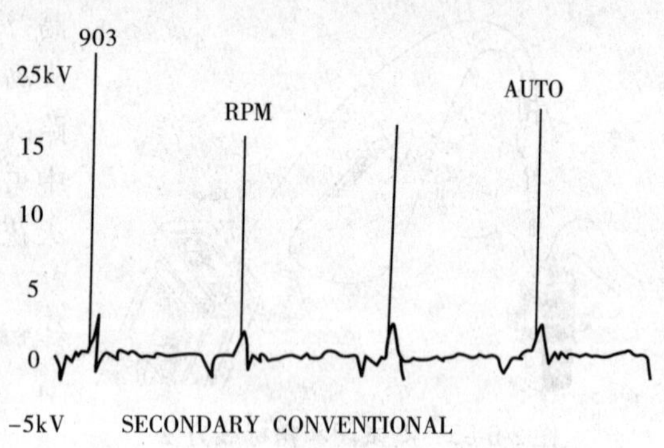

图 2-6-85 多缸直列次级高压波形

检测点火初级低压波形，先使发动机怠速运转，再加速发动机或按照行驶性能出现故障或点火不良发生的条件来起动发动机或驾驶汽车，密切注意当发动机负荷和转速变化时闭合角的变化情况，核实初级点火闭合角是否在标准范围内。闭合角测试波形如图 2-6-90 所示。

五、点火系统故障诊断

(一)点火系统故障的特征

汽车运行期间发动机不能起动或起动后运转不稳及中途熄火等，大都是由点火系统和燃油系统故障所致。据统计，点火系统和燃油系统故障占汽车总故障的 50%以上。一般来说，若发动机在运转中突然熄火并发动不着，原因多为点火系统故障。点火系统的故障特征主要表现为无火、缺火、火花弱和点火不正时，会造成发动机不能起动或运转不正常。

(二)触点式点火系统的常见故障检测

1.发动机不能起动

先按喇叭或开大灯，确定电源供电是否正常。确知电源供电正常后，再判断故障是在高压

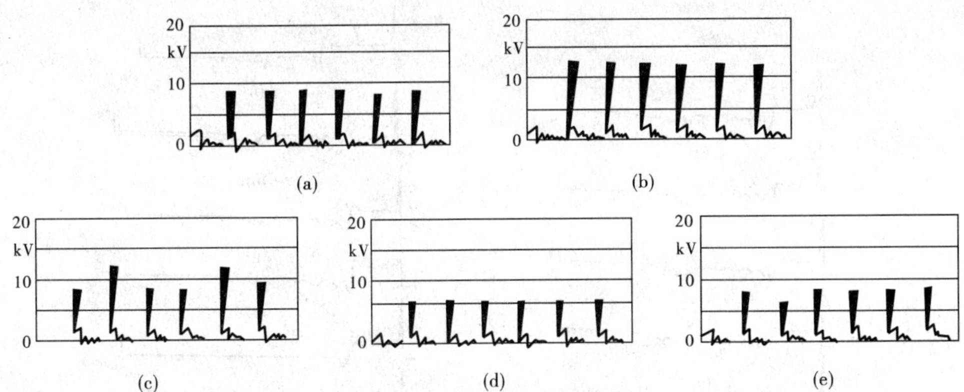

图 2-6-86　六缸发动机的标准直列高压波形和常见故障波形

(a)六缸发动机标准直列波；(b)各缸点火高压都高；(c)个别缸点火高压高；(d)各缸点火高压都低；(e)个别缸点火高压低

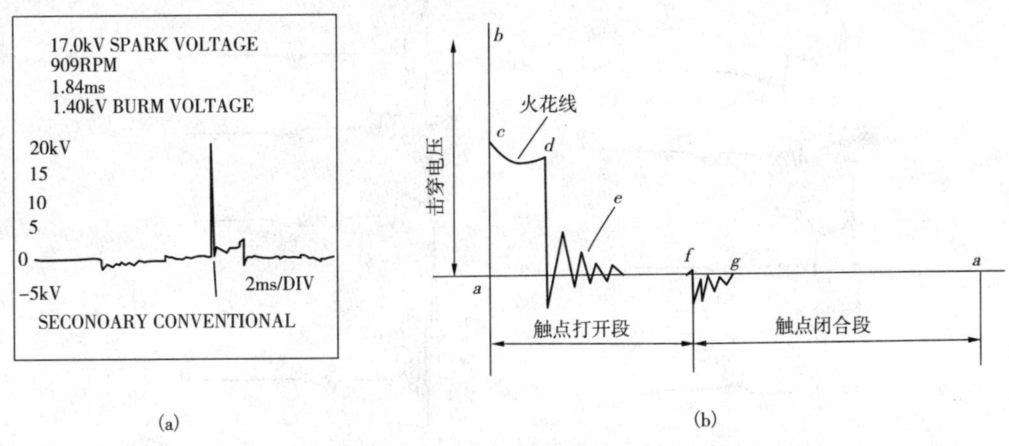

图 2-6-87　标准点火次级高压单缸波形

(a)标准实际显示波形；(b)放大后波形

a-断电器触点打开，次级高压急剧上升；*ab*-击穿电压，一般约 10 kV；*bc*-电容放电，放电电流几十安培，放电时间约 1 μs；*cd*-电感放电，称为火花线或燃烧电压，电压约 600 V，放电电流约几十毫安，放电时间约几毫秒；*e*-第一个振荡，火花消失后剩余磁场能维持的衰减振荡，振荡波最少两个，最好 3～5 个，但也不能过多；*f*-断电器触点闭合；*g*-第二次振荡，断电器触点闭合，初级线圈产生低压电流对次级线圈产生的个感应电势而引起的少许振荡；*fa*-触点闭合的时间，可读出闭合角；*af*-触点打开的时间

电路还是在低压电路。打开发动机罩，拔出分电器中央高压线，使其距汽缸体 4～6 mm，接通点火开关，摇转曲轴，察看火花情况。

(1)火花强。表示低压电路和点火线圈良好，故障在分电器和火花塞高压电路中。再从火花塞上端拆下高压线头，摇转曲轴对机体试火，如无火，应检查分火头、分电器盖及高压分线是否漏电；有火花时，需检查点火正时和火花塞的工作情况。

(2)无火花。表明低压电路有短路、断路或点火线圈、中央高压线有故障，可开、闭触点，观察电流表指针读数。若电流表指示 3～5 A 并间歇摆动，则低压电路良好，表明故障发生在高压电路。若电流表指针不摆动，指示为零，表明低压电路有断路。若电流表指针指示 3～5 A 而不摆动或指示大电流，表示低压电路中有搭铁故障。

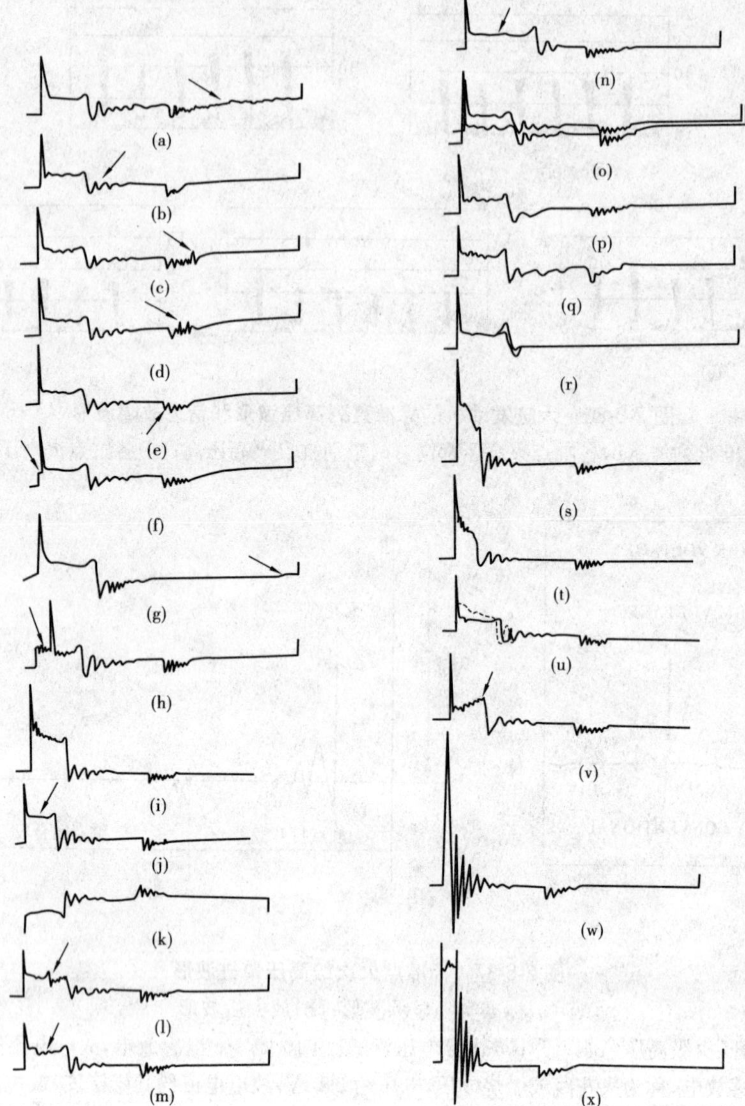

图 2-6-88　点火次级高压(单缸)常见故障波形

(a)低压电路断路;(b)高压线圈电阻太大或断电器触点烧蚀;(c)低压电路接头松动;(d)断电器触点弹力太弱或断电器触点跳动;(e)断电器触点电阻太大;(f)电容器微漏电;(g)电子点火器限流电路不良;(h)电容器电阻太大;(i)发动机积炭;(j)火花塞间隙过大或混合气太稀;(k)低压电路正负极接反;(l)分电器盖或分火头不良;(m)气缸压力太低或混合气太稀;(n)火花塞积炭或间隙太小;(o)次级线圈或中央高压线间隙性断路;(p)电容器或次级线圈漏电;(q)次级线圈漏电;(r)初级或次级接点断路;(s)高压线电阻太大;(t)火花塞电阻太大;(u)混合比调整不当或喷油器不良;(v)火花塞过热或气门漏气;(w)高压电路断路;(x)高压电路电阻太大

2. 发动机工作不正常

(1)有一缸或几缸缺火。发动机如有一缸或几缸缺火就会运转不匀,排气管中排出黑烟并放炮。产生的原因多为高压分缸线漏电或脱落,分电器盖漏电,凸轮磨损不均,火花塞工作不良或不工作,高压分缸线插错。

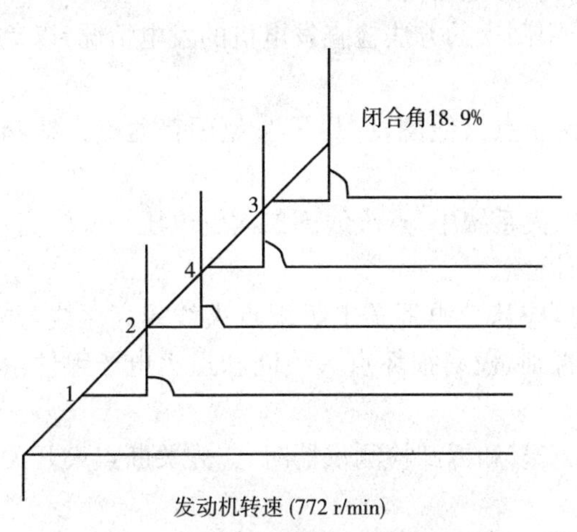

图 2-6-89 次级高压并列波形

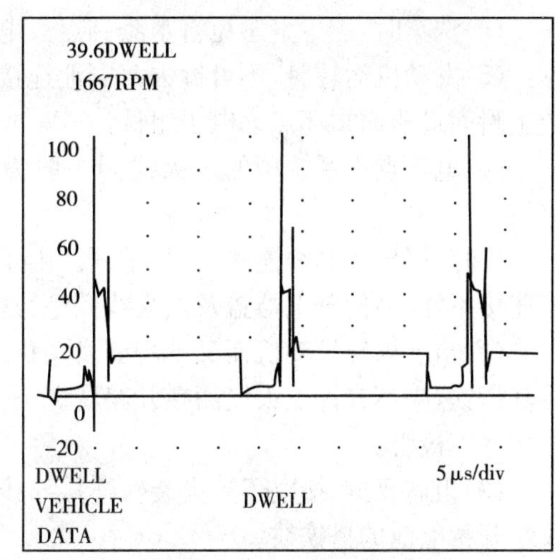

图 2-6-90 X 闭合角测试滤形

检查时，应先找出缺火的汽缸，再排除缺火的原因。方法是用螺丝刀将火花塞接线柱逐个搭铁，听发动机运转声音。如将某火花塞搭铁后，发动机转速无变化，表明该火花塞不工作；反之，如发动机转速降低，则表明该火花塞工作良好。

一个缸不工作，应取下缺火汽缸的火花塞上的高压分线，使线端距火花塞接线柱 3～4 mm。在发动机工作时，该间隙中如有连续的火花且发动机运转随之均匀，表明火花塞积炭；如无火花，表明高压分线或配电器盖有故障。两个缸不工作时，应检查点火顺序是否正确。

如有几个汽缸同时不工作，应拔下配电器盖中央高压线作跳火试验。如有火，表示高压电供应正常，故障在配电器盖、高压分线或火花塞；如跳火断续，表明断电器凸轮、电容器或点火线圈有故障。

(2)点火时间不当。发动机不易起动，行驶无力，加速发闷，排气管放炮，发动机过热，应检查点火是否过迟，触点间隙是否偏小，分电器壳是否松动；摇转曲轴起动时反转，加速时爆震，应检查点火是否过早，触点间隙是否过大。

(3)高速不良。发动机低、中速工作良好，高速时工作不平稳，排气管放炮并有断火现象，应检查触点间隙是否过大，触点臂弹簧弹力是否过弱，火花塞间隙是否过大，也可能是电容器或点火线圈工作不良。

(三)电子点火系统的故障检测

1.电子点火系统使用注意事项

电子点火装置只要安装、使用得当，通常无须进行维护和修理，故障率也很低。但如果安装、使用不当，也会造成一些人为故障，甚至损坏点火装置。为此，在使用过程中，应注意以下事项：

(1)安装时接线必须正确、牢固，尤其注意电源极性不可接错，否则，极易损坏点火电子组件。

(2)电子点火装置必须有可靠的搭铁，尽量减少搭铁处的接触电阻，以确保电路稳定可靠地工作。

(3)点火信号线与高压线应分开，以免干扰点火电子组件的正常工作。

(4)洗车时,应尽量避免将水溅到点火电子组件和分电器内。

(5)发动机运转时,不可拆去蓄电池连接线,或用刮火的方法检查发电机的发电情况,以免产生瞬间过压而损坏点火电子组件。

(6)电子点火系统中的点火线圈一般为专用高能点火线圈,应尽量避免用普通点火线圈代用。

(7)高压导线必须连接可靠、牢固。由于电子点火系统中,点火线圈二次侧电压一般较高,若连接不好,易使分电器盖及点火线圈绝缘击穿而损坏。

(8)当需摇转发动机而又不需要发动机起动时,应从分电器盖上拆下点火线圈高压线,并将其搭铁,决不允许点火线圈在开路状态下工作,否则,极易损坏点火线圈和点火电子组件中的功率三极管。

(9)当需要拆、接电子点火装置连接导线时,或安装和拆卸检测仪器时,应先关断点火开关或断开蓄电池的搭铁线。

(10)点火电子组件应安装在干燥、通风良好的部位,并保持其表面的清洁,以利散热。

2.电子点火系统的故障检查

在进行电子点火系统检查时,应该检查点火系统所有部件是否有损坏,尤其是分电器盖和分火头。仔细查看分电器盖内部,看是否有裂纹、火花、炭痕。检查分火头是否断裂、烧蚀、积炭。高压线插孔是否腐蚀或有烧损的痕迹。除了上述元件外,火花塞、点火线圈、传感器以及各部件连接处也会出现故障,而点火器或ECU出现故障的可能很小。

如果发动机不能发动,可从分电器盖上拔下中央高压线,并使其端部距离汽缸体5～7 mm,然后起动发动机,观察线端是否跳火,如无火花,应首先对点火装置的有关连接导线、搭铁线、电源线及工作电压等进行检查,如果正常,则可进一步对点火线圈、点火高压电路、点火信号发生器以及点火电子组件进行检查。相应元件的检测方法见本章第三节。

(四)微机控制点火系统的故障检测

在车上检查时,应先进行火花试验。拔下分电器高压电线,使高压线端头离车身12.5 mm,转动发动机,观察是否有电火花(为了避免在转动发动机时喷油器喷油,每次转动发动机不能超过2 s),如果有火花,再检查火花塞;如果没有火花,应按图2-6-91顺序进行试验。检查时注意,发动机不起动,点火开关在ON位置不能超过10 min;发动机运转时,不要拆下蓄电池。检查点火器是否正确接头。检测要点如下:

(1)高压线的检查。捏住高压线上的橡胶护套小心地从火花塞上拆下高压线,用欧姆表测量电阻,如果不符合规范,更换。

(2)火花塞的检查。拆下高压线,用兆欧表测量绝缘电阻,如小于规定值,拆下火花塞,检查螺纹和绝缘体是否损坏,如损坏,则更换。如果没有兆欧表,可以使发动机加速到4 000 r/min五次,拆下火花塞检查,如果电极是干的,说明正常,如果是湿的,说明绝缘性不好,需检查火花塞的螺纹或绝缘体是否损坏。检查电极间隙,如电极间隙不对应,更换火花塞,如电极上有油渍痕迹,应让它干燥后再用火花塞清洗剂进行清洗。

(3)点火线圈的检查。检查初级线圈、次级线圈的电阻,如不符合规定,应更换。

(4)分电器的检查。主要检查分电器接头、盖以及转子有无损坏或积炭。

(5)传感器的检查。检查转子凸起与信号线圈突出部位的空气间隙,以及G1与G、G2与G、Ne与G之间的电阻,如不符合要求应更换总成。

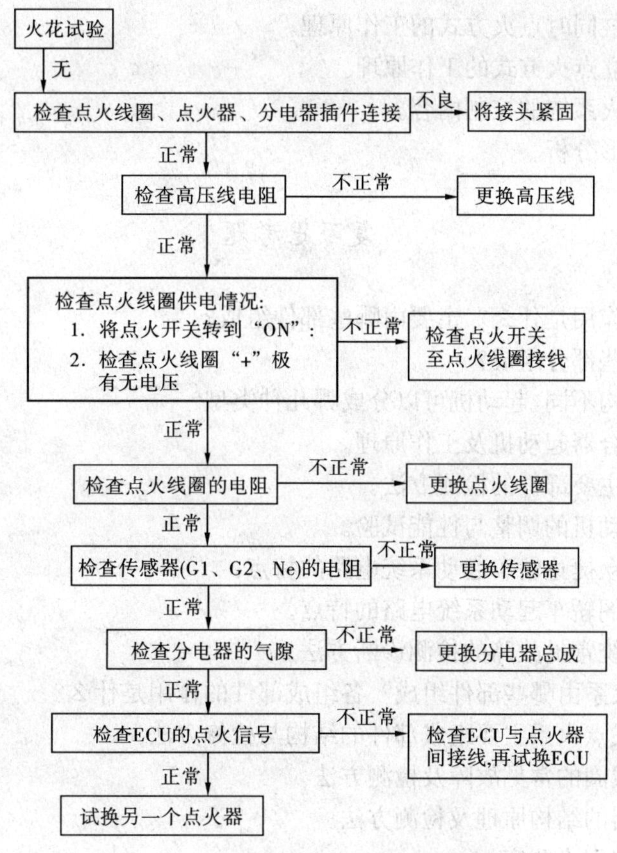

图 2-6-91　点火系统无火花故障检查程序

(6)点火器的检查。检查点火继电器各端子之间的导通情况以及继电器通电后的动作情况,如不符合要求,更换点火继电器。

以上就是常见点火系统的检查程序以及各部件的检查要点,每个厂家不同型号的发动机的维修要求及规格并不相同,要具体对待。

本章小结

本章介绍了以下几方面的内容:

◆起动系统的作用和组成。

◆起动机分类、结构原理和性能检测。

◆典型发动机起动控制电路。

◆起动系统常见故障的检测诊断。

◆起动机的调整与性能试验。

◆触点式点火系结构与检修。

◆火花塞的热特性和选用。

◆电子点火系类型、组成、结构原理与检修方法。

◆微机控制点火系的结构原理与检修方法。

◆无分电器双缸同时点火方式的工作原理。
◆无分电器独立点火方式的工作原理。
◆微机控制点火系统的控制内容。
◆点火系统波形分析。

复习思考题

1. 起动系统的作用是什么？主要由哪些部件组成？
2. 起动机由哪些部分组成？
3. 根据传动机构不同，起动机可以分成哪几种类型？
4. 简述单向离合器起动机及工作原理。
5. 简述起动机主要部件的检测方法。
6. 如何进行起动机的调整与性能试验。
7. 简述一汽大众捷达轿车起动系统电路的特点。
8. 简述广本雅阁轿车起动系统电路的特点。
9. 简述起动系统常见故障的检测诊断方法。
10. 触点式点火系由哪些部件组成？各组成部件的作用是什么？
11. 简述触点式点火系主要组成部件的结构与检修方法。
12. 简述点火线圈的常见故障及检测方法。
13. 简述分电器的结构原理及检测方法。
14. 如何正确选用火花塞？
15. 简述电磁感应式电子点火系统结构与检修方法。
16. 简述霍尔效应式电子点火系统结构与检修方法。
17. 简述无分电器双缸同时点火系统的结构与检修方法。
18. 简述无分电器独立点火系统的结构与检修方法。
19. 微机控制点火系统的控制内容有哪些？都是如何控制的？
20. 如何进行点火波形的检测？
21. 点火系统故障的特征有哪些？
22. 简述触点式点火系统的常见故障检测方法。
23. 电子点火系统使用注意事项有哪些？
24. 如何进行电子点火系统的故障检查？
25. 简述微机控制点火系统的故障检测方法。

第七章　冷却润滑系结构与检修

本章要点

通过本章的学习：

★了解冷却系统的类型。

★熟悉水冷系的组成。

★熟悉水冷系主要部件的结构和工作原理。

★掌握冷却系统的检修方法。

★掌握冷却系统常见故障的诊断、排除方法。

★熟悉润滑系的功能和润滑方式。

★熟悉润滑系的组成。

★熟悉润滑系主要零部件的结构和工作原理。

★掌握润滑系主要零部件的检修方法。

★掌握润滑系统常见故障的诊断、排除方法。

第一节　冷却系结构与检修

一、冷却系的结构

1.冷却系统的功用

冷却系的主要功用是把受热零件吸收的部分热量及时散发出去，保证发动机在最适宜的温度状态下工作。

2.冷却系统的类型

冷却系按照冷却介质不同可以分为风冷和水冷(图 2-7-1)。如果把发动机中高温零件的热量直接散入大气而进行冷却的装置称为风冷系；而把这些热量先传给冷却液(俗称水)，然后再散入大气而进行冷却的装置称为水冷系。由于水冷系冷却均匀，效果好，而且发动机运转噪声小，目前汽车发动机上广泛采用的是水冷系。

(1)组成。水冷却系是以冷却液作为冷却介质，把发动机受热零件吸收的热量散发到大气中去。目前汽车发动机上采用的水冷系大都是强制循环式水冷系，利用冷却液泵(俗称水泵)强制冷却液在冷却系中进行循环流动。它由散热器、水泵、风扇、冷却液套和温度调节装置等组成(图 2-7-2)。

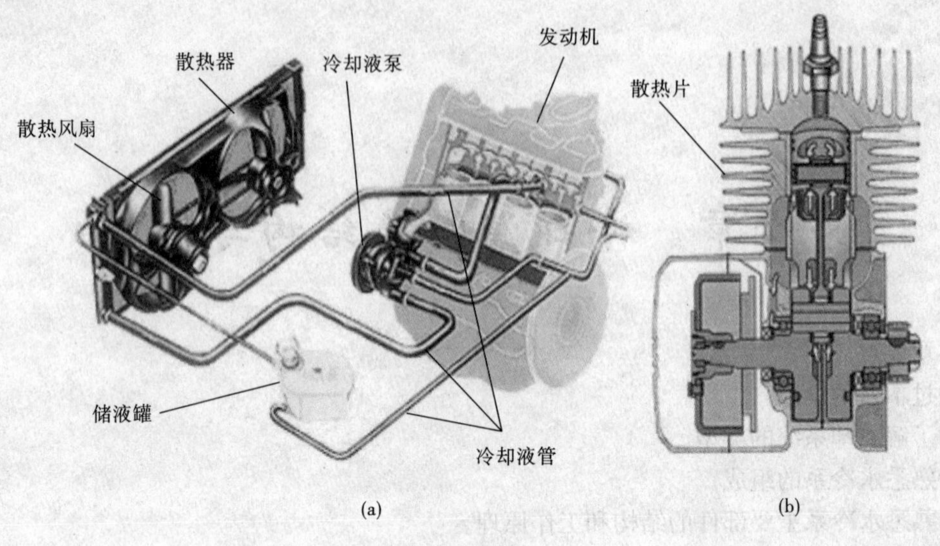

图 2-7-1 冷却系的分类

(a)水冷;(b)风冷

(2)冷却液路。散热器内的冷却液经水泵加压后通过分液管压送到汽缸体冷却液套和汽缸盖冷却液套内,冷却液在吸收了机体的大量热量后经汽缸盖出液孔流回散热器。由于有风扇的强力抽吸,空气流由前向后高速通过散热器。因此,受热后的冷却液在流过散热器芯的过程中,热量不断地散发到大气中去,冷却后的冷却液流到散热器的底部,又被水泵抽出,再次压送到发动机的冷却液套中,如此不断循环,把热量不断地送到大气中去,使发动机不断地得到冷却。

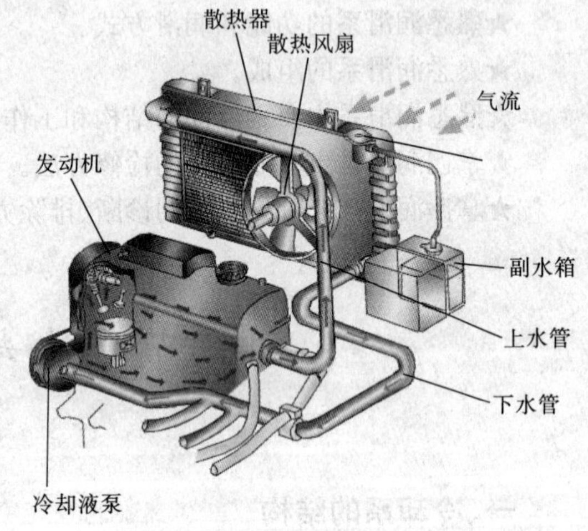

图 2-7-2 水冷系的组成

二、水冷系主要部件的构造

1. 散热器

(1)功用。增大散热面积,加速冷却液的冷却。冷却液经过散热器后,其温度可降低 10~15 ℃,为了将散热器传出的热量尽快带走,在散热器后面装有风扇与散热器配合工作。

(2)结构。散热器又称为水箱,由上储液室、散热器芯和下储液室等组成。散热器上储液室顶部有加液口,冷却液由此注入整个冷却系并用散热器盖盖住。在上储液室和下储液室分别装有进液管和出液管,进液管和出液管分别用橡胶软管和汽缸盖的出液管和水泵的进液管相连,这样,既便于安装,而且当发动机和散热器之间产生少量位移时又不会漏冷却液。在散热器下面一般装有减振垫,防止散热器受振动损坏。在散热器下储液室的出液管上还有放冷却液的开关,必要时可将散热器内的冷却液放掉。

散热器芯由许多冷却液管和散热片组成,散热器芯应该有尽可能大的散热面积,采用散热片是为了增加散热器芯的散热面积。散热器芯的构造形式有多样,常用的有管片式和管带式两种。管片式散热器芯冷却液管的断面大多为扁圆形，它连通上、下储液室，是冷却液的通道。和圆形断面的冷却管相比，不但散热面积大，而且万一管内的冷却液结冰膨胀，扁管可以借其横断面变形而避免破裂。采用散热片不但可以增加散热面积，还可增大散热器的刚度和强度。这种散热器芯强度和刚度都好，耐高压，但制造工艺较复杂，成本高。管带式散热器芯采用冷却管和散热带沿纵向间隔排列的方式，散热带上的小孔是为了破坏空气流在散热带上形成的附面层，使散热能力提高。这种散热器芯散热能力强，制造工艺简单，成本低，但结构刚度不如管片式大，一般多为轿车发动机采用，近年来在一些中型车辆上也开始采用。对散热器的要求是，必须有足够的散热面积，而且所有材料导热性能要好，因此，散热器一般用铜或铝制成。

目前，汽车发动机多采用闭式水冷系，这种冷却系的散热器盖具有自动阀门，发动机热态工作正常时，阀门关闭，将冷却系与大气隔开，防止水蒸气逸出，使冷却系内的压力稍高于大气压力，从而可提高冷却液的沸点。在冷却液系内压力过高或过低时，自动阀门则开启以使冷却系与大气相通。目前闭式水冷系广泛采用具有空气—蒸汽阀的散热器盖，如图 2-7-3 所示。一般情况下，两阀借弹簧关闭。当散热器中压力升高到一定值(0.026～0.037 MPa)时，蒸气阀开启；冷却液温度下降，当冷却系中产生的真空度达一定值(0.01～0.02 MPa)时，空气阀开启。

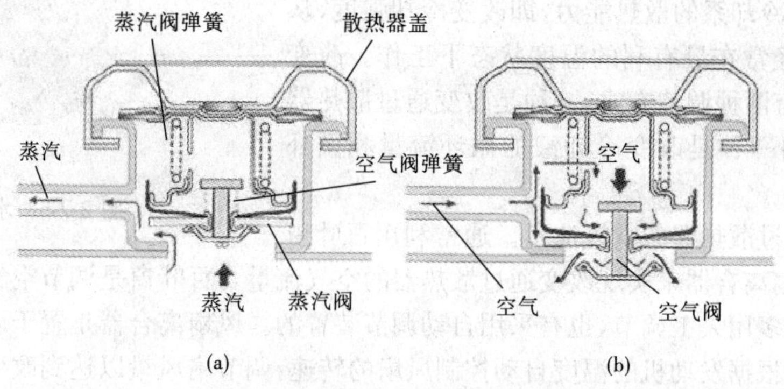

图 2-7-3 具有空气-蒸气阀的散热器盖
(a)蒸气阀；(b)空气阀

对于加注防锈、防冻液的汽车发动机，为了减少冷却液的损失，保证冷却系的正常工作，采用散热器加副水箱结构(图 2-7-4)。副水箱的上方用一根软管通大气，另一根软管与水箱的溢流管相连。当水箱内蒸汽压力升高到某一值时，其盖上的压力阀打开，冷却液通过压力阀通过溢流管进入副水箱；当温度下降时，冷却液又从副水箱通过真空阀流回到水箱内部，这样可以防止冷却液损失。副水箱内部印有两条液面高度标记线，副水箱内的液面高度应位于这两条刻线之间。

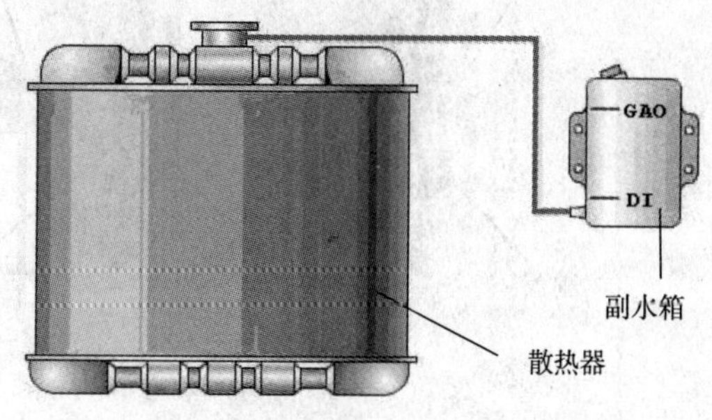

图 2-7-4 散热器与副水箱

2.风扇

(1)功用。提高通过散热器芯的空气流速，增加散热效果，加速冷却液的冷却。风扇通常安排在散热器后面，并与水泵同轴。当风扇旋转时，对空气产生抽吸作用，使之沿轴向流动。空气流由前向后通过散热器芯，使流经散热器芯的冷却液加速冷却。

(2)类型。车用发动机的风扇有两种形式,轴流式和离心式。轴流式风扇所产生的风,其流向与风扇轴平行;离心式风扇所产生的风,其流向为径向。轴流式风扇效率高,风量大,结构简单,布置方便,因而在车用发动机上得到了广泛的应用。

3.水泵

(1)功用。对冷却液加压,加速冷却液的循环流动,保证冷却可靠。

(2)结构。车用发动机上多采用离心式水泵(图 2-7-5),离心式水泵具有结构简单、尺寸小、排液量大、维修方便等优点。离心式水泵主要由泵体、叶轮和水泵轴组成,轮叶一般是径向或向后弯曲的,其数目一般为 6～9 片。当叶轮旋转时,水泵中的冷却液被叶轮带动一起旋转,在离心力作用下,冷却液被甩向叶轮边缘,然后经外壳上与叶轮成切线方向的出液管压送到发动机冷却液套内。与此同时,叶轮中心处的压力降低,散热器中的冷却液便经进液管被吸进叶轮中心部分。如此连续的作用,使冷却液在冷却液路中不断地循环。如果水泵因故停止工作时,冷却液仍然能从叶轮叶片之间流过,进行热流循环,不致于很快产生过热。

4.冷却强度调节装置

冷却强度调节装置是根据发动机不同工况和不同使用条件,改变冷却系的散热能力,即改变冷却强度,从而保证发动机经常在最有利的温度状态下工作。改变冷却强度通常有两种调节方式,一种是改变通过散热器的空气流量;另一种是改变冷却液的循环流量和循环范围。

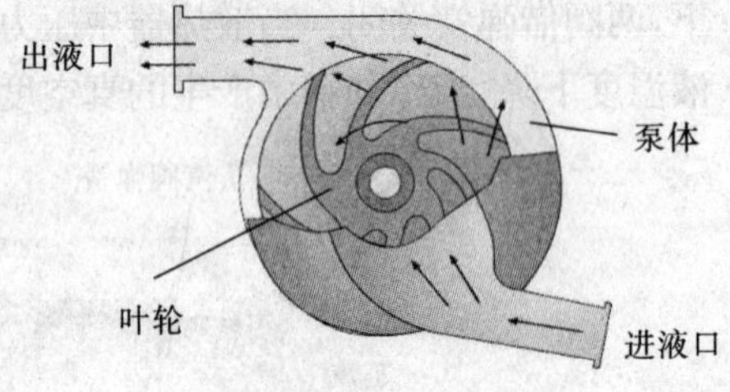

图 2-7-5 水泵

(1)改变通过散热器的空气流量。通常利用百叶窗和各种自动风扇离合器来实现改变通过散热器的空气流量。百叶窗是调节空气流量并防止冬季冻坏散热器,多用人工调节,也有采用自动调节装置的。风扇离合器是置于风扇传动机构中的离合机构,可根据发动机的温度自动控制风扇的转速,调节扇风量以达到改变通过散热器的空气流量,它不仅能减少发动机的功率损失,节省燃油,而且还能提高发动机的使用寿命,降低发动机的噪声。常见的风扇离合器形式有硅油风扇离合器、机械式风扇离合器、电磁风扇离合器及液力耦合器等。硅油风扇离合器应用的比较广泛。

硅油风扇离合器(图 2-7-6)由主动板、从动板、双金属感温器及壳体等构成。风扇装于壳体上。从动板与壳体之间的空间为工作腔,从动板与前盖之间为储油腔,硅油存于其中。从动板上有进油孔,由感温阀片和双金属感温器控制。从动板外缘有一个由球阀控制的回油孔。冷却液温较低时,通过散热器的空气温度不高,进油孔关闭,储油腔的硅油不能进入工作腔,离合器分离。冷却液温较高时,双金属感温器受热变形,从而带动阀片轴和阀片转过一定角度,将进油孔打开,硅油进入工作腔,由于硅油黏度大,主动板通过硅油带动壳体和风扇一起转动,使风扇转速迅速升高。

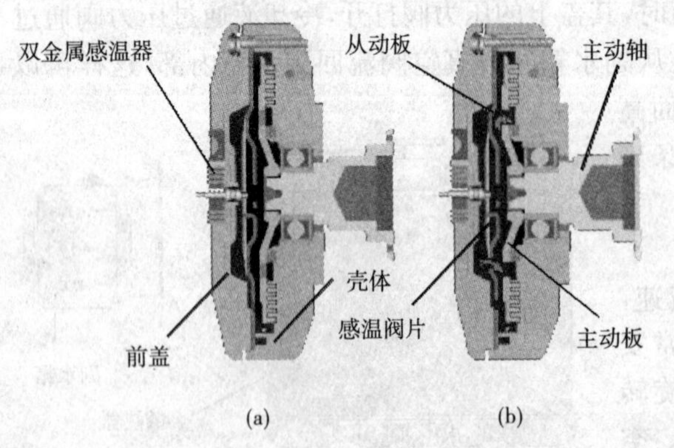

图 2-7-6 硅油风扇离合器
a)分离状态;(b)接合状态

(2)改变通过散热器的冷却液的流量。通常利用节温器来控制通过散热器冷却液的流量。节温器装在冷却液循环的通路中(一般装在汽缸盖的出液口),根据发动机负荷大小和冷却液温度的高低自动改变冷却液的循环流动路线,以达到调节冷却系的冷却强度。节温器有蜡式和乙醚膨胀筒式两种,目前多数发动机采用蜡式节温器(图 2-7-7)。

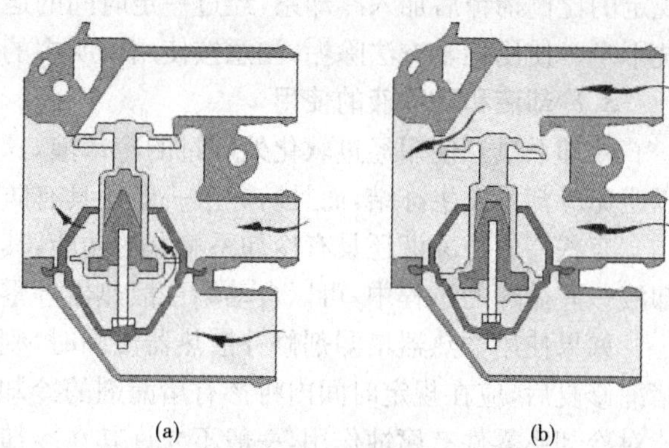

图 2-7-7 蜡式节温器

(a)冷态;(b)热态

蜡式节温器在橡胶管和感应体之间的空间里装有石蜡,为提高导热性,石蜡中常掺有铜粉或铝粉。常温时,石蜡呈固态,阀门压在阀座上。这时阀门关闭通往散热器的冷却液路,来自发动机汽缸盖出液口的冷却液,经水泵又流回汽缸体冷却液套中,进行小循环。当发动机冷却液温度升高时,石蜡逐渐变成液态,体积随之增大,迫使橡胶管收缩,从而对反推杆上端头产生向上的推力。由于反推杆上端固定,故反推杆对橡胶管、感应体产生向下反推力,阀门开启;当发动机冷却液温度达到 80 ℃以上时,阀门全开,来自汽缸盖出液口的冷却液流向散热器,进行大循环。

三、冷却系的检修

(一)冷却系的维护

冷却系的维护作业重点应放在调整风扇皮带、检查节温器和清除冷却系水垢等方面。

1. 风扇皮带的检查与调整

风扇皮带的松紧度直接影响发动机的使用性能,应作为车辆日常维护的作业项目。检查时,可用拇指在两风扇皮带轮之间,用 30～40 N 的力作用于垂直风扇皮带方向,一般中型车辆发动机风扇皮带的挠度为 10～15 mm 为宜;大型车辆的风扇皮带挠度为 15～20 mm。风扇皮带的挠度过小,意味着皮带过紧,容易造成与之相联的水泵、发电机等部件的损坏;过大则会出现皮带打滑现象,从而影响冷却系、充电系的正常工作。

调整风扇皮带松紧度时,先松开发电机调节臂上的固定螺栓和发电机支架上的固定螺栓,搬动发电机及调节支架使之符合要求,同时将松开的固定螺栓予以固定。如果风扇皮带的使用时间过长或发现皮带磨损、断裂、分层,应及时予以更换。如果是双皮带,则应同时更换以避免受力不均。

2. 清除水冷式冷却系水垢

冷却系中的水垢是由于水中含有可溶性矿物盐及泥砂等杂质预热析出或变硬并积附于受热面上而形成的。冷却系的水垢积层对散热效率的影响很大,由此会导致发动机在正常使用条件下也发生过热现象,发动机爆震、功率下降、磨损加剧、经济性恶化等,都与冷却系水垢过厚而影响热传导效果有关。因此,定期清洗发动机水垢,是定期维护作业中不可少的作业项目。

用清洗法清除冷却系水垢时,应先拆下节温器,将冷却液设法与正常循环相反的方向(出液口)压入,直到放出的冷却液清洁为止。

如果冷却系水垢较严重时,应用化学法予以清除。使用市场上出售的冷却系除垢剂时,按规定的比例稀释后加入冷却系，经过一定时间的运转后改用清水运转，即可将冷却系的水垢清洗干净。使用化学方法除垢，注意按使用说明中的要求进行操作。

3.冷却液和防冻液的使用

冷却系最好使用经过软化处理过的冷却液，这样可以避免产生水垢。使用防冻液不仅可以避免冷却系发生冻结，而且防冻液一般还具有防腐和不易产生水垢等方面的特点。

有些特效防冻液还具有冷却系堵漏的功能，其中含有的微细塑胶颗粒或无机纤维，在与冷却液一并循环的过程中，可以自动堵住散热器等零件上的细小渗漏。

如果使用散热器堵漏剂修补散热器渗漏时，则应按使用说明书中规定的要求添加。完成堵漏修复后，应在规定时间内将掺有堵漏剂的冷却液放掉并用清水冲洗一遍。因为堵漏剂可能对冷却系零件有腐蚀作用，一般不允许其在冷却系中长期使用。

(二)冷却系零件的检修

1.节温器的检测

水冷式冷却系的节温器长时间在热水中工作，不仅使表面容易产生大量水垢而影响其正常工作，而且温度感应体及阀门弹簧也会在频繁工作中衰减，出现温度感应不灵敏、温度控制偏离原厂规定的要求等故障；当然，也有因为发动机使用中出现异常的过热现象而造成节温器损坏。因此，换季维护时应对节温器的工作性能按厂家规定的要求进行检查与测试，以确认其工作性能和对温度控制的精确度。

(1)车上检查。在汽车上检查节温器时，可根据发动机起动后冷却液的变化情况进行判定。试验中，如果冷却液的温度上升较快(可对照冷却液温度表指针)，并且在达到大循环阀门初步开启温度(按参数表要求)后，冷却系的冷却液温度上升速度显著减慢，可以说明节温器工作基本正常。如果冷却液温度在上升过程中没有这一变化，或温升较慢、或温度温升变化点与标准偏离过大，都说明节温器的温度调节失效。

(2)拆下检查。为了更加准确地判断节温器的工作性能，应将节温器从冷却液分配管中拆下，清除表面水垢并清洗干净后，将节温器置于透明容器的水中，将水加热并用冷却液温度表测量其温度变化。当冷却液温度达到大循环阀门初步开启温度时，节温器应自动伸展使阀门打开；继续加热使之到达大循环阀门全开温度时，节温器亦应达到全部张开的位置。

2.散热器的检查

散热器的故障与损伤现象主要有：漏冷却液、腐蚀、淤塞。散热器的渗漏可用加压试验的方法进行诊断。在车上加压试验时，可将专用手动加压器直接拧在散热器注液口上，然后向使用打气筒那样向系统内充气，在一定压力状态下检查冷却系及散热器的渗漏。如果将散热器拆下检查时，可将散热器的进、出液口用膨胀式橡胶塞封闭，放入清水池中加压缩空气检查，气泡冒出部位即为渗漏处。散热器的渗漏一般发生在散热管(芯管)与上下液室连接的部位，如果渗漏不十分严重时，可以用软钎焊(焊锡)封闭、焊牢。同样，散热器上下液室的腐蚀斑点也可用焊锡予以修补。但是，在实际维修中更多的场合是散热器芯管的损伤。较为常用的修理方法有接管法、换管法两种。

3.水泵的修理

水泵的常见损坏有水封漏冷却液、轴承松旷和循环液量不足。使用中如果发现水泵泄液孔滴冷却液不止，经转动发动机曲轴数圈后如仍然滴冷却液不止，则说明水泵的水封损坏或水泵壳体漏冷却液，对此，应将水泵解体进一步修理。

发动机急加速时，如能听到水泵轴承的噪声，可先向轴承进行加注润滑脂，重新起动发动机并提高转速检查。如果水泵轴承仍然有异响存在，可将水泵皮带松开用手搬动风扇叶，分别检查水泵轴的轴向或径向旷动量，若有明显松旷，说明水泵轴承损坏。

汽车运行中，如果经常出现散热器沸腾现象，则应先检查节温器是否工作良好。确认节温器无故障后，可在冷却系冷却液温度 80℃以上时将散热器盖打开，于发动机怠速状态下观察上液室的冷却液流是否搅动有力，或者急加、减速时有水花翻动。如有此现象，则说明水泵工作不良。造成水泵泵水不足的主要原因是：水泵叶轮滑脱、破损、循环液道堵塞等。

水泵的构造比较简单，但进行解体修理时仍然需要注意结构上的差别和分解修理工艺方面的要求。

4. 电子控制装置的检修

冷却风扇的自动控制是电控装置检查重点，主要包括风扇温度控制开关、继电器和风扇电动机的工作性能等。

(1)风扇温度控制开关的检查。维修中需要检测风扇温度控制开关的工作状态时，可按图 2-7-8 所示方法将其拆下，放到可以加热的水容器进行温度试验。注意温度表和风扇温度控制开关不要与容器底部直接接触并基本等高。用温度计测量冷却液温度由冷到热过程中风扇温度控制开关的接通和切断情况。一般，开关切断温度在 83～90 ℃以下；接通温度则为 88～97 ℃(如果维修手册有明确规定时，应以其提供的标准测量参数为准)。如果不能在规定范围内自动切断或接通，则说明该风扇温度控制开关损坏。

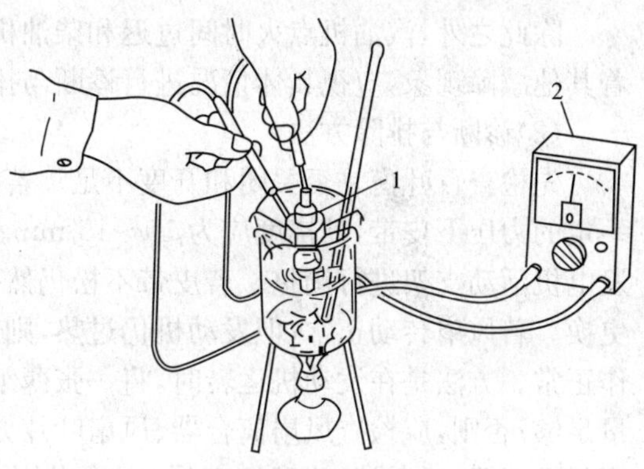

图 2-7-8 温度控制开关的检查

1-温度控制开关；2-温度计

(2)风扇继电器的检查。由于风扇继电器的通断是通过电磁线圈通断电来实现的，因此将风扇温度控制开关的接线端子拔下。接通点火开关时，风扇应能够通电转动。如果电动风扇不转，说明继电器或控制电路的线路有故障。

(3)风扇电动机的检查。检查冷却风扇电动机是否工作不良，可在电路中串接万用表。用万用表的电流挡测量风扇电动机的工作电流，如果风扇能够平稳转动并且工作电流在 5～8 A 为良好(如果维修手册有明确规定时，应以其提供的标准测量参数为准)。

(三)冷却系的故障诊断与排除

冷却系的常见故障主要表现为：发动机温度过高、过低以及冷却液消耗量异常等。

1. 发动机温度过热

对于水冷式发动机，如果冷却液量充足并且冷却系不漏冷却液，在正常使用条件下仍然容易出现过热甚至“开锅”现象，说明该冷却系统工作不正常，应进行认真地检查与调整。

(1)故障原因

①百叶窗关闭或开度不足，使流经散热器的通风量受到影响。与此相关的故障还有散热器通风不良，如泥浆或絮状物进入散热片等。

②散热器风扇皮带打滑或风扇叶损坏、角度不当等。与此相关的故障还有风罩脱落、损坏等。

③散热器回液管被吸瘪变形，严重影响了冷却系工作时的回液量。橡胶管使用过久或安

装了质量不良的冷却液管，最容易造成散热器回液不畅的故障。

④散热器芯管堵塞或散热片倒伏过多，使冷却液流通不畅或风的流通不畅。与之相关联的故障是发动机液套内以及散热器内水垢过多。

⑤节温器损坏，使大循环时阀门不能按规定的温度打开或开度不够。这是一种最常见的冷却系故障，可将节温器拆下进一步试验。如果冷却液温度能够迅速下降，说明节温器已经失效或工作不稳定。

⑥电子控制风扇的温度控制开关工作不良，从而使风扇不能旋转或风扇电动机起动过晚。

⑦风冷式冷却系中的轴流鼓风机转速过低，或者风道不畅及空气分流不良，导致发动机冷却效果下降。

⑧如果发动机装有排气制动装置，因控制装置工作不良导致排气不畅，也会使发动机的温度过高。

⑨风扇离合器不能正常工作，使散热器的冷却效率大大降低。

除此之外，汽油机点火时间过迟和柴油机喷油时刻过缓也会影响冷却系的温度，并且伴随着其他故障现象，应视具体情况进行诊断与排除。

(2)诊断与排除方法

先检查百叶窗是否关闭和开度不足。若开度足够，再检查风扇皮带松紧度。用大拇指以一定的力压下皮带，其挠度应为10～15 mm。若压下的距离过大，说明风扇皮带太松，应松开发电机活动支架进行调整。若皮带不松仍然打滑，说明皮带及皮带轮磨损或沾有油污，应予以更换。若风扇转动正常，但发动机仍过热，则应检查风扇工作时的扇风量及风扇离合器是否工作正常。方法是在发动机运转时，将一张薄纸敷在散热器前面，若能够被牢牢地吸住，说明风量足够；否则，应检查风扇离合器、风扇叶片方向是否正确，或者风扇叶片有无变形、折断或角度是否正确。如果叶片已经变形，可用专用工具夹住叶片头部适当折弯矫正，以减少叶片涡流，必要时应更换新风扇。

若风扇运转正常，可以检查水泵的工作效能。检查时用手握住汽缸盖通散热器的回液管(注意避免烫伤)。然后将发动机由怠速加到高速，如果回液软管内冷却液的流速随着发动机转速的增加而增加，说明水泵工作正常；否则，说明水泵工作不良，应进行检修。如果水泵工作良好，可用检测散热器和发动机液套部位的温度。如果散热器温度低，而发动机温度很高，说明冷却液循环不良，可能是节温器大循环阀门打不开，应更换节温器。

若上述各部分均工作正常，再检查散热器和发动机各部位温度是否均匀。如果散热器冷热不均，说明其中冷却液管有堵塞或散热片倒伏过多。如果是发动机前端的温度低于后端，则表明分液管已经损坏或堵塞，应予以更换。

当然，属于冷却系之外的故障时，则应根据具体情况采用相应的诊断与排除方法，这里不再赘述。

若非上述原因，则可能是冷却液套积垢过多，应予以清洗。

2.发动机冷却液温度过低

水冷式发动机冷却液温度过低主要表现在冷却液温度上升缓慢(冬季)，并且发动机温度在未达到正常工作温度之前便不再继续增长。

(1)故障原因

①百叶窗不能关闭或汽车的保温防护措施过差，使发动机温度难以得到提高。

②节温器损坏，使小循环阀门不能按要求打开，大循环阀门一直处于不打开状态，破坏了

发动机原有的设计要求。这也是冷却系中一种最常见的故障，此时应测试节温器的工作性能。

③电子控制风扇的温度控制开关工作不良，从而使风扇在发动机未达到正常工作温度时过早旋转。

④风扇离合器不能正常工作，造成发动机在冷状态起动后，风扇高速旋转使冷却风量过大。

(2)诊断与排除方法

①冬季起动发动机后冷却系温度难以提高时，应先检查保温防护措施是否可靠，百叶窗及操纵装置是否动作灵活、关闭可靠。如果达不到这些要求，应先进行妥善处理后再进行下一步的检修。

②如果装有风扇离合器，应根据冷却系的实际温度观察风扇的转速是否过高；如果使用的是电子控制风扇，则应根据发动机的温度判定其是否应该停止转动，不符合要求时，应进一步检查风扇温度控制开关及继电器等零件的可靠性。

③检查发动机上部及散热器上部的温度，如果两者温度一致并且都很低，说明节温器损坏，即小循环阀门卡住而大循环阀门常开，或者是在以往的修理中节温器已经被拆除。

3.冷却液消耗量异常

发动机正常使用中发现冷却液消耗量异常，应及时补充并检查消耗的原因，否则，可能造成其他装置的磨损或机件事故。

(1)故障原因

①发动机冷却系有外渗漏，会造成冷却液不断减少并需要定期补充。冷却系某些部位的外渗漏，有时会随着发动机热量蒸发带走，如汽缸体、汽缸盖和散热器及水泵的进、出液口等部位。一般，在冷状态下检查时比较容易发现具体渗漏部位。

②发动机冷却系有内渗漏，如汽缸垫损坏、汽缸水封漏冷却液、汽缸体有裂纹等，使冷却液渗到汽缸或润滑系等其他部位。

③散热器盖封闭不严或上面的蒸汽阀门、空气阀门失效，使冷却液温度提高后无压力限制而蒸发过快。

④冷却系水垢过多或堵塞，使系统循环不良而造成经常性冷却液温度过热，冷却液蒸发量因此而增大。

(2)诊断与排除方法

①先检查冷却系各个部件及连接部分有无渗漏，热状态下不易查出的渗漏可以在冷状态检查。检查渗漏时，注意不要忽视对辅助装置渗漏的检查，如车身上的暖风装置发生渗漏时，可能从其他部位排放到车外。

②检查散热器是否密封，蒸汽阀门、空气阀门是否密封良好。如无渗漏，再检查散热器内冷却液量是否充足。如冷却液不足并且需要定时补充，则说明故障在散热器盖。若冷却液不是因漏冷却液所致，应进行全面检修。

③若冷却系外部不漏冷却液，而冷却液仍然消耗过快，则应检查冷却系内部有无漏冷却液。拔出机油尺，检查机油油面高度，如果油面升高并且颜色浑浊，则说明机油中有冷却液渗入，应进一步查清漏冷却液部位。

④若上述各项均正常，则可能是散热器与冷却液套水垢太厚，可用与同一车型对比的方法确定冷却液的加注量是否偏少。如果冷却液容量比规定的容量少得多，应用清洗剂清洗冷却系统。

第二节　润滑系的结构与维修

一、润滑系的结构

1. 润滑系的功用

润滑系统的功用主要有润滑、清洗、冷却、密封、防锈蚀、减振缓冲等。

2. 润滑方式

由于发动机各运动零件的工作条件不同，对润滑强度的要求也就不同，因而要相应地采取不同的润滑方式。

(1)压力润滑。利用机油泵，将具有一定压力的润滑油源源不断地送往摩擦表面。例如，曲轴主轴承、连杆轴承及凸轮轴轴承等处承受的载荷及相对运动速度较大，需要以一定压力将机油输送到摩擦面的间隙中，方能形成油膜以保证润滑。这种润滑方式称为压力润滑。

(2)飞溅润滑。利用发动机工作时运动零件飞溅起来的油滴或油雾来润滑摩擦表面的润滑方式称为飞溅润滑。这种润滑方式可使裸露在外面承受载荷较轻的汽缸壁，相对滑动速度较小的活塞销，以及配气机构的凸轮表面、挺柱等得到润滑。

(3)定期润滑。发动机辅助系统中有些零件则只需定期加注润滑脂(黄油)进行润滑，例如，水泵及发电机轴承就是采用这种方式定期润滑。近年来在发动机上采用含有耐磨润滑材料(如尼龙、二硫化钼等)的轴承来代替加注润滑脂的轴承。

3. 润滑系的组成

如图 2-7-9 所示，润滑系一般由机油泵、油底壳、润滑油管、润滑油道、机油滤清器、机油散热器，各种阀、传感器和机油压力表、机油温度表等组成。当代汽车发动机润滑系的组成及油路布置方案大致相似，只是由于润滑系的工作条件和具体结构的不同而稍有差别。

4. 发动机润滑部位及油路

如图 2-7-10 所示，发动机的润滑部位主要有曲柄连杆机构、配气机构以及正时齿轮室。

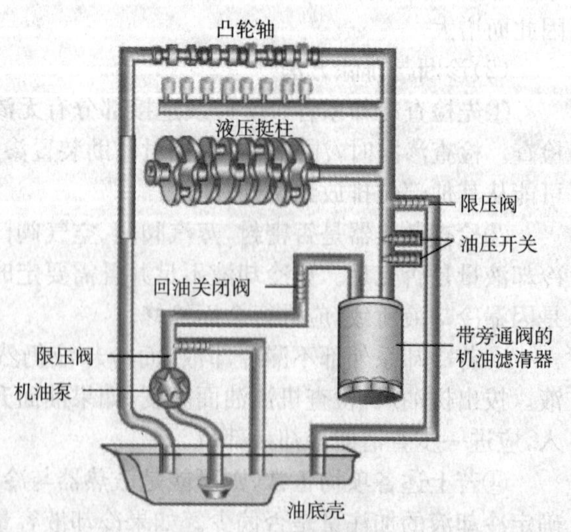

图 2-7-9　润滑系组成

二、润滑系的主要零部件

1. 机油泵

(1)功用。提高机油压力，保证机油在润滑系统内不断循环，目前发动机润滑系中广泛采用的是外啮合齿轮式机油泵和内啮合转子式机油泵两种。

(2)齿轮式机油泵。如图 2-7-11 所示，齿轮式机油泵由主动轴、主动齿轮、从动轴、从动齿轮、壳体等组成，两个齿数相同的齿轮相互啮合，装在壳体内，齿轮与壳体的径

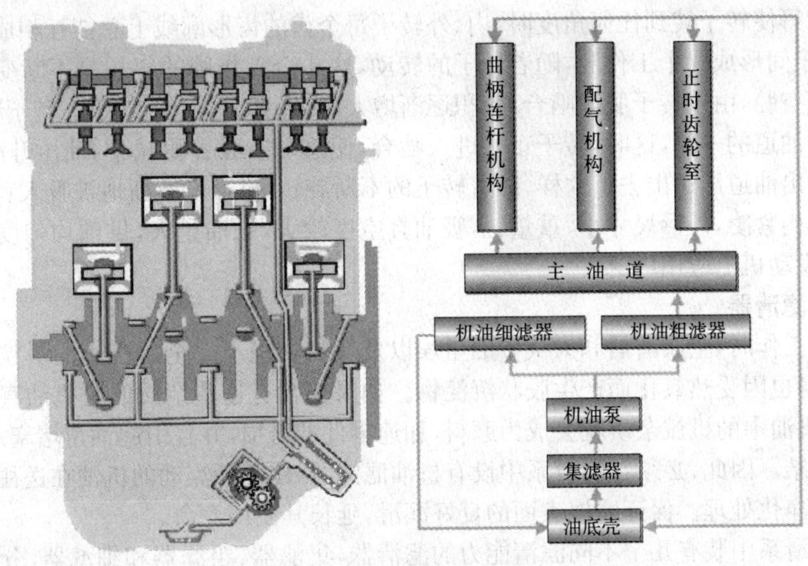

图 2-7-10　润滑部位及油路

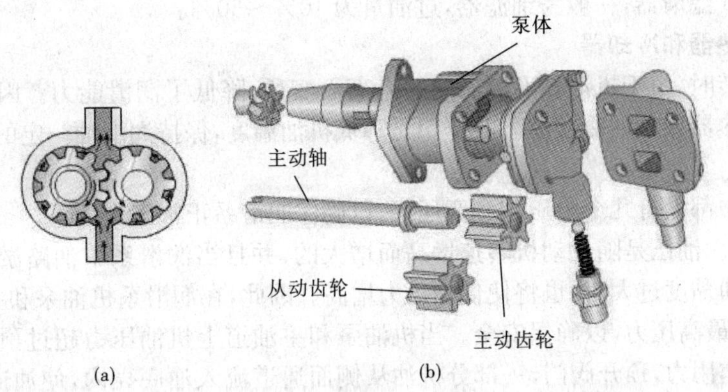

图 2-7-11　齿轮机油泵

(a)工作原理；(b)分解图

向和端面间隙很小。主动轴与主动齿轮用键连接，从动齿轮空套在从动轴上。工作时，主动齿轮带动从动齿轮反向旋转。两齿轮旋转时，充满在齿轮齿槽间的机油沿油泵壳壁由进油腔带到出油腔，在进油腔一侧由于齿轮脱开啮合以及机油被不断带出而产生真空，使油底壳内的机油在大气压力作用下经集滤器进入进油腔，而在出油腔一侧由于齿轮进入啮合和机油被不断带入而产生挤压作用，机油以一定压力被泵出。齿轮式机油泵结构简单，机械加工方便，工作可靠，使用寿命长，应用较广泛。

(3)转子式机油泵。如图 2-7-12 所示，转子式机油泵由壳体、内转子、外转子和泵盖等组成。内转子用键或销子固定在转子轴上，由曲轴齿轮直接或间接驱动，内转子和外转子中心的偏心距为 e，内转子带动外转子一起沿同一方向转动。内转子有 4 个凸齿，外转子有 5 个凹齿，这样内、外转子同向不同步的旋转。转子齿

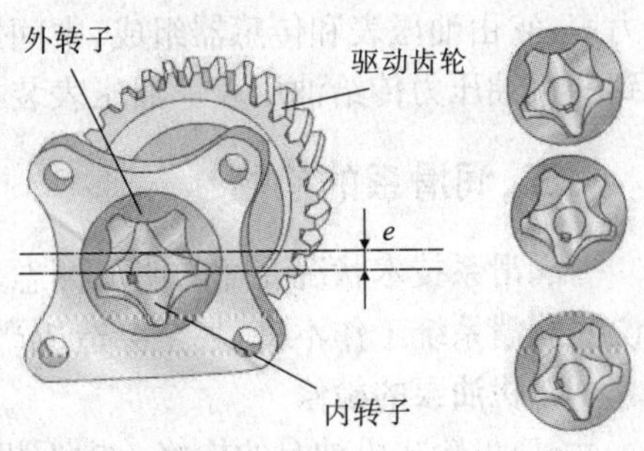

图 2-7-12　转子式机油泵

形齿廓设计得使转子转到任何角度时，内、外转子每个齿的齿形廓线上总能互相成点接触。这样内、外转子间形成4个工作腔，随着转子的转动，这4个工作腔的容积是不断变化的。在进油道的一侧空腔，由于转子脱开啮合，容积逐渐增大，产生真空，机油被吸入，转子继续旋转，机油被带到出油道的一侧，这时，转子正好进入啮合，使这一空腔容积减小，油压升高，机油从齿间挤出并经出油道压送出去。这样，随着转子的不断旋转，机油就不断地被吸入和压出。转子式机油泵结构紧凑，外形尺寸小，重量轻，吸油真空度较大，泵油量大，供油均匀度好，成本低，在中、小型发动机上应用广泛。

2.机油滤清器

发动机工作时，金属磨屑和大气中的尘埃以及燃料燃烧不完全所产生的炭粒会渗入机油中，机油本身也因受热氧化而产生胶状沉淀物。如果把含有这些杂质的脏机油直接送到运动零件表面，机油中的机械杂质就会成为磨料，加速零件的磨损，并且引起油道堵塞及活塞环、气门等零件胶结。因此，必须在润滑系中设有机油滤清器，使循环流动的机油在送往运动零件表面之前得到净化处理。保证摩擦表面的良好润滑，延长其使用寿命。

一般润滑系中装有几个不同滤清能力的滤清器，集滤器、粗滤器和细滤器，分别串联和并联在主油道中。与主油道串联的滤清器称为全流式滤清器，一般为粗滤器；与主油道并联的滤清器称为分流式滤清器，一般为细滤器，过油量为10％～30％。

3.机油散热器和冷却器

发动机运转时，由于机油黏度随温度的升高而变稀，降低了润滑能力。因此，有些发动机装用了机油散热器或机油冷却器。其作用是降低机油温度，保持润滑油一定的黏度。

4.阀门

在润滑系中都设有几个限压阀和旁通阀，以确保润滑系正常工作。

(1)限压阀。油压是随发动机转速增高而增大的，并且当润滑系中油路淤塞、轴承间隙过小或使用的机油黏度过大时，也将使供油压力增高。因此，在润滑系机油泵和主油道中设有限压阀，限制机油最高压力，以确保安全。当机油泵和主油道上机油压力超过预定的压力时，克服限压阀弹簧作用力，顶开阀门，一部分机油从侧面通道流入油底壳内，使油道内的油压下降至设定的正常值后，阀门关闭。

(2)旁通阀。旁通阀用以保证润滑系内油路畅通，当机油滤清器堵塞时，机油通过并联在其上的旁通阀直接进入润滑系的主油道，防止主油道断油。旁通阀与限压阀的结构基本相同，只是其安装位置、控制压力、溢流方向不同，通常旁通阀弹簧刚度要比限压阀弹簧刚度小得多。

5.机油压力表

机油压力表用以指示发动机工作时润滑系中机油压力的大小，一般都采用电热式机油压力表，它由油压表和传感器组成，中间用导线连接。传感器装在粗滤器或主油道上，它把感受到的机油压力传给油压表。油压表装在驾驶室内仪表板上，显示机油压力的大小值。

三、润滑系的检修

润滑系技术状况变坏的明显标志是机油压力降低和机油变质。机油压力过低或过高，都说明润滑系统工作不良，甚至会造成严重事故。

1.机油泵的检修

(1)齿轮式机油泵的检修。拆下机油集滤器和油管，用厚薄规检查机油泵传动齿轮与泵轴的轴向间隙，拆下机油泵紧固螺栓，分解机油泵，取下衬垫和齿轮，清洗全部零件进行检查测量。

①如图 2-7-13 所示，用直尺和厚薄规检测机油泵盖与齿轮端面间隙和泵盖平面度误差。若间隙过大会造成内漏，影响输油压力。

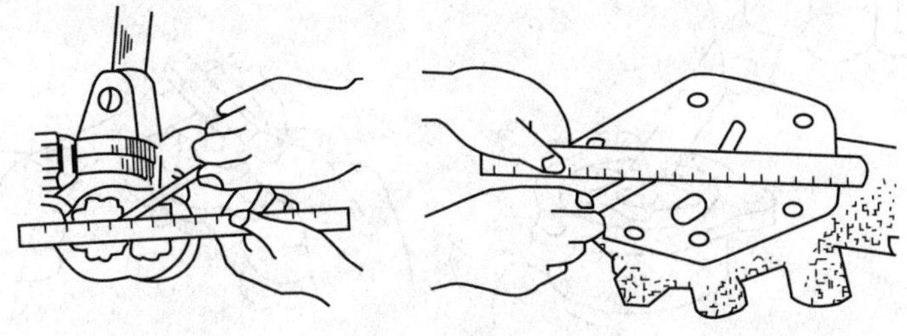

(a)　　(b)

图 2-7-13　齿轮端隙和泵盖平面度误差的测定

(a)测定齿轮端隙；(b)测定泵盖平面误差

②检查主、被动齿轮与衬套的配合间隙，若超过规定值或用手晃动泵轴，有显著松动感觉，应更换衬套进行修复。

③用厚薄规检查齿轮啮合间隙和齿顶与泵体之间的间隙。测量齿轮间隙，应采用三点法进行测量，即在相邻 120°的三个点的位置上进行测量，如图 2-7-14 所示。

④检查主、被动齿轮表面是否有毛刺、剥落或其他损伤，必要时应予以更换。

⑤检查泵轴是否弯曲，用等高 V 形垫铁将泵轴架起，用百分表测量泵轴中部径向圆跳动误差是否超过 0.06 mm，应进行校直或更换新品。

⑥检查限压阀配合是否良好、弹簧有无损伤、弹力是否减弱，必要时予以更换。

图 2-7-14　测定齿轮啮合间隙和齿轮泵体间隙

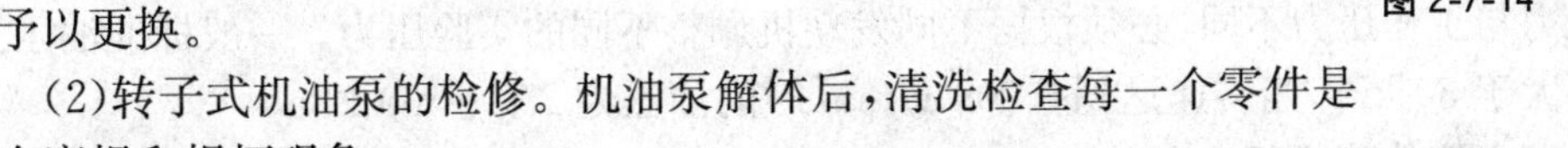

(2)转子式机油泵的检修。机油泵解体后，清洗检查每一个零件是否有磨损和损坏现象。

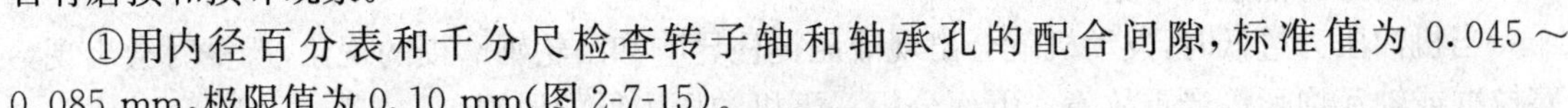

①用内径百分表和千分尺检查转子轴和轴承孔的配合间隙，标准值为 0.045～0.085 mm，极限值为 0.10 mm(图 2-7-15)。

②用厚薄规测量外转子与泵壳内圆间隙，标准值为 0.10～0.16 mm，极限值为 0.30 mm(图 2-7-16)。

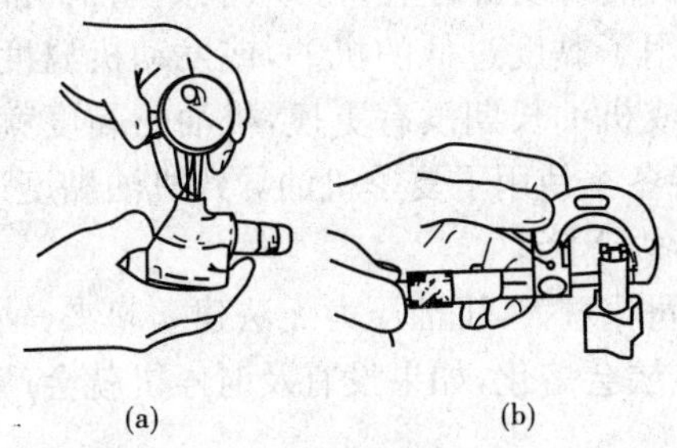

(a)　　(b)

图 2-7-15　测量泵轴的配合间隙

(a)用内径百分表测量轴承孔；(b)用千分尺测量转子轴

图 2-7-16　测量外转子与泵壳间隙

③用厚薄规测量内外转子间的啮合间隙，标准值小于 0.15 mm，极限值为 0.25 mm(图 2-7-17)。

④用厚薄规和直尺检测转子端面与泵盖的间隙，标准值为 0.03～0.09 mm，极限值为 0.20 mm(图 2-7-18)。

图 2-7-17 测定内外转子啮合间隙　　图 2-7-18 测定转子的侧向间隙

(3)机油泵的检验与调试。机油泵装配后应进行调试，确定完好达到标准后再装车，以减少不必要的拆装。一般采用简易方法进行检验，将机油泵吸油口浸入清洁的机油中，用螺丝刀按顺时针方向转动泵轴或用手转动机油泵传动齿轮，直到机油从出油口流出为止。此时转子轴应轻快而圆滑地转动，再用大拇指堵住出油口继续转动转子轴，感到该轴转动困难，如机油能顶开拇指压力而流出则表明机油泵性能基本良好。如有条件，机油泵装配后，可在机油泵试验台上进行测试。机油泵实验应是主要实验条件与发动机正常工作条件相同，这样才能正确反映出机油泵的技术状况。

①油泵转速。转速对机油泵的泵油量影响比较大，实验证明：当压力不变时，转速与泵油量成正比，近似直线关系。因此，应根据不同油泵所要求的转速进行实验。

②实验压力。机油在发动机内循环受到一定阻力，实验时应用人工的方法给它加一定阻力，使其与在发动机内流动时阻力一样。实验压力一般与工作压力相同，但有些发动机要求机油泵实验压力与工作压力不同，必须根据不同发动机调整不同的实验压力。一般标准油压为：怠速油压不大于 30 kPa，当转速达到 3 000 r/min 时的油压为 250～500 kPa。

2. 机油压力低故障诊断

当机油压力过低时，发动机就会出现液压挺柱异响和凸轮轴磨损的现象，严重时会出现活塞拉缸或轴瓦抱死等严重故障。下面分析一下机油压力低的原因。

(1)机油。油底壳中机油不足，造成润滑系统中缺油，这是造成机油压力低的最常见原因，例如，行驶中油底壳受到碰撞导致机油泄漏，发动机油封或密封垫等损坏导致机油泄漏。机油黏度过小或过大也会导致机油压力过低，例如，使用了黏度过低的机油，或发动机温度过高导致机油黏度降低，或机油中混入了燃油或防冻液，或机油长期没有更换，机油的黏度就会下降甚至失去润滑作用。使用了黏度过高的机油，或者冬季使用了夏季机油导致机油黏度过高，机油泵无法将足够的机油抽入润滑油道，导致机油压力下降。

(2)轴瓦。曲轴瓦、连杆瓦与曲轴之间的配合间隙过大，机油压力无法建立起来，轴瓦摩擦表面就失去了油膜的保护，温度升高后轴瓦的合金层会熔化，如果没有及时停机就会产生轴瓦抱死的现象。

(3)机油泵。常见的机油泵有齿轮泵和转子泵，如果因为相互配合的齿轮磨损或转子与转子室之间的配合间隙过大，或机油泵集滤器被堵塞，将会造成机油泵不出油或出油压力不足的故障。有些车辆的油底壳离地面的距离很小，很容易发生碰撞。油底壳被撞瘪后，机油泵集滤器会损坏或者紧贴在油底壳上，这样也会造成机油泵无法吸到足够的机油。

(4)机油滤清器。机油滤清器中都带有旁通阀,当机油滤清器被杂质堵塞后,旁通阀会打开,机油就未经过滤直接进入润滑油道。如果旁通阀上的弹簧过软或折断,机油从旁通阀直接进入油道,机油压力就会降低。

(5)润滑油路。除了机油滤清器上的旁通阀,润滑油路中还设有调压阀和回油阀,当这些阀体被异物卡滞后,打开和关闭就会比较困难,这时油压调节就会出现异常或回油量明显增加,润滑油道的油压也随之下降。

3.机油压力高故障诊断

机油压力低的故障比较常见,但是有时候也会遇到机油压力高的故障。当机油压力过高时,机油会从油尺口或加机油口喷出,发动机各个油封承受的压力会增大,油封容易漏油。机油压力过高时,液压挺柱就无法泄压,会导致气门关闭不严。下面来分析一下机油压力高的原因。

(1)机油。机油黏度过高,流动阻力大,从而使机油压力升高。过高的机油压力会增加发动机的负荷,降低机油的润滑效果。

(2)轴瓦。曲轴瓦、连杆瓦与曲轴之间的配合间隙过小,机油压力就会升高,这会影响到飞溅润滑的效果。必须注意,新车或大修后的发动机轴瓦间隙都比较小,都应有一段磨合期,在此期间发动机不能超负荷运转,否则,容易引起润滑不良,导致抱瓦或拉缸事故。

(3)机油滤清器。如果机油滤清器过脏,但是旁通阀却打不开,机油压力就会升高。

(4)润滑油路。汽缸体上的润滑油道堵塞可能会引起机油压力升高,这种情况往往不会引起油压报警。在测量机油压力时,如果低压开关处测量值低于正常值,那么还应该测量高压开关处的机油压力。如果高压开关油压正常,则说明从汽缸体到汽缸盖之间的油路堵塞。

(5)活塞环或汽缸壁。活塞环或汽缸壁磨损严重时,它们之间的配合间隙就会增大,燃烧室内的高压气体会由此进入曲轴箱,机油压力就会升高。

4.机油警告灯点亮故障诊断

机油警告灯点亮的问题虽然比较常见,但是故障原因却有多种。涉及到机油、润滑系统相关部件、发动机的各个系统,甚至还会涉及到车辆电路以及车辆的其他部件。当机油警告灯点亮时,应立即查明原因。

维修人员在实际工作中,有时会遇到机油压力正常的情况下机油灯点亮的现象,此类故障的原因往往在于电气方面,例如,机油压力传感器、相关线路和机油灯等出现问题,甚至电磁干扰也会造成机油灯点亮。下面以一汽一大众公司捷达前卫轿车为例,来具体说明机油警告灯点亮时应该如何进行检修。

(1)首先拔出机油尺检查油面高度是否在最低标记与最高标记之间。如果油面过低应添加机油,然后再起动发动机,看机油警告灯是否报警。

(2)如果机油警告灯仍然报警,接下来应测量机油压力。拆下机油低压开关,接上机油压力表,使发动机运转至正常工作温度。怠速时机油压力应不低于30kPa,将发动机转速稳定在2 000 r/min,此时机油压力应不低180 kPa,如果机油压力低于180 kPa,机油警告灯点亮的同时蜂鸣器也鸣响。

(3)经过上面的检查,如果机油压力正常,那么就需要进行电气线路检查,具体应该检查机油的高压开关和低压开关、压力开关至仪表之间的线路以及仪表上的机油警告灯和报警控制单元。方法如下:

①接通点火开关,不起动发动机,机油警告灯应点亮。如果警告灯不亮,可拔下低压开关

插头搭铁，如果仍不亮，可能是仪表灯损坏、低压开关到仪表线路有断路或仪表上的机油报警控制单元有故障。

②起动发动机，机油警告灯应熄灭。如果机油警告灯常亮，可拔下低压开关插头，如果此时警告灯熄灭，则说明低压开关损坏；如果拔下低压开关插头后灯未灭，则低压开关到仪表之间线路有短路。

③检查高压开关。将发动机转速稳定在 2 000r/min，如果机油警告灯点亮且有蜂鸣器报警声，可拔下高压开关插头将其搭铁。如警告灯熄灭，报警声也消失，则说明高压开关损坏；如果拔下插头搭铁后仍报警，则说明高压开关到仪表线路有断路。

④若检查高压开关、低压开关和相关线路都正常，则仪表上的报警控制单元可能有故障。

(4)导致机油警告灯点亮可能还有其他原因，例如电磁干扰。点火线圈和高压线是很强的干扰源，当仪表上的报警控制单元的抗干扰能力下降时，电磁干扰就会使机油警告灯点亮。但此时的故障现象往往是发动机高速时机油警告灯点亮，或者机油警告灯亮度不断变化。

本章小结

本章介绍了以下几方面的内容：

◆冷却系的功能、类型。

◆水冷系的结构和主要零部件的结构原理。

◆水冷系主要零部件的检修方法。

◆水冷系的常见故障和排除方法。

◆润滑系的功能、润滑方式。

◆润滑系的结构和主要零部件的结构原理。

◆润滑系主要零部件的检修方法。

◆润滑系的常见故障和排除方法。

复习思考题

1. 冷却系的功用是什么？
2. 冷却系有哪些类型？各有什么特点？
3. 水冷系由哪些主要部件组成？各主要部件的结构是什么？
4. 简述节温器的结构和工作原理。
5. 如何进行风扇皮带的检查和调整？
6. 如何清除水冷系中的水垢？
7. 如何检测节温器的性能？
8. 散热器的常见故障和损伤现象有哪些？
9. 发动机温度过热的原因有哪些？如何进行发动机温度过热故障的诊断？
10. 发动机温度过低的原因有哪些？如何进行发动机温度过低故障的诊断？
11. 冷却液消耗异常的原因有哪些？如何进行冷却液消耗异常故障的诊断？
12. 润滑系的功用有哪些？
13. 发动机中常见的润滑方式有哪些？各有什么特点？

14. 润滑系主要由哪些部件组成？
15. 机油泵的检修要点有哪些？
16. 如何进行机油压力低故障的检测诊断？
17. 如何进行机油压力高故障的检测诊断？
18. 如何进行机油警告灯点亮故障的检测诊断？

第八章 发动机排放控制系统结构与检修

本章要点

通过本章的学习：

★熟悉汽车排放物的形成及影响因素。

★熟悉排气净化措施。

★熟悉三效催化转化器的结构和工作原理。

★掌握三效催化转化器性能的检测方法。

★掌握三效催化转化器芯子堵塞的检查方法。

★熟悉三效催化转化器的常见故障及形成原因。

★熟悉废气再循环系统的结构及工作原理。

★熟悉废气再循环系统的的控制方法。

★掌握废气再循环系统的检修方法。

★熟悉燃油蒸发排放控制系统的结构和工作原理。

★掌握燃油蒸发排放控制系统的检修方法。

★了解二次空气喷射系统的结构和检修方法。

第一节 发动机排放污染物的形成与控制原理

一、汽车排放物的形成与影响因素

1.汽车排放物的形成

汽车的排放污染物很多，这里重点介绍其中主要的有害成分CO、HC和NO_X的形成。

(1)一氧化碳(CO)的形成。CO是在碳的氧化反应过程中，因氧气不足而生成的产物。其生成量主要取决于空燃比(或过量空气系数α)和燃烧气体的温度。当使用$\lambda<1$的浓混合气时，因氧气相对不足，生成的CO较多。即使$\lambda>1$，如果混合气混合及分配不均匀也会产生少量的CO。另外，如燃烧后温度很高，生成的CO_2也会分解，生成CO和O_2。所以，排气中总会有CO存在。

(2)碳氢化合物(HC)的形成。HC是燃料没有燃烧或不完全燃烧的产物，也有一些是高温下分解的产物。实际上，排气中HC的形成原因比CO还要多，形成机理也比较复杂。汽车排出的HC还有一部分是来自曲轴箱窜气和燃料的蒸发。曲轴箱窜出的气体大部分是未燃烧气体。燃料蒸发所形成的 HC 是由于燃料饱和蒸汽的扩散，且温度越高，蒸发量越大。

(3)氮氧化物(NO_X)的形成。NO_X 是由空气中的氮和氧在燃烧室高温高压作用下发生化学反应生成的。NO_X 的生成量取决于燃烧的最高温度、高温持续时间、混合气浓度等。柴油机压缩比高，因而 NO_X 是主要有害排放物。

2. 影响排放物的主要因素

(1)空燃比。发动机排出的有害气体受空燃比影响很大，图 2-8-1 是排气中的 CO、HC、NO_X 浓度与空燃比的关系。由图中可以看出，当空燃比在 14.7 以下时，随着空燃比的下降，混合气浓度增大，氧气不足，不完全燃烧现象严重，使 CO、HC 排放增多，NO_X 排放减少；当空燃比大于 14.7 时，由于混合气混合不均匀，仍有少量的 CO 生成，但当空燃比大于 16 时，由于氧化反应速度慢，燃烧温度下降，使 HC 排放增多，NO_X 减少。在理论空燃比附近，HC、CO 排放浓度最小，而 NO_X 排放浓度最大。

(2)负荷。汽油机在怠速小负荷时，充气量少，混合气浓，温度低，燃烧速度慢，易引起不完全燃烧，使排放中的 CO、HC 含量增多。中负荷时，混合气较经济，CO、HC 排放减少，但燃烧室温度升高，NO_X 使生成量增多。大负荷时，混合气浓，压力温度升高，有较多的 NO_X 生成，CO 浓度也会因氧气不足而上升，而 HC 浓度下降。

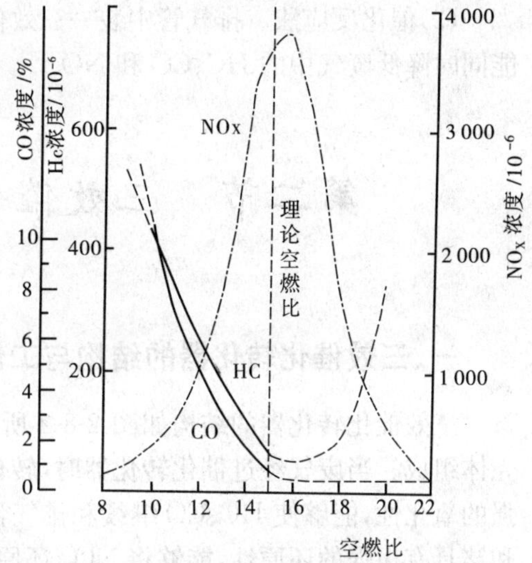

图 2-8-1　CO、HC 及 NO_X 排放浓度与空燃比的关系

(3)转速。发动机在节气门开度一定的条件下，随发动机转速的升高，混合气混合均匀，燃烧速度加快，减少了热损失，使 CO、HC 排放减少，NO_X 排放增多，当转速升到最高车速的四分之三左右时，燃烧温度最高，NO_X 生成量最大。

(4)点火时刻。汽车发动机点火提前角推迟可以使 NO、HC 减少。但不能过迟，否则由于燃烧速度缓慢使 HC 增多。

(5)压缩比。适当降低压缩比，可以使 NO_X 排放降低。

二、排气净化的措施

1. 防止汽油蒸汽泄漏

汽油非常容易挥发，在阳光的照射以及发动机的加热作用下，使油箱内的压力升高，容易引起危险，所以对燃油箱进行通风是绝对必要的，但如果直接把汽油蒸汽排放到大气中，就会造成大气污染，为此而开发了汽油蒸发排放控制系统。该系统的功用是允许供油系统有一定的量的通风，同时防止排出的蒸汽接触到大气。这就意味着在发动机停机并且燃油蒸发时，必须收集和储存燃油蒸汽。此后，当发动机工作后，再将储存的蒸汽吸入燃烧室烧掉。对于大多数系统都是用活性炭罐进行储存。

为了使发动机窜入曲轴箱的气体导入进气系统，采用了强制曲轴箱通风系统。在气门室罩或发动机顶部设一个换气口。由此使新鲜空气进入曲轴箱，在气门室罩或汽缸体侧面装一个止回阀(PCV 阀)，用一根管子将其与进气管的真空部相通，随着真空度下降，弹簧力将 PCV

阀打开，将曲轴箱蒸汽吸入并烧掉。

2.减少发动机有害物的生成

降低排放量最有效的途径是严格控制燃烧过程，大部分 CO 和 HC 化合物都是燃烧不完全的产物，而 NO_X 混合气主要是燃烧温度过高而产生的。为了使燃烧完全应使用稀混合气，并保证点火可靠，燃料的汽化，各缸分配均匀和改善混合气在燃烧室内的燃烧状况。为此。需要对进气系统、燃烧室及配气相位等方面进行改进，目前这方面的措施有电控汽油喷射、电子控制点火、废气再循环、降低燃烧室面容比和改进配气相位等。

3.机外净化法

(1)二次空气喷射法。有两种基本的空气喷射系统，一个是用喷射泵为排气系统提供空气，另一种叫作脉冲空气系统，利用排气系统的负压脉冲将空气吸入排气管中。二次空气喷射系统是将定量的新鲜空气喷入排气系统，使排气中的 HC 和 CO 继续燃烧。

(2)催化反应法。排气管中装一三效催化转化器，当废气从中三效催化转化器中经过时，能同时降低废气中的 HC、CO 和 NO_x。

第二节　三效催化转化器的结构与检修

一、三效催化转化器的结构与工作原理

三效催化转化器的结构如图 2-8-2 所示。它主要由履盖催化剂颗粒的床，前后隔板以及壳体组成。当废气经过催化转化器时，转化器利用金属铂、钯和铑作为催化剂。金属铂具有很强的氧化性，能够使 HC、CO 继续和排气管中的 O_2 产生氧化反应，生成 H_2O 和 CO_2；金属钯和铑具有很强的还原性，能够将 NO_X 还原成 N_2 和 O_2。

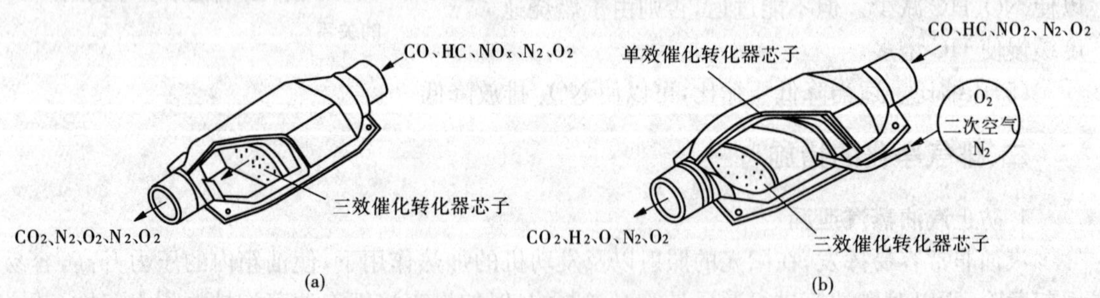

图 2-8-2　三效催化转化器

(a)单芯三效催化转化器；(b)双芯三效催化转化器

很多汽车上除装备三效催化转化器外，还配有车身与转化器之间的隔热罩以及转化器的预热系统和保护系统，使转化器在合适的温度下工作。采用三效催化转化器系统的发动机通常装用闭环控制燃油喷射系统。ECU 根据氧传感器的信号，把空燃比精确地控制在理论空燃比 14.7 附近。因为发动机只有在理论空燃比工作的情况下，三效催化转化器的转化效率最佳。

二、三效催化转化器的检修

国外规定，汽车原装的三效催化转化器应该保用5年或8万km无损坏。因此，在使用期内一般情况下无需对三效催化转化器进行定期维修，只有在对发动机进行调试或国家有关部门检测车辆时，才检查三效催化转化器的工作情况。但是，由于我国车辆运行条件及使用油品等的限制，三效催化转化器损坏的机率较高，故应该检测三效催化转化器的工作情况，以便及时发现问题。三效催化转化器工作情况的检测工具可以使用能测量汽车尾气中 O_2、CO_2、CO和HC含量的四组分汽车尾气分析仪。

1.三效催化转化器的检测条件

在检测三效催化转化器工作情况之前，必须首先检查汽车尾气中的 CO_2、O_2 和HC的含量，以判断混合气浓度是否合适，混合气浓度合适后，方能检测三效催化转化器的工作情况。

(1)检测汽车尾气的方法：

①脱开三效催化转化器进气口；

②使发动机运转至正常工作温度；

③在发动机怠速运转时将汽车尾气分析仪的探测管伸入与三效催化转化器进气口相连的排气管内至少40 mm，等待1 min以上，待汽车尾气分析仪上的 CO_2、O_2 和CO读数稳定后，再读取读数。注意：该项测试应该在3 min内完成；

④当混合气浓度合适后，装复三效催化转化器进气口，在发动机温度正常时方能接着检测三效催化转化器。

(2)检测标准。混合气的空燃比与废气含量的对应关系表明，理论混合气空燃比在14.7∶1左右，其起始点发生在尾气中 CO_2 含量开始下降、O_2 含量开始上升的时刻，在理论混合气时，尾气中的 O_2 和CO的含量接近相等。若测得的尾气成分不符合上述要求，则按照发动机生产厂家的说明书调整燃油供给系统，使混合气浓度符合要求。

2.三效催化转化器性能的检测诊断

三效催化转化器性能的检测可以用以下4种方法来综合判断。

(1)怠速试验法。在发动机怠速运转时，用尾气分析仪测量汽车尾气中的CO含量，尾气分析仪上CO的读数，应该接近于0，最大值不应超过0.3%，否则，三效催化转化器可能已经损坏。

(2)稳定工况试验法。在完成基本试验后进行该项试验。按照汽车制造厂家的规定连接好汽车专用的数字式转速表，使发动机缓慢加速，同时观察尾气分析仪上的CO和HC的读数，当转速加到2 500 r/min并稳定在这一转速时，CO和HC的读数应该缓慢下降，并稳定在低于或接近于怠速时的排放水平，否则，三效催化转化器可能已经损坏。注意：为了避免在调整发动机转速的过程中怠速时间过长，使CO和HC的读数偏大，将转速由2 000 r/min加速到2 500 r/min应该至少用10 s的时间，而CO和HC的读数应能在30 s以内稳定。而当回到怠速后，读数应能够稳定1 min，否则，应该重复上述程序，将排气系统吹净。

(3)快怠速试验法。使发动机处于快怠速运转，并用转速表检查快怠速是否符合规定值，并视需要进行调整。用尾气分析仪测量发动机处于快怠速状态下尾气中的CO和HC含量。若发动机技术状况良好，则CO排放量应该在1.0%以下，HC的排放量应该在 100×10^{-6} 以下；若两者的排放量均超标，则可以临时取下空气泵的出气软管，此时若CO和HC的读数不变，则说明三效催化转化器已经失效；若读数升高，而重新接上空气泵的出气软管后读数又下降,则说明燃油喷射系统或点火系统有故障。

(4)温度检测法。用红外测温仪测量三效催化转化器前、后排气管的温度,在三效催化转化器正常工作时,后端温度应比前端温度至少高出38℃,若后端温度等于或低于前端,则说明在三效催化转化器内无氧化反应发生,此时应该检查二次空气喷射系统是否有故障。若二次空气喷射系统无故障,则说明三效催化转化器已经损坏,应更换三效催化转化器。

3.三效催化转化器芯子堵塞的检查

三效催化转化器芯子堵塞的检查有:检测进气歧管真空度和排气背压两种方法。

(1)检测进气歧管真空度法。将废气再循环(EGR)阀上的真空软管取下,并用塞子将管口塞住,以免产生虚假的真空泄漏现象。将真空表接到进气歧管上,将发动机缓慢加速到2 500 r/min,观察真空表读数。若真空表读数瞬间下降后又回升到原有水平(47.5~74.5 kPa),并能稳定地保持在这一水平至少15 s,则说明三效催化转化器没有堵塞;若真空表读数下降,则可能为三效催化转化器或排气管堵塞。

(2)检测排气背压法。从二次空气喷射管路上脱开接空气泵止回阀的接头,再在二次空气喷射管路中接入一个压力表。在发动机转速为2 500 r/min时观察压力表的读数,此时压力表的读数应该小于17.24 kPa,如果排气背压大于或等于20.70 kPa,则表明排气系统堵塞。若观察三效催化转化器、消声器、排气管又无外部损伤,则可以将三效催化转化器出气口和消声器脱开后观察压力表的读数是否变化,若压力表显示的排气背压仍然较高,则为三效催化转化器损坏;若压力表显示的排气背压读数陡然下降,则说明堵塞发生在三效催化转化器出气口后面的部件。

4.三效催化转化器常见的故障及原因

三效催化转化器的常见故障有:三效催化转化器催化性能恶化;三效催化转化器芯子堵塞后排气不畅,产生过高的排气背压,使废气倒流到发动机内。常见的故障原因有:

(1)炭灰积聚、污染。含铅汽油燃烧后会使三效催化转化器很快受到损害,机油窜入汽缸燃烧后,机油中的磷和锌等物质也会污染三效催化转化器。

(2)陶瓷芯子破损。由于热循环的长期作用、外部碰撞和挤压,都有可能使陶瓷芯子破损。

(3)陶瓷芯子熔化。三效催化转化器正常工作时,三效催化转化器内的温度一般可达500~800 ℃,出口处温度比进口处温度约高30~100 ℃。但是,混合气浓或燃烧不完全时会使排气中的CO、HC浓度过高,这将加重三效催化转化器的负担,使温度升高过多,时间长后,会使三效催化转化器性能恶化,甚至熔化载体。

(4)三效催化转化器上一般还装有排气温度传感器,当温度过高时,ECU会切断二次空气供给,中断催化反应。

第三节 废气再循环系统的结构与检修

一、废气再循环阀的结构及工作原理

废气再循环装置是在发动机工作过程中,将一部分废气引入进气歧管,返回汽缸内进行再循环,降低发动机的最高燃烧温度,以减少NO_x的排放量。

但是过多的废气再循环将会影响发动机的正常运行，特别是在怠速、低转速小负荷及发动机处于冷态运行时，再循环的废气将会明显地降低发动机性能。因此，应根据发动机工况及运行条件的变化自动调整参与再循环的废气量。

在EGR系统中，通过一个特殊的通道将排气歧管与进气歧管连通，在该通道上装有EGR阀。通过控制EGR的开度，控制再循环的废气量。EGR阀结构如图2-8-3所示，由壳体、阀体、膜片以及弹簧组成。阀体与膜片一起运动，由膜片上方真空室的真空度控制。真空度大，阀门开度大、循环的废气量大；反之，真空度小，循环废气量小。

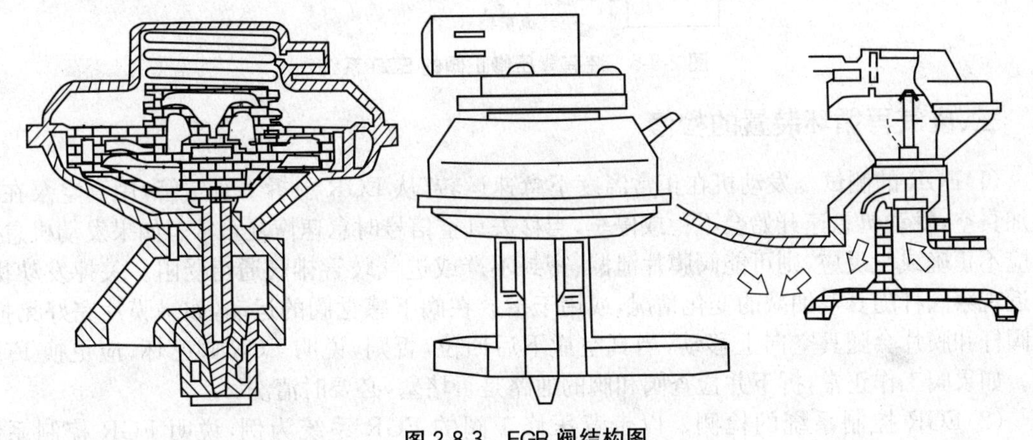

图2-8-3 EGR阀结构图

二、废气再循环的控制

废气再循环的控制分成两大类：一是机械式控制EGR系统，另一种是电子控制EGR系统。由于电子控制EGR系统结构简单，控制量大，在电控发动机上得到广泛的运用。

图2-8-4所示是常见的普通电子式控制EGR系统图，它主要由EGR阀、EGR电磁阀、节气门位置传感器、曲轴位置传感器、冷却液温度传感器、起动信号和ECU等组成。

EGR阀通过管道将排气管与进气歧管连通，其真空气室的真空度受EGR电磁阀控制，ECU根据发动机转速、空气流量、节气门位置、冷却液温度、点火开关等信号控制EGR电磁阀通电时间的长短来控制进入EGR阀真空气室的真空度，从而控制EGR阀的开度来改变参与再循环废气量。

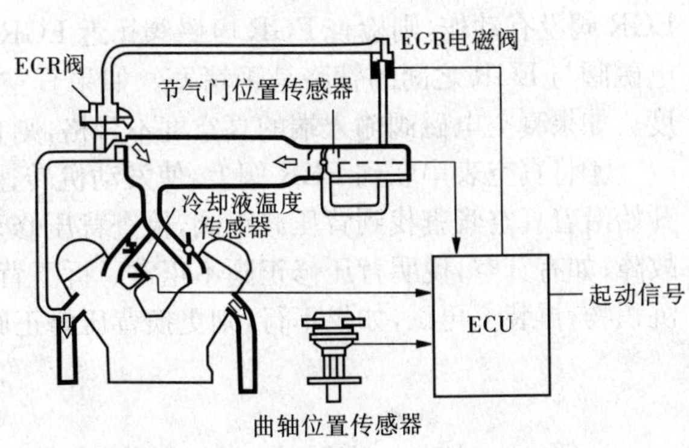

图2-8-4 普通电子控制EGR系统图

有的厂家在EGR电磁阀与EGR阀之间的真空管路中装有一背压修正阀。用来修正EGR阀真空气室真空度的大小，使控制更加精确，如图2-8-5所示。

背压修正阀由膜片、弹簧和一个放气孔组成。当排气背压低时，放气孔打开，空气流入EGR阀的真空管路中，减小了真空信号，防止EGR工作。随着排气背压的升高，背压修正阀的膜片在排气背压的作用下向上移动，将放气孔堵死，允许EGR工作。在节气门全开时高的排气背压仍使放气孔堵死，但真空口的真空太低，不能打开EGR阀。

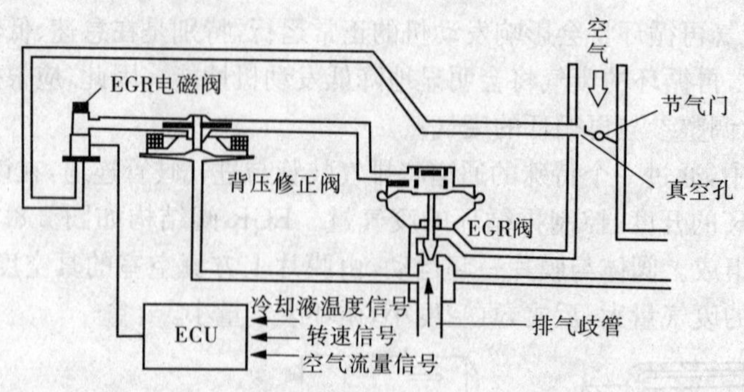

图 2-8-5 装有背压修正阀的 EGR 系统

三、废气再循环装置的检修

(1)EGR 的测试。发动机在正常温度下怠速运转,从 EGR 上拆下真空管,用真空泵在阀上加真空,发动机怠速开始会不稳或停车,当移去真空信号时怠速恢复正常。如果发动机怠速反应不正确或没反应,则可能阀膜片泄漏、密封不严或进气歧管排气通道受阻。关掉发动机,靠近观察阀杆随真空加减的变化情况,或用于指放在阀下感觉阀的运动,如果膜片完好无损,则阀杆和膜片会随真空向上移动,当真空撤下后回位,否则,说明 ECR 阀已坏,应更换 EGR 阀。如果阀工作正常,拆下并检查阀和阀的通路是否堵塞,必要时清洗。

(2)EGR 控制系统的检测。以带背压修正阀的 EGR 系统为例,说明 EGR 控制系统的检测。

①在开始检测时,首先检查所有的管路和导线连接器外观,接通点火开关,不起动发动机,EGR 电磁阀应关闭。

②发动机正常怠速运转,从下方顶 EGR 阀膜片,使阀门开启,此时怠速应下降。如果怠速不下降,则检查 EGR 管路是否阻塞。如果 EGR 管路没有阻塞,且清洁后工作仍不正常,则更换 EGR 阀。

③将发动机转速提高到 2 000 r/min,然后回到怠速,重新检查 EGR 阀的动作。如果 EGR 阀没有动作,则检查 EGR 电磁阀靠近 EGR 阀一侧的真空度,如果真空度足够高,则检查电磁阀与 EGR 之间的管路是否堵塞。如果真空度不够高,则检查真空电磁阀输入端的真空度。如果真空电磁阀输入端的真空度不合格,则查找真空不足的原因。

④将真空表串联到 EGR 阀上,使发动机转速升至 2 000 r/min,如果无真空,则从电磁阀开始沿着真空管查找到背压修正阀,检查背压修正阀入口处真空度,如无真空,说明电磁阀有故障;如有真空,说明背压修正阀不正常。拆下背压修正阀,清洗信号管及周围的积炭和铅的沉积物,再装上再试,如果不行,则更换背压修正阀。

第四节　燃油蒸发排放控制系统的结构与检修

一、燃油蒸发排放控制系统的结构及工作原理

如图 2-8-6 所示,燃油蒸发排放控制系统的主要零部件有改进设计的燃油箱加油口盖、油

箱、蒸汽分离器和活性炭罐等组成。

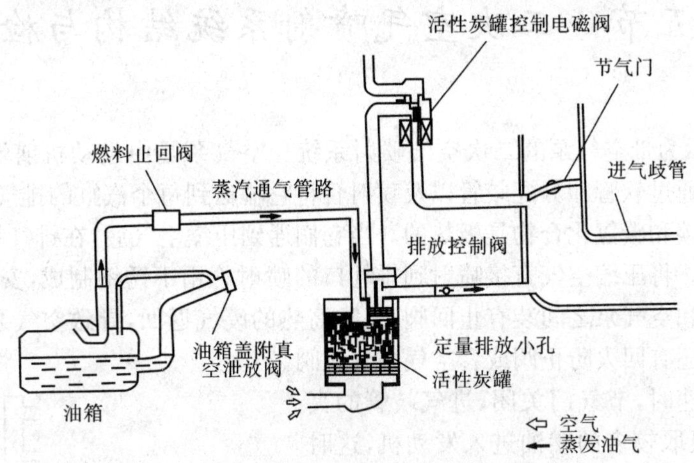

图 2-8-6 燃油蒸发排放控制系统

汽油蒸汽先被吸附并储存在活性炭罐内，直到特定的发动机工况下，蒸汽才被吸入进气歧管，送入发动机缸内燃烧。活性炭罐由充满活性炭粒的耐油尼龙和塑料容器组成。燃油蒸汽被活性炭罐吸入直到被净化。净化是用新鲜空汽吹过活性炭罐，将燃油蒸汽排出活性炭罐的过程。在排放控制阀与进气管上之间装有活性炭罐控制电磁阀，发动机工作时 ECU 根据发动机转速、温度、空气流量等信号，通过控制活性炭罐控制电磁阀开启、闭合来控制排放控制阀上部的真空度，从而控制排放控制阀的开度。当排放控制阀打开时，燃油蒸汽通过排放控制阀被吸入进气歧管。

二、燃油蒸发排放控制装置的检修

(1)油管、油箱及油箱盖的检查。检查油管及连接部位，查看有没有松动、弯曲或损坏；检查油箱盖，查看安全阀起不起作用；检查油箱有无变形、裂开和漏油处。

(2)活性炭罐的检修。由于活性炭罐净化系统的控制方式不同，对活性炭罐的检测方法也不尽相同。对于上述介绍的活性炭罐，其检测方法如下：

①从排放控制阀上拆下真空控制阀。将发动机转速升到 1 500 r/min，检查真空管内真空度。如果没有真空，检查该管路是否堵塞。

②将真空泵接到真空控制口上，加真空。如果排放控制阀不保持真空，需更换活性炭罐总成；如果保持有真空，则拆下净化管，检查管路中是否有真空。如果无真空信号，则检查管路。

③关掉发动机。从活性炭罐上拆下燃油通风管。将阀上的管口堵住，将真空泵接到净化管口上，加真空。如果活性炭罐保持真空，取下滤清器(如装)再试。如果活性炭罐仍保持真空，则更换活性炭罐；如果不再保持真空，则更换滤清器。如果系统上还装有活性炭罐控制阀，还要检测其性能，这里不再赘述。活性炭罐是一个密封装置，实际不需维护，当活性炭罐底部的滤清器脏污、堵塞或损坏时，更换滤清器。如果发现活性炭罐开裂、渗油或有其他损伤时，应更换总成。

第五节 二次空气喷射系统结构与检修

图 2-8-7 所示为带空气泵的二次空气喷射系统。空气泵是由发动机前端驱动带驱动，它产生压缩空气并通过软管和分配歧管以及喷射管将它输送到每个汽缸的排气门口。从排气门口排出的一氧化碳和碳氢化合物是极热的。当它们遇到压缩空气后，在排气歧管中燃烧，转化成二氧化碳和水。将压缩空气直接喷射到排气口的喷射管用不锈钢制成，安装位置尽量靠近排气门。喷射管和空气泵之间装有止回阀，以防高热的废气返回，导致空气泵和软管的损坏。与空气泵相连的还有回火防止阀或者空气泵分流阀。

当发动机减速时，节气门关闭，进气歧管的真空度增加，瞬时吸取较多的燃油进入发动机，这时会有过浓而不能完全燃烧的气体进入排气系统。如果这时空气继续喷入，就会产生回火爆炸，振坏消声器。为了解决这个问题，在空气和进气歧管安装一个回火防止阀或分流阀。分流阀膜片真空室上有一软管接到进气歧管。减速时，进气歧管因真空度提高形成的吸引力传给分流阀膜片，膜片将阀门打开使空气泵提供的压缩空气直接进入进气歧管。

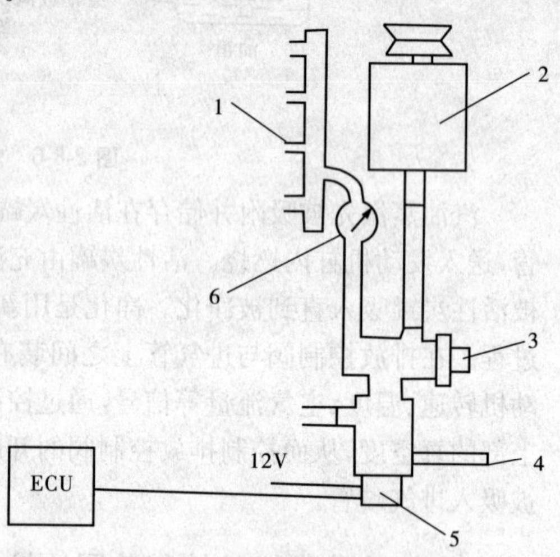

图 2-8-7 二次空气喷射系统原理图

1-歧管；2-空气泵；3-空气阀；4-真空信号；5-空气旁通阀；6-检测阀

空气泵为容积式叶片泵，采用永久润滑方式，因此不需定期维护。将发动机转速升至大约 1 500 r/min，观察管中的空气流动情况。如果空气流动量随发动机转速升高而增加，泵的工作正常，如果空气流量不增加或没有流量，检查分流阀是否泄漏，必要时更换；还要检查皮带的松紧度，如果全无问题，而泵仍不能正常工作，则要更换空气泵。

本章小结

本章介绍了以下几方面的内容：

◆汽车排放物的形成及影响因素。

◆排气净化的措施。

◆三效催化转化器的结构原理及检修方法。

◆三效催化转化器的常见故障及原因。

◆废气再循环系统的结构原理及检修方法。

◆燃油蒸发排放控制系统的结构原理及检修方法。

◆二次空气喷射系统的结构原理及检修方法。

复习思考题

1. 汽车排放的主要污染物是什么？
2. CO 的形成原因是什么？影响 CO 排放量的因素有哪些？
3. HC 的形成原因是什么？影响 HC 排放量的因素有哪些？
4. NOx 的形成原因是什么？影响 NOx 排放量的因素有哪些？
5. 汽车排放净化的措施有哪些？
6. 简述三效催化转化器的结构和工作原理。
7. 检测三效催化转化器性能的方法有哪些？
8. 如何检查三效催化转化器芯子是否堵塞？
9. 三效催化转化器的常见故障有哪些？各是如何形成的？
10. EGR 系统的功能是什么？EGR 是如何工作的？
11. 简述 EGR 系统的控制。
12. 如何检修 EGR 系统？
13. 燃油蒸发排放控制系统的功能是什么？它是如何工作的？
14. 如何检修燃油蒸发排放控制系统？
15. 简述二次空气喷射系统的结构原理和检修方法。

第九章 混合动力系统结构与检修

本章要点

通过本章的学习：

★了解混合动力汽车的概念。

★了解混合动力汽车的类型。

★熟悉混合动力汽车动力系统的组成和基本工作原理

★了解丰田混合动力系统的结构和基本工作过程

第一节 混合动力系统的概念和类型

一、混合动力汽车的概念

混合动力汽车(Hybrid Electric Vehicle，简称 HEV)是在电动汽车(仅依靠电能驱动的车辆)上加入辅助动力单元，将电力驱动与辅助动力驱动结合起来，充分发挥两者各自的优势及两者相结合产生的新优势的电动汽车。电力驱动可采用直流电动机或三相同步(或异步)电动机；辅助动力单元可以采用燃烧某种燃料的原动机或动力发电机组。形象点说，就是将传统发动机尽量做小，让一部分动力由蓄电池一电动机系统承担。这种混合动力装置既发挥了发动机持续工作时间长，动力性好的优点，又可以发挥电动机无污染、低噪声的好处，二者“并肩战斗”，取长补短，汽车的热效率可提高 10%以上，废气排放可改善 30%以上。

混合动力汽车的关键是混合动力系统，它的性能直接关系到混合动力汽车的整车性能。经过 10 多年的发展，混合动力系统总成已从原来发动机与电动机离散结构向发动机一电动机和变速器一体化结构发展，即集成化混合动力总成系统。

二、混合动力汽车的类型

按动力传输路线的不同，可将混合动力汽车分为串联、并联和混联三种形式。

1. 串联式混合动力汽车(Series Hybrid Electric Vehicle，SHEV)

SHEV 是由发动机、发电机和驱动电动机三大动力总成组成，发动机、发电机和驱动电动机采用“串联”的方式组成 SHEV 的驱动系统，使用发动机驱动发电机发电，而发出的电能通过电动机来驱动车辆行驶的混合动力汽车称为串联式混合动力汽车(图 2-9-1)。这种车辆可以描述为配有发动机驱动发电机的电动汽车。在这种动力系统中，小功率发动机可在其最有效的转速范围内运转，以给车辆(行驶中)的蓄电池充电。串联式混合动力汽车的最大特点是不管在什么工况下，最终都要由电动机来驱动车辆。

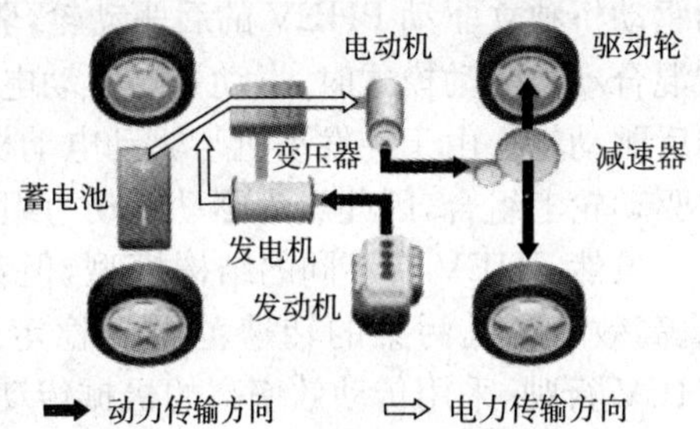

图 2-9-1 串联式混合动力汽车

SHEV 用发动机－发电机组均衡地发电，电能供应驱动电动机或动力蓄电池组，使 SHEV 的行驶里程得到延长。实际上，SHEV 的发动机－发电机组只能看作一种电能供应系统，发动机并不直接参与 SHEV 的驱动。

SHEV 的发动机，可采用四行程内燃机、二行程内燃机、转子发动机和燃气轮机。发动机的转速控制在一定范围内，不受 SHEV 运行工况的影响，经常保持在低能耗、高效率和低污染的状态下运转。

SHEV 驱动系统的结构比较简单，动力蓄电池组、发动机－发电机组和驱动电动机在底盘上的布置有较大的自由度，控制系统也比较简单，因为只有唯一的电动机驱动模式，其特点是动力特性更加趋近于电动汽车(EV)。SHEV 必须装置一个大功率的发动机－发电机组，再用驱动电动机来驱动车辆。发动机、发电机和驱动电动机的功率都要求等于或接近于 SHEV 的最大驱动功率，在热能→电能→机械能之间的转换过程中，总效率低于内燃机汽车。三大动力总成的体积较大，质量也较重，还有庞大的动力蓄电池组，使得在中小型汽车上布置有一定的困难，一般适合大型客车采用。

2. 并联式混合动力汽车(PHEV)

使用发动机和电动机直接驱动车辆的混合动力汽车称为并联式混合动力汽车(图 2-9-2)。PHEV 是由发动机、电动/发电机或驱动电动机两大动力总成组成，发动机、电动/发电机或驱动电动机采用“并联”的方式组成 PHEV 的驱动系统。发动机与电动机分属两套系统，可以分别独立地向汽车传动系统提供转矩。在不同路面上既可以共同驱动，又可以单独驱动。车辆行驶时，电动机除可辅助发动机驱动车辆外，还可作为发电机为蓄电池充电。

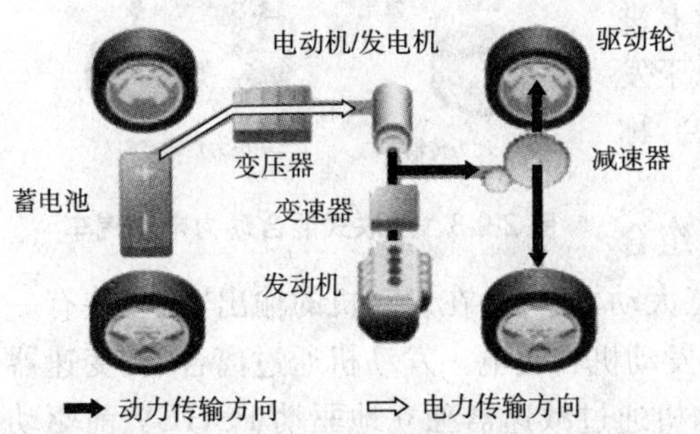

图 2-9-2 并联式混合动力汽车

从 PHEV 的动力系统组成，可大致分为发动机、驱动系统(变速器和驱动桥)、驱动轮等，电动机的动力要与车辆驱动系统相组合，可以在发动机输出轴处进行组合；在变速器(包括驱动桥)处进行组合；在驱动轮处进行组合。因此，PHEV 的驱动力组合有以下不同的组合模式：

(1)发动机轴动力组合式 PHEV。发动机轴动力组合式 PHEV 只有发动机和电动/发电机两大动力设备，发动机和电动/发电机的动力在发动机输出轴上进行组合，然后通过由离合器、变速器、驱动桥和半轴组成的传统的驱动系统带动车轮行驶，称为发动机轴动力组合式 PHEV。

(2)动力组合器动力组合式 PHEV。动力组合器动力组合式 PHEV 只有发动机和驱动电动机两大动力设备，发动机和驱动电动机的动力在动力组合器上进行组合，然后通过差速器和半轴带动车轮行驶。由于发动机和驱动电动机的动力在动力组合器上进行组合，称为动力组合器动力组合式 PHEV。

(3)驱动轮动力组合式 PHEV。驱动轮动力组合式 PHEV 的发动机通过离合器、变速器和驱动桥独立驱动 PHEV 的后驱动轮,驱动电动机通过减速器独立地驱动 PHEV 前驱动轮。在混合动力驱动模式时,发动机与驱动电动机共同组成 4 轮驱动模式驱动 PHEV 的前驱动轮和后驱动轮。由于在发动机与驱动电动机混合驱动时,发动机和驱动电动机的动力(牵引力)在驱动轮上组合,因此成为驱动轮动力组合式 PHEV。

虽然 PHEV 有不同的结构模型,但都是以发动机为主要驱动模式。发动机控制在低油耗、高效率和低污染的转速范围内稳定地运转。发动机直接带动 PHEV 的驱动系统驱动 PHEV 行驶,采用传动效率高的机械传动系统,没有 SHEV 在热能→电能→机械能的转换过程中的能量损耗。

PHEV 的发动机和驱动电动机两大动力总成都是驱动动力装置,在 PHEV 上可以实现发动机驱动模式、驱动电动机驱动模式和发动机－驱动电动机混合驱动模式等三种驱动模式。发动机和发电机各自的功率,可以是 PHEV 的最大驱动功率的 0.5～1 倍,两大动力总成的功率可以叠加,因此,可以采用较小功率的发动机和驱动电动机,使得整个动力总成的尺寸较小,质量较轻,造价也较低,可以应用在中小型 PHEV 上。由于是以发动机驱动模式为主要驱动模式,其特点是动力特性更加趋近于内燃机汽车。

3.混联式(串、并联式)**混合动力汽车**(Split Hybrid Electric Vehicle,PSHEV)

混联式混合动力汽车(PSHEV)是综合 SHEV 和 PHEV 结构特点组成的 PSHEV,由发动机、电动/发电机和驱动电动机三大动力总成组成(图 2-9-3)。由于电动/发电机必然是装在发动机的输出轴上,才能起发动机飞轮和起动机的作用,也才能保持发动机稳定运转并进行发电。因此,电动机的动力要与车辆驱动系统相组合,只有:①在变速器(包括驱动桥)处进行组合;②在驱动轮处进行组合。因此,PSHEV 的驱动力组合有以下不同的组合模式:

(1)动力组合器动力组合式 PSHEV。动力组合器动力组合式 PSHEV 有发动机、电动/发电机和驱动电动机三大动力总成,在发动机的输出轴上,装有一个电动/发电机,电动/发电机一般只用于快速起动发动机和发电。发动机和驱动电动机的动力在动力组合器上进行组合,然后通过差速器和半轴带动车轮行驶。由于发动机和驱动电动机的动力在动力组合器上进行组合,称为动力组合器组合式 PSHEV。

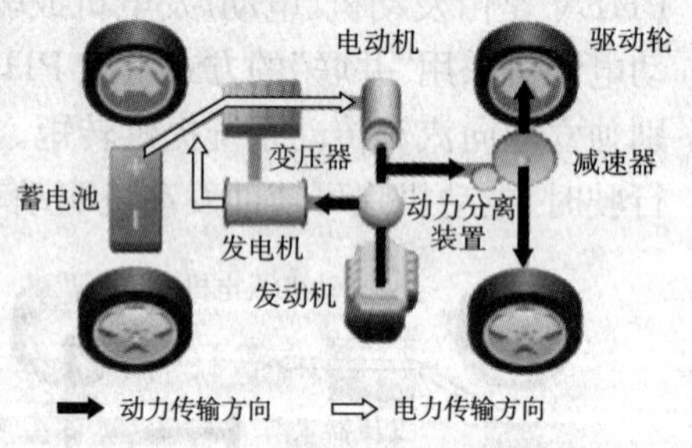

图 2-9-3 混联式混合动力电动汽车

(2)驱动轮动力组合式 PSHEV。驱动轮动力组合式 PSHEV 有发动机、电动/发电机和驱动电动机三大动力总成,在发动机的输出轴上,装有一个电动/发电机,电动/发电机一般只用于快速起动发动机和发电。发动机通过离合器、变速器和驱动桥独立驱动 PSHEV 的后驱动轮,驱动电动机通过减速器独立地驱动 PSHEV 前驱动轮。在混合动力驱动模式时,发动机与驱动电动机共同组成 4 轮驱动模式驱动 PSHEV 的前驱动轮和后驱动轮。由于在发动机与驱动电动机混合驱动时,发动机和驱动电动机的动力(牵引力)在驱动轮上组合,因此称为驱动轮动力组合式 PSHEV。

PSHEV 兼有 SHEV 和 PHEV 的优点,可以组合成更多种形式的混合驱动的驱动模式,发动机、电动/发电机和驱动电动机的功率可以是 PSHEV 总功率的 1/3～1 倍,车辆的整备质量可以降低,而且性能更加完善,经济性更好,在动力性能方面接近和达到内燃机汽车的水平,有害气体的排放更少,达到"超低污染"的标准要求。

第二节 混合动力汽车动力系统的组成和工作原理

一、混合动力汽车动力系统的组成

混合动力汽车的动力系统主要由控制系统、驱动系统、辅助动力系统和蓄电池组等部分组成。串联式混合动力汽车(后轮驱动)动力系统的组成如图 2-9-4 所示。

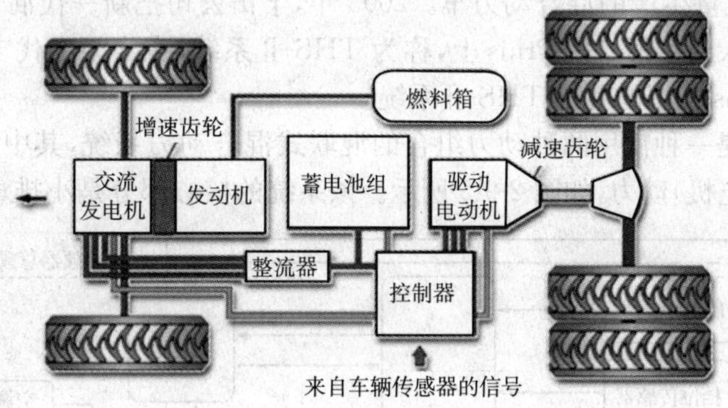

图 2-9-4 串联式混合动力汽车的组成

控制系统的基本功能是实现对驱动电动机的控制;驱动系统的主要功能是使电能转变为机械能,并将能量传递到车轮,使车辆行驶;辅助动力系统的主要功能是直接驱动车辆和为蓄电池组充电;蓄电池组的主要功能则是重复存储和释放电能,以满足车辆驱动和发动机起动的要求。

二、混合动力汽车的工作原理

混合动力汽车的最大特点是蓄电池和辅助动力(内燃机)系统具有互补的工作模式。下面以图 2-9-4 所示的串联式混合动力汽车为例介绍其基本工作原理。

(1)在车辆起步或低速行驶时,蓄电池处于电量饱满状态,其能量输出可以满足行车要求,此时车辆仅依靠电力驱动,辅助动力系统(内燃机)不工作。

(2)蓄电池电量低于 60%时,辅助动力系统起动。

(3)当车辆能量需求较大时(车速大于 40 km/h 或急加速),辅助动力系统与蓄电池同时为驱动系统提供能量。

(4)当车辆能量需求较小时,辅助动力系统为驱动系统提供能量的同时,还给蓄电池充电。

(5)当车辆制动时,混合动力系统能将车辆动能转化为电能,并储存在蓄电池中以备下次低速行驶时使用。

由于蓄电池的存在,发动机就可以工作在一个相对稳定的工况,其排放指标得以改善。

实际上,无论那种形式的混合动力汽车都能在充分发挥每种动力各自功效的同时,使两种动力互为补充，取长补短。这样，车辆可以针对行驶状况作出动态的快速反应，以及显著降低燃油消耗量和排放污染。从目前的研究来看，混合动力汽车是实现环境、经济和技术三方面指标优化的主要途径。混合动力汽车与纯电动汽车和燃料蓄电池电动汽车相比，在动力性能、续行里程、使用方便性等方面都有优势，因而是最具商业价值和规模生产可能的车辆。

第三节　丰田混合动力系统

2006年开始在中国生产的丰田Prius（普锐斯）混合动力汽车为五门、前轮驱动乘用车，使用一台电喷汽油发动机作为辅助动力。其实，丰田Prius自1997年就开始在日本销售，是世界上第1台正式批量生产的混合动力车。2003年，丰田公司把新一代混合动力系统Hybrid Synergy Drive引入到了第二代Prius上，称为THS-Ⅱ系统，意为第二代丰田混合动力系统。在中国生产的Prius采用的就是THS-Ⅱ系统。

THS-Ⅱ系统是一种使用两种动力组合的混联式混合动力系统，其中包括发动机动力和MG2（2号电动发电机）动力，如图2-9-5所示。该系统的核心部分是小排量汽油发动机（排气

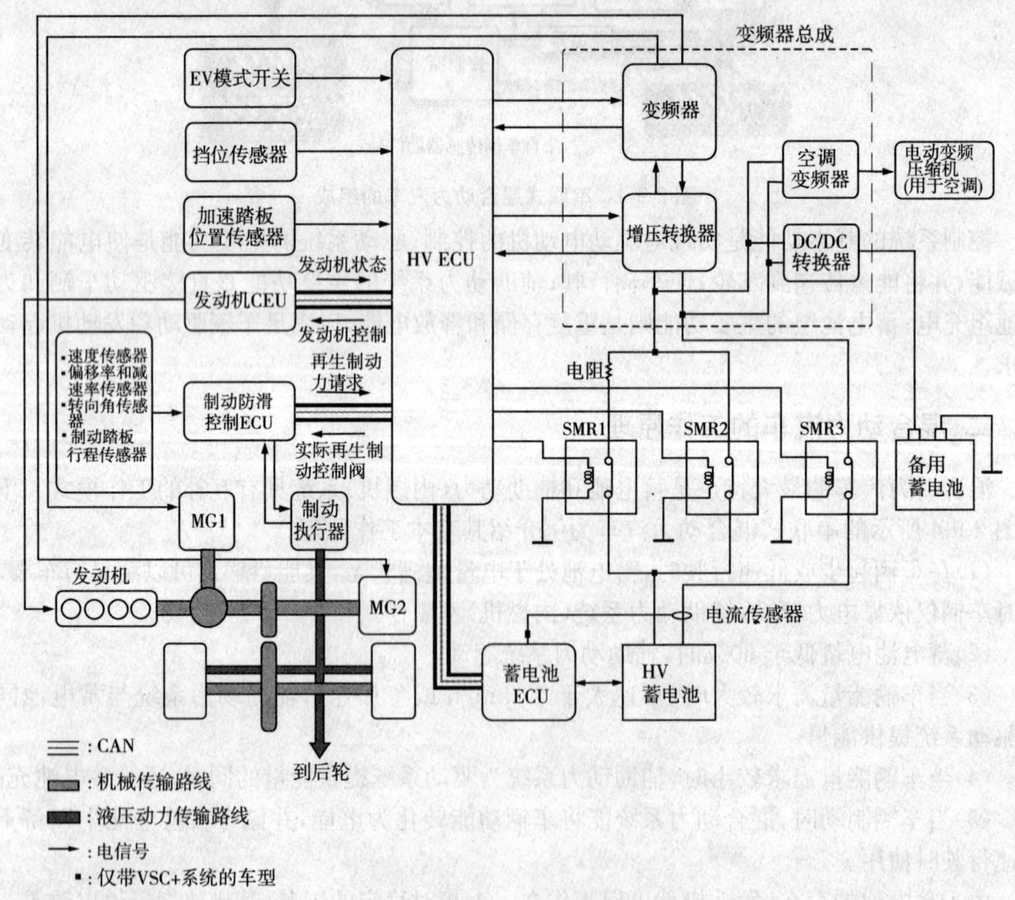

图2-9-5　THS-Ⅱ系统

量为 1 497 mL)、高输出功率混合动力 HV 蓄电池、变频器以及变速驱动桥(由行星齿轮组、发电机、电动机、减速器组成),如图 2-9-6 所示。它将以往的 SHEV 和 PHEV 的动力系统整合成为混联式混合动力系统,可最大限度地将二者的优势发挥出来。这套系统的发动机动力由变速驱动桥中的行星齿轮组进行分配。一部分用于直接驱动车轮,另一部分用于发电,其使用比例可由 HV ECU(混合动力车电控单元)自由控制。THS-Ⅱ系统主要利用电动机驱动车辆,其电动机的使用比例要比 PHEV 大得多。

在低速状态下,T HSⅡ系统仅依靠蓄电池驱动的 MG2 作为动力,而在加速或全负荷状态下,车辆由发动机和 MG2 共同驱动。正常行驶状态中,T HSⅡ系统会把多余的发动机动力转化为电能储存起来,而在制动或者减速时,分布于 2 个前轮的能量回收系统会将多余的动能转化为电能,为蓄电池进行充电。HV ECU 会随时根据车辆状态切换 THS-Ⅱ系统的工作状态。

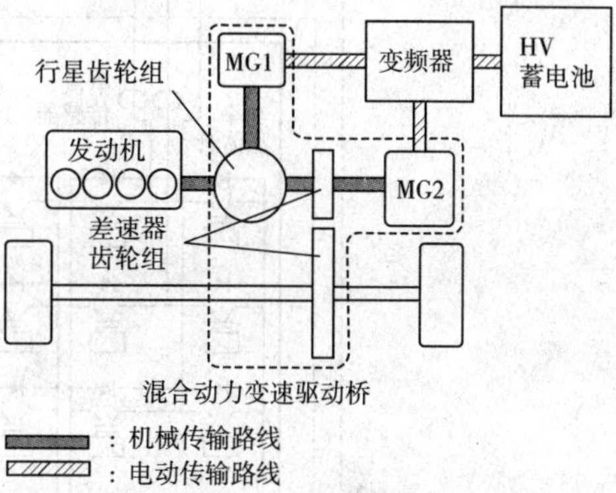

图 2-9-6 THS-Ⅱ混联式混合动力系统

一、THS-Ⅱ系统主要组件的结构

1. 1NZ-FXE VVT-i 发动机

该发动机是直列四缸水冷式多点电喷汽油发动机,排量为 1 497 mL,最大功率为 57 kW,实际百千米油耗为 3～4 L,采用 VVT-i(电子可变气门正时)系统和 ETCS-i(智能电子节气门)系统。发动机 ECU 接收到 HV ECU 发送的目标发动机转速和所需的发动机动力信号后,会对 ETCS-i 系统、燃油喷射量、点火正时和 VVT-i 系统实施最佳控制。

2. HV 蓄电池

第二代 Prius 采用密封镍混合动力(Ni-MH)蓄电池作为 HV 蓄电池。HV 蓄电池共有 28 块 168 个单格,额定电压为 DC 201.6 V,蓄电池单格间为双点连接(相当于双连条),可有效降低蓄电池的内部电阻。这种蓄电池具有结构紧凑、重量轻、高效能、寿命长等特点。HV 蓄电池在重复充电/放电时会散发热量,为确保其工作正常和保持蓄电池的性能,车辆为 HV 蓄电池配备了专用的冷却系统,由蓄电池 ECU 根据 HV 蓄电池内部 3 个蓄电池温度传感器和进气温度传感器给出的信号控制冷却风扇的工作,将 HV 蓄电池温度控制在合适的范围内。车辆正常工作时,由于 THS—Ⅱ系统可通过充电/放电来保持 HV 蓄电池 SOC(充电状态)为恒定数值,因此车辆不依赖外部设备来充电。为了保证维修期间人员的安全,在检查和维修车辆前一定要断开点火开关,然后拆下检修塞,以切断 HV 蓄电池中部的高压电路。

3. 变频器总成

变频器的功用是将 HV 蓄电池的高压直流电转换为三相交流电来驱动 MG1 和 MG2。此外,变频器也用于将电流控制(如输出电流或电压)的信息传输到 HV ECU(混合动力汽车电控单元)。

在第二代 Prius 的 THS-Ⅱ系统中,变频器总成的电子控制系统示意图如图 2-9-7 所示。该总成采用了增压转换器,用于将 HV 蓄电池 DC 201.6 V 的额定电压提高到 DC 500 V。这样可实现电源供电的低流高效,也可在保持电流恒定的同时,通过增大电压来增大功率。电压提升后，变频器将直流电转换为交流电以驱动 MG1 和 MG2。MG1 或 MG2 作为电动发电机工作时，变频器通过二者之一将交流电（201.6～500 V）转换为直流电，再通过增压转换器将其降低到 DC 201.6 V 为 HV 蓄电池充电。

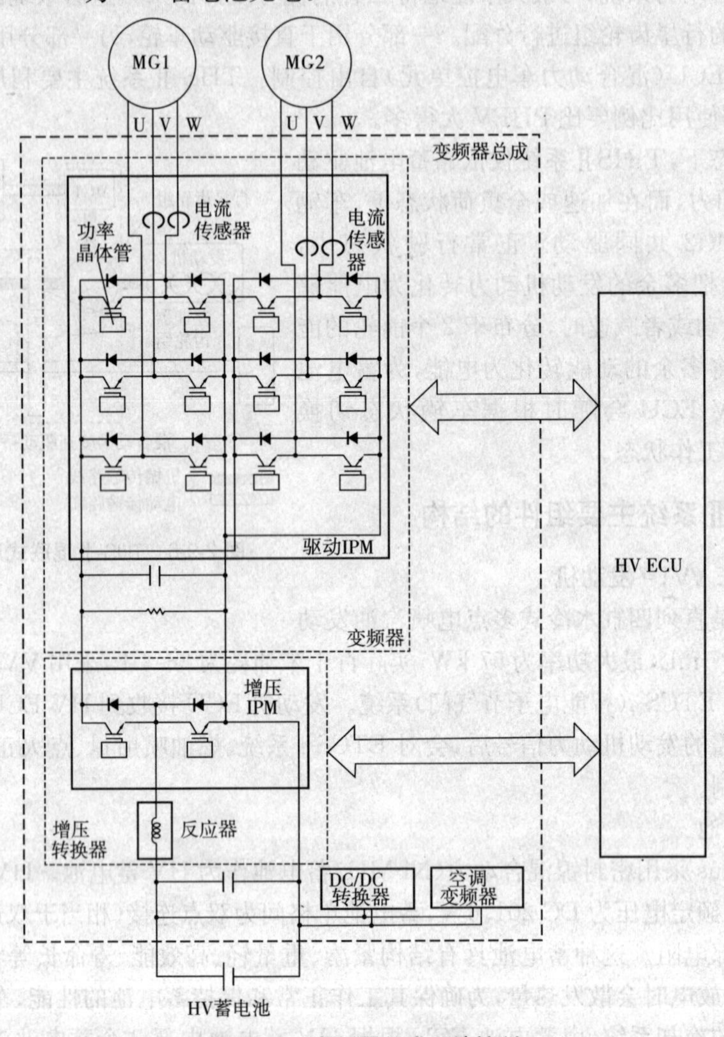

图 2-9-7 变频器总成系统控制

车辆的辅助设备，如车灯、音响系统、空调系统（除空调压缩机）和各种 ECU，它们由 DC12 V 的供电系统供电。由于 THS-Ⅱ系统中发电机输出的额定电压为 DC 201.6 V，因此需要转换器将这一电压降低到 DC12 V 才能为备用蓄电池充电。变频器中的 DC/DC 转换器可将最高电压 DC 201.6 V 降到 DC 12 V，为车身电器组件供电以及为备用蓄电池充电（DC12 V）。

变频器中的空调变频器可将 HV 蓄电池的额定电压 DC 201.6 V 转换为 AC 201.6 V，为空调系统中电动变频压缩机供电。

变频器和 MG1、MG2 一起由与发动机冷却系统分离的专用散热器来冷却。电源状态转换为 IG 时，冷却系统工作。

如果车辆发生碰撞，则安装在变频器内部的断路器会通过短路传感器检测到碰撞信号并切断 HV 蓄电池高压电路。

4.混合动力变速驱动桥

混合动力变速驱动桥由 MG1、MG2 和行星齿轮组组成，如图 2-9-8 所示。THS-Ⅱ系统可根据车辆的行驶状况综合使用 2 种动力——发动机和 MG2，其中发动机提供主要动力。发动机的动力分为两部分，一部分是由混合动力变速驱动桥中行星齿轮组分配给车轮的动力，另一部分是提供给发电机 MG1 的动力。THS-Ⅱ在 MG1、MG2 和行星齿轮组的配合下，通过无级变速器驱动前轮，使车辆平稳行驶。

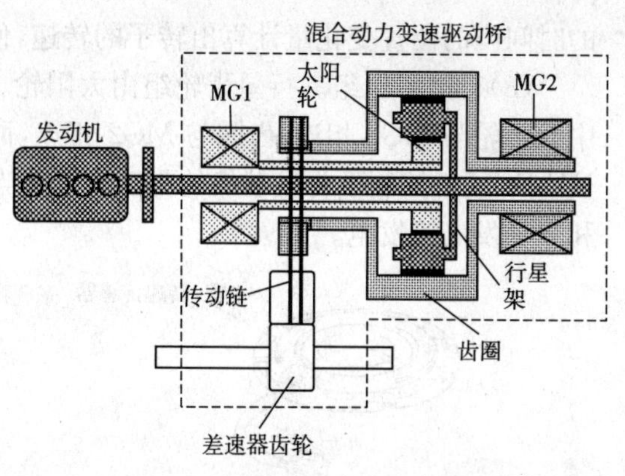

图 2-9-8 混合动力变速驱动桥

MG2 通过齿轮和链传动机构与前轮有机连接。前轮和 MG2 之间的传动系统称为无离合器系统，目的是使车辆行驶中处于空挡时切断传到车轮上的动力。车辆处于空挡状态时，挡位传感器输出 N 挡信号，此时 HV ECU 控制关闭变频器(连接 MG1 和 MG2)中的所有功率晶体管，这样，MG1 和 MG2 关闭，使驱动车轮的动力为零。这种状态下，即使 MG1 由发动机带动旋转或 MG2 由驱动轮带动旋转，也不产生电能，因为 MG1 和 MG2 不工作。因此，车辆处于 N 挡时，HV 蓄电池的 SOC(充电状态)下降。

(1)MG1 和 MG2。MG1 和 MG2 为三相交流永磁同步电动发电机，如图 2-9-9 所示。它们作为辅助动力源为车辆提供动力，使车辆达到优秀的动态性能，其中包括平稳起步和加速。发动机、MG1 和 MG2 通过行星齿轮组等机构有机相连。MG1 可为 HV 蓄电池充电并为 MG2 供电，同时用作起动机来起动发动机。此外，通过调节发电量(改变发电机的转速)，MG1 可有效控制变速驱动桥的传动比连续可变。MG2 和差速器齿轮(用于驱动轮)通过传动链和齿轮等机构相连，起动再生制动功能后，MG2 可将车辆减速时的动能转换为电能并储存在 HV 蓄电池中。为了提高 MG1 和 MG2 的效能，系统配备了强制水冷的 MG1 和 MG2 冷却系统。冷却系统的散热器集成在发动机散热器中。这样，散热器的结构得到简化，空间也得到有效利用。

(2)转速/转角传感器。转速/转角传感器安装在 MG1 右侧的端盖上，可精确地检测到转子磁极的位置。传感器的定子包含 3 个线圈，输出线圈 B 和 C 相位交错 90°，如图 2-9-10 所示。由于永磁转子是椭圆的，定子和转子间的距离随转子的旋转而发生变化。这样，由磁通量变化产生的交流电通过线圈 A 后，由线圈 B 和 C 产生的与传感器转子位置相对应的交流电就会随之而来，线圈 B 与线圈 A 产生 120°的相位差，线圈 B 与 C 线圈产生 90°的相位差。HV ECU 检测这些信号，即可从其相位差异中解析出转子的绝对位置(转角)。此外，HV ECU 也根据转子在一定

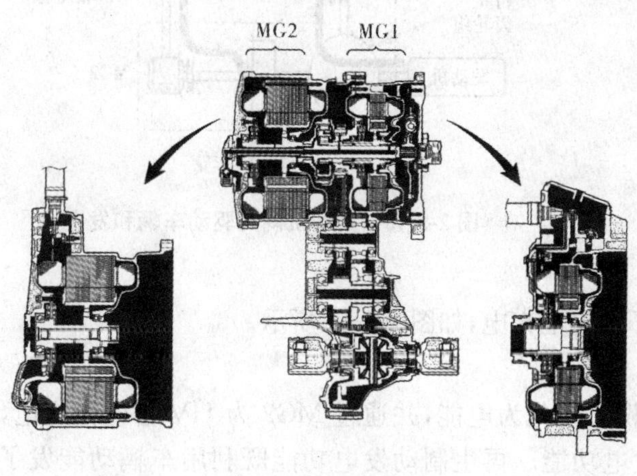

图 2-9-9 MG1 和 MG2

的时间内的位置变化量计算出转子的转速，使这个传感器起到转速传感器的作用。

(3)行星齿轮组。行星齿轮组由太阳轮、行星架和齿圈三元件组成，如图 2-9-11 所示。其中太阳轮与 MG1 相连，齿圈与 MG2 相连，而行星架与发动机相连。行星齿轮组的功用是在 HV ECU 的控制下将发动机的驱动力以适当的比例分配给 MG2 和 MG1，用以直接驱动车辆和驱动发电机发电。

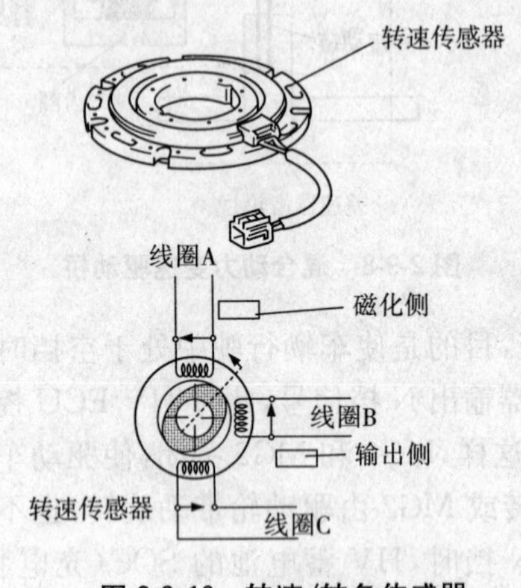

图 2-9-10 转速/转角传感器

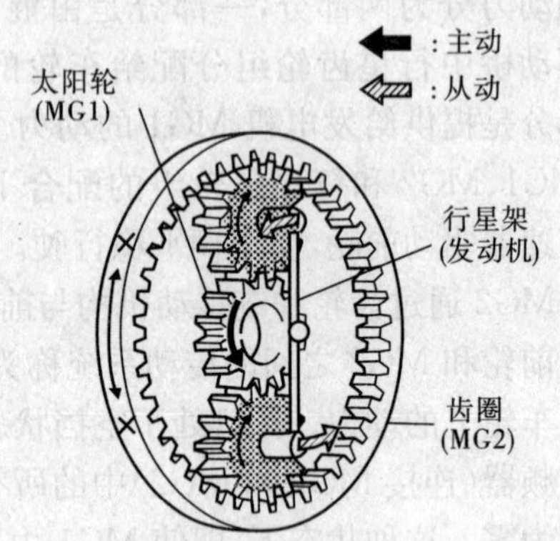

图 2-9-11 行星齿轮组(MG1 起动发动机时的行星齿轮状态)

二、THS-Ⅱ系统基本工作模式

THS-Ⅱ系统按下列模式驱动车辆，以最大限度地适应车辆的行驶状况。

1. MG2 单独驱动车辆

MG2 接收来自 HV 蓄电池的电能驱动车辆，如图 2-9-12 所示，此时发动机不工作。

2. 发动机同时驱动车辆和发电

发动机通过行星齿轮驱动车辆的同时，由发动机通过行星齿轮带动 MG1 旋转而发电，为 MG2 提供所需的电能，如图 2-9-13 所示。

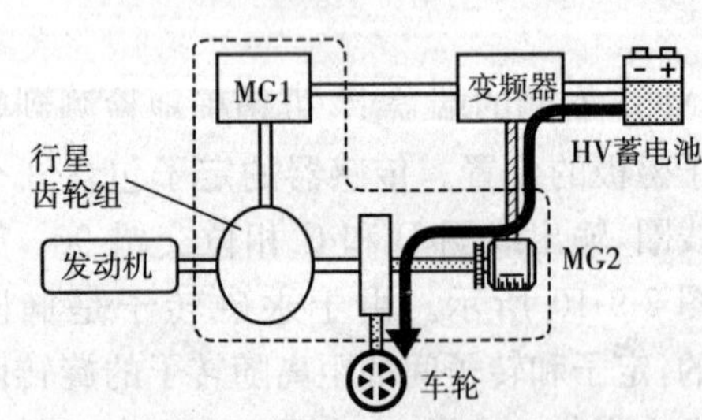

图 2-9-12 MG2 单独驱动车辆

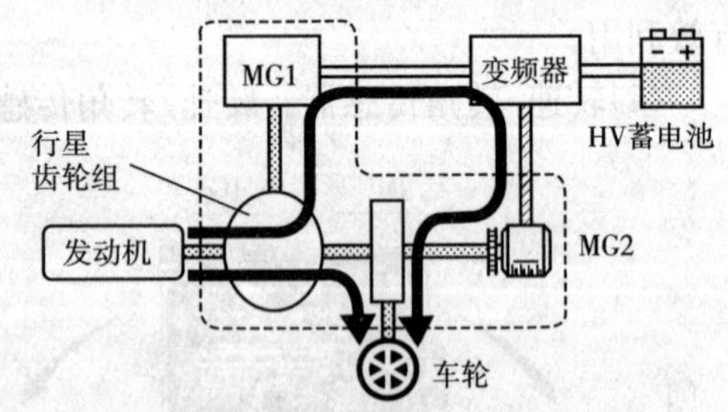

图 2-9-13 发动机同时驱动车辆和发电

3. 发动机单独驱动 MG1 发电

通过行星齿轮带动 MG1 旋转，为 HV 蓄电池充电，如图 2-9-14 所示。

4. 再生制动发电

车辆制动或减速时，车辆的动能被回收并转化为电能，并通过 MG2 为 HV 蓄电池充电，如图 2-9-15 所示，这种功能叫再生制动发电功能。再生制动发电功能既利用车辆动能发了电，又利用发电时产生的工作阻力提高制动效果。

车辆行驶时，HV ECU 会根据行驶工况在(1)、(2)、(3)、(1)+(2)+(3)或(4)模式间转换，最大限度地发挥发动机动力和 MG2 动力的优势。

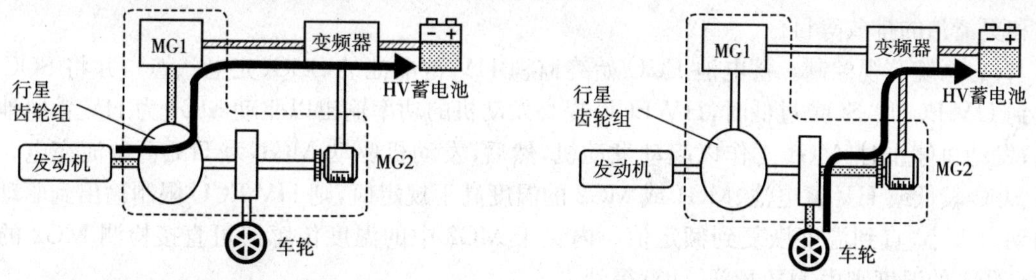

图 2-9-14 发动机单独驱动 MG1 发电　　图 2-9-15 再生制动发电

三、THS-Ⅱ系统控制

1. HV ECU 控制

HV ECU 是整车能量控制中心，它采用层级式管理，由其通过 CAN(控制器局域网)总线统一协调和控制各个低端控制器，即发动机 ECU、蓄电池 ECU 和制动防滑控制 ECU，最下层则为各个执行器，即发动机、变频器、MG1 和 MG2 等部件，如图 2-9-16 所示。

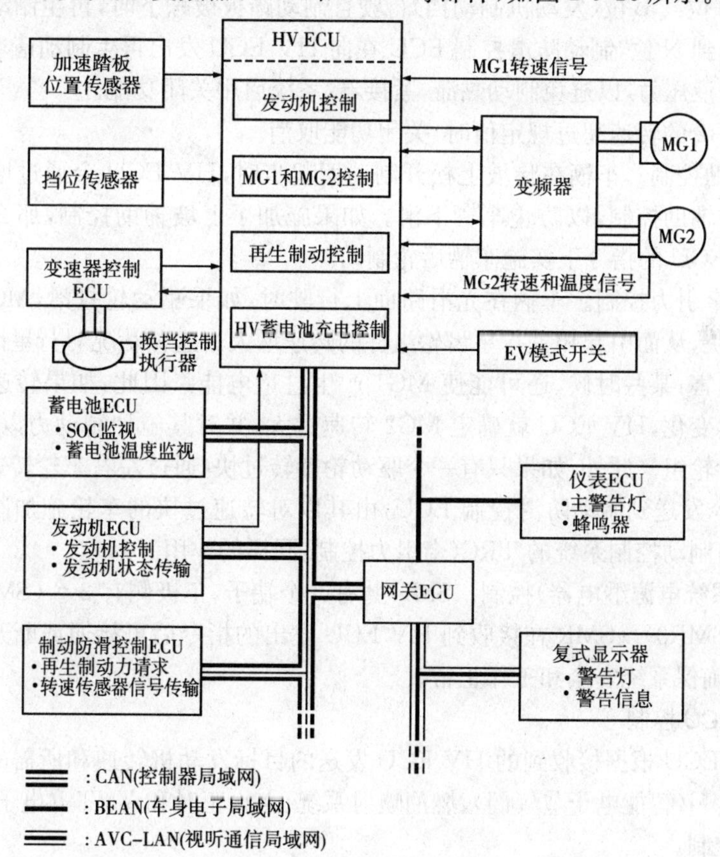

图 2-9-16 HV ECU 控制系统

HV ECU 根据加速踏板位置传感器(霍尔式)发出的信号检测施加在加速踏板上的力的大小，根据 MG1 和 MG2 中的转速/转角传感器发出的信号检测车速，并根据挡位传感器的信号检测挡位。HV ECU 根据这些信息即可确定车辆的行驶状态，从而对 MG1、MG2 和发动机动力进行最优控制。此外，HV ECU 对动力输出的转矩和效率也进行最优控制，以实现低耗油和更清洁的排放等目标。

(1)系统监视控制。蓄电池 ECU 始终监视 HV 蓄电池的 SOC(充电状态)，并将 SOC 发送到 HV ECU。SOC 过低时，HV ECU 提高发动机的功率输出以驱动 MG1 为 HV 蓄电池充电；发动机停止时，MG1 工作以起动发动机，然后，发动机驱动 MG1 为 HV 蓄电池充电。如果 SOC 较低或 HV 蓄电池、MG1 或 MG2 的温度高于规定值，则 HV ECU 限制输出到驱动轮的动力大小，直到温度恢复到额定值。内置于 MG2 中的温度传感器可直接检测 MG2 的温度，MG1 的温度则由 HV ECU 计算得到。

(2)关闭功能。通常车辆处于 N 位时，MG1 和 MG2 被关闭。这是由于 MG2 通过机械机构与前轮相连，所以必须停止 MG1 和 MG2 的供电以切断动力输出，此即为 MG1 和 MG2 的关闭功能。

①行驶时，如果制动踏板被踩下并且某个车轮抱死，则带 EBD 的 ABS 起动工作，而后，系统请求 MG2 输出低转矩，为重新驱动车轮提供辅助动力。这时，即使车辆处于 N 位，系统也会取消关闭功能使车轮转动，车轮重新旋转后，系统恢复关闭功能。

②车辆以 D 位或 B 位(发动机制动挡)行驶且制动踏板被踩下时，再生制动开始工作。此时若驾驶人换挡到 N 位，制动防滑控制 ECU 在向 HV ECU 发出再生制动请求转矩减少信号的同时增大制动液压力，以避免制动黏滞，紧接着，系统启用关闭功能。

③MG1、MG2 的转速超过规定值时，关闭功能取消。

(3)上坡辅助控制。车辆在陡坡上松开制动而起步时，HV ECU 会通过增大电动机转矩的方法实施上坡辅助控制，以防止车辆下滑。如果施加了上坡辅助控制，那么制动防滑控制 ECU 会在 HV ECU 的指令下实施车辆后轮制动。

(4)电动机牵引力控制。车辆在光滑路面上行驶时，如果驱动轮打滑，MG2(与车轮直接相连)会旋转过快，从而引起相关行星齿轮组件的转速增大。这种状况对行星齿轮组及其配套部件等会造成损害，某些时候，还可能使 MG1 产生过量电能。因此，如果转速传感器信号表明转速发生突然变化，HV ECU 就确定 MG2 转速过大，并对其施加制动力以抑制转速变化，从而保护行星齿轮组。此外，如果只有一个驱动轮旋转过快(通过左右车轮转速传感器检测)，HV ECU 将指令发送到制动防滑控制 ECU，由其以对转速过快的车轮施加制动。这种控制方法可以起到与制动控制系统的 TRC(牵引力控制)同样的作用。

(5)SMR(系统电源继电器)控制。SMR 共有 3 个端子，正极侧有 2 个(SMR1 和 SMR2)，负极侧有 1 个(SMR3)。SMR 在接收到 HV ECU 发出的指令后可接通或断开高压电路中的电源继电器，以确保系统安全和工作正常。

2. 发动机 ECU 控制

(1)发动机 ECU 根据接收到的 HV ECU 发送的目标发动机转速和所需的发动机动力信号后，可对 ETCS-i(智能电子节气门)、燃油喷射系统、点火正时和 VVT-i(电子可变气门正时)系统实施最佳控制。

(2)发动机 ECU 将发动机工作状态信号发送到 HV ECU。

(3)按照 THS-Ⅱ系统的基本控制方法，在接收到 HV ECU 发送的发动机停止信号后，发动机 ECU 将指令发动机停机。

(4)发动机电子控制系统出现故障时，发动机ECU将通过HV ECU指令点亮发动机故障指示灯。

3.变频器控制

(1)根据HV ECU提供的信号，变频器将HV蓄电池的直流电转换为交流电向MG1、MG2供电，或执行相反的过程。此外，变频器可将MG1的交流电转换为直流电提供给MG2。但是，电流从MG1提供给MG2时，电流在变频器内由AC 500 V转换为DC 500 V。

(2)根据MG1、MG2发送的转子信息和从蓄电池ECU发送的HV蓄电池SOC等信息，HV ECU将信号发送到变频器内部的功率晶体管来转换MG1、MG2定子线圈的U、V和W相，需要关闭MG1、MG2的电流时，HV ECU发送指令信号到变频器。

4.制动防滑控制ECU控制

(1)制动防滑控制ECU根据驾驶人踩下制动踏板时制动执行器的制动主缸压力和制动踏板位置传感器信号，计算所需的总制动力。

(2)制动防滑控制ECU根据总制动力计算所需的再生制动力，并将结果发送到HV ECU。

(3)HV ECU起动MG2进行反方向转矩控制，并执行再生制动功能。

(4)制动防滑控制ECU控制制动执行器电磁阀产生轮缸压力，这个压力等于总制动力减去实际再生制动力控制的数值。

(5)在带VSC+(车辆稳定控制)系统的车型上，该系统工作时，制动防滑控制ECU将向HV ECU发送实施电动机牵引力控制请求信号。HV ECU将根据当前的车辆行驶状态控制发动机、MG1和MG2协调工作，以抑制动力输出。

5.蓄电池ECU控制

蓄电池ECU检测HV蓄电池的SOC(充电状态)、温度、电压和是否泄漏，并将这些信息发送到HV ECU。蓄电池ECU通过HV蓄电池内的温度传感器检测其温度，并据此控制冷却风扇的运转，可将HV蓄电池的温度维持在规定范围内。

6.碰撞时控制

发生碰撞时，如果HV ECU接收到安全气囊传感器总成发出的安全气囊张开信号或变频器中的断路器发出的执行信号，HV ECU将关闭SMR(系统电源继电器)，从而切断总电源以确保安全。

7.电动机驱动模式控制

(1)为减小深夜行车、停车时的噪声和在车库中短时间减少排气污染，可以手动按下仪表板上的EV模式开关，此时车辆只由MG2驱动。除非车辆发生以下情形：SOC下降到规定水平以下；EV模式开关断开；车速超过规定数值；加速踏板角度超过规定数值；HV蓄电池温度偏离正常工作范围。

(2)按下EV模式开关后，组合仪表中的EV模式指示灯将点亮。

(3)选择EV模式时，发动机停止工作，车辆继续在只有MG2工作的状态下行驶。但是，起动发动机的规定数值将受到修正，以增加在只有MG2工作状态下的车辆行驶里程。另外，选择EV模式，车辆在平坦路面行驶且HV蓄电池在标准SOC以下时，车辆将在连续行驶1～2 km后关闭EV模式。

8.指示灯和警告灯

HV ECU、发动机 ECU 和蓄电池 ECU 工作时，其内部的自诊断电路会随时监测其传感器、执行器和 ECU 本身的运行状况，一旦发现故障，就会点亮仪表板上的警告灯（发动机故障指示灯、主警告灯或混合动力系统警告灯、HV 蓄电池警告灯）或使警告灯闪烁，以提醒驾驶人立即检修。第二代 Prius 的指示灯和警告灯及其说明见表 2-9-1。

Prius 的指示灯和警告灯　　表 2-9-1

项　目	概　述
READY 灯	车辆处于 P 位时，如果驾驶人踩下制动踏板并同时按下起动按钮，此灯闪烁
主警告灯	此警告灯在警告蜂鸣器发出鸣叫时点亮，它的主要功能是提示驾驶人 THS-Ⅱ系统中已出现故障或 HV 蓄电池 SOC 低于标准数值等信息。除先前所述的状态外，此灯点亮并且蜂鸣器鸣叫以通知驾驶人出现冷却液温度异常、油压异常、EPS 系统故障或变速器控制 ECU 故障
发动机故障指示灯	发动机控制系统出现故障时点亮
放电警告灯	DC 12 V 充电系统（转换器总成）出现故障时点亮，同时，主警告灯将点亮
HV 蓄电池警告灯	此警告灯点亮以通知驾驶人 SOC 低于最小标准数值（%），同时，主警告灯将点亮
混合动力系统警告灯	此警告灯点亮以通知驾驶人 THS-Ⅱ系统出现故障，同时，主警告灯将点亮

9.安全保护

若 HV ECU 检测到 THS-Ⅱ系统有故障，那么，它将根据存储器中的数据控制系统运转。

四、THS-Ⅱ系统的工作过程

起动及中速以下行驶，此时发动机效率低下，因此 Prius 的发动机关闭，仅由大功率电动机驱动车辆（图 2-9-17a 中的箭头 A）。在常规行驶时，发动机作主动力源，由动力分离装置将动力分成两路，一路驱动发电机进行发电，产生的电力驱动电动机运转（图 2-9-17b 中的箭头 B），另一路则直接驱动车轮（图 2-9-17b 中的箭头 C），系统会自动对两条路径的动力进行最佳分配，以达到效率的最大化。

当要加速时，蓄电池组会加进来为电动机供电，增强电动机输出功率（图 2-9-17c）。

当减速或制动时，则由车轮的惯性力驱动电动机。这时电动机变成了发电机，车辆制动能量转换成了电能（图 2-9-17d 中的箭头 D）。

蓄电池组电量保持在一个恒定水平。当系统发现蓄电池组电量下降会起动发动机驱动发电机发电，向蓄电池组充电（图 2-9-17e 中的箭头 E）。

五、Prius 的运行模式

（1）起动。插入钥匙，踩住制动踏板及按下起动按钮（POWER），直至液晶仪表上的“READ”信号灯亮起，挂上 D 挡前进。

（2）当发动机效率偏低，例如，在低速行驶，转换器及高压电子系统将蓄电池组输出的直流电转换为交流电，并升压至 500 V 给予电动机使用。电动机会起动与发动机并肩工作。

（3）ECU 分析汽车负荷、加速踏板压力及蓄电池状态，决定以电动机、或者电动机与发电机并用，提供最有效率的动力分配及组合。经常使用电动机会导致蓄电池电量下降，当降到一定限值时，发动机会自行起动带动发电机向蓄电池充电。

（4）当高速行驶时，混合动力系统会即时起动发动机及电动机输送驱动力。

（5）当减速和制动时，在制动力作用下混合动力系统会将电动机转为发电机，将动能转化为电能，向蓄电池充电。

(6)当车辆停止时，发动机会自动熄火，以减少不必要的燃油消耗及废气排放。Prius 的环保空调系统会以电力驱动，因此关闭发动机空调也一样可以运行。

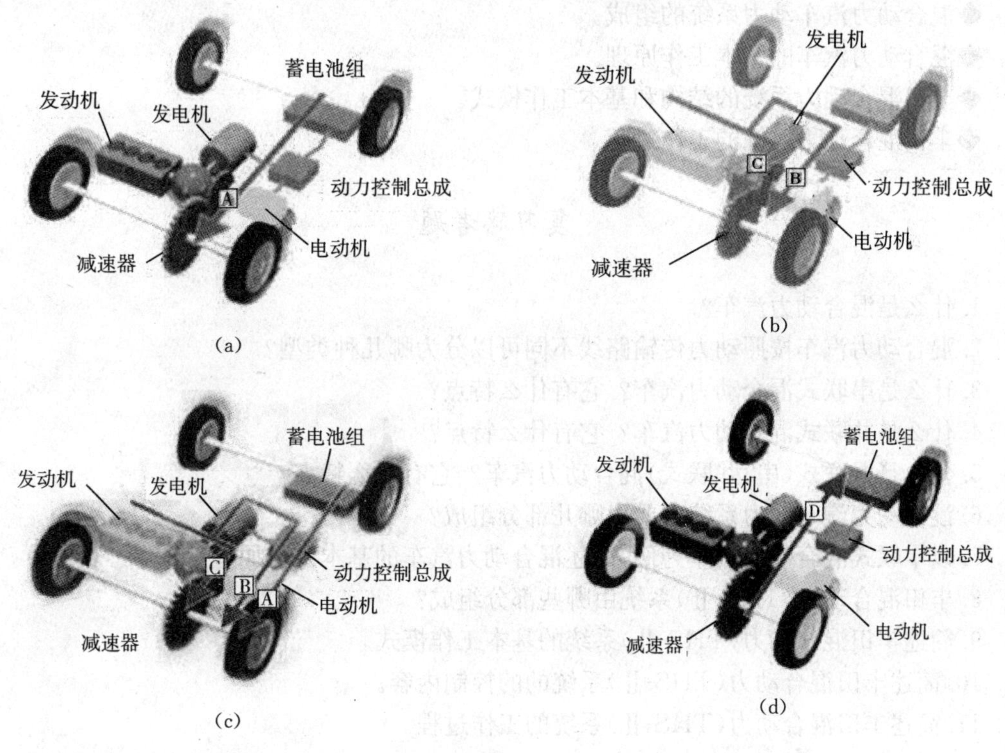

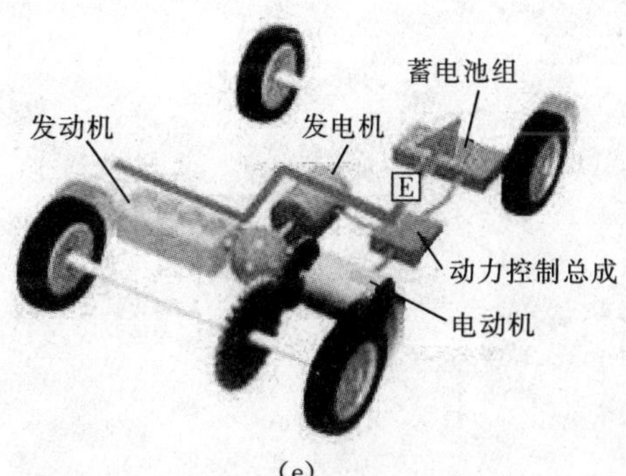

图 2-9-17　THS-Ⅱ系统的工作过程

(a)起动及中速以下行驶状态；(b)常规行驶状态；(c)加速行驶状态；(d)减速或制动行驶状态；(e)向蓄电池组充电状态

本章小结

本章介绍了以下几方面的内容：

◆混合动力汽车的概念。

◆混合动力汽车的类型。

◆串联式混合动力汽车的特点。
◆并联式混合动力汽车的特点。
◆混联式(串、并联式)混合动力汽车的特点。
◆混合动力汽车动力系统的组成。
◆混合动力汽车的基本工作原理。
◆丰田混合动力系统的结构和基本工作模式。
◆丰田混合动力系统的工作过程。

复习思考题

1. 什么是混合动力汽车?
2. 混合动力汽车按照动力传输路线不同可以分为哪几种类型?
3. 什么是串联式混合动力汽车?它有什么特点?
4. 什么是并联式混合动力汽车?它有什么特点?
5. 什么是混联式(串、并联式)混合动力汽车?它有什么特点?
6. 混合动力汽车动力系统主要由哪几部分组成?
7. 以串联式混合动力汽车为例,简述混合动力汽车的基本工作原理。
8. 丰田混合动力(THS-Ⅱ)系统由哪些部分组成?
9. 简述丰田混合动力(THS-Ⅱ)系统的基本工作模式。
10. 简述丰田混合动力(THS-Ⅱ)系统的的控制内容。
11. 简述丰田混合动力(THS-Ⅱ)系统的工作过程。

第十章 发动机防盗系统结构与检修

本章要点

通过本章的学习：

★了解发动机防盗系统的基本类型、特点和在车辆上的应用情况。

★熟悉发动机防盗系统的基本结构和工作原理。

★掌握典型车型发动机防盗系统的结构与检修方法。

第一节 发动机防盗系统的基本类型

发动机防盗系统通过电子应答来判断用户使用的钥匙是否合法，并以此确定是否允许发动机 ECU 工作。若钥匙密码信息不符，发动机 ECU 便无法工作，立即切断起动机电路、点火电路、喷油电路、供油电路、自动变速器电路，使盗贼不能起动发动机，该防盗系统是目前使用最多也是世界上高级轿车普遍采用的发动机防盗技术。

一、发动机防盗系统的分类

发动机防盗系统按照阻止起动的方式可以分成两种，一种是通过继电器切断起动机、点火系、汽油泵、自动变速器（使其电磁阀无法打开）等电路；另一种是使发动机 ECU 处于非法状态。其中后者在起动车辆时，防盗 ECU 首先对有无授权进行检查，当判定为无授权行为时，将通过发动机 ECU 使发动机不能起动。如图 2-10-1 所示，可以有三种方式将密码输入防盗 ECU，通过验证输入密码是否正确对有无授权进行判定。

(1)通过专用键盘或其他控制键盘（如收放机或空调）将授权密码输入防盗 ECU；

(2)通过钥匙卡将密码输入车内的接收器或解码装置；

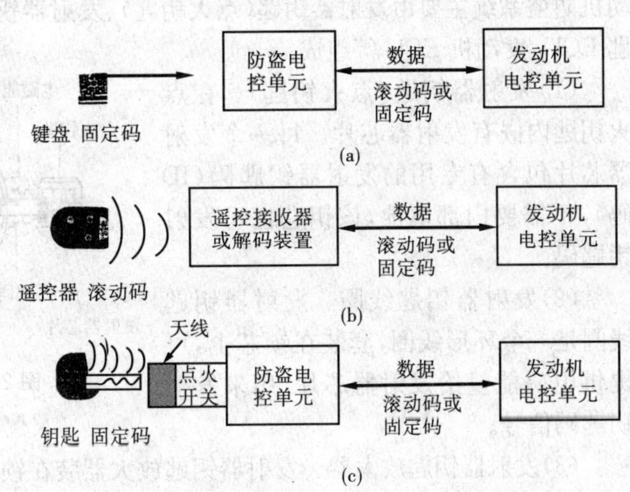

图 2-10-1 防盗系统的三种解除警戒的方式

(a)键盘＋固定码；(b)遥控器＋滚动码；(c)钥匙＋固定码

(3)通过点火开关内置的转发器接收密码信号。

国产和进口的大众/奥迪轿车发动机防盗系统已经经历了四代，其特点和应用情况见表 2-10-1。

大众/奥迪轿车四代发动机防盗系统的特点和应用情况　　表 2-10-1

类　型	特　点	时间及车型
第一代防盗	(1)电子无线电信号收发器； (2)独立防盗 ECU； (3)塑料钥匙扣上有密码； (4)固定编码	(1)1994 年 4 月奥迪 100GP； (2)1994 年 7 月所有奥迪车型标配； (3)1997 年 32 周奥迪 A6、A4、A3
第二代防盗	(1)电子无线电信号收发器； (2)钥匙扣上有密码； (3)替换型编码	(1)1997 年 24 周奥迪 Cabrio； (2)1997 年 32 周奥迪 A8； (3)1997 年 45 周奥迪 A6、A4、A3、TT
第三代防盗	(1)电子无线电信号收发器； (2)替换型编码； (3)将发动机 ECU 纳入防盗系统； (4)取消钥匙扣上的密码	(1)1999 年 1 月奥迪 A8 GP； (2)1999 年 18 周奥迪 A8 GP(美国)； (3)2000 年 23 周奥迪 A6、A3、TT； (4)2000 年 23 周奥迪 A4(B5)，仅汽油机车辆，美国除外； (5)2000 年 23 周奥迪 A6、A3、TT(美国)； (6)2000 年 6 月奥迪 A2； (7)2000 年 47 周奥迪 A4(B6)
第四代防盗	(1)和第三代防盗一致，只是必须上网匹配； (2)每辆车的钥匙都单独铣制而成	(1)2002 年 11 月奥迪 A8(D3)； (2)2003 年 5 月奥迪 A3(AB2)； (3)2004 年 4 月奥迪 A6(C6)； (4)2004 年 10 月奥迪 A4(B7)，并非所有发动机(部分为第三代防盗)

二、发动机防盗系统的基本结构和工作原理

(一)发动机防盗系统的基本结构

图 2-10-2 所示为通过点火开关内置的转发器接收密码的发动机防盗系统结构框图。发动机防盗系统主要由发射器钥匙(点火钥匙)、发射器钥匙线圈、发射器钥匙放大器、发射器钥匙 ECU、发动机 ECU 等组成。

(1)发射器钥匙(点火钥匙)。在点火钥匙内嵌有发射器芯片。每一个发射器芯片包含有专用的发射器钥匙码(ID码)，不需要内部电池，该钥匙也可发射钥匙码。

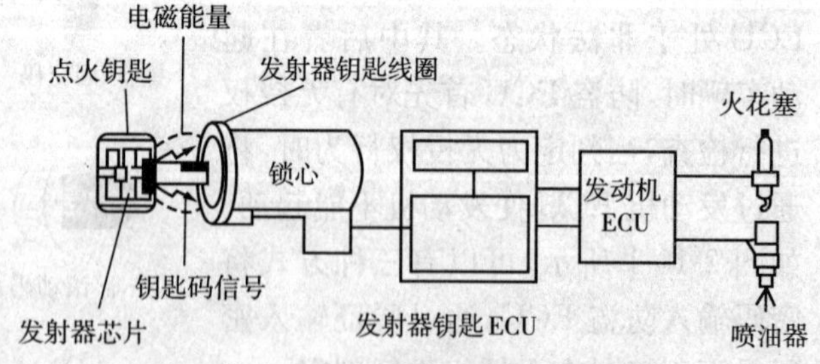

图 2-10-2　发动机防盗系统结构框图

(2)发射器钥匙线圈。发射器钥匙线圈是一个环形线圈，套装在锁芯上，可提供电磁能量给发射器芯片，用来发射钥匙码信号。

(3)发射器钥匙放大器。发射器钥匙放大器装在锁芯后面，用来放大钥匙码信号。

(4)发射器钥匙 ECU。发射器钥匙 ECU 位于前乘客侧仪表台内，最多可记录 8 个(包括主钥匙码 4 个，副钥匙码 2 个)不同的发射器钥匙码。

(二)发动机防盗系统的控制功能

发动机防盗系统的主要功能包括取消防盗功能、新钥匙码登记功能、额外发射器钥匙码登记功能和删除发射器钥匙码功能。

(1)取消防盗功能。当点火钥匙插入锁芯后,发射器芯片钥匙码被发射器钥匙 ECU 读出,当该码符合预先存储的钥匙码序列时,系统防盗功能暂被取消,此时发动机即可正常起动。

(2)新钥匙码登记功能。为了便于发射器钥匙 ECU 的更换,该系统设置了新钥匙码登记功能。通过这一功能可把新的主钥匙和副钥匙的钥匙码记录在发射器钥匙 ECU 内。考虑到实际需要,该系统最多可记录 8 个不同的发射器钥匙码。

(3)额外发射器钥匙码登记功能。考虑增添新主钥匙或新副钥匙的需要,防盗系统可在保留已登记钥匙码的同时,登记新的主钥匙和副钥匙的钥匙码,从而更加便于实际使用。

(4)删除发射器钥匙码功能。除了主钥匙的钥匙码外,删除发射器钥匙码功能可删除所有在发射器钥匙 ECU 登记的发射器钥匙码。

(三)发动机防盗系统的工作原理

发动机防盗系统由发射器芯片内的发射器系统控制,该系统放置在点火钥匙内。套在锁芯内的线圈接收到由发射器芯片发射的 ID 码信号时,发射器钥匙 ECU 通过判断这个 ID 码与其内储存的原始数据是否一致,来实现发动机能否运转的自动控制。

1.发动机防盗系统的设置

当点火钥匙从锁芯拔下时,发动机防盗系统将被自动重新设定。

2.发动机防盗系统的解除

发动机防盗系统的解除包括钥匙码的发射、接收过程、滚动码的发送以及发射器钥匙 ECU 对滚动码的接收判断与发送 4 个步骤。

(1)钥匙码的发射过程。如图 2-10-2 所示,为使发射器芯片能发射出钥匙码信号,当点火钥匙插入锁芯后,发射器钥匙 ECU 指令发射器钥匙线圈供应电磁能量,发射器芯片内的电容器把这一能量储存起来,进而转换为电能。发射器芯片就利用这一电能来发射钥匙码信号。

(2)钥匙码的接收过程。如图 2-10-3 所示,首先,发射器钥匙放大器放大线圈接收到钥匙码信号,并把这一信号送到 ECU。然后,ECU 将接收到的钥匙码与预先储存在 ECU 内的钥匙码进行比较并作出判断。若两码相符合,则 ECU 解除防盗系统,否则,防盗系统仍将处于设置状态。

(3)滚动码的发送过程。如图 2-10-4 所示,若防盗系统未被设置,发动机就能起动。发动机 ECU 根据一定的参数产生一个滚动码送至发射器钥匙 ECU。

(4)发射器 ECU 对滚动码的接收判断与发送。如图 2-10-4 所示,在接收到从发动机 ECU 发出的滚动码后,发射器钥匙 ECU 按一定的参数转换滚动码,并送回发动机 ECU。发动机 ECU 和发射器钥匙 ECU 之间的这种通信联系将持续几秒钟,直到由发射器钥匙 ECU 发出正确的信号到发动机 ECU 为止。在这期间,

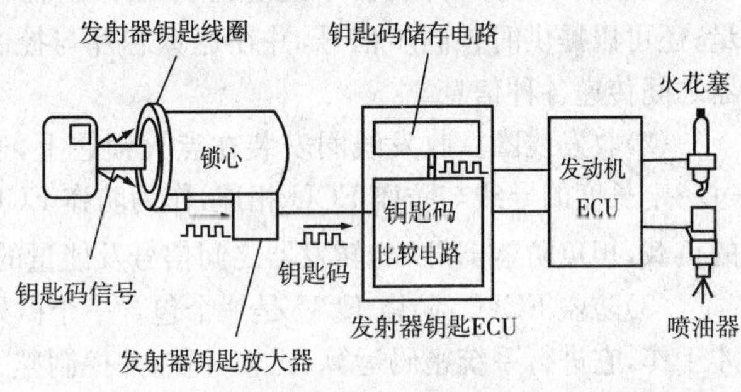

图 2-10-3　钥匙码的接收过程

若发射器钥匙 ECU 送不出正确的信号，发动机 ECU 将阻止供油和点火，发动机因此而无法起动，从而产生防盗作用。

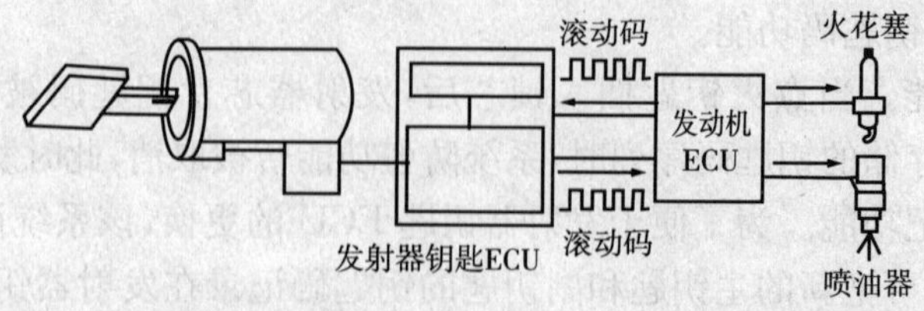

图 2-10-4 发动机 ECU 发送滚动码与发射器钥匙 ECU 对滚动码的接收判断发送过程

第二节 典型汽车发动机防盗系统结构与检修

一、第二代发动机防盗系统的构成与故障检测方法

除了 1997 年型的奥迪部分车型之外，在桑塔纳 2000、捷达等轿车中都采用第二代发动机防盗系统。下面以上海桑塔纳 2000 GSi 轿车发动机防盗系统为例，介绍其构成与故障检测方法。

(一)上海桑塔纳 2000GSi 轿车发动机防盗系统组成

如图 2-10-5 所示，上海桑塔纳 2000 GSi 轿车发动机防盗系统主要是由防盗 ECU J362(装于转向柱左支架上)、防盗器读识线圈 D2(在点火锁上)、防盗器警告灯 K117(在仪表板上)以及带转发器的汽车钥匙等元件组成，其电路图如图 2-10-6 所示。

(1)带转发器的钥匙。每一把钥匙中都有一只棒状转发器，这长约 13.3 mm、直径约 3.1 mm 的玻璃壳体内含有运算芯片和一个细小的电磁线圈。在系统工作期间，它与收发线圈一起完成防盗 ECU 与转发器中运算芯片的信号及能量传递工作。在点火开关接通后，受防盗 ECU 的驱动，收发线圈在它周围建立起电磁场；受该电磁场的激励，转发器中的电磁线圈就可以提供转发器中运算芯片工作所需能量；还可以提供时钟同步信号，并在运算芯片与控制器之间传递各种信息。

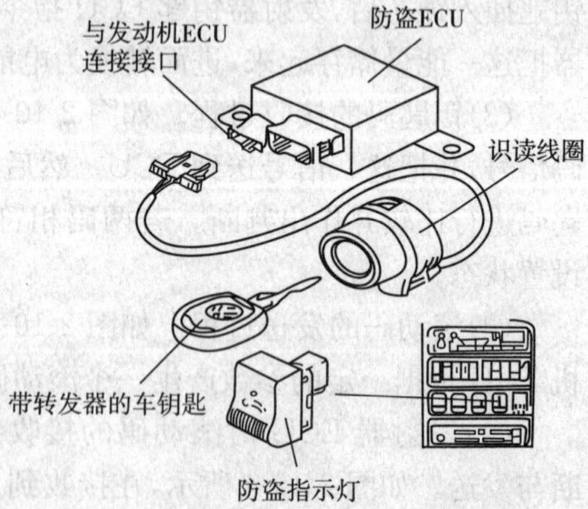

图 2-10-5 上海桑塔纳 2000 GSi 轿车发动机防盗系统

(2)收发线圈。收发线圈安装在点火锁芯上，通过一定长度的导线与防盗 ECU 相连，作为防盗 ECU 的负载，担负防盗 ECU 与转发器之间信号及能量的传递任务。

(3)防盗 ECU。防盗 ECU 是一个包含一个微处理的电子控制器，只有在点火开关接通时才工作，它进行系统密码运算、比较过程，并控制整个系统的通信过程(包括与转发器的通信、与发动机 ECU 的通信)，同时，它还完成与故障检测仪的通信工作。防盗 ECU 经过与发动机

ECU 匹配后，介入到发动机管理系统中。每次接通点火开关，防盗器读识线圈读取钥匙中转发器发出的答复代码。

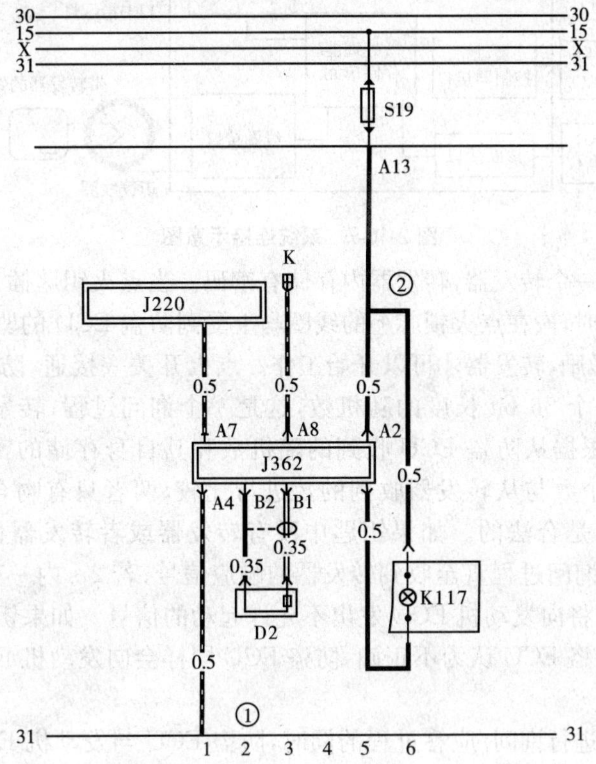

图 2-10-6 上海桑塔纳 2000 GSi 轿车发动机防盗系统电路图

D2-防盗器读识线圈；J220-发动机 ECU；J362-防盗 ECU；K-自诊断线；K117-防盗器警告灯；S19-熔丝（10 A）；①-中央线路板旁搭铁点；②-接正极 15

（二）上海桑塔纳 2000GSi 轿车发动机防盗系统的基本原理

上海桑塔纳 2000GSi 轿车发动机防盗系统用钥匙中转发器与收发线圈之间的电磁感应并通过无线电波识别技术来阻止非法盗用汽车。在经过上海大众出厂匹配工序之后，每辆车的防盗 ECU 就存储了本车发动机 ECU 识别码以及三把钥匙中转发器的识别码，同时每个转发器中也存储了相应的防盗 ECU 的有关信息。

当用户把钥匙插入锁孔并接通点火开关时，防盗 ECU 首先通过锁孔上的收发线圈将一随机数传递给钥匙中的转发器，经过一番特定的运算后，转发器将结果反馈回防盗 ECU；防盗 ECU 将之与自己经过相同特定运算的结果相比较，结果如果相吻合，系统即认定该钥匙。防盗 ECU 对发动机 ECU 也要通过特定的过程来完成鉴别过程。只有钥匙（转发器）、发动机 ECU 的密码都吻合时，防盗 ECU 才允许发动机 ECU 工作。

防盗 ECU 通过一根串行通信线（W-LINE）将经过编码的工作指令传到发动机 ECU，发动机 ECU 根据防盗 ECU 的数据决定是否起动汽车。同时，故障检测仪可以通过串行通信接口（K-LINE）对系统进行故障诊断、编码等操作。鉴别密码过程（大约 2 s）中，副仪表板上的防盗指示灯会保持点亮状态。如果有任何错误发生，发动机 ECU 将停止工作，同时防盗指示灯也会以一定频率闪动。图 2-10-7 为该系统连接示意图。

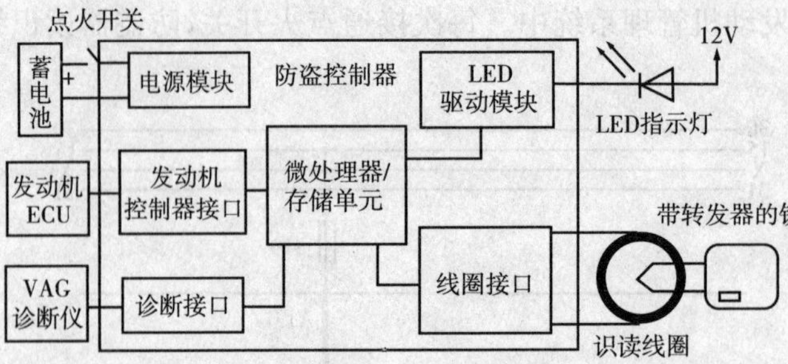

图 2-10-7　系统连接示意图

在点火钥匙内嵌一个转发器，转发器内存储有密码。当点火钥匙插入点火锁芯并将其旋至点火开关接通位置时，嵌在点火锁芯上的线圈马上受到防盗 ECU 的驱动，建立起一个电磁场；受这个电磁场的激励，转发器才可以开始工作。点火开关一接通，防盗 ECU 即通过收发线圈向转发器输出一个 56 bit 长度的随机数，这是一个询问过程；转发器的响应也是一个数，这个数由转发器根据从防盗 ECU 收到的随机数和其自身存储的密码信息经过特定计算出一个数，并将这个数与从转发器收到的数进行比较，两者只有吻合，防盗 ECU 才认为这把钥匙中的转发器是合法的。如果钥匙中没有转发器或者转发器信号太弱，防盗 ECU 将在 2 s 内重复进行询问过程直至收到转发器的响应信号；若 2 s 内一直没有收到转发器的响应信号，防盗 ECU 将向发动机 ECU 发出不允许起动的信号。如果钥匙中转发器非法，其响应信号也必然被防盗 ECU 认为不正确，防盗 ECU 同样会向发动机 ECU 发出不允许起动的信号。

在与转发器之间进行询问/应答过程的同时，防盗 ECU 与发动机 ECU 之间也存在着通信过程。在点火开关接通后，发动机 ECU 发出一个唤醒信号及一内含发动机 ECU 识别码的请求信号给防盗 ECU；只有发动机 ECU 识别码及转发器响应信号均与防盗 ECU 内存的有关信息相吻合，发动机 ECU 才会收到防盗 ECU 发出的允许起动信号，这之后，防盗系统停止工作，发动机 ECU 按照正常程序工作。

在允许发动机 ECU 起动之后，若点火开关一直保持接通，则在 8 h 后，防盗 ECU 会再次与转发器进行询问、应答过程，并以此回答发动机 ECU 的下一次请求信号。

(三)故障诊断

当使用合法钥匙接通点火开关后，如果系统正常，防盗指示灯亮 3 s 后便熄灭。如果使用非法钥匙或者在系统中存在故障，接通点火开关后，相应的故障代码便储存在 ECU 中，同时防盗指示灯会以每秒 2 次的频率闪动以提醒操作者。通过故障检测仪可对防盗系统进行故障诊断。该系统可以记录以下几种类型的故障：是否曾试图用非法钥匙起动；发动机 ECU 是否经过正确匹配；钥匙中是否有 Megamos 专用的转发器；收发线圈连接是否正确；学习过程是否完全正确。

(四)故障检修

用 VAG1552 可以完成下列功能：02—查询故障；05—消除故障存储；06—结束输出；08—读测量数据块；10—匹配；11—输入密码。

1. 连接 VAG1552 故障阅读仪，选择防盗器电子系统

测试防盗系统必须保证蓄电池电压大于 11 V 且点火开关处于接通状态，操作步骤如下：

(1)将 VAG1552 故障阅读仪与变速杆前自诊断插口连接(图 2-10-8)。此时,屏幕显示"输入地址码 XX"。

(2)输入防盗器地址码 25,屏幕显示"25—防盗器"。

(3)按 Q 键确认,约 5 s 后,屏幕显示如图 2-10-9 所示。330 953 253 为防盗 ECU 零件号,IMMO 为电子防盗系统缩写,VWZ6ZOTO123456 为防盗 ECU14 位编码,V01 为防盗 ECU 软件版本,Coding 00000 为编码号,WSC01205 为维修站代码。其中应注意:该产品车上使用的防盗 ECU 上贴有 14 位编码和 4 位数密码,新车钥匙圈上挂有一块涂黑的密码牌,刮去涂黑层可见 4 位密码。配件供应的防盗 ECU 上以一个黄色的 X 作为标志,没有 14 位数编码和 4 位数密码。更换防盗 ECU 时,维修站应先用故障阅读仪查出该防盗 ECU 的 14 位编码,电传到上海大众售后服务站。然后由上海大众服务站将查得的密码电传给维修站,用于匹配。

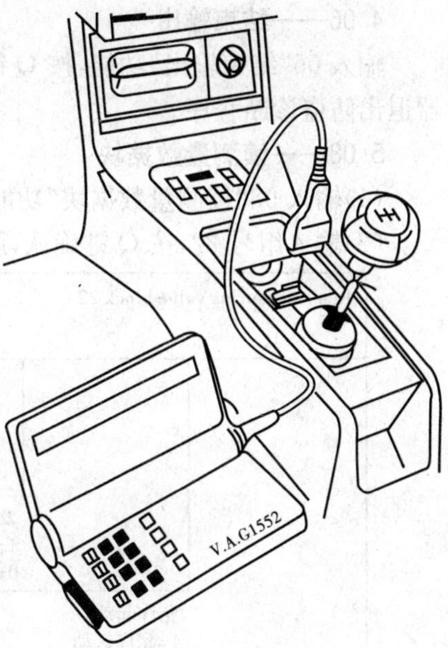

图 2-10-8　VAG1552 故障阅读仪与自诊断插口连接

(4)按→键,屏幕显示"选择功能 XX"。

2. 02——故障查询

(1)输入 02"故障查询"功能,按 Q 键确认,屏幕显示"发现 X 个故障",此时,按→键,可以逐个显示故障代码和故障内容,直到全部故障显示完毕。上海桑塔纳 2000 GSi 轿车发动机防盗系统故障代码及处理方法见表 2-10-2。

```
330 953 253 IMMO VWZ6Z0T0123456 V01
Coding 00000                WSC01205
```

图 2-10-9　版本屏幕显示状态

桑塔纳 2000GSi 轿车防盗器电子系统故障表　　表 2-10-2

故障代码	可能的故障原因	产生的后果	处 理 方 法
65535	ECU(J362)损坏	发动机不能起动,防盗指示灯亮	更换 ECU
00750	防盗指示灯(K117)及其线路故障	防盗指示灯(K117)不亮	更换防盗指示灯修理防盗指示灯线路
01128	读识线圈(D2)及其线路故障	发动机不能起动,防盗指示灯(K117)闪亮	更换读识线圈修理读识线圈线路
01176	钥匙信号太弱;转发器损坏;钥匙不匹配	发动机不能起动,防盗指示灯(K117)闪亮	配制新钥匙,并完成汽车所有钥匙匹配程序
	非法钥匙;读识线圈(D2)损坏		更换读识线圈
01177	发动机 ECU 没有匹配更换发动机 ECU	发动机不能起动,防盗指示灯(K117)闪亮	完成发动机 ECU 与防盗 ECU 匹配程序
	发动机 ECU 与防盗 ECU 连接导线断路或短路		检修发动机 ECU 与防盗 ECU 连接导线
01179	配钥匙程序错误;钥匙匹配不正确	防盗指示灯(K117)闪亮快速闪动(每秒 2 次)	完成汽车所有钥匙匹配程序

3. 05——清除故障存储

输入 05"清除故障存储"功能后,按 Q 键确认,屏幕显示"故障代码被清除"。

4.06——结束输出

输入 06“结束输出”功能，按 Q 键确认，屏幕显示“输入地址码 XX”。完成这一功能后，仪器退出防盗诊断程序。

5.08——读测量数据块

(1)输入 08“读测量数据块”功能，按 Q 键确认，屏幕显示“输入显示组号 XX”。

(2)输入组号 22，按 Q 键确认，屏幕显示如下。

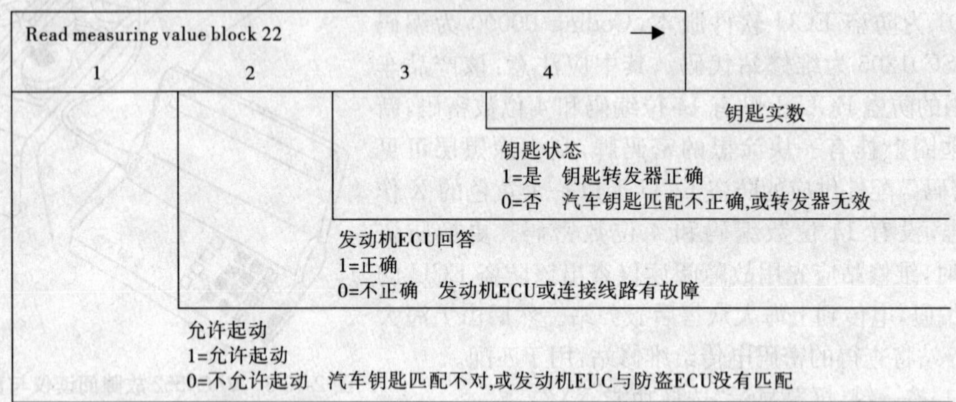

6.10——匹配

更换发动机 ECU J220 后，必须重新与防盗系统 ECU 进行匹配。匹配时必须使用一把合法钥匙才能进行，操作步骤如下：

(1)连接故障检测仪，接通点火开关，输入 25“防盗器地址码”，按 Q 键确认；

(2)按→键，屏幕显示“输入地址码 XX”；

(3)输入 10“匹配”功能，屏幕显示“10—匹配”；

(4)按 Q 键确认，屏幕显示“输入频道号 XX”；

(5)输入 00“频道”号，按 Q 键确认，屏幕显示“清除已知数值?”；

(6)按 Q 键确认，屏幕显示“已知数值已被清除”；

(7)按→键，完成匹配程序，返回功能模式。

此刻点火开关是接通的，发动机 ECU 的随机代码就被防盗 ECU 读入储存起来。

(五)发动机防盗匹配操作和钥匙匹配步骤

1.更换防盗 ECU J362 的匹配程序

(1)当更换新的防盗 ECU，发动机 ECU 的随机代码自动被防盗 ECU 读入储存起来。应重新做一次所有钥匙匹配程序。

(2)当更换从其他车上拆下来的防盗 ECU 后，需重新做一次发动机 ECU 与防盗 ECU 匹配程序。然后重新做一次所有钥匙的匹配程序。

2.匹配汽车钥匙

(1)匹配汽车钥匙的注意事项

①此功能将清除以前所有合法钥匙的代码。必须将所有的汽车钥匙，包括新配的钥匙与防盗 ECU 匹配。

②新配钥匙或者增加钥匙数量，最多合法钥匙不能超过 8 把。

③如果用户遗失一把合法的钥匙，为安全起见，必须将其他所有合法钥匙重新完成一次匹

配钥匙程序。这样能使丢失在外的钥匙变为非法,不能起动发动机。

④进行匹配钥匙的程序前需要先输入密码,从用户保存的一块密码牌上刮去涂黑层可见4位数密码。

⑤匹配全部钥匙不能超过30 s,如果只是插入钥匙,而没有接通点火开关,那么这把钥匙匹配无效。

⑥如果系统在读钥匙的过程中发现错误,如将已匹配过钥匙再次进行匹配等,则防盗指示灯以每秒2次的频率闪亮,读钥匙过程自动中断。

⑦每次匹配钥匙的过程顺利完成后,防盗指示灯则点亮2 s,然后熄灭0.5 s,再亮0.5 s,最后熄灭。

⑧选择02"查询故障"。如果没有故障显示,说明匹配钥匙已成功地完成。如果要匹配的钥匙中转发器是坏的,或者钥匙中没有转发器,屏幕将会显示"功能不清除或此刻不能执行"。

(2)匹配汽车钥匙的必要条件

①必须使用汽车所有的钥匙。

②必须知道密码。

(3)汽车钥匙的匹配程序

①连接VAG1552,接通点火开关,输入25"防盗器地址码",按Q键确认;

②按→键,屏幕显示"选择功能XX";

③输入11"输入密码"功能,屏幕显示"11－输入密码";

④按Q键确认,屏幕显示"输入密码号×××××";

⑤输入密码号,在四位数密码前加一个"0",例如:01234,屏幕显示"输入密码号01234";

⑥按Q键确认。注意:如果屏幕显示"功能不清除或此刻不能执行",表示密码号输错,必须重新输密码;

⑦如果连续两次输入错误,第三次再想输入密码前,必须输入06退出防盗器自诊断程序,接通点火开关等30 min以后再进行。屏幕显示"选择功能××";

⑧输入10"匹配"功能,按Q键确认,屏幕显示"输入频道号××";

⑨输入21"频道"功能,按Q键确认,屏幕显示"＜－1 3－＞"。汽车钥匙数量根据需要可以输入0～8,可以按数字键直接输入钥匙数量,或者用数字键"1"和"3",按"1"键减少1把钥匙数,按"3"键增加1把钥匙数,直到屏幕右上角的数字符合需要的钥匙数为止。如果输入"0",表示全部钥匙都变为非法,不能起动发动机;

⑩在上一个屏幕显示后,再按→键,屏幕显示"输入匹配钥匙数×××××";

⑪按"0"键4次,再输入匹配钥匙数量,例如匹配3把钥匙,输入00003,屏幕显示"输入匹配钥匙数00003";

⑫按Q键确认,屏幕显示"＜－1 3－＞";

⑬按Q键确认,屏幕显示"是否要储存改正的钥匙数?";

⑭按Q键确认,屏幕显示"改正的钥匙数已储存";

⑮按→键;

⑯输入06"结束输出"。在汽车点火锁上的这把钥匙匹配完毕;

⑰断开点火开关,拔出钥匙,然后插入下一把钥匙,接通点火开关至少1 s;

⑱重复操作,直到把所有的钥匙都匹配完毕。

(4)获得密码的方法

如果4位数密码不知道,或者密码牌遗失,可按照以下步骤获得密码。

①连接故障检测仪,接通点火开关,输入25"防盗器地址码",按Q键确认。约5 s后,屏幕显示如图2-10-9所示。VWZ6ZOTO456789为该车上防盗ECU的14位编码号。

②维修站将读出的14位数防盗ECU编码,电传到上海大众售后服务站,然后再由上海大众售后服务站将查得的密码电传给维修站。

二、第三代发动机防盗系统的构成与故障检测方法

从2000年末起,帕萨特、宝来、奥迪A6等大众/奥迪轿车开始采用第三代防盗系统。与第二代防盗系统相比,第三代防盗系统具有以下特点:

(1)发动机ECU是防盗系统的一部分,其不接受没有PIN的自适应。在第二代防盗系统中,当发动机ECU锁死后,通过自适应值清除即可解除锁止,起动发动机。但在第三代防盗系统中,必须通过密码PIN登录发动机ECU后才能解除锁止。

(2)钥匙自适应后被锁止,不能再用于其他车辆。钥匙适配后,通过防盗ECU在钥匙芯片中写入密码计算公式,钥匙将不能再与其他车辆进行匹配。

(3)在发动机和防盗ECU之间的数据采用CAN总线进行传递。在第二代防盗系统中,其间数据的传递采用W线。

(4)钥匙上压有"W"标记,表明该系统是第三代防盗系统(在奥迪车上没有此标记)。

(5)在防盗ECU和发动机ECU中,都有防盗ECU的14位串号和17位车辆底盘编号(车辆识别号)。在第二代防盗系统中,发动机ECU中没有该串号和车辆底盘编码。所以,可通过读取发动机ECU中是否具有这两个号码而界定该车防盗系统是否为第三代防盗系统。

(一)第三代发动机防盗系统的组成

第三代发动机防盗系统由发动机ECU、防盗ECU(与组合仪表一体)、组合仪表上的防盗指示灯、点火锁芯上的读出线圈和点火钥匙(带脉冲转发器)等组成(图2-10-10)。防盗ECU与组合仪表一体,若该ECU损坏,必须更换组合仪表。防盗ECU是用来打开/锁止发动机ECU的。脉冲转发器编码由一个固定码和一个可变码组成。该码在每次起动发动机时都变化,这样可防止他人复制脉冲转发器。防盗ECU还另有一套可变码的计算规则,该规则在使用寿命内保持不变。在配制点火钥匙时,防盗ECU将计算规则写入点火钥匙的脉冲转发器内,同时学习相应的脉冲转发器的固定码。固定码可识别不同的点火钥匙,因此,丢失的点火钥匙可被中止。每次起动发动机时,读出线圈将读取点火钥匙中的脉冲转发器固定码,紧接着又读取可变码并检查这把钥匙是否合法。在使用合法的点火钥匙时,防盗指示灯短时亮(最长3 s),然后熄灭。如果使用非法的点火钥匙或系统有故障时,在点火开关接通时,防盗指示灯将一直点亮。

(二)第三代发动机防盗系统的工作原理

在第三代防盗系统中,从钥匙插入点火开关到起动发动机,防盗系统经过三个步骤,分别是:固定码的传输、钥匙与防盗ECU之间可变码的传输与防盗ECU与发动机ECU之间可变码的传输。

(1)固定码传输。当点火开关接通后,防盗ECU激励点火开关中线圈磁场(天线),向钥

匙芯片(送码器)发出质询。钥匙芯片(送码器)发送回来它的固定码。该固定码在首次匹配时,储存在防盗 ECU 中。如果传送的固定码与储存中的相同,则进入下一步可变码传输。固定码是用来锁定钥匙的,当一把钥匙丢失后,可通过重新匹配其余的钥匙,让防盗 ECU 重新储存固定码,这样丢失的钥匙固定码将不再储存,也就无法起动发动机。

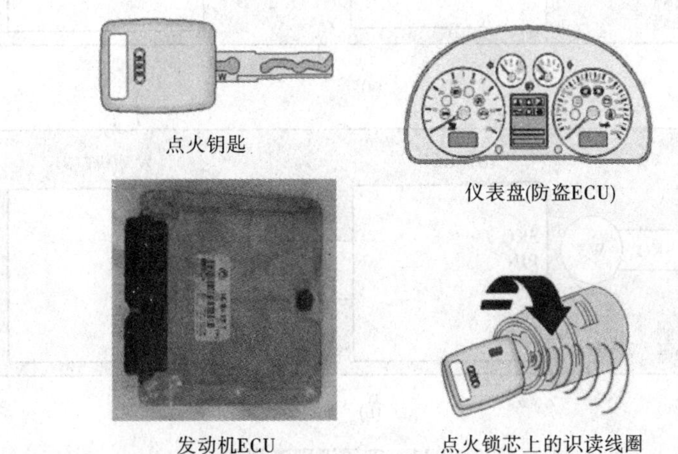

图 2-10-10　第三代发动机防益系统组成

(2)可变码传输(防盗 ECU 到钥匙)。当固定码识别后,防盗 ECU 随机产生一变码,这个码是钥匙和防盗 ECU 用于计算的基础。在钥匙内和防盗 ECU 内有一套公式列表和一个相同且不可改写的 SKC(隐秘的钥匙代码)。在钥匙和防盗 ECU 中分别计算结果,钥匙将结果发送给防盗 ECU,防盗 ECU 把此结果和自身计算的相比较,如果相同,钥匙就确认完成。前两步第三代和第二代的防盗系统原理是一样的。

(3)可变码传输(发动机 ECU 到防盗 ECU)。在第三代防盗系统中,当钥匙确认完成后,发动机 ECU 随机产生一变码,在发动机 ECU 和防盗 ECU 内有另一套公式列表和一个相同的 SKC,防盗 ECU 返回这个结果给发动机 ECU 内并与其计算结果相比较。如果相同,允许发动机起动。防盗 ECU 和发动机 ECU 间数据的传递通过 CAN 总线进行。

而在第二代防盗系统中,当钥匙确认完成后,发动机 ECU 随机产生一变码和储存在防盗 ECU 内的可变码进行比较。当相同时,允许发动机起动。发动机每次起动后按随机原则产生一变码,储存在发动机 ECU 和防盗 ECU 内,用于下次起动时比较。防盗 ECU 和发动机 ECU 间的数据传递通过 W 线进行。当由于某种原因,防盗 ECU 锁死不能起动时,通过自适值清除就可消掉储存在发动机 ECU 内和防盗 ECU 内的变码,发动机就可以起动。但在第三代防盗系统中,只有通过密码登录发动机 ECU 后才能允许起动。这是第三代比第二代更安全的原因。

第二代防盗系统和第三代防盗系统的密码识别流程如图 2-10-11 所示。

(三)发动机防盗系统的自诊断功能及应用

1. 读取故障代码

发动机防盗系统具有自诊断功能,当其部件发生故障时,故障代码将存入防盗 ECU。用 VAS5051 可读出这些故障代码,故障代码含义及处理方法见表 2-10-3。

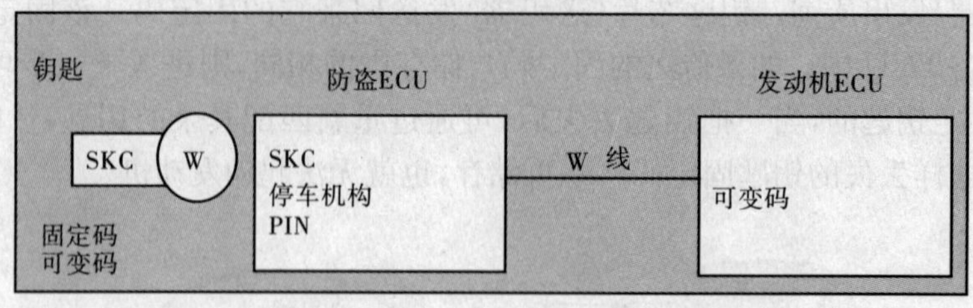

(a)

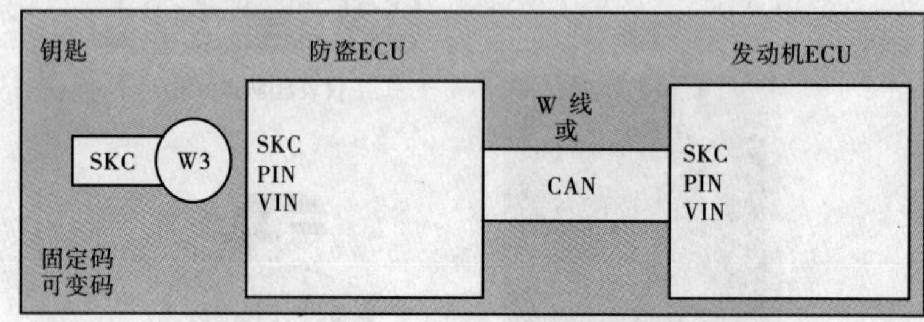

(b)

图 2-10-11 密码识别流程图

(a)第二代防盗器；(b)第三代防盗器

第三代发动机防盗系统故障代码含义及处理方法　　表 2-10-3

打印信息	可能的故障原因	故障排除
01128 防盗器读出线圈 D2	①读出线圈导线连接器未插入或读出线圈损坏； ②防盗 ECU(与组合仪表一体)损坏	①检查读出线圈导线连接器和读出线圈(目视)，如需要，更换读出线圈； ②清除故障存储器并再次查询，如需要，更换组合仪表
01176 钥匙信号太弱	①读出线圈或导线损坏(接触电阻/触点松动)； ②钥匙内电子元件(脉冲转发器)丢失或不工作	①检查读出线圈、导线和插头(目视)，如需要，更换读出线圈； ②更换钥匙，适配所有点火钥匙并检查功能
01176 钥匙未适配	点火钥匙可插入锁内但未适配	再次对所有点火钥匙进行适配，并检查功能
01177 发动机 ECU 未适配	①发动机 ECU 未适配； ②W 线断路或短路	①进行发动机 ECU 自适应； ②按电路图检查 W 线
01179 钥匙程序编制不对	点火钥匙适配有错误	输入密码对所有点火钥匙进行适配并检查
65535 ECU 损坏	防盗 ECU 损坏	更换组合仪表

2.读取测量数据块

(1)执行“读取测量数据块”，显示屏显示“选择功能××”。

(2)按 0 和 8 键，选择“读取测量数据块”，显示屏显示“08－读取测量数据”。

(3)按 Q 键确认输入，显示屏显示“输入显示组号×××”。

(4)输入显示组号，并按 Q 键确认输入。所选测量数据块按标准型式显示。显示组号见表 2-10-4。

显示组一览表 表 2-10-4

显示组号	显示屏显示	
020	1—第 1 和 2 位识别码 3—第 5 和 6 位识别码	2—第 3 和 4 位识别码 4—第 7 和 8 位识别码
021	1—第 9 和 10 位识别码 3—第 13 和 14 位识别码	2—第 11 和 12 位识别码 4—未使用
022	1—发动机起动 3—钥匙状况	2—ECU 应答 4—已适配的钥匙数
023	1—可变码适配 3—固定码适配	2—钥匙计算规则 4—防盗器状态
024	1—组合仪表锁止时间 3—应急起动锁止时间	2—发动机 ECU 锁止时间 4—脉冲转发器识别锁止时间
025	1——CAN 通讯	

(5)测量数据块 020：

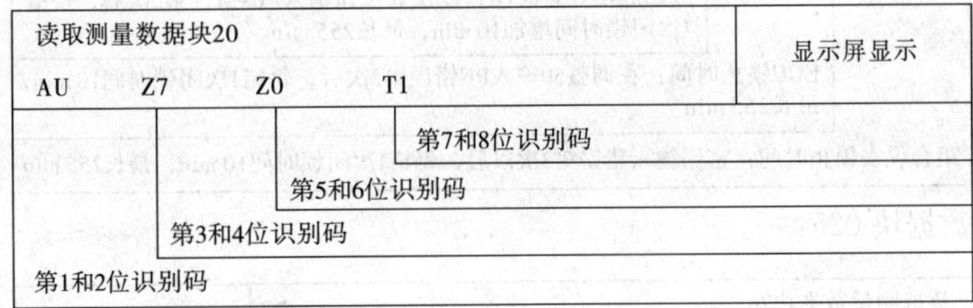

(6)测量数据块 021：

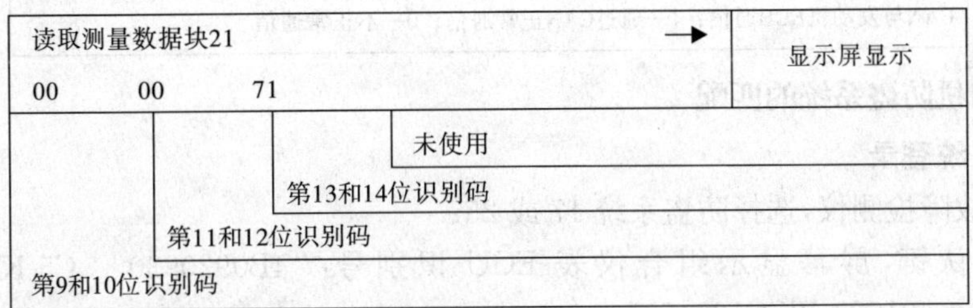

(7)测量数据块 022：

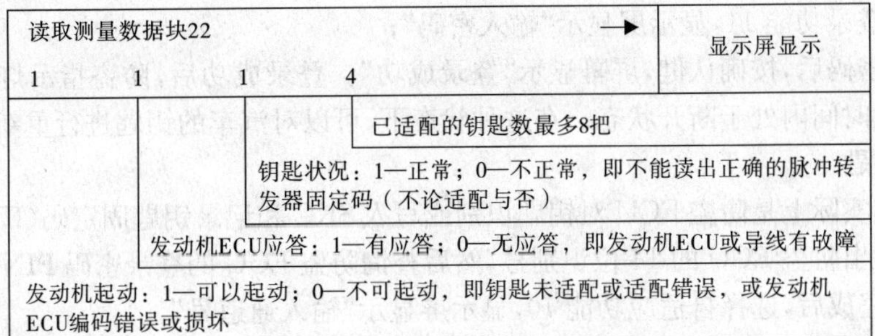

(8)测量数据块 023：

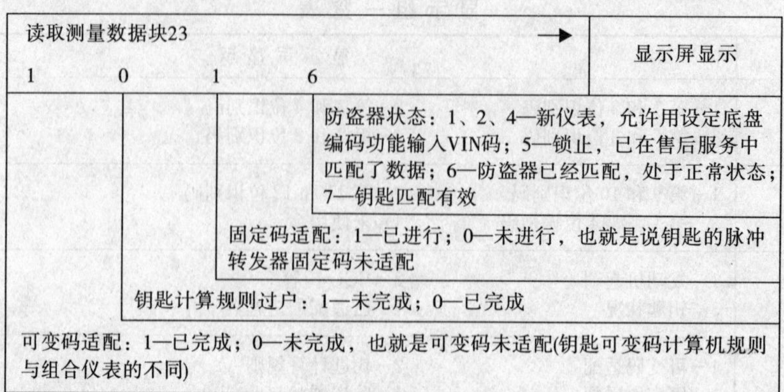

(9)测量数据块 024：

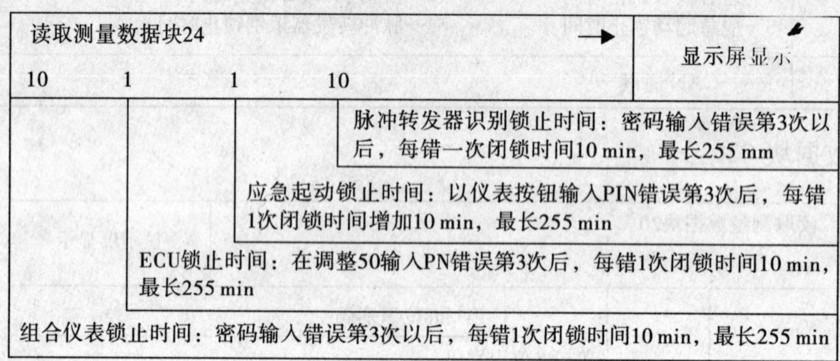

(10)测量数据块 025：

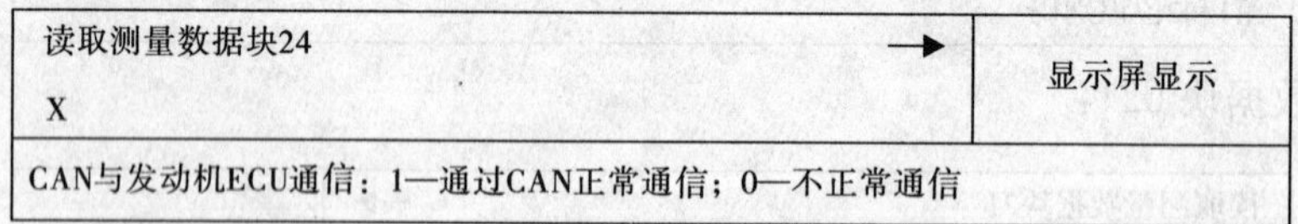

(四)发动机防盗系统的匹配

1. 防盗系统登录

(1)连接故障检测仪,选择防盗系统 17 或 25;

(2)按确认键,屏幕显示组合仪表 ECU 识别号:"4B0920930.. C5-KOMBIINSTR VDOD.. Coding 01083 WSC123450";

(3)按确认键,显示屏显示:"WAUZZZ4BZYN004321UZ7ZOX1137197";

(4)选择登录功能 11,显示屏显示"输入密码";

(5)输入密码后,按确认健,屏幕显示"登录成功"。登录成功后,防盗指示灯就一直亮着,防盗器在一段时间内处于断开状态。在这种状态下,可以对汽车的钥匙进行重新匹配。

2. 匹配钥匙

匹配钥匙实际上是防盗 ECU 对钥匙识别或写入 SKC 和记录钥匙固定码(ID)的过程。在匹配前要先读出防盗 ECU 的 14 位识别号,然后查询防盗 ECU 的登录密码 PIN。

(1)登录完成后,选择自适应功能 10,显示屏显示"输入通道号"。

(2)输入 21,按确认键,显示屏显示"00003",表示 3 把钥匙已与系统匹配。

(3)按确认键,显示屏显示"输入自适应值"。输入将要匹配的钥匙数,包括插在点火开关上的钥匙，最多 8 把。在匹配的过程中，每把钥匙的匹配时间不可超过 30 s，否则，防盗指示灯以 2 Hz 的频率闪亮，必须重新彻底进行匹配(包括登录与匹配)。

(4)按确认键，显示屏显示“是否储存新值?”。

(5)按确认键，显示屏显示“新值已被储存”。仪表盘上的防盗指示灯熄灭，点火开关内的钥匙匹配完毕。

(6)断开点火开关，插入另一把钥匙，接通点火开关(防盗指示灯亮 1 s)，再断开，插入下一把钥匙，当最后一把钥匙匹配完成后，防盗指示灯亮 2 s，匹配即完成。

3. 更换组合仪表后的匹配

(1)对于用过的组合仪表。输入原车的 PIN 登录旧组合仪表；登录完成后，选择自适应功能 10，输入通道号 50；输入本车 PIN，防盗 ECU 显示本车的 VIN，按确认键；匹配钥匙(钥匙为本车的钥匙，并不是原防盗器的钥匙)。

(2)对于新组合仪表(新组合仪表有一个新密码 PIN)。选择地址词 17；选择自适应功能 10，输入通道号 50；输入新仪表的密码 PIN；按确认键后，发动机 ECU 中的 VIN 及 IMMO 号就传送到新仪表中了，即新仪表中的 IMMO 号及密码已改为原车的了，下次登录时，将采用原车的 PIN 而不是新仪表的 PIN；匹配钥匙。

4. 更换发动机 ECU 后的匹配

在第二代防盗系统中，当更换发动机 ECU 后，通过进入组合仪表 25，自适应功能 10，输入通道号 00，进行自适应值清除就可完成匹配。在第三代防盗系统中需要以下步骤。

(1)对于用过的发动机 ECU。选择地址词 01；进入功能 11，用原车的 PIN 登录；选择自适应功能 10，输入通道 50；输入本车的 PIN，按确认键后，仪表中的 VIN 号将传输到发动机 ECU 中，保存后即完成匹配。

(2)对于新的发动机 ECU。选择地址词 01；选择自适应功能 10，输入通道 50；输入本车的 PIN，按确认键后，仪表中的 VIN 号将传输到发动机 ECU 中，保存后即完成匹配。

5. 同时更换发动机 ECU 和组合仪表后的匹配

同时更换组合仪表和发动机 ECU，仪表板内的新防盗 ECU 就会有另一套可变码的计算规则。这套新的计算规则在自适应过程中被写入发动机 ECU 及新钥匙的脉冲转发器。所有的钥匙都得更换。匹配后，这些车钥匙不能再与别的防盗系统进行适配，必须对组合仪表、发动机 ECU 及车钥匙匹配完毕后，方可起动车辆。步骤为：选择地址词 17；选择 15，输入底盘号并确认；进行更换发动机 ECU 后的匹配操作；适配所有的车钥匙。

(五)解除防盗系统的锁死

1. 防盗系统锁死及锁死时间

如果输入了错误的起动防盗 PIN 码，或将无效的钥匙插入点火锁中 20 次以上，防盗系统有可能锁死。如果防盗系统锁死，只能等到锁死时间结束才能进行匹配。按以下方式可以查看锁死时间：地址码 17-功能 08-测量数据块 024。如果有一个显示通道显示了数值，所显示的就是系统将要锁死的分钟数。如果在锁死时间结束之前断开点火开关，再接通点火开关后锁死时间将恢复至原始值。

2. 解除防盗系统锁死的步骤

连接 VAS 5051 扫描工具；进入地址码 17-功能 08-测量数据块 024；查看显示通道 1～4 显示的数值，任一通道显示的数值即表示“锁死”的分钟数，直到该数值减为 0 时，防盗系统才解除锁死，匹配工作才能进行；查看并记录测量数据块（MVB）24 中显示的“锁死”分钟数；选择功能 06 结束输出，但不要断开点火开关；等待一段时间后检查地址码 17-功能 08-测量数据块 24，通道 1～4 显示的数值应当为 0；必要时对防盗系统进行维修。如果防盗系统的“锁死”时间太长，可能需要在蓄电池上连接一个充电器，以保持 12.5 V 的蓄电池电压。

（六）紧急起动步骤

利用仪表上的时钟和里程表旋钮输入 PIN 码不再能完成紧急起动步骤。必须使用 VAS 5051/5052 扫描工具。操作步骤为：测量蓄电池电压（应保持在 12.5 V 以上）；读取并记录仪表组的 PIN；选择地址码 17-仪表组；选择“起动 PIN”；输入禁起动防盗 PIN 码；按“Q”键接受；按 06 结束输出，但不要断开点火开关；起动车辆。

一旦紧急起动步骤成功完成，禁起动故障指示灯（Immobilizer MIL）将一直点亮，在以下条件下禁起动功能将不起作用：只要发动机保持运转；发动机熄火 45 min 之内，钥匙保持在点火钥匙孔中；钥匙拔出后 5 min 内。

三、第四代发动机防盗系统的构成与故障检测方法

2003 款奥迪 A8 轿车采用了最新的 WFS 防盗系统，即第四代防盗系统。其故障诊断仪不但实现了远距离诊断功能，而且实现了与中央数据库的连接，故障诊断仪和数据库可自动进行直接通信，实现对 WFS 防盗系统部件的匹配，因而系统安全性得到了更高程度的保障。

第四代发动机防盗系统并不是一个常规、简单的 ECU，而是一种防盗功能系统。它将所有与防盗相关的 ECU 的数据都存储在中央数据库中。中央数据库 FAZIT（车辆查询和中央识别）是第四代 WFS 系统的重要组成部分。这个数据库存储了 ECU 所有与防盗相关的数据，这些 ECU 将“防盗锁止”和“部件保护”功能联成一体。相关 ECU 与 FAZIT 的匹配只有通过在线连接才能实现。通过在线查询，可以将数据准确、快捷且可靠地传递到车辆上。不存在经由传真或连接其他部件查询 WFS 部件 PIN 密码的情况。所有在 WFS 防盗系统监控下的部件均必须通过在线验证。对具体车辆来说，包括追加订购的车钥匙在内的所有车钥匙，在出厂时都已预先进行了编码设置，这些钥匙只能用于这辆车。

1. 第四代 WFS 防盗系统的组成和原理

第四代 WFS 防盗系统由钥匙、进入和起动许可开关 E415、进入和起动许可 ECU J518、数据总线诊断接口 J533、发动机 ECU J220 等组成，如图 2-10-12 所示。其中进入和起动许可开关 E415 与进入和起动许可 ECU J518 之间可以进行双向数据交换，进入和起动许可 ECU J518 和数据总线诊断接口 J533 之间通过舒适 CAN 总线传输，发动机 ECU J220 和数据总线诊断接口 J533 之间通过驱动 CAN 总线传输。

（1）防盗系统 ECU。目前，一般车辆防盗系统 ECU 是配备独立的，有些则安装在组合仪表总成中。第四代 WFS 则是两者的结合。在 2003 款奥迪 A8 轿车上，WFS 防盗系统与进入和起动许可 ECU J518 连成一体。组合仪表总成不是防盗系统的组成部分，而是部件保护的组成部分。如无在线匹配，则不能接通 ECU。

（2）发动机 ECU。所有发动机 ECU 都是 WFS 防盗系统的组成部分，必须在线接通。

（3）车钥匙。钥匙带有一个经过机械编码处理的钥匙齿，它只能用于（驾驶人车门、行李厢盖）锁芯处。钥匙发射器与电子部件连成一体，并且在钥匙电池无电压的情况下也能工作。这

种高级钥匙增设了一个电子部件,用它实现与进入和起动许可 ECU 之间的无线双向通信。该系统最多可配 8 把钥匙。对于每辆车来说,第四代 WFS 防盗系统的车钥匙都将在制造厂以电子和机械的方式预先设置密码。这就是说对钥匙的内齿进行特殊加工,并设置基础编码,使该钥匙只能用在那辆被指定的车上。

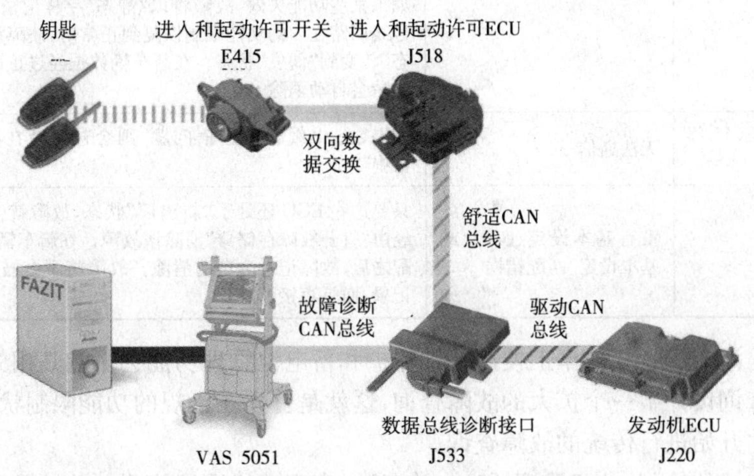

图 2-10-12 第四代 WFS 防盗系统的组成

(4)进入和起动许可开关 E415。2003 款奥迪 A8 轿车上配用的是一种不同寻常的点火开关。进入和起动许可开关不是机械编码钥匙。开关装有读取线圈,它可以将点火钥匙传输的密码数据经由双向数据电缆传送到进入和起动 ECU。进入和起动许可开关不需要匹配到防盗系统中。

(5)部件保护功能。部件保护是 ECU 的电子安全系统,因此 ECU 在被盗之后无法用于其他车辆。信息系统和舒适系统的大多数 ECU 均集成在部件保护中。2003 款奥迪 A8 轿车多媒体系统的 4 位收音机防盗密码已被部件保护功能所取代。带有部件保护功能的 ECU 均有车辆专用编码。如果 ECU 没有与某辆车进行匹配,则这个 ECU 的功能将受到限制。在激活部件保护时,组合仪表及前面的信息显示屏将显示一条提示信息。对于不匹配的 ECU 将会产生一个故障存储记录。

2. 防盗 ECU 的匹配

"新身份"菜单为第四代防盗系统的所有 ECU 设置一个新的基础编码,新的基础编码被传送到中央数据库 FAZIT 中。如果发动机 ECU 被盗,无需更换所有其他的防盗系统的 ECU。在引导性故障查询中的进入和起动许可 ECU 里,可以找到"新身份"这个菜单。所有原先起作用的部件,如车钥匙在更改密码之后将不再可以使用。

3. 第四代 WFS 防盗系统的匹配

在工作状态下,所有防盗系统功能的菜单均采用菜单引导的方式通过"引导性故障查询"菜单来完成。各种功能因车辆不同而异。因此,"其他车辆"选项不可使用。如果对进入和起动许可 ECU 或第一把钥匙为新钥匙的钥匙组合进行匹配,则发动机不会在 5 min 内起动。闭锁时间可从进入和起动许可 ECU 的数据阅读块中读取。

4. 故障诊断与检修

(1)部件保护的诊断功能。对于部件保护被激活的 ECU 来说,在故障存储器中存储的记录见表 2-10-5。

故障存储器存储的记录　　表 2-10-5

故障部位	故障类型	背景
部件保护激活		如果某些功能失效，故障将以“静态”字样记录下来。当包括 15 号线回路在内的功能限制恢复到正常时，故障记录状态也从“静态”转变到“偶发”状态。在新车辆数据经过正确匹配之后，故障记录会自动消除
WFS 防盗系统 ECU 部件保护	无法通信	如果数据电缆发生通信问题，则会被记录在相应的总线故障器中
部件保护	没有基本设定/匹配，或基本设定/匹配错误	只要这些 ECU 还处于“新出厂”状态，故障就会被记录成：无法经由“打开故障存储器”消除该故障。在新车辆数据经过正确匹配之后，故障记录会自动消除。故障将不会被作为“偶发”故障记录，而是直接消除

(2)故障检测方法。在轿车上使用部件保护和蓄电池管理功能会影响其相关部件的功能。因此，为故障查询设计了一个扩大的故障查询，这就是首先在正规的功能限制状态下对部件进行检查，然后才开始进行传统的故障查询。

(3)在线连接的检测。在“管理器>自诊断”时实现在线连接检测。若结果是情况良好，则总线连接到大众汽车网络。此连接检测不对进入奥迪数据库进行检查。因此，菜单“引导性故障查询”里便多了一个检测功能。包括已实施的“引导性式故障查询”在内的在线系统检测对经由大众汽车网络传输到奥迪数据库的故障诊断仪的信息进行检测并送回，在线系统检测涉及广泛，如菜单“管理器－自检>”功能。在这种检测中，无须将故障诊断仪与汽车连接，只需要使用识别标记和机械师的密码就可以通过在线连接进行检测。如果输入的标记和密码是错误的，则不能进行系统检测。

本章小结

本章介绍了以下几方面的内容：

◆发动机防盗系统的分类方法。

◆各种类型发动机防盗系统的特点和在车辆上的应用情况。

◆发动机防盗系统的基本结构和控制功能。

◆发动机防盗系统的工作原理。

◆第二代发动机防盗系统的构成与故障检测方法。

◆第三代发动机防盗系统的构成与故障检测方法。

◆第四代发动机防盗系统的构成与故障检测方法。

复习思考题

1. 发动机防盗系统按照阻止起动的方式可以分成哪几种类型？
2. 发动机防盗系统由哪些部分组成？各组成部分的功能是什么？
3. 发动机防盗系统的控制功能有哪些？

4. 简述发动机防盗系统的工作原理。
5. 简述上海桑塔纳 2000 GSi 轿车发动机防盗系统组成和工作原理。
6. 简述上海桑塔纳 2000 GSi 轿车发动机防盗系统的故障方法。
7. 简述上海桑塔纳 2000 GSi 轿车发动机防盗匹配操作和钥匙匹配步骤。
8. 简述大众/奥迪车系第三代发动机防盗系统的构成与故障检测方法。
9. 简述大众/奥迪车系第三代发动机防盗系统的匹配方法。
10. 简述大众/奥迪车系第四代发动机防盗系统的构成与故障检测方法。

机动车维修技术人员从业资格培训教材
（适用于机修人员）

发动机与底盘检修技术

（下册）　　　　（模块D）

中国汽车维修行业协会　组织编写

人民交通出版社

内 容 提 要

本书供申请机修从业资格的人员备考使用。全书分上下两册，共计五篇。

上册两篇主要讲解机修基础知识、发动机结构与检修；下册三篇主要讲解底盘结构与检修、车载网络系统车身电控系统和车辆故障诊断。

图书在版编目(CIP)数据

发动机与底盘检修技术(模块D). 下册/中国汽车维修行业协会编. —北京：人民交通出版社，2008.5

机动车维修技术人员从业资格培训教材

ISBN 978-7-114-07043-3

Ⅰ.发... Ⅱ.中... Ⅲ.①汽车-发动机-车辆修理-技术培训-教材②汽车-底盘-车辆修理-技术培训-教材 Ⅳ.U472.4

中国版本图书馆CIP数据核字(2008)第037151号

机动车维修技术人员从业资格培训教材

（适用于机修人员）

书　　名：发动机与底盘检修技术（模块D）（下册）
著 作 者：中国汽车维修行业协会
责任编辑：王振军　白　峭　张玉栋
出版发行：人民交通出版社
地　　址：（100011）北京市朝阳区安定门外外馆斜街3号
网　　址：http://www.ccpress.com.cn
总 经 销：人民交通出版社发行部
经　　销：汽车维护与修理杂志社
销售电话：（025）84825381
印　　刷：北京市密东印刷有限公司
开　　本：787×1092　1/16
印　　张：34.25
字　　数：852千
版　　次：2008年6月　第1版
印　　次：2014年5月　第8次印刷
书　　号：ISBN 978-7-114-07043-3
印　　数：21001－23000册
定　　价：108.00元（上、下册）

机动车维修技术人员从业资格培训教材
审定委员会

徐亚华　翁　垒　蔡团结　孟　秋　王振军
王运祥　朱　军　刘春禄　张凤魁　佟浚洲
吴际璋　沈光辉　金守福　杨水阮　范　健
童孟曦　渠　桦　程玉光　蔡伟义　魏俊强

机动车维修技术人员从业资格培训教材
编写委员会

主　任： 康文仲

副主任： 郭生海　张京伟　徐通法

成　员： 于开成　华双法　李东江　张湘衡
杨德华　姚震虞　殷晓辉　袁生林
魏世康　盖　方　袁洁仪

组织编写单位： 中国汽车维修行业协会

编写组长： 徐通法

机动车维修技术人员从业资格培训教材
发动机与底盘检修技术（模块 D）编写组

组　长： 李东江

成　员： 杨益明　李贵炎　万茂松　谢　剑
刘　阳　文爱民　张　辉　左付山
侯子平　易　翔　蔡康新

前　言

在交通部发布的《道路运输从业人员管理规定》中，规定了机动车维修技术负责人、质量检验人员及从事机修、电器、钣金、涂漆、车辆技术评估（含检测）作业的技术人员实行从业资格考试制度。从业资格考试应当按照交通部编制的考试大纲、考试题库、考核标准、考试工作规范和程序组织实施。

为配合交通部机动车维修技术人员从业资格考试，做好相关从业人员的培训工作，受交通部公路司委托，由中国汽车维修行业协会组织业内专家、教授和长期从事政策研究、技术管理的有关人员，根据交通部印发的《中华人民共和国机动车维修技术人员从业资格考试大纲》的要求，编写了《职业道德和法律法规》、《技术质量管理》、《维修检验技术》、《发动机与底盘检修技术》（上、下册）、《电器维修技术》、《车身修复》、《车身涂装》和《车辆技术评估》8个模块的机动车维修技术人员从业资格培训教材。

本套教材是根据现代机动车维修服务的实际需要，按照理论和实践相结合的原则编写的。根据从业人员在职学习的特点，理论部分重点介绍与实际工作紧密相关的基础理论和适应机动车维修发展的前沿技术；实操部分重点突出检测诊断技能及综合分析能力的提高。

本套教材适用于机动车维修技术负责人、质量检验人员及从事机修、电器、钣金、涂漆、车辆技术评估（含检测）作业的技术人员的学习，它包含了这些人员实际工作中所应掌握的理论和实操的基本内容，是机动车维修技术人员从业资格考试的配套教材。

鉴于编写时间仓促和水平所限，书中难免存在疏漏和不妥之处，敬请业内同行和使用者批评指正，以便教材再版时不断修改完善和提高。本书的编写是在交通部公路司、交通部职业技能鉴定指导中心悉心指导下完成的，在此表示衷心的感谢。

中国汽车维修行业协会

目　录

（下册）

第三篇　车辆底盘结构与检修

第四篇 车载网络系统与车身电控系统

第五篇 车辆故障综合诊断

第三篇

车辆底盘结构与检修

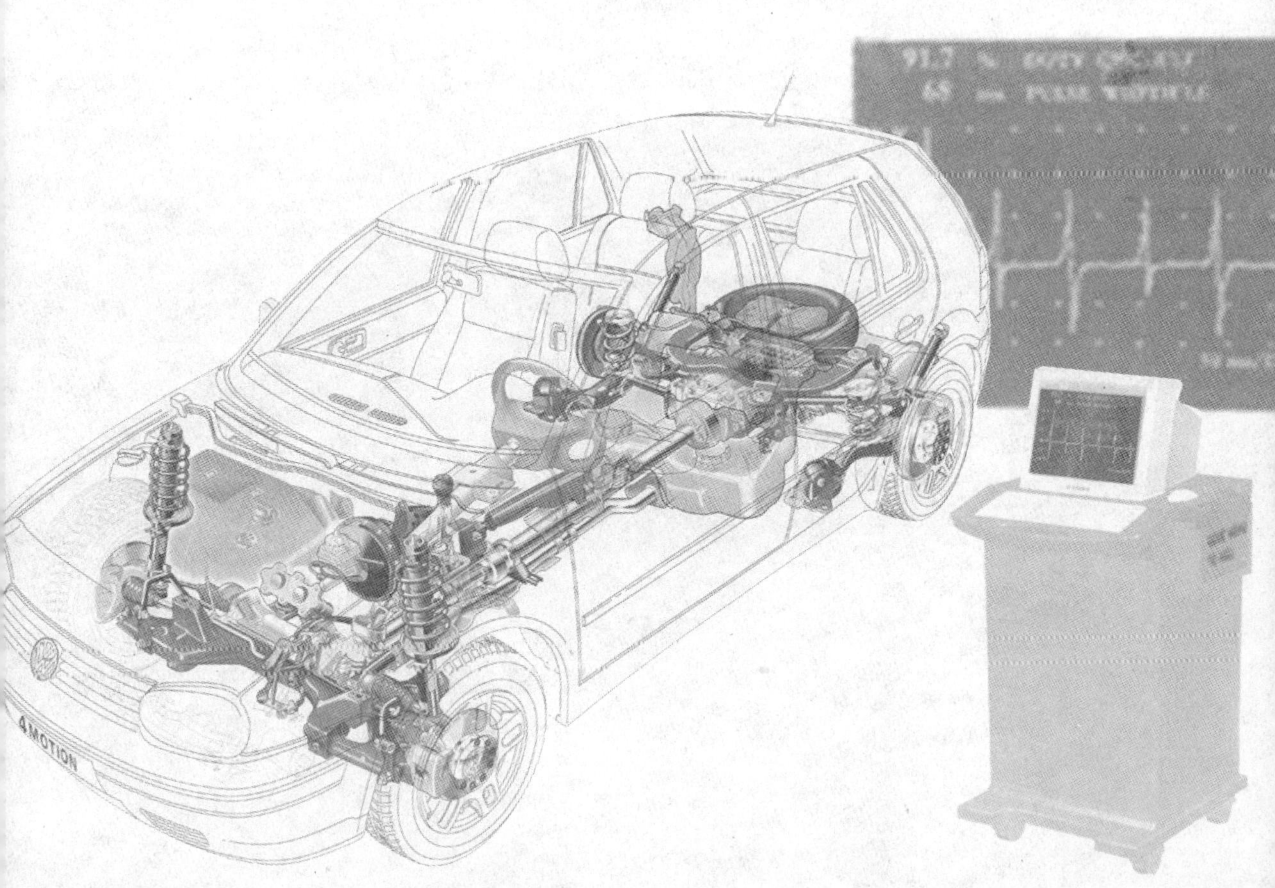

第一章　传动系统结构与检修

本章要点

通过本章的学习：

★熟悉离合器的结构原理。

★掌握离合器主要部件的检修方法。

★掌握离合器常见故障的诊断方法。

★了解手动变速器的功用、基本构成。

★熟悉普通齿轮变速器的变速、变矩、变向原理。

★熟悉两轴式手动变速器的基本结构和工作。

★熟悉三轴式手动变速器的基本结构和工作。

★了解手动变速器换挡装置的类型和工作。

★了解手动变速器防止自动脱挡装置的形式和工作原理。

★熟悉锁环式、锁销式同步器的结构和工作原理。

★熟悉手动变速器自锁、互锁、倒挡锁等定位锁止机构的结构和工作原理。

★了解分动器齿轮传动机构、操纵机构的结构和工作。

★掌握手动变速器主要元件的检修方法。

★熟悉手动变速器装配注意事项。

★掌握手动变速器常见故障的诊断方法。

★了解自动变速器的组成和类型。

★熟悉液力变矩器的结构和工作原理。

★掌握单排行星齿轮机构的机构与工作原理。

★掌握辛普森式行星齿轮机构的特点、结构和工作原理。

★掌握拉维娜式行星齿轮机构的特点、结构和工作原理。

★熟悉离合器、制动器、单向离合器等换挡执行机构的结构和工作原理。

★掌握行星齿轮变速器的变速原理。

★掌握典型车型辛普森式行星齿轮变速器的结构特点。

★掌握典型车型拉维娜式行星齿轮变速器的结构特点。

★熟悉自动变速器液压控制系统主要部件的结构和工作原理。

★熟悉自动变速器电液控制系统主要部件的结构和工作原理。

★掌握自动变速器各项性能检验的方法，并能根据检验结构分析自动变速器的故障。

★掌握液力变矩器的检修方法。

★掌握离合器、制动器、单向离合器等换挡执行机构的检修方法。

★掌握油泵、阀板等液压装置主要部件的检修方法。

★掌握自动变速器电控系统主要元件的检修方法。

★掌握电液控制自动变速器常见故障的故障诊断方法。

★熟悉无级自动变速器(CVT)的基本构成和变速原理。

★熟悉无级自动变速器(CVT)的动力传递路线。

★掌握无级自动变速器(CVT)性能测试的方法并能够根据测试结果进行故障分析。

★掌握无级自动变速器(CVT)常见故障的诊断方法。

★了解万向传动装置在汽车上的应用。

★熟悉万向节的基本结构和等速传动条件,了解典型万向节的结构。

★掌握万向传动装置主要部件的检修方法。

★掌握万向传动装置常见故障的诊断方法。

★熟悉驱动桥的基本结构。

★熟悉主减速器、差速器的结构和工作原理。

★了解防滑差速器的结构和工作原理。

★了解半轴的支承形式。

★掌握驱动桥主要部件的检修方法。

★掌握差速器的装配和调整方法。

★掌握主减速器的装配和调整方法。

★掌握驱动桥常见故障的诊断方法。

汽车传动系的作用是将发动机的动力按需要传给驱动轮。

按结构和传动介质不同,传动系可分为机械式、液力机械式、静液式和电力式等。目前,汽车上常用的是机械式和液力机械式。

按照发动机安装位置及汽车的驱动形式,车辆传动系的布置形式一般包括发动机前置后轮驱动(FR)、发动机前置前轮驱动(FF)、发动机后置后轮驱动(RR)、发动机中置后轮驱动和全轮驱动等形式。轿车上常用的是发动机前置后轮驱动和发动机前置前轮驱动两种布置形式。

传动系的组成与传动系的类型、布置形式等有关。图 3-1-1 所示为发动机前置后轮驱动的机械式传动系示意图,它主要由离合器、变速器、万向节和传动轴组成的万向传动装置、主减速器、差速器和半轴等组成。发动机的输出转矩依次经过各总成传给驱动轮,驱动汽车前进。

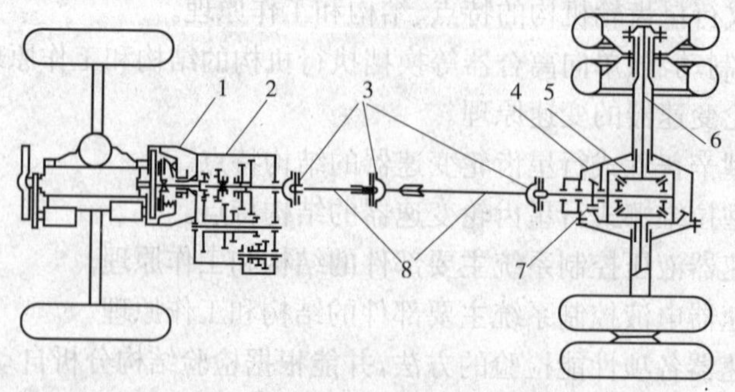

图 3-1-1 传动系的组成及布置

1-离合器;2-变速器;3-万向节;4-驱动桥;5-差速器;6-半轴;7-主减速器;8-传动轴

对于四轮驱动的车辆，变速器之后还装有分动器，以将动力分配给前后轮。对于液力式传动系，将以液力机械式变速器取代机械式传动系中的摩擦式离合器和普通齿轮式变速器。

第一节　离合器结构与检修

离合器装在发动机与变速器之间，通过离合器的分离与接合，来控制发动机与变速器之间动力的切断与传递。离合器具有以下功能：传递转矩、保证汽车平稳起步、便于换挡、防止传动系过载和减振。大多数离合器还装有扭转减振器，能衰减发动机和传动系的扭转振动。目前，汽车上普遍采用了周布螺旋弹簧离合器和膜片弹簧离合器。

一、离合器基本结构与原理

由离合器的作用可知，其结构必须包含主动部分和从动部分，而且其主动部分和从动部分可以暂时分离，又可以逐渐接合，并且在传动过程中还可以相对运动。因此，离合器的主动部分和从动部分不能采用刚性连接，而是借助二者之间的摩擦力（摩擦式离合器）、或者液力（液力变矩器）或者电磁吸力（电磁离合器）来传递转矩。这里只介绍摩擦式离合器，其基本组成和工作原理如图 3-1-2。

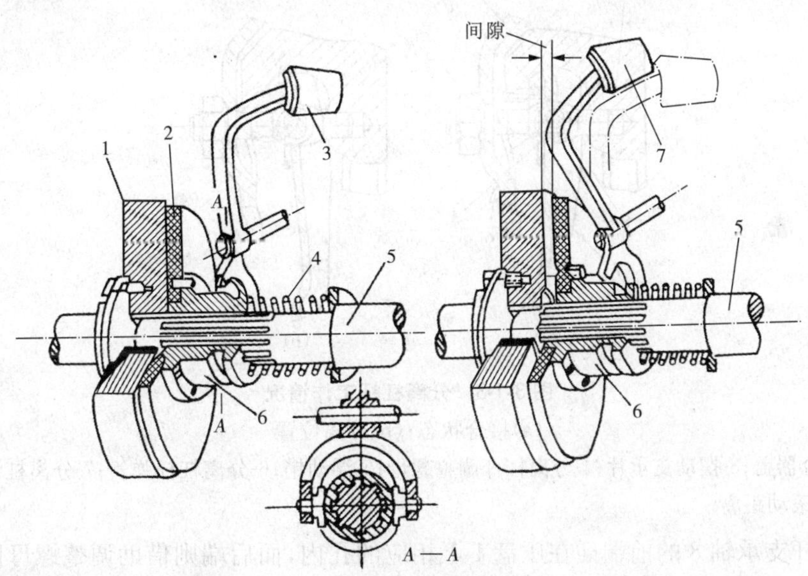

图 3-1-2　离合器的组成与工作原理示意图

1-飞轮；2-从动盘；3、7-离合器踏板；4-压紧弹簧；5-从动轴；6-从动盘毂

1. 基本组成

离合器由主动部分、从动部分、压紧装置和操纵机构四大部分组成。离合器的主动部分包括飞轮、离合器盖和压盘。飞轮用螺栓与曲轴固定在一起，离合器盖通过螺栓固定在飞轮后端面上，压盘通过弹性钢片或凸台与离合器盖相连，相对于离合器盖可轴向移动。这样，只要曲轴旋转，发动机发出的动力就可经飞轮、离合器盖传给飞轮，使它们一起旋转。

离合器从动部分是从动盘,从动盘通过花健与变速器第一轴相连,从动盘两面带有摩擦片,装在飞轮和压盘之间。

离合器压紧装置是装在压盘与离合器盖之间的压紧弹簧,用于对压盘产生压紧力,将从动盘夹紧在飞轮与压盘之间。常见的压紧弹簧有沿圆周均布的螺旋弹簧、中央螺旋弹簧及膜片弹簧等。

离合器的操纵机构由离合器踏板、拉杆、拉杆调节叉、分离拨叉、分离套筒、分离轴承、分离杠杆及复位弹簧等组成。中间是支点,装在离合器上;内端为力点,处于自由状态。分离轴承安装在分离套筒上,分离套筒松套在变速器第一轴轴承盖前端的轴套上。分离拨叉是中部带支点的杠杆,内端顶在分离套筒上,外端与拉杆铰连,离合器踏板中部铰接在车架上,一端与拉杆铰接。分离拨叉、分离套筒、分离轴承、分离杠杆同离合器主动部分及从动部分一起装在离合器壳(变速器壳)内。

由于分离时分离杠杆随压盘转动,而分离套筒不转,为减少磨损,在分离套筒前端压装有推力轴承。分析分离杠杆的运动情况:如果分离杠杆的支点是固定的铰链,则当分离杠杆转动时,其外端将作圆弧运动;如果分离杠杆外端也与压盘作简单的铰链连接,外端只能随压盘作直线运动,显然,分离杠杆要产生运动干涉。为消除这一运动干涉,东风EQ1090E型汽车离合器在分离杠杆支点采用了浮动销,而与压盘之间的传力点采用摆动支承片。详细结构如图3-1-3所示。

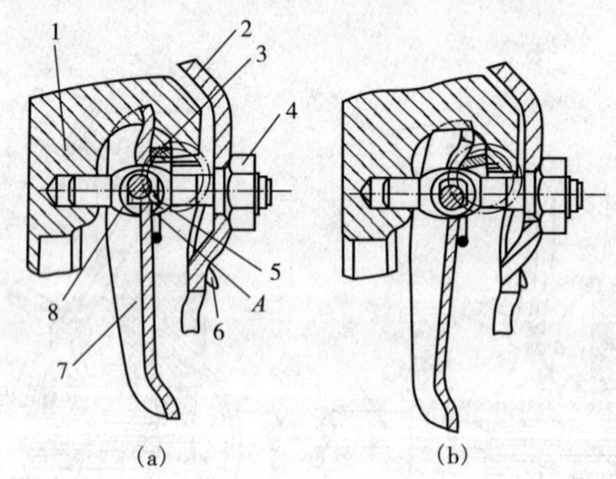

图 3-1-3 分离杠杆工作情况

(a)接合状态;(b)分离位置

1-压盘;2-离合器盖;3-摆动支承片;4-分离杠杆调整螺母;5-浮动销;6-分离杠杆弹簧;7-分离杠杆;8-分离杠杆支承轴;*A*-滚动距离

分离杠杆支承轴8的前端插在压盘1上相应的孔内,而后端则借助调整螺母固定在离合器盖上。浮动销5的中部穿过支承柱中部的方孔,在螺旋弹簧的作用下,套装在支承柱上的分离杠杆7的中部紧靠在浮动销的两端,并使浮动销与方孔的支承平面接触,分离杠杆与浮动销一起以该接触点为支点摆动。摆动支承片成凹字形,其平直的一面支承在分离杠杆外端的凹处,而其凹边则抵住压盘的钩状凸起部。在离合器接合状态,浮动销与方孔支承平面的外端接触,如图3-1-3a所示。当分离离合器时,分离杠杆摆动,摆动支承片3推动压盘右移。此时,浮动支承销沿支承平面向内滚动一小段距离 *A*(一般小于1 mm),而摆动支承片将发生倾斜,如图3-1-3b所示。显然,该结构不会再发生运动干涉。

分离杠杆内端应位于平行于飞轮的同一平面内，否则，会出现分离不彻底。此位置可以通过分离杠杆调整螺母4来调整。

2.基本原理

(1)接合状态。离合器处于接合状态时，离合器踏板处于最高位置，分离杠杆与分离轴承之间存在间隙Δ，压盘在压紧弹簧的作用下压紧从动盘，发动机的转矩经飞轮及压盘传给从动盘，再由从动盘传给变速器第一轴。离合器所传递的最大转矩取决于从动盘摩擦表面的最大静摩擦力。它与摩擦表面间的压紧力大小、摩擦面积的大小以及摩擦材料的性质有关。对一定结构的离合器而言，其最大静摩擦力是一个定值，若传动系传递的转矩超过这一定值，离合器就会打滑，从而起到了过载保护的作用。

(2)分离过程。离合器分离时，需踩下离合器踏板，通过拉杆、分离拨叉、分离套筒消除间隙Δ后，使分离杠杆外端拉动压盘克服压紧弹簧的压力向后移动，压盘与从动盘之间产生间隙，摩擦力矩消失，离合器主、从动部分分离，切断动力传递。

(3)接合过程。当需要动力传递时，缓慢抬起离合器踏板，在压紧弹簧的作用下，压盘向前移动并逐渐压紧从动盘，摩擦力矩也渐渐增大。压盘与从动盘刚接触时，其摩擦力矩比较小，离合器主、从动部分可以不同步旋转，即离合器处于打滑状态。随着压紧力的逐步加大，离合器主、从动部分的转速也渐趋相等，直至完全接合而停止打滑。

3.离合器的自由间隙及自由行程

从离合器的工作原理可知，为了保证离合器在传递转矩时处于完全接合状态，不会出现打滑现象，离合器在接合状态时，在分离杠杆内端与分离轴承之间必须预留一定量的间隙Δ，此间隙即为离合器的自由间隙。踩下离合器踏板时，首先必须消除这一间隙，然后才能开始分离离合器。为消除这一间隙所需的离合器踏板行程称为离合器踏板的自由行程。从动盘摩擦片经使用磨损后，离合器的自由间隙及自由行程会变小，应及时调整。

4.扭转减振器

发动机传到汽车传动系中的转矩是周期地不断变化着的，这就使得传动系中将产生扭转振动。如果这一振动的频率与传动系的自振动频率相重合，就将发生共振，这对传动系零件寿命有很大影响。此外，在不分离离合器的情况下而进行紧急制动或猛烈接合离合器时，瞬间内将造成对传动系的极大冲击荷载，会缩短零部件的使用寿命。为了避免共振，缓和传动系所受的冲击荷载，在很多汽车离合器从动盘上安装了扭转减振器。

扭转减振器的工作原理如图3-1-4所示。从动盘装有扭转减振器，从动盘和从动盘毂6是通过减振弹簧8弹性地连接在一起，构成减振器的缓冲机构。从动盘毂夹在从动盘本体3和减振器盘9之间，在从动盘毂6与钢片之间还夹有环状阻尼片4。从动盘毂6、从动盘本体3和减振器盘9上都开有4～6个沿圆周均布的通孔，减振弹簧8装在通孔中，铆钉5将从动盘本体3和减振器盘9铆接成一体，但铆钉中部和从动盘毂6上的缺口之间存在有一定的距离，以保证从动盘毂6可相对从动盘本体3和减振器盘9作一定量的转动。当从动盘不传递转矩时，如图3-1-4b所示；当传递转矩时，由摩擦片1和10传来的转矩首先传到从动盘本体3和减振器盘9，再经过减振弹簧8传给从动盘毂6，这时减振弹簧被压缩，如图3-1-4c)所示，因而发动机曲轴的扭转振动所产生的冲击被弹簧所缓和，同时，当从动盘毂6相对于从动盘本体3和减振器盘9转动时，夹于其间的阻尼片4便产生摩擦阻力，吸收扭转振动的能量，使振动迅速衰减，因此，扭转振动不会传到传动系部件上。

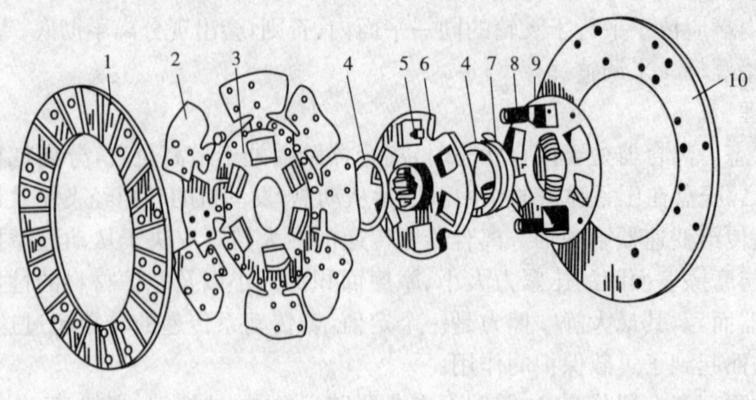

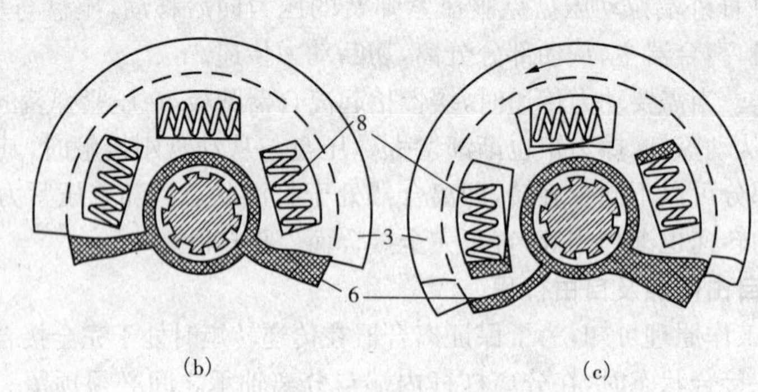

图 3-1-4 扭转减振器工作原理

(a)零件图;(b)不传递转矩时;(c)传递转矩时

1、10-摩擦片;2-浪形弹性钢片;3-从动盘本体;4、7-阻尼片;5-特种铆钉;6-从动盘毂;8-减振弹簧;9-减振器盘

二、膜片弹簧离合器

膜片弹簧式离合器在汽车上应用较多,目前生产的汽车,特别是轿车已经全部采用了膜片弹簧离合器,即以膜片弹簧来作为汽车离合器的压紧元件。按离合器分离时分离套筒移动方向的不同,汽车膜片弹簧离合器可分为推式膜片弹簧离合器和拉式膜片弹簧离合器(图 3-1-5)。若离合器分离时,分离套筒接近飞轮移动,则为推式;分离套筒远离飞轮移动,则为拉式。拉式膜片弹簧离合器的结构形式与推式膜片弹簧离合器的结构形式大体相同,只是将膜片弹簧反装,其支承点和力的作用点的位置有所改变。

1.基本结构

膜片弹簧离合器包括主动部分、从动部分、压紧装置和操纵机构。主动部分包括离合器盖及压盘总成、飞轮。从动部分即从动盘总成。膜片弹簧离合器的压紧装置为膜片弹簧,其形状像一个碟子,它是在一个具有锥形面的钢制圆盘上,开有许多径向切口,形成一排有弹性的杠杆。在切口的根部都钻有圆孔,以防止应力集中。真正产生压紧力的仅是钻孔以外的部分。

2.工作原理

膜片弹簧离合器的工作原理如图 3-1-6 所示。离合器盖总成在未固定到飞轮上时(中间带有从动盘),离合器盖平面与飞轮支承平面有一段距离 L,膜片弹簧处于自由状态,膜片弹簧不受力,这段距离 L 就是膜片弹簧被压缩时产生工作压力的位置(图 3-1-6a)。

当离合器盖总成被固定到飞轮上时，膜片弹簧大端受压并产生位移，对压盘产生压力，使从动盘摩擦片被压紧在飞轮和压盘之间，此时离合器处在接合状态(图 3-1-6b)。

当分离离合器时，借助踏板机构的操纵使分离轴承前移，推动离合器膜片弹簧小端前左移，膜片弹簧以支承环为支点顺时针转动，膜片弹簧大端后移，通过分离钩拉动压盘离开从动盘，于是便完成了分离动作，使离合器处于分离状态，此时膜片处于反锥形状(图 3-1-6c)。

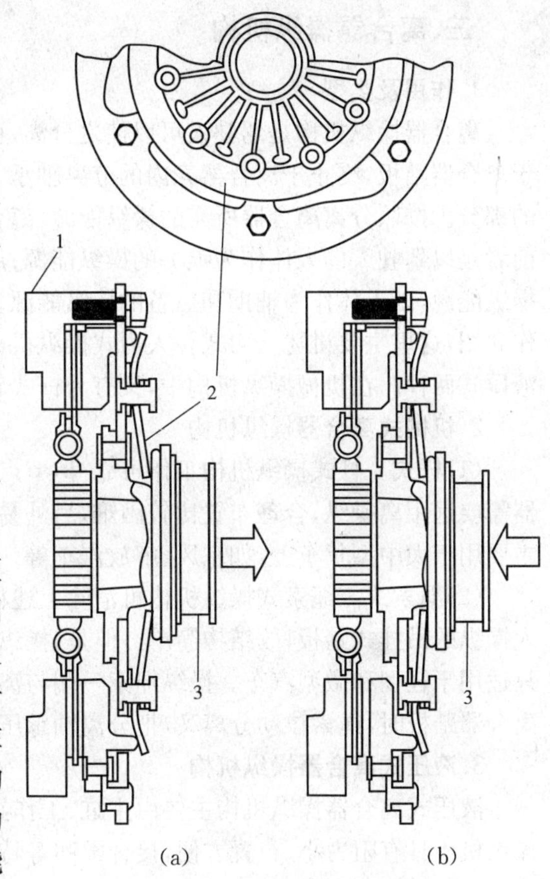

图 3-1-5 膜片弹簧离合器结构

(a)拉式；(b)推式

1-飞轮；2-膜片弹簧；3-分离轴承

3. **优点**

由膜片弹簧离合器的工作原理可知，膜片弹簧可兼起压紧弹簧和分离杠杆的双重作用，从而使得离合器结构大为简化，并显著地缩短了离合器的轴向尺寸；膜片弹簧与压盘整个圆周方向接触，压紧力分布均匀，摩擦片接触良好，磨损均匀；膜片弹簧由制造保证其内端处于同一平面，不存在分离杠杆工作高度的调整；在离合器分离和接合过程中，膜片弹簧与分离钩及支承环之间为接触传力，不存在分离杠杆的运动干涉；膜片弹簧具有非线性的弹性特征，能随摩擦片的磨损自动调节压紧力，传动可靠，不易打滑，且离合器分离时操纵轻便；膜片弹簧中心位于旋转轴线上，压紧力几乎不受离心力的影响。因膜片弹簧离合器具有上述一系列优点，因此，此种离合器在轿车、轻型及中型货车上用得越来越广泛。如上海桑塔纳、一汽奥迪、南京依维柯等汽车均采用膜片弹簧离合器。

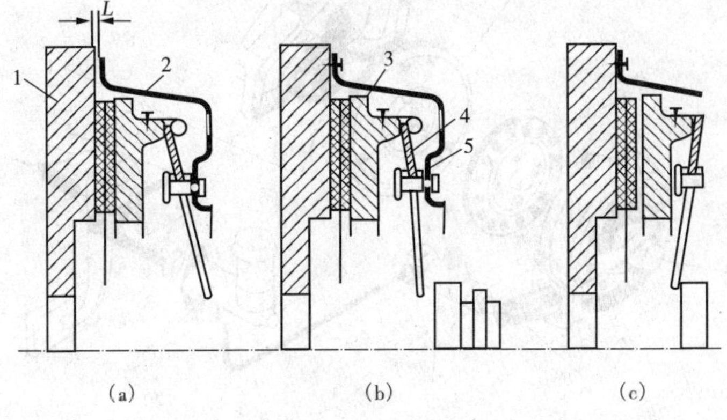

图 3-1-6 膜片弹簧离合器工作原理

(a)自由状态；(b)接合状态；(c)分离状态

1-飞轮；2-离合器盖；3-压盘；4-膜片弹簧；5-支承环

三、离合器操纵机构

1.作用及类型

离合器操纵机构是驾驶人可以使之分离，而后又可以使之柔和接合的一套机构。它起始于离合器踏板，终止于离合器壳内的分离轴承。这里所要讨论的主要是其位于离合器壳外面的部分。按照分离离合器所需的操纵能源，离合器操纵机构可分为人力式和气压助力式两类。前者是以驾驶人的人体作为唯一的操纵能源；后者则是以发动机驱动的空气压缩机作为主要操纵能源，以人体作为辅助和后备的操纵能源。气压助力式主要用于一些重型汽车上，本书不作介绍，这里主要讲述人力式。人力式操纵机构，按所用传动装置的形式，又可分为机械式和液压式两种。在机械操纵机构中，又有为杆式和绳索式两种。

2.机械式离合器操纵机构

(1)杆式。杆式操纵机构工作可靠，但节点较多，因而磨损大，且对于后置发动机汽车离合器需要远距离操纵，合理布置比较困难，另外易受车架、车身变形影响。杆式离合器操纵机构主要用于大中型货车上，如东风、解放汽车等。

(2)绳索式。绳索式操纵机构可消除上述杆式的缺点，布置较方便，并可以采用便于驾驶人操纵的吊挂式踏板，故结构简单。但是，操纵绳索寿命较短，拉伸刚度较小，易变形。因此，只适用于轻型和微型汽车。操纵绳索一端与离合器踏板相连，另一端与分离叉相连。当踩下离合器踏板时，绳索拉动分离叉，把分离轴承压向膜片弹簧，使离合器分离。

3.液压式离合器操纵机构

液压式离合器操纵机构主要由主缸、工作缸和油管组成，如图 3-1-7 所示。液压式离合器操纵机构具有阻力小，布置方便，接合柔和等特点，应用日益广泛。图 3-1-8 为北京 1020 型汽车离合器的液压式操纵机构。它主要由主缸Ⅰ、工作缸Ⅱ、推杆 8 和油管 26 组成。当离合器处于接合状态时，离合器踏板处于最高位置，主缸活塞 6 在活塞复位弹簧 3 的作用下处于最右端位置，此时主缸活塞皮碗 4 刚好位于进油孔 B 和补偿孔 A 之间。为保证活塞彻底复位，主缸活塞6与推杆8之间保持0.5～1mm的间隙(该间隙与自由间隙Δ之和，反应到离合器

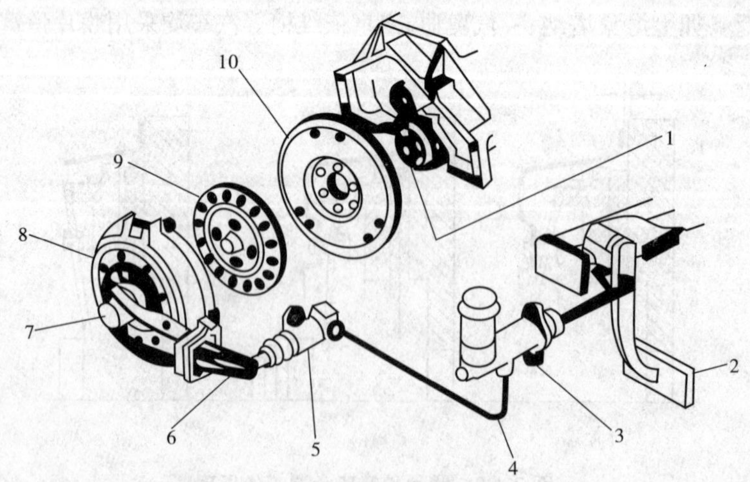

图 3-1-7 液压式离合器操纵机构示意图

1-导向轴承；2-离合器踏板；3-离合器主缸；4-液压管路；5-离合器工作缸；6-分离叉；7-分离轴承；8-离合器盖及压盘总成；9-摩擦盘；10-飞轮

踏板上的行程即为离合器踏板的自由行程)。当离合器分离时,踩下踏板,推杆 8 推动主缸活塞 6 左移,至皮碗 4 关闭补偿孔 A 后,主缸内工作腔的油压开始升高,并经油管 26 传至工作缸Ⅱ的工作腔,推动工作缸内活塞 20 连同分离叉推杆 19 右移,使离合器分离。由于主缸直径小于工作缸直径,油液推力将得到放大,从而使离合器踏板力能够减少。当需要离合器接合时,放松离合器踏板,主缸活塞在其复位弹簧 3 的作用下右移回到原位,工作缸内油液回到主缸,油压下降,工作缸活塞 20 及分离叉推杆 19 在复位弹簧作用下复位。若迅速放松离合器踏板,主缸活塞复位速度快,但由于油液在管路中流动有一定的阻力,复位较慢,使主缸活塞左腔形成一定的真空度。此时,储液室中的部分油液便经过进油孔 B、主缸活塞头部轴向小孔推开皮碗 4 进入工作腔弥补真空,待主缸活塞完全复位后,多余的油液便经补偿孔 A 流回到储油室。

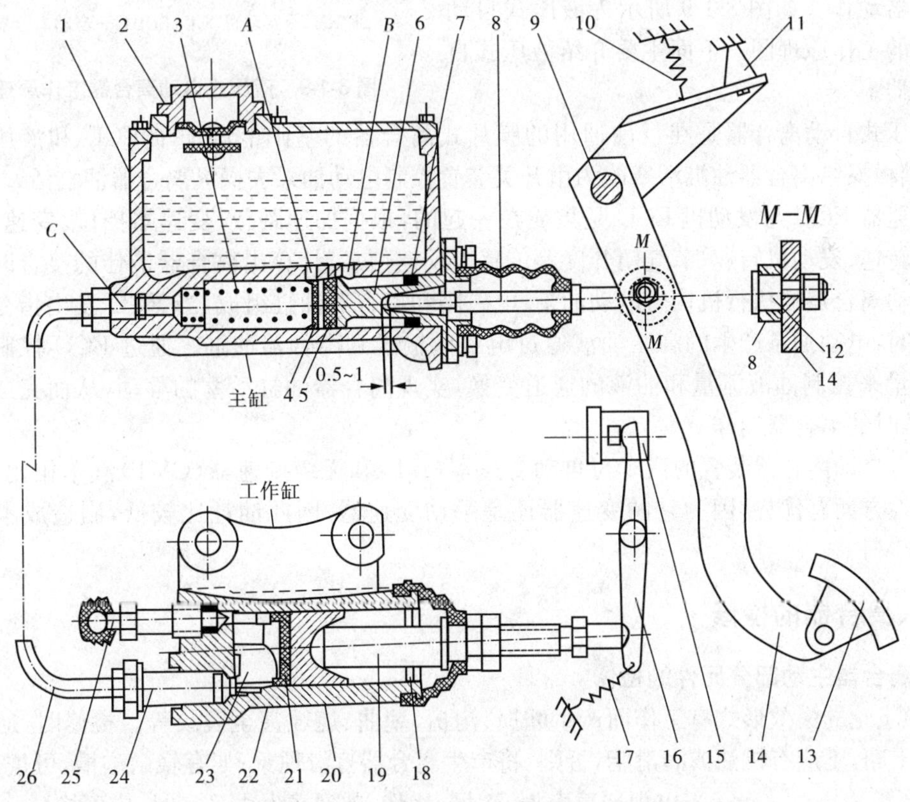

图 3-1-8　北京 1020 型汽车离合器操纵机构

1-主缸体;2-储油室螺塞;3-活塞复位弹簧;4-主缸活塞皮碗;5-活塞垫片;6-主缸活塞;7-密封圈;8-推杆;9-离合器踏板支承销;10-离合器踏板复位弹簧;11-限位块;12-偏心螺栓;13-离合器踏板;14-离合器踏板臂;15-分离套筒;16-分离叉;17-分离叉复位弹簧;18-挡环;19-分离叉推杆总成;20-工作缸活塞;21-工作缸皮碗;22-工作缸体;23-工作缸活塞限位块;24-进油管接头;25-放气螺栓;26-油管

A-补偿孔;B-进油孔;C-出油口

四、自动离合器简介

随着电子技术在汽车上的应用,一种自动离合器系统也进入了汽车领域。这种由 ECU 控制的离合器已经应用在一些轿车上,使手动变速器换挡的一个重要步骤——离合器的分离与接合能够自动地适时完成，简化了驾驶人的操纵动作。

传统离合器分为机械式和液压式两种。自动离合器也分为两种：机械电动机式自动离合器和液压式自动离合器。机械电动机式自动离合器的ECU汇集加速踏板位置传感器、发动机转速传感器、车速传感器等信号，经处理后发送指令驱动伺服电动机，通过拉杆等机械形式驱使离合器动作。液压式自动离合器则是由ECU发送信号驱动电动液压系统，通过液压操纵离合器动作。如图3-1-9所示为液压式自动离合器的工作原理图。下面主要介绍液压式自动离合器。

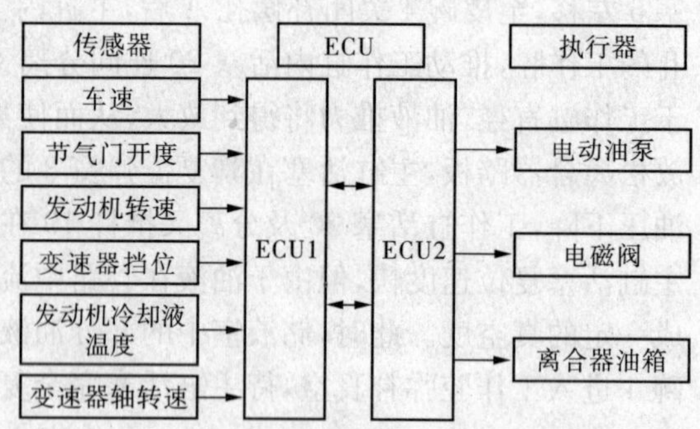

图 3-1-9　液压式自动离合器工作原理图

液压式自动离合器是在目前通用的膜片式离合器的基础上增加了ECU和液压执行系统，将踏板操纵离合器油缸活塞改为由开关装置控制电动油泵去操纵离合器油缸活塞。

变速器ECU与发动机ECU是集成在一起的，根据加速踏板、变速器挡位、变速器输入/输出轴转速、发动机转速、节气门开度等传感器反馈信息，计算出离合器最佳的接合时间与速度。自动离合器的执行机构由电动油泵、电磁阀和离合器油缸组成，当ECU发出指令驱动电动油泵时，电动油泵产生的高压油液通过电磁阀输送到离合器油缸。通过ECU控制电磁阀的电流量来控制油液流量和油液的通道变换，实现离合器油缸活塞的移动，从而完成汽车起动、换挡时的离合器动作。

具有自动离合器装置的汽车与自动变速器(AT)和无级变速器(CVT)汽车相比，它在运行经济性方面有优势，因为它的变速器还是手动变速器，因此油耗比较低，制造成本也低于AT和CVT。

五、离合器的检修

1. 离合器主动部分元件的检修

(1)飞轮的失效形式有工作面产生磨损、沟槽、翘曲、烧蚀甚至裂纹等。检修时，应对工作面清洗干净，不应有机油或润滑脂，否则，将产生离合器打滑现象；如有轻微沟槽，可进行打磨；当出现严重磨损、沟槽、烧伤、破裂或失去平衡时，应更换。

(2)离合器盖的失效形式有翘曲变形甚至裂纹等。检修时，离合器盖接合面平面度误差应小于0.50 mm，否则，应更换；目测离合器盖，若发现有裂纹，轻微的可进行焊补，严重时须更换。

(3)压盘的失效形式有工作面产生磨损、沟槽、翘曲、烧蚀甚至裂纹等。检修时，压盘表面平面误差度不得超过0.12 mm，否则，应更换。压盘平面度误差可用图3-1-10所示的方法测量，将平面钢尺放在压盘上，用厚薄规在其缝隙处测量。翘曲变形主要是离合器打滑和分离不彻底容易使压盘受热而产生的。工作表面的轻微磨损，可用油石修平，磨损沟槽超过0.5 mm时应修整平面，压盘的极限减薄量不得大于1 mm，修整后应进行静平衡试验。若压盘有严重的磨损

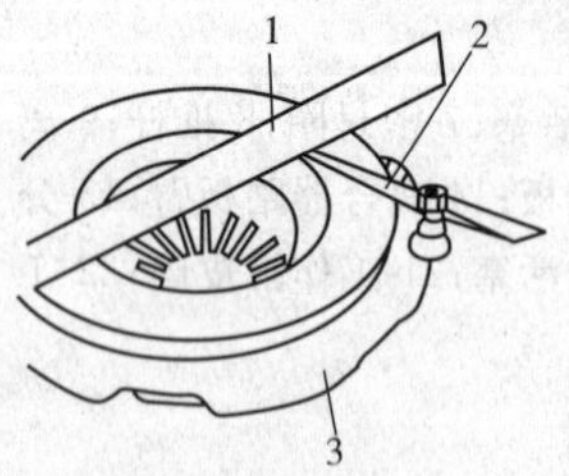

图 3-1-10　压盘平面度检查

1-平面钢尺；2-厚薄规；3-压盘

或变形，甚至出现裂纹，磨削后厚度小于极限值，应更换新件。

2. 从动盘的检修

从动盘是离合器的主要易损部件，其常见失效形式有摩擦片磨损、烧蚀、开裂、铆钉松动或外露；从动盘本体翘曲、开裂、铆钉松动；从动盘毂花键磨损；扭转减振器弹簧过软或折断等。

检修时，首先应将从动盘清洁干净，如表面有轻微油污，可用喷灯火焰烧去，或用汽油清洗。表面的轻微烧焦可用砂纸打磨。如摩擦片烧焦面积大而深或有严重油污时，则需要换用新的从动盘。

摩擦片磨损的检查如图 3-1-11 所示，用游标卡尺测量铆钉头的深度来确定。铆钉头部的埋入深度不得少于 0.3 mm，否则，换用新从动盘。

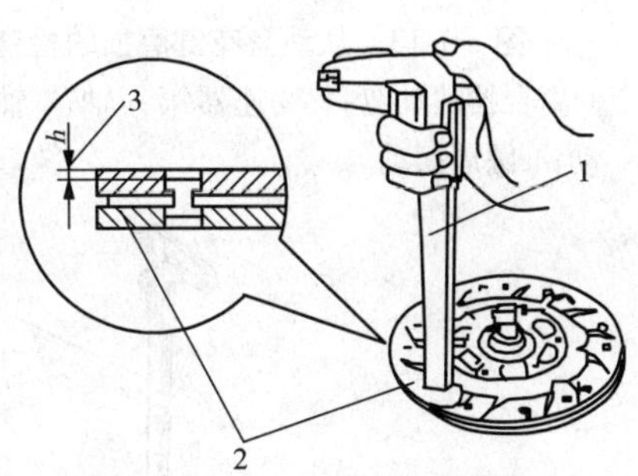

图 3-1-11　从动盘磨损的检查

1-卡尺；2-从动盘；3-铆钉头至断面深度

从动盘翘曲可通过测量从动盘的端面跳动量来检查，如图 3-1-12 所示，用百分表在距边缘 2.5 mm 处测量，其端面圆跳动不应大于 0.4 mm，否则，应校正或更换。

从动盘毂花键磨损的检查如图 3-1-13 所示，将离合器从动盘 1 装在变速器第一轴2 的花键轴上，检查从动盘 1 的花键孔与变速器第一轴 2 的花键轴的配合，不得有明显的轴向摆动 3 和圆周摆动 4，但在轴上能顺利移动。

3. 压紧装置的检修

螺旋弹簧常见的失效形式有疲劳过软、弯曲甚至断裂等。检修时，其自由长度与标准值比较不得小于 2 mm，垂直度误差不得大于 1 mm。

膜片弹簧常见的失效形式有磨损、弯曲、弹力下降。膜片弹簧因长久负荷而疲劳，造成弯曲、磨损、开裂和弹力减弱，影响动力的传递。膜片弹簧磨损的测量如图 3-1-14 所示，用游标卡尺测量膜片弹簧内端（与分离轴承接触面）磨损的深度 h 和宽度 b。奥迪 100 型轿车离合器膜片弹簧磨损深度极限为 0.3 mm，否则，应更换膜片弹簧。膜片弹簧弹力的检查如图 3-1-15所示，膜片弹簧高度 4 若发生变化，表明膜片弹簧弹力不足，必须更换。可用游标卡尺1 检测膜片弹簧 2 的高度 4，其与标准值相差不应大于 0.5 mm。膜片弹簧内端的高度差也不能超过 0.5 mm，否则，要进行弯曲调整。调整时，用专用工具把内端弯曲到正确的标准位置，如图 3-1-16 所示。调整后再测量一次，直到符合要求为止。

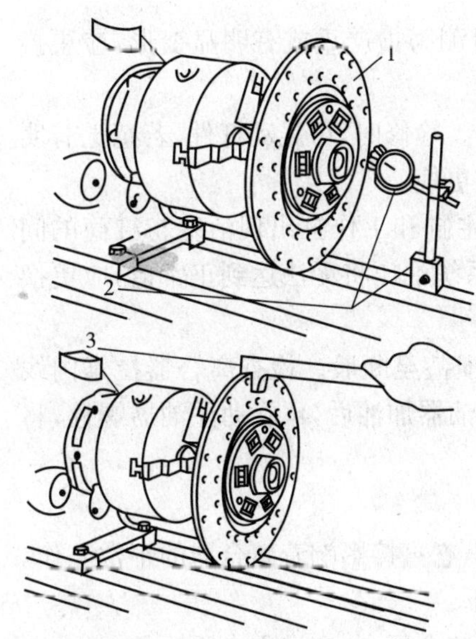

图 3-1-12　从动盘断面跳动的检修

1-从动盘；2-百分表；3-修理工具

一般来说，压紧弹簧很少损坏。

4. 操纵机构的检修

分离轴承是离合器的易损件，其失效形式有端面磨损、轴承发卡或异响。分离轴承内座圈磨损不得超过 0.30 mm，用手转动应灵活，无尖锐响声或卡滞现象。分离轴承为封闭式，不能拆卸清洗或加润滑剂，若损坏应换用新件。

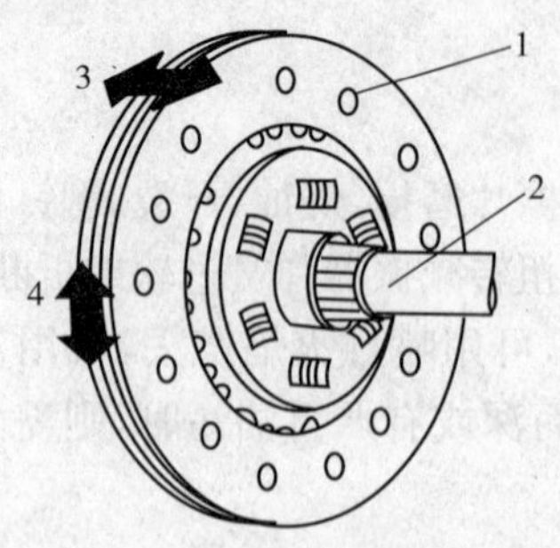

图 3-1-13　从动盘花键磨损的检查

1-离合器从动盘；2-变速器第一轴；3-轴向摆动；4-圆周摆动

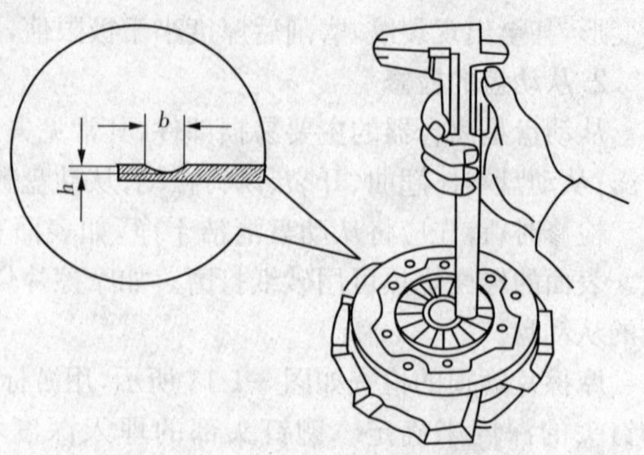

图 3-1-14　膜片弹簧内端磨损测量

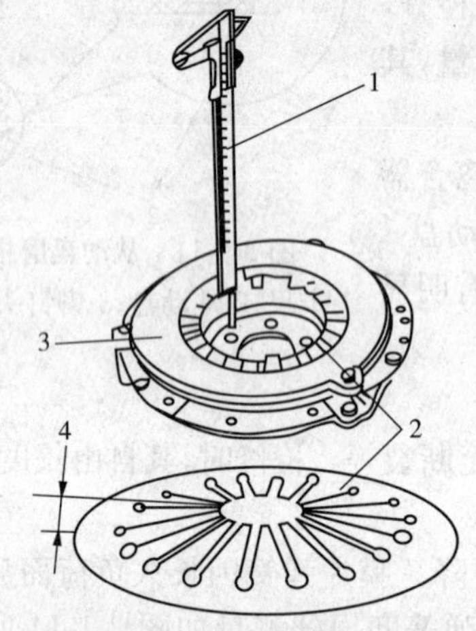

图 3-1-15　膜片弹簧高度测量

1-游标卡尺；2-膜片弹簧；3-压盘；4-膜片弹簧高度

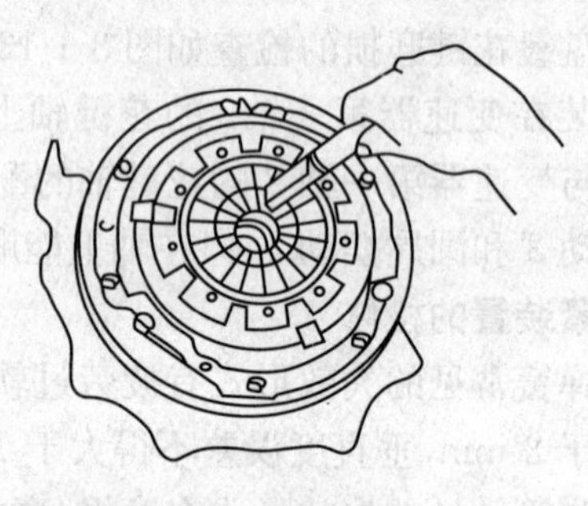

图 3-1-16　膜片弹簧内端高度调整

分离杠杆的失效形式有内端磨损、变形。检查时，若目测磨损严重或有明显变形，应更换(离合器盖及压盘总成)。

分离拨叉等杆件的失效形式有连接处磨损或杆件变形。检修时，可晃动杆件，若感觉有明显松旷感，更换相应杆件。若目测发现明显变形，可校正或更换。

对于液压式操纵机构，其常见的失效形式是漏油。当主缸和工作缸出现活塞与缸筒的间隙超过 0.2 mm，皮碗损坏等情况时，将造成系统内泄漏，系统油压将无法达到正常值，应更换相应的零件。

对于绳索式操纵机构，其失效形式主要是拉索容易磨损甚至断股。检查离合器拉索内线(图 3-1-17)，用拉索注油器套住拉索内线，用油壶向拉索注油器加油后，再旋动注油器螺栓，将机油压入拉索内，应保证拉索内线在外皮内滑动自如。

5. 离合器的装配

离合器的装配是在各机件全部修复后进行的重要工序，它直接影响着离合器的正常工作。各机件的装配程序应根据结构特点决定，一般装配程序如下：

(1)安装压盘、离合器盖、压盘弹簧和分离杠杆时，为了装合便利，应选用专用压具。

(2)安装离合器盖时，要对好拆卸时做好的标记，分几次均匀地拧紧固定螺栓，直到达到规定转矩。

(3)弹簧长度和弹力应一致,如有部分弹簧长度较短,弹力稍弱又在允许范围内,则应将弹力较弱的弹簧均匀对称地排放。

(4)分离轴承、从动盘花键毂等处应涂少许钙基润滑脂。

(5)保持各机件原装部位和方向,应注意以下几点:

①从动盘的长短毂不允许装反。若有两个从动盘,装配时,应短毂相对,面向中间压盘,否则,无法装复。而带有扭转减振器的从动盘,有减振器的一方应向后,否则,就会使从动盘与飞轮结合不好,引起离合器打滑。

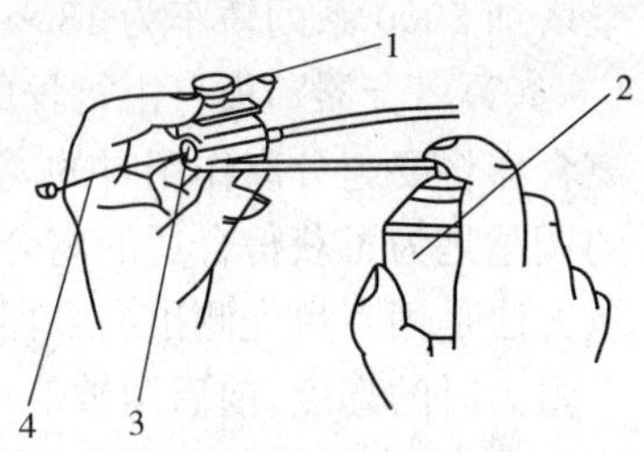

图 3-1-17　离合器拉索的检修

1-螺栓;2-油壶;3-拉索注油器;4-拉索内线

②飞轮与离合器盖应对正记号装配,无记号应在拆卸前做好记号,以防影响动平衡。同时,在装配前应将从动盘套在变速器第一轴花键上,检查是否活动自如。否则,会产生离合器分离不彻底现象。

③为了保证曲轴与变速器的同轴度,以便安装,应用导向心轴作导杆,套上离合器总成,然后按一定顺序均匀拧紧飞轮与离合器盖的固定螺栓;或用专用工具将离合器总成与飞轮固定,如图 3-1-18 所示。

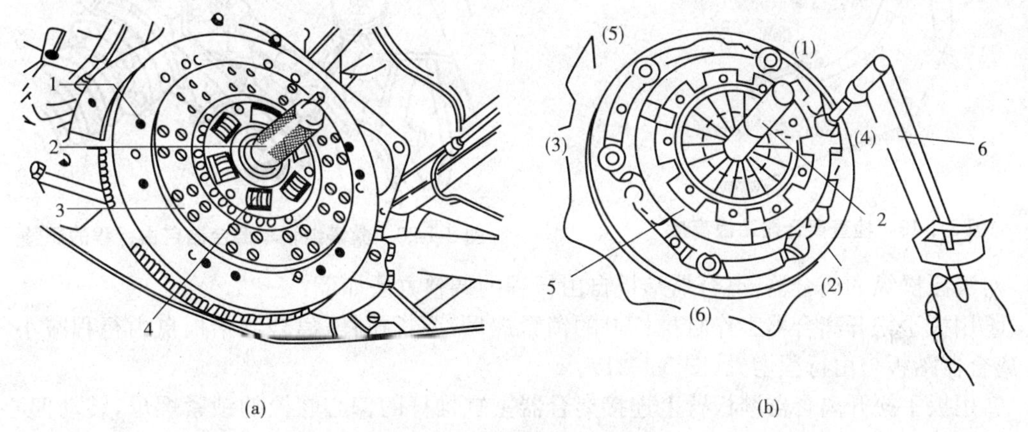

图 3-1-18　离合器的安装

(a);用导向心轴作导杆;(b)按顺序拧紧固定螺栓

1-飞轮;2-导向心轴;3-从动盘;4-减振弹簧;5-压盘组件;6-扭力扳手

④离合器装合后应进行动平衡试验,不平衡度应不大于规定值。平衡后应在离合器盖或飞轮上做上记号。若离合器原来装有平衡垫片的,应按原位装复。

6.离合器的调整

(1)离合器分离杠杆高度的调整。各分离杠杆与分离轴承接触平面应在与飞轮工作平面平行的同一平面内,并且这个平面应与飞轮平面之间保持原厂规定的距离,以免离合器在分离与接合过程中产生压盘歪斜和分离距离不足,导致分离不彻底和起步发抖的现象。离合器的结构形式不同,分离杠杆的调整也有差异。东风 EQ1090E 型汽车离合器可以通过调整螺母进行调整,使 4 个分离杠杆的内端处在平行于飞轮端面的同一平面内,相差不得大于 0.2 mm。

(2)离合器踏板高度的调整。离合器踏板高度的调整如图 3-1-19 所示,拧松锁紧螺母,转动止动器螺栓至规定高度。离合器踏板高度可用直尺测量,国产货车一般是 180～190 mm,

桑塔纳 2000 系列轿车为 130～140 mm。

(3)离合器踏板自由行程的调整。离合器踏板自由行程是指离合器踏板踩下一定行程而离合器将要起分离作用时的离合器踏板高度与自由状态下的高度之差。离合器踏板自由行程的调整是为了获得合适的离合器自由间隙，以使离合器正常工作。离合器踏板自由行程的测量方法是用直尺先测出离合器踏板在完全放松时的高度，再测出用手掌推下离合器踏板感觉有阻力时的高度，前后两数值之差就是自由行程值。东风 EQ1090E 型汽车为 30～40 mm，一汽奥迪、上海桑塔纳、神龙富康轿车为 15～25 mm。杆式机械操纵的离合器踏板自由行程的调整，如 EQ1090E，一般都是调整离合器踏板拉杆上的调整螺母，以改变分离轴承与分离杠杆间的间隙。桑塔纳等汽车离合器采用的是绳索式机械操纵机构，其离合器踏板自由行程是拉索及分离装置各连续部件的间隙在离合器踏板上的反映。离合器踏板自由行程的调整是通过绳索外套上的调整螺母来改变拉索长度来调节的，如图 3-1-20 所示。

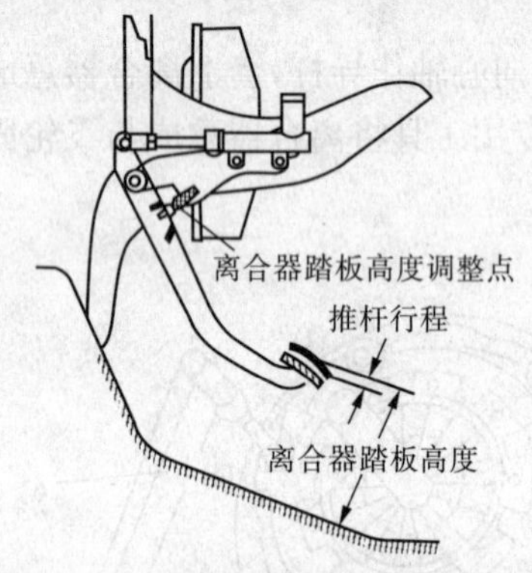

图 3-1-19 检查离合器踏板高度

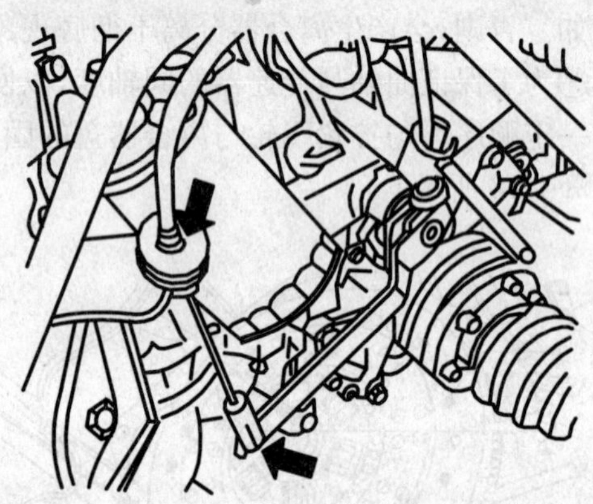

图 3-1-20 桑塔纳轿车离合器自由行程的调整

对液压操纵的离合器，离合器踏板自由行程的调整方法如下：

①用扳手松开离合器工作缸推杆上的锁紧螺母，调长拉杆，离合器踏板自由行程减小，反之，离合器踏板自由行程增大(图 3-1-21)。

②用扳手松开离合器踏板臂上连接离合器主缸推杆的偏心螺栓的锁紧螺母，转动偏心螺栓，使偏心螺栓转至左方，则离合器踏板自由行程减小；反之，离合器踏板行程增大，调整好后拧紧偏心螺栓的锁紧螺母(图 3-1-22)。

六、离合器常见故障诊断

汽车在使用过程中，经常需要踏下和松开离合器踏板，使离合器分离或接合而处于滑转状态，加之操作不当使离合器的技术状况会逐步变坏，造成离合器打滑、分离不彻底、异响和抖动等异常现象。

1.离合器打滑

(1)故障现象。①当汽车起步时，完全放松离合器踏板，发动机的动力不能完全传至变速器第一轴，使汽车动力下降，油耗增加和起步困难。②汽车加速时，车速不能随发动机转速提高而加快，以及行驶无力。③当负载上坡时，打滑较明显，严重时，会从离合器内散发出焦臭味。

(2)故障原因。①离合器踏板自由行程太小或没有，分离轴承经常压在离合器分离杠杆上，使压盘处于分离状态。②压盘弹簧过软或折断。③摩擦片磨损变薄、硬化，铆钉外露或沾有油污。④离合器和飞轮连接螺栓松动。

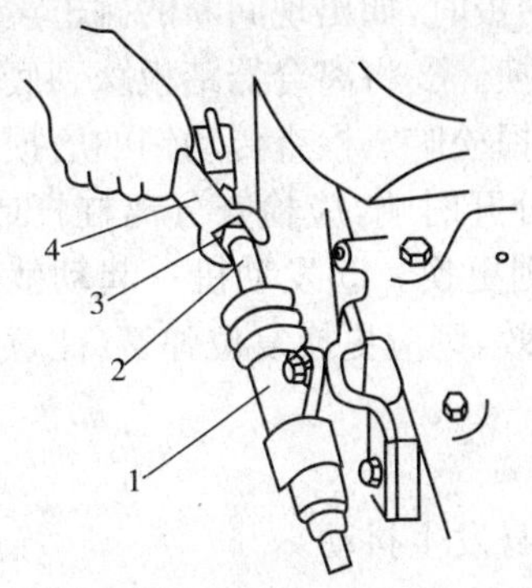

图 3-1-21　液压操纵式离合器踏板自由行程的调整(形式 1)

1-工作缸;2-工作缸推杆;3-锁紧螺母;4-扳手

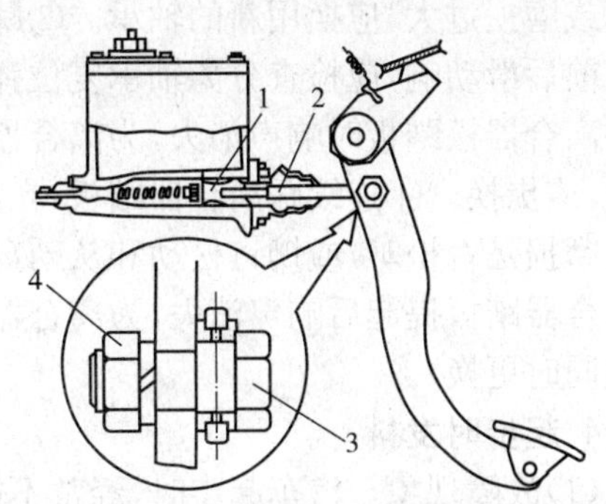

图 3-1-22　液压操纵式离合器踏板自由行程的调整(形式 2)

1-主缸活塞;2-主缸推杆;3-偏心螺栓;4-锁紧螺母

(3)故障诊断与排除。①拉紧驻车制动器,挂上低速挡,慢慢放松离合器踏板徐徐踩下加速踏板,若汽车不动,发动机仍继续运转而不熄火,说明离合器打滑。②检查离合器踏板自由行程,如不符合规定,应予调整。③若自由行程正常,应拆下离合器底盖,检查离合器与飞轮螺栓是否松动,如松动应拧紧;如不松动,应检查离合器盖与飞轮之间有无调整垫片,并视情况减少或拆除垫片再予以拧紧。④经上述检查排除后仍然打滑时,应拆下离合器检查从动盘的状况。若有油污,一般应拆下用汽油清洗并烘干,然后找出油污来源,并设法排除。若从动盘磨损过薄或有铆钉头外露,应更换从动盘。⑤如从动盘完好,则应分解离合器,检查压盘弹簧弹力。若弹力减少,应予更换。

2. 离合器分离不彻底

(1)故障现象。①当汽车起步时,将离合器踏板踩到底仍感挂挡困难,虽强行挂入,但不抬离合器踏板汽车就向前驶动或造成发动机熄火。②当汽车行驶时,变速器挂挡困难或挂不进挡,并从变速器端发出齿轮撞击声。

(2)故障原因。①离合器踏板自由行程过大。②分离杠杆内端不在同一平面上,个别分离杠杆或调整螺栓折断。③离合器从动盘翘曲、铆钉松脱或新换的从动盘过厚。④从动盘毂键槽与变速器第一轴键齿锈蚀,使从动盘移动困难。

(3)故障诊断与排除。①将变速杆放到空挡位置,踩下离合器踏板,用旋具(俗称螺丝刀)推动离合器从动盘。若能轻轻推动,说明离合器能分离开;若推不动,说明离合器分不开。②检查调整离合器踏板自由行程,如自由行程过大,则重新调整。③检查分离杠杆高低是否一致,及分离杠杆支架螺栓是否松动。必要时,进行调整或拧紧。④如新换的从动盘过厚,可在离合器盖与飞轮间增加适当厚度的垫片予以调整,但各垫片厚度一致。⑤在经过上述检查调整仍无效时,应将离合器拆下后分解,检查各机件的技术状况,必要时予以修理或换件。

3. 离合器异响

(1)故障现象。在使用离合器时,有不正常的响声产生。

(2)故障原因。①分离轴承磨损严重或缺油,轴承复位弹簧过软、折断或脱落。②分离杠杆支承销孔磨损松旷。③从动盘本体铆钉松动,本体碎裂或减振弹簧折断。④离合器踏板复位弹簧过软、脱落或折断。⑤从动盘毂与变速器第一轴花键磨损严重。

(3)故障诊断与排除。①少许踩下离合器踏板,使分离杠杆与分离轴承接触,听到有“沙沙”的响声,为分离轴承响。如加注润滑脂后仍响,为轴承磨损松旷或损坏。检查分离轴承,如损坏或磨损过大，应换用新的轴承。②踩下、放松离合器踏板时，如出现间断的碰击声，为分离轴承前后滑动响，应检查分离轴承复位弹簧，如失效，应更换。③将离合器踏板踩到底时发响，放松离合器松踏板时响声消失，为离合器传动销与销孔磨损松旷。检查传动销的磨损，如磨损过大，应更换。④连续踩离合器踏板，在离合器刚接触或分开时响，应检查分离杠杆或支架销与孔磨损是否松旷，或铆钉松动和从动盘铆钉外露，如有则更换。⑤发动机一起动就有响声，将离合器踏板提起后响声消失，为离合器踏板复位弹簧失效，则应更换复位弹簧(注意:所有弹簧应同时更换)。

4.起步时发抖

(1)故障现象。汽车起步时，经常不能平稳接合，使车身发生抖动。

(2)故障原因。①分离杠杆内端高低不一。②压盘或从动盘翘曲，或从动盘铆钉松动。③压紧弹簧力不均。④变速器与飞轮固定螺栓松动。

(3)故障诊断与排除。①让发动机怠速运转，挂上低速挡，慢慢松抬离合器踏板并踩下加速踏板起步，如车身有明显抖动，则为离合器发抖。②检查变速器与飞轮壳、离合器盖飞轮固定螺栓是否松动，如松动则紧固；如正常，则检查分离杠杆高度。③拆下离合器盖测量各分离杠杆高度是否一致，如不一致则调整。④如上述良好，拆下离合器，分别检查压盘、从动盘是否变形，如变形，则更换；从动盘铆钉是否松动，各压紧弹簧的弹力是否在允许范围之内。

第二节　手动变速器结构与检修

一、变速器的功用和基本组成

1.变速器的功用

当代汽车广泛采用活塞式内燃机作为动力源，其转矩和转速变化范围较小，而复杂的使用条件则要求汽车的牵引力和车速能在相当大的范围内变化。为解决这一矛盾，在传动系中设置了变速器。它的功用是：

(1)改变传动比，扩大驱动轮转矩和转速的变化范围，以适应经常变化的行驶条件，如起步、加速、上坡等，使发动机在有利的工况下工作；

(2)在发动机旋转方向不变的前提下，使汽车能倒退行驶；

(3)利用空挡，中断动力传递，以便发动机能够起动、怠速，并便于变速器换挡或进行动力输出。

2.变速器的基本组成

变速器一般由变速传动机构和变速操纵机构组成，根据需要，还可加装动力输出器。在多轴驱动的汽车上，变速器之后还装有分动器，以便把转矩分别传送给各驱动桥。

二、普通齿轮变速器的工作原理

1.变速、变矩原理

普通齿轮式变速器是利用不同齿数的齿轮啮合传动来实现转速和转矩的改变的。由齿轮传动的原理可知，一对齿数不同的齿轮啮合传动时可以变速，而且两齿轮的转速与齿轮的齿数成反比。设主动齿轮的转速为 n_1，齿数为 Z_1；从动齿轮的转速为 n_2，齿数为 Z_2。主动齿轮（即输入轴）的转速与从动齿轮（即输出轴）的转速之比值称为传动比，用 i_{12} 表示。即：

$$i_{12}=n_1/n_2=Z_2/Z_1$$

设主动齿轮的转矩为 M_1，从动齿轮的转矩为 M_2，根据齿轮传动原理，$n_1/n_2=M_2/M_1$。因此，齿轮传动时的传动比 i_{12} 可表示为：

$$i_{12}=n_1/n_2=M_2/M_1=Z_2/Z_1$$

如图 3-1-23a 所示，当小齿轮为主动齿轮（即 $Z_1<Z_2$），带动大的从动齿轮转动时，则输出轴（从动齿轮）的转速就降低，同时传递的转矩增加，即 $n_1>n_2$，$M_1<M_2$，实现减速增矩传动。

如图 3-1-23b 所示，当以大齿轮为主动齿轮（即 $Z_1>Z_2$），带动小的从动齿轮转动时，则输出轴（从动齿轮）的转速就升高，同时传递的转矩减小，即 $n_1<n_2$，$M_1>M_2$，实现增速减矩传动。

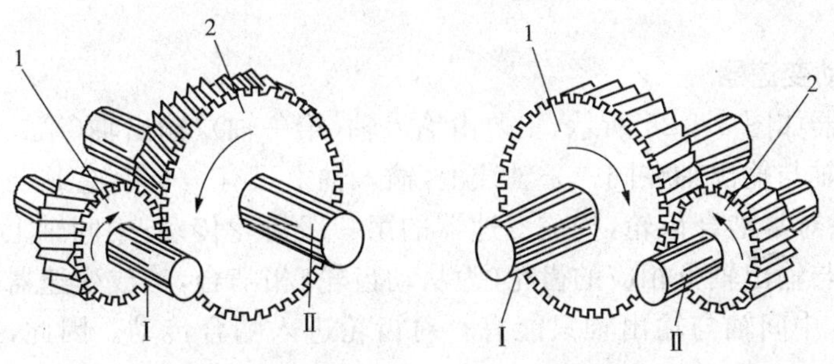

图 3-1-23 齿轮传动的基本原理

(a)减速传动；(b)增速传动

1-主动齿轮；2-从动齿轮

Ⅰ-输出轴；Ⅱ-输入轴

而当主动齿轮与从动齿轮大小相等（即 $Z_1=Z_2$）时，则输出轴（从动齿轮）的转速就等于输入轴（主动齿轮）的转速，同时，传递的转矩不变，即 $n_1=n_2$，$M_1=M_2$，实现等速等矩传动。

一对齿轮传动只能得到一个固定的传动比，从而得到一种输出转速，并构成一个挡位。为了扩大变速器输出转速的变化范围，普通齿轮式变速器通常都采用多对大小不同的齿轮啮合传动，这样就构成了多个不同的挡位。对应不同的挡位，均有不同的传动比值，从而得到各种不同的输出转速。

一般轿车和轻、中型客货车的变速器通常有 3～6 个前进挡和一个倒挡，每个挡位对应一个传动比。所谓几挡变速器是指其前进挡的数目。前进挡一般为降速挡，传动比 $i>1$；传动比 $i=1$ 的挡位称为直接挡；少数汽车具有超速挡，即 $i<1$。

2. 变向原理

相啮合的一对齿轮旋向相反，每经一传动副，其轴改变一次转向。因此，要形成与前进方向相反的倒挡，只需在啮合的齿轮之间再增加一个齿轮，从而使得输入轴和输出轴之间经过两对传动副，就能使输出轴产生反向旋转。

变速器每次只能以一个挡位工作，挡位的改变称为换挡。换挡时，将啮合的一对齿轮副脱开，然后使另一对齿轮副进入啮合，从而使传动比发生变化，实现换挡。变速器传动比小的挡位称为高挡；传动比大的挡位称为低挡。从低挡向高挡变换称为加挡；从高挡向低挡变换称为减挡。汽车变速器就是通过换挡来改变输出转矩，以适应汽车行驶阻力的变化。

三、手动变速器基本结构和工作

按传动轴的数目(不含倒挡轴)不同，汽车上使用的手动变速器可分为两轴式和三轴式两种。

1.两轴式手动变速器

两轴式变速器如图 3-1-24 所示，主要由输入轴、输出轴两根轴及齿轮组成。其输入轴与输出轴的轴线平行。其主动齿轮都安装在输入轴上，从动齿轮都安装在输出轴上。所有各前进挡都有一对齿轮进入啮合传动，属于单级传动，各挡的传动比都等于该挡从动齿轮与主动齿轮齿数之比。

变速器在前进挡时，其输出轴旋转方向与输入轴旋转方向相反；倒挡则是在输入轴与输出轴之间加装一根倒挡轴和倒挡齿轮(此为惰轮)，使其输出轴的方向与前进挡的方向相反，从而使汽车倒车行驶。

2.三轴式手动变速器

三轴式变速器如图 3-1-25 所示，主要由输入轴(第一轴)、输出轴(第二轴)、中间轴及其齿轮组成。输入轴与输出轴在同一条轴线上，输入轴上只有一个齿轮 1，与中间轴上的齿轮 2 常啮合，组成一对常啮合齿轮，构成变速器的第一级齿轮传动；中间轴上的其他齿轮均作为主动齿轮分别与输出轴上相应的齿轮(为从动齿轮)相啮合，构成变速器的第二级齿轮传动。在每一挡位，中间轴与输出轴只能有一对齿轮进入啮合传动。因此，三轴式变速器属于双级传动。

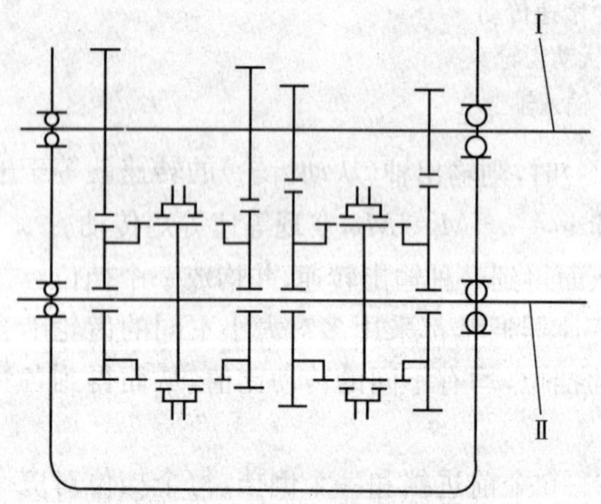

图 3-1-24 两轴式变速器示意图

Ⅰ-输入轴；Ⅱ-输出轴

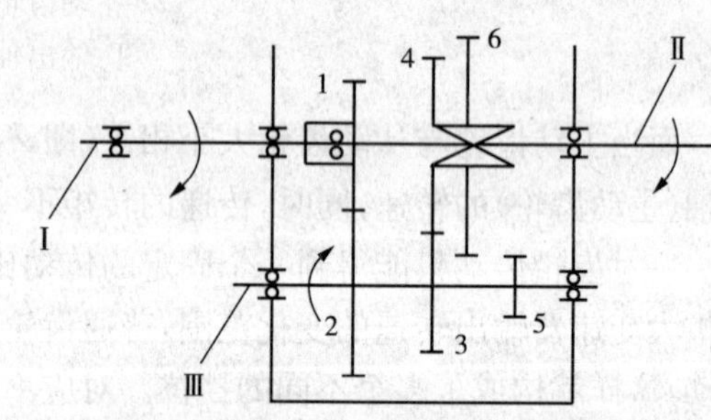

图 3-1-25 三轴式变速器示意图

Ⅰ-输入轴；Ⅱ-输出轴；Ⅲ-中间轴

1-第一轴主动齿轮；2-中间轴从动齿轮；3、5-中间轴主动齿轮；4、6-输出轴从动齿轮

双级式齿轮传动的传动比等于第一级齿轮传动比与第二级齿轮传动比的乘积，即：

$$i_{14}=\frac{n_1}{n_4}=\frac{n_1}{n_2}\times\frac{n_2}{n_3}\times\frac{n_3}{n_4}=\frac{Z_2}{Z_1}\times\frac{Z_4}{Z_3}=i_{12}\times i_{34}$$

其中：

$$\left(\frac{n_1}{n_2}=\frac{Z_2}{Z_1},\frac{n_3}{n_4}=\frac{Z_4}{Z_3},n_2=n_3\right)$$

三轴式变速器前进挡的输入轴与输出轴转向相同，其倒挡只是在中间轴与输出轴之间加装一根倒挡轴和倒挡齿轮，使输出轴与输入轴转向相反，从而可使汽车倒车行驶。

四、变速传动机构

变速器由变速传动机构和变速操纵机构组成。

变速传动机构主要由一系列相互啮合的齿轮副及其支承轴以及壳体组成，其主要作用是改变发动机曲轴输出的转速、转矩和转动方向。下面分别介绍三轴式和二轴式变速器的结构和工作原理。

(一)三轴式手动变速器变速传动机构

三轴式变速器广泛用于发动机前置、后轮驱动的汽车上。其特点是传动比的范围大，具有直接挡，使传动效率提高。其变速传动机构包括壳体、第一轴(输入轴)、第二轴(输出轴)、中间轴、倒挡轴、各挡齿轮和轴承等。

1.基本构造

图 3-1-26 为典型的三轴式变速器的结构简图。变速器通过 4 个螺栓固定在飞轮壳后端面上，它有三根主要轴，第一铀、第二轴和中间轴，故称三轴式。另外，还有倒挡轴。

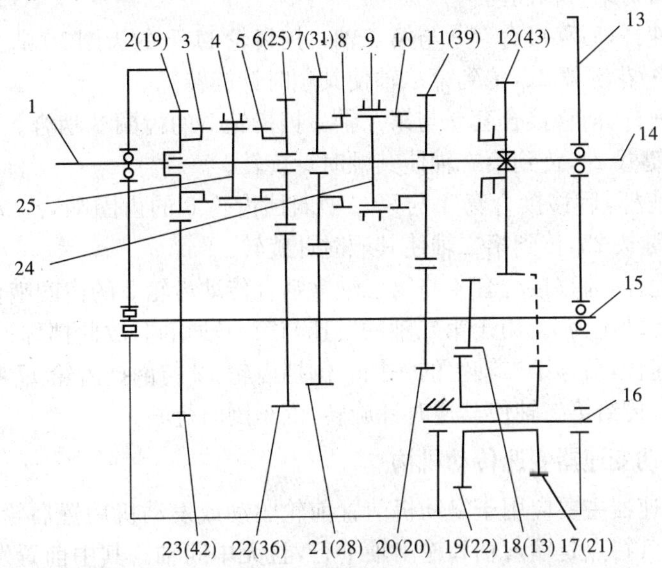

图 3-1-26 典型三轴式变速器结构示意图

1-第一轴；2-第一轴常啮合齿轮；3-第一轴齿轮接合齿圈；4、9-同步器接合套；5-四挡齿轮接合齿圈；6-第二轴四挡齿轮；7-第二轴三挡齿轮；8-三挡齿轮接合齿圈；10-二挡齿轮接合齿圈；11-第二轴二挡齿轮；12-第二轴一挡、倒挡滑动齿轮；13-变速器壳体；14-第二轴；15-中间轴；16-倒挡轴；17、19-倒挡中间齿轮；18-中间轴一挡、倒挡齿轮；20-中间轴二挡齿轮；21-中间轴三挡齿轮；22-中间轴四挡齿轮；23-中间轴常啮合传动齿轮；24、25-花键毂

第一轴(输入轴)前后端用轴承分别支承在曲轴后端的中心孔及变速器壳体的前壁，其前部花键轴部分与离合器的从动盘毂的花键孔配合，后部有常啮合齿轮 2，后端有一短齿轮为直接挡接合齿圈。第一轴轴承盖的外圆面与离合器壳相应的孔配合，保证第一轴和曲轴的轴线重合。

中间轴 15 两端用轴承支承在壳体上，与第一轴齿轮常啮合的齿轮 23，二、三、四挡齿轮 20、21、22 用半圆键装在中间轴上，一挡齿轮—倒挡齿轮 18 与轴制成一体。

第二轴(输出轴)前后端分别用轴承支承于第一轴后端中心孔和壳体。一挡齿轮—倒挡齿轮与轴以花键形式配合传力，并可轴向滑动。二、三、四挡齿轮 11、7、6 分别以滚针轴承形式与轴配合，并与中间齿轮 20、21、22 常啮合，其上均有接合齿圈。第二轴前端花键上套装四挡、五挡同步器花键毂 25，用卡环轴向定位，接合套 4 在花键毂 25 上轴向滑动实现挡位转换。花键毂 24 和接合套 9 实现二、三挡动力传递。在二、四挡齿轮后面分别装有承受轴向力的推力环。后轴承盖内装有里程表驱动蜗杆与蜗轮，轴后端花键上装有凸缘，连接万向传动装置。

倒挡轴固定在壳体上，倒挡齿轮 17、19 制成一体，以滚针轴承的形式套在倒挡轴上，齿轮 19 与中间轴齿轮 18 常啮合。

2. 各挡动力传递路线

空挡：操纵变速杆，使第二轴换挡的接合套、传动齿轮均处于中间空转的位置，动力不传给第二轴。

一挡：操纵变速杆，前移一挡—倒挡滑动齿轮 12 与中间轴一挡—倒挡齿轮 18 啮合。动力经第一轴齿轮 2，中间轴常啮合齿轮 23，中间轴齿轮 18，第二轴一挡—倒挡齿轮 12，传到第二轴使其顺时针旋转（与第一轴同向）。

二挡：操纵变速杆，后移接合套 9 与第二轴二挡齿轮 11 上的齿圈 10 啮合。动力经齿轮 2、23、20、11、接合套 9、花键毂 24，传到第二轴使其顺时针旋转。

三挡：操纵变速杆，前移接合套 9 与第二轴三挡齿轮 7 的齿圈 8 啮合。动力经齿轮 2、23、21、7、接合套 9、花键毂 24，传到第二轴使其顺时针旋转。

四挡：操纵变速杆，后移接合套 4 与第二轴四挡齿轮 6 的齿圈啮合。动力经齿轮 2、23、22、6、接合套 4、花键毂 25，传到第二轴使其顺时针旋转。

五挡：操纵变速杆，前移接合套 4 与第二轴常啮合传动齿轮 2 的齿圈啮合。动力直接由第一轴传到第二轴，传动比为 1。由于第二轴的转速与第一轴相同，故此挡称为直接挡。

倒挡：操纵变速杆，后移第二轴上的一挡—倒挡齿轮 12 与倒挡齿轮 17 啮合。动力经齿轮 2、23、18、19、17、12，传给第二轴使其逆时针旋转，汽车倒向行驶。

（二）两轴式手动变速器变速传动机构

两轴式齿轮变速器主要应用于发动机前置前轮驱动或发动机后置后轮驱动的汽车上，常称为变速驱动桥。其特点是输入轴和输出轴平行，且无中间轴。其中前置发动机又有纵向布置和横向布置两种，与其配用的两轴式变速器也有两种不同的结构形式。

1. 与发动机纵置相配用的两轴式变速器

图 3-1-27 所示为奥迪 100 型轿车变速器传动示意图，它是一种与发动机前置纵向布置形式相配合使用的两轴式变速器。该变速器具有 5 个前进挡和 1 个倒挡。全部采用同步器换挡。主减速器、差速器和变速器装在同一个壳体中。因发动机纵向布置，变速器输出轴旋转方向与车轮旋转方向垂直，所以主减速器齿轮为一对圆锥齿轮。

输入轴 2 的油封装在离合器分离轴承的分离套筒上。输入轴由球轴承和 2 个滚针轴承支承在壳体上。一挡、二挡、倒挡主动齿轮 3、5、10 直接在输入轴上加工而成，三挡、四挡主动齿轮 6、8 分别用滚针轴承空套在输入轴上，五挡主动齿轮 9 压装在输入轴上。输入轴花键上套有二挡、四挡同步器的花键毂。

输出轴与主减速器主动齿轮 22 制成一体，两端用圆锥滚子轴承支承在壳体上，而且在轴承后端装有一控制轴承热膨胀长度的控制器。一挡、二挡、五挡、倒挡从动齿轮 21、19、15、13 分别用滚针轴承空套在输出轴上，并分别装有轴向定位的卡环。五挡、倒挡和一挡、二挡同步器花键毂用花键套在输出轴上，并用卡环轴向定位。其各挡传动路线简述如下：

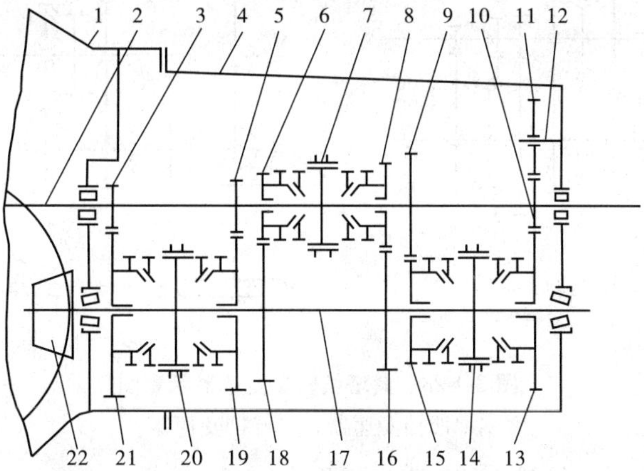

图 3-1-27 奥迪 100 型轿车变速器传动示意图

1-变速器前壳体；2-输入轴；3-输入轴一挡齿轮；4-变速器后壳体；5-输入轴二挡齿轮；6-输入轴三挡齿轮；7、14、20-接合套；8-输入轴四挡齿轮；9-输入轴五挡齿轮；10-输入轴倒挡齿轮；11-倒挡中间齿轮；12-倒挡中间轴；13-输出轴倒挡齿轮；15-输出轴五挡齿轮；16-输出轴四挡齿轮；17-输出轴；18-输出轴三挡齿轮；19-输出轴二挡齿轮；21-输出轴一挡齿轮；22-主减速器主动齿轮

空挡：操纵变速杆，使各挡同步器接合套处于中间位置，此时动力不传给输出轴，变速器处于空挡位置。

一挡：操纵变速杆，使一挡、二挡同步器接合套 20 左移，动力由输入轴依次经齿轮 3、21、同步器花键毂传给输出轴。

二挡：操纵变速杆，使一挡、二挡同步器接合套 20 右移，动力由输入轴依次经齿轮 5、19、同步器花键毂传给输出轴。

三挡、四挡、五挡的动力传递路线与一挡、二挡类似，不再赘述。

倒挡：操纵变速杆，使五挡、倒挡同步器接合套 14 右移，动力由输入轴依次经倒挡齿轮 13、倒挡中间齿轮 11、输出轴倒挡齿轮 10 及同步器花键毂传给输出轴，反向输出动力。

上海桑塔纳轿车也采用了与发动机前置纵置相配用的两轴式变速器，它有两个系列产品：一是普通车用的四挡变速器；另一个是桑塔纳 2000 用的五挡变速器，五挡变速器是在四挡变速器基础上改进形成的。两种变速器的变速传动机构如图 3-1-28 所示，其具体结构与工作原理与一汽奥迪 100 轿车基本相同，这里不再赘述。

2. 与发动机横置相配用的两轴式变速器

图 3-1-29 所示为发动机横置的捷达王轿车 5 挡变速器传动示意图，它有 5 个前进挡和一个倒挡，全部采用同步器换挡。输入轴 4 和输出轴 2 平行安装，每挡齿轮均由一对常啮合斜齿轮组成。输入轴与一挡、二挡和倒挡主动齿轮制成一体，三挡、四挡、五挡主动齿轮则用滚针轴承套装在输入轴上。三挡、四挡主动齿轮之间及五挡主动齿轮旁均装有同步器，同步器花键毂与输入轴上的花键配合。输出轴与主减速器齿轮制成一体，并装有 5 个前进挡及倒挡的从动齿轮，一挡、二挡从动齿轮用滚针轴承孔套在输出轴上，三挡、四挡、五挡从动齿轮采用紧配合花键与输出轴连成一体。在一挡、二挡从动齿轮之间装有同步器，倒挡从动齿轮兼起滑动换挡齿的作用。发动机横置时，由于变速器的输出轴旋转方向与车轮旋转方向相同，因此，主减速器采用一对圆柱斜齿轮。其各挡位动力传动路线与奥迪 100 型变速器类似，这里不再具体分析。

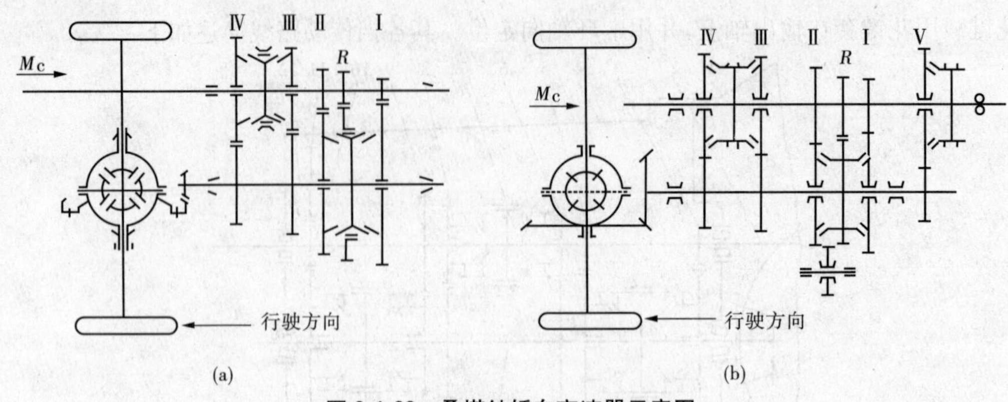

图 3-1-28 桑塔纳轿车变速器示意图

(a)四挡变速器;(b)五挡变速器

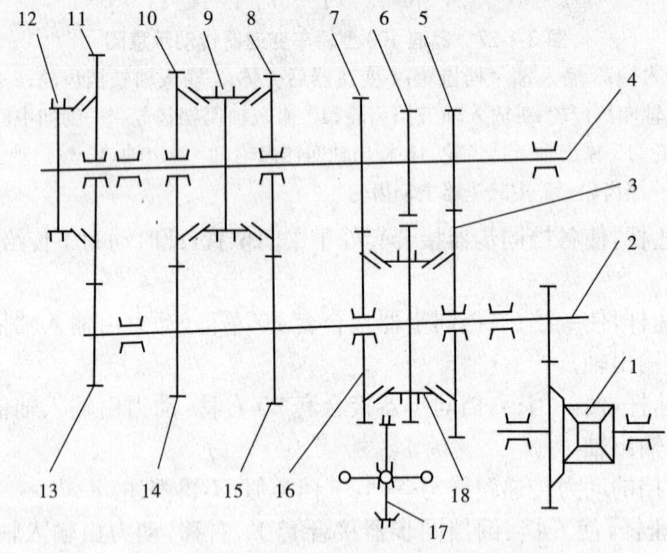

图 3-1-29 捷达王轿车 5 挡变速器示意图

1-差速器;2-输出轴;3、13、14、15、16—一挡、五挡、四挡、三挡、二挡从动齿轮;4-输入轴;5、6、7、8、10、11—一挡、倒挡、二挡、三挡、四挡、五挡主动齿轮;9-三挡、四挡同步器;12-五挡同步器;17-倒挡轴倒挡齿轮;18—一挡、二挡同步器

由上述分析可见,两轴式变速器前进挡从输入轴到输出轴只通过一对齿轮传动,倒挡传动路线也只有一个中间齿轮。因此,机械传动效率高,噪声小。

(三)换挡装置

手动变速器的换挡装置有直齿滑动式、接合套式和同步器式三种。

1.直齿滑动式

直齿滑动式用于直齿轮传动的挡位,换挡齿轮与轴通过花键相连接。在空挡情况下,与另一齿轮并不啮合。挂挡时,通过直接移动换挡齿轮与另一个齿轮啮合即可。这种换挡装置结构简单,但由于换挡操作时 2 个将要进入啮合的直齿轮的速度很难正好相同,从而易产生换挡冲击和噪声,因此,只适于一挡或倒挡,其应用较少。

2.接合套式

这种换挡装置用于斜齿轮传动的挡位。它利用移动套在花键毂上的接合套,使接合套同时与花键毂和传动齿轮上的接合齿圈啮合而实现挂挡；移动接合套，使接合套与接合齿圈脱开啮合而实现退挡。接合套式换挡装置由于其接合齿短，换挡时拨叉移动量小，故操作较轻便，且换挡承受冲击的面积增加，使换挡元件的寿命更长。但同样存在易产生换挡冲击和噪声的缺点，也只适于一挡或倒挡。

3. 同步器式

同步器式换挡装置是在接合套式换挡装置的基础上改进而成的。它可以保证在换挡时使接合套与待啮合齿圈的圆周速度迅速达到相等，即迅速达到同步状态，并防止二者在同步之前进入啮合，从而可彻底消除换挡时由于转速不等而造成的冲击，并使换挡操作简单。目前，绝大部分的车辆上均采用了同步器换挡。同步器的结构和原理将在后面章节详细介绍。

(四)防止自动脱挡装置

变速器的变速传动机构中还采取了一些防止自动脱挡的措施，其结构有多种形式，典型的有两种，即齿端倒斜面式和减薄齿式。

1. 齿端倒斜面式

图 3-1-30 所示为齿端倒斜面式防止自动脱挡机构。它是将接合套 2 内齿的两端及接合齿圈 1、4 的齿端都制有相同斜度的倒斜面，当接合套 2 左移与接合齿圈 1 接合时(图示位置)，接合齿圈将转矩传到接合套一侧，再经过接合套的另一侧传给花键毂 3。由于接合齿圈 1 与接合套 2 齿端部为斜面接触，便产生一个垂直于斜面的正压力 N，其分力分别为 F 和 Q，其轴向分力 Q 即可防止接合套受外力右移而自动脱挡。

2. 减薄齿式

图 3-1-31 所示为减薄齿式防止自动脱挡机构，它是将同步器花键毂外齿圈 3 的两端齿厚各减薄 0.3～0.4 mm，使各齿中部形成一凸台。当同步器的接合套左移与接合齿圈接合时(图中所示位置)，接合齿圈 1 的转矩传给接合套 2 的一侧，再由接合套 2 的另一侧传给花键毂。由于接合套的后端被花键毂中部的凸台挡住，在接触面上作用一个力 N，其轴向分力 Q 即可防止接合套受外力右移而自动脱挡。

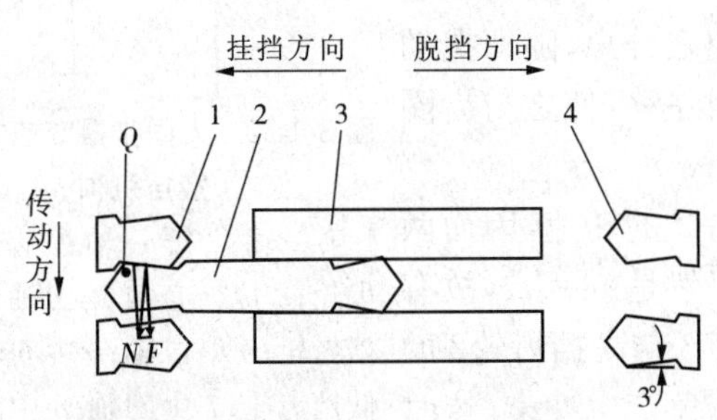

图 3-1-30　齿端倒斜面式防止自动脱挡机构

1、4-接合齿圈；2-接合套；3-花键毂

F-圆周力；N-倒锥齿面正压力；Q 防止脱挡的轴向力

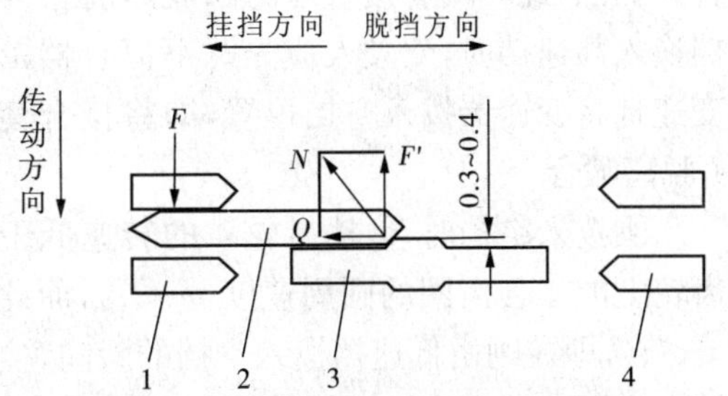

图 3-1-31　减薄齿式防止脱挡机构

1-接合齿圈；2-接合套；3-花键毂；4-接合齿圈

F-圆周力；N-凸台对接合套的正压力；Q-防止脱挡的轴向力

(五)润滑与密封

1. 润滑

变速器中各齿轮副、轴及轴承等运动部件均有较高的运动速度，因此，必须有可靠的润滑。

普通齿轮式变速器大都采用飞溅润滑，只有少数重型汽车采用压力润滑。

采用飞溅润滑的变速器，其壳体内注入一定量的润滑油，依靠齿轮旋转将润滑油甩到各运动零件的工作表面。壳体一侧有加油口，通常润滑油液平面高度应保持与加油口的下沿平齐。壳体底部有放油螺塞。为了润滑第二轴的前轴承和各个空套齿轮的衬套或轴承，有的齿轮钻有径向油孔，或在轮毂端面开有径向油槽，以便使润滑油进入各衬套和轴承表面。

2. 密封

为了防止润滑油泄漏，变速器盖与壳体以及各轴承盖与壳体的结合面装有密封垫或用密封胶密封；第一轴和第二轴与轴承盖之间则用自紧油封或回油螺纹密封。在轴承盖下部一般制有回油凹槽，在壳体的相应部位开有回油孔，使润滑油流回壳体内。装配时，应使凹槽与油孔对准，为了防止变速器工作时由于油温升高，使气压过大而造成润滑油渗漏，在变速器盖上装有通气塞。

五、同步器

（一）无同步器的换挡过程

采用直齿滑动齿轮或接合套换挡时，应当在待啮合的一对齿轮或接合齿圈的圆周速度相等时，即达到同步的时候使两者进入啮合，才能保证换挡时齿轮之间无冲击、无噪声，做到平顺换挡。为了达到这一要求，驾驶人在换挡时必须采取合理的换挡操作步骤。现以图 3-1-32 所示的无同步器的 2 个挡位之间的换挡过程予以说明。

带有接合齿圈的齿轮 4 空套在第二轴上，接合套 3 通过花键毂与第二轴相连，接合套 3 向右移动与齿轮上的接合齿圈相接合构成低速挡；接合套 3 向左移动与齿轮 2 上的接合齿圈相接合而构成高速挡（即直接挡）。其换挡过程如下：

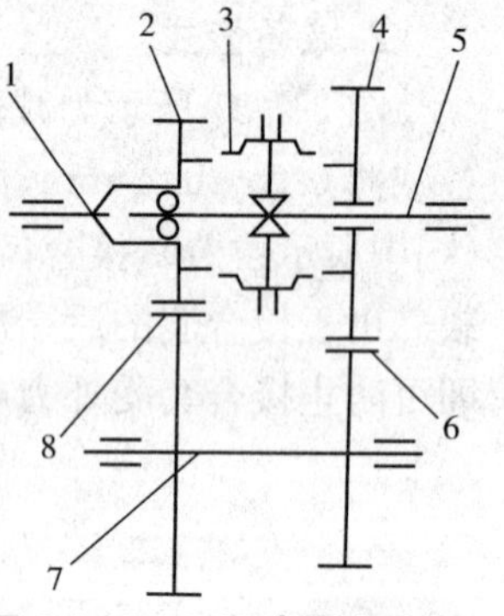

图 3-1-32　无同步器变速器换挡机构

1-第一轴；2-第一轴常啮合齿轮；3-接合套；4-第二轴低挡齿轮；5-第二轴；6-中间轴低挡齿轮；7-中间轴；8-中间轴常啮合传动齿轮

1. 低速挡换高速挡

变速器在低速挡工作时，接合套 3 与齿轮 4 上的接合齿圈接合。显然，此时两者接合齿的圆周速度相等，即 $v_3=v_4$。要由低速挡换入高速挡时，驾驶人应先踩下离合器踏板使之分离，随即拨动变速杆将变速器拨入空挡位置，即将接合套 3 向左移，使之与齿圈 4 脱离啮合。

刚拨入空挡时，低挡齿轮 4 的转速低于齿轮 2 的转速，因而两齿轮上的接合齿圈的圆周速度 $v_4<v_2$，而此时仍然是 $v_3=v_4$，故有 $v_3<v_2$，即在刚由低速挡拨入空挡的瞬间，接合套 3 与高挡齿轮2 的接合齿圈的圆周速度不相等（即不同步），为了避免产生冲击，这时不能立即挂入高速挡，而应在空挡位置稍停片刻，待 $v_3=v_2$，即两者达到同步时再将变速器挂入高速挡。

变速器拨入空挡后，v_3 和 v_2 都将会逐渐地下降，但两者下降的快慢程度不同。由于踩下离合器踏板后，与齿轮 2 相联系的变速器第一轴及其随动零件（包括离合器从动盘、变速器中间轴等）已与发动机中断了动力传递，而其转动惯量较小，所以，v_2 下降得较快；而由于接合套 3 与变速器第二轴及整个汽车相联系，其转动惯量较大，所以，v_3 下降得较慢。用图 3-1-33a 中的直线表示，可以看出直线 v_2 和 v_3 表现为不同的斜率，而且 v_2 斜率较大。因此，必然会出现两直线相交于一点的时刻。显然，在这一点时 $v_3=v_2$，称为同步点，即此时两者达到同步状态。如果驾驶员恰好在此时将变速器挂入高速挡，即将接合套 3 左移与齿轮 2 上的齿圈接合，就会使两者平顺地进入啮合而不会产生冲击。

但是，在踩下离合器后，如果让齿轮 2 及与其相联系的变速器第一轴等旋转零件依靠其惯性自然减速，则 v_2 降得仍嫌太慢，这样会推迟出现同步的时间，并使换挡过程延长。为此，实际换挡操作过程中，应在踩下离合器踏板将变速器拨入空挡后，立即抬起离合器踏板将离合器重新接合，利用发动机的怠速（由于此时已抬起加速踏板，发动机处于较低的怠速状态运转）迫使变速器第一轴及齿轮 2 等迅速减速，使 v_2 迅速下降，如图 3-1-33a 中虚线所示，这样可尽早出现同步点，从而缩短换挡时间。在达到同步后，再次踩下离合器踏板，将变速器由空挡挂入高速挡，即完成由低速挡向高速挡的变换过程。

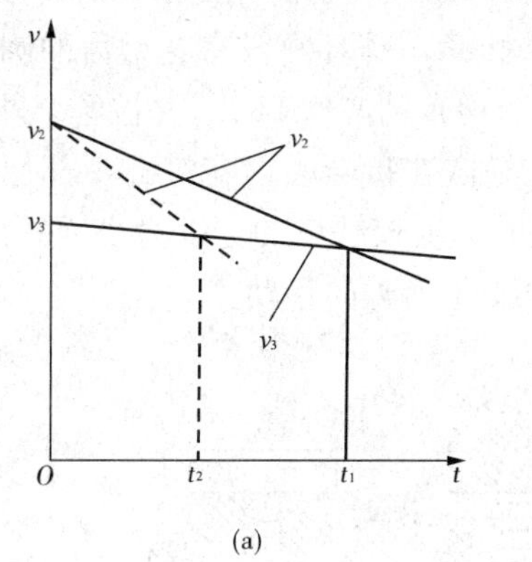

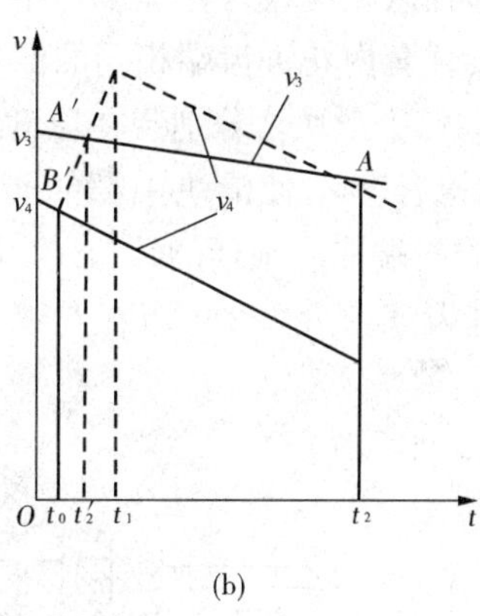

图 3-1-33 无同步器的换挡过程

(a)低挡换高挡；(b)高挡换低挡

2. 高速挡换低速挡

同样道理，当变速器在高速挡时，以及刚由高速挡拨入空挡时，接合套与齿轮 2 的接合齿圈的圆周速度相等。即 $v_3=v_2$，并且 $v_3>v_4$，即接合套 3 与低速挡齿轮 4 的接合齿圈的圆周速度不相等（即不同步），所以，此时不能挂入低速挡。

变速器在退入空挡后，v_3 与 v_4 也同时下降，但因 v_4 比 v_3 下降得快一些，如图 3-1-33b 实线所示，随着空挡时间的延长，v_3 与 v_4 相差得愈来愈远，因而不会自然地出现两者相交的同步点。为此，驾驶人应在变速器由高速挡退入空挡后随即抬起离合器踏板，使离合器重新接合，同时踩下加速踏板使发动机加速，并带动变速器第一轴及齿轮 4 等加速到 $v_4>v_3$，如图 3-1-33b 虚线所示。然后，再踏下离合器踏板，使离合器分离，并稍等片刻，待到 v_4（虚线）与 v_3 出现相交的同步点时即可挂入低速挡。

采用直齿滑动齿轮的换挡过程与上述的接合套换挡过程相同。由此可见，采用这样的无同步器的换挡装置虽然结构简单，但操纵起来相当复杂，既增加了驾驶人操作的劳动强度，又容易加速齿轮的损坏。因此，当代汽车齿轮式变速器基本上都采用同步器换挡装置。

（二）同步器的构造与原理

同步器是在接合套换挡装置的基础上发展起来的，其功用使接合套与待接合的齿圈两者之间迅速达到同步，并阻止两者在同步前进入啮合，从而可消除换挡时的冲击，缩短换挡时间，简化换挡过程，使换挡操作简捷而轻便。同步器有多种结构形式，现介绍目前汽车上广泛采用的惯性式同步器。惯性式同步器根据其结构不同，又分为锁环式和锁销式两种。

1.锁环式同步器

(1)基本结构。图 3-1-34 所示为北京 BJ2020 型汽车 3 挡变速器中的二挡、三挡同步器，它主要由花键毂、接合套、两个锁环(也称同步环)、三个滑块和弹簧圈等组成。花键毂 7 有内、外花键，内花键套装在第二轴上，并用垫圈和卡环轴向固定；外花键与接合套 8 相连，其圆周上有三个均布的轴向槽 11。接合套 8 的外圆有装拨叉的环槽，内孔有花键齿，齿的中部切有一环槽 10，齿的两端均制有倒角。锁环 5、9 分别装在花键毂 7 的两端，并置于接合套和接合齿圈之间。锁环具有内锥面，与接合齿圈 1、4 的外锥面锥角相同。锁环内锥面上车有细密的螺纹槽，用以两锥面接触后破坏锥面间的油膜，增加摩擦。锁环外圆上制有短花键齿，与接合套花键齿、接合齿圈、花键毂外花键齿均相同。接合齿圈及锁环上的花键齿在对着接合套 8 的一端都制有与接合套内花键齿端相同的倒角，称为锁止角。锁环在没有花键齿的圆周上均布有三个缺口 12。三个滑块 2 分别装在花键毂 7 的三个均布轴向槽 11 内，并被两个外涨式弹簧圈 6 将滑块压向接合套 8，使滑块中部的凸起部分正好嵌在接合套内花键孔中部加工出的环槽 10 内。滑块的两端伸入锁环的缺口 12 中，但滑块的宽度较缺口的宽度为小，两者之差略大于锁环上的花键齿宽。滑块 2 可以在花键毂的轴向槽 11 内轴向移动。

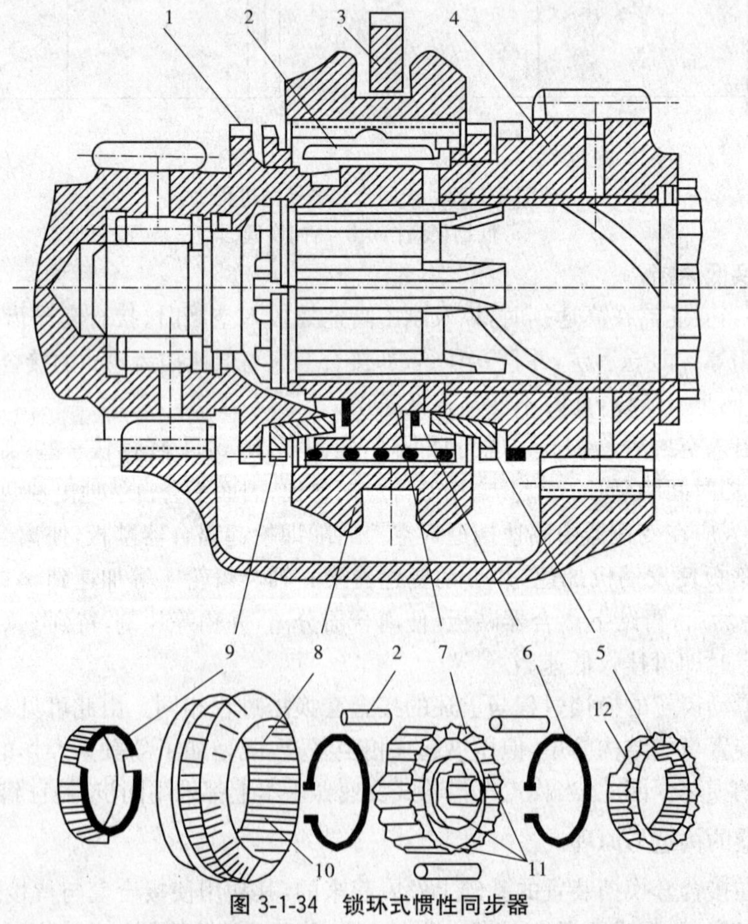

图 3-1-34 锁环式惯性同步器

1-第一轴齿轮；2-滑块；3-拨叉；4-第二轴齿轮；5、9-锁环；6-弹簧圈；7-花键毂；8-接合套；10-环槽；11-3 个轴向槽；12-缺口

(2)工作原理。现以该变速器由二挡换入三挡(直接挡)的换挡过程(图3-1-35)为例,说明锁环式惯性同步器的工作原理。

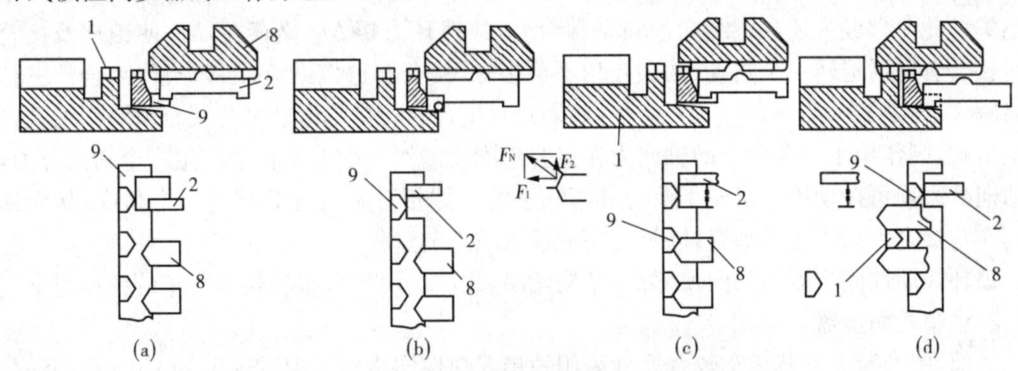

图3-1-35 锁环式惯性同步器工作示意图

(a)空挡位置;(b)锁环与待接合齿圈摩擦锥面接触;(c)锁止状态;(d)达到同步完成换挡

1-接合齿圈;2-滑块;8-接合套;9-锁环

①空挡位置。图3-1-35a所示为接合套8刚从二挡退到空挡时的情况,此时锁环9是轴向自由的,故其内锥面并不接触。在圆周方向上,接合套8通过滑块2靠在锁环缺口12的一侧(图中为下侧),推动锁环一起旋转。此时接合套8、花键毂和锁环9随同第二轴旋转,其转速分别为n_8、n_9。接合齿圈1则随同第一轴旋转,其转速为n_1。显然,此时$n_8=n_9$,$n_1>n_8$,故$n_1>n_9$。

②锁环与待接合齿圈摩擦锥面接触,产生摩擦力矩。要挂入三挡时,通过变速操纵机构向左推动接合套8,并带动滑块2一起向左移动。当滑块2左端面与锁环9的缺口12的端面接触后,便同时推动锁环移向接合齿圈1,使两者锥面相接触(图3-1-35b)。由于接合齿圈1与锁环9转速不相等,即$n_l>n_9$,所以,两者一经接触便在其锥面之间产生摩擦力矩M_1。接合齿圈1便通过摩擦力矩M_1的作用带动锁环9相对于接合套8及花键毂7朝前转过一个角度,直到锁环缺口12的一侧(图中为上侧)压紧。

③锁止状态。当接合套继续向左推移,使得相对峙的接合套齿端倒角与锁环齿端倒角恰好互相抵住(由结构设计保证),因而接合套不能再向左移动进入啮合,即被"锁止"(图3-1-35c)。由于驾驶人始终作用在接合套上一个轴向推力,于是在相互抵触的倒角斜面上产生正压力F_N。F_N可分解为轴向力F_1和切向分力F_2。F_2便形成一个力图拨动锁环相对于接合套向后倒转的拨环力矩M_2。同时,F_1则使锁环9与接合齿圈1的锥面进一步压紧,产生更大的摩擦力矩M_1,迫使待啮合的齿圈1相对于锁环9迅速减速,以尽早与锁环同步。由于齿圈1及与其相联系的第一轴等零件的减速旋转,便产生一个与其旋转方向相同的惯性力矩,作用到锁环上,阻止锁环相对于接合套向后倒转。在待接合齿圈1与锁环9未达到同步之前,摩擦锥面的摩擦力矩在数值上就等于此惯性力矩(即M_1)。如果$M_1>M_2$,锁环则不能够倒转,并通过其齿端锁止角阻止接合套进入啮合,这就是锁环的锁止作用。由于锁环的锁止作用是依靠待啮合的齿圈及与其相联系的零件的惯性力矩而形成的,因此称为惯性式同步器。拨环力矩M_2的大小取决于锁环及接合套齿端倒角(即锁止角)的大小,而惯性力矩M_1的大小则取决于摩擦锥面的锥角大小。在同步器设计时,经过适当地选择齿端倒角和摩擦锥面锥角,便能保证在达到同步之前始终保持$M_1>M_2$。而且,不论驾驶人施加的轴向力F_1有多大,锁环都能够有效地阻止接合套进入啮合,从而使同步器起到锁止作用,防止在同步前挂上挡。

④达到同步完成换挡。随着驾驶人继续对接合套施加推力，摩擦锥面之间的摩擦力矩就会使接合齿圈 1 的转速迅速降低，直至与接合套和锁环同步，赖以产生阻止作用的惯性力矩也就消失。此时驾驶人还在继续向前拨动接合套，故拨环力矩 M_2 仍存在，M_2 使锁环及接合齿相对接合套向后退转一个角度，两锁止角不再接触，接合套得以继续左移，与待啮合的三挡接合齿圈 1 进入啮合(图 3-1-35d)。但是，如果此时接合套的花键齿恰好与接合齿圈 1 的花键齿发生抵触，则作用于接合套上的轴向力在接合齿圈 1 的倒角面上也将会产生一个切向分力，靠此切向分力便可拨动接合齿圈 1 及与其相联系的零件相对于接合套转过一个角度，从而使接合套 8 与接合齿圈 1 进入啮合，即最终完成换入三挡的过程。

锁环式惯性同步器其径向尺寸小，结构紧凑，故广泛用于轿车和轻型货车的变速器中。

2. 锁销式同步器

目前，中型及大型载货车较普遍地采用锁销式惯性同步器。现以东风 EQ1090E 型汽车变速器的四挡、五挡同步器为例，说明锁销式惯性同步器的基本结构和工作原理。

(1)基本结构。图 3-1-36 所示为东风 EQ1090E 型汽车变速器的四挡、五挡同步器。该同步器主要由花键毂、接合套总成(接合套、两个摩擦锥环、三个均布的锁销和定位销等)及两个摩擦锥盘等组成。花键毂 9 通过内花键与第二轴 7 安装在一起，花键毂 9 的两侧分别为四挡齿轮接合齿圈 6 和五挡齿轮接合齿圈 1。接合套 5 上均布穿有三个锁销 8 和三个定位销 4，锁销和定位销的两端安装着两个带外锥面的摩擦锥环 3(锥面上有螺纹)，与摩擦锥环 3 相配合的两个带内锥面的摩擦锥盘 2，则以其内花键齿固装在接合齿圈 1 和 6 上，随接合齿圈一起转动。三个锁销 8 两端与摩擦锥环 3 铆接成一体，锁销两端直径与接合套上销孔的直径相同，锁销的中部有一段环槽，环槽的两侧和接合套 5 上相应的销孔的两端部切有相同的倒角，即锁止角，三个锁销就通过这三个锁止角起锁止作用。三个定位销 4 是对接合套进行空挡定位，并可将作用在接合套上的推力传给摩擦锥环，其定位和传力是靠定位销中的定位环槽与接合套中的钢球和定位弹簧，接合套可沿定位销轴向移动，但不能相对转动。定位销的两端伸入到摩擦锥环相应的浅槽中，但与摩擦锥环并不固定，有一定的间隙，因此，两摩擦锥环及三个锁销相对于接合套及三个定位销可相对转动一个角度。一个接合套、三个锁销、三个定位销和两个摩擦锥环构成一个接合套总成，通过接合套的内花键齿套在第二轴的花键毂上。

(2)工作原理。与锁环式惯性同步器的工作过程类似，当接合套受到拨叉轴向前推力 F_N 作用时，接合套 5 便通过定位钢球 10 和定位销 4 推动左侧摩擦锥环 3 向左移动，使之与左侧摩擦锥盘 2 相接触。由于此时锥环 3 与锥盘 2 转速不相等，所以两者一经接触，便在其摩擦锥面之间的摩擦力矩作用下使锥环 3 连同锁销 8 一起相对于接合套 5 转过一个角度，使锁销与接合套相应销孔的中心线相对偏移，于是锁销中部环槽偏向接合套上销孔的一侧，锁销中部环槽倒角便与接合套销孔端倒角的锥面互相抵触，从而使锁销产生锁止作用，阻止接合套向左移动。与锁环式惯性同步器一样，在锁止倒角上的切向分力 F_2 也形成一个拨环力矩而力图使锁销和锥环倒转，但在锥盘与锥环未达到同步前，由锥盘 2 及与其相联系的旋转零件的惯性力矩所形成的摩擦力矩总是大于拨环力矩，因而可以阻止接合套 5 与五挡齿轮接合齿圈 1 在同步之前进入啮合。而只有当达到同步后，惯性力矩消失，拨环力矩便可拨动锁销及摩擦锥环、锥盘和五挡齿轮接合齿圈 1 等一起相对于接合套转过一个角度，使锁销重新与接合套的销孔对中，接合套便在轴向推力的作用下，压下定位钢球 10 而沿定位销和锁销向左移动，与五挡接合齿圈 1 进入啮合，即完成挂入五挡的换挡过程。

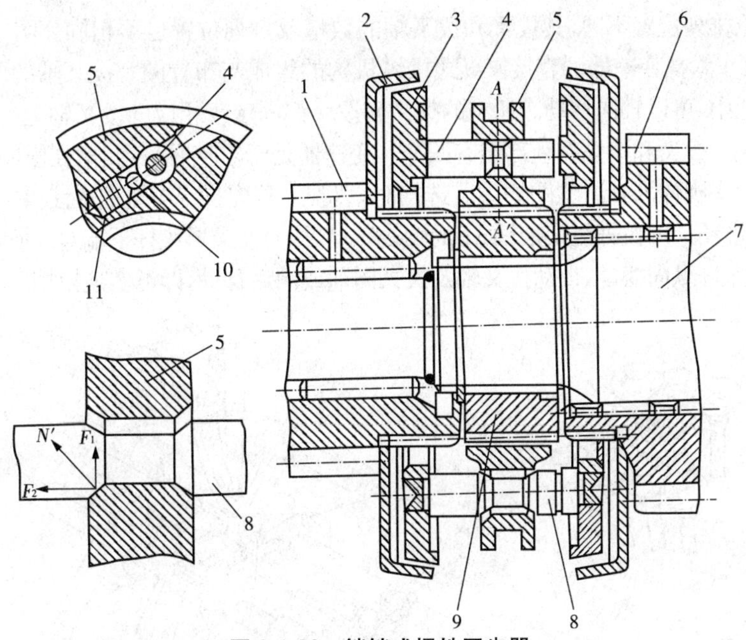

图 3-1-36 锁销式惯性同步器

1-第一轴齿轮(五挡齿轮接合齿圈);2-摩擦锥盘;3-摩擦锥环;4-定位销;5-接合套;6-第二轴四挡齿轮(四挡齿轮接合齿圈);7-第二轴;8-锁销;9-花键毂;10-钢球;11-弹簧

锁销式惯性同步器由于其摩擦锥面的摩擦半径大,摩擦力矩也就大,因而其同步容量大,故在中型以上的载货车上应用广泛。

六、变速操纵机构

变速操纵机构应保证驾驶人能准确可靠地使变速器换入所需要的任一挡位,并可随时使之退入空挡。要使变速操纵机构准确可靠地工作,应满足以下要求:

①能防止变速器自动换挡和自动脱挡,为此,在操纵机构中应设有自锁装置;

②能防止变速器同时挂入两个挡位,为此,在操纵机构中应设有互锁装置;

③能防止误挂倒挡,为此,在操纵机构中应设有倒挡锁装置。

变速操纵机构根据其换挡操纵杆(简称变速杆)与变速器的相互位置的不同,可分为直接操纵式和远距离操纵式两种类型。

①直接操纵式。直接操纵式变速器的变速杆及所有换挡操纵装置都设置在变速器盖上,驾驶人可直接操纵变速杆来拨动变速器盖内的换挡操纵装置进行换挡。它具有换挡位置易确定、换挡快、换挡平稳等优点。

②远距离操纵式。在有些汽车上,由于其总体布置的需要,变速器的安装位置离驾驶人座位较远,因而变速杆不能直接布置在变速器盖上,为此,在变速杆与变速器之间加装了一套传动杆件构成远距离操纵的形式。它具有变速杆占据的驾驶室空间小、驾驶室乘坐方便等优点,但换挡操作的准确性和可靠性稍差。

变速操纵机构通常由换挡拨叉机构和定位锁止装置两部分组成。

(一)换挡拨叉机构

换挡拨叉机构主要由变速杆、叉形拨杆、换挡轴、各挡拨块、拨叉轴及拨叉等组成。各种变速器由于挡位及挡位排列位置不同，其拨叉和拨叉轴的数量及排列位置也不相同。图 3-1-37 所示为解放 CA1091 型汽车六挡变速器的直接操纵式操纵机构的组成与布置图。拨叉轴的两端均支承于变速器盖的相应孔中，可以轴向移动。所有的拨叉和拨块都固定于相应的拨叉轴上。三挡、四挡拨叉的上端具有拨块。拨叉和拨块的顶部制有凹槽。变速器处于空挡时，各凹槽在横向平面内对齐，叉形拨杆下端的球头则伸入到这些凹槽中。选挡时，驾驶人首先操纵变速杆绕其中部球形支点横向摆动，则其下端推动叉形拨杆绕换挡轴 11 的轴线转动，从而使叉形拨杆下端对准所选挡位的拨块凹槽，然后操纵变速杆纵向摆动，带动拨叉轴及拨叉向前或向后移动，即可实现换挡。

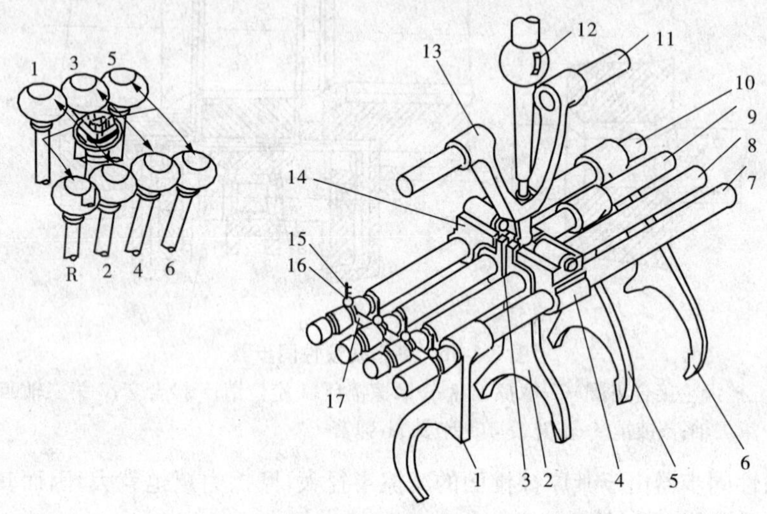

图 3-1-37 典型六挡变速器换挡拨叉机构

1-五、六挡拨叉；2-三、四挡拨叉；3-一、二挡拨块；4-倒挡拨块；5-一、二挡拨叉；6-倒挡拨叉；7-倒挡拨叉轴；8-一、二挡拨叉轴；9-三、四挡拨叉轴；10-五、六挡拨叉轴；11-换挡轴；12-变速杆；13-叉形拨杆；14-倒挡拨块；15-自锁弹簧；16-自锁钢球；17-互锁柱销

图 3-1-38a 所示为奥迪 100 型轿车变速器的远距离操纵式操纵机构。它由外操纵机构和内操纵机构组成。外操纵机构主要由变速杆、铰链、限位及防护装置、中间连接杆件等组成。变速杆通过一系列中间连接杆件操纵变速器的内操纵机构，以进行选挡、换挡。变速杆以球形铰链为支点，可以直接左右、前后摆动。各连接杆应具有足够的刚度，且各连接点处间隙小，否则将会影响换挡时的手感。内操纵机构主要由内换挡轴、换挡横轴、换挡拨叉轴及拨叉、挡位锁止装置、倒挡锁止装置等组成，如图 3-1-38b 所示。内换挡轴与换挡横轴用球铰链连接，在外操纵机构作用下，可使内换挡轴作转动或轴向移动。当内换挡轴转动时，给换挡横轴以推力，可使换挡横轴作轴向移动，选择不同挡位的拨叉轴，实现选挡动作。当内换挡轴作轴向移动时，给换挡横轴以回转力矩，从而推动所选挡位的拨叉轴作轴向移动，拨叉轴上的拨叉推动同步器接合套进行换挡。换挡横轴 3 上有换挡拨爪，用于推动换挡拨叉轴作轴向移动，进行选挡、换挡。

（二）定位锁止机构

1. 自锁装置

自锁装置的功用是对各挡拨叉轴进行轴向定位锁止，以防止其自动产生轴向移动而造成自动挂挡或自动脱挡，并保证各挡传动齿轮以全齿长啮合。

图 3-1-39 所示为一种自锁装置，它一般由自锁钢球及自锁弹簧组成。这类自锁装置是在

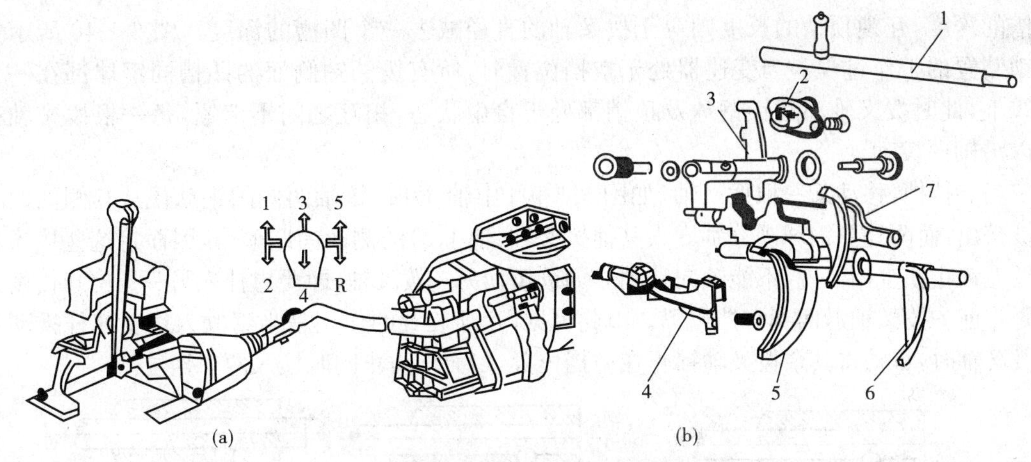

图 3-1-38 奥迪 100 型轿车变速操纵机构

(a)外操纵机构；(b)内操纵机构

1-内换挡轴；2-倒挡锁止装置；3-换挡横轴；4-换挡锁止装置；5、6、7-换挡拨叉轴及拨叉

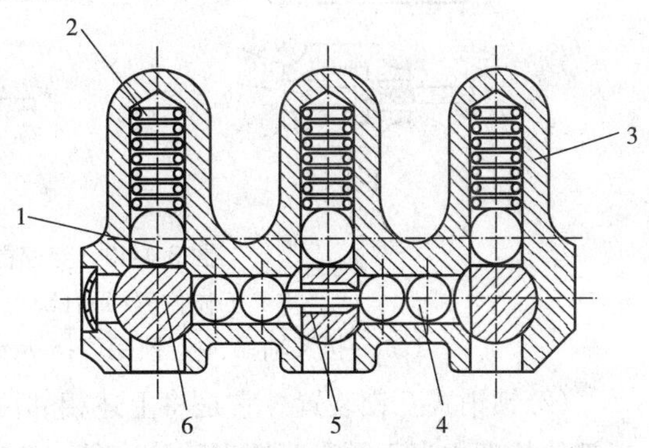

图 3-1-39 变速器的自锁和互锁装置

1-自锁钢球；2-自锁弹簧；3-变速器盖；4-互锁钢球；5-互锁顶销；6-拨叉轴

变速器盖的前端凸起部钻有 3 个深孔，在孔中装入自锁钢球及自锁弹簧，其位置正处于拨叉轴的正上方，每根拨叉轴对着钢球的表面沿轴向设有 3 个凹槽，槽的深度小于钢球的半径。中间的凹槽是空挡位置，相邻凹槽之间的距离正好等于滑动齿轮(或接合套)由空挡移至相应工作挡位并保证齿轮处于全齿长啮合或是完全退出啮合的距离。凹槽对正钢球时，钢球便在自锁弹簧的压力作用下嵌入该凹槽内，拨叉轴的轴向位置便被固定，其拨叉及相应的接合套或滑动齿轮便被固定在空挡位置或某一工作挡位置，而不能自动挂挡或自动脱挡。当需要换挡时，驾驶人通过变速杆对拨叉轴施加一定的轴向力，克服弹簧的压力而将自锁钢球从拨叉轴凹槽中挤出并推回孔中，拨叉轴便可滑过钢球进行轴向移动，并带动拨叉及相应的接合套或滑动齿轮轴向移动。当拨叉轴移至其另一凹槽与钢球相对正时，钢球又被压入凹槽(此动作传到手柄上，使驾驶人具有手感)，此时拨叉所带动的接合套或滑动齿轮便被拨入空挡或被拨入另一工作挡位。

2. 互锁装置

互锁装置的功用是阻止两个拨叉轴同时移动，防止同时挂入两个挡位，避免因同时啮合的两挡齿轮其传动比不同而互相卡住，造成运动干涉甚至造成零件损坏。互锁装置的结构形式很多，最常用的有锁球式和锁销式互锁装置。

(1)锁球式互锁装置。它由互锁钢球和互锁顶销组成，如图 3-1-39 所示。在变速器盖前端 3 根拨叉轴之间的孔道中装有 2 个互锁钢球，每根拨叉轴朝向互锁钢球的侧面上都制有一个深度相等的凹槽，中间拨叉轴的两侧都有凹槽，凹槽之间钻有通孔，互锁顶销就装在此孔中。两个互锁钢球的直径之和正好等于相邻两拨叉轴圆柱表面之间的距离加上一个凹槽的深度，互锁顶销的长度则等于拨叉轴的直径减去一个凹槽的深度。图 3-1-40 所示为互锁装置的工作过程。当变速器处于空挡位置时，所有拨叉轴侧面的凹槽同钢球都在一条直线上，此时拨叉轴和互锁钢球及顶销都处于自由状态，相互之间不卡紧，每一根拨叉轴都可以沿轴向拨动。

当要挂挡，移动某一根拨叉轴（如图 3-1-40a 中轴 3）时，该轴两侧的钢球便从其侧面凹槽中被挤出，而两外侧钢球则分别嵌入其他拨叉轴（轴 1、5）的侧面的凹槽中，因而将这些拨叉轴刚性地锁止在空挡位置，不能轴向移动。如欲拨动另一拨叉轴（即要想挂入另一挡位）时，则必须先将前一拨叉轴退回到空挡位置。由此可见，互锁装置的作用是当驾驶人用变速杆推动某一拨叉轴时，自动将其余拨叉轴锁止在空挡位置，因而可防止同时挂入两个挡位。

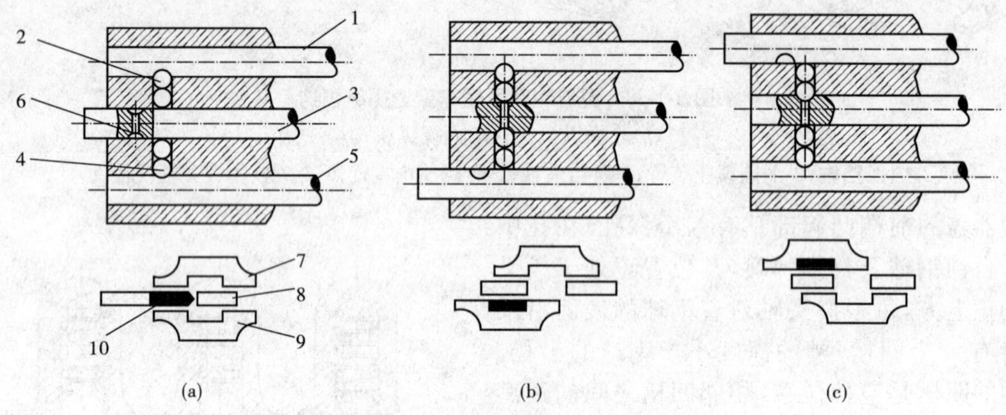

图 3-1-40 变速器互锁装置工作示意图

(a)工作位置(1)；(b)工作位置(2)；(c)工作位置(3)

1、3、5-拨叉轴；2、4-互锁钢球；6-互锁顶销；7、8、9-拨叉；10-变速杆下端球头

(2)锁销式互锁装置。它是将上述相邻两拨叉轴之间的两个互锁钢球制成一个互锁销，互锁销的长度相当于两个互锁钢球的直径，其工作原理与钢球式互锁装置完全相同。

3. 倒挡锁装置

倒挡锁装置的功用是防止汽车在前进中因误挂倒挡而造成极大的冲击，使零件损坏，并防止在汽车起步时误挂倒挡而造成安全事故。它要求驾驶人必须进行与挂前进挡不同的操纵方式或对变速杆施加更大的力，才能挂入倒挡，起到提醒作用，从而防止无意中误挂倒挡。倒挡锁也有多种类型，最常用的是弹簧锁销式倒挡锁。它一般由倒挡锁销及倒挡锁弹簧组成，并将其安装于一挡、倒挡拨块相应的孔中，如图 3-1-41 所示。锁销内端与拨块的侧面平齐，锁销可以在变速杆下端球头推压下，压缩弹簧而轴向移动。当驾驶人要挂倒挡（或一挡）时，必须有意识地用较大的力向侧面摆动变速杆（从图上看为向左侧摆动），使其下端球头右移，克服倒挡锁弹簧的张力将锁销推入孔中，这样才能使变速杆下端球头进入拨块 3 的凹槽内，以拨动一挡、倒挡拨叉轴进行挂挡。

七、分动器

越野汽车因多轴驱动而装有分动器，其主要功用是将变速器输出的动力分配到各个驱动桥。此外，由于大多数分动器都有两个挡位，所以它还兼起副变速器的作用。分动器一般单独安装在车架上，其输入轴直接或通过万向传动装置与变速器第二轴相连，其输出轴则有若干个，分别经万向传动装置与各驱动桥连接。分动器与变速器一样，也由齿轮传动机构和操纵机构两部分组成。

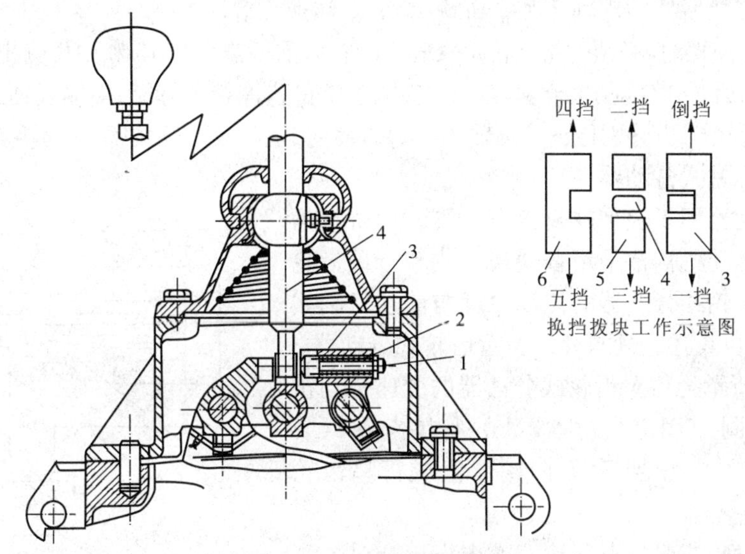

图 3-1-41 弹簧锁销式倒挡锁

1-倒挡锁销；2-倒挡锁弹簧；3-倒挡拨块；4-变速杆；5-二、三挡拨块；6-四、五挡拨块

(一)齿轮传动机构

分动器的齿轮传动机构是由齿轮、轴和壳体等零部件组成，有的还装有同步器。

1. 三个输出轴式分动器

图 3-1-42 所示为典型三轴越野车的两挡分动器变速传动机构简图，其输入轴 1 用凸缘通过万向传动装置与变速器第二轴连接。输出轴 7、10、15 分别经万向传动装置通往后、中、前驱动桥。它的常啮合齿轮均为斜齿轮，轴的支承多采用圆锥滚子轴承。输入轴 1 前端通过锥轴承支承在壳体上，后端通过锥轴承支承在与后桥输出轴 7 制成一体的齿轮 6 的中心孔内。齿轮 5 与输入轴 1 制成一体。齿轮 13 和 12 之间装有换挡接合套 4，用来控制分动器高、低挡的变换。前桥输出轴 15 后端装有接合套 14，用来控制前桥驱动的接合与摘除。为了调整轴承预紧度，在后桥输出轴 7 的两锥轴承之间(除装有里程表驱动齿轮和隔圈外)装有调整垫片；输入轴 1 前端、中间轴 8 两端、中桥输出轴 10 后端和前桥输出轴 15 前端的轴承盖处装有垫片，其作用是用来密封，也可调整轴承预紧度。另外，中间轴 8、中桥输出轴 10 两端轴承盖处的垫片可调整轴及齿轮的轴向位置，保证常啮合齿轮能全齿长啮合。

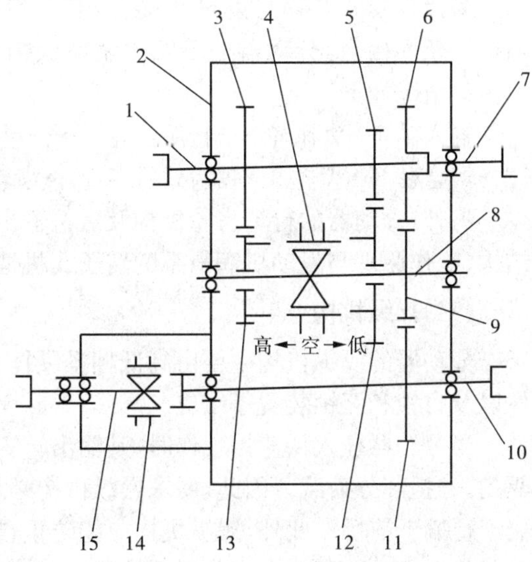

图 3-1-42 三个输出轴式分动器示意图

1-输入轴；2-分动器壳；3、5、6、9、11、12、13-齿轮；4-换挡接合套；7-后桥输出轴；8-中间轴；10-中桥输出轴；14-前桥接合套；15-前桥输出轴

当换挡接合套4左移与齿轮13的齿圈接合时为高速挡。动力经输入轴1、齿轮3、齿轮13和中间轴8传到齿轮9，再分别经齿轮6、11传到后桥输出轴7(后桥)和10(中桥)。因齿轮6和11齿数相同，故后桥输出轴7和中桥输出轴10转速相等。

当要挂入低速挡时，必须先将前桥接合套14右移，前桥输出轴15和中桥输出轴10相连接，使前桥参与驱动后，再将换挡接合套4右移与齿轮12的齿圈接合，动力由输入轴经齿轮5、12传到中间轴8和齿轮9，再分别传到输出轴7、10、15，使前、后、中桥三轴以相同的转速输出。

2.两个输出轴式分动器

两轴式分动器用于轻型越野汽车，即前、后桥都为驱动桥。齿轮传动机构常采用普通齿轮式和行星齿轮式两种。普通齿轮式分动器的传动原理与前述三轴式分动器类似，不再重述。现只介绍行星齿轮式分动器。

图3-1-43所示为行星齿轮式分动器的变速传动机构简图，它由齿圈4(固定在壳体2上)、行星齿轮3(装有3个或4个)及行星架5、太阳轮6组成行星齿轮机构。

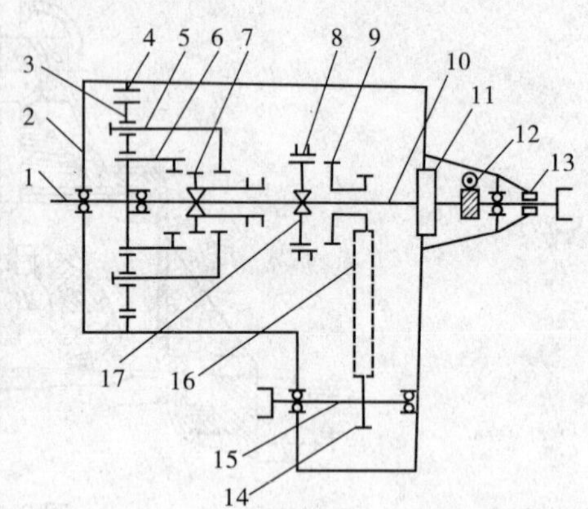

图3-1-43 典型两轴式分动器示意图

1-输入轴；2-分动器壳；3-行星齿轮；4-齿圈；5-行星架；6-太阳轮；7-换挡齿毂；8-接合套；9、14-齿轮；10-后桥输出轴；11-转子式油泵；12-里程表驱动齿轮；13-油封；15-前桥输出轴；16-锯齿式链条；17-后桥花键毂

当换挡齿毂7左移与太阳轮6的内齿接合时为高速挡(传动比为1)。动力由输入轴1、太阳轮6、换挡齿毂7传到后桥输出轴10，此时行星齿轮3及行星架5空转(不传力)。上述过程称为两轮驱动高挡(2H)，此分动器也可实现四轮驱动高挡(4H)。

当接合套8右移与齿轮9接合，换挡齿毂7右移与行星架5接合，分动器处于四轮驱动低挡(4L)。动力传递情况如下：

输入轴1→太阳轮6→行星齿轮3→行星架5→换挡齿毂7→后桥输出轴10→后桥花键毂17→接合套8→齿轮9→锯齿式链条16→齿轮14→前桥输出轴15→前桥。

另外，分动器的行星齿轮机构及后桥输出轴10所有零件采用压力润滑，转子式油泵11的结构、工作原理与发动机润滑系的转子式机油泵相似。

(二)操纵机构

分动器的操纵机构主要由高低挡操纵杆、前桥摘接操纵杆、拨叉、拨叉轴和一系列传动杆件以及自锁和互锁装置等组成。

当分动器挂入低速挡工作时，其输出转矩较大，为避免中、后桥超荷载，此时前桥必须参加驱动，分担部分荷载。因此，要求操纵机构必须保证：非先接上前桥不得换入低挡，非先退出低挡不得摘下前桥。此外，操纵机构应能防止自动换挡和脱挡。因此，分动器操纵机构必须有互锁装置和自锁装置。自锁装置的结构、工作原理与变速器自锁装置相同，这里不再赘述。互锁装置有钉式、板式，球销式和摆板滑槽凸面式。

1.钉、板式互锁装置

这种装置在前桥操纵杆上装有螺栓或铁板，与变速杆互相锁止，多用于两拨叉轴距离较远的操纵机构。

如图3-1-44a所示，前桥操纵杆2的下端装有螺栓3，其头部可以顶靠着变速杆1的下部。

轴 7 借两个支承臂 8 固定在变速器的盖上。分动器的两个操纵杆 1 和 2 位于变速器的变速杆的右侧。变速杆 1 以其中部的孔松套在轴 7 上,其下端借传动杆 4 与分动器的换挡摇臂相连。前桥操纵杆 2 的中部则固定于轴 7 的一端。在轴 7 的另一端固定着摇臂 6,其臂端经传动杆 5 与操纵前桥接合套的摇臂相连。

驾驶人欲使分动器挂入低速挡,只须将变速杆 1 的上端推向前方。此时,变速杆 1 绕轴 7 逆时针转动,其下臂便压推螺栓 3,带动前桥操纵杆 2 向接前桥的方向转动。这就使得挂入低速挡时,前桥即已接上。但当变速杆 1 被扳到空挡或高速挡位置时,并不能带动前桥操纵杆 2 回位而摘下前桥。同理,当将前桥操纵杆 2 的上端拉向后方,以便摘下前桥时,螺栓 3 则绕轴 7 向前推动变速杆 1 使之先退出低速挡位置,但并不妨碍退出低速挡后再接前桥。

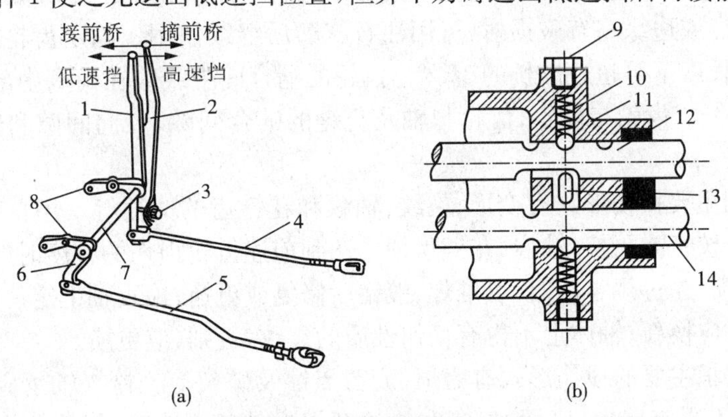

图 3-1-44　分动器的互锁装置

(a)钉、板式;(b)球销式

1-变速杆;2-前桥操纵杆;3-螺栓;4、5-传动杆;6-摇臂;7-轴;8-支承臂;9-螺栓;10-弹簧;11-自锁钢球;12-高、低挡拨叉轴;13-互锁销;14-前桥拨叉轴

2. 球销式互锁装置

图 3-1-44b 所示为球销式互锁装置多用在两拨叉轴距离较近的情况。两根拨叉轴之间装有互锁销,与轴上的凹槽对准时(即接上前桥驱动后),轴才能向左移动换入低挡,同理,应先退出低挡后才能摘下前桥驱动。

八、手动变速器的检修

1. 主要元件检修

(1)变速器壳体。变速器壳体的主要损伤形式有壳体的变形、裂纹及轴承孔、螺纹孔的磨损等。变速器壳体不得有裂纹。对受力不大部位的裂纹,可用环氧树脂粘结修复;重要和受力较大部位的裂纹,可进行焊修。对与轴承孔贯通的和安装固定孔处裂纹不能修理,应更换变速器壳体。变速器壳体的变形将造成各轴轴线间的平行度误差,轴间距改变,导致齿轮副啮合精度破坏。轮齿表面的阶梯形磨损不但使传动噪声加大,也会形成轴向力,当齿面上有冲击载荷时,就会形成变速器的早期自动脱挡的故障。检查时,对三轴式变速器用专用量具检查:各轴承孔公共轴线间的平行度、轴间距;上孔轴线与上平面间的距离;前后两端面的平面度。两轴式变速器的壳体一般由前、后两部分组成,其变形主要是检查输入轴与输出轴的平行度及前、后壳体接合面的平面度。当上述各项检查超过规定时,应进行修复。当变速器壳体轴承孔磨损超限、变形时,可在单柱立式镗床上,用长度规作定位导向镗削各轴承孔,以修正各轴线间的平行度。镗削扩孔时，常以倒挡轴的轴承孔为基准，因为此处的强度最大，其变形逾限率较低。扩孔后再镶套或刷镀修复，超过修理极限时应更换。当壳体平面度超差时，可采用铲、刨、锉、铣等方法修复或更换。壳体上所有连接螺孔的螺纹损伤不得多于 2 牙，螺纹孔的损伤可用换加粗螺栓或焊补后重新钻孔加工的方法修复。

(2)变速器盖。变速器盖的主要损伤形式有盖的裂纹、变形及轴承的磨损等。变速器盖应无裂纹，其与变速器壳体结合平面的平面度公差超限时可采用铲、刨、锉、铣等方法修复或更换；拨叉轴与轴承孔的间隙超限时应更换。

(3)齿轮与花键。齿轮的主要损伤形式有齿面、齿端磨损，齿面疲劳剥落、腐蚀斑点，轮齿破碎或断裂等。齿轮的啮合面上出现明显的疲劳麻点、麻面、斑疤或阶梯形磨损时，必须更换。齿面仅有轻微斑点或边缘略有破损时，可用油石修磨后继续使用。固定齿轮或相配合的滑动齿轮的端面损伤长度不得超过齿长的 15%。齿轮的啮合面中线应在齿高中部，接触面积不得小于工作面的 60%。齿轮与齿轮、齿轮与轴及花键的啮合间隙、径向间隙和轴向间隙应符合原厂规定。

(4)轴。轴的主要损伤形式有变形、裂纹、轴颈和花键齿的磨损等。用百分表检查轴的变形，超过标准时应校正或更换；轴齿、花键齿损伤达到前述齿轮损伤的程度时应更换；用千分尺检查各轴颈的磨损，超过规定值时，可堆焊、镀铬后修复或更换；检查轴上定位凹槽的最大磨损量，超过规定值时应换新；轴体上不得有任何性质的裂纹，否则，应更换。

(5)轴承。轴承主要的损伤形式有磨损、疲劳点蚀及破裂等。检查轴承应转动灵活，滚动体与内外圈滚道不得有麻点、麻面、斑疤和烧灼磨损或破碎等缺陷，保持架应完好，否则应更换；检查轴承的径向间隙不得超过规定值，滚动轴承与轴承孔、轴颈或齿轮的配合应符合技术条件要求，否则应更换。

(6)同步器。多数变速器采用锁环式或锁销式同步器。

①锁环式同步器的检修。锁环式同步器的主要损伤是锁环内锥面螺纹槽及锁止角滑块磨损、接合套和花键毂的花键齿损伤。锁环与滑块的磨损会破坏换挡过程的同步作用；锁环与接合套锁止角的磨损会使同步器失去锁止作用，这些都会造成换挡困难，发出机械撞击噪声。锁环的检查如图 3-1-45 所示。将锁环压到换挡齿轮锥面上，按压转动锁环时要有阻力，用塞尺测量锁环与换挡齿轮端面之间的间隙 a。该间隙的标准值：奥迪、桑塔纳的变速器为1.1～1.9 mm，磨损极限为 0.5 mm。超过极限值时，应更换。同步器滑块顶部凸起磨损出现沟槽，会使同步作用减弱，必须更换。锁环、接合套的接合齿端磨秃，结合套和花键毂的花键齿磨损，都会导致换挡困难，都须更换。

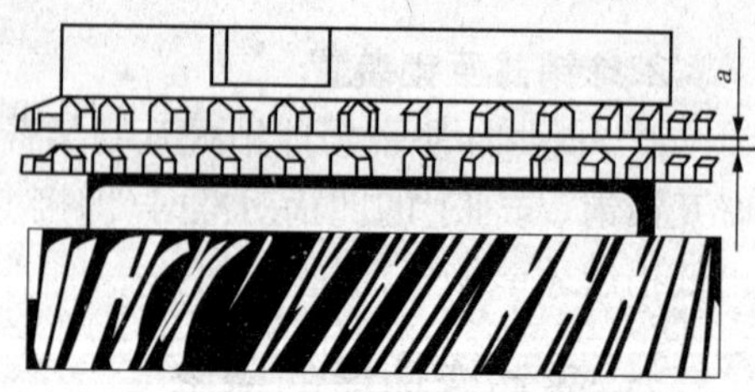

图 3-1-45　同步器间隙的检查

②锁销式同步器的检修。锁销式同步器的主要损伤是由于换挡操作不当、冲击过猛使锥盘外张，摩擦角变大造成同步效能降低；锥环锥面上的螺纹槽的磨损严重，使摩擦系数过低，甚至两者端面接触，使同步作用失效。当锥环锥面螺纹磨损，使锥环端面与锥盘锥面接触，可用车削锥环端面修复，但车削总量不得大于 1 mm。如有锥环外锥面螺纹槽的深度小于0.1 mm，而锥环端面未与锥盘接触，应更换同步器总成。更换新总成时，可保留原有的锥盘，但两者的端面间隙不得小于 3 mm。同步器的锁销和支承销松动或有散架，会引起同步器突然失效，应

更换新同步器。

(7)变速操纵机构的检修。变速操纵机构的主要损伤形式有磨损、变形、连接松动和弹簧失效等。检查操纵机构各零件的连接应无松动现象，否则，应及时紧固；检查变速杆、拨叉、拨叉轴等应无变形，否则，应校正或更换；检查拨叉与接合套、拨叉与拨叉轴、选挡轴等处的磨损，磨损逾限时应更换；检查定位钢球、定位锁销、锁止弹簧、复位弹簧，当出现磨损逾限或弹簧失效时应更换。

2. 手动变速器装配注意事项

变速器装配质量的好坏，对变速器的工作质量影响很大。在变速器装配时，应注意以下几点：

(1)装配前，必须对零件进行认真的清洗，除去污物、毛刺和铁屑等。尤其要注意第二轴齿轮上的径向润滑油孔应畅通。

(2)装配轴承时，应涂质量优良的润滑油进行预润滑。总成修理时，应更换所有的滚针轴承。

(3)对零件的工作表面不得用硬金属直接锤击，避免齿轮轮齿出现运转噪声。

(4)注意同步器锁环或锥环的装配位置。装配过程中，如有旧件时应原位装复，以保证两元件的接触面积。因此，在变速器解体时，应对同步器各元件做好装配记号，以免装错。

(5)组装中间轴和第二轴时，应注意各挡齿轮、同步器固定齿轮座、止推垫圈的方向及位置，以保证齿轮的正确啮合位置。

(6)安装第一轴、第二轴及中间轴的轴承时，只许用压套垂直压在内圈上，禁止施加冲击荷载，并注意轴承的安装方向。

(7)装入油封前，需在油封的刃口涂少量润滑脂，要垂直压入，并注意安装方向。

(8)变速器装配后，要检查各齿轮的轴向间隙和各齿轮副的啮合间隙及啮合印痕。常啮合齿轮的啮合间隙为 0.15～0.4 mm；滑动齿轮的啮合间隙为 0.15 ～0.5 mm。第一轴的轴向间隙应小于等于 0.15 mm，其他各轴的轴向间隙应小于等于 0.30 mm。各齿轮的轴向间隙小于等于 0.40 mm。

(9)装配密封衬垫时，应在密封衬垫的两侧涂以密封胶，确保密封效果。

(10)安装变速器盖时，各齿轮和拨叉均应处于空挡位置。必要时，可分别检查各个常用挡的齿轮副是否处于全齿长接合位置。

(11)按规定的力矩拧紧各部位螺栓。

九、常见故障诊断

变速器常见的故障为脱挡、换挡困难、乱挡、异响及漏油等。

1. 变速器脱挡故障诊断

(1)故障现象。汽车在加速、减速或爬坡时，变速杆自动跳回空挡位置。

(2)故障原因。①变速杆没有调整好或变速杆弯曲，远程控制杆机构磨损或调整不良。②拨叉轴向自由行程过大或凹槽位置不正确，拨叉轴凹槽磨损及拨叉磨损、变形。③自锁钢球磨损或破裂，自锁弹簧弹力不够或折断。④变速器轴、轴承磨损松旷或轴向间隙过大，造成轴转动时齿轮啮合不足而发生跳动和轴向窜动。⑤齿轮或接合套严重磨损，沿齿长方向磨成锥形。⑥同步器磨损或损坏。⑦变速器壳松动或与离合器壳没对准。

(3)故障诊断与排除。使车辆行驶，反复加速、减速，检查在各挡位上变速杆是否容易脱出。如果这种方法效果不明显，可在爬陡坡等条件下以发动机制动进行检查。发现某挡脱挡时，仍将变速杆挂入该挡，将发动机熄火。先检查变速操纵机构调整是否正确，然后再拆开变速器盖检查齿轮啮合情况和同步器啮合情况。如果啮合情况不好，应检查轴承是否磨损松旷，拨叉是否变形，拨叉与接合套上的叉槽间隙是否过大，否则，应更换或校正拨叉；如果啮合情况良好，应检查变速操纵机构锁止情况。如锁止不良，须拆下拨叉轴检查自锁钢球、弹簧，弹簧过软、折断或拨叉轴凹槽磨损，应予以更换或修复。若齿轮啮合和变速操纵机构均良好，应检查齿轮是否磨成锥形，以及轴是否前后移动。如果齿轮磨成锥形应更换，轴的前后移动应调整适当。对于变速器壳松动或与离合器壳没对准而引起的脱挡，须按规定拧紧固定螺栓。

2.变速器换挡困难故障诊断

(1)故障现象。在进行正常变速操作时，变速杆不能挂入挡位，或者勉强挂上挡后又很难摘下来。

(2)故障原因。①变速杆下端磨损或控制杆弯曲。②拨叉或拨叉轴磨损、松旷、弯曲。③自锁或互锁弹簧过硬、钢球损伤。④控制连杆机构动作不良(远程控制式机构)。⑤同步器不良(磨损或损坏)。⑥变速器轴弯曲变形或花键损伤。

(3)故障诊断与排除。首先应确认离合器分离状态正常，然后使发动机怠速运转，踏下离合器踏板，试进行各挡位变速动作，检查变速杆是否卡滞、沉重等。当用这种方法不易判断时，可进行实车行驶试验。汽车行驶时发生换挡困难现象，首先检查离合器能否分离彻底，变速操纵机构能否工作。如上述情况良好，应拆开变速器盖，检查拨叉是否弯曲，如果弯曲应校正或更换。如果拨叉轴与导向孔锈蚀，可用较细的砂纸光磨。检查自锁和互锁装置是否良好，否则，予以更换。检查拨叉的固定螺栓是否松动，若松动应予以紧固。检查变速器轴花键损伤情况或轴是否弯曲，酌情给予修复或更换。检查同步器磨损或损坏情况，根据同步器损坏的部位，酌情更换零件或整体更换。

3.变速器乱挡故障诊断

(1)故障现象。在离合器技术状况正常情况下，变速器同时挂上两个挡或虽能挂上挡，但却不能挂入所需要的挡位，或者挂入后不能退出。

(2)故障原因。主要为变速操纵机构失效。①变速杆球头定位销磨损、折断或球孔、球头磨损、松旷。②变速杆下端工作面或拨叉轴上导块的导槽磨损过度。③拨叉槽互锁销、球磨损严重或漏装。

(3)故障诊断与排除。①使车辆行驶，操纵变速杆进行换挡试验，检查是否有同时挂上两个挡或挂上的挡位不是所需要的挡位。②在挂需要挡位时，结果挂入别的挡位，应检查变速杆摆转角度，若其能任意摆，且能打圈，则为定位销损坏或失效，需更换定位销，调整变速杆。③当变速杆摆转角正常，仍挂不上或摘不下挡，则多为变速杆下端工作面磨损或导槽磨损，使变速杆下端从导槽中脱去，应予以修复或更换。④若同时挂上两个挡，则为互锁装置磨损或漏装零件，应进行零件更换或装复。

4.变速器异响

(1)故障现象。变速器工作时，发出不正常声响，如金属的干摩擦声，不均匀的碰撞声等。

(2)故障原因。①变速操纵机构各连接处松动，拨叉变形或磨损松旷。②变速器与发动机安装时，曲轴与变速器第一轴轴线不同心，或变速器壳体变形。③壳体轴承孔修复后，轴心发生变动或使两轴线不同心，变速器壳体前端面与第一轴、第二轴轴心线垂直度或第一轴、第二轴与曲轴同轴度超差。④轴承缺油、磨损松旷、疲劳剥落或轴承滚动体破裂。⑤第二轴、中间轴弯曲或花键与滑动花键毂磨损松旷。⑥齿轮磨损严重，齿侧间隙太大，齿面有金属疲劳剥落或个别齿损坏折断等。⑦齿轮制造精度差或齿轮副不匹配，维修中未成对更换相啮合的两齿轮。⑧变速器缺油，润滑油过稀、过稠或变质。⑨变速器内掉入异物或某些紧固螺栓松动。

(3)故障诊断与排除。①当发动机怠速运转时，使变速杆处于空挡位，检查接合和分离离合器过程中有无异响，如离合器接合时发生异响，离合器分离时异响消失，说明异响发生在变速器。也可进行实车行驶，检查在变速挡位有无异响。此时，应区别驱动时与怠速时的异响。在排除变速器异响时，要根据响声的特点、出现响声的时机和发响的部位，判断产生响声的原因，然后予以排除。②变速器换入某一挡位时，响声明显，应检查该挡齿轮和同步器的磨损及齿轮啮合情况，若磨损严重应予以更换。齿轮接触不良，酌情更换一对新齿轮。③发动机怠速运转，变速器空挡时有异响，多为常啮合齿轮响，应酌情修理或更换。④变速器各挡均有异响，多为基础件、轴、齿轮、花键磨损使形位误差超限，应酌情修理或更换。⑤变速器运转时有金属干摩擦声，多为变速器内润滑油有问题，应检查油面高度和油的质量。⑥变速器工作时有周期性撞击声，则为齿轮个别齿损坏，应更换该齿轮。⑦变速器工作时有间断性的异响，可能为变速器内掉入异物所引起。

5.变速器漏油

(1)故障现象。变速器壳体外围有油泄漏，变速器箱的齿轮油减少。

(2)故障原因。①油封磨损、变形或损伤；②变速器壳龟裂或损伤或延伸壳破裂；③通气口堵塞、放油螺塞松动；④变速器的盖与壳体之间安装松动或者密封垫损坏；⑤齿轮油过多或齿轮油选用不当，产生过多泡沫；⑥车速里程表接头锁紧装置松动或破损。

(3)故障诊断与排除。①按油迹部位检查油液泄漏原因；②检查调整变速器油量。检查齿轮油质量，如质量不佳，应更换合适的齿轮油；③疏通堵塞的通气口；④更换损坏的密封垫和油封；⑤紧固松动的变速器盖、壳螺栓及放油螺塞；⑥更换损坏的变速器壳和延伸壳；⑦拧紧车速表接头锁紧装置，如果锁紧装置破损，应予以更换。

第三节 自动变速器和自动变速驱动桥结构与检修

一、自动变速器的组成、类型

(一)自动变速器的基本组成

如图 3-1-46 所示，自动变速器主要由液力变矩器、行星齿轮机构、油泵、控制系统等几部分组成。

(1)液力变矩器。位于自动变速器的最前端，安装在发动机的飞轮上，其作用与采用手动变速器的汽车中的离合器相似。可在一定范围内实现减速增矩。

(2)行星齿轮机构。包括行星齿轮组和换挡执行机构。换挡执行机构可以使行星齿轮组处于不同的啮合状态，以实现不同的传动比。大部分自动变速器的行星齿轮机构有 3~4 个前进挡和 1 个倒挡。这些挡位与液力变矩器相配合，就可获得由起步至最高车速的整个范围内的自动换挡。

(3)油泵。通常安装在液力变矩器之后，由飞轮通过液力变矩器壳直接驱动，为液力变矩器、控制系统及换挡执行机构的工作提供一定压力的自动变速器油(简称 ATF 油)。

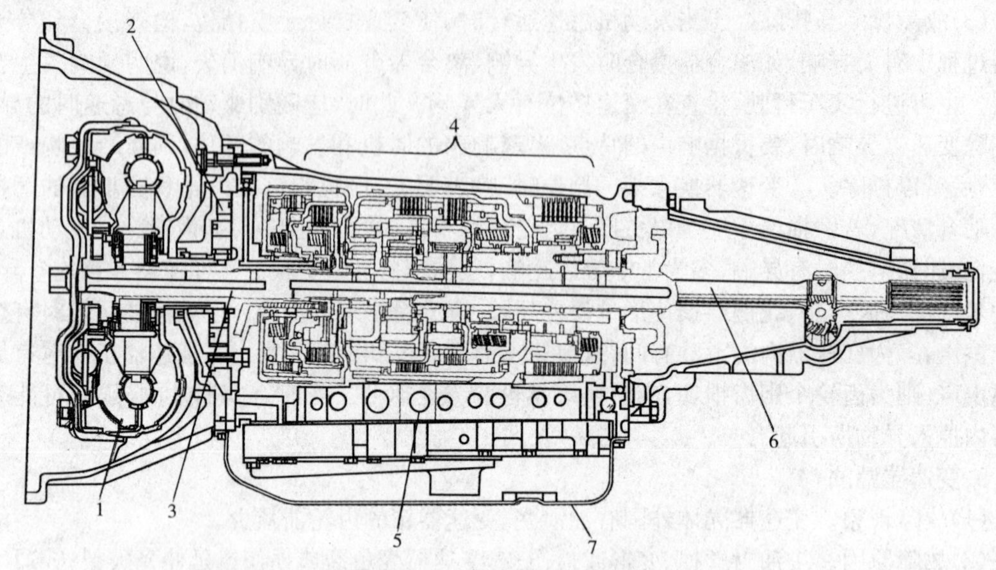

图 3-1-46 自动变速器的组成

1-液力变矩器;2-油泵;3-输入轴;4-行星齿轮机构;5-阀体总成;6-输出轴;7-油底壳

(4)控制系统。新型汽车自动变速器的控制系统有液压式和电液式两种。液压式控制系统包括由许多控制阀组成的阀体总成以及液压管路。电液式控制系统除了阀体及液压管路之外,还包括 ECU、传感器、执行器及控制电路等。阀体总成通常安装在行星齿轮机构下方的油底壳内。驾驶人通过自动变速器的换挡操纵手柄改变阀体内的手动阀的位置,控制系统根据手动阀的位置及节气门开度、车速、控制开关的状态等因素,利用液压自动控制原理或电子自动控制原理,按照一定的规律,控制行星齿轮机构中的换挡执行机构的工作,实现自动换挡。

此外,在自动变速器的外部还设有一个 ATF 油散热器,用于散发 ATF 油在工作过程中产生的热量。

(二)自动变速器的类型

在自动变速器的发展过程中出现了多种结构形式。自动变速器的驱动方式、挡位数、变速齿轮的结构形式、液力变矩器的结构类型及换挡控制形式等都有不同之处。下面从不同角度对自动变速器进行分类。

1. 按汽车驱动方式分类

自动变速器按照汽车驱动方式的不同,可分为后驱动自动变速器和前驱动自动变速器两种。后驱动自动变速器的液力变矩器和行星齿轮机构的输入轴及输出轴在同一轴线上(图 3-1-46),阀体总成则布置在行星齿轮机构下方的油底壳内。前驱动自动变速器(又叫自动变速驱动桥)除了具有与后驱动自动变速器相同的组成外,在自动变速器的壳体内还装有差速器和主减速器。前驱动汽车的发动机有纵置和横置两种。纵置发动机的前驱动自动变速器的结构和布置与后驱动自动变速器汽车基本相同,只是在后端增加了一个差速器。横置发动机的前驱动自动变速器由于汽车横向尺寸的限制,要求有较小的轴向尺寸,因此通常将输入轴和输出轴设计成两个轴线的方式(图 3-1-47),液力变矩器和行星齿轮机构输入轴布置在上方,输出轴则布置在下方。这样的布置减少了自动变速器总体的轴向尺寸,但增加了自动变速器的高度,因此常将阀体总成布置在变速器的侧面或上方，以保证汽车有足够的最小离地间隙。

2.按自动变速器前进挡位数分类

自动变速器按前进挡的挡数不同，可分为2个前进挡、3个前进挡、4个前进挡、5个前进挡和无级变速器等几种。奔驰公司最近又推出了7个前进挡的自动变速器。

3.按液力变矩器的类型分类

按液力变矩器的类型，自动变速器大致可分为普通液力变矩器式、综合液力变矩器式和带锁止离合器的液力变矩器式等三种。普通液力变矩器是指由泵轮、涡轮和导轮3个元件组成的液力变矩器。综合式液力变矩器是指在导轮与固定导轮的套管之间装有单向离合器的液力变矩器，它可以自动进行液力变矩器工况与液力耦合器工况的转换。新型轿车的自动变速器普遍采用带锁止离合器的液力变矩器。当汽车达到一定车速时，控制系统使锁止离合器接合，将液力变矩器的输入部分和输出部分连成一体，使发动机动力直接传入齿轮变速器，从而提高了传动效率，降低了油耗。

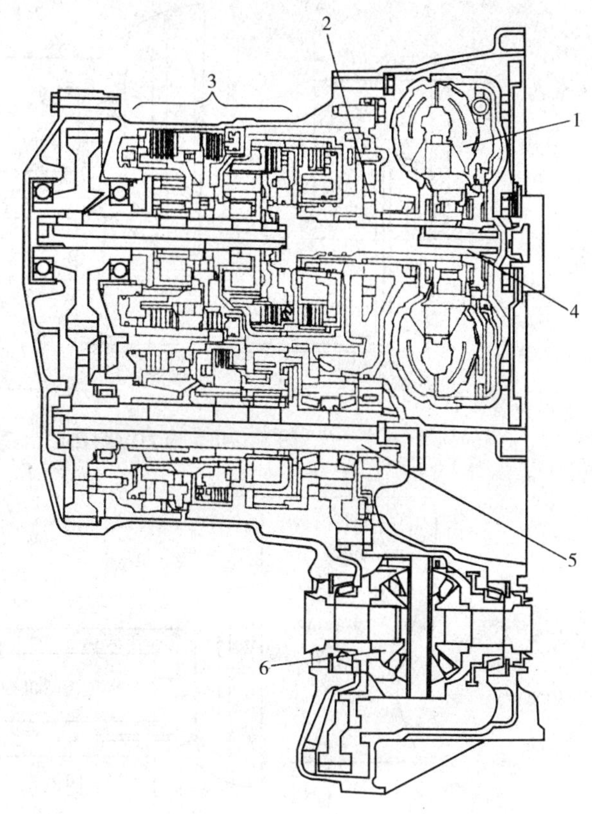

图 3-1-47 前驱动自动变速器（自动变速驱动桥）

1-液力变矩器；2-油泵；3-行星齿轮机构；4-输入轴；5-输出轴；6-差速器

4.按齿轮传动机构的类型分类

自动变速器按其齿轮传动机构的类型不同，可分为普通齿轮式、行星齿轮式和钢带传动等三种。普通齿轮式自动变速器体积大，最大传动比小，只有少数几种车型使用。行星齿轮式自动变速器结构紧凑，能获得较大的传动比，为绝大多数轿车采用。

5.按控制方式分类

自动变速器按控制方式不同，可分为液力控制自动变速器和电子控制自动变速器两种。液力控制的自动变速器是通过机械的手段，将汽车行驶的车速及节气门开度这两个参数转变为液压控制信号；阀体中的各个控制阀根据这些液压控制信号的大小，按照设定的换挡规律，通过控制换挡执行机构的动作，实现自动换挡，如图3-1-48所示。电子控制自动变速器是通过各种传感器，将发动机转速、节气门开度、车速、发动机冷却液温度、ATF油温度等参数转变为电信号，并输入ECU。ECU根据这些信号，按照设定的换挡规律，向换挡电磁阀、油压电磁阀等发出控制指令，换挡电磁阀和油压电磁阀再将ECU的控制指令转变为液压控制信号，阀体中的各个控制阀根据这些液压控制信号，控制换挡执行机构的动作，从而实现自动换挡，如图3-1-49所示。

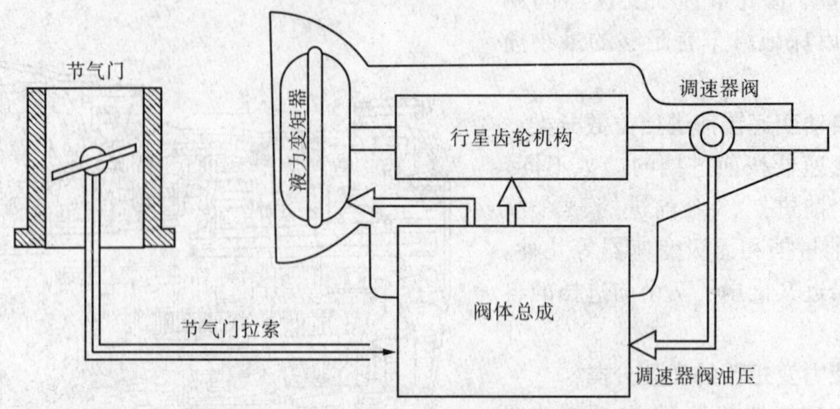

图 3-1-48 液力控制自动变速器控制过程示意图

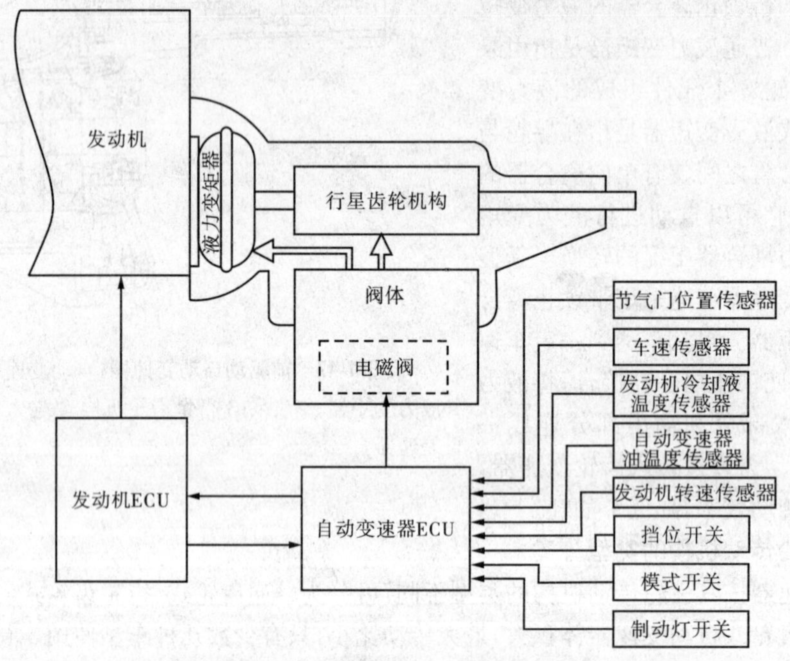

图 3-1-49 电子控制自动变速器控制过程示意图

二、液力变矩器的结构原理

液力变矩器是自动变速器不可缺少的重要组成部分之一。它安装在发动机的飞轮上，利用工作油液将发动机的转矩传递给自动变速器中的齿轮变速机构，并有小范围内的降低转速、增加转矩和自动变速的功能。

(一)液力变矩器的基本结构与原理

液力变矩器有 3 个工作轮，即泵轮、涡轮和导轮。导轮位于泵轮和涡轮之间，并与泵轮和涡轮保持一定的轴向间隙，通过导轮固定套固定于变速器壳体上，如图 3-1-50 所示。发动机运转时带动液力变矩器的壳体和泵轮与之一同旋转，泵轮内的工作油液在离心力的作用下，由泵轮叶片外缘冲向涡轮，并沿涡轮叶片流向导轮，再经导轮叶片流回泵轮叶片内缘，形成循环的液流。导轮的作用是改变涡轮上的输出转矩。由于从涡轮叶片下缘流向导轮的工作油液仍有相当大的冲击力，只要将泵轮、涡轮和导轮的叶片设计成一定的形状和角度，就可以利用上述冲击力来提高涡轮的输出转矩。

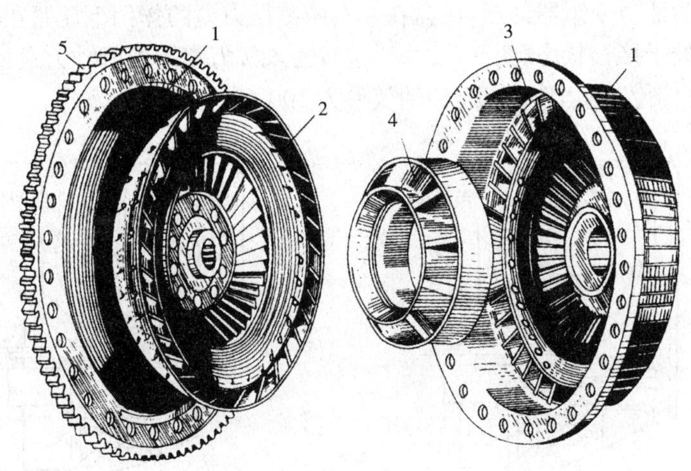

图 3-1-50 液力变矩器主要零件

1-液力变矩器壳；2-涡轮；3-泵轮；4-导轮；5-起动齿圈

(二)综合式液力变矩器的结构与原理

目前，在装用自动变速器的汽车上使用的液力变矩器都是综合式液力变矩器(图 3-1-51)。在导轮与导轮固定套之间装有单向离合器的液力变矩器称为综合式液力变矩器。这一单向离合器使导轮可以朝顺时针方向旋转(从发动机前面看)，但不能朝逆时针方向旋转。在涡轮转速较低时，单向离合器处于锁止状态，工作油液从正面冲击导轮叶片，对导轮施加一个朝逆时针方向旋转的转矩，将导轮锁止固定，按液力变矩器特性工作。当涡轮转速增大到工作液从涡轮叶片出口处冲向导轮背面，对导轮产生一个顺时针方向的转矩时，单向离合器顺时针方向处于自由状态，导轮便朝着涡轮转动的方向转动，综合式液力变矩器转为按液力耦合器特性工作，从而提高了传动效率。

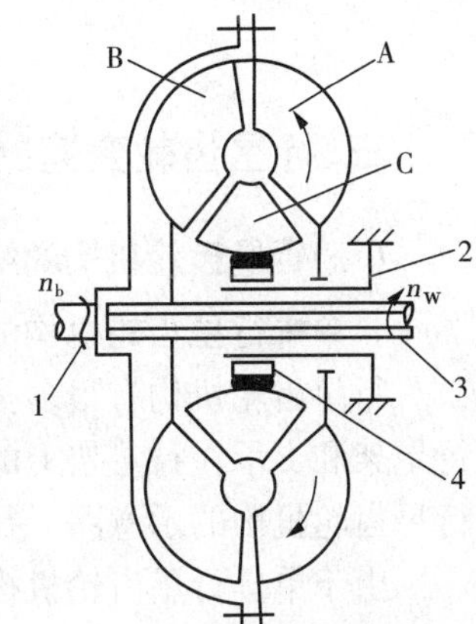

图 3-1-51 综合式液力变矩器

1-输入轴；2-导轮固定套；3-输出轴；4-单向离合器

A-泵轮；B-涡轮；C-导轮

(三)带锁止离合器的综合式液力变矩器的结构与原理

为提高汽车的传动效率，减少燃油消耗，很多轿车自动变速器采用一种带锁止离合器的综合式液力变矩器(图 3-1-52)。锁止离合器由主动部分、从动部分和控制部分组成。主动部分为液力变矩器壳，从动部分为一个可作轴向移动的压盘(通过花键套与输出轴连接)。压盘右侧的工作油液与液力变矩器泵轮、涡轮中的工作油液相通，压盘左侧(压盘与液力变矩器壳之间)的工作油液通过液力变矩器输出轴中间的控制油道与阀体总成上的锁止控制阀相通。锁止控制阀有油道与压盘的左右油腔相接，通过改变压盘两侧的油压使锁止离合器处于分离或接合状态。

当车速较低时，锁止离合器压盘左侧油腔与来自锁止离合器控制装置的进油道 A 相通，锁止离合器压盘两侧保持相同的油压，此时锁止离合器处于分离状态（图 3-1-52a），输入液力变矩器的动力通过工作油液全部传至涡轮。当车速等因素满足锁止离合器的锁止条件时，控制装置便改变油路方向，使 B 油道进油，A 油道回油，锁止离合器压盘左侧的油压下降，而压盘右侧的油压仍为液力变矩器油压，压盘在左右两侧压力差的作用下压紧在液力变矩器壳上，此即锁止离合器处于接合状态（图 3-1-52b），这时输入液力变矩器的动力通过锁止离合器的机械连接，由压盘直接传至输出轴输出，传动效率为 100％。

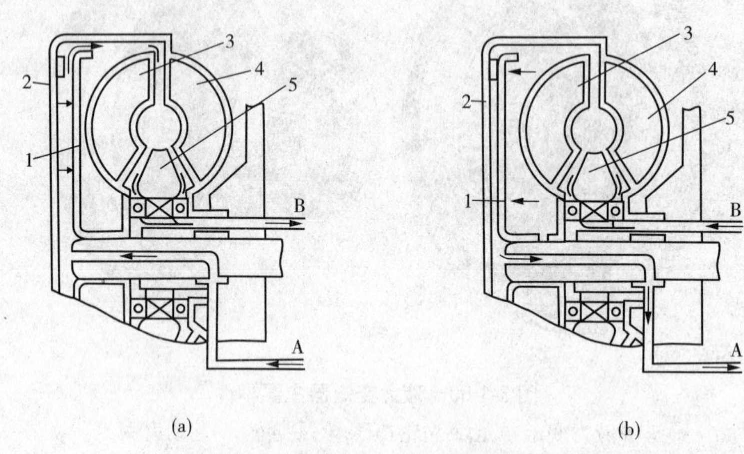

图 3-1-52 锁止式液力变矩器的工作状态

（a）分离状态；（b）接合状态

1-压盘；2-液力变矩器壳；3-涡轮；4-泵轮；5-导轮

A、B-锁止离合器控制油道

三、行星齿轮变速器结构原理

（一）行星齿轮机构的结构与原理

1. 单排行星齿轮机构的结构与原理

行星齿轮机构有很多类型，其中最简单的行星齿轮机构是由一个太阳轮、一个齿圈、一个行星架和支承在行星架上的几个行星齿轮组成的，称为一个行星排（图 3-1-53）。图 3-1-54 为行星齿轮机构的示意图。行星齿轮的动作（每个部件的转速和方向）取决于给定的条件。

由于单排行星齿轮机构有两个自由度，因此它没有固定的传动比，不能直接用于变速传动。为了组成具有一定传动比的传动机构，必须将太阳轮、内齿圈和行星架这 3 个基本元件中的 1 个加以固定（即使其转速为 0，也称为制动），或使其运动受到一定约束（即让该机构以某一固定的转速旋转），或将两个基本元件互相连接在一起（即两者转速相同），使行星排变为只有一个自由度的机构，获得确定的传动比。行星齿轮机构的变速原理见表 3-1-1 和图 3-1-55 所示。

归纳上述关于单排行星齿轮的各种动作，行星齿轮机构将根据下列基本规则进行动作：

①当行星架为主动部件时，从动部件超速运转；

②当行星架为从动部件时，行星架引起转速下降；

③当行星架被固定时，主动和从动部件按相反方向旋转；

④当太阳轮为主动部件时，从动部件引起转速下降；

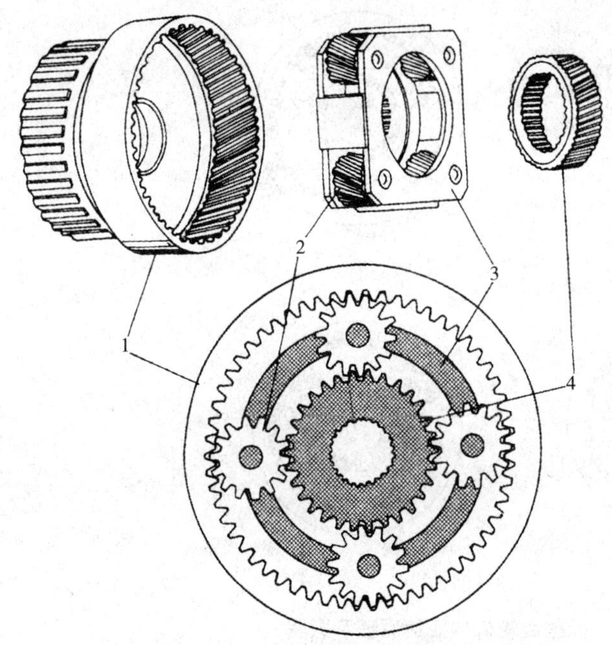

图 3-1-53 行星齿轮机构

1-齿圈；2-行星齿轮；3-行星架；4-太阳轮

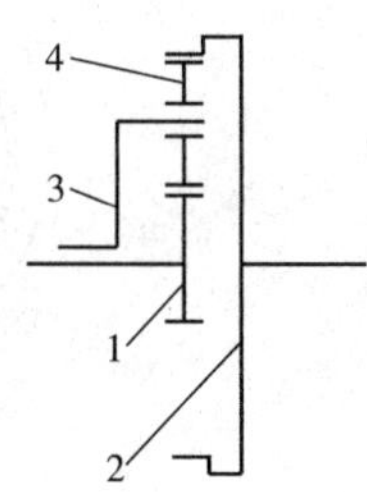

图 3-1-54 行星齿轮机构示意图

1-太阳轮；2-齿圈；3-行星架；4-行星齿轮

单排行星齿轮机构的运动规律表 表 3-1-1

状态	固定	主动件	从动件	旋转速度	旋转方向	图示
1	齿圈	太阳轮	行星架	减速	同向	图 3-1-55a
2		行星架	太阳轮	增速		
3	太阳轮	齿圈	行星架	减速	同向	图 3-1-55b
4		行星架	齿圈	增速		图 3-1-55c
5	行星架	太阳轮	齿圈	减速	反向	图 3-1-55d
6		齿圈	太阳轮	增速		
7	无	一个	另一个	空挡	不定	
8	无	两个	另一个	直接传动	同向	

⑤当太阳轮为从动部件时，从动部件高速运转；

⑥当两个主动部件以相同转速，按相同方向旋转时，行星齿轮机构以直接传动操作；

⑦当仅有一个主动部件并且两个其他部件未被固定时，行星齿轮机构处于空挡状态。

2. 辛普森式行星齿轮机构

辛普森式行星齿轮机构是一种双排行星齿轮机构，其结构特点是：前后两个行星排的太阳轮连接为一个整体，称为共用太阳轮组件；前一个行星排的行星架和后一个行星排的齿圈连接为另一个整体，称为前行星架和后齿圈组件。输出轴通常与前行星架和后齿圈组件连接，如图 3-1-56 所示。经过上述的组合后，该机构成为一种具有 4 个独立元件的行星齿轮机构。这 4 个独立元件是：前齿圈、前后太阳轮组件，后行星架，前行星架和后齿圈组件。根据前进挡的挡数不同，可将辛普森式行星齿轮机构分为辛普森式 3 挡和 4 挡行星齿轮机构两种。

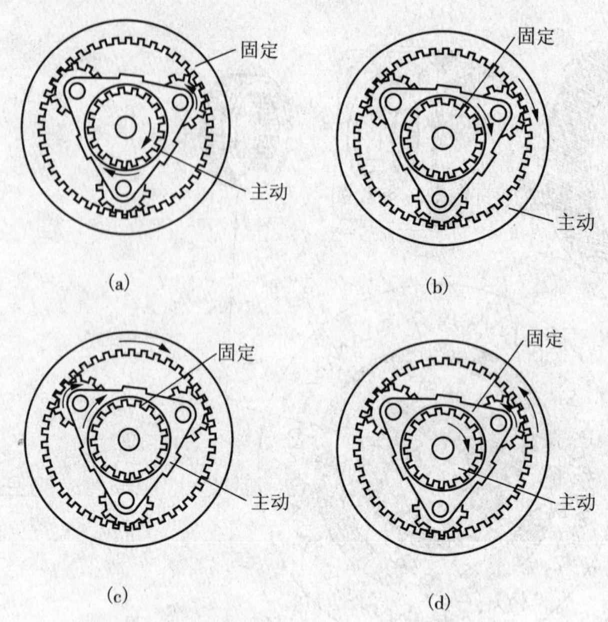

图 3-1-55　行星齿轮机构变速原理示意图

(a)齿圈固定，太阳轮主动；(b)太阳轮固定，齿圈主动；(c)太阳轮固定，行星架主动；(d)行星架固定，太阳轮主动

3.拉维娜行星齿轮机构

拉维娜行星齿轮机构是一种复合式行星齿轮机构。如图 3-1-57 所示，它由一个单行星齿轮式行星排和一个双行星齿轮式行星排组合而成：后太阳轮和长行星轮、行星架、齿圈共同组成一个单行星齿轮式行星排；前太阳轮、短行星轮、长行星轮、行星架和齿圈共同组成一个双行星齿轮式行星排。两个行星排共用一个齿圈和一个行星架。因此，它只有 4 个独立元件，即前太阳轮、后太阳轮、行星架、齿圈。这种行星齿轮机构具有结构简单、尺寸小，传动比变化范围大，灵活多变等特点。可以组成有 3 个前进挡或 4 个前进挡的行星齿轮机构。广泛使用于前驱动式轿车的自动变速器。

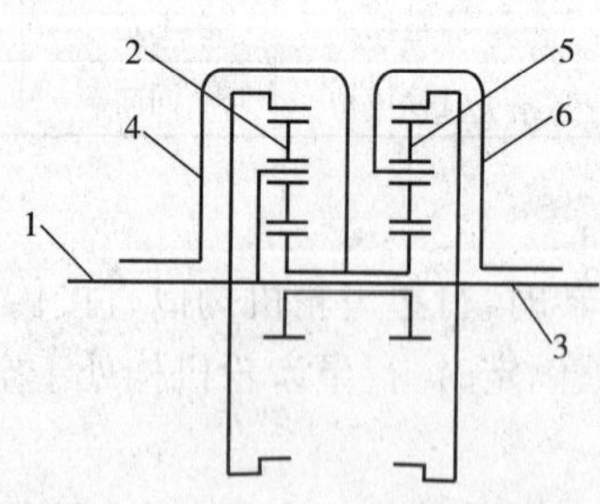

图 3-1-56　辛普森式行星齿轮机构

1-前齿圈；2-前行星轮；3-前行星架和后齿圈组件；4-共用太阳轮组件；5-后行星轮；6-后行星架

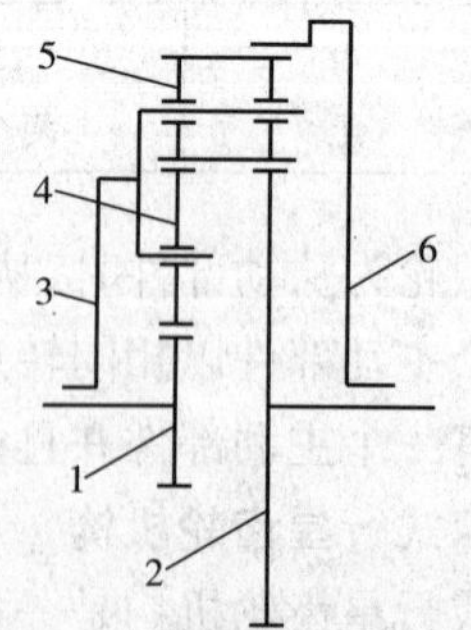

图 3-1-57　拉维娜行星齿轮机构

1-前太阳轮；2-后太阳轮；3-行星架；4-短行星轮；5-长行星轮；6-齿圈

(二)换挡执行机构的结构与原理

行星齿轮机构的换挡执行机构和传统的手动齿轮变速器不同，行星齿轮机构中的所有齿

轮都处于常啮合状态，它的挡位变换不是通过移动齿轮使之进入啮合或脱离啮合来进行的，而是通过以不同的方式对行星齿轮机构的基本元件进行约束（即固定或连接某些基本元件）来实现的。通过适当地选择被约束的基本元件和约束的方式，就可以使该机构具有不同的传动比，从而组成不同的挡位。

换挡执行机构由离合器、制动器和单向离合器等3种不同的执行元件组成，它有3个基本作用，即连接、固定和锁止。

1.离合器结构与原理

离合器的作用是连接，即将行星齿轮机构的输入轴和行星排的某个基本元件连接，或将行星排的某两个基本元件连接在一起，使之成为一个整体，以实现直接传动。

离合器是一种多片湿式离合器，如图3-1-58所示，它通常由活塞、复位弹簧、弹簧座、一组钢片、一组摩擦片、调整垫片、离合器鼓及几个密封圈组成。

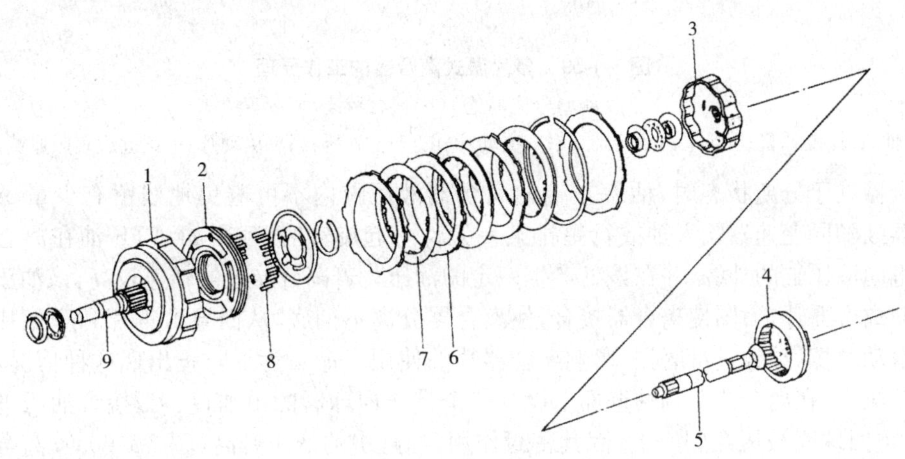

图3-1-58 多片湿式离合器零件图

1-离合器鼓；2-活塞；3-离合器壳；4-内齿圈；5-中间轴；6-离合器钢片；7-离合器摩擦片；8-复位弹簧；9-输入轴

多片湿式离合器既用作驱动元件，也可用作锁止元件，其工作原理如图3-1-59所示。驱动离合器多位于液力变矩器和油泵之间，离合器鼓通过花键与涡轮轴相连或与其制成一体。主动片通过外缘键齿与离合器鼓的内花键槽配合，与涡轮同步旋转。离合器花键毂与行星齿轮机构的主动元件制成一体。从动片通过内缘键齿与花键毂相连。主动片和从动片均可轴向移动。压盘固定于键槽中，用以限制主、从动盘的位移量，其外侧安装了限位卡环。活塞装于离合器鼓内，复位弹簧一端抵于活塞端面，另一端支撑在保持座上。

当离合器处于分离状态时，活塞在复位弹簧的作用下处于左极限位置，主、从动片间存在一定间隙。当压力油经油道进入活塞左腔室后，液压力克服弹簧张力使活塞右移，将所有主、从动片依次压紧，离合器接合，该元件成为输入元件。动力经涡轮轴、离合器鼓、主动片和花键毂传至行星齿轮机构。油压撤除后，活塞在复位弹簧的作用下复位，离合器分离，动力传递路线被切断。

用作锁止元件的多片湿式离合器的结构和工作原理与驱动器离合器基本相同，只是与变速器的连接方式有所区别。从动片与离合器鼓的键槽相连，离合器鼓与变速器壳体等固定元件制成一体。主动片与行星齿轮系统相应元件用键连接。当离合器接合时，该元件与变速器壳体固连，成为固定元件。

离合器处于分离状态时，离合器片之间有一定的轴向间隙，以保证钢片和摩擦片之间无轴向压力，这一间隙称为离合器的自由间隙。一般离合器自由间隙的标准值为 0.5 ～2.0 mm，其规定值取决于离合器片的片数、离合器在变速器中的位置，不同的生产厂家也有差别。通常，离合器片数越多，或离合器交替工作越频繁，自由间隙的值就越大。自由间隙的大小可以用不同厚度的可选挡圈或垫片进行调整。

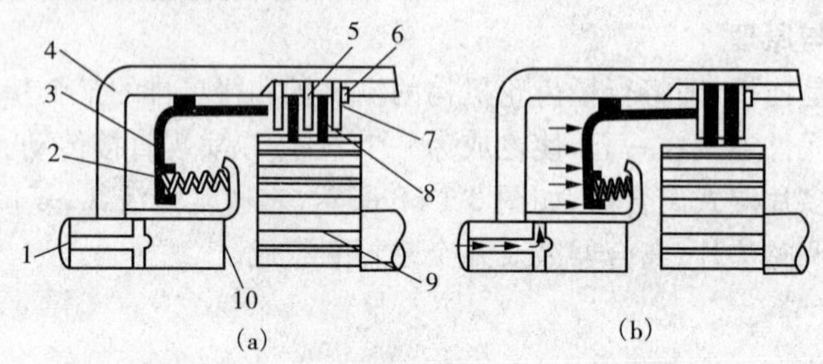

图 3-1-59　多片湿式离合器的工作原理

(a)分离状态；(b)接合状态

1-涡轮轴；2-复位弹簧；3-活塞；4-离合器鼓；5-主动片；6-卡环；7-压盘；8-从动片；9-花键毂；10-弹簧保持座

离合器处于分离状态时，活塞左端的离合器液压缸内不可避免地残留有少量 ATF 油。当离合器鼓随同变速器输入轴或行星排某一元件一起旋转时，残留的 ATF 油在离心力的作用下被甩向液压缸的外缘，并在该处产生一定的油压。若离合器鼓的转速较高，该油压将推动活塞压向离合器片，力图使离合器接合，使离合器分离不彻底，从而导致钢片和摩擦片间出现不正常滑动摩擦，导致过量磨损，影响离合器片的使用寿命。为了防止出现这种情况，解除残余的油液压力，在离合器左端的壁面上设有一个带止回球阀的出油口。当接合油压进入活塞油缸时，止回球阀被压在阀座上，因其密封作用，油缸中的油压升高(图 3-1-60a)；离合器分离时，虽有残余油压作用在止回阀上，但相比之下更大一些的离心力却使球阀离座，ATF 油在阀座处沿径向外移排出，使离合器彻底分离(图 3-1-60b)。丰田汽车公司的自动变速器将止回阀装在离合器活塞中，也可产生同样的泄油作用。有些汽车的自动变速器不设此类单向阀，而是在离合器鼓或活塞上设一计量孔，以完成与止回阀相同的作用。

2. 制动器结构与原理

制动器的作用是将行星排中的太阳轮、齿圈、行星架这 3 个基本元件之一加以固定。目前最常见的是多片湿式制动器和带式制动器。

(1)多片湿式制动器。多片湿式制动器由制动器鼓、制动器活塞、复位弹簧、钢片、摩擦片及制动器毂(太阳轮)等组成，典型的多片湿式制动器如图 3-1-61 所示。它的结构和工作原理与多片湿式离合器基本相同，只是其钢片通过外花键齿安装在变速器壳体的内花键齿圈上，摩擦片则通过内花键齿和制动器毂上的外花键槽连接。制动器毂与行星齿轮机构的元件相连。当液压缸中没有压力油时，制动器毂可以自由旋转；当压力油进入制动器的液压缸后，通过活塞将钢片和摩擦片压紧在一起，制动器毂以及与其相连的行星齿轮机构的某一元件被固定住而不能旋转。当压力油从油缸排出时，复位弹簧将活塞复位至原始位置，制动解除。

(2)带式制动器。带式制动器是执行机构中的锁止元件，由制动带及其伺服装置(控制液压缸)组成。如图 3-1-62 所示，汽车自动变速器中的带式制动器，采用一内敷摩擦材料的制动带包绕在制动鼓的外圆表面，制动带的一端固定在变速器壳体上，另一端则与制动液压缸中的活塞相连。

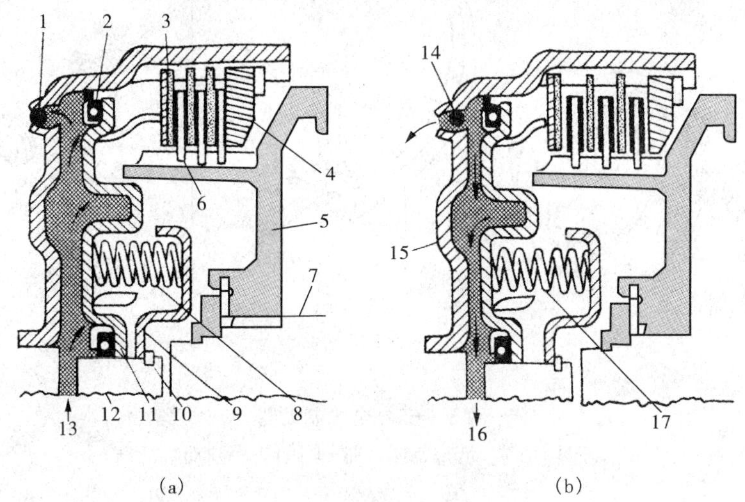

图 3-1-60 离合器单向阀的作用

(a)止回球阀落座;(b)止回球阀开启

1-止回球阀落座;2-密封圈;3-与离合器鼓花键相连的钢片;4-压盘;5-离合器毂;6-与离合器鼓花键相连的摩擦片;7-输出轴;8-被压缩的复位弹簧;9-复位弹簧座;10-挡圈;11-活塞;12-输入轴;13-进油;14-止回球阀开启;15-离合器鼓;16-泄油;17-张开的复位弹簧

制动时,当液压施加于活塞时,活塞在缸体内移动至左端,压缩外弹簧,连杆带动活塞移动,推动制动带的一端。因为制动带的另一端固定在变速器壳体上,制动带的直径即减小,因此,制动带夹持制动鼓,使其不能转动,如图 3-1-63a 所示。因为此时制动鼓以高速旋转,制动带受到来自制动鼓的旋转反作用力,如果活塞和连杆为整体结构,这个反作用力会使活塞产生振动。为防止这种状况,活塞是通过一内弹簧安装在连杆上,当制动带受到反作用力时,连杆被推回压缩内弹簧以缓冲这个反作用力(图 3-1-63b)。当油压在缸体内升高时,活塞和连杆继续压缩外弹簧,在缸体 内移动使制动带收缩,均匀地夹持制动鼓。当连杆不能在缸体内移动时,缸体内的油压继续升压,在压缩内、外弹簧时仅为活塞移动;当活塞与连杆垫片接触时,活塞直接推动连杆,制动带以更大的力夹持制动鼓(图 3-1-63c),此时,在制动带和制动鼓之间产生更高的摩擦力,以促使制动鼓,或者一组行星齿轮机构(太阳轮在此壳体内)不能转动。当压缩 ATF 油从缸体排出时,活塞和连杆被外弹簧的力推回,制动带释放制动鼓。

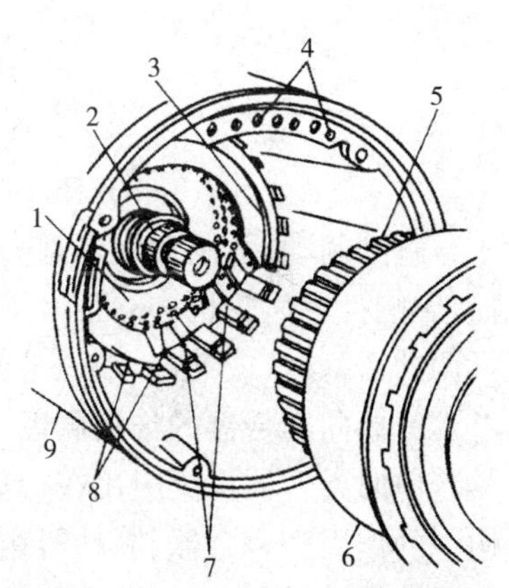

图 3-1-61 典型的湿式多片制动器

1-活塞;2-输入轴;3-弹性挡圈;4-油液通道;5-摩擦片内花键;6-制动器毂;7-与鼓花键相连的摩擦片;8-与壳体花键相连的钢片;9-壳体

上述带式制动器伺服装置是直接作用式,另外一种是间接作用式伺服装置,它与上述结构的区别在于制动带开口的一端支承于推杆端部,活塞杆通过杠杆控制推杆的动作,由于采用杠杆结构将活塞作用力放大,制动力矩进一步增加。

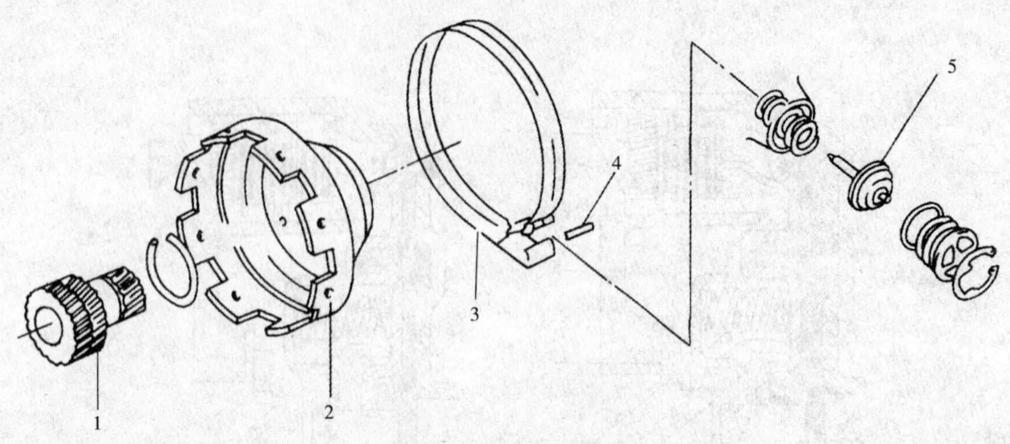

图 3-1-62 带式制动器

1-太阳轮；2-制动鼓；3-制动带；4-销钉；5-制动缸活塞

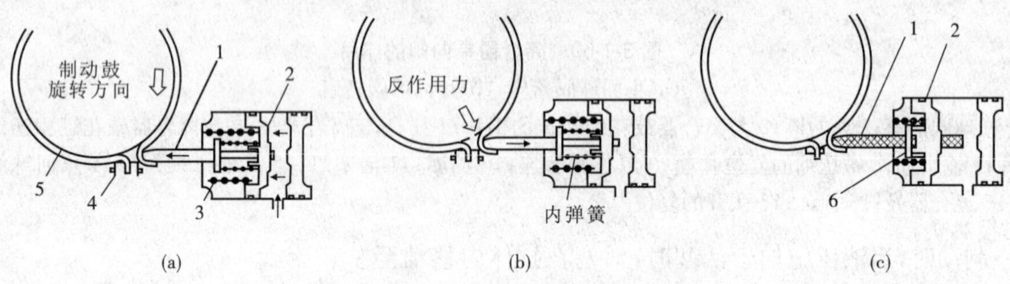

图 3-1-63 带式制动器的工作原理

(a)制动；(b)内弹簧的作用；(c)外弹簧的作用

1-连杆；2-活塞；3-外弹簧；4-变速器壳体；5-制动带；6-垫片

解除制动后，制动带与制动鼓之间应存在一定间隙，否则会造成制动带和制动鼓的过度磨损，影响行星齿轮机构的正常工作。调整该间隙的常见结构有三种：长度可调的支承销、长度可调的活塞杆(或推杆)和通过调整螺钉调整长度的杠杆。

3.单向离合器的结构原理

单向离合器广泛应用在行星齿轮机构及综合式液力变矩器中。单向离合器在行星齿轮机构中的作用和离合器、制动器相同，也是用于固定或连接几个行星排中的某些太阳轮、行星架、齿圈等基本元件，让行星齿轮机构组成不同传动比的挡位。因此，它也是行星齿轮机构的换挡元件之一。不同之处在于，它是依靠其单向锁止原理来发挥固定或连接作用的，其连接和固定也只能是单方向的。当与之相连接的元件的受力方向与锁止方向相同时，该元件即被固定或连接；当受力方向与锁止方向相反时，该元件即被释放或脱离连接。目前，最常见的单向离合器有滚柱斜槽式和楔块式两种。

(1)滚柱斜槽式单向离合器。如图 3-1-64 所示，滚柱斜槽式单向离合器由内座圈、外座圈、滚柱和复位弹簧等组成。在液力变矩器锁止用单向离合器上，外座圈大多用铆钉与导轮连接，内座圈用花键与导轮固定套连接，是固定不动的。外座圈的内表面处制有与滚柱数量相同的楔形槽，楔形槽内装有滚柱和复位弹簧，复位弹簧的弹力把滚柱推到楔形槽较窄的一端。当涡轮转速较低且与泵轮转速差较大时，从涡轮流出的液流冲击导轮叶片，力图使导轮按顺时针方向旋转(图 3-1-64b)。此时,由于滚柱被楔紧在楔形槽较窄的一端,单向离合器处于锁止状态,导轮便同外座圈一起被卡紧在内座圈上而固定不动,液力变矩器便起增大转矩的作用。当涡轮转速升高到一定程度时,液流对导轮的冲击方向相反,于是导轮同外座圈便按逆时针方向旋转(图 3-1-64a),滚柱在摩擦力的作用下,克服复位弹簧的弹力而移向楔形槽较宽的一端,单向离合器便脱离锁止进入自由状态,此时,导轮与涡轮同向转动,液力变矩器便转成液力耦合器的工作状况。

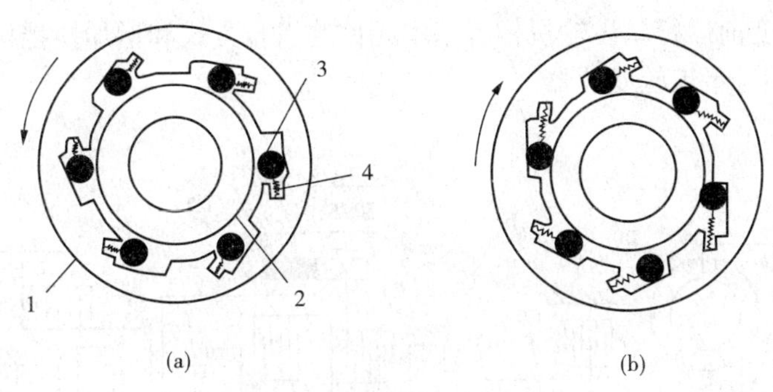

图 3-1-64　滚柱斜槽式单向离合器

(a)自由状态 ;b)锁止状态

1-外座圈;2-滚柱;3-复位弹簧;4-内座圈

(2)楔块式单向离合器。如图 3-1-65 所示,楔块式单向离合器由外座圈、内座圈、楔块等组成。楔块装在外座圈和内座圈之间。楔块具有特殊的形状(图 3-1-65c),在 A 方向上的尺寸略大于内、外座圈的距离(半径差)B,而在 C 方向上的尺寸略小于 B。当外座圈相对于内座圈按顺时针方向旋转时,楔块在摩擦力的作用下立起被卡死在内、外座圈之间,此时单向离合器处于锁止状态(图 3-1-65b)。当外座圈相对于内座圈按逆时针方向旋转时,楔块在摩擦力的作用下倾斜,内、外座圈可以作相对转动,此时单向离合器处于自由状态(图 3-1-65a)。

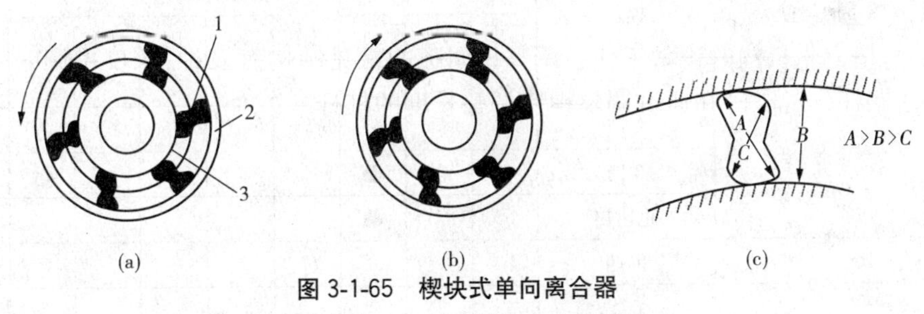

图 3-1-65　楔块式单向离合器

(a)自由状态;(b)锁止状态;(c)楔块尺寸

1-楔块;2-外座圈;3-内座圈

(三)行星齿轮变速器变速原理

不同车型自动变速器在结构上往往有很大差异,主要表现在:前进挡的挡数不同,离合器、制动器及单向离合器的数目和布置方式不同,所采用的行星齿轮结构的类型不同。新型轿车自动变速器的行星齿轮机构大部分采用 4 个前进挡。前进挡的数目越多,行星齿轮机构中的离合器、制动器及单向离合器的数目就越多。离合器、制动器、单向离合器的布置方式主要取决于自动变速器前进挡的挡数及所采用的行星齿轮机构的类型。对于行星齿轮机构类型相同的自动变速器来说,其离合器、制动器及单向离合器的布置方式及工作过程基本上是一致的。

因此，了解各种不同类型行星齿轮机构的结构和工作原理，是掌握各种不同车型自动变速器结构和工作原理的关键。

1.辛普森式行星齿轮变速器的变速原理

辛普森式 4 挡行星齿轮变速器有两种类型：一种是在辛普森式 3 挡行星齿轮变速器原有的双行星排的基础上再增加一个单排行星齿轮机构，用 3 个行星排组成 4 挡行星齿轮机构，如图 3-1-66 所示，其换挡执行元件的工作规律见表 3-1-2；另一种是对辛普森式双排行星齿轮变速器改进，通过改变前后行星齿轮机构各基本元件的组合方式和增加换挡执行元件，使之成为带有超速挡的 4 挡行星齿轮变速器。

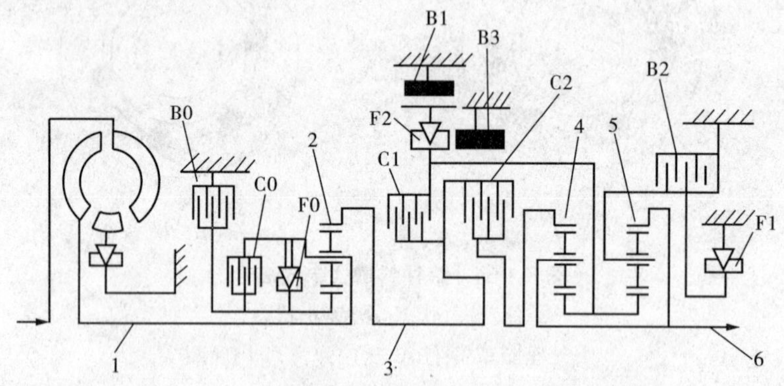

图 3-1-66　3 行星排辛普森式 4 挡行星齿轮变速器

1-输入轴；2-超速挡行星排；3-中间轴；4-前行星齿轮机构；5-后行星齿轮机构；6-输出轴

C0-超速挡离合器；C1-倒挡及高速挡离合器；C2-前进挡离合器；B0-超速挡制动器；B1-2 挡制动器；B2-低速挡及倒挡制动器；B3-2 挡滑行制动器；F0-超速挡单向离合器；F1-低速挡单向离合器；F2-2 挡单向离合器

3 行星排辛普森式 4 挡行星齿轮变速器换挡执行元件工作规律　　表 3-1-2

换挡操纵手柄位置	挡位	换挡执行元件									
		C1	C2	B1	B2	B3	F1	F2	C0	B0	F0
D	1 挡		○				○		○		○
	2 挡		○	○				○	○		○
	3 挡	○	○	●					○		○
	超速挡	○	○	●						○	
R	倒挡	○			○				○		○
S 位(或 2 位)、L 位(或 1 位)	1 挡		○		○				○		○
	2 挡		○	●		○			○		○
	3 挡	○	○						○		○

注：○——接合、制动或锁止；●——接合或制动，但不传递动力。

(1)马自达公司 FN4A－EL 型自动变速器动力传递路线

FN4A－EL 型自动变速器为电控 4 挡自动变速器，用于一汽轿车马自达 M6 轿车和海南马自达轿车。FN4A－EL 型自动变速器采用改进型辛普森行星齿轮机构(图 3-1-67)，即前、后两个太阳轮独立运动，后行星架与前齿圈为一体；后齿圈与前行星架为一体，是动力输入端。变速器内部有 3 个离合器、2 个制动器和 1 个单向离合器。各挡换挡执行元件的作用见表 3-1-

3，不同挡位时换挡执行元件工作规律见表3-1-4。

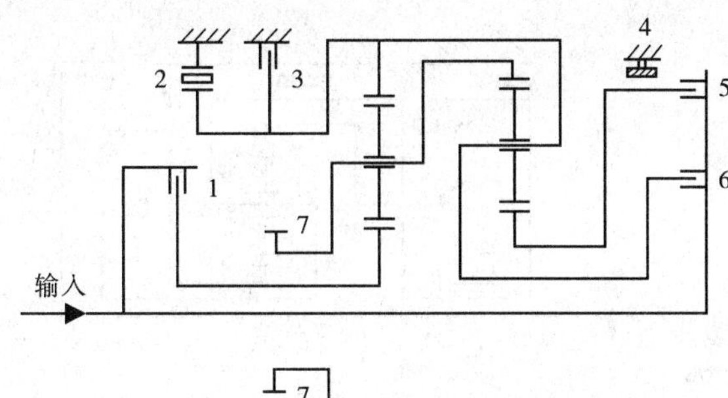

图3-1-67 FN4A-EL型自动变速器动力传递示意图

1-前进挡离合器；2-单向离合器；3-低挡和倒挡制动器；4-2—4挡制动带；5-倒挡离合器；6-3-4挡离合器；7-动力输出端（前行星架、后齿圈）

换挡执行元件的作用 表3-1-3

换挡执行元件	作 用
前进挡离合器	驱动前太阳轮，在1、2、和3挡时工作
3-4挡离合器	驱动后行星架/前齿圈，在3、4挡时工作
倒挡离合器	驱动后太阳轮
2-4挡制动带	通过锁住倒挡制动鼓，固定后太阳轮，在2、4挡时工作
低挡和倒挡制动器	固定后行星架/前齿圈，在1挡和R挡时工作
单向离合器	在1挡时防止前齿圈逆时针方向旋转（从液力变矩器方向观察）

不同挡位时换挡执行元件工作规律 表3-1-4

换挡执行元件	P/N	R	1	L1	2	3	4
前进挡离合器			○	○	○	○	
3-4挡离合器						○	○
倒挡离合器		○					
2-4挡制动带					○		○
低挡和倒挡制动器		○		○			
单向离合器			○	○			

（2）东风雪铁龙公司AL4型自动变速器动力传递路线

AL4型自动变速器为电控4挡自动变速器，主要用于神龙公司生产的富康988、浪潮、爱丽舍、赛纳及毕加索等轿车上。AL4型自动变速器采用辛普森Ⅱ型行星齿轮机构（图3-1-68），行星齿轮机构由2个单排单级行星齿轮机构组成；后齿圈C1与前行星架PS2和一级减速主动齿轮连在一起，是动力输入端；前齿圈C2与后行星架PS1连为一体；两个太阳轮独立运动。不同挡位行星齿轮机构各部件的状态见表3-1-5，不同挡位时换挡执行元件工作规律见表3-1-6。

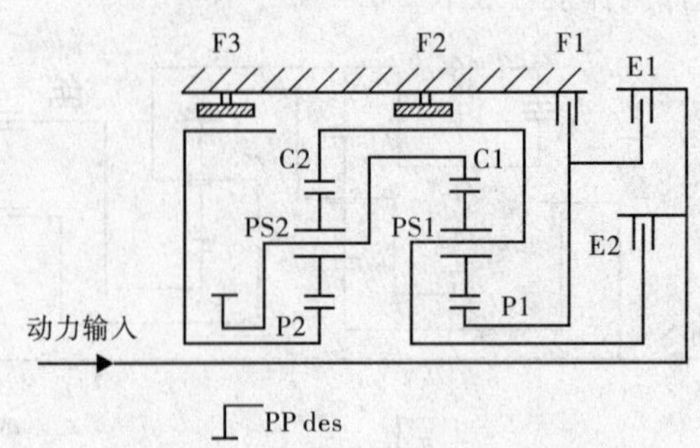

图 3-1-68 AL4 型自动变速器动力传递示意图

C1-后齿圈；C2-前齿圈；PS1-后行星架；PS2-前行星架；P1-后太阳轮；P2-前太阳轮；E1-离合器 E1；E2-离合器 E2；F1-制动器 F1；F2-制动器 F2；F3-制动器 F3；PP des-输出齿轮

不同挡位行星齿轮机构各部件的状态 表 3-1-5

挡位	驱动部件	固定齿轮	输出端
1	后太阳轮 P1	前太阳轮 P2	前行星架/后齿圈 PS2－C1
2	后行星架/前齿圈 PS1－C2	前太阳轮 P2	
3	后太阳轮 P1 和后行星架/前齿圈 PS1－C2	无	
4	后行星架/前齿圈 PS1－C2	后太阳轮 P1	
R	前太阳轮 P2	后行星架/前齿圈 PS1－C2	

不同挡位时换挡执行元件工作规律 表 3-1-6

挡位	离合器		制动器		
	E1	E2	F1	F2	F3
P/N	○				
1	○				○
2		○			○
3	○	○			
4		○	○		
R	○			○	

(3)德国 ZF 公司 4HP-16 型自动变速器动力传递路线

德国 ZF 公司开发的 4HP-16 型自动变速器与前轮驱动、发动机横置车辆配套使用，为电控 4 挡自动变速器。被上海通用别克凯越 1.8L 轿车、上海通用雪佛兰景程轿车、大宇美男爵轿车采用。4HP-16 型自动变速器采用改进型辛普森行星齿轮机构(图 3-1-69)，即后行星架与前齿圈为一体；后齿圈与前行星架为一体，是动力输出端；前、后排两个太阳轮独立。各挡换挡执行元件的作用见表 3-1-7，不同挡位时换挡执行元件工作规律见表 3-1-8。由于该自动变速器内部没有单向离合器，故在各挡均有发动机制动作用。

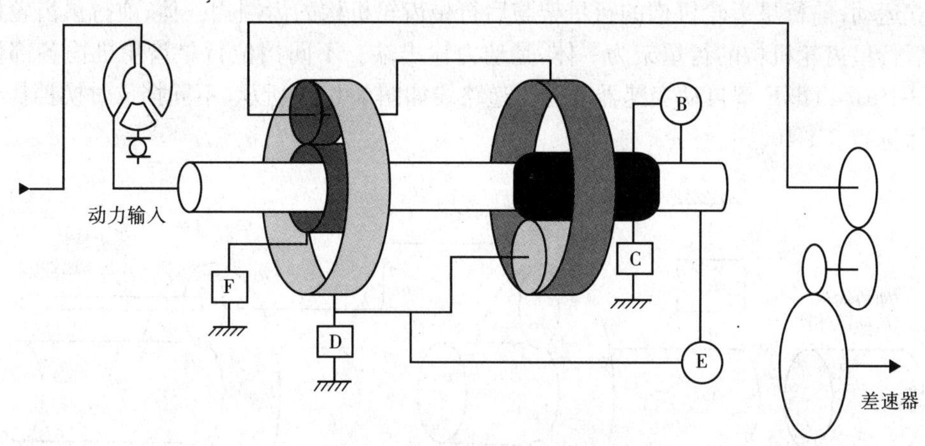

图 3-1-69 4HP-16 型自动变速器采用的改进型辛普森行星齿轮机构

F-制动器 F;D-制动器 D;C-制动器 C;E-离合器 E;B-离合器 B

各挡换挡执行元件的作用 表 3-1-7

换挡执行元件	作 用
离合器 B	驱动后太阳轮
离合器 E	驱动后行星架/前齿圈
制动器 C	固定后太阳轮
制动器 D	固定后行星架/前齿圈
制动器 F	固定前太阳轮

不同挡位时换挡执行元件工作规律 表 3-1-8

挡 位	离合器		制动器		
	B	E	C	D	F
P/N	○				
R	○			○	
1	○				○
2		○			○
3	○	○			
4		○	○		

(4)美国通用公司 4T65E/4T60E 型自动变速器动力传递路线

美国通用公司 4T65E 型自动变速器适用于发动机横置、前轮驱动的车辆,装用在上海通用公司生产的别克、别克君威、别克 GL8,还用于通用公司生产的凯迪拉克、旁帝克、奥兹莫比尔、雪佛兰等车型。4T65E 型自动变速器与 4T60E 型自动变速器的动力传递路线相同。4T65E 型自动变速器采用改进性辛普森行星齿轮机构(图 3-1-70),其前、后行星齿轮机构的太阳轮独立运动；前行星齿轮机构的行星架与后行星齿轮机构的齿圈为一体；前行星齿轮机构的齿圈与后行星齿轮机构的行星架为一体，是动力输出端。不同挡位行星齿轮机构各部件的状态见表 3-1-9，4T65E 型自动变速器动力传递路线如图 3-1-71 所示，不同挡位时换挡执行元件工作规律见表 3-1-10。

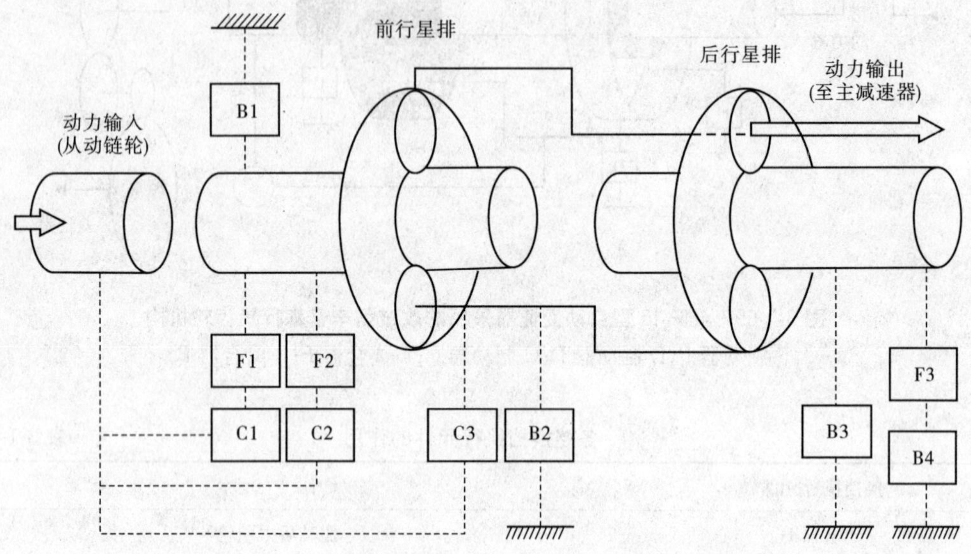

图 3-1-70 4T65E 型自动变速器采用的改进型辛普森行星齿轮机构

C1-2 挡离合器；C2-3 挡离合器；C3-输入离合器；B1-4 挡制动器；B2-倒挡制动器；B3-低速挡制动器；B4-前进挡制动器；F1-3 挡单向离合器；F2-输入单向离合器；F3-低速挡单向离合器

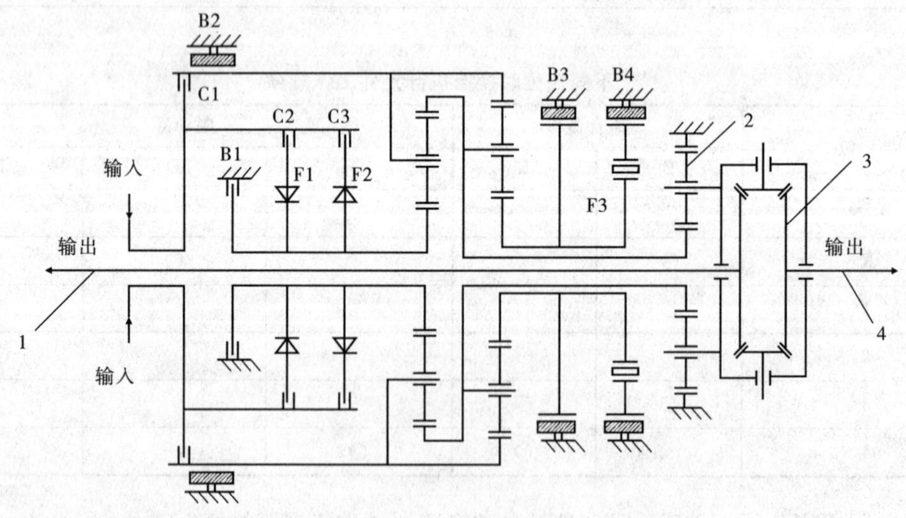

图 3-1-71 4T65E 型自动变速器动力传递路线

1、4-输出轴；2-主减速器；3-差速器；

C1-2挡离合器；C1-3挡离合器；C3-输入离合器；B1-4 挡制动器；B2-倒挡制动器；B3-低速挡制动器；B4-前进挡制动器；F1-3 挡单向离合器；F2-输入单向离合器；F3-低速挡单向离合器

不同挡位行星齿轮机构各部件的状态　　表 3-1-9

挡位	输入部件	固定部件	输出部件
1	前太阳轮	后太阳轮	后行星架/前齿圈
2	前行星架/后齿圈	后太阳轮	后行星架/前齿圈
3	前太阳轮＋前行星架	无固定部件	后行星架/前齿圈
4	前行星架/后齿圈	前太阳轮	后行星架/前齿圈
R	前太阳轮	前行星架/后齿圈	后行星架/前齿圈

不同挡位时换挡执行元件工作规律　　表 3-1-10

换挡操纵手柄位置	挡位	换挡执行元件									
		C1	C2	C3	B1	B2	B3	B4	F1	F2	F3
D	1			○				○		H	H
	2	○		●				○		★	H
	3	○	○					●	H		★
	4	○	●		○			●	★		★
3	3	○	○	○				●	H	H	★
2	2	○		●			○	○		★	H
1	1		○	○			○	○	H	H	H
R	R			○		○				H	
P/N	P/N			●						●	

注：○——作用；H——保持；★——超速；●——作用或保持，但没有负载，不传递动力。

4T65E 型自动变速器机械部件较为复杂，下面分别介绍各挡的动力传递过程。

①P/N 挡动力传递路线。操纵手柄处于 P 或 N 位时，输入离合器 C3 接合，驱动输入单向离合器 F2 外圈，输入单向离合器 F2 锁止，动力传至前（输入）太阳轮。但此时前太阳轮、前行星架/后齿圈、后太阳轮三个部件中没有固定部件，都在空转，所以，没有动力传递等。

②D1 挡动力传递路线。在 D1 挡，输入离合器 C3 接合，驱动输入单向离合器 F2 外圈，输入单向离合器 F2 锁止，动力传至前（输入）太阳轮。因前齿圈/后行星架与车体相连，可视为固定或限定转速，则前太阳轮驱动前行星架/后齿圈同向旋转；因后行星架/前齿圈与车体相连，可视为固定或限定转速，则后太阳轮有反向旋转的趋势。此时，前进挡制动器 B4 工作，低速挡单向离合器 F3 锁止，后太阳轮被固定，则后行星架/前齿圈被同向减速驱动，车辆前行。由以上分析可知，输入单向离合器 F2 和低速挡单向离合器 F3 的锁止是动力传递不可缺少的环节，当转矩来自车轮时，前太阳轮有同向增速旋转的趋势，则 F2 和 F3 滑转，动力不能反向传递，所以，D1 挡没有发动机制动。

③D2 挡动力传递路线。在 D2 挡，2 挡离合器 C1 接合，通过 2 挡驱动套驱动前行星架/后齿圈旋转，对后行星齿轮机构而言，后齿圈驱动，后行星架与车休相连，可视为固定或限定转速，则后太阳轮有反向旋转的趋势此时，前进挡制动器 B4 工作，低速挡单向离合器 F3 锁止，后太阳轮被固定，则后行星架/前齿圈被同向减速驱动，车辆前行。2 挡时，输入离合器 C3 仍处于接合状态，但输入单向离合器 F2 处于滑转状态。因为对于前行星齿轮机构而言，前齿圈/后行星架与车体相连，可视为固定或限定转速，则前太阳轮有同向增速旋转的趋势，所以输

入单向离合器 F2 超越滑转。同理，在 D2 挡时也没有发动机制动。

④D3 挡动力传递路线。在 D3 挡时，2 挡离合器 C1 结合，通过 2 挡驱动套将动力传给前行星架/后齿圈；同时 3 挡离合器 C2 结合。对于前行星齿轮机构而言，2 挡离合器 C1 结合，驱动前行星架旋转，因前齿圈/后行星架与车体相连，可视为固定或限定转速，则前太阳轮有同向增速旋转的趋势；此时，3 挡离合器 C2 结合，3 挡单向离合器 F1 锁止，使前太阳轮不能超速旋转，转速被限定在 3 挡离合器的转速（即输入转速），这相当于同时驱动了前行星架与前太阳轮，则整个行星齿轮机构整体旋转，传动比为 1∶1。当转矩来自车轮时，对前排行星齿轮机构而言，因前行星架被 C1 驱动，可视为固定或限定转速，则前太阳轮有减速旋转的趋势，此时 3 挡单向离合器 F1 超越，没有发动机制动。

⑤D4 挡动力传递路线。在 D4 挡时，2 挡离合器 C1 结合，通过 2 挡驱动套将动力传给前行星架/后齿圈；4 挡制动器 B1 工作，将前太阳轮固定，则前齿圈/后行星架（与车体相连）为同向增速输出。在 D4 挡中，动力传递没有采用单向离合器，故有发动机制动。

⑥R 挡动力传递路线。在 R 挡，输入离合器 C3 结合，输入单向离合器 F2 锁止，驱动前太阳轮旋转。倒挡制动器 B2 工作，将前行星架固定，则前齿圈/后行星架（与车体相连）为反向减速输出。

⑦手动 3 挡动力传递路线。操纵手柄位于 3 位时，变速器的实际挡位只在 1、2 和 3 挡之间变化，不能升入 4 挡。在手动 3 挡中，1、2 挡与 D1、D2 挡完全相同，没有发动机制动，这里所分析的手动 3 挡特指其中的实际 3 挡状态。在 D3 挡时，2 挡离合器 C1 结合，通过 2 挡驱动套将动力传给前行星架/后齿圈；同时，3 挡离合器 C2 结合，将前太阳轮转速限定在 3 挡离合器的转速（即输入转速），这相当于同时驱动了前行星架与前太阳轮，则整个行星齿轮机构整体旋转，传动比为 1。在手动 3 挡时，除了 C1 和 C2 工作外，输入离合器 C3 也结合，它不传递动力，只是为了获得发动机制动。当转矩来自车轮时，对前行星齿轮机构而言，因前行星架被驱动，可视为固定或限定转速，则前太阳轮有减速旋转的趋势，此时 3 挡单向离合器 F1 超越，发动机不能起到制动作用。而此时输入离合器工作，输入单向离合器 F2 锁止，F2 和 F1 的锁止方向相反，F2 阻止了前太阳轮的减速趋势，发动机起到了制动作用。

⑧手动 2 挡动力传递路线。操纵手柄位于 2 挡时，变速器的实际挡位只在 1 和 2 挡之间变化，不能升入 3 挡。在手动 2 挡中，1 挡与 D1 相同，没有发动机制动，这里所分析的手动 2 挡特指其中的实际 2 挡状态。手动 2 挡与 D2 挡的不同之处就是低速挡制动器 B3 工作，将后太阳轮抱死双向固定。当转矩来自车轮时，对后行星齿轮机构而言，后太阳轮固定，后齿圈有一个同向增速的趋势，这个转矩通过 2 挡驱动套传递给 2 挡离合器，而 2 挡离合器此时接合，将转矩传给输入轴，发动机起到了制动作用。

⑨手动 1 挡动力传递路线。在手动 1 挡，输入离合器 C3 结合，驱动输入单向离合器 F2 外圈，F2 锁止，动力传至前（输入）太阳轮。同时，3 挡离合器 C2 结合，因前太阳轮转速为输入轴转速，故 3 挡单向离合器 F1 不传递动力。在手动 1 挡时，低速挡制动器 B3 工作，将后太阳轮抱死双向固定。当转矩来自车轮时，对后行星齿轮机构而言，后太阳轮固定，后齿圈/前行星架有一个同向增速的趋势，前行星架给前太阳轮有一个同向增速的趋势，因 3 挡离合器 C2 接合，3 挡单向离合器 F1 锁止，强迫前太阳轮转速与输入转速相同，发动机起到了制动作用。输入单向离合器 F2 与 3 挡单向离合器 F1 的锁止方向相反。

(5)美国通用公司 4T45E 型自动变速器动力传递路线

上海通用生产的2006款别克君越2.4轿车装用了4T45E型自动变速器，4T45E型自动变速器与4T40E型自动变速器的机械结构和动力传递路线基本相同。这两款自动变速器广泛应用于通用汽车公司生产的旁帝克、奥兹莫比尔、雪佛兰等车上。4T45E型自动变速器采用辛普森式行星齿轮机构(图3-1-72)，其前排行星齿轮机构齿圈和后排行星齿轮机构行星架为一体，为动力输出端；前行星架和后齿圈通过前进挡离合器连为一体。在4T45E型自动变速器内部有10个换挡执行元件，各换挡执行元件的作用见表3-1-11，不同挡位时换挡执行元件工作规律见表3-1-12。4T45E型自动变速器的换挡操纵手柄布置是P、R、N、D、3、2、1，上海通用生产的别克君越2.4轿车增加了手/自一体化功能，换挡操纵手柄布置是P、R、N、D、M，在M位可以手动加、减挡。

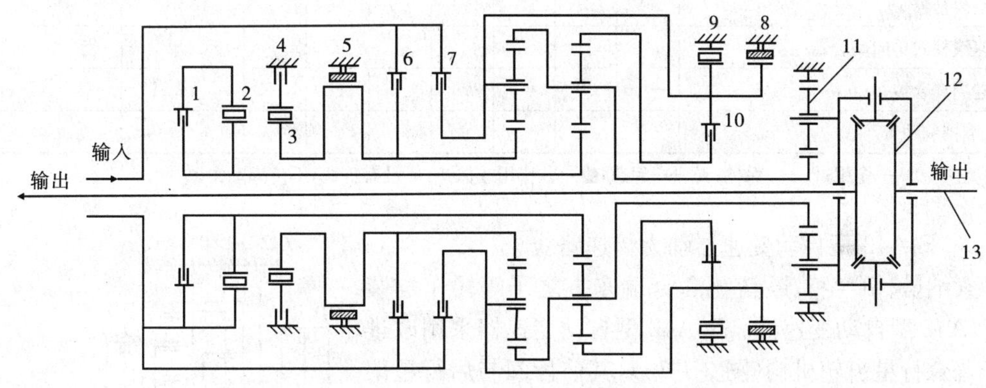

图3-1-72 4T45E型自动变速器动力传递示意图

1-滑行离合器；2-输入单向离合器；3-2挡单向离合器；4-2挡离合器；5-中间/4挡制动带；6-倒挡输入离合器；7-直接离合器；8-低/倒挡制动带；9-低速滚柱式单向离合器；10-前进挡离合器；11-主减速器；12-差速器；13-输出轴

换挡执行元件的作用 表3-1-11

换挡执行元件	作　用
滑行离合器	驱动后太阳轮
输入单向离合器	锁止时驱动后太阳轮逆时针旋转
2挡单向离合器	2挡单向离合器工作时，防止前太阳轮顺时针旋转
2挡离合器	通过2挡单向离合器防止前太阳轮顺时针旋转
中间/4挡制动带	在2、4挡时固定前太阳轮
倒挡输入离合器	驱动前太阳轮
直接离合器	驱动前行星架
低速滚柱式单向离合器	防止前行星架顺时针方向旋转
前进挡离合器	接合时，连接前行星架和后齿圈，通过低速滚柱式单向离合器防止前行星架/后齿圈顺时针方向旋转
低/倒挡制动带	手动1挡和倒挡时工作，用于固定前行星架/后齿圈

不同挡位时换挡执行元件工作规律　　表 3-1-12

换挡操纵手柄位置	R	D				3			2		1
挡位	R	1	2	3	4	1	2	3	1	2	1
滑行离合器						○	○	○	○	○	○
输入单向离合器		H	H	H	★	H	H	H	H	H	H
2 挡单向离合器			H	★			H	★			
2 挡离合器			○	●	●		○	●		○	
中间/4 挡制动带					○					○	
倒挡输入离合器	○										
直接离合器				○	○			○			
低速滚柱式单向离合器		H			○					○	
前进挡离合器		○				H			H		H
低/倒挡制动带	○										○

注：○——作用；H——保持；★——超速；●——作用或保持，但没有负载，不传递动力。

(6)F4A42 型自动变速器动力传递路线

索纳塔、伊兰特、欧蓝德和奇瑞东方之子等轿车均装备 F4A42 型自动变速器。F4A42 型自动变速器采用改进性辛普森行星齿轮机构(图 3-1-73)，其前齿圈与后行星架为一体；前行星架与后齿圈为一体，是动力输出端，两个太阳轮独立运动。在自动变速器内部有 3 个离合器、2 个制动器和 1 个单向离合器。各换挡执行元件的作用见表 3-1-13，不同挡位时换挡执行元件工作规律见表 3-1-14。

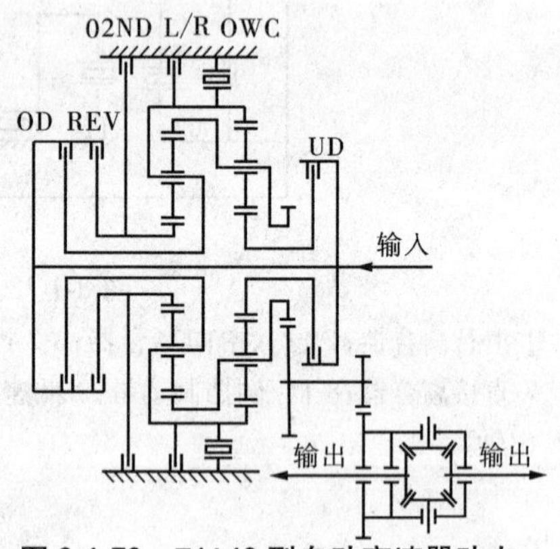

图 3-1-73　F4A42 型自动变速器动力传递路线

UD-减速传动离合器；REV-倒挡离合器；OD-超速离合器；L/R-低/倒挡制动器；02ND-2 挡制动器；OWC-单向离合器

(7)福特蒙迪欧 5F31J 型自动变速器动力传递路线

长安福特蒙迪欧 2.5 L(V6)轿车装用的日本 JATCO TRANS TECHNOLOGY 公司生产的 5F31J 型自动变速器是电控 5 挡手自一体化自动变速器，其行星齿轮机构与换挡执行元件的布置如图 3-1-74 所示。为形成 5 个前进挡，该自动变速器有 3 个行星齿轮组，第 1 行星齿轮组和第 2 行星齿轮组形成改进型辛普森式行星齿轮机构，可形

换挡执行元件的作用　　表 3-1-13

换挡执行元件	作　用
减速传动离合器(UD)	将输入轴连接到减速太阳轮
倒挡离合器(REV)	将输入轴连接到倒挡太阳轮
超速离合器(OD)	将输入轴连接到超速挡行星架
低/倒挡制动器(L/R)	固定低/倒挡齿圈和超速挡行星架
2 挡制动器(2ND)	固定倒挡太阳轮
单向离合器(OWC)	单向固定低/倒挡齿圈和超速挡行星架

不同挡位时换挡执行元件工作规律　　表 3-1-14

换挡执行元件	P/N	R	D1	D2	D3	D4	手 1
减速传动离合器(UD)			○	○	○		○
倒挡离合器(REV)		○					
超速离合器(OD)					○	○	
低/倒挡制动器(L/R)	○	○	●				○
2 挡制动器(2ND)				○		○	
单向离合器(OWC)			○				○

注：○——作用；●——静态或车速不大于 10 km/h 时工作。

成 4 个前进挡和 1 个倒挡。由图 3-1-74 可知，第 1 行星齿轮组太阳轮独立运动；输入轴直接驱动第 2 行星齿轮组太阳轮；1～3 挡离合器工作时，可将第 1 行星齿轮组行星架和第 2 行星齿轮组齿圈连接为一体；第 1 行星齿轮组齿圈和第 2 行星齿轮组行星架为一体，是动力输出端；第 3 行星齿轮组也称为减速行星齿轮组，在第 1、2、3、4 挡和倒挡时为减速输出，在 5 挡时为等速输出。在 5F31J 型自动变速器中，有 9 个换挡执行元件，包括 4 个多片式离合器、2 个多片式制动器、1 个带式制动器和 2 个单向离合器，各换挡执行元件的作用见表 3-1-15，不同挡位时换挡执行元件工作规律见表 3-1-16。

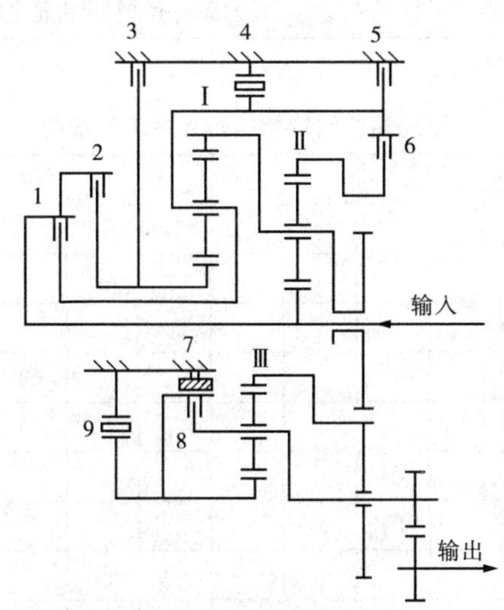

图 3-1-74　5F31J 型自动变速器行星齿轮机构与换挡执行元件的布置

1-3～5 挡离合器；2-低速/倒挡离合器；3-2/4/5 挡制动器；4-1 挡单向离合器；5-低速/倒挡制动器；6-1～3 挡离合器；7-减速制动带；8-5 挡离合器；9-减速单向离合器

Ⅰ-第 1 行星齿轮组；Ⅱ-第 2 行星齿轮组；Ⅲ-第 3 行星齿轮组(减速行星齿轮组)

(8)东风日产轿车 R4A－EL 型自动变速器动力传递路线

东风日产轿车 R4A－EL 型自动变速器为 4 挡电控自动变速器，采用双行星排辛普森 4 挡行星齿轮机构(图 3-1-75)，为便于理解，将行星齿轮机构画成图 3-1-76 的立体图。该行星齿轮机构由 2 个行星排、8 个换挡执行元件和壳体组成，在 1 挡、2 挡和 3 挡都有两种工作状态，即有发动机制动和无发动机制动状态。在 2 个行星排中，前齿圈和后行星架连为一体，其他 5 个元件全部独立；后太阳轮始终与输入轴连接，输出轴始终与前齿圈和后行星架组件连接。各换挡执行元件的作用见表 3-1-17，不同挡位时换挡执行元件工作规律见表 3-1-18。

换挡执行元件的作用 表 3-1-15

序号	换挡执行元件	作　用
Ⅰ	第 1 行星齿轮组	改进型辛普森式行星齿轮机构，可形成 4 个前进挡和 1 个倒挡
Ⅱ	第 2 行星齿轮组	
Ⅲ	第 3 行星齿轮组	在第 1、2、3、4 挡和倒挡时为减速输出，在 5 挡时为等速输出
1	3～5 挡离合器	驱动第 1 行星齿轮组行星架或第 2 行星齿轮组齿圈
2	低速/倒挡离合器	驱动第 1 行星齿轮组太阳轮
3	2/4/5 挡制动器	固定第 1 行星齿轮组太阳轮
4	1 挡单向离合器	单向固定第 1 行星齿轮组行星架
5	低速/倒挡制动器	固定第 1 行星齿轮组行星架
6	1～3 挡离合器	连接第 1 行星齿轮组行星架和第 2 行星齿轮组齿圈
7	减速制动带	固定第 3 行星齿轮组(减速行星齿轮组)太阳轮
8	5 挡离合器	连接第 3 行星齿轮组(减速行星齿轮组)行星架和太阳轮
9	减速单向离合器	单向固定第 3 行星齿轮组(减速行星齿轮组)太阳轮

不同挡位时换挡执行元件工作规律 表 3-1-16

换挡执行元件	挡位											
	P/N	R	D					M				
			1	2	3	4	5	1	2	3	4	5
1～3 挡离合器			○	○	○				○	○		
2/4/5 挡制动器				○		○	○	○	○		○	○
3～5 挡离合器					○	○	○			○	○	○
低速/倒挡离合器		○										
低速/倒挡制动器		○						○				
减速制动带	○	○			○	○		○	○	○	○	
5 挡(直接) 离合器							○					○
1 挡单向离合器			●									
减速单向离合器			●	●								

注意：○——作用；●——行驶时传递转矩。

2.拉维娜式行星齿轮变速器变速原理

图 3-1-77 所示为拉维娜式 4 挡行星齿轮机构的结构。这种行星齿轮变速器在不同挡位下各换挡执行元件的工作情况见表 3-1-19。拉维娜 4 挡行星齿轮机构各挡动力传递路径如下：

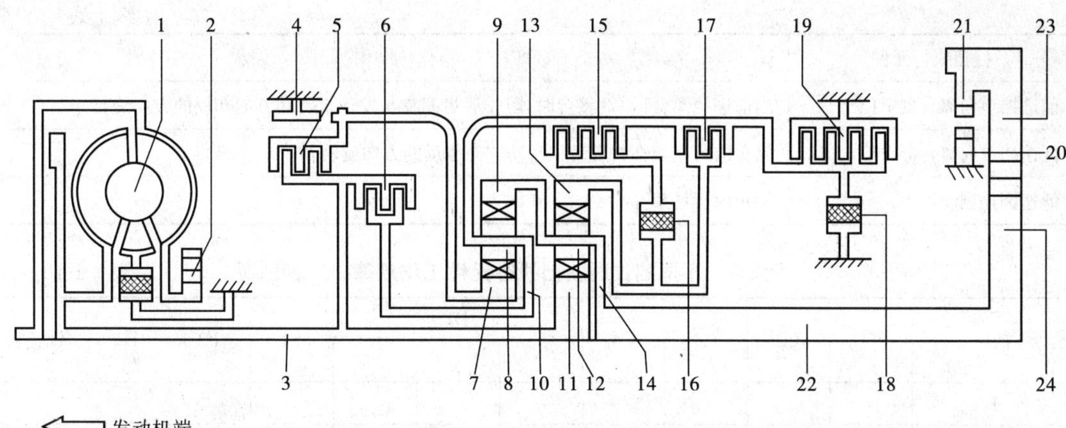

图 3-1-75 R4A-EL 型自动变速器的动力传递路线

1-液力变矩器;2-油泵;3-输入轴;4-2 挡和 4 挡制动带 B1;5-倒挡离合器 C1;6-高速挡离合器 C2;7-前太阳轮;8-前行星轮;9-前齿圈;10-前行星架;11-后太阳轮;12-后行星轮;13-后齿圈;14-后行星架;15-前进挡离合器 C3;16-前进挡单向离合器 F1;17-前进挡强制离合器 C4;18-低速挡单向离合器 F2;19-低速倒挡制动器 B2;20-驻车爪;21-驻车齿轮;22-输出轴;23-惰轮;24-输出齿轮

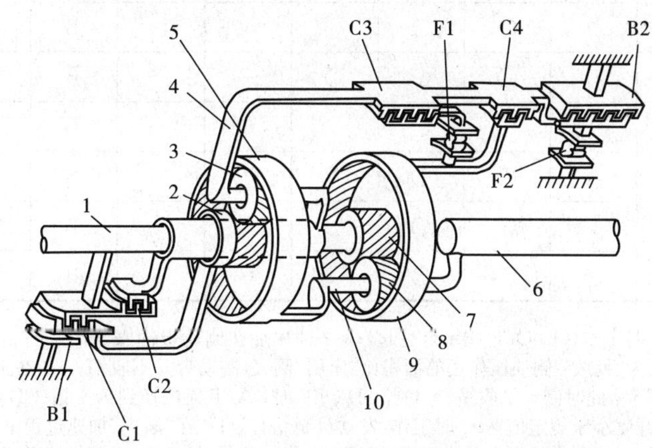

图 3-1-76 R4A－EL 型自动变速器行星齿轮机构简图

1-输入轴;2-前太阳轮;3-前行星轮;4-前行星架;5-前齿圈;6-输出轴;7-后太阳轮;8-后行星轮;9-后齿圈;10-后行星架;C1-倒挡离合器;C2-高速挡离合器;C3-前进挡离合器;C4-前进挡强制离合器;B1-2 挡和 4 挡制动器;B2-低速倒挡制动器;F1-前进挡单向离合器;F2-低速挡单向离合器

换挡执行元件的作用 表 3-1-17

换挡执行元件	作　用
倒挡离合器 C1	将输入动力传至前太阳轮
高速挡离合器 C2	将输入动力传至前行星架
前进挡离合器 C3	将前行星架与前进挡单向离合器连接
前进挡强制离合器 C4	将前行星架与后齿圈连接
2 挡和 4 挡制动带 B1	锁止前太阳轮

续上表

换挡执行元件	作　用
前进挡单向离合器 F1	当前进挡离合器 C3 接合时，阻止后齿圈在与发动机转动方向相反的方向旋转
低速挡单向离合器 F2	阻止前行星架在与发动机转动方向相反的方向旋转
低速倒挡制动器 B2	锁止前行星架

不同挡位时换挡执行元件工作规律　　表 3-1-18

挡位		C1	C2	C3	C4	B1			F1	F2	B2	锁止
P												
R		○									○	
N												
D＊4	1			○	＊1D				B	B		
	2			○	＊1A	○			B			
	3		○	○	＊1A	＊2C	C		B			＊1○
	4		○	C		＊3C	C	○				○
2	1			○	○				B	B		
	2			○	○	○			B			
	3		○	○		＊2C	C		B			
1	1			○	○				B	B	○	
	2			○	○	○			B			
	3		○	○	○	＊2C	C		B			

注：＊1-当 OD OFF 时工作(OD OFF 指示灯亮起)；＊2-油压加在制动带伺服器活塞的 2 挡“应用”侧及 3 挡“释放”侧。但是，因为“释放”侧油压作用的面积比“应用”侧大，制动带并不收缩；＊3-在上述情况＊2 中，油压施加在 4 挡“应用”侧，此时制动带收缩；＊4-当 OD OFF 时，A/T 无法换到第 4 挡(OD OFF 指示灯亮起)。○-工作；A-节气门开度小于规定值＊＊时工作，发动机制动有效；B-在“渐进”加速过程中工作；C-工作，但不影响动力传输；D-节气门开度小于规定值时工作，但不影响发动机制动；＊＊-当节气门开度小于 1/16 时，超越离合器保持在结合状态。

①前进挡 1 挡、2 挡(D 位 1 挡、2 挡)动力传递路线。前进挡离合器 C1 接合，动力经 C1 和前进挡单向离合器 F2 传至后太阳轮。1 挡时，因行星架被单向离合器 F1 锁止，发动机动力再经短行星轮、长行星轮传给齿圈和输出轴。2 挡时，因前太阳轮被制动器 B1 制动，发动机动力经 C1 传至后太阳轮传至短行星轮、长行星轮、行星架，再传给齿圈和输出轴。当汽车滑行时，单向离合器 F2 处于脱离状态，后太阳轮可自由转动，行星齿轮机构失去反向传递动力的能力，前进 1 挡和 2 挡均没有发动机制动作用。

②S 位(2 位)或 L 位(1 位)(又称前进低挡 2 挡、前进低挡 1 挡)动力传递路线。前进挡强制离合器 C3 接合，发动机动力经 C3 直接传至后太阳轮。1 位时，低速挡及倒挡制动器 B2 工作，行星架被固定，动力传递路径与前进挡 1 挡相同。但在汽车滑行时，可利用发动机制动。2 位时，2 挡制动器 B1 工作，前太阳轮被制动，动力传递路径与前进挡 2 挡相同。在汽车滑行时，同样可利用发动机进行制动。

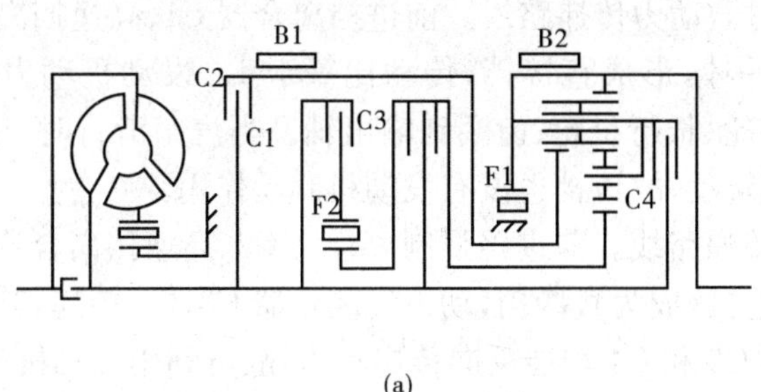

(a)

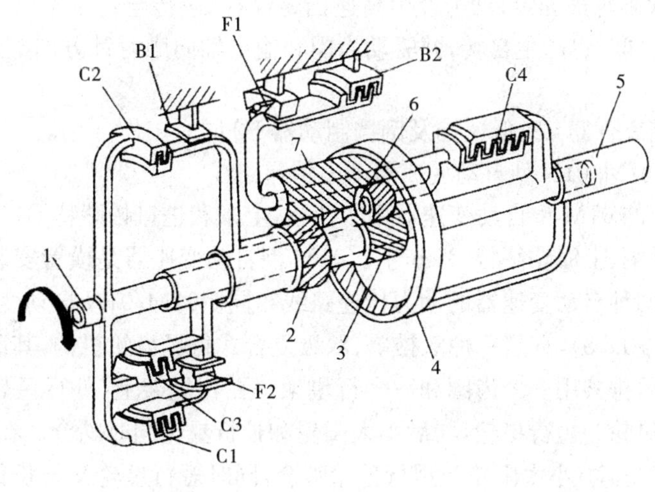

(b)

图 3-1-77　拉维娜 4 挡行星齿轮机构传动原理及布置简图

1-输入轴；2-前太阳轮；3-后太阳轮；4-齿圈；5-输出轴；6-短行星轮；7-长行星轮；
C1-前进挡离合器；C2-倒挡离合器；C3-前进挡强制离合器；C4-高速挡离合器；B1-2 挡及 4 挡制动器；B2-低速挡及倒挡制动器；F1-低速挡单向离合器；F2-前进挡单向离合器

拉维娜 4 挡行星齿轮机构换挡执行元件工作规律　　表 3-1-19

换挡操纵手柄位置	挡位	换挡执行元件							
		C1	C2	C3	C4	B1	B2	F1	F1
D	1 挡	○						○	○
	2 挡	○							○
	3 挡	○			○				○
	超速挡	●			○	○			
R	倒挡		○				○		
S 位(或 2 位)、L 位(或 1 位	1 挡			○			○		
	2 挡			○		○			
	3 挡			○	○				

注：○——接合、制动或锁止；●——接合或制动，但不传递动力。

③前进挡3挡(D位3挡)动力传递路线。前进挡离合器C1、高速挡离合器C4同时接合，后太阳轮与行星架被连成一体，形成直接挡，传动比等于1。发动机动力由输入轴经离合器C1、C4至后太阳轮、短行星轮、长行星轮、齿圈到输出轴。当汽车滑行时，单向离合器F2处于脱离状态，后太阳轮可自由转动，故该挡也没有发动机制动作用。

④前进低挡3挡动力传递路线。前进挡强制离合器C3、高速挡离合器C4均接合，后行星齿轮机构中两个元件互相连接，成为直接挡，动力经离合器C3、C4传递，其路径与前进挡3挡相同。汽车滑行时，离合器C3和C4均能反向传递动力，故可利用发动机产生制动作用。

⑤前进挡4挡(超速挡)动力传递路线。高速挡离合器C4接合，输入轴与行星架连接，制动器B1工作，前太阳轮被固定，动力经由高速挡离合器C4传至行星架，长行星轮被行星架带动作顺时针公转的同时也产生自转，并驱动齿圈和输出轴向顺时针方向旋转。传动比小于1，故为超速挡。

⑥倒挡。倒挡离合器C2、低速挡及倒挡制动器B2同时工作。

(1)大众公司01M、01N型自动变速器动力传递路线

大众公司生产的01M型自动变速器用于捷达、宝来和进口帕萨特B4车上，01N型自动变速器用于上海桑塔纳、上海帕萨特B5车上。01M型自动变速器是横置安装，01N型自动变速器是纵置安装，但两种自动变速器的动力传递路线相同。01M/01N自动变速器采用拉维娜式行星齿轮机构(图3-1-78)，它是一种双排单、双级复合式行星齿轮机构，其前排为单级结构，后排是双级结构，前后排共用一个齿圈和一个行星架。在行星架上，外行星轮为长行星轮，与前太阳轮啮合；内行星轮为短行星轮，与后小太阳轮和长行星轮同时啮合。在行星齿轮变速机构中，2个太阳轮独立运动；小太阳轮与短行星轮啮合，同时短行星轮又与长行星轮的小端啮合；长行星轮小端与齿圈啮合，同时长行星轮的大端与大太阳轮啮合；齿圈输出动力，通过对大、小太阳轮及行星架的不同驱动、制动组合，实现4个前进挡和1个倒挡。在不同挡位，行星齿轮机构各部件的状态见表3-1-20，01M型自动变速器换挡执行元件由3个离合器(K1、K2、K3)、2个制动器(B1、B2)和1个单向离合器(F)组成，动力传递示意图如图3-1-79所示，各换挡执行元件所控制的部件见表3-1-21，不同挡位时，不同挡位时换挡执行元件工作规律见表3-1-22。

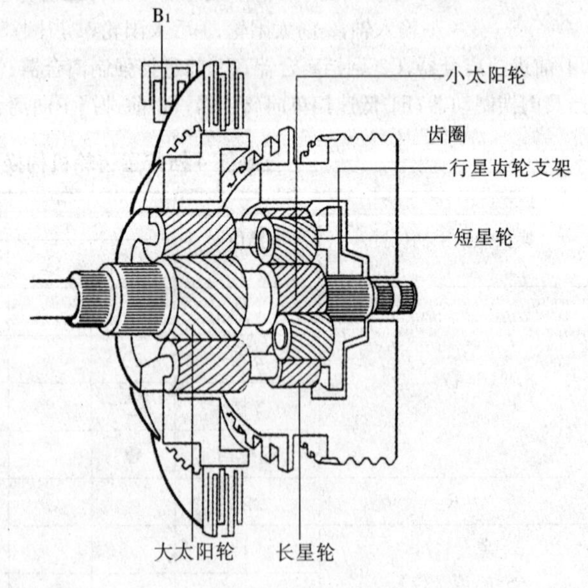

图3-1-78 01M/01N自动变速器采用的拉维娜式行星齿轮机构

(2)ZF公司5HP-19(01V)型自动变速器动力传递路线

奥迪车系配用了ZF公司的多款自动变速器。ZF公司的5HP－19型自动变速器(大众公司的服务名称为01V)大量配备在奥迪A6、A4和帕萨特B5等车。

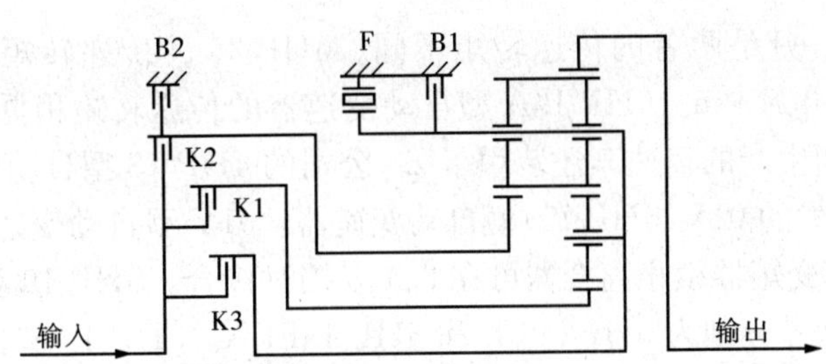

图 3-1-79 01M/01N 自动变速器动力传递路线示意图

行星齿轮机构各部件的状态 表 3-1-20

挡位	驱动部件	固定部件	输出部件
1	小太阳轮	单向制动行星架	齿圈
2	小太阳轮	大太阳轮	齿圈
3	小太阳轮+行星架		齿圈
4	行星架	大太阳轮	齿圈
R	大太阳轮	行星架	齿圈

各换挡执行元件所控制的部件 表 3-1-21

换挡执行元件	所控制部件
离合器 K1	驱动小太阳轮
离合器 K2	驱动大太阳轮
离合器 K3	驱动行星架
制动器 B1	制动行星架
制动器 B2	制动大太阳轮
单向离合器 F	单向制动行星架
液力变矩器锁止离合器 K0	单向锁止导轮

不同挡位时换挡执行元件工作规律 表 3-1-22

挡位	B1	B2	K1	K2	K3	F	K0
1H			○			○	
1M			○			○	○
2H		○	○				
2M		○	○				○
3H			○		○		
3M			○		○		○
4H		○			○		
4M		○			○		○
R	○			○			

奥迪 A8 和 2005 款奥迪 A6L 配备了 ZF 公司的 6HP-26 型(大众公司的服务名称为 09E)和 6HP-19A 型自动变速器(大众公司的服务名称为 09L)。6HP-26 与 6HP-19A 的机械结构、

功能和控制基本相同，只是两者的传递转矩不同。6HP-26 的传递转矩为 650 N・m，6HP-19A 的传递扭矩为 450 N・m。6HP-19A 型自动变速器的传递转矩稍低，使某些元件的布置略有不同。另外，早期生产的奥迪车还装用了 ZF 公司的 4HP-18 型自动变速器。这里介绍在我国保有和维修量最大的 01V(5HP-19)型自动变速器。01V 型自动变速器是电控手/自一体 5 速自动变速器，液力变矩器锁止离合器可在 3、4、5 挡时接合。5HP-19 型自动变速器又可分为前驱和四驱两种，型号分别为 5HP-19FL 和 5HP-19FLA。5HP-19 型自动变速器行星齿轮机构与换挡执行元件的布置如图 3-1-80 所示，动力传递路线示意图如图 3-1-81 所示。由图可知，其行星齿轮机构由一个主行星齿轮组(拉维娜式行星齿轮组)和一个副行星齿轮组(简单的单排单级行星齿轮机构)组合而成，其构件包括小中心齿轮、大中心齿轮、共用齿圈、前行星架后接太阳轮和后行星架(最终输出端)。换挡执行元件包括 4 个多片式离合器 A、B、E、F 和 3 个多片式制动器 C、D、G 和 1 个单向离合器，各换挡执行元件的作用见表 3-1-23，不同挡位时换挡执行元件工作规律见表 3-1-24。行星齿轮组的状态分别说明如下：

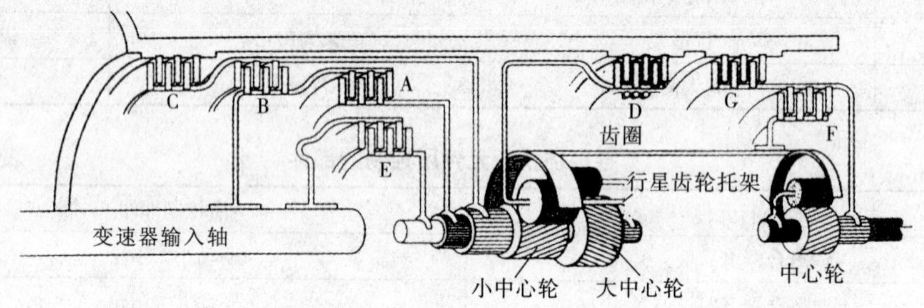

图 3-1-80　01V 型自动变速器行星齿轮机构与换挡执行元件的布置

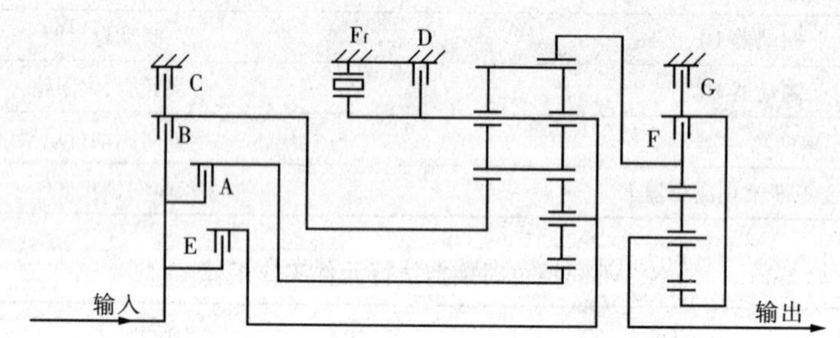

图 3-1-81　01V 型自动变速器动力传递线路

换挡执行元件的作用　　表 3-1-23

换挡执行元件	作　用	换挡执行元件	作　用
离合器 A	驱动大中心齿轮	制动器 C	固定小中心齿轮
离合器 B	驱动小中心齿轮	制动器 D	固定前行星架
离合器 E	驱动前行星架	制动器 G	固定后接中心齿轮
离合器 F	驱动后接中心齿轮	单向离合器 Ff	单向固定前行星架

①主行星齿轮组：离合器 A 工作，驱动大中心齿轮(后太阳轮)；单向离合器 Ff 锁止，单向固定前行星架，则齿圈同向减速输出。

②副行星齿轮组：动力由齿圈输入；制动器 G 工作，固定后接中心齿轮(太阳轮)，则后接行星架同向减速输出。

不同挡位时换挡执行元件工作规律 表 3-1-24

挡位	离合器				制动器			单向离合器
	A	B	E	F	C	D	G	Ff
空挡(N)				○◆			○◆	
直接 1 挡	○						○	○
直接 2 挡	○				○		○	
直接 3 挡	○			○	○			
直接 4 挡	○		○	○				
直接 5 挡			○	○	○			
倒挡(R)		○				○	○	
2、1 挡	○					○	○	○
D、5 挡到 4 挡	★		○	○	★			

注：○——代表元件工作；◆——代表元件不工作；★——代表根据行驶状态起作用。

在直接 1 挡，因单向离合器 Ff 锁止是动力传递不可缺少的条件，故没有发动机制动。

(3)通用 5L40E 型自动变速器动力传递路线

5L40E 型自动变速器是一个电控 5 挡后轮驱动式自动变速器，用于上海通用生产的别克荣御和凯迪拉克轿车上。5L40E 型自动变速器采用拉维娜式行星齿轮机构(图 3-1-82)，由 2 个单排双级行星齿轮机构组成；换挡执行元件包括 9 组机械摩擦式离合器/制动器和 4 个单向离合器，各换挡执行元件控制的部件见表 3-1-25。5L40E 型自动变速器动力传递路线如图 3-1-83 所示，不同挡位时换挡执行元件工作规律见表 3-1-26。

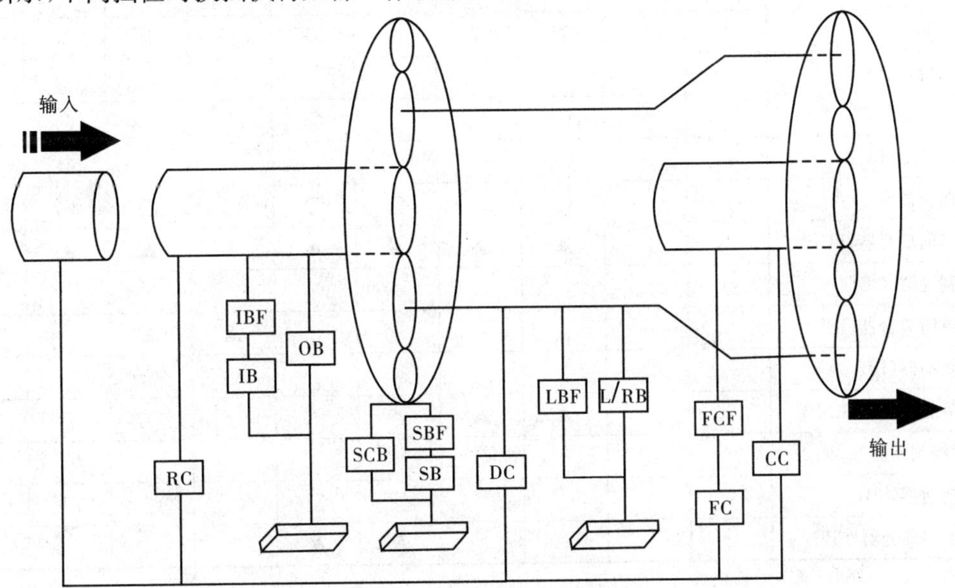

图 3-1-82 5L40E 型自动变速器采用的拉维娜式行星齿轮机构

RC(REVERSE CLUTCH)-倒挡离合器，DC(DIRECT CLUTCH)-直接离合器；FC(FORWARD CLUTCH)-前进离合器；CC(COAST CLUTCH)-滑行离合器；FCF(FORWORD CLUTCH SPRAG)-前进单向离合器；OB(OVER DRIVE CLUTCH)-超速制动器；IB(INTER－MEDIAT CLUTCH)-中间制动器；IBF(INTER-MEDIAT CLUTCH SPRAG)-中间单向离合器；LBF(LOW CLUTCH SPRAG)-低挡单向离合器；L/RB(LOW/REVERSE CLUTCH)-低/倒挡制动器；SB(SECOND CLUTCH)-第二制动器；SBF(SECOND CLUTCH SPRAG)-第二单向离合器；SCB(SECOND COAST CLUTCH)-第二滑行制动器

换挡执行元件控制的部件　　表 3-1-25

换挡执行元件	作　用
直接离合器(DC)	驱动行星架。在直接离合器上有输入转速信号轮
滑行离合器(CC)	驱动后太阳轮
倒挡离合器(RC)	驱动前太阳轮
前进离合器(FC)	驱动前进单向离合器外圈
前进单向离合器(FCF)	锁止驱动后太阳轮
超速制动器(OB)	固定前太阳轮
中间单向离合器(IBF)	锁止时单向固定前太阳轮
中间制动器(IB)	固定中间单向离合器外圈,允许前太阳轮按顺时针方向旋转,阻止前太阳轮逆时针方向旋转
低挡单向离合器(LBF)	锁止时单向固定行星架,允许行星架顺时针旋转;阻止行星架逆时针旋转
低/倒挡制动器(L/RB)	固定行星架
第二制动器(SB)	固定第二单向离合器外圈
第二单向离合器(SBF)	锁止时单向固定前齿圈,允许前齿圈顺时针旋转;阻止前齿圈逆时针旋转
第二滑行制动器(SCB)	固定前齿圈

不同挡位时换挡执行元件工作规律　　表 3-1-26

挡位	P/N	R	1	1	2	2	3	3	4	5
发动机制动			否	是	否	是	否	是	是	是
直接离合器(DC)									○	○
滑行离合器(CC)			○	○	○	○	○	○	○	
倒挡离合器(RC)		○								
前进离合器(FC)			○	○	○	○	○	○	○	○
前进单向离合器(FCF)			▲	▲	▲	▲	▲	▲	▲	
超速制动器(OB)								○		○
中间单向离合器(IBF)							▲	▲		
中间制动器(IB)							○	○	○	○
低挡单向离合器(LBF)			▲	▲						
低/倒挡制动器(L/RB)		○		○						
第二制动器(SB)					○	○	○	○	○	○
第二单向离合器(SBF)					▲	▲				

注:○——结合;▲——锁止。

(4)日本 Aisin AW 公司 81－40LE 型自动变速器动力传递路线

上海通用凯越(1.6)、乐骋(1.4)和长安福特嘉年华车均装用日本 Aisin AW 公司生产的 81-40LE 自动变速器。81-40LE 型自动变速器是电控 4 挡带有锁止离合器的变速器,其 4 挡为超速挡。该自动变速器是专为发动机横置、前轮驱动的车辆而设计的。81-40LE 型自动变速器行星齿轮机构与换挡执行元件的布置如图 3-1-84 所示,它采用拉维娜式行星齿轮机构,将一个单排单级行星齿轮机构和一个单排双级行星齿轮机构按特定的方式组合起来。由图 3-1-84 可知,行星齿轮机构前端(右侧)是一个单排双级行星齿轮机构,后端(左侧)是一个单排单级行星齿轮机构,它们共用一个行星架和齿圈。在前排行星齿轮机构中,行星架上有长、短两种行星轮,长行星轮同时与短行星轮、齿圈和后排大太阳轮啮合;短行星轮同时与长行星轮和前排小太阳轮啮合;共用齿圈为动力输出端。在不同挡位各部件的状态见表 3-1-27,各换挡执行元件的名称及作用见表 3-1-28。81-40LE 型自动变速器动力传递路线如图 3-1-85 所示,不同挡位时换挡执行元件工作规律见表 3-1-29。

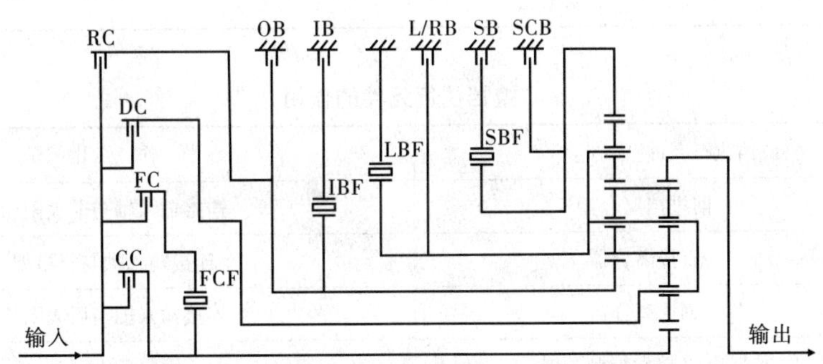

图 3-1-83 5L40E 型自动变速器采用的拉维娜式行星齿轮机构

RC(REVERSE CLUTCH)-倒挡离合器;DC(DIRECT CLUTCII)-直接离合器;FC(FORWARD CLUTCH)-前进离合器;CC(COAST CLUTCH)-滑行离合器;FCF(FORWORD CLUTCH SPRAG)-前进单向离合器;OB(OVER DRIVE CLUTCH)-超速制动器;IB(INTER-MEDIAT CLUTCH)-中间制动器;IBF(INTER-MEDIAT CLUTCH SPRAG)-中间单向离合器;LBF(LOW CLUTCH SPRAG)-低挡单向离合器;L/RB(LOW/REVERSE CLUTCH)-低/倒挡制动器;SB(SECOND CLUTCH)-第二制动器;SBF(SECOND CLUTCH SPRAG)-第二单向离合器;SCB(SECOND COAST CLUTCH)-第二滑行制动器

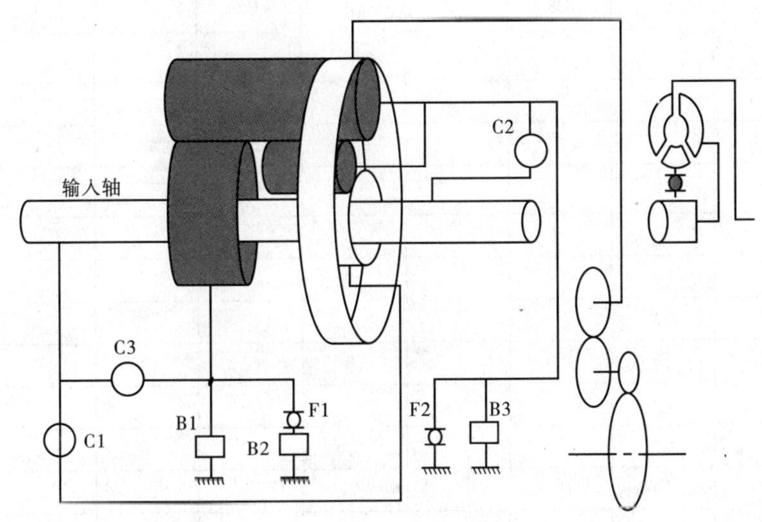

图 3-1-84 81－40 型自动变速器行星齿轮机构与换挡执行元件

C1-前进挡离合器;C2-直接离合器;C3-倒挡离合器;B1-超速/2 挡滑行制动器;B2-2 挡制动器;B3-第 1/倒挡制动器;F1-单向离合器 F1;F2-单向离合器 F2

行星齿轮机构各部件的状态 表 3-1-27

挡位	驱动部件	固定部件	输出部件
1	前太阳轮	行星架	齿圈
2	前太阳轮	后太阳轮	齿圈
3	前太阳轮+行星架		齿圈
4	行星架	后太阳轮	齿圈
R	后太阳轮	行星架	齿圈

换挡执行元件的作用 表 3-1-28

换挡执行元件		作　用
C1	前进挡离合器	连接输入轴与前太阳轮
C2	直接离合器	连接输入轴与行星架
C3	倒挡离合器	连接输入轴与后太阳轮
B1	超速/2 挡滑行制动器	固定后太阳轮
B2	2 挡制动器	固定后太阳轮与 F1
B3	第 1/倒挡制动器	固定行星架
F1	单向离合器 F1	B2 工作时，禁止后太阳轮逆时针旋转
F2	单向离合器 F2	锁定行星架逆时针旋转

不同挡位时换挡执行元件工作规律 表 3-1-29

挡位		C1	C2	C3	B1	B2	B3	F1	F2
P									
R	<9			○			○		
	≥9								
N									
D	1	○							○
	2	○				○		○	
	3	○	○			○			
	4		○		○	○			
2	1	○							○
	2	○			○	○		○	
	3	○	○			○			
1	1	○					○		○
	2	○			○	○			○

注：在车速≥9 km/h 挂 R 挡时，制动器 B3 不接合，倒挡不工作。

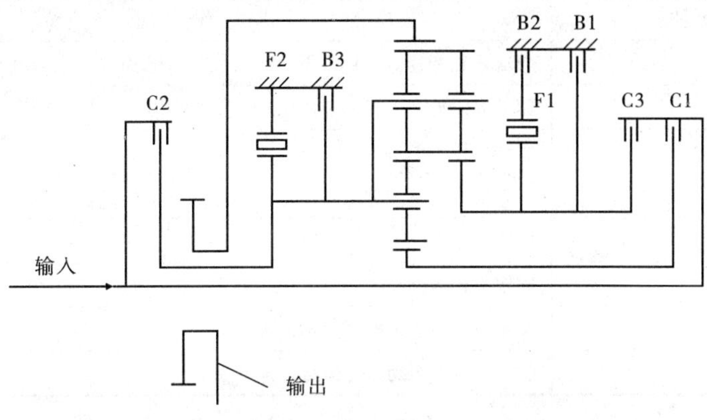

图 3-1-85 81-40 型自动变速器动力传递路线示意图

(5)日本 Aisin AW 公司 AF13E 型自动变速器动力传递路线

上海通用别克赛欧装备的 AF13 型自动变速器是日本 Aisin AW 公司生产的产品,该型自动变速器在 Aisin AW 公司内部的识别号为 60－40LE。AF13 型自动变速器采用拉维娜式行星齿轮机构,它将一个单排单级行星齿轮机构和一个单排双级行星齿轮机构按特定的方式组合起来,如图 3-1-86 所示。AF13 型自动变速器换挡执行元件包括 4 个离合器、2 个制动器和 2 个单向离合器,换挡执行元件名称及作用见表 3-1-30。由图 3-1-86 可知,AF13 自动变速器前端(右侧)是一个单排双级行星齿轮机构,后端(左侧)是一个单排单级行星齿轮机构,它们共用一个行星架。其前、后排太阳轮相连为一体,齿数不同,但是转速相同。行星齿轮机构共有 4 个可运动部件,分别为:后排(小)内齿圈、大/小太阳轮(前/后一体)、前排(大)内齿圈、输出行星架(前/后共用,为动力输出部件),因输出行星架是动力输出端,它既不能固定也不能驱动。在不同挡位各部件的状态见表 3-1-31。AF13 型自动变速器动力传递线路如图 3-1-87 所示,不同挡位时换挡执行元件工作规律见表 3-1-32。

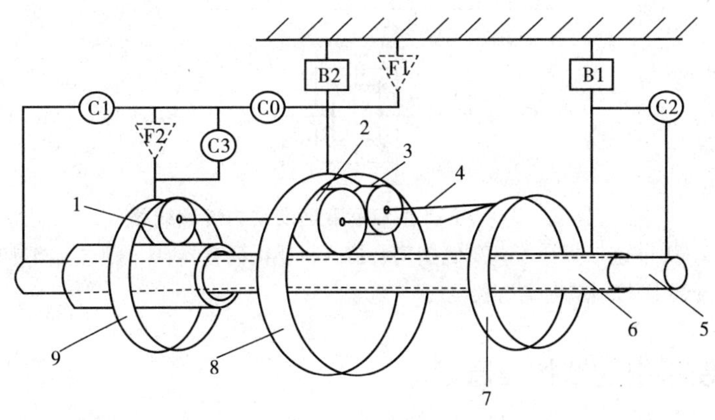

图 3-1-86 上海通用别克赛欧轿车 AF13 型自动变速器行星齿轮机构

1-后排行星轮;2-前排大行星轮;3-前排小行星轮;4-行星架;5-输入轴;6-太阳轮;7-驱动齿轮;8-前排齿圈;9-后排齿圈

换挡执行元件的作用 表 3-1-30

换挡执行元件	作　用
前进挡离合器 C1	与输入轴相连，通过 F0/C3 驱动后排齿圈，通过 C0 驱动前排齿圈
倒挡离合器 C2	驱动太阳轮
惯性离合器 C3	驱动后排齿圈
超速传动离合器 C0	驱动前排齿圈
第 2/4 挡制动器 B1	固定太阳轮
第 1/倒挡制动器 B2	固定前排齿圈
单向离合器 F1	锁定前排齿圈逆时针方向的旋转
单向离合器 F0	C1 工作时，将动力传递给后排齿圈

行星齿轮机构各部件的状态 表 3-1-31

挡位	驱动部件	固定部件	输出部件
1	小内齿圈	大内齿圈	行星架
2	小内齿圈	大/小太阳轮	行星架
3	大内齿圈＋小内齿圈		行星架
4	大内齿圈	大/小太阳轮	行星架
R	大/小太阳轮	大内齿圈	行星架

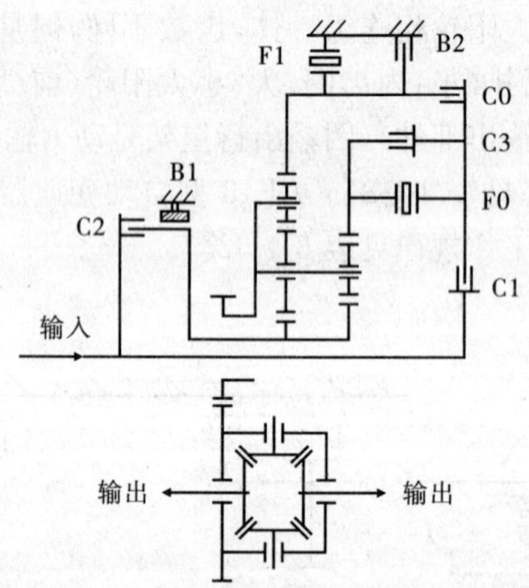

图 3-1-87　AF13 型自动变速器动力传递线路

C0-超速传动离合器；C1-前进挡离合器；C2-倒挡离合器；C3-惯性离合器；B1-第 2/4 挡制动器；B2-第 1/倒挡制动器；F0-单向离合器 F0；F1-单向离合器 F1

四、液压控制系统的结构与原理

自动变速器的自动控制是指汽车前进行驶过程中，根据发动机负荷和车速的变化，按照设定的换挡规律，自动选择挡位，并通过控制换挡执行元件的工作，改变行星齿轮机构的传动比，从而实现挡位的变换。换挡的自动控制使驾驶操作简化，有利于安全行驶。而且在换挡过程中速度变化平稳，提高了汽车的舒适性和加速性。

不同挡位时换挡执行元件工作规律　　表 3-1-32

挡位		C1	C2	C3	C0	B1	B2	F1	F0
P/N				○					
R			○	○			○		
D	1	○		○				○	○
	2	○		○		○			○
	3	○		○	○				○
	4	○			○	○			
1	1	○		○			○	○	○

液压控制系统由动力源、执行机构和控制机构等三部分组成。动力源是被液力变矩器泵轮驱动的油泵，它除了向控制机构、执行机构供给压力油以实现换挡外，还给液力变矩器提供油液进行冷却补偿，向行星齿轮机构提供油液进行润滑。执行机构包括离合器、制动器及液压缸（这部分内容前面已有介绍）。控制机构包括主油路调压装置、换挡信号装置、换挡阀和缓冲安全装置、液力变矩器控制装置。

（一）油泵

自动变速器常用的油泵有内啮合齿轮泵、转子泵和叶片泵三种形式。

1. 内啮合齿轮泵的结构与工作

内啮合齿轮泵主要由外齿齿轮、内齿齿轮、月牙形隔板、泵壳、泵盖等组成，图 3-1-88 所示为典型的内啮合齿轮泵及其主要零件的外形。外齿齿轮为主动齿轮，内齿齿轮为从动齿轮，两者均为渐开线齿轮；月牙形隔板的作用是将主、从动齿轮之间的工作腔分隔为吸油腔和压油腔，使彼此不通。如图 3-1-89 所示，当发动机运转时，液力变矩器壳体后端的轴套带动小齿轮和内齿轮一起朝图中顺时针方向运转，此时在吸油腔内，由于外齿轮和内齿轮不断退出啮合，容积不断增加，以致形成局部真空，将油盘中的液压油从进油口吸入，且随着齿轮旋转，齿间的液压油被带到压油腔。在压油腔，由于小齿轮和内齿轮不断进入啮合，容积不断减少，将液压油从出油口排出。油液就这样源源不断地输往液压系统。

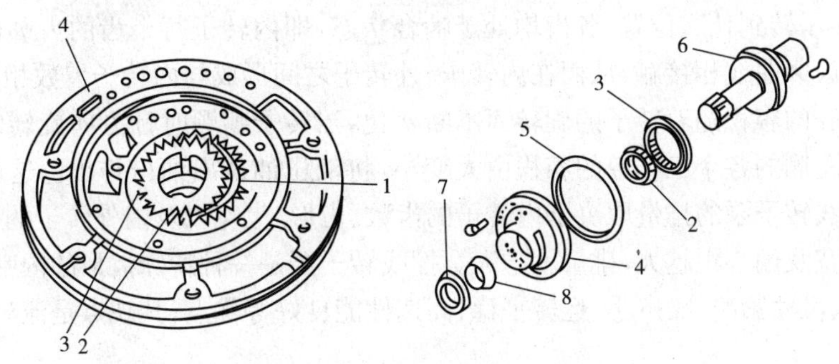

图 3-1-88　典型的齿轮泵结构

1-月牙形隔板；2-主动齿轮（外齿轮）；3-被动齿轮（内齿轮）；4-泵体；5-密封环；6-固定支承；7-油封；8-轴承

油泵的理论泵油量等于油泵的排量与油泵转速的乘积。内啮合齿轮泵的排量取决于外齿齿轮的齿数、模数及齿宽。油泵的实际泵油量会小于理论泵油量，因为油泵的各密封间隙处有一定的泄漏。其泄漏量与间隙的大小和输出压力有关。间隙越大、压力越高,泄漏量就越大。

内啮合齿轮泵是自动变速器中应用最为广泛的一种油泵,它具有结构紧凑、尺寸小、重量轻、自吸能力强、流量波动小、噪声低等特点。

2.摆线转子泵

摆线转子泵由一对内啮合的转子、泵壳和泵盖等组成,如图 3-1-90 所示。内转子为外齿轮,其齿廓曲线是外摆线;外转子为内齿轮,齿廓曲线是圆弧曲线。内外转子的旋转中心不同,两者之间有偏心距 e。一般内转子的齿数为 4、6、8、10 等,而外转子比内转子多一个齿。内转子的齿数越多,出油脉动就越小。通常自动变速器上所用摆线转子泵的内转子都是10 个齿。

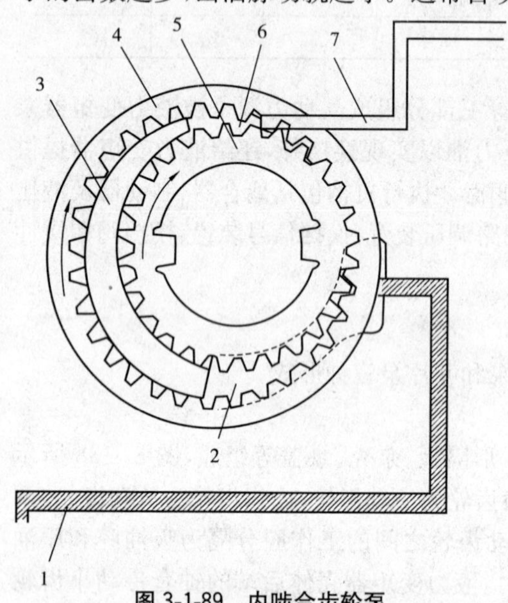

图 3-1-89 内啮合齿轮泵

1-进油道;2-吸油腔;3-月牙形隔板;4-内齿轮;5-外齿齿轮;6-压油腔;7-出油道

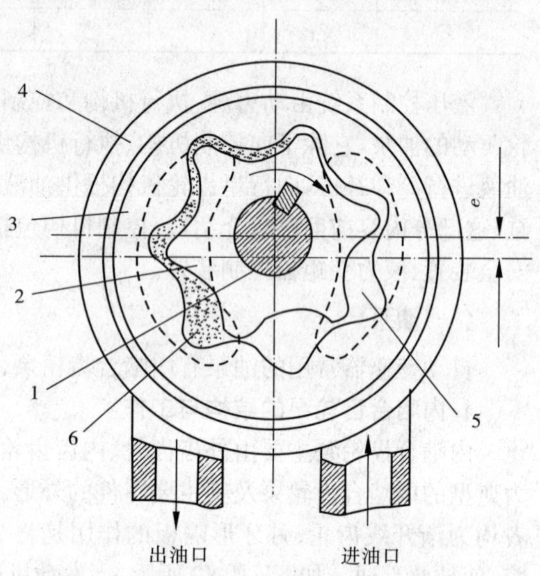

图 3-1-90 摆线转子泵

1-驱动轴;2-内转子;3-外转子;4-泵壳;5-进油腔;6-出油腔;e-偏心距

发动机运转时,带动油泵内外转子朝相同的方向旋转。内转子为主动齿,外转子的转速比内转子每圈慢一个齿。内转子的齿廓和外转子的齿廓是一对共轭曲线,它能保证在油泵运转时,不论内外转子转到什么位置,各齿均处于啮合状态,即内转子每个齿的齿廓曲线上总有一点和外转子的齿廓曲线相接触,从而在内转子、外转子之间形成与内转子齿数相同个数的工作腔。这些工作腔的容积随着转子的旋转而不断变化,当转子朝顺时针方向旋转时,内转子、外转子中心线的左侧的各个工作腔的容积由大变小,将液压油从出油口排出。这就是转子泵的工作过程。摆线转子泵的排量取决于内转子的齿数、齿形、齿宽以及内外转子的偏心距。齿数越多,齿形、齿宽及偏心距越大,排量就越大。摆线转子泵是一种特殊齿形的内啮合齿轮泵,它具有结构简单、尺寸紧凑、噪声小、运转平稳、高速性能良好等优点;其缺点是流量脉动大,加工精度要求高。

3.叶片泵

叶片泵由定子、转子、叶片、壳体及泵盖等组成,如图 3-1-91 所示。转子由液力变矩器壳体后端的轴套带动,绕其中心旋转;定子是固定不动的,转子与定子不同心,二者之间有一定的偏心距。

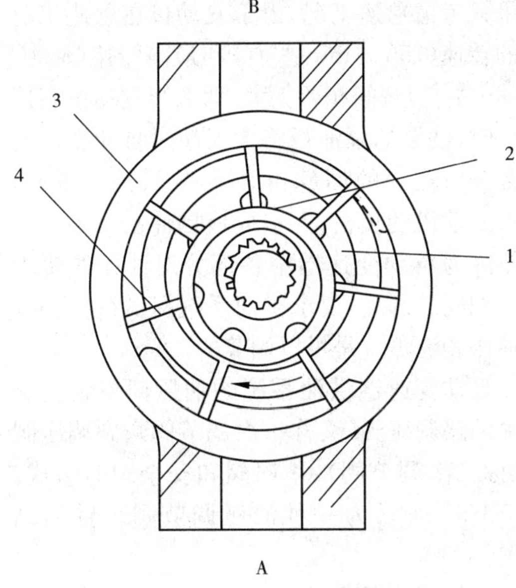

图 3-1-91 叶片泵
1-转子；2-定位环；3-定子；4-叶片；
A-进油口；B-出油口

当转子旋转时，叶片在离心力或叶片底部的液压油压力的作用下向外张开，紧靠在定子内表面上，并随着转子的转动，在转子叶片槽内作往复运动。这样，在每两个相邻叶片之间便形成密封的工作腔。如果转子朝顺时针方向旋转，在转子与定子中心连线的右半部的工作腔容积逐渐减小，将液压油从出油口压出，这就是叶片泵的工作过程。叶片泵的排量取决于转子直径、转子宽度及转子与定子的偏心距。转子直径、转子宽度及转子与定子的偏心距越大，叶片泵的排量就越大。叶片泵具有运转平稳、噪声小、泵油油量均匀、容积效率高等优点，但它结构复杂，对液压油的污染比较敏感。

4.变量泵

上述三种油泵的排量都是固定不变的，所以也称为定量泵。为保证自动变速器的正常工作，油泵的排量应足够大，以便在发动机怠速运转的低速工况下也能为自动变速器各部分提供足够大的流量和压力的液压油。定量泵的泵油量是随转速的增大而正比地增加的。当发动机在中高速运转时，油泵的泵油量将大大超过自动变速器的实际需要，此时油泵泵出的大部分液压油将通过油压调节阀返回油底壳。由于油泵泵油量越大，其运转阻力也越大，因此这种定量泵在高转速时，过多的泵油量使阻力增大，从而增加了发动机的负荷和油耗，造成了一定的动力损失。为了减少油泵在高速运转时由于泵油量过多而引起的动力损失，上述用于汽车自动变速器的叶片泵大部分都设计成排量可变的形式(称为变量泵或可变排量式叶片泵)。这种叶片泵的定子不是固定在泵壳上，而是可以绕一个销轴作一定的摆动，以改变定子与转子的偏心距，如图 3-1-92 所示，从而改变油泵的排量。

在油泵运转时，定子的位置由定子侧面控制腔内来自油压调节阀的反馈油压来控制。当油泵转速较低时，泵油量较小，油压调节阀将反馈油路关小，使反馈压力下降，定子在复位弹簧的作用下绕销轴向顺时针方向摆动一个角度，加大了定子与转子的偏心距，油泵的排量随之增大；当油泵转速增高时，泵油量增大，出油压力随之上升，推动油压调节阀将反馈油路开大，使控制腔内的反馈油压上升，定子在反馈油压的推动下绕销轴朝逆时针方向摆动，定子与转子的偏心距减小，油泵的排量也随之减小，从而降低了油泵的泵油量，直到出油压力降至原来的数值。定量泵的泵油量和发动机的转速成正比，并随发动机转速的增加而不断增加；变量泵的泵油量在发动机转速超过某一数值后就不再增加，保持在一个能满足油路压力的水平上，从而减少了油泵在高转速时的运转阻力，提高了汽车的燃油经济性。

(二)调压装置

自动变速器的供油系统中，必须设置油压调节装置，一方面是因为油泵泵油量是变化的。自动变速器的油泵是由发动机直接驱动的，油泵的理论泵油量和发动机的转速成正比。为了保证自动变速器的正常工作，当发动机处于最低转速工况(怠速)时，供油系统中的油压应能满足自动变速器各部分的需要，防止油压过低使离合器、制动器打滑，影响变速器的动力传递；但

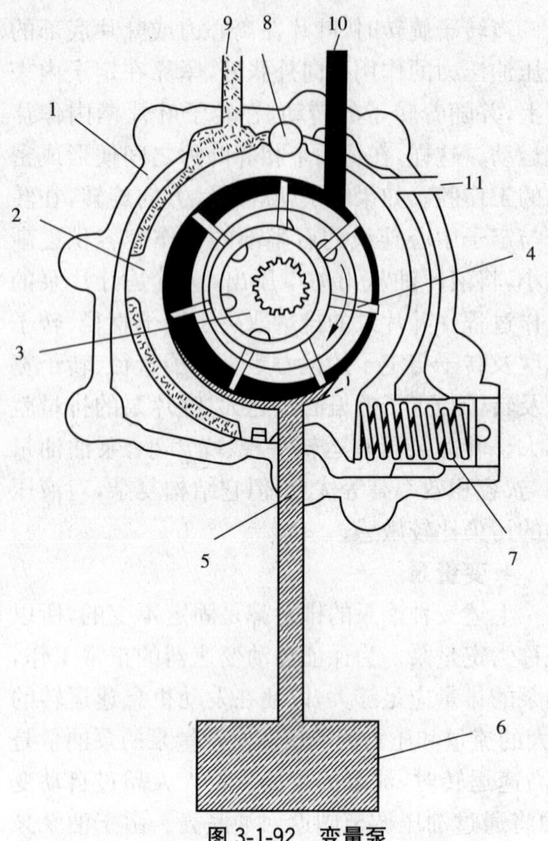

图 3-1-92 变量泵

1-泵壳;2-定子;3-转子;4-叶片;5-进油口;6-滤网;7-复位弹簧;8-销轴;9-反馈油道;10-出油口;11-卸压口

如果只考虑怠速工况,由于发动机在怠速工况下的转速(750 r/min 左右)和最高转速(6 000 r/min 左右)之间相差太大,那么当发动机高速运转时,油泵的泵油量将大大超过自动变速器各部分所需要的油量和油压,导致油压过高,增加发动机的负荷,并造成换挡冲击。另一方面是因为自动变速器中各部分对油压的要求也不相同。因此,要求供油系统提供给各部分的油压和流量应是可以调节的。

自动变速器供油系统的油压调节装置是由主油路调压阀(又称一次调节阀)、副调压阀(又称二次调节阀)、止回阀和安全阀等组成。图 3-1-93 所示为一种油压调节阀装置的结构图。

1. 主油路调压阀

主油路调压阀又称一次调节阀,它的作用是根据汽车行驶速度和节气门开度的变化,自动调节流向各液压系统的油压,保证各系统液压的稳定,使各信号阀工作平稳。主油路调压阀一般由阀芯、阀体和弹簧等主要元件组成。图 3-1-94 所示为油压调节阀的结构简图。

来自油泵的压力油液从进油口 a 进入,并作用到阀芯的右端,来自于节气门调节阀和手动阀倒挡油路的两个反馈油压则经进油口 f 作用在阀芯的左端。

当发动机负荷较小,输出功率较小时,此时的节气门调节压力也较低,作用在阀芯右端的油液压力较高,油压所产生的作用力大于阀芯左端弹簧预紧力和节气门调节压力对阀芯的作用力时,弹簧将被压缩,阀芯向左移动,阀芯中部的密封台肩将使泄油口露出一部分(来自油泵的油液压力越高则泄油口露出越多),来自油泵的油液有一部分经出油口 b 输住选挡阀,有一部分经出油口 d 输出往液力变矩器,还有一部分泄油口流回油盘,使油压下降,直至油液压力所产生的推力与调压弹簧的预紧力和节气门调节压力的合力保持平

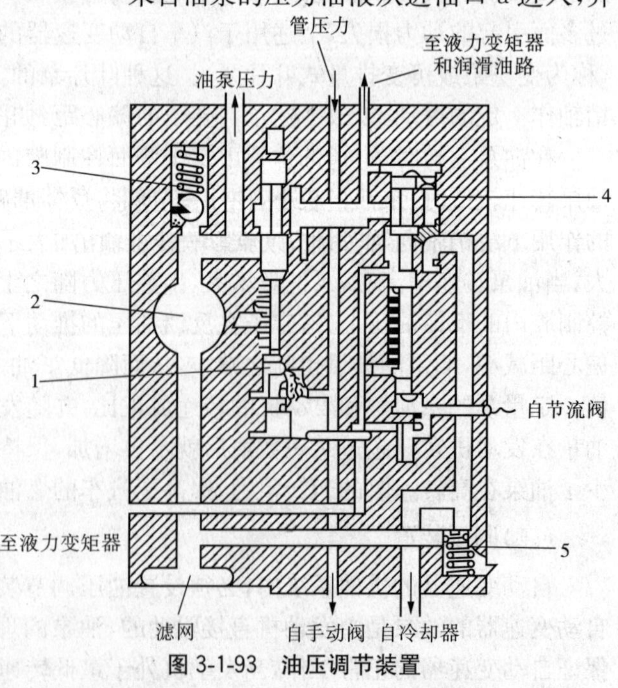

图 3-1-93 油压调节装置

1-一次调节阀;2-油泵;3-安全阀;4-二次调节阀;5-止回阀

衡为止,此时调压阀以低于油泵输入压力的油压输出;当节气门开度增大,输出功率增大时,此时增大了的节气门调节油压将使阀芯向右移动,阀芯中部的密封台肩将堵住泄油口,泄油口开度降低,泄油道减小或处于封闭状态,使油压上升,调节阀以高于油泵输入压力的油压输出。节气门开度越大,调压阀输出的压力越高,输往选挡阀和液力变矩器去的油液压力将随所要传递的功率的增大而增大,此时可使油液压力保持在相对稳定的范围内(通常为 0.5～1 MPa)。

在阀芯的右端还作用着另一个反馈油压,它来自于压力校正阀。这一反馈油压对阀芯产生一个向左的推力,使主油路调压阀所调节的主油路油压减小。

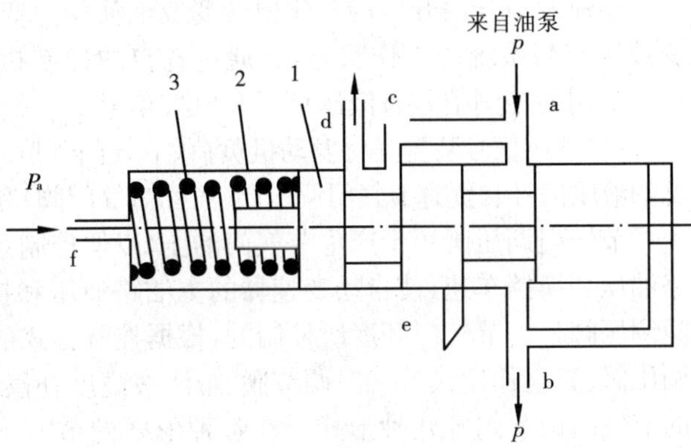

图 3-1-94 油压调节阀的结构简图

1-阀芯;2-阀体;3-弹簧

a-来自油泵的压力油进口;b-输往选挡阀的出油口;c-和 a 连通的进油口;d-输往液力变矩器的出油口;e-泄油道;f-节气门调节压力的进口

当自动变速器处于前进挡的 1 挡或 2 挡时,倒挡油路油压为 0,压力校正阀关闭,调压阀右端的反馈油压也为 0。而当变速器处于 3 挡或超速挡时,若车速增大到某一数值,压力校正阀开启,来自节气门阀的压力油经压力校正阀进入调压阀右端,增加了阀芯向左的推力,使主油路油压减小,减小了油泵的运转阻力。当自动变速器处于倒挡时,来自手动阀的倒挡油路压力油进入阀芯的左端,阀芯左端的油压增大,主油路调压阀所调节的主油路压力也因此升高,满足了倒挡时对主油路油压的需要,此时的主油路油压称为倒挡油压。

2. 副调压阀和安全阀

副调压阀又称二次调节阀,它的作用是根据汽车行驶速度和节气门开度的变化,自动调节液力变矩器的油压、各部件的润滑油压和冷却装置的冷却油压。

二次调节阀也是由阀体、阀芯和弹簧等组成。当发动机转速低或节气门关闭时,二次调压阀在弹簧的作用下,把通向液压油冷却装置的油道切断。当发动机转速升高和液力变矩器油压升高时,把油路开放。发动机停止转动时,二次调压阀用一个单向控制阀把液力变矩器的油路关闭,使液压油不能外流,以免影响转矩输出。

安全阀实际上也是一个调压阀,由弹簧和钢球组成,并联在油泵的进、出油口上,以限制油泵压力。当油泵压力高时,压开钢球,油经钢球和油道流回油盘。

旁通阀(止回阀)是液压油冷却装置的保护器,与冷却装置并联。当流到冷却装置的液压油温度过高、压力过大时,阀体打开,起旁通作用,以免高温、高压的液压油损坏冷却装置。

(三)自动换挡控制系统

自动换挡控制系统由各种控制阀板总成、电磁阀、控制开关、控制电路等组成,电控自动变速器的控制系统还包括各种传感器、执行器、ECU 等。自动换挡控制系统的主要任务是控制油泵的泵油压力,使之符合自动变速器各系统的工作需要;根据操纵手柄的位置和汽车行驶状态,实现自动换挡;控制液力变矩器中液压油的循环和冷却,以及控制液力变矩器中锁止离合器的工作。自动换挡控制系统的工作介质是油泵运转时产生的液压油。油泵运转时产生的液压油进入控制系统后被分成两个部分:一部分用于控制系统本身的工作,另一部分则在控制系统的控制下送至液力变矩器或指定的换挡执行元件，用于操纵液力变矩器及换挡执行元件的工作。

1.信号装置

目前，常用的控制参数是车速和发动机节气门开度。至目前为止，常用的控制系统有两种：一种是只以车速或变速器输出轴转速作为控制参数的系统称为单参数控制系统；另一种是以车速和节气门开度作为控制参数的系统称为双参数控制系统。

车速和节气门开度的变化要转变成油液压力变化的控制信号，输入到相应的控制系统，改变液压控制系统的工作状态，并通过各自的控制执行机构来进行各种控制，从而实现自动换挡。常用的控制信号有液压信号和电气信号。

(1)液压信号装置是将发动机负荷(节气门开度)和车速的变化转变成液压信号的装置。常见的液压信号装置有节气门调压阀(简称节气门阀)和速度调压阀(简称速度阀或调速器)两种。

节气门调压阀用于产生节气门油压，以便控制系统根据汽车节气门开度的大小，改变主油路油压和换挡车速，使自动变速器的主油路油压和换挡规律满足汽车的实际使用要求。节气门调压阀是由节气门开度所控制的，根据控制方式的不同，节气门调压阀有机械作用式节气门调压阀、真空作用式节气门调节阀、带海拔高度补偿装置的真空作用式节气门调节阀及反变化的节气门调节阀等几种形式。在各种形式的节气门调压阀中，由于机械作用式节气门调压阀结构简单、工作可靠，所以使用最广泛。图 3-1-95 是一种机械式节气门调压阀的结构简图。它由柱塞 2、阀芯 4、弹簧 3 和阀体等组成。a 为进油口，b 为出油口，c 为泄油口，d 为强制降挡油口。当踩下加速踏板，使节气门开度增大时，摇臂 1 沿逆时针方向转动，推动柱塞 2 右移，压缩弹簧 3，使弹簧力增大，弹簧力则推动阀芯 4 右移，使进油口 a 的开口量增大，而泄油口的开口量减小，于是通往控制装置的输出油压 pa 上升。阀芯右端的油室与出油口 b 相通，pa 压力油对阀芯 4 产生向左的液压推力。当 pa 压力油对阀芯的作用力与弹簧 3 的作用相平衡时，阀芯就保持在某一工作位置，得到一个稳定的输出信号油压 pa。

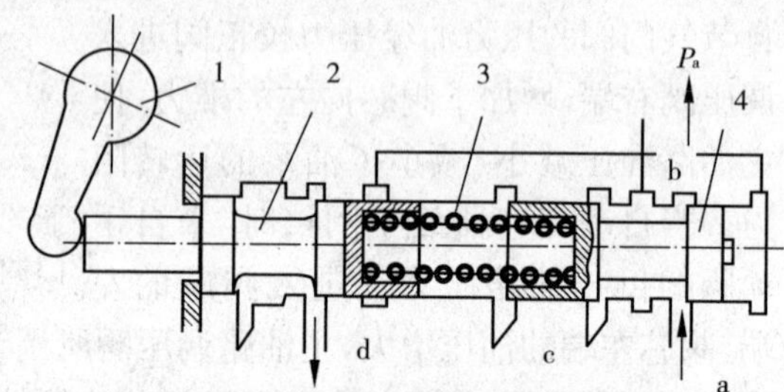

图 3-1-95 机械作用式节气门调压阀结构简图

1-摇臂；2-柱塞；3-弹簧；4-阀芯

a-进油口；b-出油口；c-泄油口；d-强制降挡油口

当摇臂 1 沿逆时针方向转到最大转角位置时，柱塞 2 移到右端位置，其环槽把油口 d 与 b 接通，此时输出压力达最大值 p_{amax}，并从 d 口输出，从而达到强制降挡的控制目的。

自动变速器液压操纵系统速度调节阀一般装在输出轴上，使调节阀能够感应出汽车速度的变化，以得到和汽车速度相对应的输出油压，从而控制自动变速器的换挡时机。速度调压阀有单锤式、双锤式和复锤式等形式。

(2)将控制参数的变化转换成电气信号(通常是电压或频率的变化)，经调制后再输入控制器，或将电器信号输入 ECU，ECU 根据各种信号输入，作出是否需要换挡的决定，并给换挡控制系统发出换挡指令。在电液控制自动变速器上，传感节气门开度信号的是节气门位置传感器，传感车速变化信号的是速度传感器。

2.自动换挡控制装置

自动换挡控制装置主要用来按照换挡规律的要求，随着控制参数的变化，自动地选择最佳换挡点，发出换挡信号，换挡信号操纵换挡执行机构，完成挡位的自动变换。自动换挡控制系统的功用是由选挡阀(手动阀)、换挡控制阀、换挡品质控制阀等主要元件来实现的。

(1)选挡阀的结构与工作原理

选挡阀又称手动阀。它是一种手工控制的多路换向阀,位于控制系统的阀板总成中,经机械传动机构和自动变速器的操纵手柄相连,由驾驶人手工操作。选挡阀根据自动变速器操纵手柄的位置,使自动变速器处于相同的挡位状态。在操纵手柄处于不同位置时,如停车挡(P)、空挡(N)、倒挡(R)、前进挡(D)、前进低挡(S、L或2、1)等,手动阀也随之移至相应的位置,使进入手动阀的主油路与不同的控制油路接通,或直接将主油路压力油送入不同的控制油路,并让不参加工作的控制油路与泄油孔接通,使这些油路中的压力油泄空,从而使控制系统及自动变速器处于不同的工作状态。

图3-1-96所示为自动变速器手动阀的结构和工作原理。阀体通过连接杆受选挡杆操纵,阀体能左右移动,移动时能分别打开或关闭阀体中的油道。手动阀的进油口与一次调节阀(主油路压力调节阀)相通,压力为管路压力,出油口与各换挡阀、顺序动作阀和离合器调节阀相通。

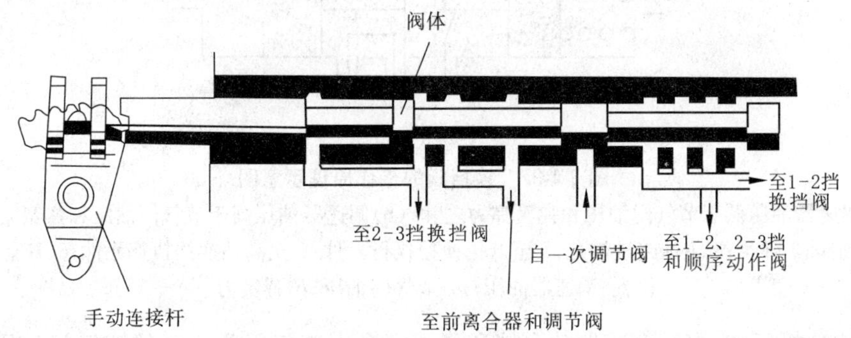

图3-1-96　手动阀的结构及工作原理图

选挡杆在P挡时,手动阀把其他油道都关闭,把通往低压随动阀和顺序动作阀的油路打开,自动变速器只有第三制动器工作。当选挡杆在R挡时,手动阀打开,自动变速器通往后离合器和第三制动器的油道,后离合器和第三制动器的动作,变速器工作在倒挡。选挡杆在D挡时,手动阀把前离合器和1—2挡换挡阀、2—3挡换挡阀、减挡压力调节阀和节流阀等油道打开,使自动变速器能在1—3挡间变速工作。选挡杆在二挡时,通过手动阀油道,使2—3挡换挡阀不能移动,变速器不能自动升到3挡。选挡杆在L挡时,手动阀油道压力使1—2挡、2—3挡换挡阀都不能移动,变速器只能在1挡工作。

(2)换挡控制阀的结构与工作原理

换挡控制阀(简称换挡阀)是一种由液压控制的2位换向阀,就像一个液压开关,它根据发动机负荷(节气门开度)或汽车速度的变化,自动控制挡位的升降,使自动变速器处于最适合汽车行驶状态的挡位上。

任何一个自动变速器都用一个(1—2挡)或几个(1—2挡、2—3挡等)换挡控制阀(其数目根据变速器前进挡位数而定)来实现自动换挡。图3-1-97所示为换挡控制阀的工作原理示意图。

在换挡阀的右端作用着来自速度调节阀(调速器)的调速器油压,左端作用着来自节气门阀的节气门油压和换挡阀弹簧的弹力。换挡阀的位置取决于两端控制压力的大小。当右端的调速器油压低于左端的节气门油压和弹簧弹力之和时,换挡阀保持在右端;当右端的调速器油压高于左端的节气门油压和弹簧弹力之和时,换挡控制阀移至左端。换挡阀改变方向时,开启或关闭主油路或使主油路的方向发生改变,从而让主油路压力油进入不同的换挡执行元件,使之处于工作状态,以实现不同的挡位,当换挡阀移至左端时,自动变速器升高一个挡位;反之,换挡阀由左端移至右端时，自动变速器降低一个挡位。

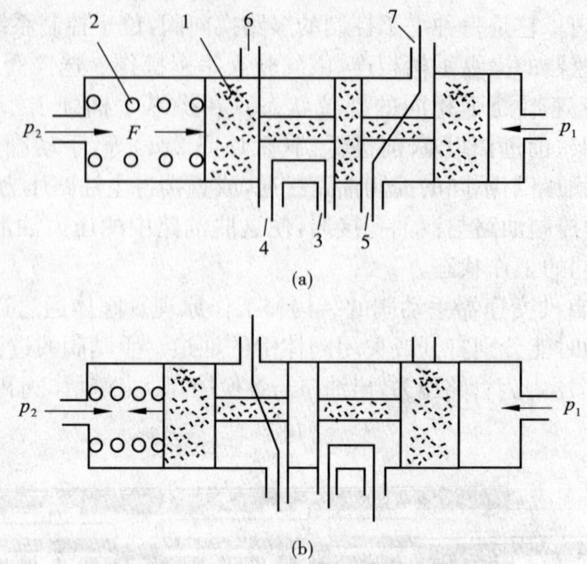

图 3-1-97 换挡阀的工作原理示意图

(a)调速器油压低于节气门油压和弹簧弹力之和；(b)调速器油压高于节气门油压和弹簧力之和

1-换挡阀；2-弹簧；3-主油路进油孔；4-至低挡换挡执行元件；5-至高挡换挡执行元件；6、7-泄油孔；p_1-调速器油压；p_2-节气门油压；F-弹簧力

由上述分析可知，自动变速器的升挡和降挡完全由节气门阀产生的节气门油压和调速器产生的调速器油压的大小来控制。节气门阀由发动机节气门拉索操纵，因此，节气门油压取决于发动机的节气门开度，节气门开度越大，节气门油压也越大；调速器油压取决于车速，车速越高，调速器油压也就越高。若汽车行驶中，节气门开度保持不变，则当车速较低时，换挡阀右端的调速器油压较小，低于左端节气门油压和弹簧弹力之和，此时换挡阀保持在右端低挡位置；随着车速的提高，调速器油压逐渐增大，当车速提高到某一车速时，换挡阀右端的调速器油压增大至超过左端节气门油压和弹簧弹力之和，此时换向阀将移向左端高挡位置，让自动变速器升高一个挡位；若汽车在高挡位行驶中因上坡或阻力增大而使车速下降时，调速器油压也随之降低，当车速下降到某一数值时，换挡阀右端的调速器油压将降低至小于左端节气门油压和弹簧弹力之和，此时换挡阀移向右端低挡位置，使自动变速器降低一个挡位。由此可知，当节气门开度不变时，汽车升挡和降挡时刻完全取决于车速。

若汽车行驶中保持较大的节气门开度，则换挡阀左端的节气门油压也较大，调速器油压必须在较高的车速下才能达到节气门油压和弹簧弹力之和，使自动变速器升挡，因而相应的升、降挡车速都较高；反之，若汽车行驶中保持较小的节气门开度，则换挡阀左端节气门油压也较小，调速器油压在较低的车速下就能达到节气门油压和弹簧弹力之和，因而相应的升、降挡车速都较低。由此可知，汽车的升挡和降挡车速取决于节气门的开度，节气门的开度越大，汽车升挡和降挡的车速就越高；反之，节气门开度越小，汽车升挡和降挡的车速也就越低。这种换挡车速随节气门开度变化的规律十分符合汽车的实际使用要求。当汽车行驶阻力较大时，驾驶人必须将节气门保持在较大的开度才能保证汽车的加速，此时汽车的换挡车速也应比平路行驶时稍高一些，以防止过早换挡而导致“拖挡”现象。相反，当汽车平路行驶或载重较小时，节气门保持在较小的开度，换挡车速也可以低一些，以节省燃油。

另外,在一些自动变速器中还装有强制降挡阀。强制降挡阀用于节气门全开或接近全开时,强制性地将自动变速器降低一个挡位,以获得良好的加速性能。强制性降挡阀主要有两种类型,一种类似于节气门阀,由控制节气门阀的节气门拉索和节气门阀凸轮控制其工作。在节气门接近全开时,节气门拉索通过节气门阀凸轮推动强制降挡阀,使之打开一个通往各个换挡阀的油路。该油路的压力油作用在换挡阀上,迫使换挡阀移至低挡位置,使自动变速器降低1个挡位,降挡阀的结构如图3-1-98a所示。另一种强制降挡阀是一种电磁阀,由安装在加速踏板上的强制降挡开关控制,如图3-1-98b所示。当加速踏板踩到底时,强制降挡开关闭合,使强制降挡电磁阀通电,电磁阀作用在阀杆上的推力消失,阀芯在弹簧弹力的作用下右移,打开油路,主油路压力油进入换挡阀的左端(作用在节气门油压的一端),强迫换挡阀右移,让自动变速器降低1个挡位。

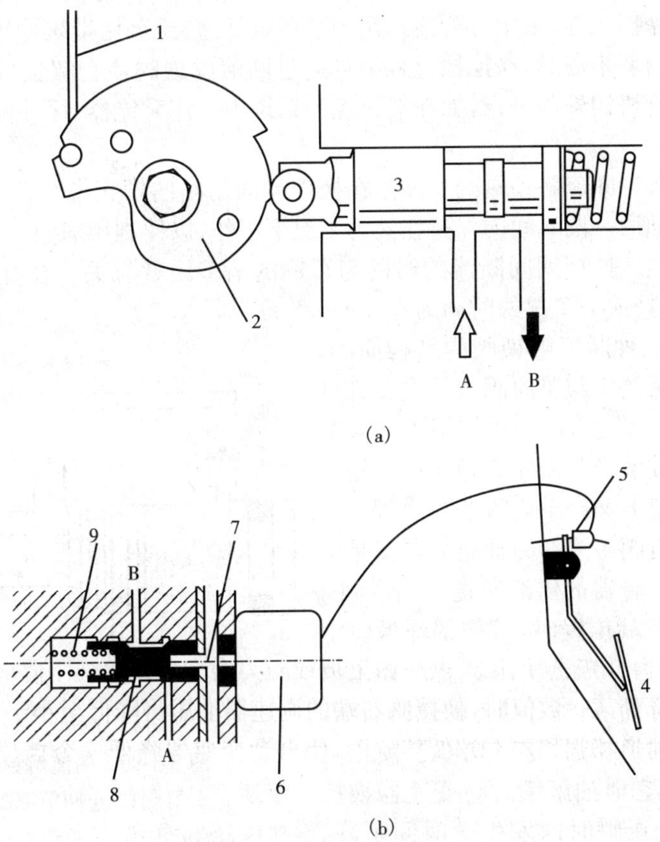

图3-1-98 强制降挡阀

(a)机械式强制降挡阀;(b)电磁式强制降挡阀

1-节气门拉索;2-节气门阀凸轮;3-强制降挡阀;4-加速踏板;5-强制降挡开关;6-强制降挡电磁阀;7-阀杆;8-阀芯;9-弹簧;A-通主油道;B-通换挡阀

3.换挡品质控制装置

(1)换挡品质

换挡品质是指换挡过程的平顺性,即换挡过程能平稳而无颠簸或冲击地进行。换挡品质控制是自动换挡液压控制系统中的基本组成部分之一。对换挡过程的具体要求有两个:一是换挡过程应尽量迅速地完成,以减少由于换挡时间过长而使摩擦元件的磨损增加和减少因换挡期间输入功率低或中断而引起的速度损失；其二是换挡过程应尽量缓慢平稳过渡，以使车速过渡圆滑，没有过高的瞬时加速度或瞬时减速度，避免颠簸和冲击，以提高乘坐舒适性，减小传动系的冲击荷载，延长机件寿命。以上两个要求是互相矛盾的。换挡过程快，就不可避免地产生较大的冲击和动荷载，换挡过程的平稳性就不好。而如果为了提高换挡过程的平稳性而延长过渡时间，则摩擦元件的滑转时间延长，累计滑摩功增加，导至摩擦元件温度升高、磨损增加。所以，在一般情况下，根据经验，最小滑摩时间在 0.4 ～1 s 较为合适，在此前提下再设法提高换挡过程的平稳性。

(2)换挡品质控制

换挡过程品质控制的实质就是限制发生过于剧烈的转矩扰动，改善换挡质量。

1)自动变速器执行机构的缓冲控制。缓冲控制可从换挡执行机构本身结构着手，如采用单向离合器代替摩擦元件，采用分阶段作用的液压缸活塞，或采用带缓冲垫的伺服液压缸。当采用可锁止的液力变矩器时，在换挡过程中可通过断流解锁阀使它解锁成液力工况。缓冲控制也可从换挡执行机构外部进行，如在液压控制系统内采用蓄能器、缓冲阀、限流阀、节流阀以及节流孔等。

①断流解锁阀。断流解锁阀的功能是在换挡瞬间切断向锁止离合器的供油，使液力变矩器在换挡过程及随后一段时间内保持在液力工况下工作，以便利用液力元件的减振缓冲作用，改善换挡过程品质。换挡期间断流的时间与车辆的诸多因素有关。在有些重型自动变速器中，完成换挡后保持液力工况的时间为 0.3 ～0.8 s。

图 3-1-99 是一种断流解锁阀的结构简图。它由一个阶梯形滑阀 1 与单向阀 2 等主要部件组成。主压力油从油道输入，并作用于滑阀的最右端。主压力油液经节流孔 3 和油道 b 输往换挡离合器。油道 b 又经单向阀 2 与滑阀 1 左端的油室连通。滑阀 1 腰部的油道 d 与 c 是向液力变矩器锁止离合器的供油通道。当滑阀 1 处于如图所示的右端位置时，其腰部环槽将油道 d 与 c 连通，液力变矩器实现锁止。如果滑阀 1 左移到一定位置，则将 d 与 c 的通路切断，并将油道 c 与泄油道相通，这就切断了锁止离合器的供油，并使它泄油解锁。与变速器换挡时，油道 b 中的油压瞬时内发生短时间下降。此时，止回节流阀 2 的两侧也立即产生压力差，

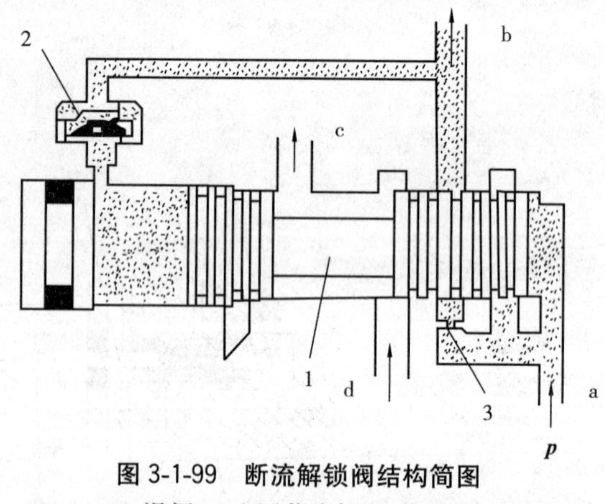

图 3-1-99 断流解锁阀结构简图

1-滑阀；2-止回节流阀；3-节流孔

a-主压力油进油道；b-换挡离合器供油道；c-锁止离合器供油道

使止回阀打开，滑阀左端油室中的油压也随之下降。这就破坏了滑阀两端油压的平衡，滑阀右端的主油压大于左端的压力，因而向左移动。滑阀左移一方面切断锁止离合器的供油使之解锁，同时还使节流孔 3 被短路，使油道 a 和 b 直接连通，保证换挡离合器迅速充油结合。随着换挡离合器充油过程的完成，油道 b 中的油压逐渐回升。在止回节流阀 2 的两侧，逐渐产生反向压差，使油道 b 中的油压大于滑阀左端油室中的油压，油液自油道 b 经止回节流阀 2 的节流孔向滑阀左端的油室充油，左端油室油压回升。由于阶梯形滑阀面积差的作用，当油压升至一定值时就推动滑阀右移。由于止回节流阀 2 的节流作用，左端油室充油较缓慢，到滑阀完全复位需要一定的时间。只有经过一定时间滑阀复位后，才能恢复向锁止离合器供油，使其重新

锁止。

图 3-1-100 为一种串联在锁止阀前的一组柱塞阀组成的断流解锁阀。柱塞阀的输出油道 e 经锁止阀输往锁止离合器。而输入油道则是与各挡离合器供油通道相连通的一组油道 a(二挡)、b(三挡)、c(四挡)、d(五挡)。每当换挡发生时,原来挡位的离合器泄油,因此也使锁止离合器立即泄油解锁。但是,向锁止离合器的再次充油,必须在换挡离合器完成充油过程之后,经过一段时间才能实现。这样就能保证液力变矩器在换挡期间解锁而得到液力工况。例如,在二挡升三挡时,油道 a 立刻泄油卸压,锁止离合器立即分离解锁。与此同时,由于三挡离合器充油,油道 b 也充油升高。但是,由于柱塞 2 与 1 与所处的位置还不能使油道 b 与油道 e 马上接通,必须有足够的压力油液推动柱塞 2 与 1 移位后,油道才能畅通。由于油道内有一系列节流孔的节流作用,实现柱塞 2 与 1 的移位,使油道畅通要经过一定时间。这就使锁止离合器的重新锁止需要有一个时间间隔。其他挡位的升、降过程,断流阀的作用原理相同,只是因油路结构参数不同,断流时间有所差别。

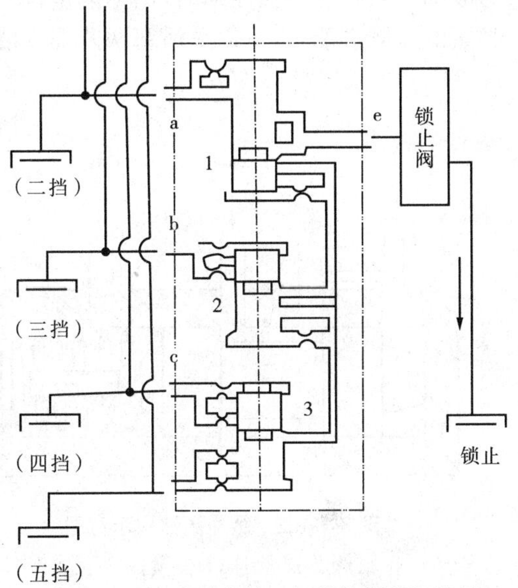

图 3-1-100 串联在锁止阀前的断流解锁阀

1、2、3-柱塞

a、b、c、d-各挡断流滑阀的进油道;e-断流柱塞阀的输出油道

②限流阀。图 3-1-101 是一种限流阀的结构简图。它实际上是一种可控制调节的节流阀,串联在供油通道中。液流自进油口 3 经弹性阀片 1 上的小孔及周边的缝隙流向出口 4,输往液压执行元件。如图所示,弹性阀片 1 的开度则由柱塞 2 来控制,而柱塞 2 又受节气门信号油压控制。当节气门开度增大时,作用在柱塞 2 上的控制油压增大,弹性阀片 1 的开度也增大。反之,节气门开度小时,柱塞上的油压减小,弹性阀片的开度小,这就使得在小节气门开度时供油量减小,液压执行元件完成动作的时间延长。

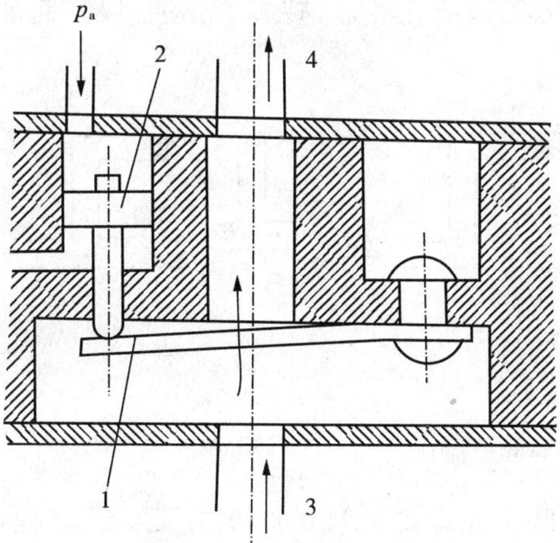

图 3-1-101 限流阀的结构简图

1-弹性阀片;2-柱塞;3-进油口;4-出油口

p_a-节气门信号油压

③缓冲阀。缓冲阀在有的自动变速器中称软接合阀,图 3-1-102 所示为一种缓冲阀的结构简图。这主要由滑阀芯 1、阀体 2 和弹簧 3 等组成。在阀体 2 上,有 4 个油道,油道 c 是主压力油进油道,并通过内部油道以及节流孔 4 和油道 a 相通,油道 b 为主压力油的出油道,通往换挡执行机构,使换挡执行机构接合,d 为节气门调节压力输入油道。由图可见,经节流后的主压力作用在滑阀芯 1 的左端,节气门调节压力作用在滑阀芯的右端。在换挡时,主压力油经油道 c 进入滑阀的中间。同时也经节流孔 4 进入左端,并克服变化着的节气门调节油压的作用力和弹簧力使滑阀芯右移,使出油孔 b 开度减小,节制和缓冲了换挡执行机构油压的升高。

④蓄能器。蓄能器又称蓄压器或储能器。自动变速器控制系统中采用的一般是弹簧式蓄能器，它由缸筒1、活塞2和弹簧3组成，如图3-1-103所示。蓄能器用于储存少量压力油液，其作用是在换挡时使压力油液迅速流到换挡执行机构的油缸，并吸收和平缓所输送油压的压力波动。当弹簧3被压缩时，储存能量，而当弹簧伸长时，释放能量。蓄能器可以只在活塞无弹簧的一侧进油，也可以从活塞两侧都进油。

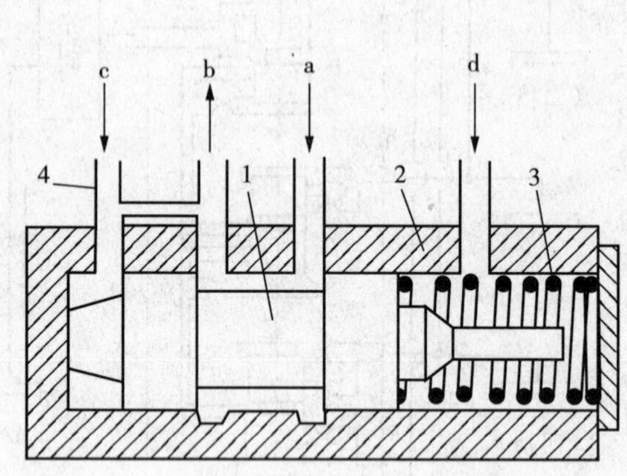

图3-1-102 缓冲阀结构示意图

1-滑阀芯；2-阀体；3-弹簧；4-节流孔

a、c-主油压输入油道；b-换挡执行机构油压输出通道；d-节气门调节压力输入油道

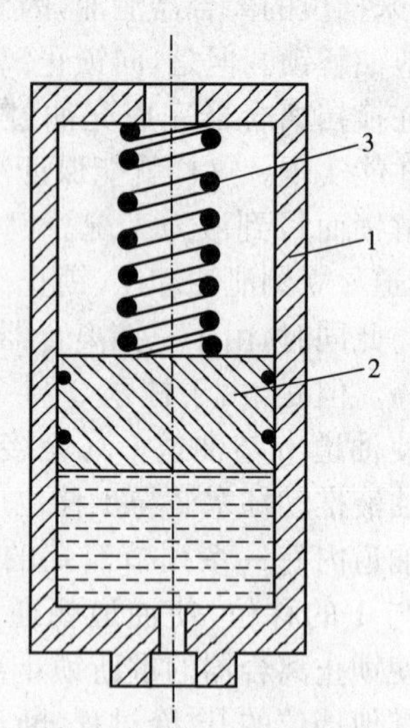

图3-1-103 蓄能器的结构简图

1-缸筒；2-活塞；3-弹簧

⑤止回节流阀。止回节流阀布置在换挡阀至换挡执行元件之间的油路中，其作用是对流向换挡执行元件的液压油产生节流作用，在换挡执行元件接合时延缓油压增大的速率，以减小换挡冲击。在换挡执行元件分离时，止回节流阀对换挡执行元件的泄油不产生节流作用，以加快泄油过程，使换挡执行元件迅速分离。止回节流阀有两种形式：一种是弹簧节流阀式，如图3-1-104a、b所示，在充油时，节流阀关闭，液压油只能从节流阀中的节流孔通过，从而产生节流效应；在回油时，液压油将节流阀推开，节流孔不起作用。另一种是是球阀节流孔式，如图3-1-104c、d所示，在充油时，球阀关闭，液压油只能从球阀旁的节流孔经过，减缓了充油过程；回油时，球阀开启，加快了回油过程。

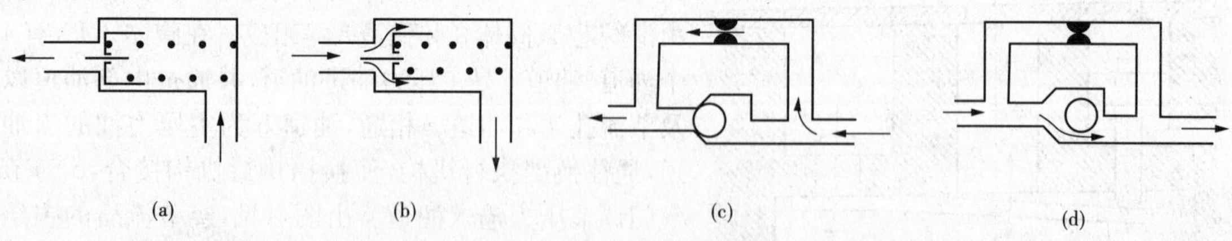

图3-1-104 止回节流阀

(a)、(b)弹簧节流阀式；(c)、(d)球阀节流孔式

2)自动变速器执行机构的定时控制。换挡过程实际上是摩擦元件的摩擦力交替的过程，在常见的摩擦式离合器—离合器或离合器—制动器换挡中，若摩擦力矩替换过程的定时不当，将会引起输出转矩的急剧变动。两个离合器之间或离合器与制动器之间摩擦力矩的替换，总会有或多或少的中断间隔或重叠。重叠不足或重叠过多，都会产生不应有的换挡冲击。重叠

不足是指待分离的离合器过快地泄油分离，待结合的离合器未能建立足够的油压，因而出现两个离合器传递转矩间断的现象。在这个重叠不足的时间内，输出转矩先是下降过多，随后又急剧上升，形成较大的转矩扰动。与此同时，发动机转速也得不到平稳地过渡，先是因负荷减小而增速，后又因负荷急剧增大而降速。重叠过多是指在待结合的离合器已经能够传递很大的转矩时，应分离的离合器还没有很好地泄油分离，因而出现两个执行机构同时工作的情况。在一个短暂时间内，两个挡位重叠工作，使发动机和输出轴都受到制动作用，因而输出轴有很大的转矩扰动。随后又因应分离的离合器分离，使变速器输出轴的转矩又急剧升高。重叠过多的转矩扰动比重叠不足时更严重。同时，发动机的转速先是急降，后在回升，表现出不稳的情况。重叠过多的升挡过程最不平稳。所以，要对两个交替换挡的执行元件的泄油充油过程进行控制，以得到最满意的交替衔接，这就是定时控制。定时控制的元件有定时阀、缓冲定时阀、干预换挡定时阀等。

①定时阀。图 3-1-105 所示是一种定时阀的结构简图。它由阀芯 1、弹簧 2 和节流孔 3 等组成。速度调节油压由油道 c 进入，作用在阀芯的阶梯形环面上，用于控制阀芯的位置。当速度调节油压较小时，阀芯 1 在弹簧 2 的作用下，处于左端位置，油道 a 和油道 b 相通，主压力油液经定时阀、油道 b 顺利进入液压执行元件。当速度节油压增加至其对阀芯的作用力超过弹簧弹力时，阀芯 1 被推到右端位置，油道 a 与油道 b 间通路被阀芯切断，主压力油液只能经节流孔 3 进入油道 b，通过节流孔 3 控制进油时间。

②止回定时阀。图 3-1-106 为一种止回定时阀的结构简图。它由阀芯 1、弹簧 2、节流孔 4 和止回阀 3 等主要部件组成，它与图 3-1-105 所示的结构不同之处仅仅是增加了一个止回阀，使之在油液流动的一个方向上起定时作用；反向时，油液经止回阀顺利通过，不起定时作用。如图 3-1-106 所示，当油液从油道 b 流向 a 时，止回阀关闭，油液必须从定时阀流过，其工作原理与图 3-1-105 所示的定时阀相同。当油液从油道 a 向油道 b 流动时，止回阀打开，油液经止回阀顺利地通过，此时，无定时作用。

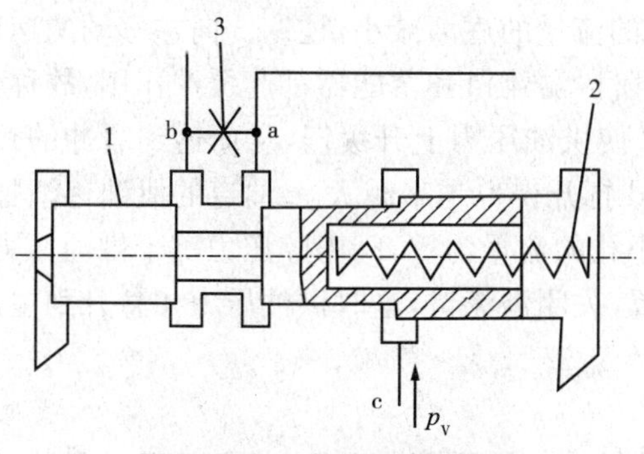

图 3-1-105　定时阀结构简图

1-阀芯；2-弹簧；3-节流孔

a-主压力油进油道；b-执行元件输油道；c-速度调节压力油液进油道

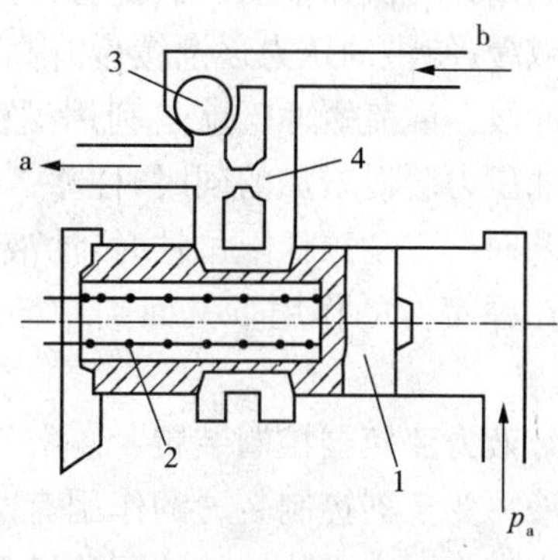

图 3-1-106　止回定时阀结构简图

1-阀芯；2-弹簧；3-止回阀；4-节流孔

③缓冲定时阀。缓冲定时阀的作用除了起溢流缓冲阀控制进油道缓慢升压外，还控制另一油路回油时间，从而达到进、回油的满意交替。图 3-1-107 是一种缓冲定时阀的结构简图，它由溢流缓冲阀和节流孔组成。而溢流缓冲阀由溢流阀芯 1、溢流阀弹簧 2、蓄能器柱塞 3、蓄能器弹簧 4、限位柱和阀体等部件组成。蓄能器柱塞 3 的腰部开有环形槽。油道 a 与进油路

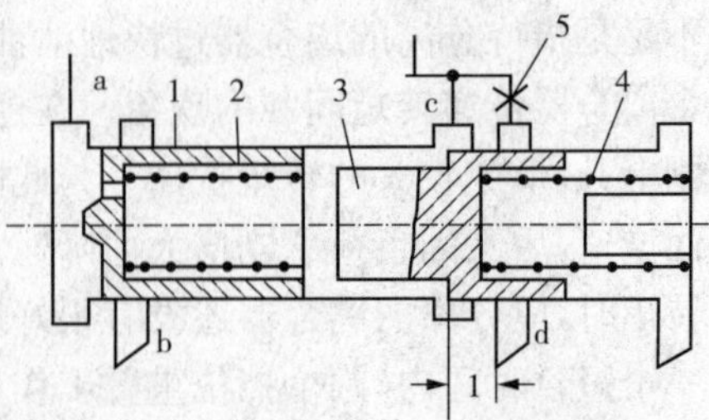

图 3-1-107　缓冲定时阀的结构简图

1-阀芯;2-溢流阀弹簧;3-蓄能器柱塞;4-蓄能器弹簧;5-节流孔

a-进油道;b-溢流道;c-待分离执行机构的回油道;d-泄油口

并联,而油道 c 与另一回路串联。阀芯 1 的顶部有一个小节流孔,把阀左端的前腔和内腔相通。b 油道为溢油道,供溢油用。d 为泄油孔。缓冲定时阀的工作过程可以分为三个阶段:当溢流缓冲阀前腔(阀芯 1 的左端)中的供油压力较小时,阀芯 1 与柱塞 3 处于左端位置的静止状态,油液不流动。油道 c 与 d 的通路被切断,此时只有通过节流孔 5 缓慢回油。此时溢流阀内腔(阀芯 1 的左端)的油压等于前腔的油压。前腔的油压增加,内腔的油压也随之增加。当内腔的油压增加至使阀内腔的压力油和弹簧 2 以及油道 c 中的油压对蓄能器柱塞 3 的作用力超过弹簧 4 的作用力时,柱塞 3 开始向右移动,溢流缓冲阀第一阶段工作状态开始,其特点是柱塞 3 动作而阀芯 1 不动,阀芯在弹簧 2 的作用下还是处在左端位置,随着前腔油压的增加,经过节流小孔进入阀内腔的流量逐渐增加,柱塞运动的速度也逐渐增加。随着从节流孔流过的流量增加,节流小孔前后的压力差也增加,当压力差增加到使压力油对阀芯 1 向右的作用力超过弹簧 2 的作用力时,阀芯开始向右移动,溢流缓冲阀第二阶段工作状态开始,其特点是阀芯与柱塞都在运动,柱塞的运动速度大于阀芯的运动速度。此阶段从阀芯开始运动到溢流口打开为止。溢流阀在此阶段中没有溢流。与此同时,柱塞 3 也移动至将油道 c 和 d 连通的位置,使回油畅通,从而完成对回油的定时控制。溢流缓冲阀的第一和第二阶段的缓冲特性与弹簧蓄能器的缓冲特性相同,因此称弹性缓冲段。当阀芯 1 右移至孔口 b 并打开溢流口开始溢流时,溢流缓冲阀进入第三阶段工作状态。当溢流口打开到使溢流量接近最大值时,阀芯基本上处于不运动状态,阀芯受力平衡,节流小孔前后的压力差取决于弹簧 2 对阀芯的作用力。随着柱塞向右移动,弹簧 2 对阀芯的作用力逐渐减小,而节流小孔前后的压力差也逐渐减小,经过节流小孔的流量也逐渐减小,多余的流量经溢流口 b 溢出。随着经过节流小孔的流量的逐渐减小,柱塞 3 向左移动的速度也逐渐减缓,使供油压力逐渐缓慢升高。因此,此阶段溢流口和蓄能器都起缓冲作用,故称作溢流缓冲段。溢流缓冲阀就是利用溢流缓冲段来使供油压力上升缓慢,从而达到缓冲的目的。与供油压力缓慢增加的同时,柱塞 3 将泄油口 d 打开得也越来越大,c 油道的泄油逐渐加快。当柱塞向右移动顶住限位柱时,油液经过节流小孔的流量为零,阀内腔压力等于供油压力,阀芯 1 在弹簧 2 的作用下又回到左端的原始位置,关闭溢流口,这时供油压力才急升到主压力数值。

4. 液力变矩器控制装置

液力变矩器控制装置的作用有两个:一是为液力变矩器提供具有一定压力的液压油,同时将液力变矩器内受热后的液压油送至散热器冷却,并让一部分冷却后的液压油流回到齿轮变速器,对齿轮变速器中的轴承和齿轮进行润滑;二是控制液力变矩器中锁止离合器(如果有的话)的工作。液力变矩器控制装置由液力变矩器压力调节阀、泄压阀、回油阀、锁止信号阀、锁止继动阀和相应的油路组成。

(1)液力变矩器压力调节阀

液力变矩器压力调节阀的作用是将主油路压力油减压后送入液力变矩器,使液力变矩器内的液压油的压力保持在 196 ~490 kPa。许多车型自动变速器将液力变矩器压力调节阀和主油路压力调节阀合并为一阀，该阀让调节后的主油路压力油再次减压后进入液力变矩器。液力变矩器内受热后的液压油经液力变矩器出油道被送至自动变速器外部的液压油散热器，冷却后的液压油被送至齿轮变速器中，用于润滑行星齿轮及各部分的轴承。

有些液力变矩器控制装置在液力变矩器进油道上设置了一个限压阀。当进入液力变矩器的液压油压过高时，限压阀开启，让部分液压油泄回到油底壳，以防止液力变矩器中的油压过高而导致油封漏油。另外，在液力变矩器的出油道上常设有一个回油阀，它只有在液力变矩器内的油压高于一定值时才打开，让受热后的液压油进入液压油散热器。该阀不但可以防止液力变矩器内的油压过低而影响动力传递，而且可以降低液压油散热器内的油压，使之低于196 kPa，以防止油压过高造成耐压能力较低的散热器及油管漏油或破裂。

(2)锁止信号阀和锁止继动阀

液力变矩器内锁止离合器的工作是由锁止信号阀和锁止继动阀一同控制的(图 3-1-108)。锁止信号阀上方作用着调速器压力。当车速较低时，调速器压力也较低，锁止信号阀在弹簧的作用下保持在图中上方位置，将通往锁止继动阀主油路切断，从而使锁止继动阀在上方弹簧弹力及主油路油压的作用下保持在图中下方位置，让液力变矩器中锁止离合器压盘左侧的油腔与来自液力变矩器压力调节阀的进油道相通。此时锁止离合器处于分离状态，发动机动力完全由液力来传递，如图 3-1-108a 所示。当汽车以超速挡行驶，且车速及相应的调速器油压升高到一定数值时，锁止信号阀在调速器压力的作用下被推至下方位置，使来自超速挡油路的主油路压力油进入锁止继动阀下端，锁止继动阀在下方主油路油压的作用下上升，让锁止离合器左侧的油腔与泄油口相通，使锁止离合器接合，发动机动力经锁止离合器直接传至涡轮输出，如图 3-1-108b 所示。

五、电液控制系统的结构与原理

电控自动变速器采用电液控制系统，该系统由电子控制系统和阀体两大部分组成，即电液控制系统。

(一)电子控制系统

如图 3-1-109 所示，电子控制系统由传感器、控制开关、ECU 等部件组成。

1.传感器

用于电控自动变速器的传感器主要有节气门位置传感器、车速传感器、发动机转速传感器、输入轴转速传感器、发动机冷却液温度传感器、ATF 油温度传感器等。

节气门位置传感器、发动机转速传感器、发动机冷却液温度传感器等均和发动机控制系统共用，结构原理相同，这里不在赘述。

车速传感器安装在变速器输出轴附近，信号转速安装在输出轴上。输入轴转速传感器安装在行星齿轮机构输入轴(液力变矩器涡轮输出轴)附近，或与输出轴连接的离合器鼓附近的壳体上，用于检测输入轴的转速，并将信号送入 ECU，以便精确地控制换挡过程，另外，它还作为液力变矩器涡轮的转速信号，与发动机转速即液力变矩器泵轮转速信号进行比较，计算出液力变矩器的传动比，以优化锁止离合器的控制过程，减小换挡冲击，改善汽车的行驶平顺。这两种速度传感器采用电磁感应式、光电式或霍尔式传感器，和发动机转速传感器相比，只是安装位置不同，基本结构和工作原理完全一样。在此也不再赘述。

ATF 油温度传感器安装在自动变速器油底壳内的液压阀阀体上，用于连续监测 ATF 油

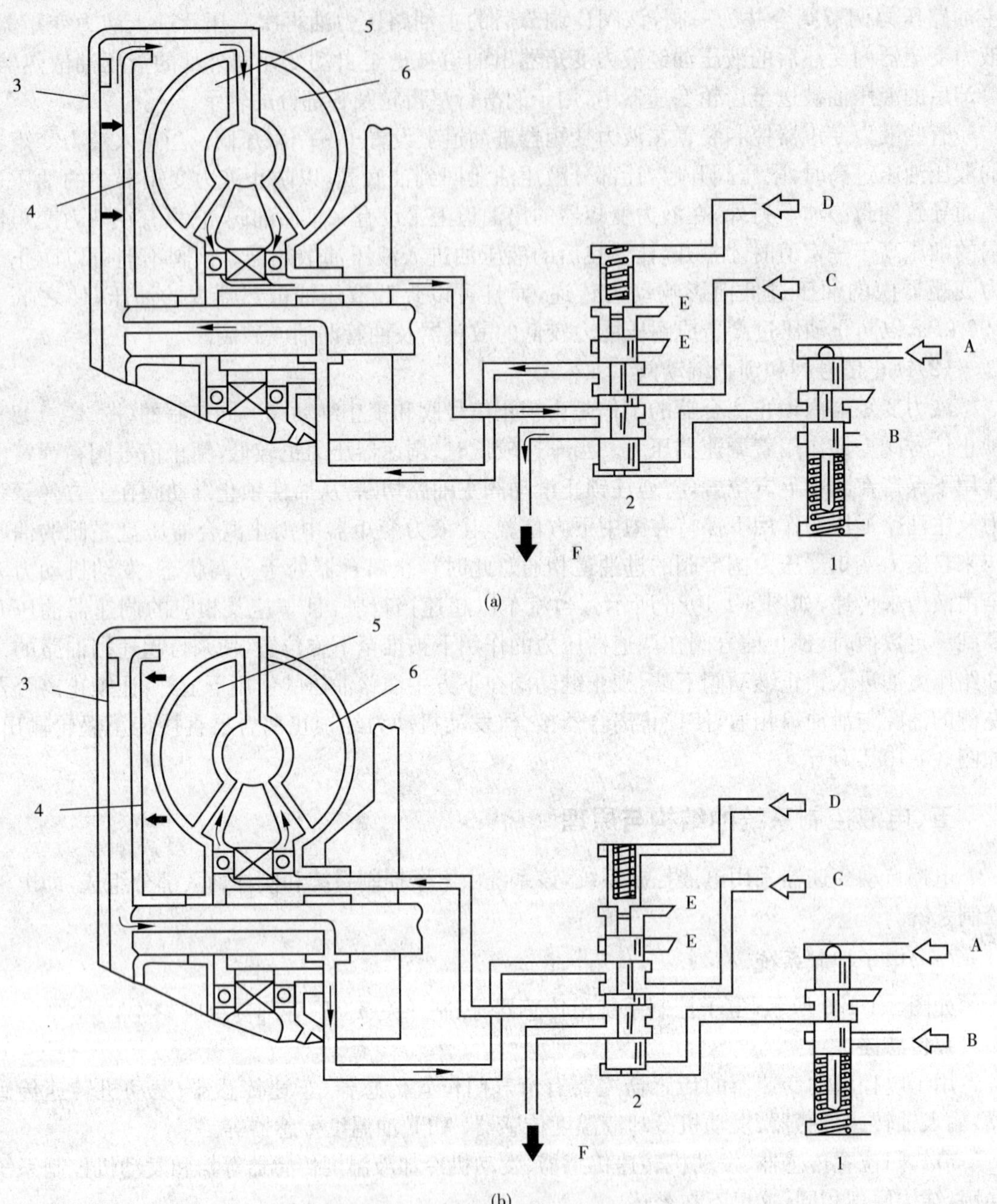

图 3-1-108 锁止信号阀和锁止继动阀

(a)锁止离合器分离；(b)锁止离合器结合

1-锁止信号阀；2-锁止继动阀；3-液力变矩器壳；4-锁止离合器；5-涡轮；6-泵轮

A-来自调速器；B、D-来自超速挡油路；C-来自液力变矩器阀；D-来自主油路；E-泄油口；F-至油底壳

的温度，以作为 ECU 进行换挡控制、油压控制、锁止离合器控制的依据。ATF 油温度传感器同发动机冷却液温度传感器一样采用热敏电阻形式。

除了上述各种传感器之外，自动变速器的控制系统还将大气压力信号、进气温度信号等作为控制自动变度器的参考信号。

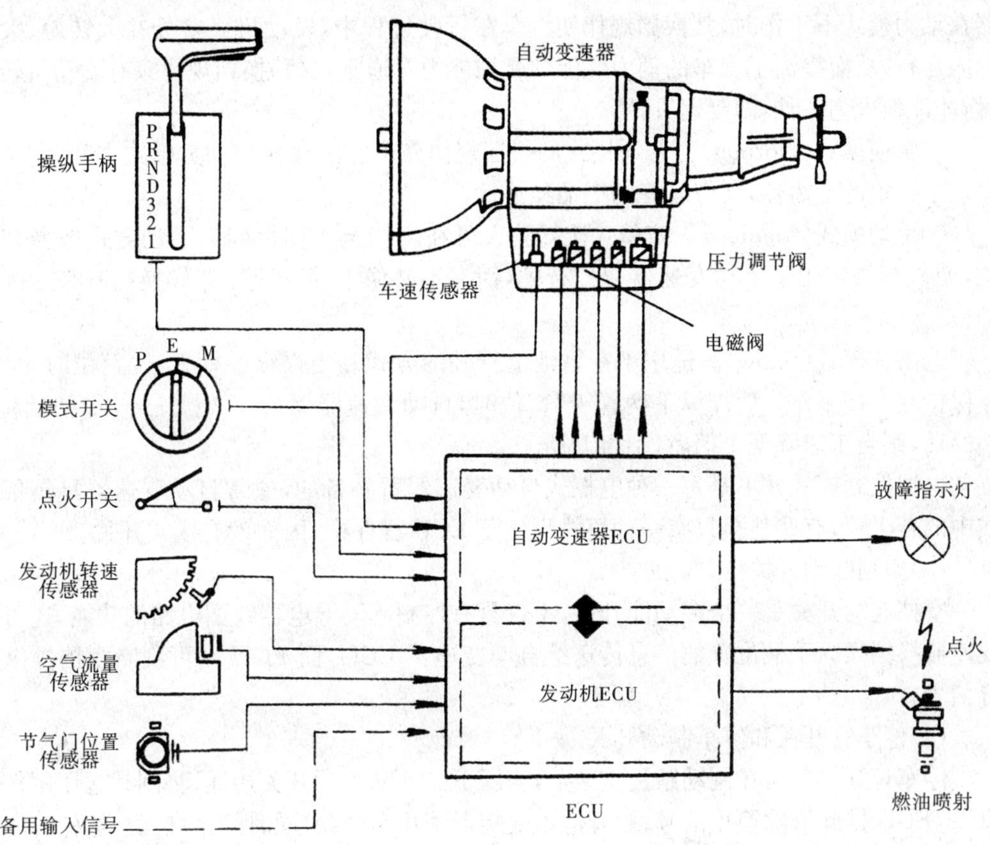

图 3-1-109 自动变速器的电子控制系统构成

2. 控制开关

电子控制装置中常用的开关有超速挡开关、模式开关、空挡起动开关和制动灯开关等。

(1)超速挡开关

超速挡开关通常装在自动变速器操纵手柄上，用于控制自动变速器的超速挡。在驾驶室仪表盘上，有超速挡切断指示灯("O/D OFF"指示灯)显示超速挡开关的状态。当超速挡开关接通时，从蓄电池来的 12 V 电压信号经超速挡切断指示灯送入自动变速器 ECU。ECU 才允许变速器使用超速挡。当超速挡开关断开时，超速挡切断指示灯亮，并将 0 V 电压信号送给 ECU，ECU 切断超速挡的工作。

(2)模式开关

模式开关又称程序开关，用于选择自动变速器的控制模式，即选择自动变速器的换挡规律，以满足不同的使用要求。常见的控制模式大致有以下几种。

①经济模式(Economy)。该模式以汽车获得最佳燃油经济性为日标设计换挡规律。当自动变速器在经济模式下工作时，其换挡规律使汽车在行驶过程中，发动机经常在经济转速范围内运行，从而降低了燃油消耗。这种换挡规律，通常当发动机转速相对较低时，就会换入高一挡，即提前升挡。

②动力模式(Power)。该模式以汽车获得最大动力性为目标设计换挡规律。当自动变速器在动力模式下工作时,其换挡规律使汽车在行驶过程中,发动机经常处在大转矩、大功率范围内运行,从而提高了汽车的动力性能和爬坡能力。通常,这种换挡规律只有发动机转速较高时,才能换入高一挡,即延迟升挡。

③普通模式(Normal)。普通模式的换挡规律介于经济模式与动力模式之间,它使汽车既保证了一定的动力性,又有较好的燃油经济性。

④手动模式(Manual)。该模式让驾驶人可在1挡至4挡之间以手动方式选择合适的挡位,使汽车像装用了手动变速器一样行驶,而又不必像手动变速器那样换挡时必须踩离合器踏板。

⑤雪地模式(Snow)。适用于在雪地上行驶的方式。当操纵手柄置于“2”位时,自动变速器保持在2挡工作。而操纵手柄置于“1”位时,自动变速器保持在1挡工作;如初始位置在2挡的话,则当车速降至1挡后,不再升挡。

上述控制模式并不是每一种电控式自动变速器所必备的,通常自动变速器只具备这些模式中的若干项,有些甚至只有一种模式固化于ECU程序中,因而没有模式开关。

(3)空挡起动开关

空挡起动开关是一个多功能开关,不仅具有控制起动继电器线圈电路的功能,还可将自动变速器换挡操纵手柄位置的信息传送给自动变速器ECU,而ECU则可判断换挡操纵手柄位置信号。

(4)停车灯开关和停车制动开关

停车灯开关安装在制动踏板支架上,当踩下制动踏板时开关接通,将制动起作用信息输入ECU,ECU据此解除锁止信号,松开液力变矩器锁止离合器,同时停车灯亮。这种功能还可防止当后轮制动被抱死时,发动机突然熄火。若松开制动踏板,开关信号断开,锁止信号不能被解除,自动变速器由“N”位到“D”位时,“后座”控制(先换2挡后再进入1挡)功能停止。

3.电磁阀

电液控制自动变速器中,ECU根据各传感器和开关提供的信号,控制各电磁阀的接通和断开。

(1)开关式电磁阀

开关式电磁阀的作用是接通和断开自动变速器油路,可用于控制换挡阀及液力变矩器的锁止离合器锁止阀。开关式电磁阀由电磁线圈、衔铁、阀芯和复位弹簧等组成(图3-1-110)。当线圈不通电时,阀芯被油压推开,球阀在油压作用下关闭泄油孔,打开进油孔,使主油路压力油进入控制油道(图3-1-110a);当线圈通电时,电磁力使阀芯下移,推动球阀关闭进油孔,打开泄油孔,控制油道内的压力油由泄油孔泄空(图3-1-110b)。

(2)脉冲式电磁阀

脉冲式电磁阀的结构与开关式电磁阀基本相似,也是由电磁线圈、衔铁、阀芯等组成(图3-1-111),其作用是控制油路中油压的大小。与开关式电磁阀不同之处在于,控制脉冲式电磁阀工作的电信号不是恒定不变的电压信号,而是一个频率固定的脉冲电信号。电磁阀在脉冲电信号的作用下不断反复地开启和关闭泄油孔,ECU通过改变脉冲的宽度,或者说是每个脉冲周期内电流接通和断开的时间比例,即所谓占空比来改变电磁阀开启和关闭的时间比例,而达到控制油路压力的目的。占空比越大,经电磁阀泄出的自动变速器油就越多,油路压力就越低；反之，占空比越小，油路压力就越高。

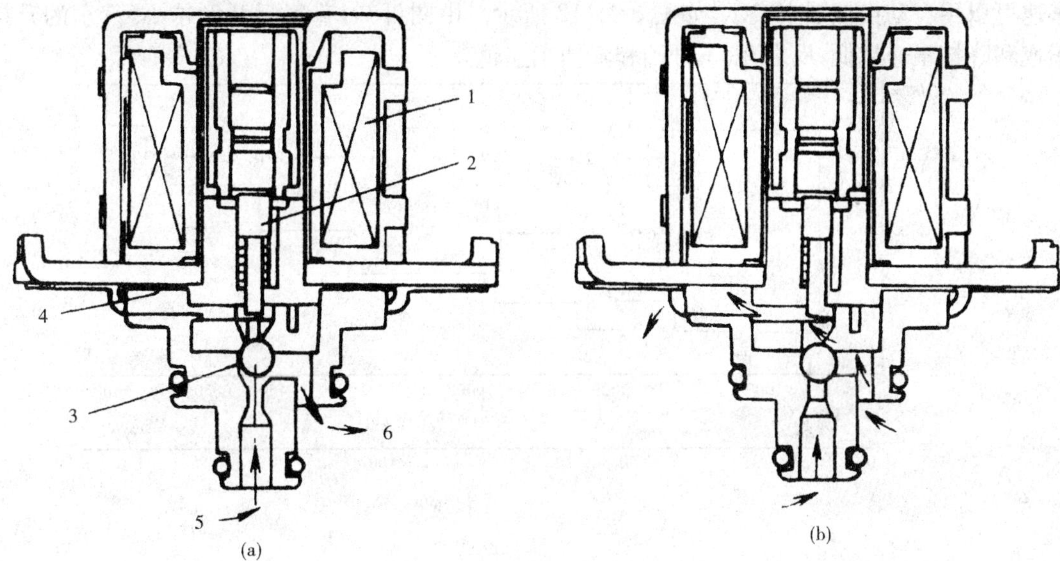

图 3-1-110 开关电磁阀

(a)不通电状态；(b)通电状态

1-电磁线圈；2-衔铁和阀芯；3-阀球；4-泄油孔；5-主油道；6-控制油道

脉冲式电磁阀一般安装在主油路或蓄压器背压油路中，通过 ECU 控制，在自动变速器自动升挡及降挡瞬间，或者在锁止离合器接合及分离动作开始时使油压下降，以减少换挡和接合与分离冲击，使车辆行驶更平稳。

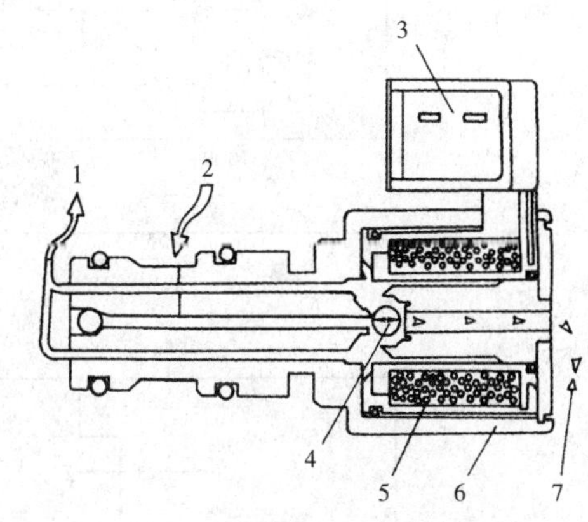

图 3-1-111 脉冲式电磁阀

1-自动变速器出油口；2-自动变速器进油口；3-导线连接器；4-限流钢球；5-线圈；6-骨架；7-泄压口

(二)ECU 的控制功能

1.换挡控制

换挡控制即控制自动变速器的换挡时刻，也就是在汽车达到某一车速时，让自动变速器升挡或降挡。ECU 控制可以让自动变速器在汽车的任何行驶条件下都按最佳换挡时刻进行换挡，从而使汽车的动力性和经济性等指标达到最佳。

汽车自动变速器的换挡操纵手柄或模式开关处于不同位置时，对汽车的使用要求不同，换挡规律也不同。通常，ECU 将汽车在不同使用要求下的最佳换挡规律以自动换挡图的形式储存在存储器中。汽车在行驶时，ECU 根据模式开关和换挡操纵手柄的信号从存储器中选出相应的自动换挡图，再将车速传感器、节气门位置传感器测得的车速、节气门开度与所选的自动换挡图进行比较。如在一定节气门开度下行驶的汽车达到设定的换挡车速时，ECU 便向换挡电磁阀发出电信号，由电磁阀的动作决定压力油通往各换挡执行元件的流向，以实现挡位的自动变换。

汽车最佳换挡车速主要取决于汽车行驶时的节气门开度。不同节气门开度下的最佳换挡车速可以用自动换挡图来表示，如图 3-1-112 所示。由图可知，节气门开度越小，汽车的升挡车速和降挡车速越低；反之，汽车升挡和降挡车速越高。

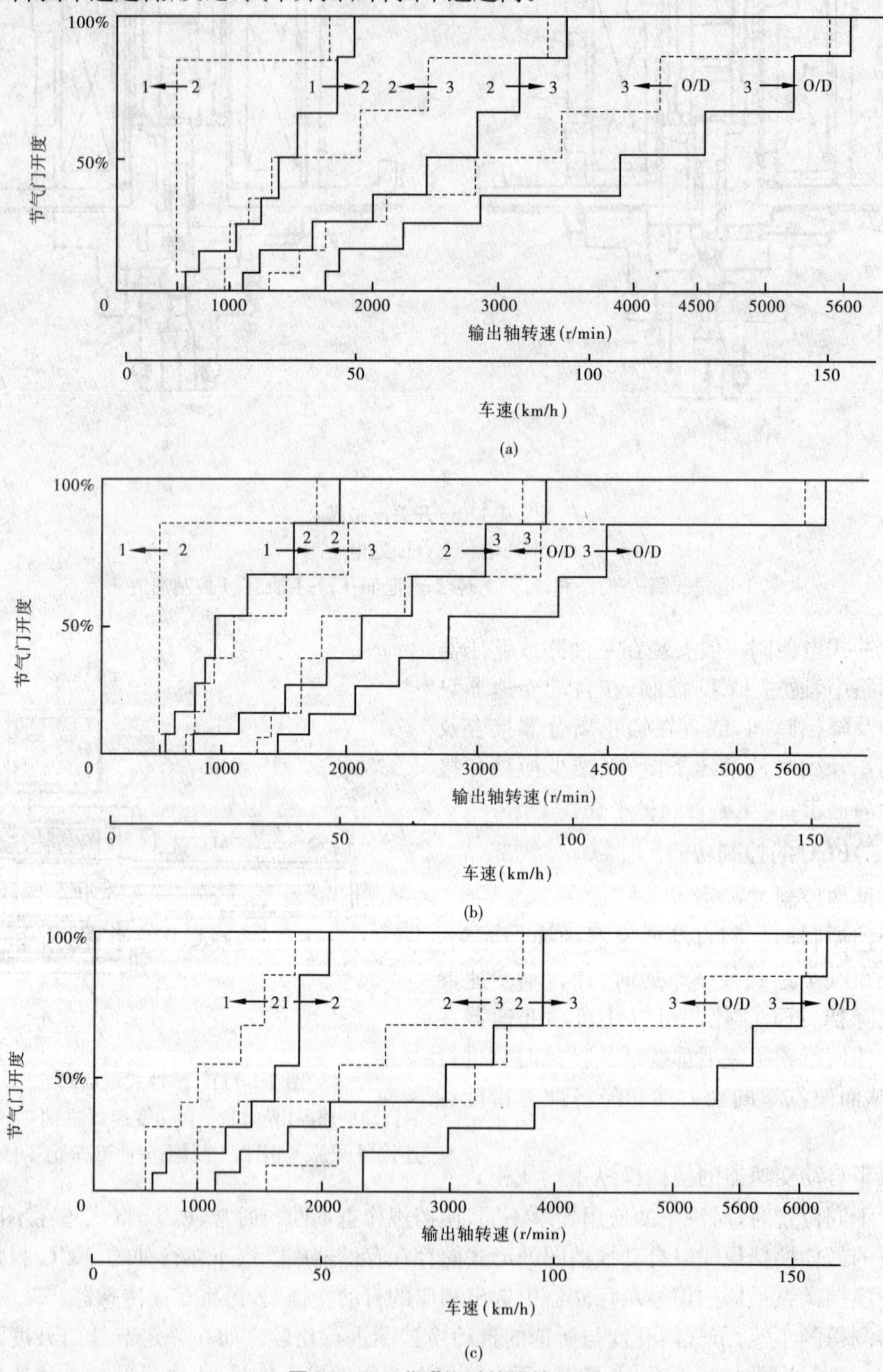

图 3-1-112 “D”位时的换挡规律

(a)自动换挡图；(b)经济模式；(c)动力模式

图 3-1-112a、b、c 分别为该自动变速器在“D”位时的换挡规律。由于模拟节气门开度的电参数是阶梯形变化的，换挡规律也呈阶梯式变化。由图可知，节气门开度相同时，动力模式的各挡升挡车速及降挡车速都要比经济模式各挡升挡车速及降挡车速高，升挡车速越高，加速动力性能越好；反之，升挡车速低，则燃油经济性就越好。

2. 电子车速控制

电子车速控制系统能自动控制车速，使汽车按选定的速度稳定行驶，无需驾驶人反复调节节气门开度。当然，在必要时也可脱开这种自动方式，转而由驾驶人控制车速。电子车速控制系统由 ECU 和真空执行机构组成，后者包括真空调节器、节气门驱动伺服膜盒、车速控制开关和制动踏板上的真空解除开关等部分(图 3-1-113)。ECU 按车速传感器提供的车速信号，控制真空机构工作。根据 ECU 的输出信号，电磁滑阀可调节控制进入该机构的新鲜空气量，从而能控制作用于伺服膜盒内的真空度。当车速低时，真空调节器供给的空气量减少，使伺服膜盒内的真空度增加，通过膜片的移动，使节气门开大。反之，当车速高于控制车速时，真空调节器供给的空气量就会增加，伺服膜盒内的真空度降低，使节气门开度减小。

正常行驶时，在发动机进气管负压和真空调节器供给定量空气的共同作用下，伺服膜盒内保持一定的真空度，控制汽车按预定速度稳定行驶。当汽车以巡航方式在超速挡行驶时，若实际行驶车速低于标准车速 4 km/h 以上，巡航 ECU 将向自动变速器 ECU 发出信号，要求自动退出超速挡。这种控制功能还可以防止自动变速器在发动机冷却液温度低于 60 ℃时进入超速挡工作。

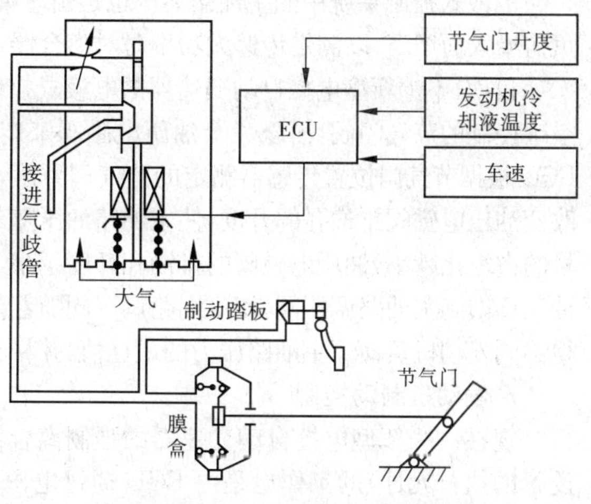

图 3-1-113　电子车速控制系统

3. 自动模式控制

在有模式开关的电控自动变速器上，驾驶人可以通过该开关来改变自动变速器的控制模式，目前一些新型的电控自动变速器由于采用了新型的 ECU，具有很强的运算和控制功能，并具有一定的智能控制能力。因此，这种自动变速器可以取消模式开关，由 ECU 进行自动模式选择控制。ECU 通过各个传感器测得汽车行驶状况和驾驶人的操作方式，经过运算分析，自动选择采用经济模式、动力模式或普通模式进行换挡控制，以满足不同的行驶要求。ECU 在进行自动模式选择控制时，主要参考换挡操纵手柄的位置及加速踏板被踩下的速率高低，以判断驾驶人的操作目的，自动选择控制模式。

(1)当换挡操纵手柄位于前进低挡(“S”位或“2”位、“L”位或“1”位)时，ECU 只选择动力模式。

(2)在前进挡(“D”位)，当加速踏板被踩下的速率较低时，ECU 选择经济模式；当加速踏板被踩下的速率超过控制程序中所设定的速率时，ECU 由经济模式转变为动力模式。

(3)在前进挡(“D”位)，ECU 选择动力模式时，一旦节气门开度低于 12.5%，换挡规律即由动力模式转换为经济模式。

4. 锁止离合器的控制

ECU 内储存有不同行驶模式下控制锁止离合器工作的程序，根据车速传感器和节气门位置传感器发出的信号,ECU 可以控制锁止电磁阀的开和关,从而控制锁止离合器的接合或分离。

ECU 在以下几种情况下可强制解除锁止:当汽车采取制动或节气门全闭时,为防止发动机失速,ECU 切断通向锁止电磁阀的电路,强行解除锁止。在自动变速器升降挡过程中,ECU 暂时解除锁止,以减小换挡冲击。如果发动机冷却液的温度低于 60 ℃,锁止离合器应处于分离状态,加速自动变速器预热,提高总体驾驶性能。

目前,许多新型电控自动变速器采用脉冲式电磁阀作为锁止电磁阀,ECU 在控制锁止离合器接合时,通过改变脉冲电信号的占空比,让锁止电磁阀的开度逐渐增大,以减小锁止离合器接合时产生的冲击,使锁止离合器的接合过程变得柔和。

5. 换挡品质的控制

在自动变速器换挡时,ECU 发出延迟发动机点火的信号,通过控制发动机转矩保证换挡平顺。另外,ECU 还可通过调压电磁阀调节行星齿轮系统执行机构的工作压力,使执行元件柔和地接合,进一步提高换挡品质。

6. 油压控制

电液式控制系统中的主油路油压也是由主油路调压阀调节的,并且主油路油压应随发动机负荷增大而增高,以满足传递大功率时对离合器、制动器等执行元件液压缸工作压力的要求。

目前,不少新型电控自动变速器的电液式控制系统已完全取消了由节气门拉索或节气门真空罐控制的节气门阀,而以一个油压电磁阀来产生节气门油压。油压电磁阀是脉冲式电磁阀,ECU 根据节气门位置传感器测定的节气门开度,控制发往油压电磁阀的脉冲信号的占空比,以改变油压电磁阀排油孔的开度,使主油路油压随节气门开度而变化。节气门开度越大,脉冲电信号的占空比越小,油压电磁阀的排油孔开度越小,节气门油压也就越大。节气门油压被作为控制油压反馈到主油路调压阀,使主油路调压阀随着节气门开度的变化调节主油路压力的高低,以获得不同发动机负荷下主油路压力的最佳值,并将驱动油泵所需的动力减少到最小。

7. 发动机制动控制

现在一些新型电控自动变速器的强制离合器或强制制动器(为利用发动机的制动作用而设置的执行元件)的工作也是由 ECU 通过电磁阀来控制的,ECU 按照设定的控制程序,在换挡操纵手柄位置、车速、节气门开度等满足一定条件时,向强制离合器电磁阀或强制制动器电磁阀发出电信号,打开强制离合器或强制制动器的控制油路,使之接合或制动,让自动变速器具有反向传递动力的能力,从而在汽车滑行时可以实现发动机制动。

(三)阀体

电液式控制系统的控制阀也是采用由各种控制阀组成的阀体,它和液压式控制系统的阀体具有相似的结构。早期的电液式控制系统阀体中的换挡阀和液力变矩器锁止控制阀的工作是由 ECU 通过电磁阀来控制,其余的控制阀(如主油路调压阀、手动阀、节气门阀、强制降挡阀等)的结构、工作原理与液压式控制系统基本相同。目前,新型电液式自动变速器的阀板除了换挡阀和液力变矩器锁止离合器的锁止控制阀的工作由 ECU 通过电磁阀控制外,还取消了由节气门拉索操纵的节气门阀,而使用由 ECU 控制的油压电磁阀来产生节气门油压,并让主油路调压阀的工作受控于油压电磁阀。

1. 换挡阀

电液式控制系统换挡阀的工作完全由换挡电磁阀控制。其控制方式有两种:一种是加压控制,即通过开启或关闭换挡阀控制油路进油孔来控制换挡阀的工作;另一种是泄压控制,即通过接通或切断换挡阀控制油路的泄油孔来控制换挡阀的工作。加压控制方式的工作原理如图 3-1-114 所示。压力油经电磁阀后通至换挡阀的左端。当电磁阀关闭时，没有油压作用在换挡阀左端，换挡阀在右端弹簧力的作用下移向左端(图 3-1-114a)；当电磁阀开启时，压力油作用在换挡阀左端，使换挡阀克服弹簧力右移(图 3-1-114b)，从而改变油路，实现挡位变换。

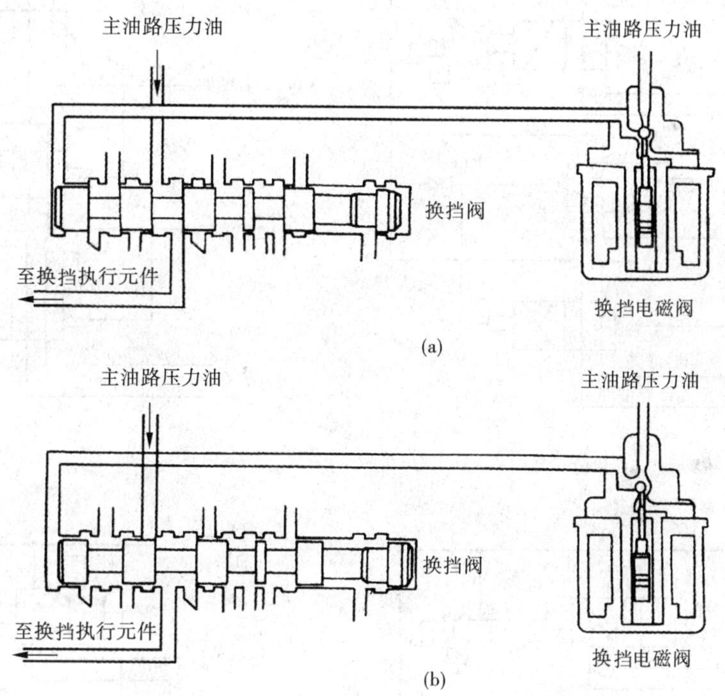

图 3-1-114 电液控制系统换挡阀的工作原理

(a)电磁阀关闭时；(b)电磁阀开启时

有 4 个前进挡的自动变速器通常有 3 个换挡阀。这 3 个换挡阀可以分别由 3 个换挡电磁阀来控制，也可以只用两个电磁阀来控制，并通过 3 个换挡阀之间油路的互锁作用实现 4 个挡位的变换。目前大部分电控自动变速器采用由 2 个电磁阀操纵 3 个换挡阀的控制方式。这种换挡控制的工作原理如图 3-1-115 所示。它采用泄压控制的方式。由图中可知，1－2 挡换挡阀和 3－4 挡换挡阀由电磁阀 A 控制，2－3 挡换挡阀则由电磁阀 B 控制。电磁阀不通电时关闭泄油孔，来自手动阀的主油路压力油通过节流孔后作用在各换挡阀右端，使阀芯克服弹簧力左移。电磁阀通电时泄油孔开启，换挡阀右端压力油被泄空，阀芯在左端弹簧力的作用下右移。

图 3-1-115a 为 1 挡，此时电磁阀 A 断电，电磁阀 B 通电，1－2 挡换挡阀阀芯左移，关闭 2 挡油路；2－3 挡换挡阀阀芯右移，关闭 3 挡油路。同时使主油路油压作用在 3－4 挡换挡阀阀芯左端，让 3－4 挡换挡阀阀芯停留在右位。

图 3-1-115b 为 2 挡，此时电磁阀 A 和电磁阀 B 同时通电，1－2 挡换挡阀右端油压下降，阀芯右移，打开 2 挡油路。

图 3-1-115c 为 3 挡，此时电磁阀 A 通电，电磁阀 B 断电，2－3 挡换挡阀右端油压上升，阀芯左移，打开 3 挡油路。同时使主油路压作用在 1－2 挡换挡阀左端，并让 3－4 挡换挡阀阀芯左端控制压力泄空。

图 3-1-115d 为 4 挡，此时电磁阀 A 和电磁阀 B 均不通电，3—4 挡换挡阀阀芯右端控制压力上升，阀芯左移，关闭直接挡离合器油路，接通超速挡制动器油路。由于 1—2 挡换挡阀阀芯左端作用着主油路油压，虽然右端有压力油作用，但阀芯仍保持在右端不能左移。

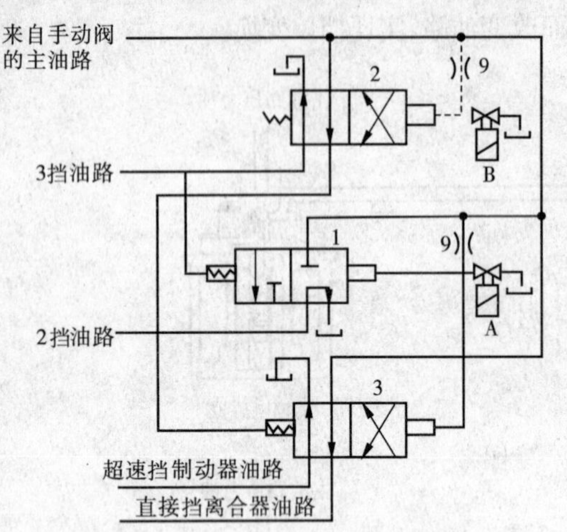

(a)

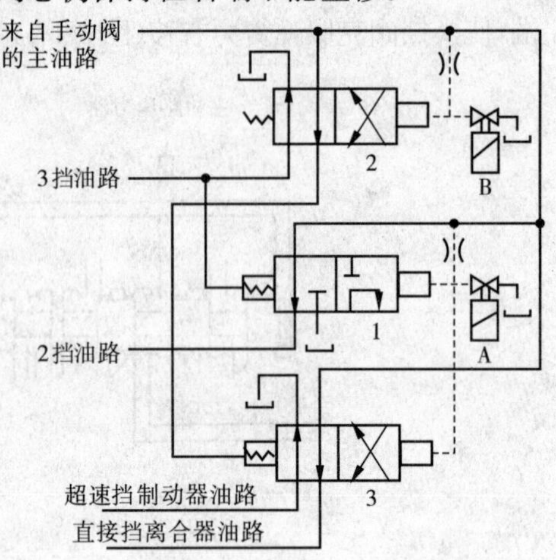

(b)

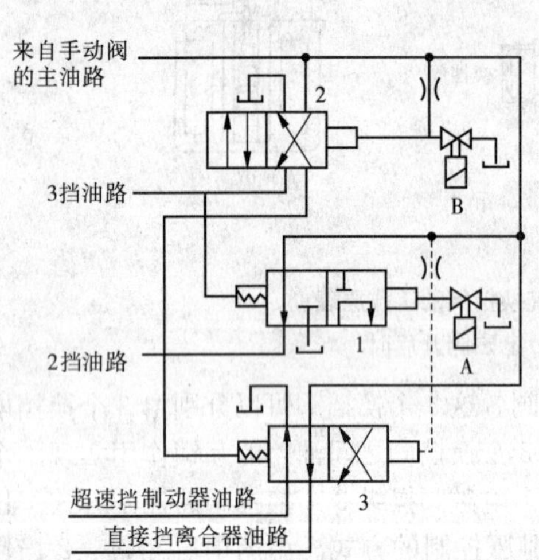

(c)

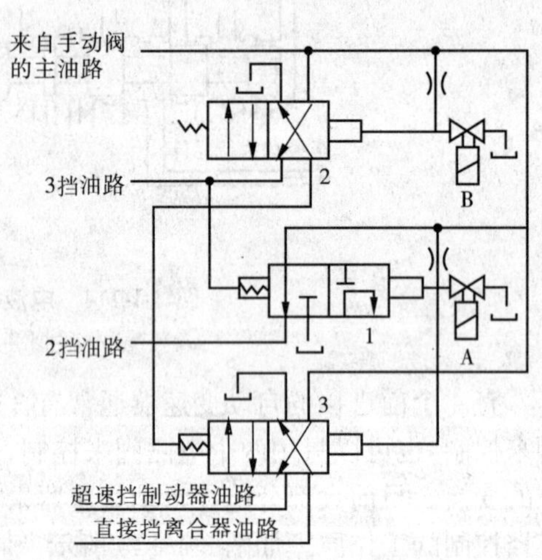

(d)

图 3-1-115 电控自动变速器换挡液压系统原理

(a)1 挡；(b)2 挡；(c)3 挡；(d)4 挡

A、B-换挡电磁阀；1-1—2 挡换挡阀；2-2—3 挡换挡阀；3-3—4 挡换挡阀

2. 锁止离合器控制阀

一种是电控式自动变速器的锁止电磁阀采用开关式电磁阀，主油路压力油经节流孔作用在锁止离合器控制阀的右端(图 3-1-116)，锁止离合器控制阀的左端作用着弹簧力。当车速、节气门开度等因素未达到锁止条件时，锁止电磁阀不通电，电磁阀的排油孔开启，作用在锁止离合器控制阀右端的控制油压下降，使阀芯在弹簧的作用下处于右位，来自液力变矩器阀的压力油经锁止离合器控制阀同时作用在液力变矩器内锁止离合器活塞两侧，从而使锁止离合器

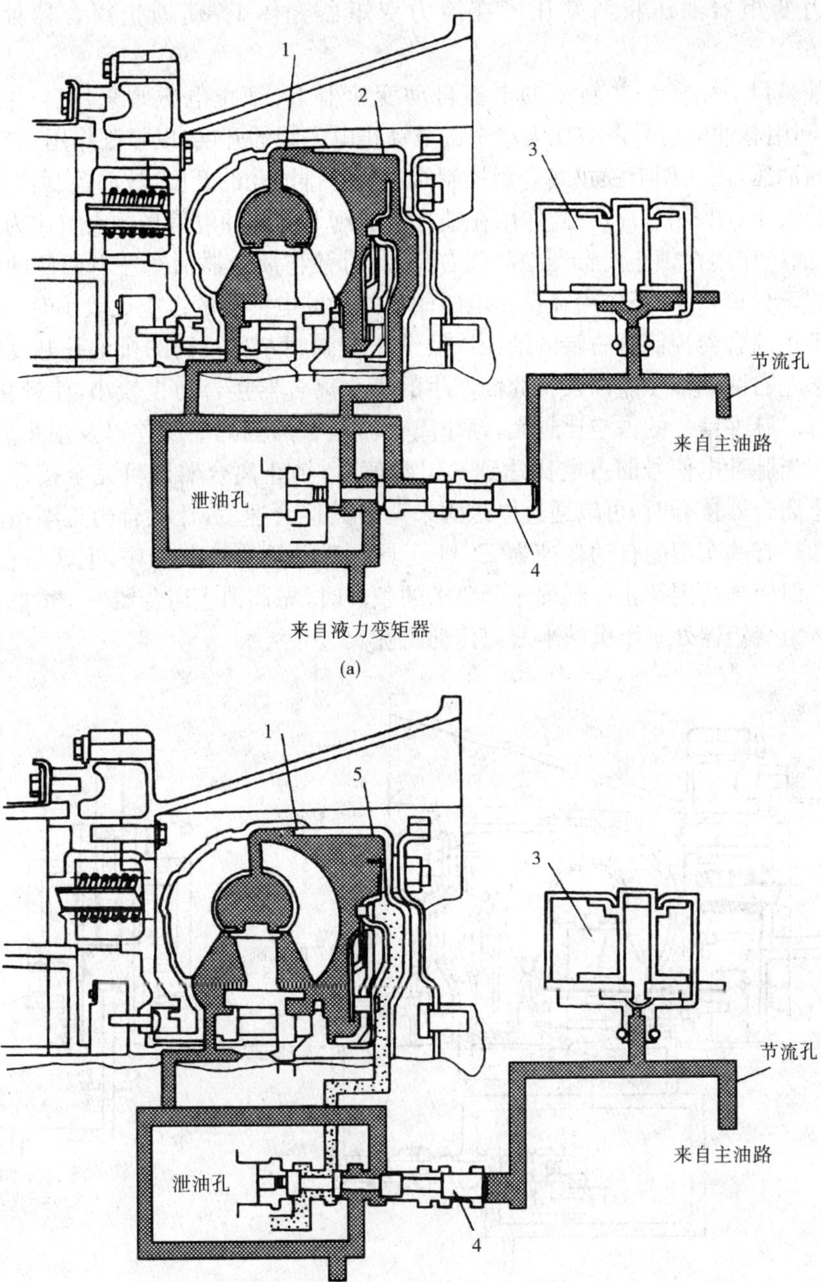

图 3-1-116 电控系统锁止离合器控制阀工作原理(开关式电磁阀)

(a)分离;(b)接合

1-液力变矩器;2-处于分离状态的锁止离合器;3-锁止电磁阀;4 锁止离合器控制阀;5-处于接合状态的锁止离合器

处于分离状态(图3-1-116a)。当车速、节气门开度等因素满足锁止条件时,ECU向锁止电磁阀发出信号,电磁阀排油孔关闭,作用在锁止离合器控制阀右端的控制油压上升,阀芯在右端控制油压的作用下左移,此时锁止离合器活塞右侧的 ATF 油经锁止离合器控制阀泄压,活塞左侧的液力变矩器油压将活塞压紧在液力变矩器壳体上，使锁止离合器处于接合状态(图 3-1-116b)。

另一种是目前用于一些新型的电控自动变速器上，锁止电磁阀采用脉冲式电磁阀，使ECU 可以利用脉冲电信号占空比大小来调节锁止电磁阀的开度，以控制作用在锁止离合器控制阀右端的油压，由此调节锁止离合器控制阀左移时排油孔的开度，从而控制锁止离合器活塞右侧油压的大小(图 3-1-117)。当作用在锁止电磁阀上的脉冲电信号的占空比为 0 时，电磁阀关闭，没有油压作用在锁止离合器控制阀右端，此时锁止离合器活塞左右两侧的油压相同，锁止离合器处于分离状态；当作用在锁止电磁阀上的脉冲电信号的占空比较小时，电磁阀的开度和作用在锁止离合器控制阀右端的油压以及锁止控制阀左移打开的排油孔开度均较小，锁止离合器活塞左右两侧油压差以及由此而产生的锁止离合器接合力也较小，使锁止离合器处于半接合状态。脉冲信号的占空比越大，锁止离合器左右两侧的油压差以及锁止离合器的接合力也越大。当脉冲电信号的占空比达到一定数值时，锁止离合器即可完全接合。这样，ECU 在控制锁止离合器接合时，可以通过电磁阀来调节其接合速度，让接合力逐渐增大，使接合过程更加柔和。有些车型的自动变速器 ECU 还具有滑动锁止控制程序，也就是在汽车的行驶条件已接近但尚未达到锁止控制程序所要求的条件时，先让锁止离合器处于滑摩状态(即半接合状态)，液力变矩器处于半机械半液力传动工况。

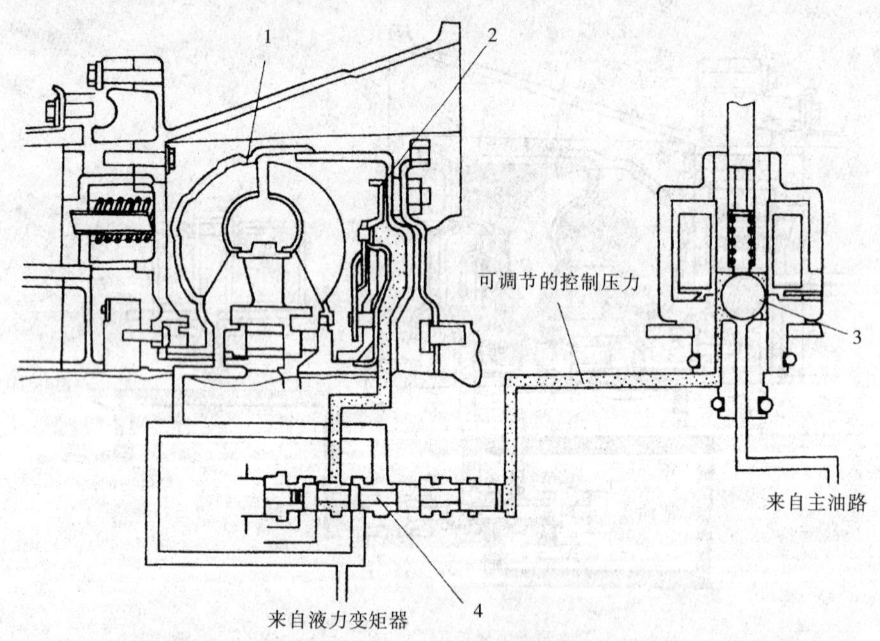

图 3-1-117 电控系统锁止离合器控制阀工作原理(脉冲式电磁阀)

1-液力变矩器；2-锁止离合器；3-脉冲式锁止电磁阀；4-锁止离合器控制阀

六、液力自动变速器的性能检验

自动变速器的很多故障都是通过这些检验后发现的，因此，这些检验项目对于自动变速器的故障诊断非常重要。掌握正确的检验方法，是进行自动变速器维护与修理的基础，自动变速器性能检验项目可以分为基础检验、失速试验、时滞试验、油压试验、道路试验、手动换挡试验、仪器换挡试验等。

1.基础检验

基础检验是自动变速器外围的一些检查和试验，它没有涉及到自动变速器的具体型号与结构，一般有以下几方面的内容：

(1)发动机怠速检验。该检验用于检查当换挡操纵手柄处于“N”位或“P”位，齿轮自动变速器处于空挡状态时，发动机的转速是否在规定的范围之内。如果发动机怠速过低，当换挡操纵手柄从“N”或“P”位移到“R”、“D”、“2”或“L”时，就会出现发动机运转不稳定现象，并导致整个车身发生令人不舒服的振动，起步加速时反应迟缓，如果在坡道上挂挡起步，会出现倒溜现象，甚至会使发动机熄火。相反，如果发动机怠速过高，则会出现移动换挡操纵手柄挂挡时，自动变速器进挡冲击过大，同时怠速时车辆爬行速度过快的现象，会造成自动变速器寿命下降。所以，应该根据车辆维修手册的要求，将发动机的怠速转速调整好。

(2)ATF油和油质检验。该检验用于检查ATF油的油面高度是否在规定的刻度范围内，以及ATF油品的质量。如果ATF油的平面低于规定液位，车辆在行驶中颠簸时有部分空气被吸入，使液压控制系统油压下降，并会出现下列问题：离合器和制动器因油压下降而打滑、磨损、烧毁；在挡位变化时出现严重的换挡质量下降，过度的冲击会造成机械部件损坏；齿轮和其他旋转零件得不到良好的润滑而过早磨损。如果ATF油的平面超出规定液位，车辆在行驶中旋转元件不停地搅动ATF油，使油泡沫化，气泡与油一起被吸入油泵后，会使液压控制系统压力下降，导致下列问题的出现：离合器和制动器因液压下降而打滑、磨损、烧毁；阀体内的排泄孔堵塞，影响ATF油的正常流动，阻碍离合器和制动器的平顺脱开，从而引起换挡冲击；使元件寿命下降；自动变速器温度过高，使ATF油过早变质；ATF油从通风口溢出，造成污染。在检查液位高度时，要注意判断ATF油的颜色、黏度和气味是否正常。如果ATF油颜色变深、黏度变稠或变稀，则需要更换ATF油。如果ATF油已经发黑，有糊焦味，甚至有金属小颗粒，说明自动变速器内的摩擦片和金属元件有磨损、烧毁，需要修理。自动变速器在使用与维护中应注意，每隔一定的时间或行驶里程需要检查ATF油，并视情更换。

(3)P/N开关检验。P/N开关又称挡位开关，本检验须完成以下内容：

①检查是否仅在换挡操纵手柄处于“N”或“P”位时才可以起动发动机，如果发动机在换挡操纵手柄处于“N”或“P”以外挡位时能起动，则发动机一经起动，汽车就开始行驶，容易造成交通事故。

②检查P/N开关是否将手柄的位置信息送至ECU，ECU要根据这些信息控制自动变速器的挡位、油压、锁止等功能。

③检查换挡操纵手柄置于“R”位时，倒车灯是否点亮。

(4)节气门全开检验。该检验用于检查加速踏板的位置与节气门的开度之间的关系，保证在加速踏板踩到底时，发动机能够以全负荷状态输出功率。如果完全踩下加速踏板，而节气门不能全开时，会引起下列问题：在高速或重载荷时，发动机动力不足，不能获得最高车速；发动机加速不良。

(5)节气门阀拉索检验。该检验用于检查发动机负荷(取决于节气门开度大小)是否适当地被传递给液压控制装置中的节气门阀。图3-1-118所示是皇冠轿车的节气门阀拉索，当节气门全开时，罩套和拉索标记之间的距离不得超出0～1 mm。

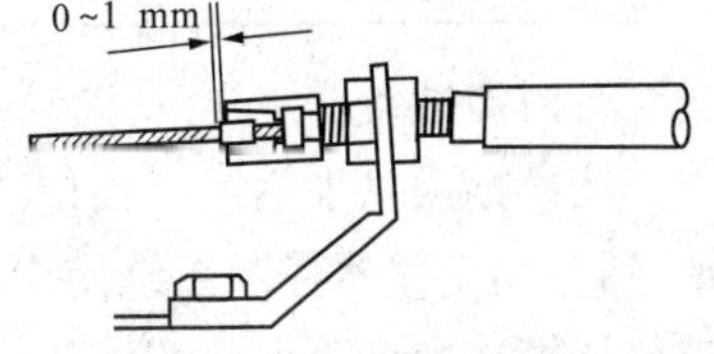

图3-1-118　节气门阀拉索的调整

如果标记在罩套内,会发生下列问题:节气门的开度大,而节气门阀的开度小,于是产生低于正常的节气门液压,会引起在异常低的车速时换挡;在异常低速时换高速挡,会引起加速不良和功率损失,常称为"拖挡"现象。如果标记在罩套外,会发生下列问题:节气门的开度小,而节气门阀的开度大,产生高于正常的节气门液压,会引起在异常高的车速时换挡;在异常高速时换高速挡,会引起换挡冲击、舒适性下降、油耗增加、自动变速器寿命缩短。

(6)超速控制开关(O/D 开关)检验。该检验用于检查自动变速器是否能够从三挡升入 O/D 挡,又能够从 O/D 挡降为三挡。在检验时,发动机熄火,接通点火开关,将 O/D 开关接通和切断时,检查自动变速器内的电磁阀,应该能够听到"咔嗒"的响声;或者将车辆以 100 km/h 左右的速度行驶,按一下 O/D 开关,当仪表板上的 O/D OFF 灯亮时,应能感到车身振动,同时发动机的转速上升,再按一下 O/D 开关,当仪表板上的 O/D OFF 灯灭时,也应感到车身振动,同时发动机的转速下降。注意:在某些型号中,电磁阀仅在冷却液约为 70 ℃或更高时工作。

2.失速试验

失速试验用于检查液力变矩器在失速状态时,发动机所达到的最高转速。失速试验应在下列条件下进行:

(1)将 ATF 油升温至正常工作温度(约 80 ℃)。

(2)拉紧驻车制动,同时将行车制动踏板踩到底,确保车辆安全制动。

(3)换挡操纵手柄置于"D"或"R"位。

(4) 将发动机的加速踏板踩到底时读发动机的最高转速。

注意:失速试验时间严禁超过 5 s,否则,将严重损伤自动变速器,并使 ATF 油过早变质。

本试验用于检查发动机的动力输出、导轮功能和齿轮自动变速器内的制动器与离合器的打滑情况,失速转速因车而异,但一般为 1 800 ~2 500 r/min。失速转速过高或过低都对应于相应的故障,具体分析见表 3-1-33。

失速转速与自动变速器故障分析表 表 3-1-33

换挡操纵手柄位置	失速转速	故障原因
D位和R位	过高	(1)主油路压力过低 (2)前进挡和倒挡的换挡执行元件打滑 (3)ATF 油滤清器堵塞
	过低	(1)发动机动力不足 (2)液力变矩器导轮的单向离合器打滑
仅D位	过高	(1)前进挡油路油压过低 (2)前进挡换挡执行元件打滑
仅R位	过高	(1)倒挡油路油压过低 (2)倒挡换挡执行元件打滑

3.时滞试验

从换挡操纵手柄由空挡位("N"或"P"位)移到实挡位("R"、"D"、"2"或"L"位)的时刻开始,到自动变速器控制系统使齿轮自动变速器得到真实挡位的时刻所经过的时间,称为挂挡时滞。从换挡操纵手柄由实挡位("R"、"D"、"2"或"L"位)移到空挡位("N"或"P"位)的时刻开始,到自动变速器控制系统使齿轮自动变速器解除挡位的时刻所经过的时间,称为摘挡时滞。

时滞时间是执行元件间隙、齿轮副的间隙、管路的压力、液压控制系统的工作性能等的综合反映。离合器和制动器的自由间隙越大,则啮合时间越长,时滞时间也越长。管路压力越低,获得离合器活塞工作压力的所需时间越长,则时滞时间越长。

该试验用于测量发动机在怠速运转时,自动变速器的“挂挡时滞”和“摘挡时滞”。一般的车辆正常的“挂挡时滞”为 1.2 s 或更少,“摘挡时滞”为 1.5 s 或更少。

4.液压试验

为了初步了解自动变速器内部的工作情况,在自动变速器的壳体上都有检测液压控制系统压力的检测口,一般车辆至少有一个主油路压力检测口,有些车辆有多个压力检测口,可以测量液压控制系统内部的多处局部压力,如主油路压力、速控压力、节气门压力、某执行元件油道压力等。接上专用的高量程油压表,就可以读到各个检测口的压力。测量液压的状态为:

(1)ATF 油温达正常工作温度(约 80 ℃);

(2)踩下制动踏板和拉紧驻车制动,将换挡操纵手柄置于“D”、“2”、“L”或“R”位;

(3)分别测试各手柄位置的对应于发动机怠速和失速两种状态下的油压。

将所测结果与标准数值比较,如果测得的数值与标准值不符,则需要进行调整,检修油泵,清洗阀体,更换滤清器,更换油道密封圈或检修换挡执行元件等。

5.道路试验

该试验在自动变速器工作温度达 50 ~80 ℃时进行。

(1)“D”位试验。“D”位试验的主要检验项目有:

①换高速挡检验。将换挡操纵手柄置于“D”位,超速挡开关处于“ON”状态,踩下加速踏板不放,使车辆加速行驶,检查有无发生 1 挡至 2 挡、2 挡至 3 挡和 3 挡至 O/D 挡的顺利变化,且各换挡点是否在标准范围内。

②换挡冲击、打滑、振动和噪声检验。同样按方式做换高速挡检验,检查在 1 挡至 2 挡、2 挡至 3 挡和 3 挡至 O/D 挡的各点换挡时的冲击程度和执行元件的打滑程度。检查在各个挡位上行驶时,有无异常噪声和振动。如果在某个挡位上出现发动机转速迅快上升,而汽车速度变化较慢,或车辆不能平稳起步等情况,可能是因为执行元件打滑造成。

③换低挡检验。在“D”位以 O/D 挡行驶时,缓慢制动到停车,检查自动变速器有无发生 O/D 挡至 3 挡、3 挡至 2 挡、2 挡至 1 挡的顺利变换,检查换挡点的车速是否符合要求,并检查减挡时的冲击程度。

④锁止检验。为了提高汽车的经济性,减少油耗,在一定的条件下液力变矩器的锁止离合器将工作,使液力变矩器变成离合器使用。试验时,将换挡操纵手柄放在“D”位,使汽车以 70 km/h以上的速度行驶,然后轻轻地踩下加速踏板,检查发动机转速是否突然变化,如果发动机转速猛增,则说明无锁止。

(2)“2”位试验。“2”位试验包括换挡试验和发动机制动试验:

①换挡试验。将换挡操纵手柄置于“2”位,让车辆加速行驶,检查自动变速器能否发生 1 挡至 2 挡的正常换挡;再减速,检查自动变速器能否完成 2 挡至 1 挡的减挡;同时,检查换挡时的冲击程度。注意:少数车型的“2”位可以升入 3 挡。

②发动机制动试验。所谓发动机制动,是指利用发动机的运转阻力使车辆减速。当自动变速器进入 2 位的 2 挡时,释放加速踏板,检查发动机制动的效果,如果此时发动机能够以怠速运转,则没有发动机制动,说明单向离合器有故障,需要检修或更换。

(3)“L”位试验。“L”位试验包括无换挡试验和发动机制动检验:

①无换挡试验。将换挡操纵手柄置于“L”位,让车辆加速行驶,检查自动变速器能否发生1挡至2挡的换挡,如果能够换挡,说明自动变速器的换挡控制系统有故障。注意:少数车型的“L”位可以升入2挡。

②发动机制动检验。当车辆在“L”位行驶时,释放加速踏板,检查发动机制动的效果,如果此时发动机能够以怠速运转,则没有发动机制动,说明单向离合器有故障,需要检修或更换。

(4)“R”位试验。发动机运转,改变换挡操纵手柄至“R”位,在气门全开状态下,检查打滑情况。如果自动变速器内部打滑,则发动机的转速会很高,且加速无力。

(5)“P”位试验。将车辆停放在斜坡上,将换挡操纵手柄移至“P”位,释放制动踏板,检查停车锁止爪是否能阻止车辆移动,如果车辆能够移动,说明自动变速器内部有机械故障,须解体检修或更换。

6.手动换挡试验

电控自动变速器可以采用手动换挡试验的方法来确定故障是在电控部分还是在液压控制部分和齿轮自动变速器部分。

所谓手动换挡试验,就是将电控自动变速器所有换挡电磁阀与ECU分离,检查换挡操纵手柄在不同位置时自动变速器的挡位。此时由于ECU不参与控制换挡,自动变速器的挡位完全取决于换挡操纵手柄的位置,试验的结果因车而异。表3-1-34是凌志ES300轿车A540E自动变速器的手动换挡试验结果,表3-1-35是该自动变速器各挡的车速与发动机的转速之间的关系。如果手动换挡的结果与上述两表相符,则说明液压控制部分没有故障;相反,若与表中数值不符,则说明液压控制系统工件不良,需要检修。

A540E自动变速器的手动换挡试验时换挡操纵手柄与挡位的关系 表3-1-34

换挡操纵手柄位置	挡位	换挡操纵手柄位置	挡位
P	停车挡	D	超速挡
R	倒挡	2	3挡
N	空挡	L	1挡

A540E自动变速器各挡下发动机转速与车速的关系 表3-1-35

挡位	发动机转速(r/min)	车速(km/h)	挡位	发动机转速(r/min)	车速(km/h)
1挡	2 000	18～22	3挡	2 000	50～55
2挡	2 000	34～38	超速挡	2 000	70～75

7.仪器换挡试验

该试验是利用故障检测仪替代ECU向自动变速器的电磁阀发出控制指令,用来检验是自动变速器内部故障,还是外部故障。具体做法是,拆下自动变速器电磁阀与ECU之间的导线连接器,将故障检测仪接在两个连接器的中间,故障检测仪可检测ECU的控制信号,也可以向电磁阀发出控制指令。起动发动机,挂D位行驶(也可以在举升器上),通过操作故障检测仪的键盘向自动变速器发出具体挡位的控制指令、液力变矩器的锁止控制指令和调节主油路压力的控制指令。如果在这样的控制下,自动变速器能以各挡正常行驶,液力变矩器能够锁止,主油路的压力能够在正常范围内变化,则说明自动变速器内部无故障,只须检查外围电路即可。这样的故障检测仪有 UTEC308 和 TRANS2000 等。

七、自动变速器的检修

(一)液力变矩器的检修

液力变矩器的外壳是一个整体,不可分解,内部充满了 ATF 油,泵轮、蜗轮与导轮之间有一定的间隙,互不接触,因此出现故障的可能性很小。但自从在液力变矩器内安装了锁止离合器以后,其故障率明显增高,故障主要在锁止离合器的扭转缓冲弹簧、锁止离合器片磨损、涡轮的花键孔磨损、平面轴承损坏、导轮的单向离合器损坏等。因损坏后又无法修理,所以一般作以下的检查,一但检查出有故障,则须更换。

(1)采用专用工具(内座圈驱动器和外座圈固定器)检查导轮上单向离合器的工作情况,如图 3-1-119 所示。如果单向离合器朝两个方向都能自由转动或都能锁止,则说明单向离合器已损坏,需要更换液力变矩器。

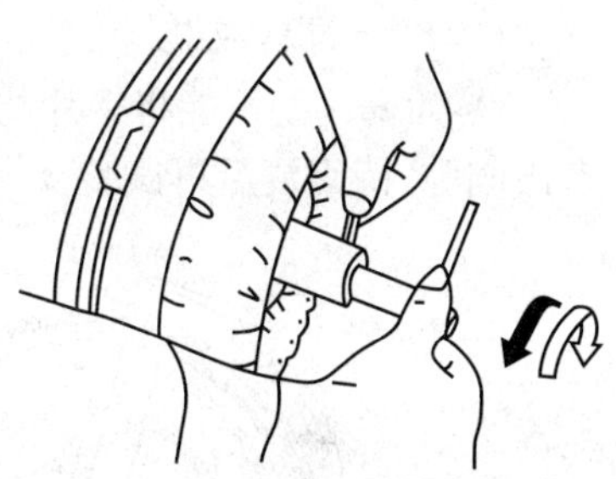

图 3-1-119　导轮单向离合器的检查

(2)将液力变矩器口朝上放平,用涡轮的输出轴检查涡轮孔的花键是否磨损打滑,如果是,则需更换液力变矩器。

(3)在作②的检查的同时,通过输出轴转动涡轮和锁止离合器片,注意在转动中是否有异样摩擦的感觉,如果有,则说明内部有元件相互接触,需要更换液力变矩器。

(4)根据液力变矩器中残余 ATF 油的品质,倒出余油,加入新油,一到两次可将液力变矩器清洗干净。

(二)齿轮自动变速器的检修

齿轮自动变速器的损坏主要体现在换挡执行元件与行星齿轮机构,检修的内容也主要围绕这两部分。

1.离合器的检修

湿式多片离合器的常见损坏形式有:摩擦片过度磨损、自由间隙过大、摩擦片烧毁、钢片高温发蓝、钢片翘曲、活塞密封圈损坏、活塞单向阀泄压等,分解活塞与油缸时,可用压缩空气将活塞吹出。检修时主要完成以下事项:

(1)观察离合器摩擦片表面的质量,如有烧焦、严重磨损或变形,应更换。用游标卡尺检查摩擦片的厚度,如果单片厚度不符合要求,须更换。有些车辆的技术规范要求,如果摩擦片表面的字符(图 3-1-120)被磨损掉,就需要更换。

(2)在平板上检查钢片和挡圈的平面度,如有严重磨损或变形,应更换。

(3)检查离合器油缸与活塞的工作表面,如有损伤、毛刺,应检修或更换。

(4)如图 3-1-121 所示,检查离合器活塞上活塞止回阀的密封是否良好,如有漏气须更换。

装配时,要注意以下事项:

(1)更换所有的密封圈,并在所有的零件上涂抹 ATF 油。

(2)将新的摩擦片在 ATF 油中浸泡 15 min 以上

(3)让挡圈有台阶的一面朝卡簧,平整的一面与摩擦片接触。

(4)如果有碟簧,使碟簧凸起的一面与活塞直接接触。

图 3-1-120 摩擦片检查

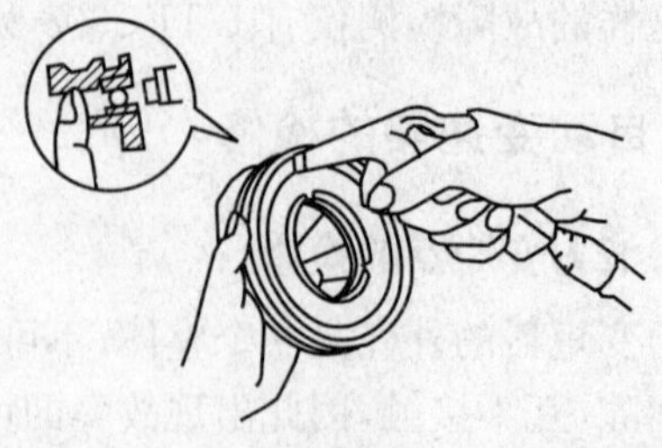

图 3-1-121 活塞止回阀密封性的检查

(5)装配时,选用不同厚度的钢片或挡圈来调整离合器的自由间隙,并用厚薄规测量(图 3-1-122),根据各离合器中钢片与摩擦片的总数的不同,自由间隙的范围一般在0.5～2 mm。

(6)离合器总成装配完后,用压缩空气(400～500 kPa)检查活塞工作是否正常(图 3-1-123),如果活塞不能将钢片与摩擦片压紧,则需进一步检查活塞的漏气部位和调整离合器的自由间隙,待修复后再试验。

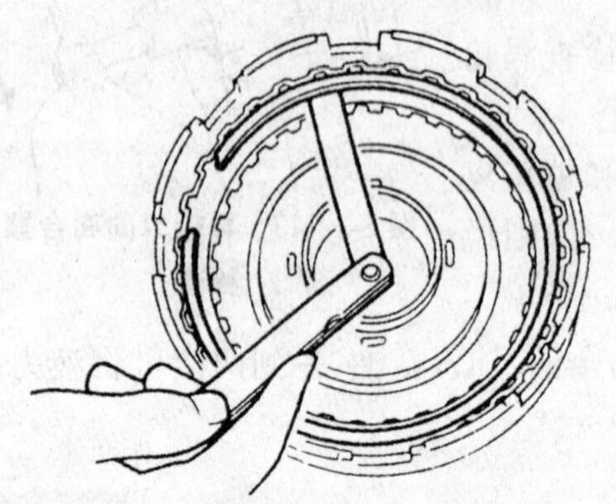

图 3-1-122 离合器自由间隙的检查

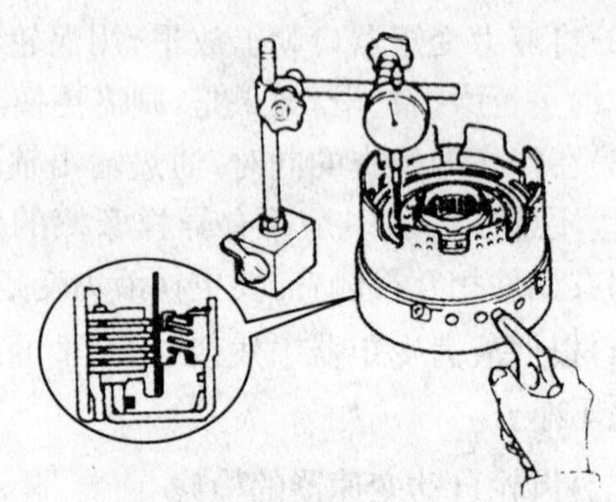

图 3-1-123 活塞的压缩空气试验

2.制动器的检修

对于湿式多片式制动器,因其结构和工作原理与湿式多片式离合器一样,检查和处理方法的方法可参见离合器的检修方法,这里只介绍带式制动器的检修方法。

(1)制动带的检查。制动带的工作表面应没有烧损与剥落,且表面字符(图 3-1-124)应没有被磨损掉,否则应更换。

(2)液压伺服装置的检查。伺服活塞与油缸的工作表面应没有划痕,密封圈应完好无损,复位弹簧应完好,用 400 ～500 kPa 的压缩空气作加压试验,加压时,活塞顶杆应有足够的移动距离,且没有泄漏声,减压时,活塞回位应自如,否则应视情检修或更换。

3.单向离合器的检修

检查单向离合器时,固定单向离合器的一个元件,另一个元件如果朝一个方向可以自由旋转,而朝另一个方向锁止不转,表明该单向离合器正常。但固定不同的元件,转动起来的效果刚好相反,所以,在装配时要特别注意单向离合器的方向。例如,对于常见的三排四挡辛普森行星齿轮自动变速器,3 个单向离合器的装配方向如下:

(1)超速单向离合器 F0。从自动变速器的前面看,固定单向离合器的内圈(离合器鼓和太阳轮),单向离合器的外圈(行星轮架)朝顺时针方向可以自由转动,朝逆时针方向锁止,如图 3-1-125 所示。

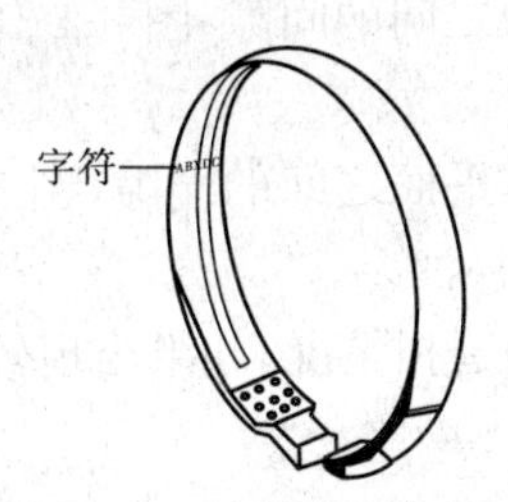

图 3-1-124 制动带的检查

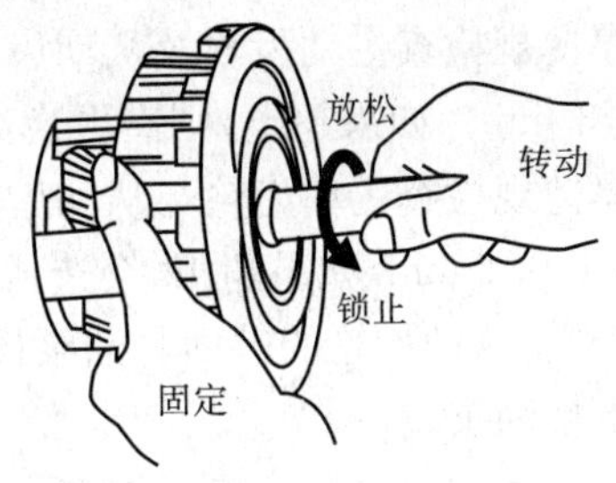

图 3-1-125 超速单向离合器 F0 的方向判断

(2)二挡滑行单向离合器 F1。从自动变速器的前面看,固定单向离合器的内圈(太阳轮),单向离合器的外圈朝顺时针方向可以自由转动,朝逆时针方向锁止,如图 3-1-126 所示。

(3)低挡单向离合器 F2。从自动变速器的前面看,固定单向离合器的外圈(行星轮架),单向离合器的内圈朝逆时针方向可以自由转动,朝顺时针方向锁止,如图 3-1-127 所示。

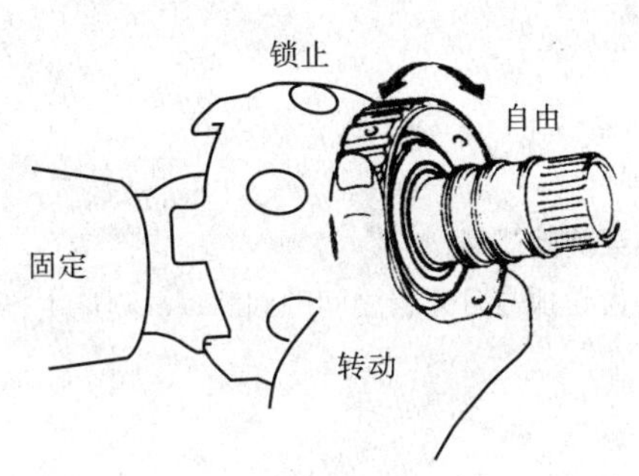

图 3-1-126 二挡滑行单向离合器的方向判断

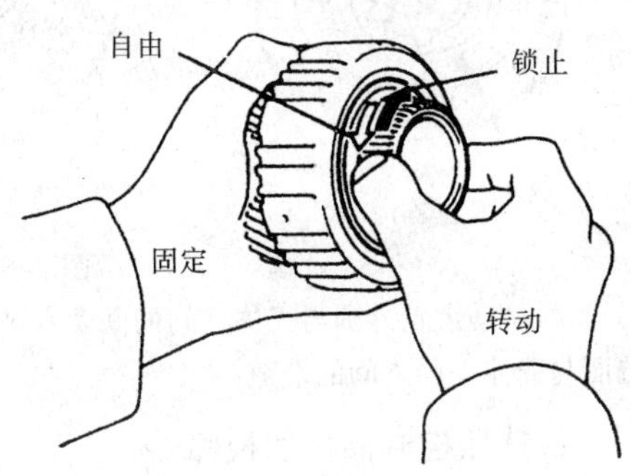

图 3-1-127 低挡单向离合器的方向判断

有些单向离合器,轻轻转动时锁止不转,但用力转动时,则会打滑,检查时要特别注意。经检查后发现单向离合器朝两个方向都能转动或朝两个方向都不转,则表明该元件已损坏,须更换。

4.行星齿轮机构的检修

(1)行星齿轮机构中各齿轮应没有严重的磨损,且齿面质量应良好,没有点蚀和剥落现象,否则,应该更换齿轮。

(2)行星齿轮端面与行星架之间的间隙(图 3-1-128)应没有超过最大允许值,否则,以通过加垫片的方法进行调整。

(3)行星齿轮与行星齿轮轴之间的径向间隙应没有超过最大允许值,如果间隙过大,则应调整或更换。

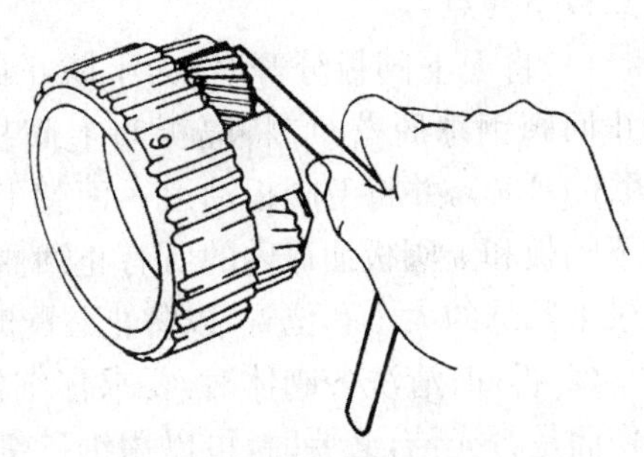

图 3-1-128 行星齿轮与行星架间隙的检查

(三)液压装置的检修

1.油泵的检修

油泵的主要损坏形式是因过度磨损造成泵油压力过低,或密封圈过度磨损造成严重泄压。检修时,主要是表面质量与磨损间隙的检查。

(1)用厚薄规检查油泵从动齿轮外圆与油泵壳体之间的间隙(图 3-1-129a),一般间隙应小于 0.3 mm。如果超出,则需更换油泵。

(2)用厚薄规检查主动齿轮及从动齿轮的齿顶与月牙板之间的间隙(图 3-1-129b),一般间隙应小于 0.3 mm。如果超出,则需更换油泵。

(3)用厚薄规检查主动齿轮与从动齿轮端面与油泵壳体平面之间的端隙(图 3-1-129c),一般端隙应小于 0.1 mm,如果超出,会造成严重的泄压,需更换油泵。

(4)检查主、从动齿轮的端面与油泵体、油泵盖接触面的磨损情况,如果出现较严重的拉毛迹象,则应更换油泵。

图 3-1-129 齿轮油泵间隙测量

(a)测量从动齿轮外圆与壳体之间的间隙;(b)测量主、从动齿轮顶与月牙板之间的间隙;(c)测量主、从动齿轮端面与壳体平面之间的端隙

2.液压控制阀板的检修

液压控制阀板中的各个阀都是精密偶件,它们的工作好坏直接影响到自动变速器的使用性能,如果没有专业技术,千万不要将阀板解体,并非每次检修自动变速器都要将阀板解体,只有在自动变速器换挡规律失常、摩擦片严重烧毁、ATF 油发黑、阀板内发现有摩擦粉屑时,才需拆检、清洗阀体,清洗时一般采用煤油或工业汽油,在具体操作时,要求非常小心谨慎,并要注意以下几点:

(1)将上下阀板分开时,为了防止阀板油道内的止回阀钢球脱落,应将隔板与上阀板一同拿起(图 3-1-130),并将上阀板油道一面朝上放置后,再取下隔板和上阀板油道内的所有止回阀阀球,同时记录下阀球的大小和位置,以防止装配时装错。

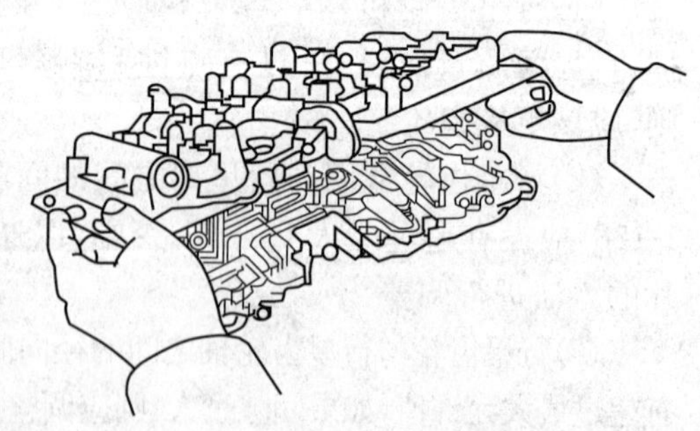

图 3-1-130 上下阀板的分离

(2)拆卸、清洗各阀体时,要求仔细检查各个阀工作面是否光洁,必要时,可以用细砂纸轻轻打磨,拆洗完一个,就装配一个,以免各个阀体之间的元件混淆;要注意阀芯的方向,一旦装反,将影响整个液压控制系统的正常工作。

(3)如果遇到液压阀拆不出来,可用木锤或橡皮锤敲击阀板,将阀振出来,切不可用起子硬撬或用钢丝、钳子伸入阀孔中去取,以免损坏阀孔内径和阀的工作面。

(4)用煤油或工业汽油清洗后,可用压缩空气吹干,不允许用棉布或毛巾擦拭,以免细小的纤维卡住阀体,装配时要抹上 ATF 油,严禁使用密封胶,装配完后,用小起子轻轻拨动阀体,阀体应能在阀孔中活动自如,否则,应重新清洗或打磨。

(5)更换新的隔板衬垫时,要将新旧衬垫进行仔细的比较,确认无误后方可使用。装配时,还要保证将隔板与其两侧衬垫的所油孔的对齐,并要注意止回阀钢球不能脱落和装错位置。

(6)蓄压器活塞的密封圈应良好,弹簧没有折断,否则,应更换。

(7)用螺栓固定阀板时,要按规范进行,注意螺栓的长度、拧紧的扭矩、装配的顺序等。

3.控制油道的检修

在所有的控制油道中,最易损坏的是给离合器提供液压的油道,在检修时要特别注意。在修理时,所有的离合器油道密封圈都必须更换,而且要求在装配时特别小心,以防止刮伤其工作表面,装配完后还要用压缩空气进行密封性试验,即在装配完齿轮自动变速器之后和装配液压装置之前,在壳体上找到通往各执行元件的油道,将压缩空气压力调到 400~500 kPa,以脉冲的方式给油道供气,应能听到清脆的“突”、“突”声,并听不到“丝”、“丝”的漏气声,否则,应重新检查密封性。

(四)电子控制系统的检修

电控自动变速器的 ECU 内部有一个故障自诊断程序,新型汽车一般为 OBD－Ⅱ车载故障自诊断系统,通过相应的故障检测仪即可进行故障代码读取、数据流检测和元件在线测试,根据检测的结果可以初步判断故障的范围,具体测试方法参见各车型维修手册。

通常可以采用万用表和示波器对传感器、执行器、开关及其电路进行静态检测(电阻)与动态检测(电压、波形),判断电控系统元件是否正常。

1.节气门位置传感器(TPS)的检测

节气门位置传感器的检测方法请参考本教材第二篇第三章的相关内容。

2.车速传感器(VSS)的检测

测电阻时,断开点火开关,拔下传感器导线连接器,用万用表的电阻档测量传感器两个端子之间的电阻值,如不符合标准值,则说明车速传感器有故障,需更换。

测电压时,将换挡操纵手柄置于 P 位外的任一挡位,顶起某 驱动轮,并使其转动,用万用表的电压档测量传感器两个端子之间的脉冲电压信号,如果没有脉冲电压,则说明车速传感器有故障,需更换。

最好的方式是利用示波器观察传感器在工作时的输出波形,应能看到清晰的正弦波形。

3.ATF 油温度传感器的检测

ATF 油温度传感器一般是半导体热敏电阻型,只要将其拆下,放入热水中,当水温下降时,测量其在不同温度下的电阻值,如果电阻值不符合标准,应更换。

4.空挡起动开关的检测

断开点火开关,拔下空挡起动开关导线连接器,将换挡操纵手柄置于各个不同挡位,分别检测空挡起动开关导线连接器各端子之间的导通情况,并与标准比较,如不符,则需进行调整、清洗或更换。表 3-1-36 所列是德国 ZF 公司某自动变速器空挡起动开关的连接关

ZF 空挡起动开关连接关系表 表 3-1-36

换挡操纵手柄位置	触点连接关系								
	1	2	3	4	5	6	7	8	9
	●	●			●	●	—	—	●
R			●	●	●	●	●		
N	●	●			●	—	●	—	●
D					●	—	●	●	
3					●	●	●	●	●
2					●	●	—	●	
1					●	—	—	●	●

系表。

5.电磁阀的检修

(1)电阻法检修。如图 3-1-131a 所示，拆下电磁阀的导线连接器，用万用表的电阻挡测量电磁阀的电阻，测量结果应该在标准值范围内，一般开关型电磁阀的电阻约为十几欧，脉宽调制型电磁阀的电阻约为几欧。注意：对于单线的电磁阀，其引线是电源线，负极则通过电磁阀壳体与自动变速器壳体搭铁，对于双线的电磁阀，两个引线分别是电源线与搭铁线。

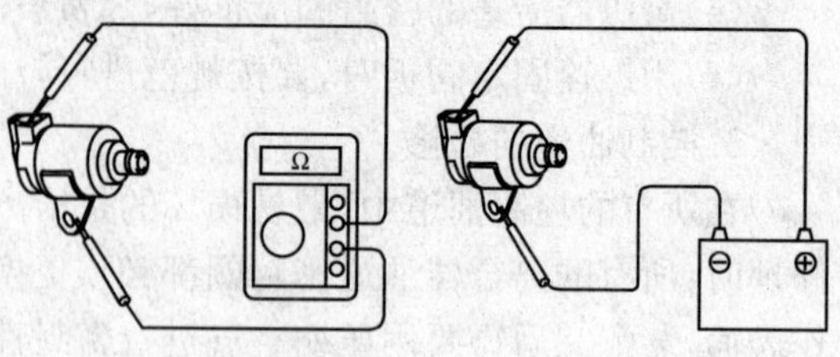

图 3-1-131 电磁阀的检测

(a)电阻法；(b)电压法

(2)电压法检修。如图 3-1-131b 所示，拆下电磁阀的导线连接器，根据电路图注明的颜色找到对应各电磁阀的连接线，给电磁阀间断性地接 12 V 电压，注意听自动变速器内应该有“嗒、嗒”声。解体后，取下电磁阀，外接 12 V 电源的正负极，间断性地供电，同时用嘴吹电磁阀的泄压口，泄压口的通、断状态应交替变化。如果以上测试结果不符合要求，则应视情况进行检修、清洗或更换。

八、自动变速器常见故障诊断排除

(一)自动变速器漏油故障诊断

1.漏油故障类型

自动变速器的漏油故障根据油液泄漏部位可分为内泄漏与外泄漏。本教材所指的内泄漏即自动变速器内部各部位之间发生的泄漏，油液不流出自动变速器壳体外，它包括液压控制系统各 ATF 油管路发生泄漏降压现象和 ATF 油与其他液体(如齿轮油、冷却液)之间发生的相互渗漏现象。液压控制系统的内泄漏，一般都会导致自动变速器其他故障的产生，在此暂不作重点分析。这里所指的外泄漏，即 ATF 油通过自动变速器壳体各密封面向外部流出的现象。这种泄漏通过眼睛可观察到，它会使自动变速器内油量逐渐减少，初期漏油虽然对自动变速器工作影响不大，但有很大的潜在威胁。外部泄漏表面看来似乎很简单，但实际工作中要真正根治漏油却并非易事。外部泄漏根据在自动变速器上的泄漏部位又可分为：

(1)前端漏油。即自动变速器前端与发动机连接部位漏油，主要有液力变矩器、油泵体、液力变矩器罩壳等结合面。

(2)下部漏油。即在自动变速器壳体下部，储油油底壳与自动变速器壳体接触处等。

(3)后部漏油。在自动变速器输出轴一部分区域漏油，主要有输出轴油封、输出轴壳体、车速里程表传感器及车速传感器等。

(4)壳体部件密封处漏油。主要为壳体上的各种转速传感器、电磁阀及电磁开关、选挡摇柄转轴等与壳体连接处密封面出现的漏油，制动器 ATF 油缸罩盖、冷却器油管接头、油压测试接口等密封不良。

(5)自动变速器上端溢油。主要指上端通气孔、节气门拉线套等处溢油。

2.自动变速器前端漏油

(1)自动变速器前端漏油的部位。前端部件以及其接触密封面发生 ATF 油泄漏后，油就会顺着前端壳体流下，从通气散热槽、防尘挡板、前端与发动机的接触面等缝隙处流到自动变速器壳体外面，易被发现，自动变速器前端易发生的漏油部位见图 3-1-132。

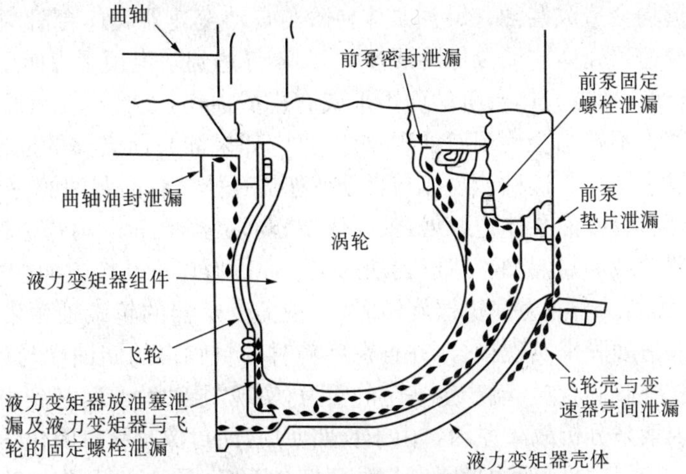

图 3-1-132 自动变速器前端漏油示意图

(2)发动机与自动变速器漏油的区分。由于自动变速器前端面与发动机后端面汽缸体连接，如果发动机的曲轴后油封因故障漏油的话，也会从上述部位流出，因此，在诊断自动变速器前端漏油时，首先应分辨出漏出的油液是 ATF 油还是发动机油。常用的区别方法有：

①查味观色。即闻一闻油的气味，观察一下油的颜色。由于 ATF 油通常情况下都为红色且带有一种特殊气味，在使用中这两种特征变化不大，使用后的发动机油略带黑色，且较 ATF 油有更高的黏度，可据此来判断。但 ATF 油也可能因自动变速器故障及长期没更换而严重变质发黑。如果只是轻微泄漏，则会与自动变速器内的灰尘与泥土混合，使油迹模糊难以辩认，因此，这种方法仅对较严重漏油进行判断较准确。

②油迹部位区分。通过漏出的油液在自动变速器及发动机壳体上污染的痕迹状况来分析判断。一般发动机曲轴后油封与飞轮距离非常近，漏出的油附在飞轮上，被高速旋转的飞轮甩向四周的壳体上，因此，可能会使自动变速器前端壳体与汽缸体间接触区域一周都有油迹，但液力变矩器壳体漏油也会产生同样的现象。如果自动变速器前端油封漏油，则油便会在自动变速器前端壳体内侧，可进一步拆开飞轮处的防尘挡板仔细观察，看油迹是在发动机汽缸体一侧壁上，还是在自动变速器壳体内表面，从而区分是发动机后端漏油还是自动变速器前端漏油。

③油位检查法区分。即分别对发动机油油位和 ATF 油油位进行比较检查判断。汽车正常行驶时油位都应正常，如果使用中油液漏掉了，其储油盘内油位就必然会降低，分别检查两个油位可作出判断。

④拆下自动变速器总成检查分析法。对于自动变速器前端到处都是脏乎乎的油迹，油尺油位也不能准确指示出是哪一种油液泄漏了(比如油位均较低或两油尺油位差别不大)，但又确实是前端漏油，这时可先将自动变速器总成拆下，再进一步检查维修。

(3)自动变速器前端漏油故障诊断。自动变速器前端漏油部位不同，其故障诊断方法也不尽相同。

①油泵体与自动变速器壳体之间漏油。油泵体与自动变速器壳体之间的密封主要采用两种结构：(a)油泵体外缘上有矩形槽，矩形槽内有橡胶密封圈，油泵体与自动变速器壳体之间的密封仍是靠 O 形密封圈自身的弹性来实现的。这种密封结构如果使用时间太长，密封圈便老

化而失去弹性，不能起到密封作用，密封圈、油泵体上的矩形槽、自动变速器壳体内部密封面等的机械损坏及变形均会造成漏油；(b)油泵体台阶与自动变速器壳体台阶两端面用纸垫密封，主要靠连接自动变速器壳体与油泵体的螺栓，使两零件达到一定预紧力而压紧纸垫实现密封。密封纸垫破损，自动变速器壳体台阶端面不平或有机械损伤，油泵体台阶端面不平或变形，油泵体固定螺栓预紧力不够均会出现漏油现象。另外，如果油泵前壳体的固定螺栓与油泵体之间密封不良也会发生漏油。这种油泵体与自动变速器壳体接触面漏油的一个显著特征就是油迹只在油泵体底部边缘或油泵体边缘处，油泵体中心部位较干净。

②液力变矩器轮毂油封漏油。造成漏油的主要原因有以下几个方面。

(a)油封本身故障。当液力变矩器旋转时，在液力变矩器的轮毂轴颈表面与油封唇口间，形成一层很薄的润滑油膜来实现接合，并且在旋转时油封唇口的储油端与外部空气端产生不同的压力变化，使储油端向空气端产生一定的吸力，实现“泵油效应”，起到密封作用，因此可从影响油封密封的因素来分析故障原因。由于长期使用，油封橡胶唇口因化学腐蚀、高温老化等作用使油封变硬，这时就会出现油封唇口与轴颈接合不好，唇口磨损、裂纹等，使油封不能密封而漏油；油封外缘与座孔之间过盈量不够而松动，使油液从油封外缘漏出；油封的金属骨架与唇口内拉紧弹簧变形，破坏油封正常密封而漏油。

(b)液力变矩器轴颈故障。由于轴颈表面要与油封唇口配合实现可靠密封，要求液力变矩器轴颈也必须符合技术要求，轴颈磨损、粗糙、失圆或不清洁均会漏油。

(c)液力变矩器轮毂衬套故障。液力变矩器前端用螺栓连接固定于飞轮上，后端则支撑于前油泵轴上并驱动前油泵，液力变矩器轮毂衬套则用来支撑液力变矩器后端轴颈，并约束液力变矩器能同心旋转。此衬套一般为青铜合金制成，镶入油泵体上，其磨损、变形也能造成漏油。对液力变矩器轮毂衬套的检查有以下几种方法：观察衬套表面是否有明显伤痕，用手压衬套，检查外缘是否松动；拆除油泵及油封后，用内径百分表进行检测；将油泵体与衬套套在液力变矩器的轴颈上，使液力变矩器固定，用手摇动油泵体，看是否有很大的间隙。

(d)因各部件配合定位不良产生的故障。各部件相应配合定位的有：自动变速器壳体与发动机汽缸体的位置确定，液力变矩器与飞轮及曲轴间的配合定位，液力变矩器与自动变速器前油泵体的配合定位等。如果上述的部件定位、配合不良，则会引起旋转不同心，油泵及液力变矩器等异常磨损，早期损坏。例如，自动变速器壳体与发动机汽缸体之间的定位销钉丢失或定位销孔松旷等造成自动变速器与发动机间相互定位位置失准，飞轮盘变形或飞轮盘与曲轴之间的垫片丢失、磨损等。

③液力变矩器壳体本身漏油。由于材质或制造缺陷，可能会出现 ATF 油从液力变矩器壳体或焊缝等处向外渗漏。这种故障一般很少见到，但也应注意检查。

3. 自动变速器下部与后端漏油

这类漏油故障的原因和故障诊断的复杂程度，与自动变速器前端漏油相比较简单，但解决问题的关键是找到漏油的根源，切忌头痛医头、脚痛医脚的检修方法。

(1)储油油底壳漏油。一般汽车自动变速器(除本田公司等部分自动变速器外)，在其最低部都有单独可拆式储油油底壳。油底壳靠螺栓固定于自动变速器壳体上，油底壳内要储存大量的油，所以，要求油底壳与自动变速器壳体之间密封良好。此密封面漏油一般会有几种迹象：沿自动变速器一周的密封面都有油迹存在，密封面某一角或某一较低的位置有油迹存在，油底壳放油螺栓等处有油迹。下面对不同密封方式与易出故障的部位进行介绍。

①软石棉纸密封衬垫。这种密封垫比较柔软，对缝隙补偿性好，在装配时须注意油底壳螺栓的拧紧力矩，一般螺栓旋到位后，再稍稍旋一点使衬垫有一定压缩量即可。如果力矩过大，则会将衬垫压坏。在拧紧时应将各螺栓同时对称拧紧，否则会使衬垫变形而产生缝隙漏油。

②平面橡胶密封衬垫。此类衬垫上下面均平整，截面成矩形，使用时间较长以后就会出现橡胶垫老化而漏油。

③V形截面橡胶密封衬垫。在德国奔驰、奥迪等自动变速器上都采用这种衬垫。这种密封衬垫除因老化漏油外，装配时拧紧力矩过大也会出现沿凹面中心将衬垫压裂造成漏油的现象。

④无密封衬垫。在克莱斯勒等自动变速器上，油底壳与自动变速器壳体间无密封衬垫，而直接采用密封胶对两者间进行密封。采用这种密封形式的自动变速器须注意：自动变速器壳体与油底壳两者接触面应平整，密封胶涂抹要均匀可靠，螺栓需按规定力矩拧紧。在维修时须注意，密封胶不可用得太多，否则，将堵塞液压系统和油道，造成故障。

(2)自动变速器后端漏油。一般为输出轴油封、车速传感器的密封圈、后端壳体密封不良造成漏油。对车速传感器与壳体的密封不良，一般更换密封件即可解决问题。输出轴油封漏油，是后端最常见也是最主要的漏油部位，下面将分前驱动与后驱动两类进行介绍：

①前驱动自动变速器动力输出是通过左右半轴传给车轮，因此也就采用了左右两只半轴油封对ATF油进行密封。除了油封本身故障之外，还易出现的故障就是半轴万向球笼损坏，主减速器轴承间隙太大或传动轴花键啮合间隙大，半轴内球笼油封处轴颈表面有伤痕，半轴内球头内端的弹性定位挡圈损坏、丢脱等，在转动离心力的作用下，使半轴甩脱而发生漏油。

②后驱动自动变速器由一个输出轴油封与传动轴轴颈实现密封。这类漏油除了油封本身原因外，传动轴与自动变速器输出轴之间的花键配合松旷、传动轴不平衡、传动轴轴颈表面机械损伤或生锈等均是此处漏油的原因。这类传动轴端的挡灰罩应良好地固定于传动轴上，否则，泥土等杂质会进入油封密封表面，使油封漏油，甚至损坏。

4.自动变速器顶部溢油

溢油故障通常是指自动变速器顶部的通气孔、加注孔(或油尺口)等处向外漏油的现象。这种漏油会使自动变速器整体表面有大面积的油迹存在，通过油迹情况可判断出该处是否漏油。这种漏油与其他漏油情况相比，有本质区别：即并非因密封不良而引起的漏油。主要有下列几种原因引起：

(1)油液量过多，而出现油满外溢。如果自动变速器内油液过多，其油面也就较高，油液受热后体积膨胀，油面便升高，如果油面升至旋转零件时，就会对油液进行搅动而产生大量泡沫，使油液从通气孔等处溢出。因此，在使用中应按正确方法检查、加注ATF油。

(2)自动变速器故障，出现功率损失。因自动变速器故障，发动机的一部分能量在自动变速器中被消耗掉，这部分机械能一般都转化成为热能，从而引起油温升高，产生ATF油受热膨胀引起的溢油现象。另外，自动变速器内液力变矩器摩擦元件传动打滑，自动换挡不正常和其他故障均可引起油液受热膨胀造成漏油。

(3)ATF油内混入了其他液体。

5.自动变速器内部窜油

这种漏油故障属于内部泄漏。在一些前驱动汽车自动变速器上，主减速器差速器总成是利用齿轮油单独进行润滑的，在一些越野车自动变速器的分动器上，也是靠齿轮油进行润滑的。ATF油的冷却是靠发动机冷却液进行冷却的，因此，密封不良就会造成上述液体相互之间泄漏混合，使自动变速器工作失常。解决方法是：对ATF油面油质进行检查，检查冷却液中是否被油液污染，齿轮油是否变色变质。

(二)无挡故障诊断

对于装有自动变速器的车辆，当将换挡操纵手柄置于除P、N位外的其他挡位，解除行车制动和驻车制动后踏下加速踏板时，车辆不走的现象俗称无挡。无挡故障是自动变速器车辆的一种较常见故障。无挡故障可分为无任何挡、无任何前进挡或者无倒挡等几种故障现象。因此，在对无挡故障进行检测诊断前，应首先确定是哪一种故障现象。导致无挡故障的原因较多，机械部分、液压控制系统及电控系统工作不良均会导致这种故障的发生。但只要正确灵活运用故障诊断方法，问题都可迎刃而解。

1. 无任何挡故障的检测诊断思路

自动变速器同普通手动机械变速器一样，无非是起到传动并改变转速和转矩、改变转动方向或切断动力传递的作用。出现无任何挡故障的实质就是自动变速器不能起到传递动力的作用而使发动机的动力非正常中断。对动力传动非正常中断这一故障我们可通过自动变速器的工作原理框图(图3-1-133)来加以说明。

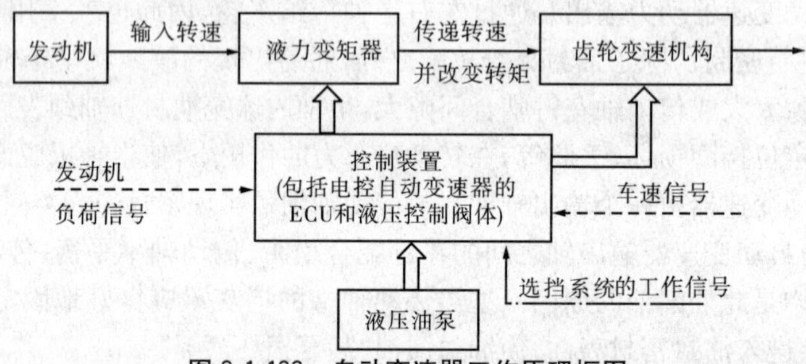

图3-1-133 自动变速器工作原理框图

发动机的动力直接传递路线为单实线路径，液力变矩器和行星齿轮机构换挡执行机构的动作是由控制装置用液压信号进行控制(用双实线表示)，控制装置又是以ATF油泵产生的压力油为工作介质而进行控制的，整个系统的运作命令是操纵者操纵换挡操纵手柄，通过选挡传动系统使选挡手动阀作直线移动，将人的意愿转换成液压信号来实现。

对任何行驶挡均无挡的故障，应首先检查是否是非自动变速器故障。例如：车轮被抱死；传动系统卡死及传动系统有损坏部位，导致传动中断；自动变速器动力输出部分的机械锁止机构在P位时将输出轴锁住，使驱动车轮不能转动，保证停车的可靠性。如果此锁止机构出现故障而不能将棘爪脱开，将造成自动变速器动力无法输出。具体排除上述情况的方法是：将换挡操纵手柄置于N位，看在平地上是否可以将汽车拖动或推动，或将汽车举起后看车轮是否能灵活转动，传动轴是否能随驱动车轮一起转动，如果这些情况都正常，则可判断无挡故障的确出在自动变速器上。下一步就可集中精力检查自动变速器了，检查方法很多，简单而又行之有效的方法是利用“进挡试验”。起动发动机，将换挡操纵手柄分别置于各个挡位，感觉在挂入挡位后是否有振动感。若有振动感，则说明液压控制系统在使换挡机构各制动器、离合器动作，故障可能出现在动力直接传递路线上；如果在挂入挡位后一点振动感也没有，则说明控制部分有故障。对于动力直接传动路线上的故障，检查方法是“挂上挡后在加速发动机时，听诊是否有异响从内部发出，如果有尖锐的异响，则说明内部行星齿轮系统机构有损坏现象”。

(1)自动变速器控制装置的故障是导致无挡故障的原因。控制装置的构成包括:液压控制阀体、ATF油泵、ATF油传输油道、信号传输部分(节气门开度信号和车速信号的转换装置)、ATF油(ATF)以及电控部分等,其结构较复杂,出现故障的可能性较大。在系统中,都是以ATF油为工作介质的,因此应首先对其油位及油质进行检查。须注意油变质与脏污极可能将集滤器堵塞,而造成与缺油同样的现象,故换油或补油是处理自动变速器故障的第一步。

(2)选挡操纵机构故障也会导致无挡。众所周知,驾驶人通过选挡操纵机构将自己的意愿变成指令传输给控制装置使其动作。选挡操纵机构导致汽车无挡故障的情况不外乎有连接脱落、调整不当、连杆变形等几种。将汽车举起,扳动换挡操纵手柄使之分别进入各挡位,观察位于自动变速器空挡起动开关处的选挡杆摇柄是否也相应进入了各挡位。如果正常,说明故障在自动变速器内部机构上;如果摇柄处的位置与手柄处不相符,则说明调整不当。发生在自动变速器内部的选挡操纵机构故障主要是选挡拨叉与手动阀连接脱落,选挡拉杆与转轴间连接松脱,拆开油底壳即可看到。

(3)油泵故障导致无挡。控制装置中液压控制系统操纵各执行机构动作,油泵承担着为整个控制系统提供动力介质的任务,因此,如果它工作不正常,将导致整个系统工作失常。自动变速器使用的油泵一般有转子泵和叶片泵两种,由发动机驱动,驱动方式一般有两种:一种是装在自动变速器前端的油泵,由与发动机飞轮连接一体的液力变矩器的轮毂套端面处开有的缺口驱动转子上的齿块而转动。另一种是油泵装在自动变速器后端,由一根细长的油泵驱动轴,连接液力变矩器泵轮体与油泵转子,通过驱动轴花键驱动。如果油泵工作不正常,就会出现:油压过低或没有压力油输出,执行机构就不能正常工作。就油泵故障而言,除了油泵本身损坏外,油泵不能被驱动和油泵进油管道及出油管道泄漏都将发生前述现象。对油泵故障的判断可利用油压测试法进行,如果经检测主油路压力或油泵油压一点也没有,则可能是油泵不转(没有被驱动)或油泵严重损坏;如果压力低,则可能为油泵磨损,集滤器堵塞,或油泵吸油管道有泄漏而进入空气(在油泵内进入空气后有较大噪声出现)。就液压控制系统故障而言(包括液压、电控系统),为整个液压控制系统提供合适油压的主油压调节系统出现故障的情况较多。例如:阀体上主油路压力调节阀、电控自动变速器中的油压调节电磁阀及手动阀工作不正常,均会导致没有油压或压力太低。其中电控系统中油压调节电磁阀的故障,除本身工作不正常外,还与输入到ECU的信号有关,这可通过系统故障自诊断进行检查。

(4)排除了控制装置引起无挡故障的可能性后,应进一步用以下方法检查动力直接传递装置各部位:

①经验判断法。通过望、嗅、听、触来判断ATF油质及自动变速器内部是否有异常。特别要注意声音是否异常。如果在外部不能听到动力直接传递装置有任何异常响声,换到挡位后又有振动,可用压缩空气试验法进一步验证各离合器、制动器活塞动作是否正常。

②解体检查法。最后,可对自动变速器解体进行检查。出现这种无任何挡的情况,原因可能是全部离合器或制动器烧损;超速挡机构的离合器或制动器烧损及单向离合器损坏;多组离合器、制动器烧损;单向离合器与其他离合器和制动器损坏等多种情况。另外,液力变矩器作为动力传递的重要装置,如果其与飞轮连接松脱,其内部损坏或涡轮轴损坏都将使传动中断,所以在解体时有必要对液力变矩器进行检查。

2.无前进挡或无倒挡故障的检测诊断思路

在自动变速器的维修中常遇到这样的情况:(a)自动变速器换挡操纵手柄置于前进挡位

(D、2、L)均无驱动反应,置于倒挡位置却能正常倒车;(b)汽车在各前进挡位均能正常行驶,而在倒挡(R位)时汽车却不能倒车。

在手动变速器中,一般各挡的动力传递是由各挡齿轮单独传递动力,与其他各挡齿轮关系不大,而自动变速器中大都为行星齿轮系,齿轮没有专门为某一挡而设计,只须改变传递路线就可实现各挡动力传递。如果其他各挡位都能正常行驶,一般与行星齿轮系关系不大。

对于这类故障应先分别将换挡操纵手柄置于各挡位,比较非正常挡位与正常挡位,观察进挡后有什么不同现象。例如,进挡后自动变速器内各执行元件(各离合器、制动器)接合时的振动是否正常,进挡后是否有异响产生。如果进挡后有异响出现,则有相应的元件损坏,须解体检查。如不能正常工作的挡位在进挡后无任何振动感而正常挡位却有,则为相应挡位的液压控制系统故障或相应选挡杆系故障。可在确认选挡杆系无故障后,再用油压测试进行验证。另外,在扳动换挡操纵手柄时,仔细体会进挡时手在手柄上的感觉,这样可判断是否有选挡杆系脱落、卡滞或调整不正确现象。ATF油是影响自动变速器工作的重要物质,故对ATF油位、油质的检查不可忽视。

(1)无前进挡(D、2、L),只有倒挡故障的诊断思路。如果换挡操纵手柄置于前进挡位后自动变速器内有相应的离合器或制动器动作声,但无其他响声,则说明有相应的前进挡离合器或制动器摩擦片损坏,可用油压测试进行检验。另外,也可能是离合器或制动器的液压控制系统存在轻度泄漏,导致离合器或制动器接合不可靠,从而不能驱动传动系统。可采用油压测试检验这些挡位在失速时的油压情况是否正常,进一步验证。

在一些自动变速器中,如果行星轮系中某一单向离合器打滑,也将不能传递动力,尤其是1挡单向离合器打滑,便会出现汽车无前进挡。例如,宝马EF4HP22EH及ZF4HP24－E自动变速器。

比较常见的故障现象是将自动变速器换挡操纵手柄置于前进挡位置后,传动系统一点反应也没有。结合倒挡(R)及P、N挡都正常这一现象,可将故障范围缩小到前进挡的直接执行与控制部分。首先检查ATF油位及油质,初步判断自动变速器的技术状态(例如有无油温过高、油液变质、磨屑等)。如果油液已变质且有较多磨屑,则极有可能是自动变速器内部机械部分有故障。如果油液良好,则看故障是在使用中出现的还是在维修后出现的。如果故障是在维修后出现的,则须首先考虑是否是选挡杆系与手动选挡阀脱落未连接上,阀体与自动变速器壳体的安装及油道口处密封是否良好,自动变速器内的相关机构及单向离合器的装配是否正确。如果故障是在使用中出现的,则原因为液压控制系统不正常,可利用油压测试检测1挡离合器或制动器油路油压、前进挡离合器油路油压。如果自动变速器没有上述的1挡油压测试接口,可直接检测主油路油压,在进挡后看是否有变化。如果在换挡操纵手柄置于相应的挡位后油路根本无油压,则说明相应挡位的换挡执行元件油路已严重泄漏或者相应液压控制阀根本就没动作;如果油路油压过低或在进挡前后及踩加速踏板提高发动机转速时油压无变化或变化不大,则说明油路有泄漏。如果检测到油压不正常,可拆下ATF油底壳,看选挡手动阀是否能跟换挡操纵手柄的移动一起作相应的运动。如果正常,则拆下阀体,用压缩空气通到自动变速器箱体上到各离合器或制动器的油道口处,看是否有相应的动作,再保持片刻,听是否有漏气声,通过声音及漏出的有色空气来判断这些离合器或制动器是否动作及油路是否泄漏。如果用压缩空气试验法检查正常,则检查阀体与自动变速器壳体间密封是否良好,控制阀体各阀是否能正常工作以及各液压蓄压器能否正常工作,密封是否良好。如果是电控液力自动变速器，则还需检查各电磁阀工作是否正常及与油道之间的密封情况是否良好。

(2)无倒挡而其他前进位均正常故障的诊断思路。诊断的第一步仍然是先移动换挡操纵手柄，检查换挡操纵手柄是否能灵活地进入每个挡位，以及进挡后自动变速器内部的离合器、制动器是否都有动作反应。因为在大多数的自动变速器中，选挡系统的挡位位置排列都采用P、R、N、D、2、L的顺序排列，这样倒挡位置与各前进挡位置各在N挡位的两端，如果选挡机构的调整或传动连接不正确，则极有可能造成只无倒挡而前进挡各位均正确，由于R挡两侧面是P挡与N挡，都是不传递动力的挡位，所以，只要选挡系统位置调节上稍有误差，就会造成无倒挡现象。一般装自动变速器的汽车在倒挡执行器啮合时，都有较其他挡位明显的振动感觉，因此，可利用此现象来大致判断各执行元件(倒挡离合器或制动器)的工作是否正常，从而缩小故障诊断范围。在条件许可的情况下，对汽车的前进挡位进行路试，通过比较前进挡各个挡位的实际工作驱动情况与其执行元件的运用情况(见换挡执行元件运用表)，来分析判断故障的原因。如果通过路试检查不能确定故障，或前进挡工作情况正常，则需要对倒挡独立工作的执行元件或倒挡工作油路进行判断。

检查方法：主要是对倒挡离合器或制动器进行油压测试，如果没有其油压测试点，则着重对怠速时主油路压力进行测试。因为倒车时常有频繁的制动与起步，所以，为了能够可靠地实现倒车，在设计上将倒挡时的主油路油压提高，以增加液压活塞对离合器或制动器的压力，保证啮合的可靠性。因此，有时在倒挡离合器或制动器动作后，由于各种原因造成主油路油压低，往往也不能实现正常倒车，但有一点须注意，压力低只是不能正常倒车，并非进挡后一点反应也没有。

影响油压低的因素除前述液压控制系统本身外，ATF油位和油质也是一个重要因素，故在诊断时应先检查油位、油质、油液黏度是否符合要求。如果油质与油位状况良好，则应对倒挡时主油路油压进行测试。如果油压过低，则说明可能是供油压力故障、液压控制系统调压故障、油道泄漏故障。供油量不足，首先应考虑集滤器是否被脏污堵塞，其次考虑油泵故障(例如，严重磨损泄漏、油泵安全阀泄漏、可变量油泵的变量调节机构故障)。处理这类故障时，可拆开油底壳检查集滤器是否被脏污堵塞，集滤器与油泵进油口密封连接是否良好。油泵本身故障一般较少，且油泵必须解体后才能检查，所以，在对其他部位检查后再解体检查自动变速器及内部油泵。

供油调压系统调压不正常的故障原因，一般都是一次调压阀工作不良。例如，滑阀卡滞，调压弹簧变软，下方作用的油压(节气门阀控制的油压、倒挡油压)存在泄漏而使调压阀的调节压力变低。有些自动变速器采用双参数无级变化主油路压力调节系统(如菲亚特300小客车的自动变速器及ZF4HP－18自动变速器)，在这种系统中，如果调压阀卡滞在最大开度位置，也会使主油路油压降低，但在前进行驶时会出现换挡不正常现象。对一次调压阀等阀体故障可采用清洁活动阀体，更换阀体密封垫的方法维修，如果无效就得更换阀体。有些电控自动变速器中主油路油压由电磁阀控制，可检查电路有无故障及电磁阀是否卡滞。对于ATF油道及换挡执行机构活塞泄漏，可采用压缩空气试验法加以判断。如果有泄漏，就得更换密封件。有些自动变速器上有专门的各离合器或制动器油压测试接口，利用油压测试可判断故障原因。如果油压及离合器与制动器的动作都正常，则原因可能为相应的离合器或制动器摩擦元件损坏。

在一般的行星齿轮系自动变速器中，倒挡往往与前进3挡同用一个离合器，与L低挡同用一个制动器，故可通过路试或对前进挡进行失速试验加以判断。如果挂上倒挡后，换挡执行机构无任何动作反应，且无油压建立，而选挡系统又正常，则原因可能为倒挡控制阀或倒挡减振蓄压器工作失常。在一些定轴齿轮系自动变速器中，相应的齿轮机构故障也可能导致无倒挡。

3.缺挡故障诊断

所谓缺挡故障，是指自动变速器在工作时某一挡位或几个挡位出现无法工作的现象。这里说的缺挡，主要指前进挡位中某些挡位不良，在D位主要表现为无2挡、3挡或超速挡，在2位主要表现为无2挡或无发动机制动，在L位主要表现为无法驱动汽车或无发动机制动。对此类故障的检测诊断，首先应检查ATF油，大概了解一下自动变速器当前的技术状况，在确认ATF油位及品质正常后，再进行路试，通过路试来判断故障具体属于上述哪一种情况，且在路试时注意自动变速器有无其他异常情况(例如，噪声、异响、振动等)以及发动机的声音及负荷变化情况。

(1)自动变速器无法进行换挡动作的检测诊断。电控自动变速器的ECU将各传感器信号收集后进行综合处理，经分析运算后给换挡电磁阀发出动作指令信号，通过电磁阀的动作来对换挡液压阀进行控制，从而改变换挡油路，实现换挡。对这种系统的故障诊断可分为两部分进行，即电控部分和液压控制部分。电控部分的故障一般都可通过故障自诊断系统进行初步诊断。利用故障自诊断系统获得故障代码，然后再根据故障代码所提供的信息，对系统相应部位及线路进行具体检测诊断。不过自诊断系统无法检测到换挡电磁阀阀杆的卡滞现象，故电磁阀的动作正常与否及密封情况的好坏，应放在液压控制系统故障诊断时一起进行检查。当然，也可利用电控系统故障诊断法中的开关检测法或试灯检测法，来对系统进行检查，并作出判断。用试灯可以检测ECU的控制信号是否正确，从而判断电控系统是否有故障;用开关检测法可检查自动变速器内部工作是否正常。电控系统经检查无故障后，就应对液压控制系统进行检查了。其检查方法与全液控自动变速器(除两油压信号的检测外)相同，可利用油压测试法对系统的工作情况进行检查，检查清洗阀体可对液压控制系统有无滑阀卡滞及损坏故障等进行判断，对执行元件进行气压试验可检查各换挡执行元件的动作是否正常。这些方法可根据实际需要进行逐项选择或综合选择。

(2)换挡动作后无法稳定保持该挡工作状态的检测诊断。汽车在行驶时，发动机转速与车速升到某一个数值后就出现发动机转速突然上升，而车速反而下降的情况，或者发动机转速与车速增加到一定程度后，出现发动机转速与车速不相匹配，汽车出现较大的冲击后才换入高挡高速行驶，这时发动机转速降低车速增大，发动机转速与车速的变化均相当大。出现这两种故障均为缺挡故障，前者为换挡动作后汽车缺挡失去驱动而车速下降，后者为汽车不能进入应进之挡位而直接超越式换挡。

①打滑型缺挡故障。对于第一种缺挡故障，与自动变速器打滑的现象相近，因此称其为打滑型缺挡故障，可通过路试进行检查。检查在运行中和故障出现时有无异常现象及响声，如果自动变速器有异响且油内又有较多磨屑杂质，则说明行星齿轮机构元件及摩擦元件等机械部分损坏，应解体检查、修复或更换新件。如果排除明显的机械损坏故障可能性后，缺挡故障还不能确认，就应考虑液压控制系统故障了。利用油压测试法检测油路油压。检查故障出现时油压是否降低，如果油压降低，则说明该挡位ATF油路有泄漏，可用压缩空气检查该挡位各离合器和制动器的液压活塞及油路是否存在泄漏，如果没发现泄漏现象，则进一步检查阀体是否正常。如果油压正常，且相应离合器或制动器动作正常，则需检查自动变速器的其他相应机械部分是否有故障。如果在故障出现时，到执行元件油压信号也丢失，则可能为滑阀卡滞或液压控制系统严重泄漏。

②错误换挡型缺挡故障。对于第二种缺挡故障，因其没有驱动打滑现象，而与换挡时间及规律不正确极为相似，所以称其为错误换挡型缺挡故障。这种故障在判断时应特别注意要与换挡太晚故障区分开来，一般换挡太晚故障的换挡顺序及换挡规律是正常的，而缺挡故障则是没有正确换挡顺序及换挡规律的。在诊断时，应先区分自动变速器是液控换挡还是电控换挡。如果是全液控自动变速器，应测试其调速器控制阀油压与节气门油压，看两信号油压是否能连续且成比例地随车速与节气门开度的变化而变化。如果不正常，则说明有故障，应对其系统进行检查。如果信号油压正常，则检查阀体中换挡阀是否能良好动作，进而确定故障部位。如果是电控自动变速器，应首先检查电控系统的控制信号及电磁阀，这是因为在电控自动变速器中，是通过换挡执行电磁阀通断两种状态的排列组合来控制油道，或相应电磁阀控制相应换挡位，使换挡液压动作，实现不同挡位的工作。如果电磁动作不良或误动作，都会导致上述缺挡故障发生。对电控系统的检查可利用故障自诊系统及故障检测仪进行，也可断开换挡电磁阀线束，进行手动换挡试验或电磁阀开关操作试验。看自动变速器是否能正确地进行工作及挡位情况是否有变化。如果无变化，则说明电控部分有故障，如换挡控制滑阀及换挡电控阀均工作不正常。如果电控部分无故障，则检查电磁阀阀杆的活动情况，控制油道是否堵塞及泄漏，换挡动作液压阀是否卡滞，可通过解体清洗检查阀体来排除故障。

(三)驱动无力故障诊断

驱动无力故障即自动变速器作用到汽车驱动车轮上的转矩不够而使汽车动力性下降的故障，常见现象是：起步时，发动机转速升高很快而车速升高缓慢；行驶中踩加速踏板加速时，发动机转速不能与车速同步提高。

1.所有挡位均驱动无力

将自动变速器换挡操纵手柄分别进各个行驶挡位后加速，汽车车速反应都很慢的情况即为各挡均驱动无力。较多见的情况是在起步时很困难，行驶时踩加速踏板而汽车的车速反应却不明显。对于这类故障，人们常常将故障统统错误地归结于自动变速器，其实从根本上分析，对驱动无力故障的判断是根据踩下加速踏板这一动作与车速变化这两个感觉的对比来得到的，进一步说，就是根据发动机转速表与车速表的比较而得出判断的。因此，应排除发动机、传动系等的影响因素，特别是发动机故障易与驱动无力相混淆。导致所有挡位驱动无力的主要原因有：(1)主油路压力低；(2)离合器或制动器严重损坏；(3)单向离合器损坏；(4)油泵损坏；(5)液力变矩器损坏；(6)蓄压器损坏等。

2.某挡驱动无力

即在倒挡(R位)或前进挡的某一个挡位(或几个挡位)行驶时，有驱动无力的现象，由于这种现象发生在某个挡位而其他挡位很正常，因此，故障原因大多是自动变速器打滑。

(1)所有前进挡驱动无力。即汽车在各个前进挡位均驱动无力，而倒挡很正常。对于这种故障应该区分倒挡是否也存在驱动无力的现象，因为人们对于向后的运动很敏感，对于较轻微的无力现象却不易分辨出来，所以在一般的路面行驶不好判断。为了确切验证故障现象，可通过失速试验检查是否有打滑现象存在，或在30°左右的坡道上分别用前进挡和倒挡起步，来观察是否有明显的差别。故障确认后，检查油质情况，无危险性异常后，再对汽车进行路试，观察自动变速器是否能正常自动换挡。如果自动变速器不能正常自动换挡，则说明是传动比不正确而导致驱动无力，这种情况主要发生在一些电控自动变速器上，例如，克莱斯勒与奔驰、宝马、奥迪等新款欧洲车型电控自动变速器，因为这些自动变速器出现故障时往往将自动变速器锁止在2挡传动比的状态下工作；如果能正常自动换挡，则进一步试验汽车在2挡、3挡、4挡行驶时是否有驱动无力的现象，如果 2 挡、3 挡、4 挡行驶正常，则说明自动变速器仅 1 挡驱动打滑；如果在行驶时虽然能勉强自动换挡，但在换挡后仍然存在驱动无力的现象，并且在行驶时发动机转速较相应车速有明显过高的现象，则证明自动变速器有打滑故障。

①各个前进挡位都驱动打滑。这种情况可能为前进挡离合器因故障打滑。为了区分是机械部分的故障，还是液压控制系统故障，以及故障出现的根本原因，可进行油压测试来判断。如果液压控制系统的压力正常，则说明故障在机械部分的离合器上，一般是摩擦片损坏。在实际维修中，液压控制系统不正常的现象比较多，很多时候离合器摩擦片的损坏都因液压控制系统工作不良造成。液压控制系统工作不正常又以油路压力低的情况较多，而压力过高也会导致离合器在接合时太粗暴，使其快速损坏。如果油路压力过低，则进行主油路的压力测试，最好对几种状态下油路的压力都进行测试，以便进行故障诊断及分析。油路压力过低的主要原因是调压不正常或系统泄漏，可参看油压测试分析部分。对于油路的泄漏故障，可利用气压试验对至离合器的油路及离合器进行检验。应检查密封是否正常，则可进一步检查以阀体为主的液压控制部分。

②1 挡打滑。对于 1 挡打滑的现象，如果在低挡位（L 或 1 位）与其他各挡位也一样，则说明相关的 1 挡油路有漏油现象，主要原因有：(a)控制 1 挡的相应执行元件（指各离合器与制动器）的油路部分有漏油现象；(b)对于一些低挡滑行制动器（或离合器）不与倒挡制动器（或离合器）共用一组制动器的自动变速器（如部分美国车系自动变速器），其离合器（制动器）和单向离合器损坏也会出现这种打滑现象。在实际故障诊断中可先进行油压试验，观察进挡后油压是否下降，如油压有较明显的下降，则说明系统有漏油的情况，可根据实际情况进一步检查；如果油压正常，则故障可能在离合器及单向离合器，可通过道路试验与失速试验确认后，解体自动变速器进行检查。

(2)低挡位以外的各前进挡均驱动无力。即在自动变速器进挡后的行驶中，在倒挡和低挡位能正常行驶，驱动有力，而在前进行驶挡位（如 D、3、S 位）与 2 挡位则出现了驱动无力的现象。这种故障比较容易确认，因为低挡（L 或 1）与 D、2 挡位同是前进挡，如果 D、2 等挡位出现了驱动无力现象，那么它与低挡位有明显的差别。这一故障现象同样有两大故障原因：挡位的传动比不正确与驱动打滑。为了区分是哪一类故障，可采取前述自动换挡试验，检查油质无危险性异常后，再对汽车进行路试。检查自动变速器是否能进行正常自动换挡。如果自动变速器的状况很差，不敢再进行路试，则可在举升机上进行空负荷自动换挡试验，对自动变速器的自动换挡情况进行检验。另外，因传动比不正确而导致的故障，在对自动变速器进行失速试验时，失速转速不会明显地超过规定值。

①自动变速器的传动比不正确而引起驱动无力故障，主要是指自动变速器在高挡时起步。大家知道自动变速器高挡的传动比比低挡小。如果传动比小，那么输出转速就大，根据能量守恒定律可知，输出转矩就小，即作用于车轮上的驱动力矩也就小，因此也就会出现驱动无力的现象。这种故障在电控自动变速器上较容易出现，当然在液控自动变速器上若其换挡信号油压不正常，换挡阀等卡滞也会出现同样的故障。在电控自动变速器上，首先检查其故障指示灯是否亮起，如果亮起，可先利用故障自诊断方法检查电控系统故障，如果没有故障代码存在，可先通过故障检测仪的数值流分析功能，检查 ECU 输出的挡位控制信号以及其他信号，或在自动变速器外面的电磁阀控制导线上并联引出接线，通过试灯或电压表检测自动变速器的挡位控制信号，如果信号不正确，则故障在电控部分；如果信号正确，则检查电磁阀与液压控制系统

(主要是阀体)。如果电磁阀发生泄压或卡滞,阀体中有滑阀出现卡滞现象,就会导致挡位不正确。电控自动变速器出现挡位不正确的故障,在电控部分主要有两个方面原因:(a)因电控部分的某个重要元件有故障而使 ECU 进入失效保护状态,或一些重要电器元件信号错误及线路错误,致使 ECU 输出的控制信号错误;(b)ECU 出现错误控制。如果通过检查得知 ECU 的输出信号错误,而相应的传感器与控制线路没有故障,则可初步判断为 ECU 有故障。可根据实际情况更换 ECU 作对比试验,有条件的也可对 ECU 作进一步检查。

②打滑故障。故障原因在机械部分,主要是相应挡位的离合器、制动器及单向离合器有故障;在液压控制系统部分,主要是相应换挡执行元件的油路有泄压现象。在大多数自动变速器中,正常行驶挡位的任一挡都用到了单向离合器的锁止作用,如果该单向离合器因损坏而打滑,则会出现驱动无力,严重时出现无挡的现象;单向离合器损坏只出现低挡位以外的前进挡驱动无力,是因为在低挡时有低挡滑行制动器工作,故在低挡能正常工作。在实际故障诊断中,这类故障往往表现为冷车时状况比热车时好,与液压控制系统有泄压的故障现象极为相似,但可以通过油压测试来区分。对液压部分的故障,可通过液压测试进行检查,如果在其他挡位时的油压都正常,而在进入 D、2、S 挡后的主油路压力突然下降,则说明这时工作的离合器或制动器油路有漏油现象。这时可就车拆下阀体,通过气压试验,检查相应的油路与液压活塞是否有泄漏的地方,如果有泄漏,则解体检查自动变速器;如果没有泄漏,则说明阀体有故障。如果是在正常使用中出现的故障,则主要是各滑阀有卡滞现象及密封件破损;如果故障是在维修后才出现,则注意检查阀体的装配是否有错误,更换的密封纸垫是否不是该车型的,油路板是否有损伤及变形。

(3)倒挡驱动无力。即进倒挡后起步出现驱动无力,而在其他挡位又很正常的现象。在实际维修中碰到的倒挡驱动无力故障绝大部分是打滑产生的,因为倒车时的车速都不是很高,能在使用中觉察出故障已经比较明显且严重。对于倒挡驱动无力的故障,可向客户了解一下故障出现的过程及出现时间,再进行挡位试验,用进挡时滞试验检查挡位接合的迟滞时间;检查进挡冲击现象的明显程度;通过选挡试验,检查挡位的调整与定位是否正确;也可通过油质状况对自动变速器的状态作大体了解。如果油质非常不好,有糊味并有破碎的细杂质,说明自动变速器内可能有摩擦片损坏。手动阀不能达到正常的工作位置,也会导致挡位工作不良。对故障确认之后,进一步对自动变速器进行油压测试,因为大多数打滑故障是由摩擦片损坏所致,而摩擦片的损坏大多与主油路压力有关。为了进一步找到故障根源,在对自动变速器进行解体检修之前,应对其进行油压测试。如果压力正常,则为机械部分故障;如果压力不正常,则进一步进行详细的油压测试,并根据实际情况决定是否进行气压试验,来区分是相应的离合器油路故障,还是阀体等控制系统泄压或堵塞故障。

(4)正常行驶时,2 挡、3 挡或 4 挡驱动无力。即在正常行驶挡位(如 D、S 位)行驶时,起步与加速换挡都能正常进行,但是会在自动换入某一挡后就出现驱动无力的故障。这类故障原因主要是打滑,当然对于打滑故障来说,也主要以机械与液压部分故障为主。更直接一点地说,也就是故障与相应挡位执行元件与液压控制部分的元件有关。对于这类故障,可以通过手动换挡试验对故障进一步确认,可以通过检查油质状况与行驶中有无诸如异响等一些其他相关情况,对故障进行辅助判断。例如,在故障出现时有很明显的异响发生,或油严重变质并有金属磨粒,则说明自动变速器的机械部分存在故障的可能性较大。如果仍不能确定故障原因,可进行油压测试,以区分机械与液压控制系统的故障,最后根据需要对自动变速器进行解体检修。

3.某时驱动无力

某时驱动无力故障即故障的出现与时间有关，而与自动变速器的挡位等没有重要关系，也就是说故障在一定条件下才出现的。按故障出现的形式可以分为加速时驱动无力、高速大负荷时驱动无力、偶然性驱动无力等三种情况。这类故障的出现不是一直存在的，也就是说有时情况基本正常，只是在一定的条件下故障才出现，因此，故障分析诊断的难度就稍大一些。这类故障一般与“后段传动部分”的传动行驶系的关系不大，故障主要发生在发动机与自动变速器上。在自动变速器上，故障主要发生在液压控制系统与电控系统，当然也有少数故障是因机械部分的故障而产生的。在故障诊断前，应首先通过道路试验让故障重新出现，根据故障出现的过程与症状，区分出属于哪一类故障，然后再有目的地进行检查、诊断。

(1)加速时驱动无力。即在汽车行驶时快速踏下加速踏板急加速行驶时，汽车车速却不能快速提高，但在匀速行驶与缓慢加速时工作情况又比较正常。这种故障原因主要有两方面：(a)发动机有故障，使输出功率不足，加速性能差；(b)自动变速器有故障，导致变速变扭不良及传动损失。因此，在诊断时应首先区分出是发动机有故障，还是自动变速器有故障，一般有以下几种方法，在故障诊断时可根据实际情况灵活运用。

①观察并检测发动机的工作情况是否正常。如发动机工作是否平稳，排气是否正常，对发动机进行空加速检查时发动机的加速性能是否良好。

②在路试时，观察发动机的转速是否与车速相对应。如果在加速行驶过程中发动机的转速与车速都不很高，并且发动机的转速再提升很困难，则发动机的故障可能性较大；如果发动机的转速能很快提升而车速却提升很慢，则自动变速器的故障可能性较大。

③通过对自动变速器进行失速试验来分析判断。

④通过故障自诊断系统得到与此相关的故障信息，作为故障诊断的参考资料。

⑤可在试车时的加速过程中听发动机工作声音的变化情况，来对发动机是否工作良好进行判断。

如果故障出在发动机上，则按相应的发动机故障诊断方法进行检查。对于自动变速器故障，有以下几种主要情况：

①自动变速器内存在轻度打滑现象。在检查这种故障时，要特别注意检测在加速时、大负荷时主油路压力是否能达到相应要求，失速油压是否符合标准。如果自动变速器装用电控油压调节系统，应注意检查电路是否有故障。根据经验可知，这种打滑现象往往是严重打滑与导致自动变速器严重损坏的早期现象，如果这种现象出现不久，可以换掉 ATF 油，拆开油底壳检查一下集滤器的情况。如果油太脏及杂质太多，可以换上新油，清洗集滤器，看情况有无好转。在一些新型电控自动变速器(如奔驰 722.6 系列自动变速器、三菱及克莱斯勒等电控自动变速器)中，设置了自我保护功能，当检测到自动变速器内有轻度打滑现象时(通过两转速传感器信号的对比)，就将自动变速器锁定在某一挡工作而成为一种跛行模式。

②自动变速器内换挡情况不好。加速时驱动无力的现象在自动换挡方面主要是无强制降挡与升挡太早。对于液压控制式的自动变速器，如果出现没有强制降挡功能，大部分故障都出在节气门拉线及其调整等问题上，当然其油路的泄漏与堵塞也同样会导致这种故障。对于电控式自动变速器，出现这种情况的原因一般是强制降挡开关调整不当及其电路故障。另外，ECU 故障与其输出线路故障，或其执行电磁阀有故障，也会导致这种现象。在故障诊断时可以通过检测其 ECU 的输出信号是否正确，来区分是其控制系统有故障，还是其执行部分有故障。

③液力变矩器故障。液力变矩器是动力传递过程中的一个重要元件,担负着将发动机的动力传递给自动变速器的任务,如果它出现故障,动力将不能正常传递。

(2)高速、大负荷时驱动无力。即汽车在高速行驶时驱动无力,而在一般行驶时很正常。这种故障与前述的加速驱动无力故障有很多相同之处,所不同的是这种故障现象在车速较低时不发生,只在高速大负荷时发生,其最明显的标志就是最高车速下降了。对这种故障的诊断也要首先区分是发动机故障还是自动变速器的故障。这种故障在自动变速器方面主要有高速挡打滑、液力变矩器故障等几个原因。

现介绍高速挡执行元件存在打滑现象。如果发动机动力正常,在运行时发动机转速高于正常情况下的转速,而车速却很低,并且发动机的工作噪声异常;长时间运行后 ATF 油温异常高,严重时会从加油口处冒白烟,则说明自动变速器已存在打滑现象了。如果在行驶中发动机转速也不高,则说明可能是发动机的输出功率不足或传动系统有阻滞现象。对于高速挡打滑现象,一般通过失速试验无法检验到,只有根据行驶时的状况作出诊断。但对于一些电控自动变速器仍然可采用失速试验,因为一些电控自动变速器在对其换挡电磁阀断电后,在换挡操纵手柄位于 D 位或 2 位时,自动变速器会在 3 挡或 4 挡工作。可利用这一原理,拔掉换挡电磁阀的导线连接器后再对自动变速器进行失速试验,这时便可检查 3 挡或 4 挡的执行元件是否打滑。

对于高速挡打滑的故障,一般都是相应的执行元件损坏,液压控制系统有泄漏或压力不够所致。在诊断时,可首先检查 ATF 油质情况,看自动变速器是否发生过异常过热的现象及摩擦元件是否有损坏现象,并注意自动变速器是否有异响等现象存在。如果油太脏,可进一步拆下油底壳,检查其内部是否有较多杂质,并分析是些什么杂质。检查集滤器是否因太脏而发生堵塞现象。如果油质正常,可进一步进行油压测试,来检查液压控制系统是否有故障。

(3)偶然性驱动无力。即故障只是有时出现,没有一定的时间性与规律性。这种故障在诊断时有一定的难度。机械部分导致此类故障的可能性较小,而电控系统出现这种故障的可能性较大。根据经验,这种有时驱动无力的故障,有相当大一部分是由于发动机电控系统故障所引起,所以,在诊断这类故障时不要首先怀疑是自动变速器出现故障。在诊断这类故障时,应首先进行道路试验,看故障出现时发动机加速性能是否良好,发动机的转速是否偏高,发动机的工作声音是否正常。如果通过一般的方法不能确定故障是发生在发动机还是自动变速器,可用故障检测仪在故障出现时检测发动机有关点火与喷油的参数是否正确。如果经检查发动机的确没有故障,再对自动变速器进行检查。在自动变速器方面,导致这种故障的主要原因是控制阀卡滞,ECU、电磁阀和主要传感器工作不正常。在液压部分,可做换油及清洗集滤器与阀体等工作,看故障是否有所好转;在电路方面,可检查故障自诊断系统是否有故障记忆,用故障检测仪对电控系统进行数值检查分析。

(四)换挡品质不佳故障诊断

换挡品质不佳指自动变速器在传动比改变的过程中动作不良,主要表现有进挡不良、自动换挡不良等。

1.进挡品质不良故障诊断

所谓的进挡品质不良指操纵换挡操纵手柄由 P、N 位到各行驶挡位时自动变速器的动作不良。主要表现在进挡接合时有过大的冲击和进挡后接合过慢两种情况。

(1)进挡冲击大的故障诊断。进挡冲击大指在手动操纵换挡后,汽车产生很大的冲击振动现象。产生这种现象的实质是换挡动作前后,汽车的加速度变化过大,与手动变速器离合器松快了时的现象一样。在对故障进行分析时可从这一基本现象入手，然后进行深入分析。在诊断时，首先进行进挡试验，检查换挡操纵手柄在进行怎样操作时出现冲击现象，在其他操作情况下有没有冲击现象、不同之处、不正常响声等。

①进各挡冲击均大故障诊断。即在操纵换挡操纵手柄由 P 或 N 位进 R 或 D 位时均有很大的冲击现象，这一现象可能有发动机与自动变速器两方面的原因。在发动机方面，主要是转速过高而导致挡位接合前后，汽车加速度过大产生冲击振动，这种故障比较容易诊断。在自动变速器方面，主要是执行元件接合过快，导致汽车加速度过大，从而引起冲击振动。而执行元件接合过快，有执行元件机械部分与液压部分两方面原因。可通过油压测试，分辨是机械方面故障还是液压方面故障。

(a)在液压控制系统中引起该故障的原因主要有液压控制系统压力过大、液压控制系统工作不良。主油路压力过大是导致这种故障的常见原因，因为主油路油压直接控制离合器与制动器的接合动作，如果主油路压力过大，就会使执行元件的接合过快，使汽车加速度过大，引起冲击与振动。在一些电控自动变速器中，如果汽车处于故障失效保护状况，ECU 就会将其主油路压力调整到最大状态，以满足行驶的需要，这时进挡时也会出现冲击大的现象。另外，蓄压器故障及作用在蓄压器背部的减振缓冲油压不良也能引起换挡冲击。

(b)在机械传动方面，主要检查自动变速器与发动机的支撑胶垫有无破损，连接螺栓有无松动，传动系统是否间隙太大与松旷等。当然，在诊断前不要忘了检查发动机转速是否正常。

(c)检查 ATF 油是否符合要求。ATF 油不同，其摩擦性质不同，若油不符合标准，会使湿式摩擦式离合器(或制动器)在接合的瞬间，接合速度过快而产生冲击。

②进 D 挡冲击大故障诊断。指在操纵换挡操纵手柄由 P 或 N 位进 D 位时有很大的冲击，但进 R 位正常的现象。对于这种故障可以多重复进挡几次，看故障是否有变化，有条件时可以检查一下冷车与热车时故障有无变化。排除这类故障应首先检查自动变速器与发动机的支撑胶垫是否损坏，连接螺栓是否松动等，然后再进行油压测试。若主油路压力调节系统出现故障，则主油路压力在 D 位将高于正常值，而在 R 位时低于正常值，这时就会出现 D 位冲击大故障。在液压控制部分，主要是因 D 位的油路蓄压器有故障，例如，背压有泄漏，弹簧折断，止回阀、节流阀、阻尼节流孔及顺序动作阀有故障等，这些故障可通过对阀体进行清洗检查，作出诊断。在机械方面，主要是因 1 挡及前进挡的换挡执行元件故障，例如，离合器或制动器的间隙过大，改变了离合器或制动器接合工作时的动力传递性质，从而出现冲击现象。

③进 R 位冲击大。指在操纵换挡操纵手柄由 P 或 N 位进 R 位时有很大的冲击，但进 D 位正常的现象。同进 D 位冲击大的故障一样，首先检查自动变速器与发动机的支撑胶垫是否损坏，连接螺栓是否松动等，然后检查液压控制部分有关 R 位的油路蓄压器是否异常。例如，背压是否泄漏，弹簧是否折断，止回阀、节流阀、阻尼节流孔及顺序动作阀有无故障。这些故障可通过对阀体的清洗检查，作出诊断。在机械方面，主要是检查倒挡的换挡执行元件是否有故障。

(2)进挡延迟故障诊断。指在手动操纵换挡后，自动变速器要很长时间才能接合工作，有时需要踩加速踏板汽车才能起步行驶。这一故障可通过进挡时滞试验来确认。对于此故障应首先检查一下油位及油质，然后通过手动换挡试验检查一下换挡机构是否调整得当，同时注意听一下自动变速器是否有异响。

①进 R 位与 D 位均存在延迟现象。这类故障最常见的原因就是主油路压力过低。首先，检查油质，若发现油已变质或很脏，则可能是集滤器堵塞。其次，对主油路压力进行油压测试，检查

是否有油路故障存在。如果主油路压力与换挡机构均正常，油位与油质也正常，则故障原因可能为自动变速器内部有关执行元件的间隙太大，液压控制系统中有关油路的滑阀与蓄压器工作不良等。这些故障一般都伴有自动变速器工作粗暴等现象，可根据实际情况进行解体检修。

②进R位接合延迟。指在自动变速器工作时进R位时间比进D位长很多(一般自动变速器进R位的时滞时间都比进D位的时滞时间长)，并明显高于标准值，反复进几次挡后现象也无变化。众所周知，在大多数车型自动变速器中，倒挡油压都比前进挡位油压高很多，以保证倒挡工作可靠，当然对液压部分的减压缓冲装置的要求，倒挡也比D位要高一些。这些故障可通过油压测试检查，如果油压达不到正常值，则说明故障在油路方面；如果油压正常，则说明故障原因为液压控制系统中的有关滑阀与蓄压器等元件有故障，或与R位有关的油路有堵塞现象，可通过对阀体等液压元件的清洗检查作出诊断。当然，与R位相关的有关执行元件有故障(存在打滑及间隙太大等)，也会导致接合动作延迟。

③进D位接合延迟。指自动变速器进D位工作的时滞时间比R位长，并明显高于标准值。检查方法与上面进R位延迟方法一样，主要检查与R位有关的油路、执行元件等。

2.自动换挡品质不良故障诊断

换挡品质不良就是自动变速器在前进挡位工作换挡时，出现冲击过大或打滑等品质不好的情况。自动变速器的自动换挡，包括升挡和降挡两种情况，因此，此类故障也会在升挡和降挡两种情况下出现。诊断这类故障时，首先进行进挡操作试验，检查是否有进挡品质不良等故障，再进行ATF油与基本外观的检查，然后进行道路试验，对故障进行确认，并检查有无其他故障现象伴随发生。

(1)各挡的升、降挡换挡时冲击大故障诊断。指自动变速器在进行1－2挡、2－3挡、3－4挡等几个自动换挡的过程中均出现较大冲击现象。诊断这类故障时应注意观察其在进挡时是否有冲击现象，若有，则可参考“进挡冲击大的故障诊断”进行；若冲击不大，而只是在自动换挡时有较大冲击，则须检查换挡点是否正确。如果换挡点不正确，则应按换挡点不当的故障进行检查；如果换挡点正确，则故障原因主要为液压部分的主油路压力异常，与减振缓冲装置有关的控制油压及其系统有故障。只在自动换挡时才出现冲击的原因有以下几方面：

①主油路压力调节变化不正常，怠速工况下的压力基本正常，而非怠速工况下的压力过高。对于这种情况，只有通过油压测试进行诊断，检查在进挡行驶时加速或非怠速工况的主油路压力是否高于正常值。导致压力不正常的原因主要有：

(a)对于主油路压力为电控调节的自动变速器，主要原因有反映发动机工况的节气门位置传感器及其线路有故障，导致信号不正确而出现错误的压力调节，或ECU有故障而出现错误的输出信号。

(b)对于非电控调节的自动变速器，主要原因有节气门拉线调整不当或节气门处的摇柄与节流阀处的凸轮安装型号及尺寸不正确，节流滑阀处的弹簧丢失或调整不当，节流滑阀动作发卡。如果是真空式的，真空管路及真空膜盒有泄漏的地方或控制滑阀有卡滞现象。

(c)作用于主调压阀上方的控制油压有泄漏现象。

对于电控方面的问题，可通过故障自诊断系统看是否有故障代码等信息存在，或通过对传感器或ECU输出信号的测试作出判断。检查其节流阀拉线，必要时拆除拉线连接再进行试验或进行油压测试，如有该油压测试接点，可对其调节油压进行测试，看是否有明显的压力异常现象。对于阀体故障，可以清洗检查阀体，如果不行，可根据需要更换阀体。

②作用于蓄压器背部的油压太高或太低。在一些电控自动变速器中蓄压器的缓冲背压是由 ECU 通过一个专门的电磁阀来进行控制的，自动变速器电磁阀发卡与泄漏，ECU 输出控制信号不良等都会造成这种故障。对于电控部分的问题，可以通过自诊断系统及专用仪器，或电路测试的方法进行诊断。对于电磁阀的故障，自诊断系统与电路测试只能检查其线路部分是否有断路或短路的现象，电磁阀的卡滞与动作不良则不能通过电路方面的检测方法进行，此时可对电磁阀进行单独的动作情况检查。

③自动变速器的换挡点不正确。

(2)某个自动换挡(升挡与降挡)过程出现冲击大故障诊断。指自动变速器在 D 位行驶时进行自动换挡的某一个过程中出现较大的冲击现象。这种现象与前述不同的是只发生在某一个自动换挡的过程中，也就是说故障出现与自动变速器的挡位有很大的关系。一般说来，主要发生在 1－2 挡、2－3 挡、3－4 挡的自动换挡过程中。这种与挡位有关的故障一般与相应挡位的执行元件和其油路有很大的关系。

①机械部分故障。主要是相应换挡执行元件故障。故障如果是在升挡时出现，则为相应的要升入的挡的有关执行元件及其控制油路存在故障；如果是在降挡时出现，则为要降入的挡的有关执行元件及其控制油路存在故障。例如：在 2－3 挡升挡过程中出现冲击现象，则多半是由于有关 3 挡的执行元件故障所致；在 3－2 挡降挡过程中出现冲击现象，则多半是由于有关 2 挡的执行元件不良所致。故障的根本原因是：各有关离合器或制动器的摩擦元件的工作间隙不正确；有关的单向离合器打滑与锁止不良而出现运动干涉现象；换挡前的离合器或制动器的分离时间过长或者说是分离不彻底，导致这种分离不彻底现象的原因主要是摩擦元件或其压板的间隙太小，或者压板有变形现象，离合器上的止回球阀有卡滞及泄油不好的现象，而使油压的泄漏时间很长，这样在换入的挡位的有关执行元件接合时就会出现运动干涉现象。

②液压控制系统是产生这种故障的主要原因。液压控制系统的故障原因主要有：某一蓄压器有故障，某一执行元件油路的节流孔泄漏及堵塞，止回球阀丢失、错装、卡住及密封不严，与相应故障挡位有关的缓冲阀有卡滞及泄漏的现象。对于泄漏及密封不严的故障可用油压测试进行判断，对于液压控制系统的其他故障一般可通过清洗检查及换件对比法进行判断。在部分车型中，如果 3－2 挡降挡时有冲击现象，除了进行上述检查外，还要检查液压控制系统中的强制降挡定时电磁阀。在日产等车系的电控自动变速器中，专门有控制降挡时间及品质的强制降挡定时电磁阀，以防止在降挡时出现较大的冲击现象。

③电控部分故障。如果 ECU 收到的有关换挡时间传感器(如反映发动机负荷信号的节气门位置传感器及进气歧管绝对压力传感器，转速、车速传感器)发出的信号在某一阶段出现工作不良及信号输出错误，就会出现换挡不正常的现象(主要是换挡过早或过晚)。ECU 有故障输出信号不良也会出现类似现象。如果不能通过故障自诊断系统得到有关的故障信息，则可用故障检测仪对系统进行数值分析，也可用一般的万用表或其他仪表对故障可能性较大的传感器或输出信号进行动态测试。另外，在一些装有电控自动变速器上，电磁阀的开度与电流大小不相符能引起油压不正常变化，从而导致在某些时候换挡出现冲击的现象。检查时，可将电磁阀拆下，通过滑变电阻器给电磁阀加上大小不同的电流，看其滑阀移动时开度变化是否正常。另外，ATF 油温传感器不正常或液力变矩器中锁止离合器的控制系统工作不正常，也将导致有时换挡冲击大。

3. 换挡点不良

换挡点不良故障主要包括换挡延迟和换挡过早。

(1)换挡延迟。换挡延迟指换挡时间点比正常时刻滞后

①液控自动变速器换挡延迟。如果在换挡试验时各个挡位的换挡转换都有延迟现象,则说明换挡控制参数的信号油压不正常。由于反映发动机负荷的信号油压主要是通过节气门拉线和真空膜盒驱动自动变速器内的节流阀来调节的,故这些装置相对容易出现故障,因其检修并不复杂,故应先对这些装置进行检查,然后再对两个信号油压进行测试,看油压值及其变化是否正常,并根据油压的情况进行分析判断。如果不是所有换挡过程中都有延迟现象,而是只在某一个或两个换挡过程时出现延迟,且对信号油压的测试没发现问题,则应检查相应的换挡阀是否发卡,内部是否泄漏,弹簧是否工作正常,并根据情况更换阀体,看故障是否排除。

②电控自动变速器换挡延迟。在检修前,首先通过故障自诊断系统查询是否有故障信息存在,如果有故障信息存在,则按有关的信息内容进行检查诊断;如果没有故障信息存在,则检查换挡模式的选择是否正确,因为不同的换挡模式其换挡点不同。完成这些检查后,如果有故障检测仪并具备检测条件,可用故障检测仪对系统的数值进行分析,检查在相应的换挡时刻与有关影响换挡点的相关数值是否正常;如果没有故障检测仪或无法对仪器检测的故障信息进行验证,就需要对有关传感器及电路进行检测。对于换挡延迟故障,在电控输入信号方面,主要原因是节气门位置传感器信号不正常与调整不当及线路故障,可用万用表对其电阻或电压进行测试,与正常值比较看是否有异常。车速传感器方面主要是线路故障和信号不正常。如果这些换挡参数信号都正确,而ECU的换挡输出信号却过迟,则说明ECU存在故障。因为ECU是根据收到的信号参数按设定的程序计算出换挡时刻的,如果ECU内部出现故障,则将导致输出的换挡信号时刻不正常。如果换挡电磁阀有故障,也将导致换挡时刻及换挡动作不能正常进行,但这类故障的出现一般都伴有其他现象的发生,并且电磁阀产生的故障现象与某一换挡有很大关系。

(2)换挡过早。换挡过早指自动换挡的时刻比正常时刻提前,主要表现症状是升挡时加速不良,换挡时发抖等,即车速与发动机的负荷还不够时就产生了换挡现象。上面讲述的有关换挡延迟故障的分析方法同样适用于换挡过早故障,只是要注意故障内容及参数不同。

4.换挡时滑挡

换挡时滑挡故障就是在自动变速器自动换挡过程中,出现动力传递异常故障,具体表现有发窜(或称抖动)或换挡时打滑等。这类故障如果是在行驶中出现的,那么在诊断时应先听取客户提供的信息,并进行路试验证故障。由于这类故障的诊断有一定难度,因此在故障诊断时应做好如下检查工作:(a)从客户处了解故障出现的时间和出现频率等;(b)从客户处了解故障从出现到现在,程度是否发生变化;(c)从客户处了解或通过路试了解故障在什么状态(如在热车、冷车、长时间行驶、起步或急加速)下出现,是否有明显的规律;(d)通过路试观察是否有其他故障现象伴随发生;(e)通过对ATF油进行检查判断自动变速器的技术状况。通过上述检查后,可以确定故障类型。下面分几种情况对这类故障进行详细说明。

(1)换挡时打滑。换挡时打滑指自动变速器自动换挡时(主要是升挡时),自动变速器突然失去驱动而使发动机转速陡然升高,换挡完成后又恢复正常行驶。诊断时,应检查故障现象是在各个换挡过程中均出现,还是在某个挡时出现。

①各个挡换挡时均有不同程度打滑。出现这类故障时可将汽车进行缓加速行驶与急加速行驶,如果在急加速时故障现象明显而在缓加速时故障现象有所好转,则可以初步判断为油路压力不足的故障,可通过油压测试来准确判断。如果油压正常,则可结合油质状况与失速试验进行分析,检查相应的机械执行元件(主要是离合器与制动器)有没有损坏及工作不良。值得

注意的是，前进挡离合器工作不良，容易出现换挡时配合不协调及打滑现象。另外，如果ATF油不符合要求，也会出现换挡时接合不良、短时间打滑现象。

②一次或两次自动换挡时打滑。指自动变速器个别挡位转换时打滑。这种故障主要发生在自动变速器本身，并与相应的挡位控制系统及执行元件有很大关系。试车时应注意观察：故障是发生在何种换挡情况下，换挡时打滑程度如何，有没有其他故障现象伴随发生，同时应注意在非换挡情况下是否也有故障出现，比如一些故障与汽车的行驶工况有很大关系，而不一定在换挡时才出现，这时就得注意判断故障是否一定在自动变速器上了。另外，在试车时，可以用手动换挡方式检查在相应的换挡时刻是否有故障出现。如果在手动换挡的情况下有故障存在，那么故障多半是在自动变速器的机械执行元件或液压控制系统上，可利用液压测试进行检测，进一步判断故障是否在液压控制系统；如果在手动换挡的情况下故障消失，则说明故障在液压控制系统及电控系统的换挡控制部分，可对电控信号进行检测，看其是否正常。如果电控部分的控制信号没有问题，则对液压控制阀体及电磁阀进行检查，有条件的可以更换后做对比试验。在液压控制系统中，如蓄压器密封不良、换挡阀运动不灵活及滑阀复位弹簧状况不良也一样会造成上述故障。

③有时换挡打滑。指在换挡时偶尔存在打滑现象，故障并非始终存在。这种故障的诊断相对有一定的难度，因此，在维修时要特别注意先分析，再进行检查和维修。在实际工作中常碰到如下几种情况：

(a)长时间行驶及油温升高后换挡时打滑。这种故障与油液温度的关系较大，主要是一些电器元件及液压控制系统在温度升高后工作性能变差，比较常见的是温度升高后液压控制系统压力下降及控制滑阀卡滞等；电器部分有短路现象，可检查ECU的输出信号电压及波形是否正常，故障出现时油压是否正常。如果进行了这些检查仍没有发现问题，则更换ATF油，清洗检查阀体等；

(b)冷车(低油温)时换挡打滑。这种故障较少出现，一般都因液压控制系统油质不良，滑阀卡滞及损伤或油路堵塞等引起。

(2)换挡时发窜。指在换挡接合时汽车会发生前后颤抖现象，短时间后故障现象消失。由于这类故障多因发动机故障引起，因此诊断时应特别注意区分是发动机故障还是自动变速器故障。

发动机方面故障有：

①点火系统工作不良，因缺火导致缺缸，使发动机转速波动不稳。比较多见的是点火高压电路工作不良，低压电路线路不良及信号失真等；

②喷油控制不良，如汽油喷射控制不良也将使发动机转速出现波动；

③燃油系统不正常，如汽油系统压力不正常、供油不畅、喷油器工作不良等。

通过上述分析可知，导致这些容易混淆的发动机故障原因，主要是发动机油路及电路故障引起的发动机转速不稳、功率不够，特别是在加速升挡过程中，发动机负荷改变较大，造成故障更明显，给区分是发动机故障还是自动变速器故障带来了难度。

自动变速器故障原因及检修：

自动变速器出现以上故障一般都是由于频繁换挡所致。自动变速器的机械传动部分出现损坏打滑，也会导致这种故障。

①电控自动变速器换挡频繁故障。电控自动变速器出现频繁换挡故障，可通过对换挡电磁阀的控制信号进行测试，来判断故障是在电控部分还是在自动变速器的控制执行部分。如果要对换挡控制执行部分进行检查，可采用手动开关检测法，操纵控制系统检查自动变速器能

否正确进行换挡，其故障现象是否在正确进行换挡时仍然存在。如果是ECU输出控制信号存在故障(因控制信号不正常连续变化，使自动变速器出现不正常的换挡动作)，则检查控制换挡的输入传感器信号(主要是节气门位置传感器和车速传感器)是否存在错误及不稳定现象。如果输入信号都很正常，则检查导线及其连接是否正常，是否有接触不良等故障。如果经检查均没发现什么问题，则说明故障可能出在ECU上，应更换ECU做对比试验。在换挡控制执行部分，其主要原因是换挡控制油路有泄漏，换挡滑阀运动不灵活，电磁阀密封不良、卡滞，电磁线圈工作不稳定，电磁阀所产生的吸力不足以将油路可靠地打开与关闭。这时可以对阀体及电磁阀进行清洗检查，对电磁阀进行压力试验。

②液控自动变速器出现频繁换挡故障。可以对节气门拉线进行调整，看故障是否有变化。如果通过调整不能解决问题，则对节气门油压和调速器油压进行测试，检查油压是否平滑变化。如果油压值与正常值相差很多或呈阶梯形变化，则说明调节装置有故障；如果油压正常，则检查换挡阀是否有损伤，滑阀弹簧及其弹力是否良好，油路是否泄漏等。如果通过清洗检查、调整仍无法排除故障，则只能采取更换的方法。

③机械部分有损坏现象。在自动变速器内进行动力传递的机械元件，如果有损坏打滑的现象或运动阻滞的现象，也会在挡位接合初期出现轻度颤抖。故障主要发生在单向离合器上，个别离合器或制动器损坏也会使接合时出现颤动故障，但这些故障一般都会有其他一些故障现象伴随发生。

九、无级自动变速器(CVT)的结构与检修

CVT是英文Continuously Variable Transmission的缩写，意即无级自动变速器。CVT是由两组变速轮盘和一条传动带组成的。CVT采用传动带和工作直径可变的主、从动轮相配合传递动力，CVT可以自动改变传动速比，实现传动速比的全程无级连续改变，没有传统自动变速器换挡时那种"停顿"的感觉，从而得到传动系统与发动机工况的最佳匹配，提高车辆的燃油经济性和动力性，改善驾驶者的操纵方便性及乘坐舒适性，因此，它是一种比较理想的汽车动力传动装置。

(一)CVT的基本构成和变速原理

各种型号的CVT的主要差别集中在发动机动力传递到主动带轮的过程以及带轮半径和夹紧力的控制方法上。目前，CVT的控制一般都采用电子控制模式，即可以在自动状态下运行，也可以选择特定的控制程序，增加驾驶的便利性。CVT除了标准挡位外，换挡操纵手柄也可以移至另一个平行的挡位，在"＋"或"－"之间变换。

1.无级变速机构

CVT无级自动变速器的关键部件为无级变速机构，其作用是使自动变速器在起始转矩和终结转矩多种速比之间连续调整，最终自动选用最佳速比，使发动机始终处于最佳速比范围之内，无需再考虑工作性能和燃油经济性。如图3-1-134所示，无级变速机构由两组锥形轮组成，包括一对主动锥形轮和一对被动锥形轮，同时有一根链条运行在两对锥形轮V形沟槽中间。主动锥形轮由发动机的辅助减速机构驱动，发动机的动力通过链条传递给被动锥形轮直至终端驱动。在每组锥形轮中有一个锥形轮可以轴向移动，两组锥形轮必须保持协调相同的调整(图3-1-135)，以保证链条始终处于张紧状态。链条采用多片式钢制链条，在主动锥形轮相对被动锥形轮工作直径较小时，主动锥形轮可以传递给被动锥形轮较大的牵引转矩，部分轿车的牵引转矩可高达300 N·m。奥迪Multitronic系统的无级变速机构的特点是，链条与锥

形轮之间依靠链销两端与锥形轮之间产生的摩擦力传递转矩，链片只承受拉力，使钢制链条无磨损或打滑，链条的使用寿命与汽车寿命相同。

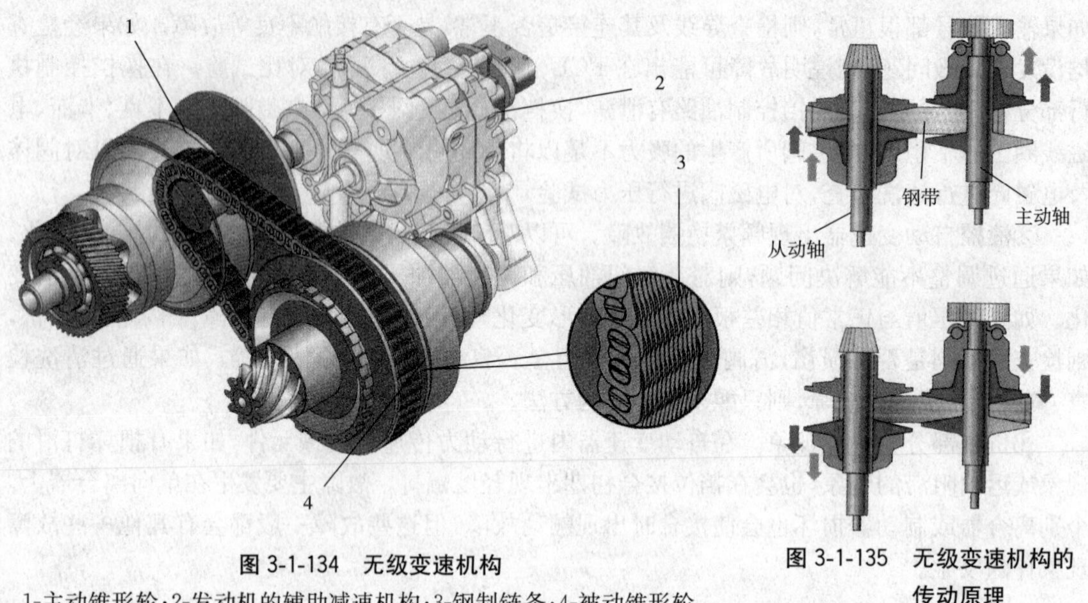

图 3-1-134　无级变速机构

1-主动锥形轮；2-发动机的辅助减速机构；3-钢制链条；4-被动锥形轮

图 3-1-135　无级变速机构的传动原理

2. 双联活塞

CVT 的速比变化依靠两组锥形轮不断改变工作直径，即每组锥形轮均有一个可轴向移动的锥形轮，其轴向移动由发动机驱动的液压泵提供。为减少发动机功率消耗，根据“双联活塞”原理，该系统采用两个 ATF 油泵独立驱动的液压控制系统，分别负责提供改变传动速比的锥形轮轴间移动力和保持锥形轮与链条之间摩擦力的推力。机构中大截面活塞负责向锥形轮和链条提供推力保持摩擦力；小截面活塞负责向锥形轮轴向移动提供推力改变速比。该系统的设计特点是：单纯改变速比时用小截面活塞和低油压，大截面活塞仅提供一定压力保持摩擦力。当锥形轮轴向移动改变速比时，液压控制系统可使用小功率油泵，减小液压控制系统损耗和发动机功率损耗，功能分流可使速比响应迅速，大截面活塞油压无需变化。另外，在奥迪 Multitronic 系统中还设置了一个牵引力传感器，该传感器一旦检测到锥形轮打滑或牵引阻力改变时，即通知 ECU 改变大截面活塞油压，进行增压或减压。例如，车轮在湿滑路面上打滑或在粗糙路面上牵引阻力加大时，ECU 便会根据牵引力传感器传来的信息改变大截面活塞油压。

3. 动力连接

为消除发动机与自动变速器之间的摩擦损耗，发动机与 CVT 之间以飞轮减振装置代替一般液力自动变速器的液力变矩器，以刚性连接代替柔性连接。其动力输出采用行星齿轮系统及两组湿式可变压力油冷式离合器，压力可随发动机输出转矩大小而改变。可变压力油冷式离合器具有软连接的功能，能满足车辆起步、停车和换挡的需要。可变压力油冷式离合器的电子液压控制过程是：ECU 连续采集传感器的输入信号（包括发动机转速、自动变速器输入转速、加速踏板位置、发动机转矩、行驶阻力和 ATF 油温等），经过比较、运算，决定相应的油压值，如果实际值与标定值的偏差太大，自动变速器自动执行关断。离合器的过载保护过程与其相似，当 ECU 检测到油压过高（离合器过载）时，便发出控制信号使发动机的转矩降低；离合器冷却后，在很短的时间内发动机的转矩即恢复到原有转矩值。

4.变速原理

当前进离合器结合时，行星齿轮系统太阳轮的钢片与行星架的摩擦片结合成一体，与发动机同步，由行星架将动力输出至辅助减速机构；当倒车离合器接合时，齿圈的摩擦片与自动变速器壳体的钢片接合，齿圈被固定，太阳轮将动力传递给行星架；由于行星架的行星轮有另一中间行星轮，当齿圈被固定时，迫使行星架反向旋转将动力输出至辅助减速机构。

(二)CVT的结构和动力传递路线

下面以日本本田公司的CVT为例，介绍CVT的具体结构和动力传递路线。

1.CVT无级自动变速器的结构

日本本田公司的CVT无级自动变速器的结构剖面如图3-1-136所示。

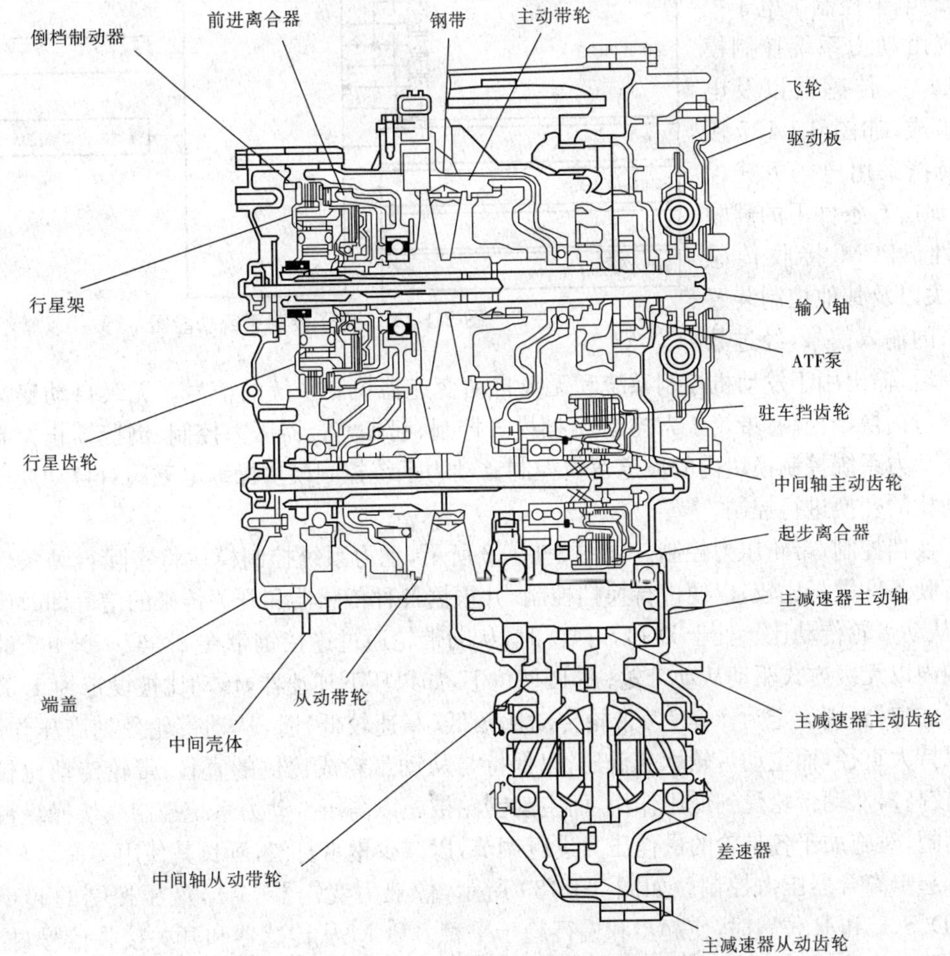

图3-1-136 本田CVT无级自动变速器的结构剖面

(1)自动变速器。自动变速器带有以下4条平行轴：输入轴、主动带轮轴、从动带轮轴以及主传动轴。输入轴和主动带轮轴与发动机曲轴呈直线布置。主动带轮轴和从动带轮轴由带活动和固定两种轮面的带轮构成，两个带轮通过钢带连接。输入轴由恒星齿轮、行星齿轮及行星架构成；主动带轮轴包括主动带轮以及前进离合器；从动带轮轴包括从动带轮、起步离合器以及与驻车齿轮一体的中间从动齿轮。主传动轴位于中间主动齿轮与减速从动齿轮之间。主传动轴由主减速主动齿轮和中间从动齿轮组成，中间从动齿轮用以改变旋向，因为主动带轮轴和从动带轮轴的旋向相同。当自动变速器的行星齿轮通过前进离合器和倒挡制动器接合后，动力即由主动带轮轴传递至从动带轮轴，从而提供了L、S、D和R挡位。

(2)电子控制。电子控制系统由动力系统控制模块(PCM)、传感器以及电磁阀组成，如图3-1-137所示。换挡采用电子方式控制，确保所有条件下的驾驶舒适性。PCM接收传感器、开关以及其他控制装置发送来的输入信号，经过数据处理后，输出用于发动机控制系统和无级自动变速器控制系统的信号。无级自动变速器控制系统包括换挡控制/带轮压力控制、7挡模式控制、起步离合器压力控制、倒挡锁止控制以及储存在动力系统控制模块内的坡道逻辑控制。动力系统控制模块操纵电磁阀对自动变速器带轮传动比的变换进行控制。

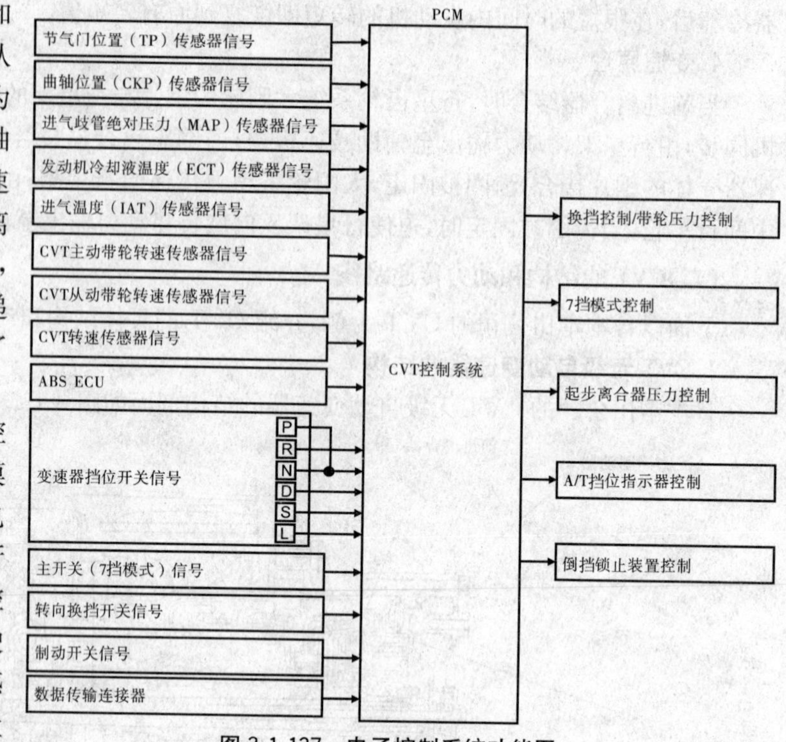

图3-1-137 电子控制系统功能图

①换挡控制/带轮压力控制。如图3-1-138所示，动力系统控制模块将实际行驶条件与储存的行驶条件进行比较，以便进行换挡控制，并根据各种传感器和开关传来的信号即时确定一个主、从动带轮传动比。处于D和S挡位时，从动带轮通过连接钢带在2.367～0.407的传动比范围内以无级方式驱动从动带轮；在R挡位下，如果压下加速器，传动比被设定为1.326，如果松开加速器，则设定为2.367。带轮传动比较低(车速较低)时，从动带轮受到高压作用，以使其保持大直径，而主动带轮承受低压，以保持与从动带轮成比例的直径；带轮传动比较高时(车速较高)，从动带轮受到低压作用，而主动带轮被施以高压。动力系统控制模块操纵带轮压力控制阀，对施加于各带轮的最佳压力进行调节，以减少钢带打滑，延长其使用寿命。

②起步离合器压力控制。如图3-1-139所示，像液力变矩器一样，液压控制的起步离合器，在D、S、L和R位置时，使起步和慢行趋于平稳。PCM从传感器和开关接收信号，控制起步离合器压力控制阀，从而调节起步离合器的压力。

(3)液压控制。液压控制系统通过ATF油泵、阀门和电磁阀进行控制。ATF油泵由输入轴驱动。油液从ATF油泵流经PH调节阀，以便对主动带轮、从动带轮和手动阀保持规定的压力。阀体类型包括主阀体、ATF油泵体、控制阀体以及手动阀体。ATF油泵为摆线式，其内转子通过花键与输入轴连接。带轮和离合器分别由各自的供油管供油，倒挡制动器由内部液压回路供油。

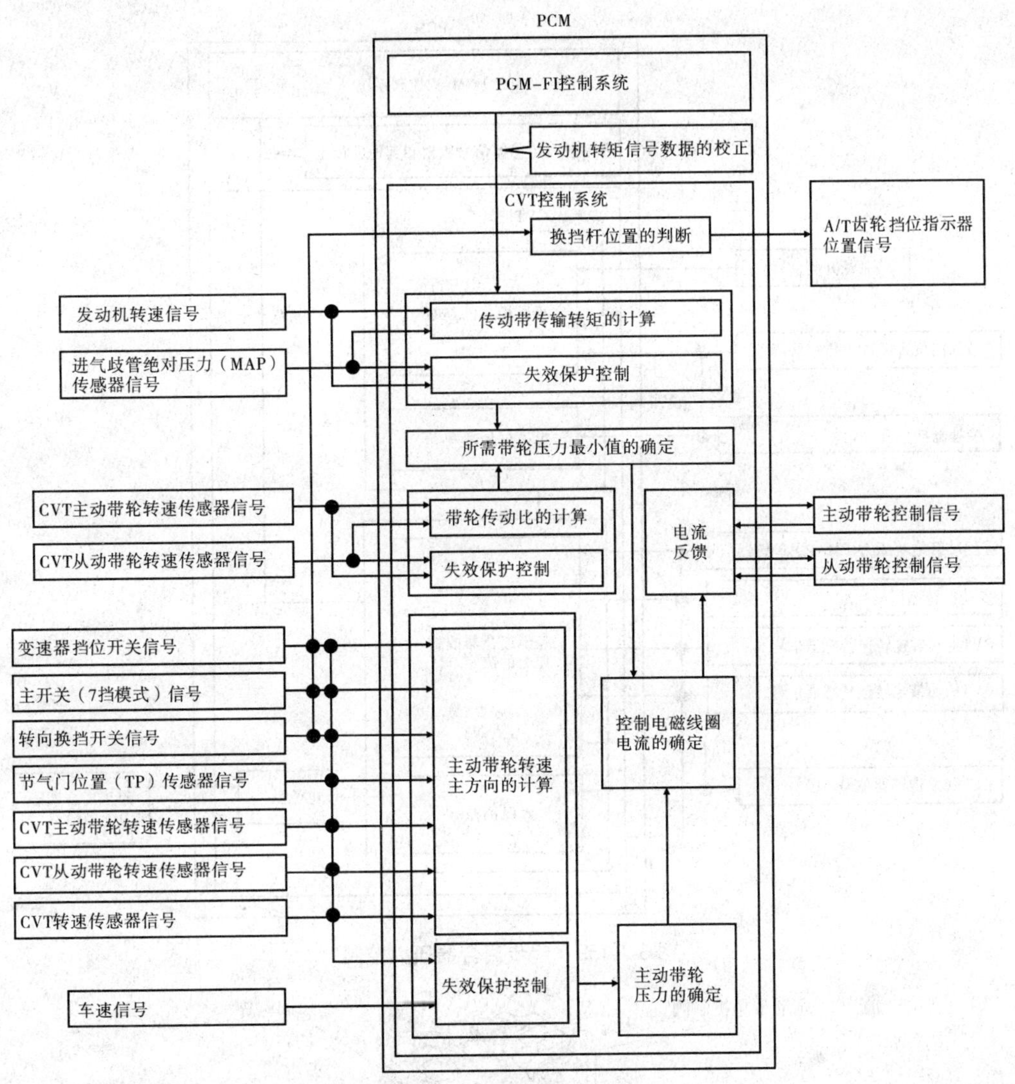

图 3-1-138　换挡控制/带轮压力控制

①控制阀体。如图 3-1-140 所示。控制阀体位于自动变速器箱体外部，它包括了主动带轮压力控制阀、从动带轮压力控制阀、起步离合器压力控制阀、主动带轮控制阀以及从动带轮控制阀。

a. 主动带轮压力控制阀。主动带轮压力控制阀由线性电磁阀和滑阀组成，并由动力系统控制模块(PCM)控制。主动带轮压力控制阀向主动带轮控制阀提供主动带轮控制压力(DRC)。

b. 从动带轮压力控制阀。从动带轮压力控制阀由线性电磁阀和滑阀组成，并由动力系统控制模块(PCM)控制。从动带轮压力控制阀向从动带轮控制阀提供从动带轮控制压力(DNC)。

c. 起步离合器压力控制阀。起步离合器压力控制阀由线性电磁阀和滑阀组成，并由动力系统控制模块(PCM)控制。起步离合器压力控制阀根据节气门开度，调节起步离合器的压力(SC)的大小，并向起步离合器提供起步离合器压力(SC)。

d. 主动带轮控制阀。主动带轮控制阀对主动带轮压力(DR)进行调节，并向主动带轮提供压力。

e. 从动带轮控制阀。从动带轮控制阀对从动带轮压力(DR)进行调节，并向从动带轮提供压力。

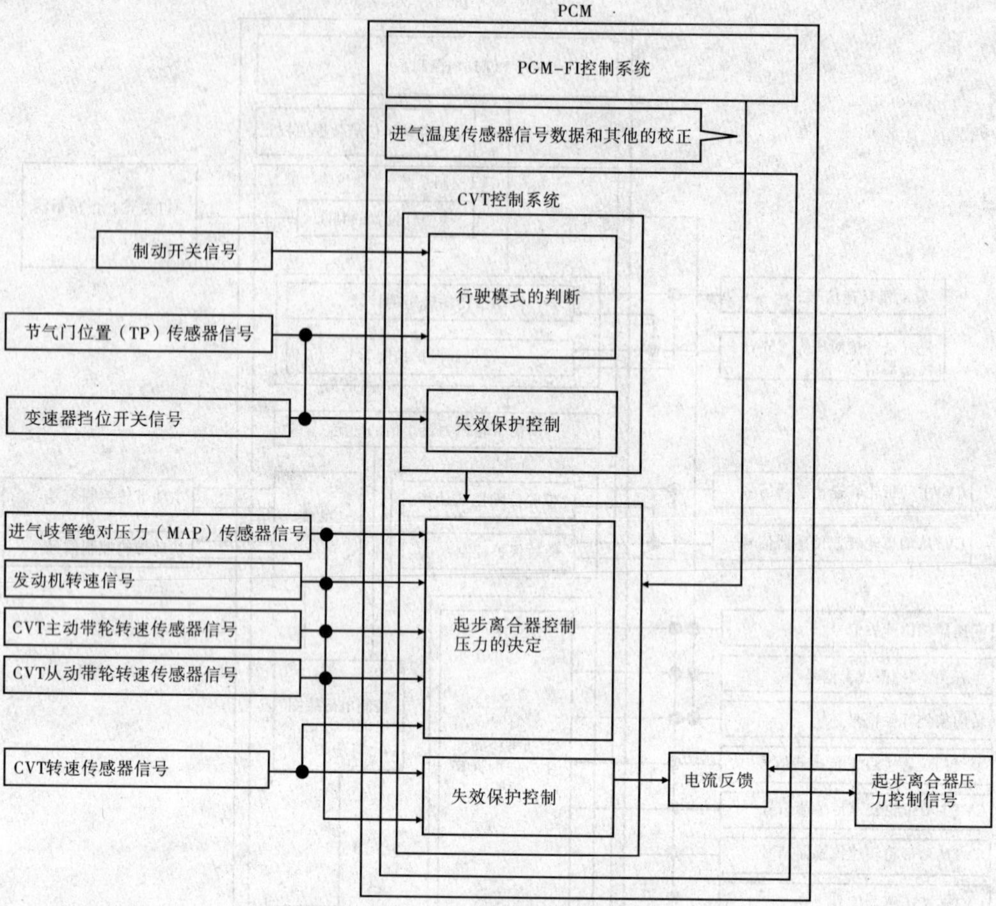

PCM
PGM-FI控制系统
进气温度传感器信号数据和其他的校正
CVT控制系统
制动开关信号
行驶模式的判断
节气门位置（TP）传感器信号
变速器挡位开关信号
失效保护控制
进气歧管绝对压力（MAP）传感器信号
发动机转速信号
CVT主动带轮转速传感器信号
CVT从动带轮转速传感器信号
起步离合器控制
压力的决定
CVT转速传感器信号
失效保护控制
电流反馈
起步离合器压
力控制信号

图 3-1-139 起步离合器压力控制

主动带轮控制阀
控制阀体
从动带轮控制阀
CTV主动带轮压力控制阀
CTV从动带轮压力控制阀
CTV起步离合器压力控制阀

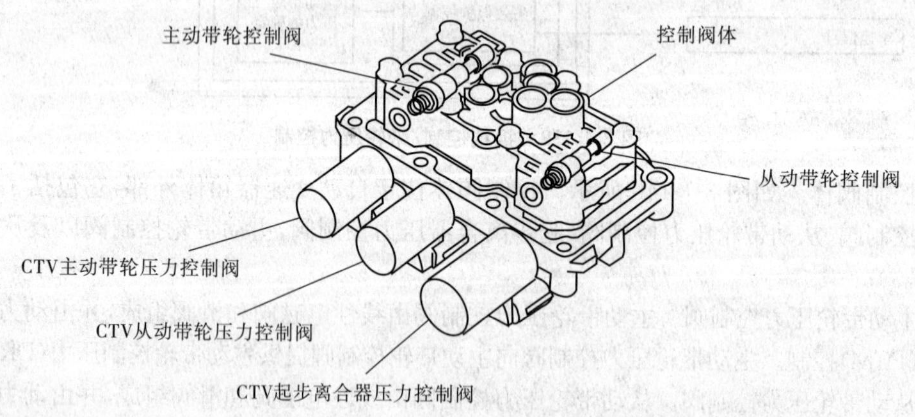

图 3-1-140 控制阀体

②主阀体。如图 3-1-141 所示，主阀体包括 PH 调节阀、PH 控制换挡阀、离合器减压阀、换挡锁定阀、起步离合器蓄压阀、起步离合器换挡阀、起步离合器后备阀以及润滑阀。

a. PH 调节阀。PH 调节阀用于保持 ATF 油泵所提供的液压，并向液压控制回路及润滑回路提供 PH 压力。PH 压力是由 PH 调节阀根据 PH 控制换挡阀提供的 PH 控制压力(PHC)进行调节的。

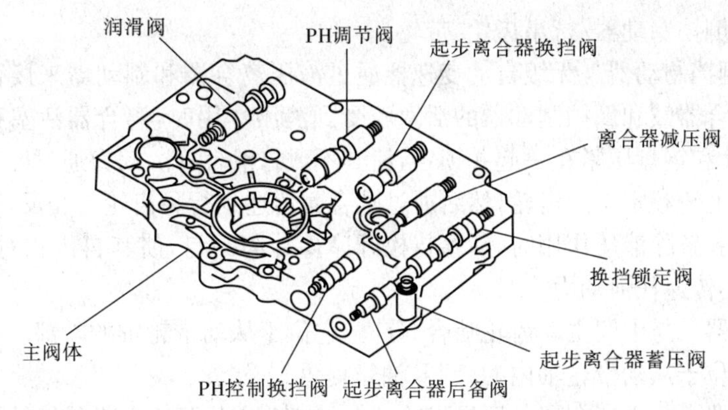

图 3-1-141　主阀体

b. PH 控制换挡阀。PH 控制换挡阀向 PH 调节阀提供 PH 控制压力(PHC),以便根据主动带轮控制压力(DRC)和从动带轮控制压力(DNC)对 PH 压力进行调节。

c. 离合器减压阀。离合器减压阀接收来自 PH 调节阀的 PH 压力,并对离合器减压压力(CR)进行调节。

d. 换挡锁定阀。换挡锁定阀用于切换油液通道,以便在电气系统发生故障的情况下将起步离合器控制从电子控制切换到液压控制。

e. 起步离合器蓄压阀。起步离合器蓄压阀对提供给起步离合器的液压具有稳定作用。

f. 起步离合器换挡阀。在电子控制系统发生故障的情况下,起步离合器换挡阀接受锁定压力(SI),并将润滑压力(LUB)旁路转换至起步离合器后备阀。

g. 起步离合器后备阀。起步离合器后备阀提供离合器控制 B 压力(CCB),以便在电子控制系统故障情况下,对起步离合器进行控制。

h. 润滑阀。润滑阀用于稳定内部液压回路的润滑压力。

③手动阀体。如图 3-1-142 所示,手动阀体通过螺栓固定在中间壳体上,它包括手动阀和倒挡锁定阀。手动阀根据换挡操纵手柄位置,以机械方式开启或封闭油液通道。倒挡锁定阀由倒挡锁定装置电磁阀提供的倒挡锁定压力(RI)进行控制。当车辆以大约 10 km/h 以上的车速向前行驶时,倒挡锁定阀将切断通向倒挡制动器的液压回路。

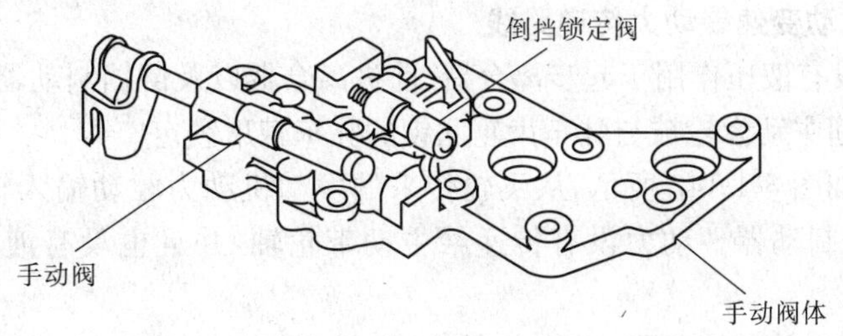

图 3-1-142　手动阀体

(4)换挡控制机构。动力系统控制模块通过电磁阀,对带轮传动比变换进行控制,PCM 接收来自车辆各种传感器和开关的输入信号。PCM 操纵主动带轮压力控制阀和从动带轮压力控制阀,以改变带轮控制压力;主动带轮控制压力施加于主动带轮上,从动带轮控制压力则施加至从动带轮上,由此可以使带轮传动比在其有效范围内进行变换。

(5)离合器/倒挡制动器/行星齿轮/带轮

①离合器/倒挡制动器。无级自动变速器通过液压离合器和制动器来接合和分离自动变速器齿轮。当离合器鼓和倒挡制动器的活塞腔受到液压作用时,离合器活塞和倒挡制动器活塞移动,将摩擦片和钢盘压紧在一起并锁定,使其不致打滑,由此,动力通过已接合的离合器组件传递到离合器上轮毂定位的齿轮,然后通过啮合圈传递到行星齿轮。相反,当离合器组件和倒挡制动器活塞腔解除液压作用时,活塞将松开摩擦片与钢盘,使其自由相对滑动,齿轮将在轴上独立旋转,不传递任何动力。

②起步离合器。与中间主动齿轮啮合/分离,它位于从动带轮轴的端部。起步离合器所需液压压力通过其位于从动带轮轴内的 ATF 油管提供。

③前进离合器。前进离合器与恒星齿轮啮合/分离,它位于主动带轮轴的端部。前进离合器所需液压压力通过其位于主动带轮轴内的 ATF 油管提供。

④倒挡制动器。处于 R 挡位时,倒挡制动器锁定行星架,倒挡制动器位于行星架周围的中间壳体内部。倒挡制动器盘安装在行星架上,而倒挡制动片安装在中间壳体上,倒挡制动器的液压压力通过一个与内部液压回路相连的回路提供。

⑤行星齿轮。行星齿轮由恒星齿轮、行星齿轮和齿圈组成。恒星齿轮通过花键与输入轴相连,行星齿轮安装在行星架上,行星架位于输入轴端部的恒星齿轮上。齿圈位于星架内,它与前进离合器鼓相连。恒星齿轮通过输入轴将发动机动力输入至行星齿轮,行星架输出发动机动力。行星齿轮机构仅用于改变带轮轴的旋向。在 D、S 和 L 挡位(前进挡范围)下,行星齿轮不自转,也不绕恒星齿轮回转,因而行星架将会转动;在 R 挡时,倒挡制动器将行星架锁定,恒星齿轮驱动行星齿轮转动,行星齿轮自转但不绕恒星齿轮公转,行星齿轮驱动齿圈沿恒星齿轮的相反的旋向旋转。

⑥带轮。每只带轮均有一个活动面和一个固定面。带轮有效传动比将随接收到的来自车辆各种传感器和开关的输入信号而变化。主动带轮和从动带轮通过钢带连接。要得到低带轮传动比时,从动带轮活动面上将被施加高液压并减小主动带轮的有效直径,从动带轮的活动面上将受到较低的液压压力,以避免钢带打滑;要得到高带轮传动比时,主动带轮的活动面上被施以高压并减小从动带轮的有效直径,同时从动带轮活动面上施用较低液压压力,以避免钢带打滑。

2. CVT 无级自动变速器动力传递路线

(1)P 挡位。没有液压作用于起步离合器、前进离合器以及倒挡制动器上。无动力传递至中间主动齿轮;中间主动齿轮被与驻车齿轮联锁的驻车棘爪锁定。

(2)N 挡位。如图 3-1-143 所示,从飞轮传来的发动机动力驱动输入轴,但无液压作用于前进离合器和倒挡制动器。动力没有传递给主动带轮轴,并且也没有液压作用在起步离合器上。

(3)D、S 和 L 挡(前进挡范围)动力传递路线。如图 3-1-144 所示,前进离合器啮合;倒挡制动器分离,起步离合器啮合,前进离合器和起步离合器上均有液压作用,并且恒星齿轮驱动前进离合器,前进离合器驱动主动带轮轴,主动带轮轴又通过钢带驱动从动带轮轴;从动带轮轴通过起步离合器驱动中间主动齿轮。动力传递至中间从动齿轮和主减速主动齿轮,而主减速主动齿轮又驱动主减速从动齿轮。

(4)R 挡(倒挡范围) 动力传递路线。如图 3-1-145 所示,前进离合器啮合,倒挡制动器分

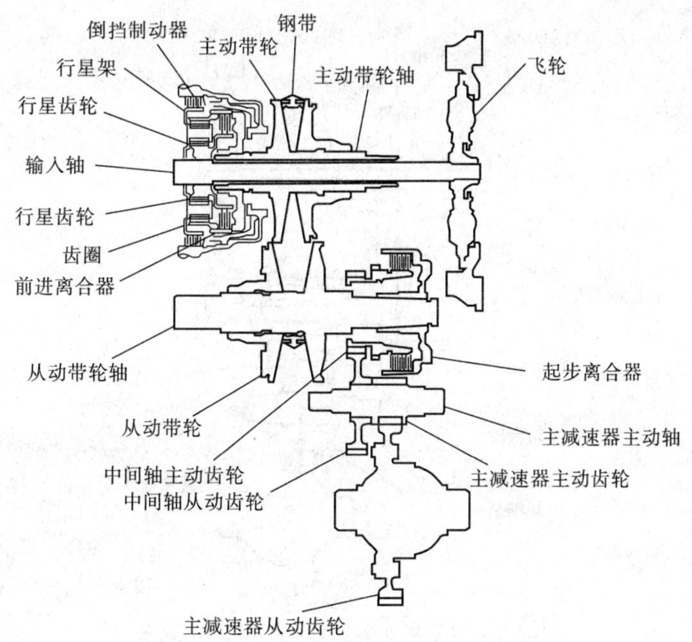

图 3-1-143　N 挡位动力传递路线

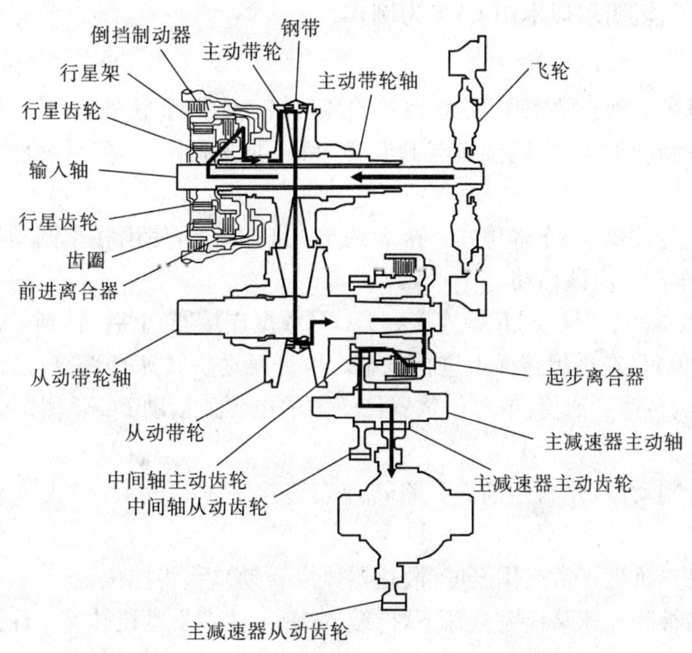

图 3-1-144　D、S 和 L 挡（前进挡范围）动力传递路线

离，起步离合器啮合，倒挡制动器和起步离合器有液压作用，行星架由倒挡制动器锁定，恒星齿轮驱动行星齿轮自转，行星齿轮驱动齿圈沿与恒星齿轮相反的方向旋转，齿圈通过前进离合器驱动主动带轮轴，主动带轮轴通过连接钢带驱动从动带轮轴，从动带轮轴通过起步离合器驱动中间主动齿轮，动力传输至中间从动齿轮和主减速主动齿轮，然后再驱动主减速从动齿轮。

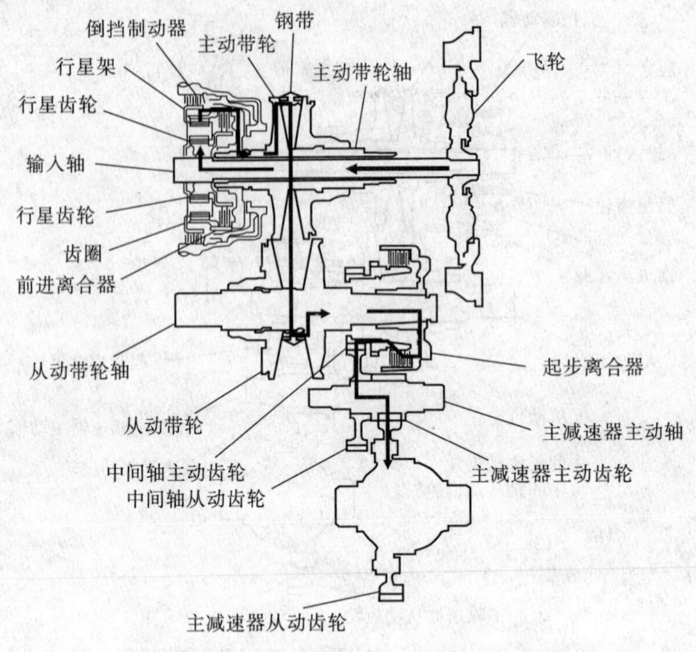

图 3-1-145　R 挡动力传递路线

(三)CVT 的性能测试(以本田 CVT 为例)

1. 路试

(1)将发动机热机到正常工作温度(散热器风扇转动),踩下驻车制动器,并塞住两个后轮;起动发动机,踩下制动踏板,将挡位换至 D 位置,踩下加速器踏板,然后突然释放加速踏板,发动机不应该失速。

(2)在 P 位进行测试:将车辆停在一个大约 16°的斜坡上,使用驻车制动器,将挡位置于 P 位,释放制动器,车辆不应该移动。

(3)将本田 PGM 测试仪或 HDS 连接到 DLC(数据连接器)上后,转到 CVT 数据列表。按照表 3-1-37 所列位置,在平坦路面上进行试车。检查发动机转速是否符合表中节气门位置传感器电压值时车辆转速近似值(节气门位置传感器的电压值借助 PGM 测试仪或 HDS 监测)。

2. 失速试验

(1)踩下驻车制动器,并塞住前轮。将转速表连接到发动机上,确认 A/C 开关置于 OFF 后,并起动发动机。

(2)在发动机热机到正常工作温度(散热器风扇转动)后,将挡位置于 D 位。

(3)将制动踏板和加速踏板完全踩下,持续 6～8 s,注意发动机转速。注意:在提高发动机转速时,千万不要移动换挡操纵手柄。

(4)冷却 2 min,然后在 S、L 和 R 位重复测试。注意:一次失速测试千万不要超过 10 s。失速试验的结果分析见表 3-1-38。

3. 压力试验

(1)在进行测试之前,确认 ATF 油已加注到合适位置。举升车辆前部,确认车辆支撑可靠。踩下驻车制动器,并可靠地塞住后轮。拆除挡泥板,让前轮能够自由转动。

测　试　参　数　　　　表 3-1-37

节气门位置传感器电压(V)	车速(km/h)	发动机转速(r/min)		
		D位置	S位置	L位置
0.75	40	1 050～1 450	1 550～1 950	2 700～3 300
	60		1 900～2 500	3 400～4 000
	100		2 800～3 400	4 100～4 700
2.0	40	2 050～2 650	2 650～3 250	3 450～4 050
	60	2 200～2 800	2 850～3 450	4 050～4 650
	100	2 650～3 250	3 350～3 950	4 650～5 250
4.5	40	4 000～4 600	4 450～5 050	4 450～5 050
	60	4 300～4 900	4 800～5 400	4 800～5 400
	100	4 750～5 350	5 200～5 800	5 200～5 800

失速试验结果分析　　　　表 3-1-38

失速试验结果	故障原因
在D、S、L和R位时，失速转速过高	(1)油位过低或ATF泵输出压力过低 (2)ATF滤清器堵塞 (3)PH调节器阀卡滞 (4)前进离合器打滑 (5)起步离合器故障
在R位时，失速转速过高	(1)倒挡离合器打滑 (2)起步离合器故障
在D、S、L和R位时，失速转速过低	(1)发动机输出过低 (2)起步离合器故障 (3)带轮控制阀卡滞

(2)发动机热机(散热器风扇转动)，然后停止，接上转速表。

(3)分别将油压表连接到前进离合器压力检查孔A、倒挡制动器压力检查孔B、主动带轮压力检查孔C、从动带轮压力检查孔D、润滑压力检查孔E上(图3-1-146)。

(4)起动发动机。

(5)将挡位换至D位，并测量1 700 r/min时前进离合器的压力。

(6)将挡位换至R位，并测量1 700 r/min时倒挡制动器的压力。

(7)将挡位换至N位，并测量1 700 r/min时主动带轮的压力和从动带轮的压力。

(8)测量在2 500 r/min时的润滑压力。

(9)压力测试完毕后，将油压表断开。使用新的密封垫圈，安装密封螺栓。

压力试验结果分析见表3-1-39。

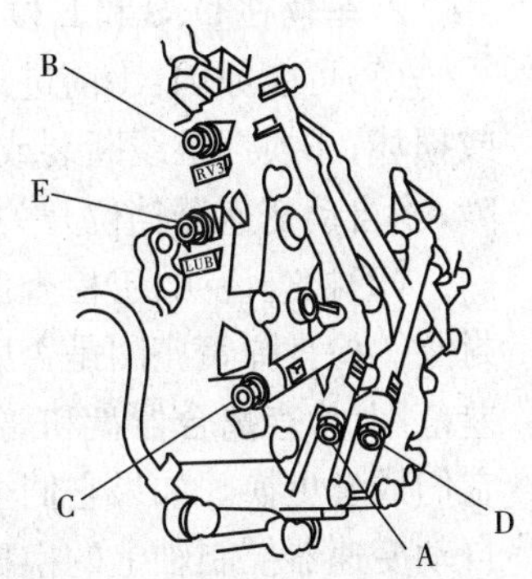

图3-1-146　压力检查孔位置

A-前进离合器压力检查孔；B-倒挡制动器压力检查孔；C-主动带轮压力检查孔；D-从动带轮压力检查孔；E-润滑压力检查孔

压力试验结果分析 表 3-1-39

压力试验结果	故障原因
无前进离合器压力或压力太低	前进离合器
无倒挡制动器压力或太低	倒挡制动器
无主动带轮压力或太低	ATF 泵、PH 调节阀、主动带轮控制阀、从动带轮控制阀
主动带轮压力太高	PH 调节阀、主动带轮控制阀、从动带轮控制阀、CVT 主动带轮压力控制阀
无从动带轮压力或太低	ATF 泵、PH 调节阀、主动带轮控制阀、从动带轮控制阀、CVT 从动带轮压力控制阀
从动带轮压力太高	PH 调节阀、主动带轮控制阀、从动带轮控制阀、CVT 主动带轮压力控制阀
无润滑压力或太低	ATF 泵、润滑阀

(四)CVT 常见故障分析

1.发动机运转,但在任何位置,车辆都不会动

(1)可能原因:①中间壳体总成磨损或损坏;②带轮压力输油管损坏或失圆;③起步离合器故障;④起步离合器输油管损坏或失圆;⑤输入轴磨损或损坏;⑥2 挡主动齿轮或 2 挡从动齿轮磨损或损坏;⑦主减速器主动齿轮或主减速器从动齿轮磨损或损坏;⑧恒星齿轮磨损或损坏;⑨锁止杆总成磨损或损坏;⑩控制杆磨损或损坏;⑪驻车棘爪和棘爪轴磨损或损坏;⑫ATF 泵磨损、粘合或异物进入 ATF 泵;⑬ATF 油位过低;⑭控制阀体总成故障;⑮手动阀体故障;⑯ATF 接头管路磨损或损坏;⑰PCM 故障;⑱自动变速器挡位开关故障;⑲飞轮驱动板磨损或损坏;⑳飞轮总成故障;㉑发动机输出功率过低。

(2)检查说明:①检查主动和从动带轮压力和润滑压力。压力测量值过低或没压力时,检查 ATF 泵。②检查 ATF 油位,并检查 ATF 冷却器管路是否泄漏,连接处是否松动。必要时,冲洗 ATF 冷却器管路。③检查 D 指示灯,并检查电磁阀连接器和自动变速器挡位开关连接器是否松动。

2.车辆在 D、S 和 L 位不动

(1)可能原因:①前进离合器故障;②倒挡制动器活塞卡滞、磨损或损坏;③恒星齿轮磨损或损坏;④换挡拉线断裂或无法调节;⑤手动阀拉杆和销子磨损;⑥手动阀体故障;⑦PCM 故障;⑧自动变速器挡位开关故障;⑨发动机输出功率过低。

(2)检查说明:①检查前进离合器压力;②检测离合器活塞、离合器活塞检查阀和 O 形密封圈。检查弹簧座圈是否磨损和损坏。检测离合器底板至顶板之间的间隙。如果间隙超出公差范围,检查离合器盘和离合器片是否磨损或损坏。如果离合器盘和离合器片磨损或损坏,将它们成套更换。如果它们全部正常,则调整与离合器底板之间的间隙;③检查换挡操纵手柄和自动变速器控制轴上的换挡拉线是否松动;④检查 D 指示灯,并检查自动变速器挡位开关连接器是否松动。

3.车辆在 R 位不动

(1)可能原因:①前进离合器故障;②倒挡制动器故障;③倒挡制动器活塞卡滞、磨损或损坏;④行星齿轮架总成磨损或损坏;⑤恒星齿轮磨损或损坏;⑥齿圈磨损或损坏;⑦输入轴滚针轴承磨损或损坏;⑧行星齿轮架上的推力滚针轴承咬死、磨损或损坏;⑨行星齿轮架上的止推垫圈咬死、磨损或损坏;⑩换挡拉线断裂或无法调节;⑪手动阀拉杆和销子磨损;⑫阀体总成故障;⑬控制阀体总成故障;⑭手动阀体故障;⑮ATF 接头管路磨损或损坏;⑯抑制器电磁阀故

障;⑰自动变速器挡位开关故障。

(2)检查说明:①检查前进离合器压力;②检测离合器活塞、离合器活塞检查阀和O形密封圈。检查弹簧座圈是否磨损和损坏。检测离合器底板至顶板之间的间隙。如果间隙超出公差范围,检查离合器盘和离合器片是否磨损或损坏。如果离合器盘和离合器片磨损或损坏,将它们成套更换。如果它们全部正常,则调整与离合器底板之间的间隙;③检查换挡操纵手柄和自动变速器控制轴上的换挡拉线是否松动;④检查倒挡制动器压力;⑤检查制动器活塞和O形密封圈。检查弹簧座圈是否磨损和损坏。检测离合器底板至顶板之间的间隙。如果间隙超出公差范围,检查离合器盘和离合器片是否磨损或损坏。如果离合器盘和离合器片磨损或损坏,将它们成套更换。如果它们全部正常,则调整与离合器底板之间的间隙;⑥检查行星齿轮架上的滚针轴承和止推垫圈是否磨损或损坏。如果滚针轴承和止推垫圈磨损或损坏,则更换轴承或垫圈,并调整与止推垫片之间的间隙;⑦检查D指示灯,并检查电磁阀连接器和自动变速器挡位开关连接器是否松动。

4.从N位置换到D位时,发动机停止转动

(1)可能原因:①中间壳体总成磨损或损坏;②倒挡制动器故障;③倒挡制动器活塞卡滞、磨损或损坏;④起步离合器故障;⑤起步离合器端板间隙不正确;⑥ATF粗滤器或ATF滤清器堵塞;⑦控制阀体总成故障;⑧手动阀体故障;⑨PCM故障;⑩PCM起步离合器控制系统存储器故障;⑪发动机输出功率过低。

(2)检查说明:①检查倒车制动器压力;②检测离合器活塞、离合器活塞检查阀和O形密封圈。检查弹簧座圈是否磨损和损坏。检测离合器底板至顶板之间的间隙。如果间隙超出公差范围,则检查离合器盘和离合器片是否磨损或损坏。如果离合器盘和离合器片磨损或损坏,将它们成套更换。如果它们全部正常,则调整与离合器底板之间的间隙;③检查D指示灯,并检查电磁阀连接器和自动变速器挡位开关连接器是否松动;④校准起步离合器控制系统

5.从N位换到R位时,发动机停止转动

(1)可能原因.①中间壳体总成磨损或损坏;②前进离合器故障;③起步离合器故障;④起步离合器端板间隙不正确;⑤行星齿轮架磨损或损坏;⑥齿圈磨损或损坏;⑦行星齿轮架上的推力滚针轴承咬死、磨损或损坏;⑧阀体总成故障;⑨控制阀体总成故障;⑩手动阀体故障;⑪PCM故障;⑫PCM起步离合器控制系统存储器故障;⑬发动机输出功率过低。

(2)检查说明:①检查前进离合器压力;②检查行星齿轮架上的滚针轴承和止推垫圈是否磨损或损坏。如果滚针轴承和止推垫圈磨损或损坏,则更换轴承或垫圈。并用止推垫片调整间隙;③检查D指示灯,并检查电磁阀连接器和自动变速器挡位开关连接器是否松动;④校准起步离合器控制系统。

6.换挡比过高或过低时,不换挡

(1)可能原因:①中间壳体总成磨损或损坏;②带轮压力输油管损坏或失圆;③ATF泵磨损、粘合或异物进入ATF泵;④ATF油位低;⑤ATF粗滤器或ATF滤清器堵塞;⑥阀体总成故障;⑦控制阀体总成故障;⑧主动和从动带轮转速传感器故障;⑨CVT转速传感器故障;⑩PCM故障。

(2)检查说明:①检查主动和从动带轮压力以及润滑器压力。压力的测量值过低或没有压力时,检查ATF泵;②检查ATF油位,并检查ATF冷却器管路是否泄漏,连接处是否松动。必要时,冲洗ATF冷却器管路;③如果粗滤器堵塞,应找出产生碎片的损坏组件;④检查D指

示灯，并检查电磁阀连接器是否松动。

7. 在D、S和L位时，车辆不能在平路上缓慢前进

(1)可能原因：①中间壳体总成磨损或损坏；②带轮压力输油管损坏或失圆；③起步离合器故障；④起步离合器端板间隙不正确；⑤起步离合器输油管损坏或失圆；⑥ATF油位低；⑦ATF变质；⑧阀体总成故障；⑨控制阀体总成故障；⑩手动阀体故障；⑪ATF接头管路磨损或损坏；⑫主动和从动带轮转速传感器故障；⑬CVT转速传感器故障；⑭PCM故障；⑮PCM起步离合器控制系统存储器故障；⑯飞轮总成故障。

(2)检查说明：①检查主动和从动带轮压力以及润滑油压力。压力的测量值过低或没有压力时，检查ATF泵；②检查ATF油位，然后检查ATF冷却器管路是否泄漏，连接处是否松动。必要时，冲洗ATF冷却器管路；③检查D指示灯，并检查电磁阀连接器是否松动；④校准起步离合器控制系统

8. 从N位换到D位，或返回N位时，换挡过慢

(1)可能原因：①带轮压力输油管损坏或失圆；②前进离合器故障；③起步离合器故障；④起步离合器端板间隙不正确；⑤起步离合器输油管损坏或失圆度；⑥换挡拉线断裂或无法调节；⑦手动阀拉杆和销磨损；⑧ATF油位低；⑨ATF粗滤器或ATF滤清器堵塞；⑩ATF变质；⑪阀体总成故障；⑫控制阀体总成故障；⑬手动阀体故障；⑭ATF接头管路磨损或损坏；⑮PCM故障；⑯自动变速器挡位开关故障；⑰PCM起步离合器控制系统存储器故障。

(2)检查说明：①检查主动和从动带轮压力以及润滑油压力。压力的测量值过低或没有压力时，检查ATF泵；②检查前进离合器压力；③检查D指示灯，并检查电磁阀连接器是否松动；④检测离合器活塞、离合器活塞检查阀和O形密封圈。检查弹簧座圈是否磨损和损坏。检测离合器底板和顶板之间的间隙。如果间隙超出公差范围，检查离合器盘和离合器片是否磨损或损坏。如果离合器盘和离合器片磨损或损坏，将它们成套更换。如果它们全部正常，则调整与离合器底板之间的间隙；⑤检查ATF油位，然后检查ATF冷却器管路是否泄漏，连接处是否松动。必要时，冲洗ATF冷却器管路；⑥检查D指示灯，并检查自动变速器挡位开关连接器是否松动；⑦校准起步离合器控制系统。

9. 从N位换到R位，或返回N位时，换挡过慢

(1)可能原因：①带轮压力输油管损坏或失圆；②倒挡制动器故障；③倒挡制动器活塞卡滞、磨损或损坏；④倒挡制动器复位弹簧/保持器磨损或损坏；⑤起步离合器故障；⑥起步离合器端板间隙不正确；⑦起步离合器输油管损坏或失圆度；⑧换挡拉线断裂或无法调节；⑨手动阀拉杆和销磨损；⑩ATF油位低；⑪ATF粗滤器或ATF滤清器堵塞；⑫ATF变质；⑬阀体总成故障；⑭控制阀体总成故障；⑮手动阀体故障；⑯ATF接头管路磨损或损坏；⑰抑制器电磁阀的故障；⑱PCM故障；⑲自动变速器挡位开关故障；⑳PCM起步离合器控制系统存储器故障。

(2)检查说明：①检查主动和从动带轮压力以及润滑油压力。压力的测量值过低或没有压力时，检查ATF泵；②检查D指示灯，并检查电磁阀连接器是否松动；③检测离合器活塞、离合器活塞检查阀和O形密封圈，检查弹簧座圈是否磨损和损坏；检测离合器底板至顶板之间的间隙，如果间隙超出公差范围，检查离合器盘和离合器片是否磨损或损坏。如果离合器盘和离合器片磨损或损坏，将它们成套更换。如果它们全部正常，则调整与离合器底板之间的间隙；④检查换挡操纵手柄和自动变速器控制轴处的换挡拉线是否松动；⑤检查ATF油位，然

后检查 ATF 冷却器管路是否泄漏，连接处是否松动。必要时，冲洗 ATF 冷却器管路；⑥检查 D 指示灯，并检查自动变速器挡位开关连接器是否松动；⑦校准起步离合器控制系统。

10. 在 D、S、L 和 R 挡位时振动过大

(1)可能原因：①中间壳体总成的磨损或损坏；②前进离合器故障；③倒挡制动器故障；④倒挡制动器活塞卡滞、磨损或损坏；⑤起步离合器故障；⑥起步离合器端板间隙不正确；⑦起步离合器输油管损坏或失圆；⑧输入轴磨损或损坏；⑨ATF 变质；⑩阀体总成故障；⑪控制阀体总成故障；⑫抑制器电磁阀的故障；⑬PCM 故障；⑭PCM 起步离合器控制系统存储器故障；⑮飞轮驱动板磨损或损坏；⑯飞轮总成故障；⑰发动机输出功率过低。

(2)检查说明：①检查前进离合器压力；②检查 D 指示灯，并检查电磁阀连接器是否松动；③检测离合器活塞、离合器活塞检查阀和 O 形密封圈。检查弹簧座圈是否磨损和损坏。检测离合器底板至顶板之间的间隙。如果间隙超出公差范围，检查离合器盘和离合器片是否磨损或损坏。如果离合器盘和离合器片磨损或损坏，将它们成套更换。如果它们全部正常，则调整与离合器底板之间的间隙；④检查 ATF 油位，然后检查 ATF 冷却器管路是否泄漏，连接处是否松动。必要时，冲洗 ATF 冷却器管路；⑤校准起步离合器控制系统。

11. 失速转速高

(1)可能原因：①中间壳体总成磨损或损坏；②带轮压力输油管损坏或失圆；③前进离合器故障；④倒挡制动器故障；⑤倒挡制动器活塞卡滞、磨损或损坏；⑥起步离合器故障；⑦起步离合器底板间隙不正确；⑧起步离合器输油管损坏或失圆；⑨ATF 泵磨损、粘合或异物进入 ATF 泵；⑩ATF 油位过低；⑪ATF 变质；⑫阀体总成故障；⑬控制阀体总成故障；⑭手动阀体故障；⑮ATF 接头管路磨损或损坏；⑯主动和从动带轮转速传感器故障；⑰CVT 转速传感器故障；⑱PCM 故障；⑲自动变速器挡位开关故障；⑳PCM 起步离合器控制系统存储器故障。

(2)检查说明：①检查主动和从动带轮压力以及润滑油压力。压力的测量值过低或没有压力时，检查 ATF 泵；②检查前进离合器压力；③检查 D 指示灯，并检查电磁阀连接器是否松动；④检测离合器活塞、离合器活塞检查阀和 O 形密封圈。检查弹簧座圈是否磨损和损坏。检测离合器底板至顶板之间的间隙。如果间隙超出公差范围，检查离合器盘和离合器片是否磨损或损坏。如果离合器盘和离合器片磨损或损坏，将它们成套更换。如果它们全部正常，则调整与离合器底板之间的间隙；⑤检查 ATF 油位，然后检查 ATF 冷却器管路是否泄漏，连接处是否松动。必要时，冲洗 ATF 冷却器管路；⑥检查 D 指示灯，并检查自动变速器挡位开关连接器是否松动；⑦校准起步离合器控制系统。

12. 失速转速低

(1)可能原因：①中间壳体总成磨损或损坏；②带轮压力输油管损坏或失圆；③起步离合器故障；④阀体总成故障；⑤控制阀体总成故障；⑥主动和从动带轮转速传感器故障；⑦CVT 转速传感器故障；⑧PCM 故障；⑨自动变速器挡位开关故障；⑩PCM 起步离合器控制系统存储器故障；⑪发动机输出功率过低。

(2)检查说明：①检查主动和从动带轮压力以及润滑油压力。压力的测量值过低或没有压力时，检查 ATF 泵；②检查 D 指示灯，并检查电磁阀连接器是否松动；③检查 D 指示灯，并检查自动变速器挡位开关连接器是否松动；④校准起步离合器控制系统。

13. 自动变速器无法换到 P 位，或自动变速器无法从 P 位换入其他挡

(1)可能原因：①锁止杆总成磨损或损坏；②控制杆磨损或损坏；③驻车棘爪和棘爪轴磨损

或损坏；④驻车齿轮磨损或损坏；⑤驻车棘爪弹簧磨损或损坏；⑥换挡拉线断或无法调节；⑦手动阀拉杆和销子磨损；⑧手动阀体故障；⑨PCM 故障；⑩自动变速器挡位开关故障。

(2)检查说明：①检查换挡操纵手柄和自动变速器控制轴的换挡拉线是否松动；②检查驻车棘爪弹簧的安装状况；③检查 D 指示灯，并检查自动变速器挡位开关连接器是否松动。

第四节　万向传动装置结构与检修

万向传动装置的功用是能在汽车上任何一对有轴间夹角和相对位置经常发生变化的转轴之间传递动力。万向传动装置在汽车上的应用主要有以下几个方面：

(1)变速器(或分动器)与驱动桥之间。由于一般 FR 型汽车变速器(或越野车的分动器)的输出轴线与驱动桥的输入轴线难以布置重合，并且汽车在负荷变化及在不平路面行驶时引起的跳动，也会使驱动桥输入轴与变速器输出轴之间的夹角和距离发生变化，故变速器输出轴与驱动桥输入轴之间必须用万向传动装置连接。

(2)变速器与离合器或与分动器之间。虽然变速器、离合器、分动器等都支承在车架上，且它们的轴线也可以设计重合，但为消除车架变形及制造、装配误差等引起的轴线同轴度误差对动力传递的影响，其间也常装有万向传动装置。

(3)转向驱动桥和断开式驱动桥中。汽车的转向驱动桥需满足转向和驱动的功能，所以其半轴是分段的，转向时两段半轴轴线相交且夹角变化，因此要用万向传动装置。在断开式驱动桥中，主减速器壳在车架上是固定的，桥壳上下摆动，半轴是分段的，也需用万向传动装置。

(4)转向操纵机构中。某些汽车的转向操纵机构受整体布置的限制，转向盘轴线与转向器输入轴线不重合，因此，在转向操纵机构中装有万向传动装置。

万向传动装置一般由万向节和传动轴组成，对于传动距离较远的分段式传动轴，还需设置中间支承。

一、万向节

万向节按其刚度大小，可分为刚性万向节和柔性万向节。刚性万向节按其速度特性又可分为不等速万向节(普通万向节)、准等速万向节和等速万向节。

(一)普通万向节

普通万向节又称十字轴式刚性万向节，它允许相邻两轴的最大交角为 15°～20°，在汽车上应用最广。

1. 基本构造

图 3-1-147 所示为十字轴式万向节的结构图。它主要由万向节叉和十字轴及轴承等组成。两个万向节叉分别与主、从动轴相连，其叉形上的孔分别套在十字轴的 4 个轴颈上。在十字轴轴颈与万向节叉孔之间装有滚针和套筒，用带有锁片的螺钉和轴承盖来使之轴向定位。为了润滑轴承，十字轴内钻有油道，且与滑脂嘴、安全阀相通(图 3-1-148)。

为避免润滑油流出及尘垢进入轴承，十字轴轴颈的内端套装带金属壳的毛毡油封(或橡胶油封)。安全阀的功用是当十字轴内润滑脂压力超过允许值时阀打开，润滑脂外溢，使油封不会因油压过高而损坏。当代汽车多采用橡胶油封，多余的润滑油从油封内圆表面与十字轴轴颈连接处溢出，故无须安装安全阀。为防止轴承在离心力作用下从万向节叉内脱出，轴承应进行轴向定位。常见的定位方式除上述盖板式外，还有瓦盖式、U 形螺栓式和弹性卡圈固定式等结构形式。

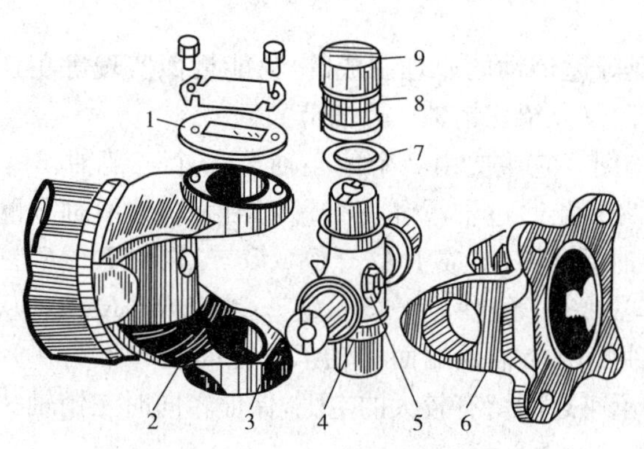

图 3-1-147 十字轴式万向节

1-轴承盖；2、6-万向节叉；3-油嘴；4-十字轴；5-安全阀；7-油封；8-滚针；9-套筒

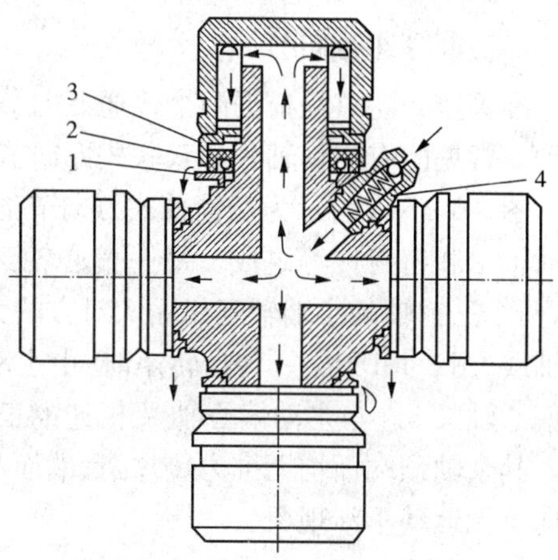

图 3-1-148 润滑油道及密封装置

1-油封挡盘；2-油封；3-油封座；4-润滑油脂

2. 速度特性

十字轴式万向节在其运动中具有不等速特性，即当十字轴式万向节的主动叉是等角速转动时，从动叉是不等角速转动的。所谓不等速性，是指从动轴在转动一周内其角速度时而大于主动轴的角速度，时而小于主动轴的角速度的现象。但主、从动轴的平均转速是相等的，即主动轴转一圈，从动轴也转一圈。

3. 等速条件

单个十字轴万向节的不等速性会使从动轴及与其相连的传动部件产生扭转振动，产生附加的交变荷载及振动噪声，影响零部件使用寿命。为避免这一缺陷，在汽车上均采用两个普通万向节，且中间以传动轴相连，利用第二个万向节的不等速效应来抵消第一个万向节的不等速效应，从而实现输入轴与输出轴等角速传动，但要达到这一目的，还必须满足两个条件：

(1)第一个万向节的从动叉和第二个万向节的主动叉应在同一平面内，即传动轴两端的万向节叉在同一平面内。

(2)输入轴、输出轴与传动轴的夹角相等。

满足上述两条件的等速传动有两种排列方式：平行排列(图 3-1-149a)和等腰三角形排列(图 3-1-149b)。

上述条件(1)通过正确的装配工艺可以保证与传动轴两端相连接的万向节叉在同一平面内。但条件(2)只有驱动轮采用独立悬架时，才有可能通过整车的总体布置来实现。若驱动轮采用非独立悬架时，由于弹性悬架

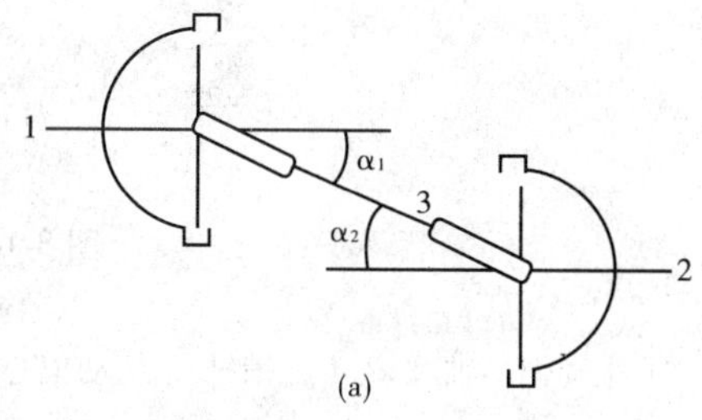

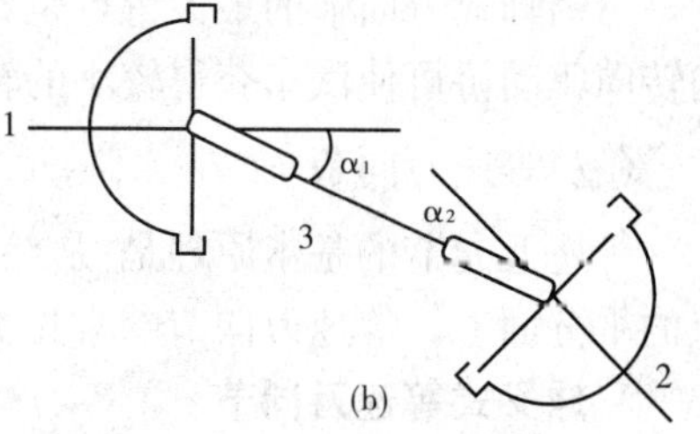

图 3-1-149 双万向节等速排列方式

(a)平行排列；(b)等腰三角形排列

的振动，主减速器输入轴与变速器输出轴的相对位置不断变化，不可能在任何情况下都保证输入轴、输出轴与传动轴的夹角相等，此时万向传动装置只能做到使传动的不等速尽可能小。

所谓等速传动是指传动轴两端的输入轴和输出轴而言。对传动轴来说，只要传动轴两端的输入轴和输出轴的夹角不为零，它就是不等角速转动，与传动轴的排列方式无关。

(二)准等速万向节

准等速万向节是根据两个普通万向节实现等速传动的原理制成的，只能近似实现等角速传动。常见的有三销轴式和双联式万向节，下面仅介绍三销轴式万向节。

图 3-1-150a 所示为三销轴式万向节的结构图。它主要由 2 个偏心轴叉、2 个三销轴、6 个滑动轴承和密封件等组成。每一偏心轴叉的两叉孔通过轴承和一个三销轴大端的两轴颈配合，两个三销轴的小端轴互相插入对方的大端轴承孔内，形成了 Q_1-Q_1'、Q_2-Q_2' 和 $R-R'$ 三根轴线(图 3-1-150b)。传递转矩时，由主动偏心轴叉 1 经轴 Q_2-Q_1'、Q_2-Q_2' 和 $R-R'$ 传到从动偏心轴叉 3。与主动偏心轴叉相连的三销轴的两个轴颈端面和轴承座之间装有推力垫片 10。其余轴颈端面均无推力垫片，且端面与轴承座之间留有较大的空隙，保证转向时三销轴式万向节无运动干涉现象。

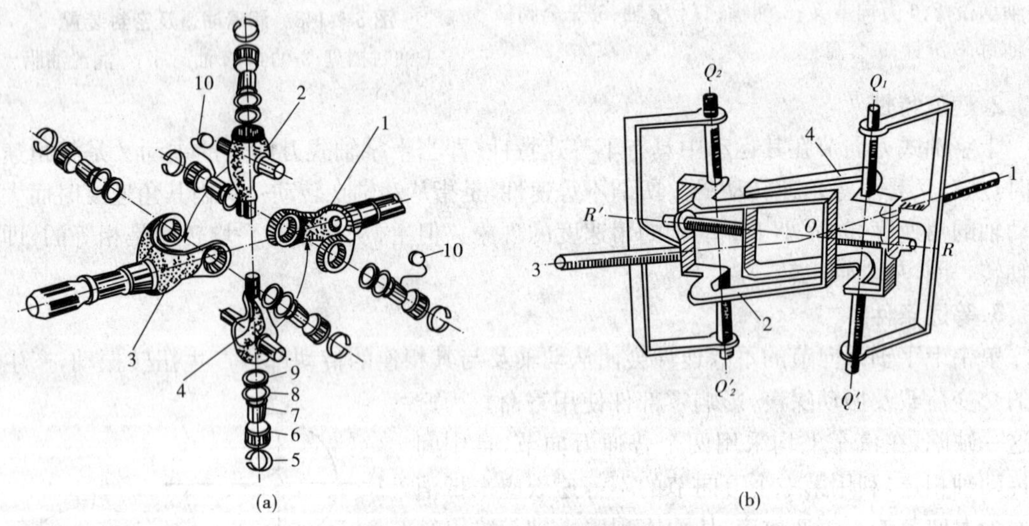

图 3-1-150　三销轴式准等速万向节

(a)零件分解图；(b)装配示意图

1-主动偏心轴叉；2、4-三销轴；3-从动偏心轴叉；5-卡环；6-轴承座；7-衬套；8-毛毡圈；9-密封罩；10-推力垫片

三销轴式万向节的最大特点是允许相邻两轴有较大的交角，最大可达 45°。采用此万向节的转向驱动桥可使汽车获得较小的转弯半径，提高了汽车的机动性。

(三)等速万向节

等速万向节的基本原理是，从结构上保证万向节在工作过程中其传力点始终位于两轴交点的平分面上。等速万向节的常见类型有球叉式、球笼式和三叉式等。

1. 球叉式等速万向节

球叉式等速万向节的结构如图 3-1-151 所示。主要由主动叉 5、从动叉 1、4 个传动钢球 4、定心钢球 6、定位销 3、锁止销 2 组成。主、从动叉分别与内、外半轴制成一体，叉内各有 4 条曲面凹槽，装合后形成 2 条相交的环槽，作为钢球 4 的滚道；定心钢球 6 装在两叉中心凹槽内，以定中心。球叉式等速万向节结构简单，允许轴间最大交角为 32°～38°，但由于工作时只有 2 个传动钢球传力，而另 2 个钢球则在反转时传力，因此，钢球与滚道间的接触压力大，磨损快，影响其使用寿命，所以通常用于中、小型越野汽车的转向驱动桥上。目前有些球叉式等速万向节中省去了定位销和锁止销，中心钢球也不铣凹面，而靠压力装配，这样结构简单，但拆装不方便。

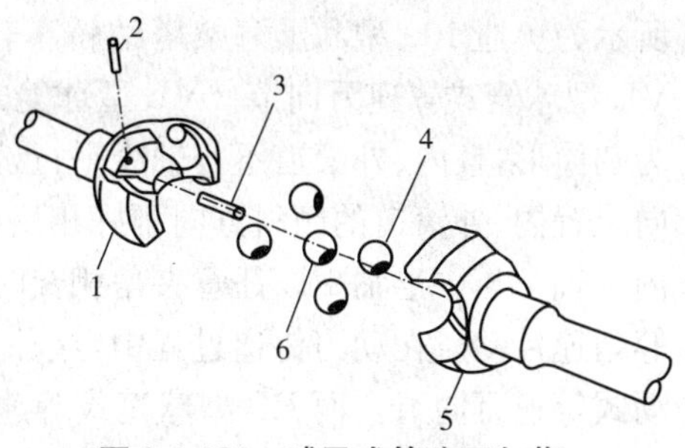

图 3-1-151　球叉式等速万向节

1-从动叉；2-锁止销；3-定位销；4-传动钢球；5-主动叉；6-中心钢球

2. 球笼式等速万向节

球笼式等速万向节按其内、外滚道结构不同又分为 RF 型球笼式等速万向节、VL 型球笼式等速万向节及球笼式双补偿万向节。

(1)RF 型球笼式等速万向节。图 3-1-152 所示为奥迪 100 型和上海桑塔纳轿车半轴外万向节所采用的 RF 型球笼式等速万向节。它主要由内球座 7、球笼 4、外球座 8 及钢球 6 等组成。内球座通过花键与中段半轴相连。内球座的外表面有 6 条曲面凹槽，形成内滚道。外球

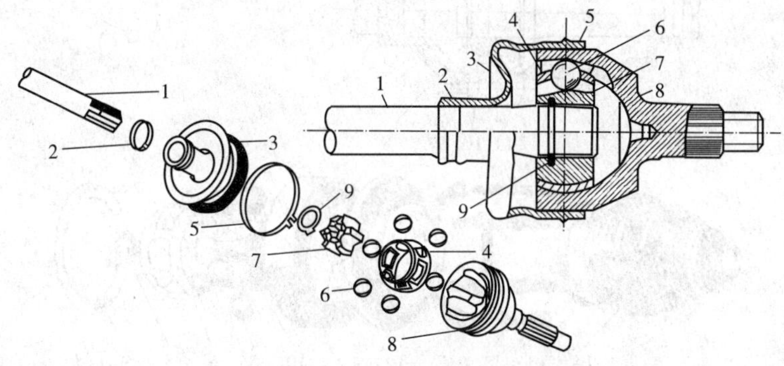

图 3-1-152　RF 型球笼式等速万向节

1-中段半轴；2、5-钢带箍；3-外罩；4-球笼(钢球保持架)；6-钢球；7-内球座(内滚道)；8-外球座(外滚道)；9-卡环

座与带外花键的外半轴制成一体，内表面制有相应的 6 条曲面凹槽，形成外滚道。6 个钢球分别装于 6 条凹槽中，并用球笼使之保持在一个平面内。动力由中段半轴 1 传至内球座 7，经 6 个钢球 6、外球座 8 输出。当中段半轴 1(主动轴)和外球座轴 8(从动轴)之间夹角发生变化时，传力钢球中心始终位于两轴交角的平分面上，并且到两轴线的距离相等(图 3-1-153)，从而保证了主、从动轴以相等的角速度旋转。RF 型球笼式等速万向节工作时，6 个钢球全部参加工作，因而磨损小，寿命长，承载能力强。此外，它允许的两轴相交角较大(42°～47°)，灵活性好，故应用越来越广泛。

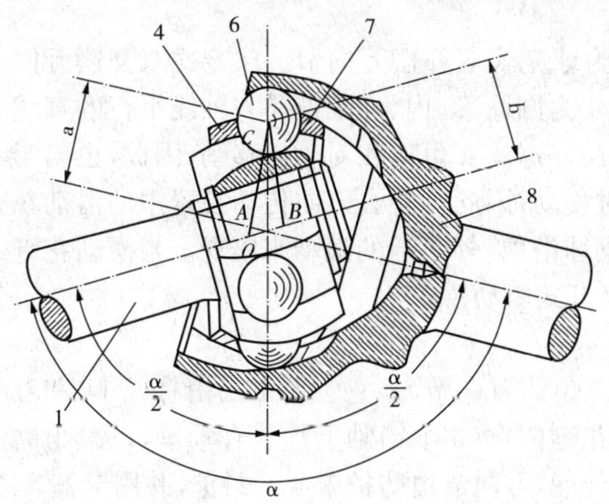

图 3-1-153　RF 型球笼式等速万向节等速原理

(2)VL 型球笼式等速万向节。图 3-1-154

所示为奥迪 100 型和上海桑塔纳轿车转向驱动桥半轴内万向节（靠近主减速器处）所采用的 VL 型球笼式等速万向节。VL 型球笼式等速万向节又称为伸缩型等速万向节，其内、外滚道为圆筒形，且内、外滚道不与轴线平行，而是以相同的角度相对于轴线倾斜着。装合后，同一周向位置内、外滚道的倾斜方向刚好相反，即对称交叉，而钢球则处于内外滚道的交叉部位。当内半轴 7 与中半轴 1 以任意夹角相交时，所有传动钢球都位于轴间交角的平分面上，从而实现等角速传动。在动力传递过程中，这种万向节内、外球座可以沿轴向相对移动，因此也称为滑动式等速万向节。而 RF 型球笼式等速万向节，其内、外球座不能沿轴向相对移动，因而也称为固定式等速万向节。因此，采用这种万向节可以省去万向传动装置中的滑动花键。VL 型球笼式等速万向节允许两轴最大交角为 15°～21°，且具有轴向滑动的特性（轴向伸缩量可达 45 mm），寿命长，强度高，不但满足了车轮的转向性能的要求，还具有结构简单、尺寸小、质量轻等优点。

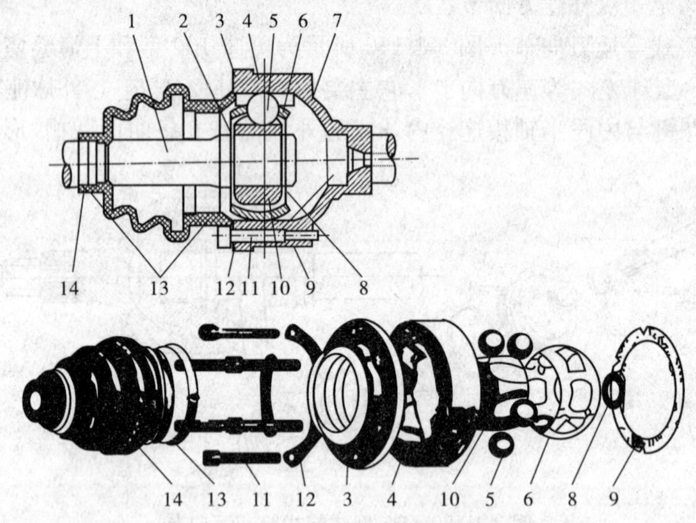

图 3-1-154　VL 型球笼式等速万向节

1-中半轴；2-挡圈；3-外罩；4-外球座；5-钢球；6-球笼；7-内半轴；8-卡环；9-密封垫；10-内球座；11-圆头内六角螺栓；12-锁片；13-箍带；14-防尘罩

（3）球笼式双补偿万向节。图 3-1-155 所示为球笼式双补偿万向节。球笼式双补偿万向节又称为球笼式等速万向节的滑动式，其外球座 4 为圆筒形，内、外滚道是与轴线平行的直线凹槽（即圆筒形）。在传递转矩过程中，内球座 2 与外球座 4 可以相对轴向移动，因此，也属于滑动式等速万向节。由于这种万向节能轴向相对移动，因此可省去万向传动装置中的滑动花键等伸缩机构，使结构简化，且轴向位移是通过钢球沿内、外滚道的滚动来实现。与滑动花键相比，滚动阻力小，磨损轻，寿命长，故最适用于断开式驱动桥。

3. 三叉式等速万向节

图 3-1-156 所示为三叉式等速万向节（也称三角式万向节）。它主要由三销总成 11 和万向节套 5 组成。三销总成的花键孔与传动轴内花键配合，3 个销轴上均装有轴承，以减小磨损。万向节套的凸缘用螺栓连接，为防止润滑脂外漏，万向节由防护罩 3、7 封护，并用卡箍 8、10、12 紧固。三叉式等速万向节结构简单，磨损小，并且可以轴向伸缩（因此也属于滑动式等速万向节），在轿车中的应用也逐渐增多。

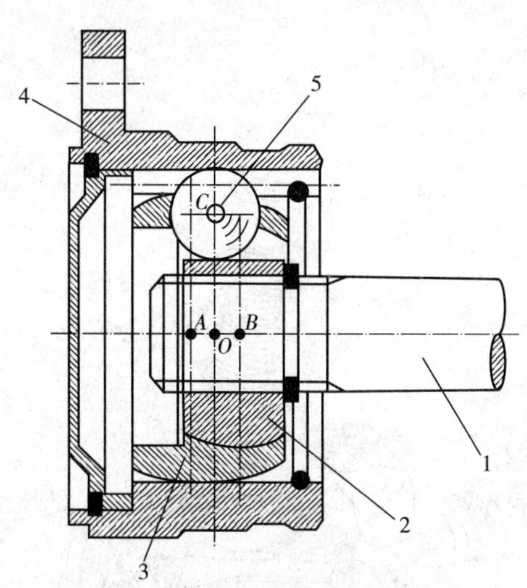

图 3-1-155　球笼式双补偿万向节

1-主动轴；2-内球座；3-球笼；4-外球座；5-钢球

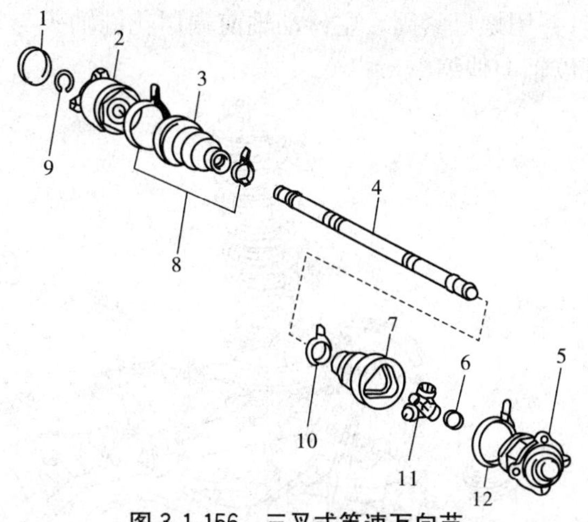

图 3-1-156　三叉式等速万向节

1-端盖；2-外万向节；3-外万向节防护罩；4-传动轴；5-内万向节套；6、9-卡环；7-内万向节防护罩；8、10、12-卡箍；11-三销总成

二、传动轴与中间支承

1.传动轴

传动轴是万向传动装置中的主要传力部件。传动轴的功用是用来连接变速器(或分动器)和驱动桥，在转向驱动桥和断开式驱动桥中，则用来连接差速器和驱动轮(图 3-1-157)，此时，传动轴分成左右两半，因此也称为半轴。

汽车行驶过程中，变速器与驱动桥的相对位置经常变化，为避免运动干涉，传动轴上设有由滑动叉和花键轴组成的滑动花键连接，使传动轴的长度能随传动距离的变化而伸缩。而在转向驱动桥和断开式驱动桥中，由于车轮的上下跳动，半轴的长度也必须能够变化，这是通过半轴两端的等速万向节来实现的。一般，与差速器相连的等速万向节采用滑动式，如 VL 型球笼式等速万向节、球笼式双补偿万向节、三叉式等速万向节，而与车轮相连的等速万向节则采用固定式，如 RF 型球笼式等速万向节。这样，当车辆在坎坷不平的道路上行驶时，半轴长度可以发生变化，避免了运动干涉。

传动轴在工作过程中处于高速旋转状态，其转速和所传递的转矩都在不断发生变化。为了避免由于离心力引起传动轴的振动，在传动轴和万向节装配后，必须进行平衡试验，以满足动平衡的要求。平衡后，在滑动花键部分还制有箭头标记，以便重装时保持二者的相对位置不变。

传动轴有实心轴和空心轴之分。为了减轻传动轴的质量，节省材料，提高轴的强度、刚度及临界转速，传动轴多为空心轴，一般用厚度为 1.5 ～3.0 mm 且厚薄均匀的钢板卷焊而成，超重型货车则直接采用无缝钢管。而转向驱动桥、断开式驱动桥及微型汽车的传动轴通常制成实心轴。

当传动距离较远时，为了避免因传动轴过长而使自振频率降低，高速时产生共振，将传动轴分为两段：前段称为中间传动轴，其后端部设有中间支承；后段称主传动轴，都用薄钢板卷焊而成。中间传动轴的两端用止口定位，分别焊有万向节叉和带花键的轴头，花键轴头与凸缘连接，并用螺母紧固。主传动轴前端用花键轴头与万向节滑动叉套合形成滑动连接，使主传动轴可以轴向伸缩。

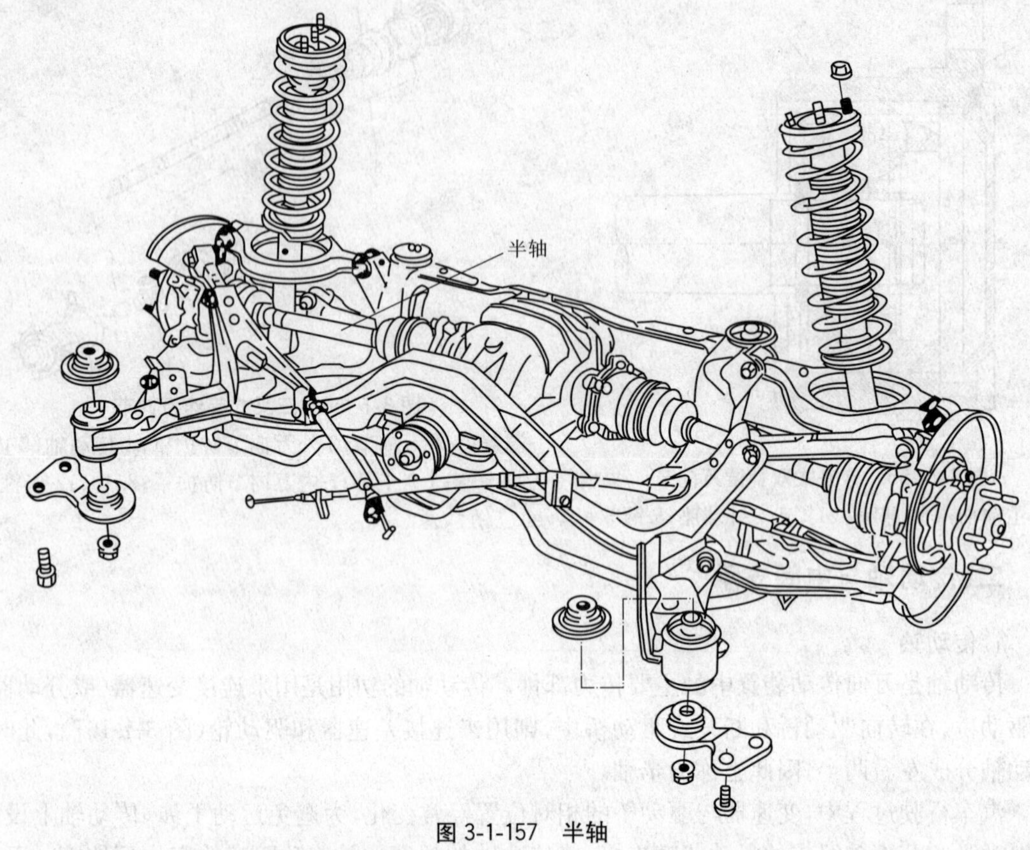

图 3-1-157　半轴

由于万向传动装置中润滑脂嘴较多，为了加注方便，装配时应保证所有润滑脂嘴处于同一条直线上，且十字轴上的润滑脂嘴朝向传动轴。

2. 中间支承

传动轴分段时须加设中间支承，通常将其安装在车架横梁上。中间支承除对传动轴起支承作用外，还应能补偿传动轴轴向和角度方向的安装误差，以及汽车行驶过程中由于发动机窜动或车架变形等引起的位移。普通中间支承通常用弹性元件来满足上述要求。它主要由轴承、带油封的轴承盖、支架和使轴承与支架间成弹性连接的弹性元件所组成。双列圆锥滚子轴承式中间支承的特点是承载能力大，轴承轴向间隙可调（磨削轴承内圈之间的隔圈），使用寿命长。此外，常用的中间支承还有蜂窝软垫式中间支承、摆动式中间支承以及轴式中间支承等多种形式。

三、万向传动装置的检修

（一）万向传动装置主要部件的检修

1. 传动轴的检修

传动轴的主要损伤形式有弯曲、凹陷或裂纹等，主要检修以下几个方面：

（1）传动轴轴管不得有裂纹及严重的凹瘪，否则，应更换传动轴。

(2)检查传动轴弯曲程度。用V形铁架起传动轴,使其水平,而后旋转,用百分表在轴的中间部位测量。径向全跳动公差应符合规定,否则,应更换或校正传动轴。或者目视传动轴,如发现明显变形,更换新件。

(3)检查中间传动轴支承轴颈的径向圆跳动公差,不应超过0.10 mm,否则,应更换或镀铬修复。

(4)检查传动轴花键与滑动叉花键、凸缘叉与所配合花键的间隙:轿车应不大于0.15 mm,其他类型的汽车应不大于0.30 mm,装配后应能滑动自如。若超过限值,则应更换传动轴或滑动叉。

2.万向节叉、十字轴及轴承的检修

(1)检查万向节叉和十字轴不得有裂纹,否则,应更换。

(2)检查十字轴颈表面,若有疲劳剥落、磨损、沟槽或滚针压痕深度在0.10 mm以上时,应换新件。

(3)检查滚针轴承、油封失效、滚针断裂、轴承内圈有疲劳剥落时,应换新件。

(4)检查十字轴与轴承的最小和最大配合间隙,应符合车型技术要求。

(5)检查十字轴及轴承装入万向节叉后的轴向间隙,剖分式轴承孔为0.10～0.50 mm,整体式轴承孔为0.02～0.25 mm,轿车为0～0.05 mm。

3.中间支承的检修

中间支承的常见故障是橡胶老化和轴承磨损所引起的振动和异响等。

检查中间支承轴承的旋转是否灵活,油封和橡胶衬垫损坏的,应更换;拆下中间支承前,可以在中间支承周围摇动传动轴,检查中间支承轴承的松旷程度,分解后可进一步检查轴承的轴向和径向间隙应符合车型技术要求;中间支承经使用磨损后,需及时检查和调整,以恢复其良好的技术状况。

4.传动轴管焊接组合件的检修

传动轴管焊接组合件经修理后,原有的动平衡已不复存在。因此,传动轴管焊接组合件(包括滑动套)应重新进行动平衡试验,轿车传动轴两端任一端的动不平衡量应不大于10 g·cm。传动轴管焊接组合件的平衡可在轴管的两端加焊平衡片,每端最多不得多于3片。

5.等速万向节的检修

等速万向节失效形式有:内外球座滚道、球笼、钢球发生异常磨损。检修时,首先要检视球笼防尘套是否破裂,如破裂,必须更换;同时拆检万向节,检视球座滚道、钢球、球笼是否磨损严重,必要时更换新件。

(二)万向传动装置维护

一级维护时,应进行润滑和紧固作业。对万向节的十字轴、传动轴滑动叉、中间支承轴承等加注润滑脂(通常为锂基2号润滑脂);检查传动轴各部螺栓和螺母的紧固情况,特别是万向节叉凸缘连接螺栓和中间支承支架的固定螺栓等,应按规定的力矩拧紧。

二级维护时,应按图3-1-158所示的方法检查十字轴轴承的间隙。十字轴轴承的配合应用手不能感觉出轴向移动量。对传动轴中间支承轴承,应检查其是否松旷及运转中有无异响,当其径向松旷超过规定值或拆检轴承出现粘着磨损

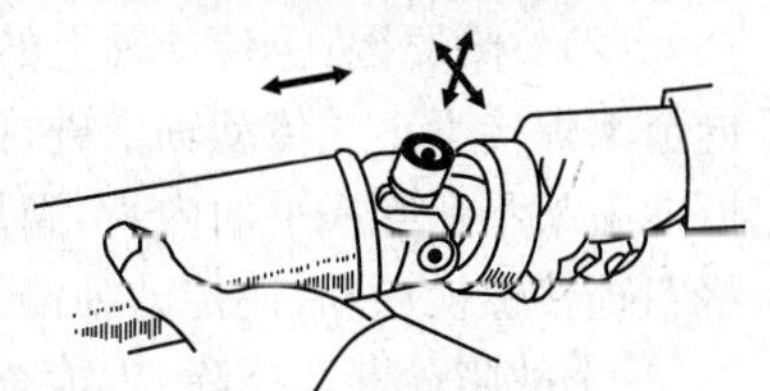

图3-1-158　十字轴轴承配合间隙的检查

时，应更换中间支承轴承。

拆卸传动轴前，车辆应停放在水平的路面上，楔住汽车的前后轮，防止拆卸传动轴时汽车的移动造成事故。同时，应在每个万向节叉的凸缘上做好标记，以确保作业后的原位装复，否则，极易破坏万向传动装置的平衡性，造成运转噪声和强烈振动。

拆卸传动轴时，应从传动轴后端与驱动桥连接处开始，先将与后桥凸缘连接的螺栓拧松取下，然后将与中间传动轴凸缘连接的螺栓拧下，拆下传动轴总成。接着松开中间支承支架与车架的连接螺栓，最后松下前端凸缘盘，拆下中间传动轴。

维护后的传动轴按记号原位装复。

(三)装配注意事项

万向传动装置装配时，应注意装配位置对其传动速度特性的影响，装配时应注意以下问题：

(1)清洁零件。待装零件应彻底清洗，特别是十字轴的油道、轴颈和滚针轴承，最好用清洁的煤油清洗后，再用压缩空气吹干。装配时，在轴颈和轴承上涂适量的润滑脂；应避免磕碰，并注意传动轴管两端点焊的平衡片是否脱落。

(2)核对零件的装配标记。应认真校对十字轴及万向节叉、十字轴及短传动轴和滑动叉及花键轴管等的装配标记，按原标记装配。在安装滑动叉时，特别要保证传动轴两端万向节叉的轴承孔轴线位于同一平面上，其位置误差应符合车型技术要求。

(3)十字轴的安装。十字轴上的润滑脂嘴要朝向传动轴以便注油；两偏置油嘴应间隔180°，以保持传动轴的平衡。剖分式承孔的U形固定螺栓的力矩严格执行车型技术要求。

(4)中间支承的安装。将中间支承轴承对正后压入中间传动轴的花键凸缘内。压入时，不允许用手锤敲打轴承，以防止轴承内圈挡边破裂。紧固中间支承的前后轴盖上的3个紧固螺栓时，应支起后轮，边转动驱动轮边紧固，以便自动找正中心；也可以先不拧紧到规定力矩，待走合一段时间，自动找正中心后再按规定力矩拧紧。但在走合中，一定要注意防止紧固螺栓的松脱。

(5)加注润滑脂。用油枪加注汽车通用的锂基2号或二硫化钼锂基脂。注油时，既要充分又不过量，以从油封刃口处或中间支承的气孔能看到有少量新润滑脂被挤出为宜。

四、万向传动装置常见故障诊断

万向传动装置由于经常受汽车在复杂道路上行驶的影响，使传动轴在其角度和长度不断变化的情况下传递转矩，因此常出现传动轴动不平衡、万向节与中间支承松旷、发响等故障。

1.传动轴动不平衡与异响

(1)故障现象：在万向节和伸缩叉技术状况良好时，汽车行驶中发出周期性的响声；速度越高响声越大，甚至伴随有车身振动，握转向盘的手感觉麻木。

(2)故障原因：①传动轴上的平衡块脱落；②传动轴弯曲或传动轴管凹陷；③传动轴管与万向节叉焊接不正或传动轴未进行过动平衡试验和校准；④伸缩叉安装错位，造成传动轴两端的万向节叉不在同一平面内，不满足等角速传动条件；⑤中间支承吊架固定螺栓松动或万向节凸缘盘连接螺栓松动，使传动轴偏斜。

(3)故障诊断与排除：①检查传动轴管是否凹陷；②检查传动轴管上的平衡片是否脱落；③检查伸缩叉安装是否正确；④拆下传动轴进行动平衡试验，若动不平衡，则应校准以消除故障，弯曲应校直；⑤检查中间支承吊架固定螺栓和万向节凸缘盘连接螺栓是否松动，若松动，应紧固。

2. 万向节、伸缩叉松旷及异响

(1)故障现象:在汽车起步和突然改变车速时,传动轴发出“吭”的响声;在汽车缓行时,发出“咣当、咣当”的响声。

(2)故障原因:①万向节凸缘盘连接螺栓松动;②万向节主、从动部分游动角度太大;③万向节轴承、十字轴磨损严重;④万向节、伸缩叉磨损松旷。

(3)故障诊断与排除:①用榔头轻轻敲击各万向节凸缘盘连接处,检查其松紧度;②用双手分别握住万向节、伸缩叉的主、从动部分转动,检查游动角度。

3. 中间支承松旷

(1)故障现象:汽车运行中出现一种连续的“呜呜”响声,车速越高响声越大。

(2)故障原因:①滚动轴承缺油烧蚀或磨损严重;②中间支承安装方法不当,造成附加载荷而产生异常磨损;③橡胶圆环损坏;④车架变形,造成前后连接部分的轴线在水平面内的投影不同线而产生异常磨损。

(3)故障诊断与排除:①给中间支承轴承加注润滑脂,响声消失,则故障由缺油引起;否则继续检查;②松开夹紧橡胶圆环的所有螺钉,待传动轴转动数圈后再拧紧,若响声消失,则故障由中间支承安装方法不当引起。否则,故障可能是橡胶圆环损坏,或滚动轴承技术状况不佳,或车架变形等引起的。

第五节　驱动桥结构与检修

驱动桥的功用是将万向传动装置(或变速器)传来的动力经减速增矩、改变动力传递方向后,分配到左、右驱动轮,使汽车行驶,并允许左、右驱动轮以不同的转速旋转。驱动桥是传动系的最后一个总成,如图 3-1-159 所示,它由主减速器、差速器、半轴和桥壳等组成。

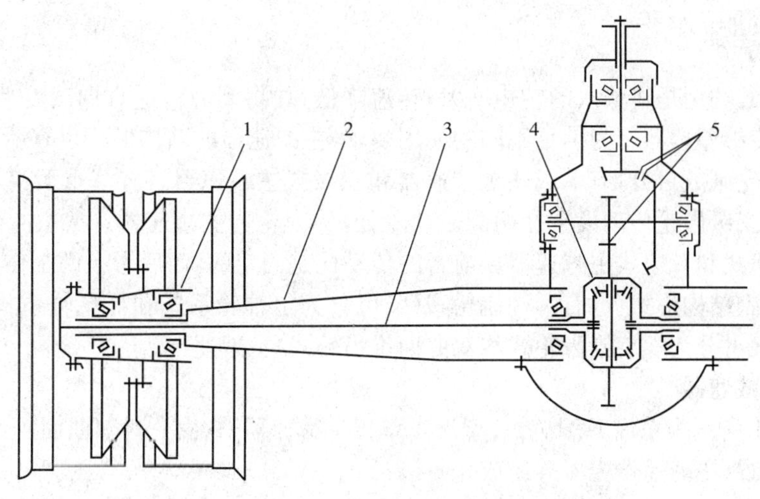

图 3-1-159　整体式驱动桥示意图

1-轮毂;2-桥壳;3-半轴;4-差速器;5-主减速器

按悬架结构不同,驱动桥分为整体式驱动桥和断开式驱桥两种。整体式驱动桥(图 3-1-159)采用非独立悬架,其驱动桥壳为一刚性的整体,驱动桥两端通过悬架与车架连接,左、右半轴始终在一条直线上,即左、右驱动轮不能相互独立地跳动,整个车桥和车身会随着路面的凸40凹变化而发生倾斜。断开式驱动桥(图 3-1-160)采用独立悬架,其驱动桥壳制成分段并用铰链连接,半轴也分段并用万向节连接。驱动桥两端分别用悬架与车架连接。主减速器固定在车架上,这样,两侧的驱动轮及桥壳可以彼此独立地相对于车架上下跳动,从而提高了汽车行驶的平顺性和通过性。另外,有些汽车断开式驱动桥还省去了桥壳,主减速器与驱动轮之间通过摆臂铰链连接,半轴分段并用万向节相连接。

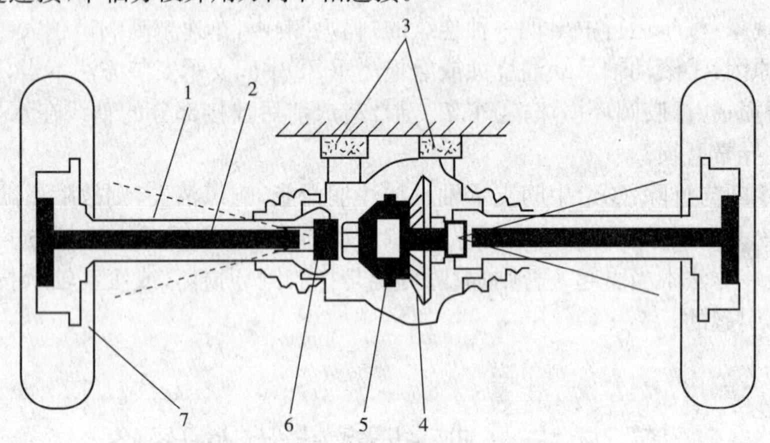

图 3-1-160 断开式驱动桥示意图

1-桥壳;2-半轴;3-支架;4-主减速器;5-差速器;6-万向节;7-驱动轮

按驱动桥的安装位置,驱动桥可分为前驱动桥和后驱动桥。前驱动桥一般与发动机前置前轮驱动的汽车相配用,也称转向驱动桥。其驱动桥将变速器、主减速器、差速器安装在一个三件组合的外壳(常称为变速器壳)内。后驱动桥一般与发动机前置后轮驱动的汽车相配用,由于变速器与驱动桥之间较远,两者之间要用万向传动装置连接。

一、主减速器

主减速器的功用是将输入的转矩增大,转速降低,并将动力传递方向改变后(横向布置发动机的除外)传给差速器。为满足不同的使用要求,主减速器的结构形式也有所不同。按参加减速传动的齿轮副数目分,有单级式主减速器和双级式主减速器。有些重型汽车又将双级式主减速器的第二级齿轮传动设置在两侧驱动轮处,称为轮边主减速器。按主减速器传动速比个数分,有单速式和双速式主减速器。前者的传动比是固定的,而后者有两个传动比供驾驶人选择。按齿轮副结构形式分,有圆柱齿轮式(又可分为定轴轮系式和行星轮系式)主减速器和圆锥齿轮式(又可分为螺旋锥齿轮式和双曲面锥齿轮式)主减速器。

1.单级主减速器

图 3-1-161 所示为东风 EQ1090E 型汽车单级主减速器,它由一对双曲面锥齿轮 18 和 7 及其支承调整装置、主减速器壳 4 等组成。

为了保证主动锥齿轮有足够的支承刚度,改善啮合条件,主动锥齿轮 18 与主动轴制成一体,并通过 3 个轴承以跨置式支承在主减速器壳 4 上。从动锥齿轮 7 靠凸缘定位,用螺栓紧固在差速器壳 5 上,而差速器壳则用 2 个圆锥滚子轴承 3 支承在主减速器壳的瓦盖式轴承座孔

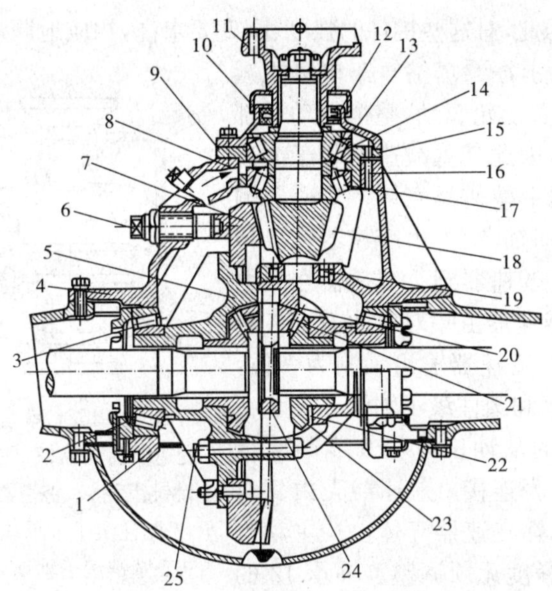

图 3-1-161 EQ1090E 型汽车单级主减速器

1-差速器轴承盖;2-轴承调整螺母;3、13、17-圆锥滚子轴承;4-主减速器壳;5-差速器壳;6-支承螺栓;7-从动锥齿轮;8-进油道;9、14-调整垫片;10-防尘罩;11-叉形凸缘;12-油封;15-轴承座;16-回油道;18-主动锥齿轮;19-圆柱滚子轴承;20-行星齿轮球面垫片;21-行星齿轮;22-半轴齿轮推力垫片;23-半轴齿轮;24-行星齿轮十字轴;25-螺栓

中。轴承盖 1 与壳体是装配在一起加工的,不能互换,二者之间有装配记号。轴承座孔外侧装有环形轴承调整螺母 2。在从动锥齿轮啮合处背面的主减速器壳体上装有支承螺柱 6,用以限制大负荷下从动锥齿轮过度变形而影响正常啮合。装配时,应在支承螺柱与从动锥齿轮背面之间预留一定间隙(0.3～0.5 mm),转动支承螺柱可以调整此间隙。圆锥滚子轴承一般须成对使用,装配时应使其具有一定的预紧度,以减小锥齿轮在传动中因轴向力而引起的轴向位移,提高轴的支承刚度,保证锥齿轮副的正确啮合。但轴承预紧度也不能过大,否则摩擦和磨损增大,传动效率降低,为此,设有轴承预紧度的调整装置。主动轴上两圆锥滚子轴承 13 和 17 的预紧度用调整垫片 14 来调整。增加调整垫片 14 的厚度,轴承预紧度减小,反之,轴承预紧度增加。支承差速器壳的一对圆锥滚子轴承 3 的预紧度则用轴承调整螺母 2 来调整。拧入调整螺母,轴承预紧度增加,反之,轴承预紧度减小。为了保证齿轮传动工作正常、磨损均匀,延长其使用寿命,主减速器还设置了齿轮啮合的调整装置。锥齿轮啮合的调整是指齿面啮合印痕和齿侧啮合间隙的调整,它们是通过锥齿轮轴的轴向移动,从而改变主、从动锥齿轮的相对位置来得到的。所以,主、从动锥齿轮的啮合印痕可通过增减调整垫片 9 的厚度来调整:增加垫片厚度,主动轴及主动锥齿轮前移,反之则后移。啮合间隙则通过拧动轴承调整螺母 2 来调整:一端螺母拧入,另一端螺母拧出,即可使从动锥齿轮轴向移动。

近年来,主减速器的主、从动锥齿轮越来越多地采用双曲面锥齿轮。这是因为它与螺旋锥齿轮相比,不仅具有重叠系数大,同时参加啮合的齿数多,传动平稳,噪声小,承载能力大的特点,还具有主动锥齿轮的轴线可相对从动锥齿轮轴线偏移的特点。但双曲面齿轮的啮合面间相对滑动速度大,接触压力大,摩擦面的油膜易被破坏,因而对润滑油要求高,必须使用专门的双曲面齿轮油。另外,双曲面齿轮螺旋角较大,传动时轴向力大,易造成轴的支承定位件的损坏而引起轴向窜动。因此，对这些机件的强度、刚度要求高，相应地调整精度要求也较高。

图 3-1-162 所示为上海桑塔纳轿车单级主减速器，因采用发动机纵置前轮驱动，整个传动系都集中布置在汽车前部，因此其主减速器装于变速器壳体内，没有专门的主减速器壳体。变速器输出轴即为主减速器主动轴，动力由变速器直接传递给主减速器，省去了变速器到主减速器之间的万向传动装置。其主减速器由一对双曲面锥齿轮组成。主动锥齿轮 4 与变速器输出轴制为一体，用双列圆锥滚子轴承 6 和圆柱滚子轴承 8 支承在变速器壳体内。环状的从动锥齿轮 9 靠凸缘定位，并用螺钉与差速器壳连接。差速器壳由一对圆锥滚子轴承 12 支承在变速器壳体上。主动锥齿轮轴上的轴承的预紧度无须调整。轴承 12 的预紧度可通过调整垫片 3 和 11 来调整。齿轮啮合的调整通过调整垫片 3、7 和 11 进行，即增减垫片厚度，使主、从动锥齿轮轴向移动。

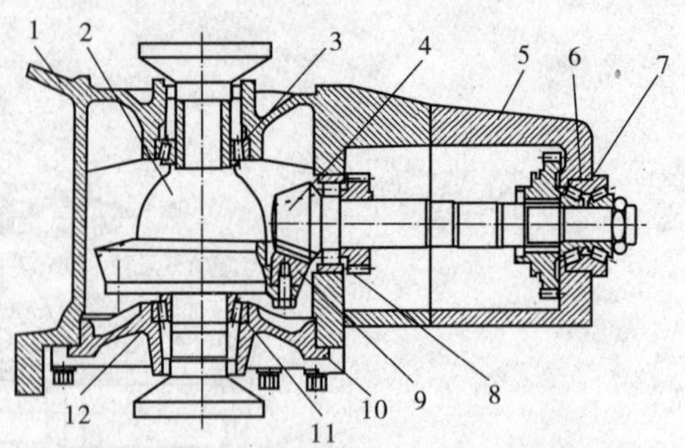

图 3-1-162　桑塔纳轿车单级主减速器

1-变速器前壳体；2-差速器；3、7、11-调整垫片；4-主动锥齿轮；5-变速器后壳；6-双列圆锥滚子轴承；8-圆柱滚子轴承；9-从动锥齿轮；10-主减速器盖；12-圆锥滚子轴承

在发动机纵向布置的汽车上，由于需要改变动力传递方向（一般为 90°），单级主减速器都采用一对圆锥齿轮传动。若发动机横向前置，由于主减速器主动齿轮轴线与差速器轴线平行，因此主减速器采用一对斜齿轮传动即可，无须改变动力的传递方向。

2. 双级主减速器

当汽车要求主减速器具有较大的传动比时，由一对锥齿轮构成的单级主减速器已不能保证足够的离地间隙，这时需要采用两对齿轮降速的双级主减速器，以使其既能保证足够的动力，又能减小其外廓尺寸，提高汽车的通过性。

图 3-1-163 所示为解放 CA1091 型汽车双级主减速器，第一级为锥齿轮传动，第二级为圆柱斜齿轮传动。主动锥齿轮与轴制成一体，采用悬臂式支承。

主动锥齿轮轴轴承的预紧度，可借增减调整垫片 8 的厚度来调整，中间轴圆锥滚子轴承预紧度则借改变两边侧向轴承盖 4、15 和主减器壳 12 间的调整片 6 和 13 的总厚度来调整。支承差速器壳的滚子轴承的预紧度是靠旋动调整螺母 3 调整的。为便于进行锥齿轮副的啮合调整，主动和从动锥齿轮的轴向位置都可以略加移动。增加轴承座 10 和主减速器壳 12 间的调整垫片 7 的厚度，第一级主动锥齿轮 11 则沿轴向离开从动锥齿轮；反之，则靠近。若减小左轴承盖 4 处的调整垫片 6，同时将这些卸下来的垫片都加到右轴承盖 15 处，则第一级从动锥齿轮 16 右移，反之，则左移。若两组调整垫片 6 和 13 的总厚度的减量和增量不相等，则将破坏已调整好的中间轴轴承预紧度。

二、差速器

差速器的功用是将主减速器传来的动力传给左、右两半轴，并在必要时允许左、右半轴以不同转速旋转，以满足两侧驱动轮差速的需要。按安装位置，差速器可分为轮间差速器和轴间差速器。轮间差速器装在同一驱动桥两侧驱动轮之间，而轴间差速器装在多轴驱动汽车的各驱动桥之间。按工作特性，差速器可分为普通差速器和防滑差速器两大类。

(一)普通差速器

1.基本结构

普通齿轮式差速器有锥齿轮式和圆柱齿轮式两种。由于锥齿轮式差速器结构简单、紧凑,工作平稳,因此目前应用最为广泛。

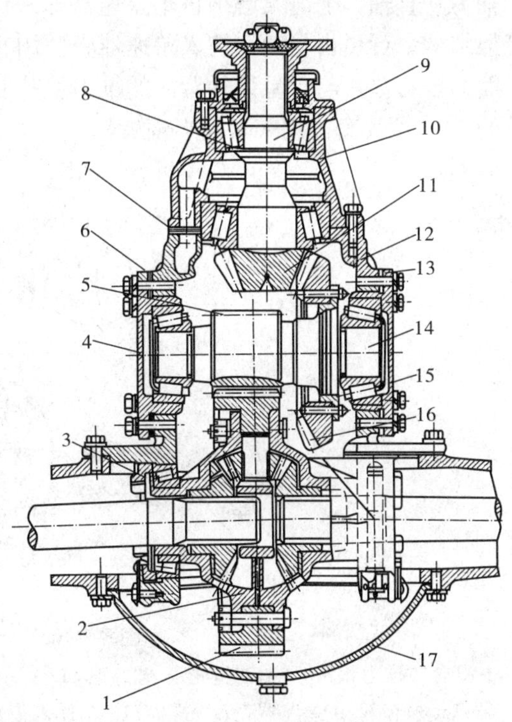

图 3-1-163 解放 CA1091 型汽车双级主减速器

1-第二级从动齿轮;2-差速器;3-调整螺母;4、15-轴承盖;5-第二级主动齿轮;6、7、8、13-调整垫片;9-第一级主动齿轮轴;10-轴承座;11-第一级主动锥齿轮;12-主减速器壳;14-中间轴;16-第一级从动锥齿轮;17-后盖

图 3-1-164 所示为行星锥齿轮差速器,它由 4 个行星锥齿轮 4、1 个十字形行星锥齿轮轴 7、2 个半轴锥齿轮 2、差速器壳 1 和 5、垫片 3 和 6 等组成。主减速器的从动锥齿轮用铆钉或螺栓固定在差速器壳左半部 1 的凸缘上。装配时,十字形的行星齿轮轴 7 的 4 个轴颈嵌在差速器壳两半端面上相应的半圆槽所形成的孔中,差速器壳的剖分面通过行星齿轮轴各轴颈中心线。行星锥齿轮 4 分别松套在 4 个轴颈上,2 个半轴锥齿轮 2 分别与行星锥齿轮啮合,以其轴颈支承在差速器壳中,并以花键孔与半轴连接。行星锥齿轮背面和差速器壳的内表面均制成球面,以保证行星齿轮的对中性,使其与 2 个半轴锥齿轮能正确啮合。行星齿轮和半轴齿轮的背面与差速器壳之间装有推力垫片,用以减轻摩擦面间的摩擦和磨损,延长差速器的使用寿命。使用中还可以通过更换垫片来调整齿轮的啮合间隙。十字轴的 4 个装配孔是左、右两半差速器壳装合后加工成形,装配时不应周向错位。工作时,主减速器的动力传至差速器壳,依次经十字轴 7、行星齿轮 4 和半轴齿轮 2 传给半轴,再由半轴传给驱动车轮。

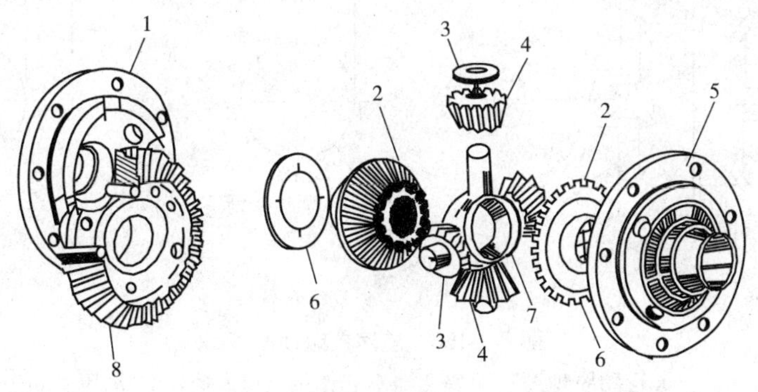

图 3-1-164 行星锥齿轮差速器

1、5-差速器壳;2-半轴锥齿轮;3-行星锥齿轮球形垫片;4-行星锥齿轮;6-半轴锥齿轮推力垫片;7-行星锥齿轮轴(十字轴);8-主减速器齿轮

在中型以下的货车或轿车上,因传递的转矩较小,故可用 2 个行星齿轮,相应的行星齿轮

轴为一直轴。上海桑塔纳轿车差速器即采用这种结构(图 3-1-165)。差速器壳 9 为一整体框架结构。行星齿轮轴 5 装入差速器壳后用止动销 6 定位。半轴齿轮 2 背面也制成球面，其背面的推力垫片与行星齿轮背面的推力垫片制成一个整体，称为复合式推力垫片(图 3-1-165 中的 1)。螺纹套 3 用来紧固半轴齿轮。

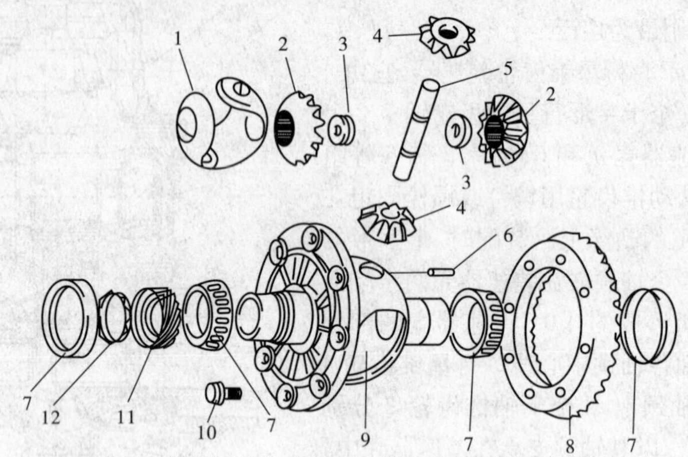

图 3-1-165 上海桑塔纳轿车差速器

1-复合式推力垫片；2-半轴齿轮；3-螺纹套；4-行星齿轮；5-行星齿轮轴；6-止动销；7-圆锥滚子轴承；8-主减速器从动锥齿轮；9-差速器壳；10-螺栓；11-车速表齿轮；12-车速表齿轮锁紧套筒

2. 工作原理

(1)运动特性。图 3-1-166 所示为行星锥齿轮差速器的运动原理图。差速器壳 3 与行星齿轮轴 5 连成一体并由主减速器从动齿轮 6 带动一起转动，是差速器的主动件，设其转速为 n_0。半轴齿轮 1 和 2 为从动件，设其转速分别为 n_1 和 n_2。A、B 两点分别为行星齿轮 4 与半轴齿轮 1 和 2 的啮合点。C 点为行星齿轮 4 的中心。A、B、C 点到差速器旋转轴线的距离相等。

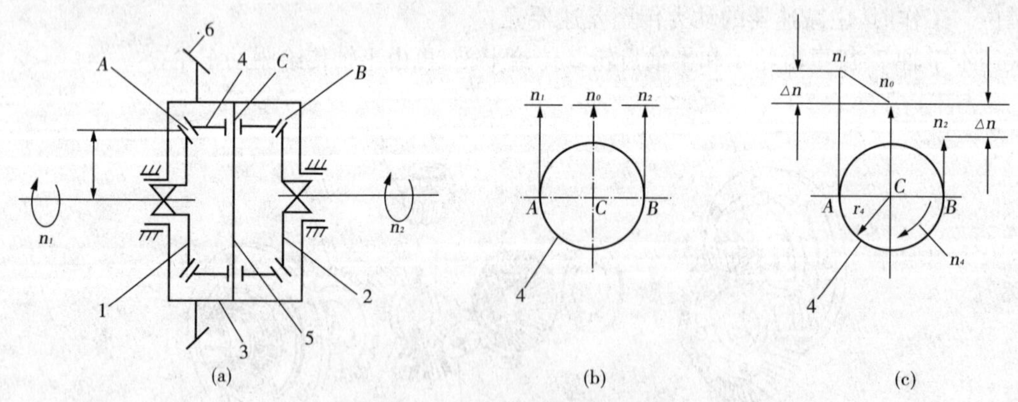

图 3-1-166 差速器运动原理

(a)运动原理图；(b)差速器不起作用；(c)差速器起作用

1、2-半轴齿轮；3-差速器壳；4-行星齿轮；5-行星齿轮轴；6-主减速器从动齿轮

当两侧驱动轮没有滑转和滑移趋势，即两侧车轮转速相等(如汽车直线行驶，两侧车轮所受的行驶阻力相等)时，两侧车轮施加于半轴齿轮反作用力相等，由于两半轴齿轮的直径相等，均为 r，故通过两啮合点 A、B 施加于行星齿轮的力也相等。行星齿轮相当于一个等臂的杠杆

保持平衡，即行星齿轮不自转，而只随行星齿轮轴 5 及差速器壳体一起公转，所以两半轴无转速差(图 3-1-166b)，差速器不起作用。

当汽车转弯(或两侧驱动轮条件不同)时，通过半轴及半轴齿轮反作用于行星齿轮两啮合点的力将不相等，从而破坏了行星齿轮的平衡，使得行星齿轮除了随差速器壳一起公转外，还要绕行星齿轮轴自转。设其自转速度为 n_4，方向如图 3-1-166c 所示。则半轴齿轮 1 的转速加快，而半轴齿轮 2 的转速减慢。因 $AC=CB$，所以半轴齿轮 1 转速的增加值等于半轴齿轮 2 转速的减小值。设半轴齿轮转速的增减值为 Δn，则两半轴的转速分别为：

$$n_1 = n_0 + \Delta n$$

$$n_2 = n_0 - \Delta n$$

这就是差速器的差速作用。即汽车在转弯或其他情况下行驶，两侧车轮有滑转和滑移趋势时，行星齿轮即发生自转，借行星齿轮的自转，使两侧车轮以不同的转速在地面上滚动。显然此时仍有：

$$n_1 + n_2 = 2n_0$$

上式即为行星锥齿轮差速器的运动特性方程式。它表明，差速器无论差速与否，都具有两半轴齿轮转速之和始终等于差速器壳转速的两倍，而与行星齿轮自转速度无关的特性。

由上述分析还可得知：当任何一侧半轴齿轮的转速为零时，另一侧半轴齿轮的转速为差速器壳转速的两倍；当差速器壳转速为零时，若一侧半轴齿轮受其他外来力矩而转动，则另一侧半轴齿轮以相同的速度反转。

(2)转矩特性。图 3-1-167 所示为行星锥齿轮差速器的转矩分配示意图。设主减速器传至差速器壳的转矩为 M_0，经行星齿轮轴和行星齿轮传给两半轴齿轮，两半轴齿轮的转矩分别为 M_1 和 M_2。

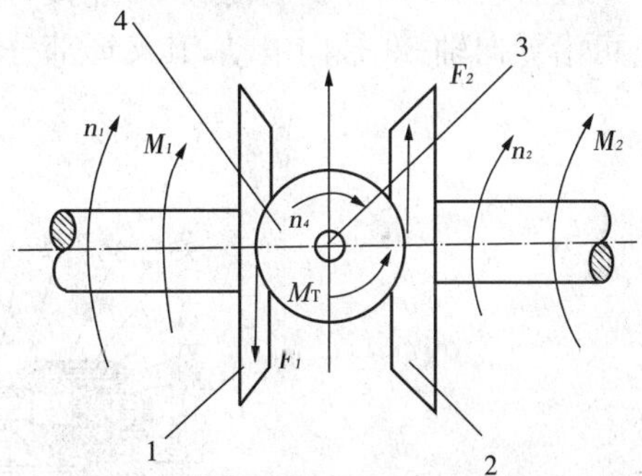

图 3-1-167 差速器转矩分配示意图

1、2-半轴齿轮；3-差速器壳；4-行星齿轮

当行星齿轮不自转时，即 $n_4=0$，$M_T=0$(M_T 为行星齿轮自转时，其内孔和背面所受的摩擦力矩)，行星齿轮相当于一个等臂杠杆，均衡拨动两半轴齿轮转动。所以，差速器将转矩 M_0 平均分配给两半轴齿轮，即：

$$M_1 = M_2 = M_o/2$$

当行星齿轮按图 3-1-167 中 n_4 方向自转时(即 $n_1>n_2$)，行星齿轮所受摩擦力矩 M_T 与其自转方向相反，从而使行星齿轮分别对半轴齿轮 1 和 2 附加作用了大小相等而方向相反的两个圆周力 F_1 和 F_2，F_1 使传到转得快的半轴齿轮 1 上的转矩 M_1 减小，而 F_2 却使传到转得慢的半轴齿轮 2 的转矩 M_2 增加，且 M_1 的减小值等于 M_2 的增加值，等于 $M_T/2$。所以，当两侧驱动轮存在转速差时($n_1>n_2$)：

$$M_1 = (M_o - M_T)/2$$

$$M_2 = (M_o + M_T)/2$$

即转得慢的车轮分配到的转矩大于转得快的车轮分配到的转矩，差值为差速器的内部摩擦力矩 M_T。由于 M_T 很小，可忽略不计，则：

$$M_1 = M_2 = M_0/2$$

可见，无论差速器差速与否，行星锥齿轮差速器都具有转矩等量分配的特性。

上述普通锥齿轮式差速器转矩等量分配的特性对于汽车在好路面上行驶是有利的。但汽车在坏路面上行驶时却会严重影响其通过能力。当汽车的一个驱动轮处于泥泞路面因附着力小而原地打转时，由于差速器等量分配转矩的特性，附着力好的驱动轮也只能分配到打滑车轮同样小的转矩，以至于总的牵引力不足以克服行驶阻力，使得汽车不能前进。

(二)防滑差速器

普通差速器使汽车通过坏路面的行驶能力受到限制，为了提高汽车在坏路面上的通过能力，一些越野汽车、高速小客车和载重汽车装用了防滑差速器。当汽车某一侧驱动轮发生滑转时，差速器的差速作用即被锁止，并将大部分或全部转矩分配给未滑转的驱动轮，充分利用未滑转车轮与地面之间的附着力，以产生足够的牵引力使汽车继续行驶。汽车上常用的防滑差速器有人工强制锁止式和自锁式两大类，近年来又发展了电子控制式防滑差速器。人工强制式差速器是人为地将差速器暂时锁住，使差速器不起差速作用。而自锁式差速器是在汽车行驶过程中，根据路面情况自动改变驱动轮间的转矩分配。自锁式差速器又有摩擦片式、滑块凸轮式等多种形式。下面简单介绍人工强制式差速器、摩擦片式及托森式自锁差速器的工作原理。

1.强制锁止式差速器

(1)基本结构。强制锁止式差速器是在普通差速器上设计了差速锁，图 3-1-168 所示为奔驰汽车上用的强制锁止式差速器。它的差速锁由牙嵌式接合器及操纵机构两大部分组成。牙嵌式接合器的固定接合套 26 用花键与差速器壳 24 左端连接，并用弹性挡圈 27 轴向限位。滑动接合套 28 用花键与半轴 29 连接，并可轴向滑动。操纵机构的拨叉 37 装在拨叉轴 36 上并可沿导向轴 39 轴向滑动，其叉形部分插入滑动接合套 28 的环槽中。

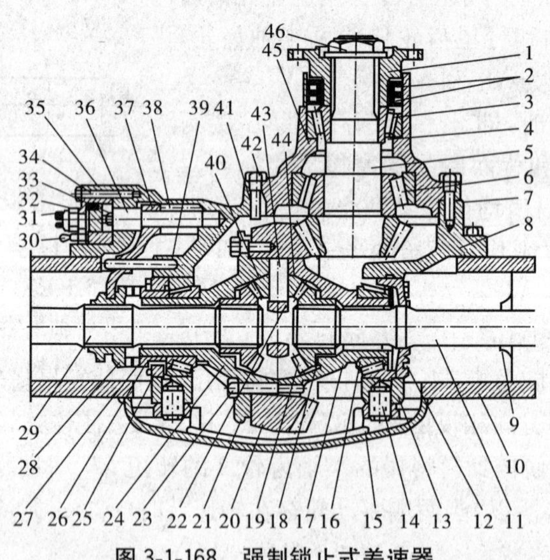

图 3-1-168 强制锁止式差速器

1-传动凸缘；2-油封；3、6、16-轴承；4-调整隔圈；5-主减速器主动齿轮；7-调整垫片；8-主减速器壳；9-挡油盘；10-半轴套管；11、29-半轴；12-带挡油盘的调整螺母；13-轴承盖；14-定位销；15-集油槽；17、24-差速器壳；18、44-推力垫片；19-半轴齿轮；20-主减速器从动齿轮；21-锁板；22-十字轴；23、42-螺栓；25-调整螺母；26-固定接合套；27-弹性挡圈；28-滑动接合套；30-进气管接头；31-带密封圈的活塞；32-差速器锁指示灯开关；33-调整螺钉及其锁紧螺母；34-缸盖；35-缸体；36-拨叉轴；37-拨叉；38-复位弹簧；39-导轴；40-行星齿轮；41-密封圈；43-十字轴；45-轴承座；46-螺母

(2)工作原理。当汽车在好路面上行驶时，牙嵌式接合器的固定接合套 26 与滑动接合套 28 不嵌合，即处于分离状态，此时为普通行星锥齿轮差速器。当汽车通过坏路面时，通过驾驶人的操纵，压缩空气由进气管接头 30 进入气动活塞缸左腔，推动活塞 31 右行，并经调整螺钉 33 和拨叉轴 36 推动拨叉 37 压缩复位弹簧 38 右移，从而拨动滑动接合套 28 右移，与固定接合套 26 接合，将左半轴 29 与差速器壳 24 连成一个整体，则左右两半轴被锁成一个整体转动，即差速器锁死不起差速作用，这样发动机转矩就直接分配给了好路面上的车轮。当需要解除差速器的锁止时，通过操纵机构，放出活塞缸内的压缩空气，拨叉 37 及滑动接合套在复位弹簧 38 的作用下左移，接合器分离，差速器恢复差速作用。

2. 摩擦式自锁差速器

(1)基本结构。摩擦式自锁差速器是在普通差速器基础上发展起来的，其结构如图 3-1-169 所示，两半轴齿轮背面与差速器壳 1 之间各安装了一套摩擦式离合器，用以增大差速器内部摩擦阻力矩。摩擦式离合器由推力压盘 4，主、从动摩擦片 3 和 2 组成。推力压盘的内花键与半轴相连，而其外花键与从动摩擦片 2 的内花键连接。主动摩擦片 3 的外花键与差速器壳 1 的内花键连接。主、从动摩擦片及推力压盘均可作微小的轴向移动。十字轴 6 由两根互相垂直的行星齿轮轴组成，其轴颈的端部均切有凸 V 形斜面，两根行星齿轮轴是反向安装的。

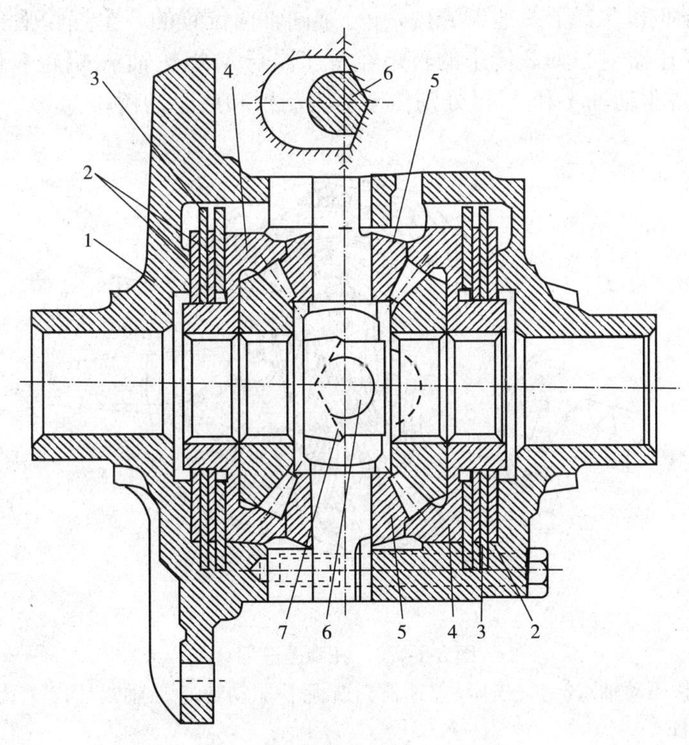

图 3-1-169 摩擦式自锁差速器

1-差速器壳；2-从动摩擦片；3-主动摩擦片；4-推力压盘；5-行星齿轮；6-十字轴；7-V 形斜面

(2)工作原理。在汽车直线行驶过程中，两根半轴的转速相等，发动机的转矩平均分配给两根半轴。由于差速器壳是通过 V 形斜面驱动行星齿轮轴，在传递转矩时，斜面上产生的平行于差速器轴线的轴向分力迫使两根行星齿轮轴分别向左、右方向略微移动，通过行星齿轮推动压盘压紧摩擦片。此时，转矩经两条路线传给半轴：一条经行星齿轮轴，行星齿轮和半轴齿轮将大部分转矩传给半轴；另一路则由差速器壳，主、从动力摩擦片，推力压盘传组半轴。当汽车转弯或其中一侧的车轮在坏路面上滑转时，两根半轴的转速不等，即其中一侧半轴的转速高于差速器壳的转速，而另一侧低于差速器壳的转速。这样，由于转速差及摩擦力的存在，主、从动摩擦片间将产生摩擦力矩，且经从动摩擦片及推力压盘传给两半轴的摩擦力矩方向正好相反：与快转速半轴的转向相反，而与慢转速半轴的转向相同。因此，慢转速半轴所分配到的转矩大于快转速半轴所分配到的转矩，且摩擦作用越强，两半轴的转矩差越大，最大可达 5～7 倍。

3. 托森式自锁差速器

（1）基本结构。图 3-1-170 所示为奥迪全轮驱动的轿车前、后驱动桥之间采用的新型托森差速器。“托森”表示“转矩－灵活”。它是一种轴间自锁差速器，装在变速器后端。转矩由变速器输出轴传动给托森差速器，再由差速器直接分配给前驱动桥和后驱差动桥。托森差速器由差速器壳 3、6 个蜗轮 8、6 个蜗轮轴 7、12 个直齿圆柱齿轮 6 及前、后轴蜗杆 9 和 5 组成。差速器壳 3 有花键与空心轴 2 连接。3 个蜗轮轴 7 沿差速器壳圆形断面等弦长安装，每根蜗轮轴上固定连接 1 个蜗轮 8 和 2 个直齿圆柱齿轮 6。6 根蜗轮轴沿驱动轴 1、4 方向分为两组安装，同一弦长位置前后蜗轮轴上的直齿圆柱齿轮相互啮合，与前桥驱动轴 1、后桥驱动轴 4 分别相连的 2 个蜗杆 9 和 5 置于差速器壳内，并分别同轴向位置的 3 个蜗轮啮合，构成 6 对蜗杆蜗轮啮合副。由变速器空心轴 2 传来的转矩经差速器壳 3、蜗轮轴 7、蜗轮 8 传至蜗杆 9 和 5，然后分配给前、后桥驱动轴 1 和 4，再分别传至前驱动桥和后驱动桥。

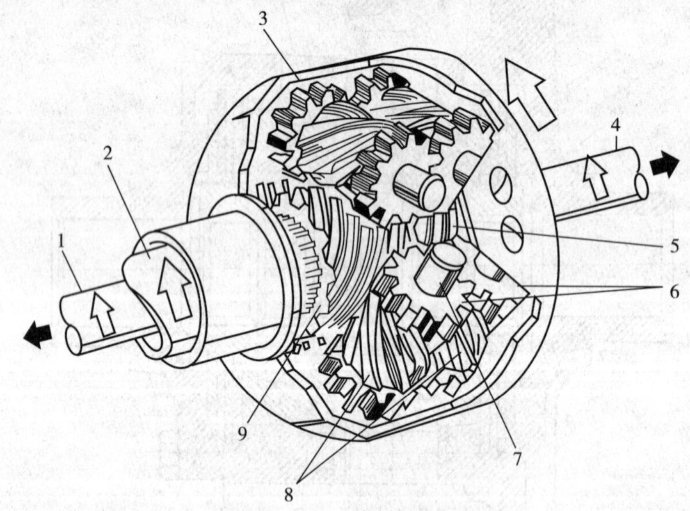

图 3-1-170　托森差速器

1-差速器齿轮轴（前桥驱动轴）；2-空心轴；3-差速器壳；4-后桥驱动轴；5-后轴蜗杆；6-直齿圆柱齿轮；7-蜗轮轴；8-蜗轮；9-前轴蜗杆

（2）工作原理。当前、后桥驱动轴和无转速差时，蜗轮绕自身轴无自转。各蜗轮、蜗杆与差速器壳一体等速转动，即差速器不起差速作用。当前、后驱动桥需要有转速差时，例如汽车转弯时，因前轮转弯半径大，差速器差速作用。此时蜗轮除公转传递动力外，还要自转。由直齿圆柱齿轮的相互啮合，使前后蜗轮的自转方向相反，从而使前轴蜗杆轴的转速增加，后轴蜗杆轴的转速减小，实现了差速。在托森差速器起作用的同时，因前后轮反向自转，前轴蜗杆在啮合点将受一个与相对滑动速度方向相反，且与蜗杆转向相反的滑动摩擦力，从而减小了前轴蜗杆分配的转矩。而后桥蜗杆在啮合点也将受一个与相对滑动速度方向相反，且与蜗杆转向相同的滑动摩擦力，从而增加了前轴蜗杆分配的转矩。由此可见，托森差速器起差速作用的同时，由于蜗杆蜗轮啮合副之间的摩擦作用，转速较低的后驱动桥比转速较高的前驱动桥分配到的转矩大，若后驱动桥分配到的转矩大到一定程度而出现滑转时，则后桥转速升高一点，转矩又立刻重新分配给前桥一些，所以驱动力的分配可根据转弯的要求自动调节，使汽车转弯具有良好的驾驶性能。同理，当前、后驱动桥中某一桥因附着力而出现滑转时，差速器起作用，将转矩大部分分配给附着力好的另一驱动桥(最大可达 3.5 倍)，从而提高了汽车通过能力。

自锁差速器的结构各异，但其工作都是利用某种结构，在工作时产生较大的摩擦力，形成较大的内摩擦力矩，使快转一侧力矩减小，慢转一侧力矩增加，同时，可阻止差速趋势，防止打滑。

(三)电子控制式防滑差速器

电子控制式防滑差速器目前主要是装有湿式差速器(V－TCS)的防滑控制和主动防滑控制(LSD)差速器两种。其电子控制均采用模糊控制技术。

V－TCS(Vehicle Tracking Control System)型防滑差速器是根据汽车驱动轮的滑移量，通过 ECU 来控制发动机转速和汽车制动力进行工作的；也有按照左、右车轮的转速差来控制转矩，并采用提高转向性能的后湿式防滑差速器与后轮制动器相结合的方法，最优分配后轮的驱动力，同时减少侧向风力的影响，从而实现增强车辆行驶的稳定性。

LSD(Limited Slip Differential)型防滑差速器的工作是利用车上某些传感器，掌握各种道路情况和车辆运动状态，通过操纵加速踏板和制动器，采集或读取驾驶人所要求的信息，并按照驾驶人的意愿和要求来最优分配左、右驱动车轮的驱动力。LSD 型防滑差速器控制系统结构框图如图 3-1-171 所示。

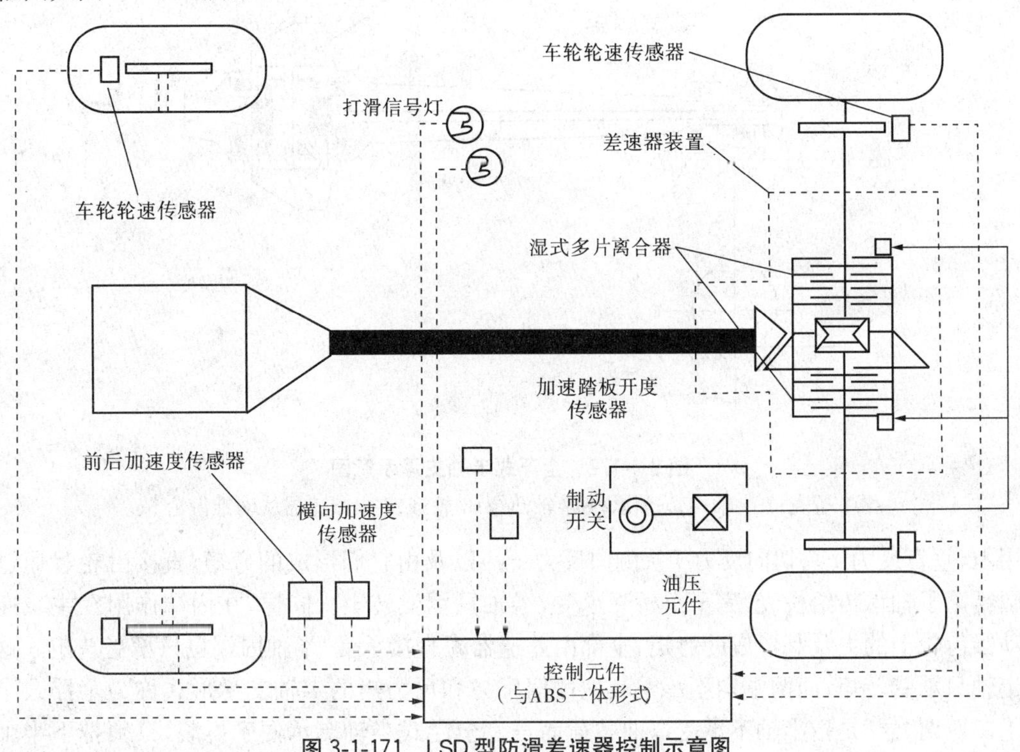

图 3-1-171 LSD 型防滑差速器控制示意图

三、半轴与桥壳

1. 半轴

半轴的功用是将差速器传来的动力传给驱动轮。因其传递的转矩较大，常制成实心轴。半轴的结构因驱动桥结构形式的不同而异。整体式驱动桥中的半轴为一刚性整轴。而转向驱动桥和断开式驱动桥中的半轴则分段并用万向节连接。半轴内端一般制有外花键与半轴齿轮连接。半轴外端结构形式，有的直接在轴端锻造出凸缘盘；也有的制成花键与单独制成的凸缘盘滑动配合；还有的制成锥形并通过键和螺母与轮毂固定连接。半轴的受力情况由半轴与驱动轮的轮毂在桥壳上的支承形式而定。当代汽车常采用全浮式半轴支承和半浮式半轴支承两种半轴支承形式。

(1)全浮式半轴支承。全浮式半轴支承广泛应用于各型货车上。图 3-1-172 所示为全浮式半轴支承的结构示意图。它表明汽车半轴外端与轮毂及桥壳的连接情况。半轴 2 外端锻有凸缘 4，用螺栓紧固在轮毂 6 上，轮毂用两个圆锥滚子轴承 3 和 5 支承在半轴套管上。半轴套管与空心梁压配成一体，组成驱动桥壳。这种半轴支承形式，半轴与桥壳没有直接联系。半轴的内端用花键与差速器的半轴齿轮连接，半轴齿轮的毂部支承在差速器壳两侧轴颈的孔内，而差速器壳又以两侧轴颈直接支承在桥壳上。由图 3-1-172 可知，在半轴外端，路面对驱动轮的

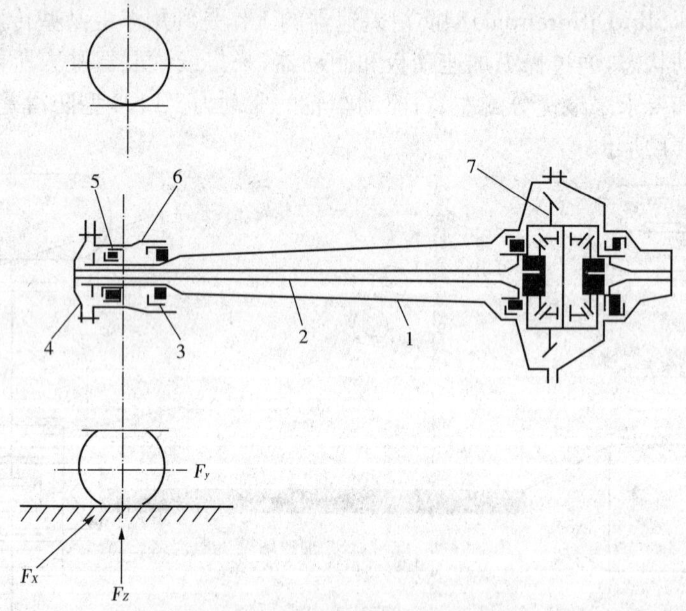

图 3-1-172　全浮式半轴支承示意图

1-桥壳；2-半轴；3、5-轴承；4-半轴凸缘；6-轮毂；7-主减速器从动锥齿轮

作用力(垂直反力 F_Z、切向反力 F_x、侧向反力 F_Y)以及由它们形成的弯矩，直接由轮毂通过两个圆锥滚子轴承传给桥壳，完全由桥壳承受，半轴只承受转矩。同样，在内端作用在主减速器从动锥齿轮上的力及其形成的弯矩，全部由差速器壳直接承受，半轴内端也只承受转矩。这种使半轴只承受转矩，而两端均不承受其他任何反力和反力矩的半轴支承形式称为全浮式半轴支承。所谓"浮"是指半轴不承受弯曲载荷而言。全浮式半轴支承便于拆装，只须拧下半轴凸缘上的螺钉，即可将半轴抽出，而车轮和桥壳照样能支持住汽车。

(2)半浮式半轴支承。半轴内端通过花键与半轴齿轮连接,其支承方式与全浮式半轴支承方式相同,即半轴内端只承受转矩,不承受弯矩。车轮与桥壳之间无直接联系,而支承于悬伸出的半轴外端。因此,路面作用于车轮的各种反作用力及其反力矩都须经半轴外端的悬伸部分再传给桥壳,使半轴外端不仅要承受转矩,而且还要承受各种反力及其反力矩。这种只能使半轴内端免受弯矩,而外端却承受全部弯矩的半轴支承形式称为半浮式半轴支承。为了对半轴进行轴向限位,差速器内装有止推块,以限制其向内轴向窜动;而半轴向外的轴向窜动则通过制动底板对轴承限位来限制。半浮式半轴支承结构简单,但半轴受力情况复杂且拆装不便,多用于反力、弯矩较小的各类轿车上。

2.桥壳

驱动桥壳既是传动系的组成部分,同时也是行驶系的组成部分,其功用是用来安装并保护主减速器、差速器和半轴以及用来安装悬架或轮毂,与从动桥一起支承汽车悬架以上各部分质量,承受驱动轮传来的反力和力矩,并在驱动轮与悬架之间传力。因此,要求桥壳应具有足够的强度和刚度,质量小,便于制造,便于主减速器的拆装和调整。驱动桥壳可分为整体式桥壳和分段式桥壳两种类型。

四、驱动桥检修

(一)主要部件的检修

1.桥壳和半轴套管

(1)桥壳和半轴套管不允许有裂纹存在。各部螺纹损伤不得超过2牙。

(2)钢板弹簧座定位孔的磨损不得大于1.5 mm,超限时先进行补焊,然后按原位置重新钻孔。

(3)整体式桥壳以半轴套管的两内端轴颈的公共轴线为基准,两外端轴颈的径向圆跳动误差超过0.30 mm时应进行校正,校正后的径向圆跳动误差不得大于0.080 mm。

(4)分段式桥壳以桥壳的结合圆柱面、结合平面及另一端内锥面为基准,轮毂的内外轴颈的径向圆跳动误差超过0.25 mm时应进行校正,校正后的径向圆跳动误差不得大于0.80 mm。

(5)桥壳承孔与半轴套管的配合及伸出长度应符合车型技术要求。如半轴套管承孔的磨损严重,可将座孔镗至修理尺寸,更换相应的修理尺寸半轴套管。

(6)滚动轴承与桥壳的配合应符合车型技术要求。如配合处过于松旷,可用刷镀修复轴承孔。

2.半轴

(1)半轴应进行隐伤检查,不得有任何形式的裂纹存在。

(2)半轴花键应无明显的扭转变形。

(3)以半轴轴线为基准,半轴中段未加工圆柱体径向圆跳动误差不得大于1.3 mm;花键外圆柱面的径向圆跳动误差不得大于0.25 mm;半轴凸缘内侧端面圆跳动误差不得大于0.15 mm。径向圆跳动超限,应进行冷压校正;端面圆跳动超限,可车削端面进行修正。

(4)半轴花键的侧隙增大量比各车型技术要求不得大于0.15 mm。

3.主减速器壳

(1)壳体应无裂损,各部位螺纹的损伤不得多于2牙,否则,应换新。

(2)差速器左、右轴承孔同轴度误差为0.10 mm。

(3)圆柱主动齿轮轴承(或侧盖)承孔轴线及差速器轴承孔轴线对减速器壳前端面的平行度误差:当轴线长度在200 mm以上,其值为0.12 mm;当轴线长度小于或等于200 mm,其值为0.10 mm。

(4)主减速器壳纵轴线对横轴线的垂直度误差。当纵轴线长度在300 mm以上,其值为0.16 mm;纵轴线长度小于或等于300 mm,其值为0.12 mm;纵、横轴线应位于同一平面(双曲面齿轮结构除外),其位置度误差为0.08 mm。

4.主减速器锥齿轮副

(1)齿轮工作表面不得有明显斑点、剥落、缺损和阶梯形磨损。

(2)主动圆锥齿轮。轮齿锥面的径向圆跳动误差为0.05 mm;前后轴承与轴颈、轴承孔的配合应符合车型技术要求;从动锥齿轮的铆钉连接应牢固可靠;用螺栓连接的,连接螺栓的紧固应符合车型技术要求,紧固螺栓锁止可靠。

(3)齿轮必须成对更换。

5.差速器

(1)差速器壳产生裂纹,应更换。

(2)差速器壳与行星齿轮、半轴齿轮垫片的接触面应光滑、无沟槽。如有小的沟槽,可用砂纸打磨,并更换半轴齿轮垫片。

(3)行星齿轮、半轴齿轮不得有裂纹,工作表面不得有明显斑点、脱落和缺损。

(4)差速器壳体与轴承、差速器壳与行星齿轮轴的配合应符合车型技术要求。

6.滚动轴承

(1)轴承的钢球(或柱)和滚道上不得有伤痕、剥落、严重黑斑或烧损变色等缺陷,否则,应更换。

(2)轴承架不得有缺口、裂纹、铆钉松动或钢球(或柱)脱出等现象,否则,应更换。

7.轮毂

(1)轮毂应无裂纹,否则,更换。轮毂各部位螺纹的损伤不得多于2牙。

(2)轮毂与半轴凸缘及制动鼓的结合端面对轴承孔公共轴线的端面圆跳动误差均为0.15 mm,超值可车削修复。

(3)轮毂轴承孔与轴承的配合应符合车型技术要求。轴承孔磨损逾限可用刷镀或喷焊修理。

(二)差速器的装配与调整

差速器装配时,应按下述顺序进行并注意相应事项:

(1)装差速器轴承。安装差速器轴承内圈时,应用压力机平稳地压入,不得用手锤敲击,以免损伤轴承的工作表面或刮伤轴承表面或破坏配合性质。

(2)装齿轮。在与行星齿轮和半轴齿轮配合的工作表面上涂以机油,先装入垫片和半轴齿轮,然后装入已装好行星齿轮及垫片的十字轴,并使行星齿轮与半轴齿轮啮合。在行星齿轮上装入另一侧半轴齿轮及垫片,扣上另一侧的差速器壳。装入另一侧壳体时,应使两侧壳体上的位置标记对正,以免破坏齿轮副的正常啮合。

(3)从动齿轮的安装和差速器的装合。将主减速器从动齿轮装在差速器壳体上,将固定螺栓按规定方向穿过壳体,套入垫片,用规定力矩交替拧紧螺母,锁死锁片。

(三)主减速器的装配与调整

主减速器装配中的调整包括主、从动圆锥齿轮轴承预紧度的调整(含差速器轴承预紧度的调整),主、从动圆锥齿轮啮合印痕和啮合间隙的调整等项目。由于主减速器的调整质量是决定主减速器圆锥齿轮副使用寿命的关键,因此,在进行调整作业时,必须遵守主减速器的调整规则:

第一,先调整轴承的预紧度,再调整啮合印痕,最后调整啮合间隙。

第二,主、从动圆锥齿轮轴承的预紧度必须按车型技术要求的数值和方法进行调整与检查,在主减速器调整过程中,轴承的预紧度不得变更,始终都应符合车型技术要求。

第三,在保证啮合印痕合格的前提下,调整啮合间隙。啮合印痕、啮合间隙和啮合间隙的变化量都必须符合车型技术要求,否则成对更换齿轮副。

第四,准双曲面圆锥齿轮、奥利康圆锥齿轮(等高齿)和格利森圆锥齿轮(圆弧非等高齿)啮合印痕的技术标准不尽相同,调整方法亦有差异。前两种齿轮往往以移动主动圆锥齿轮调整啮合印痕,以移动从动圆锥齿轮调整啮合间隙;而对格利森齿轮的调整则无特殊的要求。

1.轴承预紧度的调整

主、从动锥齿轮轴的轴承,安装时都应具有一定的预紧力,以消除轴承多余的轴向和径向间隙,平衡一部分前、后轴承的轴向负荷,这对主、从动锥齿轮工作时保持正确的啮合和前、后轴承获得较为均匀的磨损,都是十分必要的。

(1)主动锥齿轮轴承预紧度的调整。主动圆锥齿轮轴承预紧度的调整方法有两种:一是通过增减调整垫片进行调整(图 3-1-173b)。如在两轴承之间隔套前装有轴承预紧度调整垫片 3(图 3-1-173a)或在轴肩前有轴承预紧度调整垫片 3 时,增减调整垫片的厚度即可改变两轴承内圈压紧后的距离,从而使轴承预紧度得到调整。预紧度是否符合要求,可用测量转动凸缘盘的力矩来判断,若所测得的力矩大于标准值,说明轴承的预紧度过大,应增加调整垫片的厚度。另外,也有的两轴承内圈之间的距离已定,在主减速器油封后面装有轴承预紧度调整垫片 3(图 3-1-173c),增减此垫片厚度即可改变两轴承之间的距离,以调整轴承预紧度。与此类似,有的汽车不用调整垫片,而是通过精选隔套长度来调整。二是用一个弹性隔套来调整主动锥齿轮轴承的预紧度,如图 3-1-174 所示。装配时,在前、后轴承内圈之间放置一个可压缩的弹性薄壁隔套,按规定力矩拧紧凸缘盘固定螺母时,隔套产生弹性变形,其张力自动适应对轴承预紧度的要求。但采用这种方法,因隔套的弹性衰退,每次都必须换用新的隔套。

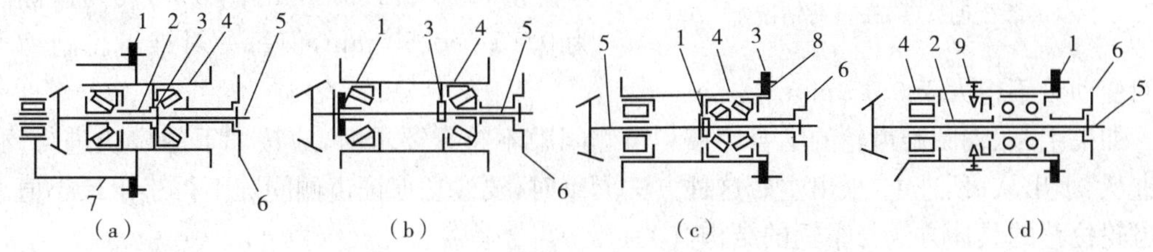

图 3-1-173 主动锥齿轮轴承预紧度调整装置

(a)形式一;(b)形式二;(c)形式三;(d)形式四

1-主动锥齿轮啮合调整垫片;2-隔套;3-轴承预紧度调整垫片;4-主动锥齿轮轴承座;5-主动锥齿轮轴;6-凸缘叉;7-主减速器;8-油封盖;9-调整螺栓

(2)从动锥齿轮轴承预紧度的调整。从动锥齿轮轴承预紧度的调整,因驱动桥的结构分为两种：一种为单级主减速器，其从动锥齿轮固定在差速器壳上，从动锥齿轮轴承就是差速器轴承，调整从动锥齿轮轴承预紧度就是调整差速器轴承的预紧度。此外，双级主减速器差速器轴承预紧度的调整与此相同。在图3-1-161中，差速器轴承两侧都有调整螺母。装配时，将差速器轴承外圈套在轴承上，将差速器总成装入差速器壳内，将两侧调整螺母装在座孔内的螺纹部分(螺纹一定要对好)，然后将两侧轴承盖对螺纹后装复(左、右两轴承盖不得互换)，装好锁片用螺栓紧固轴承盖。调整轴承预紧度时，慢慢转动两侧调整螺母，同时慢慢转动差速器总成，使轴承的滚柱处于正确位置。正确的预紧度可用转动差速器总成的力矩来衡量。预紧度调整后，应将调整螺母锁片锁住。另一种为双级主减速器，从动锥齿轮与二级减速的主动圆柱齿轮固定在同一根轴上，两端用轴承支承在主减速器壳上。轴承预紧度的调整可参照图3-1-163所示，选择适当厚度的调整垫片6和13，安装在主减速器与轴承盖之间。拧紧轴承盖紧固螺栓后，用转动从动圆锥齿轮的力矩来衡量预紧度是否合适。如所需力矩过大，说明预紧度过大，应增加垫片的厚度。此外，有些汽车采用组合式桥壳，其从动锥齿轮轴承预紧度可通过轴承与差速器壳之间的垫片厚度来进行(参见图3-1-162中垫片3)。增加垫片的厚度，轴承预紧度增加。

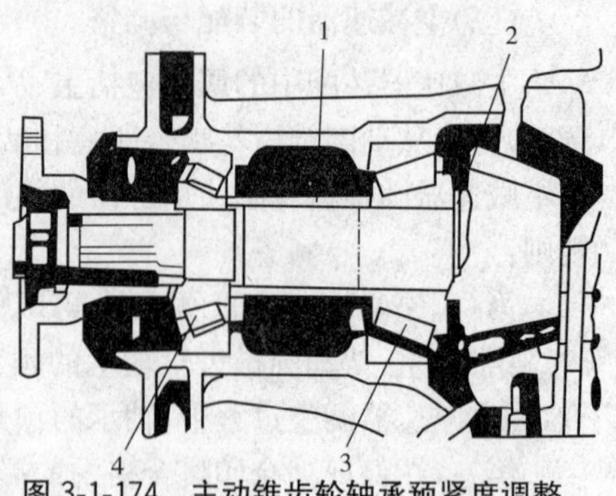

图3-1-174 主动锥齿轮轴承预紧度调整装置

1-弹性隔套；2-调整垫片；3-后轴承；4-前轴承

2. 主、从动锥齿轮啮合印痕与齿侧间隙的调整

锥齿轮副必须有正确的啮合印痕与齿侧间隙才能正常工作和达到正常的使用寿命。正确的啮合印痕与齿侧间隙是通过齿轮的轴向移动改变其相对位置来实现的，因此锥齿轮传动机构都有轴向位置调整装置，即啮合印痕与齿侧间隙调整装置。

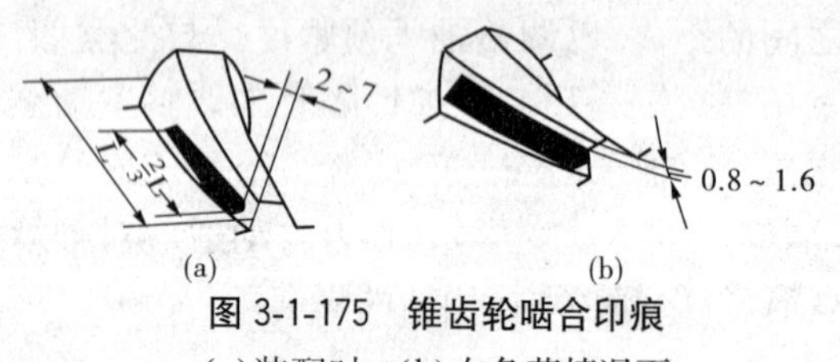

图3-1-175 锥齿轮啮合印痕

(a)装配时；(b)在负荷情况下

对主、从动锥齿轮啮合印痕与齿侧间隙的调整要求是：主、从动锥齿轮应沿齿长方向接触，其位置控制在齿轮的中部偏向小端，离小端端部2～7 mm，接触痕迹的长度不小于齿长的50%，齿高方向的接触印痕应不小于齿高的50%，一般应距齿顶0.80～1.60 mm(图3-1-175)，齿侧间隙为0.15～0.50 mm，但每一对锥齿轮副啮合间隙的变动量不得大于0.15 mm。

如果主、从动圆锥齿轮的啮合印痕和齿侧间隙不符合要求时，应按如下的口诀进行调整：大进从、小出从；顶进主、根出主。这种方法调整时，要注意保证齿侧间隙不得小于最小值。实现齿轮位移的具体方法与车辆的结构有关。

(1)主动圆锥齿轮的移动。可以通过以下几种方法实现主动圆锥齿轮的移动：

①通过增减主动锥齿轮轴承座与主减速器壳之间的调整垫片厚度来调整(图3-1-173a中的垫片1)。当增减此垫片厚度时，就可实现主动锥齿轮轴向移动。

②通过增减主动锥齿轮背面与轴承之间的调整垫片厚度来调整(图3-1-173b中的垫片1)。这种结构若轴承预紧度调整垫片是靠在轴肩上的，则调整锥齿轮轴向移动的同时，也必须

等量增减轴承预紧度的调整垫片。否则,由于轴肩轴向位置的移动将改变已调好的轴承预紧度。该调整方式,每次调整都需将主动锥齿轮上的轴承压下来,维修调整不方便。

③通过增减主动锥齿轮轴肩前面的调整垫片厚度来调整(图 3-1-173c 中的垫片 1)。

④用调整螺栓配合调整垫片来调整(图 3-1-173d)。通过增减调整垫片 1 并使前端锥度的调整螺栓 9 旋进或旋出,就可调整前轴承的轴向位置,也就调整了主动锥齿轮的轴向位置。

(2)从动圆锥齿轮的移动。从动周锥齿轮轴向位置的调整装置与轴承预紧度的调整装置是共享的。因此,在轴承预紧度调整好后,只需将左、右两侧的调整垫片从一侧调到另一侧(图 3-1-162),或左、右侧的调整螺母一侧松出多少另一侧就等量紧进多少,就可以在不改变轴承预紧度的前提下,改变从动圆锥齿轮的轴向位置。

五、驱动桥常见故障诊断

驱动桥的主要故障为驱动桥过热、漏油和异响等。

1.驱动桥过热

(1)故障现象:汽车行驶一段里程后,用手探试驱动桥壳中部或主减速器壳,有无无法忍受的烫手感觉。

(2)故障原因:①齿轮油变质、油量不足或牌号不符合要求;②轴承预紧度过大或齿轮啮合间隙过小;③止推垫片与齿轮背隙过小;④油封过紧或各运动副、轴承润滑不良而产生干(或半干)摩擦。

(3)故障诊断及排除。检查驱动桥中各部分受热情况:

①局部过热。a.油封处过热,则故障由油封过紧引起,更换合适的油封;b.轴承处过热,则故障由轴承损坏或调整不当引起,应更换损坏的轴承或调整轴承;c.油封和轴承处均过热,则故障由止推垫片与齿轮背隙过小引起,应调整好背隙。

②普遍过热。a.检查齿轮油面高度。油面太低,则故障由油量不足引起,应将齿轮油加至规定高度;若油量充足,则应检查齿轮油规格、黏度或润滑性能,如检查结果不符合要求,则故障由齿轮油变质或牌号不符引起,应排尽原来的齿轮油,冲洗桥壳内部,换上规定型号的润滑油;b.若不是上述问题,则应检查齿轮啮合间隙。先松开驻车制动器,变速器置于空挡,然后轻轻转动主减速器的凸缘盘。若转动角度太小,则故障由主减速器齿轮啮合间隙太小引起;若转动角度正常,则故障由行星齿轮与半轴齿轮啮合间隙太小引起,应重新调整上述齿轮啮合间隙。

2.驱动桥漏油

(1)故障现象:从驱动桥加油口、放油口螺塞处或油封、各接合面处可见到明显漏油痕迹。

(2)故障原因:①加油口、放油口螺塞松动或损坏,通气孔堵塞;②油封磨损、硬化,油封装反,油封与轴颈磨成沟槽;③接合平面变形、加工粗糙,密封衬垫太薄、硬化或损坏,紧固螺栓松动或损坏;④桥壳有铸造缺陷或裂纹。

(3)故障诊断及排除:①检查加油口、放油口螺塞是否松动;密封垫是否损坏;通气孔是否堵塞。对松动的螺塞按规定力矩拧紧或更换密封垫,对堵塞的通气孔进行疏通;②检查油封是否磨损、损坏或装反,对磨损、损坏的予以更换,对装反的油封重新安装;③检查桥壳,视情况进行修理或更换。

3.驱动桥异响

(1)故障现象:驱动桥在运行时发出不正常的响声,可分为驱动时发出异响、滑行时发出异响及转弯行驶时发出异响等。

(2)故障原因:①齿轮油油量不足、油质变差,特别是油内有较大金属颗粒;②各类轴承损伤、严重磨损松旷或齿轮齿面磨损、点蚀、轮齿变形或折断;③主减速器锥齿轮严重磨损、啮合面调整不当、啮合间隙不符合标准(太大或太小),啮合间隙不均或未成对更换;④差速器壳与十字轴和行星齿轮轴孔与十字轴配合松旷;⑤半轴齿轮与行星齿轮啮合间隙不符合车型技术要求(过大或过小)或半轴齿轮与半轴花键配合松旷。

(3)故障诊断和排除:

①汽车挂挡行驶、脱挡滑行均有异响。查油量不足或油质、齿轮油型号不符合要求时,按规定高度加注齿轮油或更换齿轮油;查主减速器滚动轴承或差速器轴承的预紧度不足时,按规定调整轴承的预紧度;若不是上述故障,则检查主减速器锥齿轮啮合间隙、轮齿变形、齿面磨损、齿面点蚀、轮齿折断,对此应酌情进行修理、调整或更换;②挂挡行驶有异响,脱挡滑行声响减弱或消失。故障一般由主减速器锥齿轮齿面的正面磨损严重、齿面损伤或啮合面调整不当等引起,而齿的反面技术状况良好,应酌情修复、调整或更换;③转弯行驶有异响,直线行驶时声响减弱或消失。故障一般由半轴齿轮或行星齿轮的齿面严重磨损、齿面点蚀、轮齿变形或折断、行星齿轮轴磨损、半轴弯曲等引起,对损伤严重的齿轮、行星齿轮轴应予以更换,对弯曲的半轴进行校正或更换;④汽车起步或突然改变车速时发出"吭"的一声,或汽车缓速时发生"喀啦、喀啦"的撞击声,则故障由驱动桥内游动角度太大引起,应予以调整;⑤若异响时有时无,或有时呈周期性变化,则故障一般由齿轮油中有杂物引起,应更换或滤清齿轮油。

本章小结

本章介绍了以下几方面的内容:

◆离合器的结构原理、检修方法和常见故障诊断排除方法。

◆手动变速器的结构原理、检修方法和常见故障诊断排除方法。

◆自动变速器的组成、类型。

◆液力变矩器的结构原理和检修要点。

◆行星齿轮变速器结构原理,辛普森式和拉维娜式行星齿轮变速器的结构特点和动力传递路线。

◆典型车型辛普森式行星齿轮变速器的结构特点。

◆典型车型拉维娜式行星齿轮变速器的结构特点。

◆离合器、制动器和单向离合器等换挡执行元件的结构原理和检修要点。

◆油泵、调压装置、自动换挡控制装置、液力变矩器控制装置等液压控制系统部件的结构原理和检修要点。

◆自动变速器电控系统主要部件的结构原理和检修要点。

◆自动变速器性能检验的方法,以及检测结果的分析方法。

◆自动变速器常见故障的诊断方法。

◆无级自动变速器的结构原理、动力传递路线分析。

◆无级自动变速器性能检验方法和检测结果分析。
◆无级自动变速器常见故障诊断方法。
◆万向传动装置结构原理和检修要点。
◆万向传动装置常见故障诊断方法。
◆驱动桥的结构和常见故障诊断方法。
◆主减速器结构原理、检修要点和装配调整方法。
◆差速器的结构原理、检修要点和装配调整方法。

复习思考题

1.汽车传动系统的作用是什么？汽车传动系统有哪些类型？
2.汽车传动系统主要有哪些部分组成？
3.简述离合器的基本结构和工作原理。
4.什么是离合器的自由间隙？影响离合器的自由间隙的因素有哪些？
5.膜片弹簧离合器有何特点？
6.离合器操纵机构有哪些类型？各有什么特点？
7.简述离合器检修的要点。
8.离合器装配的一般程序是什么？
9.简述离合器的调整方法。
10.离合器打滑的原因有哪些？
11.离合器分离不彻底的原因有哪些？
12.离合器异响的原因有哪些？
13.变速器的作用是什么？
14.简述普通齿轮变速器的工作原理。
15.简述两轴式手动变速器的基本结构和工作原理。
16.简述三轴式手动变速器的基本结构和工作原理。
17.手动变速器的换挡装置有哪些类型？各有什么特点？
18.防止自动脱挡的装置有哪些类型？各有什么特点？
19.简述锁环式同步器的结构和工作过程？
20.简述锁销式同步器的结构和工作过程？
21.手动变速器换挡操纵机构应满足什么要求？
22.手动变速器换挡操纵机构的锁止机构有哪些？各是如何进行工作的？
23.简述分动器的结构和工作原理。
24.简述手动变速器的检修要点。
25.手动变速器的装配注意事项是什么？
26.简述变速器脱挡故障的原因和诊断方法？
27.简述变速器换挡困难故障的原因和诊断方法？
28.简述变速器异响故障的原因和诊断方法？
29.简述自动变速器的基本组成。

30. 自动变速器有哪些类型?
31. 简述液力变矩器的基本结构和工作原理。
32. 简述带锁止离合器的综合式液力变矩器的基本结构和工作原理。
33. 简述单排行星齿轮机构的结构和原理。
34. 辛普森式行星齿轮机构有何特点?
35. 拉维娜式行星齿轮机构有何特点?
36. 自动变速器中离合器的作用是什么?简述其结构和工作原理。
37. 自动变速器中离合器中止回阀的作用是什么?
38. 自动变速器中制动器的作用是什么?简述其结构和工作原理。
39. 单向离合器有哪些类型?简述各种单向离合器的结构和工作原理。
40. 简述马自达公司 FN4A－EL 型自动变速器的结构特点和动力传递路线。
41. 简述东风雪铁龙公司 AL4 型自动变速器的结构特点和动力传递路线。
42. 简述德国 ZF 公司 4HP－16 型自动变速器的结构特点和动力传递路线。
43. 简述美国通用公司 4T65E/4T60E 型自动变速器的结构特点和动力传递路线。
44. 简述美国通用公司 4T45E 型自动变速器的结构特点和动力传递路线。
45. 简述 F4A42 型自动变速器的结构特点和动力传递路线。
46. 简述福特蒙迪欧 5F31J 型自动变速器的结构特点和动力传递路线。
47. 简述东风日产轿车 R4A－EL 型自动变速器的结构特点和动力传递路线。
48. 简述大众公司 01M/01N 型自动变速器的结构特点和动力传递路线。
49. 简述 ZF 公司 5HP－19(01V)型自动变速器的结构特点和动力传递路线。
50. 简述通用 5L40E 型自动变速器的结构特点和动力传递路线。
51. 简述日本 Aisin 公司 81－40 LE 型自动变速器的结构特点和动力传递路线。
52. 简述日本 Aisin 公司 AF13E 型自动变速器的结构特点和动力传递路线。
53. 自动变速器常用的油泵有哪些类型?简述各种油泵的结构和工作原理。
54. 简述自动变速器调压装置的结构和工作原理。
55. 简述选挡阀、换挡控制阀的结构和工作原理。
56. 自动变速器是如何进行换挡品质控制的?
57. 简述液力变矩器控制装置的的结构和工作原理。
58. 自动变速器电控系统由哪些元件组成?各元件的功能是什么?
59. 简述自动变速器中电磁阀的结构和工作原理。
60. 简述自动变速器 ECU 的控制功能。
61. 简述自动变速器换挡阀的结构和工作原理。
62. 简述锁止离合器控制阀的结构和工作原理。
63. 自动变速器性能检验包括哪些项目?
64. 简述自动变速器基础检验的内容和方法。
65. 简述自动变速器失速试验的方法步骤。
66. 如何根据自动变速器失速试验的结果分析自动变速器的故障?
67. 简述自动变速器液压试验的方法步骤。
68. 如何根据自动变速器液压试验的结果分析自动变速器的故障?

69. 简述自动变速器时滞试验的方法步骤。

70. 如何根据自动变速器时滞试验的结果分析自动变速器的故障?

71. 简述自动变速器道路试验的方法步骤。

72. 如何根据自动变速器道路试验的结果分析自动变速器的故障?

73. 简述自动变速器手动换挡试验的方法步骤。

74. 如何根据自动变速器手动换挡试验的结果分析自动变速器的故障?

75. 简述液力变矩器的检修要点。

76. 简述自动变速器离合器的检修要点。

77. 简述自动变速器制动器的检修要点。

78. 简述自动变速器单向离合器的检修要点。

79. 简述自动变速器行星齿轮机构的检修要点。

80. 简述自动变速器油泵的检修要点。

81. 简述自动变速器阀板的检修要点。

82. 简述自动变速器电磁阀的检修要点。

83. 自动变速器漏油故障的类型有哪些? 如何区分不同的漏油类型? 检修漏油故障的要点是什么?

84. 简述自动变速器无挡故障的原因和故障诊断方法。

85. 简述自动变速器驱动无力故障的原因和故障诊断方法。

86. 简述自动变速器换挡品质不佳故障的原因和故障诊断方法。

87. 简述无级自动变速器(CVT)的机构和工作原理。

88. 请以日本本田公司 CVT 为例,分析 CVT 的动力传递路线。

89. 简述 CVT 失速试验的步骤,如何根据失速实验的结果分析 CVT 的故障?

90. 简述 CVT 压力试验的步骤,如何根据压力实验的结果分析 CVT 的故障?

91. 简述 CVT 的常见故障,并分析其故障原因。

92. 万向传动装置的作用是什么? 在汽车上用在什么地方?

93. 简述万向节的结构和工作原理? 普通万向节有何特性?

94. 万向节实现等速传动的条件是什么?

95. 简述等速万向节的结构和工作原理。

96. 简述传动轴的检修要点。

97. 简述万向传动装置的装配注意事项。

98. 万向传动装置的常见故障有哪些? 各是什么原因导致的?

99. 简述驱动桥的结构。

100. 简述主减速器的结构和工作原理。

101. 简述差速器的结构和工作原理。

102. 什么是防滑差速器? 它是如何工作的?

103. 简述驱动桥的检修要点。

104. 简述差速器装配和调整的方法。

105. 简述主减速器装配与调整的方法。

106. 驱动桥的常见故障有哪些? 简述常见故障的原因和诊断方法。

第二章　转向系统结构与检修

本章要点

通过本章的学习：

★熟悉机械式转向系统功用和组成。

★熟悉齿轮齿条式机械转向器的结构与检修方法。

★掌握齿轮齿条式机械转向系统的调整方法。

★熟悉循环球式机械转向器的结构与检修方法。

★掌握循环球式机械转向系统的调整方法。

★熟悉液压动力转向系统的组成及各组成部件的作用。

★熟悉滑阀式液压动力转向器的结构和工作原理。

★熟悉转阀式液压动力转向器的结构和工作原理。

★熟悉液压动力转向器的检修方法。

★掌握动力转向系统的试验与调整方法。

★了解电控动力转向系统的组成。

★熟悉电控动力转向系统的结构和工作。

★掌握机械式转向系统的常见故障与排除方法。

★掌握动力转向系统的常见故障与排除方法。

汽车转向系的作用是保证汽车在行驶中能按驾驶人的操纵要求，适时地改变行驶方向，能在受到路面干扰偏离行驶方向时，与行驶系配合，共同保持汽车稳定地直线行驶。使转向轮偏转以实现汽车转向的一整套机构称为转向系，其技术状况的好坏直接影响到行车安全。汽车转向系按转向力源不同，可分为机械式转向系、液压式动力转向系和电控动力转向系。

第一节　机械转向系统结构与检修

一、机械转向系统的组成

机械转向系统的结构如图 3-2-1 所示。

二、机械转向器的结构与检修

现代汽车目前广泛采用齿轮齿条式机械转向器和循环球式机械转向器。

(一)齿轮齿条式机械转向器的结构与检修

1.齿轮齿条式机械转向器的结构与工作

齿轮齿条式机械转向器结构如图 3-2-2 所示。齿轮齿条式转向器分两端输出式和中间输出式两种。

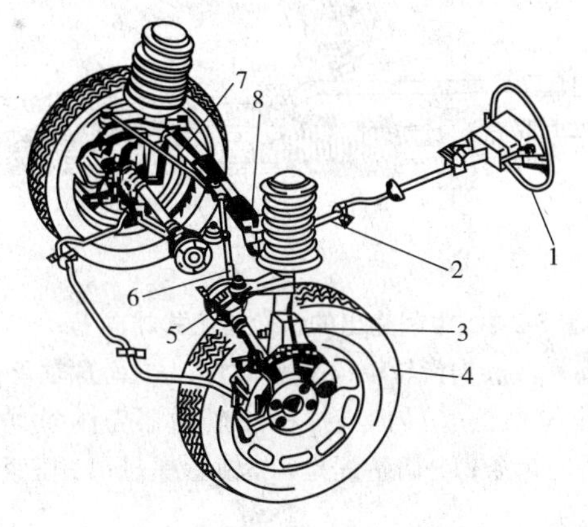

图 3-2-1 机械转向系示意图

1-转向盘;2-转向轴;3-转向节;4-转向轮;5-转向节臂;6-转向横拉杆;7-转向减振器;8-机械转向器

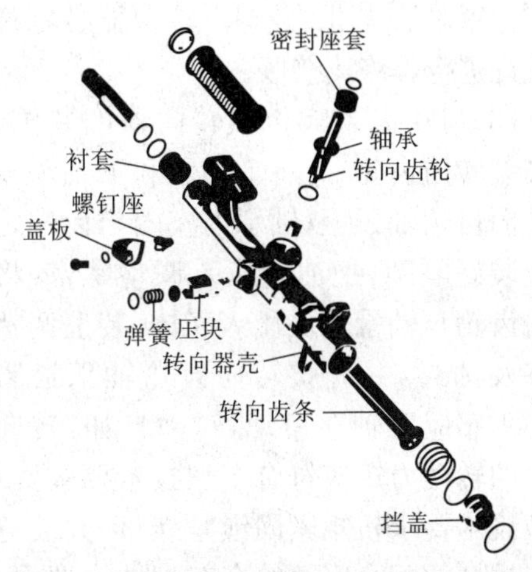

图 3-2-2 齿轮齿条式转向器的结构

(1)两端输出式齿轮齿条式转向器的工作过程。如图 3-2-3 所示,作为传动副主动件的转向齿轮轴 11 通过轴承 12 和 13 安装在转向器壳体 5 中,其上端通过花键与万向节叉 10 和转向轴连接;与转向齿轮啮合的转向齿条 4 水平布置,两端通过球头座 3 与转向横拉杆 1 相连;压紧弹簧 7 通过压块 9 将齿条压靠在齿轮上,保证无间隙啮合。压紧弹簧的预紧力可用调整螺母 6 调整。当转动转向盘时,转向齿轮轴 11 转动,使与之啮合的转向齿条 4 沿轴向移动,从而使左右横拉杆带动转向节左右转动,使转向轮偏转,实现汽车转向。

(2)中间输出式齿轮齿条式转向器的工作过程。中间输出式齿轮齿条式转向器如图 3-2-4 所示,其结构和工作原理与两端输出的齿轮齿条式转向器基本相同,不同之处在于它在转向齿条的中部用螺栓 6 与左右转向横拉杆 7 相连。在单端输出的齿轮齿条式转向器上,齿条的一端通过内外托架与转向横拉杆相连。

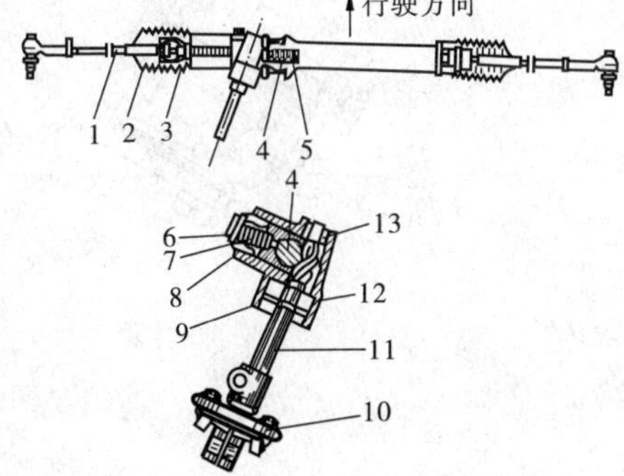

图 3-2-3 两端输出的齿轮齿条式转向器

1-转向横拉杆;2-防尘套;3-球头座;4-转向齿条;5-转向器壳体;6-调整螺母;7-压紧弹簧;8-锁紧螺母;9-压块;10-万向节叉;11-转向齿轮轴;12-向心球轴承;13-滚针轴承

2.齿轮齿条式机械转向器的检修

(1)拆卸。拆卸分解时,应先在转向齿条端头与横拉杆连接处打上安装标记;然后,拆卸转向齿条端头,但不能碰伤转向齿条的外表面;拆下转向齿条导块组件后,拉住转向齿条,使齿对准转向齿轮,再拆卸转向齿轮;最后抽出转向齿条。抽出时,注意不能让转向齿条转动,防止碰伤齿面。

(2)主要零件的检修。用检视法检查,转向器壳体应无裂纹,零件出现裂纹应更换,横拉杆、齿条在总成修理时应进行隐伤检验。转向齿条的直线度误差不得大于标准值。齿面上无疲劳剥落及严重的磨损,无法调整时应更换。更换磨损的转向齿轮轴承。主动齿轮及齿条应运动灵活,无卡滞现象。检视齿条密封套及防尘罩是否老化、破损。转向器各零件不允许进行焊修或整形。

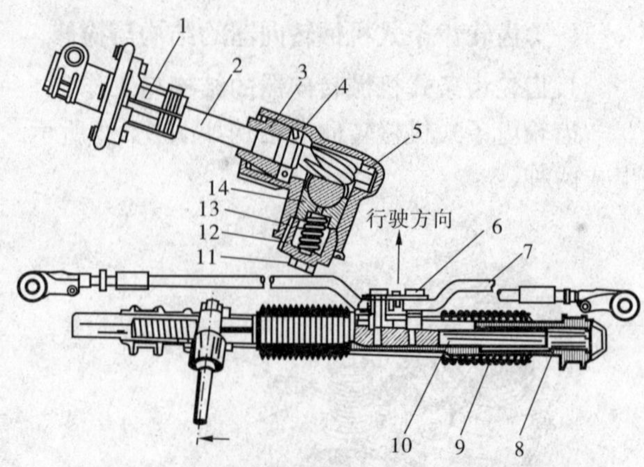

图 3-2-4 中间输出的齿轮齿条式转向器

1-万向节叉;2-转向齿轮轴;3-调整螺母;4-向心球轴承;5-固定螺栓;6-螺栓;7-转向横拉杆;8-转向器壳体;9-防尘套;10-转向齿条;11-调整螺母;12-锁紧螺母;13-压紧弹簧;14-压块

(3)齿轮齿条式机械转向器的装配。①安装转向齿轮;②将上轴承和下轴承压在转向齿轮轴颈上,轴承内座圈与齿端之间应装好隔圈,把油封压入调整螺塞,将转向齿轮与轴承一块压入壳体,装上调整螺塞及油封,并调整转向齿轮轴承松紧度。手感应无轴向窜动,转动自如,转向齿轮的转动力矩应符合车型技术要求,按车型技术要求扭矩紧固锁紧螺母,并装好防尘罩;③装入转向齿条,安装齿条衬套,转向齿条与衬套的配合间隙符合车型技术要求;④装入转向齿条导块、隔环、导块压紧弹簧、调整螺塞(弹簧帽)及锁紧螺母。

3. 齿轮齿条式机械转向系统的调整

调整转向齿条与转向齿轮的啮合间隙,也称为"转向齿条的预紧力"。因结构的差异,调整方法也有所不同。但常见的有两类:一是改变转向齿条导块与盖之间的垫片厚度(图 3-2-5a)来调整转向齿条与转向齿轮轮齿的啮合深度,完成预紧力的调整;另一种方法是用盖上的调整螺栓(图 3-2-5b)改变转向齿条导块与弹簧座之间的间隙值,完成啮合深度,即预紧力的调整。

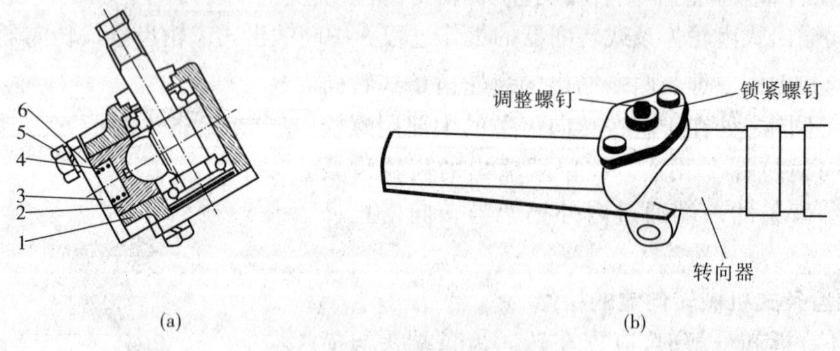

图 3-2-5 预紧力调整机构

(a)形式Ⅰ;(b)形式Ⅱ

1-转向器壳体;2-导块;3-盖;4-导块压紧弹簧;5-固定螺母;6-垫片

(二)循环球式机械转向器的结构与检修

1. 循环球式机械转向器的结构与工作

循环球式机械转向器结构如图 3-2-6 所示。循环球式机械转向器工作过程如图 3-2-7 所示。当驾驶人向左、右转动转向盘时,通过带有万向传动装置的转向柱 1 的传动,使转向螺杆

2 转动，使循环钢球 3 在滚道内滚动的同时，推动螺母 4 沿螺杆轴线前、后移动。然后，螺母上齿条 5 带动齿扇 6 摆动，使垂臂 7 发生转动。最后，通过转向传动机构推动转向轮偏转，实现汽车转向。

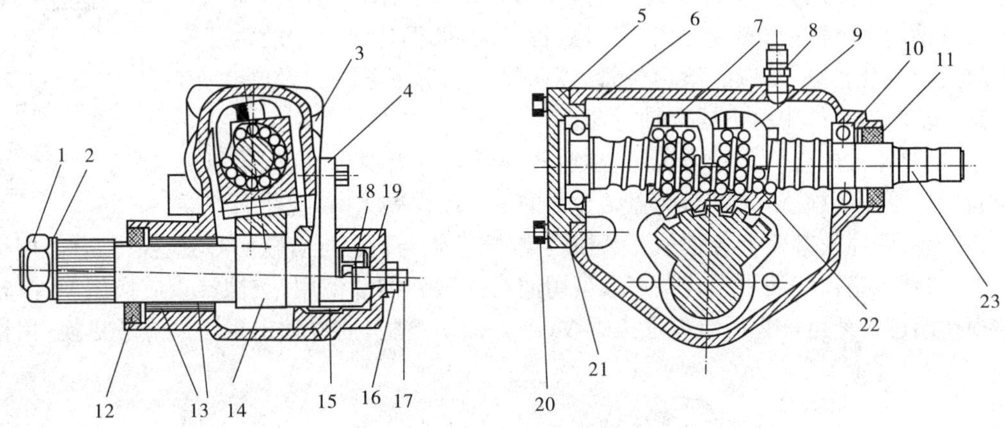

图 3-2-6 循环球式机械转向器结构

1-螺母；2-弹簧垫圈；3-转向螺母；4-转向器壳体垫片；5-转向器壳体底盖；6-转向器壳体；7-导管卡子；8-加油螺塞；9-钢球导管；10-球轴承；11、12-油封；13-滚针轴承；14-齿扇轴(摇臂轴)；15-滚针轴承；16-锁紧螺母；17-调整螺钉；18-调整垫片；19-侧盖；20-螺栓；21-调整垫片；22-钢球；23-转向螺杆

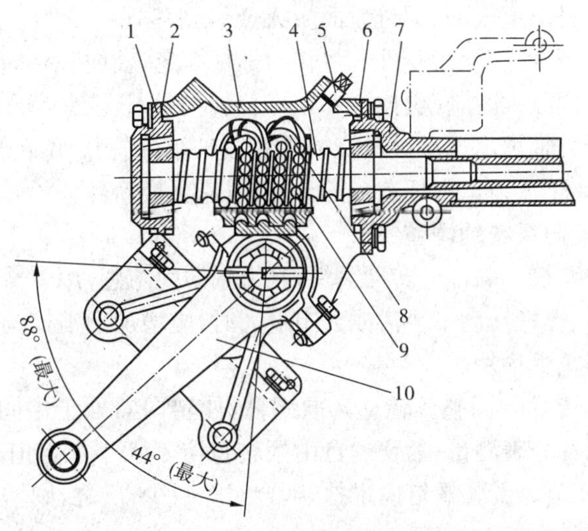

图 3-2-7 循环球式机械转向器

1-转向柱；2-转向螺杆；3-循环钢球；4-螺母；5-齿条；6-齿扇；7-垂臂；8-钢球导管；9-钢球；10-转向摇臂

2. 循环球式机械转向器的检修

(1)拆卸。将转向器外部清洗干净，拆下放油螺塞，放出转向器内的润滑油。转动转向螺杆，使转向螺母处于蜗杆中间位置，然后拧下转向器侧盖的 4 个紧固螺栓，用软质锤轻轻的敲击转向摇臂轴输出端，取下侧盖及摇臂轴总成并解体，如图 3-2-8 所示。取出摇臂轴时，注意不要碰伤油封。拧下转向器下盖上的紧固螺栓，用软质锤轻轻敲击转向螺杆上端，取下下盖、

转向螺杆及螺母总成(注意不要碰伤油封),并拆下转向器上盖等零件,如图 3-2-9 所示。分解后的转向螺杆总成、螺杆螺母总成若无异常情况(转动灵活,滚道无异常损伤,轴向及径向间隙符合要求等),尽量不要解体。必须解体时,可先拆下导管夹,取下钢球导管,如图 3-2-10 所示。然后转动螺杆取出所有钢球,使螺杆与螺母分离。注意:拆卸时,两循环滚道中的钢球应分别放置,并记清其所对应的滚道位置,以防错乱。拆下各油封及密封圈,用压具从转向器壳体中拆下摇臂轴衬套。

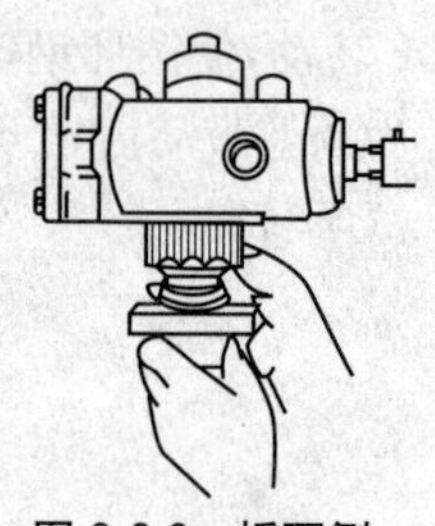

图 3-2-8　拆下侧盖及摇臂轴

(2)主要零件的检修。用检视法检查,转向器壳体出现裂纹,应予以更换;用直尺、厚薄规检查,壳体与侧盖结合面的平面度误差大时,应将其修磨平整;转向器壳体及端盖上各轴承孔磨损严重,摇臂轴与衬套配合松旷,均应换用新件;用检视法检查,摇臂轴扇齿表面出现轻微点蚀可用油石修磨后继续使用,点蚀严重应换用新件;轴端螺纹损伤超过 2 牙可堆焊后重新加工螺纹;磁力探伤检验,摇臂轴出现裂纹应予更换;用检视法检查,转向螺杆及螺母滚道表面、螺母齿面应无金属剥落现象及明显的磨损凹痕;磁力探伤检验,螺杆应无裂纹。否则,应换用新件。将转向螺杆固定,轴向和径向推拉转向螺母,并用百分表检查其配合间隙,间隙大时,应更换全部钢球。转向螺杆与轴承的配合出现松动时,也应换用新件;转向螺杆推力轴承出现点蚀及烧蚀现象或轴承保持架明显变形等,应成套更换,摇臂轴油封及螺杆油封老化或刃口损坏造成漏油时,也应更换新件。

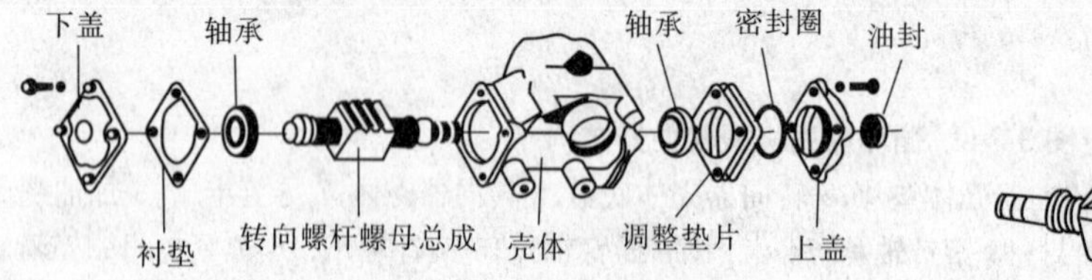

图 3-2-9　分解后的转向螺杆总成

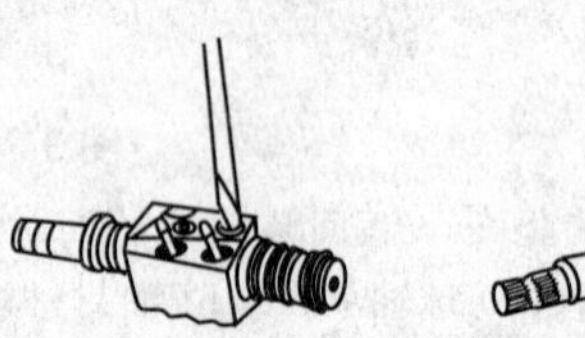

图 3-2-10　导管的拆装

3.**循环球式机械转向系统的调整**

(1)轴承预紧度的调整。螺杆应转动灵活,且无轴向间隙感,用弹簧秤拉动时,其转动力矩应符合车型技术要求。螺杆转动不灵活或力矩过大时,应增加上盖处调整垫片的厚度;当轴向间隙或力矩过小时,则减少垫片。

(2)摇臂的自由摆转量的调整。转动转向螺杆,使转向器处于中间啮合位置,装上摇臂。此时,在摇臂输出端用百分表测量,摇臂的自由摆转量应不大于规定值。否则,应调整摇臂轴齿扇与转向螺母啮合间隙。调整螺钉向里拧,啮合间隙减少;反之,则增大。调整合适后,拧紧调整螺钉的锁紧螺母。

第二节　液压动力转向系统结构与检修

由于机械式转向系本身不能同时满足转向操纵省力和高灵敏度的要求,所以,在重型汽车和高速轿车上广泛采用了利用发动机输出的动力为能源来协助转向的装置,这种采用转向助力装置的转向系统叫作动力转向系统。靠液压作为助力的动力转向系统称为液压动力转向系统。

一、液压动力转向系统的组成

图 3-2-11 所示为液压动力转向系统的结构示意图,它主要由转向油泵、转向动力缸、转向控制阀和机械转向器等组成。

(1)转向油泵。转向油泵是液压动力转向系统的动力源,它的作用是将发动机产生的机械能转变为驱动转向动力缸工作的液压能,再由转向动力缸驱动转向车轮。转向油泵除转向油泵本体外,通常还包括限制转向油泵输出油压的安全阀和调节输出油量的溢流阀等。

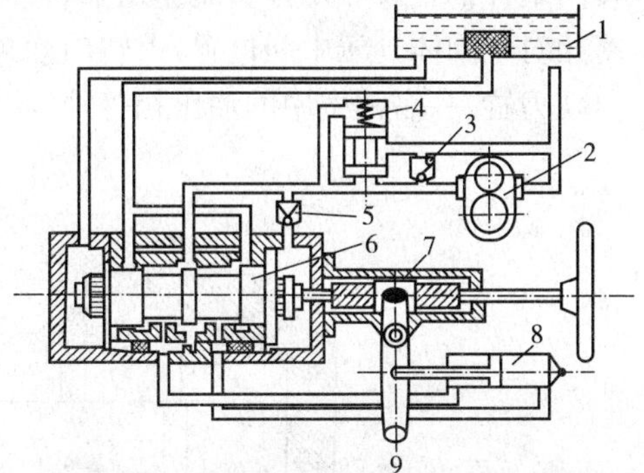

图 3-2-11　液压动力转向系统结构示意图

1-储油箱;2-转向油泵;3-安全阀;4-溢流阀;5-单向阀;6-转向控制阀;7-机械转向器;8-转向动力缸;9-转向臂

(2)转向动力缸。转向动力缸是将转向油泵提供的液压能转变为驱动转向车轮偏转的机械力的转向助力执行元件。

(3)转向控制阀。转向控制阀是在驾驶人的操纵下,控制转向动力缸输出动力大小、方向和增力快慢的控制阀。转向控制阀通常还包含一个单向阀(也叫强制转向阀),它的作用是当动力转向系统中的液压部分出现故障时,单向阀能保证驾驶人通过转向盘可以直接操纵机械式转向器工作,使汽车能继续行驶。

二、液压动力转向器的结构和检修

常见的液压动力转向器按转向控制阀形式分滑阀式与转阀式等两种。

(一)滑阀式液压动力转向器

1.滑阀式液压动力转向器的结构

滑阀式液压动力转向器的结构如图 3-2-12 所示。

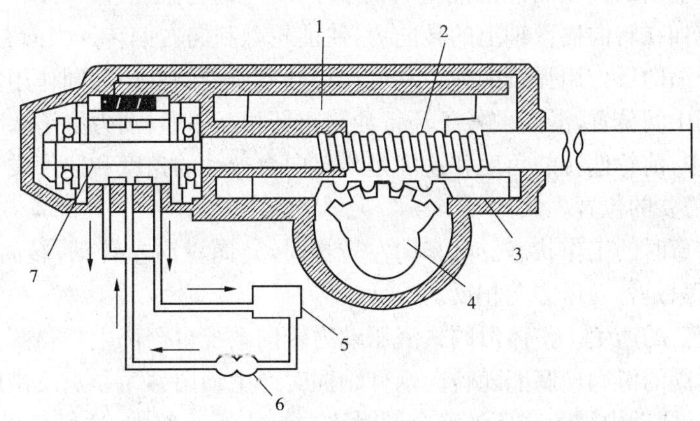

图 3-2-12　整体滑阀式液压动力转向器的结构

1-动力缸活塞;2-转向蜗杆轴;3-转向器壳;4一转向摇臂轴;5-储油箱;6-转向油泵;7-滑阀转向控制阀

2. 滑阀式液压动力转向器工作原理

(1)汽车直驶时的工作状态。汽车直驶时转向盘处于中间位置不动。如图 3-2-13 所示，转向蜗杆轴在反作用弹簧的作用下，转向位置相对于外壳是固定不动的，转向控制阀的滑阀柱塞相对于阀体处于中间位置，由转向油泵输进转向控制阀的高压油液直接回流到储油箱中，转向动力缸左、右油室中的油压相等，因此，动力转向机构处于不工作状态。

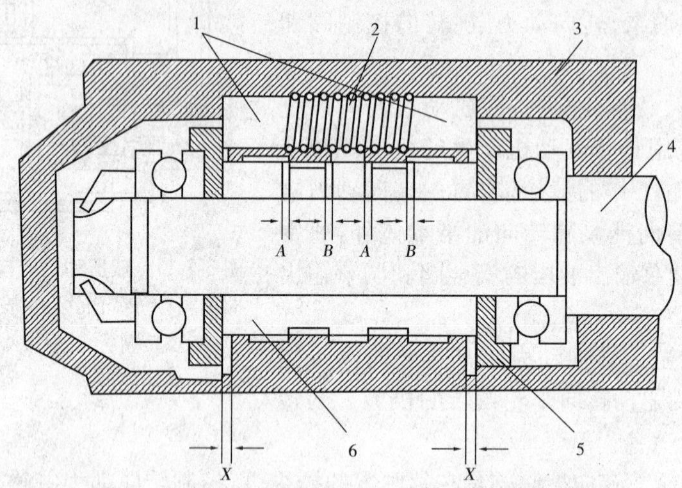

图 3-2-13 整体滑阀式液压动力转向系统的转向控制阀

1-反作用柱塞；2-反作用弹簧；3-控制阀阀体；4-转向蜗杆轴；5-导向板；6-滑阀柱塞

X-间隙

(2)汽车右转弯时的工作状态。汽车右转弯行驶时，转向盘向右转动，转向蜗杆轴驱动图 3-2-14 中动力缸活塞 2 向右移动，与动力缸活塞制成一体的齿条通过扇形齿轮和转向摇臂驱动前轮向右偏转，由于前轮与路面之间存在摩擦阻力，这个摩擦阻力反过来会阻止动力缸活塞向右移动，这个反作用力使转向蜗杆轴带动与其连在一起的导向板(图 3-2-13)克服反作用弹簧的张力，而相对于转向控制阀阀体向左移动一个间隙(*X*)距离，与转向蜗杆轴联动的转向控制阀的滑阀柱塞也向左移动。这样，由滑阀柱塞控制的油道 *A* 的通道面积扩大，油道被关闭。因此，由转向油泵输出的高压油经过油道 *A* 后进入转向动力缸的左侧油室，推动活塞向右运动，从而增大了施加在转向摇臂轴上的转向力，使前轮顺利向右偏转。当向右转动转向盘的操作力停止时，受压缩的反作用弹簧的弹力和反作用柱塞所受的油压共同作用的结果，使滑阀柱塞向左移动，回到中间位置，滑阀内各条环行油路重新相互串通，动力缸活塞随即也停止移动。在这个转向过程中，前轮偏转的角度和速度是与转向盘转动的角度和速度成正比的，并且能够正确地偏转到所需要的位置。

(3)汽车左转弯时的工作状态。汽车向左转弯时，转向盘向左转动，转向控制阀进行类似向右转向的动作，只是各动作方向相反。

(4)转向"路感"的产生。整体滑阀式液压动力转向系统也会产生"路感"，这是由于转动转向盘时，转向控制阀的滑阀柱塞能随转向蜗杆轴同时产生轴向移动。当反作用弹簧被压缩时，由转向油泵输向转向动力缸的高压油液会同时输向反作用油腔中，这样反作用弹簧的弹力和反作用油腔中的高压油液施加给反作用柱塞的压力就共同作用到转向蜗杆轴上，产生一个与转向阻力大小成正比的作用力，这个力反映在转向盘上就使驾驶人对转向状况产生"路感"。

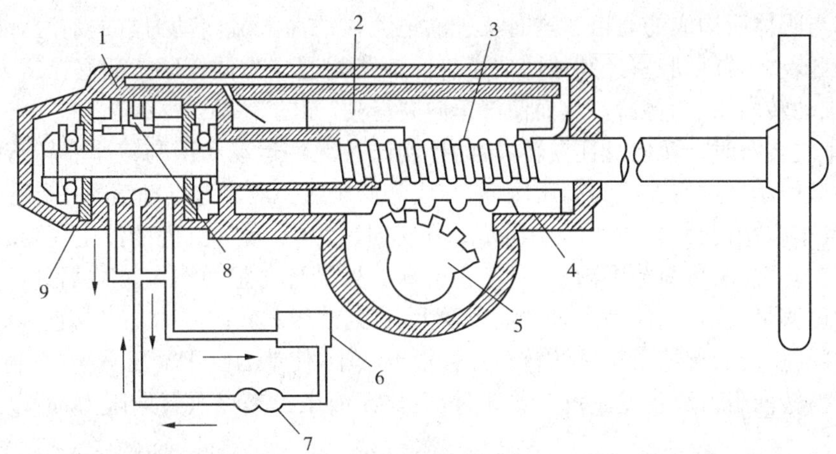

图 3-2-14　整体滑阀式液压动力转向系统在汽车右转时转向控制阀的工作状态

1-反作用弹簧;2-动力缸活塞;3-转向蜗杆轴;4-转向器外壳;5-转向摇臂轴;6-储油箱;7-转向油泵;8-反作用室;9-滑阀柱塞

(二)转阀式液压动力转向器

1.转阀式液压动力转向器的结构

转阀式液压动力转向器的结构如图 3-2-15 所示。

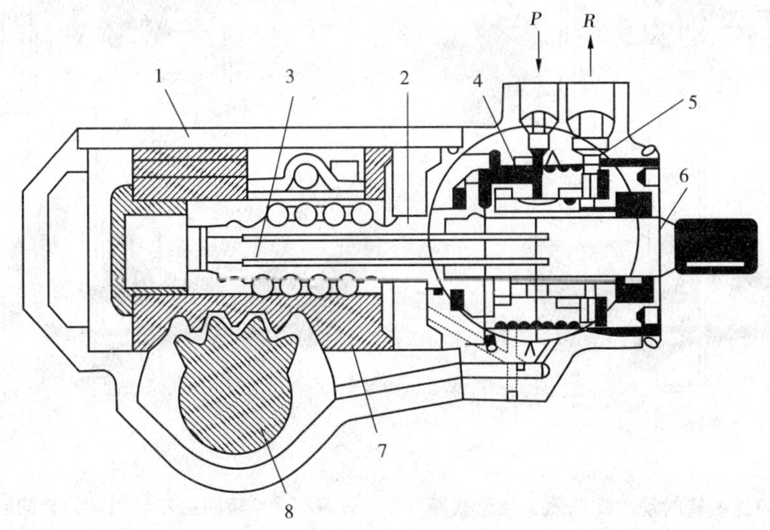

图 3-2-15　整体转阀式液压动力转向器的结构

1-转向动力缸;2-转向螺杆轴;3-扭杆弹簧;4-转向控制阀阀体;5-转向控制阀总成;6-转阀阀杆;7-动力缸活塞(兼转向螺母);8-转向摇臂轴 P-高压进油口;R-回油口

2.转阀式液压动力转向器工作原理

(1)汽车直驶时的工作状态。由于此时转向盘处于中间位置(未转动转向盘),转向油泵供给的油液流入控制阀进油道,从阀芯和阀体的预开缝隙经回油道流回储油箱。动力缸前后腔油压相等,两前轮处于直线行驶位置。

(2)汽车右转弯时。转向盘往右转,阀芯随转向柱向右转动,同时由于转向阻力的反作用,扭杆与阀体相连的一端产生与此相反方向的变形,即阀体相对于阀芯有一个向左的转动,从而改变了阀芯与阀体所构成的通道。这时从进油道流入的油液流向动力缸的前腔，从而使前腔室成为高压区，动力缸后腔室经阀体回油道与回油路相通成为低压区。活塞在压力差作用下向后移动，推动转向轮向右偏转，从而使汽车向右行驶，如图 3-2-16 所示。

(3)汽车左转弯时。转向盘往左转，转向控制阀各元件运动状况与汽车右转弯时相反，控制阀改变油道使动力缸后腔成为高压区，前腔成为低压区。液压差推动活塞往前移，使转向轮向左偏转，汽车向左行驶，如图 3-2-17 所示。在转向过程中，动力缸内的液压是随转向阻力而变化的，在转向油泵的负荷范围内，二者互相平衡。如果转向阻力增大，扭杆的扭转变形量及阀芯的转动位移量也增大，使动力缸中油压增大，直到油压和转向阻力平衡为止。如果转向阻力减小，扭杆的扭转变形量及阀芯的转动位移量也减小，使动力缸中油压减小，直到两者平衡，即动力油压与转向阻力成正比。汽车转向时，主要靠液压力来克服转向阻力，所以，转向操纵轻便、省力。

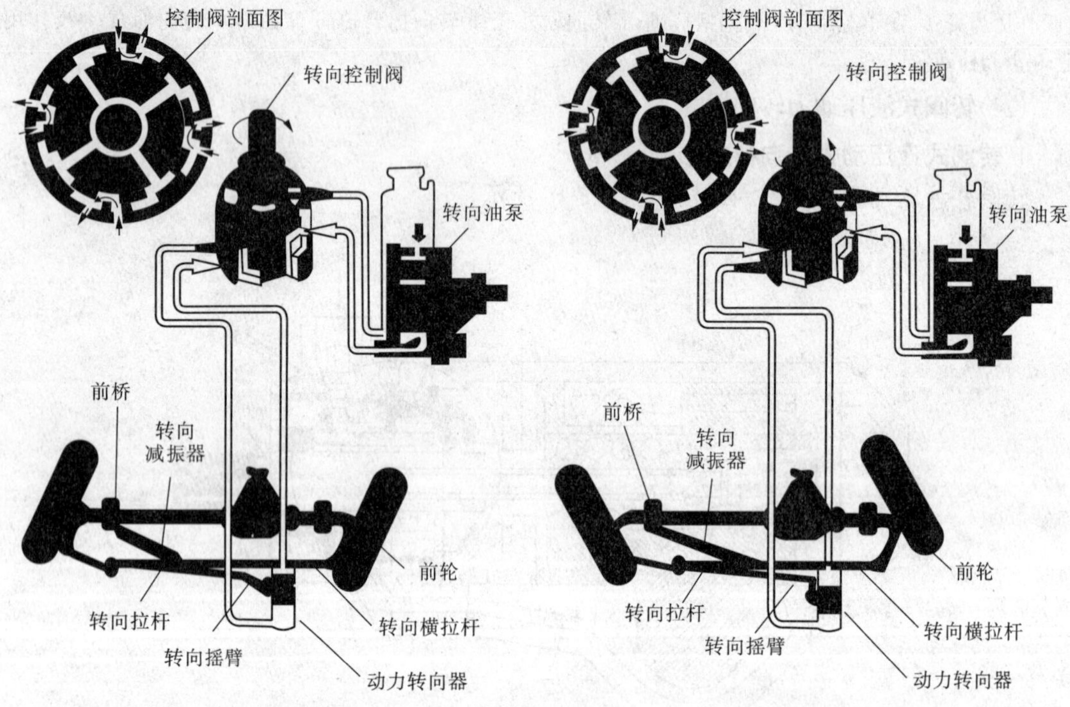

图 3-2-16 转向盘右转时动力转向器工作示意图

图 3-2-17 转向盘左转时动力转向器工作示意图

(三)液压动力转向器的检修

1. 动力转向器零件的检验

(1)滑阀和阀体的定位孔出现裂纹、明显的磨损，滑阀在阀体内发卡，应更换阀体组件，如图 3-2-18 所示。

(2)输入轴配合表面不得有明显的磨痕、划伤和毛刺，否则，应更换。

(3)修理时，必须更换所有的橡胶类密封元件。

(4)壳体上的球堵、堵盖之类的密封件不得有渗漏现象。

2. 动力转向系的试验与调整

动力转向系装配完毕后，应进行油量、油压试验，排出系统内的空气，调整转向油泵皮带松紧度等作业，以保证动力转向系有良好的工作性能。无动力转向系试验台，可进行就车试验，不同车型动力转向系的试验内容和方法基本类似，本节介绍一般汽车的就车试验程序。

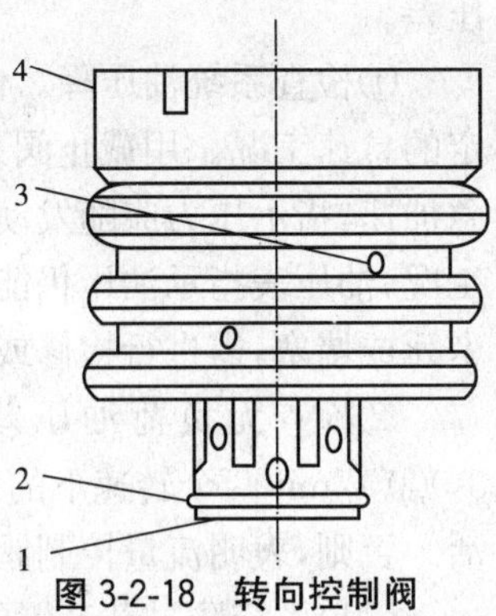

图 3-2-18 转向控制阀

1-滑阀；2-密封圈；3-销孔；4-阀体

(1)检查调整轮胎气压。

(2)检查调整转向桥、转向系各部位配合间隙以及转向盘的自由转动量。

(3)检查调整转向车轮定位。

(4)检查调整转向油泵皮带张力。以车型技术要求的压力，在皮带中部按下皮带，皮带的挠度应符合车型技术要求。

(5)检查发动机怠速提高能力。在发动机性能正常、怠速稳定的条件下，转向盘转至极限位置，此时，夹紧空气量辅助控制阀软管，发动机转速应急速下降；放松空气量辅助控制阀软管时，发动机转速应急速上升。

(6)检查储油箱液位。保持转向轮与地面接触，在发动机维持怠速转动条件下，将转向盘反复从一侧极限位置转至另一侧极限位置，使液压油的温度升至 50°～80°。此时，储油箱中油面应在上下限标线之间，且油中无气泡。检查各部位确无泄漏后，若需补给液压油，按车型技术要求牌号补给液压油。若需要更换液压油，先顶起转向桥，从储液箱及回油管排出旧油；同时，使发动机怠速运转，排放旧液压油；并将转向盘向左、向右反复转到极限位置，直至旧液压油排尽 1 ～2 s 后，再加注新液压油。

(7)动力转向系统中的空气排放。动力转向系统在更换液压油之后和检查储油箱中油位时发现有气泡冒出，说明系统内已渗入了空气，这将会引起转向沉重、前轮摆动、转向油泵产生噪声等故障，必须将系统内的空气排放干净。排放程序如下：架起转向桥，发动机怠速运转，同时反复向左、向右转动转向盘到极限位置，直至储油箱内泡沫冒出并消除乳化现象，表明液力转向系统内的空气已基本排除干净。发动机刚刚熄火后，储油箱中应无气泡，液面不得超过上限，停机 5 min 之后，液面应升高约 5 mm。

(8)检查动力转向系统的油压。动力转向系统的油压，可以表示转向油泵和流量控制阀的技术状况。为了检查系统油压，在检查储油箱液位之前，应在系统内装入油压测试仪，如图 3-2-19 所示，油压测试仪由油压表和截止阀并联而成。具体测试步骤为：将油压测试仪串联在动力转向器的进油管道上，转动转向盘，使转向车轮向右转至极限位置；起动发动机，使其转速稳定在 1 500～1 600 r/min；关闭截止阀，油压表指示压力应符合车型技术要求(一般不低于7 MPa)。注意：截止阀关闭时间不宜超过 10 s，以免对转向油泵造成不良影响。

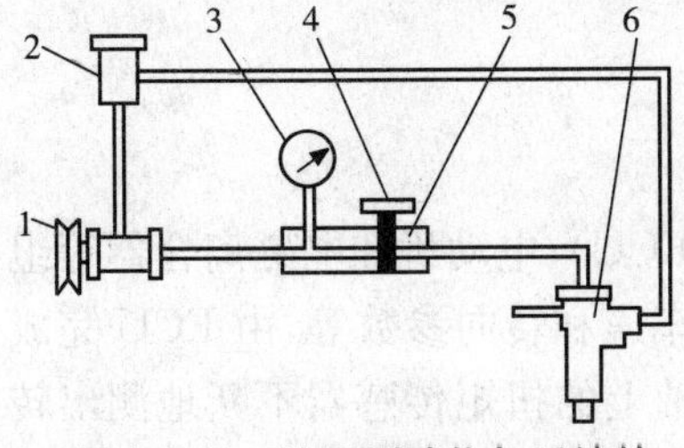

图 3-2-19 油压测试仪与系统的连接

1-转向油泵；2-储油箱；3-油压表；4-截止阀；5-油压测试仪；6-动力转向器

(9)测量动力转向器的有效油压。使发动机维持怠速运转，截止阀完全打开，并将转向盘转至极限位置，此时油压表指示压力应符合车型技术要求(一般不小于 7 MPa)。若油压过低或油压表指针抖动，说明转向器内部有泄漏。

(10)检验流量控制阀的工作性能。检查流量控制阀工作性能的方法有两种：一种方法是检验发动机在怠速范围内急加速时系统内的油压降；另一种方法是检验无负荷时的油压差。

①检查系统油压降。仍将油压测试仪安装在动力转向器的进油管道上，使发动机处于稳定的怠速工况。用截止阀开度调整油压表，使指示油压为 3 MPa。转向盘不动，在怠速范围内急加速，指示压力应随发动机转速的增大而提高。突然放松加速踏板，使发动机恢复稳定怠速工况，油压表指示油压仍能回复到 3 MPa，说明流量控制阀性能可靠。否则，表明流量控制阀卡死或堵塞，需进行检修或更换流量控制阀。

②检查无负荷油压差。完全打开截止阀。分别测量发动机转速在 1 000 r/min 和 3 000 r/min两个转速下的油压，若油压差小于 0.49 MPa，表明流量控制阀性能良好，动作灵活。否则，表明流量控制阀需检修或更换。

(11)系统防过载装置的调整。系统防过载装置由转向器限位螺栓和车轮最大转向角限位螺栓组成。前者用于限制扇形齿即摇臂轴的最大摆角，后者用于限制转向时转向轮的最大转角，要求在转向盘转到左、右极限位置时摇臂轴先碰抵转向器限位螺钉之后，转向节才碰抵最大转向角限位螺栓，防止转向车轮转角过大，造成液力转向系统油压突然升高而产生过载，损坏密封件或使管道胀裂。调整程序如下：油压测试仪仍然装在动力转向器的进油管道上，并使发动机继续处在稳定怠速工况；松开转向器限位螺栓，再将转向盘转至一侧极限位置；将转向器限位螺栓拧进至与齿扇刚刚接触后，再退回约 1/3 圈，此时指示油压应在 0 ～2 MPa；调整最大转向角限位螺栓，使转向轮与最大转向角限位螺栓抵触时，指示油压应不小于7 MPa。

(12)检查动力转向器的回油压力。把油压测试仪装在动力转向器回油管路中，发动机处于怠速工况，此时指示油压应小于 0.5 MPa。若回油压力过大，会造成转向盘自动向左方转动，说明回油油管堵塞或压瘪，回油阻力过大。

(13)测量转向力。落下前桥，使汽车停放在平坦地面上，两转向轮处于平行位置，发动机怠速运转；测量转向盘从直行(中间位置)向左、向右转动转向盘所需的力矩。装有安全气囊的动力转向系，其转向盘周缘的转动力一般不大于 39 N，无安全气囊的一般不大于 7.5 N。

第三节　电控动力转向系统结构与检修

近年来随着电子控制技术在汽车上的广泛应用，出现了电动式电控动力转向系统，简称电动式 EPS。

一、电控动力转向系统的组成

电动式 EPS 通常由扭矩传感器、车速传感器、电控单元(ECU)、电动机和电磁离合器等组成(图 3-2-20)。电动式 EPS 是利用电动机作为助力源，根据车速和转向参数等，由 ECU 完成助力控制，其原理可概括如下：当操纵转向盘时，装在转向盘轴上的扭矩传感器不断地测出转向轴上的扭矩信号，该信号与车速信号同时输入到 ECU。ECU 根据这些输入信号，确定助力扭矩的大小和方向，即选定电动机的电流和转向，调整转向辅助动力的大小。电动机的扭矩由电磁离合器通过减速机构减速增扭后，加在汽车的转向机构上，使之得到一个与汽车工况相适应的转向作用力。电动式 EPS 有许多液压式动力转向系统所不具备的优点：

(1)将电动机、离合器、减速装置、转向杆等各部件装配成一个整体,这既无管道也无控制阀,使其结构紧凑、质量减轻。一般电动式 EPS 的质量比液压式 EPS 质量轻 25%左右。

(2)没有液压式动力转向系统所必须的常运转转向油泵,电动机只是在需要转向时才接通电源,所以动力消耗和燃油消耗均可降到最低。

(3)省去了油压系统,所以不需要给转向油泵补充油,也不必担心漏油。

(4)可以比较容易地按照汽车性能的需要设置、修改转向助力特性。

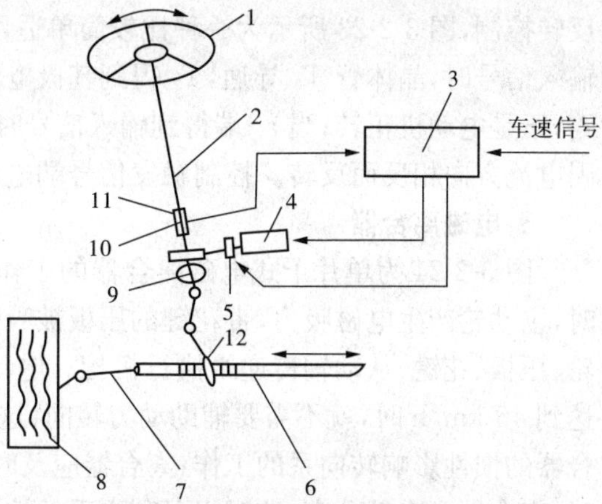

图 3-2-20 电动式 EPS 的组成

1-转向盘;2-输入轴(转向轴);3-ECU;4-电动机;5-电磁离合器;6-转向齿条;7-横拉杆;8-转向轮;9-输出轴;10-扭力杆;11-扭矩传感器;12-转向齿轮

二、电控动力转向系统结构与检修

1. 扭矩传感器

扭矩传感器的作用是测量转向盘与转向器之间的相对扭矩,以作为电动助力的依据之一。图 3-2-21 所示为无触点式扭矩传感器的结构及工作原理图。在输出轴的极靴上分别绕有 A、B、C、D 四个线圈,转向盘处于中间位置(直驶)时,扭力杆的纵向对称面正好处于图示输出轴极靴 AC、BD 的对称面上。当在 U、T 两端加上连续的输入脉冲电压信号 U_i 时,由于通过每个极靴的磁通量相等,所以在 V、W 两端检测到的输出电压信号 $U_o=0$。转向时,由于扭力杆和输出轴极靴之间发生相对扭转变形,极靴 A、D 之间的磁阻增加,B、C 之间的磁阻减少,各个极靴的磁通量发生变化,于是在 V、W 之间就出现了电位差。其电位差与扭力杆的扭转角 θ 和输入电压 U_i 成正比。如果比例系数为 K,则有 $U_o=KU_i\theta$。所以,通过测量 V、W 两端的电位差就可以测量出扭力杆的扭转角,于是也就知道了转向盘施加的转动扭矩。

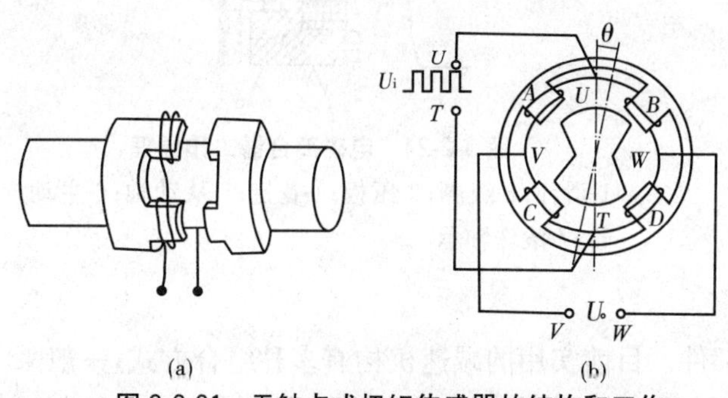

图 3-2-21 无触点式扭矩传感器的结构和工作

(a)结构;(b)工作原理

图 3-2-22 所示为滑动可变电阻式扭矩传感器的结构,它是将负载力矩引起的扭力杆角位移转换为电位器电阻的变化,并经滑环传递出来作为扭矩信号。

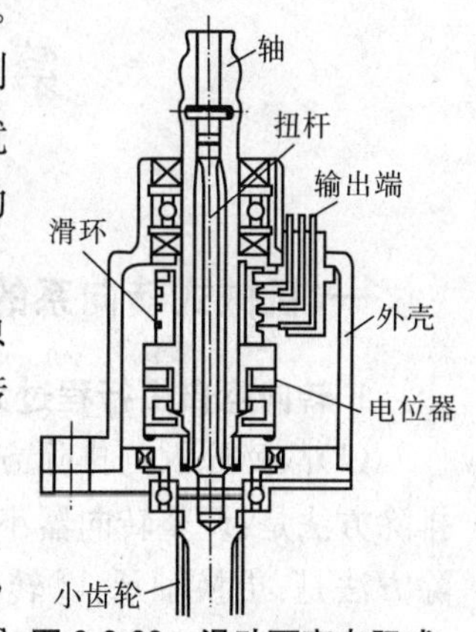

图 3-2-22 滑动可变电阻式扭矩传感器

2. 电动机

电动式 EPS 用电动机与起动用直流电动机原理上基本相同,但一般采用永磁电动机。其最大电流一般为 30 A 左右,电压为 DC 12 V,额定转矩为 10 N · m 左右。转向助力用直流电动机需要正反转控制，图 3-2-23 所示为一种比较简单适用的控制电路。a_1、a_2 为触发信号端；当 a_1 端得到输入信号时，晶体管 T_3 导通，T_2 得到基极电流而导通，电流经过电动机 M、T_3 搭铁而构成回路，于是电动机正转；当 a_2 端得到输入信号时，电流则经 T_1、M、T_4 搭铁而构成回路，电动机则因电流方向相反而反转。控制触发信号端电流的大小，就可以控制通过电动机电流的大小。

3. 电磁离合器

图 3-2-24 为单片干式电磁离合器的工作原理图。当电流通过滑环进入电磁离合器线圈时，主动轮产生电磁吸力，带花键的压板被吸引与主动轮压紧，于是电动机的动力经过轴、主动轮、压板、花键、从动轴传递给执行机构。电动式 EPS 一般都设定一个工作范围，例如当车速达到 45 km/h 时，就不需要辅助动力转向，这时电动机就停止工作，为了不使电动机和电磁离合器的惯性影响转向系的工作，离合器应及时分离，以切断辅助动力，另外，当电动机发生故障时，离合器会自动分离，这时仍可利用手动控制转向。

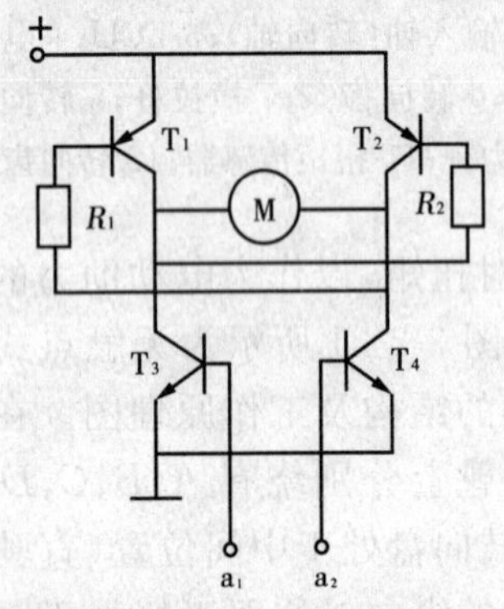

图 3-2-23 电动机正反转控制电路

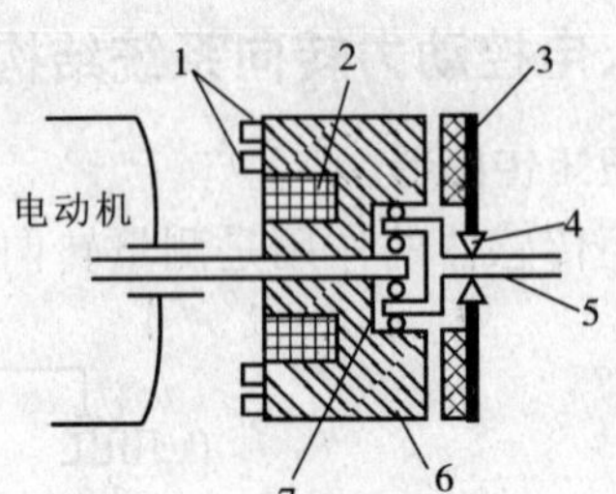

图 3-2-24 电磁离合器工作原理

1-滑环；2-线圈；3-压板；4-花键；5-从动轴；6-主动轮；7-滚珠轴承

4. 减速机构

减速机构是电动式 EPS 不可缺少的部件。目前实用的减速机构有多种组合方式，一般采用蜗轮蜗杆与转向轴驱动组合式，也有的采用两级行星齿轮与传动齿轮组合式。为了抑制噪声和提高耐久性，减速机构中的齿轮有的采用特殊齿形，有的采用树脂材料制成。

第四节 转向系统故障诊断

一、机械式转向系的故障与排除方法

1. 转向盘自由行程过大

(1)故障原因与排除方法：①转向器的小齿轮与齿条间隙过大，造成转向自由行程过大。排除方法是：调整转向器小齿轮的预紧力；②转向器的轴承磨损，造成转向自由行程过大。排除方法是：更换轴承；③转向器安装螺栓(母)松动，由于转向器产生位移，使转向自由行程过大。排除方法是：紧固转向器安装螺栓；④转向横拉杆球头销磨损，造成转向器自由行程过大。排除方法是：更换球头销；⑤转向万向节的磨损，造成转向自由行程过大。排除方法是：更换传动轴的万向节或万向节的轴承；⑥转向柱、传动轴和转向器之间的连接螺栓（母）松动，造成转向自由行程过大。排除方法是：紧固连接螺栓；⑦转向盘与转向柱连接松动，一方面可能是键松动，另一方面是紧固螺母松动，造成转向自由行程过大。排除方法是：更换转向盘或转向柱，并紧固螺母。

（2）转向自由行程过大的排除程序：转向自由行程过大的排除程序如图 3-2-25 所示。

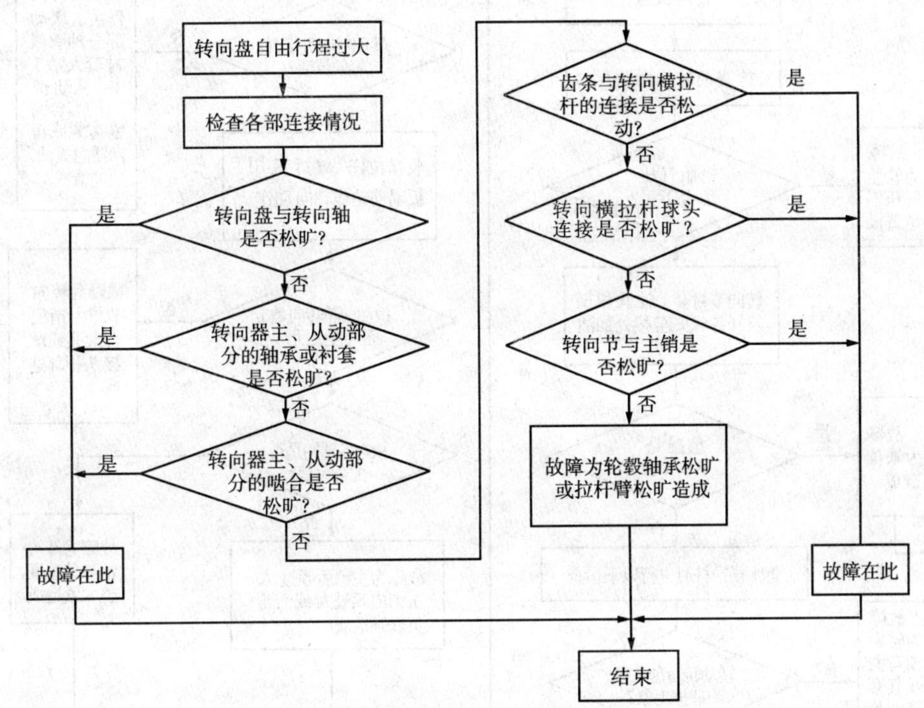

图 3-2-25　转向自由行程过大的排除程序

2. 转向沉重

（1）故障原因与排除方法：①转向器缺润滑油，造成转向沉重。排除方法：按规定向转向器加注转向机油；②前轮胎气压不足，造成转向沉重。排除方法是：按规定气压向前轮轮胎充气；③前轮定位不正确，造成转向沉重。排除方法：正确检查和调整前轮定位角；④转向器小齿轮与齿条啮合间隙太小，造成转向沉重。排除方法：调整小齿轮的预紧力；⑤转向器或转向柱的轴承损坏，造成转向沉重。排除方法：更换轴承；⑥转向横拉杆球头销缺油或损坏，造成转向沉重。排除方法：更换球头销。

（2）转向沉重的排除程序。转向沉重的排除程序如图 3-2-26 所示。

二、动力转向系的故障与排除方法

动力转向系的常见故障有转向盘沉重或前轮摆动、转向盘单侧沉重、转向盘回正能力差、转向油泵有噪声或系统油压过高等。

1. 转向器发出嘶嘶声

（1）故障原因：轻微的嘶嘶声是正常的，不影响转向性能，除非声音特别明显。当转向盘处于极限位置或原地慢慢转动转向盘时，会出现这种嘶嘶声。

(2)故障诊断与维修:不用更换转向阀,更换转向控制阀后也会出现轻微的噪声并且不能纠正。检查一下柔性连接螺钉的间隙。保证转向柱与转向器对正,使柔性连接处在一个平面内转动,而在转向柱转动时,任何不扭曲金属与金属内的柔性连接都会导致转向控制阀的嘶嘶声,这声音由转向柱传入驾驶室。

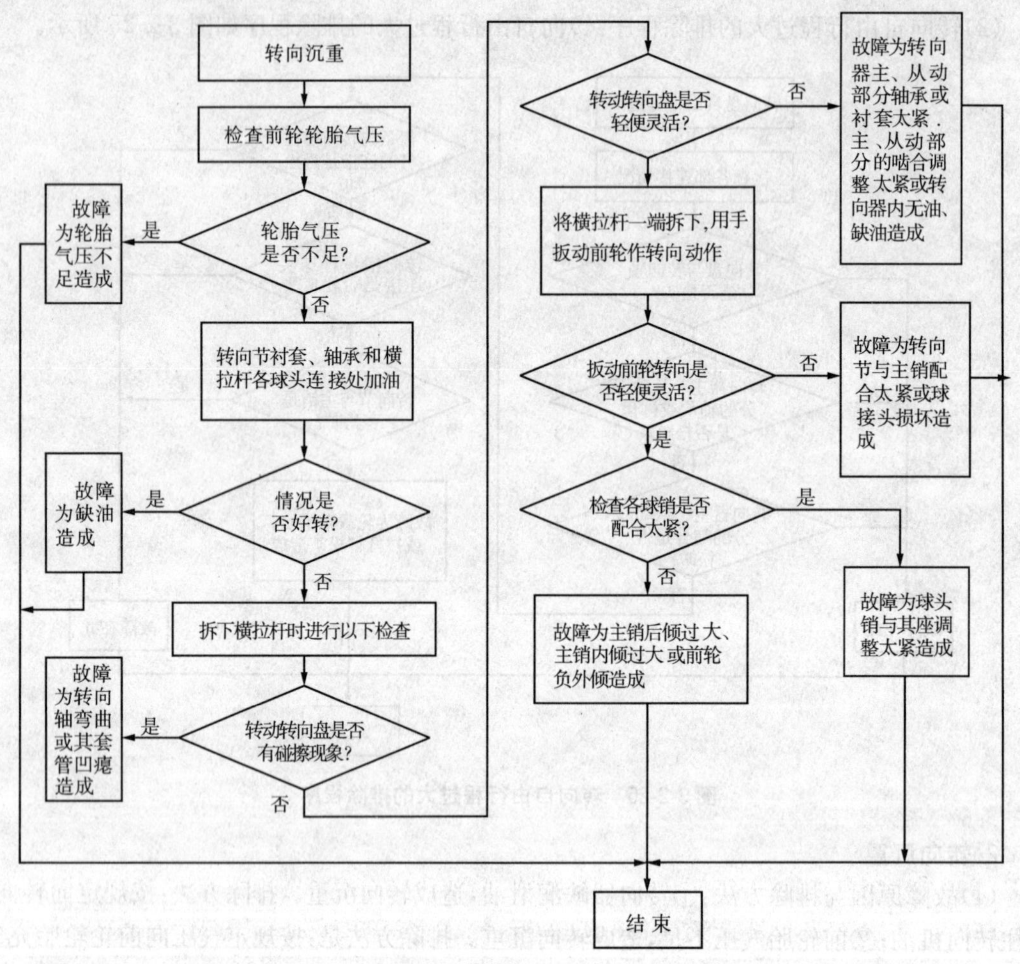

图 3-2-26 转向沉重的排除程序

2. 转向器有“喀喀”声

(1)故障原因:①转向器在支架上的安装出现松动;②转向杆松动;③压力软管碰车辆其他部件;④转向齿条调整过松。注:转向器可能发出轻微的“喀喀”声,这是正常的,不应该将间隙调整至规定的范围以下来消除这种轻微的喀喀声。

(2)故障诊断与排除:①检查转向器安装螺栓,用规定的紧固力矩拧紧安装螺栓;②检查拉杆接头有无磨损,需要时更换;③调整软管位置,不要用手使软管弯曲;④按规定调整。

3. 转向沉重或助力不足

(1)故障原因:①转向油泵的皮带松动;②油面低;③转向器与转向柱不对正;④下连接凸缘松动;⑤轮胎充气不当;⑥流量控制阀卡住。⑦转向油泵输出压力不够;⑧转向油泵内泄漏过大;⑨转向器内泄漏过大。

(2)故障诊断与排除:①按规定调整皮带张力;②加油到规定油面,如油面过低,检查所有管路和接头;③对正转向器和转向柱;④松开夹紧螺栓,正确地装配;⑤按规定压力充气,拧紧松动接头。注:如果①至⑤项检查仍找不出转向沉重的原因,应进行压力试验。为了诊断故障原因中⑥、⑦、⑧、⑨所列现象,需要对整个动力转向系统进行测试。

4.动力转向油产生乳状泡沫,液面低以及压力低

(1)故障原因:转向油中有空气,或由于转向油泵内泄漏造成液体损耗。

(2)故障诊断与排除:检查有无漏油并加以解决,排出系统中空气。若油面低,则过低的油面会使空气进入转向器。如果油面正确,而转向油泵仍然起泡沫,将转向油泵从车上取下,将储油箱和转向油泵体分开,检查堵塞和壳体有无裂缝,如果堵塞松动或外壳开裂,则应更换壳体。

5.转向油泵原因造成的输出压力低

(1)故障原因:①流量阀卡滞或不能工作;②压力板与转向油泵环未靠平。

(2)故障诊断与排除:①消除毛刺或污垢或将其更换;②进行校正。

6.转向器原因造成输出压力低

(1)故障原因:①由于活塞环磨损或油缸严重磨损,使压力降低;②阀环上、阀体间的油封漏油。

(2)故障诊断与排除:①从车上取下转向器,拆开检查活塞环和油缸;②从车上取下转向器,拆开并更换油封。

7.快速地自右向左转动转向盘时,转向力瞬时增大

(1)故障原因:①转向油泵内油面低;②传动带打滑;③内泄漏过多。

(2)故障诊断与排除:①按需要添油;②张紧或更换皮带;③按压力试验的方法检查转向油泵压力。

8.发动机运转时转向,特别在原地转向时,转向盘颤抖或跳动

(1)故障原因:①转向油泵内油面低;②转向油泵皮带松;③打满转向时转向拉杆碰撞发动机油底壳;④转向油泵压力不足;⑤流量控制阀卡住。

(2)故障诊断与排除:①按需要添加转向液;②按规定调整张力;③校正间隙;④按压力试验方法检查转向油泵压力,如流量阀已坏,则予以更换;⑤检查有无胶质或损坏,需要时更换。

9.转向油泵输出压力低

(1)故障原因:①转向油泵环过分磨损;②压力板、止推片或转子有擦伤;③叶片安装不当;④叶片卡在转子槽内;。⑤止推片或压力板开裂或断裂。

(2)故障诊断与排除:①更换零件,冲洗系统;②正确安装;③清除毛刺、胶质以及脏物;④更换零件。

10.转弯或回正时转向器发出尖叫声

(1)故障原因:滑阀阻尼O形圈切断。

(2)故障诊断与排除:更换滑阀阻尼O形圈。

11.转向盘回正性能差

(1)故障原因:①轮胎充气不足;②杆系球销润滑不足;③下连接凸缘和转向器调整器摩擦;④转向器与转向柱不对正;⑤前轮定位不正确;⑥转向杆系卡住;⑦主销球接头咬住;⑧转向盘外罩摩擦;⑨转向柱轴承过紧或卡滞;⑩滑阀卡住或堵塞;⑪回油软管扭曲阻塞。

(2)故障诊断与排除:①按规定气压充气;②润滑杆系接头;③松开夹紧螺栓,正确安装;

④对正转向器和转向柱；⑤必要时加以检查和调整；把前轮放在前轮定位检查架上，拆开转向摇臂和摇臂轴的连接。用手转动前轮，如轮子转动或用很大的力才能转动，则查明转向杆系接头是否卡滞；⑥更换接头；⑦更换主销接头；⑧把外罩对中；⑨更换轴承；⑩取下滑阀加以清洗或更换；⑪更换软管。

12. 汽车偏驶

(1)故障原因：①前轮定位未校正；②转向阀不稳定。如果是此原因，则在偏驶方向上用的转向力很轻，而在相反方向上正常用力或用力大些。

(2)故障诊断与排除：①按规定调整前轮定位；②更换转向阀。

13. 向左或向右急转转向盘时，转向力瞬时增大

(1)故障原因：①油面低；②转向油泵传动带打滑；③内泄漏量过大。

(2)故障诊断与排除：①按要求添加动力转向液；②张紧或更换传动带；。③按压力试验检查转向油泵的压力。

14. 转向盘回正过度或转向松旷

(1)故障原因：①转向系中有空气；②转向器在支架上的安装出现支架松动；③转向杆系过度磨损而松动；④推力轴承预紧不足；⑤转向器齿轮啮合间隙过大。

(2)故障诊断与排除：①向转向油泵的油箱加油，然后进行转向操作，排出系统中空气，检查软管接头紧固力矩是否合适，需要时加以调整；②按规定紧固力矩拧紧连接螺栓；③更换松动接头；④从车上取下转向器，按规定进行调整。

本章小结

本章介绍了以下几方面的内容：

◆机械式转向系统功用和组成。
◆齿轮齿条式机械转向器的结构与检修方法。
◆齿轮齿条式机械转向系统的调整方法。
◆循环球式机械转向器的结构与检修方法。
◆循环球式机械转向系统的调整方法。
◆液压动力转向系统的组成及各组成部件的作用。
◆滑阀式液压动力转向器的结构和工作原理。
◆转阀式液压动力转向器的结构和工作原理。
◆液压动力转向器的检修方法。
◆动力转向系统的试验与调整方法。
◆电控动力转向系统的组成。
◆电控动力转向系统的结构和工作。
◆机械式转向系的常见故障与排除方法。
◆动力转向系统的常见故障与排除方法。

复习思考题

1. 转向系的作用有哪些？

2. 机械转向系统主要由哪些部件组成?

3. 目前汽车上广泛使用的转向器有哪些类型?

4. 简述齿轮齿条式机械转向器的结构和工作原理。

5. 简述齿轮齿条式机械转向器的检修要点。

6. 如何进行齿轮齿条式机械转向系统的调整?

7. 简述循环球式机械转向器的结构和工作原理。

8. 简述循环球式机械转向器的检修要点。

9. 如何进行循环球式机械转向系统的调整?

10. 液压动力转向系统主要由哪些部件组成?各组成部件的功用是什么?

11. 简述滑阀式液压动力转向器的结构和工作原理。

12. 简述转阀式液压动力转向器的结构和工作原理。

13. 简述液压动力转向器的检修要点。

14. 如何进行动力转向系的试验与调整?

15. 电控动力转向系统主要由哪些部分组成?

16. 简述电控动力转向系统的结构和工作原理。

17. 导致机械转向系统转向盘自由行程过大的原因有哪些?简述转向盘自由行程过大的故障排除过程。

18. 导致机械转向系统转向沉重的原因有哪些?简述转向沉重的故障排除过程。

19. 动力转向系统常见的故障有哪些?各是由什么原因导致的?

第三章 行驶系统结构与检修

本章要点

通过本章的学习：

★了解车桥的类型。

★熟悉转向桥和转向驱动桥的结构。

★熟悉前轴、转向节、轮毂的检修技术要求。

★掌握最大转向角的检查和调整方法。

★掌握前轮轮毂轴承的调整方法。

★了解车轮的功用、组成与分类。

★熟悉车轮的结构。

★熟悉轮胎的功用、类型和特点。

★能够识读轮胎的规格。

★能够正确进行轮胎换位。

★掌握进行车轮动平衡检测的方法。

★能够根据轮胎的磨损特征判断车辆的故障原因。

★了解悬架的类型。

★熟悉悬架弹性元件的结构。

★熟悉减振器的基本结构与工作原理。

★熟悉非独立悬架的结构。

★熟悉典型独立悬架的结构。

★熟悉电控悬架的结构和工作原理。

★熟悉电控悬架阻尼调节装置的结构和工作原理。

★熟悉电控悬架车身高度控制装置的结构和工作原理。

★熟悉电控悬架刚度调节装置的结构和工作原理。

★熟悉悬架弹性元件的检修要点。

★掌握减振器的检查方法。

★掌握独立悬架的检修方法。

★掌握电控悬架系统的检修方法。

★掌握悬架系统典型故障的诊断方法。

★掌握车轮定位各主要参数的概念、功用及发生错误后对车辆的影响。

★掌握利用四轮定位仪进行车轮定位检测的方法，并能够根据检测结果进行车辆技术状况分析。

汽车行驶系的结构形式因车型及行驶条件而不同，不同形式的行驶系其基本组成有所不同。大多数汽车采用轮式行驶系，其结构特点是通过轮胎直接与地面接触，通过轮胎支承整个车辆，并通过轮胎的滚动驱动汽车行驶。汽车行驶系的作用可以概括为：支承、传力、缓冲、减振、导向。如图 3-3-1 所示，轮式行驶系一般由车架（或承载式车身）、车桥（前后车桥）、车轮和悬架（前后悬架）等组成。车架是全车装配与支承的基础，它将汽车的各相关总成连接成一个整体，并与行驶系共同支承汽车的质量，车轮安装在前、后桥上，支承着车桥和汽车。为了减少汽车在行驶中受到的各种冲击与振动，车桥与车架之间通过弹性系统（悬架）进行连接。

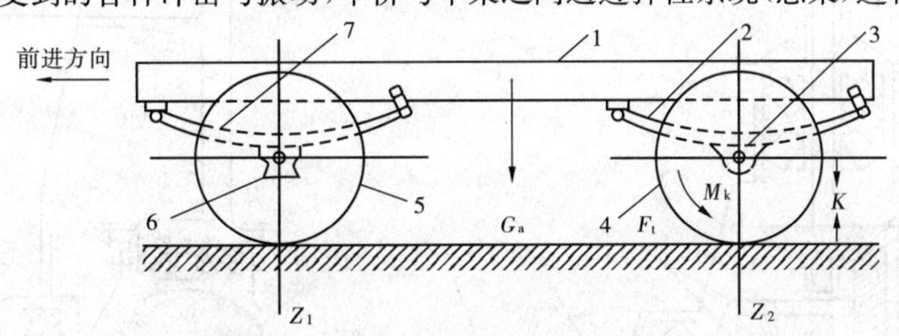

图 3-3-1 轮式行驶系的组成和受力情况

1-车架；2-驱动轮悬架；3-驱动桥；4-驱动轮；5-从动轮；6-从动桥；7-从动轮悬架

第一节 车桥和车轮结构与检修

一、车桥的结构与检修

车桥通过悬架与车架相连，两端安装车轮，其功用是传递车架与车轮之间的各种力和力矩。车桥的结构形式与悬架结构以及传动系的布置形式有关。按配用悬架结构不同，车桥分为整体式和断开式两种。整体式车桥的中部是刚性实心或空心梁，与非独立悬架配用；断开式车桥为活动关节式结构，与独立悬架配用。按车桥上车轮的作用不同，车桥分为转向桥、驱动桥、转向驱动桥和支持桥四种类型。在后轮驱动的汽车中，前桥不仅用于承载，而且兼起转向作用，称为转向桥；后桥不仅用于承载，而且兼起驱动的作用，称为驱动桥。越野汽车和前轮驱动汽车的前桥，除了承载和转向的作用外，还兼起驱动作用，所以称为转向驱动桥。只起支承作用的车桥称为支持桥。支持桥除不能转向外，其他功能和结构与转向桥相同。

（一）转向桥

转向桥能使装在前端的左右车轮偏转一定的角度来实现转向，还应该能承受垂直载荷和由道路、制动等力产生的纵向力和侧向力以及这些力所形成的力矩。因此，转向桥必须有足够的强度和刚度；车轮转向过程中相对运动的部件之间摩擦力应该尽可能的小；保证车轮正确的安装定位，从而保证汽车转向轻便和方向的稳定性。汽车的转向桥结构大致相同，其主要由前轴、转向节和主销等部分组成。按前轴的断面形状，分为工字梁式和管式两种。

（二）转向驱动桥

发动机前置前轮驱动以及全轮驱动的汽车，其前桥既作为转向桥，还兼起驱动桥的作用，故称为转向驱动桥。图 3-3-2 所示是转向驱动桥的结构示意图，一般具有主减速器、差速器和半轴，也具有一般转向桥所具有的转向节、轮毂和主销等。但为了保证既能转向又能驱动的需要，所以与车轮相连的半轴必须分成两段：内半轴（与差速器相连）和外半轴（与轮毂相连），两者之间用等速万向节连接。另外，主销也同样分制成上下两段，固定在万向节的球形支座上，转向节轴颈制成中空的，以便外半轴通过。

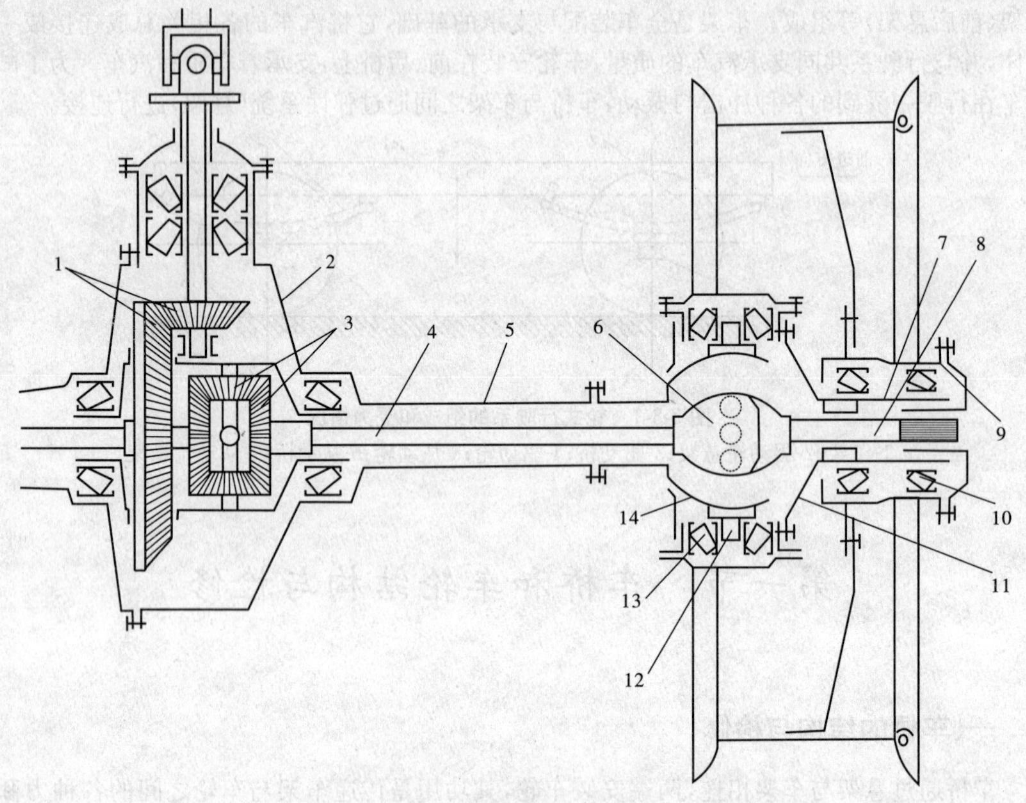

图 3-3-2 转向驱动桥示意图

1-主减速器；2-主减速器壳；3-差速器；4-内半轴；5-半轴套管；6-万向节；7-转向节轴颈；8-外半轴；9-轮毂；10-轮毂轴承；11-转向节壳体；12-主销；13-主销轴承；14-球形支座

（三）车桥的维修

汽车的车桥包括驱动桥、转向桥、转向驱动桥和支持桥四种形式，现只介绍转向桥的维修。

转向桥直接关系到汽车行驶稳定性和安全性，在长期的运行中转向桥因承受路面传来的各种力和力矩以及冲击载荷，转向桥的各零件会发生各种损耗，如：磨损、变形、裂纹和车轮定位参数改变等。这些都会影响汽车的正常运行，使汽车在行驶中，发生不同程度的转向沉重、方向不稳、行驶跑偏、前轮摇摆等故障，增加了驾驶人的劳动强度，甚至影响到行驶的安全性。

1. 前轴的检修

前轴的耗损形式主要是主销孔、钢板弹簧座与定位孔的磨损以及前轴的变形与裂纹。

（1）前轴的磨损：①钢板弹簧座平面磨损大于 2 mm，定位孔磨损大于 1 mm，堆焊后加工修复或更换新件；②主销承孔的磨损。承孔与主销的配合间隙：轿车不大于 0.10 mm。载货汽车不大于 0.20 mm，磨损逾限后，可采用镶套法或修理尺寸法修复。主销承孔端面的磨损可采用堆焊加工修理或更换新件。

（2）前轴变形的检修。前轴不但容易变形，而且几何形状复杂，变形后影响汽车的操纵稳定性。在检验、校正前轴变形时，合理的选择检验、校正基准尤为重要又比较困难。《汽车前桥及转向系修理技术条件》(GB8823)所推荐的基准有三个：第一，“以两钢板弹簧座平面在其公共平面法线方向上的位置度公差为 0.80～1.00 mm”。这个公共平面简称为“水平基准”，用来检验和校正前轴两钢板弹簧座之间的变形。第二，“以垂直于两钢板弹簧座公共平面，且通过两钢板弹簧定位孔轴线的辅助平面为基准，前轴主销孔轴线的扭转角不得大于 30′，该轴线在基准平面法线方向的位置度公差为 4 mm”。把这个辅助平面称扩纵向基准，用于检验和校正前轴“拳部”(主销孔处)的变形。第三，主销孔轴线对于公共平面的内倾角公差为 15′，两主销孔轴线在主销孔上端面上的距离应符合车型技术要求。

2.转向节的检修

转向节的重点检修内容是磨损与隐伤。

(1)隐伤的检验。转向节的油封轴颈处，因其断面的急剧变化，应力集中，是一个典型的危险断面。易产生疲劳损坏，造成转向节轴径断裂。因此，二级维护和修理时要对转向节轴进行隐伤检验，一旦发现疲劳裂纹，只能更换，不许焊修。

(2)转向节轴磨损的检修。轴颈与轴承的配合间隙：轴颈直径不大于 40 mm 时，配合间隙为 0.040 mm；轴颈直径大于 40 mm 时，配合间隙为 0.050 mm。转向节轴轴颈磨损超标后应更换新件。

(3)转向节轴锁止螺纹的检验。损伤不多于 2 牙。锁止螺母只能用扳手拧入，若能用手拧入，说明螺纹中径磨损松旷，应予以修复或更换转向节。

(4)主销衬套的加工。主销衬套与主销的配合间隙大于 0.15 mm 时必须更换，以免引起汽车前轮摆振等故障。

3.轮毂的检修

(1)轮毂轴承承孔磨损的检修。轮毂轴承孔与轴承的配合过盈不得小于 0.009 mm。

(2)轮毂变形的检修。轮毂变形会引起车轮的不平衡，影响汽车的行驶稳定性和制动效能。轮毂变形通过测量凸缘的圆跳动检查，圆跳动公差为 0.15 mm。

4.前轮最大转向角的检查和调整

将前轮转向角调到最大的目的是为了获得最小转弯半径，以保证汽车的通过性。转向角最简易检查调整方法是：将转向盘向左或向右打到底，前轮胎不与翼子板、钢板、直拉杆等机件碰擦，并有 8 ～10 mm 的距离为合适。各种车辆规定不同的转向角，就是从既能保证转向的灵活性，又能保证轮胎不与其他机件碰擦而定的。调整方法是旋出或旋入转向节上的转向角限位螺栓，或转动转向节壳上的一个调整螺栓进行调整，调整完毕后，必须旋紧锁紧螺母。

5.前轮轮毂轴承的调整

车轮应能灵活地在轮毂轴承上旋转而无卡滞，轴向松动量不能过大或过小。过大，是由于车轮轮毂轴承间隙过大或转向节衬套磨损产生的；轴向松动量过小，使车轮旋转卡滞发热。调整车轮轮毂轴承间隙时，用千斤顶将车轮顶起，拆去前轮毂盖，搬开锁片，拧下锁止螺母，取下锁片与锁止垫圈，同时向前后两方向转动车轮，使轴承的圆锥形滚柱正确地座于轴承圈的锥面上。拧紧后，反方向旋松调整螺母 1～2 个锁紧垫片的孔位，使调整螺母上的止动销与销环上的邻近孔相重合，再装上锁紧垫圈与锁紧螺母。

二、车轮与轮胎的结构与检修

车轮与轮胎是汽车行驶系中的重要部件，位于汽车车身与路面之间，起支承汽车和装载质量的作用;传递汽车与路面之间的各种力和力矩;缓冲车轮受路面颠簸时所引起的振动;保持汽车的行驶方向等作用。

(一)车轮的结构与类型

1. 车轮的功用、组成与分类

车轮介于轮胎和车桥之间,其功用是安装轮胎并传递和承受轮胎、车桥之间的各种力和力矩。车轮是外部装轮胎、中心装车轴并承受负荷的旋转部件,它是由轮毂、轮辋和轮辐组成。按照轮辐的构造,车轮分为辐板式和辐条式两种主要形式。在辐板式车轮中,又根据所用材料的不同,分为钢板型和合金型。

2. 车轮的结构

(1)辐板式车轮。目前汽车上普遍采用辐板式车轮,车轮中的轮辋和辐板根据其连接形式,可以分为组合式结构和整体式结构。组合式结构将轮辋和辐板用焊接或铆接式进行连接,整体式结构将轮辋和辐板用铸造成型或锻造成型进行连接。前者主要用于钢制车轮,后者则用于合金制车轮。汽车车轮是高速旋转部件,为了防止行驶中固定车轮的螺母自行松脱,造成交通事故,因此汽车左右两侧车轮上的固定螺栓、螺母一般采用旋向不同的螺纹,即:左轮使用左旋螺纹,右轮使用右旋螺纹。拆装时都是向汽车前进方向是紧,向汽车倒车方向是松。目前,由于轿车和一些货车使用了螺母防松脱结构,因此,左右两侧车轮上的固定螺母均采用右旋螺纹。

(2)辐条式车轮。现在还有用轮辐将轮辋和轮盘组装在一起的辐条式车轮。辐条可以用铸造件或钢丝制成铸造辐条,常常用于装载质量大的重型汽车上,而钢丝辐条主要用于极少数追求独特的车辆上。

(3)轮毂。在车轮中轮辋的外部须安装上轮胎,当轮胎装入不同轮辋时,就会使轮胎变形,影响轮胎的性能。因此,不同规格的轮胎,应该配用相应规格的标准轮辋。

国产轮辋规格按国家标准用轮辋名义宽度、轮缘高度代号、轮辋结构形式代号、轮辋名义直径和轮辋轮廓类型代号来表示。轮辋名义宽度和轮辋名义直径均用数字表示,单位为 in(以 mm 表示时,要求轮胎与轮辋的单位一致)。轮辋高度代号用一个或几个拉丁字母表示,常用代号及对应高度见表 3-3-1。轮辋结构形式代号,用符号"×"表示一件式轮辋;用"-"表示多件轮辋。轮辋轮廓类型代号用字母表示,DC 为深槽轮辋,WDC 为深槽宽轮辋,SDC 为半深槽宽轮辋,FB 为平底轮辋,WFB 为平底宽轮辋,TB 为全斜底轮辋,DT 为对开式轮辋。例如,解放牌 CA1092 型汽车轮辋规格为 6.5×20,说明轮辋的名义宽度为 6.5 in,轮辋名义直径为 20 in的多件轮辋;上海普通型桑塔纳轿车轮辋规格为 5.5J×13,说明轮辋的名义宽度为 5.5 in,轮辋名义直径为 13 in,轮缘高度为 17.27 mm 一件式轮辋。

轮缘高度代号及其高度值 表 3-3-1

字母	C	D	E	F	G	H	J	K	L	P	R	S	T
高度(mm)	15.88	17.45	19.81	22.23	27.94	33.73	17.27	19.26	21.59	25.40	28.58	33.33	38.10

(二)轮胎的结构与类型

1. 轮胎的功用和类型

(1)轮胎的功用。轮胎的功用是:支承汽车及货物的总质量;保证车轮和路面的附着性,以提高汽车的牵引性、制动性和通过性;与汽车悬架一同减少汽车行驶中所受到的冲击,并衰减由此而产生的振动，以保证汽车有良好的乘坐舒适性和平顺性。因此，轮胎内部通常充有气体，以具有一定的承受荷载的能力和适宜的弹性；轮胎的外部有较复杂的花纹，以提高与路面的附着性。

(2)轮胎的类型。按胎体结构的不同，轮胎可分为充气轮胎和实心轮胎两种。当代汽车绝大多数采用充气轮胎。按轮胎内空气压力的大小可分为高压胎(0.5～0.7 MPa)、低压胎(0.15 ～0.45 MPa)和超低压胎(0.15 MPa 以下)。低压胎弹性好、断面宽、接地面积大，壁薄散热好，从而提高了汽车行驶的平顺性、稳定性，同时提高了轮胎的使用寿命，所以汽车上几乎全部都使用低压胎。按保持空气方法的不同，充气轮胎分为有内胎轮胎和无内胎轮胎两种。按胎体帘布层的结构不同，还可分为斜交轮胎和子午线轮胎。

2.轮胎的特点

(1)普通斜交胎的结构和性能特点。帘布层和缓冲层各相邻层帘线交叉，且与胎面中心线呈小于 90°排列的充气轮胎为普通斜交轮胎，常称斜交轮胎，如图 3-3-3a 所示。普通斜交胎是一种老式的结构，由于帘布层的斜交排列，给轮胎胎面和胎侧增加了强度，在适当充气时，会使驾驶人感到较为柔软、舒适。接触地面时使胎面平整，减少了扭曲，汽车行驶平稳，牵引效果好，防穿透性有所改善，延长了轮胎的使用寿命。

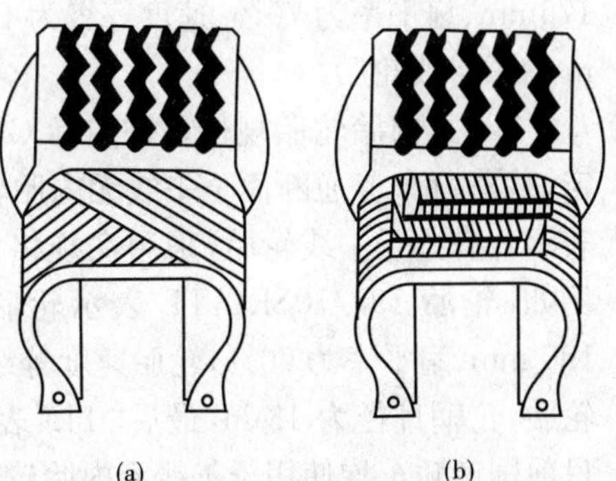

图 3-3-3 轮胎的结构形式

(a)普通斜交轮胎；(b)子午线轮胎

(2)子午线胎的结构及特点。子午线轮胎是用钢丝或植物纤维制作的帘布层，其帘线与胎面中心的夹角接近 90°，并从一侧胎边穿过胎面到另一侧胎边，帘线在轮胎上的分布好像地球的子午线，所以称为子午线轮胎，如图 3-3-3b 所示。由于子午线轮胎具有帘布成子午线环形排列、胎体与带束层帘布线形成许多密实的三角网状结构的特点，因此，子午线轮胎帘线的强度得到充分利用，从而使帘布层可大量的减少，减轻了轮胎的质量，并大大提高了胎面的刚性；减少了胎面与路面的滑移现象，提高了轮胎的耐磨性。与普通斜交轮胎相比，子午线轮胎质量轻，轮胎弹性大，减振性能好，具有良好的附着性能，滚动阻力小，承载能力大，行驶中胎温低，胎面耐穿刺，轮胎使用寿命长。其缺点是轮胎成本高，胎侧变形大，容易产生裂口，且侧向稳定性差。

(3)无内胎轮胎的结构及特点。无内胎轮胎在轿车上广泛采用，并开始在货车上使用。它没有内胎，空气直接压入外胎中，因此，要求外胎与轮辋之间密封性很好。其优点是消除了内外胎之间的摩擦，且散热性好，胎温低，有利于车速的提高，结构简单、质量小、寿命长、耐刺穿性好，但材料、工艺要求高，途中维修困难。

3.轮胎的规格

轮胎的规格可用外胎直径 D、轮辋直径 d、断面宽 B 和断面高 H 的名义尺寸代号表示(图 3-3-4)。

(1)斜交轮胎规格。我国采用国际标准，斜交轮胎的规格用 $B-d$ 表示，载重汽车斜交轮胎和轿车斜交轮胎的尺寸 B 和 d 均用英寸(in)为单位。B 为轮胎名义断面宽度代号，d 为轮辋名义直径代号，示例如下：9.00——20 表示轮胎名义断面宽度 9.00 in、轮辋名义直径 20 in。

(2)子午线轮胎规格。国产子午线轮胎规格用 BRd 表示，其中 R 代表子午线轮胎。国产轿车子午线轮胎断面宽 B 已全部改用公制单位毫米(mm)；载货汽车轮胎断面宽 B 有英制单位(in)和公制单位两种。而轮辋直径 d 的单位仍为 in。随着轮胎的扁平化，仅用断面宽 D 和轮辋直径 d 已不能完全表示轮胎的规格。即在断面宽 B 相同的情况下，断面高 H 随不同扁平率而变化。轮胎按其扁平率——高宽比划分系列，目前国产轿车子午线轮胎有 80、75、70、65、60 等五个系列，数字分别表示断面高 H 是断面宽 B 的 80%、75%、70%、65%和 60%。显然，数字越小，胎越矮，即轮胎越扁平。子午线轮胎规格示例如下：175/70HR13 表示轮胎断面宽度为 175mm、扁平率为 70%、速度等级为 H、轮辋直径为 13 in 的子午线轮胎。

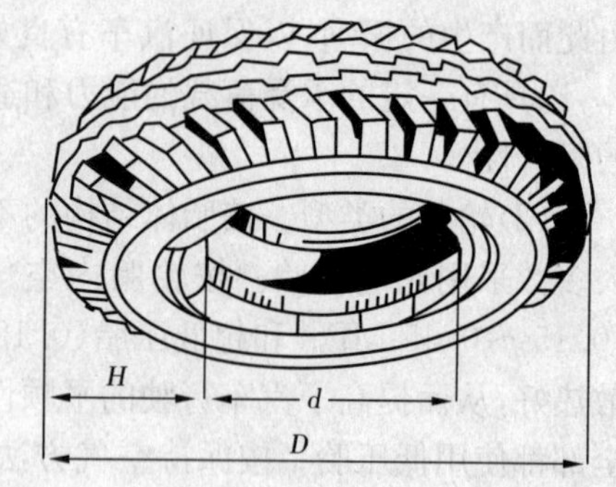

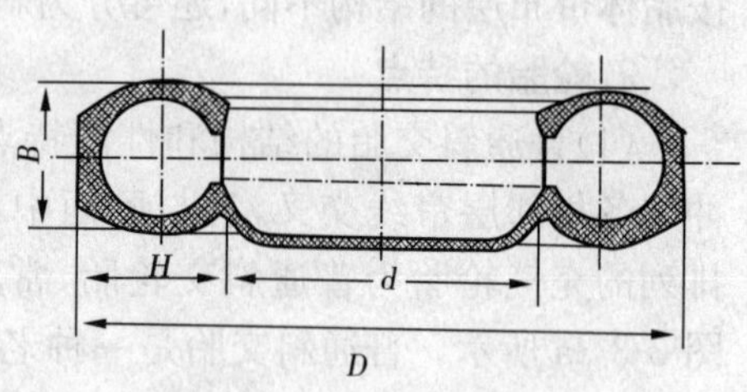

图 3-3-4 轮胎尺寸标记

D-外胎直径；d-胎圈内径或轮辋直径；B-轮胎断面宽度；H-轮胎断面高度

(3)无内胎轮胎规格。按国标 GB 2977—1989 规定，载货汽车普通断面子午线无内胎轮胎规格用 BRd 表示。有些子午线轮胎，采用在规格中加"TL"标志。例如，轮胎 195/70SR14TL 表示轮胎的断面宽度为 195 mm，扁平率为 70%，轮胎速度等级为 S 级，子午线轮胎，轮辋直径为 13 in，最后"TL"表示无内胎轮胎。目前国产轿车均使用子午线无内胎轮胎。

(4)速度等级。近年来，汽车和轮胎的性能都有很大的提高，要求轮胎的速度性能和汽车的最高速度相匹配。为此，轮胎需标明其速度等级。国际标准化组织(ISO)制定的，并且已为一些国家所采用的速度符号标志(表 3-3-2)的特点是对各种速度均给一个代号。该表规定的速度等级既适用于轿车轮胎，也适用于货车轮胎，但是它们的含义不完全相同。对于轿车轮胎(P 到 S 级)，是指不许超过的最高速度；对于货车轮胎(F 到 N 级)，是指随负荷降低可以超过的参考速度。我国参照采用了国际标准化组织(ISO)规定的速度标志。根据《轿车轮胎系列》(GB2978—89)规定，轿车轮胎采用表 3-3-2 中 L～H 的 10 级速度标志符号及对应的最高行驶速度。同时，还要求对于不同轮辋直径的轮胎，最高行驶速度应符合表 3-3-3 的规定。例如，轿车子午线轮胎 185/705SR13 规格中的 S 即表示速度等级为 S，允许的最高行驶速度为 180 km/h。

速 度 标 志 表　　表 3-3-2

速度标志	速度(km/h)	速度标志	速度(km/h)
A_1	5	J	100
A_2	10	K	110
A_3	15	L	120
A_4	20	M	130
A_5	25	N	140
A_6	30	P	150
A_7	35	Q	160
A_8	40	R	170
B	50	S	180

续上表

速度标志	速度(km/h)	速度标志	速度(km/h)
C	60	T	190
D	65	U	200
E	70	H	210
F	80	V	240
G	90	W	270

不同轮辋直径轮胎的最高行驶速度 表 3-3-3

轮胎结构	速度级别	不同轮辋直径轮胎的最高行驶速度(km/h)		
		10	12	≥13
斜交轮胎	P	120	135	150
子午线轮胎	Q	135	145	160
子午线轮胎	S	150	165	180
子午线轮胎	H		195	210

(三)车轮和轮胎的维修

1.轮胎的正确使用

(1)保持轮胎气压正常。轮胎的气压是决定轮胎使用寿命和工作好坏的重要因素。轮胎的气压受到充气时气压、使用条件和气体缓慢泄漏等影响。保持轮胎气压的关键是定期检查轮胎气压。轮胎气压过低时,造成胎侧变形加大,胎冠部向内凸起,胎面接地面积增大,滑移量增加,使胎肩部位磨损加剧;由于轮胎变形大,轮胎帘布层中的帘线应力增加,使得轮胎温度升高,加速橡胶老化和帘布与橡胶脱层,帘布松散,甚至帘线折断。轮胎气压过低,会使滚动阻力增大,燃料消耗增加。轮胎气压过高时,轮胎内部压力增加,接地面积减小,使轮胎的胎冠部位向外凸起,造成胎冠磨损加剧;由于轮胎的橡胶、帘布等材料过度拉伸,气压高使轮胎刚性增加,一旦遇到冲击,极易造成轮胎的爆破。可是,轮胎气压略高,有利于降低行驶阻力,节约燃料。

(2)合理搭配轮胎。合理搭配轮胎的目的是使整个汽车上的几条轮胎尽量磨损一致,使其有同等寿命。搭配轮胎的原则如下:装用新轮胎时,同一车轴上配同一规格、结构、层级和花纹的轮胎;货车双胎并装的后轮,还需加上同一品牌;装用成色不同的轮胎时,前轮尽量使用最好的轮胎,备用轮胎使用较好的轮胎,直径较大的轮胎应该装在双胎并装的后轮外挡,翻新轮胎不得用于转向轮。

(3)保持良好的底盘技术状况。轮胎的异常磨损与底盘技术状况有关,如前轮定位中的前轮外倾与前轮前束配合不当、轮毂轴承松旷、转向传动机构间隙过大、车轮不平衡、轮辋变形、悬架与车架变形或制动技术状况不良等都会引起轮胎的不正常磨损。因此,保持良好的底盘技术状况对防止轮胎的不正常磨损至为关键。

2.轮胎的换位

按时正确的轮胎换位可使轮胎磨损均匀,可延长20%左右的使用寿命。轮胎换位应结合车辆的二级维护定期进行。常用的换位方法有交叉换位法和循环换位法(图 3-3-5)。装用普通斜交轮胎的六轮二桥汽车,常用图中的交叉换位法,并在换位的同时翻面。四轮二桥汽车采用斜交轮胎也可用交叉换位法(图 3-3-6a),子午线轮胎宜用单边换位法(图 3-3-6b)。

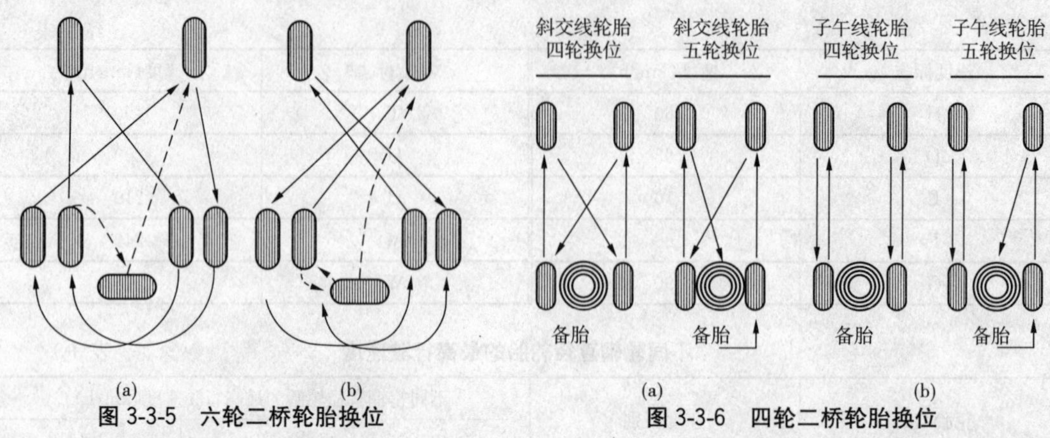

图 3-3-5　六轮二桥轮胎换位

(a)循环换位;(b)交叉换位

图 3-3-6　四轮二桥轮胎换位

(a)交叉换位;(b)单边换位

由于车身的重量并非平均分摊在 4 个车轮上,经常进行轮胎换位有助于保证轮胎的均匀磨损,从而延长轮胎的使用寿命。通常,前轮驱动的车辆每行驶 8 000 km 时应进行轮胎换位,而四轮驱动车辆则需要在每 6 000 km 时进行轮胎换位。不同驱动形式的车辆轮胎换位的方法是不一样的,对于后轮及四轮驱动车辆,应该采用图 3-3-7a 所示方式进行轮胎换位;对于前轮驱动车辆,应该采用图 3-3-7b 所示方式进行轮胎换位;对于装用定向轮胎的车辆,应该采用图 3-3-7d 所示方式进行轮胎换位;其他车辆采用图 3-3-7c 所示方式进行轮胎换位。

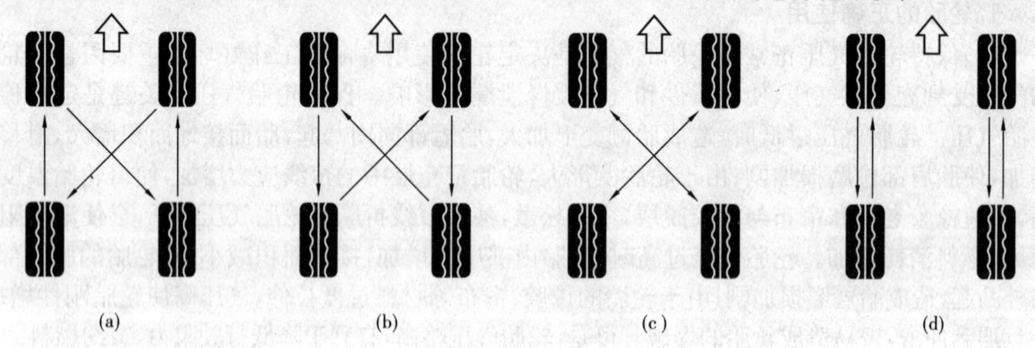

图 3-3-7　轮胎换位方式

3. 车轮动平衡的检测

(1)车轮动不平衡的危害。车轮动不平衡时,造成车轮的跳动和偏摆,使汽车的有关零件受到损坏,使用寿命下降。对于高速行驶的汽车来说,还容易造成行驶不安全。

(2)车轮动不平衡的原因。车轮动不平衡的主要原因是质量分布不均匀;轮辋、制动鼓变形;轮毂与轮辋加工质量不佳,如中心不准、轮胎螺栓孔分布不均、螺栓质量不佳;安装位置不正确等。

(3)车轮动不平衡的检测和调整。车轮动不平衡对汽车的危害很大,因此必须对车轮进行动不平衡的检测和调整,车轮动不平衡的检测和调整要在专用的仪器上进行,具体方法和步骤可参见汽车使用说明书,此处不再赘述。

三、车轮和轮胎的故障诊断

(一)车轮常见故障诊断

车轮常见故障为轮毂轴承过松或过紧。轮毂轴承过松,会造成车轮摆振及行驶不稳,严重时还能使车轮甩出。此时，可将车轮支起，通过用手横向摇晃车轮，即可诊断出轮毂轴承是否松旷。一旦发现轴承松旷，必须立即修理。轮毂轴承过紧，会造成汽车行驶跑偏。全部轮毂轴承过紧时，会使汽车滑行距离明显下降。轮毂轴承过紧会使汽车经过一段行驶后，轮毂处温度明显上升，有时甚至使润滑脂溶化而容易甩入制动鼓内。将车轮支起后，转动车轮将明显感到费力沉重。

（二）轮胎常见故障诊断

发动机通过传动系统带动轮胎旋转，这意味着轮胎属于传动系的一部分。前轮轮胎还会根据转向盘的运动，改变车辆的运动方向，因此，轮胎也属于转向系统的一部分。此外，由于轮胎也用于支承车重及吸收路面振动，所以，轮胎还是悬架系统的一部分。因此，在进行轮胎的故障诊断排除分析时，一定要考虑轮胎与车轮、转向、悬架之间的关系。同样重要的是，轮胎的使用和维护不良，也可能导致轮胎本身及相关系统的故障。因此，轮胎故障诊断排除分析的第一步，便是检查轮胎，应该使用正确，维护恰当。

轮胎的主要故障是轮胎花纹的异常磨损。检查轮胎花纹的异常磨损，可以发现故障的早期征兆和原因，以便及时排除影响轮胎寿命的不良因素，防止早期磨损和损坏。

轮胎异常磨损，除磨损过快外，还有其他种种特征。轮胎异常磨损的原因除轮胎气压过高过低外，主要是底盘技术状况变坏，如前轮定位不正确、轮毂轴承松旷、横拉杆球节和主销衬套间隙过大，车轮不平衡，轮辋变形或不配套，车轿或车架变形和钢板弹簧技术状况不良等，轮胎异常磨损的特征与原因见表 3-3-4。

轮胎花纹异常磨损的原因与特征 表 3-3-4

特　征	原　因	特　征	原　因
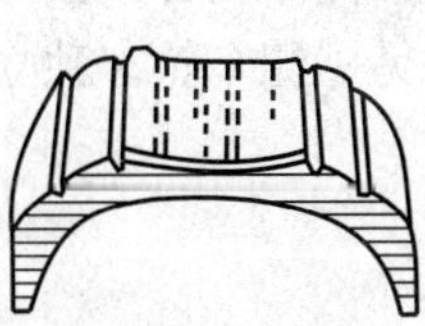 胎冠过度磨损	气压过高	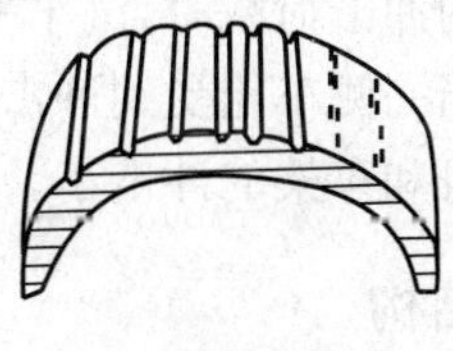 单边磨损	前轮外倾角失准，后桥壳变形
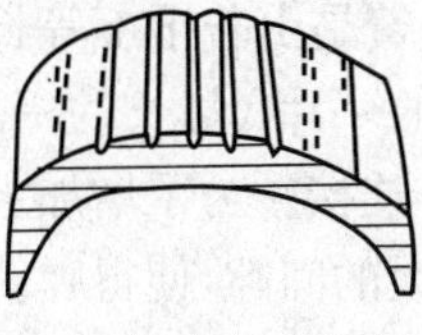 胎肩过度磨损	气压过低	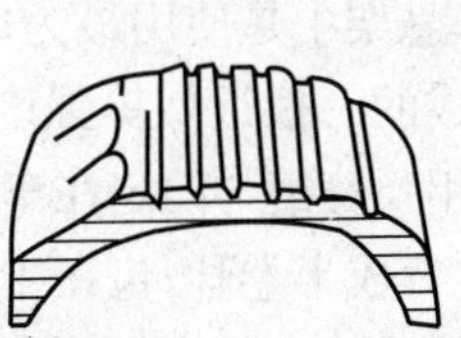 杯形（贝壳形）磨损	悬挂部件和连接车轮的部件（球节、车轮轴承、减震器、弹簧衬套等）磨损，车轮不平衡
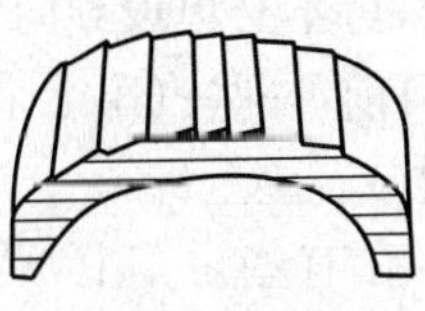 锯齿（羽毛）状磨损	前束失准，主销衬套或球节松旷	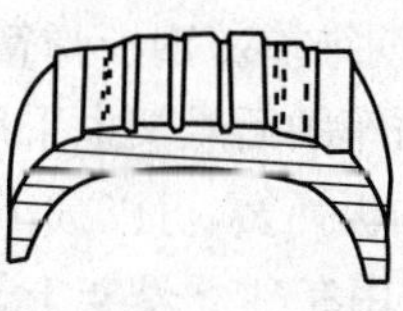 第二道花纹过度磨损（只出现在子午线胎上）	轮辋太窄而轮胎太宽，不配套

第二节　悬挂系统结构与检修

汽车悬架是车架或车身与车轿之间一切传力连接装置的统称，它的作用是弹性地连接车轿与车架或车身。悬架的功用可以用传力、缓冲、减振、导向几个字来概括。悬架一般由弹性元件、导向装置、减振器和横向稳定杆等组成。

弹件元件用来承受并传递垂直荷载、缓和不平路面、紧急制动、加速和转弯引起的冲击或车身位置的变化。减振器用来衰减由于弹性系统引起的振动。导向装置用来使车轮按一定运动轨迹相对车身运动，同时起传力的作用，通常导向装置由摆臂式控制杆件组成。有些轿车和客车上，为防止车身在转向等情况下发生过大的横向倾斜，在悬架系统中加设有横向稳定杆，目的是提高侧倾刚度，改善汽车的操纵稳定性和行驶平顺性。

悬架的类型因分类方式不同而不同。按照控制形式不同，悬架可分为被动式悬架和主动式悬架两大类。目前，多数汽车上采用被动式悬架。被动式悬架的含义是汽车姿态（状态）只能被动地取决于路面行驶状况和汽车的弹性元件、导向装置以及减振器这些机械零件。主动悬架则可以根据路面和行驶状况自动调整悬架刚度和阻尼特性，从而使车辆能主动地控制垂直振动及其车身或车架的姿态。

根据导向装置的不同，悬架又可分为独立悬架和非独立悬架。非独立悬架的特点是两侧车轮安装于一整体式车桥上，车轮连同车桥一起通过弹性元件悬挂在车架或车身上。当一侧车轮受到冲击时会直接影响到另一侧车轮。非独立悬架由于簧载质量比较大，特别是汽车高速行驶、悬架受到较大的冲击荷载时，汽车平顺性较差。独立悬架的两侧车轮分别独立地与车架或车身弹性地连接，当一侧车轮受到冲击时，几乎不会直接影响到另一侧车轮。独立悬架非簧载质量小，地面对车身和车架的冲击小。

一、弹性元件的结构

悬架采用的弹性元件常见有钢板弹簧、螺旋弹簧、空气弹簧和油气弹簧等。

(1)钢板弹簧在汽车悬架中是使用最为广泛的弹性元件。钢板弹簧是由若干不等长的合金弹簧片叠加在一起组合成的一根近似等强度的梁。钢板弹簧最上面的一片（最长的一片）称为主片，其两端弯成卷耳，用弹簧销与固定在车架上的支架或吊耳作铰链连接。为了增加主片卷耳的强度，将第二片末端也弯成半卷耳，包在主片卷耳的外面，但留有较大的间隙，使得弹簧在变形时，各片间有相对滑动、伸缩的空间。钢板弹簧在载荷作用下变形，各片之间相对滑动而产生摩擦，可使车架的振动衰减，所以，可以无减振器。为防止片间干摩擦，各片之间应涂上较稠的石墨润滑脂进行润滑，并应定期维护。钢板弹簧本身还起导向装置的作用，可不必单设导向装置，因此结构简单。有些高级轿车的后悬架也采用钢板弹簧作弹性元件。目前，一些汽车上采用变厚度的单片或二至三片的钢板弹簧，可以减小片与片之间的干摩擦，同时减轻重量。

(2)螺旋弹簧大多应用在独立悬架上，尤其是前轮独立悬架中。在有些轿车上，后轮非独立悬架也使用螺旋弹簧作为弹性元件。螺旋弹簧有刚度不变的圆柱形螺旋弹簧和刚度可变的圆锥形螺旋弹簧两种。螺旋弹簧只能承受垂直载荷，用它作弹性元件的悬架要加设导向装置，同时，螺旋弹簧变形时不产生摩擦力，所以，必须有减振器用于衰减因冲击而产生的振动。与钢板弹簧相比，螺旋弹簧无摩擦，占用纵向空间小及弹簧本身质量小的特点，因此，在当代轿车上广泛采用。

(3)扭杆弹簧常用的为圆形，少数是矩形或管状。为保护扭杆表面，可在其上涂抹环氧树脂，并包一层玻璃纤维，再涂一层环氧树脂，最后，涂上沥青和防锈油漆，以防腐蚀和损坏表面，从而提高扭杆弹簧的使用寿命。当车轮跳动时，摆臂便绕着扭杆轴线摆动，使扭杆产生扭转弹性变形，在车轮与车架之间起弹性连接的作用。左、右扭杆由于施加的预应力有方向性，装在车上时扭转的方向应与所预加的应力方向相一致。因此，在左右扭杆做有标记，安装时应加以注意。采用扭杆弹簧作弹性元件的悬架要设导向装置和减振器。扭杆弹簧与钢板弹簧相比，质量较轻、不需润滑、维修简便、刚度可变，且车身高度调节方便，另外，扭杆弹簧还可以节省纵向空间。

(4)气体弹簧主要有空气弹簧和油气弹簧两种。气体弹簧是以空气作弹性介质，即在一个密闭的容器内装入压缩空气，利用气体的可压缩性实现弹簧的作用。油气弹簧具有可变刚度的特性，刚度与荷载呈正比关系，正好满足车身自振频率保持不变的要求。油气弹簧体积小，质量轻，但是对密封性要求很高，维护较麻烦。由于空气和油气弹簧只能承受垂直载荷，因此，采用这种弹簧的悬架也必须加设导向装置和减振器。

二、减振器的基本结构与工作原理

为加速汽车车架和车身振动的衰减，改善汽车行驶的平顺性，悬架系统中有减振器。减振器与弹性元件并联安装(图 3-3-8)。其工作原理是当车架或车身与车桥间受振动出现相对运动时，减振器内的活塞上下移动使油液反复地从一个腔经过不同的孔隙流入另一个腔内，利用孔壁与油液间的摩擦和油液分子间的内摩擦消耗振动的能量，而对振动形成阻尼力，从而衰减振动。减振器阻尼力随车架与车桥之间的相对运动速度的增减而增减，并与油液黏度、孔道的多少及孔道的大小等因素有关。减振器若阻尼力过大，振动衰减变得过快，使悬架的弹性元件的缓冲作用变差，为此，必须满足以下要求：

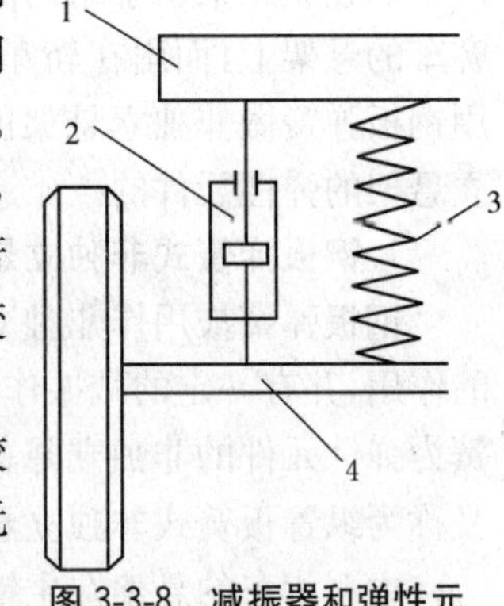

图 3-3-8 减振器和弹性元件的安装示意图

1-车架；2-减振器；3-弹性元件；4-车桥

(1)在悬架压缩行程(车桥和车架相互靠近)，减振器阻尼力较小，以便充分发挥弹性元件的弹性作用来缓和冲击。这时，弹性元件起主要作用。

(2)在悬架伸张行程(车桥和车架相互远离)，减振器阻尼力应较大，以迅速减振，此时减振器起主要作用。

(3)当车桥与车架的相对运动速度过大时，减振器应能自动加大油液流通通道截面面积，使阻尼力始终保持在一定限度之内，以避免承受过大的冲击荷载。

在压缩行程和伸张行程都能起减振作用的减振器称为双向作用式减振器，只在伸张行程能起减振作用的减振器称为单向作用式减振器。目前，汽车上多采用双向作用筒式减振器。

双向作用筒式减振器的工作原理如图 3-3-9 所示。双向作用筒式减振器上连车架下连车桥，有 3 个同心钢筒，最外面的为防尘罩 10，中间的是储油缸 5，最里面的是工作缸 2。工作缸筒中活塞3固定在与防尘罩制成一体的活塞杆1上，活塞上有伸张阀4和流通阀8，在工作缸筒下端的支座上有压缩阀6和补偿阀7。流通阀和补偿阀的弹簧都很软，压缩阀和伸张阀的弹簧都很硬。其工作过程及工作原理如下：

压缩行程中，车桥靠近车架(或车身)，减振器压缩，活塞下移，活塞下方腔室容积减小，油压升高将流通阀顶开进入活塞上方腔室。因活塞杆占用部分容积，使上腔室增加的容积小于下腔室减小的容积，部分不能进入上腔室的油液打开压缩阀流回储油缸。利用油液与孔之间的摩擦来衰减振动。车身剧烈振动时，下腔室油压剧增，压缩阀的开口增大，这样油压和阻尼力不会过大，可使弹性元件的缓冲作用充分发挥。

伸张行程中，车桥远离车架(或车身)，减振器受拉活塞上移，活塞上方腔室油压升高，推开伸张阀流回活塞下方腔室。因活塞杆的存在，使上腔室减小的容积小于下腔室增加的容积，储油缸中的油液在真空度的作用下流经补偿阀进入下腔室来补偿。由于伸张阀的弹簧刚度和预紧力大于压缩阀且伸张行程的通道截面比压缩行程的通道截面小，所以伸张行程产生的阻尼力大于压缩行程时产生的阻尼力，从而达到迅速减振的要求。

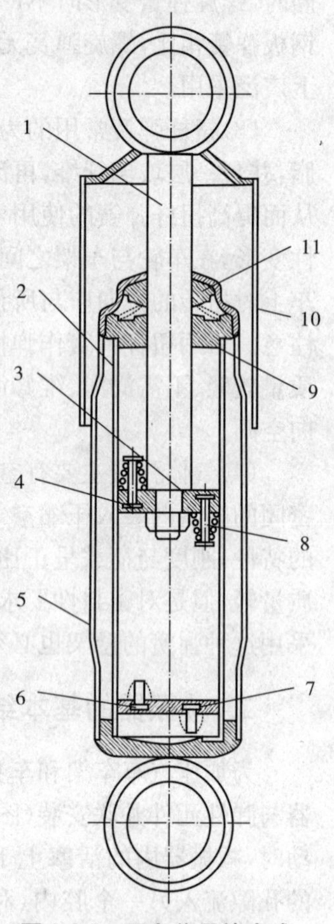

图 3-3-9 双向作用筒式减振器

1-活塞杆；2-工作缸；3-活塞；4-伸张阀；5-储油缸；6-压缩阀；7-补偿阀；8-流通阀；9-导向座；10-防尘罩；11-油封

三、非独立悬架的结构

非独立悬架由于结构简单，工作可靠，被广泛用于一般货车和客车的悬架上，而用在轿车上往往只作为后悬架。最为常见的是用钢板弹簧做非独立悬架的弹性元件，也有采用螺旋弹簧做非独立悬架的弹性元件的。

1. 钢板弹簧式非独立悬架的结构

钢板弹簧被用作非独立悬架的弹性元件，由于它起导向装置的作用，并有一定的减振作用，使得悬架系统简化。在使用钢板弹簧为弹性元件的非独立悬架中，由于钢板弹簧是纵向布置，所以，又称为纵置板簧式非独立悬架。

中型货车的悬架在主钢板弹板上加装副钢板弹簧，成为变刚度的钢板弹簧。在空载或装载质量不大的情况下，副簧不承受荷载，仅由主簧来承受；在重载或满载的情况下，车架相对车桥下移，使车架上的副簧滑板式支座与副簧接触，即主簧与副簧共同发挥作用，悬架刚度得到提高。这类悬架的特点是副簧逐渐随荷载增加到一定程度时而参加工作，由于悬架刚度变化较突然，对汽车行驶平顺性不利。

为了改善汽车行驶的平顺性，一些轻型货车的后悬架将副钢板弹簧加装在主钢板弹簧下，成为渐变刚度的钢板弹簧。在小荷载的情况下，仅由主簧起作用，而当荷载增加到一定值时，副簧开始与主簧接触，悬架刚度得到提高，弹簧特性变为非线性的。当副簧全部参加工作后，弹簧特性又变成线性的。这类悬架的特点是副簧逐渐随荷载增加而参加工作，由于悬架刚度逐渐变化，从而提高了汽车行驶平顺性。

2.螺旋弹簧非独立悬架的结构

螺旋弹簧非独立悬架常用于轿车的后悬架，由于使用螺旋弹簧作为弹性元件，仅仅能受承受荷载，因此，其悬架系统需要安装导向装置和减振器。

四、独立悬架的结构

独立悬架在轿车上广泛应用，有些轿车全部车轮都采用独立悬架。与非独立悬相比，它有以下优点：在一定的变形范围内，两侧车轮可以单独运动互不影响，减小了行驶中车架和车身的振动，可以防止转向轮的偏摆；汽车的非簧载质量小（指不由弹性元件支承的质量），悬架受到的冲击荷载小，行驶的平顺性好；配用断开式车桥，可以降低汽车的重心，提高汽车高速行驶的稳定性。但是，独立悬架的结构复杂、成本高、维修不便，且车轮跳动时轮距（或轴距）会发生变化，引起轮胎与路面之间产生滑动摩擦，轮胎磨损严重。

如图 3-3-10 所示，独立悬架按车轮的运动方式分为车轮在横向平面内摆动的横臂式、车轮在纵向平面内摆动的纵臂式、车轮沿主销轴线移动的麦弗逊式和烛式等三种类型。

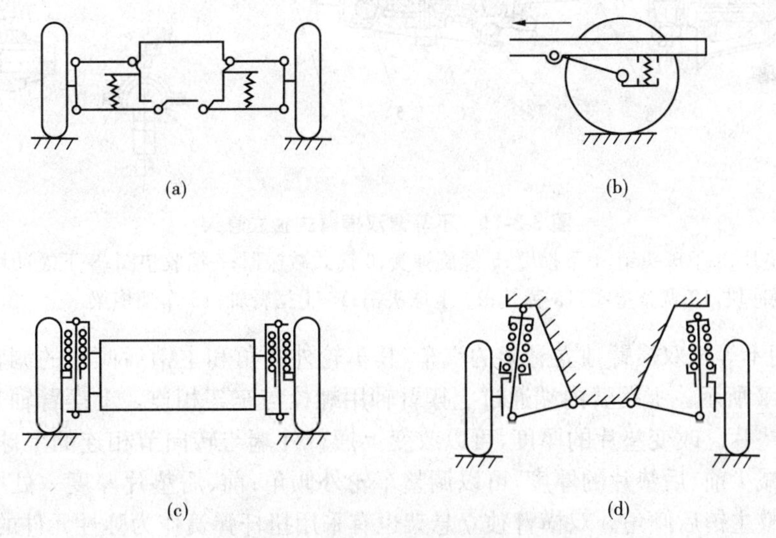

图 3-3-10 独立悬架基本类型示意图

(a)横臂式；(b)纵臂式；(c)烛式；(d)麦弗逊式

1.横臂式独立悬架的结构

横臂式独立悬架可分为单横臂式和双横臂式两种，双横臂式又有双横臂等长和不等长两种。单横臂式在车轮摆动时轮距会发生变化，从而出现轮胎与路面之间的滑移，摩擦增大，轮胎磨损严重，且主销内倾角和车轮外倾角变化比较大，影响汽车的操纵稳定性；等长双横臂式在车轮摆动时虽然主销内倾角和车轮外倾角不变化，但轮距会发生变化大，轮胎磨损严重；不等长横臂式通过合理的杆件长度设计，可将主销内倾角、车轮外倾角、轮距的变化控制在允许范围内，因此，在汽车上使用比较广泛。图 3-3-11 所示为不等臂双横臂式独立悬架。

由于此种悬架使用上下球头销来代替主销，属于无主销式悬架。主销后倾角可以通过纵向移动上摆臂 10 来调整，上摆臂轴 15 的外表面上带有螺纹，转动该轴即可使上摆臂沿着上摆臂轴纵向移动（即改变了臂在轴上的轴向位置）。车轮外倾角则可以通过横向移动上摆臂来调整：增减上摆臂轴与固定支架之间的调整垫片来调整。主销内倾角和车轮外倾角的关系已被转向节 9 的结构所确定，故调好车轮外倾角后，主销内倾角自然正确。

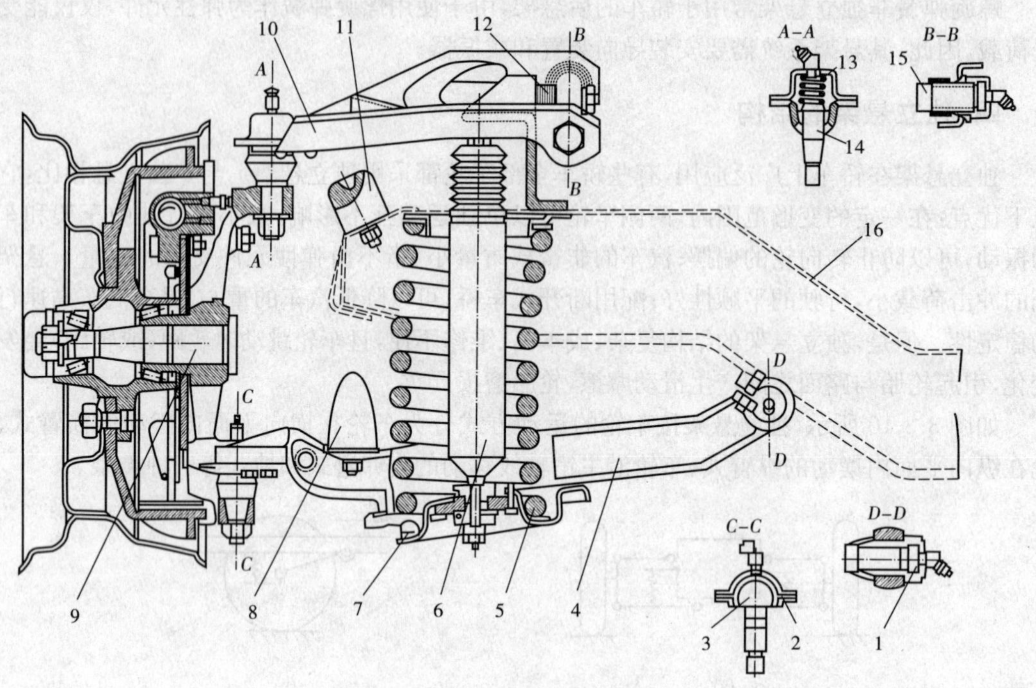

图 3-3-11　不等臂双横臂式独立悬架

1-下摆臂轴；2-垫片；3-下球头销；4-下摆臂；5-螺旋弹簧；6-筒式减振器；7-橡胶垫圈；8-下缓冲块；9-转向节；10-上摆臂；11-上缓冲块；12-调整垫圈；13-弹簧；14-上球头销；15-上摆臂轴；16-车架横梁

有些采用不等长双横臂独立悬架的汽车，其车轮外倾角和主销后倾角的调整有相同的规律，如图 3-3-12 所示。上摆臂内端通过上摆臂轴用螺栓与车架相连。上摆臂轴与车架之间夹有前、后调整垫片。改变垫片的厚度，可以改变上摆臂外端与转向节相连的上球头销的位置；同时，增加或减少前、后垫片的厚度，可以调整车轮外倾角；前、后垫片厚度一处增加或另一处减少，可以调整主销后倾角。双横臂独立悬架也有采用扭杆弹簧作为弹性元件的，其扭杆弹簧可以纵向也可以横向安装。

2. 纵臂式独立悬架的结构

纵臂式独立悬架有单纵臂式和双纵臂式两种。

(1)单纵臂式独立悬架。单纵臂式独立悬架不能用于转向桥，因为在车轮跳动时主销后倾角变化很大(图 3-3-13a)。图 3-3-13b 为后桥所用的扭杆弹簧式单纵臂独立悬架，摆臂为一宽而薄的钢板，一端与半轴套管铰接，另一端通过套筒的花键与扭杆弹簧外端相连。扭杆弹簧装在套管中，内端固定在车架上。当车轮跳动时，摆臂绕套筒和扭杆的中心线纵向摆动，利用扭杆弹簧来缓冲。

(2)双纵臂式独立悬架。图 3-3-14 所示为双纵臂扭杆弹簧式悬架。转向节与两个纵摆臂作铰链式连接，纵臂通过摆臂轴与扭杆弹簧连接，扭杆弹簧内端固定在车架上。车轮所受的纵向力、侧向力及力矩由车架上的管状横梁传递给车架。这种悬架的两个纵摆臂一般长度相等，形成平行四连杆机构，因此，车轮上下跳动时车轮的定位参数保持不变，可用作转向桥。

(3)单斜臂式独立悬架。图 3-3-15 所示为单斜臂式独立悬架，其特点是：当车轮上下跳动

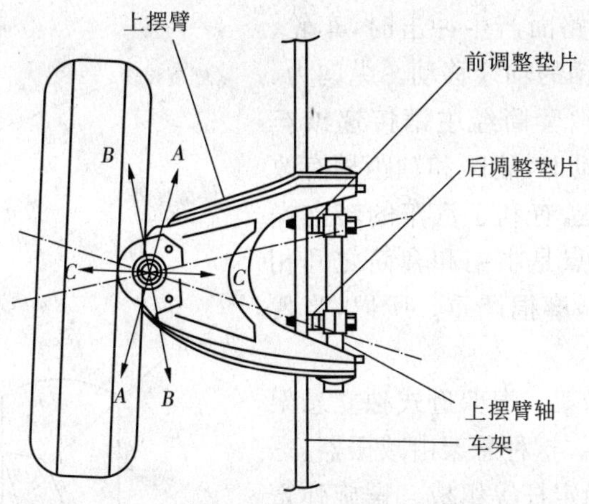

图 3-3-12　车轮外倾角和主销后倾角调整(俯视)

A-A-前调整垫片厚度增加或减少时上球头销中心的运动;*B-B*-后调整垫片厚度增加或减少时上球头销中心的运动;*C-C*-前后调整垫片厚度同时增加或减少时上球头销中心的运动

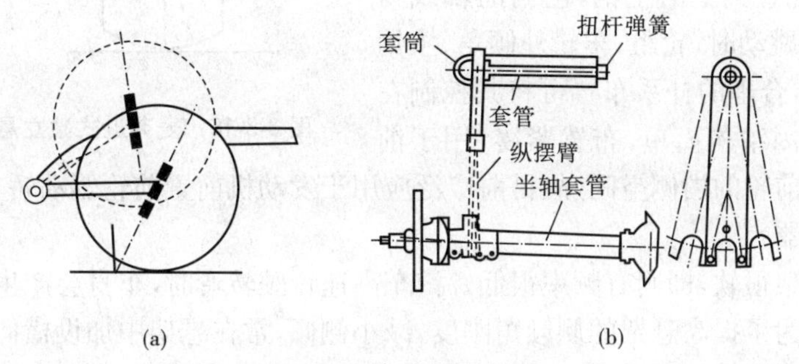

图 3-3-13　单纵臂式独立悬架

(a)单纵臂式独立悬架;(b)单纵臂式扭杆弹簧后独立悬架

时,摆臂的摆动轴线与车轴轴线斜交叉,故称为单斜臂式独立悬架。选择好摆臂的摆动轴线与车轴轴线的夹角,可使这种悬架接近单横臂式或单纵臂式独立悬架,兼有两者的特点,适用于轿车的后悬架。

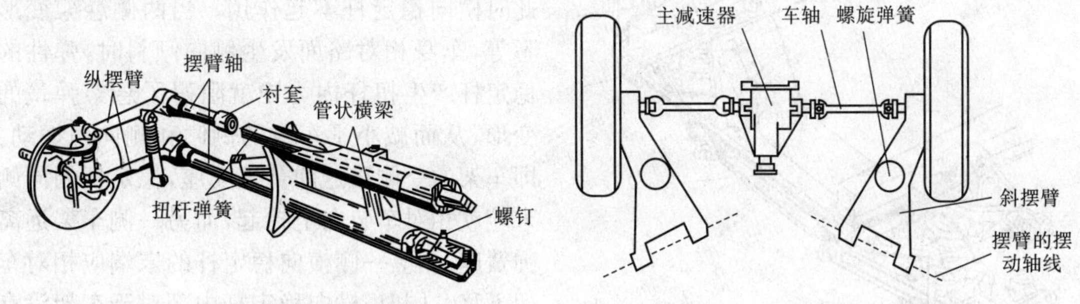

图 3-3-14　双纵臂式独立悬架

图 3-3-15　单斜臂式独立悬架

3. 车轮沿主销轴线移动的独立悬架的结构

(1)烛式独立悬架。烛式独立悬架的主销上下两端刚性固定在车架上,套在主销上的套筒固定在转向节上。不平路面产生冲击时，车轮、转向节和套筒一起沿主销的轴线移动。纵向力、侧向力及力矩由转向节、套筒经主销传递给车架。这种悬架在车轮跳动时，轮距和轴距稍有改变，但前轮定位参数不变，有利于汽车的转向操纵性和行驶稳定性。缺点是主销和套筒之间相对运动时的摩擦阻力大，磨损严重。所以，当代汽车上已经很少采用。

(2)麦弗逊式独立悬架。麦弗逊式独立悬架的结构如图 3-3-16 所示。这种悬架由减振器、螺旋弹簧、横摆臂和横向稳定杆等组成。螺旋弹簧与减振器装于一体，构成悬架的弹性支柱，支柱上端与车身挠性连接(*A* 点)，支柱下端与转向节刚性连接，横摆臂的外端与转向节下端铰接(*B* 点)。它没有传统意义上的主销，主销的轴线为 *AB* 的连线，车轮跳动时，轮距、车轮外倾角、主销的倾角都有变化，合理的杆系布置可将其控制在很小的范围内。因结构简单，布置紧凑，用于前悬架时能增大两前轮的内侧空间，故目前广泛应用于发动机前置前轮驱动轿车的前悬架中。

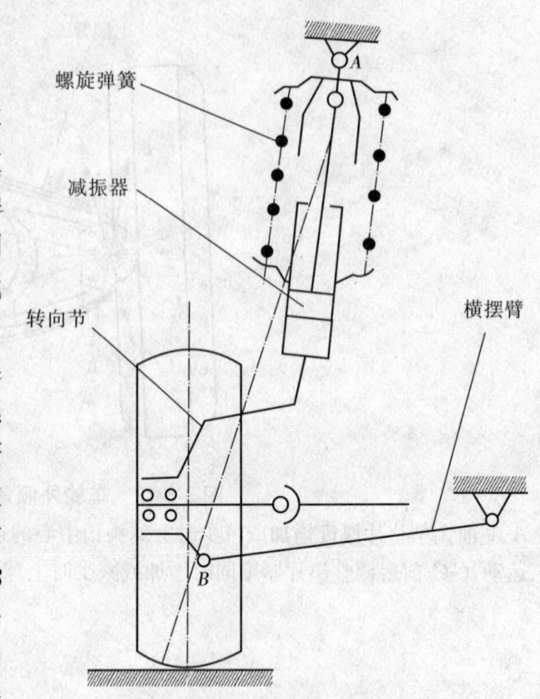

图 3-3-16　麦弗逊式独立悬架结构示意图

4. 横向稳定器

当代轿车悬架很软，即固有频率很低。汽车高速行驶转弯时，车身会产生较大的侧向倾斜和侧向角振动。为了提高悬架的侧倾角刚度，减小侧倾，常在悬架中加设横向稳定器。图 3-3-17 所示为杆式横向稳定器。由弹簧钢制成的横向稳定杆 3 呈 U 形，安装在汽车紧靠悬架的前端或后端(有的轿车前后都装横向稳定器)。稳定杆的中部自由支承在两个固定于车架上的橡胶套筒 2 内，而套筒 2 固定在车架上，稳定杆两侧纵向部分的末端通过支杆与悬架下摆臂上的弹簧支座 4 相连。当车身受到振动而两侧悬架变形相同时，横向稳定杆在套管内自由转动，此时横向稳定杆不起作用。当两侧悬架变形不等，车身相对路面发生侧向倾斜时，弹性的稳定杆产生扭杆内力矩就阻碍了悬架弹簧的变形，从而减小了车身的侧倾和侧向角振动。即车架的一侧移近弹簧下支座，稳定杆的同侧末端就相对车架向上抬起，而另一侧车架远离弹簧座，相应一侧横向稳定杆的末端应相对车架下移。同时，横向稳定杆中部对于车架没有相对运动，而稳定杆两边的纵向部分向不同方向偏转，于是稳定杆被扭转。具有弹性的稳定杆抵抗扭转的内力矩就阻碍了悬架弹簧的变形，因而减小了车身的横向倾斜和横向角振

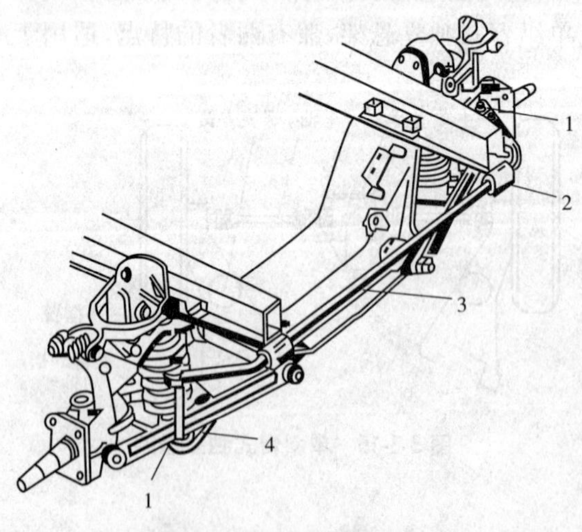

图 3-3-17　杆式横向稳定器

1-支杆；2-套筒；3-稳定杆；4-弹簧支座

动。横向稳定器还可起平衡两侧车轮载荷的作用。

五、电控悬架的结构与工作原理

(一)电控悬架的组成

电控悬架控制系统可实现对车高、悬架弹簧刚度和减振器阻尼各参数进行主动调节，它属于有源控制的主动悬架。与其他控制系统一样，悬架控制系统一般也包含传感器、电控单元(ECU)和执行机构三部分，如图 3-3-18 所示。传感器用来感受汽车运动状态(路况和车速及起动、加速、转向制动等情况)，并将各种状态转变为电信号输送给 ECU。ECU 对传感器输入的电信号进行综合处理，向执行机构发出控制指令。悬架控制系统的执行机构是电磁阀、步进电动机和空气压缩机。它们接受来自 ECU 的控制指令，准确、快速和及时地作出动作反应，实现对弹簧刚度、减振器阻尼和车身高度的调节。

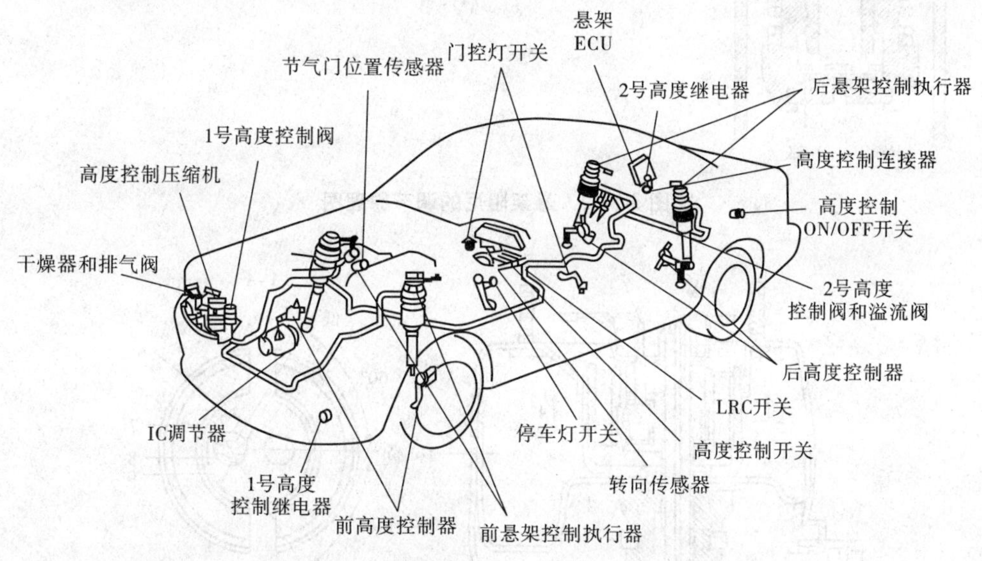

图 3-3-18 雷克萨斯 LS400 电控悬架组成图

(二)电控悬架系统的控制方式

1. 悬架阻尼调节装置的结构和工作原理

悬架阻尼的调节是通过改变减振器的阻尼来实现的，悬架阻尼减振器与普通减振器的区别在于能通过改变减振器阻尼孔截面的大小来改变其减振力，其结构如图 3-3-19 所示。与减振器阻尼调节杆连接的回转阀上有 3 个阻尼孔，悬架控制执行器驱动阻尼调节杆转动，从而使回转阀转动，开闭 3 个阻尼孔，改变油路截面积，实现高、中、低三种状态的调节。

当 A、B、C 三个截面的阻尼孔全部被回转阀封住时，只有减振器下面的阻尼孔(D 部)工作，减振器的阻尼最大(阻尼处于“高状态”)，回转阀从高状态顺时针转动 60°，则 B 截面的阻尼孔打开，A、C 截面阻尼孔仍关闭，减振器的阻尼处于“中”状态；回转阀从高状态逆时针转动 60°，则三个截面的阻尼孔全部打开，减振器处于“低”状态。

2. 悬架刚度调节装置的结构和工作原理

悬架刚度调节装置的结构和工作原理如图 3-3-20 所示。主、辅气室之间的气阀体有大小两个通道。悬架控制执行器带动气阀体控制杆转动，使阀芯转过一个角度，改变通道的大小，就可以改变主辅气室的气体流量，使悬架刚度发生变化。悬架的刚度可以在低、中、高三种状态下改变。

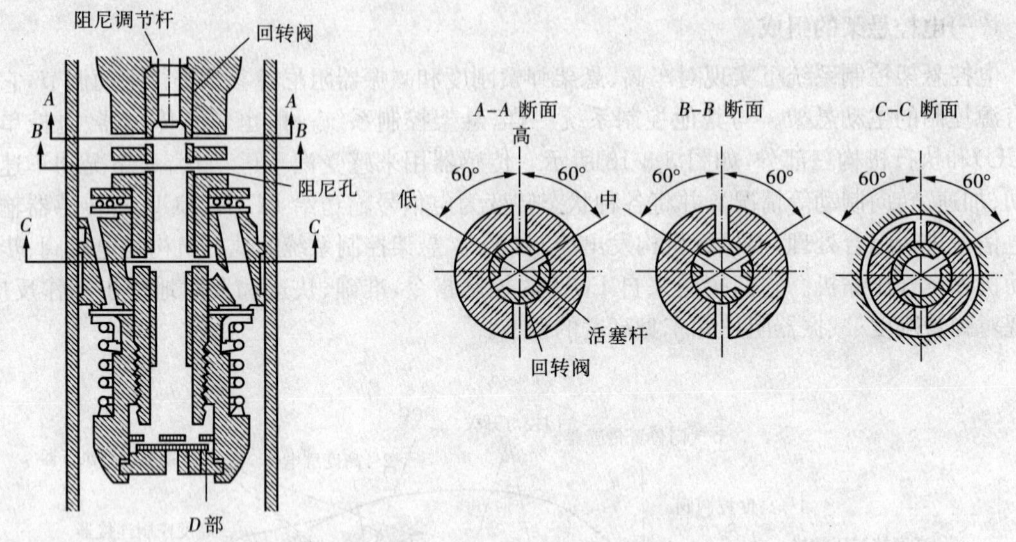

图 3-3-19 悬架阻尼的调节原理图

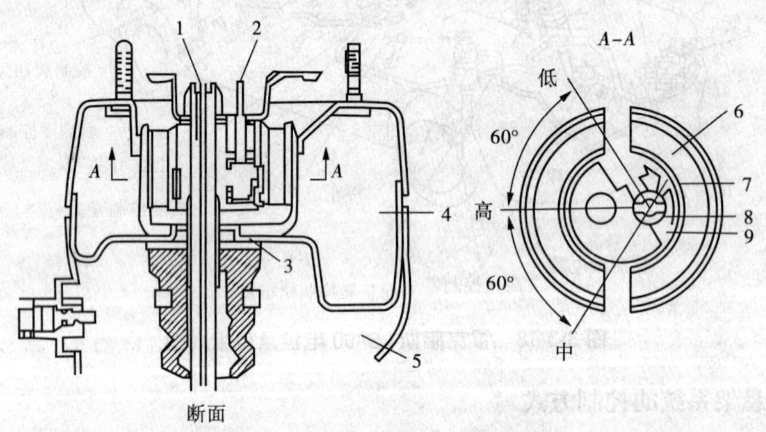

图 3-3-20 悬架刚度调节原理图

1-阻尼调节杆；2-空气阀控制杆；3-主、副气室通道；4-副气室；5-主气室；6-气阀体；7-气体小通道；8-阀芯；9-气体大通道

阀芯的开口转到对准图示的“低”位置时，气体通路大，气体通路被打开，主气室的气体经阀芯的中间孔、阀体的侧面孔通道与辅气室的气体相通，两气室的流量大，相当于参与工作的气体容积增大，悬架刚度处于低状态。

阀芯的开口转到对准图示的“中”位置时，气体通路小，气体两气室的通路被打开，两气室的流量小，悬架刚度处于中状态。

阀芯的开口转到对准图示的“高”位置时，两气室之间的气体通路全部被封死，两气室的气体不能相互流通，可压缩的气体容积减小。悬架在振动过程中，只有主气室的气体单独承担缓冲的任务，所以悬架刚度处于高状态。

3.车身高度控制装置的结构和工作原理

车身高度控制与空气悬架刚度调节为同一气动缸。但两者调节的方式不一样，后者通过主副气室阀门来控制，而车身高度控制通过高度控制阀控制主气室的空气容量来调节。主气室是一个可变的气室，在其底部有卷动膜片。增减主气室内的压缩空气量，即可调节车辆高度。当ECU控制空气电磁阀使压缩空气进入气动缸的主气室，主气室伸长，车身升高；反之，车身降低。

(三)电控悬架工作过程

图3-3-21所示为雷克萨斯LS400轿车电控悬架系统电路图，4个车身高度传感器向ECU输入转向角和转向速度信号，发动机和自动变速器ECU向电控悬架ECU提供节气门位置信号。电控悬架的ECU综合以上信号向压缩机电动机、1号高度控制阀和4个悬架控制执行器发出指令信号，对车身高度、弹簧刚度和减振器阻尼力进行综合控制，各自有“软”、“硬”、“正常”、“高”等状态。具体状态由ECU根据汽车的运行状况和驾驶人通过控制开关选定的控制状态来确定。具体控制项目如下：

1.车身高度控制

(1)自动高度控制。在良好路面行驶时，驾驶人操纵控制开关选择汽车的目标高度为高或正常后，不论乘客和行李质量如何变化，汽车高度保持所选择的目标高度。

(2)高车速控制。当车速高于控制车速后，汽车高度会降低一级。如高度控制开关选择高位置，汽车高度自动降至正常位置。

(3)点火开关关闭控制。汽车停驶，点火开关断开后，由于乘客和行李的质量的变化而使汽车高度高于目标高度时，能使汽车高度降低至目标高度。

2.弹簧刚度和减振器阻尼控制

(1)防侧倾控制。在汽车急转弯时，使弹簧刚度和减振器阻尼调整到“高”状态，并使汽车的姿态变化降至最小，以有效地抑制侧倾，改善其操纵性。

(2)“点头”控制。在汽车紧急制动时，调整弹簧刚度和减振器阻尼力为“高”状态，以抑制汽车制动时“点头”。

(3)防“后仰”控制。在汽车加速时，调整弹簧刚度和减振器阻尼力为“高”状态，以抑制汽车后仰。

(4)高车速控制。汽车高速行驶时，不论驾驶人选择何种控制状态，电控悬架自动使弹簧刚度为“高”状态，以改善高速行驶时的稳定性和操纵性。

(5)颠簸、跳动控制。汽车在不平路面行驶时，使弹簧刚度和减振器阻尼力为“正常”或“高”状态，以抑制汽车因路面不平造成的颠簸和跳动，提高乘坐舒适性。

六、悬架系统的维修

悬架的主要损耗形式是弹簧弹力下降、弹簧断裂和减振器失效。

(一)非独立悬架的检修

非独立悬架的检修主要是弹性元件和减振器的检修。

1.弹性元件的检修

非独立悬架的常用弹性元件是钢板弹簧，也有些采用螺旋弹簧。

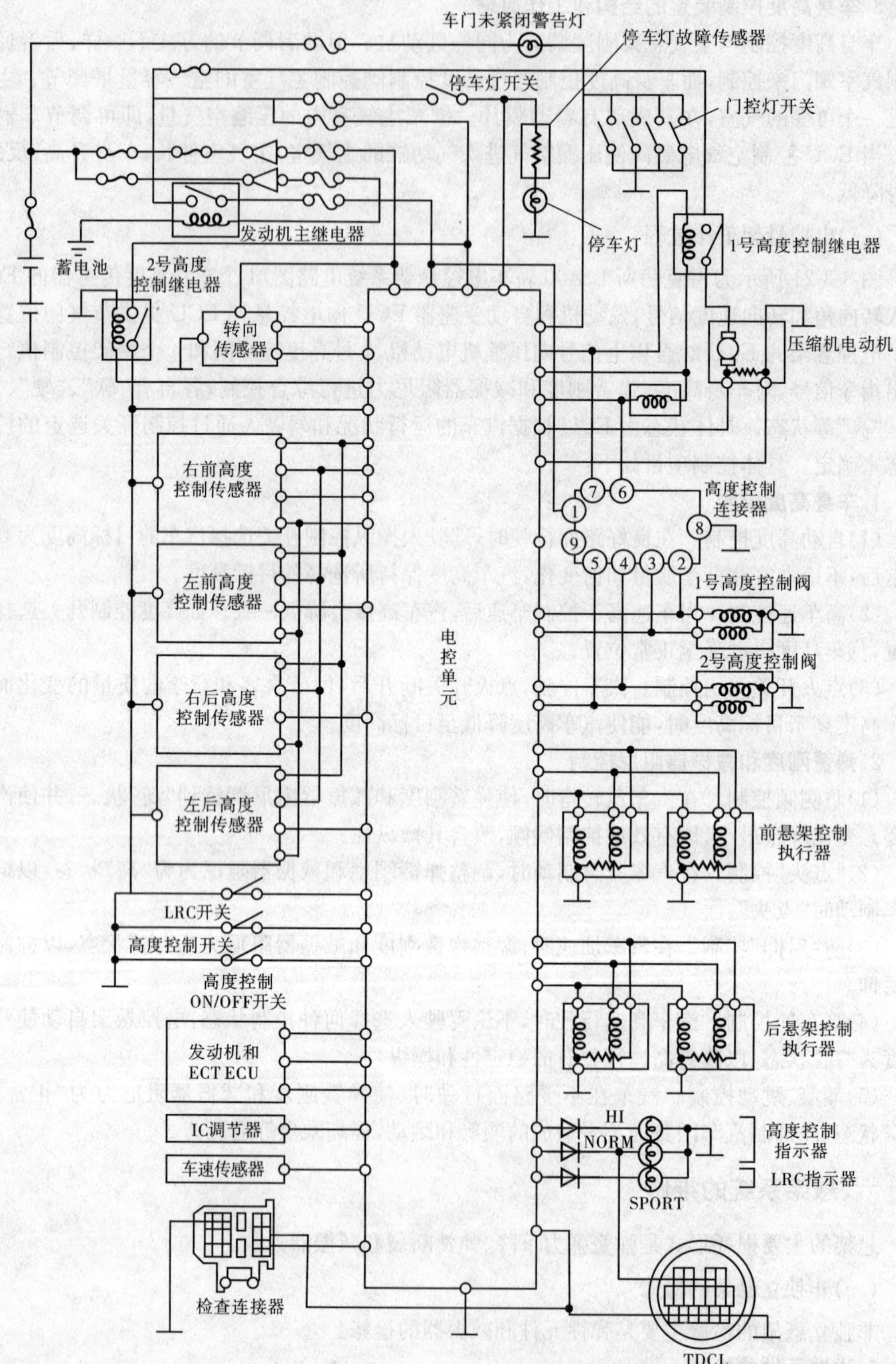

图 3-3-21 雷克萨斯 LS400 电控悬架系统电路图

(1)钢板弹簧的检修。钢板弹簧长期使用会产生弹性下降甚至折断,钢板销、支架与吊耳会产生磨损等。

①钢板弹簧不能有裂纹、折断,如有应更换新件。

②钢板弹簧弹性下降表现在钢板弹簧的弧高减小,一般在弹性实验器上检查有负荷或无负荷下弧高的减小。钢板弹簧弹性下降也表现在叶片的曲率半径变化,可用新片来进行靠合实验。

③左右两侧的钢板弹簧的总片数要相等,总厚度差不大于 5 mm,弧高差不大于 10 mm。

④钢板弹簧的夹子、夹子螺栓应完整,U 形螺栓要按规定的力矩拧紧。

⑤装配好并压紧的钢板弹簧,片与片之间应紧密配合,相邻两片在总接触长度的 1/4 长度内,间隙不大于 1.2 mm。

(2)螺旋弹簧的检修。螺旋弹簧的检修主要是检查螺旋弹簧的自由长度,如自由长度比标准长度缩短了 5%,则表示该弹簧已经永久变形,刚度变差,必须更换。更换时,要同时更换左右两个螺旋弹簧,以保持车辆两侧高度相同。若螺旋弹簧上有裂纹也要更换。

2. 减振器的检查

进行减振器检查时应固定住减振器,在上下运动活塞杆时应有一定阻力,而且向上比向下的阻力要大一些。若阻力过大,应检查活塞杆是否弯曲;若无阻力,则表示减振器油已漏光或失效,必须更换。车辆行驶时,有缺陷的减振器会发出冲击噪声,因此,应更换减振器。减振器为免维护机构,减振器外面有轻微的油迹,不必更换减振器;如有大量油迹即漏油时,减振器在压缩到底或伸展时会产生跳动现象,这时只能更换减振器。

(二)独立悬架的检修

独立悬架常用在汽车的前桥上,独立悬架的检修包括弹性元件、减振器、横向稳定杆等的检修。其弹性元件多为螺旋弹簧,因在非独立悬架的检修中已涉及螺旋弹簧和减振器的检修,故不再重复。

1. 前减振器悬架轴承主橡胶挡块的检查

如图 3-3-22 所示,一是检查前减振器悬架轴承 1 的磨损与损坏情况,应能灵活转动,损坏时必须整体更换;二是检查橡胶挡块 2 的损坏与老化情况,如损坏应及时更换。

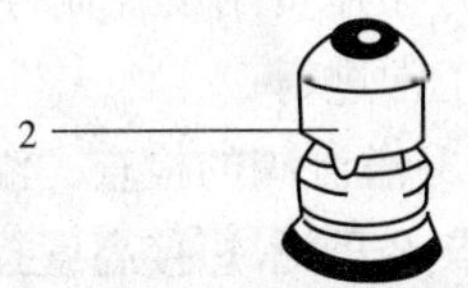

图 3-3-22　前减振器悬架轴承和橡胶挡块的检查

1-悬架轴承;2-橡胶挡块

2. 副车架、横向稳定杆和梯形臂的检查

首先检查副车架(前托架)、横向稳定杆和梯形臂(下摆臂)有无变形或裂纹。若存在变形或裂纹,不允许在前悬架支承装置和导向装置部件上进行焊接和矫直修复,只能更换新件。另外,需要检查横向稳定杆的橡胶支座和橡胶衬套、梯形臂(下摆臂)的前衬套和后衬套的损坏和老化情况,若损坏需要及时更换。

梯形臂(下摆臂)下球铰的检查。如图 3-3-23 所示,首先检查下球铰 1 的轴向间隙,标准为 0,用弹簧秤 2 检查下球铰 1 的拉力应为 10.8 ～ 73.6 N,用扭力扳手 3 检查下球铰 1 的扭力应为 1.5 ～3.4 N·m。

(三)电控悬架系统的检修

下面以以丰田车系为例,介绍电控悬架系统的检修,参见 3-3-21 所示。

1.初步检查

(1)汽车高度调整功能的检查。首先在轮胎充气压力满足要求、汽车处于正常高度调整的状态下,检查汽车高度。然后起动发动机,将高度控制开关从“NORM”位置转换到“HIGH”位置,检查完成高度调整所需的时间和汽车高度的变化量。从操作高度控制开关到压缩机启动所需时间约为2 s,从压缩机启动到完成高度调整所需时间为20 ~40 s,汽车高度的变化量为10 ~30 mm。若不满足,应做进一步检查,确定故障原因、故障部位,采取相应的维修办法。

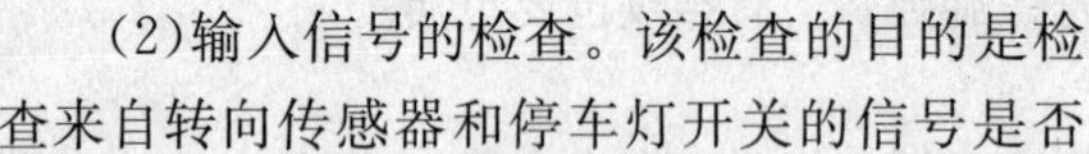

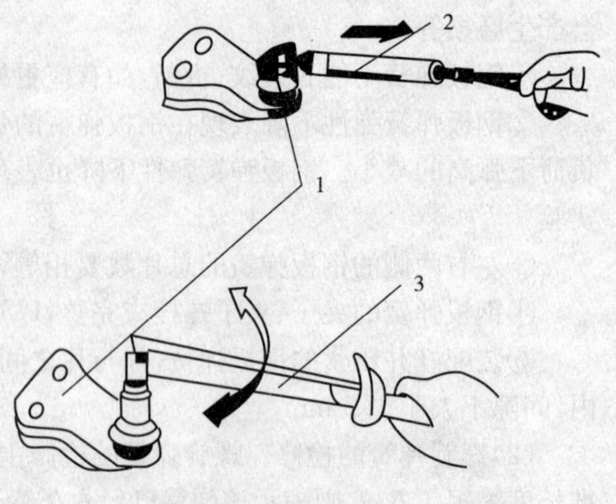

图 3-3-23 梯形臂下球铰的检查
1-梯形臂下球铰;2-弹簧秤;3-扭力扳手

(2)输入信号的检查。该检查的目的是检查来自转向传感器和停车灯开关的信号是否正常地输入ECU。接通点火开关。将发动机室内的检查连接器端子TS与E1短接。如果将端子TS与E1连接后,ECU中有故障代码输出,就应该进行维修;如果ECU中没有故障代码输出,则要进行输入信号检查。输入信号的每个项目检查,要按表3-3-5中规定的“操作一”进行。观察发动机处于不同的状态下“NORM”指示灯的闪烁方式。正常情况是在发动机停机状态下,高度控制“NORM”指示灯会以0.25 s的间隔闪亮,并一直持续闪亮到发动机运转时为止。然后,按表3-3-5中规定的“操作二”进行操作,观察发动机处于不同的状态下“NORM”指示灯的闪烁方式,正常情况是在发动机停机状态下,高度控制“NORM”指示灯常亮。若满足要求,表明被检查系统信号正常地输入ECU。在进行上述各项检查时,减振力和弹簧刚度控制停止,并且减振力和弹簧刚度均固定在“坚硬”状态。汽车高度控制仍旧正常进行。

(3)溢流阀的检查。溢流阀的检查是迫使压缩机工作来检查溢流阀动作,其检查步骤为:接通点火开关,短接高度控制连接器的端子1与7,迫使压缩机工作;等压缩机工作一段短时间后,检查溢流阀是否放空气;断开点火开关;清除故障代码(当迫使压缩机工作时,ECU中会记录一个故障代码,在完成检查后,务必将这个故障代码清除掉)。

(4)漏气检查。主要检查管子和软管的接头是否漏气,其步骤为:首先将高度控制开关拨到“HIGH”位置使汽车高度上升,然后使发动机停机,在管子和软管的接头处加肥皂水检查是否有任何漏气现象。

(5)汽车高度调整。为了保证车高调节系统正常工作,必须进行汽车高度调整。首先将汽车停在水平地面上,检查汽车高度,若汽车的高度处在标准值范围以内,就不必进行汽车的高度调整。否则,按下面步骤进行汽车的高度调整:拧松高度控制传感器连接杆上的2只锁紧螺母;转动高度控制传感器连接杆的螺栓以调节长度,高度控制传感器连接杆每转一圈能使汽车高度改变大约4 mm;调整时,要注意检查高度控制传感器连接杆的尺寸是否小于极限值;暂时拧紧2只锁紧螺母;再检查一次汽车高度,直到车高达到标准值范围以内;按拧紧力矩要求拧紧锁紧螺母。

输入信号的检查　　表 3-3-5

检查项目	操作一	发动机工作状态		操作二	发动机工作状态	
		停机	运转		停机	运转
转向传感器	转向直前	闪烁	常亮	转向角 45°以上	常亮	闪烁
停车灯开关	OFF(制动踏板不踩下)	闪烁	常亮	ON(制动踏板踩下)	常亮	闪烁
门控灯开关	OFF(所有车门关闭)	闪烁	常亮	ON(所有车门开启)	常亮	闪烁
节气门位置传感器	不踩加速踏板	闪烁	常亮	加速踏板全部踩下	常亮	闪烁
1 号车速传感器	车速低于 20 km/h	闪烁	常亮	车速 20 km/h 以上	常亮	闪烁
高度控制开关	NORM 位置	闪烁	常亮	HIGH 位置	常亮	闪烁
悬架控制开关	NORM 位置	闪烁	常亮	SPORT 位置	常亮	闪烁
高度控制 ON/OFF 开关	ON 位置	闪烁	常亮	OFF 位置	常亮	闪烁

2.利用自诊断系统进行故障检修

自诊断系统需要利用指示灯读取故障代码，因此要先进行指示灯检查。

(1)指示灯检查。接通点火开关，“HEIGHT”照明灯一直点亮。检查悬架控制指示灯(带“SPORT”标志)和高度控制指示灯(带“NORM”或“HI”标志)，应亮 2 s 左右。当把位于自动变速器(有的位于仪表板)上的悬架控制开关拨到“SPORT”侧时，悬架控制指示灯仍旧亮着。同样，当高度控制开关拨到“NORM”或“HIGH”侧时，相应的高度控制指示灯“NORM”或“HI”也点亮。当高度控制“NORM”指示灯以每 1 s 间隔闪亮时，这表明 ECU 存储器中存有故障代码，悬架控制系统存在故障，应做进一步的检修。如果在指示灯检查过程中，出现表 3-3-6 中所示的故障，应进到相应电路的检查并进行故障排除。

指　示　灯　检　查　　表 3-3-6

故障征兆	检查电路
在接通点火开关后，“SPORT”、“HI”和“NORM”指示灯不亮	汽车高度控制电源电路
	指示灯电路
接通点火开关后“SPORT”、“HI”和“NORM”指示灯亮 2 s，然后全部熄灭	悬架控制执行器电源电路
有些指示灯，“SPORT”、“HI”和“NORM”或“HEIGHT”、照明灯不亮	指示灯电路或“HEIGHT”照明灯电路
即使悬架控制开关拨到“NORM”侧，“SPORT”指示灯仍旧亮着	悬架控制开关电路
仍旧亮着的汽车高度指示灯与高度控制开关所选定的汽车高度不一致	高度控制开关电路

(2)故障代码检查。短接 TC 与 E1。若指示灯闪烁的时间间隔相等，表示悬架控制系统正常，自诊断系统未发现故障。检查完毕后，将端子 TC 和 E1 脱开。故障代码清除有 2 个方法：在断开点火开关的情况下，拆下接线盒中的 ECU 熔丝 10 s 以上；或在断开点火开关的情况下，将高度控制连接器的端子 9 与端子 8 连接，同时使检查连接器的端子 TS 与 E1 连接，保持这一状态 10 s 以上，然后接通点火开关，并脱开以上各端子。对故障部位进行检查与维修，再按读取代码的步骤检查一遍，如故障代码消失，表明悬架控制系统正常。

七、悬架系统的故障诊断

悬架系统的常见故障是车身倾斜、异响、前轮异常磨损等。其车身倾斜和异响的故障现象和原因基本同于非独立悬架系统，前轮的异常磨损与车架、车轮、悬架等系统的技术状况变坏有关，与悬架相关的是悬架的磨损后因配合间隙变大而使前轮定位参数改变所致。

1. 车身倾斜

(1)故障现象。汽车调整后停放在平坦地面上，车身横向或纵向歪斜，汽车行驶中方向自动跑偏。

(2)故障原因。①螺旋弹簧断裂。②弹簧弹力下降。③弹簧刚度不一致。

2. 异响

(1)故障现象。汽车在行驶过程中，特别是道路颠簸、突然制动、转弯时从悬架部位发出的噪声。

(2)故障原因。①减振器漏油，造成油量不足。②活塞与缸筒磨损，配合松旷。③连接部位脱落。④铰链点磨损、松旷。⑤橡胶衬套磨损、老化或损坏。⑥弹簧折断。

第三节　车轮定位与车轮定位的检测

车轮定位的设计目的是要保证汽车在行驶时有自动保持直线行驶的性能，即当车轮转向后有自动回正的能力。车轮定位角度是存在于悬架系统和各活动机件间的相对角度，保持正确的车轮定位角度，可确保车辆的直线行驶稳定性及操控性，改善车辆的转向性并确保转向系统回正，避免轴承不当受力而受损，更可确保轮胎与地面紧密接合，减少轮胎不正常磨耗，确保转向时的稳定性。为此，汽车的转向轮(通常是前轮)设计有几个角度，如:主销后倾角、主销内倾角、转向轮外倾角、转向轮前束，统称转向轮定位角。由于当代汽车采用了各种新技术，使转向轮定位角出现变化，如轮胎用子午线、低气压扁平宽断面结构，使轮胎在行驶中受外力作用变形较大；有些车用管路对角线制动系统、前轮驱动等，使前轮定位角变成负值；部分轿车的后轮也有外倾角和前束规定。

一、转向车轮定位

转向桥在保证汽车转向功能的同时，应使转向轮有自动回正的作用，以保证汽车直线行驶的稳定性。当转向轮偶遇外力作用发生偏转时，一旦外力消失应能立即自动回到原来的直线行驶位置。这种自动回正作用是由转向轮的定位参数来实现的，就是汽车的每个转向车轮、转向节和前轴与车架的安装应保持一定的相对位置。转向轮定位参数有:主销后倾、主销内倾、前轮外倾和前轮前束等 4 个参数。通常车轮定位主要是指前轮定位，现在也有许多车辆需要除前轮定位外的后轮定位，即四轮定位。

1. 主销后倾角

如图 3-3-24 所示，在汽车的纵向平面内(汽车的侧面)，主销上部向后倾一个角度 γ，称为主销后倾角。主销轴线与路面交点 a 将位于车轮与路面接触点 b 前面，当汽车直线行驶时，若转向轮偶然受到外力作用而稍有偏转(例如，向右偏转，如图中箭头所示)，将使汽车行驶方向向右偏离，这时由于汽车本身离心力的作用，在车轮与路面接触点 b 处，路面对车轮作用着一个侧向反作用力 Y。反力 Y 对车轮形成绕主销轴线作用的力矩 YL，其方向正好与车轮偏转方向相反；在此力矩作用下，将使车轮回复到原来中间的位置，从而保证汽车能稳定地直线行驶，故此力矩称为回正的稳定力矩。但此力矩也不宜过大，否则，在转向时为了克服此稳定力矩，驾驶人须在转向盘上施加较大的力（即转向沉重）。因稳定力矩的大小取决于力臂 L 的数值，而力臂又取决于后倾角 γ 的大小。因此，为了不使转向沉重，主销后倾角 γ 不宜过大。现在，γ 角一般为 $2°\sim3°$。当代汽车由于为了提高行驶速度，普遍采用扁平低压胎，弹性增加，轮胎变形增加，引起稳定力矩增加，此角可以减小甚至接近于零，甚至为负值。

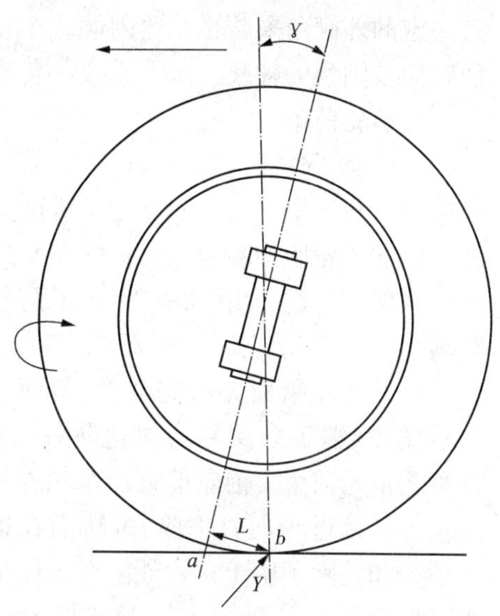

图 3-3-24 主销后倾角作用示意图

2. 主销内倾角

如图 3-3-25a 所示，在汽车的横向平面内，主销上部向内倾斜一个角度，主销轴线与路面垂线之间的夹角 β 称为主销内倾角。主销内倾角 β 也具有使车轮自动回正的作用。如图 3-3-25b 所示，当转向车轮在外力作用下由中间位置偏一个角度时，车轮的最低点将陷入路面以下 h 处，但实际上车轮下边缘不可能陷入路面以下，而是将转向轮连同整个汽车前部向上抬起一个相应的高度 h，这样汽车本身的重力有使转向轮回复到原来中间位置的效应，即能自动回正。主销内倾角愈大或转向轮偏转角愈大，汽车前部就被抬起得愈高，转向轮自动回正的作用就愈大。此外，主销内倾角的另一个作用是使转向轻便。如图 3-3-25a 所示，由于主销的内倾使得主销轴线与路面的交点到车轮中心平面与地面交线的距离 ι 减小，转向时路面作用在转向轮上的阻力矩减小（因力臂 c 减小），从而可降低转向时驾驶人加在转向盘上的力使转向操作轻便。同时，也可以减小因路面不平而从转向轮传到转向盘上的冲击力。但 c 值也不宜过小，即内倾角不宜过大，否则，在转向时，车轮绕主销偏转的过程中，轮胎与路面间将产生较大的滑动，因而增加了轮胎与路面的摩擦阻力，这不仅使转向变得很沉重，而且加速了轮胎的磨损。故一般内倾角多不大于 8°，距离 c 一般为 40～60 mm。主销内倾角通过前梁的设计来保证，由机械加工来实现。加工时，将前梁两端的主销孔轴线上端向内倾斜。

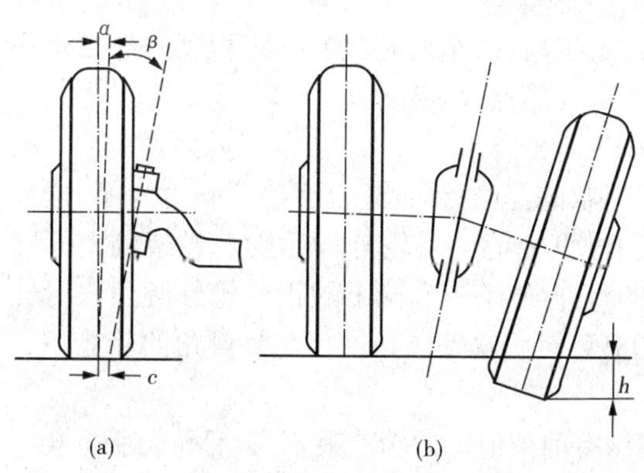

图 3-3-25 主销内倾角作用示意图及前轮外倾角

（a）主销内倾角和前轮外倾角；（b）车轮自动回正

3. 前轮外倾角

前轮外倾角是通过车轮中心的轮胎中心线与地面垂线之间的夹角 α（如图 3-3-25a），它也有回正作用。如空车时，车轮正好与路面垂直，则满载时车轮出现内倾，这将加速汽车轮胎的偏磨损。另外，路面对车轮的垂直反作用力沿轮毂的轴向分力将使轮毂压向轮毂外端的小轴承，加重了外轴承和轮毂紧固螺母的负荷，降低它们的使用寿命。因此，安装车轮时，应使车轮有一定的外倾角来防止车轮内倾。车轮前轮的外倾角是在转向节的设计中确定的。设计时，使转向节轴颈的轴线与水平面成一角度，该角度即为前轮外倾角（α约为1°）。

4.前轮前束

车轮有了外倾角后，在滚动时，就类似于圆锥滚动，从而导致两侧车轮向外滚开。由于转向横拉杆和车桥的约束使车轮不可能向外滚开，车轮将在地面上出现边滚边向内滑移的现象，从而增加了轮胎的磨损。为消除车轮外倾后带来的不良后果，在安装车轮时使汽车两前轮的中心平面不平行，如图3-3-26所示两轮前边缘距离B小于后边缘距离A，俯视车轮，汽车的两个前轮的旋转平面并不完全平行，而是稍微带一些角度，这种现象称为前轮前束。$A-B$之差称为前轮前束。前轮前束使车轮在每一瞬时滚动方向接近于向着正前方，从而在很大程度上减轻和消除了由于车轮外倾而产生的不良后果。前轮前束可通过改变横拉杆的长度来调整。一般前束值为0～12 mm。也有的汽车为与负前轮外倾角相配合，其前束也取负值即负前束（如上海桑塔纳轿车前束为－1～－3 mm）。

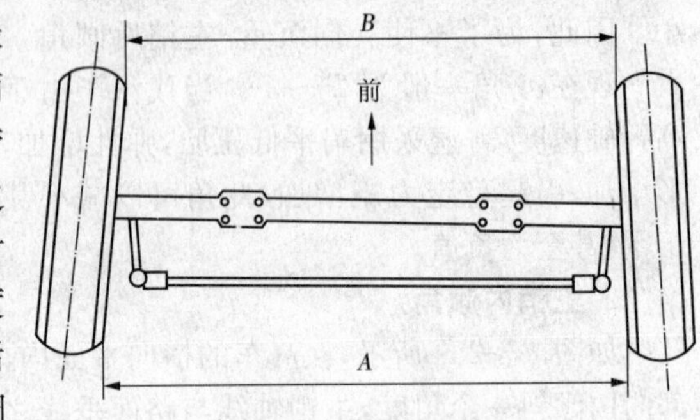

图3-3-26 前轮前束

二、后轮定位

随着道路条件的改善，当代轿车的行驶速度越来越高，汽车后轮具有一定程度的外倾角和前束可使后轮获得合适的侧偏角，有利于提高高速行驶的操纵稳定性。

1.后轮外倾角

后轮外倾角对轮胎磨损和操纵性有影响。理想状态是4个车轮的运动外倾角为零，这样轮胎和路面接触良好，从而得到最佳的牵引性能和操纵性能。后轮外倾角随着悬架的上下移动而变化。为对荷载进行补偿，采用独立后悬架的汽车常有一个较小的正后轮外倾角。滑柱筒破坏或错位、滑柱弯曲、弹簧压缩或悬架过载等都会使后轮外倾角产生负外倾角的趋势。

2.后轮前束

为克服后轮外倾角带来的负面影响，后轮也应该有前束值。后轮前束不当，后轮轮胎也会产生不正常的磨损，还会引起转向不稳定和降低制动效能。像后轮外倾角一样，后轮前束会随着悬架的上下移动而变化，同时滚动阻力和发动机的转矩对它也有影响。对于前轮驱动的汽车，前轮宜为正前束，后轮宜为负前束；四轮驱动的汽车则相反，前轮宜为负前束，后轮宜为正前束。

3.驱动力作用线

如果两后轮相互平行且与整车平行，则驱动力作用线将垂直于后轴并与车辆纵轴线重合。但如果一个或两个后轮前端偏内或偏外，或者一个车轮相对于另一个车轮略为后缩，驱动力作用线就偏离中心，产生一个驱动力偏离角并使汽车朝与偏离角相反方向偏行。驱动力偏离角的出现使得汽车在冰雪或湿路面上行驶时方向的稳定性变差，还使轮胎磨损加剧。通过重新设置后轮前束，可以使驱动力作用线回中。

三、车轮定位的检测

车轮定位角是评价汽车的操纵性和直线行驶稳定性的重要参数。如果前轮定位不正常，不仅会引起转向沉重，增加驾驶人的劳动强度，汽车的行驶也不稳定，不能保持直线行驶，车轮失去自动回正作用，还会造成汽车操纵失灵，有导致事故的危险，同时，加剧转向机构和转向轮胎的磨损，使燃油消耗量增加，动力性能下降等。为此，汽车转向轮定位值是安全检测的重点项目之一，必须定时对汽车的四轮定位进行检测与调整。一般新车在驾驶3个月后就应作四轮定位，以后每行驶1万km、更换轮胎或减振器、发生碰撞后都应及时作四轮定位。一般来说，需要检查5个定位参数：主销后倾角、车轮外倾角、车轮前束、主销内倾角和转弯外倾角(转弯时前轮后束)。如果除了前轮定位外，还要进行四轮定位时，还必需将延迟(滞转)角和汽车的推力角考虑进去。因此，在进行四轮定位时，必须同时检查汽车后轮外倾角和后轮前束。

汽车转向轮定位的检测方式分为静态检测和动态检测两种，前者使用四轮定位仪，后者则使用侧滑试验台。所谓静态是指汽车静止不动，使用四轮定位仪(由前束尺和倾角仪组成)对汽车的前轮前束值、主销后倾角、主销内倾角和车轮外倾角进行检测，特点是仪器结构简单，但操作繁琐、速度颇慢。动态是指汽车运动，用侧滑试验台(滑板式或滚筒式)对汽车的前轮前束值和车轮外倾角的匹配情况进行检测。其特点是设备结构复杂，操作简便，速度较高，非常适合快速检测，在安检线或综检线的应用广泛。

(一)四轮定位仪

四轮定位仪用来静态检测汽车的车轮定位参数，由电脑自动与原厂的设计参数进行对比，对汽车四轮定位算出偏差值，指导使用者对车轮定位参数进行相应的调整，使其符合原设计要求，以达到理想的汽车行驶性能，即操纵轻便、行驶稳定可靠，并减少轮胎的偏磨损。现在的四轮定位仪已很先进，激光电脑式的定位仪经过输入后，其液晶显示屏可显示其轮胎位置的现状，并可告知应该调节的角度。在校正器的配合下，很快便可将轮胎校正妥当。

四轮定位仪主要由两部分组成：一部分是计算机软硬件，计算机是常见的PC机，这部分的关键是车辆数据库；另一部分就是传感头，传感头主要由角度计及电位计(拉线式)或红外成像传感器(红外线式)两种传感元件组成。电位计或红外成像传感器用来测量前束角、退缩角、推进角、轮距角；角度计用来测量外倾角。在转动转向盘测量时，角度计和电位计或红外成像传感器结合起来，由计算机对结果进行计算，可以测量主销后倾角、主销内倾角以及转向角。

四轮定位检测仪的种类很多，根据传输形式可分为有线传输和无线传输。用有线传输形式的四轮定位仪，不易因光线折射而引起数据变化，操作方便；用无线传输的四轮定位仪，主机不与电脑相连，因此，无需把电脑放在工作现场，设备体积小，重量轻。根据传感器的不同种类，分红外线传感、激光传感等。用激光或红外光检测系统，检测时不受外界环境因素影响，测量精度高。

(二)四轮定位仪的使用

此处以电脑拉线式四轮定位仪为例来说明四轮定位仪的使用方法。电脑拉线式四轮定位仪其主要结构由带微处理器的主机柜及彩色监视器、键盘、80系列A4打印机、红外电子测量尺(用来检测轮距)、红外遥控器、标准转盘或电子转盘、自定心卡盘、传感器、接线盒、电缆、传感器拉线、转向盘锁定杆和刹车制动杆等组成。

1.传感器的校准

校准要在专用校准架上进行用拉线校准前束值，用校准斜角校准主销倾角。

2.四轮定位仪的使用安装

(1)汽车的准备。需做四轮定位的汽车，汽车大梁必须先经过校正，且主销没有损坏，保证车身左右对称点处于同一水平面上，将汽车驶到升降台上或地沟上，使前轮正好位于转盘中心。车驶入前，用锁紧销将转盘锁紧，防止转动。汽车驶入后，再松开锁紧销。

(2)安装卡盘。卡盘的卡爪头有多种形式，需要依据轮辋类型选择合适的卡爪头。将卡盘装在车轮上，通过转动手柄夹紧卡盘，卡爪头一般要固定在轮辋圈内侧，避免装在外侧时由于轮辋外侧变形，而测量不准。

(3)安装传感器。将传感器安装在卡盘轴上，保证各传感器的位置正确(如前左、前右)。传统的传感器根据测量对象不同，对于主销内倾角、主销后倾角、外倾角、前束角等，要求的安装方式不同。在进行各定位角测量时，参见各检测项目传感器安装图。

①传感器水平。观察水平仪，气泡调至中间位置，则传感器水平。

②转动卡盘轴端头的偏心挡块，轴向固定传感器，以免传感器意外坠下。

③连接传感器之间的拉线(当测量主销后倾角时无需连接)。

④安装转向盘锁定杆(需要时使用)。转向盘锁定杆带有弹簧锁定杆放在驾驶室内座椅上，压下手把，使之顶住转向盘，锁定转向盘。

⑤安装制动杆(需要时使用)。将制动杆大端定在踏板上，制动杆靠在座椅上乘紧。

3.从数据库中选择汽车制造厂及车型

(1)在主菜单上选择车轮定位仪类型，既能提供各种车型数据库，又能提供三类汽车车轮定位：轿车车轮定位、货车车轮定位、用户文件(可选项)。

(2)若选择“轿车车轮定位”，则出现轿车制造厂商。如果数据库中无轿车选择(其他)项，转动定位尺寸测量菜单上，则轿车的定位尺寸进入屏幕。测量值一定要存入轿车的用户手册的技术参数上，新车的技术参数也应输入数据库。

(3)选择相应的汽车制造厂商，则显示其生产的各种车型号。

(4)选择对应的车型，回车后，程序将进入“标准参数选项单”。

4.输入/修正参数

以下说明也适用于数据库中没有的车型。在这种情况下，特征参数需要按屏幕提示输入，说明如下：

(1)输入/修正车轮直径。如果车轮直径没有显示(数据库中没有的小型汽车型号)或车轮直径与数据库中的车轮直径不符，选(直径)项。

(2)输入/修正轴距。如果轴距与数据库中数据不符，选(轴距)项，并从键盘上输入对应的实际轴距(轿车使用手册上有)，结束时回车，正确的轴距用绿色字显示在屏幕上。

(3)输入/修正前(后)轮距。如果前(后)轮距与数据库中数值不符，选前(后)轮距项，从键盘上输入对应的实际轮距，回车结束。则正确的轮距值用绿色字显示在屏幕上。

5.自动偏摆补偿

如果自定心卡盘定位正确或辋边缘平滑，自动卡盘可以保证传感器与轮辋同轴，一般不需要自动补偿，如果轮辋损坏了或不平整，还是需要偏摆补偿。

(1)选择偏摆补偿校正程序。从角度测量选项单选择“偏摆补偿”项，它将提供前(后)轮偏摆补偿程序。另外，还可以在角度测量菜单中选择“RUNOUT’(偏摆补偿)程序。

(2)汽车举升。分别升起前后轮，待稳定后测量。

(3)车轮初始0°位置的偏摆补偿校正。按遥控器上的控制键(左轮用6，右轮用8)，将初始值置于零位，高亮度显示时，则车轮偏摆校正置相对零值，设备自动准备校正偏差。

(4)车轮旋转180°位置时的偏摆补偿校正。缓慢转动约180°,按遥控器上键或回车测量相对偏摆值,进行平均运算后,显示高亮度绿色时,则该轮已补偿校正完毕,注意放下车轮时,应保证车轮在0°或180°的位置落地。

(5)重复遥控器上的6、7、2程序,给所有的轮子进行偏摆补偿校正。

(6)一旦补偿校正程序完成,程序将自动回到定位参数测量菜单。

6.车轮定位测量

(1)测量前轮左/右主销内倾角。前轮安装传感器及配件,锁紧前轮传感器,后轮传感器可不用,转盘不锁紧,不用转向盘锁定杆,使用制动杆,以防车轮滚动,不用拉线。从角度测量选项中选择"主销轮距"程序,转动车轮,使转向角显示0°,等待测量。使左轮向左转动20°转向角度显示在屏幕上,主销内倾角将相对"0°"值自动存储,听到声响后,即完成。转动转向盘,车轮继续向左转动,直到右边也转过20°。转向角的值显示在屏幕上,存储器自动将右主销以"0°"存储。然后,将车轮右转20°,转向角显示在屏幕上,右轮主销内倾角测量值也显示在屏幕上方,右主销内倾角测量完毕。继续右转转向盘,使左轮右转至20°,左轮主销内倾角测量也就显示在屏幕上,左主销内倾角测量完毕。比较各测量值,白色值表示测量值与基准值无偏差;绿色值表示测量值在公差范围内;红色值表示测量值在公差范围外。

(2)测量前轮左/右主销后倾角。测量主销后倾角要用前轮传感器,不需锁紧,可不用后轮传感器,转盘不需锁紧,不用转向盘锁定杆,用制动杆,防止车轮滚动,不用拉线。从测量角度选项单中选"主销后倾角",主销后倾角区清屏等待测量。转动转向盘,使左轮左转20°,转向角显示在显示屏上,左轮主销后倾角相对"0°"值被自动存储。继续左转,使右轮也转到20°,右轮主销后倾角相对"0°"值被自动存储。然后车轮右转20°,转向角显示在显示器屏幕上显示右轮主销后倾角测量值,右轮主销后倾角测量完毕。操纵转向盘,继续右转,使左轮转向角达到20°,屏幕上显示左后轮主销后倾角测量值,测量完毕。比较测量值,如果测量值合乎要求,可进行其他测量,如果测量值不对,一定要进行调整,使测量值位于公差值之内。

(3)主销后倾角的调整。将车轮转回到直行位置,转向角值变为绿色,接近0°。将传感器转动90°安装,如同直行内倾角测量时的安装方式。

(4)测量左(右)后轮前束角/外倾角。测量后轮前束角和外倾角时,要使用四个传感器,传感器之间要连接拉线,使用转向盘锁定杆防止车轮转向,使用制动杆防止车轮滚动。在"角度测量选项单"中选后轮倾角测量程在屏幕上显示左、右侧后轮前束角及外倾角,还可以进一步显示推力角(由两后轮前束角算出)。用测量值与原厂值进行比较,如果测量值正确,可进行下一步操作,如果测量不正确,一定要进行调整。

(5)测量左(右)前束角/外倾角。测量前轮前束角和外倾角的方法与测量后轮前束角和外倾角的方法完全相同。

四、车轮定位的调整

车轮定位不准会影响汽车行驶的方向稳定性和操纵性,同时也会带来轮胎的不正常磨损。车轮外倾角、车轮前束角和转弯外倾角本身都会导致轮胎的磨损。如果这些定位参数的设置不正确,轮胎的磨损就不均衡,而且要比正常情况磨损快得多。因为外倾角和主销内倾角相关,因此,主销内倾角当然也与轮胎磨损有关。太大的前束或后束将导致轮胎胎面花纹边缘羽状化的磨损。前束过大则磨损轮胎面外部花纹边缘,每排轮胎花纹内部边缘被羽状化;后束过大则会出现相反的轮胎花纹磨损效果。后轮一般采用零外倾角，但某些独立后悬架则设计有一定的外倾角(通常是负的)。如果前轮外倾角左右不等，汽车被拉向具有正外倾角较大的一侧；后轮外倾角不相等也会影响。当一个转向机构的杆件长度不符合设计规范或安装角度不正确，就会使车轮前束发生变化，或者转向时出现抖动，随着悬挂系统的压缩和拉伸，杆件的外端会上下运动。如果杆件的长度和角度不正确，它就会推拉转向臂，把车轮转向另一个方向，当汽车驶过一个突起或一个凹坑时，驾驶人会感觉到转向轮猛地转向另一边。主销后倾角太小会使转向不稳定，并使车轮晃动。在极端的情况下，负后倾角与随之引起的车轮晃动会加剧前轮的杯状化磨损。如果主销后倾角左右不等，则汽车将会被拉向正后倾角较小(或更大的负后倾角)的一侧。

1. 车轮外倾角的调整

外倾角的调整，根据各车型各有不同，调整方法也有不同。主要调整方法有：调整垫片、大梁槽孔、不同心凸轮、偏心球头、上控制臂、下控制臂的调整等。

2. 前束的调整

前轮前束的调整方法：调整可调式拉杆，在调整前，先将左右两边球头销止螺栓松开，夹紧转向盘正中位置，再根据电脑提供的资料进行同时调整。如果原来的转向盘是在正中位置，同时调整前束转向盘可能不会变动。直至调整到标准数值，然后路试看其是否有变动，如有变动应将其调正为止。

3. 主销后倾角的调整

对于后倾角的调整，应根据车型不同，首先进行分析判断，然后进行调整，其调整方法有下列几种：垫片、不同心凸轮轴、偏心球头、大梁槽孔、平衡杆调整等。

4. 主销内倾角的调整

改变外倾角可同时改变内倾角，改变内倾角会造成外倾角改变。不同的悬架结构有不同的外倾角调整方法。如果向左右移动上支架点或移动下支架点，则不但外倾角改变，其内倾角也跟着变。因此，即使外倾角被调标准了，但由于内倾角的变化，车行不顺。解决了一个毛病，同时又制造了另一个毛病。

调整后轮前束的同时应该调整驱动力偏离角，但是后悬架设计可能不允许根据后轮前束的变化调整驱动力偏离角。如果驱动力偏离角不能调整，与其让前轮根据汽车几何中心线定位，不如根据推力线定位。如果前轮与汽车几何中心线对准，而后轮沿着一条不与几何中心线平行的推力线驱动，将会出现转向轮扭曲、行驶过程中前轮外倾和前束不正确、轮胎加速磨损或跑偏等。

五、车轮定位检测和定位参数调整的技巧

由于四轮定位的各种角度之间都是相互关联的，在四轮定位调整过程中，有时会遇到很难将所有参数调至合格范围内的情况，可能调好了一个参数，另一个参数又会“飘走”，因此，在进行四轮定位调整过程中，一般的调整顺序为：先调后轮外倾、前束，再调主销后倾角、主销内倾、前轮外倾和前轮前束。这样可以轻松地将所有参数调至合格范围内。

在进行四轮定位检测中，维修人员经常会发现各种车辆的检测数据与标准数据相差甚远，往往调整时不知从何下手，这里特别指出：标准数据是对新车而设的，对旧车来说标准只是参考数据。例如，调整前束，对前轮是独立悬架的旧车来说，前轮驱动车辆的调整前束值比标准

值只能偏小，后轮驱动的车辆调整前束值比标准值只能偏大。

车轮定位时，前束值可参考不可变的实际外倾角数值调整，前束值大时外倾角数值小，前束值小时外倾角数值大。

四轮定位仪传感器水平调整的要求是：4 个机头在一个水平面上。调整时只需看 4 个传感器的测量角度，只要 4 个数据中最大值与最小值的差值在 30°以内即可，一般差值越小误差越小。

在进行四轮定位时，卡具在装卡时要注意：爪钩的 3 个限位点的共有平面要与车轮侧面平行，原因是被测车轮的角度要与卡具的角度相等，否则，就会加大四轮定位的测量误差。

大多数前轮驱动车辆的前轮稍设有负前束，因为驱动力使前轮有正前束的倾向，一般车身越重或发动机功率越大，则前轮前束值越小。大多数后轮驱动车辆的前轮稍设有正前束，因为驱动力使前轮有负前束的倾向。

左前轮正的车轮外倾角可以调节得比右前轮外倾角稍大，以补偿由路拱而引起的右转弯的倾向。

对左前轮正的主销后倾角可以调节得比右轮的稍小一些，以补偿由路拱的影响。

许多前轮驱动车辆有较小的负后轮外倾角，以改善转向稳定性。

正的主销后倾角用于大多数前轮驱动车辆，麦弗逊式悬架设有较小的正的主销后倾角。

本 章 小 结

本章介绍了以下几方面的内容：

◆车桥的类型。

◆转向桥和转向驱动桥的结构和检修要点。

◆车轮的结构、组成和分类。

◆轮胎的功用、类型和规格。

◆轮胎换位的方法和技巧。

◆车轮动平衡的检测方法。

◆车轮常见故障。

◆轮胎花纹异常磨损的特征与原因。

◆悬架的类型、组成和特点。

◆减振器的结构、工作和检查方法。

◆典型非独立悬架和独立悬架的结构。

◆电控悬架的组成和工作过程。

◆悬架主要部件的检修要点。

◆电控悬架的检修方法。

◆悬架系统典型故障的诊断方法。

◆车轮定位的概念、车轮定位的参数及对车辆的影响。

◆车轮定位的检测方法。

◆车轮定位参数的调整方法。

复习思考题

1. 悬架的作用是什么?。
2. 悬架由哪几个部分组成?。
3. 车桥有哪些类型?。
4. 简述转向桥和转向驱动桥的结构特点?
5. 前轴检修的要点有哪些?
6. 转向节检修的要点有哪些?
7. 如何进行前轮最大转向角的检查和调整?
8. 如何进行轮毂轴承的调整?
9. 车轮有哪些类型?
10. 轮胎有哪些类型? 各有什么特点?
11. 如何正确进行轮胎换位?
12. 如何进行车轮动平衡的检测?
13. 如何根据轮胎花纹异常磨损的特征判断车辆的技术状况?
14. 非独立悬架和独立悬架各有何特点?
15. 常用的弹性元件有哪些?
16. 简述减振器的结构和工作过程。
17. 电控悬架由哪些部分组成?
18. 简述电控悬架系统的控制方式?
19. 弹性元件的检修要点有哪些?
20. 如何进行减振器性能的检查?
21. 独立悬架检修的要点有哪些?
22. 如何进行电控悬架的检修?
23. 悬架引起的常见故障由哪些?
24. 什么叫车轮定位?
25. 转向轮定位的参数有哪些? 各起什么作用?
26. 后轮定位的参数有哪些? 各起什么作用?
27. 如何利用四轮定位仪进行车轮定位参数的检测?
28. 如何进行车轮定位参数的调整?

第四章　汽车制动系结构与检修

本章要点

通过本章的学习：

★熟悉普通制动系统的基本组成和工作原理。
★熟悉各类车轮制动器的机构和工作原理。
★熟悉制动传动装置的布置形式。
★掌握制动主缸和制动轮缸的结构和工作原理。
★掌握真空助力装置的结构和工作原理。
★熟悉制动分配调节装置的结构和工作原理。
★掌握制动系统基本检查和调整方法。
★掌握真空助力器性能的检查方法。
★掌握制动器的检查方法。
★掌握制动踏板行程的检查和调整方法。
★掌握制动系统常见故障的诊断方法。
★了解 ABS 系统的类型。
★熟悉 ABS 系统的基本组成和工作过程。
★熟悉 ABS 系统主要元件的结构和工作原理。
★熟悉制动压力调节器的结构和调压方式。
★了解 ABS 系统的检修注意事项。
★掌握 ABS 系统主要元件的检修方法。
★熟悉 ABS 系统故障诊断的基本流程。
★掌握 EBD、EHB、ESP 等的工作原理。

第一节　普通制动系统结构与检修

按照传动介质的不同，汽车制动系一般可以分为气压式和液压式。轿车上普遍采用了带真空助力装置的液压制动系统。下面主要对轿车上的液压制动系统进行介绍。

一、基本组成及工作原理

1. 基本组成

汽车制动系一般包括两套独立的制动装置：一套是行车制动装置，用于行驶中的汽车减速甚至停车，其制动器装在车轮上，通常由驾驶人用脚操纵，称为车轮制动装置或行车制动装置。另一套是驻车制动装置，用于使停驶的汽车驻留原地不动，通常由驾驶人用手操纵，称为驻车制动装置。以上两套装置是各种汽车的基本制动装置。每套制动装置都由制动器和制动传动装置组成。

当代汽车的制动装置基本都是利用机械摩擦作用来产生制动作用的，其中用来直接产生摩擦力矩迫使车轮减速或停转的部分，称为制动器；通过驾驶人的操纵将驾驶人的力量或将其他能源的作用传给制动器，迫使制动器产生摩擦作用的部分，称为制动传动装置。具体组成如图 3-4-1 所示。

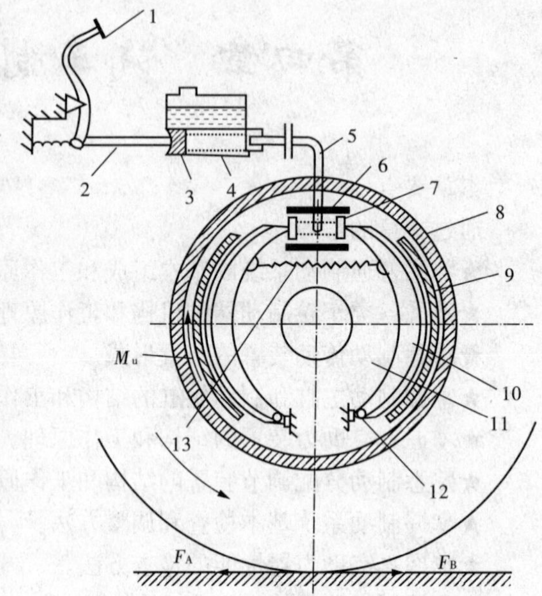

图 3-4-1　制动装置结构及原理示意图

1-制动踏板；2-制动主缸推杆；3-制动主缸活塞；4-制动主缸；5-制动油管；6-制动轮缸；7-制动轮缸活塞；8-制动鼓；9-制动摩擦片；10-制动蹄；11-制动底板；12-支承销；13-制动蹄复位弹簧

制动器一般由旋转部分、固定部分和张开机构所组成。旋转部分是制动鼓 8，它固定在轮毂上并随车轮一起旋转。固定部分主要包括制动蹄 10 和制动底板 11 等。制动蹄上铆有制动摩擦片 9，制动蹄下端套在支承销 12 上，上端用复位弹簧 13 拉紧压靠在制动轮缸 6 内的制动轮缸活塞 7 上。支承销 12 和制动轮缸 6 都固定在制动底板 11 上。制动底板用螺钉与转向节凸缘（前桥）或桥壳凸缘（后桥）固定在一起。制动蹄靠液压制动轮缸使其张开。不制动时，制动鼓 8 的内圆柱面与制动摩擦片 9 之间保留一定的间隙，使制动鼓可以随车轮一起旋转。制动传动装置主要由制动主缸 4、制动轮缸 6、制动踏板 1、制动主缸推杆2 和制动油管 5 等组成。

2. 工作原理

制动时，驾驶人踩下制动踏板 1、制动主缸推杆 2 便推动制动主缸活塞 3，迫使制动油液经制动油管 5 进入制动轮缸 6，推动制动轮缸活塞 7 克服复位弹簧 13 的拉力，使制动蹄 10 绕支承销 12 转动而张开，消除制动蹄与制动鼓之间的间隙后压紧在制动鼓上。这样，不旋转的制动摩擦片 9 对旋转着的制动鼓 8 就产生一个摩擦力矩 M_μ，其方向与车轮旋转方向相反，其大小取决于制动轮缸的张开力、摩擦系数及制动鼓和制动蹄的尺寸。制动鼓将力矩从传至车轮后，由于车轮与路面的附着作用，车轮即对路面作用一个向前的周缘力 F_A。同时，路面也会给车轮一个向后的反作用力，这个力就是车轮受到的制动力 F_B。各车轮制动力之和就是汽车受到的总制动力。在制动力作用下使汽车减速，直至停车。放松制动踏板，在复位弹簧 13 的作用下，制动蹄与制动鼓的间隙又得以恢复，从而解除制动。

二、车轮制动器

按结构不同，制动器可分为鼓式制动器和盘式制动器。鼓式制动器的旋转元件是制动鼓，其工作表面为制动鼓的内圆柱面；盘式制动器的旋转元件是制动盘，其工作表面是制动盘的两端面。按安装位置不同，制动器可分为车轮制动器和中央制动器。车轮制动器的旋转元件固装在车轮或半轴上，其制动力矩直接作用在两侧车轮上；中央制动器的旋转元件固装在传动轴上，其制动力矩须经过驱动桥再分配至两侧车轮上。轿车上，前轮一般采用盘式制动器而后轮采用鼓式制动器，也有些高级轿车前后轮都采用盘式制动器。

(一)鼓式制动器

鼓式制动器的固定部分是制动蹄，朝向汽车前方的制动蹄称为前制动蹄，另一蹄则称为后制动蹄。制动时，制动蹄将向外张开，与旋转的制动鼓压紧而产生制动力矩。对制动蹄加力而使蹄往外张开的装置称为制动蹄促动装置。根据促动装置的不同，鼓式制动器可分为制动轮缸式制动器、凸轮式制动器和楔式制动器。轿车上一般采用制动轮缸式制动器，其促动装置为液压制动轮缸。根据制动过程中两制动蹄产生的制动力矩不同，鼓式制动器可分为领从蹄式、双领蹄式、双从蹄式、双向双领蹄式、单向自增力式和双向自增力式等几种形式。轿车上常采用领从蹄式制动器。下面对这几种制动器分别介绍。

1. 领从蹄式鼓式制动器

(1)结构特点。如图 3-4-2 所示，两制动蹄的下端为支点，上端共用一个等径双活塞制动轮缸，制动器中的制动蹄、制动轮缸、支承销在制动底板上的布置是呈中心轴线对称布置的。制动时，制动蹄受制动轮缸活塞的推动绕下端支点往外张开。若制动蹄张开时绕支点的旋转方向与车轮旋转方向相同，则称此制动蹄为领蹄；若制动蹄张开时绕支点的旋转方向与车轮旋转方向相反，则称此蹄为从蹄。汽车前进制动时，制动鼓旋转方向(制动鼓正向旋转)如图中箭头所示。此时，前制动蹄 1 绕支点 3 往外张开，因而该蹄张开时的旋转方向与制动鼓的旋转方向相同，因此是领蹄。与此相反，后制动蹄 2 绕支点 4 往外张开，其张开时的旋转方向与制动鼓的旋转方向相反，因此是从蹄。当汽车倒驶制动时，即制动鼓反向旋转时，前制动蹄 1 变成从蹄，而后制动蹄 2 变成领蹄。这种在车辆前进制动和倒驶制动时，都有一个领蹄和一个从蹄的制动器即称为领从蹄式制动器。

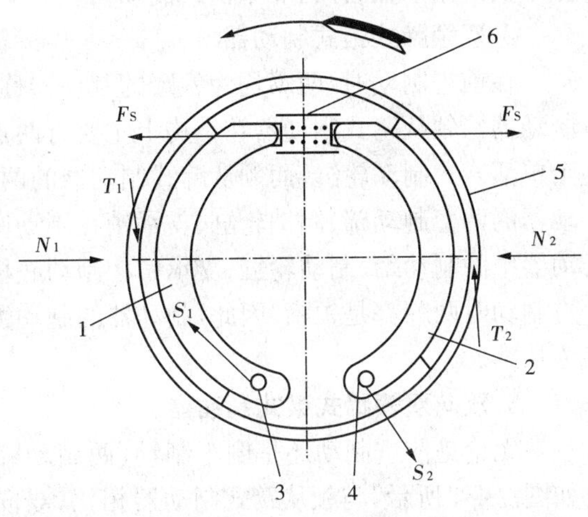

图 3-4-2　领从蹄式制动器示意图

1-前制动蹄；2-后制动蹄；3、4-支承销；5-制动鼓；6-制动轮缸

(2)工作特点。制动时，制动轮缸的两个活塞在液压作用下向外移动，且两个活塞直径相等，因此，对前后制动蹄作用相同的促动力 F_s。凡两蹄所受促动力相等的制动器，称为等促动力制动器。因此，领从蹄式制动器属于等促动力制动器。如图 3-4-2 所示，制动时，领蹄1 和从蹄 2 在相等的促动力作用下，分别绕各自的支承点 3 和 4 旋转到紧压在制动鼓 5 上。旋转着的制动鼓即对两制动蹄分别产生法向反力 N_1 和 N_2，以及相应的切向反力 T_1 和 T_2(这里法间反力 N 和切向反力 T 均为分布力的合力)。为解释方便，姑且假定这些力的作用点和方向如图 3-4-2 所示。两蹄受到的这些力分别被各自的支点 3 和 4 的支承反力 S_1 和 S_2 所平衡。由图可见，领蹄上的切向合力 T_1 作用的结果是使领蹄 1 在制动鼓上压得更紧，即使力 N_1 变得更大，从而使 T_1 也将变得更大，此现象称为“增势”作用。与此相反，切向合力 T_2 则使从蹄

2 有放松制动鼓的趋势，即有使从蹄 N_2 和 T_2 本身产生减小的趋势，此现象称为“减势”作用。因此，领蹄具有“增势”作用，而从蹄具有“减势”作用。其中，$N_1>N_2$，$T_1>T_2$，领蹄产生的制动力矩大于从蹄产生的制动力矩。由上述可见，虽然领蹄和从蹄所受的促动力相等，但所受制动鼓的法向反力 N_1 和 N_2 却不相等，且 $N_1>N_2$，相应地 $T_1>T_2$，故两制动蹄对制动鼓所施加的制动力矩也不相等。一般说来，领蹄产生的制动力矩约为从蹄制动力矩的 2～2.5 倍。倒车制动时，虽然后制动蹄 2 变成领蹄，前制动蹄 1 变成从蹄，但整个制动器的制动效能还是同前进制动时一样。显然，由于领蹄和从蹄所受的法向反力不等，在两蹄摩擦片工作面积相等的情况下，领蹄摩擦片上的单位压力较大，因而磨损较严重。为了使领蹄和从蹄的摩擦片寿命相近，有些领从蹄式制动器，其领蹄摩擦片的周向尺寸设计的较大。但这样将使两蹄的摩擦片不能互换，从而增加了零件品种数和制造成本。此外，领从蹄式制动器的制动鼓所受到的来自两蹄的法向反力 N_1 和 N_2 不相平衡，则两蹄法向力之和只能由车轮轮毂轴承的反力来平衡，这就对轮毂轴承造成了附加径向荷载，使其寿命缩短。凡制动鼓所受来自两蹄的法向力不能互相平衡的制动器，称为非平衡式制动器。

2. 双领蹄式鼓式制动器

在前进制动时，两蹄均为领蹄的制动器称为双领蹄式制动器，如图 3-4-3 所示。双领蹄式制动器与领从蹄式制动器在结构上主要有两点不同：一是双领蹄式制动器的两制动蹄各用一个单活塞式制动轮缸，而领从蹄式制动器的两蹄共用一个双活塞式制动轮缸；二是双领蹄式制动器的两套制动蹄、制动轮缸、支承销在制动底板上的布置是中心圆心对称的，而领从蹄式制动器中的制动蹄、制动轮缸、支承销在制动底板上的布置是呈中心轴线对称布置的。由于在前进制动时两蹄都是领蹄，因此，制动器的制动力矩可以得到提高。但在倒车时，两蹄也将都成为从蹄。

3. 双向双领蹄式鼓式制动器

无论是前进制动还是倒车制动，两制动蹄都是领蹄的制动器称为双向双领蹄式制动器。如图 3-4-4 所示，与领从蹄式制动器相比，双向双领蹄式制动器在结构上有三个特点：一是采用两个双活塞式制动轮缸；二是两制动蹄的两端都采用浮式支承，且支点的周向位置也是浮动的；三是制动底板上的所有固定元件，如制动蹄、制动轮缸、复位弹簧等都是成对的，而且既按中心轴线对称，又按中心圆心对称。

4. 双从蹄式鼓式制动器

在前进制动时，两制动蹄均为从蹄的制动器称为双从蹄式制动器。如图 3-4-5 所示，这种制动器与双领蹄式制动器结构很相似，二者的差异只在于固定元件与旋转元件的相对运动方向不同。虽然双从蹄式制动器的前进制动效能低于双领蹄式和领从蹄式制动器，但其效能对摩擦系数变化的敏感程度较小，即具有良好的制动效能稳定性。

双领蹄、双向双领蹄、双从蹄式制动器的固定元件布置都是呈中心对称的。如果间隙调整正确，则其制动鼓所受两蹄施加的两个法向合力能互相平衡，不会对轮毂轴承造成附加径向载荷。因此，这三种制动器都属于平衡式制动器。

5. 单向自增力式鼓式制动器

单向自增力式制动器的结构原理如图 3-4-6 所示。前制动蹄 1 和后制动蹄 2 的下端分别浮支在浮动的顶杆 6 的两端，制动器上方有一个支承销 4。单活塞式制动轮缸只对前制动蹄产生促动力。不制动时，两蹄上端均借各自的复位弹簧拉靠在支承销 4 上。车辆前进时，制动鼓旋转方向如箭头所示。

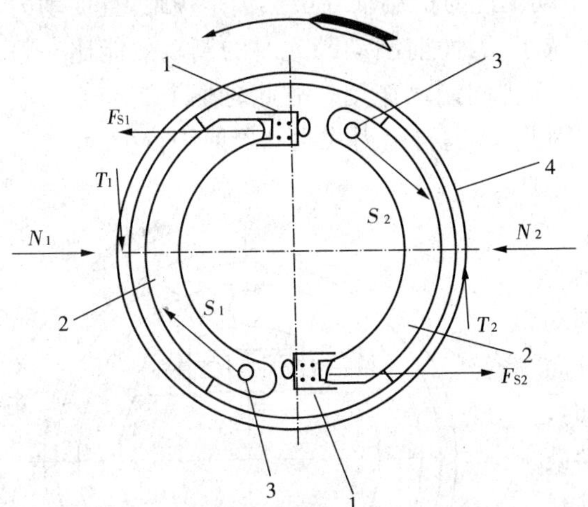

图 3-4-3　双领蹄式制动器示意图

1-制动轮缸；2-制动蹄；3-支承销；4-制动鼓

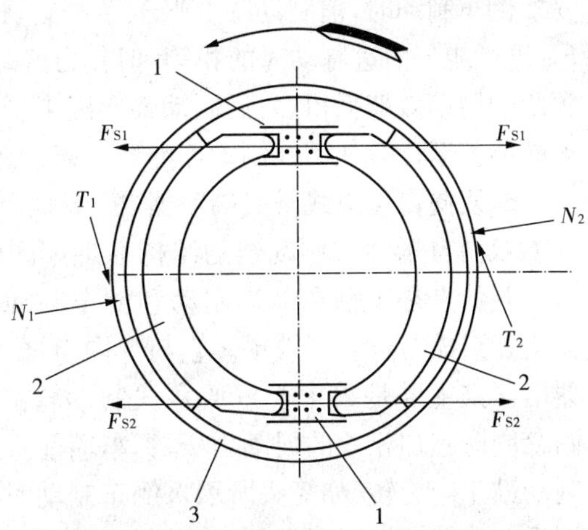

图 3-4-4　双向双领蹄式制动器示意图图

1-制动轮缸；2-制动蹄；3-制动鼓

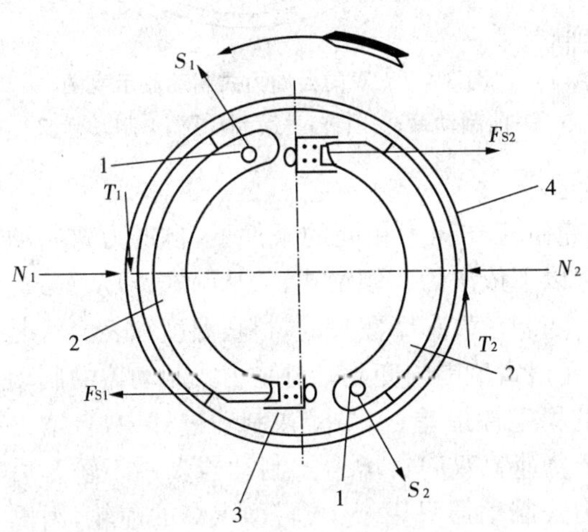

图 3-4-5　双从蹄式制动蹄示意图

1-支承销；2-制动蹄；3-制动轮缸；4-制动鼓

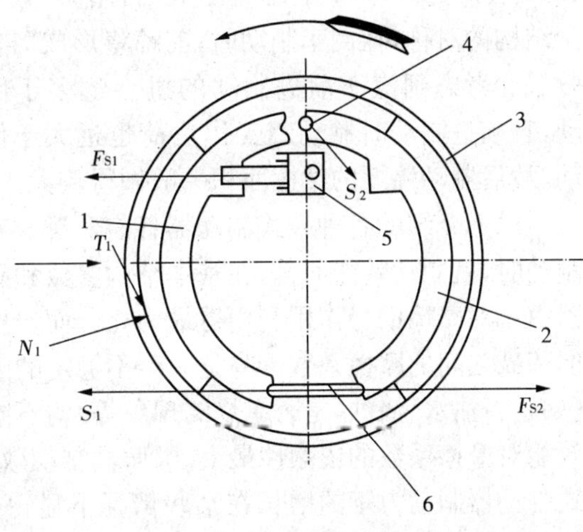

图 3-4-6　单向自增力式制动器示意图

1-前制动蹄；2-后制动蹄；3-制动鼓；4-支承销；5-制动轮缸；6-顶杆

汽车前进制动时，单活塞式制动轮缸 5 只将促动力 F_{S1} 加于前制动蹄，使其上端离开支承销，整个制动蹄绕顶杆左端支承点旋转，并压靠在制动鼓 3 上。显然，第一制动蹄是领蹄，并且在促动力 F_{S1}、法向合力 N_1、切向(摩擦)合力 T_1 和沿顶杆轴线方向的 S_1 的作用下处于平衡状态。由于顶杆 6 是浮动的，自然成为第二制动蹄的促动装置，而将与力 S_1 大小相等、方向相反的促动力 F_{S2} 施于后制动蹄的下端，故后制动蹄也是领蹄。正因为顶杆是完全浮动的，不受制动底板约束，作用在前制动蹄上的促动力和摩擦力的作用没有如一般领蹄那样完全被制动鼓的法向反力和固定于制动底板上的支承件反力的作用所抵消，而是通过顶杆传到后制动蹄上，形成了后制动蹄的促动力 F_{S2}。对制动蹄的受力分析可知，$F_{S2} > F_{S1}$。此外，F_{S2} 对后制动蹄支承点的力臂也大于 F_{S1} 对前制动蹄的力臂。因此，后制动蹄的制动力矩必然大于前制动蹄的制动力矩，从而形成“自增力”效果。由此可见，在制动鼓尺寸和摩擦系数相同的条件下，这种制动器的前进制动效能不仅高于领从蹄式制动器，而且高于双领蹄式制动器。

倒车制动时，前制动蹄上端压靠在支承销上不动。此时前制动蹄虽然仍是领蹄，且促动力F_{S1}仍可能与前进制动时的相等，但其力臂却大为减小，因而前制动蹄此时的制动效能比一般领蹄的制动效能低得多；后制动蹄则因未受促动力而不起制动作用。故此时整个制动器的制动效能甚至比双从蹄式制动器的制动效能还低。因此，单向自增力式制动器使用较少。

6. 双向自增力式鼓式制动器

双向自增力式制动器的结构原理如图3-4-7所示。其特点是车辆在前进制动和倒车制动时，制动器均能形成"自增力"效果。它与单向自增力式制动器的区别主要是采用了双活塞式制动轮缸4，可向两蹄同时施加相等的促动力F_S。车辆前进制动时，制动鼓正向旋转(如箭头所示)，倒车制动时，制动鼓则反向旋转。由图可见，在前进制动时，前制动蹄只受一个促动力F_S，而后制动蹄则有两个促动力F_S和S，且$S>F_S$，因此后蹄将形成"自增力"效果。由于结构的对称，在倒车制动时，前蹄将形成"自增力"效果。考虑到汽车前进制动的机会远多于倒车制动，且前进制动时制动蹄工作负荷也远大于倒车制动，故后制动蹄3的摩擦面积一般做得较大。

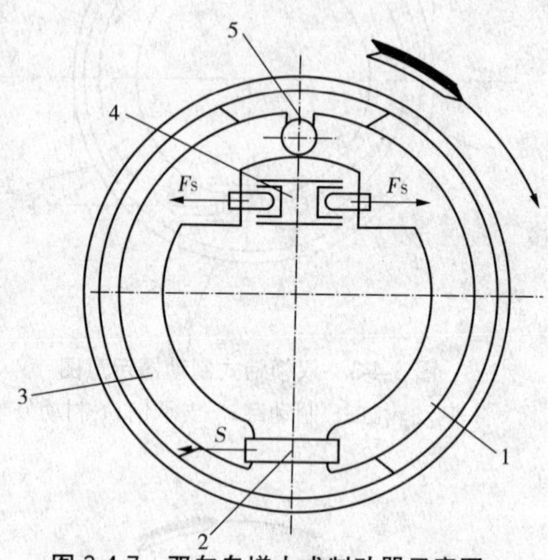

图3-4-7 双向自增力式制动器示意图

1-前制动蹄；2-顶杆；3-后制动蹄；4-制动轮缸；5-支承销

以上介绍的各种鼓式制动器各有利弊。在前进制动时，就制动效能而言，在基本结构参数和制动轮缸工作压力相同的条件下，自增力式制动器由于对摩擦助势作用利用得最为充分而居榜首，以下依次为双领蹄式、领从蹄式、双从蹄式。但蹄鼓之间的摩擦系数本身是一个不稳定的因素，随制动鼓和摩擦片的材料、温度和表面状况(如是否沾水、沾油，是否有烧结现象等)的不同可在很大范围内变化。自增力式制动器的制动效能对摩擦系数的依赖性最大，因而其制动效能的稳定性最差。此外，在制动过程中，自增力式制动器制动力矩的增长在某些情况下显得过于急速。双向自增力式制动器多用于轿车后轮，原因之一是便于兼充驻车制动器。单向自增力式制动器只用于中、轻型汽车的前轮，因倒车制动时对前轮制动器制动效能的要求不高。双从蹄式制动器的制动效能虽然最低，但却具有最良好的制动效能稳定性。领从蹄式制动器发展较早，其制动效能及其稳定性均居于中游，且有结构较简单等优点，故目前仍广泛应用于各种汽车。

(二)盘式制动器

盘式制动器摩擦副中的旋转元件是以端面工作的金属圆盘，被称为制动盘。其固定元件则有着多种结构形式，大体上可分为两类。一类是工作面积不大的制动摩擦块与其金属背板组成的制动摩擦块，每个制动器中有2～4个。这些制动摩擦块及其促动装置都装在横跨制动盘两侧的夹钳形支架中，总称为制动钳。这种由制动盘和制动钳组成的制动器称为钳盘式制动器。另一类固定元件的金属背板和摩擦片也呈圆盘形，制动盘的全部工作面可同时与摩擦片接触，这种制动器称为全盘式制动器。钳盘式制动器过去只用作中央制动器，但目前越来越多地被各级轿车和货车用作车轮制动器。全盘式制动器只有少数汽车(主要是重型汽车)将其作为车轮制动器。本书只介绍钳盘式制动器。钳盘式制动器又可分为定钳盘式和浮钳盘式两类，下面分别加以介绍。

1. 定钳盘式制动器

定钳盘式制动器如图 3-4-8 所示。跨置在制动盘 1 上的制动钳固定安装在车桥 6 上，它既不能旋转也不能沿制动盘轴线方向移动。制动钳两侧各有一个液压油缸，其内的两个活塞 2 分别位于制动盘 1 的两侧。制动时，制动油液由制动主缸经进油口 4 进入钳体中两个相通的液压油缸中（相当于制动轮缸），将两侧的制动摩擦块 3 压向与车轮固定连接的制动盘 1，从而产生制动力矩。由于制动时制动钳体不能移动，故称为"定钳盘式"制动器。

2. 浮钳盘式制动器

浮钳盘式制动器如图 3-4-9 所示。制动钳体 2 通过导向销 6 与车桥 7 相连，可以相对于制动盘 1 轴向移动。制动钳体只在制动盘的内侧设置油缸，而外侧的制动摩擦块则附装在钳体上。制动时，来自制动主缸的液压油通过进油口 5 进入制动油缸，推动活塞 4 及其上的制动摩擦块向右移动，最终压到制动盘上，同时，油缸中的油液压力将反过来推动制动钳体沿导向销 6 向左移动，并带动制动盘右侧的制动摩擦块也向左移动，直到制动盘右侧的制动摩擦块也压到制动盘上。此时，两侧的制动摩擦块都压在制动盘上，从而产生制动力矩。由于制动时制动钳体将沿导向销产生轴向移动，故称为"浮钳盘式"制动器。

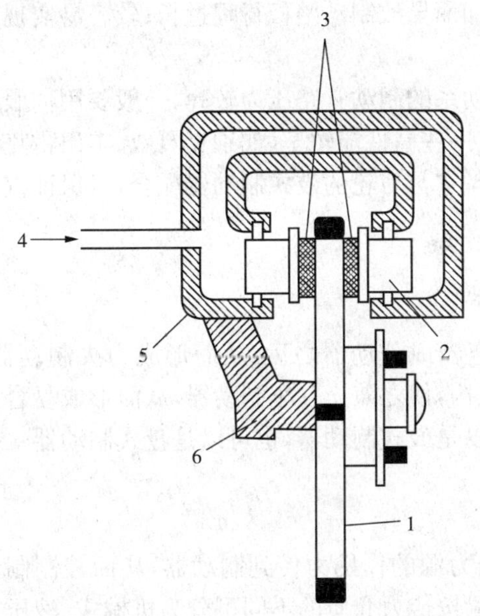

图 3-4-8　定钳盘式制动器示意图

1-制动盘；2-活塞；3-制动摩擦块；4-进油口；5-制动钳体；6-车桥

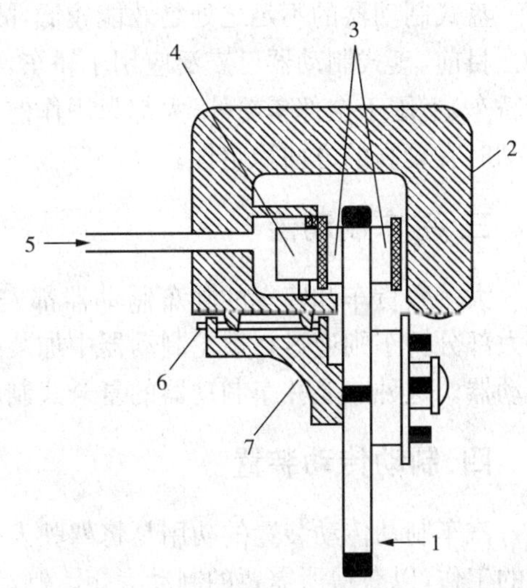

图 3-4-9　浮钳盘式制动器示意图

1-制动盘；2-制动钳体；3-制动摩擦块；4-活塞；5-进油口；6-导向销；7-车桥

这种浮钳盘式制动器具有热稳定性和水稳定性均好的优点，此外结构简单、造价低廉。浮钳的结构还有利于整个制动器靠近车轮轮辐布置，使转向主销的小端点外移，实现负的偏移距（即指主销地点在车轮接地点的外侧），提高汽车抗制动跑偏能力。

桑塔纳轿车前轮盘式制动器的制动间隙是自动调整的。它是利用密封圈的弹性变形来实现的，其原理如图 3-4-10 所示。矩形密封圈 3 嵌在制动钳油缸的矩形槽内，密封圈内圈与活塞外圆配合较紧。制动时，活塞 1 被压向制动盘，密封圈发生弹性变形，解除制动时密封圈要

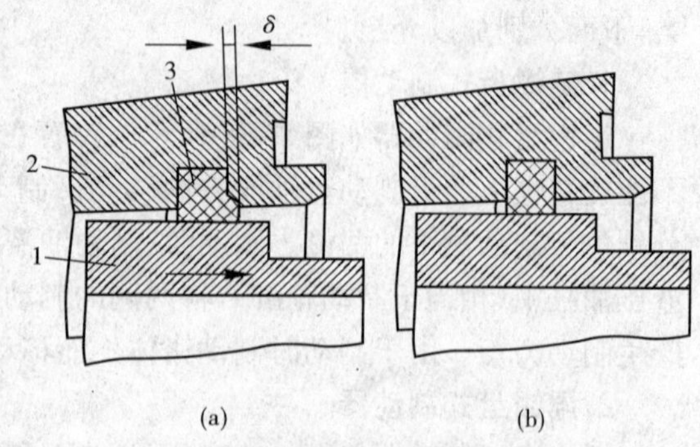

图 3-4-10 盘式制动器的制动间隙自动调整

(a)制动状态;(b)不制动状态

1-活塞;2-制动钳;3-密封圈

恢复原状,于是将活塞拉回原位。当制动间隙小于密封圈的最大变形 δ 时,活塞与密封圈之间不会产生相对位移,此时不会进行制动间隙调整。当制动盘与制动摩擦块磨损后引起的制动间隙增大超过密封圈的最大变形 δ 时,活塞在制动液压力作用下移动 δ 后,将克服密封圈的摩擦阻力而继续前移,从而与密封圈产生相对位移,直到实现完全制动为止。当制动间隙变大超过设定值 δ 后,活塞与密封圈之间不可恢复的相对位移便补偿了过量间隙。解除制动时,活塞被密封圈拉回 δ,制动间隙恢复到 δ,从而实现了制动间隙的自动调整。

盘式制动器与鼓式制动器相比,有以下优点:一般无摩擦助势作用,因而制动器效能受摩擦系数的影响较小,即效能较稳定;浸水后效能降低较少,而且只须经一两次制动即可恢复正常;在输出的制动力矩相同的情况下,尺寸和质量一般较小;制动盘沿厚度方向的热膨胀量极小,不会像制动鼓那样热膨胀使制动器间隙明显增加而导致制动踏板行程过长;较容易实现间隙自动调整,维护也较简便。

盘式制动器的不足之处是效能较低,故液压制动系的制动管路压力较高,一般要用伺服装置。目前,盘式制动器已广泛应用于轿车,但除了在一些高性能轿车(如别克君威、丰田雷克萨斯轿车)上用于全部车轮外,大都只用作前轮制动器,它与后轮的鼓式制动器配合,以保证汽车制动时有较高的方向稳定性。

三、驻车制动器

大多数货车和客车的驻车制动器都安装在变速器或分动器之后,从而形成中央制动器。而大部分轿车则通过在后轮制动器中加装必要的机构,使之兼充驻车制动器,从而形成复合式制动器。这种兼充驻车制动器的复合式制动器,可以是鼓式制动器,也可以是盘式制动器。

四、制动传动装置

汽车制动传动装置的功用是将驾驶人或其他动力源的作用力传到制动器,从而控制制动器的工作,以获得所需要的制动力矩。制动传动装置按传力介质的不同可分为机械式、液压式和气压式;按制动管路的套数,可分为单管路和双管路制动传动装置。双管路液压制动传动装置是利用彼此独立的双腔制动主缸,通过两套独立管路,分别控制前后轮的车轮制动器。其特点是若其中一套管路发生故障而失效时,另一套管路仍能继续起制动作用,从而提高了汽车制动的可靠性和行车安全性。由于交通法规的要求,当代汽车的行车制动系都必须采用双管路制动传动装置,单管路制动传动装置已被淘汰。由于轿车上的行车制动装置基本上采用液压式,因此,下面主要对液压式制动传动装置进行介绍。

(一)制动传动装置的布置形式

双管路的布置力求当一套管路发生故障而失效时,只引起制动效能的降低,但其前、后桥制动力分配的比值最好不变,以保持汽车良好的操纵性和稳定性。双管路的布置方案在各型汽车上各不相同,可归纳为如下几种：

(1)一轴对一轴(II)型。如图 3-4-11a 所示,前轴制动器与后轴制动器各有一套管路。这种布置形式最为简单,可与单制动轮缸鼓式制动器配合使用,是发动机前置、后轮驱动式汽车广泛采用的一种布置形式,如南京依维柯汽车等。其缺点是,当一套管路失效时,前后桥制动力分配的比值被破坏。

(2)交叉(X)型。如图 3-4-11b 所示,一轴的一侧车轮制动器与另一轴对侧车轮制动器同属一个管路。在任一管路失效时,剩余总制动力都能保持正常使的 50%,且前后桥制动力分配比值保持不变,有利于提高制动稳定性。这种布置形式多用于发动机前置、前轮驱动的轿车上,如上海桑塔纳、一汽奥迪 100、二汽神龙富康、东风雪铁龙、天津夏利轿车等。

(3)一轴半对半轴(HI)型。如图 3-4-11c 所示,每侧前轮制动器的半数制动轮缸和全部后轮制动器制动轮缸属于一套管路,其余的前轮制动轮缸属于另一套管路。

(4)半轴一轮对半轴一轮(LL)型。如图 3-4-11d 所示,两套管路分别对两侧前轮制动器的半数制动轮缸和一个后轮制动器起作用。

(5)双半轴对双半轴(HH)型。如图 3-4-11e 所示,每套管路均只对每个前、后轮制动器的半数制动轮缸起作用。

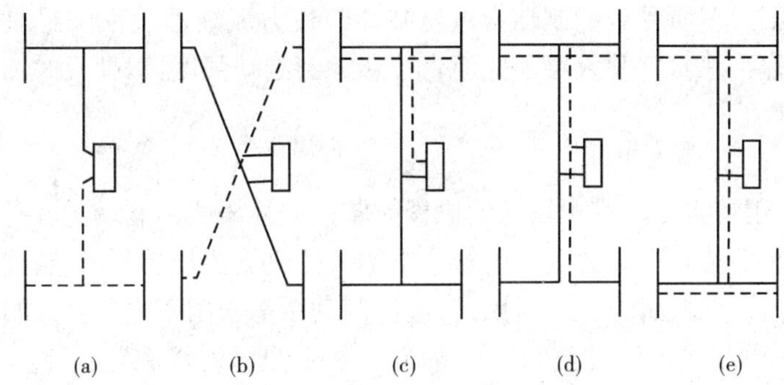

图 3-4-11　制动传动装置布置形式

(a)一轴对一轴(II)型;(b)交叉(X)型;(c)一轴半对半轴(HI)型;(d)半轴一轮对半轴一轮(LL)型;(e)双半轴对双半轴(HH)型

以上五种布置形式,由于 HI、LL、HH 型的前轮必须采用双制动轮缸制动器,且布置形式复杂,应用较少。

(二)制动传动装置主要部件

液压式制动传动装置主要由制动踏板、制动主缸、制动轮缸、储液罐、油管等组成图 3-4-12,大部分轿车上还包括真空助力装置。

制动时,驾驶人踩下制动踏板 4,使制动主缸 5 的活塞前移,将油液自制动主缸中压出并经油管同时分别进入前后各车制动轮缸内,使制动轮缸活塞向外移动,从而将制动蹄压靠到制动鼓上,使汽车产生制动。在开始踩下制动踏板,制动蹄和制动鼓之间的间隙消除之前,系统中的油压并不高,只能克服制动蹄复位弹簧的张力以及油液在管路中流动的阻力。在制动器间隙消失并开始产生制动力矩时,油液压力才随制动踏板力继续增长,车轮制动器的制动力矩也随之与制动踏板力成正比例地增长,直到完全制动。

解除制动时,驾驶人放开制动踏板,制动蹄和制动轮缸活塞在复位弹簧的作用下复位,将制动油液压回到制动主缸,制动作用即行解除。

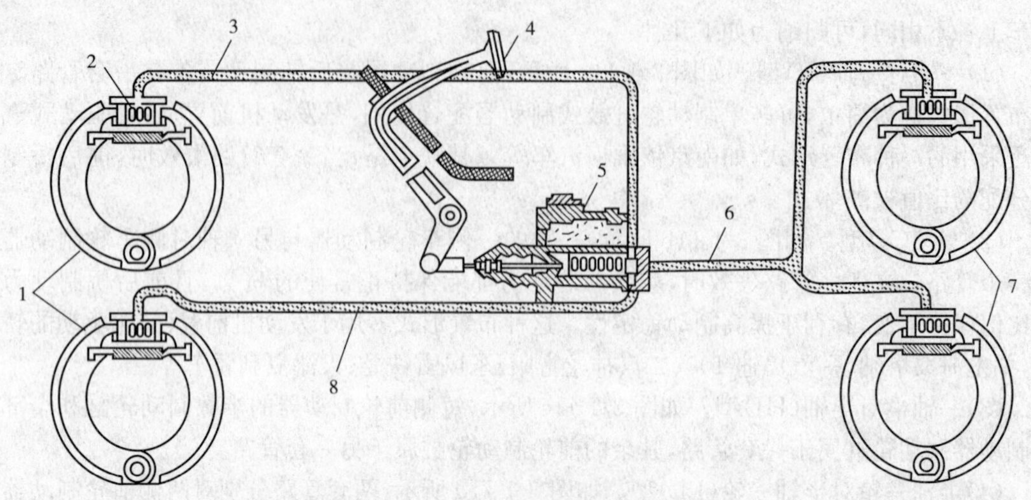

图 3-4-12 液压传动装置示意图

1-前轮制动器；2-制动轮缸；3、6、8-油管；4-制动踏板；5-制动主缸；7-后轮制动器

显然，管路液压和制动器产生的制动力矩是与制动踏板力成线性关系的。若轮胎与路面间的附着力足够，则汽车所受到的制动力也与制动踏板力成线性关系。制动系的这项性能称为制动踏板感（或称路感），驾驶人可因此而直接感觉到制动强度，以便及时加以必要的控制和调节。

1. 制动主缸

制动主缸的作用是将制动踏板输入的机械能转换成液压能。制动主缸有的与储液室铸成一体，也有二者分制而装合在一起或用油管连接的。按交通法规的要求，当代汽车的行车制动装置都必须采用双管路制动传动装置，因此，液压制动系都采用串列双腔式制动主缸。

图 3-4-13 所示的是桑塔纳、捷达、奥迪轿车等采用的串列双腔等径制动主缸。制动主缸壳体 1 呈筒形，内有两个活塞 13 和 21。第二活塞 21 位于制动主缸壳体 1 的中间位置，将制动主缸分成左右两个工作腔。每个工作腔内产生的液压经各自的管路分别传至前、后轮制动器。每个工作腔分别通过补偿孔 2、9 和回油孔 4、10 与储液室相通。第二活塞 21 两端都承受弹簧力，当制动主缸不工作时，第二活塞处在正确的中间位置，使各缸的补偿孔和回油孔都与缸内相通。第一活塞 13 在第一活塞复位弹簧 17 的作用下压靠在制动主缸限位环 11 上，使其处于右腔的补偿孔和回油孔之间。每个活塞上都有轴向小孔，皮碗 3、16 的端部通过垫片 19 压在小孔的一侧，以便两腔建立油压并保证密封。

当踩下制动踏板时，真空助力器推动第一活塞 13 左移，直到皮碗 16 盖住补偿孔 9 后，右工作腔中液压升高，油液一方面通过腔内出油口进入右前和左后制动管路，一方面又推动第二活塞 21 左移。在右腔液压和第一活塞复位弹簧 17 的作用下，第二活塞向左移动，左腔压力也随之提高，油液通过腔内出油口进入右后和左前制动管路。当继续踩下制动踏板时，左、右腔的液压继续提高，使前、后制动器制动。

解除制动时，活塞在复位弹簧作用下复位，高压油液自制动管路流回制动主缸。如活塞复位过快，工作腔容积迅速增大，油压迅速降低，制动管路中的油液由于管路阻力的影响，来不及充分流回工作腔，使工作腔中形成一定的真空度，在此真空度的作用下，储液室中的油液便经进油孔和活塞上的轴向小孔推开垫片及皮碗进入工作腔（某些车型中，油液通过皮碗的唇边进入工作腔),以消除该真空现象。当活塞完全复位时,补偿孔开放,制动管路中流回工作腔的多余油液经补偿孔流回储液室。

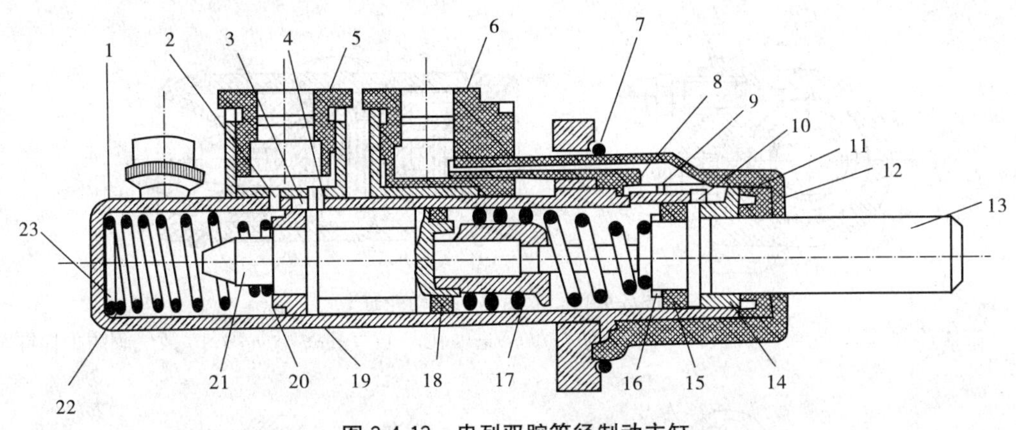

图 3-4-13 串列双腔等径制动主缸

1-制动主缸壳体;2、9-补偿孔;3、16、18-皮碗;4、10-回油孔;5、6-进油孔;7-密封环;8-密封圈;11-制动主缸限位环;12-制动主缸油封;13-第一活塞;14-制动主缸密封套;15-单向弹簧卡片;17-第一活塞复位弹簧;19-垫片;20-弹簧座;21-第二活塞;22-第二活塞主复位弹簧;23-第二活塞副复位弹簧

若与左腔连接的制动管路损坏漏油,则在踩下制动踏板时只有右腔中能建立液压,左腔中无压力。此时在压差作用下,第二活塞 21 迅速移到其前端顶到制动主缸壳体上。此后,右工作腔中液压方能升高到制动所需的值。

若与右腔连接的制动管路损坏漏油,则在踩下制动踏板时,右工作腔中不能建立液压。起先只是第一活塞 13 前移,而不能推动第二活塞 21,但在第一活塞直接顶触第二活塞后,第二活塞 21 便向前移,使左工作腔建立必要的液压而制动。

由上述可见,双管路液压制动传动装置中任一管路失效时,制动主缸仍能工作,只是将导致所需制动踏板行程加大,汽车的制动距离增长,制动稳定性降低。

2.制动轮缸

制动轮缸的作用是把油液压力转变为制动轮缸活塞的推力,推动制动蹄压靠在制动鼓上,产生制动作用。制动轮缸有双活塞式和单活塞式两种。

双活塞式制动轮缸用于领从蹄式、双向双领蹄式、双向自增力式制动器上。图 3-4-14 所示为上海桑塔纳轿车和一汽捷达、奥迪轿车后轮制动器所采用的双活塞式制动轮缸。缸体 1 用螺栓固定在制动底板上,缸内有两个活塞 2,二者之间的内腔由两个皮碗 3 密封。制动时,制动液自油管接头和进油孔 7 进入,活塞 2 在液压作用下外移,通过顶块 5 推动制动蹄。弹簧 4 保证皮碗、活塞、制动蹄紧密接触,并保持两活塞之间的进油间隙。防护罩 6 除防尘外,还可防止水分进入,以免活塞和制动轮缸生锈而卡住。在制动轮缸缸体上方还装有放气阀 9,以便排出液压系统中的空气。

单活塞式制动轮缸用于双领蹄式、双从蹄式和单向自增力式制动器上。图 3-4-15 所示为单活塞式制动轮缸。为缩小轴向尺寸,液压腔密封件不用抵靠活塞端面的皮碗,而采用装在活塞导向面上切槽内的皮圈 4。进油间隙靠活塞端面的凸台保持。放气阀 1 的中部有螺纹,尾部有密封锥面,平时旋紧压靠在阀座上。与密封锥面相连的圆柱面两侧有径向孔,与阀中心的轴向孔道相通。需要排气时,先取下橡胶护罩 2,再连踩几下制动踏板,对缸内空气加压,然后踩住制动踏板不放，将放气阀旋出少许，空气即行排出。空气排尽后再将放气阀旋紧关闭。

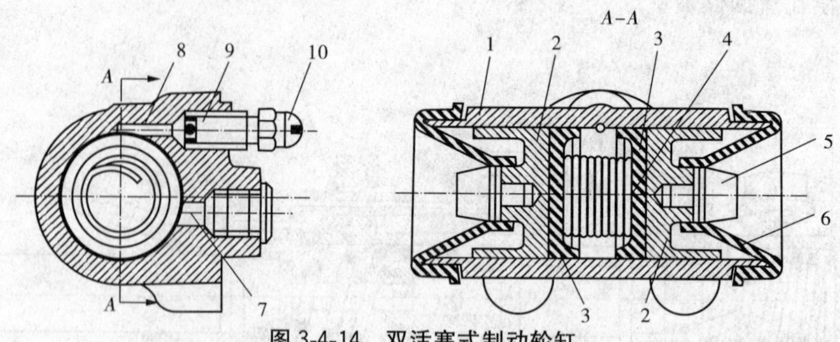

图 3-4-14 双活塞式制动轮缸

1-缸体；2-活塞；3-皮碗；4-弹簧；5-顶块；6-防护罩；7-进油孔；8-放气孔；9-放气阀；10-放气阀防护螺钉

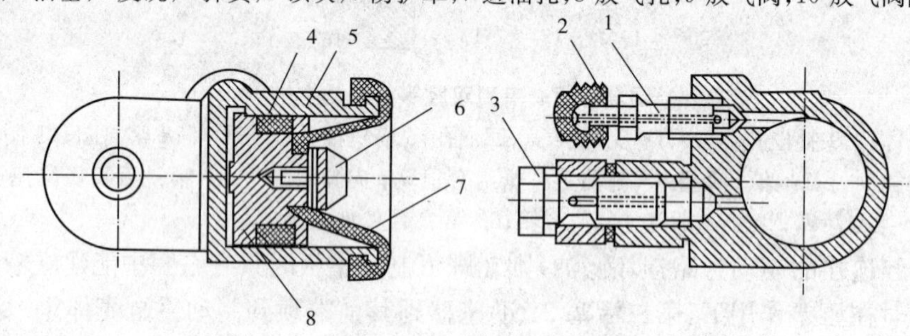

图 3-4-15 单活塞式制动轮缸

1-放气阀；2-护罩；3-进油管接头；4-皮圈；5-缸体；6-顶块；7-防护罩；8-活塞

3. 制动油管

制动主缸装在车架上，与装在制动底板上的制动轮缸之间用油管互相连通。串列双腔式制动主缸的前后两腔分别用各自的管路连接前轮和后轮。管路中还有各种管接头。油管一般采用金属管（铜管）制成，由于车轮是通过弹性悬架与车架相连的，制动主缸与制动轮缸的相对位置经常变化，故制动主缸与制动轮缸的连接油管除用铜管外，部分有相对运动的区段还用高强度的橡胶软管连接。

4. 储液罐

储液罐一般装在制动主缸的上方，与制动主缸油腔相通。制动前整个系统充满了制动油液。当系统油液不足时，可通过储液罐进行补充。储液罐盖上一般装有液位报警开关，当液面高度过低时，报警开关将点亮制动警告灯。

5. 制动液

液压制动系统采用汽车制动液来进行动力的传递。制动液的质量是保证液压系统工作可靠的重要因素。对制动液的要求是：高温下不易汽化，否则，将在管路中产生气阻现象，使制动系失效；低温下有良好的流动性；不会使与之经常接触的金属件腐蚀或橡胶件发生膨胀、变硬和损坏；能对液压系统的运动件起良好的润滑作用；吸水性差而溶水性良好，即能使渗入其中的水汽形成微粒而与之均匀混合，否则，将在制动液中形成水汽而大大降低汽化温度。

按照国际 DOT 标准，目前制动液分成 DOT3、DOT4 和 DOT5。一般采用 DOT3 或 DOT4。具体必须按照车辆用户手册的要求进行选择，并且在添加制动液时不得混加其他型号或品牌制动液。

(三)真空助力装置

在普通的液压制动系统中,加装真空加力装置,可以减轻驾驶人施加于制动踏板上的力,增加车轮制动力,达到操纵轻便、制动可靠的目的。真空加力装置是利用发动机工作时在进气管中形成的真空度(或利用真空泵)为力源的动力制动传动装置。它可分为增压式和助力式两种形式。增压式是通过增压器将制动主缸的液压进一步增加,增压器装在制动主缸之后;助力式是通过助力器来帮助制动踏板对制动主缸产生推力,助力器装在制动踏板与制动主缸之间。轿车上一般采用助力式真空加力装置,下面仅对助力式真空加力装置进行介绍。

图 3-4-16 所示为奥迪 100 型轿车双管路真空助力式液压制动传动装置。串列双腔制动主缸的前腔通向左前轮制动器的制动轮缸 10,并经感载比例阀 9 通向右后轮制动器的制动轮缸 13。制动主缸的后腔通向右前轮制动器的制动轮缸 12,并经感载比例阀 9 通向左后轮制动器制动轮缸 11。加力气室 3 和控制阀 2 组成一个整体部件,称为真空助力器。制动主缸直接装在加力气室的前端,真空止回阀 7 装在加力气室上,真空加力气室工作时产生的推力,也同制动踏板力一样直接作用在制动主缸 4 的活塞推杆上。

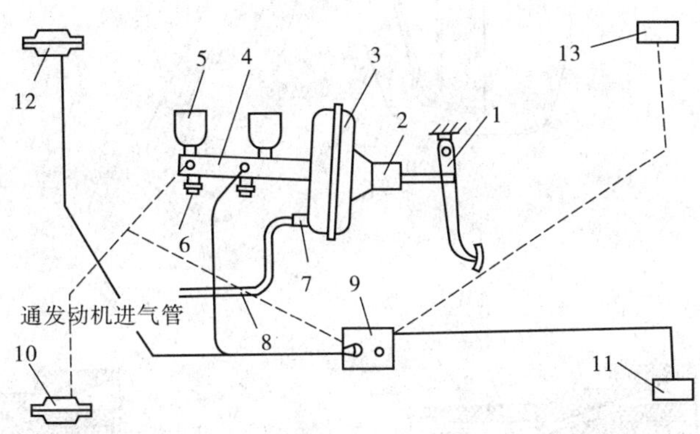

图 3-4-16　奥迪 100 型轿车真空助力式液压制动传动装置

1-制动踏板机构;2-控制阀;3-加力气室;4-制动主缸;5-储液罐;6-制动信号灯液压开关;7-真空止回阀;8-真空供能管路;9-感载比例阀;10-左前制动轮缸;11-左后制动轮缸;12-右前制动轮缸;13-右后制动轮缸

图 3-4-17a 所示为上海桑塔纳和一汽奥迪 100 型轿车所用的真空助力器,其中图 3-4-17b、c 为放大的控制阀。加力气室用导向螺栓 5 和螺栓 17 固定在车身的前围板上,并借调整叉 13 与制动踏板机构连接,气室的前腔经真空止回阀通向发动机进气管。外界空气经过滤环 11 和毛毡过滤环 14 滤清后进入加力气室的后腔。

塑料制成的加力气室膜片座 8 内有通道 A 连通加力气室前腔和控制阀室;通道 B 连通加力气室后腔和制动阀。带有密封套的橡胶阀门 9 与在加力气室膜片座 8 上加工出来的阀座组成真空阀;又与控制阀柱塞 18 的大气阀座 10 组成大气阀。控制阀柱塞 18 与控制阀推杆 12 的球头铰接。

制动踏板未踩下时(图 3-4-17b),控制阀推杆弹簧 15 将控制阀推杆 12 连同控制阀柱塞 18 推至右极限位置,此时,橡胶阀门 9 与在加力气室膜片座 8 上加工出来的阀座分离,即真空阀开启,橡胶阀门 9 则被阀门弹簧 16 压靠在大气阀座 10 上,即大气阀关闭。加力气室前、后两腔经通道 A、控制阀腔和通道 B 相互连通,并与大气隔绝。发动机运转后,真空止回阀被吸开,加力气室左、右两腔内都保持一定的真空度。

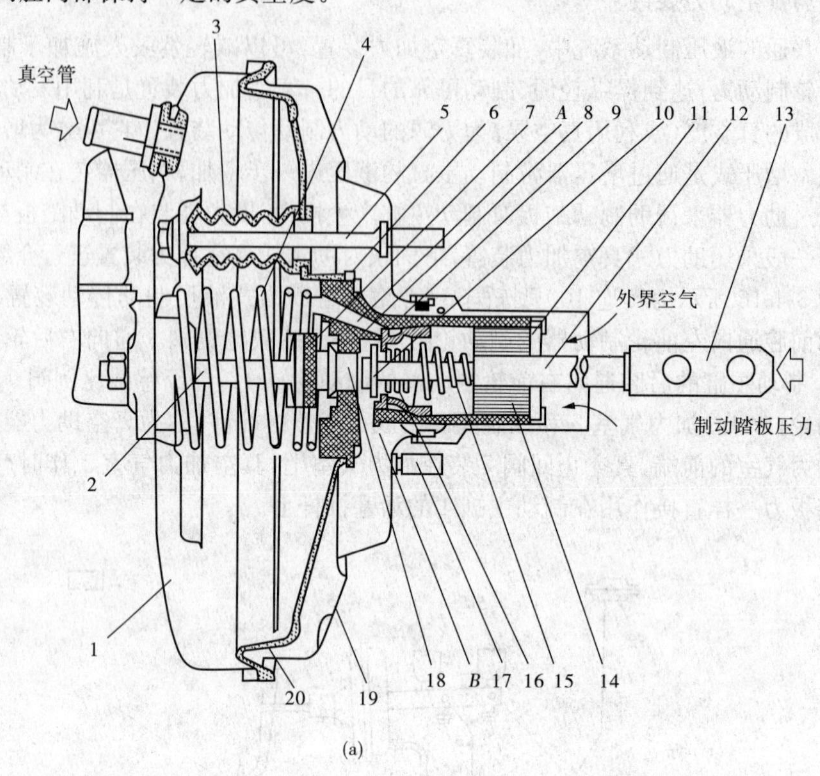

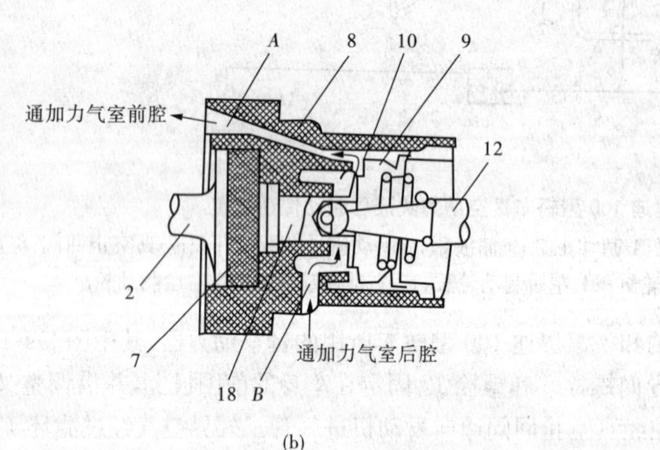

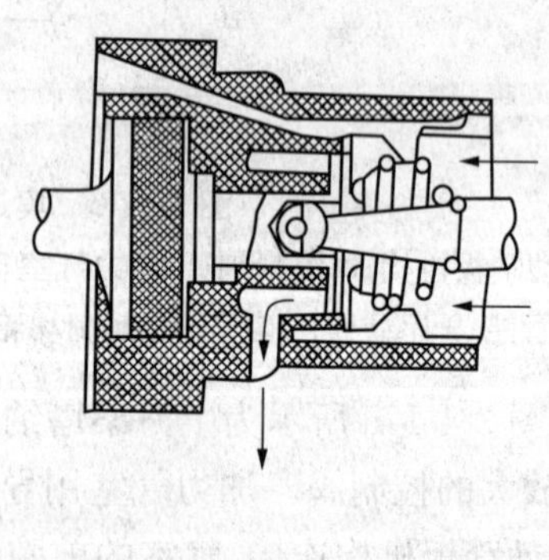

图 3-4-17 真空助力器

(a)真空助力器；(b)制动踏板未踩下时的状态；(c)制动踏板踩下时的状态

1-加力气室前壳体；2-制动主缸推杆；3-导向螺栓密封套；4-膜片复位弹簧；5-导向螺栓；6-控制阀；7-橡胶反作用盘；8-加力气室膜片座；9-橡胶阀门；10-大气阀座；11-过滤环；12-控制阀推杆；13-调整叉；14-毛毡过滤环；15-控制阀推杆弹簧；16-阀门弹簧；17-螺栓；18-控制阀柱塞；19-加力气室后壳体；20-加力气室膜片

制动踏板刚踩下时，加力气室尚未起作用，加力气室膜片座 8 固定不动，来自制动踏板机构的控制力可以推动控制阀推杆 12 和控制阀柱塞 18 相对于加力气室膜片座 8 右移，当柱塞与橡胶反作用盘 7 之间的间隙消除后，控制力便经反作用盘传给制动主缸推杆 2(图 3-4-17c)。

此时，制动主缸内一定压力的制动液流入制动轮缸。与此同时，橡胶阀门 9 也在阀门弹簧

16 作用下左移，直至与加力气室膜片座 8 上的真空阀座接触，即真空阀关闭，封闭通道 A 和 B，使加力气室前后腔隔绝。然后，制动主缸控制阀推杆 12 继续推动控制阀柱塞 18 左移，而此时橡胶阀门 9 顶在真空阀座上不能再随大气阀座 10 移动，从而使大气阀座 10 与橡胶阀门 9 产生间隙，即大气阀打开。于是外界空气经过滤环 11、毛毡过滤环 14、控制阀腔和通道 B 充入加力气室的后腔，使其中真空度降低，在加力气室前、后腔之间产生一个压力差。在此气压差的作用下，膜片及膜片座通过橡胶反作用盘 7 对制动主缸推杆 2 产生助力，从而使制动主缸油压大大增加。

在此过程中，膜片与膜片座不断左移，直到橡胶阀门 9 重新与大气阀座 10 接触而达到平衡状态为止。因此，在任何一个平衡状态下，加力气室后腔中的稳定真空度均与制动踏板行程成递增函数关系，从而体现控制阀的随动作用。

橡胶反作用盘 7 装在由控制阀柱塞 18、加力气室膜片座 8 和制动主缸推杆 2 形成的密闭空间内。由于橡胶是体积不可压缩的柔性材料，故经橡胶反作用盘 7 的传动后，制动主缸推杆 2 从橡胶反作用盘 7 得到的力大于控制阀柱塞 18 加于橡胶反作用盘 7 的力，但制动主缸推杆 2 的位移却小于控制阀柱塞 18 的位移。

加力气室两腔真空度差值造成的作用力，除一部分用来平衡膜片回位弹簧 4 的力以外，其余部分都作用在橡胶反作用盘 7 上。因此，制动主缸推杆 2 所受的力为真空助力和制动踏板力二者所施作用力之和。另经橡胶反作用盘反馈过来的力，使得驾驶人有一定的制动踏板感。

五、制动力分配调节装置

汽车制动时，作用在车轮上的制动力随制动踏板力的增加而增加，但受到轮胎与路面间附着力的限制，并且一旦制动力达到附着力，车轮将出现“抱死”现象。无论前轮先抱死还是后轮先抱死都会严重影响行驶的安全性并加剧轮胎的磨损，尤其是后轮先抱死的危害更大。要使汽车既能得到尽可能大的制动力，又使汽车保持行驶方向的稳定性，就必须使汽车前后轮同时达到抱死的边缘。在前后轮路面附着系数相同的情况下，汽车前后轮同时达到抱死的边缘的条件是:前后车轮制动力之比等于前后车轮对路面垂直荷载之比。但是，随着装载量不同和汽车制动时减速度所引起荷载的转移不同，汽车前后车轮的实际垂直荷载比是变化的。因此，要满足最佳制动状态的条件，汽车前后轮制动力的比例也应是变化的。

理想的前后轮制动管路压力分配特性曲线如图 3-4-18 中实线 1、2。由于汽车满载较空载时质心后移，p_2 应相应增加，故其曲线较空载曲线上移。又因制动强度的增加(即工作压力 p 的增加)，质心向前转移程度的增加，压力比 p_2/p_1 应相应减小(小于 1)。故随压力 p_1 的增加，曲线变得平缓。为满足上述理想特性的要求，在一些汽车上采用了各种制动力分配调节装置，来调节前后车轮制动管路中的工作压力。常用的制动力分配调节装置有限压阀、比例阀、感载阀和惯性阀等。

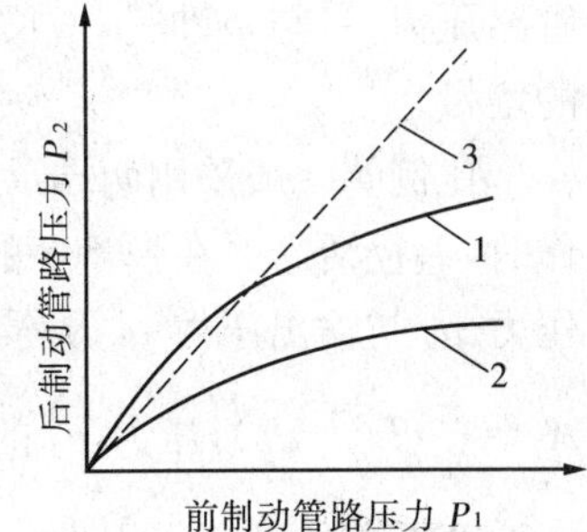

图 3-4-18 前后制动管路压力分配特性

1-满载时理想特性；2-空载时理想特性；3-无调节时实际特性

1. 限压阀

限压阀串联于液压制动回路的后制动管路中，其作用是当前、后制动管路压力 p_2 和 p_1 由零同步增长到一定值后，即自动将 p_2 限定在该值不变。

限压阀的结构如图 3-4-19a 所示。自进油口输入的控制压力是前制动管路压力(亦即制动主缸压力)p_1,从出油口输出的是后制动管路压力 p_2。阀门 2 与活塞 3 连接成一体。装入阀体 6 后,弹簧即受到一定的预紧力。在弹簧力的作用下,阀门离开阀体上的阀座而抵靠着阀盖 1。

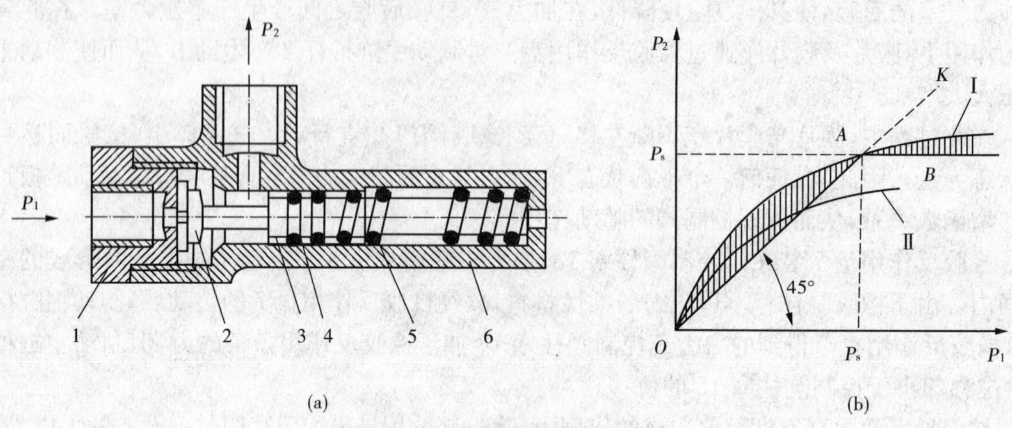

图 3-4-19 限压阀及其特性曲线

(a)结构;(b)特性曲线

1-阀盖;2-阀门;3-活塞;4-活塞密封圈;5-弹簧;6-阀体

Ⅰ-满载理想特性;Ⅱ-空载理想特性

阀门凸缘上开有若干个通油切口。当输入压力 p_1 较低时,阀门一直保持开启,因而 $p_2=p_1$,即限压阀尚未起限压作用。p_2 与 p_1 同步增长到一定值 p_s 时,活塞上所受的液压作用力将弹簧压缩到使阀门关闭,后轮制动轮缸与制动主缸隔绝。此后 p_2 即保持定值 p_s,不再随 p_1 增长。其特性曲线参见图 3-4-19b 中的折线 OAB。

限压阀用于重心高度与轴距的比值较大的轻型汽车更为适宜,因为这种汽车在制动时,其后轮垂直载荷向前轮转移得较多,其理想的制动压力分配特性曲线中段的斜率较小,与限压阀特性线 AB 相近。

2.比例阀

比例阀(亦称 P 阀)也是串联于液压制动回路的后制动管路中的。其作用是当前后制动管路压力 p_1 与 p_2 同步增长到一定值后,即自动对 p_2 的增长加以节制,使 p_2 的增量小于 p_1 的增量。

比例阀一般采用两端承压面积不等的差径活塞结构。图 3-4-20a 为其结构示意图。不工作时,差径活塞 2 在弹簧 3 的作用下处于上极限位置。此时阀门 1 保持开启,因而在输入控制压力 p_1 与输出压力 p_2 从零同步增长的初始阶段,总是 $p_1=p_2$。但是压力 p_1 的作用面积为 $A_1=\frac{\pi}{4}(D^2-d^2)$,压力 p_2 的作用面积为 $A_2=\frac{\pi}{4}D^2$,因而 $A_2>A_1$,故活塞上方液压作用力大于活塞下方的液压作用力。在 p_1、p_2 同步增长过程中,活塞上、下两端液压作用之差大于弹簧 3 的预紧力时,活塞便开始下移。当 p_1 和 p_2 增长到一定值 p_s 时,活塞内腔中的阀座与阀门接触,进油腔与出油腔即被隔绝,此即比例阀的平衡状态。

若进一步提高 p_1,则活塞将回升,阀门再度开启,油液继续流入出油腔,使 p_2 也升高。但由于 $A_2>A_1$,p_2 尚未及增长到新的 p_1 值,活塞又下降到平衡位置。在任一平衡状态下,差径

活塞的受力方程为

$$p_2A_2 = p_1A_1 + F$$

即 $p_2=\frac{A_1}{A_2}p_1+\frac{F}{A_2}$。

此处 F 为平衡状态下的弹簧力。其特性曲线如图 3-4-20b 中 OAB 折线所示。

重心高度与轴距的比值较小的中型以上汽车，在制动时的前后轮间荷载转移较少。其理想制动管路压力分配特性曲线中段斜率较大。这种汽车如果装用限压阀，虽然可以满足制动时的前轮先滑移的要求，但紧急制动时，后轮制动力将远小于后轮附着力，即附着力利用率太低，未能满足制动力尽可能大的要求。要解决这一问题，可以采用比例阀。

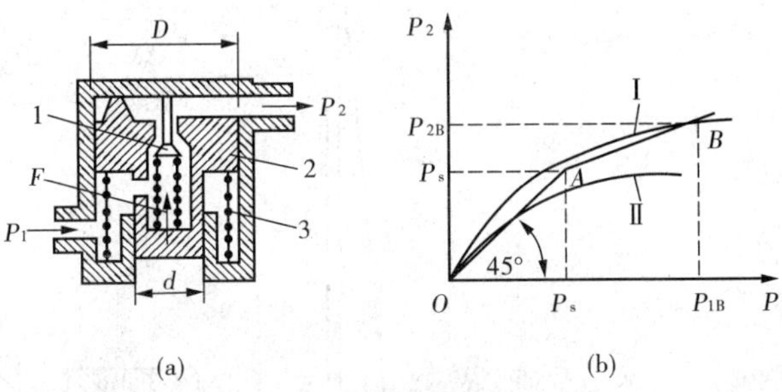

图 3-4-20 比例阀及特性曲线

(a)结构；(b)特性曲线

1-阀门；2-活塞；3-弹簧

Ⅰ-满载特性曲线；Ⅱ-空载特性曲线

3. 感载阀

限压阀和比例阀结构简单，但其制动压力调节点 p_s 不能随车辆荷载的变化而变化，因此，在一些汽车上采用了其特性能随汽车实际装载质量而改变的感载阀。

感载阀可分为感载限压阀和感载比例阀，其静特性如图 3-4-21 所示。设汽车满载时，感载阀特性线为 A_1B_1，而在空载时，感载阀的调节作用起始点自动改变为 A_2，使特性线变成 A_2B_2，但两特性线的斜率还是相等。这种变化应当是渐进的，即在实际装载量为任何值时，都有一根与之相应的特性线。

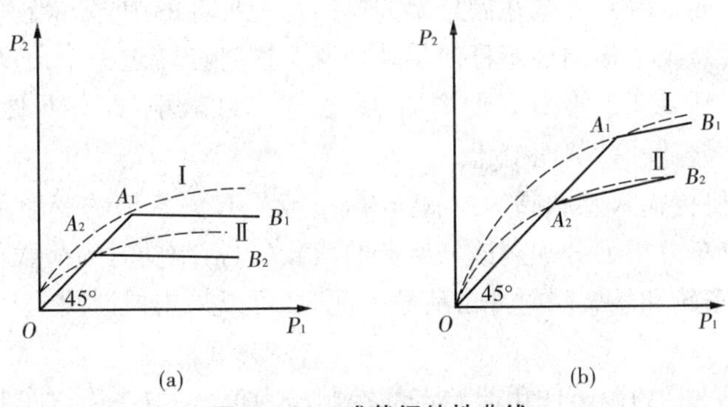

图 3-4-21 感载阀特性曲线

(a)感载限压阀；(b)感载比例阀

Ⅰ-满载理想特性；Ⅱ-空载理想特性

图 3-4-22 所示为感载比例阀及其感载控制机构，阀体 3 安装在车身上，其中的活塞 4 为两端承压面积不等的差径结构，其右部空腔内有阀门 2。杠杆 5 的一端用感载拉力弹簧 6 与后悬架连接，另一端压在差径活塞 4 上。不制动时，活塞在感载拉力弹簧 6 通过杠杆 5 施加的推力 F 作用下处于右极限位置。阀门 2 因从杆部顶触螺塞 1 而开启，使左右阀腔连通。制动时，来自制动主缸压力为 p_1 的制动液由进油口进入，并通过阀门从出油口 B 输至后轮制动轮缸，

输出压力 $p_2=p_1$。因活塞左右两端面液压之差大于推力 F 时，活塞左移，使其上的阀座与阀门接触而达到平衡状态，此后 p_2 增量将小于的 p_1 增量。

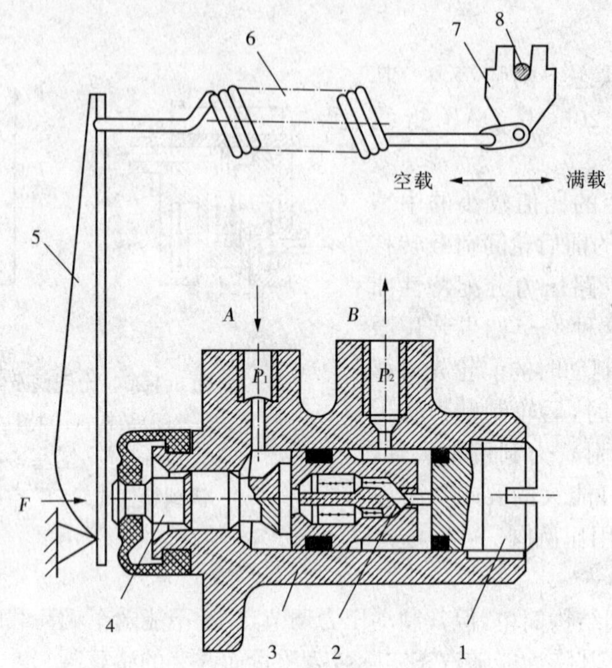

图 3-4-22 液压感载比例阀及其控制机构

1-螺塞；2-阀门；3-阀体；4-活塞；5-杠杆；6-感载拉力弹簧；7-摇臂；8-后悬架横向稳定杆

感载比例阀的特点是作用于活塞的轴向力 F 是可变的。汽车上是利用轴荷载变化时，车身与车桥间的距离发生变化来改变感载拉力弹簧预紧力（图 3-4-22）。感载拉力弹簧 6 右端经吊耳与摇臂 7 相连，而摇臂则夹紧在后悬架的横向稳定杆 8 的中部。当汽车的轴荷载增加时，后桥向车身移近，后悬架的横向稳定杆便带动摇臂 7 逆时针转过一个角度，将感载拉力弹簧 6 进一步拉紧，作用于活塞 4 上推力 F 便增加；反之，轴荷载减小，推力 F 便减小。这样，调节作用起始点压力值 p_s 就随轴荷载而变化。

通过感载控制机构输入感载阀的控制信号，一般是有关悬架的变形量。然而影响悬架变形量的因素，除了汽车总重力分配到该悬架上的荷载（包括制动时的荷载转移）以外，还有汽车行驶时不平路面对车轮和悬架瞬时冲击荷载。此时，可以采用惯性阀。

4. 惯性阀

惯性阀（也称 G 阀）的调节作用起始点的控制压力值 p_s 取决于汽车制动时作用在汽车重心上的惯性力，即 p_s 不仅与汽车总质量或实际装载质量有关，而且与汽车制动减速度有关。惯性阀分为惯性限压阀和惯性比例阀两类。

（1）惯性限压阀。如图 3-4-23 所示，惯性限压阀内有一个惯性球 2，惯性球的支承面相对于水平面的仰角 θ 必须大于零，惯性阀方可能起作用。汽车在水平路面上时，θ 应为 10°～13°。通常惯性球在其本身重力作用下处于下极限位置，并将阀门 4 推到与阀盖 5 接触，使得阀门与阀座 3 之间保持一定的间隙。此时进油口 A 与出油口 B 连通。在水平路面上施行制动时，来自制动主缸的压力油即由进油口 A 输入惯性球，再从出油口 B 进入后制动管路，输出压力 p_2

即等于输入压力 p_1。当路面对车轮的制动力使汽车产生减速度时，惯性球也具有相同的减速度。当控制压力 p_1 较低、减速度较小时，惯性球向前的惯性力沿支承面的分力不足以平衡球的重力沿支承面的分力，阀门便仍然保持开启，p_2 也依然等于 p_1。当 p_1 增高到某一定值 p_s 时，制动力和减速度增大到足以实现上述二力平衡，阀门弹簧便通过阀门将球推向前方，使阀门得以压靠阀座，切断液流通路。此后 p_1 继续增高，前轮制动力也即汽车总制动力继续增高时，球的惯性力使球滚到前上极限位置不动，阀门对阀座的压紧力也因 p_1 的增高而加大，故 p_2 就此保持 p_s 值不变。汽车在上坡路上制动时，由于支承面仰角 θ 增大，惯性球重力沿支承面的分力也增大，使得惯性阀开始起作用所需的控制压力值 p_s 也更高。这正与汽车上坡时后轮附着力加大相适应。相反，在下坡路上制动时，后轮附着力减小，惯性球所限定的 p_2 也正好相应地降低。

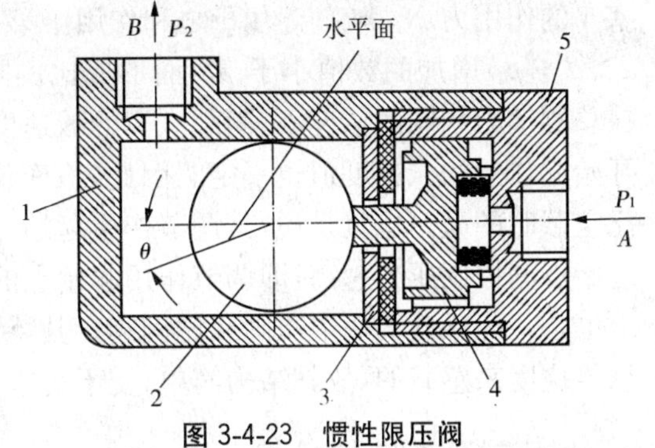

图 3-4-23 惯性限压阀

1-阀体；2-惯性球；3-阀座；4-阀门；5-阀盖

A-进油口；B-出油口

(2)惯性比例阀。如图 3-4-24 所示，惯性比例阀的阀座 8 位于惯性球 7 的前方，惯性球兼起阀门作用。阀体上部有两个同心但直径不等的油腔 E 和 G，E 腔与出油口 B 连通，而 G 腔通过油道 H 与进油口 A 连通。E 腔中直径较大的第一活塞 2 与 G 腔中直径较小的第二活塞 4 组成异径活塞组。在输入压力 p_1 和输出压力 p_2 同步增长的初始阶段，惯性球保持在后极限位置不动，进油口 A 与出油道 C、D 相通，因而 $p_2=p_1$，此时异径活塞组两端的液压作用力不等，其差值由弹簧 3 承受。当该力超过弹簧预紧力时，异径活塞组便进一步压缩弹簧 3 而右移。当 p_1、p_2 同步增长到某一定值 p_s 时，惯性球沿倾斜角为 θ 的支承面向上滚到压靠阀座 8 时，油腔 E 和 G 便相互隔绝，异径活塞组停止右移。此后，继续增长的输入压力 p_1 对第二活

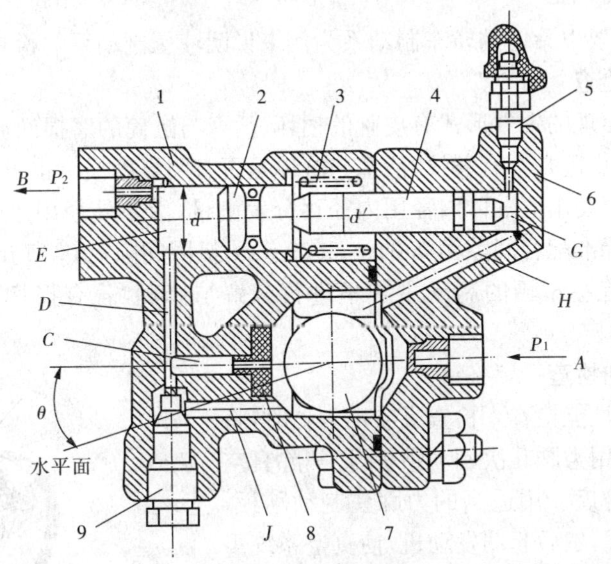

图 3-4-24 惯性比例阀

1-前阀体；2-第一活塞；3-弹簧；4-第二活塞；5-放气阀；6-阀体；7-惯性球；8-阀座；9-旁通锥阀

塞 4 的作用力 N_1 与弹簧力 F 之和作用于第一活塞 2 上，使 E 腔压力 p_2 也随之增长。但由于 $d>d'$，p_2 增加的数值小于 p_1，而形成比例阀。当汽车实际装载量不同时，其总质量也不同。在总制动力相同的情况下，满载汽车的减速度比空载时的小。而同一惯性阀的倾角一定时，其开始起作用的减速度值也一定。因此，汽车满载时，相应于调节作用起始点的控制压力值 p_s 比空载时的高。也就是说，其调节作用起始点的控制压力随荷载而变化，荷载越大，调节作用起始点的控制压力越高，即调节作用起始点的控制压力与汽车总重成正比。因此，惯性阀实质上也是一种感载式的限压阀或比例阀。其特点只在于惯性阀是通过汽车减速度而不是通过后悬梁挠度来感载的，故其结构简单，受干扰小。

六、制动系统的检修

汽车制动系技术状况的好坏，对行车安全是至关重要的。汽车在使用过程中，制动系的零件由于磨损、变形、断裂、老化或调整不当，将导致制动不良、制动跑偏、制动拖滞、制动失效等故障，严重影响行车的安全。因此，应高度重视制动系的检修，保证制动系的维修质量。具体的车型的检修数据都在其相应的维修手册中有说明，本节主要以国产桑塔纳、捷达和富康轿车为例，介绍液压制动系主要零部件的检修。

(一)基本检查与调整

在这里，我们主要以桑塔纳轿车制动系为例来说明液压制动系的检查与调整。

1. 制动主缸的检查

制动主缸可能出现的失效形式有皮碗的损坏、活塞与缸筒的磨损而造成的泄漏。检查时，首先进行拆检，观察皮碗是否有裂纹，活塞与缸体是否有明显磨损。也可以用工具检查活塞与缸体的配合间隙。制动主缸缸体内径用内径百分表测量，活塞外径用千分尺测量。桑塔纳的制动主缸与活塞的标准配合间隙为 0.04 ～0.09 mm，极限间隙为 0.15 mm，超过极限值时，应更换制动主缸。也有些车辆的制动主缸不进行分解与修理，若有损坏，直接更换制动主缸总成。

2. 真空助力器的检查

(1)真空助力器性能检查。检查真空助力器时，将发动机熄火。首先，用力踩几次制动踏板，以消除真空助力器中残留的真空度。用适当的力踩住制动踏板，并保持在一定的位置，然后起动发动机，使真空系统重新建立起真空，并观察制动踏板。若制动踏板位置有所下降，说明真空助力器正常；若制动踏板位置保持不动，则说明真空助力器或真空助力器止回阀损坏。

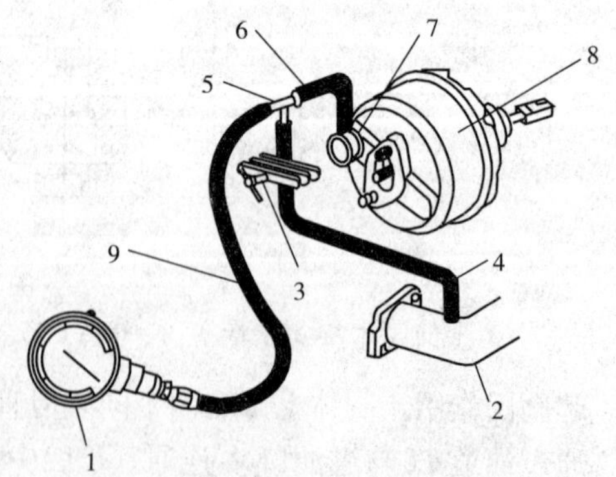

图 3-4-25　真空助力器密封性检查

1-真空表；2-进气歧管；3-卡紧工具；4-软管；5-三通接头；6-软管；7-止回阀；8-真空助力器；9-软管

(2)真空助力器密封性检查。如图 3-4-25 所示，试验时需要 T 形管、真空表、软管及卡紧装置。试验过程如下：将与进气歧管相连的真空管从真空助力器止回阀上拔下，用 T 形管接于真空管、真空助力器止回阀和与进气歧管相连的真空管之间；起动发动机，怠速运转1 min；卡紧与进气歧管相连的真空管上的卡紧装置，切断真空助力器止回阀与进气歧管之间的通路；将发动机熄火，观察真空表的变化，如果在规定时间内真空度下降过多，说明助力器膜片或者真空阀损坏。

(3)真空助力器止回阀检查。真空助力器止回阀试验如图 3-4-26 所示。将与真空助力器止回阀相连的真空管拆下，将真空助力器止回阀从真空助力器上拆下，把手动真空泵软管与真空助力器单向阀真空源接口相连。扳动手动真空泵手柄给真空助力器止回阀加上 50 ～ 70 kPa的真空度，在正常情况下，真空应保持稳定。如果真空泵指示表上显示出真空度下降，则表明真空助力器止回阀损坏。

3. 前制动器检查

(1)制动盘表面磨损厚度的检查。如图 3-4-27 所示，在制动盘的圆周上选择 6 个点测量其厚度和厚度差，最大厚度差值为 0.013 mm，桑塔纳 YP 制动盘的标准厚度为 10 mm，使用极限为8 mm，小于极限值时应更换，并且同一轴两个制动盘应同时更换。

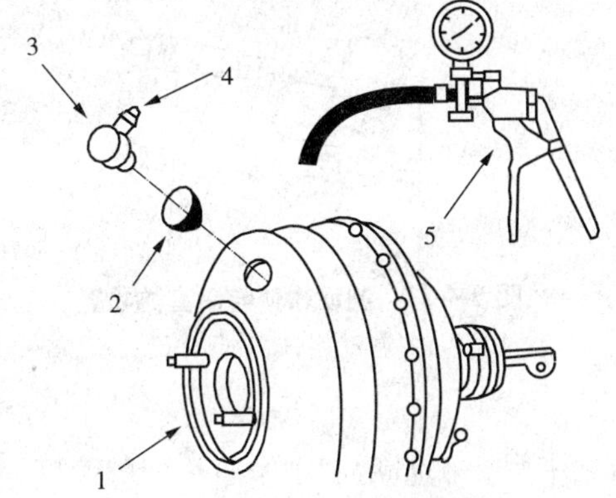

图 3-4-26　真空助力器止回阀检查

1-真空表；2-止回阀密封圈；3-真空助力器止回阀；4-止回阀真空源接口；5-手动真空泵

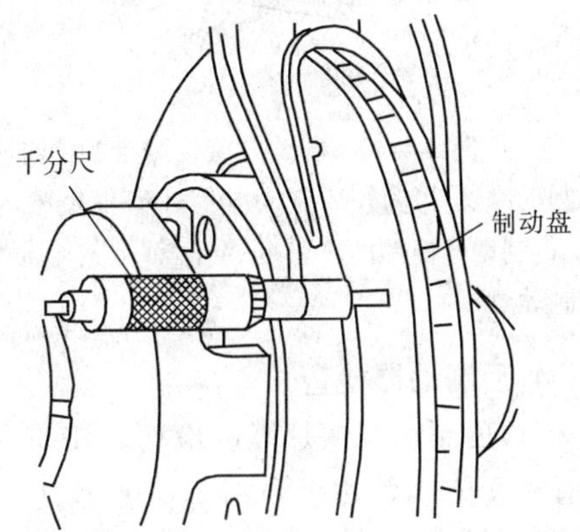

图 3-4-27　制动盘表面磨损及厚度的检查

(2)制动盘跳动的检查。如图 3-4-28 所示，用百分表 2 检查制动盘 1 端面跳动量，桑塔纳的使用极限为 0.06 mm。

(3)制动盘的修磨。如图 3-4-29 所示，制动盘在允许厚度的范围内可以修磨其上锈斑、刻痕。使用砂轮打磨制动盘表面时，打磨的痕迹可以是无方向性的，但打磨痕迹应相互垂直。

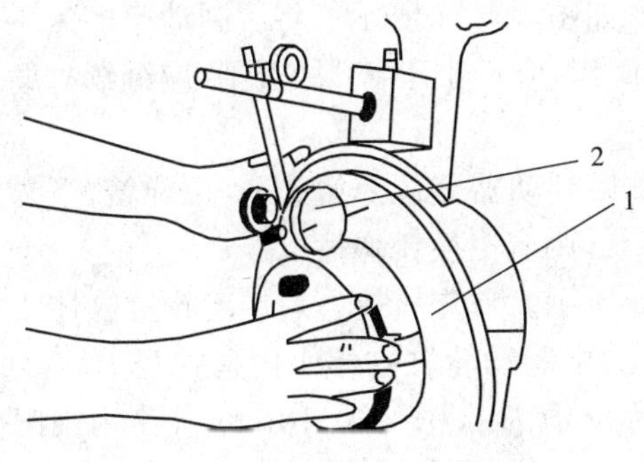

图 3-4-28　制动盘跳动的检查

1-制动盘；2-百分表

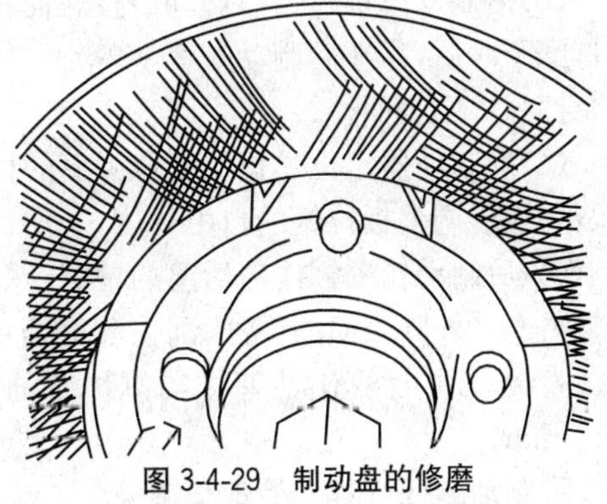
图 3-4-29　制动盘的修磨

(4)制动摩擦片厚度的检查。如图 3-4-30 所示，制动摩擦片的总厚度标准值为 14 mm，使用极限为 7 mm。制动摩擦片厚度磨损极限的残余厚度应不小于 0.8 mm。在未拆下时，外制动摩擦片可通过轮辐上的孔检查其厚度，或拆下车轮后检查。

(5)制动钳体与活塞的检查。如图 3-4-31 所示，用内径表 1 检查制动钳体 2 的内孔直径，用千分尺 3 检查活塞 4 的外径，并可计算出活塞 4 与制动钳体 2 的间隙，标准值为 0.04 ～ 0.16 mm，使用极限为 0.16 mm。察看密封圈及防尘罩，若有损坏或老化应更换。

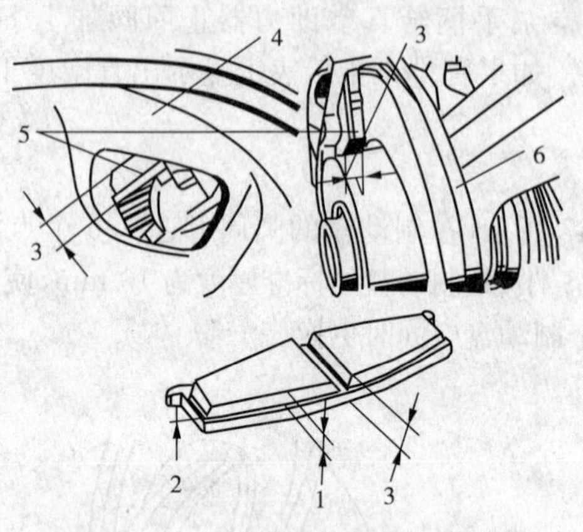

图 3-4-30 制动摩擦片厚度的检查

1-制动摩擦片厚度；2-制动摩擦片磨损极限的残余厚度；3-制动摩擦片的总厚度；4-轮辐；5-外制动摩擦片；6-制动盘

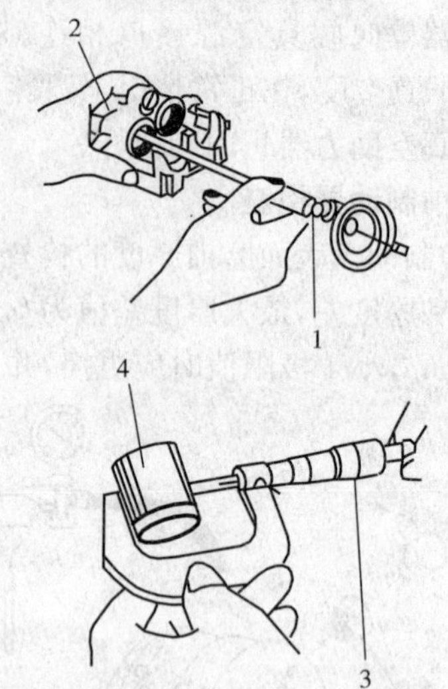

图 3-4-31 制动钳体与活塞的检查

1-内径表；2-制动钳体；3-千分尺；4-活塞

4. 后制动器检查

(1)后制动摩擦片厚度检查。如图 3-4-32 所示，用卡尺 1 测量后制动摩擦片 2 的厚度，标推值为 5 mm，使用极限为 2.5 mm，其铆钉头 3 与摩擦片 2 表面的深度不得小于 1 mm，以免铆钉头刮伤制动鼓内表面。在未拆下车轮时，后制动摩擦片的厚度可从制动底板 6 的观察孔 4 中检查。

(2)后制动鼓内孔磨损与尺寸的检查。如图 3-4-33 所示，应首先检查后制动鼓 1 内孔有无烧损、刮痕和凹陷，若有可修磨加工，并用卡尺 2 检查内孔尺寸，标准值为 180 mm，使用极限为181 mm。用工具测量后制动鼓 1 内径的不圆度，使用极限为 0.03 mm，超过极限应更换后制动鼓 1。

(3)后制动摩擦片与后制动鼓接触面积的检查。如图 3-4-34 所示。将后制动摩擦片 1 表面打磨干净后，靠在后制动鼓 2 上，检查二者的接触面积，应不小于 60%，否则，应继续打磨制动摩擦片 1 的表面。

(4)后制动器定位弹簧及复位弹簧的检查。检查后制动器定位弹簧、上复位弹簧、下复位弹簧和楔形调整板拉簧的自由长度，若增长率达到 5%，则应更换新弹簧。

(5)后制动轮缸缸体与活塞的检查。如图 3-4-35 所示。首先应检查后制动轮缸缸体 1 内孔与活塞 2 外圆表面的烧蚀、刮伤和磨损情况，然后测出制动轮缸缸体 1 内孔孔径 B，活塞 2 外圆直径 C，并计算出活塞 2 与缸体 1 的间隙 A，标准值为 0.04 ～0.106 mm，使用极限为 0.15 mm。

5. 制动踏板行程的检查与调整

(1)制动踏板自由行程的检查。制动踏板自由行程是制动主缸与推杆之间的间隙的反应。检查时，可用手轻轻压下制动踏板，当手感变重时，用钢板尺测出制动踏板下移的量，该量即为

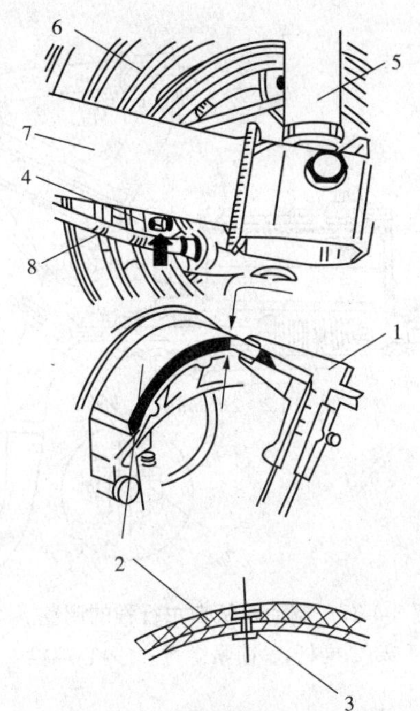

图 3-4-32　后制动摩擦片厚度检查

1-卡尺;2-摩擦片;3-铆钉;4-观察孔;5-后减振器;6-制动底板;7-后桥体;8-驻车制动钢索

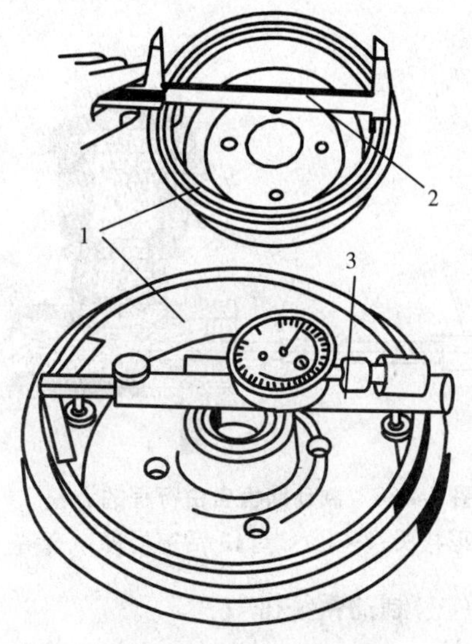

图 3-4-33　后制动鼓内孔磨损及尺寸检查

1-后制动鼓;2-卡尺;3-测量不圆度工具

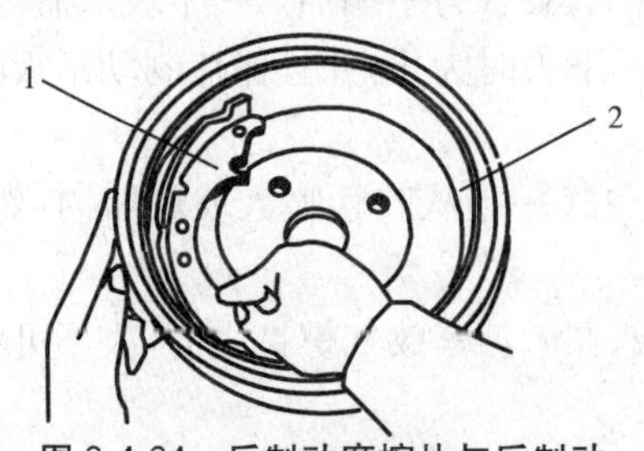

图 3-4-34　后制动摩擦片与后制动鼓接触面积的检查

1-后制动摩擦片;2-制动鼓

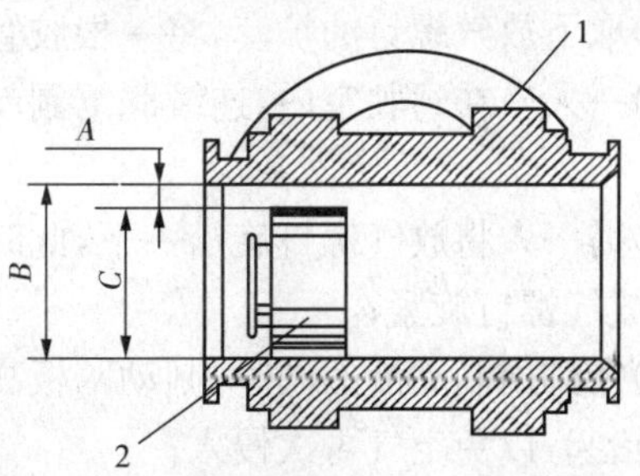

图 3-4-35　制动轮缸缸体与活塞的检查

1-制动轮缸缸体;2-活塞 A-活塞与缸体间隙;B-缸体内孔孔径;C-活塞外圆直径

制动踏板自由行程,应该符合有关技术规定。

(2)制动踏板的踏下余量。将制动踏板踩到底后,制动踏板与地板之间的距离,即为制动踏板余量。制动踏板余量减小的原因主要是制动间隙过大、盘式制动器自动补偿调整不良、制动管路内进气、缺制动液等。制动踏板余量过小或者为零,会使制动作用滞后、减弱,甚至失去制动作用。

(3)制动踏板自由行程的调整。制动踏板自由行程的调整,大多通过调节推杆长度的方法来实现。如图 3-4-36 所示,将推杆长度缩短,可以增大自由行程;加长则可以减小自由行程。还有一些汽车推杆与制动踏板通过偏心销铰接,如图 3-4-37 所示。调整自由行程时,可转动偏心销,使推杆的轴向位置改变,而使自由行程改变。推杆向制动踏板方向移动,可使自由行程增大;向制动主缸方向移动,可使自由行程减小。不论何种调整方法,调整完毕后,应将锁紧螺母锁止。

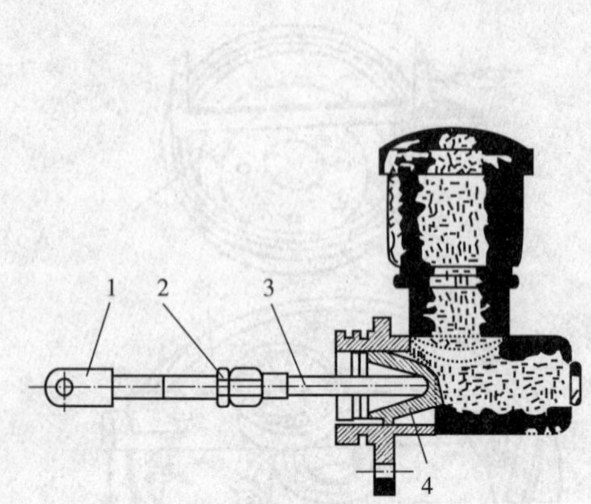

图 3-4-36　制动踏板自由行程的调整

1-叉形接头；2-锁紧螺母；3-活塞推杆；4-活塞

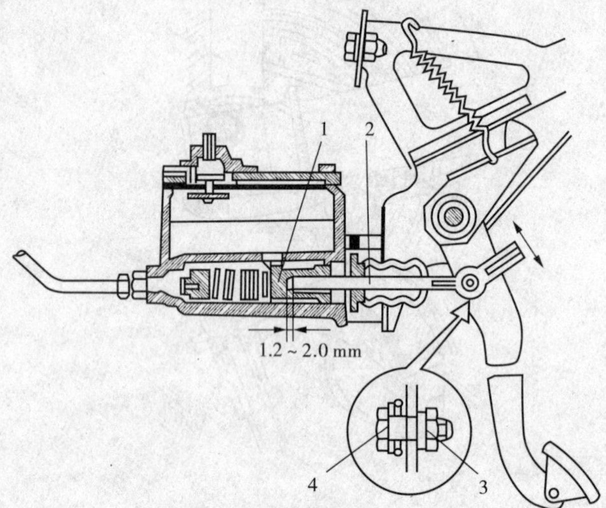

图 3-4-37　制动踏板自由行程的调整

1-活塞；2-推杆；3-锁紧螺母；4-偏心螺栓

(二)制动系统排气

液压制动系统在使用中，有气体进入管路后，应及时放出，否则，会影响制动性能。制动轮缸放气具体操作程序如下：

(1)取下放气螺钉的护套，将一根胶管插入放气螺钉上，胶管另一端插入一个玻璃瓶内；

(2)一人坐在驾驶室内，连续踩下制动踏板，直至踩不下去时为止，并且保持制动踏板踩住不动；

(3)另一人将放气螺钉旋松一下，此时，制动液连同空气一起从胶管喷入玻璃瓶内，然后，尽快将放气螺钉旋紧；

(4)在排出制动液的同时，制动踏板高度会逐渐降低，在未拧紧放气螺钉之前，决不可将制动踏板抬起，以免空气再次侵入；

(5)一个制动轮缸应反复放气几次，直至将空气完全放出(制动液中无气泡)为止。

放气过程注意事项：

(1)按照由远到近的原则，将各制动轮缸逐个放气完毕；

(2)在放气过程中，应及时向储液室内添加制动液，保持液面的规定高度。

对制动系统进行维修或更换部件后添加制动液，除应对制动轮缸放气外，还应对制动主缸进行放气。放气方法见图 3-4-38。放气时，将放气管两端插入储液室制动液内，用推杆推动制动主缸活塞。将活塞推到底后，放松推杆，利用弹簧压力使活塞复位。如此反复几次，直至制动液中无气泡时为止。

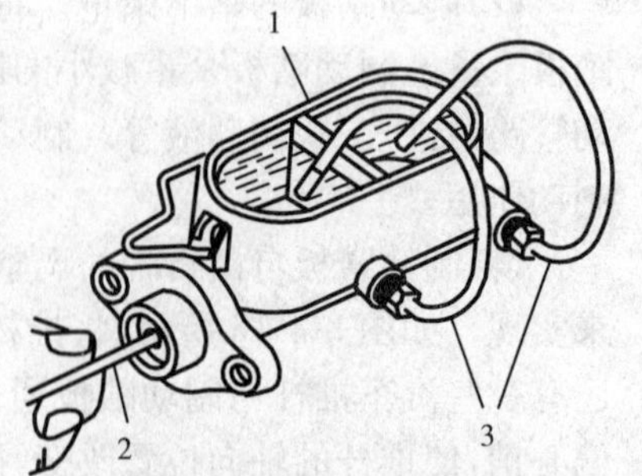

图 3-4-38　制动主缸放气

1-制动主缸体；2-推杆；3-放气管

七、常见故障诊断

制动系统可能产生的故障较多，如制动不灵、制动拖滞、制动跑偏、制动踏板有海绵感、制动振动、制动有噪声等等。

下面仅对几个常见故障进行分析。

1.制动不灵

(1)故障原因:①制动管路泄漏;②储液罐制动液不足;③制动液中有空气;④制动主缸活塞与缸体的间隙过大,密封圈失效,产生泄漏;⑤制动主缸的进油孔、补偿孔堵塞,造成油压不够;⑥前、后制动摩擦片磨损;⑦前、后制动器活塞与缸体间隙过大,密封圈失效,产生泄漏;⑧前制动盘磨损;⑨后制动鼓磨损;⑩制动踏板自由行程过大。

(2)故障诊断与排除步骤:①更换泄漏的制动管,紧固泄漏的接头;②补充制动液;③进行排气程序;④更换制动主缸活塞、密封圈;⑤清洗制动主缸;⑥更换制动摩擦片;⑦更换前、后制动器活塞或密封圈;⑧磨削制动盘或更换;⑨车削制动鼓内孔或更换;⑩调整制动主缸活塞与真空助力器推杆之间的间隙。

2.制动拖滞

(1)故障原因:①制动踏板无自由行程;②制动主缸复位弹簧折断或失效;③前制动器密封圈损坏,造成活塞不能正常复位;④制动主缸补偿孔被污物堵塞,密封圈发胀或发粘与缸体卡死;⑤前、后制动器制动轮缸密封圈发胀或发粘与缸体卡死;⑥后制动蹄复位弹簧折断或拉长;⑦通往制动轮缸的油管凹瘪或堵塞。

(2)故障诊断与排除步骤:①调整制动主缸活塞与真空助力器椎杆之间的间隙;②更换复位弹簧;③更换前制动器密封圈;④清洗制动主缸,更换密封圈;⑤更换前、后制动器制动轮缸密封圈;⑥更换复位弹簧;⑦疏通堵塞的油管。

3.制动跑偏

(1)故障原因:①轮胎压力不对;②车轮轴承调节不当、破损或毁坏;③一侧的摩擦片污染;④制动蹄一边弯曲、变形或蹄上的摩擦片松动;⑤一侧制动盘弯曲或松动;⑥制动摩擦片没有正确地由鼓定位;⑦制动钳粘连在销或摩擦面上;⑧制动钳活塞卡死不能运动;⑨制动摩擦片被水浸湿;⑩悬架元件连接螺栓松动;⑪感载比例阀故障。

(2)故障诊断与排除步骤:①调节或更换车轮轴承;②确定并解决污染原因并更换制动摩擦片;③更换制动蹄;④紧固或更换制动盘;⑤将制动摩擦片压入装好;⑥更换销、润滑摩擦表面;⑦修理、更换制动钳;⑧驾驶车辆并同时轻轻制动,利用摩擦产生的热量把摩擦片弄干;⑨拧紧螺栓,更换破损的悬架元件;⑩更换感载比例阀。

4.制动踏板海绵现象

(1)故障原因:①液压系统有空气;②制动踏板弯曲、变形或裂纹;③制动管线或软管有小的泄漏。

(2)故障诊断与排除步骤:①对制动系进行排除空气;②更换制动蹄;③更换制动管线或软管。

第二节 防抱死制动系统结构与检修

车辆制动时,其制动力的最大值受地面附着力的制约。而轮胎与路面之间的附着力取决于其间的垂直载荷和附着系数。在汽车的实际行驶过程中,轮胎与路面之间的垂直荷载和附着系数会随许多因素而变化，因此，轮胎与路面之间的附着力实际上是经常变化的。在影响附着力的诸多因素中，车轮相对于路面的运动状态对附着力有着重要的影响，特别是在湿滑路面上其影响更为明显。车轮的运动状态可以用滑移率 S_B 来表示，S_B 的计算公式为：

$$S_B = (r\omega - v)/v \times 100\%$$

式中：S_B——车轮滑移率；

r——车轮自由滚动半径，m；

ω——车轮转动角速度，rad/s；

v——车轮中心的纵向速度，m/s。

滑移率表示车轮在纵向运动中滑移成分所占的比例。当车轮在路面上自由滚动时，车轮中心的纵向速度完全是由于车轮滚动产生的，此时，$S_B=(r\omega-v)/v\times100\%$，因此滑移率 $S_B=0$；当车轮被制动到完全抱死在路面上进行纯粹的滑移时，车轮中心的纵向速度则完全是由于车轮滑移产生的，此时 $\omega=0$，因此，滑移率 $S_B=-100\%$；当车轮在路面上一边滚动一边滑移时，车轮的中心纵向速度的一部分是由于车轮滚动产生的，另一部分则是由于车轮滑移产生的，此时 $v>r\omega$，因此，$-100\%<S_B<0$，车轮中心纵向速度中，车轮滑移所占的成分越多，滑移率 S_B 的数值就越大。通过试验发现，在硬实的路面上，弹性车轮与路面间的附着系数 ϕ 和滑移率 S_B 存在如图 3-4-39 所示的一般性关系。由试验得知，汽车车轮的滑移率在 15%～20% 时，轮胎与路面间有最大的纵向附着系数，而横向附着系数也较大（图 3-4-39）。此时，车辆抵抗横向干扰力的能力较强，且车辆具有最短的制动距离，因此是车辆紧急制动的理想状态。为了达到这种理想状态，充分发挥轮胎与路面间的这种潜在附着能力，目前，在轿车上广泛装备了防抱死制动系统（Antilock Braking System），简称 ABS 系统。

ABS 系统的作用就是在制动过程中通过调节制动轮缸的制动压力使作用于车轮的制动力矩受到控制，从而将车轮的滑移率控制在较为理想的范围之内，使车辆在紧急制动时的制动距离最短且有较好的操纵稳定性。

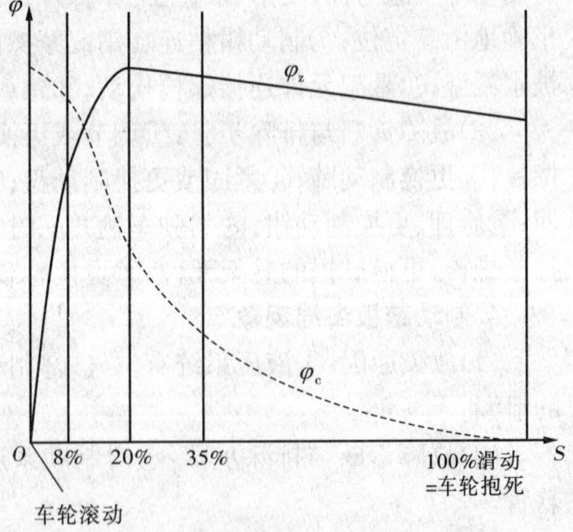

图 3-4-39 附着系数与滑移率的关系

一、ABS 系统的类型

按不同的分类方法，ABS 可以分成不同的类型。实用中，常按控制通道和车轮转速传感器的数目进行分类。为便于说明，先介绍一下控制通道的概念。

ABS 系统中能够独立进行制动压力调节的制动管路称为控制通道。如果某车轮的制动压力可以进行单独调节，称这种控制方式为独立控制，独立控制单独占用一个控制通道；如果对两个或两个以上车轮的制动压力是一同进行调节的，则称这种控制方式为一同控制，一同控制共用一个控制通道。在对两个车轮的制动压力进行一同控制时，如果以保证附着力较大的车轮不发生制动抱死为原则进行制动压力调节，称这种控制方式为按高选原则一同控制；如果以保证附着力较小的车轮不发生制动抱死为原则进行制动压力调节，称这种控制方式为按低选原则一同控制。

ABS 按照控制通道数可分为四通道系统、三通道系统、双通道系统和单通道系统，而其布置形式却是多种多样的，如图 3-4-40 所示。

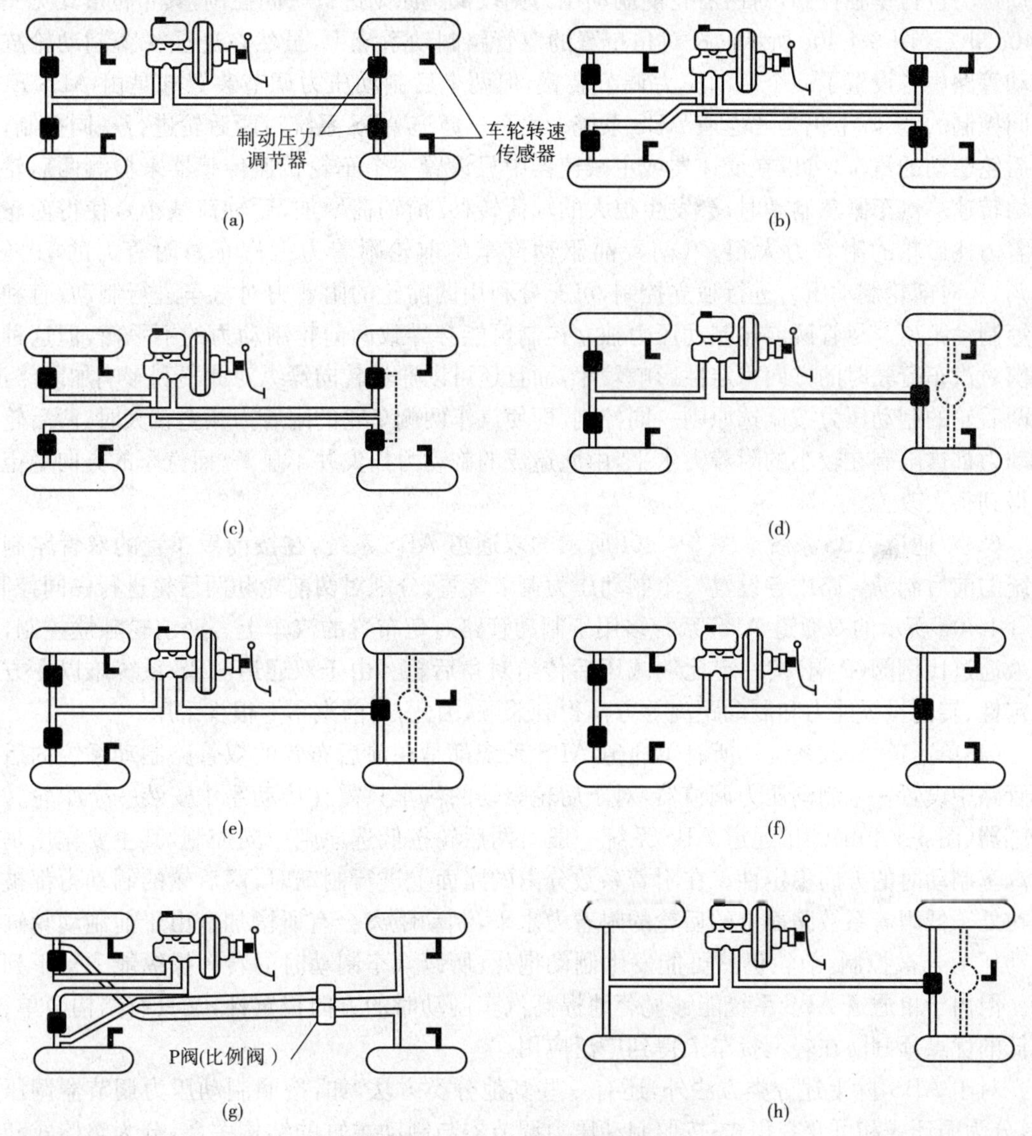

图 3-4-40 ABS 系统布置示意图

(a)双制动管路 H 形四通道 ABS 系统；(b)双制动管路 X 形四通道 ABS 系统；(c)、(d)、(e)三通道 ABS 系统；(f)以通道 ABS 系统；(g)制动管路对角布置的双通道 ABS 系统；(h)单通道 ABS 系统

(1)四通道 ABS 系统。对应于双制动管路 H 形(前后)或 X 形(对角)两种布置形式，四通道 ABS 也有两种布置形式，如图 3-4-40a、b 所示。为了对 4 个车轮的制动压力进行独立控制，在每个车轮上各安装一个车轮转速传感器，并在通往每个制动轮缸的制动管路中各设置一个制动压力调节装置(控制通道)。由于四通道 ABS 系统可以最大程度地利用每个车轮的附着力进行制动，因此汽车的制动效能最好。但在附着系数分离(两侧车轮的附着系数不相等)的路面上制动时，若同一轴上两侧车轮的制动力不相等，会使汽车产生较大的偏转力矩而跑偏。

因此，ABS 系统通常不对 4 个车轮进行独立的制动压力调节。

(2)三通道 ABS 系统。四轮 ABS 大多为三通道系统，其中两个控制通道是对两个前轮的制动压力进行单独控制，对两后轮的制动压力则按低选原则进行一同控制，其布置形式见图 3-4-40c、d、e。图 3-4-40c 所示的按对角布置的双管路制动系统中，虽然在通往 4 个制动轮缸的制动管路中各设置了一个制动压力调节装置，但两个后制动压力调节装置却是由 ABS ECU 一同控制的，实际上仍是三通道 ABS 系统。由于三通道 ABS 系统对两后轮进行一同控制，对于后轮驱动的汽车，可以在变速器或主减速器中只设置一个车轮转速传感器来检测两后轮的平均转速。汽车紧急制动时，会发生很大的轴荷转移(前轴荷增加，后轴荷减小)，使得前轮的附着力比后轮的附着力大很多(前置前驱动汽车的前轮附着力占汽车总附着力的 70%～80%)。对前轮制动压力进行独立控制，可充分利用两前轮的附着力对汽车进行制动，有利于缩短制动距离。尽管两前轮制动压力独立控制可能会导致两前轮制动力的不平衡，但这种不平衡对汽车行驶时的方向稳定性影响较小，而且还可以通过转向操纵对此不利影响加以修正。对两后轮的制动压力按低选原则一同控制，即使汽车两侧车轮的附着力相差较大时，两后轮的制动力都被限制在较小的附着力水平，由此造成的制动力损失并不显著，而汽车的方向稳定性却得到很大改善。

(3)双通道 ABS 系统。图 3-4-40f 所示的双通道 ABS 系统，在按前后布置的双管路制动系统的前后制动管路中各设置一个制动压力调节装置，分别对两前轮和两后轮进行一同控制。图 3-4-40g 所示的双通道 ABS 系统多用于制动管路对角布置的汽车上。两前轮独立控制，制动液通过比例阀(P 阀)按一定比例减压后传给对角后轮。由于双通道 ABS 系统难以在方向稳定性、转向操纵能力和制动距离等方面得到兼顾，因此，目前汽车上很少采用。

(4)单通道 ABS 系统。所有单通道 ABS 系统都是在前后布置的双管路制动系统的后制动管路中设置一个制动压力调节器，对于后轮驱动的汽车只需在传动系中安装一个车轮转速传感器(图 3-4-40h)。单通道 ABS 系统一般对两后轮按低选原则一同控制，其主要作用是提高汽车制动时的方向稳定性。在附着系数分离的路面上进行制动时，两后轮的制动力都被限制在处于低附着系数路面上的后轮的附着力水平，制动距离会有所增加。由于前制动轮缸的制动压力未被控制，前轮仍然可能发生制动抱死，所以汽车制动时的转向操纵能力得不到保障。但由于单通道 ABS 系统能够显著地提高汽车制动时的方向稳定性，又具有结构简单、成本低的优点，因此，在轻型货车上得到广泛应用。

对于 ABS，除上述分类方法外，还有一些其他分类方法，如：按照制动压力调节器调压方式，分为循环式和可变容积式；按照制动压力调节器与制动主缸的结构关系，分为整体式和分离式等。

二、ABS 系统基本组成及工作

ABS 系统是在普通制动系统的基础上增加了一套电控系统组成的，主要包括车轮转速传感器、制动压力调节器、ABS ECU 和 ABS 故障指示灯等。在图 3-4-41 所示的 ABS 系统中，每个车轮上各安置一个车轮转速传感器，将各车轮的转速信号输入 ABS ECU。ABS ECU 根据各个车轮转速传感器输入的信号，对各个车轮的运动状态进行监测和判定，并形成相应的控制指令。制动压力调节器主要由调压电磁阀总成、电动泵总成和储液器等组成一个独立的整体，通过制动管路与制动主缸和各制动轮缸相连，制动压力调节器受 ABS ECU 的控制，对各制动轮缸的制动压力进行调节。

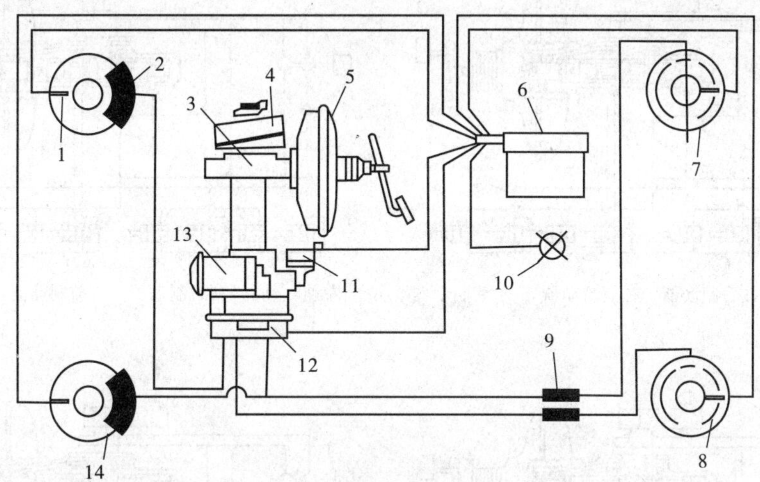

图 3-4-41 典型 ABS 系统的组成

1-车轮转速传感器；2-右前制动器；3-制动主缸；4-储液室；5-真空助力器；6-ABS ECU；7-右后制动器；8-左后制动器；9-比例阀；10-ABS 故障指示灯；11-储液器；12-调压电磁阀总成；13-电动泵总成；14-左前制动器

ABS 系统的工作过程可以分为常规制动、制动压力保持、制动压力减小和制动压力增大等阶段，其工作过程可以以图 3-4-42 所示的 ABS 系统来说明。

在常规制动阶段，如图 3-4-42a 所示，ABS 并不介入制动压力调节，调压电磁阀总成中的各进液电磁阀均不通电而处于开启状态，各出液电磁阀均不通电而处于关闭状态，电动泵也不通电运转，制动主缸至各制动轮缸的制动管路均处于沟通状态，而各制动轮缸至储液器的制动管路均处于封闭状态，各制动轮缸的制动压力将随制动主缸的输出压力而变化，此时的制动过程与常规制动系统的制动过程完全相同。

在制动过程中，当 ABS ECU 根据车轮转速传感器输入的车轮转速信号判定有车轮趋于抱死时，ABS 就进入防抱死制动压力调节过程。例如，ABS ECU 判定右前轮趋于抱死时，ABS ECU 就使右前轮制动压力的进液电磁阀通电，使右前轮进液电磁阀转入关闭状态，制动主缸输出的制动液不再进入右前制动轮缸，此时，右前出液电磁阀仍未通电而处于关闭状态，右前制动轮缸中的制动液也不会流出，右前制动轮缸的制动压力就保持一定，而其他未趋于抱死的车轮的制动压力仍会随制动主缸输出压力的增大而增大，如图 3-4-42b 所示。

如果在右前制动轮缸的制动压力保持一定时，ABS ECU 判定右前轮仍然处于抱死状态，ABS ECU 此时就使右前轮出液电磁阀也通电而转入开启状态，右前制动轮缸中的部分制动液就会经过处于开启状态的出液电磁阀流回储液器，使右前制动轮缸的制动压力迅速减小，右前轮的抱死趋势将开始消除，如图 3-4-42c 所示。

随着右前制动轮缸制动压力的减小，右前轮会在汽车惯性力的作用下逐渐加速，当 ABS ECU 根据车轮转速传感器输入的信号判定右前轮的抱死趋势已经完全消除时，ABS ECU 就使右前进液电磁阀和出液电磁阀都断电，使进液电磁阀转入开启状态，使出液电磁阀转入关闭状态。同时也使电动泵通电运转，向制动轮缸泵送制动液，由制动主缸输出的制动液和电动泵泵送的制动液都经过处于开启状态的右前进液电磁阀进入右前制动轮缸，使右前制动轮缸的制动压力迅速增大，右前轮又开始减速转动，如图 3-4-42d 所示。

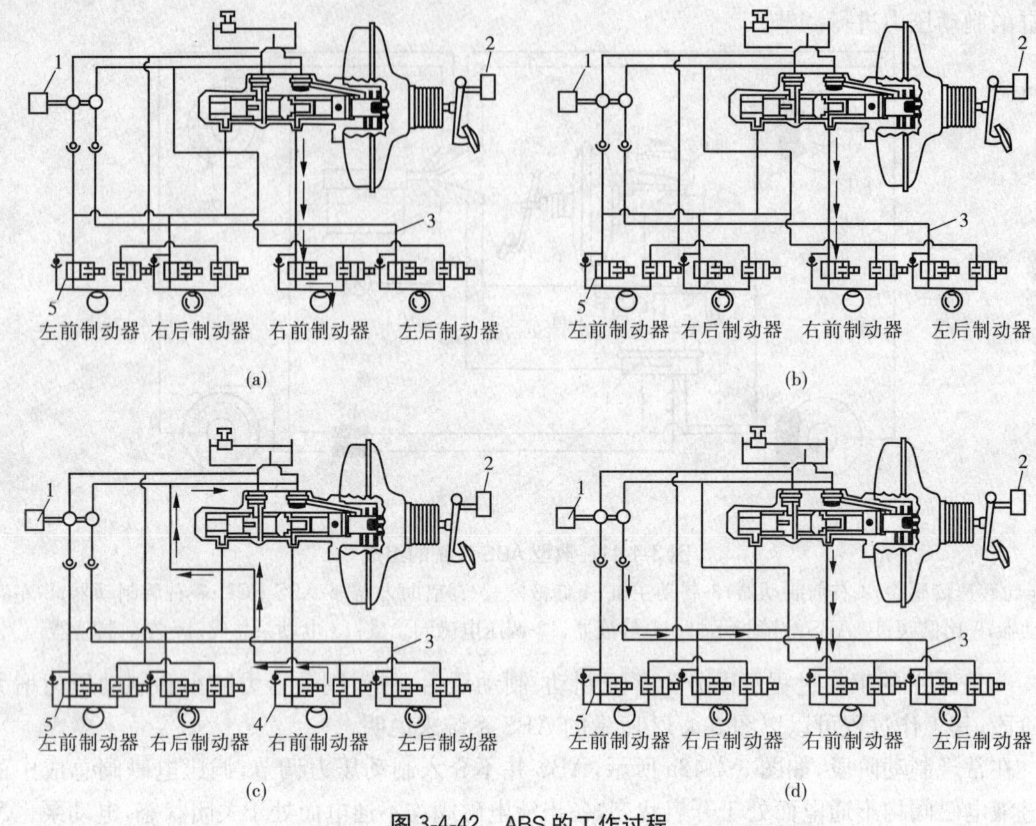

图 3-4-42 ABS 的工作过程

(a)常规制动;(b)压力保持;(c)压力减少;(d)压力增加

1-电动泵;2-制动开关;3-高压管路;4-低压管路;5-电磁阀

ABS 通过使趋于抱死车轮的制动压力循环往复地经历保持——减小——增大过程,而将趋于抱死车轮的滑移率控制在最大纵向附着系数滑移率的附近范围内,直至汽车速度减小到很低或者制动主缸的输出压力不再使车轮趋于抱死时为止,制动压力调节循环的频率可达 3～20 Hz。在该 ABS 中,对应于每一个制动轮缸各有一对进液和出液电磁阀,可由 ABS ECU 分别进行控制。因此,各制动轮缸的制动压力能够被独立地调节,从而使 4 个车轮都不发生制动抱死现象。尽管各种 ABS 的结构形式和工作过程并不完全相同,但都是通过对趋于抱死车轮的制动压力进行自适应调节,来防止被控制车轮发生制动抱死的,而且,各种 ABS 还有以下的共同点:

(1)最低速度限制。ABS 只是在汽车的速度超过一定值以后(如 5 km/h 或 8 km/h),才会进行防抱死制动压力调节。当汽车速度被制动降低到一定值时,ABS 就会自动地停止防抱死制动压力调节。

(2)只对趋于抱死的车轮进行调节。在制动过程中,只有当车轮趋于抱死时,ABS 才会对趋于抱死车轮的制动压力进行防抱死调节;在被控制车轮还没有趋于抱死时,制动过程与常规制动系统的制动过程完全相同。

(3)具有自诊断、失效保护和报警功能。ABS 都具有自诊断功能,能够对系统的工作情况进行监测。一旦发现存在影响系统正常工作的故障将自动关闭 ABS,并将 ABS 故障指示灯点亮,向驾驶人发出警示信号。此时,汽车的制动系统仍然可以像常规制动系统一样进行制动。

综上所述,ABS 系统具有以下优点:增加了汽车制动时的稳定性;缩短了制动距离;减少了轮胎磨损;操作简单方便。

三、ABS 系统主要元件结构及原理

ABS 的种类较多,其具体结构差别也较大,但主要元件都是车轮转速传感器、ABS ECU 和制动压力调节器及警示装置等。下面对这些带有共性的部件的结构与工作原理进行介绍。

(一)车轮转速传感器

车轮转速传感器的作用是检测车轮的速度,并将速度信号输入 ABS ECU。它是 ABS 系统的主要传感器。目前,用于 ABS 系统的车轮转速传感器主要有电磁式和霍尔式两种。

1. 电磁式车轮转速传感器

电磁式车轮转速传感器是一种通过磁通量的变化产生感应电压的装置,主要由传感头和齿圈两部分组成,如图 3-4-43 所示。齿圈一般安装在轮毂或轴座上,对于后轮驱动且后轮采用一同控制的汽车,齿圈也可安装在差速器或传动轴上。齿圈随车轮或传动轴一起转动。传感头通过固定在车身上的支架安装在齿圈附近,传感头与齿圈间的间隙约为 1 mm(各车型有差异,具体参见车型维修手册)。传感头必须安装牢固,以保证汽车制动过程中的振动不会干扰传感信号。

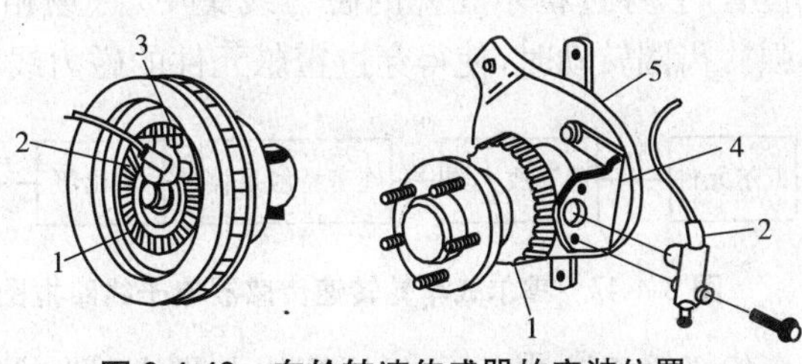

图 3-4-43　车轮转速传感器的安装位置

1-齿圈;2-传感头;3-制动盘;4-托架;5-轴座

传感头的结构如图 3-4-44 所示,它由永磁体 2、极轴 5 和感应线圈 4 等组成。极轴同永磁体相连,感应线圈套在极轴的外面。极轴头部结构有凿式和柱式两种。齿圈 6 旋转时,齿顶和齿隙交替对向极轴。当齿顶对向极轴时,磁路的间隙最小,因此磁阻也最小,通过感应线圈的磁通量最大;当齿隙对向极轴时,磁路的磁隙最大,磁阻也最大,通过感应线圈的磁通量最小。所以,在齿圈旋转过程中,感应线圈内部的磁通量交替变化从而产生感应电动势,此信号通过感应线圈末端的导线 1 输入 ABS ECU。当齿圈的转速发生变化时,感应电动势的频率也随之变化(图 3-4-45),ABS ECU 即通过检测感应电动势的频率来检测车轮转速。

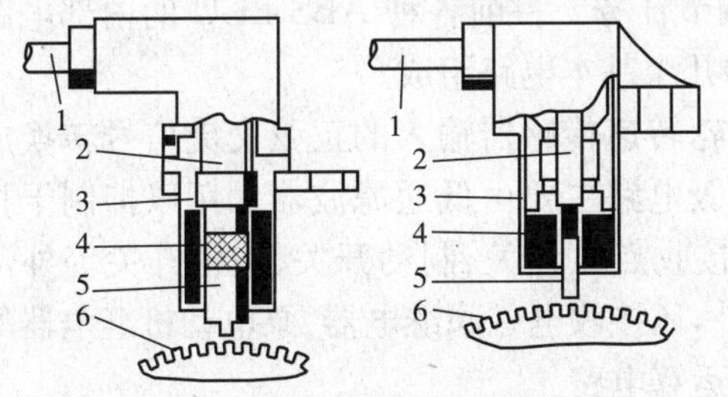

图 3-4-44　电磁式车轮转速传感器剖视图

1-导线;2-永磁体;3-外壳;4-感应线圈;5-极轴;6-齿圈

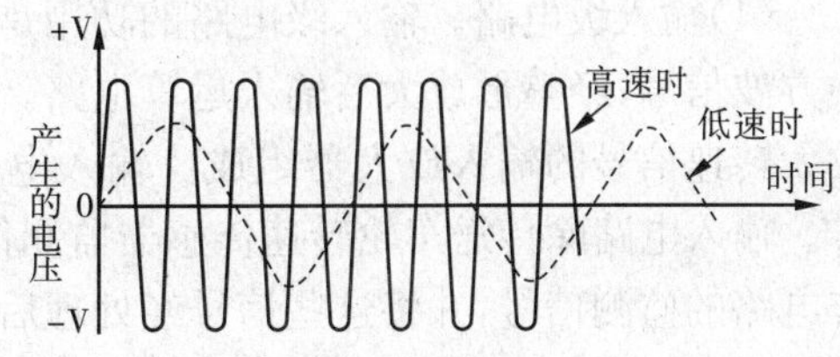

图 3-4-45　车轮转速传感器产生的电压信号

电磁式车轮转速传感器结构简单、成本低,但存在以下缺点:一是其输出信号的幅值随转速的变化而变化,在规定转速范围内,其输出信号的幅值一般在 1 ~15 V 范围内变化,若车速过低,其输出信号低于 1 V,ABS ECU 就无法检测;二是响应频率不高,当转速过高时,传感器的频率响应跟不上,容易产生误信号;三是抗电磁波干扰能力差,尤其是在其输出信号幅值较

小时。在汽车这个电磁波干扰源很多的特定条件下，抗干扰能力尤为重要。为了克服这些缺点，目前，车辆上出现了霍尔式车轮转速传感器。

2.霍尔式车轮转速传感器

霍尔式车轮转速传感器也是由传感头和齿圈组成。传感头由永磁体、霍尔元件和电子电路等组成。如图 3-4-46 所示，永磁体的磁力线穿过霍尔元件通向齿圈，齿圈相当于一个集磁器。当齿圈位于图 3-4-46a 所示位置时，穿过霍尔元件的磁力线分散，磁场相对较弱；而当齿圈位于图 3-4-46b 所示的位置时，穿过霍尔元件的磁力线集中，磁场相对较强。齿圈转动时，使得穿过霍尔元件的磁力线密度发生变化，因而引起霍尔电压的变化，霍尔元件将输出一个毫伏(mV)级的准正弦波电压，然后再由电子电路转换成标准的脉冲电压。图 3-4-47 所示为霍尔式车轮转速传感器电子线路框图，由霍尔元件输出的毫伏级准正弦波电压，经运算放大器放大为伏级的电压信号后送至施密特触发器，施密特触发器将正弦波信号转换成标准的脉冲信号后再送至输出级放大后输出。

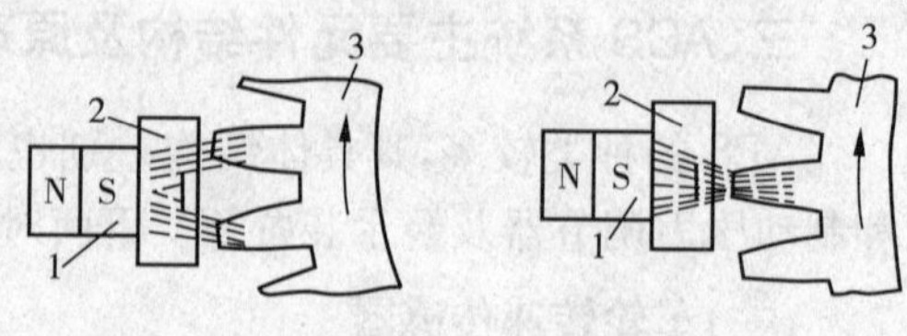

图 3-4-46 霍尔式车轮转速传感器示意图

1-永磁体；2-霍尔元件；3-齿圈

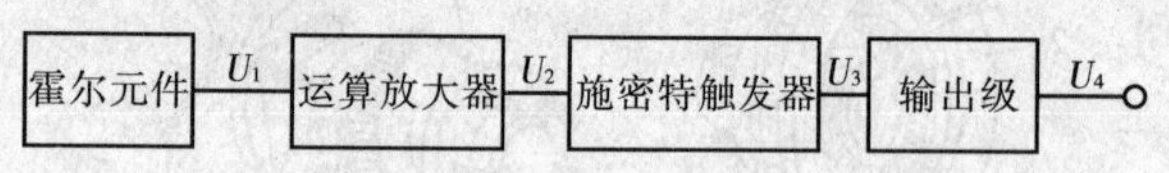

图 3-4-47 霍尔式车轮转速传感器电子线路框图

霍尔式车轮转速传感器具有以下优点：一是输出信号电压幅值不受转速的影响，在 12 V 的汽车电源电压条件下，其输出信号电压保持在 11.5 ～12 V 不变，即使车速下降到接近于零也不变；二是频率响应高，其响应频率高达 20 kHz，用于防滑控制系统时，相当于车速为 1 km/h 时所检测的信号频率；三是抗电磁波干扰能力强，由于其输出信号电压不随转速的变化而变化，且幅值高，故具有很强的抗电磁波干扰的能力。

(二)ABS ECU

ABS ECU 是 ABS 系统的控制中枢，其功用是接受车轮转速传感器及其他传感器或开关输入的信号，对这些输入信号进行测量、比较、分析、放大和判别处理，通过精确计算，得出制动时车轮的滑移率、车轮的加速度和减速度，以判断车轮是否有抱死趋势，再向其输出级发出控制指令，控制制动压力调节器去执行制动压力调节任务。目前各种 ABS ECU 的内部电路及控制程序并不相同，但大致都由图 3-4-48 所示的几个基本电路组成。

(1)输入级电路。输入级电路的功用是将车轮转速传感器输入的正弦交流信号转换成脉冲方波信号，经整形放大后输入运算电路。输入级电路主要由低通滤波器和用以抑制干扰并放大转速信号的输入放大器组成。输入电路还接收点火开关、制动开关、液位开关等外部信号。输入电路除传送车轮转速传感器监测信号外，还接收电磁阀继电器、泵电动机继电器等工作电路的监测信号，并将这些信号经处理后送入运算电路。

(2)运算电路。运算电路的功用主要是进行车轮线速度、初始速度、滑移率、加速度及减速度等的运算，以及调节器电磁阀控制参数的运算和监控运算。经转换放大后的车轮转速传感器信号输入车轮线速度运算电路，由电路计算出车轮的瞬时速度。初始速度、滑移率及加减速度由运算电路根据车轮瞬时线速度加以积分，计算出初始速度，再把初始速度和车轮瞬时线速度进行比较运算，最后得到滑移率及加减速度。电磁阀控制参数运算电路根据计算出的滑移率、加减速度信号，计算出电磁阀控制参数。ABS ECU 中一般都设有两套运算电路，同时进行运算和传递数据，利用各自的运算结果相比较，相互监视，确保可靠性。

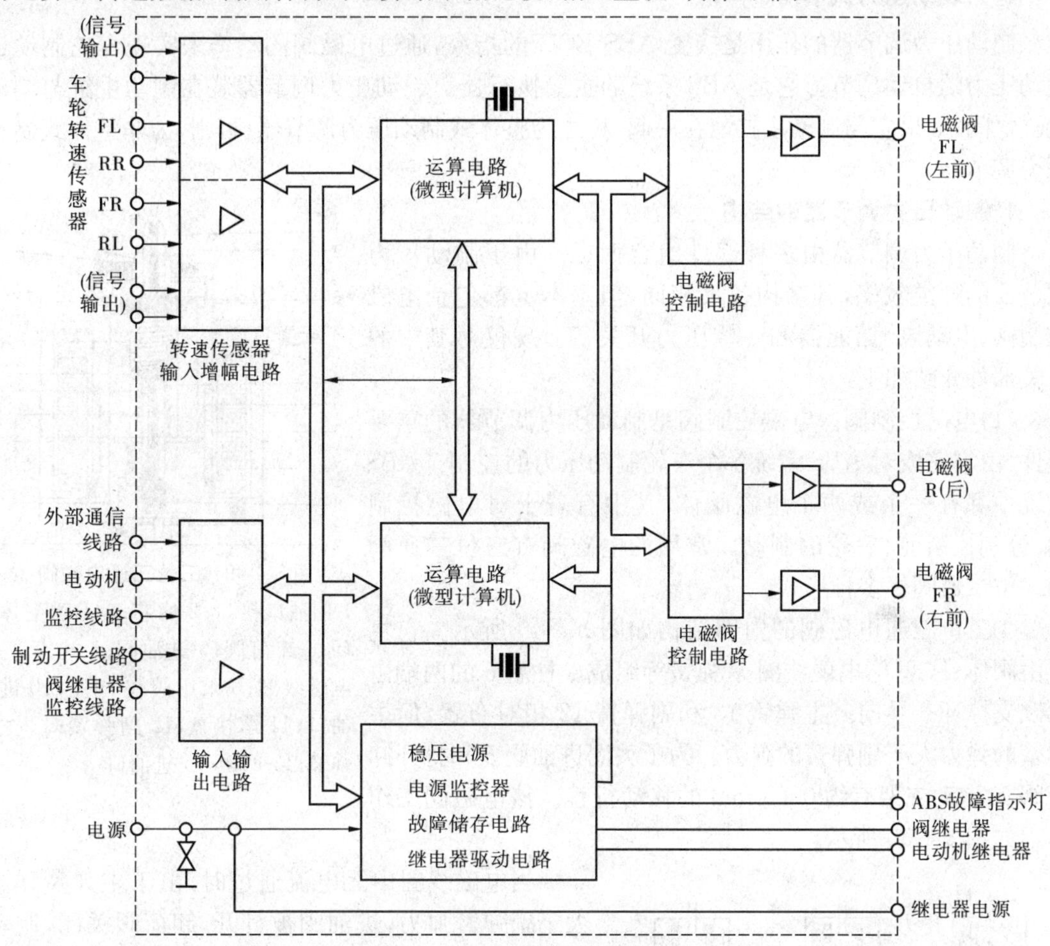

图 3-4-48　ABS ECU 内部电路示意图

(3)输出级电路。输出级电路的主要功用是将运算电路输出的数字控制信号，转换成模拟控制信号，通过控制功率放大器，驱动执行器(图 3-4-48 中电磁阀)工作，以实现制动压力的增大、保持或减小的调节功能。

(4)安全保护电路。安全保护电路由电源监控、故障记忆、继电器驱动和 ABS 故障指示灯驱动等电路组成。其主要作用是：该电路接收蓄电池(或发电机)的电压信号，对电源电压是否在稳定范围内进行监控，同时将蓄电池和发电机的 12 V 或 14 V 电源电压，变成 ECU 内部需要的稳定的 5 V 电压。由于微处理器具有监测功能，该电路能根据微处理器输出的指令，对有关继电器电路、ABS 故障指示灯电路进行控制。当发现影响 ABS 系统正常工作的故障时，如电源电压过低、车轮转速传感器信号不正常、运算电路、电磁阀控制电路等有故障时，能根据微处理器的指令，切断有关继电器的电源电路，使 ABS 停止工作，恢复常规制动功能，起到失效保护作用。同时，将仪表板上的 ABS 故障指示灯点亮，提醒驾驶人 ABS 系统已出现故障，应进行检修。当微处理器监测到 ABS 系统出现故障时，除上述动作外，当代 ABS 一般都具有故障记忆功能，能将故障信息存储在存储器内，以便在进行自诊断时，将存储的故障信息调出，供维修时使用。

(三)制动压力调节器

制动压力调节器的作用是接受 ABS ECU 的指令，通过电磁阀的动作来实现车轮制动器制动压力的自动调节。它是 ABS 系统的主要执行器。制动压力调节器装在制动主缸与制动轮缸之间，如果它与制动主缸装在一起，称之为整体式制动压力调节器；否则，为非整体式制动压力调节器。

1.制动压力调节器的结构

制动压力调节器由多种部件组合而成。由于制动压力调节器的种类较多，其结构各不相同，但基本上都包括电磁控制阀、电动泵、储能器和一些压力开关等。现仅对其中的有关部件介绍如下：

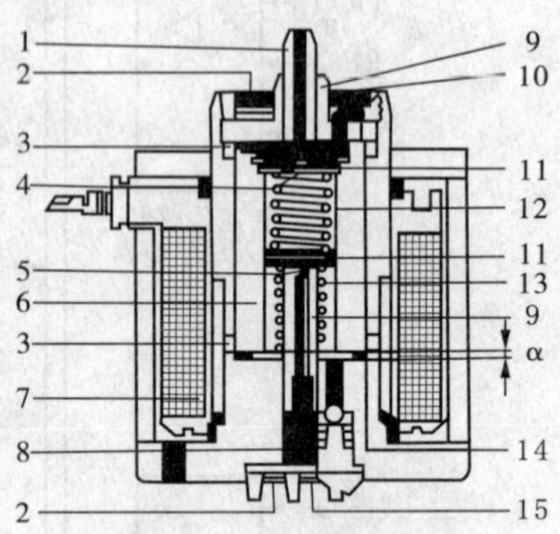

图 3-4-49 三位三通电磁阀

1-回油口接口；2-滤芯；3-无磁支撑环；4-卸荷阀；5-进油阀；6-柱塞；7-电磁线圈；8-限压阀；9-阀座；10-进油口；11-承接盘；12-副弹簧；13-主弹簧；14-凹槽；15-进油口

(1)电磁控制阀。电磁控制阀是制动压力调节器的重要部件，由它完成对 ABS 系统各个车轮制动压力的控制。ABS 系统中都有一个或两个电磁阀体，其中有若干对电磁控制阀，分别控制前、后轮的制动。常用的电磁阀有三位三通阀和二位二通阀等多种形式。

①三位三通电磁阀的内部结构如图 3-4-49 所示。它主要由阀体、柱塞 6、电磁线圈 7、弹簧等组成。柱塞 6 的两端由无磁支撑环 3 导向。主弹簧 13 和副弹簧 12 相对布置，但主弹簧的弹力大于副弹簧的弹力。为了关闭进油阀 5 和打开卸荷阀 4，滑动支架有约 0.25 mm 的移动行程。该电磁阀工作过程如图 3-4-50 所示。

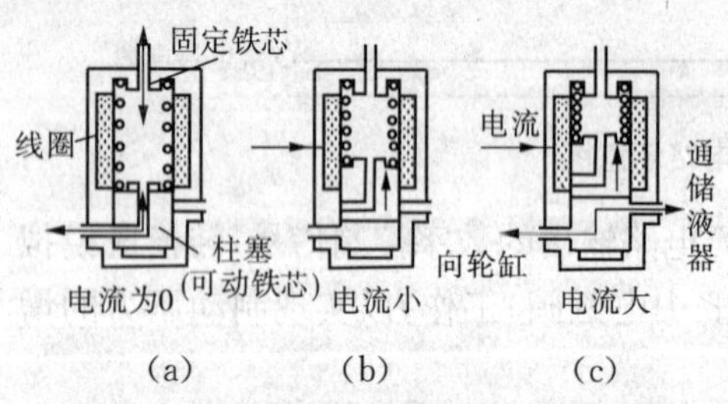

图 3-4-50 三位三通电磁阀的工作原理

(a)电流为 0；(b)电流小；(c)电流大

当电磁线圈中无电流通过时，由于主弹簧弹力大于副弹簧弹力，进油阀被打开，卸荷阀关闭，制动主缸与制动轮缸油路接通，所以制动轮缸压力既能在没有 ABS 参与的常规制动条件下增加，也能在 ABS 系统工作的条件下增加。当向电磁线圈输入 1/2 最大电流时(保持电流)，电磁力使柱塞向上移动一定距离将进油阀关闭。由于此时电磁力不足以克服两个弹簧的弹力，柱塞便保持在中间位置，卸荷阀仍处于关闭状态。此时，三孔间相互密封，制动轮缸压力保持一定值。当 ABS ECU 向电磁线圈输入最大工作电流时，电磁力足以克服主、副两弹簧的弹力使柱塞继续上移，将卸荷阀打开，此时制动轮缸通过卸荷阀与储液器相通，制动轮缸中制动液流入回油管路，压力降低。

图 3-4-51 是用符号表示的三位三通电磁阀示意图，图中上段表示电流为零；中段电流小；下段电流大。由于这种电磁阀有三种不同的供电状态，可以控制三条油路的通断，因此称之为“三位三通”电磁阀。

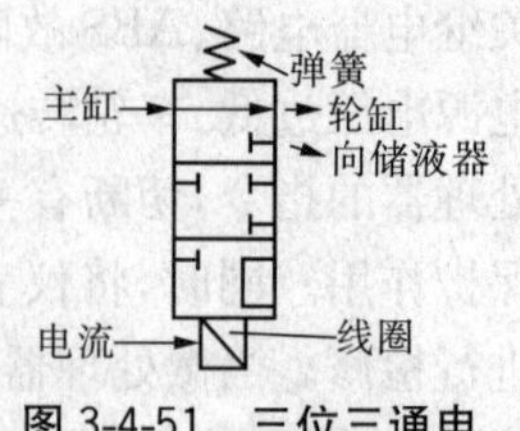

图 3-4-51 三位三通电磁阀示意图

②二位二通电磁阀有两种供电状态(通电或不通电)，控制两条油路的通断。若在未通电时，电磁阀控制的油路接通，这种电磁阀称

为常开式二位二通电磁阀；若在未通电时，电磁阀控制的油路关闭，这种电磁阀称为常闭式二位二通电磁阀。图 3-4-52 所示为一种常开式二位二通电磁阀的内部结构。当电磁线圈 3 中无电流通过时，在复位弹簧 7 的作用下，铁芯 12 被推至限位杆 9 与缓冲垫圈 11 相抵触的位置。此时，与铁芯连在一起的顶杆 10 没有将球阀 6 顶靠在阀座 5 上，电磁阀的进油口 A 和出油口 B 相通，电磁阀处于开启状态。当电磁线圈中有一定的电流通过时，铁芯在电磁吸力的作用下，克服弹簧力的作用，带动顶杆一起右移，顶杆将球阀顶靠在阀座上，电磁阀进油口与出油口之间的通道被封闭，电磁阀处于关闭状态。限压阀 4 的作用在于限制电磁阀的最高压力，以免压力过高导致电磁阀损坏。

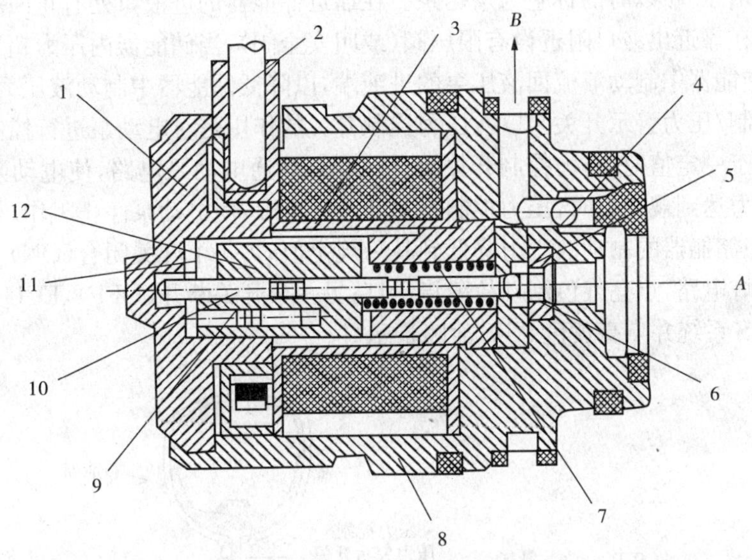

图 3-4-52 常开式二位二通电磁阀

1-阀盖；2-导线；3-电磁线圈；4-限压阀；5-阀座；6-球阀；7-复位弹簧；8-阀体；9-限位杆；10-顶杆；11-缓冲垫圈；12-铁芯 A-进油口；B-出油口

(2)储能器与电动泵。储能器有两种，根据其压力范围不同，可分为低压储能器和高压储能器，它们分别配置在不同形式的制动压力调节器中。

①低压储能器与电动泵。低压储能器一般称为储液器，主要用来接纳 ABS 减压过程中从制动轮缸流回的制动液，同时还对回流制动液的压力波动具有一定的衰减作用。储液器内有一活塞和弹簧(图 3-4-53)，当制动液从制动轮缸流入储液器时，具有一定压力的制动液就会压缩弹簧并推动活塞下移，储液器容积变大，可以暂时储存制动液，然后由电动泵将制动液泵入制动主缸。电动泵一般由直流电动机与柱塞泵组成。在 ABS 工作时，根据 ECU 输出的控制信号，直流电动机带动凸轮转动。凸轮转动时，驱动柱塞在泵内上下运动。柱塞上升时，储液器与制动轮缸内具有一定压力的制动液，通过柱塞泵的进液孔推开进液阀流入泵腔内；柱塞下行时，首先封闭进油阀，继而使泵腔内制动液压力升高，然后推开出液阀，使制动液压入制动主缸。由于该电动泵的主要作用是将制动液泵回制动主缸，所以有的叫它为回油泵。

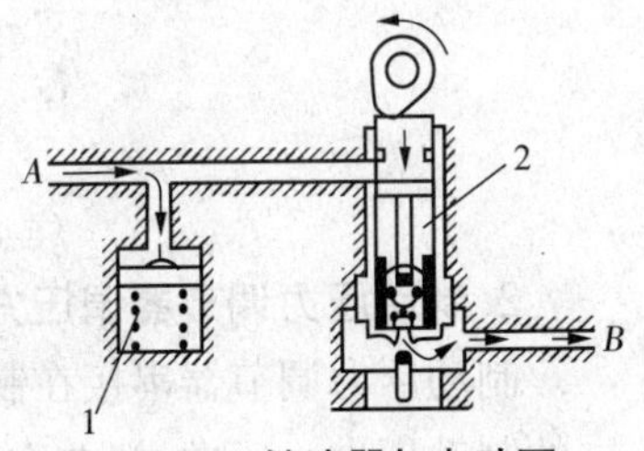

图 3-4-53 储液器与电动泵

1-储液器；2-电动机

②高压储能器与电动泵。高压储能器一般常称储能器，有的叫蓄压器，用于储存制动中或ABS工作时所需的高压制动液，它是制动系统的能源。高压储能器多采用黑色气囊状，其结构如图 3-4-54a 所示。储能器内部有一个膜片，将储能器分成上下两个腔室。上腔为气室，充满氮气并具有一定压力(8 MPa 左右)。下腔为油室，与电动泵油道相通，用来充填来自电动泵泵入的制动液。储能器下腔的制动液始终保持 14～18 MPa的压力。若储能器中的压力低于 14 MPa 时，电动泵工作，向其下腔泵入制动液，使隔膜上移，储能器上端的氮气被压缩后产生压力；当储能器中的压力达到 18 MPa 时，电动泵不工作，停止向储能器泵油。与储能器相配合的电动泵由直流电动机和回转球阀活塞式液压泵组成。如图 3-4-54b 所示。由于该电动泵的主要作用是增压，所以有的称它为增压泵。在靠近储能器的进液口处有止回阀，使制动液只能进不能出。在靠近出液口附近设有限压阀(或叫安全阀)，当储能器内压力超过规定值时，限压阀打开，使储能器中制动液流回液压泵的进液端，以降低储能器中制动液压力。在储能器下端装有压力控制/压力警示开关，其中：压力控制开关的作用是对电动泵进行控制，当储能器内制动液压力低于一定值时，压力控制开关闭合(ON)，接通电动泵电路，使电动泵工作；当储能器中制动液压力达到规定值时，压力控制开关断开(OFF)，使电动泵停止工作。压力警示开关一般有两个，当储能器的制动液压力降低到其一规定值时，一个开关闭合(ON)，用来接通红色制动故障指示灯电路，点亮红色制动故障指示灯；另一个开关断开(OFF)，ECU 接收到该信号后，则关闭 ABS 系统并点亮黄色 ABS 故障指示灯。

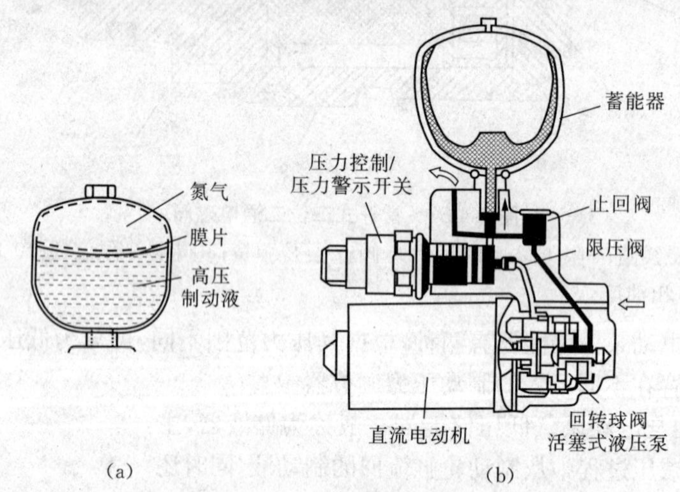

图 3-4-54 储能器与电动泵

(a)储能器内部结构；(b)储能器与电动泵的结构

2. 制动压力调节器调压方式

制动压力调节器串接在制动主缸与制动轮缸之间，通过电磁阀直接或间接地控制制动轮缸的制动压力。通常，把电磁阀直接控制制动轮缸制动压力的调节器称作循环式制动压力调节器，把间接控制制动轮缸制动压力的调节器称作可变容积式制动压力调节器。下面介绍其调压原理。

(1)循环式制动压力调节器的调压原理。循环式制动压力调节器是在制动主缸与制动轮缸之间串联一个或两个电磁阀，以直接控制制动轮缸的制动压力。这种制动压力调节系统的特点是制动压力油路和控制压力油路相通，如图 3-4-55 所示，图中的储能器的功用是在“减压”过程中将从制动轮缸流经电磁阀的制动液暂时储存起来，属于低压储能器，也称储液器。该系统的工作原理如下：

①常规制动状态。在常规制动过程中，ABS 系统不工作，电磁线圈中无电流通过，电磁阀处于“升压”位置。此时制动主缸与制动轮缸相通(图 3-4-56)。由制动主缸来的制动液直接进入制动轮缸，制动轮缸压力随制动主缸压力而增减，此时回油泵也不需要工作。

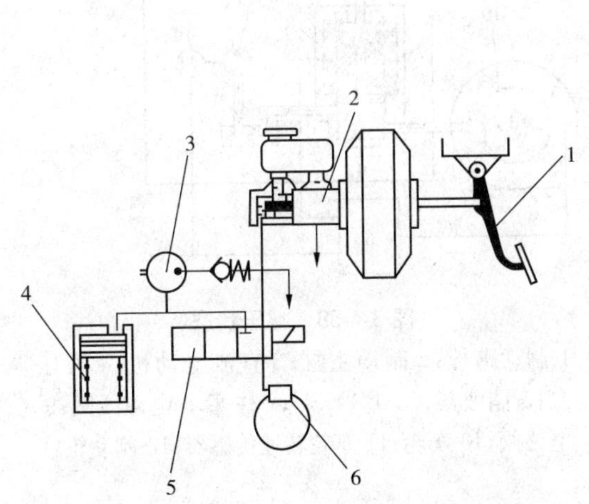

图 3-4-55　循环式制动液压调节器示意图

1-制动踏板机构；2-制动主缸；3-电动泵；4-储液器；5-电磁阀；6-制动轮缸

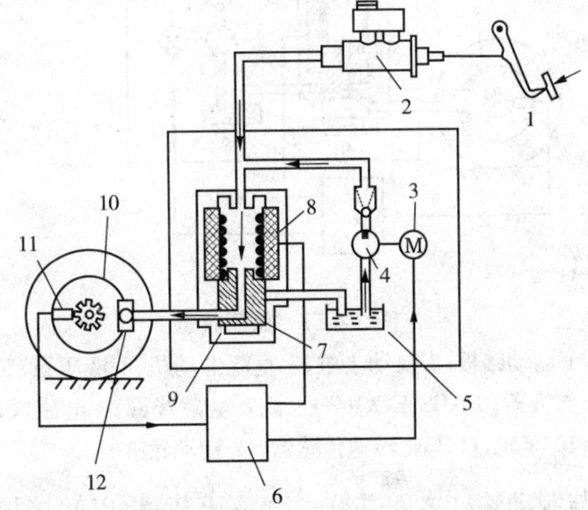

图 3-4-56　常规制动(增压)状态

1-制动踏板；2-制动主缸；3-直流电动机；4-液压泵；5-储液器；6-ABS ECU；7-柱塞；8-电磁线圈；9-电磁阀；10-车轮；11-车轮转速传感器；12-制动轮缸

②保压状态。当 ABS ECU 发现车轮具有抱死趋势时，ABS ECU 向电磁线圈输入一个较小的保持电流(约为最大电流的 1/2)，电磁阀处于“保压”位置，如图 3-4-57 所示。此时，制动主缸、制动轮缸和储液器相互隔绝，制动轮缸中的制动压力保持一定。

③减压状态。如果在 ABS ECU“保压”命令发出后，车轮仍有抱死的倾向，ABS ECU 即向电磁线圈输入一个最大电流，柱塞移至上端，使电磁阀处于“减压”位置。此时电磁阀将制动轮缸与储液器接通，制动轮缸中的制动液经电磁阀流入储液器，制动轮缸压力下降，如图 3-4-58 所示。与此同时，ABS ECU 驱动直流电动机启动，带动液压泵工作，把流回储液器的制动液加压后输送到制动主缸，为下一个制动周期做好准备，因此，这种电动泵称为回油泵，也叫再循环泵，其作用是将“减压”过程中从制动轮缸流进储液器的制动液泵回制动主缸，防止 ABS 工作时制动踏板行程发生变化，以使制动系统能够正常工作。

④增压状态。当压力下降后车轮转速太快时，ABS ECU 便切断通往电磁阀的电流，制动主缸和制动轮缸再次相通，制动主缸中的高压制动液再次进入制动轮缸，使制动力增加，如图 3-4-56 所示。

制动时，上述“增压—保压—减压”的调压过程反复循环进行，直到解除制动为止。在制动压力调节的过程中，油液在制动轮缸→储液器→制动主缸→制动轮缸之间不断循环流动，故此称之为“循环式”制动压力调节器。图 3-4-42 中所示的 ABS 系统采用的也是循环式制动压力调节器，只是采用的电磁阀是两个二位二通电磁阀。此种制动压力调节方式在 ABS 系统中采用的较多，如目前占主流的博世 ABS 系统，以及坦威斯 ABS 系统等，都是采用这种方式。

(2)可变容积式制动压力调节器的调压原理。可变容积式制动压力调节器是在制动主缸

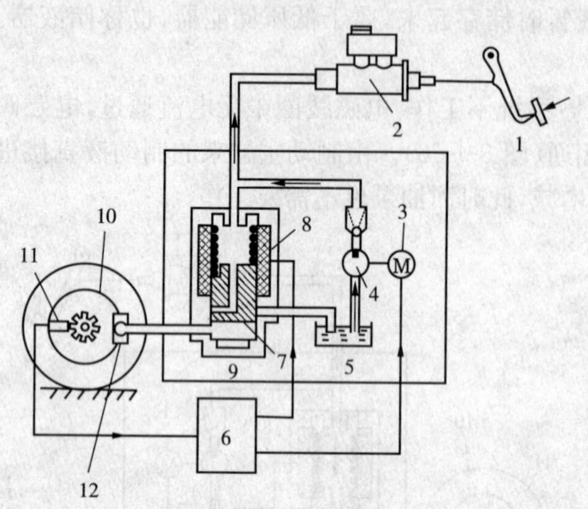

图 3-4-57 保压状态

1-制动踏板;2-制动主缸;3-直流电动机;4-液压泵;5-储液器;6-ABS ECU;7-柱塞;8-电磁线圈;9-电磁阀;10-车轮;11-车轮转速传感器;12-制动轮缸

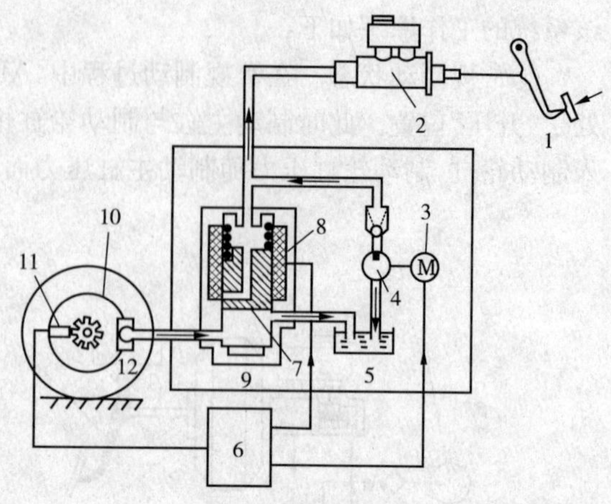

图 3-4-58 减压状态

1-制动踏板;2-制动主缸;3-直流电动机;4-液压泵;5-储液器;6-ABS ECU;7-柱塞;8-电磁线圈;9-电磁阀;10-车轮;11-车轮转速传感器;12-制动轮缸

与制动轮缸之间并联一套液压装置,以间接控制制动轮缸的制动压力。这种制动压力调节系统的特点是制动压力油路和控制压力油路相互隔绝而不相通。图 3-4-59 所示是可变容积式制动压力调节器的基本原理图。它主要由电磁阀、电动泵、储能器、控制活塞和储液室等组成。其基本工作原理如下:

①常规制动状态。常规制动时,电磁线圈 6 中无电流通过,电磁阀 7 将控制活塞 14 的工作腔与回油管路接通,控制活塞在强力弹簧的作用下被推至最左端,活塞顶端推杆将止回阀门打开,使制动主缸 2 与制动轮缸 10 的制动管路接通,制动主缸的制动液直接进入制动轮缸,制动轮缸压力随制动主缸压力而变化(图 3-4-59)。

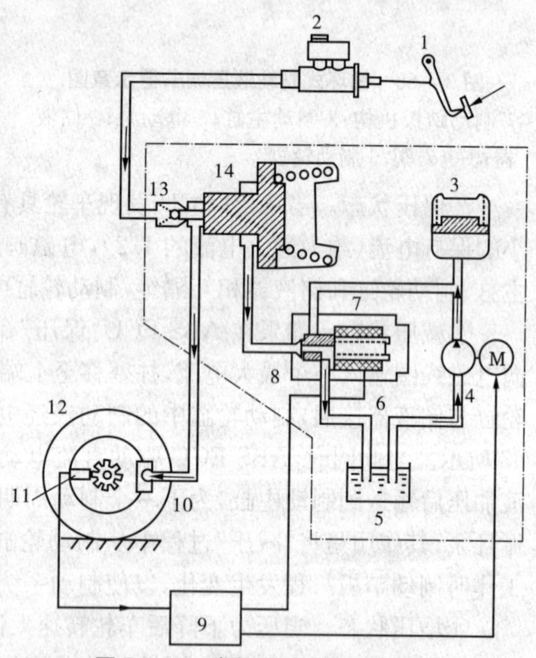

图 3-4-59 常规制动(增压)状态

1-制动踏板;2-制动主缸;3-储能器;4-电动泵;5-储液室;6-电磁线圈;7-电磁阀;8-柱塞;9-ABS ECU;10-制动轮缸;11-车轮转速传感器;12-车轮;13-止回阀;14-控制活塞

②减压状态。当 ABS ECU 向电磁线圈 6 输入一大电流时,电磁阀内的柱塞 8 在电磁力作用下克服弹簧弹力移到右边,将储能器 3 与控制活塞 14 的工作腔管路接通,制动液进入控制活塞工作腔推动活塞右移,止回阀 13 关闭,制动主缸 2 与制动轮缸 10 之间的通路被切断。同时,由于控制活塞的右移使制动轮缸侧容积增大,制动压力减小,如图 3-4-60 所示。

③保压状态。当 ABS ECU 向电磁线圈 6 输入一小电流时,由于电磁线圈的电磁力减小,

柱塞 8 在弹力作用下左移至将储能器、回油管及控制活塞工作腔管路相互关闭的位置。此时，控制活塞左侧的油压保持一定，控制活塞在油压和强力弹簧的共同作用下保持在一定的位置，而此时止回阀 13 仍处于关闭状态，制动轮缸侧的容积也不发生变化，制动压力保持一定，如图 3-4-61 所示。

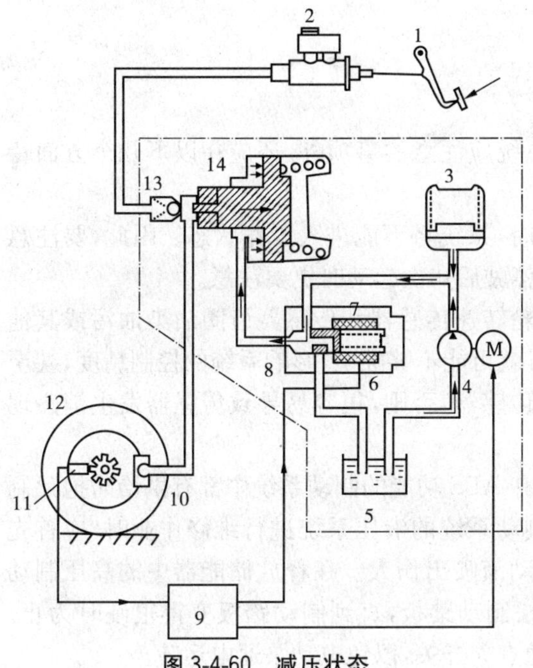

图 3-4-60　减压状态

1-制动踏板；2-制动主缸；3-储能器；4-电动泵；5-储液室；6-电磁线圈；7-电磁阀；8-柱塞；9-ABS ECU；10-制动轮缸；11-车轮转速传感器；12-车轮；13 止回阀，14 控制活塞

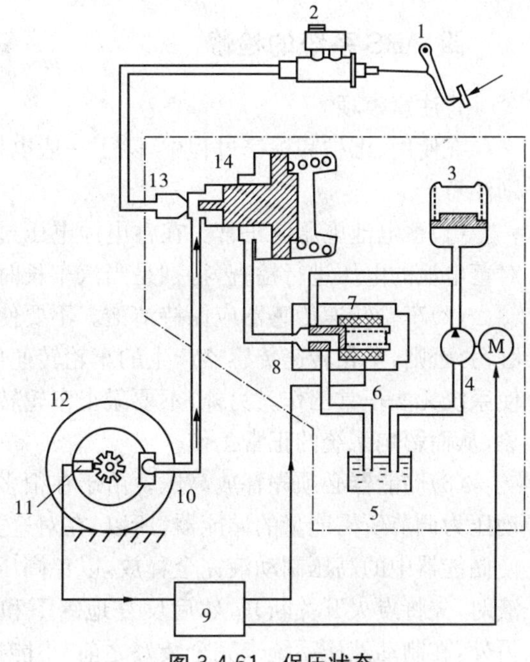

图 3-4-61　保压状态

1-制动踏板；2-制动主缸；3-储能器；4-电动泵；5-储液室；6-电磁线圈；7-电磁阀；8-柱塞；9-ABS ECU；10-制动轮缸；11-车轮转速传感器；12-车轮；13-止回阀；14-控制活塞

④增压状态。需要增压时，ABS ECU 切断电磁线圈 6 中的电流，柱塞 8 回到左端的初始位置，使控制活塞工作腔与回油管路接通，控制活塞左侧控制油压解除，控制活塞被强力弹簧推动左移，制动轮缸侧的容积减小，制动压力增加。当左移至最左端时，止回阀 13 被打开，制动轮缸压力将随制动主缸的压力增大而增大，如图 3-4-59 所示。

制动时，上述调压过程反复循环进行，直到解除制动为止。在此过程中，油压的变化是通过改变制动轮缸油液容积来实现的，故此称之为“可变容积式”制动压力调节器。此种制动压力调节方式主要在德尔科 ABS、本迪克斯 ABS 等系统中采用。

(四)ABS 故障指示灯

ABS 系统带有两个故障指示灯，一个是红色制动故障指示灯，另一个是琥珀色(或黄色)ABS 故障指示灯。两个故障指示灯正常闪亮的情况如下：当接通点火开关时，红色制动故障指示灯与琥珀色 ABS 故障指示灯几乎同时亮，制动故障指示灯亮的时间较短，ABS 故障指示灯会亮的长一些(约 3 s)；起动发动机后，蓄压器要建立系统压力，此时两故障指示灯会再亮一次，时间可达十几秒甚至几十秒钟。红色制动故障指示灯在停车驻车制动时也应点亮。如果在上述情况下灯不亮，就说明故障指示灯本身或线路有故障。

红色制动故障指示灯常亮，说明制动液不足或储能器中的压力下降（低于 14 MPa），此时普通制动系统与 ABS 系统均不能正常工作，要检查故障原因，及时排除故障。

琥珀色 ABS 故障指示灯常亮，说明 ABS ECU 发现 ABS 系统有故障，此时 ABS 不能正常工作，要及时检修。

四、ABS 系统的检修

1. 注意事项

在使用、维护和检修过程中，除了一般电控系统应注意的事项外，还应在以下几个方面特别注意：

（1）蓄电池电压应正常。在蓄电池电压过低时，系统将不能进入工作状态。因此，要注意对蓄电池的电压进行检查，特别是当汽车长时间停驶后初次起动时更要注意。

（2）车轮转速传感器应保持清洁。不要使车轮转速传感器和传感器齿圈沾染油污或其他脏污，否则，车轮转速传感器产生的车轮转速信号就可能不够准确，影响系统的控制精度，甚至使系统无法正常工作。另外，不要敲击车轮转速传感器，否则，很容易导致传感器发生消磁现象，从而影响系统的正常工作。

（3）储能器必须先释放高压。由于在很多具有 ABS 功能的制动系统中都有供给防抱死制动压力调节所需能量的储能器，所以，在对这类制动系统的液压系统进行维修作业时，应首先使储能器中的高压制动液完全释放，以免高压制动液喷出伤人。在释放储能器中的高压制动液时，先将点火开关断开，然后反复地踩下和放松制动踏板，直到制动踏板变得很硬时为止。另外，在制动液压系统未完全装好之前，不能接通点火开关，以免电动泵通电运转。

（4）维修完毕后，进行正确排气。在对制动液压系统进行过维修以后，或者在使用过程中发觉制动踏板变软时，应按照维修手册要求的方法和顺序对制动系统进行空气排除。

（5）正确使用制动液。制动液应按厂家推荐进行选用，ABS 系统一般推荐使用 DOT3 乙二醇型制动液（有的要求使用 DOT4 型制动液），注意不能选用 DOT5 硅酮型制动液，它对 ABS 系统有严重损害。DOT3 或 DOT4 制动液吸湿性很强，使用一年后其中含水量会增至 3%。含水分的制动液不仅使沸点降低，制动系统内部产生腐蚀，而且使制动效果明显下降，影响 ABS 的正常工作，因此制动液应及时更换。更换时，注意不要混用不同品牌或不同型号的制动液。

2. ABS 系统主要元件的检修

（1）车轮转速传感器。对于电磁式车轮转速传感器，可以用万用表测量其阻值来简单判断其好坏。正常阻值大约在 1 kΩ 左右。而对于霍尔式车轮转速传感器，则只能通过对其性能进行检测来判断好坏。通常，可以使用专用故障检测仪来测试车轮转速传感器的工作。车辆行驶时，专用故障检测仪所读出的各个车轮的转速值应大小相等。另外，也可以使用示波器来察看车轮转速传感器的输出波形。

（2）制动压力调节器。制动压力调节器中容易损坏的器件是电磁阀和电动泵。电磁阀可以直接测量其阻值来进行简单判断，其阻值约为 30 ～40 Ω。同时，也可以通过给电磁阀通电来进行性能测试。电动泵可以测量其阻值，也可以通电看其运转情况。

（3）ABS ECU。一般不容易出现故障。只有在排除了其他所有元件及线路的故障之后，方能怀疑 ECU 故障。

3. ABS 系统故障诊断

ABS 系统一般不会出现故障。ABS 系统的故障大都是由于系统内的导线连接器松动或接触不良、导线断路或短路、电磁阀电磁线圈断路或短路、电动泵电路断路或短路、车轮转速传感器电磁线圈断路或短路、继电器内部发生断路或短路，以及制动开关、液位开关和压力开关等不能正常工作引起的。另外，蓄电池电压过低、车轮转速传感器与齿圈之间的间隙过大或受到泥污沾染、储液室液位过低等也会影响系统的正常工作。

当 ABS 系统的故障指示灯(包括 ABS 故障指示灯和制动警告灯)持续点亮时，或感觉 ABS 系统工作不正常时，应及时对系统进行故障诊断和排除。在故障诊断和排除时，应该按照一定的步骤进行，才能取得良好的效果。故障诊断与排除的一般步骤如下：

(1)确认故障情况和故障症状；

(2)对系统进行直观检查，检查是否有制动液渗漏、导线破损、导线连接器松脱、制动液液位过低等现象；

(3)读取故障代码；

(4)根据读取的故障代码情况，利用必要的工具和仪器对故障进行深入检查，确诊故障部位和故障原因；

(5)排除故障；

(6)清除故障代码；

(7)检查故障指示灯是否仍然持续点亮，如果故障指示灯仍然持续点亮，可能是系统中仍有故障存在，也有可能是故障已经排除，而故障代码未被清除；

(8)故障指示灯不再持续点亮后，进行路试，确诊系统是否恢复正常工作。

在故障诊断和维修过程，应该注意到：不仅不同型号的汽车所装备的 ABS 系统可能不同，即使是同一型号的汽车，由于生产年份不同其装备的 ABS 系统也可能不同。

第三节 电子制动系统的结构原理

一、电子制动系统简介

将具有 ABS、EBD、ASR 或 TCS、ESP 所有功能的制动系统称为电子制动系统。

1. EBD

EBD 是 Electric Brake force Distribution 的缩写，中文即“电子制动力分配”。汽车在制动的过程中，除了应达到最大制动力之外，汽车制动的稳定性也非常重要。在制动时，若车轮出现抱死，将出现制动跑偏、侧滑甚至甩尾现象。对于装配普通制动系统的汽车而言，紧急制动时出现车轮抱死滑移是不可避免的。理论与实践证明，在平直道路上，汽车制动过程中若前轮先抱死滑移，汽车能够维持直线减速停车，汽车处丁稳定状态，但如果后轮比前轮提前抱死，即使是提前瞬间，汽车在横向干扰力作用下也将发生甩尾或回转，制动时车速越高，这种现象越严重。所以，后轮先抱死极易导致车辆失去制动稳定性。为防止汽车制动时后轮先抱死的事情发生，汽车上装配了 EBD 系统。EBD 可依据车辆的质量和路面条件来控制制动过程，自动以前轮为基准去比较后轮的滑移率，如发现前后轮有差异，而且差异程度必须被调整时，它就会调整汽车制动液压系统，使前后轮的液压接近理想化制动力的分布。因此，汽车制动时，在ABS启动之前，EBD已经对前后轮制动力之比进行了调节，以防止出现后轮先抱死的趋势，从而改善了制动力的平衡并缩短了制动距离。EBD实际上是ABS的辅助功能，它是在ABS系统的基础上开发出来的，有些车上也称为“ABS＋EBD”技术。EBD包括车轮转速传感器、ECU和制动压力调节器等部件，所有这些硬件都是和ABS共用的，仅仅是在ABS ECU的控制算法上进行了改进。车辆制动时，ECU从车轮转速传感器获得车轮转速信号，经计算、比较、处理后，当发现前后轮滑移率差值达到界限值，而滑移率又未达到ABS开始工作的临界点时，此时EBD将开始工作，对后轮制动轮缸油压进行调节。EBD的工作过程和ABS一样，被控制的后轮制动轮缸液压会经历保压－减压－增压的循环过程，直至前后轮滑移率差值减小至规定范围或制动解除为止。

2. ASR

ASR是Acceleration Slip Regulation的英文缩写，中文即“加速驱动防滑控制系统”。ASR是当今最新一代的驱动防滑控制系统，顾名思义，就是防止驱动轮加速打滑的控制系统，其目的就是要防止车辆尤其是大功率的汽车在起步、加速时驱动轮打滑的现象，以维持车辆行驶方向的稳定性，保持好的操控性及最适当的驱动力，保证行车安全。该系统通过发动机管理系统和ABS系统的共同作用，而使驱动轮的牵引力更为合理。当汽车在不良路面，特别是在光滑（冰雪和泥泞）路面上加速起步时，或在光滑路面上紧急收油时，往往会造成驱动车轮的打滑，而造成汽车起步不均匀或汽车行驶时的侧滑及转向失控等情况，ASR驱动防滑系统则通过ABS系统的车轮转速传感器判断驱动轮是否发生打滑，如果发生打滑的情况，ASR驱动防滑系统将通过发动机管理系统首先调整喷油量和点火特性，降低发动机转矩输出，同时通过ABS系统的执行元件对打滑车轮进行制动，将驱动轮的牵引力控制在最佳区域，从而提高了汽车在光滑路面上加速时的方向稳定性和行驶稳定性，避免轮胎的不均匀磨损，以及提高汽车的舒适性。此外，ASR还可以防止车辆在滑溜路面高速转弯时，汽车后部出现侧滑现象。总之，ASR可以最大限度地利用发动机的驱动力矩，保证车辆起步、转向和加速过程中的稳定性能。此外，还能减小车轮磨损和燃油消耗。

3. TCS

TCS是Traction Control System的缩写，中文即“牵引力控制系统”。TCS是在ABS基础上发展起来的新系统。ABS控制4个车轮，而TCS只控制驱动轮，其制动原理与ASR系统如出一辙。当汽车加速时，TCS将滑动控制在一定的范围内，从而防止驱动轮快速滑动。其功能在于提高牵引力和保持车辆行驶稳定性。没有配备TCS的汽车在易滑路面加速时，驱动轮极易打滑。其中，后轮驱动车辆将可能甩尾，前轮驱动车辆则容易方向失控，导致车辆向一侧偏移。配备TCS后，汽车在加速时，便能减轻驱动轮打滑程度，保证车辆转向清晰。当车辆行进时，TCS会利用ABS系统传感器监测车轮的驱动是否打滑，当出现打滑时，表明发动机输出的驱动力超过轮胎与路面的摩擦力，于是TCS系统便马上通过发动机电控单元减少喷油甚至断油或将点火延迟来调整、降低发动机的输出功率，使轮胎恢复抓地力。如果打滑程度超出了控制范围，TCS还会通过调整变速器的变速比和ABS制动来改变打滑车轮的驱动力，以确保车轮附着良好和车辆的正常行驶。

4. ESP

ESP是Electronic Stability Program的缩写，中文即“电子稳定程序”。ESP控制系统是汽车加速、制动或转向时，如果驾驶人对路面情况改变的反应不及时或操作不准确而产生侧滑，将造成汽车失控，导致交通事故。汽车行驶中不断受到横向和纵向的作用力，若横向力(侧向力)超过车轮的侧向抓地力，或汽车制动时“抱死”，以及汽车加速时驱动轮滑转等，将使汽车的方向操纵能力大大降低，甚至失控，从而严重影响行车安全。为了确保汽车行驶的安全性，必须采取一定的控制措施和手段。对于汽车的纵向滑移，目前采用防抱死制动系统(ABS)和驱动防滑系统(ASR或TCS)两种装置进行控制；对于横向滑移，则采用在ABS和ASR系统基础上研制的ESP系统进行控制。通过对汽车纵向和横向滑移的控制，汽车的行驶稳定性和安全性能将大大提高。ESP系统的功能是控制车辆的横摆力矩，把车轮侧偏角限制在一定范围内，以抵消汽车的不稳定运动，如在湿滑路上甩尾时的矫正作用。通常可能导致汽车不稳定运动而发生方向失控的原因有直线行驶时制动力分配不均的制动、在冰雪路面上的加速、高速转弯、急转弯等。因此，ESP系统的控制目的包括保证汽车制动和加速时的方向稳定性与可控性；保证转向时不出现不足转向和过度转向；增强汽车的转向反应和轨迹跟踪性能；缩短制动距离，改善牵引性能。当汽车出现不稳定趋势时，ESP对各车轮实行独立制动，并参与发动机系统管理，保证汽车稳定运行。ESP系统对控制汽车横向滑移、减轻驾驶人的精神紧张及身体疲劳具有重要作用。ESP是当前汽车防滑装置的最高级形式。

二、电子制动系统的结构和工作原理

(一)基本结构

下面以上海别克荣御(ROYAUM)轿车装备的电子制动系统为例，讲解电子制动系统的结构和工作原理。该电子制动系统由电控单元(ECU)、液压调节器总成、车轮转速传感器、转向盘转角传感器、横向偏摆率传感器及ESP控制开关等部件组成，如图3-4-62所示。

1. 电控单元(ECU)

电控单元(ECU)是制动控制系统的控制中心。它与液压调节器集成在一起组成一个总成，其控制原理框图见表3-4-1。

ECU控制原理框图　　表3-4-1

输入信号				控制对象
车轮转速传感器 横向偏摆率传感器 转向盘转角传感器 停车灯开关 点火开关接通输入 蓄电池电压 串行数据通信电路	→	ECU	→	液压调节器 发动机控制单元(ECM) 组合仪表 串行数据通信电路

(1)两个回油泵。在ABS－TCS/ESP减压阶段，两个泵从储能器和制动钳抽取过量的制动液，然后通过液压调节器将制动液返回到制动主缸以减小制动液压力。另外，回油泵还在自动制动差速器(ABD)制动干预阶段向制动钳施加制动液压力。

(2)一个电动机。电动机驱动回油泵。

(3)两个储能器:储能器在 ABS－TCS/ESP 减压阶段储存过量的制动液,从而使液压调节器能够即时减小制动液压力。

(4)四个进液阀。当进液阀处于常态位置时,各进液阀使制动液压力施加到制动钳上。当阀动作时,各进液阀将制动钳与制动主缸隔离开来。

(5)四个出液阀。在常态位置时,各出液阀将制动钳与储能器及回油泵隔离开来。当阀动作时,各出液阀将过量的制动液直接引至储能器和回油泵,从而使压力减小。

(6)两个隔离电磁阀。隔离电磁阀将后制动回路与制动主缸隔离开来,从而防止了制动液在牵引力控制系统工作期间回流至制动主缸。

(7)两个起动电磁阀。用于在牵引力控制系统工作期间使制动液从制动主缸流至液压泵中。

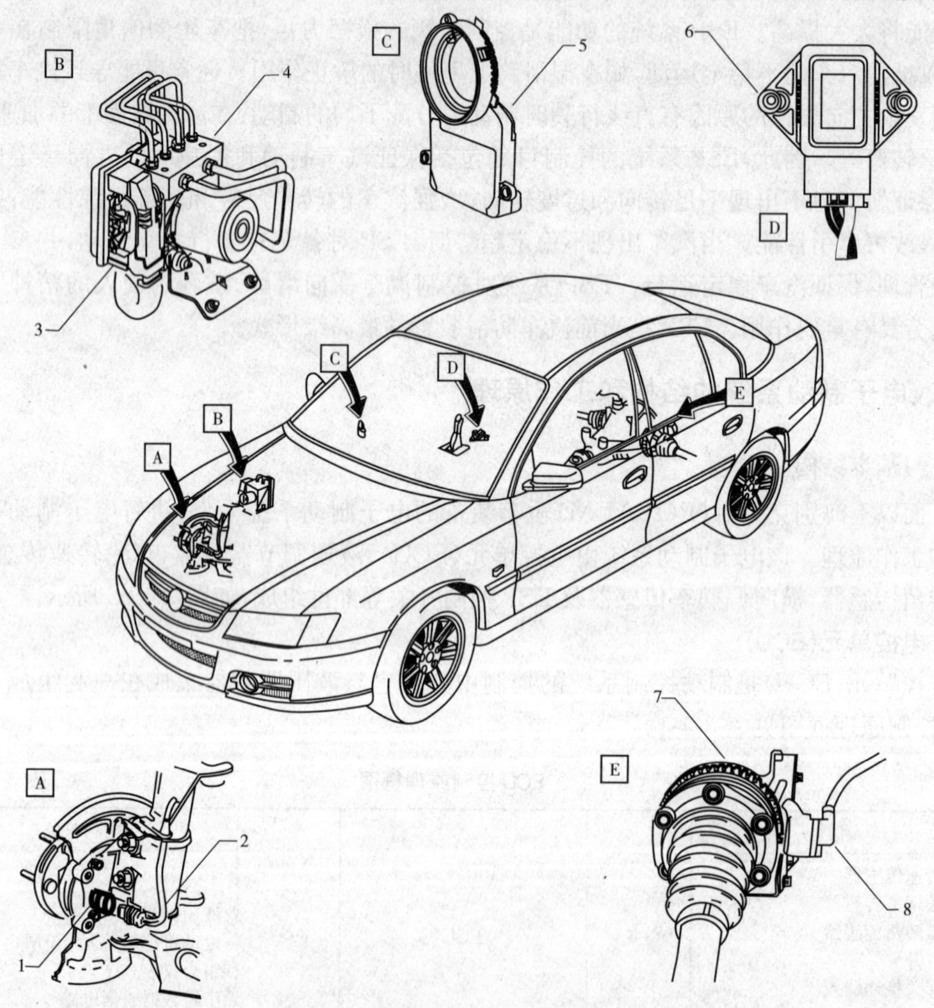

图 3-4-62 上海别克荣御(ROYAUM)轿车电子制动系统的组成

1-前轮转速传感器;2-前轮转速传感器引线;3-电控单元(ECU);4-液压调节器总成;5-转向盘转角传感器;6-横向偏摆率传感器;7-后轮转速传感器脉冲环;8-后轮转速传感器

2. 液压调节器总成

液压调节器总成根据 ECU 发送的控制信号调节制动液压力。为了能独立控制各车轮的制动回路,本系统采用了前/后分离的 4 通道回路结构。液压调节器总成包括以下部件

（图 3-4-63）。

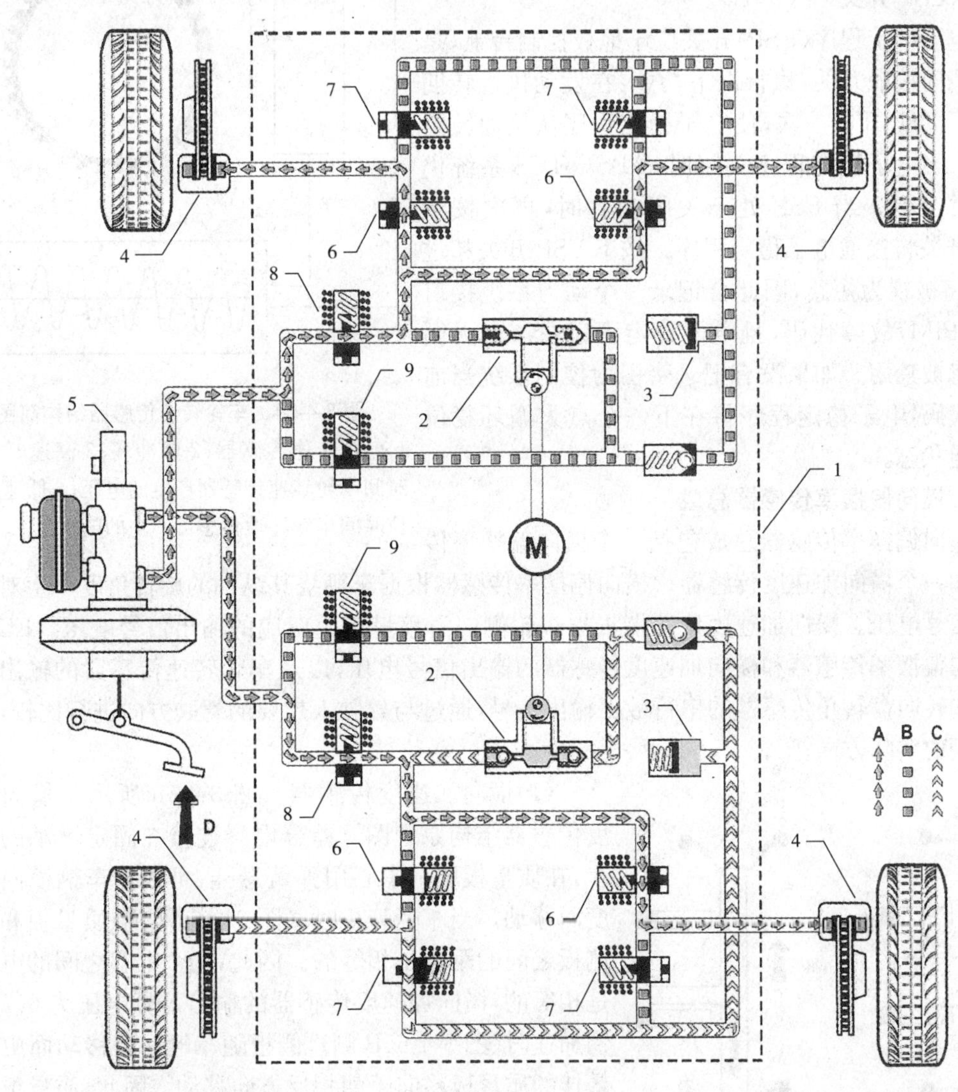

图 3-4-63　液压调节器结构原理简图

1-液压调节器总成；2-回油泵；3-储能器；4-制动钳；5-制动主缸；6-进液阀；7-出液阀；8-隔离电磁阀；9-起动电磁阀 A-常规的制动液压力；B-停止的制动液压力流（电磁阀闭合）；C-泵产生的制动液压力流；D-制动踏板踩下；M-电动机

3. 车轮转速传感器

前轮转速传感器安装于前轮轮毂总成，后轮转速传感器安装于主减速器后盖的支架上，传感器的磁脉冲环为 48 齿。其结构简图如图 3-4-64 所示，车轮转速传感器与脉冲环配合在一起产生一个幅值和频率与车轮速度成比例的交流信号电压。传感器产生的信号被发送到 ECU，ECU 利用这个信号来计算出每个车轮的转速。

4. 停车灯开关

停车灯开关是一个常开开关，在制动踏板踩下时闭合。ECU 利用停车灯开关的信号电压来确定制动踏板是否被踩下。

5. ESP 开关

电子稳定程序(ESP)开关位于地板控制台上，是一个瞬间接触开关，执行以下功能：在发动机运转期间按下 ESP 开关一次，使电子稳定程序从接通转至关闭。当电子稳定程序关闭时，ABS－TCS 系统仍能正常工作。当 ESP 处于关闭位置时，再次按下 ESP 开关将接通电子稳定程序。按下 ESP 开关超过 60 s，将被视为短路，因此会记录一个动力系统接口模块(PIM)故障代码，且电子稳定程序在该点火循环内将被禁用。如果没有记录牵引力控制系统当前故障代码，电子稳定程序将在下一个点火循环复位到接通状态。

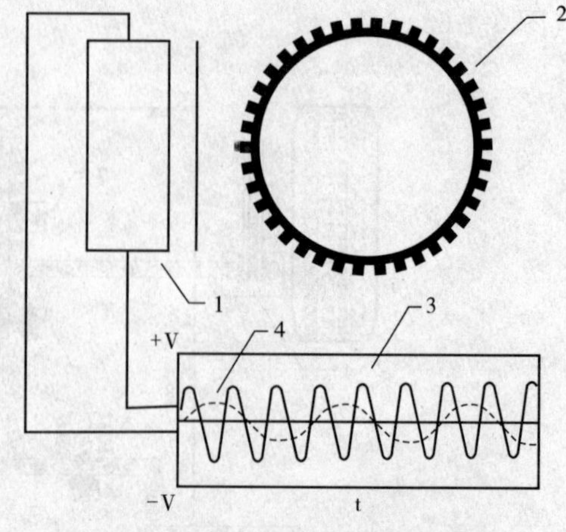

图 3-4-64 车轮转速传感器结构简图

1-车轮转速传感器；2-脉冲环；3-高速时单位时间车轮转速传感器产生的电压；4-低速时单位时间车轮转速传感器产生的电压

6. 横向偏摆率传感器总成

横向偏摆率传感器总成包括一个横向偏摆率传感器和一个横向加速度传感器。横向偏摆率传感器根据车辆绕其纵轴的旋转角度产生对应的输出信号电压。横向加速度传感器根据车轮侧向滑移量产生对应的输出信号电压。ECU 利用横向偏摆率传感器和横向加速度传感器的输出信号电压，以及车轮转速传感器的输出信号电压和转向盘转角传感器的串行数据输出信号，通过与驾驶人想要的驾驶方向进行比较，计算出车辆的实际方向。

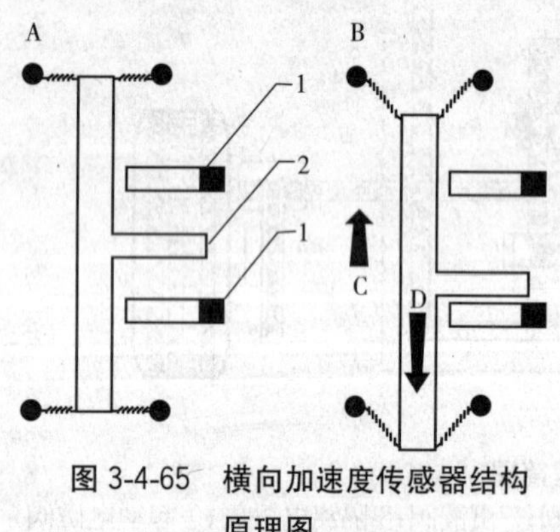

图 3-4-65 横向加速度传感器结构原理图

1-侧板；2-质量板

C-车辆加速的方向；D-质量板移动的方向

(1)横向加速度传感器。图 3-4-65 所示是横向加速度传感器结构原理图。差分电容连接在固定不动的侧板上，在质量板质量中心用弹簧悬挂，可根据车辆横向加速度而移动。当车辆静止时，(图 3-4-65A 侧)质量板和两个侧板之间的距离是相等的。因此，两个电容之间的电容值是相等的，横向加速度传感器的输出信号电压为 0。当车辆加速时(图 3-4-65B 侧)，侧板随车辆一起移动而由弹簧悬挂的质量板趋向于朝相反方向移动。因此，质量板和侧板之间的距离与车辆横向加速度的大小成比例变化。这样就改变了两个电容间的电容值，从而使横向加速度传感器产生一个幅值与质量板的移动量成比例的信号电压。

(2)横向偏摆率传感器。如图 3-4-66 所示，加速度传感器集成在晶振板内，用弹簧悬挂 2 个晶振板在质量中心，并将晶振板放置由永久磁铁提供一个磁场中。当晶振板处在磁场中时，电流施加到晶振板上，使晶振板以恒定的振幅(W)运动。如图 3-4-67 所示，当车辆沿直线向前行驶且没有横向力施加到加速度传感器上时，加速度传感器的质量板和侧板之间的距离是相等的，因此，电容间的电容值是相等的，加速度传感器的输出信号电压为 0。当车辆转向时，固定在车辆上的横向偏摆率传感器总成随车辆一起转动，但质量板除外。由弹簧悬挂且随晶振板一起移动的质量板趋向于向图示位置摇摆，而固定的侧板随车辆一起旋转，因此，质量板和固定侧板之间的距离与车辆转向的角度成比例，这样就改变了两个电容板之间的电容值，从而使加速度传感器产生一个幅值与质量板的移动量成比例的信号电压。横向偏摆率传感器的判断电路比较并判断两个加速度传感器的输出信号，以计算车辆转向的角度。

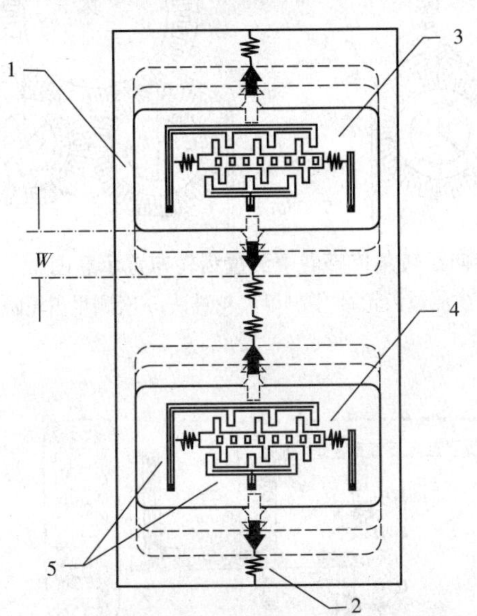

图 3-4-66　横向偏摆率传感器总成结构简图

1-晶振板；2-弹簧；3-加速度传感器；4-质量板；5-侧板

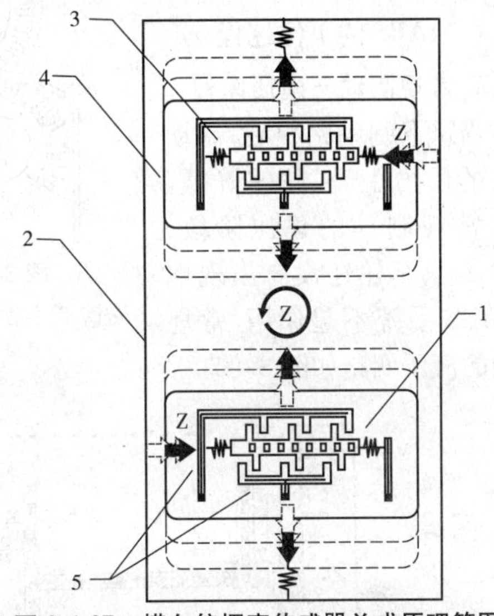

图 3-4-67　横向偏摆率传感器总成原理简图

1-质量板；2-横向偏摆率传感器总成；3-弹簧；4-晶振板；5-侧板 Z-转动方向

7. 转向盘转角传感器

转向盘转角传感器提供表示转向盘旋转角度的输出信号，ECU 利用这个信号计算出驾驶人想要的方向，其结构图如图 3-4-68 所示。

为了增大转向盘转角传感器的输出信号范围，并使其能产生一个可表示＋760°转向盘旋转角度的输出信号，转向盘转角传感器上安装了 2 个各向异性磁阻（AMR）集成电路（IC）。向各向异性磁阻（AMR）集成电路（IC）提供磁场的磁铁安装在主次测量齿轮上。与主测量齿轮相比，次测量齿轮少 2 个齿，这使得测量齿轮以不同的速度旋转（图 3-4-69）。各向异性磁阻（AMR）集成电路（IC）包括 8 个各向异性磁阻元件，这 8 个元件组成 2 个惠斯顿电桥。各磁阻元件根据施加到其上的磁场的角度变化而改变电阻，与磁场极性无关。而测量齿轮磁铁所产生磁场的角位与转向盘的角位相对应。因主次测量齿轮磁铁成 45°角，使得各向异性磁阻（AMR）集成电路（IC）能产生正弦和余弦输出信号。当转向盘转动时，磁场改变各向异性磁阻元件的电阻值，使各向异性磁阻集成电路产生一对输出信号。因两个测量齿轮之间的转速差，使次测量齿轮磁铁对应的各向异性磁阻集成电路的信号输出的范围比另一个要短。判断电路比较并判断这一差别以及两个各向异性

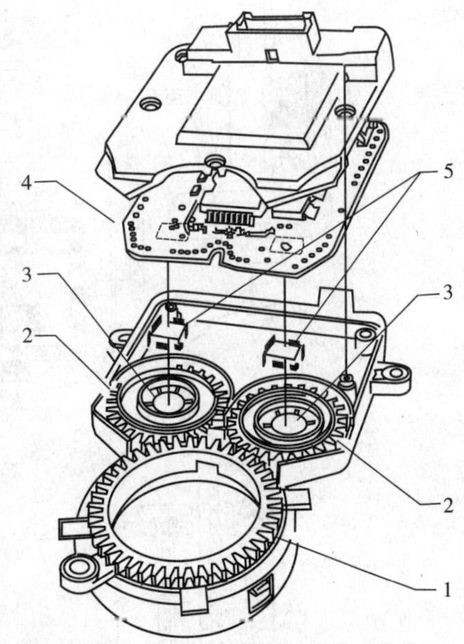

图 3-4-68　转向盘转角传感器结构图

1-齿轮；2-测量齿轮；3-测量齿轮磁铁；4-判断电路；5-各向异性磁阻（AMR）集成电路（IC）

磁阻集成电路输出信号在对比点处的变化率，从而计算出精确的转向盘角位。

(二)ABS的工作过程

1.常规制动－建压阶段

当踩下制动踏板后，制动管路的压力上升，轮速降低，进入常规制动的建压阶段。此时，4只车轮还没有出现抱死，ABS系统不起作用，常规制动的液压回路如图3-4-70所示。

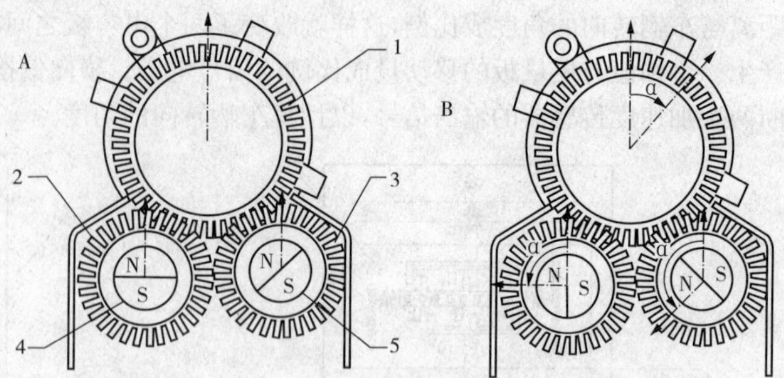

图3-4-69　转向盘转角传感器中测量齿轮布置示意图

1-磁铁；2-主测量齿轮；3-次测量齿轮；4-主测量齿轮磁铁；5-次测量齿轮磁铁

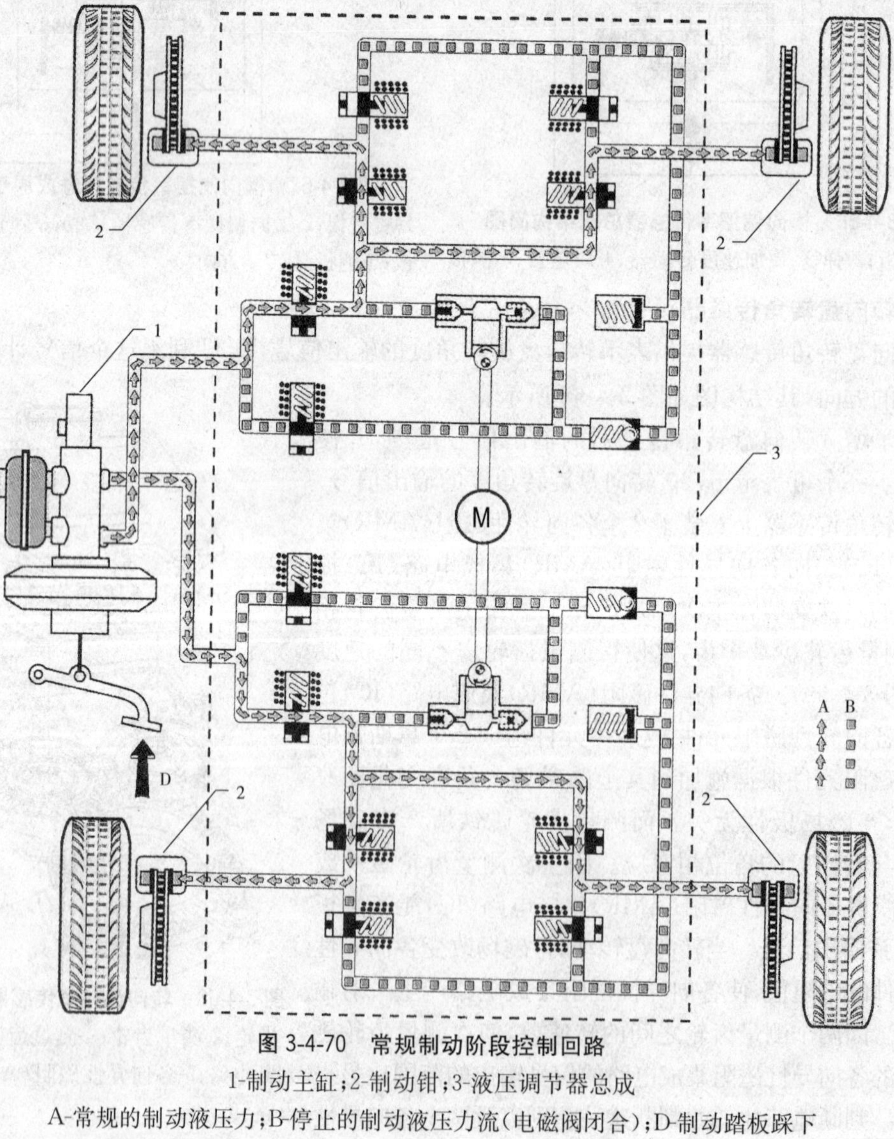

图3-4-70　常规制动阶段控制回路

1-制动主缸；2-制动钳；3-液压调节器总成

A-常规的制动液压力；B-停止的制动液压力流(电磁阀闭合)；D-制动踏板踩下

2. ABS 保压阶段

当踩下制动踏板后，制动管路的压力上升，轮速降低，进入常规制动的建压阶段，ABS 保压阶段的控制液路如图 3-4-71 所示。ECU 监测并比较每个车轮转速传感器的信号以确定车轮是否滑移，如果在制动过程中检测到车轮滑移（如左后轮），ECU 将切换到保压阶段，并向液压调节器发送控制信号，以关闭左后进液阀。当左后进液阀和出液阀都关闭时，无论制动踏板所施加的制动液压力为多少，左后制动回路都将被隔离，从而使左后轮制动液压力保持恒定。

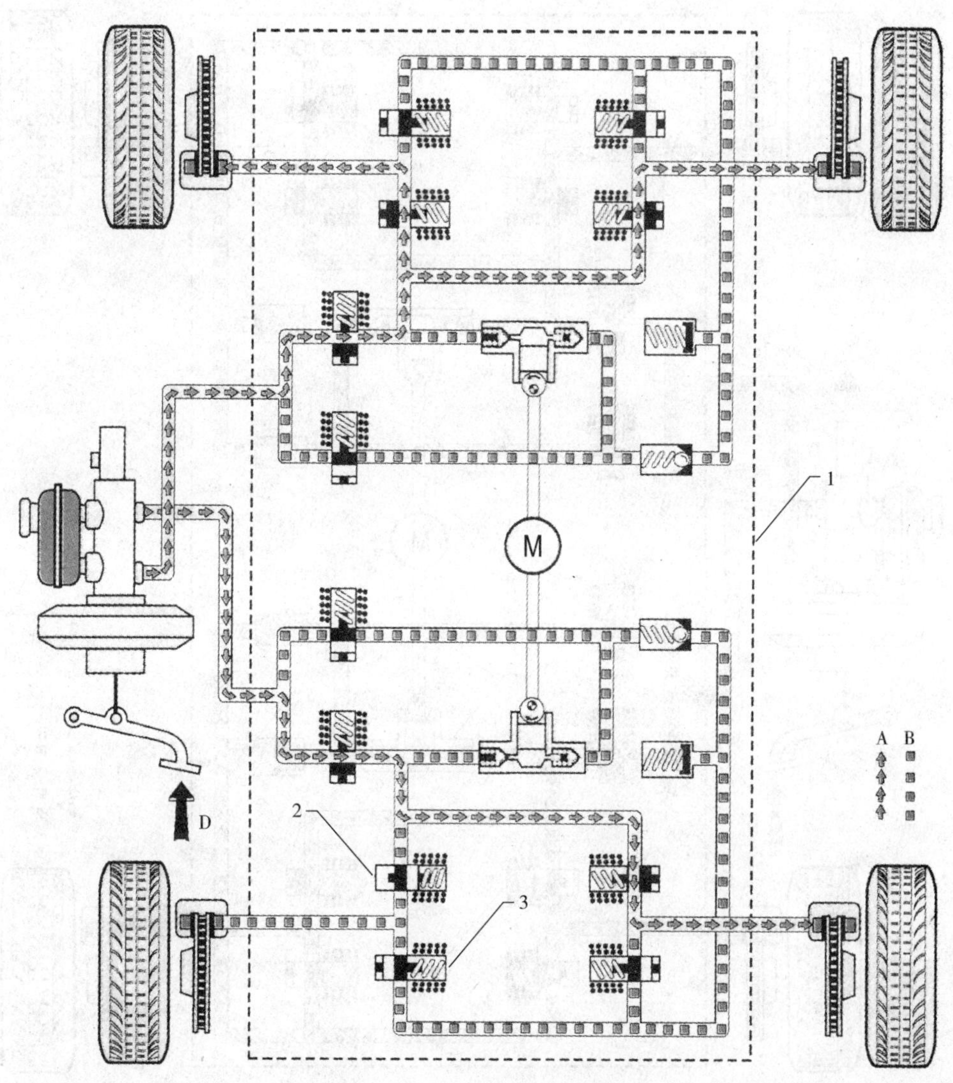

图 3-4-71　ABS 保压阶段控制回路

1-液压调节器；2-进液阀；3-出液阀

A-常规的制动液压力；B-停止的制动液压力流（电磁阀闭合）；D-制动踏板踩下

3. ABS 减压阶段

ABS 减压阶段的控制回路如图 3-4-72 所示。如果当防抱死制动系统处于保压阶段时仍然检测到左后车轮处于滑移状态，则 ECU 将切换到 ABS 减压阶段，ECU 向液压调节器发送控制信号，关闭左后进液阀，打开左后出液阀，左后轮制动液先被导入储能器，以保证制动液压力立即下降，储能器储存过量的左后轮制动液；运行回油泵，泵出左后轮制动液回流压力，从而使左后轮制动钳释放出来的制动液能够抵消制动踏板压力，返回到制动主缸。在ABS阶段，回油泵将一直保持可工作状态。在这个阶段中，由于制动踏板仍处于踩下状态，所以从制动钳释放出来的压力必须大于制动主缸施加的压力，制动液才能返回制动主缸，此时可感觉到制动踏板的振动。

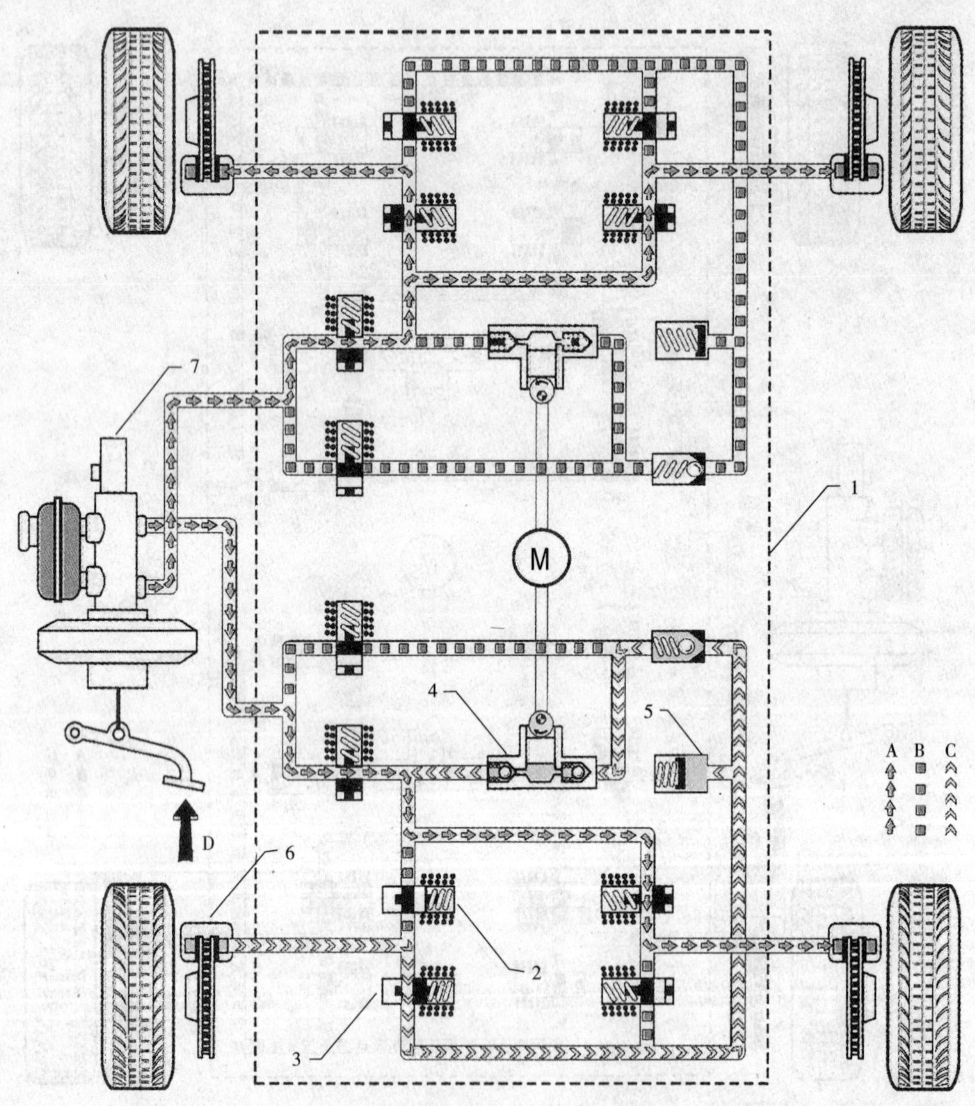

图 3-4-72　ABS 减压阶段控制回路

1-液压调节器总成；2-进液阀；3-出液阀；4-液压泵；5-储能器；6-制动钳；7-制动主缸

A-常规的制动液压力；B-停止的制动液压力流（电磁阀闭合）；C-液压调节器泵产生的制动液压力流；D-常规制动液压力与释放的制动液压力相组合

4. ABS 增压阶段

ABS 增压阶段的控制回路如图 3-4-73 所示。如果 ECU 检测到由于 ABS 减压阶段所施加的制动力减小而导致左后轮速度大于其他 3 个车轮的速度，则 ECU 将切换到增压阶段，ECU 向液压调节器发送控制信号，关闭左后出液阀，打开左后进液阀；继续运行液压泵。此时，制动主缸的制动液像常规制动操作那样被再次引入左后轮制动钳。先前减小的制动液压力现在增加了，从而减小了左后轮的速度。

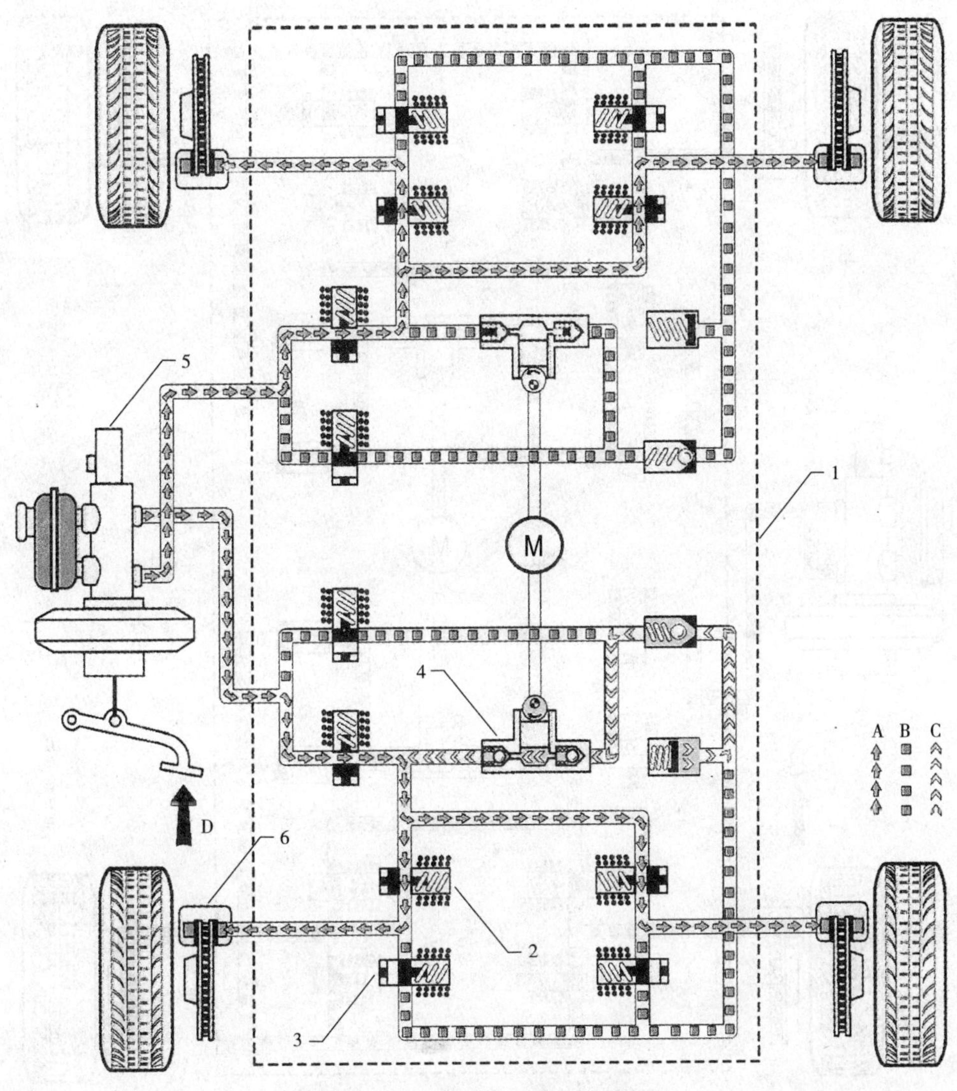

图 3-4-73 ABS 增压阶段控制回路

1-液压调节器总成；2-进液阀；3-出液阀；4-液压泵总成；5-制动主缸；6-制动钳

A-常规的制动液压力；B-停止的制动液压力流(电磁阀闭合)，C-液压调节器泵产生的制动液压力流；D-制动踏板踩下

这种 ABS 建压、保压、减压、增压阶段不断重复，直到 ECU 检测到车轮速度达到平衡或者制动踏板压力消除为止。根据路面情况，每秒钟大约有 4～6 个控制循环。

(三)EBD 工作过程

1. EBD 保压阶段

EBD 保压阶段控制回路如图 3-4-74 所示，ECU 监测并判断每个车轮转速传感器的信号以确定车轮是否滑移。当ECU确定后轮减速比前轮快,但减速度还没有达到需要ABS干预的临界点时,ECU将切换到EBD保压阶段,以保持后轮制动力并防止车轮抱死。ECU将向液压调节器发送控制信号,关闭后进液阀,将后轮制动回路与制动主缸隔离开来。这样,无论制动踏板所施加的制动液压力为多大,都保持了后轮制动液压力。

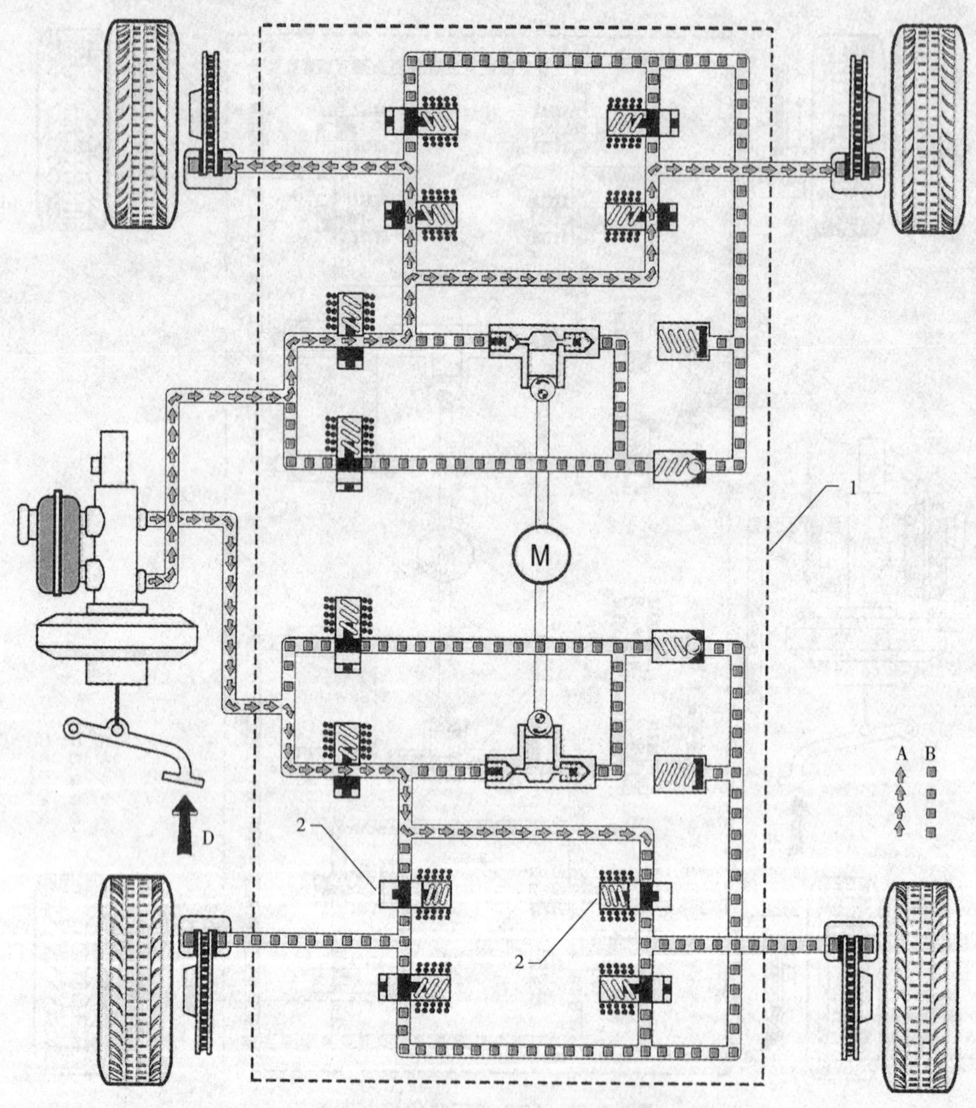

图 3-4-74 EBD－保压阶段控制回路

1-液压调节器总成;2-后进液阀

A-常规的制动液压力;B-停止的制动液压力流(电磁阀闭合);D-制动踏板踩下

2. EBD 减压阶段

EBD减压阶段控制回路如图3-4-75所示。在电子制动力分配(EBD)系统保压阶段,如果ECU检测到后轮减速仍然比前轮快,则ECU将切换到减压阶段。ECU向液压调节器发送控制信号,关闭后进液阀,打开后出液阀。此时,后轮制动液直接进入储能器以减小制动液压力,储能器储存过量的后轮制动液。储能器能够储存电子制动力分配系统工作过程中所有的过量制动液。但是，如果储能器容量已经达到极限，并且 ECU 仍判定后轮减速比前轮快，则 ECU 将运行液压泵，将过多的制动液返回到制动主缸。

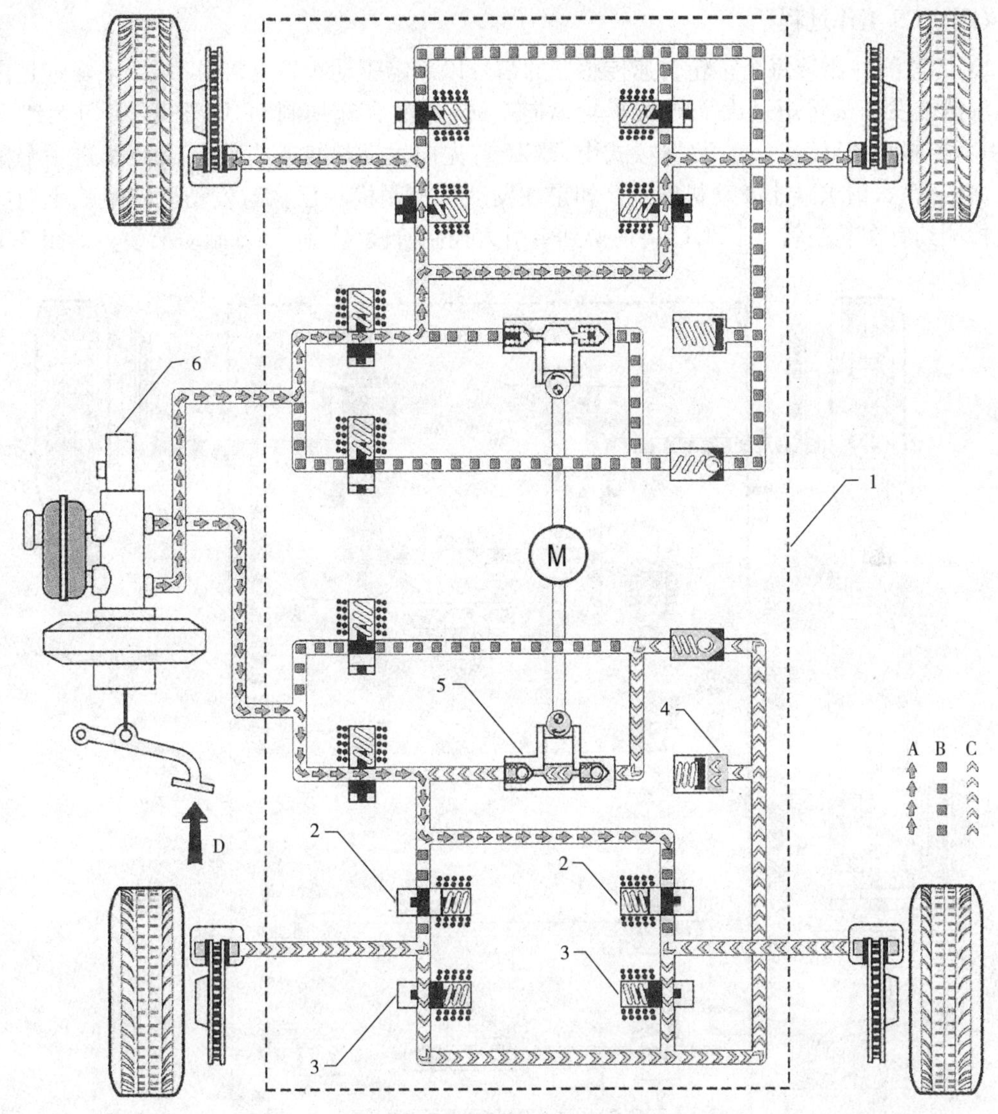

图 3-4-75　EBD－减压阶段控制回路

1-液压调节器总成；2-后进液阀；3-后出液阀；4-储能器；5-液压泵；6-制动主缸

A-常规的制动液压力；B-停止的制动液压力流（电磁阀闭合）；D-制动踏板踩下

3. EBD－增压阶段

在 EBD 减压阶段，如果 ECU 检测到由于 EBD 减压阶段减小了制动力，前后轮此时以相同或几乎相同的速度旋转，则电子制动力分配系统将从减压阶段切换到增压阶段。在这个阶段，ECU 将向液压调节器发送信号，使后出液阀和后进液阀恢复其常态静止位置。此时，制动主缸制动液像常规制动操作那样被直接引入后制动钳。先前减小的后轮制动液压力现在已增加到正常的制动主缸制动液压力，前后轮制动液压力再次相等，制动主缸像常规制动操作那样向后轮施加正常的制动液压力。

这些EBD阶段不断重复，直到ECU检测到车轮速度达到平衡或者制动踏板压力消除为止。根据路面情况，每秒钟大约有4～6个控制循环。

(四)TCS工作过程

ECU监测并比较每个车轮转速传感器的信号以确定驱动车轮是否滑移，如果确定是由于路面湿滑或发动机转矩过大而导致车轮纵向空转，且没有施加制动，则ECU将切换到TCS(牵引力控制系统)模式。在TCS模式中，ECU首先向发动机控制模块(ECM)发送一个串行数据通信信号，请求减小发动机转矩。如果在发动机控制模块已执行发动机转矩减小功能后仍能检测到有车轮空转，则ECU将切换到牵引力控制阶段，实施TCS制动干预。如图3-4-76

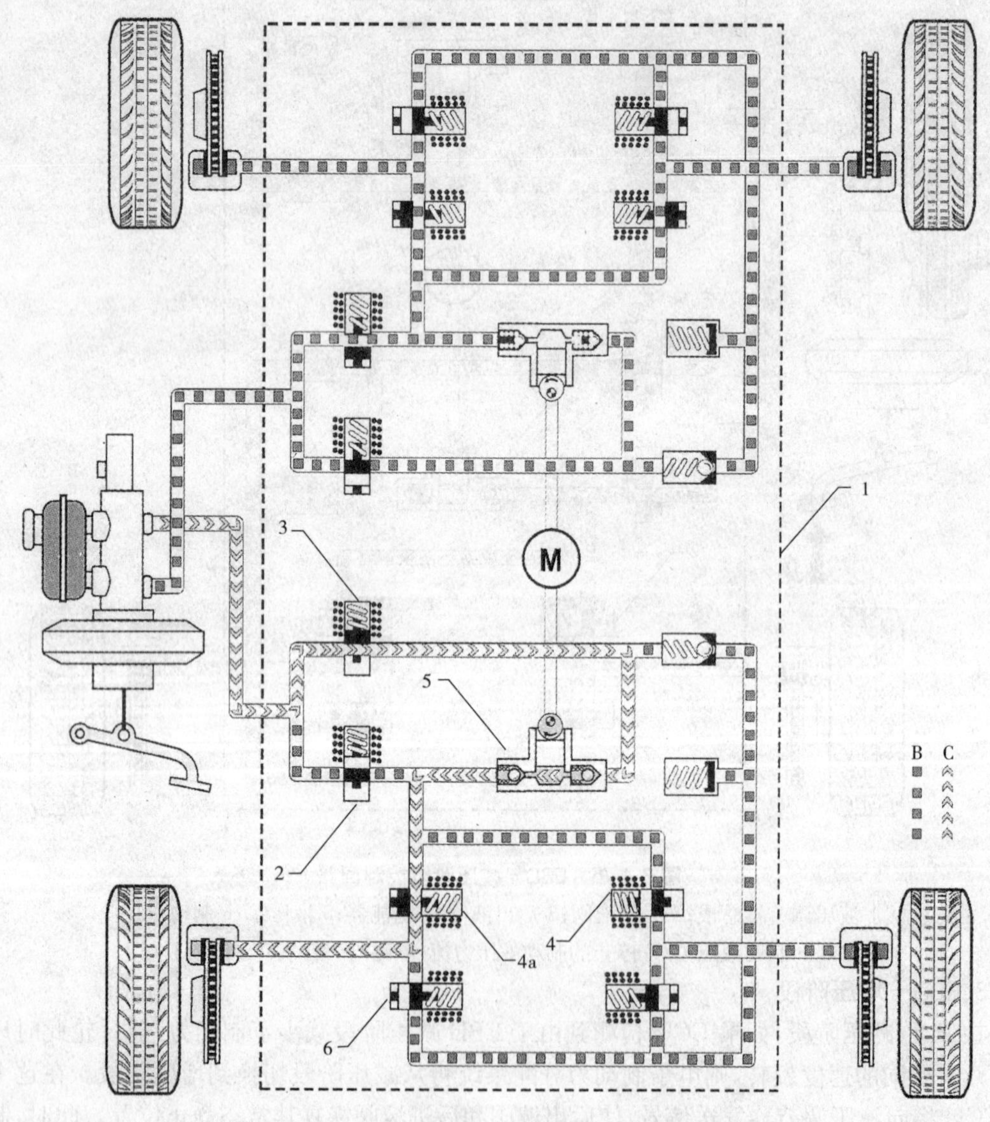

图3-4-76 TCS制动干预(以左后轮为例)

1-液压调节器总成；2-隔离电磁离阀；3-起动电磁阀；4-右后进液阀；4a-左后进液阀；5-液压泵；6-左后出液阀

B-停止的制动液压力流(电磁阀闭合)；C-液压调节器泵产生的制动液压力流；M-泵电动机

所示，现以左后轮打滑为例，在这个阶段，ECU 将向液压调节器发送信号，关闭后隔离电磁阀，以使后轮制动回路与制动主缸隔离开来，防止制动液返回制动主缸；打开后起动电磁阀，使制动液从制动主缸进入液压泵中；关闭右后进液阀，以隔离右后轮液压回路，使液压调节器只向左后轮提供制动液压力；运行液压泵，将制动液压力施加到左后轮制动钳上，以阻止左后轮空转。在 TCS 模式下，这些操作每秒会执行约 4～6 次。ABS 和 TCS 模式之间的差别在于，在 TCS 模式下是增加制动液压力以阻止车轮空转，而在 ABS 模式下是减小制动液压力以避免车轮抱死。如果在 TCS 模式下人工实行制动，则退出 TCS 制动干预模式，而允许人工制动。

(五)ESP 工作过程

电子稳定程序(ESP)用于在高速转弯或在湿滑路面上行驶时提供最佳的车辆稳定性和方向控制。ECU 通过转向盘转角传感器确定驾驶人想要的行驶方向，通过车轮速度传感器和横向偏摆率传感器来计算车辆的实际行驶方向。当电子稳定程序检测到车辆行驶轨迹与驾驶人要求不符时，电子稳定程序将首先利用牵引力控制系统中的发动机转矩减小功能并向发动机控制模块(ECM)发送一个串行数据通信信号，请求减小发动机转矩。如果电子稳定程序仍然检测到车轮侧向滑移，则电子稳定程序将实行主动制动干预。

1. 转向不足的操作

转向不足示意图如图 3-4-77 所示，转向盘转角传感器向 ECU 发送一个驾驶人想要朝方向“A”转向的信号，横向偏摆率传感器检测到车辆开始打转“B”，同时车辆前端开始向方向“C”滑移，说明车辆出现转向不足，电子稳定程序将实行主动制动干预。如图 3-4-78 所示，电子稳

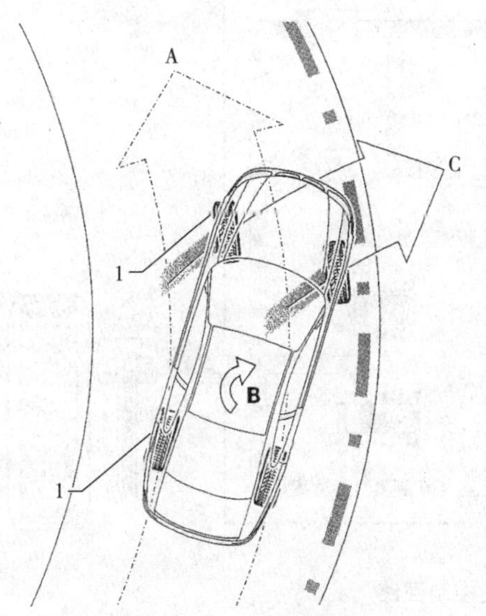

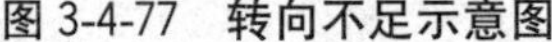
图 3-4-77　转向不足示意图

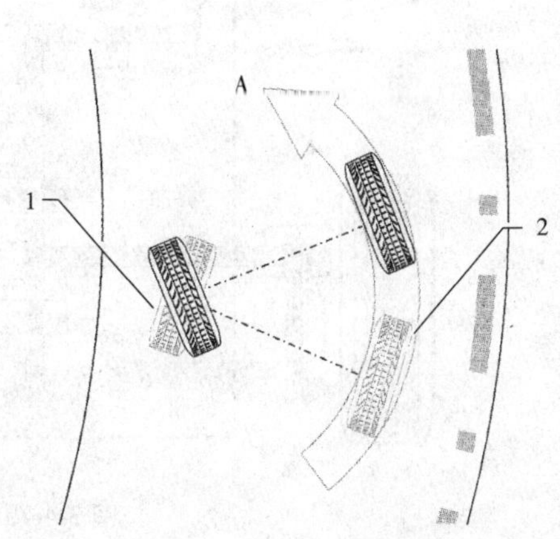

图 3-4-78　转向不足控制示意图

定程序利用 ABS—TCS 系统中已有的主动制动控制功能向车辆的一个或两个内侧车轮 1 施加计算得到的制动力，这将促使车辆绕其纵轴“A”旋转，以稳定车辆并朝驾驶人想要的方向转向。转向不足的控制回路如图 3-4-79 所示，当 ECU 检测到车辆转向不足时，ECU 将向液压调节器发送信号，关闭前和后隔离电磁阀，以使后轮制动回路与制动主缸隔离开来，防止制动液返回制动主缸；打开前和后起动电磁阀，使制动液从制动主缸进入液压泵中；关闭右前和右后

进液阀，以隔离右轮液压回路，从而使液压调节器只向左轮提供制动液压力；运行液压泵，将合适的制动液压力施加到左轮制动钳上，以使车辆朝驾驶人想要的方向转向。如果在 ESP 模式下进行人工制动，则退出 ESP 制动干预模式并允许常规制动。

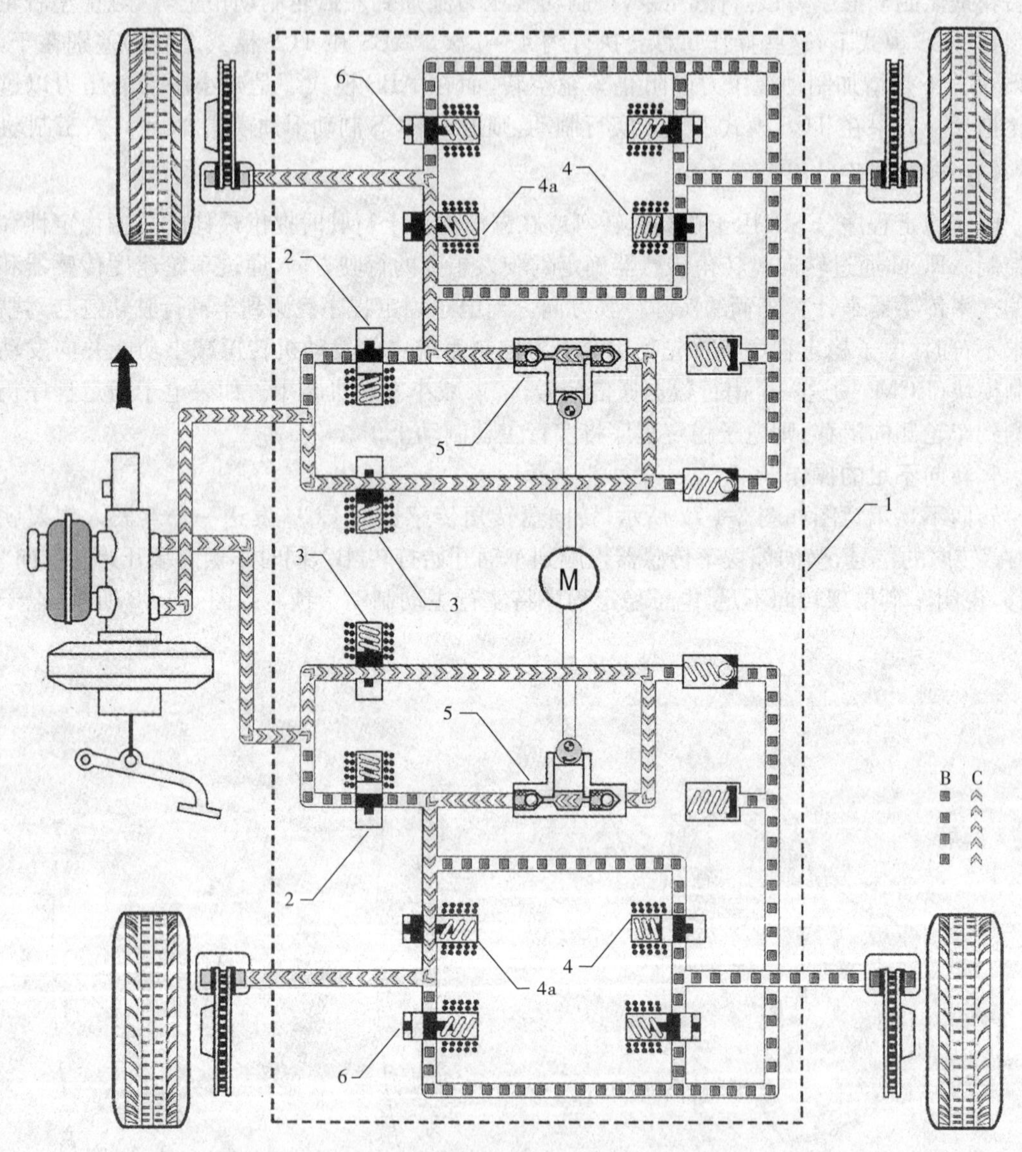

图 3-4-79 转向不足控制回路

1-液压调节器总成；2-隔离电磁阀；3-起动电磁阀；4-右前和右后进液阀；4a-左前和左后进液阀；5-液压泵；6-左前和左后出液阀

B-停止的制动液压力流（电磁阀闭合）；C-液压泵产生的制动液压力流；M-电动机

2. 转向过度的操作

转向过度示意图如图 3-4-80 所示，转向盘转角传感器向 ECU 发送一个驾驶人想要朝方向“A”转向的信号，横向偏摆率传感器检测到车辆开始打转“B”，同时车辆后端开始向方向“C”滑移，说明车辆开始转向过度，电子稳定程序将实行主动制动干预。如图 3-4-81 所示，电子稳定程序利用ABS－TCS系统中已有的主动制动控制功能向车辆的一个或两个外侧车轮施加计算得到的制动力，使内侧车轮绕车辆纵轴“A”旋转，以稳定车辆并向驾驶人想要的方向转向。转向过度的控制回路如图3-4-82，当ECU检测到车辆转向过度时，向液压调节器发送一个信号，关闭前和后隔离电磁阀，以将制动液回路与制动主缸隔离开来，防止制动液返回制动主缸；打开前和后起动电磁阀，使制动液从制动主缸进入液压泵中；关闭左前和左后进液阀，以隔离左轮液压回路，从而使液压调节器只向右轮提供制动液压力；运行液压泵，将合适的制动液压力“C”施加到右轮制动钳上，以使车辆朝驾驶人想要的方向转向。

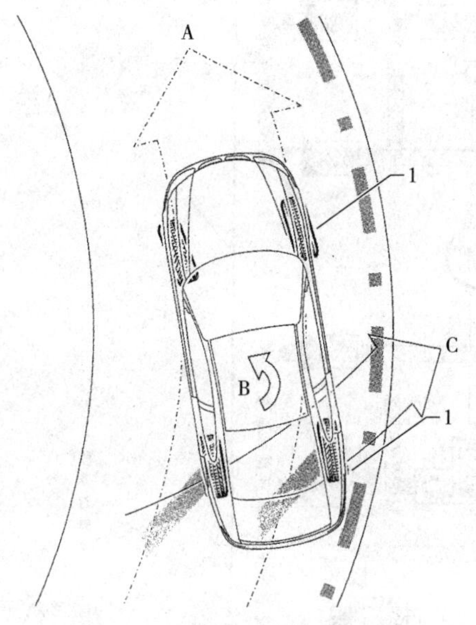

图3-4-80　转向过度示意图

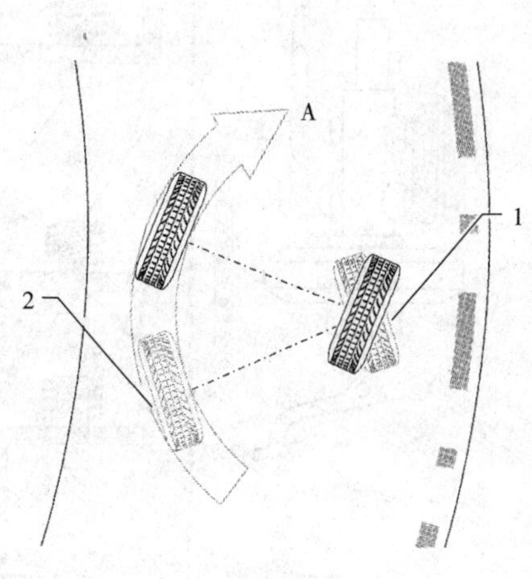

图3-4-81　转向过度控制示意图

三、电子伺服制动系统简介

在汽车上，制动过程一般都是由驾驶人通过制动踏板来控制制动主缸工作，最终将液压力传至制动轮缸，使制动器产生制动力矩。目前，有些汽车上采用了电子伺服制动系统。在该系统中，在制动踏板和车轮制动器之间并没有机械或液压的连接，驾驶人的制动踏板力由传感器转化成一个电信号，并将此信号送至ECU，再由ECU结合其他数据确定各个车轮所需的制动力，最后由相应的执行器去实施制动。

电子伺服制动系统包括电控液压制动系统（EHB）、电子制动系统（EBS）和机电一体化制动系统（EMB）。目前，EMB的研制最受瞩目。EMB将电动机直接集成在车轮制动器上，以产生制动压力，从而完全避免了通过气压或液压机构进行传力。EMB通过导线来传递信号和能量，从而使得系统变得非常简单，但由于电动机消耗电能很多，系统必须配备专门的蓄电池。

本章小结

本章介绍了以下几方面的内容：

◆普通制动系统的基本组成和工作原理。

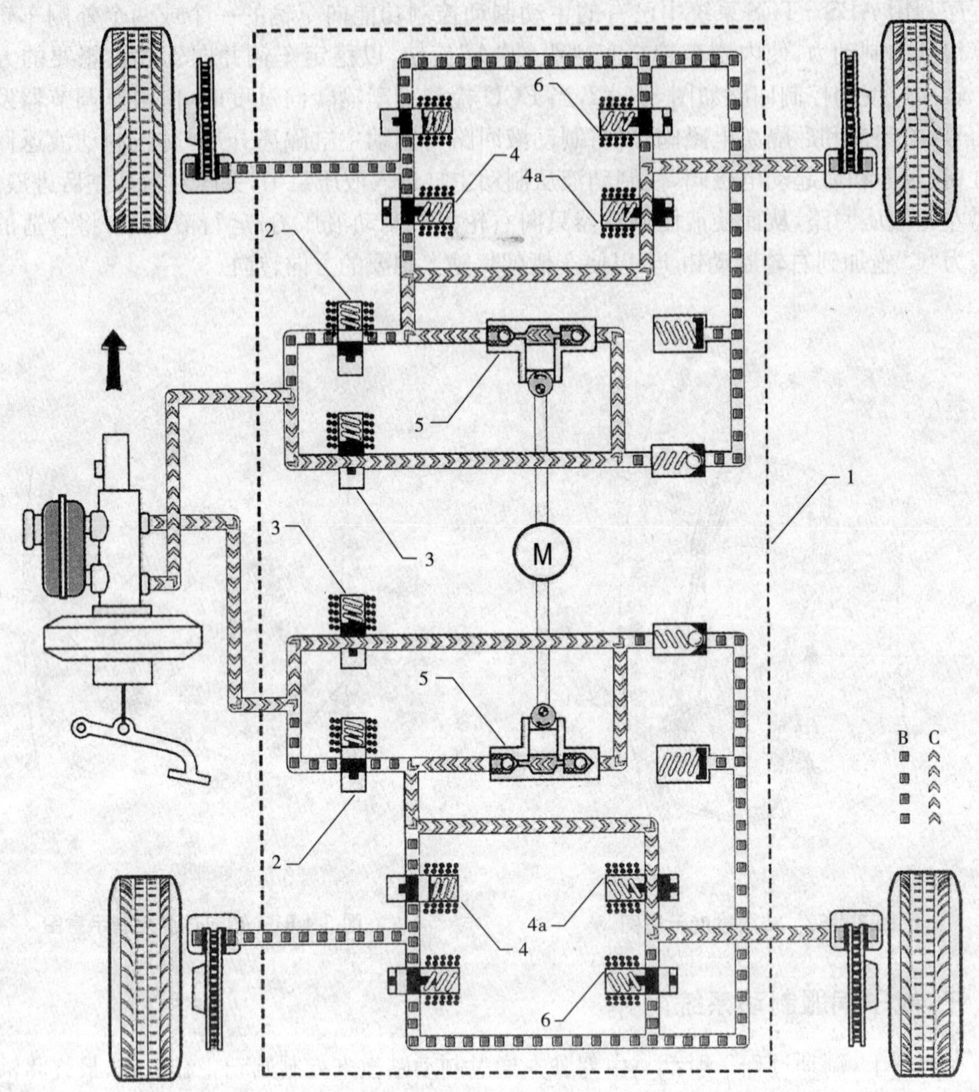

图 3-4-82 转向过度控制液路图

1-液压调节器总成;2-隔离电磁阀;3-起动电磁阀;4-左前和左后进液阀;4a-右前和右后进液阀;5-液压泵;6-右前和右后出液阀

B-停止的制动液压力流(电磁阀闭合);C-液压泵产生的制动液压力流;M-电动机

◆鼓式车轮制动器和盘式车轮制动器的结构和工作原理。

◆制动传动装置的布置形式。

◆制动主缸和制动轮缸的结构和工作原理。

◆真空助力装置的结构和工作原理。

◆制动力分配调节装置-限压阀、比例阀、感载阀、惯性阀的结构和工作原理。

◆制动主缸的检查要点。

◆真空助力器性能的检查方法。

◆车轮制动器的检查方法。

◆制动踏板行程的检查和调整方法。
◆普通制动系统常见故障的诊断方法。
◆ABS系统的类型。
◆ABS系统的基本组成及工作过程。
◆车轮转速传感器的结构和检修方法。
◆制动压力调节器的结构和调压方式。
◆ABS系统的检修注意事项。
◆ABS系统的故障诊断方法。
◆电子制动力分配调节装置(EBD)的工作原理。
◆电子伺服制动系统的工作原理。
◆ESP(电子稳定程序)的工作原理。

复习思考题

1. 简述制动主缸和制动轮缸的结构和工作原理。
2. 简述真空助力器的结构和工作原理。
3. 制动力分配调节装置有哪些类型？都是如何起作用的？
4. 制动主缸的检查要点是什么？
5. 如何进行真空助力器的性能检查？
6. 如何进行车轮制动器的检查？
7. 如何进行制动踏板行程的检查和调整？
8. 如何进行制动系统的排气作业？
9. 制动跑偏的原因有哪些？
10. 制动不灵的常见原因有哪些？
11. 制动拖滞的常见原因有哪些？
12. 制动踏板海绵的常见原因有哪些？
13. ABS系统有哪些类型？
14. 简述ABS系统的基本组成和工作过程。
15. 简述电磁式车轮转速传感器的结构和工作。
16. 简述霍尔式车轮转速传感器的结构和工作。
17. 简述制动压力调节器的结构和调压过程。
18. 简述循环式制动压力调节器的调压方式。
19. 简述可变容积式制动压力调节器的调压方式。
20. 检修ABS系统时要注意哪些事项？
21. 简述ABS系统故障诊断的一般步骤。
22. 简述EDB装置的工作原理。
23. 简述电子伺服制动系统的工作原理。
24. 简述ESP系统的工作原理。

车载网络系统与车身电控系统

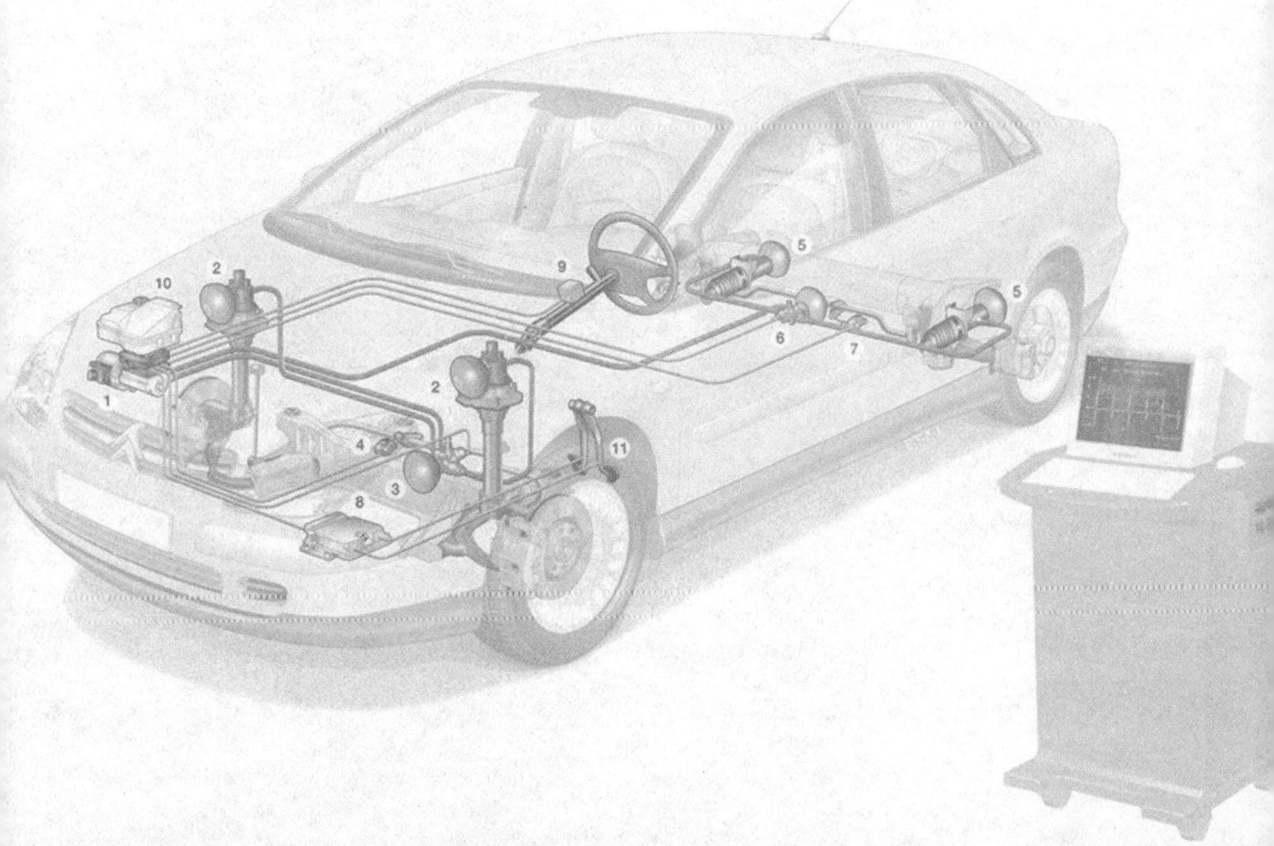

第一章　车载网络系统结构与检修

本章要点

通过本章的学习：

★熟悉车载网络系统的总体构成及各构成部分的功用。

★了解汽车总线的标准和协议以及各类网络标准、协议的适用范围。

★熟悉车载网络的类型以及各类型车载网络的特点。

★了解 CAN 双线式数据总线的数据传输形式和数据传输原理。

★掌握 CAN-BUS 数据总线的构成、各构成部件的功能。

★了解 CAN-BUS 数据总线传递数据的构成和数据传递过程。

★熟悉 CAN-BUS 数据总线的数据分配原则。

★熟悉 CAN-BUS 数据总线的检测方法

★熟悉 CAN-BUS 数据总线典型波形的特征。

★掌握 CAN-BUS 数据总线故障检测的基本原则。

★掌握 CAN-BUS 数据总线的故障类型和诊断思路。

★熟悉 CAN-BUS 数据总线故障诊断的步骤。

★掌握光学网络的类型和基本组成。

★掌握光学网络系统基本元件的结构和检测方法。

★了解光纤中光波的传送方法。

★熟悉光学数据总线中衰减增加的原因。

★掌握处理光纤及其部件的规则。

★熟悉 MOST 数据总线的基本特征。

★熟悉 MOST 数据总线的环形结构。

★掌握 MOST 数据总线系统的故障诊断。

★了解 Byteflight 数据总线的结构与检修方法。

★熟悉无源光学星形网络的故障种类和故障检测方法。

★了解汽车光学网络诊断仪的使用方法。

★了解 LIN 数据总线及其特征。

★熟悉 LIN 数据总线的结构。

第一节　车载网络基础知识

随着汽车电子技术的不断发展,汽车上电子装置越来越多,使用传统的点到点的并行连线方式不仅使电子线路的布线越来越复杂,而且布线变得愈加困难。另外,线束的增多也增加了车辆的质量,与当今的汽车设计思路相矛盾,所以,减少车上线束已经成为汽车设计必须解决的问题。基于以上的技术原因,汽车上的信息传输使用网络结构成为一种必然趋势,这是汽车上使用网络通信技术的一个重要原因。以网络通信为基础的线控技术将在汽车上普遍应用,这是汽车对网络技术需求的另一个原因。所谓线控技术,就是用电子信息的传送取代过去由机械的、液压的或气动的系统连接的传动部分,如换挡连杆、节气门拉线、转向传动机构及制动油路系统等。线控技术带来的不仅是这些连接方式及执行机构的变化,而是将形成一种全新的汽车结构。线控技术要求网络的实时性好、可靠性高,而且一些线控部分要求具有冗余的"功能实现",以保证在车辆出现故障时仍可实现这个装置的基本功能,就像现在的 ABS、电控动力转向系统一样,在控制系统出现故障时仍具有制动和转向的基本功能。

一、车载网络系统的总体构成

车载网络系统主要由模块、数据总线、网络、架构、通信协议、网关等组成。

1. 模块

模块是探测信号和(或)进行信号处理的电子装置,如传感器、芯片等。

2. 数据总线

数据总线的速度通常用比特率来表示。比特率是每秒千字节(kbit/s),数据总线幅宽会影响数据传输的速度,32 位的数据传输量要比 8 位快 4 倍。通用公司在其新型车 Brarada、Trailblazer、Envoy sport 的低速 OBD Ⅱ总线上采用了主/从架构。货车的车身模块是主模块,其他 17 个模块分别在不同的物理位置上。这些模块具有许多控制功能,如蓄电池缺电保护、自动空调控制、灯光控制、座椅控制、防盗控制、刮水器控制、喷淋控制、具有记忆功能的座椅、后视镜和门锁控制,还包括许多遥控的个性化调节装置。图 4-1-1 所示是通用公司 OBD Ⅱ的基本结构,从图上可以看出所有的输入信号线和输出信号线都经过车辆控制模块,许多车还有一根总线连接 ABS 模块,车辆控制模块采用轮速信号作为车辆的速度输入信号,因为车辆控制模块同时控制发动机和自动变速器,所以无须像其他许多车一样再用另一根总线连接自动变速器控制模块。

高速数据总线及网络容易产生电噪声(电磁干扰),这种电噪声会导致数据传输出错。数据总线有多种检错方法,如检测一段特定数据的长度。如果出错,数据将重新传输,这就会导致各系统的运行速度减慢。解决的方法有:使用价格高、功能更强大、结构更复杂的模块;用双绞线(图 4-1-2 所示为克莱斯勒 CCD 系统采用的双绞线数据总线),它的数据传递是基于两条线的电压差,图上标示了所有进入发动机部位节点的信息,需要的话这些信息又通过两条数据总线(M1 和 M2)从发动机部位节点传输出去。大多数的设计都有 3 种基本型,即低速型、中速型和高速型。

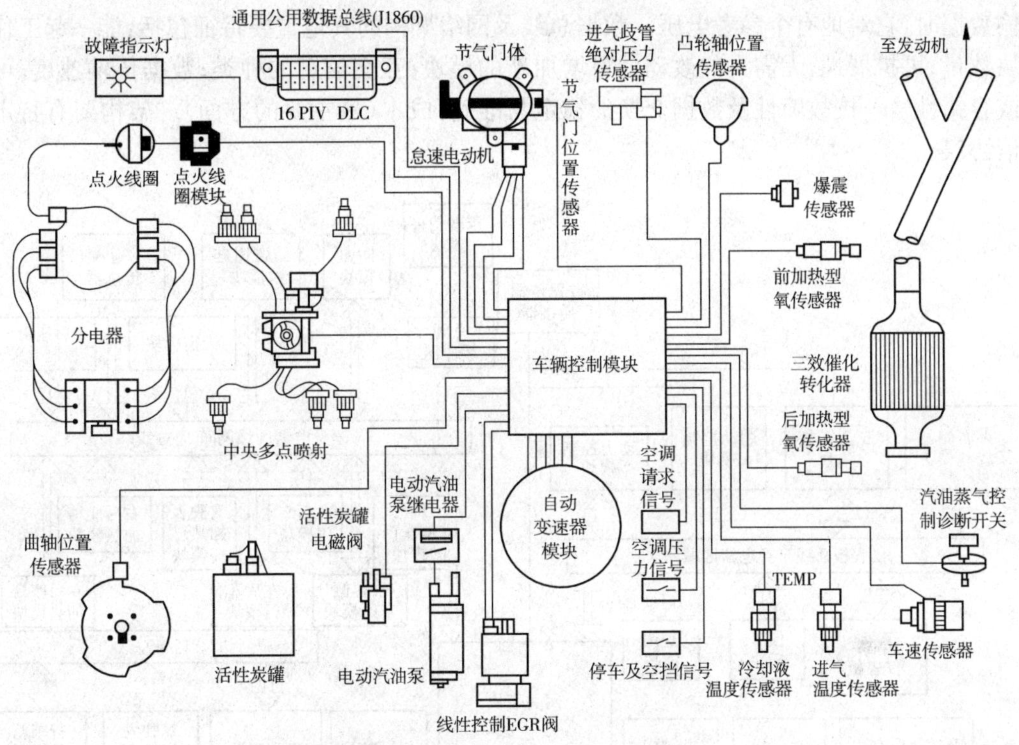

图 4-1-1 通用公司 OBD Ⅱ 的基本结构

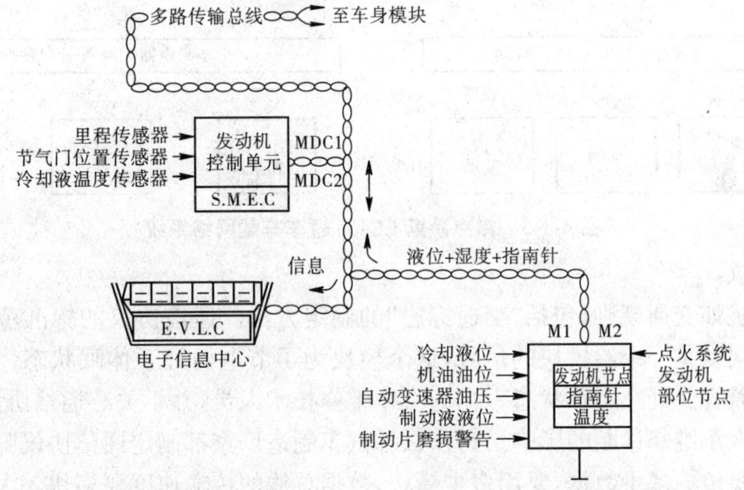

图 4-1-2 克莱斯勒 CCD 系统采用的双绞线数据总线

3. 网络

如图 4-1-3 所示，雷克萨斯 LS430 轿车的几条数据总线间共有 29 块相互交换信息的模块，几条数据总线连接 29 个模块，总线又连接到局域网上，构成整个车载网络。

4. 架构

架构——信息高速公路的配置，其输入和输出端规定了什么信息能进和什么能出，如果指挥交通需要"警察(一种特殊功能的芯片)，那么就要有"警局"，也许就在模块的输入/输出端。架构通常包括 1～2 条线路，采用双线时数据的传输是基于两条线的电压差。当其中的 1 条线传输数据时，它对地有个参考电压。数据总线及网络架构的其他重要特征包括：能一起工作的模块数量；可扩展性，无需大的改动就可增加新的模块；互交信息的种类；数据传输速度；可靠性或容错性——抗故障性及数据交换的稳定与准确；成本（最主要的方面）。架构要有特定的通信协议。

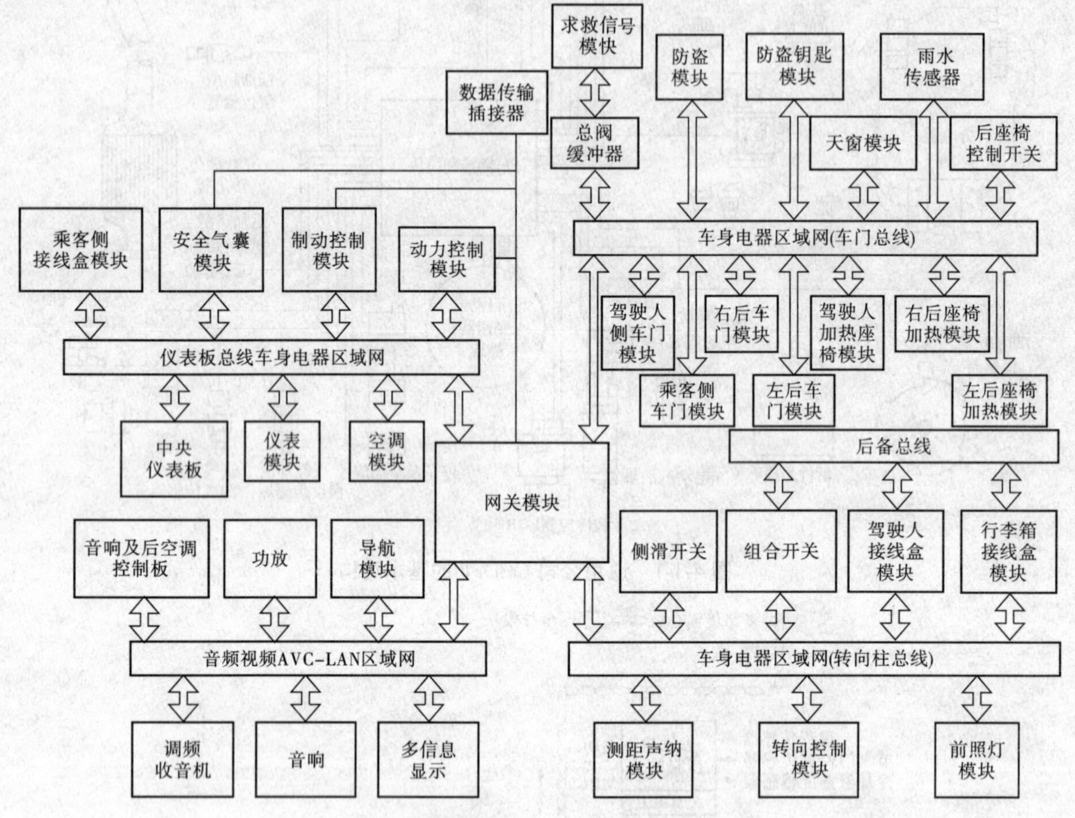

图 4-1-3 雷克萨斯 LS430 轿车车载网络系统

5. 通信协议

通信协议犹如交通规则，包括“交通标志”的制定方法。通信协议的标准蕴含唤醒访问和握手。唤醒访问就是一个给模块的信号，这个模块为了节电而处于休眠状态。握手就是模块间的相互确认兼容并处在工作状态。作为汽车维修技术人员，并不关心通信协议本身，而真正关心的是它对汽车维修诊断的影响。为什么各汽车制造厂家都制定通信协议呢？通信协议本身取决于车辆要传输多少数据，要用多少模块；数据总线的传输速度要多快。大多数通信协议（以及使用它们的数据总线和网络）都是专用的。因此，维修诊断时需要专门的软件。

6. 网关

按照汽车装有的不同电控单元对车载网络性能要求的不同。汽车上往往将车载网络分成不同的区域，例如，图 4-1-4 所示的上海大众途安（TOURAN）车 CAN-BUS 数据总线共设定了动力系统总线、舒适系统总线、娱乐信息系统总线、仪表系统总线和诊断总线等 5 个不同的区域。由于不同区域车载网络的速率和识别代号不同，因此，一个信号要从一个车载网络区域进入到另一个车载网络区域，必须把它的识别信号和速率进行改变，能够让另一个数据总线系统接受，这个任务由网关（Gateway）来完成（图 4-1-5）。另外，网关还具有改变信息优先级的功能，如车辆发生相撞事故，安全气囊电控单元会发出负加速度传感器的信号，这个信号的优先级在动力系统车载网络中是非常高的，但转到舒适系统车载网络后，网关调低了它的优先级，因为它在舒适系统中其功能只是打开车门和灯。

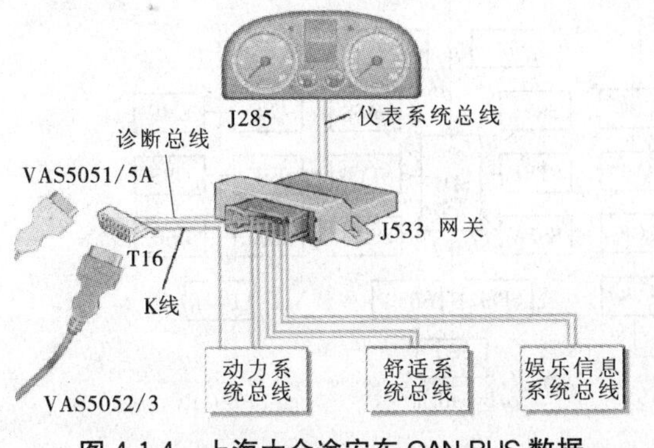

图 4-1-4　上海大众途安车 CAN-BUS 数据总线 5 个不同区域

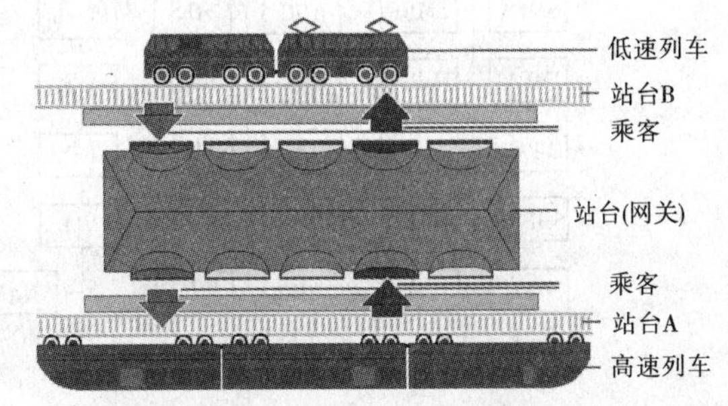

图 4-1-5　网关的功能

网关是连接异型网络的接口装置(图 4-1-6)，它综合了桥接器和路由器的功能，汽车网关主要能在 OSI 参考模型的物理层、数据链路层和应用层上对双方不同的协议进行翻译和解释。一个网关必须具备有从一个网络协议到另一个协议转换信息的能力，对于 CAN 协议的网关，应能涉及 CAN 协议 4 种帧类型中的两种，即数据帧和远程帧。另外两种，错误帧和超限帧，由该网关的 CAN 芯片硬件控制，因此，可以说网关无附加的响应性。当然，网关必须具备有“状态位”，即在任何一个网络中发生的错误太多时，网关应有报警状态位或总线中断状态位，这样，网关就像网络中的节点那样，可以调查总线状态。对于两个网络之间的网关，起码应具备以下特性：尽量少的传输等待时间，信息丢失或超限差错最少，能处理总线出现的差错。

如图 4-1-7 所示，网关主要“处理”以下三部分的内容：从第一个网络读取所接收的信息、翻译信息、向第二个网络发送信息。

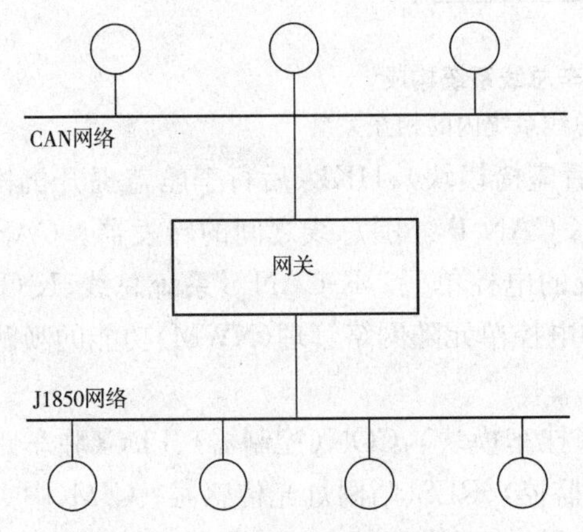

图 4-1-6　异型网络间的网关

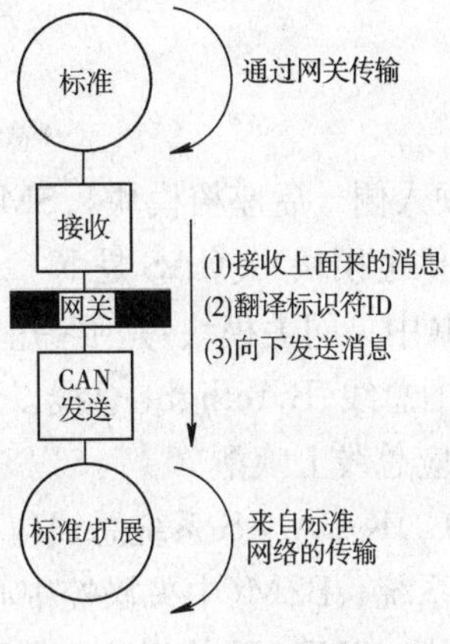

图 4-1-7　网关处理的内容

图 4-1-8 所示是宝马 E65 轿车总线系统的构成，其中：

(1)K-CAN P 外围总线包括以下组件：CAS(便捷进入及起动系统)、SMFA(驾驶人侧座椅模块)、SMBF(前乘客侧座椅模块)、TMFAT(驾驶人侧车门模块)、TMBFT(前乘客侧车门模块)、TMFATH(驾驶人侧－后车门模块)、TMBFTH(前乘客侧－后车门模块)、SMFAH

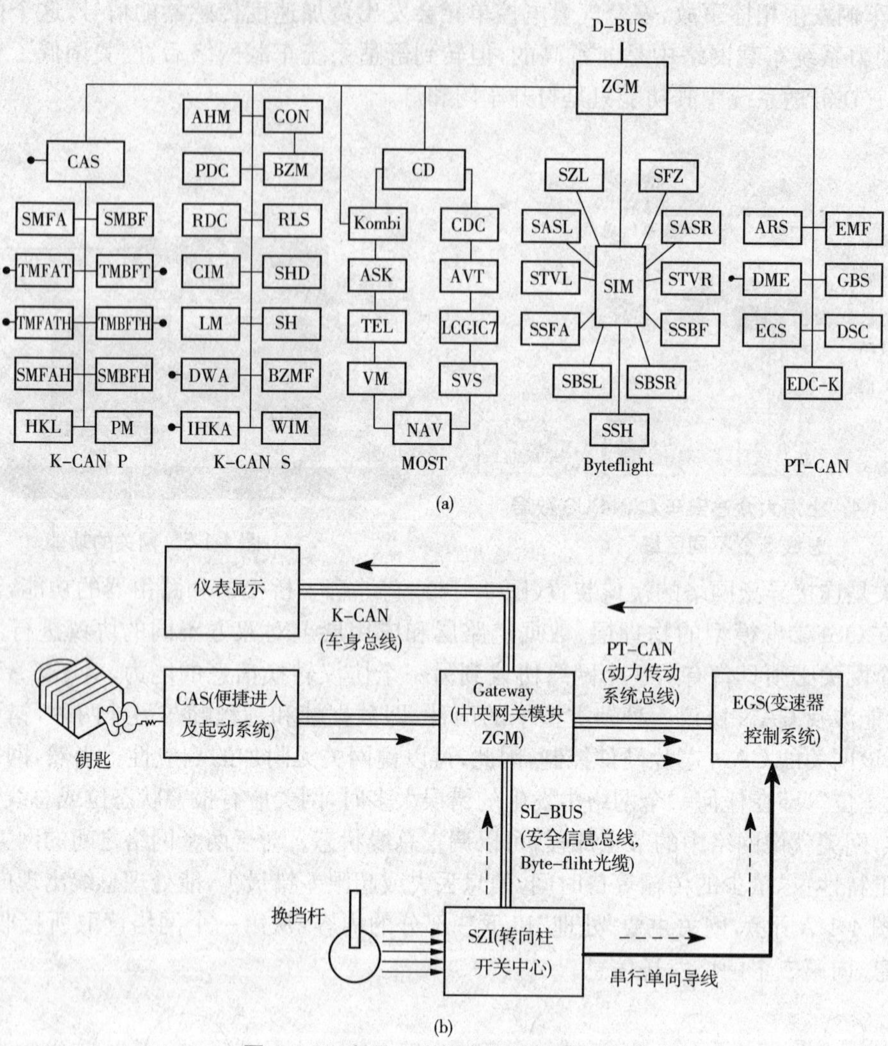

图 4-1-8 宝马 E65 轿车总线系统构成

(a)总线系统中的模块;(b)总线系统内的相互关系

(驾驶人侧一后座椅模块)、SMBFH(前乘客侧一后座椅模块)、HKL(后行李舱盖提升机构)、PM(供电模块)。CAS是K-CAN S系统总线与K-CAN P外围总线之间的转发器。CAS和ZGM(中央网关模块)是唯一能唤醒车辆电源系统的电控单元。K-CAN S系统总线、K-CAN P外围总线、Byteflight总线以及MOST总线上的电控单元随网络管理(NWM)功能的唤醒而在相应总线上唤醒。

(2)K-CAN S系统总线包括以下组件:AHM(挂车模块)、CON(控制器)、PDC(驻车距离报警系统)、BZM(中央操控中心)、RDC(轮胎压力监控)、RLS(晴雨灯光传感器)、CIM(中央底盘模块)、SHD(活动天窗)、LM(灯光模块)、SH(停车预热装置)、DWA(防盗报警系统)、BZMF(后中央操控中心)、IHKA(自动恒温空调)、WIM(刮水器模块)、ZGM(中央网关模块)。

(3)MOST总线包括以下组件:CD(控制显示)、Kombi(组合仪表)、CDC(光盘转换盒)、ASK(音频系统控制器)、AVT(天线放大器/调谐器)、TEL(电话接口)、LOGIC7(功率放大器)、VM(视频模块)、SVS(语音输入处理系统)和NAV(导航)。为了满足行驶舒适性需要的不断增长，例如高质量音频系统、导航以及车载电话等必须建立更快更灵活的音频/通信网络，因此音频/通信网络通过 MOST 多媒体传输系统总线实现了数字联网。

(4)Byteflight 安全总线系统包括以下组件：SZL(转向柱开关中心)、SFZ(车辆中央卫星式传感器)、SASL(左侧 A 柱卫星式传感器)、SASR(右侧 A 柱卫星式传感器)、STVL(左前车门卫星式传感器)、STVR(右前车门卫星式传感器)、SSFA(驾驶人座椅卫星式传感器)、SSBF(前乘客座椅卫星式传感器)、SBSL(左侧 B 柱卫星式传感器)、SBSR(右侧 B 柱卫星式传感器)、SSH(后部座椅卫星式传感器)和 SIM(安全信息模块)。

(5)PT－CAN 动力传动系统总线包括以下组件：ARS(主动式侧翻稳定装置)、EMF(电动机械式驻车制动器)、DME(数字式发动机电控系统)、GRS(偏航角速率传感器)、EGS(电控自动变速器控制系统)、DSC(动态稳定控制系统)和 EDC－K(连续式电子减振控制系统)。

二、汽车总线标准、协议

国际上众多知名汽车公司早在 20 世纪 80 年代就积极致力于汽车网络技术的研究及应用，迄今为止，已有多种网络标准。目前存在的多种汽车网络标准，其侧重的功能有所不同。为方便研究和设计应用，SAE(Society of Automotive Engineers，美国汽车工程师学会)车辆网络委员会按系统的复杂程度、信息量、必要的动作响应速度、可靠性要求等将汽车数据多路传输网划分为 A、B、C、D、E 五类。

A 类是面向传感器/执行器控制的低速网络，数据传输位速率通常小于 10 kb/s，主要用于后视镜调整、电动窗、灯光照明等控制；B 类是面向独立模块间数据共享的中速网络，位速率在 10～125 kb/s，主要应用于车身电子舒适性模块、仪表显示等系统；C 类是面向高速、实时闭环控制的多路传输网，位速率在 125 kb/s～1 Mb/s，X－By－Wire 系统传输速率可达10 Mb/s 以上，主要用于牵引控制、先进发动机控制、ABS 等系统；D 类网络统称智能数据总线 IDB(Intelligent Data Bus)，主要面向信息、多媒体系统等，根据 SAE 分类，IDB－C 为低速、IDB－M 为高速、IDB－Wireless 为无线通信，D 类网络协议的位速率在 250 kb/s～400 Mb/s；E 类网络主要面向乘员的安全系统，应用于车辆被动安全性领域。

在今天的汽车中，作为一种典型应用，车体和舒适性控制模块都连接到 CAN 总线上，并借助于 LIN 总线进行外围设备控制。而汽车高速控制系统，通常会使用高速 CAN 总线连接在一起。远程信息处理和多媒体连接需要高速互连，视频传输又需要同步数据流格式，这些都可由 D2B(Domestic Digital Bus)或 MOST(Media Oriented Systems Transport) 协议来实现。无线通信则通过 Blue tooth 技术加以实现。而在未来的 5～10 年里，TTP(Time Trigger Protocol)和 Flex Ray 将使汽车发展成百分之百的电控系统，完全不需要后备机械系统的支持。但是，至今仍没有一个通信网络可以完全满足未来汽车的所有成本和性能要求。因此，汽车制造商和 OEM(Original Equipment Manufacture)商仍将继续采用多种协议(包括 LIN、CAN 和 MOST 等)，以实现未来汽车上的联网。

1. A 类总线标准、协议

A 类的网络通信大部分采用 UART(Universal Asynchronous Reveiver/Transmitter)标准。UART 使用起来既简单又经济，但随着技术的发展，预计在今后几年中将会逐步在汽车通信系统中被停止使用。而 GM 公司所使用的 E&C(Entertainment and Comfor)、Chrysler 公司所使用 CCD(Chrysler Collision Detection)和 Ford 公司使用的 ACP(Audio Control Protocol),现在已逐步停止使用。Toyota 公司制定的一种通信协议 BEAN(Body Electronics Area Network)目前仍在其多种车型(Clesior、Aristo、Prius 和 Celica)中加以应用。

A 类目前首选的标准是 LIN。LIN 是用于汽车分布式电控系统的一种新型低成本串行通信系统,它是一种基于 UART 的数据格式、主从结构的单线 12 V 的总线通信系统,主要用于智能传感器和执行器的串行通信,而这正是 CAN 总线的带宽和功能所不要求的部分。由于目前尚未建立低端多路通信的汽车标准,因此 LIN 正试图发展成为低成本的串行通信的行业标准。

LIN 的标准简化了现有的基于多路解决方案的低端 SCI,同时将降低汽车电子装置的开发、生产和服务费用。LIN 采用低成本的单线连接,传输速度最高可达 20 kb/s,对于低端的大多数应用对象来说,这个速度是可以接受的。它的媒体访问采用单主/多从的机制,不需要进行仲裁,在从节点中不需要晶体振荡器而能进行自同步,这极大地减少了硬件平台的成本。

在表 4-1-1 中,给出了 LIN 总线以及下列其他各类典型汽车总线标准、协议特性和参数。

LIN 总线及其他各类典型汽车总线标准、协议特性和参数 表 4-1-1

类别	A 类	B 类	C 类	诊断	多媒体	X-by-Wire	安全
名称	LIN	ISO11519-2	ISO11898 (SAE J1939)	ISO15765	D2B(MOST)	Flexray	Safety bus
所属机构	Motorola	ISO/SAE	ISO/TMC-ATA	ISO	PHILIPS	BMW&DC	Delphi
用途	智能传感器	控制、诊断	控制、诊断	诊断	数据流控制	电传控制	安全气囊
介质	单根线	双绞线	双绞线	双绞线	光纤	双线	双线
位编码	NRZ	NRZ-5	NRZ-5	NRZ	Biphase	NRZ	RTZ
媒体访问	主/从	竞争	竞争	TESTER/SLAVE	TOKEN RING	FTDMA	主/从
错误检测	8 位 CS	CRC	CRC	CRC	CRC	CRC	CRC
数据长度	8 字节	0~8 字节	8 字节	0~8 字节		12 字节	24~39 字节
位速率	20 kb/s	10 kb/s~1 250 kb/s	1 Mb/s (250 kb/s)	250 kb/s	12 Mb/s (25 Mb/s)	5 Mb/s	500 kb/s
总线最大长度	40 m	40 m(典型)	40 m	40 m	无限制	无限制	未定
最大节点数	16	32	30(STP) 10(UTP)	32	24	64	64
成本	低	中	中	中	高	中	中

2. B 类总线标准、协议

B 类中的国际标准是 CAN 总线。CAN 总线是德国 BOSCH 公司从 20 世纪 80 年代初为解决当代汽车中众多的控制与测试仪器之间的数据交换而开发的一种串行数据通信协议,它是一种多主总线,通信介质可以是双绞线、同轴电缆或光导纤维。通信速率可达 1 Mb/s。CAN 总线通信接口中集成了 CAN 协议的物理层和数据链路层功能,可完成对通信数据的成帧处理,包括位填充、数据块编码、循环冗余检验、优先级判别等项工作。CAN 协议的一个最大特点是废除了传统的站地址编码,而代之以对通信数据块进行编码,最多可标识 2 048(2.0 A)个或 5 亿(2.0 B)多个数据块。采用这种方法的优点可使网络内的节点个数在理论上受限制。数据段长度最多为 8 个字节,不会占用总线时间过长,从而保证了通信的实时性。

CAN 协议采用 CRC 检验并可提供相应的错误处理功能，保证了数据通信的可靠性。

B 类标准采用的是 ISO 11898，传输速率在 100 kb/s 左右。对于欧洲的各大汽车公司从 1992 年起，一直采用 ISO11898，所使用的传输速率范围从 47.6～500 kb/s 不等。近年来，基于 ISO 11519 的容错 CAN 总线标准在欧洲的各种车型中也开始得到广泛的使用，ISO 11519－2 的容错低速双线 CAN 总线接口标准在轿车中正在得到普遍应用，它的物理层比 ISO 11898 要慢一些，同时成本也高一些，但是它的故障检测能力却非常突出。与此同时，以往广泛适用于美国车型的 J1850 正逐步被基于 CAN 总线的标准和协议所取代。

3. 高速总线系统标准、协议

由于高速总线系统主要用于与汽车安全相关以及实时性要求比较高的地方，如动力系统等，所以其传输速率比较高。根据传统的 SAE 的分类，该部分属于 C 类总线标准，通常其位速率在 125 kb/s～1 Mb/s，必须支持实时的周期性的参数传输。目前，随着汽车网络技术的发展，未来将会使用到具有高速实时传输特性的一些总线标准和协议，包括采用时间触发通信的 X－by－Wire 系统总线标准和用于安全气囊控制和通信的总线标准、协议。

(1)C 类总线标准、协议。在 C 类标准中，欧洲的汽车制造商基本上采用的都是高速通信的 CAN 总线标准 ISO 11898。而 J 1939 供货车及其拖车、大客车、建筑设备以及农业设备使用，是用来支持分布在车辆各个不同位置的电控单元之间实现实时闭环控制功能的高速通信标准，其数据传输速率为 250 kb/s。在美国，GM 公司已开始在所有的车型上使用其专属的所谓 GMLAN 总线标准，它是一种基于 CAN 的传输速率在 500 kb/s 的通信标准。

ISO 11898 针对汽车(轿车)电控单元(ECU)之间，通信传输速率大于 125 kb/s，最高 1 Mb/s时，使用控制器局域网络构建数字信息交换的相关特性进行了详细的规定。

J 1939 使用了控制器局域网协议，任何 ECU 在总线空闲时都可以发送信息，它利用协议中定义的扩展帧 29 位标识符实现一个完整的网络定义。29 位标识符中的前 3 位被用来在仲裁过程中决定消息的优先级。对每类信息而言，优先级是可编程的。这样原始设备制造商在需要时可以对网络进行调整。J1939 通过将所有 11 位标识符消息定义为专用，允许使用 11 位标识符的 CAN 标准帧的设备在同一个网络中使用。这样，11 位标识符的定义并不是直接属于 J1939 的一个组成部分，但是也被包含进来。这是为了保证其使用者可以在同一网络中并存而不出现冲突。

(2)安全总线和标准。安全总线主要是用于安全气囊系统，以连接加速度传感器、安全传感器等装置，为被动安全提供保障。目前已有一些公司研制出了相关的总线和协议，包括 Delphi 公司的 Safety Bus 和 BMW 公司的 Byteflight 等。

Byteflight 主要以 BMW 公司为中心制订。数据传输速率为 10 Mbps，光纤可长达 43 m。Byteflight 不仅可以用于安全气囊系统的网络通信，还可用于 X-by-Wire 系统的通信和控制。BMW 公司在 2001 年 9 月推出的新款 BMW 7 系列车型中，采用了一套名为 ISIS(Intelligent Safety Integrated System)的安全气囊控制系统，它是由 14 个传感器构成的网络，利用 Byteflight 来连接和收集前座安全气囊、后座安全气囊以及膝部安全气囊等安全装置的信号。在紧急情况下，中央电控单元能够更快更准确地决定不同位置的安全气囊的释放范围与时机，发挥最佳的保护效果。

(3)X－by－Wire 总线标准、协议。X－by－Wire 最初是用在飞机控制系统中，称为电传控制，现在已经在飞机控制中得到广泛应用。由于目前对汽车容错能力和通信系统的高可靠性的需求日益增长,X－by－Wire 开始应用于汽车电子控制领域。在未来的 5～10 年里,X－by－Wire 技术将使传统的汽车机械系统(如制动和驾驶系统)变成通过高速容错通信总线与高性能 CPU 相连的电气系统。在一辆装备了综合驾驶辅助系统的汽车上,诸如 Steer－by－Wire、Brake－by－Wire 和电子油门控制等特性将为驾驶人带来全新驾驶体验。为了提供这些系统之间的安全通信,就需要一个高速、容错和时间触发的通信协议。目前,这一类总线标准主要有 TTP、Byteflight 和 Flex Ray。

TTP(时间触发协议)是由维也纳理工大学的 H. Kopetz 教授开发的。时间触发系统和事件触发系统的工作原理大不相同。对时间触发系统来说,控制信号起源于时间进程;而在事件触发系统中,控制信号起源于事件的发生(如一次中断)。这项开发工作后来作为一个被欧洲委员会资助的项目,进一步发展成为一种汽车自动驾驶应用系统。TTP 创立了大量汽车 X－by－Wire 控制系统,如驾驶控制和制动控制。TTP 是一个应用于分布式实时控制系统的完整的通信协议。它能够支持多种的容错策略,提供了容错的时间同步以及广泛的错误检测机制,同时还提供了节点的恢复和再整合功能。其采用光纤传输的工程化样品速度将达到 25 Mb/s。

BMW 公司的 By teflight 可用于 X-by-Wire 系统的网络通信。Byteflight 的特点是既能满足某些高优先级消息需要时间触发,以保证确定延迟的要求,又能满足某些消息需要事件触发,需要中断处理的要求。但其他汽车制造商目前并无意使用 Byteflight,而计划采用另一种规格——FlexRay。FlexRay 是一种新的特别适合下一代汽车应用的网络通信系统,它采用 FTDM(Flexible Time Division Multiple Access)的确定性访问方式,具有容错功能和确定的消息传输时间,能够满足汽车控制系统的高速率通信要求。BMW、Daimler-Chrysler、Motorola 和 Philips 联合开发和建立了这个 FlexRay 标准,GM 公司也加入了 FlexRay 联盟,成为其核心成员,共同致力于开发汽车分布式控制系统中高速总线系统的标准。该标准不仅提高了一致性、可靠性、竞争力和效率,而且还简化了开发和使用,并降低了成本。

4. 诊断系统总线标准、协议

故障诊断是现代汽车必不可少的一项功能,使用排放诊断的目的主要是为了满足 OBD-Ⅱ(ON Board Diagnose)、OBD-Ⅲ或 E-OBD(European-On Board Diagnose)标准。目前,许多汽车生产厂商都采用 ISO14230(Keyword Protocol 2000)作为诊断系统的通信标准,它满足 OBD－Ⅱ和 OBD-Ⅲ的要求。在欧洲,以往诊断系统中使用的是 ISO 9141,它是一种基于 UART 的诊断标准,满足 OBD-Ⅱ的要求。美国的 GM、Ford、DC 公司广泛使用 J1850(不含诊断协议)作为满足 OBD-Ⅱ的诊断系统的通信标准。但随着 CAN 总线的广泛应用,美国三大汽车公司对乘用车采用了 CAN 的 J 2480 诊断系统通信标准,它满足 OBD-Ⅲ的通信要求。从 2000 年开始,欧洲汽车厂商已经开始使用一种基于 CAN 总线的诊断系统通信标准 ISO3 15765,它满足 E-OBD 的系统的要求。

目前,汽车的故障诊断主要是通过一种专用的诊断通信系统来形成一套较为独立的诊断网络,ISO 9141 和 ISO 14230 就是这类技术上较为成熟的诊断标准。而 ISO 15765 适用于将车用诊断系统在 CAN 总线上加以实现的场合,从而适应了现代汽车网络总线系统的发展趋势。ISO 15765 的网络服务符合基于 CAN 的车用网络系统的要求,是遵照 ISO 14230-3 及 ISO 15031－5 中有关诊断服务的内容来制定的,因此,ISO 15765 对于 ISO 14230 应用层的服务和参数完全兼容,但并不限于只用在这些国际标准所规定的场合,因而有广泛的应用前景。

5. 多媒体系统总线标准、协议

汽车多媒体网络和协议分为三种类型，分别是低速、高速和无线，对应 SAE 的分类相应为：IDB-C(Intelligent Data BUS-CAN)、IDB-M(Multimedia)和 IDB-Wireless，其传输速率为 250 kbps～100 Mbps。

低速用于远程通信、诊断及通用信息传送，IDE－C 按 CAN 总线的格式以 250 kb/s 的传输速率进行信息传送。由于其低成本的特性，IDB－C 有望成为汽车类产品的标准之一，并已经在 OEM 方式的车辆中推行。GM 公司等美国汽车制造商计划使用 POF(Plastic Optical Fiber)在车中安装以 IEEE 1394 为基础的 IDE-1394，Toyota 等日本汽车制造商也将跟进采用 POF。由于消费者手中已经有许多 IDE 1394 标准下的设备，并与 IDE-1394 相兼容，因此，IDE-1394 将随着 IDE 产品进入车辆的同时而成为普遍的标准。

高速主要用于实时的音频和视频通信，如 MP3、DVD 和 CD 等的播放，所使用的传输介质是光纤，这一类里主要有 D2B、MOST 和 IEEE 1394。

D2B 是用于汽车多媒体和通信的分布式网络，通常使用光纤作为传输介质，可连接 CD 播放器、语音电控单元、电话和因特网。D2B 技术已使用于 Mercedes 公司 1999 年款的 S-Class 车型。Damiler-Chrysler 等公司与 BWM 公司一样使用 MOST，MOST 是车辆内 LAN 的接口规格，用于连接车载导航器和无线设备等，数据传输速度为 24 Mb/s，其规格主要由德国 Oasis Silicon System 公司制订。

在无线通信方面，采用 Blue tooth 规范，它主要是面向下一代汽车应用，如声音系统、信息通信等。目前已有一些公司研制出了基于 Blue tooth 技术的处理器，如美国德州仪器公司(TI)不久前宣布推出一款新型基于 ROM 的蓝牙基带处理器，可用于通信及娱乐或 PC 外设等方面。

三、车载网络的分类

车载网络采用的大多是局域网(局域网是指在一个特定的局部单位内连接的网络)，在汽车上会有多个局域网，这些网络可以通过网关(Gateway)连接在一起构成互联网络。网关是连接不同网络能实现不同网络协议转换的设备。根据网络结构，车载网络分星型网、总线网和环型网。

星型网(图 4-1-9)是以 1 台中央处理器为中心，中央处理器与每台入网机器有 1 个物理连接链。其特点是结构简单，通信数据量较少，可以根据需要由中央处理器安排网

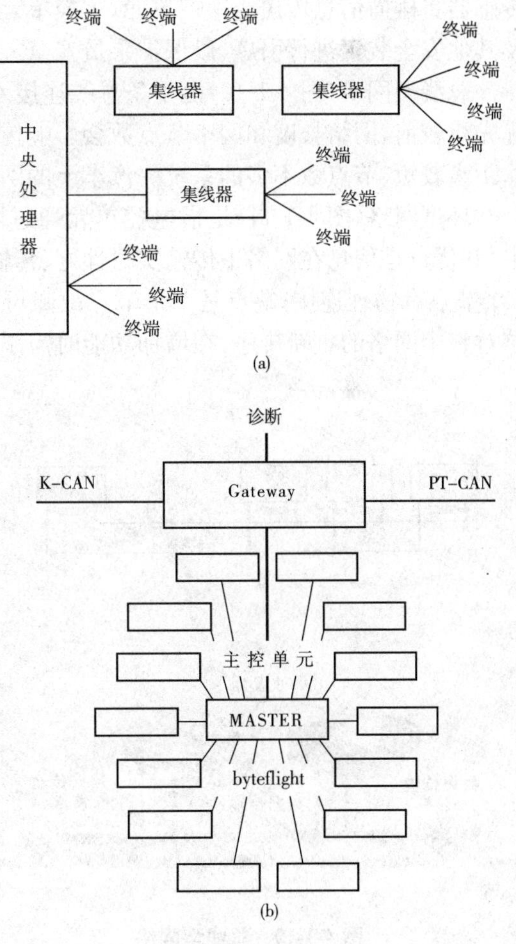

图 4-1-9　星型网络

(a)星型网络示意图；(b)E66 安全系统网络

络访问优先权或时间。缺点是中央处理器负载重，功能扩充困难，线路利用率低，当系统出故障时容易影响中央处理器。由于汽车网络的应用目的之一就是简化线束，所以这种结构不可能成为整车网络的结构，但有可能在1个部件或总成上使用。

目前使用的车载星型网络按传输媒介可分为2类：一类是由普通导线传输数据，它的传输速率较低，抗干扰能力较差，一般用于控制精度较低的设备，如宝马轿车上自动空调系统的伺服电动机；另一类是由光纤传输数据，此类网络目前正被一些高档轿车广泛应用，它的传输速率较快，不会被电磁辐射等外界的干扰源干扰，可靠性强，信号衰减小，不存在短路和接地，如宝马7系列轿车被动安全系统的Byteflignt。下面就以Byteflight为例，对它的工作原理进行分析。

该系统是由1个主控单元，几个卫星式传感器，几个用于撞击识别、座椅占用识别的传感器以及用于激活安全气囊、安全带等保护系统的引爆执行器组成。当系统接通电源时，主控单元会分时访问网络覆盖的电控单元，并检测各电控单元的传感器和执行器是否工作正常。若某个电控单元出现故障，主控单元会切断出现故障的电控单元电源，使其退出工作并点亮故障指示灯，但其他安全电控单元依然可以正常工作。当系统接收到碰撞信号时，相关部位的卫星传感器将碰撞信息传送给主控单元，主控单元根据碰撞位置、强度发出相应的指令对安全气囊及其他安全装置进行引爆，以保护乘员安全。

总线型网络（图4-1-10）由1条总线连接入网电控单元，其特点是通信速率较高，分时访问优先权较前，网络长度和网络节点数会影响传输延时、电控单元驱动能力的下降，所以适合传输距离较短、节点数不多的系统。汽车上的网络多采用这种结构，尤其是低端网络。

环型网络（图4-1-11）是指电控单元通过网络部件连到1个环形物理链路（传播媒介网）中，其优点是信息在网络中传输实时性好、传输数据量大及抗干扰能力强，每个节点只与其他2个节点有物理连接；缺点是1个节点故障可能影响整个网络，可靠性较差，网络扩充时要调整对整个网络的重新排序，在增加功能时需添加电控单元，相对比较复杂。

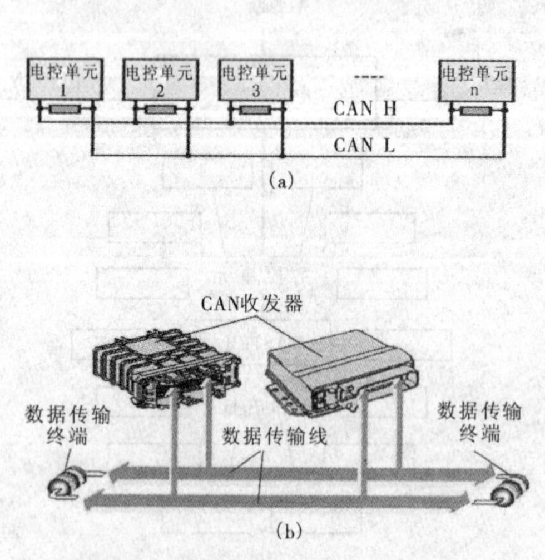

图 4-1-10　总线型网络
(a)总线型网络示意图；(b)大众总线型网络示意图

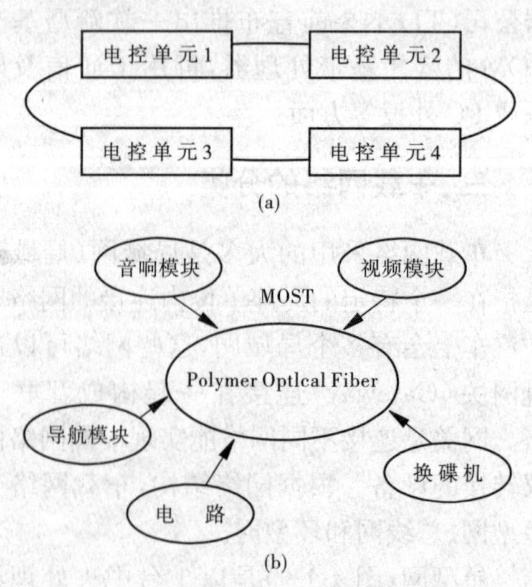

图 4-1-11　环型网络
(a)环型网络示意图；(b)宝马MOST系统示意图

第二节 CAN 双线式数据总线结构与检修

CAN 是 Controller Area Network(控制器局域网)的缩写，含义是电控单元通过网络进行数据交换，CAN-BUS 数据总线(图 4-1-12)可比作公共汽车，可以同时运输大量乘客，CAN-BUS 数据总线包含大量的数据信息。在汽车领域，几乎所有欧洲新型汽车都使用了 CAN-BUS 网络。

一、数据传输形式和数据传输原理

1. 数据传输形式

目前，在汽车上应用的数据传输形式有两种：一是每项信息均通过各自独立的数据线进行交换(图 4-1-13a)，在这种数据传输形式中，每项信息都需要一个独立的数据线，随着汽车控制系统越来越复杂，所需传输的信息量也越来越大，因此数据线的数量和电控单元的针脚数也会相应增加，所以这种数据传递形式只适用于有限信息量的数据交换和传输；二是各电控单元之间的所有信息都通过两根数据线——CAN-BUS 数据总线(图 4-1-13b)进行交换，与数据传输形式一相比，这种数据传递形式，所有的信息，不管电控单元的多少和信息容量的大小，都可以通过这两条数据线进行传递，所以，如果电控单元间进行大量的信息交换，CAN-BUS 数据总线也能完全胜任，如果需要增加额外信息，只需修改软件即可。

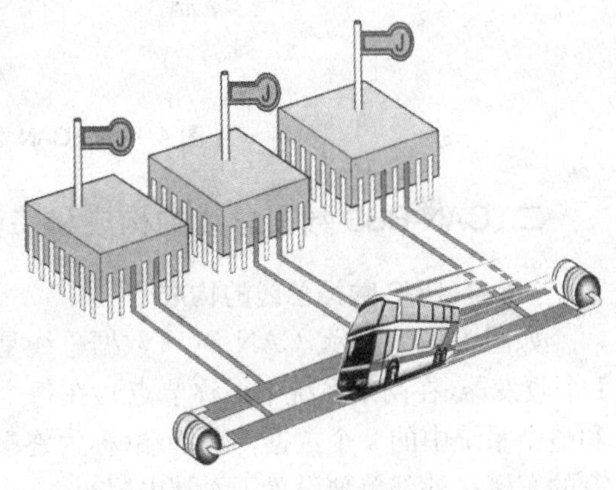

图 4-1-12 CAN-BUS 数据总线数据传输示意

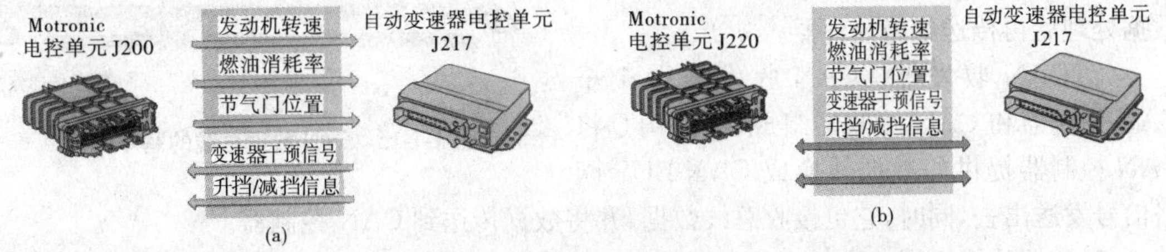

图 4-1-13 数据传输形式

(a)单线数据传输；(b)CAN-BUS 总线数据传输

2. 数据传输原理

CAN-BUS 数据总线中的数据传递就像一个电话会议(图 4-1-14)，一个电话用户(电控单元)将数据“讲入”网络中，其他用户通过网络“接听”这个数据，对这个数据感兴趣的用户就会利用数据，而其他用户则选择忽略。

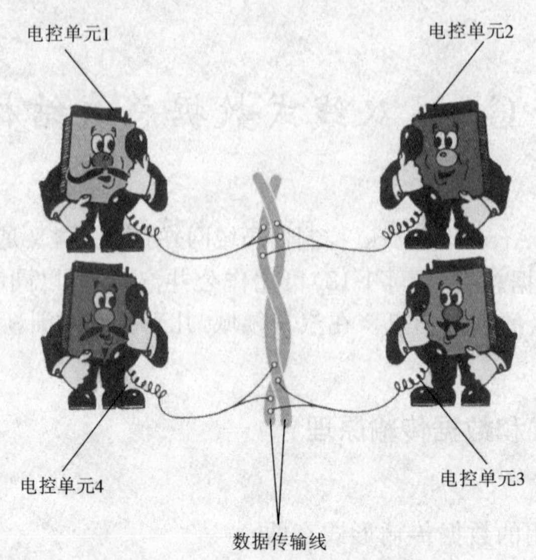

图 4-1-14　CAN 数据总线数据传输原理

二、CAN-BUS 数据总线的构成和工作

1. CAN-BUS 数据总线的构成

如图 4-1-15 所示，CAN-BUS 数据总线是由每个电控单元内部安装的 1 个 CAN 控制器和 1 个收发器(在网络系统中俗称节点)，在每个电控单元外部连接的 2 条 CAN-BUS 数据总线和整个系统中的 2 个数据传输终端(称为终端电阻，有的车辆将终端电阻设置在电控单元内，有的车辆在外部单独设置了终端电阻)。

2. CAN-BUS 数据总线各组成部件的功能

(1)CAN 控制器。其作用是接收本电控单元内微处理器发出的指令数据，并将数据处理后传送给 CAN 收发器。同理，当 CAN 收发器从数据总线上接收到数据后，经过 CAN 控制器数据处理后再传送给微处理器。

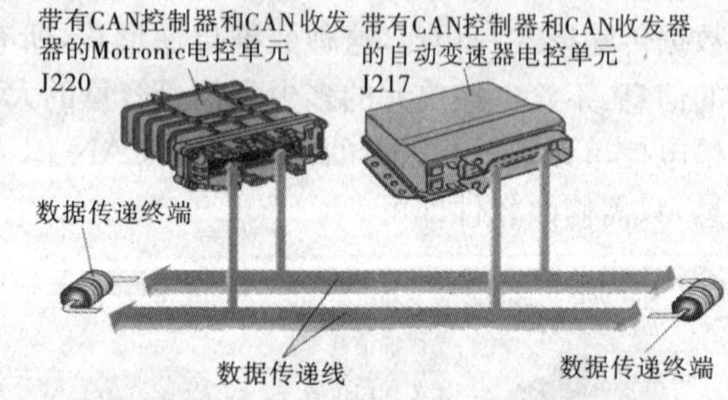

图 4-1-15　CAN 数据总线的基本构成

(2)CAN 收发器。CAN 收发器由 1 个 CAN 发送器和 CAN 接收器组成，其作用是将 CAN 控制器提供的数据转换成 CAN-BUS 网络信号发送出去，同时，它也接收总线数据，并将数据传送到 CAN 控制器。

(3)数据传输终端。实际上是个电阻器，也称终端电阻，其作用是避免数据在高速传输终了时产生反射波使数据遭到破坏，导致传输失败。

(4)CAN-BUS 数据总线。CAN-BUS 数据总线是用来传输数据的双绞数据线(图 4-1-16a)，它分为 CAN-High(高位)和 CAN-Low(低位)数据线。数据通过数据总线发送给各电控单元，在发送过程中，为了防止外界电磁干扰和数据传输时对外辐射，CAN-BUS 数据总线采用了 2 条数据线绕在一起的方式。2 条线上在数据传输时的电位是相反的，如一条线上的电压是 0 V，另一条线上的电压是 5 V，2 条线上的总电压值是常值。通过这种方法，CAN-BUS

数据总线在信号传输时，信号得到了保护而免受外界电磁场的干扰，同时对外的辐射也保持了中性，即辐射等于零(图 4-1-16b)。

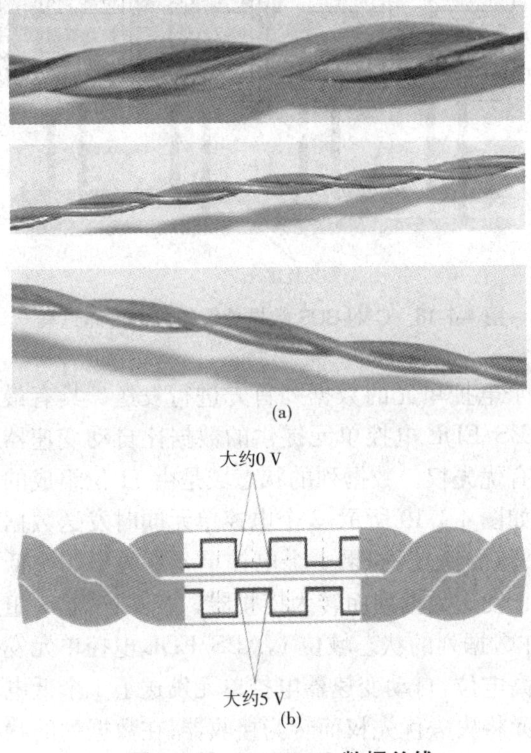

图 4-1-16 CAN-BUS 数据总线

(a)双绞数据线；(b)双绞线原理示意图

3. CAN-BUS 数据总线传递数据的构成

CAN-BUS 数据总线传递的数据由多位构成，在数据中，位数的多少由数据域的大小决定。CAN-BUS 数据总线在极短的时间里在各电控单元间传递的数据，如图 4-1-17 所示可将其分为开始域、状态域、检查域、数据域、安全域、确认域和结束域等 7 个部分，该数据构成形式在两条数据传输线上是一样的。

(1)开始域。标志着数据列的开始，由 1 位构成。带有大约 5 V 电压(由系统决定)的 1 位被送入高位 CAN 线；带有大约 0 V 电压的 1 位被送入低位 CAN 线。

(2)状态域。判定数据中的优先权，由 11 位构成。如果 2 个电控单元都要同时发送各自的数据，那么，具有较高优先权的电控单元，优先发送。

(3)检查域。用于显示在数据域中所包含的信息项目数，由 6 位构成。在本部分允许任何接收器检查是否已经接收到所传递过来的所有信息。

(4)数据域。传给其他电控单元的信息，最大由 64 位构成。

(5)安全域。检测传递数据中的错误，由 16 位构成。

(6)确认域。确认域由 2 位构成。在此，CAN 接收器发出信号通知 CAN 发送器，CAN 接收器已经正确接收到数据。若检查到错误，CAN 接收器立即通知 CAN 发送器，CAN 发送器然后再发送一次数据。

(7)结束域。结束域由 7 位构成，标志数据列的结束。在此是显示错误并重复发送数据的最后一次机会。

4. CAN-BUS 数据总线的数据传递过程

CAN-BUS 数据总线并没有指定的数据接收者，数据在 CAN-BUS 数据总线中传输过程中，可以被所有电控单元接收和计算。CAN-BUS 数据总线的数据传递过程如图 4-1-18 所示。

(1)提供数据。电控单元的微处理器向 CAN 控制器提供需要发送的数据。

(2)发送数据。CAN 收发器接收由 CAN 控制器传来的数据，转为 CAN 网络电信号并发

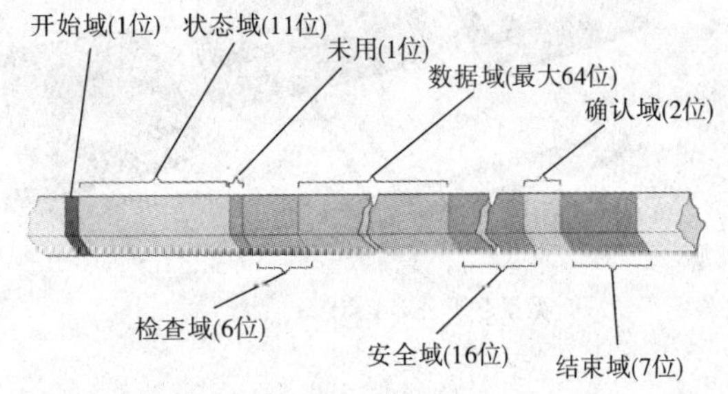

图 4-1-17 CAN 数据总线传递数据的构成

送到 CAN-BUS 数据总线上。

(3)接收数据。所有与 CAN-BUS 数据总线一起构成网络的电控单元转为接收器，从 CAN-BUS 数据总线上接收数据。

(4)检查数据。电控单元检查判断所接收的数据是否所需要的数据。

(5)接受数据。如所接收的数据重要，该数据将被微处理器接受并进行处理，否则，忽略接收来的数据。

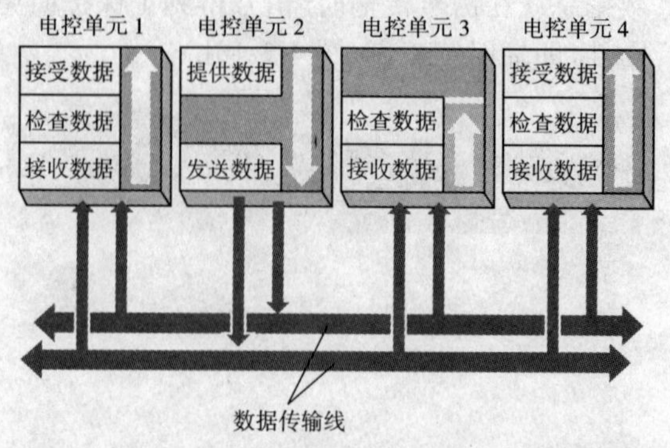

图 4-1-18　CAN-BUS 数据总线的数据传递过程

5. CAN-BUS 数据总线的数据分配

如果多个电控单元要同时发送各自的数据列，那么 CAN-BUS 数据总线系统就必须决定哪个电控单元的数据列首先进行发送。具有最高优先权的数据，首先发送，基于安全考虑，由 ABS/EDL 电控单元提供的数据比自动变速器电控单元提供的数据(驾驶舒适)更重要，因此具有优先权。数据列的状态域是由 11 位组成的编码，其数据的组合形式决定了数据的优先权。如图 4-1-19 所示，3 个电控单元同时发送数据列，此时，在 CAN-BUS 数据传输线上进行一位一位的比较，如果 1 个电控单元发送了 1 个低电位而检测到 1 个高电位，那么该电控单元就停止发送数据列而转为接收器。表 4-1-2 是 3 组不同数据列的优先权。例如，如图 4-1-20 所示，在数据列的状态域位 1，ABS/EDL 电控单元发送了 1 个高电位，发动机电控单元也发送了 1 个高电位，自动变速器电控单元发送了 1 个低电位而检测到 1 个高电位，那么自动变速器电控单元将失去优先权而转为接收器；在数据列的状态域位 2，ABS/EDL 电控单元发送了 1 个高电位，发动机电控单元发送了 1 个低电位并检测到 1 个高电位，那么，发动机电控单元也失去优先权，而转为接收器；在数据列的状态域位 2，ABS/EDL 电控单元拥有最高优先权并接收分配的数据，该优先权保证其持续发送数据直至发送终了，ABS/EDL 电控单元结束发送数据后，其他电控单元再发送各自的数据。

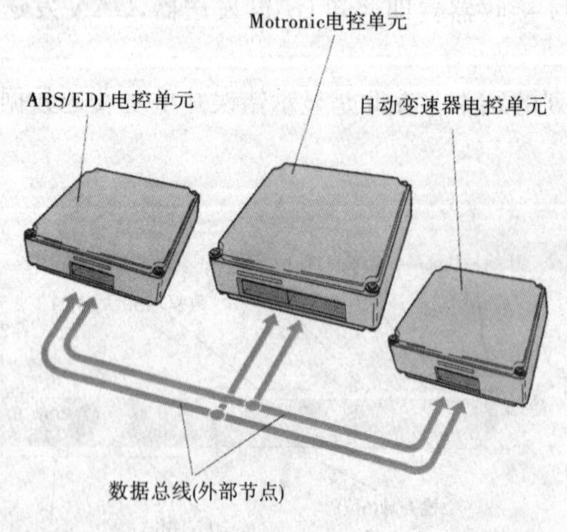

图 4-1-19　优先权判定 CAN－BUS 数据总线举例

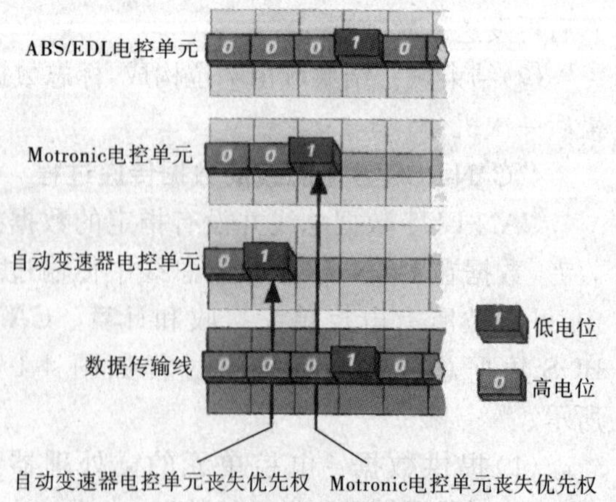

图 4-1-20　数据列优先权的判定

不同数据列的优先权　　表 4-1-2

优先权	数据报告	状态域形式
1	Brake1(制动 1)	001 1010 0000
2	Engine1(发动机 1)	010 1000 0000
3	Gearbox1(变速器 1)	100 0100 0000

三、CAN-BUS 数据总线的检测方法

(一)CAN-BUS 数据总线的故障代码检测

CAN-BUS 数据总线系统具有故障自诊断功能,通过故障检测仪可以检测故障代码并根据故障提示进行故障排除。SAE(美国汽车工程师学会)在 OBD-Ⅱ中规定,字母 U 字开头的故障代码为车载网络系统的故障代码。

(二)CAN-BUS 数据总线的万用表检测

如图 4-1-10a 所示,在同一网络中,任意节点之间同位 CAN 线是导通的,因此可以用万用表电阻挡测量网络中任意两节点同位 CAN 线的导通性判定 CAN 线是否存在断路故障,正常情况下应导通;用万用表电阻挡测量 CAN-High 和 CAN-Low 之间的电阻,正常情况下应该有一个规定的电阻(电阻大小随车型而异),不应直接导通;用万用表电阻挡测量 CAN-High 或 CAN-Low 分别与搭铁或蓄电池正极之间的导通性,正常情况下应不导通。

(三)CAN-BUS 数据总线波形检测

1. CAN-BUS 数据总线的标准波形

CAN-BUS 数据总线的标准波形如图 4-1-21 所示。

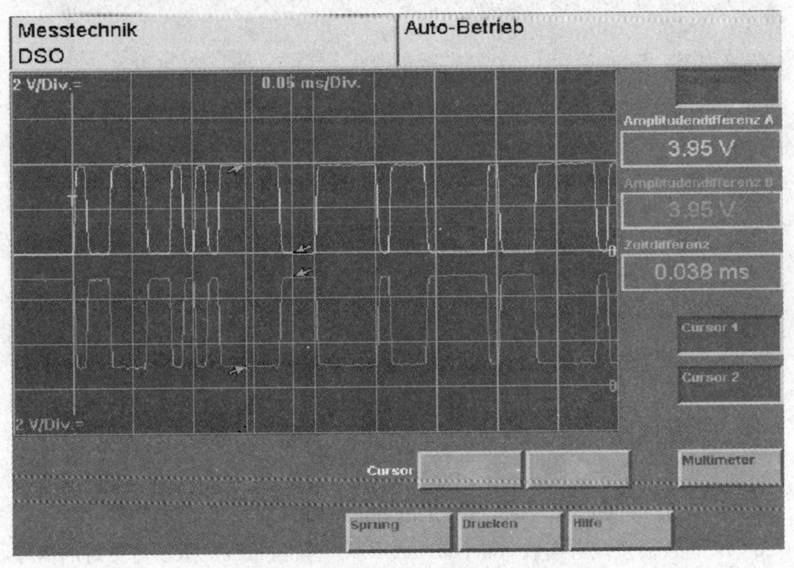

图 4-1-21　CAN-BUS 数据总线的标准波形

2. CAN-BUS 数据总线对搭铁短路时的信号波形

如图 4-1-22a 所示，当 CAN-BUS 数据总线对搭铁短路时，检测到的 CAN-BUS 数据总线的信号波形如图 4-1-22b 所示。

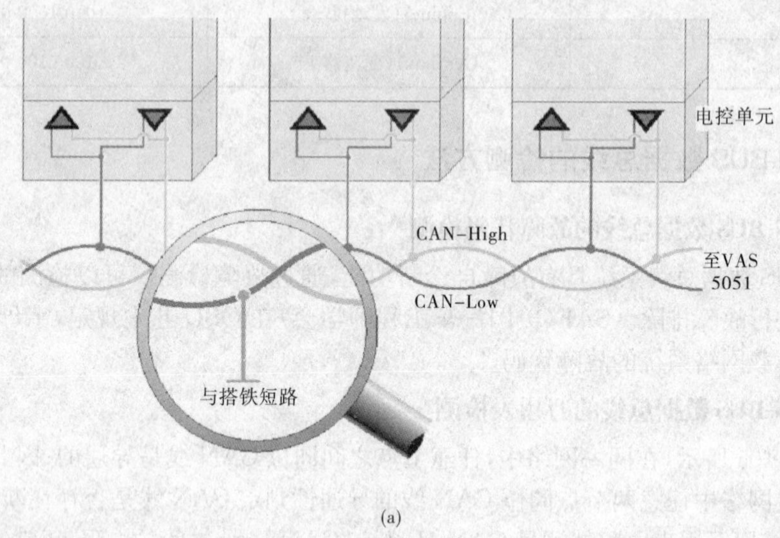

(a)

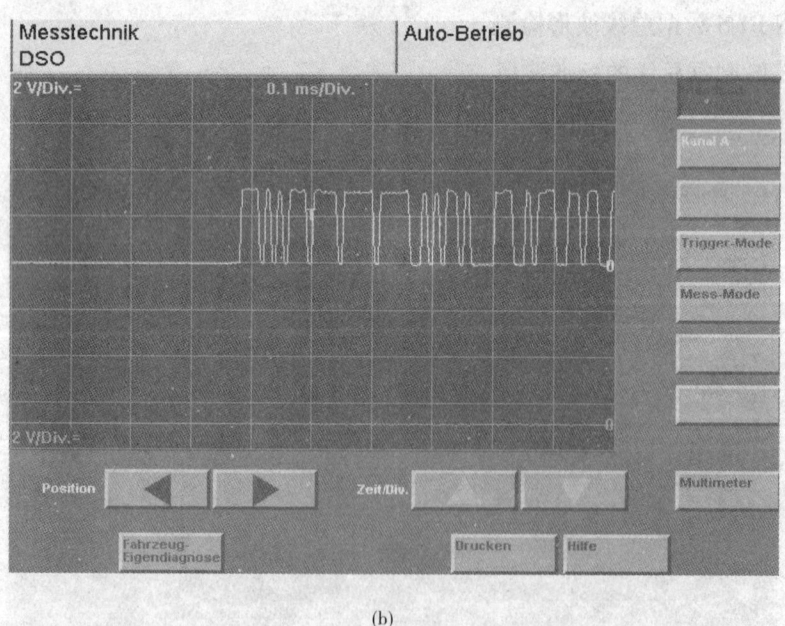

(b)

图 4-1-22 CAN-BUS 数据总线对搭铁短路及其信号波形

(a)CAN-BUS 数据总线对搭铁短路；(b)CAN-BUS 数据总线对搭铁短路时的信号波形

3. CAN-BUS 数据总线对正极短路时的信号波形

如图 4-1-23a 所示，当 CAN-BUS 数据总线对正极短路时，检测到的 CAN-BUS 数据总线的信号波形如图 4-1-23b 所示。

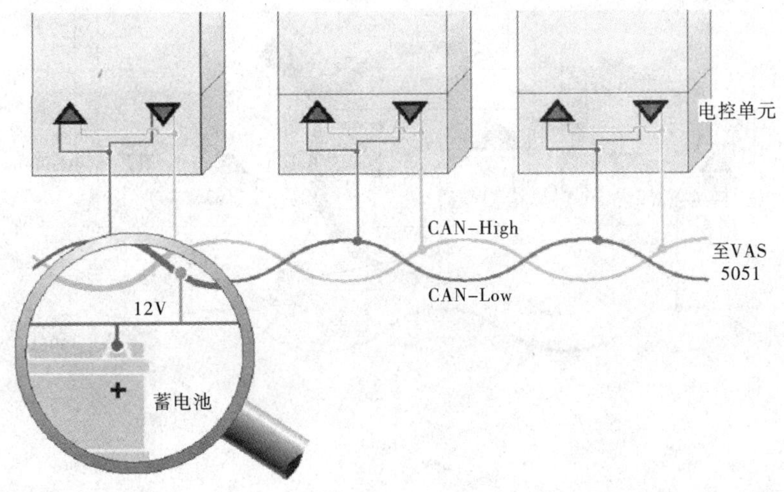

(a)

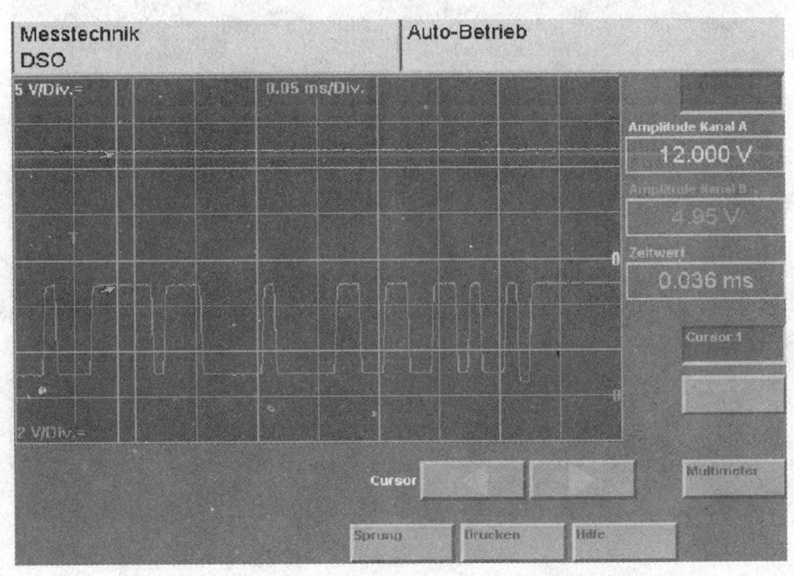

(b)

图 4-1-23　CAN-BUS 数据总线对正极短路及其信号波形

(a)CAN-BUS 数据总线对正极短路；(b)CAN-BUS 数据总线对正极短路时的信号波形

4. CAN-Low 断路时的信号波形

如图 4-1-24a 所示，当 CAN-BUS 数据总线 CAN-Low 断路时，检测到的 CAN-BUS 数据总线的信号波形如图 4-1-24b 所示。

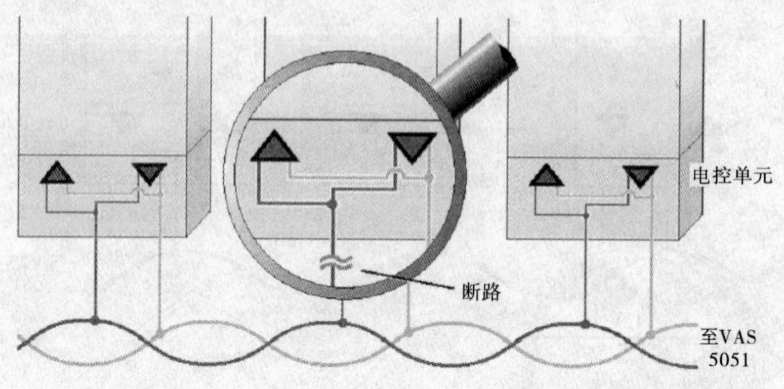

(a)

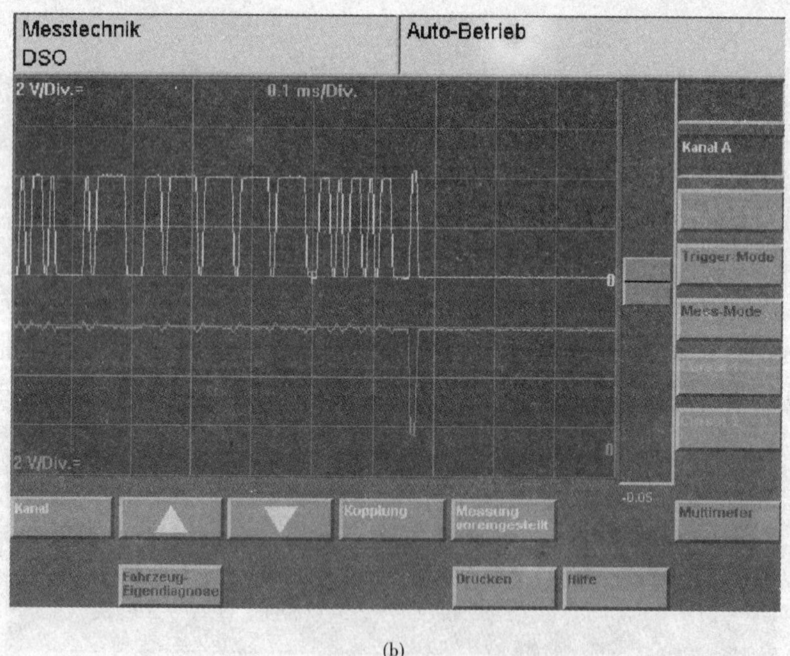

(b)

图 4-1-24 CAN-Low 断路时 CAN-BUS 数据总线信号波形

(a)CAN-Low 断路；(b)CAN-Low 断路时的信号波形

5. CAN-High 断路时的信号波形

如图 4-1-25a 所示，当 CAN-BUS 数据总线 CAN-High 断路时，检测到的 CAN-BUS 数据总线的信号波形如图 4-1-25b 所示。

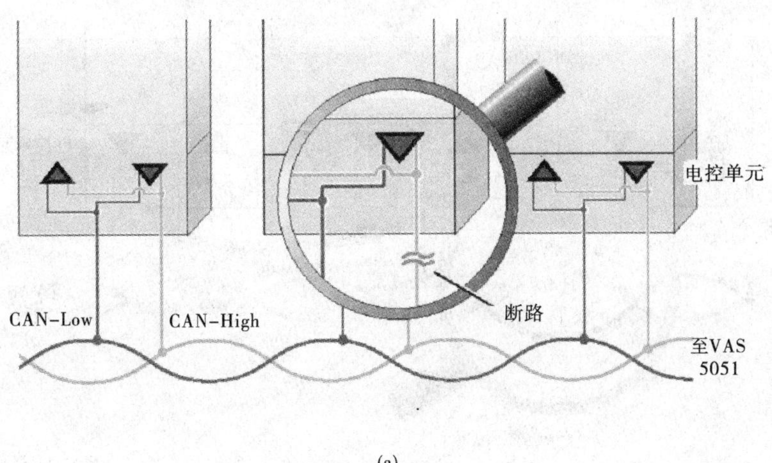

(a)

(b)

图 4-1-25　CAN-High 断路时 CAN-BUS 数据总线信号波形

(a)CAN-High 断路；(b)CAN-High 断路时的信号波形

6. CAN-High 和 CAN-Low 短路时的信号波形

如图 4-1-26a 所示，当 CAN-High 和 CAN-Low 短路时，检测到的 CAN-BUS 数据总线的信号波形如图 4-1-26b 所示。

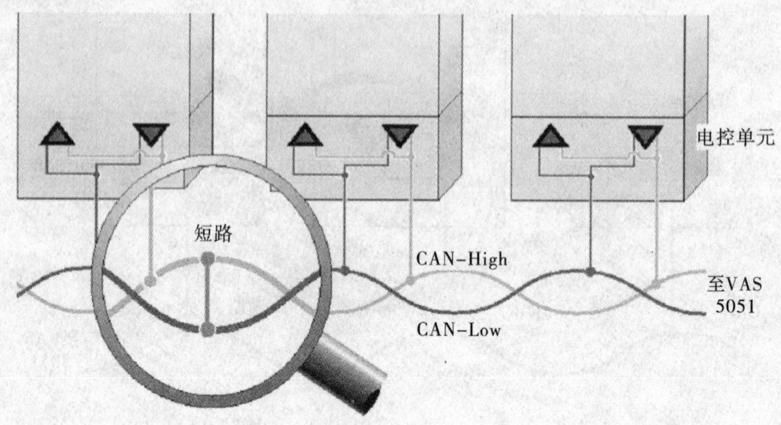

(a)

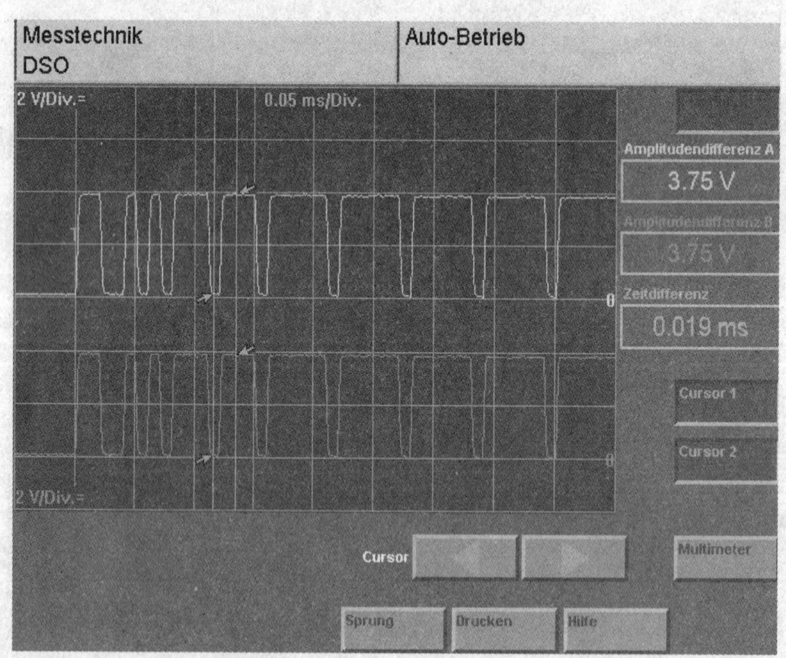

(b)

图 4-1-26 CAN-High 和 CAN-Low 短路时 CAN-BUS 数据总线信号波形

(a)CAN-High 和 CAN-Low 短路；(b)CAN-High 和 CAN-Low 短路时的信号波形

7. CAN-High 和 CAN-Low 交叉连接时的信号波形

如图 4-1-27a 所示，CAN-High 和 CAN-Low 交叉连接时，检测到的 CAN-BUS 数据总线的信号波形如图 4-1-27b 所示。

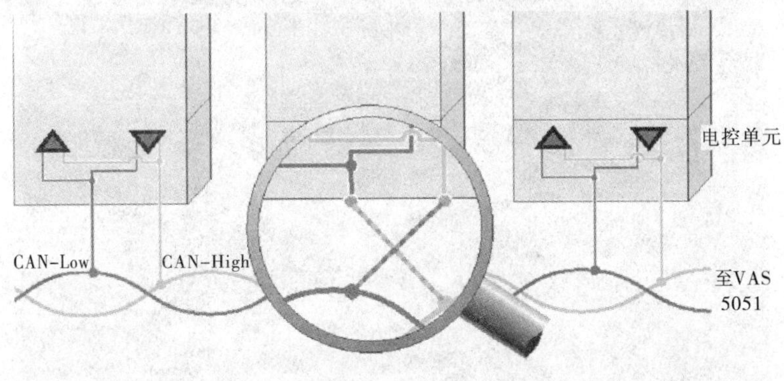

(a)

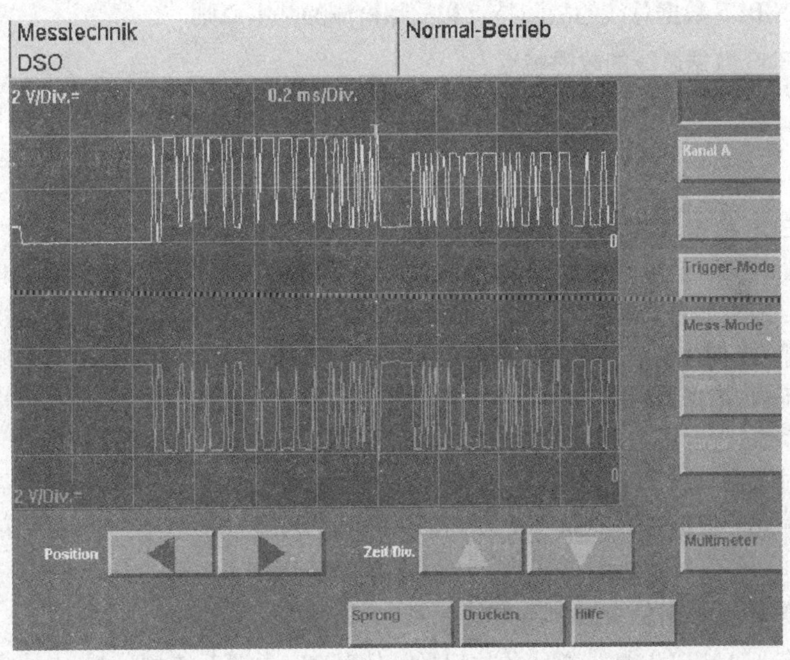

(b)

图 4-1-27　CAN-High 和 CAN-Low 交叉连接时 CAN-BUS 数据总线信号波形

(a)CAN-High 和 CAN-Low 交叉连接；(b)CAN-High 和 CAN-Low 交叉连接时的信号波形

8. CAN-BUS 数据总线处于睡眠模式时的信号波形

当 CAN-BUS 数据总线处于睡眠模式时，检测到的 CAN-BUS 数据总线的信号波形如图 4-1-28 所示。

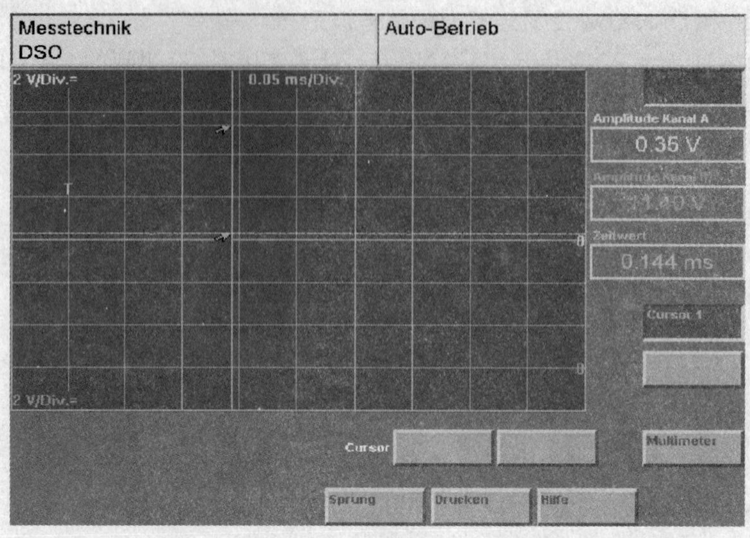

图 4-1-28 CAN-BUS 数据总线处于睡眠模式时的信号波形

四、CAN-BUS 数据总线的故障类型和故障诊断思路

(一)CAN-BUS 数据总线的故障特点和故障检测的基本原则

1. CAN-BUS 数据总线的故障特点

当装有 CAN 数据总线的车辆在出现总线系统故障时,一般表现出来的故障现象会非常离奇,有时车辆上的系统会"群死群伤",有时众多系统会"瘫痪",这就给维修技术人员带来了新的挑战。

2. CAN-BUS 数据总线故障检测的基本原则

装有 CAN-BUS 数据总线的车辆出现故障,维修技术人员应首先检测 CAN-BUS 数据总线是否正常。因为如果 CAN-BUS 数据总线有故障,则整个 CAN-BUS 数据总线中的有些信息将无法传输,接收这些信息的电控单元将无法正常工作,从而为故障诊断带来困难。在检查数据总线系统前,须保证所有与数据总线相连的电控单元无功能故障,功能故障指不会直接影响数据总线系统,但会影响某一系统的功能流程的故障,例如传感器损坏,其结果就是传感器信号不能通过数据总线传递,这种功能故障对数据总线系统有间接影响,会影响需要该传感器信号的电控单元的通信,因此,如存在功能故障,应先排除该功能故障。排除所有功能故障后,如果电控单元间数据传递仍不正常,则再检查数据总线系统。

(二)CAN-BUS 数据总线的故障类型和诊断思路

一般说来,CAN-BUS 数据总线的故障可以分为汽车电源系统故障、节点故障、链路故障、发送错误指令和系统传输瘫痪等五种类型。

1. 汽车电源系统故障的机理和诊断思路

(1)汽车电源系统故障的机理。CAN-BUS 数据总线的核心部分是含有通信 IC 芯片的电控单元(ECU),ECU 正常的工作电压在 10.5 ~15.0 V。如果汽车电源系统提供的工作电压低于该值,就会造成一些对工作电压要求高的 ECU 出现短暂的停止工作,从而使整个汽车 CAN-BUS 数据总线出现短暂的无法通信。这种现象就如同用故障检测仪在未起动发动机时就已经设定好要检测的传感器界面，当发动机起动时，由于起动消耗的电量比较大，故障检测仪往往会因为电压不足又回到初始界面。

(2)汽车电源系统故障的诊断思路。对于此类故障，CAN-BUS数据总线中的各个电控单元(ECU)，往往由于系统电源电压不足退出网络，并在多个ECU中记录网络通信中断的偶发性或历史性故障代码，在实车测试中，当故障再现时，故障检测仪会出现与网络中ECU通信中断的现象。因此，对于此类故障，在进行检测时，应该首先用故障检测仪读取网络中各个ECU的故障记录，根据故障代码基本可以确认是网络通信不良故障。然后利用故障检测仪进入网络中ECU数据测试模块，在车辆运行中故障发生时看故障检测仪是否退回原始界面，如果故障检测仪退回原始界面，则说明是汽车电源系统故障。

2.节点故障的机理和诊断思路

节点就是CAN-BUS数据总线中的电控单元，因此，节点故障就是ECU的故障，它包括：软件故障和硬件故障。软件故障，即传输协议或软件程序有缺陷或冲突，从而使车载网络系统通信出现混乱或无法工作，这种故障一般成批出现，且无法维修。硬件故障一般由于通信芯片或集成电路故障造成车载网络系统无法正常工作。对于采用低版本信息传输协议和点到点信息传输协议的车载网络系统，如果有节点故障，将出现整个车载网络系统无法工作。

3.链路故障的机理和诊断思路

当车载网络系统的链路(或通信线路)出现故障(如通信线路的短路、断路以及线路物理性质引起的通信信号衰减或失真等)时，都会引起多个电控单元无法工作或电控系统错误动作。判断是否为链路故障时，一般采用示波器或汽车专用光纤诊断仪来观察通信数据信号是否与标准通信数据信号相符。

4.发送错误指令

此类故障是指在网络覆盖的电控单元内，某些电控单元由于受到外界的干扰，错误地向执行器发出指令，使得一些执行器不能按照预先设计的控制机理正确动作。在实际维修工作中，这种故障现象是比较常见的。在检测此类故障时，使用排除法比较简单实用，不需要太专业的设备。只需要一台普通的示波器，或者使用普通万用表检测CAN线端的电压(不过此时的电压是平均电压，看不出高低位电平变化，只要简单地判断电控单元是否处于休眠状态)即可。

5.系统传输瘫痪

此类故障是指车辆上装备的某套数据总线系统内的电控单元不能通过总线互相通信，造成车辆功能异常，甚至故障检测仪也不能对该系统进行通信诊断。一般引起该故障的原因多是电控单元内部短路。在检修时，在网线未被损坏的情况下，一般采用排除法较易查出故障点。

在维修装备车载网络系统的车辆时，一定要了解其传输原理，在诊断时不能盲目下结论，必须经过分析论证作出准确地判断，再对其进行维修，避免造成不必要的损失。

(三)CAN-BUS数据总线故障诊断的步骤

通过对车载网络系统故障的分析，可以总结出车载网络系统故障的一般诊断步骤为：

(1)了解该车型车载网络系统特点(包括传输介质、几种子网及车载网络系统的结构形式等)，并画出车载网络系统的网络构成图。

(2)了解车载网络系统的功能，如有无唤醒功能和休眠功能等。

(3)检查汽车电源系统是否存在故障，如交流发电机的输出波形是否正常(若不正常将导致信号干扰等故障)等。

(4)检查车载网络系统的链路是否存在故障,可通过采用示波器检测链路的信号波形进行判断。

(5)如果是节点故障,只能采用替换法进行检测。

第三节 光学网络系统结构与检修

在数据通信技术中,光学网络近年来在高档轿车中已经成为被使用较多的一种新型网络。光学网络系统目前的成本已与电路系统不相上下,且今后还有望变得更低,加之它的传输速率高、传输数据量大、信号衰减小、不易受外界干扰、耐腐蚀及灵敏度高等优点,因此,光学网络系统是车载网络系统的发展方向,也是汽车线束的发展方向。

一、光学网络的类型和基本组成

1.光学网络的类型

光学网络可分无源光学网络和有源光学网络两类。无源光学网络是由光纤和光电耦合器构成的;有源光学网络除了光纤和光电耦合器以外,还增加了光中继器和光放大器以增强光信号,这种情况在有些光路损耗较大的应用场合是必要的。汽车使用的主要是无源光学网络,它不能放大或产生能量。

光学网络中光纤传输信息的方法有时分复用(OTDM)、波分复用(WDM)和频分复用(FDM)三种。传输信息用的光纤有塑料和玻璃纤维两种,塑料光纤较为便宜和便于应用,在汽车中应用较广泛。

2.无源光学星形网络的基本组成

汽车无源光学星形网络主要由无源光学星形、光发送器(发光二极管 LED)、在节点上的光接收器、节点与星形之间的发送和接收光纤的四部分组成。

图 4-1-29 是双端星形和单端星形路由模式。双端星形(图 4-1-29a)设置有纤维缠结,将输入和输出光纤有序地连通至各个节点。图中的有效尺寸主要是指纤维缠结构成的光纤张紧区。该张紧区和有效的封装尺寸可以通过收紧路由光纤使其减小,但路由光纤的弯曲半径不能小于 25 mm,否则会增加光源损耗和星形接入损耗。单端星形(图 4-1-29b)与双端星形相比较,输入和输出纤维与各个节点的路由简单得多。

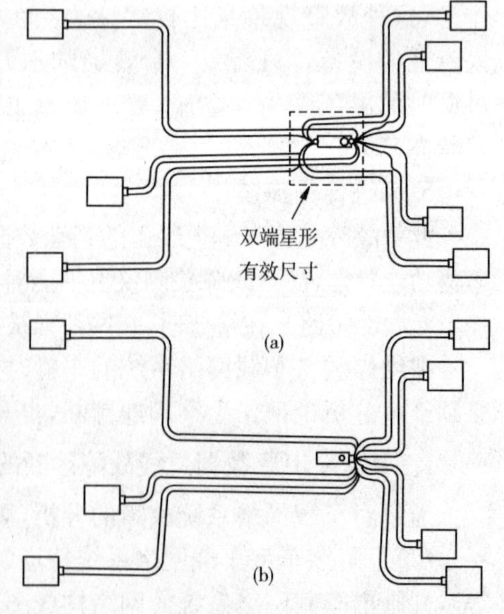

图 4-1-29 汽车双端和单端星形路由模式

(a)双端星形;(b)单端星形

混合线元星形是通过齐平式连接的纤维来向混合线元的输入和输出面散布光信号(图 4-1-30)。从任一根发送光纤传送出的光被耦合到混合线元的输入侧，当光通过混合线元传播时，光源被同时均匀地散布到输出端，所有的接收光纤再在输出端耦合。

双锥形星形指由数根光纤重新组成交叉式的热或化学熔结，构成混合的短锥形区（图 4-1-31）。光从任一根输入光纤射入短锥形区，传播到短锥形区的输出端，同时均匀地散布到输出光纤束的各根纤维上。

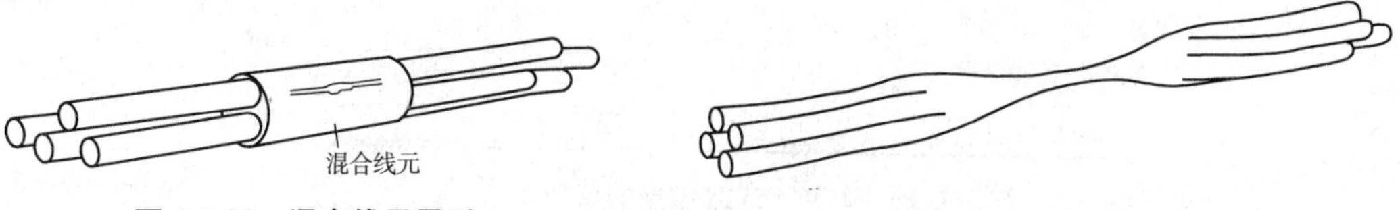

图 4-1-30　混合线元星形　　图 4-1-31　双锥形星形

熔丝对星形基本上是一种格栅串联的许多 2×2 耦合接头，每个耦合接头由光纤束采用热、化学或声波焊接成对，再形成一个混合区（图 4-1-32）。通过这些格栅串联的粘合接头，光从其中的一根光纤输入，然后散布至全部的输出光纤。

3. 新型汽车采用的光学星形网络类型

一种是不带成簇连接的星形网络，如图 4-1-33 所示，其特征如下：5 个节点都安置在座舱内；所有的节点已连成汽车的主线束，勿需成簇连接；断损的纤维只能更换不能修理；线束上两个节点之间的距离最长不超过 10 m；不需作特殊的路由选择；使用 NRZ 信号，网络工作在 1 Mbps的信号传输速率。针对所有的节点，该系统允许使用 85 ℃的光缆和 85 ℃的光电元件。由于路由弯曲半径不超过 25 mm，故不含路由损耗，当然也不包括成簇连接或绞接（处）损耗，但毕竟少不了接入损耗。这种星形网络的最大损耗如下：纤维（长 10 m）衰减损耗 2.5 dB，星形接入损耗（5 个节点分离损耗和 3.0 dB 超量损耗）10 dB，安全储备损耗 3 dB，总损耗15.5 dB。

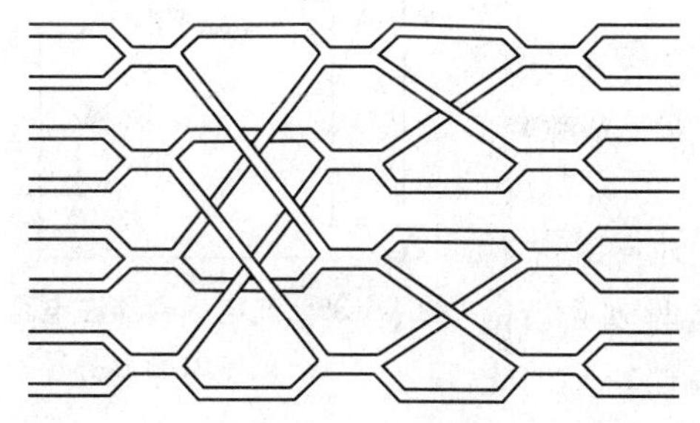

图 4-1-32　熔丝对星形

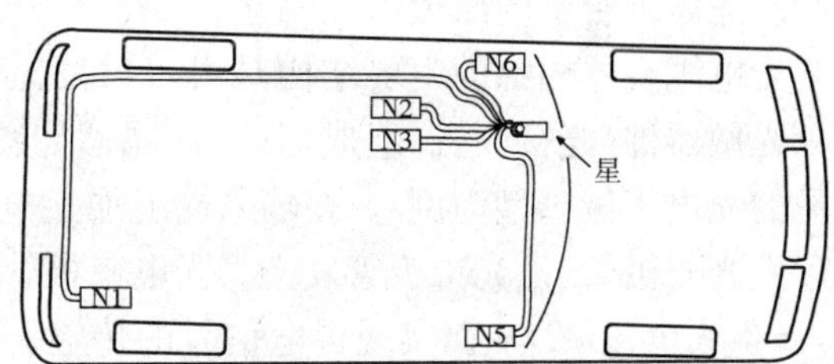

图 4-1-33　无成簇连接的星形网络

另一种是带成簇连接的星形网络，如图 4-1-34 所示，其网络特征如下：网络要求有10 个节点，其中 6 个（N1～N6）安置在座舱中，4 个安置在发动机舱内；主线束与发动机罩下线束之间需要一组成簇连接；成簇线束的每根光纤允许维修 1 次；节点之间的最长距离为 14 m；8 个节点中必须的光纤路由弯曲半径不能小于 10 mm；网络使用 NRZ 信号，工作速率为 1 Mbps。由于有节点安置在发动机舱内，因此，这部分光缆和光电元件的使用温度比前一种高，为 125℃。与此同时，发动机舱内线束光纤的衰减较大。这种星形网络的最大损耗如下：纤维（6 m长的 125 ℃纤维与 10 m 长的 85 ℃纤维）衰减损耗 4.9 dB，星形接入损耗（10 dB 分离损耗和 3.5 dB 超量损耗）13.5 dB，路由损耗 1 dB，成簇连接处损耗（2 个成簇连接）3 dB，成簇线束维修（2 个成簇连接维修）损耗 3 dB，安全储备损耗 3 dB，总损耗 28.4 dB。

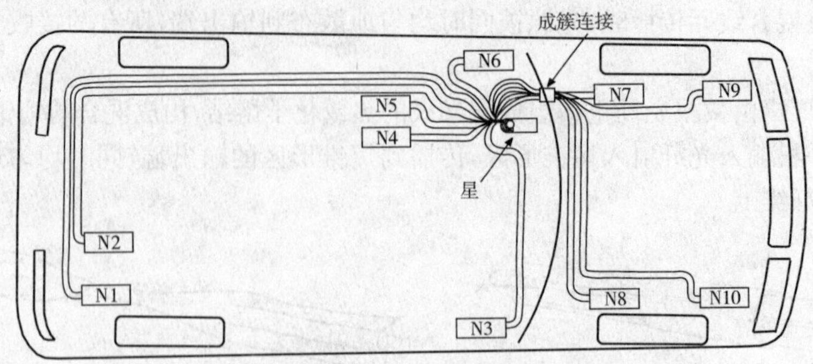

图 4-1-34 成簇连接的星形网络

二、光学网络系统基本元器件的结构和检测

在最简单的情况下，光学网络系统需要 3 个基本元件：光源、传输介质和光接收机。光源和光接收机合在一起也称光电耦合器。

(一)光电耦合器的结构与检测

1.光电耦合器的作用和种类

光电耦合器是以光为媒介传输电信号的电子元件，它既可以实现元件的输入端和输出端之间的电信号传输，又能将输入端与输出端相隔离。其主要用途是在信号传输中起到隔离作用，在光网络中起到信号转换作用。

光电耦合器的种类很多，按其结构不同，可分为光敏电阻型、达林顿型、光电二极管型及光电三极管型等；按其输出特性可分为开关输出型、线性输出型、高速输出型及组合封装型等。光电耦合器在电路图中的图形符号如图 4-1-35 所示。

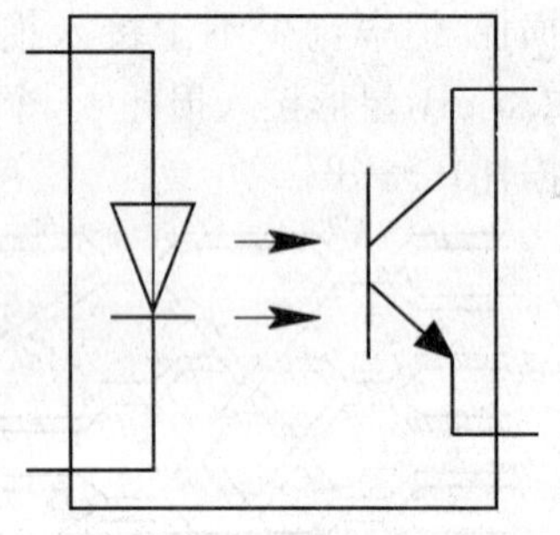

图 4-1-35 光电耦合器在电路图中的图形符号

2.光电耦合器的原理

光电耦合器内部的主要结构是由一只发光二极管（光源）和一只光敏器件（光接收机）组成，其工作原理如图 4-1-36 所示（以常见的光电三极管型为例）。在输入端上加上电压 U 时，电流 $I1$ 流过发光二极管，发光二极管发光。光电三极管在接收到光后饱和，产生光电流 $I2$，从而实现了电信号的传输。在高档轿车的光学网络中，发光二极管与光电三极管不在同一模块里，中间的光传播媒介是光纤（图 4-1-37），这就是光纤网络传输的基本原理。

(1)光源。目前，在汽车光学网络系统中普遍采用的光源为发光二极管及小功率半导体激光器。发光二极管有 2 种：面发射型发光二极管和边发射型发光二极管。由于面发射型二极管的发射角度很大，很难把它射出的光汇聚到接收光纤内，所以不适用于对相关性有较高要求的光学网络系统，它经常被用作指示灯和指示设备。相对而言，边发射型二极管的发射角狭窄，发射区域较小，这就意味着它射出的光可以更多地被汇聚在光纤中，它的发射速度也更

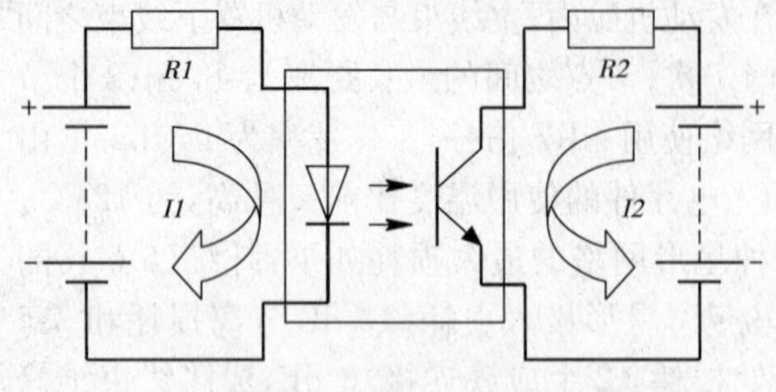

图 4-1-36 光电耦合器的工作原理

快。但它的缺点是对温度比较敏感，因此必须被安装在环境可控的设备中，从而保证发射信号的稳定性。半导体激光器可以替代发光二极管，因为它有很小的发光面，一般直径不超过几微米，这就意味着大量的发射光可以被直接传送到光纤中。它在这2类光源器件中发光效率是最高的。现在有多种不同的半导体激光器：电吸收调制激光器，这也是这些半导体激光器中最普通的，它由一个连续光激光器和一个调制设备组成的；分布式反馈激光器，它是由一个集成的光栅来保证输出频率不变；垂直腔面发射激光器，它的光从一个圆点发出，因此同一般的面发射激光器比较，其发出的光更不易扩散。这两类光源设备的发射图如图4-1-38所示，其中面发射型发光二极管发射模式最宽，然后是边发射型发光二极管，半导体激光器的发射模式最窄。

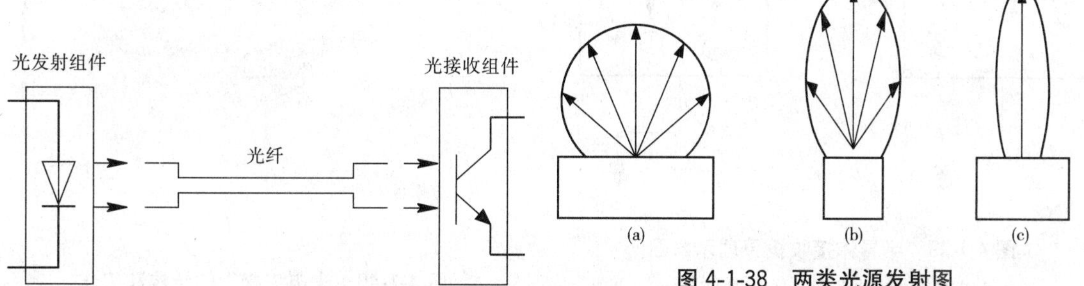

图4-1-37 光纤网络传输原理

图4-1-38 两类光源发射图
(a)面发射型LED；(b)边发射型LED；(c)半导体激光器

(2)光接收机。在光网络中，接收设备的任务是获得传输光信号，然后把它转化为可以被终端设备处理的电信号和用来重建原始传输解调信号。光接收机一般采用的是半导体型。如图4-1-39所示，典型的光敏半导体是以硅为基底并由3个功能层组成的：负区、正区和结区。光接收机是反向偏压的，这是因为外加电阻阻止了负电荷(电子)和正电荷(空穴)向中心结区迁移，也阻止了电流从半导体中的一个有源层流向另一有源层(图4-1-39a)。当特定波长的光照射到对光敏感的结区上时(图4-1-39b)，情况就会发生改变，此时将在结区产生电子空穴对，从而产生了与光照射到结区的光强成正比的电流。光接收机可以使用不同的物质，包括硅(Si)、锗(Ge)、砷化镓(GaAs)和铟镓砷(InGaAs)。因为它们对不同波长的光的敏感度不同，所以应根据它们的工作波长来选择。光接收机的种类很多，但在当代汽车光学网络中通常使用的光接收机主要有2种：普通光电二极管型和雪崩光电二极管型。如图4-1-40所示，普通光电二极管包含一个PN过渡层，它能被光线射透，隔离层位于被强烈掺质的P层下并几乎融入N层中。在P层上有一个接触环(阳极)，N层安置在金属板上(阴极)。光线或红外线渗入PN过渡层中，通过它的能量形成空闲电子和空穴，它们通过PN过渡层形成电流，照射到光电二极管的光线越多，经过光电二极管的电流越强。光电二极管将在反方向有序地依靠电阻进行切换。由于高光线照射流经光电二极管的电流升高，电阻的压降增大，这样光线信号转化为电压信号。结区的反向偏压阻止了电流通过器件，只有当特定波长的光照射到介质上时，才产生电子空穴对，才允许与入射光强成正比的电流通过。从光电探测角度讲，普通光电二极管并不是最敏感的，但对大多数光系统的要求来讲已经足够了。对于那些高性能系统，当它们灵敏度不够时，可以通过加上一个预放大器来提高灵敏度。雪崩光电二极管的工作原理类似于光信号放大器，它是利用强电场来进行雪崩放大。在雪崩光电二极管中，强电场使电流加速，从而半导体中的原子被激活，产生了如同雪崩效果的电流，这种放大的结果是光的强度可能为原来信号的 30～100 倍。但同时也带来了一些不利的影响，因为这种雪崩效应并非是完全线性的，而且还会产生噪声。雪崩光电二极管对温度较为敏感，因此需要一个很高的电压（30 ～300 V）来使其工作，电压的大小与元器件的功率有关。

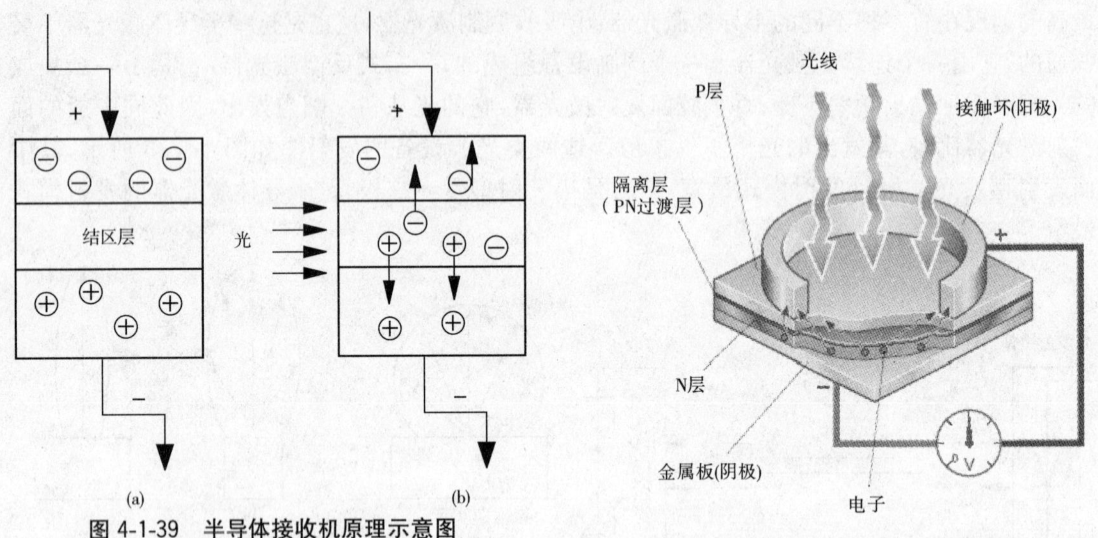

图 4-1-39 半导体接收机原理示意图

（a）没光照射时；（b）有光照射时

图 4-1-40 光电二极管的结构和工作

3. 光电耦合器的检测

光电耦合器的输入部分和输出部分是完全隔离的，所以在检测光电耦合器时必须将其输入部分和输出部分分开检测。

（1）光电耦合器输入部分的检测。把万用表旋钮置于“$R\times1$k”挡，测量输入部分二极管的正、反向电阻，其正向电阻为几百欧姆，反向电阻为几千欧姆（图 4-1-41）。也可以用数字万用表的二极管挡测量光电耦合器输入部分发光二极管的正、反向压降来判断发光二极管的性能好坏。在这里有一点要说明，光电耦合器的正向管压降要比普通的发光二极管低，一般在 1.5 V 以下。

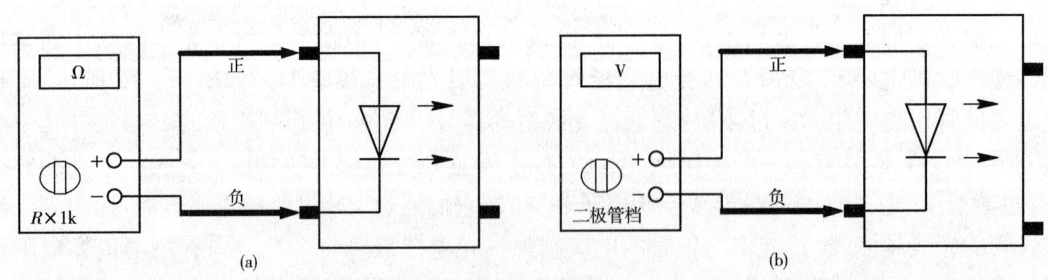

图 4-1-41 光电耦合器输入部分的检测

（a）测量二极管的正、反向电阻；（b）测量二极管的正、反向压降

（2）输出部分的检测。以光电三极管型为例，在输入端悬空的条件下，把万用表旋钮置于“$R\times1$k”挡，测量输出端的两只引脚的正、反向电阻应该是无穷大（图 4-1-42）。

（3）光电耦合器的性能检测。先将一块万用表置于“$R\times10$k”挡，黑表笔连接光电耦合器输入部分发光二极管的正极，红表笔连接负极；再将另外一块万用表置于“$R\times1$k”挡，红表笔接输出端发射极，黑表笔接集电极，此时万用表应显示导通(图 4-1-43)。或者找一只 1.5 V 干电池串连一只 100 Ω 的电阻，连接在光电耦合器的输入端(图 4-1-44)，目的是使发光二极管发光。用万用表黑表笔接输出端光电三极管的集电极，红表笔接发射极，此时三极管饱和，万用表指示的数值会很小。当切断电池后，发光二极管熄灭，输出部分的光电三极管截止，万用表指示无穷大。

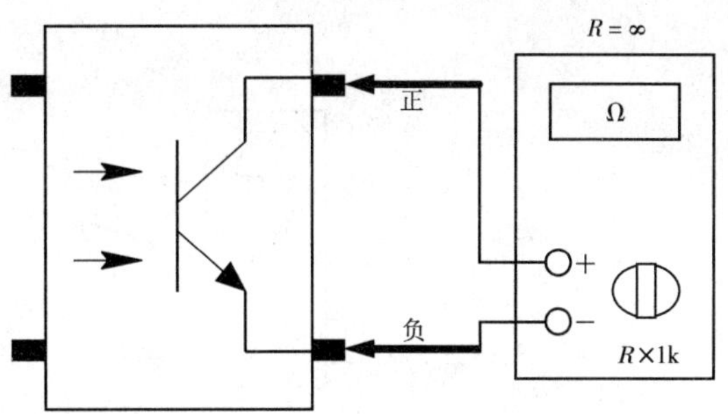

图 4-1-42　光电耦合器输出部分的检测

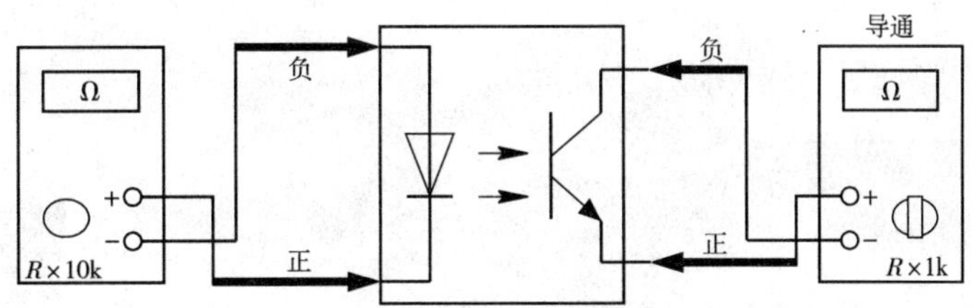

图 4-1-43　光电耦合器的性能检测

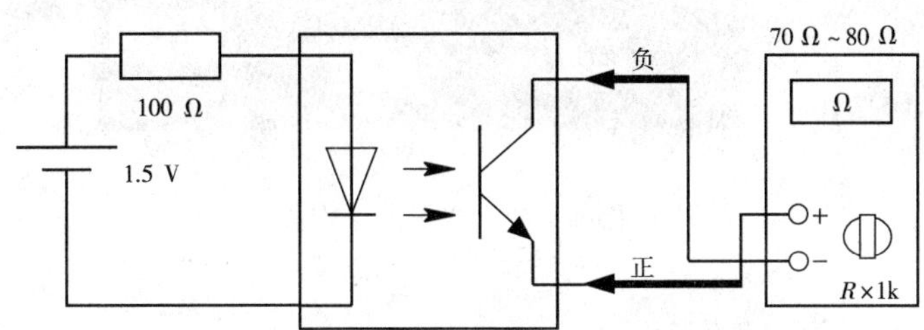

图 4-1-44　外加干电池检测光电耦合器的性能

(4)光电耦合器的绝缘性能检测。将万用表置于"$R\times10$k"挡或者更高挡，测量输入端和输出端引脚的电阻，正常时应该是无穷大。

(二)光纤的结构与检修

1. 光纤的结构

光纤的任务是将在电控单元发射机内生成的光波导向其他的电控单元的接收机(图 4-1-45)。光纤由几层材料组成，如图 4-1-46 所示。内芯线是光纤的中心部分。它由聚甲基丙稀酸甲酯组成，并且是真正的光导体。由于全反射原理，当光穿过它时，几乎没有任何损耗。全反射需要在内芯线外面使用光学上透明的含氟聚合物的覆盖层。黑色聚酰胺覆盖层保护内芯线，阻止外部入射光的射入。彩色覆盖层用于进行识别，防止发生机械损伤并起着热保护的作用。

2. 光纤中光波的传送

(1)笔直的光纤。光纤以直线方式在内芯线中传导部分光波，如图 4-1-47 所示。大多数光波被以 Z 形图案传送，其结果在内芯线的表面产生了全反射。

(2)弯曲的光纤。发生在内芯线覆盖层边缘的全反射使得光波被反射，从而被传导通过弯曲处，如图 4-1-48 所示。

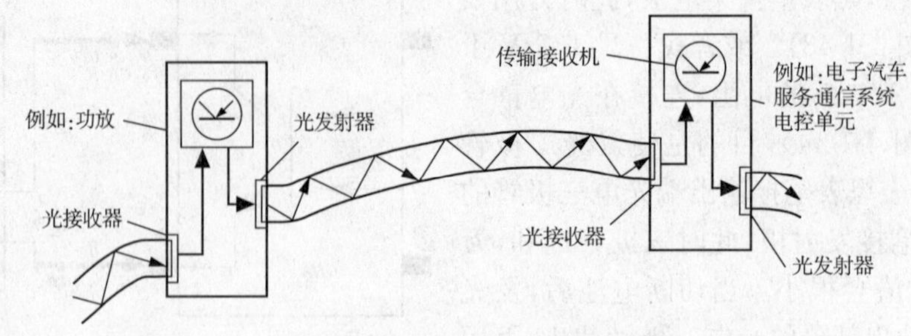

图 4-1-45 光纤的作用

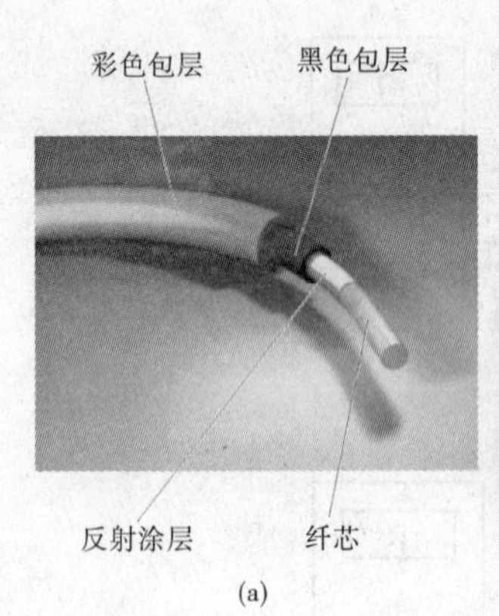

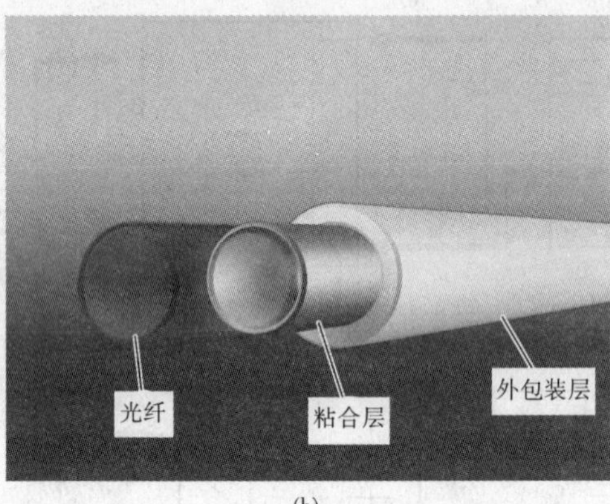

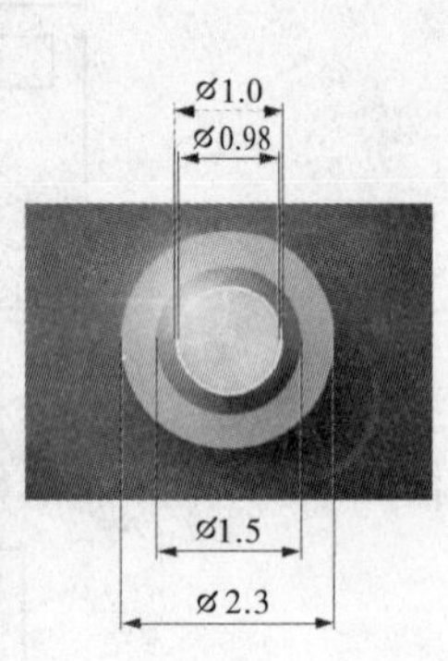

(a) (b)

图 4-1-46 光纤的结构

(a)结构;(b)剖视图

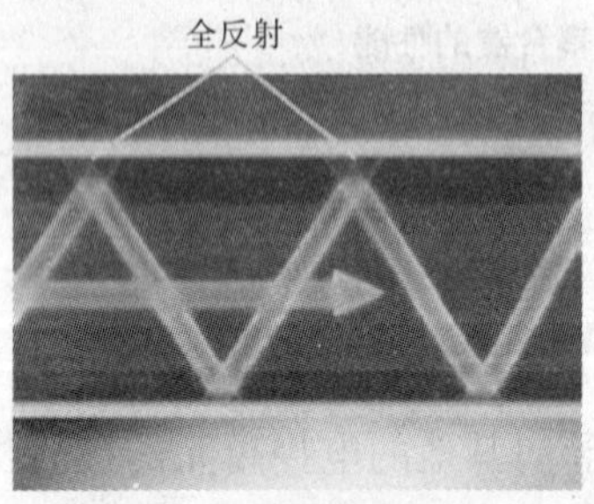

图 4-1-47 笔直的光纤

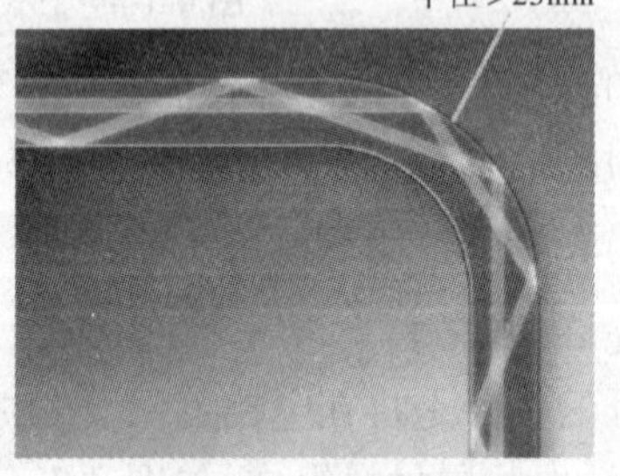

图 4-1-48 弯曲的光纤

(3)全反射。如果一束光线以较小的角度撞击在折射率分别较高和较低材料之间的边界层上,光束就会被完全地反射,也就是说发生了全反射。在一根光纤中,内芯线的折射率比它的覆盖层高,因此内芯线的内部会发生全反射。这一作用取决于从内部撞击边界的光波的角度。如果这个角度太陡峭,光波就离开内芯线并产生很高的损耗。如果光纤被过度弯曲或扭绞,就会发生这种情况,如图 4-1-49 所示。故光纤的弯曲半径决不能小于 25 mm。

3. 光学插头

光纤使用专门的光学插头(图 4-1-50)与电控单元连接。插头上的一个信号方向箭头表明至接收机的输入端插头外壳与电控单元的连接。

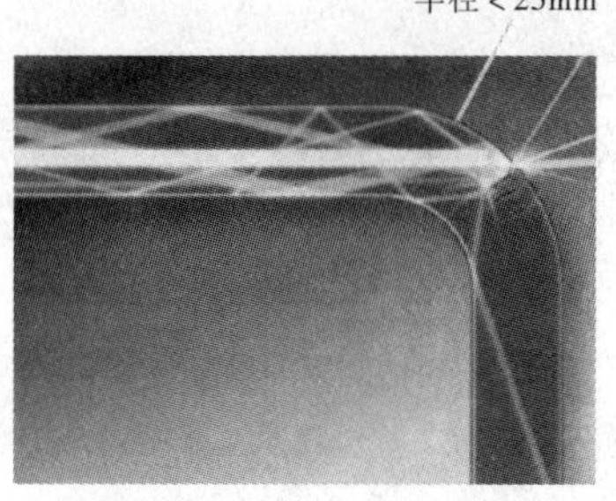

图 4-1-49 光纤过度弯曲或扭绞

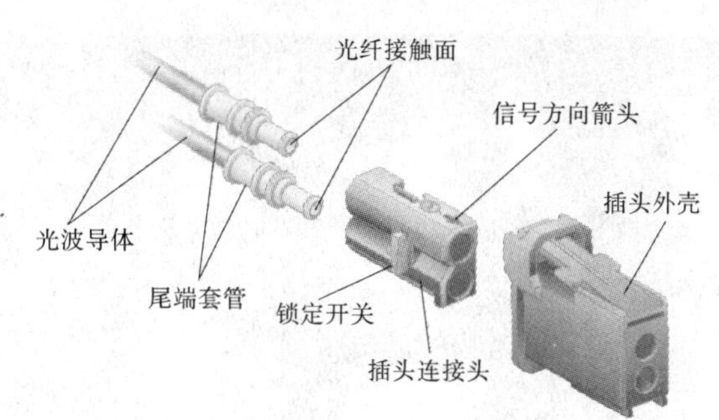

图 4-1-50 光学插头

4. 光学端面

为了最大限度地减小传送损失，光纤的端面必须光滑、垂直和清洁。只有使用专用的切割工具才能达到上述要求。切割面上的污垢和刮痕会产生很高的损耗(衰减)。光学端面通过内芯线的端面，光被传送到电控单元中的发射机/接收机。在生产过程中，光纤上被安装了激光焊接的塑料套圈或压接式的黄铜套圈，因此，它能够被固定在插头外壳中的正确位置。

5. 光纤总线中的衰减

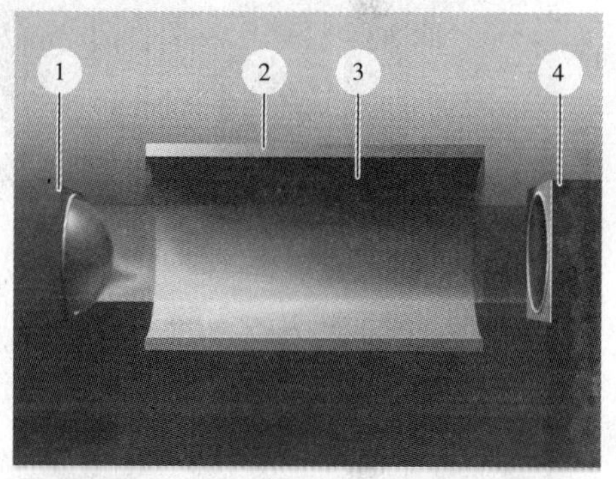

图 4-1-51 光纤内光线的衰减

1-发射二极管；2-外壳；3-光纤；4-接收机

光纤状态的评定包括测量它的衰减度。传送过程中发生的光波的功率下降被称为衰减(图 4-1-51)。光纤内光脉冲的发生距离越大，衰减越大，衰减量不允许超过某个规定值，否则，相应电控单元内的接收机将无法再处理这个光脉冲。衰减率(A)用分贝(dB)表示。分贝并不是一个绝对数量，而是代表两个数值之比。衰减率越高，信号传送就越差。如果传送光信号涉及到几个部件，那么必须把这几个部件的衰减率相加，从而计算出总衰减率，这就如同计算几个串联的电气部件的电阻一样。光脉冲的衰减有两种基本形式，即自然衰减和故障衰减。自然衰减是由光脉冲从发射机至接收机走过的距离产生的；故障衰减是由于光脉冲传输区域有缺陷而产生的。

6. 光学数据总线中衰减增加的原因

如图 4-1-52 所示，光学数据总线中衰减增加的原因主要有以下几个方面：

(1)光纤弯曲半径太小。光纤的弯曲半径小于 25 mm(扭绞)，使得内芯线在弯曲点产生出阴影(与弯曲的有机玻璃相比较)，在光纤与包层之间的分界面上会导致光束的入射角大，光束不再被反射(图 4-1-53a)，必须更换光纤。如图 4-1-54 所示，通过安装防扭绞管套(波纹管)可保证在铺设光纤时的最小半径为 25 mm。

(2)光纤的覆盖层损坏，或者有磨痕。与铜导线不同的是光纤磨坏时不会造成短路，但会导致光线损失或者外部光线射入(图 4-1-53b)，系统受到干扰或完全失灵。

(3)端面刮伤。如图 4-1-53c 所示，端面刮伤使射到其上的光束发生散射，导致到达接收机的光量减少。

(4)端面变脏。如图 4-1-53d 所示，端面变脏阻止光束通过，导致衰减增大。

(5)端面移位(插头外壳破裂，图 4-1-52 中 5 所示)。

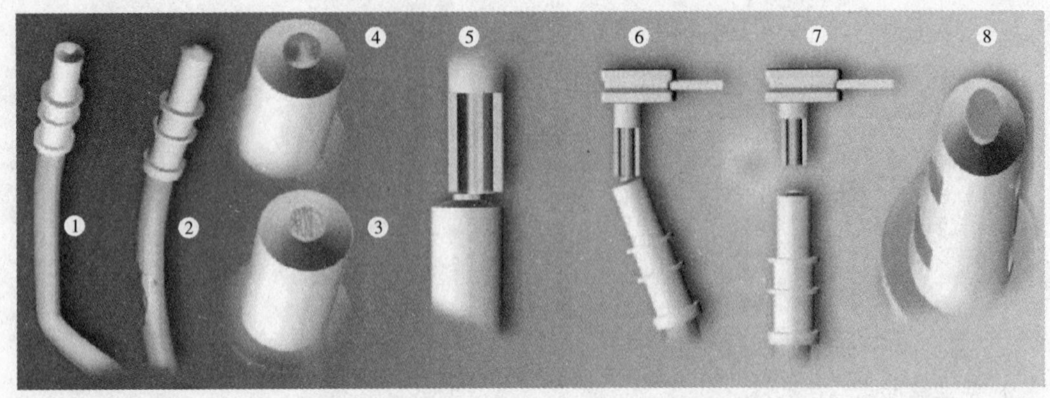

图 4-1-52 光学数据总线中衰减增加的原因

1-光纤弯曲半径太小;2-光纤覆盖层损坏;3-端面刮伤;4-端面变脏;5-端面移位;6-端面不成直线;7-光纤端面和电控单元接触面间有缝隙;8-套圈未正确压接

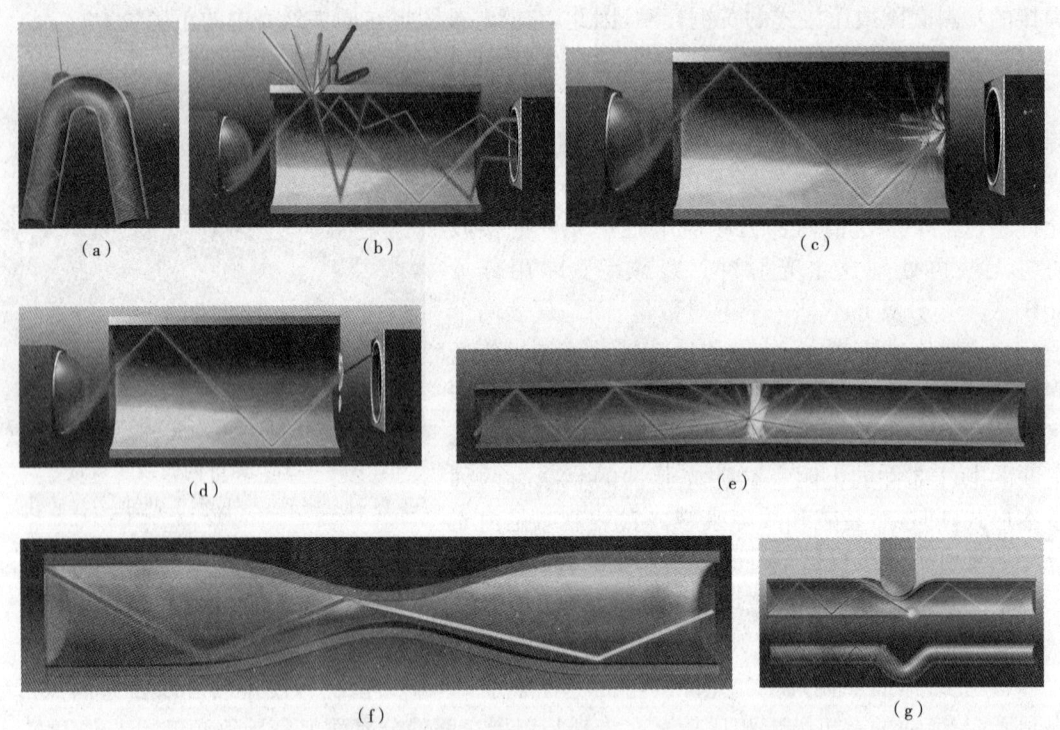

图 4-1-53 各种损坏形式光线衰减原理

(a)光纤弯曲半径太小;(b)光纤的覆盖层损坏或者有磨痕;(c)端面刮伤;(d)端面变脏;(e)光纤对折;(f)光纤过度延伸(受拉);(g)光纤有压痕

(6)端面不成直线(角度误差),如图 4-1-52 中 6 所示。

(7)光导纤维的端面和电控单元的接触面之间有缝隙(插头外壳破裂或未啮合,图 4-1-52 中 7 所示)。

(8)套圈未正确地压接(图 4-1-52 中 8 所示)。

(9)光纤对折。装配时绝对不允许将光纤对折,这样会损坏包层和光纤。如图 4-1-53e 所示，光线将在对折位置处出现局部散射，从而造成信息传输速度降低。

(10)光纤过度延伸(受拉)。如图4-1-53f所示，光纤受拉后芯线伸长，光纤横断面减小，导致光线的通过能力减小，增大衰减。

(11)光纤有压痕。由于压力可以使导光的横断面永久变形，如果光纤出现任何压痕，将使光纤丧失光线传输能力(图4-1-53g)。导线扎带过紧会增加作用在光纤上的横向力，所以也会在光纤上形成压痕。

(12)光纤过热。

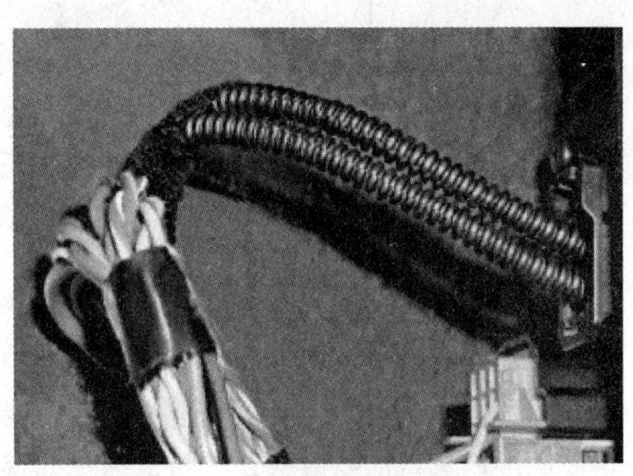

图4-1-54 防扭绞管套(波纹管)

7.处理光纤及其部件的规则

(1)绝不可对其进行热加工或采用如焊锡、热压焊和焊接的修理方法。

(2)绝不可使用化学的和机械的方法，例如，粘结和联结。

(3)绝不可把两根光纤的导线或一根光纤的导线与一根铜线绞合在一起。

(4)避免覆盖层的损坏，例如钻孔、切割或挤压。在汽车中进行安装时，不要站在覆盖层上或把物体放在覆盖层上。

(5)避免污染端面。例如，液体、灰尘或其他介质污染。只有在进行连接或测试时，才可以极其小心地取下规定的保护性罩盖。

(6)当铺设在汽车中时，应当避免其成环形和打结。

(7)更换光导纤维时，应注意正确的长度。

三、光学网络的应用——MOST数据总线的结构与检修

1.概述

在汽车网络中常见的MOST(Media Oriented Systems Transport，多媒体定向系统传输)，就是比较典型的光学网络。下面介绍MOST在汽车中的实际应用情况。

MOST是媒体信息传送的网络标准。MOST采用塑料光缆(POF，Plastic Optical Fiber)的网络协议，将音响装置、电视、全球定位系统及电话等设备相互连接起来，给用户带来了极大的便利。在MOST中，不仅对通信协议给出了定义，而且也说明了分散系统的构筑方法。

MOST可以不需要额外的主控ECU系统，结构灵活、性能可靠和易于扩展。MOST网络光纤作为物理层的传输介质，可以连接视听设备、通信设备以及信息服务设备。MOST网络支持“即插即用”方式，在网络上可以随时添加和去除设备。MOST具有以下优点：保证低成本的条件下，达到24.8 Mbps的数据传输速度；无论是否有主控ECU都可以工作；使用POF(Plastic Optical Fiber)优化信息传送质量；支持声音和压缩图像的实时处理；支持数据的同步和异步传输；发送/接收器嵌有虚拟网络管理系统；支持多种网络连接方式；提供MOST设备标准；方便简洁的应用系统界面。通过采用MOST，不仅可以减轻连接各部件的线束的质量、降低噪声，而且可以减轻系统开发技术人员的负担，最终在用户处实现各种设备的集中控制；光纤网络不会受到电磁辐射干扰与搭铁不良的影响；MOST利用一根光纤，最多可以同时传

送 15 个频道的 CD 质量的非压缩音频数据，在一个局域网上，最多可以连接 64 个节点(装置)；从拓扑方式来看，基本上为一个环状拓扑，这种拓扑结构在增加节点时，不需要手柄及开关，而且媒体(光纤)没有集中在某特定装置的附近，可以节省光纤。

MOST 为多媒体时代的车载电子设备所必须的高速网络、分散系统的构筑方法、遥控操作及集中管理的方法等提出了方案。在不久的将来，MOST 将成为汽车用多媒体设备所不可缺少的技术。

2. MOST 数据总线的基本特征

MOST 数据总线的一个基本特征是它不像 CAN-BUS 数据总线那样只传输控制数据和传感器数据，它还能传输数字音频信号和视频信号图形以及其他数据服务。为了满足数据传输的各种不同要求，每一个 MOST 数据总线信息分为 3 部分(图 4-1-55)：同步数据——实时传送音频信号、视频信号等流动型数据；异步(非同步)数据——传送访问网络及访问数据库等的数据包；控制数据——传送控制报文及控制整个网络的数据。

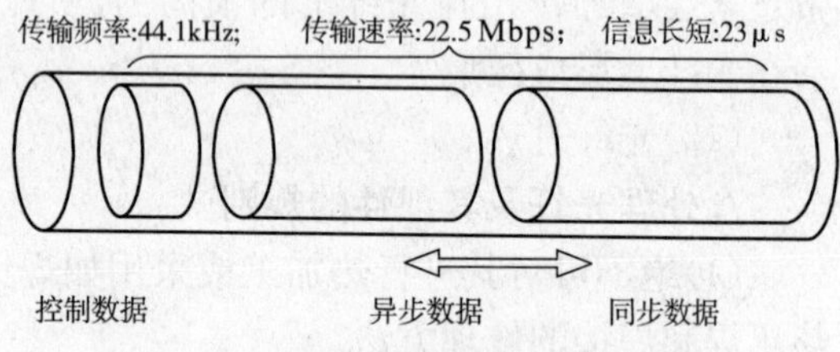

图 4-1-55 MOST 数据总线的信息组成

MOST 是以近于数字电话交换机等使用的“帧同步传送”技术为基础的，因此，通过简单的硬件就可以实现流动型数据的同步传送，只会产生完全可以预测到的最小限度的滞后。而与此相比，其他的网络协议对流动型数据的处理较为烦琐，在数据的滞后方面还有问题。

3. MOST 数据总线的环形结构

MOST 总线系统的显著特点是它的环形结构(图 4-1-56)。各电控单元之间通过一个环形数据总线连接，该总线只向一个方向传输数据，这意味着一个电控单元总是拥有 2 根光纤，一根用于发射器，另一根用于接收机。电控单元通过一根光纤将数据传送至环形结构中的下一个电控单元，这个过程一直持续到数据返回至原先传送它们的那个电控单元。由此，形成了一个闭合的环路。

4. MOST 数据总线系统的故障诊断

MOST 总线系统的诊断是借助于数据总线的故障诊断接口和诊断 CAN 进行的。

(1)环形结构中断的故障诊断

由于采用了环形结构，某一个 MOST 数据总线位置上数据传送的中断就被称为环形结构中断。引起环形结构中断的可能原因是：光纤中断；发射机或接收机电控单元的电源发生故障；发射机或接收机控制发生故障。

由于环形结构中断，就不能在 MOST 数据总线中进行数据传送，所以，要借助于诊断导线来执行环形结构的故障诊断。可以通过中央接线连接装置将诊断导线连接至 MOST 数据总线中的每一个电控单元(图 4-1-57)。环形结构中的中断位置必须执行环形结构的故障诊断来确定。环形结构的故障诊断是诊断管理器执行的最终控制诊断的一部分。

环形结构中断的后果有：

①不能播放音频与视频；

②不能用多媒体操作单元进行控制和调整；

③诊断管理器的故障存储器中存储故障信息(光导数据总线中断)。

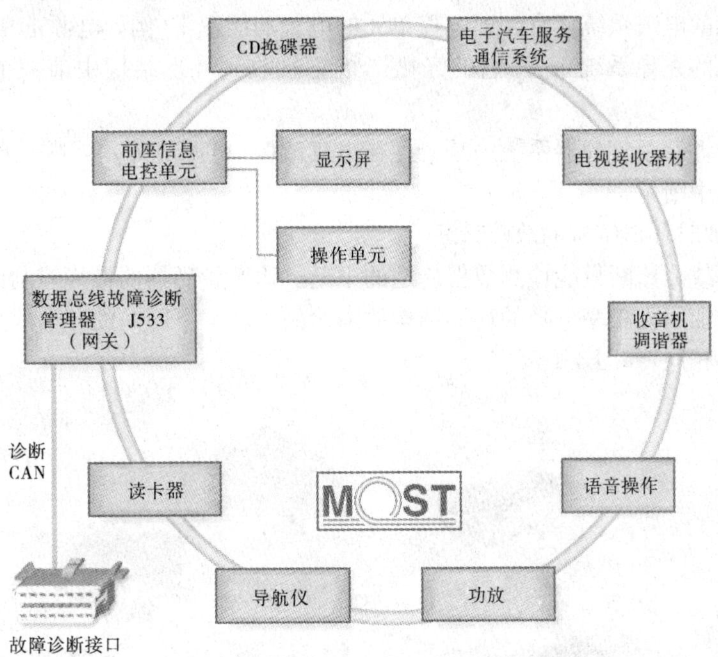

图 4-1-56 MOST 数据总线的环形结构

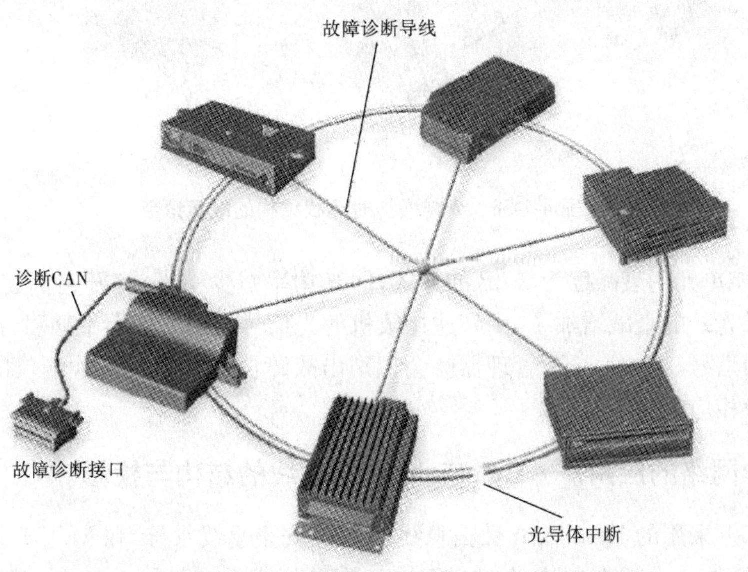

图 4-1-57 利用诊断导线执行的故障诊断

启动环形结构的故障诊断后，诊断管理器向每个电控单元传送一个脉冲。这个脉冲使得所有电控单元借助于它们在 FOT 中的传送单元传送光信号。在此过程中，所有电控单元一方面检查它们的电源和内部的电气功能，另一方面接收来自环形结构中前一个电控单元的光信号。每一个 MOST 数据总线的电控单元在软件规定的时间长度内作出应答。环状结构故障诊断的开始和电控单元应答的时限使得诊断管理器能够识别出是否已经作出了应答。环形结构故障诊断启动后，MOST 数据总线的电控单元传送出两条信息：

①电控单元的电气系统正常。即电控单元的电气功能正常(例如电源正常);

②电控单元的光导系统正常,它的光敏二极管接收到环形结构中前一个电控单元的光信号。

这些信息告诉诊断管理器系统中是否存在电气故障(电源故障),或哪一些电控单元之间的光学数据传送中断了。

(2)衰减增加时环形结构的故障诊断

环形结构的故障诊断只能检测数据传送的中断。诊断管理器的最终控制诊断功能也包括用于检测衰减增加的光功率下降的环形结构故障诊断。功率下降时的环形故障诊断的过程与上面描述的基本相同,如图 4-1-58 所示。

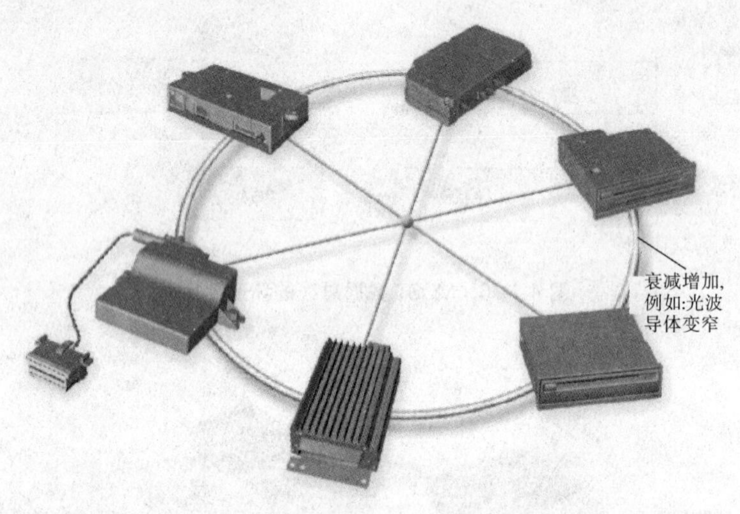

图 4-1-58 衰减增加时环状结构的故障诊断

但是,电控单元用衰减度为 3 dB 的方式,即光功率减少一半,打开它们在 FOT 中的发光二极管。如果光纤的衰减增加了,则到达接收机的光信号的强度就会不够强,接收机就会发出"光学问题"的信号。这时,诊断管理器就会识别出故障位置并在故障检测仪的引导性故障查询中存储一条相应的故障信息。

四、光学网络的应用——Byteflight 数据总线的结构与检修

宝马轿车上采用的 Byteflight 数据总线(BMW 安全总线系统)和 MOST 数据总线系统一样,使用的光纤都是由塑料制成的,与 MOST 数据总线系统不同。如图 4-1-59 所示,Byteflight 数据总线是一个双向传输数据的星形总线,这意味着每个电控单元只有一根光纤,发射器紧靠在接收机上,这两个部件都集成在电控单元的插座内。因为与 MOST 总线不同,所以需使用另一个插头系统,因为在 Byteflight 数据总线(BMW 安全总线系统)中,二极管直接接触,所以,必须在光纤伸出端加一个翻盖(图 4-1-60)以避免其损坏及脏污,插接时,这个翻盖自动打开。

对于 MOST 数据总线系统,只允许从电控单元至电控单元对 MOST 光纤进行一次维修,否则,光波信号会有很大的衰减。目前,还不允许对 Byteflight 数据总线进行维修。

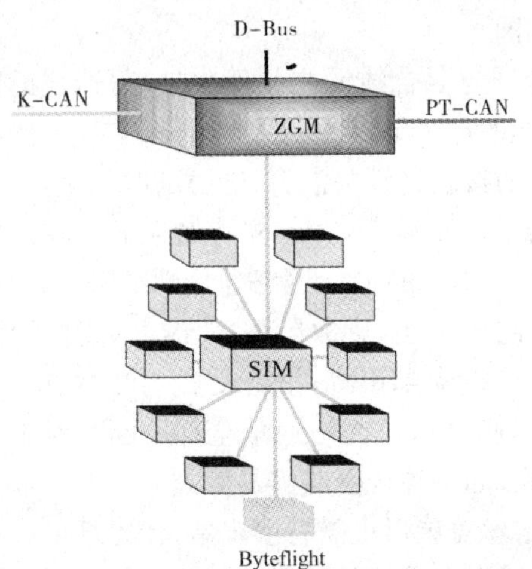

图 4-1-59　Byteflight 数据总线

图 4-1-60　Byteflight 数据总线插头系统

五、无源光学星形网络的故障与检测

1. 故障种类

无源光学星形网络的故障种类主要有以下 4 种：

(1)网络故障。与铜导线相比，光纤更为耐用，但其物理层时常发生故障。节点与星之间的光纤长度方向、成簇连接的光纤与光纤之间和无源光学星形自身潜在的故障会使光衰减增多，一旦超过链路通信总损耗限值，就会导致链路断路。

(2)光纤故障。光缆虽然非常耐用，但物理方面的误用可能导致光纤衰减增大。例如，特别绷紧的光纤路由会使链路衰减增大；光缆路由张紧的弯曲半径小于最小的 25 mm 规定，光纤张紧的弯曲处的光线就会超出临界角，光纤的衰减也会增大。如果所用的链路操作在敏感限值附近，那么，从光纤的过量弯曲处附加的衰减可能引发通信错误。其他物理误用的例子还有光纤紧压变薄会改变光纤芯部几何尺寸，造成部分光逃逸；光缆被擦伤，擦伤点的护套脱开或芯部接口和芯的包层界面损坏等都会造成光逃逸。这些都会增加光纤衰减，影响链路工作。如果是单根光纤损坏或折断，通信只在一根链路上潜在着障碍；如果光纤损坏是从节点到星的发送路径，那么，网络上的每个接收器会查出受影响的节点减弱的信号，并将错误首先通知链路中最不敏感的接收器；如果光纤损坏是从星到某个节点的接收路径，那么，网络上各个节点的接收器会获知该节点上的接收器减弱的信号，并将错误首先通知网络上最弱的发送器；如果光纤损坏严重，所有节点的通信都将受到影响。

(3)成簇连接故障。成簇连接指光纤到光纤的连接区，汽车线束在该连接区被分段（如在仪表板交接处或发动机舱壁板交接处分段）。典型的成簇连接是由发动机舱壁交界处由两个接头配对构成。光束基本上是由严格校直的两组纤维散布成圆柱形。虽然光纤连接系统的可靠性高于铜线连接，但由于每个接头不可能只由一个总装厂配对，因此不易形成零概率故障，即衰减难以避免。光学成簇连接的两组光纤只有保持齐平式连接，才能确保两组光纤之间良好的光耦合。光纤中的某一根发生扭曲或拉长等，都会增加链路衰减。成簇组合不当，也会增加衰减，并沿着接收和发送路径影响节点的操作。

(4)光学星形故障。光学星形潜在的故障在于星形线元，而星形线元的问题主要又取决于星形结构。前述 3 种无源星形结构故障模式不尽相同。

①混合线元星形故障。若在某个节点的发送光纤与混合线元之间发生损耗，造成的影响与前述的光纤故障很相似，所有接收器可查出受影响的那个节点减弱的信号，并首先将错误通知最不敏感的接收器；同样，若损耗发生在某个节点的接收光纤与混合线元之间，那么，网络上所有发送器发送的信号将在受影响的节点的接收器上显示减弱，并首先将错误显示在最弱的发送器的节点链路中。如果混合线元发生诸如断裂等的严重损坏，网络通信则中断。

②双锥形星形故障。双锥形星形若在中心接头组合不当，则故障概率比输入光纤引起的损耗大得多。若是星形引出端接头上光纤到光纤的连接受到干扰，沿着受影响的节点的发送和接收路径的衰减就增大。若在混合区出现断裂点，则会造成网络通信全部中断。对于双锥形星形故障尤其要注意的是，由于短锥形混合区极脆，如果该区受载容易碎裂。

③熔丝对星形故障。为便于汇集成汽车线束，熔丝对星形也需有引出端，让光纤成束连通至各个节点。熔丝对的耦合点较多，因此，潜在的故障点和衰减的可能性也较其他星形结构多些。另外，光纤束的各个焊点也较脆，受载极易碎裂，所以，故障率较其他星形结构高。

2. 故障检测

光学网络故障检测不能用一般市场供应的光功率计及光时域反射计等针对电信或实验室使用的仪器，因为这种仪器是按照电信工程各种光纤接头标准制订的，尤其是各种接头标准是围绕电信工业拟定的。诊断和维修汽车无源光学网络媒体的故障，也不能用传统的“手摸”或“耳听”等经验维修方法，而需要用光学网络检测设备帮助查找故障部位。用于汽车上的网络故障检测仪应具备以下特点：容易使用，尺寸应小和携带方便，能直接指明故障源，通用性好，能检测各种型号的无源星形网络汽车的故障，最后应是价格低。

汽车网络所用的测试仪的各种接头是按汽车工业标准设计的，而且，提供给用户的检测诊断模式是比较灵活的——既能测出任一节点的衰减，也能测出网络中任意两个节点之间的衰减。当然，汽车光学网络诊断仪也并非是万能的。它不可能包含各种车型的维修数据和光衰减值，若要将世界上各种光学星形网络的汽车资料都存储在诊断仪中，那这种仪器就失去了“尺寸小、携带方便和价格低”等特点。所以，使用诊断仪的同时，还必须找到该车型的维修手册，因为光学网络的第一手资料是“沿着网络路径的光源的衰减值”。诊断仪上测出的衰减值多少为合格必须与维修手册上规定的衰减值相对比才行。

3. 汽车光学网络诊断仪的使用

汽车光学网络诊断仪如图 4-1-61 所示。它按两条基本通信路径测试：模式Ⅰ可测量链路中任一节点自身的衰减；模式Ⅱ可测量链路中沿着发送和接收两条路径的任何两个节点之间的衰减。不管哪种诊断模式，第一步都必须对诊断仪标定。原因是这类诊断仪主要是测量相对功率，通过标定可以先了解链路的衰减特性，如 0.5 m 长的参考纤维可以将仪器标定为“零”刻度。通过标定过程，可以消除以下一些误差和损耗：用于诊断仪中的 LED 与接收器最重要的性能就是在整个测量时间或所处环境温度发生改变时会出现误差，通过标定，以当时的环境条件为 LED 输出功率

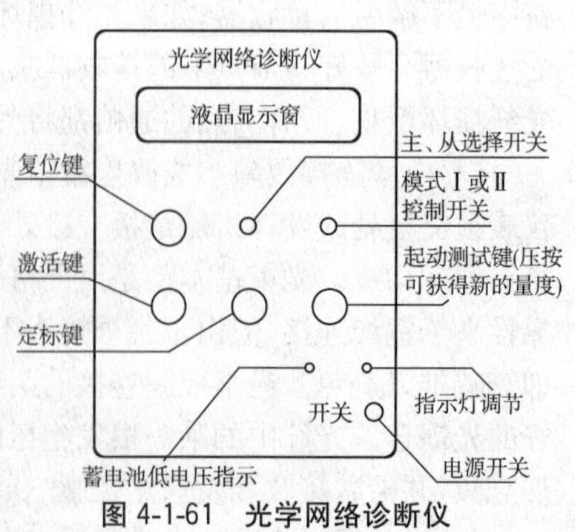

图 4-1-61 光学网络诊断仪

和接收器灵敏度的参考标准，这样能保证测量误差极小；由于作连接用的参考光纤参与了标定，诊断仪的“零”刻度包括了光纤至电子器件的耦合损耗。诊断仪的使用方法如下：

(1)诊断模式Ⅰ(自测试)。在此模式下(图4-1-62)，同一节点的发送线(Tx)和接收线(Rx)受到检测。所测到的功率损耗代表3种故障情况：发送光纤到星的衰减，星的接入损耗，从星到接收纤维的衰减。如果上述衰减接近维修手册中表列的最大值，那么，被测的节点自身及与该节点之间的通信可能发生错误。

(2)诊断模式Ⅱ(全部路径测试)。在此模式下（图4-1-63)，必须同时采用两个光学诊断仪。两个诊断仪测量从节点A发送器到节点B接收器路径的衰减(包括节点A的发送纤维的衰减、星形的接入损耗和节点B的接收纤维的衰减)，以及从节点B发送器到节点A接收器路径的衰减（包括节点B的发送纤维的衰减、星形的接入损耗和节点A的接收纤维的衰减)。如果沿两条路径的衰减大于允许值，则链路可能出现通信错误。

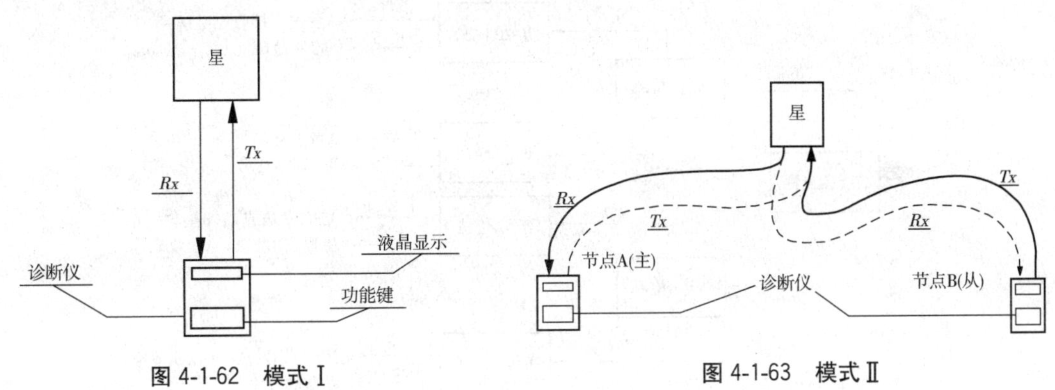

图4-1-62 模式Ⅰ　　　图4-1-63 模式Ⅱ

(3)测试过程。无论是周期性故障(间歇或断续故障引起的衰减使系统操作在超出规范的较高位误码率)还是全系统故障（链路全部衰减)，都可通过存取网络出错记录的较高等级诊断程序，由维修技术人员查找出节点间的通信问题。简略的测试过程如下：

①诊断仪与被怀疑的节点相连接，将模式开关调至Ⅰ位置，即可像图4-1-62那样开始检测可疑节点的链路衰减，若衰减在规范内，则可进行下一步骤。

②诊断仪仍然以模式Ⅰ方式测试第二个被怀疑有故障的节点，方法同①。若链路衰减也在规范内，则可进行下一步骤。

③将诊断仪模式开关调至Ⅰ位置，即可测试节点A到节点B(或从节点B到节点A)的通信路径。如果链路衰减仍在规范内，但仍觉汽车有故障，即可判定故障存在于被怀疑节点的电子线路中。

④按上述测试，若链路衰减超出规定，则可沿被测路径查找问题。最简单的方法是更换发送和接收光纤，然后重新测试，如果链路衰减仍然超出规定，则应更换无源光学星形。也可利用所有“三定点”测到的信息来分析问题。例如，测到从节点A回到自身的衰减高于规范，故障就可能存在于节点A发送和接收路径的某个地方。但如果从节点A回到自身与从节点B回到自身的两条路径的衰减都高于规范，那么，故障大多存在于星形中。简单地说，A和B的不正常(衰耗)根源在于C(星形)。按此“三定点”测试理论，可得到图4-1-64的故障诊断流程图，结合该车型的维修手册中规定的链路衰减(损耗)规范，则可帮助维修技术人员迅速查找到故障部位。

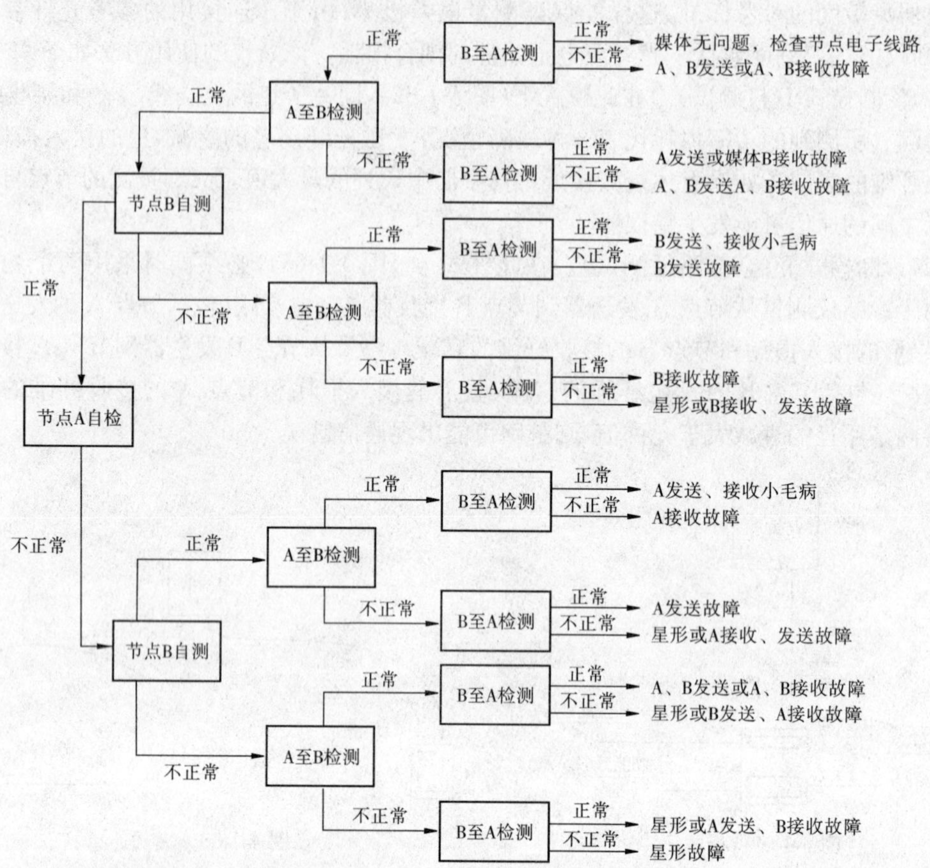

注：A发送故障指沿A发送器到星形的路径有故障，包括A发送纤维、成簇接头(指有成簇连接的星形网络和A发送纤维到星形的接口)。

图 4-1-64 光学网络故障诊断流程

第四节 LIN(局部连接网络)数据总线系统结构与检修

一、LIN 数据总线及特性

局部连接网络 LIN(Local Interconnect Network)是一个汽车底层网络协议，在汽车网络层次结构中作为低端网络的通用协议，并逐渐取代目前各种各样的低端总线系统。LIN 局部连接网络典型的应用是车上传感器和执行器的联网。按 SAE 的车上网络等级标准，LIN 属于汽车上的 A 级网络。LIN(局部连接网络)数据总线系统指的是单线数据总线，在大众/奥迪车系中，线路的颜色是紫色并标有识别色，该数据总线系统不需要屏蔽。从某种意义上来讲，

LIN 就是 CAN 的经济版通信网络，其可定位于低于 CAN 的通信层，其示意图如图 4-1-65 所示。

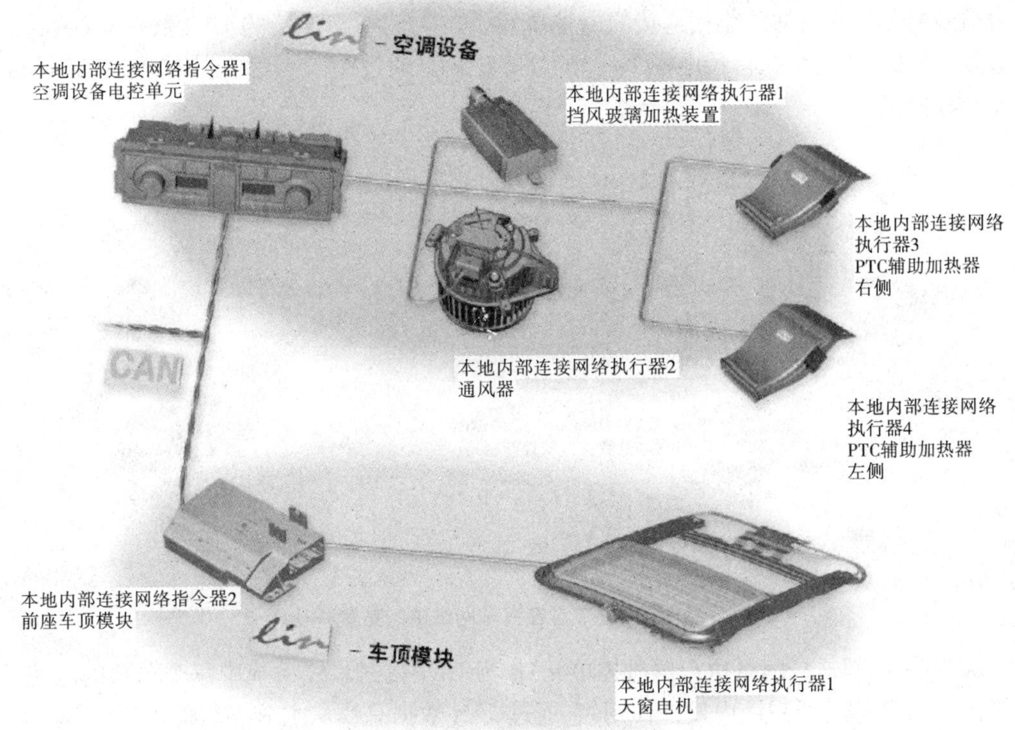

图 4-1-65 奥迪 A8 轿车 LIN 数据总线应用实例

LIN 协议是以广泛应用的 SCI(UART)为基础定义的，它支持与这类产品的连接。LIN 采用单主/多从带信息标识的广播式信息传输方式，网络节点根据在通信中的地位分为主节点和从节点。为了降低成本，LIN 网络中，从节点的同步不需要固定的时间基准。

LIN 系统具有以下一些特性：单主/多从结构；基于 UART/SCI 接口的廉价硬件实现；从节点无振荡器的自同步功能；保证延时和信号传输的正确性；廉价的单总线结构；数据传输速度 20 kbps；一帧信息中数据长度为 2 或 4 或 8 字节；系统配置灵活；带同步的广播式发送/接收方式；数据累加和校验(Data—Checksum)及错误检测功能；故障节点的检测功能；廉价的单片元器件实现。传送途径(按 ISO 9141)为廉价的单线传送方式，最长可达 40 m。

二、LIN 数据总线的结构

LIN(局部连接网络)数据总线系统的网络结构如图 4-1-66 所示，网络由一个主节点(也称局部连接网络指令器电控单元)和多个从节点(也称局部连接网络执行器电控单元)构成，主节点可以执行主任务也可以执行从任务，从节点只能执行从任务。总线上的信息传送由主节点控制。

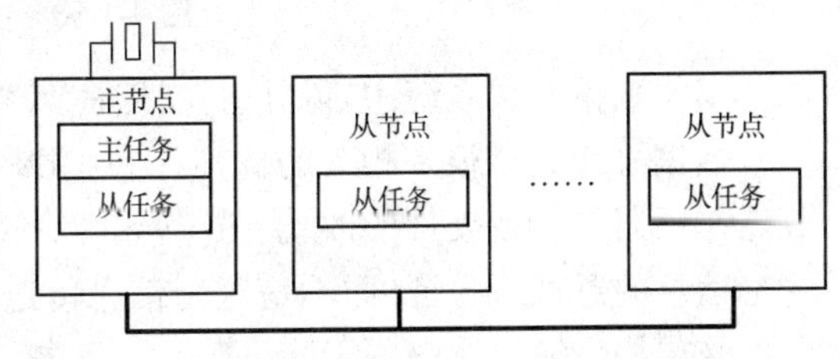

图 4-1-66 LIN(局部连接网络)数据总线系统的网络结构

如图 4-1-67 所示，那些与 CAN-BUS 数据总线相连接的电控单元担任主节点（局部连接网络指令器电控单元）的功能。它用来控制数据传输和数据传输速度，执行 LIN 数据总线系统电控单元和 CAN-BUS 数据总线之间的转发功能。因此，它是唯一一个在 LIN 数据总线系统中与 CAN-BUS 数据总线相连接的电控单元。与主节点相连接的 LIN 数据总线系统中的从节点（局部连接网络执行器电控单元）的故障诊断是通过主节点（局部连接网络指令器电控单元）来进行的。

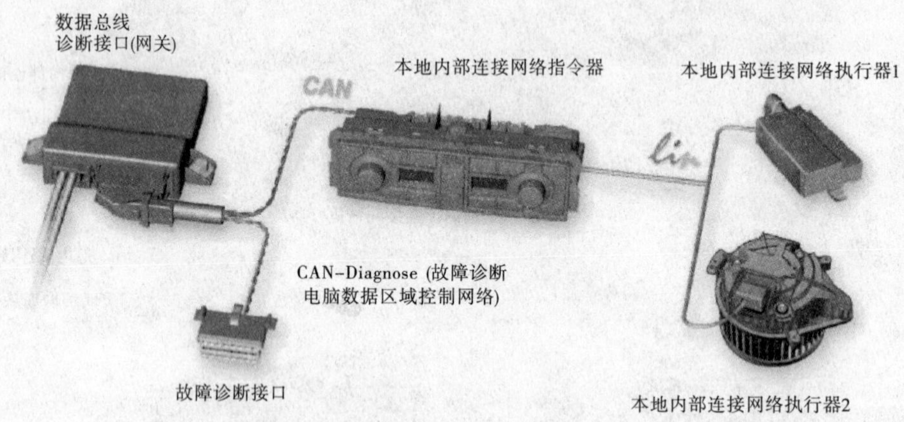

图 4-1-67 主节点在汽车网络中的布置和功能

从节点（局部连接网络执行器电控单元）作为 LIN 数据总线系统中每个单独的电控单元，只能在 LIN 数据总线系统内发挥作用，它通过 LIN 数据总线从主节点获得任务。

LIN 网络中信息以帧为单位传输。每个帧包括 3 个字节的控制与安全信息以及 2 个或 4 个或 8 个字节的数据，如图 4-1-68 所示，每个信息帧由主节点发出的一个 13 位显性位（低电平）起始域开始，之后主节点接着发送同步域和标识符域（主任务）；从节点发回数据域和校验码域（从任务）。

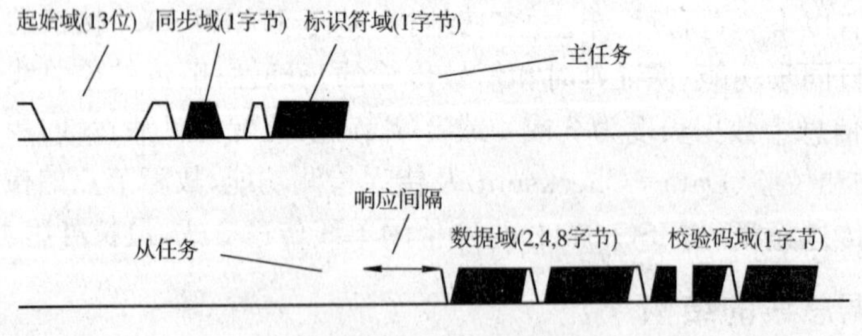

图 4-1-68 信息帧传送格式

LIN 数据总线系统中，除了主节点命名外，节点不使用任何系统结构方面的信息，这使 LIN 数据总线具有很多相关的优点。在 LIN 数据总线系统中，加入新节点时，不需要其他从节点作任何软件或硬件的改动。LIN 和 CAN 一样，传送的信息带有一个标识符，它给出的是这个信息的意义或特征，而不是这个信息传送的地址。

受单线传输媒体电磁干扰（EMI）的限制，LIN 数据总线最大位流传输速度为 29 kbps；另一方面，为了避免与实际系统定时溢出时间发生冲突，最小位流传输速度限定为 1 kbps。

LIN数据总线系统的电气性能对网络结构有很大的影响。网络节点数不仅受标识符长度的限制，而且受总线物理特性的限制。在LIN数据总线系统中，建议节点数不要超过16个，否则网络阻抗降低，在最坏工作情况下会发生通信故障。LIN数据总线系统每增加一个节点大约使网络阻抗降低3%。

每个节点与总线的接口如图4-1-69所示。电源与LIN数据总线间二极管的作用是，当VBAT为低时(本地节点断电或断路等)隔断LIN数据总线驱动节点的电源线(这将大大增加总线负载)。

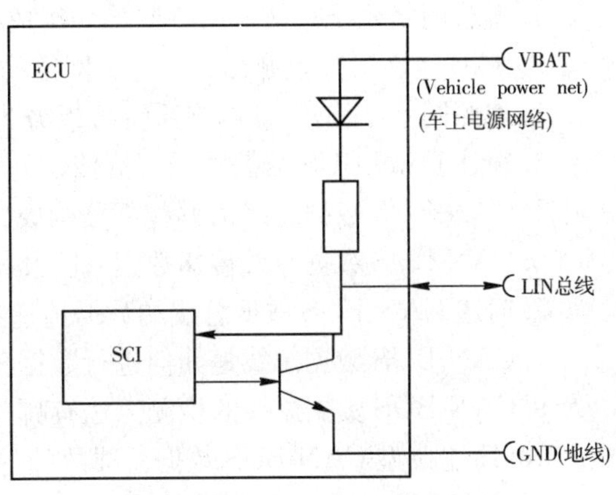

图 4-1-69　LIN 总线接口

LIN系统支持休眠工作模式。当主节点向网络上发送一个休眠命令时，所有节点进入休眠状态，直到被唤醒之前总线上不会有任何活动。这时总线处于隐性状态，节点没有内部活动，驱动器处于接收状态。当总线上出现任何活动或节点出现任何内部活动时，节点结束休眠状态。当由于从节点内部活动被唤醒时，输出一个唤醒信号(Wake—up Signal)唤醒主节点。主节点被唤醒后开始初始化内部活动，从节点要等到同步信号后才参与总线通信活动。

本章小结

本章介绍了以下几方面的内容：

◆车载网络系统的总体构成。

◆汽车总线的标准、协议。

◆车载网络的分类。

◆CAN双线式数据总线结构、各组成部件的功能、传递数据的构成、数据传递的过程、数据分配的原则、数据总线的检测方法。

◆CAN-BUS数据总线故障的机理和诊断思路。

◆光学网络的类型和基本构成。

◆光电耦合器的结构和检测。

◆光纤的结构、光纤中光波的传送。

◆光学数据总线中衰减增加的原因。

◆处理光纤及其部件的原则。

◆MOST数据总线的基本特征。

◆MOST数据总线的故障诊断。

◆Byteflight数据总线的结构与检修

◆无源光学星形网络的故障种类和故障检测方法。

◆汽车光学网络诊断仪的使用。

◆LIN数据总线及特征

◆LIN 数据总线的结构

复习思考题

1. 车载网络系统总体上由哪些部分组成？组成部分的各有什么作用？
2. SAE 将网络分为哪几类？各类网络的应用范围是什么？各采用什么总线标准、协议？
3. 按照网络结构，车载网络系统可以分为哪几类？
4. 简述 CAN-BUS 数据总线数据传输的特点。
5. CAN-BUS 数据总线由哪些部分构成？各组成部件的功能是什么？
6. CAN-BUS 数据总线传递数据有哪几部分构成？各组成部分有何特征？
7. 简述 CAN-BUS 数据总线的数据传递过程。
8. CAN-BUS 数据总线是如何进行数据分配的？
9. CAN-BUS 数据总线的检测方法有哪些？
10. 简述典型 CAN-BUS 数据总线故障的波形特征？
11. CAN-BUS 数据总线的故障有哪些类型？每种类型故障发生的机理和诊断思路是什么？
12. CAN-BUS 数据总线故障诊断的步骤是什么？
13. 光学网络有哪些类型？
14. 无源光学星形网络由哪些部分组成？
15. 光电耦合器的作用是什么？
16. 光电耦合器有哪些类型？
17. 简述光电耦合器的工作原理。
18. 简述光电耦合器的检测方法。
19. 光纤的任务是什么？光波在光纤中是如何传送的？
20. 光学数据总线中衰减增加的原因有哪些？如何避免？
21. 处理光纤及其部件应掌握哪些原则？
22. MOST 数据总线的基本特征是什么？
23. MOST 数据总线的显著特点是什么？
24. MOST 数据总线环形结构中断故障的诊断方法是什么？
25. MOST 数据总线衰减增加时环形结构的故障诊断方法是什么？
26. 简述 Byteflight 数据总线的结构与检修。
27. 无源光学星形网络的故障有哪些类型？如何进行故障诊断？
28. 简述汽车光学网络诊断仪的使用方法。
29. LIN 数据总线的特征是什么？
30. 简述 LIN 数据总线的结构。

第二章　车身电控系统简介

本章要点

通过本章的学习：

★了解车辆防盗系统的类型、结构和工作原理。

★了解中控门锁系统的类型、结构和工作原理。

★了解电控自动空调系统的组成和工作原理。

★了解安全气囊系统的类型、结构和工作原理。

★了解安全带的工作原理。

★了解汽车仪表系统中机油压力表、燃油表、冷却液温度表、车速里程表的结构和工作原理。

★了解电子显示组合仪表的结构和工作原理。

第一节　车辆防盗系统与中控门锁

一、车辆防盗系统

（一）汽车防盗系统的分类

汽车防盗系统可分为机械式和电子式两种。

1. 机械式防盗器

机械式防盗器是用机械的方法对油路、变速器、变速杆、转向盘、制动器等进行控制，如变速杆锁、转向盘锁、轮胎锁等。这种方法虽然费用低，但使用不便，安全性差，正在逐步被淘汰。

目前流行的是电子式防盗锁。当电子式防盗系统起动（激活）之后，如有非法移动汽车、划破玻璃、破坏点火开关锁芯、拆卸轮胎和声响、打开车门、打开燃油箱加注口盖、打开行李厢门、接通点火开关等，防盗器立即报警。报警的方式有灯光闪烁、警笛长鸣、发射电波报警。有些车型在报警的同时再切断起动机电路，切断燃油供给，切断点火系统，切断喷油控制电路，切断发动机 ECU 接地电路，甚至切断自动变速器控制电路，从而使发动机不能起动和运转，自动变速器不能换挡，使汽车处于完全瘫痪的状态。

2. 电子式防盗器

电子式防盗器按功能可分为以下三类：

（1）防止非法进入汽车的防盗系统。主要为红外监视系统，布置在车辆内部周边的一组红外传感器构成了一道无形帘幕，在防盗系统启动后，监视是否有移动物体进入车内。此系统安全性高,可靠性强,但由于需要布置多个红外发射接收装置,成本较高。

(2)防止破坏或非法搬运汽车的防盗系统。主要通过布置在车内的超声波传感器、振动传感器或倾斜传感器等,监测是否有人企图破坏或非法搬运汽车。该系统需增加相应的遥控系统和报警系统,因此成本高,使用不便;而且由于传感器灵敏度难于准确设定,容易虚报警和漏报警,安全性差,报警信号对环境也构成污染。

(3)防止汽车被非法开走的防盗系统。此类防盗系统多数采用带密码锁的遥控系统,通过校验密码,确定是否允许接通起动机、点火电路等,防止汽车被非法开走。其安全性较差、成本高、使用不便。新型的防盗点火锁系统,采用电子应答的方法来判断使用的钥匙是否合法,并以此确定是否允许发动机 ECU 工作。这是目前世界上高级轿车普遍采用的先进汽车防盗技术。

(二)汽车防盗系统的组成及工作原理

图 4-2-1 所示为汽车防盗系统的示意图。当以非正常的手续解除报警功能时,若发生侵入车厢事件及起动发动机,这时传感器便能检测到这种信息,把信号传到控制单元,控制系统进行判断,当其认为异常时,一方面会发出报警,另一方面会阻止发动机运转。

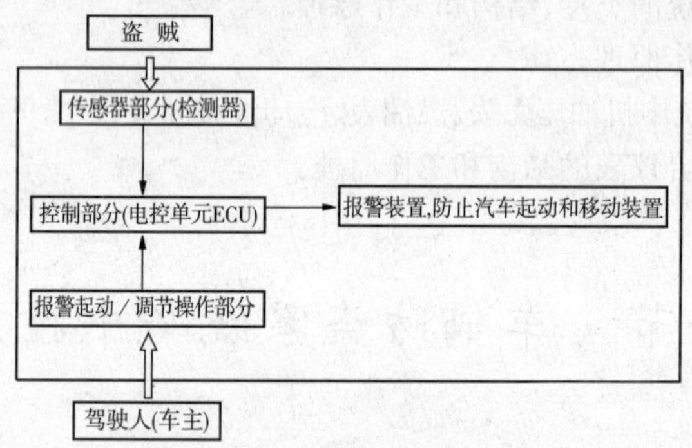

图 4-2-1 汽车防盗系统示意图

汽车防盗系统的组成包括三个部分:开关和传感器(探测是否发生非法进入汽车或非法搬运汽车的情况)、防盗 ECU 执行机构(报警装置和使汽车失去运动能力的系统)。

简单的防盗系统组成如图 4-2-2 所示。防盗装置在车辆上的布置如图 4-2-3 所示。当用钥匙锁好所有车门时,系统进行 30 s 自检,防盗指示灯亮。30 s 过后,防盗指示灯(通常为 LED)便开始闪烁,表明系统启动而进入警戒状态。

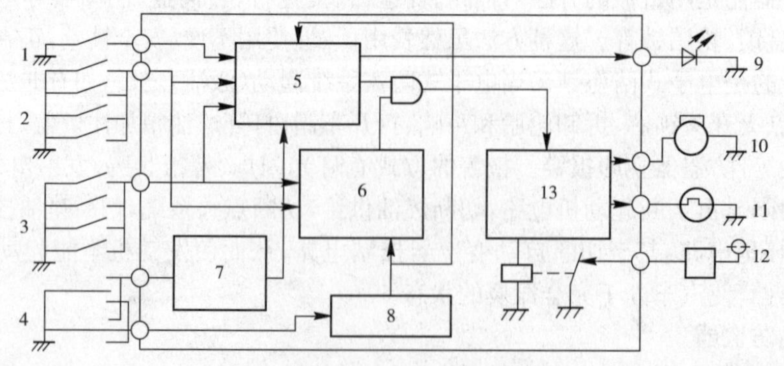

图 4-2-2 防盗系统的基本组成

1-钥匙存在开关;2-开门开关;3-锁门开关;4-钥匙操作开关;5-报警状态设置;6-检测是否被盗;7-30 s 定时器;8-解除警报状态;9-LED 指示器;10-报警器;11-报警灯;12-起动断电器;13-报警控制电路

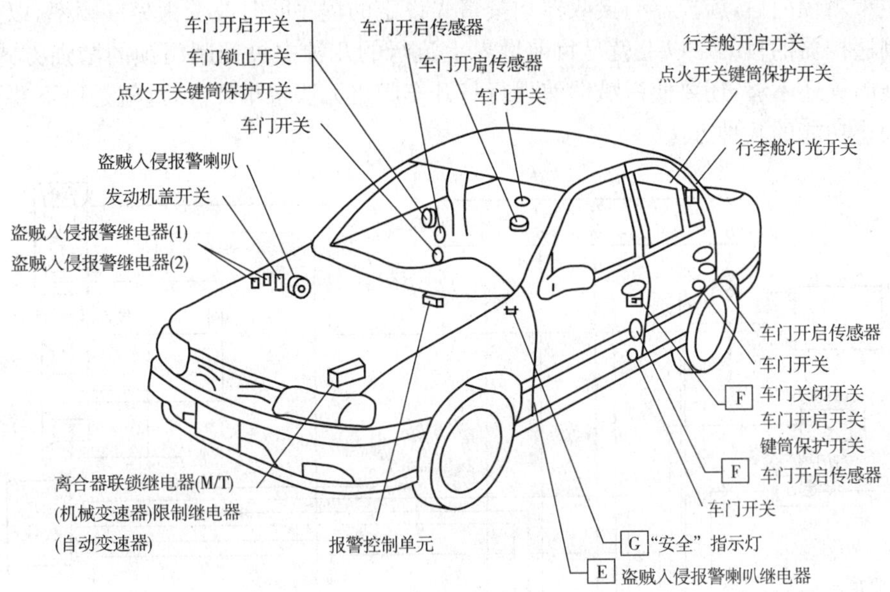

图 4-2-3　防盗装置在车辆上的布置图

1.基本防盗系统的工作原理

图 4-2-4 为高级轿车防盗线路图。由图可见,防盗 ECU 的主要输入信号由遥控模块、左右车门锁芯开关和 4 个车门微开开关提供。如果有人非法开启车门,使车门微开开关接通并将此接通信号送给防盗 ECU,而遥控模块和车门锁芯开关并没有将开门信号送给防盗 ECU,所以防盗 ECU 即判断为非法进入,于是接通防盗扬声器和报警灯的电路。这种防盗系统的功能较简单,它只能报警和恐吓窃车贼,不能阻止汽车被开走或被搬走。所以,汽车制造商又设法增强防盗系统的功能,并从两个方面入手:一是增强了中央门锁的安全功能;二是增强了汽车的锁止功能。

2.增强中央门锁的安全功能

(1)测量门锁钥匙电阻。如图 4-2-5 所示,车辆的每一把钥匙均有一设定电阻,并存储在防盗 ECU 中,当启动防盗系统后,所有车门被锁住,此时若用齿形相同但电阻值不同的钥匙开启车门或起动发动机,防盗 ECU 则将此判定为非法进入,并进行防盗报警,同时切断起动继电器控制线圈的接地电路,使起动机不能工作;或与发动机 ECU 进行通信,使喷油器不喷油。该方法防盗效果很好,但当拆过蓄电池后,需向防盗 ECU 重新输入钥匙中设定的电阻值,因此,需要维修人员了解重新设定技术,也给防盗系统留下了一个漏洞。

(2)加装密码锁。加装密码锁后,就不用担心钥匙丢失而造成车辆失窃的问题。车用密码锁与普通按键式电子密码锁相同,密码锁的键盘上有 10 个数字的按键,而密码则一般采用 5 位数,也就是说,密码共有 10 万种组合。已设定的密码也可以由车主任意改变,因此,车主也不必担心被别人窃去密码。

(3)遥控器增加保险功能。无论何种开门方法,与遥控器门都处于同一级别,也就是说,即使别人复制不了钥匙,破译不了密码,只要复制了遥控器,同样可以轻松打开车门。普通遥控器的复制对于专业人员来说并不是难事,只要用一台示波器测出遥控器发出的无线电信号的频率即可。为防止遥控器被复制,则可让遥控器与防盗 ECU 配合,由固化程序设定频率,即每次车主重新锁门后，遥控器与接收器均按事先设定的程序同时改变为另一频率，以达到阻止他人复制遥控器的目的。以上就是目前世界上流行的几种中央控制门锁的增强方式。当然，仅靠增强门锁还不够，还要使窃贼即使强行打开车门也无法将车开走，这就是以下要介绍的增强汽车锁止功能的几种方法。

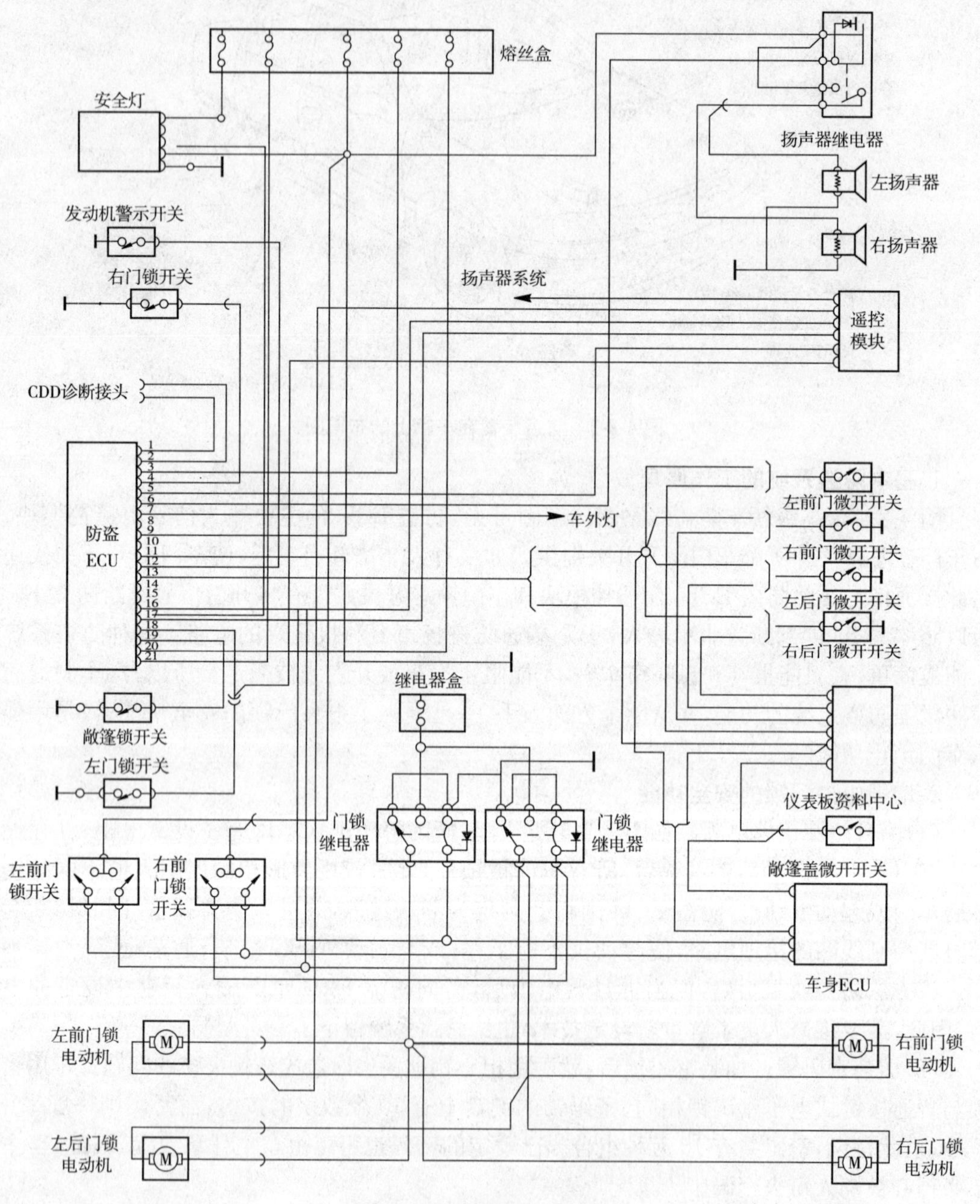

图 4-2-4　轿车防盗系统电路

3. 增强汽车锁止功能

(1)使起动机无法工作。通过防盗 ECU 来控制起动继电器电路是否接地，从而控制起动继电器触点是否闭合，这样就达到控制起动机能否正常工作的目的。若通过正常途径解除防

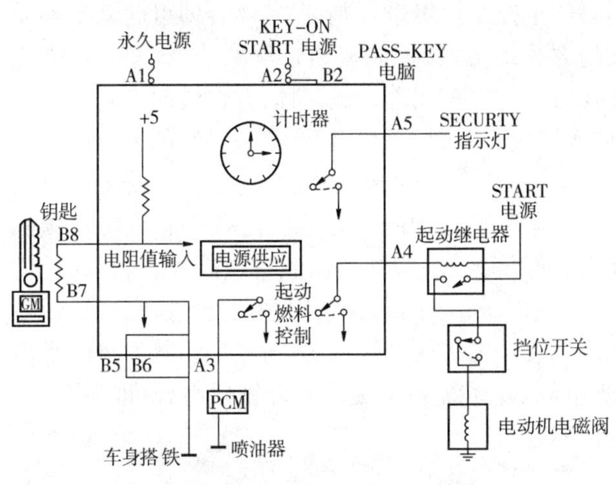

图 4-2-5　增强功能的防盗系统

盗警戒，则起动机与扬声器、灯光都处于正常工作状态；若未解除防盗警戒而起动汽车，即使短接点火钥匙锁芯后面的起动导线，也无法将发动机起动，从而起到防盗功能。

(2)使发动机无法工作。防盗 ECU 不仅控制着起动机线路，同时也可切断电动汽油泵断电器控制线路，使自动变速器液压油路控制阀体的电磁阀无法打开，以达到即使能起动起动机，也无法使自动变速器运转的目的。亦有某些车型同时可以切断防盗 ECU 的某些接地线路，使点火系统不工作，喷油器电磁线圈处于切断状态，从而使发动机无法工作。

(3)使发动机 ECU 处于非工作状态。起动警戒解除后，防盗 ECU 将某一特定频率的信号送至发动机 ECU，这样才能使发动机 ECU 正常工作；若未解除发动警戒或直接切断发动机 ECU 电源，则该信号不存在，发动机 ECU 停止工作，发动机不能运转。

(4)采用电子式转向锁。如奔驰轿车采用的电子控制转向柱锁，只有在使用合法钥匙时，转向柱锁方可打开。否则，即使窃贼进入汽车，也无法将汽车开走。

4. 振动报警装置

目前，国外许多盗车集团自己拥有一个汽车维修站，拥有一辆带集装箱的运输车。若他们发现合适的猎物，就直接把目标塞进集装箱中，运到维修站内，慢慢的将整车拆成零件后销售。于是，汽车制造商们又在汽车上安装了振动报警装置。它的工作原理是：防盗系统启动后，若汽车受到意外移动，安装在汽车内部的一个振动传感器便将车辆振动的信号传送给防盗 ECU，如果振动传感器输出信号大于标准值时，有阻吓功能的灯光、扬声器一起工作，并提醒车主注意。

(三)汽车防盗系统的功能

图 4-2-6 所示为防盗装置的功能构成图。汽车停车锁定后，为防止整车被盗，设计了防盗系统。若其中任一车门、行李厢盖、发动机罩被强行打开，或被卸下的蓄电池桩头又重新装上，这时汽车防盗系统会发出警报，并使发动机不能起动。防盗系统的警报信号能触发喇叭断续发响和使前照灯、尾灯及其他车身外部灯闪烁。发动机不能起动是由于起动回路被断路。

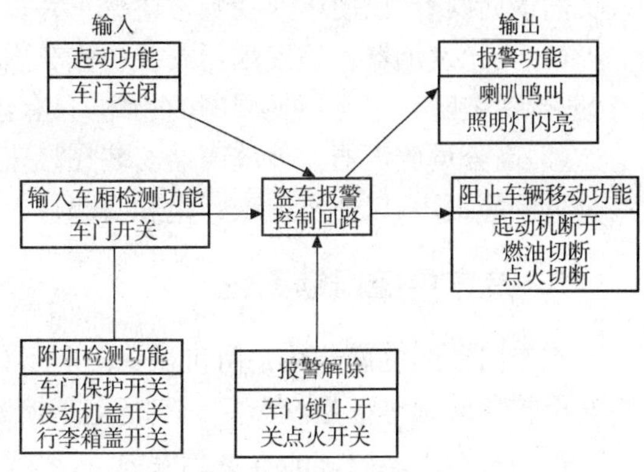

图 4-2-6　防盗装置的功能构成图

(四)汽车防盗系统的发展

1. 数码防盗装置

P. A. T. S 微晶辨识密码防盗系统：独特的电子密码高达 500 多亿种，当密码发射器有汽车钥匙插入之后，钥匙孔内的通信模组将密码传至控制模组进行判读，若吻合即可起动车辆发动机。该系统不用电池电线，使用接线点火的方式即可，若控制模组未解除禁令，发动机就无法起动。数码防盗钥匙，将小型化的无线电发射机与汽车钥匙合成一体，并在转向盘隐藏的地方装有一个接收阅读机。当这种汽车钥匙插入点火开关时，一个有 20 个数字码的无线电信号发射出来，阅读机接收后，确认无误时，点火开关便起动车辆；若是数字码对不上或无信号发出，车辆就无法点火起动。自 1995 年起，BMW 全车系统均配有智能型防盗锁。该防盗锁采用雷达收发器的原理，其特点是在点火器外装有螺旋天线，钥匙孔内装有微晶片，当钥匙转动时，天线便成为一种转换器，供电给微晶片，以显示密码次序，若符合次序，符合授权身份，便可启动车门。每位 BMW 的车主，都配有 4 把原厂设计编码的密码钥匙，每一把钥匙的密码是由一个固定的个人密码及个别的常换的密码所组成，此系统还可提供 6 套密码组合，以备万一。一旦钥匙遗失，此系统能让车主注销任意一把钥匙。

2.通信防盗系统

(1)全球通信网络汽车防盗系统。以呼叫器控制汽车起动系统和车门的开关，可在汽车被盗后，以电话的方式将动力系统解除，使车辆在 10 s 内停止行驶，并使警铃大叫。

(2)电话控制系统。该系统仅有香烟盒大小，可暗藏在汽车的任何部位。车主和警方可在世界上的任何地方，通过拨打电话，使汽车置于控制中。如逐渐减少燃料供应使汽车渐渐停止；关闭车门、车窗，与盗贼进行交涉；关闭其他电动控制设备。这样，不仅可以找回汽车，还可以确保车主的人身安全，达到将盗贼抓获的目的。

3. 影像防盗

(1)微型间碟相机。该相机体积极小，可以装在汽车的任何部位而不被人注意，并能在很弱的光线下工作，可拍摄多达 12 幅的照片，与蜂窝式无线电话网络连接，可将闯入汽车盗贼的照片直接送到控制中心，使盗贼立即被辨认出来，以供警方采取相应的措施。

(2)秘密摄像机：该摄像机体积很小，可隐蔽安装在汽车内。秘密摄下盗贼强行进入汽车的影像，并通过全球卫星定位系统，送到控制中心，使控制中心随时掌握车辆所在的位置及盗贼的动向，以便抓获。

4.报警网络系统

该系统主机安装在汽车尾部的行李厢中，并与空中警察全球卫星定位系统联网。当汽车被盗后，报警网络系统可通过全球卫星定位系统，不断向警方显示汽车行程坐标和传送汽车内人员的谈话内容，以便迅速找到被盗汽车并抓住盗贼。

(1)无光发烟器。该发烟器安装在汽车内之后，只要盗贼一进入汽车，它便会自动放出无毒烟雾，使盗贼双眼看不见周围的物体，只有束手就擒。

(2)高分贝放声器。该放声器安装在汽车内之后，盗贼只要一接触汽车门，就会立即发出高分贝的警报声，以便将盗贼吓走和引起行人注意。

二、汽车中控门锁系统

汽车门锁的发展趋势是由机械式向电子化演变。汽车电子门锁、汽车电子密码点火锁和汽车电控转向锁等都是汽车门锁实行电子控制的产物。

(一)汽车中控门锁的分类与发展

汽车电子锁的分类方法很多，既可以按照控制部分中主要元器件的异同进行分类，也可以按照编码方式的异同进行分类。

(1)按键式电子锁。按键式电子锁采用键盘或组合按钮输入开锁密码,操作方便。内部控制电路常采用电子密码专用集成电路 ASIC。此类产品包括按键式电子锁和按键式汽车点火锁。

(2)拨盘式电子锁。拨盘式电子锁采用机械拨盘开关输入开锁密码。很多按键式电子锁可以改造成拨盘式电子锁。

(3)电子钥匙式电子锁。电子钥匙式电子锁使用电子钥匙输入或作为开锁密码,电子钥匙是构成控制电路的重要组成部分。它可以由元器件搭成的单元电路组成,做成小型手持单元GAE形式。它与主控电路的联系,可以是光、声、电或磁等多种形式。此类产品包括各种遥控汽车门锁、转向锁和点火锁以及电子密码点火钥匙。

(4)触摸式电子锁。触摸式电子锁采用触摸方式输入开锁密码,操作简单。相对于按键式开关,使用寿命长,造价低,优化了电子锁控制电路。装用这种锁的车门上没有一般的门把手,代之以电子锁和触摸传感器。

(5)生物特征电子锁。生物特征电子锁的特点是将声音、指纹等人体生物特征作为密码输入,由计算机进行模式识别,控制开锁。因此,生物特征式电子锁的智能化程度相当高。

(二)汽车中控门锁的结构

汽车电子门锁通常由控制部分和执行机构两部分组成。

1.控制部分

控制部分包括编码器、输入器、存储器、鉴别器、驱动级、抗干扰电路、显示装置、保险装置和电源部分。

(1)编码器。编码器实质上是人为设定的一组二进制或十进制数的密码。设定的原则是所编的密码不易被人识破。对密码电路的要求是容量大、换码率高;保密性、可靠性好,换码操作简单。

(2)输入器和存储器。经输入器输入一组密码,由存储器记忆后送至鉴别器。

(3)鉴别器。鉴别器的作用是对来自输入器和编码器的两组密码进行比较,仅当两组密码完全相同时,鉴别器才输出电信号,经抗干扰处理后送至驱动级和显示装置。若用户有特殊要求,鉴别器还可以输出报警和封锁行车所需的电信号。

(4)驱动级。由于鉴别器送出的电信号通常很微弱,为了能带动执行机构的电磁铁产生动作,故设置驱动级。

(5)抗干扰电路。为了抑止来自汽车内外的电磁波的干扰,保证电子门锁不会自行误动作而设置了抗干扰电路,由此提高汽车电子门锁的可靠性和安全性。一般情况采用延时、限幅和定相等方法来达到该目的。

(6)显示器和报警器。该部分为电子门锁控制部分的附加电路,用于显示鉴别结果和报警,从而扩大了电子门锁的功能。

(7)保险装置。速度传感器和车门锁止器是汽车电子门锁的独特组成单元。当汽车运行超过一定车速时,车门锁止器根据来自速度传感器的信号将锁体锁止;当控制电路万一失灵,可通过紧急开启接口直接控制锁体的开启。

(8)电源。提供所需能量。

2. 执行机构

汽车电子门锁的执行机构一般采用电磁铁或微型电动机控制。

(1)电磁铁式自动车门锁。这种汽车电控门锁的开启和锁闭均由电磁铁驱动。其结构如图 4-2-7 所示。它内设 2 个线圈,分别用来开启、锁闭门锁。门锁集中操作按钮平时处于中间位置,用手按压即可开启或锁闭车门。这种车门锁的优点是结构简单,内部摩擦力小,动作敏捷,操作方便;缺点是耗电量大,电磁铁质量大,且动作时有撞击声。

(2)电动机式自动车门锁。该锁由可逆式电动机、传动装置及锁体总成构成。其工作原理为:由电动机带动齿轮齿条副或螺杆螺母副进而驱动锁体总成,驱动车门的锁闭或开启,其传动装置如图 4-2-8 所示。这种锁的优点是体积小、耗电量小以及动作较迅速。不足之处在于:打开或关闭车门之后,若因疏忽通电,易烧毁电动机。

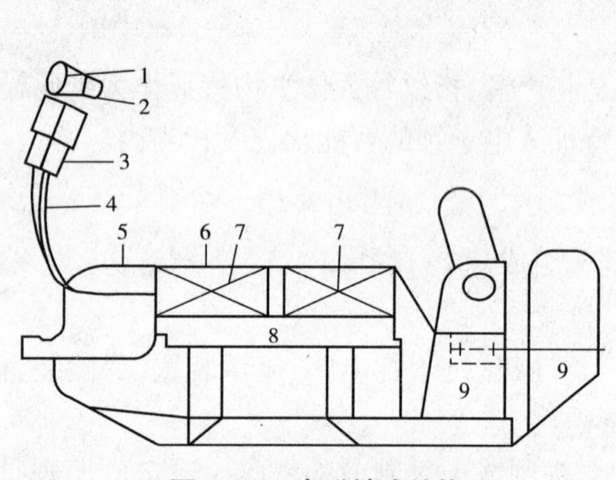

图 4-2-7 电磁铁式结构

1-锁闭位置;2-开启位置;3-连接器;4-导线;5-橡皮罩;6-轭铁;7-线圈;8-铁芯;9-托架头

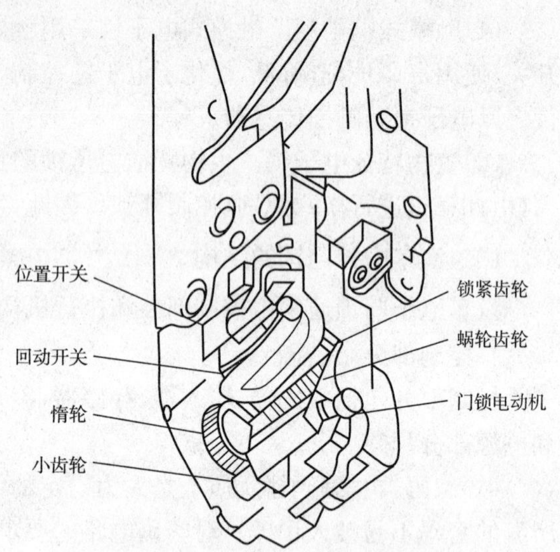

图 4-2-8 电动机式门锁传动装置

(三)汽车中控门锁的工作原理

电控门锁的作用是通过电磁铁机构或电动机式机构来打开及锁止车门锁。由门锁执行机构及联动机构、门锁控制开关、门锁控制继电器等主要部分组成。目前,高档车一般采用的是自动门锁式,它是在可以手动控制门锁开闭的基础上,还可以根据汽车车速自动锁死车门。

1. 电控门锁原理

当门锁开关置于锁止(LOCK)位置时,门锁继电器线圈通电,触点闭合,门锁电磁铁中门锁线圈通电,电磁铁芯杆缩回,操纵门锁锁止车门,当门锁开关置于开启(UNLOCK)位置时,开启继电器线圈通电,触点闭合,门锁电磁铁中开启线圈通电,电磁铁芯杆伸出,操纵门锁开启,在带自动门锁的汽车上,设有速度传感器和电子控制线路。当汽车车速达到设定数值时,电子控制电路使门锁继电器通电,而自动锁止车门。

门锁电磁铁的检查,将电压为 12 V 的蓄电池接入门锁电磁铁的电路,当在“LOCK”与搭铁接线柱之间加上额定电压时,电磁铁芯杆应缩回,当在“UNLOCK”与搭铁接线柱之间加额定电压时,电磁铁芯杆应伸出。如果芯杆不能相应伸出或收回,表明电磁铁有损坏,应进行修理或更换。

2.门锁操纵原理

在车门开启和闭锁的操纵机构中，通常采用动力车门锁定装置。

(1)门锁机构。门锁的锁闭机构较复杂，如图 4-2-9 所示。在门锁总成中，由锁止杆控制转动，决定门锁开/闭状态。"位置开关"用于测定锁止杆是否进行门锁开/闭；"门锁开关"则是用于检测锁止机构是否进行门锁的开/闭。此外，锁止杆随着门锁电动机的通电，作正向/逆向旋转；或把钥匙插入锁孔中，用于操作。也可按车厢内的按钮进行多种操作。当"门锁开关"用于操作钥匙，使它向开启/关闭方向转动时才能输出信号。

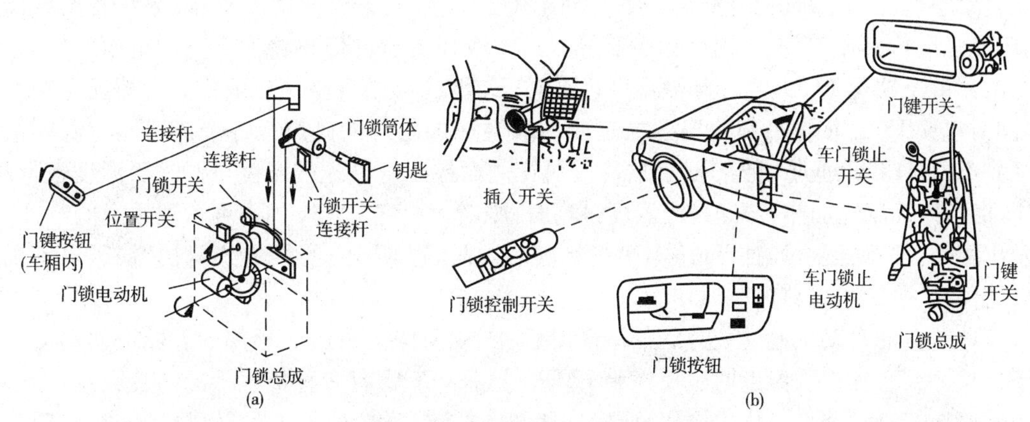

图 4-2-9　门锁的闭锁机构

(a) 门锁机构部件；(b)门锁机构操作说明图

(2)开关工况。门钥匙(钥匙)开关——当锁门或开门时分别给出 ON 信号，其他时间一概 OFF。车门锁止开关——当门打开时 ON，关闭时 OFF。作为检测车门开闭的开关，有直接检测车门开闭的"车门开关"，但是"门锁开关"更具有可靠性，能检测锁止的离合状态。位置开关——锁杆位于锁闭位置 OFF，在开启位置时为 ON。钥匙插入开关——当钥匙插入时 ON，如拔出则为 OFF。门锁控制开关——在车厢内利用手操作的开关，与门钥匙具有相同的开关工况。

第二节　电控自动空调系统

空调是空气调节器的简称。汽车空调系统的功能是对车室内空气的温度、湿度、流速和清洁度等参数进行调节，使乘员感到舒适，并预防或去除风窗玻璃上的雾、霜和冰雪，保证乘员身体健康和行车安全。空调系统是舒适性装置，汽车内部温度是舒适性的重要指标。车内温度取决于车外温度、空气流量以及太阳辐射的大小。当车外温度超过 20 ℃，车内的舒适温度只能靠冷风降温达到。传统空调是人工调控的，在空调控制面板上有一个温度调节旋钮，实际上是一个可变电阻装置，它与蒸发器内的温度感应电阻组成串联电路，当温度改变时，这组电路的阻值发生变化，从而控制空调压缩机的电磁离合器，当温度低时将离合器分离，空调停止工作；当温度高时将离合器合上，空调继续工作。这样的控制方式比较简单，但温控调节粗糙。

自动空调则是自行调控，它能够依据车内温度自动调节出风温度，具有平滑柔顺性，温控调节精细。另外，自动空调有自检装置，可以及早发现故障隐患。

与车上其他电控系统一样，自动空调也要有一个“控制中枢”，外加传感器等部分。因此，自动空调控制系统由 4 部分组成：一是传感器部分，专门负责温度信息反馈；二是系统“控制中枢”，也就是空调 ECU；三是控制部件，包括空调系统冷凝器电动机、蒸发器电动机等，包括混合气流电动机、气流方式电动机，用以控制冷暖气组合、开启或关闭正面、侧面和脚部的出风口；四是自检及报警部分。单从上述结构看，现代汽车的自动空调就比传统空调复杂得多。

自动空调控制系统的传感器一般有车内温度传感器、车外温度传感器、蒸发器温度传感器、阳光强度传感器、冷却液温度传感器等。其中冷却液温度传感器位于发动机出水口，它将冷却液温度反馈至 ECU，当冷却液温度过高时，ECU 能够断开空调压缩机离合器而保护发动机，同时也使 ECU 依据冷却液温度控制冷却液通往加热芯的阀门。各个传感器将温度信息反馈到 ECU，ECU 通过“混合风挡”的冷暖风比例而控制空气流的温度，例如，当温度过低时，ECU 指令冷气流经加热芯升温；当温度过高时，则增大冷气。当车内温度达到预定值时，ECU 会发出指令，停止“混合风挡”伺服电动机运转。同时，ECU 还通过“方式风挡”伺服电动机控制气流流向，确定出风口的吹风角度。

有些轿车的自动空调还装有红外温度传感器，专门探测乘员面额部的表面皮肤温度。当传感器检测到人体皮肤温度时也反馈到 ECU。这样，ECU 有多种传感器的温度数据输入，就能更精确地控制空调。这样，乘员只要操作旋钮或按键，设置所需温度及风机转速，以后一切事情都由自动空调控制系统办理了。随着集成电路成本降低和人们对舒适性需求的增大，目前，装配自动空调的轿车越来越多。

电控自动空调控制系统是以微型计算机为控制中心，对各种传感器采集的多种参数进行检测，并与控制面板设定的信号进行比较，经计算处理后进行判断，然后输出相应的调节和控制信号，通过相应的执行机构，对空调压缩机的开、停状况，送风温度及模式，热水阀开度等作及时的调整和修正，以实现对车内空气环境进行全季节、全方位、多功能、最佳化的调节和控制。同时，系统还具有故障自诊断检测功能，当系统出现故障时，会及时采取相应的保护措施。

电控自动空调系统控制面板如图 4-2-10 所示，控制面板上的车内、车外温度为数字显示，送风模式等空调运行参数以图形符号显示，操纵键为琴键式。

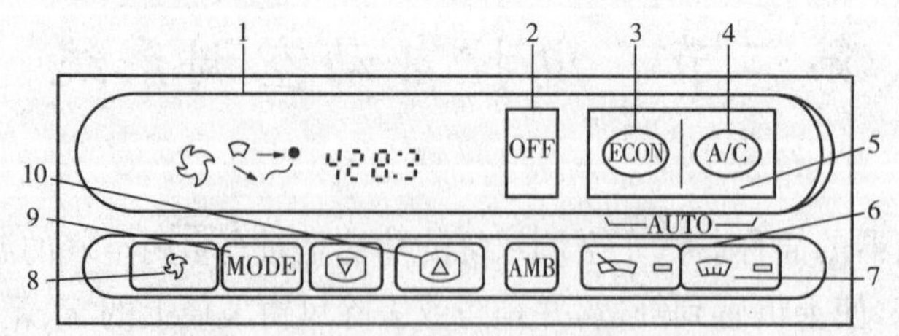

图 4-2-10 电控自动空调系统控制面板

1-显示屏；2-停用开关；3-经济(ECON)运行开关；4-空调开关；5-车外温度显示按钮；6-风向转换开关；7-风窗玻璃除霜开关；8-鼓风机开关；9-模式转换；10-温度设定开关

一、电控自动空调系统的组成

电控自动空调系统主要由传感器、ECU、执行机构、真空控制系统等组成，如图 4-2-11

所示。

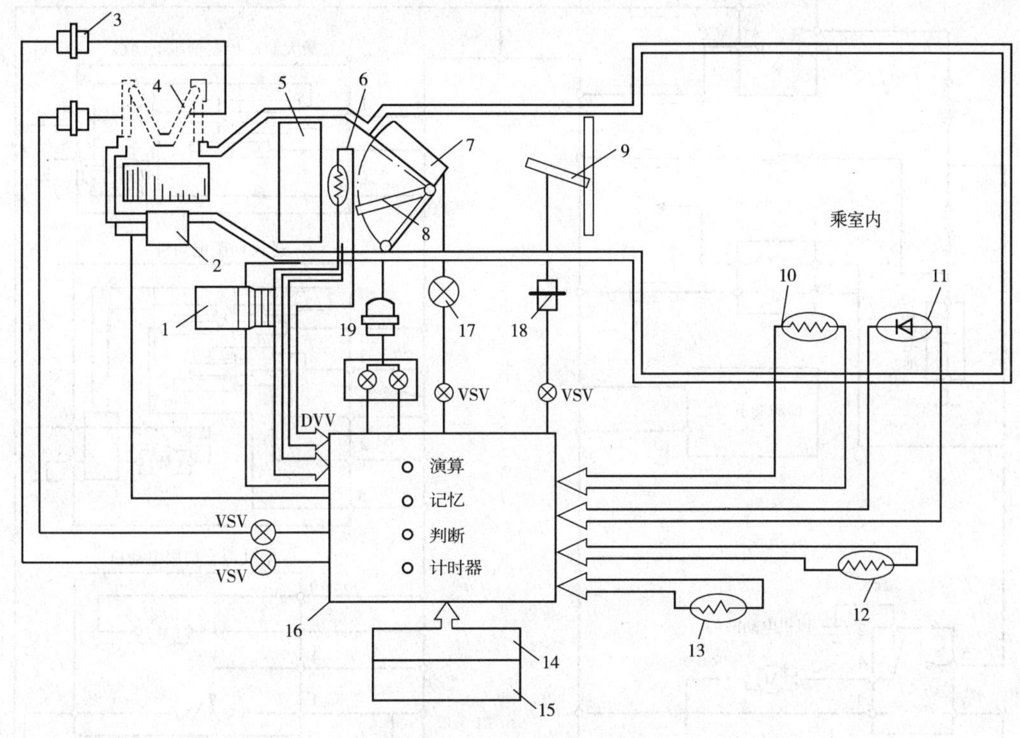

图 4-2-11　电控自动空调系统

1-空调压缩机；2-鼓风机；3-真空驱动器；4-回风风门；5-蒸发器；6-蒸发器温度传感器；7-加热器；8-温度风门；9-出风口转换风门；10-车内温度传感器；11-日照传感器；12-车外温度传感器；13-发动机冷却液温度传感器；14-运行方式开关；15-温度设定开关；16-空调 ECU；17-热水阀；18-转换风门真空驱动器；19-反馈电位器

二、电控自动空调系统工作原理

输入到空调 ECU 的信号主要有车内温度、车外温度、日光强度、发动机冷却液温度、设定温度、空调运行模式、温度风门位置、空调压缩机制冷剂温度及压力等。ECU 输出的控制信号主要有真空转换器真空度、各风门和温度调节风门位置、鼓风机运转状态、空调压缩机运转状态等。

当通过操作键设定好车内温度时，空调运转过程中，空调 ECU 将不断地监测各种传感器输送来的信号，并对送风温度和风量进行及时地调整和修正，同时，自动选择送风方式和送风口。当车内热负荷增大时，空调 ECU 会自动改变空调压缩机的开、停时间，增大制冷量，同时加大送风速度，以补偿由于车外温度升高、日照强度大、车内负荷增加造成的车内温度升高。在空调自动运行方式下，送风模式和送风口的选择是自动切换的，至于系统降温、升温的工作原理，与手动空调的工作原理相似。

空调 ECU 的控制系统设置了经济运行方式。在此方式下运行，空调 ECU 会让空调压缩机在尽可能少的时间内工作，甚至不工作的情况下保持车内设置温度。如在车外温度与设定温度相差不大时，空调便可在此方式下工作，以达到节能的目的。

图 4-2-12 为电控自动空调系统的电路示意图。

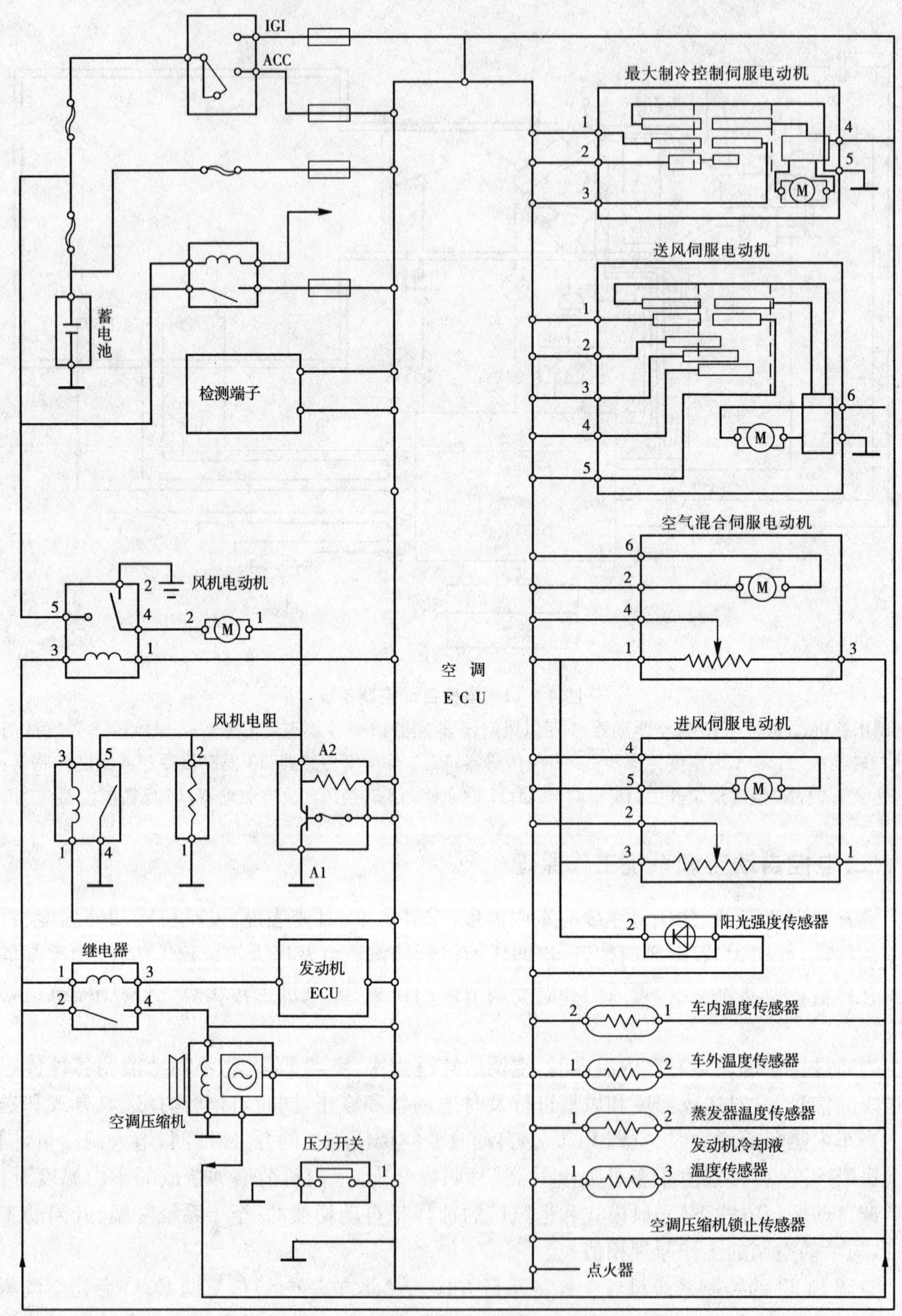

图 4-2-12 电控自动空调系统电路

第三节 乘员辅助保护系统

安全气囊的开发设计是基于安全带有限的保护作用之上的，安全带与安全气囊共同组成了乘员辅助保护系统(SRS)，它俩互相配合才能充分发挥对驾乘人员的辅助保护作用。

最初的乘员辅助保护系统只是在转向盘上安装了一个气囊，在发生碰撞时用以对驾驶人加以保护。由于安全的需要，很快又在右前乘客座位安装了副气囊。几乎与此同时，一种叫作安全带预收紧器的装置出现了，它的功能是在气囊展开前将乘客尽量向后拉，保证其标准坐姿，从而避免气囊自身对乘客的伤害，同时也使气囊的保护效能发挥到极致。

在双安全气囊加安全带预收紧装置逐渐在中高档轿车上得以普及的时候，侧气囊问世了。侧气囊安装在座椅靠背里或中央立柱内部，用于发生侧面碰撞时保护乘员的肩和胸部。至此，乘员辅助保护系统的气囊数量已有 4 个。

四气囊也没有维持多少时间，窗帘气囊的出现很快结束了四气囊的时代。窗帘气囊用于发生侧面碰撞时保护乘员的头部和肩部。在日益关注汽车安全性的今天，市场上的中级以上轿车大部分都装配了“六气囊”。

正当“六气囊”一统天下，被众多汽车销售商写在宣传页上的时候，膝盖气囊和翻转(侧翻)气囊开始作为部分豪华车的标准配置或可选配置，并且增加了气囊分级展开功能、乘员监测功能、碰撞时燃油切断功能。到目前为止，配置安全气囊数量最多已达 12 个。

安全气囊已经成为绝大多数现代轿车上的标准安全配置，这是为了更好地保护驾乘人员，然而当驾驶并乘坐汽车尤其是装有安全气囊的汽车时，安全带必须要系好！

一、安全气囊系统

(一)安全气囊系统的组成

汽车安全气囊系统(电子式)主要由传感器、SRS ECU、气囊组件、SRS 指示灯、SRS 线束与保险机构等组成。电子式安全气囊系统框图如图 4-2-13 所示。

1. 传感器

传感器用于检测、判断汽车发生事故后的撞击信号，以便及时启动安全气囊。按其功能可为碰撞传感器和防护碰撞传感器两种。

碰撞传感器相当于控制开关，其工作取决于汽车碰撞时的减速度大小。碰撞传感器检测汽车碰撞强度的信号，并将信号输入给 SRS ECU，安装于汽车前部的碰撞传感器叫前碰撞传感器；安装于 SRS ECU 内部的碰撞传感器叫中央传感器。其安装在车上的位置如图 4-2-14 所示。

按结构不同，碰撞传感器可分为机电结合式、水银开关式和电子式三种类型。

机电结合式是一种利用机械机构运动(滚动或转动)来控制电器触点动作，再由触点断开与闭合来控制安全气囊点火器电路接通与切断的传感元件。目前常用的有滚球式、滚轴式和偏心锤式三种碰撞传感器。

(1)滚球式碰撞传感器又称为偏压磁铁式碰撞传感器，结构如图 4-2-15 所示。两个触点分别与传感器引线端子连接。滚球用来感测减速度大小，在导缸内可移动或滚动。壳体 5 上印制有箭头标记，方向与传感器结构有关，有的规定指向汽车前方，有的规定指向汽车后方，因此，在安装传感器时，箭头方向必须符合所用说明书规定。其工作原理如图 4-2-16 所示。

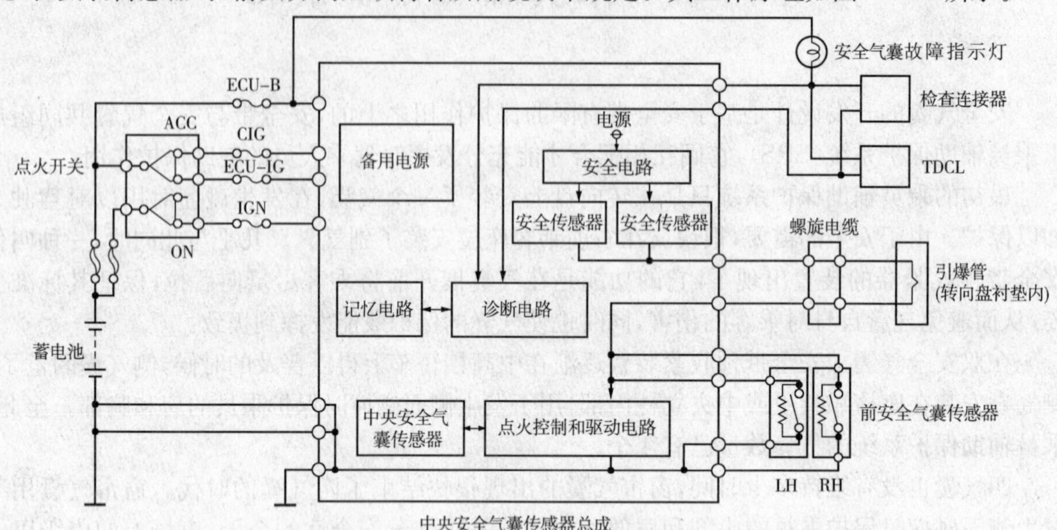

图 4-2-13 电子式安全气囊系统框图

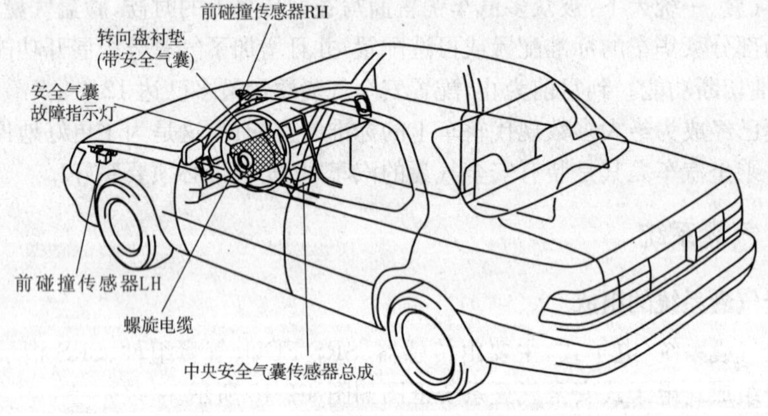

图 4-2-14 安全气囊在车辆上的位置图

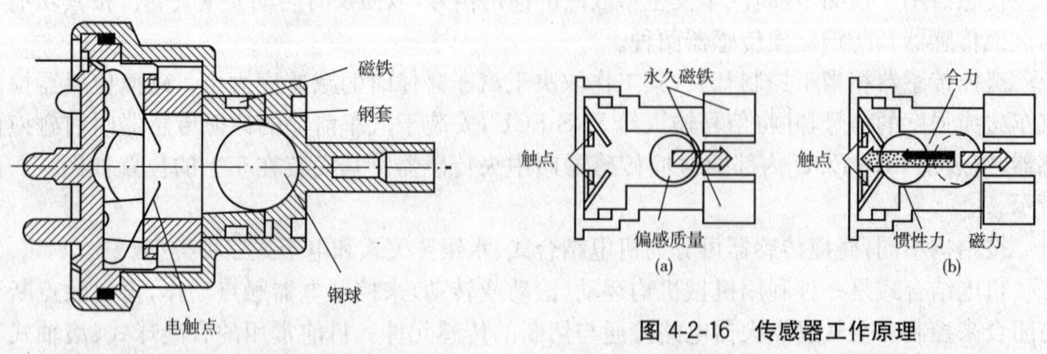

图 4-2-15 滚球式碰撞传感器结构

图 4-2-16 传感器工作原理

(a)静止状态；(b)工作状态

当传感器处于静止状态时，在永久磁铁磁力的作用下，导缸内的滚球被吸向磁铁，2个触点与滚球分离，传感器电路处于断开状态。当汽车遭受碰撞且减速度达到设定阈值时，滚球产生的惯性力将大于永久磁铁的电磁吸力。滚球在惯性力作用下就会克服磁力沿导缸滚动并将两个静触点接通。当传感器用作碰撞信号传感器时，静触点接通则将碰撞信号输入SRS ECU；当传感器用作碰撞防护传感器时，则将点火器电源电路接通。

(2)滚轴式碰撞传感器结构。如图4-2-17所示，弹簧一端固定在底座上，并与传感器的一个引线端子连接，另一端绕在滚轴上，滚动触点固定在滚轴部分的弹簧上，并可随滚轴一起转动。静触点与弹簧绝缘固定在底座上，并与传感器的另一个引线端子连接。当传感器处于静止状态时，滚轴在弹簧的弹力作用下滚向止动销一侧，滚动触点与静触点处于断开状态，传感器电路断开。当汽车遭受碰撞且减速度达到设定阈值时，滚轴产生的惯性力将大于弹簧的弹力。滚轴在惯性力作用下就会克服弹簧弹力向右滚动，滚动触点与静触点接触。当传感器用作碰撞信号传感器时，滚动触点与静触点接触则将碰撞信号输入SRS ECU；当传感器用作碰撞防护传感器时，则将点火器电源电路接通。

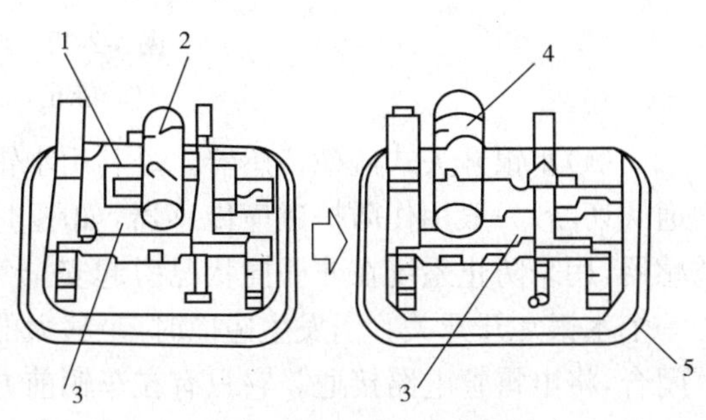

图4-2-17　滚轴式碰撞传感器结构

1-静触点；2-滚轴；3-弹簧；4-滚动触点；5-底座

(3)偏心锤式碰撞传感器。又称为偏心转子式碰撞传感器，其结构如图4-2-18所示。转子总成由偏心锤、动触点臂及动触点组成，安装在传感器轴上。偏心锤安装在偏心锤臂上。动触点臂两端固定有动触点，动触点随触点臂一起转动。两个静触点绝缘固定在传感器壳体上，并用导线分别与传感器接线端子连接。其工作原理如图4-2-19所示，当传感器处于静止状态时，在回位弹簧力作用下，偏心锤与挡块保持接触，转子总成处于静止状态，动触点与静触点断开，传感器电路处于断开状态。当汽车遭受碰撞且减速度达到设定阈值时，偏心锤产生的惯性力矩将大于复位弹簧的弹力力矩，转子总成在惯性力矩作用下克服弹簧力矩沿逆时针方向转动一定角度。同时带动动触点臂转动，并使动触点与静触点接触。当传感器用作碰撞信号传感器时，动触点与静触点接触则将碰撞信号输入SRS ECU；当传感器用作碰撞防护传感器时，则将点火器电源电路接通。

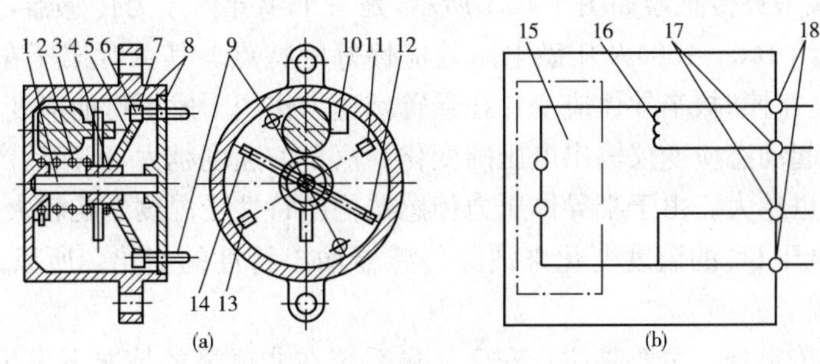

图4-2-18　偏心锤式碰撞传感器结构

1-芯轴；2-扭力弹簧；3-锤；4-转盘；5-触桥；6、12、14-动触点；7、11、13-静触点；8-外壳；9-导线连接器；10-止推块；15-传感器；16-金属电阻；17-自诊断接线柱；18-中央控制器接头

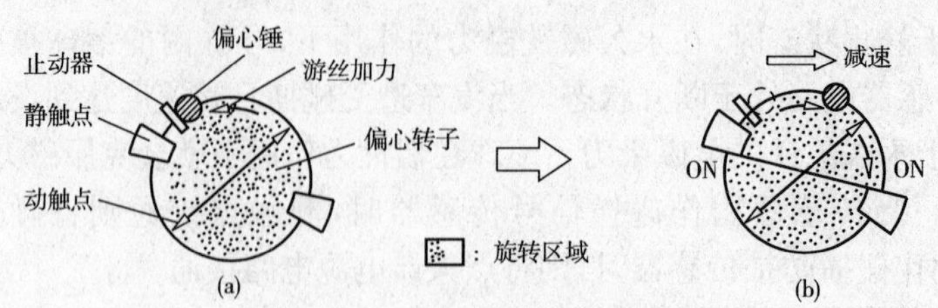

图 4-2-19 传感器工作原理图

(a)静止状态;(b)工作状态

(4)水银开关式碰撞传感器。是利用水银导电良好的特性来控制安全气囊点火器电路接通或切断,一般用作防护碰撞传感器,如图 4-2-20 所示。安全气囊系统通常装设 2 个安全传感器,用来防止系统在非碰撞状况引起安全气囊的误动作,它们装在 SRS ECU 内,它实际是一个水银常开开关。当发生碰撞时,足够大的减速度力将水银抛上,使防护碰撞传感器两触点闭合,将电雷管电路接通。它只有在车辆前方发生碰撞时才对减速度作出响应,否则,当碰撞以外的其他原因,即便中央传感器和前碰撞传感器有信号输出,如果此防护碰撞传感器无输出,则应判定车辆无碰撞,以防止不必要情况下安全气囊的展开。

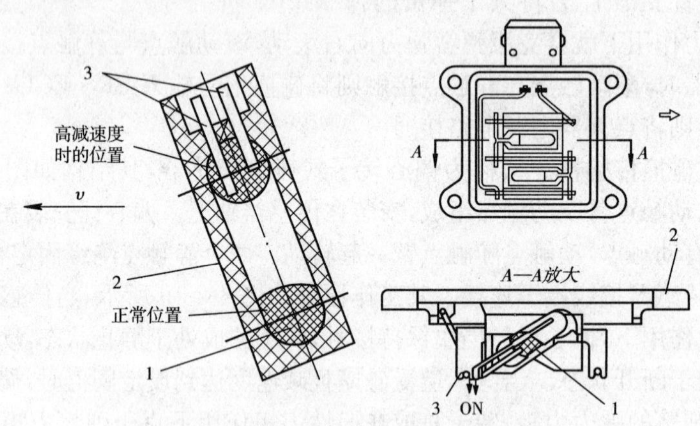

图 4-2-20 水银开关式碰撞传感器

1-水银;2-壳体;3-接点

(5)电子式碰撞传感器。传感器没有电器触点,常用的有压电式中央传感器,一般用作防护传感器。压电式中央传感器如图 4-2-21 所示,是一个半导体压力传感器,它具有稳定性好、应变灵敏系数大(约 100～150)及压敏电阻效应性好等特点。其悬臂架压在半导体应变片的两端。当汽车发生碰撞时,半导体应变片在悬臂减速力作用下发生弯曲应变,受压后的电阻变化,电阻的变化引起动态应变仪输出电压的变化。汽车的速度越大,碰撞后产生的减速度力越大,则输出的电压也越大。由于半导体压力传感器输出特性受温度影响较大,故应用晶体管的基极—发射极间电压 U_{oe} 的温度变化来消除传感器输出特性的变化。所以,半导体压力传感器要求有稳压电源。

(6)防护碰撞传感器。主要是防止安全气囊系统在非碰撞的情况下发生误引爆。防护碰撞传感器安装在 SRS ECU 内部,通常有两个防护碰撞传感器。

2. 安全气囊电控单元(SRS ECU)

安全气囊电控单元(SRS ECU)是 SRS 的控制中心,其功用是接受碰撞传感器及其他各传感器输入的信号，判断是否点火引爆使安全气囊充气，并对 SRS 故障进行自诊断。SRS ECU 由中央处理器 CPU、只读存储器 ROM、随机存储器 RAM、I/O 接口、驱动器等电子电路组成，同时，SRS ECU 内部还有安全传感器、备用电源、稳压电路、故障自诊断电路、SRS 侦测电路、点火控制引爆电路、记忆电路等等。

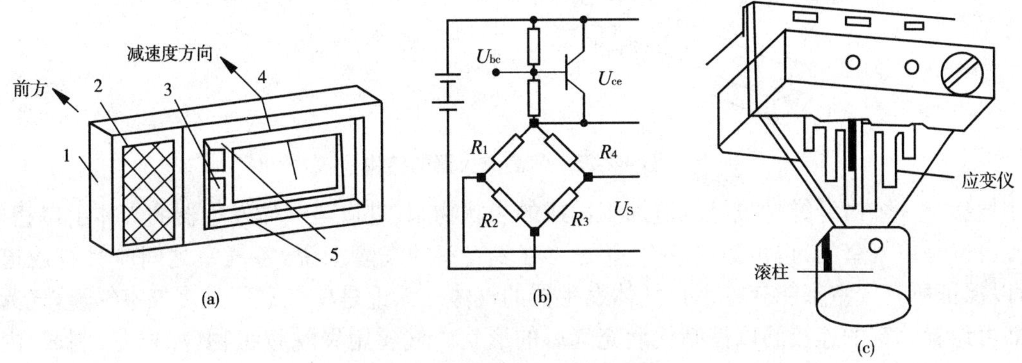

图 4-2-21　压电式中央传感器

(a)结构；(b)电路原理；(c)外形

1-传感器；2-动态应变仪；3-(半导体)应变片；4-悬臂架

3. 气囊组件

气囊组件主要由气体发生器、点火器、气囊、气囊饰盖和底板等组成。

气体发生器又称充气器，是利用热效反应产生氮气而充入气囊。在点火器引爆点火剂瞬间，点火剂会产生大量热量，叠氮化钠药片受热立即分解，产生氮气并从充气孔充入气囊。虽然氮气是无毒气体，但是叠化氮钠的副产品有少量的氢氧化钠和碳酸氢钠(白色粉末)。这些物质是有害的，因此在清洁膨胀后的气囊时，应保持良好的通风并采取防护措施。气体发生器用专用螺栓和专用螺母固定在气囊支架上，装配时只能用专用工具进行装配。气体发生器主要由外壳、引发器、增压充剂、气体发生剂、过滤器等组成。

气体发生器通常分为固体燃料式和混合式两种。固体燃料式气体发生器所产生的气体全部来自气体发生剂(即气化剂)的燃烧，所以气体灼热。混合式气体发生器则是在储气缸中有压缩气体和一小部分火药，工作时火药将储汽缸阀门炸开，压缩气体冲出。由于瞬间储气缸内没有热交换，储气缸内的温度将骤然下降，并引起气体压力下降。使用混合式气体发生器时的气囊温度比使用固体燃烧式气体发生器时的温度低，但是对于人体来说，气囊的温度还是比较高。气体发生器的结构如图 4-2-22 所示。

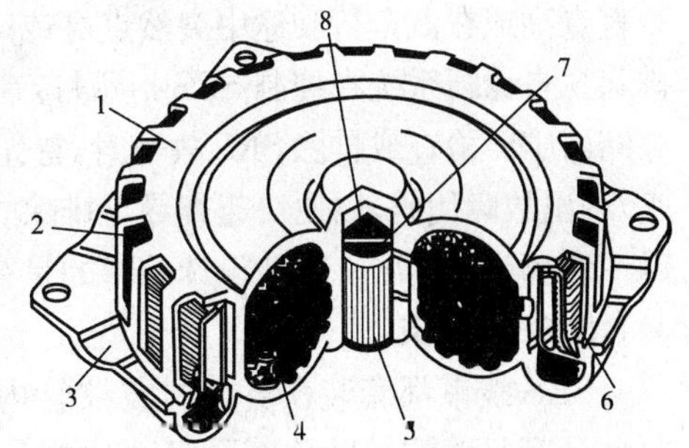

图 4-2-22　气体发生器的结构

1-上盖；2-充气孔；3-下盖；4-充气剂；5-点火器药筒；6-金属滤网；7-电热丝；8-引爆炸药

气囊点火器外包铝箔，安装在气体发生器内部中央位置，主要由引爆炸药、药筒、引药、电热丝、电极和引出导线组成。其功用是根据 SRS ECU 发出点火指令使电热丝电路连通时，电热丝迅速红热引爆引药，炸药瞬间爆炸产生热量，药筒内温度和压力急剧升高并冲破药筒，使冲气剂(叠氮化钠)受热分解释放氮气充入气囊。气囊点火器的结构如图 4-2-23 所示。

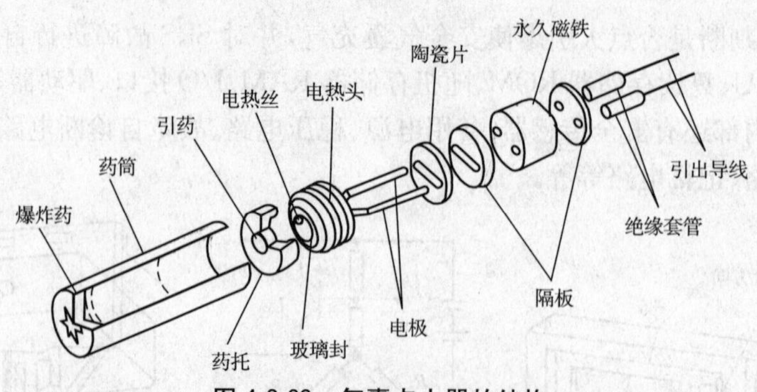

图 4-2-23 气囊点火器的结构

气囊是一个由纤维材料经织造加工而成的袋状物，其进口与气体发生器的气体出口相连。气囊可以是单气室的，也可以是多气室的。对多气室的气囊来说，各气室之间应具有通道相连，以保证所有气室都能获得来自气体发生器的气体。无论是单气室还是多气室气囊，气囊内部都可设置一定的连接筋以控制气囊充气后的形状。气囊用聚酰胺织物（如尼龙）制成，内层涂有聚氯丁二烯，用以密闭气体。目前，用于制作气囊的材料由 420D(D 代表织物纤度单位：旦尼尔)、630D、840D 的尼龙 6 或尼龙 66 织物制成。气囊在静止状态时，像降落伞未开打时一样折叠成包，安放在气体发生器上部与气囊饰盖之间。气囊开口一侧固定在气囊安装支架上，先用金属垫圈与气囊支架座圈夹紧，然后用铆钉铆接。气囊的大小一方面与汽车内部结构有关，另一方面与安全气囊的具体用途有关。在大多数国家，安全带是一项强制性安全措施，人们普遍使用安全带，因而欧洲将安全气囊作为辅助约束系统，即将安全气囊作为安全带的辅助装置（其气囊的容积较小，为 30 ～40 L）；而在美国，安全气囊是作为被动安全保护装置开发的，要求安全气囊能够对人体的头、颈、胸部进行全身防护，并且要求气囊必须在无安全带的情况下起到同样的保护作用，因此，要求气囊容积较大，一般大于 67 L。在我国，安全气囊系统大部分是按照辅助约束系统的设计理念设置的。

4. 安全故障系统指示灯

安全气囊故障指示灯简称 SRS 指示灯或 SRS 警告灯，安装在驾驶室仪表盘面膜下面，并在面膜表面相应位置制作有气囊动作图形或“SRS”、“AIR BAG”或“SRS AIR BAG”字样表示。SRS 指示灯位于仪表板上，其功能是：指示安全气囊系统功能是否正常。当点火开关拨到“ON”或“ACC”位置后，如果指示灯发亮或闪亮 6 s 后自动熄灭，表示 SRS 功能正常。如果指示灯不亮、一直点亮或在汽车行驶途中突然点亮或闪亮，说明自诊断测试系统发现 SRS 系统有故障，应及时排除。自诊断系统在控制 SRS 指示灯点亮或闪亮的同时，还会将所发现的故障编成代码存储在存储器中。检查或排除 SRS 故障时，首先应使用故障检测仪或通过特定方式从通信接口（诊断插座）调出故障代码，以便快速查寻与排除故障。实践证明，在汽车遭受碰撞使气囊膨开后，故障代码一般都难以调出。如此设计的目的是在气囊引爆后，必须更换 SRS ECU。

5. SRS 线束

SRS 线束都套装在黄色的波纹管内，并与线束总成连成一体，以便于区别。为了保证转向盘具有足够的转动角度而又不致损伤驾驶人，SRS 气囊组件的连接线束，在转向盘与转向柱管之间采用了螺旋线束，即将线束安装在螺旋形弹簧内，再将螺旋弹簧放到弹簧壳体内。在选装安全气囊的汽车上，电喇叭线束也安装在螺旋弹簧内，螺旋弹簧安装在转向盘与转向柱之间，安装时，应注意其安装位置和方向，否则，将导致螺旋线束和电喇叭线束折断、转向盘转向角度不足或转向沉重。在不同型号汽车的电路图中,螺旋线束的名称各不相同,有的称为螺旋弹簧、时钟弹簧、游丝弹簧或游丝等等。

安全气囊线束为了区别其他线束,不但将线束做成黄色,而且线束连接器采用导电性能和耐久性能良好的镀金端子,并设计有防止气囊误爆机构、端子双重锁定机构、连接器双重锁定构和电路连接诊断机构等保险机构。

防止安全气囊误引爆机构的连接器中有一个短路片。短路片一般设在连接器插座上,当连接器插头与插座接在一起时,插头的绝缘体将短路片顶起,如图 4-2-24a 所示,短路片与点火器的两个端子分开,插头引线端子与插座引线端子接触良好,点火器中电热丝电路处于正常连接状态;当连接器拨下时,短路片就自动将点火器的两个引线端子短接,使点火器的电热丝与短路片构成回路,如图 4-2-24b 所示,此时即使将电源加到点火器一侧连接器插座上,由于电源被短路片短路,因此点火器不会引爆气囊,从而防止安全气囊误引爆。

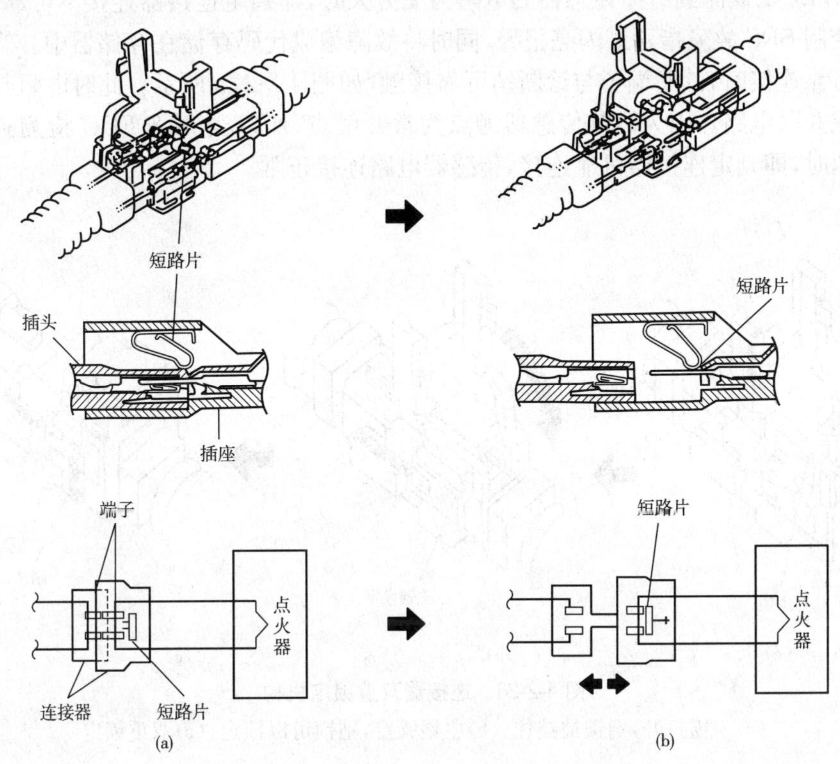

图 4-2-24 防止气囊误爆机构的结构与原理

(a)连接器正常连接,短路片与端子脱开;(b)连接器拔下时,短路片与端子短接

安全气囊系统的每一个连接器都设有端子双重锁定机构,用于阻止引线端子滑出。连接器的插头与插座都是由锁柄和分隔片两部分组成,如图 4-2-25 所示,锁柄为一次锁定机构,可防止端子沿导线轴线方向滑动;分隔片为二次锁定机构,可防止端子沿导线径向移动。

安全气囊系统在线束的重要连接部位,其连接器都采用了双重锁定机构,用于锁定连接器的插头与插座,防止连接器脱开。当主锁未锁定时,插头上的两个凸台阻止副锁锁定,如图 4-2-26a 所示;当主锁完全锁定时,副锁锁柄方能转动并锁定,如图 4-2-26b 所示;当主锁与副锁双重锁定时,防止连接器插头与插座分开, 如图 4-2-26c 所示。

电路连接诊断机构是用来监测连接器是否连接可靠。前碰撞传感器连接器及其与 SRS ECU 连接的连接器采用了电路连接诊断机构。在连接器插头(或插座)上,设置有一个诊断销和两个诊断端子,端子上设有弹簧片,其中一个诊断端子与碰撞传感器的某一个触点相连,另一个诊断端子经过一个电阻后与碰撞传感器的另一个触点相连。当传感器插头与插座半连接时,诊断端子与诊断销尚未接触,如图 4-2-27a 所示,此时电阻尚未与传感器触点构成并联电路,连接器引线"+"与"-"之间的电阻为无穷大。当 SRS ECU 监测到碰撞传感器的电阻为无穷大时,即判定连接器连接不可靠,诊断监测电路就会控制 SRS 故障指示灯闪亮报警,同时将故障编成代码存储在存储器中。当传感器插头与插座可靠连接时,诊断端子与诊断销可靠接触,如图 4-2-27b 所示。此时电阻与碰撞传感器触点构成并联电路。因为碰撞传感器触点为常开触点,所以当 SRS ECU 检测到阻值为并联电阻阻值时,即判定连接器可靠连接,传感器电路连接正常。

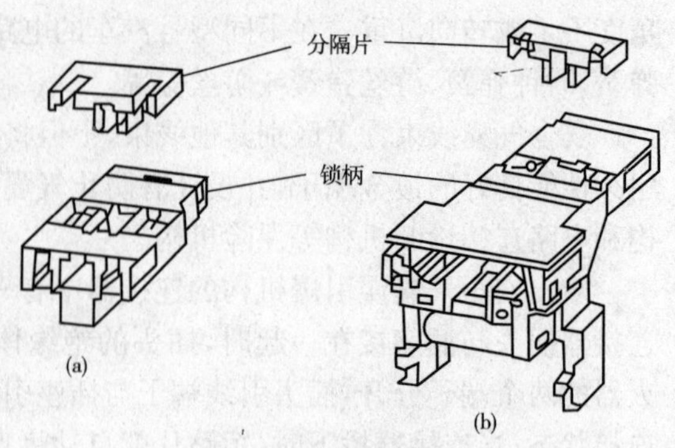

图 4-2-25 安全气囊组件结构

(a) 插头;(b) 连接器

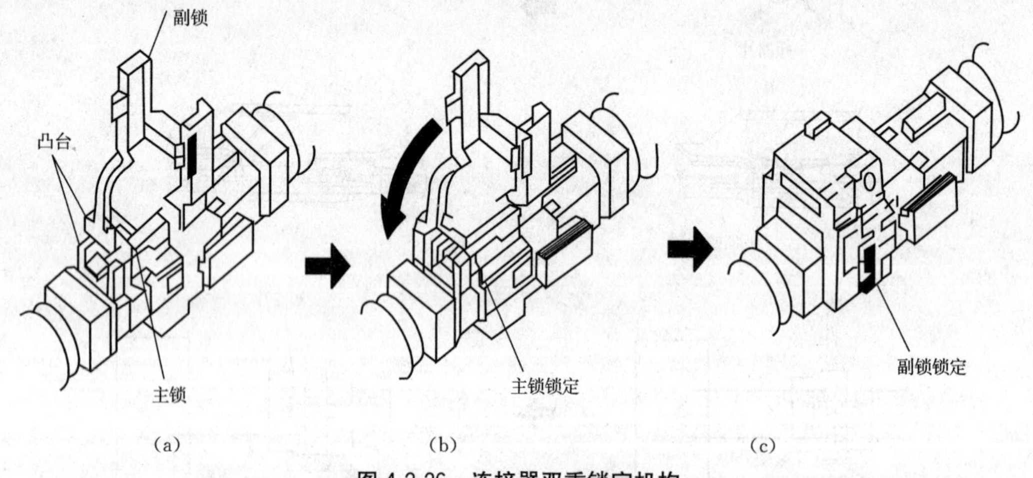

图 4-2-26 连接器双重锁定机构

(a)主锁打开,副锁被挡住;(b)主锁锁定,副锁可以锁定;(c)双重锁定

(二)安全气囊的工作原理

当汽车受到前方一定角度范围内的高速碰撞时,安装在汽车前端的碰撞传感器和与 SRS ECU 安装在一起的防护碰撞传感器就会检测到汽车突然减速的信号,前碰撞传感器和防护碰撞传感器触点闭合,将汽车减速信号传送到 SRS ECU。SRS ECU 按预先设置的程序经过数学计算和逻辑判断后,立即向 SRS 气囊组件内的电热点火器(电雷管)发出点火指令,引爆电雷管,点火剂受热爆炸(即电热丝通电发热引爆火药)。点火剂引爆时,迅速产生大量热量,充气剂受热分解释放大量氮气充入气囊;气囊便冲开气囊组件的装饰盖板鼓向驾驶人,使驾驶人头部和脑部压在充满气体的气囊上。在人体与车内构件之间铺垫一个气垫,将人体与车内构件之间的碰撞变为弹性碰撞,通过气囊产生变形来吸收人体碰撞产生的动能,达到保护人体的目的。

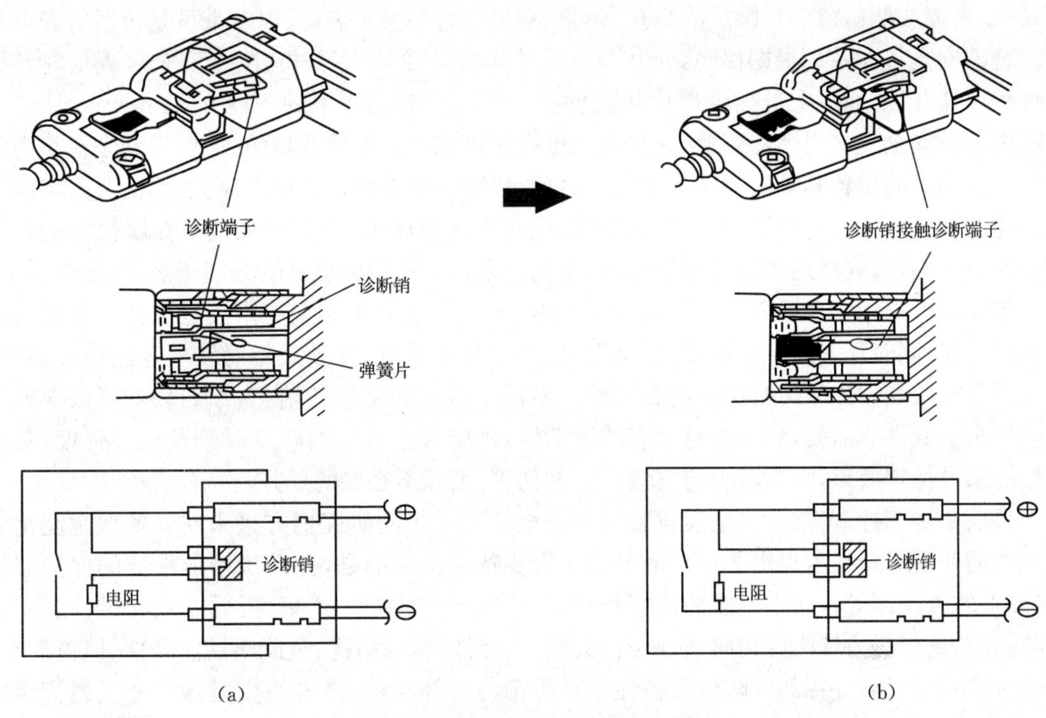

图 4-2-27　电路连接诊断结构与原理

(a)半连接;(b) 可靠连接

典型的安全气囊系统包括两个组成部分:探测碰撞点火装置(或称传感器),带气体发生器的气囊(或称气袋)。当传感器开关启动后,控制线路即开始处于工作状态,并借着侦测回路来判断是否真有碰撞发生。如果信号是同时来自两个传感器的话才会使安全气囊开始作用。由于汽车的发电机及蓄电池通常都处于车头易受损的部位,因此,安全气囊的控制系统都具有自备的电源以确保其作用的发挥。在判定引爆安全气囊的条件正确之后,控制回路便会将电流送至点火器,借着瞬时快速加热,将内含的叠氮化钠推进剂点燃。在近乎爆炸的化学反应快速发生的同时,会产生大量无害的以氮气为主的气体,将气囊充气至饱满的状态,并借着强大的冲击力,冲开转向盘上的盖而完全展开,以保护驾驶人头部不受伤害。同时,在推进剂点燃的过程之中,点火器总成中的金属网罩可冷却快速膨胀的气体,随即气囊可由设计好的小排气口排气,以发挥逐渐缓冲功能,并避免在车身仍继续移动时阻碍碰撞后的视线。

气囊的打开与否与撞击角度和撞击速度有关。一般来说,在汽车翻转、轻微碰撞、侧面碰撞或后面碰撞时,气囊均不会打开。对于汽车撞击速度而言,安全气囊系统测定的是撞击后车辆的减速度,因此,在作安全碰撞实验时,一般都是让车辆笔直地撞在不能移动且不能变形的墙上。

(三)汽车安全气囊系统的智能化发展趋势

让安全气囊在展开之前能够识别乘员的位置、坐姿和体重等,并能调整气囊的弹出速度和力量,这便促使了安全气囊的智能化发展。

安全气囊的智能化发展,集成了先进的传感器技术和信息处理系统,它们在事故发生的短暂时间内能够提供可靠的碰撞环境方面的信息。这些信息包括汽车碰撞的剧烈程度,碰撞的形式(正碰撞或侧碰撞等),乘员的身材、体重、乘坐位置和乘坐姿态,以及乘员是否系有安全带等。智能安全气囊系统根据探测到的信息,通过其 ECU 的计算分析,决定安全气囊何时及以何种程度展开,从而对乘员提供最优化的保护。西门子公司旗下的 VDO Automotive 公司研制出一种安全气囊引燃器装置,它采用三维摄像机和座椅中的重量传感器,识别坐在车内各座椅上的乘员的位置和坐姿。在汽车发生碰撞事故时,如果乘员既重又高大,那么气囊将以全力迅速展开;如果乘员相对比较轻,气囊将以比较小的力度展开;如果乘员坐在座椅上的位置和姿态不正确,气囊将适当地延迟触发,以免伤害乘员。英国的美洲豹公司于 2000 年在其 xK 系列各车型上采用了自适应约束技术系统(ARTS)。这套系统利用超声波感测技术监测前排乘员的位置,同时还采用一系列其他传感器探测乘员的重量、驾驶人相对转向盘的位置、安全带是否系好以及发生碰撞时碰撞的强度等。掌握了这些探测到的信息,ARTS 就可以根据每个前排乘员的具体需要,利用本身固有的灵活性,确定安全气囊的触发时刻及展开强度,实现最佳的乘员保护效果,大大减少与气囊相关的伤害,消除不必要的展开。

目前,人们对汽车被动安全装置特别是安全气囊系统的研究仍方兴未艾。新型智能化安全气囊的开发对新技术提出了更高的要求。需要特别强调的是,在设法增加乘员的保护部位(例如下肢和颈部等),减小气囊的体积和重量,优化气囊的充气速率、折叠方式和最佳触发时刻的同时,更应努力解决好转向柱、座椅、头枕、内饰件、车身结构、吸能塑性保险杠、风窗玻璃、安全带和安全气囊等各部件防碰撞特性相互协调与互补问题,将进一步提高安全气囊智能化程度的研究工作,逐步推向研制智能乘员保护系统的新阶段。

二、汽车安全带的工作原理

理想的安全带作用过程是:首先,及时收紧,在事故发生的第一时刻毫不犹豫地把人“按”在座椅上。然后,适度放松,待冲击力峰值过去,或人已能受到气囊的保护时,即适当放松安全带,避免因拉力过大而使人肋骨受伤。最先进的安全带都带有预收紧装置和拉力限制器,其功能原理如下。

(1)安全带预收紧装置。当事故发生时,人向前,座椅往后,此时如果安全带过松,则后果很可能是:乘员从安全带下面滑出去,或者,人已碰到了气囊,而此时安全带由于张紧余量过大而未能及时绷紧,即未能像希望的那样先期吃掉一部分冲力,而是将全部负担都交给了安全气囊。这两种情况都有可能导致乘员严重受伤。但问题是,正确安装的安全带,其松动余地来自何方?一是由于乘员的衣服本身有一定的厚度,另外在安全带装置中也多少隐藏了部分松动余地,这种余地无法消除,但真遇到事故时,还就应该尽量消除。

为此,出现了这种安全带预收紧装置,它负责提供瞬间绷紧的安全带。其作用过程是:首先由一个探头负责收集撞车信息,然后释放出电脉冲,该脉冲传递到气体发生器上,引爆气体。爆炸产生的气体在管道内迅速膨胀,压向所谓的球链,使球在管内往前窜,带动棘爪盘转。棘爪盘跟轴连为一体,安全带就绕在轴上。简单地讲,就是气体压力使球动,球带动棘爪盘转,棘爪盘带动轴转动瞬间实现了安全带的预收紧功能。从感知事故到完成安全带预收紧的全过程仅持续千分之几秒。管道末端是一截空腔,用于容留滚过来的球。

(2)安全带拉力限制器。事故发生后,安全带在预收紧装置的作用下,已经绷紧了。但我们希望在受力峰值过去后,安全带的张紧力度马上降低,以减小乘员受力,这份特殊任务就由安全带拉力限制器来完成:在安全带装置上,有一个如前所述的预收紧装置,底下卷绕着安全带。轴芯里边是一根钢质扭转棒。当负荷达到预定情况时，扭转棒即开始扭曲，这样就在一定程度上放松了安全带，实现了安全带的拉力限制功能。

在安全带预收紧装置和安全带拉力限制器的共同作用下，安全带的保护能力几乎达到了理想状态。

第四节　仪表系统

汽车仪表是帮助驾驶人随时掌握汽车主要部分的工作情况，及时发现和排除可能出现的故障和不安全因素，以保证良好的行驶状态。汽车常用仪表有电流表、冷却液温度表、发动机机油压力表、燃油油量表及车速里程表，有的汽车还有发动机转速表和制动系储气筒气压表等。

1.机油压力表

机油压力表(油压表)可用来指示发动机主油道的机油压力的大小和发动机润滑系工作是否正常。它由装在仪表板上的油压指示表和装在发动机主油道中或粗滤器上的传感器两部分组成。常见的机油压力表有电热式、电磁式和弹簧式三种。下面以电热式为例加以说明。

电热式机油压力表也称双金属片式机油压力表，它与传感器的基本结构如图 4-2-28 所示。传感器一般做成盒状，中间有膜片。膜片的下方油腔经管接头与润滑系统主油道相通，膜片上部顶住弯曲的弹簧片 3，弹簧片的一端焊有触点，另一端固定搭铁，双金属片 4 上绕有加热线圈，它的一端焊在双金属片端的触点上，另一端接在接触片 7 上。

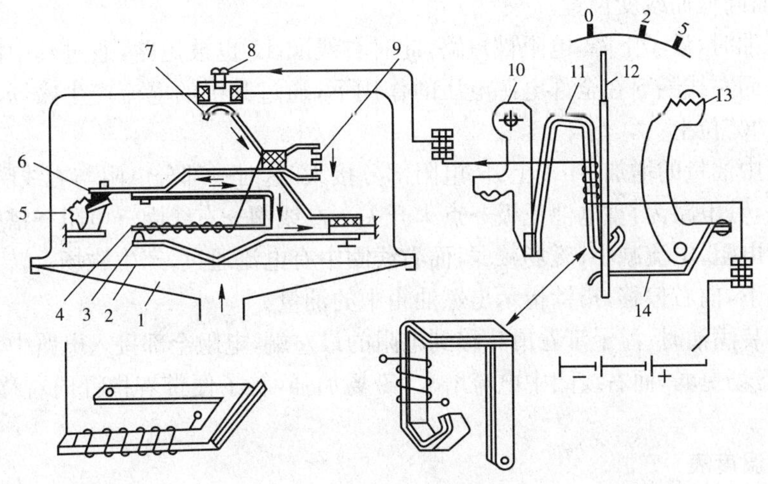

图 4-2-28　电热式机油压力表

1-油腔；2-膜片；3-弹簧片；4、11-双金属片；5-调节齿轮；6-悬臂铜片支架；7-接触片；8-接线柱；9-电阻；10、13-调节齿扇；12-指针；14-弹簧片

机油压力表内装有双金属片，双金属片上绕有加热线圈，其一端经接触片和传感器的触点串联，另一端接电源正极。双金属片一端弯成钩形扣在指针上，当油压表接入工作时，电流就由电源正极→开关→加热线圈→接线柱 8→接触片，之后分两路：一路经双金属片 4 的加热线

圈→触点→弹簧片→搭铁;另一路经电阻→双金属片→触点→弹簧片→搭铁。

由于电流通过双金属片 4 和 11 上的加热线圈,使双金属片受热变形。如果油压过低,传感器膜片几乎没有变形,这时作用在触点上的压力很小,电流通过不久,温度略有升高,使触点分开,电路即被截断。经过一段时间后,双金属片冷却伸直,触点又闭合,电流重新流通。但不久触点又分开,如此循环不息,每分钟开闭 5~20 次,由于触点打开时间长,闭合时间短,变化频率低,使通过双金属片 11 的加热线圈的电流平均值较小,双金属片 11 温度较低,弯曲不大,指针只略微右移指向表盘低油压刻度。

当油压高时,膜片向上拱曲,加在触点上的压力增大,使双金属片向上弯曲。触点需要在双金属片温度较高,即加热线圈中通过较大的电流,较长时间后才能分开,而且分开后又很快闭合。因此,在油压高时,触点打开状态的时间缩短,频率增高,平均电流值增大,指针偏移量大,指向表盘高压刻度。为使油压表指示值不受外界温度变化的影响,双金属片做成“Ⅱ”字形,其中绕有加热线圈的臂为工作臂,另一个为补偿臂。当外界温度变化时,工作臂的附加变形被补偿臂的相应变形所补偿。安装传感器时,外壳上的箭头“向上”不应偏出垂直位置 30°。因为这样可以保证“Ⅱ”形双金属片的工作臂位于补偿臂之上,使工作臂的温度上升时不会影响补偿臂的正常工作,提高指示的准确性。

2. 燃油表

燃油表可用来指示燃油箱内储存燃油量的多少。它由安装在仪表板上的燃油指示表和装在燃料箱内的传感器两部分组成。燃油指示表有电磁式和双金属片式两种,传感器均为可变电阻式。下面以电磁式燃油表为例加以说明。

电磁式燃油表的结构如图 4-2-29 所示。燃油表中有两个绕在铁芯上的线圈 5 和 11,中间置有铁转子 2,转子连有指针 3。传感器由可变电阻 12、滑动臂 13、浮子 15 组成,浮子漂浮于油面上,随油面高低而改变位置。

当油箱无油时,浮子下降,电阻被短路,此时右线圈 11 也被短路,通过其中的电流近似为零,不显磁性,而左线圈 5 在全部电源电压的作用下,通过其中的电流产生磁场,吸引转子,使指针在刻度盘“0”位上。

随着油箱中油量的增加,浮子上升,电阻部分接入,这时一部分电阻与右线圈并联,同时又与左线圈串联,其电路为:蓄电池正极→点火开关→左线圈→右线圈→电阻→搭铁。此时左线圈由于串联了电阻,电流减小,磁场减弱,而右线圈中有电流通过,产生磁场。转子处于两个磁场的共同作用下,向右偏移,指针指示出燃油箱中的油量。

当油箱中装满油时,浮子带着滑片移到电阻的最左端,电阻全部接入电路中。此时左线圈中电流更小,磁场更弱,而右线圈中电流增大,磁场加强,转子便带着指针向右移,停在刻度盘满油位置。

3. 冷却液温度表

冷却液温度表(俗称水温表)可用来指示发动机水泵中冷却液的工作温度是否正常。它由装在仪表板上的冷却液温度指示表和装在发动机汽缸盖水泵上的冷却液温度传感器两部分组成,两者用导线相通。常见的冷却液温度表有电热式、电磁式和蒸汽压力式等形式,传感器有双金属片式和热敏电阻式两种。下面以装有双金属片式传感器和热敏电阻式传感器的电热冷却液温度表为例加以说明。

(1)装有双金属片式传感器的电热式冷却液温度表。其结构如图 4-2-30 所示。冷却液温度表构造与油压表相同,只是刻度与油压表相反。当双金属片弯曲使指针指到最大位置时,指针表示高温。传感器的铜壳内装有双金属片4,双金属片上绕有加热线圈,加热线圈的一端与焊接在双金属片上的活动触点相连,另一端经接触片与传感器外的接线柱7连接。当点火开关接通后,电流由蓄电池正极→指示表的加热线圈→接线柱7→接触片5→传感器的双金属片上的加热线圈→活动触点→底板→搭铁。双金属片安装具有一定的初始压力,冷却液温度的升高使传感器双金属片向离开静触点的方向弯曲,使触点彼此接触的压力减弱。像油压表传感器一样,压力减弱要增加打开状态的时间,使通过加热线圈的电流平均值减小,冷却液温度表指针指向高温。冷却液温度降低时,触点压力增大,平均电流增大,表的双金属片弯曲增大,指针指向低温。

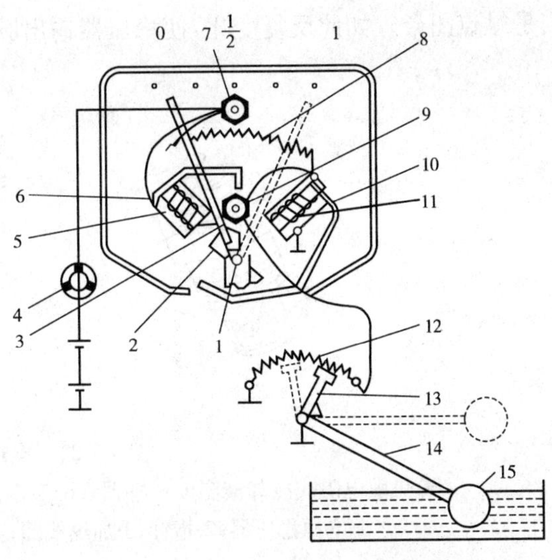

图 4-2-29　电磁式燃油表结构

1-轴;2-转子;3-指针;4-点火开关;5-左线圈;6、10-导磁片;7、9-接线柱;8-分流电阻;11-右线圈;12-可变电阻;13-滑动臂;14-浮子臂;15-浮子

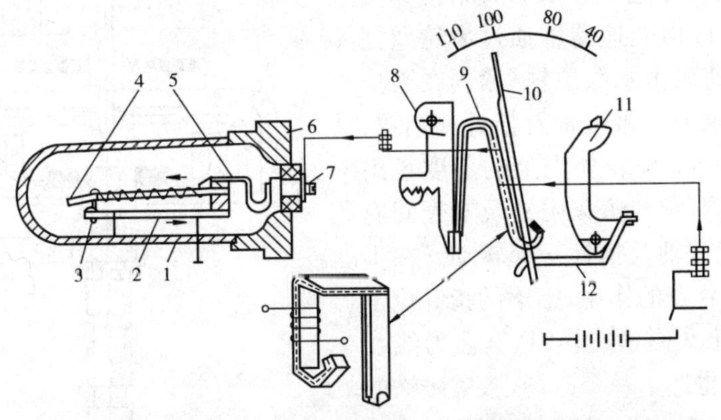

图 4-2-30　装用双金属片式传感器的电热式冷却液温度表

1-传感器壳;2-底板;3-静触点;4、9-双金属片;5-接触片;6-壳座;7-接线柱;8、11-调整扇齿;10-指针;12-弹簧片

(2)电热式冷却液温度表与热敏电阻式传感器。电热式冷却液温度表的传感器可以采用正或负温度系数热敏电阻,其中负温度系数的热敏电阻比较常见。热敏电阻由半导体材料混合烧结而成,构成热敏电阻的半导体材料主要有锰、钴、镍、铁、铜和钛等金属的氧化物,其结构如图4-2-31a所示,负温度系数热敏电阻式冷却液温度表基本结构如图4-2-31b所示。当低温时,热敏电阻阻值较大,进入加热线圈电流较小,指针仅微动在最低刻度。随着温度升高,热敏电阻阻值减小,进入加热线圈电流增大,使双金属片带动指针向高刻度方向转动,当温度达100℃以上时,热敏电阻阻值最小,流进加热线圈的电流达到最大,指针显示最高温度。电路中串有一个电源稳压器,当电压波动时,起稳压作用,以确保读数准确。其稳压原理是:稳压器处于闭合状态时,输入与输出电压相等,此时稳压器中的双金属片因加热线圈通电被加热变形而向上拱曲,当稳压器处于断开状态,输出电压为0,双金属片因不再受热而逐渐冷却复原,于

是触点闭合。如此反复变化，使稳压器输出脉冲电压且可保持稳定。

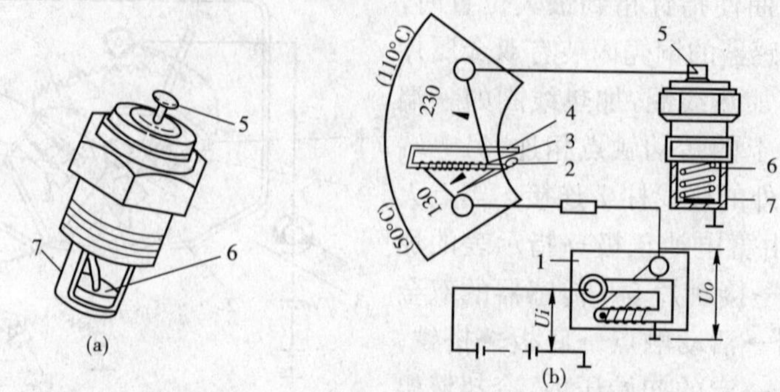

图 4-2-31 电热式冷却液温度表

(a)热敏电阻式冷却液温度传感器；(b)负温度系数热敏电阻传感器的电热式冷却液温度表
1-电源稳压器；2-指针；3-加热线圈；4-双金属片；5-端子；6-热敏电阻；7-外壳

4. 车速里程表

车速里程表是用来指示汽车行驶速度和累计行驶里程数的仪表。它由车速表和里程表两部分组成。

(1)机械传动式车速里程表。其结构如图 4-2-32 所示，它一般由变速器轴通过齿轮及挠性软轴驱动。车速表由永久磁铁(紧固在与挠性轴相连的传动轴上)、带有轴及指针的铝罩、罩壳和紧固在车速里程表外壳上的刻度盘组成。铝罩是碗形的，它与永久磁铁及罩壳间有一定的间隙，并能与轴及指针一起转动。在不工作时，由于盘形弹簧的作用，铝罩的指针位于刻度的零点。当永久磁铁旋转时，其磁力线在铝罩上引起涡流，也产生一个磁场，永久磁铁的磁场与铝罩的磁场互相作用而产生力矩，这使铝罩克服盘形弹簧弹力转动，指针被铝罩带着转动一个与传动轴转速大小成比例的角度，便可在刻度盘上读出车速的数值。里程表是由蜗轮蜗杆机构和计数轮组成。蜗轮蜗杆和传动轴具有一定的传动比。在汽车行驶时，挠性软轴驱动车速里程表的小轴，经多对蜗轮蜗杆传到里程表的第一计数轮，第一计数轮把传动逐级传到其余的计数轮，表示出汽车的行驶里程。

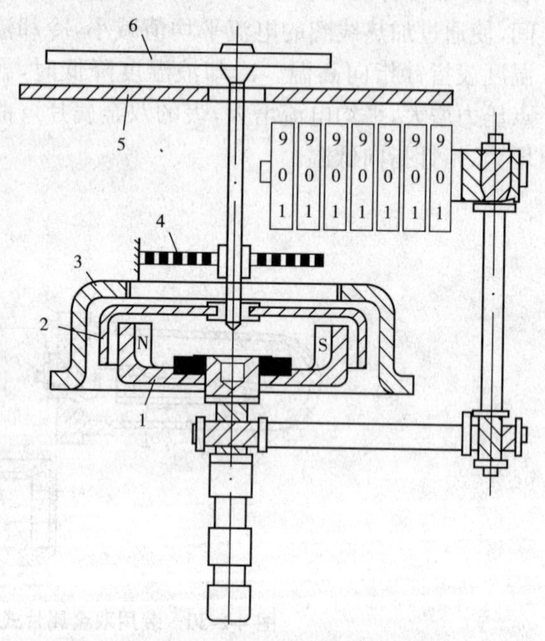

图 4-2-32 机械式传动式车速里程表

1-永久磁铁；2-铝罩；3-罩壳；4-盘形弹簧；5-刻度盘；6-指针

(2)电传动车速里程表。近来，许多汽车装备了电传动车速里程表，这种车速里程表不使用传动软轴。电传动车速里程表有许多型号，在这里介绍 MRE 型速度传感器、交叉场线圈式车速里程表及脉冲里程表。电传动车速里程表的组成电路如图 4-2-33 所示。

①车速传感器。车速传感器装在驱动桥或变速器上，并由车速里程表主动齿轮驱动。如图 4-2-34 所示，车速传感器由一个混合集成电路组成；混合集成电路含有一个内置式 MRE

(磁阻元件)和一个 4 极磁环。当汽车开始移动,磁环开始旋转时,车速传感器输出脉冲信号。输出电路有两种类型:一种是输出电压型;另一种是可变电阻型。

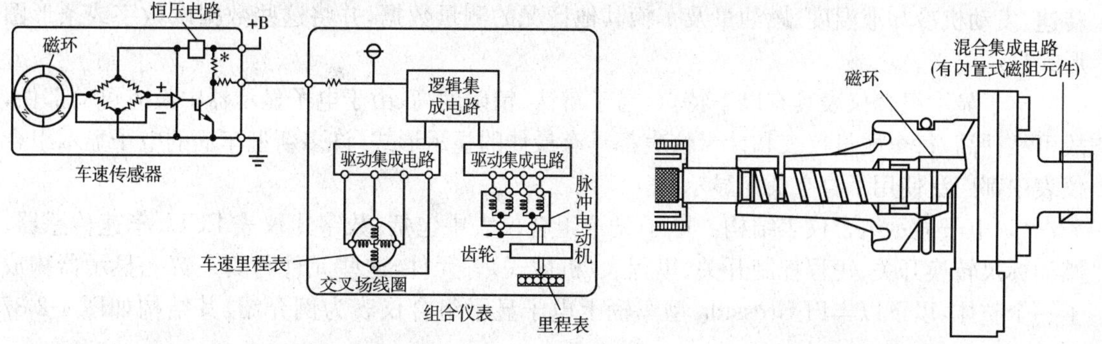

图 4-2-33 电传动车速里程表的组成电路　　图 4-2-34 车速传感器

②车速表。如图 4-2-35 所示,指针由交叉场线圈驱动。交叉场线圈式仪表由一个磁性转子组成,在磁性转子上缠绕有两组互成 90°的线圈。当流过这两组线圈中电流强度和方向变化时,两组线圈所产生的磁通量也变化,并形成一个合力使转子运动。线圈 L1 和 L2 中的电流相位相差 90°,通过引入一个逻辑正弦波的交流电流,在磁铁的四周便获得线性指示器特性。

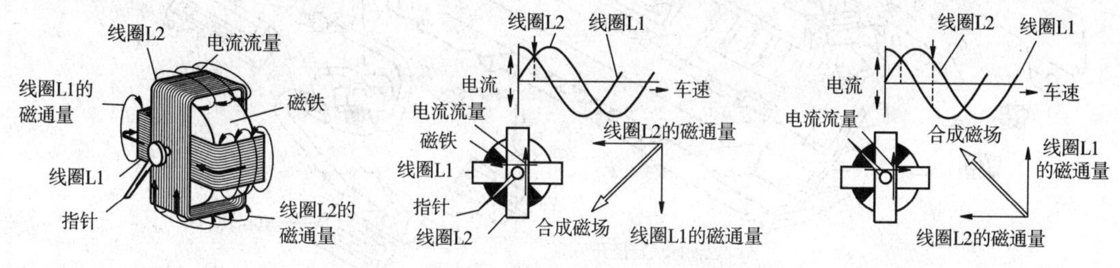

图 4-2-35 电传动车速表的工作原理

③里程表。它是由脉冲电动机驱动的机械式计数器。脉冲电动机由两个部分组成,这两个部分依次由两组线圈、4 个定子和 1 个磁铁(转子)组成,如图 4-2-36 所示。当电流流过线圈时,定子变成 24 极电磁铁。电流依次由每一个线圈引入;当电磁铁的极性变化时,便产生驱动力来驱动每个磁极之间的转子。脉冲电动机的转速经过齿轮机构减速,并传至里程表及短距离里程表,以显示距离。

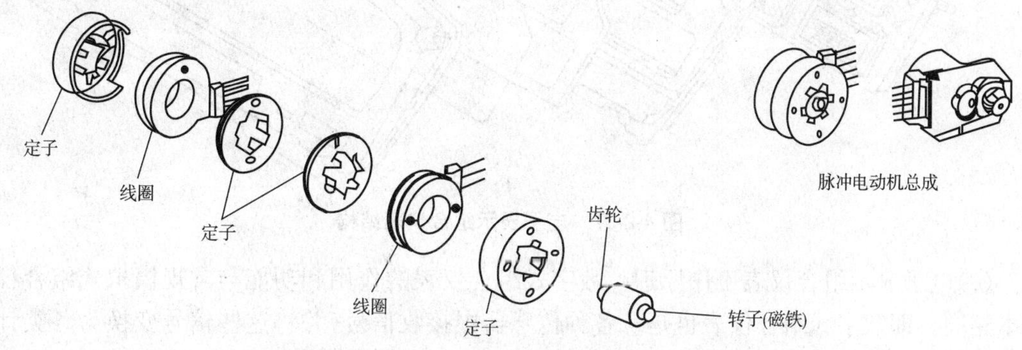

图 4-2-36 电传动里程表的脉冲电动机

5. 电子显示组合仪表结构和工作原理

电子显示组合仪表根据各种传感器传来的信号进行计算，以确定车辆的行驶速度、发动机转速、发动机冷却液温度、燃油量及车辆其他情况的测量数据，并将这些数据以数字或条形图形式显示出来。

电子显示组合仪表具有以下特点：易于辨认、精确度高，由于电子显示器中没有可动部件，故可靠性高，每个测量仪表和计量仪表都具有最佳的显示形式，许多新型车辆的电子显示组合仪表中都广泛使用了真空荧光显示器。

(1)电子显示组合仪表结构。电子显示组合仪表中包括：数字式仪表 ECU、车速传感器、燃油标尺转换开关、短程控制开关、里程表(机械式)等元件，这些元件与真空荧光显示器构成了一个整体，以下以丰田 Cressida 型车辆上电子显示组合仪表为例介绍，其结构如图 4-2-37 所示。

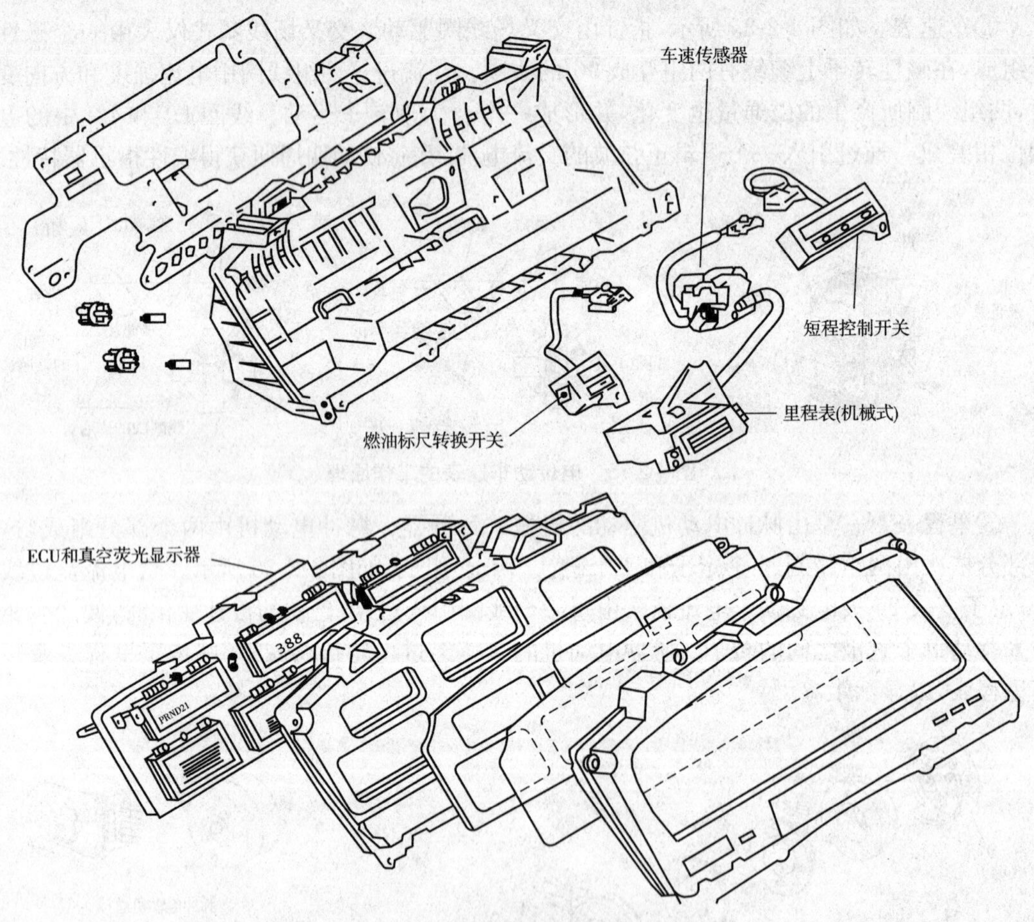

图 4-2-37 电子显示组合仪表结构

(2)电子显示组合仪表工作原理。数字式组合仪表的作用和功能与常规模拟式组合仪表基本相同。即数字式组合仪表也是从各种传感器中接收信号，并将这些信号变换为各类计量仪表和测量表中的显示数据，使驾驶人可以了解车辆的速度、发动机转速、燃油量、发动机冷却液温度等情况。所不同的是：数字式组合仪表中的 ECU 和各种集成电路先将上述信号进行处理，然后才以数字的形式显示出来。数字式仪表的零部件以及功能示意如图 4-2-38 所示，这里对每个部件分别讨论。

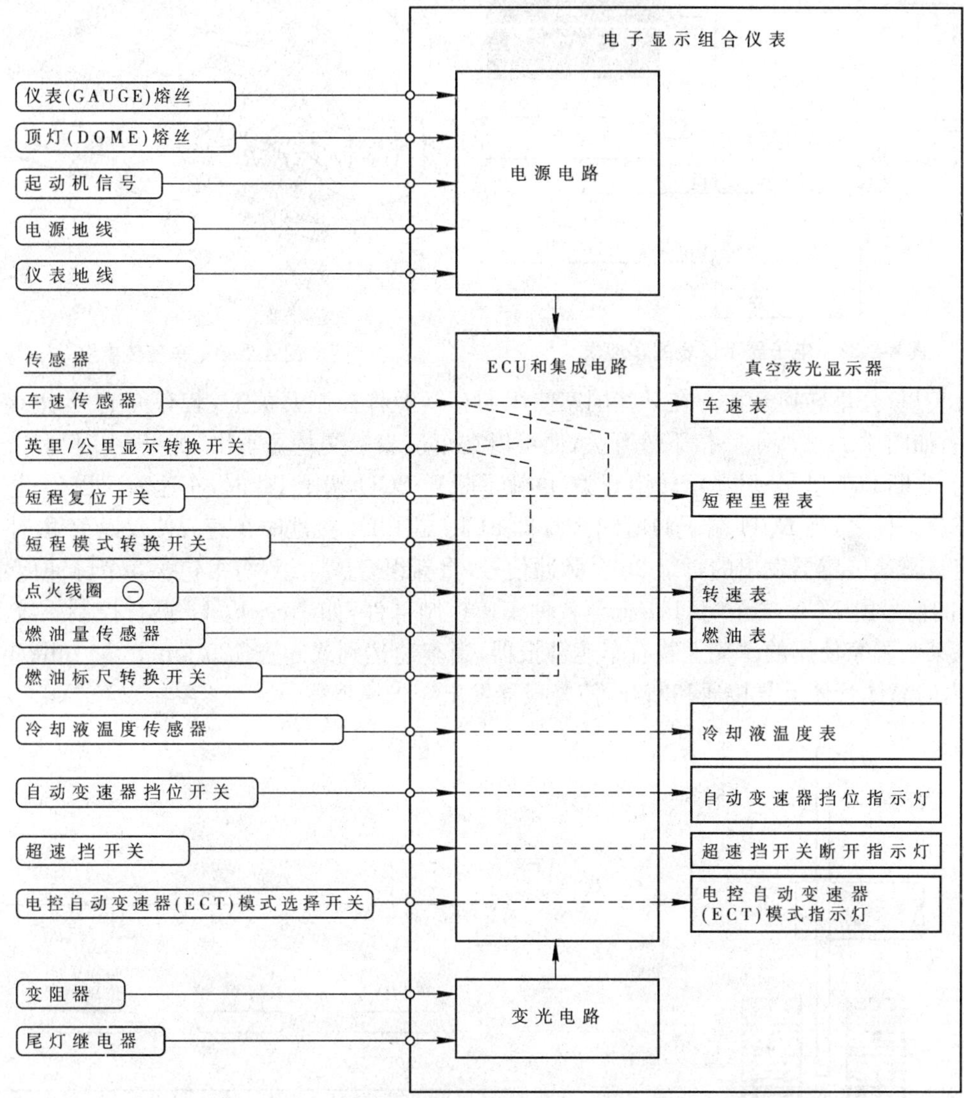

图 4-2-38 电子显示组合仪表的传感器和仪表显示器

①车速表。ECU 通过在一段预定的时间内从车速传感器传出的脉冲信号来计算车速，然后使真空荧光显示器发光，显示车速，如图 4-2-39 所示。

a. 车速传感器。车速传感器(图 4-2-40)中有一内置光电耦合器(图 4-2-41)，将发光二极管和光敏三极管组合在一起。在发出光线的二极管和接收这些光线的光敏三极管之间，有一个开有 20 条狭槽的转轮旋转。电流从 ECU 端子 C1 通过发光二极管流至 ECU 端子 C3。开槽转轮连接在车速表传动软轴上，其转动速度根据车速的快慢而增减。当开槽转轮转动时，不停地隔断发光二极管和光敏三极管之间的光线，从而使光敏三极管时通时断，并因此也使晶体管 VT 时通时断。这使晶体管 VT 将 20 个 PPR(每转动一周的脉冲数)的信号传输至 ECU 端子 C2，使 ECU 得知车速。

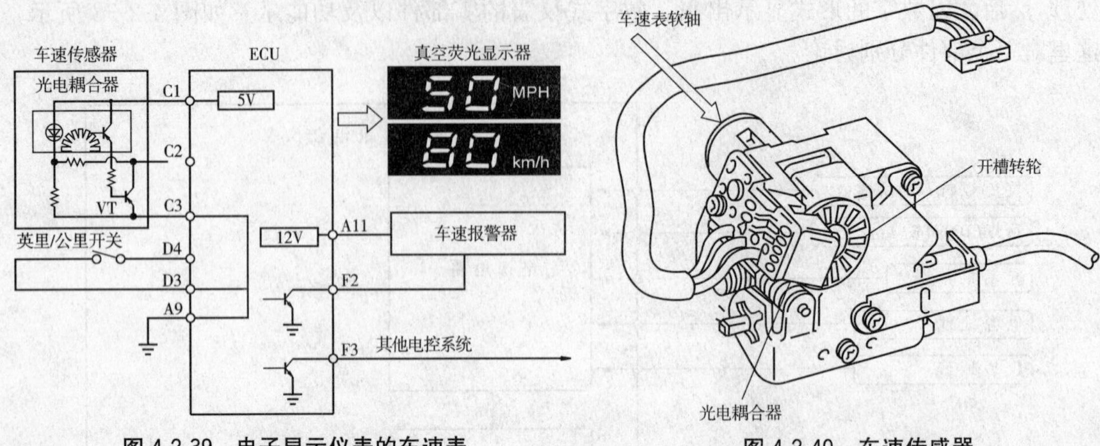

图 4-2-39　电子显示仪表的车速表　　图 4-2-40　车速传感器

b. 英里/公里转换开关。在某些国家使用的车辆短程控制开关上，装有英里/公里显示转换开关，如图 4-2-42 所示。按下该开关，便可以在车速表上交替显示出"英里/小时"和"公里/小时"。当断开英里/公里显示转换开关，也就是断开 ECU 端子 D4 时，车速表仅以公里/小时显示车速。反之，当 ECU 端子 D4 闭合时，即 ECU 端子 D4 接地时车速表便仅以英里/小时显示车速。车速传感器发出的每组 20 个脉冲信号，重新组合成 4 组，每组包含 5 个脉冲信号，这 4 组新的信号由 ECU 端子 A11 传输至各种车速控制部件，如 ABS ECU、巡行控制系统 ECU 等。在某些国家使用的车辆上装有车速警报器，当车速达到或超过 125 km/h(78 mile/h)时，ECU 内的晶体管便反复接通和断开，使警报器发出警告蜂鸣。

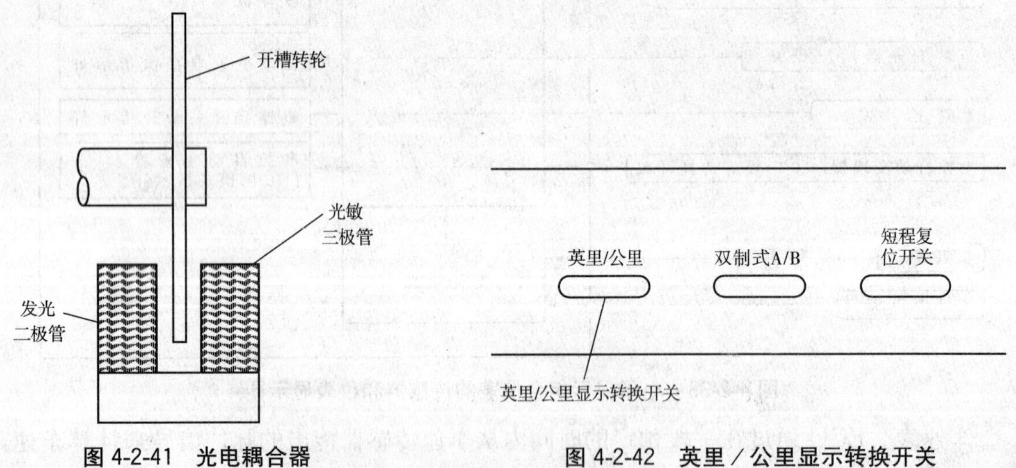

图 4-2-41　光电耦合器　　图 4-2-42　英里／公里显示转换开关

c. 真空荧光显示器。数字式车速表中装有 20 块涂有荧光材料的数字小板，用以显示车辆的行驶速度。真空荧光显示器的运作与三极管相似，它主要由三个部分构成：一套灯丝(阴极)，20 块涂有荧光材料的数字板(阳极)，以及夹在阴极和阳极之间用于控制电流的栅极。所有这些部件都密封在一个真空平板玻璃盒中，如图 4-2-43a 所示。阳极装在一块玻璃板上，数字板片的导线直接铺设在玻璃板上，导线上面是一层绝缘物质，数字板片本身则在绝缘物质上面。数字板上涂有一层荧光材料，受到电子撞击时便会发光。阴极下方有一特殊金属制成的控制栅极。栅极上方是阴极，阴极是一组细钨丝制成的灯丝，钨丝表面涂有一层特殊材料，受热时放出电子，如图 4-2-43b 所示。电流通过灯丝时，将灯丝加热至约 600 ℃，从而释放出电子。如果这时在数字板上施加正电流，数字板片便会吸引灯丝所放出的电子。这些电子会从数字板片流向地线，再由地线回到灯丝，从而形成回路。当灯丝放出的电子撞击到荧光板时，荧光材料就会发光。就是说，要使某一数字板片发光一定要向其施加正电压，否则，数字板片就不会发光。栅极的功能在于确保电子可以均匀地撞击每一块数字板片。由于栅极总是充有正电荷，所以其每一部分都可以等量吸引灯丝所放出的电子。这样，当电子穿过栅极，撞击阳极时，就会均匀地分布在每一块板片中。

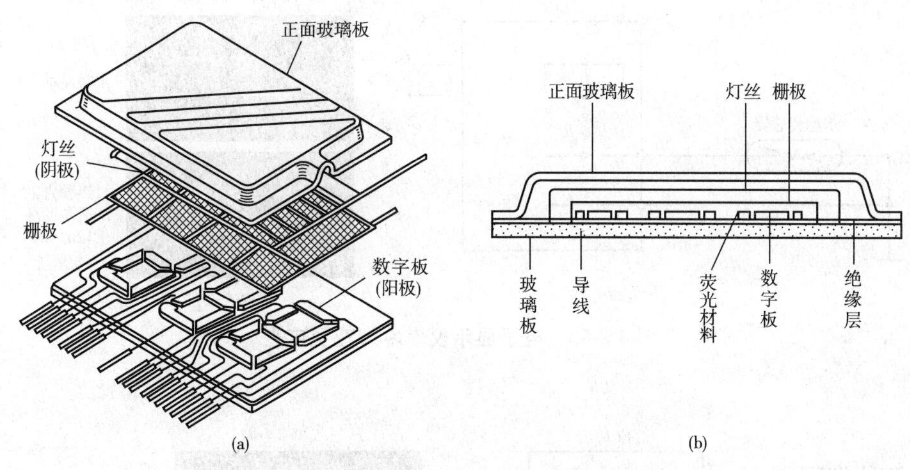

图 4-2-43 真空荧光显示器结构

②转速表。如图 4-2-44 所示，转速信号来自点火线圈的脉冲信号 A8。ECU 测量出每输入 6 个脉冲信号(发动机转两圈)所需的时间，并计算出发动机转速，然后使真空荧光显示器发光，将发动机转速以条形图显示出来。转速表与 ECU 的内部亮度调节电路相连，可对转速表真空荧光显示器的数字板片分配不同的亮度。显示发动机目前转速的初始数字板片 N，得到最高亮度，其他板片以每 5 块为一单位，亮度逐步降低，从而得到“流星”效应。

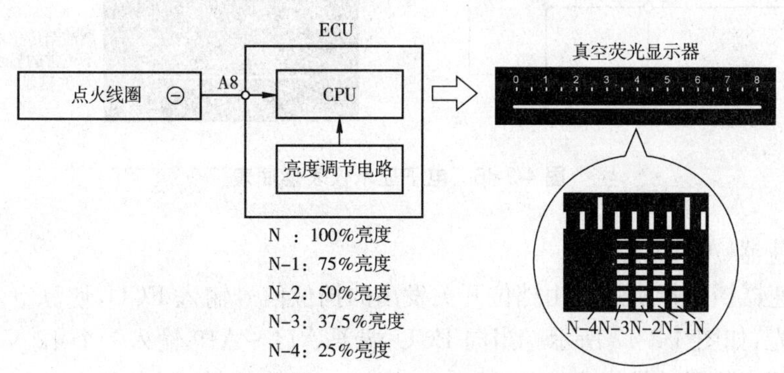

图 4-2-44 电子显示仪表转的速表

③冷却液温度表。如图 4 2 45 所示，ECU 内部的电阻器 R 及与其串联的冷却液温度传感器上的电压均为 5 V。当发动机冷却液温度有所改变时，传感器电阻(热敏电阻)的电阻值也随之改变，从而造成端子 A6 的电压改变。ECU 测试到该电压后，便会将其与参考电压比较，然后接通真空荧光显示器，将比较结果以条形图的形式显示出来。真空荧光显示器用

10 块板片组成一个条形图(每两行真空荧光显示器组成一块板片),显示出冷却液温度。当第 10 块板片(最高温度)闪烁时,则表明发动机过热。

④燃油表。如图 4-2-46 所示,由 ECU 端子 A10 施加 5 V 电压在燃油量传感器上。ECU 端子 A4 处的电压与燃油量传感器的浮子相连,电压随浮子的升降而变化。ECU 检测到端子 A4 的电压后,便会将其与参考电压相比较,然后使真空荧光显示器发光,显示出燃油油位。燃油油位以条形图的形式显示,条形图由 10 块极片组成,每两行真空荧光显示器构成一块极片。

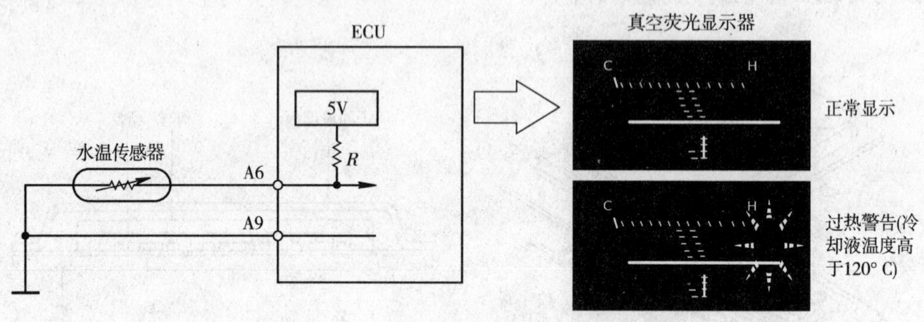

图 4-2-45　电子显示仪表冷却液温度表

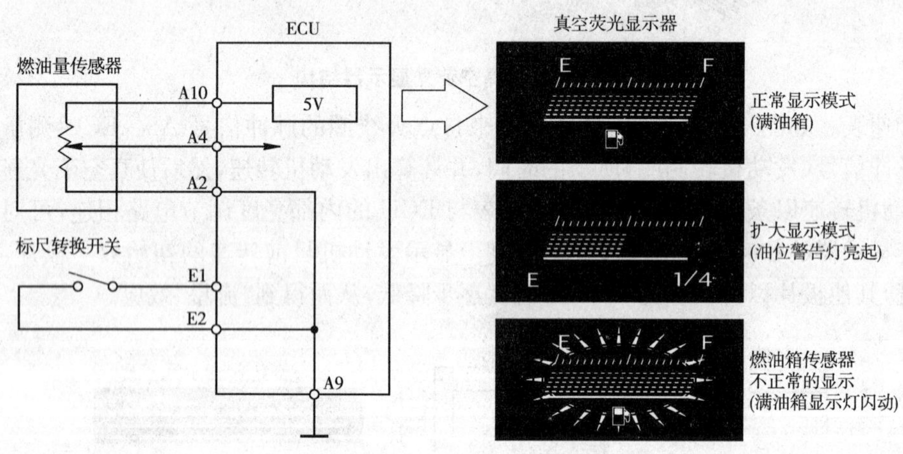

图 4-2-46　电子显示仪表燃油表

⑤自动变速器(A/T)指示灯。

a. 自动变速器挡位指示灯。由挡位开关发出的挡位信号输入 ECU,使真空荧光显示器上的相应位置发光,如图 4-2-47 所示。当向 ECU 端子 A14～A19 输入一个 12 V 信号时,真空荧光显示器上相应位置的发光亮度为 100%。当输入开路信号时,真空荧光显示器相应位置的发光亮度则减为 12.5%。

b. 电控自动变速器(ECT)模式选择指示灯。电控自动变速器模式选择开关在动力模式时,一个 12 V 信号便会输入 ECU,使真空荧光显示器显示出“PWR”字样。

c. 超车挡主开关断开指示灯。超车挡开关位于“OFF”(断开)位置时,ECU 端子 A3 接地,使真空荧光显示器发光,显示出“O/D OFF”字样。

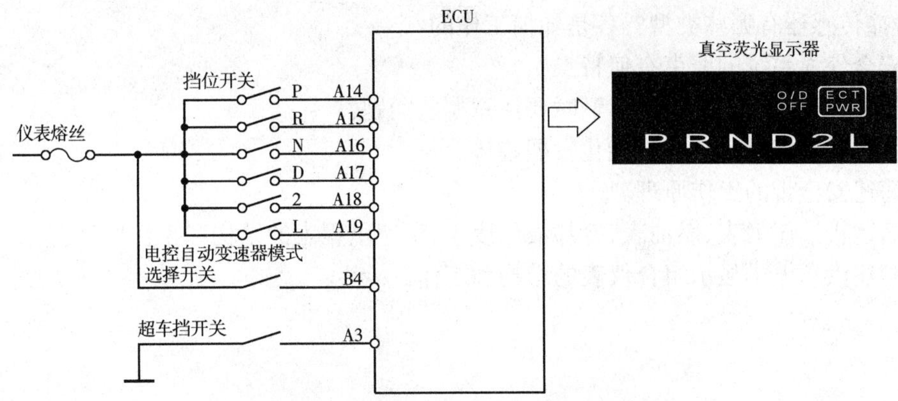

图 4-2-47　电子显示仪表自动变速器指示灯

本章小结

本章介绍了以下几方面的内容：

◆汽车防盗系统的类型、组成及工作原理。

◆汽车防盗系统的发展趋势。

◆汽车中控门锁系统的分类与发展。

◆汽车中控门锁系统的结构和工作原理。

◆电控自动空调系统的组成和工作原理。

◆安全气囊系统的组成和工作原理。

◆安全气囊系统碰撞传感器的结构和工作。

◆汽车安全气囊系统的智能化发展趋势。

◆机油压力表的结构和工作原理。

◆燃油表的结构和工作原理。

◆冷却液温度表的结构和工作原理。

◆车速里程表的结构和工作原理。

◆电子显示组合仪表的结构和工作原理。

复习思考题

1. 汽车防盗系统有哪些类型？
2. 汽车防盗系统有哪些部分组成？
3. 简述汽车防盗系统的基本原理。
4. 汽车防盗系统的发展趋势是什么？
5. 汽车中控门锁有哪些类型？
6. 简述汽车中控门锁的结构和工作原理。
7. 简述电控自动空调系统的组成和工作原理。
8. 简述安全气囊系统的组成和工作原理。

9. 碰撞传感器有哪些类型？各是如何工作的？

10. 安全气囊系统的线束有何特点？

11. 检修带安全气囊系统的车辆时要注意哪些问题？

12. 简述安全气囊系统的智能化发展趋势。

13. 简述安全带的工作原理。

14. 简述机油压力表、燃油表、冷却液温度表、车速里程表的结构和工作原理。

15. 简述汽车电子显示组合仪表的结构和工作。

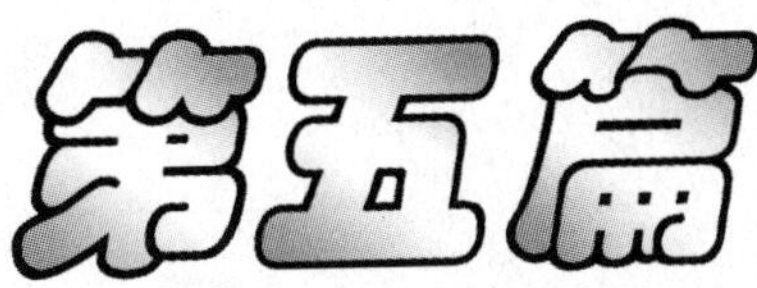

车辆故障综合诊断

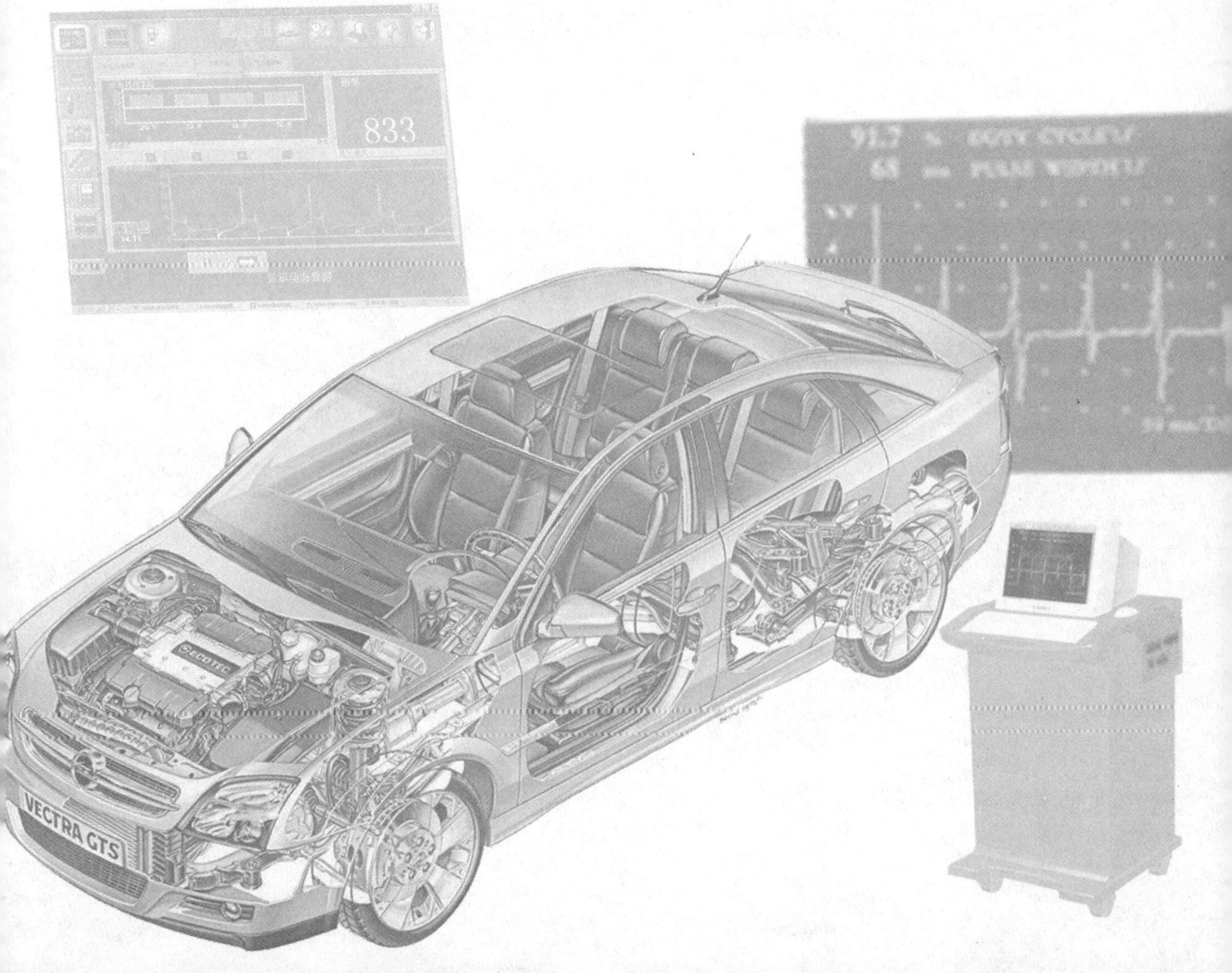

第一章　车辆故障诊断基础知识

本章要点

通过本章的学习：

★了解故障的定义、典型的故障模式和故障类型。

★了解故障诊断的分类方法、故障诊断的条件和故障诊断的标准。

★熟悉确定故障诊断参数的注意事项。

★了解汽车零部件失效的基本类型。

★熟悉汽车零部件失效的基本原因。

★掌握进行汽车零部件失效分析的方法和步骤。

★了解汽车电控系统电控元件故障的类型和特点。

★熟悉汽车电控系统的故障类型和特点。

★掌握汽车故障诊断的基本程序。

★掌握汽车故障诊断的基本方法。

第一节　汽车故障模式及故障类型

一、汽车故障的定义

所谓汽车故障，是指汽车部分或完全丧失工作能力的现象，故障的具体表现称为故障现象。

二、汽车故障模式

所谓失效，是指产品丧失了保持原有功能的能力。要判断失效，必须预先确定失效的判别标准。在产品的试制、生产、使用及维护各个阶段中都可能出现失效现象，而失效的机理也依产品的种类、系统的结构及零件材料的不同而异，不能一概而论。所谓故障模式，则是指由失效机理所显示出来的各种失效现象或失效状态。汽车上常见的故障模式有以下几种类型：

(1)损坏型故障模式。如断裂、碎裂、开裂、裂纹、点蚀、烧蚀、击穿、变形、拉伤、龟裂、压痕等。

(2)退化型故障模式。如老化、变质、剥落、磨损等。

(3)松脱型故障模式。如松动、脱落等。

(4)失调型故障模式。如压力过高或过低、行程失调、间隙过大或过小、干涉、卡滞等。

(5)堵塞或渗漏型故障模式。如堵塞、气阻、漏油、漏水、漏气、漏电、渗油等。

(6)性能衰退或功能失效型故障模式。如功能失效、性能衰退、公害超标、异响、过热等。

(7)其他失效型模式。如润滑不良、缺油、异响、振动异常等。

三、汽车故障类型

汽车可能由于各种原因而产生故障,按照故障率函数特点可将故障分为三种类型:早期故障型、偶然故障型和耗损故障型。

(1)早期故障型的故障率,是汽车在开始使用时发生故障的可能性很大,随着时间的延长而逐渐下降,称为故障率减少型,相当于汽车的磨合期。此类故障多是由于设计、制造、管理、检验的差错及装配不佳造成的。

(2)偶然故障型的故障与时间无关,故障率变化甚微,称为故障率恒定型,相当于车辆的正常使用期。此类故障多是由于操作疏忽、润滑不良、维护欠佳、材料隐患、工艺及结构缺陷等原因所致,故障具有偶然性。

(3)耗损故障型是指汽车经长期使用后,出现老化衰竭而引起的,其故障率随时间的延长而逐渐增加,称为故障率增长型。因此,若在故障率开始上升前提前更换或修复好将要损耗的零部件,则可降低故障率,延长汽车的使用寿命。

除了上述三种类型的故障之外,还有一种故障类型就是由于维修技术人员在对车辆维护和修理过程中不按照操作规程进行作业导致的人为故障型。此类故障没有任何规律,完全和维修技术人员是否严格执行维修操作规程有关。严格执行维修操作规程,该类故障的故障率就等于零;不严格执行维修操作规程,该类故障的故障率就直线上升。

第二节　汽车故障诊断分类与诊断参数

一、汽车故障诊断分类

"诊断"一词是根据医学名称引伸而来的,在医学上,"诊"就是"望、闻、问、切";"断"就是医生作出的判断。将医学诊断中这种由现象到本质,由当前推断未来的逻辑思维方法推广到汽车维修领域,就形成了汽车故障诊断。汽车故障诊断就是根据故障症状,查找故障原因,准确判定故障部位。在汽车故障诊断中的"诊"也是"望、闻、问、切",其中"望"是观察车辆各部件之间的相互位置关系、车辆排放颜色是否符合车辆技术要求等;"闻"就是倾听车辆运行中的各种声音,是否存在碰、擦、磨等异常响声等;"问"就是询问驾驶人车辆的使用、维护情况以及故障发生时的环境条件、工况条件和故障的表征等;"切"就是维修技术人员根据车辆的具体情况,有针对性地使用各种检测诊断设备对车辆进行相关参数的检测等;"断"就是汽车维修技术人员根据上述检测的结果进行分析得出的维修结论。当代汽车维修中的故障诊断一般包括两个环节:通过仪器对汽车进行检查和检测,这就是第一个环节"诊";在"诊"的基础上对所得到的结果进行综合分析,并作出结论性的判断,这就是诊断工作的第二个环节"断"。当代汽车结构复杂，其故障的诊断难度也加大，作为一个合格的汽车维修技术人员，必须在检修之前充分地了解故障，并对所出现的故障进行诊断分析后，再重点突出地进行有关总成的解体，找出故障原因。

汽车故障诊断大体上分为三大类，即机械故障诊断、电气故障诊断和机电综合故障诊断。各类故障诊断有各自独特的理论和方法。

1.汽车机械故障诊断

对汽车机械系统工作状态的检测和诊断，往往是利用汽车运行过程中所表现出的各种物理或化学特性的变化，如温升、噪声、润滑油状态、自动变速器油状态、制动液状态、动力转向油状态、振动、变形、相对位置变化等来进行故障诊断。

由于机械系统的运动是动态的，其本质是随机的，因此其故障具有离散性、间歇性、缓变性、随机性和模糊性等特点。更由于汽车各总成是由成百上千个零件装配而成的，因此，一种故障往往对应多层次故障原因。汽车机械系统故障的特点决定了对其诊断是从随机过程出发，以人的经验为基础，充分运用各种现代化分析工具（如大量应用声学、光学、电子技术、物理和化学与机械相结合的检测诊断设备——如汽车底盘测功机、前照灯检测仪、四轮定位仪、尾气分析仪、磨屑光谱分析技术等）测取各种信息，分析确定故障部位。

2.汽车电气故障诊断

汽车电气故障又可分为数字电路故障和模拟电路故障。

数字电路仅有“0”和“1”两种状态，列出其输入、输出关系真值表，便可以很方便地找到原因-结果对应关系。数字电路的故障诊断理论发展迅速并日趋成熟，目前已有相当多的诊断程序和诊断设备投入实际应用。

由于模拟信号的连续性、非线性、容差、噪声以及检测点的有限性，使诊断问题变得十分复杂，难度大、精度低、稳定性差，到目前为止，汽车模拟电路故障诊断尚未建立完整的理论和通用的诊断方法，一般借助于相似产品的使用经验或通过电路模拟，将测得的结果与故障特征进行比较，以发现和定位故障。现在应用比较成熟的是利用示波器和各种信号模拟器对此类故障进行检测。

3.机电综合故障诊断

当代汽车是机电一体化产品，在汽车上大量采用了电子控制技术、电液控制技术，完全将机械装置和电控系统融为一体，机械装置的性能好坏往往影响电控系统的正常工作，而电控系统不正常同样会导致机械装置工作不良，两者相互交织，使当代汽车的故障呈现机电相互影响的特征，给汽车故障的诊断工作带来很大的难度。单纯的机械故障诊断方法和电气故障的诊断方法已经无法满足当代汽车故障诊断的需要，因此，在故障诊断过程中要综合运用多种检测诊断手段进行全面分析。

二、故障诊断的条件

故障诊断的条件可概括为六个字：人才、设备、资料。我们把“人”摆在第一位，是因为初期的“诊”和最终的“断”都是由人来完成的，而设备和资料服务于人、帮助于人。这里的“才”是指扎实的基础知识、正确的操作方法、较强的逻辑思维能力和丰富的实践经验。

1.人才

汽车维修行业对人才要求的最大特点是：不唯学历，唯能力。汽车维修技术人员要能够进行故障诊断、制定维修工艺、拿出维修方案。要成为一名合格的汽车维修技术人员，必须具备以下几个条件：

(1)必须有够用的专业基础知识。在对汽车故障诊断前，要熟悉汽车的结构组成、基本工作过程和原理、工作装置的失效形式，即掌握汽车的结构原理是故障诊断的前提。在明白结构原理之后，就应了解相应总成部件中哪些元件是易损件，它们在使用中是因何种原因而失效，通常都有哪些失效形式，如何对失效损坏的元器件进行检查判断。要完成这些内容就必须具备有关工程力学、金属工艺学、电工电子基础、机械基础、计算机基础等方面的知识。由于汽车新技术的不断出现，汽车更新换代周期的缩短，在许多车中大量使用英文标识和英文缩略词语以及英文说明，要求懂专业外语和了解专业车型；对于专业车型，要了解生产公司的车型特点。在此基础上注意区别不同公司、不同车型、不同款式的结构变化，这些都是进行故障诊断及维修所具备的基础知识。

(2)熟练自如的诊断方法。虽然有了基础知识，但通过什么方法来判断车辆的技术状况，完成对故障的诊断是关键。经过一定的工作积累，干中学，学中干，并善于总结经验和体会，不断探索，逐步做到能灵活自如地应用各种诊断方法。除了规范程序外，还需找到自己适宜的方式和方法。

(3)过硬实用的分析诊断能力。故障诊断的主要工作过程都在技术人员的大脑中完成，所以在行业中更多地强调用脑修车，这里实际要求的是一种逻辑思维能力，是建立一种思路及正确判断故障的能力。在进行实际故障诊断时，思考分析的内容主要有两个方面：一是分析故障产生的主要原因；二是如何利用简便、准确的方法与手段对故障的分析判断进行验证。人们常说一把钥匙开一把锁，在维修工作中某一具体的操作方法及步骤，可能对某一特定车型的特定装置进行诊断比较好，但对其他车型或许演变为一种错误，因为各大汽车公司的产品都有自己的完善配置和独到之处，它们在结构原理上有较大差别，用一种固定模式和框架进行诊断显然是不完善的，更谈不上用什么具体的方法解决具体故障了。因此，只有具备了过硬实用的分析诊断能力，全面了解故障机理及诊断方法，才能少走弯路或不走弯路，才能避免走入维修误区；只有培养一种良好的实践意识、逻辑思维方式，才能在实践中做到举一反三，以不变应万变。

2. 设备

维修技术人员进行车辆故障诊断，必须要“有根有据”，这里的“根据”是什么？“根据”就是车辆的实际运行参数，这些参数哪里来？需要利用各种检测诊断设备对车辆进行检测。只有通过检测设备对车辆的检测才可以得到车辆实际的动态运行参数，维修人员通过这些参数才可以分析故障，没有检测设备无法得到这些参数，分析故障就是空中楼阁，没有根据。在车辆故障检测中维修技术人员要根据自己的经验合理使用各种仪器，用最少的仪器设备快速准确诊断故障，是对从业人员的一项基本要求。因此，设备在汽车故障诊断中具有非常重要的地位。检测诊断设备分为通用和专用两类，通用的如万用表、示波器、检测灯、听诊器、真空表、压力表及路试设备等，很多故障用通用检测设备就可解决。专用检测诊断设备主要有两大类：一类是带故障自诊断功能的故障检测仪，即通常所说的解码器；另一类是生产厂家为自己生产的汽车配置的检测某一系统用的电测器。

3. 资料

维修技术人员在进行车辆故障诊断中，分析问题必须要有“依据”，没有“依据”就没有标准，没有标准就失去了判断的尺度，再先进的检测诊断设备，检测出再准确的车辆动态运行数据，但是没有判定数据准确与否的标准，根本无法进行故障诊断，因此，详尽的汽车维修技术资料在现代汽车故障检测诊断中非常重要。

三、汽车故障诊断参数

在汽车或总成不解体的条件下，直接测量汽车结构参数或某些零部件的性能参数是比较困难的，因此，在进行汽车故障诊断时，需要采用一些能反映汽车技术状况，而又比较容易测得的间接指标，这些间接指标就称为汽车故障诊断参数。它是表征汽车总成结构技术状况或某些重要零部件工作性能的参数。

汽车是由众多零部件组成的，各零部件的强度、使用寿命是不可能相等的，在系统技术状况变化过程中，结构参数不同，变化过程也不同，究竟选择哪些零部件变化特性作为汽车故障诊断参数，应从技术上和经济上进行综合分析来确定。在确定汽车故障诊断参数时应着重考虑以下几点：

(1)诊断参数反应的灵敏性。在结构或某零部件性能变化过程中，输出大的参数应优先选为汽车故障诊断参数。

(2)诊断参数的单值性。在结构和性能参数变化范围内，不出现极值状态的参数应优先选为汽车故障诊断参数。

(3)诊断参数的稳定性。在相同测试条件下所测得的参数值离散度越小，也就是测量重复性越好的参数应作为汽车故障诊断参数。

(4)诊断参数的可达性和方便性。要求选定的诊断参数容易测量，所用设备、测试方法尽量简单和费用低。

检测所得诊断参数值正确与否与诊断对象的工作状况有很大关系，因此，测取诊断参数时一定要注意测试规范，否则，所测取的参数对汽车故障的诊断就没有任何意义。诊断参数值都是就一定测试规范而言的，如测得的发动机功率是对应一定转速和节气门开度的，制动距离的长短是对应一定的初速度和一定的车辆载荷的，取样管插入排气管中的深度对尾气分析仪测量的排气浓度影响非常大。因此，为了提高汽车故障诊断的正确性，在进行测试时，维修技术人员必须严格遵循规定的测试规范，应把测试规范与诊断参数看成一个整体，只有这样所测得的参数对汽车故障的诊断才有意义。

四、汽车故障诊断标准

诊断标准按照来源划分，可分为国家标准、制造厂制定的技术标准和使用单位制定的使用标准。

(1)国家标准。国家标准是指国家法规规定的汽车运行中与安全、环境保护有关的标准值，如制动距离标准、尾气排放中有害物质含量标准等。国家标准具有法制性，所有汽车必须首先符合国家标准。

(2)制造厂标准。制造厂标准主要是一些考虑汽车工作时为保持最佳可靠性、耐久性和经济性要求而规定的技术参数允许值。这类标准通常在车辆设计阶段确定。

(3)使用标准。根据车辆具体使用情况，在确保车辆符合国家标准的原则下考虑发挥其最大经济性等所制定的使用标准。这类标准多而复杂，需经过大量试验及统计分析并在使用中反复修正。

诊断标准按其性质来划分，又可以分为绝对诊断标准、相对诊断标准和类比标准。

(1)绝对诊断标准是在确定了诊断对象和诊断方法后制定的标准，直接对某一部件进行测试，以直接反映结构和性能参数的变化。当然，必须十分清楚地理解结构和性能参数的变化对诊断参数的影响，才能使用这一标准。

(2)相对诊断标准是对某正常部件进行测试后，确定的一个基准值，然后将该基准值乘以某一系数作为该部件的使用极限，现实中许多情况均采用此类标准。因此，为了能对一些重要的部件进行诊断，往往采用这种相对诊断标准。

(3)类比标准是相同车型的汽车在相同的使用条件下运行，通过对同一部件进行测量和相互比较来掌握其异常程度。在当代汽车故障诊断中，经常采用这种方法来判定故障。但是，该标准需要维修技术人员在维修实践中不断进行搜集和积累，在搜集和整理中并要注意搜集各中工况下的这种参数。

第三节　汽车零部件的失效及失效分析

一、失效的基本类型

汽车零部件失去原设计所规定的功能称为失效。失效不仅是指完全丧失原定功能，而且还包含功能降低和有严重的损伤和隐患。

汽车零部件按失效模式可分为磨损、疲劳断裂、变形、腐蚀及老化等 5 类。一个零部件可能同时存在几种失效模式或失效机理。

二、失效的基本原因

引起汽车零部件失效的原因很多，主要可分为工作条件(包括零部件的受力状况和工作环境)、设计制造(设计不合理、选材不当、制造工艺不当等)以及使用维修等 3 个方面。

零件的受力状况包括荷载的类型、荷载的性质以及荷载在零件中的应力状况。零件承受的荷载超过其允许承受的能力时，则导致零件失效。在实际工作中，汽车零件往往不是只受一种荷载的作用，而是同时承受几种类型荷载的复合作用，如曲轴连杆机构在承受气体压力过程中，各零件还承受扭转、压缩、弯曲荷载及其应力作用等。绝大多数的汽车零部件是在动态应力作用下工作的，由于汽车的起步、停车以及速度的变化等使动态应力的大小、方向、周期等都随时间而变化，零部件承受的是动荷载，从而容易加速汽车零部件的早期磨损。

汽车零部件在不同的环境介质(气体、液体、酸、碱、盐介质、固体磨料、润滑剂等)和不同的工作温度下工作，可能引起腐蚀磨损、磨料磨损以及热应力引起的热变形、热膨胀、热疲劳等失效，还可能造成材料的脆化、老化等。如在灰尘大的地区使用的车辆容易导致汽缸早期磨损。

设计不合理和设计考虑不周到是零件失效的重要原因之一。例如，轴的台阶处直角过渡、过小的圆角半径、尖锐的棱角等会造成应力集中，在这些应力集中处有可能成为零件破坏的起源；花键、键槽、油孔、销钉孔等处，设计时如果没有充分考虑到这些形状对截面的削弱和应力集中问题，或者位置安排不妥当，都将造成零件的早期损坏；电控单元(ECU)没有根据使用环境进行程序标定，导致控制紊乱(像上海大众POLO轿车曾经出现过的行驶途中突然熄火故障等)；零件配置和车辆性能不匹配，导致零件早期损坏(像大众/奥迪轿车1.8T涡轮增压发动机点火线圈损坏导致发动机怠速抖动问题)。这样的问题一般都是成批出现的。

材料选择不当以及制造工艺过程中操作不当而产生裂纹、高残余应力、表面质量不良、达不到机械性能的要求等，都可能成为汽车零部件失效的原因。譬如，在维修实践中曾发现长安之星轿车发动机开锅故障是由于水泵叶轮和轴材料的热膨胀系数匹配不当，两者冷态紧配合，在发动机达到正常工作温度时两者之间相对打滑造成泵水不良引起的。这样的问题一般也是成批出现的。

紧配合零件的装配精度不够，导致相配合零件之间的滑移和变形，将产生微动磨损，从而加速零件的失效过程。

汽车在使用中超载、润滑不良、滤清效果不好，违反操作规程，出现偶然事故，维修不当或者使用假冒伪劣配件等，也都会造成零部件的早期损坏。

三、失效分析的方法

失效分析也称故障分析。就是研究零部件的磨损、断裂、腐蚀、变形等失效现象的特征或规律，并从中找出损坏原因。失效分析的思路，就是对已经发生的失效事件，沿着一定的思路去分析研究失效现象的因果关系，进而寻找失效原因，提出改进措施。由于零件的工作条件、失效模式和失效机理各不相同，其失效分析的思路也不尽相同，可以将其归纳为图5-1-1所示的几种类型。

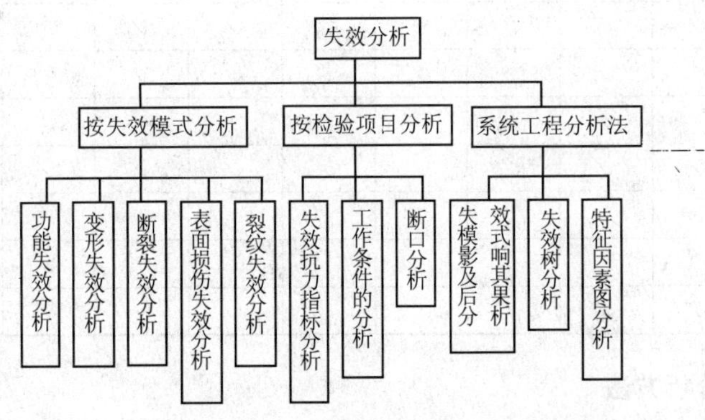

图5-1-1 失效分析思路分类

按失效检验项目的分析思路主要用于零件的失效分析，按失效模式和系统工程的分析思路大多用于系统的失效分析。

1. 按失效检验项目进行失效分析

零件的失效是由于工作应力大于失效抗力所造成的，因此应首先从零件的受力状态、环境介质、温度等考虑失效原因。表5-1-1是典型汽车零件的工作条件和常见失效方式。

2. 按失效模式进行分析

失效模式是一种或几种物理或化学过程所产生的效应，导致零件尺寸、形状、状态或性能上发生明显变化，造成发动机、变速器等总成丧失原设计能力。不同的物理或化学过程对应着不同的失效模式。判断失效模式时，应首先从外部诱发因素和后果（即失效的表现形式）入手，得出已知条件（即研究的出发点），而内在因素和过程本身则是需要探索的内容。

典型汽车零件的工作条件和常见的失效方式 表 5-1-1

零件名称			紧固螺栓	曲轴	连杆	活塞销	连杆螺栓	轴类零件	齿轮	螺旋弹簧	板弹簧	滑动轴承	滚动轴承
工作条件	负荷种类应力状态	静	√										
		疲劳	√	√	√	√	√	√	√	√	√	√	√
		冲击		√	√	√	√	√	√			√	√
		拉	√		√		√						
		压			√				√			√	√
		弯		√				√	√		√		
		扭		√				√		√			
		切				√							
		接触				√			√				√
	磨损			√		√		√				√	√
	温度											√	√
	介质										√	√	√
	振动			√									
常见失效方式	变形		√				√	√		√	√		
	塑断		√										
	脆断		√	√	√		√	√	√	√	√		√
	表面变化			√		√		√	√			√	√
	尺寸变化			√					√	√		√	√
	疲劳		√	√	√	√	√	√	√	√	√	√	√
	微动磨损		√					√				√	
	腐蚀疲劳									√		√	
	腐蚀		√	√						√	√	√	√

3. 系统工程分析方法

系统工程分析方法就是把相关装置组成一个系统，采用数学方法或计算机等现代化工具，研究系统故障率的原因与结果之间的逻辑关系，对系统构成要素、组织结构、信息交换等功能进行分析等。用系统工程分析失效的方法有故障（失效）树分析法（FTA：Fault Tree Analysis）、特征因素图分析法和摩擦学系统分析法等。

（1）故障树分析法。故障树分析法是应用图论中的树图对故障现象进行分析和预测，并找出可能导致系统或机械发生故障的途径、原因，也就是查找分析图。它是表明故障因素之间的关系及其演变过程的最简洁而形象的一种图解模型，也是描述故障原因与结果关系的逻辑分析图。故障树分析法就是将故障作为一种事件，按其故障原因进行逻辑分析，绘出树枝样图形，对故障发生的机理进行定性分析。此外，还可以根据树枝图中影响故障发生因素的出现概率，定量地预测出故障发生的可能性(即发生故障的概率)。故障树分析法简便、直观，可以一目了然地看出事件的原因与形成过程，能发现潜在的问题，有利于防患于未然和预报故障。当代汽车的故障诊断离不开根据运作原理而开展的严密的逻辑分析，中、高级维修技术人员应具有从使用故障树图进行检查到掌握设计故障树图指导进行检查的能力。

①故障树图的运用。在故障树图中，处于最顶端的是要分析的系统或机械的某种故障，称为顶上事件。导致的直接原因各框图符号作为第二级。其两级之间可用适合于它们的逻辑关系的逻辑门与顶上事件相连接。如此这样，一直连接到底事件为止，即把最基本的原因分析出来。这样，就建立了顶事件在上(相当树根)，有许多底事件在下(相当树梢)倒置式的并有多级的故障树。位于顶事件和底事件之间的事件，称为“中间事件”，它是某个逻辑门的输出，又是另一个逻辑门的输入。表 5-1-2 为故障树图分析(FTA)的主要符号。

应用举例：图 5-1-2 为“发动机火花塞积炭”这一顶事件所建立的二级故障树图。

故障树图分析(FTA)的主要符号

表 5-1-2

类别	符号	名称	定　义
事件符号		要分析的故障(顶事件)	表示两种事件：顶事件和中间事件，下面与逻辑门连接要指示的故障
		基本事件(底事件)	发生故障的根本原因，表示各类事件的底事件，不能再分解，只能作逻辑门的输入，而不能作逻辑门的输出
		条件事件	表示系统在正常状态下发生的事件，在分析中，这种事件也被当作一种基本原因事件对待，它可以是正常事件，也可以是故障事件
	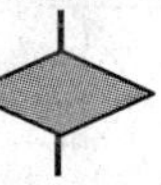	未探明事件(省略事件)	表示未探明事件或省略事件，也表示由于信息不足，不能进一步分析的事件，或者没有必要讨论下去的故障事件，或者可能发生但概率很小的事件，在分析中可以略去不计
逻辑符号	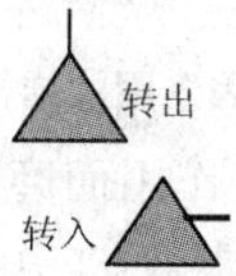 转出 转入	转移符号	表示故障事件的转移。当同一事件不同位置都出现时，为避免重复绘图，或是需要将大型故障树分开绘制时，用此符号把事件连到故障树的另一部分，即转移到其他图纸上
	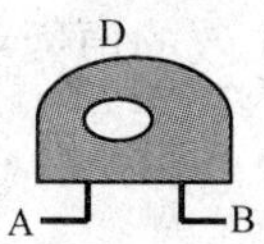 D A B	“与”门	输入 A、B 事件同时发生时，输出事件 D 才发生，表示“与”门关系
	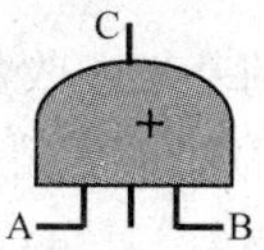 C + A B	“或”门	输入 A、B 中两事件，只要其中发生一件，输出事件 C 必然会发生，表示“或”门关系
	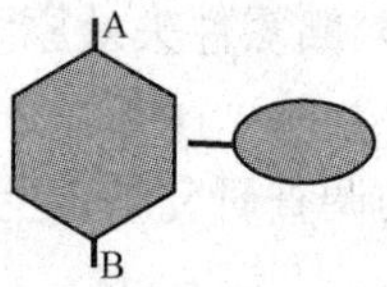 A B	“禁”门	仅当条件事件发生时，输入事件的发生才能导致输出事件的发生，否则，若禁止条件不成立，即使有输入事件发生，也不会有输出事件发生

②实施和设计故障树图过程中可运用的检查法。一种方法是故障零部件替换、并联检查法，即使用合格的零部件替换电路中可疑的零部件，或在可疑零部件上再并联相同规格的合格零部件，以观察原故障有无变化。但并联法只对零件开路、损坏等故障有效，对漏电、短路故障无效，在逻辑分析中必须设计特定的条件。第二种方法是波形比较检查法。波形比较检查法的有效方法有发动机进气歧管真空波形检测和电控各部件的示波器波形诊断。波形比较检查在故障诊断中越来越得到重视，而且可积累某种车型的维修技术档案。

(2)特征因素图分析法。特征因素图分析法就是将已表现出来的失效或异常现象(即特征)，和引起这些特征的因素用“鱼骨”形将其联系起来，通过分析，从中找出导致这些特征的直接原因。

特征因素图的结构如图 5-1-3 所示。将确定“特征”(即失效或故障现象)作为脊骨，用水平粗箭头画出，再把认为是导致失效的原因从大的方面分成几类，当作“大骨”，用斜箭头分别与“脊骨”相衔接。“大骨”数目以 4～8 个为宜。然后针对每个“大骨”考虑可能引起失效的原因作为“中骨”，用箭头与“大骨”相衔接。再进一步针对每个“中骨”把认为可能成为失效原因的各种因素作为“小骨”，用箭头与“中骨”衔接。这种图类似鱼骨状，也称为鱼骨图。

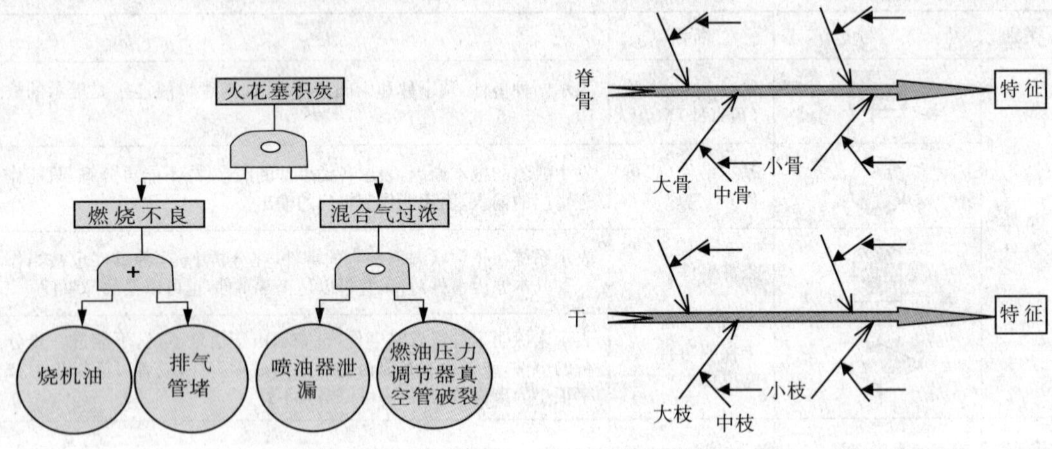

图 5-1-2 发动机火花塞积炭故障树图

图 5-1-3 特征因素图的结构

(3)摩擦学系统失效分析法。摩擦学系统失效分析法是将由于相互作用而磨损的失效零件和与其相互联系的若干元素组合成摩擦学系统，通过对该系统的输入参数(工作变量)、系统内部各元素之间相互作用以及磨损情况进行具体分析，从而找出系统失效的原因和恢复其性能的途径。

四、失效分析的步骤

(1)收集原始资料。收集和积累原始资料是对零件进行失效分析的基础。收集的资料应包括零件的设计、制造、材料、使用条件、运行参数、环境条件、操作情况等基本情况。对于没有达到预期使用要求的失效零件，应特别掌握其工况条件。

(2)收集失效零件的残骸。这是进行失效分析的关键环节，也是判断零件失效原因的主要依据。

(3)确定和分析失效模式。在对失效零件原始材料和现场情况的调查研究基础上，对失效零件的残骸进行观察和检测，以确定失效模式，推断失效原因。

观察的内容包括：

①失效零件本身及失效零件接触部位或邻近部位的宏观形貌。

②针对设计图纸核对尺寸。

③对断裂零件断口的宏观和微观观察；对磨损零件及其磨屑的形貌、尺寸观察。

④断口附近及非损坏区的金相组织对比观察。

检测项目一般包括：

①机械性能及各项强度指标和塑性指标、韧性指标的测试。

②化学成分、组织状态分析。

③无损检测，如磁力探伤、超声波探伤、射线探伤等。

④应力分析，包括危险截面应力及残余应力测定等。

⑤对于一些磨损零件，为了搞清磨损发生过程及分析表面材料所承受的应力状态，需对零件亚表层进行分析、测定变形层的厚度和变形硬化程度、裂纹形成的部位及裂纹扩展的特征。

通过以上的观察和分析，初步确定零件的失效模式和失效原因。

(4)对一些重要零件或在一些工况下不可能回收磨屑时，可将零件材料在仿效运行工况下进行模拟试验，以验证初步判断。

(5)在完成各项检验后，将所得原始数据和试验结果汇总进行综合分析研究，然后从设计、选材、材质、加工工艺、装配、运行操作、维护及环境介质等因素中找出失效零件的主要原因并提出改进意见。

第四节　电控系统故障类型及特点

一、电控元件故障类型及特点

汽车各类电控系统都是由传感器、ECU 和各种执行元件组成的网络系统，通常将这些系统的零部件统称为电控元件。

(一)电控元件的故障类型

电控元件出故障，在程度方面有轻、重之分；在时间方面有长、短之分；在性质方面有自生和他生之分。有的需更换新件，有的通过检修即可排除，归纳起来电控元件的故障一般有 5 种类型：

(1)永久性故障。即电控元件损坏，又叫“持续性故障”。此类故障容易判断捕捉排除。

(2)偶发性故障。瞬时状态不佳，又叫“间歇性故障”，信号时有时无、时弱时强，重现时间不定，有时偶尔出现，有时连续出现，无规律可循，较难判定捕捉排除。

(3)自生性故障。为电控元件自身产生的故障，与其他相关的元件无关，又叫“真性故障”。

(4)他生性故障。电控元件本身无故障，因其他相关组件工作不良的影响而失常报警，又叫“假性故障”。例如，电动汽油泵、汽油滤清器、喷油器、三效催化转化器等工作不良，严重时影响了空燃比(A/F)的大小，氧传感器通过监测排气中氧的含量代言报警，其实氧传感器自身并无故障。

(5)时效故障。电控元件的使用寿命都有一定的有效期限,超过了这个期限,轻则失准,重则失效。它概括了上述4种故障的全部内容。

(二)时效故障的性质和特点

电控元件随着工作时间的增加,会出现老化、衰退、变态现象,即受热衰退、热应变、磨损、脏堵、犯卡、漏电、漏磁、漏光、干扰、过载等因素的影响,输出的工作参数失准,或执行元件的动作失准,从量变到质变,进而失效报警,此即"时效故障",这是自然规律。人的生命是有限的,电控元件的生命也不例外,它的使用寿命不可能是相等的,等强度设计是无法实现的。了解这一道理,对电控元件采用"定期检测、换件为主"的维修方式,就有了理论根据。

时效故障出现的早晚,取决于4个方面,即:电控元件的工作时间叠加量;工作环境的好坏;内部结构的工作性质;使用维护是否及时合理。其中维护是否及时合理是关键因素。实践表明,电控元件的使用寿命,正常情况下都稳定在10万km以上,例如,控制单元(ECU)10万km的故障率仅为1/1 000,超过了这个极限,便会相继出现老化衰退症状,其变化规律如图5-1-4所示。

1.时效故障的性质

时效故障有以下两种性质:

(1)失准故障。即输出的工作参数有误,或执行元件的动作有误,造成工作状态失常。根据轻、重程度的不同,故障自诊断系统有时不报警显示,例如冷却液温度传感器(CTS)等。此类故障必须依靠正确的机理分析和准确的电测量来捕捉排除,其难度较大,技术含量高。

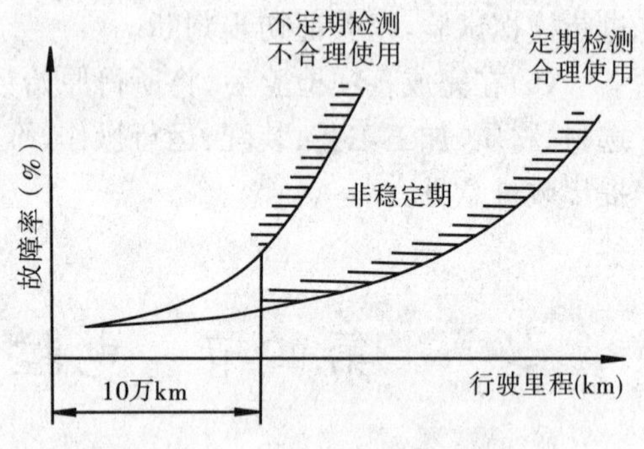

图5-1-4 时效故障的变化规律

(2)失效故障。无工作参数的输出,或执行元件无动作,多为损坏故障、断路或短路,包括电控元件本身、联网线路、ECU中的相关电路等三方面。因其网络系统已中断,自诊断系统必报警显示,可通过读取故障代码,有针对性地捕捉排除。其难度较小,技术含量也较低。

2.时效故障的特点

因传感器的物理性质各异,其故障的表现形式也不尽相同,一般有三种症候特点:

(1)静态正常,动态失常或相反——多为电阻型和电磁型的电组件(包括压电型)。

(2)冷态正常,热态失常或相反——多为热敏型和压敏型的电组件。

(3)低速正常,高速失常或相反——多为磁敏型和光敏型电组件。

(三)ECU对电控元件故障的确认方法

ECU中的故障自诊断系统,是根据各类电控元件工作性质的不同,采用多元化的确认方法,将故障信号编为代码,存储记忆在RAM中,以便提取和消除。一般用4种方法确认故障:

(1)值域判定法。输出信号超出正常值规定范围,故障自诊断系统就确认有故障。例如,冷却液温度传感器(CTS)的正常控制范围为-30～120 ℃,正常输出电压为0.3～4.7 V,如果小于0.15 V或大于4.85 V时,ECU进行故障报警并存储故障信息。此即"失准故障"。

(2)时域判定法。输出信号在一定时间内无变化，或变化未达到标准值时，故障自诊断系统即确认有故障。例如，氧传感器在一定的时间内无 0.45 V 的基准电压输出，或电压不变化时，故障即被确认。此即“失效故障”。

(3)逻辑判断法。ECU 对 2 个相关传感器的工作参数进行对比分析，当其逻辑因果关系违反设定条件时，故障自诊断系统即确认有故障。例如，当转速信号大于某一转速值，节气门位置传感器(TPS)输出信号却小于某一对应值时，即判定 TPS 有故障而进行故障报警并存储故障信息。

(4)功能判定法。ECU 发出指令，执行元件无动作，故障自诊断系统即判定执行元件有故障。例如，废气再循环(EGR)系统的 EGR 阀不动作，其 EGR 阀位置传感器无反馈信号，故障自诊断系统即判定 EGR 阀有故障。

二、电控系统故障类型及特点

汽车电控系统故障可以分为常见故障和疑难故障两种。如果电控系统有明显的异常症状时，经仪器检测、车载自诊断或依靠维修经验能顺利确定的，这种故障称为常见故障，其诊断较为容易。电控系统疑难故障是指在利用仪器检测未能发现，使用车载自诊断仍不能确定，以及依靠维修经验还不能诊断的故障。疑难故障存在多重性，是汽车电控系统故障诊断中的技术难点，随着汽车高新技术的不断发展，汽车电控系统疑难故障也呈逐渐增加的趋势。归纳实际维修工作中疑难故障出现的概率，总结疑难故障存在的性质，大体可分为以下 5 种情况。

1. 潜伏性故障

潜伏性故障是指汽车电控系统确实存在故障，但是没有明显的故障症状，故障原因难以查明。它的症状表现为电控系统故障特征不明显，通常为汽车电控系统故障的隐蔽性状态。当代汽车电控系统中有许多精密的电子元器件，它们共同承担着全车各种性能参数的检测，并为 ECU 提供控制的原始依据。尤其是涉及汽车安全性和可靠性的技术参数，对当代高速汽车来说至关重要。当电控系统出现潜伏性故障后，大多数故障隐藏很深，平时很难发现，通常是在特定情况下其症状才有所显示。由此看来，潜伏性故障的危害相当严重，尤其对性能优越与控制方式较多的高级轿车，应特别注意车辆的日常维护和性能检测。

2. 间断性故障

间断性故障是指汽车电控系统出现故障后，症状表现很不确定，即时而出现、时而又消失，故障原因难以查明。它的症状表现为电控系统故障特征极不稳定，通常为汽车电控系统故障的断续性状态。当代汽车电控系统相当复杂，有上千个电子元件、上百个导线连接器、几十个传感器和执行器。如果一个元件、一处导线连接器、一个传感器和执行器松动或接触不良，都会引起电控系统产生间断性故障。在查找间断性故障的过程中，利用仪器检测动态数据流或调出故障代码往往无济于事，需要采用示波器等仪器对车辆进行动态监测。

3. 交叉性故障

交叉性故障是指汽车同时出现机械、液压、油路和电控系统综合故障后，非电控系统故障交叉掩盖电控系统故障，故障原因难以查明。它的故障表现为电控系统故障特征极不明显，通常为汽车电控系统故障的错觉性状态。汽车出现交叉性故障后，各种不同性质的故障混为一体，故障症状相互混淆，使维修人员形成判断错误。维修人员根据以往经验，一般偏重诊断机械故障，而且习惯解体后进行检查。这样，不仅掩盖了电控系统故障，而且造成盲目拆卸，极易产生不应有的人为故障，给维修工作带来困难。

4.虚假性故障

虚假性故障是指汽车电控系统出现单一故障后，由于汽车处于运转的状态下，使得故障损坏程度进一步延伸并恶化，将电控系统故障以非电控系统故障的症状显示，故障原因难以查明。它的故障表现为完全以虚假的非电控系统故障出现，通常为汽车电控系统故障的假象性状态。当汽车电控系统中的传感器出现故障时，其测定的信号参数出现异常，ECU 接收到虚假的信号参数，则以异常数据进行程序控制，其结果必然引起汽车控制程序紊乱，造成故障的恶性循环，给汽车结构带来严重的损坏。

例如，某马自达 626 型轿车(V6 电控发动机)，夏季起动后约 5 min，发动机前上部出现轻微的金属敲击声，随后异响逐渐恶化，10 min 左右 ECU 强制发动机熄火。维修人员先后采用更换新蓄电池、并联两块新蓄电池等方法，发动机仍不能起动。检测中读出的故障代码为冷却液温度传感器故障，在进一步确定冷却液温度传感器故障后，更换了冷却液温度传感器，发动机恢复正常。这是一例典型的虚假性故障，在冷却液温度传感器断路后，电阻值为∞，输送给 ECU 的冷却液温度信号确定为 0 ℃冷车状态，ECU 将发动机喷油量控制在“起动加浓”状态。过浓的可燃混合气经活塞下泄，冲淡了油底壳内的机油，使之逐渐失去润滑作用，在暖车后故障症状急剧恶化，尤其是造成发动机上部运动件严重的异响。

5.误导性故障

误导性故障是指汽车电控系统出现故障后，由于驾驶人错误描述或故障代码紊乱出现误导，维修人员不加思索地照搬硬套，而造成新的电控系统故障。它的表现为过分依赖于驾驶人描述和故障代码，通常为汽车电控系统故障的盲目性状态。

汽车电控系统的程序设计，是根据汽车的不同工况，预先设定运行方案存储于 ECU 中。对于各种传感器输入 ECU 的参数，经 ECU 内部的 A/D 参数转换，组成各种运行方案的地址码。当某一个传感器参数发生变化时，必然引起地址码的变化，使其对应的运行方案也发生变化。当某一个传感器损坏后，其参数超过正常值范围，ECU 就只能调用备用参数来代替错误的传感器信号，以维持汽车最基本的工作，并记录下故障代码。如果传感器输入 ECU 的信号参数远远超出 ECU 的逻辑判断范围，这样 ECU 就会产生错误的故障代码，通常称为“假码”。在一些传感器损坏后，有时会产生较大的电磁波干扰，严重影响 ECU 的正常工作，引起 ECU 输出故障代码的紊乱，通常称为“乱码”。另外，由于 ECU 所检测的参数有些是间接参数，故障代码所反应的不是某个器件的状态，而是某个系统的状态。如果简单地认为某个器件损坏，就可能产生误导。在实际诊断过程中，对故障自诊断系统的诊断结果，往往还需要对故障原因进一步进行深入确定与检测。所以，仅仅依靠驾驶人描述或故障自诊断系统，是不能妥善解决汽车电控系统所有故障问题的。

第五节　故障诊断的程序和基本方法

一、汽车故障诊断的基本程序

汽车故障诊断的程序如图 5-1-5 所示。

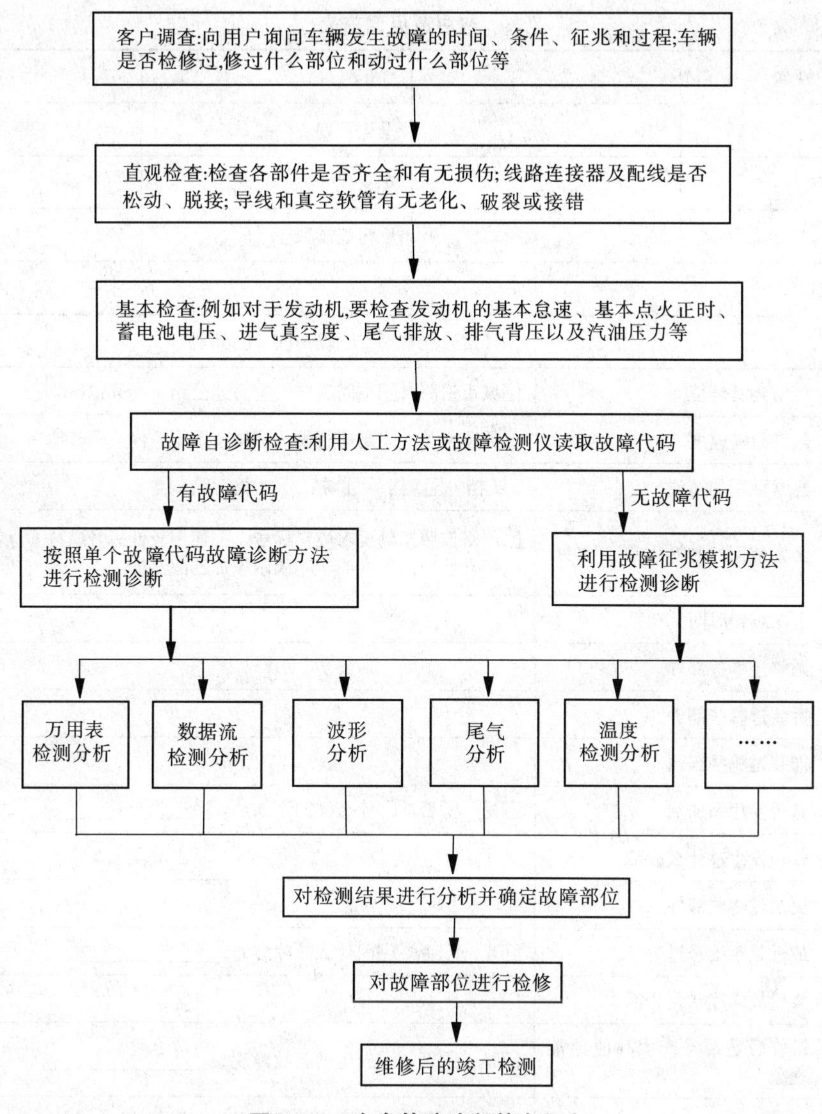

图 5-1-5 汽车故障诊断基本程序

二、汽车故障诊断的基本方法

(一)客户调查

进行汽车故障诊断,首先必须了解车辆的基本状况,故障出现的条件、过程、故障征兆以及车辆是否检修过或检修过什么部位等相关情况和信息,因此,客户调查是汽车故障诊断的一个重要环节。在进行客户调查时,应该认真地填写表 5-1-3 所示的"客户意见调查表",此表所含项目是汽车基本状况的写真记录,与其他检测诊断结果一起构成确定汽车故障点的依据。

(二)直观检查

直观检查也叫感官法检查。即通过外部检验,利用人体的感觉器官看、听、摸、闻,从而根据汽车故障现象分析故障原因,判定故障之所在。感官法往往是进行故障诊断的第一步,其目的是为了在进入更为细致的检测和诊断之前,能够消除一些一般性的故障因素。

客户意见调查表 表 5-1-3

客户姓名		登记号	
车型		登记日期	/ /
控制系统类型		车身代号	
接车日期	/ /	里程表读数	km
故障发生日期			
故障发生频次		□经常 □有时 □仅一次 □其他	
使用情况	经常运行环境	□城市道路 □乡间道路 □高速公路 □其他	
	经常行驶速度	□低速行驶 □高速行驶 □城市走走停停 □其他	
	经常使用的挡位	□1 挡 □2 挡 □3 挡 □4 挡 □5 挡	
	经常使用的燃料	□严格按照车辆要求燃料标号 □使用较低标号燃料 □经常使用乙醇汽油 □偶尔添加乙醇汽油	
维护和维修情况	上次维护时间		
	调整过哪些部件		
	拆装过哪些部件		
	加装过哪些东西		
	是否使用添加剂	□是 □否 □什么样的添加剂________	
	曾经发生过什么故障		
	更换过哪些部件		
	最近是否维修过	□是 □否 □因什么故障维修________	
	修后故障症状是否消失	□是 □否	
	维修后是否又产生其他异常现象	□是 □否 □产生的新故障现象________	
故障发生的条件	天气	□晴天 □阴天 □雨天 □雪天 □其他	
	气温	□炎热天 □热天 □冷天 □寒冷天(大约 ℃)	
	地点	□高速公路 □一般公路 □市内 □上坡 □下坡 □粗糙路面 □其他	
	发动机冷却液温度	□冷机 □暖机时 □暖机后 □任何温度 □其他	
	发动机工况	□起动 □起动后 □怠速 □无负荷 □中小负荷 □大负荷 □行驶(□匀速 □加速 □减速) □其他	
	故障出现的频率	□间歇发生 □偶然发生 □一直存在 □有规律性	
	转速或车速	□发动机怠速运转 □发动机中速运转 □发动机高速运转 □所有转速下 □车辆低速行驶 □车辆中速行驶 □车辆高速行驶 □与发动机转速和车速无关 □减速时	
	其他		

续上表

故障发生日期		
故障现象（以发动机为例）	故障指示灯状态	□常亮 □有时亮 □不亮
	不能起动	□发动机不能转动 □无起动征兆 □有起动征兆 □起动后熄火
	起动困难	□冷车起动困难 □热车起动困难 □起动时发动机转速低
	怠速不良	□游车（怠速不稳） □怠速高 □怠速低 □怠速抖 □发动机负荷增加时怠速不良
	动力不足	□加速迟缓回火 □放炮 □喘振 □敲缸 □其他
	熄火	□起动后立即熄火 □踩加速踏板后熄火 □松加速踏板后熄火 □空调工作时熄火 □挂挡时熄火 □其他
	其他	

1.看

(1)看清是什么车型、哪年款式、发动机和变速器等的型号，必要时要记下原始型号、代号或编号，以便于后面的故障诊断。

(2)看停驶状态下汽车的状况。在车下检查有无漏油、漏液，连接部件有无松动，线束是否有弯曲、折断处，导线连接器处是否脱落，熔断器是否松动、烧断。散热器是否太脏，油管是否弯曲、变瘪，各操纵杆、拉线、拉杆是否调整得太松或太紧，调节螺钉是否松动。这些检查一定要认真仔细，不要大概齐、差不多。当然不可否认的是经验在这一环节起着很重要的作用。

(3)看工作状态下汽车的状况。在汽车工作时，观察驾驶室、发动机舱、底盘处是否有异常变化，各种指示灯有无提示或警告，工作油液量是否在规定的范围内。

(4)看发动机排气的颜色。

2.听

所谓听就是利用工具或直接监听，判断工作状态或异响产生的部位，并分析可能产生的原因。借助一些工具、仪器设备和经验，使诊断更准确。听诊要注意不同工况交叉，进行综合分析和考虑，避免误诊。

3.摸

通过触摸来感觉温度变化和电气元件的温度。油温对各工作装置的影响很大，很多运动件的不正常损坏都是由于油温过高造成的。反过来，运动件运动不畅也会造成油温过高，当然造成油温、冷却液温度高的原因较多，故障原因不尽相同。用手触摸的另一个作用是感觉电气元件的温度，如点火控制器、电磁阀等，检查其是否过热。这里需要指出的是，发动机工作时温度很高，且不可随便触摸，这种方法有其局限性。只有了解了相关结构和工作原理，具有一定的工作经验才能很好地应用此方法。不过现在有一种新的检测设备是红外测温仪或热像仪，可以方便快捷地检测出温度的变化，建议尽量采用仪器检测法判断温度的变化。

4.闻

闻就是检查有无异味，通过闻可以感知故障的产生，如导线有无过热熔化，或高温使导线外皮烧焦；胶带打滑引起异味；机械部件磨损、不正常的摩擦产生异味；各种油液变质出现异味等。但其应用不如看、听、摸广泛。

(三)故障征兆模拟检测

汽车的很多故障是在特定的环境和状态下才发生的，一旦故障的条件不满足，对外便没有故障现象，此时可以利用故障征兆模拟的方法进行检测诊断。故障征兆模拟的方法，实际上就是以调查研究和科学试验的方式，让待检修车辆以相同或相似的条件和工作环境再现其故障，然后经过模拟验证和分析判断后，确切诊断出故障原因和部位。常用的故障征兆模拟方法主要有以下几种。

1.环境模拟方法

汽车有些故障是发生在特定环境中的。例如，发动机冷车时无故障，暖车后故障症状出现；行驶时有故障，而停驶时诊断却无故障；当出现故障后，汽车在平坦道路与坎坷道路上行驶时，故障症状表现不一致；在清洗汽车后或雨天时，发动机出现运转不平稳、产生喘抖等现象。这些特定的外界环境，使电控系统产生故障的主要原因是：由于电子元器件对颠簸、发热和潮湿等因素非常敏感所致。对由环境因素所造成的故障，一般常用以下 3 种环境模拟法进行诊断。

(1)振动模拟方法。如图 5-1-6 所示，针对某些怀疑有故障的元器件、线束、导线连接器、传感器和执行器等进行敲打(用锤柄敲击、用手拍打)和摇摆(导线及导线连接器进行垂直、水平方向摇摆和前后拉动)，以检查是否存在虚焊、松动、接触不良和导线断裂等故障。操作时注意不可用力过大，以免损坏电子器件，尤其在拍打继电器部件时，千万不可用力过度，否则，将会引起继电器开路。利用振动法进行模拟检测时，应随时注意被检装置的工作反应，以确定故障部位。如果在振动某一元件时故障再现，则说明该故障与此元件有关。

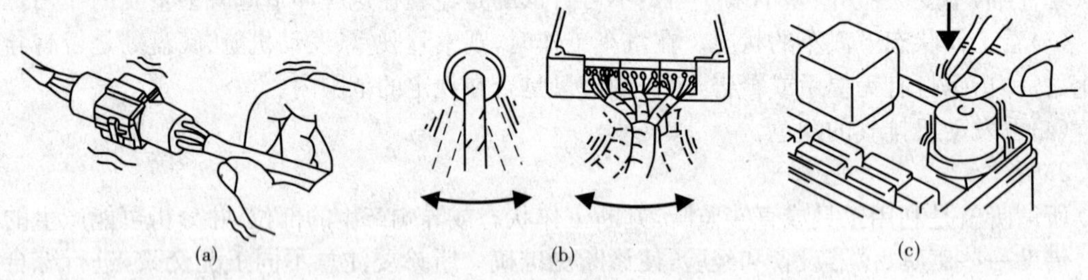

图 5-1-6 振动模拟方法举例

(a)轻轻摇动；(b)轻轻摆动；(c)轻拍振动

(2)加热模拟方法。如果有些故障只是在热车时才出现，可能是因有关零部件或传感器受热而引起的。此时应针对某些怀疑有故障的元器件、线束、导线连接器、传感器和执行器等进行局部加热，检查故障是否出现。加热器具宜选用电热风机或类似的加热器，加热时不可直接加热 ECU 中的电子元器件，加热温度不得高于 80 ℃。在电控系统出现软性故障(车辆起动后或电子设备开机后，经过一段时间故障才出现)时，说明有电子元器件出现软击穿(达到一定温度后异常，冷却后又恢复正常)故障，这时应根据故障出现的征兆，初步确定需要加热的部位或元器件，在起动或开机的状态下，用 20 W 的电烙铁进行烘烤，顺序是先晶体管和集成块，后阻容元件。当烘烤到哪个部位或元件时故障出现，说明该部位或元件与车辆故障有关，应更换该元件。

(3)加湿模拟方法。当故障发生在雨天或洗车之后时，可使用加湿模拟方法(用水喷淋汽车外部)进行高湿度环境模拟试验。注意：喷淋前应对电子设备予以保护，以免积水锈蚀电子设备；喷水角度应尽量喷到空中，让水滴自由落下，千万不可将水直接喷淋在相关零部件上。当对车辆进行喷淋之后，如果故障再现，此时可以沿着水迹确定故障部位和元件。

2.增减模拟方法

在电控系统故障的检测诊断中,针对油路和电路故障常采用增减模拟方法。它是利用油、电路中增减荷载模拟验证油、电路的故障症状,以诊断由荷载(负荷)而引起的故障。由荷载(负荷)大小所造成的故障,必须在与产生故障时相似的荷载条件下再现,一般常用以下两种增减模拟方法进行检测诊断。

(1)增加模拟方法。当怀疑故障可能是由于油路荷载过大而引起,而故障症状的表现又不明显时,可采用增加法来进行模拟验证,即不断增加油路的荷载,使故障部位和症状充分显示出来,便于进行检测诊断。对于电路中由于用电负荷过大而引起的故障,可以接通车辆所有的用电设备,如加热器、刮水器、鼓风机、空调、冷却风扇和前照灯等,在增加负荷的情况下,检查是否发生故障,以便进行检测诊断。

(2)减少模拟方法。在检测由于局部电路短路引起负荷过大并烧断熔丝的故障时,常采用减少法来模拟诊断。此时只要将各路负载逐一减少,一般就会很快找到短路的故障部位。当某一个局部电路出现短路故障时,通过它的电流就会大大增加。这时如果采用其他方法检测,在检测时间较长时就会导致其他故障(烧坏元器件)。使用减少法诊断,将一部分电路断开,用万用表测量电阻、电压和电流,以此来诊断故障。使用最多的是测量电流,观察总电流的变化,就可以诊断出故障的大致范围,又不至于损坏其他电路或电子元器件。如果断开被怀疑的某一电路后,总电流立即降为正常值,则说明故障就在这一电路中。

3.输入模拟方法

在电控汽车检测诊断工作中,经常会遇到电路被改动的车辆,给电控系统检测诊断带来许多困难。例如,车载故障自诊断检测不能进行,原车的电路图也不能直接使用,检测诊断前还要辨清被改动过的电路部分。在这种情况下,通常采用输入模拟法进行电控系统的检测诊断。输入模拟方法实质上就是,怀疑电路中某些元器件有故障,将电路参数(电阻、电压、电流)输入到相关的元器件,进行模拟验证后诊断故障。以下是3种基本输入模拟方法。

(1)电阻输入模拟方法。电阻输入模拟方法又称串联法,是以电阻元件代替某些被怀疑损坏的电阻式传感器,进行模拟验证,以便诊断该传感器是否损坏。例如,怀疑冷却液温度传感器可能损坏时,可将一只与冷却液温度传感器阻值相似的电阻(或直接使用可变电阻),串接在冷却液温度传感器的导线连接器上,进行模拟验证,以便诊断该冷却液温度传感器是否存在故障。

(2)电压输入模拟方法。电压输入模拟方法又称并联法,是以外接电压或用合适的元器件,来代替某些被怀疑损坏的传感器,进行电压信号模拟验证,以便诊断该传感器是否损坏。利用电压信号模拟还可以诊断除了损坏的传感器以外,其他电子设备性能的好坏。例如,某现代奏鸣曲2.4i GLS型轿车G4B型电控发动机,不能起动(起动系正常),怀疑电子点火系中的曲轴位置传感器(在分电器内)损坏。经万用表检测,发现没有曲轴转角信号输入ECU,利用外接辅助电阻线给ECU输入该电压信号,同时起动发动机,在触碰下发动机可以运转,这样进一步确定故障出在曲轴位置传感器上,更换分电器后故障排除。

(3)电流输入模拟方法。在电控系统的检测诊断中,利用万用表的电流挡,给怀疑有故障的电阻式元器件施加电流,即模拟电子元器件工作状态去诊断故障,该方法诊断故障较为精确、实用。例如,在诊断电控系统的故障时,经初步诊断后,可通过模拟晶体管的导通状态,去判断电子设备工作性能。用万用表的电流挡给基极输送电流,设法使晶体管导通,进而触发电子设备进入工作状态,以诊断故障部位。

4.状态模拟方法

状态模拟法是在对电控系统检测诊断时,将电子电路中怀疑有故障的元器件某电路状态改变,即将局部电路或某一元器件断电,或在通电状态下进行检测,以此来诊断故障。这种方法的优点是不将元器件从电路板上脱焊下来,而直接在电子设备上进行模拟检测。以下是2种常用的状态模拟检测诊断方法。

(1)断电模拟方法。当怀疑某晶体管有故障,以及对电路电压不清楚时,可采用断电法模拟检测诊断。使用较多的是晶体管基极电流切断法,即将发射极和基极之间暂时短路,其集电极负载电阻两端的电压降通常为0 V,如果能测到任何电压,即可诊断出晶体管损坏。还可以将万用表接在晶体管的集电极和发射极两端,然后再将基极和发射极之间短路,这时万用表的读数应为电源电压值,如果不是电源电压值,则可判断出晶体管损坏。

(2)通电模拟方法。通电模拟方法是在电路通电状态下进行电压测定的方法,是检测电控系统中的晶体管和IC好坏的一种行之有效的方法。在晶体管处于放大状态时分别测定,硅管的电压为0.6～0.7 V,锗管的电压为0.2～0.3 V。

(四)确认电控元件(即元件级)故障部位的诊断方法

利用故障自诊断确认故障部件的诊断方法,只能把损坏的传感器、执行器以及ECU的印刷电路板等检查出来,但上述部件都是由各种器件、芯片等组成的,到底是哪一个器件、哪一个部位出现了问题,还需要进一步详细检查后才能确定。这相对部件诊断要困难一些,对维修人员的硬件、软件知识及其维修经验要求都比较高。确认电控元件故障部位的诊断方法主要有以下几种。

1.模块分割法

模块分割是在维修人员头脑中的分割,它建立在系统分析的基础上。当维修任何一个部件时,如果没有对这种模块的基本分析,就会感到无从下手,心中无数。用穷举法把一块确定有故障的印刷电路板所有的点都测一遍,可以说是一种最笨的方法。即使难以确认出现故障的模块,也应该根据原理和经验首先怀疑那些最容易出现故障的模块(该块印刷电路的以硬件原理划分的部分),检查的思路应该从模块入手,当一个模块确认无故障时,再查下一个模块,对具体部件的各模块应采用不同的诊断方法。例如,ECU可分为CPU与外围电路部分、时钟和分频部分、RAM和时序部分、ROM和相应接口部分、数据采集部分、信号放大和A/D转换部分、CPU的输出及功放部分、电源及其转换部分等等。其中电源及其转换部分,不但用得最多,而且电流大,电压等级不等,就是出现故障概率较大的器件。所以,ECU一旦出现故障应先从电源检查开始,如电源正常再去检查其他部件。

2.静态测试法

所谓静态测试法就是使整个电控系统暂停在某一特定状态,根据逻辑原理,用数字万用表检测怀疑部件的电压、电流、电阻,其中测量集成电路芯片及晶体管的有关电极工作直流电压,对发现产生故障的原因和部位是非常重要的、常用的、有效的方法。电控系统中的所有可进行静态测试的信号就其特征而言大致可分为三类:高电平或低电平;脉冲;第三态(即高阻态)。高电平或低电平是电控系统中“1”和“0”的基本逻辑形态,脉冲实质上也就是变化快一些的“1”和“0”,第三态即浮空状态,即不输出高电平也不输出低电平,它具有很高的输出电阻。每个待测点在某一个特定工况下是一定的(即三类中的一类),根据原理分析或厂家给出的各点状态或参数，就可以用数字万用表或示波器、逻辑电笔等仪表进行测试，最后分析找出故障元件。例如，一反相门输入与输出的逻辑电平刚好相反，当输入端为低电平时，输出端必为高电平，如检测到不符合此规律，则说明有问题。

3.动态测试法

在电控系统中，用静态测试法能解决许多问题，也是动态测试的前提，但是有些故障出现在车辆运行(动态)的情况下，无法在静态环境分析或检测出来。此外，有些故障出现的原因是某些器件的动态参数问题所引起的，这时也需用动态测试法找出故障原因及损坏的器件。动态测试法也是建立在熟悉电控系统工作原理基础之上的。它是在车辆运行的情况下，用示波器或其他仪器测试怀疑器件的各点的波形(包括波形的幅度、宽度、占空比、形状等)或测波形频率、个数等，并和正确的波形参数比较是否相符，从而找出故障的原因及部位。例如，ECU本身出了毛病，一般先用示波器检测 ECU 的驱动源时钟及复位信号。该时钟一般都是由晶振及其附加电路产生的，频率一般比较准，幅值等参数也有要求。又如，加在喷油器线圈上的是一个随工况而改变其占空比的脉冲信号，用示波器等仪器较容易看出是否有故障。

输入信号追踪法也是动态测试常用的方法。例如，发动机转速信号在CPU输入端用示波器检测不到，这时要确定是接口电平转换连线的哪一个部件损坏，可以用一个信号发生器，把其输出的信号接到被检测器件或导线的输入端，逐段测试各级电路或被测的电子装置，看其输出信号有无和大小，以此来对故障进行跟踪，判断所发生故障的部位及范围。

(五)原车故障自诊断系统诊断法

ECU内部一般都有故障自诊断电路，它能在车辆运行过程中不断监测汽车电控系统各部分的工作情况，并能检测出电控系统中的大部分故障，并将故障以代码的形式存储在 ECU 的存储器内，多数情况下，只要不拆下蓄电池，这些故障代码将一直保存在 ECU 内，有些车辆即使拆下蓄电池，故障代码也不能清除，只能使用相应的检测设备进行清除。当代车辆一般在仪表板上设置有故障指示灯，如 CHECK ENGINE 灯、ABS 灯、SRS 灯等，如果 ECU 发现电控系统中有异常情况便发出信号点亮相应的故障指示灯，以告诉驾驶人员和维修人员系统存在故障。维修人员可按照特定的方法或者使用汽车故障电脑检测仪读取相应的故障代码，分析判断故障类型和范围。

故障代码的读取方法有两种：一种是利用汽车故障电脑检测仪；一种是采用人工的方法(随车故障自诊断)。各种故障代码的读取方法均不尽相同，请维修人员参照各车型的维修手册进行。

关于汽车故障自诊断系统的相关知识，将在本篇第二章中详细讲解。

(六)电路检测诊断法

电路检测诊断法是利用万用表或示波器对电路进行测试的方法，即将测得的电阻、电压、电流、数字信号等与正常值比较、分析而作出判断。这是一种适用范围广泛的检测方法，如在ECU 的信号输入端与输出端进行检测比较，可以判断出 ECU 是否有故障；对传感器与开关等进行检测，可以很好地判断其是否正常；对线路也可以进行测试和检查，看其是否有故障。使用这种方法的关键是掌握所检测车型的参数与电路图等资料。

1.万用表检测法

电控系统的故障包括传感器、执行器和 ECU 本身损坏和导线断路或短路两个方面。因此可以用万用表来检测电控系统的技术状态，以确定其性能好坏。

(1)用万用表检测诊断的一般原则。利用万用表进行检测诊断，应遵循以下原则：

①除在测试过程中特殊指明者外，不能用指针式万用表测试 ECU 和传感器，应使用高阻抗数字式万用表或汽车万用表检测诊断。

②首先检查熔丝、易熔线和接线端子（连接器）的状况，在排除这些部位的故障后再用万用表进行检测。

③在测量电压时，点火开关应处于“ON”位置，蓄电池电压应大于等于 11 V。

④在用万用表检查防水型连接器时，应小心取下防水套。表笔插入连接器检查时，不可对端子用力过大。检测时，表笔可以从带有导线的后端插入（图 5-1-7a），也可以从没有导线的前端插入（图 5-1-7b）。

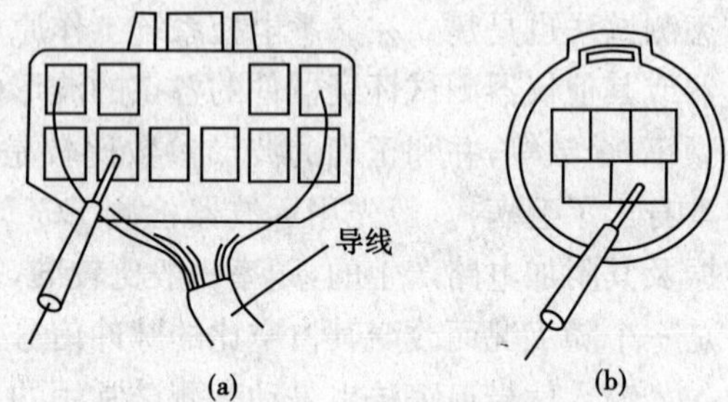

图 5-1-7 表笔插入连接器的方法

(a)从连接器后端插入表笔；(b)从连接器前端插入表笔

⑤测量电阻时要在垂直和水平方向轻轻摇动导线，以提高准确性。

⑥检查线路断路故障时，应先脱开 ECU 和相应传感器的导线连接器，然后测量连接器相应端子间的电阻，以确定是否有断路或接触不良故障。

⑦检查线路搭铁短路故障时，应拆开线路两端的连接器，然后测量连接器被测端子与车身（搭铁）之间的电阻，电阻值大于 1 MΩ 为无故障。

⑧在拆卸电控系统线路之前，应首先切断电源，即将点火开关断开（OFF），拆下蓄电池负极搭铁线（注意：要记住具有防盗功能的车辆的防盗密码）。

⑨测量两个端子间或两条线路间的电压时，应将万用表的两个表笔与被测的两个端子或两根导线接触（图 5-1-8a）；测量某个端子或某条线路的电压时，应将万用表的正表笔与被测的端子或线路接触，而将万用表的负表笔与地线接触（图 5-1-8b）。

⑩检查端子、触点或导线等的导通性，是指检查端子、触点或导线是否通路，可用万用表欧姆挡测量电阻值的方法进行检查（图 5-1-9）。

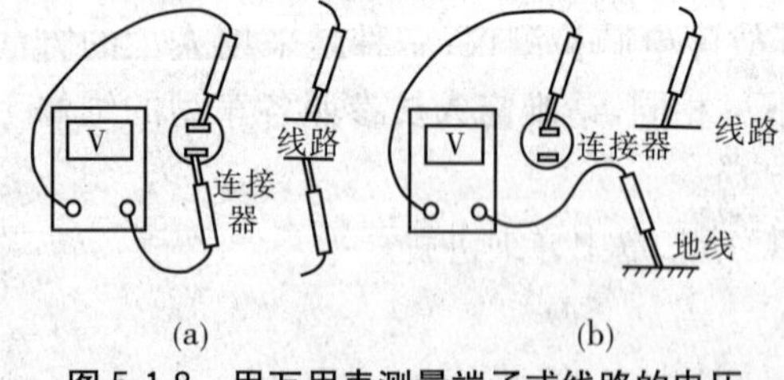

图 5-1-8 用万用表测量端子或线路的电压

(a)测量两个端子间或两条线路间的电压；(b)测量某个端子或某条线路的电压

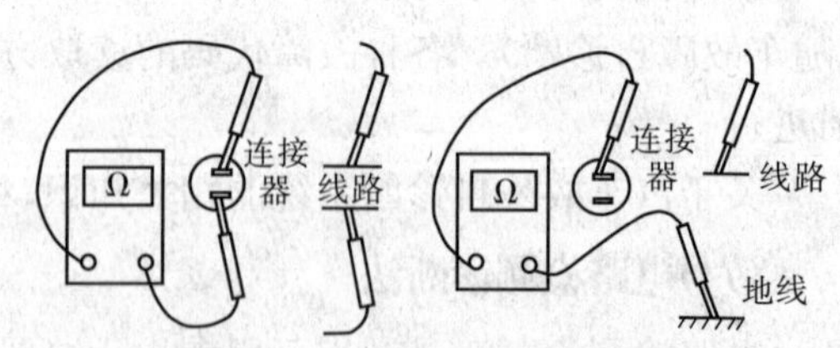

图 5-1-9 用万用表检测导通性

(2)电控系统万用表检测的基本操作方法。电控系统万用表检测的基本操作方法如下：

①电阻测量方法。将万用表置于欧姆（Ω）挡的适当位置并校零后，即可以测量电阻值。电控系统的元器件（传感器、执行器、ECU、继电器和线路等）的技术状况，都可以用检测其电阻值的方法来判断。

②直流电压测量的方法。将万用表选择在直流电压(V)挡(选择合适的量程),将表笔接至被测两端。用测量电压的方法可以检查ECU所发出的各种控制信号电压和电路上各点的电压(信号电压或电源电压)以及元器件上的电压降。

(3)断路(开路)检测方法。如图5-1-10所示的导线有断路故障,可用检查导通或检查电压的方法来确定断路的部位。

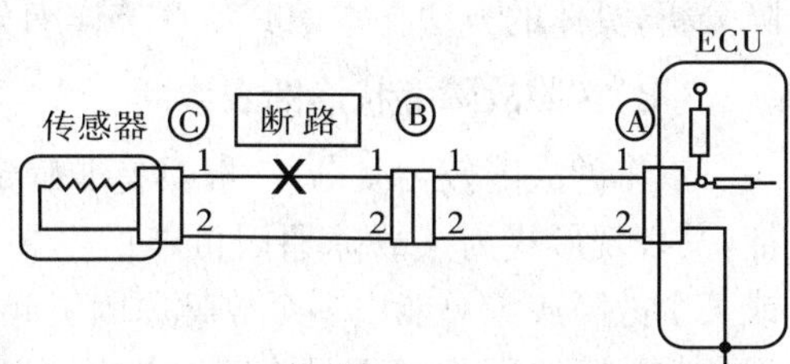

图5-1-10　举例用的断路检查线路

①检查导通方法。脱开连接器A和C,测量它们之间的电阻值(图5-1-11)。若连接器A的端子1与连接器C的端子1之间的电阻值为∞,则它们之间不导通(断路);若连接器A的端子2与连接器C的端子2之间的电阻值为0 Ω,则它们之间导通(无断路)。脱开连接器B,测量连接器A与B、B与C之间的电阻值。若连接器A的端子1与连接器B的端子1之间的电阻值为0 Ω,而连接器B的端子1与连接器C的端子1之间的电阻为∞,则连接器A的端子1与连接器B的端子1之间导通,而连接器B的端子1与连接器C的端子1之间有断路故障存在。

②检查电压方法。在ECU连接器端子加有电压的电路中,可以用检查电压的方法来检查断路故障(图5-1-12)。在各连接器接通的情况下,ECU输出端子电压为5 V的电路中,如果依次测量连接器A的端子1、连接器B的端子1和连接器C的端子1与车身(搭铁)之间的电压时,测得的电压值分别为5 V、5 V和0 V,则可判定在连接器B的端子1与连接器C的端子1之间的导线有断路故障存在。

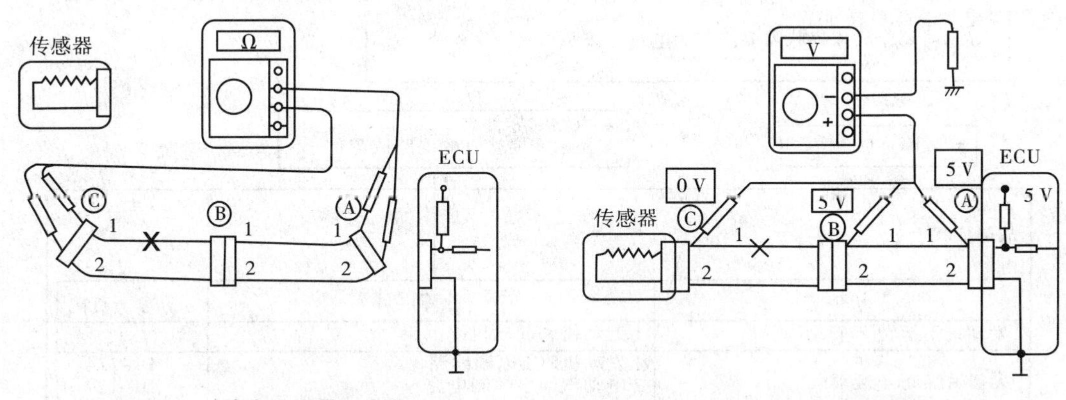

图5-1-11　检查导线是否导通

图5-1-12　测量电压

(4)短路检查方法。如果导线短路搭铁,可通过检查导线与车身(搭铁)是否导通来判断短路的部位(图5-1-13)。

①脱开连接器A和C,测量连接器A的端子1和端子2与车身之间的电阻值。如果测得的电阻值分别为0 Ω和∞,则连接器A的端子1与连接器C的端子1的导线与车身之间有短路搭铁故障。

②脱开连接器B,分别测量连接器A的端子1和连接器C的端子1与车身(地线)之间的电阻值。如果测得的电阻值分别为∞和0 Ω,则可以判定:连接器B的端子1与连接器C的端子1之间的导线与车身之间有短路搭铁故障。

关于用万用表对各传感器或执行元件的检测方法,在相关章节中已叙述,在此不再赘述。

2. 示波器检测法

示波器检测法就是利用示波器对电控系统中的各类信号进行动态监测，根据检测的波形进行故障分析，具体的方法在本篇其他章节详细分析。

(七)按照故障症状诊断表诊断

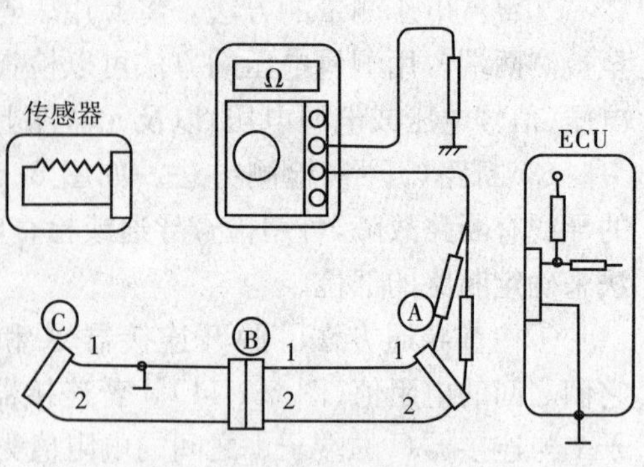

图 5-1-13 测量有无短路

汽车的故障较为复杂，一般具有非确定性的特征，其表现形式为某故障原因可能产生多个故障，或某个故障迹象可能由多个故障原因引起，即故障现象与故障原因之间不具有确定性的关系。这类故障多表现为既不能在故障代码诊断中得到证实，也不能在基本检查中得到证实的特征，这种情况可按照故障症状诊断表的编号顺序进行检查。多数车型的维修手册中均会给出本车型的故障症状诊断表，并给出相应的故障症状、检查顺序、需要检查的电路或零件名称、每个故障检查流程在维修手册中的页码。图 5-1-14 所示是天津一汽丰田威姿(VIZI)轿车 1SZ－FE 型发动机维修手册中给出的故障症状诊断表及相关说明。此方法的优点在于可有效地缩小故障范围，迅速捕捉到故障部位，若结合某些先进的诊断仪器，不失为行之有效的方法之一。

● 页码
显示每个电路流程图的页码。

● 电路检查,检查顺序
显示对每个故障症状需要检查的电路。按照号码顺序检查

● 故障症状

● 电路或零件名
显示需要检查的电路或零件

故障症状表

症状	故障区域	参考页码
发动机不运转(不起动)	1.起动机和起动机继电路	ST-12,13
无初始燃烧(不起动)	1.发动机ECU电源线路 2.电动汽油泵控制电路 3.发动机ECU	DI-124 DI-127 IN-30
未完全燃烧(不起动)	1.电动汽油泵控制电路	DI-127
发动机转动正常(难以起动)	1.起动机信号电路 2.电动汽油泵控制电路 3.汽缸压缩压力	DI-121 DI-127 EM-3
冷态发动机(难以起动)	1.起动机信号电路 2.电动汽油泵控制电路	DI-121 DI-127
热态发动机	1.起动机信号电路 2.电动汽油泵控制电路	DI-121 DI-127
发动机怠速高(怠速不良)	1.空调信号电路(空调压缩机电路) 2.发动机ECU电源线路	AC-54 DI-124
	1.空调信号电路 2.电动汽油泵控制电路	
	1.汽油压力 2.电动汽油泵控制电路	

图 5-1-14 天津一汽丰田威姿(VIZI)轿车 1SZ－FE 型发动机故障症状表

(八)输入输出比较法

一些电子部件需要通过检测其输入与输出电压值或电压波形来判断其好坏。

1.检测部件输入输出端子的电压

(1)检测部件电源端子与输出端子电压。通过测量该部件的电源端子和输出端子对搭铁的直流电压,并与正常情况相比较来检验其是否有故障。比如,电控系统的 ECU,在检测电源端子电压正常情况下,其传感器电源端子的电压应与标准值(通常为 5 V)相符。如果传感器电源端子电压不正常,则说明 ECU 内部电源电路有故障,需更换 ECU。

(2)检测部件信号输入端子和输出(控制)端子电压。通过测量(或设置)信号输入端子的直流电压,再测量相关控制端子的直流电压,并与正常情况相比较,以检验该部件能否正常工作。如果该部件输入端子的电压正常,而相关联的输出(控制)端子的电压不正常,则说明该部件有故障。

2.检测部件输入输出端子的电压波形

通过测量该部件输入信号端子和相关联输出端子的电压波形,并与正常波形相比较,以检验该部件是否有故障。如果输入端子的电压波形正常,而相关联的输出端子无电压波形或电压波形不正常,在输出端子连接电路无短路故障的情况下,则可说明该部件有故障。

(九)其他常用诊断方法

1.替换法

进行故障诊断尤其是电器和电路故障诊断时常用替换法,即采用同规格、功能良好的元件来替换怀疑有故障的元器件。若替换后,故障现象消失,则表明被替换的元件已损坏。

2.断路法

断路法是将被怀疑的电器或电路的导线或连接器断开,然后再观察结果,并与未断开时的结果进行比较,或用万用表进行测量分析,这种方法用来检查搭铁十分有效,也广泛用于分析电子电路。

3.短路法

短路法是使用跨接线,将被怀疑的某一器件或某一部分电路短路,观察其结果并与短路前的结果进行比较,或用万用表进行测量分析来诊断故障。

4.试灯法

试灯法就是用带电源或不带电源的测试灯来检查电器和电路故障。对带电源的测试灯,常用于检测模拟脉冲触发信号等;不带电源的测试灯,常用来检查电器和电路有无断路或短路故障。通过试灯的闪烁情况来判断 ECU 的输出控制信号是否正确、电磁阀是否损坏。例如,对电磁阀电路的检测常用试灯法。

无论用哪种方法,一定注意所测数据的前后对比,并做好保存,积累好资料,注意对故障分析的记录、整理,将思路搞清。在工作实践中,成功人士都是善于总结、积累,将自己遇到的故障、检测方法和排除过程认真加以总结,同时不断更新知识结构,使检测和维修水平得到提高,这值得借鉴。

本 章 小 结

本章介绍了以下几方面的内容:

◆汽车故障的定义。

◆常见的故障模式。

◆汽车故障的类型。

◆汽车故障诊断的类型以及各种类型汽车故障诊断的特点。

◆汽车故障诊断的条件。

◆汽车故障诊断的参数和诊断标准。

◆汽车零部件失效的基本类型和失效的基本原因。

◆汽车零部件失效(故障)的常用分析方法。

◆失效分析的步骤。

◆电控元件故障的类型和特点。

◆时效故障的性质和特点。

◆ECU 对电控元件故障的确认方法。

◆电控系统的故障类型及特点。

◆典型汽车疑难故障的定义和诊断原则。

◆汽车故障诊断的基本程序。

◆汽车故障诊断的基本方法——客户调查、直观检查、故障征兆模拟、电控元件故障部位的诊断、电路检测诊断方法等。

复习思考题

1. 汽车故障的定义是什么?
2. 汽车常见的故障模式有哪些?
3. 汽车故障有哪些类型? 各种类型的汽车故障具有什么特点?
4. 汽车故障诊断可以分为哪几种类型? 每种类型的故障诊断具有什么特点?
5. 进行汽车故障诊断需要哪些条件?
6. 在确定汽车故障诊断参数时应着重考虑哪些因素?
7. 汽车故障诊断标准按照来源和性质划分,分别有哪些类型?
8. 汽车零部件失效的概念是什么? 汽车零部件失效按照失效模式可以分为哪几种类型?
9. 汽车零部件失效的基本原因有哪些?
10. 什么叫失效分析? 进行汽车零部件失效分析的思路有哪些?
11. 典型汽车零部件的工作条件和常见失效方式是什么?
12. 什么是汽车零部件失效的系统工程分析方法? 用系统工程分析失效的方法有哪些?
13. 什么是故障树分析法? 如何运用故障树图进行失效或故障分析。
14. 什么是特征因素分析法? 特征因素分析法的要点是什么?
15. 什么是摩擦学系统失效分析法?
16. 简述失效分析的步骤。
17. 汽车电控元件有哪些故障类型?
18. 什么是汽车电控元件的时效故障? 时效故障具有哪些性质? 时效故障的特点是什么?
19. ECU 对电控元件故障的确认方法有哪些? ECU 是按照什么原则确认电控元件故

障的？

20.汽车电控系统故障可以分为哪几种类型？什么是常见故障？什么是疑难故障？

21.按照实际维修工作中疑难故障出现的概率，汽车电控系统的疑难故障大体可以分为哪几种类型？每种疑难故障各有什么特点？

22.简述汽车故障诊断的基本程序？

23.如何正确填写客户调查表？请根据维修实践制定一种车型或系统的客户调查表。

24.在对车辆进行直观检查时应注意哪些问题？

25.什么是汽车故障征兆模拟检测方法？常见的汽车故障征兆模拟检测方法有哪些？

26.常用的环境模拟方法有哪些？在进行环境模拟检测时应注意什么问题？

27.什么是增减模拟检测方法？如何进行汽车故障的增减模拟检测？

28.什么是输入模拟检测方法？常用的输入模拟检测方法有哪些？在进行输入模拟检测时应注意什么问题？

29.什么是状态模拟检测方法？常用的状态模拟检测方法有哪些？分别如何进行检测？

30.确认电控元件(即元件级)故障部位的方法有哪些？每种方法各有什么特点？如何正确运用？

31.使用万用表进行故障检测诊断的一般原则是什么？

32.试述利用万用表进行断路、短路检测的一般步骤？

33.车型维修手册中给出的故障症状诊断表有何特点？

34.在进行零件替换诊断车辆故障的时候应注意哪些问题？

第二章　车载故障自诊断系统及其运用

本章要点

通过本章的学习：

★了解车载故障自诊断系统的基本功能以及ECU对传感器、执行器、ECU本身故障识别的方法

★了解故障代码的存储方式。

★熟悉ECU进行故障运行的方式和特点。

★掌握OBD-Ⅰ车载故障自诊断系统的特点。

★掌握典型车型OBD-Ⅰ车载故障自诊断系统的运用方法。

★熟悉OBD-Ⅱ车载故障自诊断系统硬件系统和OBD-Ⅰ车载故障自诊断系统的差别。

★了解汽车电控系统电控元件故障的类型和特点。

★掌握OBD-Ⅱ的工作原理。

★熟练掌握OBD-Ⅱ诊断执行器的检测功能。

★熟悉OBD-Ⅱ故障代码的类型、产生规则和MIL点亮规则。

★熟练掌握OBD-Ⅱ故障代码标准。

★掌握典型车型OBD-Ⅱ的运用方法。

★了解典型车型OBD-Ⅱ系统ECU行驶状态的记忆校正与设定的操作方法。

★了解OBD-Ⅲ车载故障自诊断系统的特点。

随着电子技术的发展，当代汽车装备越来越多的电子元件和采用越来越多的电子控制方式，汽车各方面性能因此得到很大提高。但同时，电控系统中任何一个元件的故障，或导线折断，或端子松脱，或接触不良等都会导致整个系统出现故障，轻者使汽车性能严重下降或不能工作，重者导致重大安全事故。特别是，由于汽车移动性的特点，传统的检测手段和检测工具对当代汽车电控系统的故障诊断很难奏效，因此，必须采用在线故障诊断方法。当汽车发生故障后为保证其能“行驶”到汽车维修站，电控系统还必须具有故障运行功能。这样，当汽车一旦出现故障，不但能被迅速地诊断出故障原因，而且仍能确保车辆有关系统的基本行驶功能，让其能开到附近汽车维修站排除故障。为此，汽车设计人员在进行当代汽车电控系统设计时，在ECU内增设了故障自诊断功能和故障运行功能，完成该功能的系统称为车载故障自诊断系统，简称OBD(On－Board Diagnostic)。

第一节 车载故障自诊断系统的基本功能

车载故障自诊断系统所有的诊断都是自动进行的，不需要专门操作。利用车载故障自诊断系统能显示一般用户难以发现的故障，为主动安全起到了重要作用。

一、ECU 对电控系统故障的识别方法

由于汽车电子控制本身就是一个信息处理系统，大多数故障信息包含在系统的各种信号中，因此不需要另设传感器以获得故障信号。只有少数器件（如执行器）的故障信息需附加监测回路才能获得。

（一）ECU 对传感器故障的识别

1. 电压型故障的识别

传感器的输出一般为电压信号，因此，通常将传感器输出电压信号作为故障诊断参数。当传感器内部发生短路或断路，或传感器与 ECU 之间的线路发生搭铁或断路时，其输入 ECU 的信号电压将超出正常范围。若 ECU 接收传感器异常电压信号持续超限一定时间后，则将其判为故障，并将对应的故障代码存入 ECU 的 RAM 内。如，发动机冷却液温度范围为 −30～139 ℃（各车型不一致），其正常的故障诊断参数应在 0.1 V（对应冷却液温度为 +139 ℃）～4.8 V（对应冷却液温度为 −30 ℃）。当测得的故障诊断参数为 0 V 或 5 V，说明冷却液温度传感器与相关电路发生了短路（此时为 0 V）或断路（此时为 5 V）。

2. 时间型故障的识别

这是指传感器信号电压保持在某一范围的时间超过一定时限而被 ECU 辨认为故障的情况。此时，该传感器的诊断参数为信号持续时间。

汽车电控系统中有些控制所依据的参数（如 λ，闭环控制中的氧传感器信号电压）是不断变化的。这些信号变化快慢反映了传感器故障与否。ECU 根据这些信号变化的快慢、保持高于或低于某一值的时间若超过某一时限，便判定该传感器存在故障。例如，众所周知的氧传感器信号电压在过量空气系数 $\lambda<1$ 时，氧传感器输出的信号电压为 1 000 mV；$\lambda>1$ 时，则此信号电压为 100 mV；它在 $\lambda=1$ 处发生阶跃。ECU 进入 λ 闭环控制后，在加速工况下该信号电压应接近 1 000 mV，在减速工况下该信号电压应接近 100 mV。如果 ECU 进入 λ 闭环控制之后，加速工况下该信号电压保持低于 600 mV 的时间达 15 s，ECU 认为该传感器信号电压偏低，不可信，判其为故障；同样，若在减速工况下，该信号电压保持高于 110 mV 达 15 s，ECU 认为该传感器电压偏高，不可信，也判其为故障。

3. 传感器性能不佳的故障确定

当传感器输出的信号电压在正常范围内，而且从时间上也检查不出其存在故障时，ECU 采用多种推理方法或计算方法进行识别。如某一汽车在车速为 90 km/h，发动机转速为 3 000 r/min，进气歧管绝对压力为 65 kPa 时，节气门位置传感器送来了 2% 的节气门开度信号。这时，ECU 应用车速、发动机转速和进气歧管绝对压力信号计算出一节气门开度值，将其与节气门开度检测值进行比较，即可判定节气门位置传感器发生了故障。

将传感器故障分为以上三种类型加以识别，只是为了表述的清晰和认识的方便。实际上，每一个传感器都可能同时发生上述三种类型故障中的两种或三种故障。例如，对于氧传感器，其诊断参数不但有信号持续时间，而且还有输出电压值。如果其输出信号电压高于 1 000 mV 或低于 100 mV，则是电压型故障。

(二)ECU 对执行器故障的识别

对执行器的故障识别，一般是在 ECU 的驱动电路中增设专用检测回路，监测执行器的工作情况。图 5-2-1 为日本丰田电子点火系统控制电路故障诊断示意图。在该图中，电子点火器与点火线圈、火花塞及其相应的连接线路构成执行器。ECU 中的 ESA(点火控制模块)每发出一个点火信号，上述执行器便适时地点火一次。在正常情况下，ECU 每输出一个点火信号，电子点火器内的点火监测回路就应及时收到一点火正常反馈信号 IGf。当电子点火器回路中的功率三极管由于某种原因不能发出正常的点火电压信号，ECU 也就得不到点火正常反馈信号 IGf，一般 ECU 在连续 6 次得不到 IGf 情况下，就会判定点火系统出现故障。

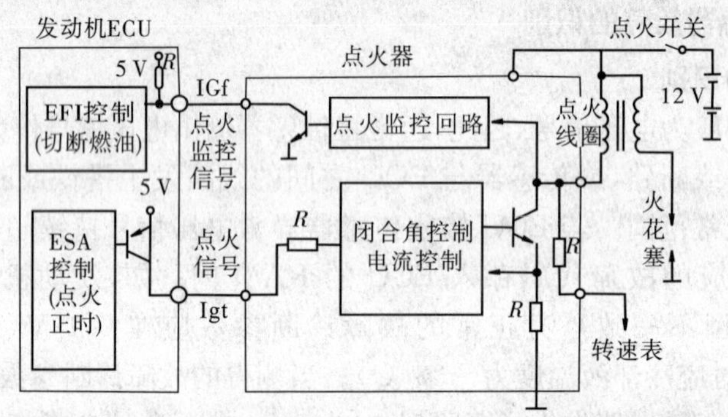

图 5-2-1 日本丰田电子点火系统控制电路故障诊断示意图

(三)ECU 本身故障的识别

在 ECU 内，为了实现对自身的监测，也设有相应的监控回路(图 5-2-2 中的监视器)。ECU 正常运行时，ECU 的运行程序会对监视器内的计数器定时进行清零处理。这样，监视器中计数器的数值永远不会出现因计数满而溢出的现象。但当 ECU 出现故障时，ECU 便不能对这个计数器进行定时清零，致使此监视计数器出现溢出，在其输出端输出一高电平，据此可判定 ECU 故障。

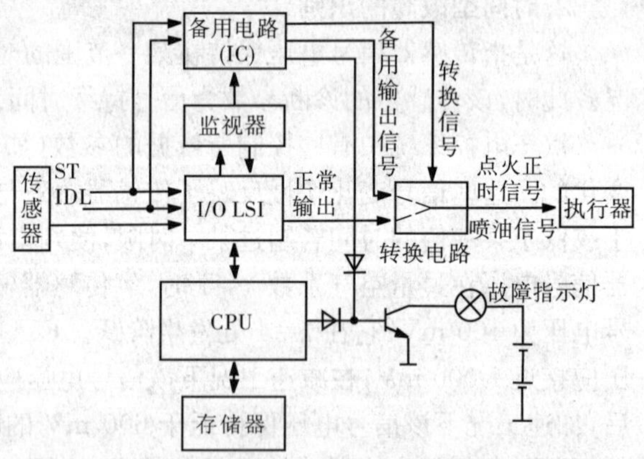

图 5-2-2 ECU 自身的监控、后备回路系统原理框图

二、故障代码的储存和故障处理

(一)故障代码的储存

不同厂家生产的汽车，故障代码的存储方式是不同的。一般有两种形式：一种是存储故障代码的随机存储器 RAM 直接与蓄电池相连，除非断开蓄电池或专门的连接电路，否则故障代码可在 ECU 中长期保存；另一种是随机储存器 RAM 与点火开关相连，故障代码在 ECU 内只能短期保存，断开点火开关后故障代码随即消失。

(二)故障处理

1.故障信息记录及警告

ECU确认出现某种故障之后,与该故障对应的故障代码便以上述的故障代码的储存方式存入RAM中的故障信息存储器。其中的某些故障信息还立即通过故障指示灯通知驾驶人。维修人员可以用故障检测仪或直接启动故障自诊断系统,将故障代码从故障信息存储器中读出。与此同时,ECU继续进行故障监测。如果相继若干次(例如3次)监测为合格,ECU便将故障指示灯熄灭。但故障代码依然留存在故障信息存储器中。电控系统只有相继多次(如40次)完成暖机循环而无一次故障时,ECU才将故障信息的历史记录从故障信息存储器中清除。

2.故障应急措施——故障运行

ECU监测到故障之后,一方面存储故障信息,并用故障指示灯通知驾驶人;另一方面采取相应措施:

(1)当故障是轻微的(指不直接导致车辆停驶或行驶不安全),由ECU进行调控,或支援、或改变控制程序、或将某传感器的信号直接设定为一固定值,以保证汽车能行驶(当然此时汽车性能将受到一定程度影响)。某一传感器发生故障后,ECU指令用另一传感器信号取代它(如空气流量传感器故障后,用节气门位置传感器或进气歧管绝对压力传感器的信号取代它);因某一传感器发生故障无法实施某一控制项目时,放弃这一控制项目而将控制过程转向另一程序(如氧传感器故障后,电控系统立即由原闭环控制转向开环控制);当某一传感器发生故障,而无法用其他传感器信号取代时,ECU即将故障传感器信号设定为某一不变值(如冷却液温度传感器故障后,将其输出值固定在相当于冷却液温度为80℃左右的信号值)。

(2)重大故障时(这通常发生在执行器故障或与此相关的控制电路故障),故障自诊断系统立即请求ECU中断该系统或相关系统的工作。当ECU监测到防抱死制动(ABS)系统故障时,ECU立即中止该系统工作,而进入简单的传统制动工作状态,以确保汽车行驶安全;点火监视回路连续6次监测不到点火正常反馈信号IGf(图5-2-1),故障自诊断系统立即请求ECU切断汽油喷射系统电源,使喷油器停止喷油,以保护三效催化转化器。

(3)如果ECU出现故障,利用图5-2-2所示监视计数器输出的高电平,直接触发备用电路,汽车电控系统进入故障运行状态。备用电路根据传感器信号是起动状态(ST信号输出)还是怠速触点闭合状态(IDL信号输出),启动不同的、储存在只读存储器ROM中的基本设置对汽车进行简单控制。基本设置固定值的大小,取决于车型,表5-2-1所列是日产汽车公司ECCS系统的后备基本设置参数。倘若ECU的ROM出现异常,则ECU根据随机存储器RAM的记忆参数计算和输出控制信号,这时ECU反应会比ROM正常时慢很多。

日产ECCS系统ECU发生故障时的后备系统控制参数　　表5-2-1

控制项目 \ 发动机工况	起动	怠速	一般
喷油持续时间(ms)	12.0	2.3	4.1
喷油频率	1次/转动1周	1次/转动1周	1次/转动1周
点火提前角(°)	(上止点前)10	(上止点前)10	(上止点前)10
闭合时间(ms)	5.12		

第二节 OBD-Ⅰ车载故障自诊断系统

一、OBD-Ⅰ车载故障自诊断系统简介

随着全球空气质量的恶化和人们环保意识的提高，同时由于汽车的尾气排放也是造成大气污染的一个重要的因素，因此，到了1985年，美国加州大气资源局(CARB)开始制定法规，要求各汽车制造厂在加州销售的车辆，必须装备OBD系统，称为OBD-Ⅰ(第一代车载故障自诊断系统)，同时，美国加州大气资源局规定OBD-Ⅰ必须符合下列要求：

(1)仪表板上必须设置有"故障指示灯"(MIL)，以提醒驾驶人注意特定的车辆系统已发生故障(通常是与废气控制相关的系统)。

(2)系统必须有记录/传输相关废气控制系统故障代码的功能。

(3)电器元件监控必须包括：氧传感器、废气再循环(EGR)阀、燃油蒸发排放控制系统(EVAP)。

当OBD-Ⅰ正式在1988年全面实施时，虽然美国环保局(U.S.EPA)并未强制要求其他州销售的车辆(除了加州以外)也要配备OBD-Ⅰ系统，但实际上汽车制造厂在其他州销售的车辆也都配备相同的系统。

当初加州大气资源局制定OBD-Ⅰ的用意是减少车辆废气排放，以及简化维修流程。但由于OBD-Ⅰ规格不够严谨，它遗漏了三效催化转化器的转化效率监测，以及燃油蒸发排放系统的泄漏监测，再加上OBD-Ⅰ的监测线路敏感度不高，等到发觉车辆有故障再进厂维修时，事实上已排放大量废气。

OBD-Ⅰ规格除了无法有效地控制废气排放外，它还引起另一个重要的问题：各车辆制造厂发展了自己的诊断系统、检修流程、特殊工具等，使得非原厂技师在维修车辆时必须面对更复杂的维修环境。虽然有的汽车制造厂采用标准化端子相同的诊断座，但仍保留自己定义的故障代码，资料传输不是SAE或ISO标准格式，无法相互沟通，维修时必须采用不同的诊断仪器。加州大气资源局眼见OBD-Ⅰ离当初制定的目标越来越远，即开始发展第二代车载故障自诊断系统(OBD-Ⅱ)。

二、OBD-Ⅰ车载故障自诊断系统的运用

OBD-Ⅰ是由各汽车制造厂家自行开发的，车辆的生产厂家、车牌不同，其故障检测诊断插座、故障代码的位数和含义、故障代码的读取方法、故障诊断的内容也千差万别，其故障代码的读取既可以用人工方法进行，也可以利用故障检测仪进行，数据流功能较弱。各个生产厂家在1996年以后基本上不再生产采用OBD-Ⅰ的车辆，只有少数车辆目前依然使用。下面简单介绍一下利用人工方法读取OBD-Ⅰ系统故障代码的方法，供大家参考。

1.进入故障自诊断测试状态的方法

在对发动机电控系统进行人工故障自诊断测试时，首先要进入故障自诊断测试状态。进入故障自诊断测试状态的方法大致有以下几种：

(1)用诊断跨接线短接故障检测插座(CHECK CONNECTOR)中的相应插孔("诊断输入端子"和"搭铁端子")。如丰田车系(用诊断跨接线将故障检测插座中的TE1端子和E1端子短接)、三菱车系(用诊断跨接线将OBD-II 16针故障检测插座中的1号端子搭铁,或用诊断跨接线将12针故障检测插座中的10号端子搭铁)、本田(含广州本田轿车)车系(用诊断跨接线将两针故障检测插座的2个端子短接)、大宇车系(用诊断跨接线将故障检测插座中的A端子和B端子短接)、五十铃/欧宝车系(短接三针故障检测插座中的1号端子和3号端子、12针故障检测插座中的A端子和B端子)、大发车系(短接6端子故障检测插座中T端子和E端子)、通用车系(短接12针故障检测插座中A端子和B端子)、福特车系(短接单针插座与6针故障检测插座中的2号端子)、天津夏利TJ376Q-E发动机(用诊断跨接线将故障检测插座中的T端子和接地端子短接)等,均采用这种方法进入故障自诊断检测状态。

(2)按压"诊断按钮开关"。如瑞典沃尔沃车系和我国天津三峰TJ6481AQ4客车采用这种方法。

(3)拧动ECU上的"诊断模式选择开关"。如日本日产公爵王和千里马车系采用这种方法进入故障自诊断检测状态。

(4)打开空调控制面板上的"兼用诊断开关"。如通用公司凯迪拉克轿车(将巡行控制电源开关和点火开关置于"ON",同时按下空调控制面板上的"OFF"和"WARMER"键)、通用FLEETWOOD车(将点火开关置于"ON"或起动发动机,同时按下空调控制面板上的"TEMP"和"OFF"键)、福特林肯一大陆和通用埃尔多拉多等车均采用这种方法进入故障自诊断检测状态。

(5)在故障检测插座相应插孔间跨接自制的带330 Ω电阻的发光二极管(图5-2-3)。如马自达车系、三菱车系、奔驰车系、福特车系和现代车系等均采用这种方法进入故障自诊断检测状态,具体连接方法请参照车型维修手册。

(6)点火开关在规定时间内连续接通一断开3次(ON→OFF→ON→OFF→ON)。如美国克莱斯勒车系、北京切诺基汽车和日本三菱汽车等均采用这种方法进入故障自诊断检测状态。

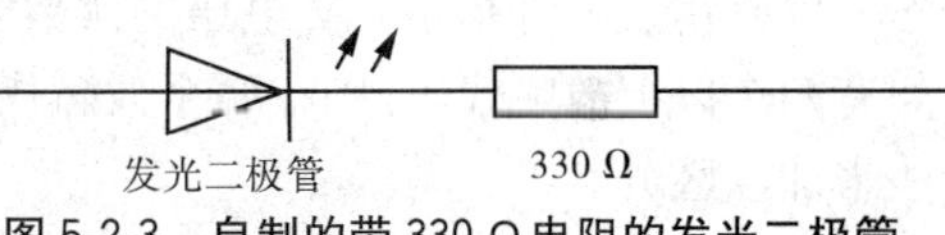

图5-2-3 自制的带330 Ω电阻的发光二极管

(7)点火开关置于"ON",在规定时间内将加速踏板踩下5次。如德国宝马300、500、700、800和M5系列车型采用这种方法进入故障自诊断检测状态。

(8)利用连接指针式万用表的方法。如美国福特车系和三菱车系等采用这种方法进入故障自诊断检测状态,万用表的连接方法参见车型维修手册。

2.故障代码的显示方法

(1)利用仪表板上的故障指示灯的闪亮规律显示故障代码。大部分电控系统的故障代码采用这种显示方法。当故障自诊断系统进入故障代码显示状态时,仪表板上的故障指示灯以闪烁次数和亮、灭时间的长短显示故障代码。但是,在不同型号的电控汽车上,其显示方法又略有不同,一般有3种表示方法。

①故障指示灯用亮、灭时间较长的闪烁次数代表故障代码的十位数码,而用亮、灭时间较短的闪烁次数代表故障代码的个位数码(如本田雅阁轿车等)。故障指示灯在显示完十位数码后熄灭一小段时间,然后显示个位数码,在显示完一个故障代码后熄灭较长一段时间,再显示下一个故障代码。如此循环,直到人为地结束故障自诊断系统的故障代码显示状态。

②故障指示灯点亮的时间不变，由其熄灭时间的长短来区分一个故障代码的个位数码、十位数码以及不同的故障代码(如丰田皇冠、凌志等轿车)。个位数码与十位数码之间有较短的熄灭时间，而两个故障代码之间有一较长的熄灭时间。

③故障指示灯显示故障代码时，点亮的时间不变，但显示个位数码与十位数码之间熄灭一小段时间，而在两个故障代码之间较长时间地点亮一次，以示区分，如绅宝轿车等。

(2)利用指针式万用表显示故障代码。这种显示方法与用故障指示灯显示故障代码的原理基本相似，不同的是用指针式万用表指针的摆动代替故障指示灯的闪烁，即在故障自诊断系统进入故障代码显示状态后，用万用表的直流电压挡(内阻应>50 kΩ)检测故障检测插座输出端的电压波动状况。在采用指针式万用表显示故障代码时，由于万用表指针的摆动，不仅可以显示每次摆动时间长短，而且还可以显示电压值大小。因此，这种显示方式可以显示一位至三位数的故障代码。

①一位数故障代码的显示方法。万用表指针在0～5 V间连续摆动的次数即为故障代码。若有两个以上故障代码，则显示完第1个故障代码后间隔3 s，再显示第2个故障代码。

②二位数故障代码的显示方法：

a. 万用表指针在0 ～5 V间摆动。万用表指针第1次连续摆动的次数为故障代码的十位数码，相隔2 s后的第2次连续摆动的次数为个位数码。若有两个以上故障代码，则在显示完一个故障代码后，万用表指针要间隔较长的时间(4 s左右)再显示下一个故障代码(如丰田皇冠3.0轿车便可采用这种方法)

b. 万用表指针在0 ～2.5 V和2.5 ～5 V两个区域内摆动。万用表指针在2.5～5 V间摆动的次数为十位数码，而指针在0 ～2.5 V间摆动的次数为个位数码。如有两个以上故障代码，则万用表指针在显示完一个故障代码后停歇较长时间，再显示下一个故障代码。

以万用表指针指示5 V电压的次数表示十位数码，指示2.5 V电压的次数表示个位数码。如有两个以上故障代码，则在两个故障代码之间以万用表指针较长时间指示2.5 V电压的方法来加以区分。

③三位数故障代码的显示方法。万用表指针在0～5 V间摆动的次数为各位数的数码，在1个故障代码中各位数之间间隔2 s，两个故障代码之间则间隔4 s。例如，故障代码“116”的显示方式为：万用表指针由0 V向5 V摆动1次，停歇2 s，再摆动1次，又停歇2 s，随后再摆动6次。如福特轿车采用此法。

(3)利用发光二极管显示故障代码。有些汽车上用一个或多个发光二极管来显示故障代码，这些发光二极管一般装在ECU上，有的装在故障检测插座上，也有的是用自制带330 Ω电阻的发光二极管跨接在故障检测插座上。

①采用1个发光二极管显示故障代码。采用1个发光二极管显示故障代码时，其显示方式与利用故障指示灯显示故障代码的方式相同(如本田HONDA和ACURA轿车等)。

②采用2个发光二极管显示故障代码。采用2个发光二极管显示故障代码时，一般使用两种不同颜色的发光二极管。红色发光二极管闪烁的次数代表故障代码的十位数码，绿色发光二极管闪烁的次数代表故障代码的个位数，如日产千里马和公爵王等轿车即采用这种方式。

③采用4个发光二极管显示故障代码。采用4个发光二极管显示故障代码时，4个发光二极管点亮时从左到右分别代表“8”、“4”、“2”和“1”四个数字，4个发光二极管不亮时均代表

数字"0"。在读取故障代码时，将亮的发光二极管所代表的数字相加，即得所显示的故障代码，本田 HONDA 轿车等采用这种方法。

(4)利用车上的仪表板显示屏以数字形式显示故障代码。在许多高级轿车(如凯迪拉克等)上，利用仪表板显示屏直接以数字形式显示故障代码。

第三节 OBD - Ⅱ车载故障自诊断系统

第二代车载故障自诊断系统(OBD - Ⅱ)的出现是世界汽车工业界在开发车载故障自诊断系统过程中，由各自为政走向统一的一个里程碑。由于 OBD - Ⅰ的故障代码和软硬件结构等标准，是由各开发车载故障自诊断系统的汽车制造公司自定的，因而，OBD - Ⅰ不但随制造公司不同而异，而且即使同一制造公司，车型不同或生产年代不同，其故障自诊断系统也不同，这给各汽车修理厂带来极大不便。1994 年，美国汽车工程师协会(SAE)在 OBD - Ⅰ标准(主要是当时的通用汽车公司和福特汽车公司的车载故障自诊断系统标准)基础上，统一了故障代码和软硬件结构，制定了一套标准规范，即第二代车载故障自诊断系统(OBD - Ⅱ)，经美国环保局及美国加州大气资源局认证通过这一标准，并要求各汽车制造厂依照 OBD - Ⅱ的标准提供统一的诊断模式及统一的诊断座，只要一台故障检测仪即可对各车种进行诊断检测。OBD - Ⅱ是美国的标准，只要销售到美国加州地区的车辆，不论欧、美、日的车辆均须合乎该标准。与以前各种车载故障自诊断系统相比，它更侧重于与排放控制相关的诊断。鉴于 SAE 在世界汽车工业领域的权威地位，OBD - Ⅱ标准很快为世界各大汽车公司所接受，成为世界汽车工业的标准之一。OBD - Ⅱ具有特别监测发动机电控系统和排放系统部件的能力。如果某汽车的排放量超过该车型按美国联邦试验规程(FTP)测试年度允许标准值的 1.5 倍时，其 OBD - Ⅱ的故障指示灯必须自动点亮；倘若某部件或 ECU 控制策略出了毛病，导致排放超过这个水平，也必须自动点亮故障指示灯。同时，与故障对应的故障代码自动存入 ECU 的随机存储器中。具有 OBD - Ⅱ能力的电控系统与以前的电控系统大体相似，只不过在 ECU 中增加了范围广泛的监测系统和控制策略。

一、OBD - Ⅱ标准

OBD - Ⅱ标准包括以下内容：

1. SAE 标准

SAE 标准主要是一些故障自诊断系统使用通信的标准、故障测试模式标准及故障代码标准 如：SAE J1113——车辆元件的电磁敏感性测量程序；SAE J1850——B 类数据通信网络接口；SAE J1930——电气/电子系统诊断缩写、条目和定义；SAE J1962——诊断接线器；SAE J1979-——电气/电子诊断测试模式及方法；SAE J2012——故障代码推荐格式和信息；SAE J2201——OBD Ⅱ检测工具的通用接口；SAE J2205——扩展诊断协议。

2. ISO 标准(国际标准化组织标准)

ISO 7637——道路车辆－环境与连接的电磁干扰；ISO 9141－2：1994(E)——道路车辆－诊断系统－CARB 内部数字信息交流要求。

3.其他标准

美国加州代码规定,13 号主题,1968.1 部分——故障和诊断系统要求;美国环保局 40CFR 第 86 部分——新型机动车和机动车发动机空气污染控制车载诊断系统规定要求。

以上这些标准均可在 SAE、ISO 等文献中查到。

二、OBD-Ⅱ硬件系统

以下主要介绍带 OBD-Ⅱ的发动机电控系统的一些特别的硬件结构和软件控制策略,以及检查这些监测系统工作正常与否的测试规范。

硬件是指系统的组成部分。以福特汽车公司 EEC Ⅴ为例,EEC Ⅴ系统硬件包括 ECU、传感器、开关、执行器、线圈、导线、接线端子和恒定控制继电器模块等。OBD-Ⅱ系统的硬件,与非 OBD-Ⅱ系统硬件相比,增加或改变了以下硬件。

1.增加一个加热型氧传感器

在三效催化转化器下游增加了一个加热型氧传感器(HO_2S),即图 5-2-4 中标注着的以 2 作后缀的 HO_2S—12/22 氧传感器。当发动机进入闭环运行状态,三效催化转化器在发动机贫油运转时储存氧气,在发动机富油运转时放出所储存的氧气,以烧掉过量的碳氢化合物,使发动机在各种工况下均维持良好的排放水平。安装在三效催化转化器下游的加热型氧传感器就是用于监视三效催化转化器减少废气中有害物效率大小的监测器。当三效催化转化器的效率变小到一定程度后,故障指示灯就会自动点亮,同时相关的故障代码(DTC)自动存入 ECU 中。

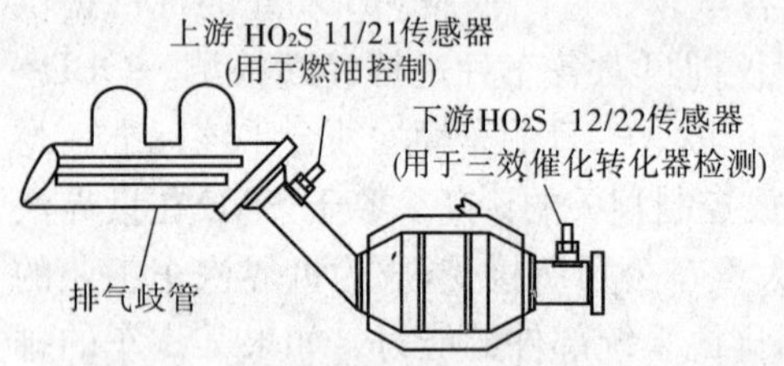

图 5-2-4 带有排气歧管上游 HO_2S—11/21 氧传感器和三效催化转化器下游 HO_2S—12/22 氧传感器的系统

系统对下游 HO_2S 传感器有附加的保护功能,即只有当发动机冷却液温度传感器的信号指出发动机已预热,HO_2S 传感器的内部加热器才通电,这样可以避免 HO_2S 陶瓷芯的断裂。

2.采用数据线和 16 针数据连接器(DLC)

数据线是指在一根导线上传递多个控制信号的导线。例如,常见的电脑键盘有 104 位键,但键盘与主机之间只有 7 根连线。键盘正是通过这 7 根数据线及不同的编码组合,发出 100 多个不同的指令到电脑。把这种方法运用到汽车电气上,通过不同的编码来表示不同的开关动作信号、传感器信号、执行器动作信号,并使这些信号在一根或数根导线上传输,用于传送不同用电设备和执行器、传感器的信号。这套编码规则满足 SAE J1850 对串行数据传送的标准。

于是各种各样的数据线都连接在 OBD-Ⅱ的数据连接器(DLC)上。OBD-Ⅱ使用规则要求 DLC 必须采用 16 针的数据连接器(图 5-2-5),且必须装在乘客视野外的汽车客舱内。16 针的数据连接器各端子的功能其中的 12 个端子已被 SAE 作了规定,见表 5-2-2 所列,表中制造厂应用(自定义)的端子由各个厂家规定。OBD-Ⅱ的数据连接器具有数值分析资料传输功能,资料传输线有两个

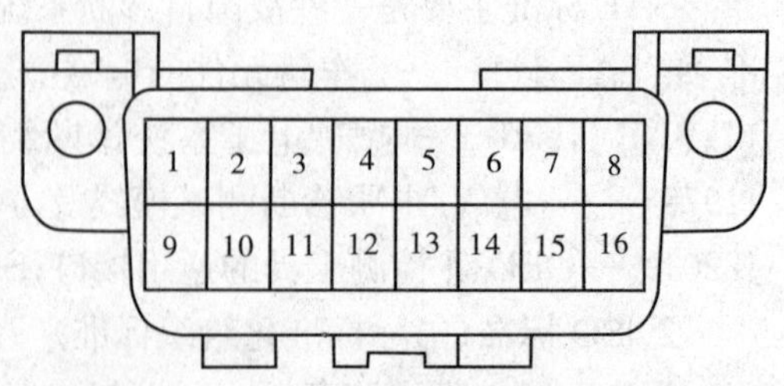

图 5-2-5 OBD-Ⅱ的 16 针数据连接器

标准:ISO 标准(INTERNATION STANDARDS ORGANIZATION 1941－2)引用 OBD－Ⅱ数据连接器的 7 号端子和 15 号端子传输数据;SAE 标准 (SAE J1850)利用 2 号端子和 10 号端子。

标准 OBD-Ⅱ数据连接器各端子功能说明 表 5-2-2

引脚	标准 OBD－Ⅱ各端子功能	福特规定 OBD-Ⅱ各端子功能
1	制造厂应用(自定义)	第二 UART 的 8192baud 串行数据线(电路 800),第二 B 级(电路 710)或 160baud 串行数据线(只用于 1995 型)(电路 461)
2	SAE J1850 资料传输	J1850 总线正端,双线系统的 L 线或单线(2 级),(电路 1807)
3	制造厂应用(自定义)	行驶平顺性控制系统诊断允许端(电路 1826)
4	直接车身搭铁	车身接地(电路 150)
5	信号回馈搭铁	信号接地(电路 451)
6	制造厂应用(自定义)	PCM/VCM 诊断允许端(电路 448)
7	ISO 9141 资料传输 K 线	ISO 资料传输 K 线
8	制造厂应用(自定义)	无钥匙进车允许端(电路 1455)或 MRD 防盗监控允许端
9	制造厂应用(自定义)	第一 UART(电路 1061)
10	SAE J1850 资料传输	J1850 2 线用途的 J1850 总线负端
11	制造厂应用(自定义)	电控可变量孔(EVO)转向(电路 1294)或磁性转向可变助力(MsVA)
12	制造厂应用(自定义)	防抱死制动系统(ABS)诊断(电路 799)或 CCM 诊断允许端(电路 555)
13	制造厂应用(自定义)	钟表发条式接线器诊断允许端(电路 326)
14	制造厂应用(自定义)	E&C 总线(电路 835)
15	ISO 9141 资料传输 L 线	ISO 资料传输 L 线
16	直接接蓄电池正极	直接接蓄电池正极

采用数据线和 16 针数据连接器(DLC)的好处是十分显著的。随着汽车辅助电控系统数量的剧增,辅助电控系统配置的各种车载自诊断装置也剧增,因此在汽车修理厂中很难应用修理。现在 OBD－Ⅱ系统的数据线和数据连接器(DLC),采用统一的诊断方法和故障代码、诊断连接器集中化、各种辅助电控系统集中诊断方法,不但有利于修理,而且有利于车辆组装检测。如某些福特汽车上的数据线把来自 ABS ECU、驾驶人座椅 ECU 和驾驶室车门 ECU 的故障自诊断数据都传送到数据连接器(DLC);有些 OBD－Ⅱ系统(大多数通用汽车)中还配有 2 级串行数据线,与数据连接器(DLC)相连。当二个设备欲同时传送数据时,数据自动地分出优先级。高优先级数据可以继续传送,低优先级的数据只能等到高优先级数据传送结束后才可传送。

3.采用快存式电可擦除可编程只读存储器(FEEPROM)

FEEPROM 是带 OBD－Ⅱ的 ECU 内部的一个集成电路芯片。芯片中包含了 ECU 用于动力控制的程序。若需对 ECU 中控制策略进行修改,不必更换 ECU,也无需将这种芯片从 ECU 上拆下来,可采用维修诊断系统(SBDS)通过数据连接器(DLC)对 FEEPROM 重新编程。例如,若针对某一种在加州销售的车型,欲刷新汽车标定值,这时就可用 SBDS 来擦除 FEEPROM,然后根据新的信息对 FEEPROM 重新编程。

三、OBD－Ⅱ的工作原理

（一）OBD－Ⅱ诊断执行器的监测功能

要了解 OBD－Ⅱ动作方式，必须先了解“OBD－Ⅱ测试项目”、“测试结果”及“通信方式”。在 OBD－Ⅱ中控制整个系统运作的元件为 PCM 中的软体程式，称之为“诊断执行器”。

依据车辆废气排放控制系统的多寡，诊断执行器的废气系统监测器最多可进行 7 项废气系统的监测，另外可测试的第 8 项系统称之为综合元件监测器（CCM），综合元件监测用来监测包括发动机控制系统的各传感器，OBD－Ⅱ诊断执行器的监测功能如图 5-2-6。图中的 8 项监测功能各自测试其系统是否正常，并将结果反馈到诊断执行器，由诊断执行器设定故障代码及控制故障指示灯。在诊断监测器进行测试前，会检查是否符合测试的“动作条件”，条件符合即进行监控测试，不符合则不执行测试的程序。

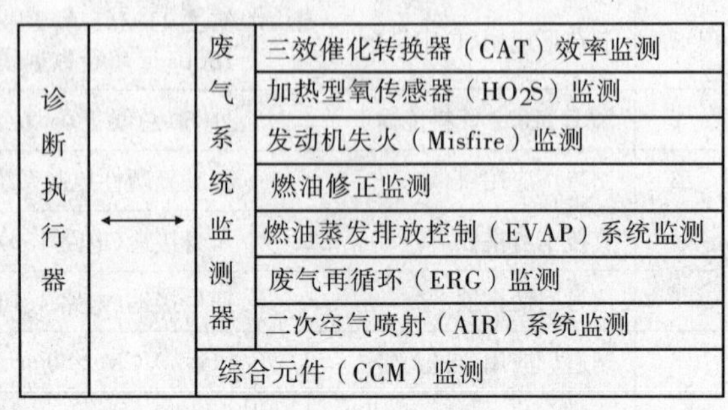

图 5-2-6 诊断执行器的八项监测功能

1. 三效催化转化器效率监测

OBD－Ⅱ的三效催化转化器效率检测，必须使用位于三效催化转化器下游加装的第二个加热型氧传感器（HO_2S）——三效催化转化器效率监测传感器。当三效催化转化器工作正常时，它能正常地储存氧气，下游氧传感器给出 HO_2S 电压信号变动频率比较低（图 5-2-7），如果三效催化转化器工作不正常，下游氧传感器给出电压信号的频率就会升高，所以位于三效催化转化器上游的氧传感器的变动频率应远远高于下游的氧传感器，三效催化转化器监测器比较上游和下游氧传感器的变动次数来判定三效催化转化器是否老化。当下游氧传感器给出电压信号的频率达到一定值时，在 ECU 的 RAM 存储器中便设定一个故障代码。如果在 3 个连续的行驶循环（这是一种测试模式）中都发生上述同一故障，ECU 便点亮仪表板上的故障指示灯（MIL 灯）。

2. 加热型氧传感器（HO_2S）监测

在每个行驶循环中，所有上游和下游氧传感器的输出信号至少要被加热型氧传感器（HO_2S）监测器监测一次。依照传感器的形式，HO_2S 监测器的监测方式也不尽相同，一般来说，HO_2S 监测器会监测上游和下游氧传感器的线路及 ECU 提供的参考信号线路是否断路或短路，三效催化转化器上游的氧传感器会监测其信号电压的高－低变化，以及切换频率。

HO_2S 监测器对上游 HO_2S 电压信号切换频率的测试，是通过 ECU 检查一固定时间内，HO_2S 信号电压跨跃中点（0.45 V）的次数是否与内定值相吻合，如果发现其电压信号的切换频率过低，则表明该 HO_2S 有故障；HO_2S 监测器改变燃油供应量若干次并检验其响应，如 HO_2S 电压信号频率变化响应缓慢，也表明 HO_2S 有故障；HO_2S 信号的电压值是否过高也属监测范围；另外，HO_2S 监测器还会检查混合气浓/稀的转变时间，并与 ECU 内定的值进行比较，如图 5-2-8 所示。

三效催化转化器下游 HO_2S 的检测方式一般是以击穿（Pouch Out）测试进行，ECU 固定以浓/稀的方式供油，直到三效催化转化器无法进行氧化/还原反应时，三效催化转化器下游

HO_2S 也应有浓/稀电压信号的变化。HO_2S 监测器还检查下游 HO_2S 电压信号的频率，并检查其输出信号的电压是否过高。如果监测器发现信号频率不在指定范围内，便可认定该 HO_2S 出了故障；HO_2S 监测器命令 ECU 改变空燃比，当下游 HO_2S 传感器电压信号频率响应缓慢时，也认定该 HO_2S 有故障。

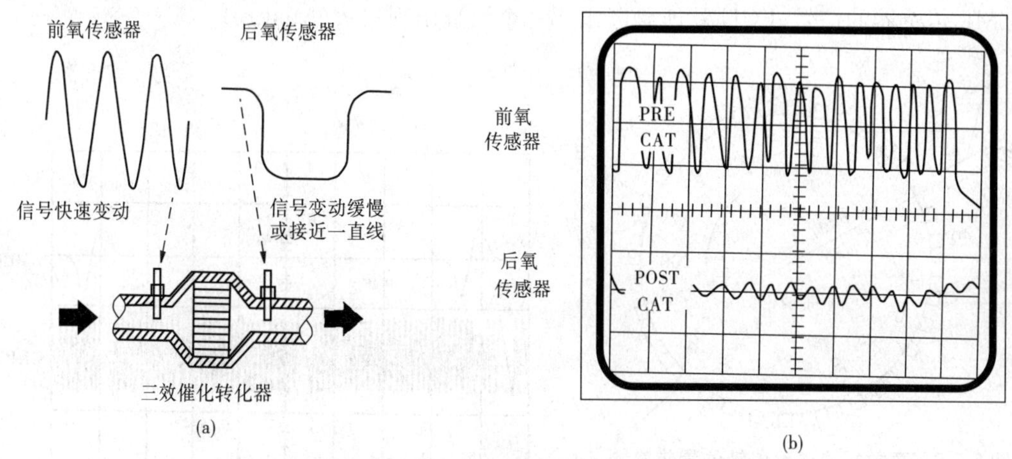

图 5-2-7 三效催化转化器效率的双氧传感器的监测示意图

(a)双氧传感器的监测；(b)前后氧传感器的波形比较

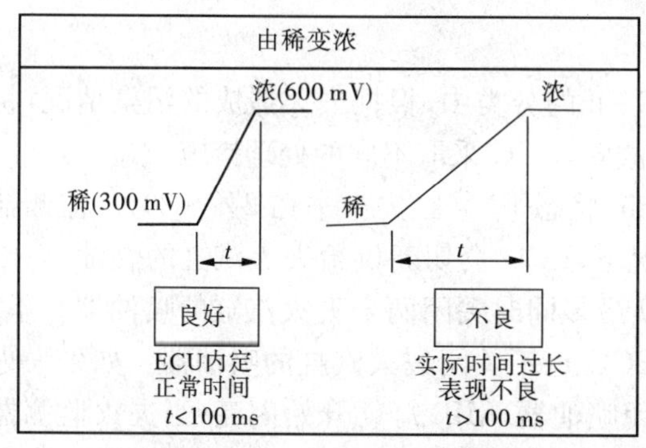

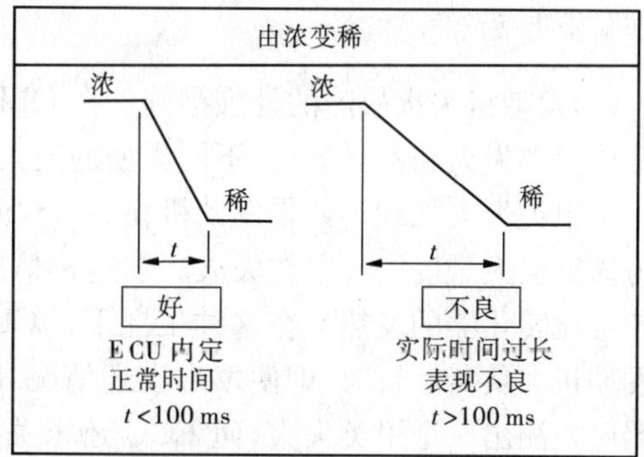

图 5-2-8 混合气浓度检测

3. 发动机失火(Misfire)监测

如果某个汽缸的汽缸压力不足、喷油控制不精确、喷油雾化不良，或者点火不良等，混合气在汽缸中燃烧时就会导致发动机失火(Misfire)。假如某个汽缸失火，则未燃烧的碳氢化合物(HC)从汽缸内排出，进入三效催化转化器。当三效催化转化器把这些过多的 HC 转化成二氧化碳(CO_2)和水时，三效催化转化器的工作负荷增大，出现过热现象，加速三效催化转化器的失效。OBD-Ⅱ加设失火监测器的目的就是监测失火(燃烧不良)的汽缸，一旦发现某缸连续数次未点燃，ECU 根据发动机的即时工况，采取不同处理措施。

(1)失火监测器的工作原理。失火监测器的工作原理是通过测出每个汽缸对发动机功率的贡献来判定每缸是否点燃。如果某汽缸正常点燃，那它就能提供正常的动力，与发火汽缸对应的曲轴加速度符合规定值；反之，若汽缸失火，就不能向发动机提供正常的动力，与该汽缸对应的曲轴加速度将下降。由此可见，只需测出某一时刻的曲轴加速度，并与失火监测器内的曲轴加速度标准值相比较，就能判定这一时刻所对应的汽缸是否正常点燃。图 5-2-9 所示的高数据传送率曲轴位置传感器可实现监视瞬时曲轴加速度的功能。

另外,ECU利用曲轴位置(CKP)传感器和凸轮轴位置(CMP)传感器的信号便可以监测发动机哪个汽缸存在失火现象。CKP传感器在运动时会产生平均的峰值,由于失火会导致发动机曲轴转速下降,CKP传感器的波形就会出现中断,如图5-2-10所示,通过对比CKP传感器和CMP传感器的信号,ECU就能判断出哪一个汽缸出现失火(Misfire)。

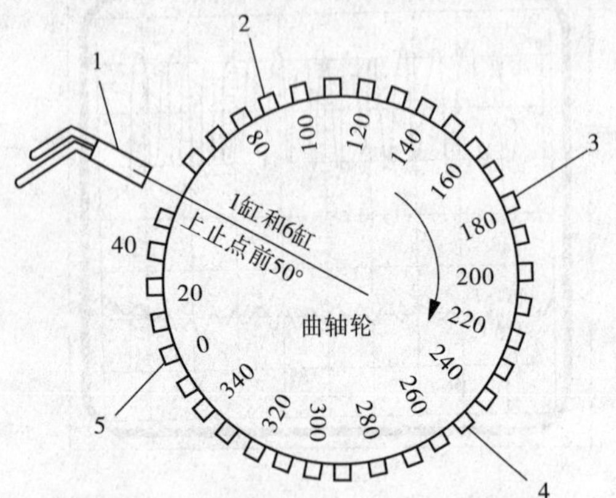

图5-2-9 高数据传送率曲轴位置传感器

1-曲轴位置传感器;2-2缸和8缸上止点;3-4缸和7缸上止点;4-3缸和5缸上止点;5-1缸和6缸上止点

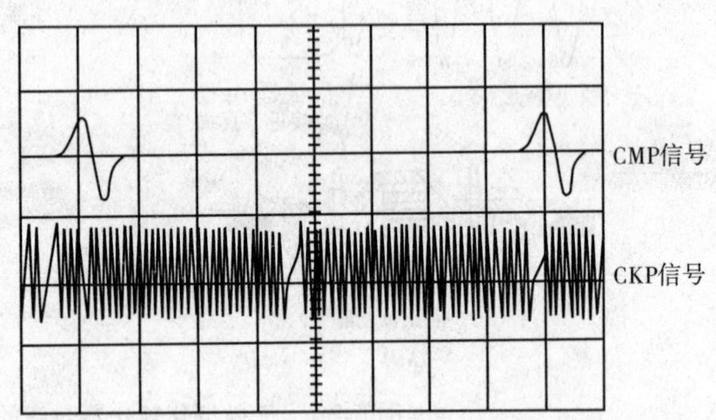

图5-2-10 发动机失火的监控波形

(2)发动机失火故障的处理措施。在OBD-Ⅱ的分类中,根据失火造成的污染情况,将失火分成甲类失火和乙类失火,不同类型的失火故障,ECU采取不同的处理措施。

①甲类失火处理。如果发动机在200 r/min状态下,某缸失火率在2%~20%,监测器便认为该缸失火过度——甲类失火。在这种情况下,ECU会切断供给失火汽缸的燃油,以限制三效催化转化器的发热。在这种工况下,ECU最多同时关闭两个失火汽缸的喷油器。不过,当发动机大负荷运行时,即使发生上述情况,ECU也不关闭失火汽缸的喷油器。如果失火监测器已检测出一个甲类失火,而ECU还未关闭喷油器,MIL灯就开始闪亮;当失火监测器检测出一个甲类失火并且ECU已经关闭喷油器时,MIL灯将连续点亮。

②乙类失火处理。如果发动机在1 000 r/min状态下,某汽缸的失火在2%~3%,监测器便认为该缸失火过度——乙类失火。不过,这种程度的汽缸失火不会导致三效催化转化器过热,但会引起排放增加。当ECU检测到一个乙类失火时,一个未定的故障代码(DTC)被置入ECU的存储器中。若在连续第二个行驶循环中均检测到这个故障,MIL灯就会点亮。

4.燃油修正监测

燃油修正监测器用于检查ECU工作在闭环状态时的短期燃油修正(ST-Fuel Trim,简称SFT,以前称为积分器Intergrator)和长期燃油修正(LT-Fuel Trim,简称LFT,以前称为区域学习Block Learn)。短期燃油修正依据氧传感器的信号来快速地增减喷油时间,当短期燃油修正值超出±10%一段时间后,长期燃油修正即以新的供油时间来取代

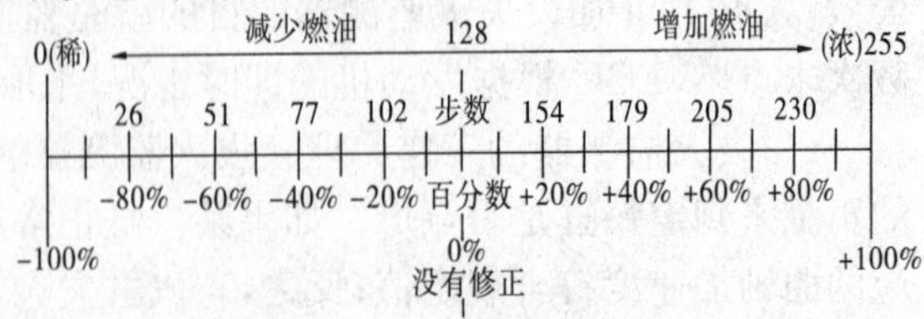

图5-2-11 百分比燃油修正值

ECU 内定的供油时间(学习)。这两组修正值在 ECU 中分别设有修正的上/下限,以避免学习过度而造成车辆性能不良的现象,如图 5-2-11 所示,OBD-Ⅱ设定的上/下限约在 20%之间,当修正值超出限制时,ECU 即设定故障代码。

5. 燃油蒸发排放控制(EVAP)系统监测

如图 5-2-12 所示,有些 OBD-Ⅱ系统中的 EVAP 系统装有一个 EVAP 流量传感器(PFS)及油箱压力传感器,用来监测 EVAP 系统的状况。EVAP 流量传感器(PFS)安装在活性炭罐电磁阀与进气歧管之间的真空软管中。ECU 每个行驶循环都要检测 PFS 信号一次,以判断是否有蒸气经电磁阀流入进气歧管。在进行系统状况监测下,EVAP 监测器在车辆巡航驾驶时先关闭大气呼吸孔打开活性炭罐电磁阀,此时以油箱压力传感器所测得的系统真空上升率来决定燃油蒸气流量(活性炭罐电磁阀打开的时间)。当进行系统漏气测试时,EVAP 监测器先关闭活性炭罐电磁阀,使得整个系统呈现封闭状态,然后再以油箱压力传感器来监测泄漏率。若在连续两次起动行程中,其泄漏率都超出 ECU 的内定值,诊断执行器即点亮故障指示灯并设定故障代码。

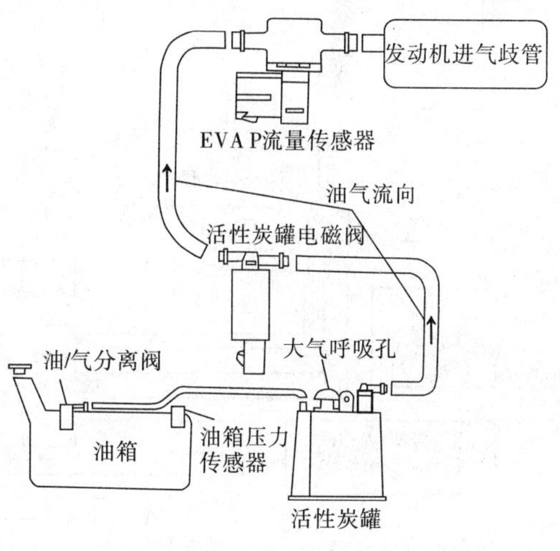

图 5-2-12 典型 OBD-Ⅱ系统的 EVAP 系统

另有一些 EVAP 系统配有燃油蒸气控制阀(VMV),安装在活性炭罐与进气歧管之间的真空软管中(图 5-2-13)。VMV 阀是一种常闭阀。ECU 操纵 VMV 阀控制从活性炭罐流入进气歧管的燃油蒸气。ECU 还监测 VMV 阀的工作以判断 EVAP 系统是否能正常地清除燃油蒸气。

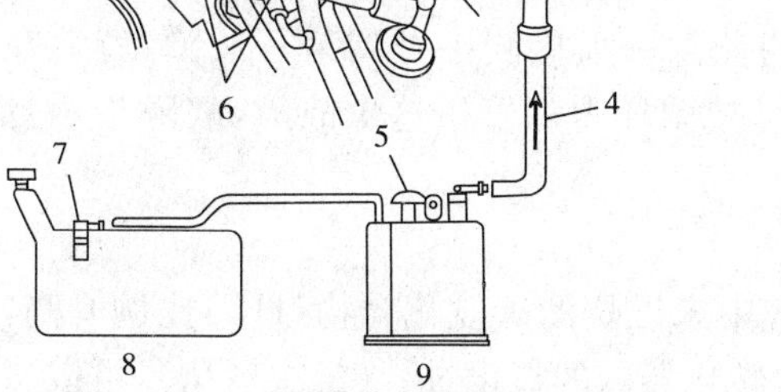

图 5-2-13 配置蒸气控制阀(VMV)的 EVAP 系统

1-输入口真空软管;2-蒸气控制阀(VMV);3-通向进气歧管的燃油蒸气软管;4-通向活性炭罐的燃油蒸气管;5-大气通孔;6-进气歧管的燃油蒸气及管接头总成;7-量孔翻车阀;8-燃油箱;9-活性炭罐

还有一些汽车配置了改进型 EVAP 系统监测器。在这种改进的系统中,EVAP 系统的泄漏和堵塞、燃油加油口盖的丢失都将引起故障指示灯点亮。

6. 排气再循环(EGR)监测

如同燃油蒸发排放(EVAP)系统,不同厂家所使用的监控方式也不大相同,一般来说,都是利用 ECU 在开、关 EGR 阀时,用"其他"的传感器来监测 EGR 阀是否正常,例如日本三菱车系利用进气歧管绝对压力(MAP)传感器监控,福特车系利用 EGR 温度传感器监控,克莱斯勒车系则使用氧传感器进行监控。

图 5-2-14 所示是一种典型的监控方式,在 EGR 系统中有一个压差反馈 EGR(DPFE)传感器进行监控。在 EGR 阀下方有一个量孔,这个量孔的一侧用一根细的排气压力软管与 DPFE 传感器相连(图 5-2-14)。在 EGR 监测器工作过程中,

ECU 首先检查 DPFE 传感器信号，如果这个传感器信号正常，监测器继续进行检测。

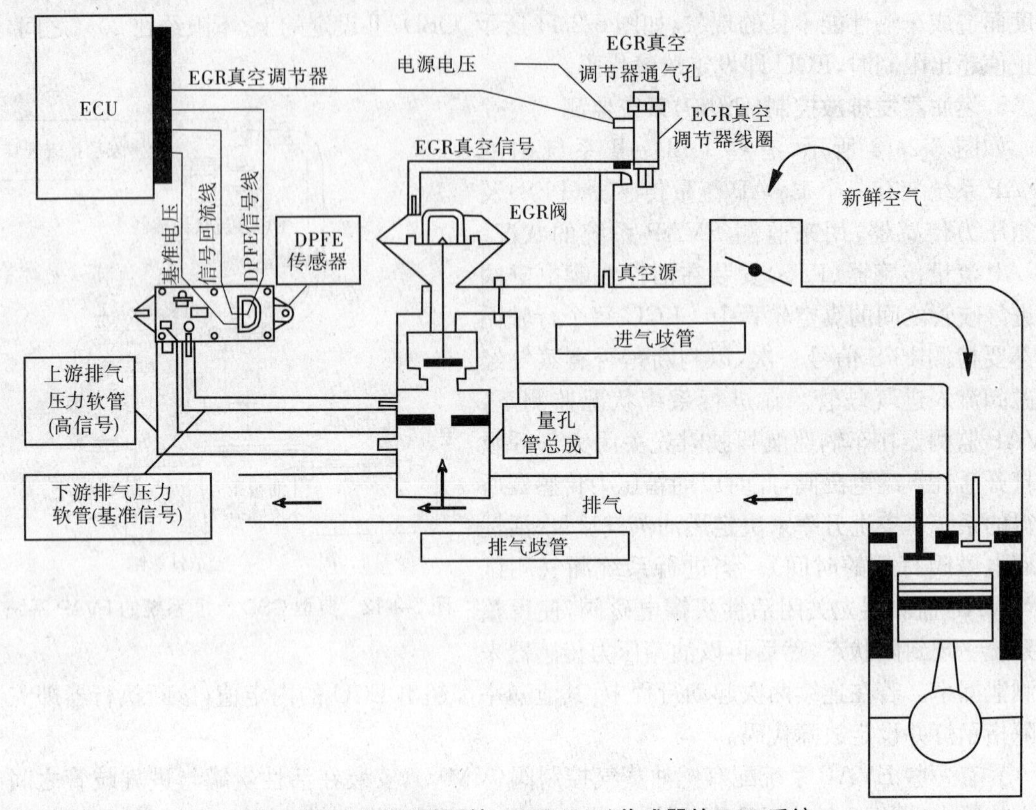

图 5-2-14　配有压差反馈 EGR(DPFE)传感器的 EGR 系统

当发动机怠速时，EGR 阀应关闭。ECU 检查与 DPFE 传感器相连的两根压力软管的压力差。此时由于 EGR 阀关闭，没有 EGR 气流，所以两根软管的压力应相同。如果此时这两根软管的压力不同，说明 EGR 阀已关闭不严，EGR 阀有故障。然后，发动机进入中等负荷工况，EGR 阀应打开，此时检查与 DPFE 传感器相连的两个排气压力软管内的压力。当 EGR 阀打开时，EGR 气流流过量孔，量孔上游软管内的压力应比下游软管内的压力高。ECU 通过检查 DPFE 传感器信号，并与发动机在节气门位置不变且在规定的转速范围内运转时期望的信号值相对比，来检查 EGR 的气流。如果在监测器的任意一项检测中查到某一故障，就会在 ECU 的存储器中设置一个故障代码。假如在两个行驶循环中都发生这个故障，故障指示灯(MIL 灯)就会点亮。

7. 二次空气喷射(AIR)系统监测

由于在发动机冷起动阶段混合气过浓，因而排气中未燃烧的碳氢化合物(HC)比例升高，通过 AIR 系统向排气管中引入空气可改善三效催化转化器内的氧化过程(二次氧化)，可以减少排气中的有害物质，二次氧化所产生的热量可大大缩短三效催化转化器的起作用时间，从而也就大大改善了冷起动阶段的排气品质。在 OBD - Ⅱ 系统中，AIR 系统用被动检测和主动检测来监测。

在被动检测期间，从发动机起动开始到闭环运行，三效催化转化器上游的 HO_2S 的信号电压被实时检测着(在这段时间内，二次空气泵一般是运行的)。一旦 HO_2S 的温度未达到足以产生电压信号，而二次空气泵正把空气送入排气歧管时，HO_2S 应输出一个低信号电压。所以，如果此刻 HO_2S 输出一个低信号电压，AIR 系统监测器指示 AIR 系统合格；如果此时 ECU 正关断通向排气歧管的二次空气流，那么被动检测应检测到一个较高的 HO_2S 信号电压。只有 EVAP 系统通过检测，才无需再做进一步检测，如果 EVAP 系统未通过检测或检测无结论，则 ECU 中的诊断执行器就得进行主动检测以确定 AIR 系统是否合格。

在主动检测期间，ECU 在闭环工作状态下交替地开通或关闭进入排气歧管的二次空气流，并监测三效催化转化器上游的 HO_2S 的信号电压和短期燃油修正值。当进入排气歧管的空气流开通时，HO_2S 的信号电压应降低。若此时短期燃油修正值指出一个较浓的工况，则判定二次空气喷射系统故障，点亮故障指示灯。若 AIR 系统在连续两次试车中均未通过主动检测，AIR 系统监测器将点亮故障指示灯并把一个故障代码存入 ECU 的存储器中。

8. 综合元件(CCM)监测

综合元件监测器主要监测发动机各主要传感器和执行器。它采用两种策略监测各输入，采用另两种策略监测各输出。

(1)监测输入的策略

①监测输入的一种策略是通过用模数转换器检查模拟输入信号来确定某些输入设备的电气故障或超限值。以发动机控制系统为例，以这种方式监测的输入信号有：下游加热型氧传感器(HO_2S)、上游加热型氧传感器(HO_2S)、进气质量流量(MAF)传感器、手动变速器手柄位置(MLP)传感器、节气门位置传感器(TPS)、发动机冷却液温度(ECT)传感器和进气温度(IAT)传感器。

②监测输入的另一种策略是运用推理性方法检查输入信号正确与否。在推理性检查过程中，监测器运用其他传感器的读数通过计算来确定某个传感器的读数是否符合当前的实际情况。CCM 监测器用推理性方法检查下列输入：点火位置(PIP)传感器、输出轴转速传感器(OSS)、点火诊断监测器(IDM)、汽缸识别(CID)传感器和车速传感器(VSS)。

(2)监测输出的策略

①CCM 监测器中的输出状态监测是通过监测 ECU 中输出驱动器内的各输出线圈、继电器或执行器的电压来检查大部分输出。若输出关断则监测电压就应该高；而输出开通时监测电压则变低。用这种方式监测的执行器有：节气门大开空调自动切断器(WAC)、换挡电磁阀、液力变矩器离合器(TLC)电磁阀、加热型氧传感器(HO_2S)的加热器、高速风扇控制器(HFC)、风扇控制器(FC)和电子压力控制(EPC)电磁阀。

②CCM 监测器中的另一种输出状态监测是通过自学习反馈监测来完成的。例如，ECU 输出操纵怠速空气控制(IAC)电动机的物理量(如占空比脉冲等)，通过对照，由 ECU 对 IAC 电动机提供的闭环怠速转速修正，检查由输入要求的怠速转速并加以监测。

在进行监测时，CCM 监测器首先检查各元件线路电压是否过高(断路)、过低(短路)、信号超出范围(与其他线路短路)，其次再检查信号的合理性，例如：在速度一密度型的汽油喷射系统中，CCM 检测器会将 TP 传感器的信号与 MAP 传感器的信号作比较，当节气门开度变化时，进气歧管真空应随之变化。

(二)OBD-Ⅱ系统的自检测试模式

前面所述的八个监测器是否工作正常，关系到 OBD-Ⅱ系统故障指示灯的点亮和所储存的故障代码是否正确。为此，在 OBD-Ⅱ内设置了一套检测以上八个监测器是否正常工作的自检程序。当发动机或汽车的运行满足自检测试模式时，OBD-Ⅱ便自动地完成了对以上监测器的自检。检测结果可用故障检测仪显示。

1.预热循环

预热循环是指汽车在发动机停止工作一段时间后运行。这时发动机冷却液温度至少要达到 70 ℃。关于某个问题的故障指示灯熄灭后，如果没有再出现此类问题，大多数故障代码在 40 个预热循环后都被擦除。

2.试车

OBD-Ⅱ系统中的试车是指起动和驾车行驶，直到除三效催化转化器效率监测器外的 5 个监视器完全检验为止的一段过程。试车前必须有一段点火开关断开期。

点火开关断开期过后，发动机重新起动，汽车行驶。失火监测器、综合元件监测器和燃油修正监测器是从发动机预热开始连续被检验着。而要完成 EGR 监测器的检验，则需要一系列的发动机怠速和加速。为了完成 HO_2S 监测器的检验，需要在发动机预热后，以 32～72 km/h某一车速稳定行驶 4 min（图 5-2-15）。三效催化转化器效率监测器的检验不包括在 OBD-Ⅱ系统的试车中。

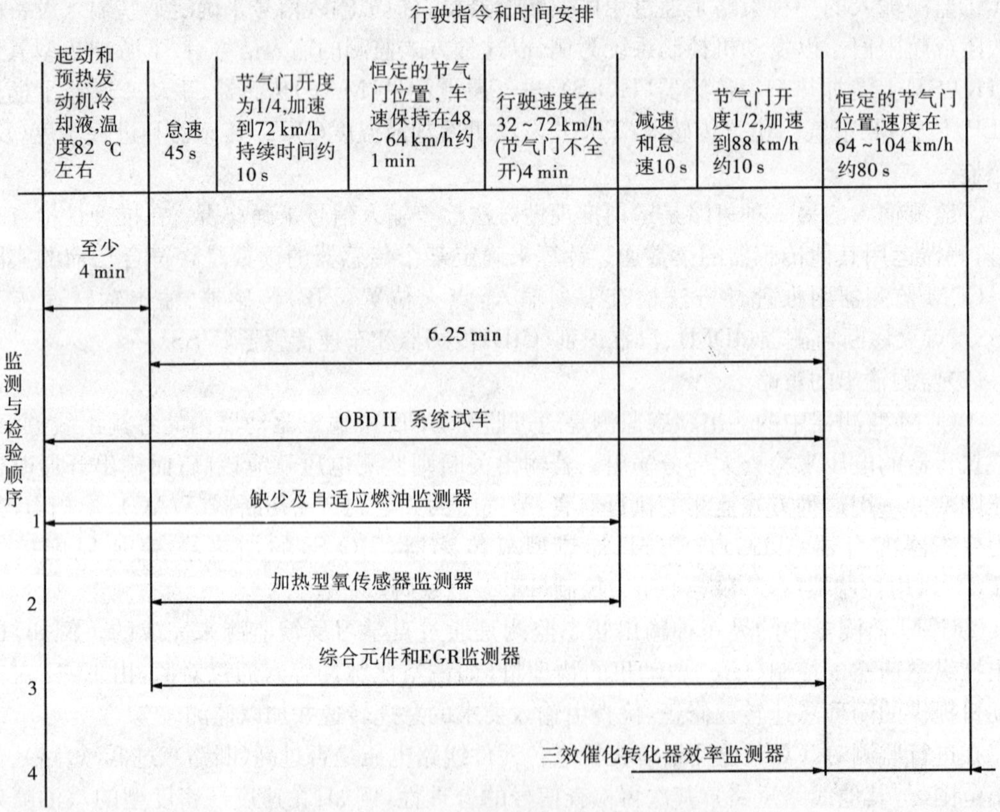

行驶指令和时间安排

起动和预热发动机冷却液,温度82 ℃左右	怠速45 s	节气门开度为1/4,加速到72 km/h持续时间约10 s	恒定的节气门位置，车速保持在48～64 km/h约1 min	行驶速度在32～72 km/h(节气门不全开)4 min	减速和怠速10 s	节气门开度1/2,加速到88 km/h约10 s	恒定的节气门位置,速度在64～104 km/h约80 s

监测与检验顺序

至少4 min

6.25 min

OBD Ⅱ 系统试车

1 缺少及自适应燃油监测器

2 加热型氧传感器监测器

3 综合元件和EGR监测器

4 三效催化转化器效率监测器

图 5-2-15 OBD －Ⅱ系统的试车及行驶循环图

整个试车过程可完成 5 个监测器的检验，检验结果可用故障检测仪显示。当完成 5 个监测器的检验时，故障检测仪显示“OK”；反之，扫描检测仪则显示“NO”。

3.行驶循环

行驶循环是指一种特定的驾驶方法，用于验证故障征兆或对该征兆进行维修后的检验。行驶循环也是一种开始和结束检验 OBD-Ⅱ系统中某些监测器的驾驶方法。

行驶循环如图 5-2-15 所示。最小驱动循环从发动机起动和汽车行驶开始，直到 ECU 程序进入闭环控制之后结束。完成一个行驶循环，5 个监测器的检测必须全部结束后，才能进行三效催化转化器效率监测器的检测。为了完成三效催化转化器效率监测器的检测，需要保持节气门开度不变，车速在 64～104 km/h 范围内行驶 80 s。

四、OBD - Ⅱ故障代码

(一)OBD - Ⅱ故障代码的产生规则与故障指示灯的点亮规则

1. 故障代码(DTC)的产生规则

在两次行驶循环期间检查出同一故障，例如出现一次失火，失火监测器立即把它分类，并把一个故障代码(DTC)存入 ECU 的存储器中。而三效催化转化器效率监测器须在 3 次行驶循环内发现同一个故障时，才设置一个 DTC。当故障不再发生并且故障指示(MIL)灯熄灭时，须经发动机的 40 个预热循环后，DTC 才被擦除。

未定 DTC 码是代表虽已发生，但发生的次数不足以使 MIL 灯点亮的故障代码。某些故障检测仪能用连续 DTC 读出未定 DTC。

2. 故障指示灯(MIL)点亮规则

当在第二个行驶循环中检查出与前一循环相同的故障时，MIL 灯一般会点亮，但被失火监测器和三效催化转化器效率监测器查出的故障例外。因为发动机失火可能导致三效催化转化器损坏(如甲类失火)，所以失火监测器将在失火首次出现时就使 MIL 灯点亮。而被三效催化转化器效率监测器检查出的故障却须在 3 个行驶循环中都出现才点亮 MIL 灯。

对于失火监测器和燃油修正监测器，如果故障不是在相近条件下连续 3 个行驶循环中都发生，MIL 灯会熄灭。例如福特汽车公司 EEC Ⅴ系统定义的相近条件如下：

(1)与以前发现故障时相比，发动机的转速差别不超过 375 r/min。

(2)与以前发现故障时相比，发动机的负荷差别不超过 10%。

(3)发动机预热状态或冷却液温度与以前发现故障时的温度相差不大。

对于三效催化转化器效率、HO_2S、EGR 和综合元件等监测器来说，如果相同的故障在连续 3 个行驶循环中不再出现，MIL 灯会熄灭。

(二)OBD - Ⅱ故障代码的分类

OBD - Ⅱ系统的故障代码形式分为四种。

1. A 型故障代码

发生一次影响废气排放的故障后，诊断执行器随即点亮 MIL 灯，如甲类失火(Misfire)故障。

2. B 型故障代码

在连续两次行驶循环中，都发生相同的故障，此时 ECU 即点亮故障指示灯。例如发动机失火(Misfire)监测器会设定两种 B 型故障代码。第一种在连续两次行驶循环中都发生故障时设定；另一种则不限定“连续”两次行驶循环，每次失火(Misfire)监测器监测到失火(Misfire)时，失火(Misfire)监测器都会储存下发动机负荷、转速及冷却液温度数值，直到再发生失火后，比较两组数据，以判断两次失火是否发生在相同的发动机状况下，当发动机状况相同时，诊断执行器即设定故障代码。

3.C 型故障代码

在一次行驶循环中，发生不影响废气排放的故障时，诊断执行器即点亮故障指示灯并设定故障代码。

4.D 型故障代码

连续两次行驶循环中，发生不影响废气排放的故障时，诊断执行器即点亮故障指示灯并设定故障代码。

当设定 A 型和 B 型的故障代码时，发动机要在连续 40 次“起动—行驶—熄火”中都不再发生相同故障后，即自动清除记忆在 ECU 中的故障代码。仪表板上的故障指示灯，则必须在连续 3 次“起动—行驶—熄火”中都不再发生相同故障后，即自动熄灭。

(三)OBD-Ⅱ统一的故障代码标准

SAE 将 OBD-Ⅱ故障代码用一个字母和四位数字组合而成，第一个为英文字母，代表测试系统，如 B 代表车身系统(BODY)，C 代表底盘系统(CHASSIS)，P 代表发动机变速器系统，即动力控制总成(POWERTRAIN)，U 代表车载网络。第 2～5 位为数字，其含义见图 5-2-16。故障代码前两位的含义见表 5-2-3 所列。

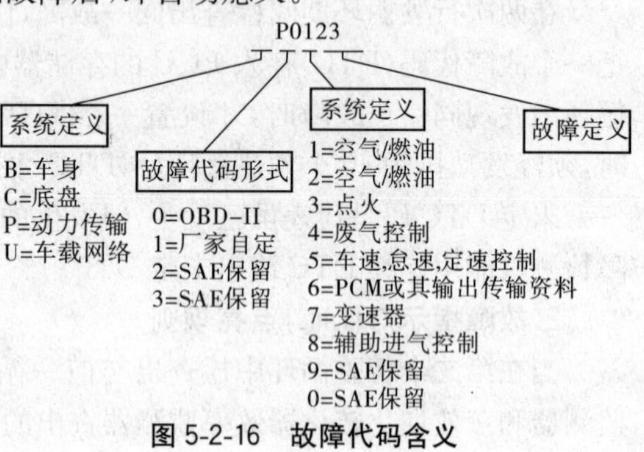

图 5-2-16 故障代码含义

(四)OBD-Ⅱ故障代码的读取与清除方法

由于世界各大汽车制造公司的汽车控制电路设计不同，所以，尽管 OBD-Ⅱ车载故障自诊断系统对故障代码进行了统一规定，但其故障代码的读取方式仍稍有差异。世界各大汽车制造公司从 1996 年起全部采用 OBD-Ⅱ车载故障自诊断系统，故障代码的读取和清除必须采用汽车故障电脑检测仪，但是在 1994—1995 年生产的汽车，各公司采用的 OBD-Ⅱ车载故障自诊断系统有的还保留原来可用短接法读取故障代码的故障诊断检测插座。读取时跨接方法如下：

1.通用车系故障代码的读取方法

将 OBD-Ⅱ型 16 针数据连接器的 5 号端子和 6 号端子用诊断跨接线短接，由仪表板上的故障指示灯“Check Engine”的闪烁规律和次数读取发动机控制系统的故障代码。

2.福特车系故障代码的读取

从 1994 年起，福特车系开始采用 OBD-Ⅱ车载故障自诊断系统(16 针数据连接器装在转向盘下方)。读取故障代码时，将 13 号端子和 6 号端子用诊断跨接线短接，即可从仪表板上的故障指示灯“Check Engine”的闪烁规律和次数读取发动机故障代码。如仪表板上故障指示灯不亮或故障指示灯亮而不闪烁，则须用汽车故障电脑检测仪才能读取故障代码。

3.克来斯勒车系故障代码读取方法

克来斯勒车系故障代码的读取方法是将点火开关置于“ON”位置后，等 5～10 s 即可从仪表板上的故障指示灯“Check Engine”的闪烁读取故障代码。

4.丰田车系故障代码的读取方法

从 1996 年起，日本丰田公司生产采用 OBD-Ⅱ车载故障自诊断系统的车型，其故障代码读取需借助专用故障检测仪。1994—1995 年生产的部分采用 OBD-Ⅱ车载故障自诊断系统的汽车，在读取故障代码时，可用诊断跨接线将 OBD-Ⅱ型 16 针数据连接器的 5 号端子和 6 号端子短接，或将原方形、圆形故障检测插座中的 TE1 端子和 El 端子短接起来，由仪表板上的故障指示灯“Check Engine”的闪烁规律和次数读取发动机控制系统的故障代码。

OBD-Ⅱ故障代码前两位的含义　　表 5-2-3

P0	发动机变速器电控系统，由 SAE 统一制定的故障代码
P1	发动机变速器电控系统，由厂家各自制定的故障代码
P2、P3	发动机变速器电控系统，预留故障代码
C0	底盘电控系统，由 SAE 统一制定的故障代码
C1	底盘电控系统，由厂家各自制定的故障代码
C2、C3	底盘电控系统，预留故障代码
B0	车身电控系统，由 SAE 统一制定的故障代码
B1	车身电控系统，由厂家各自制定的故障代码
B2、B3	车身电控系统，预留故障代码
U0～U3	车载网络相关故障代码
P01XX、P02XX	燃油和空气监测系统
P03XX	点火系统
P04XX	废气控制系统
P05XX	车速 1 怠速控制系统
P06XX	电脑控制系统
P07XX、P08XX	变速器控制系统
P09XX、P00XX	SAE 预留的故障代码
	以后是由厂家自行制定的一部分
P11XX、P12XX	燃油和空气监测系统
P13XX	点火系统
P14XX	废气控制系统
P15XX	车速 1 怠速控制系统
P16XX	电脑控制系统
P17XX、P18XX	变速器控制系统
P19XX、P10XX	SAE 预留的故障代码

5.三菱车系故障代码的读取方法

日本三菱车系可由 OBD-Ⅱ型 16 针数据连接器中读取下列 5 个系统的故障代码。

(1)发动机控制系统故障代码的读取方法。发动机故障代码的读取可将 OBD-Ⅱ型 16 针数据连接器的 1 号端子和 5 号端子跨接，由仪表板上的“Check Engine”灯的闪烁显示读取发动机系统故障代码。

(2)变速器控制系统故障代码的读取方法。变速器控制系统故障代码的读取可在 OBD-Ⅱ型 16 针数据连接器的 4 号端子和 6 号端子间跨接 LED 灯，由 LED 灯的闪烁来读取。

(3)定速巡航(CCS)系统故障代码的读取方法。定速巡航(CCS)系统故障代码的读取可在 OBD-Ⅱ型 16 针数据连接器的 13 号端子和 4 号端子间接 LED 灯，由 LED 灯的闪烁来读取。

(4)其他系统故障代码的读取方法。在 OBD - Ⅱ型 16 针数据连接器的 12 号端子和 4 号端子间接 LED 灯或 8 号端子和 4 号端子间接 LED 灯，可分别由 LED 灯的闪烁来读取安全气囊系统(SRS)或防抱死制动系统(ABS)故障代码。

(5)三菱车系故障代码清除方法。只要将蓄电池负极搭铁线拆除 15 s 以上再装回，即可清除故障代码(ABS 控制系统故障代码除外)。三菱车系 ABS 控制系统故障代码清除：用一个两针插头，分别为红/黄和绿/白线，该两线分别与 ABS ECU 的 9 号端子和 10 号端子相连，将上述两针插头用诊断跨接线短接，然后将点火开关转至"ON"位置，此时 ABS 电磁阀全关。显示灯闪烁 5 s，再等待 7 s 以上将点火开关转至"OFF"位置，并将诊断跨接线移开，然后再将点火开关转至"ON"位置，即完成 ABS 清码工作。

6. 沃尔沃车系故障代码的读取方法

沃尔沃车系读取发动机故障代码是在 OBD - Ⅱ型 16 针数据连接器的 3 号端子和 16 号端子间跨接自制的带 330 Ω 电阻的 LED 灯，按图 5-2-17 所示方法连接。将图中 A 端搭铁 1 s 后取开，便可根据 LED 灯的闪烁读取一个故障代码。搭铁 5 s 以上便可清除故障代码。

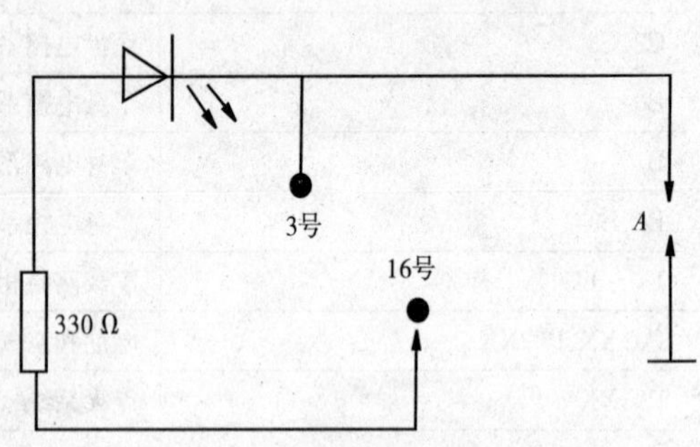

图 5-2-17 沃尔沃车系故障代码读取跨接方法

7. 奔驰车系故障代码的读取方法

奔驰车系无法在 OBD - Ⅱ型 16 针数据连接器上利用人工方法读取故障代码，但仍可由圆形 38 端子故障综合检测插座中的 4 号端子读取 HEM 发动机控制系统故障代码，或由 19 号端子读取 DM 发动机控制系统故障代码。

五、OBD - Ⅱ系统的记忆校正与设定

1. ECU 行驶状态的记忆校正

在多数情况下，控制 OBD - Ⅱ型的 ECU 是采用储存法建立记忆功能的，常用 40 次左右(自学习过程)的"起动—行驶—熄火"等作为行驶工况的记忆存储量。因此，当出现的故障经检修排除后，在初期试车时，仍可能出现起动困难和加速不良等检修前的症状，但经过连续 40 次以上的"起动—行驶—熄火"等行驶工况后，汽车的性能会逐渐好转。这一过程实际上是在逐渐置换以前的记忆内容。

2. 汽车记忆设定的操作方法

对汽车行驶工况记忆设定的目的在于使检修后已无故障的汽车立即恢复原有的性能。现以福特车为例说明其具体的操作方法：

(1)拆下蓄电池负极搭铁线等待 5 s 以上再装回，以消除 ECU 中的以前记忆内容。

(2)起动发动机，在冷却液温度正常后，通过路试方法设定 ECU 的记忆。在路试时，首先起动发动机并起步加速到 24 km/h，减速停车；再起步加速到 48 km/h，减速停车；再起步加速到 72 mk/h，减速停车；再起步加速到 96 km/h，减速到 48 km/h，再急加速到 96 km/h，减速停车并熄火。这时，ECU 已将全部的试验过程进行了储存和记忆。

(3)起动发动机并维持怠速运转，将空调接通、断开几次；自动变速器逐一换入各挡并连续操作几次，点火开关连续接通(ON)、断开(OFF)几次；所有灯具和用电设备分别接通、断开若干次，以使 ECU 对各种附加负荷，进行补充记忆。

汽车 ECU 的行驶工况记忆设定后，为检验其可靠性，需进行 15～20 km 的变工况行驶试验，如一切正常，则表示记忆设定结束。如汽车的性能仍不够理想，可按上述的设定过程再重复设定一次，并应仔细检查 ECU 的完好性。

各具体车型的记忆设定操作方法各异，维修实践中请参阅各具体车型的维修手册进行。

第四节 OBD-Ⅲ车载故障自诊断系统

在 1994 年到 1995 年，部分汽车制造厂家已经采用 OBD-Ⅱ标准，1996 年全面采用 OBD-Ⅱ标准，同时在新的诊断系统中增加了相当多的数值分析功能。但是，随着电控技术不断发展和在汽车上应用，也同时出现一系列的问题：汽车电路系统的故障率比较高；汽车的各系统中线路的数量大而且复杂；新的系统扩充空间也比较小；新增软件及硬件的可塑性比较小；汽车的制作成本比较高；各 ECU 的资源不可共享，使得在维修过程中比较复杂等等。因此，就以上问题，美国汽车工程师学会又提出了 OBD-Ⅲ（又称 MOBD，多用车载诊断系统）的概念，并于 2000 年公布、2005 年实施，使现有的维修观念又有一个新的改变。

在采用 OBD-Ⅱ的电子控制系统中，每一个 ECU 都是相对独立的。在维修过程中故障检测仪要分别进入到发动机、变速器、ABS、防盗等 ECU 中去读取故障代码和有关数据。而在 OBD-Ⅲ中，所有的 ECU 都通过 CAN－BUS 线路连接。因此，OBD-Ⅲ ECU 也能利用 CAN－BUS 线路同时监控其他 ECU 的故障代码和数据，检查车辆的技术状况是否符合环保要求。

如果从环保的角度来说，采用 OBD-Ⅲ就是在 OBD-Ⅱ的基础上加 I/M（检查与维护），其主要目的就是使汽车的检查与维护合一，配合环保上的要求。依据环保的要求，要降低 CO、HC、NOx 等有害气体的排放。汽车的机械、电子、液压等各系统应符合有关标准，而汽车在使用一定时间后，这些标准就会发生变化，必须实行监控和定期检查。OBD-Ⅲ能进行汽车重要的行车状况记录，什么时候加速、什么时候减速、撞车时的挡位处在什么位置、节气门的开度是多少，都有一个记录，也就是相当于汽车控制部分的一个“黑匣子”，将汽车行驶的有关状况全部记录下来。

OBD-Ⅲ系统主要利用小型车载无线收发系统，通过无线蜂窝通信、卫星通信或 GPS 系统将车辆的 VIN、故障代码及所在位置等信息自动通告管理部门，管理部门根据该车辆排放问题的等级，对其发出指令，包括去何处维修的建议，解决排放问题的时限等。在法律允许的前提下，对超出时限的车辆发出禁行密码指令。总之，OBD-Ⅲ的主要特点是社会法规的支持。在我国，结合国情也有一些可行的方案正在研究之中，如 MIL 灯的设置时限、超限车辆将自动禁行等。此外，OBD-Ⅲ系统不仅能对车辆排放问题向驾驶者发出警告，而且还能对不接受警告者进行应有的惩罚。

在 OBD Ⅲ中，发动机、变速器、ABS、防盗、动力转向等各个 ECU 都必须连接在一起（图 5-2-18 所示），OBD-Ⅲ对所有的系统都进行规划。

整个系统分成几个 BUS，相关的控制也称为 BUS，而将全部统称为 CAN。举一个简单的例子，这个系统相当于一棵树，树干称为 BUS，树枝也称为 BUS，而整棵树称为 CAN。在现代汽车中，例如宝马（BMW）中的 E38、E39 系列中，网络系统分成 D－BUS、I－BUS、P－BUS、M

－BUS、K－BUS 等五大网络。各 BUS 和 CAN 的制造厂不是汽车制造厂而是如 BOSCH(博世)、MOTOROLA(摩托罗拉)、SIEMENS(西门子)等电子公司。

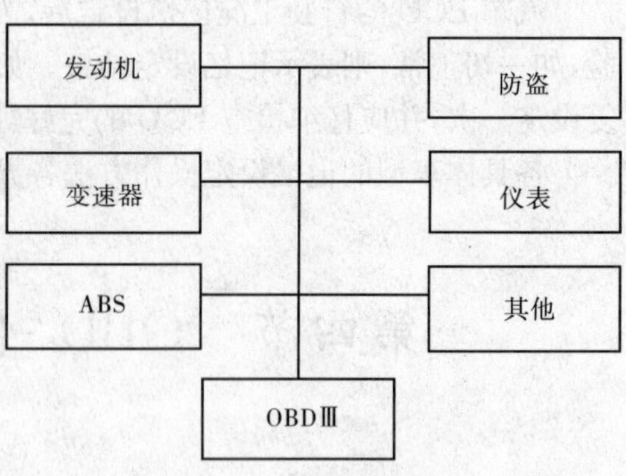

图 5-2-18 OBD-Ⅲ示意图

以大众/奥迪为例，其车载诊断系统已经采用了诊断 CAN 总线，如图 5-2-19 所示，诊断 CAN 总线用于完成诊断 ECU 和车上其他 ECU 之间的数据交换，这样就取代了以前的 K 线或 L 线，ECU 的诊断数据经各自的数据总线系统传送到数据 CAN 总线诊断接口(网关)，通过总线和网关的快速数据传递，诊断 ECU 就可连接到车上后快速显示出车上所装元件及其故障状态。图 5-2-20 所示是大众/奥迪车系具有诊断 CAN 总线的 16 针数据连接器的端子脚布置。

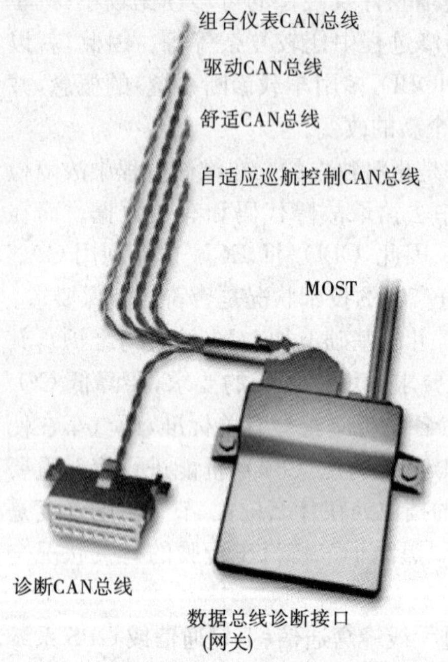

图 5-2-19 诊断 CAN 总线

图 5-2-20 大众/奥迪车系具有诊断 CAN 总线的 16 针数据连接器的端子布置

1-连接 15 号接线柱；4-接地；5-接地；6-诊断 CAN 总线(CAN－HIGH)；7-K 线；2、3、8、9、10、11、12、13-目前未使用；14-诊断 CAN 总线(CAN-LOW)；15-L 线；16-接 30 号接线柱

本 章 小 结

本章介绍了以下几方面的内容：

◆车载故障自诊断系统的基本功能。

◆ECU 对电控系统故障的识别方法。

◆故障代码的存储和故障处理。

◆OBD-Ⅰ车载故障自诊断系统的特点和运用方法。

◆OBD-Ⅱ车载故障自诊断系统的标准、硬件系统。

◆OBD-Ⅱ车载故障自诊断系统的工作原理。

◆OBD-Ⅱ车载故障自诊断系统诊断执行器的监测功能——三效催化转化器效率监测、加热型氧传感器监测、发动机失火监测、燃油修正监测、燃油蒸发排放控制系统监测、排气再循环监测、二次空气喷射系统监测和综合元件监测。

◆OBD-Ⅱ车载故障自诊断系统的自检测试模式。

◆OBD-Ⅱ故障代码的产生规则与故障指示灯的点亮规则。

◆OBD-Ⅱ故障代码的分类。

◆OBD-Ⅱ统一的故障代码标准。

◆OBD-Ⅱ故障代码的读取与清除方法。

◆OBD-Ⅱ系统的记忆校正与设定。

◆OBD-Ⅲ车载故障自诊断系统的特点。

复习思考题

1. ECU 对传感器故障是如何识别的?

2. ECU 对执行器故障是如何识别的?

3. ECU 对 ECU 本身故障是如何识别的?

4. 故障代码储存有哪几种形式?

5. ECU 记录故障代码之后如何进行处理?

6. 对于 OBD-Ⅰ车载故障自诊断系统如何进入故障自诊断测试状态(典型车型)?

7. 对于 OBD-Ⅰ车载故障自诊断系统故障代码是如何显示的?

8. OBD-Ⅱ标准包括哪些内容?

9. OBD-Ⅱ硬件系统由什么组成?

10. 与非 OBD-Ⅱ系统硬件相比,OBD-Ⅱ硬件系统增加或改变了哪些硬件?

11. 在三效催化转化器下游增加一个加热型氧传感器的目的是什么?

12. OBD-Ⅱ系统的数据连接器有何特点?数据连接器各端子是如何规定的?资料传输线有哪些标准?

13. OBD-Ⅱ诊断执行器的监测功能有哪些?各监测功能是如何进行监测的?

14. OBD-Ⅱ故障代码的产生规则是什么?

15. OBD-Ⅱ故障指示灯点亮的规则是什么?

16. OBD-Ⅱ故障代码可以分为哪几种类型?各有什么特点?

17. OBD-Ⅱ故障代码的组成和特点是什么?

18. 什么是 OBD-Ⅱ行驶状态的记忆校正?

19. 为什么要进行汽车记忆设定?典型车型汽车记忆设定的操作步骤是什么?

20. OBD-Ⅲ车载故障自诊断系统有哪些特点?

第三章 典型故障分析方法在汽车故障诊断中的应用

本章要点

通过本章的学习：

★掌握故障代码分析的基本流程。

★熟悉故障现象和故障代码之间的相互关系。

★掌握故障代码分析的基本原则。

★了解数据显示方式和数据测量手段。

★掌握数据流常用的分析方法一数值分析法、时间分析法、因果分析法、关联分析法、比较分析法、成组分析法。

★掌握数据流分析的一般步骤。

★熟悉 OBD-Ⅱ数值分析流程。

★掌握短效燃油修正和长效燃油修正的概念和在汽车故障诊断中的应用方法。

★掌握电子信号的类型和判定依据。

★熟悉示波器的类型、特点和示波器的控制。

★掌握各主要传感器波形检测方法和波形分析方法。

★掌握各主要执行器波形检测方法和波形分析方法。

★掌握波形分析方法在汽车故障诊断中的应用方法。

★掌握真空度测量和分析的方法。

★熟悉各种非正常状态下进气真空度的特征。

★熟悉真空数值与发动机故障现象之间的关系。

★熟悉真空波形的分析方法。

★了解汽车排放物的生成原因，熟悉汽车发动机的正常排放值。

★掌握尾气分析测试方法。

★熟悉尾气分析的项目。

★掌握尾气分析的基本原则。

★掌握尾气分析的方法

★能够拓展使用尾气分析仪进行车辆故障的判断。

★了解红外基础理论和红外测温仪的特点。

★熟悉汽车专用红外测温仪的正确选择方法和技术特点。

★掌握利用红外测温仪进行测温的方法。

★熟悉红外测温仪的应用范围。

★掌握温度分析在发动机等系统故障诊断中的应用方法。

第一节　故障代码分析及在汽车故障检测诊断中的应用

如前所述，车载故障自诊断系统时刻监测汽车电控系统的工作，一旦发现问题便设定相应的故障代码，维修人员利用汽车故障电脑检测仪通过数据连接器可以读取故障代码，依据故障代码的提示便可以确定车辆的具体故障部位。故障代码分析是目前汽车故障检测诊断中使用非常普遍的一种故障诊断方法。

一、故障代码分析的基本流程

根据故障代码进行车辆故障分析的基本流程如图 5-3-1 所示。

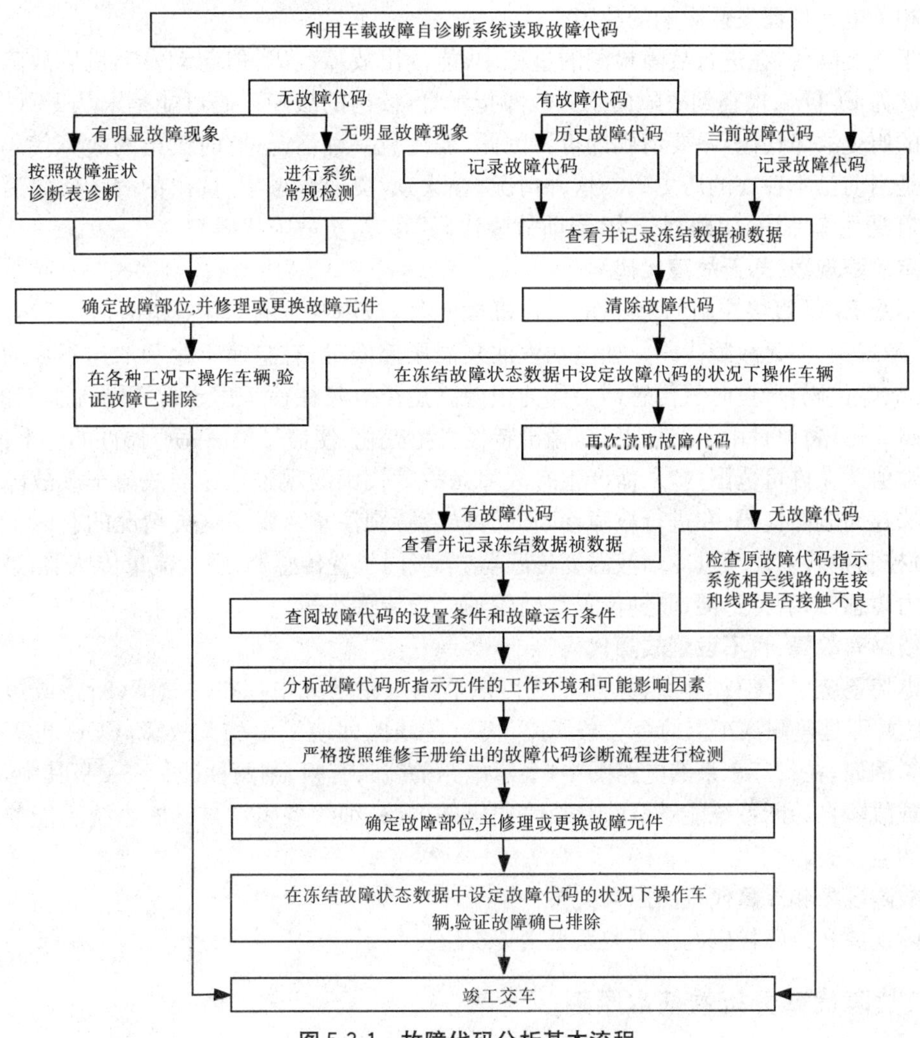

图 5-3-1　故障代码分析基本流程

二、故障现象和故障代码的相互关系

车载故障自诊断系统显示的故障代码有两重性：一是“自生故障”，替换被读码诊断的零件后即可排除；另一种是“他生故障”，是由其他因素影响而产生的，很容易造成误诊断，需要采用读码配合系统原理分析，并了解故障代码与故障现象的相互关系，方能准确判断。

故障代码所覆盖的内容，是ECU直接控制的输入和输出相关元件（如电动汽油泵的继电器），非直接控制的电控元件的好坏，只能通过现象来判断故障（如电动汽油泵）。因此，故障代码和故障现象之间也存在着因果关系和非因果关系。

1.有故障代码，却无故障现象

车辆在运行中曾经发生过轻微的、瞬时的偶发性间歇故障，很快又恢复正常。例如：

①偶发性1、2次失火故障，瞬时断油故障；

②瞬时外界电磁波干扰故障；

③瞬时误操作又改正的故障；

④相关电元件偶发性影响的故障。

对于此类问题，在进行故障检测的过程中，能读出故障代码，但起动发动机后故障指示灯熄灭。此为ECU未检查到故障而熄灭故障指示灯，读出的故障代码可能是未从ECU存储器中清除的历史故障代码，只要清码即可。因此，需注意一种情况，有时读出的故障代码中有几个可能是当前已不存在的历史码。这种情况，在大众/奥迪车系中，读出的故障代码后面会带“/SP”；在通用车系中，明确划分为“当前故障代码”和“历史故障代码”。

2.有故障现象，却无故障代码

凡不受ECU直接控制的电子元件和机械元件，或电控元件，因未超出值域和时域范围的，有故障现象，但无故障代码。如电动汽油泵油压偏低时，有怠速不稳和加速不良的故障现象，但无故障代码，严重时氧传感器会代为报警。这类故障往往是由于以下情况引起的：信号没有开路或短路，但是由于器件老化，输出特性发生变化，使信号偏离完好器件的标准信号，由于信号数值还在许可范围内，从而产生有故障无故障代码的现象。这类故障车载故障自诊断系统无法存储故障代码，在进行故障诊断的时候应特别注意。属于这类情况的有以下传感器（发动机控制系统）：发动机冷却液温度传感器、节气门位置传感器、空气流量传感器、进气歧管绝对压力传感器、氧传感器、曲轴位置和凸轮轴位置传感器等。

3.线路有故障，也不设置故障代码

在电控系统中，车载故障自诊断系统可以监测电路系统中存在的故障（断路或短路），但是，ECU并不是监测汽车上的每一条线路，而有些线路即使发生相关故障，ECU也不记录故障代码。例如，在日产车系的电路图中，表示电路的线条有粗、细两种（图5-3-2），其中，粗线条表示车载故障自诊断系统能够诊断其故障代码的电路，细线条表示自诊断系统不能诊断其故障代码的电路。

4.故障现象和故障代码的因果关系

故障现象和故障代码的因果关系见表5-3-1。

三、故障代码分析的基本原则

在根据故障代码进行车辆故障分析的时候，要坚持以下几个基本原则。

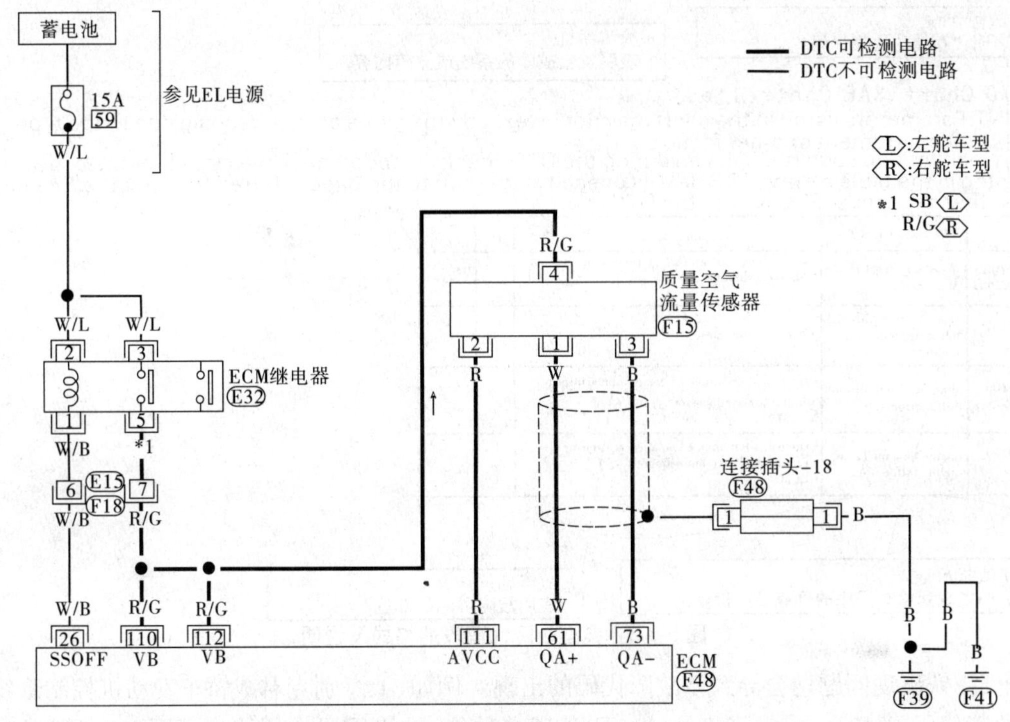

图 5-3-2 车载故障自诊断系统可检测电路与不可检测电路的区分(日产车系)

表 5-3-1

故障现象和故障代码的因果关系

故障	故障现象	故障代码	因果关系
有	明显	有	直接关系
有	明显	没有	间接关系
有	不明显	有	瞬时偶发
有	不明显	没有	轻微故障

1. 充分发挥故障代码表的功能

每个车型的维修手册均会给出该车型的故障代码表，典型故障代码表的格式及说明见图 5-3-3 所示。标准化的故障代码对 ECU 检测出的故障给出了更详细的描述。故障代码各个组成部分在第五篇第二章中已给出说明。其中第四和第五个数字是对发现的故障进行详细而精确说明的，这些字符不仅仅表明发生故障的元件或线路，还给出该故障类型的详细描述。标准故障代码的重要性在于每个汽车制造商的每种车型都要使用相同的故障代码来定义同一故障。OBD-Ⅱ要求所有的故障代码都必须按优先级储存。具有高优先级的故障代码优于低优先级的故障代码。高优先级的故障代码在故障第一次发生故障时就被设置，且立即点亮故障指示灯，优先级较低一些的故障代码是那些当故障第一次出现时就会被设置的故障代码，但此时故障指示灯并不亮，只有当故障第二次发生时，故障指示灯才会点亮。对于发动机电控系统而言，最低优先级的故障代码是与排放系统无关的一些故障。

2. 仔细阅读故障代码指示元件或系统的电路图说明

各个车型的维修手册在对故障代码进行分析的时候，均会给出该故障代码指示元件或系统的电路，在进行故障代码诊断的时候，一定要仔细阅读该电路，该电路中出现的元件、线路、

•故障代码
表明代存储的故障代码

•检测项目:
表明发生故障的系统或故障内容

DTC Chart (SAE Controlled)

HINT: Parameters listed in the chart may not be exactly the same as your reading due to the type Of instrument or other factors.

If a malfunction code is displayed during the DTC check in mode, check the circuit for the code Listed in the table below. FOR details of each code, turn to the page referred to under the "See page" For ther espective "DTC No." In the DTC chart.

DTC No. (See page)	Detection item	Trouble Area	MIL	Memory
P0100 (EG-244)	Mass Air Flow Circuit Malfunction	· Open short mass air flow meter circuit · Mass air flow meter · ECM	○	○
P0101 (EG-247)	Mass Air Flow Circuit Range/Pertormance Probiem	· Mass air flow meter	○	○
P0100 (EG-248)	Intke Air Temp.Circuit Malfunction	· Open or short intake air temp .Sence circuit · Intake air temp.sensor · ECM	○	○
P0115 (EG-241)	Engine Cootant Temp. Cicuit Malfunction	· Open or short engine coolant temp.sensor circuit · Engine coolant temp.sensor · ECM	○	○
		Lant temp sensor		

•页或指示
表明能找到检查程序的页或给出检修指示

•故障部位
表明故障可能的部位

图 5-3-3 典型故障代码表的格式及说明

供电、搭铁出现问题均会导致该故障代码的出现。例如,上海别克君威轿车发动机控制系统读出故障代码 P0101——空气流量(MAF)传感器性能,维修手册中便给出了图 5-3-4 所示的电路图。该电路图表明了和该故障代码有关的元件和线路,对故障代码的分析和诊断非常有帮助,并且维修手册中也对该电路和空气流量传感器的工作以及在什么条件下设置该故障代码进行了如下分析:

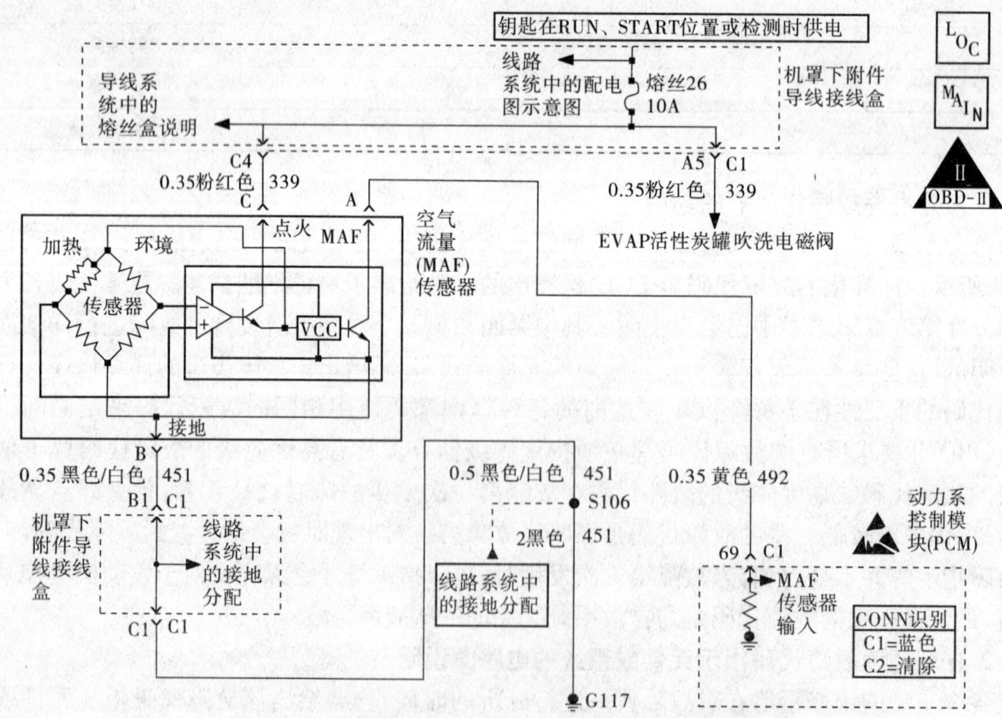

图 5-3-4 上海别克君威轿车空气流量(MAF)传感器电路

"空气流量(MAF)传感器测量通过它进入发动机的空气量,PCM使用空气流量(MAF)信息来监视发动机运行条件,以进行燃油供给计算,进入发动机的空气量大表示加速或高负荷工况,反之,则表示减速或怠速。空气流量传感器产生用故障检测仪监视的频率信号。该频率从怠速时的2 000 Hz至最大发动机负载时的近8 000 Hz范围内变化。如果来自空气流量传感器的信号与大气压力、空气密度、节气门位置和发动机转速的预计值不相符,DTC P0101将设置。"

通过该分析,维修技术人员便可以了解空气流量(MAF)传感器的作用,以及设置故障代码P0101的条件,这对正确利用该故障代码确定故障部位很有帮助。

3.明确故障代码的运行和设置条件

在故障代码设计的时候,汽车设计人员设定每个故障代码均有一个条件,即"在……条件下,如果…,便设置故障代码…"。这里的故障代码运行和设置条件对维修技术人员正确分析故障代码非常有帮助。譬如,上海别克君威轿车发动机控制系统故障代码P0101——空气流量(MAF)传感器性能,维修手册上就给出了以下运行故障代码的条件:

(1)发动机运行;

(2)系统电压介于9.0 V与18.0 V之间;

(3)节气门开度低于25%;

(4)进气歧管绝对压力和节气门位置(TP)稳定时间大于10 s;

(5)废气再循环负载周期低于50%;

(6)废气再循环枢轴位置低于50%。

在上述条件下,如果实际空气流量与预计空气流量的差值大于标定值,ECU便设定故障代码P0101。也就是说,如果上述任一条件不满足,ECU即使发现空气流量传感器信号不正确也不记录故障代码,或者记录的故障代码是错误的。

另外,ECU在设置故障代码时,ECU是在一定的参数环境下,将某传感器的参数值和预计值进行比较判定是否设置故障代码的。所以,如果设置该故障代码的参数环境发生错误,即使被考察的传感器参数正确,ECU也同样判定该传感器错误而"错误地"记录该传感器的故障代码。这一点维修人员一定要注意。仍然以上海别克君威轿车发动机控制系统故障代码P0101——空气流量(MAF)传感器性能为例。ECU设置故障代码P0101是在大气压力、空气密度、节气门位置和发动机转速条件下,在空气流量(MAF)传感器实际信号和预计值不相符合的条件下设置的。比如,在发动机转速为800 r/min,节气门开度为1%的条件下,空气流量(MAF)传感器的信号为2 000 Hz,这3个参数均输入ECU,ECU认为正常,不设置故障代码;如果该车节气门位置传感器损坏,在发动机工作条件没有变化的情况下输送给ECU的节气门开度数据为3%,其实输入ECU的信息便成了发动机转速800 r/min,节气门开度3%,空气流量(MAF)传感器2 000 Hz,而在发动机转速为800 r/min,节气门开度为3%的条件下,空气流量(MAF)传感器的信号应该为2 800 Hz,ECU认为发动机转速为800 r/min,节气门开度为3%的条件下,空气流量(MAF)传感器的信号应该为2 000 Hz不可信,因此,也同样会记录P0101——空气流量(MAF)传感器性能的故障代码。此时更换空气流量(MAF)传感器是无法排除故障的,但是如果更换节气门位置传感器,让其信号恢复到正常的1%,故障却可以排除。上述分析说明,在进行故障代码分析的过程中,了解故障代码设置条件的重要性。

4.详细了解设置故障代码之后的应急保护措施

ECU在记录了某个故障代码之后，为了维持车辆的基本功能，往往会采取一定的应急保护措施，这就是通常所讲的故障保护模式。不同的故障代码，ECU将根据故障的性质采取不同的应急保护措施，详细了解各个故障代码下的应急保护措施，将有助于快速根据故障代码确定故障部位。如果对故障代码的应急保护措施掌握的不详细，往往会导致故障排除陷入误区。下面以上海别克轿车装备的4T65E型自动变速器的应急保护措施为例加以简单说明。

关于4T65E型自动变速器的应急保护措施，很多资料仅仅笼统地表述为："当动力系统控制模块检测到电控系统有故障时，会给变速器内部电气元件断电，此时PC(压力控制)阀电流为0 A，管路压力最高，冻结换挡适配，变速器固定在3挡运行。"其实该表述并不完全正确，因为ECU记录不同的故障代码后采取的应急保护措施是不完全一样的。现说明如下：

(1)故障代码P0751——1－2/3－4挡换挡电磁阀性能，无1或4挡。在以下任一情况下，PCM会记录故障代码P0751：一是动力系统控制模块(PCM)指令1挡工作而齿轮传动比指示2挡齿轮传动比(1.52:1～1.62:1)达1 s；二是动力系统控制模块(PCM)指令4挡工作而齿轮传动比指示3挡齿轮传动比(0.95:1～1.05:1)达1 s。当动力系统控制模块(PCM)记录故障代码P0751后采取的应急保护措施是：动力系统控制模块(PCM)指令最大管路压力，冻结换挡适配值。如果车辆速度高于48 km/h，PCM禁止3－2换低挡。

(2)故障代码P0753——1－2/3－4挡换挡电磁阀电气电路。在以下任一情况下，PCM会记录故障代码P0753：一是动力系统控制模块(PCM)向电磁阀发出接通(ON)指令，但电压反馈保持在高电压(B+)；二是动力系统控制模块(PCM)向电磁阀发出断开(OFF)指令，但电压反馈保持在高电压(0 V)。当动力系统控制模块(PCM)记录故障代码P0753后采取的应急保护措施是：动力系统控制模块(PCM)指令最大管路压力，禁止液力变矩器离合器(TCC)啮合，冻结换挡适配值。如果车辆速度高于48 km/h，PCM禁止3－2换低挡。

由此可见，对于4T65E型自动变速器而言，PCM会根据检测到的不同故障代码，采取不同的应急保护措施，并不一定是给所有的电磁阀断电。4T65E型自动变速器部分元件损坏后所采取的措施见表5-3-2。

4T65E型自动变速驱动桥部分元件损坏后所采取的措施　　表5-3-2

故障元件	采取措施
1—2/3—4换挡电磁阀	指令管路最大压力，冻结换挡适配值，如果车辆速度高于48km/h，PCM禁止3－2换低挡，点亮故障指示灯
2—3换挡电磁阀	指令管路最大压力，冻结换挡适配值；指令3挡齿轮啮合；点亮故障指示灯；禁用TCC
液压手动阀位置开关(TFP)	指令管路最大压力，冻结换挡适配；默认D4挡位
自动变速器油温传感器(TFT)	冻结换挡适配；PCM利用IAT和ECT传感器计算一替代值
车速传感器(VSS)	指令管路最大压力，冻结换挡适配；利用输入轴转速和当前挡位计算车速
输入轴转速传感器(ISS)	冻结换挡适配
压力控制电磁阀(PC阀)	指令管路最大压力，冻结换挡适配

5.严格按照故障代码诊断帮助检查相关部位

维修手册对故障代码诊断之前会给出一个诊断帮助，该诊断帮助说明了很多能引起该故障代码的相关因素，并且这些因素容易被维修人员所忽视。因此，在维修过程中，如果读得一个故障代码，在开始对故障代码进行诊断之前，应该按照“诊断帮助”的内容检查相关部位。譬如，上海别克君威轿车发动机控制系统故障代码 P0101——空气流量(MAF)传感器性能，维修手册中给出的诊断帮助要求首先检查是否出现如下情况。

(1)节气门位置传感器变形或卡滞。节气门位置传感器或节气门位置传感器电路故障将导致动力系统控制模块不能正确地计算预计的空气流量值。节气门关闭时观察节气门角度，如果节气门角度读数不是 0%，检查是否出现如下情况，必要时修理：

——节气门位置(TP)传感器信号电路与电源短接(参见“线路系统”中“导线修理”)；

——节气门位置(TP)传感器接地电路中接触不良或电阻过大(参见“线路系统”中“测试间断性症状和接触不良”)。

如果未出现上述情况，并且节气门关闭时节气门角度读数不是 0%，则更换节气门位置传感器。

(2)进气歧管绝对压力传感器变形。进气歧管绝对压力传感器变形导致气压读数不准确，如若检查进气歧管绝对压力传感器，应将被诊断车上的进气歧管绝对压力气压计读数与正常工作车上的进气歧管绝对压力气压计读数进行比较，若差别较大，则更换歧管绝对压力传感器。

(3)动力系统控制模块(PCM)接触不良。检查导线连接器是否存在端子松脱，匹配结合不良，锁片断裂，端子变形或损坏，端子与导线接触不良。

(4)线束走线错误。检查空气流量传感器线束，确信线束与高压导线(如火花塞引线)不太靠近。

(5)线束损坏。检查线束是否损坏，若线束正常，在移动与空气流量传感器相关的连接器和线束的同时观察故障检测仪，如果显示参数发生变化，表明该部位有故障。参见“线路系统”中“导线修理”。

(6)进气管堵塞或空气滤清器滤芯太脏。

(7)将实际空气质量流量与根据进气歧管绝对压力、节气门位置传感器和发动机转速读数(速度密度)所计算的空气质量流量进行比较。如果进气歧管绝对压力传感器变形或无响应，则在接通点火开关时会使计算的空气流量值不精确。当发动机起动时，在实际空气质量流量与计算空气质量流量间则会产生计算的差值，将设置故障代码 P0101，车辆将失速。进气歧管绝对压力传感器则传感错误空气质量流量。因为进气歧管绝对压力传感器是变形/无响应的，错误空气质量流量值不正确，并且车辆可能会不能重新起动。如果导致进气歧管绝对压力传感器值不准确(真空装置接触不良、真空源损坏或真空软管损坏、进入进气歧管的空气未计量)故障发生，故障代码 P0101 将被设置并且更换默认空气流量值。由于进气歧管绝对压力传感器值不正确，车辆则可能不起动和运行。

若故障代码 P0101 不能再现，故障记录数据中信息可用于确定故障代码上次设置后车辆行驶的里程，这可有助于确定故障代码多长时间设置 1 次。

上面给出的诊断帮助内容，非常详细地阐述了其他可能引起该故障代码产生的原因和可能性，这些原因和可能性在故障代码的诊断流程中不一定会有，所以诊断帮助内容对排除故障代码指示故障非常有用。

6.严格执行维修手册提供的故障代码诊断流程

各车型维修手册中，对于每个故障代码均给出了一个标准的故障代码诊断流程，该流程是技术人员总结和分析各种导致该故障代码产生的可能性，经过优化之后给出的，严格执行故障代码诊断流程可以避免故障诊断中缺、漏项目。例如，上海别克君威轿车维修手册中对故障代码 P0101——空气流量(MAF)传感器性能给出了以下诊断流程表(表 5-3-3)。

故障代码 P0101——空气流量(MAF)传感器性能的检测诊断流程 表 5-3-3

步骤	操 作	数值	是	否
1	是否已执行动力系车载诊断系统检查?	—	至步骤 2	至动力系车载诊断OBD系统检查
2	在故障检测仪上选择故障代码功能。故障检测仪是否显示任何其他故障代码?	—	至相应故障代码表	至步骤 3
3	(1)用故障检测仪观察和记录故障检测仪故障记录数据。 (2)在故障记录数据状态下操作汽车。 (3)用故障检测仪观察故障代码 P0101 的特定故障代码信息。查看是否出现故障代码 P0101?	—	至步骤 4	至诊断帮助
4	重要注意事项:不要清除故障代码。 断开空气流量传感器,起动发动机。查看发动机是否能起动并继续运转?	—	至步骤 5	至步骤 6
5	断开点火开关,重新连接空气流量传感器,起动发动机,用故障检测仪观察进气歧管绝对压力传感器参数,同时将发动机转速缓慢提高到 3 000 r/min。查看发动机转速增加时进气歧管绝对压力传感器参数值是否改变?	—	至步骤 7	至步骤 6
6	检查进气歧管绝对压力传感器(参见"进气歧管绝对压力传感器电路故障诊断")。是否发现并更正状况?	—	至步骤 20	至步骤 7
7	节气门关闭时接通点火开关,用故障检测仪观察节气门角度参数。查看故障检测仪是否显示规定值?	0%	至步骤 8	至故障代码 P0121 节气门位置(TP)传感器性能
8	断开点火开关,断开空气流量传感器,在发动机熄火时接通点火开关,将数字式万用表(DMM)连接到空气流量传感器信号电路与可靠接地之间。查看电压测量值是否在规定值附近?	5.0 V	至步骤 9	至步骤 10
9	将测试灯连接在空气流量传感器点火供电端和接地电路之间,查看测试灯是否点亮?	—	至步骤 13	至步骤 12
10	测量电压是否低于规定值?	4.5 V	至步骤 14	至步骤 11
11	断开点火开关,断开动力系统控制模块(PCM),在发动机熄火时接通点火开关,将数字式万用表(DMM)连接到空气流量传感器信号电路端与可靠接地之间,查看电压测量值是否在规定值附近?	0.0 V	至步骤 20	至步骤 17
12	将测试灯连接在空气流量传感器点火供电电路端和可靠接地之间,查看测试灯是否点亮?	—	至步骤 15	至步骤 16
13	检查空气流量传感器是否接触不良(参见"线路系统"中"测试间断性症状和接触不良"),是否发现并更正状况?	—	至步骤 20	至步骤 18
14	检查空气流量传感器电路是否存在如下情况: (1)空气流量传感器信号电路电阻过大。 (2)空气流量传感器接地电路电阻过大。 (3)空气流量传感器信号电路对接地短路。 (4)动力系统控制模块(PCM)接触不良。 参见"线路系统"中"间断性和接触不良的测试"、"接头修理"和"导线修理"。是否发现并更正状况?	—	至步骤 20	至步骤 19
15	排除空气流量传感器接地电路电阻过大或开路故障(参见"线路系统"中"导线修理")。是否完成维修?	—	至步骤 20	—

续上表

步骤	操作	数值	是	否
16	排除空气流量传感器点火供电电路电阻过大或开路故障(参见“线路系统”中“导线修理”)。是否完成维修?	—	至步骤 20	—
17	找出并排除空气流量传感器信号电路与电源短接故障(参见“线路系统”中“导线修理”)。是否完成维修?	—	至步骤 20	—
18	更换空气流量传感器(参见“空气流量传感器更换”)。是否完成更换操作?	—	至步骤 20	—
19	重要注意事项:更换动力系统控制模块时必须编程。 更换动力系统控制模块(参见“动力系统控制模块更换/编程”)。是否完成更换操作?	—	至步骤 20	—
20	使用故障检测仪清除故障代码,在观察到的故障记录状况内操作车辆。查看故障代码是否再次设置?	—	至步骤 2	系统正常

7.正确理解故障代码的含义

众所周知,每个故障代码均有一个含义,但是同一个故障代码,不同的人对故障代码含义的理解不完全一样,如果不能完全理解故障代码的含义,即使是读出故障代码,故障也无法得到迅速排除。下面我们以故障代码 P0300 举例说明正确理解故障代码含义的重要性。

故障代码 P0300、P0301、P0302、P0303、P0304…等故障代码,在很多维修资料中均有说明,譬如上海通用别克君威轿车中给出的故障代码 P0300 的含义是“检测到发动机缺火”。在很多维修技术人员头脑中往往将“火”理解为“点火”,所以在进行故障诊断时往往将检测的重点放在点火系统中,什么火花塞、分缸线、点火线圈,但是我们发现将点火系统的元件全部更换,故障依然无法解决。究其原因,是我们对该故障代码的理解有误。在英文中,其实是“Misfire”,“mis”大家都能理解,是“缺失”、“丢失”的意思,但是“fire”并不是点火,而是“燃烧”的意思,这样“Misfire”的真正含义便是“汽缸中的可燃混合气燃烧不良或者没有燃烧”。当然点火系统的元件损坏,肯定会导致“汽缸中的可燃混合气燃烧不良或者没有燃烧”,但是除了点火系统之外,汽油压力低、喷油器堵塞或雾化不良、喷油器线路故障、机械故障导致的汽缸压缩压力不足等等原因均会导致“汽缸中的可燃混合气燃烧不良或者没有燃烧”。因此,我们应该对 ECU 记录故障代码的条件和应该检查的内容进行正确理解。

以上海别克为例,动力系统控制模块(PCM)能够通过监测点火控制(IC)模块的 3X 参考电压和来自凸轮轴位置传感器的凸轮轴位置输入信号来探测是否存在“缺火”,动力系统控制模块监测曲轴转速变化和参考周期变化来确定缺火是否发生。如果所有汽缸点火过程中有 2%或以上“缺火”,排放水平就会超过法定标准,动力系统控制模块基于在发动机连续运转 200 r 测试样本监视到的“缺火”次数,确定“缺火”水平。动力系统控制模块连续跟踪 16 个连续 200 r 测试样本,如果在 16 个样本中有 10 个样本检测的“缺火”数达到 22 以上,则设置故障代码 P0300。若“缺火”程度严重到可能导致三效催化转化器损坏,将在探测到“缺火”的第一个 200 r 循环周期内设置故障代码 P0300。如果“缺火”可能导致三效催化转化器损坏,故障指示灯将闪亮,提醒驾驶人三效催化转化器有可能损坏。

对于上海别克轿车,导致产生故障代码 P0300 的可能性有:

(1)更换曲轴位置(CKP)系统的部件后没有执行曲轴位置(CKP)系统变更读出程序,因此,在更换动力系统控制模块、设置故障代码 P1336、更换发动机、更换曲轴、更换曲轴缓振平衡器、更换曲轴位置传感器后,应该执行曲轴位置变更读出程序。

(2)相关汽缸对应的点火线圈接触不良或电阻过大,点火线圈损坏。

(3)相关汽缸的分缸线漏电、断路,火花塞间隙过大、过小或者电极间有积炭。

(4)空气流量。动力系统控制模块探测到低于正常空气流量的空气流量(MAF),传感器输出导致混合气过稀。

(5)进气系统。漏入进气系统的空气绕过空气流量传感器,导致混合气过稀状况。应检查真空软管是否断开或损坏。

(6)曲轴箱通风阀安装不当或有故障,或节气门体、废气再循环阀和进气歧管装配面泄漏真空。

(7)EGR 阀工作不良,导致导致混合气过稀或废气再循环流量过高。

(8)汽油压力。电动汽油泵有故障、汽油滤清器堵塞或汽油压力调节器有故障造成汽油压力不当,导致混合气过稀。

(9)喷油器。喷油器脏堵、卡滞导致燃油雾化不良;喷油器 O 形密封圈损坏;喷油器控制线路不良导致喷油器长喷或不喷燃油。

(10)线束损坏。

(11)端子连接不良。检查导线连接器是否端子松脱、不匹配、锁止损坏、形状不合适。

(12)动力系统控制模块(PCM)损坏和发动机接地连接不可靠、不清洁。

(13)变速驱动桥离合器工作性能不良。

(14)燃油中有杂质。

(15)发动机机械故障导致汽缸压缩压力不平衡。

为了帮助大家理解和掌握该故障代码的正确诊断程序,下面也给出该故障的检测诊断流程(表 5-3-4),供大家参考(以上海别克君威为例)。

故障代码 P0300——检测到发动机缺火的检测诊断流程 表 5-3-4

步骤	操　作	数值	是	否
1	是否执行了动力系车载诊断系统检查?	—	至步骤 2	进行动力系车载诊断系统检查
2	是否还设置了其他故障代码?	—	按照出现的相应的故障代码进行诊断	至步骤 3
3	起动发动机并使发动机怠速运转,查看并记录故障检测仪冻结故障状态数据,在冻结故障状态数据中设定故障代码的状况下操作车辆,对于每个汽缸监视故障检测仪上的当前缺火汽缸号显示。查看当前缺火数值是否显示正在增长(表示有缺火情况发生)?	—	至步骤 5	至步骤 4
4	查看故障检测仪上的以往缺火缸号,以往缺火缸号是否显示的数值很大而且不止一个汽缸?	—	至步骤 5	至步骤 8
5	以往缺火汽缸号上显示的缺火数值是否与配对汽缸有关(即 1—4、2—5、3—6)?	—	至步骤 9	至步骤 6
6	直观检查下列部位:真空软管是否连接恰当或损坏(参见排气软管布置图);点火线圈和火花塞上的分缸线连接是否良好;发动机和动力系统控制模块接地情况,连接位置是否正确且清洁紧固;废气再循环至进气歧管连接是否正确和损坏。是否发现并更正状况?	—	至步骤 22	至步骤 7

续上表

步骤	操　作	数值	是	否
7	测试汽油压力，看汽油压力是否符合要求？	333 ～375 kPa	至步骤 8	至汽油系统压力测试
8	进行喷油器线圈测试，是否发现并更正状况？	—	至步骤 22	至步骤 9
9	外观检查与缺火汽缸相关的点火线圈是否存在如下状况：碳精漏电电弧或损坏；线圈和火花塞连接的缸号不正确；线圈和火花塞端子接触不良。是否发现并更正状况？	—	至步骤 22	至步骤 10
10	在与缺火汽缸相关的点火线圈火花塞端装上火花测试器(J 26792)，将配对汽缸(即共享同一点火线圈的汽缸，即1—4、2—5、3—6)的火花塞端点火线跨接在发动机接地上，在转动发动机同时观察火花测试器是否有火花？	—	至步骤 15	至步骤 11
11	测量诊断为缺火汽缸的点火线路电阻，若电阻大于规定值则更换点火线。是否发现并更正状况？	1 968 Ω/m	至步骤 22	至步骤 12
12	测量缺火汽缸的二级点火线路电阻，若电阻不在规定值之间，更换有故障的点火线圈(参见“点火线圈的更换”)。是否发现并更正状况？	5 000 ～ 8 000 Ω	至步骤 22	至步骤 13
13	拆除与缺火汽缸相关的点火线圈，检查点火线圈是否有碳精漏电、断裂或其他损坏的迹象，若发现故障则更换点火线圈(参见“点火线圈的更换”)，是否发现并更正状况？	—	至步骤 22	至步骤 14
14	使点火线圈保持断开状态，跨接测试灯于点火模块初级电路端子间，拆卸喷油器熔断丝，在发动机转动时观察测试灯，查看测试灯是否闪亮？ 重要注意事项：确定重新安装喷油器熔断丝。	—	至步骤 20	至步骤 21
15	拆卸与缺火汽缸相连的火花塞(参见发动机电气系统中“火花塞的更换”)，从外观检查火花塞电极是否积碳过多(参见发动机电气系统中“火花塞外观诊断”)，是否发现并更正状况？	—	至发动机机械系统中“发动机缺火基本诊断”(表 5 3 5)	至步骤 16
16	外观检查火花塞是否存在如下状况：碳精漏电、绝缘体断裂或有其他损伤；电极损坏或间隙不正确。是否发现并更正状况？重要注意事项：如果任何火花塞上出现明显碳精漏电，则更换相应的火花塞和点火线(参见发动机电气系统中“火花塞的更换”)。	—	至步骤 22	至步骤 17
17	重新安装火花塞，检查发动机基本机械故障(参见发动机机械手册“发动机缺火诊断”，表 5-3-5)，是否发现并更正状况？	—	至步骤 22	至步骤 18
18	若状况发生于驾驶时，检查变速驱动桥离合器问题(参照4T65－E 型自动变速桥中“液力变矩器诊断程序”)，是否发现并更正状况？	—	至步骤 22	至步骤 19
19	检测汽油中杂质情况(参见“汽油中酒精/杂质诊断”)，是否发现并更正状况？	—	至步骤 22	至诊断帮助
20	更换与缺火汽缸相关的点火线圈(参见“点火线圈的更换”)，是否完成更换操作？	—	至步骤 22	—
21	更换点火控制模块(参见“点火控制模块更换”)，是否完成更换操作？	—	至步骤 22	—

续上表

步骤	操　作	数值	是	否
22	查看并记录冻结故障状态数据，清除诊断故障代码。起动发动机并在怠速下运行，按冻结故障状态数据中的描述在设置诊断故障代码的状况下操作车辆，对于每个汽缸监视故障检测仪上的当前缺火缸号显示。对于任何汽缸缺火，当前汽缸号显示是否递增，表明缺火正在发生？	——	至步骤 2	系统正常

从表 5-3-4 和表 5-3-5 可以看出，P0300 故障代码牵涉的范围是非常广泛的，维修人员在按照故障代码排除故障的时候，一定要正确理解该故障代码的含义，否则，即使出现故障代码，故障也排除不了。

发动机缺火基本诊断　　表 5-3-5

项目	检 查 内 容
初步信息	(1)利用发动机缺火基本诊断信息前先完成故障代码 P0300。故障代码 P0300 可帮助确定哪一缸或哪些缸缺火 (2)直观检查：发动机飞轮或曲轴配重是否松动或安装不正确；附件驱动系统元件是否磨损损坏或错位。 (3)听发动机内部声音是否异常。 (4)检查发动机机油压力是否合适。 (5)检查发动机机油耗量是否太高。 (6)检查发动机冷却液耗量是否太高。 (7)测试发动机汽缸压缩压力
进气歧管泄漏	进气歧管真空泄漏可能会导致发动机缺火，注意检查以下情况：真空软管是否安装不当或损坏；进气歧管和/或衬垫是否有故障或安装不当；进气歧管是否有裂缝或损坏；节气门体或衬垫是否安装不当或损坏；进气歧管是否翘曲变形；汽缸盖密封面是否翘曲变形或损坏
冷却液消耗	冷却液消耗可能导致发动机缺火，注意检查：冷却液是否外漏；汽缸盖衬垫是否有故障；汽缸盖是否翘曲变形；汽缸盖是否有裂缝；发动机机体是否损坏；汽缸盖螺栓长度是否正确
机油消耗	烧机油有可能导致发动机缺火，注意检查以下情况： (1)拆卸火花塞并检查火花塞是否有油污。 (2)进行汽缸压缩压力测试或汽缸泄漏测试。如果汽缸压缩压力测试显示气门或气门导管磨损，则检查：气门杆油封是否磨损、变脆或安装不当；气门导管是否磨损；气门杆是否磨损；气门或气门座是否磨损或烧蚀。如果测试显示活塞环磨损或损坏，则检查：活塞环是否断裂或安装不当；活塞环端隙是否太大；汽缸是否磨损或锥度太大；汽缸是否损坏；活塞是否损坏
发动机内部有异常噪声	在发动机运转时确定噪声是否与凸轮轴转速或曲轴转速有关。如果噪声与凸轮轴转速频率相同，则检查：气门组件是否缺少或松脱；气门摇臂是否磨损或太松；推杆是否磨损或弯曲变形；气门弹簧是否损坏；气门是否弯曲或烧损；凸轮轴凸尖是否磨损；正时链条和/或链轮是否磨损或损坏等。如噪声与曲轴转速频率相同，则检查：曲轴主轴承或连杆轴承是否磨损；活塞或汽缸是否损坏；活塞或活塞销是否磨损；连杆是否有故障；活塞顶部积炭是否太多
发动机内部无异常噪声	(1)检查正时链条和/或链轮是否磨损或安装不当。 (2)对于缺火的汽缸，拆卸气门摇臂盖，检查：气门摇臂螺栓是否太松；推杆是否弯曲；气门弹簧是否不良；气门挺杆是否泄漏；气门是否磨损或坐位不正；凸轮轴凸尖是否磨损

8.充分考虑故障代码指示部位所处的环境

故障代码往往会指示某个元件有故障，在故障排除的过程中，维修人员往往将故障检测的注意力放在该元件本身、线路和 ECU 上，其实在故障维修的过程中，我们一定要考虑该元件所处的工作环境对故障的影响，否则即使是出现了故障代码，故障也无法排除。例如，当读出曲轴位置传感器的故障代码，故障检查时除了检查曲轴位置传感器触发齿圈是否变形或损坏、曲轴位置传感器触发齿圈和曲轴位置传感器之间的空气间隙是否正常、曲轴位置传感器本身是否损坏、曲轴位置传感器到ECU之间线路是否短路或断路、ECU是否损坏之外，如图5-3-5所示，还应该考虑到曲轴位置传感器所处的环境，检查曲轴皮带轮是否损坏、曲轴的动平衡是否超差、飞轮是否损坏导致曲轴运转不平衡。对于装备自动变速器的车辆，液力变矩器损坏也有可能导致曲轴运转不平衡，从而导致曲轴位置传感器检测的信号不稳定而产生曲轴位置传感器信号不良的故障代码。另外，点火高压线漏电产生的电磁干扰等也有可能导致曲轴位置传感器信号产生畸变。

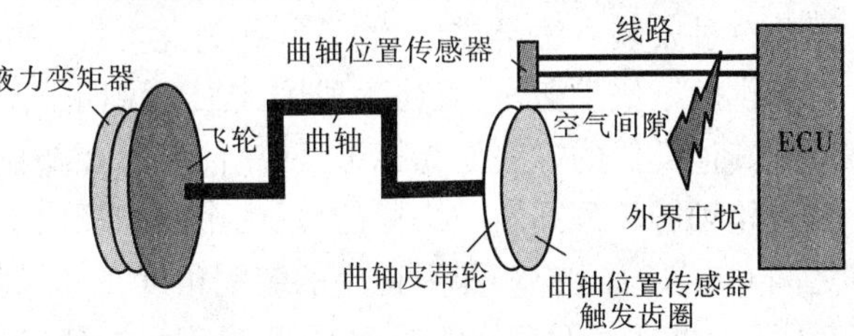

图5-3-5 曲轴位置传感器的工作环境

维修案例：上海大众帕萨特B5轿车大修后不久出现加速无力，怠速轻微抖动的现象。发动机ECU中存储有故障代码00515——凸轮轴位置传感器(G40)故障。

维修人员更换凸轮轴位置传感器(G40)后清码试车，故障代码00515依旧存在，故障没有明显好转；对凸轮轴位置传感器相关线路进行检测，并更换发动机ECU和发动机线束总成，故障代码00515依然存在；根据加速无力的故障现象，维修人员清洗了喷油器、节气门体、空气流量传感器，并更换火花塞、点火线圈，故障未能解决；测量汽缸压缩压力和点火正时没有发现问题。至此，维修人员束手无策。

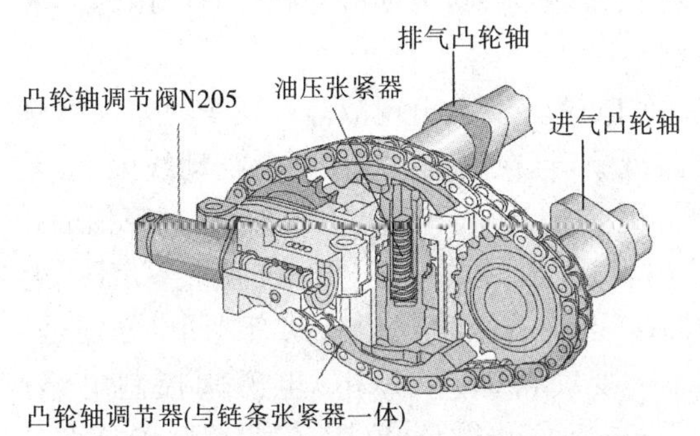

图5-3-6 大众奥迪车系可变气门正时系统的基本构成

故障分析：该发动机是双凸轮轴、5气门，曲轴通过正时皮带连接排气凸轮轴，排气凸轮轴后链轮在汽缸盖后方，通过链条连接进气凸轮轴链轮。在链条中间装有油压控制的油压张紧器(图5-3-6)。由于凸轮轴位置传感器G40安装在进气凸轮轴处，因此G40的信号与进气凸轮轴旋转角度同步。如果装配错误，发动机ECU通过发动机转速传感器G28与凸轮轴位置传感器G40的信号对比，从而得到相位不正确的结论。但是，由于车辆的故障自诊断功能原则上只能识别电信号类型故障，因此，发动机ECU便默认为凸轮轴位置传感器G40信号元件损坏或信号输出错误，从而设置故障代码00515。但是，在原厂提供的维修资料中对故障代码00515的检测内容仅仅这样提示：检查或更换凸轮轴位置传感器G40；检查凸轮轴位置传感器G40的相关线路；检查发动机ECU。由此可见，根本没有涉及到有关配气相位机械方面的原因。

进气凸轮轴与排气凸轮轴则采用链条传动并作为可变气门正时机构的装配方式。链条位于发动机汽缸盖的后方，凸轮轴调节阀N205(对于V形六缸发动机是凸轮轴调节阀N205和N208)位于进气凸轮轴后部，用于实现可变气门正时功能，也就是说发动机ECU可以根据发动机的实际工况要求来控制凸轮轴调节阀的工作，令进气凸轮轴相对调整一个角度，使发动机的进气更加充分，从而增大发动机的功率输出。凸轮轴调节器则位于两个凸轮轴链轮之间，它是依靠发动机运转后的机油压力绷紧链条。由于未绷紧的链条有一定的松弛度，当两根凸轮轴安装好后，验证正时标记时就会发现：进气凸轮轴相对于排气凸轮轴存在一个比较明显的自由行程。这样就会随之带来一个问题：如果以凸轮轴对准瓦盖上的标记的常规装配方法进行装配，就会因为存在该正常的自由行程，进气凸轮轴在3个链齿角度内可对正瓦盖上的标记，因此这种安装方法是错误的，不能作为此类发动机两个凸轮轴间验证正时的标准。查阅了原厂提供的维修手册，在维修手册中详细地说明了凸轮轴与链条的装配方法："不能用冲小点、刻槽或其他类似的方法作为标记，两个箭头以及颜色标记之间的距离为16个链节。"箭头是指两根凸轮轴链轮颈部的凹槽标记，以两个凹槽径向啮合的链齿为起点（包括这两个啮合的链节），之间共有16个链节，即为正确的装配角度。如果装成15个链节，就会导致进气门开启时间滞后，发动机进气不充分而功率不足，呈现出怠速转速明显偏低却运转相对稳定的故障特征，这种情况发动机ECU多数还会存储故障代码00515（凸轮轴位置传感器G40对地短路）；如果装成17个链节，就会导致进气门开启提前，呈现进气回火的故障征兆，这种情况发动机ECU多数还会存储故障代码17748（凸轮轴位置传感器或曲轴位置传感器位置装错）。无论装成15个链节还是装成17个链节，发动机冷热车均会不易起动，特别是冷车起动更加困难。根据故障现象分析，该车可能是在大修装配时装成了15个链节。

故障排除：打开气门室盖，发现该车进气凸轮轴链轮键槽与排气凸轮轴链轮键槽在十二点位置时，两键槽之间为15个链节。调整链条再校对正时，故障排除。

9.根据故障代码的内容确认故障诊断的思路

每个故障代码均有特定的故障内容，故障代码的内容基本上可以提示维修技术人员一个基本的诊断思路，因此在根据故障代码进行故障诊断的时候，一定要明确故障代码的内容。下面举例说明根据故障代码内容分析车辆故障的方法。

案例：上海通用别克君威2.5 L轿车，故障指示灯点亮，屡次出现故障代码P0401。维修人员测量了EGR阀上5根线，线路均无短路及断路现象，且在测量过程中用手摇动线束，也无间歇性断路。拆下EGR阀，检查阀芯无卡滞现象。更换EGR阀和动力系统控制，故障依旧。

故障分析：查阅维修手册，故障代码P0401的内容是"废气再循环（EGR）流量不足"。上海通用别克君威2.5 L轿车关于废气再循环（EGR）系统的故障代码一共有4个，分别是：P0401——废气再循环（EGR）流量不足；P0403——废气再循环（EGR）电磁阀控制电路；P0404——废气再循环（EGR）打开位置性能；P0405——废气再循环（EGR）位置传感器电路电压过低。从上述4个故障代码的内容可以看出，每个故障代码所代表的故障是不一样的，在故障排除时千万不能采用一样的方法和步骤。

（1）故障代码P0401——废气再循环（EGR）流量不足的诊断方法。PCM在监视进气歧管绝对压力（MAP）传感器信号的同时，通过瞬时指令废气再循环（EGR）阀打开，对废气再循环系统进行测试。当废气再循环阀打开时，PCM应接收到进气歧管绝对压力按比例增加。如果未检测到进气歧管绝对压力按预计增加，PCM记录差量并向故障限度水平调整内部故障计数器。当故障计数器超过故障限度时，PCM设置故障代码P0401。完成本测试所需的测试样本数取决于检测到的流量差量。PCM通常仅允许在一个点火周期中采集一个废气再循环流量样本。为帮助确定修理，PCM允许在故障检测仪信息清除或蓄电池断开之后第一个点火循环中取12个测试样本。9到12个样本足以使PCM确定充足的废气再循环流量并通过废气再循环测试。根据信息，即PCM是在废气再循环流量测试中监视的进气歧管绝对压力的变化，指示废气再循环流量不足。因此，出现该故障代码的检测方法如下：

①检查排气系统上是否对原装零件进行过改装或是否存在任何泄漏，必要时维修排气系统。

②拆卸废气再循环阀，从外观上检查：枢轴、阀门、通道和适配器是否存在任何形式的堵塞；废气再循环阀衬垫和管路是否泄漏。必要时，清理或更换任何废气再循环系统部件。

③拆卸排气歧管和进气歧管上的废气再循环进气管路和排气管路，检查歧管、废气再循环端口和废气再循环进口/出口管路是否因存在积炭、脱落、电弧屑过多或其他损坏而堵塞。必要时予以排除。

(2)P0403——废气再循环(EGR)电磁阀控制电路的诊断方法。动力系统控制模块(PCM)监视废气再循环(EGR)阀枢轴位置输入，以确保该阀门正确响应动力系统控制模块的指令。线性废气再循环阀由动力系统控制模块内的点火正电压驱动器和接地电路控制，驱动器能够检测点火正极或接地电路中的电气功能失效。如果出现电气功能失效，驱动器将向动力系统控制模块发送信号设置故障代码 P0403。P0403——废气再循环(EGR)电磁阀控制电路的诊断方法如下：

①断开点火开关，断开废气再循环阀的导线连接器，在导线侧连接器上连接测试灯，在发动机不工作时接通点火开关，用故障检测仪在 0%到 10%之间指令废气再循环，测试灯应该按指令点亮和熄灭。

②用可靠接地的测试灯检测电磁阀控制电路，用故障检测仪在 0%到 10%之间指令废气再循环，查看测试灯是否按指令点亮和熄灭。

③如果步骤②中测试灯按指令点亮和熄灭，则在电磁阀控制电路和接地电路之间连接一个测试灯，用故障检测仪在 0%到 10%之间指令废气再循环，查看测试灯是否按指令点亮和熄灭。如果是，则检查废气再循环阀是否接触不良，如果接触良好，则更换废气再循环阀；如果否，则修理电磁线圈接地电路。

④如果步骤②中测试灯不按指令点亮和熄灭，查看测试灯是否按每个指令一直保持闪亮。如果是，则检查电磁线圈的控制电路与电压是否短路，如果线路良好，则检查动力系统控制模块处是否接触不良，如果接触良好，则更换动力系统控制模块；如果否，则排除电磁阀控制电路与地短路或开路故障。

(3)P0404——废气再循环(EGR)打开位置性能的诊断方法。动力系统控制模块(PCM)监视废气再循环(EGR)阀枢轴位置输入以确保该阀门正确响应动力系统控制模块的指令。当阀按指令打开时动力系统控制模块比较实际废气再循环位置和理想废气再循环位置，当阀按动力系统控制模块指令打开时，若实际废气再循环位置比理想废气再循环位置小 15%时，将设置故障代码 P0404。P0404——废气再循环(EGR)打开位置性能的诊断方法如下：

①进行故障自诊断检测，如果存在故障代码 P0403 和 P0405，则首先排除。

②接通点火开关，在故障检测仪上选择废气再循环阀输出控制功能，增大废气再循环阀开度使其通过所有位置，同时将理想废气再循环位置与真实废气再循环位置进行比较。查看理想废气再循环位置是否在所有指令位置与真实废气再循环位置接近。如果接近，执行步骤③；否则，执行步骤④。

③查看并记录故障检测仪故障记录数据，在故障记录状况内操作车辆，用故障检测仪监视故障代码 P0404 特定故障代码信息，查看故障代码 P0404 是否出现。如果故障代码 P0404 出

现执行步骤④；如果故障代码 P0404 不出现，则检查下列状况：废气再循环枢轴或轴座是否有严重积淀干扰、废气再循环阀枢轴完全伸展或导致枢轴卡滞；动力系统控制模块或废气再循环阀连接器是否端子松脱、匹配接合不良、锁片断裂、端子变形或损坏、端子与导线接触不良；线束是否损坏。

④断开废气再循环阀，将数字式万用表连接在废气再循环阀导线侧连接器上，测量废气再循环枢轴位置传感器接地电路和 5 V 参考 A 电路之间的电压是否为规定的数值(5 V)。如果电压符合要求，则执行步骤⑤；否则，执行步骤⑩。

⑤用连接到蓄电池正极电压上的测试灯在废气再循环阀导线连接器上探测废气再循环阀枢轴位置信号电路，查看测试灯是否点亮。如果点亮，执行步骤⑧；否则，执行步骤⑥。

⑥在 5 V 参考 A 电路和废气再循环阀导线连接器处枢轴位置信号电路之间连接一跨接线，观察故障检测仪上的真实废气再循环位置是否为规定值(100%)。如果真实废气再循环位置为规定值，则执行步骤⑨，否则，执行步骤⑦。

⑦断开点火开关，断开动力系统控制模块，检查废气再循环枢轴位置信号电路是否开路。若发现故障，根据需要进行维修，否则，执行步骤⑬。

⑧断开点火开关，断开动力系统控制模块，将测试灯连接到蓄电池正极电压上，探测废气再循环枢轴位置信号电路，查看测试灯是否点亮。如果测试灯点亮，则确定并排除废气再循环枢轴位置信号电路与接地的短路故障；如果测试灯不点亮，则执行步骤⑫。

⑨测试废气再循环阀端子是否接触不良。若发现故障，根据需要进行维修，否则，更换废气再循环阀。

⑩检查动力系统控制模块和废气再循环阀之间的 5 V 参考 A 电路是否开路和 5 V 参考 A 电路对接地是否短路故障。发现故障则修理线路，否则，执行步骤⑪。

⑪检查废气再循环枢轴位置传感器接地电路是否开路以及废气再循环枢轴位置传感器接地电路对电压是否短路。发现故障修理线路，否则，执行步骤⑬。

⑫检查废气再循环枢轴位置信号电路是否与废气再循环枢轴位置传感器接地电路短路。若发现故障根据需要进行维修；如果线路良好，则更换动力系统控制模块。

⑬在动力系统控制模块上测试与废气再循环阀相关的电路端子是否接触不良。若发现故障根据需要进行维修，如果线路良好，则更换动力系统控制模块。

(4)P0405——废气再循环(EGR)位置传感器电路电压过低的诊断方法。动力系统控制模块(PCM)监视废气再循环(EGR)阀枢轴位置输入信号以确保该阀门正确响应动力系统控制模块的指令，并检测枢轴位置传感器电路开路或短路故障。当动力系统控制模块检测到废气再循环反馈信号电压过低时，将设置故障代码 P0405。P0405——废气再循环(EGR)位置传感器电路电压过低的诊断方法如下：

①接通点火开关，在故障检测仪上选择废气再循环阀输出控制功能，增大废气再循环阀开度，使其通过所有位置，同时，将理想废气再循环位置与真实废气再循环位置进行比较，查看理想废气再循环位置是否在所有指令位置与真实废气再循环位置接近。如果接近，则执行步骤②；否则，执行步骤③。

②查看并记录故障检测仪故障记录数据，在故障记录状况内操作车辆，用故障检测仪监视故障代码 P0405 特定故障代码信息，查看故障代码 P0405 是否出现。如果故障代码 P0405 出现执行步骤③，如果故障代码 P0405 不出现，则检查下列状况：动力系统控制模块或废气再循

环阀连接器是否端子松脱、匹配接合不良、锁片断裂、端子变形或损坏、端子与导线接触不良；线束是否损坏。

③断开废气再循环阀导线连接器，将数字式万用表连接在废气再循环阀导线连接器上，测量废气再循环枢轴位置传感器接地电路和5 V参考A电路之间的电压是否为规定的数值(5 V)。如果电压符合要求，则执行步骤④，否则，执行步骤⑧。

④用连接到蓄电池正极电压上的测试灯在废气再循环阀导线连接器上探测废气再循环阀枢轴位置电路。查看测试灯是否启亮。如果点亮，执行步骤⑦，否则，执行步骤⑤。

⑤在5 V参考A电路和废气再循环阀导线连接器处枢轴位置信号电路之间连接一跨接线，观察故障检测仪上的真实废气再循环位置是否为规定的数值(100%)。如果真实废气再循环位置符合要求则执行步骤⑫，否则，执行步骤⑥。

⑥断开点火开关，断开动力系统控制模块，检查废气再循环阀枢轴位置电路是否开路。若发现故障，根据需要进行维修，否则，执行步骤⑯。

⑦断开点火开关，断开动力系统控制模块，将测试灯连接到蓄电池正极电压上探测废气再循环枢轴位置电路，查看测试灯是否点亮。如果测试灯点亮，则执行步骤⑪，否则，执行步骤⑭。

⑧将测试灯连接到蓄电池正极电压上探测5 V参考A电路，查看测试灯是否点亮。如果测试灯点亮，则执行步骤⑨，否则，执行步骤⑩。

⑨断开点火开关，断开动力系统控制模块，将测试灯连接到蓄电池正极电压上探测5 V参考A电路，查看测试灯是否点亮。如果测试灯点亮，则执行步骤⑮，否则，更换动力系统控制模块。

⑩测试动力系统控制模块和废气再循环阀之间的5 V参考A电路是否开路。若发现故障，根据需要进行维修，否则，执行步骤⑯。

⑪确定并排除废气再循环枢轴位置电路与接地的短路故障。

⑫检查废气再循环阀接触是否不良，以及废气再循环枢轴位置信号电路对废气再循环阀控制电路是否短路。若发现故障根据需要进行维修，否则，执行至步骤⑬。

⑬检查三效催化转化器是否堵塞。如果堵塞则更换三效催化转化器和废气再循环阀，并检查喷油器是否脏堵、卡滞，喷油器驱动电路或动力系统控制模块是否不良。

⑭测试废气再循环阀枢轴位置电路是否对传感器接地电路短路。若发现故障，根据需要进行维修，否则，更换动力系统控制模块。

⑮确定并维修5 V参考A电路中的对接地短路故障。

⑯测试与废气再循环阀相关的电路，检查动力系统控制模块上的端子是否接触不良。若发现故障，根据需要进行维修，否则，更换动力系统控制模块。

从上述4个和EGR系统有关的故障代码的诊断方法可以明显看出，不同的故障代码内容，其检测诊断方法差别是非常大的。根据故障代码P0401的诊断方法，对该车进行检查发现，EGR阀后到节气门体处的管道，被积炭和油泥基本堵死，对该管路进行彻底清洗，并排除该车烧机油故障后，故障彻底排除。

10.查看记录故障代码时的冻结数据祯

OBD-Ⅱ的主要目的就是在将来使汽车排放故障和工作性能故障的诊断工作更加简单和统一。法规规定，任何使故障指示灯点亮的发动机工况都应该被捕捉并记录下来，这些被捕捉的数据被称作冻结数据祯数据。冻结数据祯或称信息捕捉(快照)是OBD-Ⅱ中增加的一个强制性功能,可以捕捉某一时间的一些特定的数据,这是系统在点亮故障指示灯(MIL)的同时记录所有传感器和执行器数据的一种能力。通用汽车公司还拓展了这项功能,使其还包括"故障报告",这和信息捕捉(快照)的作用是一样的,只不过它包括了存储器内的所有故障记录,而不仅仅只是和排放相关电路的故障。无论何时故障指示灯点亮时,相应工况的数据都会被记录到冻结数据祯缓冲器中,后来发现的故障会更新记录的工况数据。对于发动机控制系统而言,在诊断测试有故障时的工况一般包括以下参数:空燃比、空气流速、燃油修正、发动机转速、发动机负荷、发动机冷却液温度、车速、节气门开度(位置)、进气歧管绝对压力传感器或大气压、喷油基本脉冲宽度、开闭环状态。

冻结数据祯或称信息捕捉(快照)最基本的优点就是可以查看设置故障代码时的工作条件。这对于诊断一些间歇性故障尤其有用,维修技术人员可以通过查看故障代码设定时的传感器数据和执行器动作,帮助确定故障产生的原因。

由于失火(misfire)故障和燃油修正故障的数据优先于任何其他故障的数据,所以冻结数据祯数据只能被失火(misfire)故障和燃油修正故障的数据所覆盖。冻结数据祯数据不会被清除,除非相关的历史故障代码被清除。

因此,在进行故障代码分析的过程中,充分利用该故障代码状态下的冻结数据祯数据帮助分析故障可以起到事半功倍的效果。

维修案例:一辆行驶里程为 735 km 的福特福克斯(FOCUS)1.8 L 轿车,行驶中故障指示灯点亮,用 WDS 故障检测仪读取故障代码为 P0171——第 1 排汽缸燃油喷射量过少。

故障分析:该故障代码涉及的面比较广泛,维修人员遇到此类故障代码往往无从下手。如果能够利用该故障代码的冻结数据祯数据帮助进行分析,可以很快确定故障的性质。用 WDS 调出的故障代码 P0171 的冻结数据祯数据如下:

Fuel sys1(燃油控制系统状态):Closed Loop(闭环)

Load(发动机负荷):25.5%

ECT(发动机冷却液温度):92 ℃

SFT(短期燃油修正):7.02%

LFT1(长期燃油修正):24.2%

MAP(进气歧管绝对压力):28 kPa

RPM(发动机转速):2 180 r/min

VS(车速):71 kph

通过上面的冻结数据祯数据,可以看出 ECU 记录故障代码 P0171 时的车辆运转状态,ECU 记录故障代码是由于燃油长期燃油修正达到极限,从数据上看,该故障的根本原因是氧传感器反馈的可燃混合气稀导致的。导致混合气偏稀的原因主要有三个方面:一是汽油压力过低;二是存在真空泄漏;三是可燃混合气燃烧不完全。根据冻结数据祯数据中的 MAP(进气歧管绝对压力)为 28 kPa,可以看出车辆不存在真空泄漏,检测汽油压力符合车辆技术要求。这样,就只有可燃混合气燃烧不良的故障可能性,导致可燃混合气燃烧不良的原因有点火不良、喷油雾化不良、发动机机械不良(汽缸密封不良、配气相位错误等)。上述故障通过检测尾气即可判定,通过尾气分析仪检测尾气,发现排气中 HC 值较高,达到 $1\ 300\times10^{-6}$,同时,氧的含量也偏高,达到 8%,CO_2 的含量只有 11%,根据该检测数据分析,车辆存在点火不良的故障。拆下火花塞检查,发现火花塞的中心电极现出深红色,有明显的铅中毒迹象。由于点火不良,造成部分混合气燃烧不完全,装在排气管中的氧传感器进行混合气浓度的监测，由于氧传感器监测到的排气中氧的含量过高，反馈给 ECU 较低的电压信号，ECU 误认为空燃比过稀，就采用短期燃油修正系数和长期燃油修正系数进行喷油量的调整，直到长期燃油修正系数达到 24.2%，仍然无法将燃油浓度调整到要求，超出了 ECU 的调整极限，ECU 便设置故障代码 P0171。

故障排除：清洗燃油系统，换用含铅量低的燃油，并更换火花塞和氧传感器后，故障排除。

第二节 数据流分析及在汽车故障检测诊断中的应用

数据流是 ECU 对所控制的系统正在运行的控制状态的数量表现形式。在当代汽车维修的过程中，对数据流的分析是解决汽车故障的一个基本手段，也是判断汽车故障的必要过程。使用汽车故障电脑检测仪，可以得到大量的汽车运行数据，使用和分析这些数据，可以帮助技术人员分析故障，找到故障原因。数据流分析是运用各种测试手段对电控系统的各类相关数据参数进行综合分析的过程。

一、数据显示方式和测量手段

1. 数据显示方式

数据显示是对 ECU 串行数据参数的数字表示方式，它对开关量（或称数字量或非连续性）参数可以精确地描述出其状态的变化，但是对模拟量参数特别是高速变化的模拟量因串行输出的原因，只能间断地反映出某个数据参数值的变化，特别是当串行数据较多而刷新速率较慢时。波形显示是对数据参数的连续性图形表示方式，它对开关量和模拟量参数都可以精确描述，特别是对高速变化的模拟量可以准确形象地描述其变化过程的全貌，有利于捕捉突变的信号变化（故障）。

2. 数据测量手段

数据参数的测量手段是获取数据值的具体途径，数据流通常采用电脑通信方式进行测量。电脑通信方式是通过电控系统在数据连接器（诊断座）中的数据通信线将 ECU 的实时数据参数以串行的方式传送给故障检测仪。之所以称其为数据流，是因为数据的传输是像队伍排队一样一个一个通过通信线流向故障检测仪。在数据流中，包括故障代码的信息、ECU 的实时运行参数、ECU 与故障检测仪之间的相互控制指令。故障检测仪在接收到这些信号数据后，按照预定的通信协议将其显示为相应的文字和数码，以便维修人员观察系统现在的运行状态并分析这些内容，发现其中不合理或不正确的信息，进行故障的诊断。故障检测仪有两种，一种称为扫描仪（SCAN TOOL），另一种称为专用故障检测仪。

（1）扫描仪（SCAN TOOL）。扫描仪的主要功能有：ECU 版本的识别、故障代码读取和清除、动态数据参数显示、传感器和部分执行器的功能测试与调整、某些特殊参数的设定、维修资料及故障诊断提示及路试记录等。扫描仪可测试的车型较多，适应范围也较宽，因此，被称为通用型仪器。但它与专用故障检测仪相比，无法完成某些特殊功能，这也是大多数通用仪器的不足之处。

（2）专用故障检测仪。专用故障检测仪是汽车生产厂家的专业测试仪，它除了具备扫描仪的各种功能外,还有参数修改、数据设定、防盗密码设定、更改等各种特殊功能。专用故障检测仪是各汽车厂家自行或委托设计的专业测试仪器,它只适用于本厂家生产的车型。

扫描仪和故障检测仪的动态数据的显示功能不仅可以对电控系统的运行参数(最多可达到百种参数)进行数据分析,还可以观察 ECU 的动态控制过程,因此它具有从 ECU 内部分析控制过程的诊断功能。它是我们进行数据分析的主要手段。

二、数据流常用分析方法

数据流常用分析方法有以下几种,即数值分析法、时间分析法、因果分析法、关联分析法、比较分析法等。

1. 数值分析法

数值分析是对数据的数值变化规律和数值变化范围的分析,即数值的变化,如转速、车速、故障检测仪读值与实际值的差异等。

在电控系统运行时,ECU 将以一定的时间间隔不断接收各个传感器的输入信号和向各个执行器发出控制指令,对某些执行器的工作状态还根据相应传感器的反馈信号再加以修正。我们可通过故障检测仪读取这些信号参数的数值加以分析。

如,系统电压,在发动机未起动时,其值应约为当时的蓄电池电压,在起动后应约等于该车充电系统的电压。若出现不正常的数值,表示充电系统或电控系统可能出现故障(因有些车型的充电系统是由发动机 ECU 控制的),有时甚至是 ECU 内部的电源部分出现故障。

又如,在进行 ABS 系统的测试时,应注意观察四轮的轮速信号值(对四轮 ABS 系统),在未施加制动时,四轮轮速在正常情况下应基本一致(除非 4 个轮在某一时刻行驶在不同附着系数的路面上),在施加制动但 ABS 功能尚未起作用时,四轮轮速会出现不一致,而一旦 ABS 功能起作用,四轮轮速将趋于一致,否则,表示制动系统或电控系统可能存在故障。在某些前轮驱动的车型上,若因半轴外鼠笼损坏更换时,可能未对新鼠笼上的 ABS 信号发生器齿环的齿数和齿环直径进行测量,安装后轮速信号始终错误,ABS 故障指示灯将点亮,故障代码提示轮速错误,但在观察时又有轮速信号,这时应注意各个轮速信号的频率或是电压,在有些系统中可直接读到轮速值。

对于发动机不能起动(起动系统正常)的情况,应注意观察发动机转速信号(用故障检测仪),因大多数发动机电控系统在对发动机进行控制时都必须知道发动机的转速(取信号的方式各车型会不同),否则,将无法确定发动机是否在转动,当然也无法计算进气量和进行点火及喷油的控制。

又如,某些车型冷却风扇的控制不是采用安装在散热器上的温控开关,而是发动机 ECU 接收冷却液温度传感器的电压信号,判断冷却液的温度变化,当达到规定的温度点时,ECU 将控制风扇继电器接通,使风扇工作。如一辆克莱斯勒汽车,发动机起动时间不长,冷却风扇即工作,此时凭手感只有 40~50 ℃,有的人因无法找到真正的故障原因,只得改动风扇的控制电路,用一个手动开关人工控制。根据该车的电路图,可确定该车的风扇是由发动机 ECU 控制的,故接上故障检测仪,没有故障代码存在,但在观察数据时发现,ECU 读取的冷却液温度为 115 ℃。根据该车的设计,发动机电动冷却风扇的工作点为 102~105 ℃,停止点为 96~98 ℃。所以,可以判断,ECU 对风扇的控制电路是正常的,问题在于 ECU 得到的温度信号是不正确的,这可能是由于冷却液温度传感器、导线连接器或 ECU 本身有故障。经检查,发现传感器的阻值不正确，更换后一切正常。有人会问，为什么没有故障代码呢？这是因为该车在故障代码的设定中，只规定了开路（读值一般为－35 ℃以上）和短路（读值一般为 120 ℃以上）状态，并不能判断传感器温度值是否反映实际温度值，当然也就无法给出故障代码了。从此例中可看出，应注意测量值和实际值的关系，对一个确定的物理量，不论是通过故障检测仪或直接测量得到的值与实际值应差异不大（因测量手段不同），否则，就可能是测量值有问题了。

采用数值分析法的关键是诊断车型的标准数据，只有知道了该车型在该状态下的标准运行数据，我们将实际检测值和标准数据进行比较，可以非常直观地判断故障所在。例如，大众奥迪车系统的可变气门正时系统，进排气凸轮轴的正时安装是否正确，在数据流中利用"凸轮轴位置传感器的相位偏差"参数表示，奥迪 A6 轿车六缸发动机（包括奥迪 A6 2.4 L 车型的 APS 和 BDV 发动机，2.8 L 车型的 ATX 和 BBG 发动机），可以通过 01－08－093 数据组的第 3 区和第 4 区数据进行检查，第 3 区数据代表 1、2、3 缸的配气正时，第 3 区数据代表 4、5、6 缸的配气正时；对于奥迪 A6 轿车 1.8T 车型的 AWL 发动机和奥迪 A4 轿车 1.8T 车型的 BFB 发动机，可以通过 01－08－093 数据组的第 3 区数据进行检查；对于奥迪 A6 轿车 1.8 L 车型、上海帕萨特 B5 车型和奥迪 200 车型的 ANQ 发动机，可以通过 01－08－025 数据组的第 2 区数据进行检查。在发动机配气正时准确无误的情况下，其数据应为－3°kw～3°kw。例如，一辆行程为 12 万 km 的奥迪 A6 1.8T(M/T)轿车，冷热车均不易起动，特别是冷车时故障表现更为明显。发现该车存在故障代码 17748，该故障代码的含义是"凸轮轴位置传感器或曲轴位置传感器位置装错"，用故障检测仪进行动态数据流检测，发现 01－08－093 数据组的第 3 区显示数据为 25°kw，明显和标准值不相符合。进排气凸轮轴上的花键槽之间应该有 16 个传动链节，经核对发现该车进排气凸轮轴上的花键槽之间却是 17 个传动链节。将进排气凸轮轴上的花键槽之间的传动链节调整为 16 个后装复，用故障检测仪再次进行动态数据流检测，发现 01－08－093 数据组的第 3 区显示数据为－1°kw，表明配气正时准确无误，故障代码 17748 也不再出现，经试车故障完全排除。

再如，一辆 2001 款奥迪 A6 2.8 L 轿车挂 D 挡车辆冲击，倒挡正常，行驶中急加速时变速器跳挡冲击。该车已经对自动变速器进行了大量的维修，故障始终无法解决。该变速器的控制油压是不可测量的，但是可以通过电磁阀的工作电流来间接观察，电磁阀的工作电流影响自动变速器的换挡品质。用 VAS5052 进入 08－06 读取数据流，发现电磁阀 N91、N92、N93 的控制电流如表 5-3-6 所列。而原厂维修手册中给出的标准工作电流为 0.1 ～0.8 A，其实这个范围是相当大的，对实际的维修指导意义不大。但是，我们应该清楚，该工作电流仅仅是 ECU 的输出结果，那么自动变速器 ECU 是根据什么参数来得出准确的工作电流呢？也就是数据之间的因果关系或者逻辑关系，其实这对分析车辆的故障非常重要。自动变速器 ECU 要尽量让自动变速器换挡平顺进行，在进行换挡控制的时候势必要和发动机 ECU 协调一致，也就是说，自动变速器 ECU 在计算电磁阀的工作电流时必须知道发动机的基本状况——发动机转速、发动机负荷、节气门开度等信息，以便在进行换挡时适当降低换挡油压，在换挡完成后再调节油压，让换挡执行机构顺利执行。由此可见，错误的发动机电控系统数据对自动变速器的换挡品质有很大的影响，是自动变速器 ECU 计算电磁阀工作电流的前提条件。因此，在判断该车自动变速器故障之前首先应该确认发动机系统的相关参数符合要求，为此，用 VAS5052 读取数据流（主要数据见表 5-3-7）。从该数据来看，空气质量流量数据和节气门开度数据错误，据此清洗节气门控制单元用 VAS5052 进入 01－04－060 进行节气门控制单元基本设定并更换空气流量传感器后试车,故障排除。再次测量相关参数,正常运行的参数见表 5-3-8。

奥迪 A6 2.8L 轿车自动变速器电磁阀 N91、N92、N93 的控制电流　　表 5-3-6

电磁阀	P 挡时	R 挡时	D 挡时
N91	0.682 A	0.432 A	0.418 A
N92	0.724 A	0.724 A	0.724 A
N93	0.691 A	0.345 A	0.691 A

发动机电控系统数据实测参数　　表 5-3-7

冷却液温度	发动机转速	喷油脉宽	空气质量流量	节气门开度
93 ℃	740 r/min	2.8 ms	3.9 ~4.2 g/s	7 °∠

故障排除后的相关参数　　表 5-3-8

冷却液温度	发动机转速	喷油脉宽	空气质量流量	节气门开度	电磁阀 N91 工作电流	电磁阀 N92 工作电流	电磁阀 N93 工作电流
93 ℃	740 r/min	2.5 ms	2.4 ~2.6 g/s	小于 3°∠	D 挡 0.312 A	D 挡 0.724 A	D 挡 0.691 A

2. 时间分析法

时间分析是对数据变化的频率和变化周期的分析。

ECU 在分析某些数据参数时,不仅要考虑传感器的数值,而且要判断其响应的速度,以获得最佳的控制效果。如氧传感器的信号,不仅要求有信号电压和电压的变化,而且信号电压的变化频率在一定时间内要超过一定的次数(如某些车要求大于 6~10 次/10 s),当小于此值时,就会产生故障代码,表示氧传感器响应过慢。有了故障代码的故障是比较好解决的。但当次数并未超过限定值,而又已经反应迟缓时,并不会产生故障代码。此时如仔细体会,可能会感到一些故障症状。可接上故障检测仪观察氧传感器的数据(包括信号电压和在 0.45 V 上下的变化状态以判断传感器的好坏)。比如奥迪车,当氧传感器的响应迟缓时,往往在 1 600~1 800 r/min出现转速自动波动(加速踏板不动)约 100 ~200 r/min,甚至影响加速性能。这往往是由于氧传感器响应迟缓,导致空燃比变化过大,造成转速的波动。还有对采用 OBD-Ⅱ系统的车,三效催化转化器前后氧传感器的信号变化频率是不一样的。通常后氧传感器的信号变化频率至少应低于前氧传感器的一半,否则,可能是三效催化转化器的转化效率已减低了。

又如,奥迪车的机油压力报警系统采用高低压报警,其规定在怠速时,当低压传感器(通常安装在汽缸盖后侧)处的压力小于 30 kPa 时要报警,而在 2 000 r/min±50 r/min 时,主油道压力(传感器安装在机油滤清器处)低于 180 kPa 时高压要报警。有一个车却在怠速时,高压报警,经检查是转速信号错误,更换点火模块后,系统正常。因为机油压力报警系统是从点火模块处获得转速信号的,在怠速时,实际转速为 800 r/min±50 r/min,而机油压力报警系统得到的转速信号却已接近 2 000 r/min,可这时的机油压力不会达到 180 kPa,自然会报警了。

例如,一辆奥迪 A6 1.8T(手动变速器)轿车发动机怠速运转时偶尔抖动一下,间隔 2 ~3 min一次,发动机起动、加速等一切正常。用 VAS5052 进入 01－08－02 读取数据流,实测数据见表 5-3-9。从第 4 显示区可以看出,空气质量流量数据随着时间推移和故障的出现在 0.3 ~3.5 g/s(正常值为 2.0 ~4.0 g/s,小于 2.0 g/s 说明空气流量传感器处漏气,大于

4.0 g/s说明发动机有额外负荷）呈现周期性的频繁跳动，从而说明进气系统存在漏气故障。经检查，发现空气滤清器壳体与进气软管处的下部由于卡箍没有卡接好，造成漏气，处理后故障排除。

奥迪 A6 1.8T 轿车发动机系统 002 组实测数据　　表 5-3-9

发动机转速	发动机负荷	喷油脉宽	空气质量流量
800 r/min	2.20 ms	4.37 ms	0.3 ～3.5 g/s(跳动频繁)

再如，一辆 2003 款丰田陆地巡洋舰 4700 车（自动变速器）事故维修后，行驶中当车速超过 55 km/h 时，仪表板上的 SLIP 灯点亮，同时防侧滑等复合控制功能起作用，自动控制发动机转速并伴有制动减速，当车速降至 30 km/h 左右，车辆又恢复正常，SLIP 灯熄灭，无法高速行驶。用故障检测仪进入动态数据流状态观察，在行驶中各个车轮速度传感器参数数据正常，车身偏摆、减速度传感器及 ABS 系统各执行器参数无异常现象，但是在反复路试中发现，当车辆在正直方向行驶时，转向角度传感器的参数值始终在 75°左右不变，而正常情况下该值应该在 0°～10°变化，故障车辆的转向角度传感器参数值始终在 75°无法随着转向盘转动变化，这无疑是向 ECU 提供了一个转向角度与实际车速不成正比的错误信号，即高车速时出现了超大的转向角度。为了保持车辆高速行驶的安全及稳定性，ABS、发动机 ECU 及相关系统相互对发动机转矩、制动减速等进行综合控制，导致出现故障现象。分析认为，是事故维修时未对车身进行校正，车身的变形影响了车辆的正常定位，在车辆进行车轮定位时改变了转向盘转向角度传感器的原始位置。对车辆进行车身校正重新进行车轮定位后，故障排除，当车辆在正直方向行驶时，转向角度传感器的参数在 0°～10°变化。

3.因果分析法

因果分析是对相互联系的数据间响应情况和响应速度的分析。

在各个系统的控制中，许多参数之间是有因果关系的。如 ECU 得到一个输入，肯定要根据此输入给出下一个输出。在认为某个过程有问题时，可以将这些参数连贯起来观察，以判断故障出现在何处。

如在自动空调系统中，通常当按下空调选择开关后，该开关并不是直接接通空调压缩机离合器，而是该开关信号作为空调请求或空调选择信号被传送给发动机 ECU，发动机 ECU 接收到此信号后，检查是否已满足设定的条件，若满足，就会向空调压缩机继电器发出控制指令，接通空调压缩机继电器，使空调压缩机工作。所以，当空调不工作时，可观察在按下空调开关后，空调请求（选择）、空调允许、空调压缩机继电器等参数的状态变化，以判断故障点。

又如，现在许多车上都装有 EGR（废气再循环）系统，该装置的作用主要是降低排气中的 NO_X（氮氧化物）。通常 ECU 是根据反馈传感器（如 EGR 温度传感器、EGR 位置传感器、DFPE 传感器或其他传感器等）来判断 EGR 阀的工作状态。当有 EGR 系统未工作的故障代码出现时，应首先在相应工况下观察 ECU 对 EGR 控制电磁阀的输出指令和反馈传感器的值，若无控制输出，可能工况条件不满足或 ECU 有故障。若反馈值没有变化，则可能是传感器、线路或 EGR 阀（包括废气通道）有问题。此时可直接在 EGR 阀上施加一定的真空（发动机在怠速时），若发动机出现明显抖动或熄火，则说明 EGR 阀本身和废气通道无问题，故障可能在传感器、线路或 ECU 上，应检查电路。若无明显抖动，则可能是 EGR 阀或废气通道有问题，属于常规机械故障。

例如，一辆丰田佳美轿车慢加速后松加速踏板发动机易熄火，转速常常下降至 400 r/min 以下。读取数据流发现：怠速时，节气门位置传感器的怠速开关为“闭合”状态，节气门位置传感器信号电压为 0.3 V(标准信号电压为 0.5 V)，稍微偏低，怠速步进电动机的步数为 30 步；当踩下加速踏板进行加速时，步进电动机步数从 30 步下降至 2 步，怠速开关的状态依然为“闭合”；当发动机转速上升至 1 800 r/min 时，怠速开关从“闭合”转为“断开”，此时步进电动机步数从 2 步迅速上升至 50 步左右。这里节气门开度数据、怠速开关状态数据和步进电动机步数之间具有因果关系：在正常情况下，怠速开关在发动机怠速运转状态下处于“闭合”，一旦踩加速踏板加速，怠速开关便立即由“闭合”转换为“断开”，以向 ECU 传输发动机脱离怠速状态的信息；正常情况下，当车辆由怠速状态开始加速时，ECU 依据怠速开关状态信号控制怠速步进电动机将怠速通道打开，以增大进气量，所以，怠速步进电动机步数应该由怠速时的步数提高到 50～70 步，为车辆的减速做好缓冲的准备。由发动机转速到 1 800 r/min，怠速开关状态由“闭合”转为“断开”后，步进电动机步数便从 2 步迅速上升到 50 步左右，所以在 1 800 r/min 以前 ECU 一直认为车辆是在怠速工况，虽然车辆在加速，但是 ECU 是以怠速开关信号为准，即进行怠速稳定控制，因此，当发动机转速上升时，ECU 便指令怠速步进电动机关小进气量以促使转速下降，由于踩下加速踏板使节气门有了一定开度，大量气体从主进气道流入汽缸使发动机转速上升，而步进电动机将怠速气道几乎关闭；当继续加速至发动机转速大于 1 800 r/min 时，怠速开关打开，ECU 认为车辆此时进入加速工况，为满足加速工况的要求，ECU 将步进电动机开大。从上述的因果关系分析中我们不难发现，该车的故障是由于节气门位置传感器固定位置不准确引起的，对节气门位置传感器进行调整，使怠速开关在节气门刚刚开启时即打开，使节气门位置传感器初始信号电压为 0.5 V 之后，故障排除。

4.关联分析法

关联分析是对互为关联的数据间存在的比例关系和对应关系的分析(指几个参数之间逻辑关系)。

ECU 有时对故障的判断是根据几个相关传感器信号的比较，当发现它们之间的关系不合理时，会给出一个或几个故障代码，或指出某个信号不合理。此时一定不要轻易地断定是该传感器不良，而要根据它们之间的相互关系作进一步的检测，以得到正确的结论。

如，韩国大宇某些车有时会给出节气门位置传感器信号不正确，但无论用什么方法检查，该传感器和其设定值都无问题。而若你能认真地观察发动机转速信号(用仪器或示波器)，就会发现发动机转速信号不正确，更换分电器中的发动机转速传感器后，故障排除。故障原因是 ECU 在接收到此时不正确的转速信号后，并不能判断出转速信号是否正确(因无比较量)，而是比较此时的节气门位置传感器信号，认为其信号与接收到的错误转速信号不相符，故给出节气门位置传感器的故障代码。

又如，一辆捷达车，在检查时给出空气流量传感器信号不合理，若简单地更换空气流量传感器就可能导致错误的修理。此时应想一想，为什么没给出空气流量传感器开路或短路(与地或 B+)的故障，而是指出不合理呢？那么这个不合理是相对于哪几个传感器信号而言的呢？实际上，ECU 是根据发动机转速、节气门位置信号与空气流量传感器信号的比较来确定的。在进一步的检查中，发现节气门位置传感器的最大和最小学习值与规定值不符，且无法正确完成基本设定(始终输出错误信号)，故基本确定是节气门位置传感器故障。更换节气门体总成并进行基本设定后，故障排除。

再如，一辆上海通用别克君威(Regal)3.0 GS轿车，空调压缩机不工作。上海通用别克君威(Regal)3.0 GS采用C68全自动空调，空调请求信号由二级串行数据线传递，没有专门的空调请求信号线，如图5-3-7所示。HVAC控制器将空调请求信号通过二级串行数据线传至动力系统控制模块(PCM)的C1—58端子，PCM经分析，认为如果需接通空调压缩机，则先提升发动机转速，然后其C2—39端子接地，空调压缩机继电器工作，触点闭合，空调压缩机电磁离合器吸合，空调压缩机工作。在以下情况，PCM切断空调压缩机：节气门开度大于90%；空调系统压力超过3 080 kPa(4.27 V)或低于287 kPa(0.35 V)；系统电压低于10 V；发动机转速超过4 700 r/min；发动机冷却液温度高于125 ℃；进气温度低于5 ℃；动力系统控制模块(PCM)与空调控制模块(HVAC)通讯故障。连接TECH 2，测量PCM数据流中空调请求信号为“是”(即PCM已收到空调请求信号)，空调压缩机控制信号显示“关”。既然PCM正确接收到空调请求信号，那么为什么空调压缩机控制信号显示“关”呢？利用关联分析，此时应该检查PCM是否接收到的信号不允许空调压缩机工作，根据上述分析，应检查发动机冷却液温度、节气门开度、进气温度(环境温度)及空调系统压力等信号是否正常。用TECH 2阅读PCM中上述相关参数，发现空调压力传感器信号高达4.9 V。在空调压缩机不工作时，空调压力超过了切断压力，这显然不正常。更换空调压力传感器后，故障排除。

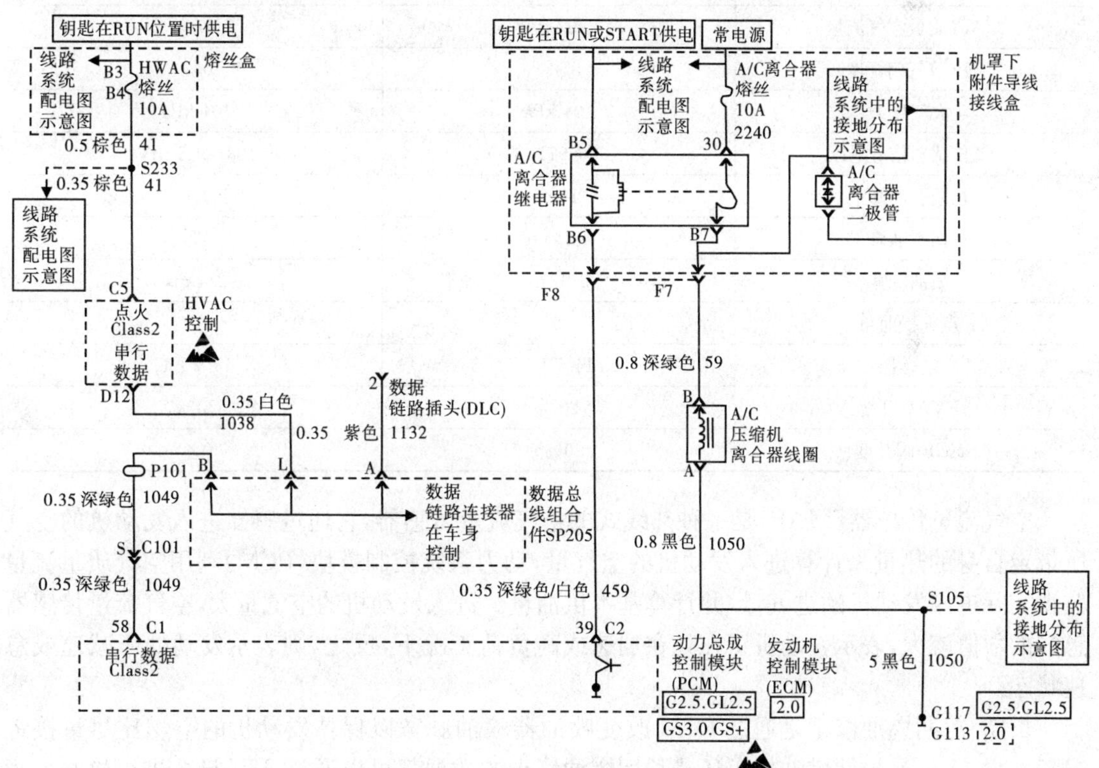

图5-3-7　上海通用别克君威GS车C68全自动空调系统电路

5. 比较分析法

比较分析是对相同车种及系统在相同条件下的相同数据组进行的对比分析。在很多时候，我们没有足够的技术资料和详尽的标准数据，无法很准确地断定某个器件的好坏。此时可与同类车型或同类系统的数据加以比较。当然在修理中，很多人会使用替换实验进行判断，这也是一种简单的方法。但在进行时，注意应首先做一定的基本诊断，在基本确定故障趋势后，再替换被怀疑有问题的器件，不可一上来就换这换那，其结果可能是换了所有的器件，仍未发现问题。再一个要注意的是，用于替换的器件一定要确认是良好的，而不一定是新的，因新的未必是良好的。这是做替换实验的基本准则。

例如，一辆 2000 款上海通用别克新世纪 3.0 轿车，加速无力，且仪表板上的发动机故障指示灯常亮。用 TECH 2 读取故障代码为 P0171，表示燃油微调系统过稀。起动车辆，使车辆运行到闭环状态，用 TECH 2 检测发动机的各项数据，并与正常数据进行对比（表 5-3-10）。

根据表 5-3-10 所列的实测数据与正常数据的对比，我们很容易发现：MAF 数据、长期燃油修正、短期燃油修正 3 个数据与正常数据有所不同。

上海通用别克新世纪 3.0 轿车发动机实测数据与正常数据的对比 表 5-3-10

项目	实测数据	正常数据
发动机怠速转速	737 ～749 r/min	737～749 r/min
发动机设定怠速转速	720 r/min	720 r/min
ECT（冷却液温度）	94 ℃	94 ℃
IAC（怠速空气控制）	24 步	24 步
MAF（质量空气流量）	2.92 g/s	3.67 g/s
TP（节气门开度）	0%	0%
大气压力	104 kPa	104 kPa
氧传感器信号电压	108～911 mV	108～911 mV
长期燃油修正	19%	0%
短期燃油修正	3%	0%
喷油脉宽	2.4 ms	2.4 ms
点火提前角	20°	20°
空燃比	14.7∶1	14.7∶1
EVAP 开度	20%	20%
EGR 阀开度	0%	0%

空气流量传感器（MAF）是一种热线式的空气流量传感器，它通过感知进入发动机的空气所带走自身的热量来计算进入发动机的空气量，动力系统控制模块（PCM）利用空气质量流量监视实际进入发动机的进气量，并计算基本供油量。进入发动机的空气量大，空气流量传感器感知的数值就大，表示发动机正在处在加速或高负荷工况下，反之，则表示发动处于减速或怠速状态。

长期/短期燃油修正是通过 PCM 改变喷油器喷油脉宽以保持发动机的空燃比尽量接近 14.7∶1。无论是短期燃油修正还是长期燃油修正的数据都可以通过 TECH 2 进行检测。短期燃油修正和长期燃油修正之间重要的差别是前者表示短时期的小变化，而后者表示长时期的较大变化。短期燃油修正是发动机电控系统的一部分。当发动机处于闭环状态时，短期燃油修正将对空燃比进行小的、临时的修正。短期燃油修正连续不断地监测来自氧传感器的输出电压，并以 0.45 V 为参考点。当发动机处于闭环状态时，氧传感器的信号电压应在 0.1～0.9 V 的恒定范围内变化。当 PCM 监测到的氧传感器电压在参考点 0.45 V 附近稳定地变化时，PCM 就连续地调整供油量，以保证发动机的空燃比尽量接近 14.7：1。短期燃油修正的数值用－100%～＋100%的百分比表示，中间点为 0%。如果短期燃油修正的数值为 0%，则表示空燃比为理想值 14.7：1，混合气既不太浓，也不太稀。如果短期燃油修正显示高于 0%的正值，则表示混合气较稀，PCM 在对供油系统进行增加喷油量的调整。如果短期燃油修正显示低于 0%的负值，则表示混合气较浓，PCM 在对供油系统进行减少喷油量的调整。如果混合气过稀或过浓的程度超过了短期燃油修正的范围，这时就要进行长期燃油修正(图 5-2-11)。

长期燃油修正值是由短期燃油修正值得到，并代表了燃油偏差的长期修正值。如果长期燃油修正显示 0%，表示为了保持 PCM 所控制的空燃比，供油量正合适；如果长期燃油修正显示的是低于 0%的负值，则表明混合气过浓，喷油量正在减少(喷油脉宽减小)；如果长期燃油修正显示的是高于 0%的正值，则表明混合气过稀，PCM 正在通过增加供油量(喷油脉宽增大)进行补偿。长期燃油修正的数值可以表示动力控制模块已经补偿了多少。尽管短期燃油修正可以更频繁地对燃油供给量进行范围较广的小量调整，但长期燃油修正可以表示出短期燃油修正向稀薄或浓稠方向调整的趋势。长期燃油修正可以在较长时间后将朝所要求的方向明显地改变供油量。随着条件的变化，PCM 检查适当的数据组，用于计算准确的喷油脉宽，该数据组数值应为 0%。如果短期燃油修正与 0 差距较大，长期燃油修正将改变该数值，将短期燃油修正重新调定到 0%。

短期燃油修正和长期燃油修正的数值，可以帮助维修人员判断混合气过浓或过稀是由燃油喷射系统内部故障引起的，还是由相关传感器故障造成的。从上述分析可见，长(短)期燃油调整具有以下几个特点：

(1)在闭环工况下起作用；

(2)PCM 通过对喷油量进行微调来控制空燃比；

(3)短期燃油修正是 PCM 依据氧传感器的电压信号进行喷油量的修正；

(4)长期燃油修正是 PCM 通过对短期燃油修正(长时间修正的趋势)的计算得来的，其目的是尽可能地让短期燃油修正的数值接近 0%，如果长期燃油修正的数值超过 5%，则表示发动机系统有故障，应该进行检查。

供油量变化可以通过故障检测仪进行监视的长期和短期燃油修正值表示出来，理想的燃油修正值接近 0%。如果加热氧传感器信号指示混合气过稀，动力系统控制模块将增加喷油脉宽，使燃油修正值稍稍高于 0%；如果检测到混合气过浓，燃油修正值将稍稍低于 0%，表示动力系统控制模块正在减少供油量。动力系统控制模块控制长期燃油修正的最大值在－25%～＋20%，动力系统控制模块控制短期燃油修正的权限在－27%～＋27%。

通过上述分析，MAF 是提供主要喷油量的信号。PCM 根据 MAF 的信号来确定增加或减少喷油量，而短期燃油修正是 PCM 对喷油量过多或过少的实时反馈，长期燃油修正是 PCM 对喷油量总结的规律。

相同转速下，发动机的进气量是相同的。该上海通用别克新世纪 3.0 GS 故障车的大气压力信号和 EGR 数据正常，说明没有真空漏气现象，而 MAF 传感器感知的进气量却比正常的数值少，喷油脉宽和空燃比都很正常，说明喷油量并没有根据 MAF 传感器感知的进气量的减少而减少，而氧传感器的跳动数据也很正常，这说明氧传感器是好的。另外，长期燃油修正值已经接近 19%的最大加浓权限，说明 PCM 正在根据短期燃油修正值在控制增加喷油量，也就是说 MAF 信号减小后，造成 PCM 对发动机喷油量的减少，当反馈信号感知混合气过稀时，为了保证理论空燃比 14.7∶1,PCM 会根据反馈信号逐步增加喷油量,直到离理论空燃比最近为止。

通过数据对比,很容易分析出该车加速无力的故障是由空气流量传感器失准造成的。检查 MAF 传感器发现传感器并没有脏,而是发现 MAF 传感器前部的整流网有太多的杂物,影响了进入 MAF 传感器内部的空气流向,使一部分空气没有被 MAF 传感器感知到就进入了发动机,所以信号失准,混合气过稀,从而引起发动机加速无力的故障。清洁 MAF 传感器及整流网后,所有数据正常,故障排除。

又如,一辆一汽奥迪 A6 1.8 L MT 轿车尾气有异味,轻微冒黑烟,但油耗为 10 L 并没有增加,用 VAG1552 检测发动机 ECU 中存储有故障代码 00561,含义为混合气调整超出极限。由于该车冒黑烟,于是查看与氧传感器有关的数据,01－08－007 数据组在发动机怠速运转时第 1 区和第 2 区数据分别为－25％和 0.815 V。第 1 区为混合气形成控制值,正常为－10％～＋10％,且随氧传感器对喷油量的修正而稍有波动,该车为－25％,表明发动机 ECU 在减少喷油量。第 2 区为氧传感器电压,其值应随混合气的浓稀在 0.2～0.8 V 内频繁变化,并且稀混合气电压为 0.2～0.4 V,浓混合气为 0.6～0.8 V。该车氧传感器电压为 0.815 V,表示混合气过浓,与冒黑烟的事实相吻合。

为什么氧传感器判定为混合气过浓,但不减少喷油量以形成适宜的混合气?电喷发动机的喷油时间主要决定于发动机进气量和发动机转速,而氧传感器仅在一定范围内对喷油量进行修正。该车在怠速时氧传感器使得喷油量减少 25％,已远远超过－10％～＋10％的标准值。由于氧传感器调节已达到极限,但混合气还是过浓,所以,发动机 ECU 记录故障代码 00561。为此,把问题集中到决定喷油量的空气流量传感器上,用 VAG1552 进 01-08-002 数据组(表 5-3-11)。表 5-3-11 所列 01-08-002 组第 4 区数据的进气量为 7.6～7.8 g/s,而在怠速下标准值为 2.0～4.0 g/s,其值明显偏大;第 2 区为曲轴每转内的理论喷油时间;第 3 区为发动机每工作循环的实际喷油时间。实际喷油时间是在理论喷油时间的基础上经过修正而来,大约是理论喷油时间的 2 倍,而该车却相差无几。经过和正常车辆的实测数据进行关联分析,更加证明空气流量传感器信号过大,理论喷油时间较长,而经修正后实际喷油时间明显变短。但由于修正超过了极限,仍不能形成适宜的混合气。既然混合气过浓,但油耗为什么还正常呢?再次进 01-08-007 数据组,在发动机怠速时,第 1 区和第 2 区为－25.0％和 0.815 V,而踏下加速踏板后,其值变为－2.0％～3.7％和 0.2～0.8 V,这说明在其他工况下混合气正常。而车辆一般情况下在怠速工况运行时间较短,怠速时混合气过浓,对油耗影响并不大。经过上述分析,认为空气流量传感器损坏,更换空气流量传感器后故障排除。

一汽奥迪 A6 1.8 L MT 轿车实测数据和正常车辆数据比较　　表 5-3-11

含义	01-08-002 组数据				01-08-003 组数据
	第 1 区	第 2 区	第 3 区	第 4 区	第 3 区
	发动机转速	理论喷油时间	实际喷油时间	进气量	冷却液温度
故障车实测数据	820～840 r/min	3.7 ms	3.52 ms	7.6～7.8 g/s	98 ℃
正常车实测数据 1	820～880 r/min	1.63 ms	2.56 ms	3.1 g/s	91 ℃
正常车实测数据 2	840 r/min	1.51 ms	2.82 ms	3.0 g/s	94 ℃
维修后实测数据	820～840 r/min	1.47 ms	2.74 ms	2.8 g/s	98 ℃

6.成组分析法

所谓成组分析就是将相关的几个数据组成一组，通过观察相互之间的比例关系或者协调性进行数据分析的一种方法。

例如，我们在对自动变速器车辆进行液力变矩器和自动变速器挡位传动是否存在打滑故障判断的时候，可以将发动机转速传感器、自动变速器输入轴转速传感器(也称涡轮转速传感器)和自动变速器输出轴转速传感器这 3 个转速传感器组成一组，为了说明问题，我们假设液力变矩器没有损失(实际上有损失，可以通过测量实际车辆得知正常的液力变矩器损失)，自动变速器处于直接挡(传动比为 1∶1，其他挡位可以用各挡的传动比进行折算)传动。按照上述假设，如图 5-3-8 所示，如果得出“数据组 1”的数据，我们通过数据便可以分析出液力变矩器、自动变速器的直接挡传动均正常；如果得出“数据组 2”的数据，我们通过数据便可以分析出经过液力变矩器后，转速损失了 1/3，从而说明液力变矩器损坏，但是自动变速器的直接挡传动正常；如果得出“数据组 3”的数据，我们通过数据便可以分析出液力变矩器正常，但是，经过自动变速器的直接挡传动后转速损失了 1/3，说明自动变速器的直接挡传动存在打滑现象。

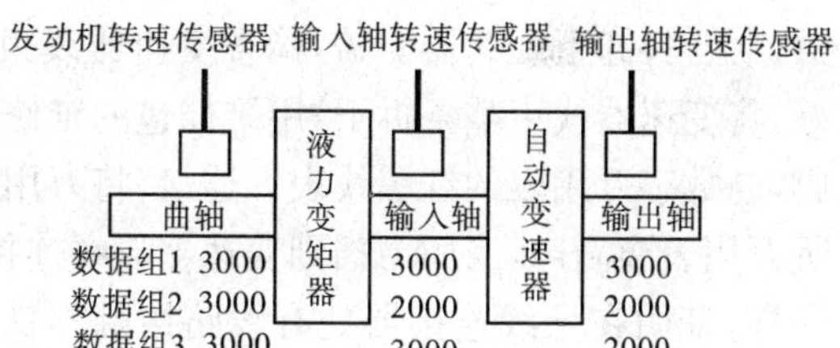

图 5-3-8 数据分析示例

再如，一辆上海通用别克 GL8 商务车，故障指示灯点亮，存储有故障代码 P1860 和 P1811。首先分析故障代码 P1860，其含义是“液力变矩器离合器脉宽调制电磁阀电器故障”。点火开关电压加到液力变矩器离合器脉宽调制电磁阀上，动力系统控制模块(PCM)控制电磁阀的反向荷载周期，液力变矩器离合器脉宽调制电磁阀调节液力变矩器离合器油压，以控制液力变矩器离合器的接通和分离。当 PCM 让电磁阀断开时，PCM 将检测到过高的电压；当 PCM 让电磁阀接通时，PCM 将检测过低的电压。任何时候，如果 PCM 检测到电压限值不符合标定要求，就会设置故障代码 P1860。该故障属于 B 类故障，故障代码 P1860 将存储在 PCM 存储器中。第一次出现故障时，故障指示灯会点亮，如果自动变速器没有处于热态模式，PCM 会阻止液力变矩器离合器接合和进入 4 挡，PCM 使换挡自适应无效。设置故障代码 P1860 的条件是：系统电压是 9 ～16 V；发动机转速大于 500 r/min 达 5 s；脉宽调制电磁阀占空比大于 90％时，PCM 检测到过低的电路电压；脉宽调制电磁阀占空比小于 10％时，PCM 检测到过高的电路电压；发动机没有处在燃油切断模式；所有条件满足达 5 s。再分析故障代码 P1811，其含义是最大自适应和换挡时间长，属于 C 类故障，它不会点亮故障指示灯。综合分析，造成发动机故障指示灯亮的原因是 PCM 检测到过高或过低的电路电压。如果 TCC 电磁阀、线路、PCM 存在故障等均会造成故障代码 P1860 的产生。使用 TECH 2 进入数据清单——变速器数据清单——变速器数据。利用选项功能将 TCC 释放压力、TCC 荷载周期断路/对地短路、TCC 荷载周期对电压短路三项数据选在一起(表 5-3-12)，显示在 TECII 2 上以便观察。在试车过程中偶尔(二次)发现 TCC 荷载周期断路/对地短路这一项由“否”变为“是”，时间很短，其他二项没有变化。特别是“TCC 荷载周期对电压短路”这一项中如果线路有短路，在 TECH 2 显示屏上会由“否”变为“是”。

上海通用别克 GL8 商务车 4T65E 型自动变速器动态数据分析　表 5-3-12

项　目	显示结果	显 示 说 明
TCC 释放压力	是或否	该参数是 TCC 释放开关正常、关闭的状态，显示“是”表示 TCC 释放开关接通，存在 TCC 释放油液压力，并且 TCC 释放；显示“否”表示 TCC 释放开关关闭，不存在 TCC 释放油液压力，并且 TCC 启用
TCC 荷载周期断路/对地短路	是或否	该参数表示在到 PCM 的 TCC PWM 电磁阀反馈信号中是否存在对接地的开路或短路
TCC 荷载周期对电压短路	是或否	该参数表示在到 PCM 的 TCC PWM 电磁阀反馈信号中是否存在对蓄电池 B+的短路

根据上述数据检测结果，判断线路还是存在断路现象的正是 PCM 控制电磁阀的荷载周期。如图 5-3-9 所示，与 TCC 电磁阀连接的有两条线，一条是红线（E 脚），为熔断丝点火 1 号供电（变速驱动桥 10 A），同时也是 1－2 挡换挡电磁阀、2－3 挡换挡电磁阀的供电线，如果供电线有故障，会影响到 1－2 和 2－3 挡换挡电磁阀工作，并设置相应的故障代码；另一条是棕黄色线（T 脚），单独与 TCC 电磁阀连接。因变速器线束（红线和棕黄色是其中两条）装在变速器侧盖里，卸下变速器侧盖，检查变速器线束，线束固定很好，TCC 电磁阀导线连接器连接良好，将变速器线束整条拆下，用维修包的维修插针连接插头的 T 脚（棕黄色线）和 TCC 电磁阀脚，与数字万用表的红黑线表针连接，将万用表挡位调至二极管档，一边慢慢地摇动线束，一边听万用表滴滴声，当用力摇到变速器导线连接器靠近 T 脚处时，滴滴声时断时响，重复几次都一样，证明在导线连接器处有线路接触不良现象，把线束里的胶套撬开检查，发现线与 T 脚插针大部分已脱焊，由于胶套作用，线与 T 脚插针还是连在一起。稍微用力，线与 T 脚插针就脱开了。考虑该变速器曾存在 P1811 故障代码，更换变速器内线束和压力控制电磁阀(PC)、1－2和 2－3 挡换挡电磁阀并用 TECH 2 对变速器的 TAP 参数进行重新设定，故障排除。

汽车故障诊断数据分析，是汽车维修中对汽车技术状况进行检验的技术手段，是保证汽车各项性能指标良好的标准。汽车维修技术的提高也就要求检测方法的标准化。维修人员只有掌握真正的原理和每个传感器的作用，找到各个数据之间的联系，才能快速查找到故障原因。

三、数据流分析的一般步骤

1. 有故障代码时

在进行故障代码分析并确认有故障代码存在时，一方面可以利用查看记录故障代码时的冻结数据祯，确认故障代码发生时的车辆运行工况，同时可以使车辆在冻结数据祯提示的工况下进行故障验证，从而快速准确地确定故障部位（参见故障代码分析的相关内容）；另一方面可以直接找出与该故障代码相关的各组数据进行分析，并根据故障代码设定的条件分析故障代码产生的原因，进而对数据的数值波形进行分析，找出故障点。

例如：东风雪铁龙爱丽舍 SX1 型轿车（装备 AL4 行自动变速器），仪表板上“S”和“＊”灯偶尔交替闪烁，且自动变速器升挡过迟。用 PROXIA 检测自动变速器 ECU，读取故障代码，发现有表 5-3-13 所列故障。

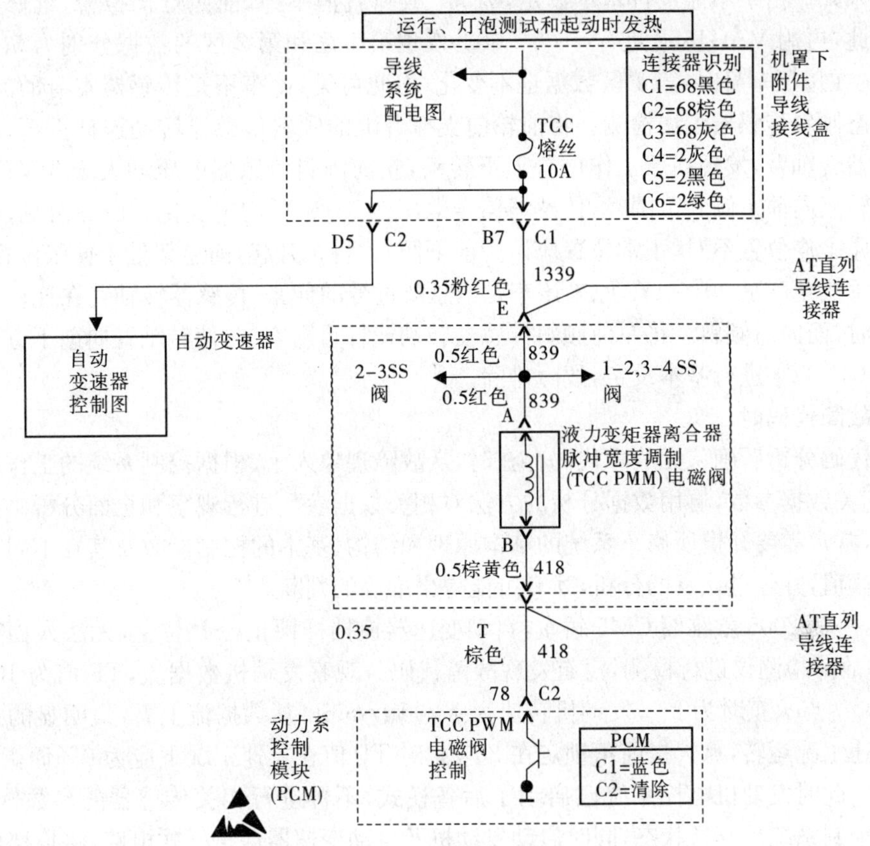

图 5-3-9 上海通用别克 GL8 商务车 4T65E 型自动变速器 TCC 电路

东风雪铁龙爱丽舍 SX1 型轿车故障代码检测结果 表 5-3-13

故障类型	检测类型	供电电压(V)	挡位
节气门电位器信号	断路或短路	12	空挡(N)

按照记录的故障代码，决定查看节气门位置传感器的数据流，以确定故障。将点火开关置于M位不起动发动机，在完全松开加速踏板情况下，用 PROXIA 测量自动变速器参数，发现节气门开度参数从 11.5°～40.8°不停变动，用手扯动节气门位置传感器导线连接器，节气门开度参数稳定在 11.5°，同时自动变速器故障指示灯停止闪烁，又扯动一下，节气门开度参数又开始不断变化，自动变速器故障指示灯又闪烁起来。通过上述动态数据检测，可以判定该车故障是节气门位置传感器导线连接器接触不良。由于自动变速器 ECU 无法得到准确的节气门位置信号，无法在正常情况下控制换挡，造成换挡过迟。更换节气门位置传感器后，换挡过迟故障排除。

再如，一辆 2003 款奥迪 A6 轿车自动前照灯报警。用 VAG1552 进 55－02 读取故障代码，发现存在故障代码 00774(左前倾斜传感器断路或对地短路)和 01539(前照灯未调整)。根据故障代码，用 VAG1552 进 55－08－002 测量数据块，查看倾斜传感器的动态数据，第 1 区和第 2 区的数据分别为 5.314 V 和 2.347 V。从动态数据看，左前倾斜传感器信号明显过大。维修人员更换左前倾斜传感器，但在进行 55－04－001 基本设定时，VAG1552 显示此功能不能执行或未知。由于不能进行基本设定，01539 故障就消不掉，前照灯仍报警，维修人员束手无策。为此，再用 VAG1552 进 55－08－002，发现第 1 区和第 2 区的数据分别为 5.418 V 和 2.347 V。在按压车身时，第 1 区数据也不变化，由此可见，该车不是传感器本身的问题，而是车身的状态倾斜传感器无法检测。将前轮前支撑臂上的倾斜传感器转动连杆拆下，用手直接转动传感器转轴臂，发现在原工作位置上下转动，左前倾斜传感器电压均大于 5 V；而将传感器转轴臂转至向前下倾斜范围时，传感器信号电压在 0～5 V 均匀变化。由此可见，该传感器转轴臂的原工作位置不对，正常位置应该为前下倾斜，将车升起，前悬架处于伸张位置时，发现转轴臂与垂线角度呈 30°～45°，原来该车是因悬架过分的伸张，传感器转轴臂在连杆带动下转过下止点时，而向后倾斜。将左前倾斜传感器转动连杆重新安装，使转轴臂向前下方倾斜。在进入 55－04－001 进行基本设定，故障排除。

2.无故障代码时

故障代码分析后确认无故障代码存在时，从故障现象入手，根据控制系统的工作原理和结构，推断相关数据参数，再用数据分析的方法对相关数据参数进行观察和全面分析。在进行数据分析时，常常需要知道所修车系统的基本原理和结构、基本的控制参数及其在不同工况条件下的正确读值，并经过认真的分析，才有可能得出准确的判断。

例如，一辆 2005 款雅阁 CM5 轿车，自动变速器换挡杆锁止在 P 位上，无法入挡行驶。用 HDS 本田故障检测仪进行检测，没有发现故障代码。观察发动机数据流，TP 值为 10%，相对 TP 值为 9%，点火正时为 26°，发动机转速为 1 200 r/min。从数据流上看，最明显的是发动机已不在怠速工况运转，点火提前角锁定在 26°，相对 TP 值在怠速工况下应为 0%而指示为 9%的错误值。此时发动机电控系统已启动了后备模式，不再进行相关传感器的参数修正功能。燃油排放控制系统呈开环状态，同时启动发动机及自动变速器保护模式电路，将换挡杆锁止在 P 位上。这起故障从数据流上看 TP 开度值基本上正常，但相对 TP 值却很高。维修人员替换一个确认良好的节气门体总成（TP 传感器不能单独更换），从数据流上看 TP 相对值还是显示 9%不变，再次用 HDS 对 ECM/PCM 学习值重新设定，无法完成，换挡杆依然锁止，故障依旧。

要排除该故障，首先应该弄清楚相对 TP 值为什么会高。相对 TP 值是 ECM/PCM 根据怠速工况下节气门开度和实际进气量相比较得出的。如果 IAC 阀体内滑阀有积炭，造成滑阀运行时卡滞，当它卡滞在开度大时，怠速空气补偿的空气进入就多，这时的 IAC 阀指令并不是当前的滑阀开度所需的指令，过多的怠速空气补偿，导致发动机转速由怠速的 750 r/min 升至 1 200 r/min。此时的喷油时间也不是当前要求的喷油时间，这时的节气门处在关闭的位置，发动机冷却液温度也处于正常温度，这些正确的传感器参数与由于滑阀卡滞所产生的不正确的传感器参数，再与 ECM/PCM 内存（ROM）固化的参考数据进行比较，ECM/PCM 通过计算得出一个结论，即此时发动机不在怠速工况下运转，但实际情况确实在怠速工况模式下，只是发动机转速在怠速工况下异常升高了。ECM/PCM 将比较的参数所得出的结论（错误参数数据）进行学习，学习的结果导致 TP 相对值为 9%。也就是说，ECM/PCM 认为此时的节气门位置是在正确的关闭位置开度（10%）的基准上再默认打开 9%开度的位置，但又不符合怠速工况下的 10%的开度，因此记忆相对 9%的开度值，从而启动发动机及自动变速器保护模式，将换挡杆锁止。由此分析可知，IAC 阀的工作状况对相对 TP 值的影响比较大，拆下 IAC 阀后，发现 IAC 阀里充满了积炭。对 IAC 阀进行清洗后，发动机怠速运转平稳，换挡杆锁止现象消失，故障排除。此时检测动态数据，相对 TP 值为 0%。

3.数据流综合分析步骤

(1)数据综合测量

①发动机故障代码测量。这是一项基本测量,也是故障表现的一种形式。当发动机故障指示灯点亮时,故障代码一定存在,此时经过查阅维修手册,便可明确故障类型,并相应地找到解决办法。

②发动机数据流测量。这是进一步的测量。当系统中没有故障代码时,读取标准工况下的 ECU 数据比较关键,特别要注意数据标准及数据变化量。常规测量工况应选择热车状态下的怠速工况和发动机转速在 2 000 r/min 时的无负荷工况。

③发动机真实数据流测量。这一步为利用设备工具进行的实际测量,一般需要测量的数据应该是车辆工作的基本数据,例如对于发动机系统,这些数据包括:进气歧管的真空度、汽缸压缩压力、点火正时、发动机转速、燃油系统压力、机油压力、发动机冷却液温度、进气阻力(真空法测量)、废气排放值、排气阻力及曲轴箱通风压力等。测量完成后需要将实测值与故障检测仪读取的数值进行对比,差值过大的数据即为故障所在。例如,发动机 ECU 显示冷却液温度为 60 ℃,而实测冷却液温度为 85 ℃,则说明发动机冷却液温度传感器数据存在偏差,故障原因可能在于线路接触电阻过大,ECU 的 A/D 转换器数值偏差等。

(2)数据综合分析

①建立数据群模块。所谓建立数据群模块,即将某一故障现象所涉及到的数据集中起来,逐一检查、对比及分析。例如,发动机怠速转速过高,达到 1000 r/min,那么所涉及到的数据将包括冷却液温度、节气门开度、怠速控制阀步数(或开度)、点火提前角、进气歧管绝对压力、氧传感器信号、喷油脉宽、燃油系统压力、蓄电池电压、空调开关状态、转向助力开关状态、车速、挡位开关状态及发动机废气排放等。

②分析数据。分析数据时应注意以下几点:

a.将 ECU 的数据与实际测量数据进行对比,差值越小,说明 ECU 及传感器越精确;

b.将 ECU 数据与维修手册标准对比,若误差值超过极限,说明相应的数据为工作不良数据;

c.找出疑问数据进行分析。例如,氧传感器信号电压变化值为 0.1~0.9 V,无故障代码。简单看氧传感器无故障,数据也在维修手册规定范围内,但与新车 0.3~0.7 V 的正常值相比却有了很大变化。由此说明氧传感器接触到的发动机废气中的氧含量变化不稳定,即燃烧的混合气的空燃比不稳定。而导致此种故障发生的原因包括:发动机进气管漏气、气门积炭、气门关闭不严、曲轴箱通风阀堵塞及发动机活塞环密封不严等。

③综合分析。为了准确地分析故障,需要将几个问题数据间的关联关系逐一进行分析。例如,一只火花塞工作不良,其关联关系为:部分燃油不能有效燃烧→发动机怠速抖动→废气中的 HC 值过高→氧传感器信号电压偏低→发动机油耗增加→发动机动力不足→三效催化转化器温度过高(烧坏)→发动机 ECU 记录失火故障。

四、标准 OBD-Ⅱ数值分析流程

1.标准 OBD-Ⅱ数值分析概述

标准 OBD-Ⅱ具有数值分析功能,在该功能中,可显示所有控制废气排放元件的状况,包括数位/类比的输入和输出元件。表 5-3-14 所列为发动机数值总表。

发动机数值总表　　表 5-3-14

中文名称/SAE 建议名称	仪器显示名称	使用单位
故障代码(Number Emission Related Codes)	DTC CNT	Number of Codes(数字)
燃油控制回路状态(第一侧)(Fuel System Status Bank ＃1)	FUEL SYS1	OL①/CL②/OL;DRIVE③/OL FAULT④/CL FAULT
燃油控制回路状态(第二侧)(Fuel System Status Bank ＃2)	FUEL SYS2	OL/CL/OL DRIVE/OL FAULT/CL FAULT
发动机负荷(Calculated Engine Load)	LOAD	%
发动机冷却液温度(Engine Coolant Temp)	ECT	℉,℃
短期燃油修正(第 1 侧)(Short Term Fuel Trim Bank ＃1)	SHRTFT 1	%
短期燃油修正(第 2 侧)(Short Term Fuel Trim Bank ＃2)	SHRTFT 2	%
长期燃油修正(第 1 侧)(Long Term Fuel Trim Bank ＃1)	LONGFT 1	%
长期燃油修正(第 2 侧)(Long Term Fuel Trim Bank ＃2)	LONGFT 2	%
短期燃油修正(第 1 侧,前氧)(Short Term Fuel Trim O2 Bank ＃1 Sensor ＃1)	SHRTFT 11	%
短期燃油修正(第 1 侧,后氧)(Short Term Fuel Trim O2 Bank ＃1 Sensor ＃2)	SHRTFT 12	%
短期燃油修正(第 2 侧,前氧)(Short Term Fuel Trim O2 Bank ＃2 Sensor ＃1)	SHRTFT 21	%
短期燃油修正(第 2 侧,后氧)(Short Term Fuel Trim O2 Bank ＃2 Sensor ＃2)	SHRTFT 22	%
氧传感器(第 1 侧,前氧)(Oxygen Sensor Bank ＃1 Sensor ＃1)	O2S 11	V
氧传感器(第 1 侧,后氧)(Oxygen Sensor Bank ＃1 Sensor ＃2)	O2S 12	V
氧传感器(第 2 侧,前氧)(Oxygen Sensor Bank ＃2 Sensor ＃1)	O2S 21	V
氧传感器(第 2 侧,后氧)(Oxygen Sensor Bank ＃2 Sensor ＃2)	O2S 22	V
汽油压力(表压力)(Fuel Pressure Gauge)	Fuel Press	kPa,PSi(表压力)
进气温度(Intake Air Temp)	IAT	℉,℃
发动机转速(Engine RPM)	ENGINE RPM	Revolutions/minute(RPM)
车速(Vehicle Speed)	VSS	MPH/KPH
进气空气流率(Mass Air Flow Rate)	MAF	GM/SEC
进气歧管绝对压力传感器(Intake Manifold Absolute Pressure)	MAP	kPa/in. Hg
点火提前角(第 1 缸)Spark Advance Cylinder ＃1)	SPEAK ADV	Degress(度)
节气门位置(Throttle Position)	TP	%
二次空气喷射状态(Secondary Air Status)	2nd AIR Status	ON/OFF
①OL＝开环;②CL＝闭环;③DRIVE＝作用;④FAULT＝不良		

2. 氧传感器测试

氧传感器测试功能可读取车辆 ECU 中储存的“设定故障范围”以及“氧传感器实际测试值”,测试结果可辅助判断三效催化转化器的效率,氧传感器测试项目见表 5-3-15。

氧传感器测试项目表　　表 5-3-15

测试项目名称	仪器显示名称
浓转稀电压(Rich to Lean Sensor Threshold Voltage)	RICH－LEAN(V)
稀转浓电压(Lean to Rich Sensor Threshold Voltage)	LEAN－RICH(V)
浓←→稀切换时间低电位标准点(Low Sensor Voltage for Switch Time Calculation)	LOW SENSOR(V)
浓←→稀切换时间高电位标准点(Low Sensor Voltage for Switch Time Calculation)	HIGH SENSOR(V)
浓转稀切换时间(Rich to Lean Sensor Switch Time)	RICH－LEAN(s)
稀转浓切换时间(Lean to Rich Sensor Switch Time)	LEAN－RICH(s)
测试期间最低电压(Minimum Sensor Voltage for Test Cycle)	MIN TST CY(V)
测试期间最高电压(Maximum Sensor Voltage for Test Cycle)	MAX TST CY(V)
转态(稀转浓/浓转稀)时间(Time Between Sensor Transitions)	TRANSITIONS(s)

进入氧传感器测试项目功能后，首先必须选择要测试的传感器(图 5-3-10)，接着用操作键卷动测试结果，显示结果示例见图 5-3-11。

02 TEST RESULTS SELECT O2 SENSOR ENTER TO SELECT ↑ BANK 1, SENSOR1↓	氧传感器测试结果 选择氧传感器 按ENTER键选择 ↑ 第一侧, 前氧传感器↓

图 5-3-10　氧传感器测试屏幕显示

RICH-LEAN [V] 0.000 LEAN-RICH [V] 0.000 LOW-SENSOR [V] 0.000 HIGH-SENSOR [V] 0.000	浓-稀 [V] 0.000 稀-浓 [V] 0.000 最低电压值 [V] 0.000 最高电压值 [V] 0.000

图 5-3-11　显示结果示例

3.标准 OBD-Ⅱ数值分析流程

最新的 OBD -Ⅱ故障代码及国际标准数值分析见表 5-3-16。

最新的 OBD-Ⅱ故障代码及国际标准数值分析　　表 5-3-16

名　称	仪器显示名称	数值显示示例
发动机转数	ENGINE RPM	771
节气门开度	THROTTLE(%)	10
燃油修正 1	FUEL SYS1	CL
燃油修正 2	FUEL SYS2	CL
进气温度	INTAKE AIR(℃)	48
发动机冷却液温度	COOLANT(℃)	90
进气流量	AIR FLOW(g/s)	7.07
点火提前角	IGN ADVANCE(°)	0.5
空气喷射	AIR	ATMOSPHERE
短期燃油修正 B1	ST TTRIN B1(%)	3.1
长期燃油修正 B1	LT TRIM B1(%)	−6.5
短期燃油修正 B2	ST TTRIN B2(%)	2.3
长期燃油修正 B2	LT TRIM B2(%)	−5.5
第 1 侧前氧传感器	氧传感器 B1－S1(V)	0.190

续上表

名　　称	仪器显示名称	数值显示示例
第1侧前氧传感器修正	TRIN B1－S1(%)	2.3
第1侧后氧传感器	氧传感器 B1－S2(V)	0.960
第1侧后氧传感器修正	TRIN B1－S2(%)	N/A
第2侧前氧传感器	氧传感器 B2－S1(V)	0.195
第2侧前氧传感器修正	TRIN B2－S1(%)	0.8
第2侧后氧传感器	氧传感器 B2－S2(V)	0.865
第2侧后氧传感器修正	TRIN B2－S2(%)	N/A
实际车速	VEH SPEEDS(MPH)	0
负荷信号	LOAD(%)	22.7
OBD REAINESS MONITORS FOLLOW(OBD 实时监控数据流)		
点火状况监控	MIS FIRE	READY
燃油修正监控	FUEL SYS	READY
输入输出监控	COMPONENTS	READY
三效催化转化器状况监控	CATALYST	NOT DONE
加热式三效催化转化器	HEATED CAT	N/A
活性炭罐状况监控	EVAP SYS	READY
空气喷射监控	AIR	READY
空调状况监控	A/C RREERIG	N/A
氧传感器状况监控	O2 SENSOR	READY
氧传感器加热线监控	O2 HEATER	READY
EGR 状况监控	EGR SYS	N/A

五、短期燃油修正和长期燃油修正在汽车故障诊断中的应用

长期燃油修正值和短期燃油修正值两个数据经常出现在不同车型的发动机数据流中。维修人员常常会对这两个数据漠然而过，忽略不计。究其原因，不是数据作用不大，而是不明白这两个数据的含义和作用。事实上恰恰相反，在电控汽车发动机的控制中，这两个数据是我们判断发动机运行工况的重要依据。

只要发动机工况允许，就要求在理论空燃比下工作。然而，发动机的某些工况要求混合气要调节到偏离理论空燃比，例如，对冷机工况要求专门的空燃比，这就意味着混合气形成系统必须有能力适应各种变化的空燃比。为了能控制理想空燃比达到 14.7：1，因此，必须由氧传感器来监视燃烧后的废气状态，并将此信号送入发动机 ECU，发动机 ECU 据此再发出指令控制喷油器的开启时间。由于“监控废气(氧传感器)→ECU→喷油器→燃烧排放废气→监控废气”的路径构成一封闭回路，故称为闭式回路(CLOSE LOOP)，或称闭环控制(图 5-3-12)。

氧传感器要能有效地监控废气的状态，则必须达到其工作温度(550～660 ℉)，在传感器

未达到工作温度前，ECU 不采用氧传感器的信号来控制燃油，因为此时回路出现中断，故称为开式回路（OPEN LOOP），或称开环控制。一般情况下，发动机 ECU 大多利用以下条件来判断是否该以闭环控制燃油：

①发动机冷却液温度（冷却液温度传感器/ECT）是否达到工作温度；

②氧传感器是否达到工作温度；

③发动机发动记时器（Timer）倒数记时完成（表 5-3-17）。

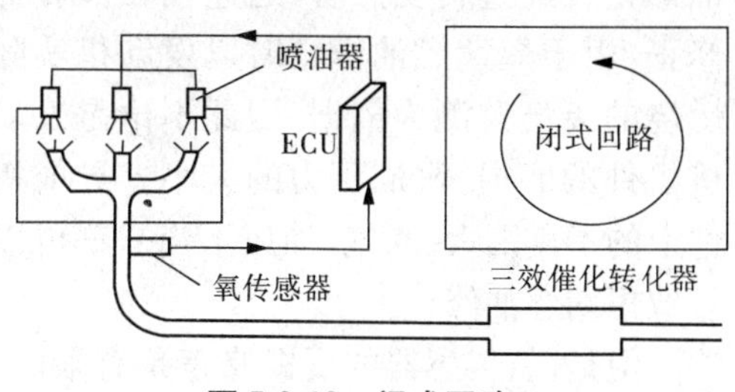

图 5-3-12 闭式回路

当发动机热机达到正常工作温度后，将空燃比准确地、连续地保持在 λ=1 的状态，这对于废气的三效催化净化是非常重要的。为满足这个要求，必须严格地监视吸入的空气质量并且精确计算燃油质量。决定燃油喷油量的最重要参数是发动机的负荷状况，也就是负荷监测参数。发动机的燃油喷油量取决于喷油器的喷油持续时间，最终的喷油持续时间由三部分构成：①基本喷油持续时间；②根据操作状况进行时间修正；③蓄电池电压修正。

发动机冷却液温度与进入闭环时间关系 表 5-3-17

发动机冷却液温度(℉)	发动机进入闭环控制时间(s)	发动机冷却液温度(℉)	发动机进入闭环控制时间(s)
−40	180	64	22
10	90	170	13
35	41	219	10

1. 喷油器的电压补偿（蓄电池电压修正）

电磁式喷油器的自感应特性使其在喷油脉冲开始时打开较慢，而且在喷射脉冲结束时关闭也较慢。打开和关闭时间大约为 0.8 ms。蓄电池的电压是决定打开时间的主要因素，但它对关闭时间却影响较小。如果没有 ECU 的电压修正，会导致喷油器启动延迟，而使喷油器持续时间过短，造成喷射的燃油量不充足。换句话说，蓄电池电压越低，进入发动机内的燃油就越少。所以，蓄电池电压降低时必须根据电压变化相应地增加喷油持续时间，这就是所谓的喷油器附加修正系数。ECU 记录实际的蓄电池电压，并通过与电压对应的喷油器喷油持续时间进行比对作出修正。

基本喷油持续时间取决于发动机负荷及发动机转速，还有一个没有引起大家足够注意力的参数是短期和长期燃油修正。

2. 短期燃油修正

基本喷油持续时间的数值是发动机 ECU 使发动机燃油和空气混合气达到理论空燃比所需的实际喷油持续时间的最佳值。在设计上，这个时间是非常准确的，它占到了实际喷油持续时间的绝大部分，但是，在实际的运行中，还有一个根据实际操作作出的时间修正，也就是发动机 ECU 根据氧传感器的反馈将空燃比修正，即将空燃比准确地、连续地保持在 λ−1 的状态。

短期燃油修正根据氧传感器反馈信号快速地进行喷油脉冲修正，当氧传感器反馈电压经过“转变点”时，短期燃油修正将改变修正方向，如图 5-3-13 所示。

转变点 1 表示混合气由浓转稀的电压值，转变点 2 表示混合气由稀转浓的电压值，短期燃

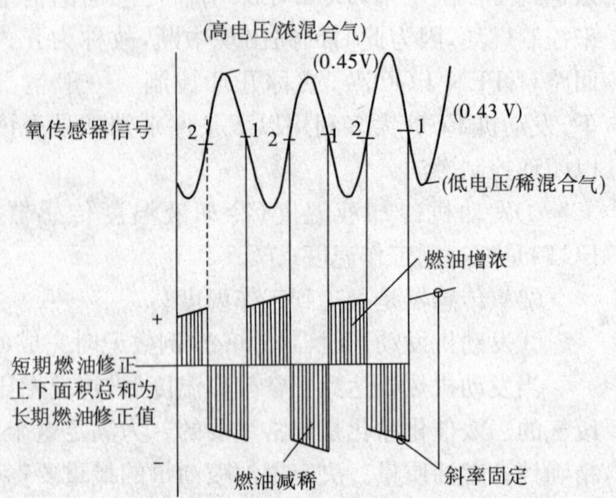

图 5-3-13 短期和长期燃油修正示意图

1-表示混合气由浓转稀(转变点);2-表示混合气由稀转浓(转变点)

油修正在经过转变点时,迅速往相反方向修正,由于短期燃油修正时以发动机实际燃烧的废气监测为依据,因此不论是发动机机件的磨损、汽油压力的大小差异或机件上的不良因素(漏气、油压不当),都可以导致短期燃油修正。

但是,氧传感器的反馈修正是有限的,也就是说,短期燃油修正工作在一个相对小的工作范围之内。例如,当短期燃油修正值小于 10%时,发动机的燃油控制就很容易地将混合气控制在 λ=1 的状态。当这个修正值达到将近 20%时,对发动机的燃油控制就非常困难了。所以,为了完成准确的空燃比控制,ECU 首先通过增加或缩短基本喷油持续时间,也就是通过对长期燃油修正值的学习,并且记忆在 ECU 中,使得 ECU 能够将氧传感器的修正维持在一个可以接受的范围内。若发动机长期有混合气过浓的趋势,则短期燃油修正的上下面必定为负值,所以,长期的学习记忆值也应为负值(长期燃油修正随短期燃油修正值变动),因此,在下次起动时,发动机会以长期燃油修正学习值对发动机状况进行修正(减油)。

3. 长期燃油修正系数

长期燃油修正系数是基本喷油持续时间计算的一部分,它根据燃油系统的实际工作状况与理论空燃比的比较来决定。长期燃油修正是一个学习值,是发动机 ECU 通过逐渐变化来适应控制系统的设定要素。系统的变化主要是指发动机的磨损、空气的泄漏、汽油压力的变化、燃油的质量、电子元器件的参数漂移等。由于它是一个基本喷油持续时间计算的参数,所以它也是一个对喷油持续时间进行持久修正的值,它的变化很慢,正常的变化范围是正负 20%。

明白了燃油修正以后,就可以很容易理解长期燃油修正和短期燃油修正这两个数据的作用和意义了。短期燃油修正根据氧传感器的反馈快速进行波动,设计的变化范围是 20%,但在正常的工作条件下,很少会超过 10%。长期燃油修正受短期燃油修正的影响,如果短期燃油修正长时间处在超出 10%的状态,长期燃油修正将发生变化,改变基本喷油持续时间。这个新的基本喷油持续时间,可以使得短期燃油修正的变化发生在 10%的正常范围之内。这样,短期燃油修正就可以快速并且是很准确地对喷油时间作出修正,达到最终的燃油修正的目的:使 λ=1。

4. 燃油修正分析及故障诊断

在发动机数据流的检测中,我们应该学会观察和分析燃油修正的状态数据,分析车辆是否在闭环状态下工作以及燃油系统是否在对空燃比的过稀或过浓进行修正。分析长期燃油修正和短期燃油修正的工作状态是否在正常的修正范围之内,如果超出修正范围,是由哪些元器件失效所引起?表 5-3-18 所列为元器件故障引起的氧传感器测量数值变化及长、短期燃油修正值的变化。

燃油修正分析及故障诊断　　表 5-3-18

故障原因	混合气状态(浓/稀)	氧传感器	氧变动率	短期燃油修正	长期燃油修正	喷油时间
真空漏气	稀	小于 450 mV	小于±4	±10%	大于±10%	大于标准值
气门漏气	浓	大于 450 mV	正常	±10%	大于±10%	大于标准值
EGR 阀漏气	稀	小于 450 mV	小于±4	大于±10%	大于±10%	大于标准值
PCV 阀漏气	浓	大于 450 mV	正常	大于±10%	正常	大于标准值
活性炭罐堵塞或漏气	浓	大于 450 mV	小于±4	低于±10%	大于±10%	大于标准值
排气管漏气	稀	大于 450 mV	正常	高于±10%	高于±10%	大于标准值
火花塞没有拧紧	稀	小于 450 mV	正常	高于±10%	高于±10%	大于标准值
汽油压力调节器不良	浓	大于 450 mV	正常	低于±10%	低于±10%	大于标准值
汽油压力太高	浓	大于 450 mV	正常	低于±10%	大于±10%	大于标准值
喷油器漏油	浓	正常	小于±4	低于±10%	低于±10%	正常
喷油器堵塞	稀	小于 450 mV	正常	高于±10%	高于±10%	大于标准值
电动汽油泵不良	浓/稀	平常	正常	高于±10%	高于±10%	大于标准值
节温器无法闭合	浓	大于 450 mV	小于±4	±10%	高于±10%	大于标准值
点火系统不良	浓	大于 450 mV	正常	低于±10%	低于±10%	正常
汽缸磨损	稀	小于 450 mV	小于±4	大于±10%	大于±10%	大于标准值
气门正时不对	浓	大于 450 mV	正常	忽高忽低	忽高忽低	大于标准值
液压挺柱漏油	浓/稀	小于 450 mV	正常	忽高忽低	忽高忽低	小于标准值
凸轮轴磨损	稀	小于 450 mV	正常	高于±10%	忽高忽低	小于标准值
气门积炭	稀	小于 450 mV	正常	高于±10%	低于±10%	大于标准值
油箱通气孔堵塞	稀	小于 450 mV	正常	忽高忽低	忽高忽低	不稳定
空气滤清器堵塞	稀	小于 450 mV	正常	高于±10%	高于±10%	大于标准值

如果发动机 ECU 存储有故障代码 P1152、P1151 等，其含义是长期燃油修正过稀，或长期燃油修正值超差。这时我们的正确理解应该是：发动机由于某种故障原因，致使燃油混合气过浓，ECU 虽然对基本喷油持续时间进行了减小的调整，并且已经达到了它调整能力的极限值，但是还是不能满足发动机控制系统对 $\lambda=1$ 的设计要求。发动机 ECU 超出了它自己的能力范围，这时就需要维修人员排除故障，帮助发动机恢复到 ECU 的可控制的范围之内。这时，我们可以从解决发动机混合气过浓入手，分析混合气过浓的原因，如电动汽油泵、汽油压力、喷油器、进气/排气系统的泄漏、进气量的不足、氧传感器故障等等。

短期燃油修正和长期燃油修正在动态数据流中均有显示。例如，在大众汽车系的测量数据块 00 显示组中，第 7 显示区和第 10 显示区反映了燃油修正的状态(图 5-3-14)，006 显示组的第 2 显示区反映了车辆是否在闭环控制状态下工作(图 5-3-15)。

混合气自适应系统有自学习能力，换句话说，λ 控制可识别出发动机的下述差别：喷油器喷油量、发动机汽缸压缩压力、汽油压力等，并通过调整预先设定的基本喷油持续时间来进行补偿。使喷油时间延长或缩短以达到理想空燃比，使 $\lambda=1$，实际的喷油持续时间同设定在 ECU 内的喷油持续时间的差别以一个百分比的形式给出。正的自适应值(+…%)，则说明预设定的基本喷油时间太短，为了获得“$\lambda=1$”的混合气，实际的喷油持续时间比设定的加长了…%；负的自适应值(－…%)，则说明预设定的基本喷油持续时间太长，为了获得“λ＝1”的混合气，实际的喷油持续时间比设定的缩短了…%。

显示组00 (十进制显示值)

发动机怠速运转(冷却液温度不低于80 ℃)

显示区 1 2 3 4 5 6 7 8 9 10	规定值	相当于
混合气形成的自适应值(如在公差之外,则进行路试)	118~138	-8%~+8%
混合气形成的自适应值(如在公差之外,则进行路试)	115~141	-0.64 ~+0.64 ms
混合气形成的自适应值(如在公差之外,则进行路试)	78~178	-10%~+10%
怠速稳定自适应值	120~136	-4.0 ~+4.0 kg/h
怠速稳定控制值	122~134	-3.0 ~+3.0kg/h
节气门开度	0~12	0~5℃
蓄电池电压	142~206	10~14.5 V
发动机转速(怠速)	76~96	760~960 r/min
发动机负荷(用电器关闭)	10~30	0.5~1.5 ms
冷却液温度(基本设置所需求的)	170~204	80 ~105 °C

图 5-3-14　大众汽车系测量数据块燃油修正的状态显示分析

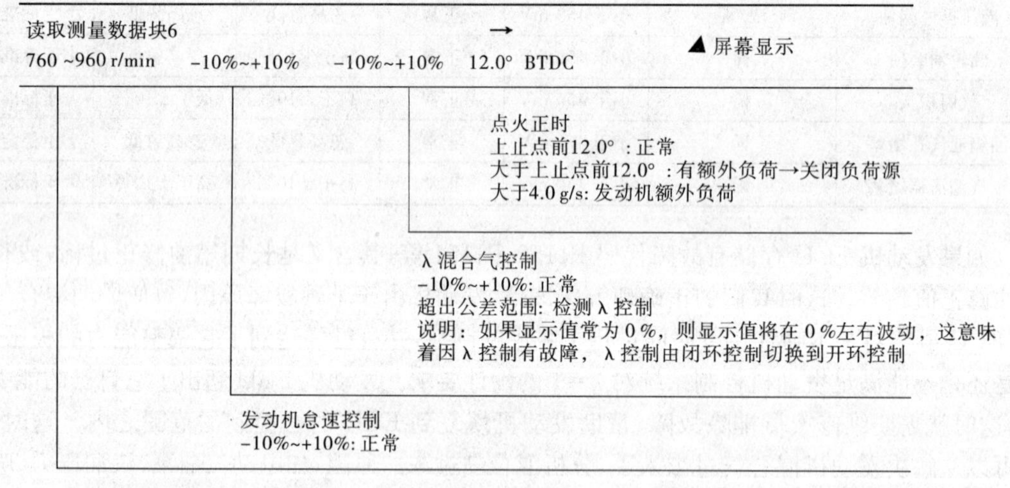

图 5-3-15　大众汽车系测量数据块燃油修正的状态显示分析

例如，一辆上海通用别克 GL 轿车(装备 V6 3.0 L 发动机)使用过程中出现发动机故障指示灯常亮，但未出现其他明显故障症状。连接 Tech 2 进行检测，调出故障代码 P0171——燃油修正系统过稀。之所以产生该故障代码，是由于该车为了实现动力性、燃油经济性和排放净化性的最佳组合，采用闭环空燃计量系统。其中动力系统控制模块(PCM)会根据氧传感器的信号电压调节供油量，理想的燃油修正值为 0%。如果氧传感器检测到混合气过稀或过浓的情况，PCM将适时增加或减少供油量，燃油修正值将高于或低于0%。另外，燃油修正分为长期燃油和短期燃油修正，长期燃油修正值为−10%～+10%，短期燃油修正值为−10%～+10%。当长期燃油修正值达到10%时，PCM就会设置此故障代码。读取动态数据，发现该车长期燃油修正值仍然大于19%。造成此故障的原因一般为：喷油器过脏、真空泄漏、空气流量传感器或氧传感器信号不正确等。检查中发现，当把曲轴箱通风阀与进气管相连的真空管拔下后，堵住进气管，长期燃油修正值就会变为0%。检查发现，发动机后面的曲轴箱通风阀与真空管的连接处松动，重新牢固连接后，清除故障代码，故障排除。

第三节　波形分析及在汽车故障检测诊断中的应用

一、电子信号分析

电控系统在整个工作过程中都是以电子信号的形式进行数据传输的，因此，只要能够检测出电控系统在车辆运转过程中数据传输的波形，通过观察波形便可以得知电控系统的工作是否正常，从而判断电控系统的故障所在。通过示波器检测电控系统工作过程中数据传输的波形，可以让检测、维修技术人员知道在电子电路中到底发生了什么，它显示的电子信号比万用表更准确、更形象，因为万用表通常只能用1～2个电参数来反映电子信号的特性，而示波器则是用电压随时间的变化的图形来反映一个电子信号。因此，波形分析是当代汽车电控系统故障分析的一种很重要的方法和手段。利用波形分析方法可以进行电控系统的运行情况分析（也称氧传感器平衡过程O2FB）、电器电路故障分析。

1. 电控系统电子信号的类型

对于电控系统而言，其电子信号一般有以下5大类型：

（1）直流（DC）信号。如图5-3-16所示，电压和电流方向都不随时间变化的信号叫做直流（DC）信号。直流信号包括直流脉冲信号和直流波动信号两种。所谓直流脉冲信号是指电压变化电流方向不变化，电压在高低电平之间大幅度跳变的信号；所谓直流波动信号是指电压变化电流方向不变化，电压以比较小的幅度（交流分量）波动的信号。在汽车电控系统中产生直流（DC）信号的传感器或电源装置有：蓄电池电压或ECU输出的传感器参考电压；模拟传感器信号，如发动机冷却液温度传感器、燃油温度传感器、进气温度传感器、自动变速器油温度传感器、蒸发器温度传感器、节气门位置传感器、废气再循环阀位置传感器、叶片式或热线式空气流量传感器和节气门开关，以及通用汽车、克莱斯勒汽车和亚洲汽车的进气歧管绝对压力传感器等。

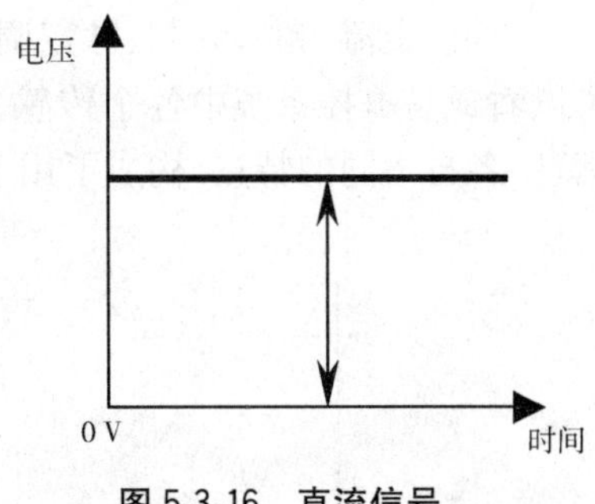

图5-3-16　直流信号

（2）交流（AC）信号。电压和电流方向都随时间变化的信号叫作交流（AC）信号。在汽车电控系统中产生交流（AC）信号的传感器和装置有：车速传感器（VSS）、磁脉冲式曲轴位置（CKP）和凸轮轴位置（CMP）传感器、从模拟进气歧管绝对压力传感器（MAP）信号得到的发动机真空平衡波形和爆震传感器(KS)等,如图 5-3-17 所示。

(3)频率调制信号。在汽车电控系统中产生可变频率信号的传感器和装置有:数字式空气流量传感器、数字式进气歧管绝对压力传感器、光电式车速传感器(VSS)、霍尔式车速传感器(VSS)、光电式凸轮轴位置(CMP)和曲轴位置(CKP)传感器、霍尔式凸轮轴位置(CKP)和曲轴位置(CKP)传感器等,如图 5-3-18 所示。

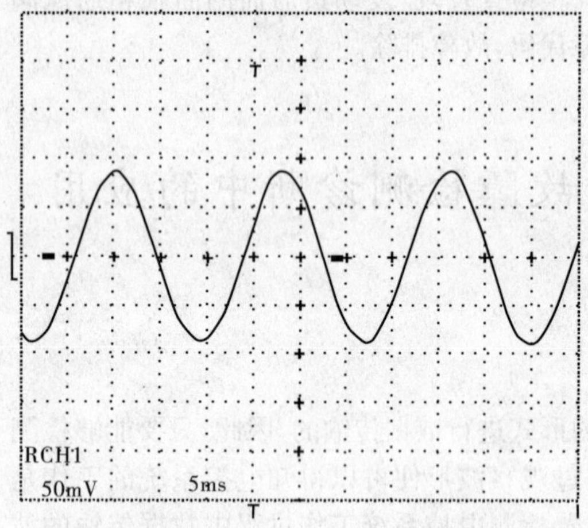

图 5-3-17 交流信号(车速传感器波形)

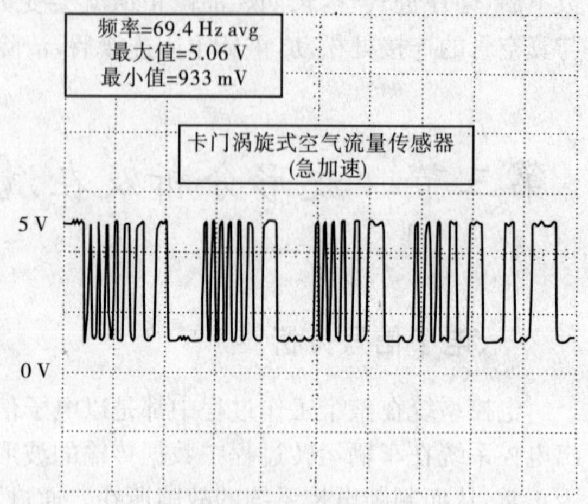

图 5-3-18 频率调制信号(数字式空气流量传感器信号波形)

(4)脉宽调制信号。在汽车电控系统中产生脉宽调制信号的电路或装置有:点火线圈一次侧、电子点火正时电路、废气再循环控制(EGR)阀、排气净化电磁阀、涡轮增压电磁阀和其他控制电磁阀、喷油器、怠速控制电动机、怠速控制电磁阀等,如图 5-3-19 所示。

(5)串行数据(多路)信号。ECU 都具有故障自诊断功能以及其他串行数据传输能力,则串行数据信号是由发动机 ECU、车身 ECU 和 ABS ECU 或其他 ECU 产生的,如图 5-3-20 所示。

直流、交流、频率调制、脉宽调制和串行数据信号也称为电子信号的“五要素”。“五要素”可以看成是电控系统中各个传感器、ECU 和其他设备之间相互通信的基本语言,正是“五要素”中各自不同的特点,构成了用于不同通信的信号。

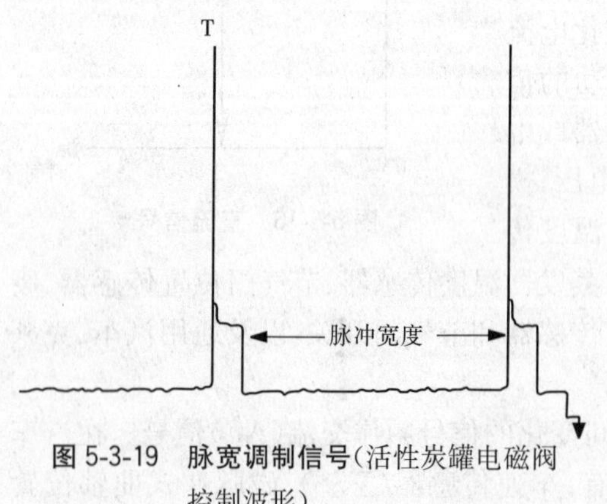

图 5-3-19 脉宽调制信号(活性炭罐电磁阀控制波形)

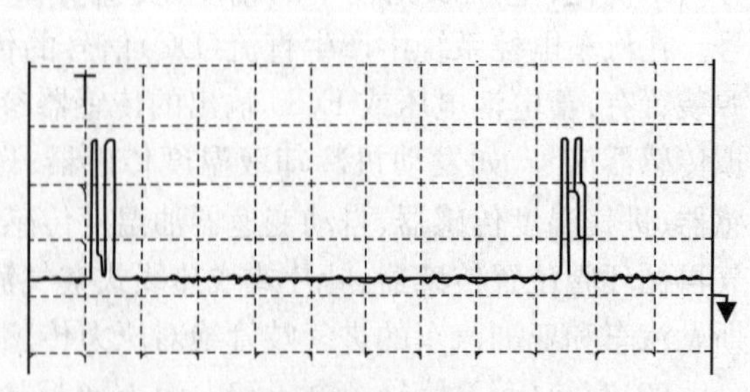

图 5-3-20 串行数据(多路)信号(车载网络系统通讯信号)

2.电子信号的判定依据

任何一个汽车电控系统电子信号都应该具有幅值、频率、形状、脉宽和阵列等5个可以度量的参数指标。因此，从“五要素”信号中得到具有5种判定特征的信息类型是非常重要的，因为ECU需要通过分辨这些特征来识别各个传感器提供的各种信息，并依据这些特征来发出各种命令，指挥不同的执行器动作。这就是电控系统电子信号的5种判定依据。

(1)幅值。所谓电子信号的幅值就是指电子信号在一定点上的即时电压，也表示波形的最高和最低的差值，如图5-3-21a所示。

(2)频率。所谓电子信号的频率就是信号的循环时间，即电子信号在两个事件或循环之间的时间，一般指每秒的循环数(Hz)，也表示每秒的波形周期数，如图5-3-21b所示。

(3)脉冲宽度。所谓电子信号的脉冲宽度就是指电子信号所占的时间或占空比，如图5-3-21c所示。

(4)形状。所谓电子信号的形状就是指电子信号的外形特征，它的曲线、轮廓和上升沿、下降沿等。

(5)阵列。所谓电子信号的阵列就是指组成专门信息信号的重复方式，例如第1缸传送给发动机ECU的上止点同步脉冲信号，或传给故障检测仪的有关冷却液温度是210℃的串行数据流等。

幅值 表示波形的最高和最低的差值

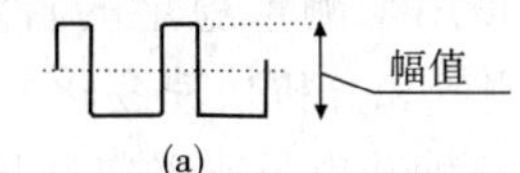

(a)

频率 表示信号每秒的周期数

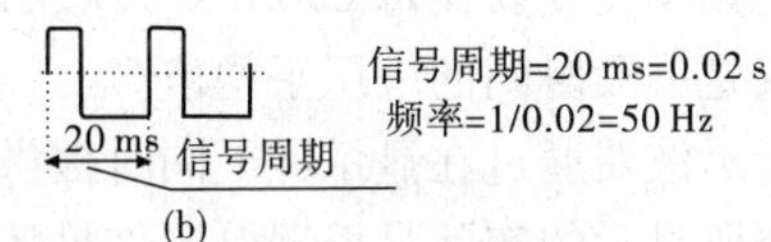

(b)

占空比 表示信号的负电压部分和信号周期的比值，以百分比表示

脉冲宽度 表示信号负电压部分的宽度

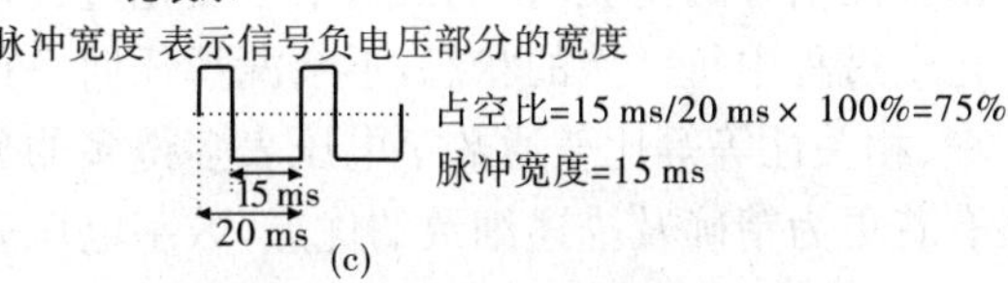

(c)

图5-3-21　波形含义示意

(a)副值；(b)频率；(c)占空比、脉冲宽度

每一类型的电子信号都可以由5种判定依据中的一个或多个特征组成，见表5-3-19。

为了判断汽车电控系统功能是否正常，就必须去测量用于通信的电子信号，换言之，就是必须能“读”与“写”出电控系统电子通信的通用语言，用汽车示波器可以“截听”到汽车电控系统中的电子对话，这样就可以解决电控系统的测试点问题。如果一个传感器、执行器或ECU产生了不正确判定尺度的电子信号，则该信号电路就可能遭到“通信中断”的损失，对外的表现就是车辆工作不正常、行驶能力降低或排放超标等故障，在一些情况下还会产生故障代码(DTC)。

电子信号的判定依据　　表5-3-19

判定依据 信号类型	幅值	频率	形状	脉冲宽度	阵列
直流信号	√				
交流信号	√	√	√		
频率调制信号	√	√	√		
脉宽调制信号	√	√	√	√	
串行数据(多路)信号	√	√	√	√	√

在汽车ECU和其他智能电子设备中用来通信的串行数字信号是最复杂的信号，它是包

含在汽车电子信号中的最复杂的“电子句子”,在实际检测过程中,多数情况下要用专门的故障检测仪去读取信息。

二、示波器及示波器控制

1.示波器的类型和特点

我们可以把示波器看成一个二维的电压表。传统意义上的电压表,不管它是模拟式的,还是数字式的,均是用来测量稳定的直流电压的。数字式电压表甚至能够精确到小数点后第3位。但是,在测量和分析快速变化的电压时,数字式电压表就显得无能为力了。即便是最好的数字电压表,一秒钟也只能采集并显示4次电压值,即每250 ms采集一次。而许多电子信号的频率突变要比每250 ms一次快得多。如果电压信号变化过快,数字式电压表给出的读数仅仅是一段时间的电压平均值。

示波器通过在显示屏上同时提供电压和时间测量,解决了测量快速变化信号的难题。示波器所显示的实际是根据电压信号随时间的变化所描绘的曲线图,能够更加全面准确地反映出被测信号的全貌,特别是对信号变化过程进行了曲线波形连续的描述,可以观察信号连续变化全过程中每一点的状态,不会漏掉任何一点,它提供给了我们对信号电压变化趋势、幅度、频率、相关性等等比普通数字电压表多得多的分析依据及方法。因此,示波器与数字电压表相比有着更为精确及描述细致的优点,数字电压表通常只能用一、两个电参数来反映电子信号的特征,而示波器则用电压随时间的变化的图形来反映一个电子信号,它显示电信号比万用表更准确、更形象。

示波器按照工作原理可以分为模拟式和数字式两类。

(1)模拟式示波器。模拟式示波器显示屏上显示的电压波形称为光迹,是由阴极射线管(CRT)内移动的光束形成的。电子枪产生光束,CRT内的电压极板则在垂直和水平方向上使光束发生偏转,形成光迹,其光迹是一种模拟式的“实时”电压图像。适合于测量频率较快、重复性好(周期稳定)的电压信号。模拟式示波器的最大优点在于它能即时反映线路中的状态。这种示波器扫描速度非常快,波形轨迹不断闪烁,因为轨迹时刻在变化,这样在确定造成间歇性故障的原因时会比较困难。波形轨迹的亮度取决于电压信号的速度和波形的重现率。模拟式示波器的波形轨迹不是由电脑产生的,所以示波器无法记忆,分析人员必须调节示波器以捕捉每一个波形。此外,示波器也无法记录和打印波形状态或将波形存储存于数据库,掌握模拟式示波器的使用方法也需要相当长的时间。尽管如此,汽车维修技术人员仍然将模拟式示波器看作为最有效的检测设备之一。

(2)数字式示波器。数字式示波器采集模拟的电压信号,然后将其转变为数字信息记录下来,再通过显示屏将其重现。相比于模拟式示波器具有以下特性:可暂停显示、保存、打印或记录某个波形;可显示、捕捉慢速变化且周期不稳的单一脉冲信号波形。数字式示波器设备有微处理器,可将模拟电压信号转换为数字信号,如图5-3-22所示。尽管微处理器运行速度非常快,但也需要花费时间将信号数字化并进行显示。因此,示波器屏幕上显示的波形轨迹并不是即时状态。由于数字式示波器显示比模拟式示波器慢,所以它的图像比较稳定,也不会闪烁。数字式示波器不断地对信号进行采样和数字化,并将结果记忆在存储器中,直到屏幕图像需要更新时为止。然后,存储器中的采样信号被重新调出,并在显示屏幕上显示新的波形。这些示波器具有记忆功能,可以保存记录图形,以便维修技术人员分析。在路试时,可以即时捕捉实际状态。由于数字式示波器实际上是一台电脑，可以进行编程，进行自动设定，并与数据库连接，这使得数字式示波器成为快捷、有效、方便的汽车诊断设备。

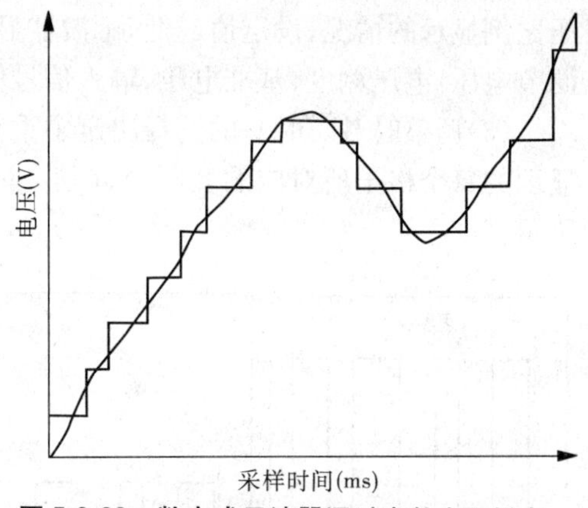

图 5-3-22　数字式示波器通过在数字取样点上连线得到电压轨迹

示波器按照可以同时测量信号的数量可以分为单通道示波器和多通道(双通道及双通道以上)示波器。单通道示波器每次只能测量和显示一个信号的波形，比较适用于观察单一信号的各个参数，但是当需要将多个信号的波形同时测量和显示时，便无能为力了，不能进行信号的比较分析；多通道示波器除了具备单通道示波器的全部功能之外，可以同时测量和显示两个或多个信号的波形，便于对波形进行比较分析，对分析车辆的故障非常有利。

汽车电子设备的有些信号其变化速率非常快，其变化周期达到千分之一秒，许多故障信号是间歇的，时有时无，这就需要仪器的测试速度高于故障信号的速度。通常要求测试仪器的扫描速度是被测信号的 5～10 倍。数字式示波器完全可以胜任这个速度，数字式示波器不仅可以快速捕捉电路信号，还可以用较慢的速度来显示这些波形，以便可以一面观察，一面分析。它还可以用储存的方式记录信号波形，可以倒回来观察已经发生过的快速信号，这就为分析故障提供了极大方便。无论是高速信号(如喷油器信号及间歇性故障信号)还是慢速信号(如节气门位置变化及氧传感器信号)，用数字示波器来观察都可以得到想要得到的波形结果，一个好的示波器就像一把尺子，它可以去测量控制系统工作状况，通过数字示波器可以观察到汽车电子系统是如何工作的。

2. 示波器控制

示波器控制按照其功能可分为两种。一种控制 Y 轴上的电压，一种控制 X 轴上的时间。在示波器上，这些控制通过示波器上的开关和旋钮来实现，帮助技术人员确定信号位置，并在屏幕上进行调节。有些汽车专用示波器采用了先进的数字技术，控制调节可用屏幕上的菜单进行选择，这种改进使示波器上的控制旋钮数量减少，操作简便快捷。

(1)示波器用语。示波器和波形分析中经常用到以下用语：

①电压比例。每格垂直高度代表的电压值。

②时基。每格水平长度代表的时间值。

③触发电平。示波器显示时的起始电压值。

④触发源。示波器的触发通道：通道(CH1)、通道(CH2)…。

⑤触发沿。示波器显示时的波形上升或下降沿。

⑥自动触发。示波器根据信号特点自动设置触发条件。

(2)调整电压比例。纵坐标控制系统可调节电压轨迹在 Y 轴上的显示。大多数模拟式示波器和部分数字式示波器都有一个旋钮来调节电压刻度。新型的数字式示波器则使用按钮来改变电压刻度。尽管不同的示波器制造厂使用不同的旋钮或按钮调节电压刻度，但这些旋钮或按钮均有相同的功能。电压比例值决定了信号波形的高度，即幅度。电压比例是指屏幕垂直方向上显示的每个格子所对应的实际电压值。图 5-3-23 所示为同样的信号在使用不同电压比例显示的情况，设定值越低，示波器显示屏上显示的波形就越高。用户可以选择以下旋钮调节电压：电压刻度、基准电压、输入信号偶合。

(3)调整时基。时基的选择决定了重复性信号在屏幕上显示的频数，是指屏幕水平方向上显示的每个格子所对应的实际时间值。同样的信号使用不同的时基显示的情况如图 5-3-24 所示。

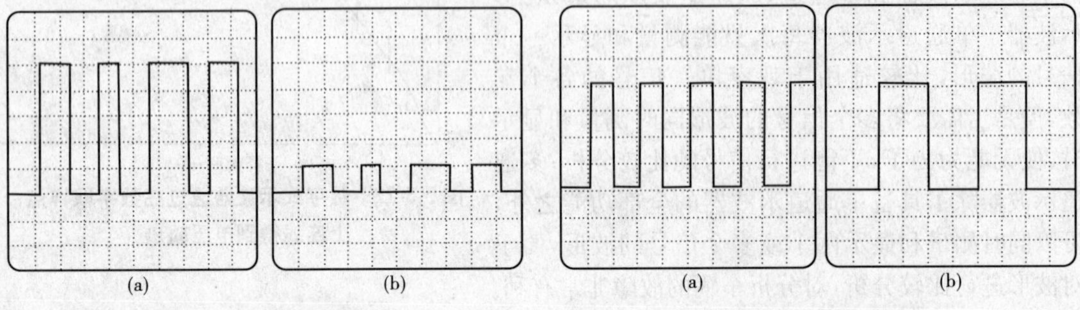

图 5-3-23 调整电压比例

(a)1V/格的显示；(b)5 V/格时的显示

图 5-3-24 调整时基

(a)2 ms/格时的显示；(b)1 ms/格时的显示

(4)调整触发。基准电压旋钮可确定 Y 轴上的基准电压。在大多数测试中，基准电压为零或为接地，但用户使用时并不希望基准电压位于屏幕的最下端。对于交变电压波形而言，如果基准电压在屏幕的最下端，则屏幕只能显示波形的上半部分。通过基准电压旋钮可将基准电压上移，这样便可观察到整个波形。触发参数的调整是使信号在屏幕上能稳定显示的前提。触发电平用于调节波形的起始显示电压值，也即设定显示屏上显示的信号以大于或小于设定的触发电压为起始显示点，图 5-3-25a 所示由于设定的触发电平超出了信号的电平范围，示波器无法确定显示的起始位置，因此屏幕上显示的波形左右晃动，无法锁定；图 5-3-25b 正确设定了触发电平，示波器可以准确锁定波形。触发正负的设定是用于确定示波器显示的波形是以大于触发电平(正触发)还是小于触发电平(负触发)的电压变化点来作为显示起始点。触发源是用于设定以哪一通道的信号来作为触发信号。

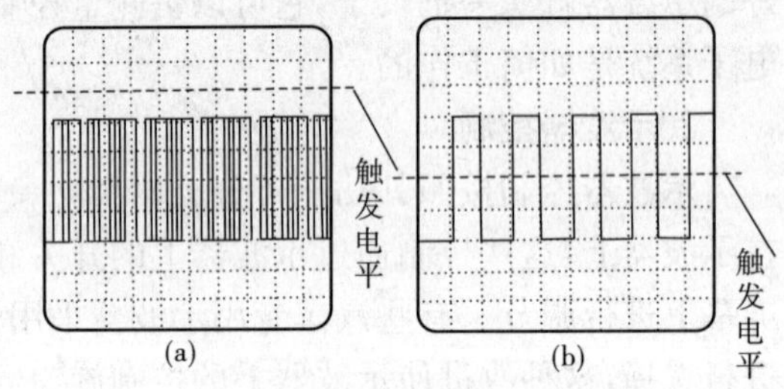

图 5-3-25 调整触发

(a)错误的触发电平；(b)正确的触发电平

三、主要传感器波形分析方法

1.叶片式空气流量传感器波形分析

(1)波形检测方法。接好示波器，探针接信号输出端子，鳄鱼夹搭铁。关闭所有附属电气设备，起动发动机，并使其怠速运转，当怠速稳定后，检查怠速时输出信号电压(图 5-3-26 中左侧波形)。做加速和减速试验，应有类似图中的波形出现。将发动机转速从怠速加至节气门全开(加速时不宜太急)，节气门全开后持续 2 s，但不要使发动机超速运转。再将发动机降至怠速运转，并保持 2 s。再从怠速急加速发动机至节气门全开，然后再关小节气门使发动机回至怠速。定住波形。叶片式空气流量传感器信号波形如图 5-3-26 所示。

(2)波形分析。波形的含义及相关说明参见图 5-3-27 所示。

①测量出的电压值波形可以参照维修资料进行对比分析,正常叶片式空气流量传感器怠速时输出电压约为 1 V,节气门全开时应超过 4 V,急减速(急抬加速踏板)时输出电压并不是非常快地从急加速电压回到怠速电压。通常(除 TOYOTA 汽车外)叶片式空气流量传感器的输出电压都是随空气流量的增加而升高的。

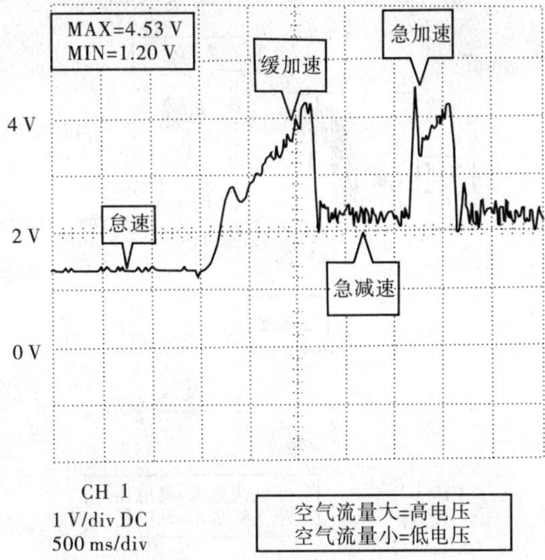

图 5-3-26　叶片式空气流量传感器信号实测波形

②波形的幅值在气流不变时应保持稳定,一定的空气流量应有相对的输出电压。当输出电压与气流不符(可以从波形图中检查出来,而发生这种情况将对发动机的工作状况有明显的影响)时,应更换叶片式空气流量传感器。

③若波形中有间断性的毛刺出现,则说明叶片式空气流量传感器可变电阻器的炭刷有小的磨损,用波形分析方法更容易发现可变电阻器(电位计)的磨损点。若波形中除了最高点和最低点以外,在平稳加速过程中有波形平台(电压值在某处出现停顿),则说明发动机运转时叶片有间歇性卡滞现象。

④出现图 5-3-28 所示的向下的毛刺,则表示传感器中有与搭铁短路或可变电阻器炭刷有间歇性的开路故障。

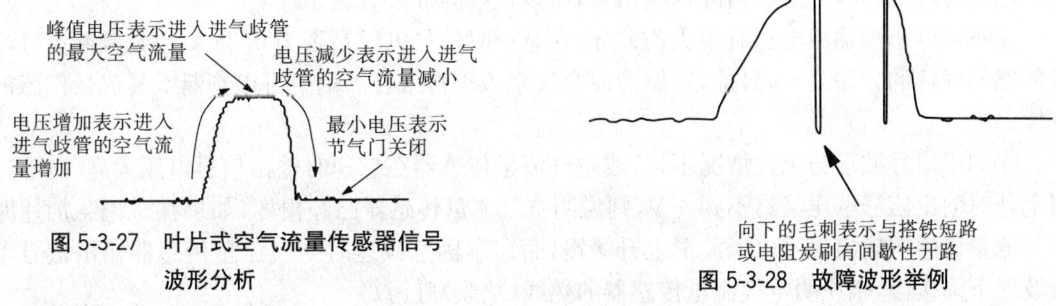

图 5-3-27　叶片式空气流量传感器信号波形分析

图 5-3-28　故障波形举例

⑤在急加速时波形中的小尖峰是由于叶片过量摆动造成的,ECU 正是根据这一点来判定加速加浓信号的,这不是故障,而是正常波形。

2.热线(热膜)式空气流量传感器波形分析

(1)波形检测方法。连接好示波器,探针接信号输出端子,鳄鱼夹搭铁。断开所有附属电气设备,起动发动机并使其怠速运转,当怠速稳定后,检查怠速时输出信号电压(图 5-3-29 中左侧波形)。做加速和减速试验,应有类似图中的波形出现。将发动机转速从怠速加至节气门全开(加速过程中节气门应缓慢打开),节气门全开后持续 2 s,但不要使发动机超速运转。再将发动机降至怠速运转,并保持 2 s。再从怠速工况急加速发动机至节气门全开,然后再关小节气门使发动机回至怠速,定住波形,仔细观察空气流量传感器波形。热线(热膜)式空气流量传感器信号波形如图 5-3-29 所示。

(2)波形分析。波形的含义及相关说明参见图 5-3-30 所示。

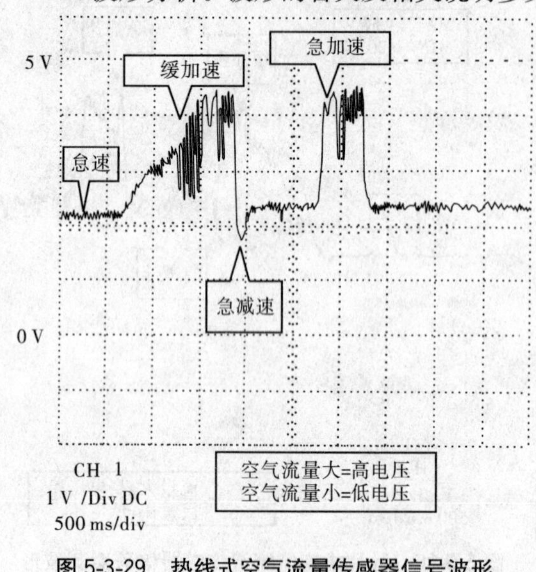

图 5-3-29 热线式空气流量传感器信号波形

节气门全开空气流量最大

怠速旁路空气可补偿进入进气管的空气流量

进入进气歧管的空气流量增加

由怠速控制阀运动造成的阻尼现象

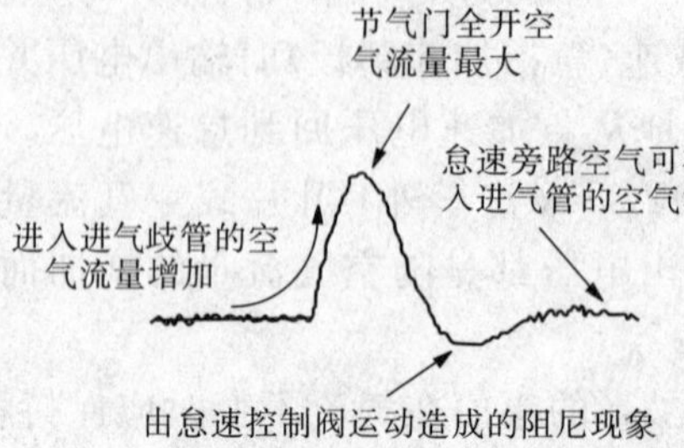

图 5-3-30 热线式空气流量传感器信号波形分析

①从维修资料中找出输出信号电压参考值进行比较,通常热线(热膜)式空气流量传感器输出信号电压范围是从怠速时超过0.2 V变至节气门全开时超过 4 V,当急减速时输出信号电压应比怠速时的电压稍低。

②发动机运转时,波形的幅值看上去在不断地波动,这是正常的,因为热线式空气流量传感器没有任何运动部件,因此没有惯性,所以它能快速地对空气流量的变化作出反应。加速时波形上所看到的杂波实际是在低进气真空之下各缸进气口上的空气气流脉动,发动机 ECU 中的超级处理电路读入后会清除这些信号,所以这些脉冲没有关系。

③不同的车型输出电压有很大的差异,在怠速时信号电压是否为 0.25 V 也是判断空气流量传感器好坏的方法之一,另外,从燃油混合气是否正常或冒黑烟也可以判断空气流量传感的好坏。

④如果信号波形与上述情况不符,或空气流量传感器在怠速时输出信号电压太高,而节气门全开时输出信号电压又达不到 4 V,则说明空气流量传感器已经损坏;如果在车辆急加速时空气流量传感器输出信号电压波形上升缓慢,而在车辆急减速时空气流量传感器输出信号电压波形下降缓慢,则说明空气流量传感器的热线(热膜)脏污。

3.数字式空气流量传感器波形分析

(1)波形检测方法。将示波器探针接空气流量传感器信号输出端子,鳄鱼夹搭铁。在发动机运转时测试空气流量传感器输出信号电压波形。数字式空气流量传感器输出的信号都是频率信号,根据空气流量传感器的不同,其输出信号电压波形可以分为高频和低频两种形式,两种形式空气流量传感器的信号电压波形如图 5-3-31 所示。

(2)波形分析。波形的含义及相关说明参见图 5-3-32 所示。

①波形的幅值大多数应满 5 V,波形的形状要基本一致,矩形的拐角和垂直沿的一致性要好,传感器输出信号电压波形的频率要与发动机转速和空气流量传感器的比率一致。有些车型,如通用别克汽车的波形上部左侧的拐角有轻微的圆滑过渡是正常现象,并不说明传感器损坏。

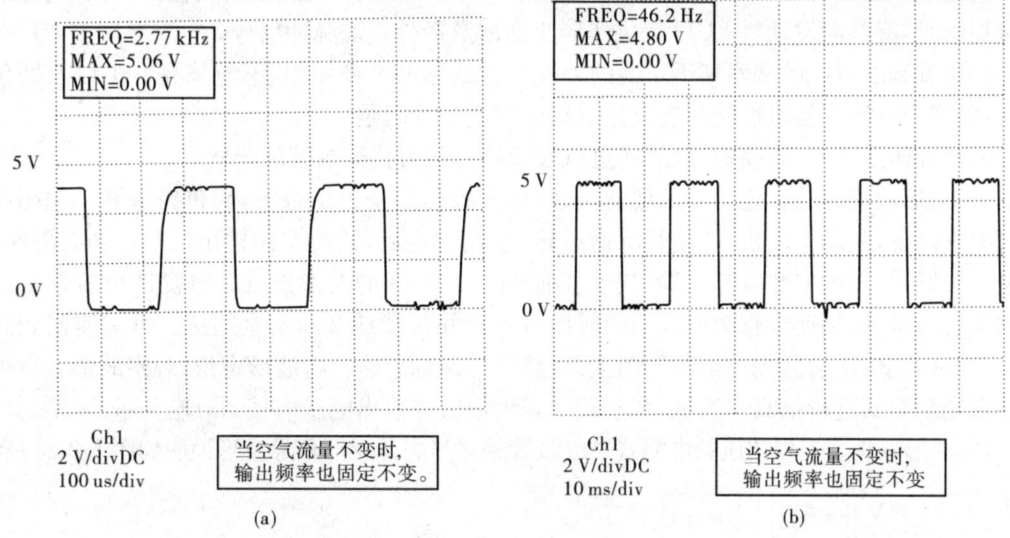

图 5-3-31 数字式空气流量传感器输出信号电压波形

(a)高频型;(b)低频型

②随着空气流量的增加，传感器输出信号波形的频率也增加。

③如果信号波形不符合上述要求，或者脉冲波形有伸长或缩短，或者有不想要的尖峰和变圆的拐角等，应更换空气流量传感器。

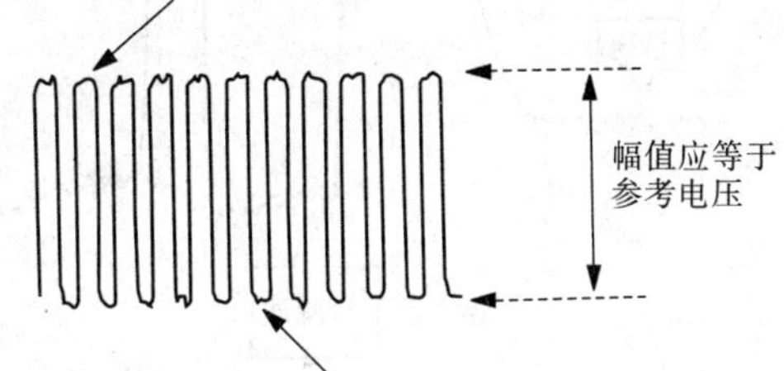

图 5-3-32 数字式空气流量传感器输出信号电压波形分析

4. 卡门涡旋式空气流量传感器波形分析

(1)波形检测方法。卡门涡旋式空气流量传感器的输出方式也是数字式，但它与其他的数字式输出空气流量传感器不同，通常数字式空气流量传感器在空气流量增大时频率也随之增加。在加速时，卡门涡旋式空气流量传感器与其他数字式空气流量传感器不同之处在于它不但频率增加，同时它的脉冲宽度也改变。

正确连接示波器，起动发动机，在不同转速的情况下进行试验，注意应把较多的时间用在测试发动机性能有问题的转速段内。卡门涡旋式空气流量传感器的输出信号电压波形如图 5-3-18 所示。

(2)波形分析。在对其进行波形分析时主要注意以下几点：

①确信在任何给定的运行方式下，波形的重复性和精确性在幅值、频率、形状和脉冲宽度等几个方面的关键参数都是相同的。

②确信在稳定转速的空气流量情况下，空气流量传感器能产生稳定的频率。

③在大多数情况下，波形的幅值应该满 5 V，同时也要按照一致性原则观察波形的正确形状、矩形脉冲的方角及垂直沿。

④在稳定的空气流量下空气流量传感器产生的频率也应该是稳定的，不论是什么样的值都应该是一致的。

⑤当这种型号的空气流量传感器工作正常时，脉冲宽度将随加速的变化而变化，这是为了加速加浓时，能够向发动机 ECU 提供非同步加浓及额外喷油脉冲信号。

⑥所看到的可能的缺陷和不正确的关键参数是脉冲宽度缩短，不应该有峰尖以及圆角产生，这些都会影响发动机性能和造成排放污染物增加等问题。

5. 半导体压敏电阻(模拟输出)式进气歧管绝对压力传感器波形分析

(1)波形检测方法。连接好示波器，探针接传感器信号输出端子，鳄鱼夹搭铁。关闭所有附属电气设备，起动发动机，并使其怠速运转，怠速稳定后，检查怠速输出信号电压(图 5-3-33 中左侧波形)。做加速和减速试验，应有类似图 5-3-33 中的波形出现。将发动机转速从怠速加到节气门全开(加速过程中节气门应缓慢打开)，并持续约 2 s，不宜超速。再减速回到怠速状况，持续约 2 s。再急加速至节气门全开，然后再回到怠速。将波形定位，观察波形。也可用手动真空泵对其进行抽真空测试，观察真空表读数值与输出电压信号的对应关系。

(2)波形分析。半导体压敏电阻式进气歧管绝对压力传感器信号波形说明如图 5-3-34 所示。

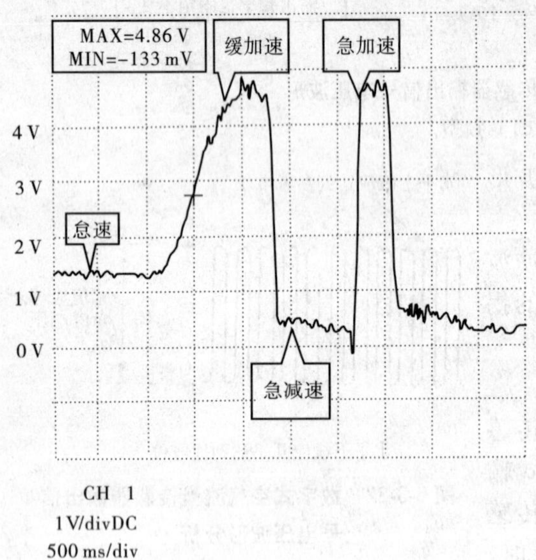

图 5-3-33 半导体压敏电阻式进气歧管绝对压力传感器信号波形

高电压表示高的进气歧管压力(低真空)
发动机负荷大
发动机负荷大小
当节气门打开时进气歧管压力升高(真空降低)
低电压表示低的进气歧管压力(高真空)

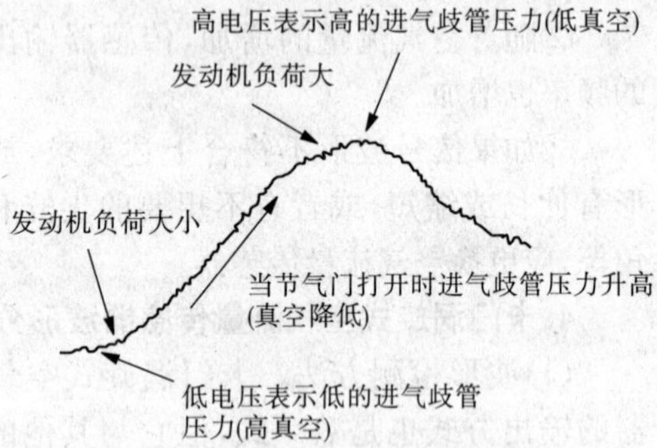

图 5-3-34 半导体压敏电阻式进气歧管绝对压力传感器信号波形说明

①从车型技术资料中查到各种不同车型在不同真空度下的输出电压值，将这些参数与示波器显示的波形进行比较。通常半导体压敏电阻式进气歧管绝对压力传感器的输出电压在怠速时为 1.25 V，当节气门全开时略低于 5 V，全减速时接近 0 V。

②大多数进气歧管绝对压力传感器在真空度高时(急减速是 81 kPa)产生低的电压信号(接近 0 V)，而真空度低时(全负荷时接近 10 kPa)产生高的电压信号(接近5 V)。也有些进气歧管绝对压力传感器设计成相反方式，即当真空度增高时输出电压也增高。

③当进气歧管绝对压力传感器有故障时，可以查阅维修手册，波形的幅值应保持在接近特定的真空度范围内，波形幅值的变化不应有较大的偏差。当传感器输出电压不能随发动机真空值变化时，在波形图上可明显看出来，同时发动机将不能正常工作。有些克莱斯勒汽车的进气歧管绝对压力传感器在损坏时，不论真空度如何变化输出电压不变。有些系统像克莱斯勒汽车通常显示出许多电子杂波，甚至用 NORMAL(正常)采集方式采集波形，在波形上还有许

多杂波(通常四缸发动机有杂波,因为在两个进气行程间真空度波动比较大),通用汽车进气歧管绝对压力传感器杂波最少,但是波形杂乱或干扰太大,在传送到发动机 ECU 后,发动机 ECU 中的信号处理电路会清除杂波干扰。

6.电容(数字输出)进气歧管绝对压力传感器波形分析

(1)波形检测方法。接通点火开关,但不起动发动机,用手动真空泵给进气歧管绝对压力传感器施加不同的真空度,并观察示波器的波形显示。电容(数字输出)式进气歧管绝对压力传感器信号电压波形含义及相关说明如图 5-3-35 所示。

(2)波形分析。这种进气歧管绝对压力传感器产生的是频率调制式数字信号,它的频率随进气真空的改变而改变,当没有真空时,输出信号频率为160 Hz,在怠速时真空度为 64.3 kPa,它产生频率约为 105 Hz 的输出。检测时应,按照维修手册中的资料来确定真空度和输出频率信号的关系。

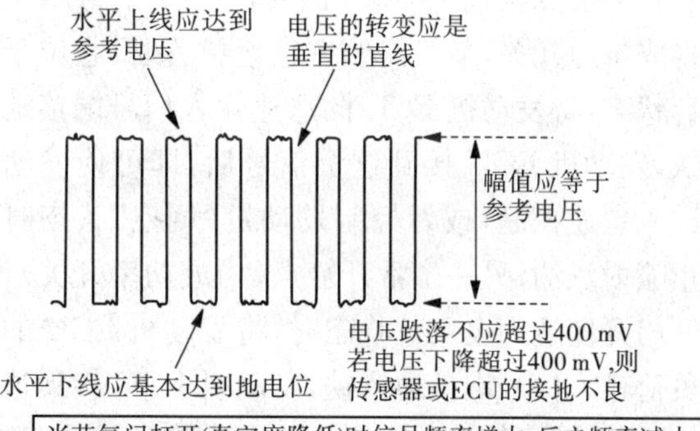

图 5-3-35　电容(数字输出)式进气歧管绝对压力传感器信号电压波形及分析

①确定判定参数:幅值、频率和形状是相同的,精确性和重复性好,幅值接近 5 V,频率随真空度变化,形状(方波)保持不变。

②确定在给定真空度的条件下,传感器能发出正确的频率信号。

③波形的幅值应该是满 5 V 的脉冲,同时形状正确。例如,波形稳定,矩形方角正确,上升沿垂直,频率与对应的真空度应符合维修资料给定的值。

④可能的缺陷和参数值的偏差主要是频率值不正确,脉冲宽度变短和不正常尖峰等。

7.线性输出型节气门位置传感器波形分析

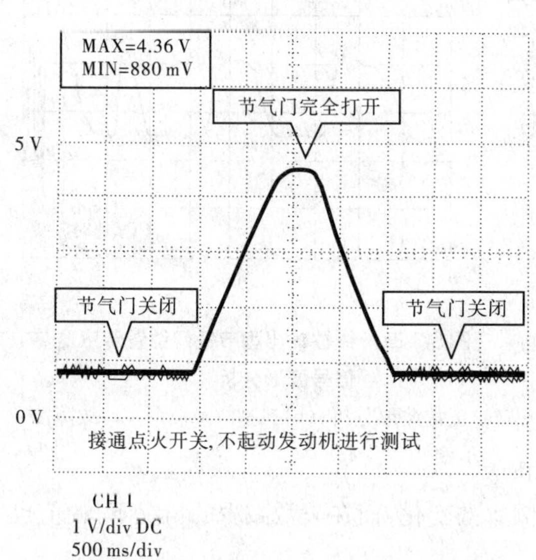

图 5-3-36　线性输出型节气门位置传感器信号波形

(1)波形检测方法。连接好示波器,探针接传感器信号输出端子,鳄鱼夹搭铁。接通点火开关,发动机不运转,慢慢地让节气门从关闭位置到全开位置,并重新返回至节气门关闭位置。慢慢地反复这个过程几次,这时波形应如图 5-3-36 所示铺开在显示屏上。

(2)波形分析。线性输出型节气门位置传感器信号波形分析含义及相关说明如图 5-3-37 所示。查阅车型规范手册得到精确的电压范围,通常传感器的电压应从怠速时的低于 1 V 到节气门全开时的低于 5 V。波形上不应有任何断裂、对地尖峰或大跌落。应特别注意在前 1/4 节气门开度中的波形,这是在汽车运行中中最常用的传感器碳膜的部分。传感器的前 1/8 至 1/3 的碳膜通常首先磨损。特别应注意达到 2.8 V 处的波形,这是传感器的碳膜容易损坏或断裂的部分。在传感器中磨损或断裂的碳膜不能向发动机 ECU 提供正确的节气门位置信息,所以发动机 ECU 不能为发动机计算出正确的喷油脉宽,从而引起发动机工作性能不良问题。

8.开关量输出型节气门位置传感器波形分析

开关量输出型节气门位置传感器的信号波形检测同线性输出型节气门位置传感器。它是由两个开关触点构成的一个旋转开关,一个常闭触点构成怠速开关,节气门处在怠速位置时,它位于闭合状态,将发动机 ECU 的怠速输入信号端接地搭铁,发动机 ECU 接到这个信号后,即可使发动机进入怠速控制,或者控制发动机"倒拖"状态时停止喷射汽油;另一个常开触点(构成功率开关),节气门开度达到全负荷状态时,将发动机 ECU 的全负荷输入信号端接地搭铁,发动机 ECU 接到这个信号后,即可使发动机进入全负荷加浓控制状态。开关量输出型节气门位置传感器的信号波形及其分析如图 5-3-38 所示。

9.磁脉冲式曲轴位置传感器波形分析

(1)波形检测方法。连接示波器,起动发动机,怠速运转,而后加速或按照行驶性能发生故障的需要驾驶等,获得波形,典型的磁脉冲式曲轴位置传感器信号波形如图 5-3-39 所示。对于将发动机转速和凸轮轴位置传感器制成一体的具有两个信号输出端子的曲轴位置传感器可用双通道的示波器同时进行检测其信号波形,其典型信号波形如图 5-3-40 所示。

(2)波形分析

①触发轮上相同的齿形应产生相同形状的连续脉冲,脉冲有一致的形状、幅值,并与曲轴(或凸轮)的转速成正比,输出信号的频率(基于触发的转速)及传感器磁极与触发轮间气隙对传感器信号的幅值影响极大。

②利用除去传感器触发轮上一个齿或两个相互靠近的齿所产生的同步脉冲,会引起输出信号频率的变化,而在齿数减少的情况下,幅值也会变化,借此可以确定上止点的信号。

③各个最大(最小)峰值电压应相差不多,若某一个峰值电压低于其他的峰值电压,则应检查触发轮是否有缺角或弯曲。

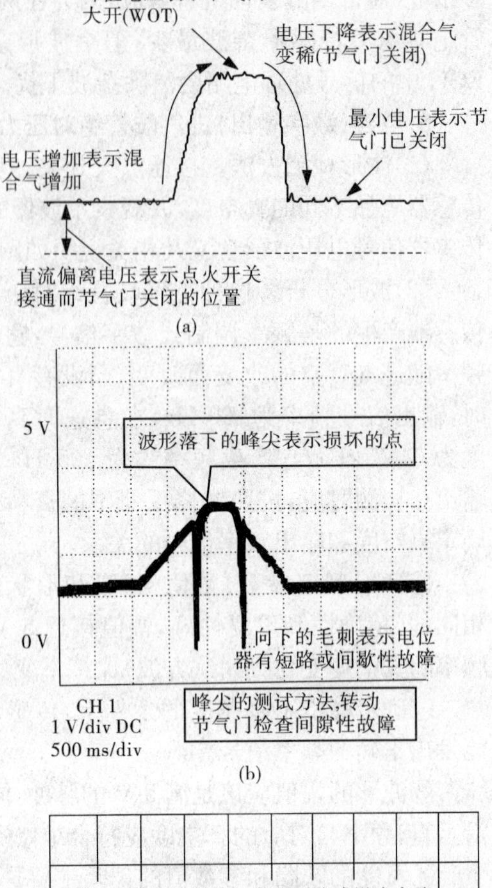

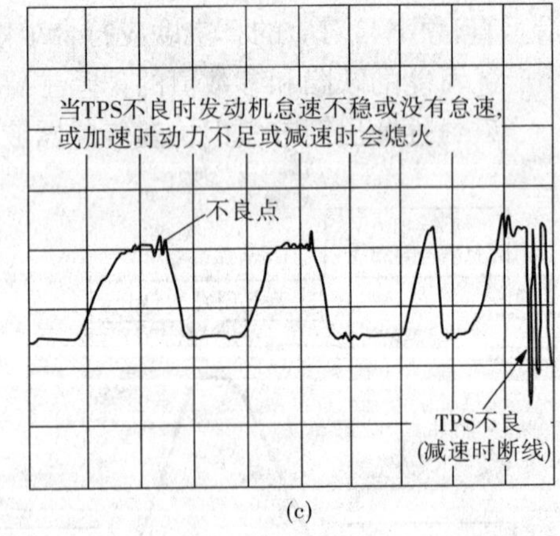

图 5-3-37 线性输出型节气门位置传感器信号波形分析

(a)正常波形分析;(b)典型故障波形;(c)故障波形示例

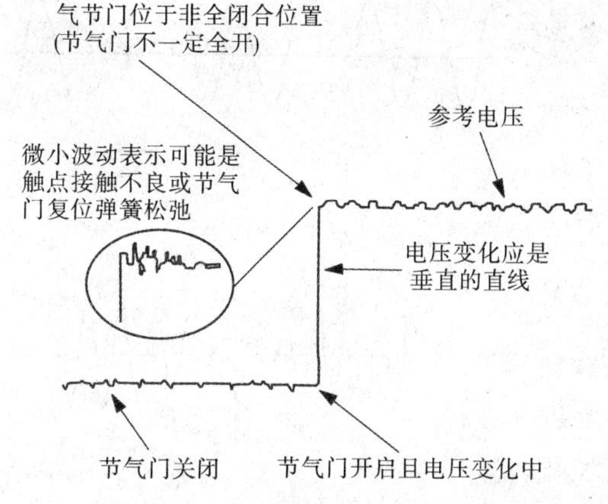

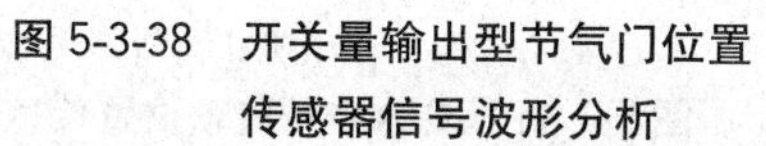

图 5-3-38　开关量输出型节气门位置传感器信号波形分析

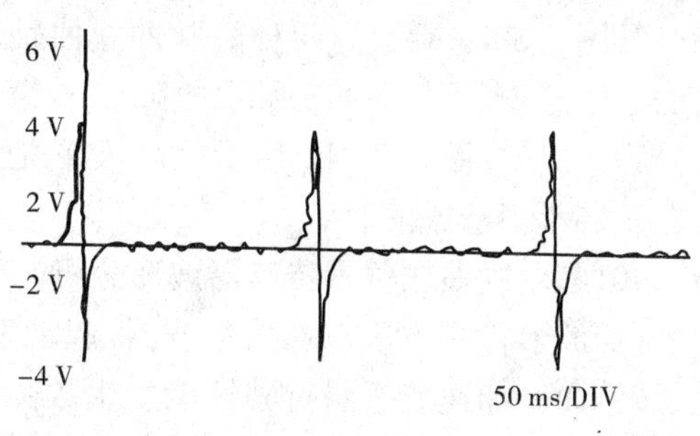

图 5-3-39　典型的磁脉冲式曲轴位置传感器信号波形

④波形的上下波动，不可能在 0 V 电位的上下完美地对称，但大多数传感器的波形相当接近，磁脉冲式曲轴（或凸轮轴）位置传感器的幅值随转速的增加而增加，转速增加，波形副值相对增加。

⑤波形的幅值、频率和形状在确定的条件下（如相同转速）应是一致的、可重复的、有规律的和可预测的。也就是说，测得波形峰值的幅度应该足够高，两脉冲时间间隔（频率）应一致（除同步脉冲外），形状一致并可预测。

⑥脉冲的频率应同发动机的转速同步变化，两个脉冲间隔仅在同步脉冲出现时才改变。能使两脉冲间隔时间改变的唯一理由，是触发轮上的齿数缺少或传感器间隙短暂过大（转轴晃动）以及特殊齿经过传感器，任何其他改变脉冲间隔时间的波形出现都意味着传感器可能有故障。

⑦如果发动机异响和行驶性能故障与波形的异常有关，则说明故障是由该传感器故障造成的。

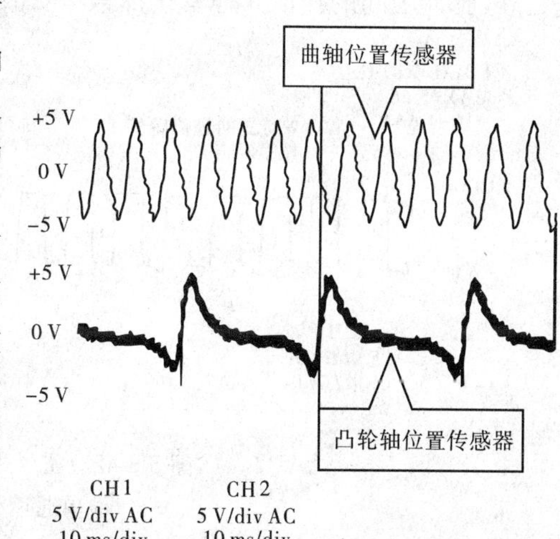

图 5-3-40　典型双通道检测磁脉冲式曲轴位置传感器信号波形

⑧不同类型的传感器的波形峰值电压和形状并不相同。由于线圈是传感器的核心部分，所以故障往往与温度关系密切，大多数情况是波形峰值变小或变形，同时出现发动机失速、断火或熄火。通常最常见的传感器故障是根本不产生信号，这说明是传感器的线圈有断路故障。

⑨当故障波形出现在示波器上时，摇动线束可以进一步证明磁脉冲式曲轴位置传感器是不是故障的根本原因。

⑩在大多数情况下，如果传感器或电路有故障，示波器上将完全没有信号，所以示波器中间 0 V 电压处是一条直线便是很重要的诊断资料。如果示波器显示在零电位时是一条直线，则说明传感器信号系统中有故障，那么在确定示波器到传感器的连接正常之后，应进一步检查相关的零件（分电器轴、曲轴、凸轮轴）是否旋转、磁脉冲式曲轴位置传感器的空气间隙是否适当和传感器头有无故障。（注意：也有可能是点火模块或发动机 ECU 中的传感器内部电路搭

铁,此时可以用拔下传感器导线连接器后再用示波器测试的方法来判断)。

⑪图 5-3-41 所示为两种磁脉冲式曲轴位置传感器的故障波形,图 5-3-41a 所示故障波形为齿槽中填有异物造成的,图 5-3-41b 所示故障波形是传感器触发轮安装不当造成的。

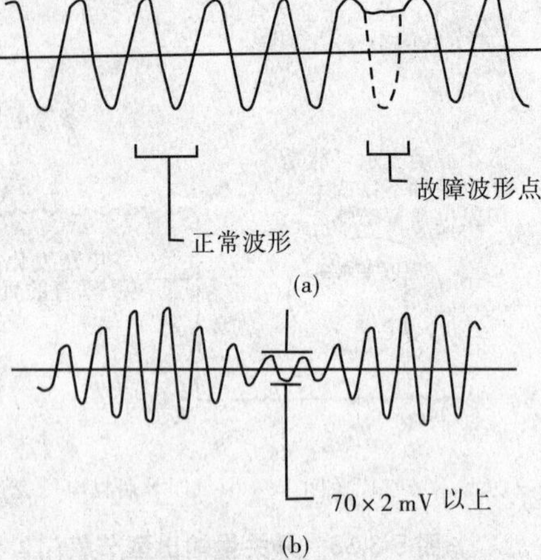

图 5-3-41 磁脉冲式曲轴位置传感器的故障波形举例

(a)故障波形之一;(b)故障波形之一

10. 霍尔式曲轴位置传感器波形分析

(1)波形检测方法。连接示波器,起动发动机,怠速运转,而后加速或按照行驶性能发生故障的需要进行驾驶等,获得波形,典型的霍尔式曲轴位置传感器信号波形如图 5-3-42 所示。

(2)波形分析。霍尔式曲轴位置传感器信号波形的分析如图 5-3-43 所示。

①波形频率应与发动机转速相对应,当同步脉冲出现时占空比才改变,能使占空比改变的唯一理由是不同宽度的转子叶片经过传感器。除此之外,脉冲之间的任何其他变化都意味着故障。

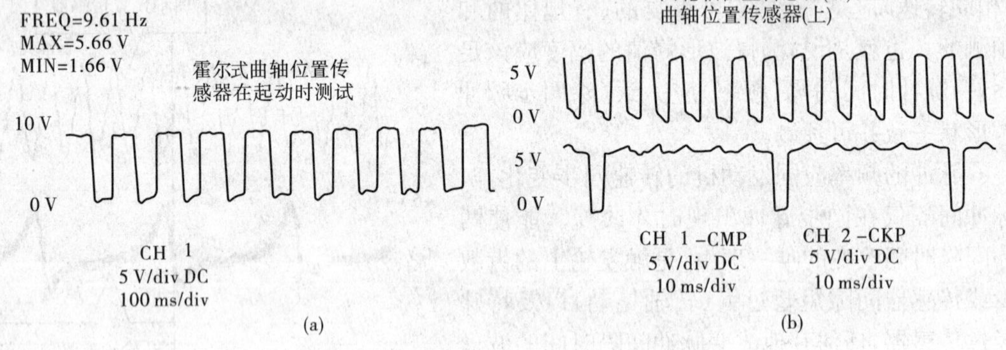

图 5-3-42 霍尔式曲轴位置传感器信号波形

(a)单通道测试;(b)双通道测试

②查看波形形状的一致性、检查波形上下沿部分的拐角。由于传感器供电电压不变,因此所有波峰的高度(幅值)均应相等。实际应用中,有些波形有缺痕或上下各部分有不规则形状,这也许是正常的,在这里关键的是一致性。

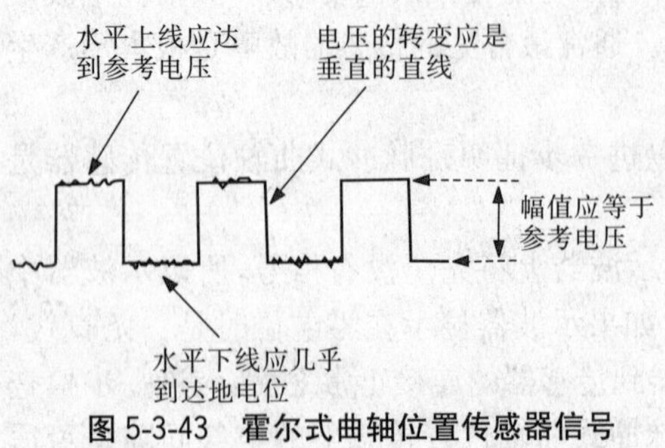

图 5-3-43 霍尔式曲轴位置传感器信号波形分析

③如果在示波器 0 V 电压处显示一条直线,则应:确认示波器和传感器连接良好;确认相关的零件(分电器、曲轴和凸轮轴等)都在转动;用示波器检查传感器的电源电路和发动机 ECU 的电源及接地电路;检查电源电压和传感器参考电压。

④如果示波器在传感器电源电压处显示一条直线,则应检查传感器接地电路的完整性,确认相关的零件(分电器、曲轴和凸轮轴等)都在转动;如果传感器的电源和接地良好,示波器在传感器供给

电源电压处显示一条直线，则很可能是传感器损坏。

⑤如果有脉冲信号存在，应确认从一个脉冲到另一个脉冲的幅度、频率和形状等判定性依据。数字脉冲的幅值必须足够高(通常在起动时等于传感器供给电压)，两个脉冲间的时间不变(同步脉冲除外)，并且形状是重复可预测的。

11. 光电式曲轴位置传感器信号波形分析

(1)波形检测方法。连接示波器，起动发动机，怠速运转，而后加速或按照行驶性能发生故障的需要驾驶等，获得波形，典型的光电式曲轴位置传感器信号波形如图 5-3-44 所示。

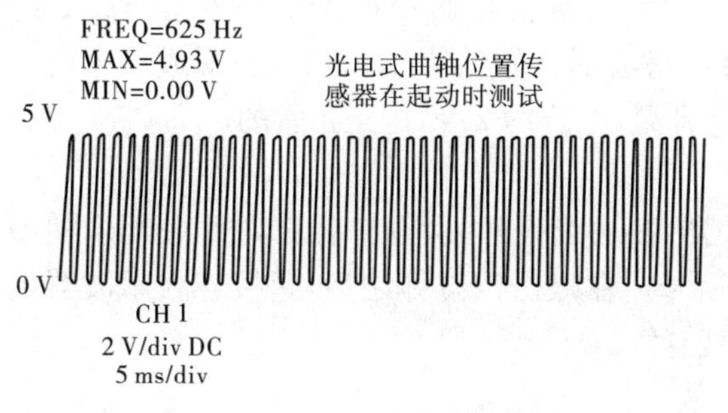

图 5-3-44　光电式曲轴位置传感器信号波形

(2)波形分析

①波形的频率应随发动机转速的变化而变化，占空比在同步脉冲出现时才改变。能使占空比改变的唯一理由是信号盘上不同宽度的孔通过传感器，而任何其他原因使占空比改变，都可能意味着故障。

②检查波形形状的一致性，看波形上下端的尖角，一些高频光电式分电器，波形的上角可能出现圆角。

③光电式传感器有一个弱点，它们对污物和油所产生的对通过信号盘的光传输干扰问题非常敏感。光电式传感器的功能元件通常被密封得很好，但损坏的分电器轴套或密封垫，以及维修时油污和污物进入敏感区域造成污损，就可能引起不能起动、失速和断火。

④检查波形幅值的一致性，由于传感器供电电压不变，因此所有波形的高度均应相等。实际应用中有些波形有缺痕或上下各部分有不规则形状，这也许是正常的，在这里关键的是一致性。

⑤如果在示波器 0 V 电压处显示一条直线，则应：确认示波器和传感器连接是否良好；确认相关的零件(分电器、曲轴和凸轮轴等)都在转动；用示波器检查传感器的电源电路和发动机 ECU 的电源及接地电路；检查电源电压和传感器参考电压。

⑥如果在示波器上在传感器电源电压处显示一条直线，则应：检查传感器接地电路的完整性，确认相关的元件(分电器、曲轴、凸轮轴等)都在转动；如果传感器的电源、接地良好，示波器在传感器供给电源电压处显示一条直线，则很可能是传感器损坏。

⑦如果有脉冲信号存在，应确认从一个脉冲到另一个脉冲的幅度、频率和形状等判定性依据。数字脉冲的幅值必须足够高(通常在起动时等于传感器供给电压)，两个脉冲间的时间不变(同步脉冲除外)，并且形状是重复可预测的。

12. 温度传感器信号波形分析

(1)波形检测方法。冷却液温度传感器和进气温度传感器的检测方法和波形基本相同，下面以发动机冷却液温度传感器为例介绍波形检测方法和波形分析。连接好示波器，起动发动机，然后在发动机的暖机过程中观察温度传感器信号电压的下降情况。如果汽车故障与温度无直接关系，可以从全冷态的发动机开始试验步骤；如果汽车的故障与温度有直接的关系，则可以从怀疑的温度范围开始试验步骤。

(2)波形分析。发动机冷却液温度传感器信号波形的起动暖机过程检测结果如图 5-3-45 所示。

检查车型的规范手册以得到精确的电压范围，通常冷车时传感器的电压应为 3～5 V(全

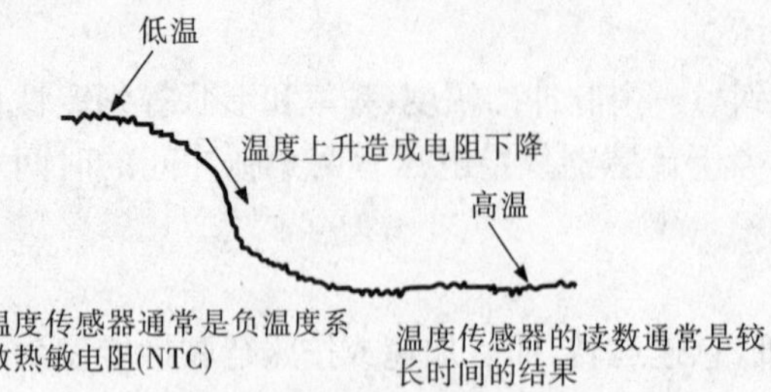

图 5-3-45 发动机冷却液温度传感器信号波形的全过程检测结果

冷态),然后随着发动机运转逐渐减小至正常工作温度时的 1 V 左右。直流信号的判定指标时幅度。在任何给定温度下,好的传感器必须产生稳定的反馈信号。发动机冷却液温度传感器电路的开路将使电压波形出现向上的尖峰(到参考电压值),发动机冷却液温度传感器电路的短路将产生向下尖峰(到接地值)。

克莱斯勒和通用生产的轿车在 125℃ 时(约 1.25 V)串了一个 1 kΩ 的电阻到电路中,可使得波形开始约为 1.25 V 处,形成一个向上的阶梯,波形上跳至 3.7 V,然后继续下降至完全升温,电压约 2 V,这是正常的。

13. 爆震传感器信号波形分析

将爆震传感器的导线连接器断开,连接示波器,接通点火开关,不起动发动机,使用木槌敲击传感器附近的发动机汽缸体以使传感器产生信号。在敲击汽缸体之后,紧接着在示波器上应显示有一振动,敲击越重,信号波形振动幅度就越大。

如图 5-3-46 所示,爆震传感器的信号波形从一个脉冲至下一个脉冲的峰值电压会有些变化。如果对爆震传感器进行随车在线检测(连接好示波器,起动发动机,对发动机进行加载,获得信号波形),则可以看出波形的峰值电压(波峰高度或振幅)和频率(振动的次数)将随发动机负载和转速的增加而增加。如果发动机因点火过早、燃烧温度不正常、废气再循环不正常流动等产生爆燃或敲击声,其幅度和频率也会增加。

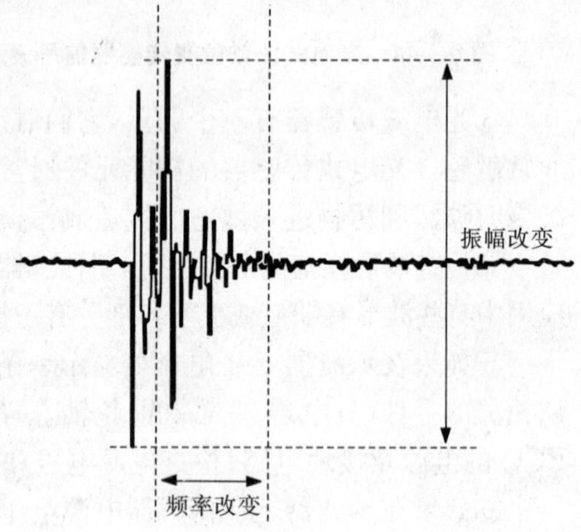

图 5-3-46 爆震传感器的信号波形及分析

爆震传感器是极耐用的,最普通的爆震传感器失效的方式是该传感器根本不产生信号——这通常是因为被碰伤而造成传感器的物理损坏(在传感器内晶体断裂),此时波形显示只是一条直线。

14. 废气再循环(EGR)阀位置传感器信号波形检测、分析

在废气再循环阀打开时,废气再循环阀位置传感器发出一个与废气再循环阀开启成比例的信号给发动机 ECU,发动机 ECU 能够将这个信号转变成废气再循环率。在发动机起动、暖机以及减速或怠速时,大多数发动机控制系统不使废气再循环工作,在加速时废气再循环正确的控制能优化发动机转矩。废气再循环位置传感器是一个可变电阻(电位计),该电阻值指示废气再循环阀转轴的位置,它是一个重要的传感器,因为它的信号输入是发动机 ECU 计算废气再循环流量的依据,废气再循环位置传感器损坏会造成喘震现象、发动机爆震、怠速不良和其他行驶性能故障,甚至导致尾气测试也不合格。废气再循环位置传感器通常是一个三线传感器,一条是发动机 ECU 来的参考电源(5 V 电压),另外一条是传感器的接地线,第三条是传感器给发动机 ECU 的信号输出线。

(1)波形检测方法。首先确认进气管到废气再循环阀和真空电磁阀的进出管道均完好无损且安装正常,并无泄漏,确认废气再循环阀的膜片能够正确地保持住真空度(可参看制造厂

资料)，确认废气再循环进入和绕过发动机的通道是清洁的，且没有由于内部积炭造成堵塞(按照制造商给出的步骤执行废气再循环功能检查)，这可以确认当发动机 ECU 收到废气再循环位置传感器来的信号时，废气实际流入了燃烧室。连接好示波器，起动发动机保持在 2 500 r/min转速下 2～3 min，直到发动机充分暖机，空燃比反馈控制系统进入闭环状态(可以在示波器上观察氧传感器信号来确认上述步骤)，关闭所有附属电器，按从停车状态起步、缓加速、急加速、巡行和减速的步骤驾驶汽车。废气再循环位置传感器的实测信号波形如图 5-3-47 所示。在观察波形时，用手动真空泵连接在废气再循环阀真空管上，控制废气再循环阀阀门打开一关闭对波形检测是有帮助的。

(2)波形分析。确认在废气再循环工作的条件下所产生的传感器信号与废气再循环阀的动作是成正比例的。

一台发动机达到废气再循环工作条件时，发动机 ECU 就开始控制废气再循环阀，当废气再循环阀打开时波形将上升，当废气再循环阀关闭时波形则下降，翻阅制造厂商的资料确定正确的电压范围，但通常在废气再循环阀阀门关闭时的传感器信号电压在 1 V 以下，当废气再循环阀阀门打开时传感器的信号电压接近 5 V。

在正常加速时，废气再循环阀需要打开的开度特别大，在怠速和减速时废气再循环阀阀门是关闭的，不需要废气再循环。波形上不应出现任何断线、指向接地的尖峰和波形下掉等情况，特别要注意波形开始上升时的形状(在第 1 次阀门运动时的 1/2 段)，这是传感器最经常动作的碳膜段，通常首先损坏。

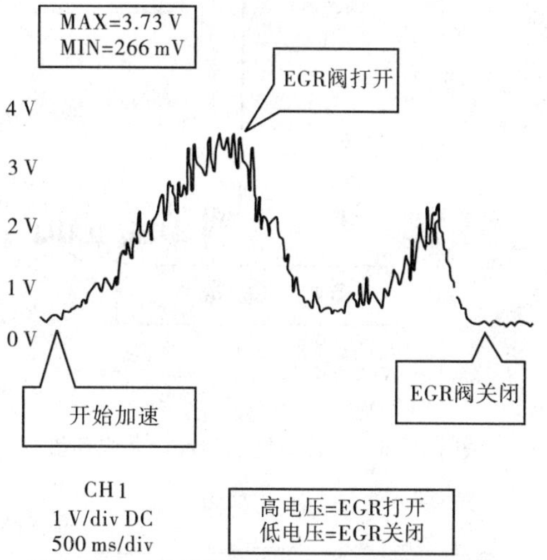

图 5-3-47 废气再循环位置传感器的实测信号波形

15. 氧传感器信号波形分析

氧传感器信号测试中有 3 个参数(最高信号电压、最低信号电压和混合气从浓到稀时信号的响应时间)需要检查，只要在这 3 个参数中有一个不符合规定，氧传感器就必须予以更换。更换氧传感器以后还要对新氧传感器的这 3 个参数进行检查，以判断新的氧传感器是否完好。测试氧传感器有 2 种常用的方法：丙烷加注法和急加速法。

(1)丙烷加注法。测试步骤(氧化钛型传感器和氧化锆型传感器都适用)如下：连接并安装加注丙烷的工具；把丙烷接到真空管入口处(对于有 PCV 系统或制动助力系统的汽车应在其连接完好的条件下进行测试)；接上并设置好汽车示波器；起动发动机，并让发动机在 2 500 r/min下运转 2～3 min；使发动机怠速运转；打开丙烷开关，缓慢加注丙烷，直到氧传感器输出的信号电压升高(混合气变浓)，此时一个运行正常的空燃比反馈控制系统会试图将氧传感器的信号电压向变小(混合气变稀)的方向拉回，然后继续缓慢地加注丙烷，直到该系统失去将混合气变稀的能力；接着再继续加注丙烷，直到发动机转速因混合气过浓而下降 100～200 r/min(这个操作步骤必须在 20～25 s 内完成)；迅速把丙烷输入端移离真空管，以造成极大的瞬时真空泄漏(这时发动机失速是正常现象，并不影响测试结果)，然后关闭丙烷开关；待信号电压波形移动到示波器显示屏的中央位置时锁定波形，测试完成。

一个好的氧传感器应输出如图 5-3-48 所示的信号电压波形，其 3 个参数值必须符合表 5-3-20 所列的值。一个已损坏的氧传感器可能输出如图 5-3-49 所示的信号电压波形，其中，最高信号电压下降至 427mV，最低信号电压小于 0 V，混合气从浓到稀时信号的响应时间却延长为 237 ms，所以这 3 个参数均不符合标准。用示波器对氧传感器进行测试时可以从显示屏上直接读取最高和最低信号电压值，并且还可以用示波器游动标尺读出信号的响应时间(这是汽车示波器特有的功能)。汽车示波器还会同时在其屏幕上显示测试数据值，这对分析波形非常有帮助。

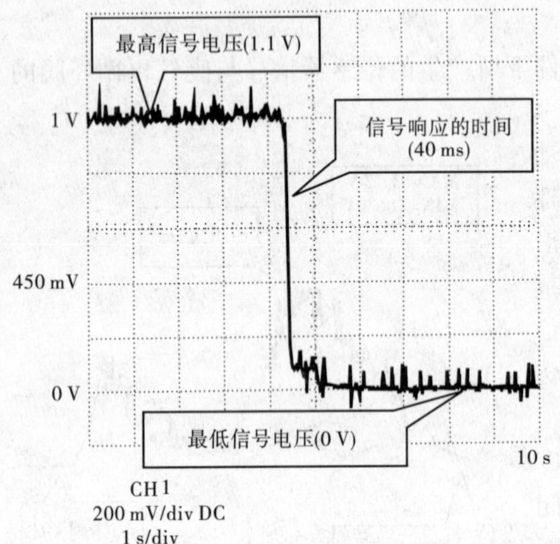

图 5-3-48 氧传感器的标准信号电压波形

1 V
最高信号电压(427 mV)
450 mV
信号响应时间(237 ms)
0 V
5 s
10 s
CH1
200 mV/div DC
1 s/div
最低信号电压
(-130 mV)

图 5-3-49 已损坏的氧传感器的信号电压波形

氧传感器信号波形参数标准 表 5-3-20

序号	测量参数	允许范围
1	最高信号电压(左侧波形)	>850 mV
2	最低信号电压(右侧波形)	75 ～175 mV
3	混合气从浓到稀的最大允许响应时间(波形的中间部分)	<100 ms(波形中在 300～600 mV 的下降段应该是上下垂直的)

在检测前，应将氧传感器充分预热(即让发动机在 2 500 r/min 下运转 2 ～3 min)。如果发动机仅怠速运转 5 s，就可能有一个或多个参数不合格，而这个不合格并不说明氧传感器是坏的，只是测试条件没有满足的缘故。

多数损坏的氧传感器都可以从其信号电压波形上明显地分辨出来，如果从信号电压波形上还无法准确地断定氧传感器的好坏，则可以用示波器上的游动标尺读出最大和最小信号电压值以及信号的响应时间，然后用这 3 个参数来判断氧传感器的好坏。

(2)急加速法。对有些汽车，测试氧传感器信号电压波形是非常困难的，因为这些汽车的发动机控制系统具有真空泄漏补偿功能(采用速度密度方式进行空气流量的计量或安装了进气歧管绝对压力传感器等)，能够非常快地补偿较大的真空泄漏，所以氧传感器的信号电压决不会降低。这时，在测试氧传感器的过程中就要用手动真空泵使进气歧管绝对压力传感器内的压力稳定，然后再用急加速法来测试氧传感器。急加速法测试步骤如下：以2 500 r/min的转速预热发动机和氧传感器2～6 min，然后再让发动机怠速运转 20 s；在 2 s 内将发动机节气门从全闭(怠速)至全开1次，共进行 5～6 次，但是，不要使发动机空转转速超过4 000 r/min，只要用节气门进行急加速和急减速就可以了；定住屏幕上的波形(图 5-3-50)，接着就可根据氧传感器的最高、最低信号电压值和信号的响应时间来判断氧传感器的好坏。在信号电压波形中，上升的部分是急加速造成的，下降的部分是急减速造成的。

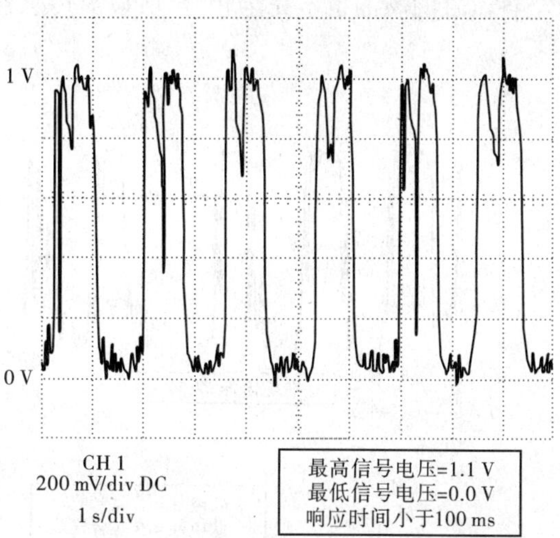

图 5-3-50 急加速法测试时氧传感器的信号电压波形

(3)氧化钛型氧传感器。氧化钛型氧传感器是用于输出信号为 5 V 或 1 V 的可变电阻，其工作原理与发动机冷却液温度传感器(ECT)和进气温度传感器(IAT)相似。ECT 和 IAT 都是一个可变电阻器，其电阻值随着温度的变化而变化；氧化钛型氧传感器的电阻值则随其周围氧含量的变化而变化。发动机 ECU 为读取这个可变电阻两端的电压降，通常都要给它提供一个参考工作电压，一般是 1 V(也有的是 5 V)，氧化钛型氧传感器输送给发动机 ECU 的是一个稍低的反映混合气空燃比变化的变化电压(信号电压)。大多数氧化钛型氧传感器用在多点燃油喷射系统中，氧传感器用 5 V 电源，在其他汽车上用 1 V 电源。除了少数 5 V 氧化钛型氧传感器系统以外，多数汽车氧化钛型氧传感器都具有与氧化锆型氧传感器相同的性能。少数与氧化锆型氧传感器信号波形不同的，5 V 氧化钛型氧传感器信号波形有 2 个特点：

①信号电压的变化是从 0 V 到 5 V，而不是从 0 V 到 1 V。

②信号电压与其他氧传感器的信号电压相反：混合气浓时电压低，混合气稀时电压高(图 5-3-51)。

氧化钛型氧传感器和氧化锆型氧传感器的信号响应时间一般是相同的。

(4)不同燃油喷射系统中的氧传感器波形。通常有 2 种不同的燃油喷射系统：节气门体燃油喷射(TBI)系统和多点式燃油喷射(MFI)系统。由于它们的结构、原理不同，其氧传感器的信号也稍有不同。

①节气门体燃油喷射系统氧传感器信号电压波形。节气门体燃油喷射系统(又称单点式燃油喷射系统)只有一个喷油器，由于系统的机械元件少了，所以它只需用较少的时间就可以响应系统的燃油控制命令，较迅速地改变喷油器的喷油量，因此，在相同的时间内，该系统氧传感器信号电压变化的频率较高，其频率为 0.2(怠速时)～3 Hz(2 500 r/min 时)，如图 5-3-52 所示。

②多点式燃油喷射(MFI)系统氧传感器信号电压波形。多点式燃油喷射系统由于大大改变了电子与机械部分设计，因而性能超过节气门体(单点式)燃油喷射系统。该系统的进气通道明显缩短，从节气门体燃油喷射系统的喷油器到进气门的距离没有了，氧传感器信号电压变化的频率为 0.2(怠速时)～5 Hz (2 500 r/min 时)，如图 5-3-53 所示。因此，该系统对燃油的控制更精确，氧传感器的信号电压波形更标准，三效催化转化器的效果更好。但因该系统分配

至各汽缸的燃油也不完全相等，所以氧传感器的信号电压波形会产生杂波或尖峰。

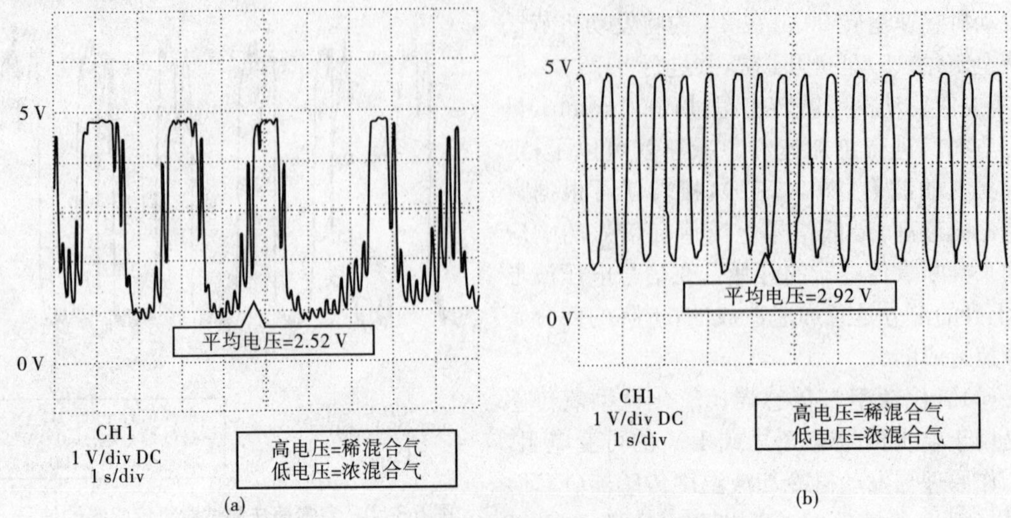

图 5-3-51 氧化钛型氧传感器信号电压波形

(a)怠速工况时的波形；(b)发动机转速为 2 500 r/min 时的波形

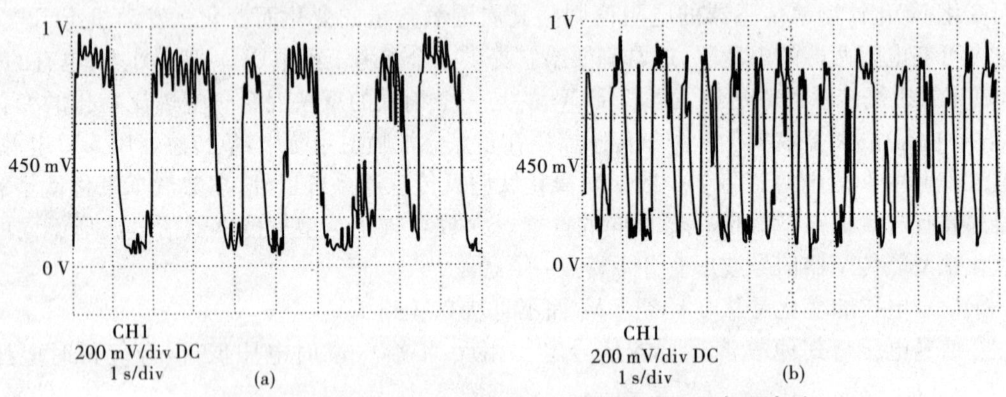

图 5-3-52 典型单点式燃油喷射系统氧传感器信号电压波形

(a)怠速工况时的波形；(b)发动机转速为 2 500 r/min 时的波形

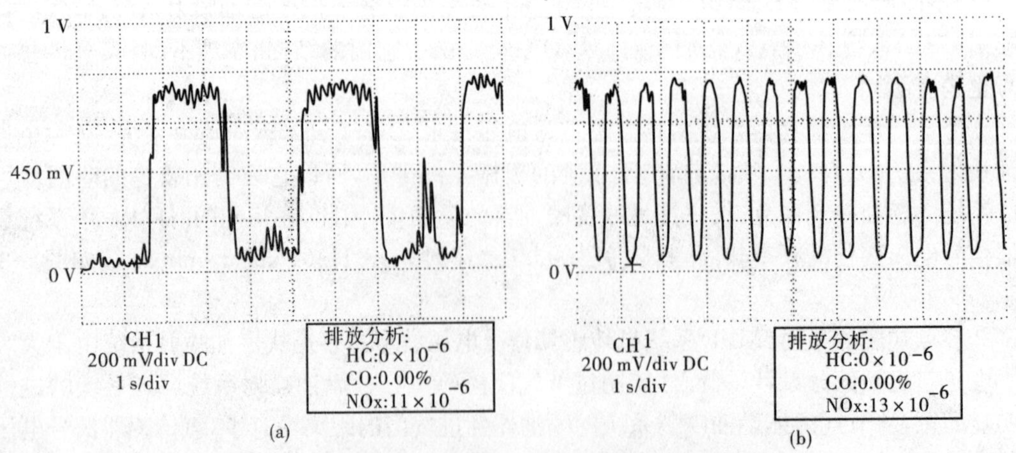

图 5-3-53 典型多点式燃油喷射系统氧传感器信号电压波形

(a)怠速工况时的波形；(b)发动机转速为 2 500 r/min 时的波形

(5)氧传感器的杂波分析。杂波可能是由于燃烧效率低造成的,它反映了发动机各缸工作性能以及三效催化转化器工作效率降低的状况。对杂波的分析是尾气分析中最重要的内容,因为杂波会影响空燃比反馈控制系统的正常工作,使反馈控制程序失去控制精度或“反馈节奏”,导致混合气空燃比超出正常范围,从而影响三效催化转化器的工作效率以及尾气排放和发动机性能。杂波信号的幅度越大,各个燃烧过程中氧气量的差别越大。在加速方式下,能够与碳氢化合物(HC)相对应的氧传感器杂波(波形的峰值毛刺)是一种非常重要的信息,因为它表示发动机在加大负荷的情况下出现了断火现象。杂波还说明由于进入三效催化转化器的尾气中的氧含量升高而造成 NO x 的增加,因为在浓氧环境(稀混合气条件)下三效催化转化器中的 NO x 无法减少。由上述可知,在空燃比反馈控制系统完全正常时,氧传感器信号电压波形上的少量杂波是允许的,而大量的杂波则是不能忽视的。需要学会区分正常的杂波和不正常杂波的方法,而最好的学习方法就是观察在不同行驶里程下不同类型轿车氧传感器的信号电压波形。一张所修轿车的标准氧传感器信号电压波形图,能帮助维修人员了解怎样的杂波是允许的、正常的,而怎样的杂波是应该注意的。关于杂波的标准是:在发动机性能良好状态下(没有真空泄漏,尾气中的 HC 和氧含量正常),氧传感器信号电压波形中所含的杂波是正常的。

①杂波产生的原因。氧传感器信号电压波形上的杂波通常是由发动机燃烧不良、结构原因(如各缸的进气管道长度不同)、零件老化及其他各种故障(如进气管堵塞、进气门卡滞等)引起的。其中,由燃烧不良引起的杂波呈高频毛刺状,造成燃烧不良的原因有多个:

a. 点火系统本身有故障(如火花塞、高压线、分电器盖、分火头和点火线圈一次侧绕组的损坏等);

b. 混合气过浓(空燃比约为 13)或过稀(空燃比约为 17);

c. 发动机的机械故障(如气门烧损、活塞环断裂或磨损、凸轮磨损和气门卡住等)引起汽缸压缩压力过低;

d. 1 个汽缸或几个汽缸有真空泄漏故障(真空泄漏会造成混合气过稀);

e. 在多点式燃油喷射发动机中,各喷油器喷油量不一致(喷油器堵塞或卡死),造成个别汽缸内的混合气过浓或过稀。

在判断燃烧不良的原因时,应首先检查点火系统本身是否有故障,然后检查汽缸压缩压力是否正常,再检查是否有汽缸真空泄漏现象。如果这三项均正常,则对于多点式燃油喷射发动机来说,燃烧不良的原因一般就是各喷油器的喷油量不一致。点火系统本身的故障和汽缸压缩压力过低故障可以用汽车示波器检查,而汽缸真空泄漏故障可以通过在所怀疑的区域或周围加丙烷的方法检查(观察汽车示波器上的氧传感器信号电压波形是否变多且尖峰消失)。

②氧传感器杂波的判断原则。如果氧传感器信号电压波形上的杂波比较明显,则它通常与发动机的故障有关,在发动机修理后应消失;如果氧传感器信号电压波形上的杂波不明显,并且可以断定进气歧管无真空泄漏,排气中的 HC 和氧的含量正常,发动机的转动或怠速运转比较平稳,则该杂波是正常的,在发动机修理中一般不可能消除。

③杂波类型。氧传感器的杂波有增幅杂波、中等杂波和严重杂波三种类型。

a. 增幅杂波。增幅杂波是指在氧传感器的信号电压波形中经常出现在 300～600 mV 的一些不重要的杂波(图 5-3-54)。由于增幅杂波大多是由氧传感器自身的化学特性引起的,而不是由发动机的故障引起的,因此它又称为无关型杂波。由此可见,所谓明显的杂波是指高于

600 mV 和低于 300 mV 的杂波。

b. 中等杂波。中等杂波是指在信号电压波形的高电压段部分向下冲的尖峰。中等杂波尖峰幅度不大于 150 mV(图 5-3-55)。当氧传感器的波形通过 450 mV 时,中等杂波会大到 200 mV(图 5-3-54)。中等杂波对特定的故障诊断可能有用,它与燃油反馈系统的类型、发动机的运行方式(如在发动机怠速运转时氧传感器信号电压波形上的杂波比较多)、发动机的系列或氧传感器的类型有很大关系。

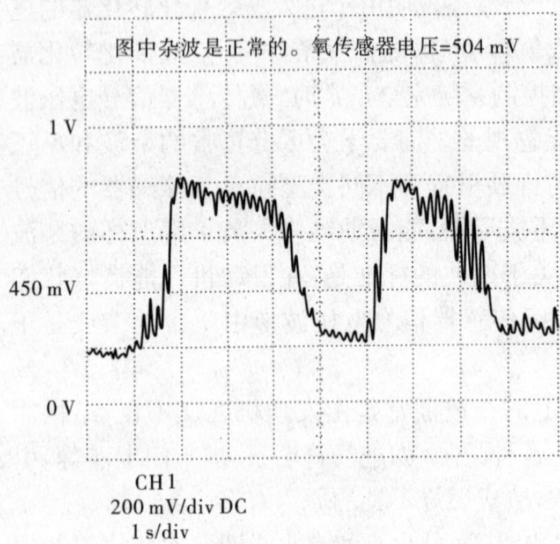

图 5-3-54 发动机怠速工况时氧传感器信号电压中的增幅杂波

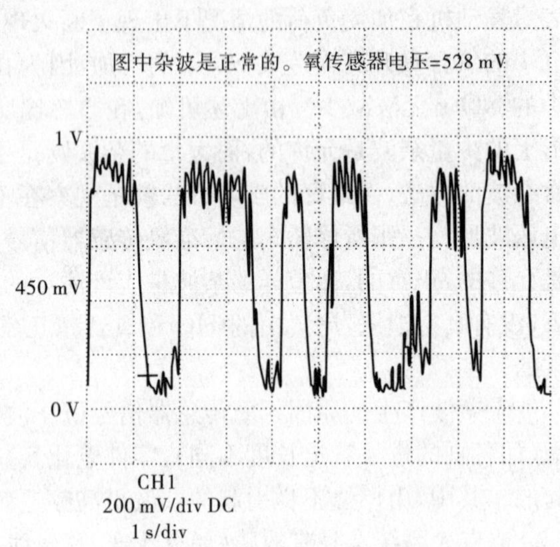

图 5-3-55 发动机怠速工况时单点式燃油喷射系统氧传感器信号电压波形中的中等杂波

c. 严重杂波。严重杂波是指振幅大于 200 mV 的杂波,在示波器上表现为从氧传感器的信号电压波形顶部向下冲(冲过 200 mV 或达到信号电压波形的底部)的尖峰,并且在发动机持续运转期间它会覆盖氧传感器的整个信号电压范围。发动机处在稳定的运行方式时,例如稳定在 2 500 r/min 时,如果严重杂波能够持续几秒,则意味着发动机有故障,通常是点火不良或各缸喷油器喷油量不一致(图 5-3-56)。因此,这类杂波必须予以排除。

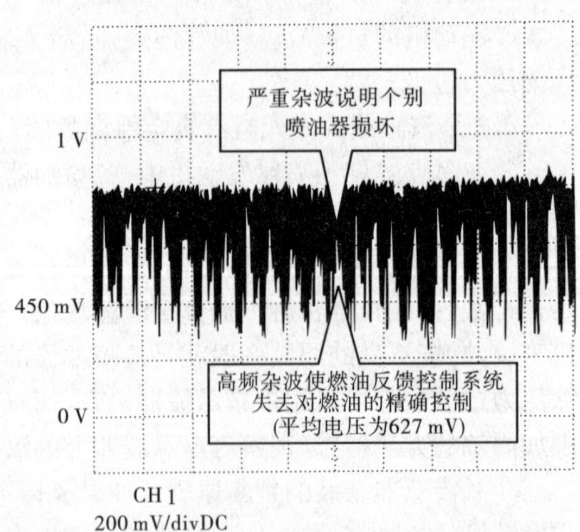

图 5-3-56 由损坏的喷油器引起的在氧传感器信号电压波形上的严重杂波(发动机转速为 2 500 r/min)

④各种汽车氧传感器信号电压波形上的杂波规律。这里仅就正常运行的汽车进行一般性的讨论。

a. 通常,与美国车相比,亚洲和欧洲(博世)车氧传感器信号电压波形上的杂波要少得多。丰田雷克萨斯车氧传感器信号电压波形的重复性好,而且对称、清楚。

b. 只要福特车发动机的喷油器无故障,其氧传感器信号电压波形上的杂波一般要比通用车或其他带三效催化转化器的美国车少得多。在福特汽车发动机(采用多点式燃油喷射系统的V6和V8型)上各喷油器的喷油量比较一致。克莱斯勒的迷你旅行车(装有三菱3.0 L、V6型发动机)在正常行驶时,氧传感器的信号电压波形十分清楚而且不杂乱。

c.通用汽车氧传感器信号电压波形上的杂波比克莱斯勒汽车多。在许多通用汽车的节气门体燃油喷射系统的氧传感器信号电压波形上因结构原因而产生许多中等杂波,这是正常的;在克莱斯勒汽车2.0 L和2.5 L发动机(节气门体燃油喷射系统)的氧传感器信号电压波形上也有典型的杂波。

d.北美制造的汽车(如美款本田、丰田佳美和马自达626等)一般采用亚洲的电控系统,所以其氧传感器的信号电压波形十分干净(杂波极少)。同样,采用亚洲发动机空燃比反馈控制系统的通用和克莱斯勒汽车(例如三菱和克莱斯勒合资生产的汽车等),其氧传感器信号电压波形上的杂波一般也比较少。

e.在极少数情况下,氧传感器信号电压波形上的杂波是由于氧传感器排气侧金属罩(二氧化钛套管的金属罩)的损坏或丢失而产生的,它会使人产生发动机各缸喷油器喷油量不一致、点火不良、真空泄漏或汽缸压缩压力过低等的错觉。

四、主要执行器波形分析方法

1.喷油器波形分析

喷油器的控制有饱和开关型、峰值保持型、脉冲宽度调制型和PNP型等4种基本类型,不同类型的喷油器产生的波形不同。

(1)饱和开关型(PFI/SFI)喷油器波形分析。饱和开关型也称电压控制型喷油器,主要在多点燃油喷射系统中使用,在节气门体燃油喷射(TBI)系统上应用不多。当发动机ECU接地电路接通时,喷油器开始喷油,当发动机ECU断开控制电路时,电磁场会发生突变,这个线圈突变的电磁场产生了峰值,汽车示波器可以用数字的方式在显示屏上与波形一起显示喷油持续时间。连接示波器,起动发动机,以2 500 r/min的转速保持加速踏板2～3 min,直至发动机完全热机,同时,使空燃比反馈控制系统进入闭环控制状态(通过观察示波器上氧传感器的信号确定这一点)。关掉空调和所有附属电器设备,将换挡操纵手柄置于停车挡或空挡,缓慢加速并观察在加速时喷油器的喷油持续时间的相应增加状况。饱和开关型(PFI/SFI)喷油器波形及分析如图5-3-57所示。

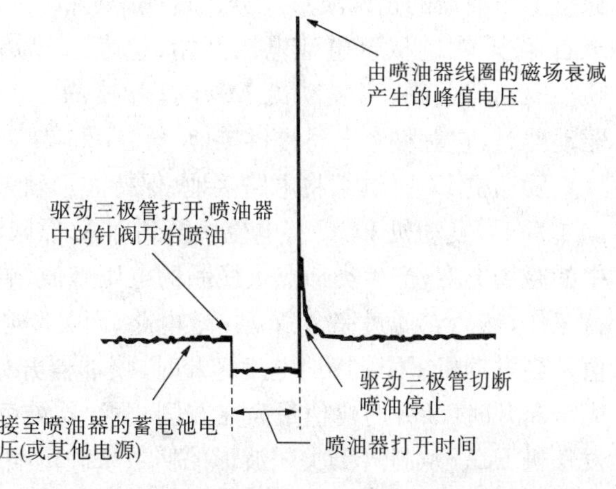

图5-3-57 饱和开关型(PFI/SFI)喷油器波形及分析

从进气管中加入丙烷,使混合气变浓,如果系统工作正常,喷油器喷油持续时间将缩短(这是由于排气管中的氧传感器此时输出高的电压信号给发动机ECU,试图对浓的混合气进行修正的结果)。人为造成真空泄漏,使混合气变稀,如果系统工作正常,喷油器喷油持续时间将延长(这是由于排气管中的氧传感器此时输出低的电压信号给发动机ECU,试图对稀的混合气进行修正的结果)。将发动机转速提高至2 500 r/min,并保持稳定。在许多燃油喷射系统中,当该系统控制混合气时,喷油器的喷油持续时间能被调节(改变)得从稍长至稍短。通常喷油器喷油持续时间在正常全浓(高氧传感器电压)至全稀(低的氧传感器电压)范围内在 0.25～0.5 ms的范围内变化。加入丙烷或人为造成真空泄漏,然后观察喷油器喷油持续时间的变化时,如果发现喷油持续时间不发生变化,则氧传感器可能损坏。因为如果氧传感器或发动机 ECU 不能察觉混合气浓度的变化,那么喷油器的喷油持续时间就不能改变。所以,在检查喷油器喷油持续时间之前,应先确认氧传感器是否正常。当空燃比反馈控制系统工作正常时,喷油器喷油持续时间会随着驾驶条件和氧传感器输出的信号的变化而变化(增加或减少)。通常喷油器的喷油持续时间大约在怠速时的 1～6 ms 到冷起动或节气门全开时的 6～35 ms 变化。匝数较少的喷油器线圈通常产生较短的关断峰值电压,甚至不出现尖峰。关断尖峰随不同汽车制造商和发动机系列而不同,正常的范围是 30～100 V,有些喷油器的峰值被钳位二极管限制在 30～60 V。

(2)峰值保持(电流控制型,TBI)喷油器波形分析。峰值保持型喷油器主要应用在节气门体(TBI)燃油喷射系统,安装在发动机 ECU 中的峰值保持喷油驱动器被设计成允许大约 4 A 的电流供给喷油器线圈,然后减少电流至约 1 A 以下。通常,一个电磁阀线圈拉动机械元件做初始运动比保持该元件在固定位置需要 4 倍以上的电流,峰值保持驱动器的得名是因为 ECU 用 4 A 的电流打开喷油器针阀,而后只用 1 A 的电流使它保持在开启的状态。图 5-3-58 所示为峰值保持型喷油器的正确波形及分析说明,从左至右,波形轨迹从蓄电池电压开始,这表示喷油驱动器关闭,当发动机 ECU 打开喷油驱动器时,它对整个电路提供接地。

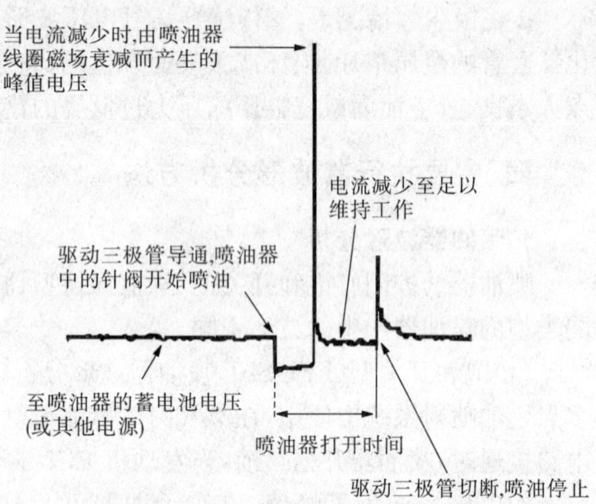

图 5-3-58 峰值保持(电流控制型,TBI)喷油器波形及分析

发动机 ECU 继续将电路接地(保持波形轨迹在 0 V)直到其检测到流过喷油器的电流达到 4 A 时,发动机 ECU 将电流切换到 1 A(靠限流电阻开关实现),这个电流减少引起喷油器中的磁场突变,产生类似点火线圈的电压峰值,剩下的喷油驱动器喷射的时间由 ECU 继续保持工作,然后它通过完全断开接地电路,而关闭喷油驱动器,这就在波形右侧产生了第 2 个峰值。当发动机 ECU 接地电路打开时,喷油器开始喷油(波形左侧),当发动机 ECU 接地电路完全断开时(断开时峰值最高在右侧)喷油器结束喷油,这时读取喷油器的喷射时间,可以计算发动机 ECU 从打开到关闭波形的格数来确定喷油持续时间。汽车示波器一般可以将喷油器喷油持续时间的数字显示在显示屏上。也可以在用手工加入丙烷的方法使混合气更浓,或者在造成真空泄漏使它变稀的同时,观察相应喷油持续时间的变化。波形的峰值部分通常不改变它的喷油持续时间,这是因为流入喷油器的电流和打开针阀的时间是保持不变的,波形的保持部分是发动机 ECU 增加或减少开启时间的部分,峰值保持型喷油器可能引起下列波形结果:加速时,将看到第 2 个峰尖向右移动,第 1 个峰尖保持不动;如果发动机在极浓的混合气下运转,能看到 2 个峰尖顶部靠得很近(图 5-3-59),这表明发动机 ECU 试图靠尽可能缩短喷油器喷油持续时间来使混合气变得更稀。

在有些双节气门体燃油喷射系统中，在波形的峰值之间出现许多特殊的振幅式杂波，可能表示发动机 ECU 中的喷油驱动器有故障。

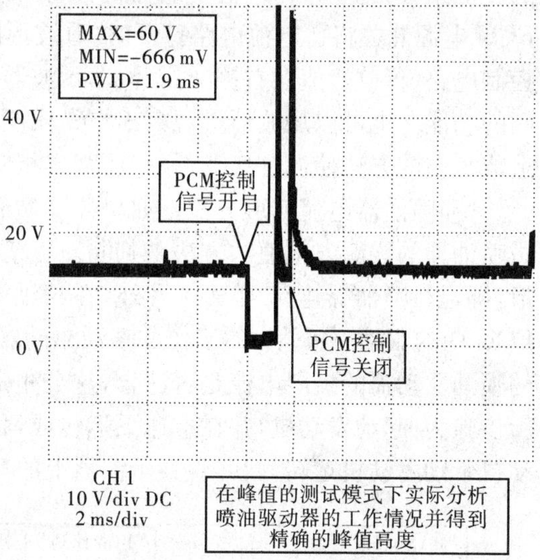

(3)脉冲宽度调制型喷油器波形分析。脉冲宽度调制型喷油器用在一些欧洲车型和早期亚洲汽车的多点燃油喷射系统中。脉冲宽度调制型喷油驱动器(安装在发动机 ECU 内)被设计成允许喷油器线圈流过大约 4 A 的电流，然后再减少大约 1 A 电流，并以高频脉动方式开、关电路。这种类型的喷油器不同于前述峰值保持型喷油器，因为峰值保持型喷油器的限流方法是用一个电阻来降低电流，而脉冲宽度调制型喷油器的限流方法是脉冲开关电路。波形测试方法同前，脉冲宽度调制型喷油器的波形及分析如图 5-3-60 所示。

图 5-3-59 发动机在极浓的混合气下运转时的喷油器波形

从左至右，波形开始在蓄电池电压高度，这表示喷油器关闭，当发动机 ECU 打开喷油器时，它提供了一个接地去使电路构成回路。发动机 ECU 继续接地(保持 0 V)直到探测到流过喷油器的电流大约 4 A 左右，发动机 ECU 靠高速脉冲电路减少电流，在亚洲车型上，磁场收缩的这个部分通常会有一个峰值(图 5-3-60 中的左侧峰值)。发动机 ECU 继续保持开启操作，以便使剩余喷油时间可以继续得到延续。然后它停止脉冲并完全断开接地电路使喷油器关闭，这就产生了图 5-3-60 中所示波形右侧的那个峰值。发动机 ECU 接地电路打开时，喷油开始，发动机 ECU 完全断开控制接地电路时，喷油结束。

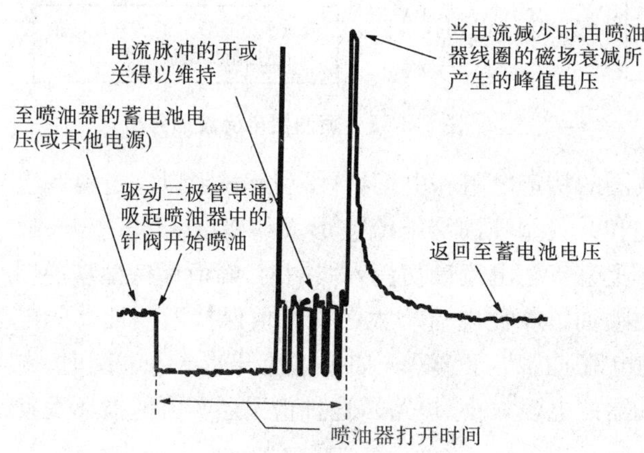

图 5-3-60 脉冲宽度调制型喷油器的波形及分析

在一些欧洲汽车上，它的喷油器波形上只有一个释放峰值，由于峰值钳位二极管作用，第 1 个峰值(左侧那一个)没有出现。

(4)PNP 型喷油器波形分析。PNP 型喷油器是由在发动机 ECU 中控制它们的开关三极管的形式而得名的，一个 PNP 喷油驱动器的三极管有两个正极管脚和一个负极管脚。PNP 的驱动器与其他系统驱动器的区别就在于它的喷油器的脉冲电源端接在负极上。PNP 型喷油驱动器的脉冲电源连接到一个已经接地的喷油器上去开关喷油器。几乎所有的喷油驱动器都是 NPN 型。它的脉冲接地再接到一个已经有电压供给的喷油器上，流过 PNP 型喷油器的电流与其他喷油器上的方向相反，这就是为什么 PNP 型喷油器释放峰值方向相反的原因。PNP 型喷油器常见于一些多点燃油喷射(MFI)系统中，通常 PNP 型喷油器的波形除了方向相反以外，与饱和开关型喷油驱动器的波形十分相像。PNP 型喷油器的波形和分析如图 5-3-61 所示。喷油时间开始于发动机 ECU 电源开关将蓄电池电路打开时(看波形图左侧),喷油时间结束于发动机 ECU 完全断开控制电路(释放峰值在右侧)时。汽车示波器一般具有既可图形显示又可数字显示喷油持续时间的功能。也可以从波形上观察出空燃比反馈控制系统是否工作,用丙烷去加浓混合气或用造成真空的方法使混合气变稀,然后观察相应的喷油持续时间变化情况。

(5)喷油器电流波形分析。如果怀疑喷油器线圈短路或喷油驱动器有故障,可以用静态测试喷油器的线圈电阻值的方法来判断。更精确的方法是测试动态下流过线圈电流的踪迹或波形,即进行喷油器电流测试。另外,在喷油器电流测试时,还可以检查喷油驱动器(发动机 ECU 中的驱动三极管)的工作。喷油驱动器电流极限的测试能够进一步确认发动机 ECU 中的喷油驱动器的极限电流是否适合,这个测试需要用示波器中的附加电流钳来完成。具体试验步骤为:起动发动机,并在怠速下运转或驾驶汽车使故障出现,如果发动机不能起动,就用起动机带动发动机运转,同时观察示波器上的显示。喷油器电流的波形如图 5-3-62 所示。

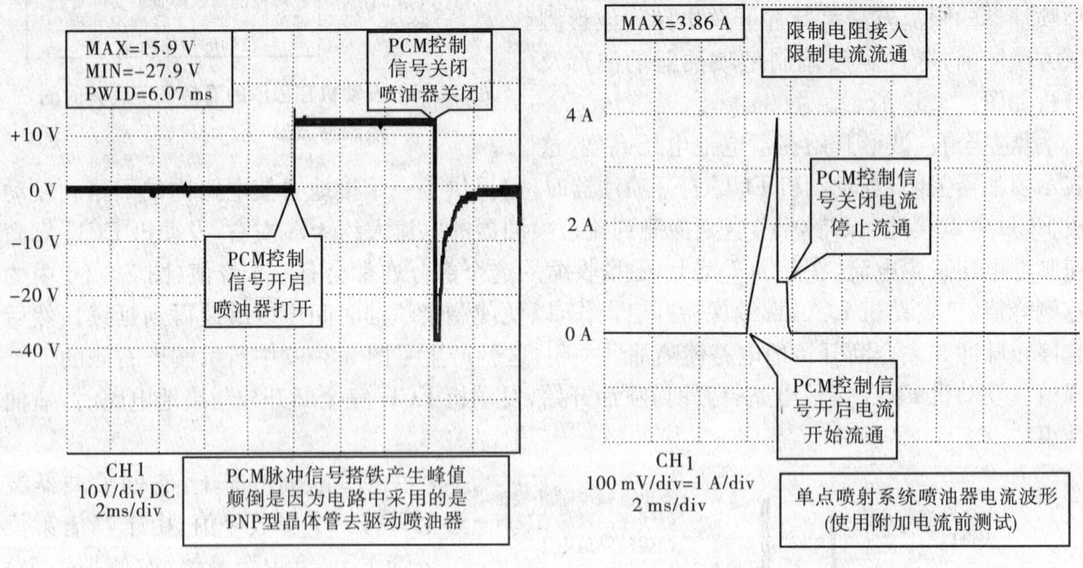

图 5-3-61 PNP 型喷油器的波形及分析

图 5-3-62 喷油器电流波形分析

当电流开始流入喷油器时,由喷油器线圈的特定电阻和电感特性,引起波形以一定斜率上升,上升的斜率是判断故障的依据。通常饱和开关型喷油器电流波形大约在以 45°角上升;通常峰值保持型喷油器波形大约以 60°角斜率上升。在电流最初流入线圈时,峰值保持型喷油器波形比较陡,这是因为与大多数饱和开关型喷油器相比电流增大了。峰值保持型喷油器的电流通常大约在 4 A,而饱和开关型喷油器的电流通常小于 2 A。如果电流开始流入线圈时,电流波形在左侧几乎垂直上升,这就说明喷油器的电阻太小(短路),这种情况还有可能损坏发动机 ECU 内的喷油驱动器。

另外,也可以通过分析电流波形来检查峰值保持型喷油器的限流电路,在限流喷油器波形中,波形踪迹起始于大约 60°角并继续上升直到喷油驱动器达到峰值(通常大约为 4 A),在这一点上,波形成了一个尖峰(在峰值保持型里的尖峰),然后几乎是垂直下降至大约稍小于 1 A。这里喷油驱动器的"保持"部分是指正在工作着,并且保持电流约为 1 A,直到发动机 ECU 关闭喷油器为止,当电流从线圈中消失时,电流波形慢慢降回零线,参见图 5-3-62。

电流到达峰值的时间以及电流波形的峰值部分通常是不变的，这是因为一个好的喷油器通入电流和打开针阀的时间保持不变(随温度有轻微变化)，发动机 ECU 操纵喷油器打开的时间就是波形的保持部分。

(6)喷油器起动试验波形分析。该测试主要使用于发动机不能起动的状态。当怀疑没有喷油器脉冲信号时，可以用示波器进行测试：起动发动机，大多数情况下，如果喷油器电路有故障，就一点脉冲信号都没有，可能有两种情况：一种是有一条 0 V 的直线；一种是一条 12 V 电压的水平线(喷油器电源电压)。

①对于除 PNP 型喷油器外的所有电路。如果示波器显示一条 0 V 直线，首先应确认：示波器和喷油器连接是否良好；必要的零件(分电器轴、曲轴和凸轮轴等)是运转的；用示波器检查喷油器供电电源电路以及发动机 ECU 的电源和接地电路，如果喷油器上没有电源电压，检查其他电磁阀(EGR 阀和 EEC 控制阀等)电源电压。如果喷油器供电电源正常，喷油器线圈可能开路或者喷油器导线连接器损坏，个别情况是发动机 ECU 中喷油器控制电路频繁接地，代替了驱动脉冲，频繁的从喷油器向汽缸中喷射燃油，造成发动机淹缸的后果。如果示波器显示一条 12 V 供电电压水平直线，首先确认必要零件(如分电器轴、曲轴和凸轮轴等)运转良好。如果喷油器供给电压正常，示波器上显示一条喷油器电源电压的水平直线，说明发动机 ECU 没有提供喷油器的接地，这可能由以下原因造成：发动机 ECU 内部或外部接地电路不良，发动机 ECU 没有收到曲轴、凸轮轴位置传感器传出的发动机转速信号或同步信号，发动机 ECU 电源故障，发动机 ECU 内部喷油驱动器损坏。如果示波器上显示有脉冲信号出现，则应确定脉冲信号间幅值、频率、形状及脉冲宽度等判定性尺度都是一致的。十分重要的是，确认有足够的喷油器脉冲宽度去供给发动机足够的燃油来起动。在起动时，大多数发动机 ECU 一般被程序设定会发出 6～35 ms 的喷油脉冲宽度。通常喷油脉冲宽度超过 50 ms 燃油会淹缸，并可能阻碍发动机的起动。检查喷油器尖峰高度幅值的一致性和正确性。喷油器释放尖峰应该有正确的高度。如果尖峰异常的短可能说明喷油器线圈短路，可用欧姆表测量喷油器线圈阻值或用电流钳测量喷油器的电流值。或者用电流钳在示波器上分析电流波形，确认波形从对地水平升起的不是太高，太高可能说明喷油器线圈电阻太大或者发动机 ECU 中喷油器驱动器接地不良。如果出现在示波器上的波形不正常，检查线路和导线连接器是否损坏，检查示波器的接线并确认有关零件(分电器轴、曲轴和凸轮轴等)的运转情况，当故障显示在示波器上时摇动线束和导线连接器，这有利于进一步确认喷油器电路的故障原因。

②对于 PNP 喷油驱动器电路。如果示波器显示一条电源电压水平直线，应确认喷油器的导线连接器和喷油器接地良好、确认必要零件(分电器轴、曲轴和凸轮轴等)运转良好，用示波器检查喷油器的接地电路和 ECU 的电源及接地电路。比较少见的情况是发动机 ECU 内部连续对喷油器提供电源，代替驱动脉冲，造成从喷油器连续喷射燃油，这是淹缸的原因。如果示波器显示一条位于地线的水平直线，首先确认必要的零件(分电器轴、曲轴和凸轮轴等)运转正常。如果喷油器接地正常，则是发动机 ECU 没有电源脉冲推动控制电路信号输出，这可能有以下几种原因造成：发动机 ECU 没有收到曲轴、凸轮轴位置传感器传出发动机转速信号或同步信号，发动机 ECU 内部或外部电源电路损坏，发动机 ECU 接地不良，发动机内部喷油驱动器损坏。

2. 怠速控制(IAC)阀波形分析

连接示波器，使发动机怠速运转并将附属设备(空调、风扇和刮水器等)接通或断开，对于装有自动变速器的汽车还应该将换挡操纵手柄在停车挡(P)与前进挡(D)之间进行切换，使发动机的负荷发生变化，从而使发动机 ECU 输给怠速控制阀的控制信号改变，获得怠速控制阀波形(图 5-3-63)。

各种怠速控制阀的波形的幅值、频率、形状和脉冲宽度等判定性尺度都在正确的范围内，并且应该有可重复性和一致性。确认当发动机 ECU 的控制命令信号改变时，怠速控制阀有反应，并且发动机转速也跟着改变，观察有无下列情况出现：当附属电气设备的开关接通、断开或自动变速器出挡、入挡时，发动机 ECU 的怠速控制输出命令发生改变；怠速改变时，怠速控制阀应开闭旁通气道。若怠速不变，应怀疑怠速控制阀损坏或旁通气道堵塞。在诊断怠速控制阀和控制电路之前，应首先确定节气门开关自如，最低怠速符合车型技术要求，检查有无真空泄漏或不合适的空气泄漏。

3.活性炭罐电磁阀波形分析

确认从油箱到活性炭罐和进气管的油气管路完好无损并安装正确。连接示波器，起动发动机，并保持在 2 500 r/min 的转速下运转 2～3 min，直到发动机完全暖机，空燃比反馈控制系统进入闭环控制状态(可以通过观察示波器上的氧传感器信号电压波形确认上述状态)。断开所有的附加电气设备，将汽车处于停车挡(P)或空挡(N)的位置，顶起驱动轮或在汽车行驶的同时观察活性炭罐电磁阀的波形。活性炭罐电磁阀的波形如图 5-3-64 所示。

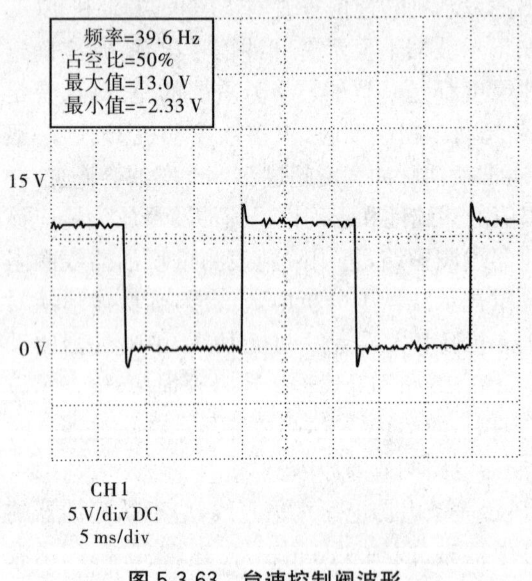

图 5-3-63 怠速控制阀波形

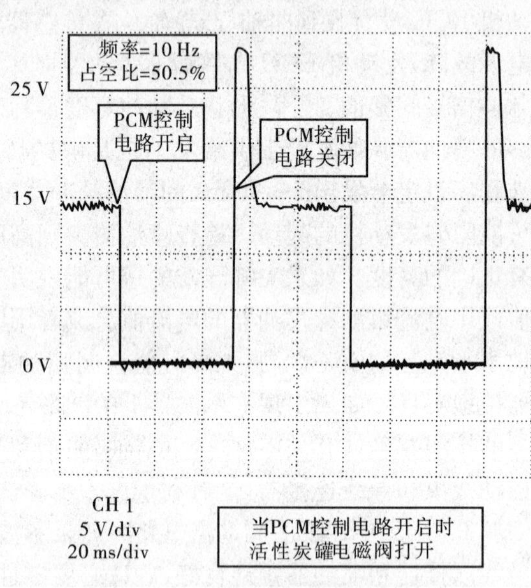

图 5-3-64 活性炭罐电磁阀的波形

活性炭罐电磁阀波形的幅值、频率、形状和脉冲宽度等判定性尺度都应在正确的范围内，并且应该有可重复性，在活性炭罐电磁阀参与工作时应有信号波形。

汽车一旦达到预定的车速，发动机 ECU 便开始用可变的脉宽调制信号控制活性炭罐电磁阀去打开清洗阀。当汽车减速时，该信号应该停止，同时活性炭罐电磁阀应该关闭。(几乎任何时候，当上述条件满足时，该过程都会发生)

可能发现的故障和在波形上可能看到的判定性尺度的偏差是波形尖峰高度变短(这说明活性炭罐电磁阀有断路故障)，或完全没有信号(波形为一条直线，这说明发动机 ECU 有故障，或发动机 ECU 没有接收到清洗活性炭罐的条件信号，这可能是导线或导线连接器有故障)。

4.废气再循环(EGR)控制电磁阀波形分析

在进行废气再循环(EGR)控制电磁阀波形测试之前,应首先确认进气歧管、废气再循环阀真空泵和真空电磁阀的连接管路完好无损,且连接正确和无真空泄漏;确定废气再循环(EGR)阀隔膜能保持适度的真空;确认废气再循环(EGR)的通道清洁畅通,没有由于内部积炭造成堵塞,确保在进行废气再循环(EGR)时,废气能真正进入燃烧室。正确连接示波器,起动发动机,并保持在 2 500 r/min 的转速下运转 2～3 min,直到发动机完全暖机,空燃比反馈控制系统进入闭环控制状态(可以通过观察示波器上的氧传感器信号电压波形确认上述状态)。断开所有的附属电气设备,然后正常驾驶汽车:从完全停止到起动、缓加速、急加速、巡航行驶和减速,获得废气再循环(EGR)控制电磁阀波形。废气再循环(EGR)控制电磁阀的波形如图 5-3-65 所示。

废气再循环(EGR)控制电磁阀波形的幅值、频率、形状和脉冲宽度等判定性尺度都应在正确的范围内,并且应该有可重复性,在废气再循环进行时应有信号波形。

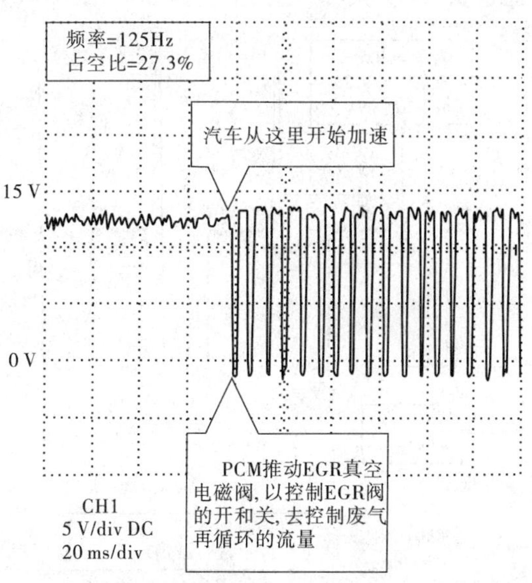

图 5-3-65　废气再循环(EGR)控制电磁阀波形

发动机达到废气再循环工作的条件时,发动机 ECU 应该开始用变化的脉宽调制信号控制电磁阀工作。在加速时,废气再循环的要求特别高,车辆在怠速和减速时,控制信号应该中断,废气再循环(EGR)控制电磁阀关闭,废气再循环系统停止工作。

可能发现的故障和在波形上可能看到的判定性尺度的偏差是波形尖峰高度变短(这说明废气再循环控制电磁阀线圈有断路故障),或完全没有信号(这说明发动机 ECU 的废气再循环控制条件没有满足,或者可能是导线或导线连接器有故障)。

注意:许多汽车要在汽车开始行驶或无制动的驾驶过程中,废气再循环控制系统才进入工作状态,否则,发动机 ECU 就不会输出废气再循环控制电磁阀控制信号,也就测不出废气再循环(EGR)控制电磁阀波形。

5.废气涡轮增压控制电磁阀波形分析

首先确认进气歧管、废气阀和真空电磁阀的管路完好无损,且连接正确、无泄漏;确保真空能被送到废气阀(如果有必要,可用手动真空泵测试废气阀好坏)。起动发动机,保持在 2 500 r/min下运行 2～3 min,直至发动机完全暖机,燃油反馈控制系统进入闭环,驾驶汽车使故障现象重现。确认信号的幅值、频率、形状和脉冲宽度的判定性尺度都是正确的、可重复的,同时在增压控制条件下出现。由图 5-3-66 可知,加速时一旦达到预先设定的增压压力,ECU 开始用变化的脉冲宽度调制信号驱动涡轮增压控制真空电磁阀,以打开废气阀。反之,当减速时,增压压力低于预先设定值时,信号停止,废气阀关闭。不管什么时候只要发动机加速保持几秒,上述过程就会发生。出现故障时,波形尖峰高度降低,这说明真空电磁阀线圈短路;如果发现完全没有 ECU 控制信号，则说明 ECU 有故障，或 ECU 没有接收到增压压力减少或增加的信号，或线路连接不良。

6. ABS 电磁阀波形分析

如图 5-3-67 所示，一旦 ABS ECU 驱动 ABS 电磁阀工作，波形就会开始变化，这些脉冲宽度调制电磁阀电路波形，看起来与喷油器或废气再循环控制电磁阀波形相似。当一个车轮抱死并开始滑移时，ABS ECU 便会开始驱动这个轮的 ABS 电磁阀，以调节该车轮的制动力。出现故障时，波形尖峰高度降低，说明 ABS 电磁阀线圈短路；如发现完全没有 ABS ECU 控制信号（成一条直线），则说明 ABS ECU 可能有故障，或是 ABS 系统工作条件不足（车轮速度未达到等）；或线路连接不良。一些 ABS 系统只控制其电磁阀驱动线圈的负极端，还有一些 ABS 系统则控制电磁阀驱动线圈的电源供给及接地两端，因此，会在波形上升或下降沿处产生电磁感应尖峰，从尖峰产生的方向可以判断 ABS ECU 驱动的是电磁阀线圈的正极端还是负极端。

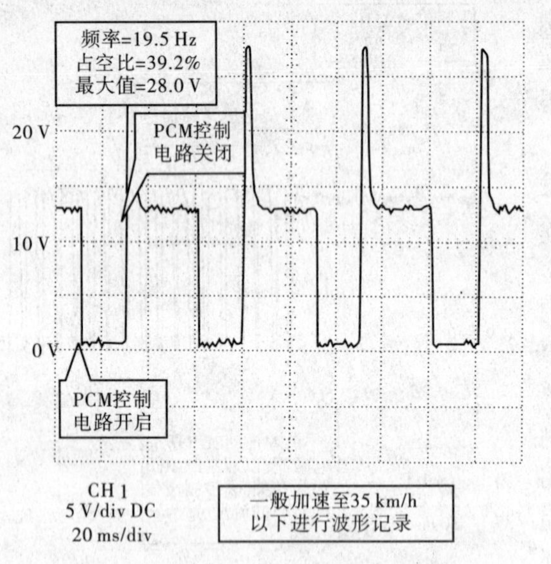

图 5-3-66 废气涡轮增压控制电磁阀波形分析

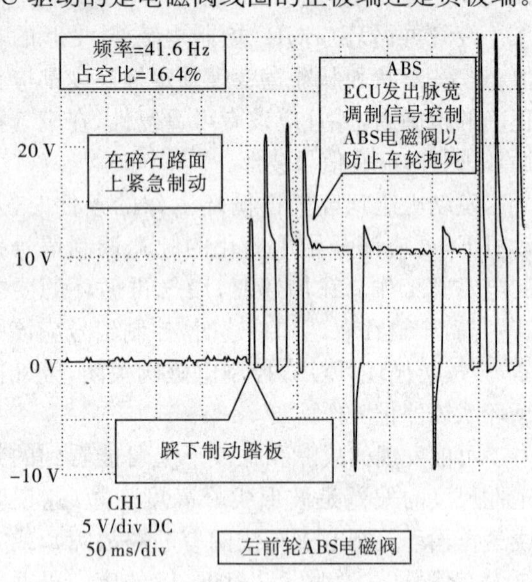

图 5-3-67 ABS 电磁阀波形分析

7. 自动变速器换挡控制电磁阀波形分析

在故障条件下试车，或者在试车中试验所怀疑的电磁阀的电路、液力变矩器锁止电磁阀及油压调节电磁阀。对于线性开关型的电磁阀，主要要确认幅值这个判定性尺度对所怀疑变速运行故障是否适当。对于用脉宽调制信号控制的电磁阀主要确认幅值、频率和脉冲宽度判定性尺度对所怀疑变速运行故障是否是正确的、可重复的和一致的。

一些系统用控制电源的方式控制电磁阀，而另一些系统中的电磁阀则总有一根与电源相接，它是靠控制其接地电路去操作电磁阀的。因此在作检查之前，应先确认检查的电磁阀是哪种类型。

由图 5-3-68 可知，一旦 ECU 推动换挡电磁阀，波形就会随之发生变化。对于线性开关型电源控制的电磁阀，在 ECU 驱动之前波形是一条 0 V 的直线，当 ECU 推动电磁阀时波形上升到系统电压值。而接地控制的电磁阀其波形则相反，即当 ECU 推动电磁阀时波形从一条等于系统电压值的直线突变到接地电压。脉宽调制信号控制式的电磁阀控制电路将产生一个在 0 V 和系统电压之间变换的信号。

产生故障时，波形尖峰高度降低，说明变速器换挡电磁阀线圈短路；如发现完全没有ECU控制信号(成一条直线)，则说明ECU可能有故障；或ECU认为不具备换挡条件(换挡点，液力变矩器离合器锁止等)，或线路连接不良。

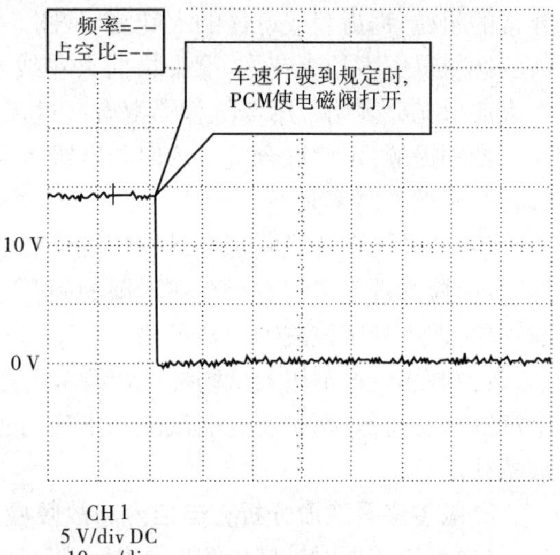

图 5-3-68 自动变速器换挡控制电磁阀波形

五、点火波形分析

有关点火波形的分析方法和技巧，请参考第二篇第六章第五节内容。

六、波形分析方法在汽车故障诊断中的应用举例

1. 点火波形在喷油器故障诊断中的应用

喷油器堵塞会导致车辆出现轻微怠速不良、严重怠速不良以及有负载时失火(misfire)等现象。哪个汽缸的喷油器堵塞，则该缸的混合气就较稀，从而出现失火(misfire)，严重的情况下ECU有可能会记录下相应汽缸失火(misfire)的故障代码。

在发动机怠速运转的情况下，利用点火示波器检测发动机的次级点火波形，根据次级点火波形可以判断喷油器是否堵塞。从图 5-3-69a(图中，点火线表示火花塞间隙上形成电弧所需要的电压，火花线表示火花持续时间或者说火花塞形成电弧的实际时间，无论什么时候，点火线越高，火花线就越短，反之亦然)可以看出，与其他汽缸的次级点火波形相比，第3缸的次级点火波形的点火线比其他汽缸的高得多，因此可以推测出，它的火花线比其他的会明显地短；第3缸的火花线存在明显向上的斜度，以至在火花塞最后被击穿时(箭头所指处)，火花线几乎到达第4缸点火线的高度。

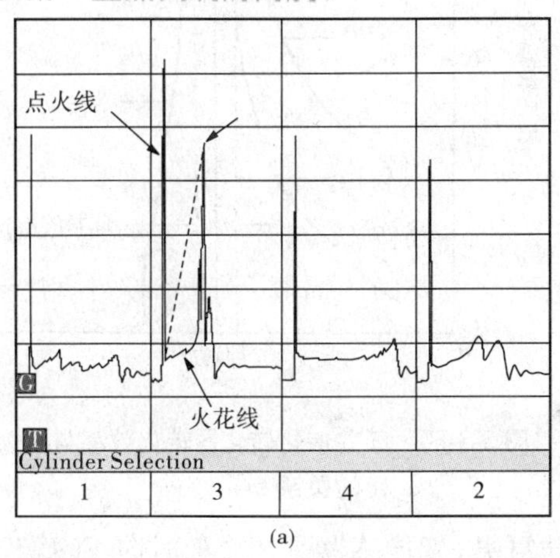

(a)

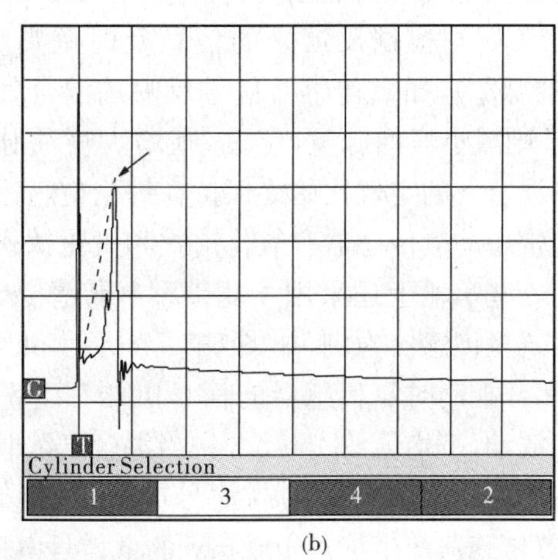

(b)

图 5-3-69 第3缸喷油器堵塞时的次级点火波形

(a)并列波；(b)直列波

众所周知，可燃混合气稀是延长点火线和缩短火花线的原因之一。因此，可燃混合气过稀会导致火花线向上倾斜，通常情况下汽缸内的混合气越稀，火花线就越陡；混合气过稀也导致

异常的粗糙、锯齿状或奇怪的火花线(从图 5-3-69b 可以看到能够说明问题的高点火线以及锯齿状倾斜得厉害的火花线,箭头指向火花线的高得反常的"击穿"点)。图 5-3-69 所示的次级点火波形充分表明了第 3 缸可燃混合气过稀,这可能是由于喷油器被堵塞而导致的。

特别提醒:可燃混合气过浓时的次级点火波形将产生与过稀相反的情况——点火线降低,火花线延长并向下倾斜。

当然,进气系统泄漏也会导致该缸可燃混合气偏稀,因此,当出现上述特征的次级点火波形时,应检查进气系统是否存在泄漏的问题(特别是次级点火波形不正常的汽缸),如果没有泄漏现象,即可判定该缸喷油器脏堵。

特别提醒:汽油压力低同样会出现混合气过稀的情况,但是汽油压力低不可能仅仅引起一个汽缸出现问题,而是所有的汽缸均出现问题,在次级点火波形上所有的汽缸均表现出上述波形特征。

2. 氧传感器波形分析在电控汽车故障检测中的应用

(1)氧传感器对维修检测的作用。随着汽车排放法规的逐渐严格和社会对汽车排放污染控制的重视,电喷加三效催化转化器被认为是当今汽油机最有效的排气净化方法,而氧传感器是实现这一控制的必不可少的重要部件,它不但对发动机排放控制起着不可或缺的作用,而且通过示波器测量其波形还可以分析判断发动机的多种故障,并且在维修之后,通过检测氧传感器的波形可以判断发动机是否修好,作为向客户交车之前的一项检验。在维修检测方面,氧传感器波形就像对人体诊断的心电图。三效催化转化器后处理装置能有效地净化发动机排气中的 CO、HC 和 NOx 这三种有害气体,但其净化效率依赖于混合气浓度必须保持在理论空燃比(14.7 : 1)附近的狭小范围内,一旦混合气体浓度偏离了这个狭小的范围,则三效催化转化器净化上述有害气体的能力将急剧下降(图 5-3-70)。由于空燃比的变化会引起排气中氧浓度相应的变化,因此,在排气管中设置了氧传感器。氧传感器随时检测排气中的氧浓度,并随时向 ECU 反馈信息。ECU 则根据反馈来的信息及时调整喷油量(喷油脉宽),如氧传感器信号反映的混合气较浓,ECU 则减小喷油脉宽,反之,则增大喷油脉宽,从而使混合气的空燃比始终保持在理论空燃比附近。

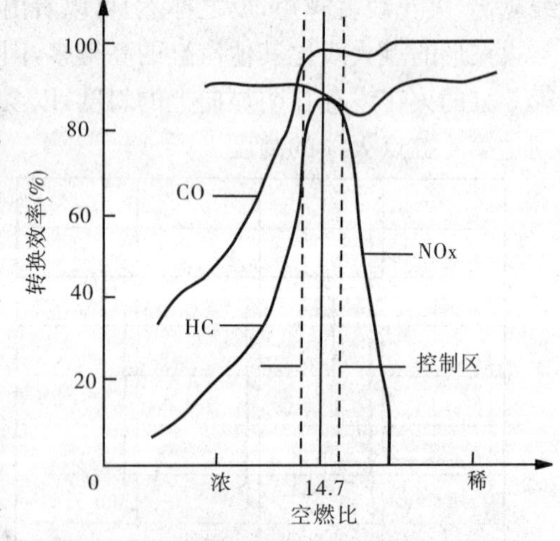

图 5-3-70　三效催化转化器转化效率与空燃比的关系

常用的氧传感器有氧化锆式和氧化钛式两种,目前一些车辆上还采用了宽带型氧传感器。以氧化锆式氧传感器为例,如图 5-3-71 所示,正常情况下,闭环控制时氧传感器的信号电压在0 V至 1 V之间波动,平均值约 450 mV。当混合气浓时,氧传感器产生约 800 mV 的高信号电压;当混合气稀时,氧传感器产生接近 100 mV 的低信号电压。因此可见,氧传感器是一个随时向 ECU 反馈空燃比信息的"通信员"。

发动机闭环控制时氧传感器随时监测着排气中的氧浓度,如果供入汽缸的混合气空燃比不正常,排气中的氧浓度亦不正常,氧传感器信号就会有所反映。但排气中氧浓度不仅受混合气空燃比的影响,而且也受汽缸中混合气燃烧状况的影响。一旦燃烧不充分或个别缸出现缺火，汽缸中的部分氧"未经消化"便排出汽缸，排气中的氧浓度便会发生变化。众所周知，发动机正常燃烧需要三方面条件，即：合适的混合气空燃比；足够的点火能量和适当的点火提前角；正常的汽缸压缩压力和压缩温度。上述条件如有一条不满足，就有可能造成燃烧不正常，进而使排气中的氧含量异常，氧传感器的信号波形即出现异常。下列故障也可导致燃烧不正常进而引起氧传感器信号波形不正常。

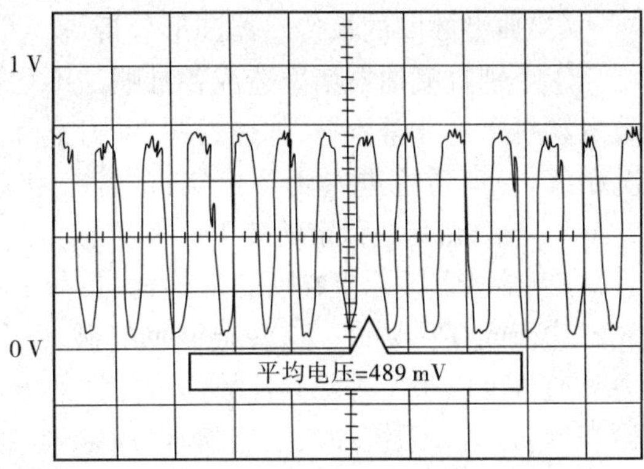

图 5-3-71　正常的多点喷射发动机氧传感器信号电压波形

①点火系故障造成的燃烧不正常或缺火。例如，某缸火花塞损坏，某缸高压线损坏，或分电器、分电器转子和点火线圈等损坏。这些故障可使部分氧"不经消化"即排出汽缸，从而使排气中的氧含量升高。对此，可用示波器检测，以排除这类故障的可能性或确认这类故障。

②由机械原因引起的压缩泄漏使正常的压缩比遭到破坏。例如，气门烧损、活塞环断裂或磨损过度等造成的压缩泄漏，使点火之前的压缩温度、汽缸压缩压力不够，造成燃烧不完全甚至缺火。这也可使部分氧"不经消化"即排出汽缸，引起排气中的氧含量升高。

③真空泄漏造成的空燃比不正常。例如，进气道、进气管上的真空软管等处存在泄漏。如果真空泄漏使混合气空燃比达到 17 以上时，就可引起因混合气过稀而缺火，造成排气中氧含量增高。

④各缸喷油不均衡造成的压缩比不正常（对于多点喷射）。个别缸喷油器的喷油量过多或过少（喷油器卡在开的位置或堵塞），造成混合气过浓或过稀，当个别缸的混合气空燃比达到 13 以下或 17 以上时，将可能引起缺火从而导致排气中氧含量异常。

（2）利用氧传感器波形分析发动机故障的一般流程。利用氧传感器波形分析发动机故障的一般流程如图 5-3-72 所示。

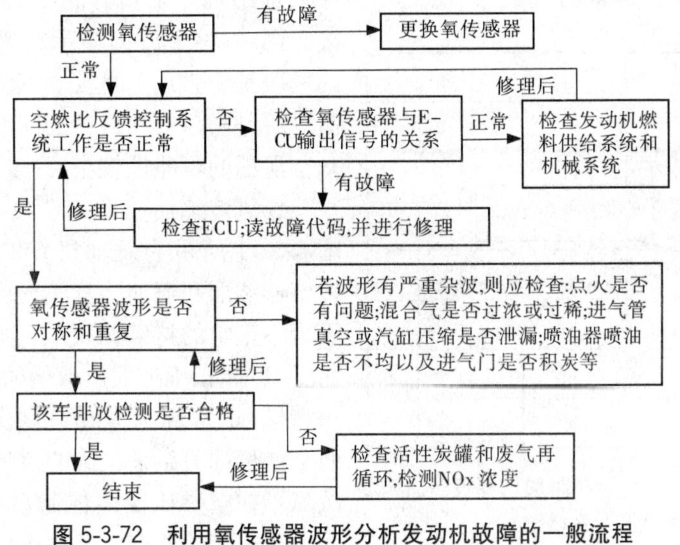

图 5-3-72　利用氧传感器波形分析发动机故障的一般流程

(3)典型故障的氧传感器波形分析

①个别缸喷油器堵塞造成各缸喷油不均衡的氧传感器波形分析。个别缸喷油器堵塞会导致发动机怠速非常不稳、加速迟缓、动力下降;在冷起动后或重新热起动后的开环控制期间情况稍好,一旦系统进入闭环控制,故障症状就变得异常显著。可以用示波器检测发动机在2 500 r/min和其他稳定转速下的氧传感器波形,典型的氧传感器波形如图 5-3-56 所示。由图可知,氧传感器波形上在所有的转速、负荷下都显示了严重的杂波。严重的杂波表明排气中的氧不均衡或存在缺火。这些杂波彻底破坏了空燃比反馈控制系统对混合气空燃比的控制能力。通常可以采用排除其他故障可能性的方法(即排除法)来判定喷油不均衡,包括用示波器检查、判断点火系统和汽缸压缩压力以排除其可能性;用人为加浓或配合其他仪器等方法排除真空泄漏的可能性。总之,对于多点喷射式发动机,如果没有点火不良、压缩泄漏或真空泄漏问题引起的缺火,则可判定为是喷射不均衡引起的缺火。此例中,进一步检查了上述点火、压缩、真空的各方面情况,结果表明可以排除这些方面问题的可能性。因此,判断为喷油器损坏。还应注意到,其实故障现象中的"在冷起动后或重新热起动后的开环控制期间情况稍好"。也进一步说明了个别缸喷油器存在堵塞的问题。这是因为,在当时情况下,喷油脉宽稍长,加浓了混合气,多少起到一些补偿作用。当更换喷油器后,故障现象消失,用示波器检查氧传感器波形也恢复正常。

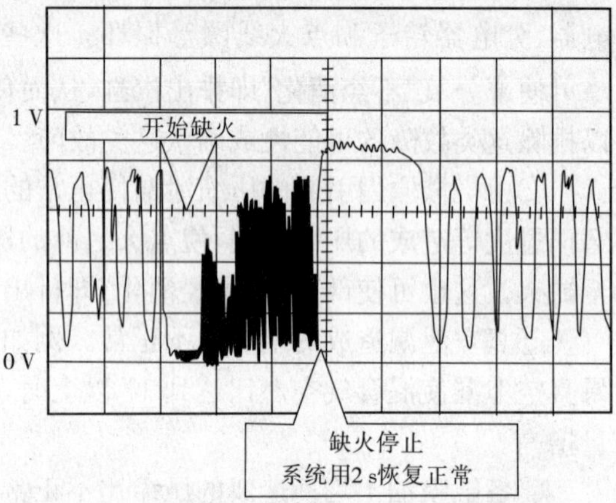

1 V
开始缺火
0 V
缺火停止
系统用2 s恢复正常

图 5-3-73　间歇性点火系缺火故障的氧传感器波形

②间歇性点火系缺火故障的氧传感器波形分析。图 5-3-73 所示为发动机在2 500 r/min时存在间歇性缺火故障的氧传感器波形。波形两边部分显示正常,但波形中段严重的杂波显示燃烧极不正常甚至缺火。如前述,虽然进入汽缸的混合气空燃比没有问题,但由于缺火时汽缸内的氧"未经消化"即排出汽缸,致使氧传感器波形出现一系列的低压尖峰,形成严重的杂波。同时,整个波形显示空燃比反馈控制系统的反应是正常的。此类故障也可按前述"排除法"进行检查,但其数秒的间歇表明压缩泄漏或真空泄漏的可能性较小。

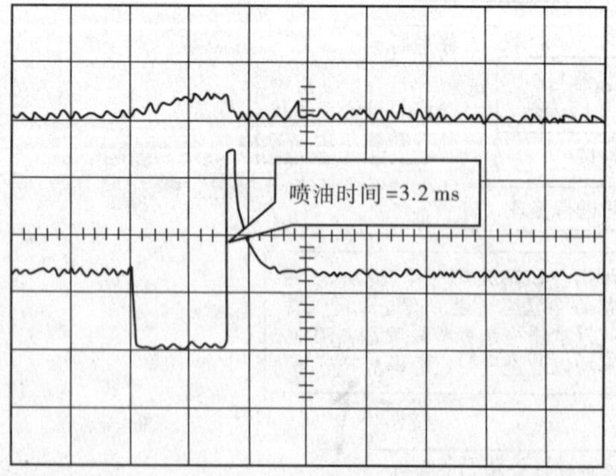

图 5-3-74　发动机在 2500 r/min 时的氧传感器波形和油脉宽波形示例(1)

③氧传感器波形配合喷油脉宽检查分析。图 5-3-74 所示为发动机在2 500 r/min时的氧传感器波形和喷油脉宽波形。氧传感器波形显示为不正常的持续浓混合气信号(上边波形),而 ECU 能正确地发出较短的喷油脉宽指令(下边波形,正常应为 5 ms)试图使混合气变稀。两个波形的关系是正确的负反馈关系。这说明故障不在空燃比反馈控制系统,可能是汽油压力过高或喷油器存在漏油等原因。若氧传感器

波形显示为不正常的持续稀混合气信号(低电压),而 ECU 能发出较长的喷油脉宽指令(例如 6 ms),这两个波形的关系也是正确的负反馈关系,这同样说明故障不在空燃比反馈控制系统,可能是汽油压力过低或喷油器存在堵塞等原因。

图 5-3-75 所示为发动机在2 500 r/min时的氧传感器波形和喷油脉宽波形。氧传感器波形显示为不正常的持续浓混合气信号(上边波形),而 ECU 正在发出的却仍然是要加浓混合气的较长的喷油脉宽指令(下边波形,正常应为 5 ms),即两个波形的关系出现方向性错误。若氧传感器波形显示为不正常的持续稀混合气信号(低电压),而电控系统正在发出的却仍然是要减小混合气浓度的较短的喷油脉宽指令(例如 3.2 ms),即两个波形的关系也出现了方向性错误。上述情况均说明故障存在于空燃比反馈控制系统内部,例如可能是 ECU 接收到了错误的空气流量信号或错误的发动机冷却液温度信号等。

④进气真空泄漏情况下的氧传感器波形。图 5-3-76 所示为发动机在2 500 r/min时存在真空泄漏情况下的氧传感器波形。真空泄漏会使混合气过稀,每当真空泄漏的汽缸排气时,氧传感器就产生一个低电压尖峰。一系列的低电压尖峰在波形中形成了严重的杂波。而平均电压高达 536 mV 则可解释为:当氧传感器向 ECU 反馈低电压信号时,空燃比反馈控制系统使汽缸内的混合气立即加浓,排气时氧传感器对此反映为高电压信号。这说明空燃比反馈控制系统的反应是正确的。

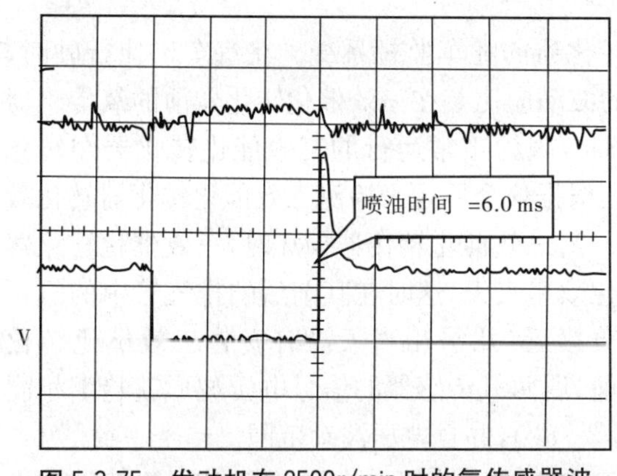

图 5-3-75　发动机在 2500r/min 时的氧传感器波形和喷油脉宽波形示例(2)

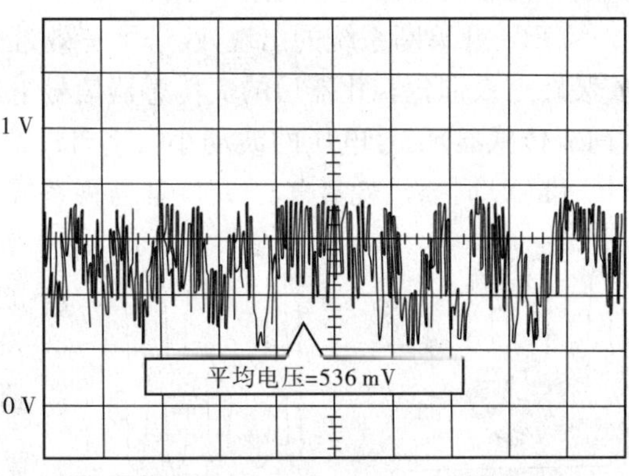

图 5-3-76　进气真空泄漏情况下的氧传感器波形

⑤好坏氧传感器波形对比。图 5-3-77 所示为良好的氧传感器波形与损坏的氧传感器波形叠加后的比较。振幅大的波形表示良好者,振幅小的表示损坏者。损坏的氧传感器波形表明,空燃比反馈控制系统的正常运行受到了严重的抑制。但从其波形中的“稍浓、稍稀”振动来分析,ECU 一旦接收到正确的氧传感器反馈信号是有控制空燃比的能力的。由于损坏的氧传感器的反应速度迟缓从而限制了浓稀转换次数,使混合气空燃比超出了三效催化转化器要求的范围,故此时排放指标严重恶化。(说明:图中良好的氧传感器波形反映的是同一辆车在更换氧传感器后的情况)

⑥利用氧传感器波形分析三效催化转化器转化效率。在许多汽车的空燃比反馈控制系统中,安装了 2 只氧传感器。为了适应美国环境保护署(EPA)对废气控制的要求,有些汽车在三效催化转化器的前后都装有 1 只氧传感器,这种结构在装有 OBD-Ⅱ的汽车上可用于检查三效催化转化器的性能,在一定情况下还可以提高对混合气空燃比的控制精度。由于氧传感器信

号的反馈速度快，其信号电压波形就成为最有价值的判断发动机性能的依据之一。对汽车维修人员来说，氧传感器安装得越多，好处就越多。通常，氧传感器的位置越靠近燃烧室，燃油控制的精度就越高，这主要是由尾气气流的特性（例如尾气的流动速度，排气通道的长度和传感器的响应时间等）决定的。许多制造厂在每个汽缸的排气歧管中都安装 1 只氧传感器，这就使汽车维修人员容易判断出工作失常的汽缸，减少判断失误。在许多情况下只要能迅速地判断出大部分无故障的汽缸（至少为汽缸总数的 1/2 以上），就能缩短故障诊断时间。

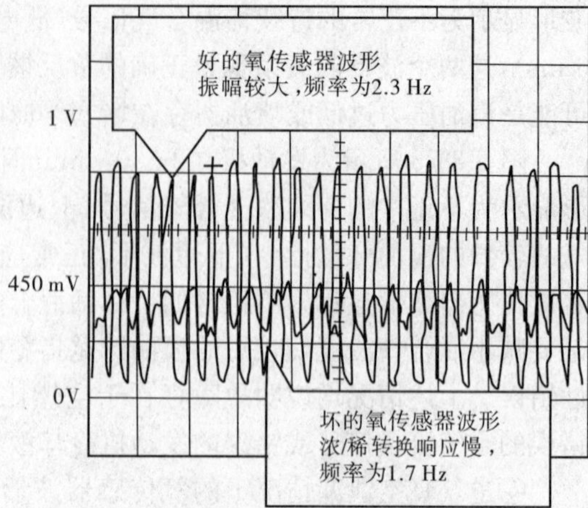

图 5-3-77　良好的氧传感器波形与损坏的氧传感器波形叠加比较

一个工作正常的三效催化转化器，在配上空燃比反馈控制系统后就可以保证将尾气中的有害成分转变为相对无害的二氧化碳和水蒸气。但是，三效催化转化器会因温度过高（如点火不良时）而损坏（催化剂有效表面减少和板块金属烧结），也会因受到燃油中的磷、铅、硫或发动机冷却液中的硅的化学污染而损坏。

OBD-Ⅱ诊断系统的出现，改进了三效催化转化器的随车监视系统。在汽车匀速行驶时，安装在三效催化转化器后的氧传感器信号电压的波动应比装在三效催化转化器前的氧传感器（前氧传感器）信号电压的波动小得多（图 5-3-78a），因为正常运行的三效催化转化器在转化 HC 和 CO 时要消耗氧气。OBD-Ⅱ监视系统正是根据这个原理来检测三效催化转化器转化效率的。当三效催化转化器损坏时，三效催化转化器的转化效率丧失，这时在其前后的排气管中的氧含量十分接近（几乎相当于没有安装三效催化转化器），前、后两氧传感器的信号电压波形就趋于相同（图 5-3-78b），并且电压波动范围也趋于一致。

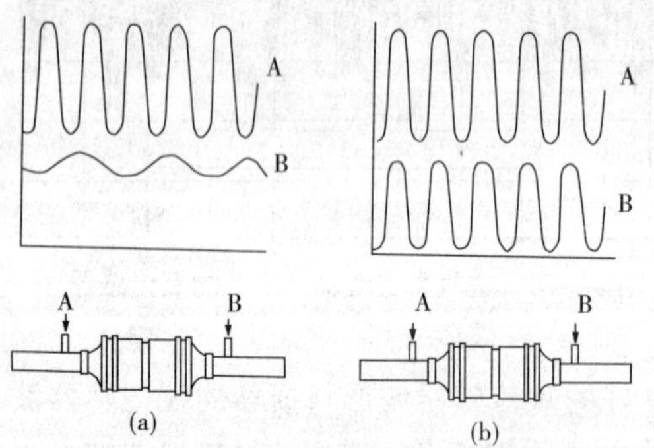

图 5-3-78　双氧传感器信号电压波形分析

（a）三效催化转化器正常；（b）三效催化转化器不正常

3. 多通道示波器在电子信号相位关系检测中的应用

ECU 为了判定车辆机械装置的位置，需要根据多个传感器之间的相位关系进行确认，当信号之间的相位关系错误时，ECU 会产生误判，从而影响车辆的正常运行。那么，两个或多个电子信号之间的相位关系是否正确，利用其他检测设备根本无法检测出来，而利用多通道示波器可以同时检测和显示多个波形的优势，可以非常轻松地判定信号之间的相位关系。

例如，一辆北京切诺基 BJ2021E6Y 车，发动机出现间歇性无法起动的故障。维修人员更换了大量的元件没有排除故障。利用双通道示波器同时检测曲轴位置传感器及凸轮轴位置传感器的信号波形，发现两个信号同时存在（图 5-3-79），由于频率调整不当，该信号波形比较密集，信号波形只能说明信号存在，无法说明信号之间的相位关系是否正确。重新调整频率，获得图 5-3-80 所示的波形，重点观察两个信号之间的同步情况，从该波形可以看出，凸轮轴位置传感器信号相对于曲轴位置传感器信号延迟了20°，正确的位置应该是凸轮轴位置传感器信号在两个缸之间(图5-3-81)，由此信号分析，该车的故障是分电器的安装位置错误，导致分电器传出的凸轮轴位置信号滞后，从而导致车辆间歇性无法起动的故障。重新调整分电器的位置后故障排除。该车的分电器有13个齿，正常情况下如果分电器错过一个齿，凸轮轴相对于曲轴位置应该是如图5-3-82所示的位置，此时发动机根本无法起动。

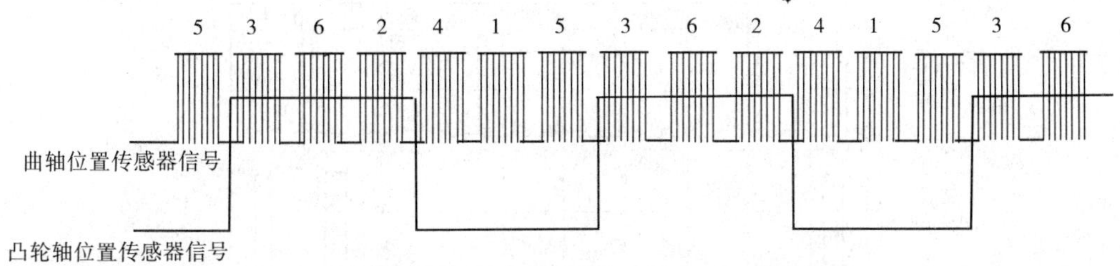

图5-3-79　曲轴位置传感器和凸轮轴位置传感器信号波形相对位置关系(1)

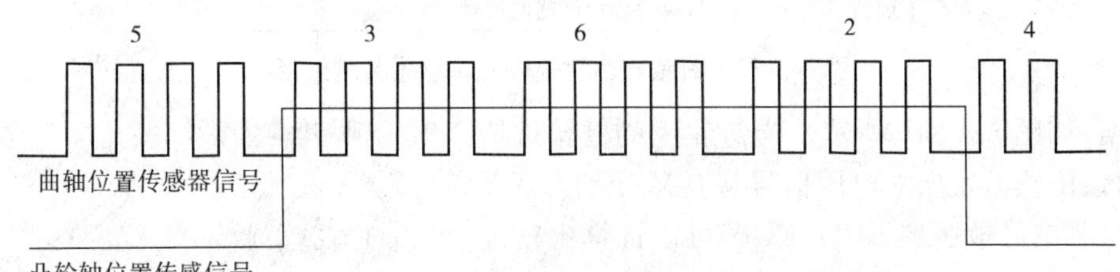

图5-3-80　曲轴位置传感器和凸轮轴位置传感器信号波形相对位置关系(2)

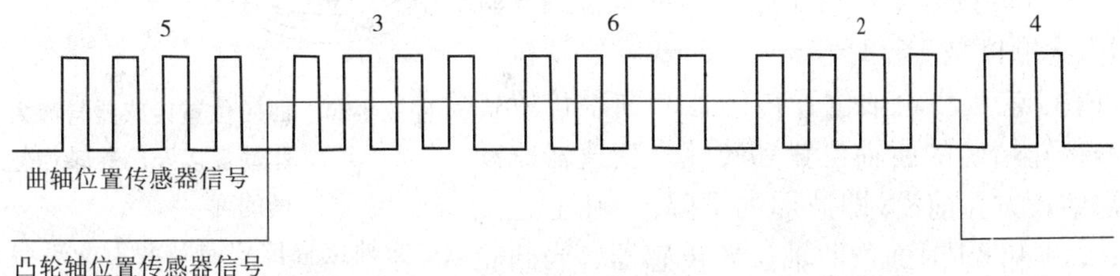

图5-3-81　曲轴位置传感器和凸轮轴位置传感器信号波形相对位置关系(3)

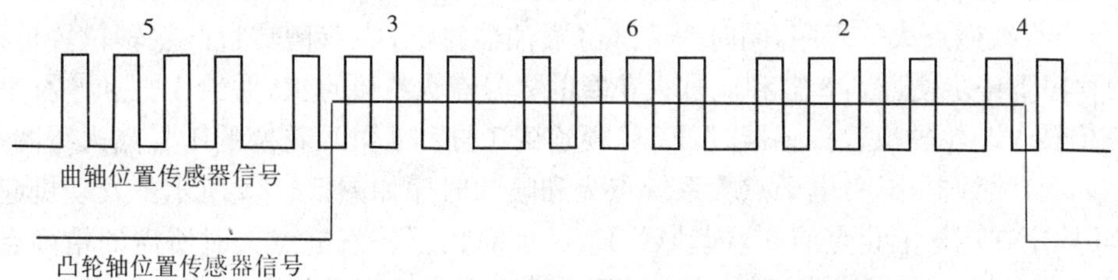

图5-3-82　分电器错过一个齿时，曲轴和凸轮轴相对位置波形

再如，一辆道奇捷龙车(装备3.3 L V6发动机)大修后无法启动。利用示波器同时检测曲轴位置传感器和凸轮轴位置传感器的信号波形，得到图5-3-83所示的波形。从单个波形上看，这两个波形完全正常。该车装备的3.3 L V6发动机，其点火系统采用无分电器双缸同时点火的点火系统。曲轴位置传感器装在变速器壳的一个孔内，为霍尔效应式，其内端靠近同液

力变矩器驱动盘做成一体的一圈长方孔。驱动盘圆周上共有 12 个长方孔，分 3 组，每组 4 个长方孔，在每组中，各长方孔的位置相隔 20°，如图 5-3-84a 所示。当驱动盘旋转扫过曲轴位置传感器时，从该传感器发出的电压信号从 0 V 变到 4.5 V 左右。这个变化的电压信号把有关曲轴位置和转速的信息送入 ECU。凸轮轴位置传感器也为霍尔效应式，装在正时齿轮室盖的顶部。凸轮轴正时链轮上带槽的环转过该传感器的端头。该环上有两个单槽、两组双槽和

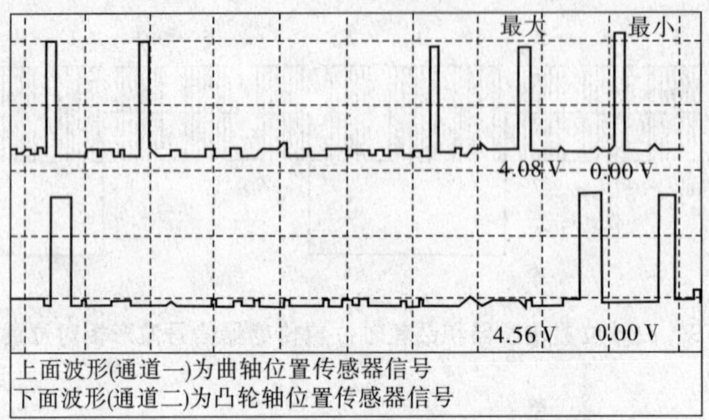

图 5-3-83 曲轴与凸轮轴位置传感器实测波形

一组三槽，如图 5-3-84b 所示。当链轮上的槽转过传感器时，该传感器发出的电压信号从 0 V 变到 4.5 V 左右。这些信号被送到 ECU，ECU 可以计算出精确的凸轮轴和曲轴位置，以便按正确的时刻点火及喷油。点火线圈总成中的 1 号线圈的高压线接到 1 缸和 4 缸，2 号线圈接到 2 缸和 5 缸，3 号线圈接到 3 缸和 6 缸，点火顺序是 1—2—3—4—5—6。发动机一旦起动，ECU 就从凸轮轴位置传感器和曲轴位置传感器信号得知精确的曲轴位置和转速。变速器驱动盘上的那些长方孔前沿（即波形的下降沿）在上止点前 0°、29°、49°和 69°时通过曲轴位置传感器。当凸轮轴链轮开槽环上的单槽转过凸轮轴位置传感器时，ECU 便收到一高一低的数字信号，收到信号时，ECU 就编排下一步让同 2 缸和 5 缸火花塞相连的 2 号点火线圈点火的程序，同时为 2、3 缸喷油器排序；当双槽转过凸轮轴位置传感器时，ECU 的程序下一步便连到 3 缸和 6 缸火花塞的 3 号点火线圈点火，并给 1 缸和 6 缸喷油器排序；当三槽转过凸轮轴位置传感器时，ECU 便连到 1 缸和 4 缸火花塞的 1 号点火线圈点火，并给 4 缸和 5 缸喷油器排序，电子点火系统点火和喷油时序如图 5-3-85 所示。发动机起动时点火提前角固定在压缩上止点前 9°，起动后，ECU 就算出下一汽缸点火时所需的精确点火提前角。ECU 按此点火提前角，在正确的时刻断开相应点火线圈的初级电路。按照上述分析，曲轴位置和凸轮轴位置传感器信号波形应该是图 5-3-86 所示的相位关系。对照图 5-3-83 和图 5-3-86 发现，故障车曲轴位置和凸轮轴位置传感器位置关系错误。检查发现正时链轮的记号对错，应该为两链轮上的两箭头记号对正，维修人员在大修发动机装配的过程中，将两圆点对正。重新安装正时链轮及链条，发动机能起动但是发动机运转不稳，加速时进气管回火，分析认为气门被顶弯。拆下汽缸盖，更换被顶弯的气门及气门导管，车辆故障排除。

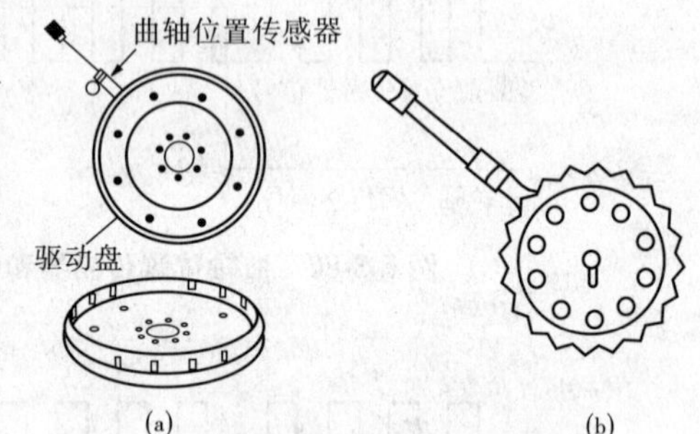

图 5-3-84 曲轴位置传感器与液力变矩器驱动盘以及凸轮轴齿轮上开有槽的环

(a)曲轴位置传感器与液力变矩器驱动盘；(b)凸轮轴齿轮上开有槽的环

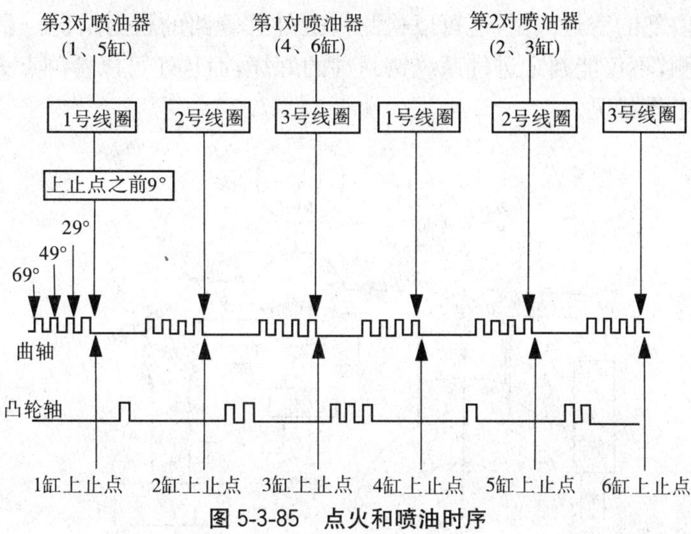

图 5-3-85 点火和喷油时序

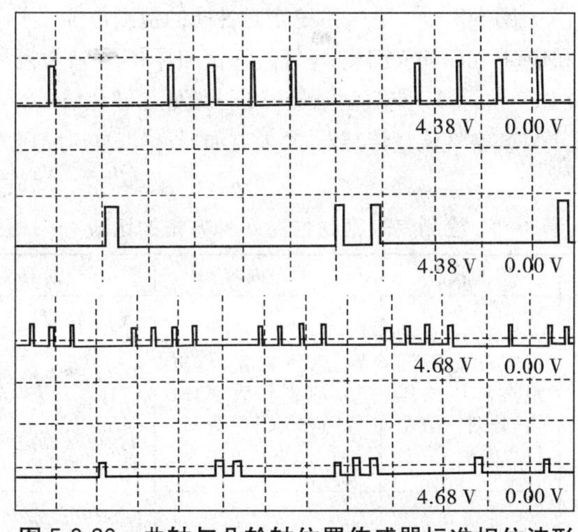

图 5-3-86 曲轴与凸轮轴位置传感器标准相位波形

第四节 真空度分析及在汽车故障检测诊断中的应用

一、进气系统密封性的检测方法和比较

进气系统密封性的好坏和点火性能的好坏以及空燃比的大小，是影响汽油发动机性能好坏的三大要素。检测进气系统密封性常用的方法有汽缸压缩压力检测法、汽缸漏气量(或漏气率)检测法、曲轴箱窜气量检测法和进气管真空度检测法等，表 5-3-21 为四种检测方法的比较。检测的部位如图 5-3-87 所示。

从表 5-3-21 可见，四种检测方法各有利弊，但进气管真空度检测法的覆盖面最广。它不仅可以检测汽缸内部的密封部位，还可以检测汽缸外部管路的密封情况。利用真空表对进气管真空度进行检测，不仅能判定进气系统密封性的好坏，而且还可以检测点火性能好坏和空燃比大小等发动机工作状况。

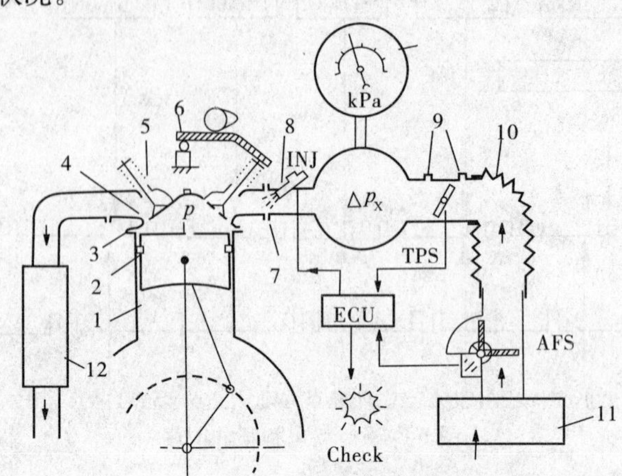

图 5-3-87　进气系统密封性能的检测部位

1-汽缸；2-活塞和环；3-汽缸盖和垫；4-气门和气门座；5-气门弹簧和导管；6-液力挺柱；7-进气管垫；8-喷油器密封圈；9-节气门前后真空管路；10-进气软管；11-空气滤清器；12-三效催化转化器

ECU-电脑；TPS-节气门传感器；AFS-空气流量传感器；INJ-喷油器；p-汽缸压缩压力；$\triangle p_x$-进气管真空度

检测汽缸密封性能四种方法的比较　　表 5-3-21

检测方法	作业内容	检测状态	覆盖内容	检漏部位	优缺点
汽缸压缩压力检测法	拆下各缸火花塞和空气滤清器滤芯，测量各缸压缩压力	无负荷用起动机在动态下测量汽缸压缩压力，是对汽缸全行程的测量	汽缸、汽缸盖、汽缸垫、活塞和活塞环、气门和气门弹簧	气门导管、进气管垫、喷油器密封圈、进气歧管绝对压力传感器软管、进气软管、空气流量传感器垫	起动机转速的高低、汽缸壁和环槽润滑油过量、燃烧室积炭过多、多次修磨汽缸盖和汽缸孔等会造成测量值偏高
汽缸漏气量检测法	拆下各缸火花塞，活塞在压缩终了处，锁死传动系统，逐缸施加定压的压缩空气，用仪表观察压力降值	无负荷静态，仅是检测上止点处漏气量的多少	汽缸、汽缸盖、汽缸垫、活塞和活塞环、气门和气门弹簧	除上述内容外，还通过进气管口、排气管口、加润滑油口和散热器盖的漏气情况，判定漏气部位	在上止点处测漏，不是汽缸的全行程，未完全覆盖拉缸的影响，并需要专用仪器（漏气仪）
曲轴箱窜气量检测法	把漏气流量计装在润滑油口处，检测单位时间内漏入曲轴箱内的气气体量	加载满负荷，低速行驶	汽缸、活塞和活塞环的漏气量检测，是各缸漏气总和指标	气门和气门座、气门弹簧以及其他汽缸外的漏气部位；它不能单独测定某一汽缸密封性的好坏	检测值较真实，但覆盖面太窄，需用其他方法辅助检测
进气管真空度检测法	拆下空气滤清器滤芯，把真空表接在节气门的后方	无负荷状态下，动态检测各工况密封性能的好坏	汽缸内外密封部位的零件，其中包括进气管垫、化油器垫、喷油器、密封圈、进气软管等；此外还具有对空燃比和点火性能的感知功能	—	检测值较真实，覆盖面宽，但尚需用汽缸压缩压力表为辅助手段；它测得的真空度是各缸进气过程吸力交替形成的总和，不能单独测定某一汽缸的密封性能

二、进气管真空度及其与发动机工作状况的关系

1.真空测试原理

对于汽油发动机而言，在运转过程中由于进气行程的作用，在进气管中就会产生真空度。这个真空度是由各缸在交替进行进气行程时造成的，如果该数值较高且真空表指针表现也较平稳，反映到发动机的工作中就是平稳、有力、加速性良好。但是，由于当代汽车发动机在结构上存在着很大的差异，所以，进气歧管真空度的大小及稳定性就和发动机的结构和性能(进气系统密封性、发动机转速、汽缸的数量等)、点火系统的工作性能、可燃混合气的品质(空燃比的大小)有着密切的联系，并与它们的变化成正比关系。另外，进气歧管真空度还受节气门开度的影响，并与其成反比。根据这个原理，利用真空表对进气歧管真空度进行检测并分析故障成因就成为一种行之有效的方法。

当活塞由上止点(TDC)往下止点(BDC)移动时，此时进气门开启即为进气行程，进气歧管会有真空(低压)。当进气门关闭时，进气歧管绝对压力会上升，真空会发生变化。

真空测试原理如图 5-3-88 所示。在图中，位置 1 为进气门在上止点前(BTDC)刚开启。此时活塞仍在往上移动，排气门未完全关闭。位置 2 活塞已到达上止点(TDC)。此时进排气门均是开启中，有部分汽缸中未完全排出的废气，由进气门反排到进气歧管，使得进气歧管绝对压力升高。

1 到 2 的位置为进气门早开角度。位置 3 排气门完全关闭。此时活塞往下移动，将进气歧管内混合气吸入，因此，真空快速增加。在 1 到 3 的位置即为气门重叠角度。位置 4 活塞到达下止点。此时活塞进气行程停止，因此进气歧管由于大气压力立即进入，进气歧管绝对压力立刻升高。由于汽缸中仍有吸力，因此进气歧管真空会继续增加。位置 5 活塞开始往上移动，此时即为压缩行程开始，此时进气门未完全关闭。位置 6 进气门完全关闭，此时进排气门均完全关闭，汽缸中压力开始提升，即是压缩行程，此时进气歧管真空度降低，并且发动机另外一缸又开始重复前面 1 到 5 的动作。

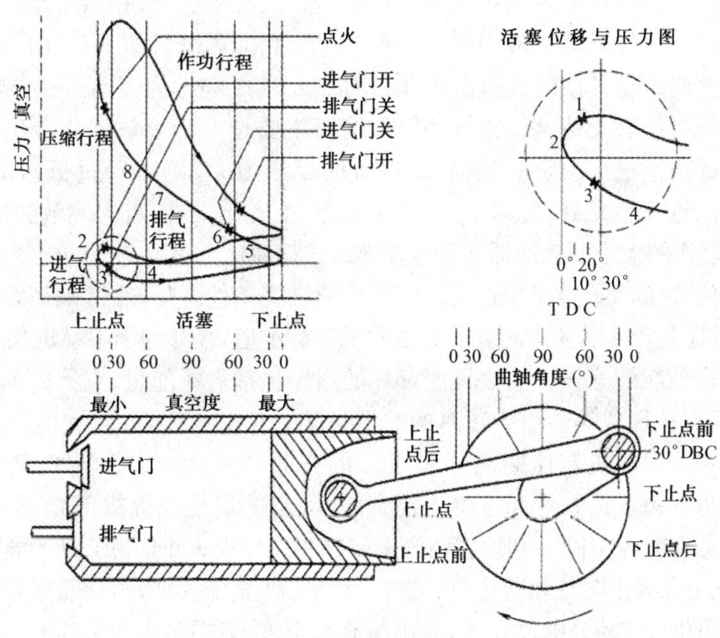

图 5-3-88　真空测试原理

2. 进气管真空度及其与发动机工作状况的关系

进气管真空度 Δp_x 是各汽缸连续吸气时，对进气管形成的负压总和。其负压值的高低及稳定性，与发动机工作汽缸的多少、转速的高低、密封性能和点火性能的好坏以及空燃比的适应程度成正比，和节气门开度大小成反比。

转速 n 和节气门开度 θ 是发动机工况的表征，直接影响可燃混合气成分和燃烧条件的好坏。Δp_x 值的高低和波动幅度的大小，必然对应某一因素工作状态的好坏。因而，Δp_x 成为因果反馈的中心媒体，即汽缸密封性能、点火性能、空燃比一旦出现变化异常，Δp_x 直接受其影响而形成连锁反应。例如，当节气门开度（或转速）一定时，若点火性能变差，燃烧条件随之变坏，转速下降，Δp_x 下降，继而又影响喷油量的多少和空燃比的大小，如此相互反馈连锁影响（图 5-3-89）。

三、进气管真空度检测法的功能和机理分析

1. 进气管真空度检测法的功能

一台汽油发动机的正常运转，必须要同时具备三个条件：一是按一定比例混合而成的可燃气体；二是要有一个能使这些气体进行压缩和燃烧的场所；三是要有一套准确、有力的点火装置。这三者缺一不可，而且第二个条件与发动机进气歧管真空度的变化有着直接的、密切的关系，而第一、第三个条件与发动机进气歧管真空度的变化值有着间接的关系。因此，利用真空表检测进气歧管的真空度可以对影响上述三个条件的故障原因进行分析和诊断，特别是对造成进气系统密封性故障的检测更为有效。

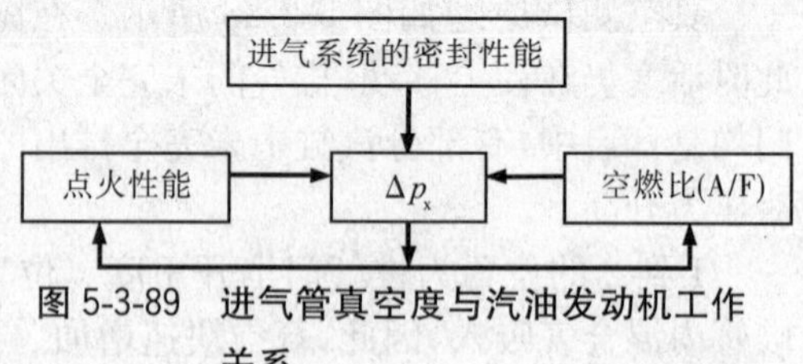

图 5-3-89 进气管真空度与汽油发动机工作关系

（1）判断进气系统的密封性能。利用真空表检测进气管真空度，可以判断汽缸内外有关零部件的密封情况。其中，汽缸内的包括汽缸、汽缸盖、汽缸垫、活塞和活塞环、气门和气门座；汽缸外的有气门导管和气门弹簧、液力挺柱、进气管垫、喷油器密封圈、节气门体垫、进气软管等。值得重视的是，有时汽缸外漏气比汽缸内漏气对 Δp_x 的影响更为突出。

（2）判断排气系统有无堵塞。排气系统的堵塞主要是由于三效催化转化器和消声器内因结胶、积炭或破碎而造成。由于时通时堵，排气时反压力大，使 Δp_x 过低。排气系统堵塞后，导致排气不彻底、进气不充分、转速不稳、加速无力、空燃比失常、点火调节失控等故障的发生。

（3）判断空燃比的大小。化油器式和电控喷射式汽油机可燃混合气的配制，都是利用 Δp_x 的大小来控制喷油量的多少。空燃比过大、过小，会使燃烧条件恶化，反过来又影响转速和 Δp_x 的高低。此时利用真空表可以量化地显示出 Δp_x 低于标准值，表针处于不稳定状态。

（4）判断点火性能的好坏。点火性能好坏的指标包括火花能量、点火时刻以及各工况有无缺火、断火、交叉点火现象等。点火正时的前提是配气正时无误，而点火时刻又直接影响汽缸内燃烧情况，关系到发动机转速的高低和 Δp_x 的高低；反过来，p_x 的高低又影响空燃比的大小。可以说，当进气系统密封性和空燃比正常时，动态的最佳点火提前角对应的是最高 Δp_x。单缸断火后，Δp_x 会明显下降。利用真空表来调整和监控点火正时和点火性能好坏，简便可靠，其准确程度不亚于点火正时灯和转速仪。这一点已得到充分验证，值得普及推广。真空表显示的数值低于正常值时，转动分电器壳体，找出最高真空度的位置，即可获得最佳点火提前角。图 5-3-90 为点火提前角 θ 对 Δp_x 的影响。

实践证明，真空度检测法还可以对发动机点火正时、配气相位所产生的故障进行检测。另外，还能检测到废气再循环系统（EGR）和曲轴箱强制通风装置的密封性不良所造成的故障。

2. 进气管真空度 Δp_x 的检测方法和故障机理分析

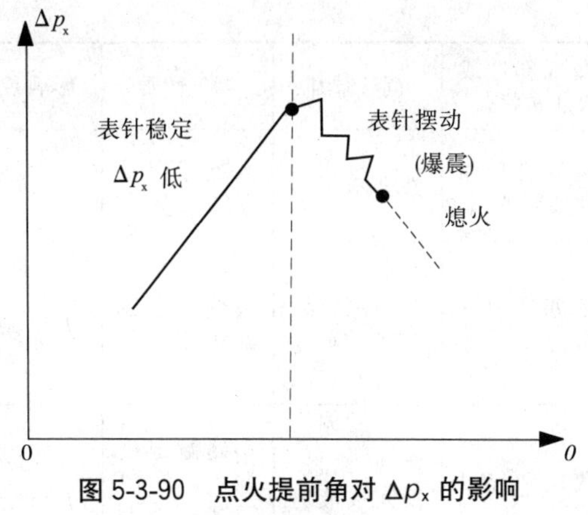

图 5-3-90　点火提前角对 Δp_x 的影响

用真空表检测发动机进气歧管真空度的数值大小非常简单：把真空表接于节气门后方，起动发动机，在正常的状态下进行怠速运转，即可从真空表中获得其真空度数值。如果随意改变节气门的开度（急加速或急减速）就会获得真空度的变化值，根据这些数值的变化，就可以分析和判断发动机存在的故障。如图 5-3-87 所示，将真空表与进气管连接，使发动机在正常状态（机温和转速正常）下怠速运转，观察真空表的读数和指示状态。

在不同的发动机转速下，可检测到不同数值的进气歧管真空度。就大多数汽油发动机而言，在正常怠速状态下运转时，如果各系统均工作正常，则真空表指针应稳定在 64～71 kPa，如果在迅速开闭节气门时，真空表指针应在 7～85 kPa 灵活摆动，这时表明进气歧管真空度对节气门开度的随动性较好，同时，也说明发动机各系统（特别是进气系统的密封性）工作良好。假如发动机存在故障（特别是机械故障中的密封性变差）就会出现与上述数值不同的进气歧管真空度，这时表明发动机存在故障。

（1）密封性能正常状态。怠速时，表针应稳定在 64～71 kPa（摆动幅度的大小和快慢与密封性能和点火性能的好坏以及空燃比的大小有关）。迅速关闭节气门时，表针在 6.7～84.6 kPa量程间摆动为好，这说明 p_x 随节气门开度变化的灵敏度和随动性好，意味着各工况密封性好。

（2）密封性能差的状态。怠速时，Δp_x 低于正常值，且表针明显不稳定。迅速打开节气门时，表针会跌落到 0 处；关闭后也回不到 84.6 kPa 处。

（3）点火过早、过迟的状态。当点火正时和配气正时不符、点火不良时，燃烧条件变坏，功率损失和转速波动增大，形成不了高真度度，造成怠速不稳、加速无力。在这种情况下，怠速时，表针在 46.7～51 kPa 摆动。点火过早，摆动幅度较大；点火过迟，摆动幅度较小。

（4）排气系统堵塞的状态。怠速时，表针有时可达 53 kPa，很快又跌落为 0 或很低。这是因为排气系统有较大的反压力所致，严重时只能勉强低速运转。

各种非正常状态的具体情况见表 5-3-22 所列。

非正常状态情况分析　　表 5-3-22

漏气部位或非正常状态	漏气原因	漏气性质	影响参数	表针状态①	机理分析
汽缸垫	松动、烧毁	大缝隙变量漏气	p② 和 Δp_x	怠速时，表针在 17.3～64 kPa大幅度摆动	汽缸工作压力的影响，使缝隙有变化，且漏气量大，故 Δp_x 波动大

续上表

漏气部位或非正常状态	漏气原因	漏气性质	影响参数	表针状态①	机理分析
进气管垫和化油器垫	松动、破损	大缝隙定量漏气	Δp_x	怠速时，表针在17.3 kPa以下	缸外漏气比缸内漏气对Δp_x影响更大，重则熄火
活塞环和汽缸套	磨损、粘结、对口、拉缸	大缝隙定量漏气	p和Δp_x	怠速时，低于正常值，降低程度取决于磨损程度。快开节气门，表针下降为0	活塞的吸拉能力差，密封性和功率下降，Δp_x低并伴随烧润滑油、冒蓝烟和黑烟
气门和气门座	烧蚀、结胶、顶死或液力挺柱损坏	小缝隙定量漏气，气门顶死时为大缝隙漏气	p和Δp_x	怠速时，表针跌落值在6.7 kPa以上，摆幅不大。气门顶死时跌落值更大	落座不严，进气门漏气有回火现象；排气门漏气有放炮现象，这是特征。液力挺柱损坏易顶死气门或噪声加大
气门导管	磨损	小缝隙变量漏气	Δp_x	怠速时，表针在46.7～60 kPa摆动	气门瞬时偏摆，缝隙变化
气门关闭不严	气门弹簧疲劳、弹力不气足	小缝隙变量漏气	p和Δp_x	怠速时，表针在33.3～74.6 kPa间缓慢摆动，且随转速的升高加剧摆动	气门落座不可靠，时好时坏，导致波动幅度较大；怠速时摆幅小于中高速工况
混合气过浓	——	——	p和Δp_x	怠速时，表针缓慢摆动，在44～51 kPa慢摆	燃烧情况欠佳，功率下降
混合气过稀或个别缸点火差	——	——	P和Δp_x	怠速时，跌落值大于过浓状态，表针不规则的跌落又上升，摆幅较大	燃烧情况恶劣，功率下降值大，造成怠速游车
点火过迟或配气相位滞后	——	——	p和Δp_x	怠速时，表针在46.6～57 kPa轻微摆动	功率下降。如汽缸压缩压力较高时，调节后能升到标准值
点火过早或配气相位提前	——	——	p和Δp_x	怠速时，表针在46.6～57 kPa大幅度摆动	汽缸最高压力点形成过早，p_x波动大，加速时爆燃，甚者熄火
排气系统堵塞	——	——	p和Δp_x	怠速时，表针有时可达53 kPa，很快又跌落为0或很低	排气系统有较大的反向压力所致

注：①表内为标准海拔数据，海拔每升高500 m，真空度减小4.3～5 kPa；
②p为汽缸压缩压力。

真空度数值与发动机故障现象之间的内在联系分析情况见表5-3-23。

真空度数值与故障现象的分析 表5-3-23

真空表指针读数	故障原因	故障分析	伴同故障现象
怠速时，真空表指针在17～64 kPa做较大幅度的摆动	汽缸盖、汽缸垫密封不良或汽缸盖松动等	进气行程和压缩行程影响着故障部位的变化，漏气量较大时，真空度波动较大	发动机加速无力，运转不稳或某缸工作不良等现象
发动机怠速运转时，真空表指针低于正常值，急速打开节气门时，真空表指针也会随之快速下降至零	活塞与汽缸间歇增大，活塞环密封性变差，或有严重的拉缸现象等	活塞与汽缸之间密封性不良，使真空度下降，汽缸压缩压力下降，影响了发动机的动力性	发动机动力性下降，严重时会出现烧机油或排气管冒蓝烟现象

续上表

真空表指针读数	故障原因	故障分析	伴同故障现象
怠速时,真空表指针下降至7 kPa左右,摆动幅度不大	气门间隙过小,气门、气门座烧蚀关闭不严,气门或气门座工作面积炭过多	气门关闭不严,导致压缩行程时压缩压力下降	如果进气门漏气会出现回火,如果排气门漏气则会出现排气管放炮现象
发动机怠速运转时,真空表指针在45～60 kPa摆动,但波动不明显	气门弯曲轻微卡滞或气门导管磨损并与气门的配合出现摆动	由于气门在工作中经常摆动,漏气部位不定且漏气量不大,故真空表指针摆动不明显	故障症状不明显,有时会出现发动机无力现象
怠速时真空表指针在35～75 kPa摆动,且变化速度较慢,当发动机高速运转时,摆动幅度明显增加	气门弹簧弹力减弱,导致气门关闭不严	怠速时,对进气量的影响不太明显,但发动机高速时,则由于进气量的不足而使真空度出现剧烈的变化	发动机低速和中速工作尚可,但是高速时会出现无力现象
怠速运转时,真空表指针指示在较低的数值	气门卡死或液力挺柱工作失常顶死	气门不能正常关闭,使缸内和缸外压力相等,真空度急剧下降	会出现凸轮与挺杆的撞击声,严重时还会出现气门与活塞的撞击声
怠速运转时,真空表指针一般不会下降到17 kPa以下,而且变化值不大	节气门体密封不严或进气歧管垫、化油器垫密封不严,或各真空管路有漏气部位	进气系统的密封性变差,使汽缸内的进气量大大下降,从而导致真空度的下降	如果存在这种故障将会影响带发动机的起动性能,严重时,会出现发动机无法起动的现象
怠速运转时,真空表指针将会在45～58 kPa摆动,但波动的幅度较小	配气相位错位(滞后)或点火时间过迟	配气相位失准会使汽缸压缩压力降低。而点火时间过迟则会使混合气的燃烧时间延长,但对汽缸内的冲击不大	发动机会出现动力下降,严重时会有温度过高、排气管放炮、冒黑烟等现象,提前点火正时会出现好转
怠速运转时,真空表指针将会在45～58 kPa摆动,但摆动幅度较大	配气相位错位(提前)或点火时间过早	点火时间过早会使混合气的最高压力形成点火提前,从而对汽缸内气体形成较大冲击	在发动机动力下降的同时,会出现气门的撞击声,适当调迟点火时间会好转
发动机怠速运转时,真空表指针指示较低,有时会升高到55 kPa,但很快就会降低到较低数值甚至为零	进气系统堵塞(排气管或三效催化转化器等部件)	如果排气系统出现堵塞,将会影响到汽缸内燃烧气体的排放,从而对新鲜混合气形成反向压力,导致进气量的减少	会出现进气管回火现象,冷车相对好起动,热车不容易起动,严重时将无法起动
怠速运转时,真空表指针在45～58 kPa摆动,但摆动速度较慢	混合气过浓	过浓的可燃混合气影响正常的燃烧,也影响了进气管真空度的数值变化	在这种读数情况下,发动机往往会伴随动力下降、排气管冒黑烟等现象
怠速运转时,真空表指针在40～50 kPa摆动,但波动的幅度较混合气过浓时要大,且不规则	有个别汽缸不工作或混合气过稀	过稀的混合气延长了燃烧的时间,对下一行程的进气产生了加大的影响	发动机的加速性下降,怠速不稳且抖动。严重时会出现加速回火及水温升高现象

注：本表综合了汽油发动机的普遍现象,具体车辆和结合其结构进行具体分析和判断。

3. 利用真空表检测进气歧管真空度分析判断发动机故障的优缺点

(1)优点:可以在发动机不解体的状态下及时、有效地分析和判断故障的原因,对故障成因判断的准确度高,特别是对发动机机械部分故障的成因诊断更为可靠,真正做到了方便、快捷,而且其检测的故障范围比其他检测器具更具广泛性。

(2)缺点:必须使发动机处于动态状态下进行检测,而且还要求分析人员掌握和了解发动机在不同的工作状态下进气歧管所产生的不同的真空度读数,并结合发动机工作原理进行分析。

四、真空波形分析方法

对于采用进气歧管绝对压力传感器检测进气量的车辆,利用示波器对进气歧管绝对压力传感器信号波形进行检测,根据检测的波形亦同样可以进行故障分析。

1.真空波形检测方法

真空波形检测方法如图 5-3-91 所示。

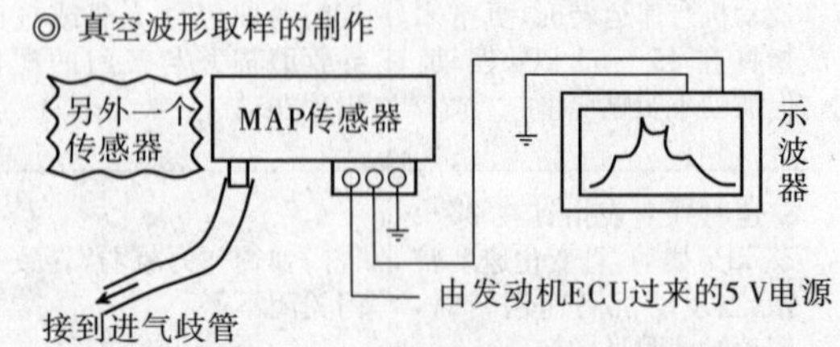

图 5-3-91 真空波形检测方法

2.正常真空波形实例

对于电控发动机,冷车时真空度在 52.8～59.4 kPa;达到正常工作温度后会在 59.4～62.7 kPa;如果有一缸火花塞不点火,真空度会降低 6.6 kPa;如果有一缸气门漏气,真空度会降低 13.2 kPa;如果点火正时比标准值提前 3°,真空度会提升 3.3 kPa。四缸发动机标准真空波形如图 5-3-92a 所示,六缸发动机标准真空波形如图 5-3-92b 所示,八缸发动机标准真空波形如图 5-3-92c 所示。

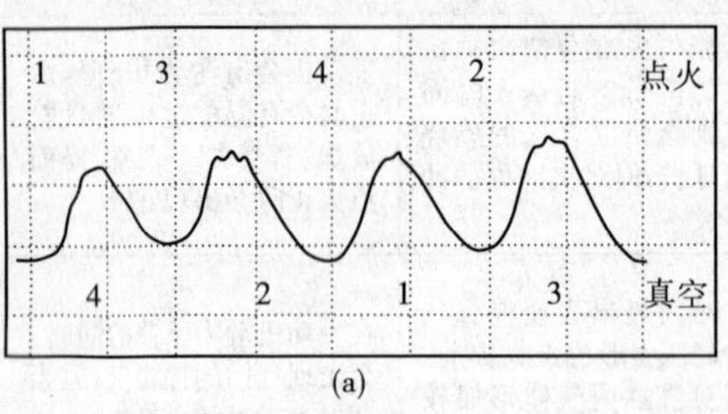

(a)

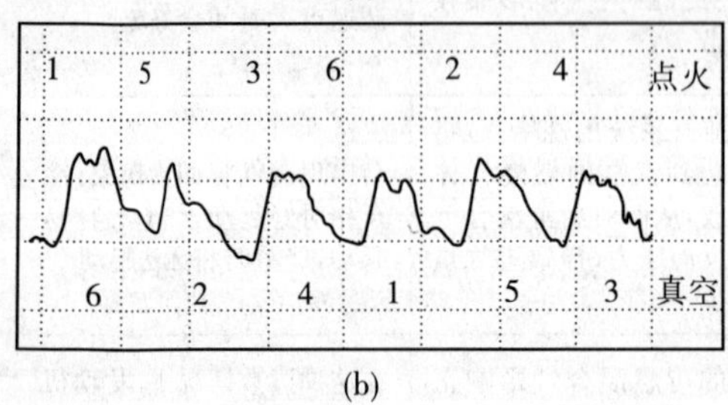

(b)

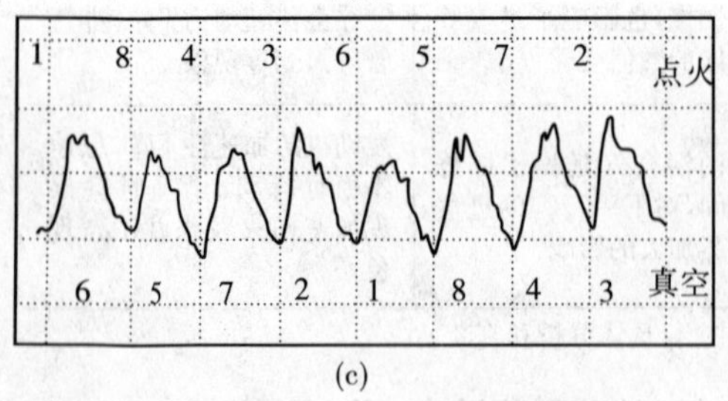

(c)

图 5-3-92 标准真空波形

(a)四缸发动机;(b)六缸发动机;(c)八缸发动机

3.排气门故障真空波形实例

第一缸排气门弹簧弹力太弱的真空波形如图 5-3-93a 所示;第四缸排气门烧裂的真空波形如图 5-3-93b 所示;第四缸排气门摇臂磨损的真空波形如图 5-3-93c 所示;第四缸排气门间隙调整过大的真空波形如图 5-3-93d 所示;第一缸排气门凸轮磨损的真空波形如图 5-3-93e 所示;第四缸排气门摇臂断裂的真空波形如图 5-3-93f 所示;第二缸活塞环缺口在同一直线上的真空波形如图 5-3-93g 所示;第四缸排气门弹簧断裂的真空波形如图 5-5-93h 所示。

4.进气门故障真空波形实例

进气门漏气的真空波形如图 5-3-94 所示;第一缸进气门凸轮磨损的真空波形如图 5-3-95 所示;第二缸活塞环开口没有错开的真空波形如图 5-3-96 所示;第二缸进气门挺杆磨损的真空波形如图 5-3-97 所示;第一缸进气门推杆弯曲的真空波形如图 5-3-98 所示。对于采用双进气门发动机,主进气门漏气的真空波形如图 5-3-99 所示;副进气门漏气的真空波形如图 5-3-100 所示。

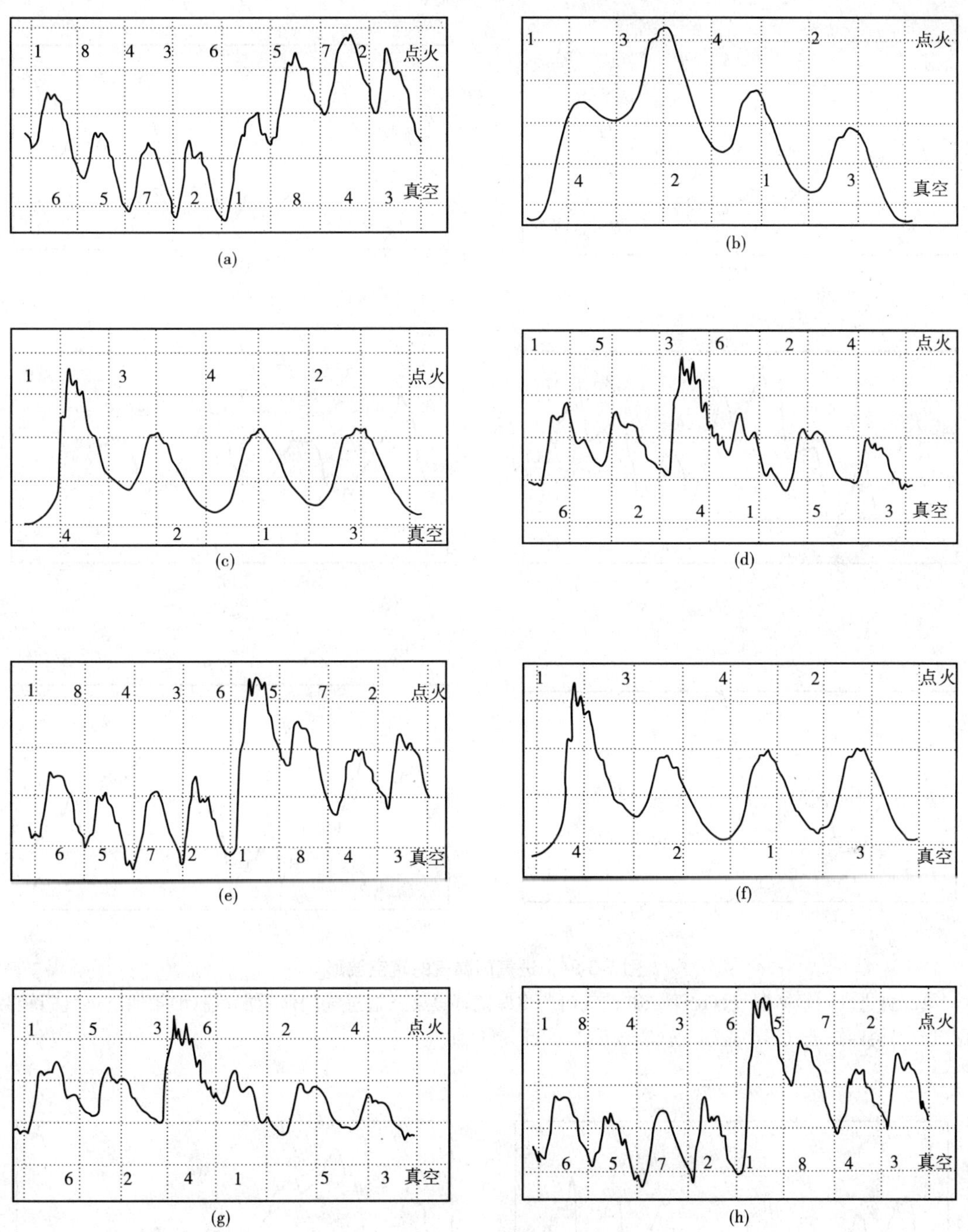

图 5-3-93　排气门故障真空波形

(a)第一缸排气门弹簧弹力太弱；(b)第四缸排气门烧裂；(c)第四缸排气门摇臂磨损；(d)第四缸排气门间隙调整过大；(e)第一缸排气门凸轮磨损；(f)第四缸排气门摇臂断裂；(g)第二缸活塞环缺口在同一直线上；(h)第四缸排气门弹簧断裂

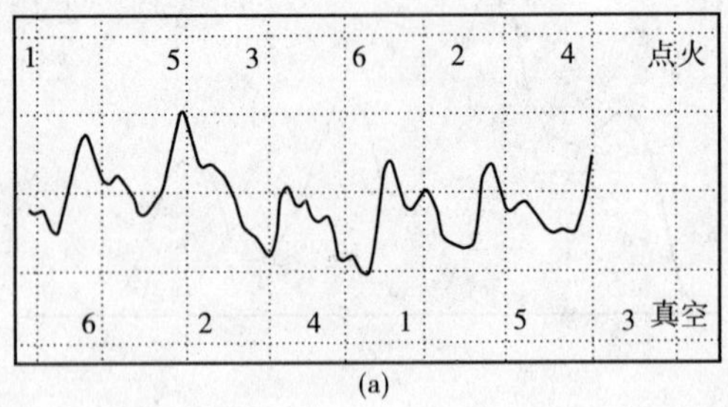

(a)

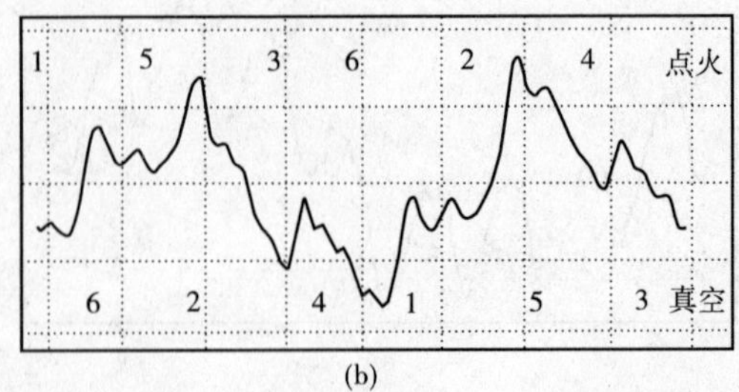

(b)

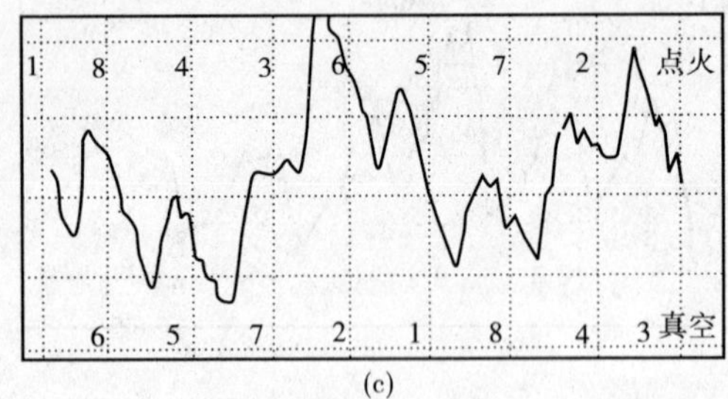

(c)

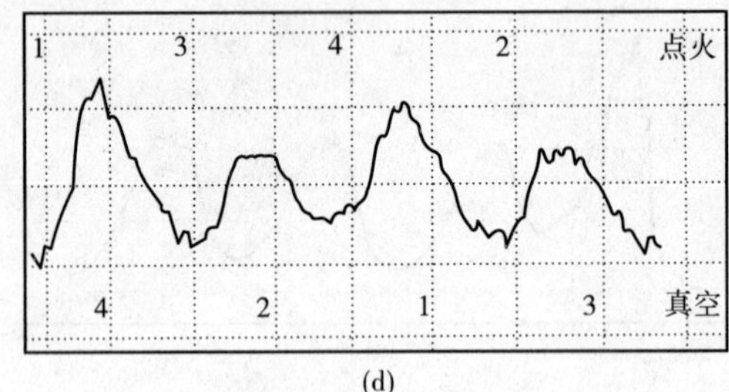

(d)

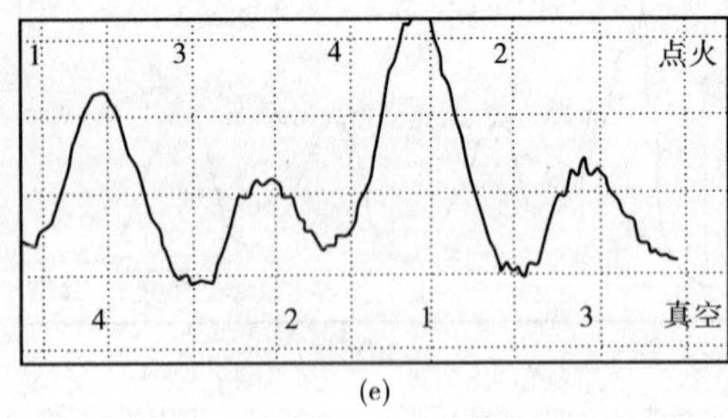

(e)

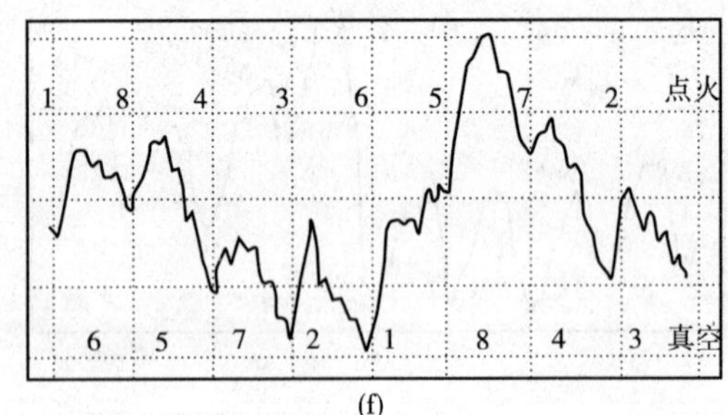

(f)

图 5-3-94 进气门漏气的真空波形

(a)第二缸进气门轻微漏气；(b)第二缸进气门严重漏气；(c)第三缸进气门严重漏气；(d)第四缸进气门轻微漏气；(e)第四缸进气门严重漏气；(f)第五缸进气门严重漏气

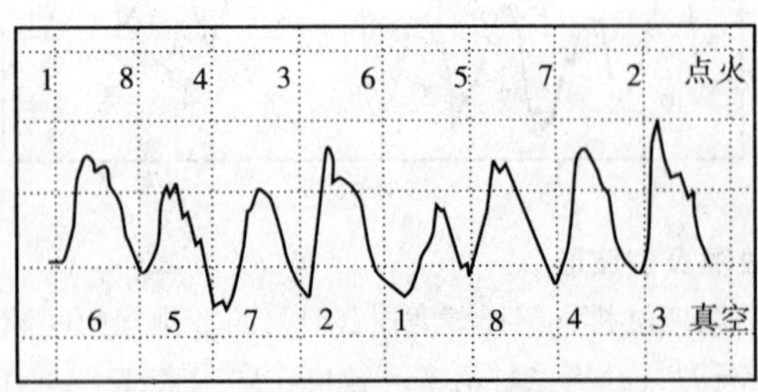

图 5-3-95 第一缸进气门凸轮磨损的真空波形

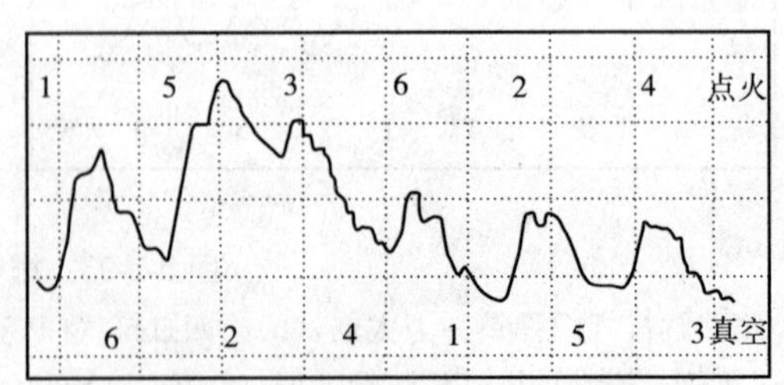

图 5-3-96 第二缸活塞环开口没有错开的真空波形

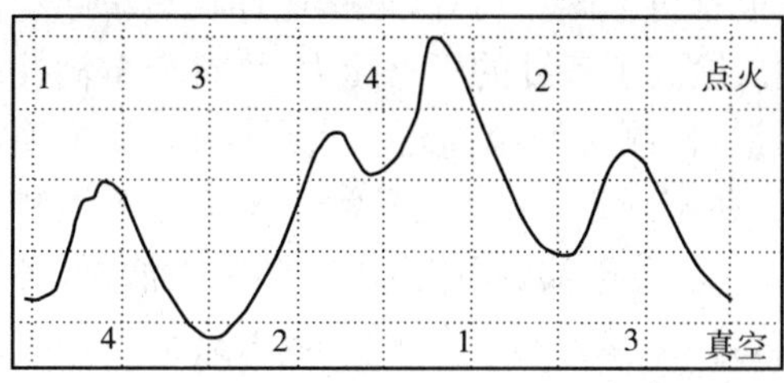

图 5-3-97 第二缸进气门挺杆磨损的真空波形

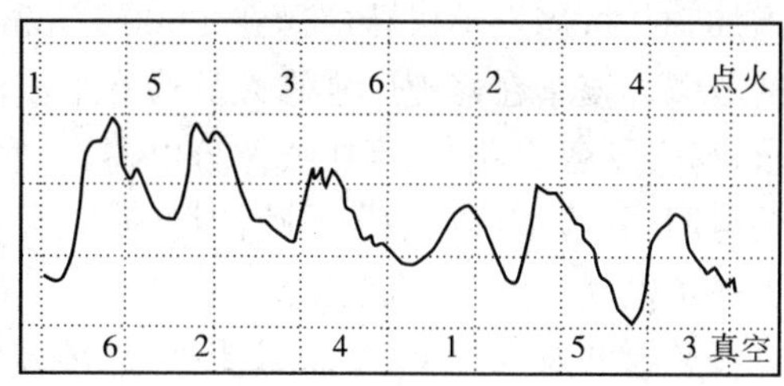

图 5-3-98 第一缸进气门推杆弯曲的真空波形

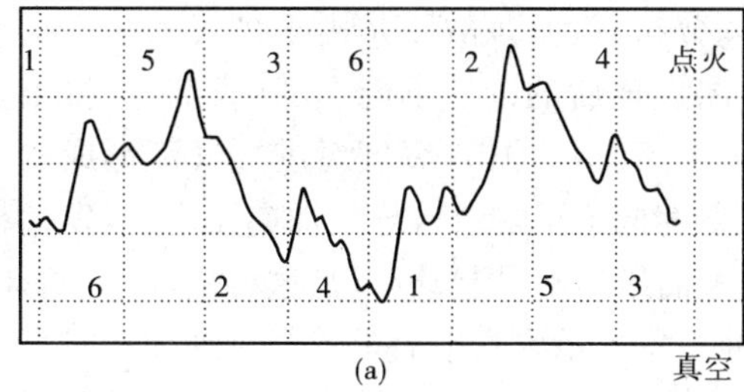

(a)

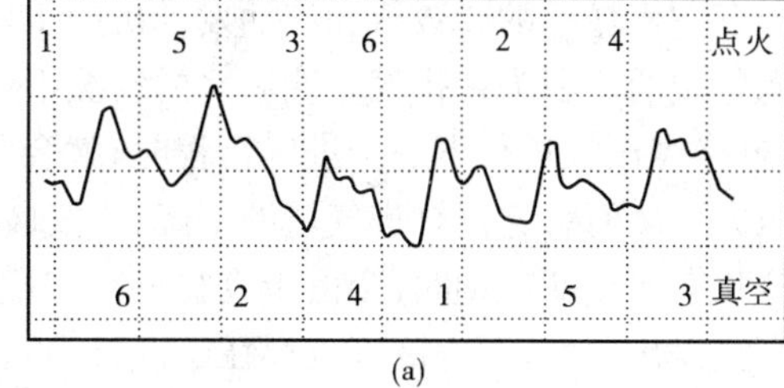

(a)

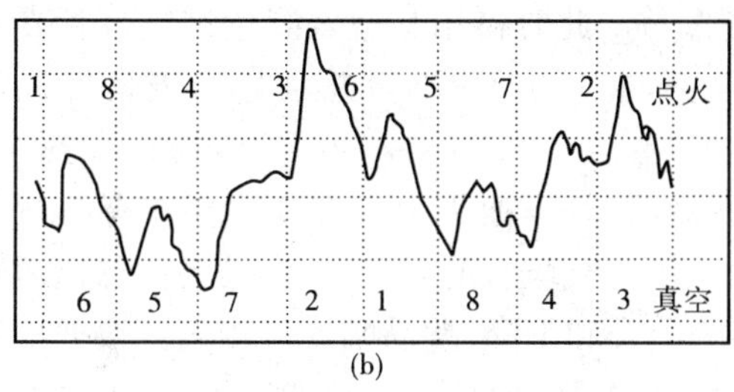

(b)

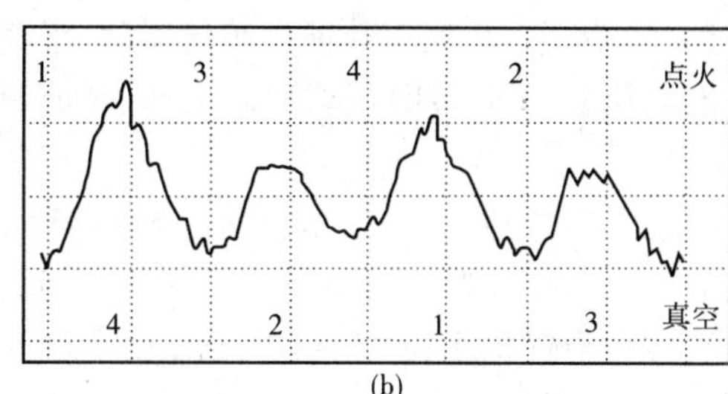

(b)

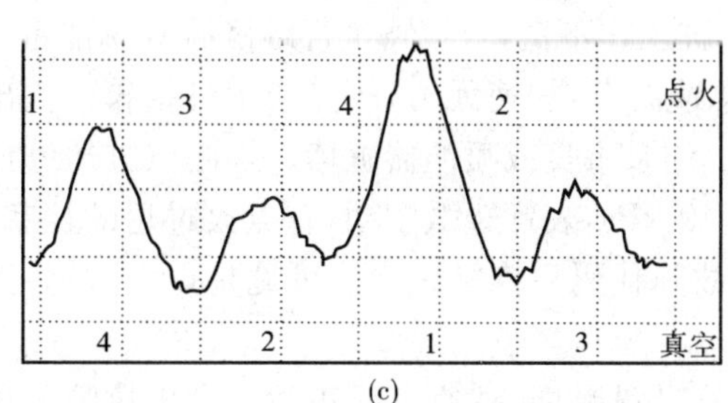

(c)

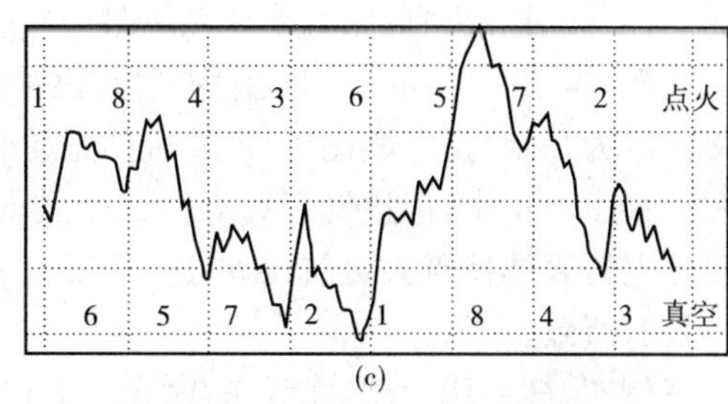

(c)

图 5-3-99 主进气门漏气的真空波形

(a)第二缸主进气门漏气；(b)第三缸主进气门漏气；(c)第四缸主进气门漏气

图 5-3-100 副进气门漏气的真空波形

(a)第二缸副进气门漏气；(b)第四缸副进气门漏气；(c)第五缸副进气门漏气

五、进气管真空度检测在电控汽油喷射发动机故障分析中的应用实例

电控发动机自诊断系统显示的故障有两重性，一为“自生故障”，换件修理后即可排除；二为“他生故障”，是由其他因素影响而产生。有时假象掩盖了本质，会造成误诊，应采用综合检测和机理分析的方法，方能“药”到“病”除。现举例说明。

案例一：宝马 750i(V12)轿车，加速不良，急加速时发动机转速不能随节气门开度的增大而增加，同时，当发动机转速达到 3 000 r/min 后就很难再上升。另外，该车还存在热车起动困难的故障。该车在修理厂维修人员检查了汽油压力、检测了各缸的压缩压力，均符合车辆技术要求；检查了各火花塞、高压线及分电器，未发现异常；检测了两个高压点火线圈和 12 个喷油器的电阻，并检查可喷油器的喷油均匀性、雾化性能和密封性，未发现异常。无奈之下维修人员更换了电动汽油泵、汽油压力调节器、火花塞、高压线、分电器、高压点火线圈和喷油器，各个主要传感器和发动机 ECU 也被更换，故障依然无法排除，维修进入僵局。利用真空表检测进气歧管的真空度：在发动机怠速运转时，进气歧管的真空度仅为 48 kPa，明显低于正常数值(标准为 53.2～79.8 kPa)；在急加速时，该数值不仅不能随节气门开度的增大而增加，而且还急速下降到 20 kPa 以下；同时发现，真空表指针也随着节气门的急速变化表现出较大的波动。根据真空表显示的读数值和汽油发动机的工作原理分析认为，该故障是由于排气系统不畅或堵塞导致的。因为在排气系统堵塞的情况下，汽缸内燃烧后的废气不能全部(或部分)排出缸外，这样当汽缸进行下一个进气行程时，就会受到缸内废气的冲击(废气对进气气流形成的反向压力)，从而引起汽缸进气量的下降(进气歧管真空度低于正常值)，导致加速无力；当发动机在热状态下重新起动时，会由于汽缸内废气量的增大而导致不易起动(但是这种情况不会影响到汽缸工作压力，因为废气也存在于汽缸内)。这种现象显示到真空表上就会出现加速时真空度不升反快速下降的现象，同时真空表指针出现较大波动。检查发现，该车三效催化转化器已经被积炭堵塞。更换三效催化转化器后，车辆恢复正常。此时再用真空表测量进气歧管真空度：发动机怠速运转时，真空度为 73 kPa(标准为 53.2～79.8 kPa)，并且真空表指针比较稳定。

案例二：奔驰 S320 轿车怠速运转不稳、加速不良，并且高速无力。排气管存在有节奏的“突突”声，急加速时还会出现放炮现象。用真空表检测进气歧管的真空度：在发动机怠速运转时，真空表指针指示在 45～68 kPa，并伴有不规则的上升和下降，摆动幅度也较大。根据检测结果分析，认为该车故障是由于个别缸工作不良或不工作引起的。检查发现由于 3、4 缸点火线圈(双缸同时点火)低压线路存在短路，导致 3、4 缸工作不良，对线路进行维修后故障排除。

案例三：某一热线型(LH 型)喷射式汽油机，怠速游车，加速无力，故障指示灯报警。检出故障代码为“25”，是空燃比 A/F 过稀。怀疑电动汽油泵不良或喷油器脏堵。检测汽缸压缩压力和油泵压力正常，但进气管真空度 Δp_x 较低，仅 49 kPa，表针轻微摆动，有点火过迟的征状。转动分电器壳体使点火提前，Δp_x 达 70 kPa，消除故障代码后恢复正常。可见是点火过迟，燃烧不及时所致。

案例四：某一压力型(D 型)喷射式汽油机，怠速时冒黑烟，高速工况正常。检出故障代码为“26”，是空燃比 A/F 过浓。怀疑冷起动喷油器常喷。断电、断油试验故障依旧。检测汽缸压缩压力正常，进气歧管绝对压力传感器(MAP)软管处真空度仅为 30 kPa，另一管口真空度为 60 kPa，调换管口后工作正常。说明是由于 MAP 软管接在节气门的前方(原接活性炭罐的管口)所致。因 Δp_x 是喷油多少的度量值，怠速时绝对压力偏高，喷油脉冲宽，造成怠速冒黑烟。

实例五：某一流量型(L 型)喷射式汽油机，各工况游车，行驶无力，故障指示灯报警。检出故障代码为“45”和“12”。前者是空燃比 A/F 不正常；后者为空气流量传感器故障。检测汽缸压缩压力和供油压力正常，进气管真空度也正常，但节气门前后的真空度在加速时有明显差异。箍紧空气流量传感器与节气门间的连接软管，故障消除。可见，是由于连接软管漏气，使空气流量板与节气门开度不同步所致。

实例六：某一压力型(D型)喷射式汽油机，怠速不稳，行驶无力，伴随有回火、放炮现象，故障指示灯报警。检出故障代码为“33”和“45”。前者是进气歧管绝对压力传感器故障；后者是氧传感器故障，换件后故障依旧。检测 Δp_x 为 30 kPa，表针大幅度摆动；有两个缸的汽缸压缩压力仅为 0.2 MPa，加润滑油后再测缸压，仍然很低。判断是进、排气门漏气。清洗该两缸的液力挺柱后恢复正常。可见，两传感器故障是假象，气门漏气造成 Δp_x 太低是故障的本质。

实例七：某一压力型(D型)喷射式汽油机，只能怠速运转，加速时熄火，熄火前有回火现象，故障指示灯报警。检出故障代码为“31”和“28”，前者是进气歧管绝对压力传感器故障，后者是氧传感器故障。换件后故障依旧。检测 Δp_x 为 45 kPa，时高时低，汽缸压缩压力仅为 0.7 MPa，并发现三效催化转化器内异响很大。拆下排气管后恢复正常。查出是三效催化转化器破碎所致。

实例八：某一流量型(LH型 V8)喷射式汽油机，怠速不稳，加速无力，排气管过热发红。检出故障代码是“25”和“26”，为空燃比 A/F 过稀和过浓，故障代码自相矛盾。怀疑喷油器时好时坏或点火性能失常。检测汽缸压缩压力和汽油压力正常，但 Δp_x 较低(50 kPa)。发现左侧点火线圈火花太弱。由于该侧 4 个汽缸工作不良，造成 Δp_x 较低；不少混合气在排气管中时而点燃，时而未燃，造成氧传感器信号电压时而表示过浓，时而表示过稀。更换点火线圈后恢复正常。

第五节　尾气分析及在汽车故障检测诊断中的应用

车辆使用过程中总会出现方方面面的故障，并且机械、电控、燃油、润滑和冷却等故障交织在一起，而不是单一地发生在电控系统中，以至于采用故障检测仪在车辆的故障自诊断系统中读不出故障代码，形成了所谓的疑难故障，破坏了发动机的整机性能，引发尾气排放超标，因此利用尾气分析仪检测尾气状况，可以确定车辆的健康状况和故障发生部位，从而准确、快速地排除故障。

一、汽车排放物的生成原因及正常排放值

1.汽车排放物的生成原因

(1)尾气中 CO_2 的浓度可以反映出燃烧的效率。当发动机中的混合气充分燃烧时，CO_2 的浓度将达到峰值。不管是否装有三效催化转化器，峰值均为 13%～16%，在点火失灵或发动机故障被排除之后，通过 CO_2 的读数，便可以检测出混合气燃烧的好坏，当混合气变浓或变稀时，CO_2 值均会降低。

(2)O_2 是反映空燃比的最好指标，燃烧正常时，排气中应含有 1%～2%的 O_2，O_2 的读数小于 1%说明混合气太浓了，O_2 的读数大于 2%表示混合气太稀。造成这种现象的原因很多，汽油滤清器滤芯太脏、汽油压力低、喷油器堵塞、真空泄漏、EGR 阀泄漏等，都可能导致混合气过稀。如果混合气浓，O_2 的读数就低，CO 的读数就高；反之，混合气稀，O_2 的读数就高，CO 的读数就低，若混合气偏向失火点，O_2 的读数就会上升得很快，同时，CO 值低，HC 值高而且不稳定。

(3)HC 的读数高则说明汽油没有充分燃烧。尾气中的 HC 主要由燃烧室壁面的激冷而形成。汽缸压缩压力不足、发动机温度过低、油箱中油气蒸发、混合气由燃烧室向曲轴箱泄漏、混合气过浓或过稀、点火不正时、点火间歇性不跳火、温度传感器不良、喷油器漏油或堵塞、汽油压力过高或过低等因素都将导致 HC 读数过高。

(4)CO 是因为燃烧引起的。混合气过浓将产生大量的 CO,混合气过稀引起失火将生成过多 HC。高 CO 表示燃油系统发生了故障,如混合气不洁净、活塞环胶结阻塞、汽油供应太多、空气太少、点火太早等。如果电喷发动机的 CO 过高,很可能是喷油器漏油、汽油压力过高或电控系统产生了故障。

(5)NOx 是空气中的 N_2 和 O_2 在发动机高温、高压下的燃烧产物。燃烧温度越高,燃烧越充分,形成的 NOx 也就越多。

(6)过量空气系数 λ 可以直观地告诉我们空燃比的情况,λ 为 0.97～1.04,可以看成是理想的匹配,大于该值,说明空燃比过大,混合气过稀;小于该值,则为空燃比过小,混合气过浓。理想的空燃比为 14.7∶1。

2.正常排放值

汽车正常运行,发动机尾气排放中一氧化碳(CO)、二氧化碳(CO_2)、氧气(O_2)、碳氢化合物(HC)的含量之和应为 15%～16%。

(1)怠速工况的正常排放值。发动机怠速工况下,尾气排放物含量正常值应见表 5-3-24。

发动机怠速工况下尾气排放物含量正常值 表 5-3-24

排放物	排放物含量	
	催化转化前	催化转化后
CO	0.8%～1.5%	<0.1%
CO_2	13%～16%	13%～16%
O_2	1%～2%	1%～2%
HC	$<300\times10^{-6}$	$<50\times10^{-6}$

(2)发动机转速在 2 000r/min 时的正常排放值。发动机转速在 2 000 r/min 时,即中等转速工况下,尾气排放物含量正常值应见表 5-3-25。

发动机转速在 2 000 r/min 时尾气排放物含量正常值 表 5-3-25

排放物	排放物含量	
	催化转化前	催化转化后
CO	<0.8%	<0.1%
CO_2	13%～15%	13%～16%
O_2	1%～2%	1%～2%
HC	$<300\times10^{-6}$	$<50\times10^{-6}$

二、尾气分析测试方法

1.正常测试方法

(1)发动机故障指示灯指示正常;

(2)发动机温度正常;

(3)加速至额定功率时转速的70%,维持60 s;

(4)保持发动机额定转速的50%;

(5)将废气测试管插入排气管中400 mm,保持15 s;

(6)读取30 s内平均值;

(7)怠速运转15 s;

(8)读取30 s内平均值。

2.汽缸与冷却水道泄漏测试

(1)打开散热器盖;

(2)发动机达到正常温度;

(3)在散热器盖口用废气测试管测试;

(4)读取HC值;

(5)若有升高,说明汽缸衬垫损坏。

3.燃油蒸发排放控制系统泄漏测试(EEC、EVAP)

(1)在汽油泵处测试HC;

(2)在活性炭罐处测试HC;

(3)在油箱盖处测试HC;

(4)在油管接头处测试HC;

(5)在油箱密封处测试HC。

4.曲轴箱通风装置测试(PCV)

(1)发动机运转至正常温度;

(2)读取尾气中CO及O_2值;

(3)拆下PCV阀管路(靠近测试端)并读尾气中CO及O_2值,CO值将减少1%以上,O_2值将升高;

(4)用手堵住PCV阀,读取CO及O_2应恢复正常;

(5)若按上述步骤检查CO及O_2值均无变动,表示PCV阀阻塞。

5.有三效催化转化器的测试

(1)发动机运转达正常工作温度;

(2)加速至额定转速的50%,保持2 min;

(3)测量排气,O_2应在1%左右,CO值在0.5%以下,表示三效催化转化器工作正常;

(4)加浓混合气,O_2值慢慢下降,CO值增高约0.5%,表示系统工常;

(5)超出以上标准为不正常。

6.进行尾气检测时的注意事项

(1)要查看汽车制造厂的排放标签,使空气泵和空气喷射系统停止工作,对于装有三效催化转化器的汽车,如三效催化转化器工作正常,会减少CO和HC,因此,应该测量未经转换的排气,将取样探头插到三效催化转化器之前,或EGR阀的排气口检测(有的厂家提供一个专用接口)。

(2)柴油机排出的高浓度有害物质,会很快堵塞整个废气取样系统,故尾气分析仪不应用于检测柴油机。

(3)发动机暖机后才能使用尾气分析仪进行尾气检测。

(4)进行尾气检测前,应对尾气分析仪作泄漏试验。

(5)不要在下雨、下雪、冰冻、通风不良的环境中进行尾气检测。

(6)读取测量数据前,不要让发动机怠速运转时间过长。

(7)在进行变工况测试中,要让加速踏板稳住后再读取测量数据。

三、尾气分析的项目和基本规则

1.尾气分析的项目

尾气分析不仅是检查排放污染物治理效果的唯一途径,而且还是对发动机工作状况及性能判定的重要手段。尾气分析是在发动机不同工作状况下,通过检测废气中不同成分气体的含量来判断发动机各系统故障的方法,其目的是对发动机的燃烧状况进行综合评价。主要分析内容有混合气空燃比、点火正时及三效催化转化器转化效率等,主要分析的参数有一氧化碳(CO)、碳氢化合物(HC)、二氧化碳(CO_2)和氧(O_2),还有空燃比(A/F)或过量空气系数 λ。废气分析项目见表 5-3-26。

废气分析项目 表 5-3-26

系统类型	有害气体		无害气体		其他参考值
无三效催化转化器	HC	CO	CO_2	O_2	A/F
有三效催化转化器			CO_2	O_2	A/F

2.废气分析的基本规则

(1)碳氢化合物(HC)和氧(O_2)的读数高,是由点火系统不良和过稀的混合气失火而引起。

(2)当测试的一氧化碳(CO)、碳氢化合物(HC)高,二氧化碳(CO_2)、氧(O_2)低时,表明发动机工作混合气很浓。

(3)如果燃烧室中没有足够的空气(氧气)保证正常燃烧,通常情况下,二氧化碳(CO_2)的读数和一氧化碳(CO)、氧(O_2)的读数相反。燃烧越完全,二氧化碳(CO_2)的读数就越高,其最大值在 13%～16%,此时一氧化碳(CO)的读数应该是或接近 0%。

(4)氧(O_2)的读数是最有用的诊断数据之一。氧(O_2)的读数和其他 3 个读数一起,能帮助找出诊断问题的难点。通常,装有催化转换器的汽车的氧(O_2)的读数应该是 1.0%～2.0%,说明发动机燃烧很好,只有少量末燃烧的氧(O_2)通过汽缸。如果氧(O_2)的读数小于 1.0%,则说明混合气太浓,不利于很好的燃烧。如果氧(O_2)的读数超过 2%,则说明混合气太稀。汽油滤清器堵塞、汽油压力低、喷油器阻塞、真空系统漏气、废气再循环(EGR)阀泄漏等都可能导致混合气过稀失火。

(5)利用功率平衡试验(根据制造厂的使用说明)和四气体排气分析仪的读数,可以指出每个缸的工作状况。在进行发动机功率平衡试验的同时,测量发动机尾气排放,如果每个缸一氧化碳(CO)和二氧化碳(CO_2)的读数都下降,碳氢化合物(HC)和氧(O_2)的读数都上升,且上升和下降的量都一样,则证明每个缸都工作正常。如果只有一个缸的变化很小,而其他缸都一样,则表明这个缸点火或(和)燃烧不正常。一个调整好的电控汽车排放量中,HC 大约为 55×10^{-6}、CO 低于 0.5%、O_2 为 1.0%～2.0%,CO_2 为 13%～16%。

利用四气尾气分析仪所检测得到的排放物含量数值，可以综合分析发动机故障，见表 5-3-27。

四气排放状况与发动机故障综合分析 表 5-3-27

CO	CO_2	O_2	HC	可能的原因
低	低	低	很高	间歇性失火、汽缸压缩压力不正常
很高	低	低	很高/高	混合气浓
很低	低	很高/高	很高/高	混合气稀
高	正常	正常	低	点火太迟
低	正常	正常	高	点火太早
变化	低	正常	变化	EGR 阀泄漏
很低	很低	很高	很低	空气喷射系统故障
低	低	高	低	排气系统漏气

在断开空气喷射系统的条件下，利用五气尾气分析仪所检测得到的排放物含量数值，可以综合分析发动机故障，见表 5-3-28。

五气排放状况与发动机故障综合分析 表 5-3-28

CO	CO_2	O_2	HC	NO_X	可能的原因
很高	很低	很低	很高	很低	节温器或冷却液温度传感器故障(发动机在冷态运转)
很低	很高	很低	很低	很高	节温器或冷却液温度传感器故障(发动机在冷态运转)
很低	很低	很高	很低	很低	三效催化转化器后漏气
很低	很高	很高	很低	中	喷油器故障，三效催化转化器工作有效
很高	很高	很高	很高	很高	喷油器故障；三效催化转化器未工作；真空泄漏；混合气浓
很高	很低	很低	低	很低	混合气浓；喷油器泄漏；化油器调整不当；功率阀泄漏；油面过高(油压高)；空气滤清器过脏；燃油蒸发排放控制系统故障；PCV 阀系统故障；电控系统故障；曲轴箱被未燃汽油污染
高	很低	很低	低	很高	同上栏原因且三效催化转化器未工作
很高	很低	很高	很高	很低	混合气浓且点火系统失火
很低	很低	很高	很高	很高	混合气稀；点火失火；真空泄漏或空气流量传感器与节气门体间的管路漏气；EGR 不良或真空管安装错误；化油器调整错误；喷油器不良；氧传感器不良或故障；电控系统故障；油面过低(或汽油压力低)
低	很低	很低	低	低	汽缸压缩压力低；气门升程不足
低	很低	很低	低	很高	点火太早；高压线与地短路或开路
低	很低	很低	低	高	电控系统对真空泄漏补偿
很低	很高	很低	很低	很低	燃烧效率高且三效催化转化器工作有效

四、尾气分析在汽车故障检测诊断中的应用实例

1. 丰田佳美 5S-FE 轿车怠速不稳故障的检测诊断

(1)故障现象。丰田佳美 5S—FE 轿车怠速不稳，发动机经常熄火。

(2)故障检测。该车采用 ECCS 发动机电子控制系统,调取故障代码,仪表板上的发动机故障指示灯显示为正常代码。用四气尾气分析仪进行检测,检测结果见表 5-3-29。

故障状态下尾气检测结果 表 5-3-29

HC(10^{-6})	CO(%)	CO_2(%)	O_2(%)	RPM(r/min)	TEMP(℃)	λ
256	0.46	14.6	2.56	820	80	1.12

(3)检测结果分析。由上述检测结果可以看出:HC 和 O_2 都较高,这是空燃比失衡的一个重要特征;CO 值较低,而 CO_2 在峰值,这说明可燃混合气已充分燃烧,点火系统应该不会有什么问题;λ 较高。综合分析表明,该车发动机工作时的混合气偏稀,因此应从进气系统和供油系统着手故障检查。

(4)故障检修。对车辆进行检测发现:真空管无漏气、错插现象;PCV 阀密封良好,机油尺插口良好;起动发动机,用化油器清洗剂在进气管垫和 EGR 阀周围喷洒,检查 EGR 阀时,发现随着转速上升,怠速逐渐均匀,取下 EGR 阀,发现针阀周围有少量积炭、EGR 阀通道上有很多积炭,使针阀不能落入阀座,致使进气歧管的混合气被废气稀释,从而怠速不稳,发动机容易熄火。经对 EGR 阀进行彻底清洗,并换上新垫,起动发动机,一切恢复正常。再次用尾气分析仪进行检测,结果见表 5-3-30 所列。

故障排除之后的尾气检测结果 表 5-3-30

HC(10^{-6})	CO(%)	CO_2(%)	O_2(%)	RPM(r/min)	TEMP(℃)	λ
50	0.23	14.8	1.43	880	83	1.01

由表 5-3-30 可以看出,所有数据都在标准之内,故障排除。从这个故障检测诊断实例可以看出,在对有故障的车辆做完必要的常规检查之后,使用尾气分析仪可以很快发现故障的本质原因,缩小检修范围。

2.奥迪 A6 轿车 V6 2.8 L 电控发动机怠速时有轻微抖动,加速迟缓故障检测诊断

(1)故障现象。一辆奥迪 A6 轿车 V6 2.8 L 电控发动机在怠速运转时有轻微的抖动,并且加速迟缓。

(2)故障检测。点火波形基本正常,但稍有不稳;尾气测量结果:CO 为 0.3%~0.5%,HC 为 200×10^{-6}~500×10^{-6},且在此范围内波动;用 VAG 1552 检查,无故障代码输出;用 VAG 1552 进行数据流检测,运行参数正常。

(3)检测结果分析。CO 值正常,HC 值虽然符合排放污染物的限制标准,但该车装有氧传感器和三效催化转化器,其 CO 值应低于 0.5%,HC 应低于 100×10^{-6}。而检测结果表明该车 HC 值却高于此标准且有波动,从出厂标准考虑为不正常。因此,应考虑发动机可能有失火现象,应进一步检查点火系统是否有轻微断路或短路,特别是短路故障。

(4)故障检修。清洗喷油器,观察各缸喷油器的雾化状态和流量的均匀性。进一步检查点火系统,经检查发现有一个缸的高压线有轻微短路(漏电)现象,为此,更换高压线。并因火花塞间隙偏大且已使用 2 万 km,也同时更换。复检发现:发动机抖动稍有改善,但末彻底消除;尾气检查 HC 值下降不大,并仍有波动。分析认为,故障仍可能是失火原因所致。为了进一步诊断故障,分别在左右两侧排气歧管氧传感器旁边的尾气检测口(该口通常是用一个螺栓密封的)进行尾气检测。结果发现,左侧汽缸排出尾气的 CO 值在 0.5%左右,HC 值在 125×10^{-6}

左右(因在催化器前测量,其值会比在排气尾管测量值稍高),且波动极小,而右侧汽缸排出尾气的CO值也在0.5%左右,但HC值却在$125\times10^{-6}\sim250\times10^{-6}$且时有波动。因此问题应在右侧汽缸中。为此,又检查了右侧汽缸的高压线和火花塞,发现2缸的火花塞3个电极中有一个间隙过小。经调整后,重新安装,故障完全消除,尾气检测值也符合出厂标准。

3.奔驰S320轿车发动机怠速不稳、抖动严重故障检测诊断

(1)故障现象。奔驰S320直列六缸发动机怠速不稳,抖动严重,加速正常。

(2)故障检测。该车采用LH-SFI电控燃油喷射系统系统,调取故障代码,为正常代码;用FLUKE-98测试点火二次波形,结果正常;用FLUKE-98对各缸汽缸压缩压力进行测试,均在标准之内,进气及真空系统不漏气。用四气尾气分析仪检测尾气,经测试发现怠速时数据很不稳定,第一组数据见表5-3-31,四种气体的检测数值全都较高,再次测试一组数据见表5-3-32所列。

第一组测试数据 表5-3-31

HC(10^{-6})	CO(%)	CO_2(%)	O_2(%)	RPM(r/min)	TEMP(℃)	λ
268	3.6	14.8	3.4	883	83	0.42

第二组测试数据 表5-3-32

HC(10^{-6})	CO(%)	CO_2(%)	O_2(%)	RPM(r/min)	TEMP(℃)	λ
45	0.28	8.8	3.3	883	89	1.18

(3)检测结果分析。将上述检测结果进行对比分析发现,HC和CO总是同时升高或降低,CO_2时高时低,燃烧效率很不稳定,λ剧烈变化,O_2不能充分参与反应,数值一直较高,从而可以判定为混合气的形成与燃烧环境十分恶劣,推测是喷油器堵塞,导致喷油器针阀与阀座配合不密,各缸喷油器在应该喷油时不喷油或少喷油,而在不需喷油时,却持续喷油,因而造成供油不正常,致使四气数据极不稳定。

(4)故障检修。再用FLUKE-98做喷油脉冲宽度实验,怠速时为3.5 ms,在正常范围内,拆下各缸喷油器检查发现,果然每个喷油器都有不同程度的堵塞,经过彻底清洗,装复试车,一切恢复正常。从上该故障的检修过程可以看出,尾气分析仪在燃油系统的检查中,可以使人们省去了一些检修环节。如汽油压力的测试,电动汽油泵、汽油压力调节器、汽油滤清装置的检测。换个角度来考虑,假如在应急修理中,在末作相关检查之前,就用尾气分析仪进行检测,也许在诊断一开始就能找到故障点。

4.奥迪100轿车V6 2.6L发动机严重抖动、加速无力、排气呛人故障检测诊断

(1)故障现象。一辆装备V6 2.6 L电控发动机的奥迪100型轿车抖动严重,加速无力,排气管排出的气体气味呛人。

(2)故障检测。用VAG 1552对发动机电控系统进行检测,存在故障代码,故障代码的含义是指右侧燃油自适应修正已达极限;用VAG 1552对发动机控制系统进行数据流检测,发现左右两侧的燃油修正系数相差过大,左侧为0%~-3.8%,而右侧为10%~12.9%;用发动机综合分析仪检查点火系统并进行汽缸压缩压力分析,发现第3缸点火波形的击穿电压较低,且该缸汽缸压缩压力偏低(因汽缸压缩压力相差过大也会导致发动机抖动);用尾气分析仪检测尾气发现:CO为0.9%~1.3%,而HC高达$2800\times10^{-6}\sim2900\times10^{-6}$。

(3)检测结果分析。根据前两项的检测结果,可认为右侧混合气过稀,ECU 对右侧燃油系统进行连续加浓且已达到修正极限。但为判断是否由于右侧汽缸氧传感器的信号导致这种结果,先对左右两侧的氧传感器信号及其对空燃比变化的反应、ECU 对氧传感器信号变化的响应能力进行测试。为此,人为地制造混合气过浓和过稀的状态,发现氧传感器和 ECU 的功能均正常。因此,可认为故障应是控制系统以外的原因导致的。根据后两项的检测结果,点火波形基本正常,可认为点火系统正常,但 HC 过高则表示失火,因此,可认为这种失火很可能是由于混合气过稀,超出着火界限所致。但从尾气中的 CO 值看,实际混合气并不过稀,因此,判断故障很可能是进气系统漏气所致。进行实际汽缸压缩压力测量:发现第 3 缸汽缸压缩压力比其他缸低约 100 kPa。

(4)故障检修。在拆解到进气歧管时发现进气歧管垫的实际压合面只有 1 mm 左右(应至少有 4~5 mm),其原因是进气歧管的安装面为 V 形,在先安装密封垫后,当再安装进气歧管时,由于不小心,使该垫下滑,从而减小了密封带,导致严重漏气。即使燃油修正已到极限但仍无法完全补偿。第 3 缸汽缸压缩压力偏低是机械原因所致。将上述故障点彻底排除后试车故障排除。

5.现代 2.0 L 轿车,发动机抖动,排气管发出“突突”声,行驶时加速无力故障检测诊断

(1)故障现象。现代 2.0L 轿车,冷机起动困难,冷却液温度上升后发动机出现抖动,排气管发出“突突”声;行驶时加速无力,伴有车身发冲、后坐现象。

(2)故障检测。用故障检测仪读取故障代码和数据流,正常。用尾气分析仪检查,CO 为 0.2%~0.3%,但 HC 高达 $1\,800\times10^{-6}$。用油压表测得汽油压力和其流量分别为 320 kPa 和 1.5 L/min,都正常;测量汽缸压缩压力为 1 050 kPa,在正常范围之内。

(3)检测结果分析。HC 数值高,一般是由点火不良或混合气过稀失火而引起的。对点火系统部件进行全面检查,未发现异常。分析认为,是喷油器脏堵导致混合气过稀引起失火故障。

(4)故障检修:拆下喷油器,发现有 2 缸和 3 缸喷油器上有大量积炭,经清洗并进行流量和雾化测试,装车,冷机起动迅速,热机工作稳定,加速有力,发冲现象消失,尾气排放 HC 下降至 150×10^{-6},发动机工作恢复正常。

五、尾气分析仪在车辆故障检测诊断中的拓展

1.利用尾气分析仪检测燃油品质引发的故障

发动机的某些故障,有时是燃油本身所引起的。汽油发动机在燃烧过程中,汽油的抗爆性要符合发动机工况的变化,因此,汽车出厂时就规定要使用满足发动机工作要求的、挥发性好的、着火温度高的、不易自燃的和点火性好的汽油。汽油的标号越高其抗爆性越好。如果使用的汽油不符合要求,汽油在燃烧过程中便容易在火花塞、喷油器、气门和进气口上形成积炭,并使发动机的正常燃烧遭到破坏,导致发动机动力下降、油耗增加、发动机汽缸磨损增加和排放污染物增加。通过使用尾气分析仪检测发动机尾气排放状况,可以确定此类故障。

例如:一辆行程为 6 000 km 的 2003 年款宝来 1.8 L(自动变速器)轿车,发动机动力不足,燃油消耗量增大,并且冷车起动后发动机抖动严重,甚至熄火。

在发动机冷却液温度为 95 ℃时用尾气分析仪检测发现,HC、CO、CO_2 和 O_2 的体积百分数分别为 563×10^{-6}、6.3%、10.7%和 4.5%。根据检测结果分析,认为发动机燃烧不好或点

火能量不够。

测量汽缸压缩压力，4 个汽缸的汽缸压缩压力差别不大，且均达到车辆出厂技术标准(1.15 MPa)；配气相位正确；汽油压力怠速时为 250 kPa，拔下汽油压力调节器上的真空管，汽油压力立即上升至 310 kPa(稳定)，说明燃油系统压力正常；清洗 4 个喷油器并更换 4 个火花塞后，故障依然存在。

影响燃烧的相关因素没有问题，考虑到燃油品质也是影响发动机正常燃烧的重要因素，从油箱中取出一些汽油，由于没有相关仪器进行分析，只能在规范的加油站购买 20 L 97 号汽油，并将其分别装在 2 只透明的杯子里面进行颜色对比。发现该车使用的汽油呈浑浊的茶红色，而买来的汽油呈透明的淡淡的茶黄色，据此，认定该车的燃油品质存在问题。将该车的燃油系统进行清洗后并加注购买的 97 号汽油，试车，前述故障现象完全消失。用故障检测仪读取动态数据，测量数据块的第 33 组数据中的氧传感器信号电压在 1.5 V 上下变化非常快，再用尾气分析仪检测发现，HC、CO、CO_2 和 O_2 的体积百分数分别为 $0\,000\times10^{-6}$、0%、16.5%和 0.8%，从而说明该车燃烧良好，故障彻底排除。

2. 利用尾气分析仪检测汽缸垫的早期微漏故障

汽缸垫的早期漏气往往是不容易被发现的，车辆的临床征兆是发动机冷却液温度高，且易缺冷却液，对发动机动力和尾气排放影响不大，一般很难区分是冷却系统的故障还是汽缸垫或汽缸盖等机件的故障，尤其是对于 V 形发动机，更难判定。但是利用尾气分析仪可以非常方便地判断此类故障，因为根据发动机的燃烧原理，发动机排出的尾气在没有经过三效催化转化器之前，其中总是有少量的 HC 和 CO 的，而在冷却系统中两者肯定是零。如果汽缸垫漏气，燃烧室中的气体将进入冷却系统中，因此，使用尾气分析仪检测冷却系统中是否存在 HC 和 CO，是判断汽缸垫是否漏气的再好不过的方法了。具体操作方法是：拆开冷却液罐盖，起动发动机并暖机至正常工作温度，将尾气分析仪的检测探头放入冷却液罐盖内(注意，千万不要插入冷却液中)，急踩几下加速踏板，如果尾气分析仪能够测出少量的 CO 和 HC，则说明该车汽缸垫漏气；如果想要知道具体是哪个汽缸的汽缸垫在漏气，可以逐一拔下各缸的喷油器导线连接器，在拔下哪缸喷油器导线连接器时，如果尾气分析仪上的 CO 和 HC 读数消失，则该缸的汽缸垫漏气。

例如：一辆国产奥迪 100 轿车(V6 发动机)，发动机总是缺少冷却液，并且发动机冷却液温度高。该车经过多家修理厂维修，均未能排除该故障。利用上述方法进行检测，发现冷却液罐中 HC 和 CO 的体积百分数分别达 126×10^{-6} 和 1.2%，逐缸拔下各缸的喷油器导线连接器，发现当拔下第 3 缸喷油器导线连接器时，尾气分析仪上的读数为零，其余各缸不变。由此判断第 3 缸有问题，拆下汽缸盖检查发现第 3 缸汽缸垫有 1 处微细痕迹(不仔细看不出来)，更换一张新的汽缸垫，试车，按照上述要求再次进行测试，冷却液罐中的 HC 和 CO 读数始终为零，且试车时冷却液温度表的指针始终在表程的中间偏下的位置。该车故障彻底排除。

3. 利用尾气分析仪检测燃油系统泄漏故障

燃油系统的泄漏故障，如果是漏油、渗油，维修技术人员比较容易判定，但是当遇到驾乘人员说该车有汽油味、感觉不舒服的故障，维修技术人员往往排除不了。实际上，利用尾气分析仪进行检测非常容易判断此类故障，因为尾气分析仪对 HC 的变化最为敏感，用尾气分析仪的检测探头对该车燃油系统的怀疑部位进行探测，立刻可以判定泄漏部位。

例如：一辆 1994 年款凯迪拉克 5.7 轿车，驾驶人说车内有生油味，该车到多家修理厂均未能排除该故障。利用尾气分析仪检测探头对燃油系统进行探测，发现该车在油箱盖处，HC的体积百分数高达4 463×10^{-6}，决定更换油箱盖。驾驶人不信，但当更换一个新的完好的油箱盖后，再次用尾气分析仪测量，发现油箱盖处的HC的体积百分数变为0 000×10^{-6}，将旧的油箱盖再换上，油箱盖处测得的HC的体积百分数仍是4 463×10^{-6}。可见故障判断是准确的。

4.利用尾气分析仪检测排气系统阻塞故障

众所周知，发动机进排气门的打开与关闭有个提前角和迟闭角，目的是保证进气惯量的合理运用和彻底排出燃烧后的废气，从而提高发动机的充气系数。但当排气系统内的压力(排气背压)过大时便会造成废气进入汽缸以至在进排气门重叠开启期间向进气管道反喷，当然严重时可以直接发现进气管中有燃油的雾状气体，但是排气阻塞的早期，这类状况往往不易发现，从而导致发动机动力不足、耗油增加且易熄火，甚至影响自动变速器的正常换挡。由于反喷的废气作用，进气口处必然有HC存在(正常的发动机工作时进气口处的HC体积百分数应为零)。根据该原理我们可以通过利用尾气分析仪检测进气口处的HC含量，来判定排气系统阻塞故障。

例如：一辆1996款日产风度轿车(VQ20发动机)，发动机动力不足，油耗高，自动变速器无法升至超速挡。用尾气分析仪检测尾气发现，在热车发动机怠速转速为750 r/min的状态下，HC、CO、CO_2和O_2的体积百分数分别为236×10^{-6}、1.2%、13.2%和3.6%，发动机急加速至3 000 r/min时，HC、CO、CO_2和O_2的体积百分数分别为967×10^{-6}、6.7%、8%和0.8%，并且发现此时发动机转速有明显的缓慢下降现象。用故障检测仪检测动态数据，发现氧传感器信号始终在0.76 V(不变)。由于该车已经清洗过喷油器、更换过火花塞，并检测过汽油压力和汽缸压缩压力(均正常)，因此，维修人员怀疑ECU有问题。我们拔下节气门前方的真空管，插入尾气分析仪的探头并密封好；起动发动机，热车怠速时HC的读数几乎为零，但当将发动机加速至3 000 r/min时，发现HC的读数为1 032×10^{-6}且有上升的趋势，同时发动机转速有明显的缓慢下降现象。据此，判定该车的排气系统阻塞。检查发现三效催化转化器已被阻塞了近2/3。换上新的三效催化转化器，用故障检测仪检测数据流，发现氧传感器信号电压在0.2 V和0.7 V之间变化非常灵敏；再用尾气分析仪检测发现，在热车发动机怠速转速为750 r/min的状态下，HC、CO、CO_2和O_2的体积百分数分别为45×10^{-6}、0.8%、15.2%和1.2%，发动机急加速至3 000 r/min时，HC、CO、CO_2和O_2的体积百分数分别为0 000×10^{-6}、0.08%、15.8%和0.6%；路试感觉发动机动力良好，自动变速器升降挡均正常，油耗正常。

第六节　温度分析及在汽车故障检测诊断中的应用

非接触红外测温仪可快速、准确、方便地测量物体的表面温度，而且不需要直接接触被测物体的表面，因此，能可靠地测量热的、危险的或难以接触的物体表面温度。红外测温仪每秒可测若干个读数，可以直观连续地测试观察物体表面的温度变化。汽车在运行过程中如果发生故障或有潜在的故障存在，必然引起汽车零部件表面的温度变化或突变。因此，在汽车不解体的故障诊断中，通过测试汽车零部件的温度变化和突变，可迅速找到汽车发生故障的部位。可以说，红外测温仪是非常理想和便携的诊断工具，在汽车故障诊断过程能起到事半功倍的作用。

一、红外原理和基础知识

1.红外基础理论

自然界中一切温度在绝对零度(－273.15℃)以上的物体，由于自身的分子热运动都在不停地向周围空间辐射包括红外波在内的电磁波，其辐射能量密度与物体本身的温度有关。红外线辐射是自然界存在的一种最为广泛的电磁波辐射，因为任何物体在常规环境下都会产生自身的分子和原子无规则的运动，并不停地辐射出热红外能量，分子和原子的运动愈剧烈，辐射的能量愈大，反之，辐射的能量愈小。

黑体辐射定律：黑体是一种理想化的辐射体，它吸收所有波长的辐射能量，没有能量的反射和透过，其表面的发射率为1。应该指出，自然界中并不存在真正的黑体，但是为了弄清和获得红外辐射分布规律，在理论研究中必须选择合适的模型，这就是普朗克提出的体腔辐射的量子化振子模型，从而导出了普朗克黑体辐射定律，即以波长表示的黑体光谱辐射度，这是一切红外辐射理论的出发点，故称黑体辐射定律。

2.红外测温仪工作原理

红外测温仪由光学系统、光电探测器、信号放大器及信号处理、显示输出等部分组成。光学系统汇集其视场内的目标红外辐射能量，视场的大小由测温仪的光学零件及位置决定。红外能量聚焦在光电探测器上，并转变为相应的电信号。该信号经过放大器和信号处理电路，按照仪器内部的算法和目标发射率校正后转变为被测目标的温度值。

二、汽车专用红外测温仪的正确选择和技术特点

1.汽车专用红外测温仪的正确选择

红外测温仪是一个用途非常广泛的温度测量仪器，在其他行业已得到广泛应用。由于在不同行业对温度范围、测试精度、测试环境的要求不同，因此红外测温仪的价格差别很大，1 000元至上万元不等。选择红外测温仪需要考虑以下3个方面：

(1)性能指标方面，如温度范围、光斑尺寸、工作波长、测量精度、分辨率、响应时间、保护附件等。

(2)环境温度和工作条件方面。

(3)其他选择方面，如使用方便、维修和售后以及价格等。

2.汽车专用红外测温仪的正确选择和技术特点

(1)测试温度范围。－50～＋550 ℃是汽车故障诊断最理想的温度指标，温度范围过小，将缩小汽车故障诊断的范围，过大将影响测试精度。

(2)分辨率。0.1 ℃或0.1 ℉，自动选择量程。℃/℉转换和7 s后自动关机功能。分辨率是汽车红外测温仪的重要指标。0.1 ℃的分辨率很容易观察到物体表面温度的突变。这在汽车故障诊断中非常重要。

(3)距离与日标尺寸比为8∶1。该指标是　个非常重要的指标，不同的指标，价格差别非常大。8∶1是维修技师认为红外测温仪价格性价比最好的。

以上三点是选择汽车专用红外测温仪最重要的技术指标，同时，还应参考以下指标：响应时间应小于1 s；采样速率为2.5次/s；固定发射率为0.95；多功能带背光液晶显示；放开测量

键后数据自动保持；小巧轻便，易于使用。

3.使用汽车专用红外测温仪进行汽车故障诊断的好处

(1)便捷。红外测温仪可快速提供被测量表面的温度，并可以连续测试物体表面每一点温度，在用热偶温度计读取一个渗漏连接点的时间内，用红外测温仪几乎可以读取所有连接点的温度，迅速找到汽车表面温度突变的地方。另外，由于红外测温仪坚实、轻巧，且不用时易于放在皮套中，所以，对汽车进行故障诊断工作时可随身携带。

(2)精确。红外测温仪的另一个先进之处是精确，通常精度都是1 ℃以内。这种性能对在做预防性维护和检测表面温度连续变化时特别重要，如监测发动机冷却系统，无需拆卸就可以准确测试难以接触到的物体表面温度；还可以扫描所有汽车容易产生温度变化的地方，如制动鼓、制动摩擦片、轴承、排气管、进气管等。用红外测温仪甚至可快速探测温度的微小变化，在故障的萌芽之时就可将问题解决，减少因设备损坏造成的额外开支和减小维修的范围。

(3)安全。安全是使用红外测温仪最重要的优势。不同于接触式测温仪，红外测温仪能够安全地读取难以接近的或不可到达的目标温度，不需要冒接触测温时一不留神就烧伤手指的风险。红外测温仪都有激光瞄准，便于识别目标区域，使检测工作变得轻松很多。

三、测温方法

测温时，将红外测温仪对准要测的物体，按触发器，在红外测温仪的ＬＣＤ上读出温度数据，为保证安排好距离和光斑尺寸之比和视场，需注意以下几点：

(1)只测量表面温度，红外测温仪不能测量内部温度。

(2)不能透过玻璃进行测温，玻璃有很特殊的反射和透过特性，不允许精确红外温度读数，但可通过红外窗口测温。红外测温仪最好不用于光亮的或抛光的金属表面的测温(不锈钢、铝等)。

(3)定位热点，要发现热点，用红外测温仪瞄准目标，然后在目标上作上下扫描运动，直至确定热点。

(4)注意环境条件，蒸汽、尘土、烟雾等能阻挡红外测温仪的光学系统，影响测温精度。

(5)环境温度，如果红外测温仪突然暴露在环境温差为20 ℃或更高的情况下，允许仪器在20 min内调节到新的环境温度。

四、红外测温仪在汽车故障诊断中的应用

1.红外测温仪在汽车故障诊断中的应用范围

红外测温仪在对汽车进行故障诊断时，对容易产生温度突变和对温度变化敏感的零部件具有判断准确、快速、便捷的效果，主要应用在以下一些方面：

(1)迅速检查发动机某一缸工作不良；

(2)检查发动机COP式点火系统的点火线圈工作不良；

(3)检查冷却系统故障，准确判断汽车散热器和节温器是否堵塞，以及冷却液温度传感器好坏；

(4)检查废气控制系统，准确检查三效催化转化器，诊断检查排气管故障；

(5)检查空调和暖风系统的性能和故障；

(6)测量检查轮胎和制动鼓的温度突变；

(7)检查轴承、电动机、制动盘和制动鼓的温度突变。

2. 红外测温仪在发动机缺缸故障诊断中的应用

用红外测温仪可以判断柴油机或汽油机的点火系统故障，点火不成功情况下进行多点扫描，查找故障所在。

检测的方法是用红外测温仪照射测量发动机排气歧管的温度，不工作的汽缸由于无法燃烧，所以没有其他正常工作的汽缸产生的热量多，排气歧管的温度就低，因此，当某一缸排气歧管的温度明显低于其他汽缸排气歧管的温度时，则说明该缸工作不良。如果该汽缸工作不良，可以继续检查点火系统、汽缸压缩压力、燃油系统等。

如果发动机采用的是 COP 式点火系统，可以用红外测温仪检查点火线圈的温度，无效的点火线圈比其他的工作温度明显低。

3. 红外测温仪在发动机冷却系统故障诊断中的应用

引起温度过高有各种各样的原因，因此在冷却系统中检查温度的变化非常重要，可以准确和快速地对冷却系统进行故障诊断。

(1)节温器。节温器的常见故障有：阀门开启和全开时温度过高、不能开启或节温器关闭不严。前者将造成冷却液不能有效地进行大循环，致使发动机过热，在寒冷地区，还会因冷却液未经大循环而使散热器结冰。此外，随着节温器性能逐渐衰退，主阀门的开度逐渐减小，致使进入大循环的冷却液流量减少，冷却系统将逐渐过热。节温器失效有两种情况：节温器主阀门长期处于关闭状态，无论冷却液温度高低，冷却液的循环路线均是由水泵泵水，经汽缸体水套、汽缸盖水套及出水管后，又由水泵泵向汽缸体，即所谓的小循环，这样必然造成发动机温度过高，直至开锅；如果节温器长期处于打开状态，因无节温器的控制，冷却液循环路线则一直是由水泵经汽缸体和汽缸盖水套、出水管到散热器，这样，在汽车起动时(尤其在冬季)，发动机冷却液的温度上升慢，使发动机不能在正常的温度下工作，发动机温度过低。发动机开始工作时，打开散热器加水口盖观察，若冷却液平静，则为节温器工作正常。如果温度升得较快，当表的温度指针显示为 80℃后，即达到主阀门开启温度，升温速度减慢，也为节温器工作正常，否则，工作失效，应予更换新件。当温度在 70 ℃以下，而温度表继续上升，达到节温器主阀门开启时，散热器内温度缓慢上升，即为节温器性能良好，否则，阀门关闭不严，使其过早地进行大循环，工作失常。当节温器主阀门达到打开时刻，测试上下水管的温度，温度差不多，即为节温器良好，否则，存在故障。检测方法：用红外测温仪瞄准节温器壳体，测试节温器的温度变化，可以判断节温器是否打开。如果测试时，发现节温器的温度有突然增加的地方，表明节温器打开，如果温度没有变化，说明节温器工作不良，需要更换。如果节温器工作正常，当冷却液温度达到 80 ℃左右时，冷却风扇应开始工作，如果冷却风扇不工作，表明风扇电动机、线路、继电器或冷却液温度开关工作不良。

(2)散热器。散热器阻塞将会导致发动机运行过热，降低散热效率。散热器检查：用红外测温仪扫描散热器表面两边的温度，沿着冷却液流动的方向检测散热器的表面，如果检测到有温度突变的地方，表明该地方管路阻塞。

(3)暖风装置。暖风(暖气)输出量不足的主要原因是暖风阻塞，通过比较暖风输入和输出管的温度可以诊断暖风是否阻塞。输入和输出软管必须是热的，同时，输入管的温度比输出管的温度高 20 ℃。如果输出管不热，说明冷却液没有经过暖风芯，主要原因是暖风阻塞或加热控制阀失效。

(4)冷却液温度传感器。测试冷却液温度传感器和进气温度传感器,然后比较测试后的温度读数与ECU中的读数(通过故障检测仪读取)是否在同样的精度范围内。如果是,则说明温度传感器工作正常。

4.红外测温仪在空调系统故障诊断中的应用

性能测试提供了空调系统工作效率的测量。理想的压力读数随温度变化而变化,可以用表5-3-33(美工程师联合会提供)作为指导确定适当的压力,同时,用红外测温仪确定进入车厢的空气温度。在测试之前,应确认空调系统、空气分配(空气门)功能正常。这可保证通过蒸发器的所有空气都直接通到空气出口。性能测试操作步骤如下:

公制R-134a的温度/压力对照表　　表5-3-33

温度(℃)	压力(kPa)	温度(℃)	压力(kPa)	温度(℃)	压力(kPa)
18	476	29	676	40	945
19	483	30	703	41	979
20	503	31	724	42	1007
21	524	32	752	43	1027
22	545	33	765	44	1055
23	552	34	793	45	1089
24	572	35	814	46	1124
25	593	36	841	47	1158
26	621	37	876	48	1179
27	642	38	889	49	1214
28	655	39	917		

(1)分别把歧管压力表与高压、低压接头连接,这时两个阀门都处于关闭状态。

(2)关闭汽车的所有车门和车窗。

(3)调节汽车空调控制装置,使之达到最大制冷量和高速鼓风机位置。

(4)空挡发动机怠速运转10 min。为得到最好结果,在散热器格栅前放置高流量风扇,以确保有足够的空气流量通过冷凝器。

(5)将发动机转速增加到1 500～2 000 r/min。

(6)用红外测温仪测量蒸发器空气出口格栅温度或空气管道喷嘴温度(2 ～4 ℃)。

(7)读出高压表值和低压表值,与维修手册中提供的工作压力的正常范围相比较。

工作压力温度随外部空气温度不同而变化。因此,在温度较高的天气,工作压力将位于维修手册性能表所示的高压范围。在温度较低的天气,工作压力将位于较低范围。如果工作压力在正常范围内,就说明空调系统的制冷部分工作正常。这可通过检查蒸发器出口温度得到进一步的证实。

蒸发器出口空气温度也随外部(周围)空气温度和湿度情况而变化。根据系统是由循环离合器压缩机控制还是由蒸发器压力控制阀控制,还可发现进一步的变化。由于这些变化,很难精确测定蒸发器出口空气温度应是多大值。一般来讲,在低侧的空气温度为21 ℃和湿度为20%的情况下,蒸发器出口空气温度应为0 ～4 ℃;在外部空气温度为27 ℃和湿度为90%的极限情况下,蒸发器出口空气温度应为10 ～16 ℃。

为所有不同的空调系统都提供具体的性能图表是不现实的，所以只能用经验来确定一种能预测不同系统中工作压力和外部空气温度的比值。例如，用红外测温仪扫描从压缩机到冷凝器的排放管，排放管子全长的温度应一致。任何温度差异都是管子堵塞的征兆，应冲洗或更换该管。此外，其他的测试应当在发动机运转时进行。具体测试方法如下：

(1)通过上下测试冷凝器表面，或沿回转弯头温度检查，看是否有温度变化。在从顶部到底部检查的过程中，温度应逐渐地从热变到温。温度剧变表示有堵塞，必须冲洗或更换冷凝器。

(2)如果系统有储蓄罐/干燥器，应该对其进行检查。入口管和出口管应该处于相同温度。在管道上或储蓄罐上的任何变化或结霜表明有堵塞，这时储蓄罐/干燥器必须更换。

(3)如果系统有玻璃观察窗，应对其进行检查。

(4)测试从储蓄罐/干燥器到膨胀阀的液体管路，整个管长范围内都应是温热的。

(5)膨胀阀应该无霜，它的入口和出口应有较大的温差。

(6)从蒸发器至空调压缩机的进气管应该是冷的，如果它上面覆盖厚厚的霜，则表明膨胀阀向蒸发器溢流。

(7)装有节流孔系统的车辆上，测试从冷凝器出口到蒸发器进口之间的液体管路。蒸发器入口的节流孔之前的液体管路的温度如果有变化，表示有堵塞。若堵塞，应冲洗液体管路或更换节流孔。

总之，通过综合温度检查和压力表读数，就可以发现系统中某些装置功能失常，然后再做进一步的诊断。

5.红外测温仪在尾气排放系统故障诊断中的应用

(1)三效催化转化器。三效催化转化器在正常工作状态下，由于氧化反应会产生大量的热，因此可通过温差对比来判断三效催化转化器性能的好坏。起动发动机，预热至正常工作温度，将发动机转速维持在2 500 r/min左右，将车辆举升，用红外测温仪测量三效催化转化器进口和出口的温度。注意，应尽量靠近三效催化转化器(50 mm内)。三效催化转化器出口的温度应至少高于进口温度10%～15%，大多数正常工作的三效催化转化器出口的温度高于进口温度20%～25%。如果车辆在主三效催化转化器之前还安装了副三效催化转化器，主三效催化转化器出口温度应高于进口温度15%～20%。如果出口温度值低于上述数值，则说明三效催化转化器工作不正常，需更换；如果出口温度值超过上述数值，则说明废气中含有高浓度的CO和HC，需对发动机本身做进一步的检查。

判断三效催化转化器是否阻塞，用红外测温仪测试非常容易。测试输出温度与原厂维修手册中最小的工作温度相比较。排气管的温度至少在300 ℉(149 ℃)，三效催化转化器才能正常工作。测试并计算三效催化转化器的输入和输出温度差，温度差正常应该在55～85 ℃。

(2)氧传感器。发动机起动后，氧传感器必须达到600 ℉(315 ℃)才开始产生电压信号，如果一辆汽车花费很长时间才进入闭环状态或者没有进入闭环控制模式。可以冷起动发动机，比较温度上升的时间，以判断是否是加热元件故障还是线路故障。

6.红外测温仪在制动系统故障诊断中的应用

车辆行驶一段距离后检测磨损的制动蹄或车轮轴承，若温度明显比环境温度高，则预示磨损过多。

本章小结

本章介绍了以下几方面的内容：

◆故障代码分析及在汽车故障自诊断中的应用方法。

◆故障代码分析的基本流程。

◆故障现象和故障代码的相互关系。

◆故障代码分析的基本原则。

◆数据流分析及在汽车故障自诊断中的应用方法。

◆数据显示方法和测量手段。

◆数据流常用分析方法——数值分析法、时间分析法、因果分析法、关联分析法、比较分析法、成组分析法。

◆有故障代码时的数据流分析一般步骤。

◆无故障代码时的数据流分析一般步骤。

◆数据流综合分析步骤。

◆标准 OBD-Ⅱ数值分析流程。

◆短期燃油修正和长期燃油修正及在汽车故障诊断中的应用方法。

◆汽车电控系统电子信号的类型和判定依据。

◆示波器的类型和特点。

◆示波器的控制方法。

◆主要传感器波形检测方法和分析方法。

◆主要执行器波形检测方法和分析方法。

◆点火波形在喷油器故障诊断中的应用方法。

◆氧传感器波形分析在电控汽车故障诊断中的应用方法。

◆典型故障的氧传感器波形分析方法。

◆多通道示波器在电子信号相位关系检测中的应用方法。

◆进气系统密封性的检测方法和比较。

◆进气管真空度及其与发动机工作状况的关系。

◆进气管真空度检测方法的功能和机理分析。

◆各种非正常状态下进气管真空度的特征。

◆进气真空度数值和发动机故障现象之间的关系。

◆真空波形检测方法和波形分析方法。

◆汽车排放物的生成原因及发动机正常排放值。

◆尾气分析排放测试的方法。

◆尾气分析的项目和基本原则。

◆各种尾气测量值和发动机故障之间的关系。

◆尾气分析仪在车辆故障检测诊断中的功能拓展。

◆红外原理和基础知识。

◆红外测温仪的工作原理。

◆汽车专用红外测温仪的正确选择。

◆汽车专用红外测温仪的技术特点。

◆利用红外测温仪测量温度的方法。

◆红外测温仪在汽车故障诊断中的应用范围。

◆利用温度分析发动机失火、冷却系统等故障的具体方法。

复习思考题

1.故障代码分析的基本流程是什么？

2.简述故障现象和故障代码之间的关系。

3.进行故障代码分析的基本原则有哪些？

4.如何充分发挥故障代码表的功能？

5.在进行故障代码分析时为什么要明确故障代码的运行和设置条件？

6.详细了解设置故障代码之后的应急措施对正确分析故障代码有什么好处？

7.维修手册中的故障代码诊断帮助内容对故障代码分析有何意义？

8.在根据故障代码排除故障时，为什么要严格执行维修手册中提供的故障代码诊断流程？

9.如何正确理解故障代码的含义？

10.在进行故障代码分析时，为什么要充分考虑故障代码指示故障部位所处的环境？

11.如何根据故障代码的内容确定正确的故障诊断思路？

12.记录故障代码时的冻结数据祯对分析故障代码有何帮助？

13.什么是数据流？数据显示的方式有哪些？数据测量的手段有哪些？

14.常用的数据流分析方法有哪些？

15.利用数值分析法分析数据流时应注意什么问题？

16.如何利用时间分析法进行数据流的分析？

17.如何利用因果分析法进行数据流的分析？

18.如何利用关联分析法进行数据流的分析？

19.如何利用比较分析法进行数据流的分析？

20.如何利用成组分析法进行数据流的分析？

21.有故障代码时数据流分析的一般步骤是什么？

22.无故障代码时数据流分析的一般步骤是什么？

23.数据流综合分析的步骤是什么？

24.什么是短期燃油修正和长期燃油修正？短期燃油修正和长期燃油修正在汽车故障诊断中有何作用？

25.电控系统电子信号有哪些类型？

26.电子信号的判定依据有哪些？

27.示波器有哪些类型？各有什么特点？

28.如何进行示波器的控制？

29.如何进行叶片式空气流量传感器的波形检测？如何根据检测的波形分析叶片式空气流量传感器的故障？

30. 如何进行热线(热膜)式空气流量传感器的波形检测？如何根据检测的波形分析热线(热膜)式空气流量传感器的故障？

31. 如何进行数字式空气流量传感器的波形检测？如何根据检测的波形分析数字式空气流量传感器的故障？

32. 如何进行卡门涡旋式空气流量传感器的波形检测？如何根据检测的波形分析卡门涡旋式空气流量传感器的故障？

33. 如何进行半导体压敏电阻式进气歧管绝对压力传感器的波形检测？如何根据检测的波形分析半导体压敏电阻式进气歧管绝对压力传感器的故障？

34. 如何进行电容式进气歧管绝对压力传感器的波形检测？如何根据检测的波形分析电容式进气歧管绝对压力传感器的故障？

35. 如何进行线性输出型节气门位置传感器的波形检测？如何根据检测的波形分析线性输出型节气门位置传感器的故障？

36. 如何进行开关量输出型节气门位置传感器的波形检测？如何根据检测的波形分析开关量输出型节气门位置传感器的故障？

37. 如何进行磁脉冲式曲轴位置传感器的波形检测？如何根据检测的波形分析磁脉冲式曲轴位置传感器的故障？

38. 如何进行霍尔式曲轴位置传感器的波形检测？如何根据检测的波形分析霍尔式曲轴位置传感器的故障？

39. 如何进行光电式曲轴位置传感器的波形检测？如何根据检测的波形分析光电式曲轴位置传感器的故障？

40. 如何进行温度传感器的波形检测？如何根据检测的波形分析温度传感器的故障？

41. 如何进行爆震传感器的波形检测？如何根据检测的波形分析爆震传感器的故障？

42. 如何进行 EGR 阀位置传感器的波形检测？如何根据检测的波形分析 EGR 阀位置传感器的故障？

43. 如何进行氧传感器的波形检测？如何根据检测的波形分析氧传感器的故障？

44. 节气门体燃油喷射系统氧传感器信号电压波形有何特点？

45. 多点式燃油喷射系统氧传感器信号电压波形有何特点？

46. 判定氧传感器信号电压波形正确与否的参数有哪些？

47. 氧传感器信号电压波形杂波产生的原因有哪些？

48. 什么是增副杂波？什么是中等杂波？什么是严重杂波？各类杂波各有什么特征？

49. 如何进行饱和开关型喷油器的波形检测？如何根据检测的波形分析饱和开关型喷油器的故障？

50. 如何进行峰值保持型喷油器的波形检测？如何根据检测的波形分析峰值保持型喷油器的故障？

51. 如何进行脉冲宽度调制型喷油器的波形检测？如何根据检测的波形分析脉冲宽度调制型喷油器的故障？

52. 如何进行 PNP 型喷油器的波形检测？如何根据检测的波形分析 PNP 型喷油器的故障？

53. 如何进行喷油器电流波形的检测？如何根据喷油器电流波形分析喷油器的故障？

54. 如何进行喷油器起动试验波形的检测？如何根据喷油器起动试验波形分析喷油器的故障？

55. 如何进行怠速控制阀的波形检测？如何根据检测的波形分析怠速控制阀的故障？

56. 如何进行活性炭罐电磁阀的波形检测？如何根据检测的波形分析活性炭罐电磁阀的故障？

57. 如何进行 EGR 控制电磁阀的波形检测？如何根据检测的波形分析 EGR 控制电磁阀的故障？

58. 如何进行废气涡轮增压控制电磁阀的波形检测？如何根据检测的波形分析废气涡轮增压控制电磁阀的故障？

59. 如何进行 ABS 电磁阀的波形检测？如何根据检测的波形分析 ABS 电磁阀的故障？

60. 如何利用点火波形诊断喷油器的故障？

61. 氧传感器对维修检测有何作用？

62. 发动机正常燃烧需要满足哪些方面的条件？

63. 发动机的哪些故障可能导致氧传感器波形不正常？

64. 利用氧传感器波形分析发动机故障的一般流程是什么？

65. 个别缸喷油器堵塞造成各缸喷油不均衡导致的氧传感器波形有何特点？

66. 氧传感器波形如何配合喷油脉宽进行发动机故障分析？

67. 进气真空泄漏情况下氧传感器的波形有何特点？

68. 如何利用氧传感器波形分析三效催化转化器的转化效率？

69. 多通道示波器在汽车故障检测诊断中有何意义？

70. 进气系统密封性常用检测方法有哪些？各有什么优缺点？请对各种检测方法进行一个对比。

71. 简述真空测试原理。

72. 简述进气管真空度和发动机工作状况之间的关系。

73. 进气管真空度检测方法有哪些功能？

74. 利用真空度检测方法判断发动机故障的机理是什么？

75. 发动机各种非正常状态对进气管真空度有何影响？

76. 简述进气管真空度和发动机故障现象之间的关系？

77. 各种故障状态下真空波形有何特点？

78. 简述汽车排放物的生成原因？

79. 发动机在怠速工况和 2 000 r/min 时正常的尾气排放值是多少？

80. 利用尾气分析仪对发动机尾气进行正常测试的方法步骤是什么？

81. 如何利用尾气分析仪进行汽缸与冷却水道泄漏的测试？

82. 如何利用尾气分析仪进行燃油蒸发排放控制系统泄漏的测试？

83. 如何利用尾气分析仪进行曲轴箱通风装置的测试？

84. 对于装备三效催化转化器的车辆如何进行尾气测量？

85. 进行尾气测量时应该注意哪些问题？

86. 尾气分析的主要内容和主要分析参数是什么？

87. 根据尾气检测结果进行故障分析的基本原则有哪些？

88. 四气体排放状况与发动机故障之间的关系是什么？
89. 五气体排放状况与发动机故障之间的关系是什么？
90. 如何利用尾气分析仪检测排气系统堵塞故障？
91. 如何利用尾气分析仪检测发动机汽缸垫的早期微漏故障？
92. 红外测温仪的工作原理是什么？
93. 如何正确选择汽车专用红外测温仪？
94. 汽车专用红外测温仪的技术特点是什么？
95. 如何利用红外测温仪进行测温？
96. 红外测温仪在汽车故障诊断中可以用在哪些方面？
97. 如何利用红外测温仪检测发动机缺缸故障？
98. 如何利用红外测温仪检测发动机冷却系统的故障？
99. 如何利用红外测温仪检测汽车空调系统的故障？
100. 利用红外测温仪如何检测三效催化转化器的性能好坏？

参 考 文 献

[1] 陈家瑞主编.《汽车构造》[M]. 北京:人民交通出版社,1994.

[2] 迟瑞娟等译,(美)威德尔著.《汽车发动机构造与诊断维修》[M]. 北京:机械工业出版社,2006.1

[3] 栾琪文主编.《汽车电控柴油机结构原理与维修》[M]. 北京:机械工业出版社,2006.7

[4] 葛蕴珊等译,B. 霍尔贝克著.《汽车燃油和排放控制系统结构、诊断与维修》[M]. 北京:机械工业出版社,2007.1

[5] 黎军,李国忠主编.《汽车维修检测诊断指导》[M]. 北京:机械工业出版社,2006.6

[6] 李东江,张大成等编著.《汽车电控系统的万用表检测》[M]. 北京:机械工业出版社,2003.4

[7] 储江伟主编.《汽车维修工程学》[M]. 哈尔滨:东北林业大学出版社,2000.4

[8] 肖云魁编著.《汽车故障诊断学》[M]. 北京:北京理工大学出版社,2001.7

[9] 李东江,张大成主编.《国产轿车发动机检修手册》[M]. 北京:机械工业出版社,2003.7

[10] 李东江,张大成主编.《国产轿车自动变速器检修手册》[M]. 北京:机械工业出版社,2003.7

[11] 李东江,张大成主编.《国产轿车 ABS 系统检修手册》[M]. 北京:机械工业出版社,2003.7

[12] 李东江编著.《现代汽车电子控制技术》[M]. 北京:科学技术文献出版社,1998.8

[13] 朱军编著.《电子控制发动机电路波形分析》[M]. 北京:机械工业出版社,2003.1

[14] 臧杰主编.《轿车自动变速器检修培训教程》[M]. 北京:机械工业出版社,2002.5

[15] 李东江,张大成主编.《汽车车载网络系统(CAN－BUS)原理与检修》[M]. 北京:机械工业出版社,2005.1

[16] 朱建风,李国忠主编.《常见车系 CAN－BUS 原理与检修》[M]. 北京:机械工业出版社,2006.5

[17] 汤定国主编.《汽车发动机构造与维修》[M]. 北京:人民交通出版社,2003.7

[18] 戴冠军主编.《汽车维修工程》[M]. 北京:人民交通出版社,1999